Lutherbibel

mit Bildern von

Marc Chagall

Die Bibel

nach der Übersetzung Martin Luthers
mit Bildern von

Marc Chagall

Deutsche Bibelgesellschaft

Bibeltext in der revidierten Fassung von 1984
Herausgegeben von der Evangelischen Kirche in Deutschland

Die Lutherbibel wurde in den Jahren 1957–1984 überarbeitet.
Die Evangelische Kirche in Deutschland
und ihre Gliedkirchen
haben im Einvernehmen mit ihren Bibelwerken
den revidierten Text angenommen
und zum kirchlichen Gebrauch empfohlen.

ISBN 3-438-01790-3

Bildredaktion und -beschreibung: Martin Hartmann, Hannelore Jahr

Einband: Gret Lengerer
Gesamtherstellung: C.H. Beck, Nördlingen
Printed in Germany

11.2003

HINWEISE ZU DIESER BIBELAUSGABE

Der Bibeltext

Der Bibeltext, der hier abgedruckt wird, stellt eine überarbeitete (revidierte) Fassung der Bibelübersetzung Martin Luthers dar. Um der besseren Verständlichkeit willen ist die äußere Form der Lutherübersetzung vorsichtig dem heutigen Sprachgebrauch angepaßt worden. Dies geschah durch einen Kreis von Fachleuten, die die Evangelische Kirche in Deutschland in Zusammenarbeit mit den Bibelwerken berief. Die Revisionsarbeit wurde stufenweise abgeschlossen: für das Alte Testament 1964, für die Apokryphen 1970, für das Neue Testament 1984. Durch das Neue Testament von 1984 wurden zwei vorhergehende Revisionsstufen (1956 und 1975) abgelöst, die wegen ihrer Einseitigkeit keine allgemeine Zustimmung gefunden hatten.

Gleichzeitig mit der neuen Textfassung wurden Umfang und Überschriften der Sinnabschnitte festgelegt.

Im Jahr 1999 wurde der Text anläßlich der Einführung der neuen Rechtschreibung noch einmal durchgesehen. Dabei sind im Alten Testament, dessen Revision ja bereits 1964 abgeschlossen war, einige Angleichungen an die 1984 vollendete Revision des Neuen Testaments vorgenommen worden. So wurde der Begriff »Weib«, dessen Bedeutung sich seit der Reformationszeit ins Negative verschoben hat, weitgehend durch »Frau« ersetzt (wie es in den gottesdienstlichen Agenden bereits vorweggenommen war). Außerdem wurden einige altertümliche Verbformen auf -et und -est dem gegenwärtigen Sprachgebrauch angepaßt. Im Neuen Testament wurde die Übersetzung an wenigen Stellen so verbessert, daß sie dem griechischen Grundtext genauer entspricht.

Besondere Zeichen und Schriftarten

Nach bewährtem Herkommen bildet in dieser Bibelausgabe jeder biblische Vers einen eigenen Absatz. Der Beginn eines neuen Sinnabschnitts wird durch das Zeichen ¶ zwischen Versziffer und Satzanfang kenntlich gemacht.

Auf Luther selbst geht der Brauch zurück, wichtige Bibelworte (sog. »Kernstellen«) durch eine besondere Schrift (in diesem Fall **halbfett**) hervorzuheben. Im Nachwort zu der letzten von Luther selbst herausgebrachten Bibelausgabe von 1545 heißt es dazu, »daß erstlich von Anfang der Bibel bis ans Ende die vornehmsten Sprüche, darin Christus verheißen ist und (die) im Neuen Testament (her)angezogen werden, mit großer Schrift gedruckt sind, daß sie der Leser leicht und bald finden könne.« Auch wenn sich die Auswahl der Kernstellen im Lauf der Jahrhunderte verändert hat, gehören sie doch bis heute als unaufgebbarer Bestandteil zum Text hinzu. – Außer den Kernstellen sind auch sinnbetonte Einzelwörter mit Hilfe der **halbfetten** Schrift markiert.

Das Wort »Herr« hat immer dann die Form HERR, wenn im hebräischen Grundtext der Gottesname »Jahwe« gebraucht wird (vgl. die Sach- und Worterklärungen zu »HERR«). Durch dieselbe Schriftart werden wiederkehrende Zeilen in den Psalmen, sog. Kehrverse, hervorgehoben (z. B. WAS BETRÜBST DU DICH, MEINE SEELE), ebenso die einführenden Angaben und musikalischen Zwischenbemerkungen der Psalmen, jedoch werden dabei keine großen Anfangsbuchstaben verwendet (z. B. EIN PSALM DAVIDS oder SELA).

Die Psalmen und verwandte Stücke sind mit Schrägstrichen / versehen, die es erleichtern, die Texte im Wechsel zu sprechen oder zu singen. Der Schrägstrich bezeichnet die Mitte (Mittelzäsur, Mediatio) eines psalmodischen Verses. Er hat jedoch nur für das gemeinsame Singen nach den Psalmtönen eine Bedeutung. Wenn die Psalmen von wechselnden Sprechergruppen vorgetragen werden, empfiehlt es sich, nicht schon an dieser Stelle zur anderen Sprechergruppe überzugehen, denn dies würde die Psalmverse zum Teil sinnwidrig auseinanderreißen. Besser ist es, wenn jeweils der **ganze** psalmodische Vers von **einer** Gruppe gesprochen (oder gesungen) wird; danach folgt die andere Gruppe mit dem nächsten. Nur zu Beginn kann der erste Halbvers vom Leiter allein »angestimmt« werden, worauf die erste Gruppe mit dem zweiten Halbvers einfällt. Als Abschluß empfiehlt sich der Lobpreis der Dreieinigkeit: »Ehre sei dem Vater und dem Sohne …« Damit wird der Psalm in das Licht der neutestamentlichen Botschaft gerückt.

Wo der Beginn eines psalmodischen Verses nicht mit dem biblischen Versanfang zusammenfällt, wird mitten im biblischen (durch die Ziffer gekennzeichneten) Vers ein neuer Absatz begonnen. Nicht bezeichnet ist in dieser Ausgabe die gelegentliche Unterteilung eines längeren ersten Halbverses (sog. Flexa: Abweichung beim Psalmodieren um einen Sekund- oder Terzschritt nach unten).

Biblische Verweisstellen und sinnverwandte Abschnitte

Um die reichen Beziehungen innerhalb der Bibel wenigstens ansatzweise zu erschließen, wurden ungefähr 12000 Verweisstellen ausgewählt, die in dieser Ausgabe zwischen den Versen aufgeführt werden. Die dabei verwendeten Abkürzungen werden auf Seite 13* erklärt.

Hochgestellte kleine Buchstaben im Bibeltext stellen die Verbindung zu den Stellenangaben her. Wenn sich die angeführte Verweisstelle auf ein Einzelwort oder eine Wortgruppe bezieht, steht der Verweisbuchstabe unmittelbar davor; bezieht sie sich auf einen ganzen Vers, so steht er an dessen Ende; wenn sie mehrere Verse umfaßt, folgt er auf die erste Versziffer.

Wenn ganze Sinnabschnitte an anderer Stelle ähnlich oder gleichlautend überliefert sind, findet man einen entsprechenden Hinweis unter der Abschnittsüberschrift (vor allem in den Evangelien).

Anmerkungen zum Bibeltext

Ein Stern* im Bibeltext verweist auf eine Anmerkung, die unmittelbar auf den betreffenden Bibelvers folgt. Die meisten Anmerkungen geben Erläuterungen zur Übersetzung oder Textüberlieferung. Andere weisen auf die abweichende ältere Verszählung hin. Die Lutherbibel hatte nämlich bis zum 19. Jahrhundert im Alten Testament stellenweise eine andere Kapitel- und Verszählung als heute (in englischen Bibeln ist diese Zählung immer noch gültig).

Orientierungs- und Verstehenshilfen

Als Hilfe zum besseren Verständnis enthält diese Ausgabe eine Reihe von nützlichen Beigaben: Ein kleines Verzeichnis »Wo finde ich was?« auf Seite 10*–11* nennt die Stellen, wo bekannte Texte der Bibel nachzulesen sind. Die Bibeltexte zu den Festen des Kirchenjahrs sind hier ebenso verzeichnet wie zentrale Erzählungen aus dem Alten und Neuen Testament, Gebete und Lieder sowie eine Übersicht über die Psalmen nach Themen und Anlässen.

Dazu kommen im Anhang: Informationen über Maße, Gewichte und Geldwerte (S. 3–4), Sach- und Worterklärungen, die ein eigenes kleines Bibellexikon darstellen (S. 5–44), und eine ausführliche Zeittafel zur biblischen Geschichte (S. 45–51).

Auch die in diesem Band enthaltenen Farbtafeln mit Bildern von Marc Chagall werden im Anhang ausführlich erläutert (S. 53–98). Hier wird jedes einzelne Bild beschrieben und zugleich die Brücke zu den biblischen Erzählungen geschlagen, denen die Bilder sich verdanken.

INHALT DES ALTEN TESTAMENTS

Geschichtsbücher

Lehrbücher und Psalmen

Prophetenbücher

INHALT DES NEUEN TESTAMENTS

WO FINDE ICH WAS?

Weitere und ausführlichere Hinweise in alphabetischer Reihenfolge auf den Seiten 59–77 des Anhangs

Feste im Kirchenjahr

Weihnachten	Lukas 2,1-20
	Matthäus 2,1-12
Passion	Matthäus 26–27
	Markus 14–15
	Lukas 22–23
	Johannes 18–19
Ostern	Lukas 24
	Johannes 20–21
Himmelfahrt	Apostelgeschichte 1,6-11
Pfingsten	Apostelgeschichte 2

Gebete und Lieder

Das Vaterunser	Matthäus 6,9-13
Der Segen	4. Mose 6,22-27
Lobgesang Marias	Lukas 1,46-55
Jesu Leidenspsalm	Psalm 22
Der Herr mein Hirte	Psalm 23
Bitte um Vergebung	Psalm 51
Lobe den Herrn!	Psalm 103
Du erforschest mich	Psalm 139

Die Geschichte Gottes mit seinem Volk

Schöpfung	1. Mose 1–2
	Psalm 104
	Hiob 38–39
Sündenfall	1. Mose 3
Sintflut	1. Mose 6,5–9,17
Abraham	1. Mose 12–22
Mose	2. Mose 2–4
Auszug aus Ägypten	2. Mose 12–15
Bund am Sinai	2. Mose 19–20
Israel in der Wüste	2. Mose 16–17
	4. Mose 10–21
König David	1. Samuel 16–31
	2. Samuel 1–22
Der Tempel	1. Könige 6–8
Der Prophet Elia	1. Könige 17–19; 21
	2. Könige 2
Rettung Jerusalems	2. Könige 18–19
Wegführung aus Jerusalem	2. Könige 24–25
Berufung Jesajas	Jesaja 6
Israels Untreue	Jeremia 2,1-13
Gottes Treue	Jesaja 43,1-7
Neuanfang in Jerusalem	Esra 1–6
	Nehemia 1–6
Hoffnung auf das Friedensreich	Jesaja 2,1-4
	Jesaja 9 u. 11
	Jesaja 60
	Jesaja 65,16b-25
	Sacharja 9,9-10

Jesus: seine Botschaft

Seligpreisungen	Matthäus 5,3-12
Bergpredigt	Matthäus 5–7
Sündenvergebung	Markus 2,1-12
Barmherziger Samariter	Lukas 10,29-37
Verlorener Sohn	Lukas 15,11-32
Guter Hirte	Johannes 10,1-30
Weg, Wahrheit, Leben	Johannes 14,6
	Johannes 11,25
Vom Weltgericht	Matthäus 25,31-46
Sendung der Jünger	Matthäus 28,16-20

Gottes Liebe in Jesus Christus

Gott liebt uns	Römer 8,28-39
	1. Johannes 4,7-21
Frieden mit Gott	Römer 3,21-26
	Römer 5,1-11
	2. Korinther 5,14-21
Der Weg Jesu	Jesaja 52,13–53,12
	Philipper 2,5-11
›Mein Leib – für euch‹	1. Korinther 11,23-25

Christliches Leben

Die Zehn Gebote	2. Mose 20,1-17
	5. Mose 5,1-21
Das wichtigste Gebot	Matthäus 22,34-40
	Römer 13,8-10
Feindesliebe	Matthäus 5,43-48
Hoheslied der Liebe	1. Korinther 13

Einigkeit	Epheser 4,1-6
Dank	Kolosser 3,15-17
	Lukas 17,11-19
Freude	Römer 12,12.15
	Philipper 4,4
	Psalm 100
Christus unser Leben	Philipper 1,21
	Galater 2,19-20
	Römer 14,7-9

Christliche Hoffnung

Auferstehung	Matthäus 22,23-33
	1. Korinther 15
Wiederkunft Jesu	Matthäus 24,29-51
	1. Thessalonicher 4,13-18
Wiederkunft Jesu	2. Petrus 3
Gottes neue Welt	Offenbarung 21,1–22,5

Bekannte Geschichten

Kain und Abel	1. Mose 4,1-16
Arche Noah	1. Mose 6,5–9,17
Turmbau zu Babel	1. Mose 11,1-9
Brennender Dornbusch	2. Mose 3
Goldenes Kalb	2. Mose 32
David und Goliat	1. Samuel 17
Belsazars Gastmahl	Daniel 5
Daniel in der Löwengrube	Daniel 6

Übersicht über die Psalmen nach Themen und Anlässen

Loblieder

auf Gottes Güte und Treue
92; 103; 111; 113; 117; 145
auf Gottes Taten in Schöpfung und Geschichte 8; 19; 29; 33; 65; 78; 89; 104; 105; 114; 146; 147
auf Gott, den König der Völker
47; 48; 67; 76; 82; 93; 96–99; 146

Gebete in schwerer Not

bei Krankheit und Unglück
6; 13; 22; 31; 38; 39; 41; 51; 69; 71; 86; 88; 130
bei Anfeindungen und falscher Anklage
3; 4; 5; 7; 17; 26; 27; 28; 35; 42/43; 52; 54–59; 64; 70; 94; 102; 109; 120; 140–143
bei Katastrophen und allgemeiner Not
44; 60; 74; 77; 79; 80; 83; 85; 89; 90; 125; 126; 137
bei Unterdrückung und Verfolgung
9–12; 123; 129

Dank nach der Rettung

18; 22,22b-32; 30; 32; 40; 66; 75; 107; 108; 116; 118; 124; 138

Vertrauen auf Gott

16; 23; 27; 36; 46; 52; 62; 63; 91; 131

Zusage der göttlichen Hilfe

91; 121

Wallfahrtslieder und Festliturgien

24; 68; 84; 95; 100; 115; 122; 134; 135; 136; 148; 149; 150

Lehrgedichte

vom richtigen Leben
1; 15; 19,8-15; 34; 50; 81; 112; 119; 127; 128; 133
vom Ende der Gottesfeinde
14; 36; 37; 49; 53; 73

Zionslieder

46; 48; 87; 122; 132

Lieder des Königs und für den König

2; 20; 21; 45; 61; 72; 101; 110; 132; 144

Hinweise auf Christus

2; 22; 110

ALPHABETISCHES INHALTSVERZEICHNIS UND ABKÜRZUNGEN DER BIBLISCHEN BÜCHER

N = Neues Testament
Ap = Apokryphen; diese Bücher sind zwischen Altem und Neuem Testament *nur in Ausgaben »mit Apokryphen«* enthalten

DAS ALTE TESTAMENT

DAS ERSTE BUCH MOSE (GENESIS)

Inhaltsübersicht

Die Schöpfung

(vgl. Kap 2,4-25; Ps 104)

1 Am Anfang schuf Gott Himmel und Erde.[a] *a* Hiob 38,4; Ps 90,2; Joh 1,1-3; Offb 4,11

2 Und die Erde war wüst und leer, und es war finster auf der Tiefe; und der Geist Gottes schwebte auf dem Wasser.

3 ¶Und Gott [a]sprach: Es werde Licht! Und es ward Licht.[b]

a Ps 33,9; Hebr 11,3 *b* Jes 45,7

4 Und Gott sah, daß das Licht gut war. Da schied Gott das Licht von der Finsternis

5 und nannte das Licht Tag und die Finsternis Nacht. Da ward aus Abend und Morgen der erste Tag.

6 ¶Und Gott sprach: Es werde eine Feste zwischen den Wassern, die da scheide zwischen den Wassern.

7 Da machte Gott die Feste und schied das Wasser unter der Feste von dem Wasser über der Feste. Und es geschah so.[a]

a Ps 19,2; 136,6; 148,4

8 Und Gott nannte die Feste Himmel. Da ward aus Abend und Morgen der zweite Tag.

9 ¶Und Gott sprach: Es sammle sich das Wasser unter dem Himmel an besondere Orte, daß man das Trockene sehe. Und es geschah so.[a] *a* Hiob 38,8-11; Ps 24,2; 2.Petr 3,5

10 Und Gott nannte das Trockene Erde, und die Sammlung der Wasser nannte er Meer. Und Gott sah, daß es gut war.

11 Und Gott sprach: Es lasse die Erde aufgehen Gras und Kraut, das Samen bringe, und fruchtbare Bäume auf Erden, die ein jeder nach seiner Art Früchte tragen, in denen ihr Same ist. Und es geschah so.

12 Und die Erde ließ aufgehen Gras und Kraut, das Samen bringt, ein jedes nach seiner Art, und Bäume, die da Früchte tragen, in denen ihr Same ist, ein jeder nach seiner Art. Und Gott sah, daß es gut war.

13 Da ward aus Abend und Morgen der dritte Tag.

14 ¶Und Gott sprach: Es werden Lichter an der Feste des Himmels, die da scheiden Tag und Nacht und geben Zeichen, Zeiten, Tage und Jahre[a]

a 5.Mose 4,19; Ps 74,16; Jes 47,13

15 und seien Lichter an der Feste des Himmels, daß sie scheinen auf die Erde. Und es geschah so.

16 Und Gott machte zwei große Lichter: ein großes Licht, das den Tag regiere, und ein kleines Licht, das die Nacht regiere, dazu auch die Sterne.[a] *a* Ps 136,7-9

17 Und Gott setzte sie an die Feste des Himmels, daß sie schienen auf die Erde

18 und den Tag und die Nacht regierten und schieden Licht und Finsternis. Und Gott sah, daß es gut war.

19 Da ward aus Abend und Morgen der vierte Tag.

20 ¶Und Gott sprach: Es wimmle das Wasser von lebendigem Getier, und Vögel sollen fliegen auf Erden unter der Feste des Himmels.

21 Und Gott schuf große Walfische und alles Getier, das da lebt und webt, davon das Wasser wimmelt, ein jedes nach seiner Art, und alle gefiederten Vögel, einen jeden nach seiner Art. Und Gott sah, daß es gut war.[a] *a* Ps 74,13.14; 148,7

22 Und Gott segnete sie und sprach: Seid fruchtbar und mehret euch und erfüllet das Wasser im Meer, und die Vögel sollen sich mehren auf Erden.

23 Da ward aus Abend und Morgen der fünfte Tag.

24 ¶ Und Gott sprach: Die Erde bringe hervor lebendiges Getier, ein jedes nach seiner Art: Vieh, Gewürm und Tiere des Feldes, ein jedes nach seiner Art. Und es geschah so.

25 Und Gott machte die Tiere des Feldes, ein jedes nach seiner Art, und das Vieh nach seiner Art und alles Gewürm des Erdbodens nach seiner Art. Und Gott sah, daß es gut war.

26 Und Gott sprach: Lasset uns Menschen machen, ein Bild, das uns gleich sei, die da herrschen über die Fische im Meer und über die Vögel unter dem Himmel und über das Vieh und über alle Tiere des Feldes und über alles Gewürm, das auf Erden kriecht.[a]

a Ps 8,6-9; Eph 4,24; Kol 1,15; 3,10; Jak 3,9

27 Und **Gott schuf den Menschen zu seinem Bilde, [a]zum Bilde Gottes schuf er ihn; und [b]schuf sie als Mann und Frau.**

a Kap 9,6 b Mt 19,4

28 Und Gott segnete sie und sprach zu ihnen: Seid fruchtbar und mehret euch und füllet die Erde und machet sie euch untertan und herrschet über die Fische im Meer und über die Vögel unter dem Himmel und über das Vieh und über alles Getier, das auf Erden kriecht.

29 Und Gott sprach: Sehet da, ich habe euch gegeben alle Pflanzen, die Samen bringen, auf der ganzen Erde, und alle Bäume mit Früchten, die Samen bringen, zu eurer Speise.[a] a Mt 6,25-34

30 Aber allen Tieren auf Erden und allen Vögeln unter dem Himmel und allem Gewürm, das auf Erden lebt, habe ich alles grüne Kraut zur Nahrung gegeben. Und es geschah so.[a] a Ps 145,16

31 Und **Gott sah an alles, was er gemacht hatte, und siehe, [a]es war sehr gut.** Da ward aus Abend und Morgen der sechste Tag.

a Mt 19,17; 1.Tim 4,4

2 ¶ So wurden vollendet Himmel und Erde mit ihrem ganzen Heer.

2 Und so vollendete Gott am siebenten Tage seine Werke, die er machte, und [a]ruhte am siebenten Tage von allen seinen Werken, die er gemacht hatte.

a Hebr 4,4

3 Und Gott segnete den siebenten Tag und heiligte ihn, weil er an ihm ruhte von allen seinen Werken, die Gott geschaffen und gemacht hatte.[a]

a 2.Mose 20,11; Ps 95,11; Hes 20,12; Hebr 4,9.10

4 ¶ So sind Himmel und Erde geworden, als sie geschaffen wurden.

Das Paradies

Es war zu der Zeit, da Gott der HERR Erde und Himmel machte.

5 Und alle die Sträucher auf dem Felde waren noch nicht auf Erden, und all das Kraut auf dem Felde war noch nicht gewachsen; denn Gott der HERR hatte noch nicht regnen lassen auf Erden, und kein Mensch war da, der das Land bebaute;

6 aber ein Nebel stieg auf von der Erde und feuchtete alles Land.

7 Da machte Gott der HERR den Menschen aus [a]Erde vom Acker und blies ihm den [b]Odem des Lebens in seine Nase. Und so [c]ward der Mensch ein lebendiges Wesen.

a Kap 3,19; Hiob 10,9
b Hiob 33,4; Ps 104,29.30 c 1.Kor 15,45.47

8 ¶ Und Gott der HERR pflanzte einen Garten in Eden gegen Osten hin und setzte den Menschen hinein, den er gemacht hatte.

9 Und Gott der HERR ließ aufwachsen aus der Erde allerlei Bäume, verlockend anzusehen und gut zu essen, und den [a]Baum des Lebens mitten im Garten und den Baum der Erkenntnis des Guten und Bösen. a Kap 3,22; Offb 2,7; 22,2

10 Und es ging aus von Eden ein Strom, den Garten zu bewässern, und teilte sich von da in vier Hauptarme.[a] a Hes 47,1-12

11 Der erste heißt Pischon, der fließt um das ganze Land Hawila, und dort findet man Gold;

12 und das Gold des Landes ist kostbar. Auch findet man da Bedolachharz und den Edelstein Schoham.

13 Der zweite Strom heißt Gihon, der fließt um das ganze Land Kusch.

14 Der dritte Strom heißt Tigris, der fließt östlich von Assyrien. Der vierte Strom ist der Euphrat.

15 ¶ Und Gott der HERR nahm den Menschen und setzte ihn in den Garten Eden, daß er ihn bebaute und bewahrte.

16 Und Gott der HERR gebot dem Menschen und sprach: Du darfst essen von allen Bäumen im Garten,

17 aber von dem Baum der Erkenntnis des Guten und Bösen sollst du nicht essen; denn an dem Tage, da du von

ihm ißt, mußt du des Todes sterben.[a]
a Röm 6,23

18 ¶ Und Gott der HERR sprach: **Es ist**
nicht gut, [a]daß der Mensch allein sei; ich
will ihm eine Gehilfin machen, die um ihn
sei.* *a* Pred 4,10

* Wörtlich: ich will ihm eine Hilfe schaffen als sein Gegenüber (d. h. die zu ihm paßt).

19 Und Gott der HERR machte aus Erde
alle die Tiere auf dem Felde und alle die
Vögel unter dem Himmel und brachte sie
zu dem Menschen, daß er sähe, wie er sie
nennte; denn wie der Mensch jedes Tier
nennen würde, so sollte es heißen.
20 Und der Mensch gab einem jeden Vieh
und Vogel unter dem Himmel und Tier
auf dem Felde seinen Namen; aber für
den Menschen ward keine Gehilfin gefunden, die um ihn wäre.
21 Da ließ Gott der HERR einen tiefen
Schlaf fallen auf den Menschen, und er
schlief ein. Und er nahm eine seiner Rippen und schloß die Stelle mit Fleisch.
22 Und Gott der HERR baute eine Frau
aus der Rippe, die er von dem Menschen
nahm, und brachte sie zu ihm.
23 Da sprach der Mensch: Das ist doch
Bein von meinem Bein und Fleisch von
meinem Fleisch; man wird sie Männin
nennen, weil sie vom Manne genommen
ist.*

* Luther versucht mit »Männin« und »Mann« ein hebräisches Wortspiel wiederzugeben.

24 Darum wird ein Mann seinen Vater
und seine Mutter verlassen und seiner
Frau anhangen, und sie werden sein **ein**
Fleisch.[a] *a* Mt 19,5.6; 1.Kor 6,16; Eph 5,31
25 Und sie waren beide nackt, der Mensch
und seine Frau, und schämten sich nicht.

Der Sündenfall

3 Aber die [a]Schlange war listiger als alle
Tiere auf dem Felde, die Gott der
HERR gemacht hatte, und sprach zu der
Frau: Ja, sollte Gott gesagt haben: ihr
sollt nicht essen von allen Bäumen im
Garten? *a* Offb 12,9; 20,2
2 Da sprach die Frau zu der Schlange:
Wir essen von den Früchten der Bäume
im Garten;[a] *a* Kap 2,16
3 aber von den Früchten des Baumes mitten im Garten hat Gott gesagt: Esset nicht
davon, rühret sie auch nicht an, daß ihr
nicht sterbet![a] *a* Kap 2,17
4 Da sprach die Schlange zur Frau: Ihr
werdet keineswegs des Todes sterben,[a]
a Joh 8,44
5 sondern Gott weiß: an dem Tage, da ihr
davon eßt, werden eure Augen aufgetan,
und ihr werdet sein wie Gott und wissen,
was gut und böse ist.
6 ¶ Und die Frau [a]sah, daß von dem
Baum gut zu essen wäre und daß er eine
Lust für die Augen wäre und verlockend,
weil er klug machte. Und sie [b]nahm von
der Frucht und aß und gab ihrem Mann,
der bei ihr war, auch davon, und er aß.
a Jak 1,14.15 *b* 1.Tim 2,14
7 Da wurden ihnen beiden die Augen aufgetan, und sie wurden gewahr, daß sie
[a]nackt waren, und flochten Feigenblätter
zusammen und machten sich Schurze.
a Kap 2,25
8 Und sie hörten Gott den HERRN, wie er
im Garten ging, als der Tag kühl geworden
war. Und Adam [a]versteckte sich mit seiner Frau vor dem Angesicht Gottes des
HERRN unter den Bäumen im Garten.
a Ps 139,7-10; Jer 23,24
9 Und Gott der HERR rief Adam und
sprach zu ihm: Wo bist du?
10 Und er sprach: Ich hörte dich im Garten und fürchtete mich; denn ich bin
nackt, darum versteckte ich mich.
11 Und er sprach: Wer hat dir gesagt, daß
du nackt bist? Hast du nicht gegessen von
dem Baum, von dem ich dir gebot, du
solltest nicht davon essen?
12 Da sprach Adam: Die Frau, die du mir
zugesellt hast, gab mir von dem Baum,
und ich aß.
13 Da sprach Gott der HERR zur Frau:
Warum hast du das getan? Die Frau
sprach: [a]Die Schlange betrog mich, so daß
ich aß. *a* 2.Kor 11,3
14 ¶ Da sprach Gott der HERR zu der
Schlange: Weil du das getan hast, seist du
verflucht, verstoßen aus allem Vieh und
allen Tieren auf dem Felde. Auf deinem
Bauche sollst du kriechen und Erde fressen dein Leben lang.
15 Und **ich will [a]Feindschaft setzen zwi-**
schen dir und der Frau und zwischen
deinem Nachkommen und ihrem Nach-
kommen; der soll dir den Kopf zertreten,
und du wirst ihn in die Ferse stechen.
a Offb 12,4.5.15-17
16 ¶ Und zur Frau sprach er: Ich will dir
viel Mühsal schaffen, wenn du schwanger
wirst; unter Mühen sollst du Kinder

gebären. Und dein Verlangen soll nach dei-
nem Mann sein, aber [a]er soll dein Herr
sein. a Eph 5,22.23; 1.Tim 2,12
17 ¶ Und zum Mann sprach er: Weil du
gehorcht hast der Stimme deiner Frau
und gegessen von dem Baum, von dem
ich dir gebot und sprach: Du sollst nicht
davon essen –, [a]verflucht sei der Acker
um deinetwillen! Mit Mühsal sollst du
dich von ihm nähren dein Leben lang.
a Kap 8,21.22; Hiob 31,38.39
18 Dornen und Disteln soll er dir tragen,
und du sollst das Kraut auf dem Felde
essen.
19 Im Schweiße deines Angesichts sollst
du dein Brot essen, bis du wieder zu Erde
werdest, davon du genommen bist. Denn
du bist Erde und sollst zu Erde werden.[a]
a Kap 2,7; Ps 90,10; 104,29; Pred 12,7; 2.Thess 3,10
20 ¶ Und Adam nannte seine Frau Eva;
denn sie wurde die Mutter aller, die da
leben.
21 Und Gott der HERR machte Adam und
seiner Frau Röcke von Fellen und zog sie
ihnen an.
22 Und Gott der HERR sprach: Siehe, der
Mensch ist geworden wie unsereiner und
weiß, was gut und böse ist. Nun aber, daß
er nur nicht ausstrecke seine Hand und
breche auch von dem Baum des Lebens
und esse und lebe ewiglich!
23 Da wies ihn Gott der HERR aus dem
Garten Eden, daß er die Erde bebaute,
von der er genommen war.[a] a Kap 2,15
24 Und er trieb den Menschen hinaus und
ließ lagern vor dem Garten Eden die Che-
rubim mit dem flammenden, blitzenden
Schwert, zu bewachen den Weg zu dem
Baum des Lebens.

Kains Brudermord

4 Und Adam erkannte seine Frau Eva,
und sie ward schwanger und gebar den
Kain und sprach: Ich habe einen Mann
gewonnen mit Hilfe des HERRN.
2 Danach gebar sie Abel, seinen Bruder.
Und Abel wurde ein Schäfer, Kain aber
wurde ein Ackermann.
3 Es begab sich aber nach etlicher Zeit,
daß Kain dem HERRN Opfer brachte von
den [a]Früchten des Feldes. a 2.Mose 23,19
4 Und auch Abel brachte von den [a]Erst-
lingen seiner Herde und von ihrem [b]Fett.
Und der HERR sah gnädig an Abel und
sein Opfer, a 2.Mose 34,19 b 3.Mose 3,16
5 aber Kain und sein Opfer [a]sah er nicht
gnädig an. Da ergrimmte Kain sehr und
senkte finster seinen Blick.
a 2.Mose 33,19; Hebr 11,4
6 Da sprach der HERR zu Kain: Warum
ergrimmst du? Und warum senkst du dei-
nen Blick?
7 Ist's nicht also? Wenn du fromm bist, so
kannst du frei den Blick erheben. Bist du
aber nicht fromm, so [a]lauert die Sünde
vor der Tür, und nach dir hat sie Verlan-
gen; du aber [b]herrsche über sie.
a Gal 5,17 b Röm 6,12
8 Da sprach Kain zu seinem Bruder Abel:
Laß uns aufs Feld gehen! Und es begab
sich, als sie auf dem Felde waren, erhob
sich Kain wider seinen Bruder Abel und
schlug ihn tot.[a] a 1.Joh 3,12.15
9 ¶ Da sprach der HERR zu Kain: [a]Wo ist
dein Bruder Abel? Er sprach: Ich weiß
nicht; soll ich meines Bruders Hüter sein?
a Kap 3,9
10 Er aber sprach: Was hast du getan? Die
[a]Stimme des Blutes deines Bruders schreit
zu mir von der Erde.
a Ps 9,13; Mt 23,35; Hebr 12,24
11 Und nun: Verflucht seist du auf der
Erde, die ihr Maul hat aufgetan und dei-
nes Bruders Blut von deinen Händen
empfangen.[a] a 4.Mose 35,33
12 Wenn du den Acker bebauen wirst, soll
er dir hinfort seinen Ertrag nicht geben.
Unstet und flüchtig sollst du sein auf
Erden.
13 Kain aber sprach zu dem HERRN:
Meine Strafe ist zu schwer, als daß ich sie
tragen könnte.*

* Luther übersetzte: »Meine Sünde ist größer, denn daß sie mir vergeben werden möge.«

14 Siehe, du treibst mich heute vom
Acker, und [a]ich muß mich vor deinem
Angesicht verbergen und muß unstet und
flüchtig sein auf Erden. So wird mir's
gehen, daß mich totschlägt, wer mich
findet. a Hiob 15,20-24
15 Aber der HERR sprach zu ihm: Nein,
sondern wer Kain totschlägt, das soll sie-
benfältig gerächt werden. Und der HERR
machte ein [a]Zeichen an Kain, daß ihn nie-
mand erschlüge, der ihn fände.
a Hes 9,6; Offb 7,3.4
16 So ging Kain hinweg von dem Ange-
sicht des HERRN und wohnte im Lande
Nod, jenseits von Eden, gegen Osten.

Kains Nachkommen

17 Und Kain erkannte seine Frau; die ward
schwanger und gebar den Henoch. Und er
baute eine Stadt, die nannte er nach seines
Sohnes Namen Henoch.
18 Henoch aber zeugte Irad, Irad zeugte
Mehujaël, Mehujaël zeugte Metuschaël,
Metuschaël zeugte Lamech.
19 Lamech aber nahm zwei Frauen, eine
hieß Ada, die andere Zilla.
20 Und Ada gebar Jabal; von dem sind
hergekommen, die in Zelten wohnen und
Vieh halten.
21 Und sein Bruder hieß Jubal; von dem
sind hergekommen alle Zither- und Flö-
tenspieler.
22 Zilla aber gebar auch, nämlich den
Tubal-Kain; von dem sind hergekommen
alle Erz- und Eisenschmiede. Und die
Schwester des Tubal-Kain war Naama.
23 ¶ Und Lamech sprach zu seinen
Frauen: Ada und Zilla, höret meine Rede,
ihr Frauen Lamechs, merkt auf, was ich
sage: Einen Mann erschlug ich für meine
Wunde und einen Jüngling für meine
Beule.
24 Kain soll siebenmal gerächt werden,
aber Lamech siebenundsiebzigmal.[a]

a Vers 15; 3.Mose 19,18; 5.Mose 32,35; Mt 18,22

Set und Enosch

25 Adam erkannte abermals seine Frau,
und sie gebar einen Sohn, den nannte sie
Set; denn Gott hat mir, sprach sie, einen
andern Sohn gegeben für Abel, den Kain
erschlagen hat.
26 Und Set zeugte auch einen Sohn und
nannte ihn Enosch. Zu der Zeit fing man
an, [a]den Namen des HERRN anzurufen.

a Kap 12,8

Geschlechtsregister von Adam bis Noah

(vgl. 1.Chr 1,1-4)

5 Dies ist das Buch von [a]Adams Ge-
schlecht. Als Gott den Menschen
schuf, [b]machte er ihn nach dem Bilde
Gottes

a Lk 3,37.38 *b* Kap 1,27

2 und schuf sie als Mann und Frau und
segnete sie und gab ihnen den Namen
»Mensch«* zur Zeit, da sie geschaffen
wurden.

* Mensch heißt auf Hebräisch Adam und wird teils als Eigenname, teils als Gattungsname gebraucht.

3 ¶ Und Adam war 130 Jahre alt und
zeugte einen Sohn, ihm gleich und [a]nach
seinem Bilde, und nannte ihn Set;

a Ps 51,7; 1.Kor 15,49

4 und lebte danach 800 Jahre und zeugte
Söhne und Töchter,
5 daß sein ganzes Alter ward 930 Jahre,
und starb.
6 ¶ Set war 105 Jahre alt und zeugte
Enosch
7 und lebte danach 807 Jahre und zeugte
Söhne und Töchter,
8 daß sein ganzes Alter ward 912 Jahre,
und starb.
9 ¶ Enosch war 90 Jahre alt und zeugte
Kenan
10 und lebte danach 815 Jahre und zeugte
Söhne und Töchter,
11 daß sein ganzes Alter ward 905 Jahre,
und starb.
12 ¶ Kenan war 70 Jahre alt und zeugte
Mahalalel
13 und lebte danach 840 Jahre und zeugte
Söhne und Töchter,
14 daß sein ganzes Alter ward 910 Jahre,
und starb.
15 ¶ Mahalalel war 65 Jahre alt und zeugte
Jered
16 und lebte danach 830 Jahre und zeugte
Söhne und Töchter,
17 daß sein ganzes Alter ward 895 Jahre,
und starb.
18 ¶ Jered war 162 Jahre alt und zeugte
Henoch
19 und lebte danach 800 Jahre und zeugte
Söhne und Töchter,
20 daß sein ganzes Alter ward 962 Jahre,
und starb.
21 ¶ Henoch war 65 Jahre alt und zeugte
Metuschelach.
22 Und Henoch [a]wandelte mit Gott. Und
nachdem er Metuschelach gezeugt hatte,
lebte er 300 Jahre und zeugte Söhne und
Töchter,

a Kap 6,9

23 daß sein ganzes Alter ward 365 Jahre.
24 Und weil er mit Gott wandelte, nahm
ihn Gott hinweg, und er ward nicht mehr
gesehen.[a]

a 2.Kön 2,11; Hebr 11,5

25 ¶ Metuschelach war 187 Jahre alt und
zeugte Lamech
26 und lebte danach 782 Jahre und zeugte
Söhne und Töchter,
27 daß sein ganzes Alter ward 969 Jahre,
und starb.
28 ¶ Lamech war 182 Jahre alt und zeugte
einen Sohn

29 und nannte ihn Noah und sprach: Der wird uns trösten in unserer Mühe und Arbeit auf dem Acker, den der HERR [a]verflucht hat. *a Kap 3,17-19*

30 Danach lebte er 595 Jahre und zeugte Söhne und Töchter,

31 daß sein ganzes Alter ward 777 Jahre, und starb.

32 ¶Noah war 500 Jahre alt und zeugte Sem, Ham und Jafet.

Gottessöhne und Menschentöchter

6 Als aber die Menschen sich zu mehren begannen auf Erden und ihnen Töchter geboren wurden,

2 da sahen die [a]Gottessöhne*, wie schön die Töchter der Menschen waren, und nahmen sich zu Frauen, welche sie wollten. *a Hiob 1,6; 2.Petr 2,4; Jud 6*

* Gottessöhne sind keine leiblichen Söhne Gottes, sondern gehören zur Umgebung Gottes (vgl. Hiob 1,6), wie das Gefolge zu einem König gehört.

3 Da sprach der HERR: Mein Geist soll nicht immerdar im Menschen walten, denn auch der Mensch ist Fleisch. Ich will ihm als Lebenszeit geben hundertundzwanzig Jahre.

4 Zu der Zeit und auch später noch, als die Gottessöhne zu den Töchtern der Menschen eingingen und sie ihnen Kinder gebaren, wurden daraus die Riesen auf Erden. Das sind [a]die Helden der Vorzeit, die hochberühmten. *a Hes 32,27*

Ankündigung der Sintflut. Noahs Erwählung. Bau der Arche

5 Als aber der HERR sah, daß der Menschen Bosheit groß war auf Erden und [a]alles Dichten und Trachten ihres Herzens nur böse war immerdar, *a Kap 8,21*

6 da [a]reute es ihn, daß er die Menschen gemacht hatte auf Erden, und es bekümmerte ihn in seinem Herzen, *a 1.Sam 15,11.35; Jer 18,7-10*

7 und er sprach: Ich will die Menschen, die ich geschaffen habe, vertilgen von der Erde, vom Menschen an bis hin zum Vieh und bis zum Gewürm und bis zu den Vögeln unter dem Himmel; denn es reut mich, daß ich sie gemacht habe.[a] *a 4.Mose 23,19; Röm 3,3.4; 2.Tim 2,13*

8 Aber Noah fand Gnade vor dem HERRN.[a] *a Hebr 11,7*

9 ¶Dies ist die Geschichte von Noahs Geschlecht. Noah war ein frommer Mann und ohne Tadel zu seinen Zeiten; er [a]wandelte mit Gott. *a Kap 5,22*

10 Und er zeugte drei Söhne: Sem, Ham und Jafet.

11 Aber die Erde war verderbt vor Gottes Augen und voller Frevel.

12 Da [a]sah Gott auf die Erde, und siehe, sie war verderbt; denn alles Fleisch hatte seinen Weg verderbt auf Erden. *a Ps 14,2.3*

13 Da sprach Gott zu Noah: Das [a]Ende allen Fleisches ist bei mir beschlossen, denn die Erde ist voller Frevel von ihnen; und siehe, ich will sie verderben mit der Erde. *a Am 8,2*

14 Mache dir einen Kasten von Tannenholz und mache Kammern darin und verpiche ihn mit Pech innen und außen.

15 Und mache ihn so: Dreihundert Ellen sei die Länge, fünfzig Ellen die Breite und dreißig Ellen die Höhe.

16 Ein Fenster sollst du daran machen obenan, eine Elle groß. Die Tür sollst du mitten in seine Seite setzen. Und er soll drei Stockwerke haben, eines unten, das zweite in der Mitte, das dritte oben.

17 Denn siehe, ich will eine Sintflut kommen lassen auf Erden, zu verderben alles Fleisch, darin Odem des Lebens ist, unter dem Himmel. Alles, was auf Erden ist, soll untergehen.

18 Aber mit dir will ich meinen [a]Bund aufrichten, und du sollst in die Arche gehen mit deinen Söhnen, mit deiner Frau und mit den Frauen deiner Söhne. *a Kap 9,9*

19 Und du sollst in die Arche bringen von allen Tieren, von allem Fleisch, je ein Paar, Männchen und Weibchen, daß sie leben bleiben mit dir.

20 Von den Vögeln nach ihrer Art, von dem Vieh nach seiner Art und von allem Gewürm auf Erden nach seiner Art: von den allen soll je ein Paar zu dir hineingehen, daß sie leben bleiben.

21 Und du sollst dir von jeder Speise nehmen, die gegessen wird, und sollst sie bei dir sammeln, daß sie dir und ihnen zur Nahrung diene.

22 Und Noah tat alles, was ihm Gott gebot.[a] *a Hebr 11,7*

Die Sintflut

7 Und der HERR sprach zu Noah: Geh in die Arche, du und dein ganzes Haus; denn [a]dich habe ich gerecht erfunden vor mir zu dieser Zeit. *a Kap 6,8*

[2]Von allen [a]reinen Tieren nimm zu dir je
sieben, das Männchen und sein Weibchen,
von den unreinen Tieren aber je ein Paar,
das Männchen und sein Weibchen.
a Kap 8,20; 3.Mose 11
[3]Desgleichen von den Vögeln unter dem
Himmel je sieben, das Männchen und sein
Weibchen, um das Leben zu erhalten auf
dem ganzen Erdboden.
[4]Denn von heute an in sieben Tagen will
ich regnen lassen auf Erden vierzig Tage
und vierzig Nächte und vertilgen von dem
Erdboden alles Lebendige, das ich gemacht habe.
[5]Und Noah tat alles, was ihm der HERR
gebot.
[6]Er war aber sechshundert Jahre alt, als
die Sintflut auf Erden kam.
[7]Und er ging in die Arche mit seinen
Söhnen, seiner Frau und den Frauen seiner Söhne vor den Wassern der Sintflut.[a]
a 1.Petr 3,20
[8]Von den reinen Tieren und von den
unreinen, von den Vögeln und von allem
Gewürm auf Erden
[9]gingen sie zu ihm in die Arche [a]paarweise, je ein Männchen und Weibchen,
wie ihm Gott geboten hatte. *a* Kap 6,19.20
[10]¶ Und als die sieben Tage vergangen
waren, kamen die Wasser der Sintflut auf
Erden.
[11]In dem sechshundertsten Lebensjahr
Noahs am siebzehnten Tag des zweiten
Monats, an diesem Tag brachen alle
[a]Brunnen der großen Tiefe auf und taten
sich die Fenster des Himmels auf, *a* Offb 9,1
[12]und ein Regen kam auf Erden vierzig
Tage und vierzig Nächte.
[13]An eben diesem Tage ging Noah in die
Arche mit Sem, Ham und Jafet, seinen
Söhnen, und mit seiner Frau und den drei
Frauen seiner Söhne;
[14]dazu alles wilde Getier nach seiner Art,
alles Vieh nach seiner Art, alles Gewürm,
das auf Erden kriecht, nach seiner Art und
alle Vögel nach ihrer Art, alles, was fliegen
konnte, alles, was Fittiche hatte;
[15]das ging alles zu Noah in die Arche
paarweise, von allem Fleisch, darin Odem
des Lebens war.
[16]Und das waren [a]Männchen und Weibchen von allem Fleisch, und sie gingen
hinein, wie denn Gott ihm geboten hatte.
Und der HERR schloß hinter ihm zu.
a Kap 6,19
[17]¶ Und die Sintflut war vierzig Tage auf
Erden, und die Wasser wuchsen und hoben die Arche auf und trugen sie empor
über die Erde.
[18]Und die Wasser nahmen überhand und
wuchsen sehr auf Erden, und die Arche
fuhr auf den Wassern.
[19]Und die Wasser nahmen überhand und
wuchsen so sehr auf Erden, daß alle hohen
Berge unter dem ganzen Himmel bedeckt
wurden.
[20]Fünfzehn Ellen hoch gingen die Wasser über die Berge, so daß sie ganz bedeckt
wurden.
[21]¶ Da ging alles Fleisch unter, das sich
auf Erden regte, an Vögeln, an Vieh, an
wildem Getier und an allem, was da wimmelte auf Erden, und alle Menschen.[a]
a 2.Petr 3,5.6
[22]Alles, was Odem des Lebens hatte auf
dem Trockenen, das starb.
[23]So wurde vertilgt alles, was auf dem
Erdboden war, vom Menschen an bis hin
zum Vieh und zum Gewürm und zu den
Vögeln unter dem Himmel; das wurde
alles von der Erde vertilgt. Allein Noah
blieb übrig und was mit ihm in der Arche
war.
[24]Und die Wasser wuchsen gewaltig auf
Erden hundertundfünfzig Tage.

Ende der Sintflut. Noahs Opfer. Verheißung des HERRN

8 Da gedachte Gott an Noah und an
alles wilde Getier und an alles Vieh,
das mit ihm in der Arche war, und ließ
Wind auf Erden kommen, und die Wasser
fielen.
[2]Und die Brunnen der Tiefe wurden verstopft samt den Fenstern des Himmels,
und dem Regen vom Himmel wurde
gewehrt.
[3]Da verliefen sich die Wasser von der
Erde und nahmen ab nach hundertundfünfzig Tagen.
[4]Am [a]siebzehnten Tag des siebenten
Monats ließ sich die Arche nieder auf das
Gebirge Ararat. *a* Kap 7,11
[5]Es nahmen aber die Wasser immer
mehr ab bis auf den zehnten Monat. Am
ersten Tage des zehnten Monats sahen die
Spitzen der Berge hervor.
[6]¶ Nach [a]vierzig Tagen tat Noah an der
Arche das Fenster auf, das er gemacht
hatte, *a* Kap 7,12.17

7 und ließ einen Raben ausfliegen; der
flog immer hin und her, bis die Wasser
vertrockneten auf Erden.
8 Danach ließ er eine Taube ausfliegen,
um zu erfahren, ob die Wasser sich verlau-
fen hätten auf Erden.
9 Da aber die Taube nichts fand, wo ihr
Fuß ruhen konnte, kam sie wieder zu ihm
in die Arche; denn noch war Wasser auf
dem ganzen Erdboden. Da tat er die Hand
heraus und nahm sie zu sich in die Arche.
10 Da harrte er noch weitere sieben Tage
und ließ abermals eine Taube fliegen aus
der Arche.
11 Die kam zu ihm um die Abendzeit, und
siehe, ein Ölblatt hatte sie abgebrochen
und trug's in ihrem Schnabel. Da merkte
Noah, daß die Wasser sich verlaufen hät-
ten auf Erden.
12 Aber er harrte noch weitere sieben
Tage und ließ eine Taube ausfliegen; die
kam nicht wieder zu ihm.
13 ¶ Im [a]sechshundertundersten Lebens-
jahr Noahs am ersten Tage des ersten
Monats waren die Wasser vertrocknet auf
Erden. Da tat Noah das Dach von der
Arche und sah, daß der Erdboden trocken
war. *a* Kap 7,11
14 Und am siebenundzwanzigsten Tage
des zweiten Monats war die Erde ganz
trocken.
15 Da redete Gott mit Noah und sprach:
16 Geh aus der Arche, du und deine Frau,
deine Söhne und die Frauen deiner Söhne
mit dir.
17 Alles Getier, das bei dir ist, von allem
Fleisch, an Vögeln, an Vieh und allem
Gewürm, das auf Erden kriecht, das gehe
heraus mit dir, daß sie sich regen auf Erden
und fruchtbar seien und sich mehren auf
Erden.
18 So ging Noah heraus mit seinen Söh-
nen und mit seiner Frau und den Frauen
seiner Söhne,[a] *a* 2.Petr 2,5
19 dazu alle wilden Tiere, alles Vieh, alle
Vögel und alles Gewürm, das auf Erden
kriecht; das ging aus der Arche, ein jedes
mit seinesgleichen.
20 ¶ Noah aber baute dem HERRN einen
Altar und nahm von allem [a]reinen Vieh
und von allen reinen Vögeln und opferte
Brandopfer auf dem Altar. *a* Kap 7,2
21 Und der HERR roch den lieblichen
Geruch und sprach in seinem Herzen: **Ich**
will hinfort nicht mehr die Erde verfluchen
um der Menschen willen; denn das [a]Dich-
ten und Trachten des menschlichen Her-
zens ist böse von Jugend auf. Und ich will
hinfort nicht mehr schlagen alles, was da
lebt, wie ich getan habe.
a Kap 6,5; Hiob 14,4; Ps 14,3; Mt 15,19; Röm 3,23
22 **Solange die Erde steht, soll nicht aufhö-**
ren Saat und Ernte, Frost und Hitze, Som-
mer und Winter, Tag und Nacht.[a]
a Jer 33,20.25

Gottes Bund mit Noah

9 Und Gott segnete Noah und seine
Söhne und sprach: Seid fruchtbar und
mehret euch und füllet die Erde.[a]
a Kap 1,28
2 Furcht und Schrecken vor euch sei über
allen Tieren auf Erden und über allen
Vögeln unter dem Himmel, über allem,
was auf dem Erdboden wimmelt, und über
allen Fischen im Meer; in eure Hände
seien sie gegeben.
3 Alles, was sich regt und lebt, das sei
eure Speise; wie [a]das grüne Kraut habe
ich's euch [b]alles gegeben.
a Kap 1,29 *b* Kol 2,16
4 Allein eßt das Fleisch nicht mit seinem
Blut, in dem sein Leben ist![a]
a 3.Mose 3,17; 17,10-14; 5.Mose 12,23
5 Auch will ich euer eigen Blut, das ist das
Leben eines jeden unter euch, rächen
und will es [a] von allen Tieren fordern und
will des Menschen Leben fordern von
einem jeden Menschen. *a* 2.Mose 21,28.29
6 Wer [a]Menschenblut vergießt, dessen
Blut soll auch durch Menschen vergossen
werden; denn Gott hat den Menschen zu
seinem Bilde gemacht.
a 2.Mose 21,12; 3.Mose 24,17; 4.Mose 35,33; Mt 26,52;
Röm 13,4; Offb 13,10
7 Seid fruchtbar und mehret euch und
reget euch auf Erden, daß euer viel darauf
werden.
8 ¶ Und Gott sagte zu Noah und seinen
Söhnen mit ihm:
9 Siehe, [a] ich richte mit euch einen Bund
auf und mit euren Nachkommen
a Kap 6,18
10 und [a]mit allem lebendigen Getier bei
euch, an Vögeln, an Vieh und an allen
Tieren des Feldes bei euch, von allem,
was aus der Arche gegangen ist, was für
Tiere es sind auf Erden. *a* Hos 2,20
11 Und ich richte meinen Bund so mit
euch auf, daß hinfort nicht mehr alles

Fleisch verderbt werden soll durch die
Wasser der Sintflut und hinfort keine Sint-
flut mehr kommen soll, die die Erde ver-
derbe.
12¶Und Gott sprach: Das ist das Zeichen
des Bundes, den ich geschlossen habe zwi-
schen mir und euch und allem lebendigen
Getier bei euch auf ewig:
13 Meinen Bogen habe ich in die Wolken
gesetzt; der soll das Zeichen sein des Bun-
des zwischen mir und der Erde.
14 Und wenn es kommt, daß ich Wetter-
wolken über die Erde führe, so soll man
meinen Bogen sehen in den Wolken.
15 Alsdann will ich gedenken an meinen
Bund zwischen mir und euch und allem
lebendigen Getier unter allem Fleisch, daß
hinfort keine Sintflut mehr komme, die
alles Fleisch verderbe.[a]

a Jes 54,7-10

16 Darum soll mein Bogen in den Wolken
sein, daß ich ihn ansehe und gedenke an
den ewigen Bund zwischen Gott und
allem lebendigen Getier unter allem
Fleisch, das auf Erden ist.
17 Und Gott sagte zu Noah: Das sei das
Zeichen des Bundes, den ich aufgerichtet
habe zwischen mir und allem Fleisch auf
Erden.

Noahs Fluch und Segen über seine Söhne

18 Die Söhne Noahs, die aus der Arche
gingen, sind diese: [a]Sem, Ham und Jafet.
Ham aber ist der Vater Kanaans.

a Kap 5,32

19 Das sind die drei Söhne Noahs; von
ihnen kommen her alle Menschen auf
Erden.
20¶Noah aber, der Ackermann, pflanzte
als erster einen Weinberg.
21 Und da er von dem Wein trank, ward er
trunken und lag im Zelt aufgedeckt.
22 Als nun Ham, Kanaans Vater, seines
Vaters Blöße sah, sagte er's seinen beiden
Brüdern draußen.[a]

a 2.Mose 20,12; Spr 30,17

23 Da nahmen Sem und Jafet ein Kleid
und legten es auf ihrer beider Schultern
und gingen rückwärts hinzu und deckten
ihres Vaters Blöße zu; und ihr Angesicht
war abgewandt, damit sie ihres Vaters
Blöße nicht sähen.
24 Als nun Noah erwachte von seinem
Rausch und erfuhr, was ihm sein jüngster
Sohn angetan hatte,
25 sprach er: Verflucht sei Kanaan und sei
seinen Brüdern ein Knecht aller Knechte!
26 Und sprach weiter: Gelobt sei der
HERR, der Gott Sems, und Kanaan sei sein
Knecht!
27 Gott breite Jafet aus und lasse ihn woh-
nen in den Zelten Sems, und Kanaan sei
sein Knecht!
28¶Noah aber lebte nach der Sintflut
dreihundertundfünfzig Jahre,
29 daß sein ganzes Alter ward neunhun-
dertundfünfzig Jahre, und starb.

Die Völkertafel

(vgl. 1.Chr 1,5-23)

10 Dies ist das Geschlecht der Söhne
Noahs: Sem, Ham und Jafet. Und es
wurden ihnen Söhne geboren nach der
Sintflut.
2¶ [a]Die Söhne Jafets sind diese: Gomer,
Magog, Madai, Jawan, Tubal, Meschech
und Tiras.[b]

a (2-31) Hes 27,13-22 *b* Hes 38,2; 39,1.6

3 Die Söhne Gomers sind diese: Aschke-
nas, Rifat und Togarma.
4 Die Söhne Jawans sind diese: Elischa,
Tarsis, die Kittäer und die Rodaniter.
5 Von diesen haben sich ausgebreitet die
Bewohner der Inseln der Heiden. Das sind
die Söhne Jafets nach ihren Ländern, ihren
Sprachen, Geschlechtern und Völkern.
6¶Die Söhne Hams sind diese: Kusch,
Mizrajim, Put und Kanaan.
7 Und die Söhne des Kusch sind diese:
Seba, Hawila, Sabta, Ragma und Sabtecha.
Aber die Söhne Ragmas sind diese: Saba
und Dedan.
8 Kusch aber zeugte den Nimrod. Der war
der erste, der Macht gewann auf Erden,
9 und war ein gewaltiger Jäger vor dem
HERRN. Daher spricht man: Das ist ein
gewaltiger Jäger vor dem HERRN wie
[a]Nimrod.

a Mi 5,5

10 Und der Anfang seines Reichs war
Babel, Erech, Akkad und Kalne im Lande
Schinar.
11 Von diesem Lande ist er nach Assur
gekommen und baute Ninive und Reho-
bot-Ir und Kelach,
12 dazu Resen zwischen Ninive und Ke-
lach. Das ist die große Stadt.
13 Mizrajim zeugte die Luditer, die Ana-
miter, die Lehabiter, die Naftuhiter,
14 die Patrositer, die Kasluhiter und die
Kaftoriter; von denen sind gekommen die
Philister.

[15]Kanaan aber zeugte Sidon, seinen er-
sten Sohn, und Het
[16]und den Jebusiter, den Amoriter, den
Girgaschiter,
[17]den Hiwiter, den Arkiter, den Siniter,
[18]den Arwaditer, den Zemariter und den
Hamatiter. Nachher haben sich die Ge-
schlechter der Kanaaniter weiter ausge-
breitet,
[19]und ihre Grenzen waren von Sidon in
der Richtung auf Gerar bis nach Gaza, in
der Richtung auf Sodom, Gomorra, Adma,
Zebojim bis nach Lescha.
[20]Das sind die Söhne Hams nach ihren
Geschlechtern, Sprachen, Ländern und
Völkern.
[21]¶Sem aber, dem Vater aller Söhne
Ebers, Jafets älterem Bruder, wurden auch
Söhne geboren.[a] *a* Kap 11,10
[22]Und dies sind seine Söhne: Elam,
Assur, Arpachschad, Lud und Aram.
[23]Aber die Söhne Arams sind diese: Uz,
Hul, Geter und Masch.[a] *a* Kap 22,21
[24]Arpachschad aber zeugte Schelach,
Schelach zeugte Eber.
[25]Eber wurden zwei Söhne geboren. Ei-
ner hieß Peleg, weil zu seiner Zeit [a]die
Erde zerteilt wurde; und sein Bruder hieß
Joktan. *a* Kap 11,8.9; 5.Mose 32,8
[26]Und Joktan zeugte Almodad, Schelef,
Hazarmawet, Jerach,
[27]Hadoram, Usal, Dikla,
[28]Obal, Abimaël, Saba,
[29]Ofir, Hawila und Jobab. Das sind alles
Söhne Joktans.
[30]Und ihre Wohnsitze waren von Mescha
bis man kommt nach Sefar, an das Gebirge
im Osten.
[31]Das sind die Söhne Sems nach ihren
Geschlechtern, Sprachen, Ländern und
Völkern.
[32]¶Das sind nun die Nachkommen der
Söhne Noahs nach ihren Geschlechtern
und Völkern. Von denen her haben sich
ausgebreitet die Völker auf Erden nach der
Sintflut.

Der Turmbau zu Babel

11 Es hatte aber alle Welt einerlei Zunge
und Sprache.
[2]Als sie nun nach Osten zogen, fanden
sie eine Ebene im Lande Schinar und
wohnten daselbst.
[3]Und sie sprachen untereinander: Wohl-
auf, laßt uns Ziegel streichen und bren-
nen! – und nahmen Ziegel als Stein und
Erdharz als Mörtel
[4]und sprachen: Wohlauf, laßt uns eine
Stadt und einen Turm bauen, dessen
Spitze bis an den Himmel reiche, damit
wir uns einen Namen machen; denn wir
werden sonst zerstreut in alle Länder.
[5]Da [a]fuhr der HERR hernieder, daß er
sähe die Stadt und den Turm, die die Men-
schenkinder bauten. *a* Kap 18,21; Ps 14,2
[6][a]Und der HERR sprach: Siehe, es ist
einerlei Volk und einerlei Sprache unter
ihnen allen, und dies ist der Anfang ihres
Tuns; nun wird ihnen nichts mehr ver-
wehrt werden können von allem, was sie
sich vorgenommen haben zu tun.
a (6-9) Apg 2,1-11
[7]Wohlauf, laßt uns herniederfahren und
dort ihre Sprache verwirren, daß keiner des
andern Sprache verstehe!
[8]So [a]zerstreute sie der HERR von dort in
alle Länder, daß sie aufhören mußten, die
Stadt zu bauen. *a* 5.Mose 32,8; Lk 1,51
[9]Daher heißt ihr Name Babel, weil der
HERR daselbst verwirrt hat aller Länder
Sprache und sie von dort zerstreut hat in
alle Länder.

Geschlechtsregister von Sem bis Abram

[10][a]Dies ist das [b]Geschlecht Sems: Sem
war 100 Jahre alt und zeugte Arpachschad
zwei Jahre nach der Sintflut
a (10-26) 1.Chr 1,24-27; Lk 3,34-36 *b* Kap 10,21.22
[11]und lebte danach 500 Jahre und zeugte
Söhne und Töchter.
[12]Arpachschad war 35 Jahre alt und
zeugte Schelach
[13]und lebte danach 403 Jahre und zeugte
Söhne und Töchter.
[14]Schelach war 30 Jahre alt und zeugte
Eber
[15]und lebte danach 403 Jahre und zeugte
Söhne und Töchter.
[16]Eber war 34 Jahre alt und zeugte Peleg
[17]und lebte danach 430 Jahre und zeugte
Söhne und Töchter.
[18]Peleg war 30 Jahre alt und zeugte Regu
[19]und lebte danach 209 Jahre und zeugte
Söhne und Töchter.
[20]Regu war 32 Jahre alt und zeugte Serug
[21]und lebte danach 207 Jahre und zeugte
Söhne und Töchter.
[22]Serug war 30 Jahre alt und zeugte
Nahor

23und lebte danach 200 Jahre und zeugte
Söhne und Töchter.
24Nahor war 29 Jahre alt und zeugte
Terach
25und lebte danach 119 Jahre und zeugte
Söhne und Töchter.
26Terach war 70 Jahre alt und zeugte
Abram, Nahor und Haran.

Terachs Geschlecht. Sein Zug von Ur nach Haran

27Dies ist das Geschlecht Terachs: Terach
zeugte Abram, Nahor und Haran; und
Haran zeugte Lot.
28Haran aber starb vor seinem Vater
Terach in seinem Vaterland zu Ur in Chal-
däa.
29Da nahmen sich Abram und Nahor
Frauen. Abrams Frau hieß Sarai und Na-
hors Frau [a]Milka, Harans Tochter, der der
Vater war der Milka und der Jiska.

a Kap 22,20

30Aber Sarai war unfruchtbar und hatte
kein Kind.
31¶ Da nahm [a]Terach seinen Sohn
Abram und Lot, den Sohn seines Sohnes
Haran, und seine Schwiegertochter Sarai,
die Frau seines Sohnes Abram, und führte
sie aus [b]Ur in Chaldäa, um ins Land
Kanaan zu ziehen. Und sie kamen nach
Haran und wohnten dort.

a Jos 24,2 b Neh 9,7

32Und Terach wurde zweihundertundfünf
Jahre alt und starb in Haran.

Abrams Berufung und Zug nach Kanaan

12 Und der HERR sprach zu Abram:
Geh aus deinem Vaterland und von
deiner Verwandtschaft und aus deines
Vaters Hause in ein Land, das ich dir zei-
gen will.[a]

a 4.Mose 23,9; Apg 7,3; Hebr 11,8

2Und ich will dich zum großen Volk
machen und [a]will dich segnen und dir
einen großen Namen machen, und du
sollst [b]ein Segen sein.

a Kap 24,1.35 b Ps 72,17

3Ich will segnen, die dich segnen, und
[a]verfluchen, die dich verfluchen; und [b]**in
dir sollen gesegnet werden alle Geschlech-
ter auf Erden.**

a 2.Mose 23,22
b Kap 18,18; 22,18; 26,4; 28,14; Apg 3,25; Gal 3,8

4¶ Da zog Abram aus, wie der HERR zu
ihm gesagt hatte, und Lot zog mit ihm.
Abram aber war fünfundsiebzig Jahre alt,
als er aus Haran zog.
5So nahm Abram Sarai, seine Frau, und
Lot, seines Bruders Sohn, mit aller ihrer
Habe, die sie gewonnen hatten, und die
Leute, die sie erworben hatten in Haran,
und zogen aus, um ins Land Kanaan zu
reisen. Und sie kamen in das Land,
6und Abram durchzog das Land bis an
die Stätte bei [a] Sichem, bis zur Eiche
More; es wohnten aber zu der Zeit die
Kanaaniter im Lande.

a Kap 35,4; Jos 24,25.26

7Da erschien der HERR dem Abram und
sprach: Deinen [a] Nachkommen will ich
dies Land geben. Und er baute dort einen
Altar dem HERRN, der ihm erschienen war.

a Kap 13,15; 15,18; 17,8; 35,12; 2.Mose 6,4.8; 32,13; Jos 21,43; Apg 7,5

8Danach brach er von dort auf ins Ge-
birge östlich der Stadt Bethel und schlug
sein Zelt auf, so daß er Bethel im Westen
und Ai im Osten hatte, und baute dort
dem HERRN einen Altar und [a]rief den
Namen des HERRN an.

a Kap 4,26

9Danach zog Abram weiter ins Südland.

Abram und Sarai in Ägypten

(vgl. Kap 20,1-18; 26,7-11)

10Es kam aber eine Hungersnot in das
Land. Da zog Abram hinab nach Ägypten,
daß er sich dort als ein Fremdling auf-
hielte; denn der Hunger war groß im
Lande.
11Und als er nahe an Ägypten war, sprach
er zu Sarai, seiner Frau: Siehe, ich weiß,
daß du eine schöne Frau bist.
12Wenn dich nun die Ägypter sehen, so
werden sie sagen: Das ist seine Frau, und
werden mich umbringen und dich leben
lassen.
13So sage doch, du seist meine Schwe-
ster, auf daß mir's wohlgehe um deinet-
willen und ich am Leben bleibe um dei-
netwillen.
14¶ Als nun Abram nach Ägypten kam,
sahen die Ägypter, daß seine Frau sehr
schön war.
15Und die Großen des Pharao sahen sie
und priesen sie vor ihm. Da wurde sie in
das Haus des Pharao gebracht.
16Und er tat Abram Gutes um ihretwil-
len; und er bekam Schafe, Rinder, Esel,
Knechte und Mägde, Eselinnen und Ka-
mele.
17Aber der HERR plagte den Pharao und
sein Haus mit großen Plagen um Sarais,
Abrams Frau, willen.

18 ¶Da rief der Pharao Abram zu sich und
sprach zu ihm: Warum hast du mir das
angetan? Warum sagtest du mir nicht, daß
sie deine Frau ist?
19 Warum sprachst du denn: Sie ist meine
Schwester –, so daß ich sie mir zur Frau
nahm? Und nun siehe, da hast du deine
Frau; nimm sie und zieh hin.
20 Und der Pharao bestellte Leute um sei-
netwillen, daß sie ihn geleiteten und seine
Frau und alles, was er hatte.

Abram und Lot trennen sich

13 So zog Abram herauf aus Ägypten
mit seiner Frau und mit allem, was
er hatte, und Lot auch mit ihm, ins Süd-
land.
2 Abram aber war sehr reich an Vieh, Sil-
ber und Gold.
3 Und er zog immer weiter vom Südland
bis nach Bethel, an die Stätte, wo zuerst
sein Zelt war, zwischen Bethel und Ai,
4 eben an den Ort, wo er früher den Altar
errichtet hatte. Dort [a]rief er den Namen
des HERRN an. [a] Kap 12,8
5 ¶Lot aber, der mit Abram zog, hatte
auch Schafe und Rinder und Zelte.
6 Und das Land konnte es nicht ertragen,
daß sie beieinander wohnten; denn ihre
Habe war groß, und sie konnten nicht bei-
einander wohnen.
7 Und es war immer Zank zwischen den
Hirten von Abrams Vieh und den Hirten
von Lots Vieh. Es wohnten auch zu der
Zeit die Kanaaniter und Perisiter im
Lande.
8 Da sprach Abram zu Lot: Laß doch
nicht Zank sein zwischen mir und dir und
zwischen meinen und deinen Hirten; denn
wir sind Brüder.
9 Steht dir nicht alles Land offen? Trenne
dich doch von mir! Willst du zur Linken,
so will ich zur Rechten, oder willst du zur
Rechten, so will ich zur Linken.
10 Da hob Lot seine Augen auf und besah
die ganze Gegend am Jordan. Denn ehe
der HERR Sodom und Gomorra vernich-
tete, war sie wasserreich, bis man nach
Zoar kommt, [a]wie der Garten des HERRN,
gleichwie Ägyptenland. [a] Kap 2,8-10
11 Da erwählte sich Lot die ganze Gegend
am Jordan und zog nach Osten. Also
trennte sich ein Bruder von dem andern,
12 so daß Abram wohnte im Lande
Kanaan und Lot in den Städten am unte-
ren Jordan. Und Lot zog mit seinen Zel-
ten bis nach Sodom.
13 Aber die Leute zu Sodom waren böse
und sündigten sehr wider den HERRN.[a]
[a] Kap 18,20; 19,4-9

Der HERR wiederholt seine Verheißung an Abram

14 Als nun Lot sich von Abram getrennt
hatte, sprach der HERR zu Abram: Hebe
deine Augen auf und sieh von der Stätte
aus, wo du wohnst, nach Norden, nach
Süden, nach Osten und nach Westen.
15 Denn all das Land, das du siehst, will
ich dir und deinen Nachkommen geben
für alle Zeit[a] [a] Kap 12,7
16 und will deine Nachkommen machen
wie den Staub auf Erden. Kann ein Mensch
den Staub auf Erden zählen, der wird auch
deine Nachkommen zählen.[a]
[a] Kap 28,14; 4.Mose 23,10; 1.Kön 4,20
17 Darum mach dich auf und durchzieh
das Land in die Länge und Breite, denn
dir will ich's geben.
18 Und Abram zog weiter mit seinem Zelt
und kam und wohnte im Hain [a]Mamre,
der bei Hebron ist, und baute dort dem
HERRN einen Altar. [a] Kap 14,13.24

Abram errettet Lot und wird von Melchisedek gesegnet

14 Und es begab sich zu der Zeit des
Königs Amrafel von Schinar, Ar-
jochs, des Königs von Ellasar, Kedor-
Laomers, des Königs von Elam, und Ti-
dals, des [a]Königs von Völkern, [a] Jos 12,23
2 daß sie Krieg führten mit Bera, dem
König von [a]Sodom, und mit Birscha, dem
König von Gomorra, und mit Schinab,
dem König von Adma, und mit Scheme-
ber, dem König von Zebojim, und mit
dem König von Bela, das ist Zoar.
[a] Kap 19,24
3 Diese kamen alle zusammen in das Tal
Siddim, wo nun das Salzmeer ist.
4 Denn sie waren zwölf Jahre dem König
Kedor-Laomer untertan gewesen, und im
dreizehnten Jahr waren sie von ihm abge-
fallen.
5 [a]Darum kamen Kedor-Laomer und die
Könige, die mit ihm waren, im vierzehn-
ten Jahr und schlugen die Refaïter zu
Aschterot-Karnajim und die Susiter zu

Ham und die Emiter in der Ebene Kirjata-
jim *a (5 und 6)* Kap 36,20-30
6 und die Horiter auf ihrem Gebirge Seïr
bis El-Paran, das an die Wüste stößt.
7 Danach wandten sie um und kamen
nach En-Mischpat, das ist Kadesch, und
schlugen das ganze Land der Amalekiter,
dazu die Amoriter, die zu Hazezon-Tamar
wohnten.
8 ¶Da zogen aus der König von Sodom,
der König von Gomorra, der König von
Adma, der König von Zebojim und der
König von Bela, das ist Zoar, und rüsteten
sich, zu kämpfen im Tal Siddim
9 mit Kedor-Laomer, dem König von
Elam, und mit Tidal, dem König von Völ-
kern, und mit Amrafel, dem König von
Schinar, und mit Arjoch, dem König von
Ellasar, vier Könige gegen fünf.
10 Das Tal Siddim aber hatte viele Erd-
harzgruben. Und die Könige von Sodom
und Gomorra wurden in die Flucht
geschlagen und fielen da hinein, und was
übrigblieb, floh auf das Gebirge.
11 Da nahmen sie alle Habe von Sodom
und Gomorra und alle Vorräte und zogen
davon.
12 Sie nahmen auch mit sich Lot, Abrams
Brudersohn, und seine Habe, denn [a]er
wohnte in Sodom, und zogen davon.

a Kap 13,10-12

13 ¶Da kam einer, der entronnen war, und
sagte es Abram an, dem Hebräer, der da
wohnte im Hain Mamres, des Amoriters,
des Bruders von Eschkol und Aner. Diese
waren mit Abram im Bund.
14 Als nun Abram hörte, daß seines Bru-
ders Sohn gefangen war, wappnete er seine
Knechte, dreihundertundachtzehn, in sei-
nem Hause geboren, und jagte ihnen nach
bis [a]Dan *a* Jos 19,47; Ri 18,29
15 und teilte seine Schar, fiel des Nachts
über sie her mit seinen Knechten und
schlug sie und jagte sie bis nach Hoba, das
nördlich der Stadt Damaskus liegt.
16 Und er brachte alle Habe wieder
zurück, dazu auch Lot, seines Bruders
Sohn, mit seiner Habe, auch die Frauen
und das Volk.
17 ¶[a]Als er nun zurückkam von dem Sieg
über Kedor-Laomer und die Könige mit
ihm, ging ihm entgegen der König von
Sodom in das Tal Schawe, das ist das
Königstal. *a (17-19)* Hebr 7,1-4
18 Aber [a]Melchisedek, der König von [b]Sa-
lem, trug Brot und Wein heraus. Und er
war ein Priester Gottes des Höchsten

a Ps 110,4 *b* Ps 76,3

19 und segnete ihn und sprach: Gesegnet
seist du, Abram, vom höchsten Gott, der
Himmel und Erde geschaffen hat;
20 und gelobt sei Gott der Höchste, der
deine Feinde in deine Hand gegeben hat.
Und Abram gab ihm den [a]Zehnten von
allem. *a* Kap 28,22; 3.Mose 27,30-32
21 Da sprach der König von Sodom zu
Abram: Gib mir die Leute, die Güter
behalte für dich!
22 Aber Abram sprach zu dem König von
Sodom: Ich hebe meine Hand auf zu dem
HERRN, dem höchsten Gott, der Himmel
und Erde geschaffen hat,
23 daß ich von allem, was dein ist, nicht
einen Faden noch einen Schuhriemen
nehmen will, damit du nicht sagest, du
habest Abram reich gemacht,
24 ausgenommen, was die Knechte ver-
zehrt haben; doch laß die Männer Aner,
Eschkol und Mamre, die mit mir gezogen
sind, ihr Teil nehmen.

Gott verheißt Abram einen Sohn und gewährt ihm den Bund

(vgl. Kap 17)

15 Nach diesen Geschichten begab
sich's, daß zu Abram das Wort des
HERRN kam in einer [a]Offenbarung:
Fürchte dich nicht, Abram! [b]Ich bin dein
Schild und dein sehr großer Lohn.

a 4.Mose 24,4.16 *b* Ps 3,4

2 Abram sprach aber: HERR, mein Gott,
was willst du mir geben? Ich gehe dahin
ohne Kinder, und mein Knecht Eliëser von
Damaskus wird mein Haus besitzen.
3 Und Abram sprach weiter: Mir hast du
keine Nachkommen gegeben; und siehe,
einer von meinen Knechten wird mein
Erbe sein.
4 Und siehe, der HERR sprach zu ihm: Er
soll nicht dein Erbe sein, sondern der von
deinem Leibe kommen wird, der soll dein
Erbe sein.
5 Und er hieß ihn hinausgehen und
sprach: Sieh gen Himmel und zähle die
Sterne; kannst du sie zählen? Und sprach
zu ihm: So zahlreich sollen deine Nach-
kommen sein![a]

a Kap 22,17; 2.Mose 32,13; 5.Mose 1,10; Hebr 11,12

6 Abram glaubte dem HERRN, und das

rechnete er ihm zur Gerechtigkeit.[a]
a Röm 4,3-5; Jak 2,23

7¶Und er sprach zu ihm: [a]Ich bin der HERR, der dich aus [b]Ur in Chaldäa geführt hat, auf daß ich dir dies Land zu besitzen gebe.
a 2.Mose 3,14; Jes 45,5; Joh 8,24-29 b Kap 11,31

8Abram aber sprach: HERR, mein Gott, woran soll ich merken, daß ich's besitzen werde?

9Und er sprach zu ihm: Bringe mir eine dreijährige Kuh, eine dreijährige Ziege, einen dreijährigen Widder, eine Turteltaube und eine andere Taube.

10Und er brachte ihm dies alles und [a]zerteilte es in der Mitte und legte je einen Teil dem andern gegenüber; aber die Vögel zerteilte er nicht. a Jer 34,18.19

11Und die Raubvögel stießen hernieder auf die Stücke, aber Abram scheuchte sie davon.

12¶Als nun die Sonne am Untergehen war, fiel ein [a]tiefer Schlaf auf Abram, und siehe, Schrecken und große Finsternis überfiel ihn. a Kap 2,21; 1.Sam 26,12; Jes 29,10

13Da sprach der HERR zu Abram: Das sollst du wissen, daß deine Nachkommen werden Fremdlinge sein in einem Lande, das nicht das ihre ist; und da wird man sie zu dienen zwingen und plagen vierhundert Jahre.[a] a 2.Mose 1,13; 12,40; Apg 7,6

14Aber ich will das Volk richten, dem sie dienen müssen. Danach sollen sie ausziehen mit großem Gut.[a]
a 2.Mose 3,21.22; Apg 7,7

15Und du sollst fahren zu deinen Vätern mit Frieden und [a]in gutem Alter begraben werden. a Kap 25,7.8

16Sie aber sollen erst nach vier Menschenaltern wieder hierherkommen; denn die Missetat der [a]Amoriter ist noch nicht voll.
a Apg 7,7

17¶Als nun die Sonne untergegangen und es finster geworden war, siehe, da war ein [a]rauchender Ofen, und eine Feuerflamme fuhr zwischen den Stücken hin.
a 2.Mose 19,18

18An dem Tage schloß der HERR einen Bund mit Abram und sprach: [a]Deinen Nachkommen will ich dies Land geben, von dem [b]Strom Ägyptens an bis an den großen [c]Strom Euphrat:
a Kap 12,7 b 1.Kön 8,65 c 1.Kön 5,1

19die Keniter, die Kenasiter, die Kadmoniter,

20die Hetiter, die Perisiter, die Refaïter,

21die Amoriter, die Kanaaniter, die Girgaschiter, die Jebusiter.

Hagar und Ismael
(vgl. Kap 21,9-21)

16 Sarai, Abrams Frau, gebar ihm kein Kind. Sie hatte aber eine ägyptische Magd, die hieß Hagar.

2Und Sarai sprach zu Abram: Siehe, der HERR hat mich verschlossen, daß ich nicht gebären kann. Geh doch zu meiner Magd, ob ich vielleicht durch sie zu einem Sohn komme. [a]Und Abram gehorchte der Stimme Sarais. a Kap 30,3.9

3Da nahm Sarai, Abrams Frau, ihre ägyptische Magd Hagar und gab sie Abram, ihrem Mann, zur Frau, nachdem sie zehn Jahre im Lande Kanaan gewohnt hatten.

4¶Und er ging zu Hagar, die ward schwanger. Als sie nun sah, daß sie schwanger war, achtete sie ihre Herrin gering.

5Da sprach Sarai zu Abram: Das Unrecht, das mir geschieht, komme über dich! Ich habe meine Magd dir in die Arme gegeben; nun sie aber sieht, daß sie schwanger geworden ist, bin ich geringgeachtet in ihren Augen. Der HERR sei Richter zwischen mir und dir.

6Abram aber sprach zu Sarai: Siehe, deine Magd ist unter deiner Gewalt; tu mit ihr, wie dir's gefällt.

¶Als nun Sarai sie demütigen wollte, floh sie von ihr.

7Aber der [a]Engel des HERRN fand sie bei einer Wasserquelle in der Wüste, nämlich bei der Quelle am Wege nach Schur.
a 2.Mose 14,19; 23,20; 4.Mose 22,22; 1.Kön 19,7; 2.Kön 19,35

8Der sprach zu ihr: Hagar, Sarais Magd, wo kommst du her, und wo willst du hin? Sie sprach: Ich bin von Sarai, meiner Herrin, geflohen.

9Und der Engel des HERRN sprach zu ihr: Kehre wieder um zu deiner Herrin und demütige dich unter ihre Hand.

10Und der Engel des HERRN sprach zu ihr: Ich will deine Nachkommen so mehren, daß sie der großen Menge wegen nicht gezählt werden können.[a] a Kap 17,20

11Weiter sprach der Engel des HERRN zu ihr: Siehe, du bist schwanger geworden und wirst einen Sohn gebären, dessen Namen sollst du Ismael nennen; denn

[a]der HERR hat dein Elend erhört.
a 2.Mose 2,23; Hiob 34,28; Ps 9,13; Jes 41,17; Jak 5,4
12 Er wird ein wilder Mensch sein; seine
Hand wider jedermann und jedermanns
Hand wider ihn, und er wird wohnen all
seinen Brüdern zum Trotz.[a] *a* Kap 25,18
13 ¶Und sie nannte den Namen des
HERRN, der mit ihr redete: [a]Du bist ein
Gott, der mich sieht. Denn sie sprach:
Gewiß hab ich hier hinter dem hergesehen,
der mich angesehen hat.
a Kap 22,14; 2.Mose 3,7; 2.Kön 13,4
14 Darum nannte man den Brunnen
[a]»Brunnen des Lebendigen, der mich
sieht«. Er liegt zwischen Kadesch und
Bered. *a* Kap 24,62; 25,11
15 ¶Und Hagar gebar Abram einen Sohn,
und Abram nannte den Sohn, den ihm
Hagar gebar, Ismael.
16 Und Abram war sechsundachtzig Jahre
alt, als ihm Hagar den Ismael gebar.

Ewiger Bund und neue Namen. Verheißung Isaaks und Beschneidung

17 Als nun Abram neunundneunzig
Jahre alt war, erschien ihm der HERR
und sprach zu ihm: [a]Ich bin der allmächtige
Gott; [b]wandle vor mir und sei fromm.
a Kap 35,11; 2.Mose 6,3 *b* 5.Mose 10,12
2 Und ich will meinen Bund zwischen mir
und dir schließen und will dich über alle
Maßen mehren.
3 ¶Da fiel Abram auf sein Angesicht. Und
Gott redete weiter mit ihm und sprach:
4 Siehe, **ich** habe meinen Bund mit dir,
und du sollst ein Vater vieler Völker werden.
5 Darum sollst du nicht mehr Abram heißen,
sondern Abraham soll dein Name
sein; denn [a]ich habe dich gemacht zum
Vater vieler Völker. *a* Röm 4,11.17
6 Und ich will dich sehr fruchtbar machen
und will aus dir Völker machen, und auch
Könige sollen von dir kommen.
7 Und ich will aufrichten meinen Bund
zwischen mir und dir und deinen Nachkommen
von Geschlecht zu Geschlecht,
daß es ein ewiger Bund sei, so daß ich
dein und deiner Nachkommen Gott bin.
8 Und ich will dir und deinem Geschlecht
nach dir das Land geben, darin du ein
[a]Fremdling bist, das ganze Land Kanaan,
[b]zu ewigem Besitz, und will ihr Gott sein.
a Kap 35,27; Hebr 11,9.10 *b* Apg 7,5
9 ¶Und Gott sprach zu Abraham: So haltet
nun meinen Bund, du und deine Nachkommen
von Geschlecht zu Geschlecht.
10 Das aber ist mein Bund, den ihr halten
sollt zwischen mir und euch und deinem
Geschlecht nach dir: [a]Alles, was männlich
ist unter euch, soll beschnitten werden;
a 3.Mose 12,3; Joh 7,22
11 eure Vorhaut sollt ihr beschneiden. Das
soll das [a]Zeichen sein des Bundes zwischen
mir und euch.[b]
a Hes 20,12 *b* 5.Mose 30,6; Röm 4,11
12 Jedes Knäblein, wenn's acht Tage alt
ist, sollt ihr beschneiden bei euren Nachkommen.
Desgleichen auch alles, was an
Gesinde im Hause geboren oder was
gekauft ist von irgendwelchen Fremden,
die nicht aus eurem Geschlecht sind.
13 Beschnitten soll werden alles Gesinde,
was dir im Hause geboren oder was
gekauft ist. Und so soll mein Bund an
eurem Fleisch zu einem ewigen Bund werden.
14 Wenn aber ein Männlicher nicht
beschnitten wird an seiner Vorhaut, wird
er ausgerottet werden aus seinem Volk,
weil er meinen Bund gebrochen hat.
15 ¶Und Gott sprach abermals zu
Abraham: Du sollst Sarai, deine Frau,
nicht mehr Sarai nennen, sondern Sara soll
ihr Name sein.
16 Denn ich will sie [a]segnen, und auch
von ihr will ich dir einen Sohn geben; ich
will sie segnen, und Völker sollen aus ihr
werden und Könige über viele Völker.
a Kap 12,2.3
17 Da fiel Abraham auf sein Angesicht
und [a]lachte und sprach in seinem Herzen:
[b]Soll mir mit hundert Jahren ein Kind
geboren werden, und soll Sara, neunzig
Jahre alt, gebären?
a Kap 18,12; 21,6 *b* Lk 1,18; Röm 4,19-21
18 Und Abraham sprach zu Gott: Ach daß
Ismael möchte leben bleiben vor dir!
19 Da sprach Gott: Nein, Sara, deine Frau,
wird dir einen Sohn gebären, den sollst du
Isaak nennen, und mit ihm will ich meinen
[a]ewigen Bund aufrichten und mit seinem
Geschlecht nach ihm. *a* Kap 26,3
20 Und für Ismael habe ich dich auch
erhört. Siehe, ich habe ihn gesegnet und
will ihn fruchtbar machen und [a]über alle
Maßen mehren. [b]Zwölf Fürsten wird er
zeugen, und ich will ihn zum großen Volk
machen. *a* Kap 16,10; 21,13.18 *b* Kap 25,16
21 Aber meinen Bund will ich aufrichten

mit Isaak, den dir Sara gebären soll um diese Zeit im nächsten Jahr.

22 Und er hörte auf, mit ihm zu reden. Und Gott fuhr auf von Abraham.

23 ¶ Da nahm Abraham seinen Sohn Ismael und alle Knechte, die im Hause geboren, und alle, die gekauft waren, und alles, was männlich war in seinem Hause, und beschnitt ihre Vorhaut an eben diesem Tage, wie ihm Gott gesagt hatte.

24 Und Abraham war neunundneunzig Jahre alt, als er seine Vorhaut beschnitt.

25 Ismael aber, sein Sohn, war dreizehn Jahre alt, als seine Vorhaut beschnitten wurde.

26 Eben auf diesen Tag wurden sie alle beschnitten, Abraham, sein Sohn Ismael,

27 und was männlich in seinem Hause war, im Hause geboren und gekauft von Fremden; es wurde alles mit ihm beschnitten.

Der Herr bei Abraham in Mamre

18 Und der HERR erschien ihm im Hain Mamre, während er an der Tür seines Zeltes saß, als der Tag am heißesten war.

2 Und als er seine Augen aufhob und sah, siehe, da standen drei Männer vor ihm. Und als er sie sah, lief er ihnen entgegen von der Tür seines Zeltes und neigte sich zur Erde[a]

[a] Hebr 13.2

3 und sprach: Herr, hab ich Gnade gefunden vor deinen Augen, so geh nicht an deinem Knecht vorüber.

4 Man soll euch ein wenig Wasser bringen, eure Füße zu waschen, und laßt euch nieder unter dem Baum.

5 Und ich will euch einen Bissen Brot bringen, daß ihr euer Herz labt; danach mögt ihr weiterziehen. Denn darum seid ihr bei eurem Knecht vorübergekommen. Sie sprachen: Tu, wie du gesagt hast.

6 ¶ Abraham eilte in das Zelt zu Sara und sprach: Eile und menge drei Maß feinstes Mehl, knete und backe Kuchen.

7 Er aber lief zu den Rindern und holte ein zartes gutes Kalb und gab's dem Knechte; der eilte und bereitete es zu.

8 Und er trug Butter und Milch auf und von dem Kalbe, das er zubereitet hatte, und setzte es ihnen vor und blieb stehen vor ihnen unter dem Baum, und sie aßen.

9 ¶ Da sprachen sie zu ihm: Wo ist Sara, deine Frau? Er antwortete: Drinnen im Zelt.

10 Da sprach er: Ich [a]will wieder zu dir kommen übers Jahr; siehe, dann soll Sara, deine Frau, einen Sohn haben. Das hörte Sara hinter ihm, hinter der Tür des Zeltes.

[a] Kap 17,19; Röm 9,9

11 Und sie waren beide, Abraham und Sara, alt und hochbetagt, so daß es Sara nicht mehr ging nach der Frauen Weise.

12 Darum [a]lachte sie bei sich selbst und sprach: Nun ich alt bin, soll ich noch der Liebe pflegen, und mein [b]Herr ist auch alt!

[a] Kap 17,17 [b] 1.Petr 3,6

13 Da sprach der HERR zu Abraham: Warum lacht Sara und spricht: Meinst du, daß es wahr sei, daß ich noch gebären werde, die ich doch alt bin?

14 [a]**Sollte dem HERRN etwas unmöglich sein?** Um diese Zeit will ich wieder zu dir kommen übers Jahr; dann soll Sara einen Sohn haben.

[a] Mt 19,26; Lk 1,37

15 Da leugnete Sara und sprach: Ich habe nicht gelacht –, denn sie fürchtete sich. Aber er sprach: Es ist nicht so, du hast gelacht.

Abrahams Fürbitte für Sodom

16 Da brachen die Männer auf und wandten sich nach Sodom, und Abraham ging mit ihnen, um sie zu geleiten.

17 Da sprach der HERR: Wie könnte ich Abraham verbergen, was ich tun will,[a]

[a] Am 3,7

18 da er doch ein großes und mächtiges Volk werden soll und alle Völker auf Erden in ihm gesegnet werden sollen?[a]

[a] Kap 12,3

19 Denn dazu habe ich ihn auserkoren, daß er [a] seinen Kindern befehle und seinem Hause nach ihm, daß sie des HERRN Wege halten und tun, was recht und gut ist, auf daß der HERR auf Abraham kommen lasse, was er ihm verheißen hat.

[a] 5.Mose 6,7; 32,46

20 Und der HERR sprach: Es ist ein großes [a]Geschrei über Sodom und Gomorra, daß ihre Sünden sehr schwer sind.

[a] Kap 19,13

21 Darum will ich hinabfahren und sehen, ob sie alles getan haben nach dem Geschrei, das vor mich gekommen ist, oder ob's nicht so sei, damit ich's wisse.

22 Und die Männer wandten ihr Angesicht und gingen nach Sodom.

¶ Aber Abraham blieb stehen vor dem HERRN

23 und trat zu ihm und sprach: Willst du

1 *Die Erschaffung des Menschen*
Öl auf Leinwand; 300 × 200 cm; datiert 1956–58; signiert;
MBMC Nizza
(© Foto: RMN – Gérard Blot)

2 *Die Erschaffung der Welt: Die ersten vier Tage*
Glasfenster; 465 × 396 cm; Konzertsaal MBMC Nizza
(© Foto: RMN – Gérard Blot)

3 *Die Ruhe am siebten Tag*
Glasfenster; 465 × 127 cm; datiert 1971/72;
Konzertsaal MBMC Nizza
(© Foto: RMN)

4 *Adam und Eva und die verbotene Frucht*
Glasfenster; 190 × 150 cm; 1976–84;
Chor der Pfarrkirche St. Stephan, Mainz
(© Foto: Kunstverlag Maria Laach)

denn den Gerechten mit dem Gottlosen
umbringen?[a] *a* 4.Mose 16,22
24 Es könnten vielleicht fünfzig Gerechte
in der Stadt sein; wolltest du die umbrin-
gen und dem Ort nicht vergeben um fünf-
zig Gerechter willen, die darin wären?
25 Das sei ferne von dir, daß du das tust
und tötest den Gerechten mit dem Gott-
losen, so daß der Gerechte wäre gleich
wie der Gottlose! Das sei ferne von dir!
Sollte der [a]Richter aller Welt nicht gerecht
richten? *a* Ps 82,1; 94,2
26 Der HERR sprach: Finde ich fünfzig
Gerechte zu Sodom in der Stadt, so will
ich um ihretwillen dem ganzen Ort
vergeben.[a] *a* Jes 65,8; Mt 24,22
27 Abraham antwortete und sprach: Ach
siehe, ich habe mich unterwunden, zu
reden mit dem Herrn, wiewohl ich Erde
und Asche bin.
28 Es könnten vielleicht fünf weniger als
fünfzig Gerechte darin sein; wolltest du
denn die ganze Stadt verderben um der
fünf willen? Er sprach: Finde ich darin
fünfundvierzig, so will ich sie nicht ver-
derben.
29 Und er fuhr fort mit ihm zu reden und
sprach: Man könnte vielleicht vierzig darin
finden. Er aber sprach: Ich will ihnen
nichts tun um der vierzig willen.
30 Abraham sprach: Zürne nicht, Herr,
daß ich noch mehr rede. Man könnte viel-
leicht dreißig darin finden. Er aber sprach:
Finde ich dreißig darin, so will ich ihnen
nichts tun.
31 Und er sprach: Ach siehe, ich habe
mich unterwunden, mit dem Herrn zu
reden. Man könnte vielleicht zwanzig darin
finden. Er antwortete: Ich will sie nicht
verderben um der zwanzig willen.
32 Und er sprach: [a]Ach, zürne nicht, Herr,
daß ich nur noch einmal rede. Man könnte
vielleicht zehn darin finden. Er aber
sprach: Ich will sie nicht verderben um
der zehn willen. *a* Ri 6,39
33 Und der HERR ging weg, nachdem er
aufgehört hatte, mit Abraham zu reden;
und Abraham kehrte wieder um an seinen
Ort.

Untergang von Sodom und Gomorra. Lots Errettung

19 [a]Die zwei Engel kamen nach
Sodom am Abend; Lot aber saß zu
Sodom unter dem Tor. Und als er sie sah,
stand er auf, ging ihnen entgegen und
neigte sich bis zur Erde *a* Kap 18,22
2 und sprach: Siehe, liebe Herren, kehrt
doch ein im Hause eures Knechts und
bleibt über Nacht; laßt eure Füße waschen
und brecht frühmorgens auf und zieht
eure Straße. Aber sie sprachen: Nein, wir
wollen über Nacht im Freien bleiben.
3 Da nötigte er sie sehr, und sie kehrten
zu ihm ein und kamen in sein Haus. Und
er machte ihnen ein Mahl und backte
ungesäuerte Kuchen, und sie aßen.
4 ¶Aber ehe sie sich legten, kamen die
Männer der Stadt Sodom und umgaben
das Haus, jung und alt, das ganze Volk aus
allen Enden,
5 [a]und riefen Lot und sprachen zu ihm:
Wo sind die Männer, die zu dir gekom-
men sind diese Nacht? Führe sie heraus
zu uns, daß wir uns über sie hermachen.
a (5-8) 3.Mose 18,22-25; Ri 19,22-24; Röm 1,27
6 Lot ging heraus zu ihnen vor die Tür
und schloß die Tür hinter sich zu
7 und sprach: Ach, liebe Brüder, tut nicht
so übel!
8 Siehe, ich habe zwei Töchter, die wissen
noch von keinem Manne; die will ich her-
ausgeben unter euch, und tut mit ihnen,
was euch gefällt; aber diesen Männern tut
nichts, denn darum sind sie unter den
Schatten meines Dachs gekommen.
9 Sie aber sprachen: Weg mit dir! Und
sprachen auch: Du bist der einzige Fremd-
ling hier und willst regieren? Wohlan, wir
wollen dich noch übler plagen als jene.
Und sie [a]drangen hart ein auf den Mann
Lot. Doch als sie hinzuliefen und die Tür
aufbrechen wollten, *a* 2.Petr 2,7.8
10 griffen die Männer hinaus und zogen
Lot herein zu sich ins Haus und schlossen
die Tür zu.
11 Und [a]sie schlugen die Leute vor der
Tür des Hauses, klein und groß, mit Blind-
heit, so daß sie es aufgaben, die Tür zu
finden. *a* 2.Kön 6,18
12 ¶Und die Männer sprachen zu Lot:
Hast du hier noch einen Schwiegersohn
und Söhne und Töchter und wer dir sonst
angehört in der Stadt, den führe weg von
dieser Stätte.
13 Denn wir werden diese Stätte verder-
ben, weil [a]das Geschrei über sie groß ist
vor dem HERRN; der hat uns gesandt, sie
zu verderben. *a* Kap 18,20
14 Da ging Lot hinaus und redete mit den

Männern, die seine Töchter heiraten
sollten: Macht euch auf und [a]geht aus die-
sem Ort, denn der HERR wird diese Stadt
verderben. Aber es war ihnen lächerlich.
a 4.Mose 16,21
15 ¶ Als nun die Morgenröte aufging,
drängten die Engel Lot zur Eile und
sprachen: Mach dich auf, nimm deine
Frau und deine beiden Töchter, die hier
sind, damit du nicht auch umkommst in
der Missetat dieser Stadt.
16 Als er aber zögerte, ergriffen die Män-
ner ihn und seine Frau und seine beiden
Töchter bei der Hand, weil der HERR ihn
verschonen wollte, und führten ihn hinaus
und ließen ihn erst draußen vor der Stadt
wieder los.
17 ¶ Und als sie ihn hinausgebracht hat-
ten, sprach der eine: Rette dein Leben und
sieh nicht hinter dich, bleib auch nicht ste-
hen in dieser ganzen Gegend. [a]Auf das
Gebirge rette dich, damit du nicht um-
kommst! a Mt 24,16
18 Aber Lot sprach zu ihnen: Ach nein,
Herr!
19 Siehe, dein Knecht hat Gnade gefun-
den vor deinen Augen, und du hast deine
Barmherzigkeit groß gemacht, die du an
mir getan hast, als du mich am Leben
erhieltest. Ich kann mich nicht auf das
Gebirge retten; es könnte mich sonst das
Unheil ereilen, so daß ich stürbe.
20 Siehe, da ist eine Stadt nahe, in die ich
fliehen kann, und sie ist klein; dahin will
ich mich retten – ist sie doch klein –, damit
ich am Leben bleibe.
21 Da sprach er zu ihm: Siehe, ich habe
auch darin dich angesehen, daß ich die
Stadt nicht zerstöre, von der du geredet
hast.
22 Eile und rette dich dahin; denn ich kann
nichts tun, bis du hineinkommst. Daher
ist diese Stadt Zoar genannt.
23 Und die Sonne war aufgegangen auf
Erden, als Lot nach Zoar kam.
24 ¶ Da ließ der HERR Schwefel und Feuer
regnen vom Himmel herab auf Sodom
und Gomorra[a] a 5.Mose 29,22; Ps 11,6;
Jes 1,9.10; 13,19; Am 4,11; Lk 17,29; 2.Petr 2,6; Offb 14,10
25 und vernichtete die Städte und die gan-
ze Gegend und alle Einwohner der Städte
und was auf dem Lande gewachsen war.
26 Und Lots Frau sah hinter sich und ward
zur Salzsäule.[a] a Lk 17,32
27 ¶ Abraham aber machte sich früh am
Morgen auf an den Ort, wo er vor dem
HERRN gestanden hatte,
28 und wandte sein Angesicht gegen
Sodom und Gomorra und alles Land die-
ser Gegend und schaute, und siehe, da
ging ein Rauch auf vom Lande wie der
Rauch von einem Ofen.
29 Und es geschah, als Gott die Städte in
der Gegend vernichtete, gedachte er an
Abraham und geleitete Lot aus den Städ-
ten, die er zerstörte, in denen Lot gewohnt
hatte.

Lot und seine Töchter

30 Und Lot zog weg von Zoar und blieb
auf dem Gebirge mit seinen beiden Töch-
tern; denn er fürchtete sich, in Zoar zu
bleiben; und so blieb er in einer Höhle
mit seinen beiden Töchtern.
31 Da sprach die ältere zu der jüngeren:
Unser Vater ist alt, und kein Mann ist mehr
im Lande, der zu uns eingehen könnte
nach aller Welt Weise.
32 So komm, laß uns unserm Vater Wein
zu trinken geben und uns zu ihm legen,
daß wir uns Nachkommen schaffen von
unserm Vater.[a] a 3.Mose 18,7
33 Da gaben sie ihrem Vater Wein zu trin-
ken in derselben Nacht. Und die erste ging
hinein und legte sich zu ihrem Vater; und
er ward's nicht gewahr, als sie sich legte
noch als sie aufstand.
34 Am Morgen sprach die ältere zu der
jüngeren: Siehe, ich habe gestern bei mei-
nem Vater gelegen. Laß uns ihm auch
diese Nacht Wein zu trinken geben, daß
du hineingehst und dich zu ihm legst,
damit wir uns Nachkommen schaffen von
unserm Vater.
35 Da gaben sie ihrem Vater auch diese
Nacht Wein zu trinken. Und die jüngere
machte sich auch auf und legte sich zu
ihm; und er ward's nicht gewahr, als sie
sich legte noch als sie aufstand.
36 ¶ So wurden die beiden Töchter Lots
schwanger von ihrem Vater.
37 Und die ältere gebar einen Sohn, den
nannte sie Moab. Von dem kommen her
die Moabiter bis auf den heutigen Tag.[a]
a 5.Mose 2,9
38 Und die jüngere gebar auch einen Sohn,
den nannte sie Ben-Ammi. Von dem kom-
men her die [a] Ammoniter bis auf den heu-
tigen Tag. a 5.Mose 2,19; 23,4

Abraham und Sara bei Abimelech

(vgl. Kap 12,10-20; 26,1-11)

20 Abraham aber zog von dannen ins
Südland und wohnte zwischen
Kadesch und Schur und lebte nun als ein
Fremdling zu Gerar.[a] *a* Kap 12,9; 26,1
2 Er sagte aber von Sara, seiner Frau: Sie
ist meine Schwester. Da sandte Abime-
lech, der König von Gerar, hin und ließ sie
holen.
3 Aber Gott kam zu Abimelech des
Nachts im Traum und sprach zu ihm:
Siehe, du bist des Todes um der Frau wil-
len, die du genommen hast; denn sie ist
eines Mannes Ehefrau.
4 Abimelech aber hatte sie nicht berührt
und sprach: Herr, willst du denn auch ein
gerechtes Volk umbringen?
5 Hat er nicht zu mir gesagt: Sie ist meine
Schwester? Und sie hat auch gesagt: Er ist
mein Bruder. Hab ich das doch getan mit
einfältigem Herzen und unschuldigen
Händen.
6 Und Gott sprach zu ihm im Traum: Ich
weiß auch, daß du das mit einfältigem Her-
zen getan hast. Darum habe ich dich auch
behütet, daß du nicht wider mich sündig-
test, und habe es nicht zugelassen, daß du
sie berührtest.
7 So gib nun dem Mann seine Frau wie-
der, denn er ist ein Prophet, und [a]laß ihn
für dich bitten, so wirst du am Leben blei-
ben. Wenn du sie aber nicht wiedergibst,
so wisse, daß du des Todes sterben mußt
und alles, was dein ist. *a* 1.Kön 13,6
8 ¶ Da stand Abimelech früh am Morgen
auf und rief alle seine Großen und sagte
dieses alles vor ihren Ohren. Und die
Männer fürchteten sich sehr.
9 Und Abimelech rief Abraham auch
herzu und sprach zu ihm: Warum hast du
uns das angetan? Und was habe ich an dir
gesündigt, daß du eine so große Sünde
wolltest auf mich und mein Reich brin-
gen? Du hast an mir gehandelt, wie man
nicht handeln soll.
10 Und Abimelech sprach weiter zu
Abraham: Wie bist du dazu gekommen,
daß du solches getan hast?
11 Abraham sprach: Ich dachte, gewiß ist
keine Gottesfurcht an diesem Orte, und
sie werden mich um meiner Frau willen
umbringen.
12 Auch ist sie wahrhaftig meine Schwe-
ster, denn sie ist meines Vaters Tochter,
aber nicht meiner Mutter Tochter; so ist
sie meine Frau geworden.[a] *a* 3.Mose 18,9
13 Als mich aber Gott aus meines Vaters
Hause wandern hieß, sprach ich zu ihr:
Die Liebe tu mir an, daß, wo wir hinkom-
men, du von mir sagst, ich sei dein Bru-
der.
14 ¶ Da nahm Abimelech Schafe und Rin-
der, Knechte und Mägde und gab sie Abra-
ham und gab ihm Sara, seine Frau, wieder
15 und sprach: Siehe da, mein Land steht
dir offen; wohne, wo dir's wohlgefällt.
16 Und zu Sara sprach er: Siehe da, ich
habe deinem Bruder tausend Silberstücke
gegeben; siehe, das soll eine Decke sein
über den Augen aller, die bei dir sind, dir
zugute. Damit ist dir bei allen Recht ver-
schafft.
17 Abraham aber betete zu Gott. Da heilte
Gott Abimelech und seine Frau und seine
Mägde, daß sie wieder Kinder gebaren.
18 Denn der HERR hatte zuvor hart ver-
schlossen jeden Mutterschoß im Hause
Abimelechs um Saras, Abrahams Frau,
willen.

Isaaks Geburt

21 Und der HERR suchte Sara heim, wie
er gesagt hatte, und tat an ihr, wie er
geredet hatte.[a] *a* Kap 18,10
2 Und Sara ward schwanger und gebar
dem Abraham in seinem Alter einen Sohn
um die Zeit, von der Gott zu ihm geredet
hatte.[a] *a* Hebr 11,11
3 Und Abraham nannte seinen Sohn, der
ihm geboren war, Isaak, den ihm Sara
gebar,[a] *a* Kap 17,19
4 und beschnitt ihn am achten Tage, wie
ihm Gott geboten hatte.[a]
a Kap 17,11.12; Apg 7,8
5 Hundert Jahre war Abraham alt, als ihm
sein Sohn Isaak geboren wurde.[a]
a Kap 17,17
6 Und Sara sprach: Gott hat mir ein [a]La-
chen zugerichtet; denn wer es hören wird,
der wird über mich lachen. *a* Kap 18,12
7 Und sie sprach: Wer hätte wohl von
Abraham gesagt, daß Sara Kinder stille!
Und doch habe ich ihm einen Sohn gebo-
ren in seinem Alter.

Austreibung Ismaels und seiner Mutter

8 Und das Kind wuchs heran und wurde
entwöhnt. Und Abraham machte ein

großes Mahl am Tage, da Isaak entwöhnt
wurde.
9 Und Sara sah den Sohn Hagars, der
Ägypterin, den sie Abraham geboren
hatte, wie er Mutwillen trieb.
10 Da sprach sie zu Abraham: [a]Treibe
diese Magd aus mit ihrem Sohn; denn der
Sohn dieser Magd soll nicht erben mit
meinem Sohn Isaak. a Gal 4,30
11 Das Wort mißfiel Abraham sehr um
seines Sohnes willen.
12 Aber Gott sprach zu ihm: Laß es dir
nicht mißfallen wegen des Knaben und der
Magd. Alles, was Sara dir gesagt hat, dem
gehorche; denn nur [a]nach Isaak soll dein
Geschlecht benannt werden.
a Kap 17,21; Röm 9,7.8; Hebr 11,18
13 Aber [a]auch den Sohn der Magd will ich
zu einem Volk machen, weil er dein Sohn
ist. a Kap 17,20
14 ¶ Da stand Abraham früh am Morgen
auf und nahm Brot und einen Schlauch
mit Wasser und legte es Hagar auf ihre
Schulter, dazu den Knaben, und schickte
sie fort. Da zog sie hin und irrte in der
Wüste umher bei Beerscheba.
15 Als nun das Wasser in dem Schlauch
ausgegangen war, warf sie den Knaben
unter einen Strauch
16 und ging hin und setzte sich gegenüber
von ferne, einen Bogenschuß weit; denn
sie sprach: Ich kann nicht ansehen des
Knaben Sterben. Und sie setzte sich
gegenüber und erhob ihre Stimme und
weinte.[a] a Jes 49,15
17 Da erhörte Gott die Stimme des Kna-
ben. Und der Engel Gottes rief Hagar vom
Himmel her und sprach zu ihr: Was ist dir,
Hagar? Fürchte dich nicht; denn Gott hat
gehört die Stimme des Knaben, der dort
liegt.
18 Steh auf, nimm den Knaben und führe
ihn an deiner Hand; denn ich will ihn zum
großen Volk machen.
19 Und [a]Gott tat ihr die Augen auf, daß
sie einen Wasserbrunnen sah. Da ging sie
hin und füllte den Schlauch mit Wasser
und tränkte den Knaben. a 2.Kön 6,17.20
20 Und Gott war mit dem Knaben. Der
wuchs heran und wohnte in der Wüste
und wurde ein guter Schütze.
21 Und er wohnte in der Wüste Paran, und
seine Mutter nahm ihm eine Frau aus
[a]Ägyptenland. a Kap 16,3

Abrahams Bund mit Abimelech

(vgl. Kap 26,15-33)

22 Zu der Zeit redete Abimelech zusam-
men mit Pichol, seinem Feldhauptmann,
zu Abraham und sprach: Gott ist mit dir
in allem, was du tust.
23 So schwöre mir nun bei Gott, daß du
mir und meinen Söhnen und meinen
Enkeln keine Untreue erweisen wollest,
sondern die Barmherzigkeit, die ich an dir
getan habe, an mir auch tust und an dem
Lande, darin du ein Fremdling bist.[a]
a Kap 20,15
24 Da sprach Abraham: Ich will schwören.
25 Und Abraham stellte Abimelech zur
Rede um des Wasserbrunnens willen, den
Abimelechs Knechte mit Gewalt genom-
men hatten.
26 Da antwortete Abimelech: Ich habe es
nicht gewußt, wer das getan hat; weder
hast du mir's angesagt, noch hab ich's
gehört bis heute.
27 Da nahm Abraham Schafe und Rinder
und gab sie Abimelech, und die beiden
schlossen einen Bund miteinander.
28 Und Abraham stellte sieben Lämmer
besonders.
29 Da sprach Abimelech zu Abraham:
Was sollen die sieben Lämmer, die du
besonders gestellt hast?
30 Er antwortete: Sieben Lämmer sollst du
von meiner Hand nehmen, damit sie für
mich ein Zeugnis seien, daß ich diesen
Brunnen gegraben habe.
31 Daher heißt die Stätte Beerscheba, weil
sie beide miteinander da geschworen
haben.
32 Und so schlossen sie den Bund zu Beer-
scheba.
¶ Da machten sich auf Abimelech und
Pichol, sein Feldhauptmann, und zogen
wieder in der Philister Land.
33 Abraham aber pflanzte einen Tamaris-
kenbaum in Beerscheba und [a]rief dort den
Namen des HERRN, des ewigen Gottes,
an. a Kap 12,8; Röm 16,26
34 Und er war ein Fremdling in der Phili-
ster Lande eine lange Zeit.

Abrahams Versuchung. Bestätigung der Verheißung

22 Nach diesen Geschichten [a]versuch-
te Gott Abraham und sprach zu ihm:

Abraham! Und er antwortete: Hier bin ich.
a 2.Mose 15,25; 16,4; 20,20; 5.Mose 8,2; 13,4; Ri 2,22; Hebr 11,17; Jak 1,13
2 Und er sprach: Nimm Isaak, deinen ein-
zigen Sohn, den du liebhast, und geh hin
in das Land Morija und opfere ihn dort
zum Brandopfer auf einem Berge, den ich
dir sagen werde.
3 ¶ Da stand Abraham früh am Morgen
auf und gürtete seinen Esel und nahm mit
sich zwei Knechte und seinen Sohn Isaak
und spaltete Holz zum Brandopfer, machte
sich auf und ging hin an den Ort, von dem
ihm Gott gesagt hatte.
4 Am dritten Tage hob Abraham seine
Augen auf und sah die Stätte von ferne
5 und sprach zu seinen Knechten: Bleibt
ihr hier mit dem Esel. Ich und der Knabe
wollen dorthin gehen, und wenn wir ange-
betet haben, wollen wir wieder zu euch
kommen.
6 ¶ Und Abraham nahm das Holz zum
Brandopfer und legte es auf seinen Sohn
Isaak. Er aber nahm das Feuer und das
Messer in seine Hand; und gingen die bei-
den miteinander.
7 Da sprach Isaak zu seinem Vater Abra-
ham: Mein Vater! Abraham antwortete:
Hier bin ich, mein Sohn. Und er sprach:
Siehe, hier ist Feuer und Holz; wo ist aber
das Schaf zum Brandopfer?
8 Abraham antwortete: Mein Sohn, Gott
wird sich ersehen ein Schaf zum Brandop-
fer. Und gingen die beiden miteinander.
9 ¶ Und als sie an die Stätte kamen, die
ihm Gott gesagt hatte, baute Abraham
dort einen Altar und legte das Holz darauf
und band seinen Sohn Isaak, legte ihn auf
den Altar oben auf das Holz
10 und reckte seine Hand aus und faßte
das Messer, daß er seinen Sohn schlach-
tete.[a] *a* Mt 26,39; Jak 2,21
11 ¶ Da rief ihn der Engel des HERRN vom
Himmel und sprach: Abraham! Abraham!
Er antwortete: Hier bin ich.
12 Er sprach: Lege deine Hand nicht an
den Knaben und tu ihm nichts; denn nun
weiß ich, daß du Gott fürchtest und [a]hast
deines einzigen Sohnes nicht verschont
um meinetwillen. *a* Röm 8,32; Hebr 11,17
13 Da hob Abraham seine Augen auf und
sah einen Widder hinter sich in der Hecke
mit seinen Hörnern hängen und ging hin
und nahm den Widder und opferte ihn
zum Brandopfer an seines Sohnes Statt.
14 Und Abraham nannte die Stätte [a]»Der
HERR sieht«. Daher man noch heute sagt:
Auf dem Berge, da der HERR sieht.
a Kap 16,13
15 ¶ Und der Engel des HERRN rief Abra-
ham abermals vom Himmel her
16 und sprach: [a]Ich habe bei mir selbst
geschworen, spricht der HERR: Weil du
solches getan hast und hast deines einzi-
gen Sohnes nicht verschont,
a 2.Mose 32,13; Jes 45,23; Am 6,8; Mi 7,20; Lk 1,73; Hebr 6,13
17 will ich [a]dein Geschlecht segnen und
mehren wie die Sterne am Himmel und
wie den Sand am Ufer des Meeres, und
deine Nachkommen sollen die Tore ihrer
Feinde besitzen; *a* Kap 13,16; Hebr 11,12
18 und durch [a]dein Geschlecht sollen alle
Völker auf Erden gesegnet werden, weil
du meiner Stimme gehorcht hast.
a Kap 12,3; Gal 3,16
19 So kehrte Abraham zurück zu seinen
Knechten. Und sie machten sich auf und
zogen miteinander nach Beerscheba, und
Abrahm blieb daselbst.

Die Nachkommen Nahors

20 Nach diesen Geschichten begab sich's,
daß Abraham angesagt wurde: Siehe,
[a]Milka hat auch Söhne geboren deinem
Bruder Nahor, *a* Kap 11,29
21 nämlich Uz, den Erstgeborenen, und
Bus, seinen Bruder, und Kemuël, von dem
die Aramäer herkommen,
22 und Kesed und Haso und Pildasch und
Jidlaf und Betuël.
23 [a]Betuël aber zeugte Rebekka. Diese
acht gebar Milka dem Nahor, Abrahams
Bruder. *a* Kap 24,15
24 Und seine Nebenfrau, mit Namen
Rëuma, gebar auch, nämlich den Tebach,
Gaham, Tahasch und Maacha.

Sara stirbt.
Abraham erwirbt ein Erbbegräbnis

23 Sara wurde hundertsiebenundzwan-
zig Jahre alt
2 und starb in Kirjat-Arba – das ist Heb-
ron – im Lande Kanaan. Da kam Abra-
ham, daß er sie beklagte und beweinte.
3 ¶ Danach stand er auf von seiner Toten
und redete mit den Hetitern und sprach:
4 Ich bin ein [a]Fremdling und Beisasse bei
euch; gebt mir ein Erbbegräbnis bei euch,

daß ich meine Tote hinaustrage und
begrabe. *a* Kap 17,8
5 Da antworteten die Hetiter Abraham
und sprachen zu ihm:
6 Höre uns, lieber Herr! Du bist ein Fürst
Gottes unter uns. Begrabe deine Tote in
einem unserer vornehmsten Gräber; kein
Mensch unter uns wird dir wehren, daß
du in seinem Grabe deine Tote begräbst.
7 ¶ Da stand Abraham auf und verneigte
sich vor dem Volk des Landes, vor den
Hetitern.
8 Und er redete mit ihnen und sprach:
Gefällt es euch, daß ich meine Tote hinaus-
trage und begrabe, so höret mich und bit-
tet für mich Efron, den Sohn Zohars,
9 daß er mir gebe seine Höhle in Mach-
pela, die am Ende seines Ackers liegt; er
gebe sie mir um Geld, soviel sie wert ist,
zum Erbbegräbnis unter euch.
10 Efron aber saß unter den Hetitern. Da
antwortete Efron, der Hetiter, dem Abra-
ham vor den Ohren der Hetiter, vor allen,
die beim Tor seiner Stadt versammelt
waren, und sprach:
11 Nein, mein Herr, sondern höre mir zu!
Ich schenke dir den Acker und die Höhle
darin und übergebe dir's vor den Augen
der Söhne meines Volks, um deine Tote
dort zu begraben.
12 ¶ Da verneigte sich Abraham vor dem
Volk des Landes
13 und redete mit Efron, so daß das Volk
des Landes es hörte, und sprach: Willst du
ihn mir lassen, so bitte ich, nimm von mir
das Geld für den Acker, das ich dir gebe,
so will ich meine Tote dort begraben.
14 Efron antwortete Abraham und sprach
zu ihm:
15 Mein Herr, höre mich doch! Das Feld
ist vierhundert Lot Silber wert; was ist das
aber zwischen mir und dir? Begrabe nur
deine Tote!
16 Abraham gehorchte Efron und wog ihm
die Summe dar, die er genannt hatte vor
den Ohren der Hetiter, vierhundert Lot
Silber nach dem Gewicht, das im Kauf
gang und gäbe war.
17 ¶ So wurde Efrons Acker in Machpela
östlich von Mamre Abraham zum Eigen-
tum bestätigt, mit der Höhle darin und
mit allen Bäumen auf dem Acker umher,
18 vor den Augen der Hetiter und aller,
die beim Tor seiner Stadt versammelt
waren.
19 Danach begrub Abraham Sara, seine
Frau, in der Höhle des Ackers in Mach-
pela östlich von Mamre, das ist Hebron,
im Lande Kanaan.
20 So wurden Abraham der Acker und
[a] die Höhle darin zum Erbbegräbnis bestä-
tigt von den Hetitern.
a Kap 25,9.10; 47,30; 49,29-32; 50,13

Rebekka wird Isaaks Frau

24 Abraham war alt und hochbetagt,
und der HERR hatte ihn gesegnet
allenthalben.[a] *a* Kap 12,2
2 Und er sprach zu dem ältesten Knecht
seines Hauses, der allen seinen Gütern
vorstand: Lege deine Hand unter meine
Hüfte
3 und schwöre mir bei dem HERRN, dem
Gott des Himmels und der Erde, daß du
meinem Sohn [a] keine Frau nimmst von
den Töchtern der Kanaaniter, unter denen
ich wohne, *a* Kap 28,1; 2.Mose 34,16
4 sondern daß du ziehst in mein Vater-
land und zu meiner Verwandtschaft und
nimmst meinem Sohn Isaak dort eine
Frau.
5 ¶ Der Knecht sprach: Wie, wenn das
Mädchen mir nicht folgen wollte in dies
Land, soll ich dann deinen Sohn zurück-
bringen in jenes Land, von dem du ausge-
zogen bist?
6 Abraham sprach zu ihm: Davor hüte
dich, daß du meinen Sohn wieder dahin
bringst!
7 [a] Der HERR, der Gott des Himmels, der
mich von meines Vaters Hause genom-
men hat und von meiner Heimat, der mir
zugesagt und mir auch geschworen hat:
Dies Land will ich deinen Nachkommen
geben –, der wird seinen Engel vor dir her
senden, daß du meinem Sohn dort eine
Frau nimmst. *a* 2.Chr 36,23; Neh 2,20
8 Wenn aber das Mädchen dir nicht fol-
gen will, so bist du dieses Eides ledig. Nur
bringe meinen Sohn nicht wieder dorthin!
9 Da legte der Knecht seine Hand unter
die Hüfte Abrahams, seines Herrn, und
schwor es ihm.
10 ¶ So nahm der Knecht zehn Kamele
von den Kamelen seines Herrn und zog
hin und hatte mit sich allerlei Güter seines
Herrn und machte sich auf und zog nach
Mesopotamien, zu der Stadt [a] Nahors.
a Kap 11,22-31

11 Da ließ er die Kamele sich lagern drau-
ßen vor der Stadt bei dem Wasserbrunnen
des Abends um die Zeit, da die Frauen
pflegten herauszugehen und Wasser zu
schöpfen.
12 Und er sprach: HERR, du Gott Abra-
hams, meines Herrn, laß es mir heute
gelingen und tu Barmherzigkeit an Abra-
ham, meinem Herrn!
13 Siehe, ich stehe hier bei dem Wasser-
brunnen, und die Töchter der Leute in
dieser Stadt werden herauskommen, um
Wasser zu schöpfen.
14 Wenn nun ein Mädchen kommt, zu
dem ich spreche: Neige deinen Krug und
laß mich trinken, und es sprechen wird:
Trinke, ich will deine Kamele auch trän-
ken –, das sei die, die du deinem Diener
Isaak beschert hast, und daran werde ich
erkennen, daß du Barmherzigkeit an mei-
nem Herrn getan hast.
15 ¶Und ehe er ausgeredet hatte, siehe,
da kam heraus [a]Rebekka, die Tochter
Betuëls, der ein Sohn der Milka war, die
die Frau Nahors, des Bruders Abrahams,
war, und trug einen Krug auf ihrer Schul-
ter.

a Kap 22,23

16 Und das Mädchen war sehr schön von
Angesicht, eine Jungfrau, die noch von
keinem Manne wußte. Die stieg hinab
zum Brunnen und füllte den Krug und
stieg herauf.
17 Da lief ihr der Knecht entgegen und
sprach: Laß mich ein wenig Wasser aus
deinem Kruge trinken.
18 Und sie sprach: Trinke, mein Herr! Und
eilends ließ sie den Krug hernieder auf
ihre Hand und gab ihm zu trinken.
19 Und als sie ihm zu trinken gegeben
hatte, sprach sie: Ich will deinen Kamelen
auch schöpfen, bis sie alle genug getrun-
ken haben.
20 Und eilte und goß den Krug aus in die
Tränke und lief abermals zum Brunnen,
um zu schöpfen, und schöpfte allen sei-
nen Kamelen.
21 ¶Der Mann aber betrachtete sie und
schwieg still, bis er erkannt hätte, ob der
HERR zu seiner Reise Gnade gegeben
hätte oder nicht.
22 Als nun die Kamele alle getrunken hat-
ten, nahm er einen goldenen Stirnreif,
sechs Gramm schwer, und zwei goldene
Armreifen für ihre Hände, hundertund-
zwanzig Gramm schwer,
23 und sprach: Wessen Tochter bist du?
Das sage mir doch! Haben wir auch Raum
in deines Vaters Hause, um zu herbergen?
24 Sie sprach zu ihm: Ich bin die Tochter
Betuëls, des Sohnes der Milka, den sie
dem Nahor geboren hat.
25 Und sagte weiter zu ihm: Es ist auch
viel Stroh und Futter bei uns und Raum
genug, um zu herbergen.
26 Da neigte sich der Mann und betete
den HERRN an
27 und sprach: Gelobt sei der HERR, der
Gott Abrahams, meines Herrn, der seine
Barmherzigkeit und seine Treue von mei-
nem Herrn nicht hat weichen lassen; denn
der HERR hat mich geradewegs geführt
zum Hause des Bruders meines Herrn.
28 Und das Mädchen lief und sagte dies
alles in ihrer Mutter Hause.
29 ¶Und Rebekka hatte einen Bruder, der
hieß Laban; und Laban lief zu dem Mann
draußen bei dem Brunnen.
30 Denn als er den Stirnreif und die Arm-
reifen an den Händen seiner Schwester
gesehen hatte und die Worte Rebekkas,
seiner Schwester, gehört hatte: So hat mir
der Mann gesagt –, da kam er zu dem
Mann, und siehe, er stand bei den Kame-
len am Brunnen.
31 Und er sprach: Komm herein, du
Gesegneter des HERRN! Warum stehst du
draußen? Ich habe das Haus bereitet und
für die Kamele auch Raum gemacht.
32 Da führte er den Mann ins Haus und
zäumte die Kamele ab und gab ihnen
Stroh und Futter, dazu auch Wasser, zu
waschen seine Füße und die Füße der
Männer, die mit ihm waren.
33 ¶Und man setzte ihm Essen vor. Er
sprach aber: Ich will nicht essen, bis ich
zuvor meine Sache vorgebracht habe. Sie
antworteten: Sage an!
34 Er sprach: Ich bin Abrahams Knecht.
35 Und der HERR hat meinen Herrn reich
gesegnet, daß er groß geworden ist, und
hat ihm Schafe und Rinder, Silber und
Gold, Knechte und Mägde, Kamele und
Esel gegeben.
36 Dazu hat Sara, die Frau meines Herrn,
einen Sohn geboren meinem Herrn in sei-
nem Alter; dem hat er alles gegeben, was
er hat.
37 Und mein Herr hat einen Eid von mir
genommen und gesagt: Du sollst meinem
Sohn keine Frau nehmen von den Töch-

tern der Kanaaniter, in deren Land ich
wohne,
38 sondern zieh hin zu meines Vaters
Hause und zu meinem Geschlecht; dort
nimm meinem Sohn eine Frau.
39 Ich sprach aber zu meinem Herrn: Wie,
wenn mir das Mädchen nicht folgen will?
40 Da sprach er zu mir: Der HERR, vor
dem ich wandle, wird seinen Engel mit dir
senden und Gnade zu deiner Reise geben,
daß du meinem Sohn eine Frau nimmst
von meiner Verwandtschaft und meines
Vaters Hause.
41 Dann sollst du deines Eides ledig sein:
Wenn du zu meiner Verwandtschaft
kommst und sie geben sie dir nicht, so
bist du deines Eides ledig.
42 ¶ So kam ich heute zum Brunnen und
sprach: HERR, du Gott Abrahams, meines
Herrn, hast du Gnade zu meiner Reise
gegeben, auf der ich bin,
43 siehe, so stehe ich hier bei dem Was-
serbrunnen. Wenn nun ein Mädchen her-
auskommt, um zu schöpfen, und ich zu
ihr spreche: Gib mir ein wenig Wasser zu
trinken aus deinem Krug,
44 und sie sagen wird: Trinke du, ich will
deinen Kamelen auch schöpfen –, das sei
die Frau, die der HERR dem Sohn meines
Herrn beschert hat.
45 Ehe ich nun diese Worte ausgeredet
hatte in meinem Herzen, siehe, da kommt
Rebekka heraus mit einem Krug auf ihrer
Schulter und geht hinab zum Brunnen und
schöpft. Da sprach ich zu ihr: Gib mir zu
trinken.
46 Und sie nahm eilends den Krug von
ihrer Schulter und sprach: Trinke, und
deine Kamele will ich auch tränken. Da
trank ich, und sie tränkte die Kamele auch.
47 Und ich fragte sie und sprach: Wessen
Tochter bist du? Sie antwortete: Ich bin
die Tochter Betuëls, des Sohnes Nahors,
den ihm Milka geboren hat. Da legte ich
einen Reif an ihre Stirn und Armreifen an
ihre Hände
48 und neigte mich und betete den HERRN
an und lobte den HERRN, den Gott Abra-
hams, meines Herrn, der mich den rech-
ten Weg geführt hat, daß ich für seinen
Sohn die Tochter des Bruders meines
Herrn nehme.
49 ¶ Seid ihr nun die, die an meinem
Herrn Freundschaft und Treue beweisen
wollen, so sagt mir's; wenn nicht, so sagt
mir's auch, daß ich mich wende zur Rech-
ten oder zur Linken.
50 ¶ Da antworteten Laban und Betuël
und sprachen: Das kommt vom HERRN,
darum können wir nichts dazu sagen,
weder Böses noch Gutes.
51 Da ist Rebekka vor dir, nimm sie und
zieh hin, daß sie die Frau sei des Sohnes
deines Herrn, wie der HERR geredet hat.
52 Als Abrahams Knecht diese Worte
hörte, neigte er sich vor dem HERRN bis
zur Erde.
53 Danach zog er hervor silberne und gol-
dene Kleinode und Kleider und gab sie
Rebekka; auch ihrem Bruder und der Mut-
ter gab er kostbare Geschenke.
54 Dann aß und trank er samt den Män-
nern, die mit ihm waren, und sie blieben
über Nacht allda.
¶ Am Morgen aber standen sie auf, und
er sprach: Laßt mich ziehen zu meinem
Herrn.
55 Aber ihr Bruder und ihre Mutter
sprachen: Laß doch das Mädchen noch
einige Tage bei uns bleiben; danach sollst
du ziehen.
56 Da sprach er zu ihnen: Haltet mich
nicht auf, denn der HERR hat Gnade zu
meiner Reise gegeben. Laßt mich, daß ich
zu meinem Herrn ziehe.
57 Da sprachen sie: Wir wollen das Mäd-
chen rufen und fragen, was sie dazu sagt.
58 Und sie riefen Rebekka und sprachen
zu ihr: Willst du mit diesem Manne zie-
hen? Sie antwortete: Ja, ich will es.
59 Da ließen sie Rebekka, ihre Schwester,
ziehen mit ihrer Amme, samt Abrahams
Knecht und seinen Leuten.
60 Und sie segneten Rebekka und spra-
chen zu ihr: Du, unsere Schwester, wachse
zu vieltausendmal tausend, und [a]dein
Geschlecht besitze die Tore seiner Feinde.

a Kap 22,17

61 So machte sich Rebekka auf mit ihren
Mägden, und sie setzten sich auf die
Kamele und zogen dem Manne nach. Und
der Knecht nahm Rebekka und zog von
dannen.
62 ¶ Isaak aber war gezogen zum [a]»Brun-
nen des Lebendigen, der mich sieht« und
wohnte im Südlande.

a Kap 16,14; 25,11

63 Und er war ausgegangen, um zu beten
auf dem Felde gegen Abend, und hob
seine Augen auf und sah, daß Kamele
daherkamen.

64 Und Rebekka hob ihre Augen auf und sah Isaak; da stieg sie eilends vom Kamel

65 und sprach zu dem Knecht: Wer ist der Mann, der uns entgegenkommt auf dem Felde? Der Knecht sprach: Das ist mein Herr. Da nahm sie den Schleier und verhüllte sich.

66 Und der Knecht erzählte Isaak alles, was er ausgerichtet hatte.

67 Da führte sie Isaak in das Zelt seiner Mutter Sara und nahm die Rebekka, und sie wurde seine Frau, und er gewann sie lieb. Also wurde Isaak [a]getröstet über seine Mutter. *a* Kap 23,1.2

Abrahams zweite Ehe. Sein Tod und Begräbnis

25 Abraham nahm wieder eine Frau, die hieß Ketura.

2 Die gebar ihm Simran und Jokschan, Medan und Midian, Jischbak und Schuach.

3 Jokschan aber zeugte Saba und Dedan. Die Söhne Dedans aber waren: die Aschuriter, die Letuschiter und die Lëummiter.

4 Die Söhne Midians waren: Efa, Efer, Henoch, Abida und Eldaa. Diese alle sind Söhne der Ketura.

5 ¶Und Abraham gab all sein Gut Isaak.

6 Aber den Söhnen, die er von den Nebenfrauen hatte, gab er Geschenke und schickte sie noch zu seinen Lebzeiten fort von seinem Sohn Isaak, nach Osten hin ins Morgenland.

7 ¶Das ist aber Abrahams Alter, das er erreicht hat: hundertundfünfundsiebzig Jahre.[a] *a* Kap 12,4

8 Und Abraham verschied und [a]starb in einem guten Alter, als er alt und lebenssatt war, und wurde zu seinen Vätern versammelt. *a* Kap 15,15

9 [a]Und es begruben ihn seine Söhne Isaak und Ismael in der Höhle von Machpela auf dem Acker Efrons, des Sohnes Zohars, des Hetiters, die da liegt östlich von Mamre *a (9 und 10)* Kap 23,13-20

10 auf dem Felde, das Abraham von den Hetitern gekauft hatte. Da ist Abraham begraben mit Sara, seiner Frau.

11 Und nach dem Tode Abrahams segnete Gott [a]Isaak, seinen Sohn. Und er wohnte bei dem [b]»Brunnen des Lebendigen, der mich sieht«. *a* Kap 17,19 *b* Kap 24,62

Ismaels Nachkommen

12 Dies ist [a]das Geschlecht Ismaels, des Sohnes Abrahams, den ihm Hagar gebar, die Magd Saras aus Ägypten; *a* Kap 21,13

13 und dies sind die Namen der Söhne Ismaels, nach denen ihre Geschlechter genannt sind: der erstgeborene Sohn Ismales Nebajot, dann Kedar, Adbeel, Mibsam,

14 Mischma, Duma, Massa,

15 Hadad, Tema, Jetur, Nafisch und Kedma.

16 Das sind die Söhne Ismaels mit ihren Namen nach ihren Gehöften und Zeltdörfern, [a]zwölf Fürsten nach ihren Stämmen. *a* Kap 17,20; 4.Mose 1,44

17 – Und das ist das Alter Ismaels: hundertundsiebenunddreißig Jahre. Und er verschied und starb und wurde versammelt zu seinen Vätern. –

18 Und sie wohnten von Hawila an bis nach Schur östlich von Ägypten nach Assyrien hin. So [a]ließ er sich nieder all seinen Brüdern zum Trotz. *a* Kap 16,12

Esaus und Jakobs Geburt

19 Dies ist das Geschlecht Isaaks, des Sohnes Abrahams: Abraham zeugte Isaak.

20 Isaak aber war vierzig Jahre alt, als er Rebekka zur Frau nahm, die Tochter Betuëls, des Aramäers aus Mesopotamien, die Schwester des Aramäers Laban.

21 ¶Isaak aber bat den HERRN für seine Frau, denn sie war unfruchtbar. Und der HERR ließ sich erbitten, und Rebekka, seine Frau, ward schwanger.

22 Und die Kinder stießen sich miteinander in ihrem Leib. Da sprach sie: Wenn mir's so gehen soll, warum bin ich schwanger geworden? Und sie ging hin, den HERRN zu befragen.

23 Und der HERR sprach zu ihr: Zwei Völker sind in deinem Leibe, und zweierlei Volk wird sich scheiden aus deinem Leibe; und ein Volk wird dem andern überlegen sein, und der Ältere wird dem Jüngeren [a]dienen. *a* Kap 27,29; Mal 1,2; Röm 9,10-12

24 Als nun die Zeit kam, daß sie gebären sollte, siehe, da waren Zwillinge in ihrem Leibe.

25 Der erste, der herauskam, war rötlich, ganz rauh wie ein Fell, und sie nannten ihn Esau.

26 Danach kam heraus sein Bruder, der [a]hielt mit seiner Hand die Ferse des Esau, und sie nannten ihn Jakob. Sechzig Jahre alt war Isaak, als sie geboren wurden.

a Hos 12,4

27 ¶ Und als nun die Knaben groß wurden, wurde Esau ein Jäger und streifte auf dem Felde umher, Jakob aber ein gesitteter Mann und blieb bei den Zelten.

28 Und Isaak hatte Esau lieb und aß gern von seinem Wildbret; Rebekka aber hatte Jakob lieb.

Esau verkauft sein Erstgeburtsrecht

29 Und Jakob kochte ein Gericht. Da kam Esau vom Feld und war müde

30 und sprach zu Jakob: Laß mich essen das rote Gericht; denn ich bin müde. Daher heißt er Edom.

31 Aber Jakob sprach: Verkaufe mir heute deine Erstgeburt.

32 Esau antwortete: Siehe, ich muß doch sterben; was soll mir da die Erstgeburt?

33 Jakob sprach: So schwöre mir zuvor. Und er schwor ihm und [a]verkaufte so Jakob seine Erstgeburt.

a Kap 27,36; Hebr 12,16

34 Da gab ihm Jakob Brot und das Linsengericht, und er aß und trank und stand auf und ging davon. So verachtete Esau seine Erstgeburt.

Erneute Verheißung. Isaak und Rebekka in Gerar

(vgl. Kap 12,10-20; 20,1-18)

26 Es kam aber eine Hungersnot ins Land nach der früheren, die zu Abrahams Zeiten war. Und Isaak zog zu Abimelech, dem König der Philister, nach Gerar.

2 Da erschien ihm der HERR und sprach: Zieh nicht hinab nach Ägypten, sondern bleibe in dem Lande, das ich dir sage.

3 Bleibe als Fremdling in diesem Lande, und ich will mit dir sein und dich segnen; denn dir und deinen Nachkommen will ich alle diese Länder geben und will meinen Eid wahr machen, den ich deinem Vater Abraham geschworen habe,[a]

a Kap 17,19; 22,16.17

4 und will [a]deine Nachkommen mehren wie die Sterne am Himmel und will deinen Nachkommen alle diese Länder geben. Und durch dein Geschlecht sollen alle Völker auf Erden gesegnet werden,

a Kap 15,5

5 weil Abraham meiner Stimme gehorsam gewesen ist und gehalten hat meine Rechte, meine Gebote, meine Weisungen und mein Gesetz.

6 So wohnte Isaak zu Gerar.

7 Und wenn die Leute am Ort fragten nach seiner Frau, so sprach er: Sie ist meine Schwester; denn er fürchtete sich zu sagen: Sie ist meine Frau. Er dachte nämlich: Sie könnten mich töten um Rebekkas willen, denn sie ist schön von Gestalt.

8 ¶ Als er nun eine Zeitlang da war, sah Abimelech, der König der Philister, durchs Fenster und wurde gewahr, daß Isaak scherzte mit Rebekka, seiner Frau.

9 Da rief Abimelech den Isaak und sprach: Siehe, es ist deine Frau. Wie hast du dann gesagt: sie ist meine Schwester? Isaak antwortete ihm: Ich dachte, ich würde vielleicht sterben müssen um ihretwillen.

10 Abimelech sprach: Warum hast du uns das angetan? Es wäre leicht geschehen, daß jemand vom Volk sich zu deiner Frau gelegt hätte, und du hättest so eine Schuld auf uns gebracht.

11 Da gebot Abimelech allem Volk und sprach: Wer diesen Mann oder seine Frau antastet, der soll des Todes sterben.

Isaaks Streit mit den Philistern. Sein Bund mit Abimelech

12 Und Isaak säte in dem Lande und erntete in jenem Jahre hundertfältig; denn [a]der HERR segnete ihn.

a Spr 10,22

13 Und er wurde ein reicher Mann und nahm immer mehr zu, bis er sehr reich wurde,

14 so daß er viel Gut hatte an kleinem und großem Vieh und ein großes Gesinde. Darum beneideten ihn die Philister.

15 ¶ [a]Nun hatten sie aber alle Brunnen verstopft, die seines Vaters Knechte gegraben hatten zur Zeit Abrahams, seines Vaters, und hatten sie mit Erde gefüllt.

a (15-33) Kap 21,22-34

16 Und Abimelech sprach zu ihm: Zieh von uns, denn du bist uns zu mächtig geworden.

17 Da zog Isaak von dannen und schlug seine Zelte auf im Grunde von Gerar und wohnte da

[18] und ließ die Wasserbrunnen wieder aufgraben, die sie zur Zeit Abrahams, seines Vaters, gegraben hatten und die die Philister verstopft hatten nach Abrahams Tod, und nannte sie mit denselben Namen, mit denen sein Vater sie genannt hatte.
[19] Auch gruben Isaaks Knechte im Grunde und fanden dort eine Quelle lebendigen Wassers.
[20] Aber die Hirten von Gerar zankten mit den Hirten Isaaks und sprachen: Das Wasser ist unser. Da nannte er den Brunnen »Zank«, weil sie mit ihm da gezankt hatten.
[21] Da gruben sie einen andern Brunnen. Darüber stritten sie auch, darum nannte er ihn »Streit«.
[22] Da zog er weiter und grub noch einen andern Brunnen. Darüber zankten sie sich nicht, darum nannte er ihn »Weiter Raum« und sprach: Nun hat uns der HERR Raum gemacht, und wir können wachsen im Lande.
[23] ¶ Danach zog er von dannen nach Beerscheba.
[24] Und der HERR erschien ihm in derselben Nacht und sprach: Ich bin der Gott deines Vaters Abraham. Fürchte dich nicht, denn ich bin mit dir und will dich segnen und deine Nachkommen mehren um meines Knechtes Abraham willen.
[25] Dann [a] baute er dort einen Altar und rief den Namen des HERRN an und schlug dort sein Zelt auf, und seine Knechte gruben dort einen Brunnen. *a* Kap 12,8
[26] ¶ Und Abimelech ging zu ihm von Gerar mit Ahusat, seinem Freund, und Pichol, seinem Feldhauptmann.
[27] Aber Isaak sprach zu ihnen: Warum kommt ihr zu mir? Haßt ihr mich doch und habt mich von euch getrieben.
[28] Sie sprachen: Wir [a] sehen mit sehenden Augen, daß der HERR mit dir ist. Darum sprachen wir: Es soll ein Eid zwischen uns und dir sein, und wir wollen einen Bund mit dir schließen, *a* 5.Mose 29,3; Mt 13,13
[29] daß du uns keinen Schaden tust, gleichwie wir dich nicht angetastet haben und dir nur alles Gute getan und dich mit Frieden haben ziehen lassen. Du bist ja doch der Gesegnete des HERRN.
[30] Da machte er ihnen ein Mahl, und sie aßen und tranken.
[31] Und früh am Morgen standen sie auf, und einer schwor dem andern. Und Isaak ließ sie gehen, und sie zogen von ihm mit Frieden.
[32] ¶ Am selben Tage kamen Isaaks Knechte und sagten ihm von dem Brunnen, den sie gegraben hatten, und sprachen zu ihm: Wir haben Wasser gefunden.
[33] Und er nannte ihn »Schwur«; daher heißt die Stadt Beerscheba* bis auf den heutigen Tag.

* d. h. Schwurbrunnen.

Esaus Frauen

[34] Als Esau vierzig Jahre alt war, nahm er zur Frau Jehudit, die Tochter Beeris, des Hetiters, und Basemat, die Tochter [a] Elons, des Hetiters. *a* Kap 36,2.3
[35] Die machten Isaak und Rebekka lauter Herzeleid.

Jakob gewinnt mit List den Erstgeburtssegen

27 Und es begab sich, als Isaak alt geworden war und seine Augen zu schwach zum Sehen wurden, rief er Esau, seinen älteren Sohn, und sprach zu ihm: Mein Sohn! Er aber antwortete ihm: Hier bin ich.
[2] Und er sprach: Siehe, ich bin alt geworden und weiß nicht, wann ich sterben werde.
[3] So nimm nun dein Gerät, Köcher und Bogen, und geh aufs Feld und jage mir ein Wildbret
[4] und mach mir ein Essen, wie ich's gern habe, und bring mir's herein, daß ich esse, auf daß dich meine Seele segne, ehe ich sterbe.
[5] Rebekka aber hörte diese Worte, die Isaak zu seinem Sohn Esau sagte. Und Esau ging hin aufs Feld, daß er ein Wildbret jagte und heimbrächte.
[6] ¶ Da sprach Rebekka zu Jakob, ihrem Sohn: Siehe, ich habe deinen Vater mit Esau, deinem Bruder, reden hören:
[7] Bringe mir ein Wildbret und mach mir ein Essen, daß ich esse und dich segne vor dem HERRN, ehe ich sterbe.
[8] So höre nun, mein Sohn, auf mich und tu, was ich dich heiße.
[9] Geh hin zu der Herde und hole mir zwei gute Böcklein, daß ich deinem Vater ein Essen davon mache, wie er's gerne hat.

10 Das sollst du deinem Vater hineintragen, daß er esse, auf daß er dich segne vor seinem Tod.

11 Jakob aber sprach zu seiner Mutter Rebekka: Siehe, mein Bruder [a]Esau ist rauh, doch ich bin glatt; *a* Kap 25,25

12 so könnte vielleicht mein Vater mich betasten, und ich würde vor ihm dastehen, als ob ich ihn betrügen wollte, und brächte über mich einen Fluch und nicht einen Segen.

13 Da sprach seine Mutter zu ihm: Der Fluch sei auf mir, mein Sohn; gehorche nur meinen Worten, geh und hole mir.

14 ¶Da ging er hin und holte und brachte es seiner Mutter. Da machte seine Mutter ein Essen, wie es sein Vater gerne hatte,

15 und nahm Esaus, ihres älteren Sohnes, Feierkleider, die sie bei sich im Hause hatte, und zog sie Jakob an, ihrem jüngeren Sohn.

16 Aber die Felle von den Böcklein tat sie ihm um seine Hände und wo er glatt war am Halse.

17 Und so gab sie das Essen mit dem Brot, wie sie es gemacht hatte, in die Hand ihres Sohnes Jakob.

18 ¶Und er ging hinein zu seinem Vater und sprach: Mein Vater! Er antwortete: Hier bin ich. Wer bist du, mein Sohn?

19 Jakob sprach zu seinem Vater: Ich bin Esau, dein erstgeborener Sohn; ich habe getan, wie du mir gesagt hast. Komm nun, setze dich und iß von meinem Wildbret, auf daß mich deine Seele segne.[a]

a 3. Mose 19,14

20 Isaak aber sprach zu seinem Sohn: Wie hast du so bald gefunden, mein Sohn? Er antwortete: Der HERR, dein Gott, bescherte mir's.

21 Da sprach Isaak zu Jakob: Tritt herzu, mein Sohn, daß ich dich betaste, ob du mein Sohn Esau bist oder nicht.

22 So trat Jakob zu seinem Vater Isaak. Und als er ihn betastet hatte, sprach er: Die Stimme ist Jakobs Stimme, aber die Hände sind Esaus Hände.

23 Und er erkannte ihn nicht; denn seine Hände waren rauh wie Esaus, seines Bruders, Hände.

¶Und er segnete ihn

24 und sprach: Bist du mein Sohn Esau? Er antwortete: Ja, ich bin's.

25 Da sprach er: So bringe mir her, mein Sohn, zu essen von deinem Wildbret, daß dich meine Seele segne. Da brachte er's ihm, und er aß; und er trug ihm auch Wein hinein, und er trank.

26 Und Isaak, sein Vater, sprach zu ihm: Komm her und küsse mich, mein Sohn!

27 Er trat hinzu und küßte ihn. Da roch er den Geruch seiner Kleider und segnete ihn und sprach: Siehe, der Geruch meines Sohnes ist wie der Geruch des Feldes, das der HERR gesegnet hat.

28 [a]Gott gebe dir vom Tau des Himmels und von der Fettigkeit der Erde und Korn und Wein die Fülle. *a (28 und 29)* Hebr 11,20

29 Völker sollen dir dienen, und Stämme sollen dir zu Füßen fallen. Sei [a]ein Herr über deine Brüder, und deiner Mutter Söhne sollen dir zu Füßen fallen. [b]Verflucht sei, wer dir flucht; gesegnet sei, wer dich segnet! *a* Kap 25,23 *b* Kap 12,3

30 ¶Als nun Isaak den Segen über Jakob vollendet hatte und Jakob kaum hinausgegangen war von seinem Vater Isaak, da kam Esau, sein Bruder, von seiner Jagd

31 und machte auch ein Essen und trug's hinein zu seinem Vater und sprach zu ihm: Richte dich auf, mein Vater, und iß von dem Wildbret deines Sohnes, daß mich deine Seele segne.

32 Da antwortete ihm Isaak, sein Vater: Wer bist du? Er sprach: Ich bin Esau, dein erstgeborener Sohn.

33 Da entsetzte sich Isaak über die Maßen sehr und sprach: Wer? Wo ist denn der Jäger, der mir gebracht hat, und ich habe von allem gegessen, ehe du kamst, und hab ihn gesegnet? Er wird auch gesegnet bleiben.

34 ¶Als Esau diese Worte seines Vaters hörte, schrie er laut und wurde über die Maßen sehr betrübt und sprach zu seinem Vater: Segne mich auch, mein Vater![a]

a Hebr 12,17

35 Er aber sprach: Dein Bruder ist gekommen mit List und hat deinen Segen weggenommen.

36 Da sprach er: Er heißt mit Recht [a]Jakob*, denn er hat mich nun zweimal überlistet. Meine [b]Erstgeburt hat er genommen, und siehe, nun nimmt er auch meinen Segen. Und er sprach: Hast du mir denn keinen Segen vorbehalten?

* d. h. der Hinterlistige *a* Kap 25,26 *b* Kap 25,33

37 Isaak antwortete und sprach zu ihm: Ich habe ihn zum Herrn über dich gesetzt, und alle seine Brüder hab ich ihm zu

Knechten gemacht, mit Korn und Wein
hab ich ihn versehen; was soll ich nun dir
noch tun, mein Sohn?
38 Esau sprach zu seinem Vater: Hast du
denn nur **einen** Segen, mein Vater? Segne
mich auch, mein Vater! Und er erhob
seine Stimme und weinte.
39 Da antwortete Isaak, sein Vater, und
sprach zu ihm: Siehe, du wirst wohnen
ohne Fettigkeit der Erde und ohne Tau
des Himmels von oben her.
40 Von deinem Schwerte wirst du dich
nähren, und deinem Bruder sollst du die-
nen. Aber es wird geschehen, daß du ein-
mal sein Joch von deinem Halse reißen
wirst.[a] *a* 2.Kön 8,20.22

Jakobs Flucht nach Haran

41 Und Esau war Jakob gram um des
Segens willen, mit dem ihn sein Vater
gesegnet hatte, und sprach in seinem
Herzen: Es wird die Zeit bald kommen,
daß man um meinen Vater Leid tragen
muß; dann will ich meinen Bruder Jakob
umbringen.
42 Da wurden Rebekka angesagt diese
Worte ihres älteren Sohnes Esau. Und sie
schickte hin und ließ Jakob, ihren jünge-
ren Sohn, rufen und sprach zu ihm: Siehe,
dein Bruder Esau droht dir, daß er dich
umbringen will.
43 Und nun höre auf mich, mein Sohn:
Mach dich auf und flieh zu meinem Bru-
der [a]Laban nach Haran *a* Kap 24,29
44 und bleib eine Weile bei ihm, bis sich
der Grimm deines Bruders legt
45 und bis sein Zorn wider dich sich von
dir wendet und er vergißt, was du ihm
getan hast; dann will ich schicken und dich
von dort holen lassen. Warum sollte ich
euer beider beraubt werden auf **einen** Tag?
46 ¶Und Rebekka sprach zu Isaak: Mich
verdrießt zu leben, wegen der Hetiterin-
nen. Wenn Jakob eine Frau nimmt von
den Hetiterinnen wie diese, eine von den
Töchtern des Landes, was soll mir das
Leben?[a] *a* Kap 26,34.35
28 Da rief Isaak seinen Sohn Jakob und
segnete ihn und gebot ihm und
sprach zu ihm: [a]Nimm dir nicht eine Frau
von den Töchtern Kanaans, *a* Kap 24,3
2 sondern mach dich auf und zieh nach
Mesopotamien zum Hause [a]Betuëls, des
Vaters deiner Mutter, und nimm dir dort
eine Frau von den Töchtern [b]Labans, des
Bruders deiner Mutter.
a Kap 22,23 *b* Kap 24,29
3 Und der allmächtige Gott segne dich
und mache dich fruchtbar und mehre dich,
daß du werdest ein Haufe von Völkern,
4 und gebe dir den Segen Abrahams, dir
und deinen Nachkommen mit dir, daß du
besitzest das Land, darin du jetzt ein
Fremdling bist, das Gott dem Abraham
gegeben hat.
5 So entließ Isaak den Jakob, daß er nach
Mesopotamien zog zu Laban, dem Sohn
des Aramäers Betuël, dem Bruder
Rebekkas, Jakobs und Esaus Mutter.
6 ¶Nun sah Esau, daß Isaak Jakob geseg-
net und nach Mesopotamien entlassen
hatte, um sich dort eine Frau zu nehmen;
er hatte ihn nämlich gesegnet und ihm
geboten: Du sollst dir keine Frau nehmen
von den Töchtern Kanaans.
7 Auch sah Esau, daß Jakob seinem Vater
und seiner Mutter gehorchte und nach
Mesopotamien zog
8 und daß Isaak, sein Vater, die Töchter
Kanaans nicht gerne sah.
9 Da ging er hin zu [a]Ismael und nahm zu
den Frauen, [b]die er bereits hatte, Mahalat,
die Tochter Ismaels, des Sohnes Abra-
hams, die Schwester [c]Nebajots, zur Frau.
a Kap 16,16 *b* Kap 26,34 *c* Kap 25,13

Jakob schaut die Himmelsleiter

10 Aber Jakob zog aus von Beerscheba
und machte sich auf den Weg nach Haran
11 und kam an eine Stätte, da blieb er über
Nacht, denn die Sonne war untergegan-
gen. Und er nahm einen Stein von der
Stätte und legte ihn zu seinen Häupten
und legte sich an der Stätte schlafen.
12 Und ihm träumte, und siehe, eine Lei-
ter stand auf Erden, die rührte mit der
Spitze an den Himmel, und siehe, die
Engel Gottes stiegen daran auf und
nieder.[a] *a* Joh 1,51
13 Und der HERR stand oben darauf und
sprach: Ich bin der HERR, der Gott deines
Vaters Abraham, und Isaaks Gott; das
Land, darauf du liegst, will ich dir und
deinen Nachkommen geben.
14 Und dein Geschlecht soll werden wie
der Staub auf Erden, und [a]du sollst ausge-
breitet werden gegen Westen und Osten,
Norden und Süden, und durch dich und

deine Nachkommen sollen alle Geschlech-
ter auf Erden gesegnet werden.
a Kap 13,14.15
15 Und siehe, ich bin mit dir und will dich
behüten, wo du hinziehst, und will dich
wieder herbringen in dies Land. Denn ich
will dich nicht verlassen, bis ich alles tue,
was ich dir zugesagt habe.
16 ¶ Als nun Jakob von seinem Schlaf auf-
wachte, sprach er: Fürwahr, der HERR ist
an dieser Stätte, und ich wußte es nicht!
17 Und er fürchtete sich und sprach: Wie
[a]heilig ist diese Stätte! Hier ist nichts ande-
res als Gottes Haus, und hier ist die Pforte
des Himmels. *a* 2.Mose 3,5
18 [a]Und Jakob stand früh am Morgen auf
und nahm den Stein, den er zu seinen
Häupten gelegt hatte, und richtete ihn auf
zu einem Steinmal und goß Öl oben darauf
a (18 und 19) Kap 35,14.15
19 und nannte die Stätte Bethel*; vorher
aber hieß die Stadt Lus. * d.h. Haus Gottes.
20 ¶ Und Jakob tat ein Gelübde und
sprach: Wird Gott mit mir sein und mich
behüten auf dem Wege, den ich reise, und
mir Brot zu essen geben und Kleider anzu-
ziehen
21 und mich mit Frieden wieder heim zu
meinem Vater bringen, so soll der HERR
mein Gott sein.
22 Und [a]dieser Stein, den ich aufgerichtet
habe zu einem Steinmal, soll ein Gottes-
haus werden; und von allem, was du mir
gibst, will ich dir den Zehnten geben.
a Kap 35,1

Jakob dient um Lea und Rahel

29 Da machte sich Jakob auf den Weg
und ging in das Land, das im Osten
liegt,
2 und sah sich um, und siehe, da war ein
Brunnen auf dem Felde; und siehe, drei
Herden Schafe lagen dabei, denn von dem
Brunnen pflegten sie die Herden zu trän-
ken. Und ein großer Stein lag vor dem
Loch des Brunnens.
3 Und sie pflegten die Herden alle dort zu
versammeln und den Stein von dem Brun-
nenloch zu wälzen und die Schafe zu trän-
ken und taten alsdann den Stein wieder
vor das Loch an seine Stelle.
4 Und Jakob sprach zu ihnen: Liebe Brü-
der, wo seid ihr her? Sie antworteten: Wir
sind von Haran.
5 Er sprach zu ihnen: Kennt ihr auch
Laban, den Sohn [a]Nahors? Sie antworte-
ten: Ja, wir kennen ihn. *a* Kap 24,10.24
6 Er sprach: Geht es ihm auch gut? Sie
antworteten: Es geht ihm gut; und siehe,
da kommt seine Tochter Rahel mit den
Schafen.
7 Er sprach: Es ist noch hoher Tag und ist
noch nicht Zeit, das Vieh einzutreiben;
tränkt die Schafe und geht hin und weidet
sie.
8 Sie antworteten: Wir können es nicht,
bis alle Herden zusammengebracht sind
und wir den Stein von des Brunnens Loch
wälzen und dann die Schafe tränken.
9 ¶ Als er noch mit ihnen redete, kam
Rahel mit den Schafen ihres Vaters, denn
sie hütete die Schafe.
10 Als Jakob aber Rahel sah, die Tochter
Labans, des Bruders seiner Mutter, und
die Schafe Labans, des Bruders seiner
Mutter, trat er hinzu und wälzte den Stein
von dem Loch des Brunnens und tränkte
die Schafe Labans, des Bruders seiner
Mutter.
11 Und er küßte Rahel und weinte laut
12 und sagte ihr, daß er ihres Vaters Ver-
wandter wäre und Rebekkas Sohn. Da lief
sie und sagte es ihrem Vater.
13 Als aber Laban hörte von Jakob, seiner
Schwester Sohn, lief er ihm entgegen und
herzte und küßte ihn und führte ihn in
sein Haus. Da erzählte er Laban alles, was
sich begeben hatte.
14 Da sprach Laban zu ihm: Fürwahr, du
bist von meinem Gebein und Fleisch.
¶ Und als er nun einen Monat lang bei ihm
gewesen war,
15 sprach Laban zu Jakob: Zwar bist du
mein Verwandter, aber solltest du mir
darum umsonst dienen? Sage an, was soll
dein Lohn sein?
16 Laban aber hatte zwei Töchter; die
ältere hieß Lea, die jüngere Rahel.
17 Aber Leas Augen waren ohne Glanz,
Rahel dagegen war schön von Gestalt und
von Angesicht.
18 Und Jakob gewann Rahel lieb und
sprach: Ich will dir sieben Jahre um Rahel,
deine jüngere Tochter, dienen.
19 Laban antwortete: Es ist besser, ich
gebe sie dir als einem andern; bleib bei
mir.
20 ¶ So diente Jakob um Rahel sieben
Jahre, und es kam ihm vor, als wären's
einzelne Tage, so lieb hatte er sie.

21 Und Jakob sprach zu Laban: Gib mir nun meine Braut; denn die Zeit ist da, daß ich zu ihr gehe.

22 Da lud Laban alle Leute des Ortes ein und machte ein Hochzeitsmahl.

23 Am Abend aber nahm er seine Tochter Lea und brachte sie zu Jakob; und er ging zu ihr.

24 Und Laban gab seiner Tochter Lea seine Magd Silpa zur Leibmagd.

25 Am Morgen aber, siehe, da war es Lea. Und Jakob sprach zu Laban: Warum hast du mir das angetan? Habe ich dir nicht um Rahel gedient? Warum hast du mich denn betrogen?

26 Laban antwortete: Es ist nicht Sitte in unserm Lande, daß man die jüngere weggebe vor der älteren.

27 Halte mit dieser die Hochzeitswoche, so will ich dir die andere auch geben für den Dienst, den du bei mir noch weitere sieben Jahre leisten sollst.[a]

a Kap 31,14.15

28 Das tat Jakob und hielt die Hochzeitswoche. Da gab ihm Laban seine Tochter Rahel zur Frau.

29 Und er gab seiner Tochter Rahel seine Magd Bilha zur Leibmagd.

30 So [a]ging Jakob auch zu Rahel ein und hatte Rahel lieber als Lea; und er diente bei ihm noch weitere sieben Jahre.

a 3.Mose 18,18

Jakobs Kinder

31 Als aber der HERR sah, daß Lea ungeliebt war, machte er sie fruchtbar; Rahel aber war unfruchtbar.

32 Und Lea ward schwanger und gebar einen Sohn; den nannte sie Ruben und sprach: Der HERR hat angesehen mein Elend; nun wird mich mein Mann liebhaben.

33 Und sie ward abermals schwanger und gebar einen Sohn und sprach: Der HERR hat gehört, daß ich ungeliebt bin, und hat mir diesen auch gegeben. Und nannte ihn Simeon.

34 Abermals ward sie schwanger und gebar einen Sohn und sprach: Nun wird mein Mann mir doch zugetan sein, denn ich habe ihm drei Söhne geboren. Darum nannte sie ihn Levi.

35 Zum viertenmal ward sie schwanger und gebar einen Sohn und sprach: Nun will ich dem HERRN danken. Darum nannte sie ihn Juda. Und sie hörte auf, Kinder zu gebären.

30 ¶ Als Rahel sah, daß sie Jakob kein Kind gebar, beneidete sie ihre Schwester und sprach zu Jakob: Schaffe mir Kinder, wenn nicht, so sterbe ich.

2 Jakob aber wurde sehr zornig auf Rahel und sprach: Bin ich doch nicht Gott, der dir [a]deines Leibes Frucht nicht geben will.

a Ps 127,3

3 Sie aber sprach: Siehe, da ist meine Magd Bilha; geh zu ihr, [a]daß sie auf meinem Schoß gebäre und ich doch durch sie zu Kindern komme.

a Kap 16,2

4 So gab sie ihm Bilha, ihre Leibmagd, zur Frau, und Jakob ging zu ihr.

5 Und Bilha ward schwanger und gebar Jakob einen Sohn.

6 Da sprach Rahel: Gott hat mir Recht verschafft und mich erhört und mir einen Sohn gegeben. Darum nannte sie ihn Dan.

7 Abermals ward Bilha, Rahels Leibmagd, schwanger und gebar Jakob ihren zweiten Sohn.

8 Da sprach Rahel: Über alle Maßen habe ich gekämpft mit meiner Schwester, und ich habe gesiegt. Und nannte ihn Naftali.

9 ¶ Als nun Lea sah, daß sie aufgehört hatte zu gebären, nahm sie ihre Leibmagd Silpa und gab sie Jakob zur Frau.

10 Und Silpa, Leas Leibmagd, gebar Jakob einen Sohn.

11 Da sprach Lea: Glück zu! Und nannte ihn Gad.

12 Danach gebar Silpa, Leas Leibmagd, Jakob ihren zweiten Sohn.

13 Da sprach Lea: Wohl mir, denn mich werden seligpreisen die Töchter. Und nannte ihn Asser.

14 ¶ Ruben ging aus zur Zeit der Weizenernte und fand Liebesäpfel* auf dem Felde und brachte sie heim zu seiner Mutter Lea. Da sprach Rahel zu Lea: Gib mir von den Liebesäpfeln deines Sohnes.

* Siehe Sach- und Worterklärungen.

15 Sie antwortete: Hast du nicht genug, daß du mir meinen Mann genommen hast, und willst auch die Liebesäpfel meines Sohnes nehmen? Rahel sprach: Wohlan, laß ihn diese Nacht bei dir schlafen für die Liebesäpfel deines Sohnes.

16 Als nun Jakob am Abend vom Felde kam, ging Lea hinaus ihm entgegen und sprach: Zu mir sollst du kommen, denn ich habe dich erkauft mit den Liebesäpfeln

meines Sohnes. Und er schlief die Nacht
bei ihr.
17 Und Gott erhörte Lea, und sie ward
schwanger und gebar Jakob ihren fünften
Sohn
18 und sprach: Gott hat mir gelohnt, daß
ich meine Magd meinem Manne gegeben
habe. Und nannte ihn Issachar.
19 Abermals ward Lea schwanger und
gebar Jakob ihren sechsten Sohn
20 und sprach: Gott hat mich reich
beschenkt; nun wird mein Mann doch bei
mir bleiben; denn ich habe ihm sechs
Söhne geboren. Und nannte ihn Sebulon.
21 Danach gebar sie eine Tochter, die
nannte sie Dina.
22 ¶Gott [a]gedachte aber an Rahel und
erhörte sie und machte sie fruchtbar.

a 1.Sam 1,19

23 Da ward sie schwanger und gebar einen
Sohn und sprach: Gott hat [a]meine
Schmach von mir genommen;

a Jes 4,1; Lk 1,25

24 und sie nannte ihn Josef und sprach:
[a]Der HERR wolle mir noch einen Sohn
dazugeben!

a Kap 35,17-19

Jakob kommt zu Reichtum

25 Als nun Rahel den Josef geboren hatte,
sprach Jakob zu Laban: Laß mich ziehen
und reisen an meinen Ort und in mein
Land.
26 Gib mir meine Frauen und meine Kin-
der, um die ich dir gedient habe, daß ich
ziehe; denn du weißt, wie ich dir gedient
habe.[a]

a Kap 29,20.30; 31,43

27 Laban sprach zu ihm: Laß mich Gnade
vor deinen Augen finden. Ich spüre, daß
mich [a]der HERR segnet um deinetwillen.

a Kap 39,5

28 Bestimme den Lohn, den ich dir geben
soll.
29 Er aber sprach zu ihm: Du weißt, wie
ich dir gedient habe und was aus deinem
Vieh geworden ist unter mir.
30 Du hattest wenig, ehe ich herkam; nun
aber ist's geworden zu einer großen
Menge, und der HERR hat dich gesegnet
auf jedem meiner Schritte. Und nun, wann
soll ich auch für mein Haus sorgen?
31 Er aber sprach: Was soll ich dir denn
geben? Jakob sprach: Du sollst mir gar
nichts geben; sondern wenn du mir tun
willst, was ich dir sage, so will ich deine
Schafe wieder weiden und hüten.
32 Ich will heute durch alle deine Herden
gehen und aussondern alle gefleckten und
bunten Schafe und alle schwarzen Schafe
und die bunten und gefleckten Ziegen.
Was nun bunt und gefleckt sein wird, das
soll mein Lohn sein.
33 So wird meine Redlichkeit morgen für
mich zeugen, wenn du kommst wegen
meines Lohnes, den ich von dir nehmen
soll: was nicht gefleckt oder bunt unter
den Ziegen und nicht schwarz sein wird
unter den Lämmern, das sei ein Diebstahl,
wenn es sich bei mir findet.
34 Da sprach Laban: Wohlan, es sei, wie
du gesagt hast.
35 Und er sonderte an jenem Tage aus die
sprenkligen und bunten Böcke und alle
gefleckten und bunten Ziegen, wo nur
etwas Weißes daran war, und alles, was
schwarz war unter den Lämmern, und tat's
unter die Hand seiner Söhne
36 und machte einen Raum, drei Tagerei-
sen weit, zwischen sich und Jakob. Jakob
aber weidete die übrigen Herden Labans.
37 ¶Und Jakob nahm frische Stäbe von
Pappeln, Mandelbäumen und Platanen
und schälte weiße Streifen daran aus, so
daß an den Stäben das Weiße bloß wurde,
38 und legte die Stäbe, die er geschält
hatte, in die Tränkrinnen, wo die Herden
hinkommen mußten zu trinken, daß sie
da empfangen sollten, wenn sie zu trinken
kämen.
39 So empfingen die Herden über den Stä-
ben und brachten Sprenklige, Gefleckte
und Bunte.
40 Da sonderte Jakob die Lämmer aus und
machte sich eigene Herden; die tat er nicht
zu den Herden Labans.
41 Wenn aber die Brunstzeit der kräftigen
Tiere war, legte er die Stäbe in die Rinnen
vor die Augen der Herde, daß sie über
den Stäben empfingen.
42 Aber wenn die Tiere schwächlich
waren, legte er sie nicht hinein. So wurden
die schwächlichen Tiere dem Laban zuteil,
aber die kräftigen dem Jakob.
43 Daher wurde der Mann über die Maßen
reich, so daß er viele Schafe, Mägde und
Knechte, Kamele und Esel hatte.

Jakobs Flucht mit den Seinen. Sein Vertrag mit Laban

31 Und es kamen vor ihn die Reden
der Söhne Labans, daß sie sprachen:

[a]Jakob hat alles Gut unseres Vaters an sich
gebracht, und nur von unseres Vaters Gut
hat er solchen Reichtum zuwege gebracht.

a Kap 30,35

2 Und Jakob sah an das Angesicht Labans,
und siehe, er war gegen ihn nicht mehr
wie zuvor.
3 ¶ Und der HERR sprach zu Jakob: Zieh
wieder in deiner Väter Land und zu dei-
ner Verwandtschaft; ich will mit dir sein.[a]

a Kap 28,15

4 Da sandte Jakob hin und ließ rufen
Rahel und Lea aufs Feld zu seiner Herde
5 und sprach zu ihnen: Ich sehe an eures
Vaters Angesicht, daß er gegen mich nicht
ist wie zuvor; aber der Gott meines Vaters
ist mit mir gewesen.
6 Und ihr wißt, daß ich aus allen meinen
Kräften eurem Vater gedient habe.
7 Und er hat mich getäuscht und zehnmal
meinen Lohn verändert; aber Gott hat ihm
nicht gestattet, daß er mir Schaden täte.
8 Wenn er sprach: Die Bunten sollen dein
Lohn sein, so trug die ganze Herde Bunte.
Wenn er aber sprach: Die Sprenkligen sol-
len dein Lohn sein, so trug die ganze
Herde Sprenklige.
9 So hat Gott die Güter eures Vaters ihm
entwunden und mir gegeben.
10 Denn wenn die Brunstzeit kam, hob ich
meine Augen auf und sah im Traum, und
siehe, die Böcke, die auf die Herde spran-
gen, waren sprenklig, gefleckt und bunt.
11 Und der Engel Gottes sprach zu mir im
Traum: Jakob! Und ich antwortete: Hier
bin ich.
12 Er aber sprach: Hebe deine Augen auf
und sieh! Alle Böcke, die auf die Herde
springen, sind sprenklig, gefleckt und bunt;
denn ich habe alles gesehen, was Laban
dir antut.
13 Ich bin der Gott, der dir zu Bethel
erschienen ist, wo du [a]den Stein gesalbt
hast, und du hast mir daselbst ein Gelübde
getan. Nun mach dich auf und zieh aus
diesem Lande und kehre zurück in das
Land deiner Verwandtschaft. *a* Kap 28,18-22
14 ¶ Da antworteten Rahel und Lea und
sprachen zu ihm: Wir haben doch kein
Teil noch Erbe mehr in unseres Vaters
Hause.
15 Haben wir ihm doch gegolten wie
die Fremden, denn er hat uns verkauft
und unseren Kaufpreis verzehrt.[a]

a Kap 29,18.27

16 Fürwahr, der ganze Reichtum, den Gott
unserm Vater entzogen hat, gehört uns
und unsern Kindern. Alles nun, was Gott
dir gesagt hat, das tu!
17 Da machte sich Jakob auf und lud seine
Kinder und Frauen auf die Kamele
18 und führte weg all sein Vieh und alle
seine Habe, die er in Mesopotamien er-
worben hatte, daß er käme zu Isaak, sei-
nem Vater, ins Land Kanaan.
19 Laban aber war gegangen, seine Herde
zu scheren. Und Rahel stahl ihres Vaters
[a]Hausgott.

a Ri 17,5; 18,17; 1.Sam 19,13; 2.Kön 23,24; Sach 10,2

20 Und Jakob täuschte Laban, den Ara-
mäer, damit, daß er ihm nicht ansagte,
daß er ziehen wollte.
21 So floh er mit allem, was sein war,
machte sich auf und fuhr über den
Euphrat und richtete seinen Weg nach
dem Gebirge Gilead.
22 ¶ Am dritten Tage wurde Laban ange-
sagt, daß Jakob geflohen wäre.
23 Und er nahm seine Brüder zu sich und
jagte ihm nach, sieben Tagereisen weit,
und ereilte ihn auf dem Gebirge [a]Gilead.

a Vers 47

24 Aber Gott kam zu Laban, dem Ara-
mäer, im Traum des Nachts und sprach zu
ihm: Hüte dich, mit Jakob anders zu reden
als freundlich.
25 Und Laban holte Jakob ein. Jakob aber
hatte sein Zelt aufgeschlagen auf dem
Gebirge, und Laban mit seinen Brüdern
schlug sein Zelt auch auf dem Gebirge
Gilead auf.
26 ¶ Da sprach Laban zu Jakob: Was hast
du getan, daß du mich getäuscht hast und
hast meine Töchter entführt, als wenn sie
im Krieg gefangen wären?
27 Warum bist du heimlich geflohen und
hast mich hintergangen und hast mir's
nicht angesagt, daß ich dich geleitet hätte
mit Freuden, mit Liedern, mit Pauken und
Harfen?
28 Und hast mich nicht einmal lassen
meine Enkel und Töchter küssen? Nun,
du hast töricht getan.
29 Ich hätte wohl so viel Macht, daß ich
euch Böses antun könnte; aber eures
Vaters Gott hat diese Nacht zu mir gesagt:
Hüte dich, mit Jakob anders zu reden als
freundlich.
30 Und wenn du schon weggezogen bist
und sehntest dich so sehr nach deines

Vaters Hause, warum hast du mir dann
aber meinen Gott gestohlen?

31 Jakob antwortete und sprach zu Laban:
Ich fürchtete mich und dachte, du wür-
dest deine Töchter von mir reißen.

32 Bei wem du aber deinen Gott findest,
der sterbe! Hier vor unsern Brüdern suche
das Deine bei mir und nimm's hin. Jakob
wußte aber nicht, daß [a]Rahel ihn gestoh-
len hatte. *a* Vers 19

33 ¶ Da ging Laban in die Zelte Jakobs
und Leas und der beiden Mägde und fand
nichts. Und ging aus dem Zelte Leas in
das Zelt Rahels.

34 Rahel aber hatte den Hausgott genom-
men und unter den Kamelsattel gelegt und
sich darauf gesetzt. Laban aber betastete
das ganze Zelt und fand nichts.

35 Da sprach sie zu ihrem Vater: Mein
Herr, zürne nicht, denn ich kann nicht
aufstehen vor dir, denn [a]es geht mir nach
der Frauen Weise. Daher fand er den
Hausgott nicht, wie sehr er auch suchte.

a 3.Mose 15,19.20

36 Und Jakob wurde zornig und schalt
Laban und sprach zu ihm: Was hab ich
Übles getan oder gesündigt, daß du so hit-
zig hinter mir her bist?

37 Du hast all meinen Hausrat betastet.
Was hast du von deinem Hausrat gefun-
den? Lege das her vor meinen und deinen
Brüdern, daß sie zwischen uns beiden
richten.

38 Diese zwanzig Jahre bin ich bei dir
gewesen, deine Schafe und Ziegen haben
keine Fehlgeburt gehabt; die Widder dei-
ner Herde hab ich nie gegessen;

39 was die wilden Tiere zerrissen, brachte
ich dir nicht, ich mußte es ersetzen; du
fordertest es von meiner Hand, es mochte
mir des Tages oder des Nachts gestohlen
sein.[a] *a* 2.Mose 22,11.12

40 Des Tages kam ich um vor Hitze und
des Nachts vor Frost, und kein Schlaf kam
in meine Augen.

41 So habe ich diese zwanzig Jahre in dei-
nem Hause gedient, vierzehn [a]um deine
Töchter und sechs [b]um deine Herde, und
du hast mir meinen Lohn zehnmal
verändert. *a* Kap 29,20.30 *b* Kap 30,31-36

42 Wenn nicht der Gott meines Vaters, der
Gott Abrahams und der Schrecken
Isaaks*, [a]auf meiner Seite gewesen wäre,
du hättest mich leer ziehen lassen. Aber
Gott hat mein Elend und meine Mühe
angesehen und hat diese Nacht rechtes
Urteil gesprochen. *a* Vers 24.54

* »Schrecken Isaaks« ist eine alte Bezeichnung für den von Isaak verehrten Gott.

43 Laban antwortete und sprach zu Jakob:
Die Töchter sind meine Töchter, und die
Kinder sind meine Kinder, und die Her-
den sind meine Herden, und alles, was du
siehst, ist mein. Was kann ich heute für
meine Töchter oder ihre Kinder tun, die
sie geboren haben?[a] *a* 2.Mose 21,4.5

44 So komm nun und laß uns einen Bund
schließen, ich und du, der ein Zeuge sei
zwischen mir und dir.

45 Da nahm Jakob einen Stein und rich-
tete ihn auf zu einem Steinmal.

46 Laban aber sprach zu seinen Brüdern:
Lest Steine auf! Und sie nahmen Steine
und machten davon einen Haufen und
aßen daselbst auf dem Steinhaufen.

47 Und Laban nannte ihn Jegar-Sahaduta,
Jakob aber nannte ihn [a]Gal-Ed. *a* Vers 23

48 ¶ Da sprach Laban: [a]Der Steinhaufe sei
heute Zeuge zwischen mir und dir. Daher
nennt man ihn Gal-Ed* *a* Jos 24,27

* d. h. Steinhaufe des Zeugnisses.

49 und [a]Mizpa*; denn er sprach: Der
HERR wache als Späher über mir und dir,
wenn wir voneinander gegangen sind,

* d. h. Spähort. *a* Ri 11,11

50 daß du meine Töchter nicht bedrückst
oder andere Frauen dazu nimmst zu mei-
nen Töchtern. Es ist hier kein Mensch bei
uns; siehe aber, Gott ist der Zeuge zwi-
schen mir und dir.

51 Und Laban sprach weiter zu Jakob:
Siehe, das ist der Haufe, und das ist das
Steinmal, das ich aufgerichtet habe zwi-
schen mir und dir.

52 Dieser Steinhaufe sei Zeuge, und das
Steinmal sei auch Zeuge, daß ich nicht an
diesem Haufen vorüberziehe zu dir hin
oder du vorüberziehst zu mir hin an die-
sem Haufen und diesem Mal in böser
Absicht!

53 Der Gott Abrahams und der Gott
Nahors sei Richter zwischen uns – der
Gott ihres Vaters!

54 Und Jakob schwor ihm bei dem
[a]Schrecken Isaaks, dem Gott seines
Vaters. Und Jakob opferte auf dem
Gebirge und lud seine Brüder zum Essen.
Und als sie gegessen hatten, blieben sie
auf dem Gebirge über Nacht. *a* Vers 42

Jakob rüstet sich zur Begegnung mit Esau

32 *Am Morgen aber stand Laban früh
auf, küßte seine Enkel und Töchter
und segnete sie und zog hin und kam wie-
der an seinen Ort.

* Abweichende Verszählung statt 32,1-33: 31,55–32,32.

2 Jakob aber zog seinen Weg. Und es
begegneten ihm [a]die Engel Gottes.
a Kap 28,12
3 Und als er sie sah, sprach er: Hier ist
Gottes Heerlager, und nannte diese Stätte
Mahanajim.
4 ¶ Jakob aber schickte Boten vor sich her
zu seinem Bruder Esau ins Land [a]Seïr, in
das Gebiet von Edom, *a* Kap 36,8
5 und befahl ihnen und sprach: So sprecht
zu Esau, meinem Herrn: Dein Knecht
Jakob läßt dir sagen: Ich bin bisher bei
Laban lange in der Fremde gewesen
6 und habe Rinder und Esel, Schafe,
Knechte und Mägde, und habe ausge-
sandt, es dir, meinem Herrn, anzusagen,
damit ich Gnade vor deinen Augen fände.
7 ¶ Die Boten kamen zu Jakob zurück
und sprachen: Wir kamen zu deinem Bru-
der Esau, und er zieht dir auch entgegen
mit vierhundert Mann.
8 Da fürchtete sich Jakob sehr, und ihm
wurde bange. Und er teilte das Volk, das
bei ihm war, und die Schafe und die Rin-
der und die Kamele in zwei Lager
9 und sprach: Wenn Esau über das eine
Lager kommt und macht es nieder, so wird
das andere entrinnen.
10 ¶ Weiter sprach Jakob: Gott meines
Vaters Abraham und Gott meines Vaters
Isaak, [a]der du zu mir gesagt hast: Zieh
wieder in dein Land und zu deiner Ver-
wandtschaft, ich will dir wohltun –,
a Kap 31,3.13
11 **HERR, [a]ich bin zu gering aller Barmher-
zigkeit und aller Treue, die du an deinem
Knechte getan hast;** denn ich hatte nicht
mehr als diesen Stab, als ich hier über den
Jordan ging, und nun sind aus mir zwei
Lager geworden. *a* 2.Sam 7,18
12 Errette mich von der Hand meines Bru-
ders, von der Hand Esaus; denn ich
fürchte mich vor ihm, daß er komme und
schlage mich, die Mütter samt den Kin-
dern.
13 Du hast [a]gesagt: Ich will dir wohltun
und deine Nachkommen machen wie den
Sand am Meer, den man der Menge wegen
nicht zählen kann. *a* Kap 28,13.14
14 ¶ Und er blieb die Nacht da und nahm
von dem, was er erworben hatte, ein
Geschenk für seinen Bruder Esau:
15 zweihundert Ziegen, zwanzig Böcke,
zweihundert Schafe, zwanzig Widder
16 und dreißig säugende Kamele mit ihren
Füllen, vierzig Kühe und zehn junge
Stiere, zwanzig Eselinnen und zehn Esel,
17 und tat sie unter die Hand seiner
Knechte, je eine Herde besonders, und
sprach zu ihnen: Geht vor mir her und
laßt Raum zwischen einer Herde und der
andern.
18 Und er gebot dem ersten und sprach:
Wenn dir mein Bruder Esau begegnet und
dich fragt: Wem gehörst du an und wo
willst du hin und wessen Eigentum ist das,
was du vor dir hertreibst?,
19 sollst du sagen: Es gehört deinem
Knechte Jakob, der sendet es als Geschenk
seinem Herrn Esau und zieht hinter uns
her.
20 Ebenso gebot er auch dem zweiten und
dem dritten und allen, die den Herden
nachgingen, und sprach: Wie ich euch
gesagt habe, so sagt zu Esau, wenn ihr
ihm begegnet,
21 und sagt ja auch: Siehe, dein Knecht
Jakob kommt hinter uns. Denn er dachte:
Ich will ihn versöhnen mit dem Geschenk,
das vor mir hergeht. Danach will ich ihn
sehen; vielleicht wird er mich annehmen.
22 So ging das Geschenk vor ihm her; er
aber blieb diese Nacht im Lager.

Jakobs Kampf am Jabbok. Sein neuer Name

23 Und Jakob stand auf in der Nacht und
nahm seine beiden Frauen und die beiden
Mägde und seine elf Söhne und zog an die
Furt des Jabbok,
24 nahm sie und führte sie über das Was-
ser, so daß hinüberkam, was er hatte,
25 und blieb allein zurück.
¶ [a]Da rang ein Mann mit ihm, bis die
Morgenröte anbrach. *a (25-29)* Hos 12,4.5
26 Und als er sah, daß er ihn nicht über-
mochte, schlug er ihn auf das Gelenk sei-
ner Hüfte, und das Gelenk der Hüfte
Jakobs wurde über dem Ringen mit ihm
verrenkt.
27 Und er sprach: Laß mich gehen, denn
die Morgenröte bricht an. Aber Jakob

antwortete: [a]**Ich lasse dich nicht, du segnest mich denn.** *a* Mt 15,22-28
28 Er sprach: Wie heißt du? Er antwortete: Jakob.
29 Er sprach: [a]Du sollst nicht mehr Jakob heißen, sondern Israel; denn [b]du hast mit Gott und mit Menschen gekämpft und hast gewonnen. *a* Kap 35,10 *b* Jer 20,7
30 Und Jakob fragte ihn und sprach: Sage doch, [a]wie heißt du? Er aber sprach: Warum fragst du, wie ich heiße? Und er segnete ihn daselbst. *a* Ri 13,17.18
31 Und Jakob nannte die Stätte Pnuël; denn, sprach er, ich [a]habe Gott von Angesicht gesehen,* und doch wurde mein Leben gerettet. *a* 2.Mose 33,20

* Pnuël = Pniël bedeutet »Angesicht Gottes«.

32 Und als er an Pnuël vorüberkam, ging ihm die Sonne auf; und er hinkte an seiner Hüfte.
33 Daher essen die Israeliten nicht das Muskelstück auf dem Gelenk der Hüfte bis auf den heutigen Tag, weil er auf den Muskel am Gelenk der Hüfte Jakobs geschlagen hatte.

Jakobs Versöhnung mit Esau

33 Jakob hob seine Augen auf und sah seinen Bruder [a]Esau kommen mit vierhundert Mann. Und er verteilte seine Kinder auf Lea und auf Rahel und auf die beiden Leibmägde *a* Kap 32,7
2 und stellte die Mägde mit ihren Kindern vornean und Lea mit ihren Kindern dahinter und Rahel mit Josef zuletzt.
3 Und er ging vor ihnen her und neigte sich siebenmal zur Erde, bis er zu seinem Bruder kam.
4 Esau aber lief ihm entgegen und herzte ihn und fiel ihm um den Hals und küßte ihn, und sie weinten.
5 Und Esau hob seine Augen auf und sah die Frauen mit den Kindern und sprach: Wer sind diese bei dir? Er antwortete: Es sind die [a]Kinder, die Gott deinem Knecht beschert hat. *a* Ps 127,3
6 Und die Mägde traten herzu mit ihren Kindern und neigten sich vor ihm.
7 Lea trat auch herzu mit ihren Kindern, und sie neigten sich vor ihm. Danach traten Josef und Rahel herzu, und sie neigten sich auch vor ihm.
8 ¶ Und Esau sprach: Was willst du mit [a]all den Herden, denen ich begegnet bin? Er antwortete: Daß ich Gnade fände vor meinem Herrn. *a* Kap 32,14-21
9 Esau sprach: Ich habe genug, mein Bruder; behalte, was du hast.
10 Jakob antwortete: Ach nein! Hab ich Gnade gefunden vor dir, so nimm mein Geschenk von meiner Hand; denn ich sah dein Angesicht, [a]als sähe ich Gottes Angesicht, und du hast mich freundlich angesehen. *a* Kap 32,31
11 Nimm doch diese Segensgabe von mir an, die ich dir zugebracht habe; denn Gott hat sie mir beschert, und ich habe von allem genug. So nötigte er ihn, daß er sie nahm.
12 ¶ Und Esau sprach: Laß uns aufbrechen und fortziehen; ich will mit dir ziehen.
13 Er aber sprach zu ihm: Mein Herr weiß, daß ich zarte Kinder bei mir habe, dazu säugende Schafe und Kühe; wenn sie auch nur einen Tag übertrieben würden, würde mir die ganze Herde sterben.
14 Mein Herr ziehe vor seinem Knechte her. Ich will gemächlich hintennach treiben, wie das Vieh und die Kinder gehen können, bis ich komme zu meinem Herrn nach Seïr.
15 Esau sprach: So will ich doch bei dir lassen etliche von meinen Leuten. Er antwortete: Ist das denn nötig? Laß mich nur Gnade vor meinem Herrn finden.
16 So zog Esau an jenem Tage wiederum seines Weges nach Seïr.

Jakob siedelt sich bei Sichem an

17 Und Jakob zog nach Sukkot und baute sich ein Haus und machte seinem Vieh Hütten; daher heißt die Stätte Sukkot*.

* d.h. Hütten.

18 Danach kam Jakob wohlbehalten zu der Stadt Sichem, die im Lande Kanaan liegt, nachdem er aus Mesopotamien gekommen war, und lagerte vor der Stadt
19 und [a]kaufte das Land, wo er sein Zelt aufgeschlagen hatte, von den Söhnen Hamors, des Vaters Sichems, um hundert Goldstücke *a* Jos 24,32
20 und errichtete dort einen Altar und nannte ihn »Gott ist der Gott Israels«.[a] *a* Kap 12,7.8

Die Schandtat an Dina und das Blutbad zu Sichem

34 [a]Dina aber, Leas Tochter, die sie Jakob geboren hatte, ging aus, die

Töchter des Landes zu sehen. *a* Kap 30,21

2 Als [a] Sichem sie sah, der Sohn des Hiwiters Hamor, der des Landes Herr war, nahm er sie, legte sich zu ihr und tat ihr Gewalt an. *a* Ri 9,28

3 Und sein Herz hing an ihr, und er hatte das Mädchen lieb und redete freundlich mit ihr.

4 Und Sichem sprach zu seinem Vater Hamor: Nimm mir das Mädchen zur Frau.

5 ¶ Und Jakob erfuhr, daß seine Tochter Dina geschändet war; und seine Söhne waren mit dem Vieh auf dem Felde, und Jakob schwieg, bis sie kamen.

6 Da ging Hamor, Sichems Vater, hinaus zu Jakob, um mit ihm zu reden.

7 Indessen kamen die Söhne Jakobs vom Felde. Und als sie es hörten, verdroß es die Männer, und sie wurden sehr zornig, daß er eine Schandtat an Israel begangen und bei Jakobs Tochter gelegen hatte. Denn solches durfte nicht geschehen.

8 ¶ Da redete Hamor mit ihnen und sprach: Das Herz meines Sohnes Sichem sehnt sich nach eurer Tochter; gebt sie ihm doch zur Frau.

9 Verschwägert euch mit uns; gebt uns eure Töchter und nehmt ihr unsere Töchter

10 und wohnt bei uns. Das Land soll euch offen sein; bleibt und treibt Handel und werdet ansässig.

11 Und Sichem sprach zu ihrem Vater und zu ihren Brüdern: Laßt mich Gnade bei euch finden; was ihr mir sagt, das will ich geben.

12 Fordert nur getrost von mir [a] Brautpreis und Geschenk, ich will's geben, wie ihr's verlangt; gebt mir nur das Mädchen zur Frau. *a* 2. Mose 22,15

13 ¶ Da antworteten Jakobs Söhne dem Sichem und seinem Vater Hamor hinterhältig, weil ihre Schwester Dina geschändet war,

14 und sprachen zu ihnen: Wir können das nicht tun, daß wir unsere Schwester einem unbeschnittenen Mann geben; denn das wäre uns eine Schande.

15 Doch dann wollen wir euch zu Willen sein, wenn ihr uns gleich werdet und alles, was männlich unter euch ist, beschnitten wird. [a] *a* Kap 17,10-14

16 Dann wollen wir unsere Töchter euch geben und eure Töchter uns nehmen und bei euch wohnen und **ein** Volk sein.

17 Wenn ihr aber nicht einwilligen wollt, euch zu beschneiden, so wollen wir unsere Schwester nehmen und davonziehen.

18 Die Rede gefiel Hamor und seinem Sohn gut.

19 Und der Jüngling zögerte nicht, dies zu tun; denn er hatte großes Gefallen an der Tochter Jakobs. Und er war mehr angesehen als alle in seines Vaters Hause.

20 ¶ Da kamen sie nun, Hamor und sein Sohn Sichem, zum Tor ihrer Stadt und redeten mit den Bürgern der Stadt und sprachen:

21 Diese Leute sind friedsam bei uns; laßt sie im Lande wohnen und Handel treiben; das Land ist weit genug für sie. Wir wollen uns ihre Töchter zu Frauen nehmen und ihnen unsere Töchter geben.

22 Aber nur dann wollen sie uns zu Willen sein, daß sie bei uns wohnen und **ein** Volk mit uns werden, wenn wir alles, was männlich unter uns ist, beschneiden, gleichwie sie beschnitten sind.

23 Ihr Vieh und ihre Güter und alles, was sie haben, wird es nicht unser sein? So wollen wir ihnen nur zu Willen sein, damit sie bei uns wohnen.

24 Und sie gehorchten dem Hamor und Sichem, seinem Sohn, alle, die zum Tor seiner Stadt aus- und eingingen, und beschnitten alles, was männlich war, das zu seiner Stadt aus- und einging.

25 ¶ Aber am dritten Tage, als sie Schmerzen hatten, nahmen die [a] zwei Söhne Jakobs Simeon und Levi, die Brüder der Dina, ein jeder sein Schwert und überfielen die friedliche Stadt und erschlugen alles, was männlich war, *a* Kap 49,5-7

26 und erschlugen auch Hamor und seinen Sohn Sichem mit der Schärfe des Schwerts und nahmen ihre Schwester Dina aus dem Hause Sichems und gingen davon.

27 Da kamen die Söhne Jakobs über die Erschlagenen und plünderten die Stadt, weil man ihre Schwester geschändet hatte,

28 und nahmen ihre Schafe, Rinder, Esel und was in der Stadt und auf dem Felde war

29 und alle ihre Habe; alle Kinder und Frauen führten sie gefangen hinweg und plünderten alles, was in den Häusern war.

30 Aber Jakob sprach zu Simeon und Levi: Ihr habt mich ins Unglück gestürzt und in Verruf gebracht bei den Bewohnern dieses

Landes, den Kanaanitern und Perisitern, und ich habe nur wenige Leute. Wenn sie sich nun gegen mich versammeln, werden sie mich erschlagen. So werde ich vertilgt samt meinem Hause.

31 Sie antworteten aber: Durfte er denn an unserer Schwester wie an einer Hure handeln?

Gott segnet Jakob in Bethel

35 Und Gott sprach zu Jakob: Mach dich auf und zieh nach Bethel und wohne daselbst und errichte dort einen Altar dem Gott, der dir erschien, als du flohst vor deinem Bruder Esau.[a]

a Kap 28,11-22; 31,13

2 Da sprach Jakob zu seinem Hause und zu allen, die mit ihm waren: Tut von euch [a] die fremden Götter, die unter euch sind, und reinigt euch und wechselt eure Kleider, *a* Kap 31,19; 5.Mose 27,15; Jos 24,23

3 und laßt uns aufbrechen und nach Bethel ziehen, daß ich dort einen Altar errichte dem Gott, der mich erhört hat zur Zeit meiner Trübsal und mit mir gewesen ist auf dem Wege, den ich gezogen bin.

4 Da gaben sie ihm alle fremden Götter, die in ihren Händen waren, und ihre Ohrringe, und er vergrub sie [a] unter der Eiche, die bei Sichem stand. *a* Jos 24,26; Ri 9,6

5 Und sie brachen auf. Und es kam ein [a] Gottesschrecken über die Städte, die um sie her lagen, so daß sie den Söhnen Jakobs nicht nachjagten.

a 2.Mose 23,27; Jos 10,10

6 So kam Jakob nach Lus im Lande Kanaan, das nun Bethel heißt, samt all dem Volk, das mit ihm war,

7 und er baute dort einen Altar und nannte die Stätte El-Bethel, weil Gott sich ihm daselbst offenbart hatte, als er vor seinem Bruder floh.

8 Da starb [a] Debora, die Amme der Rebekka, und wurde begraben unterhalb von Bethel unter der Eiche; die wurde genannt die Klageeiche. *a* Kap 24,59

9 ¶ Und Gott erschien Jakob abermals, nachdem er aus Mesopotamien gekommen war, und segnete ihn

10 und sprach zu ihm: Du heißt Jakob; aber du sollst nicht mehr Jakob heißen, sondern [a] Israel sollst du heißen. Und so nannte er ihn Israel. *a* Kap 32,29

11 Und Gott sprach zu ihm: Ich bin der [a] allmächtige Gott; sei fruchtbar und mehre dich! Ein Volk und eine Menge von Völkern sollen von dir kommen, und [b] Könige sollen von dir abstammen,

a Kap 17,1; 28,3.4 *b* Kap 17,6

12 und das Land, das ich Abraham und Isaak gegeben habe, will ich dir geben und will's deinem Geschlecht nach dir geben.

13 Und Gott fuhr auf von ihm an der Stätte, da er mit ihm geredet hatte.

14 [a] Jakob aber richtete ein steinernes Mal auf an der Stätte, da er mit ihm geredet hatte, und goß Trankopfer darauf und begoß es mit Öl. *a (14 und 15)* Kap 28,18.19

15 Und Jakob nannte die Stätte, da Gott mit ihm geredet hatte, Bethel.

Benjamins Geburt und Rahels Tod

16 Und sie brachen auf von Bethel. Und als es noch eine Strecke Weges war bis Efrata, da gebar Rahel. Und es kam sie hart an über der Geburt.

17 Da ihr aber die Geburt so schwer wurde, sprach die Wehmutter zu ihr: Fürchte dich nicht, denn auch diesmal wirst du einen [a] Sohn haben. *a* Kap 30,24

18 Als ihr aber das Leben entwich und sie sterben mußte, nannte sie ihn Ben-Oni*, aber sein Vater nannte ihn Ben-Jamin*.

* d. h. Sohn meines Unglücks bzw. Sohn des Glücks.

19 So starb Rahel und wurde begraben an dem Wege nach Efrata, das nun Bethlehem heißt.[a]

a Kap 48,7; 1.Sam 10,2; Jer 31,15; Mt 2,18

20 Und Jakob richtete einen Stein auf über ihrem Grab; das ist das Grabmal Rahels bis auf diesen Tag.

21 Und Israel zog weiter und schlug sein Zelt auf jenseits von Migdal-Eder.

22 ¶ Und es begab sich, als Israel im Lande wohnte, ging [a] Ruben hin und legte sich zu Bilha, seines Vaters Nebenfrau. Und das kam vor Israel. *a* Kap 49,4

Jakobs Söhne

(vgl. 1.Chr 2,1.2)

Es hatte aber Jakob zwölf Söhne.

23 Die Söhne Leas waren diese: Ruben, der erstgeborene Sohn Jakobs, Simeon, Levi, Juda, Issachar und Sebulon.

24 Die Söhne Rahels waren: Josef und Benjamin.

25 Die Söhne Bilhas, Rahels Magd: Dan und Naftali.

26 Die Söhne Silpas, Leas Magd: Gad und

Asser. Das sind die Söhne Jakobs, die ihm
geboren sind in Mesopotamien.

Jakobs Heimkehr. Isaaks Tod

27 Und Jakob kam zu seinem Vater Isaak
nach Mamre, nach Kirjat-Arba, das ist
Hebron, wo Abraham und Isaak als
Fremdlinge gelebt hatten.
28 Und Isaak wurde hundertundachtzig
Jahre alt,
29 verschied und starb und wurde versam-
melt zu seinen Vätern, alt und lebenssatt.
Und seine Söhne Esau und Jakob begru-
ben ihn.

Geschlechtsregister Esaus

(vgl. 1.Chr 1,35-54)

36 Dies ist das Geschlecht Esaus, der
auch [a]Edom heißt:

[a] Kap 25,30; 5.Mose 23,8

2 Esau nahm sich [a]Frauen von den Töch-
tern Kanaans: Ada, die Tochter Elons, des
Hetiters, und Oholibama, die Tochter des
Ana, des Sohnes Zibons, des Horiters,

[a] Kap 26,34

3 und [a]Basemat, Ismaels Tochter, Neba-
jots Schwester. [a] Kap 28,9
4 Und Ada gebar dem Esau Elifas, und
Basemat gebar Reguël.
5 Oholibama gebar Jëusch, Jalam und
Korach. Das sind Esaus Söhne, die ihm
geboren sind im Lande Kanaan.
6 Und Esau nahm seine Frauen, Söhne
und Töchter und alle Leute seines Hauses,
seine Habe und alles Vieh mit allen
Gütern, die er im Lande Kanaan erwor-
ben hatte, und zog in das Land Seïr, hin-
weg von seinem Bruder Jakob.
7 Denn ihre Habe war zu groß, als daß sie
beieinander wohnen konnten; das Land,
darin sie Fremdlinge waren, vermochte sie
nicht zu ernähren wegen der Menge ihres
Viehs.[a] [a] Kap 13,6
8 Daher wohnte Esau auf dem Gebirge
Seïr. Esau ist Edom.
9 ¶ Dies ist das Geschlecht Esaus, von
dem die Edomiter herkommen auf dem
Gebirge Seïr,
10 und so heißen die Söhne Esaus: Elifas,
der Sohn Adas, der Frau Esaus; Reguël,
der Sohn Basemats, der Frau Esaus.
11 Des Elifas Söhne aber waren diese:
Teman, Omar, Zefo, Gatam und Kenas.
12 Und Timna war eine Nebenfrau des
Elifas, des Sohnes Esaus; die gebar ihm
Amalek. Das sind die Söhne von Ada, der
Frau Esaus.
13 Die Söhne aber Reguëls sind diese:
Nahat, Serach, Schamma, Misa. Das sind
die Söhne von Basemat, der Frau Esaus.
14 Die Söhne aber von Oholibama, der
Frau Esaus, der Tochter des Ana, des
Sohnes Zibons, die sie dem Esau gebar,
sind diese: Jëusch, Jalam und Korach.
15 ¶ Dies sind die Stammesfürsten der
Söhne Esaus. Die Söhne des Elifas, des
ersten Sohnes Esaus: Der Fürst Teman,
der Fürst Omar, der Fürst Zefo, der Fürst
Kenas,
16 der Fürst Korach, der Fürst Gatam, der
Fürst Amalek. Das sind die Fürsten von
Elifas im Lande Edom und sind Söhne
von der Ada.
17 Und dies sind die Söhne Reguëls, des
Sohnes Esaus: Der Fürst Nahat, der Fürst
Serach, der Fürst Schamma, der Fürst
Misa. Das sind die Fürsten von Reguël im
Lande der Edomiter und sind Söhne von
der Basemat, der Frau Esaus.
18 Dies sind die Söhne Oholibamas, der
Frau Esaus: Der Fürst Jëusch, der Fürst
Jalam, der Fürst Korach. Das sind die Für-
sten von Oholibama, der Tochter des Ana,
der Frau Esaus.
19 Das sind Esaus Söhne und ihre Für-
sten. Das ist Edom.
20 ¶ Die Söhne aber von Seïr, dem [a]Hori-
ter, die im Lande wohnten, sind diese:
Lotan, Schobal, Zibon, Ana,

[a] Kap 14,6; 5.Mose 2,12.22

21 Dischon, Ezer und Dischan. Das sind
die Stammesfürsten der Horiter, Söhne
des Seïr, im Lande Edom.
22 Aber des Lotan Söhne waren diese:
Hori und Hemam; und Lotans Schwester
hieß Timna.
23 Die Söhne von Schobal waren diese:
Alwan, Manahat, Ebal, Schefi und Onam.
24 Die Söhne von Zibon waren: Aja und
Ana. Das ist der Ana, der in der Steppe
die warmen Quellen fand, als er die Esel
seines Vaters Zibon hütete.
25 Der Sohn Anas aber war: Dischon; und
Oholibama war die Tochter Anas.
26 Die Söhne Dischons waren: Hemdan,
Eschban, Jitran und Keran.
27 Die Söhne Ezers waren: Bilhan, Saa-
wan und Akan.
28 Die Söhne Dischans waren: Uz und
Aran.

29¶ Dies sind die Stammesfürsten der
Horiter: Der Fürst Lotan, der Fürst Schobal, der Fürst Zibon, der Fürst Ana,
30 der Fürst Dischon, der Fürst Ezer, der Fürst Dischan. Das sind die Fürsten der Horiter nach ihren Stämmen im Lande Seïr.

Die früheren Könige der Edomiter

31 Die [a]Könige aber, die im Lande Edom regiert haben, bevor Israel Könige hatte, sind diese: [a] 4.Mose 20,14
32 Bela war König von Edom, ein Sohn Beors, und seine Stadt hieß Dinhaba.
33 Und als Bela starb, wurde König an seiner Statt Jobab, ein Sohn Serachs von Bozra.
34 Als Jobab starb, wurde an seiner Statt König Huscham aus dem Lande der Temaniter.
35 Als Huscham starb, wurde König an seiner Statt Hadad, ein Sohn Bedads, der die Midianiter schlug auf dem Felde der Moabiter; und seine Stadt hieß Awit.
36 Als Hadad starb, regierte Samla von Masreka.
37 Als Samla starb, wurde Schaul von Rehobot am Strom König an seiner Statt.
38 Als Schaul starb, wurde König an seiner Statt Baal-Hanan, der Sohn Achbors.
39 Als Baal-Hanan, Achbors Sohn, starb, wurde König an seiner Statt Hadar; und seine Stadt hieß Pagu, und seine Frau hieß Mehetabel, eine Tochter Matreds, die Me-Sahabs Tochter war.

Die Stammesfürsten der Edomiter

40 So heißen die Fürsten von Esau nach ihren Geschlechtern, Orten und Namen: Der Fürst Timna, der Fürst Alwa, der Fürst Jetet,
41 der Fürst Oholibama, der Fürst Ela, der Fürst Pinon,
42 der Fürst Kenas, der Fürst Teman, der Fürst Mibzar,
43 der Fürst Magdiël, der Fürst Iram. Das sind die Fürsten von Edom nach ihren Wohnsitzen in ihrem Erblande. Das ist Esau, der Stammvater der Edomiter.

Josefs Träume

37 Jakob aber wohnte im Lande, in dem sein Vater ein Fremdling gewesen war, im Lande Kanaan.
2 Und dies ist die Geschichte von Jakobs Geschlecht: Josef war siebzehn Jahre alt und war ein Hirte bei den Schafen mit seinen Brüdern; er war Gehilfe bei den Söhnen Bilhas und Silpas, der Frauen seines Vaters, und brachte es vor ihren Vater, wenn etwas Schlechtes über sie geredet wurde.
3¶ Israel aber hatte Josef lieber als alle seine Söhne, weil er der Sohn seines Alters war, und machte ihm einen bunten Rock.
4 Als nun seine Brüder sahen, daß ihn ihr Vater lieber hatte als alle seine Brüder, wurden sie ihm feind und konnten ihm kein freundliches Wort sagen.
5 Dazu hatte Josef einmal einen Traum und sagte seinen Brüdern davon; da wurden sie ihm noch mehr feind.
6 Denn er sprach zu ihnen: Hört doch, was mir geträumt hat.
7 Siehe, wir banden Garben auf dem Felde, und meine Garbe richtete sich auf und stand, aber eure Garben stellten sich ringsumher und neigten sich vor meiner Garbe.
8 Da sprachen seine Brüder zu ihm: Willst du unser König werden und über uns herrschen? Und sie wurden ihm noch mehr feind um seines Traumes und seiner Worte willen.
9 Und er hatte noch einen zweiten Traum, den erzählte er seinen Brüdern und sprach: Ich habe noch einen Traum gehabt; siehe, die Sonne und der Mond und elf Sterne neigten sich vor mir.
10 Und als er das seinem Vater und seinen Brüdern erzählte, schalt ihn sein Vater und sprach zu ihm: Was ist das für ein Traum, den du geträumt hast? Soll ich und deine Mutter und deine Brüder kommen und vor dir niederfallen?
11 Und seine Brüder wurden neidisch auf ihn. Aber sein Vater behielt diese Worte.

Josef wird nach Ägypten verkauft

12 Als nun seine Brüder hingegangen waren, um das Vieh ihres Vaters in [a]Sichem zu weiden, [a] Kap 33,18.19
13 sprach Israel zu Josef: Hüten nicht deine Brüder das Vieh in Sichem? Komm, ich will dich zu ihnen senden. Er aber sprach: Hier bin ich.
14 Und er sprach: Geh hin und sieh, ob's gut steht um deine Brüder und um das Vieh, und sage mir dann, wie sich's ver-

hält. Und er sandte ihn aus dem Tal von
[a]Hebron, und er kam nach Sichem.
a Kap 35,27
15 Da fand ihn ein Mann, wie er umher-
irrte auf dem Felde; der fragte ihn und
sprach:
16 Wen suchst du? Er antwortete: Ich
suche meine Brüder; sage mir doch, wo
sie hüten.
17 Der Mann sprach: Sie sind von dannen
gezogen; denn ich hörte, daß sie sagten:
Laßt uns nach Dotan gehen. Da zog Josef
seinen Brüdern nach und fand sie in
Dotan.
18 ¶Als sie ihn nun sahen von ferne, ehe
er nahe zu ihnen kam, machten sie einen
Anschlag, daß sie ihn töteten,
19 und sprachen untereinander: Seht, der
Träumer kommt daher!
20 So kommt nun und laßt uns ihn töten
und in eine Grube werfen und sagen, ein
böses Tier habe ihn gefressen; so wird
man sehen, was seine Träume sind.
21 Als das Ruben hörte, wollte er ihn aus
ihren Händen erretten und sprach: Laßt
uns ihn nicht töten![a] a Kap 42,22
22 Und weiter sprach Ruben zu ihnen:
Vergießt nicht Blut, sondern werft ihn in
die Grube hier in der Wüste und legt die
Hand nicht an ihn! Er wollte ihn aber aus
ihrer Hand erretten und ihn seinem Vater
wiederbringen.
23 ¶Als nun Josef zu seinen Brüdern kam,
zogen sie ihm seinen Rock aus, [a]den bun-
ten Rock, den er anhatte, a Vers 3
24 und nahmen ihn und warfen ihn in die
Grube; aber die Grube war leer und kein
Wasser darin.
25 Und sie setzten sich nieder, um zu
essen. Indessen hoben sie ihre Augen auf
und sahen eine Karawane von Ismaelitern
kommen von Gilead mit ihren Kamelen;
die trugen kostbares Harz, Balsam und
Myrrhe und zogen hinab nach Ägypten.
26 Da sprach Juda zu seinen Brüdern: Was
hilft's uns, daß wir unsern Bruder töten
und sein Blut verbergen?
27 Kommt, laßt uns ihn den Ismaelitern
verkaufen, damit sich unsere Hände nicht
an ihm vergreifen; denn er ist unser Bru-
der, unser Fleisch und Blut. Und sie
gehorchten ihm.
28 Als aber die [a]midianitischen Kaufleute
vorüberkamen, zogen sie ihn heraus aus
der Grube und [b]verkauften ihn um zwan-
zig Silberstücke den Ismaelitern; die
brachten ihn nach Ägypten.
a Kap 25,2 b 3.Mose 27,1-8
29 ¶Als nun Ruben wieder zur Grube
kam und Josef nicht darin fand, zerriß er
sein Kleid
30 und kam wieder zu seinen Brüdern und
sprach: Der Knabe ist nicht da! Wo soll
ich hin?
31 Da nahmen sie Josefs Rock und
schlachteten einen Ziegenbock und tauch-
ten den Rock ins Blut
32 und schickten den bunten Rock hin und
ließen ihn ihrem Vater bringen und sagen:
Diesen haben wir gefunden; sieh, ob's
deines Sohnes Rock sei oder nicht.
33 Er erkannte ihn aber und sprach: Es ist
meines Sohnes Rock; ein [a]böses Tier hat
ihn gefressen, ein reißendes Tier hat Josef
zerrissen! a Vers 20
34 Und Jakob zerriß seine Kleider und
legte ein härenes Tuch um seine Lenden
und trug Leid um seinen Sohn lange Zeit.
35 Und alle seine Söhne und Töchter
kamen zu ihm, ihn zu trösten; aber er
wollte sich nicht trösten lassen und sprach:
Ich werde mit Leid hinunterfahren zu den
Toten, zu meinem Sohn. Und sein Vater
beweinte ihn.
36 ¶Aber die Midianiter verkauften ihn in
Ägypten an Potifar, des Pharao Kämmerer
und Obersten der Leibwache.

Juda und Tamar

38 Es begab sich um diese Zeit, daß
Juda hinabzog von seinen Brüdern
und gesellte sich zu einem Mann aus
Adullam, der hieß Hira.
2 Und Juda sah dort die Tochter eines
Kanaaniters, der hieß Schua, und nahm
sie zur Frau. Und als er zu ihr einging,
3 ward sie schwanger und gebar einen
Sohn, den nannte er Er.
4 Und sie ward abermals schwanger und
gebar einen Sohn, den nannte sie Onan.
5 Sie gebar abermals einen Sohn, den
nannte sie Schela; und sie war in Kesib,
als sie ihn gebar.
6 ¶Und Juda gab seinem ersten Sohn Er
eine Frau, die hieß Tamar.
7 Aber Er war böse vor dem HERRN,
darum ließ ihn der HERR sterben.
8 Da sprach Juda zu Onan: Geh zu deines
Bruders Frau und nimm sie zur Schwager-

ehe, auf daß du deinem Bruder Nach-
kommen schaffest.[a] a 5.Mose 25,5-10
9 Aber da Onan wußte, daß die Kinder
nicht sein eigen sein sollten, ließ er's auf
die Erde fallen und verderben, wenn er
einging zu seines Bruders Frau, auf daß
er seinem Bruder nicht Nachkommen
schaffe.
10 Dem HERRN mißfiel aber, was er tat,
und er ließ ihn auch sterben.
11 Da sprach Juda zu seiner Schwieger-
tochter Tamar: Bleibe eine Witwe in
deines Vaters Hause, bis mein Sohn Schela
groß wird. Denn er dachte, vielleicht
würde der auch sterben wie seine Brüder.
So ging Tamar hin und blieb in ihres Vaters
Hause.
12 ¶ Als nun viele Tage verlaufen waren,
starb Judas Frau, die Tochter des Schua.
Und nachdem Juda ausgetrauert hatte,
ging er hinauf, seine Schafe zu scheren,
nach Timna mit seinem Freunde Hira von
Adullam.
13 Da wurde der Tamar gesagt: Siehe, dein
Schwiegervater geht hinauf nach [a]Timna,
seine Schafe zu scheren. a Jos 15,57
14 Da legte sie die Witwenkleider von sich,
die sie trug, deckte sich mit einem Schleier
und verhüllte sich und setzte sich vor das
Tor von Enajim an dem Wege nach Timna;
denn sie hatte gesehen, daß Schela groß
geworden war, aber sie wurde ihm nicht
zur Frau gegeben.
15 Als Juda sie nun sah, meinte er, es wäre
eine Hure, denn sie hatte ihr Angesicht
verdeckt.
16 Und er machte sich zu ihr am Wege
und sprach: Laß mich doch zu dir kom-
men; denn [a]er wußte nicht, daß es seine
Schwiegertochter war. Sie antwortete: Was
willst du mir geben, wenn du zu mir
kommst? a 3.Mose 18,15
17 Er sprach: Ich will dir einen Ziegen-
bock von der Herde senden. Sie antwor-
tete: So gib mir ein Pfand, bis du ihn mir
sendest.
18 Er sprach: Was willst du für ein Pfand,
das ich dir geben soll? Sie antwortete:
Dein Siegel und deine Schnur und deinen
Stab, den du in der Hand hast. Da gab er's
ihr und kam zu ihr; und sie ward von ihm
schwanger.
19 Und sie machte sich auf und ging hin-
weg und legte den Schleier ab und zog
ihre Witwenkleider wieder an.
20 ¶ Juda aber sandte den Ziegenbock
durch seinen Freund von Adullam, damit
er das Pfand zurückholte von der Frau.
Und er fand sie nicht.
21 Da fragte er die Leute des Ortes und
sprach: Wo ist die Hure, die zu Enajim am
Wege saß? Sie antworteten: Es ist keine
Hure da gewesen.
22 Und er kam wieder zu Juda und sprach:
Ich habe sie nicht gefunden; dazu sagen
die Leute des Ortes, es sei keine Hure da
gewesen.
23 Juda sprach: Sie mag's behalten, damit
wir nur nicht in Verruf geraten! Siehe, ich
habe den Bock gesandt, und du hast sie
nicht gefunden.
24 ¶ Nach drei Monaten wurde Juda
angesagt: Deine Schwiegertochter Tamar
hat Hurerei getrieben; und siehe, sie ist
davon schwanger geworden. Juda sprach:
Führt sie heraus, daß sie verbrannt werde.
25 Und als man sie hinausführte, schickte
sie zu ihrem Schwiegervater und sprach:
Von dem Mann bin ich schwanger, dem
dies gehört. Und sie sprach: Erkennst du
auch, wem dies Siegel und diese Schnur
und dieser Stab gehören?
26 Juda erkannte es und sprach: Sie ist
gerechter als ich; denn ich habe sie mei-
nem Sohn Schela nicht gegeben. Doch
wohnte er ihr nicht mehr bei.
27 ¶ Und als sie gebären sollte, wurden
Zwillinge in ihrem Leibe gefunden.
28 Und als sie gebar, tat sich eine Hand
heraus. Da nahm die Wehmutter einen
roten Faden und band ihn darum und
sprach: Der ist zuerst herausgekommen.
29 Als aber der seine Hand wieder hinein-
zog, kam sein Bruder heraus, und sie
sprach: Warum hast du um deinetwillen
solchen Riß gerissen? Und man nannte ihn
[a]Perez. a Rut 4,18; Mt 1,3
30 Danach kam sein Bruder heraus, der
den roten Faden um seine Hand hatte.
Und man nannte ihn Serach.

Josef in Potifars Haus

39 Josef wurde hinab nach Ägypten
geführt, und Potifar, ein ägyptischer
Mann, des Pharao Kämmerer und Ober-
ster der Leibwache, kaufte ihn von den
Ismaelitern, die ihn hinabgebracht hatten.[a]
a Kap 37,28.36
2 Und der HERR war mit Josef, so [a]daß er
ein Mann wurde, dem alles glückte. Und

er war in seines Herrn, des Ägypters,
Hause. *a* Kap 26,24
3 Und sein Herr sah, daß der HERR mit
ihm war; denn alles, was er tat, das ließ
der HERR in seiner Hand glücken,
4 so daß er Gnade fand vor seinem Herrn
und sein Diener wurde. Der setzte ihn
über sein Haus; und alles, was er hatte, tat
er unter seine Hände.
5 Und von der Zeit an, da er ihn über sein
Haus und alle seine Güter gesetzt hatte,
[a]segnete der HERR des Ägypters Haus um
Josefs willen, und es war lauter Segen des
HERRN in allem, was er hatte, zu Hause
und auf dem Felde. *a* Kap 30,27
6 Darum ließ er alles unter Josefs Hän-
den, was er hatte, und kümmerte sich, da
er ihn hatte, um nichts außer um das, was
er [a]aß und trank. Und Josef war schön an
Gestalt und hübsch von Angesicht.
a Kap 43,32
7 ¶Und es begab sich danach, daß seines
Herrn Frau ihre Augen auf Josef warf und
sprach: Lege dich zu mir!
8 Er weigerte sich aber und sprach zu ihr:
Siehe, mein Herr kümmert sich, da er
mich hat, um nichts, was im Hause ist,
und alles, was er hat, das hat er unter
meine Hände getan;
9 er ist in diesem Hause nicht größer als
ich, und er hat mir nichts vorenthalten
außer dir, weil du seine Frau bist. **Wie
sollte ich denn nun ein solch großes Übel
tun und gegen Gott sündigen?**[a]
a 2.Mose 20,14; 3.Mose 18,20
10 Und sie bedrängte Josef mit solchen
Worten täglich. Aber er gehorchte ihr
nicht, daß er sich zu ihr legte und bei ihr
wäre.
11 ¶Es begab sich eines Tages, daß Josef
in das Haus ging, seine Arbeit zu tun, und
kein Mensch vom Gesinde des Hauses war
dabei.
12 Und sie erwischte ihn bei seinem Kleid
und sprach: Lege dich zu mir! Aber er
ließ das Kleid in ihrer Hand und floh und
lief zum Hause hinaus.
13 Als sie nun sah, daß er sein Kleid in
ihrer Hand ließ und hinaus entfloh,
14 rief sie das Gesinde ihres Hauses und
sprach zu ihnen: Seht, er hat uns den he-
bräischen Mann hergebracht, daß der sei-
nen Mutwillen mit uns treibe. Er kam zu
mir herein und wollte sich zu mir legen;
aber ich rief mit lauter Stimme.
15 Und als er hörte, daß ich ein Geschrei
machte und rief, da ließ er sein Kleid bei
mir und floh und lief hinaus.
16 Und sie legte sein Kleid neben sich, bis
sein Herr heimkam,
17 und sagte zu ihm ebendieselben Worte
und sprach: Der hebräische Knecht, den
du uns hergebracht hast, kam zu mir her-
ein und wollte seinen Mutwillen mit mir
treiben.
18 Als ich aber ein Geschrei machte und
rief, da ließ er sein Kleid bei mir und floh
hinaus.

Josef im Gefängnis

19 Als sein Herr die Worte seiner Frau
hörte, die sie ihm sagte und sprach: So hat
dein Knecht an mir getan, wurde er sehr
zornig.
20 Da nahm ihn sein Herr und legte ihn
ins Gefängnis, in dem des Königs Gefan-
gene waren. Und er lag allda im Gefängnis.
21 Aber der HERR war mit ihm und neigte
die Herzen zu ihm und ließ ihn Gnade
finden vor dem Amtmann über das
Gefängnis,
22 so daß er ihm alle Gefangenen im
Gefängnis unter seine Hand gab und alles,
was dort geschah, durch ihn geschehen
mußte.
23 Der Amtmann über das Gefängnis
kümmerte sich um nichts; denn der HERR
war mit Josef, und was er tat, dazu gab der
HERR Glück.

Josef legt zwei Gefangenen ihre Träume aus

40 Und es begab sich danach, daß sich
der Mundschenk des Königs von
Ägypten und der Bäcker versündigten an
ihrem Herrn, dem König von Ägypten.
2 Und der Pharao wurde zornig über seine
beiden Kämmerer, gegen den Obersten
über die Schenken und gegen den Ober-
sten über die Bäcker,
3 und ließ sie setzen in des Amtmanns
Haus ins Gefängnis, wo Josef gefangenlag.
4 Und der Amtmann gab ihnen Josef bei,
daß er ihnen diente. Und sie saßen etliche
Zeit im Gefängnis.
5 ¶Und es träumte ihnen beiden, dem
Schenken und dem Bäcker des Königs von
Ägypten, in **einer** Nacht einem jeden ein
eigener Traum, und eines jeden Traum
hatte seine Bedeutung.

6 Als nun am Morgen Josef zu ihnen hin-
einkam und sah, daß sie traurig waren,
7 fragte er sie und sprach: Warum seid ihr
heute so traurig?
8 Sie antworteten: Es hat uns geträumt,
und wir haben niemand, der es uns aus-
lege. Josef sprach: [a]Auslegen gehört Gott
zu; doch erzählt mir's.

a Kap 41,15.16; Dan 2,27.28

9 ¶ Da erzählte der oberste Schenk sei-
nen Traum und sprach zu Josef: Mir hat
geträumt, daß ein Weinstock vor mir wäre,
10 der hatte drei Reben, und er grünte,
wuchs und blühte, und seine Trauben wur-
den reif.
11 Und ich hatte den Becher des Pharao
in meiner Hand und nahm die Beeren und
zerdrückte sie in den Becher und gab den
Becher dem Pharao in die Hand.
12 Josef sprach zu ihm: Das ist seine
Deutung: Drei Reben sind drei Tage.
13 Nach drei Tagen wird der Pharao dein
Haupt erheben und dich wieder in dein
Amt setzen, daß du ihm den Becher in
die Hand gibst wie vormals, als du sein
Schenk warst.
14 Aber gedenke meiner, wenn dir's wohl-
geht, und tu Barmherzigkeit an mir, daß
du dem Pharao von mir sagst und mich so
aus diesem Hause bringst.
15 Denn [a]ich bin aus dem Lande der
Hebräer heimlich gestohlen worden; und
auch hier hab ich nichts getan, weswegen
sie mich hätten ins Gefängnis setzen
dürfen.

a Kap 37,28

16 ¶ Als der oberste Bäcker sah, daß die
Deutung gut war, sprach er zu Josef: Mir
hat auch geträumt, ich trüge drei Körbe
mit feinem Backwerk auf meinem Haupt
17 und im obersten Korbe allerlei Gebak-
kenes für den Pharao, und die Vögel fra-
ßen aus dem Korbe auf meinem Haupt.
18 Josef antwortete und sprach: Das ist
seine Deutung: Drei Körbe sind drei Tage.
19 Und nach drei Tagen wird der Pharao
dein Haupt erheben und dich an den Gal-
gen hängen, und die Vögel werden dein
Fleisch von dir fressen.
20 ¶ Und es geschah am dritten Tage, da
beging der Pharao seinen Geburtstag. Und
er machte ein Festmahl für alle seine Gro-
ßen und erhob das Haupt des obersten
Schenken und das Haupt des obersten
Bäckers unter seinen Großen
21 und setzte den obersten Schenken wie-
der in sein Amt, daß er den Becher reiche
in des Pharao Hand,
22 aber den obersten Bäcker ließ er auf-
hängen, wie ihnen Josef gedeutet hatte.
23 Aber der oberste Schenk dachte nicht
an Josef, sondern vergaß ihn.

Josef deutet die Träume des Pharao

41 Und nach zwei Jahren hatte der Pha-
rao einen Traum, er stünde am Nil
2 und sähe aus dem Wasser steigen sie-
ben schöne, fette Kühe; die gingen auf der
Weide im Grase.
3 Nach diesen sah er andere sieben Kühe
aus dem Wasser aufsteigen; die waren häß-
lich und mager und traten neben die Kühe
am Ufer des Nils.
4 Und die häßlichen und mageren fraßen
die sieben schönen, fetten Kühe. Da
erwachte der Pharao.
5 ¶ Und er schlief wieder ein, und ihm
träumte abermals, und er sah, daß sieben
Ähren aus **einem** Halm wuchsen, voll und
dick.
6 Danach sah er sieben dünne Ähren auf-
gehen, die waren vom Ostwind versengt.
7 Und die sieben mageren Ähren ver-
schlangen die sieben dicken und vollen
Ähren. Da erwachte der Pharao und
merkte, daß es ein Traum war.
8 Und als es Morgen wurde, war sein
Geist bekümmert, und er schickte aus und
ließ rufen [a]alle Wahrsager in Ägypten und
alle Weisen und erzählte ihnen seine
Träume. Aber da war keiner, der sie dem
Pharao deuten konnte.

a Dan 2,2

9 ¶ Da redete der oberste Schenk zum
Pharao und sprach: Ich muß heute an
meine Sünden denken:
10 Als der Pharao zornig wurde über seine
Knechte und mich mit dem obersten Bäk-
ker ins Gefängnis legte in des Amtmanns
Hause,
11 da träumte uns beiden in **einer** Nacht
einem jeden sein Traum, dessen Deutung
ihn betraf.
12 Da war bei uns ein hebräischer Jüng-
ling, des Amtmanns Knecht, dem erzähl-
ten wir's. Und er deutete uns unsere
Träume, einem jeden nach seinem Traum.
13 Und wie er uns deutete, so ist's gekom-
men; denn ich bin wieder in mein Amt
gesetzt, aber jener wurde aufgehängt.
14 ¶ Da sandte der Pharao hin und ließ
Josef rufen, und sie ließen ihn eilends aus

dem Gefängnis. Und er ließ sich scheren
und zog andere Kleider an und kam hin-
ein zum Pharao.
15 Da sprach der Pharao zu ihm: Ich habe
einen Traum gehabt, und es ist niemand,
der ihn deuten kann. Ich habe aber von
dir sagen hören, wenn du einen Traum
hörst, so kannst du ihn deuten.
16 Josef antwortete dem Pharao und
sprach: [a]Das steht nicht bei mir; Gott wird
jedoch dem Pharao Gutes verkünden.
a Kap 40,8
17 Der Pharao sprach zu Josef: Mir
träumte, ich stand am Ufer des Nils
18 und sah aus dem Wasser steigen sieben
schöne, fette Kühe; die gingen auf der
Weide im Grase.
19 Und nach ihnen sah ich andere sieben
dürre, sehr häßliche und magere Kühe
heraussteigen. Ich hab in ganz Ägypten-
land nicht so häßliche gesehen.
20 Und die sieben mageren und häßlichen
Kühe fraßen die sieben ersten, fetten
Kühe auf.
21 Und als sie die hineingefressen hatten,
merkte man's ihnen nicht an, daß sie die
gefressen hatten, und waren häßlich wie
zuvor. Da wachte ich auf.
22 Und ich sah abermals in meinem
Traum sieben Ähren auf **einem** Halm
wachsen, voll und dick.
23 Danach gingen auf sieben dürre Ähren,
dünn und versengt.
24 Und die sieben dünnen Ähren ver-
schlangen die sieben dicken Ähren. Und
ich habe es den Wahrsagern gesagt, aber
die können's mir nicht deuten.
25 ¶Josef antwortete dem Pharao: Beide
Träume des Pharao bedeuten das gleiche.
Gott verkündet dem Pharao, was er vor-
hat.
26 Die sieben schönen Kühe sind sieben
Jahre, und die sieben guten Ähren sind
dieselben sieben Jahre. Es ist ein und der-
selbe Traum.
27 Die sieben mageren und häßlichen
Kühe, die nach jenen aufgestiegen sind,
das sind sieben Jahre, und die sieben
mageren und versengten Ähren sind sie-
ben Jahre des Hungers.
28 Das meinte ich, wenn ich gesagt habe
zum Pharao, daß Gott dem Pharao zeigt,
was er vorhat.
29 Siehe, sieben reiche Jahre werden kom-
men in ganz Ägyptenland.
30 Und nach ihnen werden sieben Jahre
des Hungers kommen, so daß man ver-
gessen wird alle Fülle in Ägyptenland. Und
der Hunger wird das Land verzehren,
31 daß man nichts wissen wird von der
Fülle im Lande vor der Hungersnot, die
danach kommt; denn sie wird sehr schwer
sein.
32 Daß aber dem Pharao zweimal
geträumt hat, bedeutet, daß Gott solches
gewiß und eilends tun wird.
33 ¶Nun sehe der Pharao nach einem ver-
ständigen und weisen Mann, den er über
Ägyptenland setze,
34 und sorge dafür, daß er Amtleute ver-
ordne im Lande und nehme den Fünften
in Ägyptenland in den sieben reichen Jah-
ren
35 und lasse sie sammeln den ganzen
Ertrag der guten Jahre, die kommen wer-
den, daß sie Getreide aufschütten in des
Pharao Kornhäusern zum Vorrat in den
Städten und es verwahren,
36 damit für Nahrung gesorgt sei für das
Land in den sieben Jahren des Hungers,
die über Ägyptenland kommen werden,
und das Land nicht vor Hunger verderbe.

Josefs Erhöhung

37 Die Rede gefiel dem Pharao und allen
seinen Großen gut.[a] a Spr 14,35
38 Und der Pharao sprach zu seinen
Großen: Wie könnten wir einen Mann fin-
den, in dem der Geist Gottes ist wie in
diesem?[a] a 2.Mose 31,3; Spr 2,6
39 Und er sprach zu Josef: Weil dir Gott
dies alles kundgetan hat, ist keiner so ver-
ständig und weise wie du.
40 Du sollst über mein Haus sein, und dei-
nem Wort soll all mein Volk gehorsam
sein; allein um den königlichen Thron will
ich höher sein als du.[a] a Ps 113,7
41 Und weiter sprach der Pharao zu Josef:
Siehe, ich habe dich über ganz Ägypten-
land gesetzt.[a] a Apg 7,10
42 Und er [a]tat seinen Ring von seiner
Hand und gab ihn Josef an seine Hand
und kleidete ihn mit kostbarer Leinwand
und legte ihm eine [b]goldene Kette um sei-
nen Hals a Est 3,10 b Dan 5,29
43 und ließ ihn auf seinem zweiten Wagen
fahren und ließ vor ihm her ausrufen: Der
ist des Landes Vater! Und setzte ihn über
ganz Ägyptenland.[a] a Est 10,3
44 Und der Pharao sprach zu Josef: Ich

bin der Pharao, aber ohne deinen Willen
soll niemand seine Hand oder seinen Fuß
regen in ganz Ägyptenland.
45 Und er nannte ihn Zafenat-Paneach und
gab ihm zur Frau Asenat, die Tochter Poti-
feras, des Priesters zu On.
46 Und [a]Josef war dreißig Jahre alt, als er
vor dem Pharao stand, dem König von
Ägypten. Und er ging hinweg vom Pharao
und zog durch ganz Ägyptenland.

a Kap 37,2

Josefs Fürsorge für Ägypten. Die Geburt seiner Söhne

47 Und das Land trug in den sieben rei-
chen Jahren die Fülle.
48 Und Josef sammelte die ganze Ernte
der sieben Jahre, da Überfluß im Lande
Ägypten war, und tat sie in die Städte. Was
an Getreide auf dem Felde rings um eine
jede Stadt wuchs, das tat er hinein.
49 So schüttete Josef das Getreide auf,
über die Maßen viel wie Sand am Meer,
so daß er aufhörte zu zählen; denn man
konnte es nicht zählen.
50 ¶Und Josef wurden zwei Söhne gebo-
ren, bevor die Hungerzeit kam; die gebar
ihm Asenat, die Tochter Potiferas, des
Priesters zu On.
51 Und er nannte den ersten Manasse;
denn Gott, sprach er, hat mich vergessen
lassen all mein Unglück und mein ganzes
Vaterhaus.
52 Den andern nannte er Ephraim; denn
Gott, sprach er, hat mich wachsen lassen
in dem Lande meines Elends.
53 ¶Als nun die sieben reichen Jahre um
waren im Lande Ägypten,
54 da fingen an die sieben Hungerjahre zu
kommen, wie Josef gesagt hatte. Und es
ward eine Hungersnot in allen Landen,
aber in ganz Ägyptenland war Brot.
55 Als nun ganz Ägyptenland auch Hun-
ger litt, schrie das Volk zum Pharao um
Brot. Aber der Pharao sprach zu allen
Ägyptern: Geht hin zu Josef; was der euch
sagt, das tut.
56 Als nun im ganzen Lande Hungersnot
war, tat Josef alle Kornhäuser auf und ver-
kaufte den Ägyptern; denn der Hunger
ward je länger je größer im Lande.
57 Und alle Welt kam nach Ägypten, um
bei Josef zu kaufen; denn der Hunger war
groß in allen Landen.

Erste Reise der Söhne Jakobs nach Ägypten

42 Als aber Jakob sah, daß Getreide in
Ägypten zu haben war, sprach er zu
seinen Söhnen: Was seht ihr euch lange
an?
2 Siehe, ich höre, es sei in Ägypten
Getreide zu haben; zieht hinab und kauft
uns Getreide, daß wir leben und nicht ster-
ben.
3 Da zogen hinab zehn Brüder Josefs, um
in Ägypten Getreide zu kaufen.
4 Aber den Benjamin, Josefs Bruder, ließ
Jakob nicht mit seinen Brüdern ziehen;
denn er sprach: Es könnte ihm ein Unfall
begegnen.
5 ¶So kamen die Söhne Israels, Getreide
zu kaufen, samt andern, die mit ihnen
zogen; denn es war auch im Lande Kanaan
Hungersnot.
6 Aber Josef war der Regent im Lande
und verkaufte Getreide allem Volk im
Lande. Als nun seine Brüder kamen, fie-
len sie vor ihm nieder zur Erde auf ihr
Antlitz.
7 Und er sah sie an und erkannte sie, aber
er stellte sich fremd gegen sie und redete
hart mit ihnen und sprach zu ihnen:
Woher kommt ihr? Sie sprachen: Aus dem
Lande Kanaan, Getreide zu kaufen.
8 Aber wiewohl er sie erkannte, erkann-
ten sie ihn doch nicht.
9 Und Josef dachte an die [a]Träume, die
er von ihnen geträumt hatte, und sprach
zu ihnen: Ihr seid Kundschafter und seid
gekommen zu sehen, wo das Land offen
ist.

a Kap 37,5-9

10 Sie antworteten ihm: Nein, mein Herr!
Deine Knechte sind gekommen, Getreide
zu kaufen.
11 Wir sind alle **eines** Mannes Söhne; wir
sind redlich, und deine Knechte sind nie
Kundschafter gewesen.
12 Er sprach zu ihnen: Nein, sondern ihr
seid gekommen zu sehen, wo das Land
offen ist.
13 Sie antworteten ihm: Wir, deine
Knechte, sind zwölf Brüder, **eines** Mannes
Söhne im Lande Kanaan, und der jüngste
ist noch bei unserm Vater, aber der eine
ist nicht mehr vorhanden.
14 Josef sprach zu ihnen: Es ist, wie ich
euch gesagt habe: Kundschafter seid ihr.
15 Daran will ich euch prüfen: So wahr

der Pharao lebt: ihr sollt nicht von hier
wegkommen, es komme denn her euer
jüngster Bruder!
16 Sendet einen von euch hin, der euren
Bruder hole, ihr aber sollt gefangen sein.
Daran will ich prüfen eure Rede, ob ihr
mit Wahrheit umgeht. Andernfalls – so
wahr der Pharao lebt! – seid ihr Kund-
schafter!
17 Und er ließ sie zusammen in Gewahr-
sam legen drei Tage lang.[a] *a* Kap 37,24
18 ¶ Am dritten Tage aber sprach er zu
ihnen: Wollt ihr leben, so tut nun dies,
denn ich fürchte Gott:
19 Seid ihr redlich, so laßt einen eurer Brü-
der gebunden liegen in eurem Gefängnis;
ihr aber zieht hin und bringt heim, was ihr
gekauft habt für den Hunger.
20 Und bringt euren jüngsten Bruder zu
mir, so will ich euren Worten glauben, so
daß ihr nicht sterben müßt. Und sie gin-
gen darauf ein.
21 ¶ Sie sprachen aber untereinander: Das
haben wir an unserem Bruder verschul-
det! Denn wir sahen die Angst seiner
Seele, als er uns anflehte, und wir wollten
ihn nicht erhören; darum kommt nun
diese Trübsal über uns.[a] *a* Ps 50,21
22 Ruben antwortete ihnen und sprach:
Sagte ich's euch nicht, als ich sprach: [a]Ver-
sündigt euch nicht an dem Knaben, doch
ihr wolltet nicht hören? Nun wird sein Blut
gefordert. *a* Kap 37,21.22
23 Sie wußten aber nicht, daß es Josef ver-
stand; denn er redete mit ihnen durch
einen Dolmetscher.
24 Und er wandte sich von ihnen und
weinte. Als er sich nun wieder zu ihnen
wandte und mit ihnen redete, nahm er aus
ihrer Mitte Simeon und ließ ihn binden
vor ihren Augen.
25 Und Josef gab Befehl, ihre Säcke mit
Getreide zu füllen und ihnen ihr Geld wie-
derzugeben, einem jeden in seinen Sack,
dazu auch Zehrung auf den Weg; und so
tat man ihnen.
26 Und sie luden ihre Ware auf ihre Esel
und zogen von dannen.
27 Als aber einer seinen Sack auftat, daß
er seinem Esel Futter gäbe in der Her-
berge, sah er sein Geld, das oben im Sack
lag,
28 und sprach zu seinen Brüdern: Mein
Geld ist wieder da, siehe, in meinem Sack
ist es! Da entfiel ihnen ihr Herz, und sie
blickten einander erschrocken an und
sprachen: Warum hat Gott uns das ange-
tan?
29 ¶ Als sie nun heimkamen zu ihrem
Vater Jakob ins Land Kanaan, sagten sie
ihm alles, was ihnen begegnet war, und
sprachen:
30 Der Mann, der im Lande Herr ist,
redete hart mit uns und hielt uns für
Kundschafter.
31 Und wir antworteten ihm: Wir sind red-
lich und nie Kundschafter gewesen,
32 sondern zwölf Brüder, unseres Vaters
Söhne; einer ist nicht mehr vorhanden,
und der jüngste ist noch bei unserm Vater
im Lande Kanaan.
33 Da sprach der Herr im Lande zu uns:
Daran will ich merken, ob ihr redlich seid:
[a]einen eurer Brüder laßt bei mir und
nehmt für euer Haus, wieviel ihr bedürft,
und zieht hin *a* Vers 24
34 und bringt euren jüngsten Bruder zu
mir, so merke ich, daß ihr nicht Kund-
schafter, sondern redlich seid; dann will
ich euch auch euren Bruder wiedergeben,
und ihr mögt im Lande Handel treiben.
35 Und als sie die Säcke ausschütteten,
fand ein jeder seinen Beutel Geld in sei-
nem Sack. Und als sie sahen, daß es die
Beutel mit ihrem Geld waren, erschraken
sie samt ihrem Vater.
36 ¶ Da sprach Jakob, ihr Vater, zu ihnen:
Ihr beraubt mich meiner Kinder! Josef ist
nicht mehr da, Simeon ist nicht mehr da,
Benjamin wollt ihr auch wegnehmen; es
geht alles über mich.
37 Ruben antwortete seinem Vater und
sprach: Wenn ich ihn dir nicht wieder-
bringe, so töte meine zwei Söhne. Gib ihn
nur in meine Hand, ich will ihn dir wieder-
bringen.
38 Er sprach: Mein Sohn soll nicht mit
euch hinabziehen; denn sein Bruder ist
tot, und er ist allein übriggeblieben. Wenn
ihm ein Unfall auf dem Wege begegnete,
den ihr reist, würdet ihr meine grauen
Haare mit Herzeleid hinunter zu den
Toten bringen.

Zweite Reise der Söhne Jakobs nach Ägypten

43 Die Hungersnot aber drückte das
Land.
2 Und als verzehrt war, was sie an
Getreide aus Ägypten gebracht hatten,

sprach ihr Vater zu ihnen: Zieht wieder hin und kauft uns ein wenig Getreide.

3 Da antwortete ihm Juda und sprach: Der Mann schärfte uns das hart ein und sprach: Ihr sollt mein Angesicht nicht sehen, es sei denn euer Bruder mit euch.[a]

a Kap 42,15.34

4 Willst du nun unsern Bruder mit uns senden, so wollen wir hinabziehen und dir zu essen kaufen.

5 Willst du ihn aber nicht senden, so ziehen wir nicht hinab. Denn der Mann hat zu uns gesagt: Ihr sollt mein Angesicht nicht sehen, euer Bruder sei denn mit euch.

6 Israel sprach: Warum habt ihr so übel an mir getan, daß ihr dem Mann sagtet, daß ihr noch einen Bruder habt?

7 Sie antworteten: Der Mann forschte so genau nach uns und unserer Verwandtschaft und sprach: Lebt euer Vater noch? Habt ihr auch noch einen Bruder? Da antworteten wir ihm, wie er uns fragte. Wie konnten wir wissen, daß er sagen würde: Bringt euren Bruder mit herab?[a]

a Kap 42,7-13

8 ¶Da sprach Juda zu Israel, seinem Vater: Laß den Knaben mit mir ziehen, daß wir uns aufmachen und reisen und leben und nicht sterben, wir und du und unsere Kinder.

9 Ich will Bürge für ihn sein; von meinen Händen sollst du ihn fordern. Wenn ich ihn dir nicht wiederbringe und vor deine Augen stelle, so will ich mein Leben lang die Schuld tragen.

10 Denn wenn wir nicht gezögert hätten, wären wir wohl schon zweimal wiedergekommen.

11 Da sprach Israel, ihr Vater, zu ihnen: Wenn es denn so ist, wohlan so tut's und nehmt von des Landes besten Früchten in eure Säcke und bringt dem Manne [a]Geschenke hinab, ein wenig Balsam und Honig, Harz und Myrrhe, Nüsse und Mandeln.

a Spr 18,16

12 Nehmt auch anderes Geld mit euch, und [a]das Geld, das ihr obenauf in euren Säcken wiederbekommen habt, bringt auch wieder hin. Vielleicht ist ein Irrtum da geschehen.

a Kap 42,27.35

13 Dazu nehmt euren Bruder, macht euch auf und geht wieder zu dem Manne.

14 Aber der allmächtige Gott gebe euch Barmherzigkeit vor dem Manne, daß er mit euch ziehen lasse euren andern Bruder und Benjamin. Ich aber muß sein wie einer, der [a]seiner Kinder ganz und gar beraubt ist.

a Kap 42,36

15 ¶Da nahmen sie diese Geschenke und das doppelte Geld mit sich, dazu Benjamin, machten sich auf, zogen nach Ägypten und traten vor Josef.

16 Als Josef sie sah mit Benjamin, sprach er zu seinem Haushalter: Führe diese Männer ins Haus und schlachte und richte zu, denn sie sollen zu Mittag mit mir essen.

17 Und der Mann tat, wie ihm Josef gesagt hatte, und führte die Männer in Josefs Haus.

18 ¶Sie fürchteten sich aber, weil sie in Josefs Haus geführt wurden, und sprachen: Wir sind hereingeführt um des Geldes willen, das [a]wir in unsern Säcken das vorige Mal wiedergefunden haben; man will auf uns eindringen und über uns herfallen und uns zu Sklaven machen und uns die Esel nehmen.

a Kap 42,28

19 Darum traten sie zu Josefs Haushalter und redeten mit ihm vor der Haustür

20 und sprachen: Mein Herr, wir sind das vorige Mal herabgezogen, Getreide zu kaufen,

21 und als wir in die Herberge kamen und unsere Säcke auftaten, siehe, da war eines jeden Geld oben in seinem Sack mit vollem Gewicht. Darum haben wir's wieder mit uns gebracht,

22 haben auch anderes Geld mit uns herabgebracht, Getreide zu kaufen. Wir wissen aber nicht, wer uns unser Geld in unsere Säcke gesteckt hat.

23 Er aber sprach: Seid guten Mutes, fürchtet euch nicht! Euer Gott und eures Vaters Gott hat euch einen Schatz gegeben in eure Säcke. Euer Geld habe ich erhalten. Und er führte [a]Simeon zu ihnen heraus

a Kap 42,24

24 und brachte sie in Josefs Haus, gab ihnen Wasser, daß sie ihre Füße wuschen, und gab ihren Eseln Futter.

25 Sie aber richteten das Geschenk zu, bis Josef mittags käme; denn sie hatten gehört, daß sie dort essen sollten.

26 ¶Als nun Josef ins Haus trat, brachten sie ihm das Geschenk ins Haus, das sie mitgebracht hatten, und fielen vor ihm nieder zur Erde.

27 Er aber grüßte sie freundlich und

sprach: Geht es eurem alten Vater gut, von
dem ihr mir sagtet? Lebt er noch?
28 Sie antworteten: Es geht deinem
Knechte, unserm Vater, gut, und er lebt
noch. Und sie [a]verneigten sich und fielen
vor ihm nieder. *a* Kap 37,7.9
29 Und er hob seine Augen auf und sah
seinen Bruder Benjamin, seiner Mutter
Sohn, und sprach: Ist das euer jüngster
Bruder, von dem ihr mir sagtet? Und
sprach weiter: Gott sei dir gnädig, mein
Sohn!
30 Und Josef eilte hinaus; denn sein Herz
entbrannte ihm gegen seinen Bruder, und
er suchte, wo er weinen könnte, und ging
in seine Kammer und weinte daselbst.
31 Und als er sein Angesicht gewaschen
hatte, ging er heraus und hielt an sich und
sprach: Legt die Speisen auf!
32 Und man trug ihm besonders auf und
[a]jenen auch besonders und den Ägyptern,
die mit ihm aßen, auch besonders. Denn
die Ägypter dürfen nicht essen mit den
Hebräern; denn es ist ein [b]Greuel für sie.
a Kap 39,6 *b* Kap 46,34; 2. Mose 8,22
33 Und man setzte sie ihm gegenüber, den
Erstgeborenen nach seiner Erstgeburt und
den Jüngsten nach seiner Jugend. Darüber
verwunderten sie sich untereinander.
34 Und man trug ihnen Essen auf von seinem Tisch, aber Benjamin bekam fünfmal
mehr als die andern. Und sie tranken und
wurden fröhlich mit ihm.

Josefs Brüder werden hart geängstigt

44 Und Josef befahl seinem Haushalter
und sprach: Fülle den Männern ihre
Säcke mit Getreide, soviel sie fortbringen,
und lege jedem sein Geld oben in seinen
Sack.
2 Und meinen silbernen Becher lege oben
in des Jüngsten Sack mit dem Gelde für
das Getreide. Der tat, wie ihm Josef gesagt
hatte.
3 ¶ Am Morgen, als es licht ward, ließen
sie die Männer ziehen mit ihren Eseln.
4 Als sie aber zur Stadt hinaus waren und
noch nicht weit gekommen, sprach Josef
zu seinem Haushalter: Auf, jage den Männern nach, und wenn du sie ereilst, so
sprich zu ihnen: Warum habt ihr Gutes
mit Bösem vergolten?
5 Warum habt ihr den silbernen Becher
gestohlen? Ist das nicht der, aus dem mein
Herr trinkt und aus dem er wahrsagt? Ihr
habt übelgetan.
6 Und als er sie ereilte, redete er mit ihnen
diese Worte.
7 Sie antworteten ihm: Warum redet mein
Herr solche Worte? Es sei ferne von deinen Knechten, solches zu tun.
8 Siehe, [a]das Geld, das wir fanden oben
in unseren Säcken, haben wir wiedergebracht zu dir aus dem Lande Kanaan. Wie
sollten wir da aus deines Herrn Hause Silber oder Gold gestohlen haben?
a Kap 43,21
9 Bei wem er gefunden wird unter deinen
Knechten, der sei des Todes; dazu wollen
auch wir meines Herrn Sklaven sein.
10 Er sprach: Ja, es sei, wie ihr geredet
habt. Bei wem er gefunden wird, der sei
mein Sklave, ihr aber sollt frei sein.
11 Und sie legten eilends ein jeder seinen
Sack ab auf die Erde, und ein jeder tat
seinen Sack auf.
12 Und er suchte und fing an beim Ältesten bis hin zum Jüngsten. Da fand sich
der Becher in Benjamins Sack.
13 Da zerrissen sie ihre Kleider, und ein
jeder belud seinen Esel, und sie zogen
wieder in die Stadt.
14 ¶ Und Juda ging mit seinen Brüdern in
Josefs Haus, denn er war noch dort. Und
sie fielen vor ihm nieder auf die Erde.
15 Josef aber sprach zu ihnen: Wie habt
ihr das tun können? Wußtet ihr nicht, daß
ein solcher Mann, wie ich bin, wahrsagen
kann?
16 Juda sprach: Was sollen wir meinem
Herrn sagen, oder wie sollen wir reden,
und womit können wir uns rechtfertigen?
[a]Gott hat die Missetat deiner Knechte
gefunden. Siehe, wir und der, bei dem der
Becher gefunden ist, sind meines Herrn
Sklaven. *a* Kap 42,21.22
17 Er aber sprach: Das sei ferne von mir,
solches zu tun! Der, bei dem der Becher
gefunden ist, soll mein Sklave sein; ihr
aber zieht hinauf mit Frieden zu eurem
Vater.
18 ¶ Da trat Juda zu ihm und sprach: Mein
Herr, laß deinen Knecht ein Wort reden
vor den Ohren meines Herrn, und dein
Zorn entbrenne nicht über deinen Knecht,
denn du bist wie der Pharao.
19 Mein Herr fragte seine Knechte und
sprach: Habt ihr noch einen Vater oder
Bruder?[a] *a* Kap 42,7.13; 43,7

20 Da antworteten wir: Wir haben einen
Vater, der ist alt, und einen jungen Kna-
ben, in seinem Alter geboren, und sein
Bruder ist tot, und er ist allein übrigge-
blieben von seiner Mutter, und sein Vater
hat ihn lieb.
21 Da sprachst du zu deinen Knechten:
Bringt ihn herab zu mir, ich will ihm
Gnade erweisen.
22 Wir aber antworteten meinem Herrn:
Der Knabe kann seinen Vater nicht verlas-
sen; wenn er ihn verließe, würde der ster-
ben.
23 Da [a]sprachst du zu deinen Knechten:
Wenn euer jüngster Bruder nicht mit euch
herkommt, sollt ihr mein Angesicht nicht
mehr sehen. *a* Kap 42,15; 43,3-5
24 Da zogen wir hinauf zu deinem Knecht,
meinem Vater, und sagten ihm meines
Herrn Rede.
25 Da sprach unser Vater: Zieht wieder hin
und kauft uns ein wenig Getreide.
26 Wir aber sprachen: Wir können nicht
hinabziehen; nur wenn unser jüngster Bru-
der mit uns ist, wollen wir hinabziehen;
denn wir dürfen des Mannes Angesicht
nicht sehen, wenn unser jüngster Bruder
nicht mit uns ist.
27 Da sprach dein Knecht, mein Vater, zu
uns: Ihr wißt, daß mir meine Frau zwei
Söhne geboren hat;
28 **einer** ging von mir, und [a]ich mußte mir
sagen: Er ist zerrissen. Und ich hab ihn
nicht gesehen bisher. *a* Kap 37,32.33
29 Werdet [a]ihr diesen auch von mir neh-
men und widerfährt ihm ein Unfall, so
werdet ihr meine grauen Haare mit Jam-
mer hinunter zu den Toten bringen.
a Kap 42,38
30 Nun, wenn ich heimkäme zu deinem
Knecht, meinem Vater, und der Knabe
wäre nicht mit uns, an dem er mit ganzer
Seele hängt,
31 so wird's geschehen, daß er stirbt, wenn
er sieht, daß der Knabe nicht da ist. So
würden wir, deine Knechte, die grauen
Haare deines Knechtes, unseres Vaters,
mit Herzeleid hinunter zu den Toten brin-
gen.
32 Denn ich, dein Knecht, [a]bin Bürge
geworden für den Knaben vor meinem
Vater und sprach: Bringe ich ihn dir nicht
wieder, so will ich mein Leben lang die
Schuld tragen. *a* Kap 43,9
33 Darum laß deinen Knecht hierbleiben
an des Knaben Statt als Sklaven meines
Herrn und den Knaben mit seinen Brü-
dern hinaufziehen.
34 Denn wie soll ich hinaufziehen zu mei-
nem Vater, wenn der Knabe nicht mit mir
ist? Ich könnte den Jammer nicht sehen,
der über meinen Vater kommen würde.

Josef gibt sich seinen Brüdern zu erkennen

45 Da konnte Josef nicht länger an sich
halten vor allen, die um ihn her stan-
den, und er rief: Laßt jedermann von mir
hinausgehen! Und stand kein Mensch bei
ihm, als sich Josef seinen Brüdern zu
erkennen gab.
2 Und er weinte laut, daß es die Ägypter
und das Haus des Pharao hörten,
3 und sprach zu seinen Brüdern: Ich bin
Josef. Lebt mein Vater noch? Und seine
Brüder konnten ihm nicht antworten, so
erschraken sie vor seinem Angesicht.
4 ¶Er aber sprach zu seinen Brüdern: Tre-
tet doch her zu mir! Und sie traten herzu.
Und er sprach: Ich bin Josef, euer Bruder,
[a]den ihr nach Ägypten verkauft habt.
a Kap 37,28
5 Und nun bekümmert euch nicht und
denkt nicht, daß ich darum zürne, daß ihr
mich hierher verkauft habt; denn um
[a]eures Lebens willen hat mich Gott vor
euch hergesandt. *a* Kap 50,20
6 Denn es sind nun zwei Jahre, daß Hun-
gersnot im Lande ist, und sind noch fünf
Jahre, daß weder Pflügen noch Ernten sein
wird.
7 Aber Gott hat mich vor euch herge-
sandt, daß er euch übriglasse auf Erden
und euer Leben erhalte zu einer großen
Errettung.
8 Und nun, ihr habt mich nicht herge-
sandt, sondern Gott; der hat mich dem
Pharao zum Vater gesetzt und zum Herrn
über sein ganzes Haus und zum Herrscher
über ganz Ägyptenland.[a] *a* Kap 41,39-43
9 Eilt nun und zieht hinauf zu meinem
Vater und sagt ihm: Das läßt dir Josef,
dein Sohn, sagen: Gott hat mich zum
Herrn über ganz Ägypten gesetzt; komm
herab zu mir, säume nicht!
10 Du sollst im Lande Goschen wohnen
und nahe bei mir sein, du und deine Kin-
der und deine Kindeskinder, dein Klein-
vieh und Großvieh und alles, was du hast.
11 Ich will dich dort versorgen, denn es

sind noch fünf Jahre Hungersnot, damit
du nicht verarmst mit deinem Hause und
allem, was du hast.
12 Siehe, eure Augen sehen es und die
Augen meines Bruders Benjamin, daß ich
leibhaftig mit euch rede.
13 Verkündet meinem Vater alle meine
Herrlichkeit in Ägypten und alles, was ihr
gesehen habt; eilt und kommt herab mit
meinem Vater hierher.
14 Und er fiel seinem Bruder Benjamin
um den Hals und weinte, und Benjamin
weinte auch an seinem Halse,
15 und er küßte alle seine Brüder und
weinte an ihrer Brust. Danach redeten
seine Brüder mit ihm.
16 ¶ Und als das Gerücht kam in des Pha-
rao Haus, daß Josefs Brüder gekommen
wären, gefiel es dem Pharao gut und allen
seinen Großen.
17 Und der Pharao sprach zu Josef: Sage
deinen Brüdern: Macht es so: Beladet eure
Tiere, zieht hin!
18 Und wenn ihr ins Land Kanaan kommt,
so nehmt euren Vater und alle die Euren
und kommt zu mir; ich will euch das Beste
geben in Ägyptenland, daß ihr essen sollt
das Fett des Landes.
19 Und gebiete ihnen: Macht es so: Nehmt
mit euch aus Ägyptenland Wagen für eure
Kinder und Frauen und bringt euren Vater
mit und kommt.
20 Und seht euren Hausrat nicht an; denn
das Beste des ganzen Landes Ägypten soll
euer sein.
21 ¶ Die Söhne Israels taten so. Und Josef
gab ihnen Wagen nach dem Befehl des
Pharao und Zehrung auf den Weg
22 und gab ihnen allen, einem jeden ein
Feierkleid, aber Benjamin gab er dreihun-
dert Silberstücke und fünf Feierkleider.
23 Und seinem Vater sandte er zehn Esel,
mit dem Besten aus Ägypten beladen, und
zehn Eselinnen mit Getreide und Brot und
mit Zehrung für seinen Vater auf den Weg.
24 Damit entließ er seine Brüder, und
sie zogen hin. Und er sprach zu ihnen:
[a] Zankt nicht auf dem Wege! *a* Kap 42,22
25 ¶ So zogen sie hinauf von Ägypten und
kamen ins Land Kanaan zu ihrem Vater
Jakob
26 und verkündeten ihm und sprachen:
Josef lebt noch und ist Herr über ganz
Ägyptenland! Aber sein Herz blieb kalt,
denn er glaubte ihnen nicht.
27 Da sagten sie ihm alle Worte Josefs, die
er zu ihnen gesagt hatte. Und als er die
Wagen sah, die ihm Josef gesandt hatte,
um ihn zu holen, wurde der Geist Jakobs,
ihres Vaters, lebendig.
28 Und Israel sprach: [a] Mir ist genug, daß
mein Sohn Josef noch lebt; ich will hin
und ihn sehen, ehe ich sterbe. *a* Kap 46,30

Jakobs Reise nach Ägypten. Seine Kinder und Enkel

46 Israel zog hin mit allem, was er
hatte. Und als er nach [a] Beerscheba
kam, brachte er Opfer dar dem Gott seines
Vaters Isaak. *a* Kap 26,23-25
2 Und Gott sprach zu ihm des Nachts in
einer Offenbarung: Jakob, Jakob! Er
sprach: Hier bin ich.
3 Und er sprach: Ich bin Gott, der Gott
deines Vaters; fürchte dich nicht, nach
Ägypten hinabzuziehen; denn [a] daselbst
will ich dich zum großen Volk machen.
a Kap 47,27; 2.Mose 1,7
4 Ich will mit dir hinab nach Ägypten zie-
hen und will dich auch wieder herauffüh-
ren, und Josef soll dir mit seinen Händen
die Augen zudrücken.
5 Da machte sich Jakob auf von
Beerscheba. Und die Söhne Israels hoben
Jakob, ihren Vater, mit ihren Kindern und
Frauen auf die Wagen, die der Pharao
gesandt hatte, um ihn zu holen,
6 und nahmen ihr Vieh und ihre Habe,
die sie im Lande Kanaan erworben hatten,
und kamen so nach Ägypten, Jakob und
sein ganzes Geschlecht mit ihm.
7 Seine Söhne und seine Enkel, seine
Töchter und seine Enkelinnen und seine
ganze Nachkommenschaft brachte er mit
sich nach Ägypten.
8 ¶ [a] Dies sind die Namen der Söhne
Israels, die nach Ägypten kamen: Jakob
und seine Söhne. Der erstgeborene Sohn
Jakobs: Ruben. *a (8-11)* 2.Mose 6,14-16
9 Die Söhne Rubens: Henoch, Pallu, Hez-
ron und Karmi.
10 Die Söhne Simeons: Jemuël, Jamin,
Ohad, Jachin, Zohar und Schaul, der Sohn
der Kanaaniterin.
11 Die Söhne Levis: Gerschon, Kehat und
Merari.
12 Die Söhne Judas: Er, Onan, Schela,
Perez und Serach. Aber Er und Onan
waren gestorben im Lande Kanaan. Die

Söhne aber des Perez: Hezron und
Hamul.[a] *a* Kap 38,3.4.29.30
13 Die Söhne Issachars: Tola, Puwa,
Jaschub und Schimron.
14 Die Söhne Sebulons: Sered, Elon und
Jachleel.
15 Das sind die Söhne der Lea, die sie
Jakob gebar in Mesopotamien, dazu seine
Tochter Dina. Die machen zusammen mit
ihren Söhnen und Töchtern dreiunddrei-
ßig Seelen.
16 ¶Die Söhne Gads: Zifjon, Haggi,
Schuni, Ezbon, Eri, Arod und Areli.
17 Die Söhne Assers: Jimna, Jischwa,
Jischwi, Beri, dazu Serach, ihre Schwester;
und die Söhne Berias: Heber und Malkiël.
18 Das sind die Söhne der [a]Silpa, die
Laban seiner Tochter Lea gegeben hatte,
und sie gebar Jakob diese sechzehn
Seelen. *a* Kap 29,24
19 ¶Die Söhne Rahels, der Frau Jakobs:
Josef und Benjamin.
20 Und dem Josef wurden geboren in
Ägyptenland Manasse und Ephraim, die
ihm Asenat gebar, die Tochter Potiferas,
des Priesters zu On.[a] *a* Kap 41,50-52
21 Die Söhne Benjamins: Bela, Becher,
Aschbel, Gera, Naaman, Ehi, Rosch, Mup-
pim, Huppim und Ard.
22 Das sind die Söhne der Rahel, die Jakob
geboren wurden, zusammen vierzehn
Seelen.
23 ¶Der Sohn Dans: Schuham.
24 Die Söhne Naftalis: Jachzeel, Guni,
Jezer und Schillem.
25 Das sind die Söhne der [a]Bilha, die
Laban seiner Tochter Rahel gegeben hatte,
und sie gebar Jakob diese sieben Seelen.
a Kap 29,29
26 ¶[a]Alle Seelen, die mit Jakob nach
Ägypten kamen, seine Nachkommen –
ausgenommen die Frauen seiner Söhne –
sind alle zusammen sechsundsechzig See-
len. *a (26 und 27)* 2.Mose 1,1-5
27 Die Söhne Josefs, die in Ägypten gebo-
ren sind, waren zwei Seelen; so daß alle
Seelen des Hauses Jakobs, die nach Ägyp-
ten kamen, waren siebzig.

Jakobs Wiedersehen mit Josef

28 Und Jakob sandte Juda vor sich her zu
Josef, daß dieser ihm [a]Goschen anwiese.
Als sie in das Land Goschen kamen,
a Kap 45,10
29 spannte Josef seinen Wagen an und zog
hinauf seinem Vater Israel entgegen nach
Goschen. Und als er ihn sah, fiel er ihm
um den Hals und weinte lange an seinem
Halse.
30 Da sprach Israel zu Josef: Ich will nun
gerne sterben, nachdem ich dein Ange-
sicht gesehen habe, daß du noch lebst.[a]
a Kap 45,28
31 ¶Josef sprach zu seinen Brüdern und
zu seines Vaters Hause: Ich will hinaufzie-
hen und dem Pharao ansagen und zu ihm
sprechen: Meine Brüder und meines
Vaters Haus sind zu mir gekommen aus
dem Lande Kanaan
32 und sind Viehhirten, denn es sind
Leute, die Vieh haben; ihr Kleinvieh und
Großvieh und alles, was sie haben, haben
sie mitgebracht.
33 Wenn euch nun der Pharao wird rufen
und sagen: Was ist euer Gewerbe?
34 so sollt ihr sagen: Deine Knechte sind
Leute, die Vieh haben, von unserer
Jugend an bis jetzt, wir und unsere Väter –,
damit ihr wohnen dürft im Lande
Goschen. Denn alle Viehhirten sind [a]den
Ägyptern ein Greuel. *a* Kap 43,32

Jakob vor dem Pharao

47 Da kam Josef und sagte es dem Pha-
rao an und sprach: Mein Vater und
meine Brüder, ihr Kleinvieh und Groß-
vieh und alles, was sie haben, sind gekom-
men aus dem Lande Kanaan, und siehe,
sie sind im Lande Goschen.
2 Und er nahm von allen seinen Brüdern
fünf und stellte sie vor den Pharao.
3 Da sprach der Pharao zu seinen
Brüdern: Was ist euer Gewerbe? Sie
antworteten: Deine Knechte sind [a]Vieh-
hirten, wir und unsere Väter. *a* Kap 46,33.34
4 Und sagten weiter zum Pharao: Wir sind
gekommen, bei euch zu wohnen im
Lande; denn deine Knechte haben nicht
Weide für ihr Vieh, so hart drückt die
Hungersnot das Land Kanaan. So laß doch
nun deine Knechte im Land Goschen
wohnen.
5 Der Pharao sprach zu Josef: Es ist dein
Vater, und es sind deine Brüder, die zu dir
gekommen sind.
6 Das Land Ägypten steht dir offen, laß
sie am besten Ort des Landes wohnen, laß
sie im Lande Goschen wohnen, und wenn

du weißt, daß Leute unter ihnen sind, die
tüchtig sind, so setze sie über mein Vieh.
7 ¶ Josef brachte auch seinen Vater Jakob
hinein und stellte ihn vor den Pharao. Und
Jakob segnete den Pharao.
8 Der Pharao aber fragte Jakob: Wie alt
bist du?
9 Jakob sprach zum Pharao: Die Zeit mei-
ner Wanderschaft ist hundertunddreißig
Jahre; wenig und böse ist die Zeit meines
Lebens und reicht nicht heran an die Zeit
meiner Väter in ihrer Wanderschaft.[a]

a Hebr 11,13

10 Und Jakob segnete den Pharao und ging
hinaus von ihm.
11 Aber Josef ließ seinen Vater und seine
Brüder in Ägyptenland wohnen und gab
ihnen Besitz am besten Ort des Landes,
im Lande Ramses, wie der Pharao gebo-
ten hatte.
12 Und er [a] versorgte seinen Vater und
seine Brüder und das ganze Haus seines
Vaters mit Brot, einen jeden nach der Zahl
seiner Kinder.

a Kap 45,11

Die Ägypter verkaufen ihre Habe und sich selbst dem Pharao

13 Es war aber kein Brot im ganzen Lande;
denn die Hungersnot war sehr schwer, so
daß Ägypten und Kanaan verschmachte-
ten vor Hunger.
14 Und Josef brachte alles Geld zusam-
men, das in Ägypten und Kanaan gefun-
den wurde, für das Getreide, das sie kauf-
ten; und er tat alles Geld in das Haus des
Pharao.
15 Als es nun an Geld gebrach im Lande
Ägypten und in Kanaan, kamen alle Ägyp-
ter zu Josef und sprachen: Schaffe uns
Brot! Warum läßt du uns vor dir sterben,
nun wir ohne Geld sind?
16 Josef sprach: Schafft euer Vieh her, so
will ich euch Brot als Entgelt für das Vieh
geben, weil ihr ohne Geld seid.
17 Da brachten sie Josef ihr Vieh, und er
gab ihnen Brot als Entgelt für ihre Pferde,
Schafe, Rinder und Esel. So ernährte er
sie mit Brot das Jahr hindurch für all ihr
Vieh.
18 ¶ Als das Jahr um war, kamen sie zu
ihm im zweiten Jahr und sprachen zu ihm:
Wir wollen unserm Herrn nicht verber-
gen, daß nicht allein das Geld, sondern
auch alles Vieh dahin ist an unsern Herrn,
und ist nichts mehr übrig vor unserm
Herrn als nur unsere Leiber und unser
Feld.
19 Warum läßt du uns vor dir sterben und
unser Feld? Kaufe uns und unser Land für
Brot, daß wir und unser Land leibeigen
seien dem Pharao; gib uns Korn zur Saat,
daß wir leben und nicht sterben und das
Feld nicht wüst werde.
20 So kaufte Josef dem Pharao das ganze
Ägypten. Denn die Ägypter verkauften ein
jeder seinen Acker, weil die Hungersnot
schwer auf ihnen lag. Und so wurde das
Land dem Pharao zu eigen.
21 Und er machte das Volk leibeigen von
einem Ende Ägyptens bis ans andere.
22 Ausgenommen [a] das Feld der Priester,
das kaufte er nicht; denn es war vom Pha-
rao für die Priester verordnet, daß sie sich
nähren sollten von dem Landanteil, den er
ihnen gegeben hatte. Darum durften sie
ihr Feld nicht verkaufen.

a 4.Mose 18,20; Jos 13,14; Hes 44,28; 45,1-5

23 ¶ Da sprach Josef zu dem Volk: Siehe,
ich hab heute euch und euer Feld für den
Pharao gekauft; siehe, da habt ihr Korn
zur Saat, und nun besät das Feld.
24 Und von dem Getreide sollt ihr den
Fünften dem Pharao geben; vier Teile sol-
len euer sein, das Feld zu besäen und zu
eurer Speise und für euer Haus und eure
Kinder.
25 Sie sprachen: Du hast uns beim Leben
erhalten; laß uns nur Gnade finden vor
dir, unserm Herrn, dann wollen wir dem
Pharao leibeigen sein.
26 So machte es Josef zum Gesetz bis auf
diesen Tag, den Fünften vom Feld der
Ägypter dem Pharao zu geben; ausgenom-
men blieb das Feld der Priester, das wurde
nicht dem Pharao zu eigen.

Jakobs letzter Wunsch

27 So wohnte Israel in Ägypten im Lande
Goschen, und sie hatten es inne und
wuchsen und mehrten sich sehr.[a]

a Kap 46,3; 2.Mose 1,7.12

28 Und Jakob lebte siebzehn Jahre in
Ägyptenland, daß sein ganzes Alter wurde
hundertundsiebenundvierzig Jahre.
29 [a] Als nun die Zeit herbeikam, daß
Israel sterben sollte, rief er seinen Sohn
Josef und sprach zu ihm: Hab ich Gnade
vor dir gefunden, so lege deine Hand unter

meine Hüfte, daß du die Liebe und Treue
an mir tust und begräbst mich nicht in
Ägypten, *a (29 und 30)* Kap 50,5
30 sondern [a]ich will liegen bei meinen
Vätern, und du sollst mich aus Ägypten
führen und in ihrem Grab begraben. Er
sprach: Ich will tun, wie du gesagt hast.
a Kap 23,20
31 Er aber sprach: So schwöre mir. Und er
schwor ihm. Da [a]neigte sich Israel anbe-
tend über das Kopfende des Bettes hin.
a Hebr 11,21

Jakobs Segen über Ephraim und Manasse

48 Danach wurde Josef gesagt: Siehe,
dein Vater ist krank. Und er nahm
mit sich seine beiden Söhne Manasse und
Ephraim.
2 Da wurde Jakob angesagt: Siehe, dein
Sohn Josef kommt zu dir. Und Israel
machte sich stark und setzte sich auf im
Bett
3 und sprach zu Josef: [a]Der allmächtige
Gott erschien mir zu Lus im Lande
Kanaan und segnete mich *a* Kap 28,12-19
4 und sprach zu mir: Siehe, [a]ich will dich
wachsen lassen und mehren und will dich
zu einer Menge von Völkern machen und
will dies Land zu eigen geben deinen
Nachkommen für alle Zeit. *a* Kap 35,11.12
5 So sollen nun deine [a]beiden Söhne Eph-
raim und Manasse, die dir geboren sind in
Ägyptenland, ehe ich hergekommen bin
zu dir, mein sein gleichwie Ruben und
Simeon. *a* Kap 41,50-52
6 Die du aber nach ihnen zeugst, sollen
dein sein und genannt werden nach dem
Namen ihrer Brüder in deren Erbteil.
7 Und als ich aus Mesopotamien kam,
starb mir [a]Rahel im Land Kanaan auf der
Reise, als noch eine Strecke Weges war
nach Efrata, und ich begrub sie dort an
dem Wege nach Efrata, das nun Bethle-
hem heißt. *a* Kap 35,19
8 ¶ Und Israel sah die Söhne Josefs und
sprach: Wer sind die?
9 Josef antwortete seinem Vater: Es sind
meine Söhne, die mir Gott hier gegeben
hat. Er sprach: Bringe sie her zu mir, daß
ich sie segne.
10 Denn die Augen Israels waren schwach
geworden vor Alter, und er konnte nicht
mehr sehen. Und Josef brachte sie zu ihm.
Er aber küßte sie und herzte sie
11 und sprach zu Josef: Siehe, ich habe
dein Angesicht gesehen, was ich [a]nicht
gedacht hätte, und siehe, Gott hat mich
[b]auch deine Söhne sehen lassen.
a Kap 37,33.35; 45,26 *b* Ps 128,6
12 Und Josef nahm sie von seinem Schoß
und verneigte sich vor ihm zur Erde.
13 ¶ Dann nahm sie Josef beide, Ephraim
an seine rechte Hand gegenüber Israels
linker Hand und Manasse an seine linke
Hand gegenüber Israels rechter Hand, und
brachte sie zu ihm.
14 Aber Israel streckte seine rechte Hand
aus und legte sie auf Ephraims, des Jünge-
ren, Haupt und seine linke auf Manasses
Haupt und kreuzte seine Arme, obwohl
Manasse der Erstgeborene war.
15 Und er segnete Josef und sprach: Der
Gott, vor dem [a]meine Väter Abraham und
Isaak gewandelt sind, der Gott, der [b]mein
Hirte gewesen ist mein Leben lang bis auf
diesen Tag, *a* Kap 32,10 *b* Ps 23,1
16 [a]der Engel, der mich erlöst hat von
allem Übel, der segne die Knaben, daß
durch sie mein und meiner Väter Abra-
ham und Isaak Name fortlebe, daß sie
wachsen und viel werden auf Erden.
a Kap 32,25-30; Jes 41,14
17 ¶ Als aber Josef sah, daß sein Vater die
rechte Hand auf Ephraims Haupt legte,
mißfiel es ihm, und er faßte seines Vaters
Hand, daß er sie von Ephraims Haupt auf
Manasses Haupt wendete,
18 und sprach zu ihm: Nicht so, mein
Vater, dieser ist der Erstgeborene; lege
deine rechte Hand auf sein Haupt.
19 Aber sein Vater weigerte sich und
sprach: Ich weiß wohl, mein Sohn, ich
weiß wohl. Dieser soll auch ein Volk wer-
den und wird groß sein, aber sein jüngerer
Bruder wird größer als er werden, und sein
Geschlecht wird eine Menge von Völkern
werden.[a] *a* 4.Mose 1,33.35; 5.Mose 33,17
20 So [a]segnete er sie an jenem Tage und
sprach: Wer in Israel jemanden segnen
will, der sage: Gott mache dich wie Eph-
raim und Manasse! Und so setzte er Eph-
raim vor Manasse. *a* Hebr 11,21
21 ¶ Und Israel sprach zu Josef: Siehe, ich
sterbe; aber Gott wird mit euch sein und
wird euch zurückbringen in das Land eurer
Väter.
22 Ich gebe dir ein Stück [a]Land vor dei-
nen Brüdern, das ich mit meinem Schwert
und Bogen aus der Hand der Amoriter
genommen habe. *a* Joh 4,5

Jakobs Segen über seine Söhne
(vgl. 5.Mose 33)

49 Und Jakob berief seine Söhne und
sprach: Versammelt euch, daß ich
euch verkünde, was euch begegnen wird
in künftigen Zeiten.
2 Kommt zuhauf und hört zu, ihr Söhne
Jakobs, und hört euren Vater Israel.
3 ¶ **Ruben,** mein erster Sohn bist du,
meine Kraft und der Erstling meiner
Stärke, der Oberste in der Würde und der
Oberste in der Macht.[a]
a Kap 29,32; 5.Mose 21,17
4 Weil du aufwalltest wie Wasser, sollst du
nicht der Oberste sein; denn [a]du bist auf
deines Vaters Lager gestiegen, daselbst
hast du mein Bett entweiht, das du
bestiegst. *a* Kap 35,22
5 ¶ [a]Die Brüder **Simeon** und **Levi,** ihre
Schwerter sind mörderische Waffen.
a (5-7) Kap 34,25
6 Meine Seele komme nicht in ihren Rat,
und mein Herz sei nicht in ihrer Versamm-
lung; denn in ihrem Zorn haben sie Män-
ner gemordet, und in ihrem Mutwillen
haben sie Stiere gelähmt.
7 Verflucht sei ihr Zorn, daß er so heftig
ist, und ihr Grimm, daß er so grausam ist.
Ich will sie versprengen in Jakob und zer-
streuen in Israel.[a] *a* Jos 19,1-9; 21,1-42
8 ¶ [a]**Juda,** du bist's! Dich werden deine
Brüder preisen. Deine Hand wird deinen
Feinden auf dem Nacken sein, vor dir wer-
den deines Vaters Söhne sich verneigen.
a 4.Mose 10,14; Ri 1,1.2
9 Juda ist ein [a]junger Löwe. Du bist hoch-
gekommen, mein Sohn, vom Raube. Wie
ein Löwe hat er sich hingestreckt und wie
eine Löwin sich gelagert. Wer will ihn
aufstören? *a* 4.Mose 23,24; Hes 19,2; Offb 5,5
10 **Es [a]wird das Zepter von Juda nicht
weichen noch der Stab des Herrschers
von seinen Füßen, [b]bis daß der Held
komme, und ihm werden die Völker an-
hangen.**
a 4.Mose 24,17; 1.Chr 5,2; 28,4; Hebr 7,14 *b* Hes 21,32
11 Er wird seinen Esel an den Weinstock
binden und seiner Eselin Füllen an die
edle Rebe. Er wird [a] sein Kleid in Wein
waschen und seinen Mantel in Trauben-
blut. *a* Joel 4,18
12 Seine Augen sind dunkel von Wein und
seine Zähne weiß von Milch.
13 ¶ [a]**Sebulon** wird am Gestade des Mee-
res wohnen und am Gestade der Schiffe
und reichen bis Sidon. *a* Jos 19,10-16
14 ¶ **Issachar** wird ein knochiger Esel sein
und sich lagern zwischen den Sattelkör-
ben.
15 Und er sah die Ruhe, daß sie gut ist,
und das Land, daß es lieblich ist; da hat er
seine Schultern geneigt, zu tragen, und ist
ein fronpflichtiger Knecht geworden.
16 ¶ [a]**Dan** wird Richter sein in seinem
Volk wie nur irgend ein Stamm in Israel.
a Ri 13,2.24.25
17 Dan wird eine Schlange werden auf
dem Wege und eine Otter auf dem Steige
und das Pferd in die Fersen beißen, daß
sein Reiter zurückfalle.
18 **HERR, ich warte auf dein Heil!**[a]
a Ps 119,166; Hab 2,3
19 ¶ **Gad** wird gedrängt werden von
Kriegshaufen, er aber drängt ihnen nach
auf der Ferse.
20 ¶ [a]**Assers** Brot wird fett sein, und er
wird leckere Speise wie für Könige geben.
a Jos 19,24-31
21 ¶ [a]**Naftali** ist ein schneller Hirsch, er
gibt schöne Rede. *a* Ri 4,6-10
22 ¶ **Josef** wird wachsen, er wird wachsen
wie ein Baum an der Quelle, daß die
Zweige emporsteigen über die Mauer.
23 Und wiewohl ihn die Schützen erzür-
nen und gegen ihn kämpfen und ihn ver-
folgen,
24 so bleibt doch sein Bogen fest und seine
Arme und Hände stark durch die Hände
des Mächtigen in Jakob, durch ihn, den
Hirten und [a]Fels Israels. *a* 5.Mose 32,18
25 [a]Von deines Vaters Gott werde dir
geholfen, und von dem Allmächtigen seist
du gesegnet mit Segen oben vom Him-
mel herab, mit Segen von der Flut, die
drunten liegt, mit Segen der Brüste
und des Mutterleibes.
a (25 und 26) 5.Mose 28,3-6; 33,13
26 Die Segnungen deines Vaters waren
stärker als die Segnungen der ewigen
Berge, die köstlichen Güter der ewigen
Hügel. Mögen sie kommen auf das Haupt
Josefs und auf den Scheitel des Geweih-
ten unter seinen Brüdern!
27 ¶ [a]**Benjamin** ist ein reißender Wolf; des
Morgens wird er Raub fressen und des
Abends wird er Beute austeilen.
a Ri 20,25; 1.Sam 9,1.2
28 ¶ Das sind die zwölf Stämme Israels
alle, und das ist's, was ihr Vater zu ihnen

geredet hat, als er sie segnete, einen jeden
mit einem besonderen Segen.

Jakobs Tod

29 [a]Und Jakob gebot ihnen und sprach zu
ihnen: Ich werde versammelt zu meinem
Volk; begrabt mich bei meinen Vätern in
der Höhle auf dem Acker Efrons, des
Hetiters, *a (29-32)* Kap 23,13-20
30 in der Höhle auf dem Felde von Mach-
pela, die östlich von Mamre liegt im Lande
Kanaan, die Abraham kaufte samt dem
Acker von Efron, dem Hetiter, zum Erb-
begräbnis.
31 Da haben sie [a]Abraham begraben und
Sara, seine Frau. Da haben sie auch [b]Isaak
begraben und Rebekka, seine Frau. Da
habe ich auch Lea begraben,
a Kap 25,9 *b* Kap 35,29
32 in dem Acker und der Höhle, die von
den Hetitern gekauft ist.
33 Und als Jakob dies Gebot an seine
Söhne vollendet hatte, tat er seine Füße
zusammen auf dem Bett und verschied
und wurde versammelt zu seinen Vätern.

Jakobs Bestattung

50 Da warf sich Josef über seines Vaters
Angesicht und weinte über ihm und
küßte ihn.
2 Und Josef befahl seinen Dienern, den
Ärzten, daß sie seinen Vater zum
Begräbnis salbten. Und die Ärzte salbten
Israel,
3 bis vierzig Tage um waren; denn so
lange währen die Tage der Salbung. Und
die Ägypter beweinten ihn siebzig Tage.
4 Als nun die Trauertage vorüber waren,
redete Josef mit den Leuten des Pharao
und sprach: Hab ich Gnade vor euch
gefunden, so redet mit dem Pharao und
sprecht:
5 Mein Vater hat einen Eid von mir
genommen und gesagt: Siehe, ich sterbe;
[a]begrabe mich in meinem Grabe, das ich
mir im Lande Kanaan gegraben habe. So
will ich nun hinaufziehen und meinen
Vater begraben und wiederkommen.
a Kap 47,29.30
6 Der Pharao sprach: Zieh hinauf und
begrabe deinen Vater, wie du ihm
geschworen hast.
7 ¶Da zog Josef hinauf, seinen Vater zu
begraben. Und es zogen mit ihm alle Gro-
ßen des Pharao, die Ältesten seines
Hauses und alle Ältesten des Landes
Ägypten,
8 dazu das ganze Haus Josefs und seine
Brüder und die vom Hause seines Vaters.
Allein ihre Kinder, Schafe und Rinder lie-
ßen sie im Lande Goschen.
9 Und es zogen auch mit ihm hinauf
Wagen und Gespanne, und es war ein sehr
großes Heer.
10 Als sie nun nach Goren-Atad kamen,
das jenseits des Jordans liegt, da hielten
sie eine sehr große und feierliche Klage.
Und Josef hielt Totenklage über seinen
Vater sieben Tage.
11 Und als die Leute im Lande, die Kanaa-
niter, die Klage bei Goren-Atad sahen,
sprachen sie: Die Ägypter halten da große
Klage. Daher nennt man den Ort »Der
Ägypter Klage«; er liegt jenseits des Jor-
dans.
12 ¶Und seine Söhne taten, [a]wie er ihnen
befohlen hatte, *a* Kap 49,29
13 und brachten ihn ins Land Kanaan und
begruben ihn in der Höhle auf dem Felde
von Machpela, die [a]Abraham gekauft
hatte mit dem Acker zum Erbbegräbnis
von Efron, dem Hetiter, gegenüber
Mamre. *a* Kap 23,13-20
14 Als sie ihn nun begraben hatten, zog
Josef wieder nach Ägypten mit seinen
Brüdern und mit allen, die mit ihm hin-
aufgezogen waren, seinen Vater zu begra-
ben.

Josefs Edelmut und sein Tod

15 Die Brüder Josefs aber fürchteten sich,
als ihr Vater gestorben war, und sprachen:
Josef könnte uns gram sein und uns alle
Bosheit vergelten, die wir an ihm getan
haben.[a] *a* Kap 27,41
16 Darum ließen sie ihm sagen: Dein
Vater befahl vor seinem Tode und sprach:
17 So sollt ihr zu Josef sagen: Vergib doch
deinen Brüdern die Missetat und ihre
Sünde, daß sie so übel an dir getan haben.
Nun vergib doch diese Missetat uns, den
Dienern des Gottes deines Vaters! Aber
Josef weinte, als sie solches zu ihm sag-
ten.
18 ¶Und seine Brüder gingen hin und fie-
len vor ihm nieder und sprachen: Siehe,
wir sind deine Knechte.
19 Josef aber sprach zu ihnen: Fürchtet

euch nicht! Stehe ich denn an Gottes Statt?
20 **Ihr gedachtet es böse mit mir zu machen, aber [a]Gott gedachte es gut zu machen,** um zu tun, was jetzt am Tage ist, nämlich am Leben zu erhalten ein großes Volk.

a Kap 45,5.7

21 So fürchtet euch nun nicht; ich will euch und eure Kinder versorgen. Und er tröstete sie und redete freundlich mit ihnen.

22 ¶So wohnte Josef in Ägypten mit seines Vaters Hause und lebte hundertundzehn Jahre

23 und sah Ephraims Kinder bis ins dritte Glied. Auch die Söhne von Machir, Manasses Sohn, wurden dem Hause Josefs zugerechnet.

24 Und Josef sprach zu seinen Brüdern: Ich sterbe; aber Gott wird euch gnädig heimsuchen und aus diesem Lande führen in das Land, das er Abraham, Isaak und Jakob zu geben geschworen hat.

25 Darum nahm er einen Eid von den Söhnen Israels und sprach: Wenn euch Gott heimsuchen wird, so nehmt meine Gebeine mit von hier.[a]

a 2.Mose 13,19; Jos 24,32

26 Und Josef starb, als er hundertundzehn Jahre alt war. Und sie salbten ihn und legten ihn in einen Sarg in Ägypten.

DAS ZWEITE BUCH MOSE (EXODUS)

Inhaltsübersicht

Israels Bedrückung in Ägypten

1 [a]Dies sind die Namen der Söhne Israels, die mit Jakob nach Ägypten kamen; ein jeder kam mit seinem Hause:

a (1-5) 1.Mose 46,8-27

2 Ruben, Simeon, Levi, Juda,
3 Issachar, Sebulon, Benjamin,
4 Dan, Naftali, Gad, Asser.
5 Und alle leiblichen Nachkommen Jakobs zusammen waren siebzig an Zahl. Josef aber war schon vorher in Ägypten.

6 ¶Als nun [a]Josef gestorben war und alle seine Brüder und alle, die zu der Zeit gelebt hatten, *a* 1.Mose 50,26

7 [a]wuchsen die Nachkommen Israels und zeugten Kinder und mehrten sich und wurden überaus stark, so daß von ihnen das Land voll ward. *a (7-22)* Apg 7,17-19

8 Da kam ein neuer König auf in Ägypten, der wußte nichts von Josef

9 und sprach zu seinem Volk: Siehe, das Volk Israel ist mehr und stärker als wir.

10 Wohlan, wir wollen sie mit List niederhalten, daß sie nicht noch mehr werden. Denn wenn ein Krieg ausbräche, könnten sie sich auch zu unsern Feinden schlagen und gegen uns kämpfen und aus dem Lande ausziehen.

11 Und man setzte Fronvögte über sie, die sie mit [a]Zwangsarbeit bedrücken sollten. Und sie bauten dem Pharao die Städte Pitom und [b]Ramses als Vorratsstädte.

a 1.Mose 15,13 *b* 1.Mose 47,11

12 Aber je mehr sie das Volk bedrückten, desto stärker mehrte es sich und breitete sich aus. Und es kam sie ein Grauen an vor Israel.

13 Da [a]zwangen die Ägypter die Israeliten unbarmherzig zum Dienst *a* 1.Mose 15,13

14 und machten ihnen ihr Leben sauer mit schwerer Arbeit in Ton und Ziegeln und mit mancherlei Frondienst auf dem Felde, mit all ihrer Arbeit, die sie ihnen auflegten ohne Erbarmen.

15 ¶Und der König von Ägypten sprach zu den hebräischen Hebammen, von denen die eine Schifra hieß und die andere Pua:

16 Wenn ihr den hebräischen Frauen helft und bei der Geburt seht, daß es ein Sohn ist, so tötet ihn; ist's aber eine Tochter, so laßt sie leben.

17 Aber die Hebammen fürchteten Gott
und taten nicht, wie der König von Ägyp-
ten ihnen gesagt hatte, sondern ließen die
Kinder leben.
18 Da rief der König von Ägypten die
Hebammen und sprach zu ihnen: Warum
tut ihr das, daß ihr die Kinder leben laßt?
19 Die Hebammen antworteten dem
Pharao: Die hebräischen Frauen sind nicht
wie die ägyptischen, denn sie sind kräftige
Frauen. Ehe die Hebamme zu ihnen
kommt, haben sie geboren.
20 Darum tat Gott den Hebammen Gutes.
Und das Volk mehrte sich und wurde sehr
stark.
21 Und weil die Hebammen Gott fürchte-
ten, segnete er ihre Häuser.
22 Da gebot der Pharao seinem ganzen
Volk und sprach: Alle Söhne, die geboren
werden, werft in den Nil, aber alle Töchter
laßt leben.

Moses Geburt und wunderbare Errettung

2 Und es ging hin ein Mann vom Hause
Levi und nahm ein Mädchen aus dem
Hause Levi zur Frau.[a]
[a] Kap 6,20; 4.Mose 26,59
2 Und sie ward schwanger und gebar
einen Sohn. Und als sie sah, daß es ein
[a]feines Kind war, verbarg sie ihn drei
Monate. [a] Apg 7,20; Hebr 11,23
3 Als sie ihn aber nicht länger verbergen
konnte, machte sie ein Kästlein von Rohr
und verklebte es mit Erdharz und Pech
und legte das Kind hinein und setzte das
Kästlein in das Schilf am Ufer des Nils.
4 Aber seine [a]Schwester stand von ferne,
um zu erfahren, wie es ihm ergehen
würde. [a] 4.Mose 26,59
5 ¶ Und die Tochter des Pharao ging
hinab und wollte baden im Nil, und ihre
Gespielinnen gingen am Ufer hin und
her. Und als sie das Kästlein im Schilf
sah, sandte sie ihre Magd hin und ließ es
holen.
6 Und als sie es auftat, sah sie das Kind,
und siehe, das Knäblein weinte. Da jam-
merte es sie, und sie sprach: Es ist eins
von den hebräischen Kindlein.
7 Da sprach seine Schwester zu der Toch-
ter des Pharao: Soll ich hingehen und eine
der hebräischen Frauen rufen, die da stillt,
daß sie dir das Kindlein stille?
8 Die Tochter des Pharao sprach zu ihr:
Geh hin. Das Mädchen ging hin und rief
die Mutter des Kindes.
9 Da sprach die Tochter des Pharao zu
ihr: Nimm das Kindlein mit und stille es
mir; ich will es dir lohnen. Die Frau nahm
das Kind und stillte es.
10 Und als das Kind groß war, brachte sie
es der Tochter des Pharao, und es ward
ihr Sohn, und sie nannte ihn Mose; denn
sie sprach: Ich habe ihn aus dem Wasser
gezogen.

Moses Flucht nach Midian

11 [a]Zu der Zeit, als Mose groß geworden
war, ging er hinaus zu seinen Brüdern und
sah ihren Frondienst und nahm wahr, daß
ein Ägypter einen seiner hebräischen Brü-
der schlug. [a] *(11-22)* Apg 7,23-29; Hebr 11,24-27
12 Da schaute er sich nach allen Seiten
um, und als er sah, daß kein Mensch da
war, erschlug er den Ägypter und
verscharrte ihn im Sande.
13 Am andern Tage ging er wieder hinaus
und sah zwei hebräische Männer mitein-
ander streiten und sprach zu dem, der im
Unrecht war: Warum schlägst du deinen
Nächsten?
14 Er aber sprach: [a]Wer hat dich zum Auf-
seher oder Richter über uns gesetzt? Willst
du mich auch umbringen, wie du den
Ägypter umgebracht hast? Da fürchtete
sich Mose und sprach: Wie ist das bekannt-
geworden? [a] Apg 7,35
15 Und es kam vor den Pharao; der trach-
tete danach, Mose zu töten. Aber Mose
floh vor dem Pharao und hielt sich auf im
Lande Midian. Und er setzte sich nieder
bei einem Brunnen.
16 ¶ [a]Der Priester aber in Midian hatte sie-
ben Töchter; die kamen, Wasser zu schöp-
fen, und füllten die Rinnen, um die Schafe
ihres Vaters zu tränken. [a] Kap 3,1
17 Da kamen Hirten und stießen sie weg.
Mose aber stand auf und half ihnen und
tränkte ihre Schafe.
18 Und als sie zu ihrem Vater Reguël
kamen, sprach er: Warum seid ihr heute
so bald gekommen?
19 Sie sprachen: Ein ägyptischer Mann
stand uns bei gegen die Hirten und
schöpfte für uns und tränkte die Schafe.
20 Er sprach zu seinen Töchtern: Wo ist
er? Warum habt ihr den Mann draußen
gelassen? Ladet ihn doch ein, mit uns zu
essen.

21 Und Mose willigte ein, bei dem Mann
zu bleiben. Und er gab Mose seine Toch-
ter [a]Zippora zur Frau. a 4.Mose 12,1
22 Die gebar einen Sohn, und er nannte
ihn [a]Gerschom; denn, sprach er, ich bin
ein Fremdling geworden im fremden
Lande. a Kap 18,3.4
23 ¶ Lange Zeit aber danach starb der
König von Ägypten. Und die Israeliten
seufzten über ihre Knechtschaft und
schrien, und ihr Schreien über ihre
Knechtschaft kam vor Gott.
24 Und Gott erhörte ihr Wehklagen und
[a]gedachte seines Bundes mit Abraham,
Isaak und Jakob. a 1.Mose 15,18; 26,3; 28,13.14
25 Und Gott sah auf die Israeliten und
nahm sich ihrer an.

Moses Berufung

3 [a]Mose aber hütete die Schafe Jitros,
seines Schwiegervaters, des Priesters in
Midian, und trieb die Schafe über die
Steppe hinaus und kam an den Berg
Gottes, den Horeb. a (1-12) Apg 7,30-34
2 Und der Engel des HERRN erschien ihm
in einer feurigen Flamme aus dem [a]Dorn-
busch. Und er sah, daß der Busch im
Feuer brannte und doch nicht verzehrt
wurde. a 5.Mose 33,16
3 Da sprach er: Ich will hingehen und die
wundersame Erscheinung besehen, war-
um der Busch nicht verbrennt.
4 Als aber der HERR sah, daß er hinging,
um zu sehen, rief Gott ihn aus dem Busch
und sprach: Mose, Mose! Er antwortete:
Hier bin ich.
5 Gott sprach: Tritt nicht herzu, zieh deine
Schuhe von deinen Füßen; denn [a]der Ort,
darauf du stehst, ist heiliges Land!
a 1.Mose 28,17; Jos 5,15
6 Und er sprach weiter: [a]Ich bin der Gott
deines Vaters, der Gott Abrahams, der
Gott Isaaks und der Gott Jakobs. Und
Mose verhüllte sein Angesicht; denn er
fürchtete sich, Gott anzuschauen.
a 1.Mose 17,1; 28,1-4; 35,9-11; Mt 22,32
7 Und der HERR sprach: Ich habe das
Elend meines Volks in Ägypten gesehen
und ihr [a]Geschrei über ihre Bedränger
gehört; ich habe ihre Leiden erkannt.
a Kap 2,23
8 Und ich bin herniedergefahren, daß ich
sie errette aus der Ägypter Hand und sie
herausführe aus diesem Lande in ein gutes
und weites Land, in ein Land, darin Milch
und Honig fließt, in das Gebiet der Kanaa-
niter, Hetiter, Amoriter, Perisiter, Hiwiter
und Jebusiter.
9 Weil denn nun das Geschrei der Israeli-
ten vor mich gekommen ist und ich dazu
ihre Not gesehen habe, wie die Ägypter
sie bedrängen,
10 so geh nun hin, [a]ich will dich zum Pha-
rao senden, damit du mein Volk, die Is-
raeliten, aus Ägypten führst.
a Kap 7,16; Ri 6,14
11 Mose sprach zu Gott: [a]Wer bin ich, daß
ich zum Pharao gehe und führe die Israe-
liten aus Ägypten?
a Kap 4,10; 1.Mose 32,11; 2.Sam 7,18; Jes 6,5.8; Jer 1,6
12 Er sprach: [a]Ich will mit dir sein. Und
das soll dir das Zeichen sein, daß ich dich
gesandt habe: Wenn du mein Volk aus
Ägypten geführt hast, werdet ihr Gott
opfern auf diesem Berge. a Jer 1,8
13 ¶ Mose sprach zu Gott: Siehe, wenn
ich zu den Israeliten komme und spreche
zu ihnen: Der Gott eurer Väter hat mich
zu euch gesandt! und sie mir sagen
werden: Wie ist sein Name?, was soll ich
ihnen sagen?
14 Gott sprach zu Mose: [a]**Ich werde sein,
der ich sein werde.** Und sprach: So sollst
du zu den Israeliten sagen: »Ich werde
sein«, der hat mich zu euch gesandt.
a Kap 6,2; Mal 3,6; Offb 1,4.8
15 Und Gott sprach weiter zu Mose: So
sollst du zu den Israeliten sagen: Der
HERR*, der Gott eurer Väter, der Gott
Abrahams, der Gott Isaaks, der Gott
Jakobs, hat mich zu euch gesandt. Das ist
[a]mein Name auf ewig, mit dem man
mich anrufen soll von Geschlecht zu
Geschlecht. a Kap 6,2.3; Jes 42,8

* Im Hebräischen steht hier der Gottesname JHWH. Er wird in Vers 14 vom hebräischen Zeitwort für »sein« her gedeutet. Zu seiner Aussprache und dem Brauch, dafür »der HERR« einzusetzen, s. Sach- und Worterklärungen zu »HERR«.

16 Darum geh hin und versammle die
Ältesten von Israel und sprich zu ihnen:
Der HERR, der Gott eurer Väter, ist mir
erschienen, der Gott Abrahams, der Gott
Isaaks, der Gott Jakobs, und hat gesagt:
Ich habe mich euer angenommen und
gesehen, was euch in Ägypten widerfah-
ren ist,
17 und habe gesagt: Ich will euch aus dem
Elend Ägyptens führen in das Land der

Kanaaniter, Hetiter, Amoriter, Perisiter,
Hiwiter und Jebusiter, in das Land, darin
Milch und Honig fließt.
18 Und sie werden auf dich hören. Danach
sollst du mit den Ältesten Israels hinein-
gehen zum König von Ägypten und zu
ihm sagen: [a]Der HERR, der Gott der
Hebräer, ist uns erschienen. So laß uns
nun gehen drei Tagereisen weit in die
Wüste, daß wir opfern dem HERRN,
unserm Gott. *a* Kap 5,1.3
19 Aber ich weiß, daß euch der König
von Ägypten nicht wird ziehen lassen, er
werde denn gezwungen durch eine starke
Hand.
20 Daher werde ich meine Hand ausstrek-
ken und Ägypten schlagen mit all den
Wundern, die ich darin tun werde. Danach
wird er euch ziehen lassen.
21 Auch will ich diesem Volk Gunst ver-
schaffen bei den Ägyptern, daß, wenn ihr
auszieht, ihr [a]nicht leer auszieht,
a Kap 11,2.3; 12,35.36; 1.Mose 15,14
22 sondern jede Frau soll sich von ihrer
Nachbarin und Hausgenossin silbernes
und goldenes Geschmeide und Kleider
geben lassen. Die sollt ihr euren Söhnen
und Töchtern anlegen und von den Ägyp-
tern als Beute nehmen.
4 ¶Mose antwortete und sprach: Siehe,
sie werden mir nicht glauben und nicht
auf mich hören, sondern werden sagen:
Der HERR ist dir nicht erschienen.
2 Der HERR sprach zu ihm: Was hast
du da in deiner Hand? Er sprach: Einen
Stab.
3 Der HERR sprach: Wirf ihn auf die Erde.
Und er warf ihn auf die Erde; da ward er
zur [a]Schlange, und Mose floh vor ihr.
a Kap 7,10
4 Aber der HERR sprach zu ihm: Strecke
deine Hand aus und erhasche sie beim
Schwanz. Da streckte er seine Hand aus
und ergriff sie, und sie ward zum Stab in
seiner Hand.
5 Und der HERR sprach: Darum werden
sie glauben, daß dir erschienen ist der
HERR, der Gott ihrer Väter, der Gott Abra-
hams, der Gott Isaaks, der Gott Jakobs.
6 Und der HERR sprach weiter zu ihm:
Stecke deine Hand in den Bausch deines
Gewandes. Und er steckte sie hinein. Und
als er sie wieder herauszog, siehe, da war
sie aussätzig wie Schnee.
7 Und er sprach: Tu sie wieder in den
Bausch deines Gewandes. Und er tat sie
wieder hinein. Und als er sie herauszog,
siehe, da war sie wieder wie sein anderes
Fleisch.
8 Und der HERR sprach: Wenn sie dir nun
nicht glauben und nicht auf dich hören
werden bei dem einen Zeichen, so werden
sie dir doch glauben bei dem andern Zei-
chen.
9 Wenn sie aber diesen zwei Zeichen nicht
glauben und nicht auf dich hören werden,
so nimm Wasser aus dem Nil und gieß es
auf das trockene Land; [a]dann wird das
Wasser, das du aus dem Strom genommen
hast, Blut werden auf dem trockenen
Land. *a* Kap 7,17-21
10 ¶Mose aber sprach zu dem HERRN:
Ach, mein Herr, [a]ich bin von jeher nicht
beredt gewesen, auch jetzt nicht, seitdem
du mit deinem Knecht redest; denn ich
hab eine schwere Sprache und eine
schwere Zunge. *a* Kap 3,11; 6,12.30
11 Der HERR sprach zu ihm: Wer hat dem
Menschen den Mund geschaffen? Oder
wer hat den Stummen oder Tauben oder
Sehenden oder Blinden gemacht? Habe
ich's nicht getan, der HERR?[a] *a* Ps 94,9
12 So geh nun hin: Ich will mit deinem
Munde sein und dich lehren, was du sagen
sollst.[a] *a* 5.Mose 18,18; Mt 10,19
13 Mose aber sprach: Mein Herr, sende,
wen du senden willst.
14 Da wurde der HERR sehr zornig über
Mose und sprach: Weiß ich denn nicht,
daß dein Bruder Aaron aus dem Stamm
Levi beredt ist? Und siehe, er wird dir ent-
gegenkommen, und wenn er dich sieht,
wird er sich von Herzen freuen.
15 Du sollst zu ihm reden und die Worte
in seinen Mund legen. Und ich will mit
deinem und seinem Munde sein und euch
lehren, was ihr tun sollt.
16 Und [a]er soll für dich zum Volk reden;
er soll dein Mund sein, und du sollst für
ihn Gott sein. *a* Kap 7,1.2
17 Und diesen Stab nimm in deine Hand,
mit dem du die Zeichen tun sollst.

Moses Rückkehr nach Ägypten

18 Mose ging hin und kam wieder zu
[a]Jitro, seinem Schwiegervater, und sprach
zu ihm: Laß mich doch gehen, daß ich
wieder zu meinen Brüdern komme, die in
Ägypten sind, und sehe, ob sie noch leben.

Jitro sprach zu ihm: Geh hin mit Frieden.

a Kap 3,1

19 Auch sprach der HERR zu Mose in Midian: Geh hin und zieh wieder nach Ägypten, denn die Leute sind tot, die dir nach dem Leben trachteten.

20 So nahm denn Mose seine Frau und [a]seinen Sohn und setzte sie auf einen Esel und zog wieder nach Ägyptenland und nahm den Stab Gottes in seine Hand.

a Kap 18,3.4

21 Und der HERR sprach zu Mose: Sieh zu, wenn du wieder nach Ägypten kommst, daß du alle die Wunder tust vor dem Pharao, die ich in deine Hand gegeben habe. Ich aber will [a]sein Herz verstocken, daß er das Volk nicht ziehen lassen wird.

a Kap 7,3.13; 5.Mose 29,3; Jes 6,10; Röm 9,18

22 Und du sollst zu ihm sagen: So spricht der HERR: [a]Israel ist mein erstgeborener Sohn; *a* 5.Mose 32,6

23 und ich gebiete dir, daß du meinen Sohn ziehen läßt, daß er mir diene. Wirst du dich weigern, so will ich [a]deinen erstgeborenen Sohn töten. *a* Kap 11,5; 12,29

24 ¶ [a]Und als Mose unterwegs in der Herberge war, kam ihm der HERR entgegen und wollte ihn töten.

a (24-26) 1.Mose 17,14; 32,25

25 Da nahm Zippora [a]einen scharfen Stein und beschnitt ihrem Sohn die Vorhaut und berührte damit seine Scham und sprach: Du bist mir ein Blutbräutigam. *a* Jos 5,2

26 Da ließ er von ihm ab. Sie sagte aber Blutbräutigam um der Beschneidung willen.

27 ¶ Und der HERR sprach zu Aaron: Geh hin Mose entgegen in die Wüste. Und er ging hin und begegnete ihm am Berge Gottes und küßte ihn.

28 Und Mose tat Aaron kund alle Worte des HERRN, der ihn gesandt hatte, und alle Zeichen, die er ihm befohlen hatte.

29 Und sie gingen hin und versammelten alle Ältesten der Israeliten.

30 Und Aaron sagte alle Worte, die der HERR mit Mose geredet hatte, und Mose tat die Zeichen vor dem Volk.

31 Und das Volk glaubte. Und als sie hörten, daß [a]der HERR sich der Israeliten angenommen und ihr Elend angesehen habe, neigten sie sich und beteten an.

a Kap 3,16

Noch härtere Bedrückung Israels

5 Danach gingen Mose und Aaron hin und sprachen zum Pharao: So spricht der HERR, der Gott Israels: [a]Laß mein Volk ziehen, daß es mir ein Fest halte in der Wüste. *a* Kap 3,18; 7,16.26; 8,16; 9,1.13

2 Der Pharao antwortete: [a]Wer ist der HERR, daß ich ihm gehorchen müsse und Israel ziehen lasse? Ich weiß nichts von dem HERRN, will auch Israel nicht ziehen lassen. *a* 2.Kön 18,35; Hiob 21,15; Dan 3,15

3 Sie sprachen: Der Gott der Hebräer ist uns erschienen. So laß uns nun hinziehen drei Tagereisen weit in die Wüste und dem HERRN, unserm Gott, opfern, daß er uns nicht schlage mit Pest oder Schwert.

4 Da sprach der König von Ägypten zu ihnen: Mose und Aaron, warum wollt ihr das Volk von seiner Arbeit frei machen? Geht hin an eure Dienste!

5 ¶ Weiter sprach der Pharao: Siehe, [a]sie sind schon mehr als das Volk des Landes, und ihr wollt sie noch feiern lassen von ihrem Dienst! *a* Kap 1,7.12

6 Darum befahl der Pharao am selben Tage den Vögten des Volks und ihren Aufsehern und sprach:

7 Ihr sollt dem Volk nicht mehr Häcksel geben, daß sie Ziegel machen, wie bisher; laßt sie selbst hingehen und Stroh dafür zusammenlesen.

8 Aber die Zahl der Ziegel, die sie bisher gemacht haben, sollt ihr ihnen gleichwohl auferlegen und nichts davon ablassen, denn sie gehen müßig; darum schreien sie und sprechen: Wir wollen hinziehen und unserm Gott opfern.

9 Man drücke die Leute mit Arbeit, daß sie zu schaffen haben und sich nicht um falsche Reden kümmern.

10 ¶ Da gingen die Vögte des Volks und ihre Aufseher hinaus und sprachen zum Volk: So spricht der Pharao: Man wird euch kein Häcksel mehr geben.

11 Geht ihr selbst hin und beschafft euch Häcksel, wo ihr's findet; aber von eurer Arbeit soll euch nichts erlassen werden.

12 Da zerstreute sich das Volk ins ganze Land Ägypten, um Stroh zu sammeln, damit sie Häcksel hätten.

13 Und die Vögte trieben sie an und sprachen: Erfüllt euer Tagewerk wie damals, als ihr Häcksel hattet.

14 Und die Aufseher aus den Reihen der

Israeliten, die die Vögte des Pharao über sie gesetzt hatten, wurden geschlagen, und es wurde zu ihnen gesagt: Warum habt ihr nicht auch heute euer festgesetztes Tagewerk getan wie bisher?

15 Da gingen die Aufseher der Israeliten hin und schrien zu dem Pharao: Warum verfährst du so mit deinen Knechten?

16 Man gibt deinen Knechten kein Häcksel, und wir sollen dennoch die Ziegel machen, die uns bestimmt sind; und siehe, deine Knechte werden geschlagen, und du versündigst dich an deinem Volke.

17 Der Pharao sprach: Ihr seid müßig, müßig seid ihr; darum sprecht ihr: Wir wollen hinziehen und dem HERRN opfern.

18 So geht nun hin und tut euren Frondienst! Häcksel soll man euch nicht geben, aber die Anzahl Ziegel sollt ihr schaffen.

19 ¶Da sahen die Aufseher der Israeliten, daß es mit ihnen übel stand, weil man sagte: Ihr sollt nichts ablassen von dem Tagewerk an Ziegeln.

20 Und als sie von dem Pharao weggingen, begegneten sie Mose und Aaron, die dastanden und auf sie warteten,

21 und sprachen zu ihnen: Der HERR richte seine Augen wider euch und strafe es, daß ihr uns in Verruf gebracht habt vor dem Pharao und seinen Großen und habt ihnen so das Schwert in ihre Hände gegeben, uns zu töten.

22 Mose aber kam wieder zu dem HERRN und sprach: Herr, warum tust du so übel an diesem Volk? Warum hast du mich hergesandt?

23 Denn seitdem ich hingegangen bin zum Pharao, um mit ihm zu reden in deinem Namen, hat er das Volk noch härter geplagt, und du hast dein Volk nicht errettet.

6 Da sprach der HERR zu Mose: Nun sollst du sehen, was ich dem Pharao antun werde; denn durch eine starke Hand gezwungen, muß er sie ziehen lassen, ja er muß sie, durch eine starke Hand gezwungen, aus seinem Lande treiben.[a]

a Kap 11,1; 12,33

Erneuter Bericht über Moses Sendung

2 [a]Und Gott redete mit Mose und sprach zu ihm: Ich bin der HERR

a (2 und 3) Kap 3,14.15; 1.Mose 17,1

3 und bin erschienen Abraham, Isaak und Jakob als der allmächtige Gott, aber mit meinem Namen »HERR« habe ich mich ihnen nicht offenbart.

4 Auch habe ich [a]meinen Bund mit ihnen aufgerichtet, daß ich ihnen geben will das Land Kanaan, das Land, in dem sie Fremdlinge gewesen sind.

a 1.Mose 17,7.8

5 Auch habe ich gehört die Wehklage der Israeliten, die die Ägypter mit Frondienst beschweren, und habe an meinen Bund gedacht.

6 Darum sage den Israeliten: Ich bin der HERR und will euch wegführen von den Lasten, die euch die Ägypter auflegen, und will euch erretten von eurem Frondienst und will euch erlösen mit ausgerecktem Arm und durch große Gerichte;

7 ich will euch annehmen zu meinem Volk und will euer Gott sein, daß ihr's erfahren sollt, daß ich der HERR bin, euer Gott, der euch wegführt von den Lasten, die euch die Ägypter auflegen,

8 und euch bringt in das Land, um dessentwillen [a]ich meine Hand zum Schwur erhoben habe, daß ich's geben will Abraham, Isaak und Jakob; das will ich euch zu eigen geben, ich, der HERR.

a 1.Mose 22,16

9 Mose sagte das den Israeliten; aber sie hörten nicht auf ihn vor Kleinmut und harter Arbeit.

10 ¶Da redete der HERR mit Mose und sprach:

11 Geh hin und rede mit dem Pharao, dem König von Ägypten, daß er Israel aus seinem Lande ziehen lasse.

12 Mose aber redete vor dem HERRN und sprach: Siehe, die Israeliten hören nicht auf mich; wie sollte denn der Pharao auf mich hören! [a]Dazu bin ich ungeschickt zum Reden.

a Vers 30; Kap 4,10

13 So redete der HERR mit Mose und Aaron und ordnete sie ab an die Israeliten und an den Pharao, den König von Ägypten, um Israel aus Ägypten zu führen.

Die Vorfahren Moses und Aarons

14 [a]Dies sind die Häupter ihrer Sippen:

¶Die Söhne Rubens, des ersten Sohnes Israels, sind diese: Henoch, Pallu, Hezron, Karmi. Das sind die Geschlechter von Ruben.

a (14-16) 1.Mose 46,9-11

15 ¶Die Söhne Simeons sind diese:

Jemuël, Jamin, Ohad, Jachin, Zohar und
Schaul, der Sohn der Kanaaniterin. Das
sind Simeons Geschlechter.
16 ¶ [a]Dies sind die Namen der Söhne
Levis nach ihrem Stammesverzeichnis:
Gerschon, Kehat, Merari. Und Levi wurde
137 Jahre alt. *a (16-19)* 1.Chr 5,27-30; 6,1-4
17 ¶ Die Söhne Gerschons sind diese:
Libni und Schimi nach ihren Geschlech-
tern.
18 ¶ Die Söhne Kehats sind diese:
Amram, Jizhar, Hebron, Usiël. Kehat aber
wurde 133 Jahre alt.
19 ¶ Die Söhne Meraris sind diese: Machli
und Muschi. Das sind die Geschlechter
Levis nach ihrem Stammesverzeichnis.
20 ¶ [a]Amram nahm Jochebed, die
[b]Schwester seines Vaters, zur Frau; die
gebar ihm Aaron und Mose. Und Amram
wurde 137 Jahre alt. *a* Kap 2,1 *b* 3.Mose 18,12
21 ¶ Die Söhne [a]Jizhars sind diese:
Korach, Nefeg, Sichri. *a* 4.Mose 16,1
22 Die Söhne [a]Usiëls sind diese: Mischaël,
Elizafan, Sitri. *a* 3.Mose 10,4
23 ¶ Aaron nahm zur Frau Elischeba,
die Tochter Amminadabs, Nachschons
Schwester; die gebar ihm [a]Nadab, Abihu,
Eleasar, Itamar. *a* Kap 28,1
24 ¶ Die Söhne Korachs sind diese: Assir,
Elkana, Abiasaf. Das sind die Geschlech-
ter der Korachiter.
25 ¶ Eleasar aber, Aarons Sohn, nahm eine
Frau von den Töchtern Putiëls; die gebar
ihm den [a]Pinhas. Das sind die Häupter
der Leviten nach ihren Geschlechtern.
a 4.Mose 25,7
26 ¶ Das sind Aaron und Mose, zu denen
der HERR sprach: [a]Führt die Israeliten
nach ihren Scharen geordnet aus Ägypten-
land! *a* Vers 13
27 Sie sind es, die mit dem Pharao, dem
König von Ägypten, redeten, um die Israe-
liten aus Ägypten zu führen. Das sind
Mose und Aaron.
28 ¶ Und als der HERR mit Mose in Ägyp-
tenland redete,
29 sprach er zu ihm: Ich bin der HERR;
sage dem Pharao, dem König von Ägyp-
ten, alles, was ich mit dir rede.
30 Und er antwortete vor dem HERRN:
Siehe, [a]ich bin ungeschickt zum Reden;
wie wird denn der Pharao auf mich hören?
a Vers 12

Moses erstes Wunder vor dem Pharao

7 Der HERR sprach zu Mose: Siehe, ich
habe dich [a]zum Gott gesetzt für den
Pharao, und Aaron, dein Bruder, soll dein
Prophet sein. *a* Kap 4,16
2 Du sollst alles reden, was ich dir gebie-
ten werde; aber Aaron, dein Bruder,
soll es vor dem Pharao reden, damit
er die Israeliten aus seinem Lande ziehen
lasse.
3 Aber [a]ich will das Herz des Pharao ver-
härten und viele Zeichen und Wunder tun
in Ägyptenland. *a* Kap 4,21
4 Und der Pharao wird nicht auf euch
hören. Dann werde ich meine Hand auf
Ägypten legen und durch große Gerichte
meine Heerscharen, mein Volk Israel, aus
Ägyptenland führen.
5 Und die Ägypter sollen innewerden, daß
ich [a]der HERR bin, wenn ich meine Hand
über Ägypten ausstrecken und die Israeli-
ten aus ihrer Mitte wegführen werde.
a Vers 17; Kap 8,18; 9,29; 1.Sam 17,46; 1.Kön 20,28;
2.Kön 19,19; Hes 29,6
6 Mose und Aaron taten, wie ihnen der
HERR geboten hatte.
7 Und Mose war achtzig Jahre und Aaron
dreiundachtzig Jahre alt, als sie mit dem
Pharao redeten.
8 ¶ Und der HERR sprach zu Mose und
Aaron:
9 Wenn der Pharao zu euch sagen wird:
Weist euch aus durch ein Wunder!, so
sollst du zu Aaron sagen: [a]Nimm deinen
Stab und wirf ihn hin vor dem Pharao, daß
er zur Schlange werde! *a* Kap 4,3
10 Da gingen Mose und Aaron hinein zum
Pharao und taten, wie ihnen der HERR
geboten hatte. Und Aaron warf seinen Stab
hin vor dem Pharao und vor seinen Gro-
ßen, und er ward zur Schlange.
11 Da ließ der Pharao die Weisen und Zau-
berer rufen, und die [a]ägyptischen Zaube-
rer taten ebenso mit ihren Künsten:
a Vers 22; Kap 8,3; 1.Mose 41,8; 2.Tim 3,8
12 Ein jeder warf seinen Stab hin, da wur-
den Schlangen daraus; aber Aarons Stab
verschlang ihre Stäbe.
13 Aber [a]das Herz des Pharao wurde ver-
stockt, und er hörte nicht auf sie, wie der
HERR gesagt hatte. *a* Kap 4,21

Die erste Plage: Verwandlung aller Gewässer in Blut

14 Und der HERR sprach zu Mose: Das
Herz des Pharao ist hart; er weigert sich,
das Volk ziehen zu lassen.
15 Geh hin zum Pharao morgen früh.
Siehe, er wird ans Wasser gehen; so tritt
ihm entgegen am Ufer des Nils und nimm
den Stab in deine Hand, der zur Schlange
wurde,
16 und sprich zu ihm: Der HERR, der Gott
der Hebräer, hat mich zu dir gesandt und
dir sagen lassen: [a]Laß mein Volk ziehen,
daß es mir diene in der Wüste. Aber du
hast bisher nicht hören wollen. *a* Kap 5,1
17 Darum spricht der HERR: Daran sollst
du erfahren, daß ich der HERR bin: Siehe,
ich will mit dem Stabe, den ich in meiner
Hand habe, auf das Wasser schlagen, das
im Nil ist, und es soll [a]in Blut verwandelt
werden, *a* Kap 4,9
18 daß die Fische im Strom sterben und
der Strom stinkt. Und die Ägypter wird es
ekeln, das Wasser aus dem Nil zu trinken.
19 ¶Und der HERR sprach zu Mose: Sage
Aaron: Nimm deinen Stab und [a]recke
deine Hand aus über die Wasser in Ägyp-
ten, über ihre Ströme und Kanäle und
Sümpfe und über alle Wasserstellen, daß
sie zu Blut werden, und es sei Blut in ganz
Ägyptenland, selbst in den hölzernen und
steinernen Gefäßen. *a* Offb 11,6
20 Mose und Aaron taten, wie ihnen der
HERR geboten hatte, und Mose hob den
Stab und schlug ins Wasser, das im Nil
war, vor dem Pharao und seinen Großen.
Und alles Wasser im Strom wurde in Blut
verwandelt.
21 Und die Fische im Strom starben, und
der Strom wurde stinkend, so daß die
Ägypter das Wasser aus dem Nil nicht trin-
ken konnten; und es war Blut in ganz
Ägyptenland.
22 Und die [a]ägyptischen Zauberer taten
ebenso mit ihren Künsten. So wurde das
Herz des Pharao verstockt, und er hörte
nicht auf Mose und Aaron, wie der HERR
gesagt hatte. *a* Vers 11
23 Und der Pharao wandte sich und ging
heim und nahm's nicht zu Herzen.
24 Aber alle Ägypter gruben am Nil ent-
lang nach Wasser zum Trinken, denn das
Wasser aus dem Strom konnten sie nicht
trinken.
25 Und das währte sieben Tage lang, nach-
dem der HERR den Strom geschlagen
hatte.

Die zweite Plage: Frösche

26 *Da sprach der HERR zu Mose: Geh
hin zum Pharao und sage zu ihm: So
spricht der HERR: [a]Laß mein Volk ziehen,
daß es mir diene! *a* Kap 5,1

* Abweichende Verszählung statt 7,26-8,28: 8,1-32.

27 Wenn du dich aber weigerst, siehe, so
will ich dein ganzes Gebiet mit Fröschen
plagen,
28 daß der Nil von Fröschen wimmeln
soll. Die sollen heraufkriechen und in dein
Haus kommen, in deine Schlafkammer,
auf dein Bett, auch in die Häuser deiner
Großen und deines Volks, in deine Back-
öfen und in deine Backtröge;
29 ja, die Frösche sollen auf dich selbst
und auf dein Volk und auf alle deine Gro-
ßen kriechen.
8 ¶Und der HERR sprach zu Mose: Sage
Aaron: Recke deine Hand aus mit dei-
nem Stabe über die Ströme, Kanäle und
Sümpfe und laß Frösche über Ägypten-
land kommen.
2 Und Aaron reckte seine Hand aus über
die Wasser in Ägypten, und es kamen Frö-
sche herauf, so daß Ägyptenland bedeckt
wurde.
3 Da taten die [a]Zauberer ebenso mit ihren
Künsten und ließen Frösche über Ägyp-
tenland kommen. *a* Kap 7,11
4 Da ließ der Pharao Mose und Aaron
rufen und sprach: [a]Bittet den HERRN für
mich, daß er die Frösche von mir und von
meinem Volk nehme, so will ich das Volk
ziehen lassen, daß es dem HERRN opfere.
a Vers 24; Kap 9,28; 10,17
5 Mose sprach: Bestimme über mich in
deiner Majestät, wann ich für dich, für
deine Großen und für dein Volk bitten
soll, daß bei dir und in deinem Haus die
Frösche vertilgt werden und allein im Nil
bleiben.
6 Er sprach: Morgen. Mose antwortete:
Ganz wie du gesagt hast; auf daß du erfah-
rest, daß [a]niemand ist wie der HERR, unser
Gott.
a Kap 9,14; 15,11; 5.Mose 33,26; 2.Sam 7,22; Jer 10,6
7 Die Frösche sollen von dir, von deinem
Hause, von deinen Großen und von dei-
nem Volk weichen und allein im Nil übrig-
bleiben.

8 So gingen Mose und Aaron vom Pha-
rao. Und Mose schrie zu dem HERRN
wegen der Frösche, wie er dem Pharao
zugesagt hatte.
9 Und der HERR tat, wie Mose gesagt
hatte, und die Frösche starben in den Häu-
sern, in den Höfen und auf dem Felde.
10 Und man häufte sie zusammen, hier
einen Haufen und da einen Haufen, und
das Land stank davon.
11 Als aber der Pharao merkte, daß er Luft
gekriegt hatte, [a]verhärtete er sein Herz
und hörte nicht auf sie, wie der HERR
gesagt hatte. *a* Kap 4,21

Die dritte Plage: Stechmücken

12 Und der HERR sprach zu Mose: Sage
Aaron: Strecke deinen Stab aus und schlag
in den Staub der Erde, daß er zu Stech-
mücken werde in ganz Ägyptenland.
13 Sie taten so, und Aaron reckte seine
Hand aus mit seinem Stabe und schlug in
den Staub auf der Erde. Und es kamen
Mücken und setzten sich an die Menschen
und an das Vieh; aller Staub der Erde ward
zu Mücken in ganz Ägyptenland.
14 Die [a]Zauberer taten ebenso mit ihren
Künsten, um Mücken hervorzubringen;
aber sie konnten es nicht. Und die Mük-
ken waren sowohl an den Menschen als
am Vieh. *a* Kap 7,11
15 Da sprachen die Zauberer zum Pharao:
Das ist [a]Gottes Finger. Aber das Herz des
Pharao wurde verstockt, und er hörte nicht
auf sie, wie der HERR gesagt hatte.
a Ps 64,10; 72,18; Lk 11,20

Die vierte Plage: Stechfliegen

16 Und der HERR sprach zu Mose: Mach
dich morgen früh auf und tritt vor den
Pharao, wenn er hinaus ans Wasser geht,
und sage zu ihm: So spricht der HERR:
[a]Laß mein Volk ziehen, daß es mir diene;
a Kap 5,1
17 wenn nicht, siehe, so will ich Stechflie-
gen kommen lassen über dich, deine Gro-
ßen, dein Volk und dein Haus, daß die
Häuser der Ägypter und das Land, auf
dem sie wohnen, voller Stechfliegen wer-
den sollen.
18 An dem Lande Goschen aber, wo sich
mein Volk aufhält, will ich an dem Tage
etwas Besonderes tun, daß dort keine
Stechfliegen seien, damit du innewirst,
daß [a]ich der HERR bin, inmitten dieses
Landes, *a* Kap 7,5
19 und ich will einen Unterschied machen
zwischen meinem und deinem Volk. Mor-
gen schon soll das Zeichen geschehen.
20 Und der HERR tat so, und es kamen
viele Stechfliegen in das Haus des Pharao,
in die Häuser seiner Großen und über
ganz Ägyptenland, und das Land wurde
verheert von den Stechfliegen.
21 ¶ Da ließ der Pharao Mose und Aaron
rufen und sprach: Geht hin, opfert eurem
Gott hier im Lande.
22 Mose sprach: Das geht nicht an, denn
was wir dem HERRN, unserm Gott, opfern,
ist [a]den Ägyptern ein Greuel. Siehe, wenn
wir vor ihren Augen opfern, was ihnen ein
Greuel ist, werden sie uns dann nicht
steinigen? *a* 1.Mose 43,32; 46,34
23 [a]Drei Tagereisen weit wollen wir in die
Wüste ziehen und dem HERRN, unserm
Gott, opfern, wie er uns gesagt hat.
a Kap 3,18
24 Der Pharao sprach: [a]Ich will euch zie-
hen lassen, daß ihr dem HERRN, eurem
Gott, opfert in der Wüste. Nur zieht nicht
zu weit, und bittet für mich! *a* Vers 4
25 Mose sprach: Siehe, wenn ich jetzt von
dir hinausgegangen bin, so will ich den
HERRN bitten, daß die Stechfliegen mor-
gen vom Pharao und seinen Großen und
seinem Volk weichen; nur täusche uns
nicht abermals, daß du das Volk nicht zie-
hen läßt, dem HERRN zu opfern.
26 Und Mose ging hinaus vom Pharao und
[a]bat den HERRN. *a* Vers 8
27 Und der HERR tat, wie Mose gesagt
hatte, und schaffte die Stechfliegen weg
vom Pharao, von seinen Großen und von
seinem Volk, so daß auch nicht eine übrig-
blieb.
28 Aber der Pharao [a]verhärtete sein Herz
auch diesmal und ließ das Volk nicht
ziehen. *a* Kap 4,21

Die fünfte Plage: Viehpest

9 Da sprach der HERR zu Mose: Geh
hin zum Pharao und sage zu ihm: So
spricht der HERR, der Gott der Hebräer:
[a]Laß mein Volk ziehen, daß sie mir die-
nen! *a* Kap 5,1
2 Wenn du dich [a]weigerst und sie weiter
aufhältst, *a* Jes 1,20
3 siehe, so wird [a]die Hand des HERRN
kommen über dein Vieh auf dem Felde,

über die Pferde, Esel, Kamele, Rinder und
Schafe, mit sehr schwerer Pest. *a* Kap 3,20
4 Aber der HERR wird einen Unterschied
machen zwischen dem Vieh der Israeliten
und dem der Ägypter, daß nichts sterbe
von allem, was die Israeliten haben.[a]
a Kap 8,18
5 Und der HERR bestimmte eine Zeit und
sprach: Morgen wird der HERR solches an
dem Lande tun.
6 Und der HERR tat es am andern Morgen;
da starb alles Vieh der Ägypter, aber
von dem Vieh der Israeliten starb nicht
eins.
7 Und der Pharao sandte hin, und siehe,
es war von dem Vieh Israels nicht eins
gestorben. Aber das [a]Herz des Pharao
wurde verstockt, und er ließ das Volk nicht
ziehen. *a* Kap 4,21

Die sechste Plage: Blattern

8 Da sprach der HERR zu Mose und
Aaron: Füllt eure Hände mit Ruß aus dem
Ofen, und Mose werfe ihn vor dem Pharao
gen Himmel,
9 daß er über ganz Ägyptenland staube
und böse Blattern aufbrechen, an den
Menschen und am Vieh in ganz Ägyptenland.[a]
a 5.Mose 28,27
10 Und sie nahmen Ruß aus dem Ofen
und traten vor den Pharao, und Mose warf
den Ruß gen Himmel. Da brachen auf
[a]böse Blattern an den Menschen und am
Vieh, *a* Offb 16,2
11 so daß die Zauberer nicht vor Mose
treten konnten wegen der bösen Blattern;
denn es waren an den Zauberern ebenso
böse Blattern wie an allen Ägyptern.
12 Aber der HERR [a]verstockte das Herz
des Pharao, daß er nicht auf sie hörte, wie
denn der HERR zu Mose gesagt hatte.
a Kap 4,21

Die siebente Plage: Hagel

13 Da sprach der HERR zu Mose: Mach
dich morgen früh auf und tritt vor den
Pharao und sage zu ihm: So spricht der
HERR, der Gott der Hebräer: [a]Laß mein
Volk ziehen, daß es mir diene; *a* Kap 5,1
14 sonst werde ich diesmal alle meine
Plagen über dich selbst senden, über deine
Großen und über dein Volk, damit du
innewirst, daß [a]meinesgleichen nicht ist
in allen Landen. *a* Kap 8,6
15 Denn ich hätte schon meine Hand ausrecken
und dich und dein Volk mit Pest
schlagen können, daß du von der Erde vertilgt
würdest,
16 aber dazu habe ich dich erhalten, daß
meine Kraft an dir erscheine und mein
Name verkündigt werde in allen Landen.[a]
a Kap 14,4; Röm 9,17
17 Du stellst dich noch immer wider mein
Volk und willst es nicht ziehen lassen.
18 Siehe, ich will morgen um diese Zeit
einen sehr großen Hagel fallen lassen, wie
er noch nie in Ägypten gewesen ist von
der Zeit an, als es gegründet wurde, bis
heute.
19 Und nun sende hin und verwahre dein
Vieh und alles, was du auf dem Felde hast.
Denn alle Menschen und das Vieh, alles,
was auf dem Felde gefunden und nicht in
die Häuser gebracht wird, muß sterben,
wenn der Hagel auf sie fällt.
20 Wer nun von den Großen des Pharao
das Wort des HERRN fürchtete, der ließ
seine Knechte und sein Vieh in die Häuser
fliehen.
21 Wessen Herz sich aber nicht an des
HERRN Wort kehrte, der ließ seine
Knechte und sein Vieh auf dem Felde.
22 ¶ Da sprach der HERR zu Mose: Recke
deine Hand aus gen Himmel, daß es hagelt
über ganz Ägyptenland, über Menschen,
über Vieh und über alles Gewächs auf
dem Felde in Ägyptenland.
23 Da streckte Mose seinen Stab gen Himmel,
und der HERR ließ donnern und [a]hageln,
und Feuer schoß auf die Erde nieder.
So ließ der HERR Hagel fallen über Ägyptenland,
a Offb 16,21
24 und Blitze zuckten dazwischen, und der
Hagel war so schwer, wie er noch nie in
ganz Ägyptenland gewesen war, seitdem
die Leute dort wohnen.
25 Und der Hagel erschlug in ganz Ägyptenland
alles, was auf dem Felde war, Menschen
und Vieh, und zerschlug alles
Gewächs auf dem Felde und zerbrach alle
Bäume auf dem Felde.
26 Nur im Lande Goschen, wo die Israeliten
waren, da hagelte es nicht.[a]
a Vers 4; Kap 8,18
27 ¶ Da schickte der Pharao hin und ließ
Mose und Aaron rufen und sprach zu
ihnen: Diesmal hab ich mich versündigt;
der HERR ist im Recht, ich aber und mein
Volk sind schuldig.
28 [a]Bittet aber den HERRN, daß er ein

Ende mache mit diesem Donnern und Hageln, so will ich euch ziehen lassen, daß ihr nicht länger hierbleiben müßt.

[a] Kap 8,4

29 Mose sprach zu ihm: Wenn ich zur Stadt hinauskomme, will ich meine Hände ausbreiten zum HERRN, so wird der Donner aufhören und kein Hagel mehr fallen, damit du [a]innewirst, daß die Erde des HERRN ist.

[a] Kap 7,5

30 Ich weiß aber: Du und deine Großen, ihr fürchtet euch noch nicht vor Gott dem HERRN.

31 So wurden zerschlagen der Flachs und die Gerste, denn die Gerste stand in Ähren und der Flachs in Blüte.

32 Aber der Weizen und das Korn wurden nicht zerschlagen, denn es ist Spätgetreide.

33 So ging nun Mose von dem Pharao zur Stadt hinaus und breitete seine Hände aus zum HERRN, und Donner und Hagel hörten auf, und der Regen troff nicht mehr auf die Erde.

34 Als aber der Pharao sah, daß Regen, Donner und Hagel aufhörten, versündigte er sich weiter und verhärtete sein Herz, er und seine Großen.

35 So wurde [a]des Pharao Herz verstockt, daß er die Israeliten nicht ziehen ließ, wie der HERR durch Mose gesagt hatte.

[a] Kap 4,21

Die achte Plage: Heuschrecken

10 Da sprach der HERR zu Mose: Geh hin zum Pharao; denn ich habe sein und seiner Großen Herz verhärtet, auf daß ich diese meine Zeichen unter ihnen tue

2 und auf daß du verkündigst vor den Ohren deiner Kinder und deiner Kindeskinder, wie ich mit den Ägyptern verfahren bin und welche Zeichen ich unter ihnen getan habe, damit ihr wißt: [a]Ich bin der HERR.

[a] Kap 6,2-8

3 So gingen Mose und Aaron hin zum Pharao und sprachen zu ihm: So spricht der HERR, der [a]Gott der Hebräer: Wie lange weigerst du dich, dich vor mir zu demütigen? Laß mein Volk ziehen, daß es mir diene!

[a] Kap 5,3

4 Weigerst du dich aber, mein Volk ziehen zu lassen, siehe, so will ich morgen Heuschrecken kommen lassen über dein Gebiet,

5 daß sie das Land so bedecken, daß man von ihm nichts mehr sehen kann. Und sie sollen fressen, was euch noch übrig und verschont geblieben ist von dem Hagel, und sollen alle Bäume kahlfressen, die wieder sprossen auf dem Felde;

6 und sie sollen füllen deine Häuser und die Häuser deiner Großen und aller Ägypter, wie es nicht gesehen haben deine Väter und deiner Väter Väter, seit sie auf Erden waren, bis auf diesen Tag. Und er wandte sich und ging vom Pharao hinaus.

7 ¶ Da sprachen die Großen des Pharao zu ihm: Wie lange soll dieser Mann uns Verderben bringen? Laß die Leute ziehen, daß sie dem HERRN, ihrem Gott, dienen. Willst du erst erfahren, daß Ägypten untergegangen ist?

8 Da wurden Mose und Aaron wieder vor den Pharao gebracht. Der sprach zu ihnen: Geht hin und dient dem HERRN, eurem Gott. Wer von euch soll aber hinziehen?

9 Mose sprach: Wir wollen ziehen mit jung und alt, mit Söhnen und Töchtern, mit Schafen und Rindern; denn wir haben ein [a]Fest des HERRN.

[a] Kap 5,1

10 Er sprach zu ihnen: O ja, der HERR sei mit euch, so gewiß wie ich euch und eure Kinder ziehen lasse! Ihr seht doch selbst, daß ihr Böses vorhabt!

11 Nein, nur ihr Männer zieht hin und dient dem HERRN! Denn das ist es doch, was ihr begehrt habt. Und man stieß sie hinaus vom Pharao.

12 ¶ Da sprach der HERR zu Mose: Recke deine Hand über Ägyptenland, daß Heuschrecken auf Ägyptenland kommen und alles auffressen, was im Lande wächst, alles, was [a]der Hagel übriggelassen hat.

[a] Kap 9,32

13 Mose streckte seinen Stab über Ägyptenland, und der HERR trieb einen Ostwind ins Land, den ganzen Tag und die ganze Nacht. Und am Morgen führte der Ostwind [a]die Heuschrecken herbei.

[a] Joel 1,2-12; 2,1-11

14 Und sie kamen über ganz Ägyptenland und ließen sich nieder überall in Ägypten, so viele, wie nie zuvor gewesen sind noch hinfort sein werden.

15 Denn sie bedeckten den Erdboden so dicht, daß er ganz dunkel wurde. Und sie fraßen alles, was im Lande wuchs, und alle Früchte auf den Bäumen, die der Hagel übriggelassen hatte, und ließen nichts Grünes übrig an den Bäumen und auf dem Felde in ganz Ägyptenland.

16 Da ließ der Pharao eilends Mose und
Aaron rufen und sprach: [a]Ich habe mich
versündigt an dem HERRN, eurem Gott,
und an euch. *a* Kap 9,27
17 Vergebt mir meine Sünde nur noch
diesmal und [a]bittet den HERRN, euren
Gott, daß er doch diesen Tod von mir
wegnehme. *a* Kap 8,4
18 Und Mose ging hinaus vom Pharao und
betete zum HERRN.
19 Da wendete der HERR den Wind, so
daß er sehr stark aus Westen kam; der hob
die Heuschrecken auf und warf sie ins
Schilfmeer, daß nicht eine übrigblieb in
ganz Ägypten.
20 Aber der HERR [a]verstockte das Herz
des Pharao, daß er die Israeliten nicht ziehen ließ. *a* Kap 4,21

Die neunte Plage: Finsternis

21 Da sprach der HERR zu Mose: Recke
deine Hand gen Himmel, daß eine solche
Finsternis werde in Ägyptenland, daß man
sie greifen kann.
22 Und Mose reckte seine Hand gen Himmel. Da ward eine so dicke Finsternis in
ganz Ägyptenland drei Tage lang,
23 daß niemand den andern sah noch weggehen konnte von dem Ort, wo er gerade
war, drei Tage lang. Aber bei allen Israeliten war es licht in ihren Wohnungen.
24 Da rief der Pharao nach Mose und
sprach: Zieht hin und dient dem HERRN!
Nur eure Schafe und Rinder laßt hier; aber
eure Frauen und [a]Kinder dürfen mit euch
ziehen. *a* Vers 10
25 Mose sprach: Willst du uns denn
Schlachtopfer und Brandopfer mitgeben,
die wir unserm Gott, dem HERRN, darbringen?
26 Auch unser Vieh soll mit uns gehen –
nicht eine Klaue darf dahintenbleiben –;
denn davon müssen wir nehmen zum
Dienst unseres Gottes, des HERRN. Wir
wissen nicht, womit wir dem HERRN dienen sollen, bis wir dorthin kommen.
27 Aber der HERR [a]verstockte das Herz
des Pharao, daß er sie nicht ziehen lassen
wollte. *a* Kap 4,21
28 Und der Pharao sprach zu ihm: Geh
von mir und hüte dich, daß du mir nicht
mehr vor die Augen kommst; denn an
dem Tage, da du mir vor die Augen
kommst, sollst du sterben.
29 Mose antwortete: Wie du gesagt hast;
ich werde dir nicht mehr vor die Augen
kommen.

Ankündigung der zehnten Plage:
Tötung der Erstgeburt

11 Und der HERR sprach zu Mose: **Eine**
Plage noch will ich über den Pharao
und Ägypten kommen lassen. Dann wird
er euch von hier wegziehen lassen, und
nicht nur das, sondern er wird euch von
hier sogar vertreiben.
2 So sage nun zu dem Volk, daß ein jeder
sich von seinem Nachbarn und eine jede
von ihrer Nachbarin silbernes und
goldenes Geschmeide geben lasse.[a]
a Kap 3,21.22
3 Und der HERR verschaffte dem Volk
Gunst bei den Ägyptern, und Mose war
ein sehr angesehener Mann in Ägyptenland vor den Großen des Pharao und vor
dem Volk.
4 ¶Und Mose sprach: So spricht der
HERR: Um Mitternacht will ich durch
Ägyptenland gehen,
5 und [a]alle Erstgeburt in Ägyptenland soll
sterben, vom ersten Sohn des Pharao an,
der auf seinem Thron sitzt, bis zum ersten
Sohn der Magd, die hinter ihrer Mühle
hockt, und alle Erstgeburt unter dem
Vieh. *a* Kap 4,23
6 Und es wird ein großes Geschrei sein in
ganz Ägyptenland, wie nie zuvor gewesen
ist noch werden wird;
7 aber gegen ganz Israel soll nicht ein
Hund mucken, weder gegen Mensch noch
Vieh, auf daß ihr erkennt, daß der HERR
einen [a]Unterschied macht zwischen Ägypten und Israel. *a* Kap 9,4
8 Dann werden zu mir herabkommen alle
diese deine Großen und mir zu Füßen fallen und sagen: Zieh aus, du und alles Volk,
das dir nachgeht. Und daraufhin werde ich
ausziehen.
¶Und Mose ging vom Pharao mit grimmigem Zorn.
9 Der HERR aber sprach zu Mose: Der
Pharao wird nicht auf euch hören, auf daß
meiner Wunder noch mehr werden in
Ägyptenland.
10 Und Mose und Aaron haben diese
Wunder alle getan vor dem Pharao; aber
der HERR [a] verstockte ihm das Herz, so
daß er die Israeliten nicht ziehen ließ aus
seinem Lande. *a* Kap 4,21

Einsetzung des Passafestes

(vgl. 4.Mose 9,1-14; 5.Mose 16,1-8)

12 Der HERR aber sprach zu Mose und
Aaron in Ägyptenland:
2 [a]Dieser Monat soll bei euch der erste
Monat sein, und von ihm an sollt ihr die
Monate des Jahres zählen. *a* Kap 13,4
3 Sagt der ganzen Gemeinde Israel: Am
zehnten Tage dieses Monats nehme jeder
Hausvater ein Lamm, je ein Lamm für ein
Haus.
4 Wenn aber in einem Hause für ein
Lamm zu wenige sind, so nehme er's mit
seinem Nachbarn, der seinem Hause am
nächsten wohnt, bis es so viele sind, daß
sie das Lamm aufessen können.
5 Ihr sollt aber ein solches Lamm neh-
men, [a] an dem kein Fehler ist, ein männli-
ches Tier, ein Jahr alt. Von den Schafen
und Ziegen sollt ihr's nehmen
a 3.Mose 22,20
6 und sollt es verwahren bis zum vier-
zehnten Tag des Monats. Da soll es die
ganze Gemeinde Israel schlachten gegen
Abend.
7 Und sie sollen von seinem Blut nehmen
und beide Pfosten an der Tür und die
obere Schwelle damit bestreichen an den
Häusern, in denen sie's essen,[a]
a Vers 13.22
8 und sollen das Fleisch essen in dersel-
ben Nacht, am Feuer gebraten, und unge-
säuertes Brot dazu, und sollen es mit bit-
teren Kräutern essen.
9 Ihr sollt es weder roh essen noch mit
Wasser gekocht, sondern am Feuer gebra-
ten mit Kopf, Schenkeln und inneren
Teilen.[a] *a* 5.Mose 16,7
10 Und ihr sollt nichts davon übriglassen
bis zum Morgen; wenn aber etwas übrig-
bleibt bis zum Morgen, sollt ihr's mit
Feuer verbrennen.
11 So sollt ihr's aber essen: Um eure Len-
den sollt ihr gegürtet sein und eure Schuhe
an euren Füßen haben und den Stab in
der Hand und sollt es essen [a]als die, die
hinwegeilen; es ist des HERRN Passa.
a 5.Mose 16,3; Jes 52,12
12 Denn ich will in derselben Nacht durch
Ägyptenland gehen und alle Erstgeburt
schlagen in Ägyptenland unter Mensch
und Vieh und will [a]Strafgericht halten
über alle Götter der Ägypter, ich, der
HERR. *a* 4.Mose 33,4
13 Dann aber soll [a]das Blut euer Zeichen
sein an den Häusern, in denen ihr seid:
Wo ich das Blut sehe, will ich an euch
vorübergehen, und [b]die Plage soll euch
nicht widerfahren, die das Verderben
bringt, wenn ich Ägyptenland schlage.
a Hebr 11,28 *b* Kap 30,12
14 Ihr sollt diesen Tag als Gedenktag
haben und sollt ihn feiern als ein Fest für
den HERRN, ihr und alle eure Nachkom-
men, als ewige Ordnung.
15 [a]Sieben Tage sollt ihr ungesäuertes Brot
essen. Schon am ersten Tag sollt ihr den
Sauerteig aus euren Häusern tun. Wer
gesäuertes Brot ißt, vom ersten Tag an bis
zum siebenten, der soll ausgerottet wer-
den aus Israel. *a (15-20)* Kap 13,7; 23,15
16 Am ersten Tag soll heilige Versamm-
lung sein, und am siebenten soll auch hei-
lige Versammlung sein. Keine Arbeit sollt
ihr dann tun; nur was jeder zur Speise
braucht, das allein dürft ihr euch zuberei-
ten.
17 Haltet das Gebot der ungesäuerten
Brote. Denn eben an diesem Tage habe
ich eure Scharen aus Ägyptenland geführt;
darum sollt ihr diesen Tag halten, ihr und
alle eure Nachkommen, als ewige Ord-
nung.
18 Am vierzehnten Tage des ersten
Monats am Abend sollt ihr ungesäuertes
Brot essen bis zum Abend des einund-
zwanzigsten Tages des Monats,
19 so daß man sieben Tage lang keinen
Sauerteig finde in euren Häusern. Denn
wer gesäuertes Brot ißt, der soll ausgerot-
tet werden aus der Gemeinde Israel, auch
ein Fremdling oder ein Einheimischer des
Landes.
20 Keinerlei gesäuertes Brot sollt ihr
essen, sondern nur ungesäuertes Brot, wo
immer ihr wohnt.
21 ¶ Und Mose berief alle Ältesten Israels
und sprach zu ihnen: Lest Schafe aus und
nehmt sie für euch nach euren Geschlech-
tern und schlachtet das Passa.
22 Und nehmt ein Büschel Ysop und
taucht es in [a]das Blut in dem Becken und
bestreicht damit die Oberschwelle und die
beiden Pfosten. Und kein Mensch gehe zu
seiner Haustür heraus bis zum Morgen.
a Vers 13
23 Denn der HERR wird umhergehen und
die Ägypter schlagen. Wenn er aber das
Blut sehen wird an der Oberschwelle und

an den beiden Pfosten, wird er an der Tür
vorübergehen und den Verderber nicht in
eure Häuser kommen lassen, um euch zu
schlagen.
24 Darum so halte diese Ordnung für dich
und deine Nachkommen ewiglich.
25 ¶ Und wenn ihr in das Land kommt,
das euch der HERR geben wird, wie er
gesagt hat, so haltet diesen Brauch.
26 Und wenn eure Kinder zu euch sagen
werden: Was habt ihr da für einen
Brauch?,
27 sollt ihr sagen: Es ist das Passaopfer des
HERRN, der an den Israeliten vorüberging
in Ägypten, als er die Ägypter schlug und
unsere Häuser errettete. Da neigte sich das
Volk und betete an.
28 Und die Israeliten gingen hin und taten,
wie der HERR es Mose und Aaron geboten
hatte.

Das Sterben der Erstgeburt Ägyptens. Der Auszug Israels

29 Und zur Mitternacht schlug der HERR
[a]alle Erstgeburt in Ägyptenland vom
ersten Sohn des Pharao an, der auf seinem
Thron saß, bis zum ersten Sohn des
Gefangenen im Gefängnis und alle Erst-
geburt des Viehs. *a* Kap 4,23
30 Da stand der Pharao auf in derselben
Nacht und alle seine Großen und alle
Ägypter, und es ward [a]ein großes Geschrei
in Ägypten; denn es war kein Haus, in
dem nicht ein Toter war. *a* Kap 11,6.7
31 Und er ließ Mose und Aaron rufen in
der Nacht und sprach: Macht euch auf und
zieht weg aus meinem Volk, ihr und die
Israeliten. Geht hin und dient dem
HERRN, wie ihr gesagt habt.
32 Nehmt auch mit euch eure [a]Schafe und
Rinder, wie ihr gesagt habt. Geht hin und
[b]bittet auch um Segen für mich.
a Kap 10,26 *b* Esr 6,10
33 Und die Ägypter [a]drängten das Volk
und trieben es eilends aus dem Lande;
denn sie sprachen: Wir sind alle des Todes.
a Kap 6,1
34 Und das Volk trug den rohen Teig, ehe
er durchsäuert war, ihre Backschüsseln in
ihre Mäntel gewickelt, auf ihren Schultern.
35 Und die Israeliten hatten getan, wie
Mose gesagt hatte, und hatten sich von
den Ägyptern [a]silbernes und goldenes
Geschmeide und Kleider geben lassen.
a Kap 11,2
36 Dazu hatte der HERR dem Volk [a]Gunst
verschafft bei den Ägyptern, daß sie ihnen
willfährig waren, und so nahmen sie es
von den Ägyptern zur Beute. *a* Kap 3,21
37 Also zogen die Israeliten aus von
Ramses nach Sukkot, sechshunderttau-
send Mann zu Fuß ohne die Frauen und
Kinder.
38 Und es zog auch mit ihnen viel fremdes
Volk, dazu Schafe und Rinder, sehr viel
Vieh.
39 Und sie backten aus dem rohen Teig,
den sie aus Ägypten mitbrachten, unge-
säuerte Brote; denn er war nicht gesäuert,
weil sie aus Ägypten weggetrieben wur-
den und sich nicht länger aufhalten konn-
ten und keine Wegzehrung zubereitet hat-
ten.
40 Die Zeit aber, die die Israeliten in Ägyp-
ten gewohnt haben, ist [a]vierhundertund-
dreißig Jahre. *a* 1.Mose 15,13
41 Als diese um waren, an eben diesem
Tage zog das ganze Heer des HERRN aus
Ägyptenland.
42 Eine Nacht des Wachens war dies für
den HERRN, um sie aus Ägyptenland zu
führen; [a] darum sollen die Israeliten diese
Nacht dem HERRN zu Ehren wachen, sie
und ihre Nachkommen. *a* Jes 30,29
43 ¶ Und der HERR sprach zu Mose und
Aaron: Dies ist die Ordnung für das Passa:
Kein Ausländer soll davon essen.
44 Ist er ein [a]gekaufter Sklave, so be-
schneide man ihn; dann darf er davon
essen. *a* 1.Mose 17,12.13
45 Ist er aber ein Beisasse oder Tagelöh-
ner, so darf er nicht davon essen.
46 In **einem** Hause soll man es verzehren;
ihr sollt nichts von seinem Fleisch hinaus
vor das Haus tragen und sollt [a]keinen
Knochen an ihm zerbrechen. *a* Joh 19,36
47 Die ganze Gemeinde Israel soll das tun.
48 Wenn ein Fremdling bei dir wohnt und
dem HERRN das Passa halten will, der
beschneide alles, was männlich ist; alsdann
trete er herzu, daß er es halte, und er sei
wie ein Einheimischer des Landes. Aber
ein Unbeschnittener darf nicht davon
essen.
49 Ein und dasselbe Gesetz gelte für den
Einheimischen und den Fremdling, der
unter euch wohnt.[a] *a* 3.Mose 19,34; 24,22
50 Und alle Israeliten taten, wie der HERR
es Mose und Aaron geboten hatte.
51 An eben diesem Tage führte der HERR

die Israeliten aus Ägyptenland, Schar um
Schar.

Heiligung der Erstgeburt Israels. Fest der Ungesäuerten Brote

13 Und der HERR redete mit Mose und
sprach:
2 Heilige mir alle [a]Erstgeburt bei den
Israeliten; alles, was zuerst den Mutter-
schoß durchbricht bei Mensch und Vieh,
das ist mein. *a* Vers 12.13; Kap 22,28;
4.Mose 8,17.18; 18,15; Hes 20,25.26; Lk 2,23
3 ¶ Da sprach Mose zum Volk: Gedenkt
an diesen Tag, an dem ihr aus Ägypten,
aus der Knechtschaft, gezogen seid, denn
der HERR hat euch mit mächtiger Hand
von dort herausgeführt; [a]darum sollst du
nicht gesäuertes Brot essen. *a* Kap 12,33.34
4 Heute zieht ihr aus, im Monat Abib.[a]
a Kap 12,2
5 Wenn dich nun der HERR bringen wird
in das Land der Kanaaniter, Hetiter, Amo-
riter, Hiwiter und Jebusiter, das er dir
geben wird, [a]wie er deinen Vätern ge-
schworen hat, ein Land, darin Milch und
Honig fließt, so sollst du diesen Brauch
halten in diesem Monat. *a* 1.Mose 15,18
6 Sieben Tage sollst du ungesäuertes Brot
essen, und am siebenten Tage ist des
HERRN Fest.[a] *a* Kap 12,15.16
7 Du sollst sieben Tage ungesäuertes Brot
essen, daß bei dir [a]weder Sauerteig noch
gesäuertes Brot gesehen werde an allen
deinen Orten. *a* 1.Kor 5,8
8 Ihr sollt euren Söhnen sagen an demsel-
ben Tage: Das halten wir um dessentwil-
len, was uns der HERR getan hat, als wir
aus Ägypten zogen.
9 Darum soll es dir wie ein [a]Zeichen sein
auf deiner Hand und wie ein Merkzeichen
zwischen deinen Augen, damit des HERRN
Gesetz in deinem Munde sei; denn der
HERR hat dich mit mächtiger Hand aus
Ägypten geführt. *a* 5.Mose 6,8; 11,18
10 Darum halte diese Ordnung Jahr für
Jahr zu ihrer Zeit.
11 ¶ Wenn dich nun der HERR ins Land
der Kanaaniter gebracht hat, wie er dir und
deinen Vätern geschworen hat, und es dir
gegeben hat,
12 so sollst du dem HERRN alles ausson-
dern, was zuerst den Mutterschoß durch-
bricht. Alle männliche Erstgeburt unter
dem Vieh gehört dem HERRN.
13 Die Erstgeburt vom Esel sollst du aus-
lösen mit einem Schaf; wenn du sie aber
nicht auslöst, so brich ihr das Genick.
Beim Menschen aber sollst du alle Erstge-
burt unter deinen Söhnen auslösen.
14 [a]Und wenn dich heute oder morgen
dein Sohn fragen wird: Was bedeutet das?,
sollst du ihm sagen: Der HERR hat uns mit
mächtiger Hand aus Ägypten, aus der
Knechtschaft, geführt.
a (14 und 15) Kap 12,26.29
15 Denn als der Pharao hartnäckig war und
uns nicht ziehen ließ, erschlug der HERR
alle Erstgeburt in Ägyptenland, von der
Erstgeburt des Menschen bis zur Erstge-
burt des Viehs. Darum opfere ich dem
HERRN alles Männliche, das zuerst den
Mutterschoß durchbricht, aber die Erst-
geburt meiner Söhne löse ich aus.
16 Und das soll dir wie ein Zeichen auf
deiner Hand sein und wie ein Merkzei-
chen zwischen deinen Augen; denn der
HERR hat uns mit mächtiger Hand aus
Ägypten geführt.

Die Wolken- und Feuersäule

17 Als nun der Pharao das Volk hatte zie-
hen lassen, führte sie Gott nicht den Weg
durch das Land der Philister, der am näch-
sten war; denn Gott dachte, es könnte das
Volk gereuen, wenn sie Kämpfe vor sich
sähen, und sie könnten wieder nach Ägyp-
ten umkehren.
18 Darum ließ er das Volk einen Umweg
machen und führte es durch die Wüste
zum Schilfmeer. Und Israel zog wohlge-
ordnet aus Ägyptenland.
19 Und Mose nahm mit sich die [a]Gebeine
Josefs; denn dieser hatte den Söhnen
Israels einen Eid abgenommen und
gesprochen: Gott wird sich gewiß euer
annehmen; dann führt meine Gebeine von
hier mit euch fort. *a* 1.Mose 50,25; Jos 24,32
20 So zogen sie aus von Sukkot und lager-
ten sich in Etam am Rande der Wüste.
21 Und der HERR zog vor ihnen her, am
Tage in einer [a] Wolkensäule, um sie den
rechten Weg zu führen, und bei Nacht in
einer Feuersäule, um ihnen zu leuchten,
damit sie Tag und Nacht wandern konnten.
a Kap 40,36-38; 4.Mose 9,15-23; Ps 78,14; 1.Kor 10,1
22 Niemals wich die Wolkensäule von dem
Volk bei Tage noch die Feuersäule bei
Nacht.

Israels Durchzug durchs Schilfmeer

14 Und der HERR redete mit Mose und sprach:

2 Rede zu den Israeliten und sprich, daß sie umkehren und sich lagern bei Pi-Hahirot zwischen Migdol und dem Meer, vor Baal-Zefon; diesem gegenüber sollt ihr euch lagern.

3 Der Pharao aber wird sagen von den Israeliten: Sie haben sich verirrt im Lande; die Wüste hat sie eingeschlossen.

4 Und ich will [a]sein Herz verstocken, daß er ihnen nachjage, und will meine Herrlichkeit erweisen an dem Pharao und aller seiner Macht, und die Ägypter sollen innewerden, [b]daß ich der HERR bin. – Und sie taten so. *a* Kap 4,21 *b* Hes 28,22

5 Als es dem König von Ägypten angesagt wurde, daß das Volk geflohen war, wurde sein Herz verwandelt und das Herz seiner Großen gegen das Volk, und sie sprachen: Warum haben wir das getan und haben Israel ziehen lassen, so daß sie uns nicht mehr dienen?

6 Und er spannte seinen Wagen an und nahm sein Volk mit sich

7 und nahm sechshundert auserlesene Wagen und was sonst an Wagen in Ägypten war mit Kämpfern auf jedem Wagen.

8 Und der HERR verstockte das Herz des Pharao, des Königs von Ägypten, daß er den Israeliten nachjagte. [a]Aber die Israeliten waren unter der Macht einer starken Hand ausgezogen. *a* Kap 3,19.20

9 Und die Ägypter jagten ihnen nach mit Rossen, Wagen und ihren Männern und mit dem ganzen Heer des Pharao und holten sie ein, als sie sich gelagert hatten am Meer bei Pi-Hahirot vor Baal-Zefon.

10 ¶ Und als der Pharao nahe herankam, hoben die Israeliten ihre Augen auf, und siehe, die Ägypter zogen hinter ihnen her. Und sie fürchteten sich sehr und schrien zu dem HERRN

11 und sprachen zu Mose: Waren nicht Gräber in Ägypten, daß du uns wegführen mußtest, damit wir in der Wüste sterben? Warum hast du uns das angetan, daß du uns aus Ägypten geführt hast?

12 Haben wir's dir nicht schon in Ägypten gesagt: Laß uns in Ruhe, wir wollen den Ägyptern dienen? Es wäre besser für uns, den Ägyptern zu dienen, als in der Wüste zu sterben.

13 Da sprach Mose zum Volk: Fürchtet euch nicht, steht fest und seht zu, was für ein Heil der HERR heute an euch tun wird. Denn wie ihr die Ägypter heute seht, werdet ihr sie niemals wiedersehen.

14 [a]**Der HERR wird für euch streiten, und ihr werdet stille sein.**

a 5.Mose 1,30; 2.Chr 20,15.29; Jes 51,9

15 ¶ Und der HERR sprach zu Mose: Was schreist du zu mir? Sage den Israeliten, daß sie weiterziehen.

16 Du aber hebe deinen Stab auf und recke deine Hand über das Meer und teile es mitten durch, so daß die Israeliten auf dem Trockenen mitten durch das Meer gehen.

17 Siehe, ich will das Herz der Ägypter verstocken, daß sie hinter euch herziehen, und will meine Herrlichkeit erweisen an dem Pharao und aller seiner Macht, an seinen Wagen und Männern.

18 Und die Ägypter sollen innewerden, daß ich der HERR bin, wenn ich meine Herrlichkeit erweise an dem Pharao und an seinen Wagen und Männern.

19 ¶ Da erhob sich der [a]Engel Gottes, der vor dem Heer Israels herzog, und stellte sich hinter sie. [b]Und die Wolkensäule vor ihnen erhob sich und trat hinter sie

a 1.Mose 16,7 *b* Kap 13,21

20 und kam zwischen das Heer der Ägypter und das Heer Israels. Und dort war die Wolke finster, und [a]hier erleuchtete sie die Nacht, und so kamen die Heere die ganze Nacht einander nicht näher.

a Ps 105,39

21 Als nun Mose seine Hand über das Meer reckte, ließ es der HERR zurückweichen durch einen starken Ostwind die ganze Nacht und machte das Meer trokken, und die Wasser teilten sich.

22 Und die Israeliten gingen hinein mitten ins Meer auf dem Trockenen, und das Wasser war ihnen eine Mauer zur Rechten und zur Linken.[a] *a* Jos 4,23; 2.Kön 2,8; Jes 11,15.16; 1.Kor 10,1; Hebr 11,29

23 Und die Ägypter folgten und zogen hinein ihnen nach, alle Rosse des Pharao, seine Wagen und Männer, mitten ins Meer.

24 Als nun die Zeit der Morgenwache kam, schaute der HERR auf das Heer der Ägypter aus der Feuersäule und der Wolke und brachte einen Schrecken über ihr Heer

25 und hemmte die Räder ihrer Wagen und machte, daß sie nur schwer vorwärts-

kamen. Da sprachen die Ägypter: Laßt uns
fliehen vor Israel; der HERR streitet für sie
wider Ägypten.
26 Aber der HERR sprach zu Mose: Recke
deine Hand aus über das Meer, daß das
Wasser wiederkomme und herfalle über
die Ägypter, über ihre Wagen und Män-
ner.
27 Da reckte Mose seine Hand aus über
das Meer, und das Meer kam gegen Mor-
gen wieder in sein Bett, und die Ägypter
flohen ihm entgegen. So stürzte der HERR
sie mitten ins Meer.
28 Und das Wasser kam wieder und
bedeckte Wagen und Männer, das ganze
Heer des Pharao, das ihnen nachgefolgt
war ins Meer, so daß nicht einer von ihnen
übrigblieb.
29 Aber die Israeliten gingen trocken mit-
ten durchs Meer, und das Wasser war
ihnen eine Mauer zur Rechten und zur
Linken.
30 So errettete der HERR an jenem Tage
Israel aus der Ägypter Hand. Und sie
sahen die Ägypter tot am Ufer des Meeres
liegen.
31 So sah Israel die mächtige Hand, mit
der der HERR an den Ägyptern gehandelt
hatte. Und das Volk fürchtete den HERRN,
und sie glaubten ihm und [a]seinem Knecht
Mose. *a* Kap 19,9; 2.Chr 20,20

Moses Lobgesang

15 Damals sangen Mose und die Israe-
liten [a]dies Lied dem HERRN und
sprachen:
¶Ich will dem HERRN singen, denn er hat
eine herrliche Tat getan; / Roß und Mann
hat er ins Meer gestürzt. *a* Offb 15,3
2 Der [a]HERR ist meine Stärke und mein
Lobgesang / und ist mein Heil. / Das ist
mein Gott, ich will ihn preisen, / er ist
meines Vaters Gott, ich will ihn erheben.
a Ps 118,14; Jes 12,2
3 ¶Der HERR ist der rechte [a]Kriegs-
mann, / [b]HERR ist sein Name.
a Kap 14,14; Ps 46,10 *b* Kap 3,15
4 Des Pharao Wagen und seine Macht
warf er ins Meer, / seine auserwählten
Streiter versanken im Schilfmeer.
5 Die Tiefe hat sie bedeckt, / sie sanken
auf den Grund wie die Steine.
6 HERR, deine rechte Hand tut große
Wunder; / HERR, deine rechte Hand hat die
Feinde zerschlagen.
7 Und mit deiner großen Herrlichkeit hast
du deine Widersacher gestürzt; / denn als
du deinen Grimm ausließest, verzehrte er
sie wie Stoppeln.
8 Durch dein Schnauben türmten die
Wasser sich auf, / die Fluten standen wie
ein Wall; / die Tiefen erstarrten mitten im
Meer.[a] *a* Jes 51,10
9 Der Feind gedachte: Ich will nachjagen
und ergreifen / und den Raub austeilen und
meinen Mut an ihnen kühlen. / Ich will
mein Schwert ausziehen, / und meine
Hand soll sie verderben.
10 Da ließest du deinen Wind blasen, und
das Meer bedeckte sie, / und sie sanken
unter wie Blei im mächtigen Wasser.
11 ¶HERR, [a]wer ist dir gleich unter den
Göttern? / Wer ist dir gleich, der so mäch-
tig, heilig, schrecklich, löblich und wun-
dertätig ist? *a* Kap 8,6; 18,11; Ps 86,8
12 Als du deine rechte Hand ausrecktest, /
verschlang sie die Erde.
13 Du hast geleitet durch deine Barmher-
zigkeit / dein Volk, das du erlöst hast, / und
hast sie geführt durch deine Stärke / zu
deiner heiligen Wohnung.
14 Als das die Völker hörten, [a]erbebten
sie; / Angst kam die Philister an.
a Jos 2,9-11
15 Da erschraken die Fürsten Edoms, / Zit-
tern kam die Gewaltigen Moabs an, alle
Bewohner Kanaans wurden feig.
16 Es fiel auf sie Erschrecken und Furcht; /
vor deinem mächtigen Arm erstarrten sie
wie die Steine, / bis dein Volk, HERR,
hindurchzog, / bis das Volk hindurchzog,
das du erworben hast.
17 Du brachtest sie hinein und pflanztest
sie ein / auf dem [a]Berge deines Erbteils, /
den du, HERR, dir zur Wohnung gemacht
hast, / zu deinem Heiligtum, Herr, das
deine Hand bereitet hat. *a* Ps 78,54
18 Der HERR wird König sein / immer und
ewig.[a] *a* Ps 93,1
19 ¶Denn der Pharao zog hinein ins Meer
mit Rossen und Wagen und Männern. Und
der HERR ließ das Meer wieder über sie
kommen. Aber die Israeliten gingen trok-
ken mitten durchs Meer.[a] *a* Kap 14,22-29
20 ¶Da nahm Mirjam, die Prophetin,
Aarons Schwester, eine [a]Pauke in ihre
Hand, und alle Frauen folgten ihr nach
mit Pauken im Reigen. *a* Ps 68,26
21 Und Mirjam sang ihnen vor: Laßt uns
dem HERRN singen, denn er hat eine herr-

liche Tat getan; Roß und Mann hat er ins
Meer gestürzt.

Israel in Mara und Elim

22 Mose ließ Israel ziehen vom Schilfmeer
hinaus zu der Wüste [a]Schur. Und sie wan-
derten drei Tage in der Wüste und fanden
kein Wasser. *a* 1.Mose 20,1
23 Da kamen sie nach Mara; aber sie konn-
ten das Wasser von Mara nicht trinken,
denn es war sehr bitter. Daher nannte
man den Ort Mara.
24 Da [a]murrte das Volk wider Mose und
sprach: Was sollen wir trinken? *a* Kap 16,2
25 Er schrie zu dem HERRN, und der HERR
zeigte ihm ein Holz; das warf er ins Was-
ser, da wurde es süß.
¶ Dort gab er ihnen Gesetz und Recht
und [a]versuchte sie *a* 1.Mose 22,1
26 und sprach: Wirst du der Stimme des
HERRN, deines Gottes, gehorchen und tun,
was recht ist vor ihm, und merken auf
seine Gebote und halten alle seine
Gesetze, so will ich dir keine der [a]Krank-
heiten auferlegen, die ich den Ägyptern
auferlegt habe; denn **ich bin der HERR, dein**
[b]**Arzt.** *a* 5.Mose 7,15
b 1.Mose 20,17; 5.Mose 32,39; Ps 30,3; Jes 57,18
27 ¶ Und sie kamen nach Elim; da waren
zwölf Wasserquellen und siebzig Palm-
bäume. Und sie lagerten sich dort am
Wasser.

Speisung mit Wachteln und Manna

16 Von Elim zogen sie aus, und die
ganze Gemeinde der Israeliten kam
in die Wüste Sin, die zwischen Elim und
Sinai liegt, am fünfzehnten Tage des zwei-
ten Monats, nachdem sie von Ägypten
ausgezogen waren.
2 ¶ Und es murrte die ganze Gemeinde
der Israeliten wider Mose und Aaron in
der Wüste.[a] *a* Kap 17,2.3
3 Und sie sprachen: [a]Wollte Gott, wir
wären in Ägypten gestorben durch des
HERRN Hand, als wir bei den Fleischtöp-
fen saßen und hatten Brot die Fülle zu
essen. Denn ihr habt uns dazu herausge-
führt in diese Wüste, daß ihr diese ganze
Gemeinde an Hunger sterben laßt.
a Kap 14,11
4 Da sprach der HERR zu Mose: Siehe,
ich will euch [a]Brot vom Himmel regnen
lassen, und das Volk soll hinausgehen und
täglich sammeln, was es für den Tag
bedarf, daß ich's [b]prüfe, ob es in meinem
Gesetz wandle oder nicht.
a Vers 15 *b* 1.Mose 22,1
5 Am sechsten Tage aber wird's gesche-
hen, wenn sie zubereiten, was sie einbrin-
gen, daß es doppelt soviel sein wird, wie
sie sonst täglich sammeln.
6 Mose und Aaron sprachen zu ganz
Israel: Am Abend sollt ihr innewerden,
daß euch der HERR aus Ägyptenland ge-
führt hat,
7 und am Morgen werdet ihr des HERRN
Herrlichkeit sehen, denn er hat euer Mur-
ren wider den HERRN gehört. Was sind
wir, daß ihr wider uns murrt?
8 Weiter sprach Mose: Der HERR wird
euch am Abend Fleisch zu essen geben
und am Morgen Brot die Fülle, weil der
HERR euer Murren gehört hat, womit ihr
wider ihn gemurrt habt. Denn was sind
wir? Euer Murren ist nicht wider uns, son-
dern wider den HERRN.
9 ¶ Und Mose sprach zu Aaron: Sage der
ganzen Gemeinde der Israeliten: Kommt
herbei vor den HERRN, denn er hat euer
Murren gehört.
10 Und als Aaron noch redete zu der gan-
zen Gemeinde der Israeliten, wandten sie
sich zur Wüste hin, und siehe, die [a]Herr-
lichkeit des HERRN erschien in der Wolke.
a 4.Mose 12,5; 14,10; 16,19
11 Und der HERR sprach zu Mose:
12 Ich habe das Murren der Israeliten
gehört. Sage ihnen: Gegen Abend sollt ihr
Fleisch zu essen haben und am Morgen
von Brot satt werden und sollt innewer-
den, daß ich, der HERR, euer Gott bin.
13 ¶ Und am Abend kamen [a]Wachteln
herauf und bedeckten das Lager. Und am
Morgen lag Tau rings um das Lager.
a 4.Mose 11,31
14 Und als der Tau weg war, siehe, da lag's
in der Wüste rund und klein wie Reif auf
der Erde.
15 Und als es die Israeliten sahen, spra-
chen sie untereinander: Man hu*? Denn
sie wußten nicht, was es war. Mose aber
sprach zu ihnen: Es ist [a]das Brot, das euch
der HERR zu essen gegeben hat.
a Vers 4; 5.Mose 8,3; Joh 6,31; 1.Kor 10,3

* d.h. Was ist das?

16 Das ist's aber, was der HERR geboten
hat: Ein jeder sammle, soviel er zum
Essen braucht, einen Krug voll für jeden
nach der Zahl der Leute in seinem Zelte.

17 Und die Israeliten taten's und sammel-
ten, einer viel, der andere wenig.
18 Aber als man's nachmaß, [a]hatte der
nicht darüber, der viel gesammelt hatte,
und der nicht darunter, der wenig gesam-
melt hatte. Jeder hatte gesammelt, soviel
er zum Essen brauchte. *a* 2.Kor 8,15
19 Und Mose sprach zu ihnen: Niemand
lasse etwas davon übrig bis zum nächsten
Morgen.[a] *a* Vers 4; Mt 6,34; Lk 11,3
20 Aber sie gehorchten Mose nicht. Und
etliche ließen davon übrig bis zum näch-
sten Morgen; da wurde es voller Würmer
und stinkend. Und Mose wurde zornig auf
sie.
21 Sie sammelten aber alle Morgen, soviel
ein jeder zum Essen brauchte. Wenn aber
die Sonne heiß schien, zerschmolz es.
22 ¶ Und am sechsten Tage sammelten sie
doppelt soviel Brot, je zwei Krüge voll für
einen. Und alle Vorsteher der Gemeinde
kamen hin und verkündeten's Mose.
23 Und er sprach zu ihnen: Das ist's, was
der HERR gesagt hat: Morgen ist Ruhetag,
heiliger [a]Sabbat für den HERRN. Was ihr
backen wollt, das backt, und was ihr
kochen wollt, das kocht; was aber übrig
ist, das legt beiseite, daß es aufgehoben
werde bis zum nächsten Morgen.
a 1.Mose 2,2.3
24 Und sie legten's beiseite bis zum näch-
sten Morgen, wie Mose geboten hatte. Da
wurde es nicht stinkend, und war auch kein
Wurm darin.
25 Da sprach Mose: Eßt dies heute, denn
heute ist der Sabbat des HERRN; ihr wer-
det heute nichts finden auf dem Felde.
26 Sechs Tage sollt ihr sammeln; aber der
siebente Tag ist der Sabbat, an dem wird
nichts da sein.
27 ¶ Aber am siebenten Tage gingen etli-
che vom Volk hinaus, um zu sammeln,
und fanden nichts.
28 Da sprach der HERR zu Mose: Wie
lange weigert ihr euch, meine Gebote und
Weisungen zu halten?
29 Sehet, der HERR hat euch den Sabbat
gegeben; darum gibt er euch am sechsten
Tage für zwei Tage Brot. So bleibe nun ein
jeder, wo er ist, und niemand verlasse sei-
nen Wohnplatz am siebenten Tage.
30 Also ruhte das Volk am siebenten
Tage. –
31 Und das Haus Israel nannte es Manna.
Und es war wie weißer Koriandersamen
und hatte einen Geschmack wie Semmel
mit Honig.
32 Und Mose sprach: Das ist's, was der
HERR geboten hat: Fülle einen Krug
davon, um es aufzubewahren für eure
Nachkommen, auf daß man sehe das Brot,
mit dem ich euch gespeist habe in der
Wüste, als ich euch aus Ägyptenland
führte.
33 Und Mose sprach zu Aaron: Nimm ein
[a]Gefäß und tu Manna hinein, den zehnten
Teil eines Scheffels, und stelle es hin vor
den HERRN, daß es aufbewahrt werde für
eure Nachkommen. *a* Hebr 9,4
34 Wie der HERR es Mose geboten hatte,
so stellte Aaron das Gefäß vor die Lade
mit dem Gesetz, damit es aufbewahrt
werde.
35 Und die Israeliten aßen Manna vierzig
Jahre lang, bis sie in bewohntes Land
kamen; bis an die Grenze des Landes
Kanaan aßen sie Manna.[a] *a* Jos 5,12
36 Ein Krug aber ist der zehnte Teil eines
Scheffels.

Israel in Massa und Meriba

17 Und die ganze Gemeinde der Israe-
liten zog aus der Wüste Sin weiter
ihre Tagereisen, wie ihnen der HERR
befahl, und sie lagerten sich in Refidim.
Da hatte das Volk kein Wasser zu trinken.[a]
a 4.Mose 33,12-14
2 Und sie haderten mit Mose und
sprachen: Gib uns Wasser, daß wir trin-
ken. Mose sprach zu ihnen: Was hadert
ihr mit mir? Warum [a]versucht ihr den
HERRN? *a* 5.Mose 6,16
3 Als aber dort das Volk nach Wasser dür-
stete, [a]murrten sie wider Mose und
sprachen: Warum hast du uns aus Ägyp-
ten ziehen lassen, daß du uns, unsere Kin-
der und unser Vieh vor Durst sterben läßt?
a Kap 15,24; 16,2; 4.Mose 14; 17,6-28
4 Mose schrie zum HERRN und sprach:
Was soll ich mit dem Volk tun? Es fehlt
nicht viel, so werden sie mich noch
[a]steinigen. *a* 4.Mose 14,10
5 Der HERR sprach zu ihm: Tritt hin vor
das Volk und nimm einige von den Älte-
sten Israels mit dir und nimm deinen Stab
in deine Hand, mit dem du [a]den Nil
schlugst, und geh hin. *a* Kap 7,20
6 Siehe, ich will dort vor dir stehen auf
dem Fels am Horeb. Da sollst du [a]an den
Fels schlagen, so wird Wasser herauslau-

fen, daß das [b]Volk trinke. Und Mose tat so vor den Augen der Ältesten von Israel.

a 4.Mose 20,11 *b* 1.Kor 10,4

7 Da nannte er den Ort [a]Massa und Meriba, weil die Israeliten dort gehadert und den HERRN versucht und gesagt hatten: [b]Ist der HERR unter uns oder nicht?

a Ps 95,8.9 *b* Mi 3,11

Sieg über die Amalekiter

8 Da kam [a]Amalek und kämpfte gegen Israel in Refidim.

a 1.Mose 36,12.16

9 Da sprach Mose zu [a]Josua: Erwähle uns Männer, zieh aus und kämpfe gegen Amalek. Morgen will ich oben auf dem Hügel stehen mit dem Stab Gottes in meiner Hand.

a 4.Mose 13,8.16

10 Und Josua tat, wie Mose ihm sagte, und kämpfte gegen Amalek. Mose aber und [a]Aaron und Hur gingen auf die Höhe des Hügels.

a Kap 24,14

11 Und wenn Mose seine Hand emporhielt, siegte Israel; wenn er aber seine Hand sinken ließ, siegte Amalek.

12 Aber Mose wurden die Hände schwer; darum nahmen die beiden einen Stein und legten ihn hin, daß er sich daraufsetzte. Aaron aber und Hur stützten ihm die Hände, auf jeder Seite einer. So blieben seine Hände erhoben, bis die Sonne unterging.

13 Und Josua überwältigte Amalek und sein Volk durch des Schwertes Schärfe.

14 ¶Und der HERR sprach zu Mose: Schreibe dies zum Gedächtnis in ein Buch und präge es Josua ein; denn ich will Amalek unter dem Himmel austilgen, daß man seiner nicht mehr gedenke.[a]

a 5.Mose 25,17-19; 1.Sam 15,2.3

15 Und Mose baute einen Altar und nannte ihn: Der HERR mein Feldzeichen.

16 Und er sprach: Die Hand an den [a]Thron des HERRN! Der HERR führt Krieg gegen Amalek von Kind zu Kindeskind.

a Jer 3,17

Jitros Besuch bei Mose

18 Und [a]Jitro, der Priester in Midian, Moses Schwiegervater, hörte alles, was Gott an Mose und seinem Volk Israel getan hatte, daß der HERR Israel aus Ägypten geführt hatte.

a Kap 3,1

2 Da nahm er mit sich [a]Zippora, die Frau des Mose, die er zurückgesandt hatte,

a Kap 4,20

3 samt ihren beiden Söhnen; von denen hieß einer [a]Gerschom, denn Mose sprach: Ich bin ein Gast geworden in fremdem Lande,

a Kap 2,22

4 und der andere [a]Eliëser, denn er sprach: Der Gott meines Vaters ist meine Hilfe gewesen und hat mich errettet vor dem Schwert des Pharao.

a 1.Chr 23,15.17

5 Als nun Jitro, Moses Schwiegervater, und seine Söhne und seine Frau zu ihm in die Wüste kamen, an den Berg Gottes, wo er sich gelagert hatte,

6 ließ er Mose sagen: Ich, Jitro, dein Schwiegervater, bin zu dir gekommen und deine Frau und ihre beiden Söhne mit ihr.

7 Da ging Mose hinaus ihm entgegen und neigte sich vor ihm und küßte ihn. Und als sie sich untereinander gegrüßt hatten, gingen sie in das Zelt.

8 Da erzählte Mose seinem Schwiegervater alles, was der HERR um Israels willen dem Pharao und den Ägyptern angetan hatte, und alle die Mühsal, die ihnen auf dem Wege begegnet war, und wie sie der HERR errettet hatte.

9 Jitro aber freute sich über all das Gute, das der HERR an Israel getan hatte, wie er sie errettet hatte aus der Ägypter Hand.

10 Und Jitro sprach: Gelobt sei der HERR, der euch errettet hat aus der Ägypter und des Pharao Hand.

11 Nun weiß ich, daß der HERR größer ist als alle Götter; denn er hat das Volk aus der Ägypter Hand errettet, [a]weil sie vermessen an Israel gehandelt haben.

a Neh 9,10; Jer 50,29

12 Und Jitro, Moses Schwiegervater, brachte Gott ein Brandopfer und Schlachtopfer dar. Da kamen Aaron und alle Ältesten von Israel, um mit Moses Schwiegervater das Mahl zu halten vor Gott.[a]

a 1.Mose 31,54

Einsetzung von Helfern für Mose

13 Am andern Morgen setzte sich Mose, um dem Volk Recht zu sprechen. Und das Volk stand um Mose her vom Morgen bis zum Abend.

14 Als aber sein Schwiegervater alles sah, was er mit dem Volk tat, sprach er: Was tust du denn mit dem Volk? Warum mußt du ganz allein da sitzen, und alles Volk steht um dich her vom Morgen bis zum Abend?

15 Mose antwortete ihm: Das Volk kommt
zu mir, um Gott zu befragen.
16 Denn wenn sie einen Streitfall haben,
kommen sie zu mir, damit ich richte zwi-
schen dem einen und dem andern und tue
ihnen kund die Satzungen Gottes und
seine Weisungen.
17 Sein Schwiegervater sprach zu ihm: Es
ist nicht gut, wie du das tust.
18 Du machst dich zu müde, dazu auch
das Volk, das mit dir ist. Das Geschäft ist
dir zu schwer; du kannst es allein nicht
ausrichten.[a] *a* 4.Mose 11,14; 5.Mose 1,9
19 Aber gehorche meiner Stimme; ich will
dir raten, und Gott wird mit dir sein. Ver-
tritt du das Volk vor Gott und bringe ihre
Anliegen vor Gott
20 und tu ihnen die Satzungen und Wei-
sungen kund, daß du sie lehrst den Weg,
auf dem sie wandeln, und die Werke, die
sie tun sollen.
21 Sieh dich aber unter dem ganzen Volk
um nach redlichen Leuten, die Gott fürch-
ten, wahrhaftig sind und dem ungerechten
Gewinn feind. Die setze über sie als Ober-
ste über tausend, über hundert, über fünf-
zig und über zehn,
22 daß sie das Volk allezeit richten. Nur
wenn es eine größere Sache ist, sollen sie
diese vor dich bringen, alle geringeren
Sachen aber sollen sie selber richten. So
mach dir's leichter und laß sie mit dir tra-
gen.
23 Wirst du das tun, so kannst du ausrich-
ten, was dir Gott gebietet, und dies ganze
Volk kann mit Frieden an seinen Ort kom-
men.
24 Mose gehorchte dem Wort seines
Schwiegervaters und tat alles, was er sagte,
25 und erwählte redliche Leute aus ganz
Israel und machte sie zu Häuptern über
das Volk, zu Obersten über tausend, über
hundert, über fünfzig und über zehn,
26 daß sie das Volk allezeit richteten, die
schwereren Sachen vor Mose brächten
und die kleineren Sachen selber richteten.
27 Und Mose ließ seinen Schwiegervater
wieder in sein Land ziehen.

Ankunft am Sinai. Zurüstung des Volkes. Erscheinung des HERRN

19 Am ersten Tag des dritten Monats
nach dem Auszug der Israeliten aus
Ägyptenland, genau auf den Tag, kamen
sie in die Wüste Sinai.
2 Denn sie waren ausgezogen von Refi-
dim und kamen in die Wüste Sinai und
lagerten sich dort in der Wüste gegenüber
dem Berge.
3 ¶ Und Mose stieg hinauf zu Gott. Und
der HERR rief ihm vom Berge zu und
sprach: So sollst du sagen zu dem Hause
Jakob und den Israeliten verkündigen:
4 Ihr habt gesehen, was ich mit den Ägyp-
tern getan habe und wie ich euch [a]getra-
gen habe auf Adlerflügeln und euch zu
mir gebracht. *a* 5.Mose 32,11
5 **Werdet ihr nun meiner Stimme gehor-
chen und [a]meinen Bund halten, so sollt ihr
[b]mein Eigentum sein vor allen Völkern;
denn die ganze Erde ist mein.**
a 5.Mose 5,2 *b* 5.Mose 7,6
6 **Und ihr sollt mir ein Königreich von
[a]Priestern und ein [b]heiliges Volk sein.** Das
sind die Worte, die du den Israeliten sagen
sollst. *a* Jes 61,6; 1.Petr 2,9; Offb 1,6
b 3.Mose 19,2
7 ¶ Mose kam und berief die Ältesten des
Volks und legte ihnen alle diese Worte vor,
die ihm der HERR geboten hatte.
8 Und alles Volk antwortete [a]einmütig
und sprach: Alles, was der HERR geredet
hat, wollen wir tun. Und Mose sagte die
Worte des Volks dem HERRN wieder.
a Kap 24,3-8
9 Und der HERR sprach zu Mose: Siehe,
ich will zu dir kommen in [a]einer dichten
Wolke, auf daß dies Volk es höre, wenn
ich mit dir rede, und [b]dir für immer
glaube. Und Mose verkündete dem
HERRN die Worte des Volks.
a Kap 16,10; 34,5; Ps 18,12 *b* Kap 14,31
10 ¶ Und der HERR sprach zu Mose: Geh
hin zum Volk und [a] heilige sie heute und
morgen, daß sie ihre Kleider waschen
a 3.Mose 11,44; Jos 3,5; Hiob 1,5
11 und bereit seien für den dritten Tag;
denn am dritten Tage wird der HERR vor
allem Volk herabfahren auf den Berg Sinai.
12 [a]Und zieh eine Grenze um das Volk
und sprich zu ihnen: Hütet euch, auf den
Berg zu steigen oder seinen Fuß anzurüh-
ren; denn wer den Berg anrührt, der soll
des Todes sterben. *a (12-19)* Kap 34,3
13 [a]Keine Hand soll ihn anrühren, son-
dern er soll gesteinigt oder erschossen
werden; es sei Tier oder Mensch, sie sol-
len nicht leben bleiben. Wenn aber das
Widderhorn lange tönen wird, dann soll
man auf den Berg steigen. *a* Hebr 12,18-20

14 Mose stieg vom Berge zum Volk herab
und heiligte sie, und sie wuschen ihre Klei-
der.
15 Und er sprach zu ihnen: Seid bereit für
den dritten Tag, und keiner [a]rühre eine
Frau an. *a* 1.Sam 21,4.5; 1.Kor 7,5
16 ¶ Als nun der dritte Tag kam und es
Morgen ward, da erhob sich ein Donnern
und Blitzen und eine dichte Wolke auf
dem Berge und der Ton einer sehr starken
Posaune. Das ganze Volk aber, das im
Lager war, erschrak.
17 Und Mose führte das Volk aus dem
Lager Gott entgegen, und es trat unten an
den Berg.
18 Der ganze Berg Sinai aber rauchte, weil
der HERR auf den Berg herabfuhr im
Feuer; und der Rauch stieg auf wie der
Rauch von einem Schmelzofen, und der
ganze Berg bebte sehr.[a] *a* 1.Mose 15,17
19 Und der Posaune Ton ward immer stär-
ker. Und Mose redete, und [a]Gott antwor-
tete ihm laut. *a* Kap 33,11; Apg 7,38
20 Als nun der HERR herniedergekommen
war auf den Berg Sinai, oben auf seinen
Gipfel, berief er Mose hinauf auf den Gip-
fel des Berges, und Mose stieg hinauf.
21 Da sprach der HERR zu ihm: Steig hin-
ab und verwarne das Volk, daß sie nicht
durchbrechen zum HERRN, ihn zu sehen,
und viele von ihnen fallen.
22 Auch die Priester, die sonst zum HERRN
nahen dürfen, sollen sich heiligen, daß sie
der HERR nicht zerschmettere.
23 Mose aber sprach zum HERRN: Das
Volk kann nicht auf den Berg Sinai stei-
gen, denn du hast uns verwarnt und
gesagt: Zieh eine Grenze um den Berg und
heilige ihn.
24 Und der HERR sprach zu ihm: Geh hin,
steig hinab und komm wieder herauf, du
und Aaron mit dir; aber die Priester und
das Volk sollen nicht durchbrechen, daß
sie hinaufsteigen zu dem HERRN, damit er
sie nicht zerschmettere.[a] *a* Kap 24,9-11
25 Und Mose stieg hinunter zum Volk und
sagte es ihm.

Die zehn Gebote

(vgl. 5.Mose 5,6-21)

20 Und [a]Gott redete alle diese Worte:
a Mt 5,17-48
2 ¶ **Ich bin der HERR, dein Gott, der ich**
dich aus Ägyptenland, aus der Knecht-
schaft, geführt habe.[a] *a* Ri 6,8; Jer 34,13
3 **Du sollst keine anderen Götter haben**
neben mir.[a] *a* 5.Mose 6,4.5; Jes 45,5.6; 1.Kor 8,5.6
4 **Du sollst dir [a]kein Bildnis noch irgend-**
ein Gleichnis* machen, weder von dem, was
oben im Himmel, noch von dem, was unten
auf Erden, noch von dem, was im Wasser
unter der Erde ist: *a* 3.Mose 26,1;
5.Mose 4,15-19; 27,15; Jes 40,18-26; Röm 1,23
* d. h. hier Abbild.
5 **Bete sie nicht an und diene ihnen nicht!**
Denn ich, der HERR, dein Gott, bin ein
[a]eifernder Gott, [b]der die Missetat der Väter
heimsucht bis ins dritte und vierte Glied an
den Kindern derer, die mich hassen,
a Kap 34,14; 5.Mose 4,24; 5,9; 6,15
b Hiob 21,19; Jer 31,29.30; Hes 18,5-20
6 **aber Barmherzigkeit erweist an vielen**
tausenden, die mich lieben und meine Ge-
bote halten.[a] *a* Kap 34,7; 5.Mose 7,9
7 ¶ **Du sollst [a]den Namen des HERRN,**
deines Gottes, nicht mißbrauchen; denn der
HERR wird den nicht ungestraft lassen, der
seinen Namen mißbraucht.
a 3.Mose 19,12; 24,16
8 ¶ **Gedenke des Sabbattages, daß du ihn**
heiligest.[a] *a* Kap 16,25.29
9 **Sechs Tage sollst du arbeiten und alle**
deine Werke tun.
10 **Aber am siebenten Tage ist der [a]Sabbat**
des HERRN, deines Gottes. Da sollst du
keine Arbeit tun, auch nicht dein Sohn,
deine Tochter, dein Knecht, deine Magd,
dein Vieh, auch nicht dein Fremdling, der
in deiner Stadt lebt.
a Kap 31,13-17; Hes 20,12; Mk 2,27.28; Kol 2,16.17
11 **Denn in sechs Tagen hat der HERR Him-**
mel und Erde gemacht und das Meer und
alles, was darinnen ist, und ruhte am sie-
benten Tage. Darum segnete der HERR den
Sabbattag und heiligte ihn.[a] *a* 1.Mose 2,2.3
12 ¶ **Du sollst deinen Vater und deine Mut-**
ter ehren, auf daß du lange lebest in dem
Lande, das dir der HERR, dein Gott, geben
wird.[a] *a* Kap 21,17; 5.Mose 27,16; Mt 15,4-6; Eph 6,2.3
13 ¶ **Du sollst nicht töten.**[a]
a Kap 21,12; 1.Mose 9,5.6; Jak 2,10.11
14 ¶ **Du sollst nicht ehebrechen.**[a]
a 3.Mose 20,10; Mt 15,19
15 ¶ **Du sollst nicht stehlen.**[a]
a Kap 21,16; 3.Mose 19,11; Eph 4,28
16 ¶ **Du sollst nicht falsch Zeugnis reden**
wider deinen Nächsten.[a]
a Kap 23,1; 5.Mose 19,18.19; Eph 4,25
17 ¶ **Du sollst nicht begehren deines Näch-**
sten Haus.

¶ Du sollst nicht begehren deines Nächsten Frau, Knecht, Magd, Rind, Esel noch alles, was dein Nächster hat.[a]

a Röm 7,7; 13,9

18 ¶ Und alles Volk wurde Zeuge von dem
Donner und Blitz und dem Ton der
Posaune und dem Rauchen des Berges.
Als sie aber solches sahen, flohen sie und
blieben in der Ferne stehen
19 und sprachen zu Mose: Rede du mit
uns, wir wollen hören; aber laß Gott nicht
mit uns reden, wir könnten sonst sterben.
20 Mose aber sprach zum Volk: Fürchtet
euch nicht, denn Gott ist gekommen, euch
zu [a]versuchen, damit ihr's vor Augen
habt, wie er zu fürchten sei, und ihr nicht
sündigt. *a* 1.Mose 22,1
21 So stand das Volk von ferne, aber Mose
nahte sich [a]dem Dunkel, darinnen Gott
war. *a* 1.Kön 8,12

Vom rechten Gottesdienst in Israel

22 Und der HERR sprach zu ihm: So sollst
du den Israeliten sagen: Ihr habt gesehen,
daß ich mit euch vom Himmel geredet
habe.
23 Darum sollt ihr euch keine andern Göt-
ter neben mir machen, weder silberne
noch goldene sollt ihr euch machen.
24 ¶ Einen [a]Altar von Erde mache mir, auf
dem du dein Brandopfer und Dankopfer,
deine Schafe und Rinder, opferst. [b]An
jedem Ort, wo ich meines Namens geden-
ken lasse, da will ich zu dir kommen und
dich segnen. *a* Kap 17,15; 27,1 8 *b* 5.Mose 12,5
25 Und wenn du mir einen [a]steinernen
Altar machen willst, sollst du ihn nicht
von behauenen Steinen bauen; denn wenn
du mit deinem Eisen darüber kommst, so
wirst du ihn entweihen.

a 5.Mose 27,5; Jos 8,31

26 Du sollst auch nicht auf Stufen zu mei-
nem Altar hinaufsteigen, daß nicht deine
Blöße aufgedeckt werde vor ihm.

RECHTSORDNUNGEN
(Kapitel 21,1–23,19)

21 Dies sind die Rechtsordnungen, die
du ihnen vorlegen sollst:

Rechte hebräischer Sklaven

2 ¶ Wenn du einen hebräischen Sklaven
kaufst, so soll er dir sechs Jahre dienen;
im siebenten Jahr aber soll er freigelassen
werden ohne Lösegeld.[a]

a 3.Mose 25,39-41; 5.Mose 15,12-17; Jer 34,14

3 Ist er ohne Frau gekommen, so soll er
auch ohne Frau gehen; ist er aber mit sei-
ner Frau gekommen, so soll sie mit ihm
gehen.
4 Hat ihm aber sein Herr eine Frau gege-
ben und hat sie ihm Söhne oder Töchter
geboren, so sollen Frau und Kinder sei-
nem Herrn gehören, er aber soll ohne Frau
gehen.
5 Spricht aber der Sklave: Ich habe mei-
nen Herrn lieb und meine Frau und Kind,
ich will nicht frei werden,
6 so [a] bringe ihn sein Herr vor Gott und
stelle ihn an die Tür oder den Pfosten und
durchbohre mit einem Pfriemen sein Ohr,
und er sei sein Sklave für immer.

a 5.Mose 1,17; Ps 82,1

7 ¶ Verkauft jemand seine Tochter als
Sklavin, so darf sie nicht [a]freigelassen
werden wie die Sklaven. *a* Vers 2
8 Hat ihr Herr sie für sich genommen und
sie gefällt ihm nicht, so soll er sie auslösen
lassen. Er hat aber nicht Macht, sie unter
ein fremdes Volk zu verkaufen, nachdem
er sie verschmäht hat.
9 Hat er sie aber für seinen Sohn
bestimmt, so soll er nach dem Recht der
Töchter an ihr tun.
10 Nimmt er sich aber noch eine an-
dere, so soll er der ersten an Nahrung,
Kleidung und ehelichem Recht nichts
abbrechen.
11 Erfüllt er an ihr diese drei Pflichten
nicht, so soll sie umsonst freigelassen
werden, ohne Lösegeld.

Vergehen gegen Leib und Leben

12 Wer einen Menschen schlägt, daß er
stirbt, der soll des Todes sterben.[a]

a Kap 20,13; 1.Mose 9,6; Mt 5,21.22

13 Hat er ihm aber nicht nachgestellt, son-
dern hat Gott es seiner Hand widerfahren
lassen, so will ich dir [a]einen Ort bestim-
men, wohin er fliehen kann.

a 4.Mose 35,6-29; 5.Mose 19,4-13

14 Wenn aber jemand an seinem Nächsten
frevelt und ihn mit Hinterlist umbringt, so
sollst du ihn [a]von meinem Altar wegrei-
ßen, daß man ihn töte. *a* 1.Kön 2,29-31
15 ¶ Wer Vater oder Mutter schlägt, der
soll des Todes sterben.

[16]¶Wer einen [a]Menschen raubt, sei es,
daß er ihn verkauft, sei es, daß man ihn
bei ihm findet, der soll des Todes sterben.
a 5.Mose 24,7; 1.Tim 1,10
[17]¶Wer Vater oder Mutter flucht, der soll
des Todes sterben.[a]
a 5.Mose 27,16; Spr 20,20; Mt 15,4
[18]¶Wenn Männer miteinander streiten
und einer schlägt den andern mit einem
Stein oder mit der Faust, daß er nicht
stirbt, sondern zu Bett liegen muß
[19]und wieder aufkommt und ausgehen
kann an seinem Stock, so soll der, der ihn
schlug, nicht bestraft werden; er soll ihm
aber bezahlen, was er versäumt hat, und
das Arztgeld geben.
[20]¶Wer seinen Sklaven oder seine Skla-
vin schlägt mit einem Stock, daß sie unter
seinen Händen sterben, der soll dafür
bestraft werden.
[21]Bleiben sie aber einen oder zwei Tage
am Leben, so soll er nicht dafür bestraft
werden; denn es ist sein Geld.
[22]¶Wenn Männer miteinander streiten
und stoßen dabei eine schwangere Frau,
so daß ihr die Frucht abgeht, ihr aber sonst
kein Schaden widerfährt, so soll man ihn
um Geld strafen, wieviel ihr Ehemann ihm
auferlegt, und er soll's geben durch die
Hand der Richter.
[23]¶[a]Entsteht ein dauernder Schaden, so
sollst du geben Leben um Leben,
a (23 und 24) 3.Mose 24,19.20; 5.Mose 19,21; Mt 5,38
[24]Auge um Auge, Zahn um Zahn, Hand
um Hand, Fuß um Fuß,
[25]Brandmal um Brandmal, Beule um
Beule, Wunde um Wunde.
[26]¶Wenn jemand seinen Sklaven oder
seine Sklavin ins Auge schlägt und zer-
stört es, der soll sie freilassen um des
Auges willen.
[27]Desgleichen, wenn er seinem Sklaven
oder seiner Sklavin einen Zahn ausschlägt,
soll er sie freilassen um des Zahnes wil-
len.
[28]¶[a]Wenn ein Rind einen Mann oder
eine Frau stößt, daß sie sterben, so soll
man das Rind steinigen und sein Fleisch
nicht essen; aber der Besitzer des Rindes
soll nicht bestraft werden.
a (28 und 29) 1.Mose 9,5; 4.Mose 35,33
[29]Ist aber das Rind zuvor stößig gewesen
und seinem Besitzer war's bekannt und er
hat das Rind nicht verwahrt und es tötet
nun einen Mann oder eine Frau, so soll
man das Rind steinigen, und sein Besitzer
soll sterben.
[30]Will man ihm aber ein Lösegeld aufer-
legen, so soll er geben, was man ihm auf-
erlegt, um sein Leben auszulösen.
[31]Ebenso soll man mit ihm verfahren,
wenn das Rind einen Sohn oder eine Toch-
ter stößt.
[32]Stößt es aber einen Sklaven oder eine
Sklavin, so soll der Besitzer ihrem Herrn
dreißig Lot Silber geben, und das Rind
soll man steinigen.

Ersatzleistungen

[33][a]Wenn jemand eine Zisterne aufdeckt
oder gräbt eine Zisterne und deckt sie
nicht zu und es fällt ein Rind oder Esel
hinein, *a (33-36)* 3.Mose 7,24; 17,15
[34]so soll der Besitzer der Zisterne mit
Geld dem andern Ersatz leisten, das tote
Tier aber soll ihm gehören.
[35]Wenn jemandes Rind eines andern
Rind stößt, daß es stirbt, so sollen sie das
lebendige Rind verkaufen und das Geld
teilen und das tote Tier auch teilen.
[36]Ist's aber bekannt gewesen, daß das
Rind zuvor stößig gewesen ist, und sein
Besitzer hat es nicht verwahrt, so soll er
ein Rind für das andere erstatten und das
tote Tier haben.
[37]*¶Wenn jemand ein Rind oder ein
Schaf stiehlt und schlachtet's oder
verkauft's, so soll er fünf Rinder für ein
Rind wiedergeben und vier Schafe für ein
Schaf.[a] *a* 2.Sam 12,6; Spr 6,31; Lk 19,8
* Abweichende Verszählung statt 21,37–22,30: 22,1-31.

22 ¶Wenn ein Dieb ergriffen wird beim
Einbruch und wird dabei geschla-
gen, daß er stirbt, so liegt keine Blutschuld
vor.
[2]War aber schon die Sonne aufgegangen,
so liegt Blutschuld vor.
¶Es soll aber ein Dieb wiedererstatten;
hat er nichts, so verkaufe man ihn um den
Wert des Gestohlenen.
[3]Findet man bei ihm das Gestohlene
lebendig, sei es Rind, Esel oder Schaf, so
soll er's zweifach erstatten.
[4]¶Wenn jemand in einem Acker oder
Weinberg Schaden anrichtet, weil er sein
Vieh das Feld eines andern abweiden läßt,
so soll er's mit dem Besten seines Ackers
und Weinberges erstatten.
[5]¶Wenn ein Feuer ausbricht und ergreift

5 *Noah bekommt den Befehl, die Arche zu bauen*
Gouache; 61,5 × 48 cm; 1931; signiert; MBMC Nizza
(© Foto: RMN – Gérard Blot)

6/7 *Noah und der Regenbogen*
Öl auf Leinwand; 205 × 292,5 cm; signiert;
MBMC Nizza
(© Foto: RMN – Gérard Blot)

8 *Noah läßt die Taube fliegen*
Öl und Gouache; 61,5 × 46 cm; 1931; signiert;
MBMC Nizza
(© Foto: RMN – Gérard Blot)

die Dornen und verbrennt einen Garbenhaufen oder das Getreide, das noch steht, oder den Acker, so soll Ersatz leisten, wer das Feuer angezündet hat.
6 ¶ Wenn jemand seinem Nächsten Geld oder Gegenstände zu verwahren gibt und es wird ihm aus seinem Hause gestohlen: findet man den Dieb, so soll er's zweifach erstatten;
7 findet man aber den Dieb nicht, so soll der Herr des Hauses vor Gott treten, ob er nicht etwa seine Hand an seines Nächsten Habe gelegt hat.
8 ¶ [a] Wenn einer den andern einer Veruntreuung beschuldigt, es handle sich um Rind oder Esel oder Schaf oder Kleider oder um etwas, was sonst noch verlorengegangen ist, so soll beider Sache vor Gott kommen. Wen Gott für schuldig erklärt, der soll's seinem Nächsten zweifach erstatten. *a (8-10)* 1.Kön 8,31.32
9 ¶ Wenn jemand seinem Nächsten einen Esel oder ein Rind oder ein Schaf oder irgendein Stück Vieh in Obhut gibt und es stirbt ihm oder kommt zu Schaden oder wird ihm weggetrieben, ohne daß es jemand sieht,
10 so soll es unter ihnen zum Eid vor dem HERRN kommen, ob er nicht etwa seine Hand an seines Nächsten Habe gelegt hat, und der Besitzer soll es hinnehmen, so daß jener nicht Ersatz zu leisten braucht.
11 ¶ Stiehlt es ihm aber ein Dieb, so soll er's dem Besitzer ersetzen.
12 Wird es zerrissen, so soll er es zum Zeugnis herbeibringen und nicht ersetzen.[a] *a* 1.Mose 31,39
13 Wenn es jemand von seinem Nächsten leiht und es kommt zu Schaden oder stirbt, wenn der Besitzer nicht dabei ist, so soll er's ersetzen.
14 Ist aber der Besitzer dabei, soll er's nicht ersetzen. Wenn es gemietet ist, so soll es auf den Mietpreis angerechnet werden.
15 ¶ Wenn jemand eine Jungfrau beredet, die noch nicht verlobt ist, und ihr beiwohnt, so soll er den Brautpreis für sie geben und sie zur Frau nehmen.[a]
a 5.Mose 22,28.29
16 Weigert sich aber ihr Vater, sie ihm zu geben, so soll er Geld darwägen, soviel einer Jungfrau als Brautpreis gebührt.

Todeswürdige Vergehen

17 Die Zauberinnen sollst du nicht am Leben lassen.[a]
a 3.Mose 20,6.27; 5.Mose 18,10; 1.Sam 28,9; Mal 3,5
18 ¶ Wer einem Vieh beiwohnt, der soll des Todes sterben.[a]
a 3.Mose 18,23; 5.Mose 27,21
19 ¶ Wer den Göttern opfert und nicht dem HERRN allein, der soll dem Bann verfallen.[a] *a* Kap 20,3.5; 5.Mose 13,7-19; 17,2-7

Rechtsschutz für die Schwachen

20 Die Fremdlinge sollst du nicht bedrängen und bedrücken; denn ihr seid auch Fremdlinge in Ägyptenland gewesen.[a]
a 3.Mose 19,33.34; 5.Mose 10,18.19
21 ¶ Ihr sollt Witwen und Waisen nicht bedrücken.[a] *a* 5.Mose 27,19; Jes 1,17; Sach 7,10
22 Wirst du sie bedrücken und werden sie zu mir schreien, so werde ich ihr Schreien erhören.
23 Dann wird mein Zorn entbrennen, daß ich euch mit dem Schwert töte und eure Frauen zu Witwen und eure Kinder zu Waisen werden.
24 ¶ Wenn du Geld verleihst an einen aus meinem Volk, an einen Armen neben dir, so sollst du an ihm nicht wie ein Wucherer handeln; du sollst keinerlei Zinsen von ihm nehmen.[a]
a 3.Mose 25,36; 5.Mose 23,20; Spr 28,8
25 ¶ Wenn du den Mantel deines Nächsten zum Pfande nimmst, sollst du ihn wiedergeben, ehe die Sonne untergeht,[a]
a 5.Mose 24,10-13
26 denn sein Mantel ist seine einzige Decke für seinen Leib; worin soll er sonst schlafen? Wird er aber zu mir schreien, so werde ich ihn erhören; denn ich bin gnädig.

Einzelne Gebote der Gottesfurcht

27 [a] Gott sollst du nicht lästern, und einem [b] Obersten in deinem Volk sollst du nicht fluchen. *a* 3.Mose 24,14-16 *b* Apg 23,5
28 ¶ [a] Den Ertrag deines Feldes und den Überfluß deines Weinberges sollst du nicht zurückhalten.
¶ [b] Deinen ersten Sohn sollst du mir geben.
a Kap 23,19; 5.Mose 18,4; Spr 3,9.10 *b* Kap 13,2.13
29 So sollst du auch tun mit deinem Stier und deinem Kleinvieh. [a] Sieben Tage laß es bei seiner Mutter sein, am achten Tage sollst du es mir geben. *a* 3.Mose 22,27

30¶ Ihr sollt mir [a]heilige Leute sein; [b]darum sollt ihr kein Fleisch essen, das auf dem Felde von Tieren zerrissen ist, sondern es vor die Hunde werfen.

a 3.Mose 19,2; 1.Petr 1,15
b 3.Mose 7,24; 5.Mose 14,21; Hes 4,14; 44,31

Gebote der Gerechtigkeit und Nächstenliebe

23 Du sollst kein falsches Gerücht verbreiten; du sollst nicht einem Schuldigen Beistand leisten und kein falscher Zeuge sein.[a]

a Kap 20,16; 3.Mose 19,16; Ps 15,3; Spr 19,9

2¶ Du sollst der Menge nicht auf dem Weg zum Bösen folgen und nicht so antworten vor Gericht, daß du der Menge nachgibst und vom Rechten abweichst.

3¶ Du sollst den Geringen nicht begünstigen in seiner Sache.[a] *a* 3.Mose 19,15

4¶ Wenn du dem Rind oder Esel deines [a]Feindes begegnest, die sich verirrt haben, so sollst du sie ihm wieder zuführen.

a Hiob 31,29; Spr 25,21.22; Lk 6,27

5 Wenn du den Esel deines Widersachers unter seiner Last liegen siehst, so laß ihn ja nicht im Stich, sondern hilf mit ihm zusammen dem Tiere auf.

6¶ Du sollst das Recht deines Armen nicht beugen in seiner Sache.[a]

a 5.Mose 27,19; Ps 82,2-4; Pred 5,7; Jes 1,17

7¶ Halte dich ferne von einer Sache, bei der Lüge im Spiel ist. Den Unschuldigen und den, der im Recht ist, sollst du nicht töten; denn ich lasse den Schuldigen nicht Recht haben.

8 Du sollst dich nicht [a]durch Geschenke bestechen lassen; denn Geschenke machen die Sehenden blind und verdrehen die Sache derer, die im Recht sind.

a 5.Mose 27,25; 1.Sam 8,3; Spr 17,23

9¶ Die Fremdlinge sollt ihr nicht unterdrücken; denn ihr wißt um der Fremdlinge Herz, weil ihr auch Fremdlinge in Ägyptenland gewesen seid.[a] *a* Kap 22,20

Sabbatjahr und Sabbat

10 Sechs Jahre sollst du dein Land besäen und seine Früchte einsammeln.[a]

a 3.Mose 25,1-7.18-22

11 Aber im siebenten Jahr sollst du es ruhen und liegen lassen, daß die Armen unter deinem Volk davon essen; und was übrigbleibt, mag das Wild auf dem Felde fressen. Ebenso sollst du es halten mit deinem Weinberg und deinen Ölbäumen.

12¶ Sechs Tage sollst du deine Arbeit tun; aber am siebenten Tage sollst du feiern, auf daß dein Rind und Esel ruhen und deiner Sklavin Sohn und der Fremdling sich erquicken.[a] *a* Kap 20,8-11

13¶ Alles, was ich euch gesagt habe, das haltet. Aber die Namen [a]anderer Götter sollt ihr nicht anrufen, und aus eurem Munde sollen sie nicht gehört werden.

a Jos 23,7; Sach 13,2

Die drei großen Jahresfeste. Opfervorschriften

14[a] Dreimal im Jahr sollt ihr mir ein Fest feiern: *a (14-19)* Kap 34,18-26; 3.Mose 23,4-44; 5.Mose 16,1-17

15 Das [a]Fest der Ungesäuerten Brote sollst du so halten, daß du sieben Tage ungesäuertes Brot ißt, wie ich dir geboten habe, im Monat Abib, denn zu dieser Zeit bist du aus Ägypten gezogen – erscheint aber nicht mit leeren Händen vor mir! –,

a Kap 12,15-20

16 und das [a]Fest der Ernte, der Erstlinge deiner Früchte, die du auf dem Felde gesät hast, und das Fest der Lese am Ausgang des Jahres, wenn du den Ertrag deiner Arbeit eingesammelt hast vom Felde.

a Kap 34,22

17¶ Dreimal im Jahre soll erscheinen vor dem HERRN, dem Herrscher, alles, was männlich ist unter dir.

18¶ Du sollst das Blut meines Opfers nicht zugleich mit dem Sauerteig opfern, und das Fett von meinem Fest soll nicht über Nacht bleiben bis zum Morgen.[a]

a Kap 12,7-10; 34,25

19¶ Das Beste von den [a]Erstlingen deines Feldes sollst du in das Haus des HERRN, deines Gottes, bringen.

Du sollst [b]das Böcklein nicht kochen in seiner Mutter Milch.

a 1.Mose 4,3; 5.Mose 26,1-11; Neh 10,36 *b* 5.Mose 14,21

Mahnungen und Verheißungen für die Zukunft

20 Siehe, ich sende einen [a]Engel vor dir her, der dich behüte auf dem Wege und dich bringe an den Ort, den ich bestimmt habe. *a* Kap 14,19

21 Hüte dich vor ihm und gehorche seiner Stimme und [a]sei nicht widerspenstig gegen ihn; denn er wird euer Übertreten

nicht vergeben, weil mein Name in ihm
ist. *a* Jes 63,10
22 Wirst du aber auf seine Stimme hören
und alles tun, was ich dir sage, so will ich
deiner Feinde Feind und deiner Widersa-
cher Widersacher sein.
23 Ja, mein Engel wird vor dir hergehen
und dich bringen zu den Amoritern, Heti-
tern, Perisitern, Kanaanitern, Hiwitern
und Jebusitern, und ich will sie vertilgen.
24 Du sollst [a]ihre Götter nicht anbeten
noch ihnen dienen noch tun, [b]wie sie tun,
sondern du sollst ihre Steinmale umrei-
ßen und zerbrechen.
a Kap 20,5; 5.Mose 12,30 *b* 3.Mose 18,3
25 Aber dem HERRN, eurem Gott, sollt ihr
dienen, so wird er dein Brot und dein Was-
ser segnen, und ich will alle [a]Krankheit
von dir wenden. *a* Kap 15,26
26 Es soll keine Frau in deinem Lande eine
Fehlgeburt haben oder unfruchtbar sein,
und ich will dich lassen alt werden.
27 Ich will meinen [a]Schrecken vor dir her
senden und alle Völker verzagt machen,
wohin du kommst, und will geben, daß
alle deine Feinde vor dir fliehen.
a 1.Mose 35,5; Jos 2,9-11; 1.Sam 14,15
28 Ich will [a]Angst und Schrecken vor dir
her senden, die vor dir her vertreiben die
Hiwiter, Kanaaniter und Hetiter.
a 5.Mose 7,20; Jos 24,12
29 Aber ich will sie nicht in **einem** Jahr
ausstoßen vor dir, auf daß nicht das Land
wüst werde und sich die wilden Tiere
wider dich mehren.
30 [a]Einzeln nacheinander will ich sie vor
dir her ausstoßen, bis du zahlreich bist
und das Land besitzt. *a* 5.Mose 7,22
31 Und ich will deine [a]Grenze festsetzen
von dem Schilfmeer bis an das Philister-
meer und von der Wüste bis an den
Euphratstrom. Denn ich will dir in deine
Hand geben die Bewohner des Landes,
daß du sie ausstoßen sollst vor dir her.
a 1.Mose 15,18
32 Du sollst mit ihnen und mit ihren Göt-
tern keinen Bund schließen.[a] *a* Kap 34,12
33 Laß sie nicht wohnen in deinem Lande,
daß sie dich nicht verführen zur Sünde
wider mich; denn wenn du ihren Göttern
dienst, wird dir das zum Fallstrick werden.

Der Bundesschluß am Sinai

24 Und zu Mose sprach er: Steig her-
auf zum HERRN, du und [a]Aaron,
Nadab und Abihu und [b]siebzig von den
Ältesten Israels, und betet an von ferne.
a Kap 28,1; 3.Mose 10,1 *b* 4.Mose 11,16
2 Aber Mose allein nahe sich zum HERRN
und lasse jene sich nicht nahen, und das
Volk komme auch nicht mit ihm herauf.
3 ¶ Mose kam und sagte dem Volk [a]alle
Worte des HERRN und alle Rechtsordnun-
gen. Da antwortete alles Volk wie aus
einem Munde: Alle Worte, die der HERR
gesagt hat, wollen wir tun. *a* Kap 19,8
4 Da [a]schrieb Mose alle Worte des HERRN
nieder und machte sich früh am Morgen
auf und baute einen Altar unten am Berge
und [b]zwölf Steinmale nach den zwölf
Stämmen Israels *a* Kap 34,27 *b* Jos 4,20
5 und sandte [a]junge Männer von den Isra-
eliten hin, daß sie darauf dem HERRN
Brandopfer opferten und Dankopfer von
jungen Stieren. *a* Ri 17,7
6 Und Mose nahm die Hälfte des Blutes
und goß es in die Becken, die andere
Hälfte aber sprengte er an den Altar.
7 Und er nahm das Buch des Bundes und
las es vor den Ohren des Volks. Und sie
sprachen: Alles, was der HERR gesagt hat,
wollen wir tun und darauf hören.
8 Da [a]nahm Mose das Blut und be-
sprengte das Volk damit und sprach:
Seht, das ist [b]das Blut des Bundes, den
der HERR mit euch geschlossen hat auf-
grund aller dieser Worte.
a Hebr 9,19-22 *b* Mk 14,24
9 ¶ Da stiegen Mose und Aaron, Nadab
und Abihu und siebzig von den Ältesten
Israels hinauf
10 und sahen den Gott Israels. Unter sei-
nen Füßen war es wie eine Fläche von
[a]Saphir und wie der Himmel, wenn es klar
ist. *a* Hes 1,26
11 Und [a]er reckte seine Hand nicht aus
wider die Edlen Israels. Und [b]als sie Gott
geschaut hatten, aßen und tranken sie.
a Kap 19,21.22 *b* Kap 33,20-23

Mose soll die Gesetzestafeln empfangen

12 Und der HERR sprach zu Mose: Komm
herauf zu mir auf den Berg und bleib
daselbst, daß ich dir gebe die [a]steinernen
Tafeln, Gesetz und Gebot, die ich ge-
schrieben habe, um sie zu unterweisen.
a Kap 31,18; 2.Kor 3,3.6
13 Da machte sich Mose auf mit seinem
Diener Josua und stieg auf den Berg
Gottes.[a] *a* Kap 33,11

14 Aber zu den Ältesten sprach er: Bleibt
hier, bis wir zu euch zurückkommen.
Siehe, [a]Aaron und Hur sind bei euch; hat
jemand eine Rechtssache, der wende sich
an sie.
a Kap 17,12

15 ¶ Als nun Mose auf den Berg kam,
bedeckte die Wolke den Berg,
16 und [a]die Herrlichkeit des HERRN ließ
sich nieder auf dem Berg Sinai, und die
Wolke bedeckte ihn sechs Tage; und am
siebenten Tage erging der Ruf des HERRN
an Mose aus der Wolke.
a Kap 16,10

17 Und die Herrlichkeit des HERRN war
anzusehen wie [a]ein verzehrendes Feuer
auf dem Gipfel des Berges vor den
Israeliten.
a 5.Mose 4,24; 9,3; Hebr 12,29

18 Und Mose ging mitten in die Wolke
hinein und stieg auf den Berg und blieb
auf dem Berge [a]vierzig Tage und vierzig
Nächte.
a Kap 34,28

Gesetze für die Stiftshütte
(Kapitel 25–31)

Gaben für die Stiftshütte

25 Und der HERR redete mit Mose und
sprach:
2 ¶ Sage den Israeliten, daß sie für mich
eine [a]Opfergabe erheben von jedem, der
es [b]freiwillig gibt.
a Kap 35,4-7 *b* 1.Chr 29,5; Esr 2,68.69

3 Das ist aber die Opfergabe, die ihr von
ihnen erheben sollt: Gold, Silber, Kupfer,
4 blauer und roter Purpur, Scharlach, feine
Leinwand, Ziegenhaar,
5 rotgefärbte Widderfelle, Dachsfelle,
Akazienholz,
6 Öl für die Lampen, Spezerei zum Salböl
und zu wohlriechendem Räucherwerk,
7 Onyxsteine und eingefaßte Steine zum
Priesterschurz und zur Brusttasche.
8 Und sie sollen mir ein Heiligtum
machen, daß ich unter ihnen wohne.[a]
a Hes 37,26-28

9 Genau nach dem [a]Bild, das ich dir [b]von
der Wohnung und ihrem ganzen Gerät
zeige, sollt ihr's machen.
a Vers 40 *b* Kap 26,30; 27,8

Die Bundeslade
(vgl. Kap 37,1-9)

10 Macht eine Lade aus Akazienholz; zwei
und eine halbe Elle soll die Länge sein,
anderthalb Ellen die Breite und andert-
halb Ellen die Höhe.
11 Du sollst sie mit feinem Gold überzie-
hen innen und außen und einen goldenen
Kranz an ihr ringsherum machen.
12 Und gieß vier goldene Ringe und tu sie
an ihre vier Ecken, so daß zwei Ringe auf
der einen Seite und zwei auf der andern
seien.
13 [a]Und mache Stangen von Akazienholz
und überziehe sie mit Gold
a (13-15) 1.Kön 8,8

14 und stecke sie in die Ringe an den Sei-
ten der Lade, daß man sie damit trage.
15 Sie sollen in den Ringen bleiben und
nicht herausgetan werden.
16 Und du sollst in die Lade das Gesetz
legen, das ich dir geben werde.
17 [a]Du sollst auch einen Gnadenthron
machen aus feinem Golde; zwei und eine
halbe Elle soll seine Länge sein und
anderthalb Ellen seine Breite.
a (17-22) 3.Mose 16,12-15; Hebr 4,16; 9,5

18 Und du sollst zwei Cherubim machen
aus getriebenem Golde an beiden Enden
des Gnadenthrones,
19 so daß ein Cherub sei an diesem Ende,
der andere an jenem, daß also zwei Che-
rubim seien an den Enden des Gnaden-
thrones.
20 Und die Cherubim sollen ihre Flügel
nach oben ausbreiten, daß sie mit ihren
Flügeln den Gnadenthron bedecken und
eines jeden Antlitz gegen das des andern
stehe; und ihr Antlitz soll zum Gnaden-
thron gerichtet sein.
21 Und du sollst den Gnadenthron oben
auf die Lade tun und in die Lade das [a]Ge-
setz legen, das ich dir geben werde.
a Kap 34,29; 1.Kön 8,9

22 Dort will ich dir begegnen, und vom
Gnadenthron aus, der auf der Lade mit
dem Gesetz ist, [a]zwischen den beiden
Cherubim will ich mit dir alles reden, was
ich dir gebieten will für die Israeliten.
a 4.Mose 7,89; 2.Sam 6,2

Der Tisch für die Schaubrote
(vgl. Kap 37,10-16)

23 Du sollst auch einen Tisch machen aus
Akazienholz; zwei Ellen soll seine Länge
sein, eine Elle seine Breite und anderthalb
Ellen seine Höhe.
24 Und du sollst ihn überziehen mit fei-

nem Gold und einen goldenen Kranz
ringsherum machen
25 und eine Leiste ringsherum eine Hand-
breit hoch und einen goldenen Kranz an
der Leiste ringsherum;
26 und du sollst vier goldene Ringe
machen an die vier Ecken an seinen vier
Füßen.
27 Dicht unter der Leiste sollen die Ringe
sein, so daß man Stangen hineintun und
den Tisch tragen könne.
28 Und du sollst die Stangen aus Akazien-
holz machen und sie mit Gold über-
ziehen, daß der Tisch damit getragen
werde.
29 Du sollst auch aus feinem Golde seine
Schüsseln und Schalen machen, seine
Kannen und Becher, in denen man das
Trankopfer darbringe.
30 Und du sollst auf den Tisch allezeit
Schaubrote legen vor mein Angesicht.[a]

a 3.Mose 24,5.6

Der Leuchter

(vgl. Kap 37,17-24)

31 Du sollst auch einen Leuchter aus fei-
nem Golde machen, Fuß und Schaft in
getriebener Arbeit, mit Kelchen, Knäufen
und Blumen.
32 Sechs Arme sollen von dem Leuchter
nach beiden Seiten ausgehen, nach jeder
Seite drei Arme.
33 Jeder Arm soll drei Kelche wie Man-
delblüten haben mit Knäufen und Blu-
men. So soll es sein bei den sechs Armen
an dem Leuchter.
34 Aber der Schaft am Leuchter soll vier
Kelche wie Mandelblüten haben mit
Knäufen und Blumen,
35 und je einen Knauf unter zwei von den
sechs Armen, die von dem Leuchter aus-
gehen.
36 Beide, Knäufe und Arme, sollen aus
einem Stück mit ihm sein, lauteres Gold
in getriebener Arbeit.
37 Und du sollst sieben Lampen machen
und sie oben anbringen, so daß sie nach
vorn leuchten,
38 und Lichtscheren und Löschnäpfe aus
feinem Golde.
39 Aus einem Zentner feinen Goldes sollst
du den Leuchter machen mit allen diesen
Geräten.
40 ¶ Und sieh zu, daß du alles machst
[a]nach dem Bilde, das dir auf dem Berge
gezeigt ist.

a Vers 9; Kap 26,30; Apg 7,44; Hebr 8,5

Die Stiftshütte

(vgl. Kap 36,8-38)

26 Die Wohnung sollst du machen aus
zehn Teppichen von gezwirnter fei-
ner Leinwand, von blauem und rotem Pur-
pur und von Scharlach. Cherubim sollst
du einweben in kunstreicher Arbeit.
2 Die Länge eines Teppichs soll achtund-
zwanzig Ellen sein, die Breite vier Ellen,
und sie sollen alle zehn gleich sein;
3 und es sollen je fünf zu einem Stück
zusammengefügt werden, einer an den
andern.
4 Und du sollst Schlaufen machen von
blauem Purpur bei jedem Stück an dem
Rand, wo die zwei Stücke zusammenge-
heftet werden,
5 fünfzig Schlaufen an jedem Stück, daß
eine Schlaufe der andern gegenüberstehe.
6 Und du sollst fünfzig goldene Haken
machen, mit denen man die Teppiche
zusammenhefte, einen an den andern,
damit es **eine** Wohnung werde.
7 ¶ Du sollst auch Teppiche aus Ziegen-
haar machen als Zelt über der Wohnung,
elf Teppiche.
8 Die Länge eines Teppichs soll dreißig
Ellen sein, die Breite aber vier Ellen, und
sie sollen alle elf gleich groß sein.
9 Fünf sollst du aneinanderfügen und die
sechs andern auch, damit du den sechsten
Teppich vorn an dem Zelt doppelt legst;
10 und sollst an jedes Stück fünfzig Schlau-
fen machen an dem Rand, wo die Stücke
zusammengeheftet werden.
11 Und du sollst fünfzig Haken aus Kupfer
machen und die Haken in die Schlaufen
tun, daß beide Stücke zu einem einzigen
Zelt zusammengefügt werden.
12 Aber vom Überhang der Teppiche des
Zeltes sollst du einen halben Teppich hin-
ten an dem Zelte überhängen lassen
13 und auf beiden Seiten je eine Elle, daß
der Überhang an den Seiten des Zeltes sei
und es auf beiden Seiten bedecke.
14 Über die Decke des Zeltes sollst du
eine Decke von rotgefärbten Widderfellen
machen und darüber noch eine Decke von
Dachsfellen.
15 ¶ Du sollst auch Bretter machen für die
Wohnung, aus Akazienholz, zum Aufstel-
len;

16 zehn Ellen lang soll ein Brett sein und
anderthalb Ellen breit.
17 Zwei Zapfen soll ein Brett haben, daß
eins an das andere gesetzt werden könne.
So sollst du alle Bretter der Wohnung
machen.
18 Zwanzig von ihnen sollen nach Süden
stehen.
19 Die sollen vierzig silberne Füße unten
haben, je zwei Füße unter jedem Brett für
seine zwei Zapfen.
20 Ebenso sollen auf der andern Seite,
nach Norden, auch zwanzig Bretter stehen
21 mit vierzig silbernen Füßen, je zwei
Füße unter jedem Brett.
22 Und für die Rückseite der Wohnung
nach Westen sollst du sechs Bretter
machen;
23 dazu zwei Bretter für die zwei Ecken an
der Rückseite der Wohnung,
24 daß beide mit ihren Eckbrettern unten
und oben verbunden sind und so die
Ecken bilden.
25 Acht Bretter sollen es sein mit ihren
silbernen Füßen; sechzehn Füße sollen es
sein, je zwei unter einem Brett.
26 ¶ Und du sollst Riegel machen aus Aka-
zienholz, fünf zu den Brettern auf der
einen Langseite der Wohnung
27 und fünf zu den Brettern auf der ande-
ren Langseite der Wohnung und fünf zu
den Brettern auf der Rückseite der Woh-
nung nach Westen,
28 und sollst einen Mittelriegel in halber
Höhe an den Brettern entlanglaufen las-
sen von einem Ende zu dem andern.
29 Und du sollst die Bretter mit Gold über-
ziehen und ihre Ringe aus Gold machen,
in die man die Riegel hineintut.
30 Und die Riegel sollst du mit Gold über-
ziehen. So sollst du die Wohnung in der
Weise aufrichten, [a]wie du sie auf dem
Berge gesehen hast. *a* Kap 25,9
31 ¶ Du sollst einen [a]Vorhang machen aus
blauem und rotem Purpur, Scharlach und
gezwirnter feiner Leinwand und sollst
Cherubim einweben in kunstreicher
Arbeit *a* 2.Chr 3,14
32 und sollst ihn aufhängen an vier Säulen
von Akazienholz, die mit Gold überzogen
sind und goldene Nägel und vier silberne
Füße haben.
33 Und du sollst den [a]Vorhang an die [b]Ha-
ken hängen und die Lade mit dem Gesetz
hinter den Vorhang setzen, daß er euch
eine Scheidewand sei zwischen dem Hei-
ligen und dem Allerheiligsten.
a Mt 27,51; Hebr 9,3 *b* Vers 6.11
34 ¶ Und du sollst den Gnadenthron auf
die Lade mit dem Gesetz tun, die im
Allerheiligsten steht.[a] *a* Kap 25,21
35 Den [a]Tisch aber setze außen vor den
Vorhang und den Leuchter dem Tisch
gegenüber an die Südseite in der Woh-
nung, daß der Tisch nach Norden zu steht.
a Kap 25,23-30; 40,22
36 ¶ Und du sollst eine Decke machen für
den Eingang des Zeltes aus blauem und
rotem Purpur, Scharlach und gezwirnter
feiner Leinwand in Buntwirkerarbeit
37 und für die Decke fünf Säulen aus Aka-
zienholz, mit Gold überzogen, mit golde-
nen Nägeln, und sollst für sie fünf Füße
aus Kupfer gießen.

Der Brandopferaltar

(vgl. Kap 38,1-7)

27 Du sollst einen Altar machen aus
Akazienholz, fünf Ellen lang und
ebenso breit, daß er viereckig sei, und drei
Ellen hoch.
2 Und du sollst auf seinen vier Ecken
[a]Hörner machen, die sollen mit ihm ver-
bunden sein, und sollst ihn mit Kupfer
überziehen. *a* 3.Mose 16,18; 1.Kön 1,50; Ps 118,27
3 Mache auch Töpfe für die Asche, Schau-
feln, Becken, Gabeln, Kohlenpfannen; alle
seine Geräte sollst du aus Kupfer machen.
4 Du sollst auch ein Gitterwerk aus Kup-
fer machen wie ein Netz und vier Ringe
aus Kupfer an seine vier Enden.
5 Du sollst es aber von unten her um den
Altar legen unterhalb der Einfassung, daß
das Gitter bis zur Mitte des Altars reiche.
6 Und du sollst zu dem Altar auch Stan-
gen machen aus Akazienholz, mit Kupfer
überzogen.
7 Und man soll die Stangen in die Ringe
tun, daß die Stangen an beiden Seiten des
Altars seien, wenn man ihn trägt.
8 Als einen Kasten von Brettern sollst du
ihn machen, daß er inwendig hohl sei,
[a]wie er dir auf dem Berge gezeigt wurde.
a Kap 26,30

Der Vorhof

(vgl. Kap 38,9-20)

9 Du sollst einen Vorhof für die Wohnung
machen, Behänge von gezwirnter feiner

Leinwand, für eine Seite hundert Ellen
lang, für die Südseite,
10 und zwanzig Säulen auf zwanzig Füßen
von Kupfer und ihre Nägel und ihre Ring-
bänder von Silber.
11 Ebenso sollen an der Nordseite
Behänge sein, hundert Ellen lang, und
zwanzig Säulen auf zwanzig Füßen von
Kupfer und ihre Nägel und ihre Ringbän-
der von Silber.
12 Und nach Westen soll die Breite des
Vorhofes Behänge haben, fünfzig Ellen
lang, zehn Säulen auf zehn Füßen.
13 Nach Osten aber soll die Breite des Vor-
hofes fünfzig Ellen haben,
14 fünfzehn Ellen Behänge auf einer Seite,
dazu drei Säulen auf drei Füßen,
15 und wieder fünfzehn Ellen auf der
andern Seite, dazu drei Säulen auf drei
Füßen.
16 Und in dem Tor des Vorhofes soll eine
Decke sein, zwanzig Ellen breit, gewirkt
aus blauem und rotem Purpur, Scharlach
und gezwirnter feiner Leinwand, dazu vier
Säulen auf ihren vier Füßen.
17 Alle Säulen um den Vorhof her sollen
silberne Ringbänder und silberne Nägel
und kupferne Füße haben.
18 Die Länge des Vorhofes soll hundert
Ellen sein, die Breite fünfzig Ellen, die
Höhe fünf Ellen, und alle Behänge sollen
von gezwirnter feiner Leinwand sein und
seine Füße aus Kupfer.
19 Alle Geräte der Wohnung für den
gesamten Dienst und alle ihre Zeltpflöcke
und alle Zeltpflöcke des Vorhofes sollen
aus Kupfer sein.

Das Öl für den Leuchter

20 [a] Gebiete den Israeliten, daß sie zu dir
bringen das allerreinste Öl aus zerstoße-
nen Oliven für den Leuchter, daß man
ständig Lampen aufsetzen könne.

a (20 und 21) 3.Mose 24,2-4

21 In der Stiftshütte, außen vor dem Vor-
hang, der vor der Lade mit dem Gesetz
hängt, sollen Aaron und seine Söhne den
Leuchter zurichten, daß er brenne vom
Abend bis zum Morgen vor dem HERRN.
Das soll eine ewige Ordnung sein für ihre
Nachkommen bei den Israeliten.

Die Kleidung der Priester

(vgl. Kap 39,1-31)

28 Du sollst Aaron, deinen Bruder, und
seine Söhne zu dir herantreten las-
sen aus der Mitte der Israeliten, daß er
mein [a] Priester sei, er und [b] seine Söhne
Nadab, Abihu, Eleasar und Itamar.

a 1.Chr 23,13 *b* Kap 6,23

2 Und du sollst Aaron, deinem Bruder,
heilige Kleider machen, die herrlich und
schön seien,
3 und sollst reden mit allen, die sich dar-
auf verstehen, die ich [a] mit dem Geist der
Weisheit erfüllt habe, daß sie Aaron Klei-
der machen zu seiner Weihe, daß er mein
Priester sei. *a* Kap 31,3
4 ¶Dies sind aber die Kleider, die sie
machen sollen: Brusttasche, Schurz, Ober-
gewand, gewirktes Untergewand, Kopf-
bund und Gürtel. Diese heiligen Kleider
sollen sie deinem Bruder Aaron und sei-
nen Söhnen machen, daß er mein Priester
sei.
5 Sie sollen Gold, blauen und roten Pur-
pur, Scharlach und feine Leinwand dazu
nehmen.[a] *a* Kap 26,1
6 ¶Den Priesterschurz sollen sie machen
aus Gold, blauem und rotem Purpur,
Scharlach und gezwirnter feiner Leinwand,
kunstreich gewirkt.
7 Zwei Schulterteile soll er haben, die
angefügt sind; an seinen beiden Enden soll
er zusammengebunden werden.
8 Und die Binde, die daran ist, um ihn
anlegen zu können, soll von derselben
Arbeit und aus einem Stück mit ihm
sein, aus Gold, blauem und rotem Pur-
pur, Scharlach und gezwirnter feiner Lein-
wand.
9 Und du sollst zwei [a] Onyxsteine nehmen
und darauf eingraben die Namen der
Söhne Israels, *a* Kap 25,7
10 auf jeden sechs Namen nach der Ord-
nung ihres Alters.
11 Das sollst du tun in Steinschneiderar-
beit nach der Weise der Siegelstecher, und
sie sollen mit Goldgeflecht eingefaßt wer-
den.
12 Und du sollst sie auf die Schulterteile
des Schurzes heften, daß es Steine seien
zum gnädigen Gedenken an die Israeliten,
so daß Aaron ihre Namen auf seinen bei-
den Schultern trage vor dem HERRN, damit
der HERR ihrer gedenke.

13 Und du sollst andere Goldgeflechte machen

14 und zwei Ketten von feinem Golde wie gedrehte Schnüre und sollst die geflochtenen Ketten an diese Goldgeflechte tun.

15 ¶ Die Brusttasche für die Losentscheidungen sollst du wie den Priesterschurz machen, kunstreich gewirkt, aus Gold, blauem und rotem Purpur, Scharlach und gezwirnter feiner Leinwand.

16 Viereckig soll sie sein und doppelt gelegt; eine Spanne soll ihre Länge sein und eine Spanne ihre Breite.

17 Und du sollst sie besetzen mit vier Reihen von Steinen. Die erste Reihe sei ein Sarder, ein Topas und ein Smaragd,

18 die andere ein Rubin, ein Saphir und ein Diamant,

19 die dritte ein Lynkurer, ein Achat und ein Amethyst,

20 die vierte ein Türkis, ein Onyx und ein Jaspis; in Goldgeflecht sollen sie gefaßt sein.

21 Zwölf sollen es sein in Siegelstecherarbeit nach den Namen der Söhne Israels, daß auf jedem ein Name stehe nach den zwölf Stämmen.

22 ¶ Und du sollst Ketten zu der Tasche wie gedrehte Schnüre machen aus feinem Golde

23 und zwei goldene Ringe für die Tasche, so daß du die beiden Ringe an zwei Ecken der Tasche heftest

24 und die beiden goldenen Ketten in die beiden Ringe an den Ecken der Tasche tust.

25 Aber die beiden andern Enden der zwei Ketten sollst du an den beiden Goldgeflechten befestigen und sie an die Schulterteile des Priesterschurzes vorn anheften.

26 Und du sollst zwei andere goldene Ringe machen und an die beiden andern Ecken der Tasche heften an ihren Rand innen zum Schurz hin.

27 Und du sollst abermals zwei goldene Ringe machen und sie unten an die beiden Schulterteile vorn am Schurz anheften, wo der Schurz zusammengeht, oben über der Binde des Schurzes.

28 Und man soll die Tasche mit ihren Ringen mit einer Schnur von blauem Purpur an die Ringe des Schurzes knüpfen, daß sie über der Binde des Schurzes anliege und die Tasche sich nicht von dem Schurz losmache.

29 So soll Aaron die Namen der Söhne Israels in der Brusttasche auf seinem Herzen tragen, wenn er in das Heiligtum geht, zum gnädigen Gedenken vor dem HERRN allezeit.

30 Und du sollst in die Brusttasche tun die Lose [a]»Licht und Recht«, so daß sie auf dem Herzen Aarons seien, wenn er hineingeht vor den HERRN, daß er die Entscheidungen für die Israeliten auf seinem Herzen trage vor dem HERRN allezeit.

[a] 3.Mose 8,8; 4.Mose 27,21; 5.Mose 33,8

31 ¶ Du sollst auch das Obergewand unter dem Schurz ganz aus blauem Purpur machen.

32 Und oben in der Mitte soll eine Öffnung sein und eine Borte um die Öffnung herum in Weberarbeit wie bei einem Panzerhemd, daß sie nicht einreiße.

33 Und unten an seinem Saum sollst du Granatäpfel machen aus blauem und rotem Purpur und Scharlach ringsherum und zwischen sie goldene Schellen auch ringsherum,

34 daß eine goldene Schelle sei, danach ein Granatapfel, und wieder eine goldene Schelle und wieder ein Granatapfel ringsherum an dem Saum des Obergewandes.

35 Und Aaron soll es anhaben, wenn er dient, daß man seinen Klang höre, wenn er hineingeht ins Heiligtum vor den HERRN und wieder herauskommt; [a]so wird er nicht sterben.

[a] Kap 30,21; 3.Mose 16,2.13

36 ¶ Du sollst auch ein Stirnblatt machen aus feinem Golde und darauf eingraben, wie man Siegel eingräbt: »Heilig dem HERRN«.

37 Und du sollst es heften an eine Schnur von blauem Purpur vorn an den Kopfbund.

38 Und es soll sein auf der Stirn Aarons, damit Aaron bei allen ihren Opfern alle Sünde trage, die an den heiligen Gaben der Israeliten haftet. Und es soll allezeit an seiner Stirn sein, daß sie wohlgefällig seien vor dem HERRN.

39 ¶ Du sollst auch das Untergewand kunstreich wirken aus feiner Leinwand und einen Kopfbund aus feiner Leinwand machen und einen buntgewirkten Gürtel.

40 Und den Söhnen Aarons sollst du Untergewänder, Gürtel und hohe Mützen

machen, die herrlich und schön seien,[a]
a Vers 2

41 und sollst sie deinem Bruder Aaron samt seinen Söhnen anlegen und sollst sie salben und ihre Hände füllen* und sie weihen, daß sie meine Priester seien.[a]
a Kap 29,9.29-36

* Damit ist eine besondere Opfersitte bei der Priesterweihe gemeint, vgl. Kap 29,24 und 3.Mose 8,12.22-31.

42 Und du sollst ihnen leinene Beinkleider machen, um ihre Blöße zu bedecken, von den Hüften bis an die Schenkel.

43 Und Aaron und seine Söhne sollen sie anhaben, wenn sie in die Stiftshütte gehen oder hinzutreten zum Altar, um im Heiligtum zu dienen, damit sie keine Schuld auf sich laden und sterben müssen. Das soll für ihn und sein Geschlecht nach ihm eine ewige Ordnung sein.

Weihe der Priester und des Altars

(vgl. 3.Mose 8)

29 Dies ist's, was du mit ihnen tun sollst, daß sie mir zu Priestern geweiht werden: Nimm einen jungen Stier und zwei Widder ohne Fehler,

2 ungesäuertes Brot und ungesäuerte Kuchen, mit Öl vermengt, und ungesäuerte Fladen, mit Öl bestrichen; aus feinem Weizenmehl sollst du das alles machen

3 und sollst es in einen Korb legen und in dem Korbe herzubringen samt dem Stier und den beiden Widdern.

4 Und du sollst Aaron und seine Söhne vor die Tür der Stiftshütte treten lassen und sie mit Wasser waschen

5 und die Kleider nehmen und Aaron anziehen das Untergewand und das Obergewand und den Priesterschurz und die Brusttasche und sollst ihm den Schurz mit der Binde umgürten

6 und den Kopfbund auf sein Haupt setzen und den heiligen [a]Kronreif am Kopfbund befestigen.
a Kap 28,36; 39,30

7 Und du sollst das [a]Salböl nehmen und auf sein Haupt gießen und ihn salben.
a Kap 30,25

8 Und seine Söhne sollst du auch herzuführen und ihnen das Untergewand anziehen

9 und sie, Aaron und seine Söhne, mit Gürteln umgürten und den Söhnen die hohen Mützen aufsetzen, daß sie das Priestertum haben nach ewiger Ordnung. Und du sollst Aaron und seinen Söhnen [a]die Hände füllen.
a Kap 28,41

10 Und du sollst den jungen Stier herzuführen vor die Stiftshütte, und Aaron und seine Söhne sollen [a]ihre Hände auf den Kopf des Stieres legen.
a 3.Mose 1,4

11 Und du sollst den Stier schlachten vor dem HERRN, vor der Tür der Stiftshütte,

12 und sollst von seinem Blut nehmen und mit deinem Finger an die Hörner des Altars streichen und alles andere Blut an den Fuß des Altars schütten.

13 Und du sollst alles Fett am Eingeweide nehmen und den Lappen an der Leber und die beiden Nieren mit dem Fett daran und [a]sollst es auf dem Altar in Rauch aufgehen lassen.
a 3.Mose 3,16.17

14 Aber Fleisch, Fell und Mist des Stieres sollst du draußen vor dem Lager mit Feuer verbrennen; denn es ist ein Sündopfer.[a]
a 3.Mose 4,11.12

15 Und den einen Widder sollst du nehmen, und Aaron und seine Söhne sollen ihre Hände auf seinen Kopf legen.

16 Dann sollst du ihn schlachten und sein Blut nehmen und ringsum an den Altar sprengen.

17 Aber den Widder sollst du in seine Stücke zerlegen und seine Eingeweide und Schenkel waschen und sie zu seinen Stükken und seinem Kopf legen

18 und den ganzen Widder in Rauch aufgehen lassen auf dem Altar; denn es ist dem HERRN ein Brandopfer, ein lieblicher Geruch, ein [a]Feueropfer für den HERRN.
a 1.Sam 2,28

19 Den andern Widder aber sollst du nehmen, und Aaron und seine Söhne sollen ihre Hände auf seinen Kopf legen,

20 und du sollst ihn schlachten und von seinem Blut nehmen und es Aaron und seinen Söhnen an das rechte Ohrläppchen streichen und an den Daumen ihrer rechten Hand und an die große Zehe ihres rechten Fußes; und du sollst das Blut ringsum an den Altar sprengen.

21 Und du sollst von dem Blut auf dem Altar nehmen und Salböl und sollst Aaron und seine Kleider, seine Söhne und ihre Kleider damit besprengen. So werden er und seine Kleider, seine Söhne und ihre Kleider geweiht.

22 Danach sollst du nehmen [a]das Fett von dem Widder, den Fettschwanz und das Fett am Eingeweide, den Lappen an der

Leber und die beiden Nieren mit dem Fett daran und die rechte Keule – denn es ist der Widder der Einsetzung –

a 3.Mose 3,3.4

23 und ein Brot und einen Ölkuchen und einen Fladen aus dem Korbe mit dem ungesäuerten Brot, der vor dem HERRN steht.

24 Dann lege das alles auf die Hände Aarons und seiner Söhne und schwinge es als Schwingopfer vor dem HERRN.

25 Danach nimm es von ihren Händen und laß es in Rauch aufgehen auf dem Altar über dem Brandopfer zum lieblichen Geruch vor dem HERRN; denn es ist ein Feueropfer für den HERRN.

26 Und du sollst die Brust vom Widder der Einsetzung Aarons nehmen und sie vor dem HERRN schwingen. Das soll dein Anteil sein.

27 So sollst du [a]heiligen die Brust als Schwingopfer und die Keule als Hebopfer, die von dem Widder der Einsetzung Aarons und seiner Söhne genommen sind.

a 4.Mose 18,18

28 Und das soll Aaron und seinen Söhnen gehören als ewiges Anrecht bei den Israeliten, denn es ist ein Hebopfer. Und ein Hebopfer von den Israeliten soll es sein von ihren Dankopfern, ihr Hebopfer für den HERRN.

29 ¶Und die heiligen Kleider Aarons sollen nach ihm seine Söhne haben, [a]daß sie darin gesalbt und ihre Hände gefüllt werden.

a Kap 28,40.41

30 Wer von seinen Söhnen an seiner Statt Priester wird, der soll sie sieben Tage anziehen, wenn er in die Stiftshütte geht, um im Heiligtum zu dienen.

31 Und du sollst den Widder der Einsetzung nehmen und sein Fleisch an einem heiligen Ort kochen.

32 Und Aaron mit seinen Söhnen soll das Fleisch des Widders samt dem Brot im Korbe essen vor der Tür der Stiftshütte.

33 Sie sollen die Stücke essen, mit denen die Sühnung für sie vollzogen wurde, als man ihre Hände füllte und sie weihte. Kein anderer darf es essen, denn es ist heilig.[a]

a 3.Mose 10,17

34 Wenn aber etwas übrigbleibt von dem Fleisch der Einsetzung und von dem Brot bis zum Morgen, sollst du es mit Feuer verbrennen. Es darf nicht gegessen werden, denn es ist heilig.

35 So sollst du mit Aaron und seinen Söhnen alles tun, was ich dir geboten habe. Sieben Tage sollst du ihre Hände füllen

36 und täglich einen jungen Stier zum Sündopfer schlachten zur Sühnung und sollst den Altar entsündigen, indem du die Sühnung an ihm vollziehst, und sollst ihn salben, daß er geweiht werde.

37 Sieben Tage sollst du an dem Altar die Sühnung vollziehen und ihn [a]weihen; so wird er ein Hochheiliges. Wer den Altar anrührt, der ist dem Heiligtum verfallen.

a Kap 30,29

Das tägliche Opfer

(vgl. 4.Mose 28,3-8)

38 Und dies sollst du auf dem Altar tun: Zwei einjährige Schafe sollst du an jedem Tage darauf opfern,

39 ein Schaf am Morgen, das andere gegen Abend.[a]

a 2.Kön 16,15; Ps 141,2

40 Und zu dem einen Schaf einen Krug feinsten Mehls, vermengt mit einer viertel Kanne [a]zerstoßener Oliven, und eine viertel Kanne Wein zum Trankopfer.

a Kap 27,20

41 Mit dem andern Schaf sollst du tun gegen Abend wie mit dem Speisopfer und Trankopfer vom Morgen, zum lieblichen Geruch, ein Feueropfer für den HERRN.

42 ¶Das soll das [a]tägliche Brandopfer sein bei euren Nachkommen am [b]Eingang der Stiftshütte vor dem HERRN, wo ich euch begegnen und mit dir reden will.

a Kap 33,7 b Kap 25,2

43 Daselbst will ich den Israeliten begegnen, und das Heiligtum wird geheiligt werden durch meine Herrlichkeit.[a]

a Kap 33,10; 40,34

44 Und ich will die Stiftshütte und den Altar heiligen und Aaron und seine Söhne heiligen, daß sie meine Priester seien.

45 Und ich will [a]unter den Israeliten wohnen und [b]ihr Gott sein,

a Kap 25,8; Sach 2,14 b 3.Mose 26,12

46 daß sie erkennen sollen, ich sei [a]der HERR, ihr Gott, der sie aus Ägyptenland führte, damit ich unter ihnen wohne, ich, der HERR, ihr Gott.

a Kap 20,2

Der Räucheraltar

(vgl. Kap 37,25-28)

30 Du sollst auch einen Räucheraltar machen aus Akazienholz,

2 eine Elle lang und ebenso breit, vierek-

kig, und zwei Ellen hoch mit seinen Hörnern.

3 Und du sollst ihn mit feinem Golde überziehen, seine Platte und seine Wände ringsherum und seine Hörner. Und sollst einen Kranz von Gold ringsherum machen

4 und zwei goldene Ringe unter dem Kranz zu beiden Seiten, daß man Stangen hineintue und ihn damit trage.

5 Die Stangen sollst du auch aus Akazienholz machen und mit Gold überziehen.

6 Und du sollst ihn setzen vor den Vorhang, der vor der Lade mit dem Gesetz hängt, und vor den Gnadenthron, der auf der Lade mit dem Gesetz ist, [a]wo ich dir begegnen werde. *a* Kap 25,21.22

7 Und Aaron soll darauf verbrennen gutes [a]Räucherwerk jeden Morgen, wenn er die Lampen zurichtet. *a* Ps 141,2

8 Desgleichen, wenn er die Lampen anzündet gegen Abend, soll er solches Räucherwerk auch verbrennen. Das soll das tägliche Räucheropfer sein vor dem HERRN bei euren Nachkommen.

9 Ihr sollt kein [a]fremdes Räucherwerk darauf tun, auch kein Brandopfer, Speisopfer oder Trankopfer darauf opfern. *a* 3.Mose 10,1.2

10 Und Aaron soll [a]an den Hörnern dieses Altars einmal im Jahr die Sühnung vollziehen mit dem Blut des Sündopfers, das zur Sühnung dargebracht wird. Solche Sühnung soll jährlich einmal geschehen bei euren Nachkommen. Hochheilig ist der Altar dem HERRN. *a* 3.Mose 16,18

Die Steuer für das Heiligtum

11 Und der HERR redete mit Mose und sprach:

12 Wenn du die Israeliten [a]zählst, so soll ein jeder dem HERRN ein Sühnegeld geben, um sein Leben auszulösen, damit ihnen nicht eine Plage widerfahre, wenn sie gezählt werden. *a* 4.Mose 1,3; 2.Sam 24,2.3

13 Es soll aber jeder, der gezählt ist, einen halben Taler geben nach dem Münzgewicht des Heiligtums; ein Taler wiegt zwanzig Gramm. Dieser halbe Taler soll als [a]Opfergabe für den HERRN erhoben werden. *a* Mt 17,27

14 Wer gezählt ist von zwanzig Jahren an und darüber, der soll diese Opfergabe dem HERRN geben.

15 Der Reiche soll nicht mehr geben und der Arme nicht weniger als den halben Taler als Opfergabe für den HERRN zur Sühnung für euer Leben.

16 Und du sollst solches Sühnegeld nehmen von den Israeliten und es zum Dienst an der Stiftshütte geben, daß es sei für die Israeliten, zum gnädigen Gedenken vor dem HERRN, zur Sühnung für euer Leben.

Das kupferne Becken

17 Und der HERR redete mit Mose und sprach:

18 Du sollst auch ein Becken aus Kupfer machen mit einem Gestell aus Kupfer zum Waschen und sollst es setzen zwischen die Stiftshütte und den Altar und Wasser hineintun,[a] *a* Kap 38,8

19 daß Aaron und seine Söhne ihre Hände und Füße darin waschen,

20 wenn sie in die Stiftshütte gehen oder zum Altar, um zu dienen und Feueropfer zu verbrennen für den HERRN,

21 auf daß sie nicht sterben. Das soll eine ewige Ordnung sein für ihn und sein Geschlecht bei ihren Nachkommen.

Salböl und Räucherwerk

22 Und der HERR redete mit Mose und sprach:

23 Nimm dir die beste Spezerei: die edelste Myrrhe, fünfhundert Lot, und Zimt, die Hälfte davon, zweihundertundfünfzig, und Kalmus, auch zweihundertundfünfzig Lot,

24 und Kassia, fünfhundert nach dem Gewicht des Heiligtums, und eine Kanne Olivenöl.

25 Und mache daraus ein heiliges Salböl nach der Kunst des Salbenbereiters.[a] *a* Kap 37,29

26 Und du sollst damit salben die Stiftshütte und die Lade mit dem Gesetz,

27 den Tisch mit all seinem Gerät, den Leuchter mit seinem Gerät, den Räucheraltar,

28 den Brandopferaltar mit all seinem Gerät und das Becken mit seinem Gestell.

29 So sollst du sie weihen, daß sie [a]hochheilig seien. Wer sie anrührt, der ist dem Heiligtum verfallen. *a* Vers 10

30 Aaron und seine Söhne sollst du auch [a]salben und sie mir zu Priestern weihen. *a* Kap 29,7

31 Und du sollst mit den Israeliten reden und sprechen: Eine heilige Salbe soll mir dies Öl bei euren Nachkommen sein.

32 Auf keines andern Menschen Leib soll
es gegossen werden; du sollst es auch
sonst in der gleichen Mischung nicht her-
stellen, denn es ist heilig; darum soll es
euch als heilig gelten.
33 Wer solche Salbe macht oder einem
Unberufenen davon gibt, der soll aus sei-
nem Volk ausgerottet werden.
34 ¶Und der HERR sprach zu Mose:
Nimm dir Spezerei: Balsam, Stakte, Gal-
banum und reinen Weihrauch, vom einen
soviel wie vom andern,
35 und mache Räucherwerk daraus,
gemengt nach der Kunst des Salbenberei-
ters, gesalzen, rein, zum heiligen Ge-
brauch.
36 Und du sollst es zu Pulver stoßen und
sollst etwas davon vor die Lade mit dem
Gesetz in der Stiftshütte bringen, [a]wo ich
dir begegnen werde. Es soll euch ein
Hochheiliges sein. *a* Vers 6
37 Aber solches Räucherwerk sollt ihr für
euch nicht machen, sondern es soll dir als
dem HERRN geheiligt gelten.
38 Wer es macht, damit er sich an dem
Geruch erfreue, der soll ausgerottet wer-
den aus seinem Volk.

Berufung der Kunsthandwerker für die Stiftshütte

31 [a]Und der HERR redete mit Mose
und sprach: *a (1-6)* Kap 35,30-35
2 Siehe, ich habe mit Namen berufen
Bezalel, den Sohn Uris, des Sohnes Hurs,
vom Stamm Juda,
3 und habe ihn erfüllt mit dem Geist
Gottes, mit Weisheit und Verstand und
Erkenntnis und mit aller Geschicklichkeit,
4 kunstreich zu arbeiten in Gold, Silber,
Kupfer,
5 kunstreich Steine zu schneiden und ein-
zusetzen und kunstreich zu schnitzen in
Holz, um jede Arbeit zu vollbringen.
6 Und siehe, ich habe ihm beigegeben
Oholiab, den Sohn Ahisamachs, vom
Stamm Dan, und habe allen Künstlern die
Weisheit ins Herz gegeben, daß sie alles
machen können, was ich dir geboten habe:
7 [a]die Stiftshütte, die Lade mit dem
Gesetz, den Gnadenthron darauf und alle
Geräte in der Hütte, *a (7-11)* Kap 35,11-19
8 den Tisch und sein Gerät, den Leuchter
von reinem Gold und all sein Gerät, den
Räucheraltar,
9 den Brandopferaltar mit all seinem
Gerät, das Becken mit seinem Gestell,
10 die Amtskleider, die heiligen Kleider
des Priesters Aaron und die Kleider seiner
Söhne für den priesterlichen Dienst,
11 das Salböl und das Räucherwerk von
Spezerei für das Heiligtum. Ganz so, wie
ich dir geboten habe, sollen sie es machen.

Gebot der Sabbatfeier

(vgl. Kap 35,1-3)

12 Und der HERR redete mit Mose und
sprach:
13 Sage den Israeliten: Haltet meinen Sab-
bat; denn er ist ein Zeichen zwischen mir
und euch von Geschlecht zu Geschlecht,
damit ihr erkennt, daß ich der HERR bin,
der euch heiligt.[a] *a* Kap 20,8; Hes 20,12
14 Darum haltet meinen Sabbat, denn er
soll euch heilig sein. Wer ihn entheiligt,
der soll des Todes sterben. Denn [a]wer
eine Arbeit am Sabbat tut, der soll ausge-
rottet werden aus seinem Volk.
a 4.Mose 15,32-35; Jer 17,21-23
15 Sechs Tage soll man arbeiten, aber am
siebenten Tag ist Sabbat, völlige Ruhe, hei-
lig dem HERRN. Wer eine Arbeit tut am
Sabbattag, soll des Todes sterben.
16 Darum sollen die Israeliten den Sabbat
halten, daß sie ihn auch bei ihren Nach-
kommen halten als ewigen Bund.[a]
a Mk 2,27.28
17 Er ist ein ewiges Zeichen zwischen mir
und den Israeliten. Denn in sechs Tagen
machte der HERR Himmel und Erde, aber
am siebenten Tage ruhte er und erquickte
sich.[a] *a* Kap 16,23.25; 1.Mose 2,2

Übergabe der zwei Gesetzestafeln an Mose

18 Und als der HERR mit Mose zu Ende
geredet hatte auf dem Berge Sinai, gab er
ihm die beiden [a]Tafeln des Gesetzes; die
waren aus Stein und beschrieben von dem
Finger Gottes. *a* Kap 24,12; 32,15.16; 34,28;
5.Mose 4,13; 5,22; 9,10; 10,1-5

Das goldene Stierbild

32 [a]Als aber das Volk sah, daß Mose
ausblieb und nicht wieder von dem
Berge zurückkam, sammelte es sich gegen
Aaron und sprach zu ihm: Auf, mach uns
einen Gott, der vor uns hergehe! Denn
wir wissen nicht, was diesem Mann Mose
widerfahren ist, der uns aus Ägyptenland
geführt hat. *a (1-24)* 5.Mose 9,8-21

2 Aaron sprach zu ihnen: Reißt ab die goldenen Ohrringe an den Ohren eurer Frauen, eurer Söhne und eurer Töchter und bringt sie zu mir.

3 Da riß alles Volk sich die goldenen Ohrringe von den Ohren und brachte sie zu Aaron.

4 Und er nahm sie von ihren Händen und bildete das Gold in einer Form und [a]machte ein gegossenes Kalb. Und sie sprachen: Das ist dein Gott, Israel, der dich aus Ägyptenland geführt hat!

a 1.Kön 12,28; Ps 106,19.20; Apg 7,41

5 Als das Aaron sah, baute er einen Altar vor ihm und ließ ausrufen und sprach: Morgen ist des HERRN Fest.

6 Und sie standen früh am Morgen auf und opferten Brandopfer und brachten dazu Dankopfer dar. Danach [a]setzte sich das Volk, um zu essen und zu trinken, und sie standen auf, um ihre Lust zu treiben.

a 1.Kor 10,7

Moses Fürbitte

7 Der HERR sprach aber zu Mose: Geh, steig hinab; denn dein Volk, das du aus Ägyptenland geführt hast, hat schändlich gehandelt.

8 Sie sind schnell von dem Wege gewichen, den ich ihnen geboten habe. Sie haben sich ein gegossenes Kalb gemacht und haben's angebetet und ihm geopfert und gesagt: Das ist dein Gott, Israel, der dich aus Ägyptenland geführt hat.[a]

a Kap 20,4.23

9 Und der HERR sprach zu Mose: Ich sehe, daß es ein [a]halsstarriges Volk ist.

a 5.Mose 9,6; Jes 48,4; Apg 7,51

10 Und nun laß mich, daß mein Zorn über sie entbrenne und sie vertilge; dafür will ich dich zum großen Volk machen.[a]

a 4.Mose 14,11-20

11 Mose aber flehte vor dem HERRN, seinem Gott, und sprach: Ach HERR, warum will dein Zorn entbrennen über dein Volk, das du mit großer Kraft und starker Hand aus Ägyptenland geführt hast?

12 [a]Warum sollen die Ägypter sagen: Er hat sie zu ihrem Unglück herausgeführt, daß er sie umbrächte im Gebirge und vertilgte sie von dem Erdboden? Kehre dich ab von deinem grimmigen Zorn und laß dich des Unheils gereuen, das du über dein Volk bringen willst.

a 5.Mose 9,28; Jos 7,9

13 Gedenke an deine Knechte Abraham, Isaak und Israel, denen du bei dir selbst geschworen und verheißen hast: Ich will [a]eure Nachkommen mehren wie die Sterne am Himmel, und dies ganze Land, das ich verheißen habe, will ich euren Nachkommen geben, und sie sollen es besitzen für ewig.

a 1.Mose 15,5; 22,16.17; 26,4

14 Da gereute den HERRN das Unheil, das er seinem Volk zugedacht hatte.[a]

a Ps 85

Die Strafe für den Abfall

15 Mose wandte sich und stieg vom Berge und hatte die zwei Tafeln des Gesetzes in seiner Hand; die waren beschrieben auf beiden Seiten.

16 Und Gott hatte sie selbst gemacht und selber die Schrift eingegraben.[a]

a Kap 31,18

17 Als nun Josua das Geschrei des Volks hörte, sprach er zu Mose: Es ist ein Kriegsgeschrei im Lager.

18 Er antwortete: Es ist kein Geschrei wie bei einem Sieg, und es ist kein Geschrei wie bei einer Niederlage, ich höre Geschrei wie beim Tanz.

19 Als Mose aber nahe zum Lager kam und das Kalb und das Tanzen sah, entbrannte sein Zorn, und er warf die Tafeln aus der Hand und zerbrach sie unten am Berge

20 und nahm das Kalb, das sie gemacht hatten, und ließ es im Feuer zerschmelzen und zermalmte es zu Pulver und streute es aufs Wasser und gab's den Israeliten zu trinken.

21 Und er sprach zu Aaron: Was hat dir das Volk getan, daß du eine so große Sünde über sie gebracht hast?

22 Aaron sprach: Mein Herr lasse seinen Zorn nicht entbrennen. Du weißt, daß dies Volk böse ist.

23 Sie sprachen zu mir: Mache uns einen Gott, der vor uns hergehe; denn wir wissen nicht, was mit diesem Mann Mose geschehen ist, der uns aus Ägyptenland geführt hat.

24 Ich sprach zu ihnen: Wer Gold hat, der reiße es ab und gebe es mir. Und ich warf es ins Feuer; daraus ist das Kalb geworden.

25 ¶ Als nun Mose sah, daß das Volk zuchtlos geworden war – denn Aaron hatte sie zuchtlos werden lassen zum Gespött ihrer Widersacher –,

26 trat er in das Tor des Lagers und rief:

Her zu mir, wer dem HERRN angehört! Da
sammelten sich zu ihm alle Söhne Levi.
27 Und er sprach zu ihnen: So spricht der
HERR, der Gott Israels: Ein jeder gürte
sein Schwert um die Lenden und gehe
durch das Lager hin und her von einem
Tor zum andern und erschlage seinen Bru-
der, Freund und Nächsten.
28 Die Söhne Levi taten, wie ihnen Mose
gesagt hatte; und es fielen an dem Tage
vom Volk dreitausend Mann.
29 Da sprach Mose: [a]Füllt heute eure
Hände zum Dienst für den HERRN – denn
ein jeder ist wider seinen Sohn und Bru-
der gewesen –, damit euch heute [b]Segen
gegeben werde.

a Kap 28,41 *b* 4.Mose 3,6-10; 5.Mose 33,8-11

Die Demütigung des Volkes

30 Am nächsten Morgen sprach Mose
zum Volk: Ihr habt eine große Sünde
getan; nun will ich hinaufsteigen zu dem
HERRN, ob ich vielleicht Vergebung erwir-
ken kann für eure Sünde.
31 Als nun Mose wieder zu dem HERRN
kam, sprach er: Ach, das Volk hat eine
große Sünde getan, und sie haben sich
einen Gott von Gold gemacht.
32 Vergib ihnen doch ihre Sünde; wenn
nicht, dann tilge mich aus deinem Buch,
das du geschrieben hast.[a]

a Ps 69,29; Lk 10,20; Röm 9,3

33 Der HERR sprach zu Mose: Ich will den
aus meinem Buch tilgen, der an mir sün-
digt.
34 So geh nun hin und führe das Volk,
wohin ich dir gesagt habe. Siehe, [a]mein
Engel soll vor dir hergehen. [b]Ich werde
aber ihre Sünde heimsuchen, wenn meine
Zeit kommt.

a Kap 33,2.14 *b (34b und 35)* 4.Mose 14,27-30

35 Und der HERR schlug das Volk, weil sie
sich das Kalb gemacht hatten, das Aaron
angefertigt hatte.

33 ¶ Der HERR sprach zu Mose: Geh,
zieh von dannen, du und das Volk,
das du aus Ägyptenland geführt hast, in
das Land, von dem ich [a]Abraham, Isaak
und Jakob geschworen habe: Deinen
Nachkommen will ich's geben.

a 1.Mose 12,7

2 Und ich will [a]vor dir her senden einen
Engel und ausstoßen die Kanaaniter, Amo-
riter, Hetiter, Perisiter, Hiwiter und
Jebusiter

a Kap 23,20

3 und will dich bringen in das Land, darin
Milch und Honig fließt. Ich selbst will
nicht mit dir hinaufziehen, denn du bist
ein [a]halsstarriges Volk; ich würde dich
unterwegs vertilgen.

a Kap 32,9.10

4 Als das Volk diese harte Rede hörte,
trugen sie Leid, und niemand tat seinen
Schmuck an.
5 Und der HERR sprach zu Mose: Sage zu
den Israeliten: Ihr seid ein halsstarriges
Volk. Wenn ich nur einen Augenblick mit
dir hinaufzöge, würde ich dich vertilgen.
Und nun [a] lege deinen Schmuck ab, dann
will ich sehen, was ich dir tue.

a Joel 2,13

6 Und die Israeliten [a]taten ihren Schmuck
von sich an dem Berge Horeb.

a Jona 3,6

Das heilige Zelt.
Gottes Umgang mit Mose

7 Mose aber nahm das Zelt und schlug es
draußen auf, fern von dem Lager, und
nannte es Stiftshütte. Und [a]wer den
HERRN befragen wollte, mußte herausge-
hen zur Stiftshütte vor das Lager.

a Kap 29,42

8 Und wenn Mose hinausging zur Stifts-
hütte, so stand alles Volk auf, und jeder
trat in seines Zeltes Tür und sah ihm nach,
bis er zur Stiftshütte kam.
9 Und wenn Mose zur Stiftshütte kam, so
kam die Wolkensäule hernieder und stand
in der Tür der Stiftshütte, und der HERR
redete mit Mose.[a]

a 4.Mose 11,25; 5.Mose 31,15

10 Und alles Volk sah die Wolkensäule in
der Tür der Stiftshütte stehen, und sie
standen auf und neigten sich, ein jeder in
seines Zeltes Tür.
11 Der HERR aber [a]redete mit Mose von
Angesicht zu Angesicht, wie ein Mann mit
seinem Freunde redet. Dann kehrte er
zum Lager zurück; aber sein Diener und
Jünger Josua, der Sohn Nuns, wich nicht
aus der Stiftshütte.

a Vers 20; 4.Mose 12,8; 5.Mose 34,10

Mose begehrt, des Herrn Herrlichkeit zu schauen

12 Und Mose sprach zu dem HERRN:
Siehe, du sprichst zu mir: Führe das Volk
hinauf! und läßt mich nicht wissen, wen
du mit mir senden willst, wo du doch
gesagt hast: Ich kenne dich mit Namen,
und du hast Gnade vor meinen Augen
gefunden.[a]

a Vers 2.3.17

13 Hab ich denn Gnade vor deinen Augen
gefunden, so laß mich [a]deinen Weg wis-
sen, damit ich dich erkenne und Gnade
vor deinen Augen finde. Und sieh doch,
daß dies Volk dein Volk ist. a Ps 103,7
14 Er sprach: Mein [a]Angesicht soll voran-
gehen; ich will dich zur [b]Ruhe leiten.
a Jes 63,9 b Jos 21,44; Hebr 4,9
15 Mose aber sprach zu ihm: Wenn nicht
dein Angesicht vorangeht, so führe uns
nicht von hier hinauf.
16 Denn woran soll erkannt werden, daß
ich und dein Volk vor deinen Augen
Gnade gefunden haben, wenn nicht daran,
daß du mit uns gehst, [a]so daß ich und
dein Volk erhoben werden vor allen Völ-
kern, die auf dem Erdboden sind?
a 5.Mose 4,6-8
17 Der HERR sprach zu Mose: Auch das,
was du jetzt gesagt hast, will ich tun; denn
[a]du hast Gnade vor meinen Augen gefun-
den, und [b]ich kenne dich mit Namen.
a Vers 12 b Jes 43,1; 2.Tim 2,19
18 ¶ Und Mose sprach: Laß mich deine
[a]Herrlichkeit sehen! a Joh 1,14; 2.Kor 3,18
19 Und er sprach: Ich will vor deinem
Angesicht all meine Güte vorübergehen
lassen und will vor dir kundtun den
Namen des HERRN: [a]**Wem ich gnädig bin,**
dem bin ich gnädig, und wessen ich mich
erbarme, dessen erbarme ich mich.
a Röm 9,15
20 Und er sprach weiter: Mein Angesicht
kannst du nicht sehen; denn kein Mensch
wird leben, der mich sieht.[a]
a Kap 24,11; 1.Mose 32,31; Ri 6,22.23; 13,22.23;
Jes 6,5; 33,14; 1.Tim 6,16
21 Und der HERR sprach weiter: Siehe, es
ist ein Raum bei mir, da sollst du auf dem
Fels stehen.[a] a 1.Kön 19,8-13
22 Wenn dann [a]meine Herrlichkeit vor-
übergeht, will ich dich in die Felskluft stel-
len und [b]meine Hand über dir halten, bis
ich vorübergegangen bin.
a Kap 34,5.6 b Kap 24,11a
23 Dann will ich meine Hand von dir tun,
und du darfst hinter mir her sehen; aber
mein Angesicht kann man nicht sehen.

Neue Gesetzestafeln. Bundesschluß und Bundespflichten

34 Und der HERR sprach zu Mose:
Haue dir zwei steinerne Tafeln zu,
wie die ersten waren, daß ich die Worte
darauf schreibe, die auf den ersten Tafeln
standen, welche [a]du zerbrochen hast.
a Kap 32,19
2 Und sei morgen bereit, daß du früh auf
den Berg Sinai steigst und dort zu mir
trittst auf dem Gipfel des Berges.
3 Und laß niemand mit dir hinaufsteigen;
es soll auch niemand gesehen werden auf
dem ganzen Berge. Auch kein Schaf und
Rind laß weiden gegen diesen Berg hin.[a]
a Kap 19,12.13
4 Und Mose hieb zwei steinerne Tafeln
zu, wie die ersten waren, und stand am
Morgen früh auf und stieg auf den Berg
Sinai, wie ihm der HERR geboten hatte,
und nahm die zwei steinernen Tafeln in
seine Hand.
5 Da kam der HERR hernieder in einer
Wolke, und Mose trat daselbst zu ihm und
rief den Namen des HERRN an.
6 Und der HERR ging vor seinem Ange-
sicht vorüber, und er rief aus: **HERR, HERR,**
Gott, barmherzig und gnädig und geduldig
und von großer Gnade und Treue,[a]
a Kap 33,18-23; 4.Mose 14,18; Ps 103,8; Nah 1,3; 1.Joh 4,16
7 **der da Tausenden Gnade bewahrt und ver-**
gibt Missetat, Übertretung und Sünde, aber
ungestraft läßt er niemand, sondern sucht
die Missetat der Väter heim an Kindern und
Kindeskindern bis ins dritte und vierte
Glied![a] a Kap 20,5.6; Nah 1,2
8 Und Mose neigte sich eilends zur Erde
und betete an
9 und sprach: Hab ich, HERR, Gnade vor
deinen Augen gefunden, so gehe der Herr
in unserer Mitte, denn es ist ein [a]halsstar-
riges Volk; und vergib uns unsere Missetat
und Sünde und laß uns dein [b]Erbbesitz
sein. a Kap 33,3 b 5.Mose 32,9; Ps 28,9
10 ¶ Und der HERR sprach: Siehe, ich will
einen [a]Bund schließen: Vor deinem gan-
zen Volk will ich Wunder tun, wie sie nicht
geschehen sind in allen Landen und unter
allen Völkern, und das ganze Volk, in des-
sen Mitte du bist, soll des HERRN Werk
sehen; denn wunderbar wird sein, was ich
an dir tun werde. a Kap 19,5
11 Halte, was ich dir heute gebiete. Siehe,
ich will vor dir her ausstoßen die Amori-
ter, Kanaaniter, Hetiter, Perisiter, Hiwiter
und Jebusiter.
12 [a]Hüte dich, einen Bund zu schließen
mit den Bewohnern des Landes, in das du
kommst, damit sie dir nicht zum Fallstrick
werden in deiner Mitte; a Kap 23,32.33

13 sondern [a]ihre Altäre sollst du umstürzen und ihre Steinmale zerbrechen und ihre heiligen Pfähle umhauen; *a* Kap 23,24

14 denn du sollst keinen andern Gott anbeten. Denn der HERR heißt ein Eiferer; ein eifernder Gott ist er.[a] *a* Kap 20,3.5

15 Hüte dich, einen Bund zu schließen mit den Bewohnern des Landes, damit sie, wenn sie ihren Göttern nachlaufen und ihnen opfern, dich nicht einladen und du von ihrem Opfer ißt

16 und damit du für deine Söhne ihre Töchter nicht zu Frauen nimmst und diese dann ihren Göttern nachlaufen und machen, daß deine Söhne auch ihren Göttern nachlaufen![a] *a* 5.Mose 7,3; Ri 3,6; 1.Kön 11,2

17 ¶ Du sollst dir keine gegossenen Götterbilder machen.[a] *a* Kap 20,4

18 ¶ [a]Das Fest der Ungesäuerten Brote sollst du halten. Sieben Tage sollst du ungesäuertes Brot essen, wie ich dir geboten habe, zur Zeit des Monats Abib; denn im Monat Abib bist du aus Ägypten gezogen. *a (18-26)* Kap 23,14-19

19 ¶ Alle Erstgeburt ist mein, alle männliche Erstgeburt von deinem Vieh, es sei Stier oder Schaf.[a] *a* 1.Mose 4,4

20 Aber den Erstling des Esels sollst du mit einem Schaf auslösen. Wenn du ihn aber nicht auslöst, so brich ihm das Genick. Alle Erstgeburt unter deinen Söhnen sollst du auslösen.[a]

¶ Und daß niemand vor mir mit leeren Händen erscheine! *a* Kap 13,12-16

21 ¶ Sechs Tage sollst du arbeiten; am siebenten Tage sollst du ruhen, auch in der Zeit des Pflügens und des Erntens.

22 Das Wochenfest* sollst du halten mit den Erstlingen der Weizenernte, und das Fest der Lese, wenn das Jahr um ist.

* d.i. das Erntefest (vgl. Kap 23,16), das sieben Wochen nach dem Fest der Ungesäuerten Brote gehalten wurde (vgl. 3.Mose 23,15.16; 5.Mose 16,9.10).

23 Dreimal im Jahr soll alles, was männlich ist, erscheinen vor dem Herrscher, dem HERRN, dem Gott Israels.

24 Denn ich werde die Heiden vor dir ausstoßen und dein Gebiet weit machen, und niemand soll dein Land begehren, während du dreimal im Jahr hinaufgehst, um vor dem HERRN, deinem Gott, zu erscheinen.

25 ¶ Du sollst das Blut meines Opfers nicht darbringen zugleich mit dem Sauerteig, und das Opfer des Passafestes soll nicht über Nacht bleiben bis zum Morgen.

26 ¶ Das Beste von den ersten Früchten deines Ackers sollst du in das Haus des HERRN, deines Gottes, bringen.

¶ [a]Du sollst das Böcklein nicht kochen in seiner Mutter Milch. *a* Kap 23,19

27 ¶ Und der HERR sprach zu Mose: [a]Schreib dir diese Worte auf; denn aufgrund dieser Worte habe ich mit dir und mit Israel einen Bund geschlossen. *a* Kap 24,4

28 Und er war allda bei dem HERRN [a]vierzig Tage und vierzig Nächte und aß kein Brot und trank kein Wasser. Und er schrieb auf die [b]Tafeln die Worte des Bundes, die Zehn Worte. *a* Kap 24,18; Mt 4,2 *b* Kap 31,18

Der Glanz auf Moses Angesicht

29 Als nun Mose vom Berge Sinai herabstieg, hatte er die zwei Tafeln des Gesetzes in seiner Hand und wußte nicht, daß die Haut seines Angesichts glänzte, weil er mit Gott geredet hatte.

30 Als aber Aaron und ganz Israel sahen, daß die Haut seines Angesichts glänzte, fürchteten sie sich, ihm zu nahen.[a] *a* 2.Kor 3,7-18

31 Da rief sie Mose, und sie wandten sich wieder zu ihm, Aaron und alle Obersten der Gemeinde, und er redete mit ihnen.

32 Danach nahten sich ihm auch alle Israeliten. Und er gebot ihnen alles, was der HERR mit ihm geredet hatte auf dem Berge Sinai.

33 Und als er dies alles mit ihnen geredet hatte, legte er eine Decke auf sein Angesicht.

34 Und wenn er [a]hineinging vor den HERRN, mit ihm zu reden, tat er die Decke ab, bis er wieder herausging. Und wenn er herauskam und zu den Israeliten redete, was ihm geboten war, *a* Kap 33,8.9

35 sahen die Israeliten, wie die Haut seines Angesichts glänzte. Dann tat er die Decke auf sein Angesicht, bis er wieder hineinging, mit ihm zu reden.

DIE ERRICHTUNG DER STIFTSHÜTTE
(Kapitel 35–40)

Die Sabbatordnung

(vgl. Kap 31,12-17)

35 Und Mose versammelte die ganze Gemeinde der Israeliten und sprach

zu ihnen: Dies ist's, was der HERR gebo-
ten hat, daß ihr es tun sollt:
2 Sechs Tage sollt ihr arbeiten, den sie-
benten Tag aber sollt ihr heilig halten als
einen Sabbat völliger Ruhe, heilig dem
HERRN. Wer an diesem Tag arbeitet, soll
sterben.[a] *a* Kap 20,8-11; 34,21
3 Ihr sollt kein Feuer anzünden am Sab-
battag in allen euren Wohnungen.

Freiwillige Gaben für die Stiftshütte

(vgl. Kap 25,3-9; 31,7-11)

4 Und Mose sprach zu der ganzen
Gemeinde der Israeliten: Dies ist's, was
der HERR geboten hat:
5 Erhebt von eurem Besitz eine [a]Opfer-
gabe für den HERRN, so daß ein jeder die
Opfergabe für den HERRN freiwillig bringe:
Gold, Silber, Kupfer, *a* Kap 25,2
6 blauen und roten Purpur, Scharlach,
feine Leinwand und Ziegenhaar,
7 rotgefärbte Widderfelle, Dachsfelle und
Akazienholz,
8 Öl für die Lampen und Spezerei zum
Salböl und zu wohlriechendem Räucher-
werk,
9 Onyxsteine und eingefaßte Steine zum
Priesterschurz und zum Brustschild.
10 Und wer unter euch kunstverständig ist,
der komme und mache, was der HERR
geboten hat,
11 nämlich die Wohnung mit ihrem Zelt
und ihrer Decke, ihren Haken, Brettern,
Riegeln, Säulen und Füßen,
12 die Lade mit ihren Stangen, den Gna-
denthron und Vorhang,
13 den Tisch mit seinen Stangen und all
seinem Gerät und die Schaubrote,
14 den Leuchter und sein Gerät und seine
Lampen und das Öl zum Licht,
15 den Räucheraltar mit seinen Stangen,
das Salböl und das wohlriechende Räu-
cherwerk, die Decke vor der Tür der Woh-
nung,
16 den Brandopferaltar mit seinem Gitter
aus Kupfer, seinen Stangen und all seinem
Gerät, das Becken mit seinem Gestell;
17 den Behang des Vorhofs, seine Säulen
und Füße und die Decke des Tors am Vor-
hof,
18 die Zeltpflöcke der Wohnung und des
Vorhofs mit ihren Seilen,
19 die Amtskleider zum Dienst im Heilig-
tum, die heiligen Kleider Aarons, des Prie-
sters, samt den Kleidern seiner Söhne für
den priesterlichen Dienst.
20 ¶ Da ging die ganze Gemeinde der Is-
raeliten von Mose weg.
21 Und alle, die es [a]gern und freiwillig
gaben, kamen und brachten dem HERRN
die Opfergabe zur Errichtung der Stifts-
hütte und für allen Dienst darin und für
die heiligen Kleider. *a* 1.Chr 29,5.9; 2.Kor 9,7
22 Es brachten aber Männer und Frauen
freiwillig Spangen, Ohrringe, Ringe und
Geschmeide und allerlei goldenes Gerät,
ein jeder das Gold, das er zur Gabe für
den HERRN bestimmt hatte.
23 Und wer bei sich blauen und roten Pur-
pur fand, Scharlach, feine Leinwand, Zie-
genhaar, rotgefärbte Widderfelle und
Dachsfelle, der brachte sie.
24 Und wer eine Opfergabe von Silber und
Kupfer geben wollte, der brachte es dem
HERRN als Opfergabe. Und wer Akazien-
holz hatte, der brachte es zu allerlei Ver-
wendung für den Dienst.
25 Und alle Frauen, die diese Kunst ver-
standen, spannen mit ihren Händen und
brachten ihr Gespinst, blauen und roten
Purpur, Scharlach und feine Leinwand.
26 Und alle Frauen, die solche Arbeit ver-
standen und willig dazu waren, spannen
Ziegenhaare.
27 Die Stammesfürsten aber brachten
Onyxsteine und eingefaßte Steine für den
Priesterschurz und die Brusttasche
28 und Spezerei und Öl für den Leuchter
und für das Salböl und für das wohlrie-
chende Räucherwerk.
29 So brachten die Israeliten, Männer und
Frauen, die ihr Herz dazu trieb, freiwillige
Gaben zu allem Werk, das der HERR durch
Mose geboten hatte.

Beauftragung der Kunsthandwerker

(vgl. Kap 31,1-6)

30 Und Mose sprach zu den Israeliten:
Sehet, der HERR hat mit Namen berufen
den Bezalel, den Sohn Uris, des Sohnes
Hurs, vom Stamm Juda,
31 und hat ihn erfüllt mit dem Geist
Gottes, daß er weise, verständig und
geschickt sei zu jedem Werk,
32 kunstreich zu arbeiten in Gold, Silber
und Kupfer,
33 Edelsteine zu schneiden und einzuset-
zen, Holz zu schnitzen, um jede kunstrei-
che Arbeit zu vollbringen.

34 Und er hat ihm auch die Gabe zu unter-
weisen ins Herz gegeben, ihm und Oho-
liab, dem Sohn Ahisamachs, vom Stamm
Dan.
35 Er hat ihr Herz mit Weisheit erfüllt, zu
machen alle Arbeiten des Goldschmieds
und des Kunstwirkers und des Buntwir-
kers mit blauem und rotem Purpur, Schar-
lach und feiner Leinwand und des Webers,
daß sie jedes Werk ausführen und kunst-
reiche Entwürfe ersinnen können.

36 ¶So sollen denn arbeiten Bezalel
und Oholiab und alle Künstler,
denen der HERR Weisheit und Verstand
gegeben hat zu wissen, wie sie alle Arbeit
ausführen sollen zum Dienst des Heilig-
tums, ganz nach dem Gebot des HERRN.
2 Und Mose berief Bezalel und Oholiab
und alle Künstler, denen der HERR Weis-
heit ins Herz gegeben hatte, alle, die sich
freiwillig erboten, ans Werk zu gehen und
es auszurichten.
3 Und sie empfingen von Mose alle Opfer,
die die Israeliten gebracht hatten, um die
Arbeiten zum Dienst des Heiligtums aus-
zuführen. Und man brachte auch weiter-
hin alle Morgen freiwillige Gaben zu ihm.
4 ¶Da kamen alle Künstler, die am Werk
des Heiligtums arbeiteten, ein jeder von
der Arbeit, die er machte,
5 und sprachen zu Mose: Das Volk bringt
zu viel, mehr als zum Dienst dieses
Werkes nötig ist, das der HERR zu machen
geboten hat.
6 Da gebot Mose, daß man durchs Lager
rufen ließe: Niemand, weder Mann noch
Frau, soll hinfort noch etwas bringen als
Opfergabe für das Heiligtum. Da brachte
das Volk nichts mehr.
7 Denn es war genug gebracht worden zu
allen Arbeiten, die zu machen waren, und
es war noch übriggeblieben.

Die Herstellung des Heiligtums

(vgl. Kap 26)

8 So machten alle Künstler unter den
Arbeitern die Wohnung aus zehn Teppi-
chen von gezwirnter feiner Leinwand,
blauem und rotem Purpur und Scharlach,
und Cherubim waren eingewebt in kunst-
reicher Arbeit.
9 Die Länge eines Teppichs war achtund-
zwanzig Ellen und die Breite vier Ellen,
und alle waren von **einem** Maß.
10 Und er fügte je fünf Teppiche zu einem
Stück zusammen, einen an den andern.
11 Und er machte blaue Schlaufen an jedes
Stück am Rande, wo die beiden Stücke
zusammengeheftet werden sollten,
12 fünfzig Schlaufen an jedes Stück, daß
eine Schlaufe der andern gegenüber-
stünde.
13 Und er machte fünfzig goldene Haken
und heftete die Teppiche mit den Haken
einen an den andern zusammen, daß es
eine Wohnung würde.
14 Und er machte elf Teppiche von Zie-
genhaaren zum Zelte über die Wohnung,
15 dreißig Ellen lang und vier Ellen breit,
alle von **einem** Maß,
16 und fügte fünf zusammen zu dem einen
Stück und sechs zusammen zum andern
Stück.
17 Und er machte fünfzig Schlaufen an
jedes Stück an dem Rande, wo die Stücke
zusammengeheftet werden sollten,
18 und machte je fünfzig Haken aus Kup-
fer, damit das Zelt mit ihnen zusammen-
gefügt würde.
19 Und er machte eine Decke über das
Zelt von rotgefärbten Widderfellen und
darüber noch eine Decke von Dachsfel-
len.
20 Und er machte Bretter für die Woh-
nung, aus Akazienholz, zum Aufstellen,
21 ein jedes zehn Ellen lang und andert-
halb Ellen breit
22 und an jedem zwei Zapfen, damit eins
an das andere gesetzt würde. So machte er
alle Bretter für die Wohnung,
23 daß zwanzig Bretter nach Süden stan-
den.
24 Und er machte vierzig silberne Füße
darunter, unter jedes Brett zwei Füße für
seine zwei Zapfen.
25 Ebenso machte er auf der andern Seite
der Wohnung nach Norden zwanzig Bret-
ter
26 mit vierzig silbernen Füßen, unter jedes
Brett zwei Füße.
27 Und für die Rückseite der Wohnung
nach Westen machte er sechs Bretter
28 und zwei andere für die zwei Ecken an
der Rückseite der Wohnung,
29 daß beide mit ihren Eckbrettern unten
und oben durch Zapfen verbunden wur-
den,
30 so daß es acht Bretter wurden und sech-
zehn silberne Füße, unter jedem zwei
Füße.

31 ¶Und er machte Riegel aus Akazien-
holz, fünf zu den Brettern auf der einen
Langseite der Wohnung
32 und fünf auf der andern Langseite und
fünf auf der Rückseite nach Westen.
33 Und er machte den Mittelriegel, daß er
in halber Höhe an den Brettern entlanglief
von einem Ende zum andern.
34 Und er überzog die Bretter mit Gold,
und ihre Ringe machte er aus Gold, daß
man die Riegel hineintäte, und überzog
die Riegel mit Gold.
35 ¶Und er machte den Vorhang mit den
Cherubim in kunstreicher Arbeit, aus
blauem und rotem Purpur, Scharlach und
gezwirnter feiner Leinwand,
36 und für ihn vier Säulen aus Akazien-
holz und überzog sie mit Gold, und ihre
Nägel waren aus Gold, und er goß dazu
vier silberne Füße.
37 Und er machte eine Decke für den Ein-
gang des Zeltes aus blauem und rotem
Purpur, Scharlach und gezwirnter feiner
Leinwand, in Buntwirkerarbeit,
38 und dazu fünf Säulen mit ihren Nägeln
und überzog ihre Köpfe und Ringbänder
mit Gold und machte fünf Füße aus Kup-
fer daran.

Die Bundeslade

(vgl. Kap 25,10-22)

37 Und Bezalel machte die Lade aus
Akazienholz, zwei und eine halbe
Elle lang, anderthalb Ellen breit und
ebenso hoch,
2 und überzog sie mit feinem Golde innen
und außen und machte ihr einen golde-
nen Kranz ringsherum.
3 Und er goß vier goldene Ringe für ihre
vier Ecken, für jede Seite zwei,
4 und machte Stangen aus Akazienholz
und überzog sie mit Gold
5 und tat sie in die Ringe an den Seiten
der Lade, so daß man sie tragen konnte.
6 Und er machte den Gnadenthron aus
feinem Golde, zwei und eine halbe Elle
lang und anderthalb Ellen breit,
7 und zwei Cherubim aus getriebenem
Golde an die beiden Enden des Gnaden-
thrones,
8 einen Cherub an diesem, den andern an
jenem Ende.
9 Und die Cherubim breiteten ihre Flügel
nach oben aus und bedeckten damit den
Gnadenthron, und sie standen Antlitz
gegen Antlitz und sahen auf den
Gnadenthron.

Der Tisch für die Schaubrote

(vgl. Kap 25,23-30)

10 Und er machte den Tisch aus Akazien-
holz, zwei Ellen lang, eine Elle breit und
anderthalb Ellen hoch,
11 und überzog ihn mit feinem Golde und
machte ihm einen goldenen Kranz rings-
herum
12 und machte ihm eine Leiste rings-
herum, eine Handbreit hoch, und einen
goldenen Kranz um die Leiste.
13 Und er goß für ihn vier goldene Ringe
und befestigte sie an den vier Ecken an
seinen vier Füßen,
14 dicht unter der Leiste, daß man die
Stangen hineintun und den Tisch tragen
könnte.
15 Und er machte die Stangen aus Akazien-
holz und überzog sie mit Gold, daß man
den Tisch damit trüge.
16 Und er machte auch aus feinem Golde
das Gerät für den Tisch: Schüsseln und
Schalen, Kannen und Becher, in denen
man das Trankopfer darbringen sollte.

Der Leuchter

(vgl. Kap 25,31-40)

17 Und er machte den Leuchter aus fei-
nem, getriebenem Golde. Daran waren
der Fuß und der Schaft, Kelche und
Knäufe und Blumen.
18 Sechs Arme gingen von seinen Seiten
aus, nach jeder Seite drei Arme.
19 Drei Kelche waren an jedem Arm mit
Knäufen und Blumen.
20 An dem Leuchter aber waren vier Kel-
che mit Knäufen und Blumen,
21 je ein Knauf unter zwei von den sechs
Armen, die von ihm ausgingen.
22 Und die Knäufe und Arme waren aus
einem Stück mit ihm, und alles war aus
getriebenem, feinem Gold.
23 Und er machte die sieben Lampen mit
ihren Lichtscheren und Löschnäpfen aus
feinem Gold.
24 Aus einem Zentner feinen Goldes
machte er ihn und all sein Gerät.

Räucheraltar, Salböl und Räucherwerk

(vgl. Kap 30,1-5.22-38)

25 Er machte auch den Räucheraltar aus
Akazienholz, eine Elle lang und ebenso

breit, viereckig, und zwei Ellen hoch mit
seinen Hörnern
26 und überzog ihn mit feinem Golde,
seine Platte und seine Wände ringsherum
und seine Hörner, und machte ihm einen
Kranz ringsherum von Gold
27 und zwei goldene Ringe unter dem
Kranz zu beiden Seiten, daß man Stangen
hineintäte und ihn damit trüge.
28 Und die Stangen machte er aus Aka-
zienholz und überzog sie mit Gold.
29 ¶ Und er machte das heilige Salböl und
das Räucherwerk aus reiner Spezerei nach
der Kunst des Salbenbereiters.

Der Brandopferaltar und das kupferne Becken

(vgl. Kap 27,1-8; 30,18-21)

38 Und er machte den Brandopferaltar
aus Akazienholz, fünf Ellen lang
und ebenso breit, viereckig, und drei Ellen
hoch,
2 und vier Hörner, die mit ihm verbunden
waren, auf seinen vier Ecken und überzog
ihn mit Kupfer.
3 Und er machte alle Geräte zu dem Altar,
Töpfe für die Asche, Schaufeln, Becken,
Gabeln, Kohlenpfannen, alles aus Kupfer.
4 Und er machte am Altar ein Gitterwerk
aus Kupfer wie ein Netz ringsherum von
unten her bis zur Mitte des Altars
5 und goß vier Ringe an die vier Enden
des kupfernen Gitters für die Stangen.
6 Diese machte er aus Akazienholz und
überzog sie mit Kupfer
7 und tat sie in die Ringe an den Seiten
des Altars, daß man ihn damit trüge. Und
er machte ihn so, daß er inwendig hohl
war.
8 ¶ Und er machte das Becken aus Kupfer
und sein Gestell auch aus Kupfer von den
Spiegeln der Frauen, die vor der Tür der
Stiftshütte Dienst taten.

Der Vorhof

(vgl. Kap 27,9-19)

9 Und er machte den Vorhof: nach Süden
Behänge, hundert Ellen lang, von gezwirn-
ter feiner Leinwand,
10 mit zwanzig Säulen und zwanzig Füßen
aus Kupfer, aber ihre Nägel und Ringbän-
der aus Silber;
11 desgleichen nach Norden, hundert
Ellen lang mit zwanzig Säulen und zwan-
zig Füßen aus Kupfer, aber ihre Nägel und
Ringbänder aus Silber;
12 nach Westen aber fünfzig Ellen lang mit
zehn Säulen und zehn Füßen, aber ihre
Nägel und Ringbänder aus Silber;
13 nach Osten auch fünfzig Ellen;
14 fünfzehn Ellen auf einer Seite mit drei
Säulen und drei Füßen,
15 und auf der andern Seite auch fünfzehn
Ellen mit drei Säulen und drei Füßen, zu
beiden Seiten des Tors am Vorhof.
16 Alle Behänge des Vorhofs waren von
gezwirnter feiner Leinwand
17 und die Füße der Säulen aus Kupfer
und ihre Nägel aus Silber, und ihre Köpfe
waren überzogen mit Silber, und ihre Ring-
bänder waren silbern an allen Säulen des
Vorhofs.
18 Und die Decke für das Tor des Vorhofs
machte er in Buntwirkerarbeit aus blauem
und rotem Purpur, Scharlach und gezwirn-
ter feiner Leinwand, zwanzig Ellen lang
und fünf Ellen hoch, nach dem Maß der
Behänge des Vorhofs,
19 dazu vier Säulen und vier Füße aus
Kupfer und ihre Nägel aus Silber und ihre
Köpfe und ihre Ringbänder, überzogen
mit Silber.
20 Und alle Zeltpflöcke der Wohnung und
des Vorhofs ringsherum waren aus Kupfer.

Die Aufwendungen für das Heiligtum

21 Dies ist die Summe der Aufwendun-
gen für die Wohnung des Gesetzes, die
nach dem Gebot des Mose errechnet
wurde von den Leviten unter der Leitung
[a] Itamars, des Sohnes Aarons, des Prie-
sters. *a 4.Mose 4,28*
22 [a] Bezalel aber, der Sohn Uris, des
Sohnes Hurs, vom Stamme Juda, hatte
alles gemacht, was der HERR dem Mose
geboten hatte, *a (22 und 23) Kap 31,1-11*
23 und mit ihm Oholiab, der Sohn Ahisa-
machs, vom Stamme Dan, ein Schmied,
Schnitzer, Kunstweber und Buntwirker in
blauem und rotem Purpur, Scharlach und
feiner Leinwand.
24 Alles Gold, das verarbeitet ist zu die-
sem ganzen Werk des Heiligtums und das
als Gabe gespendet war, beträgt 29 Zent-
ner 730 Lot nach dem Gewicht des Heilig-
tums.
25 Das Silber aber, das die Zählung der
Gemeinde erbrachte, betrug 100 Zentner

1775 Lot nach dem Gewicht des Heilig-
tums,
[26]auf den Kopf [a] ein halbes Lot nach dem
Gewicht des Heiligtums von allen, die
gezählt wurden von zwanzig Jahren an und
darüber, [b]603 550 Mann.

a Kap 30,12-16 *b* 4. Mose 1,46

[27]Aus den hundert Zentnern Silber goß
man die Füße der Bretter und die Füße
des Vorhangs, hundert Füße aus hundert
Zentnern, je einen Zentner für einen Fuß.
[28]Und aus den 1775 Lot wurden die Nägel
der Säulen gemacht und ihre Köpfe und
ihre Ringbänder überzogen.
[29]Das Kupfer aber, das gespendet war,
betrug 70 Zentner 2400 Lot.
[30]Daraus wurden gemacht die Füße an
der Tür der Stiftshütte und der Altar und
das Gitterwerk daran und alle Geräte des
Altars,
[31]dazu die Füße des Vorhofs ringsherum
und die Füße des Tors am Vorhof, alle
Zeltpflöcke der Wohnung und alle Zelt-
pflöcke des Vorhofs ringsherum.

Die Kleidung der Priester

(vgl. Kap 28)

39 Und aus dem blauen und roten Pur-
pur und dem Scharlach machten sie
Amtskleider zum Dienst im Heiligtum,
und sie machten die heiligen Kleider für
Aaron, wie der HERR es Mose geboten
hatte.
[2]Und sie machten den Priesterschurz aus
Gold, blauem und rotem Purpur, Schar-
lach und gezwirnter feiner Leinwand.
[3]Und sie schlugen Goldplatten und
schnitten sie zu Fäden, daß man sie in
Kunstwirkerarbeit unter den blauen und
roten Purpur, den Scharlach und die feine
Leinwand einweben konnte.
[4]Schulterteile machten sie, die an den
Schurz angefügt wurden, und an seinen
beiden Enden wurde er zusammengebun-
den.
[5]Und seine Binde war von derselben
Arbeit, aus einem Stück mit ihm, aus
Gold, blauem und rotem Purpur, Schar-
lach und gezwirnter feiner Leinwand, wie
der HERR es Mose geboten hatte.
[6]¶Und sie faßten zwei Onyxsteine rings-
herum mit Gold ein und gruben darauf
ein nach der Weise der Siegelstecher die
Namen der Söhne Israels.
[7]Und er heftete sie auf die Schulterteile
des Schurzes, daß es Steine seien zum gnä-
digen Gedenken an die Israeliten vor dem
HERRN, wie der HERR es Mose geboten
hatte.
[8]¶Und sie machten die Brusttasche,
kunstreich gewirkt wie der Priesterschurz,
aus Gold, blauem und rotem Purpur,
Scharlach und gezwirnter feiner Leinwand,
[9]daß sie viereckig war und doppelt gelegt,
eine Spanne lang und ebenso breit,
[10]und besetzten sie mit vier Reihen
Steinen: die erste Reihe war ein Sarder,
ein Topas und ein Smaragd,
[11]die andere ein Rubin, ein Saphir und
ein Diamant,
[12]die dritte ein Lynkurer, ein Achat und
ein Amethyst,
[13]die vierte ein Türkis, ein Onyx und ein
Jaspis, ringsherum eingefaßt mit Gold in
allen Reihen.
[14]Und die Steine trugen die zwölf Namen
der Söhne Israels, eingegraben in Siegel-
stecherarbeit, so daß auf einem jeden ein
Name stand nach den zwölf Stämmen.
[15]Und sie machten an der Tasche Ketten
wie gedrehte Schnüre, aus feinem Golde,
[16]und zwei Goldgeflechte und zwei gol-
dene Ringe und hefteten die beiden Ringe
an die beiden oberen Ecken der Tasche.
[17]Und die beiden goldenen Ketten taten
sie in die beiden Ringe an den Ecken der
Tasche.
[18]Aber die beiden andern Enden der Ket-
ten taten sie an die beiden Goldgeflechte
und hefteten sie vorne auf die Schulter-
teile des Schurzes.
[19]Und sie machten zwei andere goldene
Ringe und hefteten sie an die beiden ande-
ren Ecken der Tasche an ihren Rand innen
zum Schurz hin;
[20]und sie machten zwei andere goldene
Ringe, die taten sie unten an die beiden
Schulterteile vorn am Schurz, wo er
zusammengeht, oben über der Binde des
Schurzes,
[21]und knüpften die Tasche mit ihren Rin-
gen an die Ringe des Schurzes mit einer
Schnur aus blauem Purpur, daß sie über
der Binde des Schurzes anliege und sich
nicht von dem Schurz losmache, wie der
HERR es Mose geboten hatte.
[22]¶Und dazu machte er das Obergewand
zum Priesterschurz, gewirkt, ganz aus
blauem Purpur,
[23]und seine Öffnung oben in der Mitte

und eine Borte um die Öffnung herum
wie bei einem Panzerhemd, daß sie nicht
einreiße.
24 Und sie machten an seinen Saum Gra-
natäpfel aus blauem und rotem Purpur,
Scharlach und gezwirnter feiner Leinwand
25 und machten Schellen aus feinem
Golde; die taten sie zwischen die Granat-
äpfel ringsherum am Saum des Oberge-
wandes,
26 je einen Granatapfel und eine Schelle
ringsherum am Saum, für den Dienst, wie
der HERR es Mose geboten hatte.
27 Und sie machten auch die Untergewän-
der aus feiner Leinwand, gewebt, für
Aaron und seine Söhne,
28 und den Kopfbund aus feiner Leinwand
und die hohen Mützen aus feiner Lein-
wand und Beinkleider aus gezwirnter fei-
ner Leinwand
29 und den Gürtel in Buntwirkerarbeit aus
gezwirnter feiner Leinwand, blauem und
rotem Purpur und Scharlach, wie der
HERR es Mose geboten hatte.
30 ¶Sie machten auch das Stirnblatt, den
[a]heiligen Kronreif, aus feinem Gold und
gruben als Schrift ein: »Heilig dem
HERRN«. *a* Kap 29,6; 3. Mose 8,9
31 Und sie banden eine Schnur aus
blauem Purpur daran, daß sie an dem
Kopfbund oben angeheftet würde, wie der
HERR es Mose geboten hatte.

Mose prüft die vollendeten Arbeiten

32 Also wurde vollendet das ganze Werk
der Wohnung der Stiftshütte. Und die Is-
raeliten taten alles, was der HERR dem
Mose geboten hatte.
33 Und sie brachten die Wohnung zu
Mose: das Zelt und alle seine Geräte,
Haken, Bretter, Riegel, Säulen, Füße,
34 die Decke von rotgefärbten Widderfel-
len, die Decke von Dachsfellen und den
Vorhang,
35 die Lade mit dem Gesetz samt ihren
Stangen, den Gnadenthron,
36 den Tisch und alle seine Geräte und
die Schaubrote,
37 den Leuchter aus feinem Gold mit den
Lampen zum Aufsetzen und all seinem
Gerät und das Öl für den Leuchter,
38 den goldenen Altar und das Salböl und
das wohlriechende Räucherwerk, die
Decke für den Eingang des Zeltes,
39 den kupfernen Altar und sein kupfernes
Gitter mit seinen Stangen und seinem gan-
zen Gerät, das Becken mit seinem Gestell,
40 die Behänge des Vorhofs mit seinen
Säulen und Füßen, die Decke vor dem
Tor des Vorhofs mit seinen Seilen und
Zeltpflöcken und alles Gerät zum Dienst
der Wohnung der Stiftshütte,
41 die Amtskleider des Priesters Aaron für
den Dienst im Heiligtum und die Kleider
seiner Söhne für den priesterlichen Dienst.
42 Ganz so, wie der HERR es Mose gebo-
ten hatte, hatten die Israeliten alle Arbei-
ten ausgeführt.
43 Und Mose sah dies ganze Werk an, und
siehe, sie hatten es gemacht, wie der HERR
geboten hatte. Und er segnete sie.

Aufrichtung und Einweihung der Stiftshütte

40 Und der HERR redete mit Mose und
sprach:
2 Du sollst die Wohnung der Stiftshütte
aufrichten [a]am ersten Tage des ersten
Monats. *a* Vers 17; Kap 12,2; 19,1
3 Und du sollst die Lade mit dem Gesetz
hineinstellen und vor die Lade den Vor-
hang hängen;
4 und du sollst den Tisch hineinbringen
und die Schaubrote auflegen und den
Leuchter hineinstellen und die Lampen
darauf setzen;
5 und du sollst den goldenen Räucheral-
tar vor die Lade mit dem Gesetz stellen
und die Decke in der Tür der Wohnung
aufhängen.
6 Den Brandopferaltar aber sollst du
außen vor die Tür der Wohnung der Stifts-
hütte setzen
7 und das Becken zwischen die Stiftshütte
und den Altar und Wasser hineintun
8 und den Vorhof ringsherum herstellen
und die Decke in der Tür des Vorhofs
aufhängen.
9 Und du sollst das Salböl nehmen und
die Wohnung und alles, was darin ist, sal-
ben und sollst sie weihen mit ihrem gan-
zen Gerät, daß sie heilig sei.
10 Und du sollst den Brandopferaltar sal-
ben mit seinem ganzen Gerät und weihen,
daß er hochheilig sei.
11 Und du sollst auch das Becken und sein
Gestell salben und weihen.
12 Und du sollst Aaron und seine Söhne
vor die Tür der Stiftshütte treten lassen
und sie mit Wasser waschen

[13]und Aaron die heiligen Kleider anzie-
hen und ihn salben und weihen, daß er
mein Priester sei;
[14]und du sollst seine Söhne auch herzu-
führen und ihnen die Untergewänder
anziehen
[15]und sie salben, wie du ihren Vater
gesalbt hast, daß sie meine Priester seien.
Und diese Salbung sollen sie haben zum
ewigen Priestertum von Geschlecht zu
Geschlecht.
[16]Und Mose tat alles, wie ihm der HERR
geboten hatte.
[17]¶Also wurde die Wohnung aufgerich-
tet im zweiten Jahr am ersten Tage des
ersten Monats.
[18]Und Mose richtete die Wohnung auf
und setzte ihre Füße hin und stellte die
Bretter darauf und brachte die Riegel an
und richtete die Säulen auf
[19]und breitete das Zeltdach aus über der
Wohnung und legte die Decke des Zeltes
oben darauf, wie der HERR ihm geboten
hatte.
[20]¶Und er nahm das Gesetz und legte es
in die Lade und tat die Stangen an die
Lade und setzte den Gnadenthron oben
auf die Lade
[21]und brachte die Lade in die Wohnung
und hängte den Vorhang auf und verhüllte
so die Lade des Gesetzes, wie ihm der
HERR geboten hatte,
[22]und setzte den Tisch in die Stiftshütte
an die Seite der Wohnung nach Norden,
außen vor dem Vorhang,
[23]und legte die Schaubrote auf vor dem
HERRN, wie ihm der HERR geboten hatte,
[24]und setzte den Leuchter auch hinein
gegenüber dem Tisch an die Seite der
Wohnung nach Süden
[25]und setzte die Lampen auf vor dem
HERRN, wie ihm der HERR geboten hatte.
[26]Und er setzte den goldenen Altar hin-
ein vor den Vorhang
[27]und räucherte darauf mit wohlriechen-
dem Räucherwerk, wie ihm der HERR
geboten hatte,
[28]und hängte die Decke in die Tür der
Wohnung.
[29]¶Und den Brandopferaltar setzte er vor
die Tür der Wohnung der Stiftshütte und
opferte darauf Brandopfer und Speisopfer,
wie ihm der HERR geboten hatte.
[30]Und das Becken setzte er zwischen die
Stiftshütte und den Altar und tat Wasser
hinein zum Waschen.
[31]Und Mose, Aaron und seine Söhne
wuschen ihre Hände und Füße darin.
[32]Denn sie müssen sich waschen, wenn
sie in die Stiftshütte gehen oder hinzutre-
ten zum Altar, wie der HERR es Mose
geboten hatte.
[33]Und er richtete den Vorhof auf rings
um die Wohnung und um den Altar und
hängte die Decke in das Tor des Vorhofs.
Also vollendete Mose das ganze Werk.

Der HERR bekennt sich zu seinem Heiligtum

[34]Da bedeckte die Wolke die Stiftshütte,
und [a]die Herrlichkeit des HERRN erfüllte
die Wohnung. *a* Hes 43,1-9
[35]Und Mose [a]konnte nicht in die Stifts-
hütte hineingehen, weil die Wolke darauf
ruhte und die Herrlichkeit des HERRN die
Wohnung erfüllte. *a* 4.Mose 7,89
[36]Und immer, wenn die [a]Wolke sich
erhob von der Wohnung, brachen die Is-
raeliten auf, solange ihre Wanderung
währte. *a* Kap 13,21; 4.Mose 9,15-23; 10,34-36; 1.Kön 8,10.11; Jes 4,5
[37]Wenn sich aber die Wolke nicht erhob,
so zogen sie nicht weiter bis zu dem Tag,
an dem sie sich erhob.
[38]Denn die Wolke des HERRN war bei
Tage über der Wohnung, und bei Nacht
ward sie voll Feuers vor den Augen des
ganzen Hauses Israel, solange die Wande-
rung währte.

DAS DRITTE BUCH MOSE (LEVITIKUS)

Inhaltsübersicht

Gesetz über Brandopfer

(vgl. Kap 6,1-6)

1 Und der HERR rief Mose und redete
mit ihm aus der Stiftshütte und sprach:
2 Rede mit den Israeliten und sprich zu
ihnen: Wer unter euch dem HERRN ein
Opfer darbringen will, der bringe es von
dem Vieh, von Rindern oder von Schafen
und Ziegen.
3 Will er ein Brandopfer darbringen von
Rindern, so opfere er ein männliches Tier,
das ohne Fehler ist, [a]vor der Tür der
Stiftshütte, damit es ihn wohlgefällig
mache vor dem HERRN, *a* Kap 17,4
4 und lege seine Hand auf den Kopf des
Brandopfers, damit es ihn wohlgefällig
mache und für ihn Sühne schaffe.
5 Dann soll er das Rind schlachten vor
dem HERRN, und die Priester, Aarons
Söhne, sollen das Blut herzubringen und
ringsum an den Altar sprengen, der vor
der Tür der Stiftshütte ist.
6 Und er soll dem Brandopfer das Fell
abziehen und es in seine Stücke zerlegen.[a]

a Kap 7,8

7 Und die Priester, Aarons Söhne, sollen
ein Feuer auf dem Altar machen und Holz
oben darauf legen
8 und sollen die Stücke samt dem Kopf
und dem Fett auf das Holz legen, das über
dem Feuer auf dem Altar liegt.
9 Die Eingeweide aber und die Schenkel
soll er mit Wasser waschen, und der Prie-
ster soll das alles auf dem Altar in Rauch
aufgehen lassen. Das ist ein Brandopfer,
ein Feueropfer zum [a]lieblichen Geruch
für den HERRN. *a* 1.Mose 8,21; 2.Mose 29,18
10 ¶Will er aber von Schafen oder Ziegen
ein Brandopfer darbringen, so opfere er
ein männliches Tier, das ohne Fehler ist.
11 Und er schlachte es an der Seite des
Altars nach Norden zu vor dem HERRN.
Und die Priester, Aarons Söhne, sollen das
Blut ringsum an den Altar sprengen.
12 Und er zerlege es in seine Stücke, und
der Priester soll sie samt dem Kopf und
dem Fett auf das Holz über dem Feuer
legen, das auf dem Altar ist.
13 Aber die Eingeweide und die Schenkel
soll er mit Wasser waschen, und der Prie-
ster soll das alles auf dem Altar opfern
und in Rauch aufgehen lassen. Das ist ein
Brandopfer, ein Feueropfer zum lieblichen
Geruch für den HERRN.
14 ¶Will er aber von Vögeln dem HERRN
ein Brandopfer darbringen, so bringe er's
von Turteltauben oder andern Tauben.
15 Und der Priester soll's zum Altar brin-
gen und ihm den Kopf abknicken und – er
soll es ja auf dem Altar in Rauch aufgehen
lassen – das Blut ausbluten lassen an der
Wand des Altars.
16 Und den Kropf mit seinem Inhalt soll
man neben dem Altar nach Osten zu auf
den Aschenhaufen werfen
17 und soll seine Flügel einreißen, aber
nicht abbrechen. Und so soll's der Priester
auf dem Altar in Rauch aufgehen lassen
auf dem Holz über dem Feuer. Das ist ein
Brandopfer, ein Feueropfer zum lieblichen
Geruch für den HERRN.

Gesetz über Speisopfer

(vgl. Kap 6,7-11)

2 [a]Wenn jemand dem HERRN ein [b]Speis-
opfer darbringen will, so soll es von
feinstem Mehl sein, und er soll Öl darauf
gießen und Weihrauch darauf legen

a (1-3) Kap 7,10 *b* 4.Mose 15,4

2 und es bringen zu den Priestern, Aarons
Söhnen. Und der Priester soll eine Hand-
voll nehmen von dem Mehl und Öl samt
dem ganzen Weihrauch und es als
Gedenkopfer in Rauch aufgehen lassen auf

dem Altar als ein Feueropfer zum liebli-
chen Geruch für den HERRN.
3 Das übrige aber vom Speisopfer soll
Aaron und seinen Söhnen gehören als ein
a Hochheiliges von den Feueropfern des
HERRN. *a* Kap 6,22
4 ¶ a Willst du aber als Speisopfer etwas
im Ofen Gebackenes darbringen, so nimm
Kuchen von feinstem Mehl, ungesäuert,
mit Öl vermengt, oder ungesäuerte Fla-
den, mit Öl bestrichen. *a (4-10)* Kap 7,9
5 Ist aber dein Speisopfer etwas auf der
Pfanne Gebackenes, so soll's von unge-
säuertem Mehl sein, mit Öl vermengt,
6 und du sollst es in Stücke zerteilen und
Öl darauf gießen. Das ist ein Speisopfer.
7 ¶ Ist aber dein Speisopfer etwas im Tie-
gel Bereitetes, so sollst du es von feinstem
Mehl mit Öl machen
8 und sollst das Speisopfer, das du davon
bereitet hast, dem HERRN darbringen und
sollst es zu dem Priester bringen, und der
soll damit zu dem Altar treten.
9 Und der Priester soll von dem Speisop-
fer das Gedenkopfer abheben und in
Rauch aufgehen lassen auf dem Altar als
ein Feueropfer zum lieblichen Geruch für
den HERRN.
10 Das übrige aber soll Aaron und seinen
Söhnen gehören als ein Hochheiliges von
den Feueropfern des HERRN.
11 ¶ Alle Speisopfer, die ihr dem HERRN
opfern wollt, sollt ihr ohne Sauerteig
machen; denn weder Sauerteig noch
Honig sollt ihr dem HERRN zum Feuerop-
fer in Rauch aufgehen lassen.
12 Als a Erstlingsgabe mögt ihr sie dem
HERRN bringen; aber auf den Altar sollen
sie nicht kommen zum lieblichen Geruch.
a 4.Mose 18,12.13; 2.Chr 31,5
13 Alle deine Speisopfer sollst du salzen,
und dein Speisopfer soll niemals ohne
a Salz des Bundes deines Gottes sein; bei
allen deinen Opfern sollst du Salz darbrin-
gen. *a* 4.Mose 18,19; 2.Chr 13,5
14 ¶ Willst du aber ein Speisopfer dem
HERRN darbringen a von den ersten Früch-
ten, so sollst du Ähren am Feuer rösten,
die Körner zerstoßen und darbringen als
das Speisopfer deiner ersten Früchte
a 5.Mose 26,2-11
15 und sollst Öl darauf tun und Weihrauch
darauf legen. Das ist ein Speisopfer.
16 Und der Priester soll das Gedenkopfer
von dem Zerstoßenen und vom Öl mit
dem ganzen Weihrauch in Rauch aufge-
hen lassen als ein Feueropfer für den
HERRN.

Gesetz über Dankopfer

(vgl. Kap 7,11-21.28-34)

3 Ist aber sein Opfer ein Dankopfer und
will er ein Rind darbringen, es sei ein
männliches oder ein weibliches, so soll er
vor dem HERRN ein Tier opfern, das ohne
Fehler ist.
2 Und er soll seine Hand auf den Kopf
seines Opfers legen und es schlachten vor
der Tür der Stiftshütte. Und die Priester,
Aarons Söhne, sollen das Blut ringsum an
den Altar sprengen.
3 Und er soll von dem Dankopfer dem
HERRN ein Feueropfer darbringen, näm-
lich das Fett, das die Eingeweide bedeckt,
und alles Fett an den Eingeweiden,
4 die beiden Nieren mit dem Fett, das
daran ist, an den Lenden, und den Lappen
an der Leber; an den Nieren soll er ihn
ablösen.
5 Und Aarons Söhne sollen es in Rauch
aufgehen lassen auf dem Altar zum Brand-
opfer auf dem Holz, das über dem Feuer
liegt, als ein Feueropfer zum lieblichen
Geruch für den HERRN.
6 ¶ Will er aber dem HERRN ein Dankop-
fer vom Kleinvieh darbringen, es sei ein
männliches oder ein weibliches Tier, so
soll es ohne Fehler sein.
7 Ist es ein Lamm, so soll er's vor den
HERRN bringen
8 und soll seine Hand auf den Kopf seines
Opfers legen und es schlachten vor der
Stiftshütte. Und die Söhne Aarons sollen
sein Blut ringsum an den Altar sprengen.
9 Und er soll von dem Dankopfer dem
HERRN ein Feueropfer darbringen, näm-
lich sein Fett, den ganzen Fettschwanz,
vom Rückgrat abgelöst, dazu das Fett, das
die Eingeweide bedeckt, und alles Fett an
den Eingeweiden,
10 die beiden Nieren mit dem Fett, das
daran ist, an den Lenden, und den Lappen
an der Leber; an den Nieren soll er ihn
ablösen.
11 Und der Priester soll es in Rauch aufge-
hen lassen auf dem Altar als Feueropfer-
speise für den HERRN.
12 ¶ Ist aber sein Opfer eine Ziege, so
bringe er sie vor den HERRN
13 und lege seine Hand auf ihren Kopf und

schlachte sie vor der Stiftshütte. Und die
Söhne Aarons sollen das Blut ringsum an
den Altar sprengen.
14 Und er soll davon sein Opfer darbrin-
gen, ein Feueropfer für den HERRN, näm-
lich das Fett, das die Eingeweide bedeckt,
und alles Fett an den Eingeweiden,
15 die beiden Nieren mit dem Fett, das
daran ist, an den Lenden, und den Lappen
an der Leber; an den Nieren soll er ihn
ablösen.
16 Und der Priester soll es in Rauch aufge-
hen lassen auf dem Altar als Feueropfer-
speise zum lieblichen Geruch. Alles Fett
ist für den HERRN.
17 Das sei eine ewige Ordnung für eure
Nachkommen, überall, wo ihr wohnt, daß
ihr weder Fett noch Blut eßt.[a]

a Kap 7,23.26; 17,10-14; 1.Mose 9,4; 5.Mose 12,16.23; Apg 15,20.29

Gesetz über Sündopfer

4 Und der HERR redete mit Mose und
sprach:
2 Rede mit den Israeliten und sprich:
Wenn jemand aus Versehen gegen irgend-
ein Gebot des HERRN sündigte und täte,
was er nicht tun sollte:
3 wenn etwa der Priester, der gesalbt ist,
sündigte, so daß er eine Schuld auf das
Volk brächte, so soll er für seine Sünde,
die er getan hat, einen jungen Stier dar-
bringen, der ohne Fehler ist, dem HERRN
zum Sündopfer.
4 Und er soll den Stier vor die Tür der
Stiftshütte bringen vor den HERRN und
seine Hand auf den Kopf des Stieres legen
und ihn schlachten vor dem HERRN.
5 Und der Priester, der gesalbt ist, soll
vom Blut des Stieres nehmen und es in
die Stiftshütte bringen
6 und soll seinen Finger in das Blut tau-
chen und damit siebenmal sprengen vor
dem HERRN, an den Vorhang im Heili-
gen.[a]

a Kap 9,9

7 Und soll vor dem HERRN etwas von dem
Blut an die Hörner des [a]Räucheraltars tun,
der in der Stiftshütte steht, und alles
andere Blut an den Fuß des Brandopferal-
tars gießen, der [b]vor der Tür der Stifts-
hütte steht.

a 2.Mose 30,1.6 *b* 2.Mose 40,6

8 Und alles Fett des Sündopfers soll er
abheben, nämlich das Fett, das die Einge-
weide bedeckt, und alles Fett an den Ein-
geweiden,
9 die beiden Nieren mit dem Fett, das
daran ist, an den Lenden, und den Lappen
an der Leber, an den Nieren abgelöst,
10 gleichwie man es abhebt vom Rind
beim Dankopfer, und soll es in Rauch auf-
gehen lassen auf dem Brandopferaltar.
11 [a]Aber das Fell des Stieres mit allem
Fleisch samt Kopf und Schenkeln und die
Eingeweide und den Mist,

a (11 und 12) Kap 8,17

12 das soll er alles [a]hinaustragen aus dem
Lager an eine reine Stätte, wo man die
Asche hinschüttet, und soll's verbrennen
auf dem Holz mit Feuer.

a Kap 6,4

13 ¶ [a]Wenn aber die ganze Gemeinde
Israel aus Versehen sich versündigte und
die Tat vor ihren Augen verborgen wäre,
wenn sie gegen irgendein Gebot des
HERRN gehandelt hätten, was sie nicht tun
sollten, und so sich verschuldet hätten,

a (13-21) 4.Mose 15,22-26

14 und sie würden danach ihrer Sünde
inne, die sie getan hätten, so sollen sie
einen jungen Stier darbringen als Sündop-
fer und vor die Tür der Stiftshütte stellen.
15 Und die Ältesten der Gemeinde sollen
ihre Hände auf seinen Kopf legen vor dem
HERRN und den Stier schlachten vor dem
HERRN.
16 Und der Priester, der gesalbt ist, soll
Blut von dem Stier in die Stiftshütte brin-
gen
17 und mit seinem Finger hineintauchen
und siebenmal sprengen vor dem HERRN,
an den Vorhang.
18 Und er soll etwas von dem Blut an die
Hörner des Altars tun, der vor dem HERRN
steht in der Stiftshütte, und alles andere
Blut an den Fuß des Brandopferaltars gie-
ßen, der vor der Tür der Stiftshütte steht.
19 All sein Fett aber soll er abheben und
auf dem Altar in Rauch aufgehen lassen
20 und soll mit dem Stier tun, wie er mit
dem Stier des Sündopfers getan hat. So
soll der Priester die Sühnung für sie voll-
ziehen, und ihnen wird vergeben.
21 Und er soll den Stier hinaus vor das
Lager tragen und [a]verbrennen, wie er den
vorigen Stier verbrannt hat. Das ist das
Sündopfer der Gemeinde.

a Vers 11.12

22 ¶ Wenn aber ein Stammesfürst sündigt
und aus Versehen irgend etwas gegen des
HERRN, seines Gottes, Gebote tut, was er
nicht tun sollte, und so sich verschuldet
23 und wird seiner Sünde inne, die er

getan hat, so soll er zum Opfer bringen einen Ziegenbock ohne Fehler

24 und seine Hand auf den Kopf des Bockes legen und ihn schlachten an der Stätte, wo man die Brandopfer schlachtet vor dem HERRN; es ist ein Sündopfer.

25 Da soll dann der Priester mit seinem Finger etwas von dem Blut des Sündopfers nehmen und es an die Hörner des Brandopferaltars tun und das andere Blut an den Fuß des Brandopferaltars gießen.

26 Und all sein Fett soll er auf dem Altar in Rauch aufgehen lassen gleichwie das Fett des Dankopfers. So soll der Priester die Sühnung für ihn vollziehen, und ihm wird vergeben.

27 ¶ [a]Wenn aber sonst jemand aus dem Volk aus Versehen sündigt, daß er gegen irgendeines der Gebote des HERRN handelt, was er nicht tun sollte, und so sich verschuldet *a (27 und 28)* 4.Mose 15,27.28

28 und seiner Sünde innewird, die er getan hat, so soll er zum Opfer eine Ziege bringen ohne Fehler für die Sünde, die er getan hat,

29 und soll seine Hand auf den Kopf des Sündopfers legen und es schlachten an der Stätte des Brandopfers.

30 Und der Priester soll mit seinem Finger etwas von dem Blut nehmen und an die Hörner des Brandopferaltars tun und alles andere Blut an den Fuß des Altars gießen.

31 All sein Fett aber soll er abheben, wie man [a]das Fett des Dankopfers abhebt, und soll es in Rauch aufgehen lassen auf dem Altar zum lieblichen Geruch für den HERRN. So soll der Priester die Sühnung für ihn vollziehen, und ihm wird vergeben. *a* Kap 3,14.15

32 Will er aber ein Schaf zum Sündopfer bringen, so bringe er ein weibliches, das ohne Fehler ist,

33 und lege seine Hand auf den Kopf des Sündopfers und schlachte es zum Sündopfer an der Stätte, wo man die Brandopfer schlachtet.

34 Und der Priester soll mit seinem Finger etwas von dem Blut nehmen und an die Hörner des Brandopferaltars tun und alles andere Blut an den Fuß des Altars gießen.

35 Aber all sein Fett soll er abheben, wie man das Fett vom Schaf des Dankopfers abhebt, und soll es auf dem Altar in Rauch aufgehen lassen als Feueropfer für den HERRN. So soll der Priester die Sühnung für ihn vollziehen für die Sünde, die er getan hat, und ihm wird vergeben.

5 ¶ Wenn jemand damit sündigt, daß er den Fluch aussprechen hört und Zeuge ist, weil er es gesehen oder erfahren hat, es aber nicht anzeigt* und so sich verschuldet;

* Bei einem ungeklärten Verbrechen wurden verflucht: der unbekannte Täter und alle, die als Mitwisser ihr Zeugnis zurückhalten (Ri 17,2; Spr 29,24).

2 oder wenn jemand etwas Unreines anrührt, es sei ein [a]Aas von einem unreinen Wild oder Vieh oder Gewürm, und wußte es nicht und wird's inne und hat sich so verschuldet; *a* Kap 11,24

3 oder wenn er einen Menschen in dessen Unreinheit anrührt, in irgendeiner [a]Unreinheit, womit der Mensch unrein werden kann, und wußte es nicht und wird's inne und hat sich so verschuldet; *a* 4.Mose 19,13.20

4 oder wenn jemand schwört, daß ihm über die Lippen fährt, er wolle Schaden oder Gutes tun, wie denn einem Menschen ein Schwur entfahren mag, und er bedachte es nicht und er wird's inne und hat sich so oder so schuldig gemacht:

5 wenn's also geschieht, daß er sich so oder so schuldig gemacht hat, so [a]soll er bekennen, womit er gesündigt hat, *a* Kap 16,21; 4.Mose 5,7; Jos 7,20

6 und soll als Buße für diese seine Sünde, die er getan hat, dem HERRN darbringen von der Herde ein Muttertier, Schaf oder Ziege, zum Sündopfer, daß der Priester die Sühnung für ihn vollziehe wegen seiner Sünde.

7 Vermag er aber nicht ein Schaf zu geben, so bringe er dem HERRN für seine Schuld, die er getan hat, zwei Turteltauben oder zwei andere Tauben, die eine zum Sündopfer, die andere zum Brandopfer,

8 und bringe sie dem Priester. Der soll die erste als Sündopfer darbringen und ihr den Kopf abknicken hinter dem Genick und nicht ganz abtrennen,

9 und er sprenge etwas von dem Blut des Sündopfers an die Seite des Altars und lasse das übrige Blut ausbluten am Fuße des Altars; es ist ein Sündopfer.

10 Die andere Taube aber soll er als Brandopfer darbringen der Ordnung gemäß. So

soll der Priester die Sühnung für ihn voll-
ziehen wegen seiner Sünde, die er getan
hat, und ihm wird vergeben.
11 Vermag er aber auch nicht zwei Turtel-
tauben oder zwei andere Tauben zu geben,
so bringe er für seine Sünde als sein Opfer
ein Zehntel Scheffel feinstes Mehl als
Sündopfer dar. Er soll aber kein Öl darauf
gießen noch Weihrauch darauf tun; denn
es ist ein Sündopfer.
12 Und er soll es zum Priester bringen.
Der Priester aber soll eine Handvoll da-
von nehmen als Gedenkopfer und in
Rauch aufgehen lassen auf dem Altar
zum Feueropfer für den HERRN; es ist ein
Sündopfer.
13 So soll der Priester wegen seiner Sünde,
die er in einem jener Fälle getan hat, die
Sühnung für ihn vollziehen, und ihm wird
vergeben. Und das übrige soll dem Prie-
ster gehören [a] wie beim Speisopfer.

a Kap 2,3

Vom Schuldopfer

(vgl. Kap 7,1-10)

14 Und der HERR redete mit Mose und
sprach:
15 Wenn jemand sich vergreift und aus
Versehen sich versündigt an dem, was
dem HERRN geweiht ist, so soll er für seine
Schuld dem HERRN einen Widder ohne
Fehler von der Herde bringen, nach dei-
ner Schätzung zwei Silberstücke wert nach
dem Gewicht des Heiligtums, als Schuld-
opfer.
16 Dazu soll er, was er gesündigt hat an
dem Geweihten, [a] erstatten und den fünf-
ten Teil hinzufügen und es dem Priester
geben. Der soll die Sühnung für ihn voll-
ziehen mit dem Widder des Schuldopfers,
so wird ihm vergeben.

a Vers 23.24; Kap 22,14; 27,13

17 Wenn jemand sündigt und handelt
gegen irgendein Gebot des HERRN, was er
nicht tun sollte, und hat es nicht gewußt
und versündigt sich und lädt eine Schuld
auf sich,
18 so soll er zum Priester einen Widder
bringen von der Herde, ohne Fehler, nach
deiner Schätzung als Schuldopfer. Der soll
die Sühnung für ihn vollziehen für das,
was er versehen hat, ohne daß er es wußte,
so wird ihm vergeben.
19 Das ist ein Schuldopfer; verschuldet hat
er sich an dem HERRN.
20 ¶ *Und der HERR redete mit Mose und
sprach:

* Abweichende Verszählung statt 5,20-26: 6,1-7.

21 [a] Wenn jemand sündigte und sich damit
an dem HERRN vergriffe, daß er seinem
Nächsten ableugnet, was ihm dieser anver-
traut hat oder was ihm zu treuer Hand
gegeben ist oder was er mit Gewalt
genommen oder mit Unrecht an sich
gebracht hat,

a (21-26) 4.Mose 5,6-8

22 oder wenn er etwas Verlorenes gefun-
den hat und es ableugnet und einen fal-
schen Eid schwört über irgend etwas,
worin ein Mensch gegen seinen Nächsten
Sünde tut:
23 wenn es so geschieht, daß er sündigt
und sich verschuldet, [a] so soll er wiederge-
ben, was er mit Gewalt genommen oder
mit Unrecht an sich gebracht oder was
ihm anvertraut war oder was er gefunden
hatte

a Hes 33,15

24 oder worüber er den falschen Eid
geschworen hat; das soll er alles ganz wie-
dergeben und darüber hinaus den fünften
Teil. Dem soll er's geben, dem es gehört,
an dem Tag, wenn er sein Schuldopfer dar-
bringt.
25 Aber für seine Schuld soll er dem
HERRN einen Widder ohne Fehler von der
Herde zu dem Priester bringen nach dei-
ner Schätzung als Schuldopfer.
26 So soll der Priester die Sühnung für ihn
vollziehen vor dem HERRN, und ihm wird
alles vergeben, was er getan und womit er
sich verschuldet hat.

Von Brand-, Speis- und Sündopfern

6 *Und der HERR redete mit Mose und
sprach:

* Abweichende Verszählung statt 6,1-23: 6,8-30.

2 Gebiete Aaron und seinen Söhnen und
sprich: Dies ist das [a] Gesetz über das
Brandopfer. Das Brandopfer soll bleiben
auf dem Herd des Altars die ganze Nacht
bis zum Morgen, und es soll des Altars
Feuer brennend darauf erhalten werden.

a Kap 1

3 Und der Priester soll sein leinenes
Gewand anziehen und die [a] leinenen Bein-
kleider für seine Blöße und soll die Asche
wegnehmen, die das Feuer des Brandop-
fers auf dem Altar gemacht hat, und soll
sie neben den Altar schütten

a 2.Mose 28,42

4 und soll danach seine Kleider ausziehen

und andere Kleider anziehen und [a]die Asche hinaustragen aus dem Lager an eine reine Stätte. *a* Kap 4,12

5 Das Feuer auf dem Altar soll brennen und nie verlöschen. Der Priester soll alle Morgen Holz darauf anzünden und oben darauf das Brandopfer zurichten und das Fett der Dankopfer oben darauf in Rauch aufgehen lassen.

6 Ständig soll das Feuer auf dem Altar brennen und nie verlöschen.

7 ¶Und dies ist [a]das Gesetz des Speisopfers. Aarons Söhne sollen es bringen vor den HERRN an den Altar. *a* Kap 2

8 Es soll einer abheben eine Handvoll vom Mehl des Speisopfers und vom Öl und den ganzen Weihrauch, der auf dem Speisopfer liegt, und soll's in Rauch aufgehen lassen auf dem Altar zum lieblichen Geruch als Gedenkopfer für den HERRN.

9 Das übrige aber sollen Aaron und seine Söhne verzehren; sie sollen es ungesäuert essen an heiliger Stätte im Vorhof der Stiftshütte.

10 Sie sollen es nicht mit Sauerteig bakken; denn es ist ihr Anteil, den ich ihnen gegeben habe von meinen Feueropfern. Es ist ein Hochheiliges gleichwie das Sündopfer und das Schuldopfer.

11 Wer männlich ist unter den Nachkommen Aarons, der soll's essen. Das sei ein ewiges Anrecht für eure Nachkommen an den Feueropfern des HERRN. Wer sie anrührt, soll dem Heiligtum gehören.

12 ¶Und der HERR redete mit Mose und sprach:

13 Dies soll das Opfer Aarons und seiner Söhne sein, das sie dem HERRN opfern sollen [a]am Tage ihrer Salbung: ein Zehntel Scheffel feinstes Mehl, das tägliche Speisopfer, die eine Hälfte morgens, die andere abends. *a* Kap 7,37; 2. Mose 29

14 In der Pfanne sollst du es mit Öl bereiten; durchgeröstet sollst du es herbeibringen, und in Stücke gebrochen sollst du es opfern zum lieblichen Geruch für den HERRN.

15 Und der Priester, der unter Aarons Söhnen an seiner Statt gesalbt wird, soll solches tun. Das ist ein ewiges Anrecht des HERRN. Als Ganzopfer soll es verbrannt werden;

16 denn jedes Speisopfer eines Priesters soll als Ganzopfer verbrannt und nicht gegessen werden.

17 ¶Und der HERR redete mit Mose und sprach:

18 Sage Aaron und seinen Söhnen und sprich: [a]Dies ist das Gesetz des Sündopfers. An der Stätte, wo du das Brandopfer schlachtest, sollst du auch das Sündopfer schlachten vor dem HERRN. Es ist ein Hochheiliges. *a* Kap 4

19 Der Priester, der das Sündopfer darbringt, soll es essen an heiliger Stätte im Vorhof der Stiftshütte;

20 wer das Fleisch des Opfers anrührt, soll dem Heiligtum gehören. Und wer von seinem Blut ein Kleid besprengt, der soll das besprengte Stück waschen an heiliger Stätte.

21 Und den irdenen Topf, darin es gekocht ist, soll man zerbrechen. Ist's aber ein kupferner Topf, so soll man ihn scheuern und mit Wasser spülen.

22 Wer männlich ist in den Familien der Priester, darf davon essen; es ist ein Hochheiliges.

23 Aber von allen Sündopfern, von deren Blut etwas in die Stiftshütte gebracht worden ist, um die Sühnung zu vollziehen im Heiligen, soll man nichts essen, sondern sie mit Feuer verbrennen.

Weitere Opfergesetze

7 Und dies ist [a]das Gesetz des Schuldopfers. Es ist ein Hochheiliges. *a* Kap 5,14-26

2 An der Stätte, wo man [a]das Brandopfer schlachtet, soll man auch das Schuldopfer schlachten und sein Blut ringsum an den Altar sprengen. *a* Kap 1,3.5

3 [a]Und all sein Fett soll man opfern, den Fettschwanz und das Fett, das die Eingeweide bedeckt, *a (3 und 4)* Kap 3,9.10

4 die beiden Nieren mit dem Fett, das daran ist, an den Lenden, und den Lappen an der Leber; an den Nieren soll er ihn ablösen.

5 Und der Priester soll es auf dem Altar in Rauch aufgehen lassen zum Feueropfer für den HERRN; es ist ein Schuldopfer.

6 Wer männlich ist unter den Priestern, soll das essen an heiliger Stätte; es ist ein Hochheiliges.

7 Wie das Sündopfer, so soll auch das Schuldopfer sein; für beide soll ein und dasselbe Gesetz gelten; sie sollen dem Priester gehören, der damit die Sühnung vollzieht.

8 Dem Priester, der jemandes Brandopfer
opfert, soll das [a]Fell des Brandopfers
gehören, das er geopfert hat. *a* Kap 1,6
9 Und [a]alle Speisopfer, die im Ofen oder
im Tiegel oder in der Pfanne gebacken
sind, sollen dem Priester gehören, der sie
opfert. *a* Kap 2,4.5.7
10 Aber alle Speisopfer, die mit Öl ver-
mengt oder trocken sind, sollen allen Söh-
nen Aarons gehören, einem wie dem
andern.[a] *a* Kap 2,1-3
11 ¶Und dies ist [a]das Gesetz des Dank-
opfers, das man dem HERRN opfert.
a Kap 3
12 [a]Wollen sie es als Lobopfer darbringen,
so sollen sie außer dem Schlachtopfer
ungesäuerte Kuchen opfern, mit Öl ver-
mengt, und ungesäuerte Fladen, mit Öl
bestrichen, und feinstes Mehl, durchge-
rührt, als Kuchen mit Öl vermengt.
a (12-15) Kap 19,5-8; 22,29.30
13 Sie sollen aber solche Opfergabe dar-
bringen nebst Kuchen von gesäuertem
Brot zu ihrem Lob- und Dankopfer,
14 und zwar sollen sie je ein Teil als Opfer-
gabe für den HERRN darbringen; es soll
dem Priester gehören, der das Blut des
Dankopfers sprengt.
15 Und das Fleisch ihres Lob- und Dank-
opfers soll an demselben Tage gegessen
werden, an dem es geopfert wird, und soll
nichts übriggelassen werden bis zum Mor-
gen.
16 Ist es aber ein Gelübde oder freiwil-
liges Opfer, so soll es zwar an demselben
Tage, da es geopfert ist, gegessen werden;
wenn aber etwas übrigbleibt, darf man's
am andern Tage essen.
17 Aber was vom geopferten Fleisch am
dritten Tage noch übrig ist, soll mit Feuer
verbrannt werden.
18 Und wenn jemand am dritten Tage
essen wird von dem geopferten Fleisch
seines Dankopfers, so wird es nicht wohl-
gefällig sein, und dem, der es geopfert hat,
wird es auch nicht zugerechnet werden,
sondern es wird ein Greuel sein; und wer
davon ißt, der lädt eine Schuld auf sich.
19 Auch das Fleisch, das mit etwas Unrei-
nem in Berührung gekommen ist, soll
nicht gegessen, sondern mit Feuer ver-
brannt werden. Jeder, der rein ist, darf vom
Opferfleisch essen.
20 Wer aber essen wird von dem Fleisch
des Dankopfers, das dem HERRN gehört,
und hat eine Unreinheit an sich, der wird
ausgerottet werden aus seinem Volk.
21 Und wenn jemand mit etwas Unreinem
in Berührung gekommen ist, es sei ein
unreiner Mensch, ein unreines Vieh oder
was sonst ein Greuel ist, und dann vom
Fleisch des Dankopfers ißt, das dem
HERRN gehört, der wird ausgerottet wer-
den aus seinem Volk.
22 ¶Und der HERR redete mit Mose und
sprach:
23 Rede mit den Israeliten und sprich: Ihr
sollt [a]kein Fett essen von Stieren, Schafen
und Ziegen. *a* Kap 3,17
24 Das Fett von gefallenen und zerrisse-
nen Tieren dürft ihr zwar zu allerlei benut-
zen; aber [a]essen dürft ihr's nicht.
a 2.Mose 22,30
25 Denn wer das Fett ißt von solchen Tie-
ren, von denen man dem HERRN Feuerop-
fer bringt, der wird ausgerottet werden aus
seinem Volk.
26 Ihr sollt auch kein Blut essen, weder
vom Vieh noch von Vögeln, überall, wo
ihr wohnt.
27 Jeder, der Blut ißt, wird ausgerottet wer-
den aus seinem Volk.
28 ¶Und der HERR redete mit Mose und
sprach:
29 Rede mit den Israeliten und sprich: Wer
dem HERRN sein Dankopfer darbringen
will, der soll herzubringen, was vom Dank-
opfer dem HERRN gehört.
30 Er soll es aber mit eigener Hand herzu-
bringen zum Feueropfer für den HERRN;
nämlich das Fett soll er bringen samt der
Brust, um sie als ein [a]Schwingopfer zu
schwingen vor dem HERRN. *a* 2.Mose 29,24
31 Und der Priester soll das Fett in Rauch
aufgehen lassen auf dem Altar, aber die
Brust soll Aaron und seinen Söhnen gehö-
ren.
32 Und die rechte [a]Keule sollt ihr dem
Priester geben zum Hebopfer von ihren
Dankopfern. *a* Kap 9,21
33 Wer von Aarons Söhnen das Blut und
das Fett der Dankopfer opfert, dem soll
die rechte Keule gehören als sein Anteil.
34 Denn die Brust des Schwingopfers und
die Keule des Hebopfers nehme ich von
den Israeliten, von ihren Dankopfern, und
gebe sie dem Priester Aaron und seinen
Söhnen als ewiges Anrecht bei den Israeli-
ten.
35 ¶Das ist der Anteil Aarons und seiner

Söhne an den Feueropfern des HERRN, der
ihnen bestimmt wurde an dem Tage, da
der HERR sie sich nahen ließ, damit sie
seine Priester seien,
36 der Anteil, von dem der HERR an dem
Tage, da er sie salbte, gebot, daß er ihnen
gegeben werden sollte von den Israeliten
als ewiges Anrecht bei allen ihren Nach-
kommen.
37 Das ist das Gesetz des Brandopfers, des
Speisopfers, des Sündopfers, des Schuld-
opfers, des Einsetzungsopfers und des
Dankopfers,
38 wie der HERR es Mose gebot auf dem
Berge Sinai an dem Tage, da er den Israe-
liten befahl, ihre Opfer dem HERRN zu
opfern in der Wüste Sinai.

Mose weiht Aaron und seine Söhne zum Priesteramt

(vgl. 2.Mose 29)

8 Und der HERR redete mit Mose und
sprach:
2 [a] Nimm Aaron und seine Söhne und die
Kleider und das Salböl und den jungen
Stier zum Sündopfer, die beiden Widder
und den Korb mit ungesäuertem Brot

a (2-5) 2.Mose 28,39-43

3 und versammle die ganze Gemeinde vor
der Tür der Stiftshütte.
4 Mose tat, wie ihm der HERR geboten
hatte, und versammelte die Gemeinde vor
der Tür der Stiftshütte
5 und sprach zu ihnen: Dies ist's, was der
HERR geboten hat zu tun.
6 Und Mose ließ herzutreten Aaron und
seine Söhne und wusch sie mit Wasser
7 und legte ihm das leinene Gewand an
und gürtete ihn mit dem Gürtel und zog
ihm das Obergewand an und tat ihm den
Priesterschurz um und gürtete ihn mit
dem Gurt des Schurzes.
8 Dann tat er ihm die Brusttasche an und
legte in die Tasche die Lose [a] »Licht und
Recht«

a 2.Mose 28,30

9 und setzte ihm den Kopfbund auf sein
Haupt und befestigte an dem Kopfbund
vorn [a] das goldene Stirnblatt, den heiligen
Reif, wie der HERR es Mose geboten hatte.

a 2.Mose 28,36-38; 39,30

10 Und Mose nahm das [a] Salböl und salbte
das Heiligtum und alles, was darin war,
und weihte es;

a 2.Mose 30,25.26

11 er sprengte damit siebenmal an den
Altar und salbte den Altar mit all seinem
Gerät und das Becken mit seinem Gestell,
daß alles geweiht würde.
12 Und er goß von dem Salböl auf Aarons
Haupt und salbte ihn, daß er geweiht
würde,
13 und brachte herzu Aarons Söhne und
zog ihnen das leinene Gewand an und gür-
tete sie mit dem Gürtel und setzte ihnen
hohe Mützen auf, wie ihm der HERR gebo-
ten hatte.
14 ¶ Und er ließ herzuführen den Stier
zum [a] Sündopfer. Und Aaron und seine
Söhne legten ihre Hände auf seinen Kopf.

a Kap 4,1-12

15 Und Mose schlachtete ihn und nahm
das Blut und tat es mit seinem Finger
ringsum auf die Hörner des Altars und
entsündigte den Altar und goß das Blut an
den Fuß des Altars und weihte ihn, indem
er ihn entsühnte.
16 Und er nahm alles Fett am Eingeweide,
den Lappen an der Leber und die beiden
Nieren mit dem Fett daran und ließ es in
Rauch aufgehen auf dem Altar.
17 Aber den Stier mit seinem Fell, dem
Fleisch und dem Mist verbrannte er mit
Feuer draußen vor dem Lager, wie ihm
der HERR geboten hatte.
18 Und er brachte herzu den einen Wid-
der zum [a] Brandopfer. Und Aaron und
seine Söhne legten ihre Hände auf seinen
Kopf.

a Kap 1,10-13

19 Und Mose schlachtete ihn und sprengte
das Blut ringsum an den Altar,
20 zerlegte den Widder in seine Stücke
und verbrannte den Kopf, die Stücke und
das Fett
21 und wusch die Eingeweide und Schen-
kel mit Wasser und ließ dann den ganzen
Widder in Rauch aufgehen auf dem Altar.
Das war ein Brandopfer zum lieblichen
Geruch, ein Feueropfer für den HERRN,
wie ihm der HERR geboten hatte.
22 Er brachte auch herzu den andern Wid-
der zum Einsetzungsopfer. Und Aaron
und seine Söhne legten ihre Hände auf
seinen Kopf.
23 Und Mose schlachtete ihn und nahm
von seinem Blut und tat es Aaron auf sein
rechtes Ohrläppchen und auf den Daumen
seiner rechten Hand und auf die große
Zehe seines rechten Fußes.
24 Und er brachte herzu Aarons Söhne
und tat von dem Blut auf ihr rechtes Ohr-
läppchen und auf den Daumen ihrer rech-

ten Hand und auf die große Zehe ihres
rechten Fußes und [a]sprengte das Blut
ringsum an den Altar. *a* Kap 17,11
25 Und er nahm das Fett und den Fett-
schwanz und alles Fett am Eingeweide und
den Lappen an der Leber, die beiden Nie-
ren mit dem Fett daran und die rechte
Keule;
26 dazu nahm er von dem Korb mit dem
ungesäuerten Brot, der vor dem HERRN
stand, einen ungesäuerten Kuchen und
einen Brotkuchen mit Öl und einen Fla-
den und legte es auf das Fett und auf die
rechte Keule.
27 Und er legte das alles auf die Hände
Aarons und seiner Söhne und schwang es
als Schwingopfer vor dem HERRN
28 und nahm alles wieder von ihren Hän-
den und ließ es in Rauch aufgehen
auf dem Altar, oben auf dem Brandopfer.
Das war ein Einsetzungsopfer zum lieb-
lichen Geruch, ein Feueropfer für den
HERRN.
29 Und Mose nahm die Brust und
schwang sie als ein Schwingopfer vor dem
HERRN; die erhielt Mose als seinen Anteil
an dem Widder des Einsetzungsopfers,
wie ihm der HERR geboten hatte.
30 Und Mose nahm von dem Salböl und
dem Blut auf dem Altar und sprengte es
auf Aaron und seine Kleider, auf seine
Söhne und ihre Kleider; so weihte er
Aaron und seine Kleider, seine Söhne und
ihre Kleider.
31 ¶ Und Mose sprach zu Aaron und sei-
nen Söhnen: Kocht das Fleisch vor der
Tür der Stiftshütte und eßt es daselbst,
dazu auch das Brot im Korbe des Einset-
zungsopfers, wie mir geboten ist, daß es
Aaron und seine Söhne essen sollen.
32 Was aber übrigbleibt vom Fleisch und
Brot, das sollt ihr mit Feuer verbrennen.
33 Und ihr sollt sieben Tage lang nicht
weggehen von der Tür der Stiftshütte, bis
die Tage eures Einsetzungsopfers um sind;
denn sieben Tage sollen eure Hände
gefüllt werden.
34 Wie es am heutigen Tage geschehen
ist, so hat der HERR geboten, auch ferner-
hin zu tun, auf daß ihr entsühnt werdet.
35 Und ihr sollt vor der Tür der Stiftshütte
Tag und Nacht bleiben sieben Tage lang
und sollt nach dem Gebot des HERRN tun,
daß ihr nicht sterbt; denn so ist es mir ge-
boten.
36 Und Aaron und seine Söhne taten alles,
was der HERR durch Mose geboten hatte.

Das erste Opfer Aarons und seiner Söhne

9 Und [a]am achten Tage rief Mose Aaron
und seine Söhne und die Ältesten in
Israel *a* Kap 8,33
2 und sprach zu Aaron: Nimm dir einen
jungen Stier zum Sündopfer und einen
Widder zum Brandopfer, beide ohne Feh-
ler, und bringe sie vor den HERRN.
3 Und rede mit den Israeliten und sprich:
Nehmt einen Ziegenbock zum Sündopfer
und ein Kalb und ein Schaf, beide ein Jahr
alt und ohne Fehler, zum Brandopfer
4 und einen Stier und einen Widder zum
Dankopfer, daß wir sie vor dem HERRN
opfern, und ein Speisopfer, mit Öl ver-
mengt. Denn heute wird euch der HERR
erscheinen.
5 Und sie brachten, was Mose geboten
hatte, vor die Tür der Stiftshütte, und es
trat herzu die ganze Gemeinde und stellte
sich auf vor dem HERRN.
6 Da sprach Mose: Das ist's, was der HERR
geboten hat, daß ihr es tun sollt, auf daß
euch des HERRN Herrlichkeit erscheine.
7 Und Mose sprach zu Aaron: Tritt zum
Altar und [a]bringe dar dein Sündopfer und
dein Brandopfer und entsühne dich und
dein Haus. Danach bringe dar die Opfer-
gabe des Volks und entsühne es auch, wie
der HERR geboten hat.
a Kap 16,6.11.15; Hebr 5,3; 7,27
8 ¶ Und Aaron trat zum Altar und
schlachtete den jungen Stier als sein Sünd-
opfer.
9 Und seine Söhne brachten das Blut zu
ihm, und er tauchte mit seinem Finger ins
Blut und tat es auf die Hörner des Altars
und goß das Blut an den Fuß des Altars.
10 Aber das [a]Fett und die Nieren und den
Lappen an der Leber vom Sündopfer ließ
er in Rauch aufgehen auf dem Altar, wie
der HERR es Mose geboten hatte.
a Kap 4,8-12; 8,14-17
11 Und das Fleisch und das Fell ver-
brannte er mit Feuer draußen vor dem
Lager.
12 ¶ Danach schlachtete er das [a]Brandop-
fer; und Aarons Söhne brachten das Blut
zu ihm, und er sprengte es ringsum an
den Altar. *a* Kap 1,10-13
13 Und sie brachten das Brandopfer zu

ihm, Stück um Stück, und den Kopf, und
er ließ es in Rauch aufgehen auf dem Altar.
14 Und er wusch die Eingeweide und
die Schenkel und ließ sie in Rauch auf-
gehen oben auf dem Brandopfer auf dem
Altar.
15 ¶ Danach brachte er herzu die Opfer-
gabe des Volks und nahm den Bock, das
Sündopfer des Volks, und schlachtete ihn
und machte ein Sündopfer daraus wie das
vorige.
16 Und brachte das Brandopfer herzu und
tat damit der Ordnung gemäß.
17 Und brachte herzu das Speisopfer und
nahm eine Handvoll und ließ es in Rauch
aufgehen auf dem Altar, außer dem Brand-
opfer am Morgen.
18 ¶ Danach schlachtete er den Stier und
den Widder als Dankopfer des Volks. Und
seine Söhne brachten ihm das Blut; das
sprengte er ringsum an den Altar.
19 Aber das Fett vom Stier und vom Wid-
der, den Fettschwanz und das Fett am Ein-
geweide und die Nieren und den Lappen
an der Leber,
20 all dieses Fett legten sie auf die Brust,
und er ließ das Fett auf dem Altar in
Rauch aufgehen.
21 Aber die Brust und die rechte Keule
schwang Aaron als Schwingopfer vor dem
HERRN, wie der HERR es Mose geboten
hatte.[a] *a* Kap 7,30-34
22 ¶ Und Aaron hob seine Hände auf zum
Volk und [a]segnete sie und stieg herab,
nachdem er das Sündopfer, Brandopfer
und Dankopfer dargebracht hatte.

a 4.Mose 6,22-27

23 Und Mose und Aaron gingen in die
Stiftshütte. Und als sie wieder herauska-
men, segneten sie das Volk. [a]Da erschien
die Herrlichkeit des HERRN allem Volk.

a 2.Mose 16,10; 40,34

24 Und [a]ein Feuer ging aus von dem
HERRN und verzehrte das Brandopfer und
das Fett auf dem Altar. Da alles Volk das
sah, frohlockten sie und fielen auf ihr Ant-
litz. *a* Ri 6,21; 1.Kön 18,38; 1.Chr 21,26; 2.Chr 7,1

Der Tod Nadabs und Abihus und seine Folgen

10 Und [a]Aarons Söhne Nadab und
Abihu nahmen ein jeder seine
Pfanne und taten Feuer hinein und legten
Räucherwerk darauf und brachten so ein
[b]fremdes Feuer vor den HERRN, das er
ihnen nicht geboten hatte.

a 2.Mose 6,23; 28,1 *b* 2.Mose 30,9

2 [a]Da fuhr ein Feuer aus von dem HERRN
und verzehrte sie, daß sie starben vor dem
HERRN.[b]

a (2 und 3) Jer 25,29; 1.Petr 4,17 *b* 4.Mose 16,35

3 Da sprach Mose zu Aaron: Das ist's,
was der HERR gesagt hat: **Ich erzeige mich
heilig an denen, die mir nahe sind, und vor
allem Volk erweise ich mich herrlich.** Und
Aaron schwieg.
4 Mose aber rief [a]Mischaël und Elizafan,
die Söhne Usiëls, des Oheims Aarons, und
sprach zu ihnen: Tretet hinzu und tragt
eure Brüder von dem Heiligtum hinaus
vor das Lager. *a* 2.Mose 6,22
5 Und sie traten hinzu und trugen sie hin-
aus mit ihren leinenen Gewändern vor das
Lager, wie Mose gesagt hatte.
6 Da sprach Mose zu Aaron und seinen
Söhnen Eleasar und Itamar: Ihr sollt euer
[a]Haupthaar nicht wirr hängen lassen und
eure Kleider nicht zerreißen, daß ihr nicht
sterbt und der Zorn über die ganze
Gemeinde komme. Laßt aber eure Brü-
der, das ganze Haus Israel, weinen über
diesen Brand, den der HERR angerichtet
hat. *a* Kap 21,10
7 Ihr sollt auch nicht hinweggehen von
der Tür der Stiftshütte, ihr würdet sonst
sterben; denn das Salböl des HERRN ist
auf euch. Und sie taten, wie Mose sagte.
8 ¶ Der HERR aber redete mit Aaron und
sprach:
9 Du und deine Söhne, [a]ihr sollt weder
Wein noch starke Getränke trinken, wenn
ihr in die Stiftshütte geht, damit ihr nicht
sterbt. Das sei eine ewige Ordnung für alle
eure Nachkommen.

a Hes 44,21; Hos 4,11; Am 2,8

10 Ihr sollt unterscheiden, was heilig und
unheilig, was unrein und rein ist,[a]

a Hes 22,26; 44,23

11 und Israel lehren alle Ordnungen, die
der HERR ihnen durch Mose verkündet
hat.
12 ¶ Und Mose redete mit Aaron und mit
seinen Söhnen Eleasar und Itamar, die ihm
noch geblieben waren: Nehmt das Speis-
opfer, das übriggeblieben ist von den
Feueropfern des HERRN, und eßt es unge-
säuert bei dem Altar; denn es ist ein Hoch-
heiliges.[a] *a* Kap 9,17.18
13 Ihr sollt es aber an heiliger Stätte essen;

[a]denn das ist dein und deiner Söhne
Anrecht an den Feueropfern des HERRN;
denn so ist mir's geboten. *a* Kap 2,3
14 Auch die [a]Brust des Schwingopfers
und die Keule des Hebopfers sollst du mit
deinen Söhnen und deinen Töchtern essen
an reiner Stätte; denn solches Anrecht an
den Dankopfern Israels ist dir und deinen
Kindern gegeben. *a* Kap 7,34
15 Denn diese Keule und diese Brust soll
man zu den Feueropfern des Fettes brin-
gen, daß sie als Schwingopfer geschwun-
gen werden vor dem HERRN; es gehört dir
und deinen Söhnen als ewiges Anrecht,
wie der HERR geboten hat.[a] *a* Kap 9,20.21
16 ¶ Und Mose suchte den [a]Bock des
Sündopfers und fand ihn verbrannt. Und
er wurde zornig über Eleasar und Itamar,
Aarons Söhne, die ihm noch geblieben
waren, und sprach: *a* Kap 9,15
17 Warum habt ihr das Sündopfer nicht
gegessen an heiliger Stätte? Denn es ist
ein Hochheiliges, und der HERR hat es
euch gegeben, daß ihr die Schuld der
Gemeinde wegnehmen und sie vor ihm
entsühnen sollt.
18 Siehe, sein Blut ist nicht in das Heilige
hineingebracht worden. [a]Ihr solltet das
Opfer im Heiligen gegessen haben, wie ich
geboten hatte. *a* Kap 6,19.22
19 Aaron aber sprach zu Mose: Siehe,
heute haben sie ihr Sündopfer und ihr
Brandopfer vor dem HERRN geopfert, und
es ist mir so ergangen, wie du siehst; und
ich sollte heute essen vom Sündopfer?
Sollte das dem HERRN gefallen?
20 Als Mose das hörte, ließ er sich's
gefallen.

Gesetz über reine und unreine Tiere

(vgl. 5.Mose 14,3-20)

11 Und der HERR redete mit Mose und
Aaron und sprach zu ihnen:
2 Redet mit den Israeliten und sprecht:
[a]Dies sind die Tiere, die ihr essen dürft
unter allen Tieren auf dem Lande.
a Apg 10,12-15; Kol 2,16; 1.Tim 4,3.4
3 Alles, was gespaltene Klauen hat, ganz
durchgespalten, und wiederkäut unter den
Tieren, das dürft ihr essen.
4 Nur diese dürft ihr nicht essen von dem,
was wiederkäut und gespaltene Klauen
hat: das Kamel, denn es ist zwar ein Wie-
derkäuer, hat aber keine durchgespaltenen
Klauen, darum soll es euch unrein sein;
5 den Klippdachs, denn er ist zwar ein
Wiederkäuer, hat aber keine durchgespal-
tenen Klauen; darum soll er euch unrein
sein;
6 den Hasen, denn er ist auch ein Wieder-
käuer, hat aber keine durchgespaltenen
Klauen; darum soll er euch unrein sein;
7 das [a]Schwein, denn es hat wohl durch-
gespaltene Klauen, ist aber kein Wieder-
käuer; darum soll es euch unrein sein.
a Jes 65,4; 66,17
8 Vom Fleisch dieser Tiere dürft ihr
weder essen noch ihr Aas anrühren; denn
sie sind euch unrein.
9 ¶ Dies dürft ihr essen von dem, was im
Wasser lebt: alles, was Flossen und Schup-
pen hat im Wasser, im Meer und in den
Bächen, dürft ihr essen.
10 Alles aber, was nicht Flossen und
Schuppen hat im Meer und in den Bächen
von allem, was sich regt im Wasser, und
allem, was lebt im Wasser, soll euch ein
Greuel sein.
11 Von ihrem Fleisch dürft ihr nicht essen
und ihr Aas sollt ihr verabscheuen, denn
sie sind ein Greuel für euch.
12 Denn alles, was nicht Flossen und
Schuppen hat im Wasser, sollt ihr verab-
scheuen.
13 ¶ Und diese sollt ihr verabscheuen
unter den Vögeln, daß ihr sie nicht eßt,
denn ein Greuel sind sie: den Adler, den
Habicht, den Fischaar,
14 den Geier, die Weihe mit ihrer Art
15 und alle Raben mit ihrer Art,
16 den Strauß, die Nachteule, den Kuk-
kuck, den Sperber mit seiner Art,
17 das Käuzchen, den Schwan, den Uhu,
18 die Fledermaus, die Rohrdommel, den
Storch,
19 den Reiher, den Häher mit seiner Art,
den Wiedehopf und die Schwalbe.
20 ¶ Auch alles kleine Getier, das Flügel
hat und auf vier Füßen geht, soll euch ein
Greuel sein.
21 Doch dies dürft ihr essen von allem,
was sich regt und Flügel hat und auf vier
Füßen geht: was oberhalb der Füße noch
zwei Schenkel hat, womit es auf Erden
hüpft.
22 Von diesen könnt ihr essen die Heu-
schrecken, als da sind: den Arbe mit sei-
ner Art, den Solam mit seiner Art, den
Hargol mit seiner Art und den Hagab mit
seiner Art.

23 Alles aber, was sonst Flügel und vier
Füße hat, soll euch ein Greuel sein.
24 ¶ An diesen werdet ihr euch verunrei-
nigen - wer ihr [a]Aas anrührt, der wird
unrein sein bis zum Abend; *a* Kap 5,2
25 und wer ihr Aas trägt, soll seine Kleider
waschen und wird unrein sein bis zum
Abend -:
26 an allem Getier, das gespaltene Klauen
hat, aber nicht ganz durchgespaltene, und
nicht wiederkäut. Unrein soll es euch sein,
und wer es anrührt, wird unrein sein.
27 Und alles, was auf Tatzen geht unter
den Tieren, die auf vier Füßen gehen, soll
euch unrein sein. Wer ihr Aas anrührt,
wird unrein sein bis zum Abend.
28 Und wer ihr Aas trägt, soll seine Klei-
der waschen und unrein sein bis zum
Abend; denn sie sind euch unrein.
29 ¶ Diese sollen euch auch unrein sein
unter den Tieren, die auf der Erde
wimmeln: das Wiesel, die [a]Maus, die
Kröte, ein jedes mit seiner Art, *a* Jes 66,17
30 der Gecko, der Molch, die Eidechse,
die Blindschleiche und der Maulwurf.
31 Die sind euch unrein unter allem, was
da kriecht. Wer ihr Aas anrührt, der wird
unrein sein bis zum Abend.
32 Und alles, worauf ihr Aas fällt, das wird
unrein, jedes hölzerne Gefäß oder Kleider
oder Fell oder Sack. Und alles Gerät, das
zum Gebrauch dient, soll man ins Wasser
tun; es ist unrein bis zum Abend und dann
wieder rein.
33 Ist es aber ein irdenes Gefäß, in das ein
solches Aas hineinfällt, so wird alles
unrein, was darin ist, und ihr sollt es zer-
brechen.
34 Alle Speise, die man essen könnte, wird
unrein, wenn jenes Wasser darankommt;
und alles Getränk, das man trinken könnte,
wird in solchen Gefäßen unrein.
35 Und alles, worauf ein solches Aas fällt,
wird unrein, es sei Ofen oder Herd; man
soll es zerbrechen, denn es ist unrein und
soll euch unrein sein.
36 Nur die Brunnen und Zisternen, in
denen sich Wasser sammelt, bleiben rein.
Wer aber das Aas darin anrührt, ist unrein.
37 Und wenn ein solches Aas auf Samen
fällt, den man sät, so bleibt er doch rein.
38 Wenn man aber Wasser über den
Samen gegossen hat und es fällt danach
ein solches Aas darauf, so wird er euch
unrein.
39 ¶ Wenn eins von den Tieren stirbt, die
euch zur Speise dienen: wer ihr Aas
anrührt, wird unrein bis zum Abend.
40 Wer von solchem [a]Aas ißt, der soll sein
Kleid waschen; er wird unrein sein bis zum
Abend. Auch wer ein solches Aas trägt,
soll sein Kleid waschen; er wird unrein
sein bis zum Abend. *a* 2.Mose 22,30
41 ¶ Was auf der Erde kriecht, das soll
euch ein Greuel sein, und man soll es
nicht essen.
42 Alles, was auf dem Bauch kriecht, und
alles, was auf vier oder mehr Füßen geht,
unter allem, was auf der Erde kriecht, dürft
ihr nicht essen; denn es soll euch ein
Greuel sein.
43 Macht euch selbst nicht zum Greuel an
allem kleinen Getier, das da wimmelt, und
macht euch nicht unrein an ihm, so daß
ihr dadurch unrein werdet.
44 Denn ich bin der HERR, euer Gott.
Darum sollt ihr euch heiligen, so daß ihr
heilig werdet, [a] denn ich bin heilig; und ihr
sollt euch nicht unrein machen an irgend-
einem Getier, das auf der Erde kriecht.
a Kap 19,2
45 Denn ich bin der HERR, der euch aus
Ägyptenland geführt hat, daß ich euer
Gott sei. Darum sollt ihr heilig sein, denn
ich bin heilig.
46 ¶ Das ist das Gesetz von den vierfüßi-
gen Tieren und Vögeln und von allen Tie-
ren, die sich regen im Wasser, und von
allen Tieren, die auf der Erde kriechen,
47 auf daß ihr unterscheidet, was unrein
und rein ist und welches Tier man essen
und welches man nicht essen darf.

Gesetz für die Wöchnerinnen

12 Und der HERR redete mit Mose und
sprach:
2 Rede mit den Israeliten und sprich:
Wenn eine Frau empfängt und einen Kna-
ben gebiert, [a] so soll sie sieben Tage unrein
sein, wie wenn sie ihre Tage hat.
a Kap 15,19
3 Und am achten Tage soll man ihn
beschneiden.[a] *a* 1.Mose 17,10-12; Lk 2,21; Joh 7,22
4 Und sie soll daheim bleiben dreiund-
dreißig Tage im Blut ihrer Reinigung.
Kein Heiliges soll sie anrühren, und zum
Heiligtum soll sie nicht kommen, bis die
Tage ihrer Reinigung um sind.
5 Gebiert sie aber ein Mädchen, so soll

sie zwei Wochen unrein sein, wie wenn sie ihre Tage hat, und soll sechsundsechzig Tage daheim bleiben in dem Blut ihrer Reinigung.

6 ¶Und wenn die Tage ihrer Reinigung für den Sohn oder für die Tochter um sind, soll sie dem Priester ein einjähriges Schaf bringen zum Brandopfer und eine Taube oder Turteltaube zum Sündopfer vor die Tür der Stiftshütte.

7 Der soll es opfern vor dem HERRN und sie entsühnen, so wird sie rein von ihrem Blutfluß. Das ist das Gesetz für die Frau, die einen Knaben oder ein Mädchen gebiert.

8 Vermag sie aber nicht ein Schaf aufzubringen, so nehme sie [a]zwei Turteltauben oder zwei andere Tauben, eine zum Brandopfer, die andere zum Sündopfer; so soll sie der Priester entsühnen, daß sie rein werde. *a* Kap 5,7; Lk 2,24

Gesetz über die Feststellung von Aussatz

13 [a]Und der HERR redete mit Mose und Aaron und sprach:

a (1 und 2) 4.Mose 12,10-12; 5.Mose 24,8.9; Hiob 18,13

2 Wenn bei einem Menschen an seiner Haut eine Erhöhung oder ein Ausschlag oder ein weißer Flecken entsteht und zu einer aussätzigen Stelle an der Haut wird, soll man ihn zum Priester Aaron führen oder zu einem unter seinen Söhnen, den Priestern.

3 Und wenn der Priester die Stelle an der Haut sieht, daß die Haare dort weiß geworden sind und die Stelle tiefer ist als die übrige Haut, so ist es eine aussätzige Stelle. Wenn der Priester das an ihm sieht, soll er ihn unrein sprechen.

4 Wenn aber ein weißer Flecken an seiner Haut ist und doch die Stelle nicht tiefer anzusehen ist als die übrige Haut und die Haare nicht weiß geworden sind, so soll der Priester ihn einschließen sieben Tage

5 und am siebenten Tage besehen. Ist es so, daß die Stelle geblieben ist, wie er sie zuvor gesehen hat, und hat nicht weitergefressen auf der Haut, so soll ihn der Priester abermals sieben Tage einschließen.

6 Und wenn er ihn erneut nach sieben Tagen besieht und findet, daß die Stelle blaß geworden ist und nicht weitergefressen hat auf der Haut, so soll er ihn rein sprechen; denn es ist nur ein Ausschlag. Und er soll seine Kleider waschen, so ist er rein.

7 Wenn aber der Ausschlag weiterfrißt auf der Haut, nachdem er vom Priester besehen worden ist, ob er rein sei, und er wird nun erneut vom Priester besehen

8 und wenn der Priester dann sieht, daß der Ausschlag weitergefressen hat auf der Haut, so soll er ihn unrein sprechen; es ist Aussatz.

9 ¶Wenn an einem Menschen eine aussätzige Stelle ist, so soll man ihn zum Priester bringen.

10 Wenn der sieht und findet, daß eine weiße Erhöhung auf der Haut ist und die Haare dort weiß geworden sind und wildes Fleisch in der Erhöhung ist,

11 so ist es schon alter Aussatz auf seiner Haut. Darum soll ihn der Priester unrein sprechen und nicht erst einschließen; denn er ist schon unrein.

12 Wenn aber Aussatz ausbricht auf der Haut und bedeckt die ganze Haut, vom Kopf bis zum Fuß, alles, was dem Priester vor Augen sein mag,

13 und wenn der Priester ihn dann besieht und findet, daß der Aussatz den ganzen Leib bedeckt hat, so soll er ihn rein sprechen, weil alles an ihm weiß geworden ist; er ist rein.

14 Findet sich aber wildes Fleisch an dem Tage, da er besehen wird, so ist er unrein.

15 Und wenn der Priester das wilde Fleisch besieht, soll er ihn unrein sprechen, denn das wilde Fleisch ist unrein; es ist Aussatz.

16 Verändert sich aber das wilde Fleisch und wird wieder weiß, so soll er zum Priester kommen.

17 Und wenn ihn der Priester besieht und findet, daß die Stelle weiß geworden ist, soll er ihn rein sprechen; er ist rein.

18 ¶Wenn jemand auf der Haut ein Geschwür bekommt und es heilt wieder,

19 danach aber an derselben Stelle eine weiße Erhöhung oder ein weißrötlicher Flecken entsteht, so soll er vom Priester besehen werden.

20 Wenn dann der Priester sieht, daß die Stelle tiefer anzusehen ist als die übrige Haut und das Haar dort weiß geworden ist, so soll er ihn unrein sprechen; es ist Aussatz, der in dem Geschwür ausgebrochen ist.

21 Sieht aber der Priester und findet, daß

die Haare nicht weiß sind und die Stelle
nicht tiefer ist als die übrige Haut und blaß
geworden ist, so soll er ihn sieben Tage
einschließen.
22 Frißt es weiter auf der Haut, so soll er
ihn unrein sprechen; es ist eine aussätzige
Stelle.
23 Bleibt aber der weiße Flecken so ste-
hen und frißt nicht weiter, so ist es die
Narbe von einem Geschwür, und der Prie-
ster soll ihn rein sprechen.
24 ¶ Wenn sich jemand an der Haut ver-
brennt und das Brandmal weißrötlich oder
weiß ist
25 und der Priester es besieht und findet
das Haar weiß geworden an dem Brand-
mal und die Stelle erscheint tiefer als die
übrige Haut, so ist es Aussatz, der in dem
Brandmal ausgebrochen ist. Darum soll
ihn der Priester unrein sprechen; es ist
eine aussätzige Stelle.
26 Sieht aber der Priester und findet, daß
die Haare am Brandmal nicht weiß gewor-
den sind und es nicht tiefer ist als die
übrige Haut und dazu blaß geworden ist,
so soll er ihn sieben Tage einschließen,
27 und am siebenten Tage soll er ihn bese-
hen. Hat es weitergefressen auf der Haut,
so soll er ihn unrein sprechen; es ist eine
aussätzige Stelle.
28 Ist aber der Flecken stehengeblieben
und hat nicht weitergefressen auf der Haut
und ist dazu blaß geworden, so ist es nur
die Erhöhung eines Brandmals. Und der
Priester soll ihn rein sprechen; denn es ist
die Narbe eines Brandmals.
29 ¶ Wenn ein Mann oder eine Frau auf
dem Kopf oder am Bart eine Stelle hat
30 und der Priester die Stelle besieht und
findet, daß sie tiefer aussieht als die übrige
Haut und das Haar dort goldgelb und dünn
ist, so soll er ihn unrein sprechen; denn es
ist Grind, das ist der Aussatz des Kopfes
oder des Bartes.
31 Sieht aber der Priester, daß der Grind
nicht tiefer anzusehen ist als die Haut, aber
das Haar dort nicht schwarz ist, soll er ihn
sieben Tage einschließen.
32 Und wenn er ihn am siebenten Tage
besieht und findet, daß der Grind nicht
weitergefressen hat und kein goldgelbes
Haar da ist und der Grind nicht tiefer aus-
sieht als die übrige Haut,
33 so soll er sich scheren, doch so, daß er
die grindige Stelle nicht schere; und der
Priester soll ihn abermals sieben Tage ein-
schließen.
34 Und wenn er ihn am siebenten Tage
besieht und findet, daß der Grind nicht
weitergefressen hat auf der Haut und nicht
tiefer aussieht als die übrige Haut, so soll
ihn der Priester rein sprechen; und er soll
seine Kleider waschen, so ist er rein.
35 Frißt aber der Grind weiter auf der
Haut, nachdem er rein gesprochen ist,
36 und der Priester besieht ihn und findet,
daß der Grind weitergefressen hat auf der
Haut, so soll er nicht mehr danach fragen,
ob die Haare goldgelb sind; denn er ist
unrein.
37 Ist es aber vor Augen, daß der Grind
stehengeblieben und schwarzes Haar dort
aufgegangen ist, so ist der Grind heil, und
er ist rein. Darum soll ihn der Priester rein
sprechen.
38 ¶ Wenn bei einem Mann oder einer
Frau auf der Haut weiße Flecken entste-
hen
39 und der Priester besieht es und es sind
blasse weiße Flecken, so ist es ein gutarti-
ger Ausschlag, der auf der Haut ausgebro-
chen ist; er ist rein.
40 ¶ Wenn einem Mann die Haupthaare
ausfallen, daß er am Hinterkopf kahl wird,
der ist rein.
41 Fallen sie ihm vorn am Kopf aus und
entsteht eine Glatze, so ist er rein.
42 Bildet sich aber an der Glatze eine
weißrötliche Stelle, so ist bei ihm Aussatz
an der Glatze ausgebrochen.
43 Wenn ihn der Priester nun besieht und
findet, daß eine weißrötliche Erhöhung an
seiner Glatze ist, daß es aussieht wie sonst
Aussatz auf der Haut,
44 so ist er aussätzig und unrein, und der
Priester soll ihn unrein sprechen; er hat
Aussatz an seinem Kopf.
45 ¶ Wer nun aussätzig ist, soll zerrissene
Kleider tragen und das Haar lose und den
Bart verhüllt und soll rufen: Unrein,
unrein!
46 Und solange die Stelle an ihm ist, soll
er unrein sein, allein wohnen, und seine
Wohnung soll außerhalb des Lagers sein.[a]

a 4. Mose 5,2.3; 2. Kön 15,5

47 ¶ Wenn eine aussätzige Stelle an einem
Kleid ist, es sei wollen oder leinen,
48 an Gewebtem oder Gewirktem, es sei
leinen oder wollen, oder an Leder oder an
allem, was aus Leder gemacht wird,

49 und wenn die Stelle grünlich oder röt-
lich ist am Kleid oder am Leder oder am
Gewebten oder Gewirkten oder an irgend-
einem Ding, das von Leder gemacht ist,
so ist das eine aussätzige Stelle; darum
soll es der Priester besehen.
50 Und wenn er die Stelle besehen hat,
soll er es einschließen sieben Tage.
51 Und wenn er am siebenten Tage sieht,
daß die Stelle weitergefressen hat am
Kleid, am Gewebten oder am Gewirkten,
am Leder oder an allem, was man aus
Leder macht, so ist die Stelle fressender
Aussatz, und es ist unrein.
52 Und man soll das Kleid verbrennen
oder das Gewebte oder Gewirkte, es sei
wollen oder leinen, oder allerlei Leder-
werk, woran solche Stelle ist; denn es ist
fressender Aussatz, und man soll es mit
Feuer verbrennen.
53 Sieht aber der Priester, daß die Stelle
nicht weitergefressen hat am Kleid oder
am Gewebten oder am Gewirkten oder an
allerlei Lederwerk,
54 so soll er gebieten, daß man das wasche,
woran die Stelle ist, und soll es einschlie-
ßen weitere sieben Tage.
55 Und wenn der Priester sieht, nachdem
die Stelle gewaschen ist, daß die Stelle
unverändert ist vor seinen Augen und
auch nicht weitergefressen hat, so ist es
unrein, und du sollst es mit Feuer ver-
brennen; denn es ist tief eingefressen an
der kahlen Stelle außen oder innen.
56 Wenn aber der Priester sieht, daß die
Stelle verblaßt ist nach dem Waschen, so
soll er sie herausreißen aus dem Kleid,
dem Leder, dem Gewebten oder Gewirk-
ten.
57 Zeigt sie sich aber wiederum am Kleid,
am Gewebten, am Gewirkten oder an
allerlei Lederwerk, so ist es ausbrechen-
der Aussatz, und du sollst mit Feuer ver-
brennen, woran solche Stelle ist.
58 Das Kleid aber oder das Gewebte oder
Gewirkte oder allerlei Lederwerk, das
gewaschen ist und von dem die Stelle
gewichen ist, soll man zum zweitenmal
waschen, so ist es rein.
59 ¶ Das ist das Gesetz über die aussätzi-
gen Stellen an Kleidern, sie seien wollen
oder leinen, an Gewebtem oder an
Gewirktem und an allerlei Lederwerk, wie
sie rein oder unrein zu sprechen sind.

Gesetz über die Reinigung von Aussätzigen

14 Und der HERR redete mit Mose und
sprach:
2 Dies ist das Gesetz über den Aussätzi-
gen, wenn er gereinigt werden soll. [a] Er
soll zum Priester kommen, *a* Mt 8,4
3 und der Priester soll aus dem Lager
gehen und feststellen, daß die kranke
Stelle am Aussätzigen heil geworden ist,
4 und soll gebieten, daß man für den, der
zu reinigen ist, zwei lebendige Vögel
nehme, [a] reine Tiere, und Zedernholz und
scharlachfarbene Wolle und Ysop,
a Kap 11,3-20; 4. Mose 19,6
5 und soll gebieten, den einen Vogel zu
schlachten in ein irdenes Gefäß über fri-
schem Wasser.
6 Und er soll den lebendigen Vogel neh-
men zusammen mit dem Zedernholz, der
scharlachfarbenen Wolle und dem Ysop
und ihn in das Blut des Vogels tauchen,
der über dem frischen Wasser geschlach-
tet ist,
7 und siebenmal den besprengen, der vom
Aussatz zu reinigen ist, und ihn so reini-
gen und [a] den lebendigen Vogel ins freie
Feld fliegen lassen. *a* Kap 16,22
8 Der aber, der sich reinigt, soll seine Klei-
der waschen und [a] alle seine Haare absche-
ren und sich mit Wasser abwaschen, so ist
er rein. Danach gehe er ins Lager; doch
soll er sieben Tage außerhalb seines Zeltes
bleiben. *a* 4. Mose 8,7
9 Und am siebenten Tage soll er alle seine
Haare abscheren auf dem Kopf, am Bart,
an den Augenbrauen, daß alle Haare abge-
schoren seien, und soll seine Kleider
waschen und seinen Leib mit Wasser
abwaschen, so ist er rein.
10 ¶ Und am achten Tage soll er zwei
Lämmer nehmen, männliche Tiere ohne
Fehler, und ein einjähriges Schaf ohne
Fehler und drei Zehntel feinstes Mehl
zum Speisopfer, mit Öl vermengt, und
einen Becher Öl.
11 Und der Priester soll den, der sich rei-
nigt, und dies alles darstellen vor dem
HERRN, an der Tür der Stiftshütte.
12 Und er soll das eine Lamm nehmen
und zum Schuldopfer darbringen mit dem
Becher Öl und soll beides vor dem HERRN
als Schwingopfer schwingen
13 und danach das Lamm schlachten, wo

man das Sündopfer und Brandopfer
schlachtet, nämlich an heiliger Stätte; denn
[a]wie das Sündopfer, so gehört auch das
Schuldopfer dem Priester; es ist ein Hoch-
heiliges. *a* Kap 7,7
14 Und der Priester soll von dem Blut des
Schuldopfers nehmen und es dem, der
sich reinigt, [a]auf das Läppchen des rech-
ten Ohrs tun und auf den Daumen seiner
rechten Hand und auf die große Zehe
seines rechten Fußes. *a* Kap 8,23; 2.Mose 29,20
15 Danach soll er von dem Becher Öl neh-
men und es in seine eigene linke Hand
gießen
16 und mit seinem rechten Finger in das
Öl tauchen, das in seiner linken Hand ist,
und etwas vom Öl mit seinem Finger [a]sie-
benmal sprengen vor dem HERRN.
a Kap 4,6.17
17 Auf das Blut des Schuldopfers aber soll
er von dem übrigen Öl in seiner Hand
dem, der sich reinigt, auf das Läppchen
des rechten Ohrs tun und auf den rechten
Daumen und auf die große Zehe seines
rechten Fußes.
18 Das übrige Öl aber in seiner Hand soll
er auf den Kopf dessen tun, der sich rei-
nigt, und ihn entsühnen vor dem HERRN.
19 Dann soll er das Sündopfer zurichten
und den, der sich reinigt, von seiner
Unreinheit entsühnen und soll danach das
Brandopfer schlachten
20 und soll es auf dem Altar opfern samt
dem Speisopfer und ihn entsühnen, so ist
er rein.
21 ¶ Ist er aber arm und vermag nicht so-
viel aufzubringen, so nehme er ein männ-
liches Lamm zum Schuldopfer als
Schwingopfer zu seiner Entsühnung und
ein Zehntel feinstes Mehl, mit Öl ver-
mengt, zum Speisopfer und einen Becher
Öl
22 und [a]zwei Turteltauben oder zwei
andere Tauben, die er aufbringen kann,
die eine als Sündopfer, die andere als
Brandopfer, *a* Kap 5,7
23 und bringe sie am achten Tage seiner
Reinigung zum Priester an die Tür der
Stiftshütte vor den HERRN.
24 Da soll der Priester das Lamm des
Schuldopfers nehmen und den Becher Öl
und soll alles schwingen vor dem HERRN
25 und das Lamm des Schuldopfers
schlachten, von dem Blut des Schuldop-
fers nehmen und es dem, der sich reinigt,
auf das Läppchen seines rechten Ohrs tun
und auf den Daumen seiner rechten Hand
und auf die große Zehe seines rechten
Fußes
26 und soll von dem Öl in seine eigene
linke Hand gießen
27 und mit seinem rechten Finger von
dem Öl, das in seiner linken Hand ist, sie-
benmal sprengen vor dem HERRN.
28 Auf das Blut des Schuldopfers aber soll
er von dem übrigen Öl in seiner Hand
dem, der sich reinigt, auf das Läppchen
seines rechten Ohrs tun und auf den Dau-
men seiner rechten Hand und auf die
große Zehe seines rechten Fußes.
29 Das übrige Öl aber in seiner Hand soll
er dem, der sich reinigt, auf den Kopf tun,
um ihn zu entsühnen vor dem HERRN,
30 und danach die eine Turteltaube oder
andere Taube, wie er sie hat aufbringen
können,
31 zum Sündopfer, die andere zum Brand-
opfer bereiten samt dem Speisopfer. So
soll der Priester den, der sich reinigt, ent-
sühnen vor dem HERRN.
32 Das ist das Gesetz für den Aussätzigen,
der nicht soviel aufbringen kann zu seiner
Reinigung.[a] *a* Kap 13,47-59

Gesetz über Aussatz an Häusern

33 Und der HERR redete mit Mose und
Aaron und sprach:
34 Wenn ihr ins Land Kanaan kommt, das
ich euch zum Besitz gebe, und ich lasse
an irgendeinem Hause eures Landes eine
aussätzige Stelle entstehen,
35 so soll der kommen, dem das Haus
gehört, es [a]dem Priester ansagen und
sprechen: Es sieht mir aus, als sei Aussatz
an meinem Hause. *a* Kap 13,2
36 Da soll der Priester gebieten, daß sie
das Haus ausräumen, ehe der Priester hin-
eingeht, die Stelle zu besehen, damit nicht
alles unrein werde, was im Hause ist.
Danach soll der Priester hineingehen, das
Haus zu besehen.
37 Wenn er nun den Ausschlag besieht
und findet, daß an der Wand des Hauses
grünliche oder rötliche Stellen sind, die
[a]tiefer aussehen als sonst die Wand,
a Kap 13,3
38 so soll er aus dem Hause herausgehen,
an die Tür treten und das Haus für sieben
Tage verschließen.
39 Und wenn er am siebenten Tage wie-

derkommt und sieht, daß der Ausschlag
weitergefressen hat an der Wand des
Hauses,
40so soll er die Steine ausbrechen lassen,
an denen der Ausschlag ist, und hinaus
vor die Stadt an einen unreinen Ort wer-
fen.
41Und das Haus soll man innen rings-
herum abschaben und den abgeschabten
Lehm hinaus vor die Stadt an einen unrei-
nen Ort schütten
42und andere Steine nehmen und statt
jener einsetzen und andern Lehm nehmen
und das Haus neu bewerfen.
43¶ Wenn dann der Ausschlag wieder-
kommt und ausbricht am Hause, nachdem
man die Steine ausgebrochen und das
Haus neu beworfen hat,
44so soll der Priester hineingehen. Und
wenn er sieht, daß der Ausschlag weiter-
gefressen hat am Hause, so ist es gewiß
ein fressender Aussatz am Hause, und es
ist unrein.
45Darum soll man das Haus abbrechen,
Steine und Holz und allen Lehm am
Hause, und soll es hinausbringen vor die
Stadt an einen unreinen Ort.
46Und wer in das Haus geht, solange es
verschlossen ist, der ist [a]unrein bis zum
Abend.

a Kap 11,24

47Und wer darin schläft oder darin ißt,
der soll seine Kleider waschen.
48¶ Wenn aber der Priester hineingeht
und sieht, daß der Ausschlag nicht weiter
am Hause gefressen hat, nachdem es neu
beworfen ist, so soll er es rein sprechen;
denn der Ausschlag ist heil geworden.
49Und er soll für das Haus zur Entsündi-
gung zwei Vögel nehmen, Zedernholz,
scharlachfarbene Wolle und Ysop
50[a]und den einen Vogel schlachten in ein
irdenes Gefäß über frischem Wasser.

a (50-53) Vers 4-7

51Und er soll nehmen das Zedernholz,
die scharlachfarbene Wolle, den Ysop und
den lebendigen Vogel und sie in des
geschlachteten Vogels Blut und in das fri-
sche Wasser tauchen und das Haus sie-
benmal besprengen
52und soll so das Haus entsündigen mit
dem Blut des Vogels und mit dem frischen
Wasser, mit dem lebendigen Vogel, mit
dem Zedernholz, mit dem Ysop und mit
der scharlachfarbenen Wolle
53und soll den lebendigen Vogel hinaus
vor die Stadt ins freie Feld fliegen lassen
und das Haus entsühnen, so ist es rein.
54¶ Das ist das Gesetz über alle Arten
des Aussatzes und Grindes,
55über den Aussatz an Kleidern und Häu-
sern,
56über Erhöhungen, Ausschlag und
weiße Flecken,
57damit man Weisung habe, wann etwas
unrein oder rein ist. Das ist das Gesetz
über den Aussatz.

Gesetz über das Verhalten bei unreinen Ausflüssen

15 Und der HERR redete mit Mose und
Aaron und sprach:
2Redet mit den Israeliten und sprecht zu
ihnen: Wenn ein Mann an seinem Glied
einen [a]Ausfluß hat, so ist er unrein.

a 4.Mose 5,2

3Mag sein Glied den Fluß ausfließen las-
sen oder nicht, so ist er unrein.
4Jedes Lager, worauf er liegt, und alles,
worauf er sitzt, wird unrein.
5Und wer sein Lager anrührt, der soll
seine Kleider waschen und sich mit Was-
ser abwaschen und unrein sein bis zum
Abend.
6Und wer sich hinsetzt, wo jener geses-
sen hat, der soll seine Kleider waschen
und sich mit Wasser abwaschen und
unrein sein bis zum Abend.
7Wer ihn anrührt, der soll seine Kleider
waschen und sich mit Wasser abwaschen
und unrein sein bis zum Abend.
8Wenn er seinen Speichel auswirft auf
den, der rein ist, so soll der seine Kleider
waschen und sich mit Wasser abwaschen
und unrein sein bis zum Abend.
9Auch der Sattel, auf dem er reitet, wird
unrein.
10Und wer irgend etwas anrührt, das er
unter sich hat, der wird unrein bis zum
Abend. Und wer solches trägt, der soll
seine Kleider waschen und sich mit Was-
ser abwaschen und unrein sein bis zum
Abend.
11Und wen er anrührt, ehe er die Hände
gewaschen hat, der soll seine Kleider
waschen und sich mit Wasser abwaschen
und unrein sein bis zum Abend.
12Wenn er ein [a]irdenes Gefäß anrührt,
das soll man zerbrechen, aber das höl-
zerne Gefäß soll man mit Wasser spülen.

a Kap 11,33

[13]¶Und wenn er rein wird von seinem
Fluß, so soll er sieben Tage zählen, nach-
dem er rein geworden ist, und dann seine
Kleider waschen und sich mit frischem
Wasser abwaschen, so ist er rein.
[14][a]Und am achten Tage soll er zwei Tur-
teltauben oder zwei andere Tauben neh-
men und vor den HERRN bringen an die
Tür der Stiftshütte und dem Priester
geben. *a (14 und 15)* Kap 5,7
[15]Und der Priester soll die eine zum
Sündopfer bereiten und die andere zum
Brandopfer und ihn vor dem HERRN ent-
sühnen seines Ausflusses wegen.
[16]¶Wenn einem Mann [a]im Schlaf der
Same abgeht, der soll seinen ganzen Leib
mit Wasser abwaschen und unrein sein bis
zum Abend. *a* Kap 22,4
[17]Und jedes Kleid und jedes Fell, das mit
solchem Samen befleckt ist, soll abgewa-
schen werden mit Wasser, und es soll
unrein sein bis zum Abend.
[18]Und wenn eine Frau bei einem Manne
liegt, dem der Same abgeht, dann sollen
sie sich mit Wasser abwaschen und unrein
sein bis zum Abend.
[19]¶Wenn eine Frau ihren Blutfluß hat, so
soll sie sieben Tage für unrein gelten. [a]Wer
sie anrührt, der wird unrein bis zum
Abend. *a* Kap 18,19
[20]Und alles, worauf sie liegt, solange sie
ihre Zeit hat, wird unrein, und alles, wor-
auf sie sitzt, wird unrein.
[21]Und wer ihr Lager anrührt, der soll
seine Kleider waschen und sich mit Was-
ser abwaschen und unrein sein bis zum
Abend.
[22]Und wer irgend etwas anrührt, worauf
sie gesessen hat, soll seine Kleider
waschen und sich mit Wasser abwaschen
und unrein sein bis zum Abend.
[23]Und wer etwas anrührt, das auf ihrem
Lager gewesen ist oder da, wo sie geses-
sen hat, soll unrein sein bis zum Abend.
[24]Und wenn ein Mann bei ihr liegt und es
kommt sie ihre Zeit an bei ihm, der wird
sieben Tage unrein, und das Lager, darauf
er gelegen hat, wird unrein.
[25]¶Wenn aber eine Frau den Blutfluß
eine lange Zeit hat, zu ungewöhnlicher
Zeit oder über die gewöhnliche Zeit hin-
aus, so wird sie unrein, solange sie ihn hat;
wie zu ihrer gewöhnlichen Zeit, so soll sie
auch da unrein sein.
[26]Jedes Lager, worauf sie liegt die ganze
Zeit ihres Blutflusses, soll gelten wie ihr
Lager zu ihrer gewöhnlichen Zeit. Und
alles, worauf sie sitzt, wird unrein wie bei
der Unreinheit ihrer gewöhnlichen Zeit.
[27]Wer davon etwas anrührt, der wird
unrein und soll seine Kleider waschen und
sich mit Wasser abwaschen und unrein
sein bis zum Abend.
[28]Wird sie aber rein von ihrem Blutfluß,
so soll sie sieben Tage zählen, und danach
soll sie rein sein.
[29]Und am achten Tage soll sie zwei Tur-
teltauben oder zwei andere Tauben neh-
men und zum Priester bringen vor die Tür
der Stiftshütte.
[30]Und der Priester soll die eine zum
Sündopfer bereiten und die andere zum
Brandopfer und die Frau entsühnen vor
dem HERRN wegen ihres Blutflusses, der
sie unrein macht.
[31]¶Und ihr sollt die Israeliten wegen
ihrer Unreinheit absondern, damit sie
nicht sterben in ihrer Unreinheit, wenn sie
meine Wohnung unrein machen, die mit-
ten unter ihnen ist.
[32]¶Das ist das Gesetz über den, der
einen Ausfluß hat und dem der Same im
Schlaf abgeht, daß er unrein davon wird,
[33]und über die, die ihren Blutfluß hat,
und wer sonst einen Ausfluß hat, es sei
Mann oder Frau, und wenn ein Mann bei
einer Unreinen liegt.

Gesetz für den großen Versöhnungstag

(vgl. Kap 23,26-32; 4.Mose 29,7-11; Hebr 9,7-14)

16 Und der HERR redete mit Mose,
nachdem die [a]zwei Söhne Aarons
gestorben waren, als sie vor dem HERRN
opferten, *a* Kap 10,1.2
[2]und sprach: Sage deinem Bruder Aaron,
daß er nicht zu jeder Zeit in das Heiligtum
gehe hinter den [a]Vorhang vor den Gna-
denthron, der auf der Lade ist, damit er
nicht sterbe; denn ich erscheine in der
Wolke über dem Gnadenthron.
a 2.Mose 26,33.34
[3]Er soll hineingehen mit einem jungen
[a]Stier zum Sündopfer und mit einem Wid-
der zum [b]Brandopfer *a* Kap 4,3 *b* Kap 1,10
[4]und [a]soll das heilige leinene Gewand
anlegen, und leinene Beinkleider sollen
seine Blöße bedecken, und er soll sich mit
einem leinenen Gürtel gürten und den lei-
nenen Kopfbund umbinden, denn das sind

die heiligen Kleider; er soll seinen Leib
[b]mit Wasser abwaschen und sie dann an-
legen. a 2.Mose 28,39.42 b 2.Mose 29,4; 30,19.20
5 Und er soll von der Gemeinde der Is-
raeliten zwei Ziegenböcke entgegenneh-
men zum Sündopfer und einen Widder
zum Brandopfer.[a] a Kap 9,3.15.16
6 Und Aaron soll einen [a] Stier, sein Sünd-
opfer, darbringen, daß er für sich und sein
Haus Sühne schaffe,[b]
a Kap 9,2.8-11 b Hebr 7,27
7 und danach zwei Böcke nehmen und vor
den HERRN stellen an der Tür der Stifts-
hütte
8 und soll das Los werfen über die zwei
Böcke: ein Los dem HERRN und das
andere dem Asasel,
9 und soll den Bock, auf welchen das Los
für den HERRN fällt, opfern zum Sünd-
opfer.
10 Aber den Bock, auf welchen das Los
für Asasel fällt, soll er lebendig vor den
HERRN stellen, daß er über ihm Sühne
vollziehe und ihn zu Asasel in die Wüste
schicke.
11 ¶ [a]Und Aaron soll den Stier seines Sünd-
opfers herzubringen und sich und sein
Haus entsühnen und soll ihn schlachten
a (11-15) Röm 3,25
12 und soll eine Pfanne voll Glut vom
Altar nehmen, der vor dem HERRN steht,
und beide Hände voll zerstoßenen Räu-
cherwerks und es hinein hinter den Vor-
hang bringen
13 und das Räucherwerk aufs Feuer tun
vor dem HERRN, daß die Wolke vom Räu-
cherwerk den [a] Gnadenthron bedecke, der
auf der Lade mit dem Gesetz ist, damit er
nicht sterbe. a 2.Mose 25,17-22
14 Und soll etwas vom Blut des Stieres
nehmen und es mit seinem Finger gegen
den Gnadenthron sprengen; vor den Gna-
denthron aber soll er siebenmal mit sei-
nem Finger von dem Blut sprengen.
15 Danach soll er den Bock, das Sündop-
fer des Volks, schlachten und sein Blut
hineinbringen hinter den Vorhang und soll
mit seinem Blut tun, wie er mit dem Blut
des Stieres getan hat, und etwas davon
auch sprengen gegen den Gnadenthron
und vor den Gnadenthron[a] a Hebr 4,16; 9,5
16 und soll so das Heiligtum entsühnen
wegen der Verunreinigungen der Israeli-
ten und wegen ihrer Übertretungen, mit
denen sie sich versündigt haben. So soll er
tun der Stiftshütte, die bei ihnen ist inmit-
ten ihrer Unreinheit.
17 Kein Mensch soll in der Stiftshütte sein,
wenn er hineingeht, Sühne zu schaffen im
Heiligtum, bis er herauskommt. So soll er
Sühne schaffen für sich und sein Haus und
die ganze Gemeinde Israel.
18 Und er soll hinausgehen zum Altar, der
vor dem HERRN steht, und ihn [a]entsüh-
nen und soll vom Blut des Stieres und
vom Blut des Bockes nehmen und es
ringsum an die Hörner des Altars strei-
chen a 2.Mose 30,10
19 und soll mit seinem Finger vom Blut
darauf sprengen siebenmal und ihn reini-
gen und heiligen von den Verunreinigun-
gen der Israeliten.
20 Und wenn er die Entsühnung des Hei-
ligtums vollbracht hat, der Stiftshütte und
des Altars, so soll er den lebendigen Bock
herzubringen.
21 Dann soll Aaron seine beiden Hände
auf dessen Kopf legen und über ihm
bekennen alle Missetat der Israeliten und
alle ihre Übertretungen, mit denen sie sich
versündigt haben, und soll sie dem Bock
auf den Kopf legen und ihn durch einen
Mann, der bereitsteht, in die Wüste brin-
gen lassen,
22 daß also der Bock alle ihre Missetat auf
sich nehme und in die Wildnis trage; und
man lasse ihn in der Wüste.
23 ¶ Und Aaron soll in die Stiftshütte
gehen und die leinenen Kleider ausziehen,
die er anzog, als er in das Heiligtum ging,
und sie dort lassen,
24 und er soll sich mit Wasser abwaschen
an heiliger Stätte und seine eigenen Klei-
der anziehen und wieder hinausgehen und
sein Brandopfer und des Volkes Brandop-
fer darbringen und sich und das Volk ent-
sühnen
25 und das Fett vom Sündopfer auf dem
Altar in Rauch aufgehen lassen.
26 Der Mann aber, der den Bock für Asa-
sel hinausgebracht hat, soll seine Kleider
waschen und sich mit Wasser abwaschen
und erst danach ins Lager kommen.
27 Und den jungen Stier und den Bock
vom Sündopfer, deren Blut in das Heilig-
tum zur Entsühnung gebracht wurde, soll
man hinausschaffen vor das Lager und mit
Feuer verbrennen samt Fell, Fleisch und
Mist.[a] a Kap 4,12; 6,23; Hebr 13,11
28 Und der sie verbrennt, soll seine Klei-

der waschen und sich mit Wasser abwa-
schen und erst danach ins Lager kommen.
[29]¶Auch soll euch dies eine ewige Ord-
nung sein: Am [a]zehnten Tage des sieben-
ten Monats sollt ihr fasten und keine
Arbeit tun, weder ein Einheimischer noch
ein Fremdling unter euch.

a Kap 23,27-32; 4.Mose 29,7

[30]Denn an diesem Tage geschieht eure
Entsühnung, daß ihr gereinigt werdet; von
allen euren Sünden werdet ihr gereinigt
vor dem HERRN.
[31]Darum soll es euch ein hochheiliger
Sabbat sein, und ihr sollt fasten. Eine
ewige Ordnung sei das.
[32]Es soll aber solche Entsühnung schaf-
fen ein Priester, den man gesalbt und des-
sen Hände man gefüllt hat, daß er Prie-
ster sei an seines Vaters Statt. Und er soll
die leinenen Kleider anlegen, die heiligen
Kleider,[a]

a 2.Mose 28,41.42

[33]und soll so entsühnen das Allerheilig-
ste, die Stiftshütte, den Altar, die Priester
und alles Volk der Gemeinde.
[34]Das soll euch eine ewige Ordnung sein,
daß ihr Israel [a]einmal im Jahr entsühnt
wegen aller seiner Sünden.
¶Und Aaron tat, wie der HERR es Mose
geboten hatte.

a 2.Mose 30,10; Hebr 10,3

Gesetz über die Stätte des Opfers

17 Und der HERR redete mit Mose und
sprach:
[2]Sage Aaron und seinen Söhnen und
allen Israeliten und sprich zu ihnen: Dies
ist's, was der HERR geboten hat.
[3]Wer aus dem Haus Israel einen Stier,
ein Schaf oder eine Ziege schlachtet im
Lager oder draußen vor dem Lager
[4]und sie nicht vor die Tür der Stiftshütte
bringt, daß sie dem HERRN zum Opfer
gebracht werde vor der Wohnung des
HERRN, dem soll es als Blutschuld ange-
rechnet werden: [a]Blut hat er vergossen,
und ein solcher Mensch soll ausgerottet
werden aus seinem Volk.

a 1.Mose 9,6

[5]Darum sollen die Israeliten ihre
Schlachttiere, die sie auf freiem Feld
schlachten wollen, dem HERRN bringen
vor die Tür der Stiftshütte zum Priester
und sie dort als Dankopfer dem HERRN
opfern.
[6]Und der Priester soll das Blut an den
Altar des HERRN sprengen vor der Tür der
Stiftshütte und das Fett in Rauch aufge-
hen lassen zum lieblichen Geruch für den
HERRN.
[7]Und [a]sie sollen ihre Opfer nicht mehr
den Feldgeistern opfern, mit denen sie
Abgötterei treiben. Das soll ihnen eine
ewige Ordnung sein von Geschlecht zu
Geschlecht.

a 5.Mose 32,17

[8]Darum sollst du zu ihnen sagen: Wer
aus dem Hause Israel oder von den
Fremdlingen, die unter euch sind, ein
Brandopfer oder Schlachtopfer darbringt
[9]und bringt es nicht [a]vor die Tür der
Stiftshütte, um es dem HERRN zu opfern,
der wird ausgerottet werden aus seinem
Volk.

a 5.Mose 12,14

Verbot des Genusses von Blut und verendeten Tieren

[10]Und wer vom Haus Israel oder von den
Fremdlingen unter euch irgendwelches
[a]Blut ißt, gegen den will ich mein Antlitz
kehren und will ihn aus seinem Volk aus-
rotten.

a Kap 3,17

[11]Denn des Leibes Leben ist im Blut, und
ich habe es euch für den Altar gegeben,
daß ihr damit entsühnt werdet. Denn [a]das
Blut ist die Entsühnung, weil das Leben in
ihm ist.

a Hebr 9,22

[12]Darum habe ich den Israeliten gesagt:
Keiner unter euch soll Blut essen, auch
kein Fremdling, der unter euch wohnt.
[13]Und wer vom Haus Israel oder von den
Fremdlingen unter euch auf der Jagd ein
Tier oder einen Vogel fängt, die man essen
darf, soll ihr Blut ausfließen lassen und
mit Erde zuscharren.
[14]Denn [a]des Leibes Leben ist in seinem
Blut, und ich habe den Israeliten gesagt:
Ihr sollt keines Leibes Blut essen; denn
des Leibes Leben ist in seinem Blut. Wer
es ißt, der wird ausgerottet werden.

a 1.Mose 9,4

[15]Und wer ein gefallenes oder zerrissenes
Tier ißt, er sei ein Einheimischer oder
Fremdling, der soll sein Kleid waschen
und sich mit Wasser abwaschen und
unrein sein bis zum Abend; dann ist er
rein.[a]

a Kap 11,40; 22,8; 2.Mose 21,33-36; 22,30; Apg 15,20

[16]Wenn er seine Kleider nicht wäscht und
sich nicht abwäscht, so muß er seine
Schuld tragen.

Verbot geschlechtlicher Verirrungen

18 Und der HERR redete mit Mose und
sprach:
2 Rede mit den Israeliten und sprich zu
ihnen: Ich bin der HERR, euer Gott.
3 Ihr sollt nicht tun nach der Weise des
Landes Ägypten, darin ihr gewohnt habt,
auch nicht nach der Weise des Landes
Kanaan, wohin ich euch führen will. Ihr
sollt auch nicht nach ihren Satzungen wan-
deln,[a] *a* 2.Mose 23,24
4 sondern nach meinen Rechten sollt ihr
tun und meine Satzungen sollt ihr halten,
daß ihr darin wandelt; ich bin der HERR,
euer Gott.
5 Darum sollt ihr meine Satzungen halten
und meine Rechte. Denn [a]der Mensch,
der sie tut, wird durch sie leben; ich bin
der HERR.
a Neh 9,29; Hes 20,11; Röm 7,10; 10,5; Gal 3,12
6 ¶ Keiner unter euch soll sich irgendwel-
chen Blutsverwandten nahen, um mit
ihnen geschlechtlichen Umgang zu haben;
ich bin der HERR.
7 Du sollst mit [a]deinem Vater und deiner
leiblichen Mutter nicht Umgang haben. Es
ist deine Mutter, darum sollst du nicht mit
ihr Umgang haben. *a* 1.Mose 19,32
8 Du sollst mit der [a]Frau deines Vaters
nicht Umgang haben; denn damit schän-
dest du deinen Vater.
a 1.Mose 35,22; 5.Mose 27,20; 2.Sam 16,22; 1.Kor 5,1
9 Du sollst mit [a]deiner Schwester, die
deines Vaters oder deiner Mutter Tochter
ist, sie sei in oder außer der Ehe geboren,
nicht Umgang haben. *a* 5.Mose 27,22
10 Du sollst mit der Tochter deines
Sohnes oder deiner Tochter nicht Umgang
haben, damit schändest du dich selbst.
11 Du sollst mit der Tochter der Frau
deines Vaters, die deinem Vater geboren
ist und deine Schwester ist, nicht Umgang
haben.
12 Du sollst mit der [a]Schwester deines
Vaters nicht Umgang haben; denn sie ist
deines Vaters Blutsverwandte. *a* 2.Mose 6,20
13 Du sollst mit der Schwester deiner
Mutter nicht Umgang haben; denn sie ist
deiner Mutter Blutsverwandte.
14 Du sollst den Bruder deines Vaters
nicht damit schänden, daß du seine Frau
nimmst; denn sie ist deine Verwandte.
15 Du sollst mit [a]deiner Schwiegertochter
nicht Umgang haben, denn sie ist deines
Sohnes Frau; darum sollst du nicht mit ihr
Umgang haben. *a* 1.Mose 38,16
16 Du sollst mit [a]der Frau deines Bruders
nicht Umgang haben; denn damit schän-
dest du deinen Bruder. *a* Kap 20,21; Mk 6,18
17 Du sollst nicht mit einer Frau und mit
ihrer Tochter Umgang haben, noch mit
ihres Sohnes Tochter oder ihrer Tochter
Tochter; denn sie sind ihre Blutsverwand-
ten, und es ist eine Schandtat.
18 Du sollst die Schwester deiner Frau
nicht zur Nebenfrau nehmen und mit ihr
Umgang haben, solange deine Frau noch
lebt.
19 ¶ Du sollst nicht zu einer Frau gehen,
solange sie ihre Tage hat, um in ihrer
Unreinheit mit ihr Umgang zu haben.[a]
a Kap 15,19.24; Hes 18,6; 22,10
20 Du sollst auch nicht bei [a]der Frau
deines Nächsten liegen, daß du an ihr nicht
unrein wirst. *a* 2.Sam 11,4
21 Du sollst auch nicht eins deiner Kinder
geben, daß es [a]dem Moloch geweiht
werde, damit du nicht entheiligst den
Namen deines Gottes; ich bin der HERR.
a 5.Mose 18,10; 2.Kön 21,6; Ps 106,37; Jer 7,31
22 Du sollst nicht bei einem Mann liegen
wie bei einer Frau; es ist ein Greuel.[a]
a Kap 20,13; 1.Mose 19,5; Röm 1,27; 1.Kor 6,9
23 Du sollst auch [a]bei keinem Tier liegen,
daß du an ihm unrein wirst. Und [b]keine
Frau soll mit einem Tier Umgang haben;
es ist ein schändlicher Frevel.
a 2.Mose 22,18 *b* Kap 20,16
24 ¶ Ihr sollt euch mit nichts dergleichen
unrein machen; denn mit alledem haben
sich die Völker unrein gemacht, die ich
vor euch her vertreiben will.
25 Das Land wurde dadurch unrein, und
ich suchte seine Schuld an ihm heim, daß
das Land seine Bewohner ausspie.
26 Darum haltet meine Satzungen und
Rechte und tut keine dieser Greuel, weder
der Einheimische noch der Fremdling
unter euch –
27 denn alle solche Greuel haben die
Leute dieses Landes getan, die vor euch
waren, und haben das Land unrein
gemacht –,
28 damit nicht auch euch das Land aus-
speie, wenn ihr es unrein macht, wie es
die Völker ausgespien hat, die vor euch
waren.
29 Denn alle, die solche Greuel tun, wer-
den ausgerottet werden aus ihrem Volk.

30 Darum haltet meine Satzungen, daß ihr nicht tut nach den schändlichen Sitten derer, die vor euch waren, und dadurch unrein werdet; ich bin der HERR, euer Gott.

Gesetze zur Heiligung des täglichen Lebens

19 Und der HERR redete mit Mose und sprach:

2 Rede mit der ganzen Gemeinde der Israeliten und sprich zu ihnen: [a]**Ihr sollt heilig sein, denn ich bin heilig, der HERR, euer Gott.** a Kap 11,44.45; Mt 5,48; 1.Petr 1,15.16

3 Ein jeder [a]fürchte seine Mutter und seinen Vater. [b]Haltet meine Feiertage; ich bin der HERR, euer Gott.

a 2.Mose 20,12 b 2.Mose 20,8

4 Ihr sollt euch [a]nicht zu den Götzen wenden und sollt euch [b]keine gegossenen Götter machen; ich bin der HERR, euer Gott. a 2.Mose 20,3 b 2.Mose 34,17

5 ¶ Und wenn ihr dem HERRN ein [a]Dankopfer bringen wollt, sollt ihr es so opfern, daß es euch wohlgefällig macht.

a Kap 7,12-18

6 Ihr sollt es an dem Tag essen, an dem ihr's opfert, und am nächsten Tage. Was aber bis zum dritten Tag übrigbleibt, soll man mit Feuer verbrennen.

7 Wird aber am dritten Tage davon gegessen, so ist es ein Greuel und wird nicht wohlgefällig sein;

8 und wer davon ißt, muß seine Schuld tragen, weil er das Heilige des HERRN entheiligt hat, und ein solcher Mensch wird ausgerottet werden aus seinem Volk.

9 ¶ Wenn du dein Land aberntest, sollst du nicht alles bis an die Ecken deines Feldes abschneiden, auch nicht Nachlese halten.[a] a Kap 23,22; 5.Mose 24,19; Rut 2,2.15.16

10 Auch sollst du in deinem Weinberg nicht Nachlese halten noch die abgefallenen Beeren auflesen, sondern dem Armen und Fremdling sollst du es lassen; ich bin der HERR, euer Gott.

11 ¶ Ihr sollt nicht stehlen noch lügen noch betrügerisch handeln einer mit dem andern.[a] a 2.Mose 20,15.16; 1.Thess 4,6

12 ¶ Ihr sollt nicht falsch schwören bei meinem Namen und den Namen eures Gottes nicht entheiligen; ich bin der HERR.[a] a 2.Mose 20,7; Mt 5,33

13 ¶ Du sollst deinen Nächsten nicht bedrücken noch berauben. [a]Es soll des Tagelöhners Lohn nicht bei dir bleiben bis zum Morgen.

a 5.Mose 24,14.15; Jer 22,13; Jak 5,4

14 ¶ Du sollst dem Tauben nicht fluchen und sollst [a]vor den Blinden kein Hindernis legen, denn du sollst dich vor deinem Gott fürchten; ich bin der HERR.

a 1.Mose 27,19; 5.Mose 27,18

15 ¶ Du sollst nicht unrecht handeln im Gericht: du sollst den Geringen nicht vorziehen, aber auch den Großen nicht begünstigen, sondern du sollst deinen Nächsten recht richten.[a]

a 2.Mose 23,3.6; 5.Mose 16,19.20

16 ¶ Du sollst nicht als Verleumder umhergehen unter deinem Volk. [a]Du sollst auch nicht auftreten gegen deines Nächsten Leben; ich bin der HERR.

a 2.Mose 23,7

17 Du sollst deinen Bruder nicht hassen in deinem Herzen, sondern [a]du sollst deinen Nächsten zurechtweisen, damit du nicht seinetwegen Schuld auf dich lädst.

a Ps 141,5; Mt 18,15

18 Du sollst dich nicht rächen noch Zorn bewahren gegen die Kinder deines Volks. **Du sollst deinen Nächsten lieben wie dich selbst; ich bin der HERR.**[a]

a 2.Kön 6,22; 2.Chr 28,9-15; Mt 5,43-48; 22,39; Lk 10,25-37; Joh 13,34; Röm 13,9; Gal 5,14; Jak 2,8

19 ¶ Meine Satzungen sollt ihr halten: Laß nicht zweierlei Art unter deinem Vieh sich paaren und besäe dein Feld nicht mit zweierlei Samen und lege kein Kleid an, das aus zweierlei Faden gewebt ist.[a]

a 5.Mose 22,9-11

20 ¶ Wenn ein Mann bei einer Frau liegt, die eine leibeigne Magd ist und einem Mann zur Ehe bestimmt, doch nicht losgekauft oder freigelassen ist, so soll das bestraft werden. Aber sie sollen nicht sterben, denn sie ist nicht frei gewesen.[a]

a 2.Mose 21,7-11

21 Der Mann soll aber als seine Buße dem HERRN vor die Tür der Stiftshütte einen Widder zum Schuldopfer bringen;

22 und [a]der Priester soll ihn entsühnen mit dem Schuldopfer vor dem HERRN wegen der Sünde, die er getan hat, so wird ihm Gott seine Sünde vergeben, die er getan hat. a Kap 5,17.18

23 ¶ Wenn ihr in das Land kommt und allerlei Bäume pflanzt, von denen man ißt, so laßt ihre ersten Früchte stehen, als wären sie unrein wie Unbeschnittene. Drei

Jahre lang sollt ihr die Früchte als unrein
ansehen, daß ihr sie nicht eßt;
24 im vierten Jahr sollen alle ihre Früchte
unter Jubel dem HERRN geweiht werden;
25 erst im fünften Jahr sollt ihr die Früchte
essen, damit ihr künftig um so reicheren
Ertrag einsammelt; ich bin der HERR, euer
Gott.
26 ¶ [a]Ihr sollt nichts essen, in dem noch
Blut ist.
¶Ihr sollt nicht [b]Wahrsagerei noch Zau-
berei treiben. *a* Kap 3,17 *b* 5.Mose 18,10
27 ¶ [a]Ihr sollt euer Haar am Haupt nicht
rundherum abschneiden noch euren Bart
stutzen. *a (27 und 28)* Kap 21,5; 5.Mose 14,1
28 ¶Ihr sollt um eines Toten willen an
eurem Leibe keine Einschnitte machen
noch euch Zeichen einätzen; ich bin der
HERR.
29 ¶Du sollst deine Tochter nicht zur
[a]Hurerei anhalten, daß nicht das Land
Hurerei treibe und werde voll Schandtat.
a 5.Mose 23,18; 2.Kön 23,7
30 ¶Meine Feiertage haltet und fürchtet
mein Heiligtum; ich bin der HERR.[a]
a Kap 26,2
31 ¶Ihr sollt euch nicht wenden zu den
[a]Geisterbeschwörern und Zeichendeu-
tern und sollt sie nicht befragen, daß ihr
nicht an ihnen unrein werdet; ich bin der
HERR, euer Gott.
a Kap 20,6; 5.Mose 18,10.11; 1.Sam 28,7
32 ¶**Vor einem grauen Haupt sollst du auf-
stehen und die Alten ehren und sollst dich
fürchten vor deinem Gott; ich bin der
HERR.**
33 ¶Wenn ein Fremdling bei euch wohnt
in eurem Lande, den sollt ihr nicht bedrük-
ken.[a] *a* 2.Mose 22,20
34 Er soll bei euch wohnen wie ein Ein-
heimischer unter euch, und du sollst ihn
lieben wie dich selbst; denn ihr seid auch
Fremdlinge gewesen in Ägyptenland. Ich
bin der HERR, euer Gott.
35 ¶Ihr sollt nicht unrecht handeln im
Gericht, mit der Elle, mit Gewicht, mit
Maß.
36 [a]Rechte Waage, rechtes Gewicht, rech-
ter Scheffel und rechtes Maß sollen bei
euch sein; ich bin der HERR, euer Gott,
der euch aus Ägyptenland geführt hat,
a 5.Mose 25,13-16; Spr 11,1
37 daß ihr alle meine Satzungen und alle
meine Rechte haltet und tut; ich bin der
HERR.

Strafbestimmungen für schwere Sünden

20 Und der HERR redete mit Mose und
sprach:
2 Sage zu den Israeliten: Wer unter den
Israeliten oder den Fremdlingen in Israel
eins seiner Kinder dem Moloch gibt, der
soll des Todes sterben; das Volk des
Landes soll ihn steinigen.
3 Und ich will mein Antlitz kehren gegen
einen solchen Menschen und will ihn aus
seinem Volk ausrotten, weil er dem
Moloch eins seiner Kinder gegeben und
mein Heiligtum unrein gemacht und mei-
nen heiligen Namen entheiligt hat.
4 Und wenn das Volk des Landes bei dem
Menschen durch die Finger sehen würde,
der eins seiner Kinder dem Moloch gege-
ben hat, daß es ihn nicht tötet,
5 so will doch ich mein Antlitz gegen die-
sen Menschen kehren und gegen sein
Geschlecht und will ihn und alle, die wie
er mit dem Moloch Abgötterei getrieben
haben, aus ihrem Volk ausrotten.
6 ¶Wenn sich jemand zu den [a]Geisterbe-
schwörern und Zeichendeutern wendet,
daß er mit ihnen Abgötterei treibt, so will
ich mein Antlitz gegen ihn kehren und will
ihn aus seinem Volk ausrotten. *a* Kap 19,31
7 Darum [a]heiligt euch und seid heilig;
denn ich bin der HERR, euer Gott.
a Kap 19,2
8 Und haltet meine Satzungen und tut sie;
ich bin der HERR, der euch heiligt.
9 ¶Wer seinem Vater oder seiner Mutter
flucht, der soll des Todes sterben. Seine
Blutschuld komme über ihn, weil er sei-
nem Vater oder seiner Mutter geflucht
hat.[a] *a* 2.Mose 21,17
10 Wenn jemand die Ehe bricht mit der
Frau seines Nächsten, so sollen beide des
Todes sterben, Ehebrecher und Ehebre-
cherin, weil er mit der Frau seines Näch-
sten die Ehe gebrochen hat.[a]
a 2.Mose 20,14; 2.Sam 11,4; Joh 8,5
11 ¶ [a]Wenn jemand mit der Frau seines
Vaters Umgang pflegt und damit seinen
Vater schändet, so sollen beide des Todes
sterben; ihre Blutschuld komme über sie.
a (11-21) Kap 18,6-23
12 Wenn jemand mit seiner Schwieger-
tochter Umgang pflegt, so sollen sie beide
des Todes sterben, denn sie haben einen
schändlichen Frevel begangen; ihr Blut
lastet auf ihnen.

13 Wenn jemand bei einem Manne liegt wie bei einer Frau, so haben sie getan, was ein Greuel ist, und sollen beide des Todes sterben; Blutschuld lastet auf ihnen.

14 Wenn jemand eine Frau nimmt und ihre Mutter dazu, der hat eine Schandtat begangen; man soll ihn mit Feuer verbrennen und die beiden Frauen auch, damit keine Schandtat unter euch sei.

15 ¶ Wenn jemand bei einem Tiere liegt, der soll des Todes sterben, und auch das Tier soll man töten.

16 Wenn eine Frau sich irgendeinem Tier naht, um mit ihm Umgang zu haben, so sollst du sie töten und das Tier auch. Des Todes sollen sie sterben; ihre Blutschuld komme über sie.

17 ¶ Wenn jemand seine Halbschwester nimmt, seines Vaters Tochter oder seiner Mutter Tochter, und sie miteinander Umgang haben, so ist das Blutschande; sie sollen ausgerottet werden vor den Leuten ihres Volks. Er hat mit seiner Schwester Umgang gehabt; sie sollen ihre Schuld tragen.

18 ¶ Wenn ein Mann bei einer Frau liegt zur Zeit ihrer Tage und mit ihr Umgang hat und so den Brunnen ihres Blutes aufdeckt und sie den Brunnen ihres Blutes aufdeckt, so sollen beide aus ihrem Volk ausgerottet werden.[a]

a Kap 15,24

19 ¶ Mit der Schwester deiner Mutter und mit der Schwester deines Vaters sollst du nicht Umgang haben. Wer das tut, schändet seine Blutsverwandte; sie sollen ihre Schuld tragen.

20 Wenn jemand mit der Frau seines Oheims Umgang hat, der hat seinen Oheim geschändet. Sie sollen ihre Schuld tragen; ohne Kinder sollen sie sterben.

21 Wenn jemand die Frau seines Bruders nimmt, so ist das eine abscheuliche Tat. Sie sollen ohne Kinder sein, denn er hat damit seinen Bruder geschändet.

22 ¶ So haltet nun alle meine Satzungen und meine Rechte und tut danach, auf daß euch nicht das Land ausspeie, in das ich euch führen will, damit ihr darin wohnt.

23 Und wandelt nicht in den Satzungen der Völker, die ich vor euch her vertreiben werde. Denn das alles haben sie getan, und ich habe einen Ekel an ihnen gehabt.

24 Euch aber sagte ich: [a]Ihr Land soll euch zufallen; und ich will es euch zum Erbe geben, ein Land, darin Milch und Honig fließt. Ich bin der HERR, euer Gott, der euch von den Völkern abgesondert hat,

a 2.Mose 19,5.6

25 daß ihr auch absondern sollt das reine Vieh vom unreinen und die unreinen Vögel von den reinen und euch nicht unrein macht an Vieh, an Vögeln und an allem, was auf Erden kriecht, das ich abgesondert habe, daß es euch unrein sei.[a]

a Kap 11

26 Darum sollt ihr mir heilig sein; denn ich, der HERR, bin heilig, der euch abgesondert hat von den Völkern, daß ihr mein wäret.

27 ¶ Wenn ein Mann oder eine Frau Geister beschwören oder Zeichen deuten kann, so sollen sie des Todes sterben; man soll sie steinigen; ihre Blutschuld komme über sie.[a]

a 2.Mose 22,17

Gesetz für die Priester

21 [a]Und der HERR sprach zu Mose: Sage den Priestern, den Söhnen Aarons, und sprich zu ihnen: Ein Priester soll sich an keinem Toten seines Volks unrein machen

a (1-4) Hes 44,25-27

2 außer an seinen nächsten Blutsverwandten: an seiner Mutter, an seinem Vater, an seinem Sohn, an seiner Tochter, an seinem Bruder

3 und an seiner Schwester, die noch Jungfrau und noch bei ihm ist, die keines Mannes Frau gewesen ist. An deren Leiche darf er sich unrein machen.

4 Sonst soll er sich nicht unrein machen an irgendeinem, der ihm zugehört unter seinem Volk; er würde sich entheiligen.

5 ¶ Sie sollen auch keine Glatze scheren auf ihrem Haupt noch ihren Bart stutzen und an ihrem Leibe kein Mal einschneiden.[a]

a Kap 19,27.28

6 Sie sollen ihrem Gott heilig sein und nicht entheiligen den Namen ihres Gottes, denn sie opfern die Feueropfer des HERRN, die Speise ihres Gottes; darum sollen sie heilig sein.

7 ¶ Sie sollen keine Hure zur Frau nehmen noch eine, die nicht mehr Jungfrau ist oder die von ihrem Mann verstoßen ist; denn sie sind heilig ihrem Gott.

8 Darum sollst du den Priester heilig halten, denn er opfert die Speise deines Gottes. Er soll dir heilig sein; denn ich bin heilig, der HERR, der euch heiligt.

9¶Wenn eines Priesters Tochter sich
durch Hurerei entheiligt, so soll man sie
mit Feuer verbrennen; denn sie hat ihren
Vater entheiligt.
10¶Wer Hoherpriester ist unter seinen
Brüdern, auf dessen Haupt das [a]Salböl
gegossen und dessen Hand gefüllt ist und
der angezogen ist mit den heiligen Klei-
dern, der soll sein [b]Haupthaar nicht wirr
hängen lassen und seine Kleider nicht zer-
reißen *a* Kap 8,12; 2. Mose 28,41; 29,7 *b* Kap 10,6
11und soll zu keinem Toten kommen und
soll sich weder an Vater noch an Mutter
unrein machen.[a] *a* Vers 2
12Aus dem Heiligtum soll er nicht gehen,
daß er nicht entheilige das Heiligtum
seines Gottes; denn die Weihe des Salböls
seines Gottes ist auf ihm. Ich bin der
HERR.
13Eine Jungfrau soll er zur Frau nehmen,
14keine Witwe oder Verstoßene oder
Entehrte oder Hure, sondern eine Jung-
frau seines Volks soll er zur Frau nehmen,
15damit er seine Nachkommen nicht ent-
heilige unter seinem Volk; denn ich bin
der HERR, der ihn heiligt.
16¶Und der HERR redete mit Mose und
sprach:
17Sage zu Aaron: Wenn einer deiner
Nachkommen in künftigen Geschlechtern
einen Fehler hat, der soll nicht herzutre-
ten, um die Speise seines Gottes zu
opfern.
18Denn keiner, an dem ein Fehler ist, soll
herzutreten, er sei blind, lahm, mit einem
entstellten Gesicht, mit irgendeiner Miß-
bildung
19oder wer einen gebrochenen Fuß oder
eine gebrochene Hand hat
20oder bucklig oder verkümmert ist oder
wer einen weißen Fleck im Auge hat oder
Krätze oder Flechten oder beschädigte
Hoden hat.
21Wer nun unter Aarons, des Priesters,
Nachkommen einen Fehler an sich hat,
der soll nicht herzutreten, zu opfern die
Feueropfer des HERRN; denn er hat einen
Fehler. Darum soll er sich nicht nahen,
um die Speise seines Gottes zu opfern.
22Doch essen darf er die Speise seines
Gottes, vom Heiligen und vom Hochheili-
gen.
23Aber zum Vorhang soll er nicht kom-
men noch zum Altar nahen, weil ein Feh-
ler an ihm ist, damit er nicht entheilige
mein Heiligtum; denn ich bin der HERR,
der sie heiligt.
24¶Mose aber sagte dies zu Aaron und
zu seinen Söhnen und zu allen Israeliten.

Gesetz über den Genuß der Opfergaben

22 Und der HERR redete mit Mose und
sprach:
2Sage Aaron und seinen Söhnen, daß sie
achtsam seien mit dem Heiligen der Israe-
liten, den Gaben, die sie mir heiligen,
damit sie meinen heiligen Namen nicht
entheiligen. Ich bin der HERR.
3So sage ihnen nun für ihre Nachkom-
men: Wer von euren Nachkommen her-
zutritt zu dem Heiligen, das die Israeliten
dem HERRN heiligen, und hat eine Unrein-
heit an sich, der wird ausgerottet werden
vor meinem Antlitz. Ich bin der HERR.
4Wer von den Nachkommen Aarons
[a]aussätzig ist oder einen Ausfluß hat, der
soll nicht essen von dem Heiligen, bis er
wieder rein ist. Wer etwa einen anrührt,
der an einem Toten unrein geworden ist,
oder wem der Same abgeht im Schlaf,
a Kap 13-15
5und wer irgendein Gewürm anrührt,
wodurch er unrein wird, oder einen Men-
schen, durch den er unrein wird, oder
irgend etwas, was ihn unrein macht,
6wer deren eins anrührt, der ist unrein
bis zum Abend und soll von dem Heiligen
nicht essen, sondern soll zuvor seinen
Leib mit Wasser abwaschen.
7Und wenn die Sonne untergegangen ist,
so ist er rein. Dann darf er davon essen,
denn es ist seine Nahrung.
8Ein [a]verendetes oder zerrissenes Tier
soll er nicht essen, damit er nicht unrein
daran werde. Ich bin der HERR. *a* Kap 7,24
9Darum sollen sie meine Satzungen hal-
ten, daß sie nicht Sünde auf sich laden
und daran sterben, wenn sie sich entheili-
gen. Ich bin der HERR, der sie heiligt.
10¶Kein Fremder soll von dem Heiligen
essen noch des Priesters Beisasse noch
sein Tagelöhner.
11Wenn aber der Priester einen Sklaven
für Geld kauft, so darf der davon essen.
Und der Sklave, der ihm in seinem Hause
geboren wird, der darf auch von seiner
Speise essen.
12Wenn aber des Priesters Tochter die
Frau eines Mannes wird, der nicht aus

einer priesterlichen Sippe ist, so soll sie
nicht von der heiligen Opfergabe essen.
13 Wird sie aber eine Witwe oder versto-
ßen und hat keine Kinder und kehrt
zurück in ihres Vaters Haus, so darf sie
essen von ihres Vaters Speise wie in ihrer
Jugend. Aber kein Fremder soll davon
essen.
14 ¶ Wer aus Versehen von dem Heiligen
ißt, der soll den [a]fünften Teil dazutun und
ihn dem Priester geben samt dem Heili-
gen. *a* Kap 5,16
15 Denn die Priester sollen nicht entheili-
gen lassen das Heilige der Israeliten, die
Opfergabe für den HERRN,
16 und dadurch die Israeliten mit Schuld
beladen, daß diese ihr Geheiligtes essen;
denn ich bin der HERR, der sie heiligt.

Die Opfer sollen ohne Mängel sein

17 Und der HERR redete mit Mose und
sprach:
18 Sage Aaron und seinen Söhnen und
allen Israeliten: Wer aus dem Hause Israel
oder von den Fremdlingen in Israel sein
Opfer darbringen will, es sei auf ein
Gelübde hin oder aus freiem Willen, was
sie dem HERRN als Brandopfer darbringen
wollen, –
19 damit es euch wohlgefällig mache, soll
es ein männliches Tier sein, ohne Fehler,
von Rindern oder Schafen oder Ziegen.
20 Alles, was einen Fehler hat, sollt ihr
nicht opfern, denn es wird euch nicht
wohlgefällig machen.[a]
a 5.Mose 15,21; 17,1; Mal 1,8
21 ¶ Und wenn jemand ein Dankopfer
dem HERRN darbringen will, um ein
Gelübde zu erfüllen oder aus freiem Wil-
len, von Rindern oder Schafen, so soll das
ohne Gebrechen sein, damit es wohlgefäl-
lig sei. Es soll keinen Fehler haben.
22 Ist es blind oder hat es ein gebrochenes
Glied oder eine Wunde oder ein
Geschwür oder Krätze oder Flechten, so
sollt ihr es dem HERRN nicht opfern und
davon kein Feueropfer bringen auf den
Altar des HERRN.
23 ¶ Rinder oder Schafe, die zu lange oder
zu kurze Glieder haben, magst du aus
freiem Willen opfern, aber für ein Gelübde
sind sie nicht wohlgefällig.
24 Du sollst auch dem HERRN kein Tier
zum Opfer bringen, dem die Hoden zer-
drückt oder zerschlagen oder zerrissen
oder ausgeschnitten sind. So etwas sollt
ihr in eurem Lande an Tieren nicht tun.[a]
a 5.Mose 23,2
25 Ihr sollt auch solche Tiere nicht aus der
Hand eines Ausländers nehmen und als
Speise eures Gottes opfern; denn sie tau-
gen nicht und haben einen Fehler. Darum
wird es euch nicht wohlgefällig machen.

Weitere Opfergesetze

26 Und der HERR redete mit Mose und
sprach:
27 Wenn ein Rind oder Schaf oder eine
Ziege geboren ist, so soll das Junge [a]sie-
ben Tage bei seiner Mutter sein; aber am
achten Tage und danach darf man's dem
HERRN opfern, so ist es wohlgefällig.
a 2.Mose 22,29
28 Ein Rind oder Schaf soll man nicht mit
seinem Jungen an **einem** Tage schlachten.[a]
a 5.Mose 22,6.7
29 ¶ [a]Wenn ihr aber dem HERRN ein Lob-
opfer darbringen wollt, das euch wohlge-
fällig macht, *a (29 und 30)* Kap 7,15
30 so sollt ihr's an demselben Tage essen
und sollt nichts übrigbehalten bis zum
Morgen; ich bin der HERR.
31 ¶ Darum haltet meine Gebote und tut
danach; ich bin der HERR.
32 Entheiligt nicht meinen heiligen Na-
men, damit ich geheiligt werde unter den
Israeliten; ich bin der HERR, der euch
heiligt,[a] *a* Vers 9,16
33 der euch aus Ägyptenland geführt hat,
um euer Gott zu sein. Ich bin der HERR.

Gesetze über den Sabbat
und die jährlichen Feste

23 Und der HERR redete mit Mose und
sprach:
2 Sage den Israeliten und sprich zu ihnen:
Dies sind die Feste des HERRN, die ihr
ausrufen sollt als heilige Versammlungen;
dies sind meine Feste:
3 Sechs Tage sollst du arbeiten; der sie-
bente Tag aber ist ein feierlicher Sabbat,
heilige Versammlung. Keine Arbeit sollt
ihr an ihm tun; denn es ist ein Sabbat für
den HERRN, überall, wo ihr wohnt.[a]
a 2.Mose 20,8-11
4 ¶ Dies sind aber die [a]Feste des HERRN,
die ihr ausrufen sollt als heilige Versamm-
lungen an ihren Tagen: *a* 2.Mose 23,14-19

5 Am vierzehnten Tage des ersten Monats
gegen Abend ist des HERRN Passa.[a]

a 2.Mose 12

6 Und am fünfzehnten desselben Monats
ist das Fest der Ungesäuerten Brote für
den HERRN; da sollt ihr sieben Tage unge-
säuertes Brot essen.
7 Am ersten Tage sollt ihr eine heilige
Versammlung halten; da sollt ihr keine
Arbeit tun.
8 Und [a]sieben Tage sollt ihr dem HERRN
Feueropfer darbringen. Am siebenten
Tage soll wieder eine heilige Versamm-
lung sein; da sollt ihr auch keine Arbeit
tun.

a 2.Mose 13,6

9 ¶Und der HERR redete mit Mose und
sprach:
10 Sage den Israeliten und sprich zu ihnen:
Wenn ihr in das Land kommt, das ich euch
geben werde, und es aberntet, so sollt ihr
die erste Garbe eurer Ernte zu dem Prie-
ster bringen.
11 Der soll die Garbe als Schwingopfer
schwingen vor dem HERRN, daß sie euch
wohlgefällig mache. Das soll aber der Prie-
ster tun am Tage nach dem Sabbat.
12 Und ihr sollt am Tage, da eure Garbe
geschwungen wird, ein Brandopfer dem
HERRN bringen von einem einjährigen
Schaf, ohne Fehler,
13 samt dem Speisopfer: zwei Zehntel
feinstes Mehl, mit Öl vermengt, als ein
Feueropfer für den HERRN zum lieblichen
Geruch; dazu das Trankopfer: eine viertel
Kanne Wein.
14 Und ihr sollt von der neuen Ernte kein
Brot noch geröstete oder frische Körner
essen, bis zu dem Tag, da ihr eurem Gott
seine Gabe bringt. Das soll eine ewige
Ordnung sein bei euren Nachkommen,
überall, wo ihr wohnt.
15 ¶Danach sollt ihr zählen vom Tage
nach dem Sabbat, da ihr die Garbe als
Schwingopfer darbrachtet, [a]sieben ganze
Wochen.

a 4.Mose 28,26-31; 5.Mose 16,9-12

16 Bis zu dem Tag nach dem siebenten
Sabbat, nämlich fünfzig Tage, sollt ihr zäh-
len und dann ein neues Speisopfer dem
HERRN opfern.
17 Ihr sollt aus euren Wohnungen zwei
Brote bringen als Schwingopfer, von zwei
Zehnteln feinstem Mehl, gesäuert und
gebacken, als Erstlingsgabe für den
HERRN.
18 Und ihr sollt herzubringen neben
eurem Brot sieben einjährige Schafe ohne
Fehler und einen jungen Stier und zwei
Widder – das soll des HERRN Brandopfer
sein – mit ihren Speisopfern und Trankop-
fern als ein Feueropfer zum lieblichen
Geruch für den HERRN.
19 Dazu sollt ihr opfern einen Ziegenbock
zum Sündopfer und zwei einjährige Schafe
zum Dankopfer.
20 Und der Priester soll sie als Schwing-
opfer schwingen samt den Erstlingsbroten
vor dem HERRN. Das alles soll als ein
Schwingopfer dem HERRN heilig sein und
dem Priester gehören.
21 Und ihr sollt an diesem Tag eine heilige
Versammlung ausrufen; keine Arbeit sollt
ihr tun. Eine ewige Ordnung soll das sein
bei euren Nachkommen, überall, wo ihr
wohnt.
22 ¶Wenn ihr aber euer Land aberntet,
sollt ihr nicht alles bis an die Ecken des
Feldes abschneiden, auch nicht Nachlese
halten, sondern sollt es den Armen und
Fremdlingen lassen. Ich bin der HERR,
euer Gott.[a]

a Kap 19,9.10

23 ¶Und der HERR redete mit Mose und
sprach:
24 Sage zu den Israeliten: Am ersten Tage
des siebenten Monats sollt ihr Ruhetag
halten mit Posaunenblasen zum Gedächt-
nis, eine heilige Versammlung.[a]

a 4.Mose 29,1-6; 10,10

25 Da sollt ihr keine Arbeit tun und sollt
dem HERRN Feueropfer darbringen.
26 ¶Und der HERR redete mit Mose und
sprach:
27 Am zehnten Tage in diesem siebenten
Monat ist der [a]Versöhnungstag. Da sollt
ihr eine heilige Versammlung halten und
fasten und dem HERRN Feueropfer dar-
bringen

a Kap 16

28 und sollt keine Arbeit tun an diesem
Tage, denn es ist der Versöhnungstag, daß
ihr entsühnt werdet vor dem HERRN,
eurem Gott.
29 Denn wer nicht fastet an diesem Tage,
der wird aus seinem Volk ausgerottet wer-
den.
30 Und wer an diesem Tage irgendeine
Arbeit tut, den will ich vertilgen aus sei-
nem Volk.
31 Darum sollt ihr keine Arbeit tun. Das
soll eine ewige Ordnung sein bei euren
Nachkommen, überall, wo ihr wohnt.
32 Ein feierlicher Sabbat soll er euch sein,

und ihr sollt fasten. Am neunten Tage des
Monats, am Abend, sollt ihr diesen Ruhe-
tag halten, vom Abend an bis wieder zum
Abend.
33 ¶Und der HERR redete mit Mose und
sprach:
34 Sage zu den Israeliten: [a]Am fünfzehn-
ten Tage dieses siebenten Monats ist das
Laubhüttenfest für den HERRN, sieben
Tage lang. a 4.Mose 29,12-39; 5.Mose 16,13-15
35 Am ersten Tage soll eine heilige Ver-
sammlung sein; keine Arbeit sollt ihr
tun.
36 Sieben Tage sollt ihr dem HERRN Feu-
eropfer darbringen. Am [a]achten Tage sollt
ihr wieder eine heilige Versammlung hal-
ten und sollt Feueropfer dem HERRN dar-
bringen. Es ist eine Festversammlung;
keine Arbeit sollt ihr tun. a Joh 7,37
37 ¶Das sind die Feste des HERRN, die ihr
als heilige Versammlungen ausrufen sollt,
um dem HERRN Feueropfer darzubringen:
Brandopfer, Speisopfer, Schlachtopfer und
Trankopfer, ein jedes an seinem Tage,
38 abgesehen von den Sabbaten des
HERRN und euren andern Gaben und
Gelübden und freiwilligen Gaben, die ihr
dem HERRN gebt.
39 ¶Am fünfzehnten Tage des siebenten
Monats, wenn ihr die Früchte des Landes
einbringt, sollt ihr ein Fest des HERRN hal-
ten sieben Tage lang. Am ersten Tage ist
Ruhetag und am achten Tage ist auch
Ruhetag.
40 Ihr sollt am ersten Tage Früchte neh-
men [a]von schönen Bäumen, Palmwedel
und Zweige von Laubbäumen und Bach-
weiden und sieben Tage fröhlich sein vor
dem HERRN, eurem Gott, a Neh 8,14-16
41 und sollt das Fest dem HERRN halten
jährlich sieben Tage lang. Das soll eine
ewige Ordnung sein bei euren Nachkom-
men, daß sie im siebenten Monat so
feiern.
42 Sieben Tage sollt ihr in Laubhütten
wohnen. Wer einheimisch ist in Israel, soll
in Laubhütten wohnen,
43 daß eure Nachkommen wissen, wie ich
die Israeliten habe in Hütten wohnen las-
sen, als ich sie aus Ägyptenland führte.
Ich bin der HERR, euer Gott.
44 ¶Und Mose tat den Israeliten die Feste
des HERRN kund.

Gesetze über die Lampen und Schaubrote

24 Und der HERR redete mit Mose und
sprach:
2 Gebiete den Israeliten, daß sie zu dir
bringen reines Öl aus zerstoßenen Oliven
für den Leuchter, daß man beständig Lam-
pen aufsetzen kann.[a] a 2.Mose 27,20
3 Außen vor dem Vorhang, der vor der
Lade mit dem Gesetz hängt, in der Stifts-
hütte soll Aaron den Leuchter herrichten,
daß er vom Abend bis zum Morgen
beständig leuchte vor dem HERRN. Das
sei eine ewige Ordnung bei euren Nach-
kommen.
4 Er soll die Lampen auf dem Leuchter
von feinem Gold herrichten, daß sie vor
dem HERRN beständig leuchten.
5 ¶Und du sollst feinstes Mehl nehmen
und davon zwölf Brote backen – zwei
Zehntel soll ein Brot haben –
6 und sollst sie legen in zwei Reihen, je
sechs in einer Reihe, auf den Tisch von
feinem Gold vor dem HERRN.[a]
a 2.Mose 25,30
7 Und sollst auf sie legen reinen Weih-
rauch, daß er als Gedenkopfer bei den Bro-
ten sei, ein Feueropfer für den HERRN.
8 An jedem Sabbat soll er sie zurichten
vor dem HERRN als beständige Gabe der
Israeliten, eine Ordnung für immer,
9 und sie sollen Aaron und seinen Söh-
nen gehören. Die sollen sie essen an heili-
ger Stätte; denn als ein Hochheiliges von
den Opfern des HERRN gehören sie Aaron
als ewiges Recht.

Strafen für Gotteslästerung, Totschlag und Gewalt

10 Es ging aber der Sohn einer israeliti-
schen Frau und eines ägyptischen Mannes
mitten unter die Israeliten und zankte sich
im Lager mit einem israelitischen Mann
11 und lästerte den Namen des HERRN
und fluchte. Da brachten sie ihn zu Mose
– seine Mutter aber hieß Schelomit, eine
Tochter Dibris vom Stamm Dan –
12 und legten ihn gefangen, bis ihnen
[a]klare Antwort würde durch den Mund
des HERRN. a 4.Mose 15,34
13 Und der HERR redete mit Mose und
sprach:
14 Führe den Flucher hinaus vor das Lager
und laß alle, die es gehört haben, ihre

Hände auf sein Haupt legen und laß die
ganze Gemeinde ihn [a]steinigen
a 4.Mose 15,36; 5.Mose 17,5; Apg 7,56
15 und sage zu den Israeliten: Wer seinem
Gott flucht, der soll seine Schuld tragen.
16 [a]Wer des HERRN Namen lästert, der soll
des Todes sterben; die ganze Gemeinde
soll ihn steinigen. Ob Fremdling oder Ein-
heimischer, wer den Namen lästert, soll
sterben. a 2.Mose 20,7; Mt 26,65.66
17 ¶Wer irgendeinen Menschen erschlägt,
der soll des Todes sterben.[a] a 2.Mose 21,12
18 Wer aber ein Stück Vieh erschlägt, der
soll's ersetzen, Leben um Leben.[a]
a 2.Mose 21,33-37
19 Und wer seinen Nächsten verletzt, dem
soll man tun, wie er getan hat,
20 [a]Schaden um Schaden, Auge um Auge,
Zahn um Zahn; wie er einen Menschen
verletzt hat, so soll man ihm auch tun.
a 2.Mose 21,23-25
21 Wer ein Stück Vieh erschlägt, der soll's
erstatten; wer aber einen Menschen er-
schlägt, der soll sterben.
22 Es soll [a]ein und dasselbe Recht unter
euch sein für den Fremdling wie für den
Einheimischen; ich bin der HERR, euer
Gott. a Kap 19,34; 2.Mose 12,49
23 ¶Mose aber sagte es den Israeliten,
und sie führten den Flucher hinaus vor
das Lager und steinigten ihn. So taten die
Israeliten, wie der HERR es Mose geboten
hatte.

Gesetz über Sabbatjahr und Erlaßjahr

25 Und der HERR sprach zu Mose auf
dem Berge Sinai:
2 Rede mit den Israeliten und sprich zu
ihnen: Wenn ihr in das Land kommt, das
ich euch geben werde, so soll das Land
dem HERRN einen Sabbat feiern.
3 [a]Sechs Jahre sollst du dein Feld besäen
und sechs Jahre deinen Weinberg
beschneiden und die Früchte einsammeln,
a (3 und 4) 2.Mose 23,10.11
4 aber im siebenten Jahr soll das Land
dem HERRN einen feierlichen Sabbat hal-
ten; da sollst du dein Feld nicht besäen
noch deinen Weinberg beschneiden.
5 ¶Was von selber nach deiner Ernte
wächst, sollst du nicht ernten, und die
Trauben, die ohne deine Arbeit wachsen,
sollst du nicht lesen; ein Sabbatjahr des
Landes soll es sein.
6 Was das Land während seines Sabbats
trägt, davon sollt ihr essen, du und dein
Knecht und deine Magd, dein Tagelöhner
und dein Beisasse, die bei dir weilen,
7 dein Vieh und das Wild in deinem
Lande; all sein Ertrag soll zur Nahrung
dienen.
8 ¶Und du sollst zählen sieben Sabbat-
jahre, siebenmal sieben Jahre, daß die Zeit
der sieben Sabbatjahre neunundvierzig
Jahre mache.
9 Da sollst du die Posaune blasen lassen
durch euer ganzes Land am [a]zehnten Tage
des siebenten Monats, am Versöhnungs-
tag. a Kap 23,27
10 Und ihr sollt das fünfzigste Jahr heili-
gen und sollt eine Freilassung ausrufen im
Lande für alle, die darin wohnen; es soll
ein [a]Erlaßjahr für euch sein. Da soll ein
jeder bei euch wieder zu seiner Habe und
zu seiner Sippe kommen. a Jes 61,2; Lk 4,19
11 Als Erlaßjahr soll das fünfzigste Jahr
euch gelten. Ihr sollt nicht säen und, was
von selber wächst, nicht ernten, auch, was
ohne Arbeit wächst, im Weinberg nicht
lesen;
12 denn das Erlaßjahr soll euch heilig sein;
vom Felde weg dürft ihr essen, was es
trägt.
13 ¶Das ist das Erlaßjahr, da jedermann
wieder zu dem Seinen kommen soll.
14 Wenn du nun deinem Nächsten etwas
verkaufst oder ihm etwas abkaufst, soll
[a]keiner seinen Bruder übervorteilen,
a 1.Thess 4,6
15 sondern nach der Zahl der Jahre vom
Erlaßjahr an sollst du es von ihm kaufen;
danach, wieviel Jahre noch Ertrag bringen,
soll er dir's verkaufen.
16 Sind es noch viele Jahre, so darfst du
den Kaufpreis steigern; sind es noch
wenige Jahre, sollst du den Kaufpreis ver-
ringern; denn die Zahl der Ernten verkauft
er dir.
17 So übervorteile nun keiner seinen
Nächsten, sondern fürchte dich vor dei-
nem Gott; denn ich bin der HERR, euer
Gott.
18 Darum tut nach meinen Satzungen und
haltet meine Rechte, daß ihr danach tut,
auf daß ihr im Lande [a]sicher wohnen
könnt. a Kap 26,5; 1.Kön 5,5
19 Denn das Land soll euch seine Früchte
geben, daß ihr genug zu essen habt und
sicher darin wohnt.
20 Und wenn ihr sagt: Was sollen wir essen

im siebenten Jahr? Denn wenn wir nicht
säen, so sammeln wir auch kein Getreide
ein –,
21 so will ich [a]meinem Segen über euch
im sechsten Jahr gebieten, daß er Getreide
schaffen soll für drei Jahre, *a* 5.Mose 28,8
22 daß ihr sät im achten Jahr und von
dem alten Getreide eßt bis in das neunte
Jahr, so daß ihr vom alten eßt, bis wieder
neues Getreide kommt.
23 Darum sollt ihr das Land nicht verkau-
fen für immer; denn das Land ist mein,
und ihr seid [a]Fremdlinge und Beisassen
bei mir. *a* Ps 39,13
24 Und bei all eurem Grundbesitz sollt ihr
für das Land die Einlösung gewähren.

Gesetz über Einlösung im Blick auf das Erlaßjahr

25 Wenn dein Bruder verarmt und etwas
von seiner Habe verkauft, so soll sein
nächster Verwandter kommen und einlö-
sen, was sein Bruder verkauft hat.[a]
a Rut 4,3.4
26 Wenn aber jemand keinen Löser hat
und selbst soviel aufbringen kann, um es
einzulösen,
27 so soll er die Jahre abrechnen, seitdem
er's verkauft hat, und was noch übrig ist,
dem Käufer zurückzahlen und so wieder
zu seiner Habe kommen.
28 Kann er aber nicht soviel aufbringen,
um es ihm zurückzuzahlen, so soll, was er
verkauft hat, in der Hand des Käufers blei-
ben bis zum Erlaßjahr. Dann soll es frei
werden und er wieder zu seiner Habe
kommen.
29 ¶ Wer ein Wohnhaus verkauft in einer
Stadt mit Mauern, der hat ein ganzes Jahr
Frist, es wieder einzulösen. Das soll die
Zeit sein, darin er es einlösen kann.
30 Wenn er's aber nicht einlöst, ehe das
ganze Jahr um ist, so soll es der Käufer für
immer behalten und seine Nachkommen,
und es soll nicht frei werden im Erlaßjahr.
31 Ist's aber ein Haus auf dem Dorf, um
das keine Mauer ist, so soll man es dem
Feld des Landes gleichrechnen, und es
soll immer eingelöst werden können und
im Erlaßjahr frei werden.
32 [a]Was aber die Städte der Leviten
anlangt, so sollen sie die Häuser in den
Städten, die ihnen gehören, jederzeit ein-
lösen können. *a (32-34)* 4.Mose 35,2-5
33 Wenn einer von den Leviten nicht ein-
löst, so soll das verkaufte Haus in der
Stadt, die ihnen gehört, im Erlaßjahr frei
werden; denn die Häuser in den Städten
der Leviten sind ihr Besitz inmitten der
Israeliten.
34 Auch das Weideland vor ihren Städten
soll man nicht verkaufen; denn das ist ihr
Eigentum für immer.
35 ¶ Wenn dein Bruder neben dir verarmt
und nicht mehr bestehen kann, so sollst
du dich seiner annehmen wie eines
Fremdlings oder Beisassen, daß er neben
dir leben könne;
36 [a]und du sollst nicht Zinsen von ihm
nehmen noch Aufschlag, sondern sollst
dich vor deinem Gott fürchten, daß dein
Bruder neben dir leben könne.
a (36 und 37) 2.Mose 22,24; 5.Mose 23,20
37 Denn du sollst ihm dein Geld nicht auf
Zinsen leihen noch Speise geben gegen
Aufschlag.
38 Ich bin der HERR, euer Gott, der euch
aus Ägyptenland geführt hat, um euch das
Land Kanaan zu geben und euer Gott zu
sein.
39 ¶ Wenn dein Bruder neben dir verarmt
und sich dir verkauft, so sollst du ihn nicht
als Sklaven dienen lassen;[a] *a* 2.Mose 21,2
40 sondern wie ein Tagelöhner, wie ein
Beisasse soll er bei dir sein und bis an das
Erlaßjahr bei dir dienen.
41 Dann soll er von dir frei ausgehen und
seine Kinder mit ihm und soll zurückkeh-
ren zu seiner Sippe und wieder zu seiner
Väter Habe kommen.
42 Denn sie sind meine Knechte, die ich
aus Ägyptenland geführt habe. Darum soll
man sie nicht als Sklaven verkaufen.
43 Du sollst [a]nicht mit Härte über sie herr-
schen, sondern dich fürchten vor deinem
Gott. *a* 2.Mose 21,20.21
44 ¶ Willst du aber Sklaven und Sklavin-
nen haben, so sollst du sie kaufen von den
Völkern, die um euch her sind,
45 und auch von den Beisassen, die als
Fremdlinge unter euch wohnen, und von
ihren Nachkommen, die sie bei euch in
eurem Lande zeugen. Die mögt ihr zu
eigen haben
46 und sollt sie vererben euren Kindern
zum Eigentum für immer; die sollt ihr
Sklaven sein lassen. Aber von euren Brü-
dern, den Israeliten, soll keiner über den
andern herrschen mit Härte.
47 ¶ Wenn irgendein Fremdling oder Bei-

sasse bei dir zu Besitz kommt und dein
Bruder neben ihm verarmt und sich dem
Fremdling oder Beisassen bei dir oder
jemandem von dessen Sippe verkauft,
48 so soll er, nachdem er sich verkauft hat,
das Recht haben, wieder frei zu werden,
und es soll ihn jemand unter seinen Brü-
dern einlösen
49 oder sein Oheim oder sein Vetter oder
sonst sein nächster Blutsverwandter aus
seinem Geschlecht; oder wenn er selbst
soviel aufbringen kann, so soll er selbst
sich einlösen.
50 Und er soll mit seinem Käufer rechnen
vom Jahr an, da er sich verkauft hatte, bis
aufs Erlaßjahr. Und das Geld, um das er
sich verkauft hat, soll nach der Zahl der
Jahre berechnet werden, als wäre er die
ganze Zeit Tagelöhner bei ihm gewesen.
51 Sind noch viele Jahre bis zum Erlaß-
jahr, so soll er entsprechend mehr zu sei-
ner Einlösung erstatten von dem Gelde,
für das er gekauft wurde.
52 Sind aber nur wenige Jahre übrig bis
zum Erlaßjahr, so soll er sie berechnen
und entsprechend weniger zu seiner Ein-
lösung erstatten.
53 Wie ein Tagelöhner soll er von Jahr zu
Jahr bei ihm sein, doch soll er [a]nicht mit
Härte über ihn herrschen vor deinen
Augen. *a* Vers 43
54 Wird er aber nicht auf diese Weise ein-
gelöst, so soll er im Erlaßjahr frei ausge-
hen und seine Kinder mit ihm.
55 Denn mir gehören die Israeliten als
Knechte; meine Knechte sind sie, die ich
aus Ägyptenland geführt habe. Ich bin
der HERR, euer Gott.

Segen und Fluch

(vgl. 2.Mose 23,20-33; 5.Mose 28)

26 Ihr sollt euch keine Götzen machen
und euch weder Bild noch Steinmal
aufrichten, auch keinen Stein mit Bildwerk
setzen in eurem Lande, um davor anzube-
ten; denn ich bin der HERR, euer Gott.[a]
a 2.Mose 20,4.5
2 Haltet [a]meine Sabbate und habt Ehr-
furcht vor meinem Heiligtum. Ich bin der
HERR. *a* Kap 19,30
3 ¶ Werdet ihr in meinen Satzungen wan-
deln und meine Gebote halten und tun,
4 so will ich euch Regen geben zur rech-
ten Zeit, und das Land soll sein Gewächs
geben und die Bäume auf dem Felde ihre
Früchte bringen.[a] *a* 5.Mose 11,14
5 Und die Dreschzeit soll reichen bis zur
Weinernte, und die Weinernte soll reichen
bis zur Zeit der Saat. [a]Und ihr sollt Brot
die Fülle haben und sollt sicher in eurem
Lande wohnen. *a* Am 9,13
6 Ich will Frieden geben in eurem Lande,
daß ihr schlaft und euch niemand auf-
schrecke. [a] Ich will die wilden Tiere aus
eurem Lande wegschaffen, und kein
Schwert soll durch euer Land gehen.
a Hes 34,25
7 Ihr sollt eure Feinde jagen, und sie sol-
len vor euch her dem Schwert verfallen.
8 Fünf von euch sollen hundert jagen,
und hundert von euch sollen zehntausend
jagen; denn eure Feinde sollen vor euch
her dem Schwert verfallen.[a]
a 5.Mose 32,30; Jos 23,10
9 Und ich will mich zu euch wenden und
will euch fruchtbar machen und euch
mehren und will meinen Bund mit euch
halten.[a] *a* Hes 36,11
10 Und ihr werdet noch von dem Vorjähri-
gen essen und, wenn das Neue kommt,
das Vorjährige wegtun müssen.
11 Ich will meine Wohnung unter euch
haben und will euch nicht verwerfen.
12 Und ich will unter euch wandeln und
will euer Gott sein, und ihr sollt mein Volk
sein.[a] *a* Jer 7,23; 2.Kor 6,16
13 Denn ich bin der HERR, euer Gott, der
euch aus Ägyptenland geführt hat, damit
ihr nicht ihre Knechte bleibt, und habe
[a]euer Joch zerbrochen und habe euch auf-
recht einhergehen lassen. *a* Hes 34,27.28
14 ¶ Werdet ihr mir aber nicht gehorchen
und nicht alle diese Gebote tun
15 und werdet ihr meine Satzungen ver-
achten und meine Rechte verwerfen, daß
ihr nicht tut alle meine Gebote, und wer-
det ihr meinen Bund brechen,
16 so will auch ich euch dieses tun: Ich
will euch heimsuchen mit Schrecken, mit
Auszehrung und Fieber, daß euch die
Augen erlöschen und das Leben hin-
schwindet. Ihr sollt umsonst euren Samen
säen, und eure Feinde sollen ihn essen.
17 Und ich will mein Antlitz gegen euch
richten, und ihr sollt geschlagen werden
vor euren Feinden, und die euch hassen,
sollen über euch herrschen, und ihr sollt
fliehen, ohne daß euch einer jagt.
18 ¶ Wenn ihr mir aber auch dann noch

nicht gehorcht, so will ich euch noch wei-
ter strafen, siebenfältig, um eurer Sünden
willen,
19 daß ich euren Stolz und eure Halsstar-
rigkeit breche, und will euren [a]Himmel
wie Eisen und eure Erde wie Erz machen.
a 5.Mose 11,17
20 Und eure Mühe und Arbeit soll verlo-
ren sein, daß euer Land sein Gewächs
nicht gebe und die Bäume im Lande ihre
Früchte nicht bringen.
21 ¶ Und wenn ihr mir zuwiderhandelt
und mich nicht hören wollt, so will ich
euch noch weiter schlagen, siebenfältig,
um eurer Sünden willen.
22 Und ich will [a]wilde Tiere unter euch
senden, die sollen eure Kinder fressen und
euer Vieh zerreißen und euch vermindern,
und eure Straßen sollen verlassen sein.
a Hes 5,17
23 [a]Werdet ihr euch aber damit noch nicht
von mir zurechtbringen lassen und mir
zuwiderhandeln, *a (23 und 24)* 2.Sam 22,27
24 so will auch ich euch zuwiderhandeln
und will euch siebenfältig mehr schlagen
um eurer Sünden willen
25 und will ein [a]Racheschwert über euch
bringen, das meinen Bund rächen soll.
Und wenn ihr euch auch in eure Städte
flüchtet, will ich doch die Pest unter euch
senden und will euch in die Hände eurer
Feinde geben. *a* Jes 1,20.24
26 Dann will ich euch den [a]Vorrat an Brot
verderben; zehn Frauen sollen euer Brot
in **einem** Ofen backen, und [b]euer Brot soll
man euch nach Gewicht zuteilen, und
wenn ihr eßt, sollt ihr nicht satt werden.
a Jes 3,1 *b* Hes 4,16
27 ¶ Werdet ihr mir aber auch dann noch
nicht gehorchen und mir zuwiderhandeln,
28 so will auch ich euch im Grimm zuwi-
derhandeln und will euch siebenfältig
mehr strafen um eurer Sünden willen,
29 daß ihr sollt eurer Söhne und Töchter
Fleisch essen.[a] *a* 5.Mose 28,53; Jer 19,9
30 Und ich will eure Opferhöhen vertilgen
und eure [a]Rauchopfersäulen ausrotten
und will eure Leichname auf die Leich-
name eurer Götzen werfen und werde an
euch Ekel haben. *a* Hes 6,4.6
31 Und ich will eure Städte wüst machen
und eure Heiligtümer verheeren und will
den lieblichen Geruch eurer Opfer nicht
mehr riechen.
32 So will ich das Land wüst machen, daß
eure Feinde, die darin wohnen werden,
sich davor entsetzen.
33 Euch aber will ich unter die Völker zer-
streuen und mit gezücktem Schwert hin-
ter euch her sein, daß euer Land soll wüst
sein und eure Städte zerstört.
34 ¶ Alsdann wird [a]das Land seine Sab-
bate nachholen, solange es wüst liegt und
ihr in der Feinde Land seid; ja, dann wird
das Land ruhen und seine Sabbate nach-
holen. *a* Kap 25,2; 2.Chr 36,21
35 Solange es wüst liegt, wird es ruhen,
weil es nicht ruhen konnte, als ihr es soll-
tet ruhen lassen, während ihr darin wohn-
tet.
36 Und denen, die von euch übrigbleiben,
will ich ein feiges Herz machen in ihrer
Feinde Land, daß sie ein raschelndes Blatt
soll jagen, und sie sollen davor fliehen, als
jagte sie ein Schwert, und fallen, wo sie
doch niemand jagt.
37 Und einer soll über den andern hinfal-
len, als wäre das Schwert hinter ihnen, wo
sie doch niemand jagt, und ihr sollt nicht
bestehen können gegen eure Feinde.
38 Und ihr sollt umkommen unter den
Völkern, und eurer Feinde Land soll euch
fressen.
39 Die aber von euch übrigbleiben, die
sollen in der Feinde Land dahinschwin-
den wegen ihrer [a]Missetat, aber auch um
der Missetat ihrer Väter willen.
a Hes 24,23; 33,10

Umkehr des Volkes und Treue des HERRN

40 Da werden sie dann [a]bekennen ihre
Missetat und ihrer Väter Missetat, daß sie
mir untreu gewesen sind und mir zuwi-
dergehandelt haben. *a* 5.Mose 4,30
41 – Darum habe auch ich ihnen zuwider-
gehandelt und sie in das Land ihrer Feinde
getrieben. – Da wird sich ja ihr [a]unbe-
schnittenes Herz demütigen, und dann
werden sie die Strafe für ihre Missetat
abtragen. *a* 5.Mose 10,16; Jer 9,25
42 Und ich werde [a]an meinen Bund mit
Jakob gedenken und an meinen Bund mit
Isaak und an meinen Bund mit Abraham
und werde an das Land gedenken.
a 2.Mose 2,24; 2.Kön 13,23
43 Aber das Land wird von ihnen verlas-
sen sein und seine Sabbate nachholen,
solange es wüst liegt, und sie werden die

Strafe für ihre Missetat abtragen, weil sie
meine Rechte verachtet und an meinen
Satzungen Ekel gehabt haben.
44 Aber wenn sie auch in der Feinde Land
sind, [a]verwerfe ich sie dennoch nicht, und
es ekelt mich nicht vor ihnen, so daß es
mit ihnen aus sein sollte und mein Bund
mit ihnen nicht mehr gelten sollte; denn
ich bin der HERR, ihr Gott. *a* Hos 11,9
45 Und ich will ihnen zugut an meinen
[a]Bund mit den Vorfahren gedenken, die
ich aus Ägyptenland führte vor den Augen
der Völker, auf daß ich ihr Gott wäre, ich,
der HERR. *a* 1.Mose 12,7
46 ¶Dies sind die Satzungen und Rechte
und Gesetze, die der HERR zwischen sich
und den Israeliten aufgerichtet hat auf
dem Berge Sinai durch die Hand des
Mose.

Was man geloben und nach der Schätzung des Priesters ablösen darf und was nicht

27 Und der HERR redete mit Mose und
sprach:
2 Rede mit den Israeliten und sprich zu
ihnen: Wenn jemand dem HERRN ein
Gelübde getan hat, das abgelöst werden
soll, und es sich um einen Menschen han-
delt,
3 [a]so soll das deine Schätzung sein: Einen
Mann von zwanzig bis sechzig Jahren
sollst du schätzen auf fünfzig Lot Silber
nach dem Gewicht des Heiligtums,
a (3-7) Ri 11,31; 1.Sam 1,11
4 eine Frau auf dreißig Lot Silber.
5 Von fünf Jahren bis zwanzig Jahren
sollst du, wenn es ein Mann ist, schätzen
auf zwanzig Lot Silber, eine Frau aber auf
zehn Lot Silber.
6 Von einem Monat an bis auf fünf Jahre
sollst du, wenn es ein Knabe ist, schätzen
auf fünf Lot Silber, ein Mädchen aber auf
drei Lot Silber.
7 Bei sechzig Jahren und darüber sollst
du, wenn es ein Mann ist, schätzen auf
fünfzehn Lot Silber, eine Frau aber auf
zehn Lot Silber.
8 Ist er aber zu arm, diese Schätzung zu
zahlen, so soll er jenen Menschen vor den
Priester stellen, und der Priester soll ihn
schätzen; er soll ihn aber schätzen nach
dem, was der zu geben vermag, der das
Gelübde getan hat.
9 ¶Ist es aber ein Tier, das man dem
HERRN opfern darf: Jedes Tier, das man
dem HERRN gibt, ist heilig.
10 Man soll es nicht auswechseln noch
tauschen, ein gutes gegen ein schlechtes
oder ein schlechtes gegen ein gutes. Wenn
aber jemand auswechselt ein Tier gegen
das andere, so sollen sie beide heilig sein.
11 Ist aber das Tier unrein, daß man es
dem HERRN nicht opfern darf, so soll man
es vor den Priester stellen,
12 und der Priester soll es schätzen, ob es
gut oder schlecht sei, und es soll bei des
Priesters Schätzung bleiben.
13 Will's aber jemand ablösen, der soll den
[a]fünften Teil über die Schätzung hinaus
geben. *a* Kap 5,16
14 ¶Wenn jemand sein Haus dem HERRN
gelobt, daß es ihm heilig sei, so soll es der
Priester schätzen, ob es gut oder schlecht
sei, und wie es der Priester schätzt, so
soll's bleiben.
15 Wenn es aber der, der es gelobt hat,
ablösen will, so soll er den fünften Teil
des Geldes, zu dem es geschätzt ist, hin-
zulegen, dann soll es ihm wieder gehören.
16 ¶Wenn jemand ein Stück Acker von
seinem Erbgut dem HERRN gelobt, so soll
es geschätzt werden nach der Aussaat. Ist
die Aussaat ein Sack Gerste, so soll der
Acker [a]fünfzig Lot Silber gelten.
a 2.Sam 24,24
17 Gelobt er seinen Acker vom [a]Erlaßjahr
an, so soll es bei dieser Schätzung bleiben.
a Kap 25,8-55
18 Hat er ihn aber nach dem Erlaßjahr
gelobt, so soll der Priester das Geld
berechnen nach den übrigen Jahren bis
zum Erlaßjahr und ihn danach geringer
schätzen.
19 Will aber der, der ihn gelobt hat, den
Acker ablösen, so soll er den fünften Teil
des Geldes, auf das er geschätzt ist, hinzu-
legen, so soll er wieder sein werden.
20 Wenn er ihn aber nicht ablöst und ver-
kauft ihn dennoch einem andern, so kann
er nicht mehr abgelöst werden,
21 sondern wenn dieser Acker im Erlaß-
jahr frei wird, soll er dem HERRN heilig
sein wie ein gebannter Acker und soll des
Priesters Eigentum sein.
22 Wenn aber jemand dem HERRN einen
Acker gelobt, den er gekauft hat und der
also nicht sein Erbgut ist,
23 so soll der Priester berechnen, was er
gilt bis zum Erlaßjahr, und er soll diese

Summe am selben Tage geben, daß sie
dem HERRN heilig sei.
24 Aber im Erlaßjahr soll der Acker wie-
der an den gelangen, von dem er ihn ge-
kauft hat, dem er als sein Erbgut gehört.
25 Alle Schätzung soll geschehen nach
dem Gewicht des Heiligtums; ein Lot aber
hat zwanzig Gramm.
26 ¶ Die [a] Erstgeburt unter dem Vieh, die
dem HERRN auch sonst gebührt, soll nie-
mand geloben, es sei ein Stier oder Schaf;
es gehört dem HERRN.

a 2. Mose 13,2.12.13; 4. Mose 18,15

27 Ist es aber unreines Vieh, so soll man
es ablösen nach der Schätzung und dar-
über hinaus geben den fünften Teil. Will
man es nicht ablösen, so werde es ver-
kauft nach der Schätzung.
28 ¶ [a] Man soll Gebanntes nicht verkaufen
oder ablösen, das jemand dem HERRN
durch einen Bann geweiht hat, von allem,
was sein ist, es seien Menschen, Vieh oder
Erbacker; denn alles Gebannte ist ein
Hochheiliges dem HERRN.

a (28 und 29) 4. Mose 18,14; 21,2; Jos 6,18.26; Hes 44,29

29 Man soll auch keinen gebannten Men-
schen loskaufen; er soll des Todes ster-
ben.[a] *a* Jos 6,17.18; 1. Sam 15,3.9
30 ¶ Alle [a] Zehnten im Lande, vom Ertrag
des Landes und von den Früchten der
Bäume, gehören dem HERRN und sollen
dem HERRN heilig sein.

a 4. Mose 18,21; 5. Mose 14,22-29; Neh 13,12

31 Will aber jemand seinen Zehnten ablö-
sen, der soll den fünften Teil darüber hin-
aus geben.
32 Und alle [a] Zehnten von Rindern und
Schafen, alles, was unter dem Hirtenstabe
hindurchgeht, jedes zehnte davon soll hei-
lig sein dem HERRN. *a* 2. Chr 31,6
33 Man soll nicht fragen, ob es gut oder
schlecht sei, man soll's auch nicht aus-
wechseln. Wenn es aber jemand auswech-
selt, soll beides heilig sein und darf nicht
abgelöst werden.
34 ¶ Das sind die Gebote, die der HERR
dem Mose gebot für die Israeliten auf dem
Berge Sinai.[a] *a* Kap 7,38; 25,1; 26,46

DAS VIERTE BUCH MOSE (NUMERI)

Inhaltsübersicht

Zählung der Männer für den Heerbann

(vgl. Kap 26,2-51)

1 Und der HERR redete mit Mose in der
Wüste Sinai in der Stiftshütte [a] am
ersten Tage des zweiten Monats im zwei-
ten Jahr, nachdem sie aus Ägyptenland
gezogen waren, und sprach: *a* 2. Mose 40,17
2 Nehmt die Summe der ganzen Ge-
meinde der Israeliten auf nach ihren
Geschlechtern und [a] Sippen und Namen,
alles, was männlich ist, Kopf für Kopf,[b]

a 1. Mose 35,23-26 *b* 2. Mose 30,12

3 von zwanzig Jahren an und darüber,
was wehrfähig ist in Israel. Ihr sollt sie
zählen nach ihren Heerscharen, du und
Aaron.
4 Und es soll euch beistehen je ein Mann
von jedem Stamm, nämlich das Haupt sei-
ner Sippen.
5 Dies sind aber die Namen der Männer,
die euch beistehen sollen: von Ruben: Eli-
zur, der Sohn Schedëurs;
6 von Simeon: Schelumiël, der Sohn Zuri-
schaddais;
7 von Juda: [a] Nachschon, der Sohn Ammi-
nadabs; *a* 2. Mose 6,23
8 von Issachar: Netanel, der Sohn Zuars;
9 von Sebulon: Eliab, der Sohn Helons;
10 von den Söhnen Josefs: von Ephraim:
[a] Elischama, der Sohn Ammihuds; und
von [b] Manasse: Gamliël, der Sohn Peda-
zurs; *a* 1. Chr 7,26 *b* 1. Mose 48,5
11 von Benjamin: Abidan, der Sohn des
Gidoni;

12 von Dan: Ahiëser, der Sohn Ammi-
schaddais;
13 von Asser: Pagiël, der Sohn Ochrans;
14 von Gad: Eljasaf, der Sohn Deguëls;
15 von Naftali: Ahira, der Sohn Enans.
16 Das sind die Berufenen aus der
Gemeinde, die Fürsten unter den Stäm-
men ihrer Väter, die da Häupter über die
Tausende in Israel waren.
17 ¶ Und Mose und Aaron nahmen diese
Männer zu sich, wie sie da mit Namen
genannt sind,
18 und versammelten die ganze Gemeinde
am ersten Tage des zweiten Monats, und
sie ließen sich einschreiben nach ihren
Geschlechtern und Sippen und Namen,
von zwanzig Jahren an und darüber, Kopf
für Kopf,
19 wie der HERR es Mose geboten hatte.
So zählte er sie in der Wüste Sinai.
20 Die Söhne Rubens, des ersten Sohnes
Israels, nach ihrer Abstammung und ihren
Geschlechtern, ihren Sippen und Namen,
Kopf für Kopf, alles, was männlich war,
von zwanzig Jahren an und darüber, was
wehrfähig war,
21 so viele ihrer vom Stamm Ruben
gezählt wurden, waren 46 500.
22 Die Söhne Simeon nach ihrer Abstam-
mung und ihren Geschlechtern, ihren Sip-
pen und Namen, Kopf für Kopf, alles, was
männlich war, von zwanzig Jahren an und
darüber, was wehrfähig war,
23 so viele ihrer vom Stamm Simeon
gezählt wurden, waren 59 300.
24 Die Söhne Gad nach ihrer Abstam-
mung und ihren Geschlechtern, ihren Sip-
pen und Namen, von zwanzig Jahren an
und darüber, alles, was wehrfähig war,
25 so viele ihrer vom Stamm Gad gezählt
wurden, waren 45 650.
26 Die Söhne Juda nach ihrer Abstam-
mung und ihren Geschlechtern, ihren Sip-
pen und Namen, von zwanzig Jahren an
und darüber, alles, was wehrfähig war,
27 so viele ihrer vom Stamm Juda gezählt
wurden, waren 74 600.
28 Die Söhne Issachar nach ihrer
Abstammung und ihren Geschlechtern,
ihren Sippen und Namen, von zwanzig
Jahren an und darüber, alles, was wehr-
fähig war,
29 so viele ihrer vom Stamm Issachar
gezählt wurden, waren 54 400.
30 Die Söhne Sebulon nach ihrer Abstam-
mung und ihren Geschlechtern, ihren Sip-
pen und Namen, von zwanzig Jahren an
und darüber, alles, was wehrfähig war,
31 so viele ihrer vom Stamm Sebulon
gezählt wurden, waren 57 400.
32 Die Söhne Josef: die Söhne Ephraim
nach ihrer Abstammung und ihren
Geschlechtern, ihren Sippen und Namen,
von zwanzig Jahren an und darüber, alles,
was wehrfähig war,
33 so viele ihrer vom Stamm Ephraim
gezählt wurden, waren 40 500;
34 und die Söhne Manasse nach ihrer
Abstammung und ihren Geschlechtern,
ihren Sippen und Namen, von zwanzig
Jahren an und darüber, alles, was wehr-
fähig war,
35 so viele ihrer vom Stamm Manasse
gezählt wurden, waren 32 200.
36 Die Söhne Benjamin nach ihrer
Abstammung und ihren Geschlechtern,
ihren Sippen und Namen, von zwanzig
Jahren an und darüber, alles, was wehr-
fähig war,
37 so viele ihrer vom Stamm Benjamin
gezählt wurden, waren 35 400.
38 Die Söhne Dan nach ihrer Abstam-
mung und ihren Geschlechtern, ihren Sip-
pen und Namen, von zwanzig Jahren an
und darüber, alles, was wehrfähig war,
39 so viele ihrer vom Stamm Dan gezählt
wurden, waren 62 700.
40 Die Söhne Asser nach ihrer Abstam-
mung und ihren Geschlechtern, ihren Sip-
pen und Namen, von zwanzig Jahren an
und darüber, alles, was wehrfähig war,
41 so viele ihrer vom Stamm Asser gezählt
wurden, waren 41 500.
42 Die Söhne Naftali nach ihrer Abstam-
mung und ihren Geschlechtern, ihren Sip-
pen und Namen, von zwanzig Jahren an
und darüber, alles, was wehrfähig war,
43 so viele ihrer vom Stamm Naftali
gezählt wurden, waren 53 400.
44 ¶ Dies sind die Männer, die Mose
zählte mit Aaron und den [a] zwölf Fürsten
Israels, von denen jeder seinen Sippen vor-
stand. *a* 1.Mose 17,20; 25,16
45 Und die Summe der Israeliten nach
ihren Sippen, von zwanzig Jahren an und
darüber, alles, was wehrfähig war in Israel,
46 war [a] 603 550. *a* Kap 2,32; 2.Mose 12,37
47 Die aber Leviten waren nach dem
Stamm ihrer Väter, wurden nicht mit dar-
unter gezählt.

[48]¶Und der HERR redete mit Mose und
sprach:
[49]Den [a]Stamm Levi sollst du nicht zäh-
len noch seine Summe aufnehmen unter
die Israeliten, a Kap 2,33; 3,15-39
[50]sondern du sollst sie zum Dienst bestel-
len an der Wohnung des Gesetzes, an all
ihrem Gerät und allem, was dazugehört.
Sie [a]sollen die Wohnung tragen und alle
Geräte und sollen sie in ihre Obhut neh-
men und [b]um die Wohnung her sich
lagern. a Kap 4,1-49 b Kap 3,23-38
[51]Und wenn man weiterzieht, so sollen
die Leviten die Wohnung abbrechen.
Wenn aber das Heer sich lagert, sollen sie
die Wohnung aufschlagen. Und [a]wenn ein
Fremder sich naht, so soll er sterben.
a Kap 3,10.38; 17,5
[52]Die Israeliten sollen sich lagern, ein
jeder in seinem Lager und bei dem Ban-
ner seiner Heerschar.
[53]Aber die Leviten sollen sich um die
Wohnung des Gesetzes her lagern, damit
nicht ein [a]Zorn über die Gemeinde der
Israeliten komme. So sollen die Leviten
ihren Dienst versehen an der Wohnung
des Gesetzes. a Kap 17,11; 18,5; Jos 9,20;
2.Sam 24,1; 2.Chr 19,2; Jes 57,17; 64,4-6
[54]Und die Israeliten taten alles, wie der
HERR es Mose geboten hatte.

Ordnung der Stämme im Lager und unterwegs

2 Und der HERR redete mit Mose und
Aaron und sprach:
[2]Die Israeliten sollen um die Stiftshütte
her sich lagern, ein jeder bei seinem Ban-
ner und Zeichen, nach ihren Sippen.
[3]¶Nach Osten soll sich lagern das Ban-
ner des Lagers Juda mit seinen Heerscha-
ren: sein Fürst Nachschon, der Sohn
Amminadabs,
[4]und sein Heer, 74600 Mann.
[5]Neben ihm soll sich lagern der Stamm
Issachar: sein Fürst Netanel, der Sohn
Zuars,
[6]und sein Heer, 54400 Mann.
[7]Dazu der Stamm Sebulon: sein Fürst
Eliab, der Sohn Helons,
[8]und sein Heer, 57400 Mann –
[9]so daß alle, die ins Lager Juda gehören,
seien nach ihren Heerscharen zusammen
186400 Mann. Und die sollen vornean zie-
hen.
[10]¶Nach Süden soll sein das Banner des
Lagers Ruben mit seinen Heerscharen:
sein Fürst Elizur, der Sohn Schedëurs,
[11]und sein Heer, 46500 Mann.
[12]Neben ihm soll sich lagern der Stamm
Simeon: sein Fürst Schelumiël, der Sohn
Zurischaddais,
[13]und sein Heer, 59300 Mann.
[14]Dazu der Stamm Gad: sein Fürst Elja-
saf, der Sohn Deguëls,
[15]und sein Heer, 45650 Mann –
[16]so daß alle, die ins Lager Ruben gehö-
ren, seien nach ihren Heerscharen zusam-
men 151450 Mann. Und sie sollen die
zweiten beim Auszug sein.
[17]¶Danach [a]soll die Stiftshütte aufbre-
chen mit dem Lager der Leviten, in der
Mitte zwischen den andern Lagern; und
wie sie lagern, so sollen sie auch auszie-
hen, ein jeder an seinem Platz unter sei-
nem Banner. a Kap 10,17.21
[18]¶Nach Westen soll sein das Banner des
Lagers Ephraim mit seinen Heerscharen:
sein Fürst soll sein Elischama, der Sohn
Ammihuds,
[19]und sein Heer, 40500 Mann.
[20]Neben ihm soll sich lagern der Stamm
Manasse: sein Fürst Gamliël, der Sohn
Pedazurs,
[21]und sein Heer, 32200 Mann.
[22]Dazu der Stamm Benjamin: sein Fürst
Abidan, der Sohn des Gidoni,
[23]und sein Heer, 35400 Mann –
[24]so daß alle, die ins Lager Ephraim gehö-
ren, seien nach ihren Heerscharen zusam-
men 108100 Mann. Und sie sollen die drit-
ten beim Auszug sein.
[25]¶Nach Norden soll sein das Banner des
Lagers Dan mit seinen Heerscharen: sein
Fürst Ahiëser, der Sohn Ammischaddais,
[26]und sein Heer, 62700 Mann.
[27]Neben ihm soll sich lagern der Stamm
Asser: sein Fürst Pagiël, der Sohn
Ochrans,
[28]und sein Heer, 41500 Mann.
[29]Dazu der Stamm Naftali: sein Fürst
Ahira, der Sohn Enans,
[30]und sein Heer, 53400 Mann –
[31]so daß alle, die ins Lager Dan gehören,
seien zusammen 157600 Mann. Und sie
sollen die letzten sein beim Auszug mit
ihrem Banner.
[32]¶Dies ist die Summe der Israeliten
nach ihren Sippen, Lagern und Heerscha-
ren: [a]603550 Mann. a Kap 1,46
[33]Aber [a]die Leviten wurden unter den

Israeliten nicht mitgezählt, wie der HERR es Mose geboten hatte. *a* Kap 1,48.49

34 Und die Israeliten taten alles, wie der HERR es Mose geboten hatte; wie sie bei ihren Bannern lagerten, so zogen sie aus, ein jeder bei seinem Geschlecht und seiner Sippe.

Aarons Familie. Amt der Leviten

3 Dies ist das Geschlecht [a]Aarons und Moses zu der Zeit, da der HERR mit Mose redete auf dem Berge Sinai. *a* 2.Mose 6,23

2 Und dies sind die Namen der Söhne Aarons: Der Erstgeborene Nadab, danach Abihu, Eleasar und Itamar.

3 Das sind die Namen der Söhne Aarons, die [a]zu Priestern gesalbt waren und denen man die Hände füllte zum Priestertum. *a* 2.Mose 40,15

4 Aber [a]Nadab und Abihu starben vor dem HERRN, als sie fremdes Feuer opferten vor dem HERRN in der Wüste Sinai, und sie hatten keine Söhne. Eleasar aber und Itamar versahen Priesterdienst unter ihrem Vater Aaron. *a* 3.Mose 10,1.2

5 ¶Und der HERR redete mit Mose und sprach:

6 Bringe den Stamm Levi herzu und stelle sie vor den Priester Aaron, daß sie ihm dienen.[a] *a* 2.Mose 32,29

7 Sie sollen [a]den Dienst für ihn und für die ganze Gemeinde versehen vor der Stiftshütte und so [b]ihr Amt bei der Wohnung ausüben *a* Kap 18,3 *b* Kap 16,9

8 und sollen alles Gerät der Stiftshütte in ihre Obhut nehmen und den Dienst für die Israeliten versehen und ihr Amt bei der Wohnung ausüben.[a] *a* Kap 4

9 Und du sollst die Leviten dem Aaron und seinen Söhnen übergeben als Gabe der Israeliten.

10 Aaron aber und seine Söhne sollst du bestellen, daß sie auf ihr Priesteramt achthaben. [a]Wenn ein Fremder sich naht, so soll er sterben. *a* Kap 1,51

11 ¶Und der HERR redete mit Mose und sprach:

12 Siehe, ich habe die [a]Leviten genommen aus den Israeliten statt aller [b]Erstgeburt, die den Mutterschoß durchbricht in Israel, so daß die Leviten mir gehören sollen. *a* Kap 8,16 *b* 2.Mose 13,2

13 Denn die Erstgeburten sind mein. An dem Tage, da ich alle Erstgeburt schlug in Ägyptenland, da heiligte ich mir alle Erstgeburt in Israel, vom Menschen an bis auf das Vieh, daß sie mir gehören sollen. Ich bin der HERR.

Die Geschlechter der Leviten und ihr Dienst

14 Und der HERR redete mit Mose in der Wüste Sinai und sprach:

15 Zähle die Söhne Levi nach ihren Sippen und Geschlechtern, alles, was männlich ist, einen Monat alt und darüber.

16 Also zählte sie Mose nach dem Wort des HERRN, wie er ihm geboten hatte.

17 ¶Und dies waren die Söhne Levis mit Namen: [a]Gerschon, [b]Kehat und Merari. *a* 2.Mose 6,16-19 *b* Kap 26,57-64

18 Die Namen aber der Söhne Gerschons nach ihren Geschlechtern waren: Libni und Schimi.

19 Die Söhne Kehats nach ihren Geschlechtern waren: Amram, Jizhar, Hebron und Usiël.

20 Die Söhne Meraris nach ihren Geschlechtern waren: Machli und Muschi. Das sind die Geschlechter Levis nach ihren Sippen.

21 Dies sind die Geschlechter von Gerschon: die Libniter und die Schimiter.

22 Ihre Zahl war 7500, alles, was männlich war, einen Monat alt und darüber.

23 Und die Geschlechter der Gerschoniter sollen sich lagern hinter der Wohnung nach Westen.

24 Ihr Fürst sei Eljasaf, der Sohn Laëls.

25 Und sie sollen an der Stiftshütte in Obhut nehmen die Wohnung und das Zelt und seine Decken und den Vorhang in der Tür der Stiftshütte,

26 die Umhänge am Vorhof und den Vorhang in der Tür des Vorhofs, der die Wohnung und den Altar umgibt, und ihre Seile und was sonst zu ihrem Amt gehört.

27 ¶Dies sind die Geschlechter von Kehat: die Amramiter, die Jizhariter, die Hebroniter und die Usiëliter,

28 alles, was männlich war, einen Monat alt und darüber, an Zahl 8600, die den Dienst am Heiligtum versehen.

29 Die Geschlechter der Söhne Kehat sollen sich lagern an der Seite der Wohnung nach Süden.

30 Ihr Fürst sei [a]Elizafan, der Sohn Usiëls. *a* 3.Mose 10,4

31 Und sie sollen in Obhut nehmen die

Lade, den Tisch, den Leuchter, die Altäre
und alle Geräte des Heiligtums, an denen
sie dienen, und den Vorhang und was
sonst zu ihrem Amt gehört.[a] *a* Kap 7,9
32 Aber der Fürst über alle Fürsten der
Leviten soll Eleasar sein, der Sohn Aarons,
des Priesters, zur Aufsicht über die, wel-
che den Dienst am Heiligtum versehen.
33 ¶Dies sind die Geschlechter Meraris:
die Machliter und die Muschiter,
34 die an Zahl waren 6200, alles, was
männlich war, einen Monat alt und dar-
über.
35 Ihr Fürst sei Zuriël, der Sohn Abihajils.
Sie sollen sich lagern an der Seite der
Wohnung nach Norden.
36 Und ihr Amt soll sein, in Obhut zu neh-
men die Bretter und Riegel und Säulen
und Füße der Wohnung und alle ihre
Geräte und was sonst zu ihrem Amt
gehört,
37 dazu die Säulen um den Vorhof mit
ihren Füßen und Pflöcken und Seilen.
38 Aber vor der Wohnung, vor der Stifts-
hütte, nach Osten sollen sich lagern Mose
und Aaron und seine Söhne, daß sie auf
das Heiligtum achthaben für die Israeli-
ten. Wenn sich ein Fremder naht, so soll
er sterben.
39 Alle Leviten zusammen, die Mose mit
Aaron zählte nach ihren Geschlechtern
nach dem Wort des HERRN, alles, was
männlich war, einen Monat alt und dar-
über, waren 22 000.

Die Auslösung der Erstgeburten

40 Und der HERR sprach zu Mose: Zähle
alle Erstgeburt, was männlich ist unter den
Israeliten, einen Monat alt und darüber,
und nimm die Zahl ihrer Namen auf.
41 Und du sollst mir - denn ich bin der
HERR - [a]die Leviten aussondern statt aller
Erstgeburt der Israeliten und das Vieh der
Leviten statt aller Erstgeburt unter dem
Vieh der Israeliten. *a* Kap 18,15
42 Und Mose zählte, wie ihm der HERR
geboten hatte, alle Erstgeburt unter den
Israeliten,
43 und die Zahl der Namen aller männli-
chen Erstgeburt, einen Monat alt und dar-
über, betrug 22 273.
44 ¶Und der HERR redete mit Mose und
sprach:
45 Nimm die Leviten statt aller Erstgeburt
unter den Israeliten und das Vieh der
Leviten statt ihres Viehs, daß die Leviten
mir gehören sollen. Ich bin der HERR.
46 Aber als Lösegeld für die 273 Erstge-
burten der Israeliten, die die Zahl der
Leviten übersteigen,
47 sollst du fünf Lot Silber erheben für
jeden Kopf. Nach dem Gewicht, wie es
am Heiligtum gilt, sollst du sie erheben,
das Lot zu zwanzig Gramm.
48 Und du sollst das Silber für die, welche
überzählig sind unter ihnen, Aaron und
seinen Söhnen als Lösegeld geben.
49 Da nahm Mose das Lösegeld von
denen, die die Zahl der Leviten überstie-
gen.
50 Von den Erstgeborenen der Israeliten
nahm er 1365 Lot Silber nach dem
Gewicht, wie es am Heiligtum gilt,
51 und gab's Aaron und seinen Söhnen
nach dem Wort des HERRN, wie der HERR
es Mose geboten hatte.

Der Dienst der Leviten beim Aufbruch des Lagers

4 Und der HERR redete mit Mose und
Aaron und sprach:
2 Nimm die Summe der Söhne Kehat aus
den Söhnen Levi auf nach ihren
Geschlechtern und Sippen,
3 von [a]dreißig Jahren an und darüber bis
ins fünfzigste Jahr, alle, die zum Dienst
kommen, daß sie ihre Arbeit tun an der
Stiftshütte. *a* Kap 8,24.25; 1.Chr 23,24
4 Dies soll aber das Amt der Söhne Kehat
an der Stiftshütte sein: der Dienst am
Hochheiligen.
5 Wenn das Heer aufbricht, so sollen
Aaron und seine Söhne hineingehen und
den inneren Vorhang abnehmen und die
Lade mit dem Gesetz damit umhüllen
6 und darauf eine Decke von Dachsfellen
legen und oben darauf eine ganz blaue
Decke breiten und ihre Stangen durchstek-
ken
7 und über den Schaubrottisch auch eine
blaue Decke breiten und darauf legen die
Schüsseln und Löffel, die Schalen und
Kannen des Trankopfers, und das Schau-
brot soll darauf liegen.
8 Und sie sollen darüber breiten eine
scharlachrote Decke und sie mit einer
Decke von Dachsfellen bedecken und
seine Stangen durchstecken

9 und sollen eine blaue Decke nehmen
und damit umhüllen den [a]Leuchter und
seine Lampen mit seinen Lichtscheren
und Pfannen und allen Ölgefäßen, die zum
Dienst gehören, *a* 2.Mose 25,31
10 und sollen um das alles eine Decke von
Dachsfellen tun und sollen es auf Trag-
stangen legen.
11 Ebenso sollen sie auch über den [a]gol-
denen Altar eine blaue Decke breiten und
sie bedecken mit einer Decke von Dachs-
fellen und seine Stangen durchstecken.
a 2.Mose 40,26.27
12 Alle Geräte, womit sie Dienst tun im
Heiligtum, sollen sie nehmen und in eine
blaue Decke tun und sie mit einer Decke
von Dachsfellen bedecken und auf Trag-
stangen legen.
13 Sie sollen auch die Asche vom Altar
fegen und eine Decke von rotem Purpur
über ihn breiten
14 und alle seine Geräte darauf legen,
womit sie an ihm Dienst tun: Kohlenpfan-
nen, Gabeln, Schaufeln, Becken, alle
Geräte des Altars; und sollen darüber brei-
ten eine Decke von Dachsfellen und seine
Stangen durchstecken.
15 Wenn nun Aaron und seine Söhne beim
Aufbruch des Heeres dies alles ausgerich-
tet und das Heilige und all sein Gerät
bedeckt haben, dann sollen die Söhne
Kehat kommen, [a]um es zu tragen. [b]Sie
sollen aber das Heilige selbst nicht anrüh-
ren, daß sie nicht sterben. Dies ist es, was
die Söhne Kehat von der Stiftshütte zu
tragen haben. *a* Kap 7,9 *b* 2.Sam 6,6.7
16 Und Eleasar, dem Sohn Aarons, des
Priesters, ist anvertraut das Öl zum Licht
und die Spezerei zum Räucherwerk und
das tägliche Speisopfer und das Salböl und
die Aufsicht über die ganze Wohnung und
alles, was darin ist an heiligem Gerät.
17 Und der HERR redete mit Mose und
Aaron und sprach:
18 Ihr sollt den Stamm der Geschlechter
der Kehatiter nicht zugrunde gehen lassen
unter den Leviten,
19 sondern das sollt ihr mit ihnen tun,
damit sie leben und nicht sterben, wenn
sie dem Hochheiligen nahen: Aaron und
seine Söhne sollen hineingehen und einen
jeden anstellen zu seinem Amt und seiner
Traglast.
20 Sie aber sollen nicht selbst hinein-
gehen, auch nur einen Augenblick [a]das
Heilige zu schauen, daß sie nicht sterben.
a 1.Sam 6,19
21 ¶ Und der HERR redete mit Mose und
sprach:
22 Nimm auch die Summe der Söhne Ger-
schon auf nach ihren Sippen und
Geschlechtern,
23 von dreißig Jahren an und darüber bis
ins fünfzigste Jahr, und stelle alle, die zum
Dienst kommen, an, daß sie ihr Amt aus-
üben an der Stiftshütte.
24 Dies soll aber das Amt der Geschlech-
ter der Gerschoniter sein, was sie tun und
tragen sollen:
25 Sie sollen die Teppiche der Wohnung,
der Stiftshütte, tragen, ihre Decke und die
Decke von Dachsfellen, die obendrüber
ist, und den Vorhang in der Tür der Stifts-
hütte
26 und die Umhänge des Vorhofs und den
Vorhang in der Tür des Tors am Vorhof,
der die Wohnung und den Altar umgibt,
und ihre Seile und alle Geräte ihres Dien-
stes und alles, was zu ihrem Amt gehört.
27 Nach dem Wort Aarons und seiner
Söhne soll aller Dienst der Söhne Ger-
schon geschehen, alles, was sie tragen und
tun sollen, und ihr sollt zusehen, daß sie
alles ausrichten, was sie zu tragen haben.
28 Das soll das Amt der Geschlechter der
Gerschoniter sein an der Stiftshütte, und
ihr Dienst soll geschehen [a]unter der Lei-
tung Itamars, des Sohnes Aarons, des Prie-
sters. *a* 2.Mose 38,21
29 ¶ Die Söhne Merari nach ihren
Geschlechtern und Sippen sollst du auch
bestellen,
30 von dreißig Jahren an und darüber bis
ins fünfzigste Jahr, alle, die zum Dienst
kommen, daß sie ihr Amt ausüben an der
Stiftshütte.
31 Dies alles soll ihr Dienst an der Stifts-
hütte sein, daß sie tragen die Bretter der
Wohnung und ihre Riegel und Säulen und
Füße,
32 dazu die Säulen um den Vorhof und
ihre Füße und Pflöcke und Seile mit allen
ihren Geräten, ganz wie es ihr Amt erfor-
dert. Und ihr sollt ihnen die einzelnen
Geräte zuweisen, die sie zu tragen haben.
33 Das sei das Amt der Geschlechter der
Söhne Merari, alles, was sie ausrichten sol-
len an der Stiftshütte unter der Leitung
Itamars, des Sohnes Aarons, des Priesters.
34 ¶ Und Mose und Aaron samt den Für-

sten der Gemeinde zählten die Kehatiter nach ihren Geschlechtern und Sippen,

35 von dreißig Jahren an und darüber bis ins fünfzigste, alle, die zum Dienst kamen, daß sie ihr Amt ausübten an der Stiftshütte.

36 Und ihre Summe war 2750.

37 Das ist die Summe der Geschlechter der Kehatiter, aller, die zu dienen hatten an der Stiftshütte und die Mose und Aaron zählten nach dem Wort des HERRN, das durch Mose ergangen war.

38 ¶ Die Söhne Gerschon wurden auch gezählt nach ihren Geschlechtern und Sippen,

39 von dreißig Jahren an und darüber bis ins fünfzigste, alle, die zum Dienst kamen, daß sie ihr Amt an der Stiftshütte ausübten.

40 Und ihre Summe war 2630.

41 Das ist die Summe der Geschlechter der Söhne Gerschon, aller, die zu dienen hatten an der Stiftshütte und die Mose und Aaron zählten nach dem Wort des HERRN.

42 ¶ Die Söhne Merari wurden auch gezählt nach ihren Geschlechtern und Sippen,

43 von dreißig Jahren an und darüber bis ins fünfzigste, alle, die zum Dienst kamen, daß sie ihr Amt an der Stiftshütte ausübten.

44 Und ihre Summe war 3200.

45 Das ist die Summe der Geschlechter der Söhne Merari, die Mose und Aaron zählten nach dem Wort des HERRN, das durch Mose ergangen war.

46 ¶ Die Summe aller Leviten, die Mose und Aaron samt den Fürsten Israels zählten nach ihren Geschlechtern und Sippen,

47 von dreißig Jahren an und darüber bis ins fünfzigste, aller, die zum Dienst kamen, daß sie ihr Amt ausübten an der Stiftshütte und Lasten trügen,

48 war 8580.

49 Sie wurden bestellt nach dem Wort des HERRN, das durch Mose ergangen war, ein jeder zu seinem Amt und seiner Traglast, wie der HERR es Mose geboten hatte.

Verfahren bei Unreinheit, bei Versündigung und bei Verdacht von Ehebruch

5 Und der HERR redete mit Mose und sprach:

2 Gebiete den Israeliten, daß sie [a] aus dem Lager schicken alle Aussätzigen und [b] alle, die Eiterfluß haben und [c] die an Toten unrein geworden sind.

a 3.Mose 13,46 *b* 3.Mose 15,2 *c* Kap 9,6.7

3 Männer wie Frauen sollt ihr [a] hinausschicken vor das Lager, daß sie nicht das Lager unrein machen, darin [b] ich unter euch wohne. *a* Kap 12,14.15 *b* 2.Mose 25,8

4 Und die Israeliten taten so und schickten sie hinaus vor das Lager, wie der HERR zu Mose geredet hatte.

5 ¶ Und der HERR redete mit Mose und sprach:

6 [a] Sage den Israeliten: Wenn ein Mann oder eine Frau irgendeine Sünde gegen einen Menschen tut und sich damit an dem HERRN versündigt, so liegt eine Schuld auf ihnen. *a (6-8)* 3.Mose 5,21-26

7 Und sie sollen ihre Sünde bekennen, die sie getan haben, und sollen ihre Schuld voll erstatten und darüber hinaus den fünften Teil dazutun und dem geben, an dem sie sich verschuldet haben.

8 Ist aber niemand da, dem man's erstatten kann, so soll man's dem HERRN geben für den Priester zusammen mit dem Widder der Versöhnung, mit dem der Priester für ihn die Sühnung vollzieht.

9 Desgleichen sollen alle Abgaben von allen heiligen Gaben der Israeliten, die sie dem Priester bringen, dem Priester gehören.[a]

a Kap 18,8

10 Und was jemand heiligt, das soll auch dem Priester gehören; und was jemand dem Priester gibt, das soll ihm auch gehören.

11 ¶ Und der HERR redete mit Mose und sprach:

12 Sage den Israeliten und sprich zu ihnen: Wenn irgendeines Mannes Frau ihm untreu wird und sich an ihm versündigt

13 und jemand bei ihr liegt und es bliebe dem Mann verborgen und es würde nicht entdeckt, daß sie unrein geworden ist, und es ist kein Zeuge wider sie da, denn sie ist nicht dabei ergriffen worden,

14 und der Geist der Eifersucht kommt über ihn, daß er auf seine Frau eifersüchtig wird, sie sei unrein oder nicht unrein:

15 so soll der Mann sie zum Priester bringen und ein Opfer ihretwegen darbringen, ein Zehntel Scheffel Gerstenmehl, und er soll kein Öl darauf gießen noch Weihrauch darauf tun. Denn es ist ein Eifersuchtsop-

fer, ein Erinnerungsopfer, das Schuld ans
Licht bringt.
16 Und der Priester soll sie heranführen
und vor den HERRN stellen
17 und heiliges Wasser nehmen in ein
irdenes Gefäß und Staub vom Boden der
Stiftshütte ins Wasser tun.
18 Und er soll die Frau vor den HERRN
stellen und ihr Haupthaar lösen und das
Erinnerungsopfer, das ein Eifersuchtsop-
fer ist, auf ihre Hand legen. Und der Prie-
ster soll in seiner Hand das bittere, fluch-
bringende Wasser haben
19 und soll die Frau beschwören und zu
ihr sagen: Hat kein Mann bei dir gelegen
und bist du deinem Mann nicht untreu
geworden, daß du dich unrein gemacht
hast, so soll dir dies bittere, fluchbringende
Wasser nicht schaden.
20 Wenn du aber deinem Mann untreu
geworden bist, daß du unrein wurdest, und
hat jemand bei dir gelegen außer deinem
Mann, –
21 so soll der Priester mit einem Verwün-
schungsschwur die Frau beschwören und
zu ihr sagen: Der HERR mache deinen
Namen zum Fluch und zur Verwünschung
unter deinem Volk, dadurch, daß der
HERR deine Hüfte schwinden und deinen
Bauch schwellen läßt.
22 So gehe nun das fluchbringende Was-
ser in deinen Leib, daß dein Bauch
schwelle und deine Hüfte schwinde! Und
die Frau soll sagen: Amen! Amen!
23 Dann soll der Priester diese Flüche auf
einen Zettel schreiben und mit dem bitte-
ren Wasser abwaschen
24 und soll der Frau von dem [a] bitteren,
fluchbringenden Wasser zu trinken geben.
Und wenn das fluchbringende, bittere
Wasser in sie gegangen ist, *a* Ps 109,18
25 soll der Priester von ihrer Hand das
Eifersuchtsopfer nehmen und als Speisop-
fer vor dem HERRN schwingen und auf
dem Altar opfern, nämlich:
26 er soll eine Handvoll vom Speisopfer
nehmen als Gedenkopfer und es auf dem
Altar in Rauch aufgehen lassen und
danach der Frau das Wasser zu trinken
geben.
27 Und wenn sie das Wasser getrunken hat
und unrein ist und sich an ihrem Mann
versündigt hat, so wird das fluchbringende
Wasser in sie gehen und ihr zum Verder-
ben werden, daß ihr der Bauch schwellen
und die Hüfte schwinden wird, und es wird
die Frau zum Fluch werden unter ihrem
Volk.
28 Hat sich aber eine solche Frau nicht
unrein gemacht, sondern ist sie rein, so
wird's ihr nicht schaden, und sie kann
schwanger werden.
29 ¶ Das also ist das Eifersuchtsgesetz:
Wenn eine Frau ihrem Mann untreu ist
und unrein wird
30 oder wenn der Geist der Eifersucht
über einen Mann kommt und er auf seine
Frau eifersüchtig wird, so stelle er sie vor
den HERRN, und der Priester tue mit ihr
alles nach diesem Gesetz.
31 Und der Mann soll frei sein von Schuld;
aber die Frau soll ihre Schuld tragen.

Das Gesetz über die Gottgeweihten

6 Und der HERR redete mit Mose und
sprach:
2 Sage den Israeliten und sprich zu ihnen:
Wenn jemand, Mann oder Frau, das
besondere Gelübde tut, sich dem HERRN
zu weihen,[a] *a* 1.Sam 1,11
3 so soll er sich [a] des Weins und starken
Getränkes enthalten; Würzwein und star-
ken Würztrank soll er auch nicht trinken,
auch nichts, was aus Weinbeeren gemacht
wird; er soll weder frische noch gedörrte
Weinbeeren essen. *a* Am 2,11.12; Lk 1,15
4 Solange sein Gelübde währt, soll er
nichts essen, was man vom Weinstock
nimmt, von den unreifen bis zu den über-
reifen Trauben.
5 Solange die Zeit seines Gelübdes währt,
soll kein [a] Schermesser über sein Haupt
fahren. Bis die Zeit um ist, für die er sich
dem HERRN geweiht hat, ist er heilig und
soll das Haar auf seinem Haupt frei wach-
sen lassen. *a* Ri 13,5
6 Während der ganzen Zeit, für die er sich
dem HERRN geweiht hat, soll er zu keinem
Toten gehen.
7 Er soll sich auch [a] nicht unrein machen
beim Tode seines Vaters, seiner Mutter,
seines Bruders oder seiner Schwester;
denn das Gelübde seines Gottes ist auf
seinem Haupt. *a* 3.Mose 21,11
8 Während der ganzen Zeit seines
Gelübdes soll er dem HERRN heilig sein.
9 Wenn aber jemand neben ihm plötzlich
stirbt und dadurch sein geweihtes Haupt
unrein wird, so soll er sein Haupt scheren

9 *Sara und die drei Engel*
Gouache; 52,5 x 38 cm; 1960; Künstlerblatt; signiert;
für Revue Verve Nr. 37/38; MBMC, Nizza
(© Foto: MBMC – Patrick Gérin)

10/11 *Die drei Engel bei Abraham und Sara in Mamre*
Öl auf Leinwand; 190 x 292 cm; undatiert;
signiert; MBMC, Nizza
(© Foto: RMN – Gérard Blot)

den Söhnen Merari für ihren Dienst unter der Leitung [a]Itamars, des Sohnes Aarons, des Priesters.

a Kap 4,28.33

9 Den Söhnen Kehat aber gab er nichts, weil sie den Dienst am Heiligtum hatten und es [a]auf ihren Schultern tragen mußten.

a Kap 4,15

10 ¶ Und die Fürsten opferten zur Einweihung des Altars an dem Tage, da er gesalbt wurde, und opferten ihre Gabe vor dem Altar.

11 Und der HERR sprach zu Mose: Laß an jedem Tag je einen [a]Fürsten sein Opfer bringen zur Einweihung des Altars.

a Kap 1,4-16; 2,3-29

12 Am ersten Tage opferte seine Gabe Nachschon, der Sohn Amminadabs, vom Stamme Juda.

13 Und seine Gabe war eine silberne Schüssel, hundertdreißig Lot schwer, eine silberne Schale, siebzig Lot schwer nach dem Gewicht des Heiligtums, beide voll feinstem Mehl, mit Öl vermengt, zum Speisopfer,

14 dazu ein goldener Löffel, zehn Lot schwer, voll Räucherwerk,

15 ein junger Stier, ein Widder, ein einjähriges Schaf zum Brandopfer,

16 ein Ziegenbock zum Sündopfer,

17 und zum Dankopfer zwei Rinder, fünf Widder, fünf Böcke und fünf einjährige Schafe. Das ist die Gabe Nachschons, des Sohnes Amminadabs.

18 ¶ Am zweiten Tage opferte Netanel, der Sohn Zuars, der Fürst Issachars.

19 Seine Gabe war eine silberne Schüssel, hundertdreißig Lot schwer, eine silberne Schale, siebzig Lot schwer nach dem Gewicht des Heiligtums, beide voll feinstem Mehl, mit Öl vermengt, zum Speisopfer,

20 dazu ein goldener Löffel, zehn Lot schwer, voll Räucherwerk,

21 ein junger Stier, ein Widder, ein einjähriges Schaf zum Brandopfer,

22 ein Ziegenbock zum Sündopfer,

23 und zum Dankopfer zwei Rinder, fünf Widder, fünf Böcke und fünf einjährige Schafe. Das ist die Gabe Netanels, des Sohnes Zuars.

24 ¶ Am dritten Tage der Fürst der Söhne Sebulon, Eliab, der Sohn Helons.

25 Seine Gabe war eine silberne Schüssel, hundertdreißig Lot schwer, eine silberne Schale, siebzig Lot schwer nach dem Gewicht des Heiligtums, beide voll feinstem Mehl, mit Öl vermengt, zum Speisopfer,

26 dazu ein goldener Löffel, zehn Lot schwer, voll Räucherwerk,

27 ein junger Stier, ein Widder, ein einjähriges Schaf zum Brandopfer,

28 ein Ziegenbock zum Sündopfer,

29 und zum Dankopfer zwei Rinder, fünf Widder, fünf Böcke und fünf einjährige Schafe. Das ist die Gabe Eliabs, des Sohnes Helons.

30 Am vierten Tage der Fürst der Söhne Ruben, Elizur, der Sohn Schedëurs.

31 Seine Gabe war eine silberne Schüssel, hundertdreißig Lot schwer, eine silberne Schale, siebzig Lot schwer nach dem Gewicht des Heiligtums, beide voll feinstem Mehl, mit Öl vermengt, zum Speisopfer,

32 dazu ein goldener Löffel, zehn Lot schwer, voll Räucherwerk,

33 ein junger Stier, ein Widder, ein einjähriges Schaf zum Brandopfer,

34 ein Ziegenbock zum Sündopfer,

35 und zum Dankopfer zwei Rinder, fünf Widder, fünf Böcke und fünf einjährige Schafe. Das ist die Gabe Elizurs, des Sohnes Schedëurs.

36 ¶ Am fünften Tage der Fürst der Söhne Simeon, Schelumiël, der Sohn Zurischaddais.

37 Seine Gabe war eine silberne Schüssel, hundertdreißig Lot schwer, eine silberne Schale, siebzig Lot schwer nach dem Gewicht des Heiligtums, beide voll feinstem Mehl, mit Öl vermengt, zum Speisopfer,

38 dazu ein goldener Löffel, zehn Lot schwer, voll Räucherwerk,

39 ein junger Stier, ein Widder, ein einjähriges Schaf zum Brandopfer,

40 ein Ziegenbock zum Sündopfer,

41 und zum Dankopfer zwei Rinder, fünf Widder, fünf Böcke und fünf einjährige Schafe. Das ist die Gabe Schelumiëls, des Sohnes Zurischaddais.

42 ¶ Am sechsten Tage der Fürst der Söhne Gad, Eljasaf, der Sohn Deguëls.

43 Seine Gabe war eine silberne Schüssel, hundertdreißig Lot schwer, eine silberne Schale, siebzig Lot schwer nach dem Gewicht des Heiligtums, beide voll feinstem Mehl, mit Öl vermengt, zum Speisopfer,

44 dazu ein goldener Löffel, zehn Lot schwer, voll Räucherwerk,
45 ein junger Stier, ein Widder, ein einjähriges Schaf zum Brandopfer,
46 ein Ziegenbock zum Sündopfer,
47 und zum Dankopfer zwei Rinder, fünf Widder, fünf Böcke, fünf einjährige Schafe. Das ist die Gabe Eljasafs, des Sohnes Deguëls.
48 ¶Am siebenten Tage der Fürst der Söhne Ephraim, Elischama, der Sohn Ammihuds.
49 Seine Gabe war eine silberne Schüssel, hundertdreißig Lot schwer, eine silberne Schale, siebzig Lot schwer nach dem Gewicht des Heiligtums, beide voll feinstem Mehl, mit Öl vermengt, zum Speisopfer,
50 dazu ein goldener Löffel, zehn Lot schwer, voll Räucherwerk,
51 ein junger Stier, ein Widder, ein einjähriges Schaf zum Brandopfer,
52 ein Ziegenbock zum Sündopfer,
53 und zum Dankopfer zwei Rinder, fünf Widder, fünf Böcke, fünf einjährige Schafe. Das ist die Gabe Elischamas, des Sohnes Ammihuds.
54 ¶Am achten Tage der Fürst der Söhne Manasse, Gamliël, der Sohn Pedazurs.
55 Seine Gabe war eine silberne Schüssel, hundertdreißig Lot schwer, eine silberne Schale, siebzig Lot schwer nach dem Gewicht des Heiligtums, beide voll feinstem Mehl, mit Öl vermengt, zum Speisopfer,
56 dazu ein goldener Löffel, zehn Lot schwer, voll Räucherwerk,
57 ein junger Stier, ein Widder, ein einjähriges Schaf zum Brandopfer,
58 ein Ziegenbock zum Sündopfer,
59 und zum Dankopfer zwei Rinder, fünf Widder, fünf Böcke, fünf einjährige Schafe. Das ist die Gabe Gamliëls, des Sohnes Pedazurs.
60 ¶Am neunten Tage der Fürst der Söhne Benjamin, Abidan, der Sohn des Gidoni.
61 Seine Gabe war eine silberne Schüssel, hundertdreißig Lot schwer, eine silberne Schale, siebzig Lot schwer nach dem Gewicht des Heiligtums, beide voll feinstem Mehl, mit Öl vermengt, zum Speisopfer,
62 dazu ein goldener Löffel, zehn Lot schwer, voll Räucherwerk,
63 ein junger Stier, ein Widder, ein einjähriges Schaf zum Brandopfer,
64 ein Ziegenbock zum Sündopfer,
65 und zum Dankopfer zwei Rinder, fünf Widder, fünf Böcke, fünf einjährige Schafe. Das ist die Gabe Abidans, des Sohnes des Gidoni.
66 ¶Am zehnten Tage der Fürst der Söhne Dan, Ahiëser, der Sohn Ammischaddais.
67 Seine Gabe war eine silberne Schüssel, hundertdreißig Lot schwer, eine silberne Schale, siebzig Lot schwer nach dem Gewicht des Heiligtums, beide voll feinstem Mehl, mit Öl vermengt, zum Speisopfer,
68 dazu ein goldener Löffel, zehn Lot schwer, voll Räucherwerk,
69 ein junger Stier, ein Widder, ein einjähriges Schaf zum Brandopfer,
70 ein Ziegenbock zum Sündopfer,
71 und zum Dankopfer zwei Rinder, fünf Widder, fünf Böcke, fünf einjährige Schafe. Das ist die Gabe Ahiësers, des Sohnes Ammischaddais.
72 ¶Am elften Tage der Fürst der Söhne Asser, Pagiël, der Sohn Ochrans.
73 Seine Gabe war eine silberne Schüssel, hundertdreißig Lot schwer, eine silberne Schale, siebzig Lot schwer nach dem Gewicht des Heiligtums, beide voll feinstem Mehl, mit Öl vermengt, zum Speisopfer,
74 dazu ein goldener Löffel, zehn Lot schwer, voll Räucherwerk,
75 ein junger Stier, ein Widder, ein einjähriges Schaf zum Brandopfer,
76 ein Ziegenbock zum Sündopfer,
77 und zum Dankopfer zwei Rinder, fünf Widder, fünf Böcke, fünf einjährige Schafe. Das ist die Gabe Pagiëls, des Sohnes Ochrans.
78 ¶Am zwölften Tage der Fürst der Söhne Naftali, Ahira, der Sohn Enans.
79 Seine Gabe war eine silberne Schüssel, hundertdreißig Lot schwer, eine silberne Schale, siebzig Lot schwer nach dem Gewicht des Heiligtums, beide voll feinstem Mehl, mit Öl vermengt, zum Speisopfer,
80 dazu ein goldener Löffel, zehn Lot schwer, voll Räucherwerk,
81 ein junger Stier, ein Widder, ein einjähriges Schaf zum Brandopfer,
82 ein Ziegenbock zum Sündopfer,

[83]und zum Dankopfer zwei Rinder, fünf
Widder, fünf Böcke, fünf einjährige Schafe.
Das ist die Gabe Ahiras, des Sohnes
Enans.
[84]¶Das war die Gabe der Fürsten Israels
zur Einweihung des Altars zur Zeit, da er
gesalbt wurde: zwölf silberne Schüsseln,
zwölf silberne Schalen, zwölf goldene Löf-
fel,
[85]jede Schüssel hundertdreißig Lot Sil-
ber und jede Schale siebzig Lot schwer.
Die Summe des Silbers aller Gefäße
betrug zweitausendvierhundert Lot nach
dem Gewicht des Heiligtums.
[86]Und von den zwölf goldenen Löffeln
voll Räucherwerk hatte jeder zehn Lot
nach dem Gewicht des Heiligtums, so daß
die Summe des Goldes der Löffel hun-
dertzwanzig Lot betrug.
[87]Die Summe der Tiere zum Brandopfer
war zwölf junge Stiere, zwölf Widder,
zwölf einjährige Schafe samt ihren Speis-
opfern und zwölf Ziegenböcke zum Sünd-
opfer.
[88]Und die Summe der Tiere zum Dank-
opfer war vierundzwanzig junge Stiere,
sechzig Widder, sechzig Böcke, sechzig
einjährige Schafe. Das war die Einweihung
des Altars, als er gesalbt wurde.
[89]¶Und als Mose in die Stiftshütte ging,
um mit Ihm zu reden, da hörte er die
Stimme zu sich reden von dem [a]Gnaden-
thron, der auf der Lade mit dem Gesetz
war, zwischen den beiden Cherubim; und
[b]Er redete zu ihm.

a 2.Mose 25,17-22
b 2.Mose 29,42; 33,7; 1.Sam 3,3-14

Von dem goldenen Leuchter

8 Und der HERR redete mit Mose und
sprach:
[2][a]Rede mit Aaron und sprich zu ihm:
Wenn du die Lampen aufsetzt, sollst du
sie so setzen, daß sie alle sieben von dem
Leuchter nach vorwärts scheinen.

a (2-4) 2.Mose 25,9.31-40

[3]Und Aaron tat so und setzte die Lam-
pen auf, daß sie von dem Leuchter nach
vorwärts schienen, wie der HERR es Mose
geboten hatte.
[4]Der Leuchter aber war getriebenes
Gold, sein Schaft und seine Blumen. Nach
dem Bild, das der HERR dem Mose gezeigt
hatte, machte er den Leuchter.

Weihe der Leviten

[5]Und der HERR redete mit Mose und
sprach:
[6]Nimm aus den Israeliten die Leviten
und reinige sie.
[7]So sollst du aber mit ihnen tun, wenn
du sie reinigst: [a]Du sollst Wasser zur Ent-
sündigung auf sie sprengen, und sie sollen
[b]alle ihre Haare ganz abscheren und ihre
Kleider waschen und sich so reinigen.

a Kap 19,9.17 *b* 3.Mose 14,8

[8]Dann sollen sie einen jungen Stier neh-
men und dazu als Speisopfer feinstes
Mehl, mit Öl vermengt. Und einen andern
jungen Stier sollst du zum Sündopfer neh-
men
[9]und sollst die Leviten vor die Stiftshütte
bringen und die ganze Gemeinde der Is-
raeliten versammeln
[10]und die Leviten vor den HERRN brin-
gen. Und die Israeliten sollen ihre Hände
auf die Leviten legen,
[11]und [a]Aaron soll die Leviten vor dem
HERRN darbringen als Schwingopfer von
den Israeliten, damit sie den Dienst des
HERRN versehen können.

a 2.Mose 29,24

[12]Und die Leviten sollen ihre Hände auf
den Kopf der jungen Stiere legen, und der
eine soll zum Sündopfer, der andere zum
Brandopfer dem HERRN dargebracht wer-
den, um für die Leviten Sühne zu schaffen.
[13]Und du sollst die Leviten vor Aaron
und seine Söhne stellen und dem HERRN
als Schwingopfer darbringen
[14]und sollst so die Leviten absondern von
den Israeliten, [a]daß sie mir gehören.

a Kap 3,45

[15]Danach sollen sie hingehen, um ihr
Amt an der Stiftshütte auszuüben. So
sollst du sie reinigen und als Schwingopfer
darbringen;
[16]denn sie sind mir als Gabe übergeben
aus der Mitte der Israeliten, und [a]ich habe
sie mir genommen statt allem, was zuerst
den Mutterschoß durchbricht, nämlich
statt der Erstgeburt aller Israeliten.

a Kap 3,12.13

[17]Denn alle Erstgeburt unter den Israeli-
ten gehört mir, von Menschen und Vieh.
[a]An dem Tage, da ich alle Erstgeburt in
Ägyptenland schlug, heiligte ich sie mir

a 2.Mose 13,2

[18]und nahm die Leviten statt aller Erstge-
burt unter den Israeliten

[19]und [a]gab sie aus der Mitte der Israeli-
ten zur Gabe Aaron und seinen Söhnen,
daß sie das Amt ausüben sollten für die
Israeliten an der Stiftshütte und für die
Israeliten Sühne schaffen, [b]damit es nicht
unter den Israeliten eine Plage gäbe, wenn
sie sich zum Heiligtum nahen wollten.

a Kap 3,9 *b* Kap 1,53

[20]¶Mose und Aaron samt der ganzen
Gemeinde der Israeliten taten mit den
Leviten alles, wie der HERR es Mose gebo-
ten hatte.
[21]Und die Leviten entsündigten sich und
wuschen ihre Kleider, und Aaron brachte
die Leviten vor dem HERRN als Schwing-
opfer dar und schaffte für sie Sühne, daß
sie rein wurden.
[22]Danach gingen sie hin, um an der Stifts-
hütte ihr Amt auszuüben vor Aaron und
seinen Söhnen. Wie der HERR es Mose
geboten hatte über die Leviten, so taten
sie mit ihnen.

Dienstalter der Leviten

[23]Und der HERR redete mit Mose und
sprach:
[24]Das ist's, was für die Leviten gilt: Von
[a]fünfundzwanzig Jahren an und darüber
sollen sie zum Dienst kommen und ihr
Amt ausüben an der Stiftshütte,

a Kap 4,3.23.30.47; 1.Chr 23,3.24

[25]aber von dem fünfzigsten Jahr an sol-
len sie frei sein vom Amt und sollen nicht
mehr dienen,
[26]sondern nur ihren Brüdern helfen beim
Dienst an der Stiftshütte; das Amt aber
sollen sie nicht mehr ausüben. So sollst
du mit den Leviten tun, daß ein jeder sei-
nen Dienst versehe.

Vorschriften für die Passafeier

(vgl. 2.Mose 12; 3.Mose 23,5-8)

9 Und der HERR redete mit Mose in der
Wüste Sinai im zweiten Jahr, nachdem
sie aus Ägyptenland gezogen waren, im
ersten Monat und sprach:
[2]Laß die Israeliten Passa halten zur fest-
gesetzten Zeit;
[3]am vierzehnten Tage dieses Monats
gegen Abend zur festgesetzten Zeit sollt
ihr es halten nach all seinen Satzungen
und Ordnungen.
[4]¶Und Mose redete mit den Israeliten,
daß sie das Passa hielten.
[5]Und sie hielten Passa am vierzehnten
Tage des ersten Monats gegen Abend in
der Wüste Sinai; ganz, wie der HERR es
Mose geboten hatte, so taten die Israeli-
ten.
[6]¶Da waren einige Männer [a]unrein ge-
worden an einem toten Menschen, so
daß sie nicht Passa halten konnten an die-
sem Tage. Die traten vor Mose und Aaron
am gleichen Tage

a Kap 19,11

[7]und sprachen zu ihm: Wir sind unrein
geworden an einem toten Menschen.
Warum sollen wir zurückstehen, daß wir
unsere Gabe dem HERRN nicht bringen
dürfen zur festgesetzten Zeit mit den Is-
raeliten?
[8]Mose sprach zu ihnen: Wartet, ich will
hören, was euch der HERR gebietet.
[9]¶Und der HERR redete mit Mose und
sprach:
[10]Sage den Israeliten: Wenn jemand unter
euch oder unter euren Nachkommen
unrein geworden ist an einem Toten oder
auf einer weiten Reise ist, so soll er den-
noch dem HERRN Passa halten,
[11]aber erst im zweiten Monat am vier-
zehnten Tage gegen Abend, und soll es
mit ungesäuertem Brot und bitteren Kräu-
tern essen.
[12]Und sie sollen nichts davon übriglassen
bis zum Morgen, auch keinen Knochen
davon zerbrechen und sollen's ganz nach
der Ordnung des Passa halten.
[13]Wer aber rein ist und wer nicht auf einer
Reise ist und unterläßt es, das Passa zu
halten, der soll ausgerottet werden aus sei-
nem Volk, weil er seine Gabe nicht zur
festgesetzten Zeit dem HERRN gebracht
hat. Er soll seine Sünde tragen.
[14]Und wenn ein Fremdling bei euch
wohnt und auch dem HERRN Passa halten
will, so soll er's halten nach der Satzung
und der Ordnung des Passa. Einerlei Sat-
zung soll bei euch sein für den Fremdling
wie für den Einheimischen.

Die Wolken- und Feuersäule über der Stiftshütte

[15]Und an dem Tage, da die Wohnung auf-
gerichtet wurde, bedeckte eine [a]Wolke die
Wohnung, die Hütte des Gesetzes, und
vom Abend bis zum Morgen stand sie
über der Wohnung wie ein feuriger Schein.

a 2.Mose 40,34.35

[16]So geschah es die ganze Zeit, daß die

Wolke sie bedeckte und bei Nacht ein feuriger Schein.
17 Sooft sich aber die Wolke von dem Zelt erhob, brachen die Israeliten auf; und wo die Wolke sich niederließ, da lagerten sich die Israeliten.[a] *a* 2. Mose 40,36-38
18 Nach dem Wort des HERRN brachen sie auf, und nach seinem Wort lagerten sie sich. Solange die Wolke auf der Wohnung blieb, so lange lagerten sie.
19 Und wenn die Wolke viele Tage stehenblieb über der Wohnung, so beachteten die Israeliten die Weisung des HERRN und zogen nicht weiter.
20 Und wenn die Wolke auf der Wohnung nur wenige Tage blieb, so lagerten sie sich nach dem Wort des HERRN und brachen auf nach dem Wort des HERRN.
21 Wenn die Wolke da war vom Abend bis zum Morgen und sich dann erhob, so zogen sie weiter; oder wenn sie sich bei Tage oder bei Nacht erhob, so brachen sie auch auf.
22 Wenn sie aber zwei Tage oder einen Monat oder noch länger auf der Wohnung blieb, so lagerten die Israeliten und zogen nicht weiter; und wenn sie sich dann erhob, so brachen sie auf.
23 Denn nach des HERRN Befehl lagerten sie sich, und nach des HERRN Befehl brachen sie auf und beachteten so die Weisung des HERRN, wie er sie durch Mose geboten hatte.

Vom Blasen der Trompeten

10 Und der HERR redete mit Mose und sprach:
2 Mache dir zwei [a]Trompeten von getriebenem Silber und gebrauche sie, um die Gemeinde zusammenzurufen und wenn das Heer aufbrechen soll. *a* Kap 31,6
3 Wenn man mit beiden bläst, soll sich bei dir versammeln die ganze Gemeinde vor der Tür der Stiftshütte.
4 Wenn man nur mit einer bläst, so sollen sich bei dir versammeln die Fürsten, die Häupter über die Tausende in Israel.
5 Wenn ihr aber laut trompetet, so sollen die Lager aufbrechen, die nach Osten zu liegen.
6 Und wenn ihr zum zweitenmal laut trompetet, so sollen die Lager aufbrechen, die nach Süden zu liegen. Denn wenn sie weiterziehen sollen, so sollt ihr laut trompeten.
7 Wenn aber die Gemeinde zu versammeln ist, sollt ihr nur blasen und nicht laut trompeten.
8 Es sollen aber blasen mit den Trompeten die Söhne Aarons, die Priester; und das soll eine ewige Ordnung sein für euch und eure Nachkommen.
9 ¶ Wenn ihr in den Krieg zieht in eurem Lande gegen eure Feinde, die euch bedrängen, so sollt ihr laut trompeten mit den Trompeten, daß euer gedacht werde vor dem HERRN, eurem Gott, und ihr errettet werdet vor euren Feinden.
10 Desgleichen, wenn ihr fröhlich seid [a]an euren Festen und an euren Neumonden, sollt ihr mit den Trompeten blasen bei euren Brandopfern und Dankopfern, damit euer Gott an euch denke. Ich bin der HERR, euer Gott.
a 3. Mose 23,24; 2. Kön 11,14; 2. Chr 7,6

Aufbruch des Volkes vom Sinai

11 Am [a]zwanzigsten Tage im zweiten Monat des zweiten Jahres erhob sich die Wolke von der Wohnung des Gesetzes. *a* Kap 1,1
12 Und die Israeliten brachen auf aus der Wüste Sinai, und die Wolke machte halt in der Wüste Paran.
13 So brachen sie zum ersten Male auf nach dem Wort des HERRN durch Mose,[a] *a* Kap 2
14 nämlich [a]das Banner des Lagers der Söhne Juda brach zuerst auf, Heerschar nach Heerschar, und über ihr Heer gebot Nachschon, der Sohn Amminadabs. *a* 1. Mose 49,8
15 Und über das Heer des Stammes der Söhne Issachar gebot Netanel, der Sohn Zuars.
16 Und über das Heer des Stammes der Söhne Sebulon gebot Eliab, der Sohn Helons.
17 ¶ Dann zerlegte man die Wohnung, und es brachen auf die Söhne Gerschon und Merari und trugen die Wohnung.
18 Danach brach auf das Banner des Lagers Ruben, Heerschar nach Heerschar, und über ihr Heer gebot Elizur, der Sohn Schedëurs.
19 Und über das Heer des Stammes der Söhne Simeon gebot Schelumiël, der Sohn Zurischaddais,

[20]und Eljasaf, der Sohn Deguëls, über das
Heer des Stammes der Söhne Gad.
[21]Dann brachen auf die Kehatiter und
trugen die heiligen Geräte; und man rich-
tete die Wohnung auf, bis diese nachka-
men.
[22]Danach brach auf das Banner des
Lagers der Söhne Ephraim, Heerschar
nach Heerschar, und über ihr Heer gebot
Elischama, der Sohn Ammihuds,
[23]und Gamliël, der Sohn Pedazurs, über
das Heer des Stammes der Söhne Ma-
nasse,
[24]und Abidan, der Sohn des Gidoni, über
das Heer des Stammes der Söhne Benja-
min.
[25]Danach brach auf das Banner des
Lagers der .Söhne Dan als letztes aller
Lager, Heerschar nach Heerschar, und
Ahiëser, der Sohn Ammischaddais, gebot
über ihr Heer,
[26]und Pagiël, der Sohn Ochrans, über das
Heer des Stammes der Söhne Asser,
[27]und Ahira, der Sohn Enans, über das
Heer des Stammes der Söhne Naftali.
[28]So brachen die Israeliten auf, Heer-
schar nach Heerschar.
[29]¶ Und Mose sprach zu seinem Schwa-
ger [a]Hobab, dem Sohn [b]Reguëls, aus
Midian: Wir ziehen dahin in das Land, von
dem der HERR gesagt hat: »Ich will es euch
geben.« Komm nun mit uns, so wollen wir
Gutes an dir tun, denn der HERR hat Israel
Gutes zugesagt.

a Ri 1,16; 4,11 *b* 2.Mose 2,18; 18,1

[30]Er aber antwortete: Ich will nicht mit
euch, sondern in mein Land zu meiner
Verwandtschaft ziehen.
[31]Mose sprach: Verlaß uns doch nicht,
denn du weißt, wo wir in der Wüste uns
lagern sollen, und du sollst unser Auge
sein.
[32]Und wenn du mit uns ziehst – was der
HERR Gutes an uns tut, das wollen wir an
dir tun.
[33]¶ So zogen sie von dem Berge des
HERRN drei Tagereisen weit, und die Lade
des Bundes des HERRN zog vor ihnen her
die drei Tagereisen, um ihnen zu zeigen,
wo sie ruhen sollten.
[34]Und die [a]Wolke des HERRN war bei
Tage über ihnen, wenn sie aus dem Lager
zogen.[b]

a 2.Mose 13,21 *b* Kap 9,15-23

[35]¶ Und wenn die Lade aufbrach, so
sprach Mose: [a]HERR, steh auf! Laß deine
Feinde zerstreut werden und alle, die dich
hassen, flüchtig werden vor dir!

a 2.Chr 6,41; Ps 3,8; 9,20; 10,12; 17,13; 68,2; 132,8

[36]Und wenn sie sich niederließ, so sprach
er: Komm wieder, HERR, zu der Menge
der Tausende in Israel!

Mose erhält Beistand. Das murrende Volk wird gestraft

11 Und das Volk klagte vor den Ohren
des HERRN, daß es ihm schlecht-
gehe. Und als es der HERR hörte, ent-
brannte sein Zorn, und [a]das Feuer des
HERRN loderte auf unter ihnen und fraß
am Rande des Lagers.

a 3.Mose 10,2

[2]Da schrie das Volk zu Mose, und Mose
bat den HERRN; da verschwand das Feuer.
[3]Und man nannte die Stätte Tabera, weil
hier das Feuer des HERRN unter ihnen auf-
gelodert war.
[4]¶ [a]Das fremde Volk aber unter ihnen
war lüstern geworden. Da fingen auch die
Israeliten wieder an zu weinen und
sprachen: Wer wird uns Fleisch zu essen
geben?[b]

a 2.Mose 12,38 *b* 2.Mose 16,3; 1.Kor 10,6

[5]Wir denken an die Fische, die wir in
Ägypten umsonst aßen, und an die Kür-
bisse, die Melonen, den Lauch, die Zwie-
beln und den Knoblauch.
[6]Nun aber ist unsere Seele matt, denn
unsere Augen sehen nichts als das Manna.
[7]Es war aber das [a]Manna wie Koriander-
samen und anzusehen wie Bedolachharz.

a 2.Mose 16,14-31

[8]Und das Volk lief hin und her und sam-
melte und zerrieb es mit Mühlen oder zer-
stieß es in Mörsern und kochte es in Töp-
fen und machte sich Kuchen daraus; und
es hatte einen Geschmack wie Ölkuchen.
[9]Und wenn bei Nacht der Tau über das
Lager fiel, so fiel das Manna mit darauf.
[10]¶ Als nun Mose das Volk weinen hörte,
alle Geschlechter miteinander, einen jeden
in der Tür seines Zeltes, da entbrannte
der Zorn des HERRN sehr. Und auch Mose
verdroß es.
[11]Und Mose sprach zu dem HERRN:
Warum bekümmerst du deinen Knecht?
Und warum finde ich keine Gnade vor dei-
nen Augen, daß du die Last dieses ganzen
Volks auf mich legst?
[12]Hab ich denn all das Volk empfangen
oder geboren, daß du zu mir sagen
könntest: Trag es in deinen Armen, wie

eine Amme ein Kind trägt, in das Land,
das du ihren Vätern zugeschworen hast?
13 Woher soll ich Fleisch nehmen, um es
all diesem Volk zu geben? Sie weinen vor
mir und sprechen: Gib uns Fleisch zu
essen.
14 Ich vermag all das Volk nicht allein zu
tragen, denn es ist mir zu schwer.
15 Willst du aber doch so mit mir tun, so
[a] töte mich lieber, wenn anders ich Gnade
vor deinen Augen gefunden habe, damit
ich nicht mein Unglück sehen muß.

a 2.Mose 32,32

16 ¶Und der HERR sprach zu Mose:
Sammle mir siebzig Männer unter den
[a] Ältesten Israels, von denen du weißt, daß
sie Älteste im Volk und seine Amtleute
sind, und bringe sie vor die Stiftshütte und
stelle sie dort vor dich,

a 2.Mose 18,21-26; 24,1.9-11

17 so will ich herniederkommen und dort
mit dir reden und von deinem Geist, der
auf dir ist, nehmen und auf sie legen,
damit sie mit dir die Last des Volks tragen
und du nicht allein tragen mußt.
18 ¶Und zum Volk sollst du sagen: [a] Heiligt euch für morgen, so sollt ihr Fleisch
zu essen haben; denn euer Weinen ist vor
die Ohren des HERRN gekommen, die ihr
sprecht: »Wer gibt uns Fleisch zu essen?
Denn es ging uns gut in Ägypten.« Darum
wird euch der HERR Fleisch zu essen
geben,

a 2.Mose 19,10

19 nicht nur einen Tag, nicht zwei, nicht
fünf, nicht zehn, nicht zwanzig Tage lang,
20 sondern einen Monat lang, bis ihr's
nicht mehr riechen könnt und es euch
zum Ekel wird, weil ihr den HERRN verworfen habt, der unter euch ist, und weil
ihr vor ihm geweint und gesagt habt:
Warum sind wir aus Ägypten gegangen?
21 ¶Und Mose sprach: Sechshunderttausend Mann Fußvolk sind es, mit denen ich
lebe, und du sprichst: Ich will ihnen
Fleisch geben, daß sie einen Monat lang
zu essen haben.
22 Kann man so viele Schafe und Rinder
schlachten, daß es für sie genug sei? Oder
kann man alle Fische des Meeres einfangen, daß es für sie genug sei?
23 Der HERR aber sprach zu Mose: Ist
denn [a] die Hand des HERRN zu kurz? Aber
du sollst jetzt sehen, ob sich dir mein Wort
erfüllt oder nicht.

a Jes 50,2; 59,1

24 ¶Und Mose ging heraus und sagte dem
Volk die Worte des HERRN und versammelte siebzig Männer aus den Ältesten des
Volks und stellte sie rings um die Stiftshütte.
25 Da kam der HERR hernieder in der
Wolke und redete mit ihm und nahm von
dem Geist, der auf ihm war, und legte ihn
auf die siebzig Ältesten. Und als der Geist
auf ihnen ruhte, gerieten sie in Verzückung wie Propheten und hörten nicht auf.
26 ¶Es waren aber noch zwei Männer im
Lager geblieben; der eine hieß Eldad, der
andere Medad. Und der Geist kam über
sie, denn sie waren auch aufgeschrieben,
jedoch nicht hinausgegangen zu der Stiftshütte, und sie gerieten in Verzückung im
Lager.
27 Da lief ein junger Mann hin und sagte
es Mose und sprach: Eldad und Medad
sind in Verzückung im Lager.
28 Da antwortete [a] Josua, der Sohn Nuns,
der dem Mose diente von seiner Jugend
an, und sprach: Mose, mein Herr, wehre
ihnen!

a Kap 13,16; 2.Mose 24,13

29 Aber Mose sprach zu ihm: Eiferst du
um meinetwillen? Wollte Gott, daß alle
im Volk des HERRN Propheten wären und
der HERR seinen Geist über sie kommen
ließe![a]

a Joel 3,1; Mk 9,38.39

30 Darauf kehrte Mose zum Lager zurück
mit den Ältesten Israels.
31 ¶Da erhob sich ein Wind, vom HERRN
gesandt, und ließ [a] Wachteln kommen vom
Meer und ließ sie auf das Lager fallen,
eine Tagereise weit rings um das Lager,
zwei Ellen hoch auf der Erde.

a 2.Mose 16,13

32 Da machte sich das Volk auf und sammelte Wachteln diesen ganzen Tag und die
ganze Nacht und den andern ganzen Tag;
und wer am wenigsten sammelte, der sammelte hundert Scheffel. Und sie breiteten
sie rings um das Lager aus, um sie zu dörren.
33 Als aber das Fleisch noch zwischen
ihren Zähnen war und ehe es ganz aufgebraucht war, da entbrannte der Zorn des
HERRN gegen das Volk, und er schlug sie
mit einer sehr großen Plage.
34 Daher heißt die Stätte »Lustgräber«,
weil man dort das lüsterne Volk begrub.
35 Von den »Lustgräbern« aber zog das
Volk weiter nach Hazerot, und sie blieben
in Hazerot.

Mirjam wird aussätzig

12 Da redeten Mirjam und Aaron gegen
Mose um seiner Frau willen, der
Kuschiterin, die er genommen hatte. Er
hatte sich nämlich eine kuschitische Frau
genommen.[a] *a 2.Mose 2,21*
2 Und sie sprachen: Redet denn der HERR
allein durch Mose? Redet er nicht auch
durch uns? Und der HERR hörte es.
3 Aber Mose war ein sehr demütiger
Mensch, mehr als alle Menschen auf
Erden.
4 Und sogleich sprach der HERR zu Mose
und zu Aaron und zu Mirjam: Geht hin-
aus, ihr drei, zu der Stiftshütte! Und sie
gingen alle drei hinaus.
5 Da [a]kam der HERR hernieder in der
Wolkensäule und trat in die Tür der Stifts-
hütte und rief Aaron und Mirjam, und die
gingen beide hin. *a 2.Mose 16,10*
6 Und er sprach: Hört meine Worte: Ist
jemand unter euch ein Prophet des
HERRN, dem will ich mich kundmachen in
Gesichten oder will mit ihm reden in Träu-
men.
7 Aber so steht es nicht mit meinem
Knecht Mose; [a]ihm ist mein ganzes Haus
anvertraut. *a Hebr 3,2*
8 [a]Von Mund zu Mund rede ich mit ihm,
nicht durch dunkle Worte oder Gleich-
nisse, und er sieht den HERRN in seiner
Gestalt. Warum habt ihr euch denn nicht
gefürchtet, gegen meinen Knecht Mose zu
reden? *a 2.Mose 33,11; 5.Mose 34,10*
9 Und der Zorn des HERRN entbrannte
gegen sie, und er wandte sich weg;
10 auch wich die Wolke von der Stifts-
hütte. Und siehe, [a]da war Mirjam aussät-
zig wie Schnee. Und Aaron wandte sich zu
Mirjam und wird gewahr, daß sie aussätzig
ist, *a 5.Mose 24,9*
11 und sprach zu Mose: Ach, mein Herr,
laß die Sünde nicht auf uns bleiben, mit
der wir töricht getan und uns versündigt
haben.
12 Laß Mirjam nicht sein wie ein Totgebo-
renes, das von seiner Mutter Leibe kommt
und von dem schon die Hälfte seines Flei-
sches geschwunden ist.
13 Mose aber schrie zu dem HERRN: Ach
Gott, [a]heile sie! *a 2.Mose 15,26*
14 Der HERR sprach zu Mose: Wenn ihr
Vater ihr ins Angesicht gespien hätte,
würde sie nicht sieben Tage sich schämen?
[a]Laß sie abgesondert sein sieben Tage
außerhalb des Lagers; danach soll sie wie-
der aufgenommen werden. *a 3.Mose 13,46*
15 So wurde Mirjam sieben Tage abgeson-
dert außerhalb des Lagers. Und das Volk
zog nicht weiter, bis Mirjam wieder aufge-
nommen wurde.
16 *Danach brach das Volk von Hazerot
auf und lagerte sich in der Wüste Paran.

* Abweichende Verszählung statt 12,16: 13,1.

Aussendung und Rückkehr der Kundschafter

(vgl. 5.Mose 1,19-25)

13 *Und der HERR redete mit Mose
und sprach:

* Abweichende Verszählung statt 13,1-33: 13,2-34.

2 Sende Männer aus, die das Land Kanaan
erkunden, das ich den Israeliten geben
will, aus jedem Stamm ihrer Väter je einen
Mann, lauter Älteste.
3 Da entsandte Mose aus der Wüste Paran
nach dem Wort des HERRN lauter Männer,
die Häupter waren unter den Israeliten.
4 Und sie hießen: Schammua, der Sohn
Sakkurs, vom Stamme Ruben;
5 Schafat, der Sohn Horis, vom Stamme
Simeon;
6 [a]Kaleb, der Sohn Jefunnes, vom
Stamme Juda; *a Jos 14,7*
7 Jigal, der Sohn Josefs, vom Stamme
Issachar;
8 [a]Hoschea, der Sohn Nuns, vom Stamme
Ephraim; *a Vers 16*
9 Palti, der Sohn Rafus, vom Stamme Ben-
jamin;
10 Gaddiël, der Sohn Sodis, vom Stamme
Sebulon;
11 Gaddi, der Sohn Susis, vom Stamme
Josef, von Manasse;
12 Ammiël, der Sohn Gemallis, vom
Stamme Dan;
13 Setur, der Sohn Michaels, vom Stamme
Asser;
14 Nachbi, der Sohn Wofsis, vom
Stamme Naftali;
15 Gëuël, der Sohn Machis, vom Stamme
Gad.
16 Das sind die Namen der Männer, die
Mose aussandte, um das Land zu erkun-
den. Aber Hoschea, [a]den Sohn Nuns,
nannte Mose Josua. *a Kap 11,28; 1.Chr 7,27*
17 ¶Als sie nun Mose aussandte, das Land
Kanaan zu erkunden, sprach er zu ihnen:

Zieht da hinauf ins Südland und geht auf
das Gebirge
18 und seht euch das Land an, wie es ist,
und das Volk, das darin wohnt, ob's stark
oder schwach, wenig oder viel ist;
19 und was es für ein Land ist, darin sie
wohnen, ob's gut oder schlecht ist; und
was es für Städte sind, in denen sie woh-
nen, ob sie in Zeltdörfern oder festen Städ-
ten wohnen;
20 und wie der Boden ist, ob fett oder
mager, und ob Bäume da sind oder nicht.
Seid mutig und bringt mit von den Früch-
ten des Landes. Es war aber eben um die
Zeit der ersten Weintrauben.
21 ¶ Und sie gingen hinauf und erkunde-
ten das Land von der Wüste Zin bis nach
Rehob, von wo man nach Hamat geht.
22 Sie gingen hinauf ins Südland und
kamen bis nach Hebron; da lebten Ahi-
man, Scheschai und Talmai, die Söhne
Anaks. Hebron aber war erbaut worden
sieben Jahre vor Zoan in Ägypten.
23 Und sie kamen bis an den Bach Esch-
kol und schnitten dort eine Rebe ab mit
einer Weintraube und trugen sie zu zweien
auf einer Stange, dazu auch Granatäpfel
und Feigen.
24 Der Ort heißt Bach Eschkol* nach der
Traube, die die Israeliten dort abgeschnit-
ten hatten.

* d.h. Traubenbach.

25 ¶ Und nach vierzig Tagen, als sie das
Land erkundet hatten, kehrten sie um,
26 gingen hin und kamen zu Mose und
Aaron und zu der ganzen Gemeinde der
Israeliten in die Wüste Paran nach [a]Ka-
desch und brachten ihnen und der ganzen
Gemeinde Kunde, wie es stand, und lie-
ßen sie die Früchte des Landes sehen.

a Kap 20,1; 1.Mose 16,14; 20,1; 5.Mose 1,19.46; Jos 14,6.7

27 Und sie erzählten ihnen und sprachen:
Wir sind in das Land gekommen, in das
ihr uns sandtet; es fließt wirklich [a]Milch
und Honig darin, und dies sind seine
Früchte. *a* 2.Mose 3,8.17
28 Aber stark ist das Volk, das darin wohnt,
und die Städte sind befestigt und sehr
groß; und wir sahen dort auch Anaks
Söhne.
29 Es wohnen die Amalekiter im Südland,
die Hetiter und Jebusiter und Amoriter
wohnen auf dem Gebirge, die Kanaaniter
aber wohnen am Meer und am Jordan.
30 [a]Kaleb aber beschwichtigte das Volk,
das gegen Mose murrte, und sprach: Laßt
uns hinaufziehen und das Land einneh-
men, denn wir können es überwältigen.
a Kap 14,6
31 Aber die Männer, die mit ihm hinauf-
gezogen waren, sprachen: Wir vermögen
nicht hinaufzuziehen gegen dies Volk,
denn sie sind uns zu stark.
32 Und sie brachten über das Land, das
sie erkundet hatten, ein böses Gerücht auf
unter den Israeliten und sprachen: Das
Land, durch das wir gegangen sind, um es
zu erkunden, frißt seine Bewohner, und
alles Volk, das wir darin sahen, sind Leute
von großer Länge.
33 Wir sahen dort auch Riesen, [a]Anaks
Söhne aus dem Geschlecht der Riesen,
und wir waren in unsern Augen wie Heu-
schrecken und waren es auch in ihren
Augen. *a* 5.Mose 1,28; 9,2

14 ¶ Da fuhr die ganze Gemeinde auf
und schrie, und das Volk weinte die
ganze Nacht.[a] *a* 5.Mose 1,26-44
2 Und alle Israeliten [a]murrten gegen
Mose und Aaron, und die ganze Ge-
meinde sprach zu ihnen: Ach daß wir
in Ägyptenland gestorben wären oder
noch in dieser Wüste stürben!
a Kap 11,1; 2.Mose 16,2.3; 17,2.3
3 [a]Warum führt uns der HERR in dies
Land, damit wir durchs Schwert fallen und
unsere Frauen und unsere Kinder ein
Raub werden? Ist's nicht besser, wir zie-
hen wieder nach Ägypten? *a* Ps 106,24-26
4 Und einer sprach zu dem andern: Laßt
uns einen Hauptmann über uns setzen
und wieder nach Ägypten ziehen!
5 Mose aber und Aaron [a]fielen auf ihr
Angesicht vor der ganzen Versammlung
der Gemeinde der Israeliten. *a* Kap 16,4
6 Und Josua, der Sohn Nuns, und Kaleb,
der Sohn Jefunnes, die auch das Land
erkundet hatten, zerrissen ihre Kleider[a]
a Kap 13,6.8.16.30
7 und sprachen zu der ganzen Gemeinde
der Israeliten: Das Land, das wir durchzo-
gen haben, um es zu erkunden, ist sehr
gut.
8 Wenn der HERR uns gnädig ist, so wird
er uns in dies Land bringen und es uns
geben, [a]ein Land, darin Milch und Honig
fließt. *a* Kap 13,27
9 Fallt nur nicht ab vom HERRN und fürch-
tet euch vor dem Volk dieses Landes nicht,
denn wir wollen sie [a]wie Brot auffressen.

Es ist ihr Schutz von ihnen gewichen, der
HERR aber ist mit uns. Fürchtet euch nicht
vor ihnen! *a* Kap 13,32
10 ¶Aber das ganze Volk sprach, man
sollte sie [a]steinigen. Da [b]erschien die
Herrlichkeit des HERRN über der Stifts-
hütte allen Israeliten.
a 2.Mose 17,4 *b* 2.Mose 16,10
11 Und der HERR sprach zu Mose: Wie
lange lästert mich dies Volk? Und wie
lange wollen sie nicht an mich glauben
trotz all der Zeichen, die ich unter ihnen
getan habe?
12 Ich will sie mit der Pest schlagen und
sie [a]vertilgen und dich zu einem größeren
und mächtigeren Volk machen als dieses.
a 2.Mose 32,10-14
13 Mose aber sprach zu dem HERRN:
Dann werden's die Ägypter hören; denn
du hast dies Volk mit deiner Kraft aus ihrer
Mitte herausgeführt.
14 Auch wird man es sagen zu den Bewoh-
nern dieses Landes, die da gehört haben,
daß du, HERR, unter diesem Volk bist, daß
du von Angesicht gesehen wirst und deine
Wolke über ihnen steht und daß du, HERR,
vor ihnen hergehst in der [a]Wolkensäule
am Tage und in der Feuersäule bei Nacht.[b]
a 2.Mose 13,21.22 *b* Kap 9,15-23
15 Würdest du nun dies Volk töten wie
einen Mann, so würden die Völker, die
solch ein Gerücht über dich hören, sagen:
16 Der HERR vermochte es nicht, dies
Volk in das Land zu bringen, das er ihnen
zu geben geschworen hatte; darum hat er
sie hingeschlachtet in der Wüste.[a]
a 5.Mose 9,28; Jos 7,8.9
17 So laß nun deine Kraft, o Herr, groß
werden, wie du gesagt hast:
18 »Der HERR ist geduldig und von großer
Barmherzigkeit und vergibt Missetat und
Übertretung, aber er läßt niemand unge-
straft, sondern sucht heim die Missetat der
Väter an den Kindern bis ins dritte und
vierte Glied.«[a] *a* 2.Mose 34,6.7
19 So vergib nun die Missetat dieses Volks
nach deiner großen Barmherzigkeit, wie
du auch diesem Volk vergeben hast von
Ägypten an bis hierher.[a] *a* 2.Mose 34,10
20 ¶Und der HERR sprach: Ich habe ver-
geben, wie du es erbeten hast.
21 Aber so wahr ich lebe und [a]alle Welt
der Herrlichkeit des HERRN voll werden
soll: *a* 2.Mose 9,16
22 alle die Männer, die meine Herrlichkeit
und meine Zeichen gesehen haben, die
ich getan habe in Ägypten und in der
Wüste, und mich nun zehnmal versucht
und meiner Stimme nicht gehorcht haben,
23 von denen soll keiner das Land sehen,
das ich ihren Vätern zu geben geschworen
habe; auch keiner soll es sehen, der mich
gelästert hat.[a] *a* Ps 95,11; Hebr 3,11.17-19
24 Nur meinen Knecht [a]Kaleb, weil ein
anderer Geist in ihm ist und er mir treu
nachgefolgt ist, den will ich in das Land
bringen, in das er gekommen ist, und seine
Nachkommen sollen es einnehmen,
a Jos 14,6.9
25 während die Amalekiter und Kanaani-
ter in der Ebene wohnen bleiben. Morgen
wendet euch und zieht in die Wüste auf
dem Wege zum Schilfmeer!
26 ¶Und der HERR redete mit Mose und
Aaron und sprach:
27 [a]Wie lange murrt diese böse Gemeinde
gegen mich? Ich habe das Murren der Is-
raeliten, womit sie gegen mich gemurrt
haben, gehört. *a (27-30)* 2.Mose 32,34b.35
28 Darum sprich zu ihnen: So wahr ich
lebe, spricht der HERR: ich will mit euch
tun, wie ihr vor meinen Ohren gesagt habt.
29 Eure Leiber sollen in dieser Wüste ver-
fallen. Alle, die ihr gezählt seid von zwan-
zig Jahren an und darüber, die ihr gegen
mich [a]gemurrt habt, *a* 1.Kor 10,10
30 wahrlich, ihr sollt nicht in das Land
kommen, über das ich meine Hand zum
Schwur erhoben habe, euch darin wohnen
zu lassen, außer Kaleb, dem Sohn Je-
funnes, und Josua, dem Sohn Nuns.
31 Eure Kinder aber, von denen ihr sagtet:
Sie werden ein Raub sein, die will ich hin-
einbringen, daß sie das Land kennenler-
nen, das ihr verwerft.
32 Aber eure eigenen Leiber sollen in die-
ser Wüste verfallen.
33 Und eure Kinder sollen Hirten sein in
der Wüste [a]vierzig Jahre und eure Un-
treue tragen, bis eure Leiber aufgerie-
ben sind in der Wüste.
a 2.Mose 16,35; 5.Mose 2,7; 8,4
34 Nach der Zahl der vierzig Tage, in
denen ihr das Land erkundet habt – je ein
Tag soll ein Jahr gelten –, [a]sollt ihr vierzig
Jahre eure Schuld tragen, auf [b]daß ihr
innewerdet, was es sei, wenn ich die Hand
abziehe. *a* Jer, 2,19 *b* Kap 32,13
35 Ich, der HERR, habe es gesagt, und
wahrlich, das will ich auch tun mit dieser

ganzen bösen Gemeinde, die sich gegen
mich empört hat. In dieser Wüste sollen
sie aufgerieben werden und dort sterben.
[36]¶So starben vor dem HERRN durch
eine Plage alle die Männer, die Mose ausgesandt hatte, um das Land zu erkunden,
und die zurückgekommen waren und die
ganze Gemeinde gegen ihn zum Murren
verleitet hatten,[a] *a* 1.Kor 10,5.10; Jud 5
[37]dadurch daß sie über das Land ein
böses Gerücht aufbrachten.
[38]Aber Josua, der Sohn Nuns, und Kaleb,
der Sohn Jefunnes, blieben am Leben von
den Männern, die gegangen waren, um das
Land zu erkunden.
[39]¶Als Mose diese Worte allen Israeliten
sagte, da trauerte das Volk sehr.
[40]Und sie machten sich früh am Morgen
auf und zogen auf die Höhe des Gebirges
und sprachen: [a]Hier sind wir und wollen
hinaufziehen in das Land, von dem der
HERR geredet hat; denn wir haben gesündigt. *a* 5.Mose 1,41
[41]Mose aber sprach: Warum wollt ihr das
Wort des HERRN übertreten? Es wird euch
nicht gelingen.
[42]Zieht nicht hinauf – denn der HERR ist
nicht unter euch –, daß ihr nicht geschlagen werdet vor euren Feinden.
[43]Denn die Amalekiter und Kanaaniter
stehen euch dort gegenüber, und ihr werdet durchs Schwert fallen, weil ihr euch
vom HERRN abgekehrt habt, und der HERR
wird nicht mit euch sein.
[44]Aber sie waren so vermessen und
zogen hinauf auf die Höhe des Gebirges;
aber die Lade des Bundes des HERRN und
Mose wichen nicht aus dem Lager.
[45]Da kamen die Amalekiter und Kanaaniter, die auf dem Gebirge wohnten, herab
und schlugen und zersprengten sie bis
nach [a]Horma. *a* Kap 21,3; 5.Mose 1,44

Von Speis- und Trankopfern

15 Und der HERR redete mit Mose und
sprach:
[2]Rede mit den Israeliten und sprich zu
ihnen: Wenn ihr in das Land kommt, das
ich euch zur Wohnung geben werde,
[3]und ihr dem HERRN Feueropfer darbringen wollt von Rindern oder von Schafen,
es sei ein Brandopfer oder ein Schlachtopfer oder um ein besonderes Gelübde zu
erfüllen oder als freiwillige Gabe oder bei
euren Festen, um dem HERRN einen lieblichen Geruch zu bereiten,
[4]dann soll, wer nun seine Gabe dem
HERRN opfern will, als [a]Speisopfer [b]ein
Zehntel feinstes Mehl dazutun, vermengt
mit einer viertel Kanne Öl,
a 3.Mose 2 *b* Kap 28,5
[5]und als [a]Trankopfer auch eine viertel
Kanne Wein zu dem Brandopfer oder zu
dem Schlachtopfer, zu jedem Schaf, das
geopfert wird.
a Kap 28,7; 2.Mose 29,40; 3.Mose 23,13
[6]Wenn aber ein Widder geopfert wird,
sollst du als Speisopfer darbringen zwei
Zehntel feinstes Mehl, mit einer drittel
Kanne Öl vermengt,
[7]und als Trankopfer auch eine drittel
Kanne Wein. Das sollst du dem HERRN
zum lieblichen Geruch opfern.
[8]Willst du aber ein Rind zum Brandopfer
oder zum besonderen Gelübdeopfer oder
zum Dankopfer dem HERRN darbringen,
[9]so sollst du zu dem Rind als Speisopfer
hinzutun drei Zehntel feinstes Mehl, mit
einer halben Kanne Öl vermengt,
[10]und als Trankopfer auch eine halbe
Kanne Wein. Das ist ein Feueropfer für
den HERRN zum lieblichen Geruch.
[11]So sollst du tun mit einem Stier, mit
einem Widder, mit einem Schaf oder mit
einer Ziege.
[12]Wie die Zahl dieser Opfer, so soll auch
die Zahl der Speisopfer und Trankopfer
sein.
[13]Wer ein Einheimischer ist, der soll es
so halten, wenn er dem HERRN opfern will
ein Feueropfer zum lieblichen Geruch.
[14]Und wenn ein Fremdling bei euch
wohnt oder unter euch bei euren Nachkommen lebt und will dem HERRN ein
Feueropfer zum lieblichen Geruch darbringen, so soll er es halten wie ihr.
[15]Für die ganze Gemeinde gelte nur eine
Satzung, für euch wie auch für die Fremdlinge. Eine ewige Satzung soll das sein für
eure Nachkommen, daß vor dem HERRN
der Fremdling sei wie ihr.[a] *a* 2.Mose 12,48.49
[16]Einerlei Gesetz, einerlei Recht soll gelten für euch und für den Fremdling, der
bei euch wohnt.
[17]¶Und der HERR redete mit Mose und
sprach:
[18]Rede mit den Israeliten und sprich zu
ihnen: Wenn ihr in das Land kommt, in
das ich euch bringen werde,

19 und ihr eßt von dem Brot des Landes,
so sollt ihr dem HERRN eine Opfergabe
darbringen:
20 Als [a]Erstling eures Teigs sollt ihr einen
Kuchen als Opfergabe darbringen. Wie die
Opfergabe von der Tenne,
a Neh 10,38; Hes 44,30
21 so sollt ihr auch dem HERRN den Erst-
ling eures Teigs geben für alle Zeit.

Über Sünden aus Versehen und aus Vorsatz

22 [a]Und wenn ihr aus Versehen eines die-
ser Gebote nicht tut, die der HERR dem
Mose gesagt hat,
a (22-26) 3.Mose 4,13-21
23 irgendeins von allem, was der HERR
euch durch Mose geboten hat, von dem
Tage an, da er anfing zu gebieten, und
fortan für alle Zeit, –
24 wenn nun ohne Wissen der Gemeinde
etwas versehen würde, so soll die ganze
Gemeinde einen jungen Stier als Brand-
opfer darbringen zum lieblichen Geruch
für den HERRN samt seinem Speisopfer
und Trankopfer, wie es recht ist, und einen
Ziegenbock als Sündopfer.
25 Und so soll der Priester für die ganze
Gemeinde der Israeliten Sühne schaffen,
und es wird ihnen vergeben sein; denn es
war ein Versehen. Wenn sie diese ihre
Gabe darbringen zum Feueropfer für den
HERRN und ihr Sündopfer vor dem HERRN
für ihr Versehen,
26 so wird's vergeben der ganzen Ge-
meinde der Israeliten, dazu auch dem
Fremdling, der unter euch wohnt, weil das
ganze Volk an solchem Versehen teilhat.
27 ¶Wenn aber ein Einzelner aus Verse-
hen sündigen wird, so soll er eine einjäh-
rige Ziege zum Sündopfer bringen.[a]
a 3.Mose 4,27.28
28 Und der Priester soll Sühne schaffen
vor dem HERRN für den, der aus Versehen
gesündigt hat, daß er für ihn Sühne schaffe
und ihm vergeben werde.
29 Und es soll einerlei Gesetz gelten für
die, die ein Versehen begehen, für den
Einheimischen unter den Israeliten und
für den Fremdling, der unter euch wohnt.
30 ¶Wenn aber ein Einzelner [a]aus Vor-
satz frevelt, es sei ein Einheimischer oder
Fremdling, so hat der den HERRN ge-
schmäht. Er soll ausgerottet werden aus
seinem Volk;
a Apg 13,38; Hebr 10,26-29
31 denn er hat des HERRN Wort verachtet
und sein Gebot gebrochen. Ja, der soll
ausgerottet werden; seine Schuld bleibt auf
ihm.

Strafe für Sabbatschändung

32 Als nun die Israeliten in der Wüste
waren, fanden sie einen Mann, der [a]Holz
auflas am Sabbattag.
a 2.Mose 20,8-10
33 Und die ihn dabei gefunden hatten, wie
er Holz auflas, brachten ihn zu Mose und
Aaron und vor die ganze Gemeinde.
34 Und sie legten ihn gefangen, denn es
war nicht klar bestimmt, was man mit ihm
tun sollte.[a]
a 3.Mose 24,12
35 Der HERR aber sprach zu Mose: [a]Der
Mann soll des Todes sterben; die ganze
Gemeinde soll ihn steinigen draußen vor
dem Lager.
a 2.Mose 31,14.15; 35,2.3
36 Da führte die ganze Gemeinde ihn hin-
aus vor das Lager und steinigte ihn, so daß
er starb, wie der HERR dem Mose geboten
hatte.

Von den Quasten an den Kleidern

37 Und der HERR sprach zu Mose:
38 Rede mit den Israeliten und sprich zu
ihnen, daß sie und ihre Nachkommen sich
[a]Quasten machen an den Zipfeln ihrer
Kleider und [b]blaue Schnüre an die Qua-
sten der Zipfel tun.
a 5.Mose 22,12; Mt 23,5 *b* 2.Mose 39,1
39 Und dazu sollen die Quasten euch
dienen: sooft ihr sie anseht, sollt ihr an
alle Gebote des HERRN denken und sie
tun, damit ihr euch nicht von eurem Her-
zen noch von euren Augen verführen laßt
und abgöttisch werdet,
40 sondern ihr sollt an alle meine Gebote
denken und sie tun, daß ihr heilig seid
eurem Gott.
41 Ich bin der HERR, euer Gott, der euch
aus Ägyptenland geführt hat, daß ich euer
Gott sei, ich, der HERR, euer Gott.

Aufruhr und Untergang der Rotte Korach

16 Und [a]Korach, der Sohn Jizhars, des
Sohnes Kehats, des Sohnes Levis,
[b]dazu Datan und Abiram, die Söhne
Eliabs, und On, der Sohn Pelets, die Söhne
Rubens,
a 2.Mose 6,16.18.21 *b* Kap 26,7-9; Jud 11
2 die [a]empörten sich gegen Mose, dazu
zweihundertundfünfzig Männer unter den
Israeliten, Vorsteher der Gemeinde, von
der Versammlung berufen, namhafte
Leute.
a Kap 12,1.2

3 Und sie versammelten sich gegen Mose
und Aaron und sprachen zu ihnen: Ihr
geht zu weit! Denn die ganze Gemeinde,
sie alle sind heilig, und der HERR ist unter
ihnen. Warum erhebt ihr euch über die
Gemeinde des HERRN?
4 ¶Als Mose das hörte, [a]fiel er auf sein
Angesicht *a* Kap 14,5
5 und sprach zu Korach und zu seiner gan-
zen Rotte: Morgen wird der HERR kund-
tun, [a]wer ihm gehört, wer heilig ist und zu
ihm nahen soll; wen er erwählt, der soll zu
ihm nahen. *a* 2.Tim 2,19
6 Dies tut morgen: Nehmt euch Pfannen,
Korach und seine ganze Rotte,
7 und legt Feuer hinein und tut Räucher-
werk darauf vor dem HERRN. Wen dann
der HERR erwählt, der ist heilig. Ihr geht
zu weit, ihr Söhne Levi!
8 ¶Und Mose sprach zu Korach: Höret
doch, ihr Söhne Levi!
9 Ist's euch zu wenig, daß euch der Gott
Israels [a]ausgesondert hat aus der Ge-
meinde Israel, ihm zu nahen, damit ihr
euer Amt ausübt an der Wohnung des
HERRN und vor die Gemeinde tretet, um
ihr zu dienen? *a* Kap 3,6-13; 4,4-20
10 Er hat dich und mit dir alle deine Brü-
der, die Söhne Levi, zu sich nahen lassen;
und ihr sucht nun auch das Priestertum?
11 Du und deine ganze Rotte, ihr macht
einen Aufruhr wider den HERRN! Es ist
nicht Aaron, gegen den ihr murrt.
12 Und Mose schickte hin und ließ Datan
und Abiram rufen, die Söhne Eliabs. Sie
aber sprachen: Wir kommen nicht!
13 Ist's nicht genug, daß du uns aus dem
Lande geführt hast, darin Milch und Honig
fließt, und uns tötest in der Wüste? Mußt
du auch noch über uns herrschen?
14 Wie fein hast du uns gebracht in [a]ein
Land, darin Milch und Honig fließt, und
hast uns Äcker und Weinberge zum Erb-
teil gegeben! Willst du den Leuten auch
die Augen ausreißen? Wir kommen nicht!
a 2.Mose 3,8
15 Da ergrimmte Mose sehr und sprach
zu dem HERRN: Wende dich nicht zu
ihrem Opfer. Ich habe [a]nicht einen Esel
von ihnen genommen und habe keinem
von ihnen ein Leid getan. *a* 1.Sam 12,3
16 ¶Und Mose sprach zu Korach: Du und
deine ganze Rotte, ihr sollt morgen vor
den HERRN kommen, du und sie und
Aaron.
17 Und ein jeder nehme seine Pfanne und
lege Räucherwerk darauf, und tretet hin
vor den HERRN, ein jeder mit seiner
Pfanne, zweihundertundfünfzig Pfannen;
auch du und Aaron, ein jeder mit seiner
Pfanne.
18 Und ein jeder nahm seine Pfanne und
legte Feuer hinein und tat Räucherwerk
darauf, und sie traten vor die Tür der
Stiftshütte und Mose und Aaron auch.
19 Und Korach versammelte gegen sie die
ganze Gemeinde vor der Tür der Stifts-
hütte.
¶Da erschien die [a]Herrlichkeit des HERRN
vor der ganzen Gemeinde. *a* Kap 14,10
20 Und der HERR redete mit Mose und
Aaron und sprach:
21 Scheidet euch von dieser Gemeinde,
damit ich sie im Nu vertilge.[a]
a 1.Mose 19,14
22 Sie fielen aber auf ihr Angesicht und
sprachen: Ach Gott, der du bist der [a]Gott
des Lebensgeistes für alles Fleisch, [b]wenn
ein einziger Mann gesündigt hat, willst du
darum gegen die ganze Gemeinde wüten?
a Hiob 10,12; 12,10 *b* 2.Sam 24,17
23 Und der HERR redete mit Mose und
sprach:
24 Sage der Gemeinde: Weicht rings-
herum zurück von der Wohnung Korachs
und Datans und Abirams.
25 Und Mose stand auf und ging zu Datan
und Abiram, und die Ältesten Israels folg-
ten ihm nach;
26 und er redete mit der Gemeinde und
sprach: Weicht von den Zelten dieser gott-
losen Menschen und rührt nichts an, was
sie haben, damit ihr nicht auch umkommt
durch all ihre Sünde.
27 Und sie gingen hinweg von der Woh-
nung Korachs, Datans und Abirams.
Datan aber und Abiram gingen heraus und
traten an die Tür ihrer Zelte mit ihren
Frauen und Söhnen und kleinen Kindern.
28 Und Mose sprach: Daran sollt ihr mer-
ken, daß mich der HERR gesandt hat, alle
diese Werke zu tun, und daß ich sie nicht
tue aus meinem eigenen Herzen:
29 Werden sie sterben, wie alle Menschen
sterben, oder heimgesucht, wie alle Men-
schen heimgesucht werden, so hat mich
der HERR nicht gesandt;
30 wird aber der HERR etwas Neues schaf-
fen, daß die Erde ihren Mund auftut und
sie verschlingt mit allem, was sie haben,

daß sie lebendig hinunter zu den Toten
fahren, so werdet ihr erkennen, daß diese
Leute den HERRN gelästert haben.
31 [a]Und als er alle diese Worte beendet
hatte, zerriß die Erde unter ihnen
a (31-33) 5.Mose 11,6
32 und tat ihren Mund auf und verschlang
sie mit ihren Sippen, mit allen Menschen,
die zu Korach gehörten, und mit all ihrer
Habe.
33 Und sie fuhren lebendig zu den Toten
hinunter mit allem, was sie hatten, und
die Erde deckte sie zu, und sie kamen um,
mitten aus der Gemeinde heraus.
34 Und ganz Israel, das um sie her war,
floh vor ihrem Geschrei; denn sie dachten:
Daß uns die Erde nicht auch verschlinge!
35 ¶Und [a]Feuer fuhr aus von dem HERRN
und fraß die zweihundertundfünfzig Männer,
die das Räucherwerk opferten.
a 3.Mose 10,1.2; Ps 106,17.18

17 ¶*Und der HERR redete mit Mose
und sprach:

* Abweichende Verszählung statt 17,1-15: 16,36-50.

2 Sage [a]Eleasar, dem Sohn des Priesters
Aaron, daß er die Pfannen aufhebe aus
dem Brand und streue das Feuer weit hin-
weg.
a Kap 3,4; 2.Mose 6,25
3 Denn die Pfannen dieser Sünder, die
umgekommen sind, gehören dem Heilig-
tum. Man schlage sie zu breiten Blechen,
daß man den Altar damit überziehe; denn
sie haben sie hingebracht vor den HERRN,
so daß sie geheiligt sind; sie sollen den
Israeliten ein Zeichen sein.
4 Und Eleasar, der Priester, nahm die kup-
fernen Pfannen, die die Verbrannten her-
angebracht hatten, und schlug sie zu Ble-
chen, um den Altar zu überziehen;
5 als Mahnzeichen für die Israeliten, daß
[a]kein Fremder, der nicht vom Geschlecht
Aarons ist, sich nahe, um Räucherwerk zu
opfern vor dem HERRN, damit es ihm nicht
gehe wie Korach und seiner Rotte, wie
der HERR zu ihm geredet hatte durch
Mose.
a Kap 3,10

Empörung der ganzen Gemeinde gegen Mose und Aaron

6 Am andern Morgen aber [a]murrte die
ganze Gemeinde der Israeliten gegen
Mose und Aaron, und sie sprachen: Ihr
habt des HERRN Volk getötet.
a 2.Mose 17,3
7 Und als sich die Gemeinde versammelte
gegen Mose und Aaron, wandten sie sich
zu der Stiftshütte: Und siehe, da wurde sie
bedeckt von der Wolke, und die Herrlich-
keit des HERRN erschien.
8 Und Mose und Aaron gingen hin vor
die Stiftshütte.
9 Und der HERR redete mit Mose und
sprach:
10 Hebt euch hinweg aus dieser Ge-
meinde; ich will sie im Nu vertilgen! Und
sie fielen auf ihr Angesicht.
11 Und Mose sprach zu Aaron: Nimm die
Pfanne und tu Feuer hinein vom Altar und
lege Räucherwerk darauf und geh eilends
zu der Gemeinde und schaffe für sie
[a]Sühne; denn der [b]Zorn ist von dem
HERRN ausgegangen, und die Plage hat
angefangen.
a 3.Mose 16,12.13.17 *b* Kap 1,53
12 Und Aaron tat, wie ihm Mose gesagt
hatte, und lief mitten unter die Gemeinde;
und siehe, die Plage hatte schon angefan-
gen unter dem Volk. Da räucherte er und
schaffte Sühne für das Volk
13 und stand zwischen den Toten und den
Lebenden. Da wurde der Plage gewehrt.
14 Die aber gestorben waren an der Plage,
waren vierzehntausendsiebenhundert, au-
ßer denen, die mit Korach starben.
15 Und Aaron kam wieder zu Mose vor
die Tür der Stiftshütte, und der Plage war
gewehrt.

Aarons grünender Stab

16 *Und der HERR redete mit Mose und
sprach:

* Abweichende Verszählung statt 17,16-28: 17,1-13.

17 Rede mit den Israeliten und nimm von
ihnen zwölf Stäbe, von jedem Fürsten
ihrer Sippen je einen, und schreib eines
jeden Namen auf seinen Stab.
18 Aber den Namen Aarons sollst du
schreiben auf den Stab Levis. Denn für
jedes Haupt ihrer Sippen soll je ein Stab
sein.
19 Und lege sie in der Stiftshütte nieder
vor der Lade mit dem Gesetz, [a]wo ich
mich euch bezeuge.
a 2.Mose 25,22
20 Und [a]wen ich erwählen werde, dessen
Stab wird grünen. So will ich das Murren
der Israeliten, mit dem sie gegen euch
murren, stillen.
a Kap 16,5.7
21 ¶Mose redete mit den Israeliten, und
alle ihre Fürsten gaben ihm zwölf Stäbe,
ein jeder Fürst je einen Stab, nach ihren
Sippen, und der Stab Aarons war auch
unter ihren Stäben.

22 Und Mose legte die Stäbe vor dem
HERRN nieder in der Hütte des Gesetzes.
23 Am nächsten Morgen, als Mose in die
Hütte des Gesetzes ging, fand er den Stab
Aarons vom Hause Levi grünen und die
Blüte aufgegangen und Mandeln tragen.
24 Und Mose trug die Stäbe alle heraus
von dem HERRN zu allen Israeliten, daß
sie es sahen, und ein jeder nahm seinen
Stab.
25 Der HERR aber sprach zu Mose: [a] Trage
den Stab Aarons wieder vor die Lade mit
dem Gesetz, damit er verwahrt werde zum
Zeichen für die Ungehorsamen, daß ihr
Murren vor mir aufhöre und sie nicht ster-
ben. *a* Hebr 9,4
26 Mose tat, wie ihm der HERR geboten
hatte.
27 ¶ Und die Israeliten sprachen zu Mose:
Siehe, wir verderben und kommen um;
wir werden alle vertilgt und kommen um.
28 Wer sich naht zu der Wohnung des
HERRN, der stirbt. Sollen wir denn ganz
und gar untergehen?[a] *a* Ps 130,3.4

Vom Amt und Anrecht der Priester und Leviten

18 Und der HERR sprach zu Aaron: Du
und deine Söhne und deine Sippe,
ihr sollt [a] die Schuld tragen, wenn eine Ver-
fehlung begangen wird am Heiligtum; und
du und deine Söhne mit dir, ihr sollt die
Schuld tragen, wenn eine Verfehlung
begangen wird bei eurem Priesterdienst.
a 2.Mose 28,38; 3.Mose 16,32.33
2 Aber deine Brüder aus dem Stamme
deines Vaters [a] Levi sollst du zu dir neh-
men, daß sie bei dir seien und dir dienen;
du aber und deine Söhne mit dir sollen
dienen vor der Hütte des Gesetzes.
a Kap 3,6-10
3 Und sie sollen dir dienen und den
Dienst an der ganzen Stiftshütte versehen.
Doch zu dem Gerät des Heiligtums und
zu dem Altar sollen sie sich nicht nahen,
damit nicht beide sterben, sie und ihr,
4 sondern sie sollen bei dir sein, daß sie
ihren Dienst versehen an der Stiftshütte,
alles, was das Amt erfordert; und kein
Fremder soll sich neben euch zum Dien-
ste nahen.
5 So verseht nun den Dienst am Heilig-
tum und den Dienst am Altar, damit hin-
fort nicht mehr ein [a] Zorn komme über
die Israeliten. *a* Kap 17,11
6 Denn siehe, ich habe die Leviten, eure
Brüder, genommen aus den Israeliten
euch zum Geschenk, als die dem HERRN
zu eigen gegeben sind, damit sie das Amt
ausüben an der Stiftshütte.[a] *a* Kap 3,12.45
7 Du aber und deine Söhne mit dir, ihr
sollt auf euer Priesteramt achthaben, daß
ihr dient in allen Verrichtungen am Altar
und drinnen hinter dem Vorhang; denn
euer Priesteramt gebe ich euch zum
Geschenk. [a] Wenn ein Fremder sich naht,
so soll er sterben. *a* Kap 1,51
8 ¶ Und der HERR sagte zu Aaron: Siehe,
dies überlasse ich dir bei dem Dienst an
meinen Opfergaben: von allen heiligen
Gaben der Israeliten gebe ich dir einen
Anteil, dir und deinen Söhnen, als ewiges
Anrecht.[a] *a* 3.Mose 2,3.10; 6,9-11.19-22; 7,6-10
9 Das sollst du haben von den hochheili-
gen Gaben, soweit sie nicht verbrannt
werden: alle ihre Gaben bei allen ihren
Speisopfern und bei allen ihren Sünd-
opfern und bei allen ihren Schuldopfern,
die sie mir erstatten; als Hochheiliges
gebe ich es dir und deinen Söhnen.
10 [a] Am hochheiligen Ort sollst du es
essen. Was männlich ist, darf davon essen;
denn es soll dir heilig sein.
a 3.Mose 6,9; 10,12.14
11 Auch das soll dir gehören: die heilige
Abgabe von ihren Gaben, von allen
Schwingopfern der Israeliten gebe ich sie
dir und deinen Söhnen und Töchtern mit
dir als ewiges Anrecht. Wer rein ist in dei-
nem Hause, darf davon essen.
12 Alles Beste vom Öl und alles Beste vom
Wein und Korn, die Erstlingsgabe, die sie
dem HERRN bringen, habe ich dir gege-
ben.
13 [a] Die Erstlinge, die sie dem HERRN brin-
gen von allem, was in ihrem Lande ist,
sollen dir gehören. Wer rein ist in deinem
Hause, darf davon essen.
a 2.Mose 23,19; 5.Mose 18,3.4
14 Alles Gebannte in Israel soll dir gehö-
ren.[a] *a* 3.Mose 27,28
15 Alles, was zuerst den Mutterschoß
durchbricht bei allem Fleisch, es sei
Mensch oder Vieh, das sie dem HERRN
bringen, soll dir gehören. Doch sollst du
die Erstgeburt eines Menschen auslösen
lassen, und die Erstgeburt eines unreinen
Viehs sollst du auch auslösen lassen.[a]
a 2.Mose 13,2; 34,19.20
16 Du sollst es aber auslösen, wenn's

einen Monat alt ist, und du sollst es [a]auslösen lassen nach der Ordnung, die dir gegeben ist, um fünf Silberstücke nach dem Gewicht des Heiligtums, das Silberstück zu zwanzig Gramm. *a 3.Mose 27,6.27*

17 Aber die Erstgeburt eines Rindes, eines Schafes oder einer Ziege sollst du nicht auslösen lassen; denn sie sind heilig. Ihr Blut sollst du an den Altar gießen, und ihr Fett sollst du in Rauch aufgehen lassen als Feueropfer für den HERRN zum lieblichen Geruch.

18 Ihr Fleisch soll dir gehören, wie auch die Brust des Schwingopfers und die rechte Schulter dir gehören.

19 Alle heiligen Opfergaben, die die Israeliten dem HERRN darbringen, habe ich dir gegeben und deinen Söhnen und deinen Töchtern mit dir als ewiges Anrecht. Das soll ein [a]Salzbund sein für immer vor dem HERRN für dich und für deine Nachkommen mit dir. *a 3.Mose 2,13; 2.Chr 13,5*

20 ¶ Und der HERR sprach zu Aaron: Du sollst in ihrem Lande kein Erbgut besitzen, auch keinen Anteil unter ihnen haben; denn [a]ich bin dein Anteil und dein Erbgut inmitten der Israeliten.
a 5.Mose 10,9; 12,12; Jos 13,14.33; Ps 16,5; 73,26; Hes 44,28

21 Den Söhnen Levi aber habe ich [a]alle Zehnten gegeben in Israel zum Erbgut für ihr Amt, das sie an der Stiftshütte ausüben. *a 3.Mose 27,30*

22 Hinfort sollen sich die Israeliten nicht zur Stiftshütte nahen, damit sie nicht Sünde auf sich laden und sterben,

23 sondern die Leviten sollen das Amt ausüben an der Stiftshütte, und sie sollen die Schuld für ihre Verfehlung tragen; das sei eine ewige Ordnung bei euren Nachkommen. Und sie sollen unter den Israeliten kein Erbgut besitzen;

24 denn den Zehnten der Israeliten, den sie dem HERRN als Opfergabe geben, habe ich den Leviten zum Erbgut bestimmt; darum habe ich zu ihnen gesagt, daß sie unter den Israeliten kein Erbgut besitzen sollen.

25 ¶ Und der HERR redete mit Mose und sprach:

26 Sage den Leviten und sprich zu ihnen: Wenn ihr den Zehnten nehmt von den Israeliten, den ich euch von ihnen bestimmt habe als euer Erbgut, so sollt ihr davon eine heilige Abgabe dem HERRN geben, je den Zehnten von dem Zehnten;

27 und diese eure heilige Abgabe soll euch angerechnet werden, als gäbet ihr Korn von der Tenne und Wein aus der Kelter.

28 So sollt auch ihr die heiligen Abgaben dem HERRN geben von allen euren Zehnten, die ihr nehmt von den Israeliten, und sollt diese heilige Abgabe für den HERRN dem Priester Aaron geben.

29 Von allem, was euch gegeben wird, sollt ihr dem HERRN die heilige Abgabe geben, von allem Besten die davon gebührende heilige Gabe.

30 Und sprich zu ihnen: Wenn ihr also das Beste davon als heilige Abgabe nehmt, so soll's den Leviten angerechnet werden wie ein Ertrag von der Tenne und wie ein Ertrag von der Kelter.

31 Ihr dürft es essen an allen Orten, ihr und eure Kinder; denn es ist [a]euer Lohn für euer Amt an der Stiftshütte. *a Mt 10,10*

32 Ihr werdet dabei nicht Sünde auf euch laden, wenn ihr das Beste davon abgebt, und werdet nicht entweihen die heiligen Gaben der Israeliten und nicht sterben.

Vom Reinigungswasser

19 Und der HERR redete mit Mose und Aaron und sprach:

2 Dies ist die Ordnung des Gesetzes, das der HERR geboten hat: Sage den Israeliten, daß sie zu dir führen eine [a]rötliche Kuh ohne Fehler, an der [b]kein Gebrechen ist und [c]auf die noch nie ein Joch gekommen ist.
a Hebr 9,13 b 3.Mose 22,20 c 5.Mose 21,3

3 Und gebt sie dem Priester Eleasar; der soll sie hinaus vor das Lager führen und dort vor seinen Augen schlachten lassen.

4 Und der Priester Eleasar soll etwas von ihrem Blut mit seinem Finger nehmen und in Richtung auf die Stiftshütte [a]siebenmal sprengen, *a 3.Mose 4,6.17*

5 und er soll die Kuh vor seinen Augen verbrennen lassen, ihr [a]Fell und ihr Fleisch, dazu ihr Blut samt ihrem Mist.[b]
a 3.Mose 7,8 b 3.Mose 4,11.12

6 Und der Priester soll Zedernholz und Ysop und scharlachrote Wolle nehmen und auf die brennende Kuh werfen[a]
a 3.Mose 14,6

7 und soll [a]seine Kleider waschen und seinen Leib mit Wasser abwaschen und danach ins Lager gehen und unrein sein bis zum Abend. *a 3.Mose 16,28*

8 Und der sie verbrannt hat, soll auch

seine Kleider mit Wasser waschen und seinen Leib mit Wasser abwaschen und unrein sein bis zum Abend.
9 Und ein reiner Mann soll die Asche von der Kuh sammeln und sie draußen vor dem Lager an eine reine Stätte schütten, damit sie dort verwahrt werde für die Gemeinde der Israeliten für das Reinigungswasser; es ist ein Sündopfer.
10 Und derselbe, der die Asche der Kuh gesammelt hat, soll seine Kleider waschen und unrein sein bis zum Abend.
¶Und dies soll eine ewige Ordnung sein für die Israeliten und die Fremdlinge, die unter euch wohnen:
11 Wer irgendeinen toten Menschen anrührt, der wird sieben Tage unrein sein.
12 Er soll sich mit dem Reinigungswasser entsündigen am dritten Tage und am siebenten Tage, so wird er rein. Und wenn er sich nicht am dritten Tage und am siebenten Tage entsündigt, so wird er nicht rein.
13 Wenn aber jemand irgendeinen toten Menschen anrührt und sich nicht entsündigen will, so macht er die Wohnung des HERRN [a]unrein, und solch ein Mensch soll ausgerottet werden aus Israel. Weil das Reinigungswasser nicht über ihn gesprengt ist, ist er unrein; seine Unreinheit bleibt an ihm. *a* 3. Mose 15,31
14 ¶Dies ist das Gesetz: Wenn ein Mensch in seinem Zelt stirbt, soll jeder, der in das Zelt geht, und wer im Zelt ist, unrein sein sieben Tage.
15 Auch jedes offene Gefäß, auf das kein Deckel gebunden ist, wird unrein.
16 Auch wer auf dem freien Feld einen berührt, der mit dem Schwert erschlagen ist, oder einen Gestorbenen oder eines Menschen Gebein oder ein Grab anrührt, der ist unrein sieben Tage.
17 So soll man nun für den Unreinen Asche nehmen von dem verbrannten Sündopfer und fließendes Wasser darauf tun in ein Gefäß.
18 Und ein reiner Mann soll Ysop nehmen und ins Wasser tauchen und das Zelt besprengen und alle Gefäße und alle Leute, die darin sind; ebenso auch den, der eines Toten Gebein oder einen Erschlagenen oder Gestorbenen oder ein Grab berührt hat.
19 Es soll aber der Reine den Unreinen am dritten Tage und am siebenten Tage besprengen und ihn am siebenten Tage entsündigen, und der soll seine Kleider waschen und sich mit Wasser abwaschen, so wird er am Abend rein.[a] *a* Vers 12.13
20 Wer aber unrein wird und sich nicht entsündigen will, der soll ausgerottet werden aus der Gemeinde; denn er hat das Heiligtum des HERRN unrein gemacht und ist nicht mit Reinigungswasser besprengt; darum ist er unrein.
21 Und das soll euch eine ewige Ordnung sein. Und auch der, der mit dem Reinigungswasser gesprengt hat, soll seine Kleider waschen, und wer das Reinigungswasser berührt, der soll unrein sein bis zum Abend.
22 Und alles, was der Unreine berührt, wird unrein werden, und wer ihn berührt, soll unrein sein bis zum Abend.

Mirjams Tod. Moses Zweifel beim Haderwasser

20 Und die ganze Gemeinde der Israeliten kam in die [a]Wüste Zin im ersten Monat, und das Volk lagerte sich in Kadesch. Und [b]Mirjam starb dort und wurde dort begraben. *a* Kap 13,21 *b* Kap 12,15
2 ¶[a]Und die Gemeinde hatte kein Wasser, und sie versammelten sich gegen Mose und Aaron. *a (2-13)* 2. Mose 17,1-7
3 Und das Volk haderte mit Mose und sprach: Ach daß wir umgekommen wären, als unsere Brüder umkamen vor dem HERRN!
4 Warum habt ihr die Gemeinde des HERRN in diese Wüste gebracht, daß wir hier sterben mit unserm Vieh?
5 Und warum habt ihr uns aus Ägypten geführt an diesen bösen Ort, wo man nicht säen kann, wo weder Feigen noch Weinstöcke noch Granatäpfel sind und auch kein Wasser zum Trinken ist?
6 Da gingen Mose und Aaron von der Gemeinde hinweg zur Tür der Stiftshütte und fielen auf ihr Angesicht, und die Herrlichkeit des HERRN erschien ihnen.
7 ¶Und der HERR redete mit Mose und sprach:
8 Nimm den Stab und versammle die Gemeinde, du und dein Bruder Aaron, und redet zu dem Felsen vor ihren Augen; der wird sein Wasser geben. So sollst du ihnen Wasser aus dem Felsen hervorbringen und die Gemeinde tränken und ihr Vieh.

9 Da nahm Mose den [a]Stab, der vor dem
HERRN lag, wie er ihm geboten hatte.
a Kap 17,25
10 Und Mose und Aaron versammelten
die Gemeinde vor dem Felsen, und er
sprach zu ihnen: Höret, ihr Ungehorsa-
men, [a]werden wir euch wohl Wasser her-
vorbringen können aus diesem Felsen?
a Ps 106,32.33
11 Und Mose erhob seine Hand und
schlug den Felsen mit dem Stab zweimal.
Da kam viel Wasser heraus, so daß die
Gemeinde trinken konnte und ihr Vieh.
12 Der HERR aber sprach zu Mose und
Aaron: Weil ihr nicht an mich geglaubt
habt und mich nicht geheiligt habt vor den
Israeliten, darum sollt ihr diese Gemeinde
nicht ins Land bringen, das ich ihnen
geben werde.[a]
a Kap 27,14; 5.Mose 1,37; 3,26; 4,21; 32,50.51
13 ¶Das ist das [a]Haderwasser, wo die Is-
raeliten mit dem HERRN haderten und
er sich heilig an ihnen erwies. *a* Ps 81,8

Die Edomiter verweigern den Durchzug

14 Und Mose sandte Botschaft aus Ka-
desch zu dem König der [a]Edomiter: So
läßt dir dein Bruder Israel sagen: Du
kennst all die Mühsal, die uns betroffen
hat, *a* 1.Mose 36,1.31; 5.Mose 2,1-8; 23,8
15 daß unsere Väter nach Ägypten hinab-
gezogen sind und wir lange Zeit in Ägyp-
ten gewohnt haben und daß die Ägypter
uns und unsere Väter schlecht behandelt
haben.
16 Und wir schrien zu dem HERRN; der
hat unsere Stimme gehört und einen [a]En-
gel gesandt und uns aus Ägypten geführt.
Und siehe, wir sind in Kadesch, einer Stadt
an deiner Grenze. *a* 2.Mose 23,20
17 Laß uns durch dein Land ziehen. Wir
wollen nicht durch Äcker oder Weinberge
gehen, auch nicht Wasser aus den Brun-
nen trinken. Die Landstraße wollen wir
ziehen, weder zur Rechten noch zur Lin-
ken weichen, bis wir durch dein Gebiet
hindurchgekommen sind.[a]
a Kap 21,22; 5.Mose 2,1-8; Ri 11,17
18 Edom aber sprach zu ihnen: Du sollst
nicht hindurchziehen, oder ich werde dir
mit dem Schwert entgegentreten.
19 Die Israeliten sprachen zu ihm: Wir
wollen auf der gebahnten Straße ziehen,
und wenn wir von deinem Wasser trinken,
wir und unser Vieh, so wollen wir's bezah-
len. Wir wollen nichts als nur zu Fuß hin-
durchziehen.
20 Er aber sprach: Du sollst nicht
hindurchziehen. Und die Edomiter zogen
aus, ihnen entgegen, mit mächtigem Heer
und starker Hand.
21 So weigerten sich die Edomiter, Israel
zu gestatten, durch ihr Gebiet zu ziehen.
Und Israel wich ihnen aus.

Aarons Tod

22 Und die Israeliten brachen auf von
Kadesch und kamen mit der ganzen
Gemeinde an den Berg Hor.[a] *a* Kap 33,37
23 Und der HERR redete mit Mose und
Aaron am Berge Hor an der Grenze des
Landes der Edomiter und sprach:
24 Aaron soll versammelt werden zu sei-
nen Vätern; denn er soll nicht in das Land
kommen, das ich den Israeliten gegeben
habe, weil ihr meinem Munde ungehor-
sam gewesen seid bei dem Haderwasser.
25 Nimm aber Aaron und seinen Sohn
Eleasar und führe sie auf den Berg Hor
26 und [a]zieh Aaron seine Kleider aus und
zieh sie seinem Sohn Eleasar an. Und
Aaron soll dort zu seinen Vätern versam-
melt werden und sterben. *a* 2.Mose 29,4-7
27 Da tat Mose, wie ihm der HERR gebo-
ten hatte, und sie stiegen auf den Berg
Hor vor der ganzen Gemeinde.
28 Und Mose zog Aaron seine Kleider aus
und zog sie seinem Sohn Eleasar an. [a]Und
Aaron starb dort oben auf dem Berge.
Mose aber und Eleasar stiegen herab vom
Berge. *a* Kap 33,38.39; 5.Mose 10,6
29 Und als die ganze Gemeinde sah, daß
Aaron tot war, [a]beweinten sie ihn dreißig
Tage, das ganze Haus Israel. *a* 5.Mose 34,8

Sieg über die Kanaaniter im Südland

21 Und als der König von Arad, der
Kanaaniter, der im Südland wohnte,
hörte, daß Israel herankam auf dem Wege
von Atarim, zog er in den Kampf gegen
Israel und führte etliche gefangen.[a]
a Kap 14,44.45; Ri 1,11-15
2 Da gelobte Israel dem HERRN ein
Gelübde und sprach: Wenn du dies Volk
in meine Hand gibst, so will ich an ihren
Städten den [a]Bann vollstrecken.
a 5.Mose 13,16; 20,14.16.17; Jos 6,17; Ri 1,17; 1.Sam 15,3
3 Und der HERR hörte auf die Stimme
Israels und gab die Kanaaniter in ihre

Hand, und sie vollstreckten den Bann an
ihnen und ihren Städten, und man nannte
die Gegend [a]Horma*. *a* Kap 14,45; 5.Mose 1,44
* d.h. Bann.

Mose richtet die eherne Schlange auf

4 [a]Da brachen sie auf von dem Berge Hor
in Richtung auf das Schilfmeer, um das
Land der Edomiter zu umgehen. Und das
Volk wurde verdrossen auf dem Wege
a (4 und 5) Kap 11,4-6
5 und redete wider Gott und wider Mose:
Warum hast du uns aus Ägypten geführt,
daß wir sterben in der Wüste? Denn es ist
kein Brot noch Wasser hier, und uns ekelt
vor dieser mageren Speise.
6 Da sandte der HERR [a]feurige Schlangen
unter das Volk; die bissen das Volk, daß
viele aus Israel starben. *a* 1.Kor 10,9
7 Da kamen sie zu Mose und sprachen:
Wir haben [a]gesündigt, daß wir wider den
HERRN und wider dich geredet haben.
Bitte den HERRN, daß er die Schlangen
von uns nehme. Und Mose bat für das
Volk. *a* 2.Mose 32,30-34
8 Da sprach der HERR zu Mose: Mache
dir eine [a]eherne Schlange und richte sie
an einer Stange hoch auf. Wer gebissen ist
und sieht sie an, der soll leben.
a 2.Kön 18,4; Joh 3,14
9 Da machte Mose eine eherne Schlange
und richtete sie hoch auf. Und wenn
jemanden eine Schlange biß, so sah er die
eherne Schlange an und blieb leben.

Zug bis an den Arnon und ins Moabiterland

10 Und die Israeliten zogen aus und lager-
ten sich in Obot.
11 Und von Obot zogen sie aus und lager-
ten sich in Ije-Abarim, in der Wüste öst-
lich von Moab.
12 Von da zogen sie weiter und lagerten
sich am Bach Sered.
13 Von da zogen sie weiter und lagerten
sich in der Wüste südlich des Arnon, der
im Gebiet der Amoriter entspringt; denn
der Arnon ist die Grenze Moabs zwischen
Moab und den Amoritern.
14 Daher heißt es in dem [a]Buch von den
Kriegen des HERRN: »Das Waheb in Sufa
und die Bäche am Arnon
a Jos 10,13; 2.Sam 1,18
15 und den Abhang der Bäche, der sich
hinzieht zur Stadt Ar und sich lehnt an die
Grenze Moabs.«
16 Und von da zogen sie nach Beer. Das
ist der Brunnen, von dem der HERR zu
Mose sagte: Versammle das Volk, ich will
ihnen Wasser geben.
17 Damals sang Israel dies Lied: »Brun-
nen, steige auf! Singet von ihm:
18 Das ist der Brunnen, den die Fürsten
gegraben haben; die Edlen im Volk haben
ihn gegraben mit dem Zepter, mit ihren
Stäben.« Und von Beer zogen sie nach
Mattana
19 und von Mattana nach Nahaliël; und
von Nahaliël nach Bamot-Baal;
20 und von Bamot-Baal in das Tal, das im
Feld von Moab liegt bei dem Gipfel des
Pisga, der hinunterblickt auf das Jordantal.

Sieg über die Könige Sihon und Og

21 [a]Und Israel sandte Boten zu Sihon,
dem König der Amoriter, und ließ ihm
sagen: *a (21-31)* 5.Mose 2,26-37
22 Laß mich durch dein Land ziehen. Wir
wollen nicht abbiegen in die Äcker noch
in die Weingärten, wollen auch vom Brun-
nenwasser nicht trinken; die Landstraße
wollen wir ziehen, bis wir durch dein
Gebiet hindurchgekommen sind.[a]
a Kap 20,17
23 Aber Sihon gestattete den Israeliten
nicht den Zug durch sein Gebiet, sondern
sammelte sein ganzes Kriegsvolk und zog
aus, Israel entgegen in die Wüste. Und als
er nach Jahaz kam, kämpfte er gegen
Israel.
24 Israel aber schlug ihn mit der Schärfe
des Schwerts und nahm sein Land ein vom
Arnon bis an den Jabbok und bis zu den
Ammonitern; das Gebiet der Ammoniter
aber reichte bis Jaser.
25 So nahm Israel alle diese Städte ein und
wohnte in allen Städten der Amoriter, in
Heschbon und in allen seinen Ortschaf-
ten.
26 Denn Heschbon war die Stadt Sihons,
des Königs der Amoriter, und er hatte
zuvor mit dem König der Moabiter
gekämpft und ihm all sein Land abgewon-
nen bis zum Arnon.
27 Daher sagt man im Lied:
¶Kommt nach Heschbon, daß man die
Stadt Sihons baue und aufrichte.
28 Denn Feuer ist aus Heschbon gefahren,
eine Flamme von der Stadt Sihons; die

hat gefressen Ar in Moab und verzehrt die
Höhen am Arnon.
29 Weh dir, Moab! Du Volk des [a]Kemosch
bist verloren! Man hat seine Söhne in die
Flucht geschlagen und seine Töchter ge-
fangen geführt zu Sihon, dem König der
Amoriter. *a* Ri 11,24; 1.Kön 11,7
30 Seine Herrlichkeit ist zunichte gewor-
den von Heschbon bis nach Dibon, sie
ist zerstört bis nach Nofach, bis nach
Medeba.
31 So wohnte Israel im Lande der Amori-
ter.
32 ¶ Und Mose sandte Kundschafter aus
nach Jaser; und sie eroberten es mit sei-
nen Ortschaften und vertrieben die Amo-
riter, die darin waren,
33 [a]und wandten sich und zogen hinauf
den Weg nach Baschan. Da zog ihnen ent-
gegen Og, der König von Baschan, mit sei-
nem ganzen Kriegsvolk, um bei Edreï zu
kämpfen. *a (33-35)* 5.Mose 3,1-11
34 Und der HERR sprach zu Mose: Fürchte
dich nicht vor ihm, denn ich habe ihn in
deine Hand gegeben mit Land und Leu-
ten, und du sollst mit ihm tun, wie du mit
[a]Sihon, dem König der Amoriter, getan
hast, der in Heschbon wohnte.
a Ps 136,17-22
35 Und sie schlugen ihn und seine Söhne
und sein ganzes Kriegsvolk, bis keiner
mehr übrigblieb, und nahmen das Land
ein.

Bileam soll Israel verfluchen, aber er muß es segnen

22 Danach zogen die Israeliten weiter
und lagerten sich im Jordantal der
Moabiter gegenüber Jericho.
2 Und Balak, der Sohn Zippors, sah alles,
was Israel den Amoritern angetan hatte.
3 Und die Moabiter fürchteten sich sehr
vor dem Volk, das so groß war, und den
Moabitern graute vor den Israeliten.
4 Und sie sprachen zu den Ältesten der
Midianiter: Nun wird dieser Haufe auffres-
sen, was um uns herum ist, wie ein Rind
das Gras auf dem Felde abfrißt. Balak aber,
der Sohn Zippors, war zu der Zeit König
der Moabiter.
5 Und er sandte Boten aus zu [a]Bileam,
dem Sohn Beors, nach Petor, das am
Euphrat liegt, ins Land der Söhne seines
Volks, um ihn herbeizurufen, und ließ ihm
sagen: Siehe, es ist ein Volk aus Ägypten
gezogen, das bedeckt das ganze Land und
lagert mir gegenüber.
a Kap 31,8; Jos 24,9; Mi 6,5
6 So komm nun und verfluche mir das
Volk, denn es ist mir zu mächtig; vielleicht
kann ich's dann schlagen und aus dem
Lande vertreiben; denn ich weiß: wen du
segnest, der ist gesegnet, und wen du ver-
fluchst, der ist verflucht.
7 Und die Ältesten der Moabiter gingen
hin mit den Ältesten der Midianiter und
hatten den [a]Lohn für das Wahrsagen in
ihren Händen und kamen zu Bileam und
sagten ihm die Worte Balaks. *a* 2.Petr 2,15
8 Und er sprach zu ihnen: Bleibt hier über
Nacht, so will ich euch antworten, wie
mir's der HERR sagen wird. Da blieben die
Fürsten der Moabiter bei Bileam.
9 ¶ Und Gott kam zu Bileam und sprach:
Wer sind die Leute, die bei dir sind?
10 Bileam sprach zu Gott: Balak, der Sohn
Zippors, der König der Moabiter, hat zu
mir gesandt:
11 Siehe, ein Volk ist aus Ägypten gezo-
gen und bedeckt das ganze Land. So
komm nun und verfluche es; vielleicht
kann ich dann mit ihm kämpfen und es
vertreiben.
12 Gott aber sprach zu Bileam: Geh nicht
mit ihnen, verfluche das Volk auch nicht;
denn es ist gesegnet.
13 Da stand Bileam am Morgen auf und
sprach zu den Fürsten Balaks: Geht hin in
euer Land; denn der HERR will's nicht
gestatten, daß ich mit euch ziehe.
14 ¶ Und die Fürsten der Moabiter mach-
ten sich auf, kamen zu Balak und spra-
chen: Bileam weigert sich, mit uns zu zie-
hen.
15 Da sandte Balak noch mehr und noch
mächtigere Fürsten, als jene waren.
16 Als die zu Bileam kamen, sprachen sie
zu ihm: So läßt dir sagen Balak, der Sohn
Zippors: Wehre dich doch nicht dagegen,
zu mir zu ziehen;
17 denn ich will dich hoch ehren, und was
du mir sagst, das will ich tun; komm doch
und verfluche mir dies Volk.
18 Bileam antwortete und sprach zu den
Gesandten Balaks: [a]Wenn mir Balak sein
Haus voll Silber und Gold gäbe, so könnte
ich doch nicht übertreten das Wort des
HERRN, meines Gottes, weder im Kleinen
noch im Großen. *a* 1.Kön 13,8
19 So bleibt auch ihr nun hier diese Nacht,

daß ich erfahre, was der HERR weiter mit
mir reden wird.
20 Da kam Gott in der Nacht zu Bileam
und sprach zu ihm: Sind die Männer
gekommen, dich zu rufen, so mach dich
auf und zieh mit ihnen; doch nur was ich
dir sagen werde, sollst du tun.
21 ¶ Da stand Bileam am Morgen auf und
sattelte seine Eselin und zog mit den Für-
sten der Moabiter.
22 Aber der Zorn Gottes entbrannte dar-
über, daß er hinzog. Und der [a]Engel des
HERRN trat in den Weg, um ihm zu wider-
stehen. Er aber ritt auf seiner Eselin, und
zwei Knechte waren mit ihm. *a* 1.Mose 16,7
23 Und die Eselin sah den Engel des
HERRN auf dem Wege stehen [a]mit einem
bloßen Schwert in seiner Hand. Und die
Eselin wich vom Weg ab und ging auf dem
Felde; Bileam aber schlug sie, um sie wie-
der auf den Weg zu bringen. *a* Jos 5,13
24 Da trat der Engel des HERRN auf den
Pfad zwischen den Weinbergen, wo auf
beiden Seiten Mauern waren.
25 Und als die Eselin den Engel des
HERRN sah, drängte sie sich an die Mauer
und klemmte Bileam den Fuß ein an der
Mauer, und er schlug sie noch mehr.
26 Da ging der Engel des HERRN weiter
und trat an eine enge Stelle, wo kein Platz
mehr war auszuweichen, weder zur Rech-
ten noch zur Linken.
27 Und als die Eselin den Engel des
HERRN sah, fiel sie in die Knie unter
Bileam. Da entbrannte der Zorn Bileams,
und er schlug die Eselin mit dem Stecken.
28 Da tat der HERR der Eselin den Mund
auf, und sie sprach zu Bileam: Was hab
ich dir getan, daß du mich nun dreimal
geschlagen hast?[a] *a* 2.Petr 2,16
29 Bileam sprach zur Eselin: Weil du Mut-
willen mit mir treibst! Ach daß ich jetzt
ein Schwert in der Hand hätte, ich wollte
dich töten!
30 Die Eselin sprach zu Bileam: Bin ich
nicht deine Eselin, auf der du geritten bist
von jeher bis auf diesen Tag? War es je
meine Art, es so mit dir zu treiben? Er
sprach: Nein.
31 Da öffnete der HERR dem Bileam die
Augen, daß er den Engel des HERRN auf
dem Wege stehen sah mit einem bloßen
Schwert in seiner Hand, und er neigte sich
und fiel nieder auf sein Angesicht.
32 Und der Engel des HERRN sprach zu
ihm: Warum hast du deine Eselin nun
dreimal geschlagen? Siehe, ich habe mich
aufgemacht, um dir zu widerstehen; denn
dein Weg ist verkehrt in meinen Augen.
33 Und die Eselin hat mich gesehen und
ist mir dreimal ausgewichen. Sonst, wenn
sie mir nicht ausgewichen wäre, so hätte
ich dich jetzt getötet, aber die Eselin am
Leben gelassen.
34 Da sprach Bileam zu dem Engel des
HERRN: Ich habe gesündigt; ich hab's ja
nicht gewußt, daß du mir entgegenstan-
dest auf dem Wege. Und nun, wenn dir's
nicht gefällt, will ich wieder umkehren.
35 Der Engel des HERRN sprach zu ihm:
Zieh hin mit den Männern, aber nichts
anderes, als was ich zu dir sagen werde,
sollst du reden. So zog Bileam mit den
Fürsten Balaks.
36 ¶ Als Balak hörte, daß Bileam kam, zog
er aus, ihm entgegen nach Ar in Moab,
das am Arnon liegt, an der äußersten
Grenze,
37 und sprach zu ihm: Hab ich nicht zu dir
gesandt und dich rufen lassen? Warum bist
du denn nicht zu mir gekommen? Meinst
du, ich könnte dich nicht ehren?
38 Bileam antwortete ihm: Siehe, ich bin
zu dir gekommen, aber wie kann ich etwas
anderes reden, als was mir Gott in den
Mund gibt? Nur das kann ich reden!
39 So zog Bileam mit Balak, und sie kamen
nach Kirjat-Huzot.
40 Und Balak opferte Rinder und Schafe
und sandte davon an Bileam und an die
Fürsten, die bei ihm waren.
41 ¶ Und am Morgen nahm Balak den
Bileam und führte ihn hinauf nach
[a]Bamot-Baal, daß er von dort das ganze
Volk Israel überblicken konnte. *a* Jos 13,17

23 ¶ Und Bileam sprach zu Balak: Baue
mir hier sieben Altäre und schaffe
mir her sieben junge Stiere und sieben
Widder.
2 Balak tat, wie ihm Bileam sagte, und
beide, Balak und Bileam, opferten auf
jedem Altar einen jungen Stier und einen
Widder.
3 Und Bileam sprach zu Balak: Tritt zu
deinem Brandopfer; ich will hingehen, ob
mir vielleicht der HERR begegnet, daß ich
dir sage, was er mir zeigt. Und er ging hin
auf einen kahlen Hügel.
4 Und Gott begegnete Bileam; er aber
sprach zu ihm: Sieben Altäre hab ich her-

gerichtet und auf jedem Altar einen jun-
gen Stier und einen Widder geopfert.
5 Der HERR aber gab das Wort dem
Bileam in den Mund und sprach: Geh
zurück zu Balak und sprich so!
6 Und als er zu ihm kam, siehe, da stand
er bei seinem Brandopfer samt allen Für-
sten der Moabiter.
7 Da hob Bileam an mit seinem Spruch
und sprach: Aus Aram hat mich Balak,
der König der Moabiter, holen lassen von
dem Gebirge im Osten: Komm, verfluche
mir Jakob! Komm, verwünsche Israel!
8 Wie soll ich fluchen, dem Gott nicht
flucht? Wie soll ich verwünschen, den der
HERR nicht verwünscht?
9 Denn von der Höhe der Felsen sehe ich
ihn, und von den Hügeln schaue ich ihn.
Siehe, das Volk wird abgesondert wohnen
und sich nicht zu den Heiden rechnen.
10 Wer kann zählen den [a]Staub Jakobs,
auch nur den vierten Teil Israels? Meine
Seele möge sterben den Tod der Gerech-
ten, und mein Ende werde wie ihr Ende!
a 1.Mose 13,16
11 ¶ Da sprach Balak zu Bileam: Was tust
du mir an? Ich habe dich holen lassen, um
meinen Feinden zu fluchen, und siehe, du
segnest.
12 Er antwortete und sprach: Muß ich
nicht das halten und [a]reden, was mir der
HERR in den Mund gibt? *a* Kap 22,38
13 Balak sprach zu ihm: Komm doch mit
mir an einen andern Ort, von wo aus du
nur sein äußerstes Ende siehst, aber nicht
ganz Israel, und verfluche es mir von dort.
14 Und er führte ihn zum Späherfeld auf
dem Gipfel des Pisga und baute sieben
Altäre und opferte auf jedem Altar einen
jungen Stier und einen Widder.
15 Und Bileam sprach zu Balak: Tritt zu
deinem Brandopfer, ich aber will dort dem
Herrn begegnen.
16 ¶ Und der HERR begegnete Bileam und
gab ihm das Wort in seinen Mund und
sprach: Geh zurück zu Balak und sprich
so!
17 Und als er zu ihm kam, siehe, da stand
er bei seinem Brandopfer samt den Für-
sten der Moabiter. Und Balak sprach zu
ihm: Was hat der HERR gesagt?
18 Und er hob an mit seinem Spruch und
sprach: Steh auf, Balak, und höre! Nimm
zu Ohren, was ich sage, du Sohn Zippors!
19 **Gott ist nicht ein Mensch, daß er lüge,
noch ein Menschenkind, daß ihn etwas
gereue. Sollte er etwas sagen und nicht tun?
Sollte er etwas reden und nicht halten?**[a]
a 1.Sam 15,29
20 Siehe, zu segnen ist mir befohlen; er
hat gesegnet, und ich kann's nicht wen-
den.
21 Man sieht kein Unheil in Jakob und
kein Verderben in Israel. Der HERR, sein
Gott, ist bei ihm, und es jauchzt dem
König zu.
22 Gott, der sie aus Ägypten geführt hat,
ist für sie wie das Horn des Wildstiers.
23 Denn es gibt kein Zaubern in Jakob und
kein Wahrsagen in Israel. Zu rechter Zeit
wird Jakob und Israel gesagt, welche Wun-
der Gott tut.
24 Siehe, das Volk wird aufstehen wie ein
junger Löwe und wird sich erheben [a]wie
ein Löwe; es wird sich nicht legen, bis es
den Raub verzehrt und das Blut der
Erschlagenen trinkt. *a* Kap 24,9; Hes 19,2
25 ¶ Da sprach Balak zu Bileam: Du sollst
es weder verfluchen noch segnen.
26 Bileam antwortete und sprach zu Balak:
Hab ich dir nicht gesagt, alles, was der
HERR redet, das würde ich tun?
27 Balak sprach zu ihm: Komm doch, ich
will dich an einen andern Ort führen; viel-
leicht gefällt es Gott, daß du sie mir dort
verfluchst.
28 Und [a]Balak führte ihn auf den Gipfel
des Berges [b]Peor, der hinunterblickt auf
das Jordantal. *a* Kap 22,41 *b* Kap 25,3
29 Und Bileam sprach zu Balak: Baue mir
hier sieben Altäre und schaffe mir her sie-
ben junge Stiere und sieben Widder.
30 Balak tat, wie Bileam sagte, und opferte
auf jedem Altar einen jungen Stier und
einen Widder.

24 ¶ Als nun Bileam sah, daß es dem
HERRN gefiel, Israel zu segnen, ging
er nicht wie bisher auf Zeichen aus, son-
dern richtete sein Angesicht zur Wüste,
2 hob seine Augen auf und sah Israel, wie
sie lagerten nach ihren Stämmen. Und der
Geist Gottes kam auf ihn,
3 und er hob an mit seinem Spruch und
sprach: Es sagt Bileam, der Sohn Beors, es
sagt der Mann, dem [a]die Augen geöffnet
sind; *a* 1.Sam 9,9
4 es sagt der Hörer göttlicher Rede, der
des Allmächtigen Offenbarung sieht, dem
die Augen geöffnet werden, wenn er nie-
derkniet:

5 Wie fein sind deine Zelte, Jakob, und
deine Wohnungen, Israel!
6 Wie die Täler, die sich ausbreiten, wie
die Gärten an den Wassern, wie die Aloe-
bäume, die der HERR pflanzt, wie die
Zedern an den Wassern.
7 Sein Eimer fließt von Wasser über, und
seine Saat hat Wasser die Fülle. Sein König
wird höher werden als Agag, und sein
Reich wird sich erheben.
8 Gott, der ihn aus Ägypten geführt hat,
ist für ihn wie das Horn des Wildstiers. Er
wird die Völker, seine Verfolger, auffres-
sen und ihre Gebeine zermalmen und mit
seinen Pfeilen zerschmettern.
9 Er [a]hat sich hingestreckt, sich niederge-
legt wie ein Löwe und wie ein junger Löwe
– wer will ihn aufstören? [b]Gesegnet sei,
wer dich segnet, und verflucht, wer dich
verflucht! *a* Kap 23,24; 1.Mose 49,9
b 1.Mose 12,3; 27,29

10 ¶ Da entbrannte Balaks Zorn gegen
Bileam, und er schlug die Hände zusam-
men und sprach zu ihm: Ich habe dich
gerufen, daß du meine Feinde verfluchen
solltest, und siehe, du hast sie nun drei-
mal gesegnet.
11 Geh nun weg in dein Land! Ich dachte,
ich wollte dich ehren, aber der HERR hat
dir die Ehre verwehrt.
12 Bileam antwortete ihm: Hab ich nicht
schon zu deinen Boten gesagt, die du zu
mir sandtest:
13 Wenn mir Balak sein Haus voll Silber
und Gold gäbe, so könnte ich doch an des
HERRN Wort nicht vorüber und Böses und
Gutes tun nach meinem Herzen, sondern
was der HERR redet, das würde ich auch
reden?[a] *a* Kap 22,18
14 Und nun siehe, ich ziehe zu meinem
Volk. So komm, ich will dir kundtun, was
dies Volk deinem Volk tun wird zur letz-
ten Zeit.
15 Und er hob an mit seinem Spruch und
sprach: Es sagt Bileam, der Sohn Beors, es
sagt der Mann, dem die Augen geöffnet
sind,
16 es sagt der Hörer göttlicher Rede und
der die Erkenntnis des Höchsten hat, der
die Offenbarung des Allmächtigen sieht
und dem die Augen geöffnet werden,
wenn er niederkniet:
17 Ich sehe ihn, aber nicht jetzt; ich schaue
ihn, aber nicht von nahem. Es wird ein
[a]Stern aus Jakob aufgehen und ein [b]Zep-
ter aus Israel aufkommen und wird [c]zer-
schmettern die Schläfen der Moabiter und
den Scheitel aller Söhne Sets.
a Mt 2,2; Lk 1,78 *b* 1.Mose 49,10 *c* 2.Sam 8,2
18 [a]Edom wird er einnehmen, und Seïr,
sein Feind, wird unterworfen sein; Israel
aber wird Sieg haben. *a* 2.Sam 8,14; Jer 49,7-22
19 Aus Jakob wird [a]der Herrscher kom-
men und umbringen, was übrig ist von
den Städten. *a* Mi 5,1.7.8
20 ¶ Und als er die Amalekiter sah, hob er
an mit seinem Spruch und sprach: Ama-
lek ist das erste unter den Völkern; aber
[a]zuletzt wird es umkommen.
a 2.Mose 17,14; 1.Sam 15,2.3.7
21 ¶ Und als er die [a]Keniter sah, hob er an
mit seinem Spruch und sprach: Fest ist
deine Wohnung, und du hast dein Nest in
einen Fels gebaut. *a* 1.Sam 15,6
22 Dennoch wird Kain ausgetilgt werden.
Wie lange noch, dann führt Assur dich
gefangen hinweg!
23 Und er hob abermals an mit seinem
Spruch und sprach: Ach, wer wird am
Leben bleiben, wenn Gott das tun wird?
24 Und Schiffe aus [a]Kittim werden verder-
ben [b]Assur und [c]Eber; das aber wird auch
umkommen. *a* 1.Mose 10,4
b 1.Mose 10,22 *c* 1.Mose 10,21

25 ¶ Und [a]Bileam machte sich auf und zog
hin und kam wieder in sein Land, und
Balak zog seinen Weg. *a* Kap 31,8.16

**Israels Götzendienst mit dem Baal-Peor.
Der Eifer des Pinhas für den HERRN**

25 Und Israel lagerte in [a]Schittim. Da
fing das Volk an zu [b]huren mit den
Töchtern der Moabiter;
a Kap 33,49 *b* 1.Kor 10,8

2 die luden das Volk zu den Opfern ihrer
Götter. Und das Volk aß und betete ihre
Götter an.
3 Und Israel hängte sich an den [a]Baal-
Peor. Da entbrannte des HERRN Zorn über
Israel, *a* 5.Mose 4,3; Ps 106,28
4 und er sprach zu Mose: Nimm alle Obe-
ren des Volks und [a]hänge sie vor dem
HERRN auf im Angesicht der Sonne, damit
sich der grimmige Zorn des HERRN von
Israel wende. *a* 5.Mose 21,22.23; 2.Sam 21,6.9
5 Und Mose sprach zu den Richtern
Israels: [a]Töte ein jeder seine Leute, die
sich an den Baal-Peor gehängt haben.
a 2.Mose 32,27
6 ¶ Und siehe, ein Mann aus Israel kam

und brachte unter seine Brüder eine [a]Mi-
dianiterin vor den Augen des Mose und
der ganzen Gemeinde der Israeliten, die
da weinten vor der Tür der Stiftshütte.
a Kap 31,16
7Als das [a]Pinhas sah, der Sohn Eleasars,
des Sohnes des Priesters Aaron, stand er
auf aus der Gemeinde und nahm einen
Spieß in seine Hand a 2.Mose 6,25
8und ging dem israelitischen Mann nach
in die Kammer und durchstach sie beide,
den israelitischen Mann und die Frau,
durch ihren Leib. Da hörte die Plage auf
unter den Israeliten.
9Es waren aber durch die Plage getötet
worden vierundzwanzigtausend.[a]
a Ps 106,29-31
10¶Und der HERR redete mit Mose und
sprach:
11Pinhas, der Sohn Eleasars, des Sohnes
des Priesters Aaron, hat meinen Grimm
von den Israeliten gewendet durch seinen
Eifer um mich, daß ich nicht in meinem
Eifer die Israeliten vertilgte.
12Darum sage: Siehe, ich gebe ihm mei-
nen [a]Bund des Friedens,
a 1.Chr 9,20; Jes 54,10; Hes 34,25; Mal 2,5
13und dieser Bund soll ihm und seinen
Nachkommen das ewige Priestertum
zuteilen, weil er für seinen Gott geeifert
und für die Israeliten Sühne geschafft hat.
14Der israelitische Mann aber, der
erschlagen wurde mit der Midianiterin,
hieß Simri, der Sohn Salus, der Oberste
einer Sippe der Simeoniter.
15Die midianitische Frau, die auch er-
schlagen wurde, hieß Kosbi, eine Toch-
ter Zurs, des Hauptes eines Geschlechtes
unter den Midianitern.
16¶Und der HERR redete mit Mose und
sprach:
17Tut den Midianitern Schaden und
schlagt sie;[a] a Kap 31,2-10
18denn sie haben euch Schaden getan mit
ihrer List, die sie gegen euch geübt haben
durch den Peor und durch ihre Schwester
Kosbi, die Tochter eines Obersten der
Midianiter, die erschlagen wurde am Tag
der Plage, die um des Peor willen kam.

Neue Zählung der Stämme des Volkes

26 19Und es geschah nach der Plage,
1da sprach der HERR zu Mose und
Eleasar, dem Sohn des Priesters Aaron:
2Nehmt die Summe der ganzen Ge-
meinde der Israeliten auf, von zwanzig
Jahren an und darüber nach ihren Sippen,
alle, die wehrfähig sind in Israel.[a]
a Kap 1,2-47
3Und Mose und Eleasar, der Priester,
zählten sie im Jordantal der Moabiter
gegenüber Jericho,
4die zwanzig Jahre alt waren und darüber,
wie der HERR es Mose geboten hatte. Dies
aber waren die Israeliten, die aus Ägypten
gezogen waren:
5¶[a]Ruben, der Erstgeborene Israels. Die
Söhne Rubens aber waren: Henoch, von
dem das Geschlecht der Henochiter
kommt; Pallu, von dem das Geschlecht
der Palluiter kommt;
a (5-50) 1.Mose 35,23-26; 46,8-27; 1.Chr 4-8
6Hezron, von dem das Geschlecht der
Hezroniter kommt; Karmi, von dem das
Geschlecht der Karmiter kommt.
7Das sind die Geschlechter von Ruben,
und ihre Zahl war 43 730.
8Aber die Söhne Pallus waren Eliab.
9Und die Söhne Eliabs waren Nemuël
und [a]Datan und Abiram. Das sind der
Datan und Abiram, die von der Versamm-
lung berufen waren, aber die sich gegen
Mose und Aaron auflehnten in der Rotte
Korach, als sie sich gegen den HERRN auf-
lehnten. a Kap 16,1.12
10Und die Erde tat ihren Mund auf und
verschlang sie mit Korach, während die
Rotte starb, indem das Feuer zweihundert-
undfünfzig Männer fraß und sie zum Zei-
chen wurden.
11Aber die Söhne Korachs starben nicht
alle.
12¶Die Söhne Simeons nach ihren
Geschlechtern waren: Jemuël, daher
kommt das Geschlecht der Jemuëliter;
Jamin, daher kommt das Geschlecht der
Jaminiter; Jachin, daher das Geschlecht
der Jachiniter kommt;
13[a]Serach, daher das Geschlecht der
Serachiter kommt; Schaul, daher das
Geschlecht der Schauliter kommt.
a 1.Mose 36,13
14Das sind die Geschlechter von Simeon,
22 200.
15¶Die Söhne Gads nach ihren Ge-
schlechtern waren: Zifjon, daher das
Geschlecht der Zifjoniter kommt; Haggi,
daher das Geschlecht der Haggiter
kommt; Schuni, daher das Geschlecht der
Schuniter kommt;

16 Osni, daher das Geschlecht der Osniter
kommt; Eri, daher das Geschlecht der Eri-
ter kommt;
17 Arod, daher das Geschlecht der Arodi-
ter kommt; Areli, daher das Geschlecht
der Areliter kommt.
18 Das sind die Geschlechter der Söhne
Gads, an Zahl 40 500.
19 ¶ Die Söhne Judas waren: Er und Onan,
die beide im Lande Kanaan starben.[a]
[a] 1. Mose 38,7-10
20 Es waren aber die Söhne Judas nach
ihren Geschlechtern: Schela, daher das
Geschlecht der Schelaniter kommt; Perez,
daher das Geschlecht der Pereziter
kommt; Serach, daher das Geschlecht der
Serachiter kommt.
21 Aber die Söhne des [a]Perez waren: Hez-
ron, daher das Geschlecht der Hezroniter
kommt; Hamul, daher das Geschlecht der
Hamuliter kommt. [a] Rut 4,18
22 Das sind die Geschlechter Judas, an
Zahl 76 500.
23 ¶ Die Söhne Issachars nach ihren
Geschlechtern waren: Tola, daher das
Geschlecht der Tolaiter kommt; Puwa,
daher das Geschlecht der Puwaniter
kommt;
24 Jaschub, daher das Geschlecht der
Jaschubiter kommt; Schimron, daher das
Geschlecht der Schimroniter kommt.
25 Das sind die Geschlechter Issachars,
an Zahl 64 300.
26 ¶ Die Söhne Sebulons nach ihren
Geschlechtern waren: Sered, daher das
Geschlecht der Serediter kommt; Elon,
daher das Geschlecht der Eloniter kommt;
Jachleel, daher das Geschlecht der Jachle-
eliter kommt.
27 Das sind die Geschlechter Sebulons, an
Zahl 60 500.
28 ¶ Die Söhne Josefs nach ihren Ge-
schlechtern waren: Manasse und Ephraim.
29 [a]Die Söhne Manasses aber waren:
Machir, daher kommt das Geschlecht der
Machiriter; Machir zeugte Gilead, daher
kommt das Geschlecht der Gileaditer.
[a] (29-33) Jos 17,1-6
30 Dies sind die Söhne Gileads: Ieser,
daher kommt das Geschlecht der Ieseri-
ter; Helek, daher kommt das Geschlecht
der Helekiter;
31 Asriël, daher kommt das Geschlecht
der Asriëliter; Sichem, daher kommt das
Geschlecht der Sichemiter;
32 Schemida, daher kommt das Ge-
schlecht der Schemidaiter; Hefer, daher
kommt das Geschlecht der Heferiter.
33 Zelofhad aber war Hefers Sohn und
hatte keine Söhne, sondern Töchter; die
hießen Machla, Noa, Hogla, Milka und Tir-
za.[a] [a] Kap 27,1
34 Das sind die Geschlechter Manasses,
an Zahl 52 700.
35 ¶ Die Söhne Ephraims nach ihren
Geschlechtern waren: Schutelach, daher
kommt das Geschlecht der Schutelachi-
ter; Becher, daher kommt das Geschlecht
der Becheriter; Tahan, daher kommt das
Geschlecht der Tahaniter.
36 Die Söhne Schutelachs aber waren:
Eran, daher kommt das Geschlecht der
Eraniter.
37 Das sind die Geschlechter der Söhne
Ephraims, an Zahl 32 500. Das sind die
Söhne Josefs nach ihren Geschlechtern.
38 ¶ Die Söhne Benjamins nach ihren
Geschlechtern waren: Bela, daher kommt
das Geschlecht der Belaiter; Aschbel,
daher kommt das Geschlecht der Asch-
beliter; Ahiram, daher kommt das
Geschlecht der Ahiramiter;
39 Schufam, daher kommt das Geschlecht
der Schufamiter; Hufam, daher kommt das
Geschlecht der Hufamiter.
40 Die Söhne Belas aber waren: Ard und
Naaman, daher kommt das Geschlecht der
Arditer und Naamaniter.
41 Das sind die Söhne Benjamins nach
ihren Geschlechtern, an Zahl 45 600.
42 ¶ Die Söhne Dans nach ihren Ge-
schlechtern waren: Schuham, daher
kommt das Geschlecht der Schuhamiter.
Das sind die Geschlechter Dans nach
ihren Geschlechtern.
43 Alle Geschlechter der Schuhamiter
waren an Zahl 64 400.
44 ¶ Die Söhne Assers nach ihren
Geschlechtern waren: Jimna, daher
kommt das Geschlecht der Jimniter;
Jischwi, daher kommt das Geschlecht der
Jischwiter; Beria, daher kommt das
Geschlecht der Beriiter.
45 Aber die Söhne Berias waren: Heber,
daher kommt das Geschlecht der Heberi-
ter; Malkiël, daher kommt das Geschlecht
der Malkiëliter.
46 Und die Tochter Assers hieß Serach.
47 Das sind die Geschlechter der Söhne
Assers, an Zahl 53 400.

48¶Die Söhne Naftalis nach ihren
Geschlechtern waren: Jachzeel, daher
kommt das Geschlecht der Jachzeeliter;
Guni, daher kommt das Geschlecht der
Guniter;
49Jezer, daher kommt das Geschlecht der
Jezeriter; Schillem, daher kommt das
Geschlecht der Schillemiter.
50Das sind die Geschlechter von Naftali
nach ihren Sippen, an Zahl 45400.
51¶Das ist die Summe der Israeliten,
601730.
52¶Und der HERR redete mit Mose und
sprach:
53Diesen sollst du das Land austeilen
zum Erbe nach der Zahl der Namen.
54Dem Geschlecht, das groß ist an Zahl,
sollst du viel zum Erbe geben, und dem
Geschlecht, das gering ist an Zahl, wenig;
einem jeden soll man geben nach seiner
Zahl.
55[a]Doch soll man das Land durchs Los
austeilen; nach den Namen der Stämme
ihrer Väter sollen sie ihr Erbteil erhalten.
a (55 und 56) Kap 33,54; Jos 14,2
56Nach dem Los sollst du ihr Erbe aus-
teilen zwischen den vielen und wenigen.

Die Geschlechter der Leviten

57Und dies ist die Summe der Leviten
nach ihren Geschlechtern: Gerschon,
daher das Geschlecht der Gerschoniter;
Kehat, daher das Geschlecht der Kehati-
ter; Merari, daher das Geschlecht der
Merariter.[a] *a* Kap 3,17-20; 2.Mose 6,16-25
58Dies sind die Geschlechter Levis: das
Geschlecht der [a]Libniter, das Geschlecht
der [b]Hebroniter, das Geschlecht der
Machliter, das Geschlecht der Muschiter,
das Geschlecht der Korachiter. Kehat aber
zeugte Amram. *a* Kap 33,20 *b* Kap 13,22
59Und Amrams Frau hieß Jochebed, eine
Tochter Levis, die ihm geboren wurde in
Ägypten. Und sie gebar dem Amram
Aaron und Mose und ihre Schwester Mir-
jam.
60Dem Aaron aber wurden geboren
Nadab, Abihu, Eleasar und Itamar.
61Nadab aber und Abihu starben, als sie
fremdes Feuer darbrachten vor dem
HERRN.[a] *a* 3.Mose 10,1.2
62Und ihre Summe war 23000, alles, was
männlich war, von einem Monat an und
darüber. Sie wurden nämlich nicht gezählt
zusammen mit den Israeliten; denn man
gab ihnen kein Erbe unter den Israeliten.
63¶Das ist die Summe der Israeliten, die
Mose und Eleasar, der Priester, zählten im
Jordantal der Moabiter gegenüber Jericho.
64Unter diesen aber war keiner mehr von
denen aus Israel, die Mose und Aaron,
der Priester, gezählt hatten in der Wüste
Sinai.[a] *a* Kap 1
65Denn der HERR hatte ihnen gesagt, sie
sollten des Todes sterben in der Wüste.
[a]Und so blieb keiner von ihnen übrig als
Kaleb, der Sohn Jefunnes, und Josua, der
Sohn Nuns. *a* Kap 14,22-38

Erbrecht der Töchter

(vgl. Kap 36)

27 Und [a]die Töchter Zelofhads, des
Sohnes Hefers, des Sohnes Gileads,
des Sohnes Machirs, des Sohnes Manas-
ses, von den Geschlechtern Manasses, des
Sohnes Josefs, mit Namen Machla, Noa,
Hogla, Milka und Tirza kamen herzu
a Kap 26,33; Jos 17,3-6
2und traten vor Mose und vor Eleasar,
den Priester, und vor die Stammesfürsten
und die ganze Gemeinde vor der Tür der
Stiftshütte und sprachen:
3Unser Vater ist gestorben in der Wüste
und war nicht mit unter der Rotte, die sich
[a]gegen den HERRN empörte, unter der
Rotte Korach, sondern ist um seiner eige-
nen Sünde willen gestorben und hatte
keine Söhne. *a* Kap 16,2; 1.Mose 3,19
4Warum soll denn unseres Vaters Name
in seinem Geschlecht untergehen, weil er
keinen Sohn hat? Gebt uns auch ein Erb-
gut unter den Brüdern unseres Vaters.
5¶Mose brachte ihre Sache vor den
HERRN.
6Und der HERR sprach zu ihm:
7Die Töchter Zelofhads haben recht
geredet. Du sollst ihnen ein Erbgut unter
den Brüdern ihres Vaters geben und sollst
ihres Vaters Erbe ihnen zuwenden.
8Und sage den Israeliten: Wenn jemand
stirbt und keinen Sohn hat, so sollt ihr
sein Erbe seiner Tochter zuwenden.
9Hat er keine Tochter, sollt ihr's seinen
Brüdern geben.
10Hat er keine Brüder, sollt ihr's den Brü-
dern seines Vaters geben.
11Hat sein Vater keine Brüder, sollt ihr's
seinen nächsten Verwandten geben, die

ihm angehören in seinem Geschlecht,
damit sie es in Besitz nehmen. Das soll
den Israeliten Gesetz und Recht sein, wie
der HERR dem Mose geboten hat.

Josua wird zum Nachfolger des Mose bestellt

12 [a]Und der HERR sprach zu Mose: Steig
auf dies Gebirge Abarim und sieh auf das
Land, das ich den Israeliten geben werde.
a (12-14) Kap 21,11; 5.Mose 32,48-52
13 Und wenn du es gesehen hast, sollst du
auch zu deinen Vätern versammelt werden, wie dein Bruder Aaron zu ihnen versammelt ist,[a] a Kap 20,24-28
14 weil ihr meinem Wort ungehorsam
gewesen seid in der Wüste Zin, als die
Gemeinde haderte und [a]ihr mich vor
ihnen heiligen solltet durch das Wasser.
Das ist das Haderwasser zu Kadesch in
der Wüste Zin. a Kap 20,12.13
15 ¶Und Mose redete mit dem HERRN
und sprach:
16 Der HERR, der [a]Gott des Lebensgeistes für alles Fleisch, wolle einen Mann
setzen über die Gemeinde, a Kap 16,22
17 der vor ihnen her aus- und eingeht und
sie aus- und einführt, damit die Gemeinde
des HERRN nicht sei [a]wie die Schafe ohne
Hirten. a Mi 5,3; Mt 9,36
18 ¶Und der HERR sprach zu Mose:
Nimm [a]Josua zu dir, den Sohn Nuns,
einen Mann, in dem der Geist ist, und
lege deine Hände auf ihn;
a 2.Mose 33,11; 5.Mose 34,9
19 und laß ihn treten vor den Priester Eleasar und vor die ganze Gemeinde und
bestelle ihn vor ihren Augen
20 und lege [a]von deiner Hoheit auf ihn,
damit ihm gehorche die ganze Gemeinde
der Israeliten. a 2.Mose 34,29.30; 2.Kön 2,9.15
21 Und er soll treten vor Eleasar, den Priester, der soll für ihn [a]mit den heiligen
Losen den HERRN befragen. Nach dessen
Befehl sollen aus- und einziehen er und
alle Israeliten mit ihm und die ganze
Gemeinde. a 2.Mose 28,30; 5.Mose 33,8
22 Mose tat, wie ihm der HERR geboten
hatte, und nahm Josua und ließ ihn treten
vor den Priester Eleasar und vor die ganze
Gemeinde
23 und legte seine Hand auf ihn und
bestellte ihn, wie der HERR durch Mose
geredet hatte.

Gesetze über die regelmäßigen Opfer des Jahres

28 Und der HERR redete mit Mose und
sprach:
2 Gebiete den Israeliten und sprich zu
ihnen: Ihr sollt achthaben, daß ihr zur
rechten Zeit meine Opfergaben darbringt,
meine [a]Feueropferspeise mir zum lieblichen Geruch. a 3.Mose 21,6
3 [a]Und sprich zu ihnen: Dies sind die
Feueropfer, die ihr dem HERRN opfern
sollt: einjährige Schafe, die ohne Fehler
sind, täglich zwei zum täglichen Brandopfer, a (3-8) 2.Mose 29,38-42
4 ein Schaf am Morgen, das andere gegen
Abend;
5 dazu ein Zehntel Scheffel feinstes Mehl
zum Speisopfer, mit Öl vermengt, das
gestoßen ist, eine viertel Kanne.
6 Das ist das tägliche Brandopfer, das ihr
am Berge Sinai geopfert habt zum lieblichen Geruch, ein Feueropfer für den
HERRN.
7 Dazu sein Trankopfer zu je einem Schaf
eine viertel Kanne. Im Heiligtum soll man
den Wein des Trankopfers dem HERRN
darbringen.
8 Das andere Schaf sollst du gegen Abend
zurichten. Mit einem Speisopfer wie am
Morgen und mit seinem Trankopfer sollst
du es zurichten als Feueropfer für den
HERRN zum lieblichen Geruch.
9 ¶Am [a]Sabbattag aber zwei einjährige
Schafe ohne Fehler und zwei Zehntel feinstes Mehl zum Speisopfer, mit Öl vermengt, und sein Trankopfer. a Mt 12,5
10 Das ist das Brandopfer an jedem Sabbat außer dem täglichen Brandopfer samt
seinem Trankopfer.
11 ¶[a]Aber am ersten Tage eurer Monate
sollt ihr dem HERRN ein Brandopfer
opfern: zwei junge Stiere, einen Widder,
sieben einjährige Schafe ohne Fehler
a (11-15) Kap 10,10; Hes 46,1.3.6; Jes 1,13
12 und [a]je drei Zehntel feinstes Mehl zum
Speisopfer, mit Öl vermengt, zu je einem
jungen Stier und zwei Zehntel feinstes
Mehl zum Speisopfer, mit Öl vermengt,
zu dem einen Widder a Kap 15,2-12
13 und je ein Zehntel feinstes Mehl zum
Speisopfer, mit Öl vermengt, zu je einem
Schaf. Das ist ein Brandopfer des lieblichen Geruchs, ein Feueropfer für den
HERRN.

[14]Und was dazugehört an Trankopfern,
soll sein: eine halbe Kanne Wein zu je
einem jungen Stier, eine drittel Kanne zum
Widder, eine viertel Kanne zu je einem
Schaf. Das ist das Brandopfer zum Neu-
mond eines jeden Monats im Jahr.
[15]Dazu soll man einen Ziegenbock dem
HERRN zum Sündopfer zurichten außer
dem täglichen Brandopfer und seinem
Trankopfer.
[16]¶ [a]Aber am vierzehnten Tag des ersten
Monats ist das Passa des HERRN.

a (16-25) 3.Mose 23,5-14

[17]Und am fünfzehnten Tage desselben
Monats ist Festfeier. Sieben Tage soll man
ungesäuertes Brot essen.
[18]Am ersten Tag soll heilige Versamm-
lung sein; keine Arbeit sollt ihr an diesem
Tage tun
[19]und sollt dem HERRN Brandopfer dar-
bringen: zwei junge Stiere, einen Widder,
sieben einjährige Schafe ohne Fehler
[20]samt ihren Speisopfern: drei Zehntel
feinstes Mehl, mit Öl vermengt, zu je
einem jungen Stier und zwei Zehntel zu
dem Widder
[21]und je ein Zehntel auf ein Schaf unter
den sieben Schafen,
[22]dazu einen Bock zum Sündopfer, um
für euch Sühne zu schaffen.
[23]Und ihr sollt das alles darbringen außer
dem Brandopfer am Morgen, welches das
tägliche Brandopfer ist.
[24]Nach dieser Weise sollt ihr alle Tage,
die sieben Tage lang, das Opfer zurichten
als Feueropferspeise zum lieblichen
Geruch für den HERRN, außer dem tägli-
chen Brandopfer samt seinem Trankopfer.
[25]Am siebenten Tag aber soll heilige Ver-
sammlung sein; keine Arbeit sollt ihr an
diesem Tage tun.
[26]¶[a]Und am Tag der Erstlinge, wenn ihr
das neue Speisopfer dem HERRN opfert,
an eurem Wochenfest, soll heilige Ver-
sammlung sein; keine Arbeit sollt ihr an
diesem Tage tun.

a (26-31) 3.Mose 23,15-21; 5.Mose 16,10

[27]Und ihr sollt dem HERRN als Brandop-
fer darbringen zum lieblichen Geruch:
zwei junge Stiere, einen Widder, sieben
einjährige Schafe
[28]samt ihrem Speisopfer: drei Zehntel
feinstes Mehl, mit Öl vermengt, zu je
einem jungen Stier, zwei Zehntel zu dem
Widder
[29]und je ein Zehntel zu je einem Schaf
von den sieben Schafen,
[30]und einen Ziegenbock, um für euch
Sühne zu schaffen.
[31]Das alles sollt ihr darbringen außer dem
täglichen Brandopfer mit seinem Speisop-
fer. Ohne Fehler soll's sein, dazu ihre
Trankopfer.

29 ¶[a]Und am ersten Tag des siebenten
Monats soll heilige Versammlung
sein; keine Arbeit sollt ihr an diesem Tage
tun; ein Tag des Posaunenblasens soll er
für euch sein. *a (1-6)* Kap 10,10; 3.Mose 23,24.25
[2]Und ihr sollt als Brandopfer darbringen
zum lieblichen Geruch für den HERRN:
einen jungen Stier, einen Widder, sieben
einjährige Schafe ohne Fehler,
[3]dazu als Speisopfer: drei Zehntel fein-
stes Mehl, mit Öl vermengt, zu dem jun-
gen Stier, zwei Zehntel zu dem Widder
[4]und ein Zehntel zu je einem Schaf von
den sieben Schafen,
[5]auch einen Ziegenbock zum Sündopfer,
um für euch Sühne zu schaffen,
[6]außer dem Brandopfer des Neumondes
und seinem Speisopfer und außer dem
täglichen Brandopfer mit seinem Speisop-
fer und mit ihren Trankopfern, ihrer Ord-
nung gemäß, zum lieblichen Geruch als
ein Feueropfer für den HERRN.
[7]¶[a]Am zehnten Tag dieses siebenten
Monats soll heilige Versammlung sein,
und ihr sollt fasten und keine Arbeit an
diesem Tage tun, *a (7-11)* 3.Mose 23,27-32
[8]sondern als Brandopfer dem HERRN
zum lieblichen Geruch opfern: einen jun-
gen Stier, einen Widder, sieben einjährige
Schafe ohne Fehler
[9]mit ihren Speisopfern: drei Zehntel fein-
stes Mehl, mit Öl vermengt, zu dem jun-
gen Stier, zwei Zehntel zu dem Widder
[10]und ein Zehntel zu je einem der sieben
Schafe,
[11]dazu einen Ziegenbock zum Sündopfer
außer dem Sündopfer zur Sühnung und
dem täglichen Brandopfer mit seinem
Speisopfer und mit ihren Trankopfern.[a]

a 3.Mose 16,11-28

[12]¶[a]Am fünfzehnten Tag des siebenten
Monats soll heilige Versammlung sein;
keine Arbeit sollt ihr an diesem Tage tun
und sollt dem HERRN das Fest sieben Tage
feiern *a (12-38)* 3.Mose 23,34-43
[13]und sollt an Brandopfern darbringen,
als Feueropfer des lieblichen Geruchs für

den HERRN: dreizehn junge Stiere, zwei Widder, vierzehn einjährige Schafe ohne Fehler
14 samt ihrem Speisopfer: drei Zehntel feinstes Mehl, mit Öl vermengt, zu je einem der dreizehn jungen Stiere, zwei Zehntel zu je einem der zwei Widder
15 und ein Zehntel zu je einem der vierzehn Schafe,
16 dazu einen Ziegenbock zum Sündopfer außer dem täglichen Brandopfer mit seinem Speisopfer und seinem Trankopfer.
17 Am zweiten Tage: zwölf junge Stiere, zwei Widder, vierzehn einjährige Schafe ohne Fehler
18 mit ihrem Speisopfer und ihren Trankopfern zu den jungen Stieren, zu den Widdern und zu den Schafen nach ihrer Zahl, der Ordnung gemäß,
19 dazu einen Ziegenbock zum Sündopfer außer dem täglichen Brandopfer mit seinem Speisopfer und ihren Trankopfern.
20 Am dritten Tage: elf junge Stiere, zwei Widder, vierzehn einjährige Schafe ohne Fehler
21 mit ihrem Speisopfer und ihren Trankopfern zu den jungen Stieren, zu den Widdern und zu den Schafen nach ihrer Zahl, der Ordnung gemäß,
22 dazu einen Bock zum Sündopfer außer dem täglichen Brandopfer mit seinem Speisopfer und seinem Trankopfer.
23 Am vierten Tage: zehn junge Stiere, zwei Widder, vierzehn einjährige Schafe ohne Fehler
24 samt ihrem Speisopfer und ihren Trankopfern zu den jungen Stieren, zu den Widdern und zu den Schafen nach ihrer Zahl, der Ordnung gemäß,
25 dazu einen Ziegenbock zum Sündopfer außer dem täglichen Brandopfer mit seinem Speisopfer und seinem Trankopfer.
26 Am fünften Tage: neun junge Stiere, zwei Widder, vierzehn einjährige Schafe ohne Fehler
27 samt ihrem Speisopfer und ihren Trankopfern zu den jungen Stieren, zu den Widdern und zu den Schafen nach ihrer Zahl, der Ordnung gemäß,
28 dazu einen Bock zum Sündopfer außer dem täglichen Brandopfer mit seinem Speisopfer und seinem Trankopfer.
29 Am sechsten Tage: acht junge Stiere, zwei Widder, vierzehn einjährige Schafe ohne Fehler
30 samt ihrem Speisopfer und ihren Trankopfern zu den jungen Stieren, zu den Widdern und zu den Schafen nach ihrer Zahl, der Ordnung gemäß,
31 dazu einen Bock zum Sündopfer außer dem täglichen Brandopfer mit seinem Speisopfer und seinen Trankopfern.
32 Am siebenten Tage: sieben junge Stiere, zwei Widder, vierzehn einjährige Schafe ohne Fehler
33 samt ihrem Speisopfer und ihren Trankopfern zu den jungen Stieren, zu den Widdern und zu den Schafen nach ihrer Zahl, ihrer Ordnung gemäß,
34 dazu einen Bock zum Sündopfer außer dem täglichen Brandopfer mit seinem Speisopfer und seinem Trankopfer.
35 Am achten sollt ihr Festversammlung halten; keine Arbeit sollt ihr an diesem Tage tun
36 und sollt als Brandopfer opfern, als Feueropfer des lieblichen Geruchs für den HERRN: einen jungen Stier, einen Widder, sieben einjährige Schafe ohne Fehler
37 samt ihrem Speisopfer und ihren Trankopfern zu dem jungen Stier, zu dem Widder und zu den Schafen nach ihrer Zahl, der Ordnung gemäß,
38 dazu einen Bock zum Sündopfer außer dem täglichen Brandopfer mit seinem Speisopfer und seinem Trankopfer.
39 Das alles sollt ihr dem HERRN darbringen an euren Festen, außer dem, was ihr gelobt und freiwillig gebt an Brandopfern, Speisopfern, Trankopfern und Dankopfern.

30 ¶Und Mose sagte den Israeliten alles, was ihm der HERR geboten hatte.

Gesetze über die Verbindlichkeit von Gelübden

2 Und Mose redete mit den Häuptern der Stämme Israels und sprach: Dies ist's, was der HERR geboten hat:
3 ¶Wenn jemand dem HERRN ein [a]Gelübde tut oder einen Eid schwört, daß er sich zu etwas verpflichten will, so soll er sein Wort nicht brechen, sondern alles tun, wie es über seine Lippen gegangen ist.[b]

a 3.Mose 27,2-25; 5.Mose 23,22; Ri 11,35; Pred 5,3.4
b Kap 6,1-21

4 ¶Wenn eine Frau dem HERRN ein Gelübde tut und sich zu etwas verpflichtet, solange sie im Hause ihres Vaters und ledig ist,

5 und ihr Vater hört von ihrem Gelübde
und ihrer Verpflichtung, die sie sich auf-
erlegt hat, und er schweigt dazu, so gel-
ten alle ihre Gelübde, und jede Verpflich-
tung, die sie sich auferlegt hat, soll auch
gelten.
6 Wenn aber ihr Vater ihr's verwehrt an
dem Tage, da er's hört, so gilt das Gelübde
und die Verpflichtung nicht, die sie sich
auferlegt hat, und der HERR wird ihr gnä-
dig sein, weil ihr Vater es ihr verwehrt hat.
7 ¶Wird sie aber eines Mannes Frau und
liegt noch ein Gelübde auf ihr oder hat sie
unbedacht etwas versprochen, durch das
sie sich gebunden hat,
8 und ihr Mann hört es und schweigt dazu
an demselben Tage, so gilt ihr Gelübde
und ihre Verpflichtung, die sie sich aufer-
legt hat.
9 Wenn aber ihr Mann ihr's verwehrt an
dem Tage, da er's hört, so macht er sie
ihres Gelübdes ledig, das auf ihr liegt, und
ihres unbedachten Versprechens, durch
das sie sich gebunden hat; und der HERR
wird ihr gnädig sein.
10 ¶Das Gelübde einer Witwe oder einer
Verstoßenen, alles, was sie sich auferlegt
hat, das gilt für sie.
11 ¶[a]Wenn eine Frau im Hause ihres
Mannes etwas gelobt und sich mit einem
Eide bindet *a (11-16)* Jer 44,19.25
12 und ihr Mann hört es und schweigt
dazu und verwehrt es ihr nicht, so gelten
alle ihre Gelübde und alles, wozu sie sich
verpflichtet hat.
13 Macht aber ihr Mann sie ihres
Gelübdes ledig an dem Tage, da er's hört,
so gilt das nicht, was über ihre Lippen
gegangen ist, was sie gelobt oder wozu sie
sich verpflichtet hat; denn ihr Mann hat
sie ihres Gelübdes ledig gemacht, und der
HERR wird ihr gnädig sein.
14 Alle Gelübde und alle Eide, mit denen
sie sich verpflichtet hat zu fasten, kann ihr
Mann bekräftigen oder aufheben, also:
15 wenn er dazu schweigt von einem Tage
zum andern, so bekräftigt er alle ihre
Gelübde und Verpflichtungen, die auf ihr
liegen, weil er geschwiegen hat an dem
Tage, da er's hörte;
16 hat er's aber gehört und hebt es erst
später auf, so soll er ihre Schuld tragen.
17 ¶Das sind die Satzungen, die der HERR
dem Mose geboten hat, zwischen Mann
und Frau, zwischen Vater und Tochter,
solange sie noch ledig ist in ihres Vaters
Hause.

Sieg über die Midianiter und Verteilung der Beute

31 Und der HERR redete mit Mose
und sprach:
2 Übe [a]Rache für die Israeliten an den
Midianitern, und danach sollst du [b]ver-
sammelt werden zu deinen Vätern.
a Kap 25,6-9.17 *b* Kap 27,13
3 Da redete Mose mit dem Volk und
sprach: Rüstet unter euch Leute zum
Kampf gegen die Midianiter, die die Rache
des HERRN an den Midianitern vollstrek-
ken.
4 Aus jedem Stamm je tausend Mann sollt
ihr aus allen Stämmen Israels in das Heer
schicken.
5 Und sie nahmen aus den Tausendschaf-
ten Israels je tausend eines Stammes,
zwölftausend Mann gerüstet zum Kampf.
6 Und Mose schickte sie mit Pinhas, dem
Sohn des Priesters Eleasar, in den Kampf,
und er hatte die heiligen Geräte und die
[a]Kriegstrompeten bei sich. *a* Kap 10,2
7 Und sie zogen aus zum Kampf gegen
die Midianiter, wie der HERR es Mose
geboten hatte, und [a]töteten alles, was
männlich war. *a* 5.Mose 20,13
8 Samt diesen Erschlagenen töteten sie
auch die Könige der Midianiter, nämlich
[a]Ewi, Rekem, Zur, Hur und Reba, die fünf
Könige der Midianiter. Auch [b]Bileam, den
Sohn Beors, töteten sie mit dem Schwert.
a Jos 13,21.22 *b* Kap 22,5
9 Und die Israeliten nahmen gefangen die
Frauen der Midianiter und ihre Kinder; all
ihr Vieh, alle ihre Habe und alle ihre Güter
raubten sie
10 und verbrannten mit Feuer alle ihre
Städte, wo sie wohnten, und alle ihre Zelt-
dörfer.
11 Und sie nahmen allen Raub und alles,
was zu nehmen war, Menschen und Vieh,
12 und brachten's zu Mose und zu Elea-
sar, dem Priester, und zu der Gemeinde
der Israeliten, nämlich die Gefangenen
und das genommene Vieh und das
geraubte Gut, ins Lager im Jordantal der
Moabiter gegenüber Jericho.
13 Und Mose und Eleasar, der Priester,
und alle Fürsten der Gemeinde gingen
ihnen entgegen, hinaus vor das Lager.

14¶ Und Mose wurde zornig über die
Hauptleute des Heeres, die Hauptleute
über tausend und über hundert, die aus
dem Feldzug kamen,
15 und sprach zu ihnen: Warum habt ihr
alle Frauen leben lassen?
16 Siehe, haben nicht diese die Israeliten
durch Bileams Rat abwendig gemacht, daß
sie [a]sich versündigten am HERRN durch
den Baal-Peor, so daß der Gemeinde des
HERRN eine Plage widerfuhr?

a Kap 25,1.3; Offb 2,14

17 [a]So tötet nun alles, was männlich ist
unter den Kindern, und alle Frauen, die
nicht mehr Jungfrauen sind;

a (17 und 18) Ri 21,11.12

18 aber alle Mädchen, die unberührt sind,
die laßt für euch leben.
19 Und lagert euch draußen vor dem Lager
sieben Tage, alle, die jemanden getötet
oder die Erschlagene angerührt haben,
daß ihr euch entsündigt am dritten und
siebenten Tage samt denen, die ihr gefan-
gengenommen habt.[a] *a* Kap 19,11-20
20 Auch alle Kleider und alles Lederzeug
und alles Pelzwerk und alle hölzernen
Geräte sollt ihr entsündigen.
21¶ Und Eleasar, der Priester, sprach zu
dem Kriegsvolk, das in den Kampf gezo-
gen war: Dies ist das Gesetz, das der HERR
dem Mose geboten hat:
22 Gold, Silber, Kupfer, Eisen, Zinn und
Blei
23 und alles, was Feuer verträgt, sollt ihr
durchs Feuer gehen lassen, so wird es rein;
nur daß es mit dem Reinigungswasser ent-
sündigt werde. Aber alles, was Feuer nicht
verträgt, sollt ihr durchs Wasser gehen las-
sen.
24 Und ihr sollt eure Kleider waschen am
siebenten Tage, so werdet ihr rein. Danach
sollt ihr ins Lager kommen.
25¶ Und der HERR redete mit Mose und
sprach:
26 Nimm die gesamte Beute an Menschen
und Vieh, die weggeführt wurde, auf, du
und der Priester Eleasar und die Häupter
der Sippen der Gemeinde,
27 und gib die eine Hälfte denen, die in
den Kampf gezogen sind und die Schlacht
geschlagen haben, und die andere Hälfte
der ganzen Gemeinde.[a]

a Jos 22,8; 1.Sam 30,24.25

28 Du sollst aber für den HERRN als
Abgabe erheben von den Kriegsleuten, die
in den Kampf gezogen waren, je eins von
fünfhundert, an Menschen, Rindern, Eseln
und Schafen.
29 Von ihrer Hälfte sollst du sie erheben
und dem Priester Eleasar geben als Opfer-
gabe für den HERRN.
30 Aber von der Hälfte der Israeliten sollst
du je eins von fünfzig erheben, an Men-
schen, Rindern, Eseln und Schafen und
von allem Vieh, und sollst sie den Leviten
geben, die den Dienst versehen an der
Wohnung des HERRN.
31 Und Mose und der Priester Eleasar
taten, wie der HERR es Mose geboten
hatte.
32¶ Und es betrug die Beute, soviel am
Leben geblieben war von dem, was das
Kriegsvolk erbeutet hatte, 675 000 Schafe,
33 72 000 Rinder,
34 61 000 Esel;
35 an Menschen aber 32 000 Mädchen, die
nicht von Männern berührt waren.
36 Und die Hälfte, die denen gehörte, die
in den Kampf gezogen waren, betrug
337 500 Schafe;
37 davon waren Abgabe für den HERRN
675 Schafe.
38 Desgleichen 36 000 Rinder; davon
waren Abgabe für den HERRN 72.
39 Desgleichen 30 500 Esel; davon waren
Abgabe für den HERRN 61.
40 Desgleichen 16 000 Menschen; davon
waren Abgabe für den HERRN 32.
41 Und Mose gab diese Abgabe als Opfer-
gabe für den HERRN dem Priester Eleasar,
wie ihm der HERR geboten hatte.
42 Aber die andere Hälfte, die Mose für
die Israeliten absonderte von dem Anteil
der Kriegsleute,
43 nämlich die Hälfte, die der Gemeinde
zukam, betrug auch 337 500 Schafe,
44 36 000 Rinder,
45 30 500 Esel
46 und 16 000 Menschen.
47 Und Mose nahm von dieser Hälfte der
Israeliten je eins von fünfzig, sowohl vom
Vieh als von den Menschen, und gab's
den Leviten, die den Dienst versahen an
der Wohnung des HERRN, wie der HERR
es Mose geboten hatte.
48¶ Und es traten an Mose heran die
Anführer der Tausendschaften des Kriegs-
volks, nämlich die Hauptleute über tau-
send und über hundert,
49 und sprachen zu ihm: Wir, deine

Knechte, haben die Summe der Kriegs-
leute aufgenommen, die unter unserm
Befehl standen, und es fehlt nicht einer.
50 Darum bringen wir dem HERRN als
Gabe, was jeder gefunden hat an golde-
nem Gerät, Ketten, Armgeschmeide, Rin-
gen, Ohrringen und Spangen, um für uns
Sühne zu schaffen vor dem HERRN.[a]

[a] Ri 8,24-26

51 Und Mose samt dem Priester Eleasar
nahm von ihnen das Gold, allerlei
Geschmeide.
52 Und alles Gold, das die Hauptleute
über tausend und über hundert als Opfer-
gabe für den HERRN darbrachten, wog
16750 Lot.
53 Aber von den Kriegsleuten hatte jeder
nur für sich selber Beute gemacht.
54 Und Mose und der Priester Eleasar
nahmen das Gold von den Hauptleuten
über tausend und über hundert und brach-
ten es in die Stiftshütte, damit es dazu
diene, daß der HERR gnädig der Israeliten
gedenke.[a]

[a] 2.Mose 30,12.16

Verteilung des Ostjordanlandes an die Stämme Ruben, Gad und Manasse

(vgl. 5.Mose 3,12-22)

32 Die Söhne Ruben und die Söhne
Gad hatten sehr viel Vieh und
sahen das Land Jaser und Gilead an als
gute Weide für ihr Vieh
2 und kamen und sprachen zu Mose und
zu dem Priester Eleasar und zu den Für-
sten der Gemeinde:
3 Das Land Atarot, Dibon, Jaser, Nimra,
Heschbon, Elale, Sibma, Nebo und Beon,
4 das der HERR geschlagen hat vor der
Gemeinde Israel, ist gut zur Weide, und
wir, deine Knechte, haben Vieh.
5 Und sie sprachen weiter: Haben wir
Gnade vor dir gefunden, so gib dies Land
deinen Knechten zu eigen und laß uns
nicht über den Jordan ziehen.
6 ¶ Mose sprach zu ihnen: Eure Brüder
sollen in den Kampf ziehen, und ihr wollt
hierbleiben?
7 Warum macht ihr die Herzen der Isra-
eliten abwendig, daß sie nicht hinüberzie-
hen in das Land, das ihnen der HERR
geben wird?
8 [a]So machten es auch eure Väter, als ich
sie aussandte von Kadesch-Barnea, um das
Land zu erkunden;

[a] *(8 und 9)* Kap 13,1–14,4

9 und als sie hinaufgekommen waren bis
an den Bach Eschkol und das Land sahen,
machten sie das Herz der Israeliten ab-
wendig, daß sie nicht in das Land wollten,
das ihnen der HERR geben wollte.
10 Und des HERRN Zorn entbrannte zur
selben Zeit, und er schwor:
11 Wahrlich, [a]diese Leute, die aus Ägyp-
ten gezogen sind, von zwanzig Jahren an
und darüber, sollen das Land nicht sehen,
das ich Abraham, Isaak und Jakob zu
geben geschworen habe, weil sie mir nicht
treu nachgefolgt sind,

[a] Kap 14,22-38; 26,65

12 ausgenommen [a]Kaleb, der Sohn Jefun-
nes, des Kenasiters, und Josua, der Sohn
Nuns; denn sie sind dem HERRN treu
nachgefolgt.

[a] Kap 14,7-9; Jos 14,6-15

13 So entbrannte des HERRN Zorn über
Israel, und er ließ sie hin und her in der
Wüste ziehen vierzig Jahre, bis es zu Ende
war mit dem ganzen Geschlecht, das übel-
getan hatte vor dem HERRN.
14 Und siehe, ihr seid aufgetreten an eurer
Väter Statt, damit die Sünder immer mehr
werden und auch ihr den Zorn und
Grimm des HERRN gegen Israel noch ver-
mehrt.
15 Denn wenn ihr euch von ihm wendet,
so wird er das Volk noch länger in der
Wüste lassen, und ihr werdet's ganz
zugrunde richten.
16 ¶ Da traten sie heran und sprachen:
Wir wollen nur Schafhürden hier bauen
für unser Vieh und Städte für unsere
Kinder;
17 wir aber wollen gerüstet vor Israel ein-
herziehen, bis wir sie an ihren Ort gebracht
haben. Unsere Kinder aber sollen in den
festen Städten bleiben um der Bewohner
des Landes willen.
18 Wir wollen nicht heimkehren, bis von
den Israeliten ein jeder sein Erbe einge-
nommen hat.
19 Denn wir wollen nicht mit ihnen erben
jenseits des Jordans, sondern [a]unser Erb-
teil soll uns diesseits des Jordans, nach
Osten hin zufallen.

[a] Jos 13,8

20 ¶ Mose sprach zu ihnen: Wenn ihr das
tun wollt, so [a]rüstet euch zum Kampf vor
dem HERRN.

[a] Jos 1,12-15

21 Wer unter euch gerüstet ist, der ziehe
über den Jordan vor dem HERRN, bis er
seine Feinde vertreibe vor sich her
22 und das Land untertan werde vor dem
HERRN. Danach dürft ihr umkehren und

werdet ohne Schuld sein vor dem HERRN und vor Israel und sollt dies Land zu eigen haben vor dem HERRN.

23 Wenn ihr das aber nicht tun wollt, siehe, so werdet ihr euch an dem HERRN versündigen und werdet eure Sünde erkennen, wenn sie euch treffen wird.

24 So baut nun Städte für eure Kinder und Hürden für euer Vieh und tut, was ihr gesagt habt.

25 ¶ Die Söhne Gad und die Söhne Ruben sprachen zu Mose: Deine Knechte werden tun, wie mein Herr geboten hat.

26 Unsere Kinder und Frauen, unsere Habe und all unser Vieh sollen in den Städten Gileads bleiben;

27 wir aber, deine Knechte, wollen alle gerüstet zum Heer in den Kampf ziehen vor dem HERRN, wie mein Herr gesagt hat.

28 ¶ Da gebot Mose ihretwegen dem Priester Eleasar und Josua, dem Sohn Nuns, und den Häuptern der Sippen unter den Stämmen Israels

29 und sprach zu ihnen: Wenn die Söhne Gad und die Söhne Ruben mit euch über den Jordan ziehen, alle gerüstet zum Kampf vor dem HERRN, und das Land euch untertan ist, so gebt ihnen das Land Gilead zu eigen.

30 Ziehen sie aber nicht gerüstet mit euch hinüber, so sollen sie mit euch erben im Lande Kanaan.

31 Die Söhne Gad und die Söhne Ruben antworteten und sprachen: Wie der HERR redet zu deinen Knechten, so wollen wir tun.

32 Wir wollen gerüstet hinüberziehen vor dem HERRN ins Land Kanaan und unser Erbgut besitzen diesseits des Jordans.

33 ¶ Also gab Mose den Söhnen Gad und den Söhnen Ruben und dem halben Stamm Manasses, des Sohnes Josefs, das Königreich Sihons, des Königs der Amoriter, und das Königreich Ogs, des Königs von Baschan, das Land samt den Städten ringsumher mit ihrem ganzen Gebiet.[a]

a Jos 13,15-32

34 Und die Söhne Gad bauten Dibon, Atarot, Aroër,

35 Atrot-Schofan, Jaser, Jogboha,

36 Bet-Nimra und Bet-Haram, feste Städte und Schafhürden.

37 Die Söhne Ruben bauten Heschbon, Elale, Kirjatajim,

38 Nebo, Baal-Meon und Sibma und gaben den Städten, die sie bauten, ihre bisherigen Namen.

39 ¶ Und die Söhne Machirs, des Sohnes Manasses, gingen nach Gilead und eroberten es und vertrieben die Amoriter, die darin waren.

40 Da gab Mose dem Machir, dem Sohn Manasses, Gilead, und er wohnte darin.

41 Jaïr aber, der Sohn Manasses, ging hin und eroberte ihre Dörfer und nannte sie »Dörfer Jaïrs«.[a]

a 5.Mose 3,14; Ri 10,3.4

42 Nobach ging hin und eroberte Kenat mit seinen Ortschaften und nannte es Nobach nach seinem Namen.

Verzeichnis der Lagerplätze beim Wüstenzug

33 Dies sind die Lagerplätze der Israeliten, als sie aus Ägypten gezogen sind mit ihrem Heer unter Mose und Aaron.

2 Und Mose schrieb auf nach dem Befehl des HERRN ihre Wanderungen nach ihren Lagerplätzen. Dies sind ihre Lagerplätze auf ihren Wanderungen:

3 ¶ Sie zogen aus von [a]Ramses am fünfzehnten Tag des [b]ersten Monats, dem zweiten Tage des Passa, durch [c]eine starke Hand, daß es alle Ägypter sahen,

a 2.Mose 1,11 *b* 2.Mose 12,2.6 *c* 2.Mose 3,19

4 als sie eben die Erstgeburt begruben, die der HERR unter ihnen geschlagen hatte; denn der HERR hatte [a]an ihren Göttern Gericht geübt. *a* 2.Mose 12,12; Jes 19,1

5 Als sie von Ramses auszogen, lagerten sie sich in Sukkot[a] *a* 2.Mose 12,37

6 und zogen aus von Sukkot und lagerten sich in Etam, das am Rande der Wüste liegt.[a] *a* 2.Mose 13,20

7 Von Etam zogen sie aus und blieben in Pi-Hahirot, das vor Baal-Zefon liegt, und lagerten sich vor Migdol.[a] *a* 2.Mose 14,2

8 Von Pi-Hahirot zogen sie aus und [a]gingen mitten durchs Meer in die Wüste und zogen drei Tagereisen in der Wüste Etam und lagerten sich in [b]Mara.

a 2.Mose 14,22 *b* 2.Mose 15,23

9 Von Mara zogen sie aus und kamen nach Elim; da waren zwölf Wasserquellen und siebzig Palmen, und sie lagerten sich dort.[a] *a* 2.Mose 15,27

10 Von Elim zogen sie aus und lagerten sich am Schilfmeer.

[11]Vom Schilfmeer zogen sie aus und
lagerten sich in der Wüste Sin.[a]
a 2.Mose 16,1
[12]Von der Wüste Sin zogen sie aus und
lagerten sich in Dofka.
[13]Von Dofka zogen sie aus und lagerten
sich in Alusch.
[14]Von Alusch zogen sie aus und lagerten
sich in Refidim; dort hatte das Volk kein
Wasser zu trinken.[a] a 2.Mose 17,1
[15]Von Refidim zogen sie aus und lager-
ten sich in der [a]Wüste Sinai. a 2.Mose 19,1
[16][a]Von der Wüste Sinai zogen sie aus und
lagerten sich bei den Lustgräbern.
a (16 und 17) Kap 11,34
[17]Von den Lustgräbern zogen sie aus und
lagerten sich in Hazerot.
[18]Von Hazerot zogen sie aus und lagerten
sich in Ritma.[a] a Kap 12,16
[19]Von Ritma zogen sie aus und lagerten
sich in Rimmon-Perez.
[20]Von Rimmon-Perez zogen sie aus und
lagerten sich in Libna.
[21]Von Libna zogen sie aus und lagerten
sich in Rissa.
[22]Von Rissa zogen sie aus und lagerten
sich in Kehelata.
[23]Von Kehelata zogen sie aus und lager-
ten sich im Gebirge Schefer.
[24]Vom Gebirge Schefer zogen sie aus und
lagerten sich in Harada.
[25]Von Harada zogen sie aus und lagerten
sich in Makhelot.
[26]Von Makhelot zogen sie aus und lager-
ten sich in Tahat.
[27]Von Tahat zogen sie aus und lagerten
sich in Tarach.
[28]Von Tarach zogen sie aus und lagerten
sich in Mitka.
[29]Von Mitka zogen sie aus und lagerten
sich in Haschmona.
[30]Von Haschmona zogen sie aus und
lagerten sich in Moserot.
[31][a]Von Moserot zogen sie aus und lager-
ten sich in Bene-Jaakan.
a (31-33) 5.Mose 10,6.7
[32]Von Bene-Jaakan zogen sie aus und
lagerten sich in Hor-Gidgad.
[33]Von Hor-Gidgad zogen sie aus und
lagerten sich in Jotbata.
[34]Von Jotbata zogen sie aus und lagerten
sich in Abrona.
[35]Von Abrona zogen sie aus und lagerten
sich in [a]Ezjon-Geber. a 1.Kön 9,26; 22,49
[36]Von Ezjon-Geber zogen sie aus und
lagerten sich in der [a]Wüste Zin, das ist
Kadesch. a Kap 20,1
[37][a]Von Kadesch zogen sie aus und lager-
ten sich an dem Berge Hor, an der Grenze
des Landes Edom.
a (37-39) Kap 20,22-29; 5.Mose 34,1-12
[38]Da ging der Priester Aaron auf den Berg
Hor nach dem Befehl des HERRN und
starb dort im vierzigsten Jahr des Auszugs
der Israeliten aus Ägyptenland am ersten
Tag des fünften Monats,
[39]als er hundertdreiundzwanzig Jahre alt
war.
[40]¶Und der König der Kanaaniter zu
Arad, der da wohnte im Süden des Landes
Kanaan, hörte, daß die Israeliten kamen.[a]
a Kap 21,1
[41]Und von dem Berge Hor zogen sie aus
und lagerten sich in Zalmona.
[42]Von Zalmona zogen sie aus und lager-
ten sich in Punon.
[43][a]Von Punon zogen sie aus und lagerten
sich in Obot. a (43 und 44) Kap 21,10.11
[44]Von Obot zogen sie aus und lagerten
sich in Ije-Abarim, im Gebiet der Moabi-
ter.
[45]Von Ije-Abarim zogen sie aus und la-
gerten sich in [a]Dibon-Gad. a Kap 32,34
[46]Von Dibon-Gad zogen sie aus und
lagerten sich in Almon-Diblatajim.
[47]Von Almon-Diblatajim zogen sie aus
und lagerten sich in dem Gebirge Abarim
östlich vom Nebo.[a] a Kap 21,20
[48]Von dem Gebirge Abarim zogen sie aus
und lagerten sich im Jordantal der Moabi-
ter gegenüber Jericho.[a]
a Kap 22,1; 5.Mose 32,49
[49]Sie lagerten sich aber am Jordan von
Bet-Jeschimot bis Abel-Schittim im Jor-
dantal der Moabiter.[a] a Kap 25,1

Befehl zur Vertreibung der Kanaaniter

[50]Und der HERR redete mit Mose im Jor-
dantal der Moabiter gegenüber Jericho
und sprach:
[51][a]Rede mit den Israeliten und sprich zu
ihnen: Wenn ihr über den Jordan gegan-
gen seid in das Land Kanaan,
a (51 und 52) 2.Mose 23,23.24; 34,12-14
[52]so sollt ihr alle Bewohner vertreiben vor
euch her und alle ihre Götzenbilder und
alle ihre gegossenen Bilder zerstören und
alle ihre Opferhöhen vertilgen
[53]und sollt das Land einnehmen und

darin wohnen; denn euch habe ich das
Land gegeben, daß ihr's in Besitz nehmt.
54 Und ihr sollt das Land austeilen durchs
Los unter eure Geschlechter. Dem
Geschlecht, das groß ist, sollt ihr ein
großes Erbe geben, und dem, das klein ist,
sollt ihr ein kleines Erbe geben. Worauf
das Los für jeden fällt, das soll er haben.
Nach den Stämmen eurer Väter sollt ihr's
austeilen.[a] *a* Kap 26,54.55
55 Wenn ihr aber die Bewohner des
Landes nicht vor euch her vertreibt, so
werden euch die, die ihr übriglaßt, zu Dor-
nen in euren Augen werden und zu Sta-
cheln in euren Seiten und werden euch
bedrängen in dem Lande, in dem ihr
wohnt.[a] *a* 2.Mose 23,31-33; Jos 23,12.13
56 So wird's dann geschehen, daß ich euch
tun werde, wie ich gedachte, ihnen zu tun.

Die Grenzen des Landes Kanaan

34 Und der HERR redete mit Mose
und sprach:
2 [a]Gebiete den Israeliten und sprich zu
ihnen: Wenn ihr ins Land Kanaan kommt,
so soll das Land, das euch als Erbteil
zufällt, das Land Kanaan sein [b]nach die-
sen Grenzen: *a (2-12)* Hes 47,13-20 *b* 5.Mose 32,8
3 [a]Der Südzipfel eures Gebietes soll sich
erstrecken von der Wüste Zin an Edom
entlang. Eure Grenze im Süden soll aus-
gehen vom Ende des Salzmeers, das im
Osten liegt. *a (3-5)* Jos 15,2-4
4 Und sie soll südlich vom Skorpionen-
steig sich hinaufziehen und hinübergehen
nach Zin und weitergehen südlich von
Kadesch-Barnea und gelangen nach Hazar-
Addar und hinübergehen nach Azmon
5 und sich von Azmon ziehen an den
Bach Ägyptens, und ihr Ende sei an dem
Meer.
6 ¶Aber die Grenze nach Westen zu soll
sein das große Meer und seine Küste. Das
sei eure Grenze nach Westen.
7 Die Grenze nach Norden zu soll diese
sein: Ihr sollt sie ziehen von dem großen
Meer bis an den Berg Hor
8 und von dem Berge Hor bis dahin, wo
es nach Hamat geht, daß die Grenze wei-
tergehe bei Zedad
9 und auslaufe nach Sifron, und ihr Ende
sei bei Hazar-Enan. Das sei eure Grenze
nach Norden.
10 ¶Und ihr sollt die Grenze nach Osten
ziehen von Hazar-Enan nach Schefam,
11 und die Grenze gehe herab von Sche-
fam nach Ribla östlich von Ajin. Danach
gehe sie herab und ziehe sich hin längs
der Höhen östlich vom See Kinneret
12 und komme herab an den Jordan, daß
ihr Ende sei das Salzmeer. Das sei euer
Land mit seiner Grenze ringsumher.
13 ¶Und Mose gebot den Israeliten: Das
ist das Land, das ihr durchs Los unter euch
teilen sollt, wie der HERR geboten hat, es
den neun Stämmen und dem halben
Stamm zu geben.
14 Denn der Stamm der Söhne Ruben
nach seinen Sippen und der Stamm der
Söhne Gad nach seinen Sippen und der
halbe Stamm Manasse haben ihr Erbteil
bekommen.[a] *a* Kap 32,29-33
15 Die zwei Stämme und der halbe Stamm
haben schon ihr Erbteil diesseits des Jor-
dans gegenüber Jericho nach Osten zu.

Namen der Männer, die das Land austeilen sollen

16 Und der HERR redete mit Mose und
sprach:
17 Dies sind die Namen der Männer, die
das Land unter euch austeilen sollen: der
Priester [a]Eleasar und [b]Josua, der Sohn
Nuns. *a* Jos 14,1 *b* 5.Mose 1,38
18 Dazu sollt ihr nehmen von einem jeden
Stamm einen Fürsten, um das Land aus-
zuteilen.
19 Und dies sind die Namen der Männer:
[a]Kaleb, der Sohn Jefunnes, vom Stamm
Juda; *a* Kap 13,6.30
20 Schemuël, der Sohn Ammihuds, vom
Stamm Simeon;
21 Elidad, der Sohn Kislons, vom Stamm
Benjamin;
22 Bukki, der Sohn Joglis, Fürst des
Stammes der Söhne Dan;
23 Hanniël, der Sohn Efods, Fürst des
Stammes der Söhne Manasse, von den
Söhnen Josef;
24 Kemuël, der Sohn Schiftans, Fürst des
Stammes der Söhne Ephraim;
25 Elizafan, der Sohn Parnachs, Fürst des
Stammes der Söhne Sebulon;
26 Paltiël, der Sohn Asans, Fürst des
Stammes der Söhne Issachar;
27 Ahihud, der Sohn Schelomis, Fürst des
Stammes der Söhne Asser;
28 Pedahel, der Sohn Ammihuds, Fürst
des Stammes der Söhne Naftali.
29 Das sind die, denen der HERR gebot,

daß sie den Israeliten das Erbe austeilten
im Lande Kanaan.

Von den Städten der Leviten und den Freistädten

35 [a]Und der HERR redete mit Mose
im Jordantal der Moabiter gegenüber Jericho und sprach: *a (1-8)* Jos 21,1-3
2 Gebiete den Israeliten, daß sie von ihren
Erbteilen den Leviten Städte zur Wohnung
geben. Auch Weideland um die Städte her
sollt ihr den Leviten geben,[a]

a Kap 18,20; 3.Mose 25,32-34

3 daß sie in den Städten wohnen und auf
den Weiden ihr Vieh und ihre Herden und
alle ihre Tiere haben.
4 Das Weideland aber vor den Städten,
die ihr den Leviten gebt, soll sich tausend
Ellen weit draußen um die Stadtmauer
herum erstrecken.
5 So sollt ihr nun abmessen außerhalb der
Stadt auf der Seite nach Osten zweitausend Ellen und auf der Seite nach Süden
zweitausend Ellen und auf der Seite nach
Westen zweitausend Ellen und auf der
Seite nach Norden zweitausend Ellen, daß
die Stadt in der Mitte sei. Das soll ihnen
als Weide bei den Städten gehören.
6 ¶Und von den Städten, die ihr den Leviten geben werdet, sollt ihr sechs zu Freistädten bestimmen, damit [a]dahin fliehen
kann, wer einen Totschlag getan hat. Dazu
aber sollt ihr noch zweiundvierzig Städte
geben, *a* 2.Mose 21,13
7 daß alle Städte, die ihr den Leviten gebt,
seien achtundvierzig mit ihrem Weideland.
8 [a]Ihr sollt mehr geben an Städten vom
Besitz derer, die viel besitzen unter den
Israeliten, und weniger vom Besitz derer,
die wenig besitzen; ein jeder soll nach seinem Erbteil, das ihm zugeteilt wird, den
Leviten Städte geben. *a* Kap 26,54
9 ¶[a]Und der HERR redete mit Mose und
sprach: *a (9-15)* 5.Mose 4,41-43; 19,1-3; Jos 20
10 Rede mit den Israeliten und sprich zu
ihnen: Wenn ihr über den Jordan ins Land
Kanaan kommt,
11 sollt ihr Städte auswählen, daß sie für
euch Freistädte seien, wohin fliehen soll,
wer einen Totschlag aus Versehen tut.
12 Und es sollen unter euch diese Städte
eine Zuflucht sein vor dem Bluträcher, daß
der nicht sterben muß, der einen Totschlag
getan hat, bis er vor der Gemeinde vor
Gericht gestanden hat.
13 Und die Städte, die ihr zu Freistädten
bestimmt, sollen sechs sein.
14 Drei sollt ihr bestimmen diesseits des
Jordans und drei im Lande Kanaan.
15 Das sind die sechs Freistädte für die
Israeliten und für die Fremdlinge und die
Beisassen unter euch, damit dahin fliehen
kann, wer einen Totschlag getan hat aus
Versehen.

Gesetze über Mord und über Totschlag

(vgl. 5.Mose 19,4-13)

16 Wer jemand mit einem Eisen schlägt,
daß er stirbt, der ist ein Mörder und soll
des Todes sterben.
17 Wirft er ihn mit einem Stein, mit dem
jemand getötet werden kann, daß er daran
stirbt, so ist er ein Mörder und soll des
Todes sterben.
18 Schlägt er ihn mit einem Holz, mit dem
jemand totgeschlagen werden kann, daß
er stirbt, so ist er ein Mörder und soll des
Todes sterben.
19 Der Bluträcher soll den Mörder zum
Tode bringen; wo er ihm begegnet, soll er
ihn töten.
20 Stößt er jemand aus Haß oder wirft er
etwas auf ihn mit Hinterlist, daß er stirbt,
21 oder schlägt er ihn aus Feindschaft mit
seiner Hand, daß er stirbt, so soll der des
Todes sterben, der ihn geschlagen hat; er
ist ein Mörder. Der Bluträcher soll ihn
zum Tode bringen, wo er ihm begegnet.
22 ¶Wenn er ihn aber aus Versehen stößt
ohne Feindschaft oder wirft irgend etwas
auf ihn ohne Absicht
23 oder wirft irgendeinen Stein auf ihn,
woran man sterben kann, aber er hat's
nicht gesehen, so daß jener stirbt, und er
ist nicht sein Feind, hat ihm auch nichts
Böses antun wollen,
24 so soll die Gemeinde richten zwischen
dem, der geschlagen hat, und dem Bluträcher nach diesen Rechtsordnungen.
25 Und die Gemeinde soll den Totschläger erretten aus der Hand des Bluträchers
und soll ihn zurückbringen lassen zu der
Freistadt, dahin er geflohen war. Und er
soll dort bleiben, bis der Hohepriester
stirbt, den man [a]mit dem heiligen Öl
gesalbt hat. *a* 3.Mose 21,10
26 Geht aber der Totschläger über die
Grenze seiner Freistadt, in die er geflohen
ist,
27 und der Bluträcher findet ihn außerhalb

der Grenze seiner Freistadt und schlägt
ihn tot, so soll er des Bluts nicht schuldig
sein.
28 Denn er sollte in seiner Freistadt blei-
ben bis zum Tod des Hohenpriesters und
nach dem Tod des Hohenpriesters in das
Land seines Erbbesitzes zurückkehren.
29 Das soll euch Gesetz und Recht für
immer sein, überall, wo ihr wohnt.
30 ¶Wer einen Menschen erschlägt, den
soll man töten auf den Mund von Zeugen
hin. [a]Ein einzelner Zeuge aber soll keine
Aussage machen, um einen Menschen
zum Tode zu bringen. *a* 5.Mose 17,6; 19,15
31 Und ihr sollt kein [a]Sühnegeld nehmen
für das Leben des Mörders; denn er ist
des Todes schuldig und soll des Todes
sterben. *a* Ps 49,8.9
32 Und ihr sollt kein Sühnegeld nehmen
für den, der zur Freistadt geflohen ist, daß
er zurückkehren darf, um im Lande zu
wohnen, bis der Priester stirbt.
33 Und schändet das Land nicht, darin ihr
wohnt; denn wer des Blutes schuldig ist,
der schändet das Land, und das Land kann
nicht entsühnt werden vom Blut, das darin
vergossen wird, außer durch das Blut des-
sen, der es vergossen hat.[a] *a* 1.Mose 9,6
34 [a]Macht das Land nicht unrein, darin ihr
wohnt, darin auch ich wohne; denn ich
bin der HERR, der [b]mitten unter den Isra-
eliten wohnt. *a* 3.Mose 18,24-28 *b* 2.Mose 29,45

Erbtöchter sollen nicht außerhalb des väterlichen Stammes heiraten

(vgl. Kap 27,1-11)

36 Und die Häupter der Sippen der
Söhne Gileads, des Sohnes Machirs,
der Manasses Sohn war, von den Ge-
schlechtern der Söhne Josef, traten heran
und redeten vor Mose und vor den Für-
sten, den Häuptern der Sippen Israels,
2 und sprachen: Der HERR hat geboten
unserm Herrn, daß man das Land den
Israeliten durch das [a]Los zum Erbteil
geben sollte. Auch wurde ihm geboten
von dem HERRN, daß man das Erbteil
Zelofhads, unseres Bruders, seinen Töch-
tern geben soll. *a* Kap 26,55
3 Wenn diese jemand aus den Stämmen
Israels zur Frau nimmt, so wird das Erb-
teil unserer Väter weniger werden, und so
viel sie haben, wird zu dem Erbteil des
Stammes kommen, in den sie einheiraten;
also wird das Los unseres Erbteils verrin-
gert.
4 Wenn denn nun das [a]Erlaßjahr der Isra-
eliten kommt, so wird ihr Erbteil zu dem
Erbteil des Stammes kommen, in den sie
eingeheiratet haben; also wird das Erbteil
des Stammes unserer Väter um das ver-
ringert, was sie haben. *a* 3.Mose 25,10-13
5 ¶Mose gebot den Israeliten nach dem
Befehl des HERRN und sprach: Der Stamm
der Söhne Josef hat recht geredet.
6 Dies ist's, was der HERR gebietet über
die Töchter Zelofhads: Laß sie heiraten,
wie es ihnen gefällt; nur sollen sie heira-
ten in ein Geschlecht aus dem Stamm
ihres Vaters,
7 damit nicht die Erbteile der Israeliten
von einem Stamm an den andern fallen;
denn ein jeder unter den Israeliten soll
festhalten an dem Erbe des Stammes sei-
ner Väter.
8 Und alle Töchter, die Erbteil erlangen
unter den Stämmen Israels, sollen heira-
ten einen von dem Geschlecht des
Stammes ihres Vaters, damit ein jeder
unter den Israeliten das Erbe seiner Väter
behalte
9 und nicht ein Erbteil von einem Stamm
an den andern falle, sondern ein jeder soll
festhalten an seinem Erbe unter den Stäm-
men Israels.
10 ¶Wie der HERR es Mose geboten hatte,
so taten die Töchter Zelofhads,
11 [a]Machla, Tirza, Hogla, Milka und Noa,
und heirateten die Söhne ihrer Oheime
a Kap 26,29-34
12 aus dem Geschlecht der Söhne
Manasses, des Sohnes Josefs. Also blieb
ihr Erbteil bei dem Stamm des Ge-
schlechts ihres Vaters.
13 ¶Das sind die Gebote und Rechte, die
der HERR durch Mose den Israeliten gebot
im Jordantal der Moabiter gegenüber Jeri-
cho.

DAS FÜNFTE BUCH MOSE (DEUTERONOMIUM)

Inhaltsübersicht

Rückblick auf die Wüstenwanderung vom Horeb bis Kadesch

1 Dies sind die Worte, die Mose zu ganz
Israel redete jenseits des Jordans in
der Wüste, im Jordantal gegenüber Suf,
zwischen Paran und Tofel, Laban, Hazerot
und Di-Sahab.
2 Elf Tagereisen weit ist es vom Horeb bis
Kadesch-Barnea auf dem Wege zum
Gebirge Seïr.
3 Und es geschah im [a]vierzigsten Jahr am
ersten Tage des elften Monats, da redete
Mose mit den Israeliten alles, wie es ihm
der HERR für sie geboten hatte,

[a] 4.Mose 33,38

4 nachdem er Sihon geschlagen hatte, den
König der Amoriter, der zu Heschbon
herrschte, dazu bei Edreï den Og, den
König von Baschan, der zu Aschtarot
herrschte.[a] [a] 4.Mose 21,21-35
5 Jenseits des Jordans im Lande Moab
fing Mose an, dies Gesetz auszulegen, und
sprach:
6 ¶ Der HERR, unser Gott, redete mit uns
am Berge Horeb und sprach: [a]Ihr seid lange
genug an diesem Berge gewesen;

[a] 4.Mose 10,11.12

7 wendet euch und zieht hin, daß ihr zu
dem Gebirge der Amoriter kommt und zu
allen ihren Nachbarn im Jordantal, auf
dem Gebirge und in dem Hügelland, im
Südland und am Ufer des Meeres, ins
Land Kanaan und zum Berge Libanon, bis
an den großen Strom, den Euphrat.
8 Siehe, ich habe das Land vor euren
Augen dahingegeben. Zieht hinein und
[a]nehmt das Land ein, von dem der HERR
euren Vätern Abraham, Isaak und Jakob
geschworen hat, daß er's ihnen und ihren
Nachkommen geben wolle. [a] 1.Mose 12,7
9 ¶ Da sprach ich zur selben Zeit zu euch:
Ich kann euch nicht mehr allein tragen;[a]

[a] 2.Mose 18,18; 4.Mose 11,14

10 denn der HERR, euer Gott, hat euch so
zahlreich werden lassen, daß ihr heute seid
wie die Menge der Sterne am Himmel.[a]

[a] Kap 10,22; 1.Mose 15,5

11 Der HERR, der Gott eurer Väter, mache
aus euch noch vieltausendmal mehr und
segne euch, wie er euch zugesagt hat!
12 Wie kann ich allein tragen eure Mühe
und Last und euren Streit?
13 Schafft herbei weise, verständige und
erfahrene Leute unter euren Stämmen, die
will ich über euch zu Häuptern setzen.
14 Da antwortetet ihr mir und spracht: Ja,
das ist eine gute Sache, die du tun willst.
15 Da nahm ich die Häupter eurer
Stämme, weise und erfahrene Männer,
und setzte sie über euch als [a]Oberste über
tausend, über hundert, über fünfzig und
über zehn und als Amtleute für eure
Stämme. [a] 2.Mose 18,25
16 Und ich gebot euren Richtern zur selben Zeit und sprach: Hört eure Brüder an
und [a]richtet recht, wenn einer etwas mit
seinem Bruder hat oder mit dem Fremdling, der bei ihm ist. [a] 3.Mose 19,15
17 Beim Richten sollt ihr [a]die Person nicht
ansehen, sondern sollt den Kleinen hören
wie den Großen und vor niemand euch
scheuen; denn das Gericht ist Gottes.
Wird aber euch eine Sache zu schwer sein,
die [b]laßt an mich gelangen, damit ich sie
höre. [a] Kap 16,19; 2.Chr 19,6.7 [b] 2.Mose 21,6
18 So gebot ich euch zu der Zeit alles, was
ihr tun sollt.
19 ¶ Da brachen wir auf vom Horeb und
zogen durch die ganze Wüste, die groß
und furchtbar ist, wie ihr gesehen habt,
auf der Straße zum Gebirge der Amoriter,
wie uns der HERR, unser Gott, geboten
hatte, und kamen bis nach [a]Kadesch-Barnea. [a] 4.Mose 20,1

20 Da sprach ich zu euch: Ihr seid an das
Gebirge der Amoriter gekommen, das uns
der HERR, unser Gott, geben wird.
21 Sieh her, der HERR, dein Gott, hat dir
das Land hingegeben; zieh hinauf und
nimm's ein, wie der HERR, der Gott dei-
ner Väter, dir zugesagt hat. Fürchte dich
nicht und laß dir nicht grauen.
22 Da kamt ihr alle zu mir und spracht:
[a] Laßt uns Männer vor uns her senden, die
uns das Land erkunden und uns den Weg
sagen, auf dem wir hineinziehen sollen,
und die Städte, zu denen wir kommen wer-
den. *a* 4.Mose 13,2
23 Das gefiel mir gut, und ich nahm von
euch zwölf Männer, von jedem Stamm
einen.
24 ¶ Als diese weggingen und hinaufzogen
auf das Gebirge und an den Traubenbach
kamen, da erkundeten sie das Land
25 und nahmen Früchte des Landes mit
sich und brachten sie herab zu uns und
gaben uns Bericht und sprachen: Das Land
ist gut, das der HERR, unser Gott, uns
gegeben hat. –
26 Aber ihr wolltet nicht hinaufziehen und
wurdet ungehorsam dem Munde des
HERRN, eures Gottes,
27 und murrtet in euren Zelten und
spracht: Der HERR ist uns gram; darum
hat er uns aus Ägyptenland geführt, daß
er uns in die Hände der Amoriter gebe,
um uns zu vertilgen.[a] *a* 4.Mose 14
28 Wo sollen wir hinziehen? Unsere Brü-
der haben unser Herz verzagt gemacht
und gesagt, das Volk sei größer und höher
gewachsen als wir, die Städte seien groß
und bis an den Himmel ummauert; dazu
haben wir dort Anakiter gesehen.[a]
a Kap 9,1.2; 4.Mose 13,33
29 Ich sprach aber zu euch: Entsetzt euch
nicht und fürchtet euch nicht vor ihnen.
30 Der HERR, euer Gott, zieht vor euch
hin und [a] wird für euch streiten, wie er's
mit euch getan hat in Ägypten vor euren
Augen *a* 2.Mose 14,14.25; Jos 10,14
31 und in der Wüste. Da hast du gesehen,
daß dich der HERR, dein Gott, [a] getragen
hat, wie ein Mann seinen Sohn trägt, auf
dem ganzen Wege, den ihr gewandert seid,
bis ihr an diesen Ort kamt.
a Kap 8,5; 2.Mose 19,4
32 Und trotzdem glaubtet ihr dem HERRN,
eurem Gott, nicht,
33 der auf dem Weg vor euch herging,
euch die Stätte zu weisen, wo ihr euch
lagern solltet, bei Nacht im Feuer, um
euch den Weg zu zeigen, den ihr gehen
solltet, und bei Tage in der Wolke.[a]
a 2.Mose 13,21
34 Als aber der HERR euer Geschrei hörte,
wurde er zornig und schwor und sprach:
35 [a] Es soll keiner von diesem bösen
Geschlecht das gute Land sehen, das ich
ihren Vätern zu geben geschworen habe,
a (35 und 36) 4.Mose 14,23.24
36 außer Kaleb, dem Sohn Jefunnes; der
soll es sehen. Ihm und seinen Nachkom-
men will ich das Land geben, das er betre-
ten hat, weil er dem HERRN treu gefolgt
ist.
37 Auch über mich wurde der HERR zor-
nig um euretwillen und sprach: Du sollst
auch nicht hineinkommen.[a] *a* 4.Mose 20,12
38 Aber Josua, der Sohn Nuns, der dein
Diener ist, der soll hineinkommen. Dem
stärke den Mut; denn [a] er soll Israel das
Erbe austeilen. *a* 4.Mose 34,17
39 Und eure Säuglinge, von denen ihr sag-
tet, sie würden zum Raube werden, und
eure Kinder, die jetzt weder Gutes noch
Böses verstehen, die sollen hineinkom-
men; ihnen will ich's geben, und sie sollen
es besitzen.
40 Ihr aber, wendet euch und zieht wieder
in die Wüste den Weg zum Schilfmeer.[a]
a 4.Mose 14,25
41 Da antwortetet ihr und spracht zu mir:
[a] Wir haben an dem HERRN gesündigt; wir
wollen hinaufziehen und kämpfen, wie uns
der HERR, unser Gott, geboten hat. Als ihr
euch nun rüstetet, ein jeder mit seinen
Waffen, und es für ein leichtes hieltet, ins
Gebirge hinaufzuziehen, *a* 4.Mose 14,40
42 da sprach der HERR zu mir: Sage ihnen,
daß sie nicht hinaufziehen, auch nicht
kämpfen – denn ich bin nicht unter
euch –, damit ihr nicht geschlagen werdet
von euren Feinden.
43 Als ich euch das sagte, gehorchtet ihr
nicht und wurdet ungehorsam dem
Munde des HERRN und wart vermessen
und zogt hinauf ins Gebirge.
44 Da zogen die Amoriter aus, die auf dem
Gebirge wohnten, euch entgegen und jag-
ten euch, wie's die Bienen tun, und schlu-
gen euch von Seïr bis nach Horma.[a]
a 4.Mose 14,45
45 Als ihr nun wiederkamt und vor dem
HERRN weintet, wollte der HERR eure

Stimme nicht hören und neigte seine Ohren nicht zu euch.

46 So bliebt ihr in Kadesch [a]eine lange Zeit.
a Kap 2,14

Zug durch die Wüste bis zum Sieg über Sihon

2 Dann wandten wir uns und [a]zogen wieder in die Wüste auf der Straße zum Schilfmeer, wie der HERR zu mir gesagt hatte, und umzogen das Gebirge Seïr eine lange Zeit.
a 4.Mose 21,4

2 Und der HERR sprach zu mir:

3 Ihr habt dies Gebirge nun genug umzogen; wendet euch nach Norden.

4 Und gebiete dem Volk und sprich: Ihr werdet durch das Land eurer [a]Brüder, der Söhne Esau, ziehen, die auf dem Seïr wohnen, und sie werden sich vor euch fürchten. Aber hütet euch ja davor,
a 4.Mose 20,14

5 sie zu bekriegen; ich werde euch von ihrem Lande nicht einen Fuß breit geben, denn das [a]Gebirge Seïr habe ich den Söhnen Esau zum Besitz gegeben.
a 1.Mose 36,8

6 Speise sollt ihr für Geld von ihnen kaufen, damit ihr zu essen habt, und Wasser sollt ihr für Geld von ihnen kaufen, damit ihr zu trinken habt.

7 Denn der HERR, dein Gott, hat dich gesegnet in allen Werken deiner Hände. Er hat dein Wandern durch diese große Wüste auf sein Herz genommen. [a]Vierzig Jahre ist der HERR, dein Gott, bei dir gewesen. An nichts hast du Mangel gehabt.
a 4.Mose 14,33

8 ¶Als wir nun von unsern Brüdern, den Söhnen Esau, die auf dem Gebirge Seïr wohnten, weggezogen waren, weg von dem Weg durch die Steppe, weg von Elat und Ezjon-Geber, wandten wir uns und zogen den Weg zum Weideland der Moabiter.

9 Da sprach der HERR zu mir: Du sollst den [a]Moabitern keinen Schaden tun noch sie bekriegen; ich will dir von ihrem Lande nichts zum Besitz geben, denn ich habe Ar den Söhnen Lot zum Besitz gegeben. –
a 1.Mose 19,36.37

10 Die Emiter haben vorzeiten darin gewohnt; das war ein großes, starkes und hochgewachsenes Volk wie die [a]Anakiter.
a Kap 1,28

11 Man hielt sie auch für Riesen wie die Anakiter; und die Moabiter nennen sie Emiter.

12 Auch [a]wohnten vorzeiten auf dem Seïr die Horiter; und die Söhne Esau vertrieben und vertilgten sie vor sich her und wohnten an ihrer Statt, gleichwie Israel mit dem Lande tat, das ihnen der HERR zum Besitz gab. –
a 1.Mose 14,6

13 So macht euch nun auf und zieht durch den [a]Bach Sered! Und wir zogen hindurch.
a 4.Mose 21,12

14 Die Zeit aber, die wir von Kadesch-Barnea zogen, bis wir durch den Bach Sered kamen, betrug achtunddreißig Jahre, bis alle Kriegsleute aus dem Lager gestorben waren, wie der HERR ihnen geschworen hatte.[a]
a 4.Mose 14,34

15 So war die [a]Hand des HERRN wider sie, um sie aus dem Lager zu vertilgen bis auf den letzten Mann.
a 4.Mose 16,31.32; 21,6; 25,3-5

16 ¶Und als alle Kriegsleute aus dem Volk gestorben waren,

17 redete der HERR mit mir und sprach:

18 Du wirst heute durch das Gebiet der Moabiter ziehen bei [a]Ar
a 4.Mose 21,13.15

19 und wirst in die Nähe der [a]Ammoniter kommen. Denen sollst du keinen Schaden tun noch sie bekriegen; ich will dir vom Lande der Ammoniter nichts zum Besitz geben, denn ich hab's den Söhnen Lot zum Besitz gegeben. –
a 1.Mose 19,38

20 Auch dies gilt als Land der Riesen, und es haben auch vorzeiten Riesen darin gewohnt, und die Ammoniter nennen sie Samsummiter.

21 Das war ein großes, starkes und hochgewachsenes Volk wie die Anakiter. Und der HERR vertilgte sie vor ihnen und ließ sie ihr Land besitzen, so daß sie an ihrer Statt dort wohnten,

22 gleichwie er's getan hat mit den Söhnen Esau, die auf dem Gebirge Seïr wohnen, als er die Horiter vor ihnen vertilgte und sie deren Land besitzen ließ, so daß sie dort an ihrer Statt wohnten bis auf diesen Tag.

23 Und die [a]Kaftoriter zogen aus Kaftor und vertilgten die [b]Awiter, die in Gehöften wohnten bis nach Gaza, und wohnten dort an ihrer Statt. –
a 1.Mose 10,14 *b* Jos 13,3

24 Macht euch auf und zieht aus und geht über den Arnon! Siehe, ich habe Sihon, den König der Amoriter zu Heschbon, in deine Hände gegeben mit seinem Lande.

Fange an, es einzunehmen, und kämpfe
mit ihm.
25 Von heute an will ich Furcht und
Schrecken vor dir auf alle Völker unter
dem ganzen Himmel legen, damit, wenn
sie von dir hören, ihnen bange und weh
werden soll vor deinem Kommen.[a]
a 2.Mose 23,27
26 ¶ Da [a] sandte ich Boten aus der Wüste
Kedemot an Sihon, den König von Hesch-
bon, mit friedlicher Botschaft und ließ ihm
sagen: *a* 4.Mose 21,21-26
27 Ich will durch dein Land ziehen. Nur
wo die Straße geht, will ich gehen; ich will
weder zur Rechten noch zur Linken vom
Weg abweichen.
28 Speise sollst du mir für Geld verkau-
fen, damit ich zu essen habe, und Wasser
sollst du mir für Geld geben, damit ich zu
trinken habe. Ich will nur hindurchzie-
hen –
29 wie mir die Söhne Esau gestattet haben,
die auf dem Gebirge Seïr wohnen, und die
Moabiter, die zu Ar wohnen –, bis ich über
den Jordan komme in das Land, das uns
der HERR, unser Gott, geben wird.
30 Aber Sihon, der König von Heschbon,
wollte uns nicht hindurchziehen lassen;
denn der HERR, dein Gott, verhärtete sei-
nen Sinn und [a] verstockte ihm sein Herz,
um ihn in deine Hände zu geben, so wie
es heute ist. *a* 2.Mose 4,21
31 Und der HERR sprach zu mir: Siehe,
ich habe angefangen, Sihon mit seinem
Lande vor deinen Augen [a] dahinzugeben;
fangt ihr an, sein Land in Besitz zu neh-
men. *a* Jos 10,12; Jer 24,8; Röm 1,24; 4,25; 8,32
32 Und Sihon zog aus uns entgegen mit
seinem ganzen Kriegsvolk zum Kampf
nach Jahaz.
33 Aber der HERR, unser Gott, gab ihn vor
unsern Augen dahin, daß wir ihn schlugen
mit seinen Söhnen und seinem ganzen
Kriegsvolk.
34 Da nahmen wir zu der Zeit alle seine
Städte ein und vollstreckten den Bann an
allen Städten, an Männern, Frauen und
Kindern, und ließen niemand übriglei-
ben.
35 Nur das Vieh raubten wir für uns und
die Beute aus den Städten, die wir einge-
nommen hatten.
36 Von [a] Aroër an, das am Ufer des Arnon
liegt, und von der Stadt im Bachtal bis
nach Gilead war keine Stadt, die sich vor
uns schützen konnte; der HERR, unser
Gott, gab alles vor unsern Augen dahin.
a Jos 13,9; 2.Sam 24,5
37 Nur zu dem Lande der Ammoniter
kamst du nicht, weder zum Ufer des Jab-
bok noch zu den Städten auf dem Gebirge,
ganz wie uns der HERR, unser Gott, gebo-
ten hatte.

Sieg über Og von Baschan

3 Und wir wandten uns und zogen hin-
auf den Weg nach Baschan. Und [a] Og,
der König von Baschan, zog aus uns ent-
gegen mit seinem ganzen Kriegsvolk, um
bei Edreï zu kämpfen. *a* 4.Mose 21,33-35
2 Aber der HERR sprach zu mir: Fürchte
dich nicht vor ihm, denn ich habe ihn und
sein ganzes Kriegsvolk mit seinem Land
in deine Hände gegeben. Und du sollst
mit ihm tun, wie du mit Sihon, dem König
der Amoriter, getan hast, der zu Hesch-
bon herrschte.
3 So gab der HERR, unser Gott, auch den
König Og von Baschan in unsere Hände
mit seinem ganzen Kriegsvolk, daß wir ihn
schlugen, bis ihm keiner übrigblieb.
4 Da nahmen wir zu der Zeit alle seine
Städte ein, und es gab keine Stadt, die wir
ihnen nicht nahmen: sechzig Städte, die
ganze Gegend von Argob, das Königreich
Ogs von Baschan,
5 lauter Städte, die befestigt waren mit
hohen Mauern, Toren und Riegeln, außer-
dem sehr viele offene Städte.
6 Und wir vollstreckten den Bann an
ihnen, gleichwie wir an Sihon, dem König
von Heschbon, taten. An allen Städten
vollstreckten wir den Bann, an Männern,
Frauen und Kindern.
7 Aber [a] alles Vieh und die Beute aus den
Städten raubten wir für uns. *a* Kap 20,13-18
8 [a] So nahmen wir zu der Zeit den beiden
Königen der Amoriter das Land jenseits
des Jordans, von dem Fluß Arnon bis an
den Berg Hermon
a (8 und 9) Kap 4,48; 1.Chr 5,23; Ps 29,6
9 – die Sidonier nennen ihn Sirjon, aber
die Amoriter nennen ihn Senir –,
10 alle Städte auf der Hochebene und das
ganze Gilead und das ganze Baschan bis
nach Salcha und Edreï, die Städte des
Königreichs Ogs von Baschan.
11 Denn allein der König Og von Baschan
war noch übrig von den Riesen. Siehe, in
Rabba, der Stadt der Ammoniter, ist sein

steinerner Sarg, neun Ellen lang und vier
Ellen breit nach gewöhnlicher Elle.

Die Verteilung des Ostjordanlandes

(vgl. 4.Mose 32)

12 Dies Land nahmen wir damals ein. Von
Aroër an, das am Fluß Arnon liegt, gab
ich's den Rubenitern und Gaditern samt
dem halben Gebirge Gilead mit seinen
Städten.
13 Aber das übrige Gilead und das ganze
Baschan, das Königreich Ogs, gab ich dem
halben Stamm Manasse, die ganze Gegend
von Argob. Dies ganze Baschan heißt
»Land der Riesen«.
14 Jaïr, der Sohn Manasses, bekam die
ganze Gegend von Argob bis an die
Grenze der Geschuriter und Maachatiter
und nannte Baschan nach seinem Namen
»Dörfer Jaïrs« bis auf den heutigen Tag.
15 Machir aber gab ich Gilead.
16 Und den Rubenitern und Gaditern gab
ich ein Gebiet von Gilead bis zum Arnon,
bis zur Mitte des Flusses mit seinem Uferland,
und bis zum Jabbok, dem Grenzfluß
der Ammoniter;
17 dazu das Jordantal mit dem Jordan und
seinem Uferland, von [a] Kinneret bis an das
Meer am Jordantal, das ist das Salzmeer,
am Fuße des Gebirges Pisga, alles, was
nach Osten zu liegt. *a Jos 11,2; 19,35; Mk 6,53*
18 Und ich gebot ihnen zu der Zeit: Der
HERR, euer Gott, hat euch dies Land gegeben,
um es einzunehmen. So zieht nun
gerüstet vor euren Brüdern, den Israeliten,
her, all ihr Kriegsleute.
19 Nur eure Frauen und Kinder und euer
Vieh – denn ich weiß, daß ihr viel Vieh
habt – laßt in euren Städten bleiben, die
ich euch gegeben habe,
20 bis der HERR eure Brüder auch zur
Ruhe bringt wie euch, daß sie auch das
Land einnehmen, das ihnen der HERR,
euer Gott, geben wird jenseits des Jordans.
Danach sollt ihr dann zurückkehren zu
eurem Besitz, den ich euch gegeben habe.
21 Und [a] Josua gebot ich zur selben Zeit
und sprach: Deine Augen haben alles
gesehen, was der HERR, euer Gott, mit
diesen beiden Königen getan hat. So wird
der HERR auch mit allen Königreichen tun,
in die du ziehst. *a 4.Mose 27,18.22*
22 Fürchtet euch nicht vor ihnen; denn der
HERR, euer Gott, streitet für euch.[a]

a Kap 1,29.30

Mose soll nicht in das gelobte Land kommen

23 Und ich bat den HERRN zur selben Zeit
und sprach:
24 Herr HERR, du hast angefangen, deinem
Knecht zu offenbaren deine Herrlichkeit
und deine starke Hand. Denn wo ist ein
Gott im Himmel und auf Erden, der es
deinen Werken und deiner Macht gleichtun
könnte?
25 Laß mich hinübergehen und sehen das
gute Land jenseits des Jordans, dies gute
Bergland und den Libanon.
26 Aber der HERR war erzürnt auf mich
um euretwillen und erhörte mich nicht,
sondern sprach zu mir: Laß es genug sein!
Rede mir davon nicht mehr![a]

a 4.Mose 20,12

27 Steige auf den Gipfel des Gebirges
Pisga und hebe deine Augen auf nach
Westen und nach Norden und nach Süden
und nach Osten und sieh es mit deinen
Augen; denn du wirst nicht über den Jordan
hier gehen.
28 Und gebiete dem Josua, daß er getrost
und unverzagt sei; denn [a] er soll über den
Jordan ziehen vor dem Volk her und soll
ihnen das Land austeilen, das du sehen
wirst. *a Kap 31,3.7*
29 So blieben wir im Tal gegenüber
Bet-Peor.

Ermahnung zum Gehorsam gegen das Gesetz

4 Und nun höre, Israel, die Gebote und
Rechte, die ich euch lehre, daß ihr sie
tun sollt, auf daß ihr lebt und hineinkommt
und das Land einnehmt, das euch
der HERR, der Gott eurer Väter, gibt.
2 **Ihr sollt nichts dazutun zu dem, was ich
euch gebiete, und sollt auch nichts davontun,
auf daß ihr bewahrt die Gebote des
HERRN, eures Gottes, die ich euch gebiete.**[a]

a Kap 13,1; Spr 30,6; Offb 22,18.19

3 Eure Augen haben gesehen, was der
HERR getan hat wider den Baal-Peor; denn
alle, die dem Baal-Peor folgten, hat der
HERR, dein Gott, vertilgt unter euch.[a]

a 4.Mose 25,3-9

4 Aber ihr, die ihr dem HERRN, eurem
Gott, anhinget, lebt alle heute noch.
5 Sieh, ich hab euch gelehrt Gebote und
Rechte, wie mir der HERR, mein Gott,

geboten hat, daß ihr danach tun sollt im
Lande, in das ihr kommen werdet, um es
einzunehmen.
6 So haltet sie nun und tut sie! Denn
dadurch werdet ihr als [a]weise und verstän-
dig gelten bei allen Völkern, daß, wenn sie
alle diese Gebote hören, sie sagen müssen:
Ei, was für weise und verständige Leute
sind das, ein herrliches Volk! *a* Jes 2,3
7 Denn [a]wo ist so ein herrliches Volk,
dem ein Gott so nahe ist wie uns der
HERR, unser Gott, sooft wir ihn anrufen?
a 2.Sam 7,23
8 Und wo ist so ein großes Volk, das so
gerechte Ordnungen und Gebote hat wie
[a]dies ganze Gesetz, das ich euch heute
vorlege? *a* Jer 8,8
9 Hüte dich nur und bewahre deine Seele
gut, daß du [a]nicht vergißt, was deine
Augen gesehen haben, und daß es nicht
aus deinem Herzen kommt dein ganzes
Leben lang. Und du sollst deinen Kindern
und Kindeskindern kundtun *a* Ps 103,2
10 den Tag, da du [a]vor dem HERRN, dei-
nem Gott, standest an dem Berge Horeb,
als der HERR zu mir sagte: Versammle mir
das Volk, daß sie meine Worte hören und
so mich fürchten lernen alle Tage ihres
Lebens auf Erden und [b]ihre Kinder leh-
ren. *a* 2.Mose 19,17 *b* Kap 6,7
11 Da tratet ihr herzu und standet unten
an dem Berge; der Berg aber stand in
Flammen bis in den Himmel hinein, und
da war Finsternis, Wolken und Dunkel.
12 Und der HERR redete mit euch [a]mitten
aus dem Feuer. Seine Worte hörtet ihr,
aber ihr saht keine Gestalt, nur eine
Stimme war da. *a* Kap 5,4.24
13 Und er verkündigte euch seinen Bund,
den er euch gebot zu halten, nämlich die
Zehn Worte, und [a]schrieb sie auf zwei
steinerne Tafeln. *a* 2.Mose 31,18
14 Und der HERR gebot mir zur selben
Zeit, euch Gebote und Rechte zu lehren,
daß ihr danach tun sollt in dem Lande, in
das ihr zieht, es einzunehmen.
15 So hütet euch nun wohl – denn ihr habt
keine Gestalt gesehen an dem Tage, da
der HERR mit euch redete aus dem Feuer
auf dem Berge Horeb –,
16 daß ihr euch nicht versündigt und euch
[a]irgendein Bildnis macht, das gleich sei
einem Mann oder einer Frau, *a* 2.Mose 20,4
17 einem Tier auf dem Land oder Vogel
unter dem Himmel,
18 dem Gewürm auf der Erde oder einem
Fisch im Wasser unter der Erde.
19 Hebe auch nicht deine Augen auf gen
Himmel, daß du [a]die Sonne sehest und
den Mond und die Sterne, das ganze Heer
des Himmels, und fallest ab und betest sie
an und dienest ihnen. Denn der HERR,
dein Gott, hat sie zugewiesen allen andern
Völkern unter dem ganzen Himmel;
a Kap 17,3; Röm 1,23
20 euch aber hat der HERR angenommen
und aus dem [a]glühenden Ofen, nämlich
aus Ägypten, geführt, daß ihr [b]das Volk
sein sollt, das allein ihm gehört, wie ihr es
jetzt seid. *a* 1.Kön 8,51; Jes 48,10; Jer 11,4
b 2.Mose 19,5.6; Jes 19,25
21 Und der HERR war so erzürnt über
mich um eures Tuns willen, daß er schwor,
ich sollte nicht über den Jordan gehen
noch in das gute Land kommen, das dir
der HERR, dein Gott, zum Erbteil geben
wird,[a] *a* Kap 3,26
22 sondern ich muß in diesem Lande ster-
ben und werde nicht über den Jordan
gehen. Ihr aber werdet hinübergehen und
dies gute Land einnehmen.
23 So hütet euch nun, daß ihr den Bund
des HERRN, eures Gottes, nicht vergeßt,
den er mit euch geschlossen hat, und nicht
ein Bildnis macht von irgendeiner Gestalt,
wie es der HERR, dein Gott, geboten hat.
24 Denn **der HERR, dein Gott, ist [a]ein ver-
zehrendes Feuer und [b]ein eifernder Gott.**
a Kap 9,3; 2.Mose 24,17; Jes 10,17; Hebr 12,29
b 2.Mose 20,5
25 ¶ Wenn ihr nun Kinder zeugt und Kin-
deskinder und im Lande wohnt und ver-
sündigt euch und macht euch Bildnisse
von irgendeiner Gestalt, so daß ihr übeltut
vor dem HERRN, eurem Gott, und ihn
erzürnt,
26 so [a]rufe ich heute Himmel und Erde
zu Zeugen über euch, daß ihr bald weg-
gerafft werdet aus dem Lande, in das ihr
geht über den Jordan, um es einzuneh-
men. Ihr werdet nicht lange darin bleiben,
sondern werdet vertilgt werden.
a Kap 30,19; 31,28; 32,1
27 Und der HERR wird euch zerstreuen
unter die Völker, und es wird von euch
nur eine geringe Zahl übrigbleiben unter
den Heiden, zu denen euch der HERR weg-
führen wird.
28 Dort wirst du dienen den Götzen, die
das Werk von Menschenhänden sind, Holz

und Stein, die weder sehen noch hören
noch essen noch riechen können.[a]

a Kap 28,36; Ps 115,4-7

29 Wenn du aber dort den HERRN, deinen
Gott, suchen wirst, so wirst du ihn finden,
wenn du ihn von ganzem Herzen und von
ganzer Seele suchen wirst.[a]

a Ps 27,8; Jer 29,13.14

30 Wenn du geängstet sein wirst und dich
das alles treffen wird in künftigen Zeiten,
so wirst du dich [a]bekehren zu dem
HERRN, deinem Gott, und seiner Stimme
gehorchen. a Kap 30,2
31 Denn der HERR, dein Gott, ist ein
barmherziger Gott; er wird dich nicht ver-
lassen noch verderben, wird auch den
Bund nicht vergessen, den er deinen
Vätern geschworen hat.
32 Denn frage nach den früheren Zeiten,
die vor dir gewesen sind, von dem Tage
an, da Gott den Menschen auf Erden
geschaffen hat, und von einem Ende des
Himmels zum andern, ob je so Großes
geschehen oder desgleichen je gehört sei,
33 daß ein Volk die [a]Stimme Gottes aus
dem Feuer hat reden hören, wie du sie
gehört hast, und dennoch am Leben blieb?

a 2.Mose 20,1.19

34 Oder ob je ein Gott versucht hat, hin-
zugehen und sich ein Volk mitten aus
einem Volk herauszuholen durch [a]Macht-
proben, durch Zeichen, durch Wunder,
durch Krieg und durch seine mächtige
Hand und durch seinen ausgereckten Arm
und durch große Schrecken, wie das alles
der HERR, euer Gott, für euch getan hat in
Ägypten vor deinen Augen? a Kap 7,19; 29,2
35 Du aber hast's gesehen, auf daß du
[a]wissest, daß der HERR allein Gott ist und
sonst keiner. a Kap 32,39
36 Vom Himmel hat er dich seine Stimme
hören lassen, um dich zurechtzubringen;
und auf Erden hat er dir gezeigt sein
großes Feuer, und seine Worte hast du aus
dem Feuer gehört.[a] a 2.Mose 20,1.18.20
37 Weil er deine Väter geliebt und ihre
Nachkommen erwählt hat, [a]hat er dich
herausgeführt mit seinem Angesicht durch
seine große Kraft aus Ägypten,

a 2.Mose 33,14

38 damit er vor dir her Völker vertriebe,
die größer und stärker sind als du, und
dich hineinbrächte, um dir ihr Land zum
Erbteil zu geben, wie es jetzt ist.
39 So sollst du nun heute wissen und zu
Herzen nehmen, daß der HERR Gott ist
oben im Himmel und unten auf Erden
und sonst keiner,
40 und sollst halten seine Rechte und
Gebote, die ich dir heute gebiete; so wird's
dir und deinen Kindern nach dir wohlge-
hen und dein Leben lange währen in dem
Lande, das dir der HERR, dein Gott, gibt
für immer.

Freistädte im Ostjordanland

41 Da sonderte Mose [a]drei Städte aus jen-
seits des Jordans gegen Sonnenaufgang,

a Kap 19,2-13; 4.Mose 35,6-29

42 damit dorthin fliehen konnte, wer sei-
nen Nächsten totschlägt ohne Vorsatz und
ihm zuvor nicht feind gewesen ist; der soll
in eine dieser Städte fliehen, damit er am
Leben bleibe:
43 Bezer auf der Hochebene für die Rube-
niter und Ramot in Gilead für die Gaditer
und Golan in Baschan für die Manassiter.

Überleitung zum Gesetz

44 Dies ist das Gesetz, das Mose den Is-
raeliten vorlegte.
45 Dies sind die Ermahnungen und
Gebote und Rechte, die Mose den Israeli-
ten kundtat, als sie aus Ägypten gezogen
waren,
46 jenseits des Jordans im Tal gegenüber
Bet-Peor, im Lande Sihons, des Königs der
Amoriter, der zu Heschbon herrschte.
[a]Den schlugen Mose und die Israeliten,
als sie aus Ägypten gezogen waren,

a 4.Mose 21,24

47 und nahmen sein Land ein, dazu das
Land Ogs, des Königs von Baschan, der
beiden Könige der Amoriter, die jenseits
des Jordans waren gegen Sonnenaufgang,
48 von Aroër an, das am Ufer des Arnon
liegt, bis an den Berg Sion, das ist der
[a]Hermon, a Kap 3,8.9
49 und das ganze Jordantal östlich des Jor-
dans gegen Aufgang der Sonne bis an das
Meer am Jordantal am Fuße des Gebirges
Pisga.

Wiederholung der zehn Gebote

(vgl. 2.Mose 20,1-17)

5 Und Mose rief ganz Israel zusammen
und sprach zu ihnen: Höre, Israel, die
Gebote und Rechte, die ich heute vor
euren Ohren rede, und lernt sie und
bewahrt sie, daß ihr danach tut!

[2]Der HERR, unser Gott, hat einen Bund
mit uns geschlossen am Horeb[a]
a 2.Mose 19,5

[3]und hat nicht mit unsern Vätern diesen
Bund geschlossen, sondern mit uns, die
wir heute hier sind und alle leben.[a]
a Kap 29,14

[4]Er hat von Angesicht zu Angesicht mit
euch [a] aus dem Feuer auf dem Berge gere-
det. *a* Vers 24

[5]Ich stand zu derselben Zeit zwischen
dem HERRN und euch, um euch des
HERRN Wort zu verkündigen; denn ihr
fürchtetet euch vor dem Feuer und gingt
nicht auf den Berg. Und er sprach:

**[6]¶ Ich bin der HERR dein Gott, der dich
aus Ägyptenland geführt hat, aus der
Knechtschaft.**

**[7]Du sollst keine anderen Götter haben ne-
ben mir.**[a] *a* Kap 11,16.28

**[8]Du sollst dir [a]kein Bildnis machen in
irgendeiner Gestalt, weder von dem, was
oben im Himmel, noch von dem, was
unten auf Erden, noch von dem, was im
Wasser unter der Erde ist.** *a* Kap 27,15

**[9]Du sollst sie nicht anbeten noch ihnen
dienen. Denn ich, der HERR, dein Gott, bin
[a]ein eifernder Gott, der die Missetat der
Väter heimsucht bis ins dritte und vierte
Glied an den Kindern derer, die mich has-
sen,** *a* Kap 4,24

**[10]aber Barmherzigkeit erweist an vielen
tausenden, die mich lieben und meine
Gebote halten.**

**[11]¶ Du sollst den Namen des HERRN,
deines Gottes, nicht mißbrauchen; denn der
HERR wird den nicht ungestraft lassen, der
seinen Namen mißbraucht.**

**[12]¶ Den Sabbattag sollst du halten, daß
du ihn heiligest, wie dir der HERR, dein
Gott, geboten hat.**

**[13]Sechs Tage sollst du arbeiten und alle
deine Werke tun.**

**[14]Aber am siebenten Tag ist der Sabbat
des HERRN, deines Gottes. Da sollst du
keine Arbeit tun, auch nicht dein Sohn,
deine Tochter, dein Knecht, deine Magd,
dein Rind, dein Esel, all dein Vieh, auch
nicht dein Fremdling, der in deiner Stadt
lebt, auf daß dein Knecht und deine Magd
ruhen gleichwie du.**

**[15]Denn [a]du sollst daran denken, daß auch
du Knecht in Ägyptenland warst und der
HERR, dein Gott, dich von dort herausge-
führt hat mit mächtiger Hand und ausge-
recktem Arm. Darum hat dir der HERR, dein
Gott, geboten, daß du den Sabbattag halten
sollst.** *a* Kap 15,15; 16,12; 24,18.22

**[16]¶ Du sollst deinen Vater und deine
Mutter ehren, wie dir der HERR, dein Gott,
geboten hat, auf daß du lange lebest und
dir's wohlgehe in dem Lande, das dir der
HERR, dein Gott, geben wird.**

[17]¶ Du sollst nicht töten.*

[18]¶ Du sollst nicht ehebrechen.

[19]¶ Du sollst nicht stehlen.

**[20]¶ Du sollst nicht falsch Zeugnis reden
wider deinen Nächsten.**

**[21]¶ Du sollst nicht begehren deines Näch-
sten Frau.**

**¶ Du sollst [a]nicht begehren deines Näch-
sten Haus, Acker, Knecht, Magd, Rind,
Esel noch alles, was sein ist.** *a* Mi 2,2

[22]¶ Das sind die Worte, die der HERR
redete zu eurer ganzen Gemeinde auf dem
Berge, aus dem Feuer und der Wolke und
dem Dunkel mit großer Stimme, und tat
nichts hinzu und schrieb sie auf [a]zwei stei-
nerne Tafeln und gab sie mir. *a* 2.Mose 31,18

* Abweichende Verszählung statt 5,17-33: 5,18-30.

Mose als Mittler zwischen Gott und Israel

[23]Als ihr aber die Stimme aus der Fin-
sternis hörtet und den Berg im Feuer bren-
nen saht, tratet ihr zu mir, alle eure Stam-
meshäupter und eure Ältesten,

[24]und spracht: Siehe, der HERR, unser
Gott, hat uns sehen lassen seine Herrlich-
keit und seine Majestät, und [a]wir haben
seine Stimme aus dem Feuer gehört.
Heute haben wir zwar gesehen, daß Gott
mit Menschen redet und sie am Leben
bleiben. *a* Kap 4,12.13.33

[25]Aber nun, warum sollen wir sterben?
Dies große Feuer wird uns noch verzeh-
ren! Wenn wir des HERRN, unseres Gottes,
Stimme weiter hören, so müssen wir ster-
ben.

[26]Denn welcher Mensch kann die
Stimme des lebendigen Gottes aus dem
Feuer reden hören wie wir und doch am
Leben bleiben?

[27]Tritt du hinzu und höre alles, was der
HERR, unser Gott, sagt, und sage es uns.
Alles, was der HERR, unser Gott, mit dir
reden wird, das wollen wir hören und tun.

[28]¶ Als aber der HERR eure Worte hörte,
die ihr mit mir redetet, sprach er zu mir:
Ich habe gehört die Worte dieses Volks,

die sie mit dir geredet haben; es ist alles
gut, was sie geredet haben.
29 Ach daß sie [a]ein solches Herz hätten,
mich zu fürchten und zu halten alle meine
Gebote ihr Leben lang, auf daß es ihnen
und ihren Kindern wohlginge ewiglich!
a Kap 29,3
30 Geh hin und sage ihnen: Geht heim in
eure Zelte!
31 Du aber sollst hier vor mir stehenblei-
ben, damit ich dir verkündige das ganze
Gesetz, die Gebote und Rechte, die du sie
lehren sollst, daß sie danach tun in dem
Lande, das ich ihnen geben werde, um es
einzunehmen.
32 So habt nun acht, daß ihr tut, wie euch
der HERR, euer Gott, geboten hat, und
[a]weicht nicht, weder zur Rechten noch zur
Linken, *a* Kap 4,2; 28,14; Jos 1,7; Spr 4,27
33 sondern wandelt in allen Wegen, die
euch der HERR, euer Gott, geboten hat,
damit ihr leben könnt und es euch wohl-
geht und ihr lange lebt in dem Lande, das
ihr einnehmen werdet.

Ermahnung zur Liebe und zum Gehorsam gegen den HERRN

6 Dies sind die Gesetze und Gebote
und Rechte, die der HERR, euer Gott,
geboten hat, daß ihr sie lernen und tun
sollt in dem Lande, in das ihr zieht, es
einzunehmen,
2 damit du dein Leben lang den HERRN,
deinen Gott, fürchtest und alle seine
Rechte und Gebote hältst, die ich dir
gebiete, du und deine Kinder und deine
Kindeskinder, auf daß du lange lebest.
3 Israel, [a]du sollst es hören und festhal-
ten, daß du es tust, auf daß dir's wohlgehe
und du groß an Zahl werdest, wie der
HERR, der Gott deiner Väter, dir zugesagt
hat, in dem Lande, darin Milch und Honig
fließt. *a* Lk 11,28
4 ¶**Höre, Israel, der HERR ist unser Gott,
der HERR allein.**[a] *a* Mk 12,29; 1.Kor 8,4.6
5 **Und du sollst den HERRN, deinen Gott,
liebhaben von ganzem Herzen, von ganzer
Seele und mit all deiner Kraft.**[a]
a Kap 10,12; 2.Kön 23,25; Mt 22,37
6 Und diese Worte, die ich dir heute
gebiete, sollst du zu Herzen nehmen[a]
a Kap 11,18-20
7 und [a]sollst sie deinen Kindern einschär-
fen und davon reden, wenn du in deinem
Hause sitzt oder unterwegs bist, wenn du
dich niederlegst oder aufstehst.
a 1.Mose 18,19
8 Und du [a]sollst sie binden zum Zeichen
auf deine Hand, und sie sollen dir ein
Merkzeichen zwischen deinen Augen sein,
a 2.Mose 13,9; Mt 23,5
9 und du sollst sie schreiben auf die Pfo-
sten deines Hauses und an die Tore.
10 ¶Wenn dich nun der HERR, dein Gott,
in das Land bringen wird, von dem er dei-
nen Vätern Abraham, Isaak und Jakob
geschworen hat, es dir zu geben - große
und schöne Städte, die du nicht gebaut
hast,
11 und Häuser voller Güter, die du nicht
gefüllt hast, und ausgehauene Brunnen,
die du nicht ausgehauen hast, und Wein-
berge und Ölbäume, die du nicht gepflanzt
hast -, und [a]wenn du nun ißt und satt
wirst, *a* Kap 8,10
12 so hüte dich, daß du nicht den HERRN
vergißt, der dich aus Ägyptenland, aus der
Knechtschaft, geführt hat,
13 sondern du sollst den HERRN, deinen
Gott, fürchten und ihm dienen und bei
seinem Namen schwören.[a]
a Kap 10,20; Mt 4,10
14 Und du sollst nicht andern Göttern
nachfolgen, den Göttern der Völker, die
um euch her sind
15 - denn der HERR, dein Gott, ist [a]ein
eifernder Gott in deiner Mitte -, daß nicht
der Zorn des HERRN, deines Gottes, über
dich entbrenne und dich vertilge von der
Erde. *a* 2.Mose 20,5
16 Ihr [a]sollt den HERRN, euren Gott, nicht
versuchen, wie ihr ihn [b]versucht habt in
Massa, *a* Mt 4,7 *b* 2.Mose 17,2.7
17 sondern sollt halten die Gebote des
HERRN, eures Gottes, seine Vermahnun-
gen und seine Rechte, die er dir geboten
hat,
18 daß du tust, was recht und gut ist vor
den Augen des HERRN, auf daß dir's wohl-
gehe und du hineinkommest und einneh-
mest das gute Land, von dem der HERR
deinen Vätern geschworen hat,
19 daß er verjagen wolle alle deine Feinde
vor dir, wie der HERR es zugesagt hat.[a]
a 2.Mose 23,27.28
20 ¶Wenn dich nun [a]dein Sohn morgen
fragen wird: Was sind das für Vermahnun-
gen, Gebote und Rechte, die euch der
HERR, unser Gott, geboten hat?,
a 2.Mose 13,14

21 so [a]sollst du deinem Sohn sagen: Wir
waren Knechte des Pharao in Ägypten,
und der HERR führte uns aus Ägypten mit
mächtiger Hand; *a* Ps 44,2
22 und der HERR tat große und furchtbare
Zeichen und Wunder an Ägypten und am
Pharao und an seinem ganzen Hause vor
unsern Augen
23 und führte uns von dort weg, um uns
hineinzubringen und uns das Land zu
geben, wie er unsern Vätern geschworen
hatte.
24 Und der HERR hat uns geboten, nach
all diesen Rechten zu tun, daß wir den
HERRN, unsern Gott, fürchten, auf daß es
uns wohlgehe unser Leben lang, so wie es
heute ist.
25 Und das wird [a]unsere Gerechtigkeit
sein, daß wir alle diese Gebote tun und
halten vor dem HERRN, unserm Gott, wie
er uns geboten hat. *a* Kap 9,5.6; Röm 2,13.19-24

Warnung vor Gemeinschaft mit den Heiden

7 Wenn dich der HERR, dein Gott, ins
Land bringt, in das du kommen wirst,
es [a]einzunehmen, und er ausrottet viele
Völker vor dir her, die Hetiter, Girgaschi-
ter, Amoriter, Kanaaniter, Perisiter, Hiwi-
ter und Jebusiter, sieben Völker, die grö-
ßer und stärker sind als du, *a* Kap 31,3
2 und wenn sie der HERR, dein Gott, vor
dir dahingibt, daß du sie schlägst, so sollst
du an ihnen [a]den Bann vollstrecken. Du
sollst keinen Bund mit ihnen schließen
und keine Gnade gegen sie üben
a Kap 20,16.17
3 und sollst dich mit ihnen nicht ver-
schwägern; eure Töchter sollt ihr nicht
geben ihren Söhnen, und ihre Töchter
sollt ihr nicht nehmen für eure Söhne.[a]
a 2.Mose 34,15.16
4 Denn sie werden eure Söhne mir
abtrünnig machen, daß sie andern Göt-
tern dienen; so wird dann des HERRN Zorn
entbrennen über euch und euch bald ver-
tilgen.
5 Sondern so sollt ihr mit ihnen tun: Ihre
Altäre sollt ihr einreißen, ihre Steinmale
zerbrechen, ihre heiligen Pfähle abhauen
und ihre Götzenbilder mit Feuer verbren-
nen.[a] *a* Kap 12,2.3
6 Denn du bist ein heiliges Volk dem
HERRN, deinem Gott. [a]Dich hat der HERR,
dein Gott, erwählt zum Volk des Eigen-
tums aus allen Völkern, die auf Erden sind.
a 2.Mose 19,5.6
7 **Nicht hat euch der HERR angenommen
und [a]euch erwählt, weil ihr größer wäret
als alle Völker – denn du bist das kleinste
unter allen Völkern –,** *a* Kap 10,15
8 **sondern [a]weil er euch geliebt hat** und
damit er seinen Eid hielte, den er euren
Vätern geschworen hat. Darum hat er
euch herausgeführt mit mächtiger Hand
und hat dich erlöst von der Knechtschaft,
aus der Hand des Pharao, des Königs von
Ägypten. *a* Hos 11,1
9 So sollst du nun wissen, daß der HERR,
dein Gott, allein Gott ist, der treue Gott,
der den Bund und [a]die Barmherzigkeit bis
ins tausendste Glied hält denen, die ihn
lieben und seine Gebote halten,
a 2.Mose 20,6
10 und [a]vergilt ins Angesicht denen, die
ihn hassen, und bringt sie um und säumt
nicht, zu vergelten ins Angesicht denen,
die ihn hassen. *a* Nah 1,2
11 So halte nun die Gebote und Gesetze
und Rechte, die ich dir heute gebiete, daß
du danach tust.

Verheißung des göttlichen Segens

12 Und wenn ihr diese Rechte hört und
sie haltet und danach tut, so wird der
HERR, dein Gott, auch halten den Bund
und die Barmherzigkeit, wie er deinen
Vätern geschworen hat,[a] *a* 2.Mose 23,22-31
13 und wird dich lieben und segnen und
mehren, und er wird segnen die Frucht
deines Leibes und [a]den Ertrag deines
Ackers, dein Getreide, Wein und Öl, und
das Jungvieh deiner Kühe und deiner
Schafe in dem Lande, das er dir geben
wird, wie er deinen Vätern geschworen
hat. *a* Hos 2,7-12
14 Gesegnet wirst du sein vor allen Völ-
kern. Es wird niemand unter dir unfrucht-
bar sein, auch nicht eins deiner Tiere.
15 Der HERR [a]wird von dir nehmen alle
Krankheit und wird dir keine von all den
bösen Seuchen der Ägypter auflegen, die
du kennst, sondern wird sie allen deinen
Hassern auflegen. *a* 2.Mose 9,1-12
16 Du wirst alle Völker vertilgen, die der
HERR, dein Gott, dir geben wird. Du sollst
sie nicht schonen und ihren Göttern nicht
dienen; denn das würde dir zum Fallstrick
werden.[a] *a* 2.Mose 23,33; 34,12; Jos 23,13

17 ¶ Wirst du aber in deinem Herzen
sagen: Diese [a] Völker sind größer als ich;
wie kann ich sie vertreiben?,

a 4.Mose 13,31; 14,1-4

18 so fürchte dich nicht vor ihnen. Denke
daran, was der HERR, dein Gott, dem Pharao und allen Ägyptern getan hat
19 durch [a] große Machtproben, die du mit
eigenen Augen gesehen hast, und durch
Zeichen und Wunder, durch mächtige
Hand und ausgereckten Arm, womit dich
der HERR, dein Gott, herausführte. So
wird der HERR, dein Gott, allen Völkern
tun, vor denen du dich fürchtest.

a Kap 4,34; 29,2

20 Dazu wird der HERR, dein Gott, [a] Angst
und Schrecken unter sie senden, bis umgebracht sein wird, was übrig ist und sich
verbirgt vor dir. a 2.Mose 23,28-30
21 Laß dir nicht grauen vor ihnen; denn
der HERR, dein Gott, ist in deiner Mitte,
der große und schreckliche Gott.
22 Er, der HERR, dein Gott, wird diese
Leute ausrotten vor dir, einzeln nacheinander. Du kannst sie nicht auf einmal vertilgen, damit sich nicht die wilden Tiere
wider dich vermehren.
23 Der HERR, dein Gott, wird sie vor dir
dahingeben und wird eine große Verwirrung über sie bringen, bis er sie vertilgt
hat,
24 und wird ihre Könige in deine Hände
geben, und du sollst ihren Namen auslöschen unter dem Himmel. Es wird dir niemand widerstehen, bis du sie vertilgt hast.
25 Die Bilder ihrer Götter sollst du mit
Feuer verbrennen und sollst nicht begehren das Silber oder Gold, das daran ist,
oder es zu dir nehmen, damit du dich
nicht darin verstrickst; denn das ist dem
HERRN, deinem Gott, ein Greuel.
26 Darum sollst du solchen Greuel nicht
in dein Haus bringen, damit du nicht dem
Bann verfällst wie jene, sondern du sollst
Ekel und Abscheu davor haben; denn es
steht unter dem Bann.[a] a Jos 7,11.12

Ermahnung zur Dankbarkeit gegen den HERRN

8 Alle Gebote, die ich dir heute gebiete,
sollt ihr halten, daß ihr danach tut,
damit ihr lebt und zahlreich werdet und
hineinkommt und das Land einnehmt, das
der HERR euren Vätern zugeschworen hat.
2 Und gedenke des ganzen Weges, den
dich der HERR, dein Gott, geleitet hat
diese vierzig Jahre in der Wüste, auf daß
er dich demütigte und [a] versuchte, damit
kundwürde, was in deinem Herzen wäre,
ob du seine Gebote halten würdest oder
nicht.

a Kap 13,4; 1.Mose 22,1; 2.Mose 16,4; 20,20; Ri 2,22

3 Er demütigte dich und ließ dich hungern und [a] speiste dich mit Manna, das du
und deine Väter nie gekannt hatten, auf
daß er dir kundtäte, daß [b] der Mensch nicht
lebt vom Brot allein, sondern von allem,
was aus dem Mund des HERRN geht.

a 2.Mose 16,13-15 b Mt 4,4

4 Deine Kleider sind nicht zerrissen an
dir, und deine Füße sind nicht geschwollen diese vierzig Jahre.[a] a Kap 29,4
5 So erkennst du ja in deinem Herzen,
daß der HERR, dein Gott, dich [a] erzogen
hat, wie ein Mann seinen Sohn erzieht.

a Jes 28,26; Jer 30,11; 46,28

6 So halte nun die Gebote des HERRN,
deines Gottes, daß du in seinen Wegen
wandelst und ihn fürchtest.
7 Denn der HERR, dein Gott, führt dich in
ein gutes Land, ein Land, darin Bäche und
Brunnen und Seen sind, die an den Bergen und in den Auen fließen,
8 ein Land, darin Weizen, Gerste, Weinstöcke, Feigenbäume und Granatäpfel
wachsen, ein Land, darin es Ölbäume und
Honig gibt,
9 ein Land, wo du Brot genug zu essen
hast, wo dir nichts mangelt, ein Land, in
dessen Steinen Eisen ist, wo du Kupfererz
aus den Bergen haust.
10 Und wenn du gegessen hast und satt
bist, sollst du den HERRN, deinen Gott,
loben für das gute Land, das er dir gegeben hat.
11 ¶ So hüte dich nun davor, den HERRN,
deinen Gott, zu vergessen, so daß du seine
Gebote und seine Gesetze und Rechte,
die ich dir heute gebiete, nicht hältst.
12 Wenn du nun gegessen hast und satt
bist und schöne Häuser erbaust und darin
wohnst
13 und deine Rinder und Schafe und Silber und Gold und alles, was du hast, sich
mehrt,
14 dann hüte dich, daß dein Herz sich
nicht überhebt und du den HERRN, deinen
Gott, vergißt, der dich aus Ägyptenland
geführt hat, aus der Knechtschaft,

15 und dich geleitet hat durch die große und furchtbare Wüste, wo [a]feurige Schlangen und Skorpione und lauter Dürre und kein Wasser war, und ließ dir [b]Wasser aus dem harten Felsen hervorgehen

a 4.Mose 21,6 b 2.Mose 17,6

16 und speiste dich mit Manna in der Wüste, von dem deine Väter nichts gewußt haben, auf daß er dich demütigte und versuchte, damit er dir hernach wohltäte.

17 Du könntest sonst sagen in deinem Herzen: Meine Kräfte und meiner Hände Stärke haben mir diesen Reichtum gewonnen.

18 Sondern gedenke an den HERRN, deinen Gott; denn er ist's, der dir Kräfte gibt, Reichtum zu gewinnen, auf daß er [a]hielte seinen Bund, den er deinen Vätern geschworen hat, so wie es heute ist.

a Kap 4,31

19 ¶Wirst du aber den HERRN, deinen Gott, vergessen und andern Göttern nachfolgen und ihnen dienen und sie anbeten, so bezeuge ich euch heute, daß ihr umkommen werdet;

20 eben wie die Heiden, die der HERR umbringt vor eurem Angesicht, so werdet ihr auch umkommen, weil ihr nicht gehorsam seid der Stimme des HERRN, eures Gottes.

Ermahnung zur Demut

9 Höre, Israel, du wirst heute über den Jordan gehen, damit du hineinkommst, das Land der Völker einzunehmen, die größer und stärker sind als du, [a]große Städte, ummauert bis an den Himmel,

a Kap 1,28

2 ein [a]großes, hochgewachsenes Volk, die Anakiter, die du kennst, von denen du auch hast sagen hören: Wer kann wider die Anakiter bestehen?

a 4.Mose 13,32.33

3 So sollst du nun heute wissen, daß der HERR, dein Gott, vor dir hergeht, ein [a]verzehrendes Feuer. Er wird sie vertilgen und wird sie demütigen vor dir, und du wirst sie vertreiben und bald vernichten, wie dir der HERR zugesagt hat.

a Kap 4,24

4 [a]Wenn nun der HERR, dein Gott, sie ausgestoßen hat vor dir her, so sprich nicht in deinem Herzen: Der HERR hat mich hereingeführt, dies Land einzunehmen, um meiner Gerechtigkeit willen –, da doch der HERR diese Völker vertreibt vor dir her um ihres gottlosen Treibens willen.

a (4 und 5) Kap 8,17; 1.Mose 15,16

5 [a]Denn du kommst nicht herein, ihr Land einzunehmen, um deiner Gerechtigkeit und deines aufrichtigen Herzens willen, sondern der HERR, dein Gott, vertreibt diese Völker um ihres gottlosen Treibens willen, damit er das Wort halte, das er geschworen hat deinen Vätern Abraham, Isaak und Jakob.

a (5 und 6) Kap 6,25

6 So wisse nun, daß der HERR, dein Gott, dir nicht um deiner Gerechtigkeit willen dies gute Land zum Besitz gibt, da du doch ein [a]halsstarriges Volk bist.

a 2.Mose 32,9

Erinnerung an Israels Untreue

7 Denke daran und vergiß nicht, wie du den HERRN, deinen Gott, erzürntest in der Wüste. Von dem Tage an, als du aus Ägyptenland zogst, bis ihr gekommen seid an diesen Ort, seid ihr ungehorsam gewesen dem HERRN.

8 [a]Denn am Horeb erzürntet ihr den HERRN so, daß er vor Zorn euch vertilgen wollte,

a (8-21) 2.Mose 32,1-24

9 als ich auf den Berg gegangen war, die steinernen Tafeln zu empfangen, die Tafeln des Bundes, den der HERR mit euch schloß, und ich vierzig Tage und vierzig Nächte auf dem Berge blieb und kein Brot aß und kein Wasser trank[a]

a 2.Mose 34,28

10 und mir der HERR die zwei steinernen Tafeln gab, mit dem Finger Gottes beschrieben, und darauf alle Worte, die der HERR mit euch aus dem Feuer auf dem Berge geredet hatte am Tage der Versammlung.

11 Und nach den vierzig Tagen und vierzig Nächten gab mir der HERR die zwei steinernen Tafeln des Bundes

12 und sprach zu mir: Mach dich auf, geh eilends hinab von hier; denn dein Volk, das du aus Ägypten geführt hast, hat sich versündigt. Sie sind schnell abgewichen von dem Wege, den ich ihnen geboten habe; sie haben sich ein gegossenes Bild gemacht.

13 Und der HERR sprach zu mir: Ich sehe, daß dies Volk ein halsstarriges Volk ist.

14 Laß ab von mir, damit ich sie vertilge und ihren Namen austilge unter dem Himmel; aber aus dir will ich ein stärkeres und größeres Volk machen als dieses.

15 Und als ich mich wandte und von dem

Berge herabging, der im Feuer brannte,
und die zwei Tafeln des Bundes in meinen
beiden Händen hatte,
16 da sah ich, und siehe, da hattet ihr euch
an dem HERRN, eurem Gott, versündigt
und euch ein gegossenes Kalb gemacht
und wart schnell von dem Wege abgewi-
chen, den euch der HERR geboten hatte.
17 Da faßte ich beide Tafeln und warf sie
aus meinen Händen und zerbrach sie vor
euren Augen
18 und fiel nieder vor dem HERRN wie das
erstemal, vierzig Tage und vierzig Nächte,
und aß kein Brot und trank kein Wasser
um all eurer Sünde willen, die ihr getan
hattet, als ihr solches Unrecht tatet vor
dem HERRN, um ihn zu erzürnen.
19 Denn ich [a]fürchtete mich vor dem
Zorn und Grimm, mit dem der HERR über
euch erzürnt war, so daß er euch vertilgen
wollte. Aber der HERR erhörte mich auch
diesmal.

a Hebr 12,21

20 Auch war der HERR sehr zornig über
Aaron, so daß er ihn vertilgen wollte; aber
ich bat auch für Aaron zur selben Zeit.
21 Aber eure Sünde, das Kalb, das ihr
gemacht hattet, nahm ich und verbrannte
es mit Feuer und zerschlug es und zer-
malmte es, bis es Staub ward, und warf
den Staub in den Bach, der vom Berge
fließt.
22 ¶ So erzürntet ihr den HERRN auch in
[a]Tabera und in [b]Massa und bei den [c]Lust-
gräbern.

a 4.Mose 11,3 *b* 2.Mose 17,7 *c* 4.Mose 11,34

23 Und als er euch aus Kadesch-Barnea
sandte und sprach: Geht hinauf und
nehmt das Land ein, das ich euch gegeben
habe!, da wart ihr ungehorsam dem Mund
des HERRN, eures Gottes, und glaubtet
nicht an ihn und gehorchtet seiner Stimme
nicht.[a]

a 4.Mose 13,2.31; 14,1-4

24 So seid ihr dem HERRN ungehorsam
gewesen, solange ich euch gekannt habe.
25 ¶ Ich aber [a]fiel nieder und lag vor dem
HERRN vierzig Tage und vierzig Nächte;
denn der HERR sprach, er wolle euch ver-
tilgen.

a Vers 18

26 Und ich bat den HERRN und sprach:
Herr HERR, verdirb dein Volk und dein
Erbe nicht, das du durch deine große Kraft
erlöst und mit mächtiger Hand aus Ägyp-
ten geführt hast!
27 Gedenke an deine Knechte Abraham,
Isaak und Jakob! Sieh nicht an die Hals-
starrigkeit und das gottlose Treiben und
die Sünde dieses Volks,
28 damit das Land, aus dem du uns
geführt hast, nicht sage: Der HERR konnte
sie nicht in das Land bringen, das er ihnen
zugesagt hatte, und hat sie darum heraus-
geführt, weil er ihnen gram war, um sie zu
töten in der Wüste.[a]

a 4.Mose 14,16

29 Denn sie sind dein Volk und dein Erbe,
das du mit deiner großen Kraft und mit
deinem ausgereckten Arm herausgeführt
hast.

Die neuen Tafeln des Gesetzes

10 Zu derselben Zeit sprach der HERR
zu mir: [a]Haue dir zwei steinerne
Tafeln zu wie die ersten und komm zu mir
auf den Berg und mache dir eine [b]höl-
zerne Lade,

a 2.Mose 34,1 *b* 2.Mose 25,10

2 so will ich auf die Tafeln die Worte
schreiben, die auf den ersten waren, die
du [a]zerbrochen hast; und du sollst sie in
die Lade legen.

a 2.Mose 32,19

3 So machte ich eine Lade aus Akazien-
holz und hieb zwei steinerne Tafeln zu,
wie die ersten waren, und ging auf den
Berg und hatte die beiden Tafeln in mei-
nen Händen.
4 Da schrieb er auf die Tafeln, wie die
erste Schrift war, die Zehn Worte, die der
HERR zu euch geredet hatte mitten aus
dem Feuer auf dem Berge zur Zeit der
Versammlung; und der HERR gab sie mir.
5 Und ich wandte mich und ging vom
Berge herab und [a]legte die Tafeln in die
Lade, die ich gemacht hatte, und sie blie-
ben darin, wie mir der HERR geboten
hatte.

a 2.Mose 25,21

Aarons Tod. Aussonderung der Leviten

6 [a]Und die Israeliten zogen aus von
Beerot-Bene-Jaakan nach Moser. Dort
starb Aaron und wurde daselbst begraben.
Und sein Sohn Eleasar wurde Priester an
seiner Statt.

a (6 und 7) 4.Mose 33,31-33; 20,28; 33,37-39

7 Von da zogen sie aus nach Gudgoda,
von Gudgoda nach Jotbata, in ein Land
mit Wasserbächen.
8 ¶ Zur selben Zeit sonderte der HERR
den Stamm Levi aus, die Lade des Bundes
des HERRN zu tragen und [a]zu stehen vor
dem HERRN, ihm zu dienen und [b]in sei-
nem Namen zu segnen bis auf diesen Tag.

a Kap 18,5 *b* 4.Mose 6,23-27

9 Darum werden die Leviten weder Anteil
noch Erbe haben mit ihren Brüdern. Denn
[a]der HERR ist ihr Erbteil, wie der HERR,
dein Gott, ihnen zugesagt hat.

a 4.Mose 18,20

Was der HERR von Israel fordert

10 Ich aber stand auf dem Berge wie das
erstemal, [a]vierzig Tage und vierzig Nächte,
und der HERR erhörte mich auch diesmal
und wollte dich nicht verderben. *a* Kap 9,9
11 Er sprach zu mir: Mach dich auf, geh
hin und zieh vor dem Volk her, damit sie
hineinkommen und das Land einnehmen,
das ich ihnen geben will, wie ich ihren
Vätern geschworen habe.
12 **Nun, Israel, was [a]fordert der HERR, dein
Gott, noch von dir, als daß du den HERRN,
deinen Gott, fürchtest, daß du in allen sei-
nen Wegen wandelst und ihn liebst und dem
HERRN, deinem Gott, dienst von ganzem
Herzen und von ganzer Seele,** *a* Mi 6,8
13 daß du die Gebote des HERRN hältst
und seine Rechte, die ich dir heute
gebiete, auf daß dir's wohlgehe?
14 Siehe, der Himmel und aller Himmel
Himmel und die Erde und alles, was darin-
nen ist, das ist des HERRN, deines Gottes.
15 Und doch hat er nur [a]deine Väter ange-
nommen, daß er sie liebte, und hat ihre
Nachkommen, nämlich euch, erwählt aus
allen Völkern, so wie es heute ist.

a Kap 7,6

16 ¶So [a]beschneidet nun eure Herzen
und seid hinfort nicht halsstarrig.

a Kap 30,6

17 Denn der HERR, euer Gott, ist der Gott
aller Götter und der Herr über alle Her-
ren, der große Gott, der Mächtige und der
Schreckliche, der die Person nicht ansieht
und kein Geschenk nimmt
18 und schafft Recht den Waisen und Wit-
wen und hat die Fremdlinge lieb, daß er
ihnen Speise und Kleider gibt.
19 Darum sollt ihr auch die Fremdlinge
lieben; denn ihr seid auch Fremdlinge
gewesen in Ägyptenland.[a] *a* 2.Mose 22,20-23
20 Den HERRN, deinen Gott, sollst du
fürchten, ihm sollst du dienen, ihm sollst
du anhangen und bei seinem Namen
schwören.
21 Er ist dein Ruhm und dein Gott, der
bei dir solche großen und schrecklichen
Dinge getan hat, die deine Augen gesehen
haben.
22 Deine Väter zogen hinab nach Ägypten
mit [a]siebzig Seelen; aber nun hat dich der
HERR, dein Gott, [b]zahlreich gemacht wie
die Sterne am Himmel.

a 1.Mose 46,27 *b* Kap 1,10

Erinnerung an Gottes Wohltaten

11 So sollst du nun den HERRN, deinen
Gott, lieben und sein Gesetz, seine
Ordnungen, seine Rechte und seine
Gebote halten dein Leben lang.
2 Und erkennt heute, was eure Kinder
nicht wissen noch gesehen haben, näm-
lich die [a]Erziehung durch den HERRN,
euren Gott, dazu seine Herrlichkeit, seine
mächtige Hand und seinen ausgereckten
Arm *a* Kap 4,36
3 und seine Zeichen und Werke, die er
getan hat unter den Ägyptern, an dem
Pharao, dem König von Ägypten, und an
seinem ganzen Lande;
4 und was er an der Heeresmacht der
Ägypter getan hat, an ihren Rossen und
Wagen, wie er das Wasser des Schilfmeers
über sie brachte, als sie euch nachjagten
und sie der HERR umkommen ließ, bis auf
diesen Tag;[a] *a* 2.Mose 14,25.27
5 und was er euch getan hat in der Wüste,
bis ihr an diesen Ort gekommen seid,
6 was er Datan und Abiram getan hat, den
Söhnen Eliabs, des Sohnes Rubens, wie
die Erde ihren Mund auftat und sie ver-
schlang mit all ihren Leuten und ihren Zel-
ten und allem ihrem Gut, das sie erwor-
ben hatten, mitten unter ganz Israel.[a]

a 4.Mose 16,25-34

7 Denn eure Augen haben die großen
Werke des HERRN gesehen, die er getan
hat.

**Segen des Gehorsams –
Fluch des Ungehorsams**

8 Darum sollt ihr alle die Gebote halten,
die ich dir heute gebiete, auf daß ihr stark
werdet, hineinzukommen und das Land
einzunehmen, dahin ihr zieht, es einzu-
nehmen,
9 und daß du lange lebest in dem Lande,
das der HERR, wie er euren Vätern
geschworen hat, ihnen und ihren Nach-
kommen geben will, ein [a]Land, darin
Milch und Honig fließt. *a* 2.Mose 3,17
10 Denn das Land, in das du kommst, es
einzunehmen, ist nicht wie Ägyptenland,
von dem ihr ausgezogen seid, wo du dei-

nen Samen säen und selbst tränken mußtest wie einen Garten,
11 sondern es hat Berge und Auen, die
der Regen vom Himmel tränkt, –
12 ein Land, auf das der HERR, dein Gott,
achthat und die Augen des HERRN, deines
Gottes, immerdar sehen vom Anfang des
Jahres bis an sein Ende.
13 ¶ [a]Werdet ihr nun auf meine Gebote
hören, die ich euch heute gebiete, daß ihr
den HERRN, euren Gott, liebt und ihm
dient von ganzem Herzen und von ganzer
Seele, *a (13-15)* 3.Mose 26,3-5; Jer 5,24
14 so will ich eurem Lande Regen geben
zu seiner Zeit, Frühregen und Spätregen,
daß du einsammelst dein Getreide, deinen Wein und dein Öl,
15 und will deinem Vieh Gras geben auf
deinem Felde, daß ihr eßt und satt werdet.
16 Hütet euch aber, daß sich euer Herz
nicht betören lasse, daß ihr abfallt und
dient andern Göttern und betet sie an,
17 und daß dann der Zorn des HERRN entbrenne über euch und [a]schließe den Himmel zu, so daß kein Regen kommt und die
Erde ihr Gewächs nicht gibt und ihr bald
ausgetilgt werdet aus dem guten Lande,
das euch der HERR gegeben hat.
a Kap 28,23.24; 3.Mose 26,19.20
18 ¶ [a]So nehmt nun diese Worte zu Herzen und in eure Seele und bindet sie zum
Zeichen auf eure Hand und macht sie zum
Merkzeichen zwischen euren Augen
a (18-20) Kap 6,6-9
19 und lehrt sie eure Kinder, daß du davon
redest, wenn du in deinem Hause sitzt
oder unterwegs bist, wenn du dich niederlegst und wenn du aufstehst.
20 Und schreibe sie an die Pfosten deines
Hauses und an deine Tore,
21 auf daß ihr und eure Kinder lange lebt
in dem Lande, das der HERR, wie er deinen Vätern geschworen hat, ihnen geben
will, solange die Tage des Himmels über
der Erde währen.
22 Denn wenn ihr diese Gebote alle halten werdet, die ich euch gebiete, und
danach tut, daß ihr den HERRN, euren
Gott, liebt und wandelt in allen seinen
Wegen und ihm anhangt,
23 so wird der HERR alle diese Völker vor
euch her vertreiben, daß ihr größere und
stärkere Völker beerbt, als ihr es seid.[a]
a Kap 7,1.2
24 Alles Land, darauf eure Fußsohle tritt,
soll euer sein: von der Wüste bis an den
Berg Libanon und von dem Strom Euphrat
bis ans Meer im Westen soll euer Gebiet
sein.
25 Niemand wird euch widerstehen können. Furcht und [a]Schrecken vor euch wird
der HERR über alles Land kommen lassen,
das ihr betretet, wie er euch zugesagt hat.
a 2.Mose 23,27
26 ¶ Siehe, ich lege euch heute vor [a]den
Segen und den Fluch: *a* Kap 30,1.15.19
27 [a]den Segen, wenn ihr gehorcht den
Geboten des HERRN, eures Gottes, die ich
euch heute gebiete; *a (27 und 28)* Kap 28,2.15
28 den Fluch aber, wenn ihr nicht gehorchen werdet den Geboten des HERRN,
eures Gottes, und abweicht von dem
Wege, den ich euch heute gebiete, daß ihr
andern Göttern nachwandelt, die ihr nicht
kennt.
29 Wenn dich nun der HERR, dein Gott, in
das Land bringt, in das du kommen sollst,
es einzunehmen, so sollst du den Segen
sprechen lassen auf dem Berge [a]Garizim
und den Fluch auf dem Berge Ebal,
a Kap 27,12.13; Jos 8,33.34
30 die jenseits des Jordans liegen an der
Straße gegen Sonnenuntergang im Lande
der Kanaaniter, die im Jordantal wohnen,
Gilgal gegenüber bei der [a]Eiche More.
a 1.Mose 12,6
31 Denn ihr werdet über den Jordan
gehen, daß ihr hineinkommt, das Land
einzunehmen, das euch der HERR, euer
Gott, gegeben hat, damit ihr's einnehmt
und darin wohnt.
32 So habt nun acht, daß ihr tut nach allen
Geboten und Rechten, die ich euch heute
vorlege.

MOSE VERKÜNDIGT DIE GESETZE
(Kapitel 12–26)

Die von Gott erwählte Opferstätte

12 Dies sind die Gebote und Rechte,
die ihr halten sollt, daß ihr danach
tut im Lande, das der HERR, der Gott deiner Väter, dir gegeben hat, es einzunehmen, solange du im Lande lebst:
2 Zerstört alle heiligen Stätten, wo die
Heiden, die ihr vertreiben werdet, ihren
Göttern gedient haben, es sei auf hohen
Bergen, auf Hügeln oder unter grünen
Bäumen,[a] *a* Kap 7,5.25; 2.Mose 34,13

3 und reißt um ihre Altäre und zerbrecht
ihre Steinmale und verbrennt mit Feuer
ihre heiligen Pfähle, zerschlagt die Bilder
ihrer Götzen und vertilgt ihren Namen von
jener Stätte.
4 Ihr sollt dem HERRN, eurem Gott, so
nicht dienen,
5 sondern die Stätte, die der HERR, euer
Gott, erwählen wird aus allen euren Stäm-
men, daß er seinen Namen daselbst woh-
nen läßt, sollt ihr aufsuchen und dahin
kommen.
6 Dorthin sollt ihr bringen eure Brandop-
fer und eure Schlachtopfer, eure Zehnten
und eure heiligen Abgaben, eure Gelüb-
deopfer, eure freiwilligen Opfer und die
Erstgeburt eurer Rinder und Schafe.
7 Und ihr und euer Haus sollt dort vor
dem HERRN, eurem Gott, essen und fröh-
lich sein über alles, was eure Hand erwor-
ben hat, womit euch der HERR, euer Gott,
gesegnet hat.
8 Ihr sollt es nicht so halten, wie wir es
heute hier tun, ein jeder, was ihm recht
dünkt.
9 Denn ihr seid bisher noch nicht zur
Ruhe und zu dem Erbteil gekommen, das
dir der HERR, dein Gott, geben wird.
10 Ihr werdet aber über den Jordan gehen
und in dem Lande wohnen, das euch der
HERR, euer Gott, zum Erbe austeilen wird,
und er wird euch [a]Ruhe geben vor allen
euren Feinden um euch her, und ihr wer-
det sicher wohnen.

a Jos 1,13; 21,44; 1.Kön 5,5; Ps 95,11; Hos 2,20; Hebr 4,11

11 Wenn nun der HERR, dein Gott, eine
Stätte erwählt, daß sein Name daselbst
wohne, sollt ihr dahin bringen alles, was
ich euch gebiete: eure Brandopfer, eure
Schlachtopfer, eure Zehnten, eure heiligen
Abgaben und alle eure auserlesenen
Gelübdeopfer, die ihr dem HERRN gelo-
ben werdet.
12 Und ihr sollt fröhlich sein vor dem
HERRN, eurem Gott, ihr und eure Söhne
und eure Töchter, eure Knechte und
eure Mägde und die [a]Leviten, die in
euren Städten wohnen; denn sie haben
weder Anteil noch Erbe mit euch.

a Kap 10,9

13 ¶ [a]Hüte dich, daß du deine Brandopfer
nicht an jeder Stätte opferst, die du siehst;

a (13 und 14) Jos 22,16; 3.Mose 17,8.9

14 sondern an der Stätte, die der HERR
erwählt in einem deiner Stämme, da sollst
du dein Brandopfer opfern und alles tun,
was ich dir gebiete.
15 Doch darfst du in allen deinen Städten
ganz nach Herzenslust schlachten und
Fleisch essen nach dem Segen des HERRN,
deines Gottes, den er dir gegeben hat. Der
Reine wie der Unreine dürfen davon
essen, so wie man [a]Reh oder Hirsch ißt.

a Vers 22; Kap 14,5

16 Nur [a]das Blut sollst du nicht essen, son-
dern auf die Erde gießen wie Wasser.

a 3.Mose 3,17; 17,11

17 Du darfst aber nicht essen in deinen
Städten vom Zehnten deines Getreides,
deines Weins, deines Öls, auch nicht von
der Erstgeburt deiner Rinder und deiner
Schafe oder von irgendeiner Gabe, die du
gelobt hast, oder von deinem freiwilligen
Opfer oder von deiner heiligen Abgabe,
18 sondern [a]vor dem HERRN, deinem
Gott, sollst du das alles essen an der Stätte,
die der HERR, dein Gott, erwählt, du und
deine Söhne, deine Töchter, deine
Knechte, deine Mägde und der Levit, der
in deiner Stadt lebt, und sollst fröhlich
sein vor dem HERRN, deinem Gott, über
alles, was deine Hand erworben hat.

a Kap 14,23

19 Und hüte dich, daß du den Leviten
nicht leer ausgehen läßt, solange du in dei-
nem Lande lebst.[a]

a Vers 12; Kap 14,27

20 ¶ Wenn aber der HERR, dein Gott, dein
Gebiet erweitern wird, wie er dir zugesagt
hat, und du sprichst: Ich will Fleisch
essen –, weil es dich gelüstet, Fleisch zu
essen, so iß Fleisch ganz nach Herzens-
lust.
21 Ist aber die Stätte fern von dir, die der
HERR, dein Gott, erwählt hat, daß er sei-
nen Namen daselbst wohnen lasse, so
schlachte von deinen Rindern oder Scha-
fen, die dir der HERR gegeben hat, wie ich
dir geboten habe, und iß es in deiner Stadt
ganz nach Herzenslust.
22 So wie man [a]Reh oder Hirsch ißt, darfst
du es essen; der Reine wie der Unreine
dürfen's beide essen.

a Vers 15

23 Allein achte darauf, daß du [a]das Blut
nicht ißt; denn das Blut ist das Leben;
darum sollst du nicht zugleich mit dem
Fleisch das Leben essen,

a Vers 16

24 sondern du sollst das Blut auf die Erde
gießen wie Wasser
25 und sollst es nicht essen, auf daß dir's
wohlgehe und deinen Kindern nach dir,

weil du getan hast, was recht ist vor dem
HERRN.
26 Aber deine heiligen Gaben, die dir
geboten sind, und was du gelobst, das
sollst du aufladen und an die Stätte brin-
gen, die der HERR erwählt hat,
27 und sollst dein Brandopfer mit Fleisch
und Blut legen auf den Altar des HERRN,
deines Gottes. Das Blut deiner [a] Schlacht-
opfer soll gegossen werden auf den Altar
des HERRN, deines Gottes, aber das
Fleisch sollst du essen. *a* Vers 6
28 Sieh zu und höre auf alle diese Worte,
die ich dir gebiete, auf daß dir's wohlgehe
und deinen Kindern nach dir ewiglich, weil
du getan hast, was recht und wohlgefällig
ist vor dem HERRN, deinem Gott.
29 ¶ Wenn der HERR, dein Gott, vor dir
her die Völker ausrottet, zu denen du
kommst, ihr Land einzunehmen, und du
es eingenommen hast und darin wohnst,
30 so hüte dich, daß du dich nicht verfüh-
ren läßt, es ihnen nachzutun, nachdem sie
vertilgt sind vor dir, und daß du nicht fragst
nach ihren Göttern und sprichst: Wie
haben diese Völker ihren Göttern gedient?
[a] Ebenso will auch ich es tun!

a 2.Mose 23,24; Hes 20,32

31 So sollst du dem HERRN, deinem Gott,
nicht dienen; denn sie haben ihren Göt-
tern alles getan, was dem HERRN ein
Greuel ist und was er haßt; denn sie haben
ihren Göttern sogar ihre Söhne und Töch-
ter mit Feuer verbrannt.

Strafe für falsche Propheten und Verführer zum Götzendienst

13 *Alles, was ich euch gebiete, das
sollt ihr halten und danach tun. [a] Ihr
sollt nichts dazutun und nichts davontun.

a Kap 4,2

* Abweichende Verszählung statt 13,1-19: 12,32-13,18.

2 Wenn ein Prophet oder Träumer unter
euch aufsteht und dir ein Zeichen oder
Wunder ankündigt
3 und das Zeichen oder Wunder trifft ein,
von dem er dir gesagt hat, und er spricht:
Laß uns andern Göttern folgen, die ihr
nicht kennt, und ihnen dienen,
4 so sollst du nicht gehorchen den Wor-
ten eines solchen Propheten oder Träu-
mers; denn der HERR, euer Gott, [a] ver-
sucht euch, um zu erfahren, ob ihr ihn
von ganzem Herzen und von ganzer Seele
liebhabt. *a* Kap 8,2
5 Dem HERRN, eurem Gott, sollt ihr fol-
gen und ihn fürchten und seine Gebote
halten und seiner Stimme gehorchen und
ihm dienen und ihm anhangen.
6 Der [a] Prophet aber oder der Träumer
soll sterben, weil er euch gelehrt hat, abzu-
fallen von dem HERRN, eurem Gott, der
euch aus Ägyptenland geführt und dich
aus der Knechtschaft erlöst hat, und weil
er dich von dem Wege abbringen wollte,
auf dem du wandeln sollst, wie der HERR,
dein Gott, geboten hat –, auf daß du [b] das
Böse aus deiner Mitte wegtust.

a Kap 18,20 *b* 1.Kor 5,9.13

7 ¶ Wenn dich dein Bruder, deiner Mut-
ter Sohn, oder dein Sohn oder deine Toch-
ter oder deine Frau in deinen Armen oder
dein Freund, der dir so lieb ist wie dein
Leben, heimlich überreden würde und
sagen: Laß uns hingehen und andern Göt-
tern dienen, die du nicht kennst noch
deine Väter,
8 von den Göttern der Völker, die um
euch her sind, sie seien dir nah oder fern,
von einem Ende der Erde bis ans andere,
9 so willige nicht ein und gehorche ihm
nicht. Auch soll dein Auge ihn nicht scho-
nen, und du sollst dich seiner nicht erbar-
men und seine Schuld nicht verheimli-
chen,
10 sondern sollst ihn zum Tode bringen.
[a] Deine Hand soll die erste wider ihn sein,
ihn zu töten, und danach die Hand des
ganzen Volks. *a* Kap 17,7
11 Man soll ihn zu Tode steinigen, denn er
hat dich abbringen wollen von dem
HERRN, deinem Gott, der dich aus Ägyp-
tenland, aus der Knechtschaft, geführt hat,
12 auf daß ganz Israel aufhorche und sich
fürchte und man nicht mehr solch Böses
tue unter euch.
13 ¶ Wenn du von irgendeiner Stadt, die
dir der HERR, dein Gott, gegeben hat,
darin zu wohnen, sagen hörst:
14 Es sind etliche heillose Leute aufgetre-
ten aus deiner Mitte und haben die Bürger
ihrer Stadt verführt und gesagt: Laßt uns
hingehen und andern Göttern dienen, die
ihr nicht kennt,
15 so sollst du gründlich suchen, forschen
und fragen. Und wenn sich findet, daß es
gewiß ist, daß solch ein Greuel unter euch
geschehen ist,
16 so sollst du die Bürger dieser Stadt
erschlagen mit der Schärfe des Schwerts

und an ihr den Bann vollstrecken, an
allem, was darin ist, auch an ihrem Vieh,
mit der Schärfe des Schwerts.[a]

a Kap 20,16-18

17 Und alles, was in ihr erbeutet wird,
sollst du sammeln mitten auf dem Markt-
platz und mit Feuer verbrennen die Stadt
und alle ihre Beute als ein Ganzopfer für
den HERRN, deinen Gott, daß sie in Trüm-
mern liege für immer und nie wieder auf-
gebaut werde.
18 Und [a]laß nichts von dem, was dem
Bann verfallen ist, an deiner Hand kleben,
auf daß der HERR von seinem grimmigen
Zorn abgewendet werde und gebe dir
Barmherzigkeit und erbarme sich deiner
und mehre dich, wie er deinen Vätern
geschworen hat, *a* Jos 7
19 wenn du der Stimme des HERRN,
deines Gottes, gehorchst und alle seine
Gebote hältst, die ich dir heute gebiete,
daß du tust, was recht ist vor den Augen
des HERRN, deines Gottes.

Verbot heidnischer Trauergebräuche. Reine und unreine Speisen

(vgl. 3.Mose 11)

14 Ihr seid Kinder des HERRN, eures
Gottes. Ihr [a]sollt euch um eines
Toten willen nicht [b]wund ritzen noch
[c]kahlscheren über den Augen.

a 3.Mose 19,27.28 *b* Jer 47,5 *c* Hes 7,18

2 Denn du bist ein heiliges Volk dem
HERRN, deinem Gott, und der HERR hat
dich erwählt, daß du sein Eigentum seist,
aus allen Völkern, die auf Erden sind.
3 ¶ Du sollst nichts essen, was dem Herrn
ein Greuel ist.
4 Dies aber sind die Tiere, die ihr essen
dürft: Rind, Schaf, Ziege,
5 Hirsch, Reh, Damhirsch, Steinbock,
Gemse, Auerochs und Antilope.
6 Jedes Tier, das gespaltene Klauen hat,
ganz durchgespalten, und das wiederkäut,
dürft ihr essen.
7 Diese Tiere aber sollt ihr nicht essen
unter denen, die wiederkäuen und die
gespaltene Klauen haben: das Kamel, den
Hasen und den Klippdachs, die wieder-
käuen, deren Klauen aber nicht ganz
durchgespalten sind; darum sollen sie
euch unrein sein.
8 Das Schwein, das zwar durchgespaltene
Klauen hat, aber nicht wiederkäut, soll
euch darum unrein sein. Ihr Fleisch sollt
ihr nicht essen, und ihr Aas sollt ihr nicht
anrühren.
9 Dies ist, was ihr essen dürft von allem,
was im Wasser lebt: alles, was Flossen und
Schuppen hat, dürft ihr essen.
10 Was aber weder Flossen noch Schup-
pen hat, sollt ihr nicht essen; denn es ist
euch unrein.
11 Alle reinen Vögel eßt.
12 Diese aber sind es, die ihr nicht essen
sollt: der Adler, der Habicht, der Fischaar,
13 der Taucher, die Weihe, der Geier mit
seinen Arten
14 und alle Raben mit ihren Arten,
15 der Strauß, die Nachteule, der Kuckuck,
der Sperber mit seinen Arten,
16 das Käuzchen, der Uhu, die Fleder-
maus,
17 die Rohrdommel, der Storch, der
Schwan,
18 der Reiher, der Häher mit seinen Arten,
der Wiedehopf, die Schwalbe.
19 Auch alles, was Flügel hat und kriecht,
soll euch unrein sein, und ihr sollt es nicht
essen.
20 Die reinen Vögel dürft ihr essen.
21 ¶ Ihr sollt [a]kein Aas essen; dem Fremd-
ling in deiner Stadt darfst du's geben, daß
er's esse oder daß er's verkaufe einem
Ausländer; denn du bist ein heiliges Volk
dem HERRN, deinem Gott. Du sollst [b]das
Böcklein nicht kochen in der Milch seiner
Mutter. *a* 2.Mose 22,30 *b* 2.Mose 23,19

Abgabe des Zehnten

22 Du sollst alle Jahre den Zehnten abson-
dern von allem Ertrag deiner Saat, der aus
deinem Acker kommt,[a] *a* 3.Mose 27,30
23 und sollst davon [a]essen vor dem
HERRN, deinem Gott, an der Stätte, die er
erwählt, daß sein Name daselbst wohne,
nämlich vom Zehnten deines Getreides,
deines Weins, deines Öls und von der Erst-
geburt deiner Rinder und deiner Schafe,
auf daß du fürchten lernst den HERRN, dei-
nen Gott, dein Leben lang.

a Kap 12,17.18; 15,19-23

24 Wenn aber der Weg zu weit ist für dich,
daß du's nicht hintragen kannst, weil die
Stätte dir zu fern ist, die der HERR, dein
Gott, erwählt hat, daß er seinen Namen
daselbst wohnen lasse, wenn der HERR,
dein Gott, dich gesegnet hat,
25 so mache es zu Geld und nimm das

Geld in deine Hand und geh an die Stätte,
die der HERR, dein Gott, erwählt hat,
26 und gib das Geld für alles, woran dein
Herz Lust hat, es sei für Rinder, Schafe,
Wein, starkes Getränk oder für alles, was
dein Herz wünscht, und iß dort vor dem
HERRN, deinem Gott, und sei fröhlich, du
und dein Haus
27 und der Levit, der in deiner Stadt lebt;
den sollst du nicht leer ausgehen lassen,
denn [a]er hat weder Anteil noch Erbe mit
dir. *a* Kap 12,12.19
28 ¶ Alle drei Jahre sollst du aussondern
den ganzen Zehnten vom Ertrag dieses
Jahres und sollst ihn hinterlegen in deiner
Stadt.[a] *a* Kap 26,12-15; 3.Mose 27,32.33
29 Dann soll kommen der Levit, der weder
Anteil noch Erbe mit dir hat, und der
Fremdling und die Waise und die Witwe,
die in deiner Stadt leben, und sollen essen
und sich sättigen, auf daß dich der HERR,
dein Gott, segne in allen Werken deiner
Hand, die du tust.

Das Erlaßjahr

15 Alle sieben Jahre sollst du ein Erlaß-
jahr halten.[a] *a* 2.Mose 23,10.11
2 So aber soll's zugehen mit dem
Erlaßjahr: Wenn einer seinem Nächsten
etwas geborgt hat, der soll's ihm erlassen
und soll's nicht eintreiben von seinem
Nächsten oder von seinem Bruder; denn
man hat ein [a]Erlaßjahr ausgerufen dem
HERRN. *a* Neh 5,10; 10,32
3 Von einem Ausländer darfst du es ein-
treiben; aber dem, der dein Bruder ist,
sollst du es erlassen.
4 Es sollte überhaupt kein Armer unter
euch sein; denn der HERR wird dich seg-
nen in dem Lande, das dir der HERR, dein
Gott, zum Erbe geben wird,
5 wenn du nur der Stimme des HERRN,
deines Gottes, gehorchst und alle diese
Gebote hältst, die ich dir heute gebiete,
daß du danach tust!
6 Denn der HERR, dein Gott, wird dich
segnen, wie er dir zugesagt hat. [a]Dann
wirst du vielen Völkern leihen, doch du
wirst von niemand borgen; du wirst über
viele Völker herrschen, doch über dich
wird niemand herrschen. *a* Kap 28,12
7 ¶ Wenn einer deiner Brüder arm ist in
irgendeiner Stadt in deinem Lande, das
der HERR, dein Gott, dir geben wird, so
sollst du dein Herz nicht verhärten und
deine Hand nicht zuhalten gegenüber dei-
nem armen Bruder,[a] *a* 1.Joh 3,17
8 sondern sollst sie ihm auftun und [a]ihm
leihen, soviel er Mangel hat. *a* Lk 6,34.35
9 Hüte dich, daß nicht in deinem Herzen
ein arglistiger Gedanke aufsteige, daß du
sprichst: Es naht das siebente Jahr, das
Erlaßjahr –, und daß du deinen armen Bru-
der nicht unfreundlich ansiehst und ihm
nichts gibst; sonst wird er wider dich zu
dem HERRN rufen, und bei dir wird Sünde
sein.
10 Sondern du sollst ihm geben, und dein
Herz soll sich's nicht verdrießen lassen,
daß du ihm gibst; denn dafür wird dich
der HERR, dein Gott, segnen in allen dei-
nen Werken und in allem, was du unter-
nimmst.[a] *a* 2.Kor 9,6.7
11 ¶ Es werden allezeit [a]Arme sein im
Lande; darum [b]gebiete ich dir und sage,
daß du deine Hand auftust deinem Bru-
der, der bedrängt und arm ist in deinem
Lande. *a* Mt 26,11 *b* Jes 58,7; Jak 2,15.16

Über die Freilassung hebräischer Sklaven

(vgl. 2.Mose 21,1-6)

12 Wenn sich dein Bruder, ein Hebräer
oder eine Hebräerin, dir verkauft, so soll
er dir sechs Jahre dienen; [a]im siebenten
Jahr sollst du ihn als frei entlassen.
a Jer 34,14
13 Und wenn du ihn freigibst, sollst du ihn
nicht mit leeren Händen von dir gehen
lassen,
14 sondern du sollst ihm aufladen von dei-
nen Schafen, von deiner Tenne, von dei-
ner Kelter, so daß du gibst von dem, womit
dich der HERR, dein Gott, gesegnet hat,
15 und sollst daran denken, [a]daß du auch
Knecht warst in Ägyptenland und der
HERR, dein Gott, dich erlöst hat; darum
gebiete ich dir solches heute. *a* Kap 5,15
16 Wird er aber zu dir sprechen: Ich will
nicht fortgehen von dir, denn ich habe dich
und dein Haus lieb – weil ihm wohl bei dir
ist –,
17 so nimm einen Pfriemen und durch-
bohre ihm sein Ohr an dem Pfosten der
Tür und laß ihn für immer deinen Knecht
sein. Mit deiner Magd sollst du ebenso
tun.
18 Und laß dir's nicht schwerfallen, daß du
ihn freiläßt, denn er hat dir sechs Jahre

wie zwei Tagelöhner gedient; so wird der
HERR, dein Gott, dich segnen in allem,
was du tust.

Heiligung der Erstgeburt

19 Alle [a]Erstgeburt, die unter deinen Rin-
dern und Schafen geboren wird, sollst du,
wenn sie männlich ist, dem HERRN, dei-
nem Gott, heiligen. Du sollst nicht ackern
mit dem Erstling deiner Rinder und nicht
scheren die Erstlinge deiner Schafe.
a 2.Mose 13,2.13-16
20 [a]Vor dem HERRN, deinem Gott, sollst
du sie essen jährlich an der Stätte, die der
HERR erwählt, du und dein Haus.
a Kap 14,23
21 Wenn's aber einen Fehler hat, daß es
hinkt oder blind ist oder sonst irgendeinen
bösen [a]Fehler hat, so sollst du es nicht
opfern dem HERRN, deinem Gott;
a 3.Mose 22,20
22 sondern in deiner Stadt sollst du es
essen, du seist unrein oder rein, wie man
[a]Reh und Hirsch ißt, *a* Kap 12,15.22
23 nur daß du [a]sein Blut nicht ißt, son-
dern es auf die Erde gießt wie Wasser!
a Kap 12,16

Von den drei jährlichen Hauptfesten

(vgl. 2.Mose 23,14-17; 34,18-24; 3.Mose 23)

16 Achte auf den Monat Abib, daß du
[a]Passa hältst dem HERRN, deinem
Gott; denn im Monat Abib hat dich der
HERR, dein Gott, bei Nacht aus Ägypten
geführt. *a* 2.Mose 12
2 Und du sollst dem HERRN, deinem Gott,
das Passa schlachten, Schafe und Rinder,
an der Stätte, die der HERR erwählen wird,
daß sein Name daselbst wohne.
3 Du sollst kein Gesäuertes dazu essen.
Sieben Tage sollst du Ungesäuertes essen,
Brot des Elends - denn [a]in Hast bist du
aus Ägyptenland geflohen –, auf daß du
des Tages deines Auszugs aus Ägypten-
land gedenkst dein Leben lang.
a 2.Mose 12,11
4 Es soll sieben Tage lang kein Sauerteig
gesehen werden in deinem ganzen Lande
und soll auch nichts vom Fleisch, das am
Abend des ersten Tages geschlachtet ist,
über Nacht bleiben bis zum Morgen.
5 ¶ Du darfst nicht Passa schlachten in
irgendeiner deiner Städte, die dir der
HERR, dein Gott, gegeben hat,
6 sondern an der Stätte, die der HERR,
dein Gott, erwählen wird, daß sein Name
daselbst wohne. Da sollst du das Passa
schlachten am Abend, wenn die Sonne
untergegangen ist, zu der Zeit, als du aus
Ägypten zogst,
7 und sollst es kochen und essen an der
Stätte, die der HERR, dein Gott, erwählen
wird, und sollst am Morgen umkehren und
heimgehen in deine Wohnung.
8 Sechs Tage sollst du Ungesäuertes
essen, und am siebenten Tag ist Festver-
sammlung für den HERRN, deinen Gott;
da sollst du keine Arbeit tun.
9 ¶ Sieben Wochen sollst du zählen und
damit anfangen, wenn man zuerst die
Sichel an die Halme legt,
10 und sollst das [a]Wochenfest halten dem
HERRN, deinem Gott, und eine freiwillige
Gabe deiner Hand geben je nach dem, wie
dich der HERR, dein Gott, gesegnet hat.
a 2.Mose 34,22
11 Und sollst fröhlich sein vor dem
HERRN, deinem Gott, du und dein Sohn,
deine Tochter, dein Knecht, deine Magd
und der Levit, der in deiner Stadt lebt, der
Fremdling, die Waise und die Witwe, die
in deiner Mitte sind, an der Stätte, die der
HERR, dein Gott, erwählen wird, daß sein
Name da wohne.
12 [a]Denke daran, daß du Knecht in Ägyp-
ten gewesen bist, und beachte und halte
diese Gebote. *a* Kap 5,15
13 ¶ Das Laubhüttenfest sollst du halten
sieben Tage, wenn du eingesammelt hast
von deiner Tenne und von deiner Kelter,
14 und du sollst fröhlich sein an deinem
Fest, du und dein Sohn, deine Tochter,
dein Knecht, deine Magd, der Levit, der
Fremdling, die Waise und die Witwe, die
in deiner Stadt leben.[a] *a* Kap 26,11; Jes 30,29
15 Sieben Tage sollst du dem HERRN, dei-
nem Gott, das Fest halten an der Stätte,
die der HERR erwählen wird. Denn der
HERR, dein Gott, wird dich segnen in dei-
ner ganzen Ernte und in allen Werken dei-
ner Hände; darum sollst du fröhlich sein.
16 ¶ Dreimal im Jahr soll alles, was männ-
lich ist in deiner Mitte, vor dem HERRN,
deinem Gott, erscheinen, an der Stätte,
die der HERR erwählen wird: zum Fest der
Ungesäuerten Brote, zum Wochenfest und
zum Laubhüttenfest. Sie sollen aber nicht
mit leeren Händen vor dem HERRN
erscheinen,
17 sondern ein jeder mit dem, was er zu

geben vermag, nach dem Segen, den dir der HERR, dein Gott, gegeben hat.

Von den Richtern und Amtleuten

18 [a]Richter und [b]Amtleute sollst du dir bestellen in allen Toren deiner Städte, die dir der HERR, dein Gott, geben wird, in jedem deiner Stämme, daß sie das Volk richten mit gerechtem Gericht.

a Kap 1,16-18 *b* 4.Mose 11,16

19 Du sollst das Recht nicht beugen und sollst auch die Person nicht ansehen und keine Geschenke nehmen; denn Geschenke machen die Weisen blind und verdrehen die Sache der Gerechten.[a]

a 1.Sam 8,3

20 Was recht ist, dem sollst du nachjagen, damit du leben und das Land einnehmen kannst, das dir der HERR, dein Gott, geben wird.

Verbot heidnischer Kultbräuche. Strafe für Abgötterei

21 Du sollst dir [a]keinen Holzpfahl als [b]Ascherabild errichten bei dem Altar des HERRN, deines Gottes, den du dir machst.

a Kap 7,5 *b* 2.Kön 23,4

22 Du sollst dir [a]kein Steinmal aufrichten; denn das haßt der HERR, dein Gott.

a 3.Mose 26,1; Jer 2,27

17 Du sollst dem HERRN, deinem Gott, kein Rind oder Schaf opfern, das einen Fehler oder irgend etwas Schlimmes an sich hat; denn das ist dem HERRN, deinem Gott, ein Greuel.[a]

a 3.Mose 22,20; Mal 1,6-9

2 ¶ [a]Wenn bei dir in einer deiner Städte, die dir der HERR, dein Gott, geben wird, jemand gefunden wird, Mann oder Frau, der da tut, was dem HERRN, deinem Gott, mißfällt, daß er seinen Bund übertritt

a (2-7) Kap 13,7-12

3 und hingeht und dient andern Göttern und betet sie an, es sei [a]Sonne oder Mond oder das ganze Heer des Himmels, was ich nicht geboten habe,

a Kap 4,19

4 und es wird dir angezeigt, und du hörst es, so sollst du gründlich danach forschen. Und wenn du findest, daß es gewiß wahr ist, daß solch ein Greuel in Israel geschehen ist,

5 so sollst du den Mann oder die Frau, die eine solche Übeltat begangen haben, hinausführen zu deinem Tor und sollst sie zu Tode steinigen.[a]

a 3.Mose 24,14

6 Auf zweier oder dreier Zeugen Mund soll sterben, wer des Todes wert ist, aber auf nur **eines** Zeugen Mund soll er nicht sterben.[a]

a Kap 19,15; 1.Kön 21,10; Hebr 10,28

7 Die Hand der Zeugen soll die erste sein, ihn zu töten, und danach die Hand des ganzen Volks, daß du das Böse aus deiner Mitte wegtust.

Einsetzung eines Obergerichtes

8 Wenn eine Sache vor Gericht dir zu schwer sein wird, es gehe um Blutschuld, um Schaden, um Gewalttat oder was sonst Streitsachen sind in deinen Toren, so sollst du dich aufmachen und hinaufgehen zu der Stätte, die der HERR, dein Gott, erwählen wird,

9 und zu den [a]levitischen Priestern kommen und zu dem Richter, der zu der Zeit sein wird, und sie befragen. Die sollen dir das Urteil sagen.

a 2.Chr 19,8.11

10 Und du sollst tun nach dem, was sie dir sagen an der Stätte, die der HERR erwählen wird, und sollst es halten, daß du tust nach allem, was sie dich lehren werden.

11 An die Weisung, die sie dir geben, und an das Urteil, das sie dir sagen, sollst du dich halten, so daß du davon nicht abweichst weder zur Rechten noch zur Linken.

12 Und wenn jemand vermessen handeln würde, daß er dem Priester nicht gehorcht, der dort im Dienst des HERRN, deines Gottes, steht, oder dem Richter, der soll sterben, und du sollst das Böse aus Israel wegtun,

13 auf daß alles Volk aufhorche und sich fürchte und nicht mehr vermessen sei.

Das Königsgesetz

14 Wenn du in das Land kommst, das dir der HERR, dein Gott, geben wird, und es einnimmst und darin wohnst und dann sagst: Ich will einen [a]König über mich setzen, wie ihn alle Völker um mich her haben,

a 1.Sam 8,5-9

15 so sollst du den zum König über dich setzen, den der HERR, dein Gott, erwählen wird. Du sollst aber einen aus deinen Brüdern zum König über dich setzen. Du darfst nicht irgendeinen Ausländer, der nicht dein Bruder ist, über dich setzen.

16 Nur daß er [a]nicht viele Rosse halte und führe das Volk nicht wieder nach Ägyp-

ten, um die Zahl seiner Rosse zu mehren,
weil der HERR euch gesagt hat, daß ihr
hinfort nicht wieder diesen Weg gehen
sollt. a 1.Kön 10,26-29
17 Er [a] soll auch nicht viele Frauen nehmen,
daß sein Herz nicht abgewandt
werde, und [b] soll auch nicht viel Silber und
Gold sammeln. a 1.Kön 11,1-8 b 1.Kön 10,14
18 Und wenn er nun sitzen wird auf dem
Thron seines Königreichs, soll er eine
Abschrift dieses Gesetzes, wie es den levitischen
Priestern vorliegt, in ein Buch
schreiben lassen.
19 Das soll bei ihm sein, und er soll darin
lesen sein Leben lang, damit er den
HERRN, seinen Gott, fürchten lernt, daß er
halte alle Worte dieses Gesetzes und diese
Rechte und danach tue.
20 Sein Herz soll sich nicht erheben über
seine Brüder und [a] soll nicht weichen von
dem Gebot weder zur Rechten noch zur
Linken, auf daß er verlängere die Tage seiner
Herrschaft, er und seine Söhne, in
Israel. a Kap 5,29

Recht der Priester und Leviten

18 Die [a] levitischen Priester, der ganze
Stamm Levi, sollen weder Anteil
noch Erbe haben mit Israel. Von den
[b] Feueropfern des HERRN und dem, was
ihm gebührt, sollen sie essen.
a Kap 10,9 b 4.Mose 18,8-20; 1.Sam 2,28; 1.Kor 9,13
2 Darum sollen sie kein Erbe unter ihren
Brüdern haben; der HERR ist ihr Erbteil,
wie er ihnen zugesagt hat.
3 ¶ Das soll aber das Recht der Priester
sein an das Volk, an die, die ein Schlachtopfer
darbringen, es sei Rind oder Schaf,
daß man dem Priester gebe die Vorderkeule
und beide Kinnbacken und den
Magen
4 und die [a] Erstlinge deines Korns, deines
Weins und deines Öls und die Erstlinge
von der Schur deiner Schafe. a 2.Mose 23,19
5 Denn der HERR, dein Gott, hat ihn
erwählt aus allen deinen Stämmen, daß er
stehe im Dienst im Namen des HERRN, er
und seine Söhne für alle Zeit.
6 ¶ Wenn ein Levit kommt aus einer deiner
Städte aus ganz Israel, wo er ein [a] Gast
ist, und kommt ganz nach seines Herzens
Wunsch an die Stätte, die der HERR erwählen
wird, a Ri 17,7; 19,1
7 so soll er dienen im Namen des HERRN,
seines Gottes, wie alle seine Brüder, die
Leviten, die dort vor dem HERRN stehen.
8 Sie sollen gleichen Anteil zu essen
haben außer dem, was einer hat von dem
verkauften Gut seiner Väter.

Von falscher und rechter Prophetie

9 Wenn du in das Land kommst, das dir
der HERR, dein Gott, geben wird, so sollst
du nicht lernen, die Greuel dieser Völker
zu tun,
10 daß nicht jemand unter dir gefunden
werde, der seinen Sohn oder seine Tochter
[a] durchs Feuer gehen läßt oder [b] Wahrsagerei,
Hellseherei, geheime Künste oder
Zauberei treibt a 3.Mose 18,21 b 3.Mose 19,26.31
11 oder Bannungen oder Geisterbeschwörungen
oder [a] Zeichendeuterei vornimmt
oder [b] die Toten befragt.
a 3.Mose 20,27 b 1.Sam 28,3-20
12 Denn wer das tut, der ist dem HERRN
ein Greuel, und um solcher Greuel willen
vertreibt der HERR, dein Gott, die Völker
vor dir.
13 Du aber sollst [a] untadelig sein vor dem
HERRN, deinem Gott. a 1.Mose 6,9; 17,1
14 ¶ Denn diese Völker, deren Land du
einnehmen wirst, hören auf Zeichendeuter
und Wahrsager; dir aber hat der HERR,
dein Gott, so etwas verwehrt.
15 **Einen Propheten wie mich wird dir der
HERR, dein Gott, erwecken aus dir und aus
deinen Brüdern; dem sollt ihr gehorchen.**[a]
a 4.Mose 12,6-8; Joh 1,45; 6,14; 7,40; Apg 3,22; 7,37
16 Ganz so wie du es von dem HERRN,
deinem Gott, [a] erbeten hast am Horeb am
Tage der Versammlung und sprachst: Ich
will hinfort nicht mehr hören die Stimme
des HERRN, meines Gottes, und dies große
Feuer nicht mehr sehen, damit ich nicht
sterbe. a 2.Mose 20,19; Hebr 12,19
17 Und der HERR sprach zu mir: [a] Sie
haben recht geredet. a Kap 5,25
18 Ich will ihnen einen Propheten, wie du
bist, erwecken aus ihren Brüdern und
meine Worte [a] in seinen Mund geben; der
soll zu ihnen reden alles, was ich ihm
gebieten werde.
a 2.Mose 4,12; Jes 6,8; Jer 1,9; Mt 10,19
19 Doch wer meine Worte nicht hören
wird, die er in meinem Namen redet, von
dem will ich's fordern.
20 ¶ Doch wenn ein Prophet so vermessen
ist, daß er redet in meinem Namen,
was ich ihm nicht geboten habe, und wenn

einer redet in dem Namen anderer Götter,
dieser Prophet soll sterben.[a]

a Kap 13,2-6; Jer 14,13-15

21 Wenn du aber in deinem Herzen sagen
würdest: Wie kann ich merken, welches
Wort der HERR nicht geredet hat? –
22 wenn der Prophet redet in dem Namen
des HERRN und es wird nichts daraus und
es tritt nicht ein, dann ist das ein Wort, das
der HERR nicht geredet hat. Der Prophet
hat's aus Vermessenheit geredet; darum
scheue dich nicht vor ihm.[a]

a Jer 23,14; 28; Hes 13,3-16

Aussonderung von Freistädten als Asyl

19 Wenn der HERR, dein Gott, die
Völker ausgerottet hat, deren Land
dir der HERR, dein Gott, geben wird, daß
du es einnimmst und in ihren Städten und
Häusern wohnst,
2 sollst du dir [a]drei Städte aussondern im
Lande, das dir der HERR, dein Gott, geben
wird, es einzunehmen. *a* Kap 4,41-43
3 Und du sollst den Weg dahin herrichten
und das Gebiet deines Landes, das dir der
HERR, dein Gott, zu eigen geben wird, in
drei Kreise teilen, damit dahin fliehen
kann, wer einen Totschlag getan hat.
4 ¶ Und in diesem Fall soll ein Totschlä-
ger, der dahin flieht, am Leben bleiben:
Wenn jemand seinen Nächsten erschlägt,
nicht vorsätzlich, und hat vorher keinen
Haß gegen ihn gehabt,
5 etwa wenn jemand mit seinem Näch-
sten in den Wald ginge, Holz zu hauen,
und seine Hand holte mit der Axt aus, das
Holz abzuhauen, und das Eisen führe vom
Stiel und träfe seinen Nächsten, so daß er
stirbt: der soll in eine dieser Städte flie-
hen, damit er am Leben bleibt;
6 auf daß nicht der Bluträcher dem Tot-
schläger nachjage in der Hitze seines
Zornes und ihn einhole, weil der Weg so
weit ist, und ihn totschlage, wo er doch
nicht des Todes schuldig ist, weil er vor-
her keinen Haß gegen ihn gehabt hat.
7 Darum gebiete ich dir, daß du drei
Städte aussonderst.
8 ¶ Und wenn der HERR, dein Gott, dein
Gebiet erweitern wird, wie er deinen
Vätern geschworen hat, und dir alles Land
gibt, das er zugesagt hat, deinen Vätern zu
geben
9 – wenn du nur alle diese Gebote halten
wirst, daß du danach tust, die ich dir heute
gebiete, daß du den HERRN, deinen Gott,
liebst und in seinen Wegen wandelst dein
Leben lang –, so sollst du noch drei Städte
zu diesen dreien hinzutun,
10 auf daß nicht unschuldiges Blut in dei-
nem Lande vergossen werde, das dir der
HERR, dein Gott, zum Erbe gibt, und so
Blutschuld auf dich komme.
11 ¶ Wenn aber jemand Haß trägt gegen
seinen Nächsten und lauert auf ihn und
macht sich über ihn her und schlägt ihn
tot und flieht in eine dieser Städte,
12 so sollen die Ältesten seiner Stadt hin-
schicken und ihn von da holen lassen und
ihn in die Hände des Bluträchers geben,
daß er sterbe.
13 Deine Augen sollen ihn nicht schonen,
und du sollst das [a]unschuldig vergossene
Blut aus Israel wegtun, daß dir's wohlgehe.

a Kap 21,8.9

Gegen Landraub und falsches Zeugnis

14 Du sollst deines [a]Nächsten Grenze, die
die Vorfahren festgesetzt haben, nicht ver-
rücken in deinem Erbteil, das du erbst, im
Lande, das dir der HERR, dein Gott, gege-
ben hat, es einzunehmen. *a* Kap 27,17
15 ¶ Es soll kein einzelner Zeuge gegen
jemand auftreten wegen irgendeiner Mis-
setat oder Sünde, was für eine Sünde es
auch sei, die man tun kann, sondern durch
zweier oder dreier Zeugen Mund soll eine
Sache gültig sein.[a] *a* Kap 17,6; 4.Mose 35,30;
Joh 8,17; 2.Kor 13,1; Hebr 10,28
16 Wenn ein frevelhafter Zeuge gegen
jemand auftritt, um ihn einer Übertretung
zu beschuldigen,
17 so sollen die beiden Männer, die eine
Sache miteinander haben, vor den HERRN
treten, vor die Priester und Richter, die zu
jener Zeit sein werden,
18 und die Richter sollen gründlich nach-
forschen. Und wenn der falsche Zeuge ein
falsches Zeugnis wider seinen Bruder
gegeben hat,
19 so sollt ihr mit ihm tun, wie er
gedachte, seinem Bruder zu tun, damit du
das Böse aus deiner Mitte wegtust,
20 auf daß die andern aufhorchen, sich
fürchten und hinfort nicht mehr solche
bösen Dinge tun in deiner Mitte.
21 Dein Auge soll ihn nicht schonen: [a]Le-
ben um Leben, Auge um Auge, Zahn um
Zahn, Hand um Hand, Fuß um Fuß.

a 2.Mose 21,23-25

Kriegsgesetze

20 Wenn du in einen Krieg ziehst gegen deine Feinde und siehst Rosse und Wagen eines Heeres, das größer ist als du, so fürchte dich nicht vor ihnen; denn der HERR, dein Gott, der dich aus Ägyptenland geführt hat, ist mit dir.

2 Wenn ihr nun auszieht zum Kampf, so soll der Priester herzutreten und mit dem Volk reden

3 und zu ihnen sprechen: Israel, höre zu! Ihr zieht heute in den Kampf gegen eure Feinde. Euer Herz verzage nicht, fürchtet euch nicht und erschreckt nicht und laßt euch nicht grauen vor ihnen;

4 denn der HERR, euer Gott, geht mit euch, daß er für euch streite mit euren Feinden, um euch zu helfen.

5 ¶Und die [a]Amtleute sollen mit dem Volk reden und sagen: Wer ein neues Haus gebaut hat und hat's noch nicht eingeweiht, der mache sich auf und kehre heim, auf daß er nicht sterbe im Krieg und ein anderer es einweihe. *a* Kap 1,15; 16,18

6 Wer einen Weinberg gepflanzt hat und hat seine [a]Früchte noch nicht genossen, der mache sich auf und kehre heim, daß er nicht im Kriege sterbe und ein anderer seine Früchte genieße.

a Kap 28,30; 3.Mose 19,24.25

7 Wer mit einem Mädchen verlobt ist und [a]hat es noch nicht heimgeholt, der mache sich auf und kehre heim, daß er nicht im Krieg sterbe und ein anderer hole es heim.

a Kap 24,5

8 Und die Amtleute sollen weiter mit dem Volk reden und sprechen: [a]Wer sich fürchtet und ein verzagtes Herz hat, der mache sich auf und kehre heim, auf daß er nicht auch das Herz seiner Brüder feige mache, wie sein Herz ist. *a* Ri 7,3

9 Und wenn die Amtleute dies alles zu dem Volk geredet haben, so sollen sie Heerführer an die Spitze des Volks stellen.

10 ¶Wenn du vor eine Stadt ziehst, um gegen sie zu kämpfen, so sollst du ihr zuerst den Frieden anbieten.

11 Antwortet sie dir friedlich und tut dir ihre Tore auf, so soll das ganze Volk, das darin gefunden wird, dir fronpflichtig sein und dir dienen.

12 Will sie aber nicht Frieden machen mit dir, sondern mit dir Krieg führen, so belagere sie.

13 [a]Und wenn sie der HERR, dein Gott, dir in die Hand gibt, so sollst du alles, was männlich darin ist, mit der Schärfe des Schwerts erschlagen.

a (13-15) Kap 3,6.7; 4.Mose 31,7.14-18

14 Nur die Frauen, die Kinder und das Vieh und alles, was in der Stadt ist, und alle Beute sollst du unter dir austeilen und sollst essen von der Beute deiner Feinde, die dir der HERR, dein Gott, gegeben hat.

15 So sollst du mit allen Städten tun, die sehr fern von dir liegen und nicht zu den Städten dieser Völker hier gehören.

16 ¶[a]Aber in den Städten dieser Völker hier, die dir der HERR, dein Gott, zum Erbe geben wird, sollst du nichts leben lassen, was Odem hat,

a (16-18) 4.Mose 21,1-3; Jos 10,40

17 sondern sollst an ihnen den Bann vollstrecken, nämlich an den Hetitern, Amoritern, Kanaanitern, Perisitern, Hiwitern und Jebusitern, wie dir der HERR, dein Gott, geboten hat,

18 damit sie euch nicht lehren, all die Greuel zu tun, die sie im Dienst ihrer Götter treiben, und ihr euch so versündigt an dem HERRN, eurem Gott.

19 ¶Wenn du vor einer Stadt lange Zeit liegen mußt, gegen die du kämpfst, um sie zu erobern, so sollst du ihre Bäume nicht verderben und mit Äxten umhauen, denn du kannst davon essen; darum sollst du sie nicht fällen. Die Bäume auf dem Felde sind doch nicht Menschen, daß du sie belagern müßtest!

20 Die Bäume aber, von denen du weißt, daß man nicht davon ißt, die darfst du verderben und fällen und ein Bollwerk daraus bauen gegen die Stadt, die mit dir Krieg führt, bis du sie besiegt hast.

Sühnung eines Mordes von unbekannter Hand

21 Wenn man einen Erschlagenen findet in dem Lande, das dir der HERR, dein Gott, geben wird, es einzunehmen, und er liegt auf freiem Felde und man weiß nicht, wer ihn erschlagen hat,

2 so sollen deine Ältesten und Richter hinausgehen und den Weg abmessen von dem Erschlagenen bis zu den umliegenden Städten.

3 Welche Stadt am nächsten liegt, deren

Älteste sollen eine junge Kuh nehmen,
mit der man noch nicht gearbeitet und die
noch nicht am Joch gezogen hat,
4 und sollen sie hinabführen in einen Tal-
grund, der weder bearbeitet noch besät
ist, und dort im Talgrund ihr das Genick
brechen.
5 Und die Priester, die Leviten, sollen her-
zutreten, denn der HERR, dein Gott, hat
sie erwählt, daß sie ihm dienen und in
seinem Namen segnen, und [a]nach ihrem
Urteil sollen alle Sachen und alle Schäden
gerichtet werden. *a* Kap 17,8.9
6 Und alle Ältesten der Stadt, die dem
Erschlagenen am nächsten liegt, sollen
[a]ihre Hände waschen über der jungen
Kuh, der im Talgrund das Genick gebro-
chen ist. *a* Mt 27,24
7 Und sie sollen anheben und sagen:
Unsere Hände haben dies Blut nicht ver-
gossen, und unsere Augen haben's nicht
gesehen.
8 Entsühne dein Volk Israel, das du, der
HERR, erlöst hast; lege nicht das unschul-
dig vergossene Blut auf dein Volk Israel!
So wird für sie die Blutschuld gesühnt
sein.
9 So sollst du das [a]unschuldig vergossene
Blut aus deiner Mitte wegtun, damit du
handelst, wie es recht ist vor den Augen
des HERRN. *a* 4.Mose 35,33

Ehe mit kriegsgefangenen Frauen

10 Wenn du in einen Krieg ziehst gegen
deine Feinde und der HERR, dein Gott,
gibt sie dir in deine Hände, daß du Gefan-
gene von ihnen wegführst,
11 und siehst unter den Gefangenen ein
schönes Mädchen und gewinnst sie lieb,
daß du sie zur Frau nimmst,
12 so führe sie in dein Haus und laß sie
ihr Haar abscheren und ihre Nägel be-
schneiden
13 und die Kleider ablegen, in denen sie
gefangengenommen wurde, und laß sie in
deinem Hause sein und einen Monat lang
ihren Vater und ihre Mutter beweinen.
Danach geh zu ihr und nimm sie zur Ehe
und laß sie deine Frau sein.
14 Wenn du aber kein Gefallen mehr an
ihr hast, so sollst du sie gehen lassen,
wohin sie will; du sollst sie aber nicht um
Geld verkaufen oder als Sklavin behan-
deln, weil du zu ihr eingegangen bist.

Vom Recht des Erstgeborenen

15 Wenn jemand zwei Frauen hat, eine,
die er liebhat, und eine, die er nicht lieb-
hat, und beide ihm Kinder gebären, die
Frau, die er liebhat, und die ungeliebte,
und [a]der Erstgeborene ist von der unge-
liebten Frau, *a* 1.Mose 29,30-32
16 und die Zeit kommt, daß er seinen Söh-
nen das Erbe austeile, so kann er nicht
den Sohn der Frau, die er liebhat, zum
erstgeborenen Sohn machen vor dem erst-
geborenen Sohn der ungeliebten;
17 sondern er soll den Sohn der ungelieb-
ten Frau als den ersten Sohn anerkennen
und ihm zwei Teile geben von allem, was
vorhanden ist; denn dieser ist der [a]Erst-
ling seiner Kraft, und sein ist das Recht
der Erstgeburt. *a* 1.Mose 49,3

Todesstrafe für ungeratene Söhne

18 Wenn jemand einen widerspenstigen
und ungehorsamen Sohn hat, der [a]der
Stimme seines Vaters und seiner Mutter
nicht gehorcht und auch, wenn sie ihn
züchtigen, ihnen nicht gehorchen will,
a Kap 27,16; 2.Mose 20,12
19 so sollen ihn Vater und Mutter ergrei-
fen und zu den Ältesten der Stadt führen
und zu dem Tor des Ortes
20 und zu den Ältesten der Stadt sagen:
Dieser unser Sohn ist widerspenstig
und ungehorsam und gehorcht unserer
Stimme nicht und ist ein Prasser und Trun-
kenbold.
21 So sollen ihn steinigen alle Leute sei-
ner Stadt, daß er sterbe, und du sollst so
das Böse aus deiner Mitte wegtun, daß
ganz Israel aufhorche und sich fürchte.

Bestattung eines Aufgehängten

22 [a]Wenn jemand eine Sünde getan hat,
die des Todes würdig ist, und wird getötet
und man hängt ihn an ein Holz,
a (22 und 23) 4.Mose 25,4; Jos 8,29; 10,26.27;
1.Sam 31,10; 2.Sam 4,12; 21,6.9
23 so soll sein Leichnam [a]nicht über
Nacht an dem Holz bleiben, sondern du
sollst ihn am selben Tage begraben – denn
[b]ein Aufgehängter ist verflucht bei Gott –,
auf daß du dein Land nicht unrein machst,
das dir der HERR, dein Gott, zum Erbe
gibt. *a* Jos 8,29; 10,27; Joh 19,31 *b* Gal 3,13

Verschiedene Vorschriften

22 Wenn du deines Bruders Rind oder
Schaf irregehen siehst, so sollst du
dich ihrer annehmen und sie wieder zu
deinem Bruder führen.[a] *a* 2.Mose 23,4
2 Wenn aber dein Bruder nicht nahe bei
dir wohnt und du kennst ihn nicht, so
sollst du sie in dein Haus nehmen, daß sie
bei dir bleiben, bis sie dein Bruder sucht,
und sollst sie ihm dann wiedergeben.
3 So sollst du tun mit seinem Esel, mit
seinem Kleid und mit allem Verlorenen,
das dein Bruder verliert und du findest;
du darfst dich dem nicht entziehen.
4 ¶ Wenn du deines Bruders Esel oder
Rind unterwegs fallen siehst, so sollst du
dich ihrer annehmen und ihnen aufhelfen.
5 ¶ Eine Frau soll nicht Männersachen tra-
gen, und ein Mann soll nicht Frauenklei-
der anziehen; denn wer das tut, der ist
dem HERRN, deinem Gott, ein Greuel.
6 ¶ Wenn du unterwegs ein Vogelnest fin-
dest auf einem Baum oder auf der Erde
mit Jungen oder mit Eiern und die Mutter
sitzt auf den Jungen oder auf den Eiern,
so sollst du nicht die Mutter mit den Jun-
gen nehmen,
7 sondern du darfst die Jungen nehmen,
aber die Mutter sollst du fliegen lassen,
auf daß dir's wohlgehe und du lange
lebest.
8 ¶ Wenn du ein neues Haus baust, so
mache ein Geländer ringsum auf deinem
Dache, damit du nicht Blutschuld auf dein
Haus lädst, wenn jemand herabfällt.
9 ¶ [a] Du sollst deinen Weinberg nicht mit
Zweierlei bepflanzen, damit dem Heilig-
tum nicht das Ganze verfalle: der Same,
den du gesät hast, und der Ertrag des
Weinbergs. *a (9-11)* 3.Mose 19,19
10 Du sollst nicht ackern zugleich mit
einem Rind und einem Esel.
11 Du sollst nicht anziehen ein Kleid, das
aus Wolle und Leinen zugleich gemacht
ist.
12 ¶ Du sollst dir [a] Quasten machen an
den vier Zipfeln deines Mantels, mit dem
du dich bedeckst. *a* 4.Mose 15,38

Gesetze zum Schutz der Verleumdeten und Vergewaltigten

13 Wenn jemand ein Mädchen zur Frau
nimmt und wird ihrer überdrüssig, nach-
dem er zu ihr gegangen ist,
14 und legt ihr etwas Schändliches zur Last
und bringt ein böses Gerücht über sie auf
und spricht: Dies Mädchen hab ich gehei-
ratet, und als ich zu ihr ging, fand ich sie
nicht als Jungfrau,
15 so sollen Vater und Mutter des Mäd-
chens die Zeichen ihrer Jungfräulichkeit
nehmen und vor die Ältesten der Stadt im
Tor bringen.
16 Und der Vater des Mädchens soll zu
den Ältesten sagen: Ich habe diesem
Mann meine Tochter zur Frau gegeben;
nun ist er ihrer überdrüssig geworden
17 und legt ihr Schändliches zur Last und
spricht: Ich habe deine Tochter nicht als
Jungfrau gefunden. Hier aber sind die Zei-
chen der Jungfräulichkeit meiner Tochter.
Und sie sollen die Decke vor den Ältesten
der Stadt ausbreiten.
18 Und die Ältesten der Stadt sollen den
Mann nehmen und züchtigen
19 und ihm [a] eine Buße von hundert Sil-
berstücken auferlegen und sie dem Vater
des Mädchens geben, weil er über eine
Jungfrau in Israel ein böses Gerücht auf-
gebracht hat. Und er soll sie als Frau behal-
ten und darf sie sein Leben lang nicht ent-
lassen. *a* Vers 29
20 Ist's aber die Wahrheit, daß das Mäd-
chen nicht mehr Jungfrau war,
21 so soll man sie heraus vor die Tür des
Hauses ihres Vaters führen, und die Leute
der Stadt sollen sie zu Tode steinigen, weil
sie eine [a] Schandtat in Israel begangen und
in ihres Vaters Hause Hurerei getrieben
hat; so sollst du das Böse aus deiner Mitte
wegtun. *a* 1.Mose 34,7
22 ¶ Wenn jemand dabei ergriffen wird,
daß er einer [a] Frau beiwohnt, die einen
Ehemann hat, so sollen sie beide sterben,
der Mann und die Frau, der er beigewohnt
hat; so sollst du das Böse aus Israel weg-
tun. *a* 3.Mose 20,10; 2.Sam 11,4
23 ¶ Wenn eine Jungfrau verlobt ist und
ein Mann trifft sie innerhalb der Stadt und
wohnt ihr bei,
24 so sollt ihr sie alle beide zum Stadttor
hinausführen und sollt sie beide steinigen,
daß sie sterben, die Jungfrau, weil sie nicht
geschrien hat, obwohl sie doch in der Stadt
war, den Mann, weil er seines Nächsten
Braut geschändet hat; so sollst du das Böse
aus deiner Mitte wegtun.
25 ¶ Wenn aber jemand ein verlobtes
Mädchen auf freiem Felde trifft und

13 *Abraham und Isaak auf dem Weg zur Opferstätte*
Gouache; 61 x 47,5 cm; 1931; signiert;
MBMC, Nizza
(© Foto: RMN – Gérard Blot)

14/15 *Abrahams Versuchung*
Öl auf Leinwand; 230 x 235 cm; undatiert;
signiert; MBMC, Nizza
(© Foto: RMN – Gérard Blot)

16 *Abraham beweint Sara*
Gouache; 60 x 47 cm; 1931; signiert;
MBMC, Nizza
(© Foto: RMN – Gérard Blot)

ergreift sie und wohnt ihr bei, so soll der
Mann allein sterben, der ihr beigewohnt
hat,
26 aber dem Mädchen sollst du nichts tun,
denn sie hat keine Sünde getan, die des
Todes wert ist; sondern dies ist so, wie
wenn jemand sich gegen seinen Nächsten
erhöbe und ihn totschlüge.
27 Denn er fand sie auf freiem Felde, und
das verlobte Mädchen schrie, und
niemand war da, der ihr half.
28 ¶ [a] Wenn jemand eine Jungfrau trifft,
die nicht verlobt ist, und ergreift sie und
wohnt ihr bei und wird dabei betroffen,

a (28 und 29) 2. Mose 22,15

29 so soll, der ihr beigewohnt hat, ihrem
Vater fünfzig Silberstücke geben und soll
sie zur Frau haben, weil er ihr Gewalt
angetan hat; er darf sie nicht entlassen sein
Leben lang.

23 ¶*Niemand soll seines Vaters Frau
nehmen und aufdecken seines
Vaters Decke.[a]

a 3. Mose 18,8; 2. Sam 16,22

* Abweichende Verszählung statt 23,1-26: 22,30–23,25.

Wer in die Gemeinde des HERRN nicht aufgenommen werden darf

2 Kein Entmannter oder Verschnittener
soll in die Gemeinde des HERRN kom-
men.[a]

a Jes 56,3.4; Apg 8,27

3 ¶ Es soll auch kein Mischling in die
Gemeinde des HERRN kommen; auch
seine Nachkommenschaft bis ins zehnte
Glied soll nicht in die Gemeinde des
HERRN kommen.[a]

a Esr 9; 10

4 ¶ Die Ammoniter und Moabiter sollen
nicht in die Gemeinde des HERRN kom-
men, auch nicht ihre Nachkommen bis ins
zehnte Glied; sie sollen nie hineinkom-
men,[a]

a 1. Mose 19,37.38

5 weil sie euch nicht entgegenkamen mit
Brot und Wasser auf dem Wege, als ihr
aus Ägypten zogt, vielmehr gegen euch
den [a] Bileam dingten, den Sohn Beors aus
Petor in Mesopotamien, daß er dich ver-
fluchen sollte.

a 4. Mose 22,5.6

6 Aber der HERR, dein Gott, wollte
Bileam nicht hören und wandelte dir den
Fluch in Segen um, weil dich der HERR,
dein Gott, liebhatte.
7 Du sollst nie ihren Frieden noch ihr
Bestes suchen dein Leben lang.[a]

a Esr 9,12

8 ¶ Den Edomiter sollst du nicht verab-
scheuen; er ist dein Bruder. Den Ägypter
sollst du auch nicht verabscheuen; denn
du bist ein Fremdling in seinem Lande
gewesen.
9 Die Kinder, die sie im dritten Glied zeu-
gen, dürfen in die Gemeinde des HERRN
kommen.

Reinhaltung des Kriegslagers

10 Wenn du ausziehst gegen deine Feinde
und ein Lager aufschlägst, so hüte dich
vor allem Bösen.
11 Wenn jemand unter dir ist, der [a] nicht
rein ist, weil ihm des Nachts etwas wider-
fahren ist, der soll hinaus vor das Lager
gehen und nicht wieder hineinkommen,

a 3. Mose 15,16.18

12 bis er vor dem Abend sich mit Wasser
gewaschen hat; und wenn die Sonne unter-
gegangen ist, soll er wieder ins Lager
gehen.
13 ¶ Und du sollst draußen vor dem Lager
einen Platz haben, wohin du zur Notdurft
hinausgehst.
14 Und du sollst eine Schaufel haben, und
wenn du dich draußen setzen willst, sollst
du damit graben; und wenn du gesessen
hast, sollst du zuscharren, was von dir
gegangen ist.
15 Denn der HERR, dein Gott, [a] zieht mit
dir inmitten deines Lagers, um dich zu
erretten und deine Feinde vor dir dahin-
zugeben. Darum soll dein Lager heilig
sein, daß nichts Schändliches unter dir
gesehen werde und er sich von dir wende.

a 3. Mose 26,12

Gebote für das Leben des Volkes

16 Du sollst den Knecht nicht seinem
Herrn ausliefern, der von ihm zu dir
geflüchtet ist.
17 Er soll bei dir bleiben an dem Ort, den
er erwählt, in einer deiner Städte, wo es
ihm gefällt. Du sollst ihn nicht bedrük-
ken.[a]

a Phlm 12-16

18 ¶ Es soll keine [a] Tempeldirne sein unter
den Töchtern Israel und kein [b] Tempel-
hurer unter den Söhnen Israel.

a Hos 4,14 *b* 1. Kön 14,24; 2. Kön 23,7

19 Du sollst keinen Hurenlohn noch
[a] Hundegeld in das Haus des HERRN,
deines Gottes, bringen aus irgendeinem
Gelübde; denn das ist dem HERRN, dei-
nem Gott, beides ein Greuel.

a Offb 22,15

20 ¶ Du sollst von deinem Bruder [a] nicht
Zinsen nehmen, weder für Geld noch für

Speise noch für alles, wofür man Zinsen nehmen kann.

a 2.Mose 22,24; 3.Mose 25,36

21 Von dem Ausländer darfst du Zinsen nehmen, aber nicht von deinem Bruder, auf daß dich der HERR, dein Gott, segne in allem, was du unternimmst in dem Lande, dahin du kommst, es einzunehmen.

22 ¶Wenn du dem HERRN, deinem Gott, ein [a]Gelübde tust, so sollst du nicht zögern, es zu erfüllen; denn der HERR, dein Gott, wird's von dir fordern, und es wird Schuld auf dich fallen.

a 4.Mose 30,3

23 Wenn du das Geloben unterläßt, so wird keine Schuld auf dich fallen.

24 Aber was über deine Lippen gegangen ist, sollst du halten und danach tun, wie du dem HERRN, deinem Gott, freiwillig gelobt und mit deinem Mund geredet hast.

25 ¶Wenn du in deines Nächsten Weinberg gehst, so darfst du Trauben essen nach deinem Wunsch, bis du satt bist, aber du sollst nichts in dein Gefäß tun.

26 Wenn du in das Kornfeld deines Nächsten gehst, so [a]darfst du mit der Hand Ähren abrupfen, aber mit der Sichel sollst du nicht dreinfahren.

a Mt 12,1

Weitere Ehegesetze

24 Wenn jemand eine Frau zur Ehe nimmt und sie nicht Gnade findet vor seinen Augen, weil er etwas Schändliches an ihr gefunden hat, und er einen [a]Scheidebrief schreibt und ihr in die Hand gibt und sie aus seinem Hause entläßt

a Mt 5,31.32

2 und wenn sie dann aus seinem Hause gegangen ist und hingeht und wird eines andern Frau

3 und dieser andere Mann ihrer auch überdrüssig wird und einen Scheidebrief schreibt und ihr in die Hand gibt und sie aus seinem Hause entläßt oder wenn dieser andere Mann stirbt, der sie sich zur Frau genommen hatte,

4 so kann sie ihr erster Mann, der sie entließ, nicht wieder zur Frau nehmen, nachdem sie unrein geworden ist – denn solches ist ein Greuel vor dem HERRN –, damit du nicht Sünde über das Land bringst, das dir der HERR, dein Gott, zum Erbe gegeben hat.

5 ¶Wenn jemand sich kurz vorher eine Frau genommen hat, [a]soll er nicht mit dem Heer ausziehen, und man soll ihm nichts auferlegen. Er soll frei in seinem Hause sein ein Jahr lang, daß er fröhlich sei mit seiner Frau, die er genommen hat.

a Kap 20,7

Das Recht der Schwachen und Armen

6 Du sollst nicht zum Pfande nehmen den unteren und oberen Mühlstein; denn damit hättest du das Leben zum Pfand genommen.

7 ¶Wenn jemand ergriffen wird, der von seinen Brüdern, den Israeliten, [a]einen Menschen raubt und ihn gewalttätig behandelt oder ihn verkauft: solch ein Dieb soll sterben, daß du das Böse aus deiner Mitte wegtust.

a 2.Mose 21,16

8 ¶Hüte dich beim Auftreten von [a]Aussatz, daß du alles genau hältst und tust, was dich die levitischen Priester lehren; wie ich ihnen geboten habe, so sollt ihr's halten und danach tun.

a 3.Mose 13; 14

9 Bedenke, was der HERR, dein Gott, [a]mit Mirjam tat auf dem Wege, als ihr aus Ägypten zogt.

a 4.Mose 12,10-15

10 ¶Wenn du deinem Nächsten irgend etwas borgst, so sollst du nicht in sein Haus gehen und ihm ein Pfand nehmen,

11 sondern du sollst draußen stehen, und er, dem du borgst, soll sein Pfand zu dir herausbringen.

12 Ist er aber bedürftig, so sollst du dich nicht schlafen legen mit seinem Pfand,

13 sondern sollst ihm sein [a]Pfand wiedergeben, wenn die Sonne untergeht, daß er in seinem Mantel schlafe und dich segne. So wird das [b]deine Gerechtigkeit sein vor dem HERRN, deinem Gott.

a 2.Mose 22,25; Hiob 22,6; Am 2,8 b Kap 6,25

14 ¶Dem Tagelöhner, der bedürftig und arm ist, sollst du [a]seinen Lohn nicht vorenthalten, er sei von deinen Brüdern oder den Fremdlingen, die in deinem Land und in deinen Städten sind,

a 3.Mose 19,13; Jak 5,4

15 sondern du sollst ihm seinen Lohn am selben Tage geben, daß die Sonne nicht darüber untergehe – denn er ist bedürftig und verlangt danach –, damit er nicht wider dich den HERRN anrufe und es dir zur Sünde werde.

16 ¶Die Väter sollen nicht für die Kinder noch die Kinder für die Väter sterben, sondern ein jeder soll für seine Sünde sterben.[a]

a 2.Kön 14,6

17 ¶Du sollst das Recht des [a]Fremdlings und der Waise nicht beugen und sollst der

[b]Witwe nicht das Kleid zum Pfand neh-
men. *a* 2.Mose 22,20; 23,6.9 *b* 2.Mose 22,21
18 Denn du sollst daran denken, daß du
[a]Knecht in Ägypten gewesen bist und der
HERR, dein Gott, dich von dort erlöst hat.
Darum gebiete ich dir, daß du solches tust.
a Kap 5,15
19 ¶ Wenn du auf deinem Acker geerntet
und eine Garbe vergessen hast auf dem
Acker, so sollst du nicht umkehren, sie zu
holen, sondern sie soll dem Fremdling,
der Waise und der Witwe zufallen, auf daß
dich der HERR, dein Gott, segne in allen
Werken deiner Hände.[a] *a* 3.Mose 19,9.10
20 Wenn du deine Ölbäume geschüttelt
hast, so sollst du nicht nachschütteln; es
soll dem Fremdling, der Waise und der
Witwe zufallen.
21 Wenn du deinen Weinberg abgelesen
hast, so sollst du nicht nachlesen; es soll
dem Fremdling, der Waise und der Witwe
zufallen.
22 Denn du sollst daran denken, daß du
Knecht in Ägyptenland gewesen bist.
Darum gebiete ich dir, daß du solches tust.

Weitere Schutzbestimmungen

25 Wenn eine Streitsache zwischen
Männern ist und sie vor Gericht
kommen und man sie richtet, so soll man
[a]den, der im Recht ist, gerecht sprechen
und den Schuldigen schuldig sprechen.
a 2.Mose 23,7
2 Und wenn der Schuldige Schläge ver-
dient hat, soll ihn der Richter hinlegen las-
sen, und man soll ihm vor dem Richter
eine Anzahl Schläge geben nach dem Maß
seiner Schuld.
3 Wenn man ihm [a]vierzig Schläge gege-
ben hat, soll man nicht weiter schlagen,
damit, wenn man mehr Schläge gibt, er
nicht zuviel geschlagen werde und dein
Bruder entehrt werde in deinen Augen.
a 2.Kor 11,24
4 ¶ Du sollst dem Ochsen, der da drischt,
nicht das Maul verbinden.[a]
a 1.Kor 9,9; 1.Tim 5,18
5 Wenn Brüder beieinander wohnen und
einer stirbt ohne Söhne, so soll seine
Witwe nicht die Frau eines Mannes aus
einer andern Sippe werden, sondern ihr
Schwager soll zu ihr gehen und sie zur
Frau nehmen und mit ihr die Schwager-
ehe schließen.[a] *a* 1.Mose 38,8; Rut 4,5; Mt 22,24
6 Und der erste Sohn, den sie gebiert, soll
gelten als der Sohn seines verstorbenen
Bruders, damit dessen Name nicht ausge-
tilgt werde aus Israel.
7 Gefällt es aber dem Mann nicht, seine
Schwägerin zu nehmen, so soll sie, seine
Schwägerin, hingehen ins Tor vor die Älte-
sten und sagen: Mein Schwager weigert
sich, seinem Bruder seinen Namen zu
erhalten in Israel, und will mich nicht ehe-
lichen.
8 Dann sollen ihn die Ältesten der Stadt
zu sich rufen und mit ihm reden. Wenn er
aber darauf besteht und spricht: Es gefällt
mir nicht, sie zu nehmen –,
9 so soll seine Schwägerin zu ihm treten
vor den Ältesten und ihm den Schuh vom
Fuß ziehen und ihm ins Gesicht speien
und soll antworten und sprechen: So soll
man tun einem jeden Mann, der seines
Bruders Haus nicht bauen will!
10 Und sein Name soll in Israel heißen
»des Barfüßers Haus«.
11 ¶ Wenn zwei Männer gegeneinander
handgreiflich werden und des einen Frau
läuft hinzu, um ihren Mann zu erretten
von der Hand dessen, der ihn schlägt, und
sie streckt ihre Hand aus und ergreift ihn
bei seiner Scham,
12 so sollst du ihr die Hand abhauen, und
dein Auge soll sie nicht schonen.
13 ¶ Du sollst nicht zweierlei Gewicht,
groß und klein, in deinem Beutel haben,[a]
a 3.Mose 19,35.36; Hes 45,10; Am 8,5; Mi 6,11
14 und in deinem Hause soll nicht zweier-
lei Maß, groß und klein, sein.
15 Du sollst ein volles und rechtes
Gewicht und ein volles und rechtes Maß
haben, auf daß dein Leben lange währe in
dem Lande, das dir der HERR, dein Gott,
geben wird.
16 Denn wer das tut, der ist dem HERRN,
deinem Gott, ein Greuel, ein jeder, der
übeltut.

Amaleks Schuld darf nicht vergessen werden

17 Denke daran, was dir die Amalekiter
taten auf dem Wege, als ihr aus Ägypten
zogt:[a] *a* 2.Mose 17,8-16
18 wie sie dich unterwegs angriffen und
deine Nachzügler erschlugen, alle die
Schwachen, die hinter dir zurückgeblieben
waren, als du müde und matt warst, und
wie sie Gott nicht fürchteten.
19 Wenn nun der HERR, dein Gott, dich

vor allen deinen Feinden ringsumher zur Ruhe bringt im Lande, das dir der HERR, dein Gott, zum Erbe gibt, es einzunehmen, so [a]sollst du die Erinnerung an die Amalekiter austilgen unter dem Himmel. Das vergiß nicht! *a* 1.Sam 15,2.3

Darbringung der Erstlingsfrüchte und des Zehnten

26 Wenn du in das Land kommst, das dir der HERR, dein Gott, zum Erbe geben wird, und es einnimmst und darin wohnst,
2 so sollst du nehmen die [a]Erstlinge aller Feldfrüchte, die du von deinem Lande einbringst, das der HERR, dein Gott, dir gibt, und sollst sie in einen Korb legen und hingehen an die Stätte, die der HERR, dein Gott, erwählen wird, daß sein Name daselbst wohne, *a* 2.Mose 23,19; 3.Mose 2,14
3 und sollst zu dem Priester kommen, der zu der Zeit sein wird, und zu ihm sagen: Ich bekenne heute dem HERRN, deinem Gott, daß ich gekommen bin in das Land, das der HERR, wie er unsern Vätern geschworen hat, uns geben wollte.
4 Und der Priester soll den Korb aus deiner Hand nehmen und ihn vor dem Altar des HERRN, deines Gottes, niedersetzen.
5 [a]Dann sollst du anheben und sagen vor dem HERRN, deinem Gott: Mein Vater war ein Aramäer, dem Umkommen nahe, und zog hinab nach Ägypten und war dort ein Fremdling mit wenig Leuten und wurde dort ein großes, starkes und zahlreiches Volk. *a (5-9)* Kap 6,20-25; Jos 24,2-13; Ps 78; 105; 136
6 Aber die Ägypter behandelten uns schlecht und bedrückten uns und legten uns einen harten Dienst auf.
7 Da schrien wir zu dem HERRN, dem Gott unserer Väter. Und der HERR erhörte unser Schreien und sah unser Elend, unsere Angst und Not
8 und führte uns aus Ägypten mit mächtiger Hand und ausgerecktem Arm und mit großem Schrecken, durch Zeichen und Wunder,
9 und brachte uns an diese Stätte und gab uns dies Land, darin Milch und Honig fließt.
10 Nun bringe ich die Erstlinge der Früchte des Landes, das du, HERR, mir gegeben hast. – Und du sollst sie niederlegen vor dem HERRN, deinem Gott, und anbeten vor dem HERRN, deinem Gott,
11 und [a]sollst fröhlich sein über alles Gut, das der HERR, dein Gott, dir und deinem Hause gegeben hat, du und der Levit und der Fremdling, der bei dir lebt. *a* Kap 16,11.14
12 ¶Wenn du den Zehnten deines ganzen Ertrages zusammengebracht hast [a]im dritten Jahr, das ist das Zehnten-Jahr, so sollst du ihn dem Leviten, dem Fremdling, der Waise und der Witwe geben, daß sie in deiner Stadt essen und satt werden. *a* Kap 14,27-29
13 Und du sollst sprechen vor dem HERRN, deinem Gott: Ich hab aus meinem Hause gebracht, was geheiligt ist, und hab's gegeben den Leviten, den Fremdlingen, den Waisen und den Witwen ganz nach deinem Gebot, das du mir geboten hast. Ich habe deine Gebote nicht übertreten noch vergessen.
14 Ich habe nichts davon gegessen, als ich in Trauer war; ich habe nichts davon weggebracht, als ich unrein war; ich habe nichts davon gegeben als Gabe für die Toten. Ich bin der Stimme des HERRN, meines Gottes, gehorsam gewesen und habe alles getan, wie du es mir geboten hast.[a] *a* 4.Mose 19,14.15; Hes 24,17.22; Hos 9,4
15 Sieh nun herab von deiner heiligen Wohnung, vom Himmel, und segne dein Volk Israel und das Land, das du uns gegeben hast, wie du unsern Vätern geschworen hast, ein Land, darin Milch und Honig fließt.

Die Bundeszusagen

16 Heute gebietet dir der HERR, dein Gott, daß du tust nach allen diesen Geboten und Rechten, daß du sie hältst und danach tust von ganzem Herzen und von ganzer Seele.
17 Du hast dir heute vom HERRN sagen lassen, daß er dein Gott sein wolle und daß du sollest in allen seinen Wegen wandeln und halten seine Gesetze, Gebote und Rechte und seiner Stimme gehorchen.
18 Und der HERR hat dich heute sagen lassen, daß du sein eigenes Volk sein wollest, wie er dir zugesagt hat, und alle seine Gebote halten wollest
19 und daß er [a]dich zum höchsten über alle Völker machen werde, die er geschaffen hat, und du gerühmt, gepriesen und geehrt werdest, damit du dem HERRN, deinem Gott, ein heiliges Volk seist, wie er zugesagt hat. *a* Kap 28,1

Die Denksteine mit dem Gesetz

27 Und Mose samt den Ältesten
Israels gebot dem Volk und sprach:
Haltet alle Gebote, die ich euch heute
gebiete.
2 Und zu der Zeit, wenn ihr über den Jor-
dan geht in das Land, das dir der HERR,
dein Gott, geben wird, sollst du große
Steine aufrichten und sie mit Kalk tün-
chen
3 und darauf schreiben alle Worte dieses
Gesetzes. Das sollst du tun, wenn du hin-
übergehst, auf daß du kommest in das
Land, das der HERR, dein Gott, dir geben
wird, ein Land, darin Milch und Honig
fließt, wie der HERR, der Gott deiner
Väter, dir zugesagt hat.
4 Wenn ihr nun über den Jordan geht, so
sollt ihr, wie ich euch heute gebiete, diese
Steine auf dem Berge Ebal aufrichten und
mit Kalk tünchen.
5 Und dort sollst du dem HERRN, deinem
Gott, einen [a]Altar bauen aus Steinen, die
kein Eisen berührt hat. *a* 2.Mose 20,25
6 Von unbehauenen Steinen sollst du die-
sen Altar dem HERRN, deinem Gott,
bauen und Brandopfer darauf opfern dem
HERRN, deinem Gott,
7 und Dankopfer darbringen und dort
essen und [a]fröhlich sein vor dem HERRN,
deinem Gott. *a* Kap 12,7
8 Und du sollst auf die Steine alle Worte
dieses Gesetzes schreiben, klar und deut-
lich.
9 ¶Und Mose und die levitischen Prie-
ster redeten mit ganz Israel und sprachen:
Merke auf und höre, Israel! [a]Am heutigen
Tage bist du ein Volk des HERRN, deines
Gottes, geworden, *a* Kap 26,18.19
10 daß du der Stimme des HERRN, deines
Gottes, gehorsam seist und tust nach sei-
nen Geboten und Rechten, die ich dir
heute gebiete.

Die zwölf Fluchworte

11 Und Mose gebot dem Volk an diesem
Tage und sprach:
12 Diese sollen stehen [a]auf dem Berge
Garizim, um das Volk zu segnen, wenn ihr
über den Jordan gegangen seid: Simeon,
Levi, Juda, Issachar, Josef und Benjamin.
a Kap 11,29
13 Und diese sollen stehen auf dem Berge
Ebal, um zu verfluchen: Ruben, Gad,
Asser, Sebulon, Dan und Naftali.
14 ¶Und die Leviten sollen anheben und
zu allen Männern Israels mit lauter
Stimme sagen:
15 Verflucht sei, wer einen [a]Götzen oder
ein gegossenes Bild macht, einen Greuel
für den HERRN, ein Werk von den Händen
der Werkmeister, und es heimlich aufstellt!
Und alles Volk soll antworten und sagen:
Amen. – *a* 2.Mose 20,4.23
16 Verflucht sei, [a]wer seinen Vater oder
seine Mutter verunehrt! Und alles Volk
soll sagen: Amen. – *a* 2.Mose 21,17
17 Verflucht sei, [a]wer seines Nächsten
Grenze verrückt! Und alles Volk soll
sagen: Amen. – *a* Kap 19,14
18 Verflucht sei, [a]wer einen Blinden irre-
führt auf dem Wege! Und alles Volk soll
sagen: Amen. – *a* 3.Mose 19,14
19 Verflucht sei, [a]wer das Recht des
Fremdlings, der Waise und der Witwe
beugt! Und alles Volk soll sagen: Amen. –
a 2.Mose 22,20.21
20 Verflucht sei, [a]wer bei der Frau seines
Vaters liegt, denn er hat die Decke seines
Vaters aufgedeckt! Und alles Volk soll
sagen: Amen. – *a* 3.Mose 18,8
21 Verflucht sei, [a]wer bei irgendeinem
Tier liegt! Und alles Volk soll sagen:
Amen. – *a* 2.Mose 22,18
22 Verflucht sei, [a]wer bei seiner Schwe-
ster liegt, die seines Vaters oder seiner
Mutter Tochter ist! Und alles Volk soll
sagen: Amen. – *a* 3.Mose 18,9.11
23 Verflucht sei, [a]wer bei seiner Schwie-
germutter liegt! Und alles Volk soll sagen:
Amen. – *a* 3.Mose 18,17
24 Verflucht sei, [a]wer seinen Nächsten
heimlich erschlägt! Und alles Volk soll
sagen: Amen. – *a* 2.Mose 21,12; 4.Mose 35,20
25 Verflucht sei, [a]wer Geschenke nimmt,
daß er unschuldiges Blut vergieße! Und
alles Volk soll sagen: Amen. –
a 2.Mose 23,8
26 Verflucht sei, [a]wer nicht alle Worte
dieses Gesetzes erfüllt, daß er danach tue!
Und alles Volk soll sagen: Amen.
a Gal 3,10

Ankündigung von Segen und Fluch

28 Wenn du nun der Stimme des
HERRN, deines Gottes, gehorchen
wirst, daß du hältst und tust alle seine
Gebote, die ich dir heute gebiete, so wird

dich der HERR, dein Gott, [a]zum höchsten
über alle Völker auf Erden machen,
a Kap 26,19
2 und weil du der Stimme des HERRN,
deines Gottes, gehorsam gewesen bist,
werden über dich kommen und dir zuteil
werden alle diese Segnungen:
3 ¶ [a]Gesegnet wirst du sein in der Stadt,
gesegnet wirst du sein auf dem Acker.
a (3-6) 1.Mose 49,25.26
4 Gesegnet wird sein die Frucht deines
Leibes, der Ertrag deines Ackers und die
Jungtiere deines Viehs, deiner Rinder und
deiner Schafe.
5 Gesegnet wird sein dein Korb und dein
Backtrog.
6 Gesegnet wirst du sein bei deinem Ein-
gang und gesegnet bei deinem Ausgang.[a]
a Ps 121,8
7 ¶ Und der HERR wird deine Feinde,
die sich gegen dich erheben, vor dir schla-
gen. Auf **einem** Weg sollen sie ausziehen
wider dich und auf **sieben** Wegen vor dir
fliehen.
8 Der HERR wird [a]gebieten dem Segen,
daß er mit dir sei in dem, was du besitzt,
und in allem, was du unternimmst, und
wird dich segnen in dem Land, das dir der
HERR, dein Gott, gegeben hat.
a 3.Mose 25,21
9 Der HERR wird dich [a]zum heiligen Volk
für sich erheben, wie er dir geschworen
hat, weil du die Gebote des HERRN, deines
Gottes, hältst und in seinen Wegen wan-
delst. *a* 2.Mose 19,5.6
10 Und alle Völker auf Erden werden
sehen, daß über dir der Name des HERRN
genannt ist, und werden sich vor dir fürch-
ten.
11 Und der HERR wird machen, daß du
Überfluß an Gutem haben wirst, an Frucht
deines Leibes, an Jungtieren deines Viehs,
an Ertrag deines Ackers, in dem Lande,
das der HERR deinen Vätern geschworen
hat, dir zu geben.
12 Und der HERR wird dir seinen guten
Schatz auftun, den Himmel, daß er dei-
nem Land Regen gebe zur rechten Zeit
und daß er segne alle Werke deiner Hände.
Und [a]du wirst vielen Völkern leihen, aber
von niemand borgen. *a* Kap 15,6
13 Und der HERR wird dich zum Kopf
machen und nicht zum Schwanz, und du
wirst immer aufwärts steigen und nicht
heruntersinken, weil du gehorsam bist den
Geboten des HERRN, deines Gottes, die
ich dir heute gebiete zu halten und zu tun,
14 und nicht abweichst von all den Wor-
ten, die ich euch heute gebiete, weder zur
Rechten noch zur Linken, und nicht
andern Göttern nachwandelst, um ihnen
zu dienen.[a] *a* Kap 5,29.32
15 ¶ Wenn du aber nicht gehorchen wirst
der Stimme des HERRN, deines Gottes,
und wirst nicht halten und tun alle seine
Gebote und Rechte, die ich dir heute
gebiete, so werden alle diese Flüche über
dich kommen und dich treffen:[a] *a* Dan 9,11
16 ¶ Verflucht wirst du sein in der Stadt,
verflucht wirst du sein auf dem Acker.
17 Verflucht wird sein dein Korb und dein
Backtrog.
18 Verflucht wird sein die Frucht deines
Leibes, der Ertrag deines Ackers, das
Jungvieh deiner Rinder und Schafe.
19 Verflucht wirst du sein bei deinem Ein-
gang und verflucht bei deinem Ausgang.
20 ¶ Der HERR wird unter dich senden
Unfrieden, Unruhe und Unglück in allem,
was du unternimmst, bis du vertilgt bist
und bald untergegangen bist um deines
bösen Treibens willen, weil du mich ver-
lassen hast.
21 Der HERR wird dir die Pest anhängen,
bis er dich vertilgt hat in dem Lande, in
das du kommst, es einzunehmen.
22 Der HERR wird dich schlagen mit Aus-
zehrung, Entzündung und hitzigem Fie-
ber, Getreidebrand und Dürre; die werden
dich verfolgen, bis du umkommst.
23 Der Himmel, der über deinem Haupt
ist, wird ehern werden und die Erde unter
dir eisern.[a] *a* Kap 11,17
24 Statt des Regens für dein Land wird der
HERR Staub und Asche vom Himmel auf
dich geben, bis du vertilgt bist.
25 Der HERR wird dich vor deinen Fein-
den schlagen. Auf **einem** Weg wirst du
wider sie ausziehen, und auf **sieben** Wegen
wirst du vor ihnen fliehen und wirst zum
Entsetzen werden für alle Reiche auf
Erden.
26 Deine Leichname werden zum Fraß
werden allen Vögeln des Himmels und
allen Tieren des Landes, und niemand
wird sie verscheuchen.
27 Der HERR wird dich schlagen [a]mit
ägyptischem Geschwür, mit Pocken, mit
Grind und Krätze, daß du nicht geheilt
werden kannst. *a* 2.Mose 9,9

28 Der HERR wird dich schlagen mit Wahnsinn, Blindheit und Verwirrung des Geistes.

29 Und du wirst [a]tappen am Mittag, wie ein Blinder tappt im Dunkeln, und wirst auf deinem Wege kein Glück haben und wirst Gewalt und Unrecht leiden müssen dein Leben lang, und niemand wird dir helfen. *a* Jes 59,10

30 Mit einem Mädchen wirst du dich verloben; aber ein anderer wird es sich nehmen. [a]Ein Haus wirst du bauen; aber du wirst nicht darin wohnen. Einen Weinberg wirst du pflanzen; aber du wirst seine Früchte nicht genießen. *a* Jes 65,22

31 Dein Rind wird vor deinen Augen geschlachtet werden; aber du wirst nicht davon essen. Dein Esel wird vor deinem Angesicht mit Gewalt genommen und dir nicht wiedergegeben werden. Dein Schaf wird deinen Feinden gegeben werden, und niemand wird dir helfen.

32 Deine Söhne und deine Töchter werden einem andern Volk gegeben werden, daß deine Augen zusehen müssen und täglich vor Verlangen nach ihnen vergehen, und in deinen Händen wird keine Kraft sein.

33 Den [a]Ertrag deines Ackers und alle deine Arbeit wird ein Volk verzehren, das du nicht kennst, und du wirst geplagt und geschunden werden dein Leben lang *a* Ri 6,3

34 und wirst wahnsinnig werden bei dem, was deine Augen sehen müssen.

35 Der HERR wird dich schlagen mit bösen Geschwüren an den Knien und Waden, daß du nicht geheilt werden kannst, von den Fußsohlen bis zum Scheitel.

36 Der HERR wird dich und deinen König, den du über dich gesetzt hast, unter ein Volk treiben, das du nicht kennst noch deine Väter, und [a]du wirst dort andern Göttern dienen: Holz und Steinen. *a* Kap 4,28

37 Und du wirst zum Entsetzen, [a]zum Sprichwort und zum Spott werden unter allen Völkern, zu denen der HERR dich treibt. *a* 1.Kön 9,7; Jer 24,9

38 Du wirst viel Samen auf das Feld säen, aber wenig einsammeln; denn die Heuschrecken werden's abfressen.[a] *a* Mi 6,15

39 Weinberge wirst du pflanzen und bauen, aber weder Wein trinken noch Trauben lesen; denn die Würmer werden's verzehren.

40 Ölbäume wirst du haben in deinem ganzen Gebiet, aber du wirst dich nicht salben mit Öl; denn dein Ölbaum wird seine Frucht abwerfen.

41 Söhne und Töchter wirst du zeugen und doch nicht behalten; denn sie werden gefangen weggeführt werden.

42 Alle Bäume und Früchte deines Landes wird das Ungeziefer fressen.

43 Der Fremdling, der bei dir ist, wird immer höher über dich emporsteigen; du aber wirst immer tiefer heruntersinken.

44 Er wird dir leihen, du aber wirst ihm nicht leihen können; [a]er wird der Kopf sein, und du wirst der Schwanz sein. *a* Vers 12.13

45 ¶ Alle diese Flüche werden über dich kommen und dich verfolgen und treffen, bis du vertilgt bist, weil du der Stimme des HERRN, deines Gottes, nicht gehorcht und seine Gebote und Rechte nicht gehalten hast, die er dir geboten hat.

46 Und diese Flüche werden Zeichen und Wunder sein an dir und an deinen Nachkommen immerdar,

47 weil du dem HERRN, deinem Gott, nicht gedient hast mit Freude und Lust deines Herzens, obwohl du Überfluß hattest an allem.

48 Und du wirst deinem Feinde, den der HERR gegen dich schicken wird, dienen in Hunger und Durst, in Blöße und allerlei Mangel, und er wird ein [a]eisernes Joch auf deinen Hals legen, bis er dich vertilgt hat. *a* Jer 28,13.14

49 Der HERR wird ein Volk über dich schicken von ferne, vom Ende der Erde, wie ein [a]Adler fliegt, ein Volk, [b]dessen Sprache du nicht verstehst, *a* Hab 1,8 *b* Jes 33,19; Jer 5,15

50 ein freches Volk, das nicht Rücksicht nimmt auf die Alten und die Jungen nicht schont.[a] *a* Klgl 5,12.13

51 Es wird verzehren die Jungtiere deines Viehs und den Ertrag deines Ackers, bis du vertilgt bist, und wird dir nichts übriglassen vom Korn, Wein und Öl und vom Jungvieh deiner Rinder und Schafe, bis es dich umgebracht hat.

52 Es wird dich ängstigen in allen deinen Städten, bis es niedergeworfen hat deine hohen und festen Mauern, auf die du dich verläßt, in deinem ganzen Lande; und du

wirst geängstigt werden in allen deinen
Städten, in deinem ganzen Lande, das dir
der HERR, dein Gott, gegeben hat.
53 Du wirst die [a]Frucht deines Leibes, das
Fleisch deiner Söhne und deiner Töchter,
die dir der HERR, dein Gott, gegeben hat,
essen in der Angst und Not, mit der dich
dein Feind bedrängen wird. *a* 3.Mose 26,29;
2.Kön 6,28.29; Jer 19,9; Klgl 2,20; 4,10; Hes 5,10
54 Ein Mann unter euch, der zuvor ver-
wöhnt und in Üppigkeit gelebt hat, wird
seinem Bruder und der Frau in seinen
Armen und dem Sohn, der noch übrig ist
von seinen Söhnen, nichts gönnen
55 von dem Fleisch seiner Söhne, das er
ißt, weil ihm nichts übriggeblieben ist von
allem Gut in der Angst und Not, mit der
dich dein Feind bedrängen wird in allen
deinen Städten.
56 Eine Frau unter euch, die zuvor so ver-
wöhnt und in Üppigkeit gelebt hat, daß sie
nicht einmal versucht hat, ihre Fußsohle
auf die Erde zu setzen, vor Verwöhnung
und Wohlleben, die wird dem Mann in
ihren Armen und ihrem Sohn und ihrer
Tochter nicht gönnen
57 die Nachgeburt, die von ihr ausgegan-
gen ist, und ihr Kind, das sie geboren hat;
denn sie wird beides vor Mangel an allem
heimlich essen in der Angst und Not, mit
der dich dein Feind bedrängen wird in dei-
nen Städten.
58 ¶Wenn du nicht darauf hältst, daß du
alle Worte dieses Gesetzes tust, die in die-
sem Buch geschrieben sind, und nicht
fürchtest diesen herrlichen und heiligen
Namen, den HERRN, deinen Gott,
59 so wird der HERR schrecklich mit dir
umgehen und dich und deine Nachkom-
men schlagen mit großen und anhalten-
den Plagen, mit bösen und anhaltenden
Krankheiten.
60 Und er wird auch alle [a]Seuchen Ägyp-
tens über dich bringen, vor denen du dich
fürchtest, und sie werden dich nicht los-
lassen; *a* Vers 27
61 dazu wird der HERR alle Krankheiten
und alle Plagen, die nicht geschrieben sind
in dem Buch dieses Gesetzes, über dich
kommen lassen, bis du vertilgt bist.
62 Und nur wenige werden übrigbleiben
von euch, die ihr zuvor zahlreich gewesen
seid wie die Sterne am Himmel, weil du
nicht gehorcht hast der Stimme des
HERRN, deines Gottes.
63 Und wie sich der HERR zuvor freute,
euch Gutes zu tun und euch zu mehren,
[a]so wird er sich nun freuen, euch umzu-
bringen und zu vertilgen, und ihr werdet
herausgerissen werden aus dem Lande, in
das du jetzt ziehst, es einzunehmen.
a Spr 1,26
64 Denn der HERR wird dich zerstreuen
unter alle Völker von einem Ende der
Erde bis ans andere, und du wirst dort
andern Göttern dienen, die du nicht
kennst noch deine Väter: Holz und Stei-
nen.
65 Dazu wirst du unter jenen Völkern
keine Ruhe haben, und deine Füße wer-
den keine Ruhestatt finden. Denn der
HERR wird dir dort ein bebendes Herz
geben und erlöschende Augen und eine
verzagende Seele,
66 und dein Leben wird immerdar in
Gefahr schweben; Nacht und Tag wirst du
dich fürchten und deines Lebens nicht
sicher sein.
67 Morgens wirst du sagen: Ach daß es
Abend wäre! und abends wirst du sagen:
Ach daß es Morgen wäre! vor Furcht
deines Herzens, die dich schrecken wird,
und vor dem, was du mit deinen Augen
sehen wirst.
68 Und der HERR wird dich mit Schiffen
[a]wieder nach Ägypten führen, auf dem
Wege, von dem ich dir gesagt habe: Du
sollst ihn nicht mehr sehen. Und ihr wer-
det dort euren Feinden als Knechte und
Mägde verkauft werden, aber es wird kein
Käufer dasein. *a* Kap 17,16; Hos 8,13

Der Bund des HERRN mit Israel im Lande Moab

69 *Dies sind die Worte des Bundes, den
der HERR dem Mose geboten hat, mit
Israel zu schließen im Lande Moab, neben
dem Bund, den er mit ihnen geschlossen
hatte am [a]Horeb. *a* Kap 5,2

* Abweichende Verszählung statt 28,69–29,28; 29,1-29.

29 ¶Und Mose berief ganz Israel und
sprach zu ihnen: [a]Ihr habt alles
gesehen, was der HERR vor euren Augen
in Ägypten dem Pharao und allen seinen
Großen und seinem ganzen Lande getan
hat, *a* 2.Mose 19,4
2 die [a]gewaltigen Proben seiner Macht,
die deine Augen gesehen haben, die gro-
ßen Zeichen und Wunder. *a* Kap 4,34; 7,19
3 Und der HERR hat euch bis auf diesen

heutigen Tag noch nicht ein Herz gegeben, das verständig wäre, Augen, die da sähen, und Ohren, die da hörten.[a]

[a] Kap 5,26

4 Er hat euch vierzig Jahre in der Wüste wandern lassen. [a] Eure Kleider sind euch nicht zerrissen, auch deine Schuhe nicht an deinen Füßen; [a] Kap 8,4

5 ihr habt kein Brot gegessen und keinen Wein getrunken und kein starkes Getränk, auf daß ihr erkennen solltet, daß ich der HERR, euer Gott, bin.

6 Und als ihr kamt an diesen Ort, zogen aus der König Sihon von Heschbon und der König Og von Baschan uns entgegen, mit uns zu kämpfen. Und wir haben sie geschlagen[a] [a] 4.Mose 21,21-35

7 und ihr Land eingenommen und zum Erbteil gegeben den Rubenitern und Gaditern und dem halben Stamm Manasse.[a]

[a] 4.Mose 32

8 So haltet nun die Worte dieses Bundes und tut danach, auf daß ihr glücklich ausrichten könnt all euer Tun.

9 ¶ Ihr steht heute alle vor dem HERRN, eurem Gott, die Häupter eurer Stämme, eure Ältesten, eure Amtleute, jeder Mann in Israel,

10 eure Kinder, eure Frauen, dein Fremdling, der in deinem Lager ist, dein [a] Holzhauer und dein Wasserschöpfer, [a] Jos 9,27

11 damit du trittst in den Bund des HERRN, deines Gottes, und unter den Eid, den der HERR, dein Gott, dir heute auflegt,

12 daß er dich heute zum Volk für sich erhebe und er dein Gott sei, wie er dir zugesagt hat und wie er deinen Vätern Abraham, Isaak und Jakob geschworen hat.

13 Denn ich schließe diesen Bund und diesen Eid [a] nicht mit euch allein,

[a] Kap 5,3; 1.Mose 17,7

14 sondern mit euch, die ihr heute hier seid und mit uns steht vor dem HERRN, unserm Gott, wie auch mit denen, die heute nicht mit uns sind.

15 ¶ Denn ihr wißt, wie wir in Ägyptenland gewohnt haben und mitten durch die Völker gezogen sind, durch deren Land ihr zogt.

16 Ihr saht ihre Greuel und ihre Götzen, die bei ihnen waren, Holz und Stein, Silber und Gold.

17 Laßt ja nicht einen Mann oder eine Frau, ein Geschlecht oder einen Stamm unter euch sein, dessen Herz sich heute abwendet von dem HERRN, unserm Gott, daß jemand hingehe und diene den Göttern dieser Völker. Laßt unter euch nicht [a] eine Wurzel aufwachsen, die da Gift und Wermut hervorbringt.

[a] Kap 32,32; Hos 10,4; Am 6,12; Hebr 12,15

18 Laßt niemand, der die Worte dieses Fluches hört, sich dennoch in seinem Herzen segnen und sprechen: Mir wird es wohlgehen, auch wenn ich wandle nach meinem verstockten Herzen –, damit nicht fortgerafft werde das wasserreiche mit dem dürren Land!

19 Einem solchen Mann wird der HERR nicht gnädig sein, sondern sein Zorn und Eifer wird entbrennen gegen ihn, und es werden sich auf ihn legen [a] alle Flüche, die in diesem Buch geschrieben sind, und seinen Namen wird der HERR austilgen unter dem Himmel [a] Kap 28,15-68

20 und wird ihn zum Unheil absondern aus allen Stämmen Israels nach allen Flüchen des Bundes, der in dem Buch dieses Gesetzes geschrieben ist.

21 Dann werden sagen künftige Geschlechter, eure Kinder, die nach euch aufkommen, und die Fremden, die aus fernen Landen kommen, wenn sie die Plagen dieses Landes sehen und die Krankheiten, mit denen der HERR es beladen hat

22 – all ihr Land hat er mit Schwefel und Salz verbrannt, daß es weder besät werden kann noch etwas wächst noch Kraut darin aufgeht, gleichwie [a] Sodom und Gomorra, Adma und Zebojim zerstört sind, die der HERR in seinem Zorn und Grimm zerstört hat –, [a] 1.Mose 19,24

23 ja, alle Völker werden sagen: Warum hat der HERR an diesem Lande so gehandelt? Was ist das für ein großer, grimmiger Zorn?

24 Dann wird man sagen: Darum, weil sie den Bund des HERRN, des Gottes ihrer Väter, verlassen haben, den er mit ihnen schloß, als er sie aus Ägyptenland führte,

25 und sind hingegangen und haben andern Göttern gedient und sie angebetet, Götter, die sie nicht kennen und die er ihnen nicht zugewiesen hat,

26 darum ist des HERRN Zorn entbrannt gegen dies Land, daß er über sie hat kommen lassen alle Flüche, die in diesem Buch geschrieben stehen.

27 Und der HERR hat sie aus ihrem Lande
gestoßen in großem Zorn, Grimm und
ohne Erbarmen und hat sie in ein anderes
Land geworfen, so wie es heute ist.
28 ¶ **Was [a]verborgen ist, ist des HERRN,
unseres Gottes; was aber offenbart ist, das
gilt uns und unsern Kindern ewiglich, daß
wir tun sollen alle Worte dieses Gesetzes.**
a Kap 32,34

Die Wahl zwischen Leben und Tod

30 Wenn nun dies alles über dich
kommt, es sei der [a]Segen oder der
Fluch, die ich dir vorgelegt habe, und du
es zu Herzen nimmst, wenn du unter den
Heiden bist, unter die dich der HERR, dein
Gott, verstoßen hat,
a Kap 28
2 und du dich [a]bekehrst zu dem HERRN,
deinem Gott, daß du seiner Stimme
gehorchst, du und deine Kinder, von gan-
zem Herzen und von ganzer Seele in
allem, was ich dir heute gebiete,
a Kap 4,30; 3.Mose 26,40
3 so wird der HERR, dein Gott, deine [a]Ge-
fangenschaft wenden und sich deiner
erbarmen und wird dich [b]wieder sammeln
aus allen Völkern, unter die dich der
HERR, dein Gott, verstreut hat.
a Hes 16,53; Jer 29,14; Am 9,14 *b* Jer 32,37
4 Wenn du bis ans Ende des Himmels ver-
stoßen wärst, so wird dich doch der HERR,
dein Gott, von dort sammeln und dich von
dort holen[a]
a Kap 28,64; Neh 1,9
5 und wird dich in das Land bringen, das
deine Väter besessen haben, und du wirst
es einnehmen, und er wird dir Gutes tun
und dich zahlreicher machen, als deine
Väter waren.
6 Und der HERR, dein Gott, wird dein
[a]Herz beschneiden und das Herz deiner
Nachkommen, damit du den HERRN, dei-
nen Gott, liebst von ganzem Herzen und
von ganzer Seele, auf daß du am Leben
bleibst.
a Kap 10,16; Jer 4,4; Hes 11,19; Röm 2,29
7 Aber alle diese Flüche wird der HERR,
dein Gott, auf deine Feinde legen und auf
die, die dich hassen und verfolgen.
8 Du aber wirst umkehren und der
Stimme des HERRN gehorchen, daß du tust
alle seine Gebote, die ich dir heute
gebiete.
9 Und der HERR, dein Gott, wird dir
Glück geben zu allen Werken deiner
Hände, zu der Frucht deines Leibes, zu
den Jungtieren deines Viehs, zum Ertrag
deines Ackers, daß dir's zugute komme.
Denn der HERR wird sich wieder über dich
freuen, dir zugut, wie er sich über deine
Väter gefreut hat,
10 weil du der Stimme des HERRN, deines
Gottes, gehorchst und hältst seine Gebote
und Rechte, die geschrieben stehen im
Buch dieses Gesetzes, wenn du dich
bekehrst zu dem HERRN, deinem Gott,
von ganzem Herzen und von ganzer Seele.
11 ¶ Denn das Gebot, das ich dir heute
gebiete, ist dir nicht zu hoch und nicht zu
fern.
12 Es ist nicht im Himmel, daß du sagen
müßtest: [a]Wer will für uns in den Him-
mel fahren und es uns holen, daß wir's
hören und tun?
a Röm 10,6-8
13 Es ist auch nicht jenseits des Meeres,
daß du sagen müßtest: Wer will für uns
über das Meer fahren und es uns holen,
daß wir's hören und tun?
14 Denn **es ist das Wort ganz nahe bei dir,
in deinem Munde und in deinem Herzen,
daß du es tust.**
15 ¶ Siehe, ich habe dir heute [a]vorgelegt
das Leben und das Gute, den Tod und das
Böse.
a Kap 11,26
16 Wenn du gehorchst den Geboten des
HERRN, deines Gottes, die ich dir heute
gebiete, daß du den HERRN, deinen Gott,
liebst und wandelst in seinen Wegen und
seine Gebote, Gesetze und Rechte hältst,
so wirst du leben und dich mehren, und
der HERR, dein Gott, wird dich segnen in
dem Lande, in das du ziehst, es einzuneh-
men.
17 Wendet sich aber dein Herz und du
gehorchst nicht, sondern läßt dich verfüh-
ren, daß du andere Götter anbetest und
ihnen dienst,
18 so verkünde ich euch heute, daß ihr
[a]umkommen und nicht lange in dem
Lande bleiben werdet, in das du über den
Jordan ziehst, es einzunehmen.
a Kap 8,19
19 Ich nehme [a]Himmel und Erde heute
über euch zu Zeugen: Ich habe euch
Leben und Tod, Segen und Fluch vorge-
legt, damit du das Leben erwählst und am
Leben bleibst, du und deine Nachkom-
men,
a Kap 4,26
20 indem ihr den HERRN, euren Gott, liebt
und seiner Stimme gehorcht und ihm
anhangt. Denn das bedeutet für dich, daß
du lebst und alt wirst und wohnen bleibst
in dem Lande, das der HERR deinen

Vätern Abraham, Isaak und Jakob ge-
schworen hat, ihnen zu geben.

Mose setzt Josua zu seinem Nachfolger ein

31 Und Mose ging hin und redete diese
Worte mit ganz Israel
2 und sprach zu ihnen:
¶Ich bin heute [a]hundertundzwanzig
Jahre alt, ich kann nicht mehr aus- und
eingehen. Dazu hat der HERR zu mir
gesagt: Den [b]Jordan hier sollst du nicht
überschreiten! *a* 2.Mose 7,7 *b* 4.Mose 20,12
3 Der HERR, dein Gott, wird selber vor
dir hergehen. [a]Er selber wird diese Völker
vor dir her vertilgen, damit du ihr Land
einnehmen kannst. Josua, der soll vor dir
hinübergehen, wie der HERR zugesagt hat.
a Kap 3,22
4 Und der HERR wird mit ihnen tun, wie
er getan hat [a]mit Sihon und Og, den Köni-
gen der Amoriter, und ihrem Lande, die
er vertilgt hat. *a* 4.Mose 21,21-35
5 Wenn sie nun der HERR vor euren
Augen dahingeben wird, so sollt ihr mit
ihnen tun ganz nach dem Gebot, das ich
euch gegeben habe.[a] *a* 2.Mose 23,32.33
6 Seid getrost und unverzagt, fürchtet
euch nicht und laßt euch nicht vor ihnen
grauen; denn der HERR, dein Gott, [a]wird
selber mit dir ziehen und wird die Hand
nicht abtun und dich nicht verlassen.
a Kap 1,29.30
7 ¶Und Mose rief Josua und sprach zu
ihm vor den Augen von ganz Israel: Sei
getrost und unverzagt; denn du wirst dies
Volk in das Land bringen, das der HERR
ihren Vätern geschworen hat, ihnen zu
geben, und du wirst es unter sie austei-
len.[a] *a* Kap 3,28; Jos 1,6
8 Der HERR aber, der selber vor euch her-
geht, der wird mit dir sein und wird die
Hand nicht abtun und dich nicht verlas-
sen. Fürchte dich nicht und erschrick
nicht!

Alle sieben Jahre soll das Gesetz öffentlich verlesen werden

9 Und Mose schrieb dies Gesetz und gab's
den Priestern, den Söhnen Levi, die die
Lade des Bundes des HERRN trugen, und
allen Ältesten Israels
10 und gebot ihnen und sprach: Jeweils
nach sieben Jahren, zur Zeit des [a]Erlaß-
jahrs, am [b]Laubhüttenfest,
a Kap 15,1 *b* Kap 16,13
11 wenn ganz Israel kommt, zu erschei-
nen vor dem Angesicht des HERRN, deines
Gottes, an der Stätte, die er erwählen wird,
sollst du dies Gesetz vor ganz Israel aus-
rufen lassen vor ihren Ohren.
12 Versammle das Volk, die Männer,
Frauen und Kinder und den Fremdling,
der in deinen Städten lebt, damit sie es
hören und lernen und den HERRN, euren
Gott, fürchten und alle Worte dieses
Gesetzes halten und tun
13 und daß ihre Kinder, die es nicht ken-
nen, es auch hören und lernen, den
HERRN, euren Gott, zu fürchten alle Tage,
die ihr in dem Lande lebt, in das ihr zieht
über den Jordan, um es einzunehmen.

Gottes Befehl, das Lied des Mose aufzuschreiben

14 Und der HERR sprach zu Mose: Siehe,
deine Zeit ist herbeigekommen, daß du
sterben mußt. Rufe Josua, und tretet hin
zur Stiftshütte, daß ich ihm Befehl gebe.
Mose ging hin mit Josua, und sie traten
hin zur Stiftshütte.
15 Der HERR aber erschien in der Hütte in
einer Wolkensäule, und [a]die Wolkensäule
stand in der Tür der Hütte. *a* 2.Mose 33,9
16 Und der HERR sprach zu Mose: Siehe,
du wirst schlafen bei deinen Vätern, und
dies Volk wird sich erheben und nachlau-
fen den fremden Göttern des Landes, in
das sie kommen, und wird mich verlassen
und den Bund brechen, den ich mit ihm
geschlossen habe.
17 Da wird mein Zorn entbrennen über
sie zur selben Zeit, und ich werde sie ver-
lassen und mein Antlitz vor ihnen verber-
gen, so daß sie völlig verzehrt werden. Und
wenn sie dann viel Unglück und Angst
treffen wird, werden sie sagen: Hat mich
nicht dies Übel alles getroffen, weil mein
Gott nicht mit mir ist?
18 Ich aber werde mein Antlitz verborgen
halten zu der Zeit um all des Bösen wil-
len, das sie getan haben, weil sie sich zu
andern Göttern wandten.
19 ¶So schreibt euch nun dies [a]Lied auf
und lehrt es die Israeliten und legt es in
ihren Mund, daß mir das Lied ein Zeuge
sei unter den Israeliten. *a* Kap 32,1-43
20 Denn ich will sie in das Land bringen,
das ich ihren Vätern zu geben geschworen
habe, darin Milch und Honig fließt. Und

wenn sie essen und satt und fett werden, so werden sie sich zu andern Göttern wenden und ihnen dienen, mich aber lästern und meinen Bund brechen.

21 Und wenn sie dann viel Unglück und Angst treffen wird, so soll dies Lied vor ihnen als Zeuge reden; denn es soll nicht vergessen werden im Mund ihrer Nachkommen. Denn ich [a]weiß ihre Gedanken, mit denen sie schon jetzt umgehen, ehe ich sie in das Land bringe, wie ich geschworen habe. *a* Ps 139,2

22 Also schrieb Mose dies Lied zur selben Zeit und lehrte es die Israeliten.

23 ¶Und der Herr befahl Josua, dem Sohn Nuns, und sprach: Sei getrost und unverzagt, denn du sollst die Israeliten in das Land führen, wie ich ihnen geschworen habe, und ich will mit dir sein.

Die Aufbewahrung des Gesetzbuches

24 Als nun Mose damit fertig war, die Worte dieses Gesetzes vollständig in ein Buch zu schreiben,

25 gebot er den Leviten, die die Lade des Bundes des HERRN trugen, und sprach:

26 Nehmt das Buch dieses Gesetzes und legt es neben die Lade des Bundes des HERRN, eures Gottes, daß es dort [a]ein Zeuge sei wider dich. *a* Joh 5,45

27 Denn ich kenne deinen Ungehorsam und deine Halsstarrigkeit. Siehe, jetzt schon, während ich noch bei euch lebe, seid ihr ungehorsam gewesen gegen den HERRN; wieviel mehr nach meinem Tode!

Aufforderung an Israel, das Lied des Mose zu hören

28 Versammelt vor mir alle Ältesten eurer Stämme und eure Amtleute, daß ich diese Worte vor ihren Ohren rede und [a]Himmel und Erde wider sie zu Zeugen nehme.

a Kap 32,1

29 Denn ich weiß, daß ihr euch nach meinem Tode sehr versündigen werdet und von dem Wege abweichen, den ich euch geboten habe. So wird euch am Ende der Tage das Unheil treffen, weil ihr tut, was böse ist in den Augen des HERRN, und ihn erzürnt durch eurer Hände Werk.

30 ¶Und Mose trug vor den Ohren der ganzen Gemeinde Israel dies Lied bis zum letzten Wort vor:

Das Lied des Mose

32 [a]Merkt auf, ihr Himmel, ich will reden, und die Erde höre die Rede meines Mundes. *a* Jes 1,2

2 Meine Lehre rinne wie der Regen, und meine Rede riesele wie Tau, wie der Regen auf das Gras und wie die Tropfen auf das Kraut.[a] *a* Jes 55,10.11

3 Denn ich will den Namen des HERRN preisen. Gebt unserm Gott allein die Ehre!

4 ¶Er ist ein Fels. Seine Werke sind vollkommen; denn alles, was er tut, das ist recht. Treu ist Gott und kein Böses an ihm, gerecht und wahrhaftig ist er.

5 [a]Das verkehrte und böse Geschlecht hat gesündigt wider ihn; sie sind Schandflekken und nicht seine Kinder.

a Jes 1,2-4; Mt 17,17

6 Dankst du so dem HERRN, deinem Gott, du tolles und törichtes Volk? Ist er nicht dein [a]Vater und dein Herr? Ist's nicht er allein, der dich gemacht und bereitet hat?

a 2.Mose 4,22; Jes 63,16; Jer 3,4; 31,9; Hos 11,1; Mal 1,6

7 ¶Gedenke der vorigen Zeiten und hab acht auf die Jahre von Geschlecht zu Geschlecht. Frage deinen Vater, der wird dir's verkünden, deine Ältesten, die werden dir's sagen.

8 Als der Höchste [a]den Völkern Land zuteilte und der Menschen Kinder voneinander schied, da [b]setzte er die Grenzen der Völker nach der Zahl der Söhne Israels. *a* 1.Mose 11,8 *b* Apg 17,26

9 Denn des HERRN Teil ist sein Volk, Jakob ist sein [a]Erbe. *a* Kap 9,26.29

10 ¶Er fand ihn in der Wüste, in der dürren Einöde sah er ihn. Er umfing ihn und hatte acht auf ihn. Er [a]behütete ihn wie seinen Augapfel.

a Ps 17,8; Hes 16,4-14; Sach 2,12

11 Wie ein [a]Adler ausführt seine Jungen und über ihnen schwebt, so breitete er seine Fittiche aus und nahm ihn und trug ihn auf seinen Flügeln. *a* 2.Mose 19,4

12 Der HERR allein leitete ihn, und kein fremder Gott war mit ihm.

13 Er ließ ihn einherfahren über die Höhen der Erde und nährte ihn mit den Früchten des Feldes und ließ ihn [a]Honig saugen aus dem Felsen und Öl aus hartem Gestein, *a* Ps 81,17

14 Butter von den Kühen und Milch von den Schafen samt dem Fett von den Läm-

mern, feiste Widder und Böcke und das
Beste vom Weizen und tränkte ihn mit
edlem Traubenblut.
15 ¶ Als aber [a]Jeschurun fett ward, wurde
er übermütig. Er ist [b]fett und dick und
feist geworden und hat den Gott verworfen, der ihn gemacht hat. Er hat den Fels
seines Heils geringgeachtet

a Kap 33,5.26; Jes 44,2 *b* Kap 31,20; Neh 9,25

16 und hat ihn zur Eifersucht gereizt durch
fremde Götter; durch Greuel hat er ihn
erzürnt.
17 Sie haben den bösen Geistern geopfert
und nicht ihrem Gott, den Göttern, die sie
nicht kannten, den neuen, die vor kurzem
erst aufgekommen sind, die eure Väter
nicht geehrt haben.
18 Deinen [a]Fels, der dich gezeugt hat, hast
du außer acht gelassen und hast vergessen
den Gott, der dich gemacht hat.

a 1.Mose 49,24; Ps 18,32; 78,15.16

19 ¶ Und als es der HERR sah, ward er zornig über seine Söhne und Töchter,
20 und er sprach: Ich will mein Antlitz vor
ihnen verbergen, will sehen, was ihnen
zuletzt widerfahren wird; denn es ist ein
verkehrtes Geschlecht, es sind untreue
Kinder.
21 Sie haben mich gereizt durch einen
Nicht-Gott, durch ihre [a]Abgötterei haben
sie mich erzürnt. Ich aber will sie wieder
reizen durch ein [b]Nicht-Volk, durch ein
gottloses Volk will ich sie erzürnen.

a Ps 78,58; Jer 2,11 *b* Röm 10,19

22 Denn ein Feuer ist entbrannt durch
meinen Zorn und wird brennen bis in die
unterste Tiefe und wird verzehren das
Land mit seinem Gewächs und wird
anzünden die Grundfesten der Berge.
23 Ich will alles Unglück über sie häufen,
ich will alle meine Pfeile auf sie schießen.
24 Vor Hunger sollen sie verschmachten
und verzehrt werden vom Fieber und von
jähem Tod. Ich will der Tiere Zähne unter
sie schicken und der Schlangen Gift.
25 Draußen wird das [a]Schwert ihre Kinder rauben und drinnen der Schrecken den
jungen Mann wie das Mädchen, den Säugling wie den Greis. *a* Hes 5,17; 14,21
26 ¶ Ich hätte gesagt: Es soll aus sein mit
ihnen, ich will ihren Namen tilgen unter
den Menschen –,
27 wenn ich nicht den Spott der Feinde
gescheut hätte; ihre Widersacher hätten
es nicht erkannt und gesagt: Unsere Macht
ist groß, und nicht der HERR hat dies alles
getan. –
28 Denn Israel ist ein Volk, dem man nicht
mehr raten kann, und [a]kein Verstand
wohnt in ihnen. *a* Jes 27,11; Jer 4,22
29 O daß sie weise wären und dies verstünden, daß sie merkten, was ihnen hernach begegnen wird!
30 Wie geht's zu, [a]daß einer tausend verjagt und zwei sogar zehntausend flüchtig
machen? Kommt's nicht daher, daß ihr
Fels sie verkauft hat und der HERR sie
dahingegeben hat? *a* 3.Mose 26,36.37; Jes 30,17
31 Denn unserer Feinde [a]Fels ist nicht wie
unser Fels; so müssen sie selber urteilen.

a Vers 4.37

32 Denn ihr Weinstock stammt von
Sodoms Weinstock und von dem Weinberg Gomorras; ihre Trauben sind Gift,
sie haben bittere Beeren,
33 ihr Wein ist Drachengift und verderbliches Gift der Ottern.
34 ¶ Ist dies nicht bei mir verwahrt und
versiegelt in meinen Schatzkammern?[a]

a Kap 29,28

35 [a]Die Rache ist mein, ich will vergelten
zur Zeit, da ihr Fuß gleitet; denn die Zeit
ihres Unglücks ist nahe, und was über sie
kommen soll, eilt herzu.

a Ps 94,1; Röm 12,19; Hebr 10,30

36 Denn der HERR wird seinem Volk
Recht schaffen, und über seine Knechte
wird er sich erbarmen. Denn er wird
sehen, daß ihre Macht dahin ist und es
aus ist mit ihnen ganz und gar.
37 Und er wird sagen: Wo sind ihre Götter, ihr [a]Fels, auf den sie trauten, *a* Vers 31
38 die das Fett ihrer Schlachtopfer essen
sollten und trinken den Wein ihrer Trankopfer? [a]Laßt sie aufstehen und euch helfen und euch schützen! *a* Ri 10,14; Jer 2,28
39 Sehet nun, daß [a]ich's allein bin und ist
kein Gott neben mir! Ich kann [b]töten und
lebendig machen, ich kann schlagen und
kann [c]heilen, und niemand ist da, der aus
meiner Hand errettet. *a* Kap 4,35; Jes 45,5

b 1.Sam 2,6 *c* 2.Mose 15,26; Hiob 5,18; Hos 6,1.2

40 ¶ Denn ich will meine Hand zum Himmel heben und will sagen: So wahr ich
ewig lebe:
41 [a]wenn ich mein blitzendes Schwert
schärfe und meine Hand zur Strafe greift,
so will ich mich rächen an meinen Feinden und denen, die mich hassen, vergelten. *a (41 und 42)* Jer 46,10

42 Ich will meine Pfeile mit Blut trunken
machen, und mein Schwert soll Fleisch
fressen, mit Blut von Erschlagenen und
Gefangenen, von den Köpfen streitbarer
Feinde!
43 ¶ [a] Preiset, ihr Heiden, sein Volk; denn
er wird das Blut seiner Knechte rächen
und wird an seinen Feinden Rache neh-
men und [b] entsühnen das Land seines
Volks! *a* Röm 15,10 *b* Kap 21,8; 4.Mose 35,33.34

Moses letzte Mahnung an das Volk

44 Und Mose kam und redete alle Worte
dieses Liedes vor den Ohren des Volks, er
und Josua, der Sohn Nuns.
45 Als nun Mose das alles zu Ende gere-
det hatte vor ganz Israel,
46 sprach er zu ihnen: Nehmt zu Herzen
alle Worte, die ich euch heute bezeuge,
daß ihr [a] euren Kindern befehlt, alle Worte
dieses Gesetzes zu halten und zu tun.
a Kap 6,7
47 Denn **es ist nicht ein leeres Wort an
euch, sondern [a] es ist euer Leben**, und
durch dies Wort werdet ihr lange leben in
dem Lande, in das ihr zieht über den Jor-
dan, um es einzunehmen. *a* 3.Mose 18,5

Gott bereitet Mose auf seinen Tod vor

48 Und der HERR redete mit Mose am sel-
ben Tage und sprach:
49 Geh auf das Gebirge [a] Abarim, auf
den Berg Nebo, der da liegt im Lande
Moab gegenüber Jericho, und schaue
das Land Kanaan, das ich den Israeliten
zum Eigentum geben werde.
a 4.Mose 27,12; 33,48
50 Dann stirb auf dem Berge, auf den du
hinaufgestiegen bist, und laß dich zu dei-
nem Volk versammeln, [a] wie dein Bruder
Aaron starb auf dem Berge Hor und zu
seinem Volk versammelt wurde;
a 4.Mose 20,23-29
51 denn ihr habt euch an mir versündigt
unter den Israeliten bei dem Haderwasser
zu Kadesch in der Wüste Zin, [a] weil ihr
mich nicht heiligtet inmitten der Israeli-
ten. *a* 4.Mose 20,12.13
52 Denn du sollst das Land vor dir sehen,
das ich den Israeliten gebe, aber du sollst
nicht hineinkommen.

Mose segnet die Stämme Israels

(vgl. 1.Mose 49)

33 Dies ist der Segen, mit dem Mose,
der Mann Gottes, die Israeliten vor
seinem Tode segnete.
2 Er sprach: Der HERR ist vom Sinai
gekommen und ist ihnen aufgeleuchtet
von [a] Seïr her. Er ist erschienen vom Berge
Paran her und ist gezogen nach Meribat-
Kadesch; in seiner Rechten ist ein feuriges
Gesetz für sie. *a* Ri 5,4
3 Wie hat er sein Volk so lieb! Alle Heili-
gen sind in deiner Hand. Sie werden sich
setzen zu deinen Füßen und werden ler-
nen von deinen Worten.
4 Mose hat uns das Gesetz geboten, das
Erbe der Gemeinde Jakobs.
5 Und der Herr ward [a] König über [b] Je-
schurun, [c] als sich versammelten die Häup-
ter des Volks samt den Stämmen Israels.
a 2.Mose 15,18 *b* Kap 32,15 *c* 2.Mose 19,7
6 ¶ **Ruben** lebe und sterbe nicht; seine
Mannschaft gewinne an Zahl!
7 ¶ Dies ist der Segen über **Juda**. Und er
sprach: HERR, erhöre die Stimme Judas
und bringe ihn zu seinem Volk; laß seine
Macht groß werden und sei ihm Hilfe
wider seine Feinde!
8 ¶ Und über **Levi** sprach er: Deine Lose
[a] »Licht und Recht« sollen bleiben bei dei-
nem Getreuen, den du [b] versucht hast zu
Massa, für den du gestritten hast am
Haderwasser, *a* 2.Mose 28,30; 1.Sam 14,41
b 2.Mose 17,2.7; Ps 95,8
9 der [a] von seinem Vater und von seiner
Mutter spricht: »Ich sehe ihn nicht«, und
von seinem Bruder: »Ich kenne ihn nicht«,
und von seinem Sohn: »Ich weiß nichts
von ihm«. Die hüten dein Wort und
bewahren deinen Bund;
a 2.Mose 32,27-29; Mt 10,37
10 sie lehren Jakob deine Rechte und
Israel dein Gesetz; sie bringen Räucher-
werk vor dein Angesicht und Ganzopfer
auf deinen Altar.
11 HERR, segne seine Macht, und laß dir
gefallen die Werke seiner Hände! Zer-
schlage den Rücken derer, die sich wider
ihn auflehnen, und derer, die ihn hassen,
daß sie nicht aufkommen!
12 ¶ Und über **Benjamin** sprach er: Der
Geliebte des HERRN wird sicher wohnen;
allezeit wird Er die Hand über ihm halten
und wird zwischen seinen Höhen wohnen.

13¶Und über **Josef** sprach er: [a]Gesegnet
vom HERRN ist sein Land mit dem Köst-
lichsten vom Himmel droben, dem Tau,
und mit der Flut, die drunten liegt,
[a] 1.Mose 49,25
14mit dem Köstlichsten, was die Sonne
hervorbringt, und mit dem Köstlichsten,
was die Monde erzeugen,
15mit dem Besten uralter Berge und mit
dem Köstlichsten der ewigen Hügel,
16mit dem Köstlichsten der Erde und
ihrer Fülle. Die Gnade dessen, der in dem
[a]Dornbusch wohnte, komme auf das
[b]Haupt Josefs, auf den Scheitel des
Geweihten unter seinen Brüdern.
[a] 2.Mose 3,2-4 [b] 1.Mose 49,26
17Sein erstgeborener Stier ist voll Herr-
lichkeit, und seine Hörner sind wie die
Hörner wilder Stiere; mit ihnen wird er
die Völker stoßen bis an die Enden der
Erde. Das sind die Zehntausende [a]**Eph-
raims** und die Tausende **Manasses**.
[a] 1.Mose 46,20
18¶Und über **Sebulon** sprach er: Sebu-
lon, freue dich deiner Fahrten; und **Issa-
char**, freue dich deiner Zelte.
19Sie werden die Stämme auf den Berg
rufen und daselbst opfern rechte Opfer.
Denn sie werden den Reichtum des Mee-
res gewinnen und die verborgenen Schätze
im Sande.
20¶Und über **Gad** sprach er: Gelobt sei,
der Gad Raum schafft! Gad liegt da wie
ein Löwe und zerreißt Schenkel und Schei-
tel.
21Und [a]er ersah sich ein Erstlingserbe;
denn daselbst war für ihn eines Anführers
Teil. Und es versammelten sich die Häup-
ter des Volks, und er vollstreckte die
Gerechtigkeit des HERRN und seine
Gerichte zusammen mit Israel.
[a] 4.Mose 32,29-32
22¶Und über **Dan** sprach er: Dan ist ein
junger Löwe, der hervorspringt aus
Baschan.
23¶Und über **Naftali** sprach er: Naftali
hat viel Gnade und ist voll Segens des
HERRN; gegen Westen und Süden hat er
Besitz.
24¶Und über **Asser** sprach er: Asser ist
gesegnet unter den Söhnen. Er sei der
Liebling seiner Brüder und tauche seinen
Fuß in Öl.
25Von Eisen und Erz sei der Riegel dei-
ner Tore; dein Alter sei wie deine Jugend!
26¶Es ist kein Gott wie der [a]Gott Jeschu-
runs, der am Himmel daherfährt dir zur
Hilfe und in seiner Hoheit auf den Wol-
ken.
[a] Kap 32,15
27**Zuflucht ist bei dem alten Gott und unter
den ewigen Armen.** Er hat vor dir her dei-
nen Feind vertrieben und geboten: Ver-
tilge!
28Israel [a]wohnt sicher, der [b]Brunnquell
Jakobs unbehelligt in dem Lande, da
[c]Korn und Wein ist, dessen Himmel von
Tau trieft.
[a] 3.Mose 25,18; 1.Kön 5,5
[b] Ps 68,27.28; Jes 51,1.2 [c] 1.Mose 27,28
29[a]Wohl dir, Israel! Wer ist dir gleich? Du
Volk, das sein Heil empfängt durch den
HERRN, der deiner Hilfe Schild und das
Schwert deines Sieges ist! Deine Feinde
werden dir huldigen, und du wirst auf
ihren Höhen einherschreiten.
[a] Kap 4,7.8; Ps 33,12; 144,15

Moses Tod

34 Und Mose stieg aus dem Jordantal
der Moabiter auf den Berg Nebo,
den Gipfel des Gebirges Pisga, gegenüber
Jericho. Und der HERR [a]zeigte ihm das
ganze Land: Gilead bis nach Dan
[a] Kap 3,27
2und das ganze Naftali und das ganze
Land Ephraim und Manasse und das
ganze Land Juda bis an das Meer im
Westen
3und das Südland und die Gegend am
Jordan, die Ebene von Jericho, der [a]Pal-
menstadt, bis nach Zoar.
[a] 2.Chr 28,15
4Und der HERR sprach zu ihm: Dies ist
das Land, von dem ich Abraham, Isaak
und Jakob geschworen habe: [a]Ich will es
deinen Nachkommen geben. – Du hast es
mit deinen Augen gesehen, aber du sollst
nicht hinübergehen.
[a] 1.Mose 12,7
5So starb Mose, der Knecht des HERRN,
daselbst im Lande Moab nach dem Wort
des HERRN.[a]
[a] Kap 32,50
6Und er begrub ihn im Tal, im Lande
Moab gegenüber Bet-Peor. Und niemand
hat sein Grab erfahren bis auf den heuti-
gen Tag.
7Und [a]Mose war hundertundzwanzig
Jahre alt, als er starb. Seine Augen waren
nicht schwach geworden, und seine Kraft
war nicht verfallen.
[a] Kap 31,2
8Und die Israeliten beweinten Mose im
Jordantal der Moabiter [a]dreißig Tage, bis

die Zeit des Weinens und Klagens über
Mose vollendet war. *a* 4.Mose 20,29
9 ¶Josua aber, der Sohn Nuns, [a]wurde
erfüllt mit dem Geist der Weisheit; denn
Mose hatte [b]seine Hände auf ihn gelegt.
Und die Israeliten gehorchten ihm und
taten, wie der HERR es Mose geboten
hatte. *a* 4.Mose 27,18-23 *b* 1.Tim 4,14; 2.Tim 1,6
10 ¶Und es stand hinfort kein Prophet in
Israel auf wie Mose, den [a]der HERR
erkannt hätte von Angesicht zu Angesicht,
a 2.Mose 33,11; 4.Mose 12,6-8; 1.Kor 13,12
11 mit all den Zeichen und Wundern, mit
denen der HERR ihn gesandt hatte, daß er
sie täte in Ägyptenland am Pharao und an
allen seinen Großen und an seinem gan-
zen Lande,
12 und mit all der mächtigen Kraft und
den großen Schreckenstaten, die Mose
vollbrachte vor den Augen von ganz Israel.

DAS BUCH JOSUA

Inhaltsübersicht

Eroberung des Landes Kanaan	*Kap 1–12*
Verteilung des Landes	*13–22*
Josua erneuert den Bund mit Gott	*23–24*

Zurüstung für den Einzug in das verheißene Land

1 Nachdem Mose, der Knecht des
HERRN, gestorben war, sprach der
HERR zu Josua, dem Sohn Nuns, Moses
Diener:
2 Mein Knecht [a]Mose ist gestorben; so
mach dich nun auf und zieh über den Jor-
dan, du und dies ganze Volk, in das Land,
das ich ihnen, den Israeliten, gegeben
habe. *a* 5.Mose 34,5
3 Jede Stätte, auf die eure Fußsohlen tre-
ten werden, habe ich euch gegeben, wie
ich Mose zugesagt habe.[a] *a* 5.Mose 11,24
4 Von der Wüste bis zum Libanon und
von dem großen Strom Euphrat bis an das
große Meer gegen Sonnenuntergang, das
ganze Land der Hetiter, soll euer Gebiet
sein.
5 Es soll dir niemand widerstehen dein
Leben lang. Wie ich mit Mose gewesen
bin, so will ich auch mit dir sein. [a]Ich will
dich nicht verlassen noch von dir weichen.
a 5.Mose 31,7.8; Hebr 13,5
6 Sei [a]getrost und unverzagt; denn du
sollst diesem Volk das Land austeilen, das
ich ihnen zum Erbe geben will, wie ich
ihren Vätern geschworen habe.
a 5.Mose 3,28
7 Sei nur getrost und ganz unverzagt, daß
du [a]hältst und tust in allen Dingen nach
dem Gesetz, das dir Mose, mein Knecht,
geboten hat. Weiche nicht davon, weder
zur Rechten noch zur Linken, damit du es
recht ausrichten kannst, wohin du auch
gehst. *a* 5.Mose 5,29; 29,8; 1.Kön 2,3
8 Und laß das Buch dieses Gesetzes nicht
von deinem Munde kommen, sondern
[a]betrachte es Tag und Nacht, daß du hältst
und tust in allen Dingen nach dem, was
darin geschrieben steht. Dann wird es dir
auf deinen Wegen gelingen, und du wirst
es recht ausrichten. *a* Ps 1,2.3
9 **Siehe, ich habe dir geboten, daß du
getrost und unverzagt seist. Laß dir nicht
grauen und entsetze dich nicht; denn der
HERR, dein Gott, ist mit dir in allem, was
du tun wirst.**
10 ¶Da gebot Josua den Amtleuten des
Volks und sprach:
11 Geht durch das Lager und gebietet dem
Volk und sprecht: Schafft euch Vorrat;
denn nach drei Tagen werdet ihr hier über
den Jordan gehen, daß ihr hineinkommt
und das Land einnehmt, das euch der
HERR, euer Gott, geben wird.
12 [a]Und zu den Rubenitern, Gaditern und
dem halben Stamm Manasse sprach Josua:
a (12-18) 5.Mose 3,12-20; 4.Mose 32,20-29
13 Denkt an das Wort, das euch Mose, der
Knecht des HERRN, geboten hat: Der
HERR, euer Gott, hat euch zur Ruhe
gebracht und euch dies Land gegeben.
14 Eure Frauen und Kinder und euer Vieh
laßt im Land bleiben, das euch Mose gege-
ben hat, diesseits des Jordans. Ihr aber
sollt, so viele von euch streitbare Männer

sind, vor euren Brüdern gerüstet hinüber-
ziehen und ihnen helfen,
15 bis der HERR eure Brüder auch zur
Ruhe bringt wie euch, daß auch sie ein-
nehmen das Land, das ihnen der HERR,
euer Gott, geben wird. Dann sollt ihr wie-
der zurückkehren in euer Land, das euch
Mose, der Knecht des HERRN, zum Besitz
gegeben hat diesseits des Jordans, gegen
den Aufgang der Sonne.
16 Und sie antworteten Josua und
sprachen: Alles, was du uns geboten hast,
das wollen wir tun, und wo du uns hinsen-
dest, da wollen wir hingehen.
17 Wie wir Mose gehorsam gewesen sind,
so wollen wir auch dir gehorsam sein; nur,
daß der HERR, dein Gott, mit dir sei, wie
er mit Mose war!
18 Wer deinem Mund ungehorsam ist und
nicht gehorcht deinen Worten in allem,
was du uns gebietest, der soll sterben. [a] Sei
nur getrost und unverzagt! *a* Vers 6

Die Kundschafter in Jericho

2 Josua aber, der Sohn Nuns, sandte von
Schittim zwei Männer heimlich als
Kundschafter aus und sagte ihnen: Geht
hin, seht das Land an, auch Jericho. Die
gingen hin und kamen in das Haus einer
Hure, die hieß [a] Rahab, und kehrten dort
ein. *a* Mt 1,5; Hebr 11,31; Jak 2,25
2 Da wurde dem König von Jericho
angesagt: Siehe, es sind in dieser Nacht
Männer von Israel hereingekommen, um
das Land zu erkunden.
3 Da sandte der König von Jericho zu
Rahab und ließ ihr sagen: Gib die Männer
heraus, die zu dir in dein Haus gekommen
sind; denn sie sind gekommen, um das
ganze Land zu erkunden.
4 Aber die Frau verbarg die beiden Män-
ner und sprach: Ja, es sind Männer zu mir
hereingekommen, aber ich wußte nicht,
woher sie waren.
5 Und als man die Stadttore zuschließen
wollte, als es finster wurde, gingen sie hin-
aus, und ich weiß nicht, wo sie hingegan-
gen sind. Jagt ihnen eilends nach, dann
werdet ihr sie ergreifen.
6 Sie aber hatte sie auf das Dach steigen
lassen und unter den Flachsstengeln ver-
steckt, die sie auf dem Dach ausgebreitet
hatte.
7 Die aber jagten den Männern nach auf
dem Wege zum Jordan bis an die Furten,
und man schloß das Tor zu, als die drau-
ßen waren, die ihnen nachjagten.
8 Und ehe die Männer sich schlafen leg-
ten, stieg sie zu ihnen hinauf auf das Dach
9 und sprach zu ihnen: Ich weiß, daß der
HERR euch das Land gegeben hat; denn
[a] ein Schrecken vor euch ist über uns gefal-
len, und alle Bewohner des Landes sind
vor euch feige geworden. *a* 2.Mose 23,27
10 Denn wir haben gehört, wie der HERR
[a] das Wasser im Schilfmeer ausgetrocknet
hat vor euch her, als ihr aus Ägypten zogt,
und was ihr den beiden Königen der Amo-
riter, [b] Sihon und Og, jenseits des Jordans
getan habt, wie ihr an ihnen den Bann voll-
streckt habt. *a* 2.Mose 14,21 *b* 4.Mose 21,21-26
11 Und seitdem wir das gehört haben, [a] ist
unser Herz verzagt, und es wagt keiner
mehr, vor euch zu atmen; denn [b] der HERR,
euer Gott, ist Gott oben im Himmel und
unten auf Erden.
a Kap 5,1; 2.Mose 15,14.15 *b* 5.Mose 4,39
12 So schwört mir nun bei dem HERRN,
weil ich an euch Barmherzigkeit getan
habe, daß auch ihr [a] an meines Vaters
Hause Barmherzigkeit tut, und gebt mir
ein sicheres Zeichen, *a* Kap 6,23.25
13 daß ihr leben laßt meinen Vater, meine
Mutter, meine Brüder und meine Schwe-
stern und alles, was sie haben, und uns
vom Tode errettet.
14 Die Männer sprachen zu ihr: Tun wir
nicht Barmherzigkeit und Treue an dir,
wenn uns der HERR das Land gibt, so wol-
len wir selbst des Todes sein, sofern du
unsere Sache nicht verrätst.
15 Da ließ Rahab sie an einem Seil durchs
Fenster hernieder; denn ihr Haus war an
der Stadtmauer, und sie wohnte an der
Mauer.
16 Und sie sprach zu ihnen: Geht auf das
Gebirge, daß euch nicht begegnen, die
euch nachjagen, und verbergt euch dort
drei Tage, bis sie zurückkommen, die euch
nachjagen; danach geht eure Straße.
17 Die Männer aber sprachen zu ihr: Wir
wollen den Eid so einlösen, den du uns
hast schwören lassen:
18 Wenn wir ins Land kommen, so sollst
du dies rote Seil in das Fenster knüpfen,
durch das du uns herniedergelassen hast,
und zu dir ins Haus versammeln deinen
Vater, deine Mutter, deine Brüder und
deines Vaters ganzes Haus.
19 Und wer zur Tür deines Hauses her-

ausgeht, dessen Blut komme über ihn, aber wir seien unschuldig; doch das Blut aller, die in deinem Hause sind, soll über uns kommen, wenn Hand an sie gelegt wird.

20 Und wenn du etwas von dieser unserer Sache verrätst, so sind wir des Eides los, den du uns hast schwören lassen.

21 Sie sprach: Es sei, wie ihr sagt! und ließ sie gehen. Und sie gingen weg. Und sie knüpfte das rote Seil ins Fenster.

22 Sie aber gingen weg und kamen aufs Gebirge und blieben drei Tage dort, bis die zurückgekommen waren, die ihnen nachjagten. Denn sie hatten sie gesucht auf allen Straßen und doch nicht gefunden.

23 Da kehrten die beiden Männer um und gingen vom Gebirge herab und setzten über und kamen zu Josua, dem Sohn Nuns, und erzählten ihm alles, was ihnen begegnet war,

24 und sprachen zu Josua: Der HERR hat uns das ganze Land in unsere Hände gegeben, und [a]es sind auch alle Bewohner des Landes vor uns feige geworden. *a* Vers 9

Israel geht durch den Jordan

3 Und Josua machte sich früh auf, und sie zogen aus [a]Schittim und kamen an den Jordan, er und alle Israeliten, und blieben dort über Nacht, ehe sie hinüberzogen. *a* 4.Mose 25,1

2 Nach drei Tagen aber gingen die Amtleute durchs Lager

3 und geboten dem Volk: Wenn ihr die Lade des Bundes des HERRN, eures Gottes, seht und wie die Priester aus dem Stamm Levi sie tragen, so brecht auf von eurem Ort und folgt ihr nach;

4 doch daß zwischen euch und ihr ein Abstand sei von ungefähr zweitausend Ellen! Ihr sollt ihr nicht zu nahe kommen. Aber ihr müßt ja wissen, auf welchem Wege ihr gehen sollt; denn ihr seid den Weg bisher noch nicht gegangen.

5 Und Josua sprach zum Volk: [a]Heiligt euch, denn morgen wird der HERR Wunder unter euch tun. *a* 2.Mose 19,10

6 Und zu den Priestern sprach er: [a]Hebt die Bundeslade auf und geht vor dem Volk her! Da hoben sie die Bundeslade auf und gingen vor dem Volk her. *a* Kap 6,6

7 Und der HERR sprach zu Josua: Heute will ich anfangen, [a]dich groß zu machen vor ganz Israel, damit sie wissen: [b]wie ich mit Mose gewesen bin, so werde ich auch mit dir sein. *a* Kap 4,14 *b* Kap 1,5.17

8 Und du gebiete den Priestern, die die Bundeslade tragen, und sprich: Wenn ihr an das Wasser des Jordans herankommt, so bleibt im Jordan stehen.

9 ¶ Und Josua sprach zu den Israeliten: Herzu! Hört die Worte des HERRN, eures Gottes!

10 Daran sollt ihr merken, daß ein lebendiger Gott unter euch ist und daß er vor euch vertreiben wird die Kanaaniter, Hetiter, Hiwiter, Perisiter, Girgaschiter, Amoriter und Jebusiter:

11 Siehe, die Lade des Bundes des Herrschers über alle Welt wird vor euch hergehen in den Jordan.

12 So nehmt nun zwölf Männer aus den Stämmen Israels, aus jedem Stamm einen.

13 Wenn dann die Fußsohlen der Priester, die die Lade des HERRN, des [a]Herrschers über alle Welt, tragen, in dem Wasser des Jordans stillstehen, so wird das Wasser des Jordans, das von oben herabfließt, nicht weiterlaufen, sondern stehenbleiben wie ein einziger Wall. *a* Ps 97,5; Mi 4,13; Sach 4,14

14 Als nun das Volk aus seinen Zelten auszog, um durch den Jordan zu gehen, und als die Priester die Bundeslade vor dem Volk hertrugen

15 und an den Jordan kamen und ihre Füße vorn ins Wasser tauchten – der Jordan aber war die ganze Zeit der Ernte über alle seine Ufer getreten –,

16 da stand das Wasser, das von oben herniederkam, aufgerichtet wie ein einziger Wall, sehr fern, bei der Stadt Adam, die zur Seite von Zaretan liegt; aber das Wasser, das zum Meer hinunterlief, zum Salzmeer, das nahm ab und floß ganz weg. So ging das Volk hindurch gegenüber von Jericho.[a] *a* 2.Mose 14,21.22; Ps 114,3

17 Und die Priester, die die Lade des Bundes des HERRN trugen, standen still im Trockenen mitten im Jordan. Und ganz Israel ging auf trockenem Boden hindurch, bis das ganze Volk über den Jordan gekommen war.

Denksteine des Durchzugs

4 Als nun das Volk ganz über den Jordan gegangen war, sprach der HERR zu Josua:

[2]Nehmt euch aus dem Volk zwölf Män-
ner, aus jedem Stamm einen,
[3]und gebietet ihnen: Hebt mitten aus
dem Jordan zwölf Steine auf von der
Stelle, wo die Füße der Priester stillste-
hen, und bringt sie mit euch hinüber, und
legt sie in dem Lager nieder, wo ihr diese
Nacht bleiben werdet.
[4]Da rief Josua die zwölf Männer, die er
bestellt hatte aus Israel, aus jedem Stamm
einen,
[5]und sprach zu ihnen: Geht hinüber vor
der Lade des HERRN, eures Gottes, mitten
in den Jordan, und ein jeder hebe einen
Stein auf seine Schulter, nach der Zahl der
Stämme Israels,
[6]damit sie ein Zeichen seien unter euch.
Wenn [a]eure Kinder später einmal fragen:
Was bedeuten euch diese Steine?,
a 2.Mose 12,26
[7]so sollt ihr ihnen sagen: Weil das Was-
ser des Jordans weggeflossen ist vor der
Lade des Bundes des HERRN, als sie durch
den Jordan ging, sollen diese Steine für
Israel ein ewiges Andenken sein.
[8]Da taten die Israeliten, wie ihnen Josua
geboten hatte, und trugen zwölf Steine
mitten aus dem Jordan, wie der HERR zu
Josua gesagt hatte, nach der Zahl der
Stämme Israels, und brachten sie mit sich
hinüber in das Lager und legten sie dort
nieder.
[9]¶Und Josua richtete zwölf Steine auf
mitten im Jordan, wo die Füße der Prie-
ster gestanden hatten, die die Bundeslade
trugen; diese sind noch dort bis auf den
heutigen Tag.
[10]¶Die Priester aber, die die Lade tru-
gen, standen mitten im Jordan, bis alles
ausgerichtet war, was der HERR dem Josua
geboten hatte, dem Volk zu sagen, genau
wie Mose dem Josua geboten hatte. Und
das Volk ging eilends hinüber.
[11]Als nun das Volk ganz hinübergegan-
gen war, da ging die Lade des HERRN auch
hinüber und die Priester vor dem Volk
her.
[12]Und die Rubeniter und Gaditer und der
halbe Stamm Manasse gingen gerüstet vor
den Israeliten her, wie Mose zu ihnen
geredet hatte.[a] *a* Kap 1,12-16
[13]An vierzigtausend zum Krieg gerüstete
Männer gingen vor dem HERRN her zum
Kampf ins Jordantal von Jericho.
[14]An diesem Tage [a]machte der HERR den
Josua groß vor ganz Israel. Und sie fürch-
teten ihn, wie sie Mose gefürchtet hatten,
sein Leben lang. *a* Kap 3,7
[15]¶Und der HERR sprach zu Josua:
[16]Gebiete den Priestern, die die Lade mit
dem Gesetz tragen, daß sie aus dem Jor-
dan heraufsteigen.
[17]Da gebot Josua den Priestern: Steigt
herauf aus dem Jordan!
[18]Und als die Priester, die die Lade des
Bundes des HERRN trugen, aus dem Jor-
dan heraufstiegen und mit ihren Fußsoh-
len aufs Trockene traten, kam das Wasser
des Jordans wieder an seine Stätte und floß
wie vorher über alle seine Ufer.
[19]Es war aber der zehnte Tag des ersten
Monats, als das Volk aus dem Jordan her-
aufstieg. Und sie lagerten sich in [a]Gilgal,
östlich der Stadt Jericho. *a* Kap 5,9.10
[20]Und die zwölf Steine, die sie aus dem
Jordan genommen hatten, richtete Josua
auf in Gilgal
[21]und sprach zu Israel: [a]Wenn eure Kin-
der später einmal ihre Väter fragen: Was
bedeuten diese Steine?, *a* Vers 6
[22]so sollt ihr ihnen kundtun und sagen:
Israel ging auf trockenem Boden durch
den Jordan,
[23]als der HERR, euer Gott, den Jordan
vor euch austrocknete, bis ihr hinüberge-
gangen wart, wie der HERR, euer Gott, am
Schilfmeer getan hatte, das er vor uns
austrocknete, bis wir hindurchgegangen
waren;[a] *a* Kap 3,9-17; 2.Mose 14,21.22
[24]damit alle Völker auf Erden die Hand
des HERRN erkennen, wie mächtig sie ist,
und den HERRN, euren Gott, fürchten alle-
zeit.

5 ¶Als nun alle Könige der Amoriter,
die jenseits des Jordans nach Westen zu
wohnten, und alle Könige der Kanaaniter
am Meer hörten, wie der HERR [a]das Was-
ser des Jordans ausgetrocknet hatte vor
den Israeliten, bis sie hinübergegangen
waren, da [b]verzagte ihr Herz, und es wagte
keiner mehr zu atmen vor Israel.
a Kap 3,16 *b* Kap 2,24

Beschneidung und Feier des Passa in Kanaan

[2]Zu dieser Zeit sprach der HERR zu
Josua: Mache dir [a]steinerne Messer und
[b]beschneide die Israeliten wie schon frü-
her. *a* 2.Mose 4,25 *b* 1.Mose 17,12-14
[3]Da machte sich Josua steinerne Messer

und beschnitt die Israeliten auf dem Hügel der Vorhäute.

4 Und das ist der Grund, warum Josua sie beschnitten hat: das ganze Volk, das aus Ägypten gezogen war, die Männer, alle Kriegsleute, waren unterwegs in der Wüste gestorben, als sie aus Ägypten zogen.

5 Und das ganze Volk, das auszog, war beschnitten gewesen; aber das ganze Volk, das unterwegs in der Wüste geboren war, als sie aus Ägypten zogen, das war nicht beschnitten.

6 Denn die Israeliten wanderten vierzig Jahre in der Wüste, bis es mit dem ganzen Volk, den Kriegsmännern, die aus Ägypten gezogen waren, zu Ende gegangen war, weil sie der Stimme des HERRN nicht gehorcht hatten; wie denn der HERR ihnen geschworen hatte, [a]sie sollten das Land nicht sehen, das der HERR, wie er ihren Vätern geschworen hatte, uns geben wollte, ein Land, darin Milch und Honig fließt. *a* 4.Mose 14,22.23

7 Ihre Söhne, die er an ihrer Statt hatte aufwachsen lassen, beschnitt Josua; denn sie waren noch unbeschnitten und unterwegs nicht beschnitten worden.

8 Und als das ganze Volk beschnitten war, blieben sie an ihrem Ort im Lager, bis sie genesen waren.

9 Und der HERR sprach zu Josua: Heute habe ich die Schande Ägyptens von euch abgewälzt. Und diese Stätte wurde [a]Gilgal genannt bis auf diesen Tag. *a* Kap 4,19

10 ¶ [a]Und als die Israeliten in Gilgal das Lager aufgeschlagen hatten, hielten sie Passa am vierzehnten Tage des Monats am Abend im Jordantal von Jericho

a (10 und 11) 2.Mose 12,6.39; 3.Mose 23,10.14; 2.Kön 23,21.22; Hos 9,15

11 und aßen vom Getreide des Landes am Tag nach dem Passa, nämlich ungesäuertes Brot und geröstete Körner. An eben diesem Tage

12 hörte das [a]Manna auf, weil sie jetzt vom Getreide des Landes aßen, so daß Israel vom nächsten Tag an kein Manna mehr hatte. Sie aßen schon von der Ernte des Landes Kanaan in diesem Jahr.

a 2.Mose 16,35

Der Fürst über das Heer des HERRN erscheint dem Josua

13 Und es begab sich, als Josua bei Jericho war, daß er seine Augen aufhob und gewahr wurde, daß [a]ein Mann ihm gegenüberstand und ein bloßes Schwert in seiner Hand hatte. Und Josua ging zu ihm und sprach zu ihm: Gehörst du zu uns oder zu unsern Feinden? *a* 4.Mose 22,23.31

14 Er sprach: Nein, sondern ich bin der Fürst über das Heer des HERRN und bin jetzt gekommen. Da fiel Josua auf sein Angesicht zur Erde nieder, betete an und sprach zu ihm: Was sagt mein Herr seinem Knecht?

15 Und der Fürst über das Heer des HERRN sprach zu Josua: [a]Zieh deine Schuhe von deinen Füßen; denn die Stätte, darauf du stehst, ist heilig. Und so tat Josua. *a* 2.Mose 3,5

Jericho wird erobert und zerstört

6 Jericho aber war verschlossen und verwahrt vor den Israeliten, so daß niemand heraus- oder hineinkommen konnte.

2 Aber der HERR sprach zu Josua: Sieh, ich habe Jericho samt seinem König und seinen Kriegsleuten in deine Hand gegeben.

3 Laß alle Kriegsmänner rings um die Stadt herumgehen **einmal**, und tu so sechs Tage lang.

4 Und laß sieben Priester sieben Posaunen tragen vor der Lade her, und am siebenten Tage zieht siebenmal um die Stadt, und laß die Priester die Posaunen blasen.

5 Und wenn man die Posaune bläst und es lange tönt, so soll das ganze Kriegsvolk ein großes Kriegsgeschrei erheben, wenn ihr den Schall der Posaune hört. Dann wird die Stadtmauer einfallen, und das Kriegsvolk soll hinaufsteigen, ein jeder stracks vor sich hin.

6 ¶ Da rief Josua, der Sohn Nuns, die Priester und sprach zu ihnen: Bringt die Bundeslade, und sieben Priester sollen sieben Posaunen tragen vor der Lade des HERRN.

7 Zum Volk aber sprach er: Geht hin und zieht um die Stadt; und die Kriegsleute sollen vor der Lade des HERRN hergehen.

8 Als Josua das dem Volk gesagt hatte, trugen die sieben Priester sieben Posaunen vor der Lade des HERRN her und gingen und bliesen die Posaunen, und die Lade des Bundes des HERRN folgte ihnen nach.

9 Und die Kriegsleute gingen vor den Priestern her, die die Posaunen bliesen, und

das übrige Volk folgte der Lade nach, und
man blies immerfort die Posaunen.
10 Josua aber gebot dem Kriegsvolk und
sprach: Ihr sollt kein Kriegsgeschrei erhe-
ben noch eure Stimmen hören lassen,
noch soll ein Wort aus eurem Munde
gehen bis auf den Tag, an dem ich zu euch
sage: »Macht ein Kriegsgeschrei!« Dann
sollt ihr das Kriegsgeschrei erheben.
11 So ließ er die Lade des HERRN rings um
die Stadt ziehen **einmal**, und sie kamen
zurück in das Lager und blieben darin
über Nacht.
12 Und Josua machte sich früh am Mor-
gen auf, und die Priester trugen die Lade
des HERRN.
13 So trugen die sieben Priester die sieben
Posaunen vor der Lade des HERRN her
und bliesen immerfort die Posaunen; und
die Kriegsleute gingen vor ihnen her, und
das übrige Volk folgte der Lade des
HERRN, und man blies immerfort die
Posaunen.
14 Am zweiten Tage gingen sie auch **ein-**
mal um die Stadt und kamen zurück ins
Lager. So taten sie sechs Tage.
15 Am siebenten Tage aber, als die Mor-
genröte aufging, machten sie sich früh auf
und zogen in derselben Weise siebenmal
um die Stadt; nur an diesem Tag zogen sie
siebenmal um die Stadt.
16 Und beim siebenten Mal, als die Prie-
ster die Posaunen bliesen, sprach Josua
zum Volk: Macht ein Kriegsgeschrei!
Denn der HERR hat euch die Stadt gege-
ben.
17 Aber diese Stadt und alles, was darin
ist, soll [a]dem Bann des HERRN verfallen
sein. [b]Nur die Hure Rahab soll am Leben
bleiben und alle, die mit ihr im Hause
sind; denn sie hat die Boten verborgen,
die wir aussandten.

a 5.Mose 20,16.17 *b* Kap 2,12.13; Hebr 11,31

18 Allein hütet euch [a]vor dem Gebannten
und laßt euch nicht gelüsten, etwas von
dem Gebannten zu nehmen und das Lager
Israels in Bann und Unglück zu bringen.

a 3.Mose 27,28; 5.Mose 13,18

19 Aber alles Silber und Gold samt dem
kupfernen und eisernen Gerät soll dem
HERRN geheiligt sein, daß es zum Schatz
des HERRN komme.
20 Da erhob das Volk ein Kriegsgeschrei,
und man blies die Posaunen. Und als das
Volk den Hall der Posaunen hörte, erhob
es ein großes Kriegsgeschrei. Da [a]fiel die
Mauer um, und das Volk stieg zur Stadt
hinauf, ein jeder stracks vor sich hin. So
eroberten sie die Stadt *a* Hebr 11,30
21 und vollstreckten den Bann an allem,
was in der Stadt war, mit der Schärfe des
Schwerts, an Mann und Weib, jung und
alt, Rindern, Schafen und Eseln.
22 ¶ [a]Aber Josua sprach zu den beiden
Männern, die das Land erkundet hatten:
Geht in das Haus der Hure und führt die
Frau von da heraus mit allem, was sie hat,
wie ihr es ihr geschworen habt.

a (22 und 23) Kap 2,12-14

23 Da gingen die Männer, die Kundschaf-
ter, hinein und führten Rahab heraus samt
ihrem Vater und ihrer Mutter und ihren
Brüdern und alles, was sie hatte, und ihr
ganzes Geschlecht und brachten sie
[a]außerhalb des Lagers Israels unter.

a 4.Mose 31,19

24 Aber die Stadt verbrannten sie mit
Feuer und alles, was darin war. Nur das
Silber und Gold und die kupfernen und
eisernen Geräte taten sie zum Schatz in
das Haus des HERRN.
25 [a]Rahab aber, die Hure, samt dem
Hause ihres Vaters und alles, was sie hatte,
[b]ließ Josua leben. Und sie blieb in Israel
wohnen bis auf diesen Tag, weil sie die
Boten verborgen hatte, die Josua gesandt
hatte, um Jericho auszukundschaften.

a Mt 1,5 *b* Ri 1,25

26 ¶ Zu dieser Zeit ließ Josua schwören:
Verflucht vor dem HERRN sei der Mann,
der sich aufmacht und diese Stadt Jericho
wieder aufbaut! [a]Wenn er ihren Grund
legt, das koste ihn seinen erstgeborenen
Sohn, und wenn er ihre Tore setzt, das
koste ihn seinen jüngsten Sohn!

a 1.Kön 16,34

27 So war der HERR mit Josua, daß man
ihn rühmte im ganzen Lande.

Achans Diebstahl

7 Aber die Israeliten vergriffen sich an
dem Gebannten; denn Achan, der
Sohn Karmis, des Sohnes Sabdis, des
Sohnes Serachs, vom Stamm Juda, [a]nahm
etwas vom Gebannten. Da entbrannte der
Zorn des HERRN über die Israeliten.

a Kap 6,18

2 ¶ Und Josua sandte Männer aus von
Jericho nach Ai, das bei Bet-Awen liegt

östlich von Bethel, und sprach zu ihnen: Geht hinauf und erkundet das Land. Und als sie hinaufgegangen waren und Ai erkundet hatten,

3 kamen sie zu Josua zurück und sprachen zu ihm: Laß nicht das ganze Kriegsvolk hinaufziehen, sondern etwa zwei- oder dreitausend Mann sollen hinaufziehen und Ai schlagen, damit nicht das ganze Volk sich dorthin bemühe; denn ihrer sind wenige.

4 So zogen hinauf vom Volk etwa dreitausend Mann; aber sie flohen vor den Männern von Ai.

5 Und die Männer von Ai erschlugen von ihnen etwa sechsunddreißig Mann; sie hatten sie nämlich von dem Tor bis zu den Steinbrüchen gejagt und am Abhang erschlagen. Da verzagte das Herz des Volks und ward zu Wasser.

6 Josua aber zerriß seine Kleider und fiel auf sein Angesicht zur Erde vor der Lade des HERRN bis zum Abend samt den Ältesten Israels, und sie warfen Staub auf ihr Haupt.

7 Und Josua sprach: Ach, Herr HERR, warum hast du dies Volk über den Jordan geführt und gibst uns in die Hände der Amoriter, um uns umzubringen? O daß wir doch jenseits des Jordans geblieben wären!

8 Ach, Herr, was soll ich sagen, nachdem Israel seinen Feinden den Rücken gekehrt hat?

9 Wenn das die Kanaaniter und alle Bewohner des Landes hören, so werden sie uns umringen und unsern Namen ausrotten von der Erde. Was willst du dann für deinen großen Namen tun?[a]

[a] 2.Mose 32,12

10 ¶ Da sprach der HERR zu Josua: Steh auf! Warum liegst du da auf deinem Angesicht?

11 Israel hat sich versündigt, sie haben meinen Bund übertreten, den ich ihnen geboten habe, und haben von dem Gebannten genommen und gestohlen und haben's verheimlicht und zu ihren Geräten gelegt.

12 Darum kann Israel nicht bestehen vor seinen Feinden, sondern sie müssen ihren Feinden den Rücken kehren; denn sie sind dem Bann verfallen. Ich werde hinfort nicht mit euch sein, wenn ihr nicht das Gebannte aus eurer Mitte tilgt.

13 Steh auf, heilige das Volk und sprich: [a]Heiligt euch auf morgen! Denn so spricht der HERR, der Gott Israels: Es ist Gebanntes in deiner Mitte, Israel; darum kannst du nicht bestehen vor deinen Feinden, bis ihr das Gebannte von euch tut.

[a] Kap 3,5

14 Und morgen früh sollt ihr herzutreten, ein Stamm nach dem andern; und welchen Stamm der HERR treffen wird, der soll herzutreten, ein Geschlecht nach dem andern; und welches Geschlecht der HERR treffen wird, das soll herzutreten, ein Haus nach dem andern; und welches Haus der HERR treffen wird, das soll herzutreten, Mann für Mann.

15 Und wer so mit dem Gebannten angetroffen wird, den soll man mit Feuer verbrennen mit allem, was er hat, weil er den Bund des HERRN übertreten und einen Frevel in Israel begangen hat.

16 ¶ Da machte sich Josua früh am Morgen auf und ließ Israel herzutreten, einen Stamm nach dem andern; und es wurde getroffen der Stamm Juda.[a]

[a] 1.Sam 10,20.21; 14,41.42

17 Und als er die Geschlechter Judas herzutreten ließ, wurde getroffen das [a]Geschlecht der Serachiter. Und als er das Geschlecht der Serachiter herzutreten ließ, wurde Sabdi getroffen. [a] 4.Mose 26,20

18 Und als er sein Haus herzutreten ließ, Mann für Mann, wurde getroffen Achan, der Sohn Karmis, des Sohnes Sabdis, des Sohnes Serachs, aus dem Stamm Juda.

19 Und Josua sprach zu Achan: Mein Sohn, gib dem HERRN, dem Gott Israels, die Ehre und bekenne es ihm und sage mir, was du getan hast, und verhehle mir nichts.

20 Da antwortete Achan Josua und sprach: Wahrlich, [a]ich habe mich versündigt an dem HERRN, dem Gott Israels. So habe ich getan:

[a] 4.Mose 21,7; Ri 10,10; 1.Sam 7,6; Ps 51,5.6

21 Ich sah unter der Beute einen kostbaren babylonischen Mantel und zweihundert Lot Silber und eine Stange von Gold, fünfzig Lot schwer; danach gelüstete mich, und ich nahm es. Und siehe, es ist verscharrt in der Erde in meinem Zelt und das Silber darunter.

22 Da sandte Josua Boten hin, die liefen zum Zelt; und siehe, es war verscharrt in seinem Zelt und das Silber darunter.

23 Und sie nahmen's aus dem Zelt und
brachten's zu Josua und zu allen Israeliten
und legten's nieder vor dem HERRN.
24 Da [a] nahmen Josua und ganz Israel mit
ihm Achan, den Sohn Serachs, samt dem
Silber, dem Mantel und der Stange von
Gold, seine Söhne und Töchter, seine Rin-
der und Esel und Schafe, sein Zelt und
alles, was er hatte, und führten sie hinauf
ins Tal Achor. *a* 3.Mose 24,14.15
25 Und Josua sprach: Weil du uns betrübt
hast, so betrübe dich der HERR an diesem
Tage. [a] Und ganz Israel steinigte ihn und
verbrannte sie mit Feuer. Und als sie sie
gesteinigt hatten, *a* 5.Mose 13,16.17
26 machten sie über ihm einen großen
Steinhaufen; der ist geblieben bis auf die-
sen Tag. So kehrte sich der HERR ab von
dem Grimm seines Zorns. Daher nennt
man diesen Ort [a] »Tal Achor«* bis auf die-
sen Tag. *a* Jes 65,10; Hos 2,17

* d.h. Unglückstal.

Eroberung der Stadt Ai

8 Und der HERR sprach zu Josua:
Fürchte dich nicht und verzage nicht!
Nimm mit dir das ganze Kriegsvolk und
mache dich auf und zieh hinauf nach Ai!
Sieh, ich habe den König von Ai samt sei-
nem Volk in seiner Stadt und seinem Land
in deine Hände gegeben.
2 Und du sollst mit Ai und seinem König
tun, [a] wie du mit Jericho und seinem
König getan hast, nur daß ihr [b] die Beute
und das Vieh unter euch teilen sollt. Lege
einen Hinterhalt hinter die Stadt!
a Kap 6,21 *b* 5.Mose 20,10-18
3 Da machte sich Josua auf und das ganze
Kriegsvolk, um nach Ai hinaufzuziehen.
Und Josua erwählte dreißigtausend streit-
bare Männer und sandte sie aus bei Nacht
4 und gebot ihnen: Seht zu, ihr sollt der
Hinterhalt sein hinter der Stadt. Entfernt
euch aber nicht allzu weit von der Stadt
und seid allesamt bereit!
5 Ich aber und das ganze Kriegsvolk, das
bei mir ist, wollen nahe an die Stadt her-
anrücken. Und wenn sie ausziehen uns
entgegen wie das erstemal, so wollen wir
vor ihnen fliehen,
6 damit sie uns nachjagen, bis wir sie von
der Stadt weglocken. Denn sie werden
denken, wir fliehen vor ihnen [a] wie das
erstemal. Und wenn wir vor ihnen flie-
hen, *a* Kap 7,5
7 sollt ihr hervorbrechen aus dem Hinter-
halt und die Stadt einnehmen; denn der
HERR, euer Gott, wird sie in eure Hände
geben.
8 Wenn ihr aber die Stadt eingenommen
habt, so steckt sie mit Feuer an und tut
nach dem Wort des HERRN. Siehe, ich
hab's euch geboten.
9 ¶ So sandte sie Josua hin. Und sie zo-
gen in den Hinterhalt und lagerten sich
zwischen Bethel und Ai, westlich von
Ai. Josua aber blieb die Nacht unter dem
Volk
10 und machte sich früh am Morgen auf
und ordnete das Volk und zog hinauf mit
den Ältesten Israels vor dem Volk her
nach Ai.
11 Und das ganze Kriegsvolk, das bei ihm
war, zog hinauf, und sie kamen nahe vor
die Stadt und lagerten sich nördlich von
Ai, so daß nur ein Tal war zwischen ihnen
und Ai.
12 Er hatte aber etwa fünftausend Mann
genommen und in den Hinterhalt gelegt
zwischen Bethel und Ai westlich von der
Stadt.
13 Und sie stellten das Volk des ganzen
Lagers, das nördlich vor der Stadt war, so
auf, daß sein Ende reichte bis westlich von
der Stadt. Und Josua zog hin in dieser
Nacht mitten in das Tal.
14 ¶ Als aber der König von Ai das sah,
machten die Männer der Stadt sich eilends
früh auf und zogen aus an einen bestimm-
ten Ort nach dem Jordantal zu, um Israel
zum Kampf zu begegnen, er mit seinem
ganzen Kriegsvolk. Denn er wußte nicht,
daß ihm ein Hinterhalt gelegt war auf der
andern Seite der Stadt.
15 Josua aber und ganz Israel stellten sich,
als würden sie vor ihnen geschlagen, und
flohen auf dem Wege zur Wüste.
16 Da wurde das ganze Volk in der Stadt
zusammengerufen, um ihnen nachzuja-
gen. Und sie jagten Josua nach und wur-
den von der Stadt weggelockt,
17 so daß nicht **ein** Mann in Ai und Bethel
zurückblieb, der nicht ausgezogen wäre,
um Israel nachzujagen, und ließen die
Stadt offen stehen und jagten Israel nach.
18 ¶ Da sprach der HERR zu Josua: Strecke
die Lanze in deiner Hand aus auf Ai zu;
denn ich will es in deine Hand geben. Und
als Josua die Lanze in seiner Hand gegen
die Stadt ausstreckte,

19 da brach der Hinterhalt eilends auf aus
seinem Versteck, und sie liefen, nachdem
er seine Hand ausgestreckt hatte, und
kamen in die Stadt und nahmen sie ein
und eilten und steckten sie mit Feuer an.
20 Und die Männer von Ai wandten sich
um und sahen hinter sich und sahen den
Rauch der Stadt aufsteigen gen Himmel
und vermochten nicht zu fliehen, weder
hierhin noch dorthin. Denn das Volk, das
zur Wüste floh, kehrte um gegen die, die
ihnen nachjagten.
21 Und als Josua und ganz Israel sahen,
daß der Hinterhalt die Stadt eingenommen
hatte, weil von der Stadt Rauch aufstieg,
kehrten sie um und schlugen die Männer
von Ai.
22 Und die in der Stadt kamen auch her-
aus ihnen entgegen, und die Männer von
Ai gerieten mitten unter Israel, von hier-
her und von dorther. Und sie erschlugen
sie, bis niemand mehr von ihnen übrig-
blieb noch entrinnen konnte,
23 und ergriffen den König von Ai leben-
dig und brachten ihn zu Josua.
24 Und als Israel alle Einwohner von
Ai getötet hatte auf dem Felde und in
der Wüste, wohin sie ihnen nachgejagt
waren, und alle durch die Schärfe des
Schwerts gefallen und umgekommen
waren, da kehrte sich ganz Israel gegen
Ai und schlug es mit der Schärfe des
Schwerts.
25 Und alle, die an diesem Tage fielen,
Männer und Frauen, waren zwölftausend,
alle Leute von Ai.
26 Josua aber zog nicht eher seine Hand
zurück, mit der er die Lanze ausgestreckt
hatte, bis der Bann vollstreckt war an allen
Einwohnern von Ai.
27 Nur das Vieh und die Beute der Stadt
teilte Israel unter sich nach dem Wort des
HERRN, das er Josua geboten hatte.
28 Und Josua brannte Ai nieder und
machte es zu einem Schutthaufen für
immer, der noch heute daliegt,
29 und [a]ließ den König von Ai an einen
Baum hängen bis zum Abend. Als aber
die Sonne untergegangen war, gebot er,
daß man seinen Leichnam vom Baum
nehmen sollte, und sie warfen ihn unter
das Stadttor und machten einen großen
Steinhaufen über ihm, der bis auf diesen
Tag da ist. *a* 5.Mose 21,22.23

Altarbau und Verkündigung des Gesetzes

30 Damals [a]baute Josua dem HERRN, dem
Gott Israels, einen Altar auf dem Berge
Ebal, *a* 5.Mose 27,2-8
31 [a]wie Mose, der Knecht des HERRN, den
Israeliten geboten hatte, wie geschrieben
steht im Gesetzbuch des Mose: einen
Altar von unversehrten Steinen, die mit
keinem Eisen behauen waren. Und sie
opferten dem HERRN darauf Brandopfer
und brachten Dankopfer dar,
a (31 und 32) 2.Mose 20,25; 24,1-8
32 und er schrieb dort auf die Steine [a]eine
Abschrift des Gesetzes, das Mose vor den
Augen der Israeliten geschrieben hatte.
a 5.Mose 17,18
33 [a]Und ganz Israel stand mit seinen Älte-
sten und Amtleuten und Richtern zu bei-
den Seiten der Lade gegenüber den Prie-
stern aus dem Stamm Levi, die die Lade
des Bundes des HERRN trugen, die Fremd-
linge sowohl als auch die Einheimischen,
die eine Hälfte zum Berge Garizim hin
und die andere Hälfte zum Berge Ebal hin,
wie Mose, der Knecht des HERRN, vor-
mals geboten hatte, das Volk Israel zu seg-
nen. *a (33-35)* 5.Mose 11,29; 27,12-26; 28
34 Danach ließ er ausrufen alle Worte des
Gesetzes, den Segen und den Fluch, ganz
wie es geschrieben steht im Gesetzbuch.
35 Es war kein Wort, das Mose geboten
hatte, das Josua nicht hätte ausrufen las-
sen vor der ganzen Gemeinde Israel und
vor den Frauen und Kindern und Fremd-
lingen, die mit ihnen zogen.

Die List der Gibeoniter

9 Als das nun alle Könige hörten, die jen-
seits des Jordans waren auf dem
Gebirge und im Hügelland und am gan-
zen Ufer des großen Meeres nach dem
Libanon hin, nämlich die Hetiter, Amori-
ter, Kanaaniter, Perisiter, Hiwiter und Jebu-
siter,
2 fanden sie sich zusammen, um einmü-
tig gegen Josua und gegen Israel zu kämp-
fen.
3 ¶Aber die Bürger von Gibeon hörten,
was Josua mit [a]Jericho und [b]Ai getan
hatte. *a* Kap 6,20.21 *b* Kap 8,26.28
4 Da erdachten auch sie eine List, gingen
hin und versahen sich mit Speise und nah-
men alte Säcke auf ihre Esel und alte, zer-
rissene, geflickte Weinschläuche

5 und alte, geflickte Schuhe an ihre Füße
und zogen alte Kleider an, und alles Brot,
das sie mit sich nahmen, war hart und zer-
bröckelt.
6 Und sie gingen zu Josua ins Lager nach
Gilgal und sprachen zu ihm und zu den
Männern Israels: Wir kommen aus fernen
Landen; so schließt nun einen Bund mit
uns.
7 Da sprachen die Männer Israels zu den
[a]Hiwitern: Vielleicht wohnt ihr mitten
unter uns; wie könnten wir dann [b]einen
Bund mit euch schließen?

[a] Kap 11,19 [b] 2.Mose 23,32

8 Sie aber sprachen zu Josua: Wir sind
deine Knechte. Josua sprach zu ihnen:
Wer seid ihr, und woher kommt ihr?
9 Sie sprachen: Deine Knechte sind aus
sehr fernen Landen gekommen um des
Namens des HERRN, deines Gottes, wil-
len; denn wir haben von ihm gehört alles,
was er in Ägypten getan hat,
10 und alles, was er den beiden Königen
der Amoriter jenseits des Jordans getan
hat, Sihon, dem König von Heschbon, und
Og, dem König von Baschan, der zu Asch-
tarot wohnte.[a]

[a] 4.Mose 21,21-35

11 Darum sprachen unsere Ältesten und
alle Bewohner unseres Landes zu uns:
Nehmt Speise mit euch auf die Reise und
geht ihnen entgegen und sprecht zu ihnen:
Wir sind eure Knechte. So schließt nun
einen Bund mit uns!
12 Dies unser Brot, das wir aus unsern
Häusern zu unserer Speise mitnahmen,
war noch warm, als wir zu euch auszogen,
nun aber, siehe, ist es hart und zerbrök-
kelt;
13 und diese Weinschläuche waren neu,
als wir sie füllten, und siehe, sie sind zer-
rissen; und diese unsere Kleider und
Schuhe sind alt geworden über der sehr
langen Reise.
14 Da nahmen die Obersten von ihrer
Speise, aber [a]befragten den Mund des
HERRN nicht.

[a] 4.Mose 27,21

15 Und Josua machte Frieden mit ihnen
und schloß einen Bund mit ihnen, daß sie
am Leben bleiben sollten. Und die Ober-
sten der Gemeinde schworen es ihnen.
16 ¶ Aber drei Tage, nachdem sie mit
ihnen einen Bund geschlossen hatten, kam
es vor sie, daß jene aus ihrer Nähe wären
und mitten unter ihnen wohnten.
17 Denn als die Israeliten weiterzogen,
kamen sie am dritten Tage zu ihren Städ-
ten; die hießen Gibeon, Kefira, Beerot und
Kirjat-Jearim.
18 Aber die Israeliten erschlugen sie nicht,
weil ihnen die Obersten der Gemeinde
geschworen hatten bei dem HERRN, dem
Gott Israels. Als aber die ganze Gemeinde
gegen die Obersten murrte,
19 sprachen alle Obersten zu der ganzen
Gemeinde: Wir haben ihnen geschworen
bei dem HERRN, dem Gott Israels; darum
können wir sie nicht antasten.
20 Aber das wollen wir tun: Laßt sie leben,
daß nicht ein [a]Zorn über uns komme um
des Eides willen, den wir ihnen geschwo-
ren haben.

[a] 4.Mose 1,53; 2.Sam 24,1

21 Und die Obersten sprachen weiter zu
ihnen: Laßt sie leben, damit sie Holzhauer
und Wasserschöpfer seien für die ganze
Gemeinde, wie ihnen die Obersten gesagt
haben.
22 Da rief sie Josua und redete mit ihnen
und sprach: Warum habt ihr uns betrogen
und gesagt: »Wir sind sehr fern von euch«,
wo ihr doch mitten unter uns wohnt?
23 Darum sollt ihr verflucht sein und sollt
nicht aufhören, Knechte zu sein, die Holz
hauen und Wasser schöpfen für das Haus
meines Gottes.
24 Sie antworteten Josua: Es wurde dei-
nen Knechten angesagt, daß der HERR,
dein Gott, seinem Knecht Mose geboten
habe, daß er euch das ganze Land geben
und vor euch her alle Bewohner des
Landes vertilgen wolle. Da fürchteten wir
sehr für unser Leben und haben das so
gemacht.
25 Nun aber, siehe, wir sind in deinen Hän-
den; was dich gut und recht dünkt, mit
uns zu tun, das tu.
26 Und so tat er mit ihnen und errettete
sie aus der Hand der Israeliten, daß sie sie
nicht töteten.
27 So machte sie Josua an diesem Tage zu
[a]Holzhauern und Wasserschöpfern für die
Gemeinde und den Altar des HERRN bis
auf diesen Tag, [b]an der Stätte, die er
erwählen würde.

[a] 5.Mose 29,10 [b] 1.Chr 21,29; 2.Chr 1,3

Josuas Sieg bei Gibeon und Eroberung des südlichen Kanaan

10 Als aber Adoni-Zedek, der König
von Jerusalem, hörte, daß Josua Ai
erobert und an ihm den Bann vollstreckt

und mit Ai samt seinem König getan hatte, wie er mit Jericho und seinem König getan hatte, und daß die von Gibeon Frieden mit Israel gemacht hätten und mitten unter ihnen wohnten,[a] *a* Kap 6; 8; 9

2 fürchteten sie sich sehr; denn Gibeon war eine große Stadt wie eine der Königsstädte und größer als Ai, und alle seine Bürger streitbare Männer.

3 Und Adoni-Zedek, der König von Jerusalem, sandte zu Hoham, dem König von Hebron, und zu Piram, dem König von Jarmut, und zu Jafia, dem König von Lachisch, und zu Debir, dem König von Eglon, und ließ ihnen sagen:

4 Kommt herauf zu mir und helft mir, daß wir Gibeon schlagen; denn es hat mit Josua und den Israeliten Frieden gemacht.

5 Da sammelten sich und zogen hinauf die fünf Könige der Amoriter, der König von Jerusalem, der König von Hebron, der König von Jarmut, der König von Lachisch, der König von Eglon mit ihrem ganzen Kriegsvolk und belagerten Gibeon und kämpften gegen die Stadt.

6 ¶Aber die von Gibeon sandten zu Josua ins Lager nach Gilgal und ließen ihm sagen: Zieh deine Hand nicht ab von deinen Knechten; komm eilends zu uns herauf, rette und hilf uns! Denn es haben sich gegen uns versammelt alle Könige der Amoriter, die auf dem Gebirge wohnen.

7 Da zog Josua hinauf von Gilgal und das ganze Kriegsvolk mit ihm und alle streitbaren Männer.

8 Und der HERR sprach zu Josua: Fürchte dich nicht vor ihnen; denn ich habe sie in deine Hände gegeben. Niemand unter ihnen wird vor dir bestehen können.

9 So kam Josua plötzlich über sie; denn die ganze Nacht war er heraufgezogen von Gilgal.

10 Und der HERR erschreckte sie vor Israel, daß sie eine große Schlacht schlugen bei Gibeon, und sie jagten ihnen nach, den Weg hinab nach Bet-Horon, und schlugen sie bis nach Aseka und Makkeda hin.

11 Und als sie vor Israel flohen den Weg hinab nach Bet-Horon, ließ der HERR große Steine vom Himmel auf sie fallen bis Aseka, daß sie starben. Und von ihnen starben viel mehr durch die [a]Hagelsteine, als die Israeliten mit dem Schwert töteten.

a 2.Mose 9,22-25; Hiob 38,22.23

12 ¶Damals redete Josua mit dem HERRN an dem Tage, da der HERR die Amoriter vor den Israeliten dahingab, und er sprach in Gegenwart Israels: Sonne, steh still zu Gibeon, und Mond, im Tal Ajalon!

13 Da [a]stand die Sonne still, und der Mond blieb stehen, bis sich das Volk an seinen Feinden gerächt hatte. Ist dies nicht geschrieben im [b]Buch des Redlichen? So blieb die Sonne stehen mitten am Himmel und beeilte sich nicht unterzugehen fast einen ganzen Tag.

a Hab 3,11 *b* 2.Sam 1,18

14 Und es war kein Tag diesem gleich, weder vorher noch danach, daß der HERR so auf die Stimme eines Menschen hörte; denn [a]der HERR stritt für Israel.

a 2.Mose 14,25

15 Josua aber kehrte ins Lager nach Gilgal zurück und ganz Israel mit ihm.[a] *a* Vers 43

16 ¶Aber die fünf Könige waren geflohen und hatten sich versteckt in der Höhle bei Makkeda.

17 Da wurde Josua angesagt: Wir haben die fünf Könige gefunden, verborgen in der Höhle bei Makkeda.

18 Josua sprach: So wälzt große Steine vor den Eingang der Höhle und stellt Männer davor, die sie bewachen;

19 ihr aber, bleibt nicht stehen, sondern jagt euren Feinden nach und faßt sie von hinten; laßt sie nicht in ihre Städte entrinnen; denn der HERR, euer Gott, hat sie in eure Hände gegeben.

20 Und als Josua und Israel sie ganz geschlagen hatten in dieser sehr großen Schlacht – was übrigblieb von ihnen, entkam in die festen Städte –,

21 da kam das ganze Volk ins Lager zurück zu Josua nach Makkeda mit Frieden, und es wagte niemand, gegen Israel seine Zunge zu regen.

22 Josua aber sprach: Macht den Eingang der Höhle auf und bringt die fünf Könige heraus zu mir!

23 Sie taten so und brachten die fünf Könige zu ihm aus der Höhle: den König von Jerusalem, den König von Hebron, den König von Jarmut, den König von Lachisch, den König von Eglon.

24 Als aber die fünf Könige zu ihm herausgebracht waren, rief Josua alle Männer Israels zu sich und sprach zu den Obersten des Kriegsvolks, die mit ihm zogen: Kommt her und setzt eure Füße auf den

Nacken dieser Könige. Und sie kamen und
setzten ihre Füße auf ihren Nacken.
25 Und Josua sprach zu ihnen: Fürchtet
euch nicht und erschreckt nicht, seid
getrost und unverzagt; denn ebenso wird
der HERR allen euren Feinden tun, gegen
die ihr kämpft.
26 Und Josua schlug sie danach tot und
hängte sie an fünf Bäume, und sie hingen
an den Bäumen bis zum Abend.
27 Als aber [a] die Sonne untergegangen war,
gebot er, daß man sie von den Bäumen
nehmen und in die Höhle werfen sollte, in
die sie sich verkrochen hatten. Und sie
legten große Steine vor den Eingang der
Höhle. Die sind noch da bis auf diesen
Tag. *a* 5.Mose 21,22.23
28 ¶ An diesem Tag eroberte Josua auch
Makkeda und schlug es mit der Schärfe
des Schwerts samt seinem König und voll-
streckte den Bann an der Stadt und an
allen, die darin waren, und ließ niemand
übrig und tat mit dem König von Mak-
keda, wie er mit dem König von Jericho
getan hatte.
29 ¶ Da zogen Josua und ganz Israel mit
ihm von Makkeda nach Libna und kämpf-
ten gegen Libna.
30 Und der HERR gab auch dieses mit sei-
nem König in die Hand Israels; und er
schlug die Stadt mit der Schärfe des
Schwerts und alle, die darin waren, und
ließ niemand darin übrig und tat mit ihrem
König, wie er mit dem König von Jericho
getan hatte.
31 ¶ Danach zogen Josua und ganz Israel
mit ihm von Libna nach Lachisch, und er
belagerte die Stadt und kämpfte gegen sie.
32 Und der HERR gab auch Lachisch in die
Hände Israels, daß sie es am nächsten Tag
eroberten und es schlugen mit der Schärfe
des Schwerts und alle, die darin waren,
ganz wie sie mit Libna getan hatten.
33 ¶ Zu dieser Zeit zog Horam, der König
von Geser, hinauf, um Lachisch zu helfen;
aber Josua schlug ihn und sein Kriegsvolk,
bis niemand übrigblieb.
34 Und Josua zog von Lachisch mit ganz
Israel nach Eglon und belagerte die Stadt
und kämpfte gegen sie;
35 und sie eroberten sie an diesem Tag
und schlugen sie mit der Schärfe des
Schwerts, und Josua vollstreckte den Bann
an allen, die darin waren, an diesem Tage,
ganz wie er mit Lachisch getan hatte.
36 ¶ Danach zog Josua hinauf mit ganz
Israel von Eglon nach Hebron, und sie
kämpften gegen die Stadt
37 und eroberten sie und schlugen sie mit
der Schärfe des Schwerts, samt ihrem
König und allen ihren Städten und allen,
die darin waren; und er ließ niemand
übrig, ganz wie er mit Eglon getan hatte,
und vollstreckte an ihm den Bann und an
allen, die darin waren.
38 ¶ Da kehrte Josua um mit ganz Israel
nach Debir und kämpfte gegen die Stadt
39 und eroberte sie samt ihrem König und
allen ihren Städten, und sie schlugen sie
mit der Schärfe des Schwerts und voll-
streckten den Bann an allen, die darin
waren, und er ließ niemand übrig. Wie er
mit Hebron getan hatte und wie er mit
Libna und seinem König getan hatte, so
tat er auch mit Debir und seinem König.
40 ¶ So schlug Josua das ganze Land auf
dem Gebirge und im Süden und im
Hügelland und an den Abhängen mit allen
seinen Königen und ließ niemand übrig
und [a] vollstreckte den Bann an allem, was
Odem hatte, wie der HERR, der Gott
Israels, geboten hatte. *a* 5.Mose 20,16-18
41 Und er schlug sie von Kadesch-Barnea
an bis Gaza und das ganze Land [a] Goschen
bis Gibeon *a* Kap 11,16
42 und unterwarf alle diese Könige mit
ihrem Lande auf einmal; denn der HERR,
der Gott Israels, stritt für Israel.
43 ¶ Und Josua kehrte ins Lager nach Gil-
gal zurück mit ganz Israel.[a] *a* Vers 15

Sieg am Wasser von Merom und Eroberung des nördlichen Kanaan

11 Als aber Jabin, der König von Hazor,
das hörte, sandte er zu Jobab, dem
König von Madon, und zum König von
Schimron und zum König von Achschaf
2 und zu den Königen, die im Norden auf
dem Gebirge und im Jordantal südlich von
Kinneret und im Hügelland und auf den
Hügeln von Dor am Meer wohnten,
3 zu den Kanaanitern im Osten und
Westen, den Amoritern, Hetitern, Perisi-
tern und Jebusitern auf dem Gebirge, dazu
den Hiwitern am Fuße des Berges Her-
mon, im Lande Mizpe.
4 Diese zogen aus mit ihrem ganzen Heer,
ein großes Volk, soviel wie der Sand am
Meer, und sehr viele Rosse und Wagen.

5 Alle diese Könige versammelten sich
und kamen und lagerten sich gemeinsam
am Wasser von Merom, um mit Israel zu
kämpfen.
6 ¶ Und der HERR sprach zu Josua:
Fürchte dich nicht vor ihnen! Denn mor-
gen um diese Zeit will ich sie alle vor Israel
dahingeben und sie erschlagen; ihre Rosse
sollst du lähmen und ihre Wagen mit
Feuer verbrennen.
7 Da kamen Josua und das ganze Kriegs-
volk mit ihm plötzlich über sie am Wasser
von Merom und überfielen sie.
8 Und der HERR gab sie in die Hände
Israels, und sie schlugen sie und jagten
ihnen nach bis Sidon, der großen Stadt,
und bis [a]Misrefot-Majim und bis an die
Ebene von Mizpe im Osten und erschlu-
gen sie, bis niemand mehr unter ihnen
übrigblieb. *a* Kap 13,6
9 Da tat Josua mit ihnen, wie der HERR
ihm gesagt hatte, und lähmte ihre Rosse
und verbrannte ihre Wagen
10 und kehrte um zu dieser Zeit und er-
oberte Hazor und erschlug seinen König
mit dem Schwert; denn Hazor war vorher
die Hauptstadt aller dieser Königreiche.
11 Und sie erschlugen alle, die darin
waren, mit der Schärfe des Schwerts und
[a]vollstreckten den Bann an ihnen, und
nichts blieb übrig, was Odem hatte, und er
verbrannte Hazor mit Feuer. *a* Kap 10,40
12 Dazu eroberte Josua alle Städte dieser
Könige mit ihren Königen und erschlug
sie mit der Schärfe des Schwerts und voll-
streckte den Bann an ihnen, wie Mose,
der Knecht des HERRN, geboten hatte.
13 Doch die Städte, die auf ihren Hügeln
standen, verbrannte Israel nicht; sondern
Hazor allein verbrannte Josua.
14 Und die ganze Beute dieser Städte und
das Vieh teilten die Israeliten unter sich;
aber alle Menschen erschlugen sie mit der
Schärfe des Schwerts, bis sie vertilgt
waren, und ließen nichts übrig, was Odem
hatte.[a] *a* 5.Mose 20,10-15
15 Wie der HERR dem Mose, seinem
Knecht, und Mose dem Josua geboten
hatte, so tat Josua, daß nichts fehlte an
allem, was der HERR dem Mose geboten
hatte.

Das ganze Land in der Hand Israels

16 So nahm Josua dies ganze Land ein,
das Gebirge und alles, was im Süden liegt,
und das [a]ganze Land Goschen und das
Hügelland und das Jordantal und das
Gebirge Israel mit seinem Hügelland,
a Kap 10,41
17 von dem kahlen Gebirge an, das auf-
steigt nach Seïr hin, bis nach Baal-Gad in
der Ebene beim Gebirge Libanon, am
Fuße des Berges Hermon. Alle ihre
Könige nahm er gefangen und schlug sie
nieder und tötete sie.
18 Er kämpfte aber eine lange Zeit mit die-
sen Königen.
19 Es war keine Stadt, die Frieden machte
mit den Israeliten, ausgenommen die [a]Hi-
witer, die in Gibeon wohnten; sondern sie
eroberten sie alle im Kampf. *a* Kap 9,15
20 So geschah es von dem HERRN, daß ihr
Herz [a]verstockt wurde, im Kampf Israel
zu begegnen, damit sie mit dem [b]Bann
geschlagen würden und ihnen keine
Gnade widerführe, sondern sie vertilgt
würden, wie der HERR dem Mose geboten
hatte. *a* 2.Mose 4,21 *b* 5.Mose 7,2
21 ¶ [a]Zu der Zeit kam Josua und rottete
aus die Anakiter von dem Gebirge, von
Hebron, von Debir, von Anab und vom
ganzen Gebirge Juda und vom ganzen
Gebirge Israel, und er vollstreckte an
ihnen den Bann mit ihren Städten
a (21 und 22) Kap 14,6-15; 5.Mose 9,2
22 und ließ keine Anakiter übrig im Lande
der Israeliten außer in Gaza, in [a]Gat, in
Aschdod; dort blieben einige von ihnen
übrig. *a* 1.Sam 17,4; 2.Sam 21,22
23 ¶ So nahm Josua das ganze Land ein,
ganz so, wie der HERR zu Mose geredet
hatte, und gab es Israel zum Besitz, einem
jeden Stamm sein Teil. Und [a]das Land
war zur Ruhe gekommen vom Kriege.
a Kap 14,15

12 ¶ Dies sind die Könige des Landes,
die die Israeliten schlugen und
deren Land sie einnahmen jenseits des
Jordans gegen Sonnenaufgang von dem
Arnonfluß an bis an den Berg Hermon
und das ganze Jordantal im Osten:
2 ¶ Sihon, der König der Amoriter, der in
Heschbon wohnte und herrschte von
Aroër an, das am Ufer des Arnonflusses
liegt, und von der Mitte des Tals an und
über das halbe Gilead bis an den Jabbok-
fluß, die Grenze der Ammoniter,[a]
a 4.Mose 21,24
3 und über das Jordantal bis an die Ost-
seite des Sees Kinneret und bis an die Ost-

seite des Meeres im Jordantal – das ist das
Salzmeer – auf Bet-Jeschimot zu und im
Süden bis unten an die Abhänge des
Gebirges Pisga.
4 Dazu das Gebiet des Königs Og von
Baschan, der noch von den Riesen übrig-
geblieben war und in Aschtarot und Edreï
wohnte[a] *a* 4.Mose 21,33; 5.Mose 3,10.11
5 und herrschte über den Berg Hermon,
über Salcha und über ganz Baschan bis an
das Gebiet der Geschuriter und Maachati-
ter und über das halbe Gilead bis zum
Gebiet Sihons, des Königs von Heschbon.
6 Mose, der Knecht des HERRN, und die
Israeliten hatten sie geschlagen. Und
Mose, der Knecht des HERRN, [a]hatte ihr
Land den Rubenitern, Gaditern und dem
halben Stamm Manasse zum Besitz gege-
ben. *a* 4.Mose 32,33
7 ¶Dies sind die Könige des Landes, die
Josua und die Israeliten schlugen, dies-
seits des Jordans im Westen, von Baal-
Gad im Tal beim Gebirge Libanon bis an
das kahle Gebirge, das ansteigt nach Seïr.
Und Josua gab das Land den Stämmen
Israels zum Besitz, einem jeden sein Teil,
8 was auf den Gebirgen, im Hügelland,
im Jordantal, an den Abhängen, in der
Wüste und im Süden war, die [a]Hetiter,
Amoriter, Kanaaniter, Perisiter, Hiwiter
und Jebusiter: *a* Kap 11,3
9 der König von [a]Jericho, der König von
[b]Ai, das zur Seite von Bethel liegt,
a Kap 6,2 *b* Kap 8,29
10 [a]der König von Jerusalem, der König
von Hebron, *a (10-12)* Kap 10
11 der König von Jarmut, der König von
Lachisch,
12 der König von Eglon, der König von
Geser,
13 der König von [a]Debir, der König von
Geder, *a* Kap 10,38; Ri 1,11
14 der König von [a]Horma, der König von
[b]Arad, *a* Ri 1,17 *b* 4.Mose 21,1
15 der König von [a]Libna, der König von
Adullam, *a* Kap 10,29.30
16 der König von [a]Makkeda, der König
von Bethel, *a* Kap 10,28
17 [a]der König von Tappuach, der König
von Hefer,
a (17 und 18) Kap 15,53; 1.Sam 4,1; 1.Chr 5,16
18 der König von Afek, der König von
Scharon,
19 [a]der König von Madon, der König von
Hazor, *a (19 und 20)* Kap 11,1.10
20 der König von Schimron-Meron, der
König von Achschaf,
21 der König von Taanach, der König von
Megiddo,[a] *a* Kap 17,11
22 der König von [a]Kedesch, der König von
[b]Jokneam am Karmel,
a Kap 19,37 *b* Kap 19,11
23 der König von Dor, das an den Hügeln
von Dor liegt, der [a]König von Völkern in
Galiläa, *a* 1.Mose 14,1.9
24 der König von [a]Tirza. Das sind zusam-
men einunddreißig Könige. *a* 1.Kön 14,17

Die Verteilung des Landes wird angeordnet

13 Als nun Josua alt war und hochbe-
tagt, sprach der HERR zu ihm: Du
bist alt geworden und hochbetagt, und
vom Lande bleibt noch sehr viel einzu-
nehmen,
2 nämlich alle Gebiete der Philister und
ganz [a]Geschur, *a* 1.Sam 27,8
3 vom Schihor an, der vor Ägypten fließt,
bis zum Gebiet Ekrons nach Norden, das
den Kanaanitern zugerechnet wird, fünf
Fürsten der Philister, nämlich von Gaza,
Aschdod, Aschkelon, Gat und Ekron, und
dazu die Awiter
4 im Süden; das ganze Land der Kanaani-
ter und Meara, das den Sidoniern gehört,
bis Afek, bis an die Grenze der Amoriter;
5 dazu das Land der Gebaliter und der
ganze Libanon gegen Sonnenaufgang, von
Baal-Gad am Fuße des Gebirges Hermon
bis dorthin, wo es nach Hamat geht.
6 Alle, die auf dem Gebirge wohnen, vom
Libanon an bis nach Misrefot-Majim, alle
Sidonier: Ich will sie vertreiben vor den
Israeliten; wirf nur das Los darum, um sie
auszuteilen unter Israel, wie ich dir gebo-
ten habe.
7 So teile nun dies Land zum Besitz unter
die neun Stämme und unter den halben
Stamm Manasse.
8 Denn die [a]Rubeniter und Gaditer haben
mit dem andern halben Stamm Manasse
ihr Erbteil empfangen, das ihnen Mose gab
jenseits des Jordans im Osten, wie es
ihnen Mose, der Knecht des HERRN, gege-
ben hatte *a* Vers 15-32
9 von Aroër an, das am Ufer des Arnon-
flusses liegt, und von der Stadt mitten im
Tal und die ganze Ebene von Medeba bis
Dibon
10 und alle Städte Sihons, des Königs der

Amoriter, der in Heschbon herrschte, bis
an die Grenze der Ammoniter,
11 dazu Gilead und das Gebiet von [a]Ge-
schur und Maacha und das ganze Gebirge
Hermon und ganz Baschan bis Salcha,
a 5.Mose 3,14; 2.Sam 3,3; 15,8
12 das ganze Reich Ogs von Baschan, der
in Aschtarot und Edreï herrschte und der
noch übriggeblieben war von den Riesen.
Mose aber hatte sie geschlagen und ver-
trieben.
13 Die Israeliten vertrieben aber die von
Geschur und von Maacha nicht, sondern
es wohnten beide, Geschur und Maacha,
mitten unter Israel bis auf diesen Tag.
14 Aber dem Stamm der [a]Leviten gab er
kein Erbteil; denn die Feueropfer des
HERRN, des Gottes Israels, gehören ihnen;
er selbst ist ihr Erbteil, wie er ihnen zuge-
sagt hat. *a* Vers 33; 1.Mose 49,5; 4.Mose 18,20.21

Die Verteilung im Ostjordanland

15 [a]So gab Mose dem Stamm der Söhne
[b]Ruben für ihre Geschlechter
a (15-32) 4.Mose 32 *b* 1.Mose 49,3
16 als ihr Gebiet: das Land von Aroër an,
das am Ufer des Arnonflusses liegt, und
die Stadt mitten im Tal mit allem ebenen
Felde bis Medeba;
17 Heschbon und alle seine Städte, die im
ebenen Felde liegen, Dibon, Bamot-Baal
und Bet-Baal-Meon,
18 Jahaz, Kedemot, Mefaat.
19 Kirjatajim, Sibma, Zeret-Schahar auf
dem Berge in der Talebene,
20 Bet-Peor, die Abhänge am Pisga und
Bet-Jeschimot
21 und alle Städte der Ebene und das
ganze Reich Sihons, des Königs der Amo-
riter, der in Heschbon herrschte und den
Mose schlug samt den Fürsten Midians –
Ewi, Rekem, Zur, Hur und Reba –, den
Gewaltigen des Königs Sihon, die im
Lande wohnten.
22 Dazu töteten die Israeliten [a]Bileam,
den Sohn Beors, den Wahrsager, mit dem
Schwert außer den schon von ihnen
Erschlagenen. *a* 4.Mose 22,5; 31,8
23 Und die Grenze der Söhne Ruben war
der Jordan. Das ist das Erbteil der Söhne
Ruben für ihre Geschlechter, die Städte
mit ihren Gehöften.
24 ¶Dem Stamm der Söhne [a]Gad für ihre
Geschlechter gab Mose *a* 1.Mose 49,19
25 als ihr Gebiet: Jaser und alle Städte in
Gilead und das halbe Land der Ammoni-
ter bis Aroër, das östlich von Rabba liegt,
26 und von Heschbon bis Ramat-Mizpe
und Betonim und von Mahanajim bis zum
Gebiet von Lo-Dabar,
27 im Tal aber Bet-Haram, Bet-Nimra,
Sukkot und Zafon, was übrig war von dem
Reich Sihons, des Königs von Heschbon,
den Jordan und sein Gebiet bis ans Ende
des Sees Kinneret, jenseits des Jordans im
Osten.
28 Das ist das Erbteil der Söhne Gad für
ihre Geschlechter, die Städte mit ihren
Gehöften.
29 ¶Dem halben Stamm der Söhne
Manasse für ihre Geschlechter gab Mose
30 als ihr Gebiet: ganz [a]Baschan, von
Mahanajim an, das ganze Reich Ogs, des
Königs von Baschan, und alle [b]Dörfer
Jaïrs, die in Baschan liegen, nämlich sech-
zig Städte. *a* Kap 17,1 *b* Ri 10,3.4
31 Und das halbe Gilead, Aschtarot, Edreï,
die Königsstädte Ogs von Baschan, gab er
den Söhnen Machirs, des Sohnes Manas-
ses, – nämlich der Hälfte der Söhne
Machir – für ihre Geschlechter.
32 ¶Das sind die Gebiete, die Mose aus-
geteilt hat in dem Jordantal der Moabiter,
jenseits des Jordans östlich von Jericho.
33 Aber [a]dem Stamm Levi gab Mose kein
Erbteil; denn der HERR, der Gott Israels,
ist selbst ihr Erbteil, wie er ihnen zugesagt
hat. *a* Vers 14

Beginn der Verteilung des Westjordanlandes

14 Dies aber sind die Gebiete, die die
Israeliten als Erbteil erhielten im
Lande Kanaan, die unter sie ausgeteilt
haben der Priester [a]Eleasar und Josua, der
Sohn Nuns, und die Häupter der Sippen
unter den Stämmen Israels. *a* 4.Mose 34,17
2 Sie teilten diese Gebiete [a]durchs Los
unter sie, wie der HERR durch Mose gebo-
ten hatte, sie den neuneinhalb Stämmen
zu geben. *a* 4.Mose 26,55
3 Denn den zweieinhalb Stämmen hatte
Mose Erbteil gegeben jenseits des
Jordans; [a]den Leviten aber hatte er kein
Erbteil unter ihnen gegeben.
a Kap 13,14.33; 5.Mose 10,9
4 Denn die Söhne Josef bestanden aus
zwei Stämmen, Manasse und Ephraim.
Den Leviten aber gab man keinen Anteil

am Lande, sondern [a]Städte zum Wohnen
samt Weideplätzen für ihr Vieh, das sie
besaßen. *a* Kap 21
5 Wie der HERR dem Mose geboten hatte,
so taten die Israeliten und verteilten das
Land.

Kalebs Erbteil

6 Da traten herzu die von Juda zu Josua
in Gilgal; und [a]Kaleb, der Sohn Jefunnes,
der Kenasiter, sprach zu ihm: Du weißt,
was der HERR zu Mose, dem Mann
Gottes, sagte meinet- und deinetwegen in
Kadesch-Barnea. *a* 4.Mose 14,24; 5.Mose 1,36
7 Ich war vierzig Jahre alt, als mich Mose,
der Knecht des HERRN, aussandte von
Kadesch-Barnea, um das Land zu erkun-
den, und [a]ich ihm Bericht gab nach
bestem Wissen. *a* 4.Mose 13,6.30
8 Aber meine Brüder, die mit mir hinauf-
gezogen waren, machten dem Volk das
Herz verzagt; ich aber folgte dem HERRN,
meinem Gott, treulich.
9 Da schwor Mose an jenem Tage und
sprach: Das Land, das dein Fuß betreten
hat, soll dein und deiner Nachkommen
Erbteil sein für immer, weil du dem
HERRN, meinem Gott, treulich gefolgt bist.
10 Und nun siehe, der HERR hat mich am
Leben gelassen, wie er mir zugesagt hat.
Es sind nun fünfundvierzig Jahre her, daß
der HERR dies zu Mose sagte, als Israel in
der Wüste umherzog. Und nun siehe, ich
bin heute fünfundachtzig Jahre alt
11 und bin noch heute so stark, wie ich
war an dem Tage, da mich Mose
aussandte. Wie meine Kraft damals war,
so ist sie noch jetzt, zu kämpfen und aus-
und einzuziehen.
12 So gib mir nun dies Gebirge, von dem
der HERR geredet hat an jenem Tage; denn
du hast's gehört am selben Tage, daß dort
die [a]Anakiter wohnen und große und feste
Städte sind. Vielleicht wird der HERR mit
mir sein, damit ich sie vertreibe, wie der
HERR zugesagt hat. *a* Kap 11,21
13 Da segnete ihn Josua und gab Kaleb,
dem Sohn Jefunnes, Hebron zum Erbteil.[a]
a Kap 15,13-19; 21,11.12
14 Daher wurde Hebron das Erbteil
Kalebs, des Sohnes Jefunnes, des Kenasi-
ters, bis auf diesen Tag, [a]weil er dem
HERRN, dem Gott Israels, treulich gefolgt
war. *a* 4.Mose 32,12
15 Aber [a]Hebron hieß vorzeiten Stadt des
Arba, der der größte Mensch war unter
den Anakitern.
Und [b]das Land war zur Ruhe gekommen
vom Kriege. *a* 4.Mose 13,22 *b* Kap 11,23

Grenzen des Stammes Juda

15 Das Los des Stammes [a]**Juda** für
seine Geschlechter lag gegen die
[b]Grenze Edoms hin, nach der Wüste Zin
zu im äußersten Süden.
a 1.Mose 49,8.9 *b* 4.Mose 34,3-5
2 Seine Südgrenze ging vom Ende des
Salzmeers, von seiner südlichen Spitze,
3 und geht dann südwärts vom Skorpio-
nensteig und geht weiter nach Zin und
führt hinauf südlich von Kadesch-Barnea
bis hinüber nach Hezron und führt hinauf
nach Addar und biegt um nach Karka
4 und berührt Azmon und läuft aus am
Bach Ägyptens, so daß das Ende der
Grenze das Meer wird. Das sei eure
Grenze nach Süden.
5 Die Ostgrenze ist das Salzmeer bis dort,
wo der Jordan hineinfließt. Die Nord-
grenze beginnt am Meer dort, wo der Jor-
dan hineinfließt,
6 und führt hinauf nach Bet-Hogla und
zieht sich hin nördlich von Bet-Araba und
kommt herauf zum [a]Stein Bohans, des
Sohnes Rubens, *a* Kap 18,17
7 und führt hinauf nach Debir vom Tal
Achor und wendet sich nordwärts nach
Gelilot, gegenüber der Steige von Adum-
mim, die südlich vom Bachtal liegt.
Danach geht sie zu dem Wasser von
En-Schemesch und läuft aus zur [a]Quelle
Rogel. *a* 2.Sam 17,17
8 Danach führt sie hinauf zum [a]Tal des
Sohnes Hinnoms südlich des Berghangs
der Jebusiter – das ist Jerusalem – und
kommt hinauf auf den Gipfel des Berges,
der westlich vor dem Tal Hinnom liegt
und an der Nordecke der Ebene Refaïm.
a 2.Chr 28,3
9 Danach kommt sie von dem Berggipfel
zur Quelle Neftoach und läuft aus zu den
Städten des Gebirges Efron und neigt sich
nach Baala – das ist [a]Kirjat-Jearim –
a Vers 60; Kap 9,17; 18,15
10 und biegt um von Baala nach Westen
zum Gebirge Seïr und geht an der Nord-
seite des Gebirges Jearim – das ist Kesa-
lon – und kommt herab nach Bet-
Schemesch und geht durch [a]Timna
a Kap 19,43; Ri 14,1

11 und kommt heraus am Nordhang des
Berges Ekron und zieht sich nach Schik-
karon und geht hinüber zum Berge von
Baala und kommt heraus bei Jabneel, so
daß ihr Ende das Meer ist.
12 Die Westgrenze aber ist das große Meer
und sein Gestade. Das ist die Grenze von
Juda ringsumher für seine Geschlechter.

Kaleb erhält Hebron. Otniël erobert Debir

13 [a]Kaleb aber, dem Sohn Jefunnes,
wurde sein Teil gegeben mitten unter
Juda, wie der HERR dem Josua befahl,
nämlich die Stadt des Arba, des Vaters
Anaks, das ist Hebron.
a (13-19) Kap 14,6-15; Ri 1,10-15
14 Und Kaleb vertrieb von dort die drei
Söhne Anaks: Scheschai, Ahiman und Tal-
mai, die Nachkommen Anaks,
15 und zog von dort hinauf gegen die Ein-
wohner von Debir. Debir aber hieß vor-
zeiten Kirjat-Sefer.
16 Und Kaleb sprach: Wer Kirjat-Sefer
schlägt und erobert, dem will ich meine
Tochter Achsa zur Frau geben.[a] *a* Ri 1,12
17 Da eroberte es [a]Otniël, der Sohn des
Kenas, des Bruders Kalebs. Und Kaleb gab
ihm seine Tochter Achsa zur Frau.
a Ri 3,9
18 Und es begab sich, als sie zu ihm kam,
beredete er sie, einen Acker zu fordern
von ihrem Vater. Und sie stieg vom Esel.
Da sprach Kaleb zu ihr: Was willst du?
19 Sie sprach: Gib mir eine Segensgabe!
Denn du hast mich nach dem dürren Süd-
land gegeben; gib mir auch Wasserquel-
len! Da gab er ihr die oberen und die unte-
ren Quellen.

Die Städte des Stammes Juda

20 Dies ist das Erbteil des Stammes Juda
für seine Geschlechter.
21 Und die Städte des Stammes Juda nach
der Grenze von Edom zu, im Südland,
waren diese: Kabzeel, Eder, Jagur,
22 Kina, Dimona, Adada,
23 Kedesch, Hazor, Jitnan,
24 Sif, Telem, Bealot,
25 Hazor-Hadatta, Kerijot-Hezron – das ist
Hazor –,
26 Amam, Schema, Molada,
27 Hazar-Gadda, Heschmon, Bet-Pelet,
28 Hazar-Schual, Beerscheba und seine
Ortschaften,
29 Baala, Ijim, Ezem,
30 Eltolad, Kesil, Horma,
31 Ziklag, Madmanna, Sansanna,
32 Bet-Lebaot, Schilhim, En-Rimmon.
Das sind neunundzwanzig Städte mit ihren
Gehöften.
33 ¶ Im Hügelland aber waren [a]Eschtaol,
Zora, Aschna, *a* Ri 13,25; 16,31
34 Sanoach, En-Gannim, Tappuach,
Enam,
35 Jarmut, Adullam, Socho, Aseka,
36 Schaarajim, Aditajim, Gedera und
Gederotajim. Das sind vierzehn Städte mit
ihren Gehöften.
37 ¶ Zenan, Hadascha, Migdal-Gad,
38 Dilan, Mizpe, Jokteel,
39 Lachisch, Bozkat, Eglon,
40 Kabbon, Lachmas, Kitlisch,
41 Gederot, Bet-Dagon, Naama, Makke-
da. Das sind sechzehn Städte mit ihren
Gehöften.
42 ¶ Libna, Eter, Aschan,
43 Jiftach, Aschna, Nezib,
44 Keïla, [a]Achsib, Marescha. Das sind
neun Städte mit ihren Gehöften.
a Kap 19,29
45 ¶ [a]Ekron mit seinen Ortschaften und
Gehöften. *a (45-47)* 1.Sam 5,10; Kap 19,41-46
46 Von Ekron nach dem Meere zu alles,
was nach der Seite von Aschdod und sei-
nen Gehöften liegt:
47 [a]Aschdod mit seinen Ortschaften und
Gehöften, [b]Gaza mit seinen Ortschaften
und Gehöften bis an den Bach Ägyptens,
und die Grenze ist das große Meer und
sein Gestade. *a* 1.Sam 5,1 *b* Ri 1,18
48 ¶ Auf dem Gebirge aber waren Scha-
mir, Jattir, Socho,
49 Danna, Kirjat-Sanna – das ist Debir –,
50 Anab, Eschtemoa, Anim,
51 Goschen, Holon, Gilo. Das sind elf
Städte mit ihren Gehöften.
52 ¶ Arab, Duma, Eschan,
53 Janum, Bet-Tappuach, Afeka,
54 Humta, Kirjat-Arba – das ist Hebron –,
Zior. Das sind neun Städte mit ihren
Gehöften.
55 ¶ Maon, Karmel, Sif, Jutta,
56 Jesreel, Jokdeam, Sanoach,
57 Kajin, Gibea, Timna. Das sind zehn
Städte mit ihren Gehöften.
58 ¶ Halhul, Bet-Zur, Gedor,
59 Maarat, Bet-Anot, Eltekon. Das sind
sechs Städte mit ihren Gehöften.
¶ Tekoa, Efrata – das ist Bethlehem –, Peor,
Etam, Kulon, Tatam, Schoresch, Kerem,

Gallim, Bet-Ter, Manocho. Das sind elf
Städte mit ihren Gehöften.*

* Der Abschnitt ab Tekoa ist nur in der griechischen Übersetzung überliefert.

60 ¶Kirjat-Baal – das ist [a]Kirjat-Jearim –,
Rabba; zwei Städte mit ihren Gehöften.

a Kap 9,17; 18,14

61 ¶In der Wüste aber waren Bet-Araba,
Middin, Sechacha,
62 Nibschan und die Salzstadt und
En-Gedi. Das sind sechs Städte mit ihren
Gehöften.
63 ¶Die Jebusiter aber wohnten in Jerusalem, und Juda konnte sie nicht vertreiben. So blieben die [a]Jebusiter mit denen
von Juda in Jerusalem wohnen bis auf diesen Tag.

a Kap 18,28; 2.Sam 5,6.7

Erbteil der Josefstämme

16 Das Los des Stammes [a]**Josef** nahm
seinen Anfang am Jordan bei Jericho, an den Wassern von Jericho im
Osten. Von Jericho an geht die Grenze
durch die Wüste auf das Gebirge nach
Bethel

a 1.Mose 49,22

2 und kommt von Bethel heraus nach Lus
und geht durch zum Gebiet der Arkiter
nach Atarot
3 und zieht sich hernieder westwärts zu
dem Gebiet der Jafletiter bis an das Gebiet
des unteren Bet-Horon und bis nach
Geser, und ihr Ende ist am Meer.
4 ¶Und die Söhne Josefs, **Manasse** und
Ephraim, erhielten ihr Erbteil.
5 Das Gebiet des Stammes **Ephraim** für
seine Geschlechter: Die Grenze seines
Erbteils ostwärts war Atrot-Addar bis zum
oberen Bet-Horon
6 und läuft aus bis zum Meer; bei Michmetat, das im Norden liegt, biegt sie um
ostwärts nach Taanat-Silo und geht da hindurch östlich von Janoach
7 und kommt herab von Janoach nach
Atarot und Naara und stößt an Jericho und
läuft aus am Jordan.
8 Von Tappuach geht die Grenze westwärts zum Bach Kana, und ihr Ende ist
am Meer. Das ist das Erbteil des Stammes
Ephraim für seine Geschlechter;
9 dazu alle Städte mit ihren Gehöften, die
[a]für Ephraim ausgesondert waren mitten
unter dem Erbteil des Stammes Manasse.

a Kap 17,9

10 Und sie vertrieben die Kanaaniter nicht,
die in [a]Geser wohnten. So blieben die
Kanaaniter mitten unter Ephraim bis auf
diesen Tag und wurden fronpflichtig.

a Ri 1,29; 1.Kön 9,16

17 ¶Und das Los fiel für den Stamm
Manasse, denn er ist Josefs erstgeborener Sohn, und es fiel auf [a]Machir, den
erstgeborenen Sohn Manasses, den Vater
Gileads, denn er war ein Kriegsmann, und
es wurden ihm zuteil Gilead und Baschan.

a Kap 13,31; 4.Mose 26,29

2 Auf die andern Söhne Manasses aber
nach ihren Geschlechtern fiel das Los
auch, nämlich auf die Söhne [a]Abiësers,
die Söhne Heleks, die Söhne Asriëls, die
Söhne Sichems, die Söhne Hefers und die
Söhne Schemidas. Das sind die Nachkommen Manasses, des Sohnes Josefs, die
Männer nach ihren Geschlechtern.

a Ri 6,11.24; 8,32

3 ¶Aber [a]Zelofhad, der Sohn Hefers, des
Sohnes Gileads, des Sohnes Machirs, des
Sohnes Manasses, hatte keine Söhne, sondern [b]nur Töchter, und ihre Namen sind
diese: Machla, Noa, Hogla, Milka, Tirza.

a 4.Mose 26,33 b 4.Mose 27,1-8; 36

4 Und sie traten vor den Priester Eleasar
und vor Josua, den Sohn Nuns, und vor
die Obersten und sprachen: Der HERR hat
Mose geboten, daß er uns solle Erbteil
geben unter unsern Brüdern. Und man
gab ihnen Erbteil unter den Brüdern ihres
Vaters nach dem Befehl des HERRN.
5 Es fielen aber auf Manasse zehn Erbteile außer dem Lande Gilead und
Baschan, das jenseits des Jordans liegt;
6 denn die Töchter Manasses empfingen
Erbteil unter seinen Söhnen. Das Land
Gilead aber wurde den andern Söhnen
Manasses zuteil.
7 ¶Und die Grenze Manasses war von
Asser an nach Michmetat, das östlich von
Sichem liegt, und reicht rechts an das
Gebiet von En-Tappuach;
8 das Land von Tappuach wurde dem
Manasse zuteil, aber Tappuach selbst an
der Grenze Manasses wurde Ephraim
zuteil.
9 Danach kommt sie herab zum Bach
Kana an der Südseite des Baches; diese
Städte gehören Ephraim inmitten der
Städte Manasses. Die Grenze Manasses
aber geht weiter an der Nordseite des
Baches und endet am Meer;
10 Ephraim lag südwärts, Manasse nordwärts, und das Meer ist die Grenze.

Manasse stößt an Asser im Norden und an Issachar im Osten.

11 ¶[a]Es hatte aber Manasse im Gebiet von Issachar und Asser: Bet-Schean und seine Ortschaften, Jibleam und seine Ortschaften und die Einwohner von Dor und seine Ortschaften und die von En-Dor und seine Ortschaften, die von Taanach und seine Ortschaften und die von Megiddo und seine Ortschaften samt den drei Höhen. *a (11 und 12)* Ri 1,27.28

12 Und der Stamm Manasse konnte diese Städte nicht erobern, sondern die Kanaaniter vermochten im Lande zu bleiben.

13 Als aber die Israeliten mächtig wurden, machten sie die Kanaaniter fronpflichtig; aber sie vertrieben sie nicht völlig.[a]

a Kap 16,10

14 ¶Da redeten die Nachkommen Josefs mit Josua und sprachen: Warum hast du mir nur **ein** Los und **ein** Erbteil gegeben? Ich bin doch ein großes Volk, da mich der HERR so gesegnet hat.

15 Da sprach Josua zu ihnen: Weil du ein großes Volk bist, so geh hinauf ins Waldgebirge und rode dort für dich im Lande der Perisiter und Refaïter, wenn dir das Gebirge Ephraim zu eng ist.

16 Da sprachen die Nachkommen Josefs: Das Gebirge wird nicht Raum genug für uns haben; dazu gibt es eiserne Wagen bei allen Kanaanitern, die im ebenen Land wohnen, bei denen zu Bet-Schean und seinen Ortschaften und bei denen in der Ebene Jesreel.

17 Josua sprach zum Hause Josef, zu Ephraim und Manasse: Du bist ein großes Volk, und weil du so stark bist, sollst du nicht nur **ein** Los haben,

18 sondern das Gebirge soll dein sein, wo der Wald ist; dort kannst du roden, und er soll dein sein, so weit er reicht; dann wirst du die Kanaaniter vertreiben, obwohl sie eiserne Wagen haben, denn du wirst mächtiger sein als sie.*

* Nach anderer Überlieferung: denn sie sind mächtig.

Verteilung des noch übrigen Landes. Benjamins Erbteil

18 Und es versammelte sich die ganze Gemeinde der Israeliten in [a]Silo und richtete dort die Stiftshütte auf, und das Land war ihnen unterworfen.

a Ri 21,19; 1.Sam 1,3; 4,4; Jer 7,12-15

2 ¶Und es waren noch sieben Stämme von Israel, die ihr Erbteil nicht erhalten hatten.

3 Und Josua sprach zu Israel: Wie lange seid ihr so lässig, daß ihr nicht hingeht, das Land einzunehmen, das euch der HERR, der Gott eurer Väter, gegeben hat?

4 Nehmt euch aus jedem Stamm drei Männer, damit ich sie sende und sie sich aufmachen und durchs Land gehen und es aufschreiben nach ihren Erbteilen und wieder zu mir kommen.

5 Teilt das Land in sieben Teile! Juda soll bleiben auf seinem Gebiet im Süden, und das Haus Josef soll bleiben auf seinem Gebiet im Norden.

6 Ihr aber, schreibt die sieben Teile des Landes auf und tut mir's kund; dann will ich für euch das Los werfen hier vor dem HERRN, unserm Gott.

7 Denn die [a]Leviten erhalten keinen Anteil unter euch, sondern das Priestertum des HERRN ist ihr Erbteil. Gad aber und Ruben und der halbe Stamm Manasse haben ihr Teil bekommen jenseits des Jordans im Osten, das ihnen Mose, der Knecht des HERRN, gegeben hat.

a Kap 13,14.33

8 Da machten sich die Männer auf und gingen hin. Und Josua gebot ihnen, als sie auszogen, das Land aufzuschreiben, und sprach: Geht hin und durchwandert das Land; schreibt es auf und kehrt zu mir zurück, damit ich für euch hier das Los werfe vor dem HERRN in Silo.

9 So gingen die Männer hin und durchzogen das Land und schrieben's auf in ein Buch, Stadt für Stadt, in sieben Teilen, und kamen wieder zu Josua ins Lager nach Silo.

10 Da warf Josua das Los für sie in Silo vor dem HERRN und verteilte dort das Land unter die Israeliten, einem jeden Stamm sein Teil.

11 ¶Da fiel das Los des Stammes [a]**Benjamin** für seine Geschlechter, und sein Gebiet war zwischen Juda und Josef.

a 1.Mose 49,27

12 Und seine Grenze war an der Nordseite vom Jordan an und geht hinauf auf den Hang nördlich von Jericho und kommt aufs Gebirge westwärts und geht aus nach der Wüste von [a]Bet-Awen *a* Kap 7,2

13 und geht von da nach Lus – das ist [a]Bethel – an den Abhang südwärts von Lus und kommt hinab nach Atrot-Addar

an den Berg, der südwärts liegt von dem
unteren Bet-Horon. *a* 1.Mose 12,8; 28,19
14 Danach neigt sie sich und biegt in ihrem
westlichen Teil nach Süden um von dem
Berge an, der südlich vor Bet-Horon liegt,
und endet bei Kirjat-Baal - das ist [a]Kirjat-
Jearim -, einer Stadt in Juda. Das ist die
Seite nach Westen. *a* Kap 15,6-9.60
15 Aber auf der Seite nach Süden läuft die
Grenze von [a]Kirjat-Jearim an und geht
zuerst nach Westen und läuft dann hin zur
Quelle Neftoach *a* Kap 15,9
16 und geht hinab an den Fuß des Berges,
der vor dem Tal des Sohnes Hinnoms
liegt, an der Nordecke der Ebene Refaïm,
und geht herab durchs Tal Hinnom am
Südhang der Jebusiterstadt und kommt
hinab zur Quelle Rogel
17 und zieht sich nordwärts und läuft hin
nach En-Schemesch und läuft hin nach
Gelilot gegenüber der Steige von Adum-
mim und kommt hinab zum Stein Bohans,
des Sohnes Rubens,
18 und geht zu dem Hang nördlich von
Bet-Araba und kommt hinab nach Bet-
Araba
19 und geht zu dem Hang nördlich von
Bet-Hogla, und ihr Ende ist am nördlichen
Ufer des Salzmeers, dort, wo der Jordan
hineinfließt. Das ist die Südgrenze.
20 Aber die Seite nach Osten soll der Jor-
dan begrenzen. Das ist das Erbteil Benja-
mins in seinen Grenzen ringsumher für
seine Geschlechter.
21 ¶Die Städte aber des Stammes Benja-
min für seine Geschlechter sind diese:
Jericho, Bet-Hogla, Emek-Keziz,
22 Bet-Araba, Zemarajim, Bethel,
23 Awim, Para, Ofra,
24 Kefar-Ammoni, Ofni, Geba. Das sind
zwölf Städte mit ihren Gehöften.
25 ¶Gibeon, Rama, Beerot,
26 Mizpe, Kefira, Moza,
27 Rekem, Jirpeel, Tarala,
28 Zela, Elef und die Stadt der [a]Jebusiter
- das ist Jerusalem -, Gibea, Kirjat-Jearim;
vierzehn Städte mit ihren Gehöften. Das
ist das Erbteil des Stammes Benjamin für
seine Geschlechter. *a* Kap 15,63; Ri 1,21

Das Erbteil der übrigen sechs Stämme

19 Danach fiel das zweite Los auf den
Stamm [a]**Simeon** für seine Ge-
schlechter; und ihr Erbteil war inmitten
des Erbteils von Juda. *a* 1.Mose 49,5
2 Und es ward ihnen zum Erbteil [a]Beer-
scheba, Schema, Molada,
a 1.Mose 21,14.31.33
3 Hazar-Schual, Baala, Ezem,
4 Eltolad, Betul, Horma,
5 Ziklag, Bet-Markabot, Hazar-Susa,
6 Bet-Lebaot, Scharuhen. Das sind drei-
zehn Städte mit ihren Gehöften.
7 Ajin, Rimmon, Eter, Aschan. Das sind
vier Städte mit ihren Gehöften,
8 dazu alle Gehöfte, die um diese Städte
liegen, bis Baalat-Beer; das ist Rama im
Südland. Das ist das Erbteil des Stammes
Simeon für seine Geschlechter.
9 Denn das Erbteil des Stammes Simeon
ist von dem Anteil des Stammes Juda
genommen. Weil der Anteil des Stammes
Juda zu groß für ihn war, darum erbte der
Stamm Simeon mitten in dessen Erbteil.
10 ¶Das dritte Los fiel auf den Stamm
[a]**Sebulon** für seine Geschlechter. Und die
Grenze seines Erbteils war bis Sarid
a 1.Mose 49,13
11 und geht hinauf westwärts nach Marala
und stößt an Dabbeschet und dann an den
Bach, der gegenüber von Jokneam fließt,
12 und wendet sich von Sarid gegen Son-
nenaufgang bis an das Gebiet Kislot-Tabor
und läuft hin nach Daberat und reicht hin-
auf nach Jafia.
13 Und von da geht sie gegen Osten nach
Gat-Hefer und Et-Kazin und läuft hin nach
Rimmon, neigt sich nach Nea
14 und biegt um im Norden nach Hanna-
ton und endet im Tal von Jiftach-El.
15 Dazu Kattat, [a]Nahalal, Schimron, Jidala
und Bethlehem. Das sind zwölf Städte mit
ihren Gehöften. *a* Ri 1,30
16 Das ist das Erbteil des Stammes Sebu-
lon für seine Geschlechter; das sind seine
Städte und Gehöfte.
17 ¶Das vierte Los fiel auf den Stamm
[a]**Issachar** für seine Geschlechter.
a 1.Mose 49,14
18 Und sein Gebiet war Jesreel, Kesullot,
[a]Schunem, *a* 2.Kön 4,8
19 Hafarajim, Schion, Anaharat,
20 Rabbit, Kischjon, Ebez,
21 Remet, En-Gannim, En-Hadda, Bet-
Pazzez;
22 und die Grenze stößt an Tabor, Schaha-
zajim, Bet-Schemesch, und ihr Ende ist
am Jordan. Sechzehn Städte mit ihren
Gehöften.
23 Das ist das Erbteil des Stammes Issa-

char für seine Geschlechter, die Städte mit ihren Gehöften.

24 ¶Das fünfte Los fiel auf den Stamm [a]**Asser** für seine Geschlechter.

a 1.Mose 49,20

25 Und sein Gebiet war Helkat, Hali, Beten, Achschaf,

26 Alammelech, Amad, Mischal, und die Grenze stößt im Westen an den Karmel und an den Fluß Libnat

27 und wendet sich gegen Osten nach Bet-Dagon und stößt an Sebulon und an das Tal Jiftach-El nordwärts, stößt an Bet-Emek, Negiël und läuft hin nach Kabul zur Linken,

28 Abdon, Rehob, Hammon, Kana bis nach Sidon, der großen Stadt,

29 und wendet sich nach Rama bis zu der festen Stadt Tyrus und wendet sich nach Hosa und endet am Meer. Dazu Mahaleb, [a]Achsib,

a Kap 15,44; Ri 1,31

30 Umma, Afek, Rehob. Zweiundzwanzig Städte mit ihren Gehöften.

31 Das ist das Erbteil des Stammes Asser für seine Geschlechter, die Städte mit ihren Gehöften.

32 ¶Das sechste Los fiel auf den Stamm [a]**Naftali** für seine Geschlechter.

a 1.Mose 49,21

33 Und seine Grenze war von Helef, von der Eiche bei Zaanannim an, dazu Adami-Nekeb und Jabneel, bis Lakkum und endet am Jordan;

34 und die Grenze wendet sich westwärts nach Asnot-Tabor und läuft von da nach Hukkok und stößt nach Sebulon im Süden und an Asser im Westen und an den Jordan im Osten.

35 Und feste Städte sind: Ziddim, Zer, Hammat, Rakkat, Kinneret,

36 Adama, Rama, Hazor,

37 Kedesch, Edreï, En-Hazor,

38 Jiron, Migdal-El, Horem, [a]Bet-Anat, Bet-Schemesch. Neunzehn Städte mit ihren Gehöften.

a Ri 1,33

39 Das ist das Erbteil des Stammes Naftali für seine Geschlechter, die Städte mit ihren Gehöften.

40 ¶Das siebente Los fiel auf den Stamm [a]**Dan** für seine Geschlechter.

a 1.Mose 49,16

41 Und das Gebiet seines Erbteils war Zora, Eschtaol, Ir-Schemesch,

42 Schaalbim, Ajalon, Jitla,

43 Elon, [a]Timna, Ekron,

a Kap 15,10

44 Elteke, Gibbeton, Baalat,

45 Jehud, Bene-Berak, Gat-Rimmon,

46 Me-Jarkon, Rakkon mit dem Gebiet bei [a]Jafo.

a Jona 1,3

47 Dem Stamm Dan aber ging sein Gebiet verloren, und er zog hinauf und kämpfte gegen Leschem und eroberte und schlug es mit der Schärfe des Schwerts und nahm es ein und wohnte darin und nannte es Dan nach seines Vaters Namen.[a]

a Ri 18,27-29

48 Das ist das Erbteil des Stammes Dan für seine Geschlechter, die Städte mit ihren Gehöften.

49 ¶Und als sie das ganze Land ausgeteilt hatten, nach seinen Gebieten, gaben die Israeliten dem Josua, dem Sohn Nuns, ein Erbteil in ihrer Mitte

50 und gaben ihm nach dem Befehl des HERRN die Stadt, die er forderte, nämlich [a]Timnat-Serach auf dem Gebirge Ephraim. Dann baute er die Stadt auf und wohnte darin.

a Kap 24,30; Ri 2,9

51 ¶Das sind die Erbteile, die [a]Eleasar, der Priester, und Josua, der Sohn Nuns, und die Häupter der Sippen unter den Stämmen Israels durchs Los austeilten in [b]Silo vor dem HERRN, vor der Tür der Stiftshütte; und sie vollendeten so die Verteilung des Landes.

a Kap 14,1 b Kap 18,1

Bestimmung von Freistädten

20 Und der HERR redete mit Josua und sprach:

2 Sage den Israeliten: Bestimmt unter euch [a]Freistädte, von denen ich euch durch Mose gesagt habe.

a 4.Mose 35,9-29

3 Dahin kann ein Totschläger fliehen, der jemand aus Versehen und ohne Vorsatz erschlägt, damit sie euch eine Freistatt sind vor dem Bluträcher.

4 Und wer zu einer dieser Städte flieht, soll draußen vor dem Stadttor stehenbleiben und vor den Ältesten der Stadt seine Sache vorbringen; dann sollen sie ihn zu sich in die Stadt nehmen und ihm Raum geben, bei ihnen zu wohnen.

5 Und wenn der Bluträcher ihm nachjagt, sollen sie den Totschläger nicht in seine Hände übergeben, weil er ohne Vorsatz seinen Nächsten erschlagen hat und ihm vorher nicht feind gewesen ist.

6 So soll er in der Stadt wohnen, bis er vor der Gemeinde vor Gericht gestanden hat und bis der Hohepriester gestorben

ist, der zu jener Zeit im Amt sein wird.
Dann darf der Totschläger zurückkommen
in seine Stadt und in sein Haus, zur Stadt,
aus der er geflohen ist.
7 Da weihten sie [a]Kedesch in Galiläa auf
dem Gebirge Naftali und Sichem auf dem
Gebirge Ephraim und [b]Kirjat-Arba - das
ist Hebron - auf dem Gebirge Juda;

a Kap 19,37 *b* Kap 15,13

8 und jenseits des Jordans, im Osten von
Jericho, [a]bestimmten sie Bezer in der
Wüste auf der Ebene im Gebiet des
Stammes Ruben und Ramot in Gilead im
Gebiet des Stammes Gad und Golan in
Baschan im Gebiet des Stammes Manasse.

a 5.Mose 4,41-43

9 Das waren die Städte, bestimmt für alle
Israeliten und die Fremdlinge, die in ihrer
Mitte wohnten, daß dahin fliehen könne,
wer jemand aus Versehen erschlägt, damit
er nicht stirbt durch den Bluträcher, bis er
vor der Gemeinde gestanden hat.

Wohnstätten der Leviten

(vgl. 1.Chr 6,39-66)

21 [a]Da traten herzu die Häupter der
Sippen unter den **Leviten** zu dem
Priester Eleasar und zu Josua, dem Sohn
Nuns, und zu den Häuptern der Sippen
unter den Stämmen Israels

a (1-3) Kap 14,1; 4.Mose 35,2 8

2 und redeten mit ihnen in Silo im Lande
Kanaan und sprachen: Der HERR hat gebo-
ten durch Mose, daß man uns Städte
geben solle, um darin zu wohnen, und
dazu Weideplätze für unser Vieh.
3 Da gaben die Israeliten den Leviten von
ihren Erbteilen nach dem Befehl des
HERRN diese Städte und ihre Weideplätze.
4 ¶Und das Los fiel auf die Geschlechter
der Kehatiter, und es wurden unter den
Leviten den Söhnen des Priesters Aaron
durchs Los zugeteilt dreizehn Städte von
dem Stamm Juda, von dem Stamm
Simeon und von dem Stamm Benjamin.[a]

a 4.Mose 3,17-39

5 Den übrigen Söhnen Kehat aber wur-
den durchs Los zugeteilt zehn Städte von
den Geschlechtern des Stammes Ephraim,
von dem Stamm Dan und von dem hal-
ben Stamm Manasse.
6 Aber den Söhnen Gerschon wurden
durchs Los zugeteilt dreizehn Städte von
den Geschlechtern des Stammes Issachar,
von dem Stamm Asser und von dem
Stamm Naftali und von dem halben
Stamm Manasse in Baschan.
7 Den Söhnen Merari wurden für ihre
Geschlechter zugeteilt zwölf Städte von
dem Stamm Ruben, von dem Stamm Gad
und von dem Stamm Sebulon.
8 So gaben die Israeliten den Leviten
durchs Los diese Städte und ihre Weide-
plätze, wie der HERR durch Mose geboten
hatte.
9 ¶Von dem Stamm Juda und von dem
Stamm Simeon gaben sie diese Städte, die
sie mit Namen nannten,
10 den Söhnen Aaron vom Geschlecht der
Kehatiter aus den Leviten; denn das erste
Los war ihnen zuteil geworden.
11 Sie gaben ihnen [a]die Stadt des Arba,
des Vaters Anaks, - das ist Hebron - auf
dem Gebirge Juda und ihre Weideplätze
um sie her. *a* Kap 20,7
12 Aber das Ackerland der Stadt mit ihren
Gehöften gaben sie [a]Kaleb, dem Sohn
Jefunnes, zu seinem Besitz.

a Kap 14,14; 15,13

13 Sie gaben den Söhnen des Priesters
Aaron die Freistadt für die Totschläger:
Hebron und seine Weideplätze, Libna und
seine Weideplätze,
14 Jattir und seine Weideplätze, Eschte-
moa und seine Weideplätze,
15 Holon und seine Weideplätze, Debir
und seine Weideplätze,
16 Ajin und seine Weideplätze, Jutta und
seine Weideplätze, [a]Bet-Schemesch und
seine Weideplätze, neun Städte von die-
sen zwei Stämmen. *a* 1.Sam 6,12.15
17 ¶Von dem Stamm Benjamin aber
gaben sie vier Städte: Gibeon und seine
Weideplätze, Geba und seine Weideplätze,
18 [a]Anatot und seine Weideplätze, Ale-
met und seine Weideplätze, *a* Jer 1,1
19 so daß alle Städte der Söhne Aaron, der
Priester, waren dreizehn mit ihren Weide-
plätzen.
20 ¶Die Geschlechter der übrigen Söhne
Kehat, die Leviten, erhielten als ihren
Losanteil von dem Stamm Ephraim vier
Städte:
21 Sie gaben ihnen die Freistadt für die
Totschläger: [a]Sichem und seine Weide-
plätze auf dem Gebirge Ephraim, ferner
Geser und seine Weideplätze, *a* Kap 20,7
22 Kibzajim und seine Weideplätze, Bet-
Horon und seine Weideplätze.
23 Von dem Stamm Dan vier Städte:

Elteke und seine Weideplätze, Gibbeton
und seine Weideplätze,
24 Ajalon und seine Weideplätze, Gat-
Rimmon und seine Weideplätze.
25 Von dem halben Stamm Manasse zwei
Städte: Taanach und seine Weideplätze,
Gat-Rimmon und seine Weideplätze,
26 so daß alle Städte der Geschlechter der
übrigen Söhne Kehat waren zehn mit ihren
Weideplätzen.
27 ¶Den Söhnen Gerschon aber aus den
Geschlechtern der Leviten wurden gege-
ben von dem halben Stamm Manasse zwei
Städte: die Freistadt für die Totschläger:
[a]Golan in Baschan und seine Weideplätze,
ferner Beëschtera und seine Weideplätze.
a Kap 20,8
28 Von dem Stamm Issachar vier Städte:
Kischjon und seine Weideplätze, Daberat
und seine Weideplätze,
29 Jarmut und seine Weideplätze, En-
Gannim und seine Weideplätze.
30 Von dem Stamm Asser vier Städte:
Mischal und seine Weideplätze, Abdon
und seine Weideplätze,
31 Helkat und seine Weideplätze, Rehob
und seine Weideplätze.
32 Von dem Stamm Naftali drei Städte: die
Freistadt für die Totschläger: [a]Kedesch in
Galiläa und seine Weideplätze, ferner
Hammot-Dor und seine Weideplätze, Kar-
tan und seine Weideplätze, *a* Kap 20,7
33 so daß alle Städte des Geschlechts der
Gerschoniter waren dreizehn mit ihren
Weideplätzen.
34 ¶Den Geschlechtern der Söhne Merari
aber, den noch übrigen Leviten, wurden
gegeben von dem Stamm Sebulon vier
Städte: Jokneam und seine Weideplätze,
Karta und seine Weideplätze,
35 Dimna und seine Weideplätze, Nahalal
und seine Weideplätze.
36 Von dem Stamm Ruben vier Städte: die
Freistadt für die Totschläger: [a]Bezer und
seine Weideplätze, ferner Jahaz und seine
Weideplätze, *a* Kap 20,8
37 Kedemot und seine Weideplätze,
Mefaat und seine Weideplätze.
38 Von dem Stamm Gad vier Städte: die
Freistadt für die Totschläger: [a]Ramot in
Gilead und seine Weideplätze, *a* Kap 20,8
39 ferner Mahanajim und seine Weide-
plätze, Heschbon und seine Weideplätze,
Jaser und seine Weideplätze,
40 so daß alle Städte der Söhne Merari
nach ihren Geschlechtern, der noch übri-
gen Leviten, waren zwölf nach ihrem Los.
41 ¶Alle Städte der Leviten unter dem
Erbe Israels waren achtundvierzig mit
ihren Weideplätzen.
42 Und jede von diesen Städten hatte ihren
Weideplatz um sich her, eine wie die
andere.

Ruhe für das ganze Land

43 So hat der HERR Israel das ganze Land
gegeben, das er geschworen hatte, ihren
Vätern zu geben, und sie nahmen's ein
und wohnten darin.[a] *a* 1.Mose 12,7
44 Und der HERR gab ihnen [a]Ruhe rings-
umher, ganz wie er ihren Vätern geschwo-
ren hatte; und keiner ihrer Feinde wider-
stand ihnen, sondern alle ihre Feinde gab
er in ihre Hände. *a* 5.Mose 12,9.10
45 **Es war [a]nichts dahingefallen von all
dem guten Wort, das der HERR dem Hau-
se Israel verkündigt hatte. Es war alles
gekommen.** *a* Kap 23,14; 1.Kön 8,56

Josua entläßt die zweieinhalb Stämme in ihre Heimat

22 Da rief Josua die Rubeniter und
Gaditer und den halben Stamm
Manasse
2 und sprach zu ihnen: Ihr habt alles
gehalten, was euch Mose, der Knecht des
HERRN, [a]geboten hat, und habt gehorcht
meiner Stimme in allem, was ich euch
geboten habe. *a* 4.Mose 32,20-22; 5.Mose 3,18-20
3 Ihr habt eure Brüder diese lange Zeit
bis zum heutigen Tag nicht verlassen und
habt festgehalten an dem Gebot des
HERRN, eures Gottes.
4 Weil nun der HERR, euer Gott, eure Brü-
der [a]zur Ruhe gebracht hat, wie er ihnen
zugesagt hat, so wendet euch nun und
zieht hin zu euren Wohnstätten in das
Land eures Erbes, das euch Mose, der
Knecht des HERRN, gegeben hat jenseits
des Jordans. *a* Hebr 4,8
5 Achtet aber nur genau darauf, daß ihr
tut nach dem Gebot und Gesetz, das euch
Mose, der Knecht des HERRN, geboten
hat, daß ihr den HERRN, euren Gott, liebt
und wandelt in allen seinen Wegen und
seine Gebote haltet und ihm anhangt und
ihm dient von ganzem Herzen und von
ganzer Seele.[a] *a* 5.Mose 10,12
6 So segnete sie Josua und ließ sie gehen,
und sie gingen zu ihren Wohnstätten.

7 ¶Dem einen halben Stamm Manasse hatte Mose Erbteil gegeben in Baschan, der andern Hälfte gab Josua ihr Erbteil unter ihren Brüdern diesseits des Jordans nach Westen zu. Und als er sie gehen ließ zu ihren Wohnstätten und sie gesegnet hatte,

8 sprach er zu ihnen: Ihr kommt wieder heim mit großem Gut zu euren Wohnstätten, mit sehr viel Vieh, Silber, Gold, Kupfer, Eisen und Kleidern. [a]So teilt nun die Beute eurer Feinde mit euren Brüdern. *a* 4.Mose 31,27

Errichtung eines Altars am Jordan

9 Da kehrten zurück die Söhne Ruben, die Söhne Gad und der halbe Stamm Manasse und gingen von den Israeliten weg aus Silo, das im Lande Kanaan liegt, damit sie ins Land Gilead zögen zum Lande ihres Erbes, das sie nach dem Befehl des HERRN durch Mose geerbt hatten.

10 Und als sie zu den Steinkreisen des Jordans kamen, die noch im Lande Kanaan liegen, bauten die Söhne Ruben, die Söhne Gad und der halbe Stamm Manasse dort am Jordan einen Altar, groß und ansehnlich.

11 Als aber die Israeliten sagen hörten: Siehe, der Stamm Ruben, der Stamm Gad und der halbe Stamm Manasse haben einen Altar gebaut an den Grenzen des Landes Kanaan, bei den Steinkreisen des Jordans, an der Grenze des Gebiets von Israel,

12 da versammelte sich die ganze Gemeinde Israel in Silo, um gegen sie zu Felde zu ziehen.

13 Und Israel sandte zu ihnen ins Land Gilead den [a]Pinhas, den Sohn Eleasars, den Priester, *a* 4.Mose 25,7

14 und mit ihm zehn Fürsten, aus jeder Sippe der Stämme Israels einen, und jeder war Haupt seiner Sippe über tausend in Israel.

15 Und als sie zu ihnen ins Land Gilead kamen, redeten sie mit ihnen und sprachen:

16 So läßt euch sagen die ganze Gemeinde des HERRN: Wie versündigt ihr euch an dem Gott Israels, daß ihr euch heute abkehrt von dem HERRN und [a]daß ihr euch einen Altar baut und von dem HERRN abfallt? *a* 3.Mose 17,8.9; 5.Mose 12,13.14

17 Ist's nicht genug mit der Schuld von [a]Peor, von der wir bis zum heutigen Tag noch nicht gereinigt sind und um derentwillen eine Plage unter die Gemeinde des HERRN kam? *a* 4.Mose 25

18 Und ihr wendet euch heute von dem HERRN weg. Dann wird es geschehen: heute lehnt ihr euch auf gegen den HERRN, und morgen wird er über die ganze Gemeinde Israel zürnen.

19 Haltet ihr das Land eures Erbes für unrein, so kommt herüber ins Land, das dem HERRN gehört, wo die Wohnung des HERRN steht, und empfangt Erbteil unter uns; aber lehnt euch nicht auf gegen den HERRN und gegen uns, daß ihr euch einen Altar baut außer dem Altar des HERRN, unseres Gottes.

20 Versündigte sich nicht [a]Achan, der Sohn Serachs, am Gebannten, und kam nicht der Zorn über die ganze Gemeinde Israel, obgleich er nur ein einzelner Mann war? Ging er nicht zugrunde wegen seiner Missetat? *a* Kap 7

21 ¶Da antworteten die Söhne Ruben und die Söhne Gad und der halbe Stamm Manasse und sagten zu den [a]Obersten über tausend in Israel: *a* 4.Mose 1,16; 10,4

22 Der starke Gott, der HERR, der starke Gott, der HERR, weiß es; so wisse es auch Israel: fallen wir ab oder lehnen wir uns auf gegen den HERRN, so helfe er uns heute nicht!

23 Und wenn wir darum den Altar gebaut haben, daß wir uns von dem HERRN abwenden wollten, um Brandopfer oder Speisopfer darauf zu opfern oder Dankopfer darauf darzubringen, so suche es der HERR heim!

24 Haben wir es nicht vielmehr aus Sorge darum getan, daß wir dachten: Künftig könnten eure Söhne zu unsern Söhnen sagen: Was geht euch der HERR, der Gott Israels, an?

25 Der HERR hat den Jordan zur Grenze gesetzt zwischen uns und euch, ihr Söhne Ruben und Gad, ihr habt kein Teil am HERRN. Damit würden eure Nachkommen unsere Nachkommen von der Furcht des HERRN abwenden.

26 Darum sprachen wir: Laßt uns einen Altar bauen, nicht zum Brandopfer noch zum Schlachtopfer,

27 sondern damit er ein [a]Zeuge sei zwischen uns und euch und unsern Nach-

kommen, daß wir dem HERRN Dienst tun
wollen vor ihm mit unsern Brandopfern,
Dankopfern und Schlachtopfern, und eure
Söhne künftig nicht sagen dürfen zu
unsern Söhnen: Ihr habt kein Teil an dem
HERRN. *a* Kap 24,27
28 Und wir sagten uns: Wenn sie künftig
zu uns oder zu unsern Nachkommen so
reden würden, so könnten wir sagen: Seht,
wie der Altar des HERRN gebaut ist, den
unsere Väter gemacht haben, nicht zum
Brandopfer noch zum Schlachtopfer, son-
dern zum Zeugen zwischen uns und euch.
29 Das sei ferne von uns, daß wir uns auf-
lehnen gegen den HERRN und uns heute
von ihm abwenden und einen Altar bauen
zum Brandopfer und zum Speisopfer und
zum Schlachtopfer außer dem Altar des
HERRN, unseres Gottes, der vor seiner
Wohnung steht.
30 ¶ Als aber Pinhas, der Priester, und die
Fürsten der Gemeinde, die Obersten über
tausend in Israel, die bei ihm waren, diese
Worte hörten, die die Söhne Ruben, Gad
und Manasse sagten, gefielen sie ihnen
gut.
31 Und Pinhas, der Sohn Eleasars, der
Priester, sprach zu den Söhnen Ruben,
Gad und Manasse: Heute erkennen wir,
daß der HERR unter uns ist, weil ihr euch
nicht an dem HERRN versündigt habt mit
dieser Tat. Nun habt ihr die Israeliten
errettet aus der Hand des HERRN.
32 Da kehrten Pinhas, der Sohn Eleasars,
der Priester, und die Obersten aus dem
Land Gilead von den Söhnen Ruben und
Gad ins Land Kanaan zu den Israeliten
zurück und sagten's ihnen an.
33 Das gefiel den Israeliten gut, und sie
lobten Gott und sagten, daß sie nicht mehr
gegen sie zu Felde ziehen wollten, um das
Land zu verderben, darin die Söhne
Ruben und Gad wohnten.
34 Und die Söhne Ruben und Gad
benannten den Altar*; denn »Zeuge ist er
zwischen uns, daß der HERR Gott ist«.

* In einigen Handschriften ist der Name »Altar des Zeugnisses« erhalten.

Josuas letzte Vermahnung

23 Und nach langer Zeit, als der HERR
Israel [a] Ruhe gegeben hatte vor allen
seinen Feinden ringsumher und Josua nun
alt und hochbetagt war, *a* Kap 21,44
2 berief er ganz Israel, seine Ältesten,
Häupter, Richter und Amtleute und sprach
zu ihnen: Ich bin alt und hochbetagt,
3 und ihr habt alles gesehen, was der
HERR, euer Gott, getan hat an allen diesen
Völkern vor euch her; denn der HERR,
euer Gott, hat selber für euch gestritten.
4 Seht, ich hab euch diese Völker, die
noch übrig waren, durchs Los zugeteilt,
einem jeden Stamm sein Erbteil, alle Völ-
ker, die ich ausgerottet habe vom Jordan
an bis zum großen Meer, wo die Sonne
untergeht.
5 Und der HERR, euer Gott, wird sie vor
euch ausstoßen und vor euch vertreiben,
und ihr werdet ihr Land einnehmen, wie
euch der HERR, euer Gott, zugesagt hat.
6 So haltet nun ganz fest daran, daß ihr
alles tut, was geschrieben steht im Gesetz-
buch des Mose, und nicht davon weicht,
weder zur Rechten noch zur Linken,[a]
a 5.Mose 5,29
7 damit ihr euch nicht mengt unter diese
Völker, die noch übrig sind bei euch, und
nicht anruft und [a] schwört bei dem Namen
ihrer Götter noch ihnen dient noch sie
anbetet, *a* 2.Mose 23,13.24
8 sondern dem HERRN, eurem Gott,
anhangt, wie ihr bis auf diesen Tag getan
habt.
9 [a] Der HERR hat vor euch große und
mächtige Völker vertrieben, und niemand
hat euch widerstanden bis auf diesen Tag.
a (9 und 10) 3.Mose 26,7.8; 5.Mose 28,7
10 Einer von euch jagt tausend; denn der
HERR, euer Gott, streitet für euch, wie er
euch zugesagt hat.
11 Darum achtet ernstlich darauf um euer
selbst willen, daß ihr den HERRN, euren
Gott, liebhabt.[a] *a* 5.Mose 6,5
12 Denn wenn ihr euch abwendet und die-
sen Völkern, die noch übrig sind, anhangt
und euch mit ihnen verheiratet, daß ihr zu
ihnen eingeht und sie zu euch,
13 so wißt, daß der HERR, euer Gott, nicht
mehr alle diese Völker vor euch vertrei-
ben wird, sondern [a] sie werden euch zum
Fallstrick und Netz werden und zur Gei-
ßel für euren Rücken und zum Stachel in
euren Augen, bis ihr ausgerottet seid aus
dem guten Land, das euch der HERR, euer
Gott, gegeben hat.
a 4.Mose 33,55; 5.Mose 7,16; Ri 2,3
14 ¶ Siehe, ich gehe heute dahin wie alle
Welt; und ihr sollt wissen von ganzem
Herzen und von ganzer Seele, daß [a] nichts

dahingefallen ist von all den guten Wor-
ten, die der HERR, euer Gott, euch ver-
kündigt hat. Es ist alles gekommen und
nichts dahingefallen. *a* Kap 21,45
15 [a]Wie nun all das gute Wort gekommen
ist, das der HERR, euer Gott, euch verkün-
digt hat, so wird der HERR auch über euch
kommen lassen all das böse Wort, bis er
euch vertilgt hat aus diesem guten Lande,
das euch der HERR, euer Gott, gegeben
hat. *a (15 und 16)* 5.Mose 28,15-47
16 Wenn ihr übertretet den Bund des
HERRN, eures Gottes, den er euch gebo-
ten hat, und hingeht und andern Göttern
dient und sie anbetet, so wird der Zorn
des HERRN über euch entbrennen, und ihr
werdet bald ausgerottet sein aus dem
guten Land, das er euch gegeben hat.

Josuas Landtag zu Sichem

24 Josua versammelte alle Stämme
Israels nach Sichem und berief die
Ältesten von Israel, seine Obersten, Rich-
ter und Amtleute. Und als sie vor Gott
getreten waren,
2 sprach er zum ganzen Volk: So spricht
der HERR, der Gott Israels: Eure Väter
wohnten vorzeiten jenseits des Euphrat-
stroms, [a]Terach, Abrahams und Nahors
Vater, und [b]dienten andern Göttern.
a 1.Mose 11,26 *b* 1.Mose 31,19; 35,2
3 Da nahm ich euren Vater Abraham von
jenseits des Stroms und ließ ihn umher-
ziehen im ganzen Land Kanaan und
mehrte sein Geschlecht und gab ihm
Isaak.
4 Und Isaak gab ich Jakob und Esau und
gab Esau das Gebirge [a]Seïr zum Besitz.
[b]Jakob aber und seine Söhne zogen hinab
nach Ägypten. *a* 1.Mose 32,4 *b* 1.Mose 46,6
5 Da sandte ich Mose und Aaron und
plagte Ägypten, wie ich unter ihnen getan
habe.[a] *a* 2.Mose 3,10
6 Danach [a]führte ich euch und eure Vä-
ter aus Ägypten. Und als ihr ans Meer
kamt und die Ägypter euren Vätern nach-
jagten mit Wagen und Gespannen ans
Schilfmeer, *a* 2.Mose 12,33.51
7 da schrien sie zum HERRN. [a]Der setzte
eine Finsternis zwischen euch und die
Ägypter und ließ das Meer über sie kom-
men, und es bedeckte sie. Eure Augen
haben gesehen, was ich in Ägypten getan
habe. Und ihr habt gewohnt in der Wüste
eine lange Zeit. *a* 2.Mose 14
8 Und [a]ich habe euch gebracht in das
Land der Amoriter, die jenseits des Jor-
dans wohnten. Und als sie gegen euch
kämpften, gab ich sie in eure Hände, so
daß ihr ihr Land einnahmt, und vertilgte
sie vor euch her. *a* 4.Mose 21,25.31
9 Da machte sich auf Balak, der Sohn Zip-
pors, der König der Moabiter, und kämpfte
mit Israel und sandte hin und ließ rufen
Bileam, den Sohn Beors, um euch zu ver-
fluchen.[a] *a* 4.Mose 22
10 Aber ich wollte ihn nicht hören, son-
dern [a]er mußte euch segnen, und ich
errettete euch aus seinen Händen.
a 4.Mose 23,11.20
11 Und als ihr über den Jordan gingt und
nach Jericho kamt, kämpften gegen euch
die Bürger von Jericho, die Amoriter, Peri-
siter, Kanaaniter, Hetiter, Girgaschiter,
Hiwiter und Jebusiter; aber ich gab sie in
eure Hände.[a] *a* Kap 3,10; 6,1-21
12 Und ich sandte [a]Angst und Schrecken
vor euch her; die trieben sie vor euch weg,
[b]die beiden Könige der Amoriter, und
nicht dein Schwert noch dein Bogen.
a 2.Mose 23,28 *b* Kap 10,1.2
13 Und ich habe euch ein Land gegeben,
um das ihr euch nicht gemüht habt, und
Städte, die ihr nicht gebaut habt, um darin
zu wohnen, und ihr eßt von Weinbergen
und Ölbäumen, die ihr nicht gepflanzt
habt.[a] *a* 5.Mose 6,10.11
14 So fürchtet nun den HERRN und dient
ihm treulich und rechtschaffen und [a]laßt
fahren die Götter, denen eure Väter
gedient haben jenseits des Euphratstroms
und in Ägypten, und dient dem HERRN.
a Vers 2; 2.Mose 32
15 Gefällt es euch aber nicht, dem HERRN
zu dienen, so wählt euch heute, [a]wem ihr
dienen wollt: den Göttern, denen eure
Väter gedient haben jenseits des Stroms,
oder den Göttern der Amoriter, in deren
Land ihr wohnt. **Ich aber und mein Haus
wollen dem HERRN dienen.** *a* 5.Mose 6,13.14
16 ¶Da antwortete das Volk und sprach:
Das sei ferne von uns, daß wir den HERRN
verlassen und andern Göttern dienen!
17 Denn der HERR, unser Gott, hat uns
und unsere Väter aus Ägyptenland
geführt, aus der Knechtschaft, und hat vor
unsern Augen diese großen Zeichen getan
und uns behütet auf dem ganzen Wege,
den wir gezogen sind, und unter allen Völ-
kern, durch die wir gegangen sind,

[18]und hat ausgestoßen vor uns her alle
Völker und die Amoriter, die im Lande
wohnten. Darum wollen wir auch dem
HERRN dienen; denn er ist unser Gott.
[19]¶Josua sprach zum Volk: Ihr [a]könnt
dem HERRN nicht dienen; denn er ist ein
heiliger Gott, ein [b]eifernder Gott, der eure
Übertretungen und Sünden nicht verge-
ben wird. *a* 5.Mose 29,3 *b* 2.Mose 20,5
[20]Wenn ihr den HERRN verlaßt und frem-
den Göttern dient, so wird er sich abwen-
den und euch plagen und euch ausrotten,
nachdem er euch Gutes getan hatte.
[21]Das Volk aber sprach zu Josua: Nein,
sondern wir wollen dem HERRN dienen.
[22]¶Da sprach Josua zum Volk: Ihr seid
Zeugen gegen euch selbst, daß ihr euch
den HERRN erwählt habt, um ihm zu die-
nen. Und sie sprachen: Ja! –
[23]So [a]tut nun von euch die fremden Göt-
ter, die unter euch sind, und neigt euer
Herz zu dem HERRN, dem Gott Israels.
a 1.Mose 35,2
[24]Und das Volk sprach zu Josua: Wir wol-
len dem HERRN, unserm Gott, dienen und
seiner Stimme gehorchen.
[25]¶So schloß Josua an diesem Tag einen
[a]Bund für das Volk und legte ihnen
Gesetze und Rechte vor in Sichem.
a 2.Kön 23,3
[26]Und Josua schrieb dies alles ins Buch
des Gesetzes Gottes und nahm einen gro-
ßen Stein und richtete ihn dort auf unter
einer [a]Eiche, die bei dem Heiligtum des
HERRN war, *a* 1.Mose 35,4; Ri 9,6
[27]und sprach zum ganzen Volk: Siehe,
dieser Stein soll [a]Zeuge sein unter uns,
denn er hat gehört alle Worte des HERRN,
die er mit uns geredet hat, und soll ein
Zeuge unter euch sein, daß ihr euren Gott
nicht verleugnet. *a* Kap 22,27; 1.Mose 31,48
[28]So entließ Josua das Volk, einen jeden
in sein Erbteil.

Josuas und Eleasars Tod. Bestattung der Gebeine Josefs

[29]Und es begab sich nach diesen
Geschichten, daß [a]Josua, der Sohn Nuns,
der Knecht des HERRN, starb, als er hun-
dertundzehn Jahre alt war. *a* 4.Mose 27,18-23
[30]Und man begrub ihn in dem Gebiet
seines Erbteils in [a]Timnat-Serach, das auf
dem Gebirge Ephraim liegt, nördlich vom
Berge Gaasch. *a* Kap 19,50
[31]Und Israel diente dem HERRN, solange
Josua lebte und die Ältesten, die noch
lange Zeit nach Josua lebten und alle
Werke des HERRN kannten, die er an Israel
getan hatte.[a] *a* Ri 2,7
[32]¶Die [a]Gebeine Josefs, die die Israeli-
ten aus Ägypten gebracht hatten, begru-
ben sie zu Sichem [b]auf dem Stück Feld,
das Jakob von den Söhnen Hamors, des
Vaters von Sichem, für hundert Gold-
stücke gekauft hatte und das das Erbteil
der Söhne Josef ward.
a 1.Mose 50,25 *b* 1.Mose 33,19
[33]Auch [a]Eleasar, der Sohn Aarons, starb,
und sie begruben ihn in Gibea, der Stadt
seines Sohnes Pinhas, die ihm gegeben
war auf dem Gebirge Ephraim.
a 5.Mose 10,6

DAS BUCH DER RICHTER

Inhaltsübersicht

Israels Kämpfe bei der Einwanderung

1 [a]Nach dem Tod Josuas [b]befragten die
Israeliten den HERRN und sprachen:
Wer soll unter uns zuerst hinaufziehen,
Krieg zu führen gegen die Kanaaniter?

a (1 und 2) 1.Mose 49,8
b Kap 18,5; 20,18; 2.Mose 28,30; 4.Mose 27,21

2 Der HERR sprach: Juda soll hinaufzie-
hen. Siehe, ich habe das Land in seine
Hand gegeben.
3 Da sprach Juda zu seinem Bruder
Simeon: Zieh mit mir hinauf in mein Erb-
teil und laß uns mit den Kanaanitern
kämpfen, dann will auch ich mit dir zie-
hen in dein Erbteil. So zog Simeon mit
ihm.
4 Als nun Juda hinaufzog, gab der HERR
die Kanaaniter und Perisiter in ihre Hände,
und sie schlugen bei Besek zehntausend
Mann
5 und fanden den Adoni-Besek zu Besek
und kämpften mit ihm und schlugen die
Kanaaniter und Perisiter.
6 Aber Adoni-Besek floh, und sie jagten
ihm nach. Und als sie ihn ergriffen, hieben
sie ihm die Daumen ab an seinen Händen
und Füßen.
7 Da sprach Adoni-Besek: Siebzig Könige
mit abgehauenen Daumen an Händen und
Füßen lasen auf unter meinem Tisch. Wie
ich getan habe, so hat mir Gott vergolten.
Und man brachte ihn nach Jerusalem; dort
starb er.
8 Aber Juda [a]kämpfte gegen Jerusalem
und eroberte es und schlug es mit der
Schärfe des Schwerts und zündete die
Stadt an. *a* Vers 21
9 ¶Danach zog Juda hinab, um gegen die
Kanaaniter zu kämpfen, die [a]auf dem
Gebirge und im Südland und im Hügel-
land wohnten. *a* Jos 10,40; 11,16-20
10 [a]Und Juda zog gegen die Kanaaniter,
die in Hebron wohnten - Hebron aber
hieß vorzeiten Kirjat-Arba -, und sie
erschlugen den Scheschai und Ahiman
und Talmai *a (10-15)* Jos 15,13-19
11 und zogen von dort gegen die Einwoh-
ner von Debir. Debir aber hieß vorzeiten
Kirjat-Sefer.
12 Und Kaleb sprach: Wer Kirjat-Sefer
schlägt und erobert, dem will ich meine
Tochter Achsa zur Frau geben.[a]

a Jos 15,16

13 Da eroberte es Otniël, der Sohn des
Kenas, des jüngsten Bruders von Kaleb.
Und Kaleb gab ihm seine Tochter Achsa
zur Frau.
14 Und es begab sich, als sie zu ihm
kam, beredete er sie, ein Stück Land zu
fordern von ihrem Vater. Und sie stieg
vom Esel. Da sprach Kaleb zu ihr: Was
willst du?
15 Sie sprach: Gib mir eine Segensgabe!
Denn du hast mich nach dem dürren Süd-
land gegeben; gib mir auch Wasserquel-
len! Da gab er ihr die oberen und unteren
Quellen.
16 ¶Und die Nachkommen des Keniters
[a]Hobab, mit dem Mose verschwägert war,
zogen herauf aus der Palmenstadt mit den
Männern von Juda in die Wüste Juda, die
im Süden von [b]Arad liegt, und gingen hin
und wohnten mitten unter dem Volk.

a Kap 4,11; 4.Mose 10,29 *b* Jos 12,14

17 ¶Und Juda zog hin mit seinem Bruder
Simeon, und sie erschlugen die Kanaani-
ter in Zefat und [a]vollstreckten den Bann
an ihnen und nannten die Stadt Horma.

a 5.Mose 20,12-18

18 Doch eroberte Juda nicht Gaza mit sei-
nem Gebiet und Aschkelon mit seinem
Gebiet und Ekron mit seinem Gebiet.
19 Dennoch war der HERR mit Juda, daß
es das Gebirge einnahm; es konnte aber

die Bewohner der Ebene nicht vertreiben,
weil sie eiserne Wagen hatten.
20 Und sie [a] gaben dem Kaleb Hebron, wie
Mose gesagt hatte, und er vertrieb daraus
die drei Söhne des Anak. *a* Jos 14,6-15
21 ¶ Aber Benjamin vertrieb die Jebusiter
nicht, die in Jerusalem wohnten, sondern
die Jebusiter wohnten bei denen von Ben-
jamin in Jerusalem bis auf diesen Tag.[a]
a Vers 8; Jos 15,63; 18,28
22 ¶ Auch das Haus Josef zog hinauf nach
Bethel, und der HERR war mit ihnen.
23 Und das Haus Josef ließ [a] Bethel aus-
kundschaften; die Stadt hieß vorzeiten
Lus. *a* 1.Mose 28,19; Jos 12,16
24 Und die Späher sahen einen Mann aus
der Stadt gehen und sprachen zu ihm:
Zeige uns, wo wir in die Stadt kommen, so
wollen wir Barmherzigkeit an dir tun.
25 Und als er ihnen zeigte, wo sie in die
Stadt kämen, schlugen sie die Stadt mit
der Schärfe des Schwerts; aber [a] den Mann
und sein ganzes Geschlecht ließen sie
gehen. *a* Jos 6,25
26 Da zog der Mann ins Land der Hetiter
und baute eine Stadt und nannte sie Lus;
die heißt noch heutigentags so.
27 ¶ Und Manasse vertrieb nicht Bet-
Schean und seine Ortschaften noch Taa-
nach und seine Ortschaften noch die Ein-
wohner von Dor und seinen Ortschaften
noch die Einwohner von Jibleam und sei-
nen Ortschaften noch die Einwohner von
Megiddo und seinen Ortschaften. So blie-
ben die Kanaaniter dort im Lande woh-
nen.[a] *a* Jos 17,11-13
28 Als aber Israel mächtig wurde, machte
es die Kanaaniter fronpflichtig, vertrieb sie
jedoch nicht.
29 Auch Ephraim vertrieb die Kanaaniter
nicht, die in [a] Geser wohnten, sondern die
Kanaaniter wohnten mitten unter ihnen in
Geser. *a* Jos 16,10
30 ¶ Auch Sebulon vertrieb nicht die Ein-
wohner von Kitron und [a] Nahalol, sondern
die Kanaaniter wohnten mitten unter
ihnen und waren fronpflichtig. *a* Jos 19,15
31 Asser vertrieb nicht die Einwohner von
Akko noch die Einwohner von Sidon, von
Mahaleb, von Achsib, von Helba, von
Afek und von Rehob;
32 sondern die von Asser saßen mitten
unter den Kanaanitern, die im Land wohn-
ten, denn sie vertrieben sie nicht.
33 ¶ Naftali vertrieb die Einwohner nicht
von [a] Bet-Schemesch noch von Bet-Anat,
sondern saß mitten unter den Kanaanitern,
die im Lande wohnten. Aber die von Bet-
Schemesch und von Bet-Anat wurden
fronpflichtig. *a* Jos 19,38
34 ¶ Und die Amoriter drängten die Dani-
ter aufs Gebirge und ließen nicht zu, daß
sie herunter in die Ebene kämen.
35 Und die Amoriter blieben wohnen auf
dem Gebirge Heres, in [a] Ajalon und in
Schaalbim. Doch wurde ihnen die Hand
des Hauses Josef zu schwer, und sie wur-
den fronpflichtig. *a* Jos 19,42
36 ¶ Und das Gebiet der Edomiter ging
vom Skorpionensteig, von der Felsenstadt
und weiter hinauf.

Der Engel des HERRN droht Israel

2 Es kam aber der Engel des HERRN her-
auf von Gilgal nach Bochim und
sprach: Ich habe euch aus Ägypten her-
aufgeführt und ins Land gebracht, das ich
euren Vätern zu geben geschworen habe,
und gesprochen, ich wollte meinen Bund
mit euch nicht brechen ewiglich.
2 Ihr aber solltet [a] keinen Bund schließen
mit den Bewohnern dieses Landes und
ihre Altäre zerbrechen. Aber ihr habt mei-
ner Stimme nicht gehorcht. Warum habt
ihr das getan? *a* 5.Mose 7,2-5
3 Da sprach ich: Ich will sie nicht vor euch
vertreiben, [a] damit sie euch zum Fang-
strick werden und ihre Götter zur Falle.
a Jos 23,13
4 Und als der Engel des HERRN diese
Worte zu ganz Israel geredet hatte, erhob
das Volk seine Stimme und weinte.
5 Und sie nannten die Stätte Bochim* und
opferten dort dem HERRN.

* d.h. die Weinenden.

Israels Untreue gegen Gott während der Richterzeit

6 [a] Als Josua das Volk entlassen hatte und
die Israeliten hingezogen waren, ein jeder
in sein Erbteil, um das Land einzuneh-
men, *a (6-10)* Jos 24,29-31
7 diente das Volk dem HERRN, solange
Josua lebte und die Ältesten, die noch
lange nach Josua lebten und alle die gro-
ßen Werke des HERRN gesehen hatten, die
er an Israel getan hatte.
8 Da starb Josua, der Sohn Nuns, der
Knecht des HERRN, als er hundertundzehn
Jahre alt war.

9 Und sie begruben ihn im Gebiet seines Erbteils in Timnat-Heres auf dem Gebirge Ephraim, nördlich vom Berge Gaasch.

10 Als auch alle, die zu der Zeit gelebt hatten, zu ihren Vätern versammelt waren, kam nach ihnen ein anderes Geschlecht auf, das den HERRN nicht kannte noch die Werke, die er an Israel getan hatte.

11 Da taten die Israeliten, was dem HERRN mißfiel, und dienten den Baalen

12 und verließen den HERRN, den Gott ihrer Väter, der sie aus Ägyptenland geführt hatte, und folgten andern Göttern nach von den Göttern der Völker, die um sie her wohnten, und beteten sie an und erzürnten den HERRN.

13 Denn sie verließen je und je den HERRN und dienten dem Baal und den Astarten.

14 So entbrannte denn der Zorn des HERRN über Israel, und er gab sie in die Hand von Räubern, die sie beraubten, und verkaufte sie in die Hände ihrer Feinde ringsumher. Und sie konnten nicht mehr ihren Feinden widerstehen,

15 sondern sooft sie auszogen, [a]war des HERRN Hand wider sie zum Unheil, wie denn der HERR ihnen gesagt und geschworen hatte. Und sie wurden hart bedrängt.

a 3.Mose 26,17; 5.Mose 2,15; 28,20; 1.Sam 12,15

16 Wenn dann der HERR [a]Richter erweckte, die ihnen halfen aus der Hand der Räuber, *a* Apg 13,20

17 so gehorchten sie den Richtern auch nicht, sondern liefen andern Göttern nach und beteten sie an und wichen bald von dem Wege, auf dem ihre Väter gegangen waren, als sie des HERRN Geboten gehorchten; sie jedoch taten nicht wie diese.

18 Wenn aber der HERR ihnen Richter erweckte, so war der HERR mit dem Richter und errettete sie aus der Hand ihrer Feinde, solange der Richter lebte. Denn es jammerte den HERRN ihr Wehklagen über die, die sie unterdrückten und bedrängten.

19 Wenn aber der Richter gestorben war, so fielen sie wieder ab und trieben es ärger als ihre Väter, indem sie andern Göttern folgten, ihnen zu dienen und sie anzubeten. Sie ließen nicht von ihrem Tun noch von ihrem [a]halsstarrigen Wandel.

a 2.Mose 32,9

20 Darum entbrannte der Zorn des HERRN über Israel, und er sprach: Weil dies Volk meinen Bund übertreten hat, den ich ihren Vätern geboten habe, und gehorcht meiner Stimme nicht,

21 so will ich auch hinfort die Völker nicht vertreiben, die Josua übriggelassen hat, als er starb,

22 damit ich Israel durch sie [a]prüfe, ob sie auf dem Wege des HERRN bleiben und darauf wandeln, wie ihre Väter geblieben sind, oder nicht. *a* Kap 3,1.4; 5.Mose 8,2

23 So ließ der HERR diese Völker, die er nicht in Josuas Hand gegeben hatte, übrig, ohne sie sogleich zu vertreiben.[a]

a Kap 1,28; Ps 106,34

Die in Kanaan übriggebliebenen Völker

3 Dies sind die Völker, die der HERR übrigließ – damit er durch sie Israel [a]prüfte, alle, die nichts wußten von den Kriegen um Kanaan, *a* Kap 2,22

2 und die Geschlechter Israels Krieg führen lehrte, die früher nichts davon wußten –,

3 nämlich die [a]fünf Fürsten der Philister und alle Kanaaniter und Sidonier und Hiwiter, die am Gebirge Libanon wohnten, vom Berg Baal-Hermon an bis dorthin, wo man nach Hamat kommt.

a Jos 13,3

4 Diese blieben, um Israel durch sie zu prüfen, damit es kundwürde, ob sie den Geboten des HERRN gehorchten, die er ihren Vätern durch Mose geboten hatte.

5 Als nun die Israeliten wohnten unter den Kanaanitern, Hetitern, Amoritern, Perisitern, Hiwitern und Jebusitern,

6 nahmen sie deren Töchter zu Frauen und gaben ihre Töchter deren Söhnen und dienten deren Göttern.[a] *a* 5.Mose 7,3

Der Richter Otniël

7 Und die Israeliten taten, was dem HERRN mißfiel, und vergaßen den HERRN, ihren Gott, und dienten den Baalen und den Ascheren.

8 Da entbrannte der Zorn des HERRN über Israel, und er verkaufte sie in die Hand Kuschan-Rischatajims, des Königs von Mesopotamien; und so diente Israel dem Kuschan-Rischatajim acht Jahre.

9 Da schrien die Israeliten zu dem HERRN, und der HERR erweckte ihnen einen Retter, der sie errettete, [a]Otniël, den Sohn des Kenas, des jüngsten Bruders von Kaleb. *a* Kap 1,13; Jos 15,17.18

10 Und der [a]Geist des HERRN kam auf ihn, und er wurde Richter in Israel und zog aus zum Kampf. Und der HERR gab den König von Mesopotamien Kuschan-Rischatajim in seine Hand, so daß seine Hand über ihn stark wurde. *a* Kap 6,34

11 Da hatte das Land Ruhe vierzig Jahre. Und Otniël, der Sohn des Kenas, starb.

Die Richter Ehud und Schamgar

12 Aber die Israeliten taten wiederum, was dem HERRN mißfiel. Da machte der HERR den Eglon, den König der Moabiter, stark gegen Israel, weil sie taten, was dem HERRN mißfiel.

13 Und er sammelte zu sich die Ammoniter und die Amalekiter und zog hin und schlug Israel und nahm die [a]Palmenstadt ein. *a* Kap 1,16

14 Und die Israeliten dienten Eglon, dem König der Moabiter, achtzehn Jahre.

15 Da schrien sie zu dem HERRN, und der HERR erweckte ihnen einen Retter, Ehud, den Sohn Geras, den Benjaminiter; der war linkshändig.

¶Und als die Israeliten durch ihn Tribut sandten an Eglon, den König der Moabiter,

16 machte sich Ehud einen zweischneidigen Dolch, eine Hand lang, und gürtete ihn unter sein Kleid auf seine rechte Hüfte

17 und brachte Eglon, dem König der Moabiter, den Tribut. Eglon aber war ein sehr fetter Mann.

18 Und als er den Tribut übergeben hatte, entließ er die Leute, die den Tribut getragen hatten.

19 Er selbst aber kehrte um bei den Steinbildern zu Gilgal und ließ sagen: Ich habe, o König, dir heimlich etwas zu sagen. Der aber gebot: Hinaus! Da gingen hinaus von ihm alle, die um ihn standen.

20 Und Ehud kam zu ihm hinein. Er aber saß in dem kühlen Obergemach, das für ihn allein bestimmt war. Und Ehud sprach: Ich habe ein Wort von Gott an dich. Da stand er auf von seinem Thron.

21 Ehud aber streckte seine linke Hand aus und nahm den Dolch von seiner rechten Hüfte und stieß ihm den in den Bauch,[a]

a 2.Sam 20,9.10

22 daß nach der Schneide noch der Griff hineinfuhr und das Fett die Schneide umschloß; denn er zog den Dolch nicht aus seinem Bauch.

23 Aber Ehud ging zum Nebenraum hinaus, machte die Tür des Obergemachs hinter sich zu und verschloß sie.

24 ¶Als er nun hinausgegangen war, kamen die Leute des Königs und sahen, daß die Tür verschlossen war, und sprachen: Er ist vielleicht austreten gegangen in die Kammer am Obergemach.

25 Als sie aber allzu lange gewartet hatten und niemand die Tür des Gemachs auftat, nahmen sie den Schlüssel und schlossen auf. Siehe, da lag ihr Herr auf der Erde tot.

26 Ehud aber war entronnen, während sie gewartet hatten, und ging an den Steinbildern vorüber und entkam bis nach Seïra.

27 Und als er hineinkam, blies er die Posaune auf dem Gebirge Ephraim. Und die Israeliten zogen mit ihm vom Gebirge und er vor ihnen her,

28 und er sprach zu ihnen: Schnell mir nach! Denn der HERR hat die Moabiter, eure Feinde, in eure Hände gegeben! Und sie jagten ihm nach und besetzten die Furten am Jordan, die nach Moab gehen, und ließen niemand hinüber

29 und erschlugen zu jener Zeit die Moabiter, etwa zehntausend Mann, alles starke und streitbare Männer, so daß auch nicht einer entrann.

30 So wurden die Moabiter zu jener Zeit unter die Hand Israels gedemütigt. Und das Land hatte Ruhe achtzig Jahre.

31 ¶Nach ihm kam [a]Schamgar, der Sohn Anats. Der erschlug sechshundert Philister mit einem Ochsenstecken, und auch er errettete Israel. *a* Kap 5,6

Die Richterin Debora und Barak besiegen Sisera

4 Aber die Israeliten taten wiederum, was dem HERRN mißfiel, als Ehud gestorben war.

2 Und der HERR verkaufte sie in die Hand [a]Jabins, des Königs von Kanaan, der zu Hazor herrschte, und sein Feldhauptmann war Sisera; der wohnte in Haroschet der Heiden. *a* Jos 11,1

3 Und die Israeliten schrien zum HERRN, denn Jabin hatte neunhundert eiserne Wagen und unterdrückte die Israeliten mit Gewalt zwanzig Jahre.

4 ¶Zu der Zeit war Richterin in Israel die Prophetin Debora, die Frau Lappidots.

5 Sie hatte ihren Sitz unter der [a]Palme Deboras zwischen Rama und Bethel auf

dem Gebirge Ephraim. Und die Israeliten
kamen zu ihr hinauf zum Gericht.
[a] 1.Mose 35,8

6 Und sie sandte hin und ließ rufen Barak,
den Sohn Abinoams aus [a] Kedesch in Naf-
tali, und ließ ihm sagen: Hat dir nicht der
HERR, der Gott Israels, geboten: Geh hin
und zieh auf den Berg Tabor und nimm
zehntausend Mann mit dir von Naftali und
Sebulon?
[a] Jos 21,32

7 Ich aber will Sisera, den Feldhauptmann
Jabins, dir zuführen an den Bach Kischon
mit seinen Wagen und mit seinem Heer
und will ihn in deine Hände geben.

8 Barak sprach zu ihr: Wenn du mit mir
ziehst, so will auch ich ziehen; ziehst du
aber nicht mit mir, so will auch ich nicht
ziehen.

9 Sie sprach: Ich will mit dir ziehen; aber
der Ruhm wird nicht dein sein auf diesem
Kriegszug, den du unternimmst, sondern
der HERR wird Sisera in die Hand einer
Frau geben. So machte sich Debora auf
und zog mit Barak nach Kedesch.

10 Da rief Barak Sebulon und Naftali nach
Kedesch; und es zogen hinauf ihm nach
zehntausend Mann. Debora zog auch mit
ihm.

11 Heber aber, der Keniter, war von den
Kenitern, vom Geschlecht [a] Hobabs, mit
dem Mose verschwägert war, weggezogen
und hatte sein Zelt aufgeschlagen bei der
Eiche in Zaanannim bei Kedesch.
[a] Kap 1,16; 4.Mose 10,29

12 ¶ Da wurde Sisera angesagt, daß Barak,
der Sohn Abinoams, auf den Berg Tabor
gezogen wäre.

13 Und er rief alle seine Kriegswagen
zusammen, neunhundert eiserne Wagen,
und das ganze Volk, das mit ihm war, aus
Haroschet der Heiden an den Bach Ki-
schon.

14 Debora aber sprach zu Barak: Auf! Das
ist der Tag, an dem dir der HERR den
Sisera in deine Hand gegeben hat, denn
der HERR ist ausgezogen vor dir her. So
zog Barak von dem Berge Tabor hinab und
die zehntausend Mann ihm nach.

15 Und der HERR [a] erschreckte den Sisera
samt allen seinen Wagen und dem ganzen
Heer vor der Schärfe von Baraks Schwert,
so daß Sisera von seinem Wagen sprang
und zu Fuß floh.
[a] Kap 5,20; 1.Mose 35,5; 2.Mose 23,27; 5.Mose 2,25; Jos 2,9-11

16 Barak aber jagte den Wagen und dem
Heer nach bis Haroschet der Heiden. Und
Siseras ganzes Heer fiel durch die Schärfe
des Schwerts, so daß auch nicht einer
übrigblieb.

17 ¶ Sisera aber floh zu Fuß in das Zelt
Jaëls, der Frau des Keniters Heber. Denn
der König Jabin von Hazor und das Haus
Hebers, des Keniters, lebten miteinander
im Frieden.

18 Jaël aber ging hinaus Sisera entgegen
und sprach zu ihm: Kehre ein, mein Herr,
kehre ein bei mir und fürchte dich nicht!
Und er kehrte bei ihr ein in ihr Zelt, und
sie deckte ihn mit einer Decke zu.

19 Er aber sprach zu ihr: Gib mir doch ein
wenig Wasser zu trinken, denn ich habe
Durst. Da öffnete sie den Schlauch mit
Milch und gab ihm zu trinken und deckte
ihn wieder zu.

20 Und er sprach zu ihr: Tritt in die Tür
des Zeltes, und wenn einer kommt und
fragt, ob jemand hier sei, so sprich: Nie-
mand.

21 Da nahm Jaël, die Frau Hebers, einen
Pflock von dem Zelt und einen Hammer
in ihre Hand und ging leise zu ihm hinein
und schlug ihm den Pflock durch seine
Schläfe, daß er in die Erde drang. Er aber
war ermattet in einen tiefen Schlaf gesun-
ken. So starb er.

22 Als aber Barak Sisera nachjagte, ging
ihm Jaël entgegen und sprach zu ihm:
Komm her! Ich will dir den Mann zeigen,
den du suchst. Und als er zu ihr herein-
kam, lag Sisera tot da, und der Pflock
steckte in seiner Schläfe.

23 ¶ So demütigte Gott zu der Zeit Jabin,
den König von Kanaan, vor Israel.

24 Und die Hand der Israeliten legte sich
immer härter auf Jabin, den König von
Kanaan, bis sie ihn vernichteten.

Deboras Siegeslied

5 Da sangen Debora und Barak, der Sohn
Abinoams, zu jener Zeit:

2 Lobet den HERRN, daß man sich in Israel
zum Kampf rüstete und das Volk willig
dazu gewesen ist.

3 Hört zu, ihr Könige, und merkt auf, ihr
Fürsten! Ich will singen, dem HERRN will
ich singen, dem HERRN, dem Gott
Israels, will ich spielen.

4 ¶ HERR, als du von [a] Seïr auszogst und
einhergingst vom Gefilde Edoms, da [b] er-

zitterte die Erde, der Himmel troff, und
die Wolken troffen von Wasser.

[a] 5.Mose 33,2 [b] Hab 3,3-6

5 Die Berge wankten vor dem HERRN, der
Sinai vor dem HERRN, dem Gott Israels.[a]

[a] Ps 68,9

6 ¶ Zu den Zeiten [a] Schamgars, des
Sohnes Anats, zu den Zeiten Jaëls waren
verlassen die Wege, und die da auf Stra-
ßen gehen sollten, die wanderten auf un-
gebahnten Wegen.

[a] Kap 3,31

7 Still war's bei den Bauern, ja still in
Israel, bis du, Debora, aufstandest, bis du
aufstandest, eine Mutter in Israel.
8 Man erwählte sich neue Götter; es gab
kein Brot in den Toren. Es war [a] kein Schild
noch Speer unter vierzigtausend in Israel
zu sehen.

[a] 1.Sam 13,19.22

9 ¶ Mein Herz ist mit den Gebietern
Israels, mit denen, die willig waren unter
dem Volk. Lobet den HERRN!
10 Die ihr auf weißen Eselinnen reitet, die
ihr auf Teppichen sitzt und die ihr auf
dem Wege geht: Singet!
11 Horch, wie sie jubeln zwischen den
Tränkrinnen! Da sage man von der Ge-
rechtigkeit des HERRN, von der Gerechtig-
keit an seinen Bauern in Israel, als des
HERRN Volk herabzog zu den Toren.
12 Auf, auf, Debora! Auf, auf und singe
ein Lied! Mach dich auf, Barak, und fange,
die dich fingen, du Sohn Abinoams!
13 ¶ Da zog herab, was übrig war von
Herrlichen im Volk. Der HERR zog mit
mir herab unter den Helden:
14 aus Ephraim zogen sie herab ins Tal,
und nach ihm Benjamin mit seinem Volk.
Von [a] Machir zogen Gebieter herab und
von Sebulon, die den Führerstab halten,

[a] Jos 17,1

15 und die Fürsten in Issachar mit De-
bora, wie Issachar so Barak; ins Tal folgte
er ihm auf dem Fuß. An Rubens Bächen
überlegten sie lange.
16 Warum saßest du zwischen den Sattel-
körben, zu hören bei den Herden das
Flötenspiel? An Rubens Bächen überleg-
ten sie lange.
17 Gilead blieb jenseits des Jordans. Und
warum dient Dan auf fremden Schiffen?
Asser saß am Ufer des Meeres und blieb
ruhig an seinen Buchten.
18 Sebulons Volk aber wagte sein Leben
in den Tod, Naftali auch auf der Höhe des
Gefildes.
19 ¶ Könige kamen und stritten; damals
stritten die Könige Kanaans zu Taanach
am Wasser Megiddos, aber Silber gewan-
nen sie dabei nicht.
20 Vom Himmel her kämpften die Sterne,
von ihren Bahnen stritten sie wider Sise-
ra.[a]

[a] 2.Mose 14,25; Jos 10,14

21 Der Bach Kischon riß sie hinweg, der
uralte Bach, der Bach Kischon. Tritt ein-
her, meine Seele, mit Kraft!
22 Da stampften die Hufe der Rosse, ein
Jagen ihrer mächtigen Renner.
23 ¶ Fluchet der Stadt Meros, sprach der
Engel des HERRN, fluchet, fluchet ihren
Bürgern, daß sie nicht kamen dem HERRN
zu Hilfe, zu Hilfe dem HERRN unter den
Helden!
24 Gepriesen sei unter den Frauen Jaël,
die Frau Hebers, des Keniters; gepriesen
sei sie im Zelt unter den Frauen!
25 Milch gab sie, als er Wasser forderte,
Sahne reichte sie dar in einer herrlichen
Schale.[a]

[a] Kap 4,19

26 Sie griff mit ihrer Hand den Pflock und
mit ihrer Rechten den Schmiedehammer
und zerschlug Siseras Haupt und zer-
malmte und durchbohrte seine Schläfe.
27 Zu ihren Füßen krümmte er sich, fiel
nieder und lag da. Er krümmte sich, fiel
nieder zu ihren Füßen; wie er sich
krümmte, so lag er erschlagen da.
28 ¶ Die Mutter Siseras spähte zum Fen-
ster hinaus und klagte durchs Gitter:
Warum zögert sein Wagen, daß er nicht
kommt? Warum säumen die Hufe seiner
Rosse?
29 Die weisesten unter ihren Fürstinnen
antworten, und sie selbst wiederholt ihre
Worte:
30 Sie werden wohl Beute finden und ver-
teilen, eine Frau, zwei Frauen für jeden
Mann, und für Sisera bunte gestickte Klei-
der zur Beute, gewirkte bunte Tücher um
den Hals als Beute.
31 ¶ So sollen umkommen, HERR, alle
deine Feinde! [a] Die ihn aber liebhaben,
sollen sein, wie die Sonne aufgeht in ihrer
Pracht!
¶ Und das Land hatte Ruhe vierzig Jahre.

[a] 5.Mose 6,5

Israel von den Midianitern bedrängt

6 Und als die Israeliten taten, was dem
HERRN mißfiel, gab sie der HERR in die
Hand der Midianiter sieben Jahre.

2 Und als die Hand der Midianiter zu
stark wurde über Israel, machten sich die
Israeliten in den Bergen Schluchten zu-
recht und Höhlen und Festungen.
3 Und immer, [a]wenn Israel gesät hatte,
kamen die Midianiter und Amalekiter und
die aus dem Osten herauf über sie

a 5.Mose 28,33

4 und lagerten sich gegen sie und vernich-
teten die Ernte im Land bis hin nach Gaza
und ließen nichts übrig an Nahrung in
Israel, weder Schafe noch Rinder noch
Esel.
5 Denn sie kamen herauf mit ihrem Vieh
und ihren Zelten wie eine große Menge
Heuschrecken, so daß weder sie noch ihre
Kamele zu zählen waren, und fielen ins
Land, um es zu verderben.
6 So wurde Israel sehr schwach vor den
Midianitern. Da schrien die Israeliten zum
HERRN.
7 ¶ Als sie aber zum HERRN schrien um
der Midianiter willen,
8 sandte der HERR einen Propheten zu
ihnen, der sprach zu ihnen: So spricht der
HERR, der Gott Israels: Ich habe euch
aus Ägypten geführt und aus der Knecht-
schaft gebracht
9 und habe euch errettet aus der Hand
der Ägypter und aus der Hand aller, die
euch bedrängten, und habe sie vor euch
her ausgestoßen und ihr Land euch gege-
ben
10 und zu euch gesprochen: Ich bin der
HERR, euer Gott! Ihr sollt nicht fürchten
die Götter der Amoriter, in deren Land
ihr wohnt. Aber ihr habt meiner Stimme
nicht gehorcht.

Gideon zum Richter berufen

11 Und der Engel des HERRN kam und
setzte sich unter die Eiche bei Ofra; die
gehörte Joasch, dem [a]Abiësriter. Und sein
Sohn Gideon drosch Weizen in der Kelter,
damit er ihn berge vor den Midianitern.

a Jos 17,2

12 Da erschien ihm der Engel des HERRN
und sprach zu ihm: Der HERR mit dir, du
streitbarer Held!
13 Gideon aber sprach zu ihm: Ach, mein
Herr! Ist der HERR mit uns, warum ist uns
dann das alles widerfahren? Und wo sind
alle seine Wunder, die uns unsere Väter
erzählten und sprachen: Der HERR hat uns
aus Ägypten geführt? Nun aber hat uns
der HERR verstoßen und in die Hände der
Midianiter gegeben.
14 Der HERR aber wandte sich zu ihm und
sprach: Geh hin in dieser deiner Kraft; du
sollst Israel erretten aus den Händen der
Midianiter. Siehe, ich habe dich gesandt![a]

a Vers 32; 1.Sam 12,11; Hebr 11,32

15 Er aber sprach zu ihm: Ach, mein Herr,
womit soll ich Israel erretten? Siehe, mein
Geschlecht ist das geringste in Manasse,
und ich bin der Jüngste in meines Vaters
Hause.
16 Der HERR aber sprach zu ihm: [a]Ich will
mit dir sein, daß du die Midianiter schla-
gen sollst wie **einen** Mann. *a* 2.Mose 3,12
17 Er aber sprach zu ihm: Hab ich Gnade
vor dir gefunden, so mach mir doch
ein Zeichen, daß du es bist, der mit mir
redet.
18 [a]Geh nicht fort, bis ich wieder zu dir
komme und bringe meine Gabe und lege
sie vor dir hin. Er sprach: Ich will bleiben,
bis du wiederkommst. *a* Kap 13,15.16
19 Und Gideon ging hin und richtete ein
[a]Ziegenböcklein zu und ungesäuerte
Brote von einem Scheffel Mehl und legte
das Fleisch in einen Korb und tat die
Brühe in einen Topf und brachte es zu
ihm hinaus unter die Eiche und trat hinzu.

a 3.Mose 4,28

20 Aber der Engel Gottes sprach zu ihm:
Nimm das Fleisch und die Brote und lege
es hin auf den Fels hier und gieß die Brühe
darüber. Und er tat es.
21 Da streckte der Engel des HERRN den
Stab aus, den er in der Hand hatte, und
berührte mit der Spitze das Fleisch und
die Brote. Da fuhr [a]Feuer aus dem Fels
und verzehrte das Fleisch und die Brote.
Und der Engel des HERRN entschwand sei-
nen Augen. *a* 3.Mose 9,24
22 [a]Als nun Gideon sah, daß es der Engel
des HERRN war, sprach er: Ach, Herr
HERR! Habe ich wirklich den Engel des
HERRN von Angesicht zu Angesicht gese-
hen? *a (22 und 23)* Kap 13,22; 2.Mose 33,20
23 Aber der HERR sprach zu ihm: Friede
sei mit dir! Fürchte dich nicht, du wirst
nicht sterben.
24 Da baute Gideon dem HERRN dort
einen Altar und nannte ihn »Der HERR ist
Friede«. Der steht noch bis auf den heuti-
gen Tag in Ofra, der Stadt der Abiësriter.

Gideons Eifer für Gott

25 Und in derselben Nacht sprach der
HERR zu ihm: Nimm einen jungen Stier
von den Stieren deines Vaters und einen
zweiten Stier, der siebenjährig ist, und
[a]reiße nieder den Altar Baals, der deinem
Vater gehört, und haue um das [b]Bild der
Aschera, das dabei steht,

a 2.Kön 11,18 b 2.Kön 23,12-15

26 und baue dem HERRN, deinem Gott,
oben auf der Höhe dieses Felsens einen
Altar und rüste ihn zu und nimm den
zweiten Stier und bringe ein Brandopfer
dar mit dem Holz des Ascherabildes, das
du umgehauen hast.
27 Da nahm Gideon zehn Mann von seinen
Leuten und tat, wie ihm der HERR
gesagt hatte. Aber er fürchtete sich vor
seines Vaters Haus und vor den Leuten in
der Stadt, das am Tage zu tun, und tat's in
der Nacht.
28 Als nun die Leute in der Stadt früh am
Morgen aufstanden, siehe, da war der Altar
Baals niedergerissen und das Ascherabild
daneben umgehauen und der zweite Stier
als Brandopfer dargebracht auf dem Altar,
der gebaut war.
29 Und einer sprach zum andern: Wer hat
das getan? Und als sie suchten und nachfragten,
wurde gesagt: Gideon, der Sohn
des Joasch, hat das getan.
30 Da sprachen die Leute der Stadt zu
Joasch: Gib deinen Sohn heraus; er muß
sterben, weil er den Altar Baals niedergerissen
und das Ascherabild daneben
umgehauen hat.
31 Joasch aber sprach zu allen, die bei ihm
standen: Wollt ihr für Baal streiten? Wollt
ihr ihm helfen? Wer für ihn streitet, der
soll noch diesen Morgen sterben. Ist er
Gott, so streite er für sich selbst, weil sein
Altar niedergerissen ist.[a]

a 1.Kön 18,21-39

32 Von dem Tag an nannte man Gideon
[a]Jerubbaal, das heißt »Baal streite mit
ihm«, weil er seinen Altar niedergerissen
hat.

a Kap 7,1

Gideons Zurüstung zum Kampf

33 Als nun alle Midianiter und Amalekiter
und die aus dem Osten sich versammelt
hatten, zogen sie herüber und lagerten sich
in der Ebene Jesreel.
34 Da erfüllte der [a]Geist des HERRN den
Gideon. Und er ließ die Posaune blasen
und rief die Abiësriter auf, ihm zu folgen.

a Kap 3,10; 11,29; 13,25

35 Und er sandte Botschaft zu ganz
Manasse und rief sie auf, daß auch sie ihm
folgten. Er sandte auch Botschaft zu Asser
und Sebulon und Naftali; die kamen herauf,
ihm entgegen.
36 ¶Und Gideon sprach zu Gott: Willst
du Israel durch meine Hand erretten, wie
du zugesagt hast,
37 so will ich abgeschorene Wolle auf die
Tenne legen: Wird der Tau allein auf der
Wolle sein und der ganze Boden umher
trocken, so will ich daran erkennen, daß
du Israel erretten wirst durch meine Hand,
wie du zugesagt hast.
38 Und so geschah es. Und als er am
andern Morgen früh aufstand, drückte er
den Tau aus der Wolle, eine Schale voll
Wasser!
39 Und Gideon sprach zu Gott: [a]Dein
Zorn entbrenne nicht gegen mich, wenn
ich noch einmal rede. Ich will's nur noch
einmal versuchen mit der Wolle: es sei
allein auf der Wolle trocken und Tau auf
dem ganzen Boden.

a 1.Mose 18,30

40 Und Gott machte es so in derselben
Nacht, daß es trocken war allein auf der
Wolle und Tau überall auf dem Boden.

Gideons Sieg über Midian

7 Da machte sich [a]Jerubbaal – das ist
Gideon – früh auf und das ganze
Kriegsvolk, das mit ihm war, und sie lagerten
sich an der Quelle Harod, so daß er
das Heerlager der Midianiter nördlich von
dem Hügel More im Tal hatte.

a Kap 6,32

2 Der HERR aber sprach zu Gideon: Zu
zahlreich ist das Volk, das bei dir ist, als
daß ich Midian in seine Hände geben
sollte; Israel könnte sich rühmen wider
mich und sagen: Meine Hand hat mich
errettet.
3 So laß nun ausrufen vor den Ohren des
Volks: [a]Wer ängstlich und verzagt ist, der
kehre um. So sichtete sie Gideon. Da kehrten
vom Kriegsvolk zweiundzwanzigtausend
um, so daß nur zehntausend übrigblieben.

a 5.Mose 20,8

4 Und der HERR sprach zu Gideon: Das
Volk ist noch zu zahlreich. Führe sie hinab
ans Wasser; dort will ich sie dir sichten.
Und von wem ich dir sagen werde, daß er
mit dir ziehen soll, der soll mit dir ziehen;

von wem ich aber sagen werde, daß er nicht mit dir ziehen soll, der soll nicht mitziehen.

5 Und er führte das Volk hinab ans Wasser. Und der HERR sprach zu Gideon: Wer mit seiner Zunge Wasser leckt, wie ein Hund leckt, den stelle besonders; ebenso, wer niederkniet, um zu trinken.

6 Da war die Zahl derer, die geleckt hatten, dreihundert Mann. Alles übrige Volk hatte kniend getrunken aus der Hand zum Mund.

7 Und der HERR sprach zu Gideon: Durch die [a] dreihundert Mann, die geleckt haben, will ich euch erretten und die Midianiter in deine Hände geben; aber alles übrige Volk laß gehen an seinen Ort.

a 1.Sam 14,6

8 Und sie nahmen die Verpflegung des Volks und ihre Posaunen an sich. Aber die übrigen Israeliten ließ er alle gehen, jeden in sein Zelt; die dreihundert Mann aber behielt er bei sich. Und das Heer der Midianiter lag unten vor ihm in der Ebene.

9 ¶Und der HERR sprach in derselben Nacht zu Gideon: Steh auf und geh hinab zum Lager; denn ich habe es in deine Hände gegeben.

10 Fürchtest du dich aber hinabzugehen, so laß deinen Diener Pura mit dir hinabgehen zum Lager,

11 damit du hörst, was sie reden. Danach werden deine Hände stark sein, und du wirst hinabziehen zum Lager. Da ging Gideon mit seinem Diener Pura hinab bis an den Ort der Schildwache, die im Lager war.

12 Und die Midianiter und Amalekiter und alle aus dem Osten hatten sich niedergelassen in der Ebene wie eine Menge Heuschrecken, und ihre Kamele waren nicht zu zählen wegen ihrer großen Menge, wie der Sand am Ufer des Meeres.

13 Als nun Gideon kam, siehe, da erzählte einer einem andern einen Traum und sprach: Siehe, ich habe geträumt: ein Laib Gerstenbrot rollte zum Lager der Midianiter; und er kam an das Zelt, stieß es um, daß es einfiel, und kehrte es um, das Oberste zuunterst, so daß das Zelt am Boden lag.

14 Da antwortete der andere: Das ist nichts anderes als das Schwert Gideons, des Sohnes des Joasch, des Israeliten. Gott hat die Midianiter in seine Hände gegeben mit dem ganzen Heerlager.

15 Als Gideon diesen Traum erzählen hörte und seine Auslegung, fiel er anbetend nieder und kam zurück ins Lager Israels und sprach: Macht euch auf, denn der HERR hat das Lager der Midianiter in eure Hände gegeben!

16 Und er teilte die dreihundert Mann in drei Heerhaufen und gab jedem eine Posaune in die Hand und leere Krüge mit Fackeln darin

17 und sprach zu ihnen: Seht auf mich und tut ebenso; wenn ich nun an das Lager komme – wie ich tue, so tut ihr auch!

18 Wenn ich die Posaune blase und alle, die mit mir sind, so sollt ihr auch die Posaune blasen rings um das ganze Heerlager und rufen: Für den HERRN und für Gideon!

19 ¶So kam Gideon mit hundert Mann an das Lager zu Anfang der mittleren Nachtwache, als sie eben die Wachen aufgestellt hatten, und sie bliesen die Posaunen und zerschlugen die Krüge in ihren Händen.

20 Da bliesen alle drei Heerhaufen die Posaunen und zerbrachen die Krüge. Sie hielten aber die Fackeln in ihrer linken Hand und die Posaunen in ihrer rechten Hand, um zu blasen, und riefen: Hier Schwert des HERRN und Gideons!

21 Und sie blieben stehen, jeder an seiner Stelle, rings um das Lager her. Da fing das ganze Heer an zu laufen, und sie schrien und flohen.

22 Und während die dreihundert Mann die Posaunen bliesen, schaffte der HERR, daß im ganzen Heerlager eines jeden Schwert gegen den andern war. Und das Heer floh bis Bet-Schitta auf Zereda zu, bis an die Grenze von Abel-Mehola bei Tabbat.[a]

a Ps 83,10; Jes 9,3; 10,26

23 ¶Und die Männer Israels von Naftali, von Asser und von ganz Manasse wurden zusammengerufen und jagten den Midianitern nach.

24 Und Gideon sandte Botschaft auf das ganze Gebirge Ephraim und ließ sagen: Kommt herab den Midianitern entgegen und nehmt ihnen die Wasserstellen weg bis nach Bet-Bara und auch den Jordan. Da wurden zusammengerufen alle, die von Ephraim waren, und nahmen ihnen die Wasserstellen weg bis nach Bet-Bara und auch den Jordan.

25 Und sie fingen zwei Fürsten der Midianiter, Oreb und Seeb, und erschlugen Oreb

am Felsen Oreb* und Seeb bei der Kelter
Seeb* und jagten den Midianitern nach
und brachten die Häupter Orebs und
Seebs zu Gideon über den Jordan.

* Die Namen bedeuten »Rabenfels« und »Wolfskelter«.

8 ¶Da sprachen die Männer von [a]Eph-
raim zu ihm: Warum hast du uns das
angetan, daß du uns nicht riefst, als du in
den Kampf zogst gegen die Midianiter?
Und sie zankten heftig mit ihm. *a* Kap 12,1
2 Er aber sprach zu ihnen: Was hab ich
jetzt getan, das eurer Tat gleich sei? Ist
nicht die Nachlese Ephraims besser als
die ganze Weinernte [a]Abiësers?
a Kap 6,11.15
3 Gott hat die Fürsten der Midianiter,
Oreb und Seeb, in eure Hände gegeben.
Was hab ich zu tun vermocht gegen das,
was ihr getan habt? Als er das sagte, ließ
ihr Zorn von ihm ab.

Weitere Taten Gideons und sein Tod

4 Als nun Gideon an den Jordan kam, ging
er hinüber mit den dreihundert Mann, die
bei ihm waren; die waren müde und jag-
ten den Feinden nach.
5 Da bat er die Leute von [a]Sukkot: Gebt
doch dem Volk, das mir auf dem Fuße
folgt, Brote; denn sie sind müde, und ich
muß nachjagen den Königen der Midiani-
ter, Sebach und Zalmunna. *a* 1.Mose 33,17
6 Aber die Oberen von Sukkot sprachen:
Sind die Fäuste Sebachs und Zalmunnas
schon in deinen Händen, daß wir deinem
Heer Brot geben sollen?
7 Gideon sprach: Wohlan, wenn der HERR
Sebach und Zalmunna in meine Hand gibt,
will ich euer Fleisch mit Dornen aus der
Wüste und mit Stacheln zerdreschen.
8 Und er zog von dort hinauf nach Pnuël
und redete ebenso mit ihnen. Und die
Leute von Pnuël antworteten ihm dasselbe
wie die von Sukkot.
9 Und er sprach auch zu den Leuten von
Pnuël: Komm ich heil wieder, so will ich
diese Burg niederreißen.
10 ¶Sebach aber und Zalmunna waren in
Karkor und ihr Heerlager mit ihnen, etwa
fünfzehntausend, alle, die übriggeblieben
waren vom ganzen Heer derer aus dem
Osten; denn hundertundzwanzigtausend
waren gefallen, die das Schwert ziehen
konnten.
11 Und Gideon zog herauf auf der Straße
derer, die in Zelten wohnen, östlich von
Nobach und Jogboha, und schlug das
Heerlager, während es ohne Sorge lagerte.
12 Und Sebach und Zalmunna flohen;
aber er jagte ihnen nach und nahm gefan-
gen die beiden Könige der Midianiter,
Sebach und Zalmunna, und setzte das
ganze Heerlager in Schrecken.
13 ¶Als nun Gideon, der Sohn des Joasch,
vom Kampf zurückkam, auf der Steige von
Heres,
14 griff er sich einen Knaben von den Leu-
ten von Sukkot und fragte ihn aus. Der
schrieb ihm auf die Oberen von Sukkot
und ihre Ältesten, siebenundsiebzig
Mann.
15 Und er kam zu den Leuten von Sukkot
und sprach: Siehe, hier sind Sebach und
Zalmunna, um derentwillen ihr mich ver-
spottet habt und gesprochen: Ist denn
Sebachs und Zalmunnas Faust schon in
deinen Händen, daß wir deinen Leuten,
die müde sind, Brot geben sollen?
16 Und er nahm die Ältesten der Stadt und
holte Dornen aus der Wüste und Stacheln
und ließ es die Leute zu Sukkot fühlen.
17 Und die Burg von Pnuël riß er nieder
und erschlug die Leute der Stadt.
18 ¶Und Gideon sprach zu Sebach und
Zalmunna: Wie waren die Männer, die ihr
am Tabor erschlagen habt? Sie sprachen:
Sie waren wie du, jeder anzusehen wie ein
Königssohn.
19 Er aber sprach: Es sind meine Brüder,
meiner Mutter Söhne, gewesen. So wahr
der HERR lebt: wenn ihr sie am Leben
gelassen hättet, würde ich euch nicht
töten.[a] *a* 4.Mose 35,31
20 Und er sprach zu seinem erstgebore-
nen Sohn Jeter: Steh auf und erschlage
sie. Aber der Knabe zog sein Schwert
nicht; denn er fürchtete sich, weil er noch
ein Knabe war.
21 Sebach aber und Zalmunna sprachen:
Steh du auf und mache dich an uns; denn
wie der Mann ist, so ist auch seine Kraft.
Da stand Gideon auf und erschlug Sebach
und Zalmunna und nahm die kleinen
Monde, die an den Hälsen ihrer Kamele
waren.
22 ¶Da sprachen die Männer von Israel
zu Gideon: Sei Herrscher über uns, du
und dein Sohn und deines Sohnes Sohn,
weil du uns aus der Hand der Midianiter
errettet hast.

23 Aber Gideon sprach zu ihnen: Ich will
nicht Herrscher über euch sein, und mein
Sohn soll auch nicht Herrscher über euch
sein, sondern der HERR soll Herrscher
über euch sein.
24 Und Gideon sprach zu ihnen: Eins
begehre ich von euch: jeder gebe mir die
Ringe, die er als Beute genommen hat.
Denn weil es Ismaeliter waren, hatten sie
goldene Ringe.
25 Sie sprachen: Die wollen wir geben.
Und sie breiteten einen Mantel aus, und
ein jeder warf die Ringe darauf, die er als
Beute genommen hatte.
26 Und die goldenen Ringe, die er gefor-
dert hatte, wogen tausendsiebenhundert
Lot Gold ohne die kleinen Monde und
Ohrringe und Purpurkleider, die die Kö-
nige der Midianiter getragen hatten, und
ohne die Spangen ihrer Kamele.[a]
a 4.Mose 31,50
27 Und Gideon machte einen [a]Efod dar-
aus und stellte ihn in seiner Stadt Ofra auf.
Und ganz Israel trieb dort mit ihm Abgöt-
terei. Und er wurde Gideon und seinem
Hause zum Fallstrick. *a* Kap 17,5
28 ¶ So wurden die Midianiter gedemütigt
vor den Israeliten und hoben ihren Kopf
nicht mehr empor. Und [a]das Land hatte
Ruhe vierzig Jahre, solange Gideon lebte.
a Kap 3,11; 5,31
29 ¶ Und Jerubbaal, der Sohn des Joasch,
ging hin und wohnte in seinem Hause.
30 Und Gideon hatte siebzig leibliche
Söhne, denn er hatte viele Frauen.
31 Auch seine Nebenfrau, die er in Sichem
hatte, gebar ihm einen Sohn; den nannte
er Abimelech.
32 Und Gideon, der Sohn des Joasch, starb
in hohem Alter und wurde begraben im
Grab seines Vaters Joasch in [a]Ofra, der
Stadt der Abiësriter. *a* Kap 6,11
33 ¶ Als aber Gideon gestorben war, kehr-
ten sich die Israeliten ab und [a]liefen den
Baalen nach und machten [b]Baal-Berit zu
ihrem Gott. *a* Kap 2,11 *b* Kap 9,4
34 Und sie dachten nicht an den HERRN,
ihren Gott, der sie errettet hatte aus der
Hand aller ihrer Feinde ringsumher,
35 und [a]erzeigten sich nicht dankbar dem
Hause des Jerubbaal – das ist Gideon –
für alles Gute, das er an Israel getan hatte.
a Kap 9,5.19.24

Abimelechs Königtum

9 [a]Abimelech aber, der Sohn Jerubbaals,
ging hin nach Sichem zu den Brüdern
seiner Mutter und redete mit ihnen und
mit dem ganzen Geschlecht des Hauses
seiner Mutter und sprach: *a* Kap 8,31
2 Redet doch vor den Ohren aller Männer
von Sichem: [a]Was ist euch besser, daß
siebzig Männer, alle die Söhne Jerubbaals,
über euch Herrscher seien oder daß **ein**
Mann über euch Herrscher sei? Denkt
auch daran, daß ich euer Gebein und
Fleisch bin. *a* Vers 18
3 Da redeten die Brüder seiner Mutter sei-
netwegen alle diese Worte vor den Ohren
aller Männer von Sichem. Und ihr Herz
neigte sich Abimelech zu; denn sie dach-
ten: Er ist unser Bruder.
4 Und sie gaben ihm siebzig Silberstücke
aus dem Tempel des [a]Baal-Berit. Und
Abimelech warb damit lose, verwegene
Männer an, die ihm nachfolgten. *a* Kap 8,33
5 Und er kam in das Haus seines Vaters
nach Ofra und tötete seine Brüder, die
Söhne Jerubbaals, siebzig Mann, auf **einem**
Stein. Es blieb aber übrig Jotam, der jüng-
ste Sohn Jerubbaals; denn er hatte sich
versteckt.
6 Und es versammelten sich alle Männer
von Sichem und alle Bewohner des Millo,
gingen hin und machten Abimelech zum
König bei der [a]Eiche am Steinmal von
Sichem. *a* 1.Mose 35,4; Jos 24,26
7 ¶ Als das dem Jotam angesagt wurde,
ging er hin und stellte sich auf den Gipfel
des Berges Garizim, erhob seine Stimme,
rief und sprach zu ihnen: Höret mich, ihr
Männer von Sichem, daß euch Gott auch
höre.
8 ¶ Die Bäume gingen hin, um einen
König über sich zu salben, und sprachen
zum Ölbaum: Sei unser König!
9 Aber der Ölbaum antwortete ihnen: Soll
ich meine Fettigkeit lassen, die Götter und
Menschen an mir preisen, und hingehen,
über den Bäumen zu schweben?
10 Da sprachen die Bäume zum Feigen-
baum: Komm du und sei unser König!
11 Aber der Feigenbaum sprach zu ihnen:
Soll ich meine Süßigkeit und meine gute
Frucht lassen und hingehen, über den
Bäumen zu schweben?
12 Da sprachen die Bäume zum Wein-
stock: Komm du und sei unser König!

13 Aber der Weinstock sprach zu ihnen:
Soll ich meinen Wein lassen, der Götter
und Menschen fröhlich macht, und hinge-
hen, über den Bäumen zu schweben?
14 Da sprachen alle Bäume zum [a]Dorn-
busch: Komm du und sei unser König!
a 2.Kön 14,9
15 Und der Dornbusch sprach zu den Bäu-
men: Ist's wahr, daß ihr mich zum König
über euch salben wollt, so kommt und
bergt euch in meinem Schatten; wenn
nicht, so gehe Feuer vom Dornbusch aus
und verzehre die Zedern Libanons.
16 ¶Habt ihr nun recht und redlich getan,
daß ihr Abimelech zum König gemacht
habt? Und habt ihr wohlgetan an Jerub-
baal und an seinem Hause, und habt ihr
ihm getan, wie er's um euch verdient hat?
17 Denn mein Vater hat für euch gekämpft
und sein Leben gewagt, um euch aus der
Hand der Midianiter zu erretten.
18 Aber ihr habt euch heute gegen meines
Vaters Haus aufgelehnt und seine Söhne
getötet, siebzig Mann auf **einem** Stein, und
habt Abimelech, seiner Magd Sohn, zum
König über die Männer von Sichem
gemacht, weil er euer Bruder ist.
19 Habt ihr nun heute recht und redlich
gehandelt an Jerubbaal und an seinem
Hause, so seid fröhlich über Abimelech,
und er sei fröhlich über euch.
20 Wenn nicht, [a]so gehe Feuer aus von
Abimelech und verzehre die Männer von
Sichem und die Bewohner des Millo, und
gehe auch Feuer aus von den Männern
von Sichem und von den Bewohnern des
Millo und verzehre Abimelech. *a* Vers 57
21 Und Jotam floh vor seinem Bruder Abi-
melech und entwich und ging nach Beer
und wohnte dort.
22 ¶Als nun Abimelech drei Jahre über
Israel geherrscht hatte,
23 sandte Gott [a]einen bösen Geist zwi-
schen Abimelech und die Männer von
Sichem. Und die Männer von Sichem wur-
den Abimelech untreu,
a 1.Sam 16,14; 18,10; 19,9
24 damit der Frevel an den siebzig Söhnen
Jerubbaals und ihr [a]Blut käme auf Abi-
melech, ihren Bruder, der sie getötet hatte,
und auf die Männer von Sichem, die ihm
seine Hand dazu gestärkt hatten, daß er
seine Brüder tötete. *a* 1.Mose 9,6
25 Und die Männer von Sichem legten
einen Hinterhalt auf den Höhen der Berge
und beraubten alle, die auf der Straße bei
ihnen vorüberkamen. Und es wurde Abi-
melech angesagt.
26 ¶Es kamen aber Gaal, der Sohn Ebeds,
und seine Brüder und zogen in Sichem
ein. Und die Männer von Sichem verlie-
ßen sich auf ihn
27 und zogen hinaus aufs Feld und ernte-
ten ihre Weinberge ab und kelterten und
hielten ein Freudenfest und gingen in das
Haus ihres Gottes, aßen und tranken und
fluchten dem Abimelech.
28 Und Gaal, der Sohn Ebeds, sprach: Wer
ist Abimelech, und wer ist denn dieser
Sichemiter, daß wir ihm dienen sollten?
Ist er nicht Jerubbaals Sohn und hat Sebul,
seinen Vogt, hergesetzt? Dienet den Leu-
ten [a]Hamors, des Vaters von Sichem!
Warum sollten wir jenem dienen?
a 1.Mose 34,2
29 Wollte Gott, das Volk wäre unter mei-
ner Hand, so würde ich den Abimelech
vertreiben und ihm sagen: Mehre dein
Heer und zieh in den Kampf!
30 ¶Als aber Sebul, der Stadthauptmann,
die Worte Gaals, des Sohnes Ebeds, hörte,
entbrannte sein Zorn,
31 und er sandte heimlich Botschaft zu
Abimelech und ließ ihm sagen: Siehe,
Gaal, der Sohn Ebeds, und seine Brüder
sind nach Sichem gekommen und machen
dir die Stadt aufrührerisch.
32 So mach dich nun auf bei Nacht, du
und dein Volk, das bei dir ist, und lege
einen Hinterhalt im Felde.
33 Und am Morgen, wenn die Sonne auf-
geht, mache dich auf und überfalle die
Stadt. Und wenn er und das Volk, das bei
ihm ist, gegen dich hinauszieht, so tu mit
ihm, wie du es vermagst.
34 ¶Abimelech machte sich auf bei Nacht
und alles Volk, das bei ihm war, und sie
legten einen Hinterhalt gegen Sichem mit
vier Heerhaufen.
35 Und Gaal, der Sohn Ebeds, zog heraus
und trat vor das Stadttor. Aber Abimelech
machte sich auf aus dem Hinterhalt samt
dem Volk, das mit ihm war.
36 Als nun Gaal das Volk sah, sprach er zu
Sebul: Siehe, da kommt Kriegsvolk von
der Höhe des Gebirges herab. Sebul aber
sprach zu ihm: Du siehst die Schatten der
Berge für Leute an.
37 Gaal redete noch weiter und sprach:
Siehe, Kriegsvolk kommt herab [a]vom

Nabel der Erde*, und ein Heerhaufe
kommt daher auf dem Wege von der
Zaubereiche. *a* Hes 38,12

* Der Berg Garizim galt als Mitte der Erdscheibe.

38 Da sprach Sebul zu ihm: Wo ist nun
dein Maul, das da sagte: Wer ist Abime-
lech, daß wir ihm dienen sollten? Ist das
nicht das Kriegsvolk, das du verachtet
hast? Zieh nun hin und kämpfe mit ihm!
39 Gaal zog aus vor den Männern von
Sichem her und kämpfte mit Abimelech.
40 Aber Abimelech jagte ihm nach, daß er
vor ihm floh, und viele blieben erschlagen
liegen bis an das Tor.
41 Und Abimelech blieb in Aruma. Sebul
aber verjagte den Gaal und seine Brüder,
so daß sie in Sichem nicht bleiben konn-
ten.
42 ¶ Am Morgen aber ging das Volk her-
aus aufs Feld. Als das Abimelech angesagt
wurde,
43 nahm er das Kriegsvolk, teilte es in drei
Heerhaufen und legte einen Hinterhalt im
Feld. Als er nun sah, daß das Volk aus der
Stadt ging, erhob er sich gegen sie und
erschlug sie.
44 Abimelech und der Heerhaufe, der bei
ihm war, überfielen sie und stellten sich
am Stadttor auf. Die beiden andern Heer-
haufen aber überfielen alle, die auf dem
Felde waren, und erschlugen sie.
45 So kämpfte Abimelech gegen die Stadt
den ganzen Tag und eroberte sie und
tötete das Volk, das darin war, und zer-
störte die Stadt und streute Salz darauf.
46 ¶ Als das alle Männer der Burg von
Sichem hörten, gingen sie in das Gewölbe
des Tempels des [a] Baal-Berit. *a* Kap 8,33
47 Und als Abimelech hörte, daß sich alle
Männer der Burg von Sichem versammelt
hatten,
48 ging er auf den Berg Zalmon mit sei-
nem ganzen Kriegsvolk, das bei ihm war,
und nahm eine Axt in seine Hand und
hieb einen Ast vom Baum und hob ihn
auf und legte ihn auf seine Schulter und
sprach zu allem Volk, das mit ihm war:
Was ihr mich tun seht, das beeilt euch,
auch zu tun.
49 Da hieb jeder vom Volk einen Ast ab,
und sie folgten Abimelech und legten die
Äste auf das Gewölbe und setzten über
ihnen das Gewölbe in Brand, so daß auch
alle in der Burg von Sichem starben, etwa
tausend Männer und Frauen.

Abimelechs Ende

50 Abimelech aber zog nach Tebez, bela-
gerte es und eroberte es.
51 Es war aber eine starke Burg mitten in
der Stadt. Dahin flohen alle Männer und
Frauen und alle Bürger der Stadt, schlos-
sen hinter sich zu und stiegen auf das
Dach der Burg.
52 Da kam Abimelech zur Burg und
kämpfte gegen sie und näherte sich dem
Burgtor, um es mit Feuer zu verbrennen.
53 Aber eine Frau warf einen Mühlstein
Abimelech auf den Kopf und zerschmet-
terte ihm den Schädel.
54 Da rief Abimelech eilends seinen Waf-
fenträger herbei und sprach zu ihm: [a] Zieh
dein Schwert und töte mich, daß man
nicht von mir sage: [b] Eine Frau hat ihn
erschlagen. Da durchstach ihn sein Waf-
fenträger, und er starb.

a 1.Sam 31,4 *b* 2.Sam 11,21

55 Als aber die Israeliten, die mit ihm
waren, sahen, daß Abimelech tot war, ging
jeder heim.
56 So vergalt Gott dem Abimelech das
Böse, das er seinem Vater angetan hatte,
[a] als er seine siebzig Brüder tötete. *a* Vers 5
57 Desgleichen alle bösen Taten der Män-
ner von Sichem vergalt ihnen Gott auf
ihren Kopf, und es kam über sie der
[a] Fluch Jotams, des Sohnes Jerubbaals.

a Vers 20

Die Richter Tola und Jaïr

10 Nach Abimelech stand auf, Israel zu
erretten, [a] Tola, ein Mann aus Issa-
char, ein Sohn Puwas, des Sohnes Dodos.
Er wohnte in Schamir auf dem Gebirge
Ephraim *a* 1.Mose 46,13; 4.Mose 26,23
2 und richtete Israel dreiundzwanzig Jahre
und starb und wurde begraben in Schamir.
3 ¶ Nach ihm stand auf [a] Jaïr, ein Gileadi-
ter, und richtete Israel zweiundzwanzig
Jahre. *a* 4.Mose 32,41
4 Der hatte dreißig Söhne, die auf dreißig
Eseln ritten. Und sie hatten dreißig Städte,
die heißen [a] »Dörfer Jaïrs« bis auf diesen
Tag und liegen in Gilead. *a* 5.Mose 3,14
5 Und Jaïr starb und wurde begraben in
Kamon.

Gericht über Israels Untreue

6 Aber die Israeliten taten wiederum, was
dem HERRN mißfiel, und dienten den Baa-

len und den Astarten und den Göttern von
Aram und den Göttern von Sidon und den
Göttern Moabs und den Göttern der
Ammoniter und den Göttern der Philister
und verließen den HERRN und dienten ihm
nicht.
7 Da entbrannte der Zorn des HERRN über
Israel, und er verkaufte sie unter die Hand
der Philister und Ammoniter.
8 Und sie zertraten und zerschlugen Israel
zu jener Zeit achtzehn Jahre lang, nämlich
ganz Israel jenseits des Jordans im Land
der Amoriter, das in Gilead liegt.
9 Dazu zogen die Ammoniter über den
Jordan und kämpften gegen Juda, Benja-
min und das Haus Ephraim, so daß Israel
sehr geängstigt wurde.
10 ¶Da schrien die Israeliten zu dem
HERRN und sprachen: Wir haben an dir
gesündigt, denn wir haben unsern Gott
verlassen und den Baalen gedient.[a]

a 1.Sam 12,10

11 Aber der HERR sprach zu den Israeli-
ten: Haben euch nicht auch unterdrückt
die Ägypter, die Amoriter, die Ammoni-
ter, die Philister,
12 die Sidonier, die Amalekiter und Mao-
niter? Aber ich half euch aus ihren Hän-
den, als ihr zu mir schriet.
13 Dennoch habt ihr mich verlassen und
andern Göttern gedient. Darum will ich
euch nicht mehr erretten.
14 Geht hin und schreit zu den Göttern,
die ihr erwählt habt; [a]laßt diese euch hel-
fen zur Zeit eurer Bedrängnis!

a 5.Mose 32,37.38; Jer 2,28

15 Aber die Israeliten sprachen zum
HERRN: Wir haben gesündigt, mache du
es mit uns, wie dir's gefällt; nur errette
uns heute!
16 Und sie [a]taten von sich die fremden
Götter und dienten dem HERRN. Da [b]jam-
merte es ihn, daß Israel so geplagt wurde.

a Jos 24,23 *b* Kap 2,18

Der Richter Jeftah

17 Und die Ammoniter wurden aufgebo-
ten und lagerten sich in Gilead; aber Israel
versammelte sich und lagerte sich in
[a]Mizpa.

a Kap 11,29

18 Und die Oberen des Volks von Gilead
sprachen untereinander: Wer ist der Mann,
der anfängt, mit den Ammonitern zu
kämpfen? Der soll das [a]Haupt sein über
alle, die in Gilead wohnen.

a Kap 11,6-11

11 ¶Jeftah, ein Gileaditer, war ein
streitbarer Mann, aber der Sohn
einer Hure. Gilead hatte Jeftah gezeugt.
2 Als aber die Ehefrau Gileads ihm Söhne
gebar und die Söhne dieser Frau groß wur-
den, stießen sie Jeftah aus und sprachen
zu ihm: Du [a]sollst nicht erben in unserer
Familie, denn du bist der Sohn einer
andern.

a 1.Mose 21,10

3 Da floh er vor seinen Brüdern und
wohnte im Lande Tob. Und [a]es sammel-
ten sich bei ihm lose Leute und zogen mit
ihm aus.

a Kap 9,4; 1.Sam 22,2

4 Und einige Zeit danach kämpften die
Ammoniter mit Israel.
5 Als nun die Ammoniter mit Israel
kämpften, gingen die Ältesten von Gilead
hin, um Jeftah aus dem Lande Tob zu
holen,
6 und sprachen zu ihm: Komm und sei
unser Hauptmann, damit wir gegen die
Ammoniter kämpfen.
7 Aber Jeftah sprach zu den Ältesten von
Gilead: Seid ihr es nicht, die mich hassen
und aus meiner Familie ausgestoßen
haben? Und nun kommt ihr zu mir, weil
ihr in Bedrängnis seid?
8 Die Ältesten von Gilead sprachen zu
Jeftah: Darum kommen wir nun wieder
zu dir, damit du mit uns ziehst und uns
hilfst, gegen die Ammoniter zu kämpfen,
und unser [a]Haupt seist über alle, die in
Gilead wohnen.

a Kap 10,18

9 Jeftah sprach zu den Ältesten von
Gilead: Wenn ihr mich wieder holt, um
gegen die Ammoniter zu kämpfen, und
der HERR sie mir in die Hand gibt, soll ich
dann euer Haupt sein?
10 Die Ältesten von Gilead sprachen zu
Jeftah: Der HERR sei Ohrenzeuge zwi-
schen uns und strafe uns, wenn wir nicht
tun, wie du gesagt hast.
11 So ging Jeftah mit den Ältesten von
Gilead, und das Volk setzte ihn zum Haupt
und Obersten über sich. Und Jeftah redete
alles, was er zu sagen hatte, vor dem
HERRN in [a]Mizpa.

a Vers 29; Kap 10,17

12 ¶Dann sandte Jeftah Botschaft zum
König der Ammoniter und ließ ihm sagen:
Was hast du mit mir zu schaffen, daß du
zu mir kommst, um gegen mein Land zu
kämpfen?
13 Der König der Ammoniter antwortete
den Boten Jeftahs: Weil Israel mein Land
genommen hat, als sie aus Ägypten zogen,

vom Arnon an bis an den Jabbok und bis
an den Jordan, so gib mir's nun gutwillig
zurück.
14 Jeftah aber sandte abermals Boten zum
König der Ammoniter;
15 die sprachen zu ihm: So spricht Jeftah:
Israel hat kein Land genommen, [a]weder
den Moabitern noch den Ammonitern.
a 5.Mose 2,9.19
16 Denn als sie aus Ägypten heraufkamen,
zog Israel durch die Wüste bis ans Schilf-
meer und kam nach Kadesch.
17 Da [a]sandte Israel Boten zum König der
Edomiter und sprach: Laß mich durch
dein Land ziehen. Aber der König der
Edomiter hörte nicht auf sie. Auch sand-
ten sie zum König der Moabiter; der
wollte auch nicht. So blieb Israel in
Kadesch *a* 4.Mose 20,14-21
18 und zog in der Wüste umher. Und sie
umgingen das Land der Edomiter und
Moabiter und kamen von Sonnenaufgang
her an das Land der Moabiter und lager-
ten sich [a]jenseits des Arnon, aber sie
kamen nicht ins Gebiet der Moabiter;
denn der Arnon ist die Grenze von Moab.
a 4.Mose 21,13
19 Und Israel sandte Boten zu Sihon,
dem König der Amoriter zu Heschbon,
und ließ ihm sagen: Laß uns durch dein
Land ziehen bis an unsern Ort.[a]
a 4.Mose 21,21-31
20 Aber Sihon traute Israel nicht und ließ
es nicht durch sein Gebiet ziehen, son-
dern versammelte sein ganzes Kriegsvolk
und lagerte sich bei Jahaz und kämpfte
mit Israel.
21 Der HERR aber, der Gott Israels, gab
Sihon mit seinem ganzen Kriegsvolk in die
Hände Israels, und sie erschlugen sie. So
nahm Israel das ganze Land der Amoriter
ein, die in jenem Land wohnten.
22 Sie nahmen das ganze Gebiet der Amo-
riter ein vom Arnon bis an den Jabbok
und von der Wüste bis an den Jordan.
23 So hat nun der HERR, der Gott Israels,
die Amoriter vertrieben vor seinem Volk
Israel, und du willst ihr Land einnehmen?
24 Du solltest das Land derer einnehmen,
die dein Gott [a]Kemosch vertreibt, uns
dagegen das Land derer einnehmen las-
sen, die der HERR, unser Gott, vor uns
vertrieben hat. *a* 4.Mose 21,29
25 Meinst du, daß du ein besseres Recht
hättest als [a]Balak, der Sohn Zippors, der
König der Moabiter? Hat dieser auch je
mit Israel gerechtet oder gekämpft,
a 4.Mose 22,2; Jos 24,9
26 obwohl Israel dreihundert Jahre ge-
wohnt hat in Heschbon und in Aroër und
ihren Ortschaften und in allen Städten, die
am Arnon liegen? Warum habt ihr sie
nicht mit Gewalt genommen in dieser
Zeit?
27 Ich habe mich nicht an dir versündigt,
du aber tust so Böses an mir, daß du mit
mir kämpfst. Der HERR, der da Richter ist,
richte heute zwischen Israel und den
Ammonitern.
28 Aber der König der Ammoniter hörte
nicht auf die Worte Jeftahs, die er ihm
sagen ließ.
29 Da kam der [a]Geist des HERRN auf Jef-
tah, und er zog durch Gilead und Manasse
und nach Mizpe, das in Gilead liegt, und
von Mizpe, das in Gilead liegt, gegen die
Ammoniter. *a* Kap 6,34
30 ¶Und Jeftah gelobte dem HERRN ein
[a]Gelübde und sprach: Gibst du die
Ammoniter in meine Hand, *a* 2.Sam 15,8
31 so soll, was mir aus meiner Haustür
entgegengeht, wenn ich von den Ammo-
nitern heil zurückkomme, dem HERRN
gehören, und ich will's [a]als Brandopfer
darbringen. *a* 2.Kön 3,27
32 So zog Jeftah auf die Ammoniter los,
um gegen sie zu kämpfen. Und der HERR
gab sie in seine Hände.
33 Und er schlug sie mit gewaltigen Schlä-
gen von Aroër an bis hin nach Minnit,
zwanzig Städte, und bis nach Abel-Kera-
mim. So wurden die Ammoniter gedemü-
tigt vor den Israeliten.
34 ¶Als nun Jeftah nach Mizpa zu seinem
Hause kam, siehe, da geht seine Tochter
heraus ihm entgegen mit Pauken und Rei-
gen; und sie war sein einziges Kind, und
er hatte sonst keinen Sohn und keine
Tochter.
35 Und als er sie sah, zerriß er seine Klei-
der und sprach: Ach, meine Tochter, wie
beugst du mich und betrübst mich! Denn
[a]ich habe meinen Mund aufgetan vor dem
HERRN und kann's nicht widerrufen.
a 4.Mose 30,3
36 Sie aber sprach: Mein Vater, hast du
deinen Mund aufgetan vor dem HERRN,
so tu mit mir, wie dein Mund geredet hat,
nachdem der HERR dich gerächt hat an
deinen Feinden, den Ammonitern.

37 Und sie sprach zu ihrem Vater: Du wol-
lest mir das gewähren: Laß mir zwei
Monate, daß ich hingehe auf die Berge
und meine Jungfrauschaft beweine mit
meinen Gespielen.
38 Er sprach: Geh hin! und ließ sie zwei
Monate gehen. Da ging sie hin mit ihren
Gespielen und beweinte ihre Jungfrau-
schaft auf den Bergen.
39 Und nach zwei Monaten kam sie
zurück zu ihrem Vater. Und [a]er tat ihr, wie
er gelobt hatte, und sie hatte nie einen
Mann erkannt. Und es ward Brauch in
Israel, *a* Vers 31; 5.Mose 12,29-31
40 daß die Töchter Israel jährlich hinge-
hen, zu klagen um die Tochter Jeftahs,
des Gileaditers, vier Tage im Jahr.

Jeftahs Kampf mit Ephraim

12 Und die [a]Männer von Ephraim wur-
den aufgeboten und zogen nord-
wärts und sprachen zu Jeftah: Warum bist
du in den Kampf gezogen gegen die
Ammoniter und hast uns nicht gerufen,
damit wir mit dir ziehen? Wir wollen dein
Haus samt dir mit Feuer verbrennen.
a Kap 8,1
2 Jeftah sprach zu ihnen: Ich und mein
Volk hatten einen harten Kampf mit den
Ammonitern und ich rief euch auf, aber
ihr halft mir nicht aus ihren Händen.
3 Als ich nun sah, daß ihr nicht helfen
wolltet, [a]wagte ich mein Leben daran und
zog gegen die Ammoniter, und der HERR
gab sie in meine Hand. Warum kommt ihr
nun zu mir herauf, mit mir zu kämpfen?
a Kap 5,18; 9,17
4 Und Jeftah sammelte alle Männer von
Gilead und kämpfte gegen Ephraim. Und
die Männer von Gilead schlugen Ephraim
– denn diese hatten gesagt: Ihr seid Flücht-
linge aus Ephraim; denn Gilead liegt mit-
ten in Ephraim und Manasse –;
5 und die Gileaditer besetzten die Furten
des Jordans vor Ephraim. Wenn nun einer
von den Flüchtlingen Ephraims sprach:
Laß mich hinübergehen!, so sprachen die
Männer von Gilead zu ihm: Bist du ein
Ephraimiter? Wenn er dann antwortete:
Nein!,
6 ließen sie ihn sprechen: Schibbolet.
Sprach er aber: Sibbolet, weil er's nicht
richtig aussprechen konnte, dann ergriffen
sie ihn und erschlugen ihn an den Furten
des Jordans, so daß zu der Zeit von Eph-
raim fielen zweiundvierzigtausend.
7 ¶Jeftah aber richtete Israel sechs Jahre.
Und Jeftah, der Gileaditer, starb und
wurde begraben in seiner Stadt in Gilead.

Die Richter Ibzan, Elon und Abdon

8 Nach ihm richtete Israel Ibzan aus Beth-
lehem.
9 Der hatte dreißig Söhne. Und dreißig
Töchter gab er nach auswärts, und dreißig
Töchter nahm er von auswärts für seine
Söhne. Er richtete Israel sieben Jahre
10 und starb und wurde begraben in Beth-
lehem.
11 ¶Nach ihm richtete Israel Elon, ein
Sebuloniter; er richtete Israel zehn Jahre
12 und starb und wurde begraben in Aja-
lon im Lande [a]Sebulon. *a* 4.Mose 26,26
13 ¶Nach ihm richtete Israel Abdon, ein
Sohn Hillels aus Piraton.
14 Der hatte vierzig Söhne und dreißig
Enkel, die auf siebzig Eseln ritten. Er rich-
tete Israel acht Jahre
15 und starb und wurde begraben in Pira-
ton im Lande Ephraim, auf dem Gebirge
der Amalekiter.

Simsons Geburt

13 Und die Israeliten taten wiederum,
was dem HERRN mißfiel, und der
HERR gab sie in die Hände der Philister
vierzig Jahre.
2 ¶Es war aber ein Mann in Zora von
einem Geschlecht der Daniter, mit Namen
Manoach, und seine Frau war unfruchtbar
und hatte keine Kinder.
3 Und der Engel des HERRN erschien der
Frau und sprach zu ihr: Siehe, du bist [a]un-
fruchtbar und hast keine Kinder, aber du
wirst schwanger werden und einen Sohn
gebären. *a* 1.Mose 15,2; 25,21; 29,31
4 [a]So hüte dich nun, Wein oder starkes
Getränk zu trinken und Unreines zu essen;
a (4 und 5) 4.Mose 6,2-21; 3.Mose 11; 1.Sam 1,11
5 denn du wirst schwanger werden und
einen Sohn gebären, dem kein Schermes-
ser aufs Haupt kommen soll. Denn der
Knabe wird ein Geweihter Gottes sein von
Mutterleibe an; und er wird anfangen,
Israel zu erretten aus der Hand der Phili-
ster.
6 Da kam die Frau und sagte es ihrem
Mann und sprach: Es kam ein Mann
Gottes zu mir, und seine Gestalt war

anzusehen wie der Engel Gottes, zum
Erschrecken, so daß ich ihn nicht fragte,
woher oder wohin; und er sagte mir nicht,
wie er hieß.
7 Er sprach aber zu mir: Siehe, du wirst
schwanger werden und einen Sohn gebä-
ren. So trinke nun keinen Wein oder
starkes Getränk und iß nichts Unreines;
denn der Knabe soll ein Geweihter Gottes
sein von Mutterleibe an bis zum Tag
seines Todes.
8 Da bat Manoach den HERRN und sprach:
Ach, Herr, laß den Mann Gottes wieder
zu uns kommen, den du gesandt hast,
damit er uns lehre, was wir mit dem Kna-
ben tun sollen, der geboren werden soll.
9 Und Gott erhörte Manoach, und der
Engel Gottes kam wieder zu der Frau. Sie
saß aber auf dem Felde, und ihr Mann
Manoach war nicht bei ihr.
10 Da lief sie eilends und sagte es ihrem
Mann und sprach zu ihm: Siehe, der Mann
ist mir erschienen, der heute nacht zu mir
kam.
11 Manoach machte sich auf und ging hin-
ter seiner Frau her und kam zu dem Mann
und sprach zu ihm: Bist du der Mann, der
mit der Frau geredet hat? Er sprach: Ja.
12 Und Manoach sprach: Wenn nun ein-
trifft, was du gesagt hast: Wie sollen wir's
mit dem Knaben halten und tun?
13 Der Engel des HERRN sprach zu
Manoach: Vor allem, was ich der Frau
gesagt habe, soll sie sich hüten:
14 sie [a] soll nicht essen, was vom Wein-
stock kommt, und soll keinen Wein oder
starkes Getränk trinken und nichts Un-
reines essen; alles, was ich ihr geboten
habe, soll sie halten. *a* Vers 4
15 [a] Manoach sprach zum Engel des
HERRN: Wir möchten dich gern hier behal-
ten und dir ein Ziegenböcklein zurichten.
a (15 und 16) Kap 6,18
16 Aber der Engel des HERRN antwortete
Manoach: Wenn du mich auch hier hältst,
so esse ich doch von deiner Speise nicht.
Willst du aber dem HERRN ein Brandopfer
bringen, so kannst du es opfern. Manoach
aber wußte nicht, daß es der Engel des
HERRN war.
17 [a] Und Manoach sprach zum Engel des
HERRN: Wie heißt du? Denn wir wollen
dich ehren, wenn nun eintrifft, was du
gesagt hast. *a (17 und 18)* 1.Mose 32,30
18 Aber der Engel des HERRN sprach zu
ihm: Warum fragst du nach meinem
Namen, der doch geheimnisvoll ist?
19 [a] Da nahm Manoach ein Ziegenböck-
lein und Speisopfer und brachte es auf
einem Felsen dem HERRN dar, der ge-
heimnisvolle Dinge tut. Manoach aber und
seine Frau sahen zu. *a (19 und 20)* Kap 6,21
20 Und als die Flamme aufloderte vom
Altar gen Himmel, fuhr der Engel des
HERRN auf in der Flamme des Altars. Als
das Manoach und seine Frau sahen, fielen
sie zur Erde auf ihr Angesicht.
21 Und der Engel des HERRN erschien
Manoach und seiner Frau nicht mehr.
Damals erkannte Manoach, daß es der
Engel des HERRN war,
22 und sprach zu seiner Frau: Wir müssen
des Todes sterben, weil wir Gott gesehen
haben.[a] *a* 2.Mose 33,20
23 Aber seine Frau antwortete ihm: Wenn
es dem HERRN gefallen hätte, uns zu töten,
so hätte er das Brandopfer und Speisopfer
nicht angenommen von unsern Händen.
Er hätte uns auch das alles weder sehen
noch hören lassen, wie jetzt geschehen ist.
24 Und die Frau gebar einen Sohn und
nannte ihn Simson. Und der Knabe wuchs
heran, und der HERR [a] segnete ihn.
a 1.Mose 24,1; 35,9; 4.Mose 22,6
25 Und der [a] Geist des HERRN fing an, ihn
umzutreiben im Lager Dans zwischen
Zora und Eschtaol. *a* Kap 3,9.10; 6,34; 14,6.19;
15,14; 4.Mose 24,2.4; 1.Sam 10,6.10; 16,13; Hes 11,5

Simsons Hochzeit

14 Simson ging hinab nach [a] Timna und
sah ein Mädchen in Timna unter
den Töchtern der Philister. *a* Jos 19,43
2 Und als er heraufkam, sagte er's seinem
Vater und seiner Mutter und sprach: Ich
hab ein Mädchen gesehen in Timna unter
den Töchtern der Philister; nehmt mir nun
diese zur Frau.
3 Sein Vater und seine Mutter sprachen
zu ihm: Ist denn nun kein Mädchen unter
den Töchtern deiner Brüder und in dei-
nem ganzen Volk, daß du hingehst und
[a] willst eine Frau nehmen von den Phili-
stern, die unbeschnitten sind? Simson
sprach zu seinem Vater: Nimm mir diese,
denn sie gefällt meinen Augen.
a 1.Mose 34,14; 2.Mose 34,16
4 Aber sein Vater und seine Mutter wuß-
ten nicht, daß es von dem HERRN kam;

denn er suchte einen Anlaß gegen die Phi-
lister. Die Philister aber herrschten zu der
Zeit über Israel.
5 ¶So ging Simson hinab mit seinem
Vater und seiner Mutter nach Timna. Und
als sie kamen an die Weinberge von
Timna, siehe, da kam ein junger Löwe
brüllend ihm entgegen.
6 Und der [a]Geist des HERRN geriet über
ihn, und er zerriß ihn, wie man ein Böck-
lein zerreißt, und hatte doch gar nichts in
seiner Hand. Er sagte aber seinem Vater
und seiner Mutter nicht, was er getan
hatte. *a* Kap 13,25
7 Als er nun hinkam, redete er mit dem
Mädchen, und Simson hatte Gefallen an
ihr.
8 Und nach einigen Tagen kam er wieder,
um sie zu holen, und bog vom Wege ab,
um nach dem Aas des Löwen zu sehen.
Siehe, da war ein Bienenschwarm in dem
Leibe des Löwen und Honig.
9 Und er nahm davon in seine Hand und
aß unterwegs und ging zu seinem Vater
und zu seiner Mutter und gab ihnen, daß
sie auch aßen. Er sagte ihnen aber nicht,
daß er den Honig aus dem Leibe des
Löwen genommen hatte.
10 ¶Und als sein Vater hinkam zu dem
Mädchen, machte Simson dort ein Hoch-
zeitsgelage, wie es die jungen Leute zu
tun pflegen.
11 Und als sie ihn sahen, gaben sie ihm
dreißig Gesellen, die bei ihm sein sollten.
12 Simson aber sprach zu ihnen: Ich will
euch ein Rätsel aufgeben. Wenn ihr mir
das erratet und trefft in diesen sieben
Tagen des Gelages, so will ich euch drei-
ßig Gewänder geben und dreißig Feierklei-
der.
13 Könnt ihr's aber nicht erraten, so sollt
ihr mir dreißig Gewänder und dreißig Fei-
erkleider geben. Und sie sprachen zu ihm:
Gib dein Rätsel auf, laß uns hören!
14 Er sprach zu ihnen: Speise ging aus
vom Fresser und Süßigkeit vom Starken.
Und sie konnten in drei Tagen das Rätsel
nicht erraten.
15 Am vierten Tage sprachen sie zu Sim-
sons Frau: Überrede deinen Mann, daß er
uns des Rätsels Lösung sagt, oder wir wer-
den dich und deines Vaters Haus mit
Feuer verbrennen. Habt ihr uns hierher
geladen, um uns arm zu machen?
16 Da weinte Simsons Frau vor ihm und
sprach: Du bist meiner überdrüssig und
hast mich nicht lieb. Du hast den Söhnen
meines Volks ein Rätsel aufgegeben und
hast mir's nicht gesagt. Er aber sprach zu
ihr: Siehe, ich hab's meinem Vater und
meiner Mutter nicht gesagt und sollte dir's
sagen?
17 Und sie weinte vor ihm die sieben Tage,
die sie feierten; [a]aber am siebenten Tage
sagte er es ihr, denn sie drang in ihn. Sie
aber sagte des Rätsels Lösung den Söhnen
ihres Volks. *a* Kap 16,16.17
18 Da sprachen die Männer der Stadt zu
ihm am siebenten Tage, ehe die Sonne
unterging: Was ist süßer als Honig? Was
ist stärker als der Löwe? Aber er sprach zu
ihnen: Wenn ihr nicht mit meinem Kalb
gepflügt hättet, so hättet ihr mein Rätsel
nicht getroffen.
19 Und der Geist des HERRN geriet über
ihn, und er ging hinab nach Aschkelon
und erschlug dreißig Mann unter ihnen
und nahm ihre Gewänder und gab Feier-
kleider denen, die das Rätsel erraten hat-
ten. Und sein Zorn entbrannte, und er
ging hinauf in seines Vaters Haus.
20 Aber Simsons Frau wurde [a]seinem
Gesellen gegeben, der sein Brautführer
gewesen war. *a* Kap 15,2

Simsons Streit mit den Philistern

15 Es begab sich aber nach einigen
Tagen, um die Weizenernte, daß
Simson seine Frau besuchte mit einem
Ziegenböcklein. Und als er dachte: Ich will
zu meiner Frau in die Kammer gehen, da
wollte ihn ihr Vater nicht hineinlassen
2 und sprach: Ich meinte, du bist ihrer
ganz überdrüssig geworden, und ich habe
sie [a]deinem Gesellen gegeben. Sie hat
aber eine jüngere Schwester, die ist schö-
ner als sie; die nimm statt ihrer.
a Kap 14,20
3 Da sprach Simson zu ihnen: Diesmal
bin ich frei von Schuld, wenn ich den Phi-
listern Böses tue.
4 ¶Und Simson ging hin und fing drei-
hundert Füchse, nahm Fackeln und kehrte
je einen Schwanz zum andern und tat eine
Fackel je zwischen zwei Schwänze
5 und zündete die Fackeln an und ließ die
Füchse in das Korn der Philister laufen
und zündete so die Garben samt dem ste-
henden Korn an und Weinberge und
Ölbäume.

6 Da sprachen die Philister: Wer hat das getan? Da sagte man: Simson, der Schwiegersohn des Timnaïters, weil er ihm seine Frau genommen und seinem Gesellen gegeben hat. Da zogen die Philister hin und verbrannten sie samt ihrer Familie mit Feuer.

7 Simson aber sprach zu ihnen: Wenn ihr das tut, so will ich nicht ruhen, bis ich mich an euch gerächt habe.

8 Und er schlug sie zusammen mit mächtigen Schlägen und zog hinab und wohnte in der Felsenkluft von Etam.

9 ¶Da zogen die Philister hinauf und lagerten sich in Juda und breiteten sich aus bei Lehi.

10 Aber die von Juda sprachen: Warum seid ihr gegen uns heraufgezogen? Sie antworteten: Wir sind heraufgekommen, Simson zu binden, daß wir ihm tun, wie er uns getan hat.

11 Da zogen dreitausend Mann von Juda hinab in die Felsenkluft zu Etam und sprachen zu Simson: Weißt du nicht, daß die Philister über uns herrschen? Warum hast du uns denn das angetan? Er sprach zu ihnen: Wie sie mir getan haben, so hab ich ihnen wieder getan.

12 Sie sprachen zu ihm: Wir sind herabgekommen, dich zu binden und in die Hände der Philister zu geben. Simson sprach zu ihnen: So schwört mir, daß ihr selber mir nichts antun wollt.

13 Sie antworteten ihm: Nein, sondern wir wollen dich nur binden und in ihre Hände geben und wollen dich nicht töten. Und sie banden ihn mit zwei neuen Stricken und führten ihn aus der Felsenkluft hinauf.

14 Und als er nach Lehi kam, jauchzten die Philister ihm entgegen. Aber der [a]Geist des HERRN geriet über ihn, und die Stricke an seinen Armen wurden wie Fäden, die das Feuer versengt hat, so daß die Fesseln an seinen Händen zerschmolzen. *a* Kap 13,25

15 Und er fand einen frischen Eselskinnbacken. Da streckte er seine Hand aus und nahm ihn und erschlug damit tausend Mann.

16 Und Simson sprach: Mit eines Esels Kinnbacken hab ich sie geschunden; mit eines Esels Kinnbacken hab ich tausend Mann erschlagen.

17 ¶Und als er das gesagt hatte, warf er den Kinnbacken aus seiner Hand, und man nannte die Stätte Ramat-Lehi*.

* d. h. Kinnbackenhöhe.

18 ¶Als ihn aber sehr dürstete, rief er den HERRN an und sprach: Du hast solch großes Heil gegeben durch die Hand deines Knechts; nun aber muß ich vor Durst sterben und in die Hände der Unbeschnittenen fallen.

19 Da spaltete Gott die Höhlung im Kinnbacken, daß Wasser herausfloß. Und als er trank, kehrte sein Geist zurück, und er lebte wieder auf. Darum heißt der Ort »Quelle des Rufenden«; die ist in Lehi bis auf den heutigen Tag.

20 ¶Und er richtete Israel zu den Zeiten der Philister zwanzig Jahre.

16 ¶Simson ging nach Gaza und sah dort eine Hure und ging zu ihr.

2 Da wurde den Gazatitern gesagt: Simson ist hierhergekommen! Und sie umstellten ihn und ließen auf ihn lauern am Stadttor; aber die ganze Nacht verhielten sie sich still und dachten: Morgen, wenn's licht wird, wollen wir ihn umbringen.

3 Simson aber lag bis Mitternacht. Da stand er auf um Mitternacht und ergriff beide Torflügel am Stadttor samt den beiden Pfosten, hob sie aus mit den Riegeln und legte sie auf seine Schultern und trug sie hinauf auf die Höhe des Berges vor Hebron.

Simsons Fall und Rache

4 Danach gewann er ein Mädchen lieb im Tal Sorek, die hieß Delila.

5 Zu der kamen die Fürsten der Philister und sprachen zu ihr: Überrede ihn und sieh, wodurch er so große Kraft hat und womit wir ihn überwältigen können, daß wir ihn binden und bezwingen, so wollen wir dir ein jeder tausendeinhundert Silberstücke geben.

6 Und Delila sprach zu Simson: Sage mir doch, worin deine große Kraft liegt und womit man dich binden muß, um dich zu bezwingen?

7 Simson sprach zu ihr: Wenn man mich bände mit sieben Seilen von frischem Bast, die noch nicht getrocknet sind, so würde ich schwach und wäre wie ein anderer Mensch.

8 Da brachten die Fürsten der Philister ihr sieben Seile von frischem Bast, die

noch nicht getrocknet waren, und sie band
ihn damit.
9 Man lauerte ihm aber auf bei ihr in der
Kammer. Da sprach sie zu ihm: Philister
über dir, Simson! Er aber zerriß die Seile,
wie eine Flachsschnur zerreißt, wenn sie
ans Feuer kommt. Und so wurde nicht
kund, worin seine Kraft lag.
10 Da sprach Delila zu Simson: Siehe, du
hast mich getäuscht und mich belogen. So
sage mir nun doch, womit kann man dich
binden?
11 Er antwortete ihr: Wenn sie mich bän-
den mit neuen Stricken, mit denen noch
nie eine Arbeit getan worden ist, so würde
ich schwach und wie ein anderer Mensch.
12 Da nahm Delila neue Stricke und band
ihn damit und sprach: Philister über dir,
Simson! – man lauerte ihm aber auf in der
Kammer –, und er riß sie von seinen
Armen herunter wie einen Faden.
13 Da sprach Delila zu ihm: Bisher hast
du mich getäuscht und mich belogen. Sage
mir doch, womit kann man dich binden?
Er antwortete ihr: Wenn du die sieben
Locken meines Hauptes zusammenflöch-
test mit dem Aufzug deines Webstuhls
und heftetest sie mit dem Pflock an, so
würde ich schwach und wie ein anderer
Mensch.
14 Da ließ sie ihn einschlafen und flocht
die sieben Locken seines Hauptes zusam-
men mit dem Gewebe und heftete sie mit
dem Pflock an und sprach zu ihm: Phili-
ster über dir, Simson! Er aber wachte auf
von seinem Schlaf und riß die geflochte-
nen Locken mit Pflock und Gewebe her-
aus.
15 Da sprach sie zu ihm: Wie kannst du
sagen, du habest mich lieb, wenn doch
dein Herz nicht mit mir ist? Dreimal hast
du mich getäuscht und mir nicht gesagt,
worin deine große Kraft liegt.
16 ¶Als sie aber mit ihren Worten alle
Tage [a] in ihn drang und ihm zusetzte,
wurde seine Seele sterbensmatt, *a* Kap 14,17
17 und er tat ihr sein ganzes Herz auf und
sprach zu ihr: Es ist nie ein [a] Schermesser
auf mein Haupt gekommen; denn ich bin
ein Geweihter Gottes von Mutterleib an.
Wenn ich geschoren würde, so wiche
meine Kraft von mir, so daß ich schwach
würde und wie alle andern Menschen.
a Kap 13,5
18 Als nun Delila sah, daß er ihr sein
ganzes Herz aufgetan hatte, sandte sie hin
und ließ die Fürsten der Philister rufen
und sagen: Kommt noch einmal her, denn
er hat mir sein ganzes Herz aufgetan. Da
kamen die Fürsten der Philister zu ihr und
brachten das Geld in ihrer Hand mit.
19 Und sie ließ ihn einschlafen in ihrem
Schoß und rief einen, der ihm die sieben
Locken seines Hauptes abschnitt. Und sie
fing an, ihn zu bezwingen – da war seine
Kraft von ihm gewichen.
20 Und sie sprach zu ihm: Philister über
dir, Simson! Als er nun von seinem Schlaf
erwachte, dachte er: Ich will frei ausge-
hen, wie ich früher getan habe, und will
mich losreißen. Aber er wußte nicht, daß
[a] der HERR von ihm gewichen war.
a 1.Sam 16,14
21 Da ergriffen ihn die Philister und sta-
chen ihm die Augen aus, führten ihn hinab
nach Gaza und legten ihn in Ketten; und
er mußte die Mühle drehen im Gefängnis.
22 Aber das Haar seines Hauptes fing wie-
der an zu wachsen, nachdem es geschoren
war.
23 ¶Als aber die Fürsten der Philister sich
versammelten, um ihrem Gott [a] Dagon ein
großes Opfer darzubringen und ein Freu-
denfest zu feiern, sprachen sie: Unser Gott
hat uns unsern Feind Simson in unsere
Hände gegeben. *a* 1.Sam 5,2
25 *Als nun ihr Herz guter Dinge war,
sprachen sie: Laßt Simson holen, daß er
vor uns seine Späße treibe. Da holten sie
Simson aus dem Gefängnis, und er trieb
seine Späße vor ihnen, und sie stellten ihn
zwischen die Säulen.
24 *Als das Volk ihn sah, lobten sie ihren
Gott, denn sie sprachen: Unser Gott hat
uns unsern Feind in unsere Hände gege-
ben, der unser Land verwüstete und viele
von uns erschlug.

* Der Zusammenhang erfordert die hier vorgenommene Umstellung der Verse.

26 Simson aber sprach zu dem Knaben,
der ihn an der Hand führte: Laß mich los,
daß ich nach den Säulen taste, auf denen
das Haus steht, damit ich mich daran
lehne.
27 Das Haus aber war voller Männer und
Frauen. Es waren auch alle Fürsten der
Philister da, und auf dem Dach waren etwa
dreitausend Männer und Frauen, die zusa-
hen, wie Simson seine Späße trieb.
28 Simson aber rief den HERRN an und

sprach: Herr HERR, denke an mich und
gib mir Kraft, Gott, noch dies eine Mal,
damit ich mich für meine beiden Augen
einmal räche an den Philistern!
29 Und er umfaßte die zwei Mittelsäulen,
auf denen das Haus ruhte, die eine mit
seiner rechten und die andere mit seiner
linken Hand, und stemmte sich gegen sie
30 und sprach: Ich will sterben mit den
Philistern! Und [a]er neigte sich mit aller
Kraft. Da fiel das Haus auf die Fürsten
und auf alles Volk, das darin war, so daß es
mehr Tote waren, die er durch seinen Tod
tötete, als die er zu seinen Lebzeiten getö-
tet hatte. *a* Hebr 11,32-34
31 ¶Da kamen seine Brüder herab und
das ganze Haus seines Vaters, und sie
hoben ihn auf und brachten ihn hinauf
und begruben ihn im Grab seines Vaters
Manoach zwischen [a]Zora und Eschtaol.
[b]Er hatte aber Israel zwanzig Jahre gerich-
tet. *a* Kap 13,25 *b* Kap 15,20

Michas Gottesbild und sein Priester

17 Es war ein Mann auf dem Gebirge
Ephraim mit Namen Micha.
2 Der sprach zu seiner Mutter: Die tau-
sendeinhundert Silberstücke, die dir ge-
nommen worden sind und derenthalben
du den [a]Fluch gesprochen und ihn auch
vor meinen eigenen Ohren gesagt hast –
siehe, dies Geld ist bei mir; ich selbst hab's
genommen. Da sprach seine Mutter:
Gesegnet seist du, mein Sohn, vom
HERRN! *a* 3.Mose 5,1; Spr 29,24
3 So gab er seiner Mutter die tausendein-
hundert Silberstücke zurück. Und seine
Mutter sprach: Ich weihe nun das Geld
dem HERRN; es kommt aus meiner Hand
für meinen Sohn, damit man ein ge-
schnitztes und gegossenes Bild davon
machen soll. Darum gebe ich's dir nun
wieder.
4 Aber er gab seiner Mutter das Geld
zurück. Da nahm seine Mutter zweihun-
dert Silberstücke und gab sie dem Gold-
schmied; der machte ein geschnitztes und
gegossenes Bild daraus; das kam danach
in das Haus Michas.
5 Der Mann Micha hatte nämlich ein Got-
teshaus und machte einen [a]Efod und
[b]Hausgötzen und [c]füllte einem seiner
Söhne die Hand, so daß er sein Priester
wurde. *a* Kap 8,27 *b* 1.Mose 31,19 *c* 2.Mose 28,41
6 Zu der Zeit war [a]kein König in Israel,
und jeder tat, was ihn recht dünkte.
a Kap 18,1; 19,1; 21,25
7 ¶Es war aber ein junger Mann von
Bethlehem in Juda aus dem Geschlecht
Judas; der war ein [a]Levit und war dort
fremd. *a* Kap 18,3; 5.Mose 18,6-8
8 Er zog aber aus der Stadt Bethlehem in
Juda, um einen Ort zu finden, wo er blei-
ben konnte. Als er so seines Weges zog,
kam er aufs Gebirge Ephraim zum Hause
Michas.
9 Da fragte ihn Micha: Wo kommst du
her? Er antwortete ihm: Ich bin ein Levit
aus Bethlehem in Juda und wandere, um
einen Ort zu finden, wo ich bleiben kann.
10 Micha sprach zu ihm: Bleibe bei mir,
du sollst mir Vater und Priester sein. Ich
will dir jährlich zehn Silberstücke und
deine Kleidung und Nahrung geben.
11 Der Levit willigte ein, bei dem Mann
zu bleiben; und der hielt ihn wie einen
Sohn.
12 Und Micha [a]füllte dem Leviten die
Hand, daß er sein Priester wurde, und so
war er im Haus Michas. *a* 2.Mose 28,41
13 Und Micha sprach: Nun weiß ich, daß
mir der HERR wohltun wird, weil ich einen
Leviten zum Priester habe.

Der Stamm Dan gewinnt Wohnsitz und Heiligtum

18 Zu der Zeit war kein König in Israel.
Und [a]der Stamm der Daniter suchte
sich zu der Zeit ein Erbteil, wo sie woh-
nen könnten; denn es war ihm bis auf den
Tag noch kein Erbe zuteil geworden unter
den Stämmen Israels. *a* Kap 1,34; Jos 19,40-48
2 Und die Daniter sandten von ihrem
Geschlecht aus ihrem Gebiet, aus [a]Zora
und Eschtaol, fünf tüchtige Männer aus,
um das Land zu erkunden und zu erfor-
schen, und sprachen zu ihnen: Zieht hin
und erforscht das Land! Und sie kamen
auf das Gebirge Ephraim zum Haus
Michas und blieben dort über Nacht.
a Kap 13,25
3 Und während sie dort bei Michas Leu-
ten waren, fiel ihnen die Stimme des jun-
gen [a]Leviten auf, und sie gingen dorthin
und sprachen zu ihm: Wer hat dich hier-
hergebracht? Was machst du hier? Und
was hast du hier vor? *a* Kap 17,7
4 Er antwortete ihnen: So und so hat
Micha an mir getan und hat mich in Dienst
genommen, daß ich sein Priester sei.

5 Sie sprachen zu ihm: Befrage doch Gott,
daß wir erfahren, ob unser Weg, den wir
gehen, auch zum Ziel führt.
6 Der Priester antwortete ihnen: Zieht
hin mit Frieden; euer Weg, den ihr geht,
ist dem HERRN vor Augen.
7 Da gingen die fünf Männer hin und
kamen nach Lajisch und sahen das Volk,
das darin war, sicher wohnen in der Weise
der Sidonier, ruhig und sicher. Sie waren
reich an Besitz, und es fehlte ihnen nichts
an alledem, was es auf Erden gibt. Und sie
waren ferne von den Sidoniern und hatten
mit Aramäern nichts zu tun.
8 ¶ Und sie kamen zu ihren Brüdern nach
Zora und Eschtaol, und ihre Brüder spra-
chen zu ihnen: Wie steht's mit euch?
9 Sie sprachen: Auf, laßt uns gegen sie
hinaufziehen! Denn wir haben das Land
angesehen, und siehe, es ist sehr gut. Und
ihr sitzt noch untätig da? Seid doch nicht
faul hinzuziehen, daß ihr kommt und das
Land einnehmt.
10 Wenn ihr hinzieht, werdet ihr zu einem
Volk kommen, das sicher wohnt, und das
Land ist weit nach allen Seiten; denn Gott
hat's in eure Hände gegeben, einen Ort,
an dem nichts von alledem fehlt, was es
auf Erden gibt.
11 ¶ [a] Da zogen von dort aus dem Ge-
schlecht Dan, aus Zora und Eschtaol,
sechshundert Mann, gerüstet mit ihren
Waffen zum Kampf, *a (11 und 12)* Kap 13,2.25
12 und sie zogen hinauf und lagerten sich
bei Kirjat-Jearim in Juda. Daher heißt die
Stätte »Lager Dans« bis auf diesen Tag; es
liegt hinter Kirjat-Jearim.
13 Und von dort gingen sie auf das
Gebirge Ephraim und kamen zum Hause
Michas.
14 Da hoben die fünf Männer an, die aus-
gezogen waren, um das Land bei Lajisch
zu erkunden, und sprachen zu ihren Brü-
dern: Wißt ihr auch, daß es in diesen
Häusern einen Efod und einen Haus-
götzen und ein geschnitztes und gegos-
senes Bild gibt? Bedenkt nun, was ihr zu
tun habt.
15 Da gingen sie dorthin und kamen an
das Haus des jungen Leviten in Michas
Hause und grüßten ihn freundlich.
16 Während die sechshundert zum Krieg
gerüsteten Männer, die von den Danitern
waren, vor dem Tor standen,
17 gingen die fünf Männer, die das Land
zu erkunden ausgezogen waren, hinauf,
drangen dort ein und nahmen das ge-
schnitzte und gegossene Bild, den [a] Efod
und den Hausgötzen; unterdessen stand
der Priester vor dem Tor bei den sechs-
hundert zum Krieg gerüsteten Männern.
a Kap 17,5
18 Als nun jene in das Haus Michas
gekommen waren und das geschnitzte und
gegossene Bild, den Efod und den Haus-
götzen nahmen, sprach der Priester zu
ihnen: Was macht ihr?
19 Sie antworteten ihm: Schweig und halt
den Mund und zieh mit uns, daß du uns
Vater und Priester seist. Ist es für dich
besser, Priester in **eines** Mannes Haus zu
sein oder unter einem ganzen Stamm und
Geschlecht in Israel?
20 Das gefiel dem Priester gut, und er
nahm den Efod, den Hausgötzen und das
geschnitzte Bild und schloß sich dem Volk
an.
21 Und sie wandten sich und zogen hin
und schickten die Frauen und die Kinder
und das Vieh, und was sie an wertvollem
Gut hatten, vor sich her.
22 Als sie sich nun von Michas Haus ent-
fernt hatten, wurden die Männer in den
Häusern, die bei Michas Haus waren,
zusammengerufen, und sie jagten den
Danitern nach
23 und riefen hinter ihnen her. Sie aber
wandten sich um und sprachen zu Micha:
Was hast du, daß du die Leute zusam-
mengerufen hast?
24 Er antwortete: Ihr habt meine Götter
genommen, die ich gemacht hatte, und
den Priester und seid fortgezogen. Was
hab ich nun noch? Und da fragt ihr, was
mir fehlt?
25 Aber die Daniter sprachen zu ihm: Laß
deine Stimme nicht weiter bei uns hören,
damit nicht etwa zornige Leute über euch
herfallen und dein Leben und das Leben
deiner Leute hingerafft werde.
26 So gingen die Daniter ihres Weges. Und
als Micha sah, daß sie ihm zu stark waren,
wandte er sich um und kehrte zurück zu
seinem Hause.
27 ¶ Sie aber nahmen, was Micha gemacht
hatte, und den Priester, den er hatte, und
fielen über Lajisch her, über ein Volk, das
ruhig und sicher wohnte, und schlugen es
mit der Schärfe des Schwerts und ver-
brannten die Stadt mit Feuer.

17 *Eliëzer und Rebekka*
Öl und Gouache; 64 x 49 cm; 1931; signiert;
MBMC, Nizza
(© Foto: RMN – Gérard Blot)

18/19 *Jakobs Traum von der Himmelsleiter*
Öl auf Leinwand; 195 x 278 cm; undatiert;
signiert; MBMC, Nizza
(© Foto: RMN – Gérard Blot)

20 *Jakobs Kampf mit dem Engel*
Öl auf Leinwand; 249 x 205 cm; undatiert; signiert;
MBMC, Nizza
(© Foto: RMN – Gérard Blot)

28 Und es war niemand, der sie errettet
hätte; denn die Stadt lag fern von Sidon,
und sie hatten mit den Aramäern nichts
zu schaffen; und die Stadt lag in der Ebene
bei Bet-Rehob. Dann bauten sie die Stadt
wieder auf und wohnten darin
29 und nannten sie [a]Dan nach dem
Namen ihres Vaters Dan, der dem Israel
geboren war. Vorzeiten aber hieß die Stadt
Lajisch. *a* Jos 19,47
30 ¶Und die [a]Daniter richteten für sich
das Schnitzbild auf. Und Jonatan, der Sohn
[b]Gerschoms, des Sohnes des Mose*, und
seine Söhne waren Priester im Stamm der
Daniter bis auf die Zeit, da sie [c]aus dem
Lande gefangen weggeführt wurden.

a 1.Kön 12,29; Am 8,14 *b* 2.Mose 18,3 *c* 2.Kön 15,29

* Andere Überlieferung: »des Sohnes Manasses«.

31 So stellten sie das Schnitzbild, das
Micha gemacht hatte, bei sich auf, solange
das Haus Gottes zu [a]Silo stand.

a Jos 18,1; Jer 7,12

Die Schandtat von Gibea in Benjamin

19 Zu der Zeit war [a]kein König in
Israel. Und ein Levit wohnte als
Fremdling weit hinten im Gebirge Eph-
raim und hatte sich eine Nebenfrau
genommen aus Bethlehem in Juda.

a Kap 17,6

2 Und als sie über ihn erzürnt war, lief sie
von ihm fort zu ihres Vaters Hause nach
Bethlehem in Juda und war dort vier
Monate lang.
3 Da machte sich ihr Mann auf und zog
ihr nach, um freundlich mit ihr zu reden
und sie zu sich zurückzuholen; und er
hatte seinen Knecht und ein Paar Esel bei
sich. Und sie führte ihn in ihres Vaters
Haus. Als ihn aber der Vater der jungen
Frau sah, wurde er froh und ging ihm ent-
gegen.
4 Und sein Schwiegervater, der Vater der
jungen Frau, hielt ihn fest, daß er drei Tage
bei ihm blieb. Sie aßen und tranken und
blieben dort über Nacht.
5 Am vierten Tag erhoben sie sich früh
am Morgen, und er machte sich auf und
wollte fortziehen. Da sprach der Vater der
jungen Frau zu seinem Schwiegersohn:
Labe dich zuvor mit einem Bissen Brot,
danach könnt ihr ziehen.
6 Und sie setzten sich und aßen beide mit-
einander und tranken. Da sprach der Vater
der jungen Frau zu dem Mann: Bleib doch
über Nacht und laß dein Herz guter Dinge
sein.
7 Als aber der Mann aufstand und ziehen
wollte, nötigte ihn sein Schwiegervater,
daß er noch einmal über Nacht dablieb.
8 Am Morgen des fünften Tages machte
er sich früh auf und wollte ziehen. Da
sprach der Vater der jungen Frau: Labe
dich doch und laß uns warten, bis sich der
Tag neigt. Und so aßen die beiden mitein-
ander.
9 Da machte sich der Mann auf und wollte
mit seiner Nebenfrau und mit seinem
Knecht fortziehen. Aber sein Schwieger-
vater, der Vater der jungen Frau, sprach zu
ihm: Siehe, [a]der Tag hat sich geneigt, und
es will Abend werden; bleib über Nacht
und laß dein Herz guter Dinge sein. Mor-
gen mögt ihr früh aufstehen und eures
Weges ziehen zu deinem Zelt. *a* Lk 24,29
10 Aber der Mann wollte nicht mehr über
Nacht bleiben, sondern machte sich auf
und zog hin und kam bis gegenüber von
[a]Jebus – das ist Jerusalem – und hatte ein
Paar beladene Esel bei sich und seine
Nebenfrau und seinen Knecht.

a Kap 1,21; 1.Chr 11,4

11 ¶Als sie nun nahe bei Jebus waren,
dunkelte es schnell; da sprach der Knecht
zu seinem Herrn: Komm doch und laß
uns in diese Stadt der Jebusiter einkehren
und über Nacht dort bleiben.
12 Aber sein Herr sprach zu ihm: Wir wol-
len nicht in die Stadt der Fremden einkeh-
ren, die nicht von den Israeliten sind, son-
dern wollen hinüber auf Gibea zu.
13 Und er sprach zu seinem Knecht: Geh
weiter, damit wir an einen andern Ort
kommen und über Nacht in Gibea oder in
Rama bleiben.
14 Und sie zogen weiter ihres Weges, und
die Sonne ging unter, als sie nahe bei [a]Gi-
bea waren, das in Benjamin liegt.

a Jos 18,28

15 Und sie bogen ab vom Wege, um nach
Gibea zu kommen und dort über Nacht
zu bleiben. Als er aber hineinkam, blieb
er auf dem Platze der Stadt; denn es war
niemand, der sie die Nacht im Hause be-
herbergen wollte.
16 Und siehe, da kam ein alter Mann von
seiner Arbeit vom Felde am Abend; der
war auch vom Gebirge Ephraim und ein
Fremdling in Gibea, aber die Leute des
Orts waren Benjaminiter.

17 Und als er seine Augen aufhob, sah er
den Wanderer auf dem Platze und sprach
zu ihm: Wo willst du hin? Und wo kommst
du her?
18 Er aber antwortete ihm: Wir reisen
von Bethlehem in Juda weit ins Gebirge
Ephraim hinein, wo ich her bin. Ich bin
nach Bethlehem in Juda gezogen und
kehre jetzt nach Hause zurück, doch nie-
mand will mich beherbergen.
19 Wir haben Stroh und Futter für unsere
Esel und Brot und Wein für mich, deinen
Knecht, und für deine Magd und den
Knecht, der bei mir ist, so daß uns nichts
fehlt.
20 Der alte Mann sprach: Friede sei mit
dir! Alles, was dir mangelt, findest du bei
mir; bleib nur nicht über Nacht auf dem
Platze.
21 Und er führte ihn in sein Haus und gab
den Eseln Futter, und sie wuschen ihre
Füße und aßen und tranken.
22 ¶ [a] Und als ihr Herz nun guter Dinge
war, siehe, da kamen die Leute der Stadt,
ruchlose Männer, und umstellten das Haus
und pochten an die Tür und sprachen zu
dem alten Mann, dem Hauswirt: Gib den
Mann heraus, der in dein Haus gekom-
men ist, daß wir uns über ihn hermachen.

a (22-24) 1.Mose 19,5-8

23 Aber der Mann, der Hauswirt, ging zu
ihnen hinaus und sprach zu ihnen: Nicht,
meine Brüder, tut doch nicht solch ein
Unrecht! Nachdem dieser Mann in mein
Haus gekommen ist, tut nicht solch eine
Schandtat!
24 Siehe, ich habe eine Tochter, noch eine
Jungfrau, und dieser hat eine Nebenfrau;
die will ich euch herausbringen. Die könnt
ihr schänden und mit ihnen tun, was euch
gefällt, aber an diesem Mann tut nicht
solch eine Schandtat!
25 Aber die Leute wollten nicht auf ihn
hören. Da faßte der Mann seine Neben-
frau und brachte sie zu ihnen hinaus. Die
machten sich über sie her und trieben
ihren Mutwillen mit ihr die ganze Nacht
bis an den Morgen. Und als die Morgen-
röte anbrach, ließen sie sie gehen.
26 Da kam die Frau, als der Morgen
anbrach, und fiel hin vor der Tür des
Hauses, in dem ihr Herr war, und lag da,
bis es licht wurde.
27 Als nun ihr Herr am Morgen aufstand
und die Tür des Hauses auftat und her-
ausging, um seines Weges zu ziehen,
siehe, da lag seine Nebenfrau vor der Tür
des Hauses, die Hände auf der Schwelle.
28 Er sprach zu ihr: Steh auf, laß uns zie-
hen! Aber sie antwortete nicht. Da legte
er sie auf den Esel, machte sich auf und
zog an seinen Ort.
29 Als er nun heimkam, nahm er ein Mes-
ser, faßte seine Nebenfrau und zerstük-
kelte sie Glied für Glied in zwölf Stücke
und sandte sie in das ganze Gebiet
Israels.[a]

a 1.Sam 11,7

30 Wer das sah, der sprach: [a] Solches ist
nicht geschehen noch gesehen, seitdem
Israel aus Ägyptenland gezogen ist, bis auf
diesen Tag. Nun denkt darüber nach, bera-
tet und sprecht!

a Hos 10,9

Strafgericht am Stamm Benjamin

20 Da zogen die Israeliten aus, und die
Gemeinde versammelte sich wie **ein**
Mann – von Dan bis nach Beerscheba und
vom Lande Gilead – vor dem HERRN in
[a] Mizpa.

a Jos 18,26; 1.Sam 7,5

2 Und es traten zusammen die Obersten
des ganzen Volks aller Stämme Israels in
der Versammlung des Volkes Gottes, vier-
hunderttausend Mann zu Fuß, die das
Schwert führten.
3 Aber die Benjaminiter hörten, daß ganz
Israel hinauf nach Mizpa gezogen war.
Und die Israeliten sprachen: Sagt, wie ist
die Schandtat zugegangen?
4 Da antwortete der Levit, der Mann der
Frau, die getötet worden war, und sprach:
Ich kam nach [a] Gibea in Benjamin mit
meiner Nebenfrau, um da über Nacht zu
bleiben.

a Kap 19,14; Jos 18,28

5 Da machten sich gegen mich auf die
Bürger von Gibea und umstellten meinet-
wegen das Haus des Nachts. Mich wollten
sie töten, und meine Nebenfrau haben sie
geschändet, so daß sie gestorben ist.
6 Da nahm ich meine Nebenfrau und
zerstückelte sie und sandte die Stücke
in das ganze Gebiet des Erbbesitzes von
Israel; denn sie haben ein Verbrechen
und eine [a] Schandtat getan in Israel.

a 1.Mose 34,7

7 Siehe, da seid ihr Israeliten alle. So
sprecht und beratet hier!
8 Da erhob sich alles Volk wie **ein** Mann
und sprach: Es soll niemand in sein Zelt
gehen und in sein Haus heimkehren,

9 sondern das wollen wir jetzt mit Gibea
tun: Auf, laßt uns gegen die Stadt hinauf-
ziehen nach dem Los!
10 Laßt uns nehmen zehn Mann von hun-
dert und hundert von tausend und tau-
send von zehntausend aus allen Stämmen
Israels, damit sie Speise holen für das
Volk, das gekommen ist, um Gibea in Ben-
jamin seine große Schandtat zu vergelten,
die es in Israel getan hat.
11 So versammelten sich gegen die Stadt
alle Männer Israels, geschlossen wie **ein**
Mann.
12 ¶Und die Stämme Israels sandten
Männer zu allen Geschlechtern Benjamins
und ließen ihnen sagen: Was ist das für
eine Untat, die bei euch geschehen ist?
13 So gebt nun heraus die Männer, die
ruchlosen Leute von Gibea, [a]daß wir sie
töten und das Böse aus Israel austilgen.
Aber die Benjaminiter wollten nicht hören
auf die Stimme ihrer Brüder, der Israeli-
ten, *a* 2.Mose 21,12; 4.Mose 35,33.34
14 sondern sie versammelten sich aus den
Städten nach Gibea, um in den Kampf
gegen die Israeliten auszuziehen.
15 Und es wurden an jenem Tage gezählt
von Benjamin aus den Städten sechsund-
zwanzigtausend Mann, die das Schwert
führten, außer den Bürgern von Gibea;
von ihnen wurden siebenhundert gezählt,
auserlesene Männer.
16 Und unter diesem ganzen Volk waren
siebenhundert auserlesene Männer, die
linkshändig waren und mit der Schleuder
ein Haar treffen konnten, ohne zu fehlen.
17 Aber von Israel – außer denen von Ben-
jamin – wurden gezählt vierhunderttau-
send Mann, die das Schwert führten, lau-
ter streitbare Männer.
18 Die machten sich auf und zogen hinauf
nach Bethel und [a]befragten Gott und spra-
chen: Wer von uns soll zuerst hinaufzie-
hen in den Kampf gegen Benjamin? Der
HERR sprach: Juda soll anfangen.
a Kap 1,1.2; 4.Mose 27,21
19 So machten sich die Israeliten am Mor-
gen auf und lagerten sich vor Gibea.
20 Und die Männer von Israel zogen her-
aus, um gegen Benjamin zu kämpfen, und
stellten sich auf zum Kampf gegen Gibea.
21 Da fielen die Benjaminiter aus Gibea
aus und schlugen an dem Tage von Israel
zweiundzwanzigtausend zu Boden.
23 *Da zogen die Israeliten hinauf und
hielten Klage vor dem HERRN bis zum
Abend und befragten den HERRN und
sprachen: Sollen wir wieder in den Kampf
ziehen gegen die Benjaminiter, unsere
Brüder? Der HERR sprach: Zieht hin gegen
sie!
22 *Da ermannte sich das Kriegsvolk von
Israel und stellte sich abermals auf, um
am selben Ort noch weiter zu kämpfen, an
dem sie sich am vorigen Tag aufgestellt
hatten.

*Der Zusammenhang erfordert die hier vorgenommene Umstellung der Verse.

24 Und als die Israeliten am andern Tage
nahe herankamen an die Benjaminiter,
25 [a]machten die Benjaminiter auch am
zweiten Tag einen Ausfall aus Gibea und
schlugen von Israel noch achtzehntausend
zu Boden, die alle das Schwert führten.
a 1.Mose 49,27
26 ¶Da zogen alle Israeliten, das ganze
Kriegsvolk, hinauf und kamen nach
[a]Bethel und hielten Klage und blieben
dort vor dem HERRN und fasteten an
diesem Tag bis zum Abend und opferten
Brandopfer und Dankopfer vor dem
HERRN. *a* Vers 18; Jos 18,21.22
27 Und die Israeliten befragten den
HERRN. – Es war aber zu jener Zeit die
Lade des Bundes Gottes dort,
28 und [a]Pinhas, der Sohn [b]Eleasars, des
Sohnes Aarons, versah den Dienst vor ihm
in jener Zeit. – Und sie sprachen: Sollen
wir abermals ausziehen, um gegen die
Benjaminiter, unsere Brüder, zu kämpfen,
oder sollen wir es lassen? Der HERR
sprach: Zieht hinauf; morgen will ich sie
in eure Hände geben.
a 4.Mose 25,7 *b* Jos 24,33
29 ¶Und Israel [a]legte einen Hinterhalt
rings um Gibea her. *a* Jos 8,12.14
30 So zog Israel hinauf am dritten Tage
gegen die Benjaminiter und stellte sich auf
gegen Gibea wie schon zweimal vorher.
31 Da machten die Benjaminiter einen
Ausfall, dem Kriegsvolk entgegen, und
wurden weggezogen von der Stadt und
erschlugen anfangs einige vom Kriegsvolk
– wie schon zweimal vorher – auf den Stra-
ßen, von denen die eine nach Bethel und
die andere nach Gibeon führt, auf offe-
nem Feld etwa dreißig Mann von Israel.
32 Da dachten die Benjaminiter: Sie sind
geschlagen vor uns wie vorher. Aber die
Israeliten hatten verabredet: Laßt uns flie-

hen, damit wir sie von der Stadt wegziehen auf die beiden Straßen!
33 Da machten sich alle Männer von Israel auf von ihrem Ort und stellten sich bei Baal-Tamar auf. Und der Hinterhalt Israels brach hervor aus seinem Versteck westlich von Geba.
34 Und sie rückten gegen Gibea an, zehntausend Mann, auserlesen aus ganz Israel, so daß der Kampf hart wurde; jene aber wußten nicht, daß sie das Unglück treffen würde.
35 So schlug der HERR die Benjaminiter vor den Männern von Israel, daß die Israeliten an dem Tag umbrachten fünfundzwanzigtausendeinhundert Mann von Benjamin, die alle das Schwert führten.
36 Denn als die Benjaminiter sahen, daß sie geschlagen waren, gaben ihnen die Männer Israels Raum; denn sie verließen sich auf den Hinterhalt, den sie bei Gibea angelegt hatten.
37 Und der Hinterhalt brach eilends hervor auf Gibea zu und zog hin und schlug die ganze Stadt mit der Schärfe des Schwerts.
38 Sie hatten aber verabredet miteinander, die Männer von Israel und der Hinterhalt, sie sollten eine Rauchsäule von der Stadt aufsteigen lassen.
39 Als nun die Männer von Israel sich im Kampf abgewandt hatten und die Benjaminiter anfangs etwa dreißig Mann von Israel erschlagen hatten, so daß sie dachten: sie sind vor uns geschlagen wie im vorigen Kampf,
40 da begann eine Rauchsäule von der Stadt gerade empor aufzusteigen. Und die Benjaminiter wandten sich um, und siehe, da ging die Stadt ganz in Flammen auf zum Himmel.
41 Und die Männer von Israel machten kehrt; da erschraken die Männer von Benjamin, denn sie sahen, daß das Unglück sie getroffen hatte,
42 und wandten sich weg von den Männern Israels auf den Weg zur Steppe. Aber der Kampf folgte ihnen auch dorthin, und die von der Stadt her kamen, vernichteten in ihrer Mitte die Benjaminiter.
43 Sie umringten diese und jagten ihnen nach, ohne ihnen Ruhe zu lassen, und zertraten sie bis östlich von Gibea, gegen Sonnenaufgang.
44 Und es fielen von Benjamin achtzehntausend Mann, lauter streitbare Männer.
45 ¶ Da wandten sie sich um und flohen zur Steppe hin zum Fels Rimmon; aber die Männer von Israel hielten auf den Straßen eine Nachlese von fünftausend Mann und verfolgten sie weiter bis Gidom und erschlugen von ihnen noch zweitausend.
46 So fielen an diesem Tage von Benjamin fünfundzwanzigtausend Mann, die das Schwert führten, lauter streitbare Männer.
47 Nur sechshundert Mann wandten sich um und flohen zur Steppe hin zum Fels Rimmon und blieben [a] auf dem Fels Rimmon vier Monate.

a Kap 21,13

48 Und die Männer Israels kehrten um zu den Benjaminitern und schlugen in der Stadt mit der Schärfe des Schwerts Leute und Vieh und alles, was man fand. Und alle Städte, die man fand, verbrannte man mit Feuer.[a]

a 1.Mose 34,25-29; 4.Mose 35,30-34; 5.Mose 13,13-19

Israel verhilft Benjamin zu Frauen

21 Die Männer Israels aber hatten in [a] Mizpa geschworen und gesagt: Niemand soll seine Tochter den Benjaminitern zur Frau geben.

a Kap 20,1

2 Und [a] das Volk kam nach Bethel und saß da bis zum Abend vor Gott, und sie erhoben ihre Stimme und weinten sehr

a Kap 20,18.23.26

3 und sprachen: O HERR, Gott Israels, warum ist das geschehen in Israel, daß heute Israel um einen Stamm weniger geworden ist?
4 ¶ Am andern Morgen machte sich das Volk früh auf und baute dort einen Altar und opferte Brandopfer und Dankopfer.
5 Und die Israeliten sprachen: Wer von allen Stämmen Israels ist nicht mit der Gemeinde heraufgekommen zum HERRN? Denn es war ein großer Schwur getan worden, daß, wer nicht hinaufkäme zum HERRN nach Mizpa, der sollte des Todes sterben.
6 Und es tat den Israeliten leid um ihren Bruder Benjamin, und sie sprachen: Heute ist **ein** Stamm von Israel abgeschlagen.
7 Wie können wir ihnen helfen, daß die übriggebliebenen Benjaminiter zu Frauen kommen? Denn wir haben geschworen bei dem HERRN, daß wir ihnen von unsern Töchtern keine zu Frauen geben.
8 Und sie sprachen: Ist einer von den Stämmen Israels nicht heraufgekommen

zum HERRN nach Mizpa? Und siehe, da
war ins Lager der Gemeinde niemand
gekommen von Jabesch in Gilead.
9 Denn sie zählten das Volk, und siehe,
da war kein Bürger da von Jabesch in
Gilead.
10 ¶Da sandte die Gemeinde zwölftau-
send streitbare Männer dorthin und gebot
ihnen: Geht hin und schlagt mit der
Schärfe des Schwerts die Bürger von
Jabesch in Gilead mit Weib und Kind.
11 [a]Doch so sollt ihr tun: An allem, was
männlich ist, und an allen Frauen, die
einem Mann angehört haben, sollt ihr den
Bann vollstrecken!

a (11 und 12) 4.Mose 31,17.18

12 Und sie fanden bei den Bürgern von
Jabesch in Gilead vierhundert Mädchen,
die Jungfrauen waren und keinem Mann
angehört hatten. Die brachten sie ins Lager
nach Silo, das da liegt im Lande Kanaan.
13 Da sandte die ganze Gemeinde hin und
verhandelte mit den Benjaminitern, die
[a]auf dem Fels Rimmon waren, und sagten
ihnen Frieden zu. *a* Kap 20,47
14 So kamen die Benjaminiter zurück zu
jener Zeit. Und sie gaben ihnen die Mäd-
chen, die sie am Leben gelassen hatten
von den Frauen aus Jabesch in Gilead;
aber diese waren noch nicht genug für sie.
15 ¶Da tat es dem Volk leid um Benja-
min, daß der HERR einen Riß gemacht
hatte zwischen den Stämmen Israels.
16 Und die Ältesten der Gemeinde spra-
chen: Was wollen wir tun, daß die übrig-
gebliebenen Benjaminiter zu Frauen kom-
men? Denn die Frauen in Benjamin sind
ausgerottet.
17 Und sie sprachen: Die Entronnenen
von Benjamin müssen doch ihr Erbe
behalten, damit nicht ein Stamm ausge-
tilgt werde von Israel.
18 Wir aber können ihnen unsere Töchter
nicht zu Frauen geben; denn die Israeliten
haben geschworen und gesagt: Verflucht
sei, wer den Benjaminitern Frauen gibt!
19 Und sie sprachen: Siehe, jedes Jahr fin-
det ein Fest des HERRN statt zu [a]Silo, das
nördlich von Bethel liegt, östlich von der
Straße, die hinaufführt von Bethel nach
Sichem, und südlich von Lebona. *a* Jos 18,1
20 Und sie geboten den Benjaminitern und
sprachen: Geht hin und legt euch auf die
Lauer in den Weinbergen.
21 Wenn ihr dann seht, daß die Töchter
Silos zum Reigentanz herausgehen, so
brecht hervor aus den Weinbergen und
[a]raubt euch jeder eine Frau von den Töch-
tern Silos und geht heim ins Land Benja-
min. *a* 2.Mose 21,16; 5.Mose 24,7
22 Wenn aber ihre Väter oder ihre Brüder
kommen, um mit uns zu rechten, wollen
wir zu ihnen sagen: Gönnt sie uns, denn
wir haben nicht für jeden eine Frau gewon-
nen im Kampf; auch habt nicht ihr sie
ihnen gegeben, sonst wäret ihr jetzt
schuldig.
23 Die Benjaminiter taten das und nah-
men sich Frauen nach ihrer Zahl von den
Mädchen, die im Reigen tanzten und die
sie geraubt hatten, und zogen heim in ihr
Erbteil, bauten die Städte wieder auf und
wohnten darin.
24 Auch die Israeliten gingen zu der Zeit
von dort auseinander, jeder zu seinem
Stamm und zu seinem Geschlecht, und
zogen von dort weg, jeder zu seinem Erb-
teil.
25 Zu der Zeit war [a]kein König in Israel;
jeder tat, was ihn recht dünkte. *a* Kap 17,6

DAS BUCH RUT

Inhaltsübersicht

Eine Ausländerin findet Heimat in Israel *Kap 1–4*

Rut zieht mit Noomi nach Bethlehem

1 Zu der Zeit, als die [a]Richter richteten, entstand eine Hungersnot im Lande. Und [b]ein Mann von Bethlehem in Juda zog aus ins Land der Moabiter, um dort als Fremdling zu wohnen, mit seiner Frau und seinen beiden Söhnen.

a 4.Mose 25,1-5 b 1.Sam 22,3.4

2 Der hieß Elimelech und seine Frau Noomi und seine beiden Söhne Machlon und Kiljon; die waren [a]Efratiter aus Bethlehem in Juda. Und als sie ins Land der Moabiter gekommen waren, blieben sie dort. a 1.Mose 48,7; Mi 5,1

3 [a]Und Elimelech, Noomis Mann, starb, und sie blieb übrig mit ihren beiden Söhnen. *a (3 und 4)* 5.Mose 7,3; 23,4; Neh 13,23

4 Die nahmen moabitische Frauen; die eine hieß Orpa, die andere Rut. Und als sie ungefähr zehn Jahre dort gewohnt hatten,

5 starben auch die beiden, Machlon und Kiljon, so daß die Frau beide Söhne und ihren Mann überlebte.

6 ¶Da machte sie sich auf mit ihren beiden Schwiegertöchtern und [a]zog aus dem Land der Moabiter wieder zurück; denn sie hatte erfahren im Moabiterland, daß der HERR sich seines Volkes angenommen und ihnen Brot gegeben hatte. a 2.Kön 8,3

7 Und sie ging aus von dem Ort, wo sie gewesen war, und ihre beiden Schwiegertöchter mit ihr. Und als sie unterwegs waren, um ins Land Juda zurückzukehren,

8 sprach sie zu ihren beiden Schwiegertöchtern: Geht hin und kehrt um, eine jede ins Haus ihrer Mutter! Der HERR tue an euch Barmherzigkeit, wie ihr an den Toten und an mir getan habt.

9 Der HERR gebe euch, daß ihr [a]Ruhe findet, eine jede in ihres Mannes Hause! Und sie küßte sie. Da erhoben sie ihre Stimme und weinten a Kap 3,1

10 und sprachen zu ihr: Wir wollen mit dir zu deinem Volk gehen.

11 Aber Noomi sprach: Kehrt um, meine Töchter! Warum wollt ihr mit mir gehen? Wie kann ich noch einmal Kinder in meinem Schoße haben, die eure Männer werden könnten?

12 Kehrt um, meine Töchter, und geht hin; denn ich bin nun zu alt, um wieder einen Mann zu nehmen. Und wenn ich dächte: Ich habe noch Hoffnung! und diese Nacht einen Mann nehmen und Söhne gebären würde,

13 wolltet ihr warten, bis sie groß würden? Wolltet ihr euch so lange einschließen und keinen Mann nehmen? Nicht doch, meine Töchter! Mein Los ist zu bitter für euch, denn des HERRN Hand ist gegen mich gewesen.

14 Da erhoben sie ihre Stimme und weinten noch mehr. Und Orpa küßte ihre Schwiegermutter, Rut aber blieb bei ihr.

15 Sie aber sprach: Siehe, deine Schwägerin ist umgekehrt zu ihrem Volk und zu ihrem Gott; kehre auch du um, deiner Schwägerin nach.

16 Rut antwortete: Rede mir nicht ein, daß ich dich verlassen und von dir umkehren sollte. **Wo du hingehst, da will ich auch hingehen; wo du bleibst, da bleibe ich auch. Dein Volk ist mein Volk, und dein Gott ist mein Gott.**

17 **Wo du stirbst, da sterbe ich auch, da will ich auch begraben werden. Der HERR tue mir dies und das, nur der Tod wird mich und dich scheiden.**

18 Als sie nun sah, daß sie festen Sinnes war, mit ihr zu gehen, ließ sie ab, ihr zuzureden.

19 So gingen die beiden miteinander, bis sie nach Bethlehem kamen. Und als sie nach Bethlehem hineinkamen, erregte sich die ganze Stadt über sie, und die Frauen sprachen: Ist das die Noomi?

20 Sie aber sprach zu ihnen: Nennt mich

nicht Noomi, sondern [a]Mara*; denn der
Allmächtige hat mir viel Bitteres angetan.
a 2.Mose 15,23

* Noomi bedeutet »lieblich«, Mara »bitter«.

21 Voll zog ich aus, aber leer hat mich der
HERR wieder heimgebracht. Warum nennt
ihr mich denn Noomi, da doch der HERR
gegen mich gesprochen und der Allmächtige mich betrübt hat?
22 ¶ Es war aber um die Zeit, da die Gerstenernte anging, als Noomi mit ihrer
Schwiegertochter Rut, der Moabiterin,
zurückkam vom Moabiterland nach Bethlehem.

Rut liest Ähren auf dem Feld des Boas

2 Es war aber ein Mann, ein Verwandter
des Mannes der Noomi, von dem
Geschlecht Elimelechs, mit Namen Boas;
der war ein angesehener Mann.
2 Und Rut, die Moabiterin, sprach zu
Noomi: Laß mich aufs Feld gehen und
Ähren auflesen, bei einem, vor dessen
Augen ich Gnade finde. Sie aber sprach
zu ihr: Geh hin, meine Tochter!
3 Sie ging hin und las auf, den Schnittern
nach, auf dem Felde. Und es traf sich, daß
dies Feld dem Boas gehörte, der von dem
Geschlecht Elimelechs war.
4 Und siehe, Boas kam eben von [a]Bethlehem und sprach zu den Schnittern: Der
HERR sei mit euch! Sie antworteten: Der
HERR segne dich! a Kap 1,2
5 Und Boas sprach zu seinem Knecht, der
über die Schnitter gestellt war: Zu wem
gehört das Mädchen?
6 Der Knecht, der über die Schnitter
gestellt war, antwortete und sprach: Es ist
eine Moabiterin, die mit Noomi gekommen ist aus dem Land der Moabiter.
7 Sie hat gesagt: Laßt mich doch auflesen
und sammeln hinter den Garben den
Schnittern nach, und ist gekommen und
dageblieben vom Morgen an bis jetzt und
hat nur wenig ausgeruht.
8 Da sprach Boas zu Rut: Hörst du wohl,
meine Tochter? Du sollst nicht auf einen
andern Acker gehen, um aufzulesen; geh
auch nicht von hier weg, sondern halt dich
zu meinen Mägden.
9 Und sieh, wo sie schneiden im Felde, da
geh ihnen nach. Ich habe meinen Knechten geboten, daß dich niemand antaste.
Und wenn dich dürstet, so geh hin zu den
Gefäßen und trinke von dem, was meine
Knechte schöpfen.
10 Da fiel sie auf ihr Angesicht und beugte
sich nieder zur Erde und sprach zu ihm:
Womit hab ich Gnade gefunden vor deinen Augen, daß du mir freundlich bist,
[a]die ich doch eine Fremde bin?
a 5.Mose 23,4-6
11 Boas antwortete und sprach zu ihr: Man
hat mir alles angesagt, was du getan hast
an deiner Schwiegermutter nach deines
Mannes Tod; [a]daß du verlassen hast deinen Vater und deine Mutter und dein
Vaterland und zu einem Volk gezogen bist,
das du vorher nicht kanntest. a Kap 1,16.17
12 Der HERR vergelte dir deine Tat, und
dein Lohn möge vollkommen sein bei
dem HERRN, dem Gott Israels, zu dem du
gekommen bist, daß du [a]unter seinen Flügeln Zuflucht hättest. a Ps 36,8
13 Sie sprach: Laß mich Gnade vor deinen
Augen finden, mein Herr; denn du hast
mich getröstet und deine Magd freundlich
angesprochen, und ich bin doch nicht einmal wie eine deiner Mägde.
14 Boas sprach zu ihr, als Essenszeit war:
Komm hierher und iß vom Brot und tauche deinen Bissen in den Essigtrank! Und
sie setzte sich zur Seite der Schnitter. Er
aber legte ihr geröstete Körner vor, und
sie aß und wurde satt und ließ noch übrig.
15 Und als sie sich aufmachte zu lesen,
gebot Boas seinen Knechten und sprach:
Laßt sie auch zwischen den Garben lesen
und beschämt sie nicht;
16 auch zieht etwas für sie aus den Garben heraus und laßt es liegen, daß sie es
auflese, und niemand schelte sie darum.[a]
a 3.Mose 19,9.10
17 So las sie bis zum Abend auf dem Felde
und klopfte die Ähren aus, die sie aufgelesen hatte, und es war ungefähr ein Scheffel Gerste.
18 ¶ Und sie hob's auf und kam in die
Stadt, und ihre Schwiegermutter sah, was
sie gelesen hatte. Da zog Rut hervor und
gab ihr, was sie übrigbehalten hatte, nachdem sie satt geworden war.
19 Da sprach ihre Schwiegermutter zu ihr:
Wo hast du heute gelesen, und wo hast du
gearbeitet? Gesegnet sei, der dir freundlich gewesen ist! Sie aber sagte ihrer
Schwiegermutter, bei wem sie gearbeitet
hatte, und sprach: Der Mann, bei dem ich
heute gearbeitet habe, heißt Boas.

20 Noomi aber sprach zu ihrer Schwiegertochter: Gesegnet sei er vom HERRN, der seine Barmherzigkeit nicht abgewendet hat von den Lebendigen und von den Toten. Und Noomi sprach zu ihr: Der Mann steht uns nahe; [a] er gehört zu unsern Lösern.* *a* Kap 4,4

* Siehe Sach- und Worterklärungen zu »Erlöser«.

21 Rut, die Moabiterin, sprach: Er sprach auch das zu mir: Du sollst dich zu meinen Leuten halten, bis sie mir alles eingeerntet haben.

22 Noomi sprach zu Rut, ihrer Schwiegertochter: Es ist gut, meine Tochter, daß du mit seinen Mägden hinausgehst, damit dir nicht jemand auf einem andern Acker etwas zu Leide tue.

23 So hielt sie sich beim Ährenlesen zu den Mägden des Boas, bis die Gerstenernte und Weizenernte beendet war. Und dann blieb sie bei ihrer Schwiegermutter.

Rut befolgt Noomis Rat

3 Und Noomi, ihre Schwiegermutter, sprach zu ihr: Meine Tochter, ich will dir eine [a] Ruhestatt suchen, daß dir's wohlgehe. *a* Kap 1,9

2 Siehe, Boas, unser Verwandter, bei dessen Mägden du gewesen bist, worfelt diese Nacht Gerste auf seiner Tenne.

3 So bade dich und salbe dich und lege dein Kleid an und geh hinab auf die Tenne. Gib dich dem Mann nicht zu erkennen, bis er gegessen und getrunken hat.

4 Wenn er sich dann schlafen legt, so merke dir die Stelle, wo er sich hinlegt, und geh hin und decke zu seinen Füßen auf und leg dich hin, so wird er dir sagen, was du tun sollst.

5 Sie sprach zu ihr: Alles, was du mir sagst, will ich tun.

6 Sie ging hinab zur Tenne und tat alles, was ihre Schwiegermutter ihr geboten hatte.

7 ¶ Und als Boas gegessen und getrunken hatte, ward sein Herz guter Dinge, und er ging hin und legte sich hinter einen Kornhaufen. Und sie kam leise und deckte zu seinen Füßen auf und legte sich hin.

8 Als es nun Mitternacht ward, erschrak der Mann und beugte sich vor; und siehe, eine Frau lag zu seinen Füßen.

9 Und er sprach: Wer bist du? Sie antwortete: Ich bin Rut, deine Magd. [a] Breite den Zipfel deines Gewandes über deine Magd, denn [b] du bist der Löser. *a* Hes 16,8 *b* Kap 4,4

10 Er aber sprach: Gesegnet seist du vom HERRN, meine Tochter! Du hast deine Liebe jetzt noch besser erzeigt als [a] vorher, daß du nicht den jungen Männern nachgegangen bist, weder den reichen noch den armen. *a* Kap 2,11

11 Nun, meine Tochter, fürchte dich nicht. Alles, was du sagst, will ich dir tun; denn das ganze Volk in meiner Stadt weiß, daß du eine tugendsame Frau bist.

12 Ja, es ist wahr, daß ich ein Löser bin; aber es ist noch ein Löser da, näher verwandt als ich.

13 Bleib über Nacht hier. Will er dich dann am Morgen lösen, gut, so mag er's tun; hat er aber keine Lust, dich zu lösen, so will ich dich lösen, so wahr der HERR lebt. Schlaf bis zum Morgen!

14 Und sie schlief bis zum Morgen zu seinen Füßen. Und sie stand auf, ehe einer den andern erkennen konnte. Und er dachte: Wenn nur niemand erfährt, daß eine Frau auf die Tenne gekommen ist.

15 Und er sprach: Nimm das Tuch, das du umhast, und halt es auf. Und sie hielt es hin. Und er maß sechs Maß Gerste hinein und lud ihr's auf. Und er ging in die Stadt.

16 ¶ Sie aber kam zu ihrer Schwiegermutter. Die sprach: Wie steht's mit dir, meine Tochter? Und sie sagte ihr alles, was ihr der Mann getan hatte,

17 und sprach: Diese sechs Maß Gerste gab er mir; denn er sagte: Du sollst nicht mit leeren Händen zu deiner Schwiegermutter kommen.

18 Sie aber sprach: Warte nun ab, meine Tochter, bis du erfährst, wo es hinaus will; denn der Mann wird nicht ruhen, er bringe es denn heute zu Ende.

Die Lösung

4 Boas ging hinauf ins Tor und setzte sich daselbst. Und siehe, als der Löser vorüberging, von dem er geredet hatte, sprach Boas: Komm, mein Lieber, und setze dich hierher! Und er kam herüber und setzte sich dort hin.

2 Und Boas nahm zehn Männer von den Ältesten der Stadt und sprach: Setzt euch hierher! Und sie setzten sich.

3 Da sprach er zu dem Löser: Noomi, die aus dem Lande der Moabiter zurückge-

kommen ist, bietet feil den Anteil an dem
Feld, der unserm Bruder Elimelech ge-
hörte.
4 Darum gedachte ich's vor deine Ohren
zu bringen und zu sagen: Willst du es
lösen, so kaufe es vor den Bürgern und
vor den Ältesten meines Volks; willst du
es aber nicht lösen, so sage mir's, daß ich's
wisse; denn es ist kein anderer Löser* da
als du, und ich nach dir. Er sprach: Ich
will's lösen.[a] a 3.Mose 25,25; Jer 32,6-10

* Siehe Sach- und Worterklärungen zu »Erlöser«.

5 Boas sprach: An dem Tage, da du von
Noomi das Feld kaufst, mußt du auch Rut,
die Moabiterin, die Frau des Verstorbe-
nen, nehmen, um den Namen des Ver-
storbenen zu erhalten auf seinem Erbteil.[a]
a 5.Mose 25,5.6
6 Da antwortete er: Ich vermag es nicht
zu lösen, sonst würde ich mein Erbteil
schädigen. Löse dir zugut, was ich hätte
lösen sollen; denn ich vermag es nicht zu
lösen.
7 Es war aber von alters her ein Brauch in
Israel: Wenn einer eine Sache bekräftigen
wollte, die eine Lösung oder einen Tausch
betraf, so [a]zog er seinen Schuh aus und
gab ihn dem andern; das diente zur Bezeu-
gung in Israel. a 5.Mose 25,7-10
8 Und der Löser sprach zu Boas: Kaufe
du es! und zog seinen Schuh aus.
9 Und Boas sprach zu den Ältesten und
zu allem Volk: Ihr seid heute Zeugen, daß
ich von Noomi alles gekauft habe, was Eli-
melech, und alles, was Kiljon und Mach-
lon gehört hat.
10 Dazu habe ich mir auch Rut, die Moa-
biterin, die Frau Machlons, zur Frau
genommen, daß ich den Namen des Ver-
storbenen erhalte auf seinem Erbteil und
sein Name nicht ausgerottet werde unter
seinen Brüdern und aus dem Tor seiner
Stadt; dessen seid ihr heute Zeugen.
11 Und alles Volk, das im Tor war, samt
den Ältesten sprach: Wir sind Zeugen. Der
HERR mache die Frau, die in dein Haus
kommt, wie Rahel und Lea, die beide das
Haus Israel gebaut haben; sei stark in
Efrata, und dein Name werde gepriesen
zu Bethlehem.
12 Und dein Haus werde wie das Haus des
[a]Perez, den Tamar dem Juda gebar, durch
die Nachkommen, die dir der HERR geben
wird von dieser jungen Frau. a 1.Mose 38,29

Boas heiratet Rut, die Stammutter Davids

13 So nahm Boas die Rut, daß sie seine
Frau wurde. Und als er zu ihr einging, gab
ihr der HERR, daß sie schwanger ward, und
sie gebar einen Sohn.
14 Da sprachen die Frauen zu Noomi:
Gelobt sei der HERR, der dir zu dieser
Zeit einen Löser nicht versagt hat! Dessen
Name werde gerühmt in Israel!
15 Der wird dich erquicken und dein Alter
versorgen. Denn deine Schwiegertochter,
die dich geliebt hat, hat ihn geboren, die
dir mehr wert ist als sieben Söhne.
16 Und Noomi nahm das Kind und legte
es auf ihren Schoß und ward seine Wärte-
rin.
17 Und ihre Nachbarinnen gaben ihm
einen Namen und sprachen: Noomi ist ein
Sohn geboren; und sie nannten ihn [a]Obed.
Der ist der Vater Isais, welcher Davids
Vater ist. a Mt 1,5.6; Lk 3,32
18 ¶ Dies ist das Geschlecht des [a]Perez:
Perez zeugte Hezron; a 1.Mose 46,12; 1.Chr 2,5
19 Hezron zeugte Ram; Ram zeugte
Amminadab;[a] a 1.Chr 2,9-15
20 Amminadab zeugte [a]Nachschon; Nach-
schon zeugte Salmon; a 4.Mose 1,7
21 Salmon zeugte Boas; Boas zeugte
Obed;
22 Obed zeugte Isai; Isai zeugte David.[a]
a 1.Sam 16,1.11-13

DAS ERSTE BUCH SAMUEL

Inhaltsübersicht

Hannas Gebet und Samuels Geburt

1 Es war ein Mann von Ramatajim-
Zofim, vom Gebirge Ephraim, der hieß
[a]Elkana, ein Sohn Jerohams, des Sohnes
Elihus, des Sohnes Tohus, des Sohnes
Zufs, ein Ephraimiter. *a* 1.Chr 6,11.12.19.20
2 Und er hatte zwei Frauen; die eine hieß
Hanna, die andere Peninna. Peninna aber
hatte Kinder, und Hanna hatte keine Kin-
der.[a] *a* 1.Mose 29,31
3 Dieser Mann ging jährlich hinauf von
seiner Stadt, um anzubeten und dem
HERRN Zebaoth zu opfern in [a]Silo. Dort
aber waren Hofni und Pinhas, die beiden
Söhne Elis, Priester des HERRN. *a* Jos 18,1
4 Wenn nun der Tag kam, daß Elkana
opferte, gab er seiner Frau Peninna und
allen ihren Söhnen und Töchtern Stücke
vom Opferfleisch.
5 Aber Hanna gab er **ein** Stück traurig;
denn er hatte Hanna lieb, obgleich der
HERR ihren Leib verschlossen hatte.
6 Und ihre Widersacherin kränkte und
reizte sie sehr, weil der HERR ihren Leib
verschlossen hatte.
7 So ging es alle Jahre; wenn sie hinauf-
zog zum Haus des HERRN, kränkte jene
sie. Dann weinte Hanna und aß nichts.
8 Elkana aber, ihr Mann, sprach zu ihr:
Hanna, warum weinst du, und warum
ißt du nichts? Und warum ist dein Herz
so traurig? Bin ich dir nicht mehr wert als
zehn Söhne?
9 ¶ Da stand Hanna auf, nachdem sie in
Silo gegessen und getrunken hatten. Eli
aber, der Priester, saß auf einem Stuhl am
Türpfosten des Tempels des HERRN.
10 Und sie war von Herzen betrübt und
betete zum HERRN und weinte sehr
11 und gelobte ein Gelübde und sprach:
HERR Zebaoth, wirst du das Elend deiner
Magd ansehen und an mich gedenken und
deiner Magd nicht vergessen und wirst du
deiner Magd einen Sohn geben, so [a]will
ich ihn dem HERRN geben sein Leben lang,
und es soll [b]kein Schermesser auf sein
Haupt kommen. *a* Am 2,11 *b* Ri 13,5
12 Und als sie lange betete vor dem
HERRN, achtete Eli auf ihren Mund;
13 denn Hanna redete in ihrem Herzen,
nur ihre Lippen bewegten sich, ihre
Stimme aber hörte man nicht. Da meinte
Eli, sie wäre betrunken,
14 und sprach zu ihr: Wie lange willst du
betrunken sein? Gib den Wein von dir, den
du getrunken hast!
15 Hanna aber antwortete und sprach:
Nein, mein Herr! Ich bin eine betrübte
Frau; Wein und starkes Getränk hab ich
nicht getrunken, sondern mein Herz vor
dem HERRN ausgeschüttet.
16 Du wollest deine Magd nicht für eine
zuchtlose Frau halten, denn ich hab aus
meinem großen Kummer und Herzeleid
so lange geredet.
17 Eli antwortete und sprach: Geh hin mit
Frieden; der Gott Israels wird dir die Bitte
erfüllen, die du an ihn gerichtet hast.
18 ¶ Sie sprach: Laß deine Magd Gnade
finden vor deinen Augen. Da ging die Frau
ihres Weges und aß und sah nicht mehr so
traurig drein.
19 Und am andern Morgen machten sie
sich früh auf. Und als sie angebetet hatten
vor dem HERRN, kehrten sie wieder um
und kamen heim nach Rama. Und Elkana
erkannte Hanna, seine Frau, und [a]der
HERR gedachte an sie. *a* 1.Mose 30,22
20 Und Hanna ward schwanger; und als
die Tage um waren, gebar sie einen Sohn
und nannte ihn Samuel; denn, so sprach
sie, ich hab ihn von dem HERRN erbeten.
21 ¶ Und als der Mann Elkana hinaufzog
mit seinem ganzen Hause, um das jährli-

che Opfer dem HERRN zu opfern und sein
Gelübde zu erfüllen,
22 zog Hanna nicht mit hinauf, sondern
sprach zu ihrem Mann: Wenn der Knabe
[a]entwöhnt ist, will ich ihn bringen, daß er
vor dem HERRN erscheine und dort für
immer bleibe. *a* 2.Makk 7,28
23 Ihr Mann Elkana sprach zu ihr: So tu,
wie dir's gefällt! Bleib, bis du ihn entwöhnt
hast; der HERR aber bestätige, was er geredet hat. So blieb die Frau und stillte ihren
Sohn, bis sie ihn entwöhnt hatte.
24 Nachdem sie ihn entwöhnt hatte, nahm
sie ihn mit sich hinauf nach Silo, dazu
[a]einen dreijährigen Stier, einen Scheffel
Mehl und einen Krug Wein und brachte
ihn in das Haus des HERRN. Der Knabe
war aber noch jung. *a* 4.Mose 15,3.8-11
25 Und sie schlachteten den Stier und
brachten den Knaben zu Eli.
26 Und sie sprach: Ach, mein Herr, so
wahr du lebst, mein Herr: ich bin die Frau,
die hier bei dir stand, um zum HERRN zu
beten.
27 Um diesen Knaben bat ich. Nun hat
der HERR mir die Bitte erfüllt, die ich an
ihn gerichtet hatte.
28 Darum [a]gebe ich ihn dem HERRN wieder sein Leben lang, weil er vom HERRN
erbeten ist. Und sie beteten dort den
HERRN an. *a* Vers 11

Lobgesang der Hanna

2 [a]Und Hanna betete und sprach:
¶Mein Herz ist fröhlich in dem
HERRN, / mein Haupt ist erhöht in dem
HERRN. / Mein Mund hat sich weit aufgetan wider meine Feinde, / denn ich freue
mich deines Heils. *a (1-10)* Lk 1,46-55
2 ¶Es ist niemand heilig wie der HERR,
[a]außer dir ist keiner, / und ist kein [b]Fels,
wie unser Gott ist. *a* 5.Mose 4,35
b 1.Mose 49,24; 5.Mose 32,18; Ps 18,32
3 Laßt euer großes Rühmen und Trotzen, /
freches Reden gehe nicht aus eurem
Munde; / denn der HERR ist ein Gott, der
es merkt, / und von ihm werden Taten
gewogen.
4 Der Bogen der Starken ist zerbrochen, /
und die Schwachen sind umgürtet mit
Stärke.
5 Die da satt waren, müssen um Brot
dienen, / und die Hunger litten, hungert
nicht mehr. / Die Unfruchtbare hat sieben
geboren, / und die viele Kinder hatte,
welkt dahin.
6 Der HERR [a]tötet und macht lebendig, /
führt hinab zu den Toten und [b]wieder
herauf. *a* 5.Mose 32,39 *b* Ps 71,20
7 Der HERR macht arm und macht
reich; / er [a]erniedrigt und erhöht.
a Ps 75,8
8 Er [a]hebt auf den Dürftigen aus dem
Staub / und erhöht den Armen aus der
Asche, / daß er ihn setze unter die
Fürsten / und den Thron der Ehre erben
lasse.
¶Denn der Welt Grundfesten sind des
HERRN, / und er hat die Erde darauf gesetzt. *a* Ps 113,7.8
9 Er wird behüten die Füße seiner
Heiligen, / aber die Gottlosen sollen zunichte werden in Finsternis; / denn [a]viel
Macht hilft doch niemand. *a* Ps 33,16
10 Die mit dem HERRN hadern, sollen
zugrunde gehen. / Der Höchste im Himmel wird sie zerschmettern, / der HERR
wird richten der Welt Enden. / Er wird
Macht geben seinem Könige / und erhöhen das Haupt seines Gesalbten.
11 ¶Und Elkana ging heim nach Rama in
sein Haus; der Knabe aber war des HERRN
Diener vor dem Priester Eli.

Die Bosheit der Söhne Elis

12 Aber die Söhne Elis waren ruchlose
Männer; die fragten nichts nach dem
HERRN
13 [a]noch danach, was dem Priester zustände vom Volk. Wenn jemand ein Opfer
bringen wollte, so kam des Priesters Diener, wenn das Fleisch kochte, und hatte
eine Gabel mit drei Zacken in seiner Hand
a (13-16) 3.Mose 3,2-5; 7,11-17.28-34
14 und stieß in den Tiegel oder Kessel
oder Pfanne oder Topf, und was er mit der
Gabel hervorzog, das nahm der Priester
für sich. So taten sie allen in Israel, die
dorthin kamen nach Silo.
15 Desgleichen, ehe sie das Fett in Rauch
aufgehen ließen, kam des Priesters Diener
und sprach zu dem, der das Opfer brachte:
Gib mir Fleisch für den Priester zum Braten, denn er will nicht gekochtes Fleisch
von dir nehmen, sondern rohes.
16 Wenn dann jemand zu ihm sagte: Laß
erst das Fett in Rauch aufgehen und nimm
dann, was dein Herz begehrt, so sprach er

zu ihm: Du sollst mir's jetzt geben; wenn
nicht, so nehme ich's mit Gewalt.
17 So war die Sünde der Männer sehr groß
vor dem HERRN; denn sie verachteten das
Opfer des HERRN.
18 ¶ [a]Samuel aber war ein Diener vor dem
HERRN, und der Knabe war umgürtet mit
einem leinenen Priesterschurz.
a (18 und 19) Kap 22,18; 2.Mose 28,4-6
19 Dazu machte ihm seine Mutter ein
kleines Oberkleid und brachte es ihm Jahr
für Jahr, wenn sie mit ihrem Mann hinauf-
ging, um das jährliche Opfer darzubrin-
gen.
20 Und Eli segnete Elkana und seine Frau
und sprach: Der HERR gebe dir Kinder
von dieser Frau anstelle des Erbetenen,
den sie vom HERRN erbeten hat. Und sie
gingen zurück an ihren Ort.
21 Und der HERR suchte Hanna heim, daß
sie schwanger ward, und sie gebar noch
drei Söhne und zwei Töchter. Aber der
Knabe Samuel [a]wuchs auf bei dem
HERRN. *a* Lk 1,80
22 ¶ Eli aber war sehr alt geworden. Wenn
er nun alles erfuhr, was seine Söhne ganz
Israel antaten und daß sie [a]bei den Frauen
schliefen, die vor der Tür der Stiftshütte
dienten, *a* 2.Mose 38,8
23 sprach er zu ihnen: Warum tut ihr sol-
che bösen Dinge, von denen ich höre im
ganzen Volk?
24 Nicht doch, meine Söhne! Das ist kein
gutes Gerücht, von dem ich reden höre in
des HERRN Volk.
25 Wenn jemand [a]gegen einen Menschen
sündigt, so kann es Gott entscheiden.
Wenn aber jemand gegen den HERRN sün-
digt, wer soll es dann für ihn entscheiden?
Aber sie gehorchten der Stimme ihres
Vaters nicht; denn der HERR war willens,
sie zu töten. *a* Hiob 16,20.21
26 Aber der Knabe Samuel [a]nahm immer
mehr zu an Alter und Gunst bei dem
HERRN und bei den Menschen. *a* Lk 2,52

Ankündigung des Gerichts über das Haus Elis

27 Es kam aber ein Mann Gottes zu Eli
und sprach zu ihm: So spricht der HERR:
Ich habe mich offenbart dem Hause
deines Vaters, als die Israeliten noch in
Ägypten dem Hause des Pharao gehörten,
28 und hab's mir erwählt aus allen Stäm-
men Israels zum Priestertum, [a]um auf
meinem Altar zu opfern und Räucherwerk
zu verbrennen und den Priesterschurz vor
mir zu tragen, und ich habe dem Hause
deines Vaters alle [b]Feueropfer Israels
gegeben. *a* 5.Mose 18,1 *b* 4.Mose 18,8-20
29 Warum tretet ihr denn mit Füßen
meine Schlachtopfer und Speisopfer, die
ich für meine Wohnung geboten habe?
Und du ehrst deine Söhne mehr als mich,
daß ihr euch mästet von dem Besten aller
Opfer meines Volkes Israel.
30 Darum spricht der HERR, der Gott
Israels: Ich hatte gesagt, [a]dein Haus und
deines Vaters Haus sollten immerdar vor
mir einhergehen. Aber nun spricht der
HERR: Das sei ferne von mir! [b]Sondern
**wer mich ehrt, den will ich auch ehren; wer
aber mich verachtet, der soll wieder verach-
tet werden.** *a* 2.Mose 28,1 *b* Mal 3,16-18
31 Siehe, [a]es wird die Zeit kommen, daß
ich deinen Arm und den Arm des Hauses
deines Vaters abhauen will, daß es keinen
Alten geben wird in deinem Hause –
a 1.Kön 2,27
32 und daß du deinen Widersacher im
Heiligtum sehen wirst bei allem Guten,
das Israel geschehen wird, und es wird nie-
mand alt werden in deines Vaters Hause
immerdar.
33 Doch nicht einen jeden will ich dir von
meinem Altar ausrotten, daß nicht deine
Augen verschmachten und deine Seele
sich gräme. Aber der größte Teil deines
Hauses soll sterben, wenn sie Männer
geworden sind.
34 Und das soll dir ein Zeichen sein, das
über deine beiden Söhne, Hofni und
Pinhas, kommen wird; [a]an **einem** Tag wer-
den sie beide sterben. *a* Kap 4,11
35 Ich aber [a]will mir einen treuen Priester
erwecken, der wird tun, wie es meinem
Herzen und meiner Seele gefällt. Dem will
ich ein beständiges Haus bauen, daß er
vor meinem Gesalbten immerdar einher-
gehe. *a* 1.Kön 2,35; Hebr 5,4-6
36 Und wer übrig ist von deinem Hause,
der wird kommen und vor jenem nieder-
fallen um ein Silberstück oder eine
Scheibe Brot und wird sagen: Laß mich
doch Anteil haben am Priesteramt, daß
ich einen Bissen Brot zu essen habe.

Samuels Berufung

3 Und zu der Zeit, als der Knabe Samuel
dem HERRN diente unter Eli, [a]war des

HERRN Wort selten, und es gab kaum noch
Offenbarung. *a* Am 8,11
2 Und es begab sich zur selben Zeit, daß
Eli lag an seinem Ort, und seine Augen
hatten angefangen, schwach zu werden, so
daß er nicht mehr sehen konnte.
3 [a] Die Lampe Gottes war noch nicht ver-
loschen. Und Samuel hatte sich gelegt im
Heiligtum des HERRN, wo die Lade Gottes
war. *a (3 und 4)* 4.Mose 7,89
4 Und der HERR rief Samuel. Er aber ant-
wortete: Siehe, hier bin ich!
5 und lief zu Eli und sprach: Siehe, hier
bin ich! Du hast mich gerufen. Er aber
sprach: Ich habe nicht gerufen; geh wie-
der hin und lege dich schlafen. Und er
ging hin und legte sich schlafen.
6 Der HERR rief abermals: Samuel! Und
Samuel stand auf und ging zu Eli und
sprach: Siehe, hier bin ich! Du hast mich
gerufen. Er aber sprach: Ich habe nicht
gerufen, mein Sohn; geh wieder hin und
lege dich schlafen.
7 Aber Samuel hatte den HERRN noch
nicht erkannt, und des HERRN Wort war
ihm noch nicht offenbart.
8 Und der HERR rief Samuel wieder, zum
drittenmal. Und er stand auf und ging zu
Eli und sprach: Siehe, hier bin ich! Du
hast mich gerufen. Da merkte Eli, daß der
HERR den Knaben rief,
9 und sprach zu ihm: Geh wieder hin und
lege dich schlafen; und wenn du gerufen
wirst, so sprich: Rede, HERR, denn dein
Knecht hört. Samuel ging hin und legte
sich an seinen Ort.
10 ¶Da kam der HERR und trat herzu und
rief wie vorher: Samuel, Samuel! Und
Samuel sprach: **Rede, denn dein Knecht
hört.**
11 Und der HERR sprach zu Samuel: Siehe,
ich werde etwas tun in Israel, wovon
jedem, der es hören wird, beide Ohren
gellen werden.
12 An dem Tage will ich über Eli kommen
lassen, was ich gegen sein Haus geredet
habe; ich will es anfangen und vollenden.
13 Denn ich hab's ihm angesagt, daß ich
sein Haus für immer richten will um der
Schuld willen, daß er wußte, wie sich seine
Söhne schändlich verhielten, und ihnen
nicht gewehrt hat.[a] *a* Kap 2,27-36
14 Darum habe ich dem Hause Eli ge-
schworen, daß die Schuld des Hauses Eli
nicht gesühnt werden solle, weder mit
Schlachtopfern noch mit Speisopfern
immerdar.
15 ¶Und Samuel lag bis an den Morgen
und tat dann die Türen auf am Hause des
HERRN. Samuel aber fürchtete sich, Eli
anzusagen, was ihm offenbart worden war.
16 Da rief ihn Eli und sprach: Samuel,
mein Sohn! Er antwortete: Siehe, hier bin
ich!
17 Er sprach: Was war das für ein Wort,
das er dir gesagt hat? Verschweige mir
nichts. Gott tue dir dies und das, wenn du
mir etwas verschweigst von all den Wor-
ten, die er dir gesagt hat.
18 Da sagte ihm Samuel alles und ver-
schwieg ihm nichts. Er aber sprach: Es ist
der HERR; [a] er tue, was ihm wohlgefällt.
a 2.Sam 15,26
19 ¶Samuel aber wuchs heran, und der
HERR war mit ihm und ließ keines von
allen seinen Worten zur Erde fallen.
20 Und ganz Israel von Dan bis Beer-
scheba erkannte, daß Samuel damit be-
traut war, Prophet des HERRN zu sein.
21 Und der HERR erschien weiter zu Silo,
denn der HERR offenbarte sich Samuel zu
Silo durch sein Wort. *Und Samuels Wort
erging an ganz Israel.

* Abweichende Verszählung statt 3,21b: 4,1.

Die Bundeslade wird Israel genommen

4 Und es begab sich zu der Zeit, daß die
Philister sich sammelten zum Kampf
gegen Israel. Israel aber zog aus, den Phi-
listern entgegen, in den Kampf und lagerte
sich bei Eben-Eser. Die Philister aber hat-
ten sich gelagert bei [a]Afek *a* Jos 15,53
2 und stellten sich Israel gegenüber auf.
Und der Kampf breitete sich aus, und
Israel wurde von den Philistern geschla-
gen. Sie erschlugen in der Feldschlacht
etwa viertausend Mann.
3 Und als das Volk ins Lager kam, spra-
chen die Ältesten Israels: Warum hat uns
der HERR heute vor den Philistern geschla-
gen? Laßt uns [a] die Lade des Bundes des
HERRN zu uns holen von Silo und laßt sie
mit uns ziehen, damit er uns errette aus
der Hand unserer Feinde.
a 2.Mose 25,10; Jos 3,6.11
4 Da sandte das Volk nach Silo und ließ
von dort holen die Lade des Bundes des
HERRN Zebaoth, [a] der über den Cherubim
thront. Es waren aber die beiden Söhne

Elis bei der Lade des Bundes Gottes,
Hofni und Pinhas. *a* 2.Mose 25,22; 2.Sam 6,2
5 Und als die Lade des Bundes des HERRN
in das Lager kam, jauchzte ganz Israel mit
gewaltigem Jauchzen, so daß die Erde er-
dröhnte.
6 Als aber die Philister das Jauchzen hör-
ten, sprachen sie: Was ist das für ein gewal-
tiges Jauchzen im Lager der Hebräer? Und
als sie erfuhren, daß die Lade des HERRN
ins Lager gekommen sei,
7 fürchteten sie sich und sprachen: Gott
ist ins Lager gekommen, und riefen: Wehe
uns, denn solches ist bisher noch nicht
geschehen!
8 Wehe uns! Wer will uns erretten aus der
Hand dieser mächtigen Götter? Das sind
die Götter, die Ägypten schlugen mit aller-
lei Plage in der Wüste.
9 So seid nun stark und seid Männer, ihr
Philister, damit ihr nicht dienen müßt den
Hebräern, [a]wie sie euch gedient haben!
Seid Männer und kämpft! *a* Ri 13,1
10 Da zogen die Philister in den Kampf,
und Israel wurde geschlagen, und ein jeder
floh in sein Zelt. Und die Niederlage war
sehr groß, und es fielen aus Israel dreißig-
tausend Mann Fußvolk.
11 Und die Lade Gottes wurde weggenom-
men, und [a]die beiden Söhne Elis, Hofni
und Pinhas, kamen um. *a* Kap 2,34

Elis Tod

12 Da lief einer von Benjamin aus dem
Heerlager und kam am selben Tage nach
Silo und hatte seine Kleider zerrissen und
Erde auf sein Haupt gestreut.
13 Und siehe, als er hinkam, saß Eli auf
seinem Stuhl und gab acht nach der Straße
hin; denn sein Herz bangte um die Lade
Gottes. Und als der Mann in die Stadt
kam, tat er's kund, und die ganze Stadt
schrie auf.
14 Und als Eli das laute Schreien hörte,
fragte er: Was ist das für ein großer Lärm?
Da kam der Mann eilends und sagte es
Eli.
15 Eli aber war achtundneunzig Jahre alt,
und [a]seine Augen waren so schwach, daß
er nicht mehr sehen konnte. *a* Kap 3,2
16 Der Mann aber sprach zu Eli: Ich
komme vom Heerlager und bin heute aus
der Schlacht geflohen. Er aber sprach: Wie
ist's gegangen, mein Sohn?
17 Da antwortete der Bote: Israel ist geflo-
hen vor den Philistern, und das Volk ist
hart geschlagen, und deine beiden Söhne,
Hofni und Pinhas, sind tot; und die Lade
Gottes ist weggenommen.
18 Als er aber von der Lade Gottes sprach,
fiel Eli rücklings vom Stuhl an der Tür
und brach seinen Hals und starb, denn er
war alt und ein schwerer Mann. Er rich-
tete aber Israel vierzig Jahre.
19 ¶ Seine Schwiegertochter aber, des
Pinhas Frau, war schwanger und sollte
bald gebären. Als sie davon hörte, daß die
Lade Gottes weggenommen und ihr
Schwiegervater und ihr Mann tot waren,
kauerte sie sich nieder und gebar; denn
ihre Wehen überfielen sie.
20 Und als sie im Sterben lag, sprachen
die Frauen, die um sie standen: [a]Fürchte
dich nicht, du hast einen Sohn geboren!
Aber sie antwortete nicht und nahm's
auch nicht mehr zu Herzen. *a* 1.Mose 35,17
21 Und sie nannte den Knaben [a]Ikabod,
das ist »Die [b]Herrlichkeit ist hinweg aus
Israel!« – weil die Lade Gottes weggenom-
men war, und wegen ihres Schwiegerva-
ters und ihres Mannes. *a* Kap 14,3 *b* Ps 78,61
22 Darum sprach sie: Die Herrlichkeit ist
hinweg aus Israel; denn die Lade Gottes
ist weggenommen.

Die Bundeslade bei den Philistern

5 Die Philister aber hatten die Lade
Gottes weggenommen und brachten
sie von Eben-Eser nach [a]Aschdod.
a Jos 15,47
2 Dann nahmen sie die Lade Gottes und
brachten sie in das Haus [a]Dagons und
stellten sie neben Dagon. *a* Ri 16,23
3 Und als die Leute von Aschdod am
andern Morgen sich früh aufmachten und
in das Haus Dagons kamen, sahen sie
Dagon auf seinem Antlitz liegen auf der
Erde vor der Lade des HERRN. Und sie
nahmen Dagon und stellten ihn wieder an
seinen Ort.
4 Aber als sie am andern Morgen sich wie-
der früh aufmachten, fanden sie Dagon
abermals auf seinem Antlitz auf der Erde
vor der Lade des HERRN liegen, aber sein
Haupt und seine beiden Hände abgeschla-
gen auf der Schwelle, so daß der Rumpf
allein dalag.
5 Darum treten die Priester Dagons und
alle, die in Dagons Haus gehen, nicht auf

[a]die Schwelle Dagons in Aschdod bis auf
diesen Tag. *a* Zef 1,9
6¶Aber die Hand des HERRN lag schwer
auf den Leuten von Aschdod, und er
brachte Verderben über sie und [a]schlug
sie mit bösen Beulen, Aschdod und sein
Gebiet. *a* Ps 78,66
7Als aber die Leute von Aschdod sahen,
daß es so zuging, sprachen sie: Laßt die
Lade des Gottes Israels nicht bei uns blei-
ben; denn seine Hand liegt zu hart auf uns
und unserm Gott Dagon.
8Und sie sandten hin und versammelten
alle Fürsten der Philister zu sich und spra-
chen: Was sollen wir mit der Lade des
Gottes Israels machen? Da antworteten
sie: Laßt die Lade des Gottes Israels nach
[a]Gat tragen. Und sie trugen die Lade des
Gottes Israels dorthin. *a* Jos 11,22
9Als sie aber die Lade dahin getragen hat-
ten, entstand in der Stadt ein sehr großer
Schrecken durch die Hand des HERRN;
denn er schlug die Leute in der Stadt, klein
und groß, so daß an ihnen Beulen ausbra-
chen.
10Da sandten sie die Lade Gottes nach
[a]Ekron. Als aber die Lade Gottes nach
Ekron kam, schrien die Leute von Ekron:
Sie haben die Lade des Gottes Israels her-
getragen zu mir, damit sie mich töte und
mein Volk! *a* Jos 15,45
11Da sandten sie hin und versammelten
alle Fürsten der Philister und sprachen:
Sendet die Lade des Gottes Israels zurück
an ihren Ort, damit sie mich und mein
Volk nicht töte. Denn es kam ein tödlicher
Schrecken über die ganze Stadt; die Hand
Gottes lag schwer auf ihr.
12Und die Leute, die nicht starben, wur-
den geschlagen mit Beulen, und das
Geschrei der Stadt stieg auf gen Himmel.

Die Bundeslade kommt zurück

6 So war die Lade des HERRN sieben
Monate im Lande der Philister.
2Und die Philister beriefen ihre Priester
und Wahrsager und sprachen: Was sollen
wir mit der Lade des HERRN machen? Laßt
uns wissen, wie wir sie an ihren Ort sen-
den sollen!
3Sie sprachen: Wollt ihr die Lade des
Gottes Israels zurücksenden, so sendet sie
nicht ohne eine Gabe, sondern gebt ihm
eine Sühnegabe; so werdet ihr gesund wer-
den, und es wird euch kundwerden,
warum seine Hand nicht von euch abläßt.
4Sie aber sprachen: Was ist die Sühne-
gabe, die wir ihm geben sollen? Sie ant-
worteten: Fünf goldene Beulen und fünf
goldene Mäuse nach der Zahl der [a]fünf
Fürsten der Philister, denn es ist ein und
dieselbe Plage gewesen über euch alle und
über eure Fürsten. *a* Jos 13,3
5So macht nun Abbilder eurer Beulen
und eurer Mäuse, die euer Land zugrunde
gerichtet haben, daß ihr dem Gott Israels
die Ehre gebt. Vielleicht wird seine Hand
leichter werden über euch und über euren
Gott und über euer Land.
6Warum [a]verstockt ihr euer Herz, wie
die Ägypter und der Pharao ihr Herz ver-
stockten? Ist's nicht so: als der HERR seine
Macht an ihnen bewies, [b]ließen sie sie zie-
hen, so daß sie gehen konnten?
a 2.Mose 4,21 *b* 2.Mose 12,31
7So laßt nun einen neuen Wagen machen
und nehmt zwei säugende Kühe, auf die
noch kein Joch gekommen ist; spannt sie
an den Wagen und laßt ihre Kälber
daheim bleiben.
8Aber die Lade des HERRN nehmt und
stellt sie auf den Wagen, und die Dinge
aus Gold, die ihr ihm zur Sühnegabe gebt,
tut in ein Kästlein daneben. So sendet sie
hin und laßt sie gehen.
9Und seht zu: Geht sie den Weg hinauf
in ihr Land auf Bet-Schemesch zu, so hat
Er uns dies große Übel angetan; wenn
nicht, so wissen wir, daß nicht seine Hand
uns getroffen hat, sondern es uns zufällig
widerfahren ist.
10¶So taten die Leute und nahmen zwei
säugende Kühe und spannten sie an einen
Wagen und behielten ihre Kälber daheim
11und stellten die Lade des HERRN auf
den Wagen, dazu das Kästlein mit den gol-
denen Mäusen und mit den Abbildern
ihrer Beulen.
12Und die Kühe gingen geradeswegs auf
[a]Bet-Schemesch zu, immer auf dersel-
ben Straße, und brüllten immerfort und
wichen weder zur Rechten noch zur Lin-
ken; und die Fürsten der Philister gingen
ihnen nach bis zum Gebiet von Bet-
Schemesch. *a* Jos 15,10
13Die Leute von Bet-Schemesch aber
schnitten eben den Weizen im Grund, und
als sie ihre Augen aufhoben, sahen sie die
Lade und freuten sich, sie zu sehen.
14Der Wagen aber kam auf den Acker

Joschuas von Bet-Schemesch und stand
dort still. Und dort lag ein großer Stein.
Da spalteten sie das Holz des Wagens und
opferten die Kühe dem HERRN zum
Brandopfer.
15 Die Leviten aber hoben die Lade des
HERRN herab samt dem Kästlein, das
daneben stand und worin die Dinge aus
Gold waren, und stellten sie auf den gro-
ßen Stein. Und die Leute von Bet-
Schemesch opferten dem HERRN am sel-
ben Tage Brandopfer und Schlachtopfer.
16 Als aber die fünf Fürsten der Philister
das gesehen hatten, zogen sie am selben
Tage wieder nach Ekron.
17 ¶ Dies sind die goldenen Beulen, die
die Philister dem HERRN als Sühnegabe
erstatteten: für Aschdod eine, für Gaza
eine, für Aschkelon eine, für Gat eine und
für Ekron eine;
18 und goldene Mäuse nach der Zahl aller
Städte der Philister unter den fünf Für-
sten, der festen Städte und der Dörfer.
Und Zeuge ist der große Stein, auf den sie
die Lade des HERRN gestellt hatten. Er
liegt bis auf diesen Tag auf dem Acker
Joschuas von Bet-Schemesch.

Die Lade kommt nach Kirjat-Jearim

19 Aber die Söhne Jechonjas freuten sich
nicht mit den Leuten von Bet-Schemesch,
daß [a]sie die Lade des HERRN sahen. Und
der HERR schlug unter ihnen siebzig
Mann. Da trug das Volk Leid, daß er das
Volk so hart geschlagen hatte.
a 4.Mose 4,20; 2.Sam 6,6.7
20 Und die Leute von Bet-Schemesch
sprachen: Wer kann bestehen vor dem
HERRN, diesem heiligen Gott? Und zu
wem soll er von uns wegziehen?
21 Und sie sandten Boten zu den Bürgern
von [a]Kirjat-Jearim und ließen ihnen sagen:
Die Philister haben die Lade des HERRN
zurückgebracht; kommt herab und holt sie
zu euch hinauf.[b] *a* 1.Chr 13,6 *b* Ps 132,3-6
7 Da kamen die Leute von Kirjat-Jearim
und holten die Lade des HERRN herauf
und brachten sie ins Haus Abinadabs auf
dem Hügel, und seinen Sohn Eleasar
[a]weihten sie, daß er über die Lade des
HERRN wache. *a* 3.Mose 8

Samuels Richteramt

2 Aber von dem Tage an, [a]da die Lade
des HERRN zu Kirjat-Jearim blieb, verging
eine lange Zeit; es wurden zwanzig Jahre.
Dann wandte sich das ganze Haus Israel
zum HERRN.[b] *a* Kap 6,21 *b* Kap 4,22; 1.Chr 13,6
3 ¶ Samuel aber sprach zum ganzen
Hause Israel: Wenn ihr euch von ganzem
Herzen zu dem HERRN bekehren wollt, so
[a]tut von euch die fremden Götter und die
Astarten und richtet euer Herz zu dem
HERRN und dient ihm allein, so wird er
euch erretten aus der Hand der Philister.
a 1.Mose 35,2; Jos 24,23
4 Da taten die Israeliten von sich die Baale
und Astarten und dienten dem HERRN
allein.[a] *a* Ri 10,16
5 Samuel aber sprach: Versammelt ganz
Israel in [a]Mizpa, daß ich für euch zum
HERRN bete. *a* Kap 10,17; Jos 18,26; Ri 20,1
6 Und sie kamen zusammen in Mizpa und
[a]schöpften Wasser und gossen es aus vor
dem HERRN und fasteten an demselben
Tage und sprachen dort: Wir haben an
dem HERRN gesündigt. So richtete Samuel
die Israeliten zu Mizpa. *a* 2.Sam 23,16
7 ¶ Als aber die Philister hörten, daß die
Israeliten zusammengekommen waren in
Mizpa, zogen die Fürsten der Philister hin-
auf gegen Israel. Und die Israeliten hörten
es und fürchteten sich vor den Philistern.
8 [a]Und sie sprachen zu Samuel: Laß nicht
ab, für uns zu schreien zu dem HERRN,
unserm Gott, daß er uns helfe aus der
Hand der Philister. *a (8 und 9)* Kap 12,23;
1.Mose 20,7; 1.Kön 13,6; Jer 37,3; 7,16
9 Samuel nahm ein Milchlamm und
opferte dem HERRN ein Brandopfer – als
Ganzopfer – und schrie zum HERRN für
Israel, und der HERR erhörte ihn.
10 Und während Samuel das Brandopfer
opferte, kamen die Philister heran zum
Kampf gegen Israel. Aber der HERR ließ
donnern mit großem Schall über die Phili-
ster am selben Tage und [a]schreckte sie,
daß sie vor Israel geschlagen wurden.
a 1.Mose 35,5; 2.Mose 14,24; 23,27; Jos 10,10; Ri 4,15
11 Da zogen die Männer Israels aus von
Mizpa und jagten den Philistern nach und
schlugen sie bis unterhalb von Bet-Kar.
12 Da nahm Samuel einen Stein und
stellte ihn auf zwischen Mizpa und Schen
und nannte ihn »Eben-Eser«* und sprach:
Bis hierher hat uns der HERR geholfen.
* d.h. Stein der Hilfe.
13 ¶ So wurden die Philister gedemütigt
und kamen nicht mehr in das Gebiet
Israels. Und die Hand des HERRN lag

schwer auf den Philistern, solange Samuel
lebte.
14 Auch eroberte Israel die Städte zurück,
die die Philister ihnen genommen hatten,
von Ekron bis Gat samt ihrem Gebiet; die
errettete Israel aus der Hand der Philister.
Und Israel hatte Frieden mit den Amori-
tern.
15 ¶ Samuel aber [a]richtete Israel sein
Leben lang *a Ri 10,1-5; 12,7-14*
16 und zog Jahr für Jahr umher und kam
nach Bethel und Gilgal und Mizpa. Und
wenn er Israel an allen diesen Orten
gerichtet hatte,
17 kam er wieder nach [a]Rama – denn da
war sein Haus –, und dort richtete er Israel.
Auch baute er dort dem HERRN einen
Altar. *a Jos 18,25*

Israel begehrt einen König

8 Als aber Samuel alt geworden war,
setzte er seine Söhne als Richter über
Israel ein.
2 Sein erstgeborener Sohn hieß Joel und
der andere [a]Abija, und sie waren Richter
zu [b]Beerscheba. *a 1.Chr 6,13 b Am 8,14*
3 Aber seine Söhne wandelten nicht in
seinen Wegen, sondern suchten ihren Vor-
teil und [a]nahmen Geschenke und beug-
ten das Recht. *a 5.Mose 16,19*
4 Da versammelten sich alle Ältesten
Israels und kamen nach [a]Rama zu Samuel
a Kap 7,17
5 und sprachen zu ihm: Siehe, du bist alt
geworden, und deine Söhne wandeln nicht
in deinen Wegen. So [a]setze nun einen
König über uns, der uns richte, wie ihn
alle Heiden haben.
a 5.Mose 17,14-20; Hos 13,10; Apg 13,21
6 Das mißfiel Samuel, daß sie sagten: Gib
uns einen König, der uns richte. Und
Samuel betete zum HERRN.
7 Der HERR aber sprach zu Samuel:
Gehorche der Stimme des Volks in allem,
was sie zu dir gesagt haben; denn sie
haben nicht dich, sondern mich verwor-
fen, [a]daß ich nicht mehr König über sie
sein soll. *a 2.Mose 15,18; 4.Mose 23,21; 5.Mose 33,5; Ps 24,7-10; 74,12; Jes 6,5*
8 Sie tun dir, wie sie immer getan haben
von dem Tage an, da ich sie aus Ägypten
führte, bis auf diesen Tag, daß sie mich
verlassen und andern Göttern gedient
haben.
9 So gehorche nun ihrer Stimme. Doch
warne sie und verkünde ihnen das Recht
des Königs, der über sie herrschen wird.
10 ¶ Und Samuel sagte alle Worte des
HERRN dem Volk, das von ihm einen
König forderte,
11 und sprach: Das wird des Königs Recht
sein, der über euch herrschen wird: Eure
Söhne wird er nehmen für seinen Wagen
und seine Gespanne, und daß sie vor sei-
nem Wagen her laufen,
12 und zu Hauptleuten über tausend und
über fünfzig, und daß sie ihm seinen
Acker bearbeiten und seine Ernte einsam-
meln, und daß sie seine Kriegswaffen
machen und was zu seinen Wagen gehört.
13 Eure Töchter aber wird er nehmen, daß
sie Salben bereiten, kochen und backen.
14 Eure besten Äcker und Weinberge und
Ölgärten wird er nehmen und seinen Gro-
ßen geben.
15 Dazu von euren Kornfeldern und Wein-
bergen wird er den Zehnten nehmen und
seinen Kämmerern und Großen geben.
16 Und eure Knechte und Mägde und eure
besten Rinder und eure Esel wird er neh-
men und in seinen Dienst stellen.
17 Von euren Herden wird er den Zehnten
nehmen, und ihr müßt seine Knechte sein.
18 Wenn ihr dann schreien werdet zu der
Zeit über euren König, den ihr euch
erwählt habt, so wird euch der HERR zu
derselben Zeit nicht erhören.
19 ¶ Aber das Volk weigerte sich, auf die
Stimme Samuels zu hören, und sie spra-
chen: Nein, sondern ein König soll über
uns sein,
20 daß wir auch seien wie alle Heiden, daß
uns unser König richte und vor uns her
ausziehe und unsere Kriege führe!
21 ¶ Und als Samuel alle Worte des Volks
gehört hatte, sagte er sie vor den Ohren
des HERRN.
22 Der HERR aber sprach zu Samuel:
Gehorche ihrer Stimme und mache ihnen
einen König. Und Samuel sprach zu den
Männern Israels: Geht hin, ein jeder in
seine Stadt.

Saul sucht Eselinnen und kommt zu Samuel

9 Es war ein Mann von Benjamin, mit
Namen Kisch, ein Sohn Abiëls, des
Sohnes Zerors, des Sohnes Bechorats, des
Sohnes Afiachs, des Sohnes eines Benjami-
niters, ein angesehener Mann.

2 Der hatte einen Sohn mit Namen Saul;
der war ein junger, schöner Mann, und es
war niemand unter den Israeliten so schön
wie er, eines Hauptes länger als alles Volk.
3 Es hatte aber Kisch, der Vater Sauls, die
Eselinnen verloren. Und er sprach zu sei-
nem Sohn Saul: Nimm einen der Knechte
mit dir, mach dich auf, geh hin und suche
die Eselinnen.
4 Und sie gingen durch das Gebirge Eph-
raim und durch das Gebiet von Schalischa
und fanden sie nicht; sie gingen durch das
Gebiet von Schaalim, und sie waren nicht
da; sie gingen durchs Gebiet von Benja-
min und fanden sie nicht.
5 Als sie aber ins Gebiet von Zuf kamen,
sprach Saul zu dem Knecht, der bei ihm
war: Komm, laß uns wieder heimgehen;
[a] mein Vater könnte sich sonst statt um
die Eselinnen um uns sorgen. *a* Kap 10,2
6 Der aber sprach: Siehe, es ist ein
berühmter Mann Gottes in dieser Stadt;
alles, was er sagt, das trifft ein. Nun laß
uns dahin gehen; vielleicht sagt er uns
unsern Weg, den wir gehen sollen.
7 Saul aber sprach zu seinem Knecht:
Wenn wir schon hingehen, was bringen
wir dem Mann? Denn das Brot in unserm
Sack ist verzehrt, und wir haben keine
Gabe, die wir dem Mann Gottes bringen
könnten. Was haben wir sonst?
8 Der Knecht antwortete Saul abermals
und sprach: Siehe, ich hab einen Viertel-
Silbertaler bei mir; den wollen wir dem
Mann Gottes geben, daß er uns unsern
Weg sage.
10 *Saul sprach zu seinem Knecht: Du
hast recht geredet; komm, laß uns gehen!
Und als sie hingingen nach der Stadt, wo
der Mann Gottes war,

* Der Zusammenhang erfordert die hier vorgenommene Umstellung des Verses.

11 und den Aufgang zur Stadt hinaufstie-
gen, trafen sie Mädchen, die herausgin-
gen, um Wasser zu schöpfen. Zu ihnen
sprachen sie: Ist der Seher hier? –
9 *Vorzeiten sagte man in Israel, wenn
man ging, Gott zu befragen: Kommt, laßt
uns zu dem [a] Seher gehen! Denn die man
jetzt Propheten nennt, die nannte man vor-
zeiten Seher. –

a 4.Mose 24,3.4; 2.Kön 17,13; 1.Chr 9,22

* Siehe oben zu Vers 10.

12 Sie antworteten ihnen: Ja, er war gerade
vor dir da; eile, denn er ist heute in die
Stadt gekommen, weil das Volk heute ein
Opferfest hat auf der Höhe.
13 Wenn ihr in die Stadt kommt, so wer-
det ihr ihn finden, ehe er hinaufgeht auf
die Höhe, um zu essen. Denn das Volk
wird nicht essen, bis er kommt; er segnet
erst das Opfer, danach essen die, die gela-
den sind. Darum geht hinauf, denn jetzt
werdet ihr ihn treffen.
14 Und als sie hinauf zur Stadt kamen und
in die Stadt eintraten, siehe, da kam
Samuel heraus ihnen entgegen und wollte
auf die Höhe gehen.

Samuel salbt Saul zum König

15 Aber der HERR hatte Samuel das Ohr
aufgetan einen Tag, bevor Saul kam, und
gesagt:
16 Morgen um diese Zeit will ich einen
Mann zu dir senden aus dem Lande Ben-
jamin, den sollst du zum Fürsten salben
über mein Volk Israel, daß er mein Volk
errette aus der Philister Hand. Denn ich
habe das Elend meines Volks angesehen,
und sein Schreien ist vor mich gekommen.
17 Als nun Samuel Saul sah, tat ihm der
HERR kund: Siehe, das ist der Mann, von
dem ich dir gesagt habe, daß er über mein
Volk herrschen soll.
18 Da trat Saul auf Samuel zu im Tor und
sprach: Sage mir, wo ist hier das Haus des
Sehers?
19 Samuel antwortete Saul: Ich bin der
Seher. Geh vor mir hinauf auf die Höhe,
denn [a] ihr sollt heute mit mir essen; mor-
gen früh will ich dir das Geleit geben, und
auf alles, was du auf dem Herzen hast, will
ich dir Antwort geben. *a* 2.Mose 24,11
20 Und um die Eselinnen, die du vor drei
Tagen verloren hast, sorge dich jetzt nicht;
sie sind gefunden. Wem gehört denn alles,
was wertvoll ist in Israel? Gehört es nicht
dir und dem ganzen Hause deines Vaters?
21 Saul antwortete: Bin ich nicht ein Ben-
jaminiter und aus einem der kleinsten
Stämme Israels, und [a] ist nicht mein
Geschlecht das geringste unter allen
Geschlechtern des Stammes Benjamin?
Warum sagst du mir solches? *a* Kap 15,17
22 Samuel aber nahm Saul und seinen
Knecht und führte sie in die Halle und
setzte sie obenan unter die Geladenen;
und das waren etwa dreißig Mann.
23 Und Samuel sprach zu dem Koch: Gib
das Stück her, das ich dir gab und dabei

befahl, du solltest es bei dir zurückbehal-
ten.
24 Da trug der Koch eine Keule auf und
den Fettschwanz. Und er legte sie Saul vor
und sprach: Siehe, hier ist das Übrigge-
bliebene, lege es vor dich hin und iß; denn
als ich das Volk einlud, ist es für dich auf-
bewahrt worden für diese Stunde. So aß
Saul an jenem Tage mit Samuel.
25 Und als sie hinabgegangen waren von
der Höhe der Stadt, machten sie Saul ein
Lager auf dem Dach,
26 und er legte sich schlafen. Und als die
Morgenröte aufging, rief Samuel zum
Dach hinauf und sprach zu Saul: Steh auf,
daß ich dich geleite! Und Saul stand auf,
und die beiden gingen miteinander hin-
aus, er und Samuel.
27 Und als sie hinabkamen an das Ende
der Stadt, sprach Samuel zu Saul: Sage
dem Knecht, daß er uns vorangehe – und
er ging voran –, du aber steh jetzt still, daß
ich dir kundtue, was Gott gesagt hat.

10 ¶Da nahm Samuel den Krug mit Öl
und goß es auf sein Haupt und küßte
ihn und sprach: Siehe, der HERR hat dich
zum Fürsten über sein Erbteil gesalbt.
2 Wenn du jetzt von mir gehst, so wirst du
zwei Männer finden bei dem [a]Grabe
Rahels an der Grenze Benjamins bei Zel-
zach; die werden zu dir sagen: Die Eselin-
nen sind gefunden, die du zu suchen aus-
gezogen bist; aber siehe, dein Vater hat
die Esel nicht mehr im Sinn und sorgt sich
um euch und spricht: Was soll ich wegen
meines Sohnes tun? *a* 1.Mose 35,19
3 Und wenn du von da weiter gehst, wirst
du zur Eiche Tabor kommen; dort werden
dich drei Männer treffen, die hinaufgehen
zu Gott nach Bethel. Einer trägt drei Böck-
lein, der andere drei Brote, der dritte einen
Krug mit Wein.
4 Und sie werden dich freundlich grüßen
und dir zwei Brote geben. Die sollst du
von ihren Händen annehmen.
5 Danach wirst du nach Gibea Gottes
kommen, wo die Wache der Philister ist;
und wenn du dort in die Stadt kommst,
wird dir eine Schar von Propheten begeg-
nen, die von der Höhe herabkommen, und
vor ihnen her Harfe und Pauke und Flöte
und Zither, und sie werden in Verzückung
sein.
6 Und der [a]Geist des HERRN wird über
dich kommen, daß du mit ihnen in Ver-
zückung gerätst; da wirst du umgewandelt
und ein anderer Mensch werden.
a Ri 13,25
7 Wenn bei dir nun diese Zeichen eintref-
fen, so tu, was dir vor die Hände kommt;
denn Gott ist mit dir.
8 Du sollst aber vor mir hinabgehen nach
Gilgal; siehe, da will ich zu dir hinabkom-
men, um Brandopfer und Dankopfer zu
opfern. [a]Sieben Tage sollst du warten, bis
ich zu dir komme und dir kundtue, was du
tun sollst. *a* Kap 13,8
9 ¶Und als Saul sich wandte, um von
Samuel wegzugehen, gab ihm Gott ein
anderes Herz, und alle diese Zeichen tra-
fen ein an demselben Tag.
10 [a]Und als sie nach Gibea kamen, siehe,
da kam ihm eine Prophetenschar entge-
gen, und der Geist Gottes geriet über ihn,
daß er mit ihnen in Verzückung geriet.
a (10-12) Kap 19,20-24
11 Als sie sahen, daß er mit den Prophe-
ten in Verzückung war, sprachen alle, die
ihn früher gekannt hatten, untereinander:
Was ist mit dem Sohn des Kisch gesche-
hen? Ist Saul auch unter den Propheten?
12 Und einer von dort sprach: Wer ist denn
schon ihr Vater? Daher ist das Sprichwort
gekommen: Ist Saul auch unter den Pro-
pheten?
13 ¶Und als seine Verzückung aufgehört
hatte, kam er nach Gibea.
14 Es sprach aber Sauls Oheim zu ihm und
zu seinem Knecht: Wo seid ihr hingegan-
gen? Er antwortete: Die Eselinnen zu
suchen; und als wir sahen, daß sie nicht da
waren, gingen wir zu Samuel.
15 Da sprach der Oheim Sauls: Sage mir,
was sagte euch Samuel?
16 Saul antwortete seinem Oheim: Er
sagte uns, daß die Eselinnen gefunden
seien. Aber was Samuel von dem König-
tum gesagt hatte, sagte er ihm nicht.

Saul wird als König anerkannt

17 Samuel aber rief das Volk zusammen
zum HERRN nach [a]Mizpa *a* Kap 7,5
18 und sprach zu den Israeliten: So sagt
der HERR, der Gott Israels: Ich habe Israel
aus Ägypten geführt und euch aus der
Hand der Ägypter errettet und aus der
Hand aller Königreiche, die euch bedräng-
ten.
19 Ihr aber habt heute [a]euren Gott ver-
worfen, der euch aus aller eurer Not und

Bedrängnis geholfen hat, und habt gespro-
chen: Nein, setze vielmehr einen König
über uns! Wohlan, so tretet nun vor den
HERRN nach euren Stämmen und Tau-
sendschaften! *a* Kap 8,7
20 Als nun Samuel alle Stämme Israels
herantreten ließ, [a]fiel das Los auf den
Stamm Benjamin. *a* Kap 14,41.42; Jos 7,16
21 Und als er den Stamm Benjamin heran-
treten ließ mit seinen Geschlechtern, fiel
das Los auf das Geschlecht Matri, und als
er das Geschlecht Matri herantreten ließ,
Mann für Mann, fiel das Los auf Saul, den
Sohn des Kisch. Und sie suchten ihn, aber
sie fanden ihn nicht.
22 Da befragten sie abermals den HERRN:
Ist denn der Mann überhaupt hergekom-
men? Der HERR antwortete: Siehe, er hat
sich bei dem Troß versteckt.
23 Da liefen sie hin und holten ihn von
dort. Und als er unter das Volk trat, war er
eines Hauptes länger als alles Volk.
24 Und Samuel sprach zu allem Volk: Da
seht ihr, wen der HERR erwählt hat; ihm
ist keiner gleich im ganzen Volk. Da
[a]jauchzte das ganze Volk und sprach: Es
lebe der König! *a* Mt 21,9
25 Samuel aber tat dem Volk [a]das Recht
des Königtums kund und schrieb's in ein
Buch und legte es vor dem HERRN nieder.
Und Samuel entließ das ganze Volk, einen
jeden in sein Haus. *a* 5.Mose 17,14-20
26 ¶Auch Saul ging heim nach Gibea, und
mit ihm gingen die vom Heer, denen Gott
das Herz gerührt hatte.
27 Aber einige ruchlose Leute sprachen:
[a]Was soll der uns helfen? Und sie ver-
achteten ihn und brachten ihm kein
Geschenk. Aber er tat, als hörte er's nicht.
a Kap 11,12

Sauls Sieg über die Ammoniter

11 Es zog aber herauf Nahasch, der
Ammoniter, und belagerte [a]Jabesch
in Gilead. Und alle Männer von Jabesch
sprachen zu Nahasch: Schließ einen Bund
mit uns, so wollen wir dir untertan sein.
a Kap 31,11
2 Aber Nahasch, der Ammoniter, antwor-
tete ihnen: Das soll der Bund sein, den ich
mit euch schließen will, daß ich euch allen
das rechte Auge aussteche und bringe
damit Schmach über ganz Israel.
3 Da sprachen zu ihm die Ältesten von
Jabesch: Gib uns sieben Tage, daß wir
Boten in das ganze Gebiet Israels senden;
ist dann niemand da, der uns rette, so wol-
len wir zu dir hinausgehen.
4 Da kamen die Boten nach Gibea Sauls
und sagten diese Worte vor den Ohren
des Volks. Da erhob das ganze Volk seine
Stimme und weinte.
5 Und siehe, da kam Saul vom Felde hin-
ter den Rindern her und fragte: Was ist
mit dem Volk, daß es weint? Da berichte-
ten sie ihm die Worte der Männer von
Jabesch.
6 Da geriet der [a]Geist Gottes über Saul,
als er diese Worte hörte, und sein Zorn
entbrannte sehr. *a* Ri 13,25
7 Und er nahm ein Paar Rinder und [a]zer-
stückte sie und sandte davon in das ganze
Gebiet Israels durch die Boten und ließ
sagen: Wer nicht mit Saul und Samuel aus-
zieht, mit dessen Rindern soll man ebenso
tun. Da fiel der Schrecken des HERRN auf
das Volk, so daß sie auszogen wie **ein**
Mann. *a* Ri 19,29
8 Und er musterte sie bei Besek, und die
von Israel waren dreihunderttausend
Mann und die Männer Judas dreißigtau-
send.
9 Und er sagte den Boten, die gekommen
waren: So sagt den Männern von Jabesch
in Gilead: Morgen soll euch Hilfe werden,
wenn die Sonne beginnt, heiß zu schei-
nen. Als die Boten heimkamen und das
den Männern von Jabesch verkündeten,
wurden diese froh.
10 Und die Männer von Jabesch ließen
den Ammonitern sagen: Morgen wollen
wir zu euch hinausgehen, daß ihr mit uns
alles tut, was euch gefällt.
11 Aber am andern Morgen teilte Saul das
Volk in drei Heerhaufen, und sie kamen
ins Lager um die Zeit der Morgenwache
und schlugen die Ammoniter, bis der Tag
heiß wurde; die aber übrigblieben, wur-
den zerstreut, so daß von ihnen nicht zwei
beieinander blieben.
12 ¶Da sprach das Volk zu Samuel: Wer
sind die, die gesagt haben: [a]Sollte Saul
über uns herrschen? Gebt sie her, die
Männer, daß wir sie töten. *a* Kap 10,27
13 Saul aber sprach: Es soll an diesem
Tage niemand sterben; denn [a]der HERR
hat heute Heil gegeben in Israel.
a Kap 14,45
14 ¶Samuel sprach zum Volk: Kommt,

laßt uns nach [a]Gilgal gehen und dort das Königtum erneuern.

a Kap 10,8

15 Da ging das ganze Volk nach Gilgal, und sie machten Saul dort zum König vor dem HERRN in Gilgal und opferten Dankopfer vor dem HERRN. Saul aber und alle Männer Israels freuten sich dort gar sehr.

Samuel legt sein Richteramt nieder

12 Da sprach Samuel zu ganz Israel: Siehe, ich [a]habe eurer Stimme gehorcht in allem, was ihr mir gesagt habt, und [b]habe einen König über euch gesetzt.

a Kap 8,7.22 *b* Kap 11,15

2 Siehe, nun wird euer König vor euch herziehen; ich aber bin alt und grau geworden, und meine Söhne sind bei euch. Ich bin vor euch hergegangen von meiner Jugend an bis auf diesen Tag.

3 Hier stehe ich. Nun tretet gegen mich auf vor dem HERRN und seinem Gesalbten! [a]Wessen Rind oder Esel hab ich genommen, wem hab ich Gewalt oder Unrecht getan? Aus wessen Hand hab ich ein Geschenk angenommen, um mir damit die Augen blenden zu lassen? Ich will's euch zurückgeben.

a 4.Mose 16,15

4 Sie sprachen: Du hast uns weder Gewalt noch Unrecht getan und von niemand etwas genommen.

5 Er sprach zu ihnen: Der HERR ist euch gegenüber Zeuge und heute auch sein Gesalbter, daß ihr nichts in meiner Hand gefunden habt. Sie sprachen: Ja, Zeuge sollen sie sein.

6 ¶ Und Samuel sprach zum Volk: Der HERR ist's, der Mose und Aaron eingesetzt und eure Väter aus Ägyptenland geführt hat.

7 So tretet nun her, daß ich mit euch rechte vor dem HERRN wegen aller Wohltaten des HERRN, die er an euch und euren Vätern getan hat.

8 Als Jakob nach Ägypten gekommen war, [a]schrien eure Väter zu dem HERRN, und der HERR sandte Mose und Aaron, um eure Väter aus Ägypten zu führen und sie in diesem Land wohnen zu lassen.

a 2.Mose 3,7

9 Aber als sie den HERRN, ihren Gott, vergaßen, verkaufte er sie in die Hand [a]Siseras, des Feldhauptmanns von Hazor, und in die Hand der [b]Philister und in die Hand des [c]Königs von Moab; die kämpften gegen sie.

a Ri 4,2 *b* Ri 10,7; 13,1 *c* Ri 3,12

10 Und sie schrien zum HERRN und sprachen: [a]Wir haben gesündigt, daß wir den HERRN verlassen und den Baalen und den Astarten gedient haben; nun aber errette uns aus der Hand unserer Feinde, so wollen wir dir dienen.

a 4.Mose 21,7; Jos 7,20; Ri 10,10; Dan 9,9-19

11 Da sandte der HERR [a]Jerubbaal, [b]Barak, [c]Jeftah und [d]Samuel und errettete euch aus der Hand eurer Feinde ringsum und ließ euch sicher wohnen.

a Ri 6,14.32 *b* Ri 4,6 *c* Ri 11,29 *d* Kap 7,3

12 Als ihr aber saht, daß [a]Nahasch, der König der Ammoniter, gegen euch zog, spracht ihr zu mir: Nein, sondern [b]ein König soll über uns herrschen, obwohl doch der HERR, euer Gott, euer König ist.

a Kap 11,1.2 *b* Kap 8,19

13 Nun, da ist euer König, den ihr erwählt und erbeten habt; denn siehe, der HERR hat einen König über euch gesetzt.

14 Möchtet ihr doch den HERRN fürchten und ihm dienen und seiner Stimme gehorchen und dem Munde des HERRN nicht ungehorsam sein, und möchtet ihr und euer König, der über euch herrscht, dem HERRN, eurem Gott, folgen!

15 Werdet ihr aber der Stimme des HERRN nicht gehorchen, sondern seinem Munde ungehorsam sein, so wird die [a]Hand des HERRN gegen euch sein wie gegen eure Väter.

a Ri 2,15

16 ¶ So tretet nun herzu und seht, was der HERR Großes vor euren Augen tun wird.

17 Ist nicht jetzt die Weizenernte? Ich will aber den HERRN anrufen, daß er soll donnern und regnen lassen, damit ihr innewerdet und seht, daß ihr getan habt, was dem HERRN mißfiel, als ihr euch einen König erbeten habt.

18 Und als Samuel den HERRN anrief, ließ der HERR donnern und regnen an demselben Tage. Da fürchtete das ganze Volk den HERRN und Samuel gar sehr

19 und sprach zu Samuel: Bitte für deine Knechte den HERRN, deinen Gott, daß wir nicht sterben; denn zu allen unsern Sünden haben wir noch das Unrecht getan, daß wir uns einen König erbeten haben.

20 Samuel aber sprach zum Volk: Fürchtet euch nicht! Ihr habt zwar all das Unrecht getan, doch weicht nicht vom HERRN ab, sondern dient dem HERRN von ganzem Herzen

21 und folgt nicht den nichtigen Götzen

nach; denn [a]sie nützen nicht und können
nicht erretten, weil sie [b]nichtig sind.
a 5.Mose 32,37.38 b Jes 41,29
22 Der HERR verstößt sein Volk nicht um
seines großen Namens willen; denn es hat
dem HERRN gefallen, [a]euch zu seinem
Volk zu machen. a 2.Mose 19,6
23 Es sei aber auch ferne von mir, mich
an dem HERRN dadurch zu versündigen,
daß ich davon abließe, [a]für euch zu beten
und euch zu lehren den guten und richti-
gen Weg!
a Kap 7,8.9; 1.Mose 18,23-32; 2.Mose 32,11–34,32
24 Nur [a]fürchtet den HERRN und dient
ihm treu von ganzem Herzen; denn seht
doch, wie große Dinge er an euch getan
hat. a 5.Mose 6,12-15
25 Werdet ihr aber Unrecht tun, so werdet
ihr und euer König verloren sein.

Beginn des Krieges gegen die Philister

13 Saul war … Jahre alt, als er König
wurde, und zwei Jahre* regierte er
über Israel.

* Die Angabe über das Alter Sauls ist ausgefallen; für die Regierungszeit Sauls finden sich verschiedene Überlieferungen; vgl. Apg 13,21.

2 Er erwählte sich dreitausend Mann aus
Israel. Zweitausend waren mit Saul in
Michmas und auf dem Gebirge von Bethel
und eintausend mit Jonatan zu Gibea in
Benjamin. Das übrige Volk aber entließ er,
einen jeden in sein Zelt.
3 Da erschlug [a]Jonatan die Wache der
Philister, die in Gibea war; und die Phili-
ster hörten, daß die Hebräer abgefallen
waren. Saul aber hatte die Posaune blasen
lassen im ganzen Land. a Kap 14,49
4 Und ganz Israel hörte: Saul hat die
Wache der Philister erschlagen, und Israel
hat sich in Verruf gebracht bei den Phili-
stern. Und alles Volk wurde zusammenge-
rufen, um Saul nach Gilgal zu folgen.
5 ¶ Da sammelten sich die Philister zum
Kampf mit Israel, dreitausend Wagen,
sechstausend Gespanne und Fußvolk, so-
viel wie Sand am Ufer des Meeres, und
zogen herauf und lagerten sich bei
Michmas, östlich von Bet-Awen.
6 Als aber die Männer Israels sahen, daß
das Volk in Gefahr und Bedrängnis war,
verkrochen sie sich in die Höhlen und
Klüfte und Felsen und Gewölbe und Gru-
ben.
7 Es gingen aber auch Hebräer durch die
Furten des Jordans ins Land Gad und
Gilead.
¶ Saul aber war noch in Gilgal; und alles
Volk, das ihm folgte, war voll Angst.
8 Da wartete er [a]sieben Tage bis zu der
Zeit, die von Samuel bestimmt war. Und
als Samuel nicht nach Gilgal kam, begann
das Volk von Saul wegzulaufen. a Kap 10,8
9 Da sprach er: Bringt mir her das Brand-
opfer und die Dankopfer. Und er brachte
das Brandopfer dar.
10 Als er aber das Brandopfer vollendet
hatte, siehe, da kam Samuel. Da ging Saul
ihm entgegen, um ihm den Segensgruß zu
entbieten.
11 Samuel aber sprach: Was hast du getan?
Saul antwortete: Ich sah, daß das Volk von
mir wegzulaufen begann, und du kamst
nicht zur bestimmten Zeit, während doch
die Philister sich schon in Michmas ver-
sammelt hatten.
12 Da dachte ich: Nun werden die Phili-
ster zu mir herabkommen nach Gilgal,
und ich habe die Gnade des HERRN noch
nicht gesucht; da wagte ich's und opferte
Brandopfer.
13 Samuel aber sprach zu Saul: Du hast
töricht gehandelt und nicht gehalten das
Gebot des HERRN, deines Gottes, das er
dir geboten hat. Er hätte dein Königtum
bestätigt über Israel für und für.
14 Aber nun wird dein Königtum nicht
bestehen. [a]Der HERR hat sich einen Mann
gesucht nach seinem Herzen, und der
HERR hat ihn bestellt zum Fürsten über
sein Volk; denn du hast das Gebot des
HERRN nicht gehalten. a Kap 16,1; Apg 13,22
15 ¶ Und Samuel machte sich auf und ging
von Gilgal hinauf und zog seines Weges.
Die Übrigen vom Volk aber zogen hinter
Saul her dem Kriegsvolk entgegen von Gil-
gal hinauf nach Gibea in Benjamin. Und
Saul musterte das Volk, das bei ihm war,
etwa sechshundert Mann.
16 Und Saul und sein Sohn Jonatan und
das Volk, das bei ihnen war, blieben in
Geba in Benjamin. Die Philister aber hat-
ten sich gelagert bei Michmas.
17 Da zogen aus dem Lager der Philister
drei Heerhaufen, das Land zu verheeren.
Einer wandte sich in Richtung auf Ofra ins
Gebiet von Schual;
18 der andere wandte sich in Richtung auf
Bet-Horon; der dritte wandte sich in Rich-

tung auf das Gebiet, das nach dem Tal
Zeboïm der Wüste zu gelegen ist.
19 Es war aber kein [a]Schmied im ganzen
Lande Israel zu finden; denn die Philister
dachten, die Hebräer könnten sich
Schwert und Spieß machen. *a* Ri 5,8
20 Und ganz Israel mußte hinabziehen zu
den Philistern, wenn jemand eine Pflugschar, Hacke, Beil oder Sense zu schärfen
hatte.
21 Das Schärfen aber geschah für ein Zweidrittellot Silber bei Pflugscharen, Hacken,
Gabeln, Beilen und um die Stacheln
gerade zu machen.
22 Als nun der Tag des Kampfes kam,
wurde kein Schwert oder Spieß gefunden
in der Hand des ganzen Volks, das mit
Saul und Jonatan war; nur Saul und sein
Sohn hatten Waffen.
23 Aber eine Wache der Philister zog
heran gegen den engen Weg von Michmas.

Jonatans Heldentat und Israels Sieg

14 Es begab sich eines Tages, daß Jonatan, der Sohn Sauls, zu seinem Waffenträger sprach: Komm, laß uns hinübergehen zu der Wache der Philister, die da
drüben ist. Aber seinem Vater sagte er
nichts.
2 Saul aber saß am Rande des Gebietes
von Gibea unter dem Granatapfelbaum,
der in Migron steht; und die Leute bei
ihm waren etwa sechshundert Mann.
3 Und Ahija, der Sohn [a]Ahitubs, des Bruders [b]Ikabods, des Sohnes des Pinhas, des
Sohnes Elis, des Priesters des HERRN zu
Silo, trug den [c]Priesterschurz. Das Volk
wußte aber nicht, daß Jonatan weggegangen war.

a 2.Sam 8,17 *b* Kap 4,19-21 *c* 2.Mose 28,6-30

4 Es waren aber an dem engen Wege, wo
Jonatan hinüberzugehen suchte zu der
Wache der Philister, zwei Felsklippen, die
eine diesseits, die andere jenseits; die eine
hieß Bozez, die andere Senne.
5 Die eine Felsklippe stand im Norden
gegenüber Michmas und die andere im
Süden gegenüber Geba.
6 Und Jonatan sprach zu seinem Waffenträger: Komm, laß uns hinübergehen zu
der Wache dieser Unbeschnittenen! Vielleicht wird der HERR etwas für uns tun,
denn [a]**es ist dem HERRN nicht schwer,
durch viel oder wenig zu helfen.**

a Ri 7,7; 2.Chr 14,10

7 Da antwortete ihm sein Waffenträger:
Tu alles, was in deinem Herzen ist; geh
nur hin! Siehe, ich bin mit dir, wie dein
Herz will.
8 Jonatan sprach: Wohlan, wir gehen zu
den Männern hinüber und zeigen uns
ihnen.
9 Werden sie dann zu uns sagen: Steht
still, bis wir zu euch herankommen!, so
wollen wir an unserm Ort stehenbleiben
und nicht zu ihnen hinaufgehen.
10 Werden sie aber sagen: Kommt zu uns
herauf!, so wollen wir zu ihnen hinaufsteigen; dann hat sie der HERR in unsere
Hände gegeben. Das soll uns zum Zeichen sein.
11 Als sie sich nun beide der Wache der
Philister zeigten, sprachen die Philister:
Siehe, die Hebräer sind aus den Löchern
hervorgekommen, in die sie sich verkrochen hatten.
12 Und die Männer der Wache riefen Jonatan und seinem Waffenträger zu und sprachen: Kommt herauf zu uns, so wollen
wir's euch schon lehren! Da sprach Jonatan zu seinem Waffenträger: Steig mir
nach! Der HERR hat sie in die Hände
Israels gegeben.
13 Und Jonatan kletterte mit Händen und
Füßen hinauf und sein Waffenträger ihm
nach. Da fielen sie zu Boden vor Jonatan,
und sein Waffenträger hinter ihm tötete
sie.
14 So traf der erste Schlag, den Jonatan
und sein Waffenträger taten, ungefähr
zwanzig Mann etwa auf einer halben Hufe
Acker, die ein Joch Rinder pflügt.
15 Und es entstand ein [a]Schrecken im
Lager und auf dem freien Felde; und das
ganze Kriegsvolk, die Wache und die streifenden Rotten erschraken; und die Erde
erbebte. Und so geschah ein Gottesschrecken. *a* Kap 7,10
16 ¶ Und die Wächter Sauls zu Gibea in
Benjamin sahen, wie das Getümmel der
Philister hin und her wogte.
17 Da sprach Saul zu dem Volk, das bei
ihm war: Zählt und seht, wer von uns weggegangen ist! Und als sie zählten, siehe, da
waren Jonatan und sein Waffenträger nicht
da.
18 Da sprach Saul zu Ahija: Bringe den
[a]Efod herbei! Denn er trug den Efod in
jener Zeit vor Israel. *a* Kap 21,10
19 Und als Saul noch mit dem Priester

redete, wurde das Getümmel im Lager der Philister immer größer. Und Saul sprach zum Priester: Laß es sein!

20 Und Saul und das ganze Volk, das bei ihm war, sammelten sich und kamen zum Kampfplatz. Und siehe, [a]da ging eines jeden Schwert gegen den andern, und es war ein sehr großes Getümmel.

a Ri 7,22; 2.Chr 20,23

21 Auch die Hebräer, die vorher bei den Philistern gewesen und mit ihnen ins Feld gezogen waren, gingen über zu denen von Israel, die mit Saul und Jonatan waren.

22 Und als alle Männer von Israel, die sich auf dem Gebirge Ephraim verkrochen hatten, hörten, daß die Philister flohen, jagten sie hinter ihnen her im Kampf.

23 So half der HERR Israel an diesem Tage. Und der Kampf breitete sich aus bis Bet-Awen.

24 ¶ Und als die Männer Israels in Bedrängnis kamen an jenem Tage, belegte Saul das Volk mit seinem Fluch und schwor: Verflucht sei jedermann, der etwas ißt bis zum Abend, bis ich mich an meinen Feinden räche! Da aß das ganze Volk nichts.

25 Es waren aber Honigwaben auf dem Felde,

26 und als das Volk hinkam zu den Waben, siehe, da floß der Honig. Aber niemand nahm davon etwas mit der Hand in seinen Mund; denn das Volk fürchtete den Schwur.

27 Jonatan aber hatte nicht gehört, daß sein Vater das Volk mit einem Schwur belegt hatte. Und er streckte seinen Stab aus, den er in seiner Hand hatte, und tauchte die Spitze in den Honigseim und führte seine Hand zum Munde; da strahlten seine Augen.

28 Da hob einer aus dem Volk an und sprach: Dein Vater hat das Volk mit einem Fluch belegt und geschworen: Verflucht sei jedermann, der heute etwas ißt! So ist das Volk nun matt geworden.

29 Da sprach Jonatan: Mein Vater bringt das Land ins Unglück; seht, wie strahlend sind meine Augen geworden, weil ich ein wenig von diesem Honig gekostet habe.

30 Fürwahr, hätte doch das Volk heute gegessen von der Beute seiner Feinde, die es gemacht hat! Wäre dann die Niederlage der Philister nicht noch größer geworden?

31 Sie schlugen aber die Philister an jenem Tage von Michmas bis nach Ajalon. Und das Volk wurde sehr matt.

32 ¶ Und das Volk fiel über die Beute her, und sie nahmen Schafe und Rinder und Kälber und schlachteten sie, daß das Blut auf die Erde floß, und [a]aßen das Fleisch über dem Blut.

a 3.Mose 3,17

33 Da sagte man Saul: Siehe, das Volk versündigt sich am HERRN; denn es ißt das Fleisch über dem Blut. Er sprach: Ihr habt gefrevelt; wälzt her zu mir einen großen Stein.

34 Und Saul sprach weiter: Zerstreut euch unter das Volk und sagt ihnen, daß ein jeder seinen Stier und sein Schaf zu mir bringen soll, und schlachtet's hier und eßt, damit ihr euch nicht an dem HERRN versündigt mit dem Essen über dem Blut. Da brachte alles Volk, ein jeder, was er hatte, noch in der Nacht herzu, und sie schlachteten es dort.

35 Und Saul baute dem HERRN einen Altar. Das war der erste Altar, den er dem HERRN baute.

36 ¶ Und Saul sprach: Laßt uns noch in der Nacht hinabziehen den Philistern nach und sie berauben, bis es lichter Morgen wird, und laßt niemand von ihnen übrig. Sie antworteten: Tu alles, was dir gefällt! Aber der Priester sprach: So laßt uns erst hierher vor Gott treten.

37 Und Saul [a]befragte Gott: Soll ich hinabziehen den Philistern nach? Willst du sie in Israels Hände geben? Aber er antwortete ihm an diesem Tage nicht.

a Vers 18; Kap 23,9-12

38 Da sprach Saul: Laßt herzutreten alle Obersten des Volks und forscht und seht, an wem heute die Schuld liegt.

39 Denn so wahr der HERR lebt, der Heiland Israels: auch wenn sie bei meinem Sohn Jonatan wäre, so soll er sterben! Aber niemand aus dem ganzen Volk antwortete ihm.

40 Und er sprach zu ganz Israel: Tretet ihr auf die eine Seite, ich und mein Sohn Jonatan wollen auf die andere Seite treten. Das Volk sprach zu Saul: Tu, was dir gefällt.

41 Und Saul sprach zum HERRN: Gott Israels, warum hast du deinem Knecht heute nicht geantwortet? [a]Liegt die Schuld bei mir oder bei meinem Sohn Jonatan, HERR, Gott Israels, so gib das Los »Licht«;

liegt die Schuld aber an deinem Volk
Israel, so gib das Los »Recht«. Da fiel das
Los auf Jonatan und Saul, aber das Volk
ging frei aus.

a Kap 28,6; 2.Mose 28,30; 4.Mose 27,21; 5.Mose 33,8

42 Saul sprach: Werft das Los über mich
und meinen Sohn Jonatan! Da fiel das Los
auf Jonatan.
43 Und Saul sprach zu Jonatan: Sage mir,
[a] was hast du getan? Jonatan sagte es ihm
und sprach: Ich habe ein wenig Honig
gekostet mit der Spitze des Stabes, den ich
in meiner Hand hatte; siehe, ich bin bereit
zu sterben. *a* Jos 7,19
44 Da sprach Saul: Gott tue mir dies und
das; Jonatan, du mußt des Todes sterben!
45 Aber das Volk sprach zu Saul: Sollte
Jonatan sterben, der dies große Heil in
Israel vollbracht hat? Das sei ferne! So
wahr der HERR lebt: es soll kein Haar von
seinem Haupt auf die Erde fallen, denn
Gott hat heute durch ihn geholfen. Und
so löste das Volk Jonatan aus, so daß er
nicht sterben mußte.
46 Aber Saul ließ von den Philistern ab
und zog hinauf, und die Philister zogen in
ihr Land.

Sauls Kriege. Seine Familie

47 Als Saul die Königsherrschaft über
Israel erlangt hatte, kämpfte er gegen alle
seine Feinde ringsumher: gegen die Moabiter, die Ammoniter, die Edomiter, gegen
die Könige Zobas und gegen die Philister.
Und wo er sich hinwandte, da gewann er
den Sieg.
48 Und er vollbrachte tapfere Taten und
schlug die Amalekiter und errettete Israel
aus der Hand aller, die es ausplünderten.
49 [a] Sauls Söhne waren: Jonatan, Jischwi,
Malkischua. Und seine zwei Töchter hießen: die erstgeborene Merab und die jüngere Michal. *a* 1.Chr 9,39
50 Und Sauls Frau hieß Ahinoam und war
eine Tochter des Ahimaaz. Und [a] sein
Feldhauptmann hieß Abner, ein Sohn
Ners, der Sauls Oheim war. *a* Kap 17,55
51 [a] Kisch, Sauls Vater, und Ner, Abners
Vater, waren Söhne Abiëls. *a* 1.Chr 9,36.39
52 ¶ Es war aber der Krieg gegen die Philister schwer, solange Saul lebte. Und wo
Saul einen tapferen und rüstigen Mann
sah, den nahm er in seinen Dienst.

Saul wird verworfen

15 Samuel sprach zu Saul: [a] Der HERR
hat mich gesandt, daß ich dich zum
König salben sollte über sein Volk Israel;
so höre nun auf die Worte des HERRN!

a Kap 10,1

2 [a] So spricht der HERR Zebaoth: Ich habe
bedacht, was Amalek Israel angetan und
wie es ihm den Weg verlegt hat, als Israel
aus Ägypten zog.

a (2 und 3) 2.Mose 17,8-16; 5.Mose 25,17-19

3 So zieh nun hin und schlag Amalek und
vollstrecke den Bann an ihm und an allem,
was es hat; verschone sie nicht, sondern
töte Mann und Frau, Kinder und Säuglinge, Rinder und Schafe, Kamele und
Esel.
4 Da bot Saul das Volk auf, und er
musterte sie zu Telem: zweihunderttausend Mann Fußvolk und zehntausend
Mann aus Juda.
5 Und als Saul zu der Stadt der Amalekiter kam, legte er einen Hinterhalt im
Tal.
6 Und Saul ließ den [a] Kenitern sagen:
Geht, weicht und zieht weg von den Amalekitern, daß ich euch nicht mit ihnen aufreibe; denn ihr tatet Barmherzigkeit an
allen Israeliten, als sie aus Ägypten zogen.
Da zogen die Keniter fort von den Amalekitern. *a* Ri 1,16
7 Da schlug Saul die Amalekiter von
Hawila bis nach Schur, das vor Ägypten
liegt,
8 und nahm Agag, den König von Amalek, lebendig gefangen, und an allem Volk
vollstreckte er den Bann mit der Schärfe
des Schwerts.
9 Aber Saul und das Volk verschonten
Agag und die besten Schafe und Rinder
und das Mastvieh und die Lämmer und
alles, was von Wert war, und sie wollten
den Bann daran nicht vollstrecken; was
aber nichts taugte und gering war, daran
vollstreckten sie den Bann.
10 ¶ Da geschah des HERRN Wort zu
Samuel:
11 Es [a] reut mich, daß ich Saul zum König
gemacht habe; denn er hat sich von mir
abgewandt und meine Befehle nicht
erfüllt. Darüber wurde Samuel zornig und
schrie zu dem HERRN die ganze Nacht.

a 1.Mose 6,6

12 Und Samuel machte sich früh auf, um

Saul am Morgen zu begegnen. Und ihm
wurde angesagt, daß Saul nach [a]Karmel
gekommen sei und sich ein Siegeszeichen
aufgerichtet habe und weitergezogen und
nach Gilgal hinabgekommen sei.

a Jos 15,55

13 Als nun Samuel zu Saul kam, sprach
Saul zu ihm: Gesegnet seist du vom
HERRN! Ich habe des HERRN Wort erfüllt.
14 Samuel antwortete: Und was ist das für
ein Blöken von Schafen, das zu meinen
Ohren kommt, und ein Brüllen von Rin-
dern, das ich höre?
15 Saul sprach: Von den Amalekitern hat
man sie gebracht; denn das Volk
verschonte die besten Schafe und Rinder,
um sie zu opfern dem HERRN, deinem
Gott; an dem andern haben wir den Bann
vollstreckt.
16 Samuel aber antwortete Saul: Halt ein,
ich will dir sagen, was der HERR mit mir
diese Nacht geredet hat. Er sprach: Sag
an!
17 Samuel sprach: Ist's nicht so: Obschon
du vor dir selbst [a]gering warst, so bist du
doch das Haupt der Stämme Israels; denn
der HERR hat dich zum König über Israel
gesalbt.

a Kap 9,21

18 Und der HERR sandte dich auf den Weg
und sprach: Zieh hin und vollstrecke den
Bann an den Frevlern, den Amalekitern,
und kämpfe mit ihnen, bis du sie vertilgt
hast!
19 Warum hast du der Stimme des HERRN
nicht gehorcht, sondern hast dich an die
Beute gemacht und getan, was dem
HERRN mißfiel?
20 Saul antwortete Samuel: Ich habe doch
der Stimme des HERRN gehorcht und bin
den Weg gezogen, den mich der HERR
sandte, und habe Agag, den König von
Amalek, hergebracht und an den Amale-
kitern den Bann vollstreckt.
21 Aber das Volk hat von der Beute
genommen Schafe und Rinder, das Beste
vom Gebannten, um es dem HERRN, dei-
nem Gott, zu opfern in Gilgal.
22 Samuel aber sprach: Meinst du, daß der
HERR Gefallen habe am Brandopfer und
Schlachtopfer gleichwie am Gehorsam
gegen die Stimme des HERRN? Siehe,
Gehorsam ist besser als Opfer und Auf-
merken besser als das Fett von Widdern.[a]

a Jes 1,11-17; Jer 7,22; Hos 6,6; Am 5,21.22; Mi 6,6-8; Sach 7,5-7; Mt 9,13; 12,7

23 Denn Ungehorsam ist Sünde wie Zau-
berei, und Widerstreben ist wie Abgötte-
rei und Götzendienst. Weil du des HERRN
Wort verworfen hast, [a]hat er dich auch
verworfen, daß du nicht mehr König seist.

a Kap 16,1

24 Da sprach Saul zu Samuel: Ich habe
gesündigt, daß ich des HERRN Befehl und
deine Worte übertreten habe; denn ich
fürchtete das Volk und gehorchte seiner
Stimme.
25 Und nun, vergib mir die Sünde und
kehre mit mir um, daß ich den HERRN
anbete.
26 Samuel sprach zu Saul: Ich will nicht
mit dir umkehren; denn du hast des
HERRN Wort verworfen, und der HERR hat
dich auch verworfen, daß du nicht mehr
König über Israel seist.
27 Und als sich Samuel umwandte, um
wegzugehen, ergriff ihn Saul bei einem
Zipfel seines Rocks; aber der riß ab.
28 Da sprach Samuel zu ihm: [a]Der HERR
hat das Königtum Israels heute von dir
gerissen und einem andern gegeben, der
besser ist als du.

a Kap 28,17

29 Auch lügt der nicht, der Israels Ruhm
ist, und es gereut ihn nicht; denn [a]er ist
nicht ein Mensch, daß ihn etwas gereuen
könnte.

a 4.Mose 23,19

30 Saul aber sprach: Ich habe gesündigt;
aber ehre mich doch jetzt vor den Älte-
sten meines Volks und vor Israel und
kehre mit mir um, daß ich den HERRN,
deinen Gott, anbete.
31 Da kehrte Samuel um und folgte Saul,
und Saul betete den HERRN an.
32 ¶Und Samuel sprach: Bringt Agag, den
König von Amalek, zu mir! Und Agag ging
hin zu ihm zitternd und sprach: Fürwahr,
bitter ist der Tod!
33 Samuel aber sprach: Wie dein Schwert
Frauen ihrer Kinder beraubt hat, so
soll auch deine Mutter der Kinder beraubt
sein unter den Frauen. Und Samuel hieb
den Agag in Stücke vor dem HERRN in
Gilgal.
34 Und Samuel ging hin nach Rama; Saul
aber zog hinauf in sein Haus zu Gibea
Sauls.
35 Und Samuel sah Saul fortan nicht mehr
bis an den Tag seines Todes. Aber doch
trug Samuel Leid um Saul, weil es den
HERRN gereut hatte, daß er Saul zum
König über Israel gemacht hatte.

David wird zum König gesalbt

16 Und der HERR sprach zu Samuel:
Wie lange trägst du Leid um Saul,
[a]den ich verworfen habe, daß er nicht
mehr König sei über Israel? Fülle dein
Horn mit Öl und geh hin: ich will dich
senden zu dem Bethlehemiter Isai; denn
unter seinen Söhnen hab ich mir einen
zum König ersehen. *a* Kap 15,23.35
2 Samuel aber sprach: Wie kann ich hin-
gehen? Saul wird's erfahren und mich
töten. Der HERR sprach: Nimm eine junge
Kuh mit dir und sprich: Ich bin gekom-
men, dem HERRN zu opfern.
3 Und du sollst Isai zum Opfer laden. Da
will ich dich wissen lassen, was du tun
sollst, daß du mir den salbst, den ich dir
nennen werde.
4 ¶ Samuel tat, wie ihm der HERR gesagt
hatte, und kam nach Bethlehem. Da ent-
setzten sich die Ältesten der Stadt und gin-
gen ihm entgegen und sprachen: Bedeutet
dein Kommen Heil?
5 Er sprach: Ja, es bedeutet Heil! Ich bin
gekommen, dem HERRN zu opfern; heiligt
euch und kommt mit mir zum Opfer. Und
er heiligte den Isai und seine Söhne und
lud sie zum Opfer.
6 Als sie nun kamen, sah er den Eliab an
und dachte: Fürwahr, da steht vor dem
HERRN sein Gesalbter.
7 Aber der HERR sprach zu Samuel: Sieh
nicht an sein Aussehen und seinen hohen
Wuchs; ich habe ihn verworfen. Denn
nicht sieht der HERR auf das, worauf ein
Mensch sieht. **Ein Mensch sieht, was vor
Augen ist; [a]der HERR aber sieht das Herz
an.**[b] *a* Jer 17,10; Offb 2,23 *b* Apg 10,34
8 Da rief Isai den Abinadab und ließ
ihn an Samuel vorübergehen. Und er
sprach: Auch diesen hat der HERR nicht
erwählt.
9 Da ließ Isai vorübergehen Schamma. Er
aber sprach: Auch diesen hat der HERR
nicht erwählt.
10 So ließ Isai [a]seine sieben Söhne an
Samuel vorübergehen; aber Samuel sprach
zu Isai: [b]Der HERR hat keinen von ihnen
erwählt. *a* 1.Chr 2,13-15 *b* Kap 17,12
11 Und Samuel sprach zu Isai: Sind das
die Knaben alle? Er aber sprach: Es ist
noch übrig [a]der jüngste; siehe, er hütet
die Schafe. Da sprach Samuel zu Isai:
Sende hin und laß ihn holen; denn wir
werden uns nicht niedersetzen, bis er
hierherkommt. *a* Kap 17,14
12 Da sandte er hin und ließ ihn holen.
Und er war bräunlich, mit schönen Augen
und von guter Gestalt. Und der HERR
sprach: Auf, salbe ihn, denn der ist's.
13 Da nahm Samuel sein Ölhorn und
[a]salbte ihn mitten unter seinen Brüdern.
Und der Geist des HERRN geriet über
David von dem Tag an und weiterhin.
Samuel aber machte sich auf und ging
nach Rama. *a* 2.Sam 2,4; 5,3; Ps 89,21

David kommt an Sauls Hof

14 Der Geist des HERRN aber wich von
Saul, und [a]ein böser Geist vom HERRN
ängstigte ihn. *a* Kap 18,10
15 Da sprachen die Großen Sauls zu ihm:
Siehe, ein böser Geist von Gott ängstigt
dich.
16 Unser Herr befehle nun seinen Knech-
ten, die vor ihm stehen, daß sie einen
Mann suchen, der auf der Harfe gut spie-
len kann, damit er mit seiner Hand darauf
spiele, wenn der böse Geist Gottes über
dich kommt, und es besser mit dir werde.
17 Da sprach Saul zu seinen Leuten: Seht
euch um nach einem Mann, der des Sai-
tenspiels kundig ist, und bringt ihn zu mir.
18 Da antwortete einer der jungen Män-
ner und sprach: Ich habe gesehen einen
Sohn Isais, des Bethlehemiters, der ist des
Saitenspiels kundig, ein tapferer Mann und
tüchtig zum Kampf, verständig in seinen
Reden und schön gestaltet, und der HERR
ist mit ihm.
19 Da sandte Saul Boten zu Isai und ließ
ihm sagen: Sende zu mir deinen Sohn
David, der bei den Schafen ist.
20 Da nahm Isai einen Esel und Brot und
einen Schlauch Wein und ein Ziegenböck-
lein und sandte es Saul durch seinen Sohn
David.
21 So kam David zu Saul und diente vor
ihm. Und Saul gewann ihn sehr lieb, und
er wurde sein Waffenträger.
22 Und Saul sandte zu Isai und ließ ihm
sagen: Laß David mir dienen, denn er hat
Gnade gefunden vor meinen Augen.
23 Sooft nun der böse Geist von Gott über
Saul kam, nahm David die Harfe und
spielte darauf mit seiner Hand. So wurde
es Saul leichter, und es ward besser mit
ihm, und der böse Geist wich von ihm.

David und Goliat

17 Die Philister sammelten ihre Heere
zum Kampf und kamen zusammen
bei Socho in Juda und lagerten sich [a]zwi-
schen Socho und Aseka bei Efes-
Dammim. *a* Jos 15,35
2 Und Saul und die Männer Israels kamen
zusammen und lagerten sich im Eich-
grund und rüsteten sich zum Kampf gegen
die Philister.
3 Und die Philister standen auf einem
Berge jenseits und die Israeliten auf einem
Berge diesseits, so daß das Tal zwischen
ihnen war.
4 ¶ Da trat aus den Reihen der Philister ein
Riese* heraus mit Namen Goliat aus [a]Gat,
sechs Ellen und eine Handbreit groß.

* Wörtlich: Vorkämpfer zwischen den Fronten. *a* Jos 11,22

5 Der hatte einen ehernen Helm auf sei-
nem Haupt und einen Schuppenpanzer an,
und das Gewicht seines Panzers war fünf-
tausend Lot Erz,
6 und hatte eherne Schienen an seinen
Beinen und einen ehernen Wurfspieß auf
seiner Schulter.
7 Und der Schaft seines Spießes war wie
ein [a]Weberbaum, und die eiserne Spitze
seines Spießes wog sechshundert Lot, und
sein Schildträger ging vor ihm her.
a 1.Chr 11,23
8 Und er stellte sich hin und rief dem
Heer Israels zu: Was seid ihr ausgezogen,
euch zum Kampf zu rüsten? Bin ich nicht
ein Philister und ihr Sauls Knechte?
Erwählt einen unter euch, der zu mir her-
abkommen soll.
9 Vermag er gegen mich zu kämpfen und
erschlägt er mich, so wollen wir eure
Knechte sein; vermag ich aber über ihn zu
siegen und erschlage ich ihn, so sollt ihr
unsere Knechte sein und uns dienen.
10 Und der Philister sprach: Ich habe
heute dem Heere Israels [a]hohngespro-
chen, als ich sagte: Gebt mir einen Mann
und laßt uns miteinander kämpfen.
a 2.Kön 19,16; Ps 74,18; Zef 2,8
11 ¶ Als Saul und ganz Israel diese Rede
des Philisters hörten, entsetzten sie sich
und fürchteten sich sehr.
12 ¶ [a]David aber war der Sohn jenes Efra-
titers aus Bethlehem in Juda, der Isai hieß.
Der hatte acht Söhne und war zu Sauls
Zeiten schon zu alt, um unter die Kriegs-
leute zu gehen. *a (12 und 13)* Kap 16,1-13
13 Aber die drei ältesten Söhne Isais waren
mit Saul in den Krieg gezogen, und sie
hießen: Eliab, der erstgeborene, Abinadab,
der zweite, und Schamma, der dritte.
14 Und David war der jüngste; die drei
ältesten aber waren Saul gefolgt.
15 Und David ging ab und zu von Saul
hinweg nach Bethlehem, um die Schafe
seines Vaters zu hüten.
16 Aber der Philister kam heraus frühmor-
gens und abends und stellte sich hin, vier-
zig Tage lang.
17 Isai aber sprach zu seinem Sohn David:
Nimm für deine Brüder diesen Scheffel
geröstete Körner und diese zehn Brote
und bringe sie eilends ins Lager zu deinen
Brüdern;
18 und diese zehn frischen Käse bringe
dem Hauptmann und sieh nach deinen
Brüdern, ob's ihnen gutgeht, und bringe
auch ein Unterpfand von ihnen mit.
19 Saul und sie und alle Männer Israels
sind im Eichgrund und kämpfen gegen die
Philister.
20 ¶ Da machte sich David früh am Mor-
gen auf und überließ die Schafe einem
Hüter, lud auf und ging hin, wie ihm Isai
geboten hatte, und kam zum Lager. Das
Heer aber war ausgezogen und hatte sich
aufgestellt zum Kampf, und sie erhoben
das Kriegsgeschrei.
21 Und Israel und die Philister hatten sich
aufgestellt, Schlachtreihe gegen Schlacht-
reihe.
22 Da ließ David sein Gepäck, das er trug,
bei der Wache des Trosses und lief zu dem
Heer, kam hin und fragte seine Brüder,
ob's ihnen gutgehe.
23 Und als er noch mit ihnen redete, siehe,
da kam herauf der Riese mit Namen
Goliat, der Philister von Gat, von dem
Heer der Philister und redete dieselben
Worte, und David hörte es.
24 Und wer von Israel den Mann sah, floh
vor ihm und fürchtete sich sehr.
25 Und die Männer von Israel sprachen:
Habt ihr den Mann heraufkommen sehen?
Er kommt herauf, um Israel hohnzuspre-
chen. Wer ihn erschlägt, den will der
König sehr reich machen und ihm seine
Tochter geben und will ihm seines Vaters
Haus frei machen von Lasten in Israel.
26 Da sprach David zu den Männern, die
bei ihm standen: Was wird man dem
geben, der diesen Philister erschlägt und

die Schande von Israel abwendet? Denn
wer ist dieser unbeschnittene Philister, der
das Heer des lebendigen Gottes verhöhnt?
27 Da sagte ihm das Volk wie vorher: Das
und das wird man dem geben, der ihn
erschlägt.
28 Und als Eliab, sein ältester Bruder, ihn
reden hörte mit den Männern, wurde er
zornig über David und sprach: Warum bist
du hergekommen? Und wem hast du die
wenigen Schafe dort in der Wüste überlas-
sen? Ich kenne deine Vermessenheit wohl
und deines Herzens Bosheit. Du bist nur
gekommen, um dem Kampf zuzusehen.
29 David antwortete: Was hab ich denn
getan? Ich habe doch nur gefragt!
30 Und er wandte sich von ihm zu einem
andern und sprach, wie er vorher gesagt
hatte. Da antwortete ihm das Volk wie das
erstemal.
31 ¶Und als sie [a]die Worte hörten, die
David sagte, brachten sie es vor Saul, und
er ließ ihn holen. *a* Vers 26
32 Und David sprach zu Saul: Seinetwe-
gen lasse keiner den Mut sinken; dein
Knecht wird hingehen und mit diesem
Philister kämpfen.
33 Saul aber sprach zu David: Du kannst
nicht hingehen, um mit diesem Philister
zu kämpfen; denn du bist zu jung dazu,
dieser aber ist ein Kriegsmann von Jugend
auf.
34 David aber sprach zu Saul: Dein Knecht
hütete die Schafe seines Vaters; und kam
dann ein Löwe oder ein Bär und trug ein
Schaf weg von der Herde,
35 so lief ich ihm nach, schlug auf ihn ein
und errettete es aus seinem Maul. Wenn
er aber auf mich losging, ergriff ich ihn bei
seinem Bart und schlug ihn tot.
36 So hat dein Knecht den Löwen und den
Bären erschlagen, und diesem unbeschnit-
tenen Philister soll es ergehen wie einem
von ihnen; denn er hat das Heer des leben-
digen Gottes verhöhnt.
37 Und David sprach: Der HERR, der mich
von dem Löwen und Bären errettet hat,
der wird mich auch erretten von diesem
Philister. Und Saul sprach zu David: Geh
hin, der HERR sei mit dir!
38 Und Saul legte David seine Rüstung an
und setzte ihm einen ehernen Helm auf
sein Haupt und legte ihm einen Panzer an.
39 Und David gürtete Sauls Schwert über
seine Rüstung und mühte sich vergeblich,
damit zu gehen; denn er hatte es noch nie
versucht. Da sprach David zu Saul: Ich
kann so nicht gehen, denn ich bin's nicht
gewohnt; und er legte es ab
40 und nahm seinen Stab in die Hand und
wählte fünf glatte Steine aus dem Bach
und tat sie in die Hirtentasche, die ihm als
Köcher diente, und nahm die Schleuder
in die Hand und ging dem Philister entge-
gen.
41 ¶Der Philister aber kam immer näher
an David heran, und sein Schildträger ging
vor ihm her.
42 Als nun der Philister aufsah und David
anschaute, verachtete er ihn; denn er war
noch jung, und er war [a]bräunlich und
schön. *a* Kap 16,12
43 Und der Philister sprach zu David: Bin
ich denn ein Hund, daß du mit Stecken zu
mir kommst? Und der Philister fluchte
dem David bei seinem Gott
44 und sprach zu David: Komm her zu
mir, ich will dein Fleisch den Vögeln unter
dem Himmel geben und den Tieren auf
dem Felde.
45 David aber sprach zu dem Philister: Du
kommst zu mir mit Schwert, Lanze und
Spieß, ich aber komme zu dir im Namen
des HERRN Zebaoth, des Gottes des Hee-
res Israels, den du verhöhnt hast.
46 Heute wird dich der HERR in meine
Hand geben, daß ich dich erschlage und
dir den Kopf abhaue und gebe deinen
Leichnam und die Leichname des Heeres
der Philister heute den Vögeln unter dem
Himmel und dem Wild auf der Erde,
damit alle Welt innewerde, daß Israel
einen Gott hat,
47 und damit diese ganze Gemeinde inne-
werde, daß der HERR nicht durch Schwert
oder Spieß hilft; denn [a]der Krieg ist des
HERRN, und er wird euch in unsere Hände
geben. *a* 2.Mose 15,3; Ps 20,8; Sach 4,6
48 ¶Als sich nun der Philister aufmachte
und daherging und sich David nahte, lief
David eilends von der Schlachtreihe dem
Philister entgegen.
49 Und David tat seine Hand in die Hir-
tentasche und nahm einen Stein daraus
und schleuderte ihn und traf den Philister
an die Stirn, daß der Stein in seine Stirn
fuhr und er zur Erde fiel auf sein Ange-
sicht.
50 So überwand David den Philister mit
Schleuder und Stein und traf und tötete

ihn. David aber hatte kein Schwert in seiner Hand.

51 Da lief er hin und trat zu dem Philister und nahm dessen Schwert und zog es aus der Scheide und tötete ihn vollends und hieb ihm den Kopf damit ab. Als aber die Philister sahen, daß ihr Stärkster tot war, flohen sie.

52 ¶Und die Männer Israels und Judas machten sich auf, erhoben das Kampfgeschrei und jagten den Philistern nach, bis nach Gat und bis an die Tore Ekrons. Und die Philister blieben erschlagen liegen auf dem Wege von Schaarajim bis nach Gat und Ekron.

53 Und die Israeliten kehrten um von der Verfolgung der Philister und plünderten ihr Lager.

54 David aber nahm des Philisters Haupt und brachte es nach Jerusalem, seine Waffen aber legte er in sein Zelt.

55 ¶Als Saul aber David dem Philister entgegengehen sah, sprach er zu Abner, seinem Feldhauptmann: Wessen Sohn ist der Junge? Abner sprach: Bei deinem Leben, König: ich weiß es nicht.

56 Der König sprach: So frage danach, wessen Sohn der junge Mann ist.

57 Als nun David zurückkam vom Sieg über den Philister, nahm ihn Abner und brachte ihn vor Saul, und er hatte des Philisters Haupt in seiner Hand.

58 Und Saul sprach zu ihm: Wessen Sohn bist du, mein Junge? David sprach: Ich bin ein Sohn deines Knechts Isai, des Bethlehemiters.

David gewinnt Jonatan zum Freund

18 Als David aufgehört hatte, mit Saul zu reden, verband sich das Herz Jonatans mit dem Herzen Davids, und Jonatan gewann ihn lieb wie sein eigenes Herz.

2 Und Saul [a]nahm ihn an diesem Tage zu sich und [b]ließ ihn nicht wieder in seines Vaters Haus zurückkehren.

a Kap 16,22 *b* Kap 17,15

3 Und Jonatan schloß mit David [a]einen Bund, denn [b]er hatte ihn lieb wie sein eigenes Herz. *a* Kap 23,18; 2.Sam 21,7 *b* Kap 19,1; 20,17; 2.Sam 1,26

4 Und Jonatan zog seinen Rock aus, den er anhatte, und gab ihn David, dazu seine Rüstung, sein Schwert, seinen Bogen und seinen Gurt.

Sauls Eifersucht auf David

5 Und David zog in den Kampf und richtete alles recht aus, wohin Saul ihn auch sandte. Und Saul setzte ihn über die Kriegsleute, und es gefiel allem Volk gut und auch den Großen Sauls.

6 ¶Es begab sich aber, als David zurückkam vom Sieg über die Philister, daß die [a]Frauen aus allen Städten Israels herausgingen mit Gesang und Reigen dem König Saul entgegen unter Jauchzen, mit Pauken und mit Zimbeln. *a* Ri 11,34

7 Und die Frauen sangen im Reigen und sprachen: [a]Saul hat tausend erschlagen, aber David zehntausend. *a* Kap 21,12; 29,5

8 Da ergrimmte Saul sehr, und das Wort mißfiel ihm, und er sprach: Sie haben David zehntausend gegeben und mir tausend; ihm wird noch das Königtum zufallen.

9 Und Saul sah David scheel an von dem Tage an und hinfort.

10 ¶Am andern Tage kam der [a]böse Geist von Gott über Saul, und er geriet in Raserei in seinem Hause; David aber spielte auf den Saiten mit seiner Hand, wie er täglich zu tun pflegte. Und Saul hatte einen Spieß in der Hand *a* Kap 16,14.23

11 und [a]zückte den Spieß und dachte: Ich will David an die Wand spießen. David aber wich ihm zweimal aus.

a Kap 19,10; 20,33

12 Und Saul fürchtete sich vor David; denn der HERR war mit ihm, aber von Saul war er gewichen.

13 Da entfernte ihn Saul aus seiner Nähe und setzte ihn zum Obersten über tausend Mann. Und David zog aus und ein vor dem Kriegsvolk

14 und [a]richtete all sein Tun recht aus, und der HERR war mit ihm. *a* Vers 5

15 Als nun Saul sah, daß David alles so gut gelang, graute es ihm vor David.

16 Aber ganz Israel und Juda hatte David lieb, denn er zog aus und ein vor ihnen her.

David gewinnt Sauls Tochter zur Frau

17 Und Saul sprach zu David: Siehe, meine älteste Tochter Merab will ich dir zur Frau geben; sei nur ein tapferer Mann und führe des HERRN Kriege. Denn Saul dachte: Meine Hand soll nicht gegen ihn sein, sondern die Hand der Philister.

[18]David aber antwortete Saul: [a]Wer bin
ich? Und was ist meine Sippe, das
Geschlecht meines Vaters, in Israel, daß
ich des Königs Schwiegersohn werden
soll? *a* 2.Sam 7,18
[19]Als aber die Zeit kam, daß Merab, die
Tochter Sauls, David gegeben werden
sollte, wurde sie dem Adriël von Mehola
zur Frau gegeben.
[20]¶Aber Michal, Sauls Tochter, hatte
David lieb. Als das Saul angesagt wurde,
war es ihm recht.
[21]Und Saul sagte sich: Ich will sie ihm
geben, damit sie ihm zum Fallstrick wird
und die Hände der Philister gegen ihn
sind. Und Saul sprach zu David: Heute in
zwei Jahren kannst du mein Schwieger-
sohn werden.
[22]Und Saul gebot seinen Großen: Redet
mit David heimlich und sprecht: Siehe,
der König hat Gefallen an dir, und alle
seine Großen lieben dich; so werde nun
[a]des Königs Schwiegersohn. *a* Kap 22,14
[23]Und die Großen Sauls sagten diese
Worte vor den Ohren Davids. David aber
sprach: Dünkt euch das ein Geringes, des
Königs Schwiegersohn zu werden? Ich bin
nur ein armer, geringer Mann.
[24]Und die Großen Sauls sagten es ihm
weiter und sprachen: Diese Worte hat
David gesagt.
[25]Saul sprach: So sagt zu David: Der
König begehrt keinen andern Brautpreis
als hundert Vorhäute von Philistern, um
an den Feinden des Königs Vergeltung zu
üben. Aber Saul trachtete danach, David
umzubringen durch die Hände der Phili-
ster.
[26]Da sagten seine Großen David diese
Worte, und es dünkte David gut, des
Königs Schwiegersohn zu werden.
[27]Und die Zeit war noch nicht um, da
machte sich David auf und zog hin mit
seinen Männern und erschlug unter den
Philistern zweihundert Mann. Und David
brachte ihre Vorhäute dem König in voller
Zahl, um des Königs Schwiegersohn zu
werden. Da gab ihm Saul seine Tochter
Michal zur Frau.
[28]¶Als aber Saul sah und merkte, daß
der HERR mit David war und daß seine
Tochter Michal ihn liebhatte,
[29]da [a]fürchtete sich Saul noch mehr vor
David und wurde sein Feind sein Leben
lang. *a* Vers 12
[30]Und sooft die Fürsten der Philister in
den Kampf zogen, richtete David mehr
gegen sie aus als alle Großen Sauls, wenn
sie auszogen, so daß sein Name hoch
gepriesen wurde.

Jonatan rettet David vor Sauls Nachstellungen

19 Saul aber redete mit seinem Sohn
Jonatan und mit allen seinen Gro-
ßen davon, daß er David töten wolle. Aber
Jonatan, Sauls Sohn, [a]hatte David sehr
lieb *a* Kap 18,3
[2]und sagte es ihm weiter und sprach:
Mein Vater Saul trachtet danach, dich zu
töten. Nun, so hüte dich morgen früh und
verstecke dich und bleibe verborgen.
[3]Ich aber will hinausgehen und mich
neben meinen Vater stellen auf dem Felde,
wo du bist, und über dich mit meinem
Vater sprechen; und was ich erfahre, will
ich dir kundtun.
[4]Und Jonatan redete das Beste von David
mit seinem Vater Saul und sprach zu ihm:
Es versündige sich der König nicht an sei-
nem Knechte David, denn er hat sich nicht
an dir versündigt, und sein Tun ist dir sehr
nützlich.
[5]Er hat sein Leben gewagt und [a]den Phi-
lister erschlagen, und der HERR hat großes
Heil für ganz Israel vollbracht. Das hast
du gesehen und dich darüber gefreut.
Warum willst du dich denn an unschuldi-
gem Blut versündigen, daß du David ohne
Grund tötest? *a* Kap 17,50
[6]Da hörte Saul auf die Stimme Jonatans
und schwor: So wahr der HERR lebt: er
soll nicht sterben!
[7]Da rief Jonatan David und sagte ihm
alle diese Worte und brachte ihn zu Saul;
und David diente ihm wie früher.

Michal rettet David

[8]Es erhob sich aber wieder ein Kampf,
und David zog aus und kämpfte gegen die
Philister und schlug sie so hart, daß sie
vor ihm flohen.
[9][a]Aber der böse Geist vom HERRN kam
über Saul, und Saul saß in seinem Hause
und hatte seinen Spieß in der Hand. David
aber spielte mit der Hand auf den Saiten.
a (9 und 10) Kap 18,10.11
[10]Und Saul trachtete danach, David mit
dem Spieß an die Wand zu spießen. Er

aber wich aus vor Saul, und der Spieß fuhr
in die Wand. David aber floh und entrann.
In jener Nacht aber
11 sandte Saul Boten zu Davids Haus, [a] ihn
zu bewachen, um ihn am Morgen zu töten.
Doch Michal, Davids Frau, sagte es ihrem
Mann und sprach: Wirst du nicht diese
Nacht dein Leben retten, so mußt du morgen sterben. *a* Ps 59,1
12 Da ließ ihn Michal durchs Fenster
hinab, daß er floh und entrinnen konnte.
13 Dann nahm Michal das [a] Götzenbild
und legte es aufs Bett und ein Geflecht
von Ziegenhaaren zu seinen Häupten und
deckte ein Kleid darauf. *a* 1.Mose 31,19
14 Da sandte Saul Boten, um David zu
holen. Sie aber sprach: Er ist krank.
15 Saul sandte abermals Boten, nach
David zu sehen, und sprach: Bringt ihn
her zu mir samt dem Bett, daß er getötet
werde!
16 Als nun die Boten kamen, siehe, da lag
das Götzenbild im Bett und das Geflecht
von Ziegenhaaren zu seinen Häupten.
17 Da sprach Saul zu Michal: Warum hast
du mich betrogen und meinen Feind entrinnen lassen? Michal antwortete Saul: Er
sagte zu mir: Laß mich gehen, oder ich
töte dich!

David flieht zu Samuel

18 David aber floh und konnte entrinnen
und kam zu Samuel nach Rama und sagte
ihm alles, was ihm Saul angetan hatte. Und
er ging mit Samuel, und sie blieben zu
Najot.
19 Und es wurde Saul angesagt: Siehe,
David ist zu Najot in Rama.
20 Da sandte Saul Boten, um David zu
holen. Und sie sahen [a] die Schar der Propheten in Verzückung und Samuel an ihrer
Spitze. Da kam der Geist Gottes auf die
Boten Sauls, so daß auch sie in Verzückung gerieten. *a* Kap 10,10-12
21 Als das Saul angesagt wurde, sandte er
andere Boten; die gerieten auch in Verzückung. Da sandte er die dritten Boten;
die gerieten auch in Verzückung.
22 Da ging er selbst nach Rama. Und als
er zum großen Brunnen kam, der in Sechu
ist, fragte er: Wo sind Samuel und David?
Da wurde ihm gesagt: Siehe, zu Najot in
Rama.
23 Und er machte sich von dort auf nach
Najot in Rama. Und der Geist Gottes kam
auch über ihn, und er ging einher in Verzückung, bis er nach Najot in Rama kam.
24 Da zog auch er seine Kleider aus und
war in Verzückung vor Samuel und fiel
hin und lag nackt den ganzen Tag und die
ganze Nacht. Daher sagt man: Ist Saul
auch unter den Propheten?

David und Jonatan befestigen ihren Freundschaftsbund

20 David aber floh von Najot in Rama
und kam und redete vor Jonatan:
Was hab ich getan? Was ist meine Schuld?
Was hab ich gesündigt vor deinem Vater,
daß er mir nach dem Leben trachtet?
2 Er aber sprach zu ihm: Das sei ferne; du
sollst nicht sterben. Siehe, mein Vater tut
nichts, weder Großes noch Kleines, ohne
es mir kundzutun. Warum sollte denn
mein Vater dies vor mir verbergen? Es ist
nicht so.
3 Da antwortete David und schwor: Dein
Vater weiß sehr wohl, daß ich Gnade vor
deinen Augen gefunden habe; darum
dachte er: Jonatan soll das nicht wissen, es
könnte ihn bekümmern. Wahrlich, so wahr
der HERR lebt und so wahr du lebst: es ist
nur ein Schritt zwischen mir und dem
Tode!
4 Jonatan sprach zu David: Ich will für
dich tun, was dein Herz begehrt.
5 David sprach zu Jonatan: Siehe, morgen
ist Neumond; da sollte ich mit dem König
zu Tisch sitzen; aber laß mich, daß ich
mich auf dem Felde verberge bis zum
Abend des dritten Tages.
6 Wird dein Vater nach mir fragen, so
sprich: David bat mich, daß er nach Bethlehem, seiner Stadt, gehen dürfe; denn
dort ist das jährliche Opferfest für das
ganze Geschlecht.
7 Wird er sagen: Es ist recht, so steht es
gut um deinen Knecht; wird er aber
ergrimmen, so wirst du merken, daß Böses
bei ihm beschlossen ist.
8 So tu nun Barmherzigkeit an deinem
Knecht, denn [a] du hast mit deinem Knecht
einen Bund im HERRN geschlossen. Liegt
aber eine Schuld auf mir, so töte du mich;
warum willst du mich zu deinem Vater
bringen? *a* Kap 18,3
9 Jonatan sprach: Das sei ferne von dir,
daß ich es dir nicht sagen sollte, wenn ich

merke, daß bei meinem Vater beschlos-
sen ist, Böses über dich zu bringen.
10 David aber sprach zu Jonatan: Wer wird
mir's sagen, wenn dir dein Vater etwas
Hartes antwortet?
11 Jonatan sprach zu David: Komm, laß
uns hinaus aufs Feld gehen! Und sie gin-
gen beide hinaus aufs Feld.
12 Und Jonatan sprach zu David: Bei dem
HERRN, dem Gott Israels: wenn ich mei-
nen Vater ausforsche morgen und am drit-
ten Tage, daß es gut steht mit David, und
wenn ich dann nicht hinsende zu dir und
es dir nicht kundtue,
13 so tue der HERR dem Jonatan dies und
das. Wenn aber mein Vater Böses gegen
dich sinnt, so will ich es dir auch kundtun
und dich ziehen lassen, daß du mit Frie-
den weggehen kannst. Und der HERR sei
mit dir, wie er mit meinem Vater gewesen
ist.
14 Du aber wollest die Barmherzigkeit des
HERRN an mir tun, solange ich lebe, und
wenn ich sterbe,
15 so nimm die Barmherzigkeit niemals
fort von meinem Hause. Und wenn der
HERR die Feinde Davids ausrotten wird,
Mann für Mann, aus dem Lande,
16 so möge der Name Jonatans nicht
ausgelöscht werden neben dem Hause
Davids! Vielmehr möge der HERR Rache
nehmen nur an den Feinden Davids!
17 Und Jonatan ließ nun auch David
schwören bei seiner Liebe zu ihm; denn
er hatte ihn so lieb wie sein eigenes Herz.
18 ¶ Und Jonatan sprach zu ihm: Morgen
ist Neumond; da wird man dich vermis-
sen, wenn dein Platz leer bleibt.
19 Am dritten Tage wirst du erst recht ver-
mißt werden. Du aber komm an den Ort,
wo du dich verborgen hattest am Tage
jener Tat, und setze dich dort neben den
Steinhaufen.
20 So will ich nach seiner Seite drei Pfeile
schießen, als ob ich nach dem Ziele
schösse.
21 Und ich will den Knaben hinschicken:
Geh, suche die Pfeile! Werde ich zum
Knaben sagen: Siehe, die Pfeile liegen her-
wärts von dir, hole sie!, so komm; denn es
steht gut um dich und hat keine Gefahr, so
wahr der HERR lebt.
22 Sage ich aber zum Knaben: Siehe, die
Pfeile liegen hinwärts von dir!, so geh hin;
denn der HERR befiehlt dir fortzugehen.
23 Für das Wort aber, das du und ich mit-
einander geredet haben: siehe, dafür steht
der HERR zwischen mir und dir ewiglich.

Sauls Zorn gegen Jonatan um Davids willen

24 David verbarg sich auf dem Felde. Und
als der Neumond kam, setzte sich der
König zu Tisch, um zu essen.
25 Und der König saß an seinem Platz,
wie er gewohnt war, an der Wand, und
Jonatan saß gegenüber; Abner aber setzte
sich an die Seite Sauls. Davids Platz aber
war leer.
26 Und Saul sagte an diesem Tage nichts;
denn er dachte: Es ist ihm etwas widerfah-
ren, so daß er [a] nicht rein ist. a 3.Mose 15,16
27 Am andern Tage aber nach dem Neu-
mond, als Davids Platz leer blieb, sprach
Saul zu seinem Sohn Jonatan: Warum ist
der Sohn Isais nicht zu Tisch gekommen,
weder gestern noch heute?
28 Jonatan antwortete Saul: Er bat mich
sehr, daß er nach Bethlehem gehen dürfe,
29 und sprach: Laß mich hingehen, denn
unser Geschlecht hat zu opfern in der
Stadt, und mein Bruder hat mir's selbst
geboten. Hab ich nun Gnade vor deinen
Augen gefunden, so laß mich hingehen
und meine Brüder sehen. Darum ist er
nicht zum Tisch des Königs gekommen.
30 Da entbrannte der Zorn Sauls über
Jonatan, und er sprach zu ihm: Du Sohn
einer ehrlosen Mutter! Ich weiß sehr wohl,
daß du den Sohn Isais erkoren hast, dir
und deiner Mutter, die dich geboren hat,
zur Schande!
31 Denn solange der Sohn Isais lebt auf
Erden, wirst du und auch dein Königtum
nicht bestehen. So sende nun hin und laß
ihn herholen zu mir, denn er ist ein Kind
des Todes.
32 Jonatan antwortete seinem Vater Saul
und sprach zu ihm: Warum soll er ster-
ben? Was hat er getan?
33 Da [a] zückte Saul den Spieß nach ihm,
um ihn zu durchbohren. Da merkte Jona-
tan, daß es bei seinem Vater fest beschlos-
sen war, David zu töten, a Kap 18,11
34 und stand vom Tisch auf in grimmigem
Zorn und aß am zweiten Tage nach dem
Neumond nichts; denn er war bekümmert
um David, und daß ihm sein Vater sol-
chen Schimpf antat.

Davids Abschied von Jonatan

35 Am Morgen ging Jonatan hinaus aufs
Feld, wohin er David bestellt hatte, und
ein Knabe mit ihm.
36 Und er sprach zu dem Knaben: Lauf
und suche mir die Pfeile, die ich schieße!
Und als der Knabe lief, schoß er einen
Pfeil über ihn hin.
37 Und als der Knabe an den Ort kam,
wohin Jonatan den Pfeil geschossen hatte,
rief ihm Jonatan nach und sprach: Der
Pfeil liegt hinwärts von dir.
38 Und Jonatan rief abermals dem Kna-
ben nach: Rasch, eile und halte dich nicht
auf! Da las der Knabe Jonatans Pfeil auf
und brachte ihn zu seinem Herrn.
39 Der Knabe aber merkte nichts; nur
Jonatan und David wußten um die Sache.
40 Da gab Jonatan seine Waffen dem Kna-
ben, den er bei sich hatte, und sprach zu
ihm: Geh und trage sie in die Stadt.
41 Und als der Knabe weggegangen war,
stand David auf hinter dem Steinhaufen
und fiel auf sein Antlitz zur Erde und
beugte sich dreimal nieder, und sie küßten
einander und weinten miteinander, David
aber am allermeisten.
42 Und Jonatan sprach zu David: Geh hin
mit Frieden! Für das, was wir beide
geschworen haben im Namen des HERRN,
dafür stehe der HERR zwischen mir und
dir, zwischen meinen Nachkommen und
deinen Nachkommen in Ewigkeit.
21 ¶*Und David machte sich auf und
ging seines Weges; Jonatan aber ging
in die Stadt.

* Abweichende Verszählung statt 21,1-16: 20,43–21,15.

David bei den Priestern von Nob

2 Und als David nach [a]Nob kam zum
Priester Ahimelech, entsetzte sich Ahime-
lech, als er David entgegenging, und
sprach zu ihm: Warum kommst du allein
und ist kein Mann mit dir? [a] Kap 22,9.19
3 David sprach zu dem Priester Ahime-
lech: Der König hat mir eine Sache befoh-
len und sprach zu mir: Niemand darf auch
nur das Geringste von der Sache wissen,
in der ich dich gesandt habe und die ich
dir befohlen habe. Darum hab ich meine
Leute an den und den Ort beschieden.
4 Hast du nun etwas bei der Hand, etwa
fünf Brote, oder was sonst vorhanden ist,
das gib mir in meine Hand.
5 Der Priester antwortete David: Ich habe
kein gewöhnliches Brot bei der Hand, son-
dern nur [a]heiliges Brot; nur müssen die
Leute sich [b]der Frauen enthalten haben.
[a] 3.Mose 24,5-9 [b] 2.Mose 19,15
6 David antwortete dem Priester: Sicher,
Frauen waren uns schon etliche Tage ver-
wehrt. Als ich auszog, war der Leib der
Leute nicht unrein, obgleich es nur um
ein gewöhnliches Vorhaben ging; um wie-
viel mehr werden sie heute am Leibe rein
sein.
7 Da [a]gab ihm der Priester von dem heili-
gen Brot, weil kein anderes da war als die
Schaubrote, die man vor dem HERRN nur
hinwegnimmt, um frisches Brot aufzule-
gen an dem Tage, an dem man das andere
wegnimmt. [a] Mt 12,3.4
8 ¶Es war aber am selben Tage ein Mann
von den Großen Sauls dort [a]eingeschlos-
sen vor dem HERRN mit Namen [b]Doëg,
ein Edomiter, der über die Hirten Sauls
gesetzt war. [a] 2.Mose 21,13; 3.Mose 13,4.31
[b] Kap 22,9.18
9 Und David sprach zu Ahimelech: Ist
nicht hier bei dir ein Spieß oder ein
Schwert? Ich habe mein Schwert und
meine Waffen nicht mit mir genommen,
denn die Sache des Königs war eilig.
10 Der Priester sprach: [a]Das Schwert des
Philisters Goliat, den du im Eichgrund
erschlagen hast, das ist hier, in einen Man-
tel gewickelt, hinter dem [b]Efod. Willst du
das, so nimm es, denn es ist kein anderes
hier als dies. David sprach: Seinesgleichen
gibt es nicht; gib mir's!
[a] Kap 17,50.51 [b] Ri 8,27

David flieht zum König Achisch von Gat

11 Und David machte sich auf und floh an
jenem Tage vor Saul und kam zu Achisch,
dem König von [a]Gat. [a] Ps 56,1
12 Aber die Großen des Achisch sprachen
zu ihm: Ist das nicht David, der König des
Landes, von dem sie im Reigen sangen:
[a]Saul schlug tausend, David aber zehntau-
send? [a] Kap 18,7
13 Und David nahm sich die Worte zu
Herzen und fürchtete sich sehr vor
Achisch, dem König von Gat.
14 Und er [a]stellte sich wahnsinnig vor
ihren Augen und tobte unter ihren Hän-
den und rannte gegen die Pforte des Tores
und ließ seinen Speichel in seinen Bart
fließen. [a] Ps 34,1

15 Da sprach Achisch zu seinen Großen: Ihr seht ja, daß der Mann wahnsinnig ist; warum habt ihr ihn zu mir gebracht?

16 Hab ich zu wenig Wahnsinnige, daß ihr diesen herbrachtet, bei mir zu toben? Sollte der in mein Haus kommen?

David wird Anführer einer Streifschar

22 David ging von da hinweg und [a]rettete sich in die Höhle [b]Adullam. Als das seine Brüder hörten und das ganze Haus seines Vaters, kamen sie zu ihm dahin.
a Ps 57,1 *b* Jos 15,35

2 Und [a]es sammelten sich bei ihm allerlei Männer, die in Not und Schulden und verbitterten Herzens waren, und er wurde ihr Oberster; und es waren bei ihm etwa vierhundert Mann.
a Ri 11,3

3 Und David ging von da nach Mizpe ins Land der [a]Moabiter und sprach zum König von Moab: Laß meinen Vater und meine Mutter bei euch bleiben, bis ich erfahre, was Gott mit mir tun wird.
a 2.Sam 8,2; Rut 1,1

4 Und er brachte sie vor den König von Moab, und sie blieben bei ihm, solange David auf der Bergfeste war.

5 Aber der Prophet Gad sprach zu David: Bleib nicht auf der Bergfeste, sondern geh hin [a]ins Land Juda. Da ging David weg und kam nach Jaar-Heret.
a Ps 63,1

Saul nimmt Rache an den Priestern von Nob

6 Und es kam vor Saul, daß David und die Männer, die bei ihm waren, von sich reden machten. Und Saul saß zu Gibea unter dem Tamariskenbaum auf der Höhe, den Spieß in der Hand, und alle seine Großen standen um ihn.

7 Da sprach Saul zu seinen Großen, die um ihn standen: Hört, ihr Benjaminiter! Wird der Sohn Isais euch allen auch Äcker und Weinberge geben und euch alle zu Obersten über tausend und über hundert machen,

8 daß ihr euch alle verschworen habt gegen mich und daß niemand da ist, der es mir zu Ohren brächte, daß [a]mein Sohn sich mit dem Sohn Isais verbunden hat? Ist niemand unter euch, der sich um mich grämt und der es mir zu Ohren gebracht hätte, daß mein Sohn meinen Knecht gegen mich aufgereizt hat, daß er mir nachstellt, wie es jetzt am Tage ist?
a Kap 18,3

9 [a]Da antwortete Doëg, der Edomiter, der unter den Großen Sauls stand, und sprach: Ich sah den Sohn Isais, wie er nach Nob kam zu Ahimelech, dem Sohn Ahitubs.
a (9 und 10) Ps 52,2; Kap 21,1-10

10 Der befragte den HERRN für ihn und gab ihm Wegzehrung und das Schwert des Philisters Goliat.

11 Da sandte der König hin und ließ rufen den Priester Ahimelech, den Sohn Ahitubs, und das ganze Haus seines Vaters, die Priester, die zu Nob waren. Und sie kamen alle zum König.

12 Und Saul sprach: Höre, du Sohn Ahitubs! Er sprach: Hier bin ich, mein Herr.

13 Und Saul sprach zu ihm: Warum habt ihr euch verschworen gegen mich, du und der Sohn Isais, daß du ihm Brot und ein Schwert gegeben und Gott für ihn befragt hast, damit er sich gegen mich empöre und mir nachstelle, wie es jetzt am Tage ist?

14 Ahimelech antwortete dem König und sprach: Wer ist unter allen deinen Knechten so treu wie David, dazu [a]des Königs Schwiegersohn und der Oberste deiner Leibwache und geehrt in deinem Hause?
a Kap 18,22.27

15 Hab ich denn heute erst angefangen, Gott für ihn zu befragen? Das sei ferne von mir! Der König lege solches seinem Knecht nicht zur Last noch meines Vaters ganzem Hause; denn dein Knecht hat von alledem nichts gewußt, weder Kleines noch Großes.

16 Aber der König sprach: Ahimelech, du mußt des Todes sterben, du und deines Vaters ganzes Haus!

17 Und der König sprach zu seiner Leibwache, die um ihn stand: Tretet heran und tötet die Priester des HERRN; denn ihre Hand ist mit David, und obwohl sie wußten, daß er auf der Flucht war, haben sie mir's nicht zu Ohren gebracht! Aber die Männer des Königs wollten ihre Hände nicht an die Priester des HERRN legen, sie zu erschlagen.

18 Da sprach der König zu Doëg: Tritt du heran und erschlage die Priester! Doëg, der Edomiter, trat heran und erschlug die Priester, daß an diesem Tage starben fünf-

undachtzig Männer, die den leinenen Priesterschurz trugen.

19 Auch [a]Nob, die Stadt der Priester, schlug er mit der Schärfe des Schwerts, Mann und Frau, Kinder und Säuglinge, Rinder und Esel und Schafe, mit der Schärfe des Schwerts. *a* Kap 21,2

20 ¶ Es entrann aber **ein** Sohn Ahimelechs, des Sohnes Ahitubs, der hieß [a]Abjatar, und floh zu David *a* Kap 23,6; Mk 2,26

21 und verkündete ihm, daß Saul die Priester des HERRN getötet habe.

22 David aber sprach zu Abjatar: Ich wußte es schon an dem Tage, als der Edomiter [a]Doëg dort war, daß er's Saul verraten werde. Ich bin schuldig am Leben aller aus deines Vaters Haus. *a* Vers 9

23 Bleibe bei mir und fürchte dich nicht. Denn der, der mir nach dem Leben trachtet, der trachtet auch dir nach dem Leben; du bist bei mir in Sicherheit.[a] *a* 1.Kön 2,26.27

David in Keïla

23 Und es wurde David angesagt: Siehe, die Philister kämpfen gegen [a]Keïla und berauben die Tennen. *a* Jos 15,44

2 Da befragte David den HERRN und sprach: Soll ich hinziehen und diese Philister schlagen? Und der HERR sprach zu David: Zieh hin, du wirst die Philister schlagen und Keïla erretten!

3 Aber die Männer bei David sprachen zu ihm: Siehe, wir fürchten uns schon hier in Juda und wollen nun hinziehen nach Keïla gegen das Heer der Philister?

4 Da befragte David wieder den HERRN, und der HERR antwortete ihm: Auf, zieh hin nach Keïla, denn ich will die Philister in deine Hände geben!

5 So zog David mit seinen Männern nach Keïla und kämpfte gegen die Philister und trieb ihnen ihr Vieh weg und schlug sie hart. So errettete David die Leute von Keïla.

6 ¶ Als aber [a]Abjatar, der Sohn Ahimelechs, zu David geflohen war, zog er mit herab nach Keïla und brachte den [b]Efod mit. *a* Kap 22,20 *b* Ri 8,27

7 Da wurde Saul angesagt, daß David nach Keïla gekommen sei, und Saul dachte: Gott hat ihn in meine Hände gegeben, denn er ist eingeschlossen, nun er in eine Stadt mit Toren und Riegeln gekommen ist.

8 Und Saul ließ das ganze Kriegsvolk aufrufen, zum Kampf hinabzuziehen nach Keïla, damit sie David und seine Männer belagerten.

9 Als aber David merkte, daß Saul Böses gegen ihn im Sinne hatte, sprach er zu dem Priester Abjatar: [a]Bringe den Efod her! *a* Kap 30,7.8

10 Und David sprach: HERR, Gott Israels, dein Knecht hat gehört, daß Saul danach trachtet, nach Keïla zu ziehen, um die Stadt zu verderben um meinetwillen.

11 Werden mich die Bürger von Keïla übergeben in seine Hände? Und wird Saul herabkommen, wie dein Knecht gehört hat? Das verkünde, HERR, Gott Israels, deinem Knecht! Und der HERR sprach: Er wird herabkommen.

12 David fragte weiter: Werden die Bürger von Keïla mich und meine Männer übergeben in die Hände Sauls? Der HERR sprach: Ja.

13 Da machte sich David auf samt seinen Männern, etwa sechshundert, und sie zogen fort von Keïla und streiften da und dort umher. Als nun Saul angesagt wurde, daß David aus Keïla entronnen war, stand er ab von seinem Zuge.

David in der Wüste Sif

14 David aber blieb in der Wüste, auf den Bergfesten; und zwar blieb er im Gebirge, in der Wüste Sif. Und Saul suchte ihn die ganze Zeit; aber Gott gab ihn nicht in seine Hände.

15 Und als David sah, daß Saul ausgezogen war, um ihm nach dem Leben zu trachten, blieb er in der Wüste Sif in Horescha.

16 Da machte sich Jonatan, Sauls Sohn, auf und ging hin zu David nach Horescha und stärkte sein Vertrauen auf Gott

17 und sprach zu ihm: Fürchte dich nicht! [a]Sauls, meines Vaters, Hand wird dich nicht erreichen, und [b]du wirst König werden über Israel, und ich werde der Zweite nach dir sein; auch mein Vater weiß das sehr wohl. *a* Kap 20,30.31 *b* Kap 24,21

18 Und sie schlossen beide [a]einen Bund miteinander vor dem HERRN. David blieb in Horescha, aber Jonatan zog wieder heim. *a* Kap 18,3

19 ¶ Aber die [a]Sifiter zogen zu Saul hinauf nach Gibea und sprachen: David hält

sich bei uns verborgen auf den Bergfesten
in [a]Horescha in Gibea-Hachila, das südlich
liegt von Jeschimon. a Kap 26,1; Ps 54,2
20 Ist's nun, König, deines Herzens Ver-
langen hinabzukommen, so komm; wir
wollen ihn in des Königs Hände überge-
ben.
21 Da sprach Saul: Gesegnet seid ihr vom
HERRN, daß ihr euch meiner erbarmt habt!
22 So geht nun und gebt weiter acht, daß
ihr wißt und seht, an welchem Ort sein
Fuß weilt und wer ihn dort gesehen hat;
denn man hat mir gesagt, daß er sehr listig
ist.
23 Beobachtet und erkundet jeden ver-
steckten Ort, wo er sich verkriecht, und
kommt wieder zu mir, wenn ihr's gewiß
seid, so will ich mit euch ziehen. Ist er im
Lande, so will ich ihn aufspüren unter
allen Tausendschaften Judas.
24 Da machten sie sich auf und gingen vor
Saul her nach [a]Sif. David aber und seine
Männer waren in der Wüste Maon, in der
Steppe südlich von Jeschimon. a Jos 15,55
25 Als nun Saul hinzog mit seinen Män-
nern, David zu suchen, wurde es David
angesagt. Und er ging zu dem Felsen
hinab, der in der Wüste Maon ist. Als das
Saul hörte, jagte er David nach in die
Wüste Maon.
26 Und Saul ging auf der einen Seite eines
Berges, David mit seinen Männern auf der
andern Seite des Berges. David aber eilte,
Saul zu entgehen, während Saul samt sei-
nen Männern David und seine Männer
umstellte, um sie zu fangen.
27 Aber es kam ein Bote zu Saul und
sprach: Komm eilends, denn die Philister
sind ins Land eingefallen.
28 Da ließ Saul davon ab, David nachzuja-
gen, und zog hin, den Philistern entgegen.
Daher nennt man den Ort Sela-Machle-
kot*.

* d.h. vermutlich »Trennungsfelsen«.

David verschont Saul in der Höhle von En-Gedi

24 Und David zog von dort hinauf und
blieb in den Bergfesten bei [a]En-
Gedi. a Jos 15,62
2 Als nun Saul zurückkam von der Verfol-
gung der Philister, wurde ihm gesagt:
Siehe, David ist in der Wüste En-Gedi.
3 Und Saul nahm dreitausend auserlesene
Männer aus ganz Israel und zog hin, David
samt seinen Männern zu suchen, in Rich-
tung auf die Steinbockfelsen.
4 Und als er kam zu den Schafhürden am
Wege, war dort eine Höhle, und Saul ging
hinein, um seine Füße zu decken. [a]David
aber und seine Männer saßen hinten in
der Höhle. a Ps 142,1
5 Da sprachen die Männer Davids zu ihm:
Siehe, das ist der Tag, von dem der HERR
zu dir gesagt hat: Siehe, ich will deinen
Feind in deine Hände geben, daß du mit
ihm tust, was dir gefällt. Und David stand
auf und schnitt leise einen Zipfel vom
Rock Sauls.
6 Aber danach schlug ihm sein Herz, daß
er den Zipfel vom Rock Sauls abgeschnit-
ten hatte,
7 und er sprach zu seinen Männern: Das
lasse der HERR ferne von mir sein, daß ich
das tun sollte und [a]meine Hand legen an
meinen Herrn, den Gesalbten des HERRN;
denn er ist der Gesalbte des HERRN.
a 2.Sam 1,14
8 Und David wies seine Männer von sich
mit harten Worten und ließ sie sich nicht
an Saul vergreifen.
¶ Als aber Saul sich aufmachte aus der
Höhle und seines Weges ging,
9 machte sich auch David auf ihm nach
und ging aus der Höhle und rief Saul nach
und sprach: Mein Herr und König! Saul
sah sich um. Und David neigte sein Ant-
litz zur Erde und fiel nieder.
10 Und David sprach zu Saul: Warum
hörst du auf das Geschwätz der Men-
schen, die da sagen: David sucht dein
Unglück?
11 Siehe, heute haben deine Augen gese-
hen, daß dich der HERR in meine Hand
gegeben hat in der Höhle, und man hat
mir gesagt, daß ich dich töten sollte. Aber
ich habe dich verschont; denn ich dachte:
Ich will meine Hand nicht an meinen
Herrn legen; denn er ist der Gesalbte des
HERRN.
12 Mein Vater, sieh doch hier den Zipfel
deines Rocks in meiner Hand! Daß ich
den Zipfel von deinem Rock schnitt und
dich nicht tötete, daran erkenne und sieh,
daß meine Hände rein sind von Bosheit
und Empörung. Ich habe mich nicht an
dir versündigt; aber du jagst mir nach, um
mir das Leben zu nehmen.
13 Der HERR wird Richter sein zwischen

mir und dir und mich an dir rächen, aber
meine Hand soll dich nicht anrühren;[a]
a Röm 12,19; 1.Petr 2,23
14 wie man sagt nach dem alten Sprich-
wort: Von Bösen kommt Böses; aber
meine Hand soll dich nicht anrühren.
15 Wem zieht der König von Israel nach?
Wem jagst du nach? Einem toten Hund,
einem einzelnen Floh!
16 Der HERR sei Richter und richte zwi-
schen mir und dir und sehe darein und
führe meine Sache, daß er mir Recht
schaffe wider dich!
17 ¶Als nun David diese Worte zu Saul
geredet hatte, sprach Saul: Ist das nicht
deine Stimme, mein Sohn David? Und
Saul erhob seine Stimme und weinte
18 und sprach zu David: Du bist gerechter
als ich, du hast mir Gutes erwiesen; ich
aber habe dir Böses erwiesen.
19 Und du hast mir heute gezeigt, wie du
Gutes an mir getan hast, als mich der
HERR in deine Hände gegeben hatte und
du mich doch nicht getötet hast.
20 Wo ist jemand, der seinen Feind findet
und läßt ihn mit Frieden seinen Weg
gehen? Der HERR vergelte dir Gutes für
das, was du heute an mir getan hast!
21 Nun siehe, [a]ich weiß, daß du König
werden wirst und das Königtum über
Israel durch deine Hand Bestand haben
wird. *a* Kap 23,17
22 So schwöre mir nun bei dem HERRN,
daß du mein Geschlecht nach mir nicht
ausrotten und meinen Namen nicht austil-
gen wirst aus meines Vaters Hause.
23 Und David schwor es Saul. Da zog Saul
heim. David aber mit seinen Männern zog
hinauf auf die Bergfeste.

Samuels Tod

25 Und [a]Samuel starb, und ganz Israel
versammelte sich und hielt ihm die
Totenklage. Und sie begruben ihn in sei-
nem Hause zu Rama. *a* Kap 28,3

David und Abigajil

David aber machte sich auf und zog
hinab in die Wüste Maon.
2 ¶Und es war ein Mann in [a]Maon, der
hatte seine Tätigkeit in Karmel, und der
Mann hatte sehr großes Vermögen und
besaß dreitausend Schafe und tausend Zie-
gen. Und es begab sich, daß er eben seine
Schafe schor in Karmel. *a* Jos 15,55
3 Der Mann hieß Nabal, seine Frau aber
hieß Abigajil. Und sie war eine Frau von
Verstand und schön von Angesicht, der
Mann aber war roh und boshaft in seinem
Tun und war einer von Kaleb.
4 ¶Als nun David in der Wüste hörte,
daß Nabal seine Schafe schor,
5 sandte er zehn seiner Leute aus und
sprach zu ihnen: Geht hinauf nach Kar-
mel, und wenn ihr zu Nabal kommt, so
grüßt ihn freundlich in meinem Namen
6 und sprecht zu meinem Bruder: Friede
sei mit dir und deinem Hause und mit
allem, was du hast!
7 Ich habe gehört, daß du Schafschur hast.
Nun, deine Hirten sind mit uns zusam-
men gewesen; wir haben ihnen nichts
zuleide getan, und sie haben nichts
vermißt, solange sie in Karmel gewesen
sind.
8 Frage deine Leute danach, die werden's
dir sagen. Und laß meine Leute Gnade
finden vor deinen Augen, denn wir sind
an einem Festtag gekommen. Gib deinen
Knechten und deinem Sohn David, was
du zur Hand hast.
9 Und als die Leute Davids hingekommen
waren und in Davids Namen alle diese
Worte mit Nabal geredet hatten und ruhig
warteten,
10 antwortete Nabal den Knechten Davids:
Wer ist David? Und wer ist der Sohn Isais?
Es gibt jetzt viele Knechte, die ihren Her-
ren davongelaufen sind.
11 Sollte ich mein Brot und mein Wasser
nehmen und mein Fleisch, das ich für
meine Scherer geschlachtet habe, und
Leuten geben, von denen ich nicht weiß,
wo sie her sind?
12 Da wandten sich die Leute Davids um
und gingen ihres Weges. Und als sie zu
ihm zurückkamen, sagten sie ihm das
alles.
13 Da sprach David zu seinen Männern:
Gürte sich ein jeder sein Schwert um! Und
jeder gürtete sich sein Schwert um, und
auch David gürtete sich sein Schwert um,
und etwa vierhundert Mann zogen ihm
nach, aber zweihundert blieben bei dem
Troß.
14 ¶Aber der Abigajil, Nabals Frau, sagte
es einer von den Leuten und sprach:
Siehe, David hat Boten gesandt aus der

Wüste, unsern Herrn zu grüßen, er aber hat sie angeschrien.

15 Aber die Männer sind uns doch sehr nützlich gewesen und haben uns nichts zuleide getan, und wir haben nichts vermißt, solange wir mit ihnen umherzogen, wenn wir auf dem Felde waren,

16 sondern sie sind wie Mauern um uns gewesen Tag und Nacht, solange wir die Schafe in ihrer Nähe gehütet haben.

17 So bedenke nun und sieh zu, was du tust; denn es ist gewiß ein Unheil beschlossen über unsern Herrn und über sein ganzes Haus. Er aber ist ein heilloser Mensch, dem niemand etwas zu sagen wagt.

18 ¶Da eilte Abigajil und nahm zweihundert Brote und zwei Krüge Wein und fünf zubereitete Schafe und fünf Maß Röstkorn und hundert Rosinenkuchen und zweihundert Feigenkuchen und lud alles auf Esel

19 und sprach zu ihren Leuten: Geht vor mir her; siehe, ich will sogleich hinter euch her kommen. Und sie sagte ihrem Mann Nabal nichts davon.

20 Und als sie auf dem Esel ritt und hinabzog im Schutz des Berges, siehe, da kam David mit seinen Männern ihr entgegen, so daß sie auf sie stieß.

21 David aber hatte gedacht: Nun hab ich alles umsonst behütet, was der da in der Wüste hat, so daß nichts vermißt wurde von allem, was er hat; und er vergilt mir Gutes mit Bösem!

22 Gott tue David dies und noch mehr, wenn ich ihm bis zum lichten Morgen **einen** übriglasse, der männlich ist, von allem, was er hat.

23 Als nun Abigajil David sah, stieg sie eilends vom Esel und fiel vor David nieder und beugte sich zur Erde

24 und fiel ihm zu Füßen und sprach: Ach, mein Herr, auf mich allein falle die Schuld! Laß deine Magd reden vor deinen Ohren und höre die Worte deiner Magd!

25 Mein Herr errege sich nicht über Nabal, diesen heillosen Menschen; denn wie sein Name, so ist er: er heißt »Tor«, und Torheit ist bei ihm. Ich aber, deine Magd, habe die Leute meines Herrn nicht gesehen, die du gesandt hast.

26 Nun aber, mein Herr, so wahr der HERR lebt und so wahr du selbst lebst: der HERR hat dich davor bewahrt, in Blutschuld zu geraten und dir mit eigener Hand zu helfen. So sollen deine Feinde und alle, die meinem Herrn übelwollen, wie Nabal werden!

27 Hier ist die Segensgabe, die deine Magd meinem Herrn gebracht hat; das soll den Leuten gegeben werden, die meinem Herrn folgen.

28 Vergib deiner Magd die Anmaßung! Der HERR wird meinem Herrn ein [a]beständiges Haus bauen, denn du führst des HERRN Kriege. Es möge nichts Böses an dir gefunden werden dein Leben lang.

a 2.Sam 7,16

29 Und wenn sich ein Mensch erheben wird, dich zu verfolgen und dir nach dem Leben zu trachten, so soll das Leben meines Herrn eingebunden sein im [a]Bündlein der Lebendigen bei dem HERRN, deinem Gott, aber das Leben deiner Feinde soll er fortschleudern mit der Schleuder. *a* Ps 69,29

30 Wenn dann der HERR meinem Herrn all das Gute tun wird, was er dir zugesagt hat, und dich zum [a]Fürsten bestellt hat über Israel, *a* 2.Sam 5,2

31 so wird das Herz meines Herrn frei sein von dem Anstoß und Ärgernis, daß du unschuldiges Blut vergossen und dir selber geholfen habest. Und wenn der HERR meinem Herrn wohltun wird, so wollest du an deine Magd denken.

32 Da sprach David zu Abigajil: Gelobt sei der HERR, der Gott Israels, der dich heute mir entgegengesandt hat,

33 und gesegnet sei deine Klugheit, und gesegnet seist du, daß du mich heute davon zurückgehalten hast, in Blutschuld zu geraten und mir mit eigener Hand zu helfen.

34 Wahrlich, so wahr der HERR, der Gott Israels, lebt, der mich davor bewahrt hat, übel an dir zu tun: wärest du nicht eilends mir begegnet, so wäre dem Nabal bis zum lichten Morgen nicht **einer**, der männlich ist, übriggeblieben.

35 Also nahm David aus ihrer Hand, was sie ihm gebracht hatte, und sprach zu ihr: Zieh mit Frieden hinauf in dein Haus; sieh, ich habe auf deine Stimme gehört und dein Antlitz wieder erhoben.

36 ¶Als aber Abigajil zu Nabal kam, siehe, da hatte er ein Mahl zubereitet in seinem Hause wie eines Königs Mahl, und sein Herz war guter Dinge, und er war sehr

betrunken. Sie aber sagte ihm nichts,
weder wenig noch viel, bis an den lichten
Morgen.
37 Als es aber Morgen geworden und die
Betrunkenheit von Nabal gewichen war,
sagte ihm seine Frau alles. Da erstarb sein
Herz in seinem Leibe, und er ward wie ein
Stein.
38 Und nach zehn Tagen schlug der HERR
den Nabal, daß er starb.
39 Als David hörte, daß Nabal tot war,
sprach er: Gelobt sei der HERR, der meine
Schmach gerächt hat an Nabal und seinen
Knecht abgehalten hat von einer bösen
Tat! Der HERR hat dem Nabal seine böse
Tat auf seinen Kopf vergolten.
¶ Und David sandte hin und ließ Abigajil
sagen, daß er sie zur Frau nehmen wolle.
40 Und als die Knechte Davids zu Abigajil
nach Karmel kamen, redeten sie mit ihr
und sprachen: David hat uns zu dir
gesandt, daß er dich zur Frau nehme.
41 Sie stand auf und fiel nieder auf ihr
Angesicht zur Erde und sprach: Siehe,
deine Magd ist bereit, den Knechten
meines Herrn zu dienen und ihre Füße zu
waschen.
42 Und [a]Abigajil machte sich eilends auf
und setzte sich auf einen Esel, und ihre
fünf Mägde gingen hinter ihr her. Und sie
zog den Boten Davids nach und wurde
seine Frau. *a* Kap 27,3; 30,5; 2.Sam 3,3
43 ¶ Auch hatte David Ahinoam von Jes-
reel zur Frau genommen; sie wurden
beide seine Frauen.
44 Saul aber hatte seine Tochter Michal,
Davids Frau, [a]Palti, dem Sohn des Lajisch
aus Gallim, gegeben. *a* 2.Sam 3,14.15

David verschont Saul zum zweitenmal

26 Die Leute von Sif aber kamen zu
Saul nach Gibea und sprachen:
David hält sich verborgen auf dem Hügel
Hachila, der Jeschimon gegenüberliegt.[a]
a Kap 23,19–24,23; Ps 54,2
2 Da machte sich Saul auf und zog hinab
zur Wüste Sif und mit ihm dreitausend
auserlesene Männer aus Israel, um David
in der Wüste Sif zu suchen.
3 Und Saul lagerte sich auf dem Hügel
Hachila, der Jeschimon gegenüberliegt
am Wege. David aber hielt sich in der
Wüste auf. Und als er merkte, daß Saul
ihm nachkam in die Wüste,
4 sandte er Kundschafter aus und erfuhr,
daß Saul gewiß gekommen sei.
5 Und David machte sich auf und kam an
den Ort, wo Saul sein Lager hielt, und sah
die Stätte, wo Saul lag mit seinem Feld-
hauptmann [a]Abner, dem Sohn Ners. Saul
aber lag im innersten Lagerring und das
Kriegsvolk um ihn her. *a* Kap 14,50
6 Da hob David an und sprach zu Ahime-
lech, dem Hetiter, und zu Abischai, dem
Sohn der Zeruja, dem Bruder Joabs: Wer
will mit mir hinab zu Saul ins Lager? Abi-
schai sprach: Ich will mit dir hinab.
7 So kam David mit Abischai in der Nacht
zum Lager. Und siehe, Saul lag und schlief
im innersten Lagerring, und sein Spieß
steckte in der Erde zu seinen Häupten.
Abner aber und das Volk lagen um ihn
her.
8 Da sprach Abischai zu David: Gott hat
deinen Feind heute in deine Hand gege-
ben; [a]so will ich ihn nun mit seinem Speer
an den Boden spießen mit einem Mal, daß
es keines zweiten mehr bedarf.
a 2.Sam 16,9
9 David aber sprach zu Abischai: Tu ihm
nichts zuleide; denn wer könnte die Hand
an den Gesalbten des HERRN legen und
ungestraft bleiben?
10 Weiter sprach David: So wahr der HERR
lebt: [a]der HERR wird ihn schlagen, wenn
seine Zeit kommt, daß er sterbe, oder er
wird in den Krieg ziehen und umkommen.
a Kap 24,13
11 Von mir lasse der HERR fern sein, daß
ich meine Hand sollte an den Gesalbten
des HERRN legen. Nimm nun den Spieß
zu seinen Häupten und den Wasserkrug
und laß uns gehen.
12 So nahm David den Spieß und den
Wasserkrug zu Häupten Sauls, und sie gin-
gen weg, und es war niemand, der es sah
oder merkte oder der erwachte, sondern
sie schliefen alle; denn es war ein [a]tiefer
Schlaf vom HERRN auf sie gefallen.
a 1.Mose 15,12
13 ¶ Als nun David auf die andere Seite
hinübergekommen war, stellte er sich auf
den Gipfel des Berges von ferne, so daß
ein weiter Raum zwischen ihnen war.
14 Und David rief zum Kriegsvolk und zu
Abner, dem Sohn Ners, und sprach: Ant-
wortest du nicht, Abner? Und Abner ant-
wortete: Wer bist du, daß du so schreist
zum König hin?

15 Und David sprach zu Abner: Bist du
nicht ein Mann? Und wer ist dir gleich in
Israel? Warum hast du denn deinen Herrn,
den König, nicht bewacht? Denn es ist
einer vom Volk hineingekommen, deinen
Herrn, den König, umzubringen.
16 Das war nicht recht, was du getan hast.
So wahr der HERR lebt: ihr seid Kinder
des Todes, weil ihr euren Herrn, den
Gesalbten des HERRN, nicht bewacht habt!
Nun sieh doch nach, wo der Spieß des
Königs ist und der Wasserkrug, der zu sei-
nen Häupten war.
17 Da erkannte Saul die Stimme Davids
und sprach: Ist das nicht deine Stimme,
mein Sohn David? David sprach: Es ist
meine Stimme, mein Herr und König.
18 Und sprach weiter: Warum verfolgt
denn mein Herr seinen Knecht? Was hab
ich getan? Und was ist Böses in meiner
Hand?
19 So höre doch nun mein Herr, der
König, die Worte seines Knechts: Reizt
dich der HERR gegen mich, so lasse man
ihn [a]ein Speisopfer riechen; tun's aber
Menschen, so seien sie verflucht vor dem
HERRN, weil sie mich heute verstoßen und
nicht an dem [b]Erbteil des HERRN teilha-
ben lassen und sprechen: [c]Geh hin, diene
andern Göttern!

a 1.Mose 8,21 *b* 5.Mose 32,9 *c* 2.Kön 5,17

20 So fließe nun mein Blut nicht auf die
Erde fern vom Angesicht des HERRN!
Denn der König von Israel ist ja ausgezo-
gen, zu suchen einen einzelnen Floh, wie
man ein Rebhuhn jagt auf den Bergen.
21 Und Saul sprach: Ich habe gesündigt;
komm wieder, mein Sohn David, ich will
dir hinfort nichts Böses mehr tun, weil
mein Leben heute in deinen Augen teuer
gewesen ist. Siehe, ich habe töricht und
sehr unrecht getan.
22 David antwortete: Siehe, hier ist der
Spieß des Königs; es komme einer von
den jungen Leuten herüber und hole ihn.
23 Der HERR aber wird einem jeden seine
Gerechtigkeit und Treue vergelten. Denn
der HERR hat dich heute in meine Hand
gegeben, ich aber wollte meine Hand nicht
an den Gesalbten des HERRN legen.
24 Und siehe, wie heute dein Leben in
meinen Augen wertgeachtet gewesen ist,
so werde mein Leben wertgeachtet in den
Augen des HERRN, und er errette mich
aus aller Not!
25 Saul sprach zu David: Gesegnet seist
du, mein Sohn David; du wirst's ausfüh-
ren und vollenden. Und David zog seine
Straße; Saul aber kehrte zurück an seinen
Ort.

David bei den Philistern

27 David aber dachte in seinem Her-
zen: [a]Ich werde doch eines Tages
Saul in die Hände fallen; es gibt nichts
Besseres für mich, als daß ich entrinne ins
Philisterland. Dann wird Saul davon ablas-
sen, mich fernerhin zu suchen im ganzen
Gebiet Israels, und ich werde seinen Hän-
den entrinnen. *a* Kap 23,23
2 Und David machte sich auf und zog hin
mit den sechshundert Mann, die bei ihm
waren, zu [a]Achisch, dem Sohn Maochs,
dem König von Gat. *a* Kap 21,11-16
3 Und David blieb bei Achisch in Gat mit
seinen Männern, ein jeder mit seinem
Hause; David auch mit seinen [a]beiden
Frauen, Ahinoam, der Jesreeliterin, und
Abigajil, Nabals Frau, der Karmeliterin.
a Kap 25,40-43
4 Und als Saul angesagt wurde, daß David
nach Gat geflohen sei, suchte er ihn nicht
mehr.
5 ¶Und David sprach zu Achisch: Hab
ich Gnade vor deinen Augen gefunden, so
mag man mir einen Wohnort geben in
einer der Städte auf dem Lande, daß ich
darin wohne; warum soll dein Knecht in
der Königsstadt bei dir wohnen?
6 Da gab ihm Achisch an diesem Tage
[a]Ziklag. Daher gehört Ziklag den Königen
von Juda bis auf diesen Tag. *a* Jos 15,31
7 Die Zeit aber, die David im Philister-
lande wohnte, war ein Jahr und vier
Monate.
8 ¶David zog hinauf mit seinen Männern
und fiel ins Land der Geschuriter und Gir-
siter und Amalekiter ein; denn diese waren
von alters her die Bewohner des Landes
bis hin nach Schur und Ägyptenland.
9 Und sooft David in das Land einfiel, ließ
er weder Mann noch Frau leben und nahm
mit Schafe, Rinder, Esel, Kamele und Klei-
der und kehrte wieder zurück. Kam er
dann zu Achisch
10 und Achisch sprach: Wo seid ihr heute
eingefallen?, so sprach David: In das Süd-
land Judas, oder: In das Südland der
Jerachmeeliter, oder: In das Südland der
Keniter.

[11]David aber ließ weder Mann noch Frau
lebend nach Gat kommen; denn er dachte:
Sie könnten uns verraten. So tat David,
und das war seine Art, solange er im Phili-
sterland wohnte.
[12]Und Achisch glaubte David; denn er
dachte: Er hat sich in Verruf gebracht bei
seinem Volk Israel; darum wird er für
immer mein Knecht sein.

28 ¶ Und es begab sich zu der Zeit, daß
die Philister ihr Heer sammelten,
um in den Kampf zu ziehen gegen Israel.
Und Achisch sprach zu David: Du sollst
wissen, daß du und deine Männer mit mir
ausziehen sollen im Heer.
[2]David sprach zu Achisch: Wohlan, du
sollst erfahren, was dein Knecht tun wird.
Achisch sprach zu David: So will ich dich
zu meinem Leibwächter setzen für die
ganze Zeit.

Saul bei der Totenbeschwörerin in En-Dor

[3][a]Samuel aber war gestorben, und ganz
Israel hatte ihm die Totenklage gehalten
und ihn begraben in seiner Stadt Rama.
Und [b]Saul hatte die Geisterbeschwörer
und Zeichendeuter aus dem Lande ver-
trieben. *a* Kap 25,1 *b* 2.Mose 22,17
[4]¶ Als nun die Philister sich versammel-
ten und herankamen und sich lagerten bei
[a]Schunem, versammelte Saul auch ganz
Israel, und sie lagerten sich auf dem
Gebirge Gilboa. *a* Jos 19,18
[5]Als aber Saul das Heer der Philister sah,
fürchtete er sich, und sein Herz verzagte
sehr.
[6]Und er befragte den HERRN; aber der
HERR antwortete ihm nicht, weder durch
Träume noch durch das [a]Los »Licht« noch
durch Propheten. *a* Kap 14,41; 2.Mose 28,30
[7]Da sprach Saul zu seinen Getreuen:
Sucht mir eine Frau, die [a]Tote beschwö-
ren kann, daß ich zu ihr gehe und sie
befrage. Seine Männer sprachen zu ihm:
Siehe, in En-Dor ist eine Frau, die kann
Tote beschwören. *a* 3.Mose 19,31
[8]Und Saul machte sich unkenntlich und
zog andere Kleider an und ging hin und
zwei Männer mit ihm, und sie kamen bei
Nacht zu der Frau. Und Saul sprach:
Wahrsage mir, weil du Geister beschwö-
ren kannst, und hole mir herauf, wen ich
dir nenne.
[9]Die Frau sprach zu ihm: Siehe, du
weißt doch selbst, was Saul getan hat, wie
er die Geisterbeschwörer und Zeichen-
deuter ausgerottet hat im Lande; warum
willst du mir denn eine Falle stellen, daß
ich getötet werde?
[10]Saul aber schwor ihr bei dem HERRN
und sprach: So wahr der HERR lebt: es soll
dich in dieser Sache keine Schuld treffen.
[11]Da sprach die Frau: Wen soll ich dir
denn heraufholen? Er sprach: Hol mir
Samuel herauf!
[12]Als nun die Frau merkte, daß es um
Samuel ging, schrie sie laut und sprach zu
Saul: Warum hast du mich betrogen? Du
bist Saul.
[13]Und der König sprach zu ihr: Fürchte
dich nicht! Was siehst du? Die Frau
sprach zu Saul: Ich sehe einen Geist her-
aufsteigen aus der Erde.
[14]Er sprach: Wie ist er gestaltet? Sie
sprach: Es kommt ein alter Mann herauf
und ist bekleidet mit einem Priesterrock.
Da erkannte Saul, daß es Samuel war, und
neigte sich mit seinem Antlitz zur Erde
und fiel nieder.
[15]Samuel aber sprach zu Saul: Warum
hast du meine Ruhe gestört, daß du mich
heraufsteigen läßt? Saul sprach: Ich bin in
großer Bedrängnis, die Philister kämpfen
gegen mich, und Gott ist von mir gewi-
chen und antwortet mir nicht, weder durch
Propheten noch durch Träume; darum hab
ich dich rufen lassen, daß du mir kund-
tust, was ich tun soll.
[16]Samuel sprach: Warum willst du mich
befragen, da doch der HERR von dir gewi-
chen und dein Feind geworden ist?
[17]Der HERR hat dir getan, wie er durch
mich geredet hat, und hat [a]das Königtum
aus deiner Hand gerissen und David, dei-
nem Nächsten, gegeben. *a* Kap 15,28
[18]Weil du der Stimme des HERRN nicht
gehorcht und seinen grimmigen Zorn
nicht an [a]Amalek vollstreckt hast, darum
hat der HERR dir das jetzt getan.
a Kap 15,18.19; 2.Mose 17,14.16
[19]Dazu wird der HERR mit dir auch Israel
in die Hände der Philister geben. [a]Mor-
gen wirst du mit deinen Söhnen bei mir
sein. Auch wird der HERR das Heer Israels
in die Hände der Philister geben.
a Kap 31,6
[20]Da stürzte Saul zur Erde, so lang
er war, und geriet in große Furcht über
die Worte Samuels. Auch war keine

Kraft mehr in ihm; denn er hatte nichts
gegessen den ganzen Tag und die ganze
Nacht.
21 Und die Frau trat zu Saul und sah, daß
er sehr erschrocken war, und sprach zu
ihm: Siehe, deine Magd hat deiner Stimme
gehorcht, und ich habe mein Leben aufs
Spiel gesetzt, als ich die Worte hörte, die
du zu mir gesagt hast.
22 So gehorche du nun auch der Stimme
deiner Magd! Ich will dir einen Bissen Brot
vorsetzen, daß du ißt und zu Kräften
kommst und deine Straße gehen kannst.
23 Er aber weigerte sich und sprach: Ich
will nicht essen. Da nötigten ihn seine
Männer und die Frau, bis er auf sie hörte.
Und er stand auf von der Erde und setzte
sich aufs Bett.
24 Die Frau aber hatte im Haus ein gemä-
stetes Kalb; das schlachtete sie eilends und
nahm Mehl und knetete es und backte
[a] ungesäuertes Brot *a* 2.Mose 12,39
25 und setzte es Saul und seinen Männern
vor. Und als sie gegessen hatten, standen
sie auf und gingen fort noch in der Nacht.

David wird von den Philistern zurückgeschickt

29 Die Philister aber versammelten
ihr ganzes Heer bei [a]Afek, und Is-
rael lagerte sich an der Quelle bei [b]Jesreel.
a Kap 4,1; Jos 15,53 *b* Jos 15,56
2 Und die [a] Fürsten der Philister zogen
daher mit ihren Hundertschaften und Tau-
sendschaften. David aber und seine Män-
ner zogen hinterher mit Achisch.
a Jos 13,3
3 Da sprachen die Obersten der Philister:
Was sollen diese Hebräer? Achisch sprach
zu ihnen: Das ist David, der Knecht Sauls,
des Königs von Israel, [a] der nun bei mir
gewesen ist Jahr und Tag; ich habe nichts
an ihm gefunden seit der Zeit, da er abge-
allen ist, bis heute. *a* Kap 27,7
4 Aber die Obersten der Philister wurden
zornig auf ihn und sprachen zu ihm:
Schick den Mann zurück! Er soll an den
Ort zurückkehren, den du ihm angewie-
sen hast, damit er nicht mit uns hinziehe
zum Kampf und unser Widersacher werde
im Kampf. Denn womit könnte er seinem
Herrn einen größeren Gefallen tun als mit
den Köpfen unserer Männer?
5 Ist das denn nicht derselbe David, von
dem sie sangen im Reigen: [a] Saul hat tau-
send geschlagen, David aber zehntausend?
a Kap 18,7
6 Da rief Achisch David und sprach zu
ihm: So wahr der HERR lebt: ich halte dich
für redlich, und daß du mit mir aus- und
einzögest im Heer, gefiele mir gut, denn
ich habe nichts Arges an dir gespürt seit
der Zeit, da du zu mir gekommen bist, bis
heute; aber du gefällst den Fürsten nicht.
7 So kehre nun um und zieh hin mit Frie-
den, damit du nicht tust, was den Fürsten
der Philister nicht gefällt.
8 David aber sprach zu Achisch: Was hab
ich getan, und was hast du gespürt an dei-
nem Knecht seit der Zeit, da ich dir
gedient habe, bis heute, daß ich nicht mit-
ziehen darf und kämpfen gegen die Feinde
meines Herrn, des Königs?
9 Achisch antwortete David: Ich weiß es
wohl; denn [a] du bist mir lieb wie ein Engel
Gottes. Aber die Obersten der Philister
haben gesagt: Laß ihn nicht mit uns hin-
aufziehen in den Kampf! *a* 2.Sam 14,17
10 So mach dich nun früh am Morgen auf
mit den Knechten deines Herrn, die mit
dir gekommen sind; macht euch früh am
Morgen auf und zieht weg, sobald es Tag
ist.
11 Da machten sich David und seine Män-
ner früh am Morgen auf, um wegzuziehen
und ins Philisterland zurückzukehren. Die
Philister aber zogen hinauf nach Jesreel.

Davids Sieg über die Amalekiter

30 Als nun David mit seinen Männern
am dritten Tage nach [a] Ziklag kam,
waren die Amalekiter eingefallen ins Süd-
land und in Ziklag und hatten Ziklag ein-
genommen und mit Feuer verbrannt
a Kap 27,6
2 und hatten die Frauen und alles, was in
der Stadt war, klein und groß, gefangenge-
nommen. Sie hatten aber niemand getö-
tet, sondern sie weggeführt und waren
abgezogen.
3 Als nun David mit seinen Männern zur
Stadt kam und sah, daß sie mit Feuer ver-
brannt war und ihre Frauen, Söhne und
Töchter gefangen waren,
4 erhoben David und die Leute, die bei
ihm waren, ihre Stimme und weinten, bis
sie nicht mehr weinen konnten.
5 Auch die [a] beiden Frauen Davids waren

gefangengenommen worden: Ahinoam,
die Jesreeliterin, und Abigajil, Nabals, des
Karmeliters, Frau. *a* Kap 25,42.43
6 Und David geriet in große Bedrängnis,
weil die Leute ihn steinigen wollten; denn
die Seele des ganzen Volks war erbittert,
ein jeder wegen seiner Söhne und Töch-
ter.
¶ David aber stärkte sich in dem HERRN,
seinem Gott,
7 und sprach zu dem Priester Abjatar,
dem Sohn Ahimelechs: [a]Bringe mir den
Efod her! Und als Abjatar den Efod zu
David gebracht hatte, *a* Kap 23,9
8 befragte David den HERRN und sprach:
Soll ich dieser Schar nachjagen, und werde
ich sie einholen? Er sprach: Jage ihr nach!
Du wirst sie einholen und die Gefangenen
befreien.
9 Da zog David hin mit den sechshundert
Mann, die bei ihm waren. Und als sie an
den Bach Besor kamen, blieben etliche
zurück.
10 David aber und vierhundert Mann jag-
ten der Schar nach; die zweihundert Mann
aber, die zurückblieben, waren zu müde,
um über den Bach Besor zu gehen.
11 ¶ Und sie fanden einen Ägypter auf
dem Felde; den führten sie zu David und
gaben ihm Brot zu essen und Wasser zu
trinken
12 und gaben ihm ein Stück Feigenkuchen
und zwei Rosinenkuchen. Und als er
gegessen hatte, kam er wieder zu sich;
denn er hatte in drei Tagen und drei Näch-
ten nichts gegessen und kein Wasser
getrunken.
13 David sprach zu ihm: Zu wem gehörst
du? Und woher bist du? Er sprach: Ich bin
ein junger Ägypter, eines Amalekiters
Knecht, und mein Herr hat mich zurück-
gelassen; denn ich wurde vor drei Tagen
krank.
14 Wir sind eingefallen in das Südland der
[a]Kreter und in Juda und in das Südland
[b]Kalebs und haben Ziklag mit Feuer ver-
brannt. *a* 2.Sam 8,18 *b* Jos 14,13
15 David sprach zu ihm: Willst du mich
hinführen zu dieser Schar? Er sprach:
Schwöre mir bei Gott, daß du mich nicht
töten noch in meines Herrn Hand überge-
ben wirst, so will ich dich hinführen zu
dieser Schar.
16 Und er führte ihn hin. Und siehe, sie
hatten sich ausgebreitet über das ganze
Land, aßen und tranken und feierten ein
Fest wegen all der großen Beute, die sie
mitgenommen hatten aus dem Philister-
land und aus Juda.
17 Und David schlug sie vom Morgen bis
zum Abend des nächsten Tages, so daß
keiner von ihnen entrann außer vierhun-
dert jungen Männern; die stiegen auf die
Kamele und flohen.
18 So gewann David alles zurück, was die
Amalekiter genommen hatten, auch seine
beiden Frauen,
19 und es fehlte nichts, weder klein noch
groß, weder Söhne noch Töchter noch
Beute noch alles, was sie sich genommen
hatten; David brachte es alles zurück
20 und nahm die Schafe und Rinder, und
sie trieben das Vieh vor David her und
sprachen: Das ist Davids Beute.
21 ¶ Und als David zu den zweihundert
Männern kam, die zu müde gewesen
waren, um David zu folgen, und am Bach
Besor geblieben waren, gingen sie David
entgegen und den Leuten, die mit ihm
waren. Und David trat zu ihnen und grüßte
sie freundlich.
22 Da sprachen böse und heillose Leute
unter den Männern, die mit David gezo-
gen waren: Weil sie nicht mit uns gezogen
sind, soll man ihnen nichts geben von der
Beute, die wir zurückgewonnen haben;
sondern jeder nehme nur seine Frau und
seine Kinder mit sich und gehe seines
Weges.
23 Da sprach David: Ihr sollt nicht so tun,
meine Brüder, mit dem, was uns der HERR
gegeben hat; er hat uns behütet und diese
Schar, die über uns gekommen war, in
unsere Hände gegeben.
24 Wer sollte in dieser Sache auf euch
hören? [a]Wie der Anteil derjenigen, die in
den Kampf gezogen sind, so soll auch der
Anteil derjenigen sein, die beim Troß
geblieben sind; jeder soll den gleichen
Anteil haben. *a* 4.Mose 31,27
25 Und so blieb es weiterhin von diesem
Tag an; und er machte es zu Satzung und
Recht für Israel bis auf diesen Tag.
26 ¶ Und als David nach Ziklag kam,
sandte er von der Beute den Ältesten in
Juda, seinen Freunden, und ließ sagen: Da
habt ihr eine Segensgabe aus der Beute
der Feinde des HERRN, –
27 nämlich denen zu Betul, denen zu
Rama im Südland, denen zu Jattir,

28 denen zu Aroër, denen zu Sifmot,
denen zu Eschtemoa,
29 denen zu Karmel, denen in den Städten
der [a]Jerachmeeliter, denen in den Städten
der Keniter, *a* Kap 27,10
30 denen zu Horma, denen zu Bor-Aschan,
denen zu Atach,
31 denen zu Hebron und allen Orten, wo
David mit seinen Männern aus- und ein-
gegangen war.

Das Ende Sauls und seiner Söhne

(vgl. 1.Chr 10,1-12)

31 Die Philister aber kämpften gegen
Israel, und die Männer Israels flo-
hen vor den Philistern und blieben
erschlagen liegen auf dem Gebirge Gil-
boa.
2 Und die Philister waren hinter Saul und
seinen Söhnen her und erschlugen Jona-
tan und Abinadab und Malkischua, die
Söhne Sauls.
3 Und der Kampf tobte heftig um Saul,
und die Bogenschützen fanden ihn, und
er wurde schwer verwundet von den
Schützen.
4 Da sprach Saul zu seinem Waffenträger:
[a]Zieh dein Schwert und erstich mich
damit, daß nicht diese Unbeschnittenen
kommen und mich erstechen und treiben
ihren Spott mit mir. Aber sein Waffenträ-
ger wollte nicht, denn er fürchtete sich
sehr. Da nahm Saul das Schwert und
stürzte sich hinein. *a* Ri 9,54
5 Als nun sein Waffenträger sah, daß Saul
tot war, stürzte auch er sich in sein
Schwert und starb mit ihm.
6 So starben Saul und seine drei Söhne
und sein Waffenträger und alle seine Män-
ner miteinander an diesem Tage.
7 Als aber die Männer Israels, die jenseits
der Ebene und gegen den Jordan hin
wohnten, sahen, daß die Männer Israels
geflohen und Saul und seine Söhne tot
waren, verließen sie die Städte und flohen
auch. Da kamen die Philister und wohn-
ten darin.
8 ¶Am andern Tage kamen die Phili-
ster, um die Erschlagenen auszuplündern,
und fanden Saul und seine drei Söhne,
wie sie gefallen auf dem Gebirge Gilboa
lagen.
9 Da hieben sie ihm sein Haupt ab und
nahmen ihm seine Rüstung ab und sand-
ten sie im Philisterland umher, um es zu
verkünden im Hause ihrer Götzen und
unter dem Volk.
10 Und sie legten seine Rüstung in das
Haus der Astarte, aber [a]seinen Leichnam
hängten sie auf an der Mauer von Bet-
Schean. *a* 5.Mose 21,22.23
11 Als die Leute von [a]Jabesch in Gilead
hörten, was die Philister Saul angetan hat-
ten, *a* Kap 11,1-11
12 machten sich alle streitbaren Männer
auf und gingen die ganze Nacht hindurch
und nahmen die Leichname Sauls und sei-
ner Söhne von der Mauer zu Bet-Schean
und brachten sie nach Jabesch und salb-
ten sie dort.
13 Und sie nahmen ihre Gebeine und
begruben sie unter dem Tamariskenbaum
bei Jabesch und [a]fasteten sieben Tage.
a 2.Sam 1,12

DAS ZWEITE BUCH SAMUEL

Inhaltsübersicht

David läßt den Überbringer von Sauls Krone töten

1 Nach dem Tode Sauls, als David aus
der Schlacht mit den Amalekitern
zurückgekommen und zwei Tage in [a]Zi-
klag geblieben war, *a* 1.Sam 30,26
2 siehe, da kam am dritten Tage ein Mann
aus dem Heer von Saul mit zerrissenen
Kleidern und mit Erde auf seinem Haupt.
Und als er zu David kam, fiel er nieder zur
Erde und huldigte ihm.
3 David aber sprach zu ihm: Wo kommst
du her? Er sprach zu ihm: Aus dem Heer
Israels bin ich entronnen.
4 David sprach zu ihm: Sage mir, wie steht
es? Er sprach: Das Volk ist geflohen aus
der Schlacht, und es sind viele vom Volk
gefallen; dazu ist auch Saul tot und sein
Sohn Jonatan.
5 David sprach zu dem jungen Mann, der
ihm das sagte: Woher weißt du, daß Saul
und sein Sohn Jonatan tot sind?
6 Der junge Mann, der ihm das sagte,
sprach: Ich kam von ungefähr aufs [a]Ge-
birge Gilboa, und siehe, Saul lehnte sich
auf seinen Spieß, und die Wagen mit ihren
Kämpfern waren hart an ihm. *a* 1.Sam 31,1-3
7 Und er wandte sich um und sah mich
und rief mich. Und ich sprach: Hier bin
ich.
8 Und er sprach zu mir: Wer bist du? Ich
sprach zu ihm: Ich bin ein Amalekiter.
9 Und er sprach zu mir: Tritt her zu mir
und töte mich; denn mir wird schwarz vor
den Augen, aber mein Leben ist noch ganz
in mir.
10 Da trat ich zu ihm und tötete ihn, denn
ich wußte, daß er nicht leben könnte nach
seinem Fall; und ich nahm die Krone von
seinem Haupt und das Armgeschmeide
von seinem Arm und habe es hergebracht
zu dir, meinem Herrn.
11 Da faßte David seine Kleider und [a]zer-
riß sie, und ebenso taten alle Männer, die
bei ihm waren, *a* 1.Sam 4,12
12 und sie hielten Totenklage und weinten
und [a]fasteten bis zum Abend um Saul und
seinen Sohn Jonatan und um das Volk des
HERRN und um das Haus Israel, weil sie
durchs Schwert gefallen waren. *a* 1.Sam 31,13
13 Und David sprach zu dem jungen
Mann, der es ihm angesagt hatte: Wo bist
du her? Er sprach: Ich bin der Sohn eines
Fremdlings, eines Amalekiters.
14 David sprach zu ihm: Wie, du hast dich
nicht gefürchtet, [a]deine Hand zu erheben
gegen den Gesalbten des HERRN, um ihn
zu töten? *a* 1.Sam 24,7; 26,9
15 Und David rief einen seiner Leute und
sprach: Komm her und [a]schlag ihn nie-
der! Und er schlug ihn nieder, daß er
starb. *a* Kap 4,10.12
16 Und David sprach zu ihm: Dein Blut
komme auf dein Haupt; denn dein Mund
hat gegen dich selbst geredet, als du sag-
test: Ich habe den Gesalbten des HERRN
getötet.

Davids Klagelied über Saul und Jonatan

17 Und David sang dies Klagelied über
Saul und Jonatan, seinen Sohn,
18 und befahl, man solle die Leute von
Juda das [a]Bogenlied lehren. Siehe, es steht
geschrieben im [b]Buch des Redlichen:
a Vers 22 *b* Jos 10,13
19 Die Edelsten in Israel sind auf deinen
Höhen erschlagen. Wie sind die Helden
gefallen!
20 Sagt's nicht an in Gat, verkündet's nicht
auf den Gassen in Aschkelon, daß sich
nicht freuen die Töchter der Philister, daß
nicht frohlocken die Töchter der Unbe-
schnittenen.
21 Ihr Berge von Gilboa, es soll weder
tauen noch regnen auf euch, ihr trügeri-

schen Gefilde; denn daselbst ist der Hel-
den Schild verworfen, der Schild Sauls, als
sei er nicht gesalbt mit Öl.
22 Der Bogen Jonatans hat nie gefehlt, und
das Schwert Sauls ist nie leer zurückge-
kommen von dem Blut der Erschlagenen
und vom Mark der Helden.
23 Saul und Jonatan, geliebt und einander
zugetan, im Leben und im Tod nicht
geschieden; schneller waren sie als die
Adler und stärker als die Löwen.
24 Ihr Töchter Israel, weint über Saul,
der euch kleidete mit kostbarem Purpur
und euch schmückte mit goldenen Klein-
oden an euren Kleidern.
25 Wie sind die Helden gefallen im Streit!
Jonatan ist auf deinen Höhen erschlagen!
26 Es ist mir leid um dich, mein Bruder
Jonatan, ich habe große Freude und
Wonne an dir gehabt; deine Liebe ist mir
wundersamer gewesen, als Frauenliebe ist.
27 Wie sind die Helden gefallen und die
Streitbaren umgekommen.

David wird König über Juda, Isch-Boschet über Israel

2 Bald danach [a]befragte David den
HERRN und sprach: Soll ich hinauf in
eine der Städte Judas ziehen? Und der
HERR sprach zu ihm: Zieh hinauf! David
sprach: Wohin? Er sprach: Nach Heb-
ron. *a* 1.Sam 23,6.9; 30,7.8
2 So zog David dorthin mit seinen [a]bei
den Frauen, Ahinoam, der Jesreeliterin,
und mit Abigajil, der Frau Nabals, des
Karmeliters. *a* 1.Sam 25,42.43
3 Auch die Männer, die bei ihm waren,
führte David hinauf, einen jeden mit sei-
nem Hause, und sie wohnten in den Städ-
ten von Hebron.
4 Und die Männer Judas kamen und
[a]salbten dort David zum König über das
Haus Juda.
¶ Und als David angesagt wurde, daß [b]die
Männer von Jabesch in Gilead Saul begra-
ben hatten, *a* Kap 5,3; 1.Sam 16,13 *b* 1.Sam 31,11-13
5 sandte er Boten zu ihnen und ließ ihnen
sagen: Gesegnet seid ihr vom HERRN, weil
ihr solche Barmherzigkeit an Saul, eurem
Herrn, getan und ihn begraben habt.
6 So tue nun der HERR an euch Barmher-
zigkeit und Treue, und auch ich will euch
Gutes tun, weil ihr das getan habt.
7 Seid nun getrosten Mutes und wackere
Männer; denn Saul, euer Herr, ist tot, und
mich hat das Haus Juda über sich zum
König gesalbt.
8 ¶ [a]Abner aber, der Sohn Ners, der Sauls
Feldhauptmann war, nahm Isch-Boschet*,
Sauls Sohn, und führte ihn nach [b]Maha-
najim *a* 1.Sam 14,50 *b* 1.Mose 32,2.3

* Der Name lautet in 1.Chr 8,33; 9,39 Eschbaal, in 1.Sam 14,49 Jischwi.

9 und machte ihn zum König über Gilead,
Asser, Jesreel, Ephraim, Benjamin und
über ganz Israel.
10 Und Isch-Boschet, Sauls Sohn, war vier-
zig Jahre alt, als er König wurde über
Israel, und regierte zwei Jahre. Doch das
Haus Juda hielt es mit David.
11 Die Zeit aber, die David König war zu
Hebron über das Haus Juda, war sieben
Jahre und sechs Monate.

Bruderkrieg zwischen Israel und Juda

12 Und Abner, der Sohn Ners, zog aus mit
den Männern Isch-Boschets, des Sohnes
Sauls, von Mahanajim nach Gibeon,
13 und Joab, der Sohn der [a]Zeruja, zog
aus mit den Männern Davids. Und sie stie-
ßen aufeinander am Teich von [b]Gibeon
und lagerten sich, die einen auf dieser
Seite des Teiches, die andern auf jener.
a 1.Sam 26,6 *b* Jos 9,3.17
14 Und Abner sprach zu Joab: Laß die jun-
gen Männer sich aufmachen zum Kampf-
spiel vor uns! Joab sprach: Es sei!
15 Da machten sich auf und gingen hin
zwölf an der Zahl aus Benjamin auf der
Seite Isch-Boschets, des Sohnes Sauls, und
zwölf von den Männern Davids.
16 Und ein jeder ergriff den andern bei
dem Kopf und stieß ihm sein Schwert in
die Seite, und sie fielen miteinander.
Daher wird der Ort »Helkat-Hazzurim«*
genannt; er liegt bei Gibeon.

* d. h. »Feld der Felsen«, vermutlich verschrieben aus »Feld der Seiten«.

17 ¶ Und es erhob sich ein sehr harter
Kampf an diesem Tage. Abner aber und
die Männer von Israel wurden geschlagen
von den Männern Davids.
18 Es waren aber die [a]drei Söhne der
Zeruja dabei, Joab, Abischai und Asaël.
Asaël aber war schnellfüßig wie ein Reh
auf dem Felde *a* 1.Chr 2,16
19 und jagte Abner nach und wich nicht
von ihm weder zur Rechten noch zur Lin-
ken.

20 Da wandte sich Abner um und sprach: Bist du es, Asaël? Er sprach: Ja.

21 Abner sprach zu ihm: Wende dich zur Rechten oder zur Linken und mach dich an einen der Männer heran und nimm ihm seine Waffen. Aber Asaël wollte nicht von ihm ablassen.

22 Da sprach Abner noch einmal zu Asaël: Laß ab von mir! Warum willst du, daß ich dich zu Boden schlage? Wie dürfte ich dann mein Antlitz aufheben vor deinem Bruder Joab?

23 Aber er weigerte sich, von ihm abzulassen. Da [a]stieß ihn Abner mit dem Schaft des Spießes in den Leib, so daß der Spieß hinten herauskam; und er fiel hin und starb an eben der Stelle. Und wer an die Stelle kam, wo Asaël tot lag, der blieb stehen.

a Kap 3,27

24 Aber Joab und Abischai jagten Abner nach, bis die Sonne unterging. Und als sie auf den Hügel Amma kamen, der vor Giach liegt auf dem Wege zur Steppe von Geba,

25 versammelten sich die Benjaminiter um Abner und bildeten **eine** Schar und traten oben auf den Hügel.

26 Und Abner rief Joab zu und sprach: Soll denn das Schwert ohne Ende fressen? Weißt du nicht, daß daraus am Ende nur Jammer kommen wird? Wie lange willst du dem Volk nicht sagen, daß es ablassen soll von seinen Brüdern?

27 Joab sprach: So wahr Gott lebt: wenn du das eher gesagt hättest, so hätte schon heute morgen jeder im Volk von seinem Bruder abgelassen.

28 Und Joab ließ die Posaune blasen, und das ganze Volk stand still und jagte Israel nicht mehr nach und kämpfte auch nicht weiter.

29 Abner aber und seine Männer gingen die ganze Nacht durchs Jordantal und gingen über den Jordan und zogen durchs ganze Bitron, bis sie nach Mahanajim kamen.

30 Joab aber wandte sich von Abner ab und sammelte das ganze Volk, und es fehlten von den Männern Davids neunzehn Mann und Asaël.

31 Aber die Männer Davids hatten von Benjamin und den Männern Abners dreihundertundsechzig Mann erschlagen.

32 Und sie hoben Asaël auf und begruben ihn in seines Vaters Grab in Bethlehem. Und Joab und seine Männer zogen weiter die ganze Nacht, bis ihnen das Tageslicht anbrach in Hebron.

Davids Söhne

3 Und es war ein langer Kampf zwischen dem Hause Sauls und dem Hause Davids. [a]David aber nahm immer mehr zu an Macht, und das Haus Sauls nahm immer mehr ab.

a Kap 5,10

2 [a]Und es wurden David Söhne geboren zu Hebron. Sein erstgeborener Sohn war Amnon, von Ahinoam, der Jesreeliterin;

a (2-5) 1.Chr 3,1-4; Kap 13,1

3 der zweite: Kilab, von Abigajil, der Frau des Karmeliters Nabal; der dritte: [a]Absalom, der Sohn der Maacha, der Tochter Talmais, des Königs von Geschur;

a Kap 15,1

4 der vierte: [a]Adonija, der Sohn der Haggit; der fünfte: Schefatja, der Sohn der Abital;

a 1.Kön 1,5

5 der sechste: Jitream, von Egla, der Frau Davids. Diese wurden David geboren zu Hebron.

Abner geht zu David über

6 [a]Solange der Kampf währte zwischen dem Hause Sauls und dem Hause Davids, stärkte Abner das Haus Sauls.

a (6 und 7) Kap 21,8; 3.Mose 18,20

7 Und Saul hatte eine Nebenfrau, die hieß Rizpa, eine Tochter Ajas. Und Isch-Boschet sprach zu Abner: Warum bist du zu meines Vaters Nebenfrau eingegangen?

8 Da wurde Abner sehr zornig über die Worte Isch-Boschets und sprach: Bin ich denn ein Hundskopf aus Juda? Heute erweise ich mich freundlich dem Hause Sauls, deines Vaters, und seinen Brüdern und Freunden und habe dich nicht in Davids Hände gegeben, und du rechnest mir heute eine Schuld an wegen einer Frau?

9 Gott tue Abner dies und das, wenn ich nicht tue, wie der HERR dem David geschworen hat,

10 daß das Königtum vom Hause Sauls genommen und der Thron Davids aufgerichtet werde über Israel und Juda von Dan bis Beerscheba!

11 Da konnte er Abner kein Wort mehr antworten, so fürchtete er sich vor ihm.

12 ¶ Und Abner sandte Boten für sich zu David und ließ ihm sagen: Wem gehört

das Land? Schließe du einen Bund mit
mir; siehe, meine Hand soll mit dir sein,
daß ich dir ganz Israel zuführe.
13 David sprach: Gut, ich will einen Bund
mit dir schließen. Aber eins fordere ich
von dir: Du sollst mein Angesicht nicht
sehen, es sei denn, du bringst Michal,
Sauls Tochter, zu mir, wenn du kommst,
mein Angesicht zu sehen.
14 Auch sandte David Boten zu Isch-
Boschet, dem Sohn Sauls, und ließ ihm
sagen: [a]Gib mir meine Frau Michal, die
ich mir gewonnen habe mit hundert Vor-
häuten der Philister. *a* 1.Sam 18,25-27
15 Isch-Boschet sandte hin und ließ sie
wegnehmen ihrem Mann [a]Paltiël, dem
Sohn des Lajisch. *a* 1.Sam 25,44
16 Und ihr Mann ging mit ihr und weinte
hinter ihr her bis Bahurim. Da sprach
Abner zu ihm: Kehre um und geh heim!
Und er kehrte um.
17 ¶Und Abner besprach sich mit den
Ältesten in Israel und sprach: Ihr habt
schon längst danach verlangt, daß David
König über euch sei.
18 So tut's nun, denn der HERR hat von
David gesagt: Durch die Hand meines
Knechtes David will ich mein Volk Israel
erretten aus der Hand der Philister und
aller seiner Feinde.
19 Das tat Abner auch Benjamin kund und
ging dann hin, um auch David in Hebron
alles kundzutun, was Israel und das ganze
Haus Benjamin für gut hielten.
20 Als nun Abner nach Hebron zu David
kam und mit ihm zwanzig Mann, machte
ihnen David ein Mahl.
21 Und Abner sprach zu David: Ich will
mich aufmachen und hingehen, um ganz
Israel zu meinem Herrn, dem König, zu
sammeln, damit sie einen Bund mit dir
schließen, auf daß du König seist, wie es
dein Herz begehrt. Dann entließ David
den Abner, so daß er hinging mit Frieden.

Abners Tod

22 Und siehe, die Männer Davids und
Joab kamen von einem Streifzug zurück
und brachten eine große Beute mit. Abner
aber war nicht mehr bei David in Hebron,
sondern er hatte ihn entlassen, so daß er
mit Frieden weggegangen war.
23 Als aber Joab und das ganze Heer mit
ihm kam, wurde ihm angesagt, daß Abner,
der Sohn Ners, zum König gekommen sei,
und der habe ihn entlassen, so daß er mit
Frieden weggegangen war.
24 Da ging Joab zum König hinein und
sprach: Was hast du getan? Siehe, Abner
ist zu dir gekommen; warum hast du ihn
fortgelassen, daß er weggegangen ist?
25 Kennst du Abner, den Sohn Ners,
nicht? Er ist gekommen, dich zu überli-
sten, daß er erkunde dein Kommen und
Gehen und alles erfahre, was du tust.
26 Und als Joab von David wegging, sandte
er Abner Boten nach, um ihn zurückzu-
holen von Bor-Sira; aber David wußte
nichts davon.
27 Als nun Abner nach Hebron zurück-
kam, führte in Joab im Tor beiseite, um
heimlich mit ihm zu reden, und [a]stach
ihn dort in den Leib, daß er starb, um des
Blutes seines Bruders [b]Asaël willen.
a 1.Kön 2,5 *b* Kap 2,23
28 Als David das hernach erfuhr, sprach
er: Ich und mein Königtum sind unschul-
dig vor dem HERRN ewiglich an dem Blut
Abners, des Sohnes Ners;
29 es falle aber auf den Kopf Joabs und
auf das ganze Haus seines Vaters, und es
soll nicht aufhören im Hause Joabs, daß
einer Eiterfluß und Aussatz habe oder am
Stabe gehe oder durchs Schwert falle oder
an Brot Mangel habe!
30 Joab und sein Bruder Abischai hatten
Abner nach dem Leben getrachtet, weil er
ihren Bruder Asaël im Kampf bei Gibeon
getötet hatte.[a] *a* Ri 8,18-21; 2.Kön 14,5
31 ¶David aber sprach zu Joab und allem
Volk, das bei ihm war: Zerreißt eure Klei-
der und gürtet euch den Sack um und hal-
tet die Totenklage um Abner! Und der
König folgte der Bahre.
32 Und als sie Abner begruben in Hebron,
erhob der König seine Stimme und weinte
bei dem Grabe Abners, und auch alles
Volk weinte.
33 Und der König klagte um Abner und
sprach: Mußte Abner sterben, wie ein
Gottloser stirbt?
34 Deine Hände waren nicht gebunden,
deine Füße waren nicht in Ketten gelegt.
Und doch bist du gefallen, wie man vor
Ruchlosen fällt.
¶Da beweinte ihn alles Volk noch mehr.
35 Als nun alles Volk kam, während es
noch Tag war, um David zum Essen zu
nötigen, schwor David und sprach: Gott

tue mir dies und das, wenn ich Brot oder
sonst etwas zu mir nehme, ehe die Sonne
untergeht!
36 Und alles Volk nahm es wahr, und es
gefiel ihnen gut, wie alles, was der König
tat, dem ganzen Volke wohlgefiel.
37 Und alles Volk und ganz Israel merkten
an diesem Tage, daß es nicht vom König
ausgegangen war, daß Abner, der Sohn
Ners, getötet wurde.
38 Und der König sprach zu seinen Män-
nern: [a] Wißt ihr nicht, daß an diesem Tag
ein Fürst und Großer gefallen ist in
Israel? *a* 1.Sam 26,15
39 Ich aber bin heute noch schwach,
obwohl ich zum König gesalbt bin. Aber
diese Männer, die [a] Söhne der Zeruja, sind
härter als ich. Der HERR vergelte dem, der
Böses tut, nach seiner Bosheit. *a* Kap 2,18

Isch-Boschets Ende

4 Als aber der Sohn Sauls hörte, daß
[a] Abner in Hebron umgekommen war,
entfiel ihm der Mut, und ganz Israel
erschrak. *a* Kap 3,27
2 Es hatte aber der Sohn Sauls zwei Män-
ner als Hauptleute der Streifscharen; der
eine hieß Baana, der andere Rechab,
Söhne Rimmons von [a] Beerot aus dem
Stamm Benjamin. Denn Beerot wurde
auch zu Benjamin gerechnet; *a* Jos 9,17
3 dann aber flohen die Beerotiter nach
[a] Gittajim und wohnten dort gastweise bis
auf den heutigen Tag. *a* Neh 11,33
4 Auch hatte Jonatan, der Sohn Sauls,
einen Sohn, der war lahm an beiden
Füßen; er war nämlich fünf Jahre alt, als
die Kunde von Saul und Jonatan aus Jes-
reel kam, und seine Amme hatte ihn auf-
gehoben und war geflohen, und während
sie eilends floh, fiel er hin und [a] war fortan
lahm. Er hieß Mefi-Boschet*. *a* Kap 9,3

* Der Name lautet in 1.Chr 8,34; 9,40 Merib-Baal.

5 So gingen nun Rechab und Baana, die
Söhne Rimmons von Beerot, hin und
kamen zum Hause [a] Isch-Boschets, als der
Tag am heißesten war; und er schlief auf
seinem Lager am Mittag. *a* Kap 2,8
6 Und die Pförtnerin des Hauses hatte
Weizen gereinigt und war fest eingeschla-
fen. Da schlichen sich Rechab und sein
Bruder Baana hinein
7 und kamen ins Haus. Da lag er auf sei-
nem Bett in seiner Schlafkammer. Und sie
stachen ihn tot und hieben ihm den Kopf
ab und nahmen seinen Kopf und gingen
durch das Jordantal die ganze Nacht
8 und brachten das Haupt Isch-Boschets
zu David nach Hebron und sprachen zum
König: Siehe, da ist das Haupt Isch-
Boschets, des Sohnes Sauls, deines Fein-
des, der dir nach dem Leben getrachtet
hat. Der HERR hat heute meinen Herrn,
den König, gerächt an Saul und an seinem
Geschlecht.
9 Da antwortete ihnen David: So wahr der
HERR lebt, der mich aus aller Bedrängnis
erlöst hat:
10 ich habe den, der mir verkündete: Saul
ist tot, und meinte, er sei ein guter Bote,
ergriffen und [a] getötet in Ziklag, dem ich
doch Lohn für eine gute Botschaft hätte
geben sollen. *a* Kap 1,15
11 Und diese gottlosen Leute haben einen
gerechten Mann in seinem Hause auf sei-
nem Lager getötet – sollte ich sein Blut
nicht fordern von euren Händen und euch
von der Erde vertilgen?[a] *a* Kap 3,32
12 Und David gebot seinen Leuten; die
schlugen sie nieder und hieben ihnen
Hände und Füße ab und [a] hängten sie auf
am Teich bei Hebron. Aber das Haupt
Isch-Boschets nahmen sie und begruben
es in Abners Grab in Hebron.
a 5.Mose 21,22.23

David wird König über ganz Israel

(vgl. 1.Chr 11,1-3)

5 Und es kamen alle Stämme Israels zu
David nach Hebron und sprachen:
Siehe, [a] wir sind von deinem Gebein und
deinem Fleisch. *a* Kap 19,13
2 Schon früher, als Saul über uns König
war, [a] führtest du Israel ins Feld und wie-
der heim. Dazu hat der HERR dir gesagt:
Du sollst mein Volk Israel weiden und
sollst [b] Fürst sein über Israel.
a 1.Sam 18,13.16 *b* 1.Sam 13,14; 25,30
3 Und es kamen alle Ältesten in Israel
zum König nach Hebron. Und der König
David schloß mit ihnen einen Bund in
Hebron vor dem HERRN, und sie [a] salbten
David zum König über Israel.
a Kap 2,4; 1.Sam 16,13
4 [a] Dreißig Jahre war David alt, als er
König wurde, und regierte vierzig Jah-
re. *a (4 und 5)* 1.Kön 2,11; 1.Chr 3,4; 29,27
5 Zu Hebron regierte er sieben Jahre und

sechs Monate über Juda, und zu Jerusalem regierte er dreiunddreißig Jahre über ganz Israel und Juda.

David erobert Jerusalem

(vgl. 1.Chr 11,4-9; 14,1-7)

6 Und der König zog mit seinen Männern
vor Jerusalem gegen die [a]Jebusiter, die im Lande wohnten. Sie aber sprachen zu David: Du wirst nicht hier hereinkommen, sondern Blinde und Lahme werden dich abwehren. Damit meinten sie, daß David nicht dort hineinkommen könnte.

a Jos 15,63; Ri 1,21; 19,10-12

7 David aber eroberte die Burg Zion; das
ist Davids Stadt.
8 Da sprach David an diesem Tage: Wer
die Jebusiter schlägt und durch den Schacht hinaufsteigt und die Lahmen und Blinden erschlägt, die David verhaßt sind, der soll Hauptmann und Oberster sein. Da stieg Joab, der Sohn der Zeruja, zuerst hinauf und wurde Hauptmann.* Daher spricht man: Laß keinen Blinden und Lahmen ins Haus!

* Der Text von »der soll Hauptmann« ab wurde aus 1.Chr 11,6 eingesetzt.

9 So wohnte David auf der Burg und
nannte sie »Stadt Davids«. Und David baute ringsumher, vom Millo an nach innen zu.
10 Und [a]Davids Macht nahm immer mehr
zu, und der HERR, der Gott Zebaoth, war mit ihm. *a* Kap 3,1
11 ¶Und Hiram, der König von Tyrus,
sandte Boten zu David mit Zedernholz, dazu Zimmerleute und Steinmetzen, daß sie David ein Haus bauten.
12 Und David erkannte, daß der HERR ihn
zum König über Israel bestätigt und sein Königtum erhöht hatte um seines Volkes Israel willen.
13 ¶[a]Und David nahm noch mehr Frauen
und Nebenfrauen in Jerusalem, nachdem er von Hebron gekommen war, und es wurden ihm noch mehr Söhne und Töchter geboren.

a (13-16) Kap 3,2-5; 1.Chr 3,5-9

14 Dies sind die Namen der Söhne, die
ihm zu Jerusalem geboren sind: Schammua, Schobab, [a]Nathan, [b]Salomo,

a Lk 3,31 *b* Mt 1,6

15 Jibhar, Elischua, Nefeg, Jafia,
16 Elischama, Eljada, Elifelet.

Davids Sieg über die Philister

(vgl. 1.Chr 14,8-17)

17 Als die Philister hörten, daß man David
zum König über Israel gesalbt hatte, zogen sie alle herauf, um sich Davids zu bemächtigen. Sobald das David erfuhr, [a]zog er hinab nach der [b]Bergfeste.

a 1.Sam 22,1 *b* Kap 23,14

18 Aber die Philister kamen und breiteten
sich aus in der [a]Ebene Refaïm.

a Jos 15,8; 18,16

19 Und David [a]befragte den HERRN und
sprach: Soll ich hinaufziehen gegen die Philister? Wirst du sie in meine Hand geben? Der HERR sprach zu David: Zieh hinauf, ich werde die Philister in deine Hand geben. *a* 1.Sam 30,8
20 Und David kam nach [a]Baal-Perazim
und schlug sie dort und sprach: Der HERR hat meine Feinde vor mir durchbrochen, wie Wasserfluten durchbrechen. Daher nannte man den Ort »Baal-Perazim«*.

* d.h. »Herr der Durchbrüche«. *a* Jes 28,21

21 Und sie ließen ihre Götzenbilder dort
zurück; David aber und seine Männer nahmen sie mit.
22 ¶Die Philister aber zogen abermals
herauf und breiteten sich aus in der Ebene Refaïm.
23 Und David befragte den HERRN; der
sprach: Du sollst nicht hinaufziehen ihnen entgegen, sondern komm von hinten über sie, daß du sie angreifst vom Bakawalde her.
24 Und wenn du hörst, wie das Rauschen
in den Wipfeln der Bakabäume einhergeht, so eile; denn dann ist der HERR ausgezogen vor dir her, zu schlagen das Heer der Philister.
25 David tat, wie der HERR ihm geboten
hatte, und schlug die Philister von Gibeon an bis hin nach [a]Geser. *a* Ri 1,29

David holt die Bundeslade nach Jerusalem

(vgl. 1.Chr 13; 15; 16)

6 Und David sammelte abermals die
ganze junge Mannschaft in Israel, dreißigtausend Mann,
2 und machte sich auf und zog mit dem
ganzen Volk, das bei ihm war, nach [a]Baala in Juda, um die Lade Gottes von dort heraufzuholen; diese ist genannt nach dem

Namen des HERRN Zebaoth, [b]der über
den Cherubim thront.
a Jos 15,9 *b* 2.Mose 25,22
3 Und sie setzten die Lade Gottes auf
einen neuen Wagen und [a]holten sie aus
dem Hause Abinadabs, der auf dem Hügel
wohnte. Usa aber und Achjo, die Söhne
Abinadabs, führten den neuen Wagen.
a 1.Sam 7,1
4 Und als sie ihn mit der Lade Gottes aus
dem Hause Abinadabs führten, der auf
dem Hügel wohnte, und Achjo vor der
Lade herging,
5 tanzten David und ganz Israel vor dem
HERRN her mit aller Macht im Reigen, mit
Liedern, mit Harfen und Psaltern und Pau-
ken und Schellen und Zimbeln.
6 Und als sie zur Tenne Nachons kamen,
griff Usa zu und hielt die Lade Gottes fest,
denn die Rinder glitten aus.
7 Da entbrannte des HERRN Zorn über
Usa, und [a]Gott schlug ihn dort, weil er
[b]seine Hand nach der Lade ausgestreckt
hatte, so daß er dort starb bei der Lade
Gottes. *a* 1.Sam 6,19 *b* 4.Mose 4,15
8 Da ergrimmte David, daß der HERR den
Usa so wegriß, und man nannte die Stätte
»Perez-Usa«* bis auf diesen Tag.

* d.h. »Wegreißen Usas«.

9 Und David fürchtete sich vor dem
HERRN an diesem Tage und sprach: Wie
soll die Lade des HERRN zu mir kommen?
10 Und er wollte sie nicht zu sich bringen
lassen in die Stadt Davids, sondern ließ sie
bringen ins Haus Obed-Edoms, des Gati-
ters.
11 So blieb die Lade des HERRN drei
Monate im Hause Obed-Edoms, des Gati-
ters, und der HERR segnete ihn und sein
ganzes Haus.
12 ¶Und es wurde dem König David
angesagt, daß der HERR das Haus Obed-
Edoms segnete und alles, was er hatte, um
der Lade Gottes willen. Da ging er hin
und holte die Lade Gottes aus dem Hause
Obed-Edoms herauf in die Stadt Davids
mit Freuden.
13 Und als die Träger mit der Lade des
HERRN sechs Schritte gegangen waren,
opferte man einen Stier und ein fettes
Kalb.[a] *a* 1.Kön 8,5
14 Und David tanzte mit aller Macht vor
dem HERRN her und war umgürtet mit
einem [a]leinenen Priesterschurz.
a 2.Mose 28,6; 1.Sam 2,18; 22,18
15 Und David mit dem ganzen Hause
Israel führte die Lade des HERRN herauf
mit Jauchzen und Posaunenschall.
16 Und als die Lade des HERRN in die
Stadt Davids kam, guckte Michal, die
Tochter Sauls, durchs Fenster und sah den
König David springen und tanzen vor dem
HERRN und verachtete ihn in ihrem Her-
zen.
17 ¶Als sie die Lade des HERRN hinein-
brachten, stellten sie sie an ihren Platz mit-
ten in dem Zelt, das David für sie aufge-
schlagen hatte. Und David opferte Brand-
opfer und Dankopfer vor dem HERRN.
18 Und als David die Brandopfer und
Dankopfer beendet hatte, [a]segnete er das
Volk in dem Namen des HERRN Zebaoth,
a 1.Kön 8,55
19 und er ließ austeilen allem Volk, der
ganzen Menge Israels, Mann und Frau,
einem jeden einen Brotkuchen, ein Stück
Fleisch und einen Rosinenkuchen. Da-
nach kehrte alles Volk heim, ein jeder in
sein Haus.
20 ¶Als aber David heimkam, seinem
Haus den Segensgruß zu bringen, ging
Michal, die Tochter Sauls, heraus ihm ent-
gegen und sprach: Wie herrlich ist heute
der König von Israel gewesen, als er sich
vor den Mägden seiner Männer entblößt
hat, wie sich die losen Leute entblößen!
21 David aber sprach zu Michal: Ich will
vor dem HERRN tanzen, der mich erwählt
hat vor deinem Vater und vor seinem gan-
zen Hause, um mich [a]zum Fürsten zu
bestellen über das Volk des HERRN, über
Israel, *a* Kap 5,2
22 und ich will noch geringer werden als
jetzt und will niedrig sein in meinen
Augen; aber bei den Mägden, von denen
du geredet hast, will ich zu Ehren kom-
men.
23 Aber Michal, Sauls Tochter, hatte kein
Kind bis an den Tag ihres Todes.

Gottes Verheißung für David und sein Königtum

(vgl. 1.Chr 17)

7 Als nun der König in seinem Hause
saß und der HERR ihm Ruhe gegeben
hatte vor allen seinen Feinden umher,
2 sprach er zu dem Propheten Nathan:
Sieh doch, [a]ich wohne in einem Zedern-
hause, und die Lade Gottes wohnt unter
Zeltdecken. *a* Ps 132,3-5

3 Nathan sprach zu dem König: Wohlan,
alles, was in deinem Herzen ist, das tu,
denn der HERR ist mit dir.
4 ¶In der Nacht aber kam das Wort des
HERRN zu Nathan:
5 Geh hin und sage zu meinem Knecht
David: So spricht der HERR: [a]Solltest du
mir ein Haus bauen, daß ich darin woh-
ne? *a* 1.Chr 22,8; 1.Kön 5,17
6 Habe ich doch [a]in keinem Hause
gewohnt seit dem Tag, da ich die Israeli-
ten aus Ägypten führte, bis auf diesen Tag,
sondern ich bin umhergezogen in einem
Zelt als Wohnung. *a* 1.Kön 8,16.27; Jes 66,1
7 Habe ich die ganze Zeit, als ich mit den
Israeliten umherzog, je geredet zu einem
der Richter Israels, denen ich befohlen
hatte, mein Volk Israel zu weiden, und
gesagt: Warum baut ihr mir nicht ein
Zedernhaus?
8 Darum sollst du nun so zu meinem
Knechte David sagen: So spricht der HERR
Zebaoth: [a]Ich habe dich genommen von
den Schafhürden, damit du [b]Fürst über
mein Volk Israel sein sollst,
a 1.Sam 16,11-13 *b* Kap 5,2
9 und bin mit dir gewesen, wo du hinge-
gangen bist, und habe alle deine Feinde
vor dir ausgerottet; und ich will dir einen
großen Namen machen gleich dem Na-
men der Großen auf Erden.
10 Und ich will meinem Volk Israel eine
Stätte geben und will es pflanzen, daß es
dort wohne und sich nicht mehr ängstigen
müsse und die Kinder der Bosheit es nicht
mehr bedrängen. Und wie vormals,
11 seit der Zeit, da ich Richter über mein
Volk Israel bestellt habe, will ich dir Ruhe
geben vor allen deinen Feinden. Und **der
HERR verkündigt dir, daß der HERR dir ein
Haus bauen will.**
12 **Wenn nun deine Zeit um ist und du dich
zu deinen Vätern schlafen legst, [a]will ich
dir einen Nachkommen erwecken, der von
deinem Leibe kommen wird; dem will ich
sein Königtum bestätigen.** *a* 1.Kön 8,20
13 **Der [a]soll meinem Namen ein Haus
bauen, und [b]ich will seinen Königsthron
bestätigen ewiglich.**
a 1.Kön 5,19; 6,12 *b* Ps 89,4.5; Jes 9,6
14 [a]Ich will sein Vater sein, und er soll
mein Sohn sein. Wenn er sündigt, will ich
ihn mit Menschenruten und mit mensch-
lichen Schlägen strafen;
a Ps 2,7; 89,27; Lk 1,32; Hebr 1,5

15 aber meine Gnade soll nicht von ihm
weichen, [a]wie ich sie habe weichen lassen
von Saul, den ich vor dir weggenommen
habe. *a* 1.Sam 15,23.26
16 Aber dein Haus und dein Königtum
sollen beständig sein in Ewigkeit vor mir,
und dein Thron soll ewiglich bestehen.[a]
a Ps 72; Jes 55,3
17 ¶Als Nathan alle diese Worte und dies
Gesicht David gesagt hatte,
18 kam der König David und setzte sich
vor dem HERRN nieder und sprach: [a]**Wer
bin ich, Herr HERR, und was ist mein Haus,
daß du mich bis hierher gebracht hast?**
a 2.Mose 3,11
19 Aber nun hast du das noch für zu wenig
gehalten, Herr HERR, und hast dem Hause
deines Knechtes sogar für die ferne
Zukunft Zusagen gegeben, und das nach
Menschenweise, Herr HERR!
20 Und was soll David noch mehr reden
mit dir? Du kennst ja deinen Knecht, Herr
HERR!
21 Um deines Wortes willen und nach dei-
nem Herzen hast du alle diese großen
Dinge getan, um sie deinem Knecht kund-
zutun.
22 Darum bist du groß, Herr HERR! Denn
es ist keiner wie du, und ist kein Gott
außer dir nach allem, was wir mit unsern
Ohren gehört haben.
23 Und [a]wo ist ein Volk auf Erden wie
dein Volk Israel, um dessentwillen Gott
hingegangen ist, es zu erlösen, daß es sein
Volk sei, und ihm einen Namen zu
machen und so große und furchtbare
Dinge zu tun, damit du Völker und ihre
Götter vertriebest vor deinem Volk, das
du dir aus Ägypten erlöst hast?
a 5.Mose 4,7
24 Und du hast dir dein Volk Israel zube-
reitet, dir zum Volk für ewig, und du,
HERR, bist ihr Gott geworden.
25 So bekräftige nun, HERR, Gott, das
Wort in Ewigkeit, das du über deinen
Knecht und über sein Haus geredet hast,
und tu, wie du geredet hast!
26 So wird dein Name groß werden in
Ewigkeit, daß man sagen wird: Der HERR
Zebaoth ist Gott über Israel, und das Haus
deines Knechtes David wird bestehen vor
dir.
27 Denn du, HERR Zebaoth, du Gott
Israels, hast das [a]Ohr deines Knechts
geöffnet und gesagt: Ich will dir ein Haus

bauen. Darum hat dein Knecht sich ein
Herz gefaßt, daß er dies Gebet zu dir gebe-
tet hat. *a* Jes 50,5
28 Nun, Herr HERR, du bist Gott, und
deine Worte sind Wahrheit. Du hast all
dies Gute deinem Knecht zugesagt.[a]
a 1.Kön 8,26
29 So fange nun an, zu segnen das Haus
deines Knechts, damit es ewiglich vor dir
sei; denn du, Herr HERR, hast's geredet,
und mit deinem Segen wird deines
Knechtes Haus gesegnet sein ewiglich.

Davids Kriege und Siege

(vgl. 1.Chr 18,1-13)

8 Und es begab sich danach, daß David
die Philister schlug und sie unterwarf
und daß er den Dienstzaum den Philistern
aus der Hand nahm.
2 Er schlug auch die [a]Moabiter und ließ
sie sich auf den Boden legen und maß sie
mit der Meßschnur ab; und er maß zwei
Schnurlängen ab, so viele tötete er, und
eine volle Schnurlänge, so viele ließ er am
Leben. So wurden die Moabiter David
untertan, daß sie ihm Abgaben bringen
mußten. *a* 1.Sam 22,3
3 ¶David schlug auch Hadad-Eser, den
Sohn Rehobs, den König von [a]Zoba, als
er hinzog, um seine Macht wieder aufzu-
richten am Euphratstrom. *a* 1.Sam 14,47
4 Und David nahm von ihnen gefan-
gen tausendundsiebenhundert Gespanne
und zwanzigtausend Mann Fußvolk und
[a]lähmte alle Pferde und behielt hundert
übrig. *a* Jos 11,9
5 Es kamen aber die Aramäer von Da-
maskus, um Hadad-Eser, dem König von
Zoba, zu helfen. Und David schlug von
den Aramäern zweiundzwanzigtausend
Mann.
6 Und er setzte Statthalter ein im Ara-
mäerreich von Damaskus. So wurde Aram
David untertan, daß sie ihm Abgaben brin-
gen mußten; denn der HERR half David,
wo er auch hinzog.
7 Und David nahm die goldenen Schilde,
die Hadad-Esers Männer gehabt hatten,
und brachte sie nach Jerusalem.
8 Und von Tebach und Berotai, den Städ-
ten Hadad-Esers, nahm der König David
sehr viel Kupfer.
9 ¶Als aber Toï, der König von Hamat,
hörte, daß David die ganze Streitmacht
Hadad-Esers geschlagen hatte,
10 sandte er seinen Sohn Hadoram zum
König David, ihm Frieden und Segen zu
wünschen, weil er gegen Hadad-Eser
gekämpft und ihn geschlagen hatte – denn
Toï führte Krieg mit Hadad-Eser –, und
Hadoram brachte mit sich silberne, gol-
dene und kupferne Kleinode.
11 Auch diese heiligte der König David
dem HERRN samt dem Silber und Gold,
das er geheiligt hatte von allen Heiden, die
er unterworfen hatte,
12 von Edom, von Moab, von den Ammo-
nitern, von den Philistern, von Amalek
und von dem, was er erbeutet hatte von
Hadad-Eser, dem Sohn Rehobs, dem
König von Zoba.
13 So machte sich David einen Namen.
Als er zurückkam vom Sieg über die Ara-
mäer, schlug er die Edomiter im Salztal,
achtzehntausend Mann,[a] *a* Ps 60,2
14 und setzte in ganz Edom Statthalter ein,
und [a]ganz Edom wurde David untertan;
denn der HERR half David, wo er auch
hinzog. *a* 1.Mose 27,40; 4.Mose 24,18

Davids Beamte

(vgl. 1.Chr 18,14-17)

15 So war David König über ganz Israel,
und er schaffte Recht und Gerechtigkeit
seinem ganzen Volk.
16 [a]Joab, der Sohn der Zeruja, war über
das Heer gesetzt; Joschafat aber, der Sohn
Ahiluds, war Kanzler; *a (16-18)* Kap 20,23-26
17 [a]Zadok, der Sohn [b]Ahitubs, und Ahi-
melech, der Sohn [c]Abjatars, waren Prie-
ster; Seraja war Schreiber;
a Kap 15,24 *b* 1.Sam 22,20 *c* 1.Kön 2,27
18 Benaja, der Sohn Jojadas, war über die
[a]Kreter und Pleter gesetzt; auch die Söhne
Davids sind Priester gewesen. *a* Kap 15,18

David holt Mefi-Boschet an seinen Hof

9 Und David sprach: Ist noch jemand
übriggeblieben von dem Hause Sauls,
damit ich Barmherzigkeit an ihm tue um
Jonatans willen?
2 Es war aber ein Knecht vom Hause
Sauls, der hieß [a]Ziba; den riefen sie zu
David. Und der König sprach zu ihm: Bist
du Ziba? Er sprach: Ja, dein Knecht ist
es. *a* Kap 16,1
3 Der König sprach: Ist da noch jemand
vom Hause Sauls, damit ich Gottes Barm-
herzigkeit an ihm tue? Ziba sprach zum

König: [a]Es ist noch ein Sohn Jonatans da,
lahm an den Füßen. *a* Kap 4,4
4 Der König sprach zu ihm: Wo ist er?
Ziba sprach zum König: Siehe, er ist in
Lo-Dabar im Hause [a]Machirs, des Sohnes
Ammiëls. *a* Kap 17,27
5 Da sandte der König David hin und ließ
ihn holen von Lo-Dabar aus dem Hause
Machirs, des Sohnes Ammiëls.
6 Als nun Mefi-Boschet, der Sohn Jonatans, des Sohnes Sauls, zu David kam, fiel
er auf sein Angesicht und huldigte ihm.
David aber sprach: Mefi-Boschet! Er
sprach: Hier bin ich, dein Knecht.
7 David sprach zu ihm: Fürchte dich
nicht, denn ich will Barmherzigkeit an dir
tun um deines Vaters Jonatan willen und
will dir den ganzen Besitz deines Vaters
Saul zurückgeben; du aber sollst täglich
an meinem Tisch essen.
8 Er aber fiel nieder und sprach: Wer bin
ich, dein Knecht, daß du dich wendest zu
einem toten Hunde, wie ich es bin?
9 [a]Da rief der König den Ziba, den Knecht
Sauls, und sprach zu ihm: Alles, was Saul
gehört hat und seinem ganzen Hause, hab
ich dem Sohn deines Herrn gegeben.
a (9-11) Kap 19,29.30
10 So bearbeite ihm nun seinen Acker, du
und deine Söhne und deine Knechte, und
bring die Ernte ein, damit es das Brot sei
des Sohnes deines Herrn und er sich
davon nähre; aber Mefi-Boschet, der Sohn
deines Herrn, soll täglich an meinem Tisch
essen. Ziba aber hatte fünfzehn Söhne und
zwanzig Knechte.
11 Und Ziba sprach zum König: Ganz so,
wie mein Herr, der König, seinem Knechte
geboten hat, wird dein Knecht tun. Und
Mefi-Boschet, sprach David, esse an meinem Tische wie einer der Königssöhne.
12 Und Mefi-Boschet hatte einen kleinen
Sohn, der hieß Micha. Und alle, die im
Hause Zibas wohnten, dienten Mefi-Boschet.
13 Mefi-Boschet aber wohnte hinfort in
Jerusalem, denn er aß täglich an des
Königs Tisch. Und er war [a]lahm an seinen
beiden Füßen. *a* Vers 3

Davids Kampf mit den Ammonitern

(vgl. 1.Chr 19,1–20,3)

10 Und es begab sich danach, daß der
König der Ammoniter starb, und
sein Sohn Hanun wurde König an seiner
Statt.
2 Da sprach David: Ich will Hanun, dem
Sohn des [a]Nahasch, Freundschaft erweisen, wie sein Vater mir Freundschaft
erwiesen hat. Und er sandte hin und ließ
ihn durch seine Gesandten über seinen
Vater trösten. Als nun die Gesandten
Davids ins Land der Ammoniter kamen,
a 1.Sam 11,1
3 sprachen die Obersten der Ammoniter
zu ihrem Herrn Hanun: Meinst du, daß
David deinen Vater vor deinen Augen
ehren wolle, wenn er Tröster zu dir
gesandt hat? Meinst du nicht, daß er dazu
seine Boten zu dir gesandt hat, damit er
die Stadt erforsche und erkunde und zerstöre?
4 Da nahm Hanun die Gesandten Davids
und ließ ihnen den Bart halb abscheren
und die Kleider halb abschneiden bis unter
den Gürtel und ließ sie gehen.
5 Als das David angesagt wurde, sandte er
ihnen Boten entgegen; denn die Männer
waren sehr geschändet. Und der König ließ
ihnen sagen: Bleibt in Jericho, bis euer
Bart gewachsen ist; dann kommt zurück.
6 ¶ Als aber die Ammoniter sahen, daß
sie sich bei David in Verruf gebracht hatten, sandten sie hin und warben an die
Aramäer von Bet-Rehob und die Aramäer
von Zoba, zwanzigtausend Mann Fußvolk,
und von dem König von Maacha tausend
Mann und von Tob zwölftausend Mann.
7 Als das David hörte, sandte er Joab mit
dem ganzen Heer der Kriegsleute.
8 Und die Ammoniter zogen aus und
stellten sich auf zum Kampf vor dem Eingang des Tores. Die Aramäer aber von
Zoba, von Rehob, von Tob und von Maacha standen für sich auf freiem Feld.
9 Als Joab nun sah, daß der Angriff gegen
ihn gerichtet war von vorn und von hinten, wählte er aus der ganzen jungen
Mannschaft in Israel einen Teil aus und
stellte sich den Aramäern entgegen.
10 Und das übrige Kriegsvolk tat er unter
die Hand seines Bruders Abischai, daß er
sie gegen die Ammoniter aufstelle,
11 und sprach: Werden mir die Aramäer
überlegen sein, so komm mir zu Hilfe;
werden aber die Ammoniter dir überlegen sein, so will ich dir zu Hilfe kommen.
12 Sei ganz getrost, damit wir die Stärkeren bleiben für unser Volk und die Städte

unseres Gottes. Der HERR aber tue, was
ihm gefällt.
13 Und Joab rückte an mit dem Volk, das
bei ihm war, um gegen die Aramäer zu
kämpfen, und sie flohen vor ihm.
14 Und als die Ammoniter sahen, daß die
Aramäer flohen, flohen sie auch vor Abi-
schai in die Stadt hinein. Da ließ Joab ab
von den Ammonitern und kam nach Jeru-
salem.
15 ¶ Und als die Aramäer sahen, daß sie
von Israel geschlagen waren, sammelten
sie sich.
16 Und Hadad-Eser sandte hin und ließ
die Aramäer jenseits des Stromes in den
Kampf ziehen, und sie kamen nach
Helam, und Schobach, der Feldhaupt-
mann Hadad-Esers, an ihrer Spitze.
17 Als das David angesagt wurde, sam-
melte er ganz Israel und zog über den Jor-
dan und kam nach Helam. Und die Ara-
mäer stellten sich gegen David auf, um
mit ihm zu kämpfen.
18 Aber die Aramäer flohen vor Israel, und
David vernichtete von den Aramäern sie-
benhundert Wagen und vierzigtausend
Mann; und Schobach, den Feldhaupt-
mann, erschlug er, daß er dort starb.
19 Als aber alle Könige, die unter Hadad-
Eser waren, sahen, daß sie von Israel
geschlagen waren, machten sie Frieden
mit Israel und wurden ihm untertan. Und
die Aramäer fürchteten sich, den Ammo-
nitern hinfort zu helfen.

Davids Ehebruch und Blutschuld

11 Und als das Jahr um war, zur Zeit,
da die Könige ins Feld zu ziehen
pflegen, sandte David Joab und seine
Männer mit ihm und ganz Israel, damit
sie das Land der Ammoniter verheerten
und Rabba belagerten. David aber blieb in
Jerusalem.[a] a 1.Chr 20,1
2 Und es begab sich, daß David um den
Abend aufstand von seinem Lager und
sich auf dem Dach des Königshauses
erging; da [a] sah er vom Dach aus eine Frau
sich waschen; und die Frau war von sehr
schöner Gestalt. a Mt 5,28.29
3 Und David sandte hin und ließ nach der
Frau fragen, und man sagte: Das ist doch
Batseba, die Tochter Eliams, die Frau
[a] Urias, des Hetiters. a Kap 23,39
4 Und David sandte Boten hin und ließ
sie holen. Und als sie zu ihm kam,
[a] wohnte er ihr bei; sie aber hatte sich
gerade gereinigt von ihrer [b] Unreinheit.
Und sie kehrte in ihr Haus zurück.

a 2.Mose 20,14; 3.Mose 20,10; 5.Mose 22,22
b 3.Mose 15,19

5 Und die Frau ward schwanger und
sandte hin und ließ David sagen: Ich bin
schwanger geworden.
6 ¶ David aber sandte zu Joab: Sende zu
mir Uria, den Hetiter. Und Joab sandte
Uria zu David.
7 Und als Uria zu ihm kam, fragte David,
ob es mit Joab und mit dem Heer und mit
dem Krieg gut stünde.
8 Und David sprach zu Uria: Geh hinab
in dein Haus und wasch deine Füße. Und
als Uria aus des Königs Haus hinausging,
wurde ihm ein Geschenk des Königs nach-
getragen.
9 Aber Uria legte sich schlafen vor der
Tür des Königshauses, wo alle Kriegsleute
seines Herrn lagen, und ging nicht hinab
in sein Haus.
10 Als man aber David ansagte: Uria ist
nicht hinab in sein Haus gegangen, sprach
David zu ihm: Bist du nicht von weither
gekommen? Warum bist du nicht hinab in
dein Haus gegangen?
11 Uria aber sprach zu David: Die Lade
und Israel und Juda wohnen in Zelten,
und Joab, mein Herr, und meines Herrn
Kriegsleute liegen auf freiem Felde, und
ich sollte in mein Haus gehen, um zu
essen und zu trinken und bei meiner
Frau zu liegen? So wahr der HERR lebt
und so wahr du lebst: ich tue so etwas
nicht.
12 David sprach zu Uria: Bleib heute hier,
morgen will ich dich gehen lassen. So
blieb Uria in Jerusalem an diesem Tage
und auch am nächsten.
13 Und David lud ihn ein, so daß er bei
ihm aß und trank, und machte ihn betrun-
ken. Aber am Abend ging er hinaus, um
sich schlafen zu legen auf sein Lager bei
den Männern seines Herrn, und ging nicht
hinab in sein Haus.
14 ¶ Am andern Morgen schrieb David
einen Brief an Joab und sandte ihn durch
Uria.
15 Er schrieb aber in dem Brief: Stellt Uria
vornehin, wo der Kampf am härtesten ist,
und zieht euch hinter ihm zurück, daß er
erschlagen werde und sterbe.[a]

a 2.Mose 20,13

16Als nun Joab die Stadt belagerte, stellte
er Uria dorthin, wo er wußte, daß streit-
bare Männer standen.
17Und als die Männer der Stadt einen
Ausfall machten und mit Joab kämpf-
ten, fielen einige vom Volk, von den Män-
nern Davids, und Uria, der Hetiter, starb
auch.
18Da sandte Joab hin und ließ David alles
sagen, was sich bei dem Kampf begeben
hatte,
19und gebot dem Boten: Wenn du dem
König alles bis zu Ende gesagt hast, was
sich bei dem Kampf begeben hat,
20und siehst, daß der König zornig wird
und zu dir spricht: Warum seid ihr so
nahe an die Stadt herangerückt im
Kampf? Wißt ihr nicht, daß von der
Mauer geschossen wird?
21Wer erschlug Abimelech, den Sohn
Jerubbaals? [a]Warf nicht eine Frau einen
Mühlstein auf ihn von der Mauer, so daß
er in Tebez starb? Warum seid ihr so nahe
an die Mauer herangerückt?, – so sollst du
sagen: Auch dein Knecht Uria, der Heti-
ter, ist tot. *a* Ri 9,53.54
22Der Bote ging hin und kam und sagte
David alles, weswegen Joab ihn gesandt
hatte.
23Und der Bote sprach zu David: Die
Männer waren uns übermächtig und zo-
gen heraus aufs Feld gegen uns; wir aber
gingen gegen sie an bis an den Eingang
des Tores.
24Und die Schützen schossen von der
Mauer auf deine Knechte und töteten
einige von den Männern des Königs, und
auch Uria, dein Knecht, der Hetiter, ist
tot.
25David sprach zum Boten: So sollst du
Joab sagen: »Laß dir das nicht leid sein,
denn das Schwert frißt bald diesen, bald
jenen. Fahre fort mit dem Kampf gegen
die Stadt und zerstöre sie.« So sollst du
ihm Mut zusprechen.
26¶ Und als Urias Frau hörte, daß ihr
Mann Uria tot war, hielt sie die Toten-
klage um ihren Eheherrn.
27Sobald sie aber ausgetrauert hatte,
sandte David hin und ließ sie in sein Haus
holen, und sie wurde seine Frau und gebar
ihm einen Sohn. Aber dem HERRN mißfiel
die Tat, die David getan hatte.

Nathans Strafrede. David bekennt seine Sünde und empfängt Vergebung

12 [a]Und der HERR sandte Nathan zu
David. Als der zu ihm kam, sprach
er zu ihm: Es waren zwei Männer in einer
Stadt, der eine reich, der andere arm.
a (1-6) 2.Mose 20,17
2Der Reiche hatte sehr viele Schafe und
Rinder;
3aber der Arme hatte nichts als ein ein-
ziges kleines Schäflein, das er gekauft
hatte. Und er nährte es, daß es groß wurde
bei ihm zugleich mit seinen Kindern. Es
aß von seinem Bissen und trank aus sei-
nem Becher und schlief in seinem Schoß,
und er hielt's wie eine Tochter.
4Als aber zu dem reichen Mann ein Gast
kam, brachte er's nicht über sich, von sei-
nen Schafen und Rindern zu nehmen, um
dem Gast etwas zuzurichten, der zu ihm
gekommen war, sondern er nahm das
Schaf des armen Mannes und richtete es
dem Mann zu, der zu ihm gekommen war.
5Da geriet David in großen Zorn über
den Mann und sprach zu Nathan: So wahr
der HERR lebt: der Mann ist ein Kind des
Todes, der das getan hat!
6Dazu soll er das Schaf [a]vierfach bezah-
len, weil er das getan und sein eigenes
geschont hat. *a* 2.Mose 21,37
7¶ Da sprach Nathan zu David: [a]Du bist
der Mann! So spricht der HERR, der Gott
Israels: Ich habe dich zum König gesalbt
über Israel und habe dich errettet aus der
Hand Sauls *a* 1.Kön 20,40
8und habe dir deines Herrn Haus gege-
ben, dazu seine Frauen, und habe dir das
Haus Israel und Juda gegeben; und ist das
zu wenig, will ich noch dies und das dazu-
tun.
9Warum hast du denn das Wort des
HERRN verachtet, daß du getan hast, was
ihm mißfiel? [a]Uria, den Hetiter, hast du
erschlagen mit dem Schwert, seine Frau
hast du dir zur Frau genommen, ihn aber
hast du umgebracht durchs Schwert der
Ammoniter. *a* Kap 11; 1.Kön 15,5
10Nun, so [a]soll von deinem Hause das
Schwert nimmermehr lassen, weil du mich
verachtet und die Frau Urias, des Heti-
ters, genommen hast, daß sie deine Frau
sei. *a* Kap 13,28.29; 18,14; 1.Kön 2,24.25; 2.Kön 25,7
11So spricht der HERR: Siehe, ich will
Unheil über dich kommen lassen aus dei-

nem eigenen Hause und will deine Frauen
nehmen vor deinen Augen und will sie
deinem Nächsten geben, daß er [a] bei ihnen
liegen soll an der lichten Sonne.
[a] Kap 16,22; 20,3; Hiob 31,9.10
12 Denn du hast's heimlich getan, ich aber
will dies tun vor ganz Israel und im Licht
der Sonne.
13 ¶ Da sprach David zu Nathan: [a] Ich habe
gesündigt gegen den HERRN. Nathan sprach
zu David: [b] So hat auch der HERR deine
Sünde weggenommen; du wirst nicht ster-
ben. [a] Kap 24,10; Ps 51,3 [b] Hes 18,21-23
14 Aber weil du die Feinde des HERRN
durch diese Sache zum Lästern gebracht
hast, wird der [a] Sohn, der dir geboren ist,
des Todes sterben. [a] Kap 11,27
15 Und Nathan ging heim.
¶ Und der HERR schlug das Kind, das
Urias Frau David geboren hatte, so daß
es todkrank wurde.
16 Und David suchte Gott um des Knäb-
leins willen und fastete, und wenn er heim-
kam, lag er über Nacht auf der Erde.
17 Da traten herzu die Ältesten seines
Hauses und wollten ihn aufrichten von der
Erde; er aber wollte nicht und aß auch
nicht mit ihnen.
18 Am siebenten Tage aber starb das Kind.
Und die Männer Davids fürchteten sich,
ihm zu sagen, daß das Kind tot sei; denn
sie dachten: Siehe, als das Kind noch am
Leben war, redeten wir mit ihm, und er
hörte nicht auf uns; wie könnten wir ihm
nun sagen: Das Kind ist tot! Er könnte ein
Unheil anrichten.
19 Als aber David sah, daß seine Männer
leise redeten, merkte er, daß das Kind tot
sei, und sprach zu seinen Männern: Ist
das Kind tot? Sie sprachen: Ja.
20 Da stand David von der Erde auf und
wusch sich und salbte sich und zog andere
Kleider an und ging in das Haus des HERRN
und betete an. Und als er wieder heim-
kam, ließ er sich Speise auftragen und aß.
21 Da sprachen seine Männer zu ihm: Was
soll das, was du tust? Als das Kind lebte,
hast du gefastet und geweint; nun es aber
gestorben ist, stehst du auf und ißt?
22 Er sprach: Als das Kind noch lebte,
fastete ich und weinte; denn ich dachte:
Wer weiß, ob mir der HERR nicht gnädig
wird und das Kind am Leben bleibt.
23 Nun es aber tot ist, was soll ich fasten?
Kann ich es wieder zurückholen? Ich
werde wohl zu ihm fahren; es kommt aber
nicht wieder zu mir zurück.
24 Und als David seine Frau Batseba getrö-
stet hatte, ging er zu ihr hinein und wohnte
ihr bei. Und sie gebar einen Sohn, den
nannte er Salomo. Und der HERR liebte
ihn.
25 Und er tat ihn unter die Hand des Pro-
pheten Nathan; der nannte ihn Jedidja*
um des HERRN willen.

* d. h. »Geliebter des HERRN«.

Eroberung der Hauptstadt der Ammoniter

(vgl. 1.Chr 20,1-3)

26 So kämpfte nun Joab gegen [a] Rabba, die
Stadt der Ammoniter, und eroberte die
Königsstadt [a] Kap 11,1; Jer 49,2
27 und sandte Boten zu David und ließ
ihm sagen: Ich habe gekämpft gegen
Rabba und schon die Wasserstadt einge-
nommen.
28 So bring nun das übrige Kriegsvolk
zusammen und belagere die Stadt und er-
obere sie, damit nicht ich sie erobere und
mein Name über ihr ausgerufen werde.
29 So brachte David das ganze Kriegsvolk
zusammen und zog hin und kämpfte
gegen Rabba und eroberte es
30 und nahm seinem König die Krone
vom Haupt; die war an Gewicht einen
Zentner Gold schwer, und an ihr war ein
Edelstein; und sie wurde David aufs Haupt
gesetzt. Und er führte aus der Stadt viel
Beute weg.
31 Aber das Volk darin führte er heraus
und stellte sie als Fronarbeiter an die
Sägen, die eisernen Pickel und an die eiser-
nen Äxte und ließ sie an den Ziegelöfen
arbeiten. So tat er mit allen Städten der
Ammoniter. Danach kehrten David und
das ganze Kriegsvolk nach Jerusalem
zurück.

Amnons Schandtat an Absaloms Schwester

13 Und es begab sich danach: [a] Absa-
lom, der Sohn Davids, hatte eine
schöne Schwester, die Tamar hieß; und
Amnon, der Sohn Davids, gewann sie
lieb. [a] Kap 3,2.3
2 Und Amnon grämte sich, so daß er fast
krank wurde, um seiner Schwester Tamar
willen; denn sie war eine Jungfrau, und es
schien Amnon unmöglich zu sein, ihr
etwas anzutun.

3 Amnon aber hatte einen Freund, der
hieß Jonadab, ein Sohn von [a]Davids Bru-
der Schamma, und dieser Jonadab war ein
sehr erfahrener Mann. *a* 1.Sam 17,13
4 Der sprach zu ihm: Warum wirst du so
mager von Tag zu Tag, du Königssohn?
Willst du mir's nicht sagen? Da sprach
Amnon zu ihm: Ich habe Tamar, die
Schwester meines Bruders Absalom, lieb-
gewonnen.
5 Jonadab sprach zu ihm: Lege dich auf
dein Bett und stelle dich krank. Wenn
dann dein Vater kommt, dich zu besuchen,
so sprich zu ihm: Laß doch meine Schwe-
ster Tamar kommen, damit sie mir Kran-
kenkost gebe und vor meinen Augen das
Essen bereite, daß ich zusehe und von
ihrer Hand nehme und esse.
6 So legte sich Amnon hin und stellte sich
krank. Als nun der König kam, ihn zu
besuchen, sprach Amnon zum König: Laß
doch meine Schwester Tamar kommen,
daß sie vor meinen Augen einen Kuchen
oder zwei mache und ich von ihrer Hand
nehme und esse.
7 Da sandte David zu Tamar ins Haus und
ließ ihr sagen: Geh hin ins Haus deines
Bruders Amnon und mache ihm eine
Krankenspeise.
8 Tamar ging hin ins Haus ihres Bruders
Amnon; er aber lag zu Bett. Und sie nahm
den Teig und knetete ihn und bereitete
ihn vor seinen Augen und backte die
Kuchen.
9 Und sie nahm die Pfanne und schüttete
sie vor ihm aus; aber er weigerte sich zu
essen. Und Amnon sprach: Laßt jeder-
mann von mir hinausgehen. Und es ging
jedermann von ihm hinaus.
10 Da sprach Amnon zu Tamar: Bringe
die Krankenspeise in die Kammer, damit
ich von deiner Hand nehme und esse. Da
nahm Tamar die Kuchen, die sie gemacht
hatte, und brachte sie zu Amnon, ihrem
Bruder, in die Kammer.
11 [a]Und als sie diese zu ihm brachte,
damit er esse, ergriff er Tamar und sprach
zu ihr: Komm, meine Schwester, lege dich
zu mir! *a (11 und 12)* 3.Mose 18,9
12 Sie aber sprach zu ihm: Nicht doch,
mein Bruder, schände mich nicht; denn so
tut man nicht in Israel. Tu nicht solch eine
Schandtat!
13 Wo soll ich mit meiner Schande hin?
Und du wirst in Israel sein wie ein Ruch-
loser. Rede aber mit dem König, der wird
mich dir nicht versagen.
14 Aber er wollte nicht auf sie hören und
ergriff sie und überwältigte sie und wohnte
ihr bei.
15 Und Amnon wurde ihrer überdrüssig,
so daß sein Widerwille größer war als vor-
her seine Liebe. Und Amnon sprach zu
ihr: Auf, geh deiner Wege!
16 Sie aber sprach zu ihm: Daß du mich
von dir stößt, dies Unrecht ist größer als
das andere, das du an mir getan hast. Aber
er wollte nicht auf sie hören,
17 sondern rief seinen Diener, der ihm
aufwartete, und sprach: Treibe diese von
mir hinaus und schließ die Tür hinter ihr
zu!
18 Und sie hatte ein Ärmelkleid an; denn
solche Kleider trugen des Königs Töchter,
solange sie Jungfrauen waren. Und als sein
Diener sie hinausgetrieben und die Tür
hinter ihr zugeschlossen hatte,
19 warf Tamar Asche auf ihr Haupt und
zerriß das Ärmelkleid, das sie anhatte, und
legte ihre Hand auf das Haupt und ging
laut schreiend davon.
20 Und ihr Bruder Absalom sprach zu ihr:
Ist dein Bruder Amnon bei dir gewesen?
Nun, meine Schwester, schweig still; es ist
dein Bruder, nimm dir die Sache nicht so
zu Herzen. So blieb Tamar einsam im
Hause ihres Bruders Absalom.
21 ¶Und als der König David dies alles
hörte, wurde er sehr zornig. Aber er tat
seinem Sohn Amnon nichts zuleide, denn
er liebte ihn, weil er sein Erstgeborener
war. Doch Absalom redete nicht mit
Amnon, weder Böses noch Gutes.
22 Denn Absalom haßte Amnon, weil er
seine Schwester Tamar geschändet hatte.

Absaloms Rache an Amnon

23 Nach zwei Jahren aber hatte Absalom
Schafschur in Baal-Hazor, das bei Ephraim
liegt. Und Absalom lud alle Söhne des
Königs ein
24 und kam zum König und sprach: Siehe,
dein Knecht hat Schafschur; der König
und seine Großen mögen mit seinem
Knecht hingehen.
25 Der König aber sprach zu Absalom:
Nicht doch, mein Sohn, laß uns nicht alle
gehen, damit wir dich nicht beschweren.
Und obgleich er ihn nötigte, wollte er doch

nicht hingehen, sondern entließ ihn mit
seinem Segen.
26 Absalom sprach: Soll dann nicht mein
Bruder Amnon mit uns gehen? Der König
sprach zu ihm: Warum soll er mit dir
gehen?
27 Da nötigte ihn Absalom, daß er Amnon
und alle Söhne des Königs mit ihm gehen
ließ. Und Absalom machte ein Mahl, wie
wenn der König ein Mahl gibt.
28 ¶ Absalom aber gebot seinen Leuten:
Seht darauf, wenn Amnon guter Dinge
wird vom Wein und ich zu euch spreche:
Schlagt Amnon nieder!, so [a]sollt ihr ihn
töten. Fürchtet euch nicht, denn ich hab's
euch geboten; seid nur getrost und geht
tapfer dran!

a 3.Mose 20,17

29 So taten die Leute Absaloms mit
Amnon, wie ihnen Absalom geboten
hatte. Da sprangen alle Söhne des Königs
auf, und jeder setzte sich auf sein Maul-
tier, und sie flohen.
30 Und als sie noch auf dem Wege waren,
kam das Gerücht vor David, Absalom
habe alle Söhne des Königs erschlagen,
daß nicht **einer** von ihnen übriggeblieben
sei.
31 Da stand der König auf und zerriß seine
Kleider und legte sich auf die Erde, und
alle seine Großen, die um ihn her stan-
den, zerrissen ihre Kleider.
32 Da hob Jonadab, der Sohn Schammas,
des Bruders Davids, an und sprach: Mein
Herr denke nicht, daß alle jungen Männer,
die Söhne des Königs, tot sind; sondern
Amnon allein wird tot sein. Denn das hatte
Absalom im Sinn von dem Tage an, da
jener seine Schwester Tamar geschändet
hatte.
33 So möge nun mein Herr, der König,
nicht meinen, daß alle Söhne des Königs
tot seien, sondern Amnon allein ist tot.
34 ¶ Absalom aber floh. Und als der Knecht
auf der Warte seine Augen aufhob und
ausschaute, siehe, da war viel Volk auf
dem Wege nach Horonajim, am Abhang.
35 Da sprach Jonadab zum König: Siehe,
die Söhne des Königs kommen; wie dein
Knecht gesagt hat, so ist's ergangen.
36 Und nachdem er das gesagt hatte, siehe,
da kamen die Söhne des Königs und erho-
ben ihre Stimme und weinten. Der König
und alle seine Großen weinten auch gar
sehr.
37 Absalom aber floh und ging zu [a]Tal-
mai, dem Sohn Ammihuds, dem König
von [b]Geschur. David aber trug Leid um
seinen Sohn alle Tage.

a Kap 3,3 *b* Kap 14,23; Jos 13,11

Joab erwirbt Gnade für Absalom

38 Als aber Absalom geflohen und nach
Geschur gezogen war, blieb er dort drei
Jahre.
39 Und der König David hörte auf, Absa-
lom zu grollen; denn er hatte sich getrö-
stet über Amnon, daß er tot war.
14 ¶ Joab aber, der Sohn der Zeruja,
merkte, daß des Königs Herz an
Absalom hing,
2 und sandte hin nach Tekoa und ließ von
dort eine kluge Frau holen und sprach zu
ihr: Stelle dich wie eine Trauernde und
zieh Trauerkleider an und salbe dich nicht
mit Öl, sondern stelle dich wie eine Frau,
die eine lange Zeit Leid getragen hat um
einen Toten.
3 Und du sollst zum König hineingehen
und mit ihm reden so und so. Und Joab
legte ihr die Worte in den Mund, die sie
reden sollte.
4 Und als die Frau aus Tekoa zum König
kam, fiel sie auf ihr Antlitz zur Erde und
huldigte ihm und sprach: Hilf mir, König!
5 Der König sprach zu ihr: Was hast du?
Sie sprach: Ach, ich bin eine Witwe, und
mein Mann ist gestorben.
6 Und deine Magd hatte zwei Söhne, die
zankten miteinander auf dem Felde, und
weil keiner da war, der zwischen ihnen
schlichtete, schlug der eine seinen Bruder
nieder und tötete ihn.
7 Und siehe, nun steht die ganze Sippe
auf gegen deine Magd, und sie sagen: Gib
den her, der seinen Bruder erschlagen hat,
[a]damit wir ihn töten für das Leben seines
Bruders, den er umgebracht hat; so wol-
len sie auch den Erben vertilgen und den
Funken auslöschen, der mir noch übrigge-
blieben ist, so daß meinem Mann kein
Name und kein Nachkomme bleibt auf
Erden.

a 5.Mose 19,11-13

8 Der König sprach zu der Frau: Geh
heim, ich will die Sache für dich ordnen.
9 Und die Frau aus Tekoa sprach zum
König: Mein Herr und König, die Schuld
wird man auf mich und meines Vaters
Haus legen, den König aber und seinen
Thron ohne Schuld sein lassen.
10 Der König sprach: Wer gegen dich

redet, den bringe zu mir; er soll dich nicht
mehr antasten.
11 Sie sprach: Der König möge doch den
Namen des HERRN, seines Gottes, nennen,
damit der [a]Bluträcher nicht noch mehr
Verderben anrichte und sie meinen Sohn
nicht vertilgen. Er sprach: So wahr der
HERR lebt: es soll kein Haar von deinem
Sohn auf die Erde fallen. *a* 4.Mose 35,19-21
12 Und die Frau sprach: Laß deine Magd
meinem Herrn und König etwas sagen. Er
sprach: Sage an!
13 Die Frau sprach: Warum bist du so
gesinnt gegen Gottes Volk? Denn da der
König nun ein solches Urteil gefällt hat, ist
er wie ein Schuldiger, wenn er den nicht
zurückholen läßt, den er verstoßen hat.
14 Denn wir sterben des Todes und sind
wie Wasser, das auf die Erde gegossen wird
und das man nicht wieder sammeln kann;
aber [a]Gott will nicht das Leben wegneh-
men, sondern er ist darauf bedacht, daß
das Verstoßene nicht auch von ihm ver-
stoßen werde. *a* Hes 18,23
15 So bin ich nun gekommen, mit mei-
nem Herrn und König solches zu reden;
denn das Volk macht mir angst. Deine
Magd dachte: Ich will mit dem König
reden; vielleicht wird er tun, was seine
Magd sagt.
16 Denn der König wird seine Magd erhö-
ren, daß er mich errette aus der Hand aller,
die mich samt meinem Sohn vertilgen
wollen vom Erbe Gottes.
17 Und deine Magd dachte: Meines Herrn,
des Königs, Wort soll mir ein Trost sein;
denn mein Herr, der König, ist [a]wie der
Engel Gottes, daß er Gutes und Böses
unterscheiden kann. Der HERR, dein Gott,
möge mit dir sein! *a* Kap 19,28; 1.Sam 29,9
18 ¶ Der König antwortete und sprach zu
der Frau: Verhehle mir nicht, was ich dich
frage. Die Frau sprach: Mein Herr, der
König, rede!
19 Der König sprach: Ist nicht die Hand
Joabs mit dir in alledem? Die Frau ant-
wortete: So wahr du lebst, mein Herr und
König: man kann nicht vorüber an dem,
was mein Herr und König geredet hat,
weder zur Rechten noch zur Linken. Ja,
dein Knecht Joab hat mir's geboten, und
er hat alle diese Worte deiner Magd in den
Mund gelegt.
20 Daß ich diese Sache so wenden sollte,
das hat dein Knecht Joab gemacht. Aber
mein Herr gleicht an Weisheit dem [a]En-
gel Gottes, so daß er alles weiß, was auf
Erden geschieht. *a* Vers 17
21 ¶ Da sprach der König zu Joab: Siehe,
ich will es tun; so geh hin und bringe mei-
nen Sohn Absalom zurück.
22 Da fiel Joab auf sein Antlitz zur Erde,
huldigte und dankte dem König und
sprach: Heute erkennt dein Knecht, daß
ich Gnade gefunden habe vor deinen
Augen, mein Herr und König, da der
König tut, was sein Knecht sagt.
23 So machte sich Joab auf und zog nach
[a]Geschur und brachte Absalom nach
Jerusalem. *a* Kap 13,37
24 Aber der König sprach: Laß ihn wieder
in sein Haus gehen, doch mein Angesicht
soll er nicht sehen. So kam Absalom wie-
der in sein Haus, doch des Königs Ange-
sicht sah er nicht.
25 ¶ Es war aber in ganz Israel kein Mann
so schön wie Absalom, und er hatte dieses
Lob vor allen; von der Fußsohle bis zum
Scheitel war nicht ein Fehl an ihm.
26 Und wenn man sein Haupt schor – das
geschah alle Jahre, denn es war ihm zu
schwer, so daß man es abscheren mußte –,
so wog sein Haupthaar zweihundert Lot
nach dem königlichen Gewicht.
27 Und Absalom wurden drei Söhne gebo-
ren und eine Tochter, die hieß [a]Tamar,
und sie war ein schönes Mädchen.
a Kap 13,1
28 ¶ Und Absalom wohnte zwei Jahre in
Jerusalem, ohne des Königs Angesicht zu
sehen.
29 Und Absalom sandte zu Joab, um ihn
zum König zu senden; aber Joab wollte
nicht zu ihm kommen. Er aber sandte zum
zweitenmal; aber er wollte immer noch
nicht kommen.
30 Da sprach er zu seinen Knechten: Seht
das Stück Acker Joabs neben meinem; er
hat Gerste darauf. So geht hin und steckt's
in Brand. Da steckten die Knechte Absa-
loms das Stück in Brand.
31 Da machte sich Joab auf und kam zu
Absalom ins Haus und sprach zu ihm:
Warum haben deine Knechte mein Feld
in Brand gesteckt?
32 Absalom sprach zu Joab: Siehe, ich
sandte zu dir und ließ dir sagen: Komm
her, damit ich dich zum König sende und
fragen lasse: Warum bin ich von Geschur
hierhergekommen? Es wäre mir besser,

daß ich noch dort wäre. So laß mich nun
das Angesicht des Königs sehen; liegt aber
eine Schuld auf mir, so soll er mich töten.
33 Und Joab ging hinein zum König und
sagte es ihm an. Und er rief Absalom, daß
er hinein zum König kam; und er fiel nie-
der vor dem König auf sein Antlitz zur
Erde, und der König küßte Absalom.

Absaloms Aufruhr

15 Und es begab sich danach, daß
Absalom [a]sich einen Wagen an-
schaffte und Rosse und fünfzig Mann, die
seine Leibwache waren. *a* 1.Kön 1,5
2 Auch machte sich Absalom des Mor-
gens auf und trat an den Weg bei dem Tor.
Und wenn jemand einen Rechtshandel
hatte und deshalb zum König vor Gericht
gehen wollte, rief ihn Absalom zu sich und
sprach: Aus welcher Stadt bist du? Wenn
der dann sprach: Dein Knecht ist aus dem
und dem Stamm Israels,
3 so sprach Absalom zu ihm: Siehe, deine
Sache ist gut und recht; aber du hast kei-
nen beim König, der dich hört.
4 Und Absalom sprach: Oh, wer setzt
mich zum Richter im Lande, daß jeder-
mann zu mir käme, der eine Sache und
Gerichtshandel hat, damit ich ihm zum
Recht hülfe!
5 Und wenn jemand ihm nahte und vor
ihm niederfallen wollte, so streckte er
seine Hand aus und ergriff ihn und küßte
ihn.
6 Auf diese Weise tat Absalom mit ganz
Israel, wenn sie vor Gericht kamen zum
König. So stahl Absalom das Herz der
Männer Israels.
7 ¶ Nach vier Jahren sprach Absalom zum
König: Ich will hingehen und mein
Gelübde in Hebron erfüllen, das ich dem
HERRN gelobt habe.
8 Denn dein Knecht hat ein [a]Gelübde
getan, als ich in [b]Geschur in Aram
wohnte, und gesprochen: Wenn mich der
HERR nach Jerusalem zurückbringt, so
will ich dem HERRN einen Gottesdienst
halten. *a* 1.Mose 28,20.21 *b* Kap 13,37.38
9 Der König sprach zu ihm: Geh hin mit
Frieden! Und er machte sich auf und ging
nach Hebron.
10 Absalom aber hatte heimlich Boten
ausgesandt in alle Stämme Israels und
sagen lassen: Wenn ihr den Schall der
Posaune hört, so ruft: Absalom ist König
geworden zu Hebron.
11 Es gingen aber mit Absalom zweihun-
dert Mann von Jerusalem, die geladen
waren, und sie gingen ohne Argwohn und
wußten nichts von der Sache.
12 Als aber Absalom die Opfer darbrachte,
sandte er auch zu [a]Ahitofel, dem Giloni-
ter, Davids Ratgeber, und ließ ihn holen
aus seiner Stadt [b]Gilo. Und die Ver-
schwörung wurde stark, und es sammelte
sich immer mehr Volk um Absalom.
a Kap 23,34 *b* Jos 15,51

David verläßt Jerusalem

13 Da kam einer, der sagte es David an
und sprach: Jedermanns Herz in Israel hat
sich Absalom zugewandt.
14 David aber sprach zu allen seinen Gro-
ßen, die bei ihm in Jerusalem waren: Auf,
laßt uns fliehen! Denn hier wird kein Ent-
rinnen sein vor Absalom. Eilt, daß wir
gehen, damit er uns nicht einholt und uns
ergreift und Unheil über uns bringt und
die Stadt schlägt mit der Schärfe des
Schwerts.
15 Da sprachen die Großen des Königs zu
ihm: Ganz wie unser Herr und König will;
siehe, wir sind deine Knechte.
16 Und der König zog hinaus und sein
ganzes Haus ihm nach. Der König aber
ließ zehn Nebenfrauen zurück, um das
Haus zu bewahren.
17 ¶ Und als der König und alles Volk, das
ihm nachfolgte, hinauskamen, blieben sie
stehen beim letzten Hause.
18 Und alle seine Großen blieben an sei-
ner Seite; aber alle [a]Kreter und Pleter,
auch alle Gatiter, sechshundert Mann, die
von Gat ihm nachgefolgt waren, zogen an
dem König vorüber. *a* Kap 8,18
19 Und der König sprach zu [a]Ittai, dem
[b]Gatiter: Warum gehst auch du mit uns?
Kehre um und bleibe bei dem neuen
König, denn du bist ein Ausländer und
von deiner Heimat hierher gezogen.
a Kap 18,2 *b* 1.Sam 27,2
20 Gestern bist du gekommen, und heute
sollte ich dich mit uns hin und her ziehen
lassen? Denn ich muß gehen, wohin ich
gehen kann. Kehre um und nimm deine
Brüder mit dir; dir widerfahre Barmher-
zigkeit und Treue.
21 Ittai antwortete dem König und sprach:
So wahr der HERR lebt, und so wahr mein

Herr und König lebt: wo immer mein
Herr, der König, ist, es gerate zum Tod
oder zum Leben, da wird dein Knecht
auch sein.
22 David sprach zu Ittai: So komm und
zieh vorüber! Da zog Ittai, der Gatiter, vor-
über, und alle seine Männer und der ganze
Haufe von Frauen und Kindern, die bei
ihm waren.
23 Und das ganze Land weinte mit lauter
Stimme, während das ganze Kriegsvolk
vorüberzog. Und der König ging über den
Bach Kidron, und das ganze Kriegsvolk
zog weiter auf dem Wege, der zur Wüste
geht.
24 ¶ Und siehe, Zadok war auch da und alle
Leviten, die bei ihm waren, und sie trugen
die Lade des Bundes Gottes und stellten
sie nieder. Und Abjatar brachte Opfer dar,
bis das ganze Kriegsvolk aus der Stadt vor-
übergezogen war.
25 Aber der König sprach zu Zadok:
Bringe die Lade Gottes in die Stadt
zurück. Werde ich Gnade finden vor dem
HERRN, so wird er mich zurückbringen, daß
ich sie und ihre Stätte wiedersehe.
26 Spricht er aber: Ich habe kein Wohlge-
fallen an dir – siehe, hier bin ich. Er mach's
mit mir, wie es ihm wohlgefällt.
27 Und der König sprach zu dem Priester
Zadok: Wohlan, du und Abjatar, kehrt
zurück in die Stadt mit Frieden und mit
euch eure beiden Söhne, Ahimaaz, dein
Sohn, und [a]Jonatan, der Sohn Abja-
tars!

a 1.Kön 1,42

28 Siehe, ich will warten bei den Furten in
der Wüste, bis von euch Botschaft zu mir
kommt.
29 So brachten Zadok und Abjatar die
Lade Gottes zurück nach Jerusalem und
blieben dort.
30 ¶ David aber ging den Ölberg hinan und
weinte, und sein Haupt war verhüllt, und
er ging barfuß. Auch alle vom Volk, die
bei ihm waren, hatten ihr Haupt verhüllt
und gingen hinan und weinten.
31 Und als David gesagt wurde, daß Ahi-
tofel im Bund mit Absalom sei, sprach er:
HERR, [a]mache den Ratschlag Ahitofels zur
Torheit!

a Kap 17,14

32 Und als David auf die [a]Höhe kam, wo
man Gott anzubeten pflegte, siehe, da
begegnete ihm Huschai, der [b]Arkiter, mit
zerrissenem Rock und Erde auf seinem
Haupt.

a 1.Kön 3,2 *b* Jos 16,2

33 Und David sprach zu ihm: Wenn du
mit mir gehst, wirst du mir eine Last sein.
34 Wenn du aber in die Stadt zurückkehrst
und zu Absalom sprichst: Ich will dein
Knecht sein, König; wie ich zuvor deines
Vaters Knecht war, will ich nun dein
Knecht sein –, so [a]könntest du mir zugut
den Ratschlag Ahitofels zunichte machen.

a Kap 17,7

35 Auch sind die Priester Zadok und Abja-
tar mit dir. Alles, was du hörst aus des
Königs Hause, sollst du den Priestern
Zadok und Abjatar sagen.
36 Siehe, es sind bei ihnen ihre beiden
Söhne: Ahimaaz, Zadoks Sohn, und Jona-
tan, Abjatars Sohn. Durch die könnt ihr
mir alles zukommen lassen, was ihr hören
werdet.[a]

a Kap 17,15-21

37 So kam [a]Huschai, der Freund Davids,
in die Stadt. Und Absalom zog in Jerusa-
lem ein.

a 1.Chr 27,33

David auf der Flucht zum Jordan

16 Und als David ein wenig über die
Höhe hinabgegangen war, siehe, da
begegnete ihm [a]Ziba, der Knecht Mefi-
Boschets, mit einem Paar gesattelter Esel;
darauf waren zweihundert Brote und hun-
dert Rosinenkuchen und hundert frische
Früchte und ein Schlauch Wein.

a Kap 9,2

2 Da sprach der König zu Ziba: Was willst
du damit machen? Ziba sprach: Die Esel
sollen für das Haus des Königs sein, um
darauf zu reiten, und die Brote und die
Früchte sind für die Leute zum Essen und
der Wein zum Trinken, wenn sie müde
werden in der Wüste.
3 [a]Der König sprach: Wo ist der Sohn
deines Herrn? Ziba sprach zum König:
Siehe, er blieb in Jerusalem; denn er
denkt: Heute wird mir das Haus Israel
meines Vaters Königtum zurückgeben.

a (3 und 4) Kap 19,25-31

4 Der König sprach zu Ziba: Siehe, es soll
dein sein alles, was Mefi-Boschet hat. Ziba
sprach: Ich neige mich; laß mich auch fer-
ner Gnade finden vor dir, mein Herr und
König.
5 ¶ Als aber der König David nach Bahu-
rim kam, siehe, da kam ein Mann von dort
heraus, vom Geschlecht des Hauses Saul,
der hieß [a]Schimi, der Sohn Geras; der
kam heraus und [b]fluchte

a 1.Kön 2,8.9 *b* 2.Mose 22,27

6 und warf mit Steinen nach David und

allen Großen des Königs David, obwohl
das ganze Kriegsvolk und alle seine Hel-
den zu seiner Rechten und Linken waren.
7 So aber rief Schimi, als er fluchte: Hin-
aus, hinaus, du Bluthund, du ruchloser
Mann!
8 Der HERR hat über dich gebracht alles
Blut des Hauses Sauls, an dessen Statt du
König geworden bist. Jetzt hat der HERR
das Königtum gegeben in die Hand deines
Sohnes Absalom; und siehe, nun steckst
du in deinem Unglück, denn du bist ein
Bluthund.
9 Aber [a]Abischai, der Sohn der Zeruja,
sprach zu dem König: Sollte dieser tote
Hund meinem Herrn, dem König, fluchen
dürfen? Ich will hingehen und ihm den
Kopf abhauen. *a* 1.Sam 26,8
10 [a]Der König sprach: Ihr Söhne der
Zeruja, was hab ich mit euch zu schaffen?
Laßt ihn fluchen; denn der HERR hat ihm
geboten: Fluche David! Wer darf dann
sagen: Warum tust du das?
a (10-12) Kap 19,17-24
11 Und David sprach zu Abischai und zu
allen seinen Großen: Siehe, mein Sohn,
der von meinem Leibe gekommen ist,
trachtet mir nach dem Leben; warum
nicht auch jetzt der Benjaminiter? Laßt
ihn ruhig fluchen, denn der HERR hat's
ihm geboten.
12 Vielleicht wird der HERR mein Elend
ansehen und mir mit Gutem vergelten
sein heutiges Fluchen.
13 So ging David mit seinen Leuten des
Weges; aber Schimi ging am Hang des
Berges entlang, ihm gegenüber, und
fluchte und warf mit Steinen nach ihm und
bewarf ihn mit Erdklumpen.
14 Und der König kam mit allem Volk,
das bei ihm war, müde an den Jordan und
ruhte dort aus.

Die Ratschläge Huschais und Ahitofels

15 Aber Absalom und alles Volk, die Män-
ner Israels, kamen nach Jerusalem und
Ahitofel mit ihm.
16 Als aber [a]Huschai, der Arkiter, Davids
Freund, zu Absalom hineinkam, rief er
Absalom zu: Es lebe der König! Es lebe
der König! *a* Kap 15,37
17 Absalom aber sprach zu Huschai: Ist
das deine Liebe zu deinem Freunde?
Warum bist du nicht mit deinem Freunde
gezogen?
18 Huschai aber sprach zu Absalom: Nein!
sondern wen der HERR erwählt und dies
Volk und alle Männer in Israel, zu dem
gehöre ich und bei dem will ich bleiben.
19 Zum andern, wem diene ich? Ist es
nicht sein Sohn, dem ich diene? Wie ich
deinem Vater gedient habe, so will ich
auch vor dir sein.
20 ¶ Und Absalom sprach zu Ahitofel:
Gebt euren Rat, was sollen wir tun?
21 Ahitofel sprach zu Absalom: [a]Geh ein
zu den Nebenfrauen deines Vaters, die er
zurückgelassen hat, um das Haus zu
bewahren, so wird ganz Israel hören, daß
du dich bei deinem Vater in Verruf
gebracht hast; dann werden alle, die zu dir
stehen, desto kühner werden. *a* Kap 15,16
22 Da machten sie Absalom ein Zelt auf
dem Dach, und Absalom [a]ging zu den
Nebenfrauen seines Vaters [b]vor den
Augen ganz Israels. *a* 3.Mose 18,8 *b* Kap 12,11
23 Wenn damals Ahitofel einen Rat gab,
dann war das, als wenn man Gott um
etwas befragt hätte; so viel galten alle
Ratschläge Ahitofels bei David und bei
Absalom.
17 ¶ Und Ahitofel sprach zu Absalom:
Ich will zwölftausend Mann auswäh-
len und mich aufmachen und David nach-
jagen in dieser Nacht
2 und will ihn überfallen, solange er matt
und verzagt ist. Wenn ich ihn dann
erschrecke und das ganze Kriegsvolk, das
bei ihm ist, flieht, will ich den König allein
erschlagen
3 und das ganze Kriegsvolk zu dir zurück-
bringen, wie die junge Frau zu ihrem
Mann zurückkehrt. Du trachtest ja nur
einem Mann nach dem Leben, aber das
ganze Volk soll in Frieden bleiben.
4 Die Rede gefiel Absalom gut und allen
Ältesten in Israel.
5 ¶ Aber Absalom sprach: Laßt doch auch
[a]Huschai, den Arkiter, rufen und hören,
was er dazu sagt. *a* Kap 16,16
6 Und als Huschai hinein zu Absalom
kam, sprach Absalom zu ihm: Das und
das hat Ahitofel geredet; sage du, sollen
wir's tun oder nicht?
7 Da sprach Huschai zu Absalom: Es ist
kein guter Rat, den Ahitofel diesmal gege-
ben hat.
8 Und Huschai sprach weiter: Du kennst
deinen Vater und seine Leute, daß sie stark
sind und zornigen Gemüts wie eine Bärin

21 *Josef, der Hirt*
Öl und Gouache; 63 × 50 cm; 1931; signiert;
MBMC, Nizza
(© Foto: RMN – Gérard Blot)

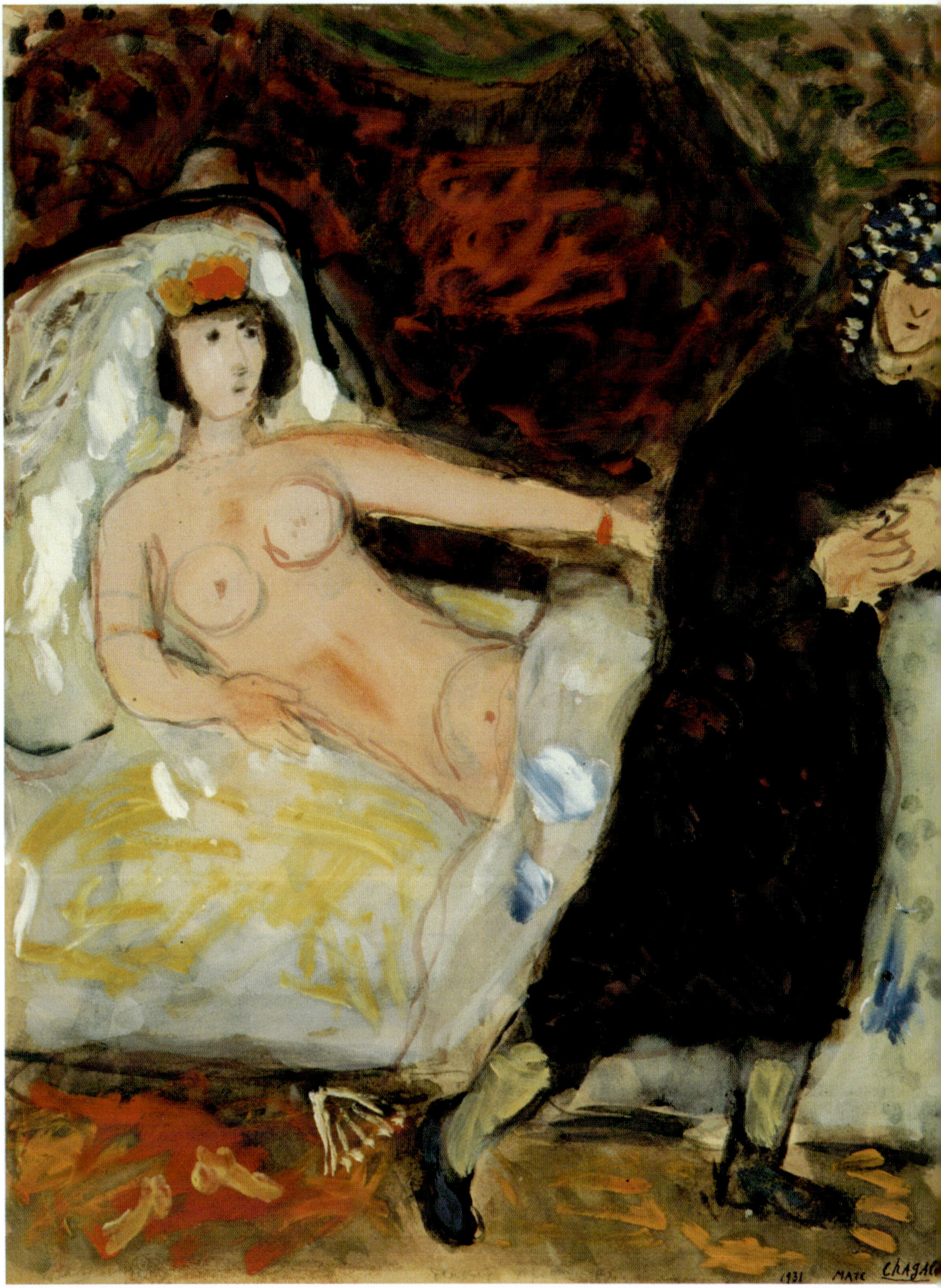

22 *Josef und Potifars Frau*
Gouache; 61,5 x 48 cm; 1931; signiert;
MBMC, Nizza
(© Foto: RMN – Gérard Blot)

23 *Josef deutet die Träume des Pharao*
Öl und Gouache; 61,5 x 48 cm; 1931; signiert;
MBMC, Nizza
(© Foto: RMN – Gérard Blot)

24 *Josef gibt sich seinen Brüdern zu erkennen*
Öl und Gouache; 60,5 x 47,5 cm; 1931; signiert;
MBMC, Nizza
(© Foto: RMN – Gérard Blot)

auf dem Felde, der die Jungen geraubt
sind. Dazu ist dein Vater ein Kriegsmann
und wird seinen Leuten keine Nachtruhe
gönnen.
9 Siehe, er hat sich jetzt vielleicht verkro-
chen in irgendeiner Schlucht oder sonst
einem Versteck. Wenn's dann geschähe,
daß gleich zu Anfang einige unter ihnen
fallen, und es käme das Gerücht auf: Das
Heer, das Absalom nachfolgt, ist geschla-
gen worden,
10 so würde jedermann verzagt werden,
auch wenn er ein Krieger ist und ein Herz
hat wie ein Löwe. Denn es weiß ganz
Israel, daß dein Vater ein Held ist und
seine Leute tapfere Krieger sind.
11 Darum rate ich, daß du zu dir versam-
melst ganz Israel von Dan bis Beerscheba,
soviel wie der Sand am Meer, und daß du
selbst mit ihnen ziehst.
12 So wollen wir ihn überfallen, wo wir
ihn finden, und wollen über ihn kommen,
wie der Tau auf die Erde fällt, daß wir von
ihm und allen seinen Männern nicht einen
einzigen übriglassen.
13 Zieht er sich aber in eine Stadt zurück,
so soll ganz Israel Stricke an die Stadt
legen und sie ins Tal schleifen, so daß man
nicht einen Stein mehr dort finde.
14 Da sprachen Absalom und jedermann
in Israel: Der Rat Huschais, des Arkiters,
ist besser als Ahitofels Rat. [a]So schickte
es der HERR, daß der kluge Rat Ahitofels
verhindert wurde, damit der HERR Unheil
über Absalom brächte.

[a] Kap 15,31.34

15 ¶ Und Huschai sprach zu den Priestern
Zadok und Abjatar: So und so hat Ahito-
fel Absalom und den Ältesten in Israel
geraten, ich aber habe so und so geraten.
16 So sendet nun eilends hin und laßt
David sagen: Bleibe nicht über Nacht
an den Furten der Wüste, sondern geh
gleich hinüber, damit der König nicht ver-
nichtet werde und das ganze Volk, das bei
ihm ist.
17 ¶ [a]Jonatan aber und Ahimaaz standen
bei der [b]Quelle Rogel; und eine Magd ging
von Zeit zu Zeit hin und brachte ihnen
Nachricht, die sie dem König David wei-
tersagten; denn sie durften sich in der
Stadt nicht sehen lassen.

[a] Kap 15,36 [b] Jos 15,7.8

18 Es sah sie aber ein Knabe und sagte es
Absalom an. Da gingen die beiden eilends
fort und kamen in das Haus eines Mannes
in Bahurim; der hatte einen Brunnen in
seinem Hofe. Dahinein stiegen sie.
19 Und die Frau nahm eine Decke und
breitete sie über das Brunnenloch und
schüttete Körner darüber, so daß man
nichts merkte.
20 Als nun die Leute Absaloms zu der
Frau ins Haus kamen, sprachen sie: Wo
sind Ahimaaz und Jonatan? Sie sprach zu
ihnen: Sie gingen weiter zum Wasser. Und
als die Leute Absaloms sie suchten und
nicht fanden, kehrten sie nach Jerusalem
zurück.
21 Und als sie weg waren, stiegen jene aus
dem Brunnen und gingen hin und sagten's
dem König David an und sprachen zu
David: Macht euch auf und geht eilends
über den Fluß, denn Ahitofel hat gegen
euch den und den Rat gegeben.
22 Da machte sich David auf und das
ganze Volk, das bei ihm war, und sie gin-
gen über den Jordan, und als es lichter
Morgen wurde, fehlte nicht ein einziger,
der nicht über den Jordan gegangen war.
23 ¶ Als aber Ahitofel sah, daß sein Rat
nicht ausgeführt wurde, sattelte er seinen
Esel, machte sich auf und zog heim in
seine Stadt und bestellte sein Haus und
[a]erhängte sich und starb und wurde begra-
ben in seines Vaters Grab.

[a] 1.Sam 31,4, 1.Kön 16,18, Mt 27,5

David in Mahanajim

24 Und David kam nach [a]Mahanajim.
Aber Absalom zog über den Jordan und
alle Männer Israels mit ihm.

[a] Kap 2,8

25 Und Absalom hatte [a]Amasa an Joabs
Statt über das Heer gesetzt. Amasa aber
war der Sohn eines Mannes mit Namen
Jeter, eines Israeliters, der zu Abigal, der
Tochter des Nahasch, eingegangen war;
diese war eine Schwester der [b]Zeruja,
Joabs Mutter.

[a] Kap 19,14 [b] 1.Chr 2,16.17

26 Israel aber und Absalom lagerten sich
in Gilead.
27 Als David nach Mahanajim gekommen
war, da brachten Schobi, der Sohn des
[a]Nahasch von Rabba, der Stadt der
Ammoniter, und [b]Machir, der Sohn
Ammiëls von Lo-Dabar, und [c]Barsillai, ein
Gileaditer von Roglim,

[a] 1.Chr 19,1 [b] Kap 9,4 [c] 1.Kön 2,7

28 Betten, Becken, irdene Gefäße, Weizen,
Gerste, Mehl, geröstete Körner, Bohnen,
Linsen,

29 Honig, Butter, Kuh- und Schafkäse, um David und das Volk, das bei ihm war, zu stärken. Denn sie dachten: Das Volk wird hungrig, müde und durstig geworden sein in der Wüste.

Absaloms Ende

18 Und David ordnete das Kriegsvolk, das bei ihm war, und setzte über sie Hauptleute über tausend und über hundert

2 und stellte ein Drittel des Volks unter Joab und ein Drittel unter Abischai, den Sohn der Zeruja, Joabs Bruder, und ein Drittel unter [a] Ittai, den Gatiter. Und der König sprach zum Kriegsvolk: Ich will auch mit euch ausziehen. *a* Kap 15,19

3 Aber das Kriegsvolk sprach: Du sollst nicht ausziehen, denn wenn wir fliehen oder die Hälfte von uns stirbt, so werden sie unser nicht achten; aber du bist wie zehntausend von uns. So ist's nun besser, daß du uns von der Stadt aus helfen kannst.

4 Der König sprach zu ihnen: Was euch gefällt, das will ich tun. Und der König trat ans Tor, und das ganze Kriegsvolk zog aus zu hundert und zu tausend.

5 Und der König gebot Joab und Abischai und Ittai und sprach: [a] Verfahrt mir schonend mit meinem Sohn Absalom! Und das ganze Kriegsvolk hörte es, als der König allen Hauptleuten Absaloms wegen diesen Befehl gab. *a* Vers 12

6 Und als das Heer hinauskam aufs Feld Israel entgegen, kam es zum Kampf im Walde Ephraim.

7 Und das Heer Israels wurde dort geschlagen von den Männern Davids, so daß an diesem Tag eine große Schlacht geschah - zwanzigtausend Mann.

8 Und der Kampf breitete sich dort aus über die ganze Gegend, und der Wald fraß an diesem Tage viel mehr Volk, als das Schwert fraß.

9 ¶Und Absalom begegnete den Männern Davids und ritt auf einem Maultier. Und als das Maultier unter eine große Eiche mit dichten Zweigen kam, blieb sein Haupt an der Eiche hängen, und er schwebte zwischen Himmel und Erde; denn sein Maultier lief unter ihm weg.

10 Als das ein Mann sah, tat er's Joab kund und sprach: Siehe, ich sah Absalom an einer Eiche hängen.

11 Und Joab sprach zu dem Mann, der's ihm kundgetan hatte: Wenn du das gesehen hast, warum schlugst du ihn nicht gleich zu Boden? So hätte ich dir zehn Silberstücke und einen Gürtel gegeben.

12 Der Mann sprach zu Joab: Wenn du mir tausend Silberstücke in meine Hand gewogen hättest, so hätte ich dennoch meine Hand nicht an des Königs Sohn gelegt; denn der König gebot dir und Abischai und Ittai vor unsern Ohren: [a] Gebt ja acht auf meinen Sohn Absalom! *a* Vers 5

13 Oder wenn ich etwas Falsches getan hätte unter Lebensgefahr, würdest du selbst dich gegen mich stellen, weil dem König ja nichts verborgen bleibt.

14 Joab sprach: Ich kann nicht so lange bei dir verweilen. Da nahm Joab drei Stäbe in seine Hand und stieß sie Absalom ins Herz, als er noch lebend an der Eiche hing.

15 Und zehn Knappen, Joabs Waffenträger, umringten ihn und schlugen ihn tot.

16 ¶Da ließ Joab die Posaune blasen, und das Volk jagte Israel nicht weiter nach; denn Joab gebot dem Volk Halt.

17 Und sie nahmen Absalom und warfen ihn im Wald in eine große Grube und [a] legten einen sehr großen Haufen Steine auf ihn. Und ganz Israel floh, ein jeder in sein Zelt. *a* Jos 8,29

18 Absalom aber hatte sich eine Säule aufgerichtet, als er noch lebte; die steht im Königsgrund. Denn er sprach: [a] Ich habe keinen Sohn, der meinen Namen lebendig erhält. Und er nannte die Säule nach seinem Namen, und sie heißt auch bis auf diesen Tag »Absaloms Mal«. *a* Kap 14,27

Davids Trauer um Absalom

19 [a] Ahimaaz, der Sohn Zadoks, sprach: Laß mich doch laufen und dem König die gute Botschaft bringen, daß der HERR ihm Recht verschafft hat gegen seine Feinde. *a* Kap 15,36; 17,17

20 Joab aber sprach zu ihm: Du bist heute nicht der Mann für eine gute Botschaft. An einem andern Tag darfst du eine Botschaft bringen, aber heute nicht; denn des Königs Sohn ist tot.

21 Und Joab befahl dem Mohren: Geh hin und sage dem König an, was du gesehen hast. Und der Mohr neigte sich vor Joab und lief hin.

22 Ahimaaz aber, der Sohn Zadoks, sprach

abermals zu Joab: Komme, was da will,
ich möchte auch laufen, dem Mohren
nach. Joab sprach: Was willst du laufen,
mein Sohn? Du hast keine gute Botschaft
zu bringen.
23 Ahimaaz sprach: Komme, was da will,
ich laufe. Er sprach zu ihm: So lauf! Da
lief Ahimaaz auf dem Weg durchs Jordan-
tal und kam dem Mohren zuvor.
24 David aber saß zwischen den beiden
Toren. Und der Wächter ging aufs Dach
des Tores an der Mauer und hob seine
Augen auf und sah einen Mann laufen al-
lein
25 und rief und sagte es dem König an.
Der König aber sprach: Ist er allein, so ist
eine gute Botschaft in seinem Munde. Und
als der Mann immer näher kam,
26 sah der Wächter einen zweiten Mann
laufen und rief in das Tor: Siehe, da
kommt noch ein Mann allein. Der König
aber sprach: Der ist auch ein guter Bote.
27 Der Wächter sprach: Ich sehe den er-
sten laufen, wie Ahimaaz, der Sohn Za-
doks, läuft. Und der König sprach: Es ist
ein guter Mann und bringt eine gute Bot-
schaft.
28 Ahimaaz aber rief und sprach zum Kö-
nig: Friede! Und er fiel nieder vor dem
König auf sein Antlitz zur Erde und
sprach: Gelobt sei der HERR, dein Gott,
der die Leute dahingegeben hat, die ihre
Hand gegen meinen Herrn, den König, er-
hoben haben.
29 Der König aber sprach: Geht es auch
meinem Sohn Absalom gut? Ahimaaz
sprach: Ich sah ein großes Getümmel, als
Joab des Königs Knecht und mich, deinen
Knecht, sandte, aber ich weiß nicht, was
es war.
30 Der König sprach: Tritt zur Seite und
stell dich dahin. Und er trat zur Seite und
blieb stehen.
31 Siehe, da kam der Mohr und sprach:
Hier gute Botschaft, mein Herr und Kö-
nig! Der HERR hat dir heute Recht ver-
schafft gegen alle, die sich gegen dich auf-
lehnten.
32 Der König aber sprach zu dem Moh-
ren: Geht es meinem Sohn Absalom auch
gut? Der Mohr sprach: Es müsse den
Feinden meines Herrn, des Königs, erge-
hen, wie es dem jungen Mann ergangen
ist, und auch allen, die sich böswillig ge-
gen dich auflehnen.

19 ¶ *Da erbebte der König und ging
hinauf in das Obergemach des Tores
und weinte, und im Gehen rief er: Mein
Sohn Absalom! Mein Sohn, mein Sohn
Absalom! Wollte Gott, ich wäre für dich
gestorben! O Absalom, mein Sohn, mein
Sohn!

* Abweichende Verszählung statt 19,1-44: 18,33–19,43.

2 ¶ Und es wurde Joab angesagt: Siehe,
der König weint und trägt Leid um Absa-
lom.
3 So wurde aus dem Sieg an diesem Tag
eine Trauer unter dem ganzen Kriegsvolk;
denn das Volk hatte an diesem Tage ge-
hört, daß sich der König um seinen Sohn
gräme.
4 Und das Kriegsvolk stahl sich weg an
diesem Tage in die Stadt, wie sich Kriegs-
volk wegstiehlt, das sich schämen muß,
weil es im Kampf geflohen ist.
5 Der König aber hatte sein Angesicht ver-
hüllt und schrie laut: Ach, mein Sohn Ab-
salom! Absalom, mein Sohn, mein Sohn!
6 Joab aber kam zum König ins Haus und
sprach: Du hast heute schamrot gemacht
alle deine Knechte, die dir heute das Le-
ben gerettet haben und deinen Söhnen,
deinen Töchtern, deinen Frauen und Ne-
benfrauen,
7 weil du liebhast, die dich hassen, und
haßt, die dich liebhaben. Denn du läßt
heute merken, daß dir nichts gelegen ist
an den Obersten und Kriegsleuten. Ja, ich
merke heute wohl: wenn nur Absalom
lebte und wir heute alle tot wären, das
wäre dir recht.
8 So mache dich nun auf und komm her-
aus und rede mit deinen Knechten freund-
lich. Denn ich schwöre dir bei dem
HERRN: Wirst du nicht herauskommen, so
wird kein Mann bei dir bleiben diese
Nacht. Das wird für dich ärger sein als
alles Übel, das über dich gekommen ist
von deiner Jugend auf bis hierher.
9 Da stand der König auf und setzte sich
ins Tor. Und man sagte es allem Kriegs-
volk: Siehe, der König sitzt im Tor. Da
kam alles Volk vor den König.

Davids Rückkehr nach Jerusalem

Als Israel geflohen war, ein jeder in sein
Zelt,
10 stritt sich alles Volk in allen Stämmen
Israels, und sie sprachen: Der König hat

uns errettet aus der Hand unserer Feinde
und uns erlöst aus der Hand der Philister
und hat jetzt aus dem Lande fliehen müs-
sen vor Absalom.
11 Aber Absalom, den wir über uns ge-
salbt hatten, ist gefallen im Kampf. Warum
seid ihr nun so still und holt den König
nicht wieder zurück?
12 Es kam aber die Rede ganz Israels vor
den König. Und der König sandte zu den
Priestern Zadok und Abjatar und ließ
ihnen sagen: Redet mit den Ältesten in
Juda und sprecht: Warum wollt ihr die
Letzten sein, den König zurückzuholen in
sein Haus?
13 Ihr seid meine Brüder, [a]von meinem
Gebein und Fleisch; warum wollt ihr denn
die Letzten sein, den König zurückzuho-
len? *a* Kap 5,1
14 Und zu [a]Amasa sprecht: Bist du nicht
von meinem Gebein und Fleisch? Gott
tue mir dies und das, wenn du nicht Feld-
hauptmann sein sollst vor mir dein Leben
lang an Joabs Statt. *a* Kap 17,25
15 Und er wandte das Herz aller Männer
Judas wie **eines** Mannes Herz, und sie
sandten hin zum König: Komm zurück,
du und alle deine Leute!
16 So kam der König zurück. Und als er
an den Jordan kam, waren die Männer
Judas nach Gilgal gekommen, um dem
König entgegenzuziehen und den König
über den Jordan zu führen.
17 ¶Und [a]Schimi, der Sohn Geras, der
Benjaminiter, der in Bahurim wohnte, zog
eilends mit den Männern von Juda hinab
dem König David entgegen
a Kap 16,5-14; 1.Kön 2,8
18 und mit ihm tausend Mann von Benja-
min, dazu auch [a]Ziba, der Knecht des
Hauses Saul, mit seinen fünfzehn Söhnen
und zwanzig Knechten, und sie gingen
durch den Jordan, bevor der König
kam, *a* Kap 9,2.10; 16,1-4
19 und machten eine Furt durch den Jor-
dan, damit sie das Haus des Königs hin-
überführten und täten, was ihm gefiele.
Schimi aber, der Sohn Geras, fiel vor dem
König nieder, als dieser über den Jordan
gehen wollte,
20 und sprach zum König: Mein Herr
rechne es mir nicht als Schuld an und
denke nicht mehr daran, daß dein Knecht
sich an dir vergangen hat an dem Tage,
da mein Herr, der König, aus Jerusalem
ging, und der König nehme es nicht zu
Herzen.
21 Denn dein Knecht erkennt, daß ich ge-
sündigt habe. Und siehe, ich bin heute als
erster vom ganzen Hause Josef gekom-
men, daß ich meinem Herrn, dem König,
entgegenzöge.
22 Aber Abischai, der Sohn der Zeruja,
hob an und sprach: Sollte Schimi nicht
sterben, da er doch dem Gesalbten des
HERRN geflucht hat?
23 David aber sprach: [a]Was hab ich mit
euch zu schaffen, ihr Söhne der Zeruja,
daß ihr mir heute zum Satan werden wollt?
Sollte heute jemand sterben in Israel?
Meinst du, ich wisse nicht, daß ich heute
wieder König über Israel geworden
bin? *a* Kap 16,10
24 Und der König sprach zu Schimi: Du
sollst nicht sterben. Und der König schwor
es ihm.[a] *a* 1.Kön 2,8.9
25 ¶Mefi-Boschet, der [a]Enkel Sauls, kam
auch herab, dem König entgegen. Und er
hatte seine Füße und seinen Bart nicht
gereinigt und seine Kleider nicht gewa-
schen von dem Tage an, da der König weg-
gegangen war, bis zu dem Tag, da er wohl-
behalten zurückkäme. *a* Kap 9,6
26 Als er nun von Jerusalem kam, dem
König zu begegnen, sprach der König zu
ihm: Warum bist du nicht mit mir gezo-
gen, Mefi-Boschet?
27 Und er sprach: Mein Herr und König,
mein Knecht hat mich betrogen. Dein
Knecht dachte: Ich will einen Esel satteln
und darauf reiten und zum König ziehen,
denn dein Knecht ist lahm.
28 Dazu hat er deinen Knecht [a]verleum-
det vor meinem Herrn, dem König. Aber
mein Herr, der König, ist [b]wie der Engel
Gottes; tu, was dir wohlgefällt.
a Kap 16,3 *b* Kap 14,17
29 Meines Vaters ganzes Haus hätte ja den
Tod erleiden müssen von meinem Herrn,
dem König; du aber hast deinen Knecht
gesetzt unter die, die an deinem Tisch
essen. Was hab ich weiter für Recht
oder Anspruch, zum König um Hilfe zu
schreien?[a] *a* Kap 9,7
30 Der König sprach zu ihm: Was redest
du noch weiter? Nun bestimme ich: Du
und Ziba, teilt den Besitz miteinander.[a]
a Kap 9,9.10; 16,3.4
31 Mefi-Boschet sprach zum König: Er
nehme ihn auch ganz, nachdem mein Herr

und König wohlbehalten heimgekommen
ist.
32 ¶ [a]Und Barsillai, der Gileaditer, kam
herab von Roglim und zog mit dem König
an den Jordan, um ihn über den Jordan zu
geleiten. *a (32 und 33)* Kap 17,27; 1.Kön 2,7
33 Und Barsillai war sehr alt, wohl achtzig
Jahre. Er hatte den König versorgt, als er
in Mahanajim war; denn er war ein Mann
von großem Vermögen.
34 Und der König sprach zu Barsillai: Du
sollst mit mir ziehen, ich will dich versor-
gen bei mir in Jerusalem.
35 Aber Barsillai sprach zum König: Was
ist's noch, das ich zu leben habe, daß ich
mit dem König hinaufziehen sollte nach
Jerusalem?
36 Ich bin heute achtzig Jahre alt. Wie
kann ich noch unterscheiden, was gut und
schlecht ist, oder schmecken, was ich esse
und trinke, oder hören, was die Sänger und
Sängerinnen singen? Warum sollte dein
Knecht meinen Herrn, den König, noch
beschweren?
37 Dein Knecht wird ein kleines Stück mit
dem König über den Jordan gehen.
Warum will mir der König so reichlich ver-
gelten?
38 Laß deinen Knecht umkehren, daß ich
sterbe in meiner Stadt bei meines Vaters
und meiner Mutter Grab. Siehe, da ist dein
Knecht [a]Kimham, den laß mit meinem
Herrn, dem König, ziehen und tu ihm,
was dir wohlgefällt. *a* Jer 41,17
39 Der König sprach: Kimham soll mit mir
ziehen, und ich will ihm tun, was dir wohl-
gefällt; auch alles, was du von mir be-
gehrst, will ich dir tun.
40 Und als das ganze Volk über den Jor-
dan gegangen war und der König auch,
küßte der König den Barsillai und segnete
ihn. Und er kehrte zurück in seine Hei-
mat.
41 Und der König zog weiter nach Gilgal,
und Kimham zog mit ihm. Und das ganze
Volk von Juda hatte den König hinüberge-
führt und auch die Hälfte des Volks von
Israel.

Streit zwischen Juda und Israel um den König

42 Und siehe, da kamen alle Männer von
Israel zum König und sprachen zu ihm:
Warum haben dich unsere Brüder, die
Männer von Juda, gestohlen und haben
den König und sein Haus über den Jordan
gebracht und alle Männer Davids mit ihm?
43 Da antworteten alle Männer von Juda
denen von Israel: [a]Der König steht uns
doch näher; warum zürnt ihr darüber?
Meint ihr, daß wir etwa ein Stück vom
König aufgegessen oder ihn für uns weg-
geschleppt hätten? *a* Vers 12.13
44 Aber es antworteten die von Israel de-
nen von Juda: Wir haben zehnfachen An-
teil am König und sind auch die Erstgebo-
renen vor euch. Warum habt ihr uns denn
so geringgeachtet? Und haben wir nicht
zuerst davon geredet, uns unsern König
zurückzuholen? Aber die von Juda rede-
ten noch heftiger als die von Israel.[a]
a Vers 10.11

Schebas Aufstand

20 Es traf sich aber, daß dort ein ruch-
loser Mann war, der hieß Scheba,
ein Sohn Bichris, ein Benjaminiter. Der
blies die Posaune und sprach: [a]Wir haben
kein Teil an David noch Erbe am Sohn
Isais. Ein jeder gehe in sein Zelt,
Israel! *a* 1.Kön 12,16
2 Da fiel jedermann in Israel von David
ab, und sie folgten Scheba, dem Sohn
Bichris. Aber die Männer von Juda hingen
ihrem König an und geleiteten ihn vom
Jordan bis Jerusalem.
3 ¶ Als aber der König David heimkam
nach Jerusalem, nahm er [a]die zehn Ne-
benfrauen, die er zurückgelassen hatte, um
das Haus zu bewahren, und tat sie in ein
besonderes Haus und versorgte sie; aber
er ging nicht ein zu ihnen. Und so waren
sie eingeschlossen bis an ihren Tod und
lebten wie Witwen. *a* Kap 16,21
4 ¶ Und der König sprach zu Amasa: Ruf
mir alle Männer von Juda auf den dritten
Tag zusammen, und du sollst dann auch
hier stehen.
5 Und Amasa ging hin, um Juda zusam-
menzurufen; aber er blieb über die Zeit
hinaus, die ihm bestimmt war.
6 Da sprach David zu Abischai: Nun wird
uns Scheba, der Sohn Bichris, mehr Scha-
den tun als Absalom. Nimm du die Män-
ner deines Herrn und jage ihm nach, da-
mit er nicht etwa für sich feste Städte
gewinne und entreiße sie vor unsern Au-
gen.
7 Da zogen die Männer Joabs aus und

folgten Abischai, dazu die [a]Kreter und
Pleter und alle Helden. Sie zogen aber aus
von Jerusalem, um Scheba, dem Sohn
Bichris, nachzujagen. *a* Kap 8,18
8 ¶ Als sie aber bei dem großen Stein bei
Gibeon waren, war Amasa vor ihnen an-
gekommen. Joab aber trug einen Waffen-
rock und darüber einen Gürtel mit einem
Dolch; der war befestigt an seiner Hüfte
in der Scheide, und wenn diese heraustrat,
entfiel ihr der Dolch.
9 Und Joab sprach zu Amasa: Friede mit
dir, mein Bruder! Und Joab faßte mit sei-
ner rechten Hand Amasa bei dem Bart,
[a]um ihn zu küssen. *a* Mt 26,48-50
10 Und [a]Amasa hatte nicht acht auf den
Dolch in der linken Hand Joabs. Der stach
ihn damit in den Bauch, so daß seine Ein-
geweide auf die Erde fielen, und gab ihm
keinen Stich mehr, und er starb. Joab aber
und sein Bruder Abischai jagten Scheba,
dem Sohn Bichris, nach. *a* 1.Kön 2,5
11 Und es trat ein Mann von den Leu-
ten Joabs neben ihn und rief: Wer's mit
Joab hält und für David ist, der folge Joab
nach!
12 Amasa aber lag in seinem Blut mitten
auf der Straße. Als aber der Mann sah,
daß alles Volk da stehenblieb, wälzte er
Amasa von der Straße auf den Acker und
warf Kleider auf ihn, weil er sah, daß jeder
stehenblieb, der an ihm vorbeikam.
13 ¶ Als er nun von der Straße wegge-
schafft war, folgte jedermann Joab nach,
um Scheba, dem Sohn Bichris, nachzu-
jagen.
14 Und der zog durch alle Stämme Israels
bis Abel-Bet-Maacha, und es versammel-
ten sich alle Bichriter und folgten ihm
nach.
15 Aber die Leute Joabs kamen und bela-
gerten ihn in Abel-Bet-Maacha und schüt-
teten einen Wall gegen die Stadt auf, daß
er bis an die Vormauer reichte, und stürm-
ten und wollten die Mauer niederwerfen.
16 Da rief eine kluge Frau aus der Stadt:
Hört her! Hört her! Sprecht zu Joab:
Komm hierher, ich will mit dir reden.
17 Und als er zu ihr kam, sprach die Frau:
Bist du Joab? Er sprach: Ja. Sie sprach zu
ihm: Höre die Rede deiner Magd. Er
sprach: Ich höre.
18 Sie sprach: Vorzeiten sagte man: Man
frage doch nach in Abel und in Dan, so
geht es gut aus;
19 ich bin eine von den friedsamen und
treuen Städten in Israel, und du willst
eine Stadt und Mutter in Israel zugrunde
richten? Warum willst du das [a]Erbteil des
HERRN verderben? *a* 5.Mose 32,9
20 Joab antwortete: Das sei ferne, das sei
ferne von mir, daß ich verderben und ver-
nichten will! So steht es nicht!
21 Sondern ein Mann vom Gebirge Eph-
raim mit Namen Scheba, der Sohn Bichris,
hat sich empört gegen den König David.
Gebt ihn allein heraus, so will ich von der
Stadt abziehen. Die Frau sprach zu Joab:
Siehe, sein Kopf soll zu dir über die Mauer
geworfen werden.
22 Und die Frau beredete das ganze Volk
mit ihrer Klugheit. Und sie hieben Scheba,
dem Sohn Bichris, den Kopf ab und war-
fen ihn zu Joab hinaus. Da blies er die
Posaune, und sie zogen ab von der Stadt
und zerstreuten sich, ein jeder in sein Zelt.
Joab aber kam zurück nach Jerusalem
zum König.

Beamte in Davids Reich

23 [a]Joab aber war über das ganze Heer
Israels gesetzt, Benaja, der Sohn Jojadas,
über die Kreter und Pleter.
a (23-26) Kap 8,16-18; 1.Kön 4,4.6
24 Adoniram war über die Fronarbeiter
gesetzt. Joschafat, der Sohn Ahiluds, war
Kanzler.
25 Schewa war Schreiber, Zadok und Ab-
jatar waren Priester.
26 Auch Ira, der Jaïriter, war Davids
Priester.

Die Vollendung des Gerichts am Hause Sauls

21 Es war eine Hungersnot zu Davids
Zeiten drei Jahre nacheinander. Und
David suchte das Angesicht des HERRN,
und der HERR sprach: Auf Saul und auf
seinem Hause liegt eine Blutschuld, weil
er die Gibeoniter getötet hat.
2 Da ließ der König die Gibeoniter rufen
und sprach mit ihnen. Die Gibeoniter aber
gehörten nicht zu den Israeliten, sondern
waren übriggeblieben von den Amoritern.
Und [a]die Israeliten hatten einen Bund mit
ihnen geschlossen; jedoch suchte Saul sie
auszurotten in seinem Eifer für Israel und
Juda. *a* Jos 9,3.15.19
3 Da sprach David zu den Gibeonitern:
Was soll ich für euch tun? Und womit soll

ich Sühne schaffen, daß ihr das [a]Erbteil des HERRN segnet? *a* 5.Mose 32,9

4 Die Gibeoniter sprachen zu ihm: Es ist uns nicht um Gold noch Silber zu tun bei Saul und seinem Hause, auch steht es uns nicht zu, jemand zu töten in Israel. Er sprach: Was wollt ihr dann, daß ich für euch tun soll?

5 Sie sprachen zum König: Von dem Mann, der uns zunichte gemacht hat und der uns vertilgen wollte, daß uns nichts bleibe in allen Landen Israels –

6 aus seinem Hause gebt uns sieben Männer, damit wir sie [a]aufhängen vor dem HERRN in Gibeon, auf dem Berge des HERRN. Der König sprach: Ich will sie euch herausgeben. *a* 5.Mose 21,22.23

7 Aber der König verschonte Mefi-Boschet*, den Sohn Jonatans, des Sohnes Sauls, [a]um des Eides willen, den David und Jonatan, der Sohn Sauls, einander vor dem HERRN geschworen hatten. *a* 1.Sam 20,15-17

* Der Name lautet in 1.Chr 8,34; 9,40 Merib-Baal.

8 Aber die beiden Söhne der [a]Rizpa, der Tochter Ajas, die sie Saul geboren hatte, Armoni und Mefi-Boschet, dazu die fünf Söhne der Merab, der Tochter Sauls, die sie dem [b]Adriël geboren hatte, dem Sohn Barsillais aus Mehola, nahm der König *a* Kap 3,7 *b* 1.Sam 18,19

9 und gab sie in die Hand der Gibeoniter. Die hängten sie auf dem Berge vor dem HERRN auf. So kamen diese sieben auf einmal um und starben in den ersten Tagen der Ernte, wenn die Gerstenernte anfängt.

David läßt die Gebeine Sauls und seiner Nachkommen bestatten

10 Da nahm Rizpa, die Tochter Ajas, ein Sackgewand und breitete es für sich aus auf dem Fels am Anfang der Ernte, bis Regen vom Himmel auf die Toten troff, und ließ am Tage die Vögel des Himmels nicht an sie kommen noch des Nachts die Tiere des Feldes.

11 Und es wurde David angesagt, was Rizpa, die Tochter Ajas, Sauls Nebenfrau, getan hatte.

12 Und David ging hin und nahm die Gebeine Sauls und die Gebeine seines Sohnes Jonatan von den Bürgern von Jabesch in Gilead. [a]Die hatten sie vom Platz am Tor Bet-Scheans heimlich weggenommen, wohin die Philister sie gehängt hatten zu der Zeit, da die Philister Saul schlugen auf dem Berge Gilboa. *a* 1.Sam 31,12

13 Und David brachte sie von dort herauf, und sie sammelten die Gebeine der Gehängten

14 und begruben sie mit den Gebeinen Sauls und seines Sohnes Jonatan im Lande Benjamin in Zela im Grabe seines Vaters Kisch und taten alles, wie der König geboten hatte. [a]Danach wurde Gott dem Lande wieder gnädig. *a* Kap 24,25

Heldentaten der Krieger Davids

(vgl. 1.Chr 20,4-8)

15 Es erhob sich aber wieder ein Krieg der Philister mit Israel. Und David zog hinab und seine Männer mit ihm, und sie blieben in Gob, um mit den Philistern zu kämpfen. Und David wurde müde.

16 Aber da war einer der Riesensöhne, und das Gewicht seines Speers war dreihundert Lot Kupfer, dazu hatte er eine neue Rüstung. Der wollte David erschlagen.

17 Aber [a]Abischai, der Sohn der Zeruja, half David und schlug den Philister tot. Da beschworen David seine Männer und sprachen: Du sollst nicht mehr mit uns ausziehen in den Kampf, damit nicht die [b]Leuchte in Israel verlischt. *a* Kap 23,18 *b* Kap 22,29

18 ¶ Danach erhob sich noch ein Krieg bei Gob mit den Philistern. Da erschlug Sibbechai, der Huschatiter, den Saf, der auch einer vom Geschlecht der Riesen war.

19 Und es erhob sich noch ein Krieg bei Gob mit den Philistern. Da erschlug Elhanan, der Sohn Jaïrs aus Bethlehem, den Goliat, den Gatiter; der hatte einen [a]Spieß, dessen Schaft war wie ein Weberbaum. *a* 1.Sam 17,7

20 ¶ Und es erhob sich noch ein Krieg bei Gat. Da war ein langer Mann, der hatte sechs Finger an seinen Händen und sechs Zehen an seinen Füßen, das sind vierundzwanzig an der Zahl, und auch er war vom Geschlecht der Riesen.

21 Und [a]als er Israel hohnsprach, erschlug ihn Jonatan, der Sohn Schammas, der ein Bruder Davids war. *a* 1.Sam 17,10

22 Diese vier stammten vom Geschlecht der Riesen in Gat und fielen durch die Hand Davids und seiner Kriegsleute.

Davids Danklied

(Ps 18)

22 Und David redete vor dem HERRN
die Worte dieses Liedes zur Zeit, als
ihn der HERR errettet hatte aus der Hand
aller seiner Feinde und aus der Hand
Sauls, und sprach:
2 ¶Der HERR ist mein Fels und meine
Burg / und mein Erretter.
3 Gott ist mein Hort, auf den ich traue, /
mein Schild und Berg meines Heils, /
mein Schutz und meine Zuflucht, / mein
Heiland, der du mir hilfst vor Gewalt.
4 Ich rufe an den HERRN, den Hochgelob-
ten, / so werde ich vor meinen Feinden er-
rettet.
5 ¶Es hatten mich umfangen die Wogen
des Todes, / und die Fluten des Unheils
erschreckten mich.
6 Des Totenreichs Bande umfingen mich, /
und des Todes Stricke überwältigten
mich.
7 Als mir angst war, rief ich den HERRN
an / und schrie zu meinem Gott. / Da er-
hörte er meine Stimme von seinem
Tempel, / und mein Schreien kam vor ihn
zu seinen Ohren.
8 Die Erde bebte und wankte, / die Grund-
festen des Himmels bewegten sich und
bebten, da er zornig war.
9 Rauch stieg auf von seiner Nase / und
verzehrend Feuer aus seinem Munde,
Flammen sprühten von ihm aus.
10 Er neigte den Himmel und fuhr herab, /
und Dunkel war unter seinen Füßen.
11 Und er fuhr auf dem Cherub und flog
daher, / und er schwebte auf den Fittichen
des Windes.
12 Er machte Finsternis ringsum zu sei-
nem Zelt / und schwarze, dicke Wolken.
13 Aus dem Glanz vor ihm brach hervor /
flammendes Feuer.
14 Der HERR donnerte vom Himmel, / und
der Höchste ließ seine Stimme erschallen.
15 Er schoß seine Pfeile und streute sie
aus, / er sandte Blitze und jagte sie dahin.
16 Da sah man das Bett des Meeres, / und
des Erdbodens Grund ward aufgedeckt /
bei dem Schelten des HERRN, / vor dem
Odem und Schnauben seines Zornes.
17 ¶Er streckte seine Hand aus von der
Höhe und faßte mich / und zog mich aus
großen Wassern.
18 Er errettete mich von meinen starken
Feinden, / von meinen Hassern, die mir zu
mächtig waren;
19 sie überwältigten mich zur Zeit meines
Unglücks, / aber der HERR ward mein Halt.
20 Er führte mich hinaus ins Weite, / er riß
mich heraus; denn er hatte Lust zu mir.
21 ¶Der HERR tut wohl an mir nach mei-
ner Gerechtigkeit; / er vergilt mir nach der
Reinheit meiner Hände.
22 Denn ich halte die Wege des HERRN /
und bin nicht gottlos wider meinen Gott.
23 Denn alle seine Rechte hab ich vor
Augen, / und seine Gebote werfe ich nicht
von mir,
24 sondern ich bin ohne Tadel vor ihm /
und hüte mich vor Schuld.
25 Darum vergilt mir der HERR nach mei-
ner Gerechtigkeit, / nach der Reinheit
meiner Hände vor seinen Augen.
26 ¶Gegen die Heiligen bist du heilig, /
gegen die Treuen bist du treu,
27 gegen die Reinen bist du rein, / und
gegen die Verkehrten bist du verkehrt.
28 Denn du hilfst dem elenden Volk, / und
die Augen aller Stolzen erniedrigest du.
29 Ja, du, HERR, bist meine Leuchte; / der
HERR macht meine Finsternis licht.
30 Denn mit dir kann ich Kriegsvolk
zerschlagen / und mit meinem Gott über
Mauern springen.
31 Gottes Wege sind vollkommen, / des
HERRN Worte sind durchläutert. Er ist ein
Schild allen, die ihm vertrauen.
32 ¶Denn wer ist Gott, wenn nicht der
HERR? / Und wer ist ein Fels, wenn nicht
unser Gott?
33 Gott stärkt mich mit Kraft / und weist
mir den rechten Weg.
34 Er macht meine Füße gleich den
Hirschen / und stellt mich auf meine Hö-
hen.
35 Er lehrt meine Hände streiten / und mei-
nen Arm den ehernen Bogen spannen.
36 Du gibst mir den Schild deines Heils, /
und deine Huld macht mich groß.
37 Du gibst meinen Schritten weiten
Raum, / daß meine Knöchel nicht wanken.
38 ¶Meinen Feinden jagte ich nach und
vertilgte sie, / und ich kehre nicht um, bis
ich sie umgebracht habe.
39 Ich brachte sie um und hab sie
zerschmettert, / daß sie nicht mehr aufste-
hen können; sie sind unter meine Füße
gefallen.
40 Du hast mich gerüstet mit Stärke zum

Streit; / du kannst mir unterwerfen, die sich
gegen mich erheben.
41 Du hast meine Feinde zur Flucht
gewandt, / daß ich vernichte, die mich has-
sen.
42 Sie sehen sich um – aber da ist kein
Helfer – / nach dem HERRN, aber er ant-
wortet ihnen nicht.
43 Ich will sie zerstoßen zu Staub der
Erde, / wie Dreck auf der Gasse will ich sie
zerstäuben und zertreten.
44 ¶ Du hast mir aus dem Aufruhr meines
Volkes geholfen / und machst mich zum
Haupt über Heiden; ein Volk, das ich nicht
kannte, dient mir.
45 Die Söhne der Fremde huldigen mir /
und gehorchen mir mit gehorsamen Oh-
ren.
46 Die Söhne der Fremde verschmachten /
und kommen mit Zittern aus ihren Bur-
gen.
47 Der HERR lebt, und gelobt sei mein
Fels, / und Gott, der Fels meines Heils, sei
hoch erhoben,
48 der Gott, der mir Vergeltung schafft /
und mir die Völker unterwirft.
49 Er hilft mir aus von meinen Feinden. /
Du erhöhst mich über die, die sich gegen
mich erheben, vor dem Mann der Gewalt-
tat rettest du mich.
50 ¶ Darum will ich dir danken, HERR, un-
ter den Heiden / und deinem Namen lob-
singen,
51 der seinem Könige großes Heil gibt /
und Gnade erweist seinem Gesalbten, Da-
vid und seinem Hause ewiglich.

Davids letzte Worte

23 Dies sind die letzten Worte Davids.
Es spricht David, der Sohn Isais, es
spricht der Mann, der hoch erhoben ist,
der [a] Gesalbte des Gottes Jakobs, der Lieb-
ling der Lieder Israels:

a 1.Sam 16,13

2 ¶ Der Geist des HERRN hat durch mich
geredet, und sein Wort ist auf meiner
Zunge.
3 Es hat der Gott Israels zu mir gespro-
chen, der Fels Israels hat geredet: Wer ge-
recht herrscht unter den Menschen, wer
herrscht in der Furcht Gottes,
4 der ist [a] wie das Licht des Morgens,
wenn die Sonne aufgeht, am Morgen ohne
Wolken. Und wie das Gras nach dem Re-
gen aus der Erde bricht,

a Ri 5,31

5 so ist [a] mein Haus fest bei Gott; denn er
hat mir einen ewigen Bund gesetzt, in al-
lem wohl geordnet und gesichert. All mein
Heil und all mein Begehren wird er gedei-
hen lassen.

a Kap 7,16

6 Aber die nichtswürdigen Leute sind al-
lesamt wie verwehte Disteln, die man
nicht mit der Hand fassen kann;
7 sondern wer sie angreifen will, muß Ei-
sen und Spieß in der Hand haben; sie wer-
den mit Feuer verbrannt an ihrer Stätte.

Die Helden Davids

(vgl. 1.Chr 11,10-47)

8 Dies sind die Namen der Helden Da-
vids: Jischbaal, der Hachmoniter, der Er-
ste unter den Dreien; der schwang seinen
Spieß über achthundert, die auf einmal er-
schlagen waren.
9 Nach ihm war unter den drei Helden
Eleasar, der Sohn Dodos, der Ahoachiter.
Er war mit David in Pas-Dammim, als die
Philister dort versammelt waren zum
Kampf und die Männer Israels sich zu-
rückzogen;
10 er aber hielt stand und schlug die Phili-
ster, bis seine Hand müde war und am
Schwert erstarrte. Und der HERR gab
großes Heil an jenem Tage, so daß das
Volk sich wieder umwandte hinter ihm
her, um zu plündern.
11 Nach ihm war Schamma, der Sohn
Ages aus Harar. Als die Philister sich sam-
melten in Lehi – es war dort ein Stück
Acker mit Linsen – und das Volk vor den
Philistern floh,
12 da trat er mitten auf das Stück und ent-
riß es den Philistern und schlug sie, und
Gott gab großes Heil.
13 ¶ Und drei von den dreißig Helden ka-
men zu Beginn der Ernte hinab zu David,
zu der [a] Höhle Adullam, und das Lager
der Philister lag in der Ebene Refaïm.

a 1.Sam 22,1

14 David aber war damals in der Bergfe-
ste, und die Wache der Philister lag in
Bethlehem.
15 Und David gelüstete es, und er sprach:
Wer will mir Wasser zu trinken holen aus
dem Brunnen am Tor in Bethlehem?
16 Da brachen die drei Helden in das La-
ger der Philister ein und [a] schöpften Was-
ser aus dem Brunnen am Tor in Bethle-
hem und trugen's und brachten's zu

David. Aber er wollte es nicht trinken, son-
dern goß es aus für den HERRN a 1.Sam 7,6
17 und sprach: Das lasse der HERR fern
von mir sein, daß ich das tue! Ist's nicht
das Blut der Männer, die ihr Leben gewagt
haben und hingegangen sind? Und er
wollte es nicht trinken. Das taten die drei
Helden.
18 ¶ [a]Abischai, Joabs Bruder, der Sohn
der Zeruja, war der Erste der Dreißig. Er
schwang seinen Spieß über dreihundert
Erschlagenen und war berühmt unter den
Dreißig. a Kap 21,17
19 Er war hochgeehrt unter den Dreißig
und war ihr Oberster, aber er kam nicht an
jene Drei heran.
20 ¶ Und [a]Benaja, der Sohn Jojadas, ein
streitbarer Mann von großen Taten, war
aus [b]Kabzeel; der erschlug die beiden
»Gotteslöwen« der Moabiter. Er stieg
hinab und erschlug einen Löwen in einem
Brunnen, als Schnee gefallen war.
a Kap 8,18 b Jos 15,21
21 Er erschlug auch einen ägyptischen
Mann, einen Riesen, der hatte einen Spieß
in seiner Hand. Er aber ging zu ihm hinab
mit einem Stecken und riß dem Ägypter
den Spieß aus der Hand und durchbohrte
ihn mit dessen eigenem Spieß.
22 Das tat Benaja, der Sohn Jojadas. Er
war berühmt unter den dreißig Helden
23 und war hochgeehrt unter den Dreißig,
aber er kam nicht an jene Drei heran. Und
David setzte ihn über seine Leibwache.
24 ¶ [a]Asaël, der Bruder Joabs, war unter
den Dreißig; auch Elhanan, der Sohn
Dodos aus Bethlehem; a Kap 2,18
25 Schamma, der Haroditer; Elika, der Ha-
roditer;
26 [a]Helez, der Peletiter; [b]Ira, der Sohn des
Ikkesch, aus Tekoa;
a 1.Chr 27,10 b 1.Chr 27,9
27 Abiëser, der Anatotiter; Sibbechai, der
Huschatiter;
28 Zalmon, der Ahoachiter; Mahrai, der
Netofatiter;
29 Heled, der Sohn Baanas, der Netofati-
ter; Ittai, der Sohn Ribais, aus Gibea in
Benjamin;
30 Benaja, der Piratoniter; Hiddai, aus
Nahale-Gaasch;
31 Abialbon, der Arbatiter; Asmawet, der
Bahurimiter;
32 Eljachba, der Schaalboniter; Jaschen,
der Guniter, und Jonatan,
33 der Sohn des Schamma, der Harariter;
Ahiam, der Sohn Scharars, der Harariter;
34 Elifelet, der Sohn Ahasbais, der Maa-
chatiter; Eliam, der Sohn [a]Ahitofels, der
Giloniter; a Kap 15,12
35 Hezro, der Karmeliter; Paarai, der Ara-
biter;
36 Jigal, der Sohn Nathans, aus Zoba;
Bani, der Gaditer;
37 Zelek, der Ammoniter; Nachrai, der
Beerotiter, ein Waffenträger Joabs, des
Sohnes der Zeruja;
38 Ira, der Jattiriter; Gareb, der Jattiriter;
39 [a]Uria, der Hetiter. Das sind zusammen
siebenunddreißig. a Kap 11,3

Gott läßt David den Tempelplatz finden

(vgl. 1.Chr 21)

24 Und der Zorn des HERRN ent-
brannte abermals gegen Israel, und
er reizte David gegen das Volk und sprach:
Geh hin, zähle Israel und Juda!
2 [a]Und der König sprach zu Joab und zu
den Hauptleuten, die bei ihm waren: Geht
umher in allen Stämmen Israels von Dan
bis Beerscheba und zählt das Kriegsvolk,
damit ich weiß, wieviel ihrer sind.
a (2 und 3) 2.Mose 30,12
3 Joab sprach zu dem König: Der HERR,
dein Gott, tue zu diesem Volk, wie es jetzt
ist, noch hundertmal soviel hinzu, daß
mein Herr, der König, seiner Augen Lust
daran habe; aber warum verlangt es mei-
nen Herrn, den König, solches zu tun?
4 Aber des Königs Wort stand fest gegen
Joab und die Hauptleute des Heeres. So
zog Joab mit den Hauptleuten des Heeres
aus von dem König, um das Volk Israel zu
zählen.
5 Und sie gingen über den Jordan und
fingen an bei [a]Aroër und bei der Stadt, die
mitten im Bachtal liegt, nach Gad und
nach Jaser zu a 5.Mose 2,36
6 und kamen nach Gilead und zum Land
der Hetiter nach Kadesch zu und darauf
nach Dan, und von Dan wandten sie sich
nach Sidon zu.
7 Dann kamen sie zu der festen Stadt
Tyrus und allen Städten der Hiwiter und
Kanaaniter und in das Südland Judas nach
Beerscheba.
8 So durchzogen sie das ganze Land und
kamen nach neun Monaten und zwanzig
Tagen nach Jerusalem zurück.

[9]Und Joab gab dem König die Summe
des Volks an, das gezählt war. Und es wa-
ren in Israel achthunderttausend streitbare
Männer, die das Schwert trugen, und in
Juda fünfhunderttausend Mann.
[10]¶Aber das Herz schlug David, nach-
dem das Volk gezählt war. Und David
sprach zum HERRN: [a]Ich habe schwer ge-
sündigt, daß ich das getan habe. Und nun,
HERR, nimm weg die Schuld deines
Knechts; denn ich hab sehr töricht ge-
tan. *a* Kap 12,13
[11]¶Und als David am Morgen aufstand,
kam des HERRN Wort zu [a]Gad, dem Pro-
pheten, Davids Seher:
a 1.Sam 22,5; 1.Chr 29,29; 2.Chr 29,25
[12]Geh hin und rede mit David: So spricht
der HERR: Dreierlei lege ich dir vor; er-
wähle dir eins davon, daß ich es dir tue.
[13]Gad kam zu David und sagte es ihm an
und sprach zu ihm: Willst du, daß drei
Jahre lang Hungersnot in dein Land
kommt oder daß du drei Monate vor dei-
nen Widersachern fliehen mußt und sie
dich verfolgen oder daß drei Tage Pest in
deinem Lande ist? So bedenke nun wohl,
was ich antworten soll dem, der mich ge-
sandt hat.[a] *a* Jer 24,10; Hes 6,11.12
[14]David sprach zu Gad: Es ist mir sehr
angst, aber laß uns in die Hand des HERRN
fallen, denn seine Barmherzigkeit ist groß,
ich will nicht in der Menschen Hand fal-
len.
[15]Da ließ der HERR die Pest über Israel
kommen vom Morgen an bis zur
bestimmten Zeit, so daß von dem Volk
starben von Dan bis Beerscheba siebzig-
tausend Mann.
[16]Als aber der Engel seine Hand
ausstreckte über Jerusalem, um es zu ver-
derben, reute den HERRN das Übel, und er
sprach zum Engel, [a]der das Verderben an-
richtete im Volk: Es ist genug; laß nun
deine Hand ab! Der Engel des HERRN aber
war bei der Tenne Araunas, des Jebusi-
ters. *a* 1.Mose 19,13; 2.Mose 12,23; Jes 54,16
[17]Als aber David den Engel sah, der das
Volk schlug, sprach er zum HERRN: Siehe,
ich habe gesündigt, **ich** habe die Missetat
getan; was haben diese Schafe getan? Laß
deine Hand gegen mich und meines Va-
ters Haus sein![a] *a* 4.Mose 16,22
[18]¶Und Gad kam zu David an jenem
Tage und sprach zu ihm: Geh hinauf und
errichte dem HERRN einen Altar auf der
Tenne Araunas, des Jebusiters.
[19]Da ging David hinauf, wie Gad nach
des HERRN Gebot gesagt hatte.
[20]Und als Arauna aufschaute, sah er den
König mit seinen Großen zu ihm herüber-
kommen und fiel nieder vor dem König
auf sein Angesicht zur Erde
[21]und sprach: Warum kommt mein Herr,
der König, zu seinem Knecht? David
sprach: Um von dir die Tenne zu kaufen
und dem HERRN einen Altar zu bauen,
damit die Plage vom Volk weiche.
[22]Aber Arauna sprach zu David: Mein
Herr, der König, nehme und opfere, wie
es ihm gefällt. Siehe, da sind die Rinder
zum Brandopfer und auch die Dresch-
schlitten und das Geschirr der Rinder als
Brennholz;
[23]das alles gibt Arauna dem König. Und
Arauna sprach zum König: Der HERR,
dein Gott, sei dir gnädig.
[24]Aber der König sprach zu Arauna:
Nicht doch, sondern ich will dir's abkau-
fen für seinen Preis; denn ich will dem
HERRN, meinem Gott, nicht Brandopfer
darbringen, die ich umsonst habe. So
kaufte David die Tenne und die Rinder für
fünfzig Lot Silber.
[25]Und David baute dort dem HERRN
einen Altar und opferte Brandopfer und
Dankopfer. Und [a]der HERR wurde dem
Land wieder gnädig, und die Plage wich
von dem Volk Israel. *a* Kap 21,14

DAS ERSTE BUCH DER KÖNIGE

Inhaltsübersicht

Salomo wird zum König gesalbt

1 Als aber der König David alt war und
hochbetagt, konnte er nicht warm werden, wenn man ihn auch mit Kleidern
bedeckte.
2 Da sprachen seine Großen zu ihm: Man
suche unserm Herrn, dem König, eine
Jungfrau, die vor dem König stehe und
ihn umsorge und in seinen Armen schlafe
und unsern Herrn, den König, wärme.
3 Und sie suchten ein schönes Mädchen
im ganzen Gebiet Israels und fanden Abischag von Schunem und brachten sie dem
König.
4 Und sie war ein sehr schönes Mädchen
und umsorgte den König und diente ihm.
Aber der König erkannte sie nicht.
5 ¶ [a]Adonija aber, der Sohn der Haggit,
empörte sich und sprach: Ich will König
werden! Und [b]er schaffte sich Wagen und
Gespanne an und fünfzig Mann als seine
Leibwache. *a* 2.Sam 3,4 *b* 2.Sam 15,1
6 Und sein Vater hatte ihm nie etwas verwehrt sein Leben lang, daß er gesagt hätte:
Warum tust du das? Und er war auch ein
sehr schöner Mann und war David geboren als der nächste Sohn nach Absalom.
7 Und er beriet sich mit Joab, dem Sohn
der Zeruja, und mit Abjatar, dem Priester;
die hielten zu Adonija.[a] *a* Kap 2,22
8 Aber Zadok, der Priester, und Benaja,
der Sohn Jojadas, und Nathan, der Prophet, und Schimi und Reï und die Helden
Davids waren nicht mit Adonija.
9 Und als Adonija Schafe und Rinder und
gemästetes Vieh opferte bei dem Stein
Sohelet, der neben der [a]Quelle Rogel
liegt, lud er alle seine Brüder, des Königs
Söhne, ein und alle Männer Judas, die
dem König dienten. *a* Jos 15,7.8
10 Aber den Propheten Nathan und Benaja
und die Helden und seinen Bruder Salomo
lud er nicht ein.
11 ¶ Da sprach Nathan zu Batseba, Salomos Mutter: Hast du nicht gehört, daß
Adonija, der Sohn der Haggit, König
geworden ist, und David, unser Herr, weiß
nichts davon?
12 So komm nun, ich will dir einen Rat
geben, daß du dein Leben und das Leben
deines Sohnes Salomo errettest.
13 Auf, geh zum König David hinein und
sprich zu ihm: Hast du nicht, mein Herr
und König, deiner Magd geschworen:
[a]Dein Sohn Salomo soll nach mir König
sein, und er soll auf meinem Thron sitzen? Warum ist dann Adonija König
geworden? *a* 1.Chr 28,5-10
14 Siehe, während du noch da bist und
mit dem König redest, will ich nach dir
hineinkommen und deine Worte zu Ende
führen.
15 Und Batseba ging hinein zum König in
das Gemach. Der König aber war sehr alt,
und Abischag von Schunem diente dem
König.
16 Und Batseba neigte sich und fiel vor
dem König nieder. Der König aber sprach:
Was willst du?
17 Sie sprach zu ihm: Mein Herr, du hast
deiner Magd geschworen bei dem HERRN,
deinem Gott: Dein Sohn Salomo soll
König sein nach mir und auf meinem
Thron sitzen.
18 Nun aber siehe, Adonija ist König
geworden, und du, mein Herr und König,
weißt nichts davon.
19 Er hat Stiere und gemästetes Vieh und
viele Schafe geopfert und hat alle Söhne
des Königs geladen, dazu Abjatar, den
Priester, und Joab, den Feldhauptmann;
aber deinen Knecht Salomo hat er nicht
geladen.
20 Du aber, mein Herr und König, die

Augen von ganz Israel sehen auf dich, daß
du ihnen kundtust, wer auf dem Thron
meines Herrn und Königs nach ihm sitzen
soll.
21 Wenn aber mein Herr und König sich
zu seinen Vätern gelegt hat, so werden ich
und mein Sohn Salomo als Empörer daste-
hen.
22 Während sie noch mit dem König
redete, kam der Prophet Nathan.
23 Und sie sagten dem König an: Siehe, da
ist der Prophet Nathan. Und als er hinein
vor den König kam, fiel er vor dem König
nieder auf sein Angesicht zur Erde
24 und sprach: Mein Herr und König, hast
du gesagt: Adonija soll nach mir König
sein und auf meinem Thron sitzen?
25 Denn er ist heute hinabgegangen und
hat geopfert Stiere und Mastvieh und viele
Schafe und hat alle Söhne des Königs gela-
den und die Hauptleute, dazu den Priester
Abjatar. Und siehe, sie essen und trinken
vor ihm und rufen: Es lebe der König
Adonija!
26 Aber mich, deinen Knecht, und Zadok,
den Priester, und Benaja, den Sohn
Jojadas, und deinen Knecht Salomo hat er
nicht geladen.
27 Ist das von meinem Herrn und König
befohlen, und du hast deine Großen nicht
wissen lassen, wer auf dem Thron meines
Herrn und Königs nach ihm sitzen soll?
28 Der König David antwortete und
sprach: Ruft mir Batseba! Und sie kam
hinein vor den König. Und als sie vor dem
König stand,
29 schwor der König und sprach: So wahr
der HERR lebt, der mich erlöst hat aus
aller Not:
30 ich will heute tun, wie ich dir geschwo-
ren habe bei dem HERRN, dem Gott
Israels, als ich sagte: Salomo, dein Sohn,
soll nach mir König sein, und er soll für
mich auf meinem Thron sitzen.
31 Da neigte sich Batseba mit ihrem Ant-
litz zur Erde und fiel vor dem König nie-
der und sprach: Lang lebe mein Herr, der
König David!
32 ¶ Und der König David sprach: Ruft
mir den Priester Zadok und den Prophe-
ten Nathan und Benaja, den Sohn Joja-
das! Und als sie hineinkamen vor den
König,
33 sprach der König zu ihnen: Nehmt mit
euch die Großen eures Herrn und setzt
meinen Sohn Salomo auf mein Maultier
und führt ihn hinab zum Gihon.
34 Und der Priester Zadok samt dem Pro-
pheten Nathan salbe ihn dort zum König
über Israel. Und blast die Posaunen und
ruft: Es lebe der König Salomo!
35 Und zieht wieder hinauf hinter ihm her,
und er soll kommen und sitzen auf mei-
nem Thron und für mich König sein.
Denn ihn setze ich zum Fürsten über
Israel und Juda ein.
36 Da antwortete Benaja, der Sohn Joja-
das, dem König und sprach: So sei es! Der
HERR, der Gott meines Herrn und Königs,
bestätige es!
37 Wie der HERR mit meinem Herrn, dem
König, gewesen ist, so sei er auch mit
Salomo, daß sein Thron größer werde als
der Thron meines Herrn, des Königs
David!
38 Da gingen hinab der Priester Zadok und
der Prophet Nathan und [a] Benaja, der Sohn
Jojadas, und die Kreter und Pleter und
setzten Salomo auf das Maultier des
Königs David und führten ihn zum
Gihon. *a* 2.Sam 8,18
39 Und der Priester Zadok nahm das
Ölhorn aus dem Zelt und salbte Salomo.
Und sie bliesen die Posaunen, und alles
Volk rief: Es lebe der König Salomo![a]
a 1.Chr 23,1; 29,22
40 Und alles Volk zog wieder herauf hin-
ter ihm her, und das Volk blies mit Flöten
und war sehr fröhlich, so daß die Erde von
ihrem Geschrei erbebte.
41 ¶ Und Adonija hörte es und alle, die er
geladen hatte und die bei ihm waren, und
sie hatten schon gegessen. Und als Joab
den Schall der Posaune hörte, sprach er:
Was soll das Geschrei und Getümmel der
Stadt?
42 Als er noch redete, siehe, da kam [a] Jo-
natan, der Sohn des Priesters Abjatar. Und
Adonija sprach: Komm her, denn du bist
ein redlicher Mann und bringst gute Bot-
schaft. *a* 2.Sam 15,27.36
43 Jonatan antwortete und sprach zu Ado-
nija: Nein, denn unser Herr, der König
David, hat Salomo zum König gemacht
44 und hat mit ihm gesandt den Priester
Zadok und den Propheten Nathan und
Benaja, den Sohn Jojadas, und die Kreter
und Pleter, und sie haben ihn auf des
Königs Maultier gesetzt.
45 Und Zadok, der Priester, samt dem Pro-

pheten Nathan hat ihn gesalbt zum König
beim Gihon, und sie sind von da herauf-
gezogen mit Freuden, so daß die Stadt voll
Getümmel wurde. Das ist das Geschrei,
das ihr gehört habt.
46 Und schon sitzt Salomo auf dem könig-
lichen Thron,
47 und die Großen des Königs sind hin-
eingegangen, zu segnen unsern Herrn, den
König David, und haben gesagt: Dein
Gott mache Salomos Namen herrlicher
als deinen Namen und lasse seinen Thron
größer werden als deinen Thron! Und der
König hat sich verneigt auf seinem Lager
48 und hat so gesagt: Gelobt sei der HERR,
der Gott Israels, der heute einen meiner
Söhne auf meinen Thron gesetzt hat, daß
es meine Augen gesehen haben.
49 Da erschraken alle, die bei Adonija
geladen waren, und machten sich auf und
gingen hin, jeder seinen Weg.
50 Aber Adonija fürchtete sich vor Salomo
und machte sich auf, ging hin und faßte
die Hörner des Altars.
51 ¶ Und es wurde Salomo angesagt:
Siehe, Adonija fürchtet den König Salomo,
und siehe, [a]er faßt die Hörner des Altars
und spricht: Der König Salomo schwöre
mir heute, daß er seinen Knecht nicht
töten wird mit dem Schwert. a Kap 2,28
52 Salomo sprach: Wird er redlich sein, so
[a]soll kein Haar von ihm auf die Erde fal-
len; wird aber Böses an ihm gefunden, so
soll er sterben. a 2.Sam 14,11
53 Und der König Salomo sandte hin und
ließ ihn vom Altar holen. Und als er kam,
fiel er vor dem König Salomo nieder.
Salomo aber sprach zu ihm: Geh in dein
Haus!

Davids letzter Wille und sein Tod

2 Als nun die Zeit herbeikam, daß David
sterben sollte, gebot er seinem Sohn
Salomo und sprach:
2 Ich gehe hin den Weg aller Welt. So sei
getrost und sei ein Mann
3 und diene dem HERRN, deinem Gott,
daß du wandelst in seinen Wegen und
hältst seine Satzungen, Gebote, Rechte
und Ordnungen, [a]wie geschrieben steht
im Gesetz des Mose, damit dir alles
gelinge, was du tust und wohin du dich
wendest; a 5.Mose 17,14-20; Jos 1,7
4 damit der HERR sein Wort erfülle, das
er über mich geredet hat: Werden deine
Söhne auf ihre Wege achten, daß sie vor
mir in Treue und von ganzem Herzen und
von ganzer Seele wandeln, so soll dir's
niemals fehlen an einem Mann auf dem
Thron Israels.
5 Auch weißt du sehr wohl, was mir getan
hat Joab, der Sohn der Zeruja, was er tat
den zwei Feldhauptleuten Israels, [a]Abner,
dem Sohn Ners, und [b]Amasa, dem Sohn
Jeters, wie er sie ermordet hat und so im
Krieg vergossenes Blut im Frieden gerächt
und unschuldiges Blut an den Gürtel sei-
ner Lenden und an die Schuhe seiner
Füße gebracht hat.
a 2.Sam 3,27 b 2.Sam 20,10
6 Tu nach deiner Weisheit, daß du seine
grauen Haare nicht in Frieden hinunter zu
den Toten bringst.
7 Aber den Söhnen [a]Barsillais, des Gilea-
diters, sollst du Barmherzigkeit erweisen,
daß sie an deinem Tisch essen. Denn sie
taten wohl an mir, als [b]ich vor deinem
Bruder Absalom floh.
a 2.Sam 17,27; 19,32-41 b 2.Sam 15,13-16
8 Und siehe, du hast bei dir [a]Schimi, den
Sohn Geras, den Benjaminiter von Bahu-
rim, der mir schändlich fluchte zu der Zeit,
als ich nach Mahanajim ging. Dann aber
kam er mir entgegen am Jordan. Da
schwor ich ihm bei dem HERRN und
sprach: Ich will dich nicht töten mit dem
Schwert. a 2.Sam 16,5; 19,17-24
9 Du aber laß ihn nicht frei ausgehen;
denn du bist ein weiser Mann und wirst
sehr wohl wissen, was du ihm tun sollst,
daß du seine grauen Haare mit Blut hin-
unter zu den Toten bringst.
10 ¶ Also legte sich David zu seinen
Vätern und wurde begraben in der Stadt
Davids.
11 Die Zeit aber, die David König gewe-
sen ist über Israel, ist vierzig Jahre: sieben
Jahre war er König zu Hebron und drei-
unddreißig Jahre zu Jerusalem.[a]
a 2.Sam 5,4.5; 1.Chr 29,27
12 Und Salomo saß auf dem Thron seines
Vaters David, und seine Herrschaft hatte
festen Bestand.

Salomos Maßnahmen beim Antritt der Regierung

13 Aber Adonija, der Sohn der Haggit,
kam zu Batseba, der Mutter Salomos. Und
sie sprach: Kommst du auch mit Frieden?
Er sprach: Ja!

14 Und er sprach: Ich habe mit dir zu
reden. Sie sprach: Sage an!
15 Er sprach: Du weißt, daß das Königtum
mein war, und ganz Israel hatte sich auf
mich gerichtet, daß ich König sein sollte;
aber nun hat sich das Königtum gewandt
und ist meinem Bruder zuteil geworden –
von dem HERRN ist's ihm zuteil gewor-
den.
16 Nun bitte ich **eins** von dir; du wollest
mich nicht abweisen! Sie sprach zu ihm:
Sage an!
17 Er sprach: Rede mit dem König Salo-
mo, denn er wird dich nicht abweisen, daß
er mir gebe [a]Abischag von Schunem zur
Frau. [a] Kap 1,3; 2.Sam 3,7
18 Batseba sprach: Gut, ich will mit dem
König deinetwegen reden.
19 ¶ Und Batseba ging hin zum König
Salomo, um mit ihm zu reden Adonijas
wegen. Und der König stand auf und ging
ihr entgegen und neigte sich vor ihr und
setzte sich auf seinen Thron. Und es
wurde der Mutter des Königs ein Thron
hingestellt, und sie setzte sich zu seiner
Rechten.
20 Und sie sprach: Ich habe **eine** kleine
Bitte an dich; du wollest mich nicht abwei-
sen. Der König sprach zu ihr: Bitte, meine
Mutter, ich will dich nicht abweisen.
21 Sie sprach: Gib doch Abischag von
Schunem deinem Bruder Adonija zur
Frau!
22 Da antwortete der König Salomo und
sprach zu seiner Mutter: Warum bittest
du um Abischag von Schunem für Ado-
nija? Erbitte ihm doch auch das König-
tum! Denn er ist mein älterer Bruder, und
[a]zu ihm hält der Priester Abjatar und
Joab, der Sohn der Zeruja. [a] Kap 1,6.7
23 Und der König Salomo schwor bei dem
HERRN und sprach: Gott tue mir dies und
das, diese Bitte soll Adonija sein Leben
kosten!
24 Und nun, so wahr der HERR lebt, der
mich bestätigt hat und gesetzt auf den
Thron meines Vaters David und der mir
ein Haus gemacht hat, wie er zugesagt hat:
heute noch soll Adonija sterben!
25 Und der König Salomo sandte hin
Benaja, den Sohn Jojadas; der stieß ihn
nieder, daß er starb.
26 Und zu dem [a]Priester Abjatar sprach
der König: Geh hin nach Anatot zu dei-
nem Besitz, denn du bist des Todes. Aber
ich will dich heute nicht töten, denn du
hast die Lade Gottes des HERRN vor mei-
nem Vater David getragen und hast alles
mitgelitten, was mein Vater gelitten hat.
[a] Kap 1,7; 1.Sam 22,20-23; 30,7; 2.Sam 15,24
27 So verstieß Salomo den Abjatar, daß er
nicht mehr Priester des HERRN sein durfte,
[a]damit erfüllt würde des HERRN Wort, das
er über das Haus Elis geredet hatte in
Silo. [a] 1.Sam 2,31.32
28 ¶ Und die Kunde davon kam vor Joab;
denn Joab hatte Adonija angehangen und
nicht Absalom. Da floh Joab in das Zelt
des HERRN und [a]faßte die Hörner des
Altars. [a] Kap 1,51
29 Und es wurde dem König Salomo ange-
sagt: Joab ist zum Zelt des HERRN geflo-
hen, und siehe, er steht am Altar. Da
sandte Salomo hin Benaja, den Sohn
Jojadas, und sprach: Geh, stoß ihn nie-
der![a] [a] 2.Mose 21,12-14
30 Und als Benaja zum Zelt des HERRN
kam, sprach er zu Joab: So sagt der König:
Geh heraus! Er sprach: Nein, hier will ich
sterben. Und Benaja sagte das dem König
wieder und sprach: So hat Joab geredet,
und so hat er mir geantwortet.
31 Der König sprach zu ihm: Tu, wie er
gesagt hat, und stoß ihn nieder und
begrabe ihn, damit du das Blut, das Joab
ohne Grund vergossen hat, von mir tust
und von meines Vaters Hause.
32 Und der HERR lasse das Blut auf sein
Haupt kommen, weil er zwei Männer
erschlagen hat, die gerechter und besser
waren als er, und sie getötet hat mit dem
Schwert, ohne daß mein Vater David
darum wußte, nämlich Abner, den Sohn
Ners, den Feldhauptmann über Israel, und
Amasa, den Sohn Jeters, den Feldhaupt-
mann über Juda.[a] [a] Vers 5
33 Ihr Blut komme auf das Haupt Joabs
und seiner Nachkommen für immer; aber
David und seine Nachkommen, sein Haus
und sein Thron sollen Frieden haben ewig-
lich von dem HERRN!
34 Und Benaja, der Sohn Jojadas, ging hin
und stieß ihn nieder und tötete ihn. Und
er wurde begraben in seinem Hause in der
Wüste.
35 Und der König setzte [a]Benaja, den
Sohn Jojadas, an seiner Statt über das
Heer, und den Priester Zadok setzte
der König an die Stelle Abjatars.
[a] Kap 4,4

36 ¶Und der König sandte hin und ließ
Schimi rufen und sprach zu ihm: Baue dir
ein Haus in Jerusalem und wohne dort
und geh von da nicht heraus, weder hier-
hin noch dahin.
37 An dem Tag, an dem du hinausge-
hen und über den Bach Kidron gehen
wirst – so wisse, daß du des Todes sterben
mußt; dein Blut komme dann auf dein
Haupt!
38 Schimi sprach zum König: Das ist recht
so; wie mein Herr, der König, geredet hat,
so wird dein Knecht tun. So wohnte
Schimi in Jerusalem lange Zeit.
39 Es begab sich aber nach drei Jahren,
daß zwei Knechte dem Schimi entliefen
zu Achisch, dem Sohn Maachas, dem
König von Gat. Und es wurde Schimi
angesagt: Siehe, deine Knechte sind in
Gat.
40 Da machte sich Schimi auf und sattelte
seinen Esel und zog hin nach Gat zu
Achisch, um seine Knechte zu suchen.
Und als er hinkam, brachte er seine
Knechte von Gat zurück.
41 Und es wurde Salomo angesagt, daß
Schimi von Jerusalem nach Gat gezogen
und wiedergekommen wäre.
42 Da sandte der König hin und ließ
Schimi rufen und sprach zu ihm: Hab ich
dich nicht schwören lassen bei dem
HERRN und dich gewarnt: an dem Tag,
an dem du die Stadt verläßt und hierhin
oder dorthin gehst, sollst du wissen, daß
du des Todes sterben mußt? Und du
sprachst zu mir: Es ist recht so; ich habe
es gehört.
43 Warum hast du denn nicht gehalten den
Schwur vor dem HERRN und das Gebot,
das ich dir geboten habe?
44 Und der König sprach zu Schimi: [a]Du
weißt all das Böse, dessen dein Herz sich
bewußt ist und das du meinem Vater
David angetan hast. Nun läßt der HERR
dies Böse auf dein Haupt kommen;

a Vers 8

45 aber der König Salomo ist gesegnet,
und der Thron Davids wird feststehen vor
dem HERRN ewiglich.
46 Und der König gebot Benaja, dem Sohn
Jojadas; der ging hin und stieß ihn nieder,
daß er starb.
¶Und das Königtum wurde gefestigt
durch Salomos Hand.

Salomos Gebet um Weisheit

(vgl. 2.Chr 1,1-12)

3 Und Salomo verschwägerte sich mit
dem [a]Pharao, dem König von Ägyp-
ten, und nahm eine [b]Tochter des Pharao
zur Frau und brachte sie in die Stadt
Davids, bis er sein Haus und des HERRN
Haus und die Mauer um Jerusalem gebaut
hatte.

a 5.Mose 23,8 *b* Kap 11,1.2

2 Aber das Volk opferte noch auf den
Höhen; denn es war noch kein Haus
gebaut dem Namen des HERRN bis auf
diese Zeit.
3 Salomo aber hatte den HERRN lieb und
wandelte nach den Satzungen seines
Vaters David, nur daß er auf den Höhen
opferte und räucherte.
4 [a]Und der König ging hin nach Gibeon,
um dort zu opfern; denn das war die
bedeutendste Höhe. Und Salomo opferte
dort tausend Brandopfer auf dem Altar.

a (4 und 5) 1.Chr 21,29; Kap 9,2

5 ¶Und der HERR erschien Salomo zu
Gibeon im Traum des Nachts, und Gott
sprach: Bitte, was ich dir geben soll!
6 Salomo sprach: Du hast an mei-
nem Vater David, deinem Knecht, große
Barmherzigkeit getan, wie er denn
vor dir gewandelt ist in Wahrheit und
Gerechtigkeit und mit aufrichtigem Her-
zen vor dir, und hast ihm auch die große
Barmherzigkeit erwiesen und ihm einen
Sohn gegeben, [a]der auf seinem Thron
sitzen sollte, wie es denn jetzt ist.

a Kap 1,48

7 Nun, HERR, mein Gott, du hast deinen
Knecht zum König gemacht an meines
Vaters David Statt. Ich aber bin noch jung,
weiß weder aus noch ein.
8 Und dein Knecht steht mitten in dei-
nem Volk, das du erwählt hast, einem
Volk, [a]so groß, daß es wegen seiner Menge
niemand zählen noch berechnen kann.

a Kap 4,20

9 So wollest du deinem Knecht ein gehor-
sames Herz geben, damit er dein Volk
richten könne und verstehen, was gut und
böse ist. Denn wer vermag dies dein
mächtiges Volk zu richten?
10 ¶Das gefiel dem Herrn gut, daß
Salomo darum bat.
11 Und Gott sprach zu ihm: Weil du
darum bittest und bittest weder um langes
Leben noch um Reichtum noch um dei-

ner Feinde Tod, sondern um Verstand, zu
hören und recht zu richten,
12 siehe, [a]so tue ich nach deinen Worten.
Siehe, ich gebe dir ein weises und verständiges Herz, so daß deinesgleichen vor dir
nicht gewesen ist und nach dir nicht aufkommen wird. *a* 5.Mose 26,14
13 Und dazu gebe ich dir, [a]worum du nicht
gebeten hast, nämlich Reichtum und Ehre,
so daß deinesgleichen keiner unter den
Königen ist zu deinen Zeiten. *a* Mt 6,33
14 Und wenn du in meinen Wegen wandeln wirst, daß du hältst meine Satzungen
und Gebote, wie dein Vater David gewandelt ist, so werde ich dir ein langes Leben
geben.
15 Und als Salomo erwachte, siehe, da war
es ein Traum. Und er kam nach Jerusalem
und trat vor die Lade des Bundes des
Herrn und opferte Brandopfer und Dankopfer und machte ein großes Festmahl für
alle seine Großen.

Salomos Urteil

16 Zu der Zeit kamen zwei Huren zum
König und traten vor ihn.
17 Und die eine Frau sprach: Ach, mein
Herr, ich und diese Frau wohnten in **einem**
Hause, und ich gebar bei ihr im Hause.
18 Und drei Tage, nachdem ich geboren
hatte, gebar auch sie. Und wir waren beieinander, und kein Fremder war mit uns
im Hause, nur wir beide.
19 Und der Sohn dieser Frau starb in der
Nacht; denn sie hatte ihn im Schlaf
erdrückt.
20 Und sie stand in der Nacht auf und
nahm meinen Sohn von meiner Seite, als
deine Magd schlief, und legte ihn in ihren
Arm, und ihren toten Sohn legte sie in
meinen Arm.
21 Und als ich des Morgens aufstand, um
meinen Sohn zu stillen, siehe, da war er
tot. Aber am Morgen sah ich ihn genau
an, und siehe, es war nicht mein Sohn,
den ich geboren hatte.
22 Die andere Frau sprach: Nein, mein
Sohn lebt, doch dein Sohn ist tot. Jene
aber sprach: Nein, dein Sohn ist tot, doch
mein Sohn lebt. Und so redeten sie vor
dem König.
23 Und der König sprach: Diese spricht:
Mein Sohn lebt, doch dein Sohn ist tot.
Jene spricht: Nein, dein Sohn ist tot, doch
mein Sohn lebt.
24 Und der König sprach: Holt mir ein
Schwert! Und als das Schwert vor den
König gebracht wurde,
25 sprach der König: Teilt das lebendige
Kind in zwei Teile und gebt dieser die
Hälfte und jener die Hälfte.
26 [a]Da sagte die Frau, deren Sohn lebte,
zum König – denn ihr mütterliches Herz
entbrannte in Liebe für ihren Sohn – und
sprach: Ach, mein Herr, gebt ihr das Kind
lebendig und tötet es nicht! Jene aber
sprach: Es sei weder mein noch dein; laßt
es teilen! *a (26 und 27)* Jes 49,15
27 Da antwortete der König und sprach:
Gebt dieser das Kind lebendig und tötet's
nicht; die ist seine Mutter.
28 Und ganz Israel hörte von dem Urteil,
das der König gefällt hatte, und sie fürchteten den König; denn sie sahen, daß die
Weisheit Gottes in ihm war, Gericht zu
halten.

Salomos Beamte und Amtleute

4 So war Salomo König über ganz Israel.
2 Und dies waren seine Großen: Asarja, der Sohn Zadoks, war Priester;
3 Elihoref und Ahija, die Söhne Schischas,
waren Schreiber; Joschafat, der Sohn Ahiluds, war Kanzler;
4 [a]Benaja, der Sohn Jojadas, war Feldhauptmann; Zadok und Abjatar waren
Priester; *a* Kap 2,34.35; 2.Sam 23,20
5 Asarja, der Sohn Nathans, stand den
Amtleuten vor; Sabud, der Sohn Nathans,
war des Königs Freund;
6 Ahischar war Hofmeister; [a]Adoniram,
der Sohn Abdas, war Fronvogt. *a* Kap 5,28
7 ¶Und Salomo hatte zwölf Amtleute
über ganz Israel, [a]die den König und sein
Haus versorgten, und zwar ein jeder im
Jahr einen Monat lang. *a* 1.Sam 8,11-18
8 Sie hießen: Der Sohn Hurs auf dem
Gebirge Ephraim;
9 der Sohn Dekers in Makaz und in
Schaalbim und in Bet-Schemesch und in
Elon und Bet-Hanan;
10 der Sohn Heseds in Arubbot, und hatte
dazu Socho und das ganze Land Hefer;
11 der Sohn [a]Abinadabs über das ganze
Hügelland von Dor; er hatte Tafat, eine
Tochter Salomos, zur Frau; *a* 1.Sam 16,8
12 Baana, der Sohn Ahiluds, in Taanach
und in Megiddo und über ganz Bet-Schean, das liegt neben Zaretan unterhalb

von Jesreel, von Bet-Schean bis Abel-
Mehola, bis jenseits von Jokneam;
13 der Sohn Gebers zu Ramot in Gilead;
er hatte die [a]Dörfer Jaïrs, des Sohnes
Manasses, in Gilead und die Gegend
Argob, die in Baschan liegt, sechzig große
Städte, ummauert und mit ehernen Rie-
geln; *a* 4.Mose 32,41
14 Ahinadab, der Sohn Iddos, in Mahana-
jim;
15 Ahimaaz in Naftali; auch er hatte eine
Tochter Salomos, Basemat, zur Frau
genommen;
16 Baana, der Sohn Huschais, in Asser und
Bealot;
17 Joschafat, der Sohn Paruachs, in Issa-
char;
18 Schimi, der Sohn Elas, in Benjamin;
19 Geber, der Sohn Uris, im Lande Gilead,
im Lande Sihons, des Königs der Amori-
ter, und Ogs, des Königs in Baschan. **Ein**
Amtmann war in diesem Lande.
20 ¶ Juda aber und Israel waren [a]zahlreich
wie der Sand am Meer, und sie aßen und
tranken und waren fröhlich.
a Kap 3,8; 1.Mose 13,16

Salomos Macht und Weisheit

5 *So war Salomo Herr über alle König-
reiche, vom [a]Euphratstrom bis zum
Philisterland und bis an die Grenze Ägyp-
tens; die brachten ihm Geschenke und
dienten ihm sein Leben lang. *a* 1.Mose 15,18

* Abweichende Verszählung statt 5,1-32: 4,21-34; 5,1-18.

2 Und Salomo mußte täglich zur Speisung
haben dreißig Sack feinstes Mehl, sechzig
Sack anderes Mehl,
3 zehn gemästete Rinder und zwanzig
Rinder von der Weide und hundert Schafe,
ohne die Hirsche und Gazellen und Rehe
und das gemästete Federvieh.
4 Denn er herrschte im ganzen Lande
diesseits des Euphrat, von Tifsach bis nach
Gaza, über alle Könige diesseits des
Euphrat, und hatte Frieden mit allen sei-
nen Nachbarn ringsum,
5 so daß Juda und Israel [a]sicher wohnten,
jeder unter seinem Weinstock und unter
seinem Feigenbaum, von Dan bis Beer-
scheba, solange Salomo lebte.
a 3.Mose 25,18
6 Und Salomo hatte viertausend Gespan-
ne für seine Kriegswagen und zwölftau-
send Leute für die Pferde.[a] *a* 2.Chr 9,25
7 Und die Amtleute versorgten den König
Salomo und alles, was zum Tisch des
Königs gehörte, jeder in seinem Monat,
und ließen es an nichts fehlen.
8 Auch Gerste und Stroh für die Pferde
brachten sie an den Ort, wo diese waren,
jeder nach seiner Ordnung.
9 ¶ Und Gott gab Salomo sehr große
Weisheit und Verstand und einen Geist,
so weit, wie Sand am Ufer des Meeres
liegt,
10 daß die Weisheit Salomos größer war
als die Weisheit von allen, die im Osten
wohnen, und als die Weisheit der Ägypter.
11 Und er war weiser als alle Menschen,
auch weiser als Etan, der Esrachiter,
Heman, Kalkol und Darda, die Söhne
Mahols, und war berühmt unter allen Völ-
kern ringsum.
12 Und er [a]dichtete dreitausend Sprüche
und tausendundfünf Lieder. *a* Pred 12,9
13 Er dichtete von den Bäumen, von der
Zeder an auf dem Libanon bis zum Ysop,
der aus der Wand wächst. Auch dichtete
er von den Tieren des Landes, von Vögeln,
vom Gewürm und von Fischen.
14 ¶ Und aus allen Völkern kam man, zu
hören die Weisheit Salomos, und von allen
Königen auf Erden, die von seiner Weis-
heit gehört hatten.

Salomos Vertrag mit Hiram von Tyrus. Vorbereitung zum Tempelbau

(vgl. 2.Chr 2)

15 Und [a]Hiram, der König von Tyrus,
sandte seine Botschafter zu Salomo; denn
er hatte gehört, daß sie ihn zum König
gesalbt hatten an seines Vaters Statt. Denn
Hiram liebte David sein Leben lang.
a 2.Sam 5,11
16 Und Salomo sandte zu Hiram und ließ
ihm sagen:
17 Du weißt, daß mein Vater David nicht
ein Haus bauen konnte dem Namen des
HERRN, seines Gottes, um des Krieges wil-
len, der um ihn her war, bis der HERR
seine Feinde unter seine Füße gab.
18 Nun aber hat mir der HERR, mein Gott,
Ruhe gegeben ringsum, so daß weder ein
Widersacher noch ein böses Hindernis
mehr da ist.
19 Siehe, so hab ich gedacht, dem Namen
des HERRN, meines Gottes, ein Haus zu
bauen, wie der HERR zu meinem Vater
David gesagt hat: [a]Dein Sohn, den ich an
deiner Statt auf deinen Thron setzen

werde, der soll meinem Namen das Haus
bauen. *a* 2.Sam 7,13
20 So befiehl nun, daß man mir Zedern
im Libanon fällt, und meine Leute sollen
mit deinen Leuten sein. Und den Lohn
deiner Leute will ich dir geben, alles, wie
du es sagst. Denn du weißt, daß bei uns
niemand ist, der Holz zu hauen versteht
wie die Sidonier.
21 Als Hiram aber die Worte Salomos
hörte, freute er sich sehr und sprach: [a]Ge-
lobt sei der HERR heute, der David einen
weisen Sohn gegeben hat über dies große
Volk. *a* Kap 10,9
22 Und Hiram sandte zu Salomo und ließ
ihm sagen: Ich habe die Botschaft gehört,
die du mir gesandt hast. Ich will alle deine
Wünsche nach Zedern- und Zypressen-
holz erfüllen.
23 Meine Leute sollen die Stämme vom
Libanon hinabbringen ans Meer, und ich
will sie in Flöße zusammenlegen lassen
auf dem Meer bis an den Ort, den du mir
sagen lassen wirst, und will sie dort zerle-
gen, und du sollst sie holen lassen. Aber
du sollst auch meine Wünsche erfüllen
und Speise geben für meinen Hof.
24 So gab Hiram Salomo Zedern- und
Zypressenholz nach allen seinen Wün-
schen.
25 Salomo aber gab Hiram zwanzigtausend
Sack Weizen zum Unterhalt für seinen Hof
und zwanzigtausend Eimer gepreßtes Öl.
Das gab Salomo jährlich dem Hiram.[a]
a Vers 2
26 Und der HERR gab Salomo Weisheit,
wie er ihm zugesagt hatte. Und es war
Friede zwischen Hiram und Salomo, und
sie schlossen miteinander einen Vertrag.
27 ¶Und Salomo hob Fronarbeiter aus
von ganz Israel, und ihre Zahl war dreißig-
tausend Mann
28 und sandte sie auf den Libanon, je
einen Monat zehntausend, so daß sie
einen Monat auf dem Libanon waren und
zwei Monate daheim. Und [a]Adoniram
war der Fronvogt. *a* Kap 4,6
29 Und Salomo hatte siebzigtausend Last-
träger und achtzigtausend Steinhauer im
Gebirge,
30 ohne die Vögte Salomos, die über die
Arbeiten gesetzt waren: dreitausenddrei-
hundert, welche den Leuten geboten, die
die Arbeit taten.
31 Und der König gebot, große und kost-
bare Steine auszubrechen, behauene Stei-
ne zum Grund des Hauses.
32 Und die Bauleute Salomos und die
Bauleute Hirams und die [a]Gebaliter hie-
ben sie zurecht; so bereiteten sie Holz und
Steine zu, um das Haus zu bauen.
a Jos 13,5; Hes 27,9

Der Bau des Tempels

(vgl. 2.Chr 3,1-14)

6 Im [a]vierhundertundachtzigsten Jahr
nach dem Auszug Israels aus Ägypten-
land, im vierten Jahr der Herrschaft
Salomos über Israel, im Monat Siw, das ist
der zweite Monat, wurde das Haus dem
HERRN gebaut. *a* Mt 1,17
2 Das Haus aber, das der König Salomo
dem HERRN baute, war sechzig Ellen lang,
zwanzig Ellen breit und dreißig Ellen hoch.
3 Und er baute eine [a]Vorhalle vor der
Tempelhalle des Hauses, zwanzig Ellen
lang nach der Breite des Hauses und zehn
Ellen breit vor dem Hause her.
a Kap 7,15-21
4 Und er machte am Hause Fenster mit
festen Stäben davor.
5 Und er baute einen Umgang an der
Wand des Hauses ringsumher, so daß er
um die Tempelhalle und um den Chor-
raum herging und machte Seitengemächer
ringsumher.
6 Der untere Gang war fünf Ellen weit
und der mittlere sechs Ellen weit und der
dritte sieben Ellen weit; denn er machte
Absätze außen am Hause ringsumher, so
daß die Balken nicht in die Wände des
Hauses eingriffen.
7 Und als das Haus gebaut wurde, waren
die Steine bereits ganz zugerichtet, so daß
man weder Hammer noch Beil noch
irgendein eisernes Werkzeug beim Bauen
hörte.
8 Die Tür zum unteren Seitengemach war
auf der rechten Seite des Hauses, so daß
man durch eine Wendeltreppe hinaufging
auf die mittleren Seitengemächer und von
den mittleren auf die dritten.
9 So baute er das Haus und vollendete es.
Und er deckte das Haus mit Balken und
Tafelwerk von Zedern.
10 Und er baute Gänge um das ganze
Haus herum, je fünf Ellen hoch, und ver-
band sie mit dem Hause durch Balken von
Zedernholz.

11 ¶ Und es geschah des HERRN Wort zu Salomo:

12 So sei es mit dem Hause, das du baust: Wirst du in meinen Satzungen wandeln und nach meinen Rechten tun und alle meine Gebote halten und in ihnen wandeln, [a]so will ich mein Wort an dir wahr machen, das ich deinem Vater David gegeben habe, *a* 2.Sam 7,13

13 und [a]will wohnen unter Israel und will mein Volk Israel nicht verlassen. *a* 2.Mose 29,45

14 ¶ Und Salomo baute das Haus und vollendete es.[a] *a* Apg 7,47

15 Er bedeckte die Wände des Hauses innen mit Brettern von Zedernholz. Vom Boden des Hauses bis an die Decke täfelte er es innen mit Holz, und den Boden des Hauses täfelte er mit Brettern von Zypressenholz.

16 Und er baute zwanzig Ellen von der Rückseite des Hauses entfernt eine Wand aus zedernen Brettern vom Boden bis an die Decke und baute so im Innern den Chorraum, das Allerheiligste.

17 Die Tempelhalle vor dem Chorraum war vierzig Ellen lang.

18 Innen war das ganze Haus lauter Zedernholz mit gedrehten Knoten und Blumenwerk, so daß man keinen Stein sah.

19 Den Chorraum machte er im Innern des Hauses, damit man die Lade des Bundes des HERRN dahin stellte.

20 Und vor dem Chorraum, der zwanzig Ellen lang, zwanzig Ellen breit und zwanzig Ellen hoch war und überzogen mit lauterem Gold, [a]machte er den Altar aus Zedernholz. *a* Kap 7,48

21 Und Salomo überzog das Haus innen mit lauterem Gold und zog goldene Riegel vor dem Chorraum her, den er mit Gold überzogen hatte,

22 so daß das ganze Haus ganz mit Gold überzogen war. Dazu überzog er auch den ganzen Altar vor dem Chorraum mit Gold.

23 Er machte im Chorraum zwei [a]Cherubim, zehn Ellen hoch, von Ölbaumholz. *a* 2.Mose 37,7-9

24 Fünf Ellen hatte ein Flügel eines jeden Cherubs, so daß zehn Ellen waren von dem Ende seines einen Flügels bis zum Ende seines andern Flügels.

25 So hatte auch der andere Cherub zehn Ellen, und beide Cherubim hatten das gleiche Maß und die gleiche Gestalt.

26 Auch war jeder Cherub zehn Ellen hoch.

27 Und er stellte die Cherubim mitten ins Allerheiligste. Und die Cherubim breiteten ihre Flügel aus, so daß der Flügel des einen Cherubs die eine Wand berührte und der Flügel des andern Cherubs die andere Wand berührte. Aber in der Mitte berührte ein Flügel den andern.

28 Und er überzog die Cherubim mit Gold.

29 An allen Wänden des Allerheiligsten ließ er ringsum Schnitzwerk machen von Cherubim, Palmen und Blumenwerk, innen und außen.

30 Auch überzog er innen den Boden mit Goldblech.

31 Und an der Tür des Chorraums machte er zwei Türflügel von Ölbaumholz mit fünfeckigen Pfosten

32 und ließ Schnitzwerk darauf machen von Cherubim, Palmen und Blumenwerk und überzog sie mit Goldblech.

33 Ebenso machte er auch an der Tür der Tempelhalle viereckige Pfosten von Ölbaumholz

34 und zwei Türen von Zypressenholz, so daß jede Tür zwei Flügel hatte, die sich drehten,

35 und machte Schnitzwerk darauf von Cherubim, Palmen und Blumenwerk und überzog es mit Gold, genau wie es eingegraben war.

36 Er baute auch den inneren Vorhof von drei Schichten behauener Steine und von einer Schicht Zedernbalken.

37 ¶ Im [a]vierten Jahr, im Monat Siw, wurde der Grund gelegt zum Hause des HERRN, *a* Vers 1

38 und im elften Jahr, im Monat Bul, das ist der achte Monat, wurde das Haus vollendet, wie es sein sollte, so daß sie sieben Jahre daran bauten.

Der Bau der königlichen Paläste

7 Aber an seinen Königshäusern baute Salomo dreizehn Jahre, bis er sie ganz vollendet hatte.[a] *a* Kap 9,10

2 So baute er das [a]Libanon-Waldhaus, hundert Ellen lang, fünfzig Ellen breit und dreißig Ellen hoch. Auf drei Reihen von Zedernsäulen legte er eine Decke von Zedernbalken *a* Jes 22,8

3 und deckte auch mit Zedernholz die Gemächer über den Säulen; und es waren

fünfundvierzig Säulen, je fünfzehn in einer
Reihe.
4 Und Gebälk lag in drei Reihen, und Fen-
ster waren einander gegenüber dreimal.
5 Und alle Türen und Fenster waren vier-
eckig, und die Fenster waren einander
gegenüber dreimal.
6 ¶Er baute auch eine Halle von Säulen,
fünfzig Ellen lang und dreißig Ellen breit,
und noch eine Halle vor diese mit Säulen
und einem Aufgang davor;
7 und baute auch die Thronhalle, in der
er Gericht hielt, die Gerichtshalle, und
täfelte sie vom Boden bis zur Decke mit
Zedernholz;
8 dazu sein Haus, in dem er wohnte, im
andern Hof, hinten an der Halle, gebaut
wie die andern; und baute noch ein Haus
wie diese Halle [a]für die Tochter des Pha-
rao, die Salomo zur Frau genommen hat-
te. *a* Kap 3,1
9 Das alles war von kostbaren Steinen,
nach dem Winkeleisen gehauen, mit Sägen
geschnitten auf allen Seiten, vom Grund
bis an das Dach und von außen bis zum
großen Hof.
10 Die Grundsteine waren auch kostbare
und große Steine, zehn und acht Ellen
lang,
11 und darauf kostbare Steine, nach dem
Winkeleisen gehauen, und Zedernholz.
12 Aber der große Hof hatte ringsum drei
Schichten behauene Steine und eine
Schicht Zedernbalken, wie auch [a]der
innere Vorhof am Hause des HERRN und
die Halle am Hause. *a* Kap 6,36

Die beiden Säulen vor dem Tempel und die heiligen Geräte

(vgl. 2.Chr 3,15–5,1)

13 Und der König Salomo sandte hin und
ließ holen [a]Hiram von Tyrus
a 2.Chr 2,12.13
14 – den Sohn einer Witwe aus dem
Stamm Naftali, sein Vater aber war aus
Tyrus gewesen –; der war ein Kupfer-
schmied, voll Weisheit, Verstand und
Kunst in allerlei Kupferarbeit. Der kam
zum König Salomo und machte ihm alle
seine Werke.
15 ¶Er goß zwei [a]Säulen aus Kupfer, jede
achtzehn Ellen hoch, und eine Schnur von
zwölf Ellen war das Maß um jede Säule
herum. *a* 2.Kön 25,17
16 Und er machte zwei Knäufe, aus Kup-
fer gegossen, oben auf die Säulen zu set-
zen; jeder Knauf war fünf Ellen hoch.
17 Und es war an jedem Knauf oben auf
den Säulen Gitterwerk, sieben geflochtene
Reifen wie Ketten.
18 Und er machte an jedem Knauf zwei
Reihen Granatäpfel ringsumher an dem
Gitterwerk, mit denen der Knauf bedeckt
wurde.
19 Und die Knäufe oben auf den Säulen
waren wie Lilien, jeder vier Ellen dick.
20 Und es waren zweihundert Granatäpfel
in den Reihen ringsum, oben und unten
an dem Gitterwerk, das um die Rundung
des Knaufs her ging, an jedem Knauf auf
beiden Säulen.
21 Und er richtete die Säulen auf vor der
Vorhalle des Tempels; die er zur rechten
Hand setzte, nannte er Jachin, und die er
zur linken Hand setzte, nannte er Boas.
22 Und oben auf den Säulen war Lilien-
schmuck. So wurde vollendet das Werk
der Säulen.
23 ¶Und er machte das Meer, gegossen,
von einem Rand zum andern zehn Ellen
weit rundherum und fünf Ellen hoch, und
eine Schnur von dreißig Ellen war das Maß
ringsherum.
24 Und um das Meer gingen Knoten an
seinem Rand ringsherum, je zehn auf eine
Elle; es hatte zwei Reihen Knoten, die
beim Guß mitgegossen waren.
25 Und es stand auf zwölf Rindern, von
denen drei nach Norden gewandt waren,
drei nach Westen, drei nach Süden und
drei nach Osten, und das Meer stand oben-
drauf, und ihre Hinterteile waren alle nach
innen gekehrt.
26 Die Wanddicke des Meeres aber war
eine Hand breit, und sein Rand war wie
der Rand eines Bechers, wie eine aufge-
gangene Lilie, und es gingen zweitausend
Eimer hinein.
27 ¶Er machte auch zehn Gestelle aus
Kupfer, jedes vier Ellen lang und breit und
drei Ellen hoch.
28 Es war aber das Gestell so gemacht,
daß es Seiten hatte zwischen den Leisten.
29 Und an den Seiten zwischen den Lei-
sten waren Löwen, Rinder und Cherubim,
und ebenso auf den Leisten und oberhalb
und unterhalb der Löwen und Rinder
waren herabhängende Kränze.
30 Und jedes Gestell hatte vier kupferne
Räder mit kupfernen Achsen. Und auf den

vier Ecken waren Träger gegossen, jeder
dem andern gegenüber, unten an den Kes-
sel gegossen.
31 Aber der Hals mitten auf dem Gestell
war eine Elle hoch und rund, anderthalb
Ellen weit, und es waren Buckel an dem
Hals in Feldern, die viereckig waren und
nicht rund.
32 Die vier Räder aber waren unten an den
Seiten, und die Achsen der Räder waren
am Gestell. Jedes Rad war anderthalb
Ellen hoch.
33 Es waren Räder wie Wagenräder, und
ihre Achsen, Naben, Speichen und Felgen
waren alle gegossen.
34 Und die vier Träger auf den vier Ecken
eines jeden Gestells waren auch am
Gestell.
35 Und oben auf dem Gestell, eine halbe
Elle hoch, rundherum, waren Griffe und
Leisten am Gestell.
36 Und er ließ auf die Flächen der Griffe
und Leisten eingraben Cherubim, Löwen
und Palmenbäume, soviel Platz auf jedem
war, und Kränze ringsherum daran.
37 Auf diese Weise machte er zehn
Gestelle, alle von einem Guß, einem Maß
und einer Gestalt.
38 ¶Und er machte zehn Kessel aus Kup-
fer, daß vierzig Eimer in einen Kessel gin-
gen, und jeder war vier Ellen weit, und auf
jedem Gestell war ein Kessel.
39 Und er stellte fünf Gestelle an die
rechte Seite des Hauses und die andern
fünf an die linke Seite; aber das Meer
stellte er rechts vor das Haus nach Süden
hin.
40 ¶Und Hiram machte auch Töpfe,
Schaufeln, Becken; und so vollendete er
alle Werke, die der König Salomo am
Hause des HERRN machen ließ:
41 die zwei Säulen und die kugligen
Knäufe oben auf den zwei Säulen und die
zwei Gitterwerke, die die beiden kugligen
Knäufe auf den Säulen bedecken sollten,
42 und die vierhundert Granatäpfel an den
zwei Gitterwerken, je zwei Reihen Gra-
natäpfel an **einem** Gitterwerk, die die bei-
den kugligen Knäufe auf den Säulen
bedecken sollten,
43 dazu die zehn Gestelle und zehn Kes-
sel obendrauf
44 und das Meer und die zwölf Rinder
unter dem Meer
45 und die Töpfe, Schaufeln und Becken.
Und alle diese Geräte, die Hiram dem
König Salomo machte für das Haus des
HERRN, waren von blankem Kupfer.
46 In der Gegend des unteren Jordans ließ
sie der König gießen in der Gießerei von
Adama zwischen Sukkot und Zaretan.
47 Und Salomo ließ alle Geräte ungewo-
gen wegen der sehr großen Menge des
Kupfers.
48 ¶Auch ließ Salomo alles Gerät
machen, das zum Hause des HERRN
gehörte: den goldenen Altar, den golde-
nen Tisch, auf dem die Schaubrote liegen,
49 fünf Leuchter zur rechten Hand und
fünf Leuchter zur linken vor dem Chor-
raum von lauterem Gold, mit goldenen
Blumen, Lampen und Lichtscheren;
50 dazu Schalen, Messer, Becken, Löffel
und Pfannen von lauterem Gold. Auch
waren die Angeln an den Türen zum Aller-
heiligsten innen im Hause und an den
Türen der Tempelhalle von Gold.
51 ¶So wurde das ganze Werk vollendet,
das der König Salomo gemacht hatte am
Hause des HERRN. Und Salomo brachte
hinein, was sein Vater David geheiligt hatte
an Silber und Gold und Geräten, und legte
es in den Schatz des Hauses des HERRN.

Einweihung des Tempels.
Salomos Gebet und Opfer

(vgl. 2.Chr 5,2–7,10)

8 Da versammelte der König Salomo zu
sich die Ältesten in Israel, alle Häupter
der Stämme und Obersten der Sippen in
Israel nach Jerusalem, um die Lade des
Bundes des HERRN heraufzubringen aus
der Stadt Davids, das ist Zion.
2 Und es versammelten sich beim König
Salomo alle Männer in Israel am Fest im
Monat Etanim, das ist der siebente Mo-
nat.
3 Und als alle Ältesten Israels kamen, ho-
ben die Priester die Lade des HERRN auf
4 und brachten sie hinauf, dazu die Stifts-
hütte und alles Gerät des Heiligtums, das
in der Stiftshütte war. Das taten die Prie-
ster und Leviten.
5 Und der König Salomo und die ganze
Gemeinde Israel, die sich bei ihm versam-
melt hatte, ging mit ihm vor der Lade her
und [a]opferte Schafe und Rinder, so viel,
daß man sie nicht zählen noch berechnen
konnte.

a 2.Sam 6,13

6 So [a]brachten die Priester die Lade des
Bundes des HERRN an ihren Platz in den
Chorraum des Hauses, in das Allerheilig-
ste, [b]unter die Flügel der Cherubim.
a 2.Sam 6,17 *b* Kap 6,27
7 Denn die Cherubim breiteten die Flü-
gel aus an dem Ort, wo die Lade stand,
und bedeckten die Lade und ihre Stangen
von oben her.
8 Und [a]die Stangen waren so lang, daß
ihre Enden gesehen wurden in dem Heili-
gen, das ist die Tempelhalle, vor dem
Chorraum; aber von außen sah man sie
nicht. Und dort sind sie bis auf diesen
Tag. *a* 2.Mose 25,13-15
9 Und es war nichts in der Lade als [a]nur
die zwei steinernen Tafeln des Mose, die
er hineingelegt hatte am Horeb, die Tafeln
des Bundes, den der HERR mit Israel
schloß, als sie aus Ägyptenland gezogen
waren. *a* 2.Mose 25,21; 5.Mose 10,5
10 Als aber die Priester aus dem Heiligen
gingen, erfüllte die Wolke das Haus des
HERRN,
11 so daß die Priester nicht zum Dienst
hinzutreten konnten wegen der Wolke;
denn [a]die Herrlichkeit des HERRN erfüllte
das Haus des HERRN. *a* 2.Mose 40,34.35
12 ¶ Da sprach Salomo: Die Sonne hat der
HERR an den Himmel gestellt; er hat aber
gesagt, [a]er wolle im Dunkel wohnen.
a 2.Mose 20,21
13 So habe ich nun ein Haus gebaut dir
zur Wohnung, eine Stätte, daß du ewiglich
da wohnest.
14 Und der König wandte sein Angesicht
und segnete die ganze Gemeinde Israel,
und die ganze Gemeinde Israel stand.
15 Und er sprach: Gelobt sei der HERR,
der Gott Israels, der durch seinen Mund
meinem Vater David zugesagt und es
durch seine Hand erfüllt hat und gesagt:
16 Von dem Tage an, als ich mein Volk
Israel aus Ägypten führte, hab ich keine
Stadt erwählt unter irgendeinem Stamm
Israels, daß mir ein Haus gebaut würde,
damit mein Name da wäre. Jerusalem hab
ich erwählt, daß mein Name da wäre, und
David hab ich erwählt, daß er über mein
Volk Israel Herr sein sollte.
17 Mein Vater David hatte es zwar im
Sinn, dem Namen des HERRN, des Gottes
Israels, ein Haus zu bauen,[a] *a* 2.Sam 7
18 aber der HERR sprach zu meinem Vater
David: Daß du im Sinn hast, meinem Na-
men ein Haus zu bauen, daran hast du
wohlgetan, daß du dir das vornahmst.
19 Doch nicht du sollst das Haus bauen,
sondern dein Sohn, der dir geboren wird,
der soll meinem Namen ein Haus bauen.
20 Und der HERR hat sein Wort wahr ge-
macht, das er gegeben hat; denn ich bin
zur Macht gekommen an meines Vaters
David Statt und sitze auf dem Thron Is-
raels, wie der HERR zugesagt hat, und habe
gebaut ein Haus dem Namen des HERRN,
des Gottes Israels,
21 und habe dort eine Stätte zugerichtet
der Lade, in der die Tafeln des Bundes
sind, den er geschlossen hat mit unsern
Vätern, als er sie aus Ägyptenland führte.
22 ¶ Und Salomo trat vor den Altar des
HERRN angesichts der ganzen Gemeinde
Israel und breitete seine Hände aus gen
Himmel
23 und sprach: HERR, Gott Israels, es ist
kein Gott weder droben im Himmel noch
unten auf Erden dir gleich, der du hältst
den Bund und die Barmherzigkeit deinen
Knechten, die vor dir wandeln von gan-
zem Herzen;
24 der du gehalten hast deinem Knecht,
meinem Vater David, was du ihm zuge-
sagt hast. Mit deinem Mund hast du es
geredet, und mit deiner Hand hast du
es erfüllt, wie es offenbar ist an diesem
Tage.
25 Nun, HERR, Gott Israels, halt deinem
Knecht, meinem Vater David, was du ihm
zugesagt hast: Es soll dir nicht fehlen an
einem Mann, der vor mir steht, der da
sitzt auf dem Thron Israels, wenn nur
deine Söhne auf ihren Weg achthaben,
daß sie vor mir wandeln, wie du vor mir
gewandelt bist.
26 Nun, Gott Israels, laß dein Wort wahr
werden, das du deinem Knecht, meinem
Vater David, zugesagt hast.
27 Aber sollte Gott wirklich auf Erden
wohnen? Siehe, [a]der Himmel und aller
Himmel Himmel können dich nicht fas-
sen – wie sollte es dann dies Haus tun, das
ich gebaut habe?[b] *a* Jes 66,1 *b* Apg 17,24
28 Wende dich aber zum Gebet deines
Knechts und zu seinem Flehen, HERR,
mein Gott, damit du hörst das Flehen
und Gebet deines Knechts heute vor dir:
29 Laß [a]deine Augen offenstehen über
diesem Hause Nacht und Tag, über der
[b]Stätte, von der du gesagt hast: Da soll

mein Name sein. Du wollest hören das
Gebet, das dein Knecht an dieser Stätte
betet, *a* Sach 12,4 *b* 2.Mose 20,24
30 und wollest erhören das Flehen deines
Knechts und deines Volkes Israel, wenn
sie hier bitten werden an dieser Stätte; und
wenn du es hörst in deiner Wohnung, im
Himmel, wollest du gnädig sein.
31 ¶ Wenn jemand an seinem Nächsten
sündigt und es wird ihm ein Fluch aufer-
legt, sich selbst zu verfluchen, und er
kommt und verflucht sich vor deinem Al-
tar in diesem Hause,
32 so wollest du hören im Himmel und
Recht schaffen deinen Knechten, daß du
den Frevler als Frevler erkennen und seine
Tat auf sein Haupt kommen läßt, den aber,
der im Recht ist, gerecht sprichst und ihm
gibst nach seiner Gerechtigkeit.
33 ¶ Wenn dein Volk Israel vor dem Feind
geschlagen wird, weil sie an dir gesündigt
haben, und sie bekehren sich dann zu dir
und bekennen deinen Namen und beten
und flehen zu dir in diesem Hause,
34 so wollest du hören im Himmel und
die Sünde deines Volkes Israel vergeben
und sie zurückbringen in das Land, das du
ihren Vätern gegeben hast.
35 ¶ Wenn *a* der Himmel verschlossen
wird, daß es nicht regnet, weil sie an dir
gesündigt haben, und sie beten dann zu
dieser Stätte hin und bekennen deinen Na-
men und bekehren sich von ihren Sünden,
weil du sie bedrängst, *a* Kap 17,1
36 so wollest du hören im Himmel und
vergeben die Sünde deiner Knechte und
deines Volkes Israel, daß du ihnen den
guten Weg weist, auf dem sie wandeln sol-
len, und regnen läßt auf das Land, das du
deinem Volk zum Erbe gegeben hast.
37 ¶ Wenn eine Hungersnot oder Pest
oder Dürre oder Getreidebrand oder Heu-
schrecken oder Raupen im Lande sein
werden oder sein Feind im Lande seine
Städte belagert oder irgendeine Plage oder
Krankheit da ist –
38 wer dann bittet und fleht, es seien Ein-
zelne oder dein ganzes Volk Israel, die da
ihre Plage spüren, jeder in seinem Her-
zen, und breiten ihre Hände aus zu die-
sem Hause,
39 so wollest du hören im Himmel, an
dem Ort, wo du wohnst, und gnädig sein
und schaffen, daß du jedem gibst, wie er
gewandelt ist, wie du sein Herz erkennst –
denn *a* du allein kennst das Herz aller Men-
schenkinder –, *a* Ps 139,1.2
40 damit sie dich fürchten allezeit, solange
sie in dem Lande leben, das du unsern
Vätern gegeben hast.
41 ¶ Auch wenn ein *a* Fremder, der nicht
von deinem Volk Israel ist, aus fernem
Lande kommt um deines Namens
willen *a* 4.Mose 15,14-16
42 – denn sie werden hören von deinem
großen Namen und von deiner mächti-
gen Hand und von deinem ausgereckten
Arm –, wenn er kommt, um zu diesem
Hause hin zu beten,
43 so wollest du hören im Himmel, an
dem Ort, wo du wohnst, und alles tun,
worum der Fremde dich anruft, auf daß
alle Völker auf Erden deinen Namen er-
kennen, damit auch sie dich fürchten wie
dein Volk Israel, und daß sie innewerden,
daß dein Name über diesem Hause ge-
nannt ist, das ich gebaut habe.
44 ¶ Wenn dein Volk auszieht in den Krieg
gegen seine Feinde auf dem Weg, den du
sie senden wirst, und sie beten werden
zum HERRN nach der Stadt hin, die du
erwählt hast, und nach dem Hause hin,
das ich deinem Namen gebaut habe,
45 so wollest du ihr Gebet und Flehen hö-
ren im Himmel und ihnen Recht schaffen.
46 ¶ Wenn sie an dir sündigen werden –
a denn es gibt keinen Menschen, der nicht
sündigt – und du zürnst ihnen und gibst
sie dahin vor ihren Feinden, daß sie sie
gefangen führen in das Land der Feinde,
fern oder nahe, *a* Ps 14,3.4; Röm 3,23
47 und sie nehmen sich's zu Herzen im
Lande, in dem sie gefangen sind, und be-
kehren sich und flehen zu dir im Lande
ihrer Gefangenschaft und sprechen: *a* Wir
haben gesündigt und übelgetan und sind
gottlos gewesen, *a* Neh 9,33; Dan 9,5
48 und bekehren sich zu dir von ganzem
Herzen und von ganzer Seele im Lande
ihrer Feinde, die sie weggeführt haben,
und beten zu dir nach ihrem Lande hin,
das du ihren Vätern gegeben hast, *a* nach
der Stadt hin, die du erwählt hast, und
nach dem Hause hin, das ich deinem Na-
men gebaut habe: *a* Dan 6,11
49 so wollest du ihr Gebet und Flehen hö-
ren im Himmel, an dem Ort, wo du
wohnst, und ihnen Recht schaffen
50 und wollest vergeben deinem Volk, das
an dir gesündigt hat, alle ihre Übertretun-

gen, mit denen sie gegen dich gesündigt
haben, und wollest sie Erbarmen finden
lassen bei denen, die sie gefangenhalten,
so daß sie sich ihrer erbarmen.
51 Denn sie sind dein Volk und dein Erbe,
die du aus Ägypten, aus dem glühenden
Ofen, geführt hast.
52 ¶Laß deine Augen offen sein für das
Flehen deines Knechts und deines Volkes
Israel, daß du sie hörst, sooft sie dich anrufen;
53 denn [a] du hast sie dir ausgesondert zum
Erbe aus allen Völkern auf Erden, wie du
geredet hast durch deinen Knecht Mose,
als du unsere Väter aus Ägypten führtest,
Herr HERR! *a* 2.Mose 19,5.6
54 ¶Und als Salomo dies Gebet und Flehen vor dem HERRN vollendet hatte, stand
er auf von dem Altar des HERRN und hörte
auf zu knien und die Hände zum Himmel
auszubreiten
55 und trat hin und segnete die ganze Gemeinde Israel mit lauter Stimme und
sprach:
56 Gelobet sei der HERR, der seinem Volk
Israel Ruhe gegeben hat, wie er es zugesagt hat. [a] **Es ist nicht eins dahingefallen
von allen seinen guten Worten, die er geredet hat durch seinen Knecht Mose.**
a Jos 21,45
57 Der HERR, unser Gott, sei mit uns, wie
er mit unsern Vätern gewesen ist. Er verlasse uns nicht und ziehe die Hand nicht
ab von uns.
58 Er neige unser Herz zu ihm, daß wir
wandeln in allen seinen Wegen und halten
seine Gebote, Satzungen und Rechte, die
er unsern Vätern geboten hat.
59 Mögen diese Worte, die ich vor dem
HERRN gefleht habe, nahe sein dem
HERRN, unserm Gott, Tag und Nacht, daß
er Recht schaffe seinem Knecht und seinem Volk Israel alle Tage,
60 damit alle Völker auf Erden erkennen,
daß der HERR Gott ist, und sonst keiner
mehr!
61 Und euer Herz sei ungeteilt bei dem
HERRN, unserm Gott, daß ihr wandelt in
seinen Satzungen und haltet seine Gebote,
wie es heute geschieht.
62 ¶Und der König und ganz Israel opferten vor dem HERRN Opfer.
63 Und Salomo opferte Dankopfer, die er
dem HERRN opferte, zweiundzwanzigtausend Rinder und hundertzwanzigtausend
Schafe. So weihten sie das Haus des
HERRN ein, der König und ganz Israel.
64 An demselben Tage weihte der König
die Mitte des Vorhofes, der vor dem
Hause des HERRN war, dadurch, daß er
Brandopfer, Speisopfer und das Fett der
Dankopfer dort darbrachte. Denn der kupferne Altar, der vor dem HERRN stand, war
zu klein für die Brandopfer, Speisopfer und
das Fett der Dankopfer.
65 Und Salomo beging zu der Zeit das Fest
und ganz Israel mit ihm – eine große Versammlung von der Grenze Hamats bis an
den Bach Ägyptens – vor dem HERRN, unserm Gott, sieben Tage und noch sieben
Tage, das waren vierzehn Tage.
66 Und er entließ das Volk am achten
Tage. Und sie segneten den König und
gingen heim fröhlich und guten Mutes
über all das Gute, das der HERR an David,
seinem Knecht, und an seinem Volk Israel
getan hatte.

Gott ermahnt Salomo
(vgl. 2.Chr 7,11-22)

9 Und als Salomo das Haus des HERRN
gebaut hatte und das Haus des Königs
und alles, was er zu machen gewünscht
hatte,
2 erschien ihm der HERR zum zweitenmal, [a] wie er ihm erschienen war in Gibeon. *a* Kap 3,5
3 Und der HERR sprach zu ihm: Ich habe
dein Gebet und Flehen gehört, das du vor
mich gebracht hast, und habe dies Haus
geheiligt, das du gebaut hast, daß ich [a] meinen Namen dort wohnen lasse ewiglich,
und meine Augen und mein Herz sollen
da sein allezeit. *a* Kap 8,29
4 Und du, wenn du vor mir wandelst, wie
dein Vater David gewandelt ist, mit rechtschaffenem Herzen und aufrichtig, daß du
alles tust, was ich dir geboten habe, und
meine Gebote und meine Rechte hältst,
5 so [a] will ich bestätigen den Thron deines
Königtums über Israel ewiglich, wie ich
deinem Vater David zugesagt habe: [b] Es
soll dir nicht fehlen an einem Mann auf
dem Thron Israels. *a* 2.Sam 7,12 *b* Jer 33,17
6 Werdet ihr euch aber von mir abwenden, ihr und eure Kinder, und nicht halten
meine Gebote und Rechte, die ich euch
vorgelegt habe, und hingehen und andern
Göttern dienen und sie anbeten,

7 [a]so werde ich Israel ausrotten aus dem
Lande, das ich ihnen gegeben habe, und
das Haus, das ich meinem Namen gehei-
ligt habe, will ich verwerfen von meinem
Angesicht; und Israel wird ein Spott und
Hohn sein unter allen Völkern.
a (7 und 8) 5.Mose 4,26; 8,19.20; Mt 23,38
8 Und dies Haus wird eingerissen werden,
so daß alle, die vorübergehen, sich entset-
zen werden und höhnen und sagen:
Warum hat der HERR diesem Lande und
diesem Hause das angetan?
9 Dann wird man antworten: Weil sie den
HERRN, ihren Gott, verlassen haben, der
ihre Väter aus Ägyptenland führte, und
andere Götter angenommen und sie ange-
betet und ihnen gedient haben – darum
hat der HERR all dies Unheil über sie
gebracht.

Verschiedene Regierungsmaßnahmen Salomos

(vgl. 2.Chr 8,7-11)

10 Als nun die zwanzig Jahre um waren, in
denen Salomo die beiden Häuser baute,
[a]des HERRN Haus und [b]des Königs
Haus, *a* Kap 6,38 *b* Kap 7,1
11 – dazu hatte Hiram, der König von
Tyrus, Salomo Zedernbäume und Zypres-
sen und Gold nach all seinen Wünschen
gegeben –, da gab der König Salomo Hi-
ram [a]zwanzig Städte im Lande Gali-
läa. *a* 2.Chr 8,2
12 Und Hiram zog aus von Tyrus, die
Städte zu besehen, die ihm Salomo gege-
ben hatte, und sie gefielen ihm nicht.
13 Und er sprach: Was sind das für Städte,
mein Bruder, die du mir gegeben hast?
Und man nannte sie das Land Kabul bis
auf diesen Tag.
14 Und Hiram hatte dem König hundert-
undzwanzig Zentner Gold gesandt.
15 ¶ Und so verhielt sich's mit den Fron-
leuten, die der König Salomo aushob, um
zu bauen des HERRN Haus und sein Haus
und den Millo und die Mauer Jerusalems
und Hazor und Megiddo und Geser –
16 denn der Pharao, der König von Ägyp-
ten, war heraufgezogen und hatte [a]Geser
eingenommen und mit Feuer verbrannt
und die Kanaaniter erschlagen, die in der
Stadt wohnten, und hatte [b]seiner Tochter,
Salomos Frau, den Ort zum Geschenk ge-
geben; *a* Jos 16,10 *b* Kap 3,1
17 und Salomo baute Geser wieder auf
und das untere Bet-Horon
18 und Baalat und Tamar in der Wüste im
Lande Juda
19 und alle Städte mit Kornspeichern, die
Salomo hatte, und alle Städte der Wagen
und [a]die Städte der Gespanne und was er
zu bauen wünschte in Jerusalem, im Liba-
non und im ganzen Lande seiner Herr-
schaft –: *a* Kap 10,26
20 alles Volk, das noch übrig war von den
Amoritern, Hetitern, Perisitern, Hiwitern
und Jebusitern, die nicht zu den Israeliten
gehörten,
21 deren Nachkommen, die übriggeblie-
ben waren im Lande, an denen Israel den
Bann nicht hatte vollstrecken können, die
machte Salomon zu [a]Fronleuten bis auf
diesen Tag. *a* Jos 16,10
22 Aber aus Israel machte er niemand zu
Fronleuten, sondern ließ sie Kriegsleute
und seine Räte und Oberste und Ritter
und Hauptleute über seine Wagen und Ge-
spanne sein.
23 Und die Zahl der obersten Amtleute,
die über Salomos Bauarbeiten gesetzt wa-
ren, betrug fünfhundertundfünfzig; diese
geboten über die Leute, die die Arbeiten
taten.
24 ¶ Und die Tochter des Pharao zog her-
auf von der Stadt Davids in ihr Haus, das
Salomo für sie gebaut hatte. Dann baute
er auch den Millo.
25 ¶ Und Salomo opferte dreimal im Jahr
Brandopfer und Dankopfer auf dem Altar,
den er dem HERRN gebaut hatte, und räu-
cherte auf ihm vor dem HERRN. Und so
wurde das Haus fertig.
26 ¶ [a]Und Salomo baute auch Schiffe in
Ezjon-Geber, das bei Elat liegt am Ufer
des Schilfmeers im Lande der Edomi-
ter. *a (26-28)* 4.Mose 33,35; 2.Chr 8,17.18
27 Und Hiram sandte auf die Schiffe seine
Leute, die gute Schiffsleute und auf dem
Meer erfahren waren, zusammen mit den
Leuten Salomos.[a] *a* Kap 10,11
28 Und sie kamen nach [a]Ofir und holten
dort vierhundertundzwanzig Zentner Gold
und brachten's dem König Salomo.
a 1.Mose 10,29

Besuch der Königin von Saba

(vgl. 2.Chr 9,1-12)

10 Und als die [a]Königin von Saba die
Kunde von Salomo vernahm, kam

sie, um Salomo mit Rätselfragen zu prü-
fen.[b] *a* Mt 12,42 *b* Kap 5,14
2 Und sie kam nach Jerusalem mit einem
sehr großen Gefolge, mit Kamelen, die
Spezerei trugen und viel Gold und Edel-
steine. Und als sie zum König Salomo
kam, redete sie mit ihm alles, was sie sich
vorgenommen hatte.
3 Und Salomo gab ihr Antwort auf alles,
und es war dem König nichts verborgen,
was er ihr nicht hätte sagen können.
4 Als aber die Königin von Saba alle Weis-
heit Salomos sah und das Haus, das er
gebaut hatte,
5 und die Speisen für seinen Tisch und
die Rangordnung seiner Großen und das
Aufwarten seiner Diener und ihre Kleider
und seine Mundschenken und seine
Brandopfer, die er in dem Hause des
HERRN opferte, geriet sie vor Staunen au-
ßer sich
6 und sprach zum König: Es ist wahr, was
ich in meinem Lande von deinen Taten
und von deiner Weisheit gehört habe.
7 Und ich hab's nicht glauben wollen, bis
ich gekommen bin und es mit eigenen Au-
gen gesehen habe. Und siehe, nicht die
Hälfte hat man mir gesagt. Du hast mehr
Weisheit und Güter, als die Kunde sagte,
die ich vernommen habe.
8 Glücklich sind deine Männer und deine
Großen, die allezeit vor dir stehen und
deine Weisheit hören.
9 [a]Gelobt sei der HERR, dein Gott, der an
dir Wohlgefallen hat, so daß er dich auf
den Thron Israels gesetzt hat! Weil der
HERR Israel liebhat ewiglich, hat er dich
zum König gesetzt, daß du Recht und Ge-
rechtigkeit übst. *a* Kap 5,21
10 Und sie gab dem König hundertund-
zwanzig Zentner Gold und sehr viel Speze-
rei und Edelsteine. Es kam nie mehr so-
viel Spezerei ins Land, wie die Königin
von Saba dem König Salomo gab.
11 ¶Auch brachten [a]die Schiffe Hirams,
die Gold aus Ofir einführten, sehr viel San-
delholz und Edelsteine. *a* Kap 9,27.28
12 Und der König ließ Pfeiler machen aus
dem Sandelholz im Hause des HERRN und
im Hause des Königs und Harfen und Zi-
thern für die Sänger. Es kam nie mehr so
viel Sandelholz ins Land, wurde auch nicht
gesehen bis auf diesen Tag.
13 ¶Und der König Salomo gab der Köni-
gin von Saba alles, was ihr gefiel und was
sie erbat, außer dem, was er ihr von sich
aus gab. Und sie wandte sich und zog in
ihr Land mit ihrem Gefolge.

Salomos Reichtum

(vgl. 2.Chr 9,13-28)

14 Und das Gewicht des Goldes, das für
Salomo in einem Jahr einkam, war sechs-
hundertsechsundsechzig Zentner,
15 außer dem, was von den Händlern und
vom Gewinn der Kaufleute und von allen
Königen Arabiens und von den Statthal-
tern kam.
16 ¶Und der König Salomo [a]ließ zwei-
hundert große Schilde vom besten Gold
machen – sechshundert Lot Gold nahm
er zu einem Schild – *a* Kap 14,26
17 und dreihundert kleine Schilde vom be-
sten Gold, je drei Pfund Gold zu einem
kleinen Schild. Und der König brachte sie
in das [a]Libanon-Waldhaus. *a* Kap 7,2
18 ¶Und der König machte einen großen
Thron von Elfenbein und überzog ihn mit
dem edelsten Gold.
19 Und der Thron hatte sechs Stufen, und
hinten am Thron waren Stierköpfe, und es
waren Lehnen auf beiden Seiten am Sitz,
und zwei Löwen standen an den Lehnen.
20 Und zwölf Löwen standen auf den
sechs Stufen zu beiden Seiten. Dergle-
chen ist nie gemacht worden in allen Kö-
nigreichen.
21 Alle Trinkgefäße des Königs Salomo
waren aus Gold, und alle Gefäße im
Libanon-Waldhaus waren auch aus laute-
rem Gold; denn das Silber achtete man zu
den Zeiten Salomos für nichts.
22 Denn der König hatte Tarsisschiffe, die
auf dem Meer zusammen mit den Schif-
fen Hirams fuhren. Diese kamen in drei
Jahren **einmal** und brachten Gold, Silber,
Elfenbein, Affen und Pfauen.
23 ¶So war der König Salomo größer an
Reichtum und Weisheit als alle Könige auf
Erden.
24 Und alle Welt begehrte, Salomo zu se-
hen, damit sie die Weisheit hörten, die
ihm Gott in sein Herz gegeben hatte.
25 Und jedermann brachte ihm jährlich
Geschenke, silberne und goldene Geräte,
Kleider und Waffen, Spezerei, Rosse und
Maultiere.
26 ¶Und Salomo brachte Wagen und Ge-
spanne zusammen, so daß er tausendvier-
hundert Wagen und [a]zwölftausend Ge-

spanne hatte, und er legte sie in die
Wagenstädte und zum König nach Jerusa-
lem. a Kap 5,6
27 Und der König brachte es dahin, daß es
in Jerusalem so viel Silber gab wie Steine,
und Zedernholz so viel wie wilde Feigen-
bäume im Hügelland.
28 Und man brachte Salomo Pferde aus
Ägypten und aus Koë; und die Kaufleute
des Königs kauften sie aus Koë zu ihrem
Preis.
29 Und sie brachten herauf aus Ägypten
den Wagen für sechshundert Silberstücke
und das Pferd für hundertundfünfzig.
Dann führten sie diese wieder aus an alle
Könige der Hetiter und an die Könige
von Aram.

Salomos heidnische Frauen und seine Abgötterei

11 Aber der König Salomo liebte
[a]viele ausländische Frauen: die
Tochter des Pharao und moabitische, am-
monitische, edomitische, sidonische und
hetitische – a 5.Mose 17,17
2 aus solchen Völkern, von denen der
HERR den Israeliten gesagt hatte: Geht
nicht zu ihnen und laßt sie nicht zu euch
kommen; [a]sie werden gewiß eure Herzen
ihren Göttern zuneigen. An diesen hing
Salomo mit Liebe. a 2.Mose 34,16
3 Und er hatte siebenhundert Haupt-
frauen und dreihundert Nebenfrauen; und
seine Frauen verleiteten sein Herz.
4 Und als er nun alt war, neigten seine
Frauen sein Herz fremden Göttern zu, so
daß sein Herz nicht ungeteilt bei dem
HERRN, seinem Gott, war wie das Herz
seines Vaters David.
5 So diente Salomo der Astarte, der Göt-
tin derer von Sidon, und dem Milkom,
dem greulichen Götzen der Ammoniter.
6 Und Salomo tat, was dem HERRN miß-
fiel, und folgte nicht völlig dem HERRN
wie sein Vater David.
7 ¶ Damals baute Salomo eine Höhe dem
[a]Kemosch, dem greulichen Götzen der
Moabiter, auf dem Berge, der vor Jerusa-
lem liegt, und dem Milkom, dem greuli-
chen Götzen der Ammoniter.
a 4.Mose 21,29; 2.Kön 23,13
8 Ebenso tat Salomo für alle seine auslän-
dischen Frauen, die ihren Göttern räucher-
ten und opferten.
9 Der HERR aber wurde zornig über Sa-
lomo, daß er sein Herz von dem HERRN,
dem Gott Israels, abgewandt hatte, [a]der
ihm zweimal erschienen war a Kap 3,5; 9,2
10 und ihm geboten hatte, daß er nicht
andern Göttern nachwandelte. Er aber
hatte nicht gehalten, was ihm der HERR
geboten hatte.
11 Darum sprach der HERR zu Salomo:
Weil das bei dir geschehen ist und du mei-
nen Bund und meine Gebote nicht gehal-
ten hast, die ich dir geboten habe, so [a]will
ich das Königtum von dir reißen und
einem deiner Großen geben. a 1.Sam 15,28
12 Doch zu deiner Zeit will ich das noch
nicht tun um deines Vaters David willen,
sondern aus der Hand deines Sohnes will
ich's reißen.[a] a Kap 12,19
13 Doch will ich nicht das ganze Reich los-
reißen; **einen** Stamm will ich deinem Sohn
lassen um Davids willen, meines Knechts,
und um Jerusalems willen, das ich erwählt
habe.

Salomos Feinde Hadad und Reson

14 Und der HERR erweckte Salomo einen
Widersacher, den Edomiter Hadad, vom
königlichen Geschlecht in Edom.
15 Denn [a]als David die Edomiter schlug –
damals als der Feldhauptmann Joab hin-
aufgezogen war, um die Erschlagenen Is-
raels zu begraben, da erschlug er alles, was
männlich war in Edom; a 2.Sam 8,14
16 sechs Monate blieb Joab und ganz Is-
rael dort, bis er ausgerottet hatte alles, was
männlich war in Edom –,
17 da floh Hadad und mit ihm einige Edo-
miter vom Gefolge seines Vaters, um nach
Ägypten zu entkommen. Hadad aber war
noch ein sehr junger Mann.
18 Und sie machten sich auf von Midian
und kamen nach Paran und nahmen Leute
mit sich aus Paran und kamen nach Ägyp-
ten zum Pharao, dem König von Ägypten.
Der gab ihm ein Haus und Nahrung und
wies ihm Land an.
19 Und Hadad fand große Gnade vor dem
Pharao, so daß er ihm sogar die Schwester
seiner Gemahlin, der Königin Tachpenes,
zur Frau gab.
20 Und die Schwester der Tachpenes ge-
bar ihm Genubat, seinen Sohn, und Tach-
penes zog ihn auf im Hause des Pharao,
so daß Genubat im Hause des Pharao un-
ter den Kindern des Pharao war.
21 Als nun Hadad hörte in Ägypten, daß

David sich zu seinen Vätern gelegt hatte
und daß der Feldhauptmann Joab tot war,
sprach er zum Pharao: Laß mich in mein
Land ziehen!
22 Der Pharao sprach zu ihm: Was fehlt
dir bei mir, daß du in dein Land ziehen
willst? Er sprach: Nichts, aber laß mich
ziehen!
25b *Und Hadad kehrte in sein Land zu-
rück und hatte einen Haß auf Israel und
wurde König über Edom.

* Der Zusammenhang erfordert die hier vorgenommene
Umstellung des halben Verses.

23 ¶Auch erweckte Gott dem Salomo
noch einen Widersacher, Reson, den Sohn
Eljadas, der von seinem Herrn, [a]Hadad-
Eser, dem König von Zoba, geflohen
war. a 2.Sam 8,3
24 Der hatte Männer um sich gesammelt
und war Hauptmann einer Schar gewor-
den – [a]als David die Aramäer schlug –,
und er zog nach Damaskus und nahm es
ein und wurde König in Damaskus.
a 2.Sam 10,18
25a Und er war Israels Widersacher, so-
lange Salomo lebte. Das kam zu dem
Schaden, den Hadad tat.

Ahijas Verheißung an Jerobeam. Salomos Tod

26 Auch Jerobeam, der Sohn Nebats, ein
Ephraimiter von Zereda, Salomos Vogt –
seine Mutter hieß Zerua, eine Witwe –,
hob die Hand auf gegen den König.
27 Und so ging es zu, als er die Hand ge-
gen den König aufhob: Salomo baute den
[a]Millo und schloß damit die Lücke in der
Stadt Davids, seines Vaters. a Kap 9,15.24
28 Und Jerobeam war ein tüchtiger Mann.
Und als Salomo sah, daß der Jüngling viel
schaffte, setzte er ihn über alle Fronarbeit
des Hauses Josef.
29 ¶Es begab sich aber zu der Zeit, daß
Jerobeam aus Jerusalem hinausging, und
es traf ihn der Prophet Ahija von Silo auf
dem Wege und hatte einen neuen Mantel
an, und es waren die beiden allein auf dem
Felde.
30 Und Ahija faßte den neuen Mantel, den
er anhatte, und riß ihn in zwölf Stücke
31 und sprach zu Jerobeam: Nimm zehn
Stücke zu dir! Denn so spricht der HERR,
der Gott Israels: Siehe, ich will das König-
tum aus der Hand Salomos reißen und dir
zehn Stämme geben[a] – a Kap 12,15; 14,2
32 **einen** Stamm soll er haben um meines
Knechts David willen und um der Stadt
Jerusalem willen, [a]die ich erwählt habe
aus allen Stämmen Israels –, a Ps 132,13
33 weil er mich verlassen hat und angebe-
tet die Astarte, die Göttin der Sidonier,
Kemosch, den Gott der Moabiter, und
Milkom, den Gott der Ammoniter, und
nicht in meinen Wegen gewandelt ist und
nicht getan hat, was mir wohlgefällt, meine
Gebote und Rechte, wie sein Vater David.
34 Ich will aber aus seiner Hand das Reich
noch nicht nehmen, sondern ich will ihn
Fürst sein lassen sein Leben lang um
meines Knechtes David willen, [a]den ich
erwählt habe und der meine Gebote und
Rechte gehalten hat. a 2.Sam 7,12
35 Aber [a]aus der Hand seines Sohnes will
ich das Königtum nehmen und will dir
zehn Stämme a Kap 12,16.17
36 und seinem Sohn **einen** Stamm geben,
damit mein Knecht David vor mir eine
[a]Leuchte habe allezeit in der Stadt Jerusa-
lem, die ich mir erwählt habe, um meinen
Namen dort wohnen zu lassen.
a Kap 15,4; 2.Kön 8,19
37 So will ich nun dich nehmen, daß du
regierst über alles, was dein Herz begehrt,
und König sein sollst über Israel.
38 Wirst du nun [a]gehorchen allem, was
ich dir gebieten werde, und in meinen We-
gen wandeln und tun, was mir gefällt, und
meine Rechte und Gebote halten, wie
mein Knecht David getan hat, so will ich
mit dir sein und dir ein beständiges Haus
bauen, wie ich es David gebaut habe, und
will dir Israel geben a Kap 9,4
39 und will das Geschlecht Davids deswe-
gen demütigen, doch nicht für alle Zeit.
40 ¶Salomo aber trachtete danach, Jero-
beam zu töten. Da machte sich Jerobeam
auf und floh nach Ägypten zu [a]Schischak,
dem König von Ägypten, und blieb in
Ägypten, bis Salomo starb. a Kap 14,25
41 ¶Was mehr von Salomo zu sagen ist
und alles, was er getan hat, und seine
Weisheit, das steht geschrieben in der
Chronik von Salomo.[a] a 2.Chr 9,29-31
42 Die Zeit aber, die Salomo König war zu
Jerusalem über ganz Israel, ist vierzig
Jahre.
43 Und Salomo legte sich zu seinen Vä-
tern und wurde begraben in der Stadt Da-
vids, seines Vaters. Und sein Sohn Reha-
beam wurde König an seiner Statt.

Abfall der zehn Stämme vom Hause David

(vgl. 2.Chr 10)

12 Und Rehabeam zog nach Sichem, denn ganz Israel war nach Sichem gekommen, um ihn zum König zu machen.

2 Und Jerobeam, der Sohn Nebats, hörte das, als er noch in Ägypten war, [a]wohin er vor dem König Salomo geflohen war, und kehrte aus Ägypten zurück. *a* Kap 11,40

3 Und sie sandten hin und ließen ihn rufen. Und Jerobeam und die ganze Gemeinde Israel kamen und redeten mit Rehabeam und sprachen:

4 Dein Vater hat unser Joch zu hart gemacht. Mache du nun den harten Dienst und das schwere Joch leichter, das er uns aufgelegt hat, so wollen wir dir untertan sein.

5 Er aber sprach zu ihnen: Geht hin bis zum dritten Tag, dann kommt wieder zu mir. Und das Volk ging hin.

6 Und der König Rehabeam hielt einen Rat mit den Ältesten, die vor seinem Vater Salomo gestanden hatten, als er noch lebte, und sprach: Wie ratet ihr, daß wir diesem Volk Antwort geben?

7 Sie sprachen zu ihm: Wirst du heute diesem Volk einen Dienst tun und ihnen zu Willen sein und sie erhören und ihnen gute Worte geben, so werden sie dir untertan sein dein Leben lang.

8 Aber er kehrte sich nicht an den Rat der Ältesten, den sie ihm gegeben hatten, und hielt einen Rat mit den Jüngeren, die mit ihm aufgewachsen waren und vor ihm standen.

9 Und er sprach zu ihnen: Was ratet ihr, daß wir antworten diesem Volk, das zu mir gesagt hat: Mache das Joch leichter, das dein Vater auf uns gelegt hat?

10 Und die Jüngeren, die mit ihm aufgewachsen waren, sprachen zu ihm: Du sollst zu dem Volk, das zu dir sagt: »Dein Vater hat unser Joch zu schwer gemacht; mache du es uns leichter«, so sagen: Mein kleiner Finger soll dicker sein als meines Vaters Lenden.

11 Nun, mein Vater hat auf euch ein schweres Joch gelegt, ich aber will's euch noch schwerer machen. Mein Vater hat euch mit Peitschen gezüchtigt, ich will euch mit Skorpionen züchtigen.

12 Als nun Jerobeam und das ganze Volk zu Rehabeam kamen am dritten Tage, wie der König gesagt hatte: Kommt wieder zu mir am dritten Tage,

13 da gab der König dem Volk eine [a]harte Antwort und kehrte sich nicht an den Rat, den ihm die Ältesten gegeben hatten, *a* Spr 15,1

14 und redete mit ihnen nach dem Rat der Jüngeren und sprach: Mein Vater hat euer Joch schwer gemacht, ich aber will's euch noch schwerer machen. Mein Vater hat euch mit Peitschen gezüchtigt, ich aber will euch mit Skorpionen züchtigen.

15 So hörte der König nicht auf das Volk; denn so war es bestimmt von dem HERRN, damit er sein Wort wahr machte, das er durch [a]Ahija von Silo geredet hatte zu Jerobeam, dem Sohn Nebats. *a* Kap 11,29-31

16 ¶ Als aber ganz Israel sah, daß der König sie nicht hören wollte, gab das Volk dem König Antwort und sprach: [a]Was haben wir für Teil an David oder Erbe am Sohn Isais? Auf zu deinen Hütten, Israel! So sorge nun du für dein Haus, David! – Da ging Israel heim, *a* 2.Sam 20,1

17 so daß Rehabeam nur über die Israeliten regierte, die in den Städten Judas wohnten.

18 Und als der König Rehabeam den Fronvogt Adoniram hinsandte, warf ihn ganz Israel mit Steinen zu Tode. Aber der König Rehabeam stieg eilends auf einen Wagen und floh nach Jerusalem.

19 Also fiel Israel ab vom Hause David bis auf diesen Tag.

Jerobeam wird König über die zehn Stämme. Seine Abgötterei

(vgl. 2.Chr 11,1-4)

20 Als nun ganz Israel hörte, daß Jerobeam zurückgekommen war, sandten sie hin und ließen ihn rufen zu der Gemeinde und machten ihn zum König über ganz Israel; niemand folgte dem Hause David als der Stamm Juda allein.

21 Und als Rehabeam nach Jerusalem kam, sammelte er das ganze Haus Juda und den Stamm Benjamin, hundertachtzigtausend streitbare Männer, um gegen das Haus Israel zu kämpfen und das Königtum an Rehabeam, den Sohn Salomos, zurückzubringen.

22 Es kam aber Gottes Wort zu Schemaja, dem Mann Gottes:

23 Sage Rehabeam, dem Sohn Salomos,
dem König von Juda, und dem ganzen
Hause Juda und Benjamin und dem übri-
gen Volk und sprich:
24 So spricht der HERR: Ihr sollt nicht hin-
aufziehen und gegen eure Brüder, die von
Israel, kämpfen. Jedermann gehe wieder
heim, denn das alles ist von mir gesche-
hen. Und sie gehorchten dem Wort des
HERRN, kehrten um und gingen heim, wie
der HERR gesagt hatte.
25 ¶ Jerobeam aber baute Sichem auf dem
Gebirge Ephraim aus und wohnte darin
und zog von da fort und baute Pnuël aus.
26 Und Jerobeam dachte in seinem Her-
zen: Das Königtum wird nun wieder an
das Haus David fallen.
27 Wenn dies Volk hinaufgeht, um Opfer
darzubringen im Hause des HERRN zu Je-
rusalem, so wird sich das Herz dieses
Volks wenden zu ihrem Herrn Rehabeam,
dem König von Juda, und sie werden mich
umbringen und wieder Rehabeam, dem
König von Juda, zufallen.
28 Und der König hielt einen Rat und
machte zwei [a] goldene Kälber und sprach
zum Volk: Es ist zuviel für euch, daß ihr
hinauf nach Jerusalem geht; siehe, da ist
dein Gott, Israel, der dich aus Ägypten-
land geführt hat. *a* 2.Mose 32,4.8
29 Und er stellte eins in Bethel auf, und
das andere tat er nach [a] Dan. *a* Ri 18,30
30 Und das [a] geriet zur Sünde, denn das
Volk ging hin vor das eine in Bethel und
vor das andre in Dan. *a* Kap 14,16
31 ¶ Er baute auch ein Höhenheiligtum
und machte Priester aus allerlei Leuten,
die nicht von den Söhnen Levi waren.
32 Und er machte ein Fest am fünfzehn-
ten Tag des achten Monats wie das Fest in
Juda und opferte auf dem Altar. So tat er
in Bethel, daß er den Kälbern opferte, die
er gemacht hatte, und bestellte in Bethel
Priester für die Höhen, die er gemacht
hatte.

Reich Israel: Ein Prophet verkündet Jerobeam eine Strafe für seine Abgötterei

33 Einst opferte Jerobeam auf dem Altar,
den er gemacht hatte in Bethel, am fünf-
zehnten Tage im achten Monat, den er
sich in seinem Herzen ausgedacht hatte,
und machte den Israeliten ein Fest und
stieg auf den Altar, um zu opfern.

13 ¶ Und siehe, ein Mann Gottes kam
von Juda auf das Wort des HERRN
hin nach Bethel, während Jerobeam noch
auf dem Altar stand und opferte.
2 Und er rief gegen den Altar auf das Wort
des HERRN hin und sprach: Altar, Altar!
So spricht der HERR: Siehe, es wird ein
Sohn dem Hause David geboren werden,
mit Namen Josia; der wird auf dir schlach-
ten die Priester der Höhen, die auf dir
opfern, und wird Menschengebein auf dir
verbrennen.[a] *a* 2.Kön 23,16.20
3 Und er gab an dem Tag ein Wunderzei-
chen und sprach: Das ist das Zeichen da-
für, daß der HERR geredet hat: Siehe, der
Altar wird bersten und die Asche
verschüttet werden, die darauf ist.
4 Als aber der König das Wort von dem
Mann Gottes hörte, der gegen den Altar
in Bethel rief, streckte er seine Hand aus
auf dem Altar und sprach: Greift ihn! Und
seine Hand verdorrte, die er gegen ihn aus-
gestreckt hatte, und er konnte sie nicht
wieder an sich ziehen.
5 Und der Altar barst, und die Asche
wurde verschüttet vom Altar nach dem
Wunderzeichen, das der Mann Gottes
gegeben hatte auf das Wort des HERRN
hin.
6 Und der König hob an und sprach zu
dem Mann Gottes: [a] Flehe doch den
HERRN, deinen Gott, an und bitte für
mich, daß ich meine Hand wieder an mich
ziehen kann. Da flehte der Mann Gottes
den HERRN an, und der König konnte
seine Hand wieder an sich ziehen, und
sie wurde, wie sie vorher war.
a 2.Mose 8,4
7 Und der König redete mit dem Mann
Gottes: Komm mit mir heim und labe
dich; ich will dir ein Geschenk geben.
8 Aber der Mann Gottes sprach zum Kö-
nig: Wenn du mir auch die Hälfte deiner
Habe geben wolltest, so käme ich doch
nicht mit dir; denn ich will an diesem Ort
kein Brot essen noch Wasser trinken.
9 Denn das ist mir geboten durch des
HERRN Wort: Du sollst kein Brot essen
und kein Wasser trinken und nicht
den Weg zurückgehen, den du gekommen
bist.
10 Und er ging einen andern Weg und
nicht wieder den Weg, den er nach Bethel
gekommen war.

Der Prophet wird für seinen Ungehorsam gestraft

11 Es wohnte aber ein alter Prophet in Bethel; zu dem kamen seine Söhne und erzählten ihm alles, was der Mann Gottes getan hatte an diesem Tag in Bethel, und die Worte, die er zum König geredet hatte.

12 Und ihr Vater sprach zu ihnen: Wo ist der Weg, den er gezogen ist? Und seine Söhne zeigten ihm den Weg, den der Mann Gottes gezogen war, der von Juda gekommen war.

13 Er aber sprach zu seinen Söhnen: Sattelt mir den Esel! Und als sie ihm den Esel gesattelt hatten, ritt er auf ihm

14 und zog dem Mann Gottes nach und fand ihn unter einer Eiche sitzen und sprach zu ihm: Bist du der Mann Gottes, der von Juda gekommen ist? Er sprach: Ja.

15 Er sprach zu ihm: Komm mit mir heim und iß Brot mit mir!

16 Er aber sprach: Ich kann nicht mit dir umkehren und mit dir kommen; ich will auch nicht Brot essen noch Wasser trinken mit dir an diesem Ort.

17 Denn es ist zu mir geredet worden durch das Wort des HERRN: Du sollst dort weder Brot essen noch Wasser trinken; du sollst nicht den Weg zurückgehen, den du gekommen bist.

18 Er sprach zu ihm: Ich bin auch ein Prophet wie du, und ein Engel hat zu mir geredet auf das Wort des HERRN hin: Führe ihn wieder mit dir heim, daß er Brot esse und Wasser trinke. Er belog ihn aber.

19 Und er führte ihn wieder zurück, daß er Brot aß und Wasser trank in seinem Hause.

20 Und als sie zu Tisch saßen, kam das Wort des HERRN zum Propheten, der ihn zurückgeführt hatte.

21 Und er rief dem Mann Gottes zu, der von Juda gekommen war: So spricht der HERR: Weil du dem Mund des HERRN ungehorsam gewesen bist und nicht gehalten hast das Gebot, das dir der HERR, dein Gott, geboten hat,

22 und umgekehrt bist, Brot gegessen hast und Wasser getrunken an dem Ort, von dem er dir sagte: Du sollst weder Brot essen noch Wasser trinken –, so soll dein Leichnam nicht in deiner Väter Grab kommen.

23 ¶Und nachdem er gegessen und getrunken hatte, sattelte man für ihn den Esel des Propheten, der ihn zurückgeführt hatte.

24 Und als er seines Weges zog, fand ihn ein [a]Löwe auf dem Wege und tötete ihn. Und sein Leichnam blieb auf dem Wege liegen, und der Esel stand neben ihm, und der Löwe stand neben dem Leichnam. *a* Kap 20,36

25 Und als Leute vorübergingen, sahen sie den Leichnam auf dem Wege liegen und den Löwen bei dem Leichnam stehen und kamen und sagten es in der Stadt, in der der alte Prophet wohnte.

26 Als das der Prophet hörte, der ihn zurückgeführt hatte, sprach er: Es ist der Mann Gottes, der dem Mund des HERRN ungehorsam gewesen ist. Darum hat ihn der HERR dem Löwen gegeben; der hat ihn zerrissen und getötet nach dem Wort, das ihm der HERR gesagt hat.

27 Und er sprach zu seinen Söhnen: Sattelt mir den Esel! Und als sie ihn gesattelt hatten,

28 zog er hin und fand den Leichnam auf dem Wege liegen und den Esel und den Löwen neben dem Leichnam stehen. Der Löwe hatte nichts gefressen vom Leichnam und den Esel nicht zerrissen.

29 Da hob der Prophet den Leichnam des Mannes Gottes auf und legte ihn auf den Esel und brachte ihn zurück und kam in seine Stadt, um die Totenklage zu halten und ihn zu begraben.

30 Und er legte den Leichnam in sein eigenes Grab, und sie hielten ihm die Totenklage: [a]Ach, Bruder! *a* Jer 22,18

31 Und als sie ihn begraben hatten, sprach er zu seinen Söhnen: Wenn ich sterbe, so begrabt mich in dem Grabe, in dem der Mann Gottes begraben ist, und legt mein Gebein neben sein Gebein.

32 Denn es wird sich erfüllen, was er gerufen hat gegen den Altar in Bethel auf das Wort des HERRN hin und gegen alle Heiligtümer auf den Höhen, die in den Städten Samariens sind.

33 ¶Aber nach diesem Geschehnis kehrte Jerobeam nicht um von seinem bösen Wege, sondern [a]bestellte wieder Priester für die Höhen aus allem Volk. Wer da wollte, dessen [b]Hand füllte er, und der

wurde Priester für die Höhen.

a Kap 12,31 *b* 2.Mose 28,41

34 Und dies geriet zur Sünde dem Hause Jerobeams, so daß es zugrunde gerichtet und von der Erde vertilgt wurde.

Jerobeams Tod

14 Zu der Zeit war Abija, der Sohn Jerobeams, krank.

2 Und Jerobeam sprach zu seiner Frau: Mache dich auf und verkleide dich, damit niemand merkt, daß du Jerobeams Frau bist, und geh hin nach Silo. Siehe, dort ist der [a]Prophet Ahija, der mir zugesagt hat, daß ich König sein sollte über dies Volk.

a Kap 11,29-31

3 Und nimm mit dir zehn Brote, Kuchen und einen Krug mit Honig und geh zu ihm, damit er dir sagt, wie es dem Knaben ergehen wird.

4 ¶Und Jerobeams Frau tat das und machte sich auf und ging hin nach Silo und kam ins Haus Ahijas. Ahija aber konnte nicht sehen, denn seine Augen standen starr vor Alter.

5 Aber der HERR sprach zu Ahija: Siehe, Jerobeams Frau kommt, um dich wegen ihres Sohnes zu befragen; denn er ist krank. So rede nun mit ihr so und so. Als sie nun hineinkam, stellte sie sich fremd.

6 Als aber Ahija das Geräusch ihrer Tritte hörte, wie sie zur Tür hereinkam, sprach er: Komm herein, du Frau Jerobeams! Warum stellst du dich so fremd? Ich bin zu dir gesandt als ein harter Bote.

7 Geh hin und sage Jerobeam: So spricht der HERR, der Gott Israels: Ich [a]habe dich erhoben aus dem Volk und zum Fürsten über mein Volk Israel gesetzt

a Kap 11,37

8 und habe das Königtum von Davids Hause gerissen und dir gegeben. Du aber bist nicht gewesen wie mein Knecht David, der meine Gebote hielt und mir von ganzem Herzen nachwandelte, daß er nur tat, was mir wohlgefiel.

9 Du hast mehr Böses getan als alle, die vor dir gewesen sind, bist hingegangen und hast dir andre Götter gemacht und gegossene Bilder, um mich zum Zorn zu reizen, und hast mir den Rücken gekehrt.

10 Darum siehe, [a]ich will Unheil über das Haus Jerobeam bringen und ausrotten von Jerobeam alles, was männlich ist, bis auf den letzten Mann in Israel und will die Nachkommen des Hauses Jerobeam ausfegen, wie man Unrat ausfegt, bis es ganz mit ihm aus ist.

a Kap 15,29; 21,21

11 Wer von Jerobeam stirbt in der Stadt, den sollen die Hunde fressen; wer aber auf dem Felde stirbt, den sollen die Vögel des Himmels fressen; denn der HERR hat's geredet.[a]

a Kap 16,4; 21,24

12 So mache dich nun auf und geh heim; und wenn dein Fuß die Stadt betritt, wird das Kind sterben.

13 Und es wird ihm ganz Israel die Totenklage halten, und sie werden ihn begraben; denn dieser allein von Jerobeam wird zu Grabe kommen, weil der HERR, der Gott Israels, etwas Gutes an ihm gefunden hat im Hause Jerobeam.

14 Der HERR aber wird sich einen König über Israel erwecken, [a]der wird das Haus Jerobeam ausrotten – wie es heute ist.

a Kap 15,29

15 Und der HERR wird Israel schlagen, daß es schwankt, wie das Rohr im Wasser bewegt wird, und [a]wird Israel ausreißen aus diesem guten Lande, das er ihren Vätern gegeben hat, und wird sie zerstreuen jenseits des Euphrat, weil sie sich Ascherabilder gemacht haben, den HERRN zu erzürnen.

a 2.Kön 17,23

16 Und er wird Israel dahingeben [a]um der Sünden Jerobeams willen, der da gesündigt hat und Israel sündigen gemacht hat.

a Kap 12,28-30; 13,34

17 ¶Und Jerobeams Frau machte sich auf, ging heim und kam nach Tirza. Und als sie auf die Schwelle des Hauses kam, starb der Knabe.

18 Und sie begruben ihn, und ganz Israel hielt ihm die Totenklage nach dem Wort des HERRN, das er geredet hatte durch seinen Knecht Ahija, den Propheten.

19 ¶Was mehr von Jerobeam zu sagen ist, wie er Krieg geführt und regiert hat, siehe, das steht geschrieben in der Chronik der Könige von Israel.

20 Die Zeit aber, die Jerobeam regierte, sind zweiundzwanzig Jahre. Und er legte sich zu seinen Vätern, und sein Sohn [a]Nadab wurde König an seiner Statt.

a Kap 15,25

Reich Juda: Rehabeam

(vgl. 2.Chr 12)

21 Und [a]Rehabeam, der Sohn Salomos, wurde König in Juda. Einundvierzig Jahre alt war Rehabeam, als er König wurde;

und er regierte siebzehn Jahre zu Jerusa-
lem, in der Stadt, die der HERR erwählt
hatte aus allen Stämmen Israels, damit er
dort seinem Namen eine Stätte bereite.
Seine Mutter hieß Naama, eine Ammoni-
terin. *a* Kap 12,17
22 Und Juda tat, was dem HERRN mißfiel;
und sie reizten ihn mehr, als alles ihn
reizte, was ihre Väter getan hatten mit
ihren Sünden, die sie taten.
23 Denn auch sie machten sich Höhen,
Steinmale und Ascherabilder auf allen
hohen Hügeln und unter allen grünen
Bäumen.[a] *a* 2.Kön 16,1-4
24 Es waren auch [a]Tempelhurer im
Lande; und sie taten alle die Greuel der
Heiden, die der HERR vor Israel vertrie-
ben hatte. *a* 5.Mose 23,18; 2.Kön 23,7
25 ¶Aber im fünften Jahr des Königs
Rehabeam zog [a]Schischak, der König von
Ägypten, herauf gegen Jerusalem
a Kap 11,40
26 und nahm die Schätze aus dem Hause
des HERRN und aus dem Hause des
Königs, alles, was zu nehmen war, und
nahm alle [a]goldenen Schilde, die Salomo
hatte machen lassen. *a* Kap 10,16
27 An ihrer Statt ließ der König Rehabeam
kupferne Schilde machen und gab sie in
die Hand der Obersten der Leibwache, die
das Tor hüteten am Hause des Königs.
28 Und sooft der König in das Haus des
HERRN ging, trug die Leibwache die
Schilde und brachte sie wieder in die
Wachstube zurück.
29 ¶Was aber mehr von Rehabeam zu
sagen ist und alles, was er getan hat, siehe,
das steht geschrieben in der Chronik der
Könige von Juda.
30 Es war aber Krieg zwischen Rehabeam
und Jerobeam ihr Leben lang.
31 Und Rehabeam legte sich zu seinen
Vätern und wurde begraben bei seinen
Vätern in der Stadt Davids. Und seine
Mutter hieß Naama, eine Ammoniterin.
Und sein Sohn Abija wurde König an sei-
ner Statt.

Reich Juda: Abija. Asa

15 [a]Im achtzehnten Jahr des Königs
Jerobeam, des Sohnes Nebats,
wurde Abija König über Juda
a (1-8) 2.Chr 13
2 und regierte drei Jahre zu Jerusalem.
Seine Mutter hieß Maacha, eine Tochter
Abischaloms.
3 Und er wandelte in allen Sünden seines
Vaters, die dieser vor ihm getan hatte, und
sein Herz war nicht ungeteilt bei dem
HERRN, seinem Gott, wie das Herz seines
Vaters David.
4 Denn um Davids willen gab der HERR,
sein Gott, ihm eine [a]Leuchte zu Jerusa-
lem, daß er seinen Sohn nach ihm er-
weckte und Jerusalem erhielt, *a* Kap 11,36
5 weil David getan hatte, was dem HERRN
wohlgefiel, und nicht gewichen war von
allem, was er ihm gebot, sein Leben lang,
außer in der Sache mit [a]Uria, dem Heti-
ter. *a* 2.Sam 11; 12,9
6 Es war aber Krieg zwischen Rehabeam
und Jerobeam ihr Leben lang.
7 ¶Was aber mehr von Abija zu sagen ist
und alles, was er getan hat, siehe, das steht
geschrieben in der Chronik der Könige
von Juda. Es war aber Krieg zwischen
Abija und Jerobeam.
8 Und Abija legte sich zu seinen Vätern,
und sie begruben ihn in der Stadt Davids.
Und sein Sohn Asa wurde König an seiner
Statt.
9 ¶Im zwanzigsten Jahr Jerobeams, des
Königs von Israel, wurde Asa König über
Juda
10 und regierte einundvierzig Jahre zu
Jerusalem. Seine Mutter hieß Maacha,
eine Tochter Abischaloms.
11 Und Asa tat, was dem HERRN wohlge-
fiel, wie sein Vater David.
12 Er tat die [a]Tempelhurer aus dem Lande
und [b]entfernte alle Götzenbilder, die seine
Väter gemacht hatten.
a 2.Kön 23,7 *b* 2.Chr 14,1-4
13 [a]Dazu setzte er auch seine Mutter Maa-
cha ab, daß sie nicht mehr Herrin war,
weil sie ein Greuelbild der Aschera
gemacht hatte. Und Asa zerschlug ihr
Greuelbild und verbrannte es am Bach
Kidron. *a (13 und 14)* 2.Chr 15,16-18
14 Aber [a]die Höhen entfernten sie nicht;
jedoch das Herz Asas war ungeteilt bei
dem HERRN sein Leben lang. *a* Kap 22,44
15 Und das Silber und Gold und die
Geräte, die sein Vater geheiligt hatte, und
was von ihm selbst geheiligt war, brachte
er zum Hause des HERRN.
16 ¶[a]Und es war Krieg zwischen Asa und
Bascha, dem König von Israel, ihr Leben
lang. *a (16-22)* 2.Chr 16,1-6

17 Bascha aber, der König von Israel, zog
herauf gegen Juda und baute Rama aus,
damit niemand aus- und einziehen sollte
bei Asa, dem König von Juda.
18 Da nahm Asa [a]alles Silber und Gold,
das noch übrig war im Schatz des Hauses
des HERRN und im Schatz des Hauses des
Königs, und gab's in die Hände seiner Räte
und sandte sie zu Ben-Hadad, dem Sohn
Tabrimmons, des Sohnes Hesjons, dem
König von Aram, der zu Damaskus
herrschte, und ließ ihm sagen:
a 2.Kön 12,19
19 Es ist ein Bund zwischen mir und dir
und zwischen meinem Vater und deinem
Vater; darum schicke ich dir ein Geschenk,
Silber und Gold, daß du den Bund mit
Bascha, dem König von Israel, aufgibst,
damit er von mir abzieht.
20 Ben-Hadad hörte auf die Bitte des
Königs Asa und sandte seine Obersten
gegen die Städte Israels und schlug [a]Ijon
und Dan und Abel-Bet-Maacha, das ganze
Kinneret samt dem ganzen Lande Naftali.
a 2.Kön 15,29
21 Als das Bascha hörte, ließ er davon ab,
Rama auszubauen, und zog wieder nach
Tirza.
22 Der König Asa aber bot ganz Juda auf,
niemand ausgenommen, und sie nahmen
die Steine und das Holz von Rama weg,
womit Bascha gebaut hatte; und der König
Asa baute damit Geba in Benjamin und
Mizpa aus.
23 ¶ [a]Was aber mehr von Asa zu sagen ist
und alle seine tapferen Taten und alles,
was er getan hat, und die Städte, die er
ausgebaut hat, siehe, das steht geschrie-
ben in der Chronik der Könige von Juda.
Nur war er in seinem Alter an seinen
Füßen krank. *a (23 und 24)* 2.Chr 16,11-14
24 Und Asa legte sich zu seinen Vätern
und wurde begraben bei seinen Vätern in
der Stadt Davids, seines Vaters. Und sein
Sohn [a]Joschafat wurde König an seiner
Statt. *a* Kap 22,41

Reich Israel: Nadab. Bascha

25 [a]Nadab aber, der Sohn Jerobeams,
wurde König über Israel im zweiten Jahr
Asas, des Königs von Juda, und regierte
über Israel zwei Jahre *a* Kap 14,20
26 und [a]tat, was dem HERRN mißfiel, und
wandelte in dem Wege seines Vaters und
in seiner Sünde, womit dieser Israel sün-
digen gemacht hatte. *a* Kap 12,28-30
27 Aber Bascha, der Sohn Ahijas, aus dem
Stamme Issachar, machte eine Verschwö-
rung gegen ihn und erschlug ihn zu [a]Gib-
beton, das den Philistern gehörte. Denn
Nadab und ganz Israel belagerten Gibbe-
ton. *a* Jos 19,44
28 So tötete ihn Bascha im dritten Jahr
Asas, des Königs von Juda, und wurde
König an seiner Statt.
29 Als er nun König war, erschlug er das
ganze Haus Jerobeam; er ließ auch nicht
einen übrig vom Hause Jerobeam, [a]bis er
es ganz vertilgt hatte nach dem Wort des
HERRN, das er geredet hatte durch seinen
Knecht Ahija von Silo, *a* Kap 14,10.11
30 um der Sünden Jerobeams willen, die
er tat und womit er Israel sündigen machte
und den HERRN, den Gott Israels, zum
Zorn reizte.
31 ¶ Was aber mehr von Nadab zu sagen
ist und alles, was er getan hat, siehe, das
steht geschrieben in der Chronik der
Könige von Israel.
32 Und es war Krieg zwischen Asa und
Bascha, dem König von Israel, ihr Leben
lang.
33 ¶ Im dritten Jahr Asas, des Königs von
Juda, wurde Bascha, der Sohn Ahijas,
König über ganz Israel und regierte zu
Tirza vierundzwanzig Jahre.
34 Und er tat, was dem HERRN mißfiel,
und wandelte in dem Wege Jerobeams
und in seiner Sünde, womit er Israel sün-
digen gemacht hatte.

16 ¶ Es kam aber das Wort des HERRN
zu Jehu, dem Sohn Hananis, gegen
Bascha:
2 Weil [a]ich dich aus dem Staub erhoben
habe und zum Fürsten gemacht über mein
Volk Israel und du doch wandelst in dem
Wege Jerobeams und mein Volk Israel
sündigen machst, daß sie mich erzürnen
durch ihre Sünde, *a* Kap 14,7
3 siehe, so will ich ausrotten Bascha und
sein Haus und will dein Haus machen [a]wie
das Haus Jerobeams, des Sohnes Nebats:
a Kap 15,29
4 Wer vom Hause Baschas stirbt in der
Stadt, den sollen die Hunde fressen; und
wer von ihm stirbt auf dem Felde, den
sollen die Vögel des Himmels fressen.[a]
a Kap 14,11
5 ¶ Was aber mehr von Bascha zu sagen

ist und was er getan hat und seine tapferen
Taten, siehe, das steht geschrieben in der
Chronik der Könige von Israel.
6 Und Bascha legte sich zu seinen Vätern
und wurde begraben zu Tirza. Und sein
Sohn Ela wurde König an seiner Statt. –
7 Auch war das Wort des HERRN durch
den Propheten Jehu, den Sohn Hananis,
über Bascha gekommen und über sein
Haus wegen all des Unrechts, das er vor
dem HERRN tat, ihn zu erzürnen durch die
Werke seiner Hände, daß es ihm ergehen
sollte wie dem Hause Jerobeam, und weil
er dieses ausgetilgt hatte.

Reich Israel: Ela, Simri und Omri

8 Im sechsundzwanzigsten Jahr Asas, des
Königs von Juda, wurde Ela, der Sohn
Baschas, König über Israel und regierte zu
Tirza zwei Jahre.
9 Aber sein Knecht Simri, der Oberste
über die Hälfte der Kriegswagen, machte
eine Verschwörung gegen ihn. Er aber war
in Tirza, trank und wurde trunken im
Hause Arzas, des Hofmeisters in Tirza.
10 Und [a]Simri kam hinein und schlug ihn
tot im siebenundzwanzigsten Jahr Asas,
des Königs von Juda, und wurde König an
seiner Statt. *a* 2.Kön 9,31
11 Und als er König war und auf seinem
Thron saß, erschlug er das ganze Haus
Bascha und ließ nichts übrig, was männ-
lich war, dazu seine Verwandten und seine
Freunde.
12 So vertilgte Simri das ganze Haus
Bascha nach dem Wort des HERRN, das er
über Bascha geredet hatte durch den Pro-
pheten Jehu,
13 um all der Sünden willen Baschas und
seines Sohnes Ela, die sie taten und durch
die sie Israel sündigen machten, den
HERRN, den Gott Israels, zu erzürnen
durch ihre Abgötterei. –
14 Was aber mehr von Ela zu sagen ist
und alles, was er getan hat, siehe, das steht
geschrieben in der Chronik der Könige
von Israel.
15 ¶ Im siebenundzwanzigsten Jahr Asas,
des Königs von Juda, wurde Simri König
und regierte sieben Tage zu Tirza. Und
das Volk lag vor [a]Gibbeton, das den Phili-
stern gehörte. *a* Kap 15,27
16 Als aber das Volk im Lager sagen hörte,
daß Simri eine Verschwörung gemacht
und auch den König erschlagen hätte, da
machte ganz Israel am selben Tag im
Lager Omri, den Feldhauptmann, zum
König über Israel.
17 Und Omri zog herauf und ganz Israel
mit ihm von Gibbeton, und sie belagerten
Tirza.
18 Als aber Simri sah, daß die Stadt einge-
nommen werden würde, ging er in den
Burgturm im Hause des Königs und [a]ver-
brannte sich mit dem Hause des Königs
und starb *a* 2.Sam 17,23
19 um seiner Sünden willen, die er getan
hatte, dadurch daß er tat, was dem HERRN
mißfiel, und wandelte in dem Wege Jero-
beams und in seiner Sünde, die er tat, daß
er Israel sündigen machte. –
20 Was aber mehr von Simri zu sagen ist
und wie er eine Verschwörung machte,
siehe, das steht geschrieben in der Chro-
nik der Könige von Israel.
21 ¶ Damals teilte sich das Volk Israel
in zwei Teile. Eine Hälfte hing Tibni an,
dem Sohn Ginats, und machte ihn zum
König, die andere Hälfte aber hing Omri
an.
22 Aber das Volk, das Omri anhing, wurde
stärker als das Volk, das Tibni anhing, dem
Sohn Ginats. Und Tibni starb; da wurde
Omri König.
23 ¶ Im einunddreißigsten Jahr Asas, des
Königs von Juda, wurde Omri König über
Israel und regierte zwölf Jahre, und davon
zu Tirza sechs Jahre.
24 Er kaufte den Berg Samaria von Sche-
mer für zwei Zentner Silber und baute auf
dem Berg eine Stadt und nannte sie Sama-
ria nach dem Namen Schemers, dem der
Berg gehört hatte.
25 Und [a]Omri tat, was dem HERRN miß-
fiel, und trieb es ärger als alle, die vor ihm
gewesen waren, *a* Mi 6,16
26 und wandelte in allen Wegen Jero-
beams, des Sohnes Nebats, und in seiner
Sünde, durch die dieser Israel sündigen
machte, daß sie den HERRN, den Gott
Israels, erzürnten durch ihre Abgötterei.
27 ¶ Was aber mehr von Omri zu sagen ist
und alles, was er getan hat, und seine tap-
feren Taten, siehe, das steht geschrieben
in der Chronik der Könige von Israel.
28 Und Omri legte sich zu seinen Vätern
und wurde begraben zu Samaria. Und
sein Sohn Ahab wurde König an seiner
Statt.

Reich Israel: Ahab

29 Im achtunddreißigsten Jahr Asas, des
Königs von Juda, wurde Ahab, der Sohn
Omris, König über Israel und regierte über
Israel zu Samaria zweiundzwanzig Jahre
30 und tat, was dem HERRN mißfiel, mehr
als alle, die vor ihm gewesen waren.
31 Es war noch das Geringste, daß er wandelte in der Sünde Jerobeams, des Sohnes
Nebats; er nahm sogar Isebel, die Tochter
Etbaals, des Königs der Sidonier, zur Frau
und ging hin und diente Baal und betete
ihn an
32 und richtete ihm einen Altar auf im
Tempel Baals, den er ihm zu Samaria baute,[a] *a* 2.Kön 3,2; 10,27.28; 11,18
33 und machte ein Bild der Aschera, so
daß Ahab mehr tat, den HERRN, den Gott
Israels, zu erzürnen, als alle Könige von
Israel, die vor ihm gewesen waren.
34 ¶ Zur selben Zeit baute Hiël von Bethel
Jericho wieder auf. [a] Es kostete ihn seinen
erstgeborenen Sohn Abiram, als er den
Grund legte, und seinen jüngsten Sohn
Segub, als er die Tore einsetzte, nach dem
Wort des HERRN, das er geredet hatte
durch Josua, den Sohn Nuns. *a* Jos 6,26

Elia am Bach Krit und bei der Witwe zu Zarpat

17 Und es sprach Elia, der Tischbiter,
aus Tischbe in Gilead zu Ahab: So
wahr der HERR, der Gott Israels, lebt, vor
dem ich stehe: [a] es soll diese Jahre weder
Tau noch Regen kommen, ich sage es
denn. *a* Kap 8,35; Lk 4,25; Jak 5,17; Offb 11,6
2 ¶ Da kam das Wort des HERRN zu ihm:
3 Geh weg von hier und wende dich nach
Osten und verbirg dich am Bach Krit, der
zum Jordan fließt.
4 Und du sollst aus dem Bach trinken, und
ich habe den Raben geboten, daß sie dich
dort versorgen sollen.
5 Er aber ging hin und tat nach dem Wort
des HERRN und setzte sich nieder am Bach
Krit, der zum Jordan fließt.
6 Und die Raben brachten ihm Brot und
Fleisch des Morgens und des Abends, und
er trank aus dem Bach.
7 Und es geschah nach einiger Zeit, daß
der Bach vertrocknete; denn es war kein
Regen im Lande.
8 Da kam das Wort des HERRN zu ihm:
9 Mach dich auf und geh nach Zarpat, das
bei Sidon liegt, und bleibe dort; denn ich
habe dort einer Witwe geboten, dich zu
versorgen.[a] *a* Lk 4,25.26
10 Und er machte sich auf und ging nach
Zarpat. Und als er an das Tor der Stadt
kam, siehe, da war eine Witwe, die las
Holz auf. Und er rief ihr zu und sprach:
Hole mir ein wenig Wasser im Gefäß, daß
ich trinke!
11 Und als sie hinging zu holen, rief er ihr
nach und sprach: Bringe mir auch einen
Bissen Brot mit!
12 Sie sprach: So wahr der HERR, dein
Gott, lebt: ich habe nichts Gebackenes,
nur eine Handvoll Mehl im Topf und ein
wenig Öl im Krug. Und siehe, ich hab ein
Scheit Holz oder zwei aufgelesen und gehe
heim und will mir und meinem Sohn
zurichten, daß wir essen – und sterben.
13 Elia sprach zu ihr: Fürchte dich nicht!
Geh hin und mach's, wie du gesagt hast.
Doch mache zuerst mir etwas Gebackenes
davon und bringe mir's heraus; dir aber
und deinem Sohn sollst du danach auch
etwas backen.
14 Denn so spricht der HERR, der Gott
Israels: **Das Mehl im Topf soll nicht verzehrt werden, und [a] dem Ölkrug soll nichts
mangeln bis auf den Tag, an dem der HERR
regnen lassen wird auf Erden.** *a* 2.Kön 4,2-4
15 Sie ging hin und tat, wie Elia gesagt
hatte. Und er aß und sie auch und ihr Sohn
Tag um Tag.
16 Das Mehl im Topf wurde nicht verzehrt, und dem Ölkrug mangelte nichts
nach dem Wort des HERRN, das er durch
Elia geredet hatte.
17 ¶ Und nach diesen Geschichten wurde
der Sohn seiner Hauswirtin krank, und
seine Krankheit wurde so schwer, daß kein
Odem mehr in ihm blieb.
18 Und sie sprach zu Elia: Was hab ich mit
dir zu schaffen, du Mann Gottes? Du bist
zu mir gekommen, daß meiner Sünde
gedacht und mein Sohn getötet würde.
19 Er sprach zu ihr: Gib mir deinen Sohn!
Und er nahm ihn von ihrem Schoß und
ging hinauf ins Obergemach, wo er
wohnte, und legte ihn auf sein Bett
20 und rief den HERRN an und sprach:
HERR, mein Gott, tust du sogar der Witwe,
bei der ich ein Gast bin, so Böses an, daß
du ihren Sohn tötest?
21 Und er legte sich auf das Kind dreimal
und rief den HERRN an und sprach: HERR,

mein Gott, laß sein Leben in dies Kind
zurückkehren![a] a 2.Kön 4,34; Apg 20,10
22 Und der HERR erhörte die Stimme
Elias, und das Leben kehrte in das Kind
zurück, und es wurde wieder lebendig.
23 Und Elia nahm das Kind und brachte
es hinab vom Obergemach ins Haus und
[a] gab es seiner Mutter und sprach: Sieh da,
dein Sohn lebt! a Lk 7,15; Hebr 11,35
24 Und die Frau sprach zu Elia: Nun
erkenne ich, daß du ein Mann Gottes bist,
und des HERRN Wort in deinem Munde
ist Wahrheit.

Das Gottesurteil auf dem Karmel

18 Nach einer langen Zeit kam das
Wort des HERRN zu Elia, im dritten
Jahr: Geh hin und zeige dich Ahab, denn
ich will regnen lassen auf die Erde.
2 Und Elia ging hin, um sich Ahab zu zeigen.
¶ Es war aber eine große Hungersnot in
Samaria.
3 Und Ahab rief Obadja, seinen Hofmeister – Obadja aber fürchtete den HERRN
sehr;
4 denn als Isebel die Propheten des
HERRN ausrottete, nahm Obadja hundert
Propheten und versteckte sie in Höhlen,
hier fünfzig und da fünfzig, und versorgte
sie mit Brot und Wasser –;
5 und Ahab sprach zu Obadja: Wohlan,
wir wollen durchs Land ziehen zu allen
Wasserquellen und Bächen, ob wir Gras
finden und die Rosse und Maultiere erhalten könnten, damit nicht alles Vieh
umkommt.
6 Und sie teilten sich ins Land, daß sie es
durchzogen. Ahab zog allein auf dem
einen Weg und Obadja auch allein auf dem
andern Weg.
7 ¶ Als nun Obadja auf dem Wege war,
siehe, da begegnete ihm Elia. Und als er
ihn erkannte, fiel er auf sein Antlitz und
sprach: Bist du es nicht, Elia, mein Herr?
8 Er sprach: Ja! Geh hin und sage deinem
Herrn: Siehe, Elia ist da!
9 Obadja aber sprach: Was hab ich gesündigt, daß du deinen Knecht in die Hände
Ahabs geben willst, daß er mich tötet?
10 So wahr der HERR, dein Gott, lebt: es
gibt kein Volk noch Königreich, wohin
mein Herr nicht gesandt hat, dich zu
suchen. Und wenn sie sprachen: Er ist
nicht hier, nahm er einen Eid von dem
Königreich und Volk, daß man dich nicht
gefunden hätte.
11 Und nun sprichst du: Geh hin, sage deinem Herrn: Siehe, Elia ist da!
12 Wenn ich nun hinginge von dir, so
könnte dich der Geist des HERRN entführen, und ich wüßte nicht wohin; und wenn
ich dann käme und sagte es Ahab an und
er fände dich nicht, so tötete er mich. Und
doch fürchtet dein Knecht den HERRN von
seiner Jugend auf.
13 Ist's meinem Herrn Elia nicht angesagt,
was ich getan habe, als Isebel die Propheten des HERRN tötete? Daß ich von den
Propheten des HERRN hundert versteckte,
hier fünfzig und da fünfzig, in Höhlen und
versorgte sie mit Brot und Wasser?
14 Und nun sprichst du: Geh hin, sage deinem Herrn: Elia ist da! Dann wird er mich
töten.
15 Elia sprach: So wahr der HERR Zebaoth
lebt, vor dem ich stehe: ich will mich ihm
heute zeigen.
16 ¶ Da ging Obadja hin Ahab entgegen
und sagte es ihm an. Und Ahab ging hin
Elia entgegen.
17 Und als Ahab Elia sah, sprach Ahab zu
ihm: Bist du nun da, [a] der Israel ins
Unglück stürzt? a Jer 38,4
18 [a] Er aber sprach: Nicht ich stürze Israel
ins Unglück, sondern du und deines Vaters
Haus dadurch, daß ihr des HERRN Gebote
verlassen habt und wandelt den Baalen
nach. a (18 und 19) Kap 16,31-33
19 Wohlan, so sende nun hin und versammle zu mir ganz Israel auf den Berg
Karmel und die vierhundertundfünfzig
Propheten Baals, auch die vierhundert
Propheten der Aschera, die vom Tisch Isebels essen.
20 So sandte Ahab hin zu ganz Israel und
versammelte die Propheten auf den Berg
Karmel.
21 ¶ Da trat Elia zu allem Volk und sprach:
**Wie lange [a] hinkt ihr auf beiden Seiten? Ist
der HERR Gott, so wandelt ihm nach, ist's
aber Baal, so wandelt ihm nach.** Und das
Volk antwortete ihm nichts.
a Jos 24,15; Mt 6,24
22 Da sprach Elia zum Volk: Ich bin allein
übriggeblieben als Prophet des HERRN,
aber die Propheten Baals sind vierhundertfünfzig Mann.
23 So gebt uns nun zwei junge Stiere und

laßt sie wählen **einen** Stier und ihn zer-
stücken und aufs Holz legen, aber kein
Feuer daran legen; dann will ich den
andern Stier nehmen und aufs Holz legen
und auch kein Feuer daran legen.
24 Und ruft ihr den Namen eures Gottes
an, aber ich will den Namen des HERRN
anrufen. Welcher Gott nun [a] mit Feuer ant-
worten wird, der ist wahrhaftig Gott. Und
das ganze Volk antwortete und sprach: Das
ist recht. *a* 1.Mose 15,17
25 Und Elia sprach zu den Propheten
Baals: Wählt ihr einen Stier und richtet
zuerst zu, denn ihr seid viele, und ruft den
Namen eures Gottes an, aber legt kein
Feuer daran.
26 Und sie nahmen den Stier, den man
ihnen gab, und richteten zu und riefen den
Namen Baals an vom Morgen bis zum
Mittag und sprachen: Baal, erhöre uns!
Aber es war da keine Stimme noch Ant-
wort. Und sie hinkten um den Altar, den
sie gemacht hatten.
27 Als es nun Mittag wurde, verspottete
sie Elia und sprach: Ruft laut! Denn er ist
ja ein Gott; er ist in Gedanken oder hat zu
schaffen oder ist über Land oder schläft
vielleicht, daß er aufwache.
28 Und sie riefen laut und ritzten sich mit
Messern und Spießen nach ihrer Weise,
bis ihr Blut herabfloß.
29 Als aber der Mittag vergangen war,
waren sie in Verzückung bis um die Zeit,
zu der man das [a] Speisopfer darbringt; aber
da war keine Stimme noch Antwort noch
einer, der aufmerkte. *a* 4.Mose 28,4.5
30 ¶ Da sprach Elia zu allem Volk: Kommt
her zu mir! Und als alles Volk zu ihm trat,
baute er den Altar des HERRN wieder auf,
der zerbrochen war,
31 und nahm [a] zwölf Steine nach der Zahl
der Stämme der Söhne Jakobs – zu dem
das Wort des HERRN ergangen war: Du
sollst [b] Israel heißen –
a 2.Mose 24,4 *b* 1.Mose 32,29
32 und baute von den Steinen einen Altar
im Namen des HERRN und machte um
den Altar her einen Graben, so breit wie
für zwei Kornmaß Aussaat,
33 und richtete das Holz zu und zerstückte
den Stier und legte ihn aufs Holz.
34 Und Elia sprach: Holt vier Eimer voll
Wasser und gießt es auf das Brandopfer
und aufs Holz! Und er sprach: Tut's noch
einmal! Und sie taten's noch einmal. Und
er sprach: Tut's zum drittenmal! Und sie
taten's zum drittenmal.
35 Und das Wasser lief um den Altar her,
und der Graben wurde auch voll Wasser.
36 Und als es Zeit war, das Speisopfer zu
opfern, trat der Prophet Elia herzu und
sprach: HERR, Gott Abrahams, Isaaks und
Israels, laß heute kundwerden, daß du
Gott in Israel bist und ich dein Knecht
und daß ich das alles nach deinem Wort
getan habe!
37 Erhöre mich, HERR, erhöre mich, damit
dies Volk erkennt, daß du, HERR, Gott bist
und ihr Herz wieder zu dir kehrst!
38 Da fiel [a] das Feuer des HERRN herab
und fraß Brandopfer, Holz, Steine und
Erde und leckte das Wasser auf im Gra-
ben. *a* 3.Mose 9,24
39 Als das alles Volk sah, fielen sie auf ihr
Angesicht und sprachen: Der HERR ist
Gott, der HERR ist Gott!
40 Elia aber sprach zu ihnen: [a] Greift die
Propheten Baals, daß keiner von ihnen ent-
rinne! Und sie ergriffen sie. Und Elia
führte sie hinab an den Bach Kischon und
tötete sie daselbst. *a* 2.Mose 22,19; 5.Mose 13,6-9
41 ¶ [a] Und Elia sprach zu Ahab: Zieh hin-
auf, iß und trink; denn es rauscht, als
wollte es sehr regnen. *a (41-45)* Jak 5,18
42 Und als Ahab hinaufzog, um zu essen
und zu trinken, ging Elia auf den Gipfel
des Karmel und bückte sich zur Erde und
hielt sein Haupt zwischen seine Knie
43 und sprach zu seinem Diener: Geh hin-
auf und schaue zum Meer! Er ging hinauf
und schaute und sprach: Es ist nichts da.
Elia sprach: Geh wieder hin, und der Die-
ner ging wieder hin, siebenmal.
44 Und beim siebentenmal sprach er:
Siehe, es steigt eine kleine Wolke auf aus
dem Meer wie eines Mannes Hand. Elia
sprach: Geh hin und sage Ahab: Spann an
und fahre hinab, damit dich der Regen
nicht aufhält!
45 Und ehe man sich's versah, wurde der
Himmel schwarz von Wolken und Wind,
und es kam ein großer Regen. Ahab aber
fuhr hinab nach Jesreel.
46 Und die Hand des HERRN kam über
Elia, und er gürtete seine Lenden und lief
vor Ahab hin, bis er kam nach Jesreel.

Elia am Horeb

19 Und Ahab sagte Isebel alles, was
Elia getan hatte und wie er alle Pro-

pheten Baals mit dem Schwert umge-
bracht hatte.
2 Da sandte Isebel einen Boten zu Elia
und ließ ihm sagen: Die Götter sollen mir
dies und das tun, wenn ich nicht morgen
um diese Zeit dir tue, wie du diesen getan
hast!
3 Da fürchtete er sich, machte sich auf
und lief um sein Leben und kam nach
Beerscheba in Juda und ließ seinen Die-
ner dort.
4 Er aber ging hin in die Wüste eine Tage-
reise weit und kam und setzte sich unter
einen Wacholder und wünschte sich zu
sterben und sprach: Es ist genug, [a]so
nimm nun, HERR, meine Seele; ich bin
nicht besser als meine Väter.
a Hiob 7,15; Jona 4,3
5 Und er legte sich hin und schlief unter
dem Wacholder. Und siehe, ein Engel
rührte ihn an und sprach zu ihm: Steh auf
und iß!
6 Und er sah sich um, und siehe, zu sei-
nen Häupten lag ein geröstetes Brot und
ein Krug mit Wasser. Und als er gegessen
und getrunken hatte, legte er sich wieder
schlafen.
7 Und der Engel des HERRN kam zum
zweitenmal wieder und rührte ihn an und
sprach: Steh auf und iß! Denn du hast
einen weiten Weg vor dir.
8 Und er stand auf und aß und trank und
ging durch die Kraft der Speise [a]vierzig
Tage und vierzig Nächte bis zum Berg
Gottes, dem Horeb. *a* 2.Mose 24,18
9 Und er kam dort in eine Höhle und blieb
dort über Nacht. Und siehe, das Wort des
HERRN kam zu ihm: Was machst du hier,
Elia?
10 Er sprach: [a]Ich habe geeifert für den
HERRN, den Gott Zebaoth; denn [b]Israel
hat deinen Bund verlassen und deine
Altäre zerbrochen und deine Propheten
mit dem Schwert getötet, und ich bin
allein übriggeblieben, und sie trachten
danach, daß sie mir mein Leben
nehmen. *a* Ps 69,10; Jes 49,4
b Kap 18,22; Röm 11,3
11 Der Herr sprach: Geh heraus und tritt
hin auf den Berg vor den HERRN! Und
siehe, [a]der HERR wird vorübergehen. Und
ein großer, starker Wind, der die Berge
zerriß und die Felsen zerbrach, kam vor
dem HERRN her; der HERR aber war nicht
im Winde. Nach dem Wind aber kam ein
Erdbeben; aber der HERR war nicht im
Erdbeben. *a* 2.Mose 33,22
12 Und nach dem Erdbeben kam ein
Feuer; aber der HERR war nicht im Feuer.
Und nach dem Feuer kam ein stilles,
sanftes Sausen.
13 Als das Elia hörte, verhüllte er sein Ant-
litz mit seinem Mantel und ging hin-
aus und trat in den Eingang der Höhle.
Und siehe, da kam eine Stimme zu ihm
und sprach: Was hast du hier zu tun,
Elia?
14 Er sprach: Ich habe für den HERRN, den
Gott Zebaoth, geeifert; denn Israel hat dei-
nen Bund verlassen, deine Altäre zerbro-
chen, deine Propheten mit dem Schwert
getötet, und ich bin allein übriggeblieben,
und sie trachten danach, daß sie mir das
Leben nehmen.
15 Aber der HERR sprach zu ihm: Geh
wieder deines Weges durch die Wüste
nach Damaskus und geh hinein und salbe
[a]Hasaël zum König über Aram
a 2.Kön 8,13.15
16 und [a]Jehu, den Sohn Nimschis, zum
König über Israel und Elisa, den Sohn
Schafats, von Abel-Mehola zum Prophe-
ten an deiner Statt. *a* 2.Kön 9,2.3
17 Und es soll geschehen: Wer dem
Schwert Hasaëls entrinnt, den soll Jehu
töten, und wer dem Schwert Jehus ent-
rinnt, den soll Elisa töten.
18 Und [a]**ich will übriglassen siebentausend
in Israel, alle Knie, die sich nicht gebeugt
haben vor Baal, und jeden Mund, der ihn
nicht geküßt hat.** *a* Röm 11,4
19 ¶ Und Elia ging von dort weg und fand
Elisa, den Sohn Schafats, als er pflügte
mit zwölf Jochen vor sich her, und er
war selbst bei dem zwölften. Und Elia
ging zu ihm und warf seinen Mantel über
ihn.
20 Und er verließ die Rinder und lief Elia
nach und sprach: [a]Laß mich meinen Vater
und meine Mutter küssen, dann will ich
dir nachfolgen. Er sprach zu ihm: Wohlan,
kehre um! Bedenke, was ich dir getan
habe! *a* Lk 9,61.62
21 Und Elisa wandte sich von ihm weg
und nahm ein Joch Rinder und opferte es,
und mit den Jochen der Rinder kochte er
das Fleisch und gab's den Leuten, daß sie
aßen. Und er machte sich auf und folgte
Elia nach und diente ihm.

Ahabs Kriege mit dem König Ben-Hadad

20 Und Ben-Hadad, der König von
Aram, versammelte seine ganze
Streitmacht, und es waren zweiunddreißig
Könige mit ihm und Roß und Wagen.
Und er zog herauf und belagerte Samaria
und kämpfte gegen die Stadt
2 und sandte Boten zu Ahab, dem König
von Israel, in die Stadt und ließ ihm sagen:
3 So spricht Ben-Hadad: Dein Silber und
dein Gold ist mein, und deine Frauen und
deine besten Söhne sind auch mein.
4 Der König von Israel antwortete und
sprach: Mein Herr und König, wie du geredet hast! Ich bin dein und alles, was ich
habe.
5 Aber die Boten kamen zurück und sprachen: So spricht Ben-Hadad: Ich habe zu
dir gesandt und sagen lassen: Dein Silber
und dein Gold, deine Frauen und deine
Söhne sollst du mir geben.
6 Doch will ich morgen um diese Zeit
meine Leute zu dir senden, daß sie dein
Haus und die Häuser deiner Untertanen
durchsuchen, und was ihnen gefällt, sollen
sie nehmen und wegtragen.
7 Da rief der König von Israel alle Ältesten des Landes zu sich und sprach: Merkt
doch und seht, wie böse er's meint! Er hat
zu mir gesandt um meine Frauen und
Söhne, Silber und Gold, und ich hab ihm
nichts verweigert.
8 Da sprachen zu ihm alle Ältesten und
alles Volk: Du sollst nicht gehorchen und
nicht einwilligen.
9 Und Ahab sprach zu den Boten Ben-Hadads: Sagt meinem Herrn, dem König:
Alles, was du zuerst deinem Knecht entboten hast, will ich tun; aber dies kann
ich nicht tun. Und die Boten gingen hin
und sagten ihm das wieder.
10 Da sandte Ben-Hadad zu ihm und ließ
ihm sagen: Die Götter sollen mir dies und
das tun, wenn der Staub Samarias genug
sein sollte, die Hände der Leute zu füllen,
die mit mir ziehen!
11 Aber der König von Israel antwortete:
Sagt ihm: Wer den Harnisch anlegt, soll
sich nicht rühmen wie der, der ihn abgelegt hat.
12 Als das Ben-Hadad hörte, der gerade
mit den Königen in den Zelten trank,
sprach er zu seinen Leuten: Greift an! Und
sie griffen die Stadt an.
13 ¶ Und siehe, ein Prophet trat zu Ahab,
dem König von Israel, und sprach: So
spricht der HERR: Siehst du diese große
Menge? Wahrlich, ich will sie heute in
deine Hand geben, daß du wissen sollst:
Ich bin der HERR.
14 Ahab sprach: Durch wen soll's geschehen? Er sprach: So spricht der HERR:
Durch die Leute der Landvögte. Ahab
sprach: Wer soll die Schlacht beginnen?
Er sprach: Du.
15 Da zählte Ahab die Leute der Landvögte, und es waren zweihundertzweiunddreißig; und nach ihnen zählte er das
ganze Volk Israel, und es waren siebentausend Mann.
16 Und sie zogen aus am Mittag. Ben-Hadad aber trank und war trunken im
Zeltlager samt den zweiunddreißig Königen, die ihm zu Hilfe gekommen waren.
17 Und die Leute der Landvögte zogen
zuerst aus. Ben-Hadad aber hatte Leute
ausgesandt; die brachten ihm Botschaft
und sprachen: Es ziehen Männer aus
Samaria heran.
18 Er sprach: Greift sie lebendig, ob sie
nun zum Frieden oder zum Kampf ausgezogen sind!
19 Als aber die Leute der Landvögte aus
der Stadt herausgezogen waren und das
Heer ihnen nach,
20 erschlug jeder den, der vor ihn kam.
Und die Aramäer flohen, und Israel jagte
ihnen nach. Aber Ben-Hadad, der König
von Aram, entrann auf einem Roß, und
Gespanne mit ihm.
21 Und der König von Israel zog aus und
schlug Roß und Wagen. So schlug er die
Aramäer in einer großen Schlacht.
22 ¶ Da trat der Prophet zum König von
Israel und sprach zu ihm: Wohlan, rüste
dich und merke auf und sieh zu, was du
tust! Denn der König von Aram wird
gegen dich heraufziehen, wenn das Jahr
um ist.
23 ¶ Aber die Großen des Königs von
Aram sprachen zu ihm: Ihre Götter sind
Berggötter, darum haben sie uns überwunden. Aber wenn wir mit ihnen in der
Ebene kämpfen könnten – was gilt's, wir
wollten sie überwinden!
24 Tu nun das: Setze die Könige alle ab
und setze Statthalter an ihre Stelle
25 und schaffe dir ein Heer, wie das Heer
war, das du verloren hast, und ebenso viele

Rosse und Wagen wie zuvor, und laß uns gegen sie kämpfen in der Ebene – was gilt's, wir werden sie überwinden! Er gehorchte ihrer Stimme und tat das.

26 Als nun das Jahr um war, bot Ben-Hadad die Aramäer auf und zog herauf nach Afek, um gegen Israel zu kämpfen.

27 Und Israel wurde auch aufgeboten, versorgte sich und zog hin ihnen entgegen und lagerte sich ihnen gegenüber wie zwei kleine Herden Ziegen. Von den Aramäern aber war das Land voll.

28 ¶Und es trat der Mann Gottes herzu und sprach zum König von Israel: So spricht der HERR: Weil die Aramäer gesagt haben, der HERR sei ein Gott der Berge und nicht ein Gott der Täler, so habe ich diese große Menge in deine Hand gegeben, damit ihr erkennt: [a]Ich bin der HERR.

[a] 2.Mose 7,5

29 Und sie lagen einander gegenüber sieben Tage. Am siebenten Tage zogen sie in den Kampf, und Israel schlug von den Aramäern hunderttausend Mann Fußvolk an **einem** Tag.

30 Und die übrigen flohen nach Afek in die Stadt, und die Mauer fiel auf die Übriggebliebenen, siebenundzwanzigtausend Mann.

¶Und auch Ben-Hadad floh in die Stadt und verkroch sich von einer Kammer in die andere.

31 Da sprachen seine Großen zu ihm: Siehe, wir haben gehört, daß die Könige des Hauses Israel barmherzige Könige sind. So laßt uns Säcke um unsere Lenden tun und Stricke um unsere Köpfe und zum König von Israel hinausgehen; vielleicht läßt er dich am Leben.

32 Und sie gürteten Säcke um ihre Lenden und Stricke um ihre Köpfe und kamen zum König von Israel und sprachen: Dein Knecht Ben-Hadad läßt dir sagen: Laß mich doch am Leben! Er aber sprach: Lebt er noch? Er ist mein Bruder!

33 Und die Männer nahmen es als ein gutes Zeichen und sprachen: Ja, Ben-Hadad ist dein Bruder. Er sprach: Geht und bringt ihn! Da ging Ben-Hadad zu ihm heraus. Und Ahab ließ ihn auf den Wagen steigen.

34 Und Ben-Hadad sprach zu ihm: Die Städte, die mein Vater deinem Vater genommen hat, will ich dir zurückgeben, und mache du dir Märkte in Damaskus, wie mein Vater in Samaria getan hat. Und Ahab sprach: Ich will dich auf diesen Bund hin ziehen lassen. Da schloß er mit ihm den Bund und ließ ihn ziehen.

35 ¶Da sprach ein Mann von den Prophetenjüngern zu seinem Nächsten auf des HERRN Gebot: Schlage mich! Er aber weigerte sich, ihn zu schlagen.

36 Da sprach er zu ihm: Weil du der Stimme des HERRN nicht gehorcht hast, siehe, so wird dich ein [a]Löwe schlagen, wenn du von mir gehst. Und als er von ihm ging, fand ihn ein Löwe und schlug ihn.

[a] Kap 13,24

37 Und der Prophet fand einen andern Mann und sprach: Schlage mich! Und der Mann schlug ihn wund.

38 Da ging der Prophet hin, trat an den Weg, den der König zog, und verhüllte sein Angesicht mit einer Binde.

39 Und als der König vorüberzog, rief er den König an und sprach: Dein Knecht war ausgezogen in die Schlacht. Und siehe, ein Mann trat zu mir und brachte mir einen und sprach: Bewache diesen Mann; wenn man ihn vermissen wird, [a]so soll dein Leben für sein Leben einstehen, oder du sollst einen Zentner Silber zahlen.

[a] 2.Kön 10,24

40 Und als dein Knecht hier und da zu tun hatte, war der Mann nicht mehr da. Der König von Israel sprach zu ihm: Das ist dein Urteil; du hast's selbst gefällt.

41 Da tat er eilends die Binde von seinem Angesicht, und der König von Israel erkannte, daß er einer der Propheten war.

42 Und er sprach zu ihm: So spricht der HERR: Weil du den Mann, auf dem mein Bann lag, von dir gelassen hast, so soll dein Leben für sein Leben einstehen und dein Volk für sein Volk.

43 Aber der König von Israel zog heim, voller Unmut und zornig, und kam nach Samaria.

Nabots Weinberg

21 Nach diesen Geschichten begab es sich: Nabot, ein Jesreeliter, hatte einen Weinberg in Jesreel, bei dem Palast Ahabs, des Königs von Samaria.

2 Und Ahab redete mit Nabot und sprach: Gib mir deinen Weinberg; ich will mir einen Kohlgarten daraus machen, weil er so nahe an meinem Hause liegt. Ich will

dir einen besseren Weinberg dafür geben,
oder, wenn dir's gefällt, will ich dir Silber
dafür geben, soviel er wert ist.
3 Aber Nabot sprach zu Ahab: Das lasse
der HERR fern von mir sein, daß ich dir
meiner Väter Erbe geben sollte!
4 ¶ Da kam Ahab heim voller Unmut und
zornig um des Wortes willen, das Nabot,
der Jesreeliter, zu ihm gesagt hatte: Ich
will dir meiner Väter Erbe nicht geben.
Und er legte sich auf sein Bett und wandte
sein Antlitz ab und aß nicht.
5 Da kam seine Frau Isebel zu ihm hinein
und redete mit ihm: Was ist's, daß dein
Geist so voller Unmut ist und daß du nicht
ißt?
6 Er sprach zu ihr: Ich habe mit Nabot,
dem Jesreeliter, geredet und gesagt: Gib
mir deinen Weinberg für Geld, oder, wenn
es dir lieber ist, will ich dir einen andern
dafür geben. Er aber sprach: Ich will dir
meinen Weinberg nicht geben.
7 Da sprach seine Frau Isebel zu ihm: Du
bist doch König über Israel! Steh auf und
iß und sei guten Mutes! Ich werde dir den
Weinberg Nabots, des Jesreeliters, ver-
schaffen.
8 ¶ Und sie schrieb Briefe unter Ahabs
Namen und versiegelte sie mit seinem Sie-
gel und sandte sie zu den Ältesten und
Oberen, die mit Nabot in seiner Stadt
wohnten.
9 Und schrieb in den Briefen: Laßt ein
Fasten ausrufen und setzt Nabot obenan
im Volk,
10 und stellt ihm [a] zwei ruchlose Männer
gegenüber, die da zeugen und sprechen:
[b] Du hast Gott und den König gelästert!
Und führt ihn hinaus und steinigt ihn, daß
er stirbt.

a 5.Mose 17,6; Mt 26,59-61
b 2.Mose 22,27

11 Und die Ältesten und Oberen, die mit
ihm in seiner Stadt wohnten, taten, wie
ihnen Isebel entboten hatte, wie sie in den
Briefen geschrieben hatte, die sie zu ihnen
sandte,
12 und sie ließen ein Fasten ausrufen und
ließen Nabot obenan im Volk sitzen.
13 Da kamen die zwei ruchlosen Männer
und stellten sich ihm gegenüber und ver-
klagten Nabot vor dem Volk und sprachen:
Nabot hat Gott und den König gelästert!
Da führten sie ihn vor die Stadt hinaus
und steinigten ihn, daß er starb.
14 Und sie sandten zu Isebel und ließen
ihr sagen: Nabot ist gesteinigt und tot.
15 Als aber Isebel hörte, daß Nabot gestei-
nigt und tot war, sprach sie zu Ahab: Steh
auf und nimm in Besitz den Weinberg
Nabots, des Jesreeliters, der sich gewei-
gert hat, ihn dir für Geld zu geben; denn
Nabot lebt nicht mehr, sondern ist tot.
16 Als Ahab hörte, daß Nabot tot war,
stand er auf, um hinabzugehen zum Wein-
berge Nabots, des Jesreeliters, und ihn in
Besitz zu nehmen.
17 ¶ Aber das Wort des HERRN kam zu
Elia, dem Tischbiter:
18 Mach dich auf und geh hinab Ahab,
dem König von Israel zu Samaria, entge-
gen – siehe, er ist im Weinberge Nabots,
wohin er hinabgegangen ist, um ihn in
Besitz zu nehmen –
19 und rede mit ihm und sprich: So spricht
der HERR: Du hast gemordet, dazu auch
fremdes Erbe geraubt! An der Stätte, wo
Hunde das Blut Nabots geleckt haben,
[a] sollen Hunde auch dein Blut lecken.

a Kap 22,38

20 Und Ahab sprach zu Elia: Hast du mich
gefunden, mein Feind? Er aber sprach: Ja,
ich habe dich gefunden, weil du dich ver-
kauft hast, Unrecht zu tun vor dem
HERRN.
21 Siehe, ich will Unheil über dich brin-
gen und dich vertilgen samt deinen Nach-
kommen und [a] will von Ahab ausrotten,
was männlich ist, bis auf den letzten Mann
in Israel

a 2.Kön 9,7.8

22 und will dein Haus machen wie das
[a] Haus Jerobeams, des Sohnes Nebats, und
wie das [b] Haus Baschas, des Sohnes Ahijas,
um des Zornes willen, daß du mich
erzürnt und Israel sündigen gemacht
hast.

a Kap 15,29 *b* Kap 16,11.12

23 Und auch über Isebel hat der HERR
geredet und gesprochen: [a] Die Hunde
sollen Isebel fressen an der Mauer
Jesreels.

a 2.Kön 9,33-36

24 Wer von Ahab stirbt in der Stadt, den
sollen die Hunde fressen, und wer auf dem
Felde stirbt, den sollen die Vögel unter
dem Himmel fressen.
25 ¶ Es war niemand, der sich so verkauft
hätte, Unrecht zu tun vor dem HERRN wie
Ahab, den seine Frau Isebel verführte.
26 Und er versündigte sich dadurch über
die Maßen, daß er den Götzen nachwan-
delte, ganz wie die Amoriter getan hatten,
die der HERR vor Israel vertrieben hatte.

27 ¶ Als aber Ahab diese Worte hörte, zer-
riß er seine Kleider und legte ein härenes
Tuch um seinen Leib und fastete und
schlief darin und ging bedrückt einher.
28 Und das Wort des HERRN kam zu Elia,
dem Tischbiter:
29 Hast du nicht gesehen, wie sich Ahab
vor mir gedemütigt hat? Weil er sich nun
vor mir gedemütigt hat, will ich das Unheil
nicht kommen lassen zu seinen Lebzei-
ten, aber [a]zu seines Sohnes Lebzeiten
will ich das Unheil über sein Haus brin-
gen. a 2.Kön 9,26

Ahabs Krieg gegen die Aramäer, Michas Weissagung und Ahabs Untergang

(vgl. 2.Chr 18)

22 Und es vergingen drei Jahre, daß
kein Krieg war zwischen den Ara-
mäern und Israel.
2 Im dritten Jahr aber zog [a]Joschafat, der
König von Juda, hinab zum König von
Israel. a Vers 41
3 Und der König von Israel sprach zu sei-
nen Großen: Wißt ihr nicht, daß [a]Ramot
in Gilead unser ist, und wir sitzen still und
nehmen es nicht dem König von Aram
ab? a Jos 21,38
4 Und er sprach zu Joschafat: Willst du
mit mir ziehen in den Kampf gegen Ramot
in Gilead? Joschafat sprach zum König von
Israel: [a]Ich will sein wie du, und mein
Volk wie dein Volk, und meine Rosse wie
deine Rosse. a 2.Kön 3,7
5 ¶ Und Joschafat sprach zum König von
Israel: Frage doch zuerst nach dem Wort
des HERRN!
6 Da versammelte der König von Israel
Propheten, etwa vierhundert Mann, und
sprach zu ihnen: Soll ich gegen Ramot in
Gilead in den Kampf ziehen, oder soll
ich's lassen? Sie sprachen: Zieh hinauf!
Der Herr wird's in die Hand des Königs
geben.
7 Joschafat aber sprach: Ist hier kein Pro-
phet des HERRN mehr, daß wir durch ihn
den Herrn befragen?[a] a 2.Kön 3,11
8 Der König von Israel sprach zu Joscha-
fat: Es ist noch **einer** hier, Micha, der Sohn
Jimlas, durch den man den HERRN befra-
gen kann. Aber ich bin ihm gram; denn er
weissagt mir nichts Gutes, sondern nur
Böses. Joschafat sprach: Der König rede
so nicht![a] a 2.Chr 18,7-27

9 Da rief der König von Israel einen Käm-
merer und sprach: Bringe eilends her
Micha, den Sohn Jimlas!
10 ¶ Der König von Israel aber und
Joschafat, der König von Juda, saßen je-
der auf seinem Thron in ihren königlichen
Kleidern auf dem Platz vor dem Tor Sama-
rias, und alle Propheten fingen an, vor
ihnen zu weissagen.
11 Und Zidkija, der Sohn Kenaanas, hatte
sich eiserne Hörner gemacht und sprach:
So spricht der HERR: Hiermit wirst du die
Aramäer niederstoßen, bis du sie vernich-
test.
12 Und alle Propheten weissagten ebenso
und sprachen: Zieh hin gegen Ramot in
Gilead; es wird dir gelingen! Der HERR
wird's in die Hand des Königs geben.
13 ¶ Und der Bote, der hingegangen war,
um Micha zu rufen, sprach zu ihm: Siehe,
die Worte der Propheten sind einmütig gut
für den König; so laß nun auch dein Wort
wie ihr Wort sein und rede Gutes.
14 Micha sprach: So wahr der HERR lebt:
ich will reden, was der HERR mir sagen
wird.
15 Und als er zum König kam, sprach der
König zu ihm: Micha, sollen wir gegen
Ramot in Gilead in den Kampf ziehen,
oder sollen wir's lassen? Er sprach zu ihm:
Ja, zieh hinauf, es soll dir gelingen! Der
HERR wird's in die Hand des Königs
geben.
16 Der König entgegnete ihm: Wie oft soll
ich dich beschwören, daß du mir im
Namen des HERRN nichts als die Wahrheit
sagst!
17 Micha sprach: Ich sah ganz Israel zer-
streut auf den Bergen [a]wie Schafe, die kei-
nen Hirten haben. Der HERR aber sprach:
Diese haben keinen Herrn; ein jeder kehre
wieder heim mit Frieden.
a 4.Mose 27,17; Mt 9,36
18 ¶ Da sprach der König von Israel zu
Joschafat: Hab ich dir nicht gesagt, daß er
mir nichts Gutes weissagt, sondern nur
Böses?
19 Micha sprach: Darum höre nun das
Wort des HERRN! Ich sah den HERRN sit-
zen auf seinem Thron und das ganze
himmlische Heer neben ihm stehen zu
seiner Rechten und Linken.[a]
a 2.Chr 18,18; Hiob 1,6; Jes 6,1
20 Und der HERR sprach: Wer will Ahab
betören, daß er hinaufzieht und vor Ramot

in Gilead fällt? Und einer sagte dies, der
andere das.
21 Da trat ein [a]Geist vor und stellte sich
vor den HERRN und sprach: Ich will ihn
betören. Der HERR sprach zu ihm:
Womit? *a* Jes 19,14
22 Er sprach: Ich will ausgehen und [a]will
ein Lügengeist sein im Munde aller seiner
Propheten. Er sprach: Du sollst ihn betö-
ren und sollst es ausrichten; geh aus und
tu das! *a* 1.Joh 4,6
23 Nun siehe, der HERR hat einen Lügen-
geist gegeben in den Mund aller deiner
Propheten; und der HERR hat Unheil
gegen dich geredet.
24 Da trat herzu Zidkija, der Sohn Ke-
naanas, und schlug Micha auf die Backe
und sprach: Wie? Ist der Geist des HERRN
von mir gewichen, daß er mit dir redet?
25 Micha sprach: Wahrlich, an dem Tage
wirst du's sehen, wenn du von einer Kam-
mer in die andere gehst, um dich zu ver-
kriechen.
26 Der König von Israel sprach: Nimm
Micha und bring ihn zu Amon, dem Stadt-
hauptmann, und zu Joasch, dem Sohn des
Königs,
27 und sprich: So spricht der König: Die-
sen werft in den Kerker und speist ihn nur
kärglich mit Brot und Wasser, bis ich mit
Frieden wiederkomme.
28 Micha sprach: Kommst du mit Frieden
wieder, so hat der HERR nicht durch mich
geredet. Und er sprach: Höret, alle Völ-
ker!
29 ¶ So zogen der König von Israel und
Joschafat, der König von Juda, hinauf
gegen Ramot in Gilead.
30 Und der König von Israel sprach zu
Joschafat: Ich will mich verkleiden und in
den Kampf ziehen, du aber behalte deine
königlichen Kleider an. Und der König von
Israel verkleidete sich und zog in den
Kampf.
31 Aber der König von Aram gebot den
Obersten über seine Wagen – es wa-
ren zweiunddreißig – und sprach: Ihr
sollt nicht kämpfen gegen Geringe und
Hohe, sondern allein gegen den König
von Israel.
32 Und als die Obersten der Wagen
Joschafat sahen, meinten sie, er wäre der
König von Israel, und wandten sich gegen
ihn zum Kampf, aber Joschafat schrie.
33 Als aber die Obersten der Wagen merk-
ten, daß er nicht der König von Israel war,
wandten sie sich von ihm ab.
34 Ein Mann aber spannte den Bogen in
aller Einfalt und schoß den König von
Israel zwischen Panzer und Wehrgehänge.
Da sprach er zu seinem Wagenlenker:
Wende um und führe mich aus dem
Kampf, denn ich bin verwundet!
35 Aber der Kampf nahm immer mehr zu
an demselben Tage, und der König blieb
im Wagen stehen gegenüber den Ara-
mäern bis zum Abend, und das Blut floß
von der Wunde mitten in den Wagen. Und
er starb am Abend.
36 Und man ließ ausrufen im Heer, als die
Sonne unterging: Ein jeder gehe in seine
Stadt und in sein Land;
37 denn der König ist tot! Und sie gingen
nach Samaria und begruben den König in
Samaria.
38 Und als sie den Wagen wuschen bei
dem Teich Samarias, [a]leckten die Hunde
sein Blut – und die Huren wuschen sich
darin – nach dem Wort des HERRN, das er
geredet hatte. *a* Kap 21,19; 2.Kön 9,25.26
39 ¶ Was mehr von Ahab zu sagen ist und
alles, was er getan hat, und das Elfenbein-
haus, das er baute, und alle Städte, die er
ausgebaut hat, siehe, das steht geschrie-
ben in der Chronik der Könige von Israel.
40 ¶ Also legte sich Ahab zu seinen Vätern,
und sein Sohn Ahasja wurde König an sei-
ner Statt.

Reich Juda: Joschafat

(vgl. 2.Chr 20,31–21,1)

41 Und [a]Joschafat, der Sohn Asas, wurde
König über Juda im vierten Jahr Ahabs,
des Königs von Israel, *a* Kap 15,24
42 und war fünfunddreißig Jahre alt, als er
König wurde; und er regierte fünfund-
zwanzig Jahre zu Jerusalem. Seine Mutter
hieß Asuba, eine Tochter Schilhis.
43 Und er wandelte in allen Wegen seines
Vaters Asa und wich nicht davon ab und
tat, was dem HERRN wohlgefiel.
44 Doch [a]entfernte er nicht die Höhen,
und das Volk opferte und räucherte noch
auf den Höhen. *a* Kap 15,14; 2.Kön 12,4
45 Und er hatte Frieden mit dem König
von Israel.
46 ¶ Was aber mehr von Joschafat zu
sagen ist und seine tapferen Taten, die er
getan hat, und wie er Kriege geführt hat,

siehe, das steht geschrieben in der [a]Chro-
nik der Könige von Juda. *a* 2.Chr 17-20
47 Auch tat er aus dem Lande, was noch
übrig war an [a]Tempelhurern, die zur Zeit
seines Vaters Asa übriggeblieben waren.
a Kap 15,12
48 ¶Und es war kein König in Edom; ein
Statthalter war im Lande.
49 Und Joschafat hatte Tarsisschiffe
machen lassen, die nach [a]Ofir fahren soll-
ten, um Gold zu holen. Aber sie fuhren
nicht, denn sie zerschellten bei Ezjon-
Geber. *a* Kap 9,28
50 Damals sprach Ahasja, der Sohn Ahabs,
zu Joschafat: Laß meine Leute mit deinen
Leuten auf den Schiffen fahren! Joschafat
aber wollte nicht.
51 Und Joschafat legte sich zu seinen
Vätern und wurde begraben bei seinen
Vätern in der Stadt Davids, seines Vaters.
Und sein Sohn [a]Joram wurde König an
seiner Statt. *a* 2.Kön 8,16

Reich Israel: Ahasja

52 [a]Ahasja, der Sohn Ahabs, wurde König
über Israel zu Samaria im siebzehnten
Jahr Joschafats, des Königs von Juda, und
regierte über Israel zwei Jahre. *a* Vers 40
53 Und er tat, was dem HERRN mißfiel,
und wandelte in den Wegen seines Vaters
und seiner Mutter und in dem Wege [a]Je-
robeams, des Sohnes Nebats, der Israel
sündigen machte, *a* Kap 12,28-30
54 und diente dem Baal und betete ihn an
und erzürnte den HERRN, den Gott Israels,
wie sein Vater tat.[a] *a* Kap 16,31-33

DAS ZWEITE BUCH DER KÖNIGE

Inhaltsübersicht

Der Prophet Elisa	*Kap 1–8*
Geschichte der beiden Reiche	*8–16*
Das Ende des Reiches Israel	*17*
Geschichte des Reiches Juda	*18–21*
Die Reform durch König Josia	*21–23*
Das Ende des Reiches Juda	*23–25*

Reich Israel: Ahasja und der Prophet Elia

1 Es fielen aber die [a]Moabiter ab von
Israel, als Ahab tot war.[b]
a 2.Sam 8,2 *b* Kap 3,4-27
2 Und Ahasja fiel durch das Gitter in sei-
nem Obergemach in Samaria und wurde
krank. Und er sandte Boten und sprach zu
ihnen: [a]Geht hin und befragt Baal-Sebub,
den Gott von Ekron, ob ich von dieser
Krankheit genesen werde. *a* 1.Kön 22,52-54
3 Aber der Engel des HERRN redete mit
Elia, dem Tischbiter: Auf und geh den
Boten des Königs von Samaria entgegen
und sprich zu ihnen: [a]Ist denn nun kein
Gott in Israel, daß ihr hingeht, zu befra-
gen Baal-Sebub, den Gott von Ekron?
a Jes 8,19
4 Darum spricht der HERR: Du sollst nicht
mehr von dem Bett herunterkommen, auf
das du dich gelegt hast, sondern sollst des
Todes sterben. Und Elia ging.
5 Und als die Boten zum König zurückka-
men, sprach er zu ihnen: Warum kommt
ihr zurück?
6 Sie sprachen zu ihm: Es kam ein Mann
herauf uns entgegen und sprach zu uns:
Geht wieder hin zu dem König, der euch
gesandt hat, und sprecht zu ihm: So
spricht der HERR: Ist denn kein Gott in
Israel, daß du hinsendest, zu befragen
Baal-Sebub, den Gott von Ekron? Darum
sollst du nicht mehr herunterkommen von
dem Bett, auf das du dich gelegt hast, son-
dern sollst des Todes sterben.
7 Er sprach zu ihnen: Von welcher Art
war denn der Mann, der euch begegnete
und das zu euch sagte?
8 Sie sprachen zu ihm: Er hatte [a]langes
Haar und einen [b]Ledergurt um seine Len-
den. Er aber sprach: Es ist Elia, der Tisch-
biter. *a* Ri 16,17 *b* Mt 3,4
9 ¶Und der König sandte zu Elia einen
Hauptmann über fünfzig samt seinen fünf-
zig Mann. Und als der zu ihm hinaufkam,

siehe, da saß er oben auf dem Berge. Er
aber sprach zu ihm: Du Mann Gottes, der
König sagt: Du sollst herabkommen!
10 Elia antwortete dem Hauptmann über
fünfzig: Bin ich ein Mann Gottes, [a] so falle
Feuer vom Himmel und fresse dich und
deine fünfzig Mann. Da fiel Feuer vom
Himmel und fraß ihn und seine fünfzig
Mann. *a* Lk 9,54; Offb 11,5
11 Und der König sandte wiederum einen
andern Hauptmann über fünfzig zu ihm
samt seinen fünfzig Mann. Der kam zu
ihm hinauf und sprach zu ihm: Du Mann
Gottes, so spricht der König: Komm
eilends herab!
12 Elia antwortete: Bin ich ein Mann
Gottes, so falle Feuer vom Himmel und
fresse dich und deine fünfzig Mann. Da
fiel das Feuer Gottes vom Himmel und
fraß ihn und seine fünfzig Mann.
13 Da sandte der König wiederum den
dritten Hauptmann über fünfzig samt seinen fünfzig Mann. Als der zu ihm hinaufkam, beugte er seine Knie vor Elia und
flehte ihn an und sprach zu ihm: Du Mann
Gottes, laß mein Leben und das Leben
deiner Knechte, dieser fünfzig, vor dir
etwas gelten!
14 Siehe, Feuer ist vom Himmel gefallen
und hat die ersten zwei Hauptleute über
fünfzig mit ihren fünfzig Mann gefressen;
nun aber laß mein Leben etwas gelten vor
dir.
15 Da sprach der Engel des HERRN zu Elia:
Geh mit ihm hinab und fürchte dich nicht
vor ihm! Und er machte sich auf und ging
mit ihm hinab zum König.
16 Und er sprach zu ihm: So spricht der
HERR: Weil du Boten hingesandt hast und
hast befragen lassen Baal-Sebub, den Gott
von Ekron, als wäre kein Gott in Israel,
dessen Wort man erfragen könnte, so sollst
du von dem Bett nicht mehr herunterkommen, auf das du dich gelegt hast, sondern
sollst des Todes sterben.
17 ¶ So starb Ahasja nach dem Wort des
HERRN, das Elia geredet hatte. Und [a] Joram wurde König an seiner Statt im zweiten Jahr Jorams, des Sohnes Joschafats,
des Königs von Juda; denn Ahasja hatte
keinen Sohn. *a* Kap 3,1
18 Was aber mehr von Ahasja zu sagen
ist, was er getan hat, siehe, das steht geschrieben in der Chronik der Könige von
Israel.

**Elia wird entrückt,
und Elisa tritt seine Nachfolge an**

2 Als aber der HERR Elia im Wetter gen
Himmel holen wollte, gingen Elia und
Elisa von Gilgal weg.
2 Und Elia sprach zu Elisa: Bleibe du hier,
denn der HERR hat mich nach Bethel
gesandt. Elisa aber sprach: So wahr der
HERR lebt und du lebst: ich verlasse dich
nicht. Und als sie hinab nach Bethel
kamen,
3 gingen die Prophetenjünger, die in
Bethel waren, heraus zu Elisa und sprachen zu ihm: Weißt du auch, daß der
HERR heute deinen Herrn von dir hinwegnehmen wird? Er aber sprach: Auch ich
weiß es wohl; schweigt nur still.
4 Und Elia sprach zu ihm: Elisa, bleib du
hier, denn der HERR hat mich nach Jericho gesandt. Er aber sprach: So wahr der
HERR lebt und du lebst: ich verlasse dich
nicht. Und als sie nach Jericho kamen,
5 traten die Prophetenjünger, die in Jericho waren, zu Elisa und sprachen zu ihm:
Weißt du auch, daß der HERR heute deinen Herrn von dir hinwegnehmen wird?
Er aber sprach: Auch ich weiß es wohl;
schweigt nur still.
6 Und Elia sprach zu ihm: Bleib du hier,
denn der HERR hat mich an den Jordan
gesandt. Er aber sprach: So wahr der HERR
lebt und du lebst: ich verlasse dich nicht.
Und es gingen die beiden miteinander.
7 Und fünfzig von den Prophetenjüngern
gingen hin und standen von ferne; aber
die beiden standen am Jordan.
8 Da nahm Elia seinen Mantel und wikkelte ihn zusammen und schlug ins Wasser; das teilte sich nach beiden Seiten, so
daß die beiden [a] auf trockenem Boden hinübergingen. *a* 2.Mose 14,21.22; Jos 3,16
9 Und als sie hinüberkamen, sprach Elia
zu Elisa: Bitte, was ich dir tun soll, ehe ich
von dir genommen werde. Elisa sprach:
Daß mir [a] zwei Anteile von deinem Geiste
zufallen. *a* 5.Mose 21,17
10 Er sprach: Du hast Schweres erbeten.
Doch wenn du mich sehen wirst, wie ich
von dir genommen werde, so wird's
geschehen; wenn nicht, so wird's nicht
sein.
11 Und als sie miteinander gingen und
redeten, siehe, da kam ein feuriger Wagen
mit feurigen Rossen, die schieden die bei-

den voneinander. Und Elia fuhr im Wetter
gen Himmel.[a] *a* 1.Mose 5,24
12 Elisa aber sah es und schrie: [a]Mein
Vater, mein Vater, du Wagen Israels und
sein Gespann! und sah ihn nicht mehr. Da
faßte er seine Kleider, zerriß sie in zwei
Stücke *a* Kap 6,21; 13,14
13 und hob den Mantel auf, der Elia ent-
fallen war, und kehrte um und trat wieder
an das Ufer des Jordans.
14 Und er nahm den Mantel, der Elia ent-
fallen war, und schlug ins Wasser und
sprach: Wo ist nun der HERR, der Gott
Elias? und schlug ins Wasser. Da teilte es
sich nach beiden Seiten, und Elisa ging
hindurch.
15 Und als das die Prophetenjünger sahen,
die gegenüber bei Jericho waren, sprachen
sie: Der Geist Elias ruht auf Elisa, und sie
gingen ihm entgegen und fielen vor ihm
nieder zur Erde
16 und sprachen zu ihm: Siehe, es sind
unter deinen Knechten fünfzig starke
Männer, die laß gehen und deinen Herrn
suchen. Vielleicht hat ihn der Geist des
HERRN genommen und auf irgendeinen
Berg oder in irgendein Tal geworfen. Er
aber sprach: Laßt sie nicht gehen!
17 Aber sie nötigten ihn, bis er nachgab
und sprach: Laßt sie hingehen! Und sie
sandten hin fünfzig Männer, und diese
suchten Elia drei Tage; aber sie fanden ihn
nicht.
18 Und sie kamen zu Elisa zurück, als er
noch in Jericho war, und er sprach zu
ihnen: Sagte ich euch nicht, ihr solltet
nicht hingehen?

Elisa macht eine Quelle gesund und straft die spottenden Knaben

19 Und die Männer der Stadt sprachen zu
Elisa: Siehe, es ist gut wohnen in dieser
Stadt, wie mein Herr sieht; aber es ist
böses Wasser, und es macht unfruchtbar.
20 Er sprach: Bringt mir her eine neue
Schale und tut Salz hinein! Und sie brach-
ten's ihm.
21 Da ging er hinaus zu der Wasserquelle
und warf das Salz hinein und sprach: So
spricht der HERR: Ich habe dies Wasser
gesund gemacht; es soll hinfort weder Tod
noch Unfruchtbarkeit von ihm kommen.
22 So wurde das Wasser gesund bis auf
diesen Tag nach dem Wort Elisas, das er
sprach.
23 ¶ Und er ging hinauf nach Bethel. Und
als er den Weg hinanging, kamen kleine
Knaben zur Stadt heraus und verspotteten
ihn und sprachen zu ihm: Kahlkopf,
komm herauf! Kahlkopf, komm herauf!
24 Und er wandte sich um, und als er sie
sah, verfluchte er sie im Namen des
HERRN. Da kamen zwei Bären aus dem
Walde und zerrissen zweiundvierzig von
den Kindern.
25 Von da ging er auf den Berg Karmel
und kehrte von da nach Samaria zurück.

Reich Israel: Jorams Krieg gegen die Moabiter und Elisas Hilfe

3 [a]Joram, der Sohn Ahabs, wurde König
über Israel zu Samaria im achtzehnten
Jahr Joschafats, des Königs von Juda, und
regierte zwölf Jahre. *a* Kap 1,17
2 Und er tat, was dem HERRN mißfiel,
doch nicht wie sein Vater und seine Mut-
ter. Denn er entfernte das [a]Steinmal Baals,
das sein Vater hatte machen lassen;
a 1.Kön 16,32
3 aber er blieb hangen [a]an den Sünden
Jerobeams, des Sohnes Nebats, der Israel
sündigen machte, und ließ nicht ab
davon. *a* 1.Kön 12,28-30
4 ¶ Mescha aber, der König der Moabiter,
besaß viele Schafe und hatte dem König
von Israel Wolle zu entrichten von hun-
derttausend Lämmern und von hundert-
tausend Widdern.
5 Als aber Ahab tot war, fiel der König
der Moabiter ab vom König von Israel.
6 Und alsbald zog der König Joram aus
von Samaria und bot ganz Israel auf
7 und sandte hin zu Joschafat, dem König
von Juda, und ließ ihm sagen: Der König
der Moabiter ist von mir abgefallen; komm
mit mir, um gegen die Moabiter zu kämp-
fen! Er sprach: Ich will kommen; [a]ich bin
wie du, und mein Volk wie dein Volk, und
meine Rosse wie deine Rosse.
a 1.Kön 22,4
8 Und Joram sprach: Welchen Weg wol-
len wir hinaufziehen? Joschafat sprach:
Den Weg durch die Wüste Edom.
9 So zogen hin der König von Israel, der
König von Juda und der König von Edom.
Und als sie sieben Tagereisen weit gezo-
gen waren, hatte das Heer und das Vieh,
das bei ihnen war, kein Wasser.
10 Da sprach der König von Israel: O weh!
Der HERR hat diese drei Könige hergeru-

fen, um sie in die Hände der Moabiter zu
geben!
11 Joschafat aber sprach: [a]Ist kein Prophet
des HERRN hier, damit wir den HERRN
durch ihn befragen? Da antwortete einer
unter den Männern des Königs von Israel
und sprach: Hier ist [b]Elisa, der Sohn Scha-
fats, der Elia Wasser auf die Hände
goß. a 1.Kön 22,5.7 b 1.Kön 19,19-21
12 Joschafat sprach: Des HERRN Wort ist
bei ihm. So zogen zu ihm hinab der König
von Israel und Joschafat und der König
von Edom.
13 Elisa aber sprach zum König von Israel:
Was habe ich mit dir zu schaffen? Geh hin
zu den Propheten deines Vaters und zu
den Propheten deiner Mutter! Der König
von Israel sprach zu ihm: Nicht doch!
Denn der HERR hat diese drei Könige her-
gerufen, um sie in die Hände der Moabi-
ter zu geben.
14 Elisa sprach: [a]So wahr der HERR Zeba-
oth lebt, vor dem ich stehe: wenn ich nicht
Joschafat, den König von Juda, ehrte, ich
wollte dich nicht ansehen noch ach-
ten. a 1.Kön 18,15
15 So bringt mir nun einen Spielmann!
Und als der Spielmann auf den Saiten
spielte, kam die Hand des HERRN auf
Elisa,[a] a 1.Sam 16,16
16 und er sprach: So spricht der HERR:
Macht hier und da Gruben in diesem Tal.
17 Denn so spricht der HERR: Ihr werdet
weder Wind noch Regen sehen; dennoch
soll das Tal voll Wasser werden, daß ihr
und euer Heer und euer Vieh trinken
könnt.
18 Und das ist noch ein Geringes vor dem
HERRN; er wird auch die Moabiter in eure
Hände geben,
19 so daß ihr wüste machen werdet alle
festen Städte und alle auserwählten Städte
und fällen alle guten Bäume und verstop-
fen alle Wasserbrunnen und alle guten
Äcker mit Steinen verderben.
20 Aber am nächsten Morgen, zur Zeit, da
man [a]Speisopfer opfert, siehe, da kam
Wasser von Edom her und füllte das Land
mit Wasser. a 4.Mose 28,4.5
21 ¶ Als aber alle Moabiter hörten, daß die
Könige heraufzogen, um gegen sie zu
kämpfen, riefen sie alle auf, die zur
Rüstung alt genug und darüber waren, und
stellten sich an der Grenze auf.
22 Und als sie sich früh am Morgen auf-
machten und die Sonne aufging über dem
Gewässer, schien den Moabitern das
Gewässer in der Ferne rot zu sein wie Blut.
23 Und sie sprachen: Das ist Blut! Die
Könige haben sich mit dem Schwert
umgebracht, und einer wird den andern
erschlagen haben. Ha, Moab, mach dich
nun auf zur Beute!
24 Aber als sie zum Lager Israels kamen,
machte sich Israel auf und schlug die Moa-
biter, und sie flohen vor ihnen. Aber Israel
jagte ihnen nach und schlug Moab.
25 Die Städte zerstörten sie, und jeder warf
einen Stein auf alle guten Äcker, und sie
machten sie voll davon und verstopften
alle Wasserbrunnen und fällten alle guten
Bäume, bis nur Kir-Heres übrigblieb. Aber
die Schleuderer umringten die Stadt und
schossen auf sie.
26 Als aber der König der Moabiter sah,
daß ihm der Kampf zu stark war, nahm er
siebenhundert Mann mit sich, die das
Schwert führten, um beim König von
Edom durchzubrechen; aber sie konnten's
nicht.
27 Da nahm er seinen erstgeborenen
Sohn, der an seiner Statt König werden
sollte, und opferte ihn zum Brandopfer auf
der Mauer. Da kam ein großer Zorn über
Israel, so daß sie von ihm abzogen und in
ihr Land zurückkehrten.

Elisa mehrt das Öl der Witwe

4 Und es schrie eine Frau unter den
Frauen der Prophetenjünger zu Elisa
und sprach: Dein Knecht, mein Mann, ist
gestorben; und du weißt ja, daß dein
Knecht den HERRN fürchtete. [a]Nun
kommt der Schuldherr und will meine bei-
den Kinder nehmen zu [b]leibeigenen
Knechten. a Am 2,6; Mi 2,9 b 3.Mose 25,39
2 Elisa sprach zu ihr: Was soll ich dir tun?
Sage mir, was hast du im Hause? Sie
sprach: Deine Magd hat nichts im Hause
als einen [a]Ölkrug. a 1.Kön 17,12
3 Er sprach: Geh hin und erbitte draußen
von allen deinen Nachbarinnen leere
Gefäße, aber nicht zu wenig,
4 und geh ins Haus und schließ die Tür
zu hinter dir und deinen Söhnen und gieß
in alle Gefäße; und wenn du sie gefüllt
hast, so stelle sie beiseite.
5 Sie ging hin und tat so und schloß die
Tür zu hinter sich und ihren Söhnen; diese

brachten ihr die Gefäße herbei, und sie
goß ein.
6 Und als die Gefäße voll waren, sprach
sie zu ihrem Sohn: Reiche mir noch ein
Gefäß her! Er sprach zu ihr: Es ist kein
Gefäß mehr hier. Da stand das Öl.
7 Und sie ging hin und sagte es dem Mann
Gottes an. Er sprach: Geh hin, verkaufe
das Öl und bezahle deinen Schuldherrn;
du aber und deine Söhne, nährt euch von
dem übrigen.

Elisa verheißt der Schunemiterin einen Sohn und erweckt das tote Kind

8 Und es begab sich eines Tages, daß Elisa
nach [a] Schunem ging. Dort war eine reiche
Frau; die nötigte ihn, daß er bei ihr aß.
Und sooft er dort durchkam, kehrte er bei
ihr ein und aß bei ihr.

a Jos 19,18

9 Und sie sprach zu ihrem Mann: Siehe,
ich merke, daß dieser Mann Gottes heilig
ist, der immer hier durchkommt.
10 Laß uns ihm eine kleine Kammer oben
machen und Bett, Tisch, Stuhl und Leuch-
ter hinstellen, damit er dort einkehren
kann, wenn er zu uns kommt.
11 ¶ Und es begab sich eines Tages, daß
Elisa dort einkehrte und sich oben in die
Kammer legte und darin schlief.
12 Danach sprach er zu seinem Diener
Gehasi: Ruf die Schunemiterin! Und als
Gehasi sie rief, trat sie vor ihn.
13 Elisa aber hatte zu Gehasi gesprochen:
Sage ihr: Siehe, du hast uns all diesen
Dienst getan; was soll ich dir tun? Brauchst
du Fürsprache beim König oder beim
Feldhauptmann? Sie sprach: Ich wohne
sicher unter meinen Leuten.
14 Elisa sprach: Was soll ich dir dann tun?
Gehasi sprach: Ach, sie hat keinen Sohn,
und ihr Mann ist alt.
15 Er sprach: Ruf sie her! Und als er sie
rief, trat sie in die Tür.
16 Und er sprach: [a] Um diese Zeit übers
Jahr sollst du einen Sohn herzen. Sie
sprach: Ach nicht, mein Herr, du Mann
Gottes! Täusche deine Magd nicht!

a 1.Mose 18,10.14

17 Und die Frau ward schwanger und
gebar einen Sohn um dieselbe Zeit übers
Jahr, wie ihr Elisa zugesagt hatte.
18 ¶ Als aber das Kind groß wurde, begab
es sich, daß es hinaus zu seinem Vater zu
den Schnittern ging
19 und sprach zu seinem Vater: O mein
Kopf, mein Kopf! Er sprach zu einem
Knecht: Bringe ihn zu seiner Mutter!
20 Und der nahm ihn und brachte ihn hin-
ein zu seiner Mutter, und sie setzte ihn auf
ihren Schoß bis zum Mittag; da starb er.
21 Und sie ging hinauf und legte ihn aufs
Bett des Mannes Gottes, schloß zu und
ging hinaus
22 und rief ihren Mann und sprach:
Schicke mir einen der Knechte und eine
Eselin; ich will eilends zu dem Mann
Gottes und bald zurückkommen.
23 Er sprach: Warum willst du zu ihm? Ist
doch heute weder Neumond noch Sabbat.
Sie sprach: Laß es gut sein!
24 Und sie sattelte die Eselin und sprach
zum Knecht: Treib an und halte mich nicht
auf beim Reiten, bis ich dir's sage!
25 So zog sie hin und kam zu dem Mann
Gottes [a] auf den Berg Karmel. Als aber
der Mann Gottes sie kommen sah, sprach
er zu seinem Diener Gehasi: Siehe, die
Schunemiterin ist da!

a Kap 2,25

26 So lauf ihr nun entgegen und frage sie,
ob es ihr, ihrem Mann und ihrem Sohn
gutgehe. Sie sprach: Gut!
27 Als sie aber zu dem Mann Gottes auf
den Berg kam, umfing sie seine Füße;
Gehasi aber trat herzu, um sie wegzusto-
ßen. Aber der Mann Gottes sprach: Laß
sie, denn ihre Seele ist betrübt, und der
HERR hat mir's verborgen und nicht kund-
getan!
28 Sie sprach: Wann hab ich einen Sohn
erbeten von meinem Herrn? [a] Sagte ich
nicht, du solltest mich nicht täuschen?

a Vers 16

29 Er sprach zu Gehasi: Gürte deine Len-
den und nimm meinen Stab in deine Hand
und geh hin, und wenn dir jemand begeg-
net, so [a] grüße ihn nicht, und grüßt dich
jemand, so danke ihm nicht, und lege mei-
nen Stab auf des Knaben Antlitz.

a Lk 10,4

30 Aber die Mutter des Knaben sprach:
So wahr der HERR lebt und so wahr du
lebst: ich lasse nicht von dir! Da machte er
sich auf und ging ihr nach.
31 Gehasi aber ging vor ihnen hin und
legte den Stab dem Knaben aufs Antlitz:
da war aber keine Stimme und kein Emp-
finden. Und er ging zurück Elisa entgegen
und sagte ihm: Der Knabe ist nicht aufge-
wacht.

32 Und als Elisa ins Haus kam, siehe, da
lag der Knabe tot auf seinem Bett.
33 Und er ging hinein und schloß die Tür
hinter sich zu und [a]betete zu dem
HERRN *a* Apg 9,40
34 und stieg aufs Bett und [a]legte sich auf
das Kind und legte seinen Mund auf des
Kindes Mund und seine Augen auf dessen
Augen und seine Hände auf dessen Hände
und breitete sich so über ihn; da wurde
des Kindes Leib warm. *a* 1.Kön 17,21
35 Er aber stand wieder auf und ging im
Haus einmal hierhin und dahin und stieg
wieder aufs Bett und breitete sich über
ihn. Da nieste der Knabe siebenmal;
danach tat der Knabe seine Augen auf.
36 Und Elisa rief Gehasi und sprach: Ruf
die Schunemiterin! Und als er sie rief, kam
sie hinein zu ihm. Er sprach: [a]Da, nimm
hin deinen Sohn! *a* Lk 7,15; Hebr 11,35
37 Da kam sie und fiel nieder zu seinen
Füßen und neigte sich zur Erde und nahm
ihren Sohn und ging hinaus.

Elisa macht schädliche Speise gesund und speist viele mit zwanzig Broten

38 Als aber Elisa wieder nach Gilgal kam,
war Hungersnot im Lande. Und als die
Prophetenjünger vor ihm saßen, sprach er
zu seinem Diener: Setze einen großen
Topf auf und koche ein Gemüse für die
Prophetenjünger!
39 Da ging einer aufs Feld, um Kraut zu
sammeln, und fand ein Rankengewächs
und pflückte sein Kleid voll mit wilden
Gurken. Und als er kam, schnitt er's in
den Topf zum Gemüse – sie kannten's
aber nicht –
40 und legte es den Männern zum Essen
vor. Als sie nun von dem Gemüse aßen,
schrien sie und sprachen: O Mann Gottes,
der Tod im Topf! Denn sie konnten's nicht
essen.
41 Er aber sprach: Bringt Mehl her! Und
er tat's in den Topf und sprach: Lege es
den Leuten vor, daß sie essen! Da war
nichts Böses mehr in dem Topf.
42 ¶ [a]Es kam aber ein Mann von Baal-
Schalischa und brachte dem Mann Gottes
Erstlingsbrot, nämlich zwanzig Gersten-
brote, und neues Getreide in seinem
Kleid. Er aber sprach: Gib's den Leuten,
daß sie essen!

a (42-44) Mt 15,33.37; 16,9.10; Joh 6,9

43 Sein Diener sprach: Wie soll ich davon
hundert Mann geben? Er sprach: Gib den
Leuten, daß sie essen! Denn so spricht
der HERR: Man wird essen, und es wird
noch übrigbleiben.
44 Und er legte es ihnen vor, daß sie aßen;
und es blieb noch übrig nach dem Wort
des HERRN.

Elisa heilt den aramäischen Feldhauptmann Naaman und bestraft den Gehasi

5 Naaman, der Feldhauptmann des Kö-
nigs von Aram, war ein trefflicher
Mann vor seinem Herrn und wertgehal-
ten; denn durch ihn gab der HERR den
Aramäern Sieg. Und er war ein gewaltiger
Mann, jedoch aussätzig.
2 Aber die Kriegsleute der Aramäer waren
ausgezogen und hatten ein junges Mäd-
chen weggeführt aus dem Lande Israel;
die war im Dienst der Frau Naamans.
3 Die sprach zu ihrer Herrin: Ach, daß
mein Herr wäre bei dem Propheten in
Samaria! Der könnte ihn von seinem Aus-
satz befreien.
4 Da ging Naaman hinein zu seinem
Herrn und sagte es ihm an und sprach: So
und so hat das Mädchen aus dem Lande
Israel geredet.
5 Der König von Aram sprach: So zieh
hin, ich will dem König von Israel einen
Brief schreiben. Und er zog hin und nahm
mit sich zehn Zentner Silber und sechs-
tausend Goldgulden und zehn Feierklei-
der
6 und brachte den Brief dem König von
Israel; der lautete: Wenn dieser Brief zu
dir kommt, siehe, so wisse, ich habe mei-
nen Knecht Naaman zu dir gesandt, damit
du ihn von seinem Aussatz befreist.
7 Und als der König von Israel den Brief
las, zerriß er seine Kleider und sprach: Bin
ich denn Gott, daß ich töten und lebendig
machen könnte, daß er zu mir schickt, ich
solle den Mann von seinem Aussatz
befreien? Merkt und seht, wie er Streit mit
mir sucht!
8 ¶ Als Elisa, der Mann Gottes, hörte, daß
der König von Israel seine Kleider zerris-
sen hatte, sandte er zu ihm und ließ ihm
sagen: Warum hast du deine Kleider zer-
rissen? Laß ihn zu mir kommen, damit er
innewerde, daß ein Prophet in Israel ist.
9 So kam Naaman mit Rossen und Wagen
und hielt vor der Tür am Hause Elisas.

[10]Da sandte Elisa einen Boten zu ihm
und ließ ihm sagen: Geh hin und wasche
dich siebenmal im Jordan, so wird dir dein
Fleisch wieder heil und du wirst rein wer-
den.
[11]Da wurde Naaman zornig und zog weg
und sprach: Ich meinte, er selbst sollte zu
mir herauskommen und hertreten und den
Namen des HERRN, seines Gottes, anru-
fen und seine Hand hin zum Heiligtum
erheben und mich so von dem Aussatz
befreien.
[12]Sind nicht die Flüsse von Damaskus,
Abana und Parpar, besser als alle Wasser
in Israel, so daß ich mich in ihnen waschen
und rein werden könnte? Und er wandte
sich und zog weg im Zorn.
[13]Da machten sich seine Diener an ihn
heran, redeten mit ihm und sprachen: Lie-
ber Vater, wenn dir der Prophet etwas
Großes geboten hätte, hättest du es nicht
getan? Wieviel mehr, wenn er zu dir sagt:
Wasche dich, so wirst du rein!
[14]Da stieg er ab und [a]tauchte unter im
Jordan siebenmal, wie der Mann Gottes
geboten hatte. Und sein Fleisch wurde
wieder heil wie das Fleisch eines jungen
Knaben, und [b]er wurde rein.

a 3.Mose 14,7-9 *b* Lk 4,27

[15]Und er kehrte zurück zu dem Mann
Gottes mit allen seinen Leuten. Und als er
hinkam, trat er vor ihn und sprach: Siehe,
nun weiß ich, daß kein Gott ist in allen
Landen, außer in Israel; so nimm nun eine
[a]Segensgabe von deinem Knecht. *a* Vers 5
[16]Elisa aber sprach: So wahr der HERR
lebt, vor dem ich stehe: ich nehme es
nicht. Und er nötigte ihn, daß er es nehme;
aber er wollte nicht.
[17]Da sprach Naaman: Wenn nicht, so
könnte doch deinem Knecht gegeben wer-
den von dieser Erde eine Last, soviel zwei
Maultiere tragen! Denn dein Knecht will
nicht mehr andern Göttern opfern und
Brandopfer darbringen, sondern allein
dem HERRN.
[18]Nur darin wolle der HERR deinem
Knecht gnädig sein: wenn mein König in
den Tempel Rimmons geht, um dort anzu-
beten, und er sich auf meinen Arm lehnt
und ich auch anbete im Tempel Rimmons,
dann möge der HERR deinem Knecht ver-
geben.
[19]Er sprach zu ihm: Zieh hin mit Frie-
den!
¶Und als er von ihm eine Strecke Weges
fortgezogen war,
[20]sagte sich Gehasi, der Diener Elisas,
des Mannes Gottes: Siehe, mein Herr hat
diesen Aramäer Naaman verschont, daß
er nichts von ihm genommen hat, was er
gebracht hat. So wahr der HERR lebt: ich
will ihm nachlaufen und mir etwas von
ihm geben lassen.
[21]So jagte Gehasi dem Naaman nach.
Und als Naaman sah, daß er ihm nachlief,
stieg er vom Wagen, ging ihm entgegen
und sprach: Geht's gut?
[22]Er sprach: Ja. Aber mein Herr hat mich
gesandt und läßt dir sagen: Siehe, jetzt sind
zu mir gekommen vom Gebirge Ephraim
zwei von den Prophetenjüngern. Gib
ihnen doch einen Zentner Silber und zwei
Feierkleider!
[23]Naaman sprach: Nimm zwei Zentner!
Und er nötigte ihn und band zwei Zentner
Silber in zwei Beutel und zwei Feierklei-
der und gab's seinen beiden Dienern; die
trugen's vor ihm her.
[24]Und als Gehasi an den Hügel kam,
nahm er's von ihren Händen und legte es
beiseite im Hause und ließ die Männer
gehen.
[25]Und als sie weggegangen waren, trat er
vor seinen Herrn. Und Elisa sprach zu
ihm: Woher, Gehasi? Er sprach: Dein
Knecht ist weder hierhin noch dorthin
gegangen.
[26]Er aber sprach zu ihm: Bin ich nicht im
Geist mit dir gegangen, als der Mann sich
umwandte von seinem Wagen dir entge-
gen? Wohlan, du hast nun das Silber und
die Kleider genommen und wirst dir schaf-
fen Ölgärten, Weinberge, Schafe, Rinder,
Knechte und Mägde.
[27]Aber der Aussatz Naamans wird dir
anhangen und deinen Nachkommen alle-
zeit. Da ging Gehasi von ihm hinaus, aus-
sätzig wie Schnee.

Elisa macht Eisen schwimmen

6 Die Prophetenjünger sprachen zu
Elisa: Siehe, der Raum, wo wir vor dir
wohnen, ist uns zu eng.
[2]Laß uns an den Jordan gehen, und jeder
von uns soll dort einen Stamm holen,
damit wir uns eine Stätte bauen, wo wir
wohnen können. Er sprach: Geht hin!
[3]Und einer sprach: Geh doch mit deinen
Knechten! Er sprach: Ich will mitgehen.

4 Und er ging mit ihnen. Und als sie an
den Jordan kamen, hieben sie Bäume um.
5 Und als einer einen Stamm fällte, fiel
ihm das Eisen ins Wasser. Und er schrie:
O weh, mein Herr! Und dazu ist's noch
entliehen!
6 Aber der Mann Gottes sprach: Wo ist's
hingefallen? Und als er ihm die Stelle
zeigte, schnitt er einen Stock ab und stieß
dahin. Da schwamm das Eisen.
7 Und er sprach: Heb's auf! Da streckte er
seine Hand aus und nahm es.

Die Aramäer werden mit Blindheit geschlagen

8 Und der König von Aram führte Krieg
mit Israel und beriet sich mit seinen Ober-
sten und sprach: Wir wollen da und da
einen Hinterhalt legen.
9 Aber der Mann Gottes sandte zum
König von Israel und ließ ihm sagen: Hüte
dich, daß du nicht an diesem Ort vorüber-
ziehst, denn die Aramäer lauern dort.
10 So sandte denn der König von Israel
hin an den Ort, den ihm der Mann Gottes
gesagt und vor dem er ihn gewarnt hatte,
und war dort auf der Hut; und tat das nicht
nur einmal oder zweimal.
11 Da wurde das Herz des Königs von
Aram voller Unmut darüber, und er rief
seine Obersten und sprach zu ihnen: Wollt
ihr mir denn nicht sagen, wer von den
Unsern es mit dem König von Israel hält?
12 Da sprach einer seiner Obersten: Nicht
doch, mein Herr und König, sondern
Elisa, der Prophet in Israel, sagt alles dem
König von Israel, auch was du in der Kam-
mer redest, wo dein Lager ist.
13 Er sprach: So geht hin und seht, wo er
ist, damit ich hinsende und ihn holen
lasse. Und sie sagten es ihm an und spra-
chen: Siehe, er ist in Dotan.
14 Da sandte er hin Rosse und Wagen und
ein großes Heer. Und als sie bei Nacht
hinkamen, umstellten sie die Stadt.
15 ¶ Und der Diener des Mannes Gottes
stand früh auf und trat heraus, und siehe,
da lag ein Heer um die Stadt mit Rossen
und Wagen. Da sprach sein Diener zu ihm:
O weh, mein Herr! Was sollen wir nun
tun?
16 Er sprach: Fürchte dich nicht, denn
derer sind mehr, die bei uns sind, als derer,
die bei ihnen sind!
17 Und Elisa betete und sprach: HERR,
öffne ihm die Augen, daß er sehe! [a] Da
öffnete der HERR dem Diener die Augen,
und er sah, und siehe, da war der Berg voll
feuriger Rosse und Wagen um Elisa
her. *a* Jos 5,13
18 Und als die Aramäer zu ihm herabka-
men, betete Elisa und sprach: HERR,
schlage dies Volk mit Blindheit! Und [a] er
schlug sie mit Blindheit nach dem Wort
Elisas. *a* 1.Mose 19,11
19 Und Elisa sprach zu ihnen: Dies ist
nicht der Weg und nicht die Stadt. Folgt
mir nach! Ich will euch führen zu dem
Mann, den ihr sucht. Und er führte sie
nach Samaria.
20 Und als sie nach Samaria kamen, sprach
Elisa: HERR, öffne diesen die Augen, daß
sie sehen! Und der HERR öffnete ihnen
die Augen, und sie sahen, und siehe, da
waren sie mitten in Samaria.
21 Und als der König von Israel sie sah,
sprach er zu Elisa: Mein Vater, soll ich sie
töten?
22 Er sprach: Du sollst sie nicht töten.
Erschlägst du denn die, die du mit Schwert
und Bogen gefangen hast? [a] Setze ihnen
Brot und Wasser vor, daß sie essen und
trinken, und laß sie zu ihrem Herrn zie-
hen! *a* 3.Mose 19,18; 2.Chr 28,9-15; Spr 25,21.22
23 Da wurde ein großes Mahl bereitet.
Und als sie gegessen und getrunken hat-
ten, ließ er sie gehen, daß sie zu ihrem
Herrn zogen. Seitdem kamen streifende
Rotten der Aramäer nicht mehr ins Land
Israel.

Belagerung und Errettung Samarias

24 Danach begab es sich, daß Ben-Hadad,
der König von Aram, sein ganzes Heer
versammelte und heraufzog und Samaria
belagerte.
25 Und es war eine große Hungersnot in
Samaria. Sie aber belagerten die Stadt, bis
ein Eselskopf achtzig Silberstücke und
eine Handvoll Taubenmist* fünf Silber-
stücke galt.

* Wahrscheinlich Bezeichnung für minderwertige Speisen.

26 Und als der König von Israel auf der
Mauer einherging, schrie ihn eine Frau an
und sprach: Hilf mir, mein Herr und
König!
27 Er sprach: Hilft dir der HERR nicht,
woher soll ich dir helfen? Von der Tenne
oder von der Kelter?
28 [a] Und der König sprach zu ihr: Was ist

dir? Sie sprach: Diese Frau da sprach zu
mir: Gib deinen Sohn her, daß wir ihn
heute essen; morgen wollen wir meinen
Sohn essen. *a (28 und 29)* 5.Mose 28,53
29 So haben wir meinen Sohn gekocht und
gegessen. Und ich sprach zu ihr am näch-
sten Tage: Gib deinen Sohn her und laß
uns ihn essen! Aber sie hat ihren Sohn
versteckt.
30 Als der König die Worte der Frau hörte,
zerriß er seine Kleider, während er auf der
Mauer ging. Da sah alles Volk, daß er dar-
unter ein härenes Tuch um seinen Leib
geschlungen hatte.
31 Und er sprach: Gott tue mir dies und
das, wenn das Haupt Elisas, des Sohnes
Schafats, heute auf ihm bleiben wird!
32 ¶Elisa aber saß in seinem Hause, und
die Ältesten saßen bei ihm. Und der König
sandte einen Mann vor sich her. Aber ehe
der Bote zu ihm kam, sprach Elisa zu den
Ältesten: Habt ihr gesehen, wie dieser
Mörder hergesandt hat, daß er mir das
Haupt abschlage? Seht zu, wenn der Bote
eintritt, daß ihr die Tür zuschließt und ihn
gegen die Tür stoßt. Siehe, ich höre schon
das Geräusch der Tritte seines Herrn hin-
ter ihm her.
33 Als er noch so mit ihnen redete, siehe,
da kam schon der König zu ihm hinab
und sprach: Siehe, [a]dies Übel kommt von
dem HERRN! Was soll ich noch von dem
HERRN erwarten? *a* Am 3,6
7 ¶[a]Elisa aber sprach: Hört des HERRN
Wort! So spricht der HERR: Morgen um
diese Zeit wird ein Maß feinstes Mehl ein
Silberstück gelten und zwei Maß Gerste
ein Silberstück im Tor von Samaria.
a (1 und 2) Verse 16-19
2 Da antwortete der Ritter, auf dessen
Arm sich der König lehnte, dem Mann
Gottes und sprach: Und wenn der HERR
Fenster am Himmel machte, wie könnte
das geschehen? Er sprach: Siehe, mit dei-
nen Augen wirst du es sehen, doch du
wirst nicht davon essen!
3 ¶Und es waren vier aussätzige Männer
[a]vor dem Tor, und einer sprach zum
andern: Was sollen wir hierbleiben, bis
wir sterben? *a* 3.Mose 13,46
4 Wenn wir auch in die Stadt gehen woll-
ten, so ist Hungersnot in der Stadt, und
wir müßten doch dort sterben. Bleiben wir
aber hier, so müssen wir auch sterben. So
laßt uns nun hingehen und zu dem Heer
der Aramäer laufen. Lassen sie uns leben,
so leben wir, töten sie uns, so sind wir tot.
5 Und sie machten sich in der Dämme-
rung auf, um zum Heer der Aramäer zu
kommen. Und als sie vorn an das Lager
kamen, siehe, da war niemand mehr da.
6 Denn [a]der Herr hatte die Aramäer
hören lassen ein Getümmel von Rossen,
Wagen und großer Heeresmacht, so daß
sie untereinander sprachen: Siehe, der
König von Israel hat sich gegen uns ver-
bündet mit den Königen der Hetiter und
den Königen der Ägypter, daß sie über
uns kommen sollen. *a* Kap 19,7
7 Und sie machten sich auf und flohen in
der Dämmerung und ließen ihre Zelte,
Rosse und Esel im Lager, wie es stand,
und flohen, um ihr Leben zu retten.
8 Als nun die Aussätzigen vorn an das
Lager kamen, gingen sie in eins der Zelte,
aßen und tranken und nahmen Silber,
Gold und Kleider und gingen hin und ver-
bargen's und kamen wieder und gingen in
ein anderes Zelt und nahmen daraus und
gingen hin und verbargen's.
9 Aber einer sprach zum andern: Laßt uns
so nicht tun; dieser Tag ist ein Tag guter
Botschaft. Wenn wir das verschweigen und
warten, bis es lichter Morgen wird, so wird
uns Schuld treffen. So laßt uns nun hin-
gehen und es dem Hause des Königs an-
sagen.
10 Und als sie kamen, riefen sie die Tor-
hüter der Stadt und sagten's ihnen an und
sprachen: Wir sind zum Lager der Ara-
mäer gekommen, und siehe, da ist nie-
mand mehr und keine Menschenstimme,
sondern Rosse und Esel angebunden und
die Zelte, wie sie dastehen.
11 Da riefen es die Torhüter aus, und man
sagte es drinnen im Hause des Königs an.
12 ¶Und der König stand auf, als es noch
dunkel war, und sprach zu seinen Ober-
sten: Laßt euch sagen, wie es die Aramäer
mit uns machen. Sie wissen, daß wir Hun-
ger leiden, und sind aus dem Lager gegan-
gen, um sich im Felde zu verbergen, und
denken: Wenn sie aus der Stadt gehen,
wollen wir sie lebendig ergreifen und in
die Stadt eindringen.
13 Da antwortete einer seiner Obersten:
Man nehme fünf Rosse von denen, die
noch in der Stadt übriggeblieben sind –
ihnen wird es ja doch gehen wie der gan-
zen Menge, die hier noch übriggeblieben

oder schon dahin ist. Die laßt uns senden,
um nachzusehen.
14 Da nahmen sie zwei Wagen mit Ros-
sen, und der König sandte sie dem Heer
der Aramäer nach und sprach: Zieht hin
und seht nach!
15 Und als sie ihnen nachzogen bis an den
Jordan, siehe, da lag der Weg voll von Klei-
dern und Geräten, die die Aramäer in der
Eile weggeworfen hatten. Und als die
Boten zurückkamen und es dem König
ansagten,
16 ging das Volk hinaus und plünderte das
Lager der Aramäer. Und es galt ein Maß
feinstes Mehl ein Silberstück und zwei
Maß Gerste auch ein Silberstück nach
dem Wort des HERRN.
17 ¶ Aber der König bestellte den Ritter,
auf dessen Arm er sich lehnte, in das Tor.
Und das Volk zertrat ihn im Tor, so daß er
starb, wie der Mann Gottes gesagt hatte,
als der König zu ihm hinabkam.
18 Und es geschah, wie der Mann Gottes
dem König gesagt hatte, als er sprach:
Morgen um diese Zeit werden zwei Maß
Gerste ein Silberstück gelten und ein Maß
feinstes Mehl ein Silberstück im Tor von
Samaria.
19 Und der Ritter hatte dem Mann Gottes
geantwortet: Und siehe, wenn der HERR
Fenster am Himmel machte, wie könnte
das geschehen? Elisa aber hatte gespro-
chen: Siehe, mit deinen Augen wirst du es
sehen, doch du wirst nicht davon essen!
20 Und genau so erging es ihm; denn das
Volk zertrat ihn im Tor, so daß er starb.

Die Schunemiterin erhält ihren Besitz zurück

8 Elisa redete mit der Frau, [a] deren Sohn
er lebendig gemacht hatte, und sprach:
Mach dich auf und zieh fort mit deinem
Hause und wohne in der Fremde, wo du
kannst; denn der HERR wird eine Hun-
gersnot rufen, die wird ins Land kommen
sieben Jahre lang.

a Kap 4,35

2 Die Frau machte sich auf und tat, wie
der Mann Gottes sagte, und zog hin mit
ihrem Hause und wohnte im Land der Phi-
lister sieben Jahre.
3 Als aber die sieben Jahre um waren,
kam die Frau aus dem Land der Philister
zurück. Und sie ging hin, den König anzu-
rufen wegen ihres Hauses und ihres
Ackers.
4 ¶ Der König aber redete mit Gehasi,
dem Diener des Mannes Gottes, und
sprach: Erzähle mir alle großen Taten, die
Elisa getan hat!
5 Und während er dem König erzählte,
daß er einen Toten lebendig gemacht
hätte, siehe, da kam eben die Frau dazu,
deren Sohn er lebendig gemacht hatte, und
rief den König an wegen ihres Hauses und
ihres Ackers. Da sprach Gehasi: Mein
Herr und König, dies ist die Frau, und dies
ist ihr Sohn, den Elisa lebendig gemacht
hat.
6 Und der König fragte die Frau, und sie
erzählte es ihm. Da gab ihr der König
einen Kämmerer mit und sprach: Ver-
schaffe ihr alles wieder, was ihr gehört,
dazu allen Ertrag des Ackers seit der Zeit,
da sie das Land verlassen hat, bis jetzt!

Ben-Hadads Tod. Hasaël wird König von Aram

7 Und Elisa kam nach Damaskus. Da lag
Ben-Hadad, der König von Aram, krank,
und man sagte ihm: Der Mann Gottes ist
hierhergekommen.
8 Da sprach der König zu Hasaël: Nimm
Geschenke mit dir und geh dem Mann
Gottes entgegen und befrage den HERRN
durch ihn, ob ich von dieser Krankheit
genesen könne.
9 Hasaël ging ihm entgegen und nahm
Geschenke mit sich und allerlei kostbare
Dinge von Damaskus, eine Last für vier-
zig Kamele. Und als er hinkam, trat er vor
Elisa und sprach: Dein Sohn Ben-Hadad,
der König von Aram, hat mich zu dir
gesandt und läßt dir sagen: Kann ich von
dieser Krankheit genesen?
10 Elisa sprach zu ihm: Geh hin und sage
ihm: Du wirst genesen! – Aber der HERR
hat mir gezeigt, daß er des Todes sterben
wird.
11 [a] Und der Mann Gottes schaute starr
und lange vor sich hin und weinte.

a (11 und 12) Lk 19,41-44

12 Da sprach Hasaël: Warum weint mein
Herr? Er sprach: Ich weiß, was du den
Israeliten antun wirst: [a] du wirst ihre festen
Städte mit Feuer verbrennen und ihre
junge Mannschaft mit dem Schwert
erschlagen und ihre jungen Kinder töten
und ihre schwangern Frauen aufschlit-
zen.

a Kap 10,32

13 Hasaël sprach: Was ist dein Knecht, der
Hund, daß er so große Dinge tun sollte?
Elisa sprach: Der HERR hat mir gezeigt,
daß du [a]König über Aram sein wirst.
a 1.Kön 19,15
14 Und er ging weg von Elisa und kam zu
seinem Herrn. Der sprach zu ihm: Was
sagte dir Elisa? Er sprach: Er sagte mir:
Du wirst genesen.
15 Am andern Tage aber nahm er die
Decke und tauchte sie in Wasser und brei-
tete sie über des Königs Angesicht. Da
starb er, und Hasaël wurde König an sei-
ner Statt.

Reich Juda: Joram. Ahasja

(vgl. 2. Chr 21,1.5-10; 22,1-6)

16 Im fünften Jahr Jorams, des Sohnes
Ahabs, des Königs von Israel, wurde –
Joschafat war noch König von Juda – [a]Jo-
ram, der Sohn Joschafats, König von
Juda. a 1.Kön 22,51
17 Zweiunddreißig Jahre alt war er, als er
König wurde, und er regierte acht Jahre zu
Jerusalem
18 und wandelte auf dem Wege der Könige
von Israel, wie das Haus Ahab tat; denn
Ahabs Tochter war seine Frau. Und er tat,
was dem HERRN mißfiel.
19 Aber der HERR wollte Juda nicht ver-
derben um seines Knechtes David willen,
[a]wie er ihm zugesagt hatte, ihm eine
[b]Leuchte zu geben und seinen Söhnen
immerdar. a 2.Sam 7,11-16 b 1.Kön 11,36
20 ¶ Zu seiner Zeit fielen die Edomiter
von Juda ab und setzten einen König über
sich.
21 Da zog Joram nach Zaïr und alle Wagen
mit ihm, und er machte sich des Nachts
auf und schlug die Edomiter, die ihn
umringt hatten, dazu die Obersten über
die Wagen, so daß das Volk in seine Woh-
nungen floh.
22 Doch blieben die Edomiter abtrünnig
von Juda bis auf diesen Tag. Auch fiel zur
selben Zeit Libna ab.
23 Was aber mehr von Joram zu sagen ist
und alles, was er getan hat, siehe, das steht
geschrieben in der Chronik der Könige
von Juda.
24 Und Joram legte sich zu seinen Vätern
und wurde begraben bei seinen Vätern in
der Stadt Davids. Und sein Sohn Ahasja
wurde König an seiner Statt.
25 ¶ Im zwölften Jahr Jorams, des Sohnes
Ahabs, des Königs von Israel, wurde
Ahasja, der Sohn Jorams, König von Juda.
26 Zweiundzwanzig Jahre alt war Ahasja,
als er König wurde; und er regierte ein
Jahr zu Jerusalem. Seine Mutter hieß
[a]Atalja, eine Tochter Omris, des Königs
von Israel. a Kap 11,1
27 Und er wandelte auf dem Wege des
Hauses Ahab und tat, was dem HERRN
mißfiel, wie das Haus Ahab; denn er war
verwandt mit dem Hause Ahab.
28 Und er zog mit Joram, dem Sohn
Ahabs, in den Kampf um Ramot in Gilead
gegen Hasaël, den König von Aram; aber
die Aramäer verwundeten Joram.
29 Da [a]kehrte der König Joram zurück,
um sich in Jesreel von den Wunden heilen
zu lassen, die ihm die Aramäer bei Rama
geschlagen hatten, als er mit Hasaël, dem
König von Aram, kämpfte. Und Ahasja,
der Sohn Jorams, der König von Juda, kam
hinab, um in Jesreel Joram, den Sohn
Ahabs, zu besuchen; denn er lag
krank. a Kap 9,14-16

Reich Israel: Jehu, zum König gesalbt, tötet Joram, Ahasja und Isebel

9 Aber der Prophet Elisa rief einen der
Prophetenjünger und sprach zu ihm:
Gürte deine Lenden und nimm diesen
Krug mit Öl mit dir und geh hin nach
Ramot in Gilead.
2 Und wenn du dahin kommst, wirst du
dort Jehu sehen, den Sohn Joschafats, des
Sohnes Nimschis. Und geh hinein und laß
ihn aufstehen unter seinen Gefährten und
führe ihn in die innerste Kammer
3 und nimm den Krug mit Öl und gieß es
auf sein Haupt und sprich: So sagt der
HERR: [a]Ich habe dich zum König über
Israel gesalbt! – und dann sollst du die
Tür auftun und fliehen und nicht
zögern. a 1.Kön 19,16
4 ¶ Und der Prophetenjünger ging hin
nach Ramot in Gilead.
5 Und als er hinkam, siehe, da saßen die
Hauptleute des Heeres beisammen. Und
er sprach: Ich habe dir, Hauptmann, etwas
zu sagen. Jehu sprach: Wem von uns
allen? Er sprach: Dir, Hauptmann!
6 Da stand er auf und ging hinein. Er aber
goß das Öl auf sein Haupt und sagte zu
ihm: So spricht der HERR, der Gott Israels:
Ich habe dich zum König gesalbt über
Israel, das Volk des HERRN.

7 Und du sollst das Haus Ahabs, deines
Herrn, schlagen, daß ich [a]das Blut meiner
Knechte, der Propheten, und das Blut aller
Knechte des HERRN räche, das die Hand
Isebels vergossen hat, *a* 1.Kön 18,13; 21,13
8 so daß das ganze Haus Ahab umkomme.
[a]Und ich will von Ahab ausrotten, was
männlich ist, bis auf den letzten Mann in
Israel, *a* 1.Kön 14,10
9 und will das Haus Ahab machen [a]wie
das Haus Jerobeams, des Sohnes Nebats,
und [b]wie das Haus Baschas, des Sohnes
Ahijas. *a* 1.Kön 15,29 *b* 1.Kön 16,3.11
10 Und [a]die Hunde sollen Isebel fressen
auf dem Acker in Jesreel, und niemand
soll sie begraben. Und er tat die Tür auf
und floh. *a* 1.Kön 21,23
11 ¶Und als Jehu herausging zu den Leu-
ten seines Herrn, sprach man zu ihm:
Steht es gut? Warum ist dieser Rasende zu
dir gekommen? Er sprach zu ihnen: Ihr
kennt doch den Mann und sein Ge-
schwätz.
12 Sie sprachen: Das ist nicht wahr; sage
es uns an! Er sprach: So und so hat er mit
mir geredet und gesagt: So spricht der
HERR: Ich habe dich zum König über
Israel gesalbt.
13 Da [a]nahm jeder eilends sein Kleid und
legte es vor ihn hin auf die hohen Stufen,
und sie bliesen die Posaune und riefen:
Jehu ist König geworden! *a* Mt 21,7
14 So machte Jehu, der Sohn Joschafats,
des Sohnes Nimschis, gegen Joram eine
Verschwörung.
¶Joram aber hatte mit ganz Israel vor
Ramot in Gilead gelegen wider Hasaël,
den König von Aram.
15 [a]Und der König Joram war zurückge-
kommen, um sich in Jesreel heilen zu las-
sen von den Wunden, die ihm die Ara-
mäer geschlagen hatten, als er mit Hasaël
kämpfte, dem König von Aram.
¶Und Jehu sprach: Wenn ihr wollt, dann
soll niemand aus der Stadt entrinnen, daß
er hingehen und es in Jesreel ansagen kön-
ne. *a (15 und 16)* Kap 8,28.29
16 Und er stieg auf seinen Wagen und fuhr
nach Jesreel, denn Joram lag dort. Und
Ahasja, der König von Juda, war hinabge-
zogen, um Joram zu besuchen.
17 Aber der Wächter, der auf dem Turm
in Jesreel stand, sah die Staubwolke, als
Jehu herankam, und sprach: Ich sehe eine
Staubwolke. Da sprach Joram: Nimm
einen Reiter, den sende ihnen entgegen
und laß ihn fragen: Ist's Friede?
18 Und der Reiter ritt hin ihm entgegen
und sprach: So sagt der König: Ist's
Friede? Jehu sprach: Was geht dich der
Friede an? Wende um, folge mir! Der
Wächter verkündete und sprach: Der Bote
ist bei ihnen angekommen und kommt
nicht zurück.
19 Da sandte Joram einen zweiten Reiter.
Als der zu ihnen kam, sprach er: So spricht
der König: Ist's Friede? Jehu sprach: Was
geht dich der Friede an? Wende um, folge
mir!
20 Das verkündete der Wächter und
sprach: Er ist bei ihnen angekommen und
kommt nicht zurück. Und es ist ein Jagen
wie das Jagen Jehus, des Sohnes Nim-
schis; denn er jagt, wie wenn er unsinnig
wäre.
21 Da sprach Joram: Spannt an! Und man
spannte seinen Wagen an. Und sie zogen
aus, Joram, der König von Israel, und
Ahasja, der König von Juda, jeder auf sei-
nem Wagen, um Jehu entgegenzufahren;
und sie trafen ihn [a]auf dem Acker Nabots,
des Jesreeliters. *a* 1.Kön 21,1
22 Und als Joram Jehu sah, sprach er:
Jehu, ist's Friede? Er aber sprach: Was,
Friede? Deiner Mutter Isebel Abgötterei
und ihre viele Zauberei haben noch kein
Ende!
23 Da wandte Joram um und floh und
sprach zu Ahasja: Verräterei, Ahasja!
24 Aber Jehu faßte den Bogen und schoß
Joram zwischen die Arme, daß der Pfeil
durch sein Herz fuhr und Joram in seinem
Wagen zusammenbrach.
25 Und Jehu sprach zu seinem Ritter Bid-
kar: Nimm und [a]wirf ihn auf den Acker
Nabots, des Jesreeliters! Denn ich denke
daran, wie du mit mir auf einem Wagen
seinem Vater Ahab nachfuhrst, als der
HERR diese [b]Last auf ihn legte:
a 1.Kön 21,19 *b* Jes 13,1; Jer 23,33-40
26 Fürwahr, ich will dir das Blut Nabots
und seiner Kinder, das ich gestern gese-
hen habe, vergelten auf diesem Acker! –
So nimm ihn nun und wirf ihn auf den
Acker nach dem Wort des HERRN.
27 [a]Als das Ahasja, der König von Juda,
sah, floh er auf Bet-Gan zu. Jehu aber jagte
ihm nach und ließ auch ihn töten auf dem
Wagen, und sie schossen auf ihn auf der
Höhe von Gur, die bei Jibleam liegt. Und

er floh nach Megiddo und starb dort.
a (27-29) 2.Chr 22,7-9
28 Und seine Männer brachten ihn nach
Jerusalem und begruben ihn in seinem
Grabe bei seinen Vätern in der Stadt
Davids.
29 Ahasja aber war König geworden über
Juda im elften Jahr Jorams, des Sohnes
Ahabs.
30 ¶Und als Jehu nach Jesreel kam und
Isebel das erfuhr, schminkte sie ihr Ange-
sicht und schmückte ihr Haupt und
schaute zum Fenster hinaus.
31 Und als Jehu unter das Tor kam, sprach
sie: Geht's gut, du [a]Simri, der seinen
Herrn erschlug? *a* 1.Kön 16,16.18
32 Und er hob sein Angesicht auf zum
Fenster und sprach: Wer hält's hier mit
mir? Da sahen zwei oder drei Kämmerer
zu ihm heraus.
33 Er sprach: Stürzt sie hinab! Und sie
stürzten Isebel hinab, so daß die Wand
und die Rosse mit ihrem Blut besprengt
wurden; und sie wurde zertreten.
34 Und als er hineinkam und gegessen und
getrunken hatte, sprach er: Seht doch nach
der Verfluchten und begrabt sie; denn sie
ist eines Königs Tochter!
35 Als sie aber hingingen, um sie zu begra-
ben, fanden sie nichts von ihr als den Schä-
del und die Füße und ihre Hände.
36 Und sie kamen zurück und sagten's
Jehu an. Er aber sprach: Das ist's, [a]was
der HERR geredet hat durch seinen Knecht
Elia, den Tischbiter, als er sprach: Auf
dem Acker von Jesreel sollen die Hunde
das Fleisch Isebels fressen, *a* 1.Kön 21,23
37 und der Leichnam Isebels soll wie Mist
auf dem Felde sein im Gefilde von Jes-
reel, daß man nicht sagen könne: Das ist
Isebel.

Jehu rottet das Haus Ahab aus

10 Ahab aber hatte siebzig Söhne in
Samaria. Und Jehu schrieb Briefe
und sandte sie nach Samaria, zu den Ober-
sten der Stadt, zu den Ältesten und Vor-
mündern der Söhne Ahabs; die lauteten:
2 Wenn dieser Brief zu euch kommt, bei
denen eures Herrn Söhne sind und Wagen,
Rosse, feste Städte und Rüstung,
3 so seht, welcher der beste und geschick-
teste sei unter den Söhnen eures Herrn,
und setzt ihn auf seines Vaters Thron und
kämpft für eures Herrn Haus.
4 Sie aber fürchteten sich gar sehr und
sprachen: Siehe, zwei Könige konnten ihm
nicht widerstehen; wie könnten wir ihm
dann widerstehen?
5 Und der Hofmeister und der Stadtvogt
und die Ältesten und Vormünder sandten
hin zu Jehu und ließen ihm sagen: Wir
sind deine Knechte. Wir wollen alles tun,
was du uns sagst; wir wollen niemand zum
König machen. Tu, was dir gefällt.
6 Da schrieb er einen zweiten Brief an sie,
der lautete: Wenn ihr zu mir haltet und
meiner Stimme gehorcht, so nehmt die
Köpfe der Söhne eures Herrn und bringt
sie zu mir morgen um diese Zeit nach
Jesreel. Es waren aber siebzig Söhne des
Königs, und die Großen der Stadt erzogen
sie.
7 Als nun der Brief zu ihnen kam, nah-
men sie des Königs Söhne und töteten die
siebzig und legten ihre Köpfe in Körbe
und schickten sie zu Jehu nach Jesreel.
8 Und als der Bote kam und ihm sagte:
Sie haben die Köpfe der Söhne des Königs
gebracht, sprach er: Legt sie in zwei Hau-
fen vor das Tor bis morgen.
9 Und am Morgen, als er ausging, trat er
hin und sprach zu allem Volk: Ihr seid
ohne Schuld. Siehe, ich habe gegen mei-
nen Herrn eine Verschwörung gemacht
und ihn getötet. Wer aber hat denn diese
alle erschlagen?
10 So erkennt denn, daß kein Wort des
HERRN auf die Erde gefallen ist, [a]das
der HERR geredet hat gegen das Haus
Ahab. Der HERR hat getan, wie er gere-
det hat durch seinen Knecht Elia.
a 1.Kön 21,21
11 So [a]erschlug Jehu alle Übriggebliebe-
nen vom Hause Ahab in Jesreel, alle seine
Großen, seine Verwandten und seine Prie-
ster, bis nicht ein einziger übrigblieb.
a Hos 1,4
12 ¶Und Jehu machte sich auf und zog
auf Samaria zu. Aber als er unterwegs nach
Bet-Eked der Hirten kam,
13 [a]da traf Jehu die Brüder Ahasjas, des
Königs von Juda, und sprach: Wer seid
ihr? Sie sprachen: Wir sind Brüder Ahasjas
und ziehen hin, um die Söhne des Königs
und die Söhne der Königinmutter zu grü-
ßen. *a (13 und 14)* 2.Chr 22,8
14 Er aber sprach: Ergreift sie lebendig!
Und sie ergriffen sie lebendig und töteten
sie bei dem Brunnen von Bet-Eked, zwei-

undvierzig Mann, und er ließ nicht einen
einzigen von ihnen übrig.

Jehu rottet den Baalsdienst aus. Sein Tod

15 Und als er von dort weiterzog, traf er
[a]Jonadab, den Sohn Rechabs, der ihm
begegnete. Und er grüßte ihn und sprach
zu ihm: Ist dein Herz aufrichtig gegen
mich wie mein Herz gegen dein Herz?
Jonadab sprach: Ja. Da sprach Jehu: Wenn
es so ist, dann gib mir deine Hand! Und
Jonadab gab ihm seine Hand. Und Jehu
ließ ihn zu sich auf den Wagen steigen
a Jer 35,6
16 und sprach: Komm mit mir und sieh
meinen Eifer für den HERRN! Und er ließ
ihn mit sich fahren auf seinem Wagen.
17 Und als er nach Samaria kam, erschlug
er alles, was übrig war von Ahab in Sama-
ria, bis er sein Haus vertilgt hatte nach
dem [a]Wort des HERRN, das er zu Elia gere-
det hatte. *a* 1.Kön 21,21
18 ¶ Und Jehu versammelte alles Volk und
ließ ihnen sagen: [a]Ahab hat Baal wenig
gedient; Jehu will ihm besser dienen.
a 1.Kön 16,31-33
19 So laßt nun zu mir rufen alle Propheten
Baals, die in seinem Dienst stehen, und
alle seine Priester, daß man niemand ver-
misse; denn ich habe ein großes Opfer
dem Baal zu bringen. Wen man vermissen
wird, der soll nicht am Leben bleiben.
Aber Jehu tat dies mit Hinterlist, um die
Diener Baals umzubringen.
20 Und Jehu sprach: Feiert dem Baal ein
heiliges Fest! Und sie ließen es ausrufen.
21 Auch sandte Jehu umher in ganz Israel
und ließ alle Diener Baals kommen, daß
niemand übrig war, der nicht gekommen
wäre. Und sie gingen in das Haus Baals, so
daß das Haus Baals voll wurde an allen
Enden.
22 Da sprach er zu denen, die über die
Kleiderkammer gesetzt waren: Bringt allen
Dienern Baals Feierkleider heraus! Und
sie brachten die Kleider heraus.
23 Und Jehu ging in das Haus Baals mit
Jonadab, dem Sohn Rechabs, und sprach
zu den Dienern Baals: Forscht und seht
zu, daß hier nicht jemand unter euch sei
von den Knechten des HERRN, sondern
allein Baals Diener.
24 Und sie kamen hinein, um Schlachtop-
fer und Brandopfer darzubringen. Jehu
aber stellte außen achtzig Mann auf und
sprach: Wenn einer der Männer entrinnt,
die ich in eure Hände gebe, so soll euer
Leben für sein Leben sein!
25 Als er nun die Brandopfer vollendet
hatte, sprach Jehu zu der Leibwache und
den Rittern: Geht hinein und [a]erschlagt
jedermann; laßt niemand entkommen!
Und sie schlugen sie mit der Schärfe des
Schwerts. Und die Leibwache und die Rit-
ter warfen die Leichname hinaus und
drangen in das Innere des Hauses
Baals *a* 1.Kön 18,40
26 und [a]brachten hinaus die Bilder der
Aschera aus dem Hause Baals und ver-
brannten sie *a* Kap 11,18
27 und zerbrachen die Steinmale Baals
samt dem Hause Baals und machten Stät-
ten des Unrats daraus bis auf diesen Tag.
28 ¶ So vertilgte Jehu den Baal aus Israel;
29 aber von den [a]Sünden Jerobeams, des
Sohnes Nebats, der Israel sündigen
machte, ließ Jehu nicht ab, von den golde-
nen Kälbern in Bethel und in Dan.
a 1.Kön 12,26-33
30 ¶ Und der HERR sprach zu Jehu: Weil
du willig gewesen bist, zu tun, was mir
gefallen hat, und am Hause Ahab alles
getan hast, was in meinem Herzen war,
sollen dir auf dem Thron Israels sitzen
deine Söhne bis ins vierte Glied.
31 Aber doch hielt Jehu nicht das Gesetz
des HERRN, des Gottes Israels, daß er
darin wandelte von ganzem Herzen; denn
er ließ nicht ab von den Sünden
Jerobeams, der Israel sündigen gemacht
hatte.
32 ¶ Zur selben Zeit fing der HERR an,
Stücke von Israel abzutrennen; denn [a]Ha-
saël schlug sie im ganzen Gebiet
Israels *a* Kap 8,12
33 vom Jordan gegen der Sonne Aufgang,
das ganze Land Gilead, die Gaditer, Rube-
niter und Manassiter, von Aroër an, das
am Arnon liegt, Gilead und Baschan.
34 ¶ Was aber mehr von Jehu zu sagen ist
und alles, was er getan hat, und alle seine
tapferen Taten, siehe, das steht geschrie-
ben in der Chronik der Könige von Israel.
35 Und Jehu legte sich zu seinen Vätern,
und sie begruben ihn zu Samaria. Und sein
Sohn [a]Joahas wurde König an seiner
Statt. *a* Kap 13,1
36 Die Zeit aber, die Jehu über Israel
regiert hat zu Samaria, sind achtundzwan-
zig Jahre.

Reich Juda: Herrschaft der Atalja. Joasch wird König

(vgl. 2.Chr 22,10–23,21)

11 Als aber Atalja, [a]Ahasjas Mutter,
sah, daß [b]ihr Sohn tot war, machte
sie sich auf und brachte alle aus dem
königlichen Geschlecht um.

a Kap 8,26 *b* Kap 9,27

2 Aber Joscheba, die Tochter des Königs
Joram, Ahasjas Schwester, nahm Joasch,
den Sohn Ahasjas, und stahl ihn aus der
Mitte der Söhne des Königs, die getötet
wurden, und brachte ihn mit seiner Amme
in die Bettenkammer und verbarg ihn vor
Atalja, so daß er nicht getötet wurde.
3 Und er war bei Joscheba versteckt im
Hause des HERRN sechs Jahre lang. Atalja
aber war Königin über das Land.
4 ¶Im siebenten Jahr aber sandte Jojada
hin und nahm die Hauptleute über hun-
dert von der Garde und der Leibwache
und ließ sie zu sich ins Haus des HERRN
kommen und schloß einen Bund mit
ihnen und nahm einen Eid von ihnen im
Hause des HERRN und zeigte ihnen den
Sohn des Königs
5 und gebot ihnen: Das ist's, was ihr tun
sollt: Ein Drittel von euch, die ihr am Sab-
bat antretet, soll Wache halten im Haus
des Königs,
6 und ein Drittel soll Wache halten am
Tor Sur und ein Drittel am Tor hinter dem
Haus der Leibwache; so sollt ihr Wache
halten rings um das Haus.
7 Aber zwei Abteilungen von euch, die
am Sabbat abtreten, sollen Wache halten
im Hause des HERRN um den König
her,
8 und ihr sollt euch rings um den König
stellen, jeder mit seiner Waffe in der Hand,
und wer hereinkommt zwischen die Rei-
hen, der soll sterben. Und ihr sollt um den
König sein, wenn er aus- und eingeht.
9 Und die Hauptleute über hundert taten
alles, was ihnen der Priester Jojada gebo-
ten hatte, und nahmen zu sich ihre Män-
ner, die am Sabbat antraten, mit denen,
die am Sabbat abtraten, und kamen zu
dem Priester Jojada.
10 Und der Priester gab den Hauptleuten
die Spieße und [a]Schilde, die dem König
David gehört hatten und in dem Hause
des HERRN waren.

a 2.Sam 8,7

11 Und die Leibwache stand, jeder mit sei-
ner Waffe in der Hand, von der Seite des
Tempels im Süden bis zur Seite im Nor-
den, vor dem Altar und dem Tempel, rings
um den König herum.
12 Und Jojada ließ den Sohn des Königs
hervortreten und setzte ihm die Krone auf
und [a]gab ihm die Ordnung, machte ihn
zum König und [b]salbte ihn, und sie
klatschten in die Hände und riefen: Es lebe
der König!

a 5.Mose 17,18.19 *b* 1.Kön 1,39

13 ¶Und als Atalja das Geschrei des Volks
hörte, das herzulief, kam sie zum Volk in
das Haus des HERRN
14 und sah, und siehe, da stand der König
an der Säule, wie es Brauch war, und die
Hauptleute und die Trompeter bei dem
König. Und alles Volk des Landes war
fröhlich und blies die Trompeten. Atalja
aber zerriß ihre Kleider und rief: Aufruhr,
Aufruhr!
15 Aber der Priester Jojada gebot den
Hauptleuten über hundert, die über das
Heer gesetzt waren, und sprach zu ihnen:
Führt sie zwischen den Reihen hinaus,
und wer ihr folgt, der sterbe durchs
Schwert! Denn der Priester hatte gesagt,
sie sollte nicht im Hause des HERRN getö-
tet werden.
16 Und sie legten die Hände an Atalja, und
sie ging hin den Weg, wo die Rosse zum
Hause des Königs gehen, und wurde dort
getötet.
17 Und Jojada schloß einen Bund zwi-
schen dem HERRN und dem König samt
dem Volk, daß sie des HERRN Volk sein
sollten; desgleichen auch zwischen dem
König und dem Volk.
18 Da ging alles Volk des Landes in das
Haus Baals und brach seine Altäre ab, und
sie zerschlugen alle seine Götzenbilder
und töteten Mattan, den Priester Baals, vor
den Altären.[a]

a Kap 10,26.27; Ri 6,25

¶Der Priester Jojada aber bestellte die
Wachen am Hause des HERRN
19 und nahm die Hauptleute über hundert
und die Garde und die Leibwache und
alles Volk des Landes, und sie führten den
König hinab vom Hause des HERRN und
kamen durchs Tor der Leibwache zum
Hause des Königs. Und er setzte sich auf
den königlichen Thron.
20 Und alles Volk des Landes war fröh-
lich, aber die Stadt blieb still. Atalja aber
töteten sie mit dem Schwert bei des
Königs Hause.

Joasch. Ausbesserung des Tempels
(vgl. 2.Chr 24)

12 *Und Joasch war sieben Jahre alt,
als er König wurde.
* Abweichende Verszählung statt 12,1-22: 11,21-12,21.
2 Im siebenten Jahr Jehus wurde Joasch
König und regierte vierzig Jahre zu Jerusalem.
Seine Mutter hieß Zibja, aus Beerscheba.
3 Und Joasch tat, was recht war und dem
HERRN wohlgefiel, solange ihn der Priester
Jojada lehrte,
4 nur, daß die Höhen nicht entfernt wurden;
denn das Volk opferte und räucherte
noch auf den Höhen.[a] *a* Kap 14,4; 1.Kön 22,44
5 ¶Und Joasch sprach zu den Priestern:
Alles für das Heiligtum bestimmte Geld,
das in das Haus des HERRN gebracht wird
– Geld, wie es gang und gäbe ist –, nämlich
das Geld, das jedermann gibt, wie er
geschätzt wird, und alles Geld, das jedermann
aus freiem Herzen opfert, daß er's
in das Haus des HERRN bringe,
6 das sollen die Priester zu sich nehmen,
jeder von seinem Bekannten. Davon sollen
sie ausbessern, was baufällig ist am
Hause, wo sie finden, daß es baufällig ist.
7 Als aber die Priester bis ins dreiundzwanzigste
Jahr des Königs Joasch nicht
ausgebessert hatten, was baufällig war am
Hause,
8 rief der König Joasch den Priester Jojada
samt den Priestern und sprach zu ihnen:
Warum bessert ihr nicht aus, was baufällig
ist am Hause? Darum sollt ihr nun nicht
mehr das Geld an euch nehmen, jeder von
seinen Bekannten, sondern sollt's geben
zur Ausbesserung für das, was baufällig ist
am Hause.
9 Und die Priester willigten ein, daß sie
vom Volk kein Geld mehr nehmen sollten,
aber auch das Baufällige am Hause
nicht mehr auszubessern brauchten.
10 ¶Da nahm der Priester Jojada eine
Lade und bohrte oben ein Loch hinein
und stellte sie auf zur rechten Hand neben
dem Altar, wo man in das Haus des HERRN
geht. Und die Priester, die an der Schwelle
wachten, taten alles Geld hinein, das zu
dem Hause des HERRN gebracht wurde.
11 Wenn sie dann sahen, daß viel Geld in
der Lade war, kam der Schreiber des
Königs mit dem Hohenpriester herauf,
und sie zählten das Geld, das sich in dem
Hause des HERRN vorfand, und banden es
zusammen.
12 Und man übergab das Geld abgezählt
den Werkmeistern, die bestellt waren für
das Haus des HERRN, und sie gaben es aus
an die Zimmerleute und Bauleute, die am
Hause des HERRN arbeiteten,
13 nämlich an die Maurer und Steinmetzen
und an die, die Holz und gehauene
Steine kaufen sollten, daß das Baufällige
am Hause des HERRN ausgebessert werde,
und für alles, was not war, um am Hause
auszubessern.
14 Doch ließ man nicht machen silberne
Schalen, Messer, Becken, Trompeten, auch
kein goldenes oder silbernes Gerät im
Hause des HERRN von dem Geld, das zu
des HERRN Hause gebracht wurde,
15 sondern man gab's den Arbeitern, daß
sie damit das Baufällige am Hause des
HERRN ausbesserten.
16 Auch [a]brauchten die Männer nicht
Rechnung zu legen, denen man das Geld
übergab, daß sie es den Arbeitern gäben,
sondern sie handelten auf Treu und Glauben.
a Kap 22,7
17 Aber das Geld von Schuldopfern und
Sündopfern kam nicht für das Haus des
HERRN ein, denn es gehörte den Priestern.
18 ¶Zu der Zeit zog [a]Hasaël, der König
von Aram, herauf und kämpfte gegen Gat
und eroberte es. Und als Hasaël sich
wandte, um gegen Jerusalem hinaufzuziehen,
a Kap 10,32
19 nahm Joasch, der König von Juda, alle
[a]heiligen Gaben, die seine Väter Joschafat,
Joram und Ahasja, die Könige von
Juda, geheiligt hatten, und was er selbst
geheiligt hatte, dazu alles Gold, das man
fand im Schatz des Hauses des HERRN
und im Hause des Königs, und schickte es
Hasaël, dem König von Aram. Da zog er
von Jerusalem ab. *a* 1.Kön 15,18
20 ¶Was aber mehr von Joasch zu sagen
ist und alles, was er getan hat, das steht
geschrieben in der Chronik der Könige
von Juda.
21 Und [a]seine Großen empörten sich und
machten eine Verschwörung und erschlugen
ihn im Haus des Millo, wo man hinabgeht
nach Silla. *a* Kap 14,5
22 Josachar, der Sohn Schimats, und Josabad,
der Sohn Schomers, seine Großen,
schlugen ihn tot. Und man begrub ihn bei
seinen Vätern in der Stadt Davids. Und

sein Sohn [a]Amazja wurde König an seiner
Statt. *a* Kap 14,1

Reich Israel: Joahas. Joasch

13 Im dreiundzwanzigsten Jahr des
Joasch, des Sohnes Ahasjas, des
Königs von Juda, wurde [a]Joahas, der Sohn
Jehus, König über Israel und regierte zu
Samaria siebzehn Jahre. *a* Kap 10,35
2 Und er tat, was dem HERRN mißfiel, und
[a]wandelte nach den Sünden Jerobeams,
des Sohnes Nebats, der Israel sündigen
machte, und ließ nicht davon ab.
a 1.Kön 12,28-30
3 Und des HERRN Zorn entbrannte über
Israel, und er gab sie in die Hand [a]Ha-
saëls, des Königs von Aram, und Ben-
Hadads, des Sohnes Hasaëls, die ganze
Zeit. *a* Kap 10,32
4 Aber Joahas flehte zum HERRN, und der
HERR erhörte ihn; denn [a]er sah den Jam-
mer Israels an, wie der König von Aram
es bedrängte. *a* 1.Mose 16,13
5 Und der HERR gab Israel einen [a]Retter,
der sie aus der Gewalt der Aramäer
befreite, daß die Israeliten in ihren Häu-
sern wohnen konnten wie zuvor.
a Kap 14,27
6 Doch ließen sie nicht ab von der Sünde
des Hauses Jerobeams, der Israel sündi-
gen machte, sondern wandelten darin.
Auch blieb das [a]Bild der Aschera zu
Samaria stehen. – *a* 1.Kön 16,33
7 Denn es waren vom Kriegsvolk des
Joahas nicht mehr übriggeblieben als fünf-
zig Gespannpferde, zehn Wagen und zehn-
tausend Mann Fußvolk; denn der König
von Aram hatte sie umgebracht und sie
gemacht wie Staub beim Dreschen.
8 Was aber mehr von Joahas zu sagen ist
und alles, was er getan hat, und seine tap-
feren Taten, siehe, das steht geschrieben
in der Chronik der Könige von Israel.
9 Und Joahas legte sich zu seinen Vätern,
und man begrub ihn zu Samaria. Und sein
Sohn Joasch wurde König an seiner Statt.
10 ¶Im siebenunddreißigsten Jahr des
Joasch, des Königs von Juda, wurde
Joasch, der Sohn des Joahas, König über
Israel und regierte zu Samaria sechzehn
Jahre.
11 Und er tat, was dem HERRN mißfiel,
und ließ nicht ab von allen Sünden Jero-
beams, des Sohnes Nebats, der Israel sün-
digen machte, sondern wandelte darin.
12 Was aber mehr von Joasch zu sagen ist
und was er getan hat und seine tapferen
Taten, [a]wie er mit Amazja, dem König
von Juda, gekämpft hat, siehe, das steht
geschrieben in der Chronik der Könige
von Israel. *a* Kap 14,8-16
13 Und Joasch legte sich zu seinen Vätern,
und auf seinen Thron setzte sich [a]Jero-
beam. Joasch aber wurde begraben zu
Samaria bei den Königen von Israel.
a Kap 14,23

Elisas Tod.
Joaschs Siege über Ben-Hadad

14 Als aber Elisa an der Krankheit er-
krankte, an der er sterben sollte, kam
Joasch, der König von Israel, zu ihm hinab
und weinte vor ihm und sprach: [a]Mein
Vater, mein Vater! Du Wagen Israels und
sein Gespann! *a* Kap 2,12
15 Elisa aber sprach zu ihm: Nimm Bogen
und Pfeile! Und als er den Bogen und die
Pfeile nahm,
16 sprach er zum König von Israel: Spanne
mit deiner Hand den Bogen! Und er
spannte ihn mit seiner Hand. Und Elisa
legte seine Hand auf des Königs Hand
17 und sprach: Tu das Fenster auf nach
Osten! Und er tat's auf. Und Elisa sprach:
Schieß! Und er schoß. Elisa aber rief: Ein
Pfeil des Siegs vom HERRN, ein Pfeil des
Siegs gegen Aram! Du wirst die Aramäer
schlagen bei Afek, bis sie aufgerieben sind.
18 Und er sprach: Nimm die Pfeile! Und
als er sie nahm, sprach er zum König von
Israel: Schlag auf die Erde! Und er schlug
dreimal und hielt inne.
19 Da wurde der Mann Gottes zornig auf
ihn und sprach: Hättest du fünf- oder
sechsmal geschlagen, so hättest du die
Aramäer geschlagen, bis sie aufgerieben
wären; nun aber wirst du sie nur dreimal
schlagen.
20 ¶Als aber Elisa gestorben war und man
ihn begraben hatte, fielen streifende Rot-
ten der Moabiter ins Land Jahr um Jahr.
21 Und es begab sich, daß man einen
Mann zu Grabe trug. Als man aber einige
Leute von ihnen sah, warf man den Mann
in Elisas Grab. Und als er die Gebeine
Elisas berührte, wurde er lebendig und trat
auf seine Füße.
22 ¶Hasaël, der König von Aram, be-
drängte Israel, solange Joahas lebte.
23 Aber der HERR gab ihnen Gnade und

erbarmte sich ihrer und wandte sich ihnen
wieder zu [a]um seines Bundes willen mit
Abraham, Isaak und Jakob und wollte sie
nicht verderben, verwarf sie auch nicht von
seinem Angesicht bis auf diese Stunde.
a 3.Mose 26,42
24 Und Hasaël, der König von Aram, starb,
und sein Sohn Ben-Hadad wurde König
an seiner Statt.
25 Joasch aber gewann die Städte zurück
aus der Hand Ben-Hadads, des Sohnes
Hasaëls, die er im Kampf seinem Vater
Joahas genommen hatte. [a]Dreimal schlug
ihn Joasch und gewann so die Städte
Israels zurück. *a* Vers 19

Reich Juda und Israel: Amazja von Juda und Joasch von Israel

(vgl. 2.Chr 25)

14 Im zweiten Jahr des Joasch, des
Sohnes des Joahas, des Königs von
Israel, wurde [a]Amazja König, der Sohn des
Joasch, des Königs von Juda. *a* Kap 12,22
2 Fünfundzwanzig Jahre alt war er, als er
König wurde; und er regierte neunund-
zwanzig Jahre zu Jerusalem. Seine Mutter
hieß Joaddan, aus Jerusalem.
3 Und er tat, was dem HERRN wohlgefiel,
doch nicht wie sein Vater David, sondern
[a]wie sein Vater Joasch tat auch er.
a Kap 12,3.4
4 Denn [a]die Höhen wurden nicht ent-
fernt, sondern das Volk opferte und räu-
cherte noch auf den Höhen. *a* Kap 15,4
5 Als er nun das Königtum fest in seiner
Hand hatte, [a]brachte er die Großen um,
die seinen Vater, den König, erschlagen
hatten. *a* Kap 12,21.22; 2.Sam 3,30
6 Aber die Söhne der Totschläger tötete
er nicht, [a]wie es denn geschrieben steht
im Gesetzbuch des Mose, wo der HERR
geboten hat: Die Väter sollen nicht um
der Söhne willen sterben, und die Söhne
sollen nicht um der Väter willen sterben,
sondern jeder soll um seiner Sünde willen
sterben. *a* 5.Mose 24,16
7 Er schlug auch die Edomiter im Salztal,
zehntausend Mann, und eroberte die Stadt
Sela im Kampf und nannte sie Jokteel bis
auf diesen Tag.
8 ¶Und Amazja sandte Boten zu Joasch,
dem Sohn des Joahas, des Sohnes Jehus,
dem König von Israel, und ließ ihm sagen:
Komm her, wir wollen uns miteinander
messen!
9 Aber Joasch, der König von Israel,
sandte zu Amazja, dem König von Juda,
und antwortete ihm: Der [a]Dornstrauch,
der im Libanon ist, sandte zur Zeder im
Libanon und ließ ihr sagen: Gib deine
Tochter meinem Sohn zur Frau! Aber das
Wild auf dem Libanon lief über den Dorn-
strauch und zertrat ihn. *a* Ri 9,14
10 Du hast die Edomiter geschlagen; dar-
über erhebt sich dein Herz. Habe den
Ruhm und bleib daheim! Warum suchst
du dein Unglück, daß du zu Fall kommst
und Juda mit dir?
11 Aber Amazja hörte nicht darauf. Da zog
Joasch, der König von Israel, herauf, und
sie maßen sich miteinander, er und
Amazja, der König von Juda, bei [a]Bet-
Schemesch, das in Juda liegt. *a* Jos 15,10
12 Aber Juda wurde vor Israel her geschla-
gen, und sie flohen, jeder in sein Haus.
13 Und Joasch, der König von Israel, nahm
Amazja gefangen, den Sohn des Joasch,
des Sohnes des Ahasja, den König von
Juda, in Bet-Schemesch und kam nach
Jerusalem und riß die Mauer Jerusalems
ein von dem Tor Ephraim bis an das Eck-
tor, vierhundert Ellen lang,
14 und er nahm alles Gold und Silber und
Gerät, das gefunden wurde im Hause des
HERRN und im Schatz des Königshauses,
dazu die Geiseln, und zog nach Samaria
zurück.
15 Was aber mehr von Joasch zu sagen ist,
was er getan hat, und seine tapferen Taten
und wie er mit Amazja, dem König von
Juda, gekämpft hat, siehe, das steht
geschrieben in der Chronik der Könige
von Israel.
16 Und [a]Joasch legte sich zu seinen
Vätern und wurde begraben zu Samaria
bei den Königen von Israel. Und sein Sohn
Jerobeam wurde König an seiner Statt.
a Kap 13,13
17 ¶Amazja aber, der Sohn des Joasch,
des Königs von Juda, lebte nach dem Tod
des Joasch, des Sohnes des Joahas, des
Königs von Israel, noch fünfzehn Jahre.
18 Was aber mehr von Amazja zu sagen
ist, das steht geschrieben in der Chronik
der Könige von Juda.
19 Und sie [a]machten eine Verschwörung
gegen ihn in Jerusalem; er aber floh nach
Lachisch. Und sie sandten hin, ihm nach,
bis nach Lachisch und töteten ihn dort.
a Kap 12,21

20 Und sie brachten ihn auf Rossen, und
er wurde begraben zu Jerusalem bei sei-
nen Vätern in der Stadt Davids.
21 ¶ Und das ganze Volk von Juda nahm
[a]Asarja in seinem sechzehnten Jahr und
machte ihn zum König anstatt seines
Vaters Amazja. *a* Kap 15,1.2
22 Er baute [a]Elat aus und brachte es wie-
der an Juda, nachdem der König sich zu
seinen Vätern gelegt hatte. *a* Kap 16,6

Reich Israel: Jerobeam der Zweite

23 Im fünfzehnten Jahr Amazjas, des
Sohnes des Joasch, des Königs von Juda,
wurde [a]Jerobeam, der Sohn des Joasch,
König über Israel und regierte zu Samaria
einundvierzig Jahre. *a* Hos 1,1; Am 1,1
24 Und er tat, was dem HERRN mißfiel,
und [a]ließ nicht ab von allen Sünden Jero-
beams, des Sohnes Nebats, der Israel sün-
digen machte. *a* 1.Kön 12,28-30
25 ¶ Er stellte wieder her das Gebiet
Israels von Hamat bis ans Salzmeer nach
dem Wort des HERRN, des Gottes Israels,
das er geredet hatte durch seinen Knecht
[a]Jona, den Sohn Amittais, den Propheten,
der von Gat-Hefer war. *a* Jona 1,1
26 Denn der HERR sah den bitteren Jam-
mer Israels an, daß sie allesamt dahin
waren und kein Helfer in Israel war.
27 Und der HERR hatte nicht gesagt, daß
er den Namen Israels austilgen wollte
unter dem Himmel, und [a]errettete sie
durch Jerobeam, den Sohn des Joasch.
a Kap 13,5
28 Was aber mehr von Jerobeam zu sagen
ist und alles, was er getan hat, und seine
tapferen Taten, wie er gekämpft hat, und
wie er Damaskus und Hamat wieder an
Israel gebracht hat, siehe, das steht
geschrieben in der Chronik der Könige
von Israel.
29 Und Jerobeam legte sich zu seinen
Vätern, den Königen von Israel. Und sein
Sohn [a]Secharja wurde König an seiner
Statt. *a* Kap 15,8

Reich Juda: Asarja (Usija)

15 [a]Im siebenundzwanzigsten Jahr Je-
robeams, des Königs von Israel,
wurde [b]Asarja* König, der Sohn Amazjas,
des Königs von Juda. *a (1-7)* 2.Chr 26

* Asarja trägt auch den Namen Usija. *b* Kap 14,21

2 Sechzehn Jahre war er alt, als er König
wurde, und er regierte zweiundfünfzig
Jahre zu Jerusalem. Seine Mutter hieß
Jecholja, aus Jerusalem.
3 Und er tat, was dem HERRN wohlgefiel,
ganz wie sein Vater Amazja,
4 nur, daß die Höhen nicht entfernt wur-
den; denn das Volk opferte und räucherte
noch auf den Höhen.[a] *a* Kap 14,3.4
5 Der HERR aber plagte den König, daß er
[a]aussätzig war bis an seinen Tod, und er
wohnte in einem besonderen Hause.
Jotam aber, der Sohn des Königs, stand
dem Hause des Königs vor und richtete
das Volk des Landes. – *a* 3.Mose 13,46
6 Was aber mehr von Asarja zu sagen ist
und alles, was er getan hat, siehe, das steht
geschrieben in der Chronik der Könige
von Juda.
7 Und Asarja legte sich zu seinen Vätern,
und man begrub ihn bei seinen Vätern in
der Stadt Davids. Und sein Sohn [a]Jotam
wurde König an seiner Statt. *a* Vers 32

Reich Israel: Secharja. Schallum. Menahem. Pekachja. Pekach. Anfang der assyrischen Gefangenschaft

8 Im achtunddreißigsten Jahr Asarjas, des
Königs von Juda, wurde [a]Secharja, der
Sohn Jerobeams, König über Israel und
regierte zu Samaria sechs Monate.
a Kap 14,29
9 Und er tat, was dem HERRN mißfiel, wie
seine Väter getan hatten. [a]Er ließ nicht ab
von den Sünden Jerobeams, des Sohnes
Nebats, der Israel sündigen machte.
a 1.Kön 12,28-30; Am 7,9
10 Und Schallum, der Sohn des Jabesch,
machte eine Verschwörung gegen ihn und
schlug ihn tot und wurde König an seiner
Statt. –
11 Was aber mehr von Secharja zu sagen
ist, siehe, das steht geschrieben in der
Chronik der Könige von Israel.
12 Und das ist's, was der HERR zu Jehu
geredet hatte: [a]Dir sollen Söhne auf dem
Thron Israels sitzen bis ins vierte Glied.
Und so ist es geschehen. *a* Kap 10,30
13 ¶ Schallum aber, der Sohn des Jabesch,
wurde König im neununddreißigsten Jahr
Usijas, des Königs von Juda, und regierte
einen Monat zu Samaria.
14 Denn Menahem, der Sohn Gadis, zog
herauf von Tirza und kam nach Samaria
und schlug Schallum, den Sohn des
Jabesch, in Samaria tot und wurde König
an seiner Statt.

25 *Mose empfängt die Gesetzestafeln*
Öl auf Leinwand; 238 x 234 cm; undatiert; signiert;
MBMC, Nizza
(© Foto: RMN – Gérard Blot)

26/27 *Mose vor dem brennenden Dornbusch*
Öl auf Leinwand; 195 x 312 cm; undatiert;
signiert; MBMC, Nizza
(© Foto: RMN – Gérard Blot)

28 *Aaron und der siebenarmige Leuchter*
Gouache; 43,3 x 32 cm; 1965;
für den Exodus-Zyklus 1966; Ausschnitt; MBMC, Nizza
(© Foto: MBMC – Patrick Gérin)

15 Was aber mehr von Schallum zu sagen ist und seine Verschwörung, die er gemacht hat, siehe, das steht geschrieben in der Chronik der Könige von Israel.

16 Damals schlug Menahem die Stadt Tifsach und alle, die darin waren, und ihr Gebiet von [a]Tirza aus, weil sie ihn nicht einlassen wollten, und schlug sie, und [b]alle ihre Schwangeren ließ er aufschlitzen.

a Jos 12,24 *b* Kap 8,12

17 ¶Im neununddreißigsten Jahr Asarjas, des Königs von Juda, wurde Menahem, der Sohn Gadis, König über Israel und regierte zehn Jahre zu Samaria.

18 Und er tat, was dem HERRN mißfiel. Er ließ sein Leben lang nicht ab von den Sünden Jerobeams, des Sohnes Nebats, der Israel sündigen machte.

19 Und es kam Pul, der König von Assyrien*, ins Land. Und Menahem gab Pul tausend Zentner Silber, [a]damit er's mit ihm hielte und sein Königtum befestigte. *a* Vers 29

* Sein eigentlicher Name ist Tiglat-Pileser; als König von Babel wird er auch Pul genannt.

20 Und Menahem legte eine [a]Steuer auf die Reichsten in Israel, fünfzig Silberstücke auf jeden Mann, um es dem König von Assyrien zu geben. So zog der König von Assyrien wieder heim und blieb nicht im Lande. *a* Kap 23,35

21 Was aber mehr von Menahem zu sagen ist und alles, was er getan hat, siehe, das steht geschrieben in der Chronik der Könige von Israel.

22 Und Menahem legte sich zu seinen Vätern, und sein Sohn Pekachja wurde König an seiner Statt.

23 ¶Im fünfzigsten Jahr Asarjas, des Königs von Juda, wurde Pekachja, der Sohn Menahems, König über Israel und regierte zu Samaria zwei Jahre.

24 Und er tat, was dem HERRN mißfiel, denn er ließ nicht ab von der Sünde Jerobeams, des Sohnes Nebats, der Israel sündigen machte.

25 Und es machte Pekach, der Sohn Remaljas, sein Ritter, eine [a]Verschwörung gegen ihn – und mit ihm waren fünfzig Mann von den Gileaditern – und schlug ihn tot in Samaria im Burgturm des Königshauses samt Argob und Arje und wurde König an seiner Statt. – *a* Vers 10.15.30

26 Was aber mehr von Pekachja zu sagen ist und alles, was er getan hat, siehe, das steht geschrieben in der Chronik der Könige von Israel.

27 ¶Im zweiundfünfzigsten Jahr Asarjas, des Königs von Juda, wurde Pekach, der Sohn Remaljas, König über Israel und regierte zu Samaria zwanzig Jahre.

28 Und er tat, was dem HERRN mißfiel, denn er ließ nicht ab von der Sünde Jerobeams, des Sohnes Nebats, der Israel sündigen machte.

29 Zu der Zeit Pekachs, des Königs von Israel, kam Tiglat-Pileser, der König von Assyrien, und nahm Ijon, Abel-Bet-Maacha, Janoach, Kedesch, Hazor, Gilead und von Galiläa das ganze Land Naftali und führte sie weg nach Assyrien.[a] *a* 1.Chr 5,26

30 Und [a]Hoschea, der Sohn Elas, machte eine [b]Verschwörung gegen Pekach, den Sohn Remaljas, und schlug ihn tot und wurde König an seiner Statt im zwanzigsten Jahr Jotams, des Sohnes Usijas. –

a Kap 17,1 *b* Vers 25

31 Was aber mehr von Pekach zu sagen ist und alles, was er getan hat, siehe, das steht geschrieben in der Chronik der Könige von Israel.

Reich Juda: Jotam

32 [a]Im zweiten Jahr Pekachs, des Sohnes Remaljas, des Königs von Israel, wurde Jotam König, der Sohn Usijas, des Königs von Juda. *a (32-35)* 2.Chr 27,1-7

33 Er war fünfundzwanzig Jahre alt, als er König wurde; und er regierte sechzehn Jahre zu Jerusalem. Seine Mutter hieß Jeruscha, eine Tochter Zadoks.

34 [a]Und er tat, was dem HERRN wohlgefiel, ganz wie sein Vater Usija getan hatte, *a (34 und 35)* Vers 3.4

35 nur, daß die Höhen nicht entfernt wurden; denn das Volk opferte und räucherte noch auf den Höhen. Er baute das obere Tor am Hause des HERRN. –

36 Was aber mehr von Jotam zu sagen ist und alles, was er getan hat, siehe, das steht geschrieben in der Chronik der Könige von Juda.

37 Zu der Zeit begann der HERR, gegen Juda zu senden [a]Rezin, den König von Aram, und Pekach, den Sohn Remaljas.

a Kap 16,5

38 Und Jotam legte sich zu seinen Vätern und wurde begraben bei seinen Vätern in der Stadt Davids, seines Vaters. Und sein Sohn Ahas wurde König an seiner Statt.

Reich Juda: Ahas stellt einen heidnischen Altar auf und baut den Tempel um

16 [a]Im siebzehnten Jahr Pekachs, des
Sohnes Remaljas, wurde Ahas Kö-
nig, der Sohn Jotams, des Königs von
Juda. *a (1-4)* 2.Chr 28,1-6
2 Zwanzig Jahre war Ahas alt, als er König
wurde; und er regierte sechzehn Jahre zu
Jerusalem. Und er tat nicht, was dem
HERRN, seinem Gott, wohlgefiel, wie sein
Vater David,
3 denn er wandelte auf dem Wege der
Könige von Israel. Dazu [a]ließ er seinen
Sohn durchs Feuer gehen nach den greuli-
chen Sitten der Heiden, die der HERR vor
den Israeliten vertrieben hatte,
a 3.Mose 18,21
4 und brachte Opfer dar und räucherte auf
den Höhen und auf den Hügeln und unter
allen grünen Bäumen.
5 ¶Damals zogen [a]Rezin, der König von
Aram, und Pekach, der Sohn Remaljas,
der König von Israel, hinauf, um gegen
Jerusalem zu kämpfen, und belagerten
Ahas in der Stadt; aber sie konnten sie
nicht erobern. *a* Jes 7,1-9
6 Zu dieser Zeit brachte Rezin, der König
von Aram, [a]Elat wieder an Edom und ver-
trieb die Judäer aus Elat. Danach kamen
die Edomiter und wohnten darin bis auf
diesen Tag. *a* Kap 14,22
7 [a]Aber Ahas sandte Boten zu Tiglat-
Pileser, dem König von Assyrien, und ließ
ihm sagen: Ich bin dein Knecht und dein
Sohn. Komm herauf und hilf mir aus der
Hand des Königs von Aram und des
Königs von Israel, die sich gegen mich auf-
gemacht haben! *a (7-20)* 2.Chr 28,16-27
8 Und Ahas [a]nahm das Silber und Gold,
das sich in dem Hause des HERRN und in
den Schätzen des Königshauses fand, und
sandte dem König von Assyrien Geschen-
ke. *a* 1.Kön 15,18
9 Und der König von Assyrien hörte auf
ihn und zog herauf gegen Damaskus und
eroberte es und führte die Einwohner weg
nach Kir und tötete Rezin.
10 ¶Und der König Ahas zog Tiglat-
Pileser entgegen, dem König von Assy-
rien, nach Damaskus. Und als er den Altar
sah, der in Damaskus war, sandte der
König Ahas zum Priester Uria Maße und
Abbild des Altars, ganz wie dieser ge-
macht war.
11 Und der Priester Uria baute einen Altar
und machte ihn so, wie der König Ahas zu
ihm gesandt hatte von Damaskus, bis er
selbst von Damaskus kam.
12 Und als der König aus Damaskus
zurückkam und den Altar sah, trat er
heran, stieg hinauf
13 und verbrannte darauf sein Brandopfer
und Speisopfer und goß darauf sein Trank-
opfer und sprengte das Blut der Dankop-
fer, die er opferte, an den Altar.
14 Aber den kupfernen Altar, der vor dem
HERRN stand, tat er weg, damit er nicht
stehe zwischen dem Altar und dem Hause
des HERRN, sondern setzte ihn an die Seite
des neuen Altars gegen Norden.
15 Und der König Ahas gebot dem Prie-
ster Uria: Auf dem großen Altar sollst du
anzünden die Brandopfer des Morgens
und die Speisopfer des Abends und die
Brandopfer des Königs und sein Speisop-
fer und die Brandopfer des ganzen Volks
samt ihrem Speisopfer und Trankopfer;
und alles Blut der Brandopfer und das Blut
der Schlachtopfer sollst du daran spren-
gen. Aber wegen des kupfernen Altars will
ich bedenken, was ich mache.
16 Der Priester Uria tat alles, was ihm der
König Ahas geboten hatte.
17 Und der König Ahas brach die Leisten
der Gestelle ab und nahm die Kessel von
ihnen herunter. Und das Meer nahm er
von den kupfernen Rindern herunter, die
darunter waren, und setzte es auf ein stei-
nernes Pflaster.[a] *a* 1.Kön 7,23-39
18 Auch die bedeckte Sabbathalle, die am
Tempel gebaut war, und den äußeren
Königseingang am Hause des HERRN
änderte er, dem König von Assyrien
zuliebe.
19 Was aber mehr von Ahas zu sagen
ist, was er getan hat, siehe, das steht ge-
schrieben in der Chronik der Könige von
Juda.
20 Und Ahas legte sich zu seinen Vätern
und wurde begraben bei seinen Vätern in
der Stadt Davids. Und sein Sohn [a]Hiskia
wurde König an seiner Statt. *a* Kap 18,1

Reich Israel: Hoschea letzter König. Eroberung Samarias. Die assyrische Gefangenschaft

17 [a]Im zwölften Jahr des Ahas, des
Königs von Juda, wurde [b]Hoschea,

der Sohn Elas, König über Israel und regierte zu Samaria neun Jahre.
a (1-6) Kap 18,9-12 *b* Kap 15,30

2 Und er tat, was dem HERRN mißfiel, doch nicht wie die Könige von Israel, die vor ihm waren.

3 ¶ Gegen ihn zog herauf Salmanassar, der König von Assyrien. Und Hoschea wurde ihm untertan und brachte ihm Abgaben.

4 Als aber der König von Assyrien innewurde, daß Hoschea eine Verschwörung gemacht und Boten gesandt hatte zu So, dem König von Ägypten, und [a]keine Abgaben dem König von Assyrien brachte wie alle Jahre, nahm er ihn fest und legte ihn ins Gefängnis. *a* Hos 12,2

5 Und der König von Assyrien zog durch das ganze Land und gegen Samaria und belagerte es drei Jahre lang.[a] *a* Jes 28,2

6 Und im neunten Jahr Hoscheas eroberte der König von Assyrien Samaria und führte Israel weg nach Assyrien und ließ sie wohnen in Halach und am Habor, dem Fluß von Gosan, und in den Städten der Meder.

Der Grund für die Verwerfung des Reiches Israel

7 Denn die Israeliten hatten gegen den HERRN, ihren Gott, gesündigt, der sie aus Ägyptenland geführt hatte, aus der Hand des Pharao, des Königs von Ägypten, und fürchteten andere Götter

8 und [a]wandelten nach den Satzungen der Heiden, die der HERR vor Israel vertrieben hatte, und taten wie die Könige von Israel. *a* Kap 16,3

9 Und die Israeliten ersannen, was nicht recht war gegen den HERRN, ihren Gott, so daß sie sich Höhen bauten in allen Orten, von den Wachttürmen bis zu den festen Städten,

10 und richteten Steinmale auf und Ascherabilder auf allen hohen Hügeln und unter allen grünen Bäumen[a] *a* Kap 16,4; 1.Kön 14,23

11 und opferten auf allen Höhen wie die Heiden, die der HERR vor ihnen weggetrieben hatte, und trieben böse Dinge, womit sie den HERRN erzürnten,

12 und dienten den Götzen, von denen der HERR zu ihnen gesagt hatte: [a]Das sollt ihr nicht tun! *a* 2.Mose 20,23; 23,13

13 Und doch hatte der HERR Israel und Juda gewarnt durch alle Propheten und alle Seher und ihnen sagen lassen: Kehrt um von euren bösen Wegen und haltet meine Gebote und Rechte nach dem ganzen Gesetz, das ich euren Vätern geboten habe und das ich zu euch gesandt habe durch meine Knechte, die Propheten.

14 Aber sie gehorchten nicht, sondern versteiften ihren Nacken wie ihre Väter, die nicht an den HERRN, ihren Gott, glaubten.

15 Dazu verachteten sie seine Gebote und seinen Bund, den er mit ihren Vätern geschlossen hatte, und seine Warnungen, die er ihnen gab, und wandelten ihren nichtigen Götzen nach und trieben Nichtiges. [a]Sie taten wie die Heiden um sie her, von denen der HERR ihnen geboten hatte, sie sollten nicht wie diese tun.
a 2.Mose 23,24

16 Aber sie verließen alle Gebote des HERRN, ihres Gottes, und [a]machten sich zwei gegossene Kälber und ein [b]Bild der Aschera und beteten alles Heer des Himmels an und dienten Baal
a 1.Kön 12,28 *b* 1.Kön 16,33

17 und [a]ließen ihre Söhne und Töchter durchs Feuer gehen und gingen mit Wahrsagen und Zauberei um und verkauften sich, zu tun, was dem HERRN mißfiel, um ihn zu erzürnen. *a* 3.Mose 18,21

18 Da wurde der HERR sehr zornig über Israel und tat es von seinem Angesicht weg, so daß nichts übrigblieb als der Stamm Juda allein. –

19 Auch Juda hielt nicht die Gebote des HERRN, seines Gottes, sondern wandelte nach den Satzungen, nach denen Israel gelebt hatte. –

20 Darum verwarf der HERR das ganze Geschlecht Israel und bedrängte sie und gab sie in die Hände der Räuber, bis er sie von seinem Angesicht wegstieß.

21 Denn der Herr [a]riß Israel vom Hause David los, und sie machten zum König Jerobeam, den Sohn Nebats. Der wandte Israel ab vom HERRN und machte, daß sie schwer sündigten. *a* 1.Kön 12,20

22 So wandelte Israel in allen Sünden Jerobeams, die er getan hatte, und sie ließen nicht davon ab,

23 bis der HERR Israel von seinem Angesicht wegtat, [a]wie er geredet hatte durch alle seine Knechte, die Propheten. So wurde Israel aus seinem Lande weggeführt nach Assyrien bis auf diesen Tag.
a 5.Mose 28,63.64

Die Entstehung des Volkes der Samaritaner

24 Der König von Assyrien aber ließ Leute
von Babel kommen, von Kuta, von Awa,
von Hamat und Sefarwajim, und ließ sie
wohnen in den Städten von Samarien an
Israels Statt. Und sie nahmen Samarien
ein und wohnten in seinen Städten.
25 Als sie aber anfingen, dort zu wohnen,
und den HERRN nicht fürchteten, sandte
der HERR unter sie [a] Löwen, die töteten
sie. *a* Hos 13,8
26 Und man ließ dem König von Assyrien
sagen: Die Völker, die du hergebracht und
mit denen du die Städte Samariens besetzt
hast, wissen nichts von der Verehrung des
Gottes dieses Landes. Darum hat er
Löwen unter sie gesandt, und siehe, diese
töten sie, weil sie nichts wissen von der
Verehrung des Gottes dieses Landes.
27 Der König von Assyrien gebot: Bringt
dorthin einen der Priester, die von dort
weggeführt sind; er ziehe hin und wohne
dort und lehre sie die Verehrung des
Gottes des Landes.
28 Da kam einer der Priester, die von
Samarien weggeführt waren, und wohnte
in Bethel und lehrte sie, wie sie den
HERRN fürchten sollten.
29 Aber jedes Volk machte sich seinen
Gott und tat ihn in die Heiligtümer auf
den Höhen, die die Samaritaner gemacht
hatten, jedes Volk in seinen Städten, in
denen es wohnte.
30 Die von Babel machten sich Sukkot-
Benot, die von Kuta machten sich Nergal,
die von Hamat machten sich Aschima,
31 die von Awa machten sich Nibhas und
Tartak; die von Sefarwajim [a] verbrannten
ihre Söhne dem Adrammelech und
Anammelech, den Göttern derer von
Sefarwajim. *a* Vers 17
32 Und weil sie auch den HERRN fürchte-
ten, [a] bestellten sie sich Priester auf den
Höhen aus allem Volk unter ihnen; die
opferten für sie in den Heiligtümern auf
den Höhen. *a* 1.Kön 12,31
33 So fürchteten sie den HERRN, dienten
aber auch den Göttern nach dem Brauch
der Völker, von denen man sie hergebracht
hatte.
34 Und bis auf diesen Tag tun sie nach
den früheren Bräuchen: sie fürchten weder
den HERRN, noch halten sie Satzungen
und Rechte nach dem Gesetz und Gebot,
das der HERR geboten hat den Söhnen [a] Ja-
kobs, dem er den Namen Israel gab;
a 1.Mose 32,29
35 hatte doch der HERR einen Bund mit
ihnen geschlossen und ihnen geboten:
[a] Fürchtet keine andern Götter und betet
sie nicht an und dient ihnen nicht und
opfert ihnen nicht, *a* 2.Mose 23,24
36 sondern den HERRN, der euch aus
Ägyptenland geführt hat mit großer Kraft
und ausgestrecktem Arm, den fürchtet,
den betet an und dem opfert.
37 Und die Satzungen, Rechte, Gesetze
und Gebote, die er euch hat aufschreiben
lassen, die haltet, daß ihr danach tut alle-
zeit, und fürchtet nicht andere Götter.
38 Und vergeßt nicht den Bund, den er
mit euch geschlossen hat, und fürchtet
nicht andere Götter,
39 sondern fürchtet den HERRN, euren
Gott; der wird euch erretten von allen
euren Feinden.[a] *a* 5.Mose 6,12-19
40 Aber sie gehorchten nicht, sondern
taten nach ihren früheren Bräuchen.
41 So fürchteten diese Völker den HERRN
und dienten zugleich ihren Götzen. Auch
ihre Kinder und Kindeskinder tun, wie
ihre Väter getan haben, bis auf diesen Tag.

Reich Juda: Hiskia

(vgl. 2.Chr 29–31)

18 Im dritten Jahr Hoscheas, des Soh-
nes Elas, des Königs von Israel,
wurde [a] Hiskia König, der Sohn des Ahas,
des Königs von Juda. *a* Kap 16,20
2 Er war fünfundzwanzig Jahre alt, als er
König wurde; und er regierte neunund-
zwanzig Jahre zu Jerusalem. Seine Mutter
hieß Abi, eine Tochter Secharjas.
3 Und [a] er tat, was dem HERRN wohlge-
fiel, ganz wie sein Vater David. *a* Kap 20,3
4 Er [a] entfernte die Höhen und zerbrach
die Steinmale und hieb das Bild der
Aschera um und [b] zerschlug die eherne
Schlange, die Mose gemacht hatte. Denn
bis zu dieser Zeit hatte ihr Israel geräu-
chert, und man nannte sie Nehuschtan.
a Kap 15,35 *b* 4.Mose 21,8.9
5 Er vertraute dem HERRN, dem Gott
Israels, [a] so daß unter allen Königen von
Juda seinesgleichen nach ihm nicht war
noch vor ihm gewesen ist. *a* Kap 23,25
6 Er hing dem HERRN an und wich nicht

von ihm ab und hielt seine Gebote, die
der HERR dem Mose geboten hatte.
7 Und der HERR war mit ihm, und alles,
was er sich vornahm, gelang ihm.
¶Und er wurde abtrünnig vom König
von Assyrien und war ihm nicht mehr
untertan.
8 Er schlug auch die Philister bis nach
Gaza und seinem Gebiet, von den Wacht-
türmen bis zu den festen Städten.
9 ¶[a] Im vierten Jahr Hiskias, des Königs
von Juda – das war das siebente Jahr
Hoscheas, des Sohnes Elas, des Königs
von Israel –, zog Salmanassar, der König
von Assyrien, herauf gegen Samaria und
belagerte es *a (9-12)* Kap 17,3-6
10 und nahm es ein nach drei Jahren. Im
sechsten Jahr Hiskias, das ist im neunten
Jahr Hoscheas, des Königs von Israel,
wurde Samaria eingenommen.
11 Und der König von Assyrien führte
Israel weg nach Assyrien und ließ sie woh-
nen in Halach und am Habor, dem Fluß
von Gosan, und in den Städten der Meder,
12 weil sie nicht gehorcht hatten der
Stimme des HERRN, ihres Gottes, und sei-
nen Bund übertreten hatten und alles, was
Mose, der Knecht des HERRN, geboten
hatte; sie hatten nicht gehorcht und nicht
danach getan.

Sanherib zieht gegen Jerusalem

(vgl. 2.Chr 32,1-19; Jes 36)

13 Im vierzehnten Jahr des Königs Hiskia
zog herauf Sanherib, der König von Assy-
rien, gegen alle festen Städte Judas und
nahm sie ein.
14 Da sandte Hiskia, der König von Juda,
zum König von Assyrien nach Lachisch
und ließ ihm sagen: Ich hab Unrecht getan,
zieh weg von mir. Was du mir auferlegst,
will ich tragen. Da legte der König von
Assyrien Hiskia, dem König von Juda,
dreihundert Zentner Silber auf und drei-
ßig Zentner Gold.
15 So gab Hiskia all das Silber, das sich im
Hause des HERRN und in den Schätzen
des Hauses des Königs fand.[a] *a* Kap 16,8
16 Zur selben Zeit zerbrach Hiskia, der
König von Juda, die Türen am Tempel
des HERRN und das Goldblech, das er
selbst hatte darüberziehen lassen, und gab
es dem König von Assyrien.
17 ¶Und der König von Assyrien sandte
den Tartan und den Rabsaris und den Rab-
schake von Lachisch zum König Hiskia
mit großer Heeresmacht nach Jerusalem,
und sie zogen hinauf. Und als sie hinka-
men, hielten sie an der [a] Wasserleitung des
oberen Teiches, der an der Straße bei dem
Acker des Walkers liegt. *a* Jes 7,3
18 Und sie riefen nach dem Könige. Da
kamen zu ihnen heraus der Hofmeister
Eljakim, der Sohn Hilkijas, und der Schrei-
ber Schebna und der Kanzler Joach, der
Sohn Asafs.
19 Und der Rabschake sprach zu ihnen:
Sagt doch dem König Hiskia: So spricht der
große König, der König von Assyrien: Was
ist das für ein Vertrauen, das du da hast?
20 Meinst du, bloße Worte seien schon Rat
und Macht zum Kämpfen? Auf wen ver-
läßt du dich denn, daß du von mir abtrün-
nig geworden bist?
21 Siehe, verläßt du dich auf diesen zer-
brochenen [a] Rohrstab, auf Ägypten, der
jedem, der sich darauf stützt, in die Hand
dringen und sie durchbohren wird? So ist
der Pharao, der König von Ägypten, für
alle, die sich auf ihn verlassen. *a* Hes 29,6.7
22 Oder wollt ihr zu mir sagen: Wir verlas-
sen uns auf den HERRN, unsern Gott! Ist
er es denn nicht, dessen Höhen und Altäre
Hiskia entfernt und zu Juda und zu Jeru-
salem gesagt hat: [a] Nur vor diesem Altar,
der in Jerusalem ist, sollt ihr anbeten?
a 5.Mose 12,14
23 Wohlan, nimm eine Wette an mit mei-
nem Herrn, dem König von Assyrien: Ich
will dir zweitausend Rosse geben, ob du
Reiter dazu stellen kannst?
24 Wie willst du denn zurücktreiben auch
nur einen der Geringsten von meines
Herrn Untertanen? Und du verläßt dich
auf Ägypten um der Wagen und Gespanne
willen.
25 Meinst du aber, ich sei ohne den HERRN
heraufgezogen, daß ich diese Stätte ver-
derbe? Der HERR hat mir's geboten: Zieh
hinauf in dies Land und verdirb es!
26 ¶Da sprachen Eljakim, der Sohn Hil-
kijas, und Schebna und Joach zum Rab-
schake: Rede mit deinen Knechten aramä-
isch, denn wir verstehen's, und rede nicht
mit uns hebräisch vor den Ohren des
Volks, das auf der Mauer ist.
27 Aber der Rabschake sprach zu ihnen:
Hat mich denn mein Herr zu deinem
Herrn oder zu dir gesandt, daß ich solche
Worte rede, und nicht vielmehr zu den

Männern, die auf der Mauer sitzen, daß
sie mit euch ihren eigenen Mist fressen
und ihren Harn saufen?
28 Da trat der Rabschake hin und rief mit
lauter Stimme auf hebräisch und sprach:
Hört das Wort des großen Königs, des
Königs von Assyrien!
29 So spricht der König: Laßt euch von
Hiskia nicht betrügen, denn er vermag
euch nicht zu erretten aus meiner Hand.
30 Und laßt euch von Hiskia nicht vertrö-
sten auf den HERRN, wenn er sagt: Der
HERR wird uns erretten, und diese Stadt
wird nicht in die Hände des Königs von
Assyrien gegeben werden.
31 Hört nicht auf Hiskia! Denn so spricht
der König von Assyrien: Schließt Freund-
schaft mit mir und kommt zu mir heraus,
so soll jedermann [a] von seinem Weinstock
und seinem Feigenbaum essen und von
seinem Brunnen trinken, *a* 1.Kön 5,5
32 bis ich komme und euch hole in ein
Land, das eurem Lande gleich ist, darin
Korn, Wein, Brot, Weinberge, Ölbäume
und Honig sind; dann werdet ihr am
Leben bleiben und nicht sterben. Hört
nicht auf Hiskia, denn er verführt euch,
wenn er spricht: Der HERR wird uns erret-
ten.
33 Haben etwa [a] die Götter der andern
Völker ihr Land errettet aus der Hand des
Königs von Assyrien? *a* Jes 10,10.11
34 Wo sind die Götter von Hamat und
Arpad? Wo sind die Götter von Sefarwa-
jim, Hena und Awa? Wo sind die Götter
des Landes Samarien? Haben sie Samaria
errettet aus meiner Hand?
35 Wo ist ein Gott unter den Göttern aller
Länder, [a] der sein Land aus meiner Hand
errettet hätte, daß allein der HERR Jerusa-
lem aus meiner Hand erretten sollte?
a Dan 3,15
36 Das Volk aber schwieg still und antwor-
tete ihm nichts, denn der König hatte
geboten: Antwortet ihm nichts.
37 Da kamen der Hofmeister Eljakim, der
Sohn Hilkijas, und der Schreiber Schebna
und der Kanzler Joach, der Sohn Asafs, zu
Hiskia mit zerrissenen Kleidern und sag-
ten ihm die Worte des Rabschake an.

Hiskias Gebet. Jesaja verheißt Rettung

(vgl. 2.Chr 32,20-23; Jes 37,1-35)

19 Als der König Hiskia das hörte, zer-
riß er seine Kleider und legte einen
Sack an und ging in das Haus des HERRN.
2 Und er sandte den Hofmeister Eljakim
und den Schreiber Schebna samt den Älte-
sten der Priester, mit Säcken angetan, zu
dem Propheten Jesaja, dem Sohn des
Amoz.
3 Und sie sprachen zu ihm: So sagt His-
kia: Das ist ein Tag der Not, der Strafe und
der Schmach - wie wenn Kinder eben
geboren werden sollen, aber die Kraft
fehlt, sie zu gebären.
4 Vielleicht hört der HERR, dein Gott, alle
Worte des Rabschake, den sein Herr, der
König von Assyrien, gesandt hat, um
[a] hohnzusprechen dem lebendigen Gott,
und straft [b] die Worte, die der HERR, dein
Gott, gehört hat. So erhebe dein Gebet
für die Übriggebliebenen, die noch vor-
handen sind. *a* 1.Sam 17,10 *b* Kap 18,35
5 Und als die Großen des Königs Hiskia
zu Jesaja kamen,
6 sprach Jesaja zu ihnen: So sagt eurem
Herrn: So spricht der HERR: Fürchte dich
nicht vor den Worten, die du gehört hast,
mit denen mich die Knechte des Königs
von Assyrien gelästert haben.
7 Siehe, ich will einen Geist über ihn brin-
gen, daß er ein [a] Gerücht hören und in
sein Land zurückziehen wird, und [b] will
ihn durchs Schwert fällen in seinem
Lande. *a* Vers 9 *b* Vers 35-37
8 ¶ Und als der Rabschake zurückkam,
fand er den König von Assyrien gegen
Libna kämpfen, denn er hatte gehört, daß
er von Lachisch abgezogen war.
9 Der König von Assyrien hatte nämlich
gehört über Tirhaka, den König von
Kusch: Siehe, er ist ausgezogen, mit dir zu
kämpfen. Da sandte er abermals Boten zu
Hiskia und ließ ihm sagen:
10 So sprecht zu Hiskia, dem König von
Juda: Laß dich von deinem Gott nicht
betrügen, auf den du dich verläßt und
sprichst: [a] Jerusalem wird nicht in die
Hand des Königs von Assyrien gegeben
werden. *a* Kap 18,30
11 Siehe, du hast gehört, was die Könige
von Assyrien allen Ländern getan haben,
daß sie den Bann an ihnen vollstreckten,
und du allein solltest errettet werden?
12 Haben [a] die Götter der Völker, die von
meinen Vätern vernichtet sind, sie erret-
tet: Gosan, Haran, Rezef und die Leute
von Eden, die zu Telassar waren?
a Kap 18,33.34

13 Wo ist der König von Hamat, der König
von Arpad und der König der Stadt Sefar-
wajim, von Hena und Awa?
14 ¶ Als Hiskia den Brief von den Boten
empfangen und gelesen hatte, ging er hin-
auf zum Hause des HERRN und breitete
ihn aus vor dem HERRN
15 und betete vor dem HERRN und sprach:
HERR, Gott Israels, [a]der du über den Che-
rubim thronst, du bist allein Gott über alle
Königreiche auf Erden, du hast Himmel
und Erde gemacht. *a* 2.Mose 25,22; Ps 80,2
16 HERR, neige deine Ohren und höre, tu
deine Augen auf und sieh und höre die
Worte Sanheribs, der hergesandt hat, um
dem lebendigen Gott hohnzusprechen.
17 Es ist wahr, HERR, die Könige von Assy-
rien haben die Völker mit dem Schwert
umgebracht und ihre Länder verwüstet
18 und haben ihre Götter ins Feuer gewor-
fen, denn es waren nicht Götter, sondern
Werk von Menschenhänden, Holz und
Stein; darum haben sie sie vertilgt.
19 Nun aber, HERR, unser Gott, errette uns
aus seiner Hand, damit alle Königreiche
auf Erden erkennen, daß du, HERR, allein
Gott bist.
20 ¶ Da sandte Jesaja, der Sohn des Amoz,
zu Hiskia und ließ ihm sagen: So spricht
der HERR, der Gott Israels: Was du zu mir
gebetet hast um Sanheribs willen, des
Königs von Assyrien, das habe ich gehört.
21 Das ist's, was der HERR gegen ihn gere-
det hat: Die Jungfrau, die Tochter Zion,
verachtet dich und spottet deiner. Die
Tochter Jerusalem schüttelt ihr Haupt hin-
ter dir her.
22 Wen hast du gehöhnt und gelästert?
Über wen hast du deine Stimme erhoben?
Du hast deine Augen erhoben wider den
Heiligen Israels!
23 Du hast den HERRN durch deine Boten
verhöhnt und gesagt: Ich bin mit der
Menge meiner Wagen auf die Höhen der
Berge gestiegen, in den innersten Libanon.
Ich habe seine hohen Zedern und auserle-
senen Zypressen abgehauen und bin
gekommen bis zur äußersten Herberge
darin im dichtesten Walde.
24 Ich habe gegraben und getrunken die
fremden Wasser und werde austrocknen
mit meinen Fußsohlen alle Flüsse Ägyp-
tens. –
25 Hast du nicht gehört, daß ich es lange
zuvor bereitet und von Anfang an geplant
habe? Nun aber habe ich's kommen las-
sen, daß du feste Städte zerstörtest zu
wüsten Steinhaufen.
26 Und die darin wohnen, wurden ohne
Kraft und fürchteten sich und wurden
zuschanden. Sie wurden wie das Gras auf
dem Felde und wie das grüne Kraut, wie
Gras auf den Dächern, das verdorrt, ehe
es reif wird.
27 Ich weiß von deinem Aufstehen und
Sitzen, deinem Ausziehen und Einziehen,
und daß du tobst gegen mich.
28 Weil du denn gegen mich tobst und
dein Übermut vor meine Ohren gekom-
men ist, so will ich dir meinen Ring in
deine Nase legen und meinen Zaum in
dein Maul und will dich den Weg wieder
zurückführen, den du hergekommen bist.
29 ¶ Und das sei dir, Hiskia, ein Zeichen:
In diesem Jahr iß, was von selber nach-
wächst, im nächsten Jahr, was auch dann
noch wächst, im dritten Jahr sät und ern-
tet und pflanzt Weinberge und eßt ihre
Früchte.
30 Und was vom Hause Juda errettet und
übriggeblieben ist, wird von neuem nach
unten Wurzeln schlagen und oben Frucht
tragen.
31 Denn von Jerusalem werden ausgehen,
die übriggeblieben sind, und die Errette-
ten vom Berge Zion. [a]Der Eifer des
HERRN Zebaoth wird solches tun. *a* Jes 9,6
32 ¶ Darum spricht der HERR über den
König von Assyrien: Er soll nicht in diese
Stadt kommen und keinen Pfeil hinein-
schießen und mit keinem Schild davor-
kommen und soll keinen Wall gegen sie
aufschütten,
33 sondern er soll den Weg wieder zurück-
ziehen, den er gekommen ist, und soll in
diese Stadt nicht kommen; der HERR
sagt's.
34 Und [a]ich will diese Stadt beschirmen,
daß ich sie errette um meinetwillen und
um meines Knechtes David willen.
a Kap 20,6
35 ¶ [a]Und in dieser Nacht fuhr aus der
Engel des HERRN und schlug im Lager von
Assyrien hundertfünfundachtzigtausend
Mann. Und als man sich früh am Morgen
aufmachte, siehe, da lag alles voller Lei-
chen. *a (35-37)* Jes 37,36-38
36 So brach Sanherib, der König von Assy-
rien, auf und zog ab, kehrte um und blieb
zu Ninive.

37 Und als er anbetete im Haus seines
Gottes Nisroch, [a]erschlugen ihn mit dem
Schwert seine Söhne Adrammelech und
Sarezer, und sie entkamen ins Land Ara-
rat. Und sein Sohn Asarhaddon wurde
König an seiner Statt. *a* Vers 7

Hiskias Krankheit und Genesung

(vgl. 2.Chr 32,24-26; Jes 38,1-8)

20 Zu dieser Zeit wurde Hiskia tod-
krank. Und der Prophet Jesaja, der
Sohn des Amoz, kam zu ihm und sprach
zu ihm: So spricht der HERR: Bestelle dein
Haus, denn du wirst sterben und nicht am
Leben bleiben.
2 Er aber wandte sein Antlitz zur Wand
und betete zum HERRN und sprach:
3 Ach, HERR, gedenke doch, daß ich vor
dir in Treue und mit rechtschaffenem Her-
zen gewandelt bin und getan habe, was dir
wohlgefällt. Und Hiskia weinte sehr.
4 Als aber Jesaja noch nicht zum mittle-
ren Hof hinausgegangen war, kam des
HERRN Wort zu ihm:
5 Kehre um und sage Hiskia, dem Für-
sten meines Volks: So spricht der HERR,
der Gott deines Vaters David: Ich habe
dein Gebet gehört und deine Tränen gese-
hen. Siehe, ich will dich gesund machen –
am dritten Tage wirst du hinauf in das
Haus des HERRN gehen –,
6 und ich will fünfzehn Jahre zu deinem
Leben hinzutun und dich und diese Stadt
erretten vor dem König von Assyrien und
[a]diese Stadt beschirmen um meinetwillen
und um meines Knechtes David willen.
a Kap 19,34
7 Und Jesaja sprach: Bringt her ein Pfla-
ster von Feigen! Und als sie das brach-
ten, legten sie es auf das Geschwür, und er
wurde gesund.
8 ¶ Hiskia aber sprach zu Jesaja: Was ist
das Zeichen, daß mich der HERR gesund
machen wird und ich in des HERRN Haus
hinaufgehen werde am dritten Tage?
9 Jesaja sprach: Dies Zeichen wirst du
vom HERRN haben, daß der HERR tun
wird, was er zugesagt hat: Soll der Schat-
ten an der Sonnenuhr zehn Striche vor-
wärts gehen oder zehn Striche zurückge-
hen?
10 Hiskia sprach: Es ist leicht, daß der
Schatten zehn Striche vorwärts gehe. Das
will ich nicht, sondern daß er zehn Striche
zurückgehe.
11 Da rief der Prophet Jesaja den HERRN
an, und der Herr ließ den Schatten an der
Sonnenuhr des Ahas zehn Striche zurück-
gehen, die er vorwärts gegangen war.

Gesandtschaft des Königs von Babel

(vgl. 2.Chr 32,31; Jes 39)

12 Zu dieser Zeit sandte Merodach-Bala-
dan, der Sohn Baladans, der König von
Babel, Brief und Geschenke an Hiskia;
denn er hatte gehört, daß Hiskia krank ge-
wesen war.
13 Hiskia aber freute sich über die Boten
und zeigte ihnen das ganze Schatzhaus,
Silber, Gold, Spezerei und das beste Öl
und das Zeughaus und alles, was an Schät-
zen vorhanden war. Es war nichts in sei-
nem Hause und in seiner ganzen Herr-
schaft, was ihnen Hiskia nicht gezeigt
hätte.
14 Da kam der Prophet Jesaja zum König
Hiskia und sprach zu ihm: Was haben
diese Leute gesagt? Und woher sind sie zu
dir gekommen? Hiskia sprach: Sie sind aus
fernen Landen zu mir gekommen, aus Ba-
bel.
15 Er sprach: Was haben sie gesehen in
deinem Hause? Hiskia sprach: Sie haben
alles gesehen, was in meinem Hause ist,
und es gibt von meinen Schätzen nichts,
was ich ihnen nicht gezeigt hätte.
16 Da sprach Jesaja zu Hiskia: Höre des
HERRN Wort:
17 Siehe, es kommt die Zeit, daß [a]alles
nach Babel weggeführt werden wird, was
in deinem Hause ist und was deine Väter
gesammelt haben bis auf diesen Tag, und
es wird nichts übriggelassen werden,
spricht der HERR. *a* 24,13.14
18 Dazu werden von den Söhnen, die von
dir kommen, die du zeugen wirst, einige
genommen werden, daß sie [a]Kämmerer
seien im Palast des Königs von Babel.
a Dan 1,3.4
19 Hiskia aber sprach zu Jesaja: [a]Das Wort
ist gut, das der HERR geredet hat durch
dich; denn er dachte: Es wird doch Friede
und Sicherheit sein zu meinen Zeiten.
a Kap 22,20
20 ¶ Was mehr von Hiskia zu sagen ist und
alle seine tapferen Taten und wie er den
Teich und die Wasserleitung gebaut hat,
durch die er Wasser in die Stadt geleitet
hat, siehe, das steht geschrieben in der
Chronik der Könige von Juda.

21 Und Hiskia legte sich zu seinen Vätern. Und sein Sohn Manasse wurde König an seiner Statt.

Reich Juda: Manasse. Amon

(vgl. 2.Chr 33)

21 Manasse war zwölf Jahre alt, als er König wurde; und er regierte fünfundfünfzig Jahre zu Jerusalem. Seine Mutter hieß Hefzi-Bah.

2 Und er tat, was dem HERRN mißfiel, nach den greulichen Sitten der Heiden, die der HERR vor Israel vertrieben hatte,

3 und baute wieder die Höhen auf, die sein Vater Hiskia zerstört hatte, und richtete dem Baal Altäre auf und machte ein Bild der Aschera, [a]wie Ahab, der König von Israel, getan hatte, und betete alles Heer des Himmels an und diente ihnen.

a 1.Kön 16,33

4 Und er baute Altäre im Hause des HERRN, von dem der HERR gesagt hatte: Ich will meinen Namen zu Jerusalem wohnen lassen,

5 und er baute allem Heer des Himmels [a]Altäre in beiden Vorhöfen am Hause des HERRN.

a Kap 23,12

6 Und er ließ [a]seinen Sohn durchs Feuer gehen und achtete auf Vogelgeschrei und Zeichen und hielt Geisterbeschwörer und Zeichendeuter; so tat er viel von dem, was dem HERRN mißfiel, um ihn zu erzürnen.

a Kap 16,3; 3.Mose 18,21

7 Er stellte auch das Bild der Aschera, das er gemacht hatte, in das Haus, von dem der HERR zu David und zu seinem Sohn Salomo gesagt hatte: In diesem Hause und in Jerusalem, das ich erwählt habe aus allen Stämmen Israels, [a]will ich meinen Namen wohnen lassen ewiglich,

a 1.Kön 8,29; 9,3

8 und ich will den Fuß Israels nicht mehr weichen lassen von dem Lande, das ich ihren Vätern gegeben habe, sofern sie alles halten und tun, was ich geboten habe, das ganze Gesetz, das mein Knecht Mose ihnen geboten hat.

9 Aber sie gehorchten nicht, sondern Manasse verführte sie, daß sie es ärger trieben als die Heiden, die der HERR vor Israel vertilgt hatte.

10 ¶ Da redete der HERR durch seine Knechte, die Propheten, und sprach:

11 Weil Manasse, der König von Juda, diese Greuel getan hat, die ärger sind als alle Greuel, die die Amoriter getan haben, die vor ihm gewesen sind, und weil er auch Juda sündigen gemacht hat mit seinen Götzen,

12 darum spricht der HERR, der Gott Israels: Siehe, [a]ich will Unheil über Jerusalem und Juda bringen, so daß dem, der es hören wird, beide Ohren gellen sollen.

a Jer 19,3

13 Und ich will an Jerusalem die Meßschnur anlegen wie an Samaria und das Lot wie ans Haus Ahab und will Jerusalem auswischen, wie man Schüsseln auswischt, und will's umstürzen.

14 Und wer von meinem Erbteil übrigbleiben wird, den will ich verstoßen und will sie geben in die Hände ihrer Feinde, daß sie Raub und Beute aller ihrer Feinde werden,

15 weil sie getan haben, was mir mißfällt, und mich erzürnt haben von dem Tage an, da ihre Väter aus Ägypten gezogen sind, bis auf diesen Tag.

16 ¶ Auch [a]vergoß Manasse sehr viel unschuldiges Blut, bis Jerusalem ganz voll davon war – außer der Sünde, durch die er Juda sündigen machte, daß sie taten, was dem HERRN mißfiel.

a Kap 24,4; Ps 106,38

17 Was aber mehr von Manasse zu sagen ist und alles, was er getan hat, und seine Sünde, die er tat, siehe, das steht geschrieben in der Chronik der Könige von Juda.

18 Und Manasse legte sich zu seinen Vätern und wurde begraben im Garten an seinem Hause, im Garten Usas. Und sein Sohn Amon wurde König an seiner Statt.

19 ¶ Zweiundzwanzig Jahre alt war Amon, als er König wurde; und er regierte zwei Jahre zu Jerusalem. Seine Mutter hieß Meschullemet, eine Tochter des Haruz aus Jotba.

20 Und er tat, was dem HERRN mißfiel, wie sein Vater Manasse getan hatte,

21 und wandelte ganz in dem Wege, den sein Vater gewandelt war, und diente den Götzen, denen sein Vater gedient hatte, und betete sie an

22 und verließ den HERRN, den Gott seiner Väter, und wandelte nicht im Wege des HERRN.

23 Und seine Großen machten eine Verschwörung gegen Amon und töteten den König in seinem Hause.

24 Aber das Volk des Landes erschlug alle, die die Verschwörung gegen den König

Amon gemacht hatten. Und das Volk des
Landes machte seinen Sohn Josia zum Kö-
nig an seiner Statt.
25 Was aber Amon mehr getan hat, siehe,
das steht geschrieben in der Chronik der
Könige von Juda.
26 Und man begrub ihn in seinem Grabe
im Garten Usas. Und sein Sohn Josia
wurde König an seiner Statt.

Reich Juda: Josia und die Auffindung des Gesetzbuches

(vgl. 2.Chr 34,1-28)

22 Josia war acht Jahre alt, als er König
wurde; und er regierte einunddrei-
ßig Jahre zu Jerusalem. Seine Mutter hieß
Jedida, eine Tochter Adajas aus Bozkat.
2 Und er tat, [a]was dem HERRN wohlge-
fiel, und wandelte ganz in dem Wege
seines Vaters David und wich nicht davon
ab, weder zur Rechten noch zur Linken.

a Kap 18,3

3 ¶Und im achtzehnten Jahr des Königs
Josia sandte der König den Schreiber
Schafan, den Sohn Azaljas, des Sohnes
Meschullams, in das Haus des HERRN und
sprach:
4 Geh hinauf zu dem Hohenpriester Hil-
kija, daß er abgebe alles Geld, was zum
Hause des HERRN gebracht ist, [a]das die
Hüter an der Schwelle gesammelt haben
vom Volk,

a Kap 12,11

5 damit man es gebe den Werkmeistern,
die bestellt sind im Hause des HERRN, und
sie es geben den Arbeitern am Hause des
HERRN, damit sie ausbessern, was baufäl-
lig ist am Hause,
6 nämlich den Zimmerleuten und Bauleu-
ten und Maurern und denen, die Holz und
gehauene Steine kaufen sollen, um das
Haus auszubessern;
7 doch daß sie keine Rechnung zu legen
brauchten von dem Geld, das ihnen gege-
ben wird, sondern daß sie auf Treu und
Glauben handeln.[a]

a Kap 12,16

8 ¶Und der Hohepriester Hilkija sprach
zu dem Schreiber Schafan: Ich habe dies
Gesetzbuch gefunden im Hause des
HERRN. Und Hilkija gab das Buch Scha-
fan, und der las es.
9 Und der Schreiber Schafan kam zum
König und gab ihm Bericht und sprach:
Deine Knechte haben das Geld ausge-
schüttet, das im Hause des Herrn gesam-
melt ist, und haben's den Werkmeistern
gegeben, die bestellt sind am Hause des
HERRN.
10 Dazu sagte der Schreiber Schafan dem
König: Der Priester Hilkija gab mir ein
Buch. Und Schafan las es vor dem König.
11 Als aber der König die Worte des Ge-
setzbuches hörte, zerriß er seine Kleider.
12 Und der König gebot dem Priester Hil-
kija und [a]Ahikam, dem Sohn Schafans,
und Achbor, dem Sohn Michajas, und
Schafan, dem Schreiber, und Asaja, dem
Kämmerer des Königs, und sprach:

a Jer 26,24

13 Geht hin und befragt den HERRN für
mich, für das Volk und für ganz Juda über
die Worte dieses Buches, das gefunden ist;
denn groß ist der Grimm des HERRN, der
über uns entbrannt ist, weil unsere Väter
nicht den Worten dieses Buches gehorcht
haben und nicht alles taten, was darin
geschrieben ist.
14 ¶Da gingen hin der Priester Hilkija,
Ahikam, Achbor, Schafan und Asaja zu
der Prophetin Hulda, der Frau Schallums,
des Sohnes Tikwas, des Sohnes des
Harhas, des Hüters der Kleider, und sie
wohnte in Jerusalem im zweiten Bezirk
der Stadt; und sie redeten mit ihr.
15 Sie aber sprach zu ihnen: So spricht der
HERR, der Gott Israels: Sagt dem Mann,
der euch zu mir gesandt hat:
16 So spricht der HERR: Siehe, ich will
Unheil über diese Stätte und ihre Einwoh-
ner bringen, alle Worte des Buches, das
der König von Juda hat lesen lassen,
17 weil sie mich verlassen und andern Göt-
tern geopfert haben, [a]mich zu erzürnen
mit allen Werken ihrer Hände; darum wird
mein Grimm gegen diese Stätte entbren-
nen und nicht ausgelöscht werden.

a 5.Mose 31,29; 32,21-23

18 Aber dem König von Juda, der euch
gesandt hat, den HERRN zu befragen, sollt
ihr sagen: So spricht der HERR, der Gott
Israels: Was die Worte angeht, die du
gehört hast:
19 Weil du im Herzen betroffen bist und
dich gedemütigt hast vor dem HERRN, als
du hörtest, was ich geredet habe gegen
diese Stätte und ihre Einwohner, daß sie
sollen zum Entsetzen und zum Fluch wer-
den, und weil du deine Kleider zerrissen
hast und vor mir geweint hast, so habe
ich's auch erhört, spricht der HERR.
20 Darum will ich dich zu deinen Vätern

versammeln, [a]damit du mit Frieden in dein Grab kommst und deine Augen nicht sehen all das Unheil, das ich über diese Stätte bringen will. Und sie sagten es dem König wieder. *a* Kap 20,19; Jes 57,1.2

Josia erneuert den Bund mit Gott und schafft den Götzendienst ab

(vgl. 2.Chr 34,29–35,25)

23 Und der König sandte hin, und es versammelten sich bei ihm alle Ältesten Judas und Jerusalems.
2 Und der König ging hinauf ins Haus des HERRN und alle Männer Judas und alle Einwohner von Jerusalem mit ihm, Priester und Propheten und alles Volk, klein und groß. Und man las vor ihren Ohren alle Worte aus dem Buch des Bundes, das im Hause des HERRN gefunden war.
3 Und der König trat an die Säule und [a]schloß einen Bund vor dem HERRN, daß sie dem HERRN nachwandeln sollten und seine Gebote, Ordnungen und Rechte halten von ganzem Herzen und von ganzer Seele, um zu erfüllen die Worte dieses Bundes, die geschrieben stehen in diesem Buch. Und alles Volk trat in den Bund.
a 2.Mose 24,3-8; Jos 24,25
4 ¶Und der König gebot dem Hohenpriester Hilkija und dem zweitobersten Priester und den Hütern der Schwelle, daß sie aus dem Tempel des HERRN hinaustun sollten alle Geräte, die [a]dem Baal und der Aschera und allem Heer des Himmels gemacht waren. Und er ließ sie verbrennen draußen vor Jerusalem im Tal Kidron und ihre Asche nach Bethel bringen.
a Kap 21,3
5 Und er setzte die Götzenpriester ab, die die Könige von Juda eingesetzt hatten, um auf den Höhen zu opfern in den Städten Judas und um Jerusalem her; auch die dem Baal geopfert hatten, der Sonne und dem Mond und den Planeten und allem Heer am Himmel.
6 Und er ließ [a]das Bild der Aschera aus dem Hause des HERRN bringen hinaus vor Jerusalem an den Bach Kidron und verbrennen am Bach Kidron und zu Staub mahlen und den Staub auf die Gräber des einfachen Volks werfen. *a* Kap 21,7
7 Und er brach ab die Häuser der [a]Tempelhurer, die an dem Hause des HERRN waren, in denen die Frauen Gewänder für die Aschera wirkten. *a* 1.Kön 14,24
8 Und er ließ kommen alle Priester aus den Städten Judas und machte unrein die Höhen, wo die Priester opferten, von Geba an bis nach Beerscheba und brach ab die Höhe der Feldgeister, die vor dem Tore Joschuas, des Stadtvogts, war zur Linken, wenn man zum Tor der Stadt hineingeht.
9 Doch durften die Priester der Höhen nicht opfern auf dem Altar des HERRN in Jerusalem, sondern aßen ungesäuertes Brot unter ihren Brüdern.
10 Er machte auch unrein das Tofet im Tal Ben-Hinnom, damit [a]niemand seinen Sohn oder seine Tochter dem Moloch durchs Feuer gehen ließe.
a Kap 17,17; 3.Mose 18,21
11 Und er schaffte die Rosse ab, die die Könige von Juda für den Dienst der Sonne bestimmt hatten am Eingang des Hauses des HERRN, bei der Kammer Netan-Melechs, des Kämmerers, die am Parwarhause war, und die Wagen der Sonne verbrannte er mit Feuer.
12 Und die Altäre [a]auf dem Dach, dem Obergemach des Ahas, die die Könige von Juda gemacht hatten, und [b]die Altäre, die Manasse gemacht hatte in den beiden Vorhöfen des Hauses des HERRN, brach der König ab und ging hin und warf ihren Staub in den Bach Kidron.
a 2.Chr 28,24 *b* Kap 21,4.5
13 Auch die Höhen, die östlich von Jerusalem waren, zur Rechten am Berge des Verderbens, die [a]Salomo, der König von Israel, gebaut hatte der Astarte, dem greulichen Götzen von Sidon, und Kemosch, dem greulichen Götzen von Moab, und Milkom, dem greulichen Götzen der Ammoniter, machte der König unrein
a 1.Kön 11,7
14 und zerbrach die Steinmale und hieb die Ascherabilder um und füllte ihre Stätte mit Menschenknochen.
15 Auch den Altar in Bethel, die Höhe, die [a]Jerobeam gemacht hatte, der Sohn Nebats, der Israel sündigen machte, diesen Altar brach er ab, zerschlug seine Steine und machte sie zu Staub und verbrannte das Bild der Aschera.
a 1.Kön 12,32
16 Und Josia wandte sich um und sah die Gräber, die auf dem Berge waren, und sandte hin und ließ die Knochen aus den Gräbern holen und verbrannte sie auf dem Altar und [a]machte ihn unrein nach dem

Wort des HERRN, das der Mann Gottes
ausgerufen hatte, als er es verkündete.
a 1.Kön 13,2
17 Und er sprach: Was ist das für ein
[a]Grabmal, das ich sehe? Und die Leute in
der Stadt sprachen zu ihm: Es ist das Grab
des Mannes Gottes, der von Juda kam und
ausrief, was du getan hast an dem Altar in
Bethel. *a* 1.Kön 13,30-32
18 Und er sprach: Laßt ihn liegen, nie-
mand rühre seine Gebeine an! Und so
blieben mit seinen Gebeinen auch die
Gebeine des Propheten unberührt, der
von Samaria gekommen war.
19 ¶ Und er entfernte auch alle Heiligtü-
mer auf den Höhen in den Städten Sama-
riens, die die Könige von Israel gemacht
hatten, um den HERRN zu erzürnen, und
tat mit ihnen, ganz wie er in Bethel getan
hatte.
20 Und er ließ alle Priester der Höhen, die
dort waren, schlachten auf den Altären
und verbrannte Menschengebeine darauf
und kam nach Jerusalem zurück.
21 ¶ Und der König gebot dem Volk: Hal-
tet dem HERRN, eurem Gott, [a]Passa, wie
es geschrieben steht in diesem Buch des
Bundes! *a* 5.Mose 16,1-8; Jos 5,10.11
22 Denn [a]es war kein Passa so gehalten
worden wie dies von der Zeit der Richter
an, die Israel gerichtet haben, und in allen
Zeiten der Könige von Israel und der
Könige von Juda, *a* Ri 2,10.16.17
23 sondern im achtzehnten Jahr des Kö-
nigs Josia wurde in Jerusalem dies Passa
gehalten dem HERRN.
24 Auch rottete Josia aus alle [a]Geisterbe-
schwörer, Zeichendeuter, Abgötter und
[b]Götzen und alle Greuel, die im Lande
Juda und in Jerusalem zu sehen waren,
damit er erfüllte die Worte des Gesetzes,
die geschrieben standen in dem Buch, das
der Priester Hilkija im Hause des HERRN
gefunden hatte.
a 3.Mose 20,27 *b* 5.Mose 29,16.17
25 ¶ [a]Seinesgleichen war vor ihm kein
König gewesen, [b]der so von ganzem Her-
zen, von ganzer Seele, von allen Kräften
sich zum HERRN bekehrte, ganz nach dem
Gesetz des Mose, und nach ihm kam sei-
nesgleichen nicht auf.
a Kap 18,5 *b* 5.Mose 6,5
26 Doch kehrte sich der HERR nicht ab
von dem Grimm seines großen Zorns, mit
dem er über Juda erzürnt war um all der
Ärgernisse willen, durch die ihn [a]Manasse
erzürnt hatte. *a* Kap 21,11-16
27 Und der HERR sprach: Ich will auch
Juda von meinem Angesicht tun, [a]wie ich
Israel weggetan habe, und will diese Stadt
verwerfen, die ich erwählt hatte, Jerusa-
lem, und [b]das Haus, von dem ich gesagt
hatte: Mein Name soll dort sein.
a Kap 17,18 *b* 1.Kön 8,29
28 Was aber mehr von Josia zu sagen ist
und alles, was er getan hat, siehe, das steht
geschrieben in der Chronik der Könige
von Juda.
29 ¶ Zu seiner Zeit zog der Pharao Necho,
der König von Ägypten, herauf gegen den
König von Assyrien an den Strom Eu-
phrat. Und der König Josia zog ihm entge-
gen, aber Necho tötete ihn in Megiddo,
als er ihn sah.
30 Und seine Männer brachten den Toten
von Megiddo und führten ihn nach Jeru-
salem und begruben ihn in seinem Grabe.
Und das Volk des Landes nahm Joahas,
den Sohn Josias, und sie salbten ihn und
machten ihn zum König an seines Vaters
Statt.

Reich Juda: Joahas. Jojakim

(vgl. 2.Chr 36,1-8)

31 Dreiundzwanzig Jahre war Joahas alt,
als er König wurde; und er regierte drei
Monate zu Jerusalem. Seine Mutter hieß
Hamutal, eine Tochter Jirmejas aus Libna.
32 Und er tat, was dem HERRN mißfiel,
wie seine Väter getan hatten.
33 Aber der Pharao Necho [a]legte ihn ins
Gefängnis in Ribla im Lande Hamat, damit
er nicht mehr in Jerusalem regieren sollte,
und legte eine Geldbuße aufs Land von
hundert Zentnern Silber und einem Zent-
ner Gold. *a* Hes 19,4
34 Und der Pharao Necho machte Eljakim,
den Sohn Josias, zum König anstatt seines
Vaters Josia und wandelte seinen Namen
um in [a]Jojakim. Aber Joahas nahm er und
brachte ihn nach Ägypten; dort starb er.
a 1.Chr 3,15
35 Und Jojakim gab das Silber und Gold
dem Pharao. Doch [a]legte er eine Steuer
auf das Land, um das Geld aufzubringen,
auf Befehl des Pharao. Von jedem unter
dem Volk des Landes trieb er Silber und
Gold ein, je nach seinem Vermögen, um
es dem Pharao Necho zu geben.
a Kap 15,20

36 Fünfundzwanzig Jahre alt war Jojakim,
als er König wurde; und er regierte elf
Jahre zu Jerusalem. Seine Mutter hieß
Sebuda, eine Tochter Pedajas aus Ruma.
37 Und er tat, was dem HERRN mißfiel,
wie seine Väter getan hatten.
24 [a]Zu seiner Zeit zog herauf Nebu-
kadnezar, der König von Babel, und
Jojakim war ihm untertan drei Jahre. Aber
er wurde wieder abtrünnig von ihm.
a (1-4) Jer 22,13-19
2 Da ließ der HERR über ihn Scharen von
Kriegsleuten kommen aus Chaldäa, aus
Aram, aus Moab und aus Ammon und
sandte sie gegen Juda, daß sie ihn vernich-
teten nach dem Wort des HERRN, das er
geredet hatte durch seine Knechte, die
Propheten.[a] *a* Jer 20,4-6
3 Aber [a]das geschah Juda nach dem Wort
des HERRN, daß er es von seinem Ange-
sicht täte um der Sünden Manasses wil-
len, die er getan hatte, *a* Kap 21,10-16; 23,26.27
4 auch um des unschuldigen Blutes wil-
len, das er vergoß, so daß er Jerusalem
mit unschuldigem Blut erfüllte. Das wollte
der HERR nicht vergeben.
5 Was aber mehr zu sagen ist von Jojakim
und alles, was er getan hat, siehe, das steht
geschrieben in der Chronik der Könige
von Juda.
6 Und Jojakim legte sich zu seinen Vätern,
und sein Sohn Jojachin wurde König an
seiner Statt.
7 ¶ Und der König von Ägypten zog nicht
mehr aus seinem Lande; denn der König
von Babel hatte ihm alles genommen, was
dem König von Ägypten gehörte, vom
Bach Ägyptens bis an den Strom Euphrat.

Reich Juda: Jojachin und die erste Wegführung nach Babel

(vgl. 2.Chr 36,9.10)

8 [a]Achtzehn Jahre alt war Jojachin, als er
König wurde; und er regierte drei Monate
zu Jerusalem. Seine Mutter hieß Ne-
huschta, eine Tochter Elnatans aus Jeru-
salem. *a (8-16)* Jer 22,24-30
9 Und er tat, was dem HERRN mißfiel, wie
sein Vater getan hatte.[a] *a* Kap 23,37
10 ¶ Zu der Zeit zogen herauf die Kriegs-
leute Nebukadnezars, des Königs von
Babel, gegen Jerusalem und belagerten die
Stadt.
11 Und Nebukadnezar kam zur Stadt, als
seine Kriegsleute sie belagerten.
12 Aber Jojachin, der König von Juda,
ging hinaus zum König von Babel mit sei-
ner Mutter, mit seinen Großen, mit seinen
Obersten und Kämmerern. Und der König
von Babel nahm ihn gefangen im achten
Jahr seiner Herrschaft.
13 Und er [a]nahm von dort weg alle
Schätze im Hause des HERRN und im
Hause des Königs und zerschlug alle gol-
denen Gefäße, die Salomo, der König von
Israel, gemacht hatte im Tempel des
HERRN, wie denn der HERR geredet
hatte. *a* Kap 20,17
14 Und er führte weg das ganze Jerusa-
lem, alle Obersten, alle Kriegsleute, zehn-
tausend Gefangene und alle Zimmerleute
und alle Schmiede und ließ nichts übrig
als geringes Volk des Landes.[a] *a* Jer 24,1
15 Und er führte weg nach Babel [a]Joja-
chin und die Mutter des Königs, die
Frauen des Königs und seine Kämmerer;
dazu die Mächtigen im Lande führte er
auch gefangen von Jerusalem nach Babel.
a Jer 22,26
16 Und von den besten Leuten siebentau-
send und von den Zimmerleuten und
Schmieden tausend, lauter starke Kriegs-
männer, die brachte der König von Babel
gefangen nach Babel.
17 Und der König von Babel machte Mat-
tanja, Jojachins Oheim, zum König an sei-
ner Statt und wandelte seinen Namen um
in Zedekia.

Reich Juda: Zedekia letzter König. Zerstörung Jerusalems. Wegführung nach Babel

(vgl. 2.Chr 36,11-21; Jer 52,1-30)

18 Einundzwanzig Jahre alt war Zedekia,
als er König wurde; und er regierte elf
Jahre zu Jerusalem. Seine Mutter hieß
Hamutal, eine Tochter Jirmejas aus Libna.
19 Und er tat, was dem HERRN mißfiel,
wie Jojakim getan hatte.[a] *a* Kap 23,37
20 Denn so geschah es mit Jerusalem und
Juda um des Zornes des HERRN willen,
[a]bis er sie von seinem Angesicht weg-
stieß. *a* Kap 23,27
¶ Und Zedekia wurde abtrünnig vom
König von Babel.
25 [a]Im neunten Jahr seiner Herr-
schaft, am zehnten Tag des
zehnten Monats, zog heran Nebu-
kadnezar, der König von Babel, mit
seiner ganzen Macht gegen Jerusalem,

und sie belagerten die Stadt und bauten
Bollwerke um sie her. *a (1 und 2)* Jer 34,1
2 So wurde die Stadt belagert bis ins elfte
Jahr des Königs Zedekia.
3 Aber am neunten Tage des vierten
Monats wurde der Hunger stark in der
Stadt, so daß das Volk des Landes nichts
mehr zu essen hatte.
4 Da brach man in die Stadt ein. Und der
König und alle Kriegsmänner flohen bei
Nacht durch das Tor zwischen den zwei
Mauern auf dem Wege, der zu dem Gar-
ten des Königs geht. Aber die Chaldäer
lagen um die Stadt. Und der König floh
zum Jordantal hin.
5 Aber die Kriegsleute der Chaldäer jag-
ten dem König nach, und sie holten ihn
ein im Jordantal von Jericho, und alle
Kriegsleute, die bei ihm waren, zerstreu-
ten sich von ihm.
6 Die Chaldäer aber nahmen den König
gefangen und führten ihn hinauf zum
König von Babel nach Ribla, und sie spra-
chen das Urteil über ihn.
7 Und sie erschlugen die Söhne Zedekias
vor seinen Augen und blendeten Zedekia
die Augen und legten ihn in Ketten und
führten ihn nach Babel.[a] *a* 2.Sam 12,10
8 ¶Am siebenten Tage des fünften Mo-
nats, das ist das neunzehnte Jahr Nebu-
kadnezars, des Königs von Babel, kam
Nebusaradan, der Oberste der Leibwache,
als Feldhauptmann des Königs von Babel
nach Jerusalem
9 und verbrannte das Haus des HERRN
und das Haus des Königs und alle Häuser
in Jerusalem; alle großen Häuser ver-
brannte er mit Feuer.
10 Und die ganze Heeresmacht der Chal-
däer, die dem Obersten der Leibwache
unterstand, riß die Mauern Jerusalems
nieder.
11 Das Volk aber, das übrig war in der
Stadt, und die zum König von Babel abge-
fallen waren und was übrig war von den
Werkleuten, führte Nebusaradan, der
Oberste der Leibwache, weg;
12 aber von den Geringen im Lande ließ
er Weingärtner und Ackerleute zurück.
13 Die kupfernen Säulen am Hause des
HERRN und die Gestelle und das kupferne
Meer, das am Hause des HERRN war, zer-
brachen die Chaldäer und brachten das
Kupfer nach Babel.[a] *a* Jer 27,19-22
14 Und die Töpfe, Schaufeln, Messer, Löf-
fel und alle kupfernen Gefäße, die man
beim Opferdienst brauchte, nahmen sie
weg.
15 Dazu nahm der Oberste der Leibwache
die Pfannen und Becken, alles, was golden
und silbern war,
16 die [a]beiden Säulen, das [b]Meer und die
[c]Gestelle, die Salomo gemacht hatte für
das Haus des HERRN. Das Kupfer aller die-
ser Gefäße aber war nicht zu wägen.
a 1.Kön 7,15 *b* 1.Kön 7,23 *c* 1.Kön 7,27
17 Achtzehn Ellen hoch war eine Säule,
und ihr Knauf darauf war auch aus Kupfer
und drei Ellen hoch, und das Gitterwerk
und die Granatäpfel an dem Knauf umher,
alles war aus Kupfer. Genauso war auch
die andere Säule mit ihrem Gitterwerk.
18 ¶Und der Oberste der Leibwache
nahm den obersten Priester Seraja und
Zefanja, den zweitobersten Priester, und
die drei Hüter an der Schwelle
19 und aus der Stadt einen Kämmerer, der
über die Kriegsmänner gesetzt war, und
fünf Männer, die stets vor dem König
waren, die sich in der Stadt fanden, und
den Schreiber des Feldhauptmanns, der
das Volk des Landes zum Heere aufbot,
und sechzig Mann vom Volk des Landes,
die in der Stadt sich fanden, –
20 diese alle nahm Nebusaradan, der
Oberste der Leibwache, und brachte sie
zum König von Babel nach Ribla.
21 Und der König von Babel schlug sie tot
in [a]Ribla im Lande Hamat. So wurde Juda
weggeführt aus seinem Lande. *a* Kap 23,33

Gedalja als Statthalter

(vgl. Jer 40,5–41,3)

22 Aber über das Volk, das übrig war im
Lande Juda, das Nebukadnezar, der König
von Babel, übriggelassen hatte, setzte er
Gedalja, den Sohn Ahikams, des Sohnes
Schafans.
23 Als nun alle Hauptleute des Kriegs-
volkes und ihre Männer hörten, daß der
König von Babel Gedalja eingesetzt hatte,
kamen sie zu Gedalja nach Mizpa, näm-
lich Jischmael, der Sohn Netanjas, und
Johanan, der Sohn Kareachs, und Seraja,
der Sohn Tanhumets, der Netofatiter,
und Jaasanja, der Sohn eines Maachati-
ters, samt ihren Männern.
24 Und Gedalja schwor ihnen und ihren
Männern und sprach zu ihnen: Fürchtet
euch nicht vor den Chaldäern; bleibt im

Lande und seid dem König von Babel
untertan, so wird's euch gutgehen.
25 ¶ Aber im siebenten Monat kam Jisch-
mael, der Sohn Netanjas, des Sohnes Eli-
schamas, von königlichem Geschlecht,
und zehn Männer mit ihm und schlugen
Gedalja tot, dazu die Judäer und Chal-
däer, die bei ihm waren in Mizpa.
26 Da machte sich das ganze Volk auf,
klein und groß, und die Obersten des
Kriegsvolkes und [a]zogen nach Ägypten;
denn sie fürchteten sich vor den Chal-
däern. *a* 5.Mose 28,68

Jojachin wird begnadigt

(vgl. Jer 52,31-34)

27 Aber im siebenunddreißigsten Jahr,
nachdem [a]Jojachin, der König von Juda,
weggeführt war, am siebenundzwanzigsten
Tage des zwölften Monats ließ Ewil-
Merodach, der König von Babel, im ersten
Jahr seiner Herrschaft Jojachin, den König
von Juda, aus dem Kerker kommen

a Kap 24,15

28 und redete freundlich mit ihm und
setzte seinen Sitz über die Sitze der
Könige, die bei ihm waren zu Babel.
29 Und Jojachin legte die Kleider seiner
Gefangenschaft ab, und er aß alle Tage bei
dem König sein Leben lang.
30 Und es wurde ihm vom König sein
ständiger Unterhalt bestimmt, den man
ihm gab an jedem Tag sein ganzes Leben
lang.

DAS ERSTE BUCH DER CHRONIK

Inhaltsübersicht

Stammbaum von Adam bis Abraham

1 [a]Adam, Set, Enosch, *a (1-4)* 1.Mose 5
2 Kenan, Mahalalel, Jered,
3 Henoch, Metuschelach, Lamech,
4 Noah, Sem, Ham, Jafet.
5 ¶ [a]Die Söhne Jafets sind diese: Gomer,
Magog, Madai, Jawan, Tubal, Meschech,
Tiras. *a (5-7)* 1.Mose 10,2-5
6 Die Söhne Gomers aber sind: Asch-
kenas, Rifat, Togarma.
7 Die Söhne Jawans sind: Elischa, Tarsis,
die Kittäer, die Rodaniter.
8 ¶ [a]Die Söhne Hams sind: Kusch, Miz-
rajim, Put, Kanaan. *a (8-16)* 1.Mose 10,6-20
9 Die Söhne von Kusch aber sind: Seba,
Hawila, Sabta, Ragma, Sabtecha. Die
Söhne Ragmas aber sind: Saba und Dedan.
10 Kusch aber zeugte Nimrod; der war der
erste, der Macht gewann auf Erden.
11 Mizrajim zeugte die Luditer, die Ana-
miter, die Lehabiter, die Naftuhiter,
12 die Patrositer, die Kasluhiter und die
Kaftoriter, von denen die Philister ausge-
gangen sind.
13 Kanaan aber zeugte Sidon, seinen Erst-
geborenen, und Het
14 und den Jebusiter, den Amoriter, den
Girgaschiter,
15 den Hiwiter, den Arkiter, den Siniter,
16 den Arwaditer, den Zemariter und den
Hamatiter.
17 ¶ [a]Die Söhne Sems sind diese: Elam,
Assur, Arpachschad, Lud, Aram. Und die
Söhne Arams sind: Uz, Hul, Geter und
Masch. *a (17-23)* 1.Mose 10,21-31
18 Arpachschad aber zeugte Schelach,
Schelach zeugte Eber.
19 Eber aber wurden zwei Söhne geboren:
der eine hieß Peleg, weil zu seiner Zeit
[a]die Erde zerteilt wurde; und sein Bruder
hieß Joktan. *a* 1.Mose 11,1-9
20 Joktan aber zeugte Almodad, Schelef,
Hazarmawet, Jerach,
21 Hadoram, Usal, Dikla,
22 Obal, Abimaël, Saba,
23 Ofir, Hawila und Jobab. Diese alle sind
Söhne Joktans.
24 ¶ [a]Sem, Arpachschad, Schelach,
a (24-27) 1.Mose 11,10-26
25 Eber, Peleg, Regu,

26 Serug, Nahor, Terach,
27 Abram, das ist Abraham.
28 ¶Die Söhne Abrahams aber sind:
[a]Isaak und [b]Ismael.

a 1.Mose 21,3 *b* 1.Mose 16,15

Die Geschlechter der Söhne Abrahams

29 [a]Und dies ist ihr Geschlecht:
¶Der Erstgeborene Ismaels Nebajot, ferner Kedar, Adbeel, Mibsam,

a (29-31) 1.Mose 25,13-16

30 Mischma, Duma, Massa, Hadad, Tema,
31 Jetur, Nafisch, Kedma. Das sind die
Söhne Ismaels.
32 ¶[a]Aber die Söhne Keturas, der Nebenfrau Abrahams: sie gebar Simran, Jokschan, Medan, Midian, Jischbak, Schuach.
Die Söhne Jokschans aber sind: Saba und
Dedan.

a (32 und 33) 1.Mose 25,1-4

33 Und die Söhne Midians sind: Efa, Efer,
Henoch, Abida, Eldaa. Diese alle sind
Söhne der Ketura.
34 ¶Abraham zeugte Isaak. [a]Die Söhne
Isaaks aber sind: Esau und Israel.

a 1.Mose 25,19-26

35 ¶[a]Die Söhne Esaus sind: Elifas, Reguël, Jëusch, Jalam, Korach.

a (35-42) 1.Mose 36,10-14.20-28

36 Die Söhne des Elifas sind: Teman,
Omar, Zefo, Gatam, Kenas, Timna, Amalek.
37 Die Söhne Reguëls sind: Nahat, Serach,
Schamma und Misa.
38 Die Söhne Seïrs sind: Lotan, Schobal,
Zibon, Ana, Dischon, Ezer, Dischan.
39 Die Söhne Lotans sind: Hori, Hemam;
und Timna war eine Schwester Lotans.
40 Die Söhne Schobals sind: Alwan, Manahat, Ebal, Schefi, Onam. Die Söhne
Zibons sind: Aja und Ana.
41 Der Sohn Anas: Dischon. Die Söhne
Dischons sind: Hemdan, Eschban, Jitran,
Keran.
42 Die Söhne Ezers sind: Bilhan, Saawan,
Akan. Die Söhne Dischans sind: Uz und
Aran.
43 ¶[a]Dies sind die Könige, die im Lande
Edom regiert haben, ehe in Israel ein
König regierte: Bela, der Sohn Beors, und
seine Stadt hieß Dinhaba.

a (43-54) 1.Mose 36,31-43

44 Und als Bela starb, wurde König an seiner Statt Jobab, der Sohn Serachs von
Bozra.
45 Und als Jobab starb, wurde König an
seiner Statt Huscham aus dem Lande der
Temaniter.
46 Als Huscham starb, wurde König an
seiner Statt Hadad, der Sohn Bedads, der
die Midianiter schlug auf dem Felde der
Moabiter, und seine Stadt hieß Awit.
47 Als Hadad starb, wurde König an seiner Statt Samla von Masreka.
48 Als Samla starb, wurde König an seiner
Statt Schaul von Rehobot am Strom.
49 Als Schaul starb, wurde König an seiner Statt Baal-Hanan, der Sohn Achbors.
50 Als Baal-Hanan starb, wurde König an
seiner Statt Hadad, und seine Stadt hieß
Pagu; und seine Frau hieß Mehetabel, eine
Tochter Matreds, die Me-Sahabs Tochter
war.
51 Und als Hadad starb, waren Fürsten von
Edom: Fürst Timna, Fürst Alwa, Fürst
Jetet,
52 Fürst Oholibama, Fürst Ela, Fürst
Pinon,
53 Fürst Kenas, Fürst Teman, Fürst Mibzar,
54 Fürst Magdiël, Fürst Iram. Das sind die
Fürsten von Edom.
2 ¶[a]Dies sind die Söhne Israels: Ruben,
Simeon, Levi, Juda, Issachar, Sebulon,

a (1 und 2) 1.Mose 35,22-26

2 Dan, Josef, Benjamin, Naftali, Gad,
Asser.

Die Geschlechter Judas

(vgl. Kap 4)

3 Die Söhne Judas sind: Er, Onan, Schela.
Diese drei wurden ihm geboren von der
Kanaaniterin, der Tochter Schuas. [a]Er
aber, der Erstgeborene Judas, war böse vor
dem HERRN; darum ließ er ihn sterben.

a 1.Mose 38,1-7

4 Tamar aber, seine Schwiegertochter, [a]gebar ihm Perez und Serach, so daß die
Söhne Judas zusammen fünf waren.

a 1.Mose 38,27-30

5 Die Söhne des Perez sind: Hezron und
Hamul.[a]

a 1.Mose 46,12

6 Die Söhne Serachs aber sind: Simri,
Etan, Heman, Kalkol, Darda. Das sind
zusammen fünf.
7 Der Sohn Karmis ist: [a]Achan, der Israel
ins Unglück brachte, als er sich am Gebannten vergriff.

a Jos 7

8 Der Sohn Etans ist: Asarja.
9 ¶Die Söhne [a]Hezrons aber, die ihm

geboren wurden, sind: Jerachmeel, Ram,
[b]Kaleb. *a* Rut 4,19-22; Mt 1,3 *b* Vers 18,42
10 Ram aber zeugte Amminadab. Ammi-
nadab zeugte [a]Nachschon, den Fürsten
von Juda. *a* 4.Mose 1,7; 2,3; 7,11.12
11 Nachschon zeugte Salmon. Salmon
zeugte Boas.
12 Boas zeugte Obed. Obed zeugte Isai.
13 Isai zeugte seinen Erstgeborenen
[a]Eliab, Abinadab als zweiten Sohn,
Schamma als dritten, *a* 1.Sam 16,5-10
14 Netanel als vierten, Raddai als fünften,
15 Ozem als sechsten, [a]David als sieben-
ten. *a* 1.Sam 17,12
16 Und ihre Schwestern waren: Zeruja und
Abigal. [a]Die Söhne der Zeruja sind: Abi-
schai, Joab, Asaël, diese drei. *a* 2.Sam 2,18
17 Abigal aber gebar Amasa. [a]Der Vater
Amasas aber war Jeter, ein Ismaeliter.
a 2.Sam 17,25
18 ¶ [a]Kaleb, der Sohn Hezrons, zeugte mit
Asuba, seiner Frau, die Jeriot. Und dies
sind ihre Söhne: Jescher, Schobab und
Ardon. *a* Vers 9.42
19 Als aber Asuba starb, [a]nahm Kaleb
Efrata; die gebar ihm Hur. *a* Vers 50
20 Hur zeugte Uri. Uri zeugte Bezalel.[a]
a 2.Mose 31,2
21 Danach kam Hezron zu der Tochter
Machirs, des Vaters* Gileads, und er nahm
sie, als er sechzig Jahre alt war, und sie
gebar ihm Segub.

* »Vater« vor einem Orts- oder Landschaftsnamen bezeichnet in Kap 2 und 4 denjenigen, der den Ort oder die Landschaft zuerst besiedelte.

22 [a]Segub aber zeugte Jaïr. Der hatte drei-
undzwanzig Städte im Lande Gilead.
a (22 und 23) Ri 10,3-6; 1.Kön 4,13
23 Aber die Geschuriter und Aramäer
nahmen ihnen die »Dörfer Jaïrs«, dazu
Kenat mit seinen Ortschaften, sechzig
Städte. Diese alle sind Söhne Machirs, des
Vaters Gileads.
24 Nach dem Tode Hezrons kam Kaleb zu
Efrata, der Frau Hezrons, seines Vaters,
und sie gebar ihm [a]Aschhur, den Vater
Tekoas. *a* Kap 4,5
25 ¶ [a]Jerachmeel, der Erstgeborene Hez-
rons, hatte Söhne: den Erstgeborenen
Ram, ferner Buna, Oren, Ozem, Ahija.
a Vers 9
26 Und Jerachmeel hatte noch eine andere
Frau, die hieß Atara; die ist die Mutter
Onams.
27 Die Söhne Rams, des Erstgeborenen
Jerachmeels, sind: Maaz, Jamin und Eker.
28 Aber Onam hatte Söhne: Schammai
und Jada. Die Söhne Schammais aber
sind: Nadab und Abischur.
29 Die Frau Abischurs aber hieß Abihajil;
die gebar ihm Achban und Molid.
30 Die Söhne Nadabs aber sind: Seled und
Appajim. Und Seled starb ohne Söhne.
31 Der Sohn Appajims ist Jischi. Der Sohn
Jischis ist Scheschan. Der Sohn Sche-
schans ist Achlai.
32 Aber die Söhne Jadas, des Bruders
Schammais, sind: Jeter und Jonatan. Jeter
aber starb ohne Söhne.
33 Die Söhne Jonatans aber sind: Pelet
und Sasa. Das sind die Söhne Jerachmeels.
34 ¶ [a]Scheschan aber hatte keine Söhne,
sondern nur Töchter. Und Scheschan hatte
einen ägyptischen Knecht, der hieß Jarha.
a (34 und 35) Vers 31; 4.Mose 27,7
35 Und Scheschan gab seinem Knecht
Jarha seine Tochter zur Frau; die gebar
ihm Attai.
36 Attai zeugte Nathan. Nathan zeugte
Sabad.
37 Sabad zeugte Eflal. Eflal zeugte Obed.
38 Obed zeugte Jehu. Jehu zeugte Asarja.
39 Asarja zeugte Helez. Helez zeugte
Elasa.
40 Elasa zeugte Sismai. Sismai zeugte
Schallum.
41 Schallum zeugte Jekamja. Jekamja
zeugte Elischama.
42 ¶ Die Söhne [a]Kalebs, des Bruders
Jerachmeels, sind: Mescha, sein Erstge-
borener, der Vater Sifs, und die Söhne
Mareschas, des Vaters Hebrons. *a* Vers 18
43 Die Söhne Hebrons aber sind: Korach,
Tappuach, Rekem und Schema.
44 Schema aber zeugte Raham, den Vater
Jorkoams. Rekem zeugte Schammai.
45 Der Sohn Schammais aber hieß Maon,
und Maon war der Vater Bet-Zurs.
46 Efa aber, die Nebenfrau Kalebs, gebar
Haran, Moza und Gases. Haran aber
zeugte Gases.
47 Die Söhne Jahdais aber sind: Regem,
Jotam, Geschan, Pelet, Efa und Schaaf.
48 Maacha aber, die Nebenfrau Kalebs,
gebar Scheber und Tirhana
49 und gebar auch Schaaf, den Vater Mad-
mannas, und Schewa, den Vater Mach-
benas und den Vater Gibeas. Aber [a]Achsa
war Kalebs Tochter. *a* Jos 15,16; Ri 1,12
50 Dies waren die Söhne Kalebs.

¶ Die Söhne [a]Hurs, des Erstgeborenen von der Efrata, waren: Schobal, der Vater Kirjat-Jearims, *a Vers 19*

51 Salmon, der Vater Bethlehems, Haref, der Vater Bet-Gaders.

52 Und Schobal, der Vater Kirjat-Jearims, hatte Söhne: Reaja und die Hälfte der Manahatiter.

53 Die Geschlechter von Kirjat-Jearim aber waren: die Jeteriter, Putiter, Schumatiter und Mischraiter. Von diesen sind ausgegangen die [a]Zoratiter und Eschtaoliter. *a Kap 4,2*

54 ¶ Die Söhne Salmons sind: Bethlehem und die [a]Netofatiter, Atrot-Bet-Joab und die Hälfte der Manahatiter, das sind die Zoratiter. *a Kap 9,16*

55 Und die Geschlechter der Schreiber, die in Jabez wohnten, sind die Tiratiter, Schimatiter, Suchatiter. Das sind die Kiniter, die da gekommen sind von Hammat, dem Vater des Hauses [a]Rechab. *a Jer 35,1-11*

Die Söhne Davids, die Könige Judas, die Nachkommen Jechonjas (Jojachins)

3 [a]Dies sind die Söhne Davids, die ihm zu Hebron geboren sind: der Erstgeborene Amnon, von Ahinoam, der Jesreeliterin; der zweite Daniel, von Abigajil, der Karmeliterin; *a (1-4) 2.Sam 3,2-5*

2 der dritte Absalom, der Sohn der Maacha, der Tochter Talmais, des Königs von Geschur; der vierte Adonija, der Sohn der Haggit;

3 der fünfte Schefatja, von der Abital; der sechste Jitream, von seiner Frau Egla.

4 Diese sechs sind ihm geboren zu Hebron; denn er regierte dort sieben Jahre und sechs Monate. Aber zu Jerusalem regierte er dreiunddreißig Jahre.

5 [a]Und diese sind ihm geboren zu Jerusalem: Schammua, Schobab, Nathan, Salomo, diese vier von Batseba, der Tochter Eliams; *a (5-9) Kap 14,4-7; 2.Sam 5,14-16*

6 dazu Jibhar, Elischama, Elifelet,

7 Nogah, Nefeg, Jafia,

8 Elischama, Eljada, Elifelet, diese neun.

9 Das sind alles Söhne Davids, außer den Söhnen der Nebenfrauen. Und [a]Tamar war ihre Schwester. *a 2.Sam 13,1*

10 ¶ [a]Salomos Sohn war Rehabeam; dessen Sohn war Abija; dessen Sohn war Asa; dessen Sohn war Joschafat; *a (10-16) Mt 1,7-12*

11 dessen Sohn war Joram; dessen Sohn war Ahasja; dessen Sohn war Joasch;

12 dessen Sohn war Amazja; dessen Sohn war Asarja; dessen Sohn war Jotam;

13 dessen Sohn war Ahas; dessen Sohn war Hiskia; dessen Sohn war Manasse;

14 dessen Sohn war Amon; dessen Sohn war Josia.

15 Josias Söhne aber waren: der Erstgeborene Johanan, der zweite Sohn Jojakim, der dritte Zedekia, der vierte Schallum.

16 Aber die Söhne Jojakims waren: Jechonja und Zedekia.

17 ¶ Die Söhne [a]Jechonjas, der gefangen wurde, waren: Schealtiël, *a 2.Chr 36,9.10*

18 Malkiram, Pedaja, Schenazzar, Jekamja, Hoschama, Nedabja.

19 Die Söhne Pedajas waren: [a]Serubbabel und Schimi. Die Söhne Serubbabels waren: Meschullam und Hananja, und ihre Schwester war Schelomit; *a Esr 3,2.8*

20 ferner Haschuba, Ohel, Berechja, Hasadja, Juschab-Hesed, diese fünf.

21 Die Söhne Hananjas aber waren: Pelatja, Jeschaja, Refaja, Arnan, Obadja, Schechanja.

22 Die Söhne Schechanjas aber waren: Schemaja, Hattusch, Jigal, Bariach, Nearja, Schafat, diese sechs.

23 Die Söhne Nearjas aber waren: Eljoënai, Hiskija, Asrikam, diese drei.

24 Die Söhne Eljoënais aber waren: Hodawja, Eljaschib, Pelaja, Akkub, Johanan, Delaja, Anani, diese sieben.

Die Geschlechter Judas

4 Die [a]Söhne Judas waren: Perez, Hezron, Karmi, Hur und Schobal. *a Kap 2,4.5.7.19.50*

2 Reaja aber, der Sohn Schobals, zeugte Jahat, Jahat zeugte Ahumai und Lahad. Das sind die Geschlechter der [a]Zoratiter. *a Kap 2,53*

3 Und dies sind die Söhne Hurs, des Vaters Etams: Jesreel, Jischma, Jidbasch; und ihre Schwester hieß Hazlelponi;

4 und Pnuël, der Vater Gedors, und Eser, der Vater Huschas. Das sind die Söhne [a]Hurs, des Erstgeborenen der Efrata, des Vaters* Bethlehems. *a Kap 2,19.50*

* Vgl. Anmerkung zu Kap 2,21.

5 Aschhur aber, der Vater Tekoas, hatte zwei Frauen: Hela und Naara.

6 Und Naara gebar ihm Ahusam, Hefer,

Temni und den Ahaschtariter. Das sind
die Söhne Naaras.
7Aber die Söhne Helas waren: Zeret,
Sohar, Etnan und Koz.
8Koz aber zeugte Anub und Zobeba. Die
Geschlechter Aharhels, des Sohnes Ha-
rums:
9Jabez war angesehener als seine Brüder.
Und seine Mutter nannte ihn Jabez; denn
sie sprach: Ich habe ihn mit Kummer
geboren.
10Und Jabez rief den Gott Israels an und
sprach: Ach daß du mich segnetest und
mein Gebiet mehrtest und deine Hand mit
mir wäre und schafftest, daß mich kein
Übel bekümmere! Und Gott ließ kom-
men, worum er bat.
11¶Kelub aber, der Bruder Schuhas,
zeugte Mehir; der ist der Vater Eschtons.
12Eschton aber zeugte Bet-Rafa, Paseach
und Tehinna, den Vater der Stadt Nahasch.
Das sind die Männer von Recha.
13Die [a]Söhne des Kenas waren: Otniël
und Seraja. Die Söhne Otniëls aber waren:
Hatat und Meonotai. *a* Jos 15,17; Ri 1,13
14Und Meonotai zeugte Ofra. Und Seraja
zeugte Joab, den Vater des Tals der Zim-
merleute; denn sie waren Zimmerleute.
15Die Söhne [a]Kalebs, des Sohnes Jefun-
nes, aber waren: Iru, Ela und Naam; und
der Sohn des Ela: Kenas. *a* 4.Mose 13,6; 14,6
16Die Söhne Jehallelels aber waren: Sif,
Sifa, Tirja und Asarel.
17Die Söhne Esras aber waren: Jeter,
Mered, Efer und Jalon. Und Jeter zeugte
Mirjam, Schammai, Jischbach, den Vater
Echtemoas.
18Und seine judäische Frau gebar Jered,
den Vater Gedors, Heber, den Vater
Sochos, Jekutiël, den Vater Sanoachs.
Auch Bitja, die Tochter des Pharao, die
Mered nahm, hatte Söhne.
19Die Söhne der Frau des Hodija, der
Schwester Nahams, des Vaters Keïlas,
waren: der Garmiter und Eschtemoa, der
Maachatiter.
20Die Söhne Schimons waren: Amnon
und Rinna, Ben-Hanan und Tilon. Die
Söhne Jischis waren: Sohet und Ben-
Sohet.
21Die Söhne [a]Schelas aber, des Sohnes
Judas, waren: Er, der Vater Lechas, Lada,
der Vater Mareschas, und die Geschlech-
ter der Leinweber von Bet-Aschbea,

a Kap 2,3

22dazu Jokim und die Männer von
Koseba und Joasch und Saraf, die da Her-
ren waren über Moab, und sie kehrten
nach Bethlehem zurück, wie die alte Rede
lautet.
23Sie waren Töpfer und wohnten in
Netaim und Gedera bei dem König; in
seinem Dienst wohnten sie dort.

Die Geschlechter Simeons

24Die Söhne Simeons waren: Jemuël,
Jamin, Jarib, Serach, Schaul.[a] *a* 1.Mose 46,10
25Dessen Sohn war Schallum, dessen
Sohn war Mibsam, dessen Sohn war
Mischma.
26Die Söhne Mischmas aber waren: Ham-
muël, Sakkur, Schimi.
27Und Schimi hatte sechzehn Söhne und
sechs Töchter; aber seine Brüder hatten
nicht viel Kinder, und ihr ganzes Ge-
schlecht mehrte sich nicht so wie die
Söhne Judas.
28[a]Sie wohnten aber zu Beerscheba,
Molada, Hazar-Schual, *a (28-33)* Jos 19,2-8
29Baala, Ezem, Eltolad,
30Betuël, Horma, Ziklag,
31Bet-Markabot, Hazar-Susa, Bet-Biri,
Schaarajim. Das waren ihre Städte bis auf
den König David:
32Etam, Ajin, Rimmon, Tochen, Aschan,
die fünf Orte, dazu ihre Gehöfte,
33und alle Gehöfte, die um diese Orte
her lagen bis nach Baal. Dort wohnten sie,
und sie hatten ihr eigenes Geschlechtsre-
gister.
34¶Und Meschobab, Jamlech, Joscha,
der Sohn Amazjas,
35Joel, Jehu, der Sohn Joschibjas, des
Sohnes Serajas, des Sohnes Asiëls,
36Eljoënai, Jaakoba, Jeschohaja, Asaja,
Adiël, Jesimiël und Benaja,
37Sisa, der Sohn Schifis, des Sohnes
Allons, des Sohnes Jedajas, des Sohnes
Schimris, des Sohnes Schemajas:
38diese, die mit Namen genannt sind,
waren Fürsten in ihren Geschlechtern,
und ihre Sippen breiteten sich sehr aus.
39Und sie zogen hin nach Gedor bis öst-
lich des Tals, um Weide zu suchen für ihre
Schafe,
40und fanden fette und gute Weide und
ein Land weit an Raum, still und ruhig;
denn früher wohnten dort die von [a]Ham.
a Kap 1,8-16
41Und diese mit Namen Genannten

kamen zur Zeit [a]Hiskias, des Königs von
Juda, und fielen her über die Zelte Hams
und über die Mëuniter, die sie dort fan-
den, und vollstreckten den Bann an ihnen
bis auf diesen Tag und wohnten an ihrer
Statt; denn dort war Weide für ihre
Schafe. *a 2.Kön 18,1*
42 Auch gingen von ihnen, von den Söh-
nen Simeons, fünfhundert Männer zum
Gebirge Seïr: Pelatja, Nearja, Refaja und
Usiël, die Söhne Jischis, an ihrer Spitze,
43 und sie [a]erschlugen, die übriggeblieben
waren von den Entronnenen der Amaleki-
ter, und wohnten dort bis auf diesen
Tag. *a 1.Sam 15,3.8*

Die Geschlechter Rubens, Gads und des halben Stammes Manasse

5 Die Söhne Rubens, des Erstgeborenen
Israels – denn er war zwar der Erstge-
borene, aber [a]weil er seines Vaters Bett
entweihte, wurde sein Erstgeburtsrecht
gegeben den Söhnen Josefs, des Sohnes
Israels, doch wurde er nicht in das
Geschlechtsregister als Erstgeborener auf-
gezeichnet; *a 1.Mose 35,22; 49,3.4*
2 denn [a]Juda war mächtig unter seinen
Brüdern, und einem aus seinem Stamm
wurde das Fürstentum gegeben, [b]Josef
aber erhielt das Erstgeburtsrecht –
a 1.Mose 49,8.10; 5.Mose 33,7
b 1.Mose 49,22; 5.Mose 33,13-17
3 die Söhne Rubens, des Erstgeborenen
Israels, sind: Henoch, Pallu, Hezron und
Karmi.[a] *a 2.Mose 6,14*
4 Die Söhne Joels aber waren: Schemaja,
dessen Sohn war Gog, dessen Sohn war
Schimi,
5 dessen Sohn war Micha, dessen Sohn
war Reaja, dessen Sohn war Baal,
6 dessen Sohn war Beera, den [a]Tiglat-
Pileser, der König von Assur, gefangen
wegführte. Er aber war ein Fürst der
Rubeniter. *a Vers 26*
7 Aber seine Brüder nach ihren Ge-
schlechtern, wie sie in das Geschlechtsre-
gister aufgezeichnet wurden, waren: Jeïël,
der Erste, und Secharja
8 und Bela, der Sohn des Asas, des
Sohnes Schemas, des Sohnes Joels. Der
wohnte zu Aroër und bis nach Nebo und
Baal-Meon
9 und wohnte nach Osten zu bis an die
Wüste am Euphratstrom; denn sie hatten
viel Vieh im Lande Gilead.
10 Und zur Zeit Sauls führten sie Krieg
gegen die Hagariter, und diese fielen durch
ihre Hand, und sie wohnten in deren Zel-
ten auf der ganzen Ostgrenze von Gilead.
11 ¶Die Söhne Gad aber wohnten ihnen
gegenüber im Land Baschan bis nach Sal-
cha:
12 Joel, der Erste, und Schafam, der
Zweite, ferner Janai und Schafat in Ba-
schan.
13 Und ihre Brüder nach ihren Sippen
waren: Michael, Meschullam, Scheba,
Jorai, Jakan, Sia und Eber, diese sieben.
14 Das sind die Söhne Abihajils, des
Sohnes Huris, des Sohnes Jaroachs, des
Sohnes Gileads, des Sohnes Michaels, des
Sohnes Jeschischais, des Sohnes Jachdos,
des Sohnes des Bus.
15 Ahi, der Sohn Abdiëls, des Sohnes
Gunis, war eins ihrer Sippenhäupter.
16 Und sie wohnten zu Gilead in Baschan
und in seinen Ortschaften und in allen Flu-
ren Scharons bis an ihre Enden.
17 Diese wurden alle aufgezeichnet [a]zur
Zeit Jotams, des Königs von Juda, und
[b]Jerobeams, des Königs von Israel.
a 2.Kön 15,32 b 2.Kön 14,23
18 ¶Von den Rubenitern, den Gaditern
und dem halben Stamm Manasse zählten
die streitbaren Männer, die Schild und
Schwert führen und Bogen spannen konn-
ten und kriegskundig waren, vierundvier-
zigtausendsiebenhundertundsechzig, die
in den Kampf ziehen konnten.
19 Und sie kämpften gegen die Hagariter
und gegen Jetur, Nafisch und Nodab.
20 Und es wurde ihnen geholfen gegen sie,
und die Hagariter wurden in ihre Hände
gegeben und alle, die mit ihnen waren.
Denn sie schrien zu Gott im Kampf, und
er ließ sich erbitten; denn sie vertrauten
ihm.
21 Und sie führten weg ihr Vieh, fünfzig-
tausend Kamele, zweihundertfünfzigtau-
send Schafe, zweitausend Esel, und hun-
derttausend Menschen.
22 Dazu waren viele erschlagen liegen-
geblieben, denn der Krieg war von Gott.
Und sie wohnten an ihrer Statt bis zur Zeit,
wo sie gefangen weggeführt wurden.
23 ¶Der halbe Stamm Manasse aber
wohnte im Lande von Baschan bis Baal-
Hermon und bis zum [a]Senir und bis zum
Berg Hermon. Und ihrer waren viele.
a 5.Mose 3,8.9

24 Und dies waren die Häupter ihrer Sip-
pen: Efer, Jischi, Eliël, Asriël, Jirmeja,
Hodawja, Jachdiël, gewaltige Männer und
berühmte Sippenhäupter.
25 Da sie sich aber an dem Gott ihrer
Väter versündigten und abfielen zu den
Götzen der Völker des Landes, die Gott
vor ihnen vertilgt hatte,
26 erweckte der Gott Israels den Geist des
[a]Pul*, des Königs von Assyrien, und den
Geist [b]Tiglat-Pilesers*, des Königs von
Assyrien, und er führte weg die Rubeni-
ter, Gaditer und den halben Stamm
Manasse und brachte sie nach Halach und
an den Habor und nach Hara und an den
Fluß Gosan bis auf diesen Tag.

a 2.Kön 15,19 *b* 2.Kön 15,29

* Pul und Tiglat-Pileser sind Namen desselben Königs, vgl. die Anmerkung zu 2.Kön 15,19.

Die Geschlechter Levis

27 *Die Söhne Levis waren: Gerschon,
Kehat und Merari.[a] *a* Kap 6,1

* Abweichende Verszählung statt 5,27–6,66: 6,1-81.

28 Die Söhne Kehats aber waren: Amram,
Jizhar, Hebron und Usiël.
29 Die Söhne Amrams waren: [a]Aaron und
Mose; dazu Mirjam. Die Söhne Aarons
waren: [b]Nadab, Abihu, Eleasar und Ita-
mar. *a* 2.Mose 6,20; 15,20; 4.Mose 26,59; Mi 6,4 *b* 2.Mose 6,23; 4.Mose 26,60
30 [a]Eleasar zeugte Pinhas. Pinhas zeugte
Abischua. *a (30-34)* Kap 6,35-38
31 Abischua zeugte Bukki. Bukki zeugte
Usi.
32 Usi zeugte Serachja. Serachja zeugte
Merajot.
33 Merajot zeugte Amarja. Amarja zeugte
Ahitub.
34 Ahitub zeugte Zadok. [a]Zadok zeugte
Ahimaaz. *a* 2.Sam 8,17; 15,27.36
35 Ahimaaz zeugte Asarja. Asarja zeugte
Johanan.
36 Johanan zeugte Asarja; das ist der, der
Priester war im Tempel, den Salomo
gebaut hatte zu Jerusalem.
37 Asarja zeugte Amarja. Amarja zeugte
Ahitub.
38 Ahitub zeugte Zadok. Zadok zeugte
Schallum.
39 Schallum zeugte [a]Hilkija. Hilkija zeugte
Asarja. *a* 2.Kön 22,4
40 Asarja zeugte [a]Seraja. Seraja zeugte
[b]Jozadak. *a* 2.Kön 25,18; Esr 7,1 *b* Neh 12,26
41 Jozadak aber wurde mit weggeführt,
[a]als der HERR Juda und Jerusalem durch
Nebukadnezar gefangen wegführen ließ.

a 2.Kön 25,21

6 ¶[a]Die Söhne Levis sind diese: Ger-
schon, Kehat, Merari.

a (1-4) 2.Mose 6,16-19

2 So heißen aber die Söhne Gerschons:
Libni und Schimi.
3 Aber die Söhne Kehats heißen: Amram,
Jizhar, Hebron und Usiël.
4 Die Söhne Meraris heißen: Machli und
Muschi. Das sind die Geschlechter der
Leviten nach ihren Sippen.
5 ¶Gerschons Sohn war Libni, dessen
Sohn war Jahat, dessen Sohn war Simma.
6 Dessen Sohn war Joach, dessen Sohn
war Iddo, dessen Sohn war Serach, dessen
Sohn war Jeotrai.
7 ¶Kehats Sohn aber war Amminadab,
dessen Sohn war [a]Korach, dessen Sohn
war Assir, *a* Kap 9,19; 2.Mose 6,24
8 dessen Sohn war Elkana, dessen Sohn
war Abiasaf, dessen Sohn war Assir,
9 dessen Sohn war Tahat, dessen Sohn war
Uriël, dessen Sohn war Usija, dessen Sohn
war Schaul.
10 ¶Die Söhne Elkanas waren: Amasai
und Ahimot,
11 dessen Sohn war Elkana, dessen Sohn
war Zuf, dessen Sohn war Nahat,
12 dessen Sohn war Eliab, dessen Sohn
war Jeroham, dessen Sohn war [a]Elkana,
dessen Sohn war Samuel. *a* 1.Sam 1,1
13 Und die Söhne Samuels waren: der
Erstgeborene Joel und der zweite Sohn
Abija.[a] *a* 1. Sam 8,2
14 ¶Meraris Sohn war Machli, dessen
Sohn war Libni, dessen Sohn war Schimi,
dessen Sohn war Usa,
15 dessen Sohn war Schima, dessen Sohn
war Haggija, dessen Sohn war Asaja.

Die levitischen Sängerfamilien

16 Dies sind aber die, welche David
bestellte, um im Hause des HERRN zu sin-
gen, [a]als die Lade zur Ruhe gekommen
war, *a* 2.Sam 6,17
17 und sie dienten vor der Wohnung der
Stiftshütte mit Singen, bis Salomo das
Haus des HERRN baute zu Jerusalem, und
taten ihren Dienst nach ihrer Ordnung.
18 Diese sind es, die des Amtes walteten,
und ihre Söhne: Von den Söhnen Kehat
war [a]Heman, der Sänger, der Sohn Joels,
des Sohnes Samuels, *a* Kap 15,17.19

19 des Sohnes Elkanas, des Sohnes Jero-
hams, des Sohnes Eliëls, des Sohnes
Tohus,
20 des Sohnes Zufs, des Sohnes Elkanas,
des Sohnes Mahats, des Sohnes Amasais,
21 des Sohnes Elkanas, des Sohnes Joels,
des Sohnes Asarjas, des Sohnes Zefanjas,
22 des Sohnes Tahats, des Sohnes Assirs,
des Sohnes Abiasafs, des Sohnes Korachs,
23 des Sohnes Jizhars, des Sohnes Kehats,
des Sohnes Levis, des Sohnes Israels.
24 ¶Und sein Bruder [a]Asaf stand zu sei-
ner Rechten. Und er, Asaf, war ein Sohn
Berechjas, des Sohnes Schimas,

a Kap 15,17.19

25 des Sohnes Michaels, des Sohnes Maa-
sejas, des Sohnes Malkijas,
26 des Sohnes Etnis, des Sohnes Serachs,
des Sohnes Adajas,
27 des Sohnes Etans, des Sohnes Simmas,
des Sohnes Schimis,
28 des Sohnes Jahats, des Sohnes Ger-
schons, des Sohnes Levis.
29 ¶Ihre Brüder aber, die Söhne Merari,
standen zur Linken: nämlich [a]Etan, der
Sohn Kuschajas, des Sohnes Abdis, des
Sohnes Malluchs,

a Kap 15,19

30 des Sohnes Haschabjas, des Sohnes
Amazjas, des Sohnes Hilkijas,
31 des Sohnes Amzis, des Sohnes Banis,
des Sohnes Schemers,
32 des Sohnes Machlis, des Sohnes Mu-
schis, des Sohnes Meraris, des Sohnes
Levis.

Der Dienst Aarons und seine Nachkommen

33 Ihre Brüder aber, die Leviten, waren
bestellt zu allem Dienst an der Wohnung
des Hauses Gottes.
34 [a]Aaron dagegen und seine Söhne waren
verordnet zum Dienst am Brandopferaltar
und am Räucheraltar und zu allem Dienst
im Allerheiligsten und [b]Sühne zu schaf-
fen für Israel, wie Mose, der Knecht
Gottes, geboten hatte.

a 2.Mose 28,1 *b* 3.Mose 16

35 ¶[a]Dies sind aber die Söhne Aarons:
Eleasar, sein Sohn, dessen Sohn war
Pinhas, dessen Sohn war Abischua,

a (35-38) Kap 5,30-34

36 dessen Sohn war Bukki, dessen Sohn
war Usi, dessen Sohn war Serachja,
37 dessen Sohn war Merajot, dessen Sohn
war Amarja, dessen Sohn war Ahitub,
38 dessen Sohn war Zadok, dessen Sohn
war Ahimaaz.

Die Wohnsitze der levitischen Geschlechter

(vgl. Jos 21)

39 Und dies sind ihre Wohnsitze nach
ihren Zeltdörfern in ihrem Gebiet, näm-
lich der Söhne Aaron vom Geschlecht der
Kehatiter, denn das Los fiel ihnen zuerst
zu,
40 und man gab ihnen Hebron im Lande
Juda mit seinem Weideland ringsumher.
41 Aber die Felder der Stadt und ihre
Dörfer gaben sie Kaleb, dem Sohn Jefun-
nes.
42 So gaben sie nun den Söhnen Aaron
die Freistädte Hebron und Libna mit
ihrem Weideland, Jattir und Eschtemoa
mit ihrem Weideland,
43 Holon, Debir,
44 Aschan und Bet-Schemesch mit ihrem
Weideland;
45 und aus dem Stamm Benjamin: Geba,
Alemet und Anatot mit ihrem Weideland,
so daß die Zahl aller Städte in ihren
Geschlechtern dreizehn war.
46 ¶Aber den andern Söhnen Kehat nach
ihren Geschlechtern wurden durchs Los
aus dem Stamm Ephraim, aus dem Stamm
Dan und aus dem halben Stamm Manasse
zehn Städte gegeben.[a]

a Vers 51-55

47 ¶Den Söhnen Gerschon nach ihren
Geschlechtern wurden aus dem Stamm
Issachar und aus dem Stamm Asser und
aus dem Stamm Naftali und aus dem
Stamm Manasse in Baschan dreizehn
Städte gegeben.[a]

a Vers 56-61

48 ¶Den Söhnen Merari nach ihren Ge-
schlechtern wurden durchs Los aus dem
Stamm Ruben und aus dem Stamm Gad
und aus dem Stamm Sebulon zwölf Städte
gegeben.[a]

a Vers 62-66

49 ¶Und Israel gab den Leviten die Städte
mit ihrem Weideland,
50 nämlich durchs Los aus dem Stamm
Juda und aus dem Stamm Simeon und
aus dem Stamm Benjamin diese Städte,
die sie mit Namen bestimmten.
51 ¶Aber den Geschlechtern der Söhne
Kehat wurden Städte ihres Gebiets aus
dem Stamm Ephraim gegeben.
52 So gaben sie nun dem Geschlecht der
andern Söhne Kehat die Freistädte: Si-
chem auf dem Gebirge Ephraim, Geser,

53 Kibzajim, Bet-Horon,
54 Ajalon und Gat-Rimmon mit ihrem
Weideland.
55 Dazu aus dem halben Stamm Manasse:
Taanach und Jibleam mit ihrem Weide-
land.
56 Aber den Söhnen Gerschon nach ihren
Geschlechtern gaben sie aus dem halben
Stamm Manasse: Golan in Baschan und
Aschtarot mit ihrem Weideland;
57 aus dem Stamm Issachar: Kedesch,
Daberat,
58 Ramot und En-Gannim mit ihrem Wei-
deland;
59 aus dem Stamm Asser: Mischal,
Abdon,
60 Helkat und Rehob mit ihrem Weide-
land;
61 aus dem Stamm Naftali: Kedesch in
Galiläa, Hammon und Kirjatajim mit
ihrem Weideland.
62 Den andern Söhnen Merari gaben sie
aus dem Stamm Sebulon: Rimmon und
Tabor mit ihrem Weideland;
63 und jenseits des Jordans gegenüber Je-
richo, östlich vom Jordan, aus dem Stamm
Ruben: Bezer in der Wüste, Jahaz,
64 Kedemot und Mefaat mit ihrem Wei-
deland;
65 aus dem Stamm Gad: Ramot in Gilead,
Mahanajim,
66 Heschbon und Jaser mit ihrem Weide-
land.

Die Geschlechter von Issachar, Benjamin, Naftali, Halb-Manasse, Ephraim und Asser

7 Die Söhne Issachars waren: Tola,
Puwa, Jaschub und Schimron, diese
vier.[a]
a 1. Mose 46,13; 4. Mose 26,23.24
2 Die Söhne Tolas aber waren: Usi, Refaja,
Jeriël, Jachmai, Jibsam und Schemuël,
Sippenhäupter von Tola und gewaltige
Männer; nach dem Geschlechtsregister an
Zahl zu Davids Zeiten zweiundzwanzig-
tausendsechshundert.
3 Der Sohn Usis war: Jisrachja. Und die
Söhne Jisrachjas waren: Michael, Obadja,
Joel und Jischija, diese fünf; sie waren alle
Sippenhäupter.
4 Und nach ihrem Geschlechtsregister,
nach ihren Sippen waren unter ihnen zum
Kampf gerüstetes Heervolk sechsunddrei-
ßigtausend; denn sie hatten viele Frauen
und Kinder.
5 Und ihre Brüder in allen Geschlechtern
Issachars waren gewaltige Männer, sieben-
undachtzigtausend, und wurden alle auf-
gezeichnet.
6 ¶ Die [a] Söhne Benjamins waren: Bela,
Becher und Jediaël, diese drei.
a Kap 8,1.2; 1. Mose 46,21
7 Aber die Söhne Belas waren: Ezbon,
Usi, Usiël, Jerimot und Ir, diese fünf, Sip-
penhäupter, gewaltige Männer. Und es
wurden aufgezeichnet zweiundzwanzigtau-
sendvierunddreißig.
8 Die Söhne Bechers waren: Semira,
Joasch, Eliëser, Eljoënai, Omri, Jerimot,
Abija, Anatot und Alemet; die waren alle
Söhne des Becher
9 und wurden aufgezeichnet in ihren
Geschlechtern nach ihren Sippenhäuptern,
gewaltige Männer, zwanzigtausendzwei-
hundert.
10 Der Sohn Jediaëls aber war: Bilhan. Bil-
hans Söhne aber waren: Jëusch, Benjamin,
Ehud, Kenaana, Setan, Tarsis und Ahi-
schahar.
11 Die waren alle Söhne Jediaëls, Sippen-
häupter, gewaltige Männer, siebzehntau-
sendzweihundert, die als Heer ausziehen
konnten zum Kampf.
12 Und Schuppim und Huppim waren
Söhne Irs; Huschim aber war ein Sohn
Ahers.
13 ¶ Die Söhne Naftalis waren: Jachzeel,
Guni, Jezer und Schillem, Söhne der Bil-
ha.[a]
a 1. Mose 46,24
14 ¶ Die Söhne Manasses waren diese:
Asriël, den seine aramäische Nebenfrau
geboren hatte; auch gebar sie Machir, den
Vater Gileads.[a]
a 4. Mose 26,29-33
15 Und Machir gab Huppim und Schup-
pim Frauen; und seine Schwester hieß
Maacha. Sein anderer Sohn hieß Zelofhad,
und [a] Zelofhad hatte nur Töchter.
a 4. Mose 27,1
16 Und Maacha, Machirs Frau, gebar einen
Sohn; den nannte sie Peresch. Und sein
Bruder hieß Scheresch, und dessen Söhne
waren Ulam und Rekem.
17 Ulams Sohn aber war Bedan. Das sind
die Söhne Gileads, des Sohnes Machirs,
des Sohnes Manasses.
18 Und seine Schwester Molechet gebar
Ischhod, Abiëser und Machla.
19 Und Schemida hatte diese Söhne: Ach-
jan, Sichem, Likhi und Aniam.
20 ¶ Die Söhne Ephraims waren diese:

[a]Schutelach – dessen Sohn war Bered,
dessen Sohn war Tahat, dessen Sohn war
Elada, dessen Sohn war Tahat,
a 4.Mose 26,35
21 dessen Sohn war Sabad, dessen Sohn
war Schutelach – und Eser und Elad. Und
die Männer von Gat, die Einheimischen
im Lande, töteten sie, weil sie hinabge-
zogen waren, ihnen das Vieh wegzuneh-
men.
22 Und ihr Vater Ephraim trug Leid lange
Zeit, und seine Brüder kamen, ihn zu trö-
sten.
23 Und er ging ein zu seiner Frau; die ward
schwanger und gebar einen Sohn, den
nannte er Beria, weil in seinem Hause
Unglück war.
24 Seine Tochter aber war Scheera, die
baute das untere und obere Bet-Horon
und Usen-Scheera.
25 Sein Sohn war Refach, auch Reschef,
dessen Sohn war Telach, dessen Sohn war
Tahan,
26 dessen Sohn war Ladan, dessen Sohn
war [a]Ammihud, dessen Sohn war Eli-
schama, *a* 4.Mose 1,10
27 dessen Sohn war Nun, dessen Sohn war
Josua.[a] *a* 4.Mose 13,8.16
28 Und ihr Besitz und ihre Wohnung war
[a]Bethel und seine Ortschaften, und gegen
Osten Naara, und gegen Westen [b]Geser
und seine Ortschaften, Sichem und seine
Ortschaften bis nach Aja und seinen Ort-
schaften, *a* Jos 16,1 *b* Jos 16,10
29 und an der Seite der Söhne Manasses
Bet-Schean und seine Ortschaften, Taa-
nach und seine Ortschaften, Megiddo und
seine Ortschaften, Dor und seine Ortschaf-
ten. In diesen wohnten die Söhne Josefs,
des Sohnes Israels.[a] *a* Jos 17,11
30 ¶ [a]Die Söhne Assers waren diese:
Jimna, Jischwa, Jischwi, Beria; und Serach
war ihre Schwester. *a (30 und 31)* 1.Mose 46,17
31 Die Söhne Berias waren: Heber und
Malkiël; das ist der Vater Birsajits.
32 Heber aber zeugte Jaflet, Schemer,
Hotam und ihre Schwester Schua.
33 Die Söhne Jaflets waren: Pasach, Bim-
hal und Aschwat; das waren die Söhne Jaf-
lets.
34 Die Söhne Schemers waren: Ahi, Roh-
ga, Hubba und Aram.
35 Und die Söhne seines Bruders Hotam
waren: Zofach, Jimna, Schelesch und
Amal.
36 Die Söhne Zofachs waren: Suach, Har-
nefer, Schual, Beri, Jimra,
37 Bezer, Hod, Schamma, Schilscha, Jit-
ran und Beera.
38 Die Söhne Jeters waren: Jefunne, Pispa
und Ara.
39 Die Söhne Ullas waren: Arach, Hanniël
und Rizja.
40 Diese alle waren Söhne Assers, Sippen-
häupter, auserlesene, gewaltige Männer
und Erste der Fürsten. Und sie wurden
aufgezeichnet als Kriegsleute; ihre Zahl
war sechsundzwanzigtausend Mann.

Die Geschlechter Benjamins. Die Sippe Sauls

8 Benjamin aber zeugte Bela, seinen
Erstgeborenen, Aschbel als zweiten
Sohn, Achrach als dritten,[a] *a* 1.Mose 46,21
2 Noha als vierten, Rafa als fünften.
3 Und Bela hatte Söhne: Ard, Gera, Abi-
hud,
4 Abischua, Naaman, Ahoach,
5 Gera, Schefufan und Huram.
6 Dies sind die Söhne Ehuds, die Sippen-
häupter waren unter den Bürgern zu Geba,
und man führte sie gefangen weg nach
Manahat,
7 nämlich: Naaman, Ahija und Gera, die-
ser führte sie weg; und er zeugte Usa und
Ahihud.
8 Und Schaharajim zeugte im Lande
Moab, als er seine Frauen Huschim und
Baara entlassen hatte,
9 und er zeugte mit seiner Frau Hodesch:
Jobab, Zibja, Mescha, Malkam,
10 Jëuz, Sacheja und Mirma. Das sind
seine Söhne, Sippenhäupter.
11 Mit Huschim aber hatte er Abitub und
Elpaal gezeugt.
12 Die Söhne Elpaals aber waren: Eber,
Mischam und Schemed. Dieser baute Ono
und Lod und ihre Ortschaften.
13 Und Beria und Schema waren Sippen-
häupter unter den Bürgern von Ajalon; sie
verjagten die Einwohner von Gat.
14 Und ihre Brüder waren: Elpaal, Scha-
schak, Jeremot,
15 Sebadja, Arad, Eder,
16 Michael, Jischpa und Joha; das sind die
Söhne Berias.
17 Sebadja, Meschullam, Hiski, Heber,
18 Jischmerai, Jislia, Jobab; das sind die
Söhne Elpaals.
19 Jakim, Sichri, Sabdi,

20 Eliënai, Zilletai, Eliël,
21 Adaja, Beraja und Schimrat; das sind
die Söhne Schimis.
22 Jischpan, Eber, Eliël,
23 Abdon, Sichri, Hanan,
24 Hananja, Elam, Antotija,
25 Jifdeja und Pnuël; das sind die Söhne
Schaschaks.
26 Schamscherai, Scheharja, Atalja,
27 Jaareschja, Elija und Sichri; das sind die
Söhne Jerohams.
28 Das sind die Sippenhäupter ihrer Ge-
schlechter, die in Jerusalem wohnten.
29 [a]Aber in Gibeon wohnte Jeïël, der
Vater Gibeons, und seine Frau hieß Maa-
cha.

a (29-38) Kap 9,35-44

30 Und sein Erstgeborener war Abdon, fer-
ner Zur, Kisch, Baal, Ner, Nadab,
31 Gedor, Achjo, Secher und Miklot.
32 Miklot aber zeugte Schima. Und auch
sie wohnten mit ihren Brüdern in Jerusa-
lem, ihnen gegenüber.
33 ¶Ner zeugte Abner, und [a]Kisch zeugte
Saul. Saul zeugte Jonatan, Malkischua,
Abinadab und [b]Eschbaal.

a 1.Sam 14,51 *b* 2.Sam 2,8

34 Der Sohn Jonatans aber war Merib-
Baal. Merib-Baal zeugte Micha.
35 Die Söhne Michas waren: Piton, Me-
lech, Tachrea und Ahas.
36 Ahas aber zeugte Joadda. Joadda
zeugte Alemet, Asmawet und Simri. Simri
zeugte Moza.
37 Moza zeugte Bina; dessen Sohn war
Refaja, dessen Sohn war Elasa, dessen
Sohn war Azel.
38 Azel aber hatte sechs Söhne, die hie-
ßen: Asrikam, Bochru, Jischmael, Schearja,
Obadja, Hanan. Die waren alle Söhne
Azels.
39 Die Söhne seines Bruders Eschek
waren: Ulam, sein Erstgeborener, Jëusch,
der zweite Sohn, Elifelet, der dritte.
40 Die Söhne Ulams aber waren gewaltige
Leute und geschickt mit Bogen und hat-
ten viele Söhne und Enkel, hundertund-
fünfzig. Diese alle sind von den Söhnen
Benjamin.

9 ¶Und ganz Israel wurde im Ge-
schlechtsregister aufgezeichnet, und
siehe, sie sind aufgeschrieben im Buch der
Könige von Israel.

Die Einwohner Jerusalems

Und [a]Juda wurde weggeführt nach Babel
um seines Treubruchs willen. *a* 2.Kön 24,15.16
2 Und die zuerst auf ihrem Besitz und in
ihren Städten wohnten, waren Israeliten,
Priester, Leviten und [a]Tempelsklaven.

a Jos 9,23.27; Esr 8,20

3 [a]¶Und in Jerusalem wohnten einige der
Söhne Juda, einige der Söhne Benjamin,
einige der Söhne Ephraim und Manasse.

a (3-16) Neh 11,3-19

4 Von den Söhnen Juda: Utai, der Sohn
Ammihuds, des Sohnes Omris, des Soh-
nes Imris, des Sohnes Banis von den
Nachkommen des Perez, des Sohnes
Judas;
5 von den Schelanitern aber Asaja, der
Erstgeborene, und seine Söhne;
6 von den Söhnen Serach: Jëuël und seine
Brüder, sechshundertundneunzig.
7 ¶Von den Söhnen Benjamin: Sallu, der
Sohn Meschullams, des Sohnes Hodawjas,
des Sohnes Senuas,
8 und Jibneja, der Sohn Jerohams, und
Ela, der Sohn Usis, des Sohnes Michris,
und Meschullam, der Sohn Schefatjas, des
Sohnes Reguëls, des Sohnes Jibnijas.
9 Dazu ihre Brüder nach ihren Geschlech-
tern, neunhundertsechsundfünfzig. Alle
diese Männer waren Sippenhäupter.
10 ¶Von den Priestern aber: Jedaja, Joja-
rib, Jachin
11 und Asarja, der Sohn [a]Hilkijas, des
Sohnes Meschullams, des Sohnes Zadoks,
des Sohnes Merajots, des Sohnes Ahitubs,
der Vorsteher im Hause Gottes,

a Kap 5,38.39

12 und Adaja, der Sohn Jerohams, des
Sohnes Paschhurs, des Sohnes Malkijas,
und Masai, der Sohn Adiëls, des Sohnes
Jachseras, des Sohnes Meschullams, des
Sohnes Meschillemots, des Sohnes Im-
mers,
13 dazu ihre Brüder, Sippenhäupter, tau-
sendsiebenhundertundsechzig, tüchtige
Leute im Dienst des Amtes im Hause
Gottes.
14 ¶Von den Leviten aber aus den Söh-
nen Merari: Schemaja, der Sohn Ha-
schubs, des Sohnes Asrikams, des Sohnes
Haschabjas,
15 und Bakbukja, Heresch und Galal und
Mattanja, der Sohn Michas, des Sohnes
Sichris, des Sohnes Asafs,
16 und Abda, der Sohn Schammuas, des
Sohnes Galals, des Sohnes Jedutuns, und
Berechja, der Sohn Asas, des Sohnes

Elkanas, der in den Gehöften der [a]Netofatiter wohnte. a Kap 2,54

Die Ämter der Leviten

17 Die Torhüter aber waren: Schallum, Akkub, Talmon, Ahiman; und ihr Bruder Schallum war der Vorsteher,
18 und er steht bis jetzt am Tor des Königs im Osten. Das waren die Torhüter in den Lagern der Leviten.
19 Und Schallum, der Sohn Kores, des Sohnes Abiasafs, des Sohnes Korachs, und seine Brüder aus seiner Sippe, die Korachiter, waren im Dienst des Amtes, daß sie hüteten die Schwelle der Stiftshütte, [a]wie auch ihre Väter im Lager des HERRN den Eingang gehütet hatten. a 2.Chr 34,9
20 [a]Pinhas aber, der Sohn Eleasars, – der HERR sei mit ihm! – war vorzeiten Vorsteher über sie. a 4.Mose 25,7-13
21 Secharja aber, der Sohn Meschelemjas, war Hüter am Tor der Stiftshütte.
22 Alle diese waren auserlesen zu Hütern an der Schwelle, zweihundertzwölf; diese waren zwar aufgezeichnet in ihren Gehöften, aber David und Samuel, der [a]Seher, hatten sie in ihr Amt eingesetzt,
a 1.Sam 9,8-11
23 daß sie und ihre Söhne als Wächter hüten sollten die Tore am Hause des HERRN, nämlich an der Stiftshütte.
24 Es waren aber diese Torhüter nach den vier Himmelsrichtungen aufgestellt: nach Osten, nach Westen, nach Norden und Süden.
25 Ihre Brüder aber waren auf ihren Gehöften und mußten zur verordneten Zeit für jeweils sieben Tage hereinkommen, um mit ihnen Dienst zu tun.
26 Denn die vier obersten Torhüter standen immerfort im Amt.
¶ Und einige von den Leviten waren über die Kammern und Schätze im Hause Gottes gesetzt.
27 Auch blieben sie die Nacht über um das Haus Gottes, denn sie mußten Wache halten und alle Morgen die Türen auftun.
28 Und einige von ihnen waren gesetzt über die Geräte für den Dienst; denn sie mußten sie abgezählt heraus- und hineintragen.
29 Und einige von ihnen waren bestellt über die Gefäße und über alle heiligen Geräte, über Feinmehl, über Wein, über Öl, über Weihrauch, über Spezerei.
30 Und einige der Söhne der Priester machten [a]Salböl aus der Spezerei.
a 2.Mose 30,23-25
31 Und Mattitja von den Leviten, dem Erstgeborenen Schallums, des Korachiters, waren die Pfannen anvertraut.
32 Von den Kehatitern aber, ihren Brüdern, waren einige bestellt über die Schaubrote, sie zuzurichten auf alle Sabbate.[a]
a 3.Mose 24,5-8
33 ¶ Das sind die Sänger, die Sippenhäupter der Leviten, die in den Kammern keinen Dienst hatten, denn Tag und Nacht waren sie in ihrem Amt.
34 Das sind die Sippenhäupter unter den Leviten nach ihren Geschlechtern. Diese wohnten in Jerusalem.

Die Sippe Sauls

(vgl. Kap 8,29-38)

35 In Gibeon wohnten Jeïël, der Vater Gibeons; seine Frau hieß Maacha
36 und sein Erstgeborener Abdon; ferner Zur, Kisch, Baal, Ner, Nadab,
37 Gedor, Achjo, Secher, Miklot.
38 Miklot aber zeugte Schima. Auch sie wohnten mit ihren Brüdern in Jerusalem, ihnen gegenüber.
39 ¶ Ner aber zeugte Abner. Kisch zeugte Saul. Saul zeugte Jonatan, Malkischua, Abinadab, Eschbaal.
40 Der Sohn Jonatans aber war Merib-Baal. Merib-Baal aber zeugte Micha.
41 Die Söhne Michas waren: Piton, Melech, Tachrea und Ahas.
42 Ahas zeugte Joadda. Joadda zeugte Alemet, Asmawet und Simri. Simri zeugte Moza.
43 Moza zeugte Bina; dessen Sohn war Refaja, dessen Sohn war Elasa, dessen Sohn war Azel.
44 Azel aber hatte sechs Söhne; die hießen: Asrikam, Bochru, Jischmael, Schearja, Obadja, Hanan. Das sind die Söhne Azels.

Sauls Untergang

(vgl. 1.Sam 31)

10 Die Philister kämpften gegen Israel, und die Männer Israels flohen vor den Philistern und blieben erschlagen liegen auf dem Gebirge Gilboa.

[2]Aber die Philister waren hinter Saul und
seinen Söhnen her und erschlugen Jonatan, Abinadab und Malkischua, die Söhne
Sauls.
[3]Und der Kampf tobte heftig um Saul,
und die Bogenschützen fanden ihn, und
er wurde verwundet von den Schützen.
[4]Da sprach Saul zu seinem Waffenträger:
Zieh dein Schwert und erstich mich damit, daß nicht diese Unbeschnittenen
kommen und treiben ihren Spott mit mir.
Aber sein Waffenträger wollte nicht; denn
er fürchtete sich sehr. Da nahm Saul sein
Schwert und stürzte sich hinein.
[5]Als aber sein Waffenträger sah, daß Saul
tot war, stürzte auch er sich ins Schwert
und starb.
[6]So starben Saul und zugleich seine drei
Söhne und sein ganzes Haus.
[7]Als aber die Männer Israels, die in der
Ebene wohnten, sahen, daß sie geflohen
waren und daß Saul und seine Söhne tot
waren, verließen sie ihre Städte und flohen, und die Philister kamen und wohnten darin.
[8]Am andern Tage kamen die Philister,
um die Erschlagenen auszuplündern, und
fanden Saul und seine Söhne, wie sie gefallen auf dem Gebirge Gilboa lagen.
[9]Da plünderten sie ihn aus und nahmen
sein Haupt und seine Rüstung und sandten sie im Land der Philister umher und
ließen's verkünden vor ihren Götzen und
dem Volk.
[10]Und sie legten seine Rüstung nieder im
Haus ihres Gottes, und seinen Schädel
hefteten sie ans Haus Dagons.
[11]¶Als aber jedermann von Jabesch in
Gilead hörte, was die Philister Saul alles
angetan hatten,
[12]machten sie sich auf, alle streitbaren
Männer, und [a]nahmen die Leichname
Sauls und seiner Söhne und brachten sie
nach Jabesch und begruben ihre Gebeine
unter der Eiche bei Jabesch und fasteten
sieben Tage. *a* 2.Sam 2,4.5
[13]So starb Saul um seines Treubruchs willen, mit dem er sich an dem HERRN versündigt hatte, [a]weil er das Wort des HERRN
nicht hielt, auch [b]weil er die Wahrsagerin
befragt, *a* 1.Sam 15,23 *b* 1.Sam 28,8
[14]den HERRN aber nicht befragt hatte.
Darum ließ er ihn sterben und wandte das
Königtum David, dem Sohn Isais, zu.

David wird zum König gesalbt und erobert Jerusalem

(vgl. 2.Sam 5,1-10)

11 Und ganz Israel sammelte sich bei
David in Hebron und sprach: Siehe,
[a]wir sind dein Gebein und dein Fleisch.
a 1.Mose 29,14
[2]Schon damals, als Saul König war, führtest du Israel aus und ein. Und der HERR,
dein Gott, hat zu dir geredet: Du sollst
mein Volk Israel weiden, und du sollst
Fürst sein über mein Volk Israel.
[3]Und alle Ältesten Israels kamen zum
König nach Hebron. Und David schloß
einen Bund mit ihnen in Hebron vor dem
HERRN. Und [a]sie salbten David zum
König über Israel nach dem Wort des
HERRN durch Samuel. *a* 1.Sam 16,1.3.11.12
[4]¶Und David und ganz Israel zogen hin
nach Jerusalem, das ist Jebus; denn die
Jebusiter wohnten dort im Lande.
[5]Und die Bürger von Jebus sprachen zu
David: Du wirst nicht hereinkommen.
David aber eroberte die Burg Zion, das ist
Davids Stadt.
[6]Und David sprach: Wer die Jebusiter
zuerst schlägt, der soll Hauptmann und
Oberster sein. Da stieg Joab, der Sohn der
Zeruja, zuerst hinauf und wurde Hauptmann.
[7]David aber wohnte auf der Burg, daher
nennt man sie »Stadt Davids«.
[8]Und er baute die Stadt ringsum, vom
Millo an rundumher. Joab aber stellte die
übrige Stadt wieder her.
[9]Und David nahm immer mehr zu an
Macht, und der HERR Zebaoth war mit
ihm.

Die Helden Davids und ihre Taten

(vgl. 2.Sam 23,8-39)

[10]Dies sind die Helden Davids, die sich
treu zu ihm hielten in seinem Königtum
mit ganz Israel, daß man ihn zum König
machte nach dem Wort des HERRN über
Israel.
[11]Und dies ist die Zahl der Helden
Davids: Joschobam, der Sohn Hachmonis,
der Erste unter den Dreien; er schwang
seinen Spieß und erschlug dreihundert auf
einmal.
[12]Nach ihm war Eleasar, der Sohn Dodos,
der [a]Ahoachiter; er war unter den drei
Helden. *a* Kap 27,4

13 Dieser war mit David in Pas-Dammim,
als die Philister sich dort zum Kampf versammelt hatten. Dort war ein Stück Acker
mit Gerste. Und das Volk floh vor den
Philistern.
14 Und er trat mitten aufs Feld, sicherte es
und schlug die Philister. Und der HERR
gab großes Heil.
15 ¶Und drei aus den dreißig Helden
zogen hinab zum Felsen zu David in die
[a]Höhle Adullam. Aber das Lager der Philister lag in der Ebene Refaïm. *a* 1.Sam 22,1
16 David aber war in der Bergfeste; und
die Wache der Philister war damals in
Bethlehem.
17 Und David gelüstete es, und er sprach:
Wer will mir Wasser zu trinken geben aus
dem Brunnen am Tor in Bethlehem?
18 Da brachen die Drei in das Lager der
Philister ein und schöpften Wasser aus
dem Brunnen am Tor in Bethlehem und
trugen's und brachten's zu David. Er aber
wollte es nicht trinken, sondern goß es aus
für den HERRN als Trankopfer
19 und sprach: Das lasse mein Gott fern
von mir sein, daß ich solches tue und
trinke das Blut dieser Männer, die sich der
Gefahr ausgesetzt haben; denn sie haben
das Wasser unter Lebensgefahr hergebracht. Darum wollte er's nicht trinken.
Das taten die drei Helden.
20 ¶Abischai, der Bruder Joabs, war der
Erste unter den Dreißig, und er schwang
seinen Spieß und erschlug dreihundert.
Und er war unter den Dreißig berühmt
21 und hochgeehrt unter den Dreißig und
war ihr Oberster, aber an jene Drei kam er
nicht heran.
22 ¶Benaja, der Sohn Jojadas, ein streitbarer Mann von großen Taten, war aus
Kabzeel. Er erschlug die beiden »Gotteslöwen« der Moabiter. Er stieg hinab und
erschlug einen Löwen in einem Brunnen,
als Schnee gefallen war.
23 Er erschlug auch einen ägyptischen
Mann, der war fünf Ellen groß und hatte
einen Spieß in der Hand, der war [a]wie ein
Weberbaum. Aber er ging zu ihm hinab
mit einem Stecken und nahm ihm den
Spieß aus der Hand und tötete ihn mit
dessen eigenem Spieß. *a* 1.Sam 17,7
24 Das tat [a]Benaja, der Sohn Jojadas, und
er war berühmt unter den dreißig Helden *a* Kap 27,5.6
25 und hochgeehrt unter den Dreißig, aber
an jene Drei kam er nicht heran. David
aber setzte ihn über seine Leibwache.
26 ¶Die streitbaren Helden waren diese:
Asaël, der Bruder Joabs; Elhanan, der
Sohn Dodos aus Bethlehem;
27 Schammot, der Harodíter; [a]Helez, der
Peletiter; *a* Kap 27,10
28 Ira, der Sohn des Ikkesch, aus Tekoa;
Abiëser, der Anatotiter;
29 Sibbechai, der Huschatiter; Ilai, der
Ahoachiter;
30 Mahrai, der Netofatiter; Heled, der
Sohn Baanas, der Netofatiter;
31 Ittai, der Sohn Ribais, von Gibea in
Benjamin; Benaja, der Piratoniter;
32 Hiddai, von Nahale-Gaasch; Abiël, der
Arbatiter;
33 Asmawet, der Bahurimiter; Eljachba,
der Schaalboniter;
34 Jaschen, der Guniter; Jonatan, der Sohn
Schages, der Harariter;
35 Ahiam, der Sohn Sachars, der Harariter; Elifal, der Sohn Urs;
36 Hefer, der Mecheratiter; Ahija, der
Paloniter;
37 Hezro, der Karmeliter; Naarai, der Sohn
Esbais;
38 Joel, der Bruder Nathans; Mibhar, der
Sohn Hagris;
39 Zelek, der Ammoniter; Nachrai, der
Beerotiter, ein Waffenträger Joabs, des
Sohnes der Zeruja;
40 Ira, der Jattiriter; Gareb, der Jattiriter;
41 [a]Uria, der Hetiter; Sabad, der Sohn
Achlais; *a* 2.Sam 11,3
42 Adina, der Sohn Schisas, der Rubeniter, ein Hauptmann der Rubeniter, und
dreißig Mann waren bei ihm;
43 Hanan, der Sohn Maachas; Joschafat,
der Mitniter;
44 Usija, der Aschtarotiter; Schama und
Jehiël, die Söhne Hotams, des Aroëriters;
45 Jediaël, der Sohn Schimris; Joha, sein
Bruder, der Tiziter;
46 Eliël, der Mahawiter; Jeribai und Joschawja, die Söhne Elnaams; Jitma, der
Moabiter;
47 Eliël, Obed, Jaasiël aus Zoba.

Davids Mitkämpfer in Ziklag zur Zeit Sauls

12 Dies sind die Männer, die zu David
nach [a]Ziklag kamen, als er sich von
Saul, dem Sohn des Kisch, fernhalten

mußte; und sie gehörten auch zu den Hel-
den, den Helfern im Kampf, *a* 1.Sam 27,6
2 mit Bogen gerüstet, geschickt mit bei-
den Händen, Steine zu schleudern und
Pfeile zu schießen.
¶Von den Stammesbrüdern Sauls, die
aus Benjamin waren:
3 der Erste Ahiëser, und Joasch, die
Söhne Schemaas, des Gibeatiters; Jesiël
und Pelet, die Söhne Asmawets; Beracha
und Jehu, der Anatotiter;
4 Jischmaja, der Gibeoniter, gewaltig unter
den Dreißig und über die Dreißig;
5 *Jirmeja, Jahasiël, Johanan, Josabad, der
Gederatiter;

* Abweichende Verszählung statt 12,5-41: 12,4b-40.

6 Elusai, Jerimot, Bealja, Schemarja, Sche-
fatja, der Harufiter;
7 Elkana, Jischija, Asarel, Joëser, Joscho-
bam, die Korachiter;
8 Joëla und Sebadja, die Söhne Jerohams
von Gedor.
9 ¶Von den Gaditern gingen über zu
David nach der Bergfeste in der Wüste
starke Helden und Kriegsleute, die Schild
und Spieß führten, und ihr Angesicht war
wie das der Löwen, und sie waren schnell
wie Rehe auf den Bergen:
10 Der erste Eser, der zweite Obadja, der
dritte Eliab,
11 der vierte Mischmanna, der fünfte Jir-
meja,
12 der sechste Attai, der siebente Eliël,
13 der achte Johanan, der neunte Elsabad,
14 der zehnte Jirmeja, der elfte Machban-
nai.
15 Diese waren von den Gaditern, Haupt-
leute im Heer, der Geringste über hundert
und der Größte über tausend.
16 Die sind es, die über den Jordan gingen
im ersten Monat, als er voll war bis zu
beiden Ufern und alle Täler gegen Osten
und Westen abriegelte.
17 ¶Es kamen aber auch Männer von
Benjamin und Juda zu David in die Berg-
feste.
18 David aber ging heraus zu ihnen und
sprach zu ihnen: Kommt ihr im Frieden
zu mir und um mir zu helfen, so soll mein
Herz mit euch sein; kommt ihr aber mit
List und um gegen mich zu sein, da doch
kein Frevel an mir ist, so sehe der Gott
unserer Väter drein und strafe es!
19 Aber der Geist ergriff Amasai, den
Ersten der Dreißig, und er sprach: Dein
sind wir, David, und mit dir halten wir's,
du Sohn Isais! Friede, Friede sei mit dir!
Friede sei mit deinen Helfern, denn dein
Gott hilft dir! Da nahm David sie an und
setzte sie zu Hauptleuten über die Streif-
schar.
20 ¶Und von Manasse gingen einige zu
David über, als er mit den Philistern aus-
zog gegen Saul zum Kampf. Er aber half
ihnen nicht, denn [a]die Fürsten der Phili-
ster hielten Rat und schickten ihn weg und
sprachen: Wenn er wieder zu Saul, seinem
Herrn, überginge, so könnte es uns den
Hals kosten. *a* 1.Sam 29,3.4
21 Als er nun nach Ziklag zog, fielen ihm
zu von Manasse: Adnach, Josabad, Jediaël,
Michael, Josabad, Elihu, Zilletai, Oberste
über tausend in Manasse.
22 Und sie halfen David gegen streifende
Rotten; denn sie waren alle streitbare Hel-
den und wurden Hauptleute über das
Heer.
23 So kamen alle Tage einige zu David,
ihm zu helfen, bis es ein großes Heer
wurde wie ein Heer Gottes.

Die Krieger, die zu David nach Hebron kamen

24 Und dies ist die Zahl der zum Heeres-
dienst gerüsteten Männer, die zu David
nach Hebron kamen, um das Königtum
Sauls ihm zuzuwenden nach dem Wort
des HERRN:
25 Der Männer von Juda, die Schild und
Spieß trugen, waren sechstausendachthun-
dert, gerüstet zum Heeresdienst;
26 der Männer von Simeon waren streit-
bare Helden für den Heeresdienst sieben-
tausendeinhundert;
27 der Männer von Levi viertausendsechs-
hundert;
28 und Jojada, der Vorsteher über das
Haus Aaron, mit dreitausendsiebenhun-
dert;
29 und [a]Zadok, ein junger streitbarer Held,
mit seiner Sippe, zweiundzwanzig Haupt-
leute; *a* Kap 5,34; 2.Sam 15,24
30 der Männer von Benjamin, Sauls Brü-
der, dreitausend, denn bis zu dieser Zeit
hielten noch viele von ihnen zum Hause
Sauls;
31 der Männer von Ephraim zwanzigtau-
sendachthundert, streitbare Helden und
berühmte Männer in ihren Sippen;
32 vom halben Stamm Manasse achtzehn-

tausend, die namentlich bestimmt waren,
daß sie kämen und David zum König
machten;
33 der Männer von Issachar, die erkann-
ten und rieten, was Israel zu jeder Zeit tun
sollte, zweihundert Hauptleute, und alle
ihre Brüder folgten ihrem Befehl;
34 von Sebulon wehrfähige Männer, zum
Kampf gerüstet mit allerlei Waffen, fünf-
zigtausend, David einmütig zu helfen;
35 von Naftali tausend Hauptleute und mit
ihnen siebenunddreißigtausend mit Schild
und Spieß;
36 von Dan, zum Kampf gerüstet, acht-
undzwanzigtausendsechshundert;
37 von Asser wehrfähige Männer, gerüstet
zum Kampf, vierzigtausend;
38 von jenseits des Jordans, von den Rube-
nitern, Gaditern und dem halben Stamm
Manasse, hundertzwanzigtausend mit al-
lerlei Waffen zum Kampf.
39 ¶ Alle diese Kriegsleute, in Heeresord-
nung, kamen von ganzem Herzen nach
Hebron, um David zum König zu machen
über ganz Israel. Auch war das ganze
übrige Israel **eines** Herzens, daß man
David zum König machte.
40 Und sie waren dort bei David drei Tage,
aßen und tranken; denn ihre Brüder hat-
ten für sie gesorgt.
41 Auch die, die ihnen nahe waren, bis
nach Issachar, Sebulon und Naftali, brach-
ten Nahrung auf Eseln, Kamelen, Maultie-
ren und Rindern: Brot, Kuchen von Fei-
gen und Rosinen, Wein, Öl, dazu Rinder
und Schafe in Menge; denn Freude war in
Israel.

David holt die Bundeslade und bringt sie in das Haus Obed-Edoms

(vgl. 2.Sam 6,1-11)

13 Und David hielt einen Rat mit den
Hauptleuten über tausend und über
hundert und mit allen Anführern
2 und sprach zu der ganzen Gemeinde
Israel: Gefällt es euch und ist's dem
HERRN, unserm Gott, angenehm, so laßt
uns hinschicken zu unsern Brüdern in
allen Landen Israels, dazu auch zu den
Priestern und Leviten in ihren Wohnstät-
ten, daß sie sich bei uns versammeln.
3 Und laßt uns die Lade unseres Gottes
wieder zu uns holen; denn zu Sauls Zei-
ten fragten wir nicht nach ihr.
4 Da sprach die ganze Gemeinde, man
solle das tun; denn es gefiel allem Volk
gut.
5 So versammelte David ganz Israel, vom
Schihor Ägyptens an bis dorthin, wo es
nach Hamat geht, um die Lade Gottes von
Kirjat-Jearim zu holen.
6 Und David zog hin mit ganz Israel nach
[a] Baala, das ist Kirjat-Jearim, das in Juda
liegt, um von da heraufzubringen die Lade
Gottes, des HERRN, der über den Cheru-
bim thront, wo sein Name angerufen
wird.

a Jos 15,9

7 Und sie ließen die Lade Gottes auf
einem neuen Wagen aus dem Hause Abi-
nadabs fahren. Usa aber und sein Bruder
lenkten den Wagen.
8 David aber und ganz Israel tanzten mit
aller Macht vor Gott her, mit Liedern, mit
Harfen, mit Psaltern, mit Pauken, mit Zim-
beln und mit Trompeten.
9 Als sie aber zur Tenne Kidons kamen,
streckte Usa seine Hand aus, um die Lade
zu halten; denn die Rinder glitten aus.
10 Da entbrannte der Grimm des HERRN
über Usa, und er schlug ihn, weil er seine
Hand nach der Lade ausgestreckt hatte, so
daß er dort starb vor Gott.
11 Da ergrimmte David, daß der HERR den
Usa so wegriß, und man nannte die Stätte
»Perez-Usa«* bis auf diesen Tag.

* d.h. Wegreißen Usas.

12 Und an jenem Tage fürchtete sich
David vor Gott und sprach: Wie darf ich
da noch die Lade Gottes zu mir bringen?
13 Darum ließ er die Lade Gottes nicht zu
sich bringen in die Stadt Davids, sondern
ließ sie hinbringen ins Haus Obed-Edoms,
des Gatiters.
14 So blieb die Lade Gottes bei Obed-
Edom in seinem Hause drei Monate. Und
der HERR segnete das Haus Obed-Edoms
und alles, was er hatte.

Davids weitere Söhne. Seine Siege über die Philister

(vgl. 2.Sam 5,11-25)

14 Und Hiram, der König von Tyrus,
sandte Boten zu David und Zedern-
holz, Steinmetzen und Zimmerleute, daß
sie ihm ein Haus bauten.
2 Und David erkannte, daß der HERR ihn
zum König über Israel bestätigt hatte;
denn sein Königtum war hoch erhoben
worden um seines Volkes Israel willen.
3 Und David nahm noch mehr Frauen zu

Jerusalem und zeugte noch mehr Söhne
und Töchter.
4 Die Söhne, die ihm zu Jerusalem gebo-
ren wurden, hießen: Schammua, Schobab,
Nathan, Salomo,
5 Jibhar, Elischua, Elpelet,
6 Nogah, Nefeg, Jafia,
7 Elischama, Beeljada, Elifelet.
8 ¶ Als aber die Philister hörten, daß
David zum König gesalbt war über ganz
Israel, zogen sie alle herauf, um sich
Davids zu bemächtigen. Als das David
hörte, zog er aus gegen sie.
9 Und die Philister kamen und ließen sich
nieder in der Ebene Refaïm.
10 David aber befragte Gott und sprach:
Soll ich hinaufziehen gegen die Philister,
und willst du sie in meine Hand geben?
Der HERR sprach zu ihm: Zieh hinauf! Ich
will sie in deine Hände geben.
11 Und als sie hinaufzogen nach Baal-
Perazim, schlug sie David dort. Und David
sprach: Gott hat durch meine Hand die
Reihen meiner Feinde durchbrochen, wie
das Wasser einen Damm durchbricht.
Daher nannte man die Stätte »Baal-
Perazim«*.

* d. h. Herr der Durchbrüche.

12 Und sie ließen ihre Götter dort zurück;
die befahl David [a] mit Feuer zu verbren-
nen.

a 5.Mose 7,5.25

13 ¶ Aber die Philister kamen wieder und
ließen sich nieder in der Ebene.
14 Und David befragte Gott abermals, und
Gott sprach zu ihm: Du sollst nicht hin-
aufziehen hinter ihnen her, sondern um-
gehe sie, daß du an sie herankommst von
den Bakabäumen her.
15 Wenn du dann hören wirst, wie das
Rauschen oben in den Bakabäumen ein-
hergeht, so brich hervor zum Kampf; denn
Gott ist dann vor dir ausgezogen, zu schla-
gen das Heer der Philister.
16 Und David tat, wie ihm Gott geboten
hatte, und sie schlugen das Heer der Phili-
ster von Gibeon an bis Geser.
17 Und Davids Name ging aus in alle
Lande, und der HERR ließ Furcht vor ihm
über alle Völker kommen.

Die Bundeslade wird nach Jerusalem gebracht

(vgl. 2.Sam 6,12-16)

15 Und David baute sich Häuser in der
Stadt Davids und bereitete der Lade
Gottes eine Stätte und richtete ein Zelt für
sie auf.
2 Damals sprach David: Die Lade Gottes
soll niemand tragen außer den Leviten;
denn diese hat der HERR erwählt, daß sie
die Lade des HERRN tragen und ihm die-
nen allezeit.
3 Da versammelte David ganz Israel nach
Jerusalem, damit sie die Lade des HERRN
hinaufbrächten an die Stätte, die er dazu
bereitet hatte.
4 Und David brachte zusammen die
Söhne Aaron und die Leviten:
5 von den Söhnen Kehat: Uriël, den Ober-
sten, samt seinen Brüdern, hundertund-
zwanzig;
6 von den Söhnen Merari: Asaja, den
Obersten, samt seinen Brüdern, zweihun-
dertundzwanzig;
7 von den Söhnen Gerschon: Joel, den
Obersten, samt seinen Brüdern, hundert-
unddreißig;
8 von den Söhnen Elizafan: Schemaja, den
Obersten, samt seinen Brüdern, zweihun-
dert;
9 von den Söhnen Hebron: Eliël, den
Obersten, samt seinen Brüdern, achtzig;
10 von den Söhnen Usiël: Amminadab,
den Obersten, samt seinen Brüdern, hun-
dertundzwölf.
11 ¶ [a] Und David rief die Priester Zadok
und Abjatar und die Leviten, nämlich
Uriël, Asaja, Joel, Schemaja, Eliël, Ammi-
nadab,

a (11 und 12) 2.Sam 15,29

12 und sprach zu ihnen: Ihr seid die Häup-
ter der Sippen unter den Leviten; so hei-
ligt nun euch und eure Brüder, daß ihr die
Lade des HERRN, des Gottes Israels, her-
aufbringt an den Ort, den ich ihr bereitet
habe.
13 Denn das erstemal, als ihr nicht da
wart, [a] machte der HERR, unser Gott,
einen Riß unter uns, weil wir ihn nicht
befragt hatten, wie sich's gebührt.

a Kap 13,9-11

14 So heiligten sich die Priester und Levi-
ten, damit sie die Lade des HERRN, des
Gottes Israels, heraufbrächten.
15 Und die Leviten [a] trugen die Lade
Gottes auf ihren Schultern mit den
Stangen, wie Mose geboten hatte nach
dem Wort des HERRN.

a 2.Mose 25,14; 4.Mose 4,15

16 Und David befahl den Obersten der
Leviten, daß sie ihre Brüder, die Sänger,

bestellen sollten mit Saitenspielen, mit Psaltern, Harfen und hellen Zimbeln, daß sie laut sängen und mit Freuden.

17 Da bestellten die Leviten Heman, den Sohn Joels, und von seinen Brüdern Asaf, den Sohn Berechjas, und von den Söhnen Merari, ihren Brüdern, Etan, den Sohn Kuschajas,

18 und mit ihnen ihre Brüder der zweiten Ordnung: Secharja, Jaasiël, Schemiramot, Jehiël, Unni, Eliab, Benaja, Maaseja, Mattitja, Elifelehu, Mikneja, Obed-Edom, Jeïël, die Torhüter.

19 Denn [a]Heman, [b]Asaf und [c]Etan waren Sänger [d]mit kupfernen, hell klingenden Zimbeln; *a* Kap 6,18 *b* Kap 6,24 *c* Kap 6,29 *d* Kap 25,1

20 Secharja aber, Jaasiël, Schemiramot, Jehiël, Unni, Eliab, Maaseja und Benaja mit Psaltern zu spielen;

21 Mattitja aber, Elifelehu, Mikneja, Obed-Edom, Jeïël und Asaja mit Harfen von acht Saiten zu spielen;

22 Kenanja aber, der Leviten Oberster, der Singmeister, unterwies sie im Singen; denn er verstand sich darauf.

23 Und Berechja und Elkana waren Torhüter bei der Lade.

24 Aber Schebanja, Joschafat, Netanel, Amasai, Secharja, Benaja, Eliëser, die Priester, bliesen mit Trompeten vor der Lade Gottes; und Obed-Edom und Jehija waren Torhüter bei der Lade.

25 ¶So zogen David und die Ältesten Israels und die Obersten über tausend hin, um die Lade des Bundes des HERRN heraufzuholen aus dem Hause Obed-Edoms mit Freuden.

26 Und weil Gott den Leviten half, die die Lade des Bundes des HERRN trugen, opferten sie sieben junge Stiere und sieben Widder.

27 Und David hatte ein Obergewand aus feinem Leinen an, desgleichen alle Leviten, die die Lade trugen, und die Sänger und Kenanja, der Oberste beim Gesang der Sänger; auch trug David den leinenen [a]Priesterschurz. *a* 2.Mose 25,7

28 So brachte ganz Israel die Lade des Bundes des HERRN hinauf mit Jauchzen, Posaunen, Trompeten und hellen Zimbeln, mit Psaltern und Harfen.

29 Als nun die Lade des Bundes des HERRN in die Stadt Davids kam, sah Michal, die Tochter Sauls, zum Fenster hinaus, und als sie den König David tanzen und spielen sah, verachtete sie ihn in ihrem Herzen.

Aufstellung der Bundeslade und Ordnung des Dienstes

(vgl. 2.Sam 6,17-19)

16 Und als sie die Lade Gottes hineinbrachten, setzte man sie in das Zelt, das David für sie aufgerichtet hatte, und opferte Brandopfer und Dankopfer vor Gott.

2 Und als David die Brandopfer und Dankopfer beendet hatte, segnete er das Volk im Namen des HERRN

3 und teilte aus an jedermann in Israel, an Männer und Frauen, ein Brot, ein Stück Fleisch und einen Rosinenkuchen.

4 Und er bestellte einige Leviten zu Dienern vor der Lade des HERRN, daß sie priesen, dankten und lobten den HERRN, den Gott Israels,

5 nämlich Asaf als Vorsteher, Secharja als Zweiten, Jaasiël, Schemiramot, Jehiël, Mattitja, Eliab, Benaja, Obed-Edom und Jeïël mit Psaltern und Harfen, Asaf aber mit hellen Zimbeln,

6 die Priester Benaja und Jahasiël aber, allezeit mit Trompeten zu blasen vor der Lade des Bundes Gottes.

Davids Danklied

(vgl. Ps 105,1-15; 96; 106,1.47.48)

7 Zu der Zeit ließ David zum ersten Mal dem HERRN danken durch Asaf und seine Brüder:

8 ¶Danket dem HERRN, ruft seinen Namen an, / tut kund unter den Völkern sein Tun!

9 Singet und spielet ihm, / redet von allen seinen Wundern!

10 Rühmet seinen heiligen Namen; / es freue sich das Herz derer, die den HERRN suchen!

11 Fraget nach dem HERRN und nach seiner Macht, / suchet sein Angesicht allezeit!

12 Gedenket seiner Wunder, die er getan hat, / seiner Zeichen und der Urteile seines Mundes,

13 ihr, das Geschlecht Israels, seines Knechts, / ihr Söhne Jakobs, seine Auserwählten!

14 ¶Er ist der HERR, unser Gott, / er richtet in aller Welt.

15 Gedenket ewig seines Bundes, / des

Wortes, das er verheißen hat für tausend
Geschlechter,
16 den er gemacht hat mit Abraham, / und
seines Eides, den er Isaak geschworen hat,
17 den er Jakob gesetzt hat zur Satzung /
und Israel zum ewigen Bund
18 und sprach: Dir will ich das Land
Kanaan geben, / das Los eures Erbteils.
19 Als sie noch gering an Zahl waren, /
wenige und Fremdlinge im Lande,
20 da zogen sie von einem Volk zum
andern / und von einem Königreich zum
andern.
21 Er ließ niemand ihnen Schaden tun /
und [a]wies Könige zurecht um ihretwil-
len: *a* 1.Mose 12,17; 20,3.7; 26,9
22 Tastet meine Gesalbten nicht an, / und
tut meinen Propheten kein Leid!
23 ¶Singet dem HERRN, alle Lande, / ver-
kündiget täglich sein Heil!
24 Erzählet unter den Heiden seine Herr-
lichkeit / und unter allen Völkern seine
Wunder!
25 Denn der HERR ist groß und hoch zu
loben / und mehr zu fürchten als alle Göt-
ter.
26 Denn aller Heiden Götter sind Götzen, /
der HERR aber hat den Himmel gemacht.
27 Hoheit und Pracht sind vor ihm, / Macht
und Freude in seinem Heiligtum.
28 ¶[a]Bringet dar dem HERRN, ihr Völker, /
bringet dar dem HERRN Ehre und Macht!
a (28 und 29) Ps 29,1.2
29 Bringet dar dem HERRN die Ehre seines
Namens, / bringet Geschenke und kommt
vor ihn und betet den HERRN an in heili-
gem Schmuck!
30 Es fürchte ihn alle Welt. / Er hat den
Erdkreis gegründet, daß er nicht wankt.
31 ¶Es freue sich der Himmel, und die
Erde sei fröhlich, / und man sage unter den
Heiden, daß der HERR regiert!
32 Das Meer brause und was darinnen ist, /
und das Feld sei fröhlich und alles, was
darauf ist.
33 Es sollen jauchzen alle Bäume im
Wald / vor dem HERRN; denn er kommt, zu
richten die Erde.
34 ¶Danket dem HERRN, denn er ist
freundlich, / und seine Güte währet ewig-
lich.[a] *a* 2.Chr 20,21
35 Und sprecht: Hilf uns, Gott, unser
Heiland, / und sammle uns und errette uns
von den Heiden, / daß wir deinen heiligen
Namen preisen / und dir Lob sagen!
36 [a]Gelobt sei der HERR, der Gott Israels, /
von Ewigkeit zu Ewigkeit!
Und alles Volk sagte: Amen! und: Lobe
den HERRN! *a* Ps 41,14
37 ¶Und David ließ dort vor der Lade des
Bundes des HERRN den Asaf und seine
Brüder, damit sie Dienst täten vor der
Lade allezeit, wie es jeder Tag erforderte;
38 dazu Obed-Edom und seine Brüder,
achtundsechzig Mann, und Obed-Edom,
den Sohn Jedutuns, und Hosa als Torhü-
ter.
39 Und den Priester Zadok und seine Brü-
der, die Priester, bestellte er bei der Woh-
nung des HERRN [a]auf der Höhe bei
Gibeon, *a* Kap 21,29
40 daß sie dem HERRN [a]täglich Brandop-
fer darbrächten auf dem Brandopferaltar,
am Morgen und am Abend, wie geschrie-
ben steht im Gesetz des HERRN, das er
Israel geboten hat, *a* 2.Mose 29,38.39
41 und mit ihnen Heman und Jedutun und
die andern Erwählten, die namentlich
bestimmt waren, um dem HERRN zu dan-
ken, daß seine Güte ewiglich währt,
42 mit Trompeten und hellklingenden
Zimbeln und mit Saitenspiel zur Ehre
Gottes. Die Söhne Jedutuns aber machte
er zu Torhütern.
43 Und alles Volk zog hin, ein jeder in sein
Haus, und David kehrte auch heim, sein
Haus zu segnen.

Das Haus Davids wird in das Königtum Gottes eingesetzt

(vgl. 2.Sam 7,1-16)

17 Es begab sich, als David in seinem
Hause wohnte, sprach er zu dem
Propheten Nathan: Siehe, ich wohne in
einem Zedernhause, und die Lade des
Bundes des HERRN ist unter Zeltdecken.
2 Nathan sprach zu David: Alles, was in
deinem Herzen ist, das tu; denn Gott ist
mit dir.
3 Aber in derselben Nacht kam das Wort
Gottes zu Nathan:
4 Geh hin und sage meinem Knecht
David: So spricht der HERR: Nicht du
sollst mir ein Haus bauen zur Wohnung.
5 Denn ich habe in keinem Hause ge-
wohnt von dem Tage an, als ich Israel her-
ausführte, bis auf diesen Tag, sondern ich
bin umhergezogen von Zelt zu Zelt und
von Wohnung zu Wohnung.

6 Habe ich jemals, solange ich mit ganz Israel umherzog, zu einem der Richter in Israel, denen ich gebot zu weiden mein Volk, ein Wort gesagt und gesprochen: Warum baut ihr mir nicht ein Zedernhaus?

7 So sprich nun zu meinem Knecht David: So spricht der HERR Zebaoth: Ich habe dich von der Weide hinter den Schafen weggenommen, daß du ein Fürst über mein Volk Israel sein solltest,

8 und ich bin mit dir gewesen, wo du hingegangen bist, und habe deine Feinde ausgerottet vor dir und dir einen Namen gemacht, wie die Großen auf Erden Namen haben.

9 Und ich will meinem Volk Israel eine Stätte geben und will es pflanzen, daß es dort wohnen soll, und es soll sich nicht mehr ängstigen, und die Gewalttätigen sollen es nicht mehr bedrängen wie vormals

10 und zu den Zeiten, als ich Richter über mein Volk Israel verordnete. Und ich will alle deine Feinde demütigen und verkündige dir, daß der HERR dir ein Haus bauen will.

11 **Wenn aber deine Tage um sind, daß du zu deinen Vätern hingehst, so will ich dir einen Nachkommen, einen deiner Söhne, erwecken; dem will ich sein Königtum bestätigen.**

12 [a]**Der soll mir ein Haus bauen, und ich will seinen Thron bestätigen ewiglich.**

a (12 und 13) Kap 22,10; 28,6

13 **Ich will sein Vater sein, und er soll mein Sohn sein.** Und ich will meine Gnade nicht von ihm wenden, wie ich sie von dem gewandt habe, der vor dir war,

14 sondern ich will ihn einsetzen in mein Haus und in mein Königtum ewiglich, daß sein Thron beständig sei ewiglich.

Davids Dankgebet

(vgl. 2.Sam 7,17-29)

15 Und als Nathan nach all diesen Worten und diesem Gesicht mit David geredet hatte,

16 kam der König David, ließ sich vor dem HERRN nieder und sprach: [a]Wer bin ich, HERR, Gott, und was ist mein Haus, daß du mich bis hierher gebracht hast?

a 1.Mose 32,11

17 Aber das war dir noch zu wenig, Gott, und du hast über das Haus deines Knechtes auch von ferner Zukunft geredet. Du hast mich schauen lassen, wie ein Mensch ein Gesicht empfängt, und hast mich hoch erhöht, HERR, Gott.

18 Was kann David noch mehr zu dir sagen, da du deinen Knecht so herrlich machst? Du kennst deinen Knecht.

19 HERR, um deines Knechtes willen hast du nach deinem Herzen all diese großen Dinge getan, daß du kundtätest alle Herrlichkeit.

20 HERR, keiner ist dir gleich, und [a]es ist kein Gott außer dir, nach allem, was wir mit unsern Ohren gehört haben. *a* Jes 44,6

21 Und wo ist ein Volk auf Erden wie dein Volk Israel, um dessentwillen Gott hingegangen ist, sich ein Volk zu erlösen, sich selbst einen Namen zu machen durch große und schreckliche Dinge und Völker auszutreiben vor deinem Volk her, das du aus Ägypten erlöst hast?

22 Du hast dir dein Volk Israel zum Volk gemacht für ewig, und du, HERR, bist ihr Gott geworden.

23 Nun, HERR, das Wort, das du über deinen Knecht und über sein Haus geredet hast, werde wahr in Ewigkeit, und tu, wie du geredet hast!

24 Und dein Name werde wahr und groß ewiglich, daß man sage: Der HERR Zebaoth, der Gott Israels, ist Gott in Israel; und das Haus deines Knechtes David sei beständig vor dir.

25 Denn du, mein Gott, hast das Ohr deines Knechtes geöffnet und gesagt, daß du ihm ein Haus bauen willst. Darum hat dein Knecht den Mut gefunden, daß er vor dir betet.

26 Nun, HERR, du bist Gott und hast deinem Knecht dies Gute zugesagt.

27 So fange nun an, zu segnen das Haus deines Knechtes, daß es ewiglich vor dir sei; denn [a]**was du, HERR, segnest, das ist gesegnet ewiglich.** *a* 1.Mose 12,3

Davids Kriegsbeute wird für den Tempelbau bestimmt

(vgl. 2.Sam 8,1-14)

18 Danach schlug David die Philister und demütigte sie und nahm Gat und seine Ortschaften aus der Philister Hand.

2 Auch schlug er die Moabiter, so daß die Moabiter David untertan wurden und Abgaben brachten.

3 ¶Er schlug auch Hadad-Eser, den König

von Zoba, bis Hamat hin, als er auszog, seine Macht aufzurichten am Euphratstrom.

4 Und David gewann ihm ab tausend Wagen, siebentausend Reiter und zwanzigtausend Mann zu Fuß. Und David ließ alle Wagenpferde lähmen und behielt hundert übrig.

5 Und die Aramäer von Damaskus kamen, um Hadad-Eser, dem König von Zoba, zu helfen. Aber David schlug von den Aramäern zweiundzwanzigtausend Mann

6 und setzte Statthalter ein im Aramäerreich von Damaskus, und so wurden die Aramäer David untertan und gaben ihm Tribut; denn der HERR half David, wo er auch hinzog.

7 Und David nahm die goldenen Schilde, die Hadad-Esers Gefolge gehabt hatte, und brachte sie nach Jerusalem.

8 Auch nahm David aus den Städten Hadad-Esers, Tibhat und Kun, sehr viel Kupfer. Davon machte Salomo [a]das kupferne Meer und [b]die Säulen und kupfernen Gefäße. *a* 1.Kön 7,23 *b* 1.Kön 7,15

9 Als aber Toï, der König von Hamat, hörte, daß David die ganze Streitmacht Hadad-Esers, des Königs von Zoba, geschlagen hatte,

10 sandte er seinen Sohn Hadoram zum König David und ließ ihn grüßen und ihm Segen wünschen, daß er mit Hadad-Eser gekämpft und ihn geschlagen hatte, denn Toï führte Krieg mit Hadad-Eser; und Hadoram brachte mit allerlei goldene, silberne und kupferne Gefäße.

11 Auch diese heiligte der König David dem HERRN wie auch das Silber und Gold, das er den Heiden genommen hatte, den Edomitern, Moabitern, Ammonitern, Philistern und Amalekitern.

12 Und Abischai, der Sohn der Zeruja, schlug die Edomiter im Salztal, achtzehntausend Mann,

13 und David setzte Statthalter in Edom ein, so daß alle Edomiter David untertan waren; denn der HERR half David, wo er auch hinzog.

Davids Beamte

(vgl. 2.Sam 8,15-18)

14 So regierte David über ganz Israel und schaffte Recht und Gerechtigkeit seinem ganzen Volk.

15 Joab, der Sohn der Zeruja, war über das Heer gesetzt, Joschafat, der Sohn Ahiluds, war Kanzler.

16 Zadok, der Sohn Ahitubs, und [a]Abimelech, der Sohn Abjatars, waren Priester. Schawscha war Schreiber. *a* Kap 24,6

17 Benaja, der Sohn Jojadas, war über die Kreter und Pleter gesetzt. Und die Söhne Davids waren die Ersten an der Seite des Königs.

Davids Kampf mit den Ammonitern

(vgl. 2.Sam 10; 11,1; 12,26-31)

19 Und danach starb [a]Nahasch, der König der Ammoniter, und sein Sohn wurde König an seiner Statt. *a* 1.Sam 11,1

2 Da dachte David: Ich will Hanun, dem Sohn des Nahasch, Freundschaft erweisen, denn sein Vater hat mir Freundschaft erwiesen, und sandte Boten hin, ihn zu trösten über seinen Vater. Und als die Gesandten Davids ins Land der Ammoniter kamen zu Hanun, ihn zu trösten,

3 sprachen die Obersten der Ammoniter zu Hanun: Meinst du, daß David deinen Vater vor deinen Augen ehren wolle, wenn er Tröster zu dir gesandt hat? Sind seine Gesandten nicht vielmehr zu dir gekommen, um das Land zu erforschen, zu erkunden und auszuspähen?

4 Da nahm Hanun die Gesandten Davids und schor sie und schnitt ihre Kleider halb ab bis an die Lenden und ließ sie gehen.

5 Und sie gingen weg, und man berichtete David über die Männer. Er aber sandte ihnen entgegen, denn die Männer waren sehr geschändet. Und der König ließ ihnen sagen: Bleibt in Jericho, bis euer Bart gewachsen ist; dann kommt zurück.

6 ¶Als aber die Ammoniter sahen, daß sie bei David in Verruf gekommen waren, sandten Hanun und die Ammoniter tausend Zentner Silber, um Männer mit Streitwagen und Reiter anzuwerben in Mesopotamien, im Aramäerland von Maacha und in Zoba.

7 Und sie warben zweiunddreißigtausend Männer mit Streitwagen an und den König von Maacha mit seinem Volk. Die kamen und lagerten sich vor Medeba. Und die Ammoniter sammelten sich auch aus ihren Städten und kamen zum Kampf.

8 Als das David hörte, sandte er Joab hin mit dem ganzen Heer der Helden.

9 Die Ammoniter aber waren ausgezogen
und stellten sich zum Kampf auf vor dem
Tor der Stadt. Die Könige aber, die gekom-
men waren, standen für sich auf freiem
Feld.
10 Als nun Joab sah, daß vor und hinter
ihm sich der Kampf gegen ihn richtete,
erwählte er aus der ganzen jungen Mann-
schaft in Israel einen Teil und stellte sich
gegen die Aramäer.
11 Das übrige Kriegsvolk aber tat er unter
die Hand seines Bruders Abischai, daß sie
sich gegen die Ammoniter stellten,
12 und sprach: Wenn mir die Aramäer zu
stark werden, so komm mir zu Hilfe; wenn
aber die Ammoniter dir zu stark werden,
will ich dir helfen.
13 Sei getrost und laß uns getrost handeln
für unser Volk und für die Städte unseres
Gottes. Der HERR tue, was ihm gefällt!
14 Und Joab rückte vor mit dem Volk, das
bei ihm war, gegen die Aramäer zu kämp-
fen, und sie flohen vor ihm.
15 Als aber die Ammoniter sahen, daß die
Aramäer flohen, flohen sie auch vor sei-
nem Bruder Abischai und zogen in die
Stadt. Joab aber kam nach Jerusalem.
16 Als aber die Aramäer sahen, daß sie
von Israel geschlagen waren, sandten sie
Boten hin und ließen auch die Aramäer
jenseits des Stromes in den Kampf ziehen.
Und Schobach, der Feldhauptmann Ha-
dad-Esers, zog vor ihnen her.
17 Als das David angesagt wurde, sam-
melte er ganz Israel und zog über den Jor-
dan. Und als er an sie herankam, rüstete
er sich gegen sie. Und David stellte sich
gegen die Aramäer zum Kampf, und sie
kämpften mit ihm.
18 Aber die Aramäer flohen vor Israel.
Und David vernichtete von den Aramäern
siebentausend Wagen und tötete vierzig-
tausend Mann zu Fuß; dazu tötete er
Schobach, den Feldhauptmann.
19 Als aber die Großen Hadad-Esers
sahen, daß sie von Israel geschlagen waren,
schlossen sie Frieden mit David und
wurden ihm untertan. Und die Aramäer
wollten den Ammonitern nicht mehr
helfen.

20 ¶ Und als das Jahr um war, zur Zeit,
wenn die Könige ausziehen, führte
Joab die Heeresmacht aus und verwüstete
das Land der Ammoniter und kam und
belagerte Rabba. David aber blieb in Jeru-
salem. Und Joab schlug Rabba und zer-
störte es.
2 Und David nahm ihrem König die
Krone vom Haupt – und es fand sich, daß
sie einen Zentner Gold wog und an ihr ein
Edelstein war –, und sie wurde auf Davids
Haupt gesetzt. Auch führte er aus der
Stadt sehr viel Beute weg.
3 Aber das Volk darin führte er heraus
und ließ sie mit Sägen und eisernen Hak-
ken und Äxten Frondienste leisten. So tat
David mit allen Städten der Ammoniter.
Und David zog samt dem Kriegsvolk wie-
der nach Jerusalem.

Heldentaten in den Philisterkämpfen

(vgl. 2.Sam 21,18-22)

4 Danach erhob sich ein Krieg bei Geser
mit den Philistern. Damals erschlug [a] Si-
bechai, der Huschatiter, den Saf, der vom
Geschlecht der Riesen war, und sie wur-
den gedemütigt. *a* Kap 27,11
5 Und es erhob sich noch ein Krieg mit
den Philistern. Da erschlug Elhanan, der
Sohn Jaïrs, den Lachmi, den Bruder Goli-
ats, den Gatiter, dessen Spießschaft wie
ein Weberbaum war.
6 Abermals erhob sich ein Krieg bei Gat.
Da war ein großer Mann, der hatte je sechs
Finger und sechs Zehen, die machen
zusammen vierundzwanzig, und auch er
war vom Geschlecht der Riesen.
7 Der [a] sprach Israel hohn, aber Jonatan,
der Sohn Schammas, der ein Bruder
Davids war, erschlug ihn. *a* 1.Sam 17,10
8 Diese stammten vom Geschlecht der
Riesen in Gat und fielen durch die Hand
Davids und seiner Kriegsleute.

Gott läßt David den Tempelplatz finden

(vgl. 2.Sam 24)

21 Und der Satan stellte sich gegen
Israel und reizte David, daß er Israel
zählen ließe.
2 Und David sprach zu Joab und zu den
Obersten des Volks: Geht hin, zählt Israel
von Beerscheba bis Dan und bringt mir
Kunde, damit ich weiß, wieviel ihrer sind.
3 Joab sprach: Der HERR tue zu seinem
Volk, wie es jetzt ist, hundertmal soviel
hinzu! Aber, mein Herr und König, sind
sie nicht alle meinem Herrn untertan?
[a] Warum fragt denn mein Herr danach?
Warum soll eine Schuld auf Israel kom-
men? *a* 2.Mose 30,12

4 Aber des Königs Wort blieb fest gegen-
über Joab. Und Joab ging hin und zog
durch ganz Israel und kam nach Jerusa-
lem zurück
5 und gab David die Zahl des gezähl-
ten Volks an. Es waren von ganz Israel
elfmal hunderttausend Mann, die das
Schwert trugen, und von Juda vierhun-
dertsiebzigtausend Mann, die das Schwert
trugen.
6 Levi aber und Benjamin zählte er nicht
mit; denn Joab war des Königs Wort ein
Greuel.
7 ¶ Dies alles aber [a]mißfiel Gott sehr, und
er schlug Israel. *a* Kap 27,24
8 Da sprach David zu Gott: Ich habe
schwer gesündigt, daß ich das getan habe.
Nun aber nimm weg die Schuld deines
Knechts; denn ich habe sehr töricht getan.
9 Und der HERR redete mit Gad, dem
Seher Davids, und sprach:
10 Geh hin, rede mit David und sprich: So
spricht der HERR: Dreierlei lege ich dir
vor; erwähle dir eins davon, daß ich es dir
tue.
11 Und als Gad zu David kam, sprach er
zu ihm: So spricht der HERR: Erwähle dir
12 entweder drei Jahre Hungersnot oder
drei Monate Flucht vor deinen Widersa-
chern und vor dem Schwert deiner Feinde,
daß es dich ergreife, oder drei Tage das
Schwert des HERRN und Pest im Lande,
daß der Engel des HERRN Verderben
anrichte im ganzen Gebiet Israels. So sieh
nun zu, was ich antworten soll dem, der
mich gesandt hat.
13 David sprach zu Gad: Mir ist sehr angst,
doch ich will in die Hand des HERRN fal-
len, denn seine Barmherzigkeit ist sehr
groß; aber ich will nicht in Menschen-
hände fallen.
14 Da ließ der HERR eine Pest über Israel
kommen, so daß siebzigtausend Men-
schen aus Israel starben.
15 ¶ Und Gott sandte den Engel nach
Jerusalem, es zu verderben. Aber während
des Verderbens sah der HERR darein, und
es reute ihn das Übel. Und er sprach zum
Engel, der das Verderben anrichtete: Es
ist genug; laß deine Hand ab! Der Engel
des HERRN aber stand bei der Tenne
Araunas, des Jebusiters.
16 Und David hob seine Augen auf und
sah den Engel des HERRN stehen zwischen
Himmel und Erde und ein bloßes Schwert
in seiner Hand ausgestreckt über Jerusa-
lem. Da fielen David und die Ältesten,
mit Säcken angetan, auf ihr Antlitz.
17 Und David sprach zu Gott: Bin ich's
nicht, der das Volk zählen ließ? Ich bin's
doch, der gesündigt und das Übel getan
hat; diese Schafe aber, was haben sie
getan? HERR, mein Gott, laß deine Hand
gegen mich und meines Vaters Haus sein
und nicht gegen dein Volk, es zu plagen.
18 ¶ Und der Engel des HERRN sprach zu
Gad, er solle David sagen, daß David hin-
aufgehe und dem HERRN einen Altar auf-
richte auf der Tenne Araunas, des Jebusi-
ters.
19 Da ging David hinauf nach dem Wort
Gads, das dieser geredet hatte in des
HERRN Namen.
20 Arauna aber wandte sich um und sah
den Engel und versteckte sich und seine
vier Söhne mit ihm. Arauna aber drosch
Weizen.
21 Als nun David zu Arauna kam, sah
Arauna auf und ward David gewahr. Und
er ging von der Tenne weg und fiel vor
David zur Erde nieder auf sein Antlitz.
22 Und David sprach zu Arauna: Gib mir
den Platz der Tenne, daß ich dem HERRN
einen Altar darauf baue; für den vollen
Preis sollst du ihn mir geben, damit die
Plage unter dem Volk aufhöre.
23 Arauna aber sprach zu David: Nimm
ihn dir und mache, mein Herr und König,
wie dir's gefällt. Siehe, ich gebe die Rinder
zum Brandopfer und die Dreschschlitten
als Brennholz und Weizen zum Speisop-
fer; das alles gebe ich.
24 Aber der König David sprach zu
Arauna: Nicht doch! Sondern für den vol-
len Preis will ich's kaufen; denn ich will
nicht, was dein ist, für den HERRN neh-
men und will's nicht umsonst zum Brand-
opfer haben.
25 So gab David dem Arauna für den Platz
Gold im Gewicht von sechshundert Lot.
26 Und David baute dem HERRN dort
einen Altar und opferte Brandopfer und
Dankopfer. Und als er den HERRN anrief,
[a]erhörte er ihn durch das Feuer, das vom
Himmel fiel auf den Altar mit dem
Opfer. *a* 1.Kön 18,24
27 Und der HERR gebot dem Engel, daß er
sein Schwert in seine Scheide stecke.
28 Damals, als David sah, daß ihn der
HERR erhört hatte auf der Tenne Araunas,

des Jebusiters, und er dort Opfer dar-
brachte –
29 aber die Wohnung des HERRN, die
Mose in der Wüste gemacht hatte, und
der Brandopferaltar waren zu der Zeit [a] auf
der Höhe bei Gibeon; *a* 1.Kön 3,4; 2.Chr 1,3.6
30 David aber konnte nicht hingehen und
vor ihn treten, um Gott zu befragen, so
erschrocken war er vor dem Schwert des
Engels des HERRN –,
22 da sprach David: [a] Hier soll das
Haus Gottes, des HERRN, sein, und
dies der Altar für die Brandopfer Israels.
a 2.Chr 3,1

David überträgt Salomo den Bau des Tempels

2 Und David ließ [a] die Fremdlinge versam-
meln, die im Land Israel waren, und be-
stellte Steinmetzen, Steine zu hauen, um
das Haus Gottes zu bauen. *a* 2.Chr 2,16.17
3 Und David schaffte viel Eisen herbei zu
Nägeln für die Türen der Tore und zu
Klammern und so viel Kupfer, daß es nicht
zu wiegen war,
4 auch Zedernholz ohne Zahl; denn die
von Sidon und Tyrus brachten viel Zedern-
holz zu David.
5 Denn David dachte: [a] Mein Sohn Sa-
lomo ist noch jung und zart; das Haus
aber, das dem HERRN gebaut werden soll,
soll groß sein, daß sein Name und Ruhm
erhoben werde in allen Landen. Darum
will ich ihm Vorrat schaffen. So schaffte
David viel Vorrat vor seinem Tod.
a Kap 29,1
6 ¶ [a] Und er rief seinen Sohn Salomo und
gebot ihm, dem HERRN, dem Gott Israels,
ein Haus zu bauen, *a (6-10)* Kap 17,1-14; 28,2-7
7 und sprach zu ihm: Mein Sohn, ich hatte
im Sinn, dem Namen des HERRN, meines
Gottes, ein Haus zu bauen,
8 aber das Wort des HERRN kam zu mir:
Du hast viel Blut vergossen und große
Kriege geführt; darum sollst du meinem
Namen nicht ein Haus bauen, weil du vor
mir so viel Blut auf die Erde vergossen
hast.
9 Siehe, der Sohn, der dir geboren wer-
den soll, der wird ein Mann der Ruhe sein;
denn ich will ihm Ruhe schaffen vor allen
seinen Feinden ringsumher. Er soll Sa-
lomo heißen; denn ich will Israel Frieden
und Ruhe geben, solange er lebt.
10 Der soll meinem Namen ein Haus
bauen. Er soll mein Sohn sein, und ich
will sein Vater sein. Und ich will seinen
königlichen Thron über Israel bestätigen
ewiglich. –
11 So wird nun, mein Sohn, der HERR mit
dir sein, und es wird dir gelingen, daß du
dem HERRN, deinem Gott, ein Haus baust,
wie er von dir gesagt hat.
12 Auch wird der HERR dir geben Klug-
heit und Verstand und wird dich bestellen
über Israel, daß du haltest das Gesetz des
HERRN, deines Gottes.
13 Dann aber wird es dir gelingen, [a] wenn
du die Gebote und Rechte befolgst, die
der HERR dem Mose für Israel geboten
hat. Sei getrost und unverzagt, fürchte dich
nicht und laß dich nicht erschrecken!
a 1.Kön 2,2.3
14 Siehe, [a] ich habe in meiner Mühsal her-
beigeschafft für das Haus des HERRN hun-
derttausend Zentner Gold und tausend-
mal tausend Zentner Silber, dazu Kupfer
und Eisen, das nicht zu wiegen ist, denn
es ist zu viel; auch Holz und Steine habe
ich herbeigeschafft, davon kannst du noch
mehr anschaffen. *a* Kap 29,2
15 Auch hast du viel Arbeiter, Steinmet-
zen und Leute, die in Stein und Holz ar-
beiten, und allerlei Meister für jede Arbeit
16 in Gold, Silber, Kupfer und Eisen, ohne
Zahl. So mache dich auf und richte es aus!
Der HERR wird mit dir sein.
17 ¶ Und David gebot allen Oberen
Israels, seinem Sohn Salomo zu helfen.
18 Ist nicht der HERR, euer Gott, mit euch
und [a] hat euch Ruhe gegeben ringsumher?
Denn er hat die Bewohner des Landes in
meine Hand gegeben, und das Land ist
unterworfen dem HERRN und seinem
Volk. *a* Vers 9; Kap 23,25
19 So richtet nun euer Herz und euren
Sinn darauf, den HERRN, euren Gott, zu
suchen. Und macht euch auf und baut
Gott, dem HERRN, ein Heiligtum, daß man
die Lade des Bundes des HERRN und die
heiligen Geräte Gottes in das Haus bringe,
das dem Namen des HERRN gebaut wer-
den soll.

Die Leviten, ihre Abteilungen und Ämter

23 Als David alt und lebenssatt war,
machte er seinen Sohn Salomo zum
König über Israel [a] *a* 1.Kön 1,28-40
2 und versammelte alle Oberen Israels
und die Priester und Leviten.

[3]¶Und man zählte die Leviten von drei-
ßig Jahren an und darüber, und die Zahl
der Männer, nach Köpfen abgezählt, be-
trug achtunddreißigtausend.
[4]Von diesen wurden vierundzwanzigtau-
send für die Arbeit am Hause des HERRN
verordnet und sechstausend zu Amtleu-
ten und Richtern
[5]und viertausend zu Torhütern und vier-
tausend zu Sängern des HERRN mit den
Instrumenten, die David zum Lobgesang
hatte machen lassen.
[6]¶Und David teilte sie in Ordnungen ein,
[a]nach den Söhnen Levis: Gerschon, Ke-
hat und Merari. *a* Kap 6,1
[7]Die Gerschoniter waren Ladan und
Schimi.
[8]Die Söhne [a]Ladans waren: Jehiël, der
Erste, ferner Setam und Joel, diese drei.
a Kap 26,21
[9]Söhne Schimis waren: Schelomit, Ha-
siël und Haran, diese drei. Diese waren
die Häupter der Sippen von Ladan.
[10]Schimis Söhne waren: Jahat, Sisa,
Jëusch und Beria. Diese vier waren
Schimis Söhne.
[11]Jahat aber war der Erste, Sisa der
Zweite. Aber Jëusch und Beria hatten
nicht viele Söhne, darum galten sie als **eine**
Sippe, eine Dienstgruppe.
[12]¶ Die Söhne [a]Kehats waren: Amram, Jiz-
har, Hebron und Usiël, diese vier. *a* Kap 5,28
[13]Die [a]Söhne Amrams waren: Aaron und
Mose. [b]Aaron aber wurde ausgesondert,
daß er heilige das Hochheilige, er und
seine Söhne für alle Zeiten, zu opfern vor
dem HERRN und ihm zu dienen und [c]zu
segnen im Namen des Herrn für alle Zeiten.
a Kap 5,29 *b* Kap 6,34; 5.Mose 10,8 *c* 4.Mose 6,24-27
[14]Aber die Söhne des Mose, des Mannes
Gottes, wurden gerechnet zum Stamm der
Leviten.
[15]Die Söhne des Mose waren: [a]Ger-
schom und Eliëser. *a* 2.Mose 18,3.4
[16]Der Sohn Gerschoms war: [a]Schubaël,
der Erste. *a* Kap 26,24
[17][a]Der Sohn Eliësers war: Rehabja, der
Erste. Und Eliëser hatte keine andern
Söhne. Aber die Söhne Rehabjas waren
überaus viele. *a (17-23)* Kap 24,21-30
[18]Der Sohn Jizhars war: Schelomit, der
Erste.
[19]Die Söhne Hebrons waren: Jerija, der
Erste, Amarja, der zweite Sohn, Jahasiël,
der dritte, und Jekamam, der vierte.
[20]Die Söhne Usiëls waren: Micha, der Er-
ste, und Jischija, der zweite Sohn.
[21]¶Die Söhne [a]Meraris waren: Machli
und Muschi. Die Söhne Machlis waren:
Eleasar und Kisch. *a* Kap 6,4
[22]Eleasar aber starb und hatte keine
Söhne, sondern nur Töchter; und die
Söhne des Kisch, ihre Vettern, nahmen sie
zu Frauen.
[23]Die Söhne Muschis waren: Machli,
Eder und Jeremot, diese drei.
[24]¶Das sind die Söhne Levi nach ihren
Sippen, nämlich die Häupter der Sippen,
gemustert und Mann für Mann nach den
Namen aufgezählt, die das Amt im Hause
des HERRN verrichteten, von zwanzig Jah-
ren an und darüber.
[25]Denn David sprach: Der HERR, der
Gott Israels, hat seinem Volk Ruhe gege-
ben und [a]wird zu Jerusalem wohnen ewig-
lich. *a* Joel 4,21
[26]So brauchten auch die Söhne Levi die
Wohnung nicht mehr zu tragen mit allem
Gerät für ihren Dienst –
[27]denn nach den späteren Ordnungen Da-
vids wurden die Leviten gezählt von zwan-
zig Jahren an und darüber –,
[28]sondern sie sollten stehen zur Seite der
Söhne Aaron zum Dienst im Hause des
HERRN in den Vorhöfen und Kammern
und zur Reinigung alles Heiligen und zu
allem Dienst im Hause Gottes,
[29]für Schaubrote, für feinstes Mehl zum
Speisopfer, für die ungesäuerten Fladen,
für die Pfanne, fürs Rösten und für alles
Gewicht und Maß.
[30]Und an jedem Morgen sollten sie ste-
hen, den HERRN zu loben und ihm zu dan-
ken, und ebenso an jedem Abend,
[31]und alle Brandopfer dem HERRN zu op-
fern an den Sabbaten, Neumonden und
Festen nach der vorgeschriebenen Zahl,
täglich vor dem HERRN;
[32]so sollten sie den Dienst versehen an
der Stiftshütte, am Heiligtum sowie an den
Söhnen Aaron, ihren Brüdern, damit zu
dienen im Hause des HERRN.

Die vierundzwanzig Abteilungen der Priester

24 Dies waren die [a]Ordnungen der
Söhne Aaron. Die [b]Söhne Aarons
waren: Nadab, Abihu, Eleasar und
Itamar. *a* Kap 23,6 *b* Kap 5,29
[2]Aber [a]Nadab und Abihu starben vor ih-

rem Vater und hatten keine Söhne. Und
[b]Eleasar und Itamar wurden Priester.
a 3.Mose 10,1.2 b 3.Mose 10,12
3 Und David zusammen mit Zadok von
den Söhnen Eleasar und mit Ahimelech
von den Söhnen Itamar [a]teilte sie ein nach
ihrer Dienstgruppe und ihrem Amt.
a 2.Chr 8,14
4 Und es fand sich bei den Söhnen Elea-
sar eine größere Zahl an Männern als bei
den Söhnen Itamar. Und sie teilten sie ein:
Von den Söhnen Eleasar sechzehn Sippen-
häupter und von den Söhnen Itamar acht
Sippenhäupter.
5 Und sie teilten sie beide durchs Los;
denn es waren Oberste im Heiligtum und
Oberste vor Gott unter den Söhnen Elea-
sar und unter den Söhnen Itamar.
6 Und der Schreiber Schemaja, der Sohn
Netanels, ein Levit, schrieb sie auf vor
dem König und vor den Oberen und vor
dem Priester Zadok und vor [a]Ahimelech,
dem Sohn Abjatars, und vor den Sippen-
häuptern der Priester und Leviten, näm-
lich je zwei Sippen für Eleasar und eine
für Itamar. a Kap 18,16
7 Und das erste Los fiel auf Jojarib, das
zweite auf Jedaja,
8 das dritte auf Harim, das vierte auf Seo-
rim,
9 das fünfte auf Malkija, das sechste auf
Mijamin,
10 das siebente auf Hakkoz, das achte auf
[a]Abija, a Lk 1,5
11 das neunte auf Jeschua, das zehnte auf
Schechanja,
12 das elfte auf Eljaschib, das zwölfte auf
Jakim,
13 das dreizehnte auf Huppa, das vier-
zehnte auf Jeschebab,
14 das fünfzehnte auf Bilga, das sech-
zehnte auf Immer,
15 das siebzehnte auf Hesir, das acht-
zehnte auf Pizez,
16 das neunzehnte auf Petachja, das zwan-
zigste auf Jeheskel,
17 das einundzwanzigste auf Jachin, das
zweiundzwanzigste auf Gamul,
18 das dreiundzwanzigste auf Delaja, das
vierundzwanzigste auf Maasja.
19 Das sind ihre Dienstgruppen nach ih-
rem Amt, in das Haus des HERRN zu ge-
hen nach der Vorschrift, die ihnen ihr Va-
ter Aaron gegeben hat, wie ihm der HERR,
der Gott Israels, geboten hatte.

Die Familien der Leviten

20 Von den andern Söhnen Levi waren da:
von den Söhnen Amram: Schubaël, von
den Söhnen Schubaëls: Jechdeja;
21 [a]von den Söhnen Rehabjas war der Er-
ste Jischija; a (21-30) Kap 23,17-23; 26,23
22 von den Jizharitern: Schelomit; von den
Söhnen Schelomits: Jahat.
23 Die Söhne Hebrons waren: Jerija, der
Erste, Amarja, der zweite Sohn, Jahasiël,
der dritte, Jekamam, der vierte;
24 die Söhne Usiëls waren: Micha, von den
Söhnen Michas: Schamir.
25 Der Bruder Michas war Jischija, von
den Söhnen Jischijas: Secharja.
26 Die Söhne Merari waren: Machli und
Muschi und die Söhne Jaasijas, seines
Sohnes.
27 Die Söhne Merari von Jaasija, seinem
Sohn, waren: Schoham, Sakkur und Ibri,
28 von Machli: Eleasar; der hatte keine
Söhne.
29 Von Kisch, von den Söhnen des Kisch
war: Jerachmeel.
30 Die Söhne Muschis waren: Machli,
Eder und Jeremot.
¶Das sind die Leviten nach ihren Sip-
pen.
31 Und man warf auch für sie das Los wie
für ihre Brüder, die Söhne Aarons, vor Kö-
nig David und vor Zadok und Ahimelech
und vor den Sippenhäuptern der Priester
und Leviten, [a]für den jüngsten Bruder
ebenso wie für das Sippenhaupt. a Kap 25,8

Die vierundzwanzig Abteilungen der Sänger

25 Und David und die Feldhauptleute
sonderten aus zum Dienst die Söhne
[a]Asafs, Hemans und Jedutuns, propheti-
sche Männer, die auf Harfen, Psaltern und
Zimbeln spielen sollten. Und es war die
Zahl derer, die Dienst taten in ihrem
Amt: a Kap 15,19
2 Von den Söhnen Asafs: Sakkur, Josef,
Netanja, Asarela, Söhne Asafs, unter der
Leitung Asafs, der als prophetischer Mann
nach Anweisung des Königs spielte.
3 Von Jedutun: Jedutuns Söhne: Gedalja,
Zeri, Jeschaja, Haschabja, Mattitja, Schi-
mi, diese sechs, unter der Leitung ihres
Vaters Jedutun, der als prophetischer
Mann auf der Harfe spielte, dem HERRN
zu danken und ihn zu loben.

4 Von Heman: Hemans Söhne: Bukkija,
Mattanja, Usiël, Schubaël, Jerimot, Ha-
nanja, Hanani, Eliata, Giddalti, Romamti-
Eser, Joschbekascha, Malloti, Hotir und
Mahasiot.
5 Diese alle waren Söhne Hemans, des
[a]Sehers des Königs nach der Zusage
Gottes, sein Haupt zu erhöhen; denn Gott
hatte Heman vierzehn Söhne und drei
Töchter gegeben. *a* 2.Chr 35,15
6 Diese alle sangen unter der Leitung
ihrer Väter Asaf, Jedutun und Heman im
Hause des HERRN mit Zimbeln, Psaltern
und Harfen für den Dienst im Hause
Gottes nach Anweisung des Königs.
7 Und es war ihre Zahl mit ihren Brüdern,
die im Gesang des HERRN geübt waren,
allesamt Meister, zweihundertachtund-
achtzig.
8 ¶ Und sie warfen das Los um ihre Ämter,
[a]für den Jüngeren wie für den Älteren,
für den Meister wie für den Schüler.
a Kap 24,31
9 Und das erste Los fiel unter Asaf
auf Josef. Das zweite auf Gedalja samt
seinen Brüdern und Söhnen; ihrer waren
zwölf.
10 Das dritte auf Sakkur samt seinen Söh-
nen und Brüdern; ihrer waren zwölf.
11 Das vierte auf Zeri samt seinen Söhnen
und Brüdern; ihrer waren zwölf.
12 Das fünfte auf Netanja samt seinen Söh-
nen und Brüdern; ihrer waren zwölf.
13 Das sechste auf Bukkija samt seinen
Söhnen und Brüdern; ihrer waren zwölf.
14 Das siebente auf Asarela samt seinen
Söhnen und Brüdern; ihrer waren zwölf.
15 Das achte auf Jeschaja samt seinen
Söhnen und Brüdern; ihrer waren zwölf.
16 Das neunte auf Mattanja samt seinen
Söhnen und Brüdern; ihrer waren zwölf.
17 Das zehnte auf Schimi samt seinen
Söhnen und Brüdern; ihrer waren zwölf.
18 Das elfte auf [a]Asarel samt seinen Söh-
nen und Brüdern; ihrer waren zwölf.
a Kap 12,7
19 Das zwölfte auf Haschabja samt seinen
Söhnen und Brüdern; ihrer waren zwölf.
20 Das dreizehnte auf Schubaël samt sei-
nen Söhnen und Brüdern; ihrer waren
zwölf.
21 Das vierzehnte auf Mattitja samt sei-
nen Söhnen und Brüdern; ihrer waren
zwölf.
22 Das fünfzehnte auf Jeremot samt sei-
nen Söhnen und Brüdern; ihrer waren
zwölf.
23 Das sechzehnte auf Hananja samt sei-
nen Söhnen und Brüdern; ihrer waren
zwölf.
24 Das siebzehnte auf Joschbekascha samt
seinen Söhnen und Brüdern; ihrer waren
zwölf.
25 Das achtzehnte auf Hanani samt seinen
Söhnen und Brüdern; ihrer waren zwölf.
26 Das neunzehnte auf Malloti samt sei-
nen Söhnen und Brüdern; ihrer waren
zwölf.
27 Das zwanzigste auf Eliata samt seinen
Söhnen und Brüdern; ihrer waren zwölf.
28 Das einundzwanzigste auf Hotir samt
seinen Söhnen und Brüdern; ihrer waren
zwölf.
29 Das zweiundzwanzigste auf Giddalti
samt seinen Söhnen und Brüdern; ihrer
waren zwölf.
30 Das dreiundzwanzigste auf Mahasiot
samt seinen Söhnen und Brüdern; ihrer
waren zwölf.
31 Das vierundzwanzigste auf Romamti-
Eser samt seinen Söhnen und Brüdern;
ihrer waren zwölf.

Bestellung der Torhüter

26 Von den [a]Ordnungen der Torhüter.
¶ Von den Korachitern: Meschе-
lemja, der Sohn des Kore, von den Söh-
nen Abiasafs. *a* 2.Chr 8,14; 35,15
2 Die Söhne Meschelemjas waren diese:
der Erstgeborene Secharja, der zweite
Sohn Jediaël, der dritte Sebadja, der vierte
Jatniël,
3 der fünfte Elam, der sechste Johanan,
der siebente Eljoënai.
4 Die Söhne [a]Obed-Edoms waren diese:
der Erstgeborene Schemaja, der zweite
Sohn Josabad, der dritte Joach, der vierte
Sachar, der fünfte Netanel, *a* 2.Sam 6,11
5 der sechste Ammiël, der siebente Issa-
char, der achte Pëulletai; denn Gott hatte
ihn gesegnet.
6 Und seinem Sohn Schemaja wurden
auch Söhne geboren, die in ihren Sippen
herrschten; denn es waren angesehene
Männer.
7 Die Söhne Schemajas waren: Otni, Re-
faël, Obed und Elsabad und seine Brüder,
angesehene Männer, Elihu und Semachja.
8 Diese alle gehörten zu den Söhnen
Obed-Edoms. Sie samt ihren Söhnen und

Brüdern, angesehene Männer, geschickt
zu Ämtern, waren zweiundsechzig von
Obed-Edom.
9 Meschelemjas Söhne und Brüder, angesehene Männer, waren achtzehn.
10 Die Söhne Hosas, der zu den Söhnen
Merari gehörte, waren: der Erste Schimri
– denn der Erstgeborene war nicht mehr
da, daher machte ihn sein Vater zum Ersten –,
11 der zweite Sohn Hilkija, der dritte Tebalja, der vierte Secharja. Alle Söhne und
Brüder Hosas waren dreizehn.
12 Diesen, den Ordnungen der Torhüter,
fiel nach der Zahl der Männer das Amt zu
wie ihren Brüdern, zu dienen im Hause
des HERRN.
13 ¶ Und das Los wurde geworfen für die
kleinen wie für die großen Sippen über
ein jedes Tor.
14 Das Los für den Osten fiel auf Meschelemja. Auch für seinen Sohn Secharja, der
ein kluger Ratgeber war, warf man das Los,
und es fiel für ihn auf den Norden;
15 für Obed-Edom aber auf den Süden,
und für seine Söhne auf das Vorratshaus;
16 für Schuppim und Hosa auf den Westen beim Tor Schallechet, wo die Straße
hinaufgeht. Jede Wache umfaßte:
17 Im Osten für den Tag sechs, im Norden
für den Tag vier, im Süden für den Tag
vier, beim Vorratshause aber je zwei,
18 am Parbar aber im Westen: vier an der
Straße und zwei am Parbar selbst.
19 Dies sind die Ordnungen der Torhüter
aus den Korachitern und den Meraritern.

Die levitischen Schatzmeister

20 Von den Leviten, ihren Brüdern, die
über die Schätze des Hauses Gottes gesetzt waren und über die Schätze, die geheiligt wurden, waren da:
21 Die [a] Söhne Ladan, die Nachkommen
des Gerschoniters Ladan. Sie waren Häupter der Sippen der Jehiëliter. *a* Kap 23,8
22 Die Söhne der Jehiëliter, Setam und
sein Bruder Joel, waren über die Schätze
des Hauses des HERRN gesetzt.
23 Von den Amramitern, Jizharitern, Hebronitern und Usiëlitern
24 war [a] Schubaël, der Sohn Gerschoms,
des Sohnes des Mose, Vorsteher der
Schätze. *a* Kap 23,16
25 Sein Bruder [a] Eliëser hatte einen Sohn
Rehabja; dessen Sohn war Jeschaja, dessen Sohn war Joram, dessen Sohn war
Sichri, dessen Sohn war Schelomit.
a Kap 23,17
26 Dieser Schelomit und seine Brüder waren gesetzt über alle Schätze der geheiligten Gaben, die geheiligt hatten der König
David und die Häupter der Sippen, die
Obersten über tausend und über hundert
und die Obersten im Heer.
27 Aus der Kriegsbeute hatten sie's geheiligt, um das Haus des HERRN zu errichten.
28 Auch alles, was Samuel, der Seher, und
Saul, der Sohn des Kisch, und Abner, der
Sohn des Ner, und Joab, der Sohn der Zeruja, geheiligt hatten, alle diese geheiligten Gaben waren unter der Hand Schelomits und seiner Brüder.

Die levitischen Amtleute und Richter

29 Von den Jizharitern waren Kenanja und
seine Söhne draußen in Israel zum Dienst
als Amtleute und Richter bestellt.
30 Von den Hebronitern waren Haschabja
und seine Brüder, angesehene Männer,
tausendsiebenhundert zur Verwaltung Israels westlich des Jordans bestellt für alle
Geschäfte des HERRN und zum Dienst des
Königs.
31 Von den Hebronitern bestellte David
auch Jerija, den Ersten, – unter den Nachkommen Hebrons wurden in seinen Geschlechtern und Sippen im vierzigsten Jahr
der Herrschaft Davids angesehene Männer
gesucht und gefunden zu Jaser in Gilead –
32 und seine Brüder, angesehene Männer,
zweitausendsiebenhundert, Häupter der
Sippen, über die Rubeniter, Gaditer und
den halben Stamm Manasse zu allem
Dienst Gottes und des Königs.

Die Führer der Abteilungen des Heeres, die Stammesfürsten und die königlichen Beamten

27 Dies sind die Männer Israels nach
ihrer Zahl, die Häupter der Sippen
und die Obersten über tausend und über
hundert und die Amtleute, die dem König
dienten. Von allen Ordnungen, die ab- und
zuzogen, jeden Monat eine, in allen Monaten des Jahres, hatte jede vierundzwanzigtausend.
2 ¶ Über die erste Ordnung, für den ersten Monat, war gesetzt Joschobam, der
Sohn Sabdiëls, und in seiner Ordnung waren vierundzwanzigtausend.

3 Er war von den Söhnen Perez und war
der Erste aller Hauptleute des Heeres im
ersten Monat.
4 Über die Ordnung des zweiten Monats
war gesetzt Dodai, der Ahoachiter, und
Miklot war der Vorsteher seiner Ordnung,
und in seiner Ordnung waren vierund-
zwanzigtausend.
5 Der dritte Feldhauptmann, für den drit-
ten Monat, war [a]Benaja, der Sohn des Ho-
henpriesters Jojada, und in seiner Ordnung
waren vierundzwanzigtausend.
a Kap 11,22-25
6 Das ist der Benaja, der Held der Dreißig
und über die Dreißig, und seine Ordnung
war unter seinem Sohn Ammisabad.
7 Der vierte, für den vierten Monat, war
[a]Asaël, Joabs Bruder, und nach ihm sein
Sohn Sebadja, und in seiner Ordnung wa-
ren vierundzwanzigtausend. a Kap 11,26
8 Der fünfte, für den fünften Monat, war
Schamhut, der Serachiter, und in seiner
Ordnung waren vierundzwanzigtausend.
9 Der sechste, für den sechsten Monat,
war [a]Ira, der Sohn des Ikkesch, aus Tekoa,
und in seiner Ordnung waren vierund-
zwanzigtausend. a Kap 11,28
10 Der siebente, für den siebenten Monat,
war [a]Helez, der Peletiter, von den Söhnen
Ephraim, und in seiner Ordnung waren
vierundzwanzigtausend. a Kap 11,27
11 Der achte, für den achten Monat, war
[a]Sibbechai, der Huschatiter, aus den Sera-
chitern, und in seiner Ordnung waren vier-
undzwanzigtausend. a Kap 11,29; 20,4
12 Der neunte, für den neunten Monat,
war [a]Abiëser, der Anatotiter, von den Söh-
nen Benjamin, und in seiner Ordnung wa-
ren vierundzwanzigtausend. a Kap 11,28
13 Der zehnte, für den zehnten Monat,
war [a]Mahrai, der Netofatiter, aus den Se-
rachitern, und in seiner Ordnung waren
vierundzwanzigtausend. a Kap 11,30
14 Der elfte, für den elften Monat, war
[a]Benaja, der Piratoniter, von den Söhnen
Ephraim, und in seiner Ordnung waren
vierundzwanzigtausend. a Kap 11,31
15 Der zwölfte, für den zwölften Monat,
war Heldai, der Netofatiter, von den Nach-
kommen Otniëls, und in seiner Ordnung
waren vierundzwanzigtausend.
16 ¶Über die Stämme Israels waren diese
gesetzt: bei den Rubenitern war Fürst:
Eliëser, der Sohn Sichris; bei den Simeo-
nitern Schefatja, der Sohn Maachas;
17 bei den Leviten Haschabja, der Sohn
Kemuëls; bei den Aaronitern Zadok;
18 bei Juda Elihu, einer der Brüder Da-
vids; bei Issachar Omri, der Sohn Micha-
els;
19 bei Sebulon Jischmaja, der Sohn
Obadjas; bei Naftali Jeremot, der Sohn As-
riëls;
20 bei den Söhnen Ephraim Hoschea, der
Sohn Asasjas; beim halben Stamm Ma-
nasse Joel, der Sohn Pedajas;
21 beim halben Stamm Manasse in Gilead
Jiddo, der Sohn Secharjas; bei Benjamin
Jaasiël, der Sohn Abners;
22 bei Dan Asarel, der Sohn Jerohams.
¶Das sind die Fürsten der Stämme Is-
raels.
23 ¶Aber David nahm die Zahl derer
nicht auf, die zwanzig Jahre und darunter
waren; denn [a]der HERR hatte zugesagt, Is-
rael zu mehren wie die Sterne am Him-
mel. a 1.Mose 22,17
24 Joab, der Sohn der Zeruja, hatte ange-
fangen zu zählen, aber er vollendete es
nicht; denn [a]deswegen kam ein Zorn über
Israel. Darum kam die Zahl nicht in die
Chronik des Königs David. a Kap 21,7.14
25 ¶Über die Vorräte des Königs war ge-
setzt Asmawet, der Sohn Adiëls, und über
die Vorräte auf dem Lande, in den Städ-
ten, Dörfern und Türmen war gesetzt Jo-
natan, der Sohn Usijas;
26 über die Ackerleute, die das Land
bebauten, war gesetzt Esri, der Sohn Ke-
lubs;
27 über die Weinberge Schimi, der Rama-
titer; über die Vorräte an Wein in den
Weinbergen Sabdi, der Schifmiter;
28 über die Ölbäume und Maulbeerbäume
im Hügelland Baal-Hanan, der Gederiter;
über die Ölvorräte Joasch;
29 über die Rinder in der Scharon-Ebene
Schitrai, der Scharoniter, aber über die
Rinder in den Tälern Schafat, der Sohn
Adlais;
30 über die Kamele Obil, der Ismaeliter,
über die Esel Jechdeja, der Meronotiter;
31 über die Schafe Jasis, der Hagariter.
Diese alle waren Vorsteher über die Güter
des Königs David.
32 Jonatan aber, Davids Oheim, war Rat-
geber, ein verständiger und schriftkundi-
ger Mann. Und Jehiël, der Sohn Hach-
monis, war bei den Söhnen des Königs.
33 [a]Ahitofel war auch Ratgeber des Kö-

nigs. [b]Huschai, der Arkiter, war des Kö-
nigs Freund. *a* 2.Sam 15,12 *b* 2.Sam 15,37; 16,16
34 Nach Ahitofel waren es Jojada, der
Sohn Benajas, und Abjatar. [a]Joab aber war
Feldhauptmann des Königs. *a* 2.Sam 8,16

David stellt dem Volk Salomo als seinen Nachfolger vor

28 Und David versammelte nach Jeru-
salem alle Oberen Israels, nämlich
die Fürsten der Stämme, die Obersten
über die Ordnungen, die dem König dien-
ten, die Obersten über tausend und über
hundert, die Vorsteher über die Güter und
Herden des Königs und seiner Söhne, so-
wie die Kämmerer, die Helden und alle
angesehenen Männer.
2 [a]Und der König David stand auf und
sprach: Hört mir zu, meine Brüder und
mein Volk! Ich hatte mir vorgenommen,
ein Haus zu bauen als Ruhestätte für die
Lade des Bundes des HERRN und für den
Schemel der Füße unseres Gottes, und
hatte mich angeschickt, es zu bauen.
a (2-7) Kap 22,6-10; Ps 99,5; 132,7
3 Aber Gott ließ mir sagen: [a]Nicht du
sollst meinem Namen ein Haus bauen;
denn du bist ein Kriegsmann und hast Blut
vergossen. *a* 2.Sam 7,5
4 Nun hat der HERR, der Gott Israels,
mich erwählt aus meines Vaters ganzem
Hause, daß ich König über Israel sein
sollte immerdar. Denn er hat [a]Juda er-
wählt zum Fürsten und im Stamm Juda
meines Vaters Haus, und [b]unter meines
Vaters Söhnen hat er an mir Gefallen ge-
habt, daß er mich zum König machte über
ganz Israel. *a* 1.Mose 49,10 *b* 1.Sam 16,1.12
5 Und von allen meinen Söhnen – denn
der HERR hat mir viele Söhne gegeben –
[a]hat er meinen Sohn Salomo erwählt, daß
er sitzen soll auf dem Thron des König-
tums des HERRN über Israel, *a* 1.Kön 1,13
6 und er hat zu mir gesagt: [a]Dein Sohn
Salomo soll mein Haus und meine Vor-
höfe bauen; denn ich habe ihn mir erwählt
zum Sohn, und ich will sein Vater sein
a Kap 17,11-14
7 und will sein Königtum bestätigen ewig-
lich, wenn er daran festhält, zu tun nach
meinen Geboten und Rechten, wie es
heute geschieht.
8 Nun denn – vor den Augen ganz Israels,
der Gemeinde des HERRN, und vor den
Ohren unseres Gottes –: Haltet und sucht
alle Gebote des HERRN, eures Gottes, da-
mit ihr das gute Land besitzt und auf eure
Kinder nach euch für alle Zeiten vererbt!
9 Und du, mein Sohn Salomo, erkenne
den Gott deines Vaters und diene ihm mit
ganzem Herzen und mit williger Seele.
Denn der HERR erforscht alle Herzen und
versteht alles Dichten und Trachten der
Gedanken. [a]Wirst du ihn suchen, so wirst
du ihn finden; [b]wirst du ihn aber verlas-
sen, so wird er dich verwerfen ewiglich!
a Jer 29,13.14 *b* 1.Kön 11,31.33
10 So sieh nun zu, denn der HERR hat dich
erwählt, daß du ein Haus baust als Heilig-
tum. Sei getrost und richte es aus!

David gibt Salomo den Entwurf des Tempels

11 Und David gab seinem Sohn Salomo
[a]einen Entwurf für die Vorhalle des Tem-
pels und für seinen Bau, seine Gemächer
und Obergemächer und inneren Kammern
und für den Raum des Gnadenthrones;
a 2.Mose 25,9
12 dazu Entwürfe für alles, was ihm durch
den Geist in den Sinn gekommen war: für
die Vorhöfe am Hause des HERRN und
alle Gemächer ringsum, bestimmt für die
Schätze im Hause Gottes und für die
Schätze der geheiligten Gaben
13 und für die Ordnungen der Priester und
Leviten und für alle Geschäfte und Geräte
des Dienstes im Hause des HERRN.
14 Und er setzte fest das Goldgewicht für
alle Geräte je nach ihrem Zweck und alles
Silbergewicht für alle Geräte je nach ih-
rem Zweck
15 und das Gewicht für die goldenen
Leuchter und goldenen Lampen, für je-
den Leuchter und seine Lampen sein Ge-
wicht, auch für die silbernen Leuchter, für
jeden Leuchter und seine Lampen, nach
dem Zweck eines jeden Leuchters.
16 Auch setzte er das Goldgewicht fest für
die Tische der Schaubrote, für jeden Tisch
sein Gewicht; ebenso auch das des Silbers
für die silbernen Tische;
17 und für die Gabeln, Becken und Kan-
nen von lauterem Gold und für die golde-
nen Becher, für jeden Becher sein Ge-
wicht, und für die silbernen Becher, für
jeden Becher sein Gewicht,
18 und für den Räucheraltar vom allerlau-
tersten Gold sein Gewicht. Auch gab er

einen Entwurf des Thronwagens mit den
goldenen Cherubim, die sich ausbreiteten
und oben die Lade des Bundes des HERRN
bedeckten.
19 – Das alles steht in einer Schrift, gege-
ben von der Hand des HERRN, der mich
unterwies über alle Werke des Entwurfes.
20 ¶ Und David sprach zu seinem Sohn Sa-
lomo: [a]Sei getrost und unverzagt und
richte es aus! Fürchte dich nicht und laß
dich nicht erschrecken! Gott der HERR,
mein Gott, wird mit dir sein und wird die
Hand nicht abziehen und dich nicht ver-
lassen, bis du jedes Werk für den Dienst
im Hause des HERRN vollendet hast.
a Kap 22,13; 5.Mose 31,6
21 Siehe, da sind die Ordnungen der Prie-
ster und Leviten zu jedem Dienst im
Hause Gottes; auch hast du zu jedem
Werk Leute, die willig und weise sind zu
jedem Dienst, dazu auch die Fürsten und
alles Volk zu allem, was du tun wirst.

Reiche Beisteuer zum Tempelbau und Davids Dankgebet

29 Und der König David sprach zu der
ganzen Gemeinde: Gott hat [a]Sa-
lomo, einen meiner Söhne, erwählt, der
noch jung und zart ist. Das Werk aber ist
groß; denn es ist nicht die Wohnung eines
Menschen, sondern Gottes, des HERRN.
a Kap 22,5
2 Ich aber habe aus allen meinen Kräften
herbeigeschafft zum Hause Gottes Gold
zu goldenem, Silber zu silbernem, Kupfer
zu kupfernem, Eisen zu eisernem, Holz
zu hölzernem Gerät, Onyxsteine und ein-
gefaßte Steine, Rubine und bunte Steine
und mancherlei Edelsteine und Marmor-
steine die Menge.
3 Aus Wohlgefallen am Hause meines
Gottes aber und da ich noch eigenes Gut
an Gold und Silber habe,
4 gebe ich für das Haus meines Gottes
außer allem, was ich schon zum heiligen
Hause beschafft habe, dreitausend Zent-
ner Ofirgold und siebentausend Zentner
lauteres Silber, um die Wände des Hauses
zu überziehen,[a] *a* Kap 22,14; 2.Mose 35,4-9
5 daß golden werde, was golden, und sil-
bern, was silbern sein soll, und zu allem
Werk durch die Hand der Werkmeister.
Und wer ist nun willig, heute seine Hand
mit einer Gabe für den HERRN zu füllen?
6 Da waren die Häupter der Sippen, die
Fürsten der Stämme Israels, die Obersten
über tausend und über hundert und die
Vorsteher über des Königs Besitzungen
willig,
7 und sie gaben zur Arbeit am Hause
Gottes fünftausend Zentner Gold und
zehntausend Gulden und zehntausend
Zentner Silber, achtzehntausend Zentner
Kupfer und hunderttausend Zentner
Eisen.
8 Und wer immer bei sich [a]edle Steine
hatte, der gab sie zum Schatz des Hauses
des HERRN unter die Hand Jehiëls, des
Gerschoniters. *a* 2.Mose 35,27
9 ¶ Und das Volk war fröhlich, daß sie so
willig waren; denn sie gaben's dem HERRN
freiwillig von ganzem Herzen. Und der
König David war hocherfreut,
10 und er lobte den HERRN vor der ganzen
Gemeinde und sprach:
¶ Gelobt seist du, HERR, Gott Israels, un-
seres Vaters, von Ewigkeit zu Ewigkeit!
11 [a]Dein, HERR, ist die Majestät und Ge-
walt, Herrlichkeit, Sieg und Hoheit. Denn
alles, was im Himmel und auf Erden ist,
das ist dein. Dein, HERR, ist das Reich,
und du bist erhöht zum Haupt über
alles. *a* Offb 4,11; 5,13
12 Reichtum und Ehre kommt von dir, du
herrschst über alles. [a]In deiner Hand
steht Kraft und Macht, in deiner Hand
steht es, jedermann groß und stark zu ma-
chen. *a* 2.Chr 20,6
13 Nun, unser Gott, wir danken dir und
rühmen deinen herrlichen Namen.
14 Denn was bin ich? Was ist mein Volk,
daß wir freiwillig soviel zu geben ver-
mochten? Von dir ist alles gekommen, und
von deiner Hand haben wir dir's gegeben.
15 Denn [a]wir sind Fremdlinge und Gäste
vor dir wie unsere Väter alle. Unser Leben
auf Erden ist [b]wie ein Schatten und blei-
bet nicht. *a* Ps 39,13; Hebr 11,13 *b* Hiob 14,2
16 HERR, unser Gott, all dies Viele, das
wir herbeigebracht haben, dir ein Haus zu
bauen, deinem heiligen Namen, ist von
deiner Hand gekommen, es ist alles dein.
17 **Ich weiß, mein Gott, daß du [a]das Herz
prüfst, und Aufrichtigkeit ist dir ange-
nehm.** Darum habe ich dies alles aus auf-
richtigem Herzen freiwillig gegeben und
habe jetzt mit Freuden gesehen, wie dein
Volk, das hier vor dir steht, dir alles frei-
willig gegeben hat. *a* Ps 7,10
18 HERR, Gott Abrahams, Isaaks und Is-

raels, unserer Väter, bewahre für immer
solchen Sinn und solche Gedanken im
Herzen deines Volks und richte ihre Her-
zen auf dich!
19 Und meinem Sohn Salomo gib ein
rechtschaffenes Herz, daß er halte deine
Gebote, Ordnungen und Rechte und daß
er alles ausführe und diese Wohnung baue,
die ich vorbereitet habe.
20 ¶ Und David sprach zur ganzen Ge-
meinde: Lobet den HERRN, euren Gott!
Und die ganze Gemeinde lobte den
HERRN, den Gott ihrer Väter, und sie neig-
ten sich und fielen nieder vor dem HERRN
und vor dem König
21 und opferten dem HERRN Schlachtop-
fer. Und am andern Morgen opferten sie
dem HERRN Brandopfer, tausend junge
Stiere, tausend Widder, tausend Lämmer
und ihre Trankopfer, sowie Schlachtopfer
in Menge für ganz Israel.
22 Und sie aßen und tranken am selben
Tage vor dem HERRN mit großen Freuden
und [a] machten zum zweitenmal Salomo,
den Sohn Davids, zum König und salbten
ihn dem HERRN zum Fürsten und Zadok
zum Priester. *a* Kap 23,1

Salomo wird König. Davids Tod

23 So [a] setzte sich Salomo auf den Thron
des HERRN als König an seines Vaters Da-
vid Statt und fand Anerkennung. Und ganz
Israel wurde ihm gehorsam.
a Kap 28,5; 1.Kön 1,34.35.39
24 Und alle Obersten und Helden, auch
alle Söhne des Königs David, stellten sich
unter den König Salomo.
25 Und der HERR machte Salomo immer
größer vor ganz Israel und gab ihm ein
herrliches Königreich, wie es keiner vor
ihm über Israel gehabt hatte.
26 ¶ So ist nun David, der Sohn Isais, Kö-
nig gewesen über ganz Israel.
27 Die Zeit aber, die er König über Israel
gewesen ist, ist vierzig Jahre. Zu Hebron
regierte er sieben Jahre und zu Jerusalem
dreiunddreißig Jahre.[a] *a* 1.Kön 2,11
28 Und er starb in gutem Alter, [a] satt an
Leben, Reichtum und Ehre. Und sein
Sohn Salomo wurde König an seiner
Statt. *a* 1.Mose 25,8; 35,29; 2.Chr 24,15; Hiob 42,17
29 Die Geschichte aber des Königs David,
die frühere und die spätere, siehe, die steht
geschrieben in der Geschichte Samuels,
des Sehers, und in der Geschichte des Pro-
pheten Nathan und in der Geschichte
[a] Gads, des Sehers, *a* Kap 21,9
30 dazu auch seine Regierung und seine
tapferen Taten sowie die Geschehnisse,
die über ihn und Israel und über die Kö-
nigreiche in allen Landen dahingegangen
sind.

DAS ZWEITE BUCH DER CHRONIK

Inhaltsübersicht

Salomos Opfer und sein Gebet um Weisheit

(vgl. 1.Kön 3,1-15)

1 Und [a]Salomo, der Sohn Davids, wurde
mächtig in seinem Königtum, und der
HERR, sein Gott, war mit ihm und mach-
te ihn immer größer. *a* 1.Kön 2,12.46
2 Und Salomo redete mit ganz Israel, mit
den Obersten über tausend und über hun-
dert, mit den Richtern und mit allen Für-
sten in Israel, mit den Häuptern der Sip-
pen,
3 daß sie hingingen, Salomo und die gan-
ze Gemeinde mit ihm, zu der [a]Höhe, die
bei Gibeon war; denn dort war die Stifts-
hütte Gottes, die Mose, der Knecht des
HERRN, in der Wüste gemacht hatte.
a 1.Chr 16,39
4 – Nur die Lade Gottes hatte David her-
aufgebracht von Kirjat-Jearim an den Ort,
den er ihr bereitet hatte; denn er hatte ihr
ein Zelt aufgeschlagen zu Jerusalem.[a] –
a 1.Chr 13,6; 15,3.28; 16,1
5 Auch [a]der kupferne Altar, den Bezalel,
der Sohn Uris, des Sohnes Hurs, gemacht
hatte, war dort vor der Wohnung des
HERRN. Und Salomo und die Gemeinde
pflegten ihn aufzusuchen. *a* 2.Mose 38,1-8
6 Und Salomo opferte vor dem HERRN
tausend Brandopfer auf dem kupfernen
Altar, der vor der Stiftshütte stand.
7 ¶In derselben Nacht aber erschien Gott
dem Salomo und sprach zu ihm: Bitte,
was ich dir geben soll.
8 Und Salomo sprach zu Gott: Du hast
große Barmherzigkeit an meinem Vater
David getan und hast mich an seiner Statt
zum König gemacht.
9 So laß nun, HERR, Gott, dein Wort an
meinen Vater David wahr werden; denn
du hast mich zum König gemacht über
ein Volk, das so viel ist wie Staub auf
Erden.
10 So gib mir nun Weisheit und
Erkenntnis, daß ich vor diesem Volk aus-
und eingehe; denn wer kann dies dein
großes Volk richten?
11 Da sprach Gott zu Salomo: Weil du dies
im Sinn hast und nicht gebeten um Reich-
tum noch um Gut noch um Ehre noch
um deiner Feinde Tod noch um langes
Leben, sondern hast um Weisheit und
Erkenntnis gebeten, mein Volk zu richten,
über das ich dich zum König gemacht
habe,
12 so sei dir Weisheit und Erkenntnis gege-
ben. Dazu will ich dir Reichtum, Gut und
Ehre geben, wie sie die Könige vor dir
nicht gehabt haben und auch die nach dir
nicht haben werden.
13 So kam Salomo von der Höhe, die bei
Gibeon war, von der Stiftshütte, nach Jeru-
salem und regierte über Israel.

Salomos Heeresmacht und Reichtum

(vgl. 1.Kön 10,26-29)

14 Und Salomo brachte Wagen und Reiter
zusammen, so daß er tausendvierhundert
Wagen und zwölftausend Reiter hatte, und
legte sie in die Wagenstädte und zum
König nach Jerusalem.
15 Und der König brachte es dahin, daß es
in Jerusalem soviel Silber und Gold gab
wie Steine und so viele Zedern wie Maul-
beerbäume im Hügelland.
16 Und man brachte Salomo Pferde aus
Ägypten und aus Koë; die Kaufleute des
Königs kauften sie aus Koë zu ihrem Preis;
17 aus Ägypten aber brachten sie her-
auf den Wagen für sechshundert Silber-
stücke und das Pferd für hundertfünfzig.
Dann führten sie diese wieder aus an alle
Könige der Hetiter und an die Könige von
Aram.

Salomos Vertrag mit Hiram von Tyrus
(vgl. 1.Kön 5,15-32)

18 *Und Salomo gedachte dem Namen
des HERRN ein Haus zu bauen und auch
ein Haus für sich als König.

* Abweichende Verszählung statt 1,18–2,17: 2,1-18.

2 ¶Und Salomo zählte siebzigtausend
ab, die Lasten tragen, und achtzigtau-
send, die im Gebirge Steine hauen sollten,
und dreitausendsechshundert Aufseher
über sie.
2 Und Salomo sandte zu [a]Hiram, dem
König von Tyrus, und ließ ihm sagen:
Wie du mit meinem Vater David tatest
und ihm Zedern sandtest, daß er sich ein
Haus baute, in dem er wohnte, –

a 1.Chr 14,1

3 siehe, ich will dem Namen des HERRN,
meines Gottes, ein Haus bauen, das ihm
geheiligt werde, um gutes Räucherwerk
vor ihm darzubringen und ständig Schau-
brote zuzurichten und Brandopfer am
Morgen und am Abend, an den Sabbaten
und Neumonden und an den Festen des
HERRN, unseres Gottes, wie es allezeit für
Israel gilt.
4 Und das Haus, das ich bauen will, soll
groß sein; denn [a]unser Gott ist größer als
alle Götter. *a* Ps 86,8
5 Aber wer vermag es, ihm ein Haus zu
bauen? Denn [a]der Himmel und aller Him-
mel Himmel können ihn nicht fassen. Wer
bin ich denn, daß ich ihm ein Haus baue,
es sei denn, um vor ihm zu opfern?

a Kap 6,18; 1.Kön 8,27

6 So sende mir nun einen tüchtigen Mann,
der mit Gold, Silber, Kupfer, Eisen, rotem
Purpur, Scharlach und blauem Purpur
arbeiten kann und der Bildwerk zu schnit-
zen versteht zusammen mit den Meistern,
die bei mir in Juda und Jerusalem sind
und die mein Vater David bestellt hat.
7 Und sende mir Zedern-, Zypressen- und
Sandelholz vom Libanon; denn ich weiß,
daß deine Leute verstehen, das Holz
auf dem Libanon zu hauen. Und siehe,
meine Leute sollen mit deinen Leuten
sein,
8 daß man mir viel Holz zubereite; denn
das Haus, das ich bauen will, soll groß und
prächtig sein.
9 Und siehe, ich will den Holzhauern, dei-
nen Leuten, die das Holz behauen, zwei-
hunderttausend Scheffel Weizen und zwei-
hunderttausend Scheffel Gerste und
zwanzigtausend Eimer Wein und zwanzig-
tausend Eimer Öl zur Speise geben.
10 ¶Da antwortete Hiram, der König von
Tyrus, in einem Brief und sandte zu
Salomo: Da der HERR sein Volk liebt, hat
er dich zum König über sie gemacht.
11 Und Hiram schrieb weiter: Gelobt sei
der HERR, der Gott Israels, der Himmel
und Erde gemacht hat, daß er dem König
David einen weisen, klugen und verstän-
digen Sohn gegeben hat, der dem HERRN
ein Haus bauen will und auch ein Haus für
sich als König!
12 So sende ich nun einen tüchtigen und
verständigen Mann, [a]Hiram, meinen Bera-
ter; *a* 1.Kön 7,13
13 er ist der Sohn einer Frau von den
Töchtern Dan, und sein Vater ist ein Tyrer
gewesen. Der [a]versteht zu arbeiten mit
Gold, Silber, Kupfer, Eisen, Steinen, Holz,
rotem und blauem Purpur, feiner Lein-
wand und Scharlach, und Bildwerk zu
schnitzen und alles, was man ihm aufgibt,
kunstreich zu machen mit deinen Mei-
stern und mit den Meistern meines Herrn,
des Königs David, deines Vaters.

a 2.Mose 31,2-6

14 Mein Herr sende nun seinen Leuten,
wie er gesagt hat, Weizen, Gerste, Öl und
Wein,
15 so wollen wir das Holz hauen auf dem
Libanon, soviel du bedarfst, und wollen es
auf Flößen übers Meer nach Jafo bringen.
Von da mußt du es hinauf nach Jerusalem
schaffen.
16 ¶[a]Und Salomo ließ alle Fremdlinge im
Lande Israel zählen, nachdem schon sein
Vater David sie gezählt hatte, und es fan-
den sich 153600. *a (16 und 17)* 1.Chr 22,2
17 Und er machte von ihnen 70000 zu Trä-
gern und 80000 zu Steinhauern im
Gebirge und 3600 zu Aufsehern, die die
Leute zum Dienst anhielten.

Der Bau des Tempels
(vgl. 1.Kön 6)

3 Und Salomo fing an, das Haus des
HERRN zu bauen in Jerusalem auf dem
Berge Morija, wo der HERR seinem Vater
David erschienen war, an der Stätte, die
David auf der [a]Tenne Araunas, des Jebu-
siters, zubereitet hatte. *a* 1.Chr 21,18-26
2 Im zweiten Monat am zweiten Tage im

vierten Jahr seiner Herrschaft fing er an
zu bauen.
3 Und dies sind die Maße, nach denen
Salomo das Haus Gottes baute: die Länge
sechzig Ellen nach altem Maß, die Breite
zwanzig Ellen.
4 Und die Vorhalle, die sich davor befand,
war nach der Breite des Hauses zwanzig
Ellen lang, die Höhe aber war hundert-
zwanzig* Ellen, und er überzog sie innen
mit lauterem Gold.

* Nach anderer Überlieferung: zwanzig Ellen.

5 Die große Halle aber täfelte er mit
Zypressenholz und überzog sie mit dem
besten Gold und brachte darauf Palmen
und Blumenwerk an.
6 Und er zierte die Halle mit edlen Stei-
nen zum Schmuck, das Gold aber war
Parwajim-Gold.
7 Und er überzog die Halle, die Balken
und die Schwellen samt ihren Wänden und
Türen mit Gold und ließ auf die Wände
Cherubim schnitzen.
8 Er machte auch den Raum des Allerhei-
ligsten. Dessen Länge war zwanzig Ellen
nach der Breite des Baues, und seine
Breite war auch zwanzig Ellen, und er
überzog ihn mit dem besten Gold, an
sechshundert Zentner;
9 und er gab auch für die Nägel fünfzig
Lot Gold an Gewicht und überzog die
Obergemächer mit Gold.
10 Er machte auch im Raum des Allerhei-
ligsten zwei Cherubim, kunstreiche Wer-
ke, und überzog sie mit Gold.
11 Und die Länge der Flügel der Cheru-
bim war zwanzig Ellen, so daß ein Flügel
fünf Ellen hatte und die Wand des Hauses
berührte und der andere Flügel auch fünf
Ellen hatte und den Flügel des andern
Cherubs berührte.
12 So hatte auch der eine Flügel des
andern Cherubs fünf Ellen und berührte
die Wand des Hauses, und sein anderer
Flügel hatte auch fünf Ellen und berührte
den Flügel des andern Cherubs,
13 so daß diese Flügel der Cherubim
zwanzig Ellen weit ausgebreitet waren.
Und sie standen auf ihren Füßen, und ihr
Antlitz war zur Halle hingewandt.
14 Er machte auch einen Vorhang von
blauem und rotem Purpur, von Scharlach
und feiner Leinwand und brachte Cheru-
bim darauf an.[a]

a 2. Mose 26,31

Die beiden Säulen vor dem Tempel

(vgl. 1. Kön 7,15-22)

15 Und er machte vor dem Hause zwei
Säulen, fünfunddreißig Ellen hoch, und
den Knauf oben darauf fünf Ellen
16 und machte Ketten zum Gitterwerk
und tat sie oben an die Säulen und machte
hundert Granatäpfel und tat sie an die Ket-
ten
17 und richtete die Säulen auf vor dem
Tempel, eine zur Rechten und die andere
zur Linken, und nannte die zur Rechten
Jachin und die zur Linken Boas.

Beschreibung einzelner Geräte des Tempels

(vgl. 1. Kön 7,23-51)

4 Er machte auch einen [a]kupfernen
Altar, zwanzig Ellen lang und breit und
zehn Ellen hoch.

a Kap 7,7

2 ¶Und er machte das Meer, gegossen,
von einem Rand zum andern zehn Ellen
breit, ganz rund, fünf Ellen hoch, und eine
Schnur von dreißig Ellen konnte es
umspannen.
3 Und unter ihm umgaben es ringsum
Gestalten, Rindern vergleichbar; und es
waren um das Meer her zehn Knoten je
Elle; zwei Reihen bildeten die Knoten, die
bei dem Guß mit angegossen waren.
4 Es stand aber auf zwölf Rindern, von
denen drei nach Norden gewandt waren,
drei nach Westen, drei nach Süden und
drei nach Osten, und das Meer stand oben
auf ihnen; und ihre Hinterteile waren alle
nach innen gekehrt.
5 Die Stärke seiner Wand war eine Hand
breit, und sein Rand war wie eines Bechers
Rand, wie eine aufgegangene Lilie, und es
faßte dreitausend Eimer.
6 ¶Und er machte zehn Kessel. Von
ihnen stellte er fünf zur Rechten und fünf
zur Linken, um in ihnen zu waschen –
nämlich was zum Brandopfer gehört, sollte
man darin abspülen –; das Meer aber
stellte er auf, daß sich die Priester darin
waschen sollten.
7 ¶Er machte auch zehn [a]goldene Leuch-
ter, wie sie sein sollten, und stellte sie in
die Tempelhalle, fünf zur Rechten und
fünf zur Linken,

a 2. Mose 37,17-24

8 und machte zehn Tische und tat sie in
die Tempelhalle, fünf zur Rechten und

fünf zur Linken, und machte hundert gol-
dene Schalen.
9 ¶ Er machte auch einen Vorhof für die
Priester und einen großen Vorhof und Tü-
ren für den Vorhof und überzog die Türen
mit Kupfer
10 und setzte das Meer rechts vor das
Haus nach Süden hin.
11 ¶ Und Hiram machte Töpfe, Schaufeln
und Becken.
¶ Danach vollendete Hiram die Arbeit,
die er für den König Salomo tat am Hause
Gottes,
12 nämlich die zwei Säulen mit den kugli-
gen Knäufen oben auf beiden Säulen und
die zwei Gitterwerke, zu bedecken beide
kugligen Knäufe oben auf den Säulen,
13 und die vierhundert Granatäpfel an den
beiden Gitterwerken, zwei Reihen Granat-
äpfel an jedem Gitterwerk, zu bedecken
beide kugligen Knäufe, die oben auf den
Säulen waren.
14 Auch machte er die Gestelle und die
Kessel auf den Gestellen
15 und das Meer und die zwölf Rinder dar-
unter;
16 dazu machte [a]Hiram, sein Berater, dem
König Salomo Töpfe, Schaufeln, Gabeln
samt allen Gefäßen für das Haus des
HERRN von geglättetem Kupfer. *a* Kap 2,12
17 In der Gegend des unteren Jordans ließ
sie der König gießen in der Gießerei von
Adama, zwischen Sukkot und Zereda.
18 Und Salomo machte sehr viele von al-
len diesen Geräten, so daß das Gewicht
des Kupfers nicht zu erforschen war.
19 Und Salomo machte alles Gerät für
das Haus Gottes, nämlich den goldenen
Altar und die Tische mit den Schaubroten
darauf,
20 die Leuchter mit ihren Lampen von lau-
terem Gold, daß sie brennen vor dem
Chorraum nach der Ordnung.
21 Und die Blumen und die Lampen und
die Scheren waren golden, das war alles
ganz aus Gold;
22 auch die Messer, Schalen, Löffel und
Pfannen waren von lauterem Gold. Und
an den Eingängen des Hauses waren die
inneren Türen zum Allerheiligsten und die
Türen zur Tempelhalle aus Gold.
5 ¶ Also wurde alle Arbeit vollbracht,
die Salomo am Hause des HERRN tat.
Und Salomo brachte hinein [a]alles, was
sein Vater David geheiligt hatte, und [b]legte
das Silber und Gold und alle Geräte in
den Schatz im Hause Gottes.
a 1.Chr 18,11 *b* 1.Chr 29,2-4

Einweihung des Tempels

(vgl. 1.Kön 8,1-11)

2 Da versammelte Salomo alle Ältesten
Israels, alle Häupter der Stämme und die
Fürsten der Sippen Israels in Jerusalem,
damit sie die Lade des Bundes des HERRN
hinaufbrächten aus der Stadt Davids, das
ist Zion.
3 Und es versammelten sich beim König
alle Männer Israels [a]zum Fest, das im sie-
benten Monat gefeiert wird. *a* 3.Mose 23,34
4 Und es kamen alle Ältesten Israels, und
die Leviten hoben die Lade auf
5 und brachten sie hinauf samt der Stifts-
hütte und allem heiligen Gerät, das in der
Stiftshütte war; es brachten sie hinauf die
Priester und Leviten.
6 Aber der König Salomo und die ganze
Gemeinde Israel, die bei ihm vor der Lade
versammelt war, opferten Schafe und Rin-
der, so viel, daß es niemand zählen noch
berechnen konnte.
7 So brachten die Priester die Lade des
Bundes des HERRN an ihre Stätte, in den
Chorraum des Hauses, in das Allerheilig-
ste, unter die Flügel der Cherubim,
8 daß die Cherubim ihre Flügel ausbrei-
teten über die Stätte der Lade. Und die
Cherubim bedeckten die Lade und ihre
Stangen von oben her.
9 Die Stangen aber waren so lang, daß
man ihre Enden vor dem Chorraum in
der Tempelhalle sah, aber von außen sah
man sie nicht. Und sie war dort bis auf
diesen Tag.
10 Und [a]es war nichts in der Lade außer
den zwei Tafeln, die Mose am Horeb hin-
eingelegt hatte, die Tafeln des Bundes, den
der HERR mit Israel geschlossen hatte, als
sie aus Ägypten zogen.
a 5.Mose 10,5; Hebr 9,4
11 Und die Priester gingen heraus aus dem
Heiligtum – denn alle Priester, die sich
eingefunden hatten, hatten sich geheiligt,
ohne daß sie sich an [a]die Ordnungen hiel-
ten –, *a* Kap 8,14; Lk 1,8.9
12 und alle Leviten, die [a]Sänger waren,
nämlich [b]Asaf, [c]Heman und Jedutun und
ihre Söhne und Brüder, angetan mit feiner
Leinwand, standen östlich vom Altar mit
Zimbeln, Psaltern und Harfen und bei

ihnen hundertundzwanzig Priester, die mit
Trompeten bliesen.

a 1.Chr 15,19 *b* 1.Chr 16,37 *c* 1.Chr 16,41.42

13 Und es war, als wäre es **einer**, der trom-
petete und sänge, als hörte man **eine**
Stimme loben und danken dem HERRN.
Und als sich die Stimme der Trompeten,
Zimbeln und Saitenspiele erhob und man
den HERRN lobte: [a]»Er ist gütig, und seine
Barmherzigkeit währt ewig«, da wurde das
Haus des HERRN erfüllt mit einer
Wolke, *a* 1.Chr 16,34; Ps 106,1
14 so daß die Priester nicht zum Dienst
hinzutreten konnten wegen der Wolke;
denn [a]die Herrlichkeit des HERRN erfüllte
das Haus Gottes. *a* Kap 7,1-3; 2.Mose 40,35

Salomos Gebet bei der Einweihung des Tempels

(vgl. 1.Kön 8,12-53)

6 Da sprach Salomo: Der HERR hat ge-
sagt, er wolle im Dunkel wohnen.
2 So habe ich nun ein Haus gebaut dir zur
Wohnung und einen Sitz, da du ewiglich
wohnest.
3 ¶Und der König wandte sein Antlitz
und segnete die ganze Gemeinde Israel,
während sie stand,
4 und sprach: Gelobt sei der HERR, der
Gott Israels, der durch seinen Mund mei-
nem Vater David zugesagt und es mit sei-
ner Hand erfüllt hat, als er sagte:
5 Seit der Zeit, da ich mein Volk aus
Ägyptenland geführt habe, habe ich keine
Stadt erwählt aus allen Stämmen Israels,
ein Haus zu bauen, daß mein Name da-
selbst sein sollte, und habe auch keinen
Mann erwählt, daß er Fürst sein sollte
über mein Volk Israel;
6 aber Jerusalem habe ich erwählt, daß
mein Name daselbst sei, und David habe
ich erwählt, daß er über mein Volk Israel
Herr sei.
7 Und als mein Vater David im Sinn hatte,
dem Namen des HERRN, des Gottes Is-
raels, ein Haus zu bauen,[a] *a* 2.Sam 7,2-13
8 sprach der HERR zu meinem Vater Da-
vid: Du hast wohlgetan, daß du im Sinn
hast, meinem Namen ein Haus zu bauen.
9 Doch nicht du sollst das Haus bauen,
sondern dein Sohn, der von dir kommen
wird, soll meinem Namen das Haus bauen.
10 So hat nun der HERR sein Wort wahr
gemacht, das er geredet hat; denn ich bin
zur Macht gekommen an meines Vaters
David Statt und sitze auf dem Thron Is-
raels, wie der HERR zugesagt hat, und
[a]habe dem Namen des HERRN, des Gottes
Israels, ein Haus gebaut *a* Sach 4,9
11 und habe die Lade hineingebracht, [a]in
der die Tafeln des Bundes des HERRN sind,
den er mit den Israeliten geschlossen
hat. *a* 5.Mose 9,9; 10,5
12 ¶Und er trat vor den Altar des HERRN
angesichts der ganzen Gemeinde Israel
und breitete seine Hände aus
13 – aber Salomo hatte eine Kanzel aus
Kupfer gemacht und mitten in den Vorhof
gestellt, fünf Ellen lang und breit und drei
Ellen hoch; auf diese trat er und fiel nie-
der auf seine Knie angesichts der ganzen
Gemeinde Israel und breitete seine Hände
aus gen Himmel –
14 und sprach: HERR, Gott Israels, es ist
kein Gott dir gleich weder im Himmel
noch auf Erden, der du hältst den Bund
und die Barmherzigkeit deinen Knech-
ten, die vor dir wandeln von ganzem
Herzen.
15 Du hast deinem Knecht David, mei-
nem Vater, gehalten, was du ihm zugesagt
hast; mit deinem Mund hast du es gere-
det, und mit deiner Hand hast du es er-
füllt, so wie es heute ist.
16 Nun, HERR, Gott Israels, halte deinem
Knecht David, meinem Vater, [a]was du ihm
zugesagt hast: Es soll dir nicht fehlen an
einem Mann, der vor mir steht, der auf
dem Thron Israels sitzt, sofern deine
Söhne ihren Weg bewahren, daß sie wan-
deln in meinem Gesetz, wie du vor mir
gewandelt bist. *a* 2.Sam 7,16
17 Nun, HERR, Gott Israels, laß dein Wort
wahr werden, das du deinem Knecht Da-
vid zugesagt hast.
18 ¶Aber sollte Gott wirklich bei den
Menschen auf Erden wohnen? Siehe, [a]der
Himmel und aller Himmel Himmel kön-
nen dich nicht fassen; wie sollte es dann
dies Haus tun, das ich gebaut habe?

a Kap 2,5

19 Wende dich aber, HERR, mein Gott, zu
dem Gebet deines Knechts und zu sei-
nem Flehen, daß du erhörest das Bitten
und Beten deines Knechtes vor dir!
20 Laß deine Augen offen sein über die-
sem Hause Tag und Nacht, über der Stätte,
von der du gesagt hast, [a]du wollest deinen
Namen daselbst wohnen lassen, daß du

hörest das Gebet, das dein Knecht an die-
ser Stätte beten wird. a 2.Mose 20,24
21 So höre nun das Flehen deines Knechts
und deines Volkes Israel, wenn sie bitten
werden an dieser Stätte; höre es von der
Stätte deiner Wohnung, vom Himmel her,
und wenn du es hörst, wollest du gnädig
sein!
22 ¶ Wenn jemand an seinem Nächsten
sündigt und [a] es wird ihm ein Fluch aufer-
legt, sich selbst zu verfluchen, und er
kommt und [b] verflucht sich vor deinem Al-
tar in diesem Hause,
a 5.Mose 27,26 b 2.Mose 22,10
23 so wollest du hören im Himmel und
Recht schaffen deinen Knechten, daß du
den Frevler als Frevler erkennen und seine
Tat auf sein Haupt kommen läßt, den aber,
der im Recht ist, gerecht sprichst und ihm
gibst nach seiner Gerechtigkeit.
24 ¶ Wenn dein Volk Israel [a] vor dem
Feind geschlagen wird, weil sie an dir ge-
sündigt haben, und sie bekehren sich dann
und bekennen deinen Namen, bitten und
flehen vor dir in diesem Hause,
a 5.Mose 28,25
25 so wollest du hören vom Himmel her
und vergeben die Sünde deines Volkes Is-
rael und sie in das Land zurückbringen,
das du ihnen und ihren Vätern gegeben
hast.
26 ¶ Wenn [a] der Himmel verschlossen ist,
daß es nicht regnet, weil sie an dir gesün-
digt haben, und sie beten dann an dieser
Stätte und bekennen deinen Namen und
bekehren sich von ihren Sünden, weil du
sie bedrängt hast, a 5.Mose 28,23.24
27 so wollest du hören im Himmel und
vergeben die Sünde deiner Knechte und
deines Volkes Israel, daß du sie den guten
Weg lehrst, auf dem sie wandeln sollen,
und regnen läßt auf dein Land, das du
deinem Volk zum Erbe gegeben hast.
28 ¶ Wenn eine Hungersnot im Lande sein
wird oder Pest oder Dürre, Getreidebrand,
Heuschrecken, Raupen, oder wenn sein
Feind im Lande seine Städte belagert oder
irgendeine Plage oder Krankheit da ist, –
29 wer dann bittet oder fleht, es seien ein-
zelne Menschen oder dein ganzes Volk Is-
rael, wenn jemand seine Plage und
Schmerzen fühlt und seine Hände ausbrei-
tet zu diesem Hause,
30 so wollest du hören vom Himmel her,
vom Sitz deiner Wohnung, und gnädig sein
und jedermann geben nach all seinem
Wandel, [a] wie du sein Herz erkennst –
denn du allein erkennst das Herz der Men-
schenkinder –, a Ps 139,1-4.23
31 damit sie dich fürchten und wandeln in
deinen Wegen alle Tage, solange sie in
dem Lande leben, das du unsern Vätern
gegeben hast.
32 ¶ Auch wenn ein Fremder, der nicht
von deinem Volk Israel ist, aus fernen Lan-
den kommt um deines großen Namens
und deiner mächtigen Hand und deines
ausgereckten Arms willen und zu diesem
Hause hin betet,
33 so wollest du hören vom Himmel her,
vom Sitz deiner Wohnung, und alles tun,
worum er dich anruft, auf daß alle Völker
auf Erden deinen Namen erkennen und
dich fürchten wie dein Volk Israel und in-
newerden, daß dein Name über diesem
Hause genannt ist, das ich gebaut habe.
34 ¶ Wenn dein Volk auszieht in den Krieg
gegen seine Feinde auf dem Wege, den du
sie senden wirst, und [a] sie zu dir beten
nach dieser Stadt hin, die du erwählt hast,
und nach dem Hause hin, das ich deinem
Namen gebaut habe, a Dan 6,11
35 so wollest du ihr Gebet und Flehen hö-
ren vom Himmel her und ihnen zu ihrem
Recht helfen.
36 ¶ Wenn sie an dir sündigen werden –
denn es gibt keinen Menschen, der nicht
sündigt – und du über sie zürnst und sie
vor ihren Feinden dahingibst und diese sie
gefangen wegführen in ein fernes oder
nahes Land
37 und sie nehmen es sich dann zu Her-
zen in dem Lande, in dem sie gefangen
sind, und bekehren sich und flehen zu dir
im Lande ihrer Feinde und sprechen:
[a] »Wir haben gesündigt, übelgetan und
sind gottlos gewesen«, a Dan 9,5
38 und sich von ganzem Herzen und von
ganzer Seele zu dir bekehren im Lande
ihrer Feinde, in dem man sie gefangen-
hält, und sie beten nach ihrem Lande hin,
das du ihren Vätern gegeben hast, und
nach der Stadt hin, die du erwählt hast,
und nach dem Hause hin, das ich deinem
Namen gebaut habe,
39 so wollest du ihr Gebet und Flehen hö-
ren vom Himmel her, vom Sitz deiner
Wohnung, und ihnen zu ihrem Recht hel-
fen und deinem Volk vergeben, das an dir
gesündigt hat.

40 ¶So laß nun, mein Gott, deine Augen
offen sein und deine Ohren aufmerken auf
das Gebet an dieser Stätte.
41 Und nun [a]mache dich auf, HERR, Gott,
zu deiner Ruhe, du und die Lade deiner
Macht. Laß deine Priester, HERR, Gott, mit
Heil angetan werden und deine Heiligen
sich freuen des Guten. *a* Ps 132,8
42 Du, HERR, Gott, weise nicht ab das Ant-
litz deines Gesalbten! [a]Gedenk an die
Gnaden, die du deinem Knechte David
verheißen hast. *a* Ps 89,4.5

Salomos Festopfer

(vgl. 1.Kön 8,54-66)

7 Und als Salomo sein Gebet vollendet
hatte, [a]fiel Feuer vom Himmel und
verzehrte das Brandopfer und die
Schlachtopfer, und [b]die Herrlichkeit des
HERRN erfüllte das Haus,
a 3.Mose 9,24; 1.Kön 18,38 *b* 2.Mose 40,34
2 so daß die Priester nicht ins Haus des
HERRN hineingehen konnten, weil des
HERRN Herrlichkeit das Haus des HERRN
füllte.
3 Und alle Israeliten sahen das Feuer her-
abfallen und die Herrlichkeit des HERRN
über dem Hause, und sie fielen auf ihre
Knie mit dem Antlitz zur Erde aufs Pfla-
ster und beteten an und dankten dem
HERRN, [a]daß er gütig ist und seine Barm-
herzigkeit ewiglich währt.
a Kap 5,13.14; Ps 106,1
4 ¶Der König aber und das ganze Volk
opferten vor dem HERRN;
5 zweiundzwanzigtausend Rinder und
hundertzwanzigtausend Schafe opferte der
König Salomo. Und so weihten der König
und das ganze Volk das Haus Gottes ein.
6 Die Priester aber übten ihren Dienst
aus, und die Leviten standen dabei mit
den Saitenspielen des HERRN, die der Kö-
nig David hatte machen lassen, dem
HERRN zu danken, daß seine Barmherzig-
keit ewiglich währt, mit den Psalmen Da-
vids, die sie sangen. Und die Priester blie-
sen Trompeten ihnen gegenüber, und ganz
Israel stand.
7 Und Salomo weihte die Mitte des Vor-
hofes, der vor dem Hause des HERRN war;
denn er hatte dort Brandopfer und das Fett
der Dankopfer dargebracht. Denn der
[a]kupferne Altar, den Salomo hatte machen
lassen, konnte nicht alle Brandopfer, Speis-
opfer und das Fett fassen. *a* Kap 4,1
8 ¶Und Salomo hielt damals das Fest sie-
ben Tage lang und ganz Israel mit ihm,
eine sehr große Gemeinde, von Hamat an
bis an den Bach Ägyptens.
9 Am achten Tage aber hielten sie eine
Versammlung; denn [a]die Einweihung des
Altars hielten sie sieben Tage und das Fest
auch sieben Tage. *a* 4.Mose 7,10
10 So ließ er am dreiundzwanzigsten Tage
des siebenten Monats das Volk fröhlich
heimgehen und guten Mutes über all das
Gute, das der HERR an David, Salomo und
seinem Volk Israel getan hatte.
11 So vollendete Salomo das Haus des
HERRN und das Haus des Königs. Und es
gelang ihm, alles, was ihm in den Sinn ge-
kommen war, am Hause des HERRN und
an seinem Hause auszuführen.

Gottes Antwort auf Salomos Gebet

(vgl. 1.Kön 9,1-9)

12 Und der HERR erschien Salomo des
Nachts und sprach zu ihm: Ich habe dein
Gebet erhört und [a]diese Stätte mir zum
Opferhaus erwählt.
a 5.Mose 12,5.6; Jes 56,7; Mk 11,17; Joh 2,16
13 Siehe, wenn ich den Himmel ver-
schließe, daß es nicht regnet, oder die
Heuschrecken das Land fressen oder eine
Pest unter mein Volk kommen lasse
14 und dann mein Volk, über das mein
Name genannt ist, sich demütigt, daß sie
beten und mein Angesicht suchen und
sich von ihren bösen Wegen bekehren, so
will ich vom Himmel her hören und ihre
Sünde vergeben und ihr Land heilen.
15 So sollen nun meine Augen offen sein
und meine Ohren aufmerken auf das Ge-
bet an dieser Stätte.[a] *a* Kap 6,40
16 So habe ich nun dies Haus erwählt und
geheiligt, daß mein Name dort sein soll
ewiglich, und meine Augen und mein
Herz sollen dort sein allezeit.
17 Und wenn du vor mir wandelst, wie
dein Vater David gewandelt ist, daß du
alles tust, was ich dich heiße, und meine
Gebote und Rechte hältst,
18 so will ich den Thron deines König-
tums bestätigen, wie ich mit deinem Vater
David einen Bund geschlossen habe und
gesagt: [a]Es soll dir nicht fehlen an einem
Mann, der über Israel Herr sei. *a* Kap 6,16
19 Werdet ihr euch aber abkehren und
meine Rechte und Gebote, die ich euch
vorgelegt habe, verlassen und hingehen

und andern Göttern dienen und sie anbeten,
[20]so werde ich Israel [a]ausreißen aus meinem Lande, das ich ihnen gegeben habe, und dies Haus, das ich meinem Namen geheiligt habe, werde ich von meinem Angesicht verwerfen und werde es zum Hohn machen und zum Spott unter allen Völkern. *a* 5.Mose 28,63; 1.Kön 14,15
[21][a]Und vor diesem Hause, das so hoch erhoben wurde, werden sich entsetzen alle, die vorübergehen, und sagen: Warum ist der HERR mit diesem Lande und mit diesem Hause so verfahren?
a (21 und 22) 5.Mose 29,23-28; Jer 22,8.9
[22]Und man wird sagen: Weil sie den HERRN, den Gott ihrer Väter, verlassen haben, der sie aus Ägyptenland geführt hat, und sie sich an andere Götter gehängt und sie angebetet und ihnen gedient haben, darum hat er all dies Unheil über sie gebracht.

Salomos weitere Maßnahmen
(vgl. 1.Kön 9,10-28)

8 Und nach zwanzig Jahren, in denen Salomo des HERRN Haus und sein Haus gebaut hatte
[2]– er hatte auch die Städte, die Hiram Salomo gegeben hatte, ausgebaut und ließ die Israeliten darin wohnen –,
[3]da zog Salomo gegen Hamat-Zoba und eroberte es.
[4]Er baute Tadmor in der Wüste aus und alle Städte mit Kornspeichern, die er in Hamat angelegt hatte;
[5]auch das obere und untere Bet-Horon, daß sie feste Städte wurden mit Mauern, Toren und Riegeln;
[6]dazu Baalat und alle Städte mit Kornspeichern, die Salomo hatte, und alle Wagen- und Reiterstädte und alles, was Salomo in Jerusalem und auf dem Libanon und im ganzen Lande seiner Herrschaft zu bauen wünschte.
[7]¶Alles Volk, das noch übrig war von den Hetitern, Amoritern, Perisitern, Hiwitern und Jebusitern, die nicht zu Israel gehörten
[8]– ihre Nachkommen, die im Lande übriggeblieben waren, [a]die Israel nicht vertilgt hatte –, machte Salomo zu Fronarbeitern bis auf diesen Tag. *a* Jos 16,10
[9]Aber von den Israeliten machte Salomo keinen zum Knecht für sein Werk, sondern sie waren Kriegsleute, seine Obersten und Ritter und Hauptleute über seine Wagen und Reiter.
[10]Und es waren zweihundertundfünfzig oberste Amtleute des Königs Salomo, die über die Leute geboten.
[11]¶Und Salomo führte die [a]Tochter des Pharao herauf aus der Stadt Davids in das Haus, das er für sie gebaut hatte. Denn er sprach: Eine Frau soll mir nicht wohnen im Hause Davids, des Königs von Israel; denn es ist geheiligt, weil die Lade des HERRN hineingekommen ist. *a* 1.Kön 3,1
[12]¶Von da an opferte Salomo dem HERRN Brandopfer [a]auf dem Altar des HERRN, den er gebaut hatte vor der Vorhalle, *a* Kap.4,1
[13]wie es vorgeschrieben war im Gesetz des Mose, zu opfern an jedem Tag, an den Sabbaten, Neumonden und Festen des Jahres dreimal, nämlich am Fest der Ungesäuerten Brote, am Wochenfest und am Laubhüttenfest.[a]
a 3.Mose 23; 4.Mose 28,2.9.11.17.26; 29,12
[14]Und er bestellte [a]die Ordnungen der Priester zu ihrem Amt, wie es sein Vater David bestimmt hatte, und die Leviten zu ihrem Dienst, daß sie lobten und dienten vor den Priestern, wie es jeder Tag erforderte, und die Torhüter nach ihren Ordnungen, jede an ihrem Tor. Denn so hatte es David, der Mann Gottes, befohlen.
a 1.Chr 23-26
[15]Und man wich in keiner Hinsicht vom Gebot des Königs über die Priester und Leviten, auch nicht bei den Schätzen.
[16]So wurde alles Werk Salomos ausgeführt von dem Tage an, da des HERRN Haus gegründet wurde, bis er das Haus des HERRN ganz vollendet hatte.
[17]¶Zu der Zeit zog Salomo nach Ezjon-Geber und nach Elat am Ufer des Meeres im Lande Edom.
[18]Und Hiram sandte ihm durch seine Leute Schiffe und auch Leute, die des Meeres kundig waren, und sie fuhren mit den Leuten Salomos nach Ofir und holten von da vierhundertundfünfzig Zentner Gold und brachten's dem König Salomo.

Besuch der Königin von Saba
(vgl. 1.Kön 10,1-13)

9 Und als [a]die Königin von Saba die Kunde von Salomo vernahm, kam sie mit einem sehr großen Gefolge nach Jeru-

salem, mit Kamelen, die viel Spezerei und
Gold trugen und Edelsteine, um Salomo
mit Rätselfragen zu prüfen. Und als sie zu
Salomo kam, redete sie mit ihm alles, was
sie sich vorgenommen hatte. *a* Mt 12,42
2 Und der König gab ihr Antwort auf alles,
was sie fragte, und es war Salomo nichts
verborgen, was er ihr nicht hätte sagen
können.
3 Und als die Königin von Saba die Weisheit Salomos sah und das Haus, das er
gebaut hatte,
4 die Speisen für seinen Tisch, die Rangordnung seiner Großen, das Aufwarten
seiner Diener und ihre Kleider, seine
Mundschenken mit ihren Kleidern und
seine Brandopfer, die er im Hause des
HERRN darbrachte, da geriet sie vor Staunen außer sich
5 und sprach zum König: Es ist wahr, was
ich in meinem Lande von deinen Taten
und von deiner Weisheit gehört habe.
6 Ich aber wollte es nicht glauben, bis ich
gekommen bin und es mit meinen Augen
gesehen habe. Und siehe, nicht die Hälfte
von deiner großen Weisheit hat man mir
gesagt. Du bist größer, als die Kunde sagte,
die ich vernommen habe.
7 Glücklich sind deine Männer und glücklich diese deine Großen, die allezeit vor
dir stehen und deine Weisheit hören.
8 Der HERR, dein Gott, sei gelobt, der
dich liebhat, [a]daß er dich auf seinen
Thron gesetzt hat zum König des HERRN,
deines Gottes. Weil dein Gott Israel liebhat, auf daß er es ewiglich bestehen lasse,
darum hat er dich über sie zum König
gesetzt, daß du Recht und Gerechtigkeit
übst. *a* 1.Chr 29,23
9 Und sie gab dem König hundertzwanzig Zentner Gold und sehr viel Spezerei
und Edelsteine. Es gab keine Spezerei wie
diese, die die Königin von Saba dem König Salomo gab.
10 ¶ Die Leute Hirams und die Leute Salomos, die Gold aus Ofir einführten,
brachten auch Sandelholz und Edelsteine.
11 Und Salomo ließ aus dem Sandelholz
Treppen im Hause des HERRN und im
Hause des Königs machen und Harfen und
Zithern für die Sänger. Solches Holz hatte
man früher im Lande Juda nie gesehen.
12 ¶ Und der König Salomo gab der Königin von Saba alles, was ihr gefiel und was
sie erbat, mehr als die Gastgeschenke, die
sie dem König gebracht hatte. Und sie
wandte sich und zog in ihr Land mit ihrem
Gefolge.

Salomos Reichtum

(vgl. 1.Kön 10,14-29)

13 Und es war das Gewicht des Goldes,
das Salomo in **einem** Jahr gebracht wurde,
sechshundertsechsundsechzig Zentner,
14 außer dem, was die Händler und Kaufleute brachten. Auch alle Könige der Araber und die Statthalter brachten Gold und
Silber zu Salomo.
15 Daraus machte der König Salomo zweihundert große Schilde von bestem Gold,
so daß sechshundert Lot Gold auf **einen**
Schild kam,
16 und dreihundert kleine Schilde von bestem Gold, so daß dreihundert Lot Gold
auf **einen** kleinen Schild kam. Und der König brachte sie in das [a] Libanon-Waldhaus.
a 1.Kön 7,2
17 Und der König machte einen großen
elfenbeinernen Thron und überzog ihn
mit lauterem Gold.
18 Und der Thron hatte sechs Stufen und
einen goldenen Fußschemel am Thron,
und er hatte Lehnen auf beiden Seiten am
Sitz, und zwei Löwen standen neben den
Lehnen.
19 Und zwölf Löwen standen auf den
sechs Stufen zu beiden Seiten. Dergleichen ist nicht gemacht worden in irgendeinem Königreich.
20 Und alle Trinkgefäße des Königs Salomo waren aus Gold, und alle Gefäße des
Libanon-Waldhauses waren aus lauterem
Gold – denn das Silber wurde zur Zeit
Salomos für nichts geachtet –.
21 Denn die Schiffe des Königs, die mit
den Leuten Hirams nach Tarsis fuhren, kamen in drei Jahren **einmal** und brachten
Gold, Silber, Elfenbein, Affen und Pfauen.
22 So wurde der König Salomo größer an
Reichtum und Weisheit als alle Könige auf
Erden.
23 Und alle Könige auf Erden begehrten,
Salomo zu sehen, um seine Weisheit zu
hören, die ihm Gott in sein Herz gegeben
hatte.
24 Und sie brachten ihm jährlich ein jeder
sein Geschenk, silberne und goldene Gefäße, Kleider, Waffen, Spezerei, Rosse und
Maultiere.
25 ¶ [a] Und Salomo hatte viertausend

Pferde und Wagen und zwölftausend Rei-
ter, und man legte sie in die Wagenstädte
und zu dem König nach Jerusalem.

a (25-28) Kap 1,14-17; 1.Kön 5,6

26 Und er war ein Herr über alle Könige
vom Euphrat an bis zu dem Land der Phi-
lister und bis zu der Grenze Ägyptens.
27 Und der König brachte es dahin, daß es
in Jerusalem so viel Silber gab wie Steine
und so viele Zedern wie Maulbeerbäume
im Hügelland.
28 Und man führte für Salomo Rosse ein
aus Ägypten und aus allen Ländern.

Salomos Tod

(vgl. 1.Kön 11,41-43)

29 Was aber mehr von Salomo zu sagen
ist, das Frühere und das Spätere, siehe,
das steht geschrieben in der Geschichte
des Propheten Nathan sowie in den Pro-
phezeiungen [a]Ahijas von Silo und in den
Gesichten des Sehers Jedo gegen Jero-
beam, den Sohn Nebats. *a* 1.Kön 11,29-39
30 Und Salomo regierte zu Jerusalem über
ganz Israel vierzig Jahre.
31 Und Salomo legte sich zu seinen Vä-
tern, und man begrub ihn in der Stadt Da-
vids, seines Vaters. Und sein Sohn [a]Reha-
beam wurde König an seiner Statt.

a 1.Kön 14,21

Israels Abfall vom Hause David

(vgl. 1.Kön 12,1-24)

10 Rehabeam zog nach Sichem; denn
ganz Israel war nach Sichem gekom-
men, um ihn zum König zu machen.
2 Und als das Jerobeam hörte, der Sohn
Nebats, der in Ägypten war, [a]wohin er vor
dem König Salomo geflohen war, kam er
aus Ägypten zurück. *a* 1.Kön 11,40
3 Und sie sandten hin und ließen ihn ru-
fen. Und Jerobeam kam mit ganz Israel
und sie redeten mit Rehabeam und spra-
chen:
4 Dein Vater hat unser Joch zu hart ge-
macht. So erleichtere nun du den harten
Dienst deines Vaters und das schwere
Joch, das er auf uns gelegt hat, so wollen
wir dir untertan sein.
5 Er sprach zu ihnen: Kommt nach drei
Tagen wieder zu mir! Und das Volk ging
hin.
6 Und der König Rehabeam hielt einen
Rat mit den Ältesten, die vor seinem Va-
ter Salomo gestanden hatten, als er noch
am Leben war, und sprach: Wie ratet ihr,
daß ich diesem Volk Antwort gebe?
7 Sie sprachen zu ihm: Wirst du zu die-
sem Volk freundlich sein und sie gütig be-
handeln und ihnen gute Worte geben, so
werden sie dir untertan sein allezeit.
8 Er aber ließ außer acht den Rat der Äl-
testen, den sie ihm gegeben hatten, und
hielt einen Rat mit den Jüngeren, die mit
ihm aufgewachsen waren und vor ihm
standen,
9 und sprach zu ihnen: Was ratet ihr, daß
wir diesem Volk antworten, das zu mir
gesagt hat: Erleichtere das Joch, das dein
Vater auf uns gelegt hat?
10 Die Jüngeren aber, die mit ihm aufge-
wachsen waren, sprachen zu ihm: So sollst
du sagen zu dem Volk, das zu dir gespro-
chen hat: »Dein Vater hat unser Joch zu
schwer gemacht; mach du unser Joch
leichter« – so sollst du zu ihnen sagen:
Mein kleiner Finger soll dicker sein als
meines Vaters Lenden.
11 Hat nun mein Vater auf euch ein schwe-
res Joch gelegt, so will ich euer Joch noch
schwerer machen. Mein Vater hat euch
mit Peitschen gezüchtigt, ich will euch mit
Skorpionen züchtigen.
12 ¶ Als nun Jerobeam und alles Volk am
dritten Tage zu Rehabeam kam, wie der
König gesagt hatte: »Kommt wieder zu
mir am dritten Tage«,
13 antwortete ihnen der König hart. Und
der König Rehabeam ließ außer acht den
Rat der Ältesten
14 und redete mit ihnen nach dem Rat der
Jüngeren und sprach: Hat mein Vater euer
Joch schwer gemacht, so will ich's noch
schwerer machen. Mein Vater hat euch
mit Peitschen gezüchtigt, ich aber will
euch mit Skorpionen züchtigen.
15 So hörte der König nicht auf das Volk;
denn es war so von Gott bestimmt, damit
der HERR sein Wort wahr machte, das er
durch Ahija von Silo zu Jerobeam,
dem Sohn Nebats, gesagt hatte.[a]

a 1.Kön 11,29.31

16 Als aber ganz Israel sah, daß der König
nicht auf es hörte, antwortete das Volk
dem König und sprach: Was haben wir für
Teil an David oder Erbe am Sohn Isais?
Jedermann von Israel, auf zu seiner Hütte!
So sorge nun du für dein Haus, David! –
Und ganz Israel ging heim,
17 so daß Rehabeam nur über die Israeli-

ten regierte, die in den Städten Judas
wohnten.
18 Und als der König Rehabeam den Fron-
vogt Adoniram sandte, steinigten ihn die
von Israel zu Tode. Aber der König Reha-
beam stieg eilends auf seinen Wagen und
floh nach Jerusalem.
19 Also fiel Israel ab vom Hause David bis
auf diesen Tag.
11 ¶[a] Und als Rehabeam nach Jerusa-
lem kam, sammelte er das Haus
Juda und Benjamin, hundertundachtzig-
tausend streitbare Männer, um gegen Is-
rael zu kämpfen, damit sie das Königtum
an Rehabeam zurückbrächten.
a (1-4) 1.Kön 12,21-24
2 Aber des HERRN Wort kam zu Sche-
maja, dem Mann Gottes:
3 Sage Rehabeam, dem Sohn Salomos,
dem König von Juda, und all denen von
Israel, die in Juda und Benjamin wohnen:
4 So spricht der HERR: Ihr sollt nicht hin-
aufziehen und gegen eure Brüder kämp-
fen. Ein jeder gehe wieder heim; denn das
ist von mir geschehen! - Sie gehorchten
den Worten des HERRN, kehrten um und
zogen nicht gegen Jerobeam.

Rehabeams erste Regierungsjahre

5 Rehabeam aber wohnte in Jerusalem
und baute Städte in Juda zu Festungen
aus,
6 nämlich: Bethlehem, Etam, Tekoa,
7 Bet-Zur, Socho, Adullam,
8 Gat, Marescha, Sif,
9 Adorajim, Lachisch, Aseka,
10 Zora, Ajalon und Hebron. Das waren
die festen Städte in Juda und Benjamin.
11 Und er machte die Festungen stark und
setzte Hauptleute über sie und legte Vor-
rat von Speise, Öl und Wein,
12 sowie Schilde und Spieße in alle Städte;
so machte er sie sehr stark. Und Juda und
Benjamin waren ihm untertan.
13 ¶Die Priester aber und die Leviten von
ganz Israel hielten sich zu ihm aus ihrem
ganzen Gebiet;
14 denn die Leviten verließen ihre Ort-
schaften und ihre Habe und kamen nach
Juda und Jerusalem. - Denn [a]Jerobeam
und seine Söhne hatten sie verstoßen, daß
sie das Priesteramt vor dem HERRN nicht
mehr ausüben konnten, *a* Kap 13,9
15 und [a]er bestellte sich Priester für die
Höhen und die Feldgeister und für die
Kälber, die er machen ließ. - *a* 1.Kön 12,31
16 Und die den HERRN, den Gott Israels,
von Herzen suchten, folgten den Leviten
aus allen Stämmen Israels nach Jerusalem,
daß sie opferten dem HERRN, dem Gott
ihrer Väter.[a] *a* 1.Kön 12,26.27
17 So machten sie das Königreich Juda
mächtig und stärkten Rehabeam, den
Sohn Salomos, für drei Jahre; denn drei
Jahre wandelten sie in dem Wege Davids
und Salomos.
18 ¶Und Rehabeam nahm zur Frau Ma-
halat, die Tochter Jerimots, des Sohnes
Davids, und der Abihajil, der Tochter
[a]Eliabs, des Sohnes Isais. *a* 1.Sam 16,6
19 Die gebar ihm diese Söhne: Jëusch,
Schemarja und Saham.
20 Nach ihr nahm er Maacha, die Tochter
Abischaloms, zur Frau; die gebar ihm
Abija, Attai, Sisa und Schelomit.
21 Aber Rehabeam hatte Maacha, die
Tochter Abischaloms, lieber als alle seine
Frauen und Nebenfrauen; denn er hatte
achtzehn Frauen und sechzig Nebenfrauen
und zeugte achtundzwanzig Söhne und
sechzig Töchter.
22 Und Rehabeam setzte Abija, den Sohn
der Maacha, als Ersten unter seinen Brü-
dern, als Thronfolger, ein; denn er
gedachte, ihn zum König zu machen.
23 Und er handelte klug und [a]verteilte alle
seine Söhne in die Gebiete von Juda und
Benjamin, in alle festen Städte, und gab
ihnen Nahrung in Menge und verschaffte
ihnen viele Frauen. *a* Kap 21,3

Rehabeams Demütigung vor Gott

(vgl. 1.Kön 14,25-31)

12 Als aber das Königtum Rehabeams
sich gefestigt hatte und er mächtig
war, verließ er das Gesetz des HERRN und
ganz Israel mit ihm.
2 Da zog im fünften Jahr des Königs Re-
habeam herauf Schischak, der König von
Ägypten, gegen Jerusalem - denn sie hat-
ten sich am HERRN versündigt -
3 mit tausendzweihundert Wagen und mit
sechzigtausend Reitern; und das Volk war
nicht zu zählen, das mit ihm aus Ägypten
kam, Libyer, Sukkijiter und Kuschiter.
4 Und er nahm die [a]festen Städte ein, die
in Juda waren, und kam bis vor Jerusa-
lem. *a* Kap 11,5-10

5 ¶ Da kam der Prophet Schemaja zu Rehabeam und zu den Obersten Judas, die sich in Jerusalem aus Furcht vor Schischak versammelt hatten, und sprach zu ihnen: So spricht der HERR: Ihr habt mich verlassen; darum habe ich euch auch verlassen und in Schischaks Hand gegeben.

6 Da demütigten sich die Obersten in Israel mit dem König und sprachen: Der HERR ist gerecht.

7 Als aber der HERR sah, daß sie sich demütigten, kam das Wort des HERRN zu Schemaja: Sie haben sich gedemütigt; darum will ich sie nicht verderben, sondern ich will sie in Kürze erretten, daß mein Grimm sich nicht durch Schischak auf Jerusalem ergieße.

8 Doch sollen sie ihm untertan sein, damit sie innewerden, was es heißt, mir zu dienen oder den Königreichen der Länder.

9 ¶ So zog Schischak, der König von Ägypten, gegen Jerusalem herauf und nahm die Schätze im Hause des HERRN und die Schätze im Hause des Königs; alles nahm er weg, auch die goldenen Schilde, die Salomo hatte machen lassen.

10 An ihrer Statt ließ der König Rehabeam kupferne Schilde machen und übergab sie den Obersten der Leibwache, die das Tor am Haus des Königs bewachte.

11 Und sooft der König in des HERRN Haus ging, kam die Leibwache und trug sie und brachte sie dann wieder in ihre Kammer.

12 Und [a]weil er sich demütigte, wandte sich des HERRN Zorn von ihm, daß er ihn nicht ganz verdarb; denn auch in Juda war noch manches Gute. *a* Kap 32,26

13 Und der König Rehabeam wurde wieder mächtig in Jerusalem und regierte weiter.

¶ Einundvierzig Jahre alt war Rehabeam, als er König wurde, und regierte siebzehn Jahre zu Jerusalem in der Stadt, die der HERR erwählt hatte aus allen Stämmen Israels, daß er [a]seinen Namen daselbst wohnen lasse. Seine Mutter hieß Naama, eine Ammoniterin. *a* Kap 6,20

14 Aber er tat übel und richtete sein Herz nicht darauf, daß er den HERRN suchte.

15 Die Geschichte Rehabeams aber, die frühere und die spätere, steht geschrieben in den Geschichten des Propheten Schemaja und des Sehers [a]Iddo, ebenso auch die Kriege zwischen Rehabeam und Jerobeam, die sie ihr Leben lang führten.

a Kap 13,22

16 Und Rehabeam legte sich zu seinen Vätern und wurde begraben in der Stadt Davids. Und sein Sohn Abija wurde König an seiner Statt.

Abija

(vgl. 1.Kön 15,1-8)

13 Im achtzehnten Jahr des Königs Jerobeam wurde Abija König über Juda

2 und regierte drei Jahre zu Jerusalem. Seine Mutter hieß Michaja, eine Tochter Uriëls, aus Gibea. Es war aber Krieg zwischen Abija und Jerobeam.

3 Und Abija rüstete sich zum Kampf mit einem Heer von Kriegsleuten, vierhunderttausend Mann, auserlesenen Leuten. Jerobeam aber rüstete sich, gegen ihn zu kämpfen, mit achthunderttausend auserlesenen Leuten, streitbaren Männern.

4 ¶ Und Abija stellte sich hin oben auf den Berg Zemarajim, der im Gebirge Ephraim liegt, und sprach: Hört mir zu, Jerobeam und ganz Israel!

5 Wißt ihr nicht, daß der HERR, der Gott Israels, das Königtum über Israel David gegeben hat ewiglich, ihm und seinen Söhnen durch einen [a]Salzbund?

a 3.Mose 2,13; 4.Mose 18,19

6 Aber Jerobeam, der Sohn Nebats, der Knecht Salomos, des Sohnes Davids, erhob sich und wurde seinem Herrn abtrünnig.

7 Und es schlugen sich auf seine Seite ruchlose Leute, böse Menschen, und wurden mächtiger als Rehabeam, der Sohn Salomos; denn Rehabeam war noch jung und zaghaft, so daß er sich nicht gegen sie wehrte.

8 Nun denkt ihr euch zu empören gegen das Königtum des HERRN, das in der Hand der Söhne Davids ist, weil ihr ein großer Haufe seid und die [a]goldenen Kälber bei euch habt, die euch Jerobeam zu Göttern gemacht hat. *a* 1.Kön 12,28

9 Habt ihr nicht [a]die Priester des HERRN, die Söhne Aaron, und die Leviten verstoßen und euch [b]eigene Priester gemacht wie sonst die Völker in den Ländern? Wer da kam mit einem jungen Stier und sieben Widdern, um sich die Hand füllen zu las-

sen, der wurde Priester derer, die nicht
Götter sind. *a* 2.Mose 28,41 *b* Kap 11,15
10 Wir aber sind gewiß: Der HERR ist un-
ser Gott; ihn haben wir nicht verlassen;
denn die Priester, die dem HERRN dienen,
sind die Söhne Aaron, und die Leviten
stehen in ihrem Amt,
11 um dem HERRN [a] alle Morgen und alle
Abende Brandopfer darzubringen, dazu
das gute Räucherwerk, und Brote aufzule-
gen auf den Tisch aus reinem Gold und
den goldenen Leuchter anzuzünden mit
seinen Lampen alle Abende; denn wir hal-
ten die Gebote des HERRN, unseres
Gottes, ihr aber habt ihn verlassen.
a 4.Mose 28,3-8
12 Siehe, mit uns ist an der Spitze Gott
und seine Priester und die [a] Kriegstrom-
peten, um sie gegen euch zu blasen. Ihr
Israeliten, streitet nicht gegen den HERRN,
den Gott eurer Väter; denn es wird euch
nicht gelingen! *a* 4.Mose 10,9
13 ¶ Aber Jerobeam legte einen Hinter-
halt, daß er ihnen in den Rücken fiele, so
daß sie vor Juda waren und der Hinterhalt
hinter Juda.
14 Als sich nun Juda umwandte, siehe, da
wurden sie von vorn und von hinten ange-
griffen. Da schrien sie zum HERRN, und
die Priester bliesen die Trompeten,
15 und die Männer von Juda erhoben das
Kriegsgeschrei. Und als sie schrien, schlug
Gott Jerobeam und ganz Israel vor Abija
und Juda.
16 Und Israel floh vor Juda, und Gott gab
sie in ihre Hände,
17 so daß Abija mit seinem Volk sie hart
schlug, und es blieben von Israel erschla-
gen liegen fünfhunderttausend auserle-
sene Leute.
18 Also wurden die Männer von Israel zu
der Zeit gedemütigt, aber die Männer von
Juda blieben unverzagt; denn sie verlie-
ßen sich auf den HERRN, den Gott ihrer
Väter.
19 Und Abija jagte Jerobeam nach und ge-
wann ihm Städte ab: Bethel mit seinen
Ortschaften, Jeschana mit seinen Ortschaf-
ten und Efron mit seinen Ortschaften,
20 so daß Jerobeam keine Macht mehr
hatte, solange Abija lebte. Und der HERR
schlug ihn, daß er starb.
21 ¶ Abija aber wurde mächtig. Und er
nahm vierzehn Frauen und zeugte zwei-
undzwanzig Söhne und sechzehn Töchter.
22 Was aber mehr von Abija zu sagen ist,
sein Wandel und seine Worte, das steht
geschrieben in der Geschichte des Pro-
pheten [a] Iddo. *a* Kap 12,15
23 *Und Abija legte sich zu seinen Vätern,
und sie begruben ihn in der Stadt Davids.
Und sein Sohn Asa wurde König an seiner
Statt. Zu dessen Zeiten hatte das Land
zehn Jahre Ruhe.

* Abweichende Verszählung statt 13,23: 14,1.

Asas erste Regierungsmaßnahmen

(vgl. 1.Kön 15,9-12)

14 *Und Asa tat, was recht war und
dem HERRN, seinem Gott, wohlge-
fiel,

* Abweichende Verszählung statt 14,1-14: 14,2-15.

2 und entfernte die Altäre der fremden
Götter und die Opferhöhen und zerbrach
die Steinmale und hieb die Bilder der
Aschera um
3 und gebot Juda, daß sie den HERRN, den
Gott ihrer Väter, suchten und täten nach
dem Gesetz und Gebot.
4 Und er entfernte aus allen Städten Judas
die Opferhöhen und die Rauchopfersäu-
len; und das Königreich hatte Ruhe unter
ihm.
5 Und er baute feste Städte in Juda, weil
das Land Ruhe hatte und in diesen Jahren
kein Krieg gegen ihn war; denn [a] der HERR
hatte ihm Ruhe gegeben. *a* Kap 15,15
6 Und er sprach zu Juda: Laßt uns diese
Städte ausbauen und um sie Mauern her-
umführen mit Türmen, Toren und Rie-
geln, solange das Land noch unser ist;
denn wir haben den HERRN, unsern Gott,
gesucht, und er hat uns Ruhe gegeben
ringsumher. – Also bauten sie, und es ging
glücklich vonstatten.
7 Und Asa hatte eine Heeresmacht, aus
Juda dreihunderttausend, die große
Schilde und Spieße trugen, und aus Benja-
min zweihundertachtzigtausend, die kleine
Schilde trugen und mit dem Bogen schie-
ßen konnten; und diese alle waren starke
Kriegsleute.

Asas Sieg über die Kuschiter

8 Es zog aber gegen sie Serach, der Ku-
schiter, mit einer Heeresmacht von tau-
sendmal tausend, dazu dreihundert Wa-
gen, und sie kamen bis nach Marescha.
9 Und Asa zog ihm entgegen; und sie rü-

steten sich zum Kampf im Tal Zefata bei
Marescha.
10 Und Asa rief den HERRN, seinen Gott,
an und sprach: [a]HERR, es ist dir nicht
schwer, dem Schwachen gegen den Star-
ken zu helfen. Hilf uns, HERR, unser Gott;
denn wir verlassen uns auf dich, und in
deinem Namen sind wir gekommen gegen
diese Menge. HERR, du bist unser Gott,
gegen dich vermag kein Mensch etwas.

a 1.Sam 14,6

11 ¶ Und der HERR schlug die Kuschiter
vor Asa und vor Juda, so daß sie flohen.
12 Und Asa samt dem Volk, das bei ihm
war, jagte ihnen nach bis nach Gerar. Und
die Kuschiter fielen, so daß keiner von
ihnen am Leben blieb, sondern sie wur-
den zerschlagen vor dem HERRN und vor
seinem Heer. Und Juda trug sehr viel
Beute davon.
13 Und sie schlugen alle Städte um Gerar
her; denn der Schrecken des HERRN kam
über sie. Und sie plünderten alle Städte;
denn es war viel Beute darin.
14 Auch schlugen sie die Zeltlager der Hir-
ten und führten eine Menge Schafe und
Kamele weg und kamen wieder nach
Jerusalem.

Der Prophet Asarja und Asas Reformen

15 Und auf Asarja, den Sohn Odeds,
kam der Geist Gottes.
2 Da zog er hinaus Asa entgegen und
sprach zu ihm: Hört mir zu, Asa und ganz
Juda und Benjamin! Der HERR ist mit
euch, weil ihr mit ihm seid; und wenn ihr
ihn sucht, wird er sich von euch finden
lassen. Werdet ihr ihn aber verlassen, so
wird er euch auch verlassen.
3 Lange Zeit hindurch war Israel ohne
rechten Gott, ohne Priester, der da lehrte,
und ohne Gesetz.[a]

a Hos 3,4

4 Als sie sich aber in ihrer Not zu dem
HERRN, dem Gott Israels, bekehrten und
[a]ihn suchten, ließ er sich von ihnen fin-
den.

a Jer 29,13.14

5 Zu der Zeit gab es keine Sicherheit für
den, der aus- und einging; denn es war
große Verwirrung bei allen, die in diesen
Ländern wohnten.
6 Denn [a]ein Volk zerschlug das andere
und eine Stadt die andere; denn Gott er-
schreckte sie mit Ängsten aller Art.

a Lk 21,10

7 Ihr aber, seid getrost und laßt eure
Hände nicht sinken; denn [a]euer Werk hat
seinen Lohn.

a 1.Kor 15,58

8 ¶ Als aber Asa diese Worte hörte und
die Weissagung, die der Prophet Asarja,
der Sohn Odeds, gesprochen hatte, ward
er getrost, und er tat weg die greulichen
Götzen aus dem ganzen Lande Juda und
Benjamin und aus den Städten, die er auf
dem Gebirge Ephraim erobert hatte, und
erneuerte den Altar des HERRN, der vor
der Vorhalle des HERRN stand.
9 Und er versammelte ganz Juda und Ben-
jamin und alle aus Ephraim, Manasse und
Simeon, die bei ihnen wohnten; denn es
fiel ihm eine große Menge aus Israel zu,
als sie sahen, daß der HERR, sein Gott, mit
ihm war.[a]

a Kap 11,16; Jer 41,5

10 Und sie versammelten sich in Jerusa-
lem im dritten Monat des fünfzehnten
Jahres der Herrschaft Asas
11 und opferten dem HERRN am selben
Tage von der Beute, die sie hergebracht
hatten, siebenhundert Rinder und sieben-
tausend Schafe.
12 Und sie traten in den Bund, den HERRN,
den Gott ihrer Väter, zu suchen von gan-
zem Herzen und von ganzer Seele.[a]

a Jos 24,25

13 Wer aber den HERRN, den Gott Israels,
nicht suchen würde, sollte sterben, klein
und groß, Mann und Frau.
14 Und sie schworen dem HERRN mit lau-
ter Stimme, unter Freudengeschrei und
unter Trompeten- und Posaunenschall.
15 Und ganz Juda war fröhlich über
den Schwur; denn sie hatten geschworen
von ganzem Herzen, und sie suchten
den Herrn mit ganzem Willen, und er ließ
sich von ihnen finden. Und [a]der HERR
gab ihnen Ruhe ringsumher.

a Kap 14,5.6; 20,30

16 ¶ [a]Auch setzte der König Asa seine
Mutter Maacha ab, daß sie nicht mehr
Herrin war, weil sie der Aschera ein Greu-
elbild gemacht hatte. Und Asa zerschlug
ihr Greuelbild und zermalmte es und ver-
brannte es am Bach Kidron.

a (16-18) 1.Kön 15,13-15

17 Aber die Opferhöhen in Israel wurden
nicht entfernt; doch war das Herz Asas
rechtschaffen sein Leben lang.
18 Und er brachte ins Haus Gottes, was
sein Vater geheiligt und was er geheiligt
hatte, Silber, Gold und Gefäße.

19 Und es war kein Krieg bis in das fünfunddreißigste Jahr der Herrschaft Asas.

Asas Abfall und Tod

(vgl. 1.Kön 15,16-24)

16 Im sechsunddreißigsten Jahr der
Herrschaft Asas zog Bascha, der König von Israel, herauf gegen Juda und baute Rama aus, damit niemand bei Asa, dem König von Juda, aus- und eingehen sollte.
2 Aber Asa nahm aus dem Schatz im Hause des HERRN und aus dem Schatz im Hause des Königs Silber und Gold und sandte zu Ben-Hadad, dem König von Aram, der zu Damaskus herrschte, und ließ ihm sagen:
3 Es ist ein Bund zwischen mir und dir, zwischen meinem und deinem Vater. Darum schicke ich dir Silber und Gold, daß du den Bund mit Bascha, dem König von Israel, aufgibst, damit er von mir abzieht.
4 Ben-Hadad hörte auf die Bitte des Königs Asa und sandte seine Obersten gegen die Städte Israels; die schlugen Ijon, Dan und Abel-Majim und von Naftali alle Städte mit Kornspeichern.
5 Als Bascha das hörte, ließ er ab, Rama auszubauen, und hörte auf mit seinem Werk.
6 Aber der König Asa bot ganz Juda auf, und sie nahmen die Steine und das Holz von Rama weg, womit Bascha gebaut hatte, und er baute damit Geba und Mizpa aus.
7 ¶Zu der Zeit kam der Seher Hanani zu Asa, dem König von Juda, und sprach zu ihm: [a]Weil du dich auf den König von Aram verlassen hast und nicht auf den HERRN, deinen Gott, darum ist das Heer des Königs von Aram deiner Hand entronnen. *a* Jer 17,5
8 Hatten nicht die Kuschiter und Libyer eine große Heeresmacht mit sehr viel Wagen und Reitern? Doch der HERR gab sie in deine Hand, da du dich auf ihn verließest.[a] *a* Kap 14,8-12
9 Denn [a]**des HERRN Augen schauen alle Lande, daß er stärke, die mit ganzem Herzen bei ihm sind.** Du hast töricht getan, darum wirst du auch von nun an Krieg haben. *a* Spr 15,3
10 Aber Asa wurde zornig über den Seher und [a]legte ihn ins Gefängnis; denn er grollte ihm darüber. Auch bedrückte er zu dieser Zeit einige vom Volk.

a Kap 18,26; Mt 14,3

11 ¶Die Geschichte Asas aber, die frühere und die spätere, siehe, die steht geschrieben im Buch der Könige von Juda und Israel.
12 Und Asa wurde krank an seinen Füßen im neununddreißigsten Jahr seiner Herrschaft, und seine Krankheit nahm sehr zu; und er suchte auch in seiner Krankheit nicht den HERRN, sondern die Ärzte.
13 So legte sich Asa zu seinen Vätern und starb im einundvierzigsten Jahr seiner Herrschaft.
14 Und man begrub ihn in seinem Grabe, das er sich in der Stadt Davids hatte aushauen lassen. Und sie legten ihn auf sein Lager, das man mit gutem Räucherwerk und allerlei kunstvoll zubereiteter Spezerei gefüllt hatte, und [a]sie machten ihm zu Ehren einen sehr großen Brand.

a Kap 21,19; Jer 34,5

Joschafats Regierung

17 Und sein Sohn [a]Joschafat wurde
König an seiner Statt und wurde mächtig gegenüber Israel. *a* 1.Kön 15,24
2 Er legte Kriegsvolk in alle festen Städte Judas und setzte Amtleute ein im Lande Juda und in den Städten Ephraims, die sein Vater Asa erobert hatte.
3 Und der HERR war mit Joschafat; denn er wandelte wie vormals sein Vater David und suchte nicht die Baale,
4 sondern den Gott seines Vaters und wandelte in seinen Geboten und nicht so wie Israel.
5 Darum stärkte der HERR das Königtum in seiner Hand. Und ganz Juda gab Joschafat Geschenke, und [a]er hatte großen Reichtum und viel Ehre. *a* Kap 18,1
6 Und als er in den Wegen des HERRN noch mutiger wurde, entfernte er wieder die Opferhöhen und die Ascherabilder aus Juda.
7 ¶Im dritten Jahr seiner Herrschaft sandte er seine Oberen Ben-Hajil, Obadja, Secharja, Netanel und Michaja, daß sie in den Städten Judas lehren sollten,
8 und mit ihnen die Leviten Schemaja, Netanja, Sebadja, Asaël, Schemiramot, Jonatan, Adonija, Tobija und Tob-Adonija und mit ihnen die Priester Elischama und Joram.

9 Und sie lehrten in Juda und hatten das
Gesetzbuch des HERRN bei sich und zo-
gen in allen Städten Judas umher und lehr-
ten das Volk.
10 ¶ Da kam der Schrecken des HERRN
über alle Königreiche der Länder, die um
Juda herum lagen, so daß sie nicht gegen
Joschafat kämpften.
11 Sogar einige von den Philistern brach-
ten Joschafat [a]Geschenke und Silber als
Abgabe; auch die Araber brachten ihm
siebentausendundsiebenhundert Widder
und siebentausendundsiebenhundert Bök-
ke. *a 1.Kön 5,1*
12 ¶ So wurde Joschafat immer mächtiger.
Und er baute in Juda Burgen und Städte
mit Kornspeichern
13 und hatte viel Vorrat in den Städten
Judas und Kriegsleute, streitbare Männer,
zu Jerusalem.
14 Und dies war ihre Ordnung nach ihren
Sippen: in Juda waren Oberste über tau-
send: Adna, der Oberste, und unter ihm
dreihunderttausend streitbare Männer;
15 neben ihm Johanan, der Oberste, und
unter ihm zweihundertundachtzigtausend;
16 neben ihm Amasja, der Sohn Sichris,
der sich freiwillig in den Dienst des HERRN
gestellt hatte, und unter ihm zweihundert-
tausend streitbare Männer;
17 und aus Benjamin: Eljada, ein streitba-
rer Mann, und unter ihm zweihunderttau-
send, die mit Bogen und Schild gerüstet
waren;
18 neben ihm Josabad und unter ihm hun-
dertundachtzigtausend zum Kampf gerü-
stete Männer.
19 Diese alle dienten dem König außer
denen, die der König in die festen Städte
von ganz Juda gelegt hatte.

Joschafats Verbindung mit Ahab von Israel

(vgl. 1.Kön 22)

18 Und Joschafat hatte [a]großen Reich-
tum und viel Ehre und verschwä-
gerte sich mit Ahab. *a Kap 17,5*
2 Und nach einigen Jahren zog er hinab
zu Ahab nach Samaria. Und Ahab ließ
für ihn und für das Volk, das bei ihm war,
viele Schafe und Rinder schlachten. Und
er beredete ihn, daß er hinaufzöge nach
Ramot in Gilead.
3 Ahab, der König von Israel, sprach zu
Joschafat, dem König von Juda: Willst du
mit mir nach Ramot in Gilead ziehen? Er
sprach zu ihm: Ich bin wie du und mein
Volk wie dein Volk; wir wollen mit dir in
den Kampf.
4 ¶ Aber Joschafat sprach zum König von
Israel: [a]Frage doch zuerst nach dem Wort
des HERRN! *a 2.Kön 3,11*
5 Und der König von Israel versammelte
vierhundert Propheten und sprach zu
ihnen: Sollen wir nach Ramot in Gilead in
den Kampf ziehen, oder soll ich's lassen?
Sie sprachen: Zieh hinauf! Gott wird es in
des Königs Hand geben.
6 Joschafat aber sprach: Ist nicht noch ir-
gendein Prophet des HERRN hier, daß wir
durch ihn den Herrn befragen?
7 Der König von Israel sprach zu Joscha-
fat: Es ist noch **ein** Mann hier, durch den
man den HERRN befragen kann; aber ich
bin ihm gram, denn er weissagt über mich
nichts Gutes, sondern immer nur Böses,
nämlich Micha, der Sohn Jimlas. Joscha-
fat sprach: Der König rede so nicht.
8 ¶ Und der König von Israel rief einen
seiner Kämmerer und sprach: Bringe
eilends her Micha, den Sohn Jimlas!
9 Und der König von Israel und Joschafat,
der König von Juda, saßen ein jeder auf
seinem Thron, mit ihren königlichen Klei-
dern angetan. Sie saßen aber auf dem Platz
vor dem Tor von Samaria, und alle Pro-
pheten fingen an, vor ihnen zu weissagen.
10 Und [a]Zidkija, der Sohn Kenaanas,
machte sich eiserne Hörner und sprach:
So spricht der HERR: Hiermit wirst du die
Aramäer niederstoßen, bis du sie auf-
reibst. *a Vers 23*
11 Und alle Propheten weissagten ebenso
und sprachen: Zieh hinauf nach Ramot in
Gilead! Es wird dir gelingen, der HERR
wird es in des Königs Hand geben.
12 Und der Bote, der hingegangen war, um
Micha zu rufen, sprach zu ihm: Siehe, die
Worte der Propheten sind einmütig gut
für den König. Laß doch auch dein Wort
wie ihr Wort sein und rede Gutes.
13 Micha aber sprach: So wahr der HERR
lebt: was mein Gott sagen wird, das will
ich reden.
14 ¶ Und als er zum König kam, sprach
der König zu ihm: Micha, sollen wir nach
Ramot in Gilead in den Kampf ziehen,
oder soll ich's lassen? Er sprach: Ja, zieht
hinauf! Es wird euch gelingen, sie werden
in eure Hände gegeben werden.

15Aber der König sprach zu ihm: Wie oft
soll ich dich beschwören, daß du mir im
Namen des HERRN nichts als die Wahrheit
sagst!
16Da sprach er: Ich sah ganz Israel
zerstreut auf den Bergen [a]wie Schafe, die
keinen Hirten haben. Und der HERR
sprach: Diese haben keinen Herrn. Ein jeder kehre wieder heim mit Frieden! –

a Mt 9,36

17Da sprach der König von Israel zu Joschafat: Sagte ich dir nicht: Er weissagt
nichts Gutes über mich, sondern nur
Böses?
18Micha aber sprach: Darum höret des
HERRN Wort! [a]Ich sah den HERRN sitzen
auf seinem Thron, und das ganze himmlische Heer stand zu seiner Rechten und zu
seiner Linken.

a Jes 6,1

19Und der HERR sprach: Wer will Ahab,
den König von Israel, betören, daß er hinaufziehe und falle bei Ramot in Gilead?
Und als dieser so und jener anders redete,
20trat [a]ein Geist vor und stellte sich vor
den HERRN und sprach: Ich will ihn betören. Der HERR aber sprach zu ihm: Womit?

a Hiob 1,6

21Er sprach: Ich will ausfahren und ein
Lügengeist sein in aller seiner Propheten
Mund. Und der Herr sprach: Du wirst ihn
betören und wirst es ausrichten; fahr hin
und tu das!
22Nun siehe, der HERR hat einen Lügengeist in den Mund dieser deiner Propheten gegeben, und der HERR hat Unheil gegen dich geredet.
23Da trat herzu [a]Zidkija, der Sohn Kenaanas, und schlug Micha auf die Backe
und sprach: Auf welchem Wege sollte der
Geist des HERRN von mir gewichen sein,
um nun durch dich zu reden?

a Vers 10

24Micha sprach: Wahrlich, an jenem Tage
wirst du's sehen, wenn du von einer Kammer in die andere gehst, um dich zu verstecken.
25Aber der König von Israel sprach:
Nehmt Micha und bringt ihn zu Amon,
dem Stadthauptmann, und zu Joasch, dem
Sohn des Königs,
26und sagt: So spricht der König: [a]Legt
diesen ins Gefängnis und speist ihn nur
kärglich mit Brot und Wasser, bis ich wiederkomme mit Frieden!

a Kap 16,10

27Micha sprach: Kommst du mit Frieden
wieder, so hat der HERR nicht durch mich
geredet. Und er sprach: Höret, alle Völker!
28¶So zogen der König von Israel und
Joschafat, der König von Juda, hinauf nach
Ramot in Gilead.
29Und der König von Israel sprach zu Joschafat: Ich will mich verkleiden und in
den Kampf ziehen, du aber behalte deine
königlichen Kleider an! Und der König
von Israel verkleidete sich, und sie zogen
in den Kampf.
30Aber der König von Aram hatte den
Obersten über seine Wagen geboten: Ihr
sollt nicht kämpfen gegen Geringe und
Hohe, sondern allein gegen den König von
Israel.
31Als nun die Obersten der Wagen Joschafat sahen, dachten sie, es sei der König von Israel, und umringten ihn, um gegen ihn zu kämpfen. Aber Joschafat schrie,
und der HERR half ihm, und Gott lockte
sie von ihm weg.
32Denn als die Obersten der Wagen merkten, daß er nicht der König von Israel war,
wandten sie sich von ihm ab.
33Es spannte aber ein Mann seinen Bogen von ungefähr und schoß den König
von Israel zwischen Panzer und Wehrgehänge. Da sprach er zu seinem Wagenlenker: Wende um und führe mich aus dem
Kampf; denn ich bin verwundet!
34Aber der Kampf nahm immer mehr zu
an jenem Tage, und der König von Israel
blieb in seinem Wagen stehen gegenüber
den Aramäern bis zum Abend; und er
starb, als die Sonne unterging.

19 ¶Joschafat aber, der König von
Juda, kam wieder heim mit Frieden
nach Jerusalem.
2Und es ging ihm der Seher Jehu, der
Sohn Hananis, entgegen und sprach zum
König Joschafat: Sollst du so dem Gottlosen helfen und die lieben, die den HERRN
hassen? Darum kommt über dich der
Zorn vom HERRN.
3Etwas Gutes ist aber doch an dir gefunden, daß du [a]die Bilder der Aschera aus
dem Lande ausgetilgt und dein Herz darauf gerichtet hast, Gott zu suchen.

a Kap 17,3.6

Joschafat ordnet die Rechtsprechung

4Und Joschafat blieb in Jerusalem. Und
er zog wieder im Volk umher von Beerscheba an bis auf das Gebirge Ephraim

und brachte sie zurück zu dem HERRN,
dem Gott ihrer Väter.
5 Und er bestellte Richter im Lande in
allen festen Städten Judas, Stadt für Stadt,
6 und sprach zu den Richtern: Seht zu,
was ihr tut! Denn ihr haltet Gericht nicht
im Namen von Menschen, sondern im Na-
men des HERRN, und er ist bei euch, wenn
ihr Recht sprecht.[a] *a* 5.Mose 1,17
7 Darum laßt [a] die Furcht des HERRN bei
euch sein, haltet und tut das Recht; denn
[b] bei dem HERRN, unserm Gott, ist kein
Unrecht, weder Ansehen der Person noch
Annehmen von Geschenken.

a 2.Mose 18,21 *b* 5.Mose 10,17; Röm 2,11

8 Auch bestellte Joschafat in Jerusalem
einige aus den Leviten und Priestern und
Sippenhäuptern Israels [a] für das Gericht
des HERRN und für die Streitfälle der Ein-
wohner Jerusalems. *a* 5.Mose 17,8.9; 19,17
9 Ihnen gebot er und sprach: Tut also in
der Furcht des HERRN, in Treue und mit
ganzem Herzen!
10 In allen Streitfällen, die vor euch kom-
men von euren Brüdern, die in ihren Städ-
ten wohnen, es gehe um Bluttat, um Ge-
setz und Gebot, um Satzungen und
Rechte, da sollt ihr sie unterrichten, daß
sie sich nicht am HERRN verschulden und
ein Zorn über euch und eure Brüder
komme. Tut also, so werdet ihr euch nicht
verschulden.
11 Siehe, der Hohepriester Amarja ist über
euch bestellt in allen Sachen des HERRN,
und Sebadja, der Sohn Jischmaels, der Vor-
steher im Hause Juda, in allen Sachen des
Königs; und als Amtleute habt ihr die Le-
viten bei euch. Geht unverzagt ans Werk,
und der HERR wird mit dem Guten sein.

Joschafats Sieg über die Ammoniter und Moabiter

20 Danach kamen die Moabiter, die
Ammoniter und mit ihnen auch
Mëuniter, um gegen Joschafat zu kämp-
fen.
2 Und man kam und sagte zu Joschafat:
Es kommt gegen dich eine große Menge
von jenseits des Salzmeeres, von Edom,
und siehe, sie sind schon in Hazezon-
Tamar, das ist En-Gedi.
3 Joschafat aber fürchtete sich und rich-
tete sein Angesicht darauf, den HERRN zu
suchen; und er ließ in ganz Juda ein Fa-
sten ausrufen.
4 Und Juda kam zusammen, den HERRN
zu suchen; auch aus allen Städten Judas
kamen sie, den HERRN zu suchen.[a]

a Kap 15,9-15

5 ¶ Und Joschafat trat hin unter die Ge-
meinde Judas und Jerusalems im Hause
des HERRN vorn im neuen Vorhof
6 und sprach: HERR, du Gott unserer Vä-
ter, [a] bist du nicht Gott im Himmel und
Herrscher über alle Königreiche der Hei-
den? Und [b] in deiner Hand ist Kraft und
Macht, und es ist niemand, der dir zu wi-
derstehen vermag.

a 1.Mose 18,25 *b* 1.Chr 29,12

7 Hast du, unser Gott, nicht die Bewoh-
ner dieses Landes vertrieben vor deinem
Volk Israel und hast es den Nachkommen
Abrahams, deines Freundes, gegeben für
immer?
8 Und sie wohnten darin und haben dir
ein Heiligtum für deinen Namen gebaut
und gesagt:
9 [a] Wenn Unglück, Schwert, Strafe, Pest
oder Hungersnot über uns kommen, wer-
den wir vor diesem Hause und vor dir
stehen – denn dein Name ist in diesem
Hause – und zu dir schreien in unserer
Not, und du wirst hören und helfen.

a Kap 6,28-30

10 Nun siehe, die Ammoniter, Moabiter
und die vom Gebirge Seïr, durch die du
Israel nicht hindurchziehen ließest, als sie
aus Ägyptenland kamen – sondern sie
mußten vor ihnen weichen und durften
sie nicht ausrotten –,[a] *a* 5.Mose 2,4.5.9.19
11 siehe, sie lassen uns das entgelten und
kommen, uns auszutreiben aus deinem Ei-
gentum, das du uns gegeben hast.
12 Unser Gott, willst du sie nicht richten?
Denn in uns ist keine Kraft gegen dies
große Heer, das gegen uns kommt. Wir
wissen nicht, was wir tun sollen, sondern
unsere Augen sehen nach dir.
13 ¶ Und ganz Juda stand vor dem HERRN
mit seinen Alten, Frauen und Kindern.
14 Aber der Geist des HERRN kam mitten
in der Gemeinde auf Jahasiël, den Sohn
Secharjas, des Sohnes Benajas, des Sohnes
Jehiëls, des Sohnes Mattanjas, den Levi-
ten aus den Söhnen Asaf.
15 [a] Und Jahasiël sprach: Merkt auf, ganz
Juda und ihr Einwohner von Jerusalem
und du, König Joschafat! So spricht der
HERR zu euch: Ihr sollt euch nicht fürch-
ten und nicht verzagen vor diesem großen

29 *Mirjams Tanz*
Gouache; 44,3 x 32 cm; 1965;
für den Exodus-Zyklus 1966; MBMC, Nizza
(© Foto: MBMC – Patrick Gérin)

30/31 *Die Wolke des Herrn*
Farblithographie; 46 x 69 cm; 1966;
aus dem Exodus-Zyklus
(© Foto: Galerie an der Brenz, Sontheim)

32 *Der Tanz um das Goldene Kalb*
Öl und Gouache; 60 x 47,5 cm; 1931; signiert;
MBMC, Nizza
(© Foto: RMN – Gérard Blot)

Heer; denn nicht ihr kämpft, sondern
Gott. *a (15-17)* 2.Mose 14,13.14
16 Morgen sollt ihr gegen sie hinabziehen.
Wenn sie den Höhenweg von Ziz herauf-
kommen, werdet ihr auf sie treffen, wo
das Tal endet, vor der Wüste Jeruël.
17 Aber nicht ihr werdet dabei kämpfen;
tretet nur hin und steht und seht die Hilfe
des HERRN, der mit euch ist, Juda und
Jerusalem! Fürchtet euch nicht und ver-
zagt nicht! Morgen zieht ihnen entgegen!
Der HERR ist mit euch.
18 ¶ Da beugte sich Joschafat mit seinem
Antlitz zur Erde, und ganz Juda und die
Einwohner von Jerusalem fielen vor dem
HERRN nieder und beteten den HERRN
an.
19 Und die Leviten von den Söhnen Kehat
und von den Söhnen Korach schickten
sich an, den HERRN, den Gott Israels, zu
loben mit laut schallender Stimme.
20 ¶ Und sie machten sich früh am Mor-
gen auf und zogen aus zur Wüste Tekoa.
Und als sie auszogen, trat Joschafat hin
und sprach: Hört mir zu, Juda und ihr
Einwohner von Jerusalem! *a* Glaubt an
den HERRN, euren Gott, so werdet ihr si-
cher sein, und glaubt seinen Propheten,
so wird es euch gelingen. *a* Jes 7,9; 28,16
21 Und er beriet sich mit dem Volk und
bestellte Sänger für den HERRN, daß sie in
heiligem Schmuck Loblieder sängen und
vor den Kriegsleuten herzögen und sprä-
chen: *a* Danket dem HERRN; denn seine
Barmherzigkeit währet ewiglich. *a* Ps 106,1
22 Und als sie anfingen mit Danken und
Loben, ließ der HERR einen Hinterhalt
kommen über die Ammoniter und Moa-
biter und die vom Gebirge Seïr, die gegen
Juda ausgezogen waren, und sie wurden
geschlagen.
23 Es stellten sich die Ammoniter und
Moabiter gegen die Leute vom Gebirge
Seïr, um sie auszurotten und zu vertilgen.
Und als sie die Leute vom Gebirge Seïr
alle aufgerieben hatten, kehrte sich einer
gegen den andern, und sie wurden einan-
der zum Verderben.
24 Als aber Juda an den Ort kam, wo man
in die Wüste sehen kann, und sie sich ge-
gen das Heer wenden wollten, siehe, da
lagen nur Leichname auf der Erde; keiner
war entronnen.
25 Und Joschafat kam mit seinem Volk,
die Beute auszuteilen, und sie fanden Vieh
in Menge und Güter und Kleider und kost-
bare Geräte und nahmen sich so viel weg,
daß es kaum zu tragen war, und teilten
drei Tage die Beute aus; denn es war viel.
26 Am vierten Tage aber kamen sie zu-
sammen im Lobetal; denn dort lobten sie
den HERRN. Daher heißt die Stätte »Lobe-
tal« bis auf diesen Tag.
27 So kehrte jedermann von Juda und Je-
rusalem wieder um und Joschafat an der
Spitze, daß sie nach Jerusalem zögen mit
Freuden; denn der HERR hatte ihnen
Freude gegeben an ihren Feinden.
28 Und sie zogen in Jerusalem ein mit
Psaltern, Harfen und Trompeten zum
Hause des HERRN.
29 Und der Schrecken Gottes kam über
alle Königreiche der Länder, als sie hör-
ten, daß der HERR gegen die Feinde Is-
raels gestritten hatte.
30 Also hatte das Königreich Joschafats
Frieden, und *a* sein Gott gab ihm Ruhe
ringsumher. *a* Kap 15,15

Joschafats Vertrag mit Ahasja von Israel

(vgl. 1.Kön 22,41-50)

31 Und Joschafat regierte über Juda; er
war fünfunddreißig Jahre alt, als er König
wurde; und er regierte fünfundzwanzig
Jahre zu Jerusalem. Seine Mutter hieß
Asuba, eine Tochter Schilhis.
32 Und er wandelte in dem Wege seines
Vaters Asa und ließ nicht davon ab und
tat, was dem HERRN wohlgefiel.
33 Nur die Opferhöhen wurden nicht ent-
fernt; denn das Volk hatte sein Herz noch
nicht ganz zu dem Gott seiner Väter ge-
wandt.
34 Was aber mehr von Joschafat zu sagen
ist, die frühere und die spätere Geschichte,
siehe, das steht geschrieben in den Ge-
schichten Jehus, des Sohnes Hananis, die
aufgenommen sind in das Buch der Kö-
nige von Israel.
35 ¶ Danach schloß Joschafat, der König
von Juda, einen Vertrag mit *a* Ahasja, dem
König von Israel, der gottlos war in sei-
nem Tun. *a* 1.Kön 22,52-54
36 Er kam mit ihm überein, Schiffe zu
bauen, um nach Tarsis zu fahren; und sie
bauten die Schiffe in Ezjon-Geber.
37 Aber Eliëser, der Sohn Dodawas von
Marescha, weissagte gegen Joschafat und
sprach: Weil du mit Ahasja übereingekom-
men bist, zerstört der HERR dein Werk.

Und die Schiffe zerschellten und konnten
nicht nach Tarsis fahren.

Jorams gottlose Regierung

(vgl. 1.Kön 22,51; 2.Kön 8,16-22)

21 Und Joschafat legte sich zu seinen
Vätern und wurde begraben bei sei-
nen Vätern in der Stadt Davids. Und sein
Sohn Joram wurde König an seiner Statt.
2 ¶Und Joram hatte Brüder, Joschafats
Söhne: Asarja, Jehiël, Secharja, Asarja, Mi-
chael und Schefatja; diese alle waren
Söhne Joschafats, des Königs von Juda.
3 Und ihr Vater gab ihnen viele Gaben an
Silber, Gold und Kleinoden, dazu feste
Städte in Juda; aber das Königtum gab er
Joram; denn der war der Erstgeborene.
4 Als aber Joram das Königtum seines Va-
ters übernommen hatte und mächtig
wurde, erschlug er alle seine Brüder mit
dem Schwert, dazu auch einige Obere in
Israel.
5 ¶Zweiunddreißig Jahre alt war Joram,
als er König wurde; und er regierte acht
Jahre zu Jerusalem
6 und wandelte in dem Wege der Könige
von Israel, wie das Haus Ahab getan hatte;
denn Ahabs Tochter war seine Frau. Und
er tat, was dem HERRN mißfiel.
7 Aber der HERR wollte das Haus David
nicht verderben um des Bundes willen,
den er [a] mit David geschlossen hatte, und
wie er ihm zugesagt hatte, ihm eine
[b] Leuchte zu geben und seinen Söhnen im-
merdar. *a* 2.Sam 7,12 *b* 1.Kön 11,36; Ps 132,17
8 ¶Zu seiner Zeit fielen die Edomiter von
Juda ab und setzten einen König über sich.
9 Da zog Joram hin mit seinen Obersten
und alle Wagen mit ihm, und er machte
sich des Nachts auf und schlug die Edo-
miter, die ihn umringt hatten, und die
Obersten über die Wagen.
10 Doch blieben die Edomiter abtrünnig
von Juda bis auf diesen Tag. Zur selben
Zeit fiel Libna auch von ihm ab; denn er
hatte den HERRN, den Gott seiner Väter,
verlassen.
11 ¶Auch machte er Opferhöhen in den
Städten Judas und verleitete die Einwoh-
ner von Jerusalem zur Abgötterei und ver-
führte Juda.
12 ¶Es kam aber ein Brief zu ihm von
dem Propheten Elia, der lautete: So spricht
der HERR, der Gott deines Vaters David:
Weil du nicht gewandelt bist in den We-
gen deines Vaters Joschafat und nicht in
den Wegen Asas, des Königs von Juda,
13 sondern wandelst in dem Wege der Kö-
nige von Israel und verleitest Juda und die
Bewohner von Jerusalem zur Abgötterei
nach der Abgötterei des Hauses Ahab und
weil du dazu erschlagen hast deine Brü-
der, deines Vaters Haus, die besser waren
als du,
14 siehe, so wird dich der HERR mit einer
großen Plage schlagen an deinem Volk, an
deinen Kindern, an deinen Frauen und an
aller deiner Habe.
15 Du aber wirst viel Krankheit haben in
deinen Eingeweiden, bis über Jahr und
Tag deine Eingeweide vor Krankheit her-
austreten.
16 ¶Und der HERR erweckte gegen Joram
den Geist der Philister und Araber, die
neben den Kuschitern wohnen.
17 Und sie zogen herauf und brachen in
Juda ein und führten alle Habe weg, die
vorhanden war im Hause des Königs, dazu
seine Söhne und seine Frauen, so daß ihm
kein Sohn übrigblieb außer Joahas, sei-
nem jüngsten Sohn.
18 ¶Und nach dem allen plagte ihn der
HERR mit einer Krankheit in seinen Ein-
geweiden; die war nicht zu heilen.
19 Und als das über Jahr und Tag währte,
bis die Zeit von zwei Jahren um war, tra-
ten in seiner Krankheit seine Eingeweide
heraus, und er starb unter schlimmen
Schmerzen. Und man machte keinen
Brand ihm zu Ehren, [a] wie man seinen Vä-
tern getan hatte. *a* Kap 16,14
20 Zweiunddreißig Jahre alt war er, als er
König wurde; und er regierte acht Jahre
zu Jerusalem und ging dahin unbedauert.
Und [a] sie begruben ihn in der Stadt Da-
vids, aber nicht in den Gräbern der Kö-
nige. *a* Kap 24,25

Ahasjas gottlose Regierung

(vgl. 2.Kön 8,25-29)

22 Und die Einwohner von Jerusalem
machten Ahasja, Jorams jüngsten
Sohn, zum König an seiner Statt; denn die
streifende Rotte, die mit den Arabern ins
Lager gekommen war, hatte die älteren
Söhne alle erschlagen. Darum wurde
Ahasja König, der Sohn Jorams, des Kö-
nigs von Juda.

2 Zweiundzwanzig Jahre alt war Ahasja,
als er König wurde; und er regierte ein
Jahr zu Jerusalem. Seine Mutter hieß
Atalja, die Tochter Omris.
3 Und auch er wandelte in den Wegen des
Hauses Ahab; denn seine Mutter hielt ihn
dazu an, gottlos zu sein.
4 Darum tat er, was dem HERRN mißfiel,
wie das Haus Ahab; denn sie waren seine
Ratgeber nach seines Vaters Tod, ihm zum
Verderben.
5 Er wandelte nach ihrem Rat; denn er
zog hin mit Joram, dem Sohn Ahabs, dem
König von Israel, in den Kampf nach Ramot in Gilead gegen Hasaël, den König
von Aram. Aber die Aramäer verwundeten Joram,
6 so daß er umkehrte, um sich in Jesreel
heilen zu lassen von den Wunden, die ihm
bei Rama geschlagen waren, als er mit Hasaël, dem König von Aram, kämpfte. Und
Ahasja, der Sohn Jorams, der König von
Juda, zog hinab, um Joram, den Sohn
Ahabs, in Jesreel zu besuchen, weil er
krank lag;
7 denn es war von Gott über Ahasja zu
seinem Verderben beschlossen, daß er zu
Joram käme. Und als er kam, zog er mit
Joram aus gegen [a]Jehu, den Sohn Nimschis, den der HERR gesalbt hatte, [b]um
das Haus Ahab auszurotten.

a 1.Kön 19,16 *b* 2.Kön 9,6.7

8 Als nun Jehu die Strafe am Hause Ahab
vollzog, traf er auf einige Obere aus Juda
und auf die Söhne der Brüder Ahasjas, die
Ahasja dienten, und er tötete sie.[a]

a 2.Kön 10,12-14

9 Und er suchte Ahasja, und man fing ihn
in Samaria, wo er sich versteckt hatte, und
er wurde zu Jehu gebracht. [a]Der tötete
ihn, und man begrub ihn; denn sie sprachen: Er ist Joschafats Sohn, der von ganzem Herzen den HERRN suchte. Und es
war niemand mehr aus dem Hause
Ahasjas, der zum Königtum tüchtig war.

a 2.Kön 9,27-29

Joasch wird gegen Atalja zum König erhoben

(vgl. 2.Kön 11)

10 Als aber Atalja, die Mutter Ahasjas, sah,
daß ihr Sohn tot war, machte sie sich auf
und brachte um alle vom königlichen Geschlecht im Hause Juda.
11 Aber Joscheba, eine Königstochter,
nahm Joasch, den Sohn Ahasjas, und stahl
ihn aus der Mitte der Söhne des Königs,
die getötet wurden, und brachte ihn mit
seiner Amme in die Bettenkammer. So
verbarg ihn Joscheba, die Tochter des Königs Joram, die Frau des Priesters Jojada,
– denn sie war Ahasjas Schwester – vor
Atalja, so daß er nicht getötet wurde.
12 Und er war bei ihnen im Hause Gottes
versteckt sechs Jahre, solange Atalja im
Lande Königin war.

23 ¶Aber im siebenten Jahr faßte Jojada Mut und schloß einen Bund mit
den Hauptleuten über hundert, nämlich
mit Asarja, dem Sohn Jerohams, Jischmael, dem Sohn Johanans, Asarja, dem
Sohn Obeds, Maaseja, dem Sohn Adajas,
und Elischafat, dem Sohn Sichris.
2 Die zogen umher in Juda und brachten
die Leviten aus allen Städten Judas zusammen und die Häupter der Sippen in
Israel, daß sie nach Jerusalem kämen.
3 Und die ganze Gemeinde schloß einen
Bund im Hause Gottes mit dem König.
Und Jojada sprach zu ihnen: Siehe, des
Königs Sohn soll König sein, wie der
HERR den Söhnen David zugesagt hat.
4 So sollt ihr nun tun: Ein Drittel von
euch, den Priestern und Leviten, die am
Sabbat ihren Dienst antreten, soll Wache
halten an den Toren
5 und ein Drittel im Hause des Königs
und ein Drittel am Grundtor; aber alles
Volk soll in den Vorhöfen am Hause des
HERRN sein.
6 Und daß niemand in das Haus des
HERRN gehe! Nur die Priester und **die** Leviten, die Dienst tun, die sollen hineingehen, denn sie sind heilig; und alles Volk
tue nach dem Gebot des HERRN.
7 Und die Leviten sollen sich rings um
den König herumstellen, ein jeder mit seiner Waffe in der Hand. Und wer in das
Haus des Herrn geht, der sei des Todes!
Und sie sollen um den König sein, wenn
er aus- und eingeht.
8 ¶Und die Leviten und ganz Juda taten,
wie der Priester Jojada geboten hatte, und
ein jeder nahm seine Leute, die am Sabbat antraten, samt denen, die am Sabbat
abtraten. Denn der Priester Jojada ließ die
Abteilungen nicht auseinandergehen.
9 Und der Priester Jojada gab den Hauptleuten über hundert die Spieße und

Schilde und Waffen des Königs David, die im Hause Gottes waren,

10 und stellte alles Volk auf, einen jeden mit seiner Waffe in der Hand, von der rechten Seite des Hauses im Süden bis zur linken Seite im Norden vor dem Altar und dem Hause um den König herum.

11 Und sie führten den Sohn des Königs heraus und setzten ihm die Krone auf und gaben ihm die Ordnung und machten ihn zum König. Und Jojada und seine Söhne salbten ihn und sprachen: Es lebe der König!

12 Als aber Atalja das Geschrei des Volks hörte, das herzulief und den König umjubelte, ging sie zum Volk in das Haus des HERRN.

13 Und sie sah, und siehe, der König stand an seiner Stätte im Eingang und die Oberen und die Trompeter um den König, und alles Volk des Landes war fröhlich, und man blies die Trompeten, und die Sänger mit allerlei Saitenspiel standen da und gaben das Zeichen zum Jubel. Da zerriß Atalja ihre Kleider und rief: Aufruhr, Aufruhr!

14 Aber der Priester Jojada gebot den Hauptleuten über hundert, die über das Heer gesetzt waren: Führt sie zwischen den Reihen hinaus, und wer ihr nachfolgt, den soll man mit dem Schwert töten! Denn der Priester hatte befohlen, man sollte sie nicht töten im Hause des HERRN.

15 Und sie legten die Hände an sie, und als sie zum Eingang des Roßtors kam am Hause des Königs, töteten sie sie dort.

16 ¶ Und Jojada [a] schloß einen Bund zwischen dem HERRN und dem ganzen Volk und dem König, daß sie des HERRN Volk sein sollten. *a* Kap 15,12

17 Da ging das ganze Volk in das Haus Baals und brach es ab, und seine Altäre und Bilder zerbrachen sie und töteten Mattan, den Priester Baals, vor den Altären.

18 Und Jojada bestellte die Ämter am Hause des HERRN aus den Priestern und den Leviten, die David für das Haus des HERRN verordnet hatte, dem HERRN Brandopfer zu bringen, wie es geschrieben steht im Gesetz des Mose, mit Freuden und mit Liedern, nach Davids Weisung,[a] *a* Kap 7,6; 29,25-30

19 und er stellte Wachen an die Tore am Hause des HERRN, daß niemand hineinkäme, der sich an irgend etwas unrein gemacht hatte.

20 Und er nahm die Hauptleute über hundert und die Mächtigen und die Herren im Volk und alles Volk des Landes und führte den König vom Hause des HERRN hinab; und sie zogen durch das obere Tor in das Haus des Königs und ließen den König sich auf den königlichen Thron setzen.

21 Und alles Volk des Landes war fröhlich, aber die Stadt blieb still, obwohl Atalja mit dem Schwert erschlagen war.

Joaschs Sorge für den Tempel

(vgl. 2.Kön 12,1-17)

24 Joasch war sieben Jahre alt, als er König wurde; und er regierte vierzig Jahre zu Jerusalem. Seine Mutter hieß Zibja, aus Beerscheba.

2 Und Joasch tat, was dem HERRN wohlgefiel, solange der Priester Jojada lebte.

3 Und Jojada nahm zwei Frauen für Joasch, und er zeugte Söhne und Töchter.

4 ¶ Danach nahm sich Joasch vor, das Haus des HERRN zu erneuern,

5 und versammelte die Priester und Leviten und sprach zu ihnen: Zieht hin in alle Städte Judas und sammelt Geld aus ganz Israel, um jährlich das Haus eures Gottes auszubessern, und eilt, solches zu tun! Aber die Leviten eilten nicht.

6 Da rief der König den Hohenpriester Jojada und sprach zu ihm: Warum hast du nicht acht auf die Leviten, daß sie von Juda und Jerusalem die Steuer einbringen, die [a] Mose, der Knecht des HERRN, und die Gemeinde für die Stiftshütte zu sammeln Israel geboten haben? *a* 2.Mose 30,12.13

7 Denn die gottlose Atalja und [a] ihre Söhne haben das Haus Gottes verfallen lassen, und alles, was dem Hause des HERRN geheiligt war, haben sie an die Baale gebracht. *a* Kap 22,3.4

8 ¶ Da befahl der König, daß man eine Lade machte, und man stellte sie außen ins Tor am Hause des HERRN;

9 und sie ließen in Juda und Jerusalem ausrufen, daß man dem HERRN die Steuer bringen solle, die in der Wüste von Mose, dem Knecht Gottes, auf Israel gelegt war.

10 Da freuten sich alle Oberen und alles Volk und brachten's und warfen's in die Lade, bis sie voll wurde.

11 Und wenn man die Lade durch die Le-

viten zur Verwaltung des Königs brachte
und man sah, daß viel Geld darin war, so
kam der Schreiber des Königs und der Be-
auftragte des Hohenpriesters, und man
schüttete die Lade aus, und sie trugen sie
wieder hin an ihren Ort. So taten sie alle
Tage und brachten viel Geld zusammen.
12 Und der König und Jojada gaben es den
Werkmeistern, die am Hause des HERRN
arbeiteten. Diese stellten Steinmetzen und
Zimmerleute an, um das Haus des HERRN
zu erneuern, und auch Meister in Eisen
und Kupfer, um das Haus des HERRN aus-
zubessern.
13 Und die Werkmeister sorgten dafür, daß
durch sie die Ausbesserung fortschritt,
und so stellten sie das Haus Gottes nach
seinem alten Maß wieder her.
14 Und als sie es vollendet hatten, brach-
ten sie das übrige Geld vor den König und
Jojada. Davon machte man Geräte für das
Haus des HERRN, Geräte für den Dienst
und für die Brandopfer, Löffel und gol-
dene und silberne Geräte. Und sie opfer-
ten Brandopfer im Hause des HERRN alle-
zeit, solange Jojada lebte.
15 ¶ Und Jojada ward [a] alt und lebenssatt
und starb und war hundertunddreißig
Jahre alt, als er starb. *a* 1.Chr 29,28
16 Und sie begruben ihn in der Stadt Da-
vids bei den Königen, weil er an Israel und
an Gott und seinem Hause wohlgetan
hatte.

Joaschs Abfall und Ende

17 Und nach dem Tode Jojadas kamen die
Oberen Judas und huldigten dem König;
da hörte der König auf sie.
18 Und sie verließen das Haus des HERRN,
des Gottes ihrer Väter, und dienten den
Bildern der Aschera und den Götzen. Da
kam der Zorn über Juda und Jerusalem
um dieser ihrer Schuld willen.
19 Der HERR aber sandte Propheten zu
ihnen, daß sie sich zum HERRN bekehren
sollten, und sie ermahnten sie, aber sie
nahmen's nicht zu Ohren.
20 ¶ [a] Und der Geist Gottes ergriff
Secharja, den Sohn des Priesters Jojada.
Der trat vor das Volk und sprach zu ihnen:
So spricht Gott: Warum übertretet ihr die
Gebote des HERRN, so daß ihr kein Gelin-
gen habt? Denn ihr habt den HERRN ver-
lassen, darum wird er euch auch verlas-
sen. *a (20 und 21)* Mt 23,35; Hebr 11,37
21 Aber sie machten eine Verschwörung
gegen ihn und steinigten ihn auf Befehl
des Königs im Vorhof am Hause des
HERRN.
22 Und der König Joasch gedachte nicht
an die Barmherzigkeit, die Jojada, der Va-
ter Secharjas, an ihm getan hatte, sondern
tötete seinen Sohn. Der aber sprach, als er
starb: Der HERR wird es sehen und stra-
fen.[a] *a* Kap 23
23 ¶ [a] Und als das Jahr um war, zog herauf
das Heer der Aramäer, und sie kamen
nach Juda und Jerusalem und brachten
alle Oberen im Volk um, und all ihren
Raub sandten sie dem König von
Damaskus. *a (23-27)* 2.Kön 12,18-22
24 Denn obwohl das Heer der Aramäer
mit wenigen Männern kam, gab der HERR
ein sehr großes Heer in ihre Hand, weil
Juda den HERRN, den Gott ihrer Väter,
verlassen hatte. Damit vollzogen sie an
Joasch die Strafe.
25 Und als sie von ihm zogen, ließen sie
ihn in großer Krankheit zurück. Es mach-
ten aber seine Großen eine Verschwörung
gegen ihn um der Blutschuld willen an
dem Sohn des Priesters Jojada und töte-
ten ihn auf seinem Bett, und er starb. Und
[a] man begrub ihn in der Stadt Davids, aber
nicht in den Gräbern der Könige.
a Kap 21,20
26 Diese aber machten die Verschwörung
gegen ihn: Josachar, der Sohn der Schi-
mat, der Ammoniterin, und Josabad, der
Sohn der Schomer, der Moabiterin.
27 Aber seine Söhne und die Menge der
Steuern, die er veranlaßte, und der Bau
des Hauses Gottes, siehe, das steht ge-
schrieben in den Geschichten im Buch der
Könige. Und sein Sohn Amazja wurde Kö-
nig an seiner Statt.

Amazja

(vgl. 2.Kön 14,1-20)

25 Fünfundzwanzig Jahre alt war
Amazja, als er König wurde; und er
regierte neunundzwanzig Jahre zu Jerusa-
lem. Seine Mutter hieß Joaddan, aus Jeru-
salem.
2 Und er tat, was dem HERRN wohlgefiel,
doch nicht von ganzem Herzen.
3 Als er nun das Königtum fest in der
Hand hatte, tötete er [a] seine Großen, die
den König, seinen Vater, erschlagen hat-
ten. *a* Kap 24,25

4 Aber ihre Söhne tötete er nicht; denn so
steht es geschrieben im Gesetz, im Buch
des Mose, wo der HERR gebietet: [a]Die
Väter sollen nicht sterben für die Kinder
und die Kinder nicht für die Väter, son-
dern ein jeder soll nur um seiner Sünde
willen sterben. *a* 5.Mose 24,16
5 ¶Und Amazja bot Juda auf und ordnete
sie, ganz Juda und Benjamin, nach ihren
Sippen unter die Obersten über tausend
und unter die Hauptleute über hundert
und musterte sie von zwanzig Jahren an
und darüber, und es fanden sich dreihun-
derttausend auserlesene Leute, die in den
Krieg ziehen und Spieß und Schild führen
konnten.
6 Dazu warb er aus Israel hunderttausend
Kriegsleute für hundert Zentner Silber.
7 ¶Es kam aber ein Mann Gottes zu ihm
und sprach: König, laß nicht das Heer Is-
raels mit dir ziehen, denn der HERR ist
nicht mit Israel, mit allen Männern von
Ephraim;
8 denn wenn du denkst, mit ihnen stark
zu sein zum Kampf, so wird Gott dich vor
den Feinden fallen lassen. Denn bei Gott
steht die Kraft zu helfen und fallen zu las-
sen.
9 Amazja sprach zu dem Mann Gottes:
Was soll man dann tun mit den hundert
Zentnern, die ich den Kriegsleuten aus Is-
rael gegeben habe? Der Mann Gottes
sprach: Es steht beim HERRN, dir mehr zu
geben als dies.
10 Da sonderte Amazja die Kriegsleute ab,
die zu ihm aus Ephraim gekommen wa-
ren, daß sie wieder heimkehrten. Da ent-
brannte ihr Zorn sehr gegen Juda, und sie
zogen zurück an ihren Ort mit grimmigem
Zorn.
11 Und Amazja ward getrost und führte
sein Volk aus und zog ins Salztal und er-
schlug zehntausend Männer von Seïr.
12 Und die Männer von Juda fingen zehn-
tausend von ihnen lebendig; die führten
sie auf die Spitze eines Felsens und stürz-
ten sie von der Spitze des Felsens, daß sie
alle zerschellten.
13 Aber die Kriegsleute, die Amazja hatte
ziehen lassen, daß sie nicht mit seinem
Volk in den Kampf zögen, fielen in die
Städte Judas ein von Samaria bis nach Bet-
Horon und erschlugen dreitausend Mann
von ihnen und gewannen viel Beute.
14 ¶Und als Amazja vom Siege über die
Edomiter wiederkam, brachte er die Göt-
ter der Leute von Seïr mit und stellte sie
sich als Götter auf und betete sie an und
opferte ihnen.
15 Da entbrannte der Zorn des HERRN
über Amazja, und er sandte einen Prophe-
ten zu ihm. Der sprach zu ihm: Warum
suchst du die Götter des Volks, die ihr
Volk nicht aus deiner Hand erretten konn-
ten?
16 Und als er so mit ihm redete, sprach
der König zu ihm: Hat man dich zu des
Königs Ratgeber gemacht? Höre auf!
Warum willst du getötet werden? Da hörte
der Prophet auf und sprach: Ich merke
wohl, daß Gott beschlossen hat, dich zu
verderben, weil du solches getan und auf
meinen Rat nicht gehört hast.
17 ¶Und Amazja, der König von Juda,
entschloß sich, hinzusenden zu Joasch,
dem Sohn des Joahas, des Sohnes Jehus,
dem König von Israel, und ließ ihm sagen:
Komm, wir wollen uns miteinander mes-
sen!
18 Aber Joasch, der König von Israel,
sandte zu Amazja, dem König von Juda,
und antwortete ihm: Der [a]Dornstrauch im
Libanon sandte zur Zeder im Libanon und
ließ ihr sagen: Gib deine Tochter meinem
Sohn zur Frau! Aber das Wild im Libanon
lief über den Dornstrauch und zertrat
ihn. *a* Ri 9,14
19 Du denkst: Siehe, ich habe die Edomi-
ter geschlagen. Darüber erhebt sich dein
Herz, und du suchst noch mehr Ruhm.
Bleib doch daheim. Warum suchst du dein
Unglück, daß du zu Fall kommst und Juda
mit dir?
20 ¶Aber Amazja hörte nicht darauf; denn
es geschah von Gott, um sie in die Hand
des Joasch zu geben, weil sie die Götter
der Edomiter gesucht hatten.
21 Da zog Joasch, der König von Israel,
herauf, und sie maßen sich miteinander,
er und Amazja, der König von Juda, bei
Bet-Schemesch, das in Juda liegt.
22 Aber Juda wurde vor Israel her geschla-
gen, und sie flohen, ein jeder in sein Haus.
23 Aber Amazja, den Sohn des Joasch,
den König von Juda, nahm Joasch, der
Sohn des Joahas, der König von Israel, bei
Bet-Schemesch gefangen und brachte ihn
nach Jerusalem und riß die Mauer von
Jerusalem ein vom Tor Ephraim bis an
das Ecktor, vierhundert Ellen lang.

24 Und alles Gold und Silber und alle Ge-
räte, die im Hause Gottes unter der Ob-
hut von [a] Obed-Edom vorhanden waren,
und die Schätze im Hause des Königs und
die Geiseln nahm er mit sich nach Sama-
ria. *a* 1.Chr 26,13.15
25 ¶ Und Amazja, der Sohn des Joasch,
der König von Juda, lebte nach dem Tode
des Joasch, des Sohnes des Joahas, des
Königs von Israel, noch fünfzehn Jahre.
26 Was aber mehr von Amazja zu sagen
ist, die frühere und die spätere Geschichte,
siehe, das steht geschrieben im Buch der
Könige von Juda und Israel.
27 Und von der Zeit an, da Amazja von
dem HERRN wich, machten sie eine [a] Ver-
schwörung gegen ihn in Jerusalem. Er
aber floh nach Lachisch. Da sandten sie
hinter ihm her nach Lachisch und töteten
ihn dort. *a* Kap 24,25
28 Und sie brachten ihn auf Rossen und
begruben ihn bei seinen Vätern in der
Stadt Davids.

Usija

(vgl. 2.Kön 14,21.22; 15,1-7)

26 Da nahm das ganze Volk von Juda
den Usija – der war sechzehn Jahre
alt –, und sie machten ihn zum König an
seines Vaters Amazja Statt.
2 Der baute Elat aus und brachte es wie-
der an Juda, nachdem der König sich zu
seinen Vätern gelegt hatte.
3 Sechzehn Jahre alt war Usija, als er Kö-
nig wurde; und er regierte zweiundfünfzig
Jahre zu Jerusalem. Seine Mutter hieß Je-
cholja, aus Jerusalem.
4 Und [a] er tat, was dem HERRN wohlge-
fiel, ganz wie sein Vater Amazja getan
hatte. *a* Kap 25,2
5 Und er suchte Gott, solange Secharja
lebte, der ihn unterwies in der Furcht
Gottes; und solange er den HERRN suchte,
ließ es ihm Gott gelingen.
6 ¶ Er zog aus und kämpfte gegen die Phi-
lister und riß nieder die Mauer von Gat
und die Mauer von Jabne und die Mauer
von Aschdod und baute Festungen um
Aschdod und im Philisterland;
7 denn Gott half ihm gegen die Philister,
gegen die Araber, die in Gur-Baal wohn-
ten, und gegen die Mëuniter.
8 Und die Ammoniter gaben Usija Ge-
schenke, und er wurde berühmt bis hin
nach Ägypten; denn er wurde immer
mächtiger.
9 Und Usija baute Türme in Jerusalem
am Ecktor und am Taltor und am Winkel
und befestigte sie.
10 Er baute auch Türme in der Wüste und
grub viele Brunnen; denn er hatte viel
Vieh sowohl im Hügelland wie in der
Ebene, auch Ackerleute und Weingärtner
auf den Bergen und am Karmel; denn er
hatte Lust am Ackerbau.
11 Und Usija hatte ein kriegstüchtiges
Heer, das in Abteilungen in den Kampf
zog, nach seiner Zahl aufgestellt durch den
Schreiber Jeïël und den Amtmann Maa-
seja unter dem Befehl Hananjas, eines der
Obersten des Königs.
12 Und die Zahl der Häupter der Sippen
unter den Kriegern war 2600,
13 und unter ihrem Befehl stand eine
Heeresmacht von 307 500 sehr kriegstüch-
tigen Männern, um dem König gegen die
Feinde zu helfen.
14 Und Usija beschaffte für das ganze Heer
Schilde, Spieße, Helme, Panzer, Bogen
und Schleudersteine
15 und machte in Jerusalem kunstvolle
Geschütze, die auf den Türmen und Ek-
ken stehen sollten, um mit Pfeilen und
großen Steinen zu schießen. Und sein
Name drang weit hinaus, weil ihm wun-
derbar geholfen wurde, bis er sehr mäch-
tig war.
16 ¶ Und als er mächtig geworden war,
[a] überhob sich sein Herz zu seinem Ver-
derben; denn er verging sich gegen den
HERRN, seinen Gott, und ging in das Haus
des HERRN, um auf dem Räucheraltar zu
räuchern. *a* Kap 25,19
17 Aber der Priester Asarja ging ihm nach
und achtzig Priester des HERRN mit ihm,
zuverlässige Leute,
18 und sie traten Usija, dem König, entge-
gen und sprachen zu ihm: Es gebührt
nicht dir, Usija, dem HERRN zu räuchern,
sondern [a] den Priestern, den Söhnen Aa-
ron, die [b] geweiht sind zu räuchern. Geh
hinaus aus dem Heiligtum; denn du ver-
gehst dich, und es wird dir keine Ehre
bringen vor Gott, dem HERRN.
a 4.Mose 18,7 *b* 2.Mose 30,7
19 Da wurde Usija zornig, als er bereits
ein Räuchergefäß in der Hand hatte, um
zu räuchern; und wie er so über die Prie-
ster zornig wurde, brach der Aussatz aus

an seiner Stirn vor den Augen der Priester
im Hause des HERRN am Räucheraltar.
20 Und der Hohepriester Asarja wandte
das Angesicht ihm zu und alle Priester,
und siehe, da war der König aussätzig an
seiner Stirn. Und sie stießen ihn fort, und
er eilte auch selbst hinauszugehen; denn
seine Plage war vom HERRN.
21 So war der König Usija aussätzig bis an
seinen Tod und [a]wohnte als Aussätziger
in einem besonderen Hause; denn er war
verstoßen vom Hause des HERRN. Jotam
aber, sein Sohn, stand dem Hause des Kö-
nigs vor und richtete das Volk des
Landes. *a* 4.Mose 5,2
22 ¶Was aber mehr von [a]Usija zu sagen
ist, die frühere und die spätere Geschichte,
hat beschrieben der Prophet [b]Jesaja, der
Sohn des Amoz. *a* Jes 6,1 *b* Jes 1,1
23 Und Usija legte sich zu seinen Vätern,
und sie begruben ihn bei seinen Vätern
auf dem Felde neben der Grabstätte der
Könige; denn sie sprachen: Er ist aussät-
zig. Und sein Sohn Jotam wurde König an
seiner Statt.

Jotam

(vgl. 2.Kön 15,32-38)

27 Jotam war fünfundzwanzig Jahre
alt, als er König wurde; und er re-
gierte sechzehn Jahre zu Jerusalem. Seine
Mutter hieß Jeruscha, eine Tochter Za-
doks.
2 Und er tat, was dem HERRN wohlgefiel,
ganz wie sein Vater Usija getan hatte, nur
[a]drang er nicht in den Tempel des HERRN
ein. Das Volk aber handelte noch immer
böse. *a* Kap 26,16
3 ¶Er baute das obere Tor am Hause des
HERRN, und an der Mauer des Ofel baute
er viel
4 und baute Städte auf dem Gebirge Juda,
und in den Wäldern [a]baute er Burgen und
Türme. *a* Kap 26,10
5 Auch kämpfte er mit dem König der
Ammoniter und unterwarf sie, so daß ihm
die Ammoniter in diesem Jahr hundert
Zentner Silber, hunderttausend Schef-
fel Weizen und hunderttausend Scheffel
Gerste gaben. Soviel gaben ihm die
Ammoniter auch im zweiten und im drit-
ten Jahr.
6 So wurde Jotam mächtig; denn er wan-
delte recht vor dem HERRN, seinem Gott.
7 ¶Was aber mehr von Jotam zu sagen ist
und alle seine Kriege und wie er wandelte,
siehe, das steht geschrieben im Buch der
Könige von Israel und Juda.
8 Fünfundzwanzig Jahre alt war er, als er
König wurde; und er regierte sechzehn
Jahre zu Jerusalem.
9 Und Jotam legte sich zu seinen Vätern,
und sie begruben ihn in der Stadt Davids.
Und sein Sohn Ahas wurde König an sei-
ner Statt.

Ahas

(vgl. 2.Kön 16)

28 Ahas war zwanzig Jahre alt, als er
König wurde; und er regierte sech-
zehn Jahre zu Jerusalem. Er tat nicht, was
dem HERRN wohlgefiel, wie sein Vater
David,
2 sondern wandelte in den Wegen der Kö-
nige von Israel. Dazu machte er den Baa-
len gegossene Bilder
3 und opferte im Tal Ben-Hinnom und
[a]verbrannte seine Söhne im Feuer nach
den greulichen Sitten der Heiden, die der
HERR vor den Israeliten vertrieben
hatte, *a* 5.Mose 18,9-12
4 und opferte und [a]räucherte auf den Hö-
hen und auf den Hügeln und unter allen
grünen Bäumen. *a* 1.Kön 14,22.23
5 Darum gab ihn der HERR, sein Gott, in
die Hand des Königs von Aram, daß sie
ihn schlugen und eine große Menge der
Seinen gefangen wegführten und nach Da-
maskus brachten. Auch wurde er in die
Hand des Königs von Israel gegeben; der
schlug ihn hart;
6 denn Pekach, der Sohn Remaljas, schlug
in Juda hundertundzwanzigtausend streit-
bare Männer auf **einen** Tag, weil sie den
HERRN, den Gott ihrer Väter, verlassen
hatten.
7 Und Sichri, ein Kriegsmann aus Eph-
raim, erschlug Maaseja, den Königssohn,
und Asrikam, den Vorsteher des Königs-
hauses, und Elkana, den Ersten nach dem
König.
8 Und die von Israel führten von ihren
Brüdern zweihunderttausend Frauen,
Söhne und Töchter gefangen weg und nah-
men dazu große Beute von ihnen und
brachten sie nach Samaria.
9 ¶[a]Es war aber dort ein Prophet des
HERRN, der hieß Oded. Der ging hinaus
dem Heer entgegen, das nach Samaria
kam, und sprach zu ihnen: Siehe, weil der

HERR, der Gott eurer Väter, über Juda zor-
nig ist, hat er sie in eure Hände gegeben;
ihr aber habt sie mit solcher Wut erschla-
gen, daß es gen Himmel schreit.

a (9-15) 3.Mose 19,18

[10]Nun gedenkt ihr, die Leute von Juda
und Jerusalem zu unterwerfen, daß sie
eure Sklaven und Sklavinnen seien. Ist
denn das nicht Schuld bei euch gegenüber
dem HERRN, eurem Gott?
[11]So hört nun auf mich und bringt die
Gefangenen wieder hin, die ihr aus euren
Brüdern weggeführt habt; denn des
HERRN Zorn ist über euch entbrannt.
[12]Da traten auf einige Sippenhäupter von
Ephraim – Asarja, der Sohn Johanans, Be-
rechja, der Sohn Meschillemots, Jehiskija,
der Sohn Schallums, und Amasa, der Sohn
Hadlais – gegen die, die aus dem Kampf
kamen,
[13]und sprachen zu ihnen: Ihr sollt die Ge-
fangenen nicht hierherbringen; denn ihr
bringt Schuld vor dem HERRN über uns,
so daß ihr unsere Sünde und Schuld nur
noch größer macht. Es ist schon genug
der Schuld, und der Zorn des HERRN ist
über Israel entbrannt.
[14]Da gaben die Kriegsleute die Gefange-
nen und die Beute frei vor den Obersten
und vor der ganzen Gemeinde.
[15]Und jene Männer, die mit Namen ge-
nannt sind, [a]nahmen die Gefangenen und
bekleideten alle, die bloß unter ihnen wa-
ren, mit Kleidern aus der Beute und zo-
gen ihnen Schuhe an und gaben ihnen zu
essen und zu trinken und salbten sie, und
alle, die schwach waren, führten sie auf
Eseln und brachten sie nach Jericho, zur
Palmenstadt, zu ihren Brüdern und kehr-
ten nach Samaria zurück.

a 2.Kön 6,22; Spr 25,21.22

[16]¶Zu derselben Zeit sandte der König
Ahas zu dem König von Assur, daß er ihm
helfe.
[17]Und es kamen abermals die Edomiter
und schlugen Juda und führten einige weg.
[18]Auch die Philister fielen ein in die
Städte im Hügelland und im Südlande
Judas und eroberten [a]Bet-Schemesch,
Ajalon, Gederot und Socho mit seinen
Ortschaften und Timna mit seinen Ort-
schaften und Gimso mit seinen Ortschaf-
ten und wohnten darin;

a Jos 15,10

[19]denn der HERR demütigte Juda um des
Ahas willen, des Königs von Juda, weil er
in Juda ein zuchtloses Wesen aufkommen
ließ und sich am HERRN versündigte.
[20]So zog auch gegen ihn Tiglat-Pileser,
der König von Assur; der bedrängte ihn
und half ihm nicht;
[21]denn obwohl Ahas das Haus des HERRN
und das Haus des Königs und die Häuser
der Oberen plünderte und es dem König
von Assur gab, half es ihm nichts.
[22]Dazu versündigte sich der König Ahas
in seiner Not noch mehr am HERRN
[23]und opferte den Göttern von Da-
maskus, die ihn geschlagen hatten, und
sprach: Die Götter der Könige von Aram
helfen ihnen; darum will ich ihnen opfern,
daß sie mir auch helfen. Aber diese brach-
ten ihn und ganz Israel zu Fall.
[24]Und Ahas brachte die Geräte des
Hauses Gottes zusammen und zerschlug
sie und schloß die Türen zu am Hause des
HERRN und machte sich Altäre in allen
Winkeln Jerusalems.
[25]Und in den Städten Judas hin und her
machte er Höhen, um andern Göttern zu
opfern, und reizte den HERRN, den Gott
seiner Väter.
[26]¶Was aber mehr von ihm zu sagen ist
und sein ganzer Wandel, der frühere und
der spätere, siehe, das steht geschrieben
im Buch der Könige von Juda und Israel.
[27]Und Ahas legte sich zu seinen Vätern,
und sie begruben ihn in der Stadt, in Jeru-
salem; denn [a]sie brachten ihn nicht in die
Gräber der Könige von Israel. Und sein
Sohn Hiskia wurde König an seiner
Statt.

a Kap 21,20

Hiskia stellt den rechten Gottesdienst wieder her

(vgl. 2.Kön 18,1-6)

29 Hiskia war fünfundzwanzig Jahre
alt, als er König wurde; und er
regierte neunundzwanzig Jahre zu Jerusa-
lem. Seine Mutter hieß Abi, eine Tochter
Secharjas.
[2]Und er tat, was dem HERRN wohlgefiel,
wie sein Vater David.
[3]Er [a]tat auf die Türen am Hause des
HERRN im ersten Monat des ersten Jahres
seiner Herrschaft und besserte sie aus

a Kap 28,24

[4]und ließ die Priester und Leviten kom-
men und versammelte sie auf dem Platz
im Osten

5 und sprach zu ihnen: Hört mir zu, ihr
Leviten! Heiligt euch nun, daß ihr weiht
das Haus des HERRN, des Gottes eurer
Väter, und tut heraus den Unrat aus dem
Heiligtum.
6 Denn unsere Väter haben sich versün-
digt und getan, was dem HERRN, unserm
Gott, mißfällt, und haben ihn verlassen
und haben ihr Angesicht von der Woh-
nung des HERRN abgewandt und ihr den
Rücken zugekehrt;
7 sie haben sogar die Türen an der Vor-
halle zugeschlossen und die Lampen aus-
gelöscht und kein Räucherwerk geräuchert
und dem Gott Israels kein Brandopfer im
Heiligtum dargebracht.
8 Daher ist der Zorn des HERRN über Juda
und Jerusalem gekommen, und er hat sie
dahingegeben zum Entsetzen und zum
Erschrecken, daß man sie verspottet, wie
ihr mit euren Augen seht;
9 denn siehe, um dessentwillen sind
unsere Väter durchs Schwert gefallen und
unsere Söhne, Töchter und Frauen weg-
geführt.[a] *a* Kap 28,5-8
10 Nun habe ich im Sinn, einen Bund zu
schließen mit dem HERRN, dem Gott
Israels, daß sein Zorn und Grimm sich
von uns wende.
11 Nun, meine Söhne, seid nicht lässig;
denn euch hat der HERR erwählt, daß ihr
zum Dienst vor ihm stehen sollt und daß
ihr seine Diener seid und ihm Opfer
bringt!
12 ¶ Da machten sich auf die Leviten
Mahat, der Sohn Amasais, und Joel, der
Sohn Asarjas, aus den Söhnen Kehat;
aus den Söhnen Merari aber Kisch, der
Sohn Abdis, und Asarja, der Sohn Jehal-
lelels; und aus den Söhnen Gerschon
Joach, der Sohn Simmas, und Eden, der
Sohn Joachs;
13 aus den Söhnen Elizafan Schimri und
Jeïël; aus den Söhnen Asaf Secharja und
Mattanja;
14 aus den Söhnen Heman Jehiël und
Schimi; aus den Söhnen Jedutun Sche-
maja und Usiël.
15 Sie versammelten ihre Brüder und
heiligten sich und gingen hinein, um das
Haus des HERRN zu reinigen, wie der
König nach dem Wort des HERRN gebo-
ten hatte.
16 Die Priester aber gingen ins Innere des
Hauses des HERRN, um es zu reinigen, und
taten alles Unreine, das im Tempel des
HERRN gefunden wurde, auf den Vorhof
am Hause des HERRN, und die Leviten
nahmen es auf und trugen es hinaus an
den Bach Kidron.
17 Mit der Weihe aber fingen sie am ersten
Tage des ersten Monats an, und am ach-
ten Tage des Monats gingen sie in die Vor-
halle des HERRN und weihten das Haus
des HERRN acht Tage lang, und am sech-
zehnten Tage des ersten Monats vollende-
ten sie das Werk.
18 Und sie gingen hin zum König Hiskia
und sprachen: Wir haben gereinigt das
ganze Haus des HERRN, den Brandopfer-
altar und alle seine Geräte, den Tisch der
Schaubrote und alle seine Geräte;
19 und alle Geräte, die der König Ahas,
als er König war, hatte wegwerfen lassen,
als er sich versündigte, die haben wir wie-
der aufgestellt und geweiht; siehe, sie sind
vor dem Altar des HERRN.
20 ¶ Da machte sich der König Hiskia früh
auf und versammelte die Oberen der Stadt
und ging hinauf zum Hause des HERRN.
21 Und sie brachten herzu sieben junge
Stiere, sieben Widder, sieben Lämmer und
sieben Ziegenböcke zum Sündopfer für
das Königreich, für das Heiligtum und für
Juda, und er sprach zu den Priestern, den
Söhnen Aaron, daß sie auf dem Altar des
HERRN opfern sollten.
22 Da schlachteten sie die Rinder, und die
Priester nahmen das Blut und sprengten
es an den Altar, und sie schlachteten die
Widder und sprengten das Blut an den
Altar, und sie schlachteten die Lämmer
und sprengten das Blut an den Altar.
23 [a] Und sie brachten die Böcke zum
Sündopfer vor den König und die Ge-
meinde und legten ihre Hände auf sie;
a (23 und 24) 3.Mose 16,15-22
24 und die Priester schlachteten sie und
taten ihr Blut zur Entsündigung an den
Altar, um Sühne zu schaffen für ganz Is-
rael; denn der König hatte befohlen,
Brandopfer und Sündopfer darzubringen
für ganz Israel.
25 Und er stellte die [a] Leviten auf im
Hause des HERRN mit Zimbeln, Psaltern
und Harfen, wie es David befohlen hatte
und Gad, der Seher des Königs, und der
Prophet Nathan; denn es war des HERRN
Gebot durch seine Propheten. *a* 1.Chr 25,1
26 Und so standen die Leviten mit den

Saitenspielen Davids und die Priester mit
den Trompeten.
27 Und Hiskia gebot, das Brandopfer auf
dem Altar darzubringen. Und um die Zeit,
da das Brandopfer anfing, begann auch
[a]der Gesang für den HERRN und die Trom-
peten und dazu die mancherlei Saiten-
spiele Davids, des Königs von Israel.

a 1.Chr 23,5

28 Und die ganze Gemeinde betete an,
und der Gesang erscholl und die Trompe-
ten ertönten; und das alles währte so lange,
bis das Brandopfer vollendet war.
29 Als nun das Brandopfer verrichtet war,
beugten der König und alle, die sich bei
ihm befanden, die Knie und beteten an.
30 Und der König Hiskia samt den Obe-
ren gebot den Leviten, den HERRN zu lo-
ben mit den [a]Liedern Davids und des
Sehers Asaf. Und sie lobten mit Freuden
und neigten sich und beteten an.

a Kap 23,18

31 ¶ Und Hiskia hob an und sprach: Nun
habt ihr für den HERRN eure Hände ge-
füllt. Tretet herzu und bringt die Schlacht-
opfer und Lobopfer zum Hause des
HERRN! Und die Gemeinde brachte herzu
Schlachtopfer und Lobopfer, dazu jeder,
der willigen Herzens war, Brandopfer.
32 Und die Zahl der Brandopfer, die die
Gemeinde brachte, war siebzig Rinder,
hundert Widder und zweihundert Läm-
mer, dies alles zum Brandopfer für den
HERRN.
33 Es waren aber der geweihten Tiere
sechshundert Rinder und dreitausend
Schafe.
34 Aber die Priester waren zu wenig, um
allen Brandopfern die Haut abziehen zu
können. Darum [a]halfen ihnen ihre Brü-
der, die Leviten, bis die Arbeit verrichtet
war und bis sich die Priester geheiligt hat-
ten; denn die Leviten waren williger gewe-
sen als die Priester, sich zu heiligen.

a Kap 30,3.16.17

35 Auch waren es viele Brandopfer mit
dem [a]Fett der Dankopfer und mit den
[b]Trankopfern zu den Brandopfern.
¶ So wurde der Dienst am Hause des
HERRN geordnet.

a 3.Mose 3,16 *b* 4.Mose 15,4-10

36 Und Hiskia freute sich samt allem Volk
über das, was Gott dem Volke bereitet
hatte; denn es war unvermutet schnell
gekommen.

Hiskias Erneuerung des Passafestes

30 Und Hiskia sandte hin zu ganz Is-
rael und Juda und schrieb Briefe an
Ephraim und Manasse, daß sie zum Hause
des HERRN nach Jerusalem kommen soll-
ten, [a]Passa zu halten dem HERRN, dem
Gott Israels.

a Kap 35,1

2 Und der König beriet sich mit seinen
Oberen und der ganzen Gemeinde in Je-
rusalem, das Passa [a]erst im zweiten Mo-
nat zu halten;

a Vers 15

3 denn sie konnten's nicht zur rechten
Zeit halten, weil sich nicht genug Priester
geheiligt hatten und das Volk noch nicht
nach Jerusalem zusammengekommen
war.
4 Das gefiel dem König und der ganzen
Gemeinde gut,
5 und so beschlossen sie, durch ganz Is-
rael von Beerscheba an bis nach Dan aus-
zurufen, daß man kommen sollte, dem
HERRN, dem Gott Israels, Passa zu halten
in Jerusalem; denn es war nicht von der
ganzen Menge gehalten worden, wie es
geschrieben steht.
6 Und die Läufer gingen hin mit den Brie-
fen von der Hand des Königs und seiner
Oberen durch ganz Israel und Juda nach
dem Befehl des Königs und sprachen: Ihr
Israeliten, kehrt um zu dem HERRN, dem
Gott Abrahams, Isaaks und Israels, so wird
er sich zu den Erretteten kehren, die die
Könige von Assur von euch übriggelassen
haben;
7 und seid nicht wie eure Väter und Brü-
der, die sich am HERRN, dem Gott ihrer
Väter, versündigt haben, so daß er sie in
die Verwüstung dahingab, wie ihr selber
seht.
8 So seid nun nicht halsstarrig wie eure
Väter, sondern gebt eure Hand dem
HERRN und kommt zu seinem Heiligtum,
das er geheiligt hat für alle Zeit, und
dient dem HERRN, eurem Gott, so wird
sich sein grimmiger Zorn von euch wen-
den;
9 denn wenn ihr euch bekehrt zu dem
HERRN, so werden eure Brüder und Kin-
der Barmherzigkeit finden bei denen, die
sie gefangenhalten, so daß sie in dies Land
zurückkehren. Denn der HERR, euer Gott,
ist gnädig und barmherzig und wird sein
Angesicht nicht von euch wenden, wenn
ihr euch zu ihm bekehrt.

10 Und die Läufer gingen von einer Stadt
zur andern im Lande Ephraim und Ma-
nasse und bis nach Sebulon. Aber die ver-
lachten und verspotteten sie.
11 Doch einige von Asser und Manasse
und Sebulon demütigten sich und [a]kamen
nach Jerusalem. *a* Kap 11,16
12 Auch war Gottes Hand über Juda, daß
er ihnen einerlei Sinn gab zu tun, wie der
König und die Oberen geboten hatten
nach dem Wort des HERRN.
13 ¶Und es kam viel Volk in Jerusalem
zusammen, um im zweiten Monat das
Fest der Ungesäuerten Brote zu halten,
eine sehr große Gemeinde.
14 Und sie machten sich auf und entfern-
ten die Altäre, die in Jerusalem waren; und
alles, was man zum Räuchern braucht, ta-
ten sie weg und warfen es hin an den Bach
Kidron.
15 Und sie schlachteten das Passa [a]am
vierzehnten Tage des zweiten Monats.
Und die Priester und Leviten bekannten
ihre Schuld und heiligten sich und brach-
ten die Brandopfer zum Hause des
HERRN *a* 4.Mose 9,10-13
16 und stellten sich an ihren Platz, wie
sich's gebührt nach dem Gesetz des Mose,
des Mannes Gottes. Und die Priester nah-
men das Blut aus der Hand der Leviten
und sprengten es;
17 denn es waren viele in der Gemeinde,
die sich nicht geheiligt hatten; darum
schlachteten die Leviten das Passa für alle,
die nicht rein waren, daß sie dem HERRN
geheiligt würden.
18 Denn eine Menge Volk, vor allem von
Ephraim, Manasse, Issachar und Sebu-
lon, hatte sich nicht gereinigt und [a]aß das
Passa nicht so, wie geschrieben steht.
Doch Hiskia betete für sie und sprach: Der
HERR, der gütig ist, wolle gnädig sein
a 2.Mose 12
19 allen, die ihr Herz darauf richten, Gott
zu suchen, den HERRN, den Gott ihrer Vä-
ter, auch wenn sie nicht die für das Heilig-
tum nötige Reinheit haben.
20 Und der HERR erhörte Hiskia und [a]ver-
gab dem Volk. *a* Kap 7,14
21 ¶So hielten die Israeliten, die in Jeru-
salem versammelt waren, das Fest der Un-
gesäuerten Brote sieben Tage lang mit gro-
ßer Freude. Und die Leviten und Priester
lobten den HERRN alle Tage mit den mäch-
tigen Saitenspielen des HERRN.
22 Und Hiskia redete herzlich zu allen Le-
viten, die sich gut auf den Dienst des
HERRN verstanden hatten. Und sie aßen
das Fest über, sieben Tage lang, und opfer-
ten Dankopfer und dankten dem HERRN,
dem Gott ihrer Väter.
23 Und die ganze Gemeinde beschloß,
noch weitere sieben Tage zu halten, und
sie hielten auch diese sieben Tage mit
Freuden.
24 Denn Hiskia, der König von Juda, spen-
dete für die Gemeinde tausend junge
Stiere und siebentausend Schafe. Die Obe-
ren aber spendeten für die Gemeinde tau-
send junge Stiere und zehntausend Schafe.
Auch von den Priestern hatten sich viele
geheiligt.
25 Und es freute sich die ganze Gemeinde
Judas, die Priester und die Leviten und
die ganze Gemeinde, die aus Israel ge-
kommen war, und die Fremdlinge, die aus
dem Lande Israel gekommen waren, und
die, die in Juda wohnten.
26 Und es war eine große Freude in Jeru-
salem; denn seit der Zeit Salomos, des
Sohnes Davids, des Königs von Israel, war
solches in Jerusalem nicht geschehen.
27 Und die Priester und die Leviten stan-
den auf und segneten das Volk, und ihre
Stimme wurde erhört, und ihr Gebet kam
in Gottes heilige Wohnung im Himmel.
31 ¶Und [a]als dies alles vollendet war,
zog ganz Israel, soweit es sich ver-
sammelt hatte, in die Städte Judas, und sie
[b]zerbrachen die Steinmale und hieben die
Bilder der Aschera um und brachen ab
die Opferhöhen und Altäre in ganz Juda,
Benjamin, Ephraim und Manasse, bis sie
alles vernichtet hatten. Und die Israeliten
zogen alle wieder heim zu ihrem Besitz in
ihre Städte. *a* Kap 29 *b* 5.Mose 7,5; 2.Kön 18,4

Hiskia ordnet die Versorgung der Priester und Leviten

2 Hiskia aber stellte die Priester und Levi-
ten nach ihren Ordnungen auf, einen je-
den nach seinem Amt, Priester und Levi-
ten, für die Brandopfer und Dankopfer,
daß sie dienten, dankten und lobten in den
Toren des Lagers des HERRN.
3 Und der König gab von seiner Habe sei-
nen Anteil für die Brandopfer am Morgen
und am Abend und für die Brandopfer an
den Sabbaten und an den Neumonden

und Festen, [a]wie es geschrieben steht im
Gesetz des HERRN. *a* 4.Mose 28; 29
4 Und er sagte dem Volk, das in Jerusa-
lem wohnte, daß auch sie ihr Teil den Prie-
stern und Leviten geben sollten, damit
diese um so besser sich an das Gesetz des
HERRN halten könnten.
5 Und als dies Wort erging, gaben die Is-
raeliten reichlich die [a]Erstlinge von Ge-
treide, Wein, Öl, Honig und allem Ertrag
des Feldes; und auch [b]den Zehnten von
allem brachten sie in Menge.
a 2.Mose 23,19 *b* 5.Mose 14,22.23
6 Und die von Israel und Juda, die in den
Städten Judas wohnten, brachten auch den
Zehnten von Rindern und Schafen und
[a]den Zehnten von dem Geweihten, das
sie dem HERRN, ihrem Gott, geweiht hat-
ten, und legten es in Haufen zusammen.
a 3.Mose 27,32
7 Im dritten Monat fingen sie an es aufzu-
häufen, und im siebenten Monat vollen-
deten sie's.
8 ¶Und als Hiskia mit den Oberen hin-
ging und sie die Haufen sahen, lobten sie
den HERRN und sein Volk Israel.
9 Und Hiskia befragte die Priester und Le-
viten wegen der Haufen.
10 Und der Priester Asarja, der Erste im
Hause Zadok, sprach zu ihm: Seit der Zeit,
da man angefangen hat, die Abgaben ins
Haus des HERRN zu bringen, haben wir
gegessen und sind satt geworden, und es
ist noch viel übriggeblieben; denn der
HERR hat sein Volk gesegnet, darum ist so
viel übriggeblieben.
11 ¶Da befahl der König, daß man Kam-
mern herrichten sollte am Hause des
HERRN. Und sie richteten sie her
12 und taten die Abgaben, die Zehnten
und das Geweihte gewissenhaft hinein.
Und Vorsteher darüber wurde der Levit
Konanja und als Zweiter sein Bruder
Schimi.
13 Und Jehiël, Asasja, Nahat, Asaël, Jeri-
mot, Josabad, Eliël, Jismachja, Mahat und
Benaja wurden Aufseher unter Konanja
und seinem Bruder Schimi nach dem Be-
fehl des Königs Hiskia und Asarjas, des
Vorstehers im Hause Gottes.
14 Und der Levit Kore, der Sohn Jimnas,
der Torhüter am Osttor, wurde über die
freiwilligen Gaben für Gott gesetzt, daß er
ausgebe die Abgaben für den HERRN und
das Hochheilige.
15 Und ihm zur Seite standen Eden, Min-
jamin, Jeschua, Schemaja, Amarja und
Schechanja in den Städten der Priester, um
ihren Brüdern nach ihren Ordnungen ge-
wissenhaft auszugeben, dem Kleinen wie
dem Großen,
16 allen denen, die aufgezeichnet waren als
männlich, drei Jahre alt und darüber, al-
len, die in das Haus des HERRN gingen, je
an ihrem Tage zu ihrem Amt in ihrem
Dienst nach ihren Ordnungen. –
17 Die Priester waren aufgezeichnet nach
ihren Sippen und die Leviten von zwanzig
Jahren an und darüber nach ihrem Dienst
in ihren Ordnungen. –
18 Und man zeichnete sie auf mit allen
Alten, Frauen, Söhnen und Töchtern für
die ganze Gemeinde; denn in ihrer Treue
heiligten sie sich für das Heilige.
19 ¶Auch waren Männer namentlich be-
stellt für die Söhne Aaron, die Priester, in
dem Gebiet ihrer Städte, für jede Stadt,
daß sie Anteile ausgäben allem, was männ-
lich war unter den Priestern, und allen, die
als Leviten aufgezeichnet waren.
20 So tat Hiskia in ganz Juda; er tat, was
gut, recht und wahrhaftig war vor dem
HERRN, seinem Gott.
21 Und alles, was er anfing für den Dienst
des Hauses Gottes nach dem Gesetz und
Gebot, seinen Gott zu suchen, tat er von
ganzem Herzen, und [a]es gelang ihm.
a Ps 1,3

Jerusalem wird von Sanherib belagert und wunderbar errettet

(vgl. 2.Kön 18,13–19,37; Jes 36; 37)

32 Nach solch [a]treuem Verhalten kam
Sanherib, der König von Assur, und
zog heran gegen Juda und lagerte sich vor
die festen Städte und gedachte, sie an sich
zu reißen. *a* Kap 31,20.21
2 Und als Hiskia sah, daß Sanherib kam
und willens war, gegen Jerusalem zu
kämpfen,
3 beriet er sich mit seinen Obersten und
Kriegshelden, ob man die Wasserquellen
verdecken sollte, die draußen vor der Stadt
waren; und sie stimmten ihm zu.
4 Und es versammelte sich viel Volk, und
[a]sie verdeckten alle Quellen und den
Bach, der durch die Erde geleitet wird, und
sprachen: Daß die Könige von Assur nur
kein Wasser finden, wenn sie kommen!
a Vers 30

5 Und Hiskia ward getrost und besserte
alle Mauern aus, [a]wo sie Lücken hatten,
und führte Türme auf und baute draußen
noch eine andere Mauer und befestigte
den Millo an der Stadt Davids und mach-
te viele Waffen und Schilde *a* Kap 25,23
6 und setzte Hauptleute über das Kriegs-
volk und sammelte sie zu sich auf dem
Platz am Tor der Stadt und redete ihnen
zu Herzen und sprach:
7 Seid getrost und unverzagt, fürchtet
euch nicht und verzagt nicht vor dem
König von Assur noch vor dem ganzen
Heer, das bei ihm ist; denn [a]mit uns ist
ein Größerer als mit ihm. *a* 5.Mose 32,39
8 Mit ihm ist ein [a]fleischlicher Arm, mit
uns aber ist der HERR, unser Gott, daß er
uns helfe und führe unsern Streit. Und das
Volk verließ sich auf die Worte Hiskias,
des Königs von Juda. *a* Jer 17,5.7
9 ¶ Danach sandte Sanherib, der König
von Assur, seine Großen nach Jerusalem
– denn er lag vor Lachisch und seine ganze
Heeresmacht mit ihm – zu Hiskia, dem
König von Juda, und zu ganz Juda, das in
Jerusalem war, und ließ ihm sagen:
10 So spricht Sanherib, der König von As-
sur: Worauf wollt ihr euch verlassen, die
ihr in dem belagerten Jerusalem wohnt?
11 Hiskia verführt euch und gibt euch in
den Tod durch Hunger und Durst, wenn
er spricht: Der HERR, unser Gott, wird uns
erretten aus der Hand des Königs von As-
sur. –
12 Ist das nicht der Hiskia, der die Opfer-
höhen und Altäre seines Gottes entfernt
und zu Juda und Jerusalem gesagt hat:
Vor **einem** Altar sollt ihr anbeten und dar-
auf opfern?
13 Wißt ihr nicht, was ich und meine Vä-
ter getan haben allen Völkern in den Län-
dern? Haben die Götter der Völker in den
Ländern ihr Land erretten können aus
meiner Hand?
14 Wo ist einer unter allen Göttern dieser
Völker, die meine Väter mit dem Bann
geschlagen haben, der sein Volk hätte er-
retten können aus meiner Hand, daß euer
Gott euch aus meiner Hand sollte erretten
können?
15 So laßt euch nun von Hiskia nicht be-
trügen und laßt euch dadurch nicht ver-
führen und glaubt ihm nicht; denn wenn
kein Gott eines Volkes und Königreichs
sein Volk aus meiner und meiner Väter
Hand hat erretten können, so wird euch
auch euer Gott nicht erretten aus meiner
Hand.
16 Dazu redeten seine Großen noch mehr
gegen Gott, den HERRN, und gegen seinen
Knecht Hiskia.
17 ¶ Auch schrieb er einen Brief, um dem
HERRN, dem Gott Israels, hohnzuspre-
chen, und redete gegen ihn: Wie die Göt-
ter der Völker in den Ländern ihr Volk
nicht aus meiner Hand errettet haben, so
wird auch der Gott Hiskias sein Volk nicht
erretten aus meiner Hand. –
18 Und sie riefen mit lauter Stimme auf
hebräisch zum Volk von Jerusalem, das
auf der Mauer war, um sie furchtsam zu
machen und zu erschrecken, damit sie die
Stadt eroberten,
19 und redeten gegen den Gott Jerusalems
wie gegen die Götter der Völker auf Er-
den, die doch Werke von Menschenhän-
den waren.
20 ¶ Aber der König Hiskia und der Pro-
phet Jesaja, der Sohn des Amoz, beteten
gegen solche Lästerung und schrien gen
Himmel.
21 Und der HERR sandte einen Engel; der
vertilgte alle Kriegsleute und Obersten
und Hauptleute im Lager des Königs von
Assur, daß er mit Schanden wieder in sein
Land zog. Und als er in seines Gottes Haus
ging, fällten ihn dort durchs Schwert seine
Söhne, die von seinem eigenen Leibe ge-
kommen waren.
22 So half der HERR dem Hiskia und de-
nen zu Jerusalem aus der Hand Sanhe-
ribs, des Königs von Assur, und aus der
Hand aller andern und gab ihnen Ruhe
ringsumher,
23 daß viele dem HERRN Geschenke
brachten nach Jerusalem und Kleinode für
Hiskia, den König von Juda. Und er wurde
danach hoch erhoben vor allen Heiden.

Das Ende der Regierung Hiskias

(vgl. 2.Kön 20; Jes 38; 39)

24 Zu dieser Zeit wurde Hiskia todkrank;
und er betete zum HERRN. Der redete mit
ihm und tat an ihm ein Wunder.
25 Aber Hiskia vergalt nicht nach dem, was
ihm geschehen war; denn [a]sein Herz über-
hob sich. Darum kam der Zorn über ihn
und über Juda und Jerusalem. *a* Kap 26,16
26 Da demütigte sich Hiskia darüber, daß

sein Herz sich überhoben hatte, samt denen in Jerusalem. Darum kam der Zorn des HERRN nicht mehr über sie, solange Hiskia lebte.

27 ¶ Und Hiskia hatte sehr großen Reichtum und Ehre und sammelte sich Schätze von Silber, Gold, Edelsteinen, Spezerei, Schilden und allerlei kostbarem Gerät

28 und baute Vorratshäuser für den Ertrag an Getreide, Wein und Öl und Ställe für die verschiedenen Arten von Vieh und Hürden für die Schafe.

29 Und er baute sich Städte und hatte Vieh die Menge an Schafen und Rindern; denn Gott gab ihm sehr großes Gut.

30 Das ist der Hiskia, der die obere Wasserquelle des Gihon verschloß und sie hinunterleitete westwärts zur Stadt Davids; denn es gelangen Hiskia alle seine Werke.

31 Als aber die Botschafter der Fürsten von Babel zu ihm gesandt waren, um nach dem Wunder zu fragen, das im Lande geschehen war, verließ ihn Gott, um ihn zu versuchen, damit kundwürde alles, was in seinem Herzen war.

32 ¶ Was aber mehr von Hiskia zu sagen ist, und seine barmherzigen Taten, siehe, das steht geschrieben in den Geschichten des Propheten Jesaja, des Sohnes des Amoz, im Buch der Könige von Juda und Israel.

33 Und Hiskia legte sich zu seinen Vätern, und sie begruben ihn über den Gräbern der Söhne Davids. Und ganz Juda und die Einwohner von Jerusalem [a]gaben ihm Ehre bei seinem Tod. Und sein Sohn Manasse wurde König an seiner Statt.
a Kap 16,14

Manasse

(vgl. 2. Kön 21,1-18)

33 Manasse war zwölf Jahre alt, als er König wurde; und er regierte fünfundfünfzig Jahre zu Jerusalem

2 und tat, was dem HERRN mißfiel, [a]nach den greulichen Sitten der Heiden, die der HERR vor den Israeliten vertrieben hatte.
a 5. Mose 18,9

3 Er baute die Opferhöhen wieder auf, [a]die sein Vater Hiskia zerstört hatte, und errichtete den Baalen Altäre und machte Bilder der Aschera und betete das ganze Heer des Himmels an und diente ihnen.
a 2. Kön 18,4

4 Er baute auch Altäre im Hause des HERRN, von dem doch der HERR gesagt hatte: [a]Zu Jerusalem soll mein Name sein ewiglich,
a 5. Mose 12,5.11; 1. Kön 9,3

5 und baute Altäre dem ganzen Heer des Himmels in beiden Vorhöfen am Hause des HERRN.

6 Und er [a]ließ seine Söhne durchs Feuer gehen im Tal Ben-Hinnom und [b]achtete auf Zeichen und Vogelgeschrei und trieb Zauberei und bestellte Geisterbeschwörer und Zeichendeuter und tat viel, was dem HERRN mißfiel, um ihn zu erzürnen.
a Kap 28,3 *b* 3. Mose 20,6

7 Er stellte auch das Bild des Götzen, das er machen ließ, ins Haus Gottes, von dem Gott zu David gesagt hatte und zu seinem Sohn Salomo: In diesem Hause zu Jerusalem, das ich erwählt habe vor allen Stämmen Israels, will ich meinen Namen wohnen lassen ewiglich

8 und will nicht mehr den Fuß Israels weichen lassen von dem Lande, das ich ihren Vätern bestimmt habe, sofern sie halten und alles tun, was ich ihnen durch Mose geboten habe, nach dem ganzen Gesetz, den Geboten und Rechten.

9 ¶ Aber Manasse verführte Juda und die Einwohner von Jerusalem, daß sie es ärger trieben als die Heiden, die der HERR vor den Israeliten vertilgt hatte.

10 Und wenn der HERR zu Manasse und seinem Volk reden ließ, merkten sie nicht darauf.

11 Darum ließ der HERR über sie kommen die Obersten des Heeres des Königs von Assur; die nahmen Manasse gefangen mit Fesseln und legten ihn in Ketten und brachten ihn nach Babel.

12 Und als er in Angst war, flehte er zu dem HERRN, seinem Gott, und demütigte sich vor dem Gott seiner Väter.

13 Und als er bat, ließ sich der HERR erbitten und erhörte sein Flehen und brachte ihn wieder nach Jerusalem in sein Königreich. Da erkannte Manasse, daß [a]der HERR Gott ist.
a 1. Kön 18,39

14 ¶ Danach baute er die äußere Mauer an der Stadt Davids westwärts zum Gihon hin im Tal und wo man zum Fischtor hineingeht, und [a]führte sie um den Ofel und machte sie sehr hoch. Und er legte Hauptleute in alle festen Städte Judas.
a Kap 27,3

15 Er entfernte die fremden Götter und den Götzen aus dem Hause des HERRN und alle Altäre, die er gebaut hatte auf

dem Berge des Hauses des HERRN und in Jerusalem, und warf sie hinaus vor die Stadt.

16 Und er stellte den Altar des HERRN wieder her und opferte darauf Dankopfer und Lobopfer und befahl Juda, daß sie dem HERRN, dem Gott Israels, dienen sollten.

17 Aber das Volk opferte noch auf den Höhen, jedoch dem HERRN, ihrem Gott.

18 ¶Was aber mehr von Manasse zu sagen ist, und sein Gebet zu seinem Gott und die Reden der Seher, die zu ihm redeten im Namen des HERRN, des Gottes Israels, siehe, das alles steht in den Geschichten der Könige von Israel.

19 Und sein Gebet und wie der HERR ihn erhörte und alle seine Sünde und Missetat und die Stätten, wo er die Opferhöhen baute und die Bilder der Aschera und Götzenbilder aufstellte, ehe er sich demütigte, siehe, das steht geschrieben in den Geschichten der Seher.

20 Und Manasse legte sich zu seinen Vätern, und sie begruben ihn in seinem Hause. Und sein Sohn Amon wurde König an seiner Statt.

Amon

(vgl. 2.Kön 21,19-26)

21 Zweiundzwanzig Jahre alt war Amon, als er König wurde; und er regierte zwei Jahre zu Jerusalem

22 und tat, was dem HERRN mißfiel, wie sein Vater Manasse getan hatte. Und Amon opferte allen Götzen, die sein Vater Manasse gemacht hatte, und diente ihnen.

23 Aber er demütigte sich nicht vor dem HERRN, wie sich sein Vater Manasse gedemütigt hatte, sondern häufte noch mehr Schuld auf.

24 Und seine Großen machten eine Verschwörung gegen ihn und töteten ihn in seinem Hause.

25 Da erschlug das Volk des Landes alle, die die Verschwörung gegen den König Amon gemacht hatten. Und das Volk des Landes machte seinen Sohn Josia zum König an seiner Statt.

Josia rottet den Götzendienst aus

(vgl. 2.Kön 22,1.2; 23,4-14)

34 Acht Jahre alt war Josia, als er König wurde; und er regierte einunddreißig Jahre zu Jerusalem

2 und [a]tat, was dem HERRN wohlgefiel, und wandelte in den Wegen seines Vaters David und wich weder zur Rechten noch zur Linken. *a* Kap 29,2

3 ¶[a]Im achten Jahr seiner Herrschaft fing er an, obwohl er noch jung war, den Gott seines Vaters David zu suchen, und im zwölften Jahr fing er an, Juda und Jerusalem zu reinigen von den Opferhöhen und den Bildern der Aschera, von den Götzen und gegossenen Bildern.

a (3 und 4) 3.Mose 26,30

4 Und er ließ vor seinen Augen abbrechen die Altäre der Baale, und die Rauchopfersäulen oben darauf hieb er ab, und die Bilder der Aschera und die geschnitzten und gegossenen Götzenbilder zerbrach er und machte sie zu Staub und streute ihn auf die Gräber derer, die ihnen geopfert hatten,

5 und [a]verbrannte die Gebeine der Priester auf ihren Altären und reinigte so Juda und Jerusalem. *a* 1.Kön 13,2

6 So tat er auch ringsumher in den Städten Manasses, Ephraims, Simeons und bis nach Naftali auf ihren Plätzen.[a] *a* Kap 31,1

7 Und als er im ganzen Lande Israel die Altäre und Bilder der Aschera abgebrochen und die Götzenbilder zertrümmert und zermalmt und alle Rauchopfersäulen umgehauen hatte, kehrte er zurück nach Jerusalem.

Das Gesetzbuch wird gefunden und das Volk darauf verpflichtet

(vgl. 2.Kön 22,3-20; 23,1-3)

8 Im achtzehnten Jahr seiner Herrschaft, als er das Land und das Haus des Herrn gereinigt hatte, sandte er Schafan, den Sohn Azaljas, und den Stadthauptmann Maaseja und den Kanzler Joach, den Sohn des Joahas, das Haus des HERRN, seines Gottes, auszubessern.

9 Und sie kamen zu dem Hohenpriester Hilkija, und man gab ihnen das Geld, das zum Hause Gottes gebracht war und das die Leviten, die an der Schwelle Wache hielten, von Manasse, Ephraim und von allen in Israel Übriggebliebenen gesammelt hatten und von ganz Juda und Benjamin und von denen, die in Jerusalem wohnten.

10 Und sie gaben's in die Hände der Werkmeister, die bestellt waren am Hause des

HERRN; und diese, die da arbeiteten am
Hause des HERRN, daß sie das Haus aus-
besserten und instand setzten,
11 gaben's den Zimmerleuten und Bauleu-
ten, um gehauene Steine zu kaufen und
Holz zu Klammern und Balken für die Ge-
bäude, die die Könige von Juda hatten ver-
fallen lassen.
12 Und die Männer arbeiteten am Werk
auf Treu und Glauben.
¶Und es waren über sie gesetzt als Auf-
seher Jahat und Obadja, die Leviten von
den Söhnen Merari, Secharja und Me-
schullam von den Söhnen der Kehatiter.
Und die Leviten – alle waren kundig des
Saitenspiels –
13 waren über die Lastträger gesetzt und
waren auch Aufseher über die Arbeiter
bei jedem Werk; einige der Leviten waren
Schreiber, Amtleute und Torhüter.
14 ¶Und als sie das Geld herausnahmen,
das zum Hause des HERRN gebracht wor-
den war, fand der Priester Hilkija das Buch
des Gesetzes des HERRN, das durch Mose
gegeben war.
15 Und Hilkija hob an und sprach zu dem
Schreiber Schafan: Ich habe dies Gesetz-
buch gefunden im Hause des HERRN. Und
Hilkija gab das Buch Schafan.
16 Schafan aber brachte es zum König und
gab ihm Bericht und sprach: Alles, was
deinen Knechten befohlen ist, tun sie.
17 Sie haben das Geld ausgeschüttet, das
im Hause des HERRN gesammelt ist, und
haben's denen gegeben, die bestellt sind,
und den Arbeitern.
18 Und der Schreiber Schafan sagte dem
König: Der Priester Hilkija hat mir ein
Buch gegeben. Und Schafan las vor dem
König daraus vor.
19 Und als der König die Worte des Ge-
setzes hörte, zerriß er seine Kleider.
20 Und der König gebot Hilkija und Ahi-
kam, dem Sohn Schafans, und Achbor,
dem Sohn Michajas, und Schafan, dem
Schreiber, und Asaja, dem Kämmerer des
Königs, und sprach:
21 Geht hin, befragt den HERRN für mich
und für die Übriggebliebenen von Israel
und Juda über die Worte des Buches, das
gefunden ist; denn groß ist der Grimm
des HERRN, der über uns entbrannt ist,
weil unsere Väter nicht gehalten haben das
Wort des HERRN und nicht alles taten, was
geschrieben steht in diesem Buch.
22 ¶Da ging Hilkija samt den andern, die
der König gesandt hatte, hin zu der Pro-
phetin Hulda, der Frau Schallums, des
Sohnes Tokhats, des Sohnes Harhas, des
Kleiderhüters, die in Jerusalem wohnte im
zweiten Bezirk der Stadt, und sagten ihr
dies.
23 Und sie sprach zu ihnen: So spricht der
HERR, der Gott Israels: Sagt dem Mann,
der euch zu mir gesandt hat:
24 So spricht der HERR: Siehe, ich will Un-
heil bringen über diesen Ort und seine
Einwohner, [a] alle die Flüche, die geschrie-
ben stehen in dem Buch, aus dem man
vor dem König von Juda gelesen hat,

a 5. Mose 28,15–68

25 weil sie mich verlassen und andern Göt-
tern geopfert haben, um mich zu erzür-
nen mit allen Werken ihrer Hände. Und
mein Grimm soll über diesen Ort entbren-
nen und nicht ausgelöscht werden.
26 Und zum König von Juda, der euch ge-
sandt hat, den HERRN zu befragen, sollt
ihr so sagen: So spricht der HERR, der Gott
Israels: Was die Worte angeht, die du ge-
hört hast:
27 Weil du im Herzen betroffen bist und
dich gedemütigt hast vor Gott, als du seine
Worte hörtest gegen diesen Ort und gegen
seine Einwohner, und dich vor mir ge-
demütigt hast und deine Kleider zerris-
sen und vor mir geweint, so habe ich dich
auch erhört, spricht der HERR.[a]

a Kap 33,12.13

28 Siehe, ich will dich versammeln zu dei-
nen Vätern, daß du mit Frieden in dein
Grab kommst und deine Augen nicht se-
hen all das Unheil, das ich über diesen Ort
und seine Einwohner bringen will. – Und
sie sagten's dem König wieder.
29 ¶Da sandte der König hin und ließ zu-
sammenkommen alle Ältesten Judas und
Jerusalems.
30 Und der König ging hinauf ins Haus
des HERRN und alle Männer Judas und die
Einwohner von Jerusalem, die Priester, die
Leviten und alles Volk, klein und groß,
und es wurden vor ihren Ohren gelesen
alle Worte aus dem Buch des Bundes, das
im Hause des HERRN gefunden war.
31 Und der König trat an seinen Platz und
[a] schloß einen Bund vor dem HERRN, daß
man dem HERRN nachwandeln und seine
Gebote, Ordnungen und Rechte von gan-
zem Herzen und von ganzer Seele halten

wolle, zu tun nach allen Worten des
Bundes, die geschrieben stehen in diesem
Buch. *a* Kap 15,12
32 Und er ließ hintreten alle, die in Jerusa-
lem und in Benjamin waren. Und die Ein-
wohner von Jerusalem taten nach dem
Bund Gottes, des Gottes ihrer Väter.
33 Und Josia entfernte alle greulichen Göt-
zen aus allen Gebieten Israels und brachte
es dahin, daß alle in Israel dem HERRN,
ihrem Gott, dienten. Solange Josia lebte,
wichen sie nicht von dem HERRN, dem
Gott ihrer Väter.

Josia hält Passa nach dem Gesetz Gottes

(vgl. 2.Kön 23,21-23)

35 Und Josia hielt dem HERRN Passa in
Jerusalem, und sie schlachteten das
Passa [a] am vierzehnten Tage des ersten
Monats. *a* 2.Mose 12,6
2 Und er bestellte die Priester zu ihrem
Dienst und ermutigte sie zu ihrem Amt
im Hause des HERRN
3 und sprach zu den Leviten, die ganz Is-
rael lehrten und dem HERRN geheiligt wa-
ren: [a] Bringt die heilige Lade ins Haus, das
Salomo, der Sohn Davids, des Königs von
Israel, gebaut hat. [b] Nun sollt ihr sie nicht
mehr auf den Schultern tragen. So dient
nun dem HERRN, eurem Gott, und seinem
Volk Israel *a* Kap 5,4.5; 1.Chr 23,26.28
b 2.Mose 25,13-15
4 und seid bereit nach euren Sippen in
euren Ordnungen, wie sie aufgeschrieben
sind von David, dem König von Israel, und
seinem Sohn Salomo,[a] *a* 1.Chr 23
5 und stellt euch im Heiligtum auf, ent-
sprechend den Abteilungen der Sippen eu-
rer Brüder aus dem Volk je eine Abteilung
einer Sippe der Leviten,
6 und schlachtet das Passa und heiligt
euch und bereitet es für eure Brüder, daß
sie tun nach dem Wort des HERRN durch
Mose.
7 ¶ Und Josia gab als Opfergabe für das
Volk Lämmer und junge Ziegen – alles zu
dem Passa für alle, die sich versammelt
hatten – an Zahl dreißigtausend, und drei-
tausend Rinder, alles von dem Gut des
Königs.
8 Seine Oberen aber gaben als Opfergabe
freiwillig für das Volk und für die Priester
und Leviten. Hilkija, Secharja und Jehiël,
die Vorsteher im Hause Gottes, gaben den
Priestern zum Passa zweitausendsechs-
hundert Lämmer und Ziegen, dazu drei-
hundert Rinder.
9 Konanja aber und seine Brüder, Sche-
maja und Netanel, sowie Haschabja, Jeïël
und Josabad, die Vorsteher der Leviten,
gaben als Opfergabe den Leviten zum
Passa fünftausend Lämmer und Ziegen
und dazu fünfhundert Rinder.
10 ¶ So wurde der Gottesdienst geordnet.
Und die Priester standen an ihren Plätzen
und die Leviten in ihren Abteilungen nach
dem Gebot des Königs.
11 Und sie schlachteten das Passa, und die
Priester nahmen das Blut aus der Hand
der Leviten und sprengten, und die Levi-
ten zogen die Haut ab.
12 Und die Brandopfer sonderten sie ab,
um sie den Abteilungen der Sippen des
Volkes zu geben, damit diese dem HERRN
opferten, wie es geschrieben steht im
Buch des Mose. So taten sie auch mit den
Rindern.
13 Und [a] sie kochten das Passa am Feuer,
wie sich's gebührt. Aber was geheiligt war,
kochten sie in Töpfen, Kesseln und Schüs-
seln und brachten es schnell allem Volk.
a 2.Mose 12,3-10
14 Danach aber bereiteten sie auch für sich
und für die Priester; denn die Priester, die
Söhne Aaron, hatten mit dem Brandopfer
und dem Fett bis in die Nacht zu tun;
darum mußten die Leviten für sich und
für die Priester, die Söhne Aaron, zuberei-
ten.
15 Und die [a] Sänger, die Söhne Asaf, stan-
den an ihren Plätzen nach dem Gebot Da-
vids und Asafs und Hemans und Jedu-
tuns, die Seher des Königs waren, und die
[b] Torhüter an allen Toren, und sie wichen
nicht von ihrem Dienst; denn die Leviten,
ihre Brüder, bereiteten auch für sie zu.
a 1.Chr 25 *b* 1.Chr 26,1-19
16 ¶ So wurde geordnet aller Gottesdienst
des HERRN an diesem Tage, um hinfort
Passa zu halten und Brandopfer darzubrin-
gen auf dem Altar des HERRN nach dem
Gebot des Königs Josia.
17 So hielten die Israeliten, die sich ver-
sammelt hatten, zu dieser Zeit das Passa
und das Fest der Ungesäuerten Brote sie-
ben Tage lang.
18 Man hatte aber [a] kein Passa gehalten in
Israel wie dies von der Zeit des Propheten
Samuel an, und kein König in Israel hatte

das Passa so gehalten, wie Josia Passa hielt,
mit den Priestern, Leviten, ganz Juda und
allen, die von Israel sich versammelt hat-
ten, und den Einwohnern von Jerusa-
lem. *a* Kap 30,26
19 Im achtzehnten Jahr der Herrschaft Jo-
sias wurde dies Passa gehalten.

Josias Tod im Kampf gegen den Pharao Necho

(vgl. 2.Kön 23,28-30)

20 Nachdem aber Josia das Haus des
Herrn hergerichtet hatte, zog Necho, der
König von Ägypten, herauf, um Krieg zu
führen bei Karkemisch am Euphrat. Und
Josia zog aus ihm entgegen.
21 Aber Necho sandte Boten zu ihm und
ließ ihm sagen: Was hab ich mit dir zu
tun, König von Juda? Ich komme jetzt
nicht gegen dich, sondern gegen das Kö-
nigreich, mit dem ich Krieg habe, und
Gott hat gesagt, ich soll eilen. Vergreif dich
nicht an Gott, der mit mir ist, daß er dich
nicht verderbe!
22 ¶ Aber Josia ließ nicht ab von ihm, son-
dern schickte sich an, mit ihm zu kämp-
fen, und hörte nicht auf die Worte Ne-
chos, die Gott zu ihm gesprochen hatte,
und kam, mit ihm zu kämpfen in der
Ebene von Megiddo.
23 Aber die Schützen schossen auf den
König Josia, und der König sprach zu sei-
nen Männern: Führt mich fort; denn ich
bin schwer verwundet!
24 Und seine Männer hoben ihn von dem
Wagen und brachten ihn auf einen von
seinen andern Wagen und führten ihn
nach Jerusalem. Und er starb und wurde
begraben in den Gräbern seiner Väter.
Und ganz Juda und Jerusalem trugen Leid
um Josia.
25 Und Jeremia sang ein Klagelied über
Josia, und alle Sänger und Sängerinnen
klagten in ihren Liedern über Josia bis auf
diesen Tag, und das wurde zum festen
Brauch in Israel. Siehe, diese Lieder ste-
hen geschrieben unter den Klageliedern.
26 Was aber mehr von Josia zu sagen ist
und seine barmherzigen Taten, wie sie
dem Gesetz des HERRN entsprachen,
27 und seine Geschichte, die frühere und
die spätere, siehe, das alles steht geschrie-
ben im Buch der Könige von Israel und
Juda.

Joahas, Jojakim, Jojachin

(vgl. 2.Kön 23,30-24,17)

36 Und das Volk des Landes nahm
Joahas, den Sohn Josias, und
machte ihn zum König an seines Vaters
Statt zu Jerusalem.
2 Dreiundzwanzig Jahre alt war Joahas, als
er König wurde; und er regierte drei Mo-
nate zu Jerusalem;
3 denn der König von Ägypten setzte ihn
ab in Jerusalem und legte eine Geldbuße
auf das Land von hundert Zentnern Silber
und einem Zentner Gold.
4 Und der König von Ägypten machte El-
jakim, seinen Bruder, zum König über
Juda und Jerusalem und wandelte seinen
Namen um in Jojakim. Aber seinen Bru-
der Joahas nahm Necho und brachte ihn
nach Ägypten.[a] *a* Jer 22,10-12
5 ¶ Fünfundzwanzig Jahre alt war Jojakim,
als er König wurde; und er regierte elf
Jahre zu Jerusalem und tat, was dem
HERRN, seinem Gott, mißfiel.
6 Und Nebukadnezar, der König von Ba-
bel, zog gegen ihn herauf und legte ihn in
Ketten, um ihn nach Babel zu führen.[a]
a Jer 22,18
7 Auch brachte Nebukadnezar einige Ge-
räte des Hauses des HERRN nach Babel
und tat sie in seinen Tempel in Babel.[a]
a Esr 1,7
8 Was aber mehr von Jojakim zu sagen ist,
und seine Greueltaten, die er tat, und was
ihm sonst widerfuhr, siehe, das steht ge-
schrieben im Buch der Könige von Israel
und Juda. Und sein Sohn Jojachin wurde
König an seiner Statt.
9 ¶ Achtzehn Jahre alt war Jojachin, als er
König wurde; und er regierte drei Monate
und zehn Tage zu Jerusalem und tat, was
dem HERRN mißfiel.
10 Als aber das Jahr zu Ende ging, [a] sandte
Nebukadnezar hin und ließ ihn nach Ba-
bel holen mit den kostbaren Geräten aus
dem Hause des HERRN und machte sei-
nen Bruder Zedekia zum König über Juda
und Jerusalem. *a* Jer 22,24-30

Zedekia und die Wegführung nach Babel

(vgl. 2.Kön 24,18-25,21; Jer 52,1-30)

11 Einundzwanzig Jahre alt war Zedekia,
als er König wurde; und er regierte elf
Jahre zu Jerusalem

12 und tat, was dem HERRN, seinem Gott,
mißfiel, und demütigte sich nicht vor dem
Propheten Jeremia, der da redete, wie der
HERR zu ihm gesprochen hatte.[a]

a Jer 37; 38

13 Auch wurde er abtrünnig von Nebu-
kadnezar, dem König von Babel, der einen
Eid bei Gott von ihm genommen hatte,
und wurde halsstarrig und verstockte sein
Herz, so daß er sich nicht bekehrte zu dem
HERRN, dem Gott Israels.
14 Auch alle Oberen Judas und die Prie-
ster und das Volk versündigten sich noch
mehr [a]mit all den greulichen Sitten der
Heiden und machten unrein das Haus des
HERRN, das er geheiligt hatte in Jerusa-
lem.

a 5.Mose 18,9

15 Und der HERR, der Gott ihrer Väter,
ließ [a]immer wieder gegen sie reden durch
seine Boten; denn er hatte Mitleid mit sei-
nem Volk und seiner Wohnung.

a Jer 25,4

16 Aber sie verspotteten die Boten Gottes
und verachteten seine Worte und [a]ver-
höhnten seine Propheten, bis der Grimm
des HERRN über sein Volk wuchs und es
kein Vergeben mehr gab.

a Lk 20,10-12; Apg 7,52

17 Da führte er gegen sie heran den König
der Chaldäer und ließ ihre junge Mann-
schaft mit dem Schwert erschlagen im
Hause ihres Heiligtums und verschonte
weder die Jünglinge noch die Jungfrauen,
weder die Alten noch die Greise; alle gab
er sie in seine Hand.
18 Und alle Geräte im Hause Gottes,
große und kleine, die Schätze im Hause
des HERRN und die Schätze des Königs
und seiner Oberen, alles ließ er nach Ba-
bel führen.
19 Und [a]sie verbrannten das Haus Gottes
und rissen die Mauer Jerusalems ein, und
alle ihre Burgtürme brannten sie mit Feuer
aus, so daß alle ihre kostbaren Geräte zu-
nichte wurden.

a Jer 26,6

20 Und er führte weg nach Babel alle, die
das Schwert übriggelassen hatte, und sie
wurden seine und seiner Söhne Knechte,
bis das Königtum der Perser zur Herr-
schaft kam,
21 damit erfüllt würde das Wort des
HERRN durch den Mund Jeremias. Das
Land hatte die ganze Zeit über, [a]da es wü-
ste lag, Sabbat, bis es [b]an seinen Sabbaten
genug hatte, auf daß siebzig Jahre voll wur-
den.

a Jer 25,11 *b* 3.Mose 26,34; Klgl 2,6

Ende der babylonischen Gefangenschaft

(vgl. Esr 1,1-3)

22 [a]Aber im ersten Jahr des Kyrus, des
Königs von Persien, erweckte der HERR –
damit erfüllt würde das Wort des HERRN
durch den Mund Jeremias – den Geist des
Kyrus, des Königs von Persien, daß er in
seinem ganzen Königreich mündlich und
auch schriftlich verkünden ließ:

a (22 und 23) Jer 29,10; Jes 44,28

23 So spricht Kyrus, der König von Per-
sien: Der HERR, der Gott des Himmels,
hat mir alle Königreiche der Erde gegeben
und hat mir befohlen, ihm ein Haus zu
bauen zu Jerusalem in Juda. Wer nun un-
ter euch von seinem Volk ist, mit dem sei
der HERR, sein Gott, und er ziehe hinauf!

DAS BUCH ESRA

Inhaltsübersicht

Erlaubnis zur Heimkehr und zum Tempelbau

(vgl. 2.Chr 36,22.23)

1 Im ersten Jahr des Kyrus, des Königs
von Persien, erweckte der HERR – [a]da-
mit erfüllt würde das Wort des HERRN,
das durch den Mund Jeremias gesprochen
war – den Geist des Kyrus, des Königs von
Persien, daß er in seinem ganzen König-
reich mündlich und auch schriftlich ver-
künden ließ: *a* Jer 25,11; 29,10
2 So spricht Kyrus, der König von Persien:
Der HERR, der Gott des Himmels, hat mir
[a]alle Königreiche der Erde gegeben, und
[b]er hat mir befohlen, ihm ein Haus zu
Jerusalem in Juda zu bauen.
a Jes 45,1 *b* Jes 44,28
3 Wer nun unter euch von seinem Volk
ist, mit dem sei sein Gott, und er ziehe
hinauf nach Jerusalem in Juda und baue
das Haus des HERRN, des Gottes Israels;
das ist der Gott, der zu Jerusalem ist.
4 Und wo auch immer einer übriggeblie-
ben ist, dem sollen die Leute des Orts, an
dem er als Fremdling gelebt hat, helfen
mit Silber und Gold, Gut und Vieh außer
dem, was sie aus freiem Willen für das
Haus Gottes zu Jerusalem geben.
5 ¶Da machten sich auf die Häupter der
Sippen aus Juda und Benjamin und die
Priester und Leviten, alle, deren Geist
Gott erweckt hatte, um hinaufzuziehen
und das Haus des HERRN zu Jerusalem zu
bauen.
6 Und alle, die um sie her wohnten, hal-
fen ihnen mit allem, mit Silber und Gold,
mit Gut und Vieh und Kleinoden außer
dem, was sie freiwillig gaben.
7 ¶Und der König Kyrus gab heraus die
Geräte des Hauses des HERRN, [a]die Ne-
bukadnezar aus Jerusalem genommen und
in das Haus seines Gottes gebracht
hatte. *a* 2.Chr 36,7.18
8 Und Kyrus, der König von Persien, über-
gab sie dem Schatzmeister Mitredat; der
zählte sie [a]Scheschbazar, dem Fürsten
Judas, vor. *a* Kap 5,14
9 Und dies war ihre Zahl: Dreißig goldene
Becken und tausendneunundzwanzig sil-
berne Becken,
10 dreißig goldene Becher und vierhun-
dertzehn silberne Becher und tausend an-
dere Geräte.
11 Alle Geräte, goldene und silberne, wa-
ren fünftausendvierhundert*. Alles brach-
te Scheschbazar hinauf, als man aus der
Gefangenschaft von Babel nach Jerusalem
hinaufzog.

* Durch spätere Abänderungen entspricht die Gesamtzahl jetzt nicht mehr der Summe der Einzelangaben.

Verzeichnis der Heimkehrer

(vgl. Neh 7,5-72)

2 Dies sind die Leute der Landschaft
Juda, die heraufzogen aus der Gefan-
genschaft, die Nebukadnezar, der König
von Babel, nach Babel weggeführt hatte,
und die nach Jerusalem und Juda zurück-
kehrten, ein jeder in seine Stadt.
2 Sie kamen mit Serubbabel, Jeschua, Ne-
hemja, Seraja, Reelaja, Mordochai, Bil-
schan, Misperet, Bigwai, Rehum und
Baana. Dies ist die Zahl der Männer des
Volkes Israel:
3 die Söhne Parosch 2172;
4 die Söhne Schefatja 372;
5 die Söhne Arach 775;
6 die Söhne Pahat-Moab, nämlich die
Söhne Jeschua und die Söhne Joab, 2812;
7 die Söhne Elam 1254;
8 die Söhne Sattu 945;
9 die Söhne Sakkai 760;
10 die Söhne Bani 642;
11 die Söhne Bebai 623;
12 die Söhne Asgad 1222;

13 die Söhne Adonikam 666;
14 die Söhne Bigwai 2056;
15 die Söhne Adin 454;
16 die Söhne Ater, nämlich die Söhne His-
kija, 98;
17 die Söhne Bezai 323;
18 die Söhne Jorah 112;
19 die Söhne Haschum 223;
20 die Söhne Gibbar 95;
21 die Männer von Bethlehem 123;
22 die Männer von Netofa 56;
23 die Männer von Anatot 128;
24 die Männer von Bet-Asmawet 42;
25 die Männer von Kirjat-Jearim, Kefira
und Beerot 743;
26 die Männer von Rama und Geba 621;
27 die Männer von Michmas 122;
28 die Männer von Bethel und Ai 223;
29 die Söhne Nebo 52;
30 die Söhne Magbisch 156;
31 die Söhne des andern Elam 1254;
32 die Söhne Harim 320;
33 die Männer von Lod, Hadid und Ono
725;
34 die Männer von Jericho 345;
35 die Söhne Senaa 3630.
36 ¶ Die Zahl der Priester: die Söhne Je-
daja, nämlich das Haus Jeschua, 973;
37 die Söhne Immer 1052;
38 die Söhne Paschhur 1247;
39 die Söhne Harim 1017.
40 ¶ Die Zahl der Leviten: die Söhne [a]Je-
schua, nämlich Kadmiël, Binnui und Ho-
dawja, 74.

a Neh 12,8

41 ¶ Die Zahl der Sänger: die Söhne Asaf
128.
42 ¶ Die Zahl der Torhüter: die Söhne
Schallum, die Söhne Ater, die Söhne Tal-
mon, die Söhne Akkub, die Söhne Hatita
und die Söhne Schobai, insgesamt 139.
43 ¶ Die [a]Zahl der Tempelsklaven: die
Söhne Ziha, die Söhne Hasufa, die Söhne
Tabbaot,

a Kap 8,20

44 die Söhne Keros, die Söhne Sia, die
Söhne Padon,
45 die Söhne Lebana, die Söhne Hagaba,
die Söhne Akkub,
46 die Söhne Hagab, die Söhne Salmai, die
Söhne Hanan,
47 die Söhne Giddel, die Söhne Gahar, die
Söhne Reaja,
48 die Söhne Rezin, die Söhne Nekoda,
die Söhne Gasam,
49 die Söhne Usa, die Söhne Paseach, die
Söhne Besai,
50 die Söhne Asna, die Söhne der Mëuni-
ter, die Söhne der Nefusiter,
51 die Söhne Bakbuk, die Söhne Hakufa,
die Söhne Harhur,
52 die Söhne Bazlut, die Söhne Mehida,
die Söhne Harscha,
53 die Söhne Barkos, die Söhne Sisera, die
Söhne Temach,
54 die Söhne Neziach, die Söhne Hatifa.
55 ¶ Die Zahl der Nachkommen der
[a]Sklaven Salomos: die Söhne Sotai, die
Söhne Soferet, die Söhne Peruda,

a 1.Kön 9,21

56 die Söhne Jaala, die Söhne Darkon, die
Söhne Giddel,
57 die Söhne Schefatja, die Söhne Hattil,
die Söhne Pocheret-Zebajim, die Söhne
Amon.
58 Alle [a]Tempelsklaven und Nachkom-
men der Sklaven Salomos waren zusam-
men 392.

a Jos 9,23

59 ¶ Und von denen, die heraufzogen aus
Tel-Melach, Tel-Harscha, Kerub-Addon
und Immer, konnten nicht angeben, ob
ihre Sippe und ihre Nachkommen aus Is-
rael stammten:
60 die Söhne Delaja, die Söhne Tobija, die
Söhne Nekoda, 652.
61 Und von den Priestern: die Söhne Ha-
baja, die Söhne Hakkoz, die Söhne Barsil-
lai, deren Urahn eine von den Töchtern
des Gileaditers [a]Barsillai zur Frau genom-
men hatte und nach dessen Namen ge-
nannt wurde.

a 2.Sam 17,27; 19,32

62 Die suchten ihre Geschlechtsregister
und fanden sie nicht; darum wurden sie
für das Priestertum als untauglich erklärt.
63 Und der Statthalter gebot ihnen, sie
sollten nicht essen vom [a]Hochheiligen, bis
ein Priester für die [b]heiligen Lose »Licht
und Recht« aufstände.

a 4.Mose 18,9 b 2.Mose 28,30; 1.Sam 14,41

64 ¶ Die ganze Gemeinde zählte insge-
samt 42 360,
65 ausgenommen ihre Knechte und
Mägde; diese waren 7337; dazu 200 Sän-
ger und Sängerinnen.
66 Und sie hatten 736 Rosse, 245 Maul-
tiere,
67 435 Kamele und 6720 Esel.
68 ¶ Und als einige Häupter der Sippen
zum Hause des HERRN in Jerusalem ka-
men, gaben sie freiwillig für das Haus
Gottes, damit man's an seiner früheren
Stätte erbaue,

69 und gaben nach ihrem Vermögen zum
Schatz für das Werk 61000 Gulden und
5000 Pfund Silber und 100 Priesterkleider.
70 ¶ So ließen sich die Priester und die
Leviten und einige andere Leute in Jerusalem nieder und die Sänger und die Torhüter und die Tempelsklaven in ihren Städten und alle übrigen aus Israel in ihren Städten.

Errichtung des Brandopferaltars und Beginn des Opferdienstes

3 Und als der siebente Monat herbeikam
und die Israeliten nun in ihren Städten
waren, versammelte sich das ganze Volk
wie **ein** Mann in Jerusalem.
2 Und es machten sich auf [a]Jeschua, der
Sohn Jozadaks, und seine Brüder, die Priester, und Serubbabel, der Sohn Schealtiëls, und seine Brüder und bauten den Altar des Gottes Israels, um Brandopfer darauf zu opfern, [b]wie es geschrieben steht im Gesetz des Mose, des Mannes Gottes.

a Kap 2,2 *b* 2.Mose 27,1; 3.Mose 6,2

3 Und sie richteten den Altar wieder her
an seiner früheren Stätte – denn es war Furcht über sie gekommen vor den Völkern des Landes – und opferten dem HERRN Brandopfer darauf des Morgens und des Abends.
4 Und sie hielten das [a]Laubhüttenfest,
wie geschrieben steht, und brachten Brandopfer dar alle Tage nach der Zahl, wie sich's gebührt und jeder Tag es erforderte,

a 3.Mose 23,34-43

5 danach auch das tägliche Brandopfer
und die Opfer für die Neumonde und alle heiligen Festtage des HERRN und was sonst einer dem HERRN freiwillig darbrachte.
6 Am ersten Tage des siebenten Monats
fingen sie an, dem HERRN Brandopfer zu bringen. Aber der Grund des Tempels des HERRN war noch nicht gelegt.
7 Und sie gaben Geld den Steinmetzen
und Zimmerleuten und Speise und Trank und Öl den Leuten von Sidon und Tyrus, damit sie Zedernholz vom Libanon zur See nach Jafo brächten, wie es ihnen Kyrus, der König von Persien, erlaubt hatte.[a]

a 1.Kön 5,16-25

Beginn des Tempelbaus

8 Im zweiten Jahr nach ihrer Ankunft
beim Hause Gottes in Jerusalem, im zweiten Monat, begannen Serubbabel, der Sohn Schealtiëls, und Jeschua, der Sohn Jozadaks, und die übrigen ihrer Brüder, Priester und Leviten, und alle, die aus der Gefangenschaft nach Jerusalem gekommen waren, die Leviten von zwanzig Jahren an und darüber zu bestellen, damit sie die Arbeit am Hause des HERRN leiteten.
9 Und [a]Jeschua mit seinen Söhnen und
seinen Brüdern Kadmiël, Binnui und Hodawja traten einmütig an, um die Arbeiter am Hause Gottes anzuleiten, dazu die Söhne Henadads mit ihren Söhnen und ihren Brüdern, die Leviten.

a Kap 2,40

10 Und als die Bauleute den Grund legten
zum Tempel des HERRN, stellten sich die Priester auf in ihren Amtskleidern mit Trompeten und die Leviten, die Söhne Asaf, mit Zimbeln, um den HERRN zu loben nach der Ordnung Davids, des Königs von Israel.
11 Und sie stimmten den Lobpreis an und
dankten dem HERRN: Denn [a]er ist gütig, und seine Barmherzigkeit währt ewiglich über Israel. Und das ganze Volk jauchzte laut beim Lobe des HERRN, weil der Grund zum Hause des HERRN gelegt war.

a 2.Chr 5,13; Ps 118,1

12 Und viele von den betagten Priestern,
Leviten und Sippenhäuptern, die [a]das frühere Haus noch gesehen hatten, weinten laut, als nun dies Haus vor ihren Augen gegründet wurde. Viele aber jauchzten mit Freuden, so daß das Geschrei laut erscholl.

a Hag 2,3

13 Und man konnte das Jauchzen mit
Freuden und das laute Weinen im Volk nicht unterscheiden; denn das Volk jauchzte laut, so daß man den Schall weithin hörte.

Behinderung des Tempelbaus

4 Als aber die Widersacher Judas und
Benjamins hörten, daß die, die aus der
Gefangenschaft zurückgekommen waren, dem HERRN, dem Gott Israels, den Tempel bauten,
2 kamen sie zu Serubbabel, Jeschua und
den Sippenhäuptern und sprachen zu ihnen: Wir wollen mit euch bauen; denn auch wir suchen euren Gott und [a]haben ihm geopfert seit der Zeit [b]Asarhaddons, des Königs von Assur, der uns hierhergebracht hat.

a Jer 41,5 *b* 2.Kön 17,24-33; 19,37

3 Aber Serubbabel und Jeschua und die
andern Häupter der Sippen in Israel ant-

worteten ihnen: Es ziemt sich nicht, daß ihr und wir miteinander das Haus unseres Gottes bauen, sondern wir allein wollen bauen dem HERRN, dem Gott Israels, wie uns Kyrus, der König von Persien, geboten hat.

4 Da machte das Volk des Landes die Juden mutlos und schreckte sie vom Bauen ab.

5 Und sie dingten Ratgeber gegen sie und hinderten ihr Vorhaben, solange Kyrus, der König von Persien, lebte, [a]bis zur Herrschaft des Darius, des Königs von Persien.

a Vers 24

6 ¶ Und als Ahasveros* König war, im Anfang seiner Herrschaft, schrieb man eine Anklage gegen die Bewohner von Juda und Jerusalem.

* Griechisch: Xerxes.

7 ¶ Und zu den Zeiten Artahsastas* schrieben Bischlam, Mitredat, Tabeel und ihre andern Genossen an Artahsasta, den König von Persien. Der Brief war in aramäischer Schrift geschrieben und ins Aramäische übertragen.

* Griechisch: Artaxerxes.

8 Der Kanzler Rehum und der Schreiber Schimschai schrieben einen Brief gegen Jerusalem an den König Artahsasta:

9 Wir, Rehum, der Kanzler, und Schimschai, der Schreiber, und die andern Genossen, die Richter, die Befehlshaber, die Schreiber, die Beamten, die Männer von Erech, von Babel, von Susa, das sind die Elamiter,

10 und die andern Völker, die der große und berühmte Asenappar* hergebracht und in den Städten Samariens und in den andern Orten jenseits des Euphrat* angesiedelt hat.

* Asenappar ist Asarhaddon (Vers 2). Mit »jenseits des Euphrat« wird die persische Provinz westlich des Euphrat bezeichnet.

11 Und dies ist die Abschrift des Briefes, den sie an ihn sandten: An König Artahsasta, deine Knechte, die Männer jenseits des Euphrat.

12 Und nun sei dem König kundgetan, daß die Juden, die von dir heraufgezogen und zu uns nach Jerusalem gekommen sind, die aufrührerische und böse Stadt wieder aufbauen wollen; sie haben begonnen, die Mauern zu errichten, und die Fundamente sind schon gelegt.

13 So sei nun dem König kundgetan: Wenn diese Stadt wieder aufgebaut wird und die Mauern wieder errichtet werden, so werden sie Steuern, Abgaben und Zoll nicht mehr geben, und zuletzt wird es den Königen Schaden bringen.

14 Weil wir aber das Salz des Königshauses essen und die Schmach des Königs nicht länger sehen wollen, darum schicken wir hin und lassen es den König wissen.

15 Man lasse in den Chroniken deiner Väter suchen, so wirst du in den Chroniken finden und erfahren, daß diese Stadt aufrührerisch ist und Königen und Ländern Schaden gebracht hat und man in ihr auch von alters her Aufruhr gemacht hat, – darum ist diese Stadt auch zerstört worden.

16 Und nun tun wir dem König kund, daß du hernach nichts behalten wirst von dem, was jenseits des Euphrat liegt, wenn diese Stadt wieder aufgebaut wird und ihre Mauern wieder errichtet werden.

17 ¶ Da sandte der König folgende Antwort: An Rehum, den Kanzler, und Schimschai, den Schreiber, und ihre andern Genossen, die in Samaria wohnen und in den andern Orten jenseits des Euphrat: Friede zuvor!

18 Und nun, der Brief, den ihr uns zugeschickt habt, ist mir Wort für Wort vorgelesen worden.

19 Und auf meinen Befehl hat man nachgeforscht, und man fand bestätigt, daß diese Stadt von alters her gegen die Könige sich empört hat und Aufruhr und Abfall in ihr geschehen ist.

20 Auch hat es mächtige Könige zu Jerusalem gegeben, die geherrscht haben über alles, was jenseits des Euphrat ist, so daß ihnen Steuern, Abgaben und Zoll gegeben wurden.

21 So gebt nun den Befehl, daß man diesen Männern wehre, damit die Stadt nicht wieder aufgebaut werde, bis von mir der Befehl gegeben wird!

22 Seht euch vor, daß ihr nicht lässig hierin seid, damit nicht den Königen großer Schaden entstehe!

23 ¶ Als nun der Brief des Königs Artahsasta gelesen wurde von Rehum und dem Schreiber Schimschai und von ihren andern Genossen, zogen sie eilends hin nach Jerusalem zu den Juden und wehrten ihnen mit Gewalt.

24 Da hörte die Arbeit am Hause Gottes

in Jerusalem auf und blieb liegen bis ins
zweite Jahr des Darius, des Königs von
Persien.[a] *a* Vers 5; Kap 6,15

Wiederaufnahme des Tempelbaus

5 Es weissagten aber die Propheten
[a]Haggai und [b]Sacharja, der Sohn Iddos,
den Juden, die in Juda und Jerusalem
wohnten, im Namen des Gottes Israels,
der über ihnen war. *a* Hag 1,1 *b* Sach 1,1
2 Da machten sich auf Serubbabel, der
Sohn Schealtiëls, und Jeschua, der Sohn
Jozadaks, und fingen an, das Haus Gottes
zu Jerusalem aufzubauen, und mit ihnen
die Propheten Gottes, die sie stärkten.
3 ¶Zu der Zeit kamen zu ihnen Tattenai,
der Statthalter des Gebietes jenseits des
Euphrat, und Schetar-Bosnai und ihre Ge-
nossen und sprachen: Wer hat euch be-
fohlen, dies Haus aufzubauen und diese
Mauern zu errichten?
4 Dann sagten sie zu ihnen: Wie heißen
die Männer, die diesen Bau aufführen?
5 Aber [a]das Auge ihres Gottes war über
den Ältesten der Juden, so daß ihnen nicht
gewehrt wurde, bis man den Bericht an
Darius gelangen ließe und darüber ein
Brief käme. *a* 5.Mose 11,12; 1.Kön 8,29
6 ¶Dies ist die Abschrift des Briefes Tatte-
nais, des Statthalters jenseits des Euphrat,
und Schetar-Bosnais und ihrer Genossen,
der Beamten, die jenseits des Euphrat wa-
ren, an den König Darius.
7 Die Botschaft, die sie ihm sandten, lau-
tete: Dem König Darius allen Frieden!
8 Es sei dem König kundgetan, daß wir
ins jüdische Land gekommen sind zu dem
Hause des großen Gottes; dies baute man
mit behauenen Steinen und legte Balken
in die Wände, und die Arbeit ging unter
ihrer Hand frisch vonstatten.
9 Wir aber haben die Ältesten gefragt und
zu ihnen gesagt: Wer hat euch befohlen,
dies Haus zu bauen und diese Mauern zu
errichten?
10 Auch fragten wir, wie sie hießen, damit
wir es dir kundtäten und die Namen der
Männer aufschrieben, die an ihrer Spitze
stehen.
11 Sie aber gaben uns dies zur Antwort:
Wir sind Knechte des Gottes des Him-
mels und der Erde und bauen das Haus
wieder auf, das einst vor vielen Jahren hier
gestanden und das ein großer König Is-
raels gebaut und vollendet hat.
12 Aber als unsere Väter den Gott des
Himmels erzürnten, [a]gab er sie in die
Hand Nebukadnezars, des Königs von Ba-
bel, des Chaldäers; der [b]zerstörte dies
Haus und führte das Volk weg nach Ba-
bel. *a* 2.Kön 24,10-14 *b* 2.Kön 25,9
13 Aber im ersten Jahr des Kyrus, des Kö-
nigs von Babel, befahl der König Kyrus,
dies Haus Gottes wieder zu bauen.[a]
a Kap 1,1.2
14 Auch die goldenen und silbernen Ge-
räte im Hause Gottes, die Nebukadnezar
aus dem Tempel zu Jerusalem genommen
und in den Tempel zu Babel gebracht
hatte, nahm der König Kyrus aus dem
Tempel zu Babel und gab sie [a]Scheschba-
zar, den er zum Statthalter einsetzte,
a Kap 1,7.8
15 und sprach zu ihm: Nimm diese Ge-
räte, zieh hin und bringe sie in den Tem-
pel zu Jerusalem, und das Haus Gottes
soll gebaut werden an seiner früheren
Stätte.
16 Da kam jener Scheschbazar und legte
den Grund zum Hause Gottes zu Jerusa-
lem. Seit der Zeit baut man, und es ist
noch nicht vollendet.
17 Gefällt es nun dem König, so lasse er in
Babel im Schatzhaus des Königs suchen,
[a]ob es von dem König Kyrus befohlen sei,
das Haus Gottes zu Jerusalem wieder auf-
zubauen, und man sende uns des Königs
Meinung darüber. *a* Kap 8,36

Der Erlaß des Kyrus über den Tempelbau

6 Da befahl der König Darius, daß man
in Babel in den Schatzhäusern, in de-
nen die Bücher aufbewahrt wurden, nach-
forschen sollte.
2 Da fand man in der Festung Achmeta,
die in Medien liegt, eine Schriftrolle, auf
der geschrieben stand: Aufzeichnung.
3 Im ersten Jahr des Königs Kyrus befahl
der König Kyrus, das Haus Gottes in Jeru-
salem wieder aufzubauen als eine Stätte,
an der man opfert, und seinen Grund zu
legen: seine Höhe sechzig Ellen und seine
Breite auch sechzig Ellen,
4 und drei Schichten von behauenen Stei-
nen und eine Schicht von Holz, und die
Mittel sollen vom Hause des Königs gege-
ben werden.
5 Auch soll man zurückgeben die golde-
nen und silbernen Geräte des Hauses

Gottes, die Nebukadnezar aus dem Tem-
pel zu Jerusalem weggenommen und nach
Babel gebracht hat; man soll sie zurück-
bringen in den Tempel zu Jerusalem an
ihre Stätte im Hause Gottes.

Vollendung des Tempelbaus unter Darius

6 So haltet euch nun fern von dieser Sa-
che, du, Tattenai, Statthalter jenseits des
Euphrat, und Schetar-Bosnai mit euren
Genossen, ihr Beamten, die ihr jenseits
des Euphrat seid!
7 Laßt sie arbeiten am Hause Gottes, da-
mit der Statthalter der Juden und ihre Äl-
testen das Haus Gottes an seiner früheren
Stätte wieder aufbauen.
8 Auch ist von mir befohlen worden, was
ihr den Ältesten der Juden darreichen
sollt, um das Haus Gottes zu bauen, näm-
lich daß man aus des Königs Schatz von
dem, was einkommt aus der Landschaft
jenseits des Euphrat, mit Sorgfalt nehme
und gebe den Leuten regelmäßig, was sie
bedürfen.
9 Und was sie bedürfen an Stieren, Wid-
dern und Lämmern zum Brandopfer für
den Gott des Himmels, an Weizen, Salz,
Wein und Öl nach dem Wort der Priester
in Jerusalem, das soll man ihnen täglich
geben, und es soll nicht lässig geschehen,
10 damit sie opfern zum lieblichen Geruch
dem Gott des Himmels und bitten für das
Leben des Königs und seiner Söhne.
11 Ferner wird von mir befohlen: Wenn
irgend jemand diesen Erlaß übertritt, so
soll ein Balken aus seinem Haus heraus-
gerissen und er daran aufrecht angeschla-
gen werden, und sein Haus soll um seiner
Tat willen zum Schutthaufen gemacht wer-
den.
12 Der Gott aber, der seinen Namen dort
wohnen läßt, bringe jeden König um und
jedes Volk, das seine Hand ausreckt, die-
sen Erlaß zu übertreten und das Haus
Gottes in Jerusalem zu zerstören. Ich, Da-
rius, habe diesen Befehl gegeben, damit
er sorgfältig befolgt werde.
13 ¶ Da taten Tattenai, der Statthalter jen-
seits des Euphrat, und Schetar-Bosnai und
ihre Genossen sorgfältig nach dem, was
der König Darius ihnen befohlen hatte.
14 Und die Ältesten der Juden bauten,
und es ging vonstatten durch die Weissa-
gung der Propheten Haggai und Sacharja,
des Sohnes Iddos, und sie bauten und voll-
endeten es nach dem Befehl des Gottes
Israels und nach dem Befehl des Kyrus,
Darius und Artahsasta, der Könige von
Persien,
15 und sie vollendeten das Haus bis zum
dritten Tag des Monats Adar im sechsten
Jahr der Herrschaft des Königs Darius.
16 Und die Israeliten, die Priester, die Le-
viten und die andern, die aus der Gefan-
genschaft zurückgekommen waren, hiel-
ten [a] die Einweihung des Hauses Gottes
mit Freuden *a* 1.Kön 8,62-66
17 und [a] opferten zur Einweihung des
Hauses Gottes hundert Stiere, zweihun-
dert Widder, vierhundert Lämmer und
zum Sündopfer für ganz Israel zwölf Zie-
genböcke nach der Zahl der Stämme Is-
raels *a* 4.Mose 7,10
18 und bestellten die Priester nach ihren
Abteilungen und die Leviten nach ihren
Ordnungen zum Dienst am Hause Gottes
in Jerusalem, [a] wie es im Buch des Mose
geschrieben steht. *a* 4.Mose 3,6

Feier des Passafestes

19 Und die, die aus der Gefangenschaft
zurückgekommen waren, [a] hielten Passa
am vierzehnten Tage des ersten Monats.
a 2.Mose 12,6
20 Denn die Leviten hatten sich gereinigt
Mann für Mann, so daß sie alle rein waren,
und schlachteten das Passa für alle, die
aus der Gefangenschaft zurückgekommen
waren, und für ihre Brüder, die Priester,
und für sich.
21 Und [a] es aßen das Passa die Israeliten,
die aus der Gefangenschaft zurückgekom-
men waren, und alle, die sich zu ihnen
abgesondert hatten von der Unreinheit der
Heiden im Lande, um den HERRN, den
Gott Israels, zu suchen. *a* 5.Mose 16.1-8
22 Und sie hielten das Fest der Ungesäu-
erten Brote sieben Tage lang mit Freuden;
denn der HERR hatte sie fröhlich gemacht
und das Herz des Königs von Assur* ihnen
zugewandt, damit sie gestärkt würden zur
Arbeit am Hause des Gottes, der der Gott
Israels ist.

* Gemeint ist hiermit der König von Persien.

Esras Beauftragung durch Artaxerxes

7 Nach diesen Geschichten zog unter
der Regierung des Artahsasta*, des Kö-
nigs von Persien, Esra herauf, der Sohn

[a]Serajas, des Sohnes Asarjas, des Sohnes
Hilkijas, *a* 1.Chr 5,39.40

* Griechisch: Artaxerxes.

2 des Sohnes Schallums, des Sohnes Za-
doks, des Sohnes Ahitubs,
3 des Sohnes Amarjas, des Sohnes
Asarjas, des Sohnes Merajots,
4 des Sohnes Serachjas, des Sohnes Usis,
des Sohnes Bukkis,
5 des Sohnes Abischuas, des Sohnes des
Pinhas, des Sohnes Eleasars, des Sohnes
Aarons, des Hohenpriesters.
6 Dieser Esra zog von Babel herauf. Er
war ein Schriftgelehrter, kundig im Gesetz
des Mose, das der HERR, der Gott Israels,
gegeben hatte. Und der König gab ihm
alles, was er erbat, weil [a]die Hand des
HERRN, seines Gottes, über ihm war.

a Vers 9.28; Kap 8,18.22; Neh 2,8

7 Und mit ihm zogen herauf einige von
den Israeliten und von den Priestern und
Leviten, von den Sängern, Torhütern und
Tempelsklaven nach Jerusalem im sieben-
ten Jahr des Königs Artahsasta.
8 Und er kam nach Jerusalem im fünften
Monat, im siebenten Jahr des Königs.
9 Am ersten Tage des ersten Monats näm-
lich hatte er beschlossen, von Babel her-
aufzuziehen, und am ersten Tage des fünf-
ten Monats kam er nach Jerusalem, weil
die gnädige Hand Gottes über ihm war.
10 Denn Esra richtete sein Herz darauf,
das Gesetz des HERRN zu erforschen und
danach zu tun und Gebote und Rechte in
Israel zu lehren.

Erlaß des Königs Artaxerxes über Esras Vollmacht

11 Und dies ist die Abschrift des Schrei-
bens, das der König Artahsasta Esra gab,
dem Priester und Schriftgelehrten, der
kundig war in den Worten der Gebote und
Satzungen des HERRN für Israel:
12 Artahsasta, der König aller Könige, an
Esra, den Priester und Beauftragten für
das Gesetz des Gottes des Himmels:
Friede zuvor!
13 Und nun, von mir ist befohlen worden,
daß alle, die von dem Volk Israel und den
Priestern und Leviten in meinem Reich
willig sind, nach Jerusalem zu ziehen, mit
dir ziehen können,
14 weil du vom König und seinen sieben
Räten gesandt bist, um aufgrund des Ge-
setzes deines Gottes, das in deiner Hand
ist, nachzuforschen, wie es in Juda und
Jerusalem steht,
15 und hinzubringen Silber und Gold, das
der König und seine Räte freiwillig geben
dem Gott Israels, dessen Wohnung zu Je-
rusalem ist,
16 und was du sonst an Silber und Gold
erhältst in der ganzen Landschaft Babel
samt dem, was das Volk und die Priester
freiwillig geben für das Haus ihres Gottes
zu Jerusalem.
17 Alles das nimm und kaufe mit Sorgfalt
von diesem Geld Stiere, Widder, Lämmer
und Speisopfer und Trankopfer dazu, da-
mit man sie opfere auf dem Altar des
Hauses eures Gottes zu Jerusalem.
18 Dazu, was dir und deinen Brüdern mit
dem übrigen Gelde zu tun gefällt, das tut
nach dem Willen eures Gottes.
19 Und die Geräte, die dir gegeben sind
zum Dienst im Hause deines Gottes, über-
gib alle vor Gott in Jerusalem.
20 Auch was du sonst noch brauchst für
das Haus deines Gottes, was du ausgeben
mußt, das bekommst du aus den Schatz-
häusern des Königs.
21 Ich, König Artahsasta, habe allen
Schatzmeistern jenseits des Euphrat be-
fohlen: Alles, was Esra, der Priester und
Beauftragte für das Gesetz des Gottes des
Himmels, von euch fordert, das tut mit
Sorgfalt,
22 bis zu hundert Zentner Silber und hun-
dert Sack Weizen und hundert Eimer Wein
und hundert Eimer Öl, und Salz in jeder
Menge.
23 Alles, was dir Gott befohlen hat, daß es
gegeben werde, das soll für das Haus des
Gottes des Himmels mit Hingabe gelei-
stet werden, damit nicht der Zorn über
das Reich des Königs und seiner Söhne
komme.
24 Und euch sei kundgetan, daß ihr nicht
Macht habt, Steuern, Abgaben und Zoll
zu legen auf irgendeinen Priester, Leviten,
Sänger, Torhüter, Tempelsklaven, auf alle,
die im Hause dieses Gottes Dienst tun.
25 Du aber, Esra, setze nach der Weisheit
deines Gottes, die in deiner Hand ist,
Richter und Rechtspfleger ein, die allem
Volk Recht sprechen, das jenseits des Eu-
phrat wohnt, nämlich allen, die das Ge-
setz deines Gottes kennen; und wer es
nicht kennt, den sollt ihr es lehren.
26 Aber jeder, der nicht sorgfältig das Ge-

setz deines Gottes und das Gesetz des Kö-
nigs hält, der soll sein Urteil empfangen,
es sei Tod oder Acht oder Buße an Hab
und Gut oder Gefängnis.
27 ¶Gelobt sei der HERR, der Gott unse-
rer Väter, der solches dem König eingege-
ben hat, daß er das Haus des HERRN in
Jerusalem so herrlich mache,
28 und der mir die Gunst des Königs und
seiner Räte und aller mächtigen Oberen
des Königs zugewandt hat! Und ich ward
getrost, weil [a] die Hand des HERRN, meines
Gottes, über mir war, und sammelte aus
Israel Sippenhäupter, daß sie mit mir hin-
aufzögen. a Vers 6

Verzeichnis der mit Esra Zurückgekehrten

8 Dies sind die Häupter der Sippen mit
ihren Geschlechtsregistern, die mit mir
heraufzogen von Babel zur Zeit, als der
König Artahsasta regierte.[a] a Kap 7,1.7
2 Von den Söhnen Pinhas: Gerschom;
von den Söhnen Itamar: Daniel; von den
Söhnen David: Hattusch, der Sohn [a] Sche-
chanjas; a 1.Chr 3,22
3 von den Söhnen [a] Parosch: Secharja und
mit ihm verzeichnet hundertundfünfzig
Männer; a Kap 2,3
4 von den Söhnen [a] Pahat-Moab: Eljoënai,
der Sohn Serachjas, und mit ihm zwei-
hundert Männer; a Kap 2,6
5 von den Söhnen [a] Sattu: Schechanja, der
Sohn Jahasiëls, und mit ihm dreihundert
Männer; a Kap 2,8
6 von den Söhnen Adin: Ebed, der Sohn
Jonatans, und mit ihm fünfzig Männer;
7 von den Söhnen Elam: Jeschaja, der
Sohn Ataljas, und mit ihm siebzig Män-
ner;
8 von den Söhnen Schefatja: Sebadja, der
Sohn Michaels, und mit ihm achtzig Män-
ner;
9 von den Söhnen Joab: Obadja, der Sohn
Jehiëls, und mit ihm zweihundertundacht-
zehn Männer;
10 von den Söhnen [a] Bani: Schelomit, der
Sohn Josifjas, und mit ihm hundertund-
sechzig Männer; a Kap 2,10
11 von den Söhnen Bebai: Secharja, der
Sohn Bebais, und mit ihm achtundzwan-
zig Männer;
12 von den Söhnen Asgad: Johanan, der
Sohn Katans, und mit ihm hundertund-
zehn Männer;
13 von den Söhnen Adonikam: die letz-
ten, und sie hießen: Elifelet, Jeïël und
Schemaja, und mit ihnen sechzig Männer;
14 von den Söhnen Bigwai: Utai, der Sohn
Sabbuds, und mit ihm siebzig Männer.

Vorbereitung zum Aufbruch nach Jerusalem

15 Und ich versammelte sie am Fluß, der
nach Ahawa fließt, und wir blieben dort
drei Tage. Und ich sah wohl Volk und Prie-
ster, aber ich fand keine Leviten.
16 Da sandte ich hin Eliëser, Ariël, Sche-
maja, Elnatan, Jarib, Elnatan, Nathan, Se-
charja und Meschullam, verständige Sip-
penhäupter,
17 und schickte sie zu Iddo, dem Vorste-
her in Kasifja, damit sie uns Diener für
das Haus unseres Gottes holten. Und ich
legte ihnen in den Mund, was sie reden
sollten mit Iddo und seinen Brüdern, die
in Kasifja waren.
18 Und sie brachten uns, weil [a] die gnädige
Hand unseres Gottes über uns war, einen
klugen Mann von den Söhnen Machlis,
des Sohnes Levis, des Sohnes Israels,
nämlich Scherebja mit seinen Söhnen und
Brüdern, achtzehn; a Kap 7,6
19 und Haschabja und Jeschaja, seinen
Bruder, von den Söhnen Merari und ihre
Söhne, zwanzig;
20 und von den [a] Tempelsklaven, die Da-
vid und die Oberen bestimmt hatten, den
Leviten zu dienen, zweihundertundzwan-
zig. Sie alle sind mit Namen aufgezeich-
net. a 1.Chr 9,2
21 ¶Und ich ließ dort am Fluß bei Ahawa
ein Fasten ausrufen, damit wir uns vor un-
serm Gott demütigten, um von ihm eine
Reise ohne Gefahren zu erbitten für uns
und unsere Kinder und alle unsere Habe.
22 Denn ich schämte mich, vom König
Geleit und Reiter zu fordern, um uns auf
dem Wege vor Feinden zu helfen. Denn
wir hatten dem König gesagt: [a] **Die Hand
unseres Gottes ist zum Besten über allen,
die ihn suchen, und seine Stärke und sein
Zorn gegen alle, die ihn verlassen.** a Kap 7,6
23 So fasteten wir und erbaten solches von
unserm Gott; und er erhörte uns.
24 ¶Und ich sonderte zwölf der obersten
Priester aus, dazu Scherebja und Ha-
schabja und mit ihnen zehn von ihren Brü-
dern,
25 und wog ihnen dar das Silber und Gold
und die Geräte als Abgabe für das Haus

unseres Gottes, die der König und seine
Räte und Oberen und ganz Israel, soviel
ihrer waren, gegeben hatten.
26 Ich wog ihnen dar und gab in ihre Hand
sechshundertundfünfzig Zentner Silber
und an silbernen Geräten hundert Zent-
ner und an Gold hundert Zentner,
27 zwanzig goldene Becher, tausend Gul-
den wert, und zwei schöne Gefäße aus
goldglänzendem Kupfer, so kostbar wie
Gold,
28 und sprach zu ihnen: Ihr seid heilig
dem HERRN, und die Geräte sind heilig,
und das Silber und Gold sind eine freiwil-
lige Gabe für den HERRN, den Gott eurer
Väter.
29 Seid nun wachsam und bewahrt es, bis
ihr es darwägt in Jerusalem in den Kam-
mern des Hauses des HERRN vor den ober-
sten Priestern und Leviten und den Sip-
penhäuptern in Israel.
30 Da nahmen die Priester und Leviten
das dargewogene Silber und Gold und die
Geräte, um sie nach Jerusalem zum Hause
unseres Gottes zu bringen.

Ankunft in Jerusalem

31 Dann brachen wir auf von dem Fluß
bei Ahawa am zwölften Tage des ersten
Monats, um nach Jerusalem zu ziehen.
Und die Hand unseres Gottes war über
uns und errettete uns vor Feinden und vor
solchen, die uns auf dem Wege nachstell-
ten.
32 Und wir kamen nach Jerusalem und
ruhten dort drei Tage aus.
33 Aber am vierten Tage wurden im Hause
unseres Gottes das Silber und Gold und
die Geräte dargewogen dem Priester Me-
remot, dem Sohn Urias, und mit ihm Elea-
sar, dem Sohn des Pinhas, und mit ihnen
den Leviten Josabad, dem Sohn Jeschuas,
und Noadja, dem Sohn Binnuis,
34 nach Zahl und Gewicht eines jeden
Stückes; und das ganze Gewicht wurde
aufgeschrieben.
35 Zu dieser Zeit opferten die Leute, die
aus der Gefangenschaft gekommen waren,
Brandopfer dem Gott Israels, zwölf junge
Stiere für ganz Israel, sechsundneunzig
Widder, siebenundsiebzig Lämmer, [a] zwölf
Böcke zum Sündopfer, alles zum Brand-
opfer für den HERRN. *a* Kap 6,17
36 ¶Und sie [a] übergaben die Befehle des
Königs den Amtleuten des Königs und
den Statthaltern jenseits des Euphrat. Und
diese halfen dem Volk und dem Hause
Gottes. *a* Kap 5,17; 7,12-26

Esras Bußgebet wegen der Mischehen

9 Als das alles ausgerichtet war, traten
die Oberen zu mir und sprachen: Das
Volk Israel und die Priester und Leviten
haben sich nicht abgesondert von den Völ-
kern des Landes mit ihren Greueln, näm-
lich von den Kanaanitern, Hetitern, Perisi-
tern, Jebusitern, Ammonitern, Moabitern,
Ägyptern und Amoritern;
2 denn [a] sie haben deren Töchter genom-
men für sich und für ihre Söhne, und das
heilige Volk hat sich vermischt mit den
Völkern des Landes. Und die Oberen und
Ratsherren waren die ersten bei diesem
Treubruch. *a* 5.Mose 7,3; 23,3; Neh 13,23
3 Als ich dies hörte, zerriß ich mein Kleid
und meinen Mantel und raufte mir Haupt-
haar und Bart und setzte mich bestürzt
hin.
4 Und es versammelten sich bei mir alle,
die über die Worte des Gottes Israels er-
schrocken waren wegen des Treubruchs
derer, die aus der Gefangenschaft gekom-
men waren; und ich saß bestürzt da bis
zum Abendopfer.
5 ¶Und um das Abendopfer faßte ich
mich und stand auf in meinem zerrisse
nen Kleid und Mantel, fiel auf meine Knie
und breitete meine Hände aus zu dem
HERRN, meinem Gott,
6 und sprach: Mein Gott, [a] ich schäme
mich und scheue mich, meine Augen auf-
zuheben zu dir, mein Gott; denn unsere
Missetat ist über unser Haupt gewachsen,
und unsere Schuld ist groß bis an den
Himmel. *a* Dan 9,7.8
7 Von der Zeit unserer Väter an sind wir
in großer Schuld gewesen bis auf diesen
Tag, und um unserer Missetat willen sind
wir und unsere Könige und Priester in die
Hand der Könige der Länder gegeben wor-
den, ins Schwert, ins Gefängnis, zum Raub
und zur Schmach, so wie es heute ist.
8 Nun aber ist uns einen kleinen Augen-
blick Gnade vor dem HERRN, unserm
Gott, geschehen, daß er uns noch Erret-
tete übriggelassen und uns einen festen
Halt an seiner heiligen Stätte gegeben hat,
um unsere Augen aufleuchten und uns ein
wenig aufleben zu lassen in unserer
Knechtschaft.

9 Denn wir sind Knechte, aber unser Gott hat uns nicht verlassen in unserer Knechtschaft und hat uns die Gunst der Könige von Persien zugewandt, daß er uns wieder aufleben läßt, um das Haus unseres Gottes aufzubauen und es aus seinen Trümmern wieder aufzurichten, damit er uns ein Bollwerk in Juda und Jerusalem gebe.

10 ¶Und nun, unser Gott, was sollen wir nach alledem sagen? Wir haben deine Gebote verlassen,

11 die du durch deine Knechte, die Propheten, gegeben hast, als sie sagten: Das Land, in das ihr kommt, um es in Besitz zu nehmen, ist ein [a]unreines Land durch die Unreinheit der Völker des Landes mit ihren Greueln, mit denen sie es von einem Ende bis zum andern Ende in ihrer Unreinheit angefüllt haben. *a* 3.Mose 18,24.25

12 So [a]sollt ihr nun eure Töchter nicht ihren Söhnen geben, und ihre Töchter sollt ihr nicht für eure Söhne nehmen. Und laßt sie nicht zu Frieden und Wohlstand kommen ewiglich, damit ihr mächtig werdet und das Gut des Landes eßt und es euren Kindern vererbt auf ewige Zeiten. – *a* Vers 2

13 Aber nach allem, was über uns gekommen ist um unserer bösen Werke und großen Schuld willen – und du, unser Gott, hast unsere Missetat nicht bestraft, wie wir's verdient hätten, und hast uns diese Schar von Erretteten gegeben –,

14 sollten wir wiederum deine Gebote übertreten, daß wir uns vermischten mit den Völkern, die diese Greuel tun? Wirst du nicht über uns zürnen, bis es ganz aus ist, so daß es weder einen Rest noch Entronnene gibt?

15 HERR, Gott Israels, du bist getreu; denn wir sind übriggeblieben als Errettete, wie es heute ist. Siehe, hier sind wir vor dir in unserer Schuld; darum können wir nicht bestehen vor deinem Angesicht.

Auflösung der Mischehen

10 Und wie nun Esra vor dem Hause Gottes auf den Knien lag und weinend betete und bekannte, sammelte sich um ihn aus Israel eine sehr große Gemeinde von Männern, Frauen und Kindern; denn das Volk weinte sehr.

2 Und Schechanja, der Sohn Jehiëls, von den Söhnen Elam, hob an und sprach zu Esra: Wir haben unserm Gott die Treue gebrochen, als wir uns fremde Frauen von den Völkern des Landes genommen haben. Nun, es ist trotz allem noch Hoffnung für Israel!

3 So laßt uns nun mit unserm Gott einen Bund schließen, daß wir alle fremden Frauen und die Kinder, die von ihnen geboren sind, hinaustun nach dem Rat meines Herrn und derer, die die Gebote unseres Gottes fürchten, daß man tue nach dem Gesetz.

4 So steh nun auf! Denn dir gebührt's zu handeln, und wir wollen mit dir sein. Sei getrost und tu es!

5 Da stand Esra auf und nahm einen Eid von den obersten Priestern, den Leviten und ganz Israel, daß sie nach diesem Wort tun sollten. Und sie schworen.

6 Und Esra ging fort von dem Platz vor dem Hause Gottes und ging in die Kammer Johanans, des Sohnes Eljaschibs. Und er blieb dort über Nacht, aß kein Brot und trank kein Wasser; denn er trug Leid um den Treubruch derer, die aus der Gefangenschaft gekommen waren.

7 ¶Und man ließ ausrufen in Juda und Jerusalem für alle, die in der Gefangenschaft gewesen waren, daß sie sich in Jerusalem versammeln sollten;

8 und wer nicht in drei Tagen nach dem Ratschluß der Oberen und Ältesten käme, dessen ganze Habe sollte dem Bann verfallen und er selbst ausgeschlossen sein aus der Gemeinde derer, die aus der Gefangenschaft gekommen waren.

9 Da versammelten sich alle Männer von Juda und Benjamin in Jerusalem auf den dritten Tag, den zwanzigsten im neunten Monat. Und alles Volk saß auf dem Platz vor dem Hause Gottes, zitternd wegen der Sache und des strömenden Regens.

10 Und Esra, der Priester, stand auf und sprach zu ihnen: Ihr habt dem Herrn die Treue gebrochen, als ihr euch fremde Frauen genommen und so die Schuld Israels gemehrt habt.

11 Bekennt sie nun dem HERRN, dem Gott eurer Väter, und tut seinen Willen und scheidet euch von den Völkern des Landes und von den fremden Frauen.

12 Da antwortete die ganze Gemeinde und sprach mit lauter Stimme: Es geschehe, wie du uns gesagt hast!

13 Aber es ist viel Volk hier, und es ist Regenzeit, und man kann nicht draußen

stehen; auch ist es nicht in ein oder zwei
Tagen getan, denn wir haben in dieser Sa-
che viel gesündigt.
14 Unsere Oberen sollen die ganze Ge-
meinde vertreten, daß alle, die sich in un-
sern Städten fremde Frauen genommen
haben, zu bestimmten Zeiten kommen
und mit ihnen die Ältesten einer jeden
Stadt und ihre Richter, bis der Zorn unse-
res Gottes um dieser Sache willen von uns
gewendet werde.
15 Nur Jonatan, der Sohn Asaëls, und
Jachseja, der Sohn Tikwas, widersetzten
sich, und Meschullam und Schabbetai, der
Levit, halfen ihnen.
16 Doch die aus der Gefangenschaft ge-
kommen waren, taten, wie sie versprochen
hatten. Und der Priester Esra sonderte sich
Männer aus, die Häupter ihrer Sippen, alle
namentlich genannt, und sie traten zusam-
men am ersten Tage des zehnten Monats,
um diese Sache zu untersuchen.
17 Und sie brachten's zum Abschluß bei
allen Männern, die fremde Frauen hatten,
bis zum ersten Tage des ersten Monats.
18 ¶Und es wurden gefunden unter den
Priestern, die sich fremde Frauen genom-
men hatten: bei den Söhnen [a]Jeschuas,
des Sohnes Jozadaks, und seinen Brüdern:
Maaseja, Eliëser, Jarib und Gedalja,

[a] Kap 3,2

19 und sie gaben die Hand darauf, daß sie
ihre Frauen ausstoßen und einen Widder
für ihre Schuld als Schuldopfer geben
wollten;
20 bei den Söhnen Immer: Hanani und Se-
badja;
21 bei den Söhnen Harim: Maaseja, Elija,
Schemaja, Jehiël und Usija;
22 bei den Söhnen Paschhur: Eljoënai,
Maaseja, Jischmael, Netanel, Josabad und
Elasa;
23 unter den Leviten: Josabad, Schimi und
Kelaja, das ist [a]Kelita, Petachja, Juda und
Eliëser;

[a] Neh 8,7; 10,11

24 unter den Sängern: Eljaschib; unter den
Torhütern: Schallum, Telem und Uri.
25 Unter den übrigen Israeliten: bei den
Söhnen Parosch: Ramja, Jisija, Malkija,
Mijamin, Eleasar, Haschabja und Benaja;
26 bei den Söhnen Elam: Mattanja, Se-
charja, Jehiël, Abdi, Jeremot und Elija;
27 bei den Söhnen Sattu: Eljoënai, Elja-
schib, Mattanja, Jeremot, Sabad und Asi-
sa;
28 bei den Söhnen Bebai: Johanan, Ha-
nanja, Sabbai und Atlai;
29 bei den Söhnen Bani: Meschullam,
Malluch, Adaja, Jaschub, Scheal und Jere-
mot;
30 bei den Söhnen Pahat-Moab: Adna, Ke-
lal, Benaja, Maaseja, Mattanja, Bezalel,
Binnui und Manasse;
31 bei den Söhnen Harim: Eliëser, Jischija,
Malkija, Schemaja, Simeon,
32 Benjamin, Malluch und Schemarja;
33 bei den Söhnen Haschum: Mattenai,
Mattatta, Sabad, Elifelet, Jeremai, Manasse
und Schimi;
34 bei den Söhnen Bigwai: Maadai, Am-
ram, Uël.
35 Benaja, Bedja, Keluhi,
36 Wanja, Meremot, Eljaschib,
37 Mattanja, Mattenai, Jaasai;
38 bei den Söhnen Binnui: Schimi,
39 Schelemja, Nathan, Adaja,
40 Machnadbai, Schaschai, Scharai,
41 Asarel, Schelemja, Schemarja,
42 Schallum, Amarja und Josef;
43 bei den Söhnen Nebo: Jeïël, Mattitja,
Sabad, Sebina, Jaddai, Joel und Benaja.
44 Diese alle hatten sich fremde Frauen
genommen; und nun entließen sie Frauen
und Kinder.

DAS BUCH NEHEMIA

Inhaltsübersicht

Nehemias Trauer um Jerusalem und sein Gebet

1 Dies ist die Geschichte Nehemias, des
Sohnes Hachaljas.
¶Es geschah im Monat Kislew des zwanzigsten Jahres*, als ich in der Festung Susa war,

* Gemeint ist das zwanzigste Jahr des Königs Artaxerxes, d.i. 445 v. Chr.

2 da kam Hanani, einer meiner Brüder, mit einigen Männern aus Juda. Und ich fragte sie, wie es den Juden ginge, den Entronnenen, die aus der Gefangenschaft zurückgekehrt waren, und wie es Jerusalem ginge.
3 Und sie sprachen zu mir: Die Entronnenen, die zurückgekehrt sind aus der Gefangenschaft, sind dort im Lande in großem Unglück und in Schmach; [a]die Mauern Jerusalems liegen zerbrochen, und seine Tore sind mit Feuer verbrannt. *a* 2.Chr 36,19
4 Als ich aber diese Worte hörte, [a]setzte ich mich nieder und weinte und trug Leid tagelang und fastete und betete vor dem Gott des Himmels *a* Esr 9,3
5 und sprach: Ach, HERR, Gott des Himmels, [a]du großer und furchtbarer Gott, der da hält den Bund und die Treue denen, die ihn lieben und seine Gebote halten! *a* Dan 9,4
6 Laß doch deine Ohren aufmerken und deine Augen offen sein, daß du das Gebet deines Knechtes hörst, das ich jetzt vor dir bete Tag und Nacht für die Israeliten, deine Knechte, und bekenne die Sünden der Israeliten, die wir an dir getan haben; und ich und meines Vaters Haus haben auch gesündigt.
7 Wir haben übel an dir getan, daß wir nicht gehalten haben die Gebote, Befehle und Rechte, die du geboten hast deinem Knecht Mose.
8 Gedenke aber doch des Wortes, das du deinem Knecht Mose gebotest und sprachst: Wenn ihr mir die Treue brecht, so [a]will ich euch unter die Völker zerstreuen. *a* 5.Mose 4,27
9 Wenn ihr euch aber zu mir bekehrt und meine Gebote haltet und sie tut, so will ich, [a]auch wenn ihr versprengt wäret bis an des Himmels Ende, euch doch von da sammeln und will euch bringen an den Ort, den ich erwählt habe, damit mein Name dort wohne. *a* 5.Mose 30,4-9
10 Sie sind ja doch deine Knechte und dein Volk, das du erlöst hast durch deine große Kraft und deine mächtige Hand.
11 Ach, Herr, laß deine Ohren aufmerken auf das Gebet deines Knechtes und auf das Gebet deiner Knechte, die von Herzen deinen Namen fürchten. Und laß es deinem Knecht heute gelingen und gib ihm Gnade vor diesem Mann! – Denn ich war des Königs Mundschenk.

Nehemia erlangt vom König die Erlaubnis, nach Jerusalem zu reisen

2 Im Monat Nisan des zwanzigsten Jahres des Königs Artahsasta*, als Wein vor ihm stand, nahm ich den Wein und gab ihn dem König, und ich stand traurig vor ihm.

* Griechisch: Artaxerxes.

2 Da sprach der König zu mir: Warum siehst du so traurig drein? Du bist doch nicht krank? Das ist's nicht, sondern sicher bedrückt dich etwas. Ich aber fürchtete mich sehr
3 und sprach zum König: Der König lebe ewig! Sollte ich nicht traurig dreinsehen? Die Stadt, in der meine Väter begraben sind, liegt wüst, und ihre Tore sind vom Feuer verzehrt.

4Da sprach der König zu mir: Was be-
gehrst du denn? Da betete ich zu dem
Gott des Himmels
5und sprach zum König: Gefällt es dem
König und hat dein Knecht Gnade gefun-
den vor dir, so wollest du mich nach Juda
reisen lassen, in die Stadt, wo meine Väter
begraben sind, damit ich sie wieder auf-
baue.
6Und der König sprach zu mir, während
die Königin neben ihm saß: Wie lange
wird deine Reise dauern, und wann wirst
du wiederkommen? Und als es dem Kö-
nig gefiel, mich reisen zu lassen, nannte
ich ihm eine bestimmte Zeit
7und sprach zum König: Gefällt es dem
König, so gebe man mir Briefe an die
Statthalter jenseits des Euphrat, damit
sie mir Geleit geben, bis ich nach Juda
komme,
8und auch Briefe an Asaf, den obersten
Aufseher über die Wälder des Königs, da-
mit er mir Holz gebe zu Balken für die
Pforten der Burg beim Tempel und für die
Stadtmauer und für das Haus, in das ich
einziehen soll. Und der König gab sie mir,
weil [a]die gnädige Hand meines Gottes
über mir war. *a* Esr 7,6
9Und als ich zu den Statthaltern jenseits
des Euphrat kam, gab ich ihnen die Briefe
des Königs. Der König hatte aber Haupt-
leute und Reiter mit mir gesandt.
10Als das hörten Sanballat, der Horoniter,
und Tobija, der ammonitische Knecht, ver-
droß es sie sehr, daß einer gekommen war,
der für die Israeliten Gutes suchte.

Nehemia untersucht den Zustand der Mauern Jerusalems

11Und als ich nach Jerusalem kam und
drei Tage da gewesen war,
12machte ich mich in der Nacht auf und
wenige Männer mit mir; denn ich hatte
keinem Menschen gesagt, was mir mein
Gott eingegeben hatte, für Jerusalem zu
tun; und es war kein Tier bei mir außer
dem, auf dem ich ritt.
13Und ich ritt zum Taltor hinaus bei
Nacht und am Drachenquell vorbei und
an das Misttor und forschte genau, wo die
Mauern Jerusalems eingerissen waren und
die Tore vom Feuer verzehrt.
14Und ich ritt hinüber zu dem [a]Quelltor
und zu des Königs Teich, und es war da
kein Raum, daß mein Tier mit mir weiter-
kommen konnte. *a* Kap 3,15
15Da stieg ich bei Nacht das Bachtal hin-
auf und achtete genau auf die Mauern und
kehrte um und kam durch das Taltor wie-
der heim.
16Und die Ratsherren wußten nicht, wo-
hin ich gegangen war und was ich gemacht
hatte; denn ich hatte bis dahin den Juden,
nämlich den Priestern, den Vornehmen
und den Ratsherren und den andern, die
am Werk arbeiten sollten, nichts gesagt.
17Und ich sprach zu ihnen: Ihr seht das
Unglück, in dem wir sind, daß Jerusalem
wüst liegt und seine Tore mit Feuer ver-
brannt sind. Kommt, laßt uns die Mauern
Jerusalems wieder aufbauen, damit wir
nicht weiter ein Gespött seien!
18Und ich sagte ihnen, wie gnädig die
Hand meines Gottes über mir gewesen
war, dazu auch die Worte des Königs, die
er mir gesagt hatte. Und sie sprachen: Auf,
laßt uns bauen! Und sie nahmen das gute
Werk in die Hand.
19¶Als das aber Sanballat, der Horoniter,
und Tobija, der ammonitische Knecht,
und Geschem, der Araber, hörten, ver-
spotteten und verhöhnten sie uns und
sprachen: Was ist das, was ihr da macht?
Wollt ihr von dem König abfallen?
20Da antwortete ich ihnen: Der Gott des
Himmels wird es uns gelingen lassen;
denn wir, seine Knechte, haben uns aufge-
macht und bauen wieder auf. Für euch
gibt es keinen Anteil, kein Anrecht noch
Gedenken in Jerusalem.

Der Bau der Stadtmauer und die Liste der Bauleute

3 Und [a]Eljaschib, der Hohepriester,
machte sich mit seinen Brüdern, den
Priestern, auf, und sie bauten das Schaftor.
Sie deckten es und setzten seine Türen
ein. Sie bauten aber weiter bis an den
Turm Mea und bis an den [b]Turm Ha-
nanel. *a* Kap 12,10 *b* Jer 31,38
2Neben ihnen bauten die Männer von Je-
richo. Und daneben baute Sakkur, der
Sohn Imris.
3Aber das Fischtor bauten die Söhne Se-
naa; sie deckten es und setzten seine Tü-
ren ein, seine Schlösser und Riegel.
4Neben ihnen baute Meremot, der Sohn
Urias, des Sohnes des Hakkoz. Neben ihm
baute Meschullam, der Sohn Berechjas,

des Sohnes Meschesabels. Neben ihm
baute Zadok, der Sohn Baanas.
5 Neben ihm bauten die Leute von Te-
koa, aber ihre Vornehmen beugten ihren
Nacken nicht zum Dienst für ihre Herren.
6 Das alte Tor baute Jojada, der Sohn Pa-
seachs; und Meschullam, der Sohn Be-
sodjas; sie deckten es und setzten seine
Türen ein, seine Schlösser und Riegel.
7 Neben ihnen bauten Melatja von Gi-
beon und Jadon von Meronot, die Män-
ner von Gibeon und von Mizpa, die unter
die Herrschaft des Statthalters jenseits des
Euphrat gehörten.
8 Daneben baute Usiël, der Sohn
Harhajas, der Goldschmied. Neben ihm
baute Hananja, der zu den Salbenberei-
tern gehört. Sie bauten in Jerusalem bis
an die breite Mauer.
9 Neben ihnen baute Refaja, der Sohn
Hurs, der Vorsteher des halben Bezirkes
von Jerusalem.
10 Neben ihm baute Jedaja, der Sohn Ha-
rumafs, gegenüber seinem Hause. Neben
ihm baute Hattusch, der Sohn Haschab-
nejas.
11 Aber Malkija, der Sohn Harims, und
Haschub, der Sohn Pahat-Moabs, bauten
ein weiteres Stück bis zum Ofenturm.
12 Daneben baute Schallum, der Sohn des
Lohesch, der Vorsteher des andern hal-
ben Bezirkes von Jerusalem, er und seine
Töchter.
13 Das Taltor bauten Hanun und die Bür-
ger von Sanoach; sie bauten es und setz-
ten seine Türen ein, seine Schlösser und
Riegel – und tausend Ellen an der Mauer
bis an das Misttor.
14 Das Misttor aber baute Malkija, der
Sohn Rechabs, der Vorsteher des Bezirkes
von Bet-Kerem; er baute es und setzte
seine Türen ein, seine Schlösser und Rie-
gel.
15 Aber das [a]Quelltor baute Schallun, der
Sohn Kolhoses, der Vorsteher des
Bezirkes von Mizpa; er baute es und
deckte es und setzte seine Türen ein, seine
Schlösser und Riegel, dazu die Mauer am
[b]Teich der Wasserleitung bei dem Garten
des Königs bis an die Stufen, die von der
Stadt Davids hinabführen.

a Kap 2,14 *b* 2.Kön 20,20; Joh 9,7

16 Nach ihm baute Nehemja, der Sohn As-
buks, der Vorsteher des halben Bezirkes
von Bet-Zur, bis gegenüber den Gräbern
Davids und bis an den Teich, den man
angelegt hatte, und bis an das Haus der
Kriegsleute.
17 Nach ihm bauten die Leviten: Rehum,
der Sohn Banis. Neben ihm baute Ha-
schabja, der Vorsteher des halben Bezirkes
von Keïla, für seinen Bezirk.
18 Nach ihm bauten ihre Brüder, unter
Binnui, dem Sohn Henadads, dem Vorste-
her des andern halben Bezirkes von
Keïla.
19 Neben ihm baute Eser, der Sohn Je-
schuas, der Vorsteher von Mizpa, ein wei-
teres Stück an dem Winkel gegenüber dem
Aufgang zum Zeughaus.
20 Nach ihm zum Berge hin baute Baruch,
der Sohn Sabbais, ein weiteres Stück vom
Winkel bis an die Haustür [a]Eljaschibs, des
Hohenpriesters.

a Vers 1

21 Nach ihm baute [a]Meremot, der Sohn
Urias, des Sohnes des Hakkoz, ein weite-
res Stück von der Haustür Eljaschibs bis
an das Ende des Hauses Eljaschibs.

a Esr 8,33

22 Nach ihm bauten die Priester, die Män-
ner aus der Gegend am Jordan.
23 Nach ihnen bauten Benjamin und Ha-
schub, gegenüber ihrem Hause. Nach
ihnen baute Asarja, der Sohn Maasejas,
des Sohnes Ananjas, neben seinem Hause.
24 Nach ihm baute Binnui, der Sohn He-
nadads, ein weiteres Stück vom Hause
Asarjas bis an den Winkel und bis an die
Ecke.
25 Palal, der Sohn Usais, baute gegenüber
dem Winkel und dem oberen Turm, der
vom Königshause hervortritt bei dem
[a]Wachthof. Nach ihm baute Pedaja, der
Sohn des Parosch,

a Jer 32,2

26b *bis gegenüber dem Wassertor im
Osten und dem Turm, der hervortritt.

* Der Zusammenhang erfordert die hier vorgenommene Umstellung des halben Verses.

27 Nach ihm bauten die Leute von Tekoa
ein weiteres Stück gegenüber dem großen
Turm, der hervortritt, und bis an die
Mauer des Ofel.
26a Am Ofel wohnten die Tempelsklaven.
28 Aber oberhalb des [a]Roßtors bauten die
Priester, ein jeder gegenüber seinem
Hause.

a 2.Kön 11,16

29 Nach ihnen baute Zadok, der Sohn Im-
mers, gegenüber seinem Hause. Nach ihm
baute Schemaja, der Sohn Schechanjas,
der Torhüter des Osttors.

30 Nach ihm bauten Hananja, der Sohn
Schelemjas, und Hanun, der sechste Sohn
Zalafs, ein weiteres Stück. Nach ihnen
baute Meschullam, der Sohn Berechjas,
gegenüber seiner Kammer.
31 Nach ihm baute Malkija, der zu den
Goldschmieden gehört, bis an das Haus
der Tempelsklaven und der Händler gegenüber
dem Wachttor und bis an das
Obergemach an der Mauerecke.
32 Und zwischen dem Obergemach an der
Ecke und dem Schaftor bauten die Goldschmiede
und die Händler.

Maßnahmen zum Schutz des Mauerbaus

33 *Als aber [a]Sanballat hörte, daß wir die
Mauer bauten, wurde er zornig und sehr
entrüstet und spottete über die Juden

a Kap 2,10.19

* Abweichende Verszählung statt 3,33–4,17: 4,1-23.

34 und sprach vor seinen Brüdern und den
Kriegsleuten in Samaria: Was machen die
ohnmächtigen Juden? Wird man sie gewähren
lassen? Werden sie es mit Opfern
einweihen? Werden sie es in diesen Tagen
schon vollenden? Werden sie aus den
Schutthaufen die Steine lebendig machen,
die doch verbrannt sind?
35 Aber Tobija, der Ammoniter, stand neben
ihm und sprach: Laß sie nur bauen;
wenn ein Fuchs auf ihre steinerne Mauer
hinaufspringt, reißt er sie ein.
36 ¶ Höre, unser Gott, wie verachtet sind
wir! Laß ihren Hohn auf ihren Kopf kommen,
daß du sie der Plünderung preisgibst
in einem Land, in das man sie gefangenführt!
37 Decke ihre Missetat nicht zu, und ihre
Sünde tilge nicht vor dir; denn sie haben
die Bauleute gelästert! –
38 Aber wir bauten die Mauer und schlossen
sie bis zur halben Höhe. Und das Volk
gewann neuen Mut zu arbeiten.

4 ¶ Als aber Sanballat und Tobija und
die Araber und Ammoniter und Aschdoditer
hörten, daß die Mauern Jerusalems
ausgebessert wurden, weil die Lükken
angefangen hatten sich zu schließen,
wurden sie sehr zornig
2 und verschworen sich alle miteinander
hinzuziehen, um gegen Jerusalem zu streiten
und bei uns Verwirrung anzurichten.
3 Wir aber beteten zu unserm Gott und
stellten gegen sie Tag und Nacht Wachen
auf zum Schutz vor ihnen.
4 Und das Volk von Juda sprach: Die Kraft
der Träger ist zu schwach, und der Schutt
ist zu viel; wir können an der Mauer nicht
weiterbauen.
5 Unsere Widersacher aber dachten: Sie
sollen's nicht erfahren noch sehen, bis wir
mitten unter sie kommen und sie töten
und dem Werk ein Ende machen.
6 ¶ Als nun die Juden, die nahe bei ihnen
wohnten, kamen und uns wohl zehnmal
sagten: Aus allen Orten, wo sie um uns
wohnen, ziehen sie gegen uns heran, –
7 da stellte man sich auf unten hinter der
Mauer an den offenen Stellen, und ich ließ
das Volk antreten nach seinen Geschlechtern
mit Schwertern, Spießen und Bogen.
8 Und als ich ihre Furcht sah, machte ich
mich auf und sprach zu den Vornehmen
und Ratsherren und dem übrigen Volk:
Fürchtet euch nicht vor ihnen; gedenkt an
den Herrn, [a]der groß und furchtbar ist,
und streitet für eure Brüder, Söhne, Töchter,
Frauen und Häuser! *a* Kap 1,5
9 ¶ Als aber unsere Feinde hörten, daß es
uns kundgeworden war, und Gott so ihren
Rat zunichte gemacht hatte, kehrten wir
alle wieder zur Mauer zurück, ein jeder zu
seiner Arbeit.
10 Und es geschah hinfort, daß die Hälfte
meiner Leute am Bau arbeitete, die andere
Hälfte aber hielt Spieße, Schilde, Bogen
und Panzer bereit und stand hinter
dem ganzen Hause Juda,
11 das an der Mauer baute. Die da Lasten
trugen, arbeiteten so: mit der einen Hand
taten sie die Arbeit, und mit der andern
hielten sie die Waffe.
12 Und ein jeder, der baute, hatte sein
Schwert um die Lenden gegürtet und
baute so; und der die Posaune zu blasen
hatte, stand neben mir.
13 ¶ Und ich sprach zu den Vornehmen
und Ratsherren und zum übrigen Volk:
Das Werk ist groß und weit, und wir sind
auf der Mauer weit verstreut und fern voneinander.
14 Woher ihr nun die Posaune tönen hört,
dorthin sammelt euch zu uns. [a]Unser Gott
wird für uns streiten. *a* 2.Mose 14,14
15 So arbeiteten wir am Bau, während die
Hälfte die Spieße bereithielt, vom Aufgang
der Morgenröte, bis die Sterne hervorkamen.
16 ¶ Auch sprach ich damals zum Volk:
Ein jeder bleibe mit seinen Leuten über

Nacht in Jerusalem, damit wir in der Nacht
für die Wache Leute haben und am Tage
für die Arbeit.
17 Aber ich und meine Brüder und meine
Leute und die Wache, die mir folgte, wir
zogen unsere Kleider nicht aus; ein jeder
hatte seinen Spieß zur Rechten.

Nehemia beseitigt die Beschwerden der Armen

5 Und es erhob sich ein großes Geschrei
der Leute aus dem Volk und ihrer
Frauen gegen ihre jüdischen Brüder.
2 Die einen sprachen: Unsere Söhne und
Töchter müssen wir verpfänden, um Ge-
treide zu kaufen, damit wir essen und le-
ben können.
3 Die andern sprachen: Unsere Äcker,
Weinberge und Häuser müssen wir ver-
setzen, damit wir Getreide kaufen können
in dieser Hungerzeit.
4 Und wieder andere sprachen: Wir ha-
ben auf unsere Äcker und Weinberge Geld
aufnehmen müssen, um dem König
Steuern zahlen zu können.
5 Nun sind wir doch wie unsere Brüder,
von gleichem Fleisch und Blut, und un-
sere Kinder sind wie ihre Kinder; und
siehe, wir müssen unsere Söhne und
Töchter als Sklaven dienen lassen, und
schon sind einige unserer Töchter ernied-
rigt worden, und wir können nichts dage-
gen tun, und unsere Äcker und Weinberge
gehören andern.[a] *a* 3.Mose 25,39;
2.Kön 4,1; Jes 50,1; Am 2,6; Mt 18,25
6 ¶Als ich aber ihr Schreien und diese
Worte hörte, wurde ich sehr zornig.
7 Und ich hielt Rat mit mir selbst und
schalt die Vornehmen und die Ratsherren
und sprach zu ihnen: Wollt ihr einer ge-
gen den andern [a]Wucher treiben? Und ich
brachte eine große Versammlung gegen
sie zusammen *a* 2.Mose 22,24
8 und sprach zu ihnen: Wir haben unsere
jüdischen Brüder losgekauft, [a]die den Hei-
den verkauft waren, soweit es uns möglich
war; wollt ihr nun eure Brüder verkaufen,
damit wir sie wieder zurückkaufen müs-
sen? Da schwiegen sie und fanden nichts
zu antworten. *a* 3.Mose 25,47-49
9 Und ich sprach: Es ist nicht gut, was ihr
tut. Solltet ihr nicht in der Furcht Gottes
wandeln um des Hohnes der Heiden wil-
len, die ja unsere Feinde sind?
10 Ich und meine Brüder und meine
Leute haben unsern Brüdern auch Geld
geliehen und Getreide; [a]wir wollen ihnen
doch diese Schuld erlassen! *a* 5.Mose 15,1-11
11 Gebt ihnen noch heute ihre Äcker,
Weinberge, Ölgärten und Häuser zurück
und erlaßt ihnen die Schuld an Geld, Ge-
treide, Wein und Öl, die ihr von ihnen zu
fordern habt.
12 Da sprachen sie: Wir wollen es zurück-
geben und wollen nichts von ihnen for-
dern und wollen tun, wie du gesagt hast.
Und ich rief die Priester und nahm einen
Eid von ihnen, daß sie so tun sollten.
13 Auch schüttelte ich mein Gewand aus
und sprach: So schüttle Gott einen jeden
aus seinem Hause und aus seinem Besitz,
der dies Wort nicht hält: so sei er ausge-
schüttelt und leer! Und die ganze
Gemeinde sprach »Amen« und lobte den
HERRN. Und das Volk tat so.

Nehemias Uneigennützigkeit

14 Und von der Zeit an, als mir befohlen
wurde, ihr Statthalter zu sein im Lande
Juda, nämlich vom zwanzigsten Jahr an
bis in das zweiunddreißigste Jahr des Kö-
nigs Artahsasta, das sind zwölf Jahre, ver-
zichtete ich für mich und meine Brüder
auf meine Einkünfte als Statthalter.
15 Denn die früheren Statthalter, die vor
mir gewesen waren, hatten das Volk bela-
stet und hatten für Brot und Wein täglich
vierzig Silberstücke von ihnen genommen;
auch ihre Leute waren gewalttätig mit dem
Volk umgegangen. Ich aber tat nicht so
um der Furcht Gottes willen.
16 Auch arbeitete ich an der Mauer und
kaufte keinen Acker, und alle meine Leute
mußten sich dort zur Arbeit versammeln.
17 Dazu waren von den Juden, nämlich
den Ratsherren, hundertfünfzig an mei-
nem Tisch und auch die, die zu uns ka-
men aus den Völkern, die um uns her
wohnten.
18 Und dafür brauchte man täglich einen
Stier und sechs auserlesene Schafe und
Geflügel und jeweils für zehn Tage eine
bestimmte Menge Wein. Dennoch for-
derte ich nicht die Einkünfte eines Statt-
halters; denn der Dienst lag schon schwer
genug auf dem Volk.
19 ¶Gedenke, mein Gott, zu meinem Be-
sten an alles, was ich für dies Volk getan
habe![a] *a* Kap 13,14.22.31

Nehemia begegnet den Nachstellungen seiner Feinde

6 Und als Sanballat, Tobija und Ge-
schem, der Araber, und unsere andern
Feinde erfuhren, daß ich die Mauer ge-
baut hätte und keine Lücke mehr darin
sei, wiewohl ich die Türen zu der Zeit
noch nicht in die Tore gehängt hatte,
2 sandten Sanballat und Geschem zu mir
und ließen mir sagen: Komm und laß uns
in Kefirim im Tal Ono zusammenkom-
men! Sie gedachten mir aber Böses anzu-
tun.
3 Ich aber sandte Boten zu ihnen und ließ
ihnen sagen: Ich hab ein großes Werk aus-
zurichten, ich kann nicht hinabkommen;
es könnte das Werk liegenbleiben, wenn
ich die Hand abtäte und zu euch hinab-
käme.
4 Sie sandten aber viermal zu mir in die-
ser Weise, und ich antwortete ihnen in der
gleichen Weise.
5 Da sandte Sanballat zum fünftenmal sei-
nen Diener zu mir mit einem offenen
Brief in seiner Hand.
6 Darin war geschrieben: Unter den Leu-
ten geht das Gerücht, und [a] Geschem hat's
gesagt, daß du und die Juden abfallen wol-
len, daß du darum auch [b] die Mauer baust,
und du wollest ihr König werden;

a Kap 2,19 *b* Esr 4,12

7 und du habest dir Propheten bestellt,
die in Jerusalem von dir ausrufen und sa-
gen sollen: Er ist der König in Juda! Nun,
das wird vor den König kommen. So
komm nun und laß uns miteinander Rat
halten!
8 Ich aber sandte zu ihm und ließ ihm
sagen: Es ist nichts von dem geschehen,
was du da sagst; du hast es dir in deinem
Herzen ausgedacht.
9 Denn sie alle wollten uns furchtsam ma-
chen und dachten: Sie sollen die Hand ab-
tun vom Werk, damit es nicht fertig werde.
Da stärkte ich um so mehr meine Hände.
10 ¶ Und ich kam ins Haus Schemajas, des
Sohnes Delajas, des Sohnes Mehetabels,
der gerade behindert war, und er sprach:
Laß uns zusammenkommen im Hause
Gottes, im Innern des Tempels, und die
Türen des Tempels zuschließen; denn sie
werden kommen, dich zu töten, in der
Nacht werden sie kommen, damit sie dich
töten.
11 Ich aber sprach: Sollte ein Mann wie
ich fliehen? Sollte ein Mann wie ich in den
Tempel gehen, um am Leben zu bleiben?
Ich will nicht hineingehen.
12 Denn ich merkte, daß nicht Gott ihn
gesandt hatte. Denn er sagte die Weissa-
gung über mich, weil Tobija und Sanballat
ihm Geld gegeben hatten,
13 damit ich mich fürchten und so han-
deln und mich verfehlen sollte, daß ein
böses Gerücht aufkäme, damit sie mich
verhöhnen könnten.
14 ¶ Gedenke, mein Gott, des Tobija und
Sanballat nach diesem ihrem Tun, auch
der Prophetin Noadja und der andern Pro-
pheten, die mich abschrecken wollten.[a]

a Kap 3,33-37

Vollendung des Mauerbaus

15 Und die Mauer wurde am fünfund-
zwanzigsten Tage des Monats Elul in zwei-
undfünfzig Tagen fertig.
16 Und als alle unsere Feinde das hörten,
fürchteten sich alle Völker, die um uns
her wohnten, und der Mut entfiel ihnen;
denn sie merkten, daß dies Werk von Gott
war.
17 Auch sandten viele Vornehme aus Juda
in jenen Tagen Briefe an Tobija, und von
Tobija kamen Briefe zu ihnen.
18 Es gab nämlich viele in Juda, die sich
ihm verschworen hatten; denn er war ein
Schwiegersohn Schechanjas, des Sohnes
Arachs, und sein Sohn Johanan hatte zur
Frau die Tochter Meschullams, des
Sohnes Berechjas.
19 Und sie sagten vor mir Gutes von ihm
und trugen ihm meine Worte zu. Da
sandte Tobija Briefe, um mich abzuschrek-
ken.

Sicherung der Stadt

7 Als wir nun die Mauer gebaut hatten,
hängte ich die Türen ein, und es wur-
den die Torhüter, Sänger und Leviten ein-
gesetzt.
2 Und ich setzte über Jerusalem meinen
Bruder Hanani und den Burgvogt Hananja,
der ein treuer Mann war und gottesfürch-
tig vor vielen andern.
3 Und ich sprach zu ihnen: Man soll die
Tore Jerusalems nicht auftun, ehe die
Sonne heiß scheint; und während sie noch
am Himmel steht, soll man die Tore
schließen und verriegeln. Und man soll

Wachen aufstellen aus den Bürgern Jerusalems, die einen bei ihrer Wachmannschaft, die andern ihrem Hause gegenüber.

Verzeichnis der aus Babel Zurückgekehrten

(vgl. Esr 2,1-67)

4 Die Stadt aber war weit und groß, aber wenig Volk darinnen, und Häuser waren noch nicht wieder gebaut.
5 Und mein Gott gab mir ins Herz, daß ich die Vornehmen und die Ratsherren und das Volk versammelte, um sie aufzuzeichnen nach Geschlechtern. Und ich fand das Geschlechtsregister derer, die zuerst heimgekehrt waren, und fand darin geschrieben:
6 Dies sind die Leute der Landschaft Juda, die aus der Gefangenschaft heraufgezogen sind, die Nebukadnezar, der König von Babel, weggeführt hatte und die wieder nach Jerusalem und nach Juda zurückkehrten, ein jeder in seine Stadt,
7 und die gekommen sind mit Serubbabel, Jeschua, Nehemja, Asarja, Raamja, Nahamani, Mordochai, Bilschan, Mispe-ret, Bigwai, Rehum und Baana. Dies ist die Zahl der Männer vom Volk Israel:
8 die Söhne Parosch 2172;
9 die Söhne Schefatja 372;
10 die Söhne Arach 652;
11 die Söhne Pahat-Moab, nämlich die Söhne Jeschua und die Söhne Joab, 2818;
12 die Söhne Elam 1254;
13 die Söhne Sattu 845;
14 die Söhne Sakkai 760;
15 die Söhne Binnui 648;
16 die Söhne Bebai 628;
17 die Söhne Asgad 2322;
18 die Söhne Adonikam 667;
19 die Söhne Bigwai 2067;
20 die Söhne Adin 655;
21 die Söhne Ater, nämlich die Söhne Hiskija, 98;
22 die Söhne Haschum 328;
23 die Söhne Bezai 324;
24 die Söhne Harif 112;
25 die Männer von Gibeon 95;
26 die Männer von Bethlehem und Netofa 188;
27 die Männer von Anatot 128;
28 die Männer von Bet-Asmawet 42;
29 die Männer von Kirjat-Jearim, Kefira und Beerot 743;
30 die Männer von Rama und Geba 621;
31 die Männer von Michmas 122;
32 die Männer von Bethel und Ai 123;
33 die Söhne des andern Nebo 52;
34 die Söhne des andern Elam 1254;
35 die Söhne Harim 320;
36 die Männer von Jericho 345;
37 die Männer von Lod, Hadid und Ono 721;
38 die Söhne Senaa 3930.
39 ¶ Die Priester: die Söhne Jedaja, nämlich das Haus Jeschua, 973;
40 die Söhne Immer 1052;
41 die Söhne Paschhur 1247;
42 die Söhne Harim 1017.
43 ¶ Die Leviten: die Söhne Jeschua, nämlich Kadmiël, Binnui und Hodawja, 74.
44 ¶ Die Sänger: die Söhne Asaf 148.
45 ¶ Die Torhüter: die Söhne Schallum, die Söhne Ater, die Söhne Talmon, die Söhne Akkub, die Söhne Hatita, die Söhne Schobai, insgesamt 138.
46 ¶ Die Tempelsklaven: die Söhne Ziha, die Söhne Hasufa, die Söhne Tabbaot,
47 die Söhne Keros, die Söhne Sia, die Söhne Padon,
48 die Söhne Lebana, die Söhne Hagaba, die Söhne Salmai,
49 die Söhne Hanan, die Söhne Giddel, die Söhne Gahar,
50 die Söhne Reaja, die Söhne Rezin, die Söhne Nekoda,
51 die Söhne Gasam, die Söhne Usa, die Söhne Paseach,
52 die Söhne Besai, die Söhne der Mëuniter, die Söhne der Nefusiter,
53 die Söhne Bakbuk, die Söhne Hakufa, die Söhne Harhur,
54 die Söhne Bazlut, die Söhne Mehida, die Söhne Harscha,
55 die Söhne Barkos, die Söhne Sisera, die Söhne Temach,
56 die Söhne Neziach, die Söhne Hatifa.
57 ¶ Die Nachkommen der Sklaven Salomos: die Söhne Sotai, die Söhne Soferet, die Söhne Peruda,
58 die Söhne Jaala, die Söhne Darkon, die Söhne Giddel,
59 die Söhne Schefatja, die Söhne Hattil, die Söhne Pocheret-Zebajim, die Söhne Amon.
60 Alle Tempelsklaven und Nachkommen der Sklaven Salomos waren 392.
61 ¶ Und dies sind die Leute, die auch mit heraufzogen von Tel-Melach, Tel-Harscha, Kerub-Addon und Immer, aber nicht an-

geben konnten, ob ihre Sippe und deren
Nachkommen aus Israel stammten:
62 die Söhne Delaja, die Söhne Tobija
und die Söhne Nekoda 642.
63 Und von den Priestern: die Söhne Ha-
baja, die Söhne Hakkoz, die Söhne Barsil-
lai, deren Urahn eine von den Töchtern
des Gileaditers Barsillai zur Frau genom-
men hatte und nach dessen Namen ge-
nannt wurde.
64 Diese suchten ihr Geschlechtsregister,
und als sie es nicht fanden, wurden sie für
das Priestertum als untauglich erklärt.
65 Und der Statthalter gebot ihnen, sie
sollten nicht essen vom [a]Hochheiligen, bis
ein Priester für die [b]heiligen Lose »Licht
und Recht« aufstände.

a 4.Mose 18,9 *b* 2.Mose 28,30; 1.Sam 14,41

66 ¶ Die ganze Gemeinde zählte insge-
samt 42 360,
67 ausgenommen ihre Sklaven und Skla-
vinnen; die waren 7337, dazu 245 Sänger
und Sängerinnen.
68 Und sie hatten 736 Rosse, 245 Maul-
tiere, *435 Kamele, 6720 Esel.

* Abweichende Verszählung statt 7,68b-72: 7,69-73.

Freiwillige Beiträge zum Tempelbau

(vgl. Esr 2,68.69)

69 Und einige Häupter der Sippen gaben
für das Werk. Der Statthalter gab zum
Schatz tausend Gulden, fünfzig Becken,
fünfhundertdreißig Priesterkleider.
70 Und einige Häupter der Sippen gaben
zum Schatz für das Werk zwanzigtausend
Gulden, zweitausendzweihundert Pfund
Silber.
71 Und das übrige Volk gab zwanzigtau-
send Gulden und zweitausend Pfund Sil-
ber und siebenundsechzig Priesterkleider.
72 Und die Priester und die Leviten, die
Torhüter, die Sänger und einige andere
Leute und die Tempelsklaven und ganz
Israel ließen sich in ihren Städten nieder.

Vorlesung des Gesetzes durch Esra

Als nun der siebente Monat herange-
kommen war und die Israeliten in ihren
Städten waren,
8 versammelte sich das ganze Volk wie
ein Mann auf dem Platz vor dem
Wassertor, und sie sprachen zu [a]Esra,
dem Schriftgelehrten, er solle das Buch
des Gesetzes des Mose holen, das der
HERR Israel geboten hat. *a* Esr 7,6

2 Und Esra, der Priester, [a]brachte das Ge-
setz vor die Gemeinde, Männer und
Frauen und alle, die es verstehen konnten,
am ersten Tage des siebenten Monats

a 5.Mose 31,10-13

3 und las daraus auf dem Platz vor dem
Wassertor vom lichten Morgen an bis zum
Mittag vor Männern und Frauen und
wer's verstehen konnte. Und die Ohren des
ganzen Volks waren dem Gesetzbuch zu-
gekehrt.
4 Und Esra, der Schriftgelehrte, stand auf
einer hölzernen Kanzel, die sie dafür ge-
macht hatten, und es standen neben ihm
Mattitja, Schema, Anaja, Uria, Hilkija
und Maaseja zu seiner Rechten, aber zu
seiner Linken Pedaja, Mischaël, Malkija,
Haschum, Haschbaddana, Secharja und
Meschullam.
5 Und Esra tat das Buch auf vor aller Au-
gen, denn er überragte alles Volk; und als
er's auftat, stand alles Volk auf.
6 Und Esra lobte den HERRN, den großen
Gott. Und alles Volk antwortete: »Amen!
Amen!«, und sie hoben ihre Hände empor
und neigten sich und beteten den HERRN
an mit dem Antlitz zur Erde.
7 Und die Leviten Jeschua, Bani, Sche-
rebja, Jamin, Akkub, Schabbetai, Hodija,
Maaseja, Kelita, Asarja, Josabad, Hanan,
Pelaja unterwiesen das Volk im Gesetz,
und das Volk stand auf seinem Platz.
8 Und sie legten das Buch des Gesetzes
Gottes klar und verständlich aus, so daß
man verstand, was gelesen worden war.
9 ¶ Und Nehemia, der [a]Statthalter, und
Esra, der Priester und Schriftgelehrte, und
die Leviten, die das Volk unterwiesen,
sprachen zu allem Volk: Dieser Tag ist hei-
lig dem HERRN, eurem Gott; darum seid
nicht traurig und weint nicht! Denn alles
Volk weinte, als sie die Worte des Ge-
setzes hörten. *a* Kap 5,14
10 Darum sprach er zu ihnen: Geht hin
und eßt fette Speisen und trinkt süße Ge-
tränke und sendet davon auch denen, die
nichts für sich bereitet haben; denn dieser
Tag ist heilig unserm Herrn. Und seid
nicht bekümmert; denn **die Freude am
HERRN ist eure Stärke.**
11 Und die Leviten trösteten alles Volk
und sprachen: Seid still, denn der Tag ist
heilig; seid nicht bekümmert!
12 Und alles Volk ging hin, um zu essen,
zu trinken und davon auszuteilen und ein

großes Freudenfest zu machen; denn sie
hatten die Worte verstanden, die man
ihnen kundgetan hatte.

Feier des Laubhüttenfestes

13 Und am zweiten Tage versammelten
sich die Häupter der Sippen des ganzen
Volks und die Priester und Leviten bei
Esra, dem Schriftgelehrten, damit er sie in
den Worten des Gesetzes unterrichte.
14 Und sie fanden im Gesetz geschrieben,
daß der HERR durch Mose geboten hatte,
daß die Israeliten [a]am Fest im siebenten
Monat [b]in Laubhütten wohnen sollten.

a 3.Mose 23,34-36 b 3.Mose 23,42

15 Da ließen sie es kundtun und ausrufen
in allen ihren Städten und in Jerusalem
und sagen: Geht hinaus auf die Berge und
[a]holt Ölzweige, Balsamzweige, Myrtenzweige,
Palmenzweige und Zweige von
Laubbäumen, daß man Laubhütten mache,
wie es geschrieben steht.

a 3.Mose 23,40

16 Und das Volk ging hinaus und holte sie
und machte sich Laubhütten, ein jeder auf
seinem Dach und in seinem Hof und in
den Vorhöfen am Hause Gottes und [a]auf
dem Platz am Wassertor und auf dem
Platz am Tor Ephraim.

a Vers 1

17 Und die ganze Gemeinde derer, die aus
der Gefangenschaft wiedergekommen waren,
machte Laubhütten und wohnte
darin. Denn dies hatten die Israeliten seit
der Zeit Josuas, des Sohnes Nuns, bis auf
diesen Tag nicht mehr getan. Und es war
eine sehr große Freude.
18 Und es wurde jeden Tag aus dem Buch
des Gesetzes Gottes vorgelesen, vom ersten
Tag an bis zum letzten. Und sie hielten
das Fest sieben Tage und am achten
Tage die Versammlung, wie sich's gebührt.

Bußgebet des Volkes

9 Am vierundzwanzigsten Tage dieses
Monats kamen die Israeliten zu einem
Fasten zusammen, in Säcke gehüllt und
mit Erde auf ihren Häuptern.
2 Und es sonderten sich die Nachkommen
Israels von allem fremden Volk ab
und traten hin und bekannten ihre Sünden
und die Missetaten ihrer Väter.
3 Und sie standen an ihrem Platz auf, und
man las vor aus dem Buch des Gesetzes
des HERRN, ihres Gottes, drei Stunden
lang, und drei Stunden bekannten sie und
beteten zum HERRN, ihrem Gott.
4 Und auf dem erhöhten Platz für die Leviten
standen Jeschua, Bani, Kadmiël,
Schebanja, Bunni, Scherebja, Bani und Kenani
und schrien laut zu dem HERRN, ihrem
Gott.
5 Und die Leviten Jeschua, Kadmiël, Bani,
Haschabneja, Scherebja, Hodija, Schebanja,
Petachja sprachen: Auf! lobet den
HERRN, euren Gott, von Ewigkeit zu Ewigkeit!
Und man lobe seinen herrlichen Namen,
der erhaben ist über allen Preis und
Ruhm!
6 HERR, du bist's allein, du hast gemacht
den Himmel und aller Himmel Himmel
mit ihrem ganzen Heer, die Erde und alles,
was darauf ist, die Meere und alles, was
darinnen ist; du machst alles lebendig, und
das himmlische Heer betet dich an.
7 HERR, du bist Gott, der du Abram erwählt
hast und ihn aus [a]Ur in Chaldäa
geführt und [b]Abraham genannt hast

a 1.Mose 11,31 b 1.Mose 17,5

8 und hast sein Herz treu erfunden vor dir
und einen Bund mit ihm geschlossen,
[a]seinen Nachkommen zu geben das Land
der Kanaaniter, Hetiter, Amoriter, Perisiter,
Jebusiter und Girgaschiter, und hast
dein Wort gehalten; denn du bist gerecht.

a 1.Mose 15,18-21

9 Und du hast das Elend unserer Väter in
Ägypten angesehen und ihr Schreien am
Schilfmeer erhört[a]

a 2.Mose 3,7

10 und Zeichen und Wunder getan am
Pharao und allen seinen Großen und an
dem ganzen Volk seines Landes – denn
du erkanntest, daß sie [a]gegen Israel
vermessen waren – und hast dir einen
Namen gemacht, so wie er heute ist.

a 2.Mose 18,11

11 Und du hast [a]das Meer vor ihnen zerteilt,
so daß sie mitten durchs Meer trokken
hindurchgingen, und [b]hast ihre Verfolger
in die Tiefe geworfen wie Steine in
mächtige Wasser

a 2.Mose 14,21 b 2.Mose 15,5.10

12 und hast sie geführt am Tage in einer
Wolkensäule und des Nachts in einer Feuersäule,
um ihnen zu leuchten auf dem
Wege, den sie zogen.
13 Und du bist [a]herabgestiegen auf den
Berg Sinai und hast mit ihnen vom Himmel
her geredet und [b]ein wahrhaftiges

Recht und rechte Gesetze und gute Sat-
zungen und Gebote ihnen gegeben
a 2.Mose 19,18 b 2.Mose 20,1-17
14 und hast deinen heiligen Sabbat ihnen
kundgetan und Gebote, Satzungen und
Gesetz ihnen geboten durch deinen
Knecht Mose
15 und hast ihnen [a]Brot vom Himmel ge-
geben, als sie hungerte, und [b]Wasser aus
dem Felsen fließen lassen, als sie dürstete,
und ihnen geboten, sie sollten hingehen
und das Land einnehmen, über das du
deine Hand zum Schwur erhobst, um es
ihnen zu geben.
a 2.Mose 16,4.14.15 b 2.Mose 17,6
16 ¶Aber unsere Väter wurden stolz und
[a]halsstarrig, so daß sie deinen Geboten
nicht gehorchten, a 2.Mose 32,1.9
17 und weigerten sich zu hören und ge-
dachten auch nicht an deine Wunder, die
du an ihnen tatest, sondern sie wurden
halsstarrig und nahmen sich fest vor, zu
ihrer Knechtschaft in Ägypten zurückzu-
kehren. Aber du, mein Gott, vergabst und
[a]warst gnädig, barmherzig, geduldig und
von großer Güte und verließest sie nicht.
a 2.Mose 34,6
18 Und [a]obwohl sie ein gegossenes Kalb
machten und sprachen: »Das ist dein Gott,
der dich aus Ägyptenland geführt hat« und
große Lästerungen redeten, a 2.Mose 32,4
19 verließest du sie doch nicht in der Wü-
ste nach deiner großen Barmherzigkeit,
und die Wolkensäule wich nicht von ihnen
am Tage, um sie auf dem Wege zu führen,
noch die Feuersäule in der Nacht, um
ihnen auf dem Wege zu leuchten, den sie
zogen.
20 Und [a]du gabst ihnen deinen guten
Geist, um sie zu unterweisen, und [b]dein
Manna versagtest du nicht ihrem Munde
und [c]gabst ihnen Wasser, als sie dürstete.
a 4.Mose 11,17.25 b 2.Mose 16,35; Ps 78,23.24
c 2.Mose 17,6; Ps 78,15.16
21 [a]Vierzig Jahre versorgtest du sie in der
Wüste, so daß ihnen nichts mangelte. Ihre
Kleider zerfielen nicht, und ihre Füße
schwollen nicht an. a 5.Mose 8,4
22 Und du gabst ihnen Königreiche und
Völker und teiltest sie ihnen zu, daß sie
das Land [a]Sihons, des Königs von Hesch-
bon, einnahmen und das Land [b]Ogs, des
Königs von Baschan.
a 4.Mose 21,23.24 b 4.Mose 21,33.35
23 Und du mehrtest ihre Kinder wie die
Sterne am Himmel und brachtest sie ins
Land, das du ihren Vätern zugesagt hast,
daß sie dort einziehen und es einnehmen
sollten.
24 Und die Kinder zogen hinein und nah-
men das Land ein. Und du demütigtest
vor ihnen die Bewohner des Landes, die
Kanaaniter, und gabst sie in ihre Hände,
ihre Könige und die Völker im Lande, daß
sie mit ihnen täten nach ihrem Willen.[a]
a Jos 12
25 Und sie eroberten [a]feste Städte und ein
fettes Land und nahmen Häuser voller
Güter in Besitz, ausgehauene Brunnen,
Weinberge, Ölgärten und Obstbäume in
Fülle, und sie aßen und wurden [b]satt und
fett und lebten in Wonne durch deine
große Güte. a 5.Mose 6,10.11 b 5.Mose 32,15
26 ¶Aber sie wurden ungehorsam und wi-
derstrebten dir und warfen dein Gesetz
hinter sich und töteten deine Propheten,
die sie vermahnten, daß sie sich zu dir
bekehren sollten, und redeten große Lä-
sterungen.
27 [a]Darum gabst du sie in die Hand ihrer
Feinde, die sie ängsteten. Und zur Zeit
ihrer Angst schrien sie zu dir, und du er-
hörtest sie vom Himmel, und durch deine
große Barmherzigkeit gabst du ihnen Ret-
ter, die ihnen aus der Hand ihrer Feinde
halfen. a *(27 und 28)* Ri 3,9.15; 2,14-22
28 Wenn sie aber zur Ruhe kamen, taten
sie wieder übel vor dir. Da gabst du sie
dahin in ihrer Feinde Hand, daß die über
sie herrschten. So schrien sie dann wieder
zu dir, und du erhörtest sie vom Himmel
her und errettetest sie nach deiner großen
Barmherzigkeit viele Male.
29 Und du vermahntest sie, um sie zu dei-
nem Gesetz zurückzuführen. Aber sie wa-
ren stolz und gehorchten deinen Geboten
nicht und sündigten an deinen Rechten,
[a]durch die der Mensch lebt, wenn er sie
tut, und kehrten dir den Rücken zu und
wurden halsstarrig und gehorchten nicht.
a 3.Mose 18,5
30 Und du hattest viele Jahre Geduld mit
ihnen und warntest sie durch deinen Geist
in deinen Propheten, aber [a]sie nahmen's
nicht zu Ohren. Darum hast du sie gege-
ben in die Hand der Völker in den Län-
dern. a Jer 7,25.26; 44,4-6
31 Aber nach deiner großen Barmherzig-
keit hast du mit ihnen nicht ein Ende ge-
macht noch sie verlassen; denn du bist ein

[a]gnädiger und barmherziger Gott.
a 2.Mose 34,6; Klgl 3,22
32¶Nun, unser Gott, du großer Gott, du
Mächtiger und Furchtbarer, [a]der du Bund
und Treue hältst, achte all das Elend nicht
gering, das uns getroffen hat, unsere Kö-
nige, Fürsten, Priester, Propheten, Väter
und dein ganzes Volk seit der Zeit der
Könige von Assur bis auf diesen Tag.
a Kap 1,5; 5.Mose 7,9.12; 1.Kön 8,23
33Du bist gerecht in allem, was du über
uns gebracht hast; denn du hast recht ge-
tan, wir aber sind gottlos gewesen.[a]
a Dan 9,5.7
34Und unsere Könige, Fürsten, Priester
und Väter haben nicht nach deinem Ge-
setz getan und nicht achtgehabt auf deine
Gebote und Ordnungen, die du ihnen hast
bezeugen lassen.
35Und sie haben dir nicht gedient zur Zeit
ihrer Macht bei all deiner großen Güte,
die du ihnen erwiesen hast, in dem weiten
und fetten Lande, das du ihnen gegeben
hast, und haben sich von ihrem bösen Tun
nicht bekehrt.
36Siehe, wir sind heute Knechte; und in
dem Lande, das du unsern Vätern gege-
ben hast, seine Früchte und Güter zu ge-
nießen, siehe, in ihm sind wir Knechte.
37Und all sein Ertrag bringt den Königen
großen Gewinn, die du über uns gesetzt
hast um unserer Sünden willen; und sie
herrschen über unsere Leiber und unser
Vieh nach ihrem Willen, und wir sind in
großer Not.

Das Volk verpflichtet sich zur Beobachtung des Gesetzes

10 *Und darum wollen wir eine feste
Abmachung treffen, sie aufschrei-
ben, und unsere Fürsten, Leviten und
Priester sollen sie versiegeln und unter-
schreiben:

* Abweichende Verszählung statt 10,1-40: 9,38–10,39.

2nämlich Nehemia, der Statthalter, der
Sohn Hachaljas, und Zidkija,
3Seraja, Asarja, Jirmeja,
4Paschhur, Amarja, Malkija,
5Hattusch, Schebanja, Malluch,
6Harim, Meremot, Obadja,
7Daniel, Ginneton, Baruch,
8Meschullam, Abija, Mijamin,
9Maasja, Bilga und Schemaja; das sind
die Priester.
10¶Die Leviten aber sind: Jeschua, der
Sohn Asanjas, Binnui von den Söhnen He-
nadads, Kadmiël,
11und ihre Brüder: Schechanja, Hodija,
Kelita, Pelaja, Hanan,
12Micha, Rehob, Haschabja,
13Sakkur, Scherebja, Schebanja,
14Hodija, Bani und Beninu.
15¶Die Oberen des Volks sind: Parosch,
Pahat-Moab, Elam, Sattu, Bani,
16Bunni, Asgad, Bebai,
17Adonija, Bigwai, Adin,
18Ater, Hiskija, Asur,
19Hodija, Haschum, Bezai,
20Harif, Anatot, Nebai,
21Magpiasch, Meschullam, Hesir,
22Meschesabel, Zadok, Jaddua,
23Pelatja, Hanan, Anaja,
24Hoschea, Hananja, Haschub,
25Lohesch, Pilha, Schobek,
26Rehum, Haschabna, Maaseja,
27Ahija, Hanan, Anan,
28Malluch, Harim und Baana.
29¶Und das übrige Volk, Priester, Levi-
ten, Torhüter, Sänger, Tempelsklaven, und
alle, die sich von den Völkern der Länder
abgesondert haben und sich zum Gesetz
Gottes halten, samt ihren Frauen, Söhnen
und Töchtern, alle, die es verstehen kön-
nen:
30sie sollen sich ihren Brüdern, den
Mächtigen unter ihnen, anschließen und
der Abmachung beitreten und sich mit
einem Eid verpflichten, zu wandeln im
Gesetz Gottes, das durch Mose, den
Knecht Gottes, gegeben ist, und alle Ge-
bote, Rechte und Satzungen des HERRN,
unseres Herrschers, zu halten und zu tun.
31¶Wir wollen [a]unsere Töchter nicht den
Völkern des Landes geben und [b]ihre
Töchter nicht für unsere Söhne neh-
men;
a 5.Mose 7,3 b 2.Mose 34,16; Esr 9,2
32¶wir wollen nicht von den Völkern des
Landes [a]am Sabbat und an den heiligen
Tagen Waren und allerlei Getreide neh-
men, wenn sie diese am Sabbattag zum
Verkauf bringen;
¶wir wollen auf die Abgaben in jedem
siebenten Jahr und auf [b]Schuldforderun-
gen jeder Art verzichten;
a Kap 13,15-18; Jer 17,21-27 b Kap 5,10; 5.Mose 15,1-11
33¶wir wollen uns das Gebot auferlegen,
[a]jährlich den dritten Teil eines Silber-
stücks zum Dienst im Hause unseres
Gottes zu geben,
a 2.Chr 24,6; Mt 17,24
34nämlich für die [a]Schaubrote, für das

tägliche Speisopfer, für das tägliche Brand-
opfer, für die Opfer am Sabbat und Neu-
mond, für die Festtage, für das Hochhei-
lige und für das Sündopfer, womit für
Israel Sühne geschafft wird, und für alle
Arbeit im Hause unseres Gottes;

a 2.Mose 25,30

35 ¶wir wollen das Los unter den Prie-
stern, den Leviten und dem Volk werfen,
in welcher Reihenfolge unsere Sippen
jedes Jahr [a]das Brennholz für das Haus
unseres Gottes zur bestimmten Zeit ge-
ben sollen, damit man es auf dem Altar
des HERRN, unseres Gottes, verbrenne,
wie es im Gesetz geschrieben steht;

a 3.Mose 6,5

36 ¶wir wollen alljährlich die [a]Erstlinge
unseres Landes und die Erstlinge aller
Früchte von allen Bäumen zum Hause des
HERRN bringen; *a* 2.Mose 23,19

37 ¶wir wollen die [a]Erstgeburt unserer
Söhne und unseres Viehs, wie es im Ge-
setz geschrieben steht, und die Erstgeburt
unserer Rinder und unserer Schafe zum
Hause unseres Gottes zu den Priestern
bringen, die im Hause unseres Gottes die-
nen; *a* 2.Mose 13,2

38 ¶wir wollen [a]den ersten Teil von un-
serm Brotteig und unsere Abgaben und
Früchte von allen Bäumen, von Wein und
Öl für die Priester in die Kammern am
Hause unseres Gottes bringen und [b]den
Zehnten unseres Landes für die Leviten;
die sollen den Zehnten einnehmen aus al-
len unsern Orten mit Ackerland.

a 4.Mose 15,20.21 *b* 4.Mose 18,21

39 Und ein Priester, ein Sohn Aarons, soll
bei den Leviten sein, wenn sie den Zehn-
ten einnehmen, und [a]die Leviten sollen
den Zehnten ihrer Zehnten heraufbringen
zum Hause unseres Gottes in die Kam-
mern im Vorratshaus. *a* 4.Mose 18,26.28

40 Denn die Israeliten und die Leviten sol-
len die Abgaben von Getreide, Wein und
Öl herauf in die Kammern bringen. Dort
sind die heiligen Geräte und die Priester,
die da dienen, und die Torhüter und Sän-
ger. So wollen wir es im Haus unseres
Gottes an nichts fehlen lassen.

Verzeichnis der Einwohner Jerusalems und der Landbewohner

(vgl. 1.Chr 9,2-17)

11 Und die Oberen des Volks wohnten
in Jerusalem. Das übrige Volk aber
warf das Los darum, wer von jeweils zehn
nach Jerusalem, in die heilige Stadt, zie-
hen sollte, um dort zu wohnen, und die
neun in den andern Städten.

2 Und das Volk segnete alle die Männer,
die freiwillig in Jerusalem wohnen woll-
ten.

3 ¶Dies sind die Oberen der Landschaft
Juda, die in Jerusalem und in den Städten
Judas wohnten; sie wohnten aber jeder
in seinem Eigentum in ihren Städten: Isra-
eliten, Priester, Leviten, Tempelsklaven
und die Nachkommen der Sklaven Salo-
mos.

4 ¶In Jerusalem wohnten einige von den
Söhnen Juda und einige von den Söhnen
Benjamin. Von den Söhnen Juda: Ataja,
der Sohn Usijas, des Sohnes Secharjas, des
Sohnes Amarjas, des Sohnes Schefatjas,
des Sohnes Mahalalels, von den Söhnen
Perez;

5 und Maaseja, der Sohn Baruchs, des
Sohnes Kolhoses, des Sohnes Hasajas, des
Sohnes Adajas, des Sohnes Jojaribs, des
Sohnes Secharjas, von den Söhnen Schela.

6 Alle Nachkommen des Perez, die in Je-
rusalem wohnten, waren 468, angesehene
Männer.

7 Von den Söhnen Benjamin: Sallu, der
Sohn Meschullams, des Sohnes Joëds, des
Sohnes Pedajas, des Sohnes Kolajas, des
Sohnes Maasejas, des Sohnes Itiëls, des
Sohnes Jeschajas,

8 und seine Brüder Gabbai, Sallai, 928.

9 Und Joel, der Sohn Sichris, war ihr Vor-
steher, und Juda, der Sohn Senuas, war als
Zweiter über die Stadt gesetzt.

10 ¶Von den Priestern: Jedaja, Jojarib, Ja-
chin

11 und Seraja, der Sohn Hilkijas, des
Sohnes Meschullams, des Sohnes Zadoks,
des Sohnes Merajots, des Sohnes Ahitubs,
der Vorsteher im Hause Gottes,

12 und ihre Brüder, die am Hause Gottes
Dienst taten, 822; und Adaja, der Sohn
Jerohams, des Sohnes Pelaljas, des Sohnes
Amzis, des Sohnes Secharjas, des Sohnes
Paschhurs, des Sohnes Malkijas,

13 und seine Brüder, Häupter der Sippen,
242; und Amaschsai, der Sohn Asarels, des
Sohnes Achsais, des Sohnes Meschille-
mots, des Sohnes Immers,

14 und ihre Brüder, tüchtige Männer, 128;
und ihr Vorsteher war Sabdiël, der Sohn
Haggedolims.

15 ¶Von den Leviten: Schemaja, der Sohn
Haschubs, des Sohnes Asrikams, des
Sohnes Haschabjas, des Sohnes Bunnis,
16 und Schabbetai und Josabad von den
Häuptern der Leviten für den äußeren
Dienst am Hause Gottes,
17 und Mattanja, der Sohn Michas, des
Sohnes Sabdis, des Sohnes Asafs, hatte
beim Gebet den Lobgesang anzustimmen,
und Bakbukja war unter seinen Brüdern
der Zweite in diesem Dienst, – und Abda,
der Sohn Schammuas, des Sohnes Galals,
des Sohnes Jedutuns.
18 Alle Leviten in der heiligen Stadt waren
284.
19 ¶Und die Torhüter: Akkub und Tal-
mon und ihre Brüder, die an den Toren
Wache hielten, 172.
20 ¶Das übrige Israel aber, Priester und
Leviten, blieb in allen Städten Judas, ein
jeder auf seinem Erbteil.
21 Und die Tempelsklaven wohnten am
Ofel, und Ziha und Gischpa waren über
die Tempelsklaven gesetzt.
22 Der Vorsteher der Leviten aber in Jeru-
salem war Usi, der Sohn Banis, des Sohnes
Haschabjas, des Sohnes Mattanjas, des
Sohnes Michas, von den Söhnen Asaf, die
beim Dienst im Hause Gottes zu singen
hatten.
23 Denn es gab ein Gebot des Königs für
sie und eine feste Abmachung, an wel-
chem Tag jeder zu singen hatte.
24 ¶Und Petachja, der Sohn Meschesa-
bels, von den Söhnen Serachs, des Sohnes
Judas, stand dem König zur Seite in allem,
was das Volk betraf.
25 ¶Und einige von den Söhnen Juda
wohnten draußen in Höfen auf ihren Flu-
ren in [a]Kirjat-Arba und seinen Ortschaf-
ten und in Dimona und seinen Ortschaf-
ten und in Kabzeel und seinen Gehöften
a Jos 20,7
26 und in Jeschua, Molada, Bet-Pelet,
27 Hazar-Schual, Beerscheba und seinen
Ortschaften
28 und in [a]Ziklag und Mechona und sei-
nen Ortschaften a Jos 15,31
29 und in En-Rimmon, Zora, Jarmut,
30 Sanoach, Adullam und ihren Gehöften,
in Lachisch und seinen Fluren, in Aseka
und seinen Ortschaften. So ließen sie sich
nieder von Beerscheba bis zum Tal Hin-
nom.
31 ¶Die Söhne Benjamin aber wohnten in
Geba, Michmas, Aja, [a]Bethel und seinen
Ortschaften a Jos 18,22
32 und in Anatot, Nob, Ananja,
33 Hazor, Rama, Gittajim,
34 Hadid, Zeboïm, Neballat,
35 Lod und Ono und im Tal der Zimmer-
leute.
36 ¶Und von den Leviten wohnten Ord-
nungen auch in Juda und in Benjamin.

Listen von Priestern und Leviten

12 Dies sind die Priester und Leviten,
die mit Serubbabel, dem Sohn
Schealtiëls, und Jeschua zurückgekehrt
waren: Seraja, Jirmeja, Esra,
2 Amarja, Malluch, Hattusch,
3 Schechanja, Rehum, Meremot,
4 Iddo, Ginneton, [a]Abija, a Lk 1,5
5 Mijamin, Maadja, Bilga,
6 Schemaja, Jojarib, Jedaja,
7 Sallu, Amok, Hilkija und Jedaja. Das wa-
ren die Häupter der Priester und ihrer Brü-
der zur Zeit Jeschuas.
8 ¶Die Leviten aber waren diese:
Jeschua, Binnui, Kadmiël, Scherebja, Juda
und Mattanja; er und seine Brüder waren
für die Danklieder eingesetzt,
9 Bakbukja aber, Unni und ihre Brüder
standen ihnen gegenüber beim Dienst.
10 ¶Jeschua zeugte Jojakim, Jojakim
zeugte [a]Eljaschib, Eljaschib zeugte Jo-
jada, a Kap 3,1
11 Jojada zeugte Johanan, Johanan zeugte
Jaddua.
12 ¶Und zur Zeit Jojakims waren diese
die Häupter der Sippen unter den Prie-
stern: nämlich von der Sippe Seraja: Me-
raja; von Jirmeja: Hananja;
13 von Esra: Meschullam; von Amarja: Jo-
hanan;
14 von Malluch: Jonatan; von Schebanja:
Josef;
15 von Harim: Adna; von Meremot: Hel-
kai;
16 von Iddo: Sacharja; von Ginneton: Me-
schullam;
17 von Abija: Sichri; von Mijamin: . . .;*
von Maadja: Piltai;

* Hier ist ein Name ausgefallen.

18 von Bilga: Schammua; von Schemaja:
Jonatan;
19 von Jojarib: Mattenai; von Jedaja: Usi;
20 von Sallu: Kallai; von Amok: Eber;
21 von Hilkija: Haschabja; von Jedaja: Ne-
tanel.

22 ¶Und zur Zeit Eljaschibs, Jojadas, Jo-
hanans und Jadduas wurden aufgezeichnet
die Häupter der Sippen unter den Leviten
und die Priester bis zur Herrschaft des
Darius, des Königs von Persien.
23 Es wurden aber von den Leviten die
Häupter der Sippen aufgezeichnet in einer
Chronik bis zur Zeit Johanans, des Sohnes
Eljaschibs.
24 Und dies waren die Häupter der Levi-
ten: Haschabja, Scherebja und Jeschua,
Binnui, Kadmiël; und ihre Brüder standen
ihnen gegenüber, [a]zu loben und zu dan-
ken, wie es David, der Mann Gottes, ge-
boten hatte, Chor um Chor,

a 1.Chr 25; 2.Chr 29,25

25 nämlich Mattanja, Bakbukja und Obad-
ja. Aber Meschullam, Talmon und Ak-
kub, die [a]Torhüter, hatten die [b]Wache an
den Vorratskammern der Tore.

a 2.Chr 8,14 *b* Vers 44

26 ¶Diese lebten zur Zeit Jojakims, des
Sohnes Jeschuas, des Sohnes [a]Jozadaks,
und zur Zeit des Statthalters Nehemia und
des Priesters Esra, des Schriftgelehrten.

a 1.Chr 5,40.41

Einweihung der Stadtmauer

27 Und bei der Einweihung der Mauer Je-
rusalems holte man die Leviten aus allen
ihren Orten nach Jerusalem, um Einwei-
hung zu halten mit Freuden, mit Danken
und Singen, mit Zimbeln, Psaltern und
Harfen.
28 Und es versammelten sich die Sänger
aus der Gegend um Jerusalem und von
den Gehöften der Netofatiter
29 und von Bet-Gilgal und von den Fluren
um Geba und Bet-Asmawet; denn die
Sänger hatten sich rings um Jerusalem her
Gehöfte gebaut.
30 Und die Priester und Leviten reinigten
sich und reinigten das Volk, die Tore und
die Mauer.
31 ¶Und ich ließ die Oberen von Juda
oben auf die Mauer steigen und stellte
zwei große Dankchöre auf. Die einen gin-
gen zur Rechten oben auf der Mauer zum
Misttor hin,
32 und hinter ihnen her gingen Hoschaja
und die Hälfte der Oberen von Juda
33 und Asarja, Esra, Meschullam,
34 Juda, Benjamin, Schemaja und Jirmeja
35 und einige der Priester mit Trompeten,
nämlich Secharja, der Sohn Jonatans, des
Sohnes Schemajas, des Sohnes Mattanjas,
des Sohnes Michajas, des Sohnes Sakkurs,
des Sohnes Asafs,
36 und seine Brüder, Schemaja, Asarel,
Milalai, Gilalai, Maai, Netanel und Juda,
Hanani, mit den Saitenspielen Davids, des
Mannes Gottes; Esra aber, der Schriftge-
lehrte, ging vor ihnen her.
37 Und sie zogen zum Quelltor hin und
stiegen geradeaus die Stufen zur Stadt Da-
vids hinauf, wo die Mauer oberhalb des
Hauses Davids bis an das Wassertor im
Osten verläuft.
38 Der andere Dankchor ging zur Linken
hin, und ich ging hinter ihm her und die
andere Hälfte der Oberen des Volks oben
auf der Mauer oberhalb des Ofenturms
bis an die breite Mauer
39 und oberhalb des Tores Ephraim zum
alten Tor und zum Fischtor und zum
Turm Hananel und zum Turm Mea bis an
das Schaftor, und sie blieben am Wachttor
stehen.
40 So standen die beiden Dankchöre am
Hause Gottes und ich und die Hälfte der
Ratsherren mit mir
41 und die Priester, nämlich Eljakim, Maa-
seja, Mijamin, Michaja, Eljoënai, Secharja,
Hananja mit Trompeten,
42 und Maaseja, Schemaja, Eleasar, Usi,
Johanan, Malkija, Elam und Eser. Und die
Sänger sangen laut, und Jisrachja stand
ihnen vor.
43 Und es wurden an diesem Tage große
Opfer dargebracht, und sie waren fröhlich,
denn Gott hatte ihnen eine große Freude
gemacht, so daß sich auch Frauen und
Kinder freuten, und man hörte die Freude
Jerusalems schon von ferne.

Bestellung von Amtleuten für die Abgaben an die Priester und Leviten

44 Zu der Zeit wurden Männer über die
Kammern bestellt für die Vorräte, für die
Abgaben, Erstlinge und Zehnten, um in
ihnen die Anteile von den Äckern um die
Städte her zu sammeln, die nach dem Ge-
setz für die Priester und Leviten bestimmt
waren; denn Juda hatte seine Freude an
den Priestern und Leviten, die im Amt
standen,
45 daß sie den Dienst Gottes und den
Dienst der Reinigung versahen. Und auch
die Sänger und Torhüter taten nach dem
Gebot Davids und seines Sohnes Salomo.

46 Denn schon zu den Zeiten Davids und
Asafs wurden die Vorsteher der Sänger
eingesetzt, um Gott zu loben und zu dan-
ken.[a] *a* 1.Chr 25
47 Und zur Zeit Serubbabels und zur Zeit
Nehemias gab ganz Israel den Sängern und
Torhütern Anteil an den heiligen Gaben
Tag für Tag; denn Israel gab das Gehei-
ligte den Leviten, [a]die Leviten aber gaben
davon den heiligen Anteil den Söhnen
Aaron. *a* Kap 10,39; 4.Mose 18,26

Alle Fremden werden aus dem Gottesvolk ausgeschieden

13 Und in dieser Zeit las man aus dem
Buch des Mose vor den Ohren des
Volks und fand darin geschrieben, daß [a]die
Ammoniter und Moabiter niemals in die
Gemeinde Gottes kommen dürften,
a 5.Mose 23,4-6
2 weil sie den Israeliten nicht mit Brot und
Wasser entgegenkamen, und [a]gegen sie
Bileam dingten, damit er sie verfluche;
aber unser Gott wandte den Fluch in Se-
gen. *a* 4.Mose 22,5.6
3 Als sie nun dies Gesetz hörten, schie-
den sie alles fremde Volk aus Israel aus.

Nehemia beseitigt Mißstände im Tempel

4 Und es hatte einst der Priester Eljaschib,
der über die Kammern bestellt war am
Hause unseres Gottes, ein Verwandter des
[a]Tobija, *a* Kap 2,19
5 diesem eine große Kammer gegeben, in
die man früher die Speisopfer gelegt hatte,
den Weihrauch, die Geräte und den Zehn-
ten vom Getreide, Wein und Öl, die Ge-
bühr für die Leviten, Sänger und Torhü-
ter, dazu die Abgaben für die Priester.
6 Aber bei alledem war ich nicht in Jeru-
salem; denn im zweiunddreißigsten Jahr
Artahsastas, des Königs von Babel, war ich
zum König gereist und hatte erst nach län-
gerer Zeit den König gebeten, daß er mich
wieder ziehen ließe.
7 Und als ich nach Jerusalem kam, merkte
ich, daß es Unrecht war, was Eljaschib für
Tobija getan hatte, als er ihm eine Kam-
mer im Vorhof des Hauses Gottes gab.
8 Und es verdroß mich sehr, und ich warf
allen Hausrat des Tobija hinaus vor die
Kammer
9 und befahl, daß sie die Kammer reinig-
ten. Und ich brachte wieder hinein, was
zum Hause Gottes gehörte, Speisopfer
und Weihrauch.
10 ¶Und ich erfuhr, daß [a]die Anteile der
Leviten nicht eingegangen waren und des-
halb die Leviten und Sänger, die den
Dienst ausrichten sollten, fortgegangen
waren, ein jeder auf sein Land. *a* Kap 12,47
11 Da schalt ich die Ratsherren und
sprach: Warum wird das Haus Gottes ver-
nachlässigt? Und ich holte sie zurück und
stellte sie wieder in ihren Dienst.
12 Da brachte ganz Juda den Zehnten vom
Getreide, Wein und Öl in die Vorratskam-
mern.[a] *a* 4.Mose 18,21
13 Und ich bestellte über die Vorräte den
Priester Schelemja und Zadok, den Schrei-
ber, und von den Leviten Pedaja und ihnen
zur Hand Hanan, den Sohn Sakkurs, des
Sohnes Mattanjas; denn sie galten als zu-
verlässig, und ihnen wurde befohlen, ih-
ren Brüdern auszuteilen.
14 ¶Gedenke, mein Gott, um dessentwil-
len an mich und lösche nicht aus, was ich
in Treue am Hause meines Gottes und für
den Dienst in ihm getan habe![a] *a* Kap 5,19

Nehemia setzt die Heiligung des Sabbats durch

15 Zur selben Zeit sah ich in Juda, [a]daß
man am Sabbat die Kelter trat und Ge-
treide herbeibrachte und auf Esel lud und
auch Wein, Trauben, Feigen und allerlei
Last nach Jerusalem brachte am Sabbat-
tag. Und ich verwarnte sie an dem Tage,
als sie die Nahrung verkauften. *a* Kap 10,32
16 Es wohnten auch Tyrer dort; die brach-
ten Fische und allerlei Ware und verkauf-
ten sie am Sabbat den Leuten in Juda und
in Jerusalem.
17 Da schalt ich die Vornehmen von Juda
und sprach zu ihnen: Was ist das für eine
böse Sache, die ihr da tut, und entheiligt
den Sabbattag?
18 Taten das nicht auch eure Väter, und
unser Gott brachte all das Unheil über uns
und über diese Stadt? Und ihr bringt noch
mehr Zorn über Israel dadurch, daß ihr
[a]den Sabbat entheiligt! *a* Hes 20,12.13
19 Und vor dem Anbruch des Sabbats, als
es in den Toren Jerusalems dunkel wurde,
ließ ich die Tore schließen und befahl,
man sollte sie erst nach dem Sabbat auf-
tun. Und ich stellte einige meiner Leute

an die Tore, damit man keine Last herein-
bringe am Sabbattag.
20 Da blieben die Händler und Verkäufer
von allerlei Ware über Nacht draußen vor
Jerusalem, ein- oder zweimal.
21 Da verwarnte ich sie und sprach zu
ihnen: Warum bleibt ihr über Nacht vor
der Mauer? Werdet ihr das noch einmal
tun, so werde ich Hand an euch legen.
Von der Zeit an kamen sie am Sabbat nicht
mehr.
22 Und ich befahl den Leviten, daß sie sich
reinigten und kämen und die Tore bewach-
ten, um den Sabbattag zu heiligen.
¶Mein Gott, [a]gedenke auch um dessent-
willen an mich und sei mir gnädig nach
deiner großen Barmherzigkeit! *a* Vers 14

Nehemia verbietet die Ehe mit ausländischen Frauen

23 Zu dieser Zeit sah ich auch Juden, die
sich Frauen genommen hatten aus Asch-
dod, Ammon und Moab.
24 Und die Hälfte ihrer Kinder sprach
aschdodisch oder in der Sprache eines der
andern Völker, aber jüdisch konnten sie
nicht sprechen.
25 Und ich schalt sie und fluchte ihnen
und schlug einige Männer und packte sie
bei den Haaren und beschwor sie bei Gott:
[a]Ihr sollt eure Töchter nicht ihren Söhnen
geben noch ihre Töchter für eure Söhne
oder euch selbst nehmen. *a* 5.Mose 7,3
26 Hat nicht Salomo, der König von Israel,
gerade damit gesündigt? Und es war doch
unter vielen Völkern kein König ihm
gleich, und er war seinem Gott lieb, und
Gott setzte ihn zum König über ganz Is-
rael. [a]Dennoch verleiteten ihn die auslän-
dischen Frauen zur Sünde. *a* 1.Kön 11,3-8
27 Und von euch muß man das hören, daß
ihr ein so großes Unrecht tut und unserm
Gott die Treue brecht damit, daß ihr euch
ausländische Frauen nehmt?
28 ¶Und einer von den Söhnen Jojadas,
des Sohnes [a]Eljaschibs, des Hohenprie-
sters, war der Schwiegersohn des Horoni-
ters [b]Sanballat; aber ich jagte ihn von
mir. *a* Kap 12,10 *b* Kap 2,10.19
29 ¶Gedenke ihrer, mein Gott, daß sie das
Priestertum befleckt und [a]den Bund des
Priestertums und [b]der Leviten gebrochen
haben! *a* 4.Mose 25,12.13 *b* Mal 2,8
30 ¶So reinigte ich sie von allem Auslän-
dischen und ordnete die Ämter der Prie-
ster und Leviten, für einen jeden nach sei-
nem Dienst,
31 und die Lieferung von Brennholz zu be-
stimmten Zeiten und die Abgabe der Erst-
linge.
¶Gedenke mir's, mein Gott, zum Be-
sten!

DAS BUCH ESTER

Inhaltsübersicht

Der König Ahasveros verstößt seine Gemahlin

1 Zu den Zeiten des Ahasveros*, der König war vom Indus bis zum Nil über hundertundsiebenundzwanzig Länder,

* Griechisch: Xerxes

2 als er auf seinem königlichen Thron saß in der Festung Susa,
3 im dritten Jahr seiner Herrschaft, machte er ein Festmahl für alle seine Fürsten und Großen, die Heerführer von Persien und Medien, die Edlen und Obersten in seinen Ländern,
4 damit er sehen ließe den herrlichen Reichtum seines Königtums und die köstliche Pracht seiner Majestät viele Tage lang, hundertundachtzig Tage.
5 Und als die Tage um waren, machte der König ein Festmahl für alles Volk, das in der Festung Susa war, vom Größten bis zum Kleinsten, sieben Tage lang im Hofe des Gartens beim königlichen Palast.
6 Da hingen weiße, rote und blaue Tücher, mit leinenen und scharlachroten Schnüren eingefaßt, in silbernen Ringen an Marmorsäulen. Da waren Polster, golden und silbern, auf grünem, weißem, gelbem und schwarzem Marmor.
7 Und die Getränke trug man auf in goldenen Gefäßen, von denen keins wie das andere war, königlichen Wein in Menge nach königlicher Weise.
8 Und man schrieb niemand vor, was er trinken sollte; denn der König hatte allen Vorstehern in seinem Palast befohlen, daß jeder tun sollte, wie es ihm wohlgefiele.
9 Und die Königin Waschti machte auch ein Festmahl für die Frauen im königlichen Palast des Königs Ahasveros.
10 ¶Und am siebenten Tage, als der König guter Dinge war vom Wein, befahl er Mehuman, Biseta, Harbona, Bigta, Abagta, Setar und Karkas, den sieben Kämmerern, die vor dem König Ahasveros dienten,
11 daß sie die Königin Waschti mit ihrer königlichen Krone holen sollten vor den König, um dem Volk und den Fürsten ihre Schönheit zu zeigen; denn sie war schön.
12 Aber die Königin Waschti wollte nicht kommen, wie der König durch seine Kämmerer geboten hatte. Da wurde der König sehr zornig, und sein Grimm entbrannte in ihm.
13 Und der König sprach zu den Weisen, die sich auf die Gesetze verstanden – denn des Königs Sachen mußten vor alle kommen, die sich auf Recht und Gesetz verstanden;
14 unter ihnen aber waren ihm am nächsten Karschena, Schetar, Admata, Tarsis, Meres, Marsena und Memuchan, die sieben Fürsten der Perser und Meder, die das Angesicht des Königs sehen durften und obenan saßen im Königreich –:
15 Was soll man nach dem Gesetz mit der Königin Waschti tun, weil sie nicht getan hat, wie der König durch seine Kämmerer geboten hatte?
16 Da sprach Memuchan vor dem König und den Fürsten: Die Königin Waschti hat sich nicht allein an dem König verfehlt, sondern auch an allen Fürsten und an allen Völkern in allen Ländern des Königs Ahasveros.
17 Denn es wird diese Tat der Königin allen Frauen bekanntwerden, so daß sie ihre Männer verachten und sagen: Der König Ahasveros gebot der Königin Waschti, vor ihn zu kommen; aber sie wollte nicht.
18 Dann werden die Fürstinnen in Persien und Medien auch so sagen zu allen Fürsten des Königs, wenn sie von dieser Tat der Königin hören; und es wird Verachtung und Zorn genug geben.
19 Gefällt es dem König, so lasse man ein königliches Gebot von ihm ausgehen und

[a]unter die Gesetze der Perser und Meder
aufnehmen, so daß man es nicht aufheben
darf, daß Waschti nicht mehr vor den Kö-
nig Ahasveros kommen dürfe und der Kö-
nig ihre königliche Würde einer andern ge-
ben solle, die besser ist als sie. *a* Dan 6,9
20 Und wenn dieser Erlaß des Königs, den
er geben wird, bekanntwürde in seinem
ganzen Reich, welches groß ist, so würden
alle Frauen ihre Männer in Ehren halten
bei Hoch und Niedrig.
21 ¶ Das gefiel dem König und den Für-
sten, und der König tat nach dem Wort
Memuchans.
22 Da [a]wurden Schreiben ausgesandt in
alle Länder des Königs, in jedes Land nach
seiner Schrift und zu jedem Volk nach sei-
ner Sprache, daß ein jeder Mann der Herr
in seinem Hause sei. *a* Kap 3,12; 8,9

Der König sucht eine neue Gemahlin

2 Nach diesen Geschichten, als der
Grimm des Königs Ahasveros sich
gelegt hatte, dachte er an das, was Waschti
getan hatte und was über sie beschlossen
war.
2 Da sprachen die Männer des Königs, die
ihm dienten: Man suche dem König
schöne Jungfrauen,
3 und der König bestelle Männer in allen
Ländern seines Königreichs, daß sie alle
schönen Jungfrauen zusammenbringen
auf das Schloß zu Susa ins Frauenhaus
unter die Hand Hegais, des königlichen
Kämmerers, des Hüters der Frauen, und
daß man ihre Schönheit pflege;
4 und das Mädchen, das dem König ge-
fällt, werde Königin an Waschtis Statt.
Das gefiel dem König, und er tat so.
5 ¶ Es war ein jüdischer Mann im Schloß
zu Susa, der hieß Mordechai, ein Sohn
Jaïrs, des Sohnes Schimis, des Sohnes des
[a]Kisch, ein Benjaminiter, *a* 1.Sam 9,1
6 der mit weggeführt war von Jerusalem,
als Jechonja*, der König von Juda, durch
Nebukadnezar, den König von Babel, in
die Gefangenschaft geführt wurde.[a]

* Vgl. Anmerkung zu Jer 24,1. *a* 2.Kön 24,15

7 Und er war der [a]Pflegevater der Ha-
dassa, das ist Ester, einer Tochter seines
Oheims; denn sie hatte weder Vater noch
Mutter. Und sie war ein schönes und
feines Mädchen. Und als ihr Vater und
ihre Mutter starben, nahm sie Mordechai
als Tochter an. *a* Kap 8,1
8 Als nun das Gebot und Gesetz des
Königs bekanntwurde und viele Jung-
frauen zusammengebracht wurden auf das
Schloß zu Susa unter die Hand Hegais,
wurde auch Ester in des Königs Palast
geholt unter die Hand Hegais, des Hüters
der Frauen.
9 Und das Mädchen gefiel Hegai, und sie
fand Gunst bei ihm. Und er beeilte sich,
ihre Schönheit zu pflegen und ihr genü-
gend Speise zu geben und dazu sieben
auserlesene Dienerinnen aus dem Palast
des Königs. Und er brachte sie mit ihren
Dienerinnen an den besten Ort im Frau-
enhaus.
10 Aber Ester sagte ihm nichts von ihrem
Volk und ihrer Herkunft; denn Mordechai
hatte ihr geboten, sie solle es nicht sagen.
11 Und Mordechai kam alle Tage am Hof
des Frauenhauses vorbei, um zu erfahren,
ob's Ester gutgehe und was mit ihr
geschehen würde.
12 ¶ Wenn aber die bestimmte Zeit für
eine jede Jungfrau kam, daß sie zum
König Ahasveros kommen sollte, nach-
dem sie zwölf Monate nach der Vorschrift
für die Frauen gepflegt worden war – denn
ihre Pflege brauchte so viel Zeit, nämlich
sechs Monate mit Balsam und Myrrhe und
sechs Monate mit kostbarer Spezerei und
was sonst zur weiblichen Pflege gehört –,
13 dann ging die Jungfrau zum König, und
alles, was sie wollte, mußte man ihr geben,
daß sie damit vom Frauenhaus in den
Palast des Königs ginge.
14 Und wenn sie am Abend hineingegan-
gen war, ging sie am Morgen von ihm in
das andere Frauenhaus, unter die Hand
des Schaaschgas, des königlichen Kämme-
rers, des Hüters der Nebenfrauen. Und sie
durfte nicht wieder zum König kommen,
es sei denn, sie gefiele dem König und er
ließe sie mit Namen rufen.

Ester wird Königin

15 Als nun für Ester, die Tochter Abiha-
jils, des Oheims Mordechais, die er als
Tochter angenommen hatte, die Zeit her-
ankam, daß sie zum König kommen sollte,
begehrte sie nichts, als was Hegai, des
Königs Kämmerer, der Hüter der Frauen,
sagte. Und Ester fand Gunst bei allen, die
sie sahen.
16 Es wurde aber Ester zum König Ahas-

veros gebracht in den königlichen Palast
im zehnten Monat, der da heißt Tebet, im
siebenten Jahr seiner Herrschaft.
17 Und der König gewann Ester lieber als
alle Frauen, und sie fand Gnade und Gunst
bei ihm vor allen Jungfrauen. Und er setz-
te die königliche Krone auf ihr Haupt
und machte sie zur Königin an Waschtis
Statt.
18 Und der König machte ein großes Fest-
mahl für alle seine Fürsten und Großen,
das Festmahl Esters, und gewährte den
Ländern Steuererlaß und teilte königliche
Geschenke aus.

Mordechai entdeckt eine Verschwörung gegen den König

19 Und als man nun die übrigen Jung-
frauen in das andere Frauenhaus brachte,
saß Mordechai im Tor des Königs.
20 Und Ester hatte noch nichts gesagt von
ihrer Herkunft und von ihrem Volk, wie
ihr Mordechai geboten hatte; denn Ester
tat nach dem Wort Mordechais wie zur
Zeit, als er ihr Pflegevater war.
21 [a]In jenen Tagen, als Mordechai im Tor
des Königs saß, gerieten zwei Kämmerer
des Königs, Bigtan und Teresch, die die
Tür hüteten, in Zorn und trachteten
danach, Hand an den König Ahasveros zu
legen.

a (21-23) Kap 6,1.2

22 Als das Mordechai zu wissen bekam,
sagte er es der Königin Ester, und Ester
sagte es dem König in Mordechais Namen.
23 Und als man nachforschte, wurde es als
richtig befunden, und sie wurden beide an
den Galgen gehängt. Und es wurde aufge-
zeichnet im Buch der täglichen Meldun-
gen für den König.

Hamans Anschlag zur Vertilgung der Juden

3 Nach diesen Geschichten erhob der
König Ahasveros den Haman, den
Sohn Hammedatas, den [a]Agagiter, und
machte ihn groß und setzte seinen Stuhl
über alle Fürsten, die bei ihm waren.[b]

a 1.Sam 15,32 *b* 2.Mose 17,14-16

2 Und alle Großen des Königs, die im Tor
des Königs waren, beugten die Knie und
fielen vor Haman nieder; denn der König
hatte es so geboten. Aber [a]Mordechai
beugte die Knie nicht und fiel nicht nie-
der.

a Mt 4,9.10

3 Da sprachen die Großen des Königs, die
im Tor des Königs waren, zu Mordechai:
Warum übertrittst du des Königs Gebot?
4 Und als sie das täglich zu ihm sagten
und er nicht auf sie hörte, sagten sie es
Haman, damit sie sähen, ob solch ein Tun
Mordechais bestehen würde; denn er hatte
ihnen gesagt, daß er ein Jude sei.
5 ¶ Und als Haman sah, daß Mordechai
nicht die Knie beugte noch vor ihm nie-
derfiel, wurde er voll Grimm.
6 Aber es war ihm zuwenig, daß er nur an
Mordechai die Hand legen sollte, denn sie
hatten ihm gesagt, von welchem Volk
Mordechai sei; sondern er trachtete da-
nach, das Volk Mordechais, alle Juden, die
im ganzen Königreich des Ahasveros
waren, zu vertilgen.
7 Im [a]ersten Monat, das ist der Monat
Nisan, im zwölften Jahr des Königs Ahas-
veros, wurde das [b]Pur, das ist das Los,
geworfen vor Haman, von einem Tage
zum andern und von Monat zu Monat,
und das Los fiel auf den dreizehnten Tag
im zwölften Monat, das ist der Monat
Adar.

a 2.Mose 13,4; 12,2 *b* Kap 9,24

8 Und Haman sprach zum König Ahas-
veros: Es gibt ein Volk, zerstreut und abge-
sondert unter allen Völkern in allen Län-
dern deines Königreichs, und [a]ihr Gesetz
ist anders als das aller Völker, und sie tun
nicht nach des Königs Gesetzen. Es ziemt
dem König nicht, sie gewähren zu las-
sen.

a 5.Mose 4,5-8

9 Gefällt es dem König, so lasse er schrei-
ben, daß man sie umbringe; so will ich
[a]zehntausend Zentner Silber darwägen in
die Hand der Amtleute, daß man's bringe
in die Schatzkammer des Königs.

a Kap 4,7

10 Da [a]tat der König seinen Ring von der
Hand und gab ihn Haman, dem Sohn
Hammedatas, dem Agagiter, dem Feind
der Juden.

a Kap 8,2; 1.Mose 41,42

11 Und der König sprach zu Haman: Das
Silber sei dir gegeben, dazu das Volk, daß
du mit ihm tust, was dir gefällt.
12 ¶ Da rief man die Schreiber des Königs
am dreizehnten Tage des ersten Monats;
und es wurde geschrieben, wie Haman
befahl, an die Fürsten des Königs und an
die Statthalter hin und her in den Ländern
und an die Obersten eines jeden Volks in
den Ländern hin und her in der Schrift
eines jeden Volks und in seiner Sprache,

im Namen des Königs Ahasveros und mit
des Königs Ring gesiegelt.
13 Und die Schreiben wurden gesandt
durch die Läufer in alle Länder des
Königs, man solle vertilgen, töten und
umbringen alle Juden, jung und alt, Kin-
der und Frauen, auf **einen** Tag, nämlich
am dreizehnten Tag des zwölften Monats,
das ist der Monat Adar, und ihr Hab und
Gut plündern.
14 Eine Abschrift des Schreibens sollte als
Gesetz erlassen werden in allen Ländern,
um allen Völkern zu eröffnen, daß sie sich
auf diesen Tag bereithalten sollten.
15 Und die Läufer gingen eilends aus nach
des Königs Wort, und in der Festung Susa
wurde das Gesetz angeschlagen. Und der
König und Haman saßen und tranken;
aber die Stadt Susa war bestürzt.

Mordechai bestimmt Ester, beim König für die Juden einzutreten

4 Als Mordechai alles erfuhr, was ge-
schehen war, zerriß er seine Kleider
und legte den Sack an und tat Asche aufs
Haupt und ging hinaus mitten in die Stadt
und schrie laut klagend
2 und kam bis vor das Tor des Königs;
denn es durfte niemand in das Tor des
Königs eintreten, der einen Sack anhatte.
3 Und in allen Ländern, wohin des Königs
Wort und Gebot gelangte, war ein großes
Klagen unter den Juden, und viele faste-
ten, weinten, trugen Leid und lagen in
Sack und Asche.
4 Da kamen die Dienerinnen Esters und
ihre Kämmerer und erzählten ihr davon.
Da erschrak die Königin sehr. Und sie
sandte Kleider, daß Mordechai sie anzöge
und den Sack ablegte; er aber nahm sie
nicht an.
5 Da rief Ester Hatach, einen von des
Königs Kämmerern, der ihr diente, und
gab ihm Befehl wegen Mordechai, um zu
erfahren, was das sei und warum er so tue.
6 Da ging Hatach hinaus zu Mordechai
auf den Platz der Stadt, der vor dem Tor
des Königs war.
7 Und Mordechai sagte ihm alles, was ihm
begegnet war, auch die [a] Summe des Sil-
bers, das Haman versprochen hatte in des
Königs Schatzkammer darzuwägen, wenn
die Juden vertilgt würden, *a* Kap 3,9
8 und gab ihm eine Abschrift des Geset-
zes, das in Susa angeschlagen war, sie zu
vertilgen, damit er's Ester zeige und es ihr
sage und ihr gebiete, daß sie zum König
hineingehe und zu ihm flehe und bei ihm
Fürbitte tue für ihr Volk.
9 Und als Hatach hineinkam und Ester die
Worte Mordechais sagte,
10 sprach Ester zu Hatach und gebot ihm,
Mordechai zu sagen:
11 Es wissen alle Großen des Königs und
das Volk in den Ländern des Königs, daß
jeder, der ungerufen zum König hinein-
geht in den inneren Hof, Mann oder Frau,
nach dem Gesetz sterben muß, es sei
denn, [a] der König strecke das goldene Zep-
ter gegen ihn aus, damit er am Leben
bleibe. Ich aber bin nun seit dreißig Tagen
nicht gerufen worden, zum König hinein-
zukommen. *a* Kap 5,2; 8,4
12 ¶ Und als Esters Worte Mordechai
gesagt wurden,
13 ließ Mordechai Ester antworten: Denke
nicht, daß du dein Leben errettest, weil du
im Palast des Königs bist, du allein von
allen Juden.
14 Denn wenn du zu dieser Zeit schwei-
gen wirst, so [a] wird eine Hilfe und Erret-
tung von einem andern Ort her den Juden
erstehen, du aber und deines Vaters Haus,
ihr werdet umkommen. Und wer weiß, ob
du nicht gerade um dieser Zeit willen zur
königlichen Würde gekommen bist?
a 1.Mose 45,7
15 Ester ließ Mordechai antworten:
16 So geh hin und versammle alle Juden,
die in Susa sind, und fastet für mich, daß
ihr nicht eßt und trinkt drei Tage lang,
weder Tag noch Nacht. Auch ich und
meine Dienerinnen wollen so fasten. Und
dann will ich zum König hineingehen ent-
gegen dem Gesetz. Komme ich um, so
komme ich um.
17 Mordechai ging hin und tat alles, was
ihm Ester geboten hatte.

Ester geht zum König und lädt ihn und Haman zum Mahle

5 Und am dritten Tage zog sich Ester
königlich an und trat in den inneren
Hof am Palast des Königs gegenüber dem
Palast des Königs. Und der König saß auf
seinem königlichen Thron im königlichen
Saale gegenüber dem Tor des Palastes.
2 Und als der König die Königin Ester im

Hofe stehen sah, fand sie Gnade vor sei-
nen Augen. Und [a]der König streckte das
goldene Zepter in seiner Hand gegen Ester
aus. Da trat Ester herzu und rührte die
Spitze des Zepters an. *a* Kap 4,11
3 Da sprach der König zu ihr: Was hast
du, Ester, Königin? Und was begehrst du?
[a]Auch die Hälfte des Königreichs soll dir
gegeben werden. *a* Mk 6,23
4 Ester sprach: Gefällt es dem König, so
komme der König mit Haman heute zu
dem Mahl, das ich bereitet habe.
5 Der König sprach: Eilt und holt Haman,
damit geschehe, was Ester gesagt hat!
¶Als nun der König und Haman zu dem
Mahl kamen, das Ester bereitet hatte,
6 sprach der König zu Ester, als er Wein
getrunken hatte: Was bittest du, Ester? Es
soll dir gegeben werden. Und was begehrst
du? Wäre es auch die Hälfte des König-
reichs, es soll geschehen.
7 Da antwortete Ester: Meine Bitte und
mein Begehren ist:
8 Hab ich Gnade gefunden vor dem König
und gefällt es dem König, meine Bitte zu
gewähren und zu tun nach meinem Begeh-
ren, [a]so komme der König mit Haman zu
dem Mahl, das ich für sie bereiten will.
Morgen will ich dann tun, was der König
gesagt hat. *a* Kap 6,14

Haman beschließt, sich an Mordechai zu rächen

9 Da ging Haman an dem Tage hinaus
fröhlich und guten Mutes. Aber als er
Mordechai im Tor des Königs sah, wie er
nicht aufstand und sich nicht vor ihm
fürchtete, wurde er voll Zorn über Morde-
chai.
10 Aber er hielt an sich. Und als er heim-
kam, sandte er hin und ließ seine Freunde
holen und seine Frau Seresch
11 und zählte ihnen auf die Herrlichkeit
seines Reichtums und die Menge seiner
Söhne und alles, wie ihn der König so groß
gemacht habe, und daß er über die Für-
sten und Großen des Königs erhoben sei.
12 Auch sprach Haman: Und die Königin
Ester hat niemand kommen lassen mit
dem König zum Mahl, das sie bereitet hat,
als nur mich, und auch morgen bin ich zu
ihr geladen mit dem König.
13 Aber das alles ist mir nicht genug,
solange ich den Juden Mordechai sitzen
sehe im Tor des Königs.
14 Da sprachen zu ihm seine Frau Seresch
und alle seine Freunde: Man mache einen
Galgen, fünfzig Ellen hoch, und morgen
früh sage dem König, daß man Mordechai
daran aufhänge. Dann geh du mit dem
König fröhlich zum Mahl. Das gefiel
Haman gut, und er ließ einen Galgen
aufrichten.

Haman muß Mordechai ehren

6 [a]In derselben Nacht konnte der König
nicht schlafen und ließ sich das Buch
mit den täglichen Meldungen bringen. Als
diese dem König vorgelesen wurden,
a (1 und 2) Kap 2,21-23
2 fand sich's geschrieben, daß Mordechai
angezeigt hatte, wie die zwei Kämmerer
des Königs, Bigtan und Teresch, die an
der Schwelle die Wache hielten, danach
getrachtet hatten, Hand an den König
Ahasveros zu legen.
3 Und der König sprach: Welche Ehre und
Würde hat Mordechai dafür bekommen?
Da sprachen die Diener des Königs, die
um ihn waren: Er hat nichts bekommen.
4 Und der König sprach: Wer ist im Vor-
hof? Haman aber war in den Vorhof
gekommen draußen vor des Königs Palast,
um dem König zu sagen, daß man [a]Mor-
dechai an den Galgen hängen sollte, den
er für ihn aufgerichtet hatte. *a* Kap 5,14
5 Und des Königs Diener sprachen zu
ihm: Siehe, Haman steht im Vorhof. Der
König sprach: Laßt ihn hereintreten.
6 Und als Haman hereinkam, sprach der
König zu ihm: Was soll man dem Mann
tun, den der König gern ehren will?
Haman aber dachte in seinem Herzen:
Wen anders sollte der König gern ehren
wollen als mich?
7 Und Haman sprach zum König: Dem
Mann, den der König gern ehren will,
8 soll man [a]königliche Kleider bringen,
die der König zu tragen pflegt, und ein
Roß, darauf der König reitet und dessen
Kopf königlichen Schmuck trägt, *a* Dan 5,29
9 und man soll Kleid und Roß einem Für-
sten des Königs geben, daß er den Mann
bekleide, den der König gern ehren will,
und ihn auf dem Roß über den Platz der
Stadt führen und vor ihm her ausrufen
lassen: So tut man dem Mann, den der
König gern ehren will.[a] *a* 1.Mose 41,42.43
10 Der König sprach zu Haman: Eile und
nimm Kleid und Roß, wie du gesagt hast,

und tu so mit Mordechai, dem Juden, der
im Tor des Königs sitzt, und laß nichts
fehlen an allem, was du gesagt hast.
11 ¶ Da nahm Haman Kleid und Roß und
zog Mordechai an und führte ihn über den
Platz der Stadt und rief aus vor ihm her:
So geschieht dem Mann, den der König
gern ehren will.
12 Und Mordechai kam wieder zum Tor
des Königs. Haman aber eilte nach Hause,
traurig und mit verhülltem Haupt,
13 und erzählte seiner Frau Seresch und
allen seinen Freunden alles, was ihm
begegnet war. Da sprachen zu ihm seine
Freunde und seine Frau Seresch: Ist Mor-
dechai, vor dem du zu fallen angefangen
hast, vom Geschlecht der Juden, so ver-
magst du nichts gegen ihn, sondern du
wirst vor ihm vollends zu Fall kommen.
14 ¶ Als sie aber noch mit ihm redeten,
kamen des Königs Kämmerer und geleite-
ten Haman eilends [a] zu dem Mahl, das
Ester bereitet hatte. *a* Kap 5,8

Haman wird an den Galgen gehängt

7 Und als der König mit Haman zu dem
Mahl kam, das die Königin Ester berei-
tet hatte,
2 sprach der König zu Ester auch an die-
sem zweiten Tage, als er Wein getrunken
hatte: Was bittest du, Königin Ester, das
man dir geben soll? Und was begehrst du?
Wäre es auch das halbe Königreich, es soll
geschehen.
3 Die Königin Ester antwortete: Hab ich
Gnade vor dir gefunden, o König, und
gefällt es dem König, so gib mir mein
Leben um meiner Bitte willen und mein
Volk um meines Begehrens willen.
4 Denn wir sind verkauft, ich und mein
Volk, daß wir vertilgt, getötet und umge-
bracht werden. Wären wir nur zu Knech-
ten und Mägden verkauft, so wollte ich
schweigen; denn die Bedrängnis wäre
nicht so groß, daß man den König darum
belästigen müßte.
5 Der König Ahasveros antwortete und
sprach zu der Königin Ester: Wer ist der
oder wo ist der, der sich hat in den Sinn
kommen lassen, solches zu tun?
6 Ester sprach: Der Feind und Widersa-
cher ist dieser niederträchtige Haman!
Haman aber erschrak vor dem König und
der Königin.
7 ¶ Und der König stand auf vom Wein-
gelage in seinem Grimm und ging in den
Garten am Palast. Aber Haman trat vor
und bat die Königin Ester um sein Leben;
denn er sah, daß sein Unglück vom König
schon beschlossen war.
8 Und als der König zurückkam aus dem
Garten am Palast in den Saal, wo man
gegessen hatte, lag Haman vor dem Lager,
auf dem Ester ruhte. Da sprach der König:
Will er auch der Königin Gewalt antun bei
mir im Palast? Als das Wort aus des
Königs Munde gekommen war, verhüllten
sie Haman das Antlitz.
9 Und Harbona, einer der Kämmerer vor
dem König, sprach: Siehe, es steht ein Gal-
gen beim Hause Hamans, fünfzig Ellen
hoch, den er für Mordechai aufgerichtet
hat, der doch zum Wohl des Königs gere-
det hat. Der König sprach: Hängt ihn daran
auf!
10 So hängte man Haman an den Galgen,
den er für Mordechai aufgerichtet hatte.
Da legte sich des Königs Zorn.

Die Wendung zugunsten der Juden

8 An dem Tage schenkte der König
Ahasveros der Königin Ester das Haus
Hamans, des Judenfeindes. Und Morde-
chai wurde vom König empfangen; denn
Ester hatte ihm gesagt, [a] wie er mit ihr
verwandt sei. *a* Kap 2,7
2 Und [a] der König tat ab seinen Fingerreif,
den er Haman genommen hatte, und gab
ihn Mordechai. Und Ester setzte Morde-
chai über das Haus Hamans. *a* Kap 3,10
3 ¶ Und Ester redete noch einmal vor
dem König und fiel ihm zu Füßen und
weinte und flehte ihn an, daß er zunichte
mache die Bosheit Hamans, des Agagi-
ters, und seine Anschläge, die er gegen
die Juden erdacht hatte.
4 Und [a] der König streckte das goldene
Zepter gegen Ester aus. Da stand Ester
auf und trat vor den König *a* Kap 4,11; 5,2
5 und sprach: Gefällt es dem König, und
habe ich Gnade gefunden vor ihm, und
dünkt es den König recht, und gefalle ich
ihm, so möge man die Schreiben mit den
Anschlägen Hamans, des Sohnes Hamme-
datas, des Agagiters, widerrufen, die er
geschrieben hat, um die Juden umzubrin-
gen in allen Ländern des Königs.
6 Denn wie kann ich dem Unheil zuse-
hen, das mein Volk treffen würde? Und

wie kann ich zusehen, daß mein Geschlecht umkäme?
7 Da sprach der König Ahasveros zur Königin Ester und zu Mordechai, dem Juden: Siehe, ich habe Ester das Haus Hamans geschenkt, und ihn hat man an einen Galgen gehängt, weil er seine Hand an die Juden gelegt hat.
8 So schreibt nun ihr wegen der Juden, wie es euch gefällt, in des Königs Namen und siegelt's mit des Königs Ring. Denn ein Schreiben, das in des Königs Namen geschrieben und mit des Königs Ring gesiegelt war, durfte niemand widerrufen.
9 ¶Da wurden gerufen des Königs Schreiber zu jener Zeit im dritten Monat, das ist der Monat Siwan, am dreiundzwanzigsten Tage, und es wurde geschrieben, wie Mordechai gebot, an die Juden und an die Fürsten, Statthalter und Obersten in den Ländern vom Indus bis zum Nil, hundertundsiebenundzwanzig Ländern, einem jeden Lande in seiner Schrift, einem jeden Volk in seiner Sprache und auch den Juden in ihrer Schrift und Sprache.
10 Und es wurde geschrieben in des Königs Ahasveros Namen und mit des Königs Ring gesiegelt. Und man sandte die Schreiben durch reitende Boten auf den besten Pferden.
11 Darin gab der König den Juden, in welchen Städten sie auch waren, die Erlaubnis, sich zu versammeln und ihr Leben zu verteidigen und alle Macht des Volks und Landes, die sie angreifen würden, zu vertilgen, zu töten und umzubringen samt den Kindern und Frauen und ihr Hab und Gut zu plündern[a]

a Kap 3,13; 9,7-10.15.16

12 an **einem** Tag in allen Ländern des Königs Ahasveros, nämlich am dreizehnten Tage des zwölften Monats, das ist der Monat Adar.
13 Eine Abschrift des Schreibens aber sollte als Gesetz erlassen werden in allen Ländern, um allen Völkern zu eröffnen, daß die Juden sich für diesen Tag bereithalten würden, sich zu rächen an ihren Feinden.
14 ¶Und die reitenden Boten auf den besten Pferden ritten aus schnell und eilends nach dem Wort des Königs, und das Gesetz wurde in der Festung Susa angeschlagen.
15 ¶Mordechai aber ging hinaus von dem König in königlichen Kleidern, blau und weiß, und mit einer großen goldenen Krone, angetan mit einem Mantel aus Leinen und Purpurwolle. Und die Stadt Susa jauchzte und war fröhlich.
16 Für die Juden aber war Licht und Freude und Wonne und Ehre gekommen.
17 Und in allen Ländern und Städten, an welchen Ort auch immer des Königs Wort und Gesetz gelangte, da war Freude und Wonne unter den Juden, Gastmahl und Festtag; und viele aus den Völkern im Lande wurden Juden; denn die Furcht vor den Juden war über sie gekommen.

Die Juden rächen sich an ihren Feinden

9 Im zwölften Monat, das ist der Monat Adar, am dreizehnten Tage, als des Königs Wort und Gesetz ausgeführt werden sollte, eben an dem Tage, als die Feinde der Juden hofften, sie zu überwältigen, und sich's wandte, daß nun die Juden ihre Feinde überwältigen sollten,
2 da versammelten sich die Juden in ihren Städten in allen Ländern des Königs Ahasveros, um Hand anzulegen an die, die ihnen übelwollten. Und niemand konnte ihnen widerstehen; denn die Furcht vor ihnen war über alle Völker gekommen.
3 Auch alle Obersten in den Ländern und die Fürsten und Statthalter und Amtleute des Königs halfen den Juden; denn die Furcht vor Mordechai war über sie gekommen.
4 Denn Mordechai war groß am Hof des Königs, und die Kunde von ihm erscholl in allen Ländern, wie er immer mächtiger werde.
5 So schlugen die Juden alle ihre Feinde mit dem Schwert und töteten und brachten um und taten nach ihrem Gefallen an denen, die ihnen feind waren.
6 Und in der Festung Susa töteten und brachten die Juden um fünfhundert Mann.
7 Dazu töteten sie Parschandata, Dalfon, Aspata,
8 Porata, Adalja, Aridata,
9 Parmaschta, Arisai, Aridai und Wajesata,
10 die zehn Söhne Hamans, des Sohnes Hammedatas, des Judenfeindes. Aber [a]an die Güter legten sie ihre Hände nicht.

a 1.Mose 14,21-24

11 ¶Zu derselben Zeit kam die Zahl der Getöteten in der Festung Susa vor den König.
12 Und der König sprach zu der Königin

Ester: Die Juden haben in der Festung
Susa fünfhundert Mann getötet und umgebracht, auch die zehn Söhne Hamans; was werden sie getan haben in den andern Ländern des Königs? Was bittest du, daß man dir's gebe? Und was begehrst du mehr, daß man's tue?
13 Ester sprach: Gefällt's dem König, so lasse er auch morgen die Juden in Susa tun nach dem Gesetz für den heutigen Tag, aber die zehn Söhne Hamans soll man an den Galgen hängen.
14 Und der König befahl, so zu tun. Und das Gesetz wurde zu Susa gegeben, und die zehn Söhne Hamans wurden gehängt.
15 Und die Juden in Susa versammelten sich auch am vierzehnten Tage des Monats Adar und töteten in Susa dreihundert Mann; aber an ihre Güter legten sie die Hände nicht.
16 Auch die andern Juden in den Ländern des Königs kamen zusammen, um ihr Leben zu verteidigen und sich vor ihren Feinden Ruhe zu verschaffen, und töteten fünfundsiebzigtausend von ihren Feinden; aber an die Güter legten sie die Hände nicht.

Die Stiftung des Purimfestes

17 Das geschah am dreizehnten Tage des Monats Adar, und sie ruhten am vierzehnten Tage desselben Monats. Den machten sie zum Tage des Festmahls und der Freude.
18 Aber die Juden in Susa waren zusammengekommen am dreizehnten und vierzehnten Tage und ruhten am fünfzehnten Tage, und diesen Tag machten sie zum Tage des Festmahls und der Freude.
19 Darum machen die Juden, die in den Dörfern und Höfen wohnen, den vierzehnten Tag des Monats Adar zum Tag des Festmahls und der Freude und senden einer dem andern Geschenke.
20 ¶ Und Mordechai schrieb diese Geschichten auf und sandte Schreiben an alle Juden, die in allen Ländern des Königs Ahasveros waren, nah und fern,
21 sie sollten als Feiertage den vierzehnten und fünfzehnten Tag des Monats Adar annehmen und jährlich halten
22 als die Tage, an denen die Juden zur Ruhe gekommen waren vor ihren Feinden, und als den Monat, in dem sich ihre Schmerzen in Freude und ihr Leid in Festtage verwandelt hatten: daß sie diese halten sollten als Tage des Festmahls und der Freude und einer dem andern Geschenke und den Armen Gaben schicke.
23 Und die Juden nahmen es an als Brauch, was sie angefangen hatten zu tun und was Mordechai an sie geschrieben hatte:
24 wie Haman, der Sohn Hammedatas, der Agagiter, der Feind aller Juden, gedacht hatte, alle Juden umzubringen, und wie er das [a] Pur, das ist das Los, hatte werfen lassen, um sie zu schrecken und umzubringen;

[a] Kap 3,7

25 und wie Ester zum König gegangen war und dieser durch Schreiben geboten hatte, daß die bösen Anschläge, die Haman gegen die Juden erdacht, auf seinen Kopf zurückfielen, und [a] wie man ihn und seine Söhne an den Galgen gehängt hatte.

[a] Kap 7,10

26 Daher nannten sie diese Tage Purim nach dem Worte Pur. Und nach allen Worten dieses Schreibens und nach dem, was sie selbst gesehen hatten und was sie getroffen hatte,
27 beschlossen die Juden und nahmen es an als Brauch für sich und für ihre Nachkommen und für alle, die sich zu ihnen halten würden, daß sie nicht unterlassen wollten, diese zwei Tage jährlich zu halten, wie sie vorgeschrieben und bestimmt waren,
28 daß diese Tage nicht zu vergessen, sondern zu halten seien bei Kindeskindern, bei allen Geschlechtern, in allen Ländern und Städten. Es sind die Purimtage, die nicht übergangen werden sollen unter den Juden, und ihr Andenken soll nicht untergehen bei ihren Nachkommen.
29 ¶ Und die Königin Ester, die Tochter Abihails, und Mordechai, der Jude, schrieben mit ganzem Ernst ein zweites Schreiben über das Purimfest, um es zu bestätigen.
30 Und man sandte die Schreiben allen Juden in den hundertundsiebenundzwanzig Ländern des Königreichs des Ahasveros mit Grußworten des Friedens und der Treue:
31 daß sie annähmen die Purimtage auf ihre bestimmte Zeit, wie sie Mordechai, der Jude, und die Königin Ester für sie festgesetzt hatten und wie sie für sich selbst und für ihre Nachkommen die Ein-

setzung der Fasten und ihrer Klage festge-
setzt hatten.
32 Und der Befehl der Ester bestätigte die
Einsetzung dieser Purimtage. Und es
wurde in ein Buch geschrieben.

Mordechais Ansehen bei Persern und Juden

10 Und der König Ahasveros legte eine
Steuer aufs Land und auf die Inseln
im Meer.
2 Aber alle Taten seiner Herrschaft und
Macht und [a]die große Herrlichkeit Mor-
dechais, die ihm der König gab, siehe, das
ist geschrieben in der Chronik der Könige
von Medien und Persien. [a] Kap 8,2.15
3 Denn Mordechai, der Jude, war der
Erste nach dem König Ahasveros und groß
unter den Juden und beliebt unter der
Menge seiner Brüder, weil er für sein Volk
Gutes suchte und redete, was seinem gan-
zen Geschlecht zum Besten diente.

DAS BUCH HIOB (IJOB)

Inhaltsübersicht

Hiobs Frömmigkeit und Glück

1 Es war ein Mann im Lande [a]Uz, der
hieß [b]Hiob. [c]Der war fromm und
rechtschaffen, gottesfürchtig und mied das
Böse. *a* Jer 25,20; Klgl 4,21 *b* Hes 14,14.20 *c* Jak 5,11
2 Und er zeugte sieben Söhne und drei
Töchter,
3 und er besaß siebentausend Schafe, drei-
tausend Kamele, fünfhundert Joch Rinder
und fünfhundert Eselinnen und sehr viel
Gesinde, und er war reicher als alle, die
im Osten wohnten.
4 Und seine Söhne gingen hin und mach-
ten ein Festmahl, ein jeder in seinem
Hause an seinem Tag, und sie sandten hin
und luden ihre drei Schwestern ein, mit
ihnen zu essen und zu trinken.
5 Und wenn die Tage des Mahles um wa-
ren, sandte Hiob hin und heiligte sie und
machte sich früh am Morgen auf und op-
ferte Brandopfer nach ihrer aller Zahl;
denn Hiob dachte: Meine Söhne könnten
gesündigt und Gott abgesagt haben in ih-
rem Herzen. So tat Hiob allezeit.

Hiob bewährt sich in schwerer Prüfung

6 Es begab sich aber eines Tages, da die
[a]Gottessöhne* kamen und vor den HERRN
traten, kam auch der [b]Satan unter ihnen.
a Kap 2,1; 1.Mose 6,2 *b* 1.Chr 21,1

* Das sind himmlische Wesen, die das Gefolge Gottes bilden (vgl. Kap 38,7; Ps 82,1) und vor seinem Thron erscheinen (vgl. 1.Kön 22,19); zu ihnen gehört auch der Satan (vgl. Sach 3,1).

7 Der HERR aber sprach zu dem Satan:
Wo kommst du her? Der Satan antwortete
dem HERRN und sprach: Ich habe die Erde
hin und her durchzogen.
8 Der HERR sprach zum Satan: Hast du
achtgehabt auf meinen Knecht Hiob?
Denn es ist seinesgleichen nicht auf Er-
den, fromm und rechtschaffen, gottes-
fürchtig und meidet das Böse.
9 Der Satan antwortete dem HERRN und
sprach: Meinst du, daß Hiob [a]Gott um-
sonst fürchtet? *a* Ps 73,13
10 Hast du doch ihn, sein Haus und alles,
was er hat, ringsumher beschützt. Du hast
das Werk seiner Hände gesegnet, und sein
Besitz hat sich ausgebreitet im Lande.
11 Aber strecke deine Hand aus und taste
alles an, was er hat: was gilt's, er wird dir
ins Angesicht absagen!
12 Der HERR sprach zum Satan: Siehe,
alles, was er hat, sei in deiner Hand; nur
an ihn selbst lege deine Hand nicht. Da
ging der Satan hinaus von dem HERRN.[a]
a 5.Mose 8,2

13 ¶An dem Tage aber, da seine Söhne
und Töchter aßen und Wein tranken im
Hause ihres Bruders, des Erstgeborenen,
14 kam ein Bote zu Hiob und sprach: Die
Rinder pflügten, und die Eselinnen gingen
neben ihnen auf der Weide,
15 da fielen die aus Saba ein und nahmen
sie weg und erschlugen die Knechte mit
der Schärfe des Schwerts, und ich allein
bin entronnen, daß ich dir's ansagte.
16 Als der noch redete, kam ein anderer
und sprach: [a]Feuer Gottes fiel vom Him-
mel und traf Schafe und Knechte und ver-
zehrte sie, und ich allein bin entronnen,
daß ich dir's ansagte. *a* Ps 78,48
17 Als der noch redete, kam einer und
sprach: Die [a]Chaldäer machten drei Ab-
teilungen und fielen über die Kamele her
und nahmen sie weg und erschlugen die
Knechte mit der Schärfe des Schwerts, und
ich allein bin entronnen, daß ich dir's an-
sagte. *a* Jer 51,24
18 Als der noch redete, kam einer und

sprach: Deine Söhne und Töchter aßen
und tranken im Hause ihres Bruders, des
Erstgeborenen,
19 und siehe, da kam ein großer Wind von
der Wüste her und stieß an die vier Ecken
des Hauses; da fiel es auf die jungen
Leute, daß sie starben, und ich allein bin
entronnen, daß ich dir's ansagte.
20 ¶ Da stand Hiob auf und zerriß sein
Kleid und schor sein Haupt und fiel auf
die Erde und neigte sich tief
21 und sprach: Ich bin [a]nackt von meiner
Mutter Leibe gekommen, nackt werde ich
wieder dahinfahren. **Der HERR hat's gegeben, der HERR hat's genommen; der Name
des HERRN sei gelobt!**[b] –

[a] Pred 5,14; 1.Tim 6,7 [b] Jak 5,11

22 In diesem allen sündigte Hiob nicht
und tat nichts Törichtes wider Gott.

Hiob bewährt sich erneut in schwerer Prüfung

2 Es begab sich aber eines Tages, da die
Gottessöhne kamen und vor den
HERRN traten, daß auch der Satan unter
ihnen kam und vor den HERRN trat.[a]

[a] Kap 1,6

2 Da sprach der HERR zu dem Satan: Wo
kommst du her? Der Satan antwortete
dem HERRN und sprach: Ich habe die Erde
hin und her durchzogen.
3 Der HERR sprach zu dem Satan: Hast
du acht auf meinen Knecht Hiob gehabt?
Denn es ist seinesgleichen auf Erden nicht,
fromm und rechtschaffen, gottesfürchtig
und meidet das Böse und hält noch fest an
seiner Frömmigkeit; du aber hast mich bewogen, ihn ohne Grund zu verderben.
4 Der Satan antwortete dem HERRN und
sprach: Haut für Haut! und alles, was ein
Mann hat, läßt er für sein Leben.
5 Aber strecke deine Hand aus und taste
sein Gebein und Fleisch an: was gilt's, er
wird dir ins Angesicht absagen!
6 Der HERR sprach zu dem Satan: Siehe
da, er sei in deiner Hand, doch schone
sein Leben!
7 Da ging der Satan hinaus vom Angesicht des HERRN und schlug Hiob [a]mit
bösen Geschwüren von der Fußsohle an
bis auf seinen Scheitel.

[a] 5.Mose 28,27

8 Und er nahm eine Scherbe und schabte
sich und saß in der Asche.
9 Und seine Frau sprach zu ihm: Hältst
du noch fest an deiner Frömmigkeit? Sage
Gott ab und stirb!
10 Er aber sprach zu ihr: Du redest, wie
die törichten Frauen reden. **Haben wir
Gutes empfangen von Gott und sollten das
Böse nicht auch annehmen?** [a]In diesem
allen versündigte sich Hiob nicht mit seinen Lippen.

[a] Kap 1,22

Hiob wird von drei Freunden besucht

11 Als aber die drei Freunde Hiobs all das
Unglück hörten, das über ihn gekommen
war, kamen sie, ein jeder aus seinem Ort:
Elifas von [a]Teman, Bildad von [b]Schuach
und Zofar von [c]Naama. Denn sie waren
eins geworden hinzugehen, um ihn zu beklagen und zu trösten.

[a] 1.Mose 36,15; Jer 49,7 [b] 1.Mose 25,2 [c] Jos 15,41

12 Und als sie ihre Augen aufhoben von
ferne, erkannten sie ihn nicht und erhoben ihre Stimme und weinten, und ein
jeder zerriß sein Kleid, und sie warfen
Staub gen Himmel auf ihr Haupt
13 und saßen mit ihm auf der Erde sieben
Tage und sieben Nächte und redeten
nichts mit ihm; denn sie sahen, daß der
Schmerz sehr groß war.

Hiobs Klage

3 Danach tat Hiob seinen Mund auf
und verfluchte seinen Tag.
2 Und Hiob sprach:
3 ¶ Ausgelöscht sei [a]der Tag, an dem ich
geboren bin, und die Nacht, da man
sprach: Ein Knabe kam zur Welt!

[a] Jer 20,14-18

4 Jener Tag soll finster sein, und Gott droben frage nicht nach ihm! Kein Glanz soll
über ihm scheinen!
5 Finsternis und Dunkel sollen ihn überwältigen und düstere Wolken über ihm
bleiben, und Verfinsterung am Tage mache ihn schrecklich!
6 Jene Nacht – das Dunkel nehme sie hinweg, sie soll sich nicht unter den Tagen
des Jahres freuen noch in die Zahl der
Monde kommen!
7 Siehe, jene Nacht sei unfruchtbar und
kein Jauchzen darin!
8 Es sollen sie verfluchen, die einen Tag
verfluchen können, und die da kundig
sind, den Leviatan* zu wecken!

* d. i. ein Riesentier, nach der Art des Krokodils (40,25).

9 Ihre Sterne sollen finster sein in ihrer
Dämmerung. Die Nacht hoffe aufs Licht,
doch es komme nicht, und sie sehe nicht
die Wimpern der Morgenröte,
10 weil sie nicht verschlossen hat den Leib
meiner Mutter und nicht verborgen das
Unglück vor meinen Augen!
11 ¶Warum bin ich nicht gestorben bei
meiner Geburt? Warum bin ich nicht um-
gekommen, als ich aus dem Mutterleib
kam?
12 Warum hat man mich auf den Schoß
genommen? Warum bin ich an den Brü-
sten gesäugt?
13 Dann läge ich da und wäre still, dann
schliefe ich und hätte Ruhe
14 mit den Königen und Ratsherren auf
Erden, die sich [a] Grüfte erbauten,

a 2.Sam 18,18

15 oder mit den Fürsten, die Gold hatten
und deren Häuser voll Silber waren;
16 wie eine Fehlgeburt, die man verscharrt
hat, hätte ich nie gelebt, wie Kinder, die
das Licht nie gesehen haben.
17 Dort haben die Gottlosen aufgehört mit
Toben; dort ruhen, die viel Mühe gehabt
haben.
18 Da haben die Gefangenen allesamt
Frieden und hören nicht die Stimme des
Treibers.
19 Da sind klein und groß gleich, und der
Knecht ist frei von seinem Herrn.
20 ¶Warum gibt Gott das Licht dem Müh-
seligen und das Leben den betrübten Her-
zen
21 – die auf den Tod warten, und er
kommt nicht, und [a] nach ihm suchen mehr
als nach Schätzen,

a Offb 9,6

22 die sich sehr freuten und fröhlich wä-
ren, wenn sie ein Grab bekämen –,
23 dem Mann, dessen Weg verborgen ist,
[a] dem Gott den Pfad ringsum verzäunt
hat?

a Kap 19,8

24 Denn wenn ich essen soll, muß ich
seufzen, und mein Schreien fährt heraus
wie Wasser.
25 Denn was ich gefürchtet habe, ist über
mich gekommen, und wovor mir graute,
hat mich getroffen.
26 Ich hatte keinen Frieden, keine Rast,
keine Ruhe, da kam schon wieder ein
Ungemach!

Hiobs Gespräche mit seinen Freunden (Kapitel 4–27)

Des Elifas erste Rede

4 Da hob Elifas von Teman an und
sprach:
2 ¶Du hast's vielleicht nicht gern, wenn
man versucht, mit dir zu reden; aber
Worte zurückhalten, wer kann's?
3 Siehe, du hast viele unterwiesen und
matte Hände gestärkt;
4 deine Rede hat die Strauchelnden auf-
gerichtet, und die bebenden Knie hast du
gekräftigt.
5 Nun es aber an dich kommt, wirst du
weich, und nun es dich trifft, erschrickst
du!
6 Ist nicht deine Gottesfurcht dein Trost,
und die Unsträflichkeit deiner Wege deine
Hoffnung?
7 ¶Bedenke doch: Wo ist ein Unschuldi-
ger umgekommen? Oder wo wurden die
Gerechten je vertilgt?
8 Wohl aber habe ich gesehen: Die da Fre-
vel pflügten und Unheil säten, ernteten es
auch ein.[a]

a Spr 22,8

9 Durch den Odem Gottes sind sie umge-
kommen und vom Schnauben seines
Zorns vertilgt.
10 Das Brüllen der Löwen und die Stimme
der Leuen und die Zähne der jungen Lö-
wen sind dahin.
11 Der Löwe kommt um, wenn er keine
Beute hat, und die Jungen der Löwin wer-
den zerstreut.
12 ¶Zu mir ist heimlich ein Wort gekom-
men, und von ihm hat mein Ohr ein Flü-
stern empfangen
13 [a] beim Nachsinnen über Gesichte in der
Nacht, wenn tiefer Schlaf auf die Leute
fällt;

a (13-17) Kap 33,15-18; 1.Mose 15,12

14 da kam mich Furcht und Zittern an,
und alle meine Gebeine erschraken.
15 Und ein Hauch fuhr an mir vorüber; es
standen mir die Haare zu Berge an mei-
nem Leibe.
16 Da stand ein Gebilde vor meinen Au-
gen, doch ich erkannte seine Gestalt nicht;
es war eine Stille, und ich hörte eine
Stimme:
17 Wie kann ein Mensch gerecht sein vor
Gott oder ein Mann rein sein vor dem,
der ihn gemacht hat?[a]

a 1.Kön 8,46; Ps 14,3; Spr 20,9

[18] Siehe, [a] seinen Dienern traut er nicht,
und seinen Boten wirft er Torheit vor:
a Kap 15,15
[19] wieviel mehr denen, die in Lehmhäu-
sern wohnen und auf Staub gegründet sind
und wie Motten zerdrückt werden!
[20] Es währt vom Morgen bis zum Abend,
so werden sie zerschlagen, und ehe man's
gewahr wird, sind sie ganz dahin.
[21] Ihr Zelt wird abgebrochen, und sie ster-
ben unversehens.

5 ¶Rufe doch, ob einer dir antwortet!
Und an welchen von den Heiligen
willst du dich wenden?
[2] Denn einen Toren tötet der Unmut, und
den Unverständigen bringt der Eifer um.
[3] [a] Ich sah einen Toren Wurzel schlagen,
doch plötzlich schwand er von seiner
Stätte dahin. a (3-5) Ps 37,35.36
[4] Seinen Kindern bleibt Hilfe fern, und
sie werden zerschlagen im Tor; denn kein
Erretter ist da.
[5] Seine Ernte verzehrt der Hungrige, und
auch aus den Hecken holt er sie, und nach
seinem Gut lechzen die Durstigen.
[6] Denn Frevel geht nicht aus der Erde her-
vor, und Unheil wächst nicht aus dem Ak-
ker;
[7] sondern der Mensch erzeugt sich selbst
das Unheil, wie Funken hoch emporflie-
gen.
[8] ¶Ich aber würde mich zu Gott wenden
und meine Sache vor ihn bringen,
[9] der große Dinge tut, die nicht zu erfor-
schen sind, und Wunder, die nicht zu zäh-
len sind,[a] a Kap 9,10
[10] der den Regen aufs Land gibt und Was-
ser kommen läßt auf die Gefilde,
[11] der [a] die Niedrigen erhöht und den Be-
trübten emporhilft. a Ps 75,8; Lk 1,52
[12] Er macht zunichte die Pläne der Klu-
gen, so daß ihre Hand sie nicht ausführen
kann.
[13] Er [a] fängt die Weisen in ihrer Klugheit
und stürzt den Rat der Verkehrten,
a 1.Kor 3,19
[14] daß sie am Tage in Finsternis laufen
und [a] tappen am Mittag wie in der
Nacht. a Jes 59,9.10
[15] Er hilft dem Armen vom Schwert und
den Elenden von der Hand des Mächti-
gen.
[16] Dem Armen wird Hoffnung zuteil, und
die Bosheit muß ihren Mund zuhalten.
[17] ¶**Siehe, selig ist der Mensch, den Gott
zurechtweist; darum widersetze dich der
[a] Zucht des Allmächtigen nicht.**
a Ps 94,12; Spr 3,11
[18] **Denn er verletzt und verbindet; er zer-
schlägt, und seine Hand [a] heilt.**
a 5.Mose 32,39; Hos 6,1
[19] **In sechs Trübsalen wird er dich erretten,
und in sieben wird dich kein Übel anrüh-
ren.**[a] a Ps 37,24; Spr 24,16
[20] In der Hungersnot wird er dich vom
Tod erlösen und im Kriege von des
Schwertes Gewalt.
[21] Er wird dich verbergen vor der Geißel
der Zunge, daß du dich nicht fürchten
mußt, wenn Verderben kommt.
[22] Über Verderben und Hunger wirst du
lachen und dich vor den wilden Tieren im
Lande nicht fürchten.
[23] Denn dein Bund wird sein mit den Stei-
nen auf dem Felde, und [a] die wilden Tiere
werden Frieden mit dir halten,
a Jes 11,6-9; Hos 2,20
[24] und du wirst erfahren, daß deine Hütte
Frieden hat, und wirst deine Stätte über-
schauen und nichts vermissen,
[25] und du wirst erfahren, daß deine Kin-
der sich mehren und deine Nachkommen
wie das Gras auf Erden sind,
[26] und du wirst im Alter zu Grabe kom-
men, wie Garben eingebracht werden zur
rechten Zeit.
[27] Siehe, das haben wir erforscht, so ist
es; darauf höre und merke du dir's.

Hiobs erste Antwort an Elifas

6 Hiob antwortete und sprach:
[2] Wenn man doch meinen Kummer
wägen und mein Leiden zugleich auf die
Waage legen wollte!
[3] Denn nun ist es schwerer als Sand am
Meer; darum sind meine Worte noch un-
bedacht.
[4] Denn die [a] Pfeile des Allmächtigen stek-
ken in mir; mein Geist muß ihr Gift trin-
ken, und die Schrecknisse Gottes sind auf
mich gerichtet. a Ps 38,3
[5] Schreit denn der Wildesel, wenn er Gras
hat, oder brüllt der Stier, wenn er sein Fut-
ter hat?
[6] Ißt man denn Fades, ohne es zu salzen,
oder hat Eiweiß Wohlgeschmack?
[7] Meine Seele sträubt sich, es anzurüh-
ren; es ist, als wäre mein Brot unrein.
[8] ¶Könnte meine Bitte doch geschehen
und Gott mir geben, was ich hoffe!

9 Daß mich doch Gott erschlagen wollte
und seine Hand ausstreckte und mir den
Lebensfaden abschnitte!
10 So hätte ich noch diesen Trost und
wollte fröhlich springen – ob auch der
Schmerz mich quält ohne Erbarmen –,
daß ich nicht verleugnet habe die Worte
des Heiligen.
11 ¶ Was ist meine Kraft, daß ich ausharren
ren könnte; und welches Ende wartet auf
mich, daß ich geduldig sein sollte?
12 Ist doch meine Kraft nicht aus Stein
und mein Fleisch nicht aus Erz.
13 Hab ich denn keine Hilfe mehr, und
gibt es keinen Rat mehr für mich?
14 ¶ Wer Barmherzigkeit seinem Nächsten
verweigert, der gibt die Furcht vor dem
Allmächtigen auf.
15 Meine [a]Brüder trügen wie ein Bach,
wie das Bett der Bäche, die versickern,
a Ps 38,12
16 die erst trübe sind vom Eis, darin der
Schnee sich birgt,
17 doch zur Zeit, wenn die Hitze kommt,
versiegen sie; wenn es heiß wird, verge-
hen sie von ihrer Stätte:
18 Ihr Weg windet sich dahin und verläuft,
sie gehen hin ins Nichts und verschwin-
den.
19 Die Karawanen von Tema blickten aus
auf sie, die Karawanen von [a]Saba hofften
auf sie; a Kap 1,15
20 aber sie wurden zuschanden über ihrer
Hoffnung und waren betrogen, als sie da-
hin kamen.
21 So seid ihr jetzt für mich geworden;
weil ihr Schrecknisse seht, fürchtet ihr
euch.
22 Hab ich denn gesagt: Schenkt mir etwas
und bezahlt für mich von eurem Vermö-
gen
23 und errettet mich aus der Hand des
Feindes und kauft mich los von der Hand
der Gewalttätigen?
24 ¶ Belehrt mich, so will ich schweigen,
und worin ich geirrt habe, darin unterweist
mich!
25 Wie kräftig sind doch redliche Worte!
Aber euer Tadeln, was beweist das?
26 Gedenkt ihr, Worte zu rügen? Aber die
Rede eines Verzweifelnden verhallt im
Wind.
27 Ihr freilich könntet wohl über eine arme
Waise das Los werfen und euren Nächsten
verschachern.
28 Nun aber hebt doch an und seht auf
mich, ob ich euch ins Angesicht lüge.
29 Kehrt doch um, damit nicht Unrecht
geschehe! Kehrt um! Noch habe ich recht
darin!
30 Ist denn auf meiner Zunge Unrecht,
oder sollte mein Gaumen Böses nicht
merken?

7 ¶ Muß nicht der Mensch immer im
Dienst stehen auf Erden, und sind
seine Tage nicht wie die eines [a]Tagelöh-
ners? a Kap 14,6
2 Wie ein Knecht sich sehnt nach dem
Schatten und ein Tagelöhner auf seinen
Lohn wartet,
3 so hab ich wohl ganze Monate vergeb-
lich gearbeitet, und viele elende Nächte
sind mir geworden.
4 Wenn ich mich niederlegte, sprach ich:
Wann werde ich aufstehen? Bin ich aufge-
standen, so wird mir's lang bis zum
Abend, und mich quälte die Unruhe bis
zur Dämmerung.
5 Mein Fleisch ist um und um eine Beute
des Gewürms und faulig, meine Haut ist
verschrumpft und voller Eiter.
6 Meine Tage sind schneller dahingeflo-
gen als ein [a]Weberschiffchen und sind ver-
gangen ohne Hoffnung. a Jes 38,12
7 ¶ Bedenke, daß mein Leben ein Hauch
ist und meine Augen nicht wieder Gutes
sehen werden.
8 Und kein lebendiges Auge wird mich
mehr schauen; sehen deine Augen nach
mir, so bin ich nicht mehr.
9 Eine Wolke vergeht und fährt dahin: so
kommt nicht wieder herauf, wer zu den
Toten hinunterfährt;
10 er [a]kommt nicht zurück, und [b]seine
Stätte kennt ihn nicht mehr.
a Kap 10,21; 14,12 b Ps 103,16
11 ¶ Darum will auch ich meinem Munde
nicht wehren. Ich will reden in der Angst
meines Herzens und will klagen in der Be-
trübnis meiner Seele.
12 Bin ich denn das Meer oder der Dra-
che, daß du eine Wache gegen mich auf-
stellst?
13 Wenn ich dachte, mein Bett soll mich
trösten, mein Lager soll mir meinen Jam-
mer erleichtern,
14 so erschrecktest du mich mit Träumen
und machtest mir Grauen durch Gesich-
te,
15 daß ich mir wünschte, erwürgt zu sein,

und den Tod lieber hätte als meine
Schmerzen.
16 Ich vergehe! Ich leb' ja nicht ewig. Laß
ab von mir, denn meine Tage sind nur
noch ein Hauch.[a]
a 1.Kön 19,4
17 ¶ Was ist der Mensch, daß du ihn groß
achtest und dich um ihn bekümmerst?
18 Jeden Morgen suchst du ihn heim und
prüfst ihn alle Stunden.
19 Warum blickst du nicht einmal von mir
weg und läßt mir keinen Atemzug Ruhe?
20 Hab ich gesündigt, was tue ich dir
damit an, du Menschenhüter? Warum
machst du mich zum Ziel deiner Anläufe,
daß ich mir selbst eine Last bin?
21 Und warum vergibst du mir meine
Sünde nicht oder läßt meine Schuld hin-
gehen? Denn nun werde ich mich in die
Erde legen, und wenn du mich suchst,
werde ich nicht mehr dasein.

Bildads erste Rede

8 Da hob Bildad von Schuach an und
sprach:
2 ¶ Wie lange willst du so reden und sol-
len die Reden deines Mundes so unge-
stüm daherfahren?
3 Meinst du, daß Gott unrecht richtet oder
[a] der Allmächtige das Recht verkehrt?
a Kap 34,10
4 Haben [a] deine Söhne vor ihm gesündigt,
so hat er sie verstoßen um ihrer Sünde
willen.
a Kap 1,4.5
5 Wenn du aber dich beizeiten zu Gott
wendest und zu dem Allmächtigen flehst,
6 wenn du rein und fromm bist, so wird er
deinetwegen [a] aufwachen und wird wieder
aufrichten deine Wohnung, wie es dir zu-
steht.
a Ps 35,23
7 Und was du zuerst wenig gehabt hast,
wird hernach sehr zunehmen.[a]
a Kap 42,10
8 ¶ Denn frage die früheren Geschlechter
und merke auf das, was ihre Väter
erforscht haben,
9 denn wir sind von gestern her und wis-
sen nichts; unsere Tage sind ein Schatten
auf Erden.
10 Sie werden dich's lehren und dir sagen
und ihre Rede aus ihrem Herzen hervor-
bringen:
11 »Kann auch Rohr aufwachsen, wo es
nicht feucht ist, oder Schilf wachsen ohne
Wasser?
12 Noch steht's in Blüte, bevor man es
schneidet, da verdorrt es schon vor allem
Gras.
13 So geht es jedem, der Gott vergißt, und
[a] die Hoffnung des Ruchlosen wird verlo-
ren sein.
a Kap 11,20; Spr 10,28
14 Denn seine Zuversicht vergeht, und
seine Hoffnung ist ein Spinnweb.
15 Er verläßt sich auf sein Haus, aber es
hält nicht stand; er hält sich daran, aber es
bleibt nicht stehen.
16 Er steht voll Saft im Sonnenschein, und
seine Reiser wachsen hinaus über seinen
Garten.
17 Über Steinhaufen schlingen sich seine
Wurzeln und halten sich zwischen Steinen
fest.
18 Wenn man ihn aber vertilgt von seiner
Stätte, so wird sie ihn verleugnen, als
kennte sie ihn nicht.
19 Siehe, das ist das Glück seines Lebens,
und aus dem Staube werden andre wach-
sen.«
20 ¶ Siehe, Gott verwirft die Frommen
nicht und hält die Hand der Boshaften
nicht fest,
21 bis er deinen Mund voll Lachens ma-
che und deine Lippen voll Jauchzens.
22 Die dich aber hassen, müssen sich in
Schmach kleiden, und die Hütte der Gott-
losen wird nicht bestehen.

Hiobs erste Antwort an Bildad

9 Hiob antwortete und sprach:
2 ¶ Ja, ich weiß sehr gut, daß es so ist
und [a] daß ein Mensch nicht recht behalten
kann gegen Gott.
a Kap 40,3-5; Ps 143,2
3 Hat er Lust, mit ihm zu streiten, so kann
er ihm auf tausend nicht **eins** antwor-
ten.[a]
a Ps 19,13
4 Gott ist weise und mächtig; wem ist's je
gelungen, der sich gegen ihn gestellt hat?
5 Er versetzt Berge, ehe sie es innewer-
den; er kehrt sie um in seinem Zorn.
6 Er bewegt die Erde von ihrem Ort, daß
ihre Pfeiler zittern.
7 Er spricht zur Sonne, so geht sie nicht
auf, und versiegelt die Sterne.
8 Er allein breitet den Himmel aus und
[a] geht auf den Wogen des Meers.
a Mt 14,25
9 Er macht den Wagen am Himmel und
den [a] Orion und das Siebengestirn und die
Sterne des Südens.
a Kap 38,31; Am 5,8
10 Er tut große Dinge, die nicht zu erfor-
schen, und Wunder, die nicht zu zählen
sind.[a]
a Kap 5,9

11 Siehe, er geht an mir vorüber, ohne daß
ich's gewahr werde, und wandelt vorbei,
ohne daß ich's merke.
12 Siehe, wenn er wegrafft, wer will ihm
wehren? Wer will zu ihm sagen: Was
machst du?
13 Gott wehrt seinem Zorn nicht; unter
ihn mußten sich beugen die Helfer [a]Rahabs*. *a* Kap 26,12; Ps 89,11
*d.i. der Drache der Urzeit.
14 Wie sollte dann ich ihm antworten und
Worte finden vor ihm?
15 Wenn ich auch recht habe, so kann ich
ihm doch nicht antworten, sondern ich
müßte um mein Recht flehen.
16 Wenn ich ihn auch anrufe, daß er mir
antwortet, so glaube ich nicht, daß er
meine Stimme hört,
17 vielmehr greift er nach mir im Wettersturm und schlägt mir viele Wunden ohne
Grund.
18 Er läßt mich nicht Atem schöpfen, sondern sättigt mich mit Bitternis.
19 Geht es um Macht und Gewalt: Er hat
sie. Geht es um Recht: Wer will ihn vorladen?[a] *a* Vers 33
20 Wäre ich gerecht, so müßte mich doch
mein Mund verdammen; wäre ich unschuldig, so würde er mich doch schuldig
sprechen.
21 ¶Ich bin unschuldig! Ich möchte nicht
mehr leben; ich verachte mein Leben.
22 Es ist eins, darum sage ich: [a]Er bringt
den Frommen um wie den Gottlosen.
a Kap 8,20; Pred 9,2.3
23 Wenn seine Geißel plötzlich tötet, so
spottet er über die Verzweiflung der Unschuldigen.
24 Er hat die Erde unter gottlose Hände
gegeben, und das Antlitz ihrer Richter verhüllt er. Wenn nicht **er**, wer anders sollte
es tun?
25 ¶Meine Tage sind schneller gewesen
als ein Läufer; sie sind dahingeflohen und
haben nichts Gutes erlebt.
26 Sie sind dahingefahren wie schnelle
Schiffe, wie ein Adler herabstößt auf die
Beute.
27 Wenn ich denke: Ich will meine Klage
vergessen und mein Angesicht ändern und
heiter bleiben,
28 so fürchte ich doch wieder alle meine
Schmerzen, weil ich weiß, daß du mich
nicht unschuldig sprechen wirst.
29 Ich soll ja doch schuldig sein! Warum
mühe ich mich denn so vergeblich?
30 Wenn ich mich auch mit Schneewasser
wüsche und [a]reinigte meine Hände mit
Lauge, *a* Jer 2,22
31 so wirst du mich doch eintauchen in
die Grube, daß sich meine Kleider vor mir
ekeln.
32 Denn er ist nicht ein Mensch wie ich,
dem ich antworten könnte, daß wir miteinander vor Gericht gingen.[a] *a* Pred 6,10
33 Daß es doch zwischen uns einen
Schiedsmann gäbe, der seine Hand auf uns
beide legte!
34 Daß er seine Rute von mir nehme und
mich nicht mehr ängstige!
35 So wollte ich reden und mich nicht vor
ihm fürchten, denn ich bin mir keiner
Schuld bewußt.

10 ¶Mich ekelt mein Leben an. Ich
will meiner Klage ihren Lauf lassen
und reden in der Betrübnis meiner Seele
2 und zu Gott sagen: Verdamme mich
nicht! Laß mich wissen, warum du mich
vor Gericht ziehst.
3 Gefällt dir's, daß du Gewalt tust und verwirfst mich, den deine Hände gemacht haben, und bringst der Gottlosen Vorhaben
zu Ehren?
4 Hast du denn [a]Menschenaugen, oder
siehst du, wie ein Sterblicher sieht?
a 1.Sam 16,7
5 Oder ist deine Zeit wie eines Menschen
Zeit oder deine Jahre wie eines Mannes
Jahre,
6 daß du nach meiner Schuld fragst und
nach meiner Sünde suchst,
7 wo du doch weißt, daß ich nicht schuldig
bin und niemand da ist, der aus deiner
Hand erretten kann?
8 ¶[a]Deine Hände haben mich gebildet
und bereitet; danach hast du dich abgewandt und willst mich verderben?
a Ps 139,14
9 Bedenke doch, daß [a]du mich aus Erde
gemacht hast, und [b]läßt mich wieder zum
Staub zurückkehren?
a Kap 33,6; 1.Mose 2,7 *b* 1.Mose 3,19
10 Hast du mich nicht wie Milch hingegossen und wie Käse gerinnen lassen?
11 Du hast mir Haut und Fleisch angezogen; mit Knochen und Sehnen hast du
mich zusammengefügt;
12 [a]**Leben und Wohltat hast du an mir getan, und deine Obhut hat meinen Odem
bewahrt.** *a* Apg 17,28

[13]Aber du verbargst in deinem Herzen –
ich weiß, du hattest das im Sinn –,
[14]daß du darauf achten wolltest, wenn ich
sündigte, und mich von meiner Schuld
nicht lossprechen.
[15]Wäre ich schuldig, dann wehe mir! Und
wäre ich schuldlos, so dürfte ich doch
mein Haupt nicht erheben, gesättigt mit
Schmach und getränkt mit Elend.
[16]Und wenn ich es aufrichtete, so wür-
dest du mich jagen [a]wie ein Löwe und
wiederum erschreckend an mir handeln.
a Jes 38,13
[17]Du würdest immer neue Zeugen gegen
mich stellen und deinen Zorn auf mich
noch mehren und immer neue Heerhau-
fen gegen mich senden.
[18]¶Warum hast du mich aus meiner
Mutter Leib kommen lassen? Ach daß ich
umgekommen wäre und mich nie ein
Auge gesehen hätte![a] *a* Kap 3,11; Jer 20,14
[19]So wäre ich wie die, die nie gewesen
sind, vom Mutterleib weg zum Grabe ge-
bracht.
[20]Ist denn mein Leben nicht kurz? So
höre auf und laß ab von mir, daß ich ein
wenig erquickt werde,
[21]ehe denn ich hingehe – [a]und komme
nicht zurück – ins Land der Finsternis und
des Dunkels, *a* Kap 7,10
[22]ins Land, wo es stockfinster ist und
dunkel ohne alle Ordnung, und wenn's hell
wird, so ist es immer noch Finsternis.

Zofars erste Rede

11 Da hob Zofar von Naama an und
sprach:
[2]¶Muß langes Gerede ohne Antwort
bleiben? Muß denn ein Schwätzer immer
recht haben?
[3]Müssen Männer zu deinem leeren Ge-
rede schweigen, daß du spottest und nie-
mand dich beschämt?
[4]Du sprichst: »Meine Rede ist rein, und
lauter bin ich vor deinen Augen.«[a]
a Kap 9,21; 10,7
[5]Ach, daß Gott mit dir redete und täte
seine Lippen auf
[6]und zeigte dir [a]die Tiefen der Weisheit
– denn sie ist zu wunderbar für jede Er-
kenntnis –, damit du weißt, daß er noch
nicht an alle deine Sünden denkt. *a* Ps 51,8
[7]¶Meinst du, daß du weißt, was Gott
weiß, oder kannst du alles so vollkommen
treffen wie der Allmächtige?
[8]Die Weisheit ist höher als der Himmel:
was willst du tun?, tiefer als die Hölle: was
kannst du wissen?,
[9]länger als die Erde und breiter als das
Meer:
[10]wenn er daherfährt und gefangenlegt
und Gericht hält – wer will's ihm wehren?
[11]Denn er kennt die heillosen Leute; er
sieht den Frevel und sollte es nicht mer-
ken?
[12]¶Kann ein Hohlkopf verständig wer-
den, kann ein junger Wildesel als Mensch
zur Welt kommen?
[13]Wenn aber du dein Herz auf ihn rich-
test und deine Hände zu ihm ausbreitest,
[14]wenn du den Frevel in deiner Hand von
dir wegtust, daß in deiner Hütte kein Un-
recht bliebe:
[15]so könntest du dein Antlitz aufheben
ohne Tadel und würdest fest sein und dich
nicht fürchten.
[16]Dann würdest du alle Mühsal vergessen
und so wenig daran denken wie an Was-
ser, das verrinnt,
[17]und dein Leben würde aufgehen wie
der Mittag, und das Finstre würde ein lich-
ter Morgen werden,
[18][a]und du dürftest dich trösten, daß Hoff-
nung da ist, würdest rings um dich blicken
und dich in Sicherheit schlafen legen,
a (18 und 19) Ps 4,9
[19]würdest ruhen, und niemand würde
dich aufschrecken, und viele würden deine
Gunst erbitten.
[20]Aber die Augen der Gottlosen werden
verschmachten, und sie werden nicht ent-
rinnen können, und [a]als ihre Hoffnung
bleibt, die Seele auszuhauchen. *a* Kap 8,14

Hiobs erste Antwort an Zofar

12 Da antwortete Hiob und sprach:
[2]¶Ja, ihr seid die Leute, mit euch
wird die Weisheit sterben!
[3]Ich hab ebenso Verstand wie ihr und
bin nicht geringer als ihr; wer wüßte das
nicht?
[4]Ich muß von meinem Nächsten verlacht
sein, der ich Gott anrief und den er er-
hörte. Der Gerechte und Fromme muß
verlacht sein.
[5]Dem Unglück gebührt Verachtung, so
meint der Sichere; ein Stoß denen, deren
Fuß schon wankt!
[6]Die Hütten der Verwüster stehen ganz
sicher, und Ruhe haben, die wider Gott

33 *Die Richterin Debora gewinnt Barak zur Aufstellung einer Streitmacht*
Radierung; 30,7 x 25,9 cm; 1952–1956; signiert; MBMC, Nizza
(© Foto: MBMC – Patrick Gérin)

36 *Hannas Gebet*
Radierung; 28 x 24 cm; 1952-1956; Ausschnitt;
MBMC, Nizza
(© Foto: MBMC – Patrick Gérin)

toben, die Gott in ihrer Faust führen.[a]
a Hab 1,11
[7]¶Frage doch das Vieh, das wird dich's
lehren, und die Vögel unter dem Himmel,
die werden dir's sagen,
[8]oder die Sträucher der Erde, die werden
dich's lehren, und die Fische im Meer wer-
den dir's erzählen.
[9]Wer erkennte nicht an dem allen, daß
des HERRN Hand das gemacht hat,
[10]daß in seiner Hand ist die Seele von
allem, was lebt, und [a]der Lebensodem al-
ler Menschen? a 4.Mose 16,22; Apg 17,28
[11]Prüft nicht das Ohr die Rede, wie der
Mund die Speise schmeckt?
[12]Bei den Großvätern nur soll Weisheit
sein und Verstand nur bei den Alten?[a]
a Kap 8,8
[13]¶Bei Gott ist Weisheit und Gewalt, sein
ist Rat und Verstand.
[14]Siehe, wenn er zerbricht, so hilft kein
Bauen; [a]wenn er jemand einschließt, kann
niemand aufmachen. a Offb 3,7
[15]Siehe, [a]wenn er das Wasser zurückhält,
so wird alles dürr, und wenn er's losläßt,
so [b]wühlt es das Land um.
a 1.Kön 17,1.7 b 1.Mose 7,19-23
[16]Bei ihm ist Kraft und Einsicht. Sein ist,
der da irrt und [a]der irreführt.
a 1.Kön 12,28-30; 2.Kön 19,10-37
[17]Er führt die Ratsherren gefangen und
macht die Richter zu Toren.
[18]Er macht frei von den Banden der Kö-
nige und umgürtet ihre Lenden mit
einem Gurt.
[19]Er führt die Priester barfuß davon und
[a]bringt zu Fall die alten Geschlechter.
a 1.Sam 2,30-32; 22,18.19
[20]Er entzieht die Sprache den Verläßli-
chen und nimmt weg den Verstand der
Alten.
[21]Er schüttet Verachtung auf die Fürsten
und [a]zieht den Gewaltigen die Rüstung
aus. a 1.Sam 17,5; 31,9; 2.Kön 19,37; Dan 4,29.30
[22]Er öffnet die finstern Schluchten und
bringt heraus das Dunkel ans Licht.
[23]Er macht Völker groß und bringt sie
wieder um; er breitet ein Volk aus und
treibt's wieder weg.
[24]Er nimmt den Häuptern des Volks im
Lande den Mut und führt sie irre, wo kein
Weg ist,
[25]daß sie in der Finsternis tappen ohne
Licht, und macht sie irre wie die Trunke-
nen.

13 ¶Siehe, das hat alles mein Auge ge-
sehen und mein Ohr gehört, und ich
hab's verstanden.
[2]Was ihr wißt, das weiß ich auch, und ich
bin nicht geringer als ihr.
[3]Doch ich wollte gern zu dem Allmächti-
gen reden und wollte rechten mit Gott.
[4]Aber ihr seid Lügentüncher und seid
alle unnütze Ärzte.
[5]Wollte Gott, daß ihr geschwiegen hättet,
so wäret ihr weise geblieben.[a] a Spr 17,28
[6]Hört doch, wie ich mich verantworte,
und merkt auf die Streitsache, von der ich
rede!
[7]Wollt ihr Gott verteidigen mit Unrecht
und Trug für ihn reden?
[8]Wollt ihr für ihn Partei nehmen? Wollt
ihr Gottes Sache vertreten?
[9]Wird's euch auch wohlgehen, wenn er
euch verhören wird? Meint ihr, daß ihr ihn
täuschen werdet, wie man einen Men-
schen täuscht?
[10]Er wird euch hart zurechtweisen, wenn
ihr heimlich Partei ergreift.
[11]Werdet ihr euch nicht entsetzen, wenn
er sich erhebt, und wird sein Schrecken
nicht über euch fallen?
[12]Was ihr zu bedenken gebt, sind Sprü-
che aus Asche; eure Bollwerke werden zu
Lehmhaufen.
[13]Schweigt still und laßt mich reden; es
komme über mich, was da will.
[14]¶Was soll ich mein Fleisch mit meinen
Zähnen festhalten und mein Leben aufs
Spiel setzen?
[15]Siehe, er wird mich doch umbringen,
und ich habe nichts zu hoffen; doch will
ich meine Wege vor ihm verantworten.
[16]Auch das muß mir zum Heil sein; denn
es kommt kein Ruchloser vor ihn.
[17]Hört meine Rede und, was ich darlege,
mit euren Ohren!
[18]Siehe, ich bin zum Rechtsstreit gerü-
stet; ich weiß, daß ich recht behalten
werde.
[19]Wer ist, der mit mir rechten könnte?
Denn dann wollte ich schweigen und zu-
grunde gehen.
[20]Nur zweierlei tu mir nicht, so will ich
mich vor dir nicht verbergen:
[21]laß deine Hand fern von mir sein, und
dein Schrecken erschrecke mich nicht;[a]
a Kap 9,34
[22]dann rufe, ich will dir antworten, oder
ich will reden, dann antworte du mir!

23 ¶Wie groß ist meine Schuld und
Sünde? Laß mich wissen meine Übertre-
tung und Sünde.
24 Warum verbirgst du dein Antlitz und
[a]hältst mich für deinen Feind? *a* Kap 19,11
25 Willst du ein verwehendes Blatt schrek-
ken und einen dürren Halm verfolgen,
26 daß du so Bitteres über mich verhängst
und über mich bringst [a]die Sünden mei-
ner Jugend? *a* Ps 25,7
27 Du hast meinen Fuß in den Block
gelegt und hast acht auf alle meine Pfa-
de und siehst auf die Fußtapfen meiner
Füße,
28 der ich doch wie Moder vergehe und
wie ein Kleid, das die Motten fressen.

14 ¶Der Mensch, vom Weibe gebo-
ren, lebt kurze Zeit und ist voll Un-
ruhe,
2 [a]geht auf wie eine Blume und fällt ab,
flieht wie ein Schatten und bleibt nicht.
a Ps 90,5
3 Doch du tust deine Augen über einen
solchen auf, daß du mich vor dir ins Ge-
richt ziehst.
4 Kann wohl ein Reiner kommen von Un-
reinen? Auch nicht einer![a] *a* Ps 14,3
5 Sind [a]seine Tage bestimmt, steht die
Zahl seiner Monde bei dir und hast du
[b]ein Ziel gesetzt, das er nicht überschrei-
ten kann: *a* Ps 31,16 *b* Ps 39,5
6 so blicke doch weg von ihm, damit er
Ruhe hat, bis sein Tag kommt, auf den
er sich [a]wie ein Tagelöhner freut.
a Kap 7,1.2
7 ¶Denn ein Baum hat Hoffnung, auch
wenn er abgehauen ist; er kann wieder
ausschlagen, und seine Schößlinge bleiben
nicht aus.
8 Ob seine Wurzel in der Erde alt wird
und sein Stumpf im Boden erstirbt,
9 so grünt er doch wieder vom Geruch
des Wassers und treibt Zweige wie eine
junge Pflanze.
10 Stirbt aber ein Mann, so ist er dahin;
kommt ein Mensch um – wo ist er?
11 Wie Wasser ausläuft aus dem See, und
wie ein Strom versiegt und vertrocknet,
12 so ist ein Mensch, wenn er sich nieder-
legt, [a]er wird nicht wieder aufstehen; er
wird nicht aufwachen, solange der Him-
mel bleibt, noch von seinem Schlaf er-
weckt werden. *a* Kap 7,10
13 ¶Ach daß du mich im Totenreich ver-
wahren und [a]verbergen wolltest, bis dein
Zorn sich legt, und mir ein Ziel setzen
und dann an mich denken wolltest!
a Jes 26,20
14 Meinst du, ein toter Mensch wird wie-
der leben? Alle Tage meines Dienstes
wollte ich harren, bis meine Ablösung
kommt.
15 Du würdest rufen und ich dir antwor-
ten; es würde dich verlangen nach dem
Werk deiner Hände.
16 Dann würdest du meine Schritte zäh-
len, aber hättest doch nicht acht auf meine
Sünden.
17 Du würdest [a]meine Übertretung in ein
Bündlein versiegeln und meine Schuld
übertünchen. *a* Hos 13,12
18 ¶Ein Berg kann zerfallen und vergehen
und ein Fels von seiner Stätte weichen,
19 Wasser wäscht Steine weg, und seine
Fluten schwemmen die Erde weg: so
machst du die [a]Hoffnung des Menschen
zunichte. *a* Röm 5,5
20 Du überwältigst ihn für immer, daß er
davon muß, entstellst sein Antlitz und läßt
ihn dahinfahren.
21 Sind seine Kinder in Ehren, das weiß er
nicht, oder ob sie verachtet sind, das wird
er nicht gewahr.
22 Nur sein eigenes Fleisch macht ihm
Schmerzen, und nur um ihn selbst trauert
seine Seele.

Des Elifas zweite Rede

15 Da antwortete Elifas von Teman
und sprach:
2 ¶Soll ein weiser Mann so aufgeblasene
Worte reden und seinen Bauch so blähen
mit leeren Reden?
3 Du verantwortest dich mit Worten, die
nichts taugen, und dein Reden ist nichts
nütze.
4 Du selbst zerstörst die Gottesfurcht und
raubst dir die Andacht vor Gott.
5 Denn deine Schuld lehrt deinen Mund,
und du hast erwählt eine listige Zunge.
6 Dein Mund verdammt dich und nicht
ich, deine Lippen zeugen gegen dich.
7 ¶Bist du als der erste Mensch geboren?
Kamst du vor den Hügeln zur Welt?
8 Hast du [a]im heimlichen Rat Gottes zu-
gehört und die Weisheit an dich geris-
sen? *a* Kap 11,7; Röm 11,33
9 Was weißt du, das wir nicht wissen? Was
verstehst du, das uns nicht bekannt ist?[a]
a Kap 13,2

10 Es sind Ergraute und Alte unter uns,
die länger gelebt haben als dein Vater.
11 Gelten Gottes Tröstungen so gering bei
dir und ein Wort, das sanft mit dir verfuhr?
12 Was reißt dein Herz dich fort? Was funkeln deine Augen,
13 daß sich dein Mut wider Gott richtet
und du solche Reden aus deinem Munde läßt?
14 Was ist der Mensch, daß er [a]rein sein
sollte, und daß der gerecht sein sollte, der
vom Weibe geboren ist? *a* Kap 14,4
15 Siehe, [a]seinen Heiligen traut Gott nicht,
und [b]selbst die Himmel sind nicht rein
vor ihm. *a* Kap 4,18 *b* Kap 25,5
16 Wieviel weniger der Mensch, der greulich und verderbt ist, der Unrecht säuft
wie Wasser!
17 ¶Ich will dir's zeigen, höre mir zu,
und ich will dir erzählen, was ich gesehen habe,
18 was die Weisen gesagt und ihre Väter
ihnen nicht verborgen haben,
19 denen allein das Land gegeben war,
so daß kein Fremder unter ihnen umherzog:
20 [a]Der Gottlose bebt sein Leben lang,
und dem Tyrannen ist die Zahl seiner
Jahre verborgen. *a (20-24)* 1.Mose 4,14
21 Stimmen des Schreckens hört sein Ohr,
und mitten im Frieden kommt der Verderber über ihn.
22 Er glaubt nicht, daß er dem Dunkel entrinnen könne, und fürchtet immer das Schwert.
23 Er zieht hin und her nach Brot und
weiß, daß ihm der Tag der Finsternis bereitet ist.
24 Angst und Not schrecken ihn und schlagen ihn nieder wie ein König, der angreift.
25 Denn er hat seine Hand gegen Gott ausgereckt und dem Allmächtigen getrotzt.
26 Er läuft mit dem Kopf gegen ihn an
und ficht halsstarrig wider ihn.
27 Er brüstet sich wie ein fetter Wanst und
macht sich feist und dick.
28 Er wohnt in zerstörten Städten, in Häusern, wo man nicht bleiben soll, die zu
Steinhaufen bestimmt sind.
29 Doch wird er nicht reich bleiben, und
sein Gut wird nicht bestehen, und sein
Besitz wird sich nicht ausbreiten im Lande.
30 Er wird der Finsternis nicht entrinnen.
Die Flamme wird seine Zweige verdorren,
und Gott wird ihn durch den Hauch seines
Mundes wegraffen.
31 Er traue nicht auf Trug, sonst wird er
betrogen sein, und Trug wird sein Lohn werden.
32 Er wird ihm voll ausgezahlt werden
noch vor der Zeit, und sein Zweig wird
nicht mehr grünen.
33 Er gleicht dem Weinstock, der die Trauben unreif abstößt, und dem Ölbaum, der
seine Blüte abwirft.
34 Denn die Rotte der Ruchlosen wird unfruchtbar bleiben, und das Feuer wird die
Hütten der Bestechlichen fressen.
35 Sie gehen schwanger mit Mühsal und
gebären Unglück, und ihr Schoß bringt
Trug zur Welt.[a] *a* Jes 59,4

Hiobs zweite Antwort an Elifas

16 Hiob antwortete und sprach:
2 ¶Ich habe das schon oft gehört.
Ihr seid allzumal leidige Tröster!
3 Wollen die leeren Worte kein Ende haben? Oder was reizt dich, so zu reden?
4 Auch ich könnte wohl reden wie ihr,
wärt ihr an meiner Stelle. Auch ich könnte
Worte gegen euch zusammenbringen und
[a]mein Haupt über euch schütteln.
a Ps 22,8
5 Ich würde euch stärken mit dem Munde
und mit meinen Lippen trösten.
6 Aber wenn ich schon redete, so würde
mich mein Schmerz nicht verschonen;
hörte ich auf zu reden, so bliebe er dennoch bei mir.
7 ¶Nun aber hat Er mich müde gemacht
und alles verstört, was um mich ist.
8 Er hat mich runzlig gemacht, das zeugt
wider mich, und mein Siechtum steht wider mich auf und verklagt mich ins Angesicht.
9 Sein Grimm hat mich zerrissen, und er
war mir feind; er knirschte mit den Zähnen gegen mich; mein Widersacher funkelt mich mit seinen Augen an.
10 Sie haben ihren Mund aufgesperrt wider mich und haben mich schmählich auf
meine Backen geschlagen. Sie haben ihren
Mut miteinander an mir gekühlt.
11 Gott hat mich übergeben dem Ungerechten und hat mich in die Hände der
Gottlosen kommen lassen.
12 Ich war in Frieden, aber er hat mich
zunichte gemacht; er hat mich beim Genick genommen und zerschmettert. [a]Er

hat mich als seine Zielscheibe aufgerich-
tet; a Klgl 3,12
13 seine Pfeile schwirren um mich her. Er
hat meine Nieren durchbohrt und nicht
verschont; er hat meine Galle auf die Erde
geschüttet.
14 Er schlägt in mich eine Bresche nach
der andern; er läuft gegen mich an wie ein
Kriegsmann.
15 Ich habe einen [a]Sack um meinen Leib
gelegt und mein Haupt in den Staub ge-
beugt. a 1.Mose 37,34
16 Mein Antlitz ist gerötet vom Weinen,
auf meinen Wimpern liegt Dunkelheit,
17 obwohl kein Frevel in meiner Hand und
mein Gebet rein ist.
18 ¶Ach Erde, [a]bedecke mein Blut nicht,
und mein Schreien finde keine Ruhe-
statt! a 1.Mose 4,10; Hes 24,7.8
19 Siehe, auch jetzt noch ist [a]mein Zeuge
im Himmel, und mein Fürsprecher ist in
der Höhe. a Kap 17,3
20 [a]Meine Freunde verspotten mich; un-
ter Tränen blickt mein Auge zu Gott
auf, a (20 und 21) 1.Sam 2,25
21 daß er Recht verschaffe dem Mann bei
Gott, dem Menschen vor seinem Freund.
22 Denn nur wenige Jahre noch, und [a]ich
gehe den Weg, den ich nicht wiederkom-
men werde. a Kap 10,21
17 ¶Mein Geist ist zerbrochen, meine
Tage sind ausgelöscht; das Grab ist
da.
2 Fürwahr, Gespött umgibt mich, und auf
ihrem Hadern muß mein Auge weilen.
3 Sei [a]du selbst mein Bürge bei dir – wer
will mich sonst vertreten? a Kap 16,19
4 Denn du hast ihrem Herzen den Ver-
stand verborgen, darum wirst du ihnen
den Sieg nicht geben.
5 Zum Teilen lädt einer Freunde ein, doch
die Augen seiner Kinder müssen ver-
schmachten.
6 Er hat mich zum [a]Sprichwort unter den
Leuten gemacht, und ich muß mir ins An-
gesicht speien lassen. a Kap 30,9
7 Mein Auge ist dunkel geworden vor
Trauern, und alle meine Glieder sind wie
ein Schatten.
8 Darüber entsetzen sich die Gerechten,
und die Unschuldigen entrüsten sich über
die Ruchlosen.
9 Aber der Gerechte hält fest an seinem
Weg, und wer reine Hände hat, nimmt an
Stärke zu.
10 ¶Wohlan, kehrt euch alle wieder her
und kommt; ich werde dennoch keinen
Weisen unter euch finden!
11 Meine Tage sind vergangen; zerrissen
sind meine Pläne, die mein Herz besessen
haben.
12 Nacht will man mir zum Tag machen:
Licht sei näher als Finsternis.
13 Wenn ich auch lange warte, so ist doch
bei den Toten mein Haus, und in der Fin-
sternis ist mein Bett gemacht.
14 Das Grab nenne ich meinen Vater und
die Würmer meine Mutter und meine
Schwester.
15 Worauf soll ich denn hoffen? Und wer
sieht noch Hoffnung für mich?
16 Hinunter zu den Toten wird sie fahren,
wenn alle miteinander im Staub liegen.

Bildads zweite Rede

18 Da antwortete Bildad von Schuach
und sprach:
2 ¶Wie lange wollt ihr auf Worte Jagd ma-
chen? Habt doch Einsicht; danach wollen
wir reden!
3 Warum werden wir geachtet wie Vieh
und sind so töricht in euren Augen?
4 Willst du vor Zorn bersten? Soll um dei-
netwillen die Erde veröden und der Fels
von seiner Stätte weichen?
5 ¶Dennoch [a]wird das Licht der Gottlo-
sen verlöschen, und der Funke seines
Feuers wird nicht leuchten. a Spr 13,9
6 Das Licht wird finster werden in seiner
Hütte und seine Leuchte über ihm verlö-
schen.
7 Seine kräftigen Schritte werden kürzer,
und sein eigener Plan wird ihn fällen.
8 Ins Garn bringen ihn seine Füße, und
über Fanggruben führt sein Weg.
9 Das Netz wird seine Ferse festhalten,
und die Schlinge wird ihn fangen.
10 Sein Strick ist versteckt in der Erde und
seine Falle auf seinem Weg.
11 Um und um schreckt ihn jähe Angst,
daß er nicht weiß, wo er hinaus soll.[a]
a 3.Mose 26,36
12 Unheil hungert nach ihm, und Unglück
steht bereit zu seinem Sturz.
13 Die Glieder seines Leibes werden ver-
zehrt; seine Glieder wird verzehren der
[a]Erstgeborene des Todes. a 4.Mose 12,10-12
14 Er wird aus seiner Hütte verjagt, auf die
er vertraute, und hingetrieben zum König
des Schreckens.

15 In seiner Hütte wird wohnen, was nicht zu ihm gehört; über seine Stätte wird Schwefel gestreut.

16 Unten verdorren seine Wurzeln, und oben verwelken seine Zweige.

17 Sein Andenken wird vergehen im Lande, und er wird keinen Namen haben auf der Gasse.

18 Er wird vom Licht in die Finsternis vertrieben und vom Erdboden verstoßen werden.

19 Er wird keine Kinder haben und keine Enkel unter seinem Volk; es wird ihm keiner übrigbleiben in seinen Wohnungen.

20 Die im Westen werden sich [a] über seinen Gerichtstag entsetzen, und die im Osten wird Furcht ankommen. *a* Ps 37,13

21 Ja, so geht's der Wohnung des Ungerechten und der Stätte dessen, der Gott nicht achtet.

Hiobs zweite Antwort an Bildad

19 Hiob antwortete und sprach:

2 ¶Wie lange plagt ihr doch meine Seele und peinigt mich mit Worten!

3 Ihr habt mich nun zehnmal verhöhnt und schämt euch nicht, mir so zuzusetzen.

4 Habe ich wirklich geirrt, so trage ich meinen Irrtum selbst.

5 Wollt ihr euch wahrlich über mich erheben und wollt mir meine Schande beweisen?

6 ¶So merkt doch endlich, daß Gott mir unrecht getan hat und mich mit seinem Jagdnetz umgeben hat.

7 Siehe, [a] ich schreie »Gewalt!« und werde doch nicht gehört; ich rufe, aber kein Recht ist da.[b] *a* Jer 20,8; Hab 1,2 *b* Kap 30,20

8 Er [a] hat meinen Weg vermauert, daß ich nicht hinüber kann, und hat Finsternis auf meinen Steig gelegt. *a* Kap 3,23; Klgl 3,7.9

9 Er hat mir mein Ehrenkleid ausgezogen und die Krone von meinem Haupt genommen.

10 Er hat mich zerbrochen um und um, daß ich dahinfuhr, und hat meine Hoffnung ausgerissen wie einen Baum.

11 Sein Zorn ist über mich entbrannt, und [a] er achtet mich seinen Feinden gleich. *a* Kap 13,24; 33,10

12 Vereint kommen seine Kriegsscharen und haben ihren Weg gegen mich gebaut und sich um meine Hütte her gelagert.

13 Er hat meine Brüder von mir entfernt, und meine Verwandten sind mir fremd geworden.[a] *a* Ps 31,12

14 Meine [a] Nächsten haben sich zurückgezogen, und meine Freunde haben mich vergessen. *a* Ps 38,12

15 Meinen Hausgenossen und meinen Mägden gelte ich als Fremder; ich bin ein Unbekannter in ihren Augen.

16 Ich rief meinen Knecht, und er antwortete mir nicht; ich mußte ihn anflehen mit eigenem Munde.

17 Mein Odem ist zuwider meiner Frau, und den Söhnen meiner Mutter ekelt's vor mir.

18 Selbst die Kinder geben nichts auf mich; stelle ich mich gegen sie, so geben sie mir böse Worte.

19 Alle meine Getreuen verabscheuen mich, und die ich liebhatte, haben sich gegen mich gewandt.

20 Mein Gebein hängt nur noch an Haut und Fleisch, und nur das nackte Leben brachte ich davon*.

* Wörtlich: nur mit meiner Zähne Haut bin ich davongekommen.

21 Erbarmt euch über mich, erbarmt euch, meine Freunde; denn die Hand Gottes hat mich getroffen!

22 Warum verfolgt ihr mich wie Gott und könnt nicht satt werden von meinem Fleisch?

23 ¶Ach daß meine Reden aufgeschrieben würden! Ach daß sie aufgezeichnet würden als Inschrift,

24 mit einem eisernen Griffel in Blei geschrieben, zu ewigem Gedächtnis in einen Fels gehauen!

25 Aber **ich weiß, daß** [a] **mein Erlöser* lebt,** und als der letzte wird er über dem Staub sich erheben.[b] *a* Jes 41,14; Hos 13,14 *b* Kap 26,6

* mein Erlöser, d.h. hier: Gott als Anwalt, der sich zu meiner Verteidigung und Erlösung erhebt. – Luther übersetzte Vers 25-26: »Ich weiß, daß mein Erlöser lebet, und er wird mich hernach aus der Erden aufwecken. Und werde darnach mit dieser meiner Haut umgeben werden und werde in meinem Fleisch Gott sehen.«

26 Und ist meine Haut noch so zerschlagen und mein Fleisch dahingeschwunden, so werde ich doch [a] Gott sehen. *a* Ps 17,15; 73,24

27 Ich selbst werde ihn sehen, meine Augen werden ihn schauen und kein Fremder. Danach sehnt sich mein Herz in meiner Brust.

28 Wenn ihr sprecht: Wie wollen wir ihn

verfolgen und eine Sache gegen ihn fin-
den!,
29 so fürchtet euch selbst vor dem
Schwert; denn das sind Missetaten, die das
Schwert straft, damit ihr wißt, daß es ein
Gericht gibt.

Zofars zweite Rede

(vgl. Kap 15; 18)

20 Da antwortete Zofar von Naama
und sprach:
2 ¶Darum muß ich antworten, und des-
wegen kann ich nicht schweigen;
3 denn ich muß hören, wie man mich
schmäht und tadelt, aber der Geist aus
meiner Einsicht lehrt mich antworten.
4 Weißt du nicht, daß es allezeit so gegan-
gen ist, seitdem Menschen auf Erden ge-
wesen sind,
5 daß das Frohlocken der Gottlosen nicht
lange währt und die Freude des Ruchlo-
sen nur einen Augenblick?
6 [a]Wenn auch sein Scheitel in den Him-
mel reicht und sein Haupt an die Wolken
rührt, *a (6 und 7)* Ps 37,35.36
7 so wird er doch für immer [a]vergehen
wie sein Kot, und die ihn gesehen haben,
werden sagen: Wo ist er? *a* Mi 7,10
8 Wie ein Traum wird er verfliegen und
nicht mehr zu finden sein und wie ein
Nachtgesicht verschwinden.
9 Das Auge, das ihn gesehen hat, wird ihn
nicht mehr sehen, und [a]seine Stätte wird
ihn nicht mehr schauen. *a* Ps 37,10
10 Seine Söhne werden bei den Armen
betteln gehen, und seine Hände müssen
seine Habe wieder hergeben.
11 Sind auch seine Gebeine voll Jugend-
kraft, so muß sie sich doch mit ihm in den
Staub legen.
12 ¶Wenn ihm auch das Böse in seinem
Munde wohlschmeckt, daß er es birgt un-
ter seiner Zunge,
13 daß er es hegt und nicht losläßt und es
zurückhält in seinem Gaumen,
14 so wird sich doch seine Speise verwan-
deln in seinem Leibe und wird Otterngift
in seinem Bauch.
15 Die Güter, die er verschlungen hat,
muß er wieder ausspeien, und Gott treibt
sie aus seinem Bauch heraus.
16 Er wird Otterngift saugen, und die
Zunge der Schlange wird ihn töten.
17 Er wird nicht sehen die Ströme noch
die Bäche, die mit Honig und Milch flie-
ßen.
18 Er wird [a]erwerben und doch nichts da-
von genießen und über seine eingetausch-
ten Güter nicht froh werden.
a 5.Mose 28,30-33
19 Denn er hat unterdrückt und verlassen
den Armen; er hat Häuser an sich geris-
sen, die er nicht erbaut hat.
20 Denn sein Wanst konnte nicht voll ge-
nug werden; mit seinem köstlichen Gut
wird er nicht entrinnen.
21 Nichts entging seiner Freßgier; darum
wird sein gutes Leben keinen Bestand ha-
ben.
22 Wenn er auch die Fülle und genug hat,
wird ihm doch angst werden; alle Gewalt
der Mühsal wird über ihn kommen.
23 Es soll geschehen: damit er genug be-
kommt, wird Gott den Grimm seines
Zorns über ihn senden und wird über ihn
regnen lassen seine Schrecknisse.
24 Flieht er vor dem eisernen Harnisch,
so wird ihn der eherne Bogen durchboh-
ren!
25 Es dringt das Geschoß aus seinem Rük-
ken, der Blitz des Pfeiles aus seiner Galle;
Schrecken fahren über ihn hin.[a]
a 5.Mose 32,41
26 Alle Finsternis ist für ihn aufgespart. Es
wird ihn [a]ein Feuer verzehren, das keiner
angezündet hat, und wer übriggeblieben
ist in seiner Hütte, dem wird's schlimm
ergehen. *a* 5.Mose 32,22
27 Der Himmel wird seine Schuld enthül-
len, und die Erde wird sich gegen ihn er-
heben.
28 Seine Ernte wird weggeführt werden,
zerstreut am Tage seines Zorns.
29 ¶Das ist der Lohn eines gottlosen
Menschen bei Gott und das Erbe, das Gott
ihm zugesprochen hat.

Hiobs zweite Antwort an Zofar

21 Hiob antwortete und sprach:
2 ¶Hört doch meiner Rede zu und
laßt mir das eure Tröstung sein!
3 Ertragt mich, daß ich rede, und danach
spottet über mich!
4 Geht denn gegen einen Menschen
meine Klage, oder warum sollte ich nicht
ungeduldig sein?
5 Kehrt euch her zu mir; ihr werdet er-
starren und [a]die Hand auf den Mund le-
gen müssen. *a* Kap 40,4

6 Wenn ich daran denke, so erschrecke
ich, und Zittern kommt meinen Leib
an.
7 ¶Warum bleiben die Gottlosen am Le-
ben, werden alt und nehmen zu an
Kraft?[a] *a* Jer 12,1
8 Ihr Geschlecht ist sicher um sie her, und
ihre Nachkommen sind bei ihnen.
9 Ihr Haus hat Frieden ohne Furcht, und
Gottes Rute ist nicht über ihnen.
10 Ihr Stier bespringt, und es mißrät nicht;
ihre Kuh kalbt und wirft nicht fehl.
11 Ihre kleinen Kinder lassen sie hinaus
wie eine Herde, und ihre Knaben springen
umher.
12 Sie jauchzen mit Pauken und Harfen
und sind fröhlich mit Flöten.
13 Sie werden alt bei guten Tagen, und in
Ruhe fahren sie hinab zu den Toten,
14 und doch sagen sie zu Gott: [a]»Weiche
von uns, wir wollen von deinen Wegen
nichts wissen! *a* Kap 22,17
15 [a]Wer ist der Allmächtige, daß wir ihm
dienen sollten? Oder was nützt es uns,
wenn wir ihn anrufen?«
a 2.Mose 5,2; 2.Kön 18,35; Ps 12,5; Dan 3,15
16 »Doch siehe, ihr Glück steht nicht in
ihren Händen, und [a]der Rat der Gottlosen
ist ferne von mir.« *a* Kap 22,18
17 ¶Wie oft geschieht's denn, daß die
Leuchte der Gottlosen verlischt und ihr
Unglück über sie kommt, daß Gott Herze-
leid über sie austeilt in seinem Zorn,
18 daß sie werden wie Stroh vor dem
Winde und wie [a]Spreu, die der Sturm-
wind wegführt? *a* Ps 1,4
19 [a]»Gott spart das Unglück des Gottlo-
sen auf für dessen Kinder.« Er vergelte es
ihm selbst, daß er's spüre!
a Kap 20,10; 2.Mose 20,5
20 Seine Augen mögen sein Verderben se-
hen, und vom Grimm des Allmächtigen
möge er trinken!
21 Denn was liegt ihm an seinem Hause
nach seinem Tode, wenn die Zahl seiner
Monde zu Ende ist?
22 ¶Wer will Gott Weisheit lehren, [a]der
auch die Hohen richtet? *a* Pred 5,7
23 Der eine stirbt frisch und gesund in al-
lem Reichtum und voller Genüge,
24 sein Melkfaß ist voll Milch, und sein
Gebein wird gemästet mit Mark;
25 der andere aber stirbt mit verbitter-
ter Seele und hat nie vom Glück geko-
stet –
26 und doch [a]liegen beide miteinander in
der Erde, und Gewürm deckt sie zu.
a Kap 3,18.19
27 ¶Siehe, ich kenne eure Gedanken und
eure Ränke, mit denen ihr mir Unrecht
antut.
28 Denn ihr sprecht: »Wo ist das Haus des
Fürsten, und wo ist die Hütte, in der die
Gottlosen wohnten?«
29 Habt ihr nicht befragt, die des Weges
kommen, und nicht auf ihre Zeichen ge-
achtet,
30 daß nämlich der Böse erhalten wird am
Tage des Verderbens und am Tage des
Grimms bleibt?
31 Wer sagt ihm ins Angesicht, was er ver-
dient? Wer vergilt ihm, was er getan hat?
32 Wird er doch zu Grabe geleitet, und
man hält Wache über seinem Hügel!
33 Süß sind ihm die Schollen des Grabes,
und alle Menschen ziehen ihm nach, und
die ihm vorangehen, sind nicht zu zählen.
34 ¶Wie tröstet ihr mich mit Nichtigkei-
ten, und von euren Antworten bleibt
nichts als Trug!

Des Elifas letzte Rede

22 Da antwortete Elifas von Teman
und sprach:
2 ¶Kann denn ein Mann Gott etwas nüt-
zen? Nur sich selber nützt ein Kluger.
3 Meinst du, der Allmächtige habe Vor-
teil davon, daß du gerecht bist? Was hilft's
ihm, selbst wenn deine Wege ohne Tadel
sind?
4 Meinst du: er wird dich wegen deiner
Gottesfurcht zurechtweisen und mit dir ins
Gericht gehen?
5 Ist deine Bosheit nicht zu groß, und sind
deine Missetaten nicht ohne Ende?
6 Du hast deinem Bruder [a]ein Pfand ab-
genommen ohne Grund, du hast den
[b]Nackten die Kleider entrissen;
a 2.Mose 22,25.26 *b* Kap 24,9.10
7 du hast die Durstigen nicht getränkt mit
Wasser und hast dem Hungrigen dein Brot
versagt;[a] *a* Kap 31,17; Mt 25,42.43
8 dem Mächtigen gehört das Land, und
sein Günstling darf darin wohnen;
9 die Witwen hast du leer weggehen las-
sen und die Arme der Waisen zerbro-
chen.[a] *a* Kap 29,12.13
10 Darum bist du von Schlingen umge-
ben, und Entsetzen hat dich plötzlich er-
schreckt.

11 Dein Licht ist Finsternis, so daß du
nicht sehen kannst, und die Wasserflut bedeckt dich.
12 ¶Ist Gott nicht hoch wie der Himmel?
Sieh die Sterne an, wie hoch sie sind!
13 Du sprichst zwar: »Was weiß Gott?
Sollte er durchs Gewölk hindurch richten
können?
14 Die Wolken sind seine Hülle, daß er
nicht sehen kann; er wandelt am Rande
des Himmels.«
15 Hältst du den Weg der Vorzeit ein, auf
dem die Ungerechten gegangen sind,
16 die [a]fortgerafft wurden, ehe es Zeit war,
und [b]das Wasser hat ihren Grund weggewaschen,

a Kap 15,32.33 *b* 1.Mose 7,21

17 die zu Gott sprachen: [a]»Heb dich von
uns!«? Was sollte der Allmächtige ihnen
antun können?

a Kap 21,14

18 Hat er doch ihr Haus mit Gütern gefüllt. Aber: [a]»Der Rat der Gottlosen ist
ferne von mir.«

a Kap 21,16

19 Die [a]Gerechten werden's sehen und
sich freuen, und der Unschuldige wird sie
verspotten:

a Ps 107,42

20 »Ja, unser Widersacher ist vertilgt, und
was er hinterließ, hat das Feuer verzehrt.«
21 ¶So vertrage dich nun mit Gott und
mache Frieden; daraus wird dir viel Gutes
kommen.
22 Nimm doch Weisung an von seinem
Munde und fasse seine Worte in dein
Herz.
23 [a]Bekehrst du dich zum Allmächtigen
und demütigst du dich und [b]tust das Unrecht weit weg von deiner Hütte

a Kap 8,5-7 *b* Kap 11,14.15

24 – wirf in den Staub dein Gold und zu
den Steinen der Bäche das Gold von
Ofir –,
25 so wird der Allmächtige dein Gold sein
und wie Silber, das dir zugehäuft wird.
26 Dann wirst du deine Lust haben an dem
Allmächtigen und dein Antlitz zu Gott erheben.
27 Wenn du ihn bitten wirst, wird er dich
hören, und [a]du wirst deine Gelübde erfüllen.

a Ps 50,14.15

28 Was du dir vornimmst, läßt er dir gelingen, und das Licht wird auf deinen Wegen
scheinen.
29 Denn [a]er erniedrigt die Hochmütigen;
aber wer seine Augen niederschlägt, dem
hilft er.

a 1.Petr 5,5

30 Auch wer nicht unschuldig ist, wird errettet werden; er wird errettet um der
Reinheit deiner Hände willen.[a]

a Ps 18,21.25; 2.Kor 5,21

Hiobs dritte Antwort an Elifas

23 Hiob antwortete und sprach:
2 Auch heute lehnt sich meine
Klage auf; seine Hand drückt schwer, daß
ich seufzen muß.
3 Ach daß ich wüßte, wie ich ihn finden
und zu seinem Thron kommen könnte!
4 So würde ich ihm das Recht darlegen
und meinen Mund mit Beweisen füllen
5 und erfahren die Reden, die er mir antworten, und vernehmen, was er mir sagen
würde.
6 Würde er mit großer Macht mit mir
rechten? Nein, er selbst würde achthaben
auf mich.
7 Dann würde ein Redlicher mit ihm rechten, und für immer würde ich entrinnen
meinem Richter!
8 Aber gehe ich nun vorwärts, so ist er
nicht da; gehe ich zurück, so spüre ich ihn
nicht.
9 Ist er zur Linken, so schaue ich ihn
nicht; verbirgt er sich zur Rechten, so sehe
ich ihn nicht.[a]

a Kap 42,5

10 ¶Er aber kennt meinen Weg gut. [a]Er
prüfe mich, so will ich erfunden werden
wie das Gold.

a Ps 17,3; 139,23.24

11 Denn ich hielt meinen Fuß auf seiner
Bahn und bewahrte seinen Weg und wich
nicht ab
12 und übertrat nicht das Gebot seiner
Lippen und bewahrte die Reden seines
Mundes bei mir.
13 Doch er ist der eine – wer will ihm
wehren? Und er macht's, wie er will.
14 Ja, er wird vollenden, was mir bestimmt
ist, und hat noch mehr derart im Sinn.
15 Darum erschrecke ich vor seinem Angesicht, und wenn ich darüber nachdenke,
so fürchte ich mich vor ihm.
16 Gott ist's, der mein Herz mutlos gemacht, und der Allmächtige, der mich erschreckt hat;
17 denn nicht der Finsternis wegen muß
ich schweigen, und nicht, weil Dunkel
mein Angesicht deckt.

24 ¶Warum sind von dem Allmächtigen nicht Zeiten vorbehalten, und
[a]warum sehen, die ihn kennen, seine Tage
nicht?

a Pred 3,11; 8,6

2 Die Gottlosen [a]verrücken die Grenzen, rauben die Herde und weiden sie.

[a] 5.Mose 27,17

3 Sie treiben den Esel der Waisen weg und nehmen das Rind der Witwe zum Pfande.

4 Sie stoßen die Armen vom Wege, und die Elenden im Lande müssen sich verkriechen.

5 Siehe, sie sind wie Wildesel: in der Wüste gehen sie an ihr Werk und suchen Nahrung in der Einöde, als Speise für ihre Kinder.

6 Sie ernten des Nachts auf dem Acker und halten Nachlese im Weinberg des Gottlosen.

7 Sie liegen in der Nacht nackt ohne Gewand und haben keine Decke im Frost.

8 Sie triefen vom Regen in den Bergen; sie müssen sich an die Felsen drücken, weil sie sonst keine Zuflucht haben.

9 Man reißt das Waisenkind von der Mutterbrust und nimmt den Säugling der Armen zum Pfande.

10 [a]Nackt gehen sie einher ohne Kleider, und hungrig tragen sie Garben. [a] Jes 58,7

11 Gleich in den Gärten pressen sie Öl, sie treten die Kelter und leiden doch Durst.[a]

[a] Jak 5,4

12 Fern der Stadt seufzen Sterbende, und die Seele der Säuglinge schreit. Doch Gott achtet nicht darauf!

13 ¶Sie sind Feinde des Lichts geworden, kennen Gottes Weg nicht und bleiben nicht auf seinen Pfaden.

14 Wenn der Tag anbricht, steht der Mörder auf und erwürgt den Elenden und Armen, und des Nachts schleicht der Dieb.

15 Das Auge des Ehebrechers lauert auf das Dunkel, und er denkt: [a]»Mich sieht kein Auge!« und verdeckt sein Antlitz.

[a] Ps 10,11

16 Im Finstern bricht man in die Häuser ein; am Tage verbergen sie sich und scheuen alle das Licht.

17 Ja, als Morgen gilt ihnen allen die Finsternis, denn sie sind bekannt mit den Schrecken der Finsternis.

18 ¶Er fährt leicht wie auf dem Wasser dahin, verflucht wird sein Acker im Lande, und man wendet sich seinem Weinberg nicht zu.

19 Der Tod nimmt weg, die da sündigen, wie die Hitze und Dürre das Schneewasser verzehrt.

20 Der Mutterschoß vergißt ihn; die Würmer laben sich an ihm. An ihn denkt man nicht mehr; so zerbricht Frevel wie Holz.

21 Er hat bedrückt die Unfruchtbare, die nicht gebar, und hat der Witwe nichts Gutes getan.

22 ¶Gott rafft die Gewalttätigen hin durch seine Kraft; steht er auf, so müssen sie am Leben verzweifeln.

23 Er gibt ihnen, daß sie sicher sind und eine Stütze haben, doch seine Augen wachen über ihren Wegen.

24 Sie sind hoch erhöht; aber nach einer kleinen Weile sind sie nicht mehr da; sie sinken hin und werden hinweggerafft wie alle; wie die Spitzen der Ähren werden sie abgeschnitten.

25 Ist's nicht so? Wer will mich Lügen strafen und erweisen, daß meine Rede nichts sei?

Bildads letzte Rede

25 Da antwortete Bildad von Schuach und sprach:

2 ¶Herrschaft und Schrecken ist bei ihm, der Frieden schafft in seinen Höhen.

3 Wer will seine Scharen zählen? Und über wem geht sein Licht nicht auf?

4 Und [a]wie kann ein Mensch gerecht sein vor Gott? Und wie kann rein sein ein vom Weibe Geborener? [a] Kap 9,2; Ps 143,2

5 Siehe, auch der Mond scheint nicht hell, und [a]die Sterne sind nicht rein vor seinen Augen – [a] Kap 15,15

6 wieviel weniger der Mensch, eine Made, und das Menschenkind, ein [a]Wurm!

[a] Jes 41,14

Hiobs dritte Antwort an Bildad

26 Hiob antwortete und sprach:

2 ¶Wie sehr stehst du dem bei, der keine Kraft hat, hilfst du dem, der keine Stärke in den Armen hat!

3 Wie gibst du Rat dem, der keine Weisheit hat, und lehrst ihn Einsicht in Fülle!

4 Mit wessen Hilfe redest du? Und wessen Geist geht von dir aus?

5 ¶Die Schatten drunten erbeben, das Wasser und die darin wohnen.

6 [a]Das Totenreich ist aufgedeckt vor ihm, und der [b]Abgrund hat keine Decke.

[a] Ps 139,8; Spr 15,11; Am 9,2 [b] Offb 9,1

7 Er spannt den Norden aus über dem Leeren und hängt die Erde über das Nichts.

8 Er faßt das Wasser zusammen in seine

Wolken, und die Wolken zerreißen darun-
ter nicht.
9 Er verhüllt seinen Thron und breitet
seine Wolken davor.
10 Er hat am Rande des Wassers eine
Grenze gezogen, wo Licht und Finsternis
sich scheiden.
11 Die Säulen des Himmels zittern und
entsetzen sich vor seinem Schelten.
12 Durch seine Kraft hat er das Meer er-
regt, und durch seine Einsicht hat er [a]Ra-
hab* zerschmettert. *a* Kap 9,13; Ps 89,11
* d.i. der Drache der Urzeit.
13 Am Himmel wurde es schön durch sei-
nen Wind, und seine Hand durchbohrte
die [a]flüchtige Schlange. *a* Jes 27,1
14 Siehe, das sind nur die Enden seiner
Wege, und nur ein leises Wörtlein davon
haben wir vernommen. Wer will aber den
Donner seiner Macht verstehen?
27 ¶Und Hiob fuhr fort mit seinem
Spruch und sprach:
2 ¶So wahr Gott lebt, der mir mein Recht
verweigert, und der Allmächtige, der
meine Seele betrübt
3 – solange noch mein Odem in mir ist
und der Hauch von Gott in meiner Na-
se –:
4 meine Lippen reden nichts Unrechtes,
und meine Zunge sagt keinen Betrug.[a]
a Ps 34,14
5 Das sei ferne von mir, daß ich euch recht
gebe; bis mein Ende kommt, will ich nicht
weichen von meiner Unschuld.
6 An meiner Gerechtigkeit halte ich fest
und lasse sie nicht; [a]mein Gewissen beißt
mich nicht wegen eines meiner Tage.
a Apg 24,16; 1.Kor 4,4
7 Meinem Feind soll es gehen wie dem
Gottlosen und dem, der sich gegen mich
auflehnt, wie dem Ungerechten.
8 Denn was ist die Hoffnung des Ruchlo-
sen, [a]wenn Gott mit ihm ein Ende macht
und seine Seele von ihm fordert? *a* Lk 12,20
9 Meinst du, daß Gott sein Schreien hö-
ren wird, wenn die Angst über ihn kommt?
10 Oder kann er an dem Allmächtigen
seine Lust haben und Gott allezeit anru-
fen?
11 ¶Ich will euch über Gottes Tun beleh-
ren, und wie der Allmächtige gesinnt ist,
will ich nicht verhehlen.
12 Siehe, ihr habt es selber gesehen;
warum bringt ihr dann so unnütze Dinge
vor?
13 [a]Das ist der Lohn eines gottlosen Men-
schen bei Gott und das Erbe der Tyran-
nen, das sie vom Allmächtigen bekom-
men: *a (13-17)* Spr 13,22; Pred 2,26
14 werden seine Söhne groß, so werden
sie eine Beute des Schwerts; und seine
Nachkommen werden an Brot nicht satt.[a]
a Kap 21,19
15 Die ihm übrigbleiben, wird der Tod ins
Grab bringen, und seine Witwen werden
nicht weinen.
16 Wenn er Geld zusammenbringt wie
Staub und schafft Kleider an, wie man
Lehm aufhäuft,
17 so wird er's zwar anschaffen, aber der
Gerechte wird's anziehen, und dem Un-
schuldigen wird das Geld zuteil.
18 Er baut sein Haus wie eine Spinne und
wie ein Wächter eine Hütte macht.
19 Reich legt er sich nieder, aber wird's
nicht noch einmal tun können; tut er seine
Augen auf, dann ist nichts mehr da.
20 Es wird ihn Schrecken überfallen wie
Wasserfluten; des Nachts nimmt ihn der
Sturmwind fort.
21 Der Ostwind wird ihn wegführen, daß
er dahinfährt, und wird ihn von seinem
Ort hinwegwehen.
22 Das wird er über ihn bringen und ihn
nicht schonen; vor seiner Gewalt muß er
immer wieder fliehen.
23 Man wird über ihn mit den Händen
klatschen und über ihn zischen, wo er ge-
wesen ist.

Das Lied von der Weisheit Gottes

28 Es hat das Silber seine Gänge und
das Gold seinen Ort, wo man es läu-
tert.
2 Eisen bringt man aus der Erde, und aus
dem Gestein schmilzt man Kupfer.
3 Man macht der Finsternis ein Ende, und
bis ins Letzte erforscht man das Gestein,
das im Dunkel tief verborgen liegt.
4 Man bricht einen Schacht fern von da,
wo man wohnt; vergessen, ohne Halt für
den Fuß, hängen und schweben sie, fern
von den Menschen.
5 Man zerwühlt wie Feuer unten die Erde,
auf der doch oben das Brot wächst.
6 Man findet Saphir in ihrem Gestein, und
es birgt Goldstaub.
7 Den Steig dahin hat kein Geier erkannt
und kein Falkenauge gesehen.

8 Das stolze Wild hat ihn nicht betreten,
und kein Löwe ist darauf gegangen.
9 Auch legt man die Hand an die Felsen und gräbt die Berge von Grund aus
um.
10 Man bricht Stollen durch die Felsen,
und alles, was kostbar ist, sieht das Auge.
11 Man wehrt dem Tröpfeln des Wassers
und bringt, was verborgen ist, ans Licht.
12 Wo will man aber die Weisheit finden?
Und wo ist die Stätte der Einsicht?
13 ¶ Niemand weiß, was sie wert ist, und
sie wird nicht gefunden im Lande der Lebendigen.
14 Die Tiefe spricht: »In mir ist sie nicht«;
und das Meer spricht: »Bei mir ist sie auch
nicht.«
15 Man kann nicht Gold für sie geben
noch Silber darwägen, sie zu bezahlen.[a]

a Spr 3,13-15

16 Ihr gleicht nicht Gold von Ofir oder
kostbarer Onyx und Saphir.
17 Gold und edles Glas kann man ihr
nicht gleichachten noch sie eintauschen
um güldnes Kleinod.
18 Korallen und Kristall achtet man gegen
sie nicht; wer Weisheit erwirbt, hat mehr
als Perlen.
19 Topas aus Kusch wird ihr nicht gleichgeschätzt, und das reinste Gold wiegt sie
nicht auf.
20 Woher kommt denn die Weisheit? Und
wo ist die Stätte der Einsicht?
21 ¶ Sie ist verhüllt vor den Augen aller
Lebendigen, auch verborgen den Vögeln
unter dem Himmel.
22 Der Abgrund und der Tod sprechen:
»Wir haben mit unsern Ohren nur ein Gerücht von ihr gehört.«
23 [a]Gott weiß den Weg zu ihr, er allein
kennt ihre Stätte.

a (23-28) Spr 8,22-31

24 Denn er sieht die Enden der Erde und
schaut alles, was unter dem Himmel ist.
25 Als er dem Wind sein Gewicht gegeben und dem Wasser sein Maß gesetzt,
26 als er dem Regen ein Gesetz gegeben hat und dem Blitz und Donner den
Weg:
27 damals schon sah er sie und verkündigte sie, bereitete sie und ergründete
sie
28 und sprach zum Menschen: **Siehe, [a]die
Furcht des Herrn, das ist Weisheit, und
meiden das Böse, das ist Einsicht.**

a Ps 111,10; Spr 1,7

Hiobs früheres Glück

29 Und Hiob hob abermals an mit seinem Spruch und sprach:
2 ¶ O daß ich wäre wie in den früheren
Monden, in den Tagen, da Gott mich behütete,
3 da seine Leuchte über meinem Haupt
schien und ich [a]bei seinem Licht durch
die Finsternis ging!

a Ps 18,29

4 Wie war ich in der Blüte meines Lebens, [a]als Gottes Freundschaft über meiner Hütte war,

a Ps 25,14

5 als der Allmächtige noch mit mir war
und meine Kinder um mich her,
6 als ich meine Tritte wusch in Milch und
die Felsen Ölbäche ergossen!
7 Wenn ich ausging zum Tor der Stadt und
meinen Platz auf dem Markt einnahm,
8 dann sahen mich die Jungen und verbargen sich scheu, und die Alten standen
vor mir auf,
9 die Oberen hörten auf zu reden und legten ihre Hand auf ihren Mund,
10 die Fürsten hielten ihre Stimme zurück,
und ihre Zunge klebte an ihrem Gaumen.
11 Denn wessen Ohr mich hörte, der pries
mich glücklich, und wessen Auge mich
sah, der rühmte mich.
12 ¶ Denn ich errettete den Armen, der
da schrie, und die Waise, die keinen Helfer hatte.[a]

a Kap 31,16; 2.Mose 22,21.22

13 Der Segen des Verlassenen kam über
mich, und ich erfreute das Herz der
Witwe.
14 Gerechtigkeit war mein Kleid, das ich
anzog, und mein Recht war mir Mantel
und Kopfbund.
15 Ich war des Blinden Auge und des Lahmen Fuß.
16 Ich war [a]ein Vater der Armen, und der
Sache des Unbekannten nahm ich mich
an.

a Kap 31,18

17 Ich zerbrach die Kinnbacken des Ungerechten und riß ihm den Raub aus den
Zähnen.
18 Ich dachte: Ich werde in meinem Nest
verscheiden und meine Tage so zahlreich
machen wie Sand am Meer;
19 meine Wurzel reiche zum Wasser hin,
und der Tau bleibe auf meinen Zweigen;
20 meine Ehre bleibe immer frisch bei mir,
und mein Bogen sei immer stark in meiner Hand.

21 ¶ Sie hörten mir zu und schwiegen und
warteten auf meinen Rat.
22 Nach meinen Worten redete niemand
mehr, und meine Rede troff auf sie nieder.
23 Sie warteten auf mich wie auf den Re-
gen und sperrten ihren Mund auf wie nach
Spätregen.
24 Wenn ich ihnen zulachte, so faßten sie
Vertrauen, und das Licht meines Ange-
sichts tröstete die Trauernden.
25 Wenn ich zu ihnen kommen wollte, so
mußte ich obenan sitzen und thronte wie
ein König unter der Schar.

Hiobs jetziges Unglück

30 Jetzt aber [a]verlachen mich, die jün-
ger sind als ich, deren Väter ich nicht
wert geachtet hätte, sie zu meinen Hun-
den bei der Herde zu stellen, [a] Kap 19,18
2 deren Stärke ich für nichts hielt, denen
die Kraft dahinschwand;
3 die vor Hunger und Mangel erschöpft
sind, die das dürre Land abnagen, die Wü-
ste und Einöde;
4 die da Melde sammeln bei den Büschen,
und Ginsterwurzel ist ihre Speise.
5 Aus der Menschen Mitte werden sie
weggetrieben; man schreit ihnen nach wie
einem Dieb;
6 an den Hängen der Täler wohnen sie, in
den Löchern der Erde und in Steinklüf-
ten;
7 zwischen den Büschen schreien sie, und
unter den Disteln sammeln sie sich –
8 gottloses Volk und Leute ohne Namen,
die man aus dem Lande weggejagt hatte.
9 ¶ Jetzt bin ich [a]ihr Spottlied geworden
und muß ihnen zum Gerede dienen.
[a] Ps 69,13; Klgl 3,63
10 Sie verabscheuen mich und halten sich
ferne von mir und scheuen sich nicht, [a]vor
meinem Angesicht auszuspeien.
[a] Kap 17,6; Mt 26,67
11 Er hat mein Seil gelöst und mich gede-
mütigt und den Zaum weggetan, an dem
er mich hielt.
12 Zur Rechten hat sich eine Schar gegen
mich erhoben, sie haben meinen Fuß weg-
gestoßen und haben gegen mich Wege an-
gelegt, mich zu verderben.
13 Sie haben meine Pfade aufgerissen, zu
meinem Fall helfen sie; keiner gebietet
ihnen Einhalt.
14 Sie kommen wie durch eine breite Bre-
sche herein, wälzen sich unter den Trüm-
mern heran.
15 Schrecken hat sich gegen mich gekehrt
und hat verjagt wie der Wind meine Herr-
lichkeit, und wie eine Wolke zog mein
Glück vorbei.
16 ¶ Jetzt aber zerfließt meine Seele in
mir, und Tage des Elends haben mich er-
griffen.
17 Des Nachts bohrt es in meinem Ge-
bein, und die Schmerzen, die an mir na-
gen, schlafen nicht.
18 Mit aller Gewalt wird mein Kleid ent-
stellt, wie der Kragen meines Hemdes
würgt es mich.[a] [a] Kap 7,5; 16,8
19 Man hat mich in den Dreck geworfen,
daß ich gleich bin dem Staub und der
Asche.
20 Ich [a]schreie zu dir, aber du antwortest
mir nicht; ich stehe da, aber du achtest
nicht auf mich. [a] Kap 19,7; Ps 22,3
21 Du hast dich mir verwandelt in einen
Grausamen und streitest gegen mich mit
der Stärke deiner Hand.
22 Du hebst mich auf und läßt mich auf
dem Winde dahinfahren und vergehen im
Sturm.
23 Denn ich weiß, du wirst mich zum Tod
gehen lassen, zum Haus, da alle Lebendi-
gen zusammenkommen.
24 ¶ Aber wird man nicht die Hand aus-
strecken unter Trümmern und nicht
schreien in der Not?
25 Ich weinte ja über die harte Zeit, und
meine Seele grämte sich über das Elend.
26 Ich wartete auf das Gute, und es kam
das Böse; ich hoffte auf Licht, und es kam
Finsternis.
27 In mir kocht es und hört nicht auf; mich
haben überfallen Tage des Elends.
28 Ich gehe schwarz einher, doch nicht von
der Sonne; ich stehe auf in der Gemeinde
und schreie.
29 Ich bin ein Bruder der Schakale gewor-
den und ein Geselle der Strauße.
30 Meine Haut ist schwarz geworden und
löst sich ab von mir, und meine Gebeine
sind verdorrt vor hitzigem Fieber.
31 Mein Harfenspiel ist zur Klage gewor-
den und mein Flötenspiel zum Trauerlied.

Hiobs Reinigungseid und Appell an Gott

31 Ich hatte einen Bund gemacht mit
meinen Augen, [a]daß ich nicht lü-
stern blickte auf eine Jungfrau. [a] Mt 5,28.29

2 Was gäbe sonst mir Gott als Teil von
oben und was für ein Erbe der Allmäch-
tige aus der Höhe?
3 Wäre es nicht Verderben für den Un-
gerechten und Unglück für den Übeltä-
ter?
4 Sieht er nicht meine Wege und zählt alle
meine Schritte?[a] *a* Kap 23,10
5 Bin ich gewandelt in Falschheit, oder ist
mein Fuß geeilt zum Betrug?
6 Gott möge mich wiegen auf rechter
Waage, so wird er erkennen meine Un-
schuld!
7 ¶ Ist mein Gang gewichen vom Wege
und mein Herz meinen Augen nachgefolgt
und blieb etwas hängen an meinen Hän-
den,
8 so [a]will ich säen, aber ein anderer soll
es essen, und was mir gewachsen ist, soll
entwurzelt werden. *a* 3.Mose 26,16
9 ¶ Hat sich mein Herz betören lassen um
einer Frau willen und hab ich an meines
Nächsten Tür gelauert,
10 so soll meine Frau einem andern mah-
len, und andere sollen sich über sie beu-
gen.[a] *a* 2.Sam 12,11
11 Denn das ist eine Schandtat und eine
Schuld, [a]die vor die Richter gehört.
a 5.Mose 22,22
12 Ja, das ist ein Feuer, das bis in den Ab-
grund frißt und all meine Habe bis auf die
Wurzel vernichtet.
13 ¶ Hab ich mißachtet das Recht meines
Knechts oder meiner Magd, wenn sie eine
Sache wider mich hatten,
14 was wollte ich tun, wenn Gott sich er-
hebt, und was würde ich antworten, wenn
er nachforscht?
15 Hat nicht [a]auch ihn erschaffen, der
mich im Mutterleibe schuf, hat nicht der
Eine uns im Mutterschoß bereitet?
a Spr 14,31; Mt 25,40
16 ¶ Hab ich [a]den Bedürftigen ihr Begeh-
ren versagt und die Augen der Witwe ver-
schmachten lassen? *a* Kap 29,12
17 [a]Hab ich meinen Bissen allein geges-
sen, und hat nicht die Waise auch davon
gegessen? *a (17-20)* Jes 58,7
18 Nein, ich habe sie von Jugend auf ge-
halten wie ein Vater, und ich habe sie von
Mutterleib an geleitet.[a] *a* Kap 29,16
19 Hab ich zugesehen, wie jemand ohne
Kleid verkommen ist, und den Armen
ohne Decke gehen lassen?
20 Hat er mich nicht gesegnet, wenn er
von der Wolle meiner Lämmer erwärmt
wurde?
21 Hab ich meine Hand gegen eine Waise
erhoben, weil ich sah, daß ich [a]im Tor
Helfer hatte, *a* Rut 4,1-11
22 so falle meine Schulter vom Nacken
und mein Arm breche aus dem Gelenk!
23 Denn ich müßte Gottes Strafe über
mich fürchten und könnte seine Hoheit
nicht ertragen.
24 ¶ Hab ich das Gold zu meiner Zuver-
sicht gemacht und [a]zum Feingold gesagt:
»Mein Trost«? *a* Ps 52,9
25 Hab ich mich gefreut, daß ich großes
Gut besaß und meine Hand soviel erwor-
ben hatte?
26 Hab ich das Licht angesehen, wenn es
hell leuchtete, und den Mond, wenn er
herrlich dahinzog,[a] *a* 5.Mose 4,19
27 daß mich mein Herz heimlich betört
hätte, ihnen Küsse zuzuwerfen mit mei-
ner Hand?
28 Das wäre auch eine Missetat, die vor
die Richter gehört; denn damit hätte ich
verleugnet Gott in der Höhe.
29 ¶ Hab ich mich [a]gefreut, wenn's mei-
nem Feinde übel ging, und [b]mich erho-
ben, weil ihn Unglück getroffen hatte?
a Spr 24,17 *b* Ps 7,5; 35,13.14
30 Nein, ich ließ meinen Mund nicht sün-
digen, daß ich [a]verwünschte mit einem
Fluch seine Seele. *a* 1.Petr 3,9
31 Haben nicht die Männer in meinem
Zelt sagen müssen: »Wo ist einer, der nicht
satt geworden wäre von seinem Fleisch?«
32 Kein Fremder durfte draußen zur Nacht
bleiben, sondern meine Tür tat ich dem
Wanderer auf.[a] *a* Ri 19,20.21; 1.Petr 4,9; Hebr 13,2
33 ¶ Hab ich meine Übertretungen, wie
Menschen tun, zugedeckt, um heimlich
meine Schuld zu verbergen,
34 weil ich mir grauen ließ vor der großen
Menge und die Verachtung der Sippen
mich abgeschreckt hat, so daß ich still
blieb und nicht zur Tür hinausging?
38 ¶ *Hat mein Acker wider mich ge-
schrien und haben miteinander seine Fur-
chen geweint,

* Der Zusammenhang erfordert die hier vorgenommene Umstellung der Verse 38-40a.

39 hab ich seine Früchte unbezahlt geges-
sen und seinen Ackerleuten das Leben
sauer gemacht,
40a so sollen mir Disteln wachsen statt
Weizen und Unkraut statt Gerste.

[35]¶O hätte ich einen, der mich anhört –
hier meine Unterschrift! der Allmächtige
antworte mir! –, oder die Schrift, die mein
Verkläger geschrieben![a] *a* Kap 23,3-7
[36]Wahrlich, dann wollte ich sie auf meine
Schulter nehmen und wie eine Krone tragen.
[37]Ich wollte alle meine Schritte ihm ansagen und wie ein Fürst ihm nahen.
[40b]¶Die Worte Hiobs haben ein Ende.

Die Reden des Elihu
(Kapitel 32–37)

Elihus erste Rede

32 Da hörten die drei Männer auf,
Hiob zu antworten, weil er sich für
gerecht hielt.
[2]Aber Elihu, der Sohn Barachels des
[a]Busiters, aus dem Geschlecht Ram, ward
zornig. Er ward zornig über Hiob, weil [b]er
sich selber für gerechter hielt als Gott.

a 1.Mose 22,21 *b* Kap 13,18; 19,6.7; 27,5.6

[3]Auch ward er zornig über seine drei
Freunde, weil sie keine Antwort fanden
und [a]doch Hiob verdammten.

a Kap 15,4; 18,21; 20,29; 22,5

[4]Elihu aber hatte gewartet, bis sie mit
Hiob geredet hatten, weil sie älter waren
als er.
[5]Als Elihu nun sah, daß keine Antwort
war im Munde der drei Männer, ward er
zornig.
[6]Und Elihu, der Sohn Barachels des Busiters, hob an und sprach:
¶Ich bin jung an Jahren, ihr aber seid alt;
darum hab ich mich gescheut und gefürchtet, mein Wissen euch kundzutun.
[7]Ich dachte: [a]Laß das Alter reden, und
die Menge der Jahre laß Weisheit beweisen. *a* Kap 12,12
[8]Aber der Geist ist es in den Menschen
und der Odem des Allmächtigen, der sie
verständig macht.
[9]Die Betagten sind nicht die Weisesten,
und die Alten verstehen nicht, was das
Rechte ist.
[10]Darum sage ich: Hört mir zu; auch ich
will mein Wissen kundtun.
[11]¶Siehe, ich habe gewartet, bis ihr geredet hattet; ich habe aufgemerkt auf eure
Einsicht, bis ihr die rechten Worte treffen
würdet,
[12]und habe achtgehabt auf euch; aber
siehe, da war keiner unter euch, der Hiob
zurechtwies oder seiner Rede antwortete.
[13]Sagt nur nicht: »Wir haben Weisheit gefunden; Gott muß ihn schlagen und nicht
ein Mensch.«
[14]Mich haben seine Worte nicht getroffen, und mit euren Reden will ich ihm
nicht antworten.
[15]¶Ach! Betroffen stehen sie da und können nicht mehr antworten; sie wissen
nichts mehr zu sagen.
[16]Und da soll ich warten, weil sie nicht
mehr reden, weil sie dastehen und nicht
mehr antworten?
[17]Auch ich will mein Teil antworten und
will mein Wissen kundtun!
[18]Denn ich bin voll von Worten, weil
mich der Geist in meinem Inneren bedrängt.
[19]Siehe, mein Inneres ist wie der Most,
den man nicht herausläßt und der die
neuen Schläuche zerreißt.
[20]Ich muß reden, daß ich mir Luft mache, ich muß meine Lippen auftun und
antworten.
[21]Vor mir soll kein Ansehen der Person
gelten, und ich will keinem Menschen
schmeicheln.
[22]Denn ich weiß nicht zu schmeicheln;
sonst würde mich mein Schöpfer bald dahinraffen.

33 ¶Höre doch, Hiob, meine Rede
und merke auf alle meine Worte!
[2]Siehe, ich tue meinen Mund auf, und
meine Zunge redet in meinem Munde.
[3]Mein Herz spricht aufrichtige Worte,
und meine Lippen reden lautere Erkenntnis.
[4]Der Geist Gottes hat mich gemacht, und
der Odem des Allmächtigen hat mir das
Leben gegeben.
[5]Kannst du, so antworte mir; rüste dich
gegen mich und stelle dich.
[6]Siehe, vor Gott bin ich wie du, und [a]aus
Erde bin auch ich gemacht. *a* Kap 10,9
[7]Siehe, du brauchst vor mir nicht zu erschrecken, und mein Drängen soll nicht
auf dir lasten.
[8]¶Du hast geredet vor meinen Ohren,
den Ton deiner Reden höre ich noch:
[9]»Ich bin rein, ohne Missetat, unschuldig
und habe keine Sünde.[a]

a Kap 16,17; 27,6; 31,1-40

[10]Siehe, Gott erfindet Vorwürfe wider
mich, [a]er betrachtet mich als seinen
Feind; *a* Kap 13,24; 19,11

11 er [a]hat meine Füße in den Block gelegt
und hat acht auf alle meine Wege.«
a Kap 13,27
12 Siehe, darin hast du nicht recht, muß
ich dir antworten; denn Gott ist mehr als
ein Mensch.
13 Warum willst du mit ihm hadern,
weil er auf Menschenworte nicht Antwort
gibt?
14 Denn auf eine Weise redet Gott und
auf eine zweite; nur beachtet man's nicht.
15 Im [a]Traum, im Nachtgesicht, wenn der
Schlaf auf die Menschen fällt, wenn sie
schlafen auf dem Bett, a Kap 4,12-16
16 da [a]öffnet er das Ohr der Menschen
und schreckt sie auf und warnt sie,
a Kap 36,10
17 damit er den Menschen von seinem
Vorhaben abwende und von ihm die Hof-
fart tilge
18 und bewahre seine Seele vor dem Ver-
derben und sein Leben vor des Todes Ge-
schoß.
19 Auch warnt er ihn durch Schmerzen
auf seinem Bett und durch heftigen Kampf
in seinen Gliedern
20 und richtet ihm sein Leben so zu, daß
ihm vor der Speise ekelt, und seine Seele,
daß sie nicht Lust hat zu essen.
21 Sein Fleisch schwindet dahin, daß
man's nicht ansehen kann, und seine Kno-
chen stehen heraus, daß man lieber weg-
sieht;
22 so nähert er sich der Grube und sein
Leben den Toten.
23 ¶Kommt dann zu ihm ein Engel, ein
Mittler, einer aus tausend, kundzutun dem
Menschen, was für ihn recht ist,
24 so wird er ihm gnädig sein und sagen:
»Erlöse ihn, daß er nicht hinunterfahre zu
den Toten; denn [a]ich habe ein Lösegeld
gefunden. a Ps 49,8-11
25 Sein Fleisch blühe wieder wie in der
Jugend, und [a]er soll wieder jung wer-
den.« a Ps 103,5
26 Er wird Gott bitten, und der wird ihm
Gnade erweisen und wird ihn sein Antlitz
sehen lassen mit Freuden und wird dem
Menschen seine Gerechtigkeit zurückge-
ben.
27 Er wird vor den Leuten lobsingen und
sagen: »Ich hatte gesündigt und das Recht
verkehrt, aber es ist mir nicht vergolten
worden.
28 Gott hat mich erlöst, daß ich nicht hin-
fahre zu den Toten, sondern mein Leben
das Licht sieht.«
29 Siehe, das alles tut Gott zwei- oder drei-
mal mit einem jeden,
30 daß er sein Leben zurückhole von den
Toten und erleuchte ihn mit dem Licht
der Lebendigen.[a] a Ps 56,14; 103,4; 116,9
31 ¶Merk auf, Hiob, und höre mir zu und
schweige, damit ich reden kann!
32 Hast du aber etwas zu sagen, so ant-
worte mir. Sage an, ich will dir gern recht
geben!
33 Hast du aber nichts, so höre mir zu und
schweige; ich will dich Weisheit lehren.

Elihus zweite Rede

34 Und Elihu hob an und sprach:
2 Höret, ihr Weisen, meine Rede,
und ihr Verständigen, merkt auf mich!
3 Denn das Ohr prüft die Rede, wie der
Gaumen die Speise schmeckt.[a] a Kap 12,11
4 Laßt uns ein Urteil finden, daß wir mit-
einander erkennen, was gut ist.
5 Denn Hiob hat gesagt: [a]»Ich bin ge-
recht, doch [b]Gott verweigert mir mein
Recht; a Kap 33,9 b Kap 27,2
6 ich soll [a]lügen, obwohl ich recht habe,
und mich quält der [b]Pfeil, der mich traf,
obwohl ich doch ohne Schuld bin.«
a Kap 9,15.20 b Kap 6,4
7 Wo ist so ein Mann wie Hiob, der
[a]Hohn trinkt wie Wasser a Kap 15,16
8 und [a]auf dem Wege geht mit den Übel-
tätern und wandelt mit den gottlosen Leu-
ten? a Ps 1,1
9 Denn er hat gesagt: »Es nützt dem Men-
schen nichts, wenn er Gottes Wohlgefal-
len sucht.«[a] a Kap 9,22
10 ¶Darum hört mir zu, ihr weisen Män-
ner: [a]Es sei ferne, daß Gott sollte gottlos
handeln und der Allmächtige ungerecht;
a Kap 8,3; 5.Mose 32,4; 2.Chr 19,7
11 sondern **er vergilt dem Menschen, wie
er verdient hat, und trifft einen jeden nach
seinem Tun.**[a] a Ps 18,26.27; Röm 2,6; Offb 22,12
12 Ohne Zweifel, [a]**Gott tut niemals Un-
recht, und der Allmächtige beugt das Recht
nicht.** –
a Kap 19,6
13 Wer hat ihm die Erde anvertraut? Und
wer hat den ganzen Erdkreis hingestellt?
14 Wenn er nur an sich dächte, seinen
Geist und Odem an sich zöge,
15 so würde alles Fleisch miteinander ver-
gehen, und der Mensch würde wieder zu
Staub werden.[a] a Ps 104,29

16¶ Hast du nun Verstand, so höre das
und merke auf die Stimme meiner Reden!
17 Kann denn regieren, wer das Recht
haßt? Oder willst du den verdammen, der
gerecht und allmächtig ist,
18 der zum König sagt: »Du heilloser
Mann« und zu den Fürsten: »Ihr Gottlo-
sen«,
19 der nicht ansieht die Person der Für-
sten und achtet den Vornehmen nicht
mehr als den Armen? Denn sie sind alle
seiner Hände Werk.
20 Plötzlich müssen die Leute sterben und
zu Mitternacht erschrecken und vergehen;
die Mächtigen werden weggenommen
ohne Menschenhand.
21 Denn seine Augen sehen auf eines je-
den Weg, und er schaut auf alle ihre Schrit-
te.[a] a Kap 31,4; Spr 5,21
22 Es [a] gibt keine Finsternis und kein Dun-
kel, wo sich verbergen könnten die Übel-
täter. a Ps 139,11.12
23 Denn es wird niemand gesagt, wann er
vor Gott zum Gericht erscheinen muß.
24 Er bringt die Stolzen um, ohne sie erst
zu verhören, und stellt andere an ihre
Stelle;
25 denn er kennt ihre Werke, und er stürzt
sie des Nachts, daß sie zerschlagen wer-
den.
26 Er urteilt sie ab wie die Gottlosen an
einem Ort, wo viele es sehen,
27 weil sie von ihm gewichen sind und ver-
standen keinen seiner Wege,
28 so daß das Schreien der Armen vor ihn
kommen mußte und [a] er das Schreien der
Elenden hörte. a 1.Mose 16,11
29 – Wenn er sich aber ruhig hält, wer will
ihn verdammen? Und wenn er das Antlitz
verbirgt, wer kann ihn schauen unter allen
Völkern und Leuten? –
30 So läßt er denn nicht einen Gottlosen
regieren, der ein Fallstrick ist für das Volk.
31¶ Wenn einer zu Gott sagt: »Ich hab's
getragen*, ich will kein Unrecht mehr tun;

* Bisherige Lutherbibel: Ich habe gebüßt. Anderer Vorschlag: Ich habe geirrt.

32 was ich nicht sehe, das lehre du mich;
hab ich unrecht gehandelt, ich will's nicht
mehr tun«,
33 soll er dann nach deinem Sinn vergel-
ten, weil du ja widerrufen hast? Denn du
hast zu wählen und nicht ich, und was du
erkannt, sage an!
34¶ Verständige Leute werden zu mir sa-
gen und ein weiser Mann, der mir zuhört:
35 »Hiob [a] redet mit Unverstand, und seine
Worte sind nicht klug.« a Kap 38,2
36 Oh, Hiob sollte bis zum Äußersten ge-
prüft werden, weil er Antworten gibt wie
freche Sünder.
37 Denn zu seiner Sünde fügt er noch Fre-
vel hinzu. Er treibt Spott unter uns und
macht viele Worte wider Gott.

Elihus dritte Rede

35 Und Elihu hob an und sprach:
2¶ Hältst du das für recht, nennst
du das [a] »meine Gerechtigkeit vor Gott«,
a Kap 32,2
3 daß du sprichst: [a] »Was nützt sie mir?
Was habe ich davon, daß ich nicht sün-
dige?« a Kap 34,9
4 Ich will dir antworten ein Wort und dei-
nen Freunden mit dir.
5¶ Schau gen Himmel und sieh; und
schau die Wolken an hoch über dir!
6 Sündigst du, was kannst du ihm scha-
den? Und wenn deine Missetaten viel sind,
was kannst du ihm tun?[a] a Kap 7,20
7 Und wenn du gerecht wärst, was kannst
du ihm geben, oder was wird er von
deinen Händen nehmen?[a]
a Kap 22,2.3; Röm 11,35
8 Nur einem Menschen wie dir kann
deine Bosheit etwas tun und einem Men-
schenkind deine Gerechtigkeit.
9¶ Man schreit, daß viel Gewalt ge-
schieht, und ruft um Hilfe vor dem Arm
der Großen;
10 aber man fragt nicht: »Wo ist Gott,
mein Schöpfer, der [a] Lobgesänge gibt in
der Nacht, a Apg 16,25
11 der uns klüger macht als die Tiere auf
Erden und weiser als die Vögel unter dem
Himmel?«
12 Da schreien sie über den Hochmut der
Bösen, doch er erhört sie nicht.
13 Denn [a] Gott wird Nichtiges nicht erhö-
ren, und der Allmächtige wird es nicht an-
sehen. a Joh 9,31
14 Nun gar, wenn du sprichst, [a] du könn-
test ihn nicht sehen – der Rechtsstreit liegt
ihm vor, harre nur seiner! a Kap 23,8.9
15 Aber nun, [a] da sein Zorn nicht heim-
sucht und er sich um Frevel nicht viel
kümmert, a Pred 8,11
16 sperrt Hiob seinen Mund auf um nichts
und hält stolze Reden mit Unverstand.

Elihus letzte Rede

36 Elihu hob noch einmal an und
sprach:
2 ¶Warte noch ein wenig, ich will dich
lehren; denn ich habe noch etwas für Gott
zu sagen.
3 Ich will mein Wissen weit herholen und
meinem Schöpfer Recht verschaffen.
4 Meine Reden sind wahrlich nicht falsch;
vor dir steht einer, der es wirklich weiß.
5 ¶Siehe, Gott ist mächtig und verwirft
niemand; er ist mächtig an Kraft des Her-
zens.
6 Den Gottlosen erhält er nicht am Le-
ben, sondern hilft dem Elenden zum
Recht.[a] *a* Ps 72,4.12; 146,7-9
7 Er wendet seine Augen nicht von dem
Gerechten, sondern [a] mit Königen auf dem
Thron läßt er sie sitzen immerdar, daß sie
groß werden. *a* Ps 113,7.8
8 Und wenn sie gefangenliegen in Ketten
und elend, gebunden mit Stricken,
9 so hält er ihnen vor, was sie getan ha-
ben, und ihre Sünden, daß sie sich über-
hoben haben,
10 und [a] öffnet ihnen das Ohr zur Warnung
und sagt ihnen, daß sie sich von dem Un-
recht bekehren sollen. *a* Kap 33,16
11 Gehorchen sie und dienen ihm, so wer-
den sie bei guten Tagen alt werden und
glücklich leben
12 Gehorchen sie nicht, so werden sie da-
hinfahren durch des Todes Geschoß und
vergehen in Unverstand.
13 Die Ruchlosen verhärten sich im Zorn.
Sie flehen nicht, auch wenn er sie gefan-
genlegt;
14 so wird ihre Seele in der Jugend ster-
ben und ihr Leben unter den Hurern im
Tempel.
15 Aber den Elenden wird er durch sein
Elend erretten und ihm das Ohr öffnen
durch Trübsal.
16 ¶So reißt er auch dich aus dem Rachen
der Angst in einen weiten Raum, wo keine
Bedrängnis mehr ist; und an deinem Ti-
sche, voll von allem Guten, wirst du Ruhe
haben.
17 Wenn du aber richtest wie ein Gottlo-
ser, so halten dich Gericht und Recht fest.
18 Sieh zu, daß nicht dein Zorn dich ver-
lockt oder die Menge des Lösegeldes dich
verleitet.
19 Wird dein Geschrei dich aus der Not
bringen oder alle kräftigen Anstrengun-
gen?
20 Sehne dich nicht nach der Nacht, die
Völker wegnimmt von ihrer Stätte!
21 Hüte dich und kehre dich nicht zum
Unrecht, denn Unrecht wählst du lieber
als Elend!
22 ¶Siehe, Gott ist groß in seiner Kraft;
wo ist ein Lehrer, wie er ist?[a] *a* Ps 25,9
23 Wer will ihm weisen seinen Weg, und
wer will zu ihm sagen: »Du tust Unrecht«?
24 Denk daran, daß du sein Werk preisest,
von dem die Menschen singen.
25 Denn alle Menschen schauen danach
aus, aber sie sehen's nur von ferne.
26 Siehe, Gott ist groß und unbegreiflich;
die Zahl seiner Jahre kann niemand erfor-
schen.
27 ¶Er zieht empor die Wassertropfen
und treibt seine Wolken zusammen zum
Regen,
28 daß die Wolken überfließen und Regen
senden auf die Menge der Menschen.
29 Wer versteht, wie er die Wolken türmt
und donnern läßt aus seinem Gezelt?
30 Siehe, er breitet sein Licht um sich und
bedeckt alle Tiefen des Meeres.
31 Denn damit regiert er die Völker und
gibt Speise die Fülle.
32 Er bedeckt seine Hände mit Blitzen
und bietet sie auf gegen den, der ihn an-
greift.
33 Ihn kündet an sein Donnern, wenn er
mit Zorn eifert gegen den Frevel.

37 ¶Darüber entsetzt sich mein Herz
und fährt bebend hoch.
2 O hört doch, wie sein Donner rollt und
was für Gedröhn aus seinem Munde geht!
3 Er läßt ihn hinfahren unter dem ganzen
Himmel und seinen Blitz über die Enden
der Erde.
4 Ihm nach brüllt der Donner, und er don-
nert mit seinem großen Schall; und wenn
sein Donner gehört wird, hält er die Blitze
nicht zurück.
5 Gott donnert mit seinem Donner wun-
derbar und tut große Dinge, die wir nicht
begreifen.
6 Er spricht zum Schnee: »Falle zur
Erde!« und zum Platzregen, so ist der
Platzregen da mit Macht.
7 So legt er alle Menschen unter Siegel,
daß die Leute erkennen, was er tun kann.
8 Die wilden Tiere gehen in die Höhle
und legen sich auf ihr Lager.[a] *a* Ps 104,21.22

[9]Aus seinen Kammern kommt der Sturm
und von Norden her die Kälte.
[10]Vom Odem Gottes kommt Eis, und die
weiten Wasser liegen erstarrt.
[11]Die Wolken beschwert er mit Wasser,
und aus der Wolke bricht sein Blitz.
[12]Er kehrt die Wolken, wohin er will, daß
sie alles tun, was er ihnen gebietet auf dem
Erdkreis:
[13]zur Züchtigung für ein Land oder zum
Segen läßt er sie kommen.
[14]¶Das vernimm, Hiob, steh still und
merke auf die Wunder Gottes!
[15]Weißt du, wie Gott ihnen Weisung gibt
und wie er das Licht aus seinen Wolken
hervorbrechen läßt?
[16]Weißt du, wie die Wolken schweben,
die Wunder des Allwissenden?
[17]Du, dem schon die Kleider heiß wer-
den, wenn das Land stilliegt unterm Süd-
wind,
[18]kannst du gleich ihm die Wolkendecke
ausbreiten, die fest ist wie ein gegossener
Spiegel?
[19]Zeige uns, was wir ihm sagen sollen;
denn wir können nichts vorbringen vor
Finsternis.
[20]Wenn jemand redet, muß es ihm gesagt
werden? Hat je ein Mensch gesagt, er wolle
vernichtet werden?
[21]Eben sah man das Licht nicht, das hin-
ter den Wolken hell leuchtet; als aber der
Wind daherfuhr, da wurde es klar.
[22]Von Norden kommt goldener Schein;
um Gott her ist schrecklicher Glanz.
[23]Den Allmächtigen erreichen wir nicht,
der so groß ist an Kraft und reich an Ge-
rechtigkeit. Das Recht beugt er nicht.
[24]Darum sollen ihn die Menschen fürch-
ten, und er sieht keinen an, wie weise sie
auch sind.

Die Antwort Gottes
(Kapitel 38–42)

Die erste Rede des Herrn aus dem Wettersturm

38 Und der Herr [a]antwortete Hiob
aus dem Wettersturm und sprach:
a Kap 31,35
[2]¶Wer ist's, der den Ratschluß verdun-
kelt [a]mit Worten ohne Verstand?
a Kap 34,35
[3]Gürte deine Lenden wie ein Mann! Ich
will dich fragen, lehre mich![a] *a* Kap 40,7
[4]¶Wo warst du, als ich die Erde grün-
dete? Sage mir's, wenn du so klug bist!
[5]Weißt du, [a]wer ihr das Maß gesetzt hat
oder wer über sie die Richtschnur gezo-
gen hat? *a* Spr 30,4
[6]Worauf sind ihre Pfeiler eingesenkt, oder
wer hat ihren Eckstein gelegt,
[7]als mich [a]die Morgensterne miteinan-
der lobten und jauchzten alle [b]Gottes-
söhne? *a* Ps 19,2 *b* Kap 1,6
[8][a]Wer hat das Meer mit Toren verschlos-
sen, als es herausbrach wie aus dem Mut-
terschoß, *a (8-11)* Ps 104,8.9; Spr 8,29
[9]als ich's mit Wolken kleidete und in
Dunkel einwickelte wie in Windeln,
[10]als ich ihm seine Grenze bestimmte mit
meinem Damm und setzte ihm Riegel und
Tore
[11]und sprach: »**Bis hierher sollst du kom-
men und nicht weiter; hier sollen sich legen
deine stolzen Wellen!**«?
[12]¶Hast du zu deiner Zeit dem Morgen
geboten und der Morgenröte ihren Ort ge-
zeigt,
[13]damit sie die Ecken der Erde faßte und
die Gottlosen herausgeschüttelt würden?
[14]Sie wandelt sich wie Ton unter dem
Siegel und färbt sich bunt wie ein Kleid.
[15]Und den Gottlosen wird ihr Licht ge-
nommen und der erhobene Arm zerbro-
chen werden.
[16]¶Bist du zu den Quellen des Meeres
gekommen und auf dem Grund der Tiefe
gewandelt?
[17]Haben sich dir des Todes Tore je aufge-
tan, oder hast du gesehen die Tore der
Finsternis?
[18]Hast du erkannt, wie breit die Erde ist?
Sage an, weißt du das alles?
[19]Welches ist der Weg dahin, wo das
Licht wohnt, und welches ist die Stätte der
Finsternis,
[20]daß du sie zu ihrem Gebiet bringen
könntest und kennen die Pfade zu ihrem
Hause?
[21]Du weißt es ja, denn zu der Zeit wur-
dest du geboren, und deine Tage sind sehr
viel!
[22]¶[a]Bist du gewesen, wo der Schnee
herkommt, oder hast du gesehen, wo der
Hagel herkommt,
a (22 und 23) Jos 10,11; Jes 30,30
[23]die ich verwahrt habe für die Zeit der
Trübsal und für den Tag des Streites und
Krieges?

24 Welches ist der Weg dahin, wo das
Licht sich teilt und der Ostwind hinfährt
über die Erde?
25 Wer hat dem Platzregen seine Bahn gebrochen
und den Weg dem Blitz und Donner,[a] [a] Kap 28,26
26 daß es regnet aufs Land, wo niemand
ist, in der Wüste, wo kein Mensch ist,
27 damit Einöde und Wildnis gesättigt
werden und das Gras wächst?
28 Wer ist des Regens Vater? Wer hat die
Tropfen des Taus gezeugt?
29 Aus wessen Schoß geht das Eis hervor,
und wer hat den Reif unter dem Himmel
gezeugt,
30 daß Wasser sich zusammenzieht wie
Stein und der Wasserspiegel gefriert?
31 ¶Kannst du die Bande des Siebengestirns
zusammenbinden oder den Gürtel
des [a]Orion auflösen? [a] Kap 9,9
32 Kannst du die Sterne des Tierkreises
aufgehen lassen zur rechten Zeit oder die
Bärin samt ihren Jungen heraufführen?
33 Weißt du [a]des Himmels Ordnungen,
oder bestimmst du seine Herrschaft über
die Erde? [a] Jer 33,25
34 Kannst du deine Stimme zu der Wolke
erheben, damit dich die Menge des Wassers
überströme?
35 Kannst du die Blitze aussenden, daß sie
hinfahren und sprechen zu dir: »Hier sind
wir«?
36 Wer gibt die Weisheit in das Verborgene?
Wer gibt verständige Gedanken?
37 Wer ist so weise, daß er die Wolken
zählen könnte? Wer kann die Wasserschläuche
am Himmel ausschütten,
38 wenn der Erdboden hart wird, als sei er
gegossen, und die Schollen fest aneinander
kleben?
39 ¶Kannst du der Löwin ihren Raub zu
jagen geben und die jungen Löwen sättigen,
40 wenn sie sich legen in ihren Höhlen
und lauern in ihrem Versteck?
41 Wer bereitet dem Raben die Speise,
wenn [a]seine Jungen zu Gott rufen und
irrefliegen, weil sie nichts zu essen haben?
[a] Ps 147,9

39 ¶Weißt du die Zeit, wann die Gemsen
gebären, oder hast du aufgemerkt,
wann die Hirschkühe kreißen?
2 Zählst du die Monde, die sie erfüllen
müssen, oder weißt du die Zeit, wann sie
gebären?
3 Sie kauern sich nieder, werfen ihre Jungen
und werden los ihre Wehen.
4 Ihre Jungen werden stark und groß im
Freien und gehen davon und kommen
nicht wieder zu ihnen.
5 ¶Wer hat dem Wildesel die Freiheit gegeben,
wer hat die Bande des Flüchtigen
gelöst,
6 dem ich die Steppe zum Hause gegeben
habe und die Salzwüste zur Wohnung?
7 Er verlacht das Lärmen der Stadt, die
Schreie des Treibers hört er nicht;
8 er durchstreift die Berge, wo seine
Weide ist, und sucht, wo es grün ist.
9 ¶Meinst du, der Wildstier wird dir dienen
wollen und wird bleiben an deiner
Krippe?
10 Kannst du ihm das Seil anknüpfen, um
Furchen zu machen, oder wird er hinter
dir in den Tälern den Pflug ziehen?
11 Kannst du dich auf ihn verlassen, weil
er so stark ist, und überläßt du ihm, was
du erarbeitet hast?
12 Kannst du ihm trauen, daß er dein Korn
einbringt und in deine Scheune sammelt?
13 ¶Der Fittich der Straußin hebt sich
fröhlich; aber ist's ein Gefieder, das sorgsam
birgt?
14 Läßt sie doch ihre Eier auf der Erde
liegen zum Ausbrüten auf dem Boden
15 und vergißt, daß ein Fuß sie zertreten
und ein wildes Tier sie zerbrechen kann!
16 Sie ist so hart gegen ihre Jungen, als
wären es nicht ihre; es kümmert sie nicht,
daß ihre Mühe umsonst war.
17 Denn Gott hat ihr die Weisheit versagt
und hat ihr keinen Verstand zugeteilt.
18 Doch wenn sie aufgescheucht wird, verlacht
sie Roß und Reiter.
19 ¶Kannst du dem Roß Kräfte geben
oder seinen Hals zieren mit einer Mähne?
20 Kannst du es springen lassen wie die
Heuschrecken? Schrecklich ist sein prächtiges
Schnauben.
21 Es stampft auf den Boden und freut
sich, mit Kraft zieht es aus, den Geharnischten
entgegen.
22 Es spottet der Furcht und erschrickt
nicht und flieht nicht vor dem Schwert.
23 Auf ihm klirrt der Köcher und glänzen
Spieß und Lanze.
24 Mit Donnern und Tosen fliegt es über
die Erde dahin und läßt sich nicht halten
beim Schall der Trompete.
25 Sooft die Trompete erklingt, wiehert es

»Hui!« und wittert den Kampf von ferne,
das Rufen der Fürsten und Kriegsgeschrei.
26 Fliegt der Falke empor dank deiner Ein-
sicht und breitet seine Flügel aus dem Sü-
den zu?
27 Fliegt der Adler auf deinen Befehl so
hoch und baut sein Nest in der Höhe?
28 Auf Felsen wohnt er und nächtigt auf
Zacken der Felsen und steilen Klippen.
29 Von dort schaut er aus nach Beute, und
seine Augen sehen sie von ferne.
30 Seine Jungen gieren nach Blut, und [a]wo
Erschlagene liegen, da ist er.

a Hab 1,8; Mt 24,28

Hiobs erste Antwort an den HERRN

40 *Und der HERR antwortete Hiob
und sprach:

* Abweichende Verszählung statt 40,1-32: 39,31-40,27.

2 Wer [a]mit dem Allmächtigen rechtet,
kann der ihm etwas vorschreiben? Wer
Gott zurechtweist, der antworte! *a* Jes 45,9
3 ¶ Hiob aber antwortete dem HERRN und
sprach:
4 Siehe, [a]ich bin zu gering, was soll ich
antworten? [b]Ich will meine Hand auf mei-
nen Mund legen.

a 1.Mose 32,11; Jes 6,5 *b* Spr 30,32

5 Einmal hab ich geredet und will nicht
mehr antworten, ein zweites Mal geredet
und will's nicht wieder tun.

Zweite Rede des HERRN aus dem Wettersturm

6 Und der HERR antwortete Hiob aus dem
Wettersturm und sprach:
7 ¶ Gürte wie ein Mann deine Lenden!
Ich will dich fragen; lehre mich![a]

a Kap 38,3

8 Willst du mein Urteil zunichte machen
und mich schuldig sprechen, daß du recht
behältst?
9 Hast du einen Arm wie Gott, und kannst
du mit gleicher Stimme donnern wie er?
10 Schmücke dich mit Pracht und Hoheit;
zieh Majestät und Herrlichkeit an!
11 Streu aus den Zorn deines Grimmes;
schau an alle Hochmütigen und demütige
sie!
12 Ja, schau alle Hochmütigen an und
beuge sie und zertritt die Gottlosen in
Grund und Boden!
13 Verscharre sie miteinander in der Erde,
und versenke sie ins Verborgene,
14 so will auch ich dich preisen, daß dir
deine rechte Hand helfen kann.
15 ¶ Siehe da den Behemot*, den ich ge-
schaffen habe wie auch dich! Er frißt Gras
wie ein Rind.

* d.i. ein Riesentier, nach der Art des Nilpferds.

16 Siehe, welch eine Kraft ist in seinen
Lenden und welch eine Stärke in den Mus-
keln seines Bauchs!
17 Sein Schwanz streckt sich wie eine Ze-
der; die Sehnen seiner Schenkel sind dicht
geflochten.
18 Seine Knochen sind wie eherne Röh-
ren, seine Gebeine wie eiserne Stäbe.
19 Er ist das erste der Werke Gottes; der
ihn gemacht hat, gab ihm sein Schwert.
20 Die Berge tragen Futter für ihn, und
alle wilden Tiere spielen dort.
21 Er liegt unter Lotosbüschen, im Rohr
und im Schlamm verborgen.
22 Lotosbüsche bedecken ihn mit Schat-
ten, und die Bachweiden umgeben ihn.
23 Siehe, der Strom schwillt gewaltig an:
er dünkt sich sicher, auch wenn ihm der
Jordan ins Maul dringt.
24 Kann man ihn fangen Auge in Auge
und ihm einen Strick durch seine Nase
ziehen?
25 ¶ Kannst du den [a]Leviatan* fangen mit
der Angel und seine Zunge mit einer
Fangschnur fassen? *a* Ps 74,14

* d.i. ein Riesentier, nach der Art des Krokodils.

26 Kannst du ihm ein Binsenseil an die
Nase legen und mit einem Haken ihm die
Backen durchbohren?
27 Meinst du, er wird dich lang um Gnade
bitten oder dir süße Worte geben?
28 Meinst du, er wird einen Bund mit dir
schließen, daß du ihn für immer zum
Knecht bekommst?
29 Kannst du mit ihm spielen wie mit
einem Vogel oder ihn für deine Mädchen
anbinden?
30 Meinst du, die Zunftgenossen werden
um ihn feilschen und die Händler ihn ver-
teilen?
31 Kannst du mit Spießen spicken seine
Haut und mit Fischerhaken seinen Kopf?
32 Lege deine Hand an ihn! An **den** Kampf
wirst du denken und es nicht wieder tun!

41 *¶ Siehe, jede Hoffnung wird an
ihm zuschanden; schon wenn einer
ihn sieht, stürzt er zu Boden.

* Abweichende Verszählung statt 41,1-26: 40,28-41,25.

2 Niemand ist so kühn, daß er ihn zu rei-

zen wagt. – Wer ist denn, der vor mir be-
stehen könnte?
3 Wer kann mir entgegentreten, und ich
lasse ihn unversehrt? Unter dem ganzen
Himmel ist keiner!
4 ¶Ich will nicht schweigen von seinen
Gliedern, wie groß, wie mächtig und wohl-
geschaffen er ist.
5 Wer kann ihm den Panzer ausziehen,
und wer darf es wagen, ihm zwischen die
Zähne zu greifen?
6 Wer kann die Tore seines Rachens auf-
tun? Um seine Zähne herum herrscht
Schrecken.
7 Stolz stehen sie wie Reihen von Schil-
den, geschlossen und eng aneinanderge-
fügt.
8 Einer reiht sich an den andern, daß nicht
ein Lufthauch hindurchgeht.
9 Es haftet einer am andern, sie schließen
sich zusammen und lassen sich nicht tren-
nen.
10 Sein Niesen läßt Licht aufleuchten;
seine Augen sind wie die Wimpern der
Morgenröte.
11 Aus seinem Rachen fahren Fackeln,
und feurige Funken schießen heraus.
12 Aus seinen Nüstern fährt Rauch wie
von einem siedenden Kessel und Binsen-
feuer.
13 Sein Odem ist wie lichte Lohe, und aus
seinem Rachen schlagen Flammen.
14 Auf seinem Nacken wohnt die Stärke,
und vor ihm her tanzt die Angst.
15 Die Wampen seines Fleisches haften an
ihm, fest angegossen, ohne sich zu bewe-
gen.
16 Sein Herz ist so hart wie ein Stein und
so fest wie der untere Mühlstein.
17 Wenn er sich erhebt, so entsetzen sich
die Starken, und vor Schrecken wissen sie
nicht aus noch ein.
18 Trifft man ihn mit dem Schwert, so
richtet es nichts aus, auch nicht Spieß, Ge-
schoß und Speer.
19 Er achtet Eisen wie Stroh und Erz wie
faules Holz.
20 Kein Pfeil wird ihn verjagen; die
Schleudersteine sind ihm wie Spreu.
21 Die Keule achtet er wie einen Stroh-
halm; er spottet der sausenden Lanze.
22 Unter seinem Bauch sind scharfe Spit-
zen; er fährt wie ein Dreschschlitten über
den Schlamm.
23 Er macht, daß die Tiefe brodelt wie ein
Topf, und rührt das Meer um, wie man
Salbe mischt.
24 Er läßt hinter sich eine leuchtende
Bahn; man denkt, die Flut sei Silberhaar.
25 Auf Erden ist nicht seinesgleichen; er
ist ein Geschöpf ohne Furcht.
26 Er sieht allem ins Auge, was hoch ist;
er ist König über alle stolzen Tiere.

Hiobs letzte Antwort an den HERRN

42 Und Hiob antwortete dem HERRN
und sprach:
2 ¶Ich erkenne, daß du alles vermagst,
und nichts, das du dir vorgenommen, ist
dir zu schwer.
3 »Wer ist der, der den Ratschluß verhüllt
mit Worten ohne Verstand?«[a] Darum hab
ich unweise geredet, was mir zu hoch ist
und ich nicht verstehe. *a* Kap 38,2
4 »So höre nun, laß mich reden; [a]ich will
dich fragen, lehre mich!« *a* Kap 38,3
5 Ich hatte von dir nur vom Hörensagen
vernommen; aber [a]nun hat mein Auge
dich gesehen. *a* Kap 19,26.27
6 Darum spreche ich mich schuldig und
tue Buße in Staub und Asche.

Gott rechtfertigt Hiob gegenüber seinen Freunden

7 Als nun der HERR diese Worte mit Hiob
geredet hatte, sprach er zu Elifas von Te-
man: Mein Zorn ist entbrannt über dich
und über deine beiden Freunde; denn ihr
habt nicht recht von mir geredet wie mein
Knecht Hiob.
8 So nehmt nun [a]sieben junge Stiere und
sieben Widder und geht hin zu meinem
Knecht Hiob und opfert Brandopfer für
euch; aber mein Knecht Hiob soll für euch
Fürbitte tun; denn [b]ihn will ich erhören,
daß ich nicht töricht an euch handle. Denn
ihr habt nicht recht von mir geredet wie
mein Knecht Hiob. *a* 1.Chr 15,26 *b* Hes 14,14
9 Da gingen hin Elifas von Teman, Bildad
von Schuach und Zofar von Naama und
taten, wie der HERR ihnen gesagt hatte.
Und der HERR erhörte Hiob.

Hiobs gesegnetes Ende

10 Und der HERR wandte das Geschick
Hiobs, als er für seine Freunde Fürbitte
tat. Und [a]der HERR gab Hiob doppelt so-
viel, wie er gehabt hatte. *a* Kap 1,3; 8,7

[11]Und [a]es kamen zu ihm alle seine Brü-
der und alle seine Schwestern und alle,
die ihn früher gekannt hatten, und aßen
mit ihm in seinem Hause und sprachen
ihm zu und trösteten ihn über alles Un-
glück, das der HERR über ihn hatte kom-
men lassen. Und ein jeder gab ihm ein
Goldstück und einen goldenen Ring.

a Kap 19,13.14.19

[12]Und der HERR segnete Hiob fortan
mehr als einst, so daß er vierzehntausend
Schafe kriegte und sechstausend Kamele
und tausend Joch Rinder und tausend Ese-
linnen.
[13]Und er bekam sieben Söhne und drei
Töchter[a] *a* Kap 1,2
[14]und nannte die erste Jemima, die
zweite Kezia und die dritte Keren-Hap-
puch*.

* d. h. Täubchen, Zimmetblüte und Salbhörnchen.

[15]Und es gab keine so schönen Frauen
im ganzen Lande wie die Töchter Hiobs.
Und ihr Vater [a]gab ihnen Erbteil unter
ihren Brüdern. *a* 4.Mose 27,8-11
[16]¶Und Hiob lebte danach [a]hundertund-
vierzig Jahre und sah Kinder und Kin-
deskinder bis in das vierte Glied.

a Ps 90,10

[17]Und Hiob starb [a]alt und lebenssatt.

a 1.Mose 25,8; 35,29; 1.Chr 29,28

DER PSALTER

Inhaltsübersicht

ERSTES BUCH

Der Weg des Frommen – der Weg des Gottlosen

1 Wohl dem, der nicht wandelt im Rat
der Gottlosen noch tritt auf den Weg
der Sünder / noch sitzt, wo die Spötter sit-
zen,[a] *a* Ps 26,4; 119,1; Spr 4,14; Jer 15,17
2 sondern hat Lust am Gesetz des HERRN /
und [a]sinnt über seinem Gesetz Tag und
Nacht! *a* Ps 119,148; Jos 1,8
3 ¶Der ist [a]wie ein Baum, gepflanzt an
den Wasserbächen, der seine Frucht bringt
zu seiner Zeit, und seine Blätter verwel-
ken nicht. / Und was er macht, das gerät
wohl. *a* Ps 92,13-15; Jer 17,8
4 ¶Aber so sind die Gottlosen nicht, / son-
dern wie Spreu, die der Wind verstreut.
5 Darum bestehen die Gottlosen nicht
im Gericht / noch die Sünder in der
Gemeinde der Gerechten.
6 Denn **der HERR kennt den Weg der
Gerechten, / aber der Gottlosen Weg ver-
geht.**

Gottes Sieg und die Herrschaft seines Sohnes

2 [a]Warum toben die Heiden / und [b]mur-
ren die Völker so vergeblich?
a (1 und 2) Apg 4,25.26 *b* Offb 11,18
2 Die Könige der Erde lehnen sich auf,
und die Herren halten Rat miteinander /
wider den HERRN und seinen Gesalbten:
3 »Lasset uns [a]zerreißen ihre Bande / und
von uns werfen ihre Stricke!« *a* Jer 5,5
4 ¶Aber [a]der im Himmel wohnt, lachet
ihrer, / und der Herr spottet ihrer.
a Ps 59,9
5 Einst wird er mit ihnen reden in seinem
[a]Zorn, / und mit seinem Grimm wird er
sie schrecken: *a* Jes 34,2; Offb 6,15-17
6 »Ich aber habe meinen König einge-
setzt / auf meinem [a]heiligen Berg Zion.«
a Sach 8,3
7 Kundtun will ich den Ratschluß des
HERRN. Er hat zu mir gesagt: / [a]**»Du bist
mein Sohn, heute habe ich dich gezeugt.**
a Ps 89,27.28; 2.Sam 7,14; Apg 13,33; Hebr 1,5; 5,5
8 Bitte mich, so will ich dir Völker zum
Erbe geben / und der Welt Enden zum
Eigentum.[a] *a* Dan 7,13.14; Hebr 1,2
9 Du sollst sie mit einem [a]eisernen Zep-
ter zerschlagen, / wie Töpfe sollst du sie
zerschmeißen.« *a* Offb 2,27; 12,5; 19,15
10 ¶So seid nun verständig, ihr Könige, /
und laßt euch warnen, ihr Richter auf
Erden!
11 Dienet dem HERRN mit Furcht / und
küßt seine Füße mit Zittern,[a]
a Phil 2,12; Hebr 12,28
12 daß er nicht zürne / und ihr umkommt
auf dem Wege;
denn sein Zorn wird bald entbrennen. /
Wohl allen, die auf ihn trauen!

Morgenlied in böser Zeit

3 EIN PSALM DAVIDS, [a]ALS ER VOR SEINEM
SOHN ABSALOM FLOH. *a* 2.Sam 15
2 Ach HERR, wie sind meiner Feinde so
viel / und erheben sich so viele gegen
mich!
3 Viele sagen von mir: / Er hat keine Hilfe
bei Gott. SELA.
4 Aber du, HERR, bist [a]der Schild für
mich, / du bist meine Ehre und hebst mein
Haupt empor. *a* 1.Mose 15,1
5 ¶Ich rufe mit meiner Stimme zum
HERRN, / so erhört er mich von seinem
heiligen Berge. SELA.
6 Ich liege und schlafe und erwache; /
denn der HERR hält mich.[a] *a* Ps 4,9
7 Ich [a]fürchte mich nicht vor vielen Tau-
senden, / die sich ringsum wider mich
legen. *a* Ps 27,3

8 ¶[a]Auf, HERR, und hilf mir, mein Gott!
Denn du schlägst alle meine Feinde auf
die Backe / und zerschmetterst der Gott-
losen Zähne. *a 4.Mose 10,35*
9 Bei dem HERRN findet man Hilfe. / Dein
Segen komme über dein Volk! SELA.

Ein Abendgebet

4 EIN PSALM DAVIDS, VORZUSINGEN, BEIM
SAITENSPIEL.
2 Erhöre mich, wenn ich rufe, / Gott mei-
ner Gerechtigkeit,
der du mich tröstest in Angst; / sei mir
gnädig und erhöre mein Gebet!
3 Ihr Herren, wie lange soll meine Ehre
geschändet werden? / Wie habt ihr das
Eitle so lieb und die Lüge so gern! SELA.
4 Erkennet doch, daß der HERR seine Hei-
ligen wunderbar führt; / der HERR hört,
wenn ich ihn anrufe.
5 [a]Zürnet ihr, so sündiget nicht; / redet in
eurem Herzen auf eurem Lager und seid
stille. SELA. *a Eph 4,26*
6 [a]Opfert, was recht ist, / und hoffet auf
den HERRN. *a Ps 51,19.21; 1.Petr 2,5*
7 Viele sagen: »Wer wird uns Gutes sehen
lassen?« / HERR, [a]laß leuchten über uns
das Licht deines Antlitzes! *a 4.Mose 6,25*
8 Du erfreust mein Herz, / ob jene auch
viel Wein und Korn haben.
9 **Ich liege und schlafe ganz mit Frieden; /**
denn allein du, HERR, hilfst mir, daß ich
sicher wohne.[a] *a Ps 3,6*

Gebet um Leitung und Bewahrung

5 EIN PSALM DAVIDS, VORZUSINGEN, ZUM
FLÖTENSPIEL.
2 HERR, höre meine Worte, / merke auf
mein Reden!
3 Vernimm mein Schreien, mein König
und mein Gott; / denn ich will zu dir
beten.
4 HERR, frühe wollest du meine Stimme
hören, / frühe will ich mich zu dir wenden
und aufmerken.
5 Denn du bist nicht ein Gott, dem gott-
loses Wesen gefällt; / wer böse ist, bleibt
nicht vor dir.
6 Die Ruhmredigen bestehen nicht vor
deinen Augen; / du bist feind allen Übel-
tätern.
7 Du bringst die Lügner um; / dem
HERRN sind ein Greuel die Blutgierigen
und Falschen.
8 Ich aber [a]darf in dein Haus gehen durch
deine große Güte / und anbeten vor dei-
nem heiligen Tempel in deiner Furcht.
a Ps 26,8
9 ¶HERR, leite mich in deiner Gerechtig-
keit um meiner Feinde willen; / ebne vor
mir deinen Weg!
10 Denn in ihrem Munde ist nichts Ver-
läßliches; / ihr Inneres ist Bosheit.
[a]Ihr Rachen ist ein offenes Grab; / mit
ihren Zungen heucheln sie. *a Röm 3,13*
11 Sprich sie schuldig, Gott, / daß sie zu
Fall kommen durch ihre Ränke.
Stoße sie aus um ihrer vielen Übertre-
tungen willen; / denn sie sind widerspen-
stig gegen dich.
12 Laß sich freuen alle, die auf dich
trauen; / ewiglich laß sie rühmen, denn du
beschirmest sie.
Fröhlich laß sein in dir, / die deinen
Namen lieben!
13 Denn du, HERR, segnest die Gerech-
ten, / du deckest sie mit Gnade wie mit
einem Schilde.

Bußgebet in Anfechtung
(Der erste Bußpsalm)

6 EIN PSALM DAVIDS, VORZUSINGEN, BEIM
SAITENSPIEL AUF ACHT SAITEN.
2 Ach HERR, strafe mich nicht in deinem
Zorn / und [a]züchtige mich nicht in dei-
nem Grimm! *a Jer 10,24*
3 HERR, sei mir gnädig, denn ich bin
schwach; / heile mich, HERR, denn meine
Gebeine sind erschrocken
4 und meine Seele ist sehr erschrocken. /
Ach du, HERR, wie lange!
5 ¶Wende dich, HERR, und errette mich, /
hilf mir um deiner Güte willen!
6 Denn im Tode gedenkt man deiner
nicht; / [a]wer wird dir bei den Toten dan-
ken? *a Ps 30,10; 88,11; 115,17.18; Jes 38,18*
7 Ich bin so müde vom Seufzen; ich
schwemme mein Bett die ganze Nacht /
und netze mit meinen Tränen mein Lager.
8 Mein Auge ist trübe geworden vor
Gram / und matt, weil meiner Bedränger
so viele sind.
9 ¶Weichet von mir, alle Übeltäter; / denn
der HERR hört mein Weinen.
10 Der HERR hört mein Flehen; / mein
Gebet nimmt der HERR an.
11 Es sollen alle meine Feinde zuschan-
den werden und sehr erschrecken; / sie
sollen umkehren und zuschanden werden
plötzlich.

Gebet eines unschuldig Verfolgten

7 EIN KLAGELIED DAVIDS, DAS ER DEM
HERRN SANG WEGEN DER WORTE DES
KUSCH, DES BENJAMINITERS.
2 Auf dich, HERR, mein Gott, traue ich! /
Hilf mir von allen meinen Verfolgern und
errette mich,
3 daß sie nicht wie Löwen mich packen /
und zerreißen, weil kein Retter da ist.
4 ¶HERR, mein Gott, hab ich solches
getan / und ist [a]Unrecht an meinen Hän-
den, [a] Hiob 31,7-34
5 hab ich Böses vergolten denen, die fried-
lich mit mir lebten, / oder geschädigt, die
mir ohne Ursache feind waren,
6 so verfolge mich der Feind und ergreife
mich und trete mein Leben zu Boden /
und lege meine Ehre in den Staub. SELA.
7 Steh auf, HERR, in deinem Zorn, /
erhebe dich wider den Grimm meiner
Feinde!
Wache auf, mir zu helfen, / der du
Gericht verordnet hast,
8 so werden die Völker sich um dich sam-
meln; / du aber throne über ihnen in der
Höhe!
9 ¶Der HERR ist Richter über die Völ-
ker. / Schaffe mir Recht, HERR, nach [a]mei-
ner Gerechtigkeit und Unschuld!
[a] Ps 18,21-27
10 [a]Laß der Gottlosen Bosheit ein Ende
nehmen, / aber die Gerechten laß beste-
hen;
denn [b]du, gerechter Gott, / prüfest Her-
zen und Nieren.
[a] Ps 104,35 [b] Ps 139,1; Jer 11,20; Offb 2,23
11 Gott ist der Schild über mir, / er, der
den frommen Herzen hilft.
12 Gott ist ein gerechter Richter / und ein
Gott, der täglich strafen kann.
13 ¶Wahrlich, wieder hat einer sein
[a]Schwert gewetzt / und seinen Bogen
gespannt und zielt. [a] 5.Mose 32,41
14 Doch sich selber hat er tödliche Waffen
gerüstet / und feurige Pfeile bereitet.
15 Siehe, er hat Böses im Sinn, / mit
Unrecht ist er schwanger und wird Lüge
gebären.
16 Er hat eine Grube gegraben und ausge-
höhlt – / und ist in die Grube gefallen, die
er gemacht hat.[a] [a] Spr 26,27
17 Sein Unrecht wird auf seinen Kopf kom-
men / und sein Frevel auf seinen Scheitel
fallen.
18 ¶Ich danke dem HERRN um seiner
Gerechtigkeit willen / und will loben den
Namen des HERRN, des Allerhöchsten.

Offenbarung der Herrlichkeit Gottes am Menschen

8 EIN PSALM DAVIDS, VORZUSINGEN, AUF
DER GITTIT.
2 HERR, unser Herrscher, wie herrlich ist
[a]dein Name in allen Landen, / der du
zeigst deine Hoheit am Himmel!
[a] 2.Mose 3,13-15
3 [a]Aus dem Munde der jungen Kinder
und Säuglinge hast du eine Macht zuge-
richtet um deiner Feinde willen, / daß du
vertilgest den Feind und den Rachgieri-
gen. [a] Mt 21,16
4 Wenn ich sehe die Himmel, deiner Fin-
ger Werk, / den Mond und die Sterne, die
du bereitet hast:
5 [a]was ist der Mensch, daß du seiner
gedenkst, / und des Menschen Kind, daß
du dich seiner annimmst? [a] (5-7) Hebr 2,6-8
6 Du hast ihn [a]wenig niedriger gemacht
als Gott, / mit Ehre und Herrlichkeit hast
du ihn gekrönt. [a] 1.Mose 1,27
7 Du hast ihn zum Herrn gemacht über
deiner Hände Werk, / [a]alles hast du unter
seine Füße getan: [a] 1.Kor 15,27
8 Schafe und Rinder allzumal, / dazu auch
die wilden Tiere,
9 die Vögel unter dem Himmel und die
Fische im Meer / und alles, was die Meere
durchzieht.
10 ¶HERR, unser Herrscher, / wie herrlich
ist dein Name in allen Landen!

Danklied für Rettung aus Bedrängnis

9 EIN PSALM DAVIDS, VORZUSINGEN, NACH
DER WEISE »SCHÖNE JUGEND«.
2 Ich danke dem HERRN von ganzem Her-
zen / und [a]erzähle alle deine Wunder.
[a] Ps 44,2
3 Ich freue mich und bin fröhlich in dir /
und lobe deinen Namen, du Allerhöch-
ster,
4 daß meine Feinde zurückweichen muß-
ten; / sie sind gestürzt und umgekommen
vor dir.
5 ¶Denn du führst mein Recht und meine
Sache, / du sitzest auf dem Thron, ein
rechter Richter.
6 Du schiltst die Heiden und bringst die

Gottlosen um; / ihren Namen vertilgst du
auf immer und ewig.
7 Der Feind ist vernichtet, zertrümmert
für immer, / die Städte hast du zerstört;
[a]jedes Gedenken an sie ist vergangen.
a Ps 34,17
8 ¶ Der HERR aber bleibt ewiglich; / er hat
seinen Thron bereitet zum Gericht,
9 er wird den Erdkreis richten mit Gerech-
tigkeit / und die Völker regieren, wie es
recht ist.
10 Der HERR ist des Armen Schutz, / ein
Schutz in Zeiten der Not.
11 Darum hoffen auf dich, die deinen
Namen kennen; / denn du verlässest nicht,
die dich, HERR, suchen.
12 Lobet den HERRN, der zu Zion wohnt; /
verkündigt unter den Völkern sein Tun!
13 Denn der nach [a]Blutschuld fragt, [b]ge-
denkt der Elenden / und vergißt nicht ihr
Schreien. a 1.Mose 4,10; 9,5 b Ps 72,4; 1.Mose 16,11
14 ¶ HERR, sei mir gnädig; sieh an mein
Elend unter meinen Feinden, / der du
mich erhebst aus den Toren des Todes,
15 daß ich [a]erzähle all deinen Ruhm, / in
den Toren der Tochter Zion [b]fröhlich sei
über deine Hilfe. a Ps 22,23 b Ps 13,6
16 Die Heiden sind versunken in der
Grube, die sie gegraben, / ihr Fuß ist
gefangen im Netz, das sie gestellt hatten.
17 Der HERR hat sich kundgetan und
Gericht gehalten. / Der Gottlose ist ver-
strickt in dem Werk seiner Hände. ZWI-
SCHENSPIEL. SELA.
18 ¶ Die Gottlosen sollen zu den Toten
fahren, / alle Heiden, die Gott vergessen!
19 Denn er [a]wird den Armen nicht für
immer vergessen; / die Hoffnung der
[b]Elenden wird nicht ewig verloren sein.
a Ps 22,25 b Ps 10,17
20 [a]HERR, steh auf, daß nicht Menschen
die Oberhand gewinnen; / laß alle Heiden
vor dir gerichtet werden! a 4.Mose 10,35
21 Lege, HERR, einen Schrecken auf sie, /
daß die Heiden erkennen, daß sie Men-
schen sind. SELA.

Klage und Zuversicht beim Übermut der Gottlosen

10 HERR, warum stehst du so ferne, /
verbirgst dich zur Zeit der Not?
2 Weil der Gottlose Übermut treibt, müs-
sen die Elenden leiden; / sie werden gefan-
gen in den Ränken, die er ersann.
3 Denn der Gottlose rühmt sich seines
Mutwillens, / und der Habgierige sagt dem
HERRN ab und lästert ihn.
4 Der Gottlose meint in seinem Stolz,
Gott frage nicht danach. / »Es ist kein
Gott« sind alle seine Gedanken.
5 Er fährt fort in seinem Tun immerdar.
[a]Deine Gerichte sind ferne von ihm, / er
handelt gewaltsam an allen seinen Fein-
den. a Am 6,3
6 Er spricht in seinem Herzen: »Ich werde
nimmermehr wanken, / es wird für und
für keine Not haben.«[a] a Ps 73,6-8
7 Sein [a]Mund ist voll Fluchens, voll Lug
und Trug; / seine Zunge richtet Mühsal
und Unheil an. a Röm 3,14
8 Er sitzt und lauert in den Höfen, er mor-
det die Unschuldigen heimlich, / seine
Augen spähen nach den Armen.
9 Er lauert im Verborgenen wie ein Löwe
im Dickicht, er lauert, daß er den Elenden
fange; / er fängt ihn und zieht ihn in sein
Netz.
10 Er duckt sich, kauert nieder, / und durch
seine Gewalt fallen die Unglücklichen.
11 Er spricht in seinem Herzen: »Gott hat's
vergessen, / er hat sein Antlitz verborgen,
[a]er wird's nimmermehr sehen.«
a Ps 73,11; 94,7; Jes 29,15
12 ¶ [a]Steh auf, HERR! Gott, erhebe deine
Hand! / Vergiß die Elenden nicht!
a 4.Mose 10,35
13 Warum soll der Gottlose Gott lästern /
und in seinem Herzen sprechen: »Du
fragst doch nicht danach«?
14 Du siehst es doch, denn du schaust das
Elend und den Jammer; / es steht in dei-
nen Händen.
Die Armen befehlen es dir; / [a]du bist
der Waisen Helfer. a Ps 68,6; 2.Mose 22,22
15 [a]Zerbrich den Arm des Gottlosen und
Bösen und suche seine Bosheit heim, /
daß man nichts mehr davon finde.
a Hiob 38,15
16 ¶ Der HERR ist König immer und ewig; /
die Heiden sollen aus seinem Lande ver-
schwinden.
17 Das Verlangen der [a]Elenden hörst du,
HERR; / du machst ihr Herz gewiß, dein
Ohr merkt darauf, a Ps 9,19
18 daß du Recht schaffest den Waisen und
Armen, / daß der Mensch nicht mehr
trotze auf Erden.

Vertrauen auf Gottes Gerechtigkeit

11 VON DAVID, VORZUSINGEN.
Ich traue auf den HERRN. Wie sagt
ihr denn zu mir: / »Flieh wie ein Vogel auf
die Berge!
2 Denn siehe, die Gottlosen spannen den
Bogen und legen ihre Pfeile auf die Seh-
nen, / damit heimlich zu schießen auf die
Frommen.
3 Ja, sie reißen die Grundfesten um; / was
kann da der Gerechte ausrichten?«
4 ¶ [a] Der HERR ist in seinem heiligen Tem-
pel, / [b] des HERRN Thron ist im Himmel.
[c] Seine Augen sehen herab, / seine Blicke
prüfen die Menschenkinder.
a Hab 2,20 *b* Jes 66,1 *c* Ps 33,13.14
5 Der HERR prüft den Gerechten und den
Gottlosen; / wer Unrecht liebt, den haßt
seine Seele.
6 Er wird [a] regnen lassen über die Gottlo-
sen Feuer und Schwefel / und Glutwind
ihnen zum Lohne geben. *a* 1.Mose 19,24
7 ¶ Denn der HERR ist gerecht und hat
Gerechtigkeit lieb. / [a] Die Frommen wer-
den schauen sein Angesicht. *a* Mt 5,8

Klage über die Macht der Bösen

12 EIN PSALM DAVIDS, VORZUSINGEN,
AUF ACHT SAITEN.
2 Hilf, HERR! Die Heiligen haben abge-
nommen, / und gläubig sind wenige unter
den Menschenkindern.
3 Einer redet mit dem andern Lug und
Trug, / sie heucheln und reden aus zwie-
spältigem Herzen.
4 ¶ Der HERR wolle ausrotten alle Heu-
chelei / und die Zunge, die hoffärtig re-
det,
5 die da sagen: [a] »Durch unsere Zunge
sind wir mächtig, / uns gebührt zu reden!
[b] Wer ist unser Herr?«
a Ps 73,8.9 *b* Hiob 21,14.15
6 ¶ »Weil die Elenden Gewalt leiden / und
die Armen seufzen,
will ich jetzt aufstehen«, spricht der
HERR, / »ich will Hilfe schaffen dem, der
sich danach sehnt.«
7 ¶ Die Worte des HERRN sind lauter wie
Silber, / im Tiegel geschmolzen, geläutert
siebenmal.
8 Du, HERR, wollest sie bewahren / und
uns behüten vor diesem Geschlecht ewig-
lich!
9 Denn Gottlose gehen allenthalben ein-
her, / weil Gemeinheit herrscht unter den
Menschenkindern.

Hilferuf eines Angefochtenen

13 EIN PSALM DAVIDS, VORZUSINGEN.
2 HERR, wie lange willst du mich so
ganz vergessen? / Wie lange verbirgst du
dein Antlitz vor mir?[a] *a* Ps 77,8; Hab 1,2
3 Wie lange soll ich sorgen in meiner
Seele und mich ängsten in meinem Her-
zen täglich? / Wie lange soll sich mein
Feind über mich erheben?
4 ¶ Schaue doch und erhöre mich, HERR,
mein Gott! / Erleuchte meine Augen, daß
ich nicht im Tode entschlafe,
5 daß nicht mein Feind sich rühme, er sei
meiner mächtig geworden, / und meine
Widersacher sich freuen, daß ich wanke.
6 ¶ Ich aber traue darauf, daß du so gnädig
bist; **mein Herz freut sich, daß du so gerne
hilfst. / Ich will dem HERRN singen, daß er
so wohl an mir tut.**

Die Torheit der Gottlosen

(vgl. Ps 53)

14 VON DAVID, VORZUSINGEN.
Die Toren sprechen in ihrem Her-
zen: / »Es ist kein Gott.«
Sie taugen nichts; ihr Treiben ist ein
Greuel; / da ist keiner, der Gutes tut.
2 Der HERR schaut vom Himmel auf die
Menschenkinder, / daß er sehe, ob jemand
klug sei und nach Gott frage.
3 Aber sie sind alle abgewichen und alle-
samt verdorben; / da ist keiner, der Gutes
tut, auch nicht **einer**.[a] *a* 1.Mose 6,12; Röm 3,10-12
4 ¶ Will denn das keiner der Übeltäter
begreifen, die [a] mein Volk fressen, daß sie
sich nähren, / aber den HERRN rufen sie
nicht an? *a* Mi 3,3
5 Da erschrecken sie sehr; / denn Gott ist
bei dem Geschlecht der Gerechten.
6 Euer Anschlag wider den Armen wird
zuschanden werden; / denn der HERR ist
seine Zuversicht.[a] *a* Ps 12,6
7 ¶ Ach daß die Hilfe aus Zion über Israel
käme und [a] der HERR sein gefangenes Volk
erlöste! / So würde Jakob fröhlich sein und
Israel sich freuen. *a* Ps 126,1

Wen nimmt Gott an?

(vgl. Ps 24,3-6; Jes 33,14-16)

15 EIN PSALM DAVIDS.
HERR, [a] wer darf weilen in deinem

Zelt? / Wer darf wohnen auf deinem heili-
gen Berge? *a* Pred 4,17
2 ¶Wer untadelig lebt und tut, was recht
ist, / und die Wahrheit redet von Herzen,
3 wer mit seiner Zunge nicht verleumdet,
wer seinem Nächsten nichts Arges tut /
und seinen Nachbarn nicht schmäht;
4 wer die Verworfenen für nichts achtet,
aber ehrt die Gottesfürchtigen; / wer sei-
nen Eid hält, auch wenn es ihm schadet;
5 wer [a]sein Geld nicht auf Zinsen gibt
und nimmt nicht Geschenke wider den
Unschuldigen.
¶Wer das tut, wird nimmermehr wan-
ken. *a* 2.Mose 22,24; 5.Mose 23,20.21

Das schöne Erbteil

16 EIN GÜLDENES KLEINOD DAVIDS.
Bewahre mich, Gott; denn ich traue
auf dich.
2 Ich habe gesagt zu dem HERRN: Du bist
ja der Herr! / [a]Ich weiß von keinem Gut
außer dir. *a* Ps 73,25
3 An den Heiligen, die auf Erden sind, /
an den Herrlichen hab ich all mein Gefal-
len.
4 Aber jene, die einem andern nachlau-
fen, / werden viel Herzeleid haben.
Ich will das Blut ihrer Trankopfer nicht
opfern / noch ihren Namen in meinem
Munde führen.
5 ¶Der HERR ist mein Gut und mein
Teil; / du erhältst mir mein Erbteil.[a]
a Ps 73,26; 4.Mose 18,20; Klgl 3,24
6 Das Los ist mir gefallen auf liebliches
Land; / mir ist ein schönes Erbteil gewor-
den.
7 Ich lobe den HERRN, der mich beraten
hat; / auch mahnt mich mein Herz des
Nachts.
8 Ich habe den HERRN allezeit vor Au-
gen; / steht er mir zur Rechten, so werde
ich festbleiben.
9 Darum freut sich mein Herz, und meine
Seele ist fröhlich; / auch mein Leib wird
sicher liegen.
10 Denn du wirst mich nicht dem Tode
überlassen / und nicht zugeben, daß dein
Heiliger die Grube sehe.*

* Luther übersetzte: »daß dein Heiliger verwese« im Anschluß an die griechische Übersetzung des Alten Testaments und Apg 2,27 und 13,35.

11 **Du tust mir kund den Weg zum Leben: /**
Vor dir ist Freude die Fülle und Wonne zu
deiner Rechten ewiglich.

Hilferuf eines Unschuldigen

17 EIN GEBET DAVIDS.
HERR, höre die gerechte Sache, /
merk auf mein Schreien,
vernimm mein Gebet / von Lippen, die
nicht trügen.
2 [a]Sprich du in meiner Sache; / deine
Augen sehen, was recht ist. *a* Ps 43,1
3 Du [a]prüfst mein Herz und suchst es
heim bei Nacht; / du läuterst mich und
findest nichts.
Ich habe mir vorgenommen, / daß mein
Mund sich nicht vergehe. *a* Ps 139,1
4 Im Treiben der Menschen bewahre ich
mich vor gewaltsamen Wegen / durch das
Wort deiner Lippen.
5 Erhalte meinen Gang auf deinen We-
gen, / daß meine Tritte nicht gleiten.
6 ¶Ich rufe zu dir, denn du, Gott, wirst
mich erhören; / neige deine Ohren zu mir,
höre meine Rede!
7 Beweise deine wunderbare Güte, du
Heiland derer, / die dir vertrauen gegen-
über denen, die sich gegen deine rechte
Hand erheben.
8 Behüte mich [a]wie einen Augapfel im
Auge, / beschirme mich [b]unter dem
Schatten deiner Flügel
a 5.Mose 32,10 *b* Ps 61,5; 63,8; 2.Mose 37,7-9
9 vor den Gottlosen, die mir Gewalt
antun, / vor meinen Feinden, die mir von
allen Seiten nach dem Leben trachten.
10 Ihr Herz haben sie verschlossen, / mit
ihrem Munde reden sie stolz.
11 Wo wir auch gehen, da umgeben sie
uns; / ihre Augen richten sie darauf, daß
sie uns zu Boden stürzen,
12 gleichwie ein Löwe, der nach Raub
lechzt, / wie ein junger Löwe, der im Ver-
steck sitzt.
13 ¶[a]HERR, mache dich auf, tritt ihm ent-
gegen und demütige ihn! / Errette mich
vor dem Gottlosen mit deinem Schwert,
a 4.Mose 10,35
14 vor den Leuten, HERR, mit deiner
Hand, / vor den Leuten dieser Welt,
die ihr Teil haben schon im Leben, /
denen du den Bauch füllst mit deinen
Gütern,
deren Söhne auch noch satt werden / und
ihren Kindern ein Übriges hinterlassen.
15 ¶Ich aber will schauen dein Antlitz in
Gerechtigkeit, / ich will satt werden, wenn
ich erwache, an deinem Bilde.

Dank des Königs für Rettung und Sieg

(vgl. 2.Sam 22)

18 VON DAVID, DEM KNECHT DES HERRN,
DER ZUM HERRN DIE WORTE DIESES
LIEDES REDETE, ALS IHN DER HERR ERRET-
TET HATTE VON DER HAND ALLER SEINER
FEINDE UND VON DER HAND SAULS; VORZU-
SINGEN. 2 UND ER SPRACH:
Herzlich lieb habe ich dich, HERR, meine
Stärke! /
3 **HERR, mein [a]Fels, meine Burg, mein**
Erretter;
mein Gott, mein Hort, auf den ich traue, /
mein Schild und Berg meines Heiles und
mein Schutz! *a* 5.Mose 32,18
4 Ich rufe an den HERRN, den Hochgelob-
ten, / so werde ich vor meinen Feinden
errettet.
5 ¶ [a]Es umfingen mich des Todes Bande, /
und die Fluten des Verderbens erschreck-
ten mich. *a (5 und 6)* Ps 116,3
6 Des Totenreichs Bande umfingen
mich, / und des Todes Stricke überwältigten
mich.
7 Als mir angst war, rief ich den HERRN
an / und schrie zu meinem Gott. / Da
erhörte er meine Stimme von seinem
Tempel, / und mein Schreien kam vor ihn
zu seinen Ohren.
8 ¶ Die Erde bebte und wankte, / und die
Grundfesten der Berge bewegten sich und
bebten, da er zornig war.
9 [a]Rauch stieg auf von seiner Nase und
verzehrend Feuer aus seinem Munde; /
Flammen sprühten von ihm aus.
a 2.Mose 19,18
10 [a]Er neigte den Himmel und fuhr
herab, / und Dunkel war unter seinen
Füßen. *a (10-17)* Ps 144,5-7
11 Und er fuhr auf dem [a]Cherub und flog
daher, / er schwebte auf den Fittichen des
Windes. *a* Ps 99,1
12 Er machte Finsternis ringsum zu sei-
nem Zelt; / in schwarzen, dicken Wolken
war er verborgen.
13 Aus dem Glanz vor ihm zogen seine
Wolken dahin / mit Hagel und Blitzen.
14 Der HERR donnerte im Himmel, / und
der Höchste ließ seine Stimme erschallen
mit Hagel und Blitzen.
15 Er schoß seine Pfeile und streute sie
aus, / sandte Blitze in Menge und jagte sie
dahin.
16 Da sah man die Tiefen der Wasser, /
und des Erdbodens Grund ward aufge-
deckt
vor deinem Schelten, HERR, / vor dem
Odem und Schnauben deines Zornes.
17 ¶ Er streckte seine Hand aus von der
Höhe und faßte mich / und zog mich aus
großen Wassern.
18 Er errettete mich von meinen starken
Feinden, / von meinen Hassern, die mir
zu mächtig waren;
19 sie überwältigten mich zur Zeit meines
Unglücks; / aber der HERR ward meine
Zuversicht.
20 Er führte mich hinaus ins Weite, / er
riß mich heraus; denn er hatte Lust zu
mir.
21 ¶ Der HERR tut wohl an mir nach mei-
ner Gerechtigkeit, / er vergilt mir nach der
Reinheit meiner Hände.
22 Denn ich halte die Wege des HERRN /
und bin nicht gottlos wider meinen Gott.
23 Denn alle seine Rechte hab ich vor
Augen, / und seine Gebote werfe ich nicht
von mir,
24 sondern ich bin ohne Tadel vor ihm /
und hüte mich vor Schuld.
25 Darum vergilt mir der HERR nach mei-
ner Gerechtigkeit, / nach der Reinheit mei-
ner Hände vor seinen Augen.
26 Gegen die Heiligen bist du heilig, / und
gegen die Treuen bist du treu,
27 gegen die Reinen bist du rein, / und
gegen die Verkehrten bist du verkehrt.
28 Denn [a]du hilfst dem elenden Volk, /
aber stolze Augen erniedrigst du.
a Hiob 22,29
29 Ja, du machst hell meine Leuchte, / der
HERR, mein Gott, macht meine Finsternis
licht.
30 Denn mit dir kann ich Kriegsvolk zer-
schlagen / und mit meinem Gott über
Mauern springen.
31 Gottes Wege sind vollkommen, die
Worte des HERRN sind durchläutert. / Er
ist ein Schild allen, die ihm vertrauen.
32 ¶ Denn wer ist Gott, wenn nicht der
HERR, / oder ein Fels, wenn nicht unser
Gott?
33 Gott rüstet mich mit Kraft / und macht
meine Wege ohne Tadel.
34 Er macht meine Füße gleich den Hir-
schen / und stellt mich auf meine Höhen.
35 Er lehrt meine Hände streiten / und
meinen Arm den ehernen Bogen spannen.
36 Du gibst mir den Schild deines Heils,

und deine Rechte stärkt mich, / und deine
Huld macht mich groß.*

* Luther übersetzte: »Und wenn du mich demütigst, machst du mich groß.«

37 Du gibst meinen Schritten weiten
Raum, / daß meine Knöchel nicht wan-
ken.
38 ¶ Ich will meinen Feinden nachjagen
und sie ergreifen / und nicht umkehren,
bis ich sie umgebracht habe.
39 Ich will sie zerschmettern, daß sie nicht
mehr aufstehen können; / sie müssen
unter meine Füße fallen.
40 Du rüstest mich mit Stärke zum Streit; /
du wirfst unter mich, die sich gegen mich
erheben.
41 Du treibst meine Feinde in die Flucht, /
daß ich vernichte, die mich hassen.
42 Sie rufen – aber da ist kein Helfer – /
zum HERRN, aber er antwortet ihnen
nicht.[a] *a* Spr 1,28
43 Ich will sie zerstoßen zu Staub vor dem
Winde, / ich werfe sie weg wie Unrat auf
die Gassen.
44 Du hilfst mir aus dem Streit des Volkes
und machst mich zum Haupt über Hei-
den; / ein Volk, das ich nicht kannte, dient
mir.
45 Es gehorcht mir mit gehorsamen Oh-
ren; / Söhne der Fremde müssen mir hul-
digen.
46 Die Söhne der Fremde verschmachten /
und kommen mit Zittern aus ihren Bur-
gen.
47 ¶ Der HERR lebt! Gelobt sei mein Fels! /
Der Gott meines Heils sei hoch erhoben,
48 der Gott, der mir Vergeltung schafft /
und zwingt die Völker unter mich,
49 der mich errettet von meinen Feinden.
Du erhöhst mich über die, die sich gegen
mich erheben; / du hilfst mir von den Frev-
lern.
50 ¶ Darum will ich dir danken, HERR,
unter den Heiden / und deinem Namen
lobsingen,[a] *a* Röm 15,9
51 der seinem Könige großes Heil gibt und
Gnade erweist seinem Gesalbten, / [a]Da-
vid, und seinem Hause ewiglich.
a 2.Sam 7,12-16

Gottes Herrlichkeit in seiner Schöpfung und in seinem Gesetz

19 EIN PSALM DAVIDS, VORZUSINGEN.
2 **Die Himmel erzählen die Ehre
Gottes, / und die Feste verkündigt seiner
Hände Werk.**[a] *a* Röm 1,19.20
3 Ein Tag sagt's dem andern, / und eine
Nacht tut's kund der andern,
4 ohne Sprache und ohne Worte; / unhör-
bar ist ihre Stimme.
5 Ihr Schall geht aus in alle Lande / und
ihr Reden bis an die Enden der Welt.[a]
¶ Er hat der Sonne ein Zelt am Himmel
gemacht; *a* Röm 10,18
6 sie geht heraus wie ein Bräutigam aus
seiner Kammer / und freut sich wie ein
Held, zu laufen ihre Bahn.
7 Sie geht auf an einem Ende des Him-
mels und läuft um bis wieder an sein
Ende, / und nichts bleibt vor ihrer Glut
verborgen.
8 ¶ Das Gesetz des HERRN ist vollkom-
men / und erquickt die Seele.
Das Zeugnis des HERRN ist gewiß / und
macht die Unverständigen weise.
9 Die Befehle des HERRN sind richtig /
und erfreuen das Herz.
Die Gebote des HERRN sind lauter / und
erleuchten die Augen.
10 Die Furcht des HERRN ist rein und
bleibt ewiglich. / Die Rechte des HERRN
sind Wahrheit, allesamt gerecht.
11 Sie sind köstlicher als Gold und viel
feines Gold, / sie sind süßer als Honig und
Honigseim.
12 ¶ Auch läßt dein Knecht sich durch sie
warnen; / und wer sie hält, der hat großen
Lohn.
13 **Wer kann merken, wie oft er fehlet? /
[a]Verzeihe mir die verborgenen Sünden!**
a Hiob 42,3-6
14 Bewahre auch deinen Knecht vor den
Stolzen, / daß sie nicht über mich herr-
schen;
so werde ich ohne Tadel sein / und rein
bleiben von großer Missetat.
15 ¶ Laß dir wohlgefallen die Rede meines
Mundes und das Gespräch meines Her-
zens vor dir, / HERR, mein Fels und mein
Erlöser.

Gebet des Volkes für seinen König in Kriegsnot

20 EIN PSALM DAVIDS, VORZUSINGEN.
2 Der HERR erhöre dich in der
Not, / [a]der Name des Gottes Jakobs
schütze dich! *a* Spr 18,10
3 Er sende dir Hilfe vom Heiligtum / und
stärke dich aus Zion!

[4]Er gedenke all deiner Speisopfer, / und
dein Brandopfer sei ihm angenehm! SELA.
[5]Er [a]gebe dir, was dein Herz begehrt, /
und erfülle alles, was du vorhast! *a* Ps 21,3
[6]Dann wollen wir jubeln, weil er dir hilft;
im Namen unsres Gottes erheben wir das
Banner. / Der HERR gewähre dir alle deine
Bitten!
[7]¶ Nun weiß ich, daß der HERR seinem
Gesalbten hilft und ihn erhört von seinem
heiligen Himmel, / [a]seine rechte Hand
hilft mit Macht. *a* 2.Mose 15,6
[8]Jene [a]verlassen sich auf Wagen und
Rosse; / wir aber denken an den Namen
des HERRN, unsres Gottes.
a Ps 33,17; 5.Mose 20,1; Jes 31,1
[9]Sie sind niedergestürzt und gefallen, /
wir aber stehen und halten stand.
[10]¶ Hilf, HERR, du König! / Er wird uns
erhören, wenn wir rufen.

Gottes Hilfe für den König

21 EIN PSALM DAVIDS, VORZUSINGEN.
[2]Herr, der König freut sich in dei-
ner Kraft, / und wie sehr fröhlich ist er
über deine Hilfe!
[3]Du [a]erfüllst ihm seines Herzens
Wunsch / und verweigerst nicht, [b]was sein
Mund bittet. SELA. *a* Ps 20,5 *b* Ps 37,4
[4]Denn du überschüttest ihn mit gutem
Segen, / du setzest eine goldene Krone auf
sein Haupt.
[5]Er bittet dich um Leben; du gibst es
ihm, / [a]langes Leben für immer und
ewig. *a* Ps 61,7
[6]Er hat große Herrlichkeit durch deine
Hilfe; / Pracht und Hoheit legst du auf ihn.
[7]Denn du setzest ihn zum Segen ewig-
lich, / du erfreust ihn mit Freude vor dei-
nem Antlitz.
[8]¶ Denn der König hofft auf den HERRN /
und wird durch die Güte des Höchsten
festbleiben.
[9]Deine Hand wird finden alle deine
Feinde, / deine Rechte wird finden, die
dich hassen.
[10]Du wirst es mit ihnen machen wie im
Feuerofen, / wenn du erscheinen wirst.
Der HERR wird sie verschlingen in sei-
nem Zorn; / Feuer wird sie fressen.
[11]Ihre Nachkommen wirst du tilgen vom
Erdboden / und ihre Kinder aus der Zahl
der Menschen.
[12]Denn sie gedachten, dir Übles zu tun, /
und machten Anschläge, die sie nicht aus-
führen konnten.[a] *a* Jes 8,10
[13]Denn du wirst machen, daß sie den
Rücken kehren; / mit deinem Bogen wirst
du auf ihr Antlitz zielen.
[14]¶ HERR, erhebe dich in deiner Kraft, /
so wollen wir singen und loben deine
Macht.

Leiden und Herrlichkeit des Gerechten

(Jesu Leidenspsalm; vgl. Jes 53; Mt 27,35-46)

22 EIN PSALM DAVIDS, VORZUSINGEN,
NACH DER WEISE »DIE HIRSCHKUH,
DIE FRÜH GEJAGT WIRD«.
[2]**Mein Gott, mein Gott, warum hast du
mich verlassen?** / Ich schreie, aber meine
Hilfe ist ferne.
[3]Mein Gott, des Tages rufe ich, doch ant-
wortest du nicht, / und des Nachts, doch
finde ich keine Ruhe.
[4]Du aber bist heilig, / der du thronst über
den Lobgesängen Israels.
[5]Unsere Väter hofften auf dich; / und da
sie hofften, halfst du ihnen heraus.
[6]Zu dir schrien sie und wurden errettet, /
sie hofften auf dich und [a]wurden nicht
zuschanden. *a* Ps 25,2.3
[7]Ich aber bin ein [a]Wurm und kein
Mensch, / ein Spott der Leute und verach-
tet vom Volke. *a* Hiob 25,6; Jes 41,14
[8]Alle, die mich sehen, verspotten mich, /
[a]sperren das Maul auf und schütteln den
Kopf: *a* Hiob 16,10
[9]»Er klage es dem HERRN, der helfe ihm
heraus / und rette ihn, hat er Gefallen an
ihm.«
[10]¶ Du hast mich aus meiner Mutter
Leibe gezogen; / du ließest mich gebor-
gen sein an der Brust meiner Mutter.
[11]Auf dich bin ich geworfen von Mutter-
leib an, / du bist mein Gott von meiner
Mutter Schoß an.
[12]Sei nicht ferne von mir, denn Angst ist
nahe; / denn es ist hier kein Helfer.
[13]¶ Gewaltige Stiere haben mich umge-
ben, / mächtige Büffel haben mich um-
ringt.
[14]Ihren Rachen sperren sie gegen mich
auf / wie ein brüllender und reißender
Löwe.
[15]Ich bin ausgeschüttet wie Wasser, alle
meine Knochen haben sich voneinander
gelöst; / mein Herz ist in meinem Leibe
wie zerschmolzenes Wachs.

16 Meine Kräfte sind vertrocknet wie eine
Scherbe, und [a]meine Zunge klebt mir am
Gaumen, / und du legst mich in des Todes
Staub. *a* Joh 19,28
17 Denn Hunde haben mich umgeben,
und der Bösen Rotte hat mich umringt; /
[a]sie haben meine Hände und Füße durch-
graben. *a* Joh 20,25.27
18 Ich kann alle meine Knochen zählen; /
sie aber schauen zu und sehen auf mich
herab.
19 Sie [a]teilen meine Kleider unter sich /
und werfen das Los um mein Gewand.
a Joh 19,24
20 ¶Aber du, HERR, sei nicht ferne; /
meine Stärke, eile, mir zu helfen!
21 Errette meine Seele vom Schwert, /
mein Leben von den Hunden!
22 Hilf mir aus dem [a]Rachen des Löwen
und vor den Hörnern wilder Stiere – / du
hast mich erhört!* *a* Dan 6,23

* Luther übersetzte: »und errette mich von den Einhörnern«.

23 ¶Ich will deinen Namen kundtun mei-
nen Brüdern, / ich will dich in der
Gemeinde rühmen:[a] *a* Ps 26,12; Hebr 2,12
24 Rühmet den HERRN, die ihr ihn fürch-
tet; / ehret ihn, ihr alle vom Hause Jakob,
und vor ihm scheuet euch, / ihr alle vom
Hause Israel!
25 Denn er hat nicht verachtet noch [a]ver-
schmäht / das Elend des Armen
und sein Antlitz vor ihm nicht verbor-
gen; / und als er zu ihm schrie, hörte
er's. *a* Hebr 5,7
26 ¶Dich will ich preisen in der großen
Gemeinde, / ich will mein Gelübde erfül-
len vor denen, die ihn fürchten.
27 Die [a]Elenden sollen essen, daß sie satt
werden; und die nach dem HERRN fragen,
werden ihn preisen; / euer Herz soll ewig-
lich leben. *a* Ps 69,33
28 Es werden gedenken und sich zum
HERRN bekehren aller Welt Enden / und
vor ihm anbeten alle Geschlechter der
Heiden.
29 Denn des HERRN ist das Reich, / und er
herrscht unter den Heiden.
30 Ihn allein werden anbeten alle, / die in
der Erde schlafen;
vor ihm werden die Knie beugen alle, die
zum Staube hinabfuhren / und ihr Leben
nicht konnten erhalten.
31 Er wird Nachkommen haben, die ihm
dienen; / vom Herrn wird man verkündi-
gen Kind und Kindeskind.
32 Sie werden kommen und seine Gerech-
tigkeit predigen / dem Volk, das geboren
wird. Denn er hat's getan.

Der gute Hirte

23 EIN PSALM DAVIDS.
**Der HERR ist mein [a]Hirte, / mir
wird nichts mangeln.**
a 1.Mose 48,15; Jes 40,11; Joh 10,11-30
**2 Er [a]weidet mich auf einer grünen Aue /
und führet mich zum frischen Wasser.**
a Hes 34,13.14; Offb 7,17
**3 Er erquicket meine Seele. / Er führet
mich auf rechter Straße um seines Namens
willen.**
**4 Und ob ich schon wanderte im finstern
Tal, / [a]fürchte ich kein Unglück;
denn du bist bei mir, / dein Stecken und
Stab trösten mich.** *a* Ps 46,3
**5 Du bereitest vor mir einen Tisch / im
Angesicht meiner Feinde.
Du salbest mein Haupt mit Öl / und
[a]schenkest mir voll ein.** *a* Ps 36,9
**6 Gutes und Barmherzigkeit werden mir
folgen mein Leben lang, / und [a]ich werde
bleiben im Hause des HERRN immerdar.**
a Ps 84,5

Einzug in das Heiligtum

24 EIN PSALM DAVIDS.
[a]Die Erde ist des HERRN und was
darinnen ist, / der Erdkreis und die darauf
wohnen. *a* Joh 1,11; 1.Kor 10,26
2 Denn er hat ihn über den Meeren
gegründet / und über den Wassern berei-
tet.
3 ¶[a]Wer darf auf des HERRN Berg gehen, /
und wer darf stehen an seiner heiligen
Stätte? *a (3-6)* Ps 15
4 Wer unschuldige Hände hat / und rei-
nen Herzens ist,
wer nicht bedacht ist auf Lug und Trug /
und nicht falsche Eide schwört:
5 der wird den Segen vom HERRN emp-
fangen / und [a]Gerechtigkeit von dem Gott
seines Heiles. *a* Jes 48,18
6 Das ist das Geschlecht, das nach ihm
fragt, / das da sucht dein Antlitz, Gott
Jakobs. SELA.
7 ¶Machet die Tore weit und die Türen in
der Welt* hoch, / daß der König der Ehre
einziehe![a] *a* 2.Sam 6,1-19; Jes 40,3.4

* Gemeint sind die Tore des Tempels – vielleicht: uralte Pforten.

8 Wer ist der König der Ehre? / Es ist der
HERR, stark und mächtig, der HERR, mäch-
tig im Streit.
9 Machet die Tore weit und die Türen in
der Welt hoch, / daß der König der Ehre
einziehe!
10 Wer ist der König der Ehre? / Es ist der
HERR Zebaoth; er ist der König der Ehre.
SELA.

Gebet um Gottes Vergebung und Leitung

25 VON DAVID.
Nach dir, HERR, verlanget mich. /
2 Mein Gott, ich hoffe auf dich;
laß mich nicht zuschanden werden, / daß
meine Feinde nicht frohlocken über mich.
3 Denn keiner wird zuschanden, der auf
dich harret; / aber zuschanden werden die
leichtfertigen Verächter.
4 ¶HERR, zeige mir deine Wege / und
lehre mich deine Steige!
5 Leite mich in deiner Wahrheit und lehre
mich! / Denn du bist der Gott, der mir
hilft; täglich harre ich auf dich.
6 Gedenke, HERR, an deine Barmherzig-
keit und an deine Güte, / die von Ewigkeit
her gewesen sind.
7 Gedenke nicht der Sünden meiner
Jugend / und meiner Übertretungen,
gedenke aber meiner nach deiner Barm-
herzigkeit, / HERR, um deiner Güte wil-
len!
8 Der HERR ist gut und gerecht; / darum
weist er Sündern den Weg.
9 Er leitet die Elenden recht / und lehrt
die Elenden seinen Weg.
10 Die Wege des HERRN sind lauter Güte
und Treue / für alle, die seinen Bund und
seine Gebote halten.
11 Um deines Namens willen, HERR, /
[a]vergib mir meine Schuld, die so groß
ist! *a* 2.Mose 34,6.7
12 ¶Wer ist der Mann, der den HERRN
fürchtet? / Er wird ihm den Weg weisen,
den er wählen soll.
13 Er wird im Guten wohnen, / und [a]sein
Geschlecht wird das Land besitzen.
a Ps 37,9
14 Der HERR ist denen Freund, die ihn
fürchten; / und seinen Bund läßt er sie wis-
sen.
15 Meine Augen sehen stets auf den
HERRN; / denn er wird meinen Fuß aus
dem Netze ziehen.
16 ¶Wende dich zu mir und sei mir gnä-
dig; / denn ich bin einsam und elend.
17 Die Angst meines Herzens ist groß; /
führe mich aus meinen Nöten!
18 Sieh an meinen Jammer und mein
Elend / und vergib mir alle meine Sün-
den!
19 Sieh, wie meiner Feinde so viel sind /
und [a]zu Unrecht mich hassen. *a* Ps 35,19
20 Bewahre meine Seele und errette
mich; / laß mich nicht zuschanden wer-
den, denn ich traue auf dich!
21 Unschuld und Redlichkeit mögen mich
behüten; / denn ich harre auf dich.
22 Gott, [a]erlöse Israel / aus aller seiner
Not! *a* Ps 130,8

Bekenntnis und Bitte eines Unschuldigen

26 VON DAVID.
HERR, schaffe mir Recht, denn ich
bin unschuldig! / Ich hoffe auf den HERRN,
darum werde ich nicht fallen.
2 Prüfe mich, HERR, und erprobe mich, /
erforsche meine Nieren und mein Herz!
3 ¶Denn deine Güte ist mir vor Augen, /
und ich wandle in deiner Wahrheit.
4 [a]Ich sitze nicht bei heillosen Leuten /
und habe nicht Gemeinschaft mit den Fal-
schen. *a (4 und 5)* Ps 1,1
5 Ich hasse die Versammlung der Boshaf-
ten / und sitze nicht bei den Gottlosen.
6 Ich [a]wasche meine Hände in Unschuld /
und halte mich, HERR, zu deinem Altar,
a 5.Mose 21,6.7; Mt 27,24
7 dir zu danken mit lauter Stimme / und
zu verkündigen alle deine Wunder.
8 **HERR, ich habe lieb [a]die Stätte deines
Hauses / und den Ort, da deine Ehre
wohnt.** *a* Ps 27,4; 122,1.2
9 ¶Raffe meine Seele nicht hin mit den
Sündern / noch mein Leben mit den Blut-
dürstigen,
10 an deren Händen Schandtat klebt / und
die gern Geschenke nehmen.
11 Ich aber gehe meinen Weg in Un-
schuld. / Erlöse mich und sei mir gnädig!
12 Mein Fuß steht fest auf rechtem
Grund. / [a]Ich will den HERRN loben in den
Versammlungen. *a* Ps 22,23

Gemeinschaft mit Gott

27 VON DAVID.
**[a]Der HERR ist mein Licht und mein
Heil; / [b]vor wem sollte ich mich fürchten?**

Der HERR ist meines Lebens Kraft; / vor
wem sollte mir grauen? *a* Mi 7,8 *b* Ps 56,5
2 Wenn die Übeltäter an mich wollen, /
um mich zu verschlingen,
meine Widersacher und Feinde, / sollen
sie selber straucheln und fallen.
3 Wenn sich auch ein Heer wider mich
lagert, / so fürchtet sich dennoch mein
Herz nicht;
wenn sich Krieg wider mich erhebt, / so
verlasse ich mich auf **ihn.**[a] *a* Ps 3,7
4 ¶Eines bitte ich vom HERRN, das hätte
ich gerne: / daß ich [a]im Hause des HERRN
bleiben könne mein Leben lang,
zu schauen die schönen Gottesdienste
des HERRN* / und seinen Tempel zu
betrachten. *a* Ps 26,8; 42,5; 63,3; 84,4.5.11

* Wörtlich: zu schauen die Freundlichkeit des HERRN.

5 Denn [a]er deckt mich in seiner Hütte
zur bösen Zeit, er birgt mich im Schutz
seines Zeltes / und erhöht mich auf einen
Felsen. *a* Ps 31,21
6 Und nun erhebt sich mein Haupt / über
meine Feinde, die um mich her sind;
darum will ich Lob opfern in seinem
Zelt, / ich will singen und Lob sagen dem
HERRN.
7 ¶HERR, höre meine Stimme, wenn ich
rufe; / sei mir gnädig und erhöre mich!
8 **Mein Herz hält dir vor dein Wort: »Ihr**
sollt mein Antlitz suchen.« / Darum [a]suche
ich auch, HERR, dein Antlitz.
a 5.Mose 4,29
9 Verbirg dein Antlitz nicht vor mir, / verstoße nicht im Zorn deinen Knecht!
Denn du bist meine Hilfe; verlaß mich
nicht / und tu die Hand nicht von mir ab,
Gott, mein Heil!
10 Denn mein Vater und meine Mutter
verlassen mich, / aber der HERR nimmt
mich auf.
11 ¶HERR, [a]weise mir deinen Weg / und
leite mich auf ebener Bahn um meiner
Feinde willen. *a* Ps 86,11; 139,24
12 Gib mich nicht preis dem Willen meiner Feinde! / Denn es stehen falsche Zeugen wider mich auf und tun mir Unrecht
ohne Scheu.
13 Ich glaube aber doch, daß ich [a]sehen
werde / die Güte des HERRN im Lande der
Lebendigen. *a* Jes 38,11
14 Harre des HERRN! / Sei getrost und
unverzagt und harre des HERRN!

Bitte um Verschonung – Dank für Errettung

28 VON DAVID.
Wenn ich rufe zu dir, HERR, mein
Fels, / so schweige doch nicht,
daß ich nicht, wenn du schweigst, / gleich
werde denen, die in die Grube fahren.
2 Höre die Stimme meines Flehens, wenn
ich zu dir schreie, / wenn ich meine Hände
aufhebe zu deinem heiligen Tempel.
3 Raffe mich nicht hin mit den Gottlosen / und mit den Übeltätern,
die [a]freundlich reden mit ihrem Nächsten / und haben Böses im Herzen.
a 2.Sam 20,9.10
4 Gib ihnen nach ihrem Tun / und nach
ihren bösen Taten;
gib ihnen nach den Werken ihrer Hände; /
vergilt ihnen, wie sie es verdienen.
5 Denn [a]sie wollen nicht achten auf das
Tun des HERRN / noch auf die Werke seiner Hände;
darum wird er sie niederreißen / und
nicht wieder aufbauen. *a* Jes 5,12.13
6 ¶Gelobt sei der HERR; denn er hat
erhört / die Stimme meines Flehens.
7 Der HERR ist meine Stärke und mein
Schild; / auf ihn hofft mein Herz, und mir
ist geholfen.
Nun ist mein Herz fröhlich, / und ich will
ihm danken mit meinem Lied.
8 ¶Der HERR ist seines Volkes Stärke, /
Hilfe und Stärke für seinen Gesalbten.
9 Hilf deinem Volk und segne dein Erbe /
und weide und trage sie ewiglich!

Der große Lobpreis der Herrlichkeit Gottes

29 EIN PSALM DAVIDS.
Bringet dar dem HERRN, ihr Himmlischen, / bringet dar dem HERRN Ehre
und Stärke![a] *a* Ps 103,20.21
2 Bringet dar dem HERRN die Ehre seines
Namens, / betet an den HERRN in heiligem Schmuck!
3 Die Stimme des HERRN erschallt über
den Wassern, / der Gott der Ehre donnert,
der HERR, über großen Wassern.
4 Die Stimme des HERRN ergeht mit
Macht, / die Stimme des HERRN ergeht
herrlich.
5 Die Stimme des HERRN zerbricht die
Zedern, / der HERR zerbricht die Zedern
des Libanon.

6 Er läßt hüpfen wie ein Kalb den Liba-
non, / den [a]Sirjon wie einen jungen Wild-
stier. *a* 5.Mose 3,8.9
7 Die Stimme des HERRN sprüht Feuer-
flammen;
8 die Stimme des HERRN läßt die Wüste
erbeben; / der HERR läßt erbeben die
Wüste Kadesch.
9 Die Stimme des HERRN läßt Eichen wir-
beln* und reißt Wälder kahl. / In seinem
Tempel ruft alles: »Ehre!«

* Luther übersetzte nach anderer Überlieferung: »erregt die Hinden«.

10 ¶ Der HERR hat seinen Thron über der
Flut; / der HERR bleibt ein König in Ewig-
keit.
11 Der HERR wird seinem Volk Kraft ge-
ben; / der HERR wird sein Volk segnen mit
Frieden.

Dank für Rettung aus Todesnot

30 EIN PSALM DAVIDS, EIN LIED ZUR
[a]EINWEIHUNG DES TEMPELS.
a 1.Makk 4,52-54
2 Ich preise dich, HERR; denn du hast
mich aus der Tiefe gezogen / und lässest
meine Feinde sich nicht über mich freuen.
3 HERR, mein Gott, als ich schrie zu dir, /
da [a]machtest du mich gesund. *a* 2.Mose 15,26
4 HERR, du hast mich von den Toten her-
aufgeholt; / [a]du hast mich am Leben
erhalten, aber sie mußten in die Grube
fahren. *a* Ps 116,3.4.7-9
5 ¶ Lobsinget dem HERRN, ihr seine Heili-
gen, / und preiset seinen heiligen Namen!
6 Denn [a]sein Zorn währet einen Augen-
blick / und lebenslang seine Gnade.
Den Abend lang währet das Weinen, /
aber des Morgens ist Freude. *a* Jes 54,7.8
7 ¶ Ich aber sprach, als es mir gutging: /
Ich werde nimmermehr wanken.
8 Denn, HERR, durch dein Wohlgefallen
hattest du mich auf einen hohen Fels
gestellt. / Aber als du dein Antlitz verbar-
gest, erschrak ich.
9 Zu dir, HERR, rief ich, / und zum Herrn
flehte ich:
10 Was nützt dir mein Blut, wenn ich zur
Grube fahre? / [a]Wird dir auch der Staub
danken und deine Treue verkündigen?
a Ps 6,6
11 HERR, höre und sei mir gnädig! / HERR,
sei mein Helfer!
12 ¶ Du hast mir meine Klage verwandelt
in einen Reigen, / du hast mir den Sack
der Trauer ausgezogen und mich mit
Freude gegürtet,
13 daß ich dir lobsinge und nicht stille
werde. / HERR, mein Gott, ich will dir
danken in Ewigkeit.

In Gottes Händen geborgen

31 EIN PSALM DAVIDS, VORZUSINGEN.
2 HERR, auf dich traue ich, laß mich
nimmermehr zuschanden werden, / errette
mich durch deine Gerechtigkeit!
3 [a]Neige deine Ohren zu mir, hilf mir
eilends! / Sei mir ein starker Fels und eine
Burg, daß du mir helfest! *a (3 und 4)* Ps 71,3
4 Denn du bist mein Fels und meine
Burg, / und um deines Namens willen
wollest du mich leiten und führen.
5 Du wollest mich aus dem Netze ziehen,
das sie mir heimlich stellten; / denn du
bist meine Stärke.
6 [a]**In deine Hände befehle ich meinen
Geist; / du hast mich erlöst, HERR, du
treuer Gott.** *a* Lk 23,46
7 ¶ Ich hasse, die sich halten an nichtige
Götzen; / ich aber hoffe auf den HERRN.
8 Ich freue mich und bin fröhlich über
deine Güte, / daß du mein Elend ansiehst
und nimmst dich meiner an in Not
9 und übergibst mich nicht in die Hände
des Feindes; / du stellst meine Füße auf
weiten Raum.
10 ¶ HERR, sei mir gnädig, denn mir ist
angst! / Mein Auge ist trübe geworden vor
Gram, matt meine Seele und mein Leib.
11 Denn mein Leben ist hingeschwunden
in Kummer / und meine Jahre in Seufzen.
Meine Kraft ist verfallen durch meine
Missetat, / und meine Gebeine sind ver-
schmachtet.
12 Vor all meinen Bedrängern bin ich ein
Spott geworden, / eine Last meinen Nach-
barn und ein Schrecken meinen Bekann-
ten.
Die mich sehen auf der Gasse, / fliehen
vor mir.
13 Ich bin vergessen in ihrem Herzen wie
ein Toter; / ich bin geworden wie ein zer-
brochenes Gefäß.
14 Denn ich höre, wie viele über mich
lästern: / [a]Schrecken ist um und um!
Sie halten Rat miteinander über mich /
und trachten danach, mir das Leben zu
nehmen. *a* Jer 20,3
15 ¶ Ich aber, HERR, hoffe auf dich / und
spreche: Du bist mein Gott!

16 [a]**Meine Zeit steht in deinen Händen.** /
Errette mich von der Hand meiner Feinde
und von denen, die mich verfolgen.
a Ps 139,16; Pred 3,1-8
17 [a]Laß leuchten dein Antlitz über deinem
Knecht; / hilf mir durch deine Güte!
a Ps 80,4; 4.Mose 6,25
18 HERR, laß mich nicht zuschanden wer-
den; / denn ich rufe dich an.
Die Gottlosen sollen zuschanden wer-
den / und hinabfahren zu den Toten und
schweigen.
19 Verstummen sollen die Lügenmäuler, /
die da reden wider den Gerechten frech,
stolz und höhnisch.
20 ¶Wie groß ist deine Güte, HERR, / die
du bewahrt hast denen, die dich fürchten,
und erweisest vor den Leuten / denen,
die auf dich trauen!
21 Du [a]birgst sie in deinem Schutz vor den
Rotten der Leute, / du deckst sie in der
Hütte vor den zänkischen Zungen.
a Ps 27,5
22 ¶Gelobt sei der HERR; denn er hat
seine wunderbare Güte / mir erwiesen in
einer festen Stadt.
23 Ich sprach wohl in meinem Zagen: / Ich
bin von deinen Augen verstoßen.
Doch du hörtest die Stimme meines
Flehens, / als ich zu dir schrie.
24 ¶Liebet den HERRN, alle seine Heili-
gen! / Die Gläubigen behütet der HERR
und vergilt reichlich dem, der Hochmut
übt.
25 Seid getrost und unverzagt / alle, die ihr
des HERRN harret!

Vom Segen der Sündenvergebung (Der zweite Bußpsalm)

32 EINE UNTERWEISUNG DAVIDS.
[a]**Wohl dem, dem die Übertretungen
vergeben sind, / dem die Sünde bedeckt
ist!** *a (1 und 2)* Röm 4,6-8
2 **Wohl dem Menschen, dem der HERR die
Schuld nicht zurechnet, / in dessen Geist
kein Trug ist!**
3 ¶Denn als ich es wollte verschweigen, /
verschmachteten meine Gebeine durch
mein tägliches Klagen.
4 Denn deine Hand lag Tag und Nacht
schwer auf mir, / daß mein Saft vertrock-
nete, wie es im Sommer dürre wird. SELA.
5 Darum [a]bekannte ich dir meine Sünde, /
und meine Schuld verhehlte ich nicht.
Ich sprach: Ich will dem HERRN meine
Übertretungen bekennen. / Da [b]vergabst
du mir die Schuld meiner Sünde. SELA.
a Ps 38,19; Spr 28,13; Jak 5,16 *b* Jes 38,17
6 ¶Deshalb werden alle Heiligen zu dir
beten / zur Zeit der Angst.
Darum, wenn große Wasserfluten kom-
men, / werden sie nicht an sie gelangen.
7 Du bist mein Schirm, du wirst mich vor
Angst behüten, / daß ich errettet gar fröh-
lich rühmen kann. SELA.
8 »Ich will dich unterweisen und dir den
Weg zeigen, den du gehen sollst; / ich will
dich mit meinen Augen leiten.«
9 Seid nicht wie Rosse und Maultiere, /
die ohne Verstand sind,
denen man Zaum und Gebiß anlegen
muß; / sie werden sonst nicht zu dir kom-
men.
10 ¶Der Gottlose hat viel Plage; / wer aber
auf den HERRN hofft, den wird die Güte
umfangen.
11 Freuet euch des HERRN und seid fröh-
lich, ihr Gerechten, / und jauchzet, alle ihr
Frommen.

Ein Loblied auf Gottes Allmacht und Hilfe

33 Freuet euch des HERRN, ihr Gerech-
ten; / die Frommen sollen ihn recht
preisen.
2 Danket dem HERRN mit Harfen; / lob-
singet ihm zum Psalter von zehn Saiten!
3 Singet ihm [a]ein neues Lied; / spielt
schön auf den Saiten mit fröhlichem
Schall!
a Ps 40,4; 96,1; 98,1; 144,9; 149,1; Jes 42,10; Offb 5,9
4 Denn **des HERRN Wort ist wahrhaftig, /
und was er zusagt, das hält er gewiß.**
5 Er liebt Gerechtigkeit und Recht; / die
Erde ist voll der Güte des HERRN.
6 ¶Der Himmel ist durch das Wort des
HERRN gemacht / und all sein Heer durch
den Hauch seines Mundes.[a] *a* 1.Mose 1,6.14
7 Er [a]hält die Wasser des Meeres zusam-
men wie in einem Schlauch / und sam-
melt in Kammern die Fluten. *a* Ps 104,9
8 Alle Welt fürchte den HERRN, / und vor
ihm scheue sich alles, was auf dem Erdbo-
den wohnet.
9 Denn **wenn er spricht, so geschieht's; /
[a]wenn er gebietet, so steht's da.** *a* Ps 148,5
10 Der HERR macht zunichte der Heiden
Rat / und wehrt den Gedanken der Völker.
11 Aber der Ratschluß des HERRN bleibt
ewiglich, / seines Herzens Gedanken für
und für.

12 Wohl dem Volk, [a] dessen Gott der HERR
ist, / dem Volk, das er zum Erbe erwählt
hat! *a* 5.Mose 33,29
13 Der HERR schaut vom Himmel / und
sieht alle Menschenkinder.
14 Von seinem festen Thron sieht er auf
alle, / die auf Erden wohnen.
15 Er [a] lenkt ihnen allen das Herz, / er gibt
acht auf alle ihre Werke. *a* Spr 21,1
16 Einem König hilft nicht seine große
Macht; / [a] ein Held kann sich nicht retten
durch seine große Kraft. *a* 1.Sam 17
17 [a] Rosse helfen auch nicht; da wäre man
betrogen; / und ihre große Stärke errettet
nicht. *a* Ps 20,8
18 Siehe, des HERRN Auge achtet auf alle,
die ihn fürchten, / die auf seine Güte hof-
fen,
19 daß er sie errette vom Tode / und sie
am Leben erhalte in Hungersnot.
20 ¶ Unsre Seele harrt auf den HERRN; / er
ist uns Hilfe und Schild.
21 Denn unser Herz freut sich seiner, / und
wir trauen auf seinen heiligen Namen.
22 Deine Güte, HERR, sei über uns, / wie
wir auf dich hoffen.

Unter Gottes Schutz

34 VON DAVID, [a] ALS ER SICH WAHNSIN-
NIG STELLTE VOR ABIMELECH UND
DIESER IHN VON SICH TRIEB UND ER WEG-
GING. *a* 1.Sam 21,14-16
2 **Ich will den HERRN loben allezeit; / sein
Lob soll immerdar in meinem Munde sein.**
3 Meine Seele soll sich rühmen des
HERRN, / daß es die Elenden hören und
sich freuen.
4 Preiset mit mir den HERRN / und laßt
uns miteinander seinen Namen erhöhen!
5 ¶ **Als ich den HERRN suchte, antwortete
er mir / und errettete mich aus aller meiner
Furcht.**
6 Die auf ihn sehen, werden strahlen vor
Freude, / und ihr Angesicht soll nicht
schamrot werden.
7 Als einer im Elend rief, hörte der HERR /
und half ihm aus allen seinen Nöten.
8 Der [a] Engel des HERRN lagert sich um
die her, / die ihn fürchten, und hilft ihnen
heraus. *a* Ps 91,11; 1.Mose 32,2.3; 2.Kön 6,17
9 [a] **Schmecket und sehet, wie freundlich der
HERR ist. / Wohl dem, der auf ihn trauet!**
a 1.Petr 2,3
10 Fürchtet den HERRN, ihr seine Heili-
gen! / Denn die ihn fürchten, haben kei-
nen Mangel.
11 [a] Reiche müssen darben und hungern; /
aber die den HERRN suchen, haben keinen
Mangel an irgendeinem Gut. *a* Lk 1,53
12 ¶ Kommt her, ihr Kinder, höret mir zu! /
Ich will euch die Furcht des HERRN leh-
ren.
13 [a] Wer möchte gern gut leben / und
schöne Tage sehen? *a (13-17)* 1.Petr 3,10-12
14 Behüte deine Zunge vor Bösem / und
deine Lippen, daß sie nicht Trug reden.
15 Laß ab vom Bösen und tu Gutes; /
suche Frieden und jage ihm nach!
16 ¶ Die Augen des HERRN merken auf die
Gerechten / und seine Ohren auf ihr
Schreien.
17 Das Angesicht des HERRN steht wider
alle, die Böses tun, / daß er [a] ihren Namen
ausrotte von der Erde. *a* Spr 10,7
18 Wenn die Gerechten schreien, so hört
der HERR / und errettet sie aus all ihrer
Not.
19 Der HERR ist nahe denen, die zerbro-
chenen Herzens sind, / und hilft denen,
die ein zerschlagenes Gemüt haben.[a]
a Ps 51,19
20 Der Gerechte muß viel erleiden, / aber
aus alledem hilft ihm der HERR.[a]
a 2.Kor 1,5
21 Er bewahrt ihm alle seine Gebeine, /
daß nicht eines zerbrochen wird.
22 Den Gottlosen wird das Unglück tö-
ten, / und die den Gerechten hassen, fal-
len in Schuld.
23 Der HERR erlöst das Leben seiner
Knechte, / und alle, die auf ihn trauen, wer-
den frei von Schuld.

Gebet um Errettung von boshaften Feinden

35 VON DAVID.
HERR, führe meine Sache wider
meine Widersacher, / bekämpfe, die mich
bekämpfen!
2 Ergreife Schild und Waffen / und mache
dich auf, mir zu helfen!
3 Zücke Speer und Streitaxt wider meine
Verfolger! / Sprich zu mir: Ich bin deine
Hilfe!
4 Es sollen sich schämen und zum Spott
werden, / die mir nach dem Leben trach-
ten;
es sollen zurückweichen und zuschanden
werden, / die mein Unglück wollen.

5 Sie sollen werden wie Spreu vor dem
Winde, / und der Engel des HERRN stoße
sie weg.
6 Ihr Weg soll finster und schlüpfrig wer-
den, / und der Engel des HERRN verfolge
sie.
7 Denn ohne Grund haben sie mir ihr
Netz gestellt, / ohne Grund mir eine
Grube gegraben.
8 ¶Unversehens soll ihn Unheil überfal-
len; sein Netz, das er gestellt hat, fange
ihn selber, / zum eigenen Unheil stürze er
hinein.
9 Aber meine Seele soll sich freuen des
HERRN / und fröhlich sein über seine Hilfe.
10 Alle meine Gebeine sollen sagen: /
HERR, wer ist dir gleich?
Der du den Elenden rettest vor dem, der
ihm zu stark ist, / und den Elenden und
Armen vor seinen Räubern.
11 ¶Es treten falsche Zeugen auf; / sie for-
dern von mir, wovon ich nichts weiß.
12 Sie vergelten mir Gutes mit Bösem, /
um mich in Herzeleid zu bringen.
13 Ich aber [a]zog einen Sack an, wenn sie
krank waren, tat mir wehe mit Fasten / und
betete immer wieder von Herzen.

a Hiob 31,29

14 Als wäre es mein Freund und Bruder, /
so ging ich einher;
wie einer Leid trägt über seine Mutter, /
so beugte ich mich in Trauer.[a]

a Röm 12,15

15 Sie aber freuen sich, wenn ich wanke, /
und rotten sich zusammen;
sie rotten sich heimlich zum Schlag wider
mich, / sie lästern und hören nicht auf.
16 Sie lästern und spotten immerfort / und
knirschen wider mich mit ihren Zähnen.
17 ¶Herr, wie lange willst du zusehen? /
Errette doch meine Seele vor ihrem
Unheil, mein Leben vor den jungen
Löwen!
18 Ich will dir danken in großer Gemein-
de; / unter vielem Volk will ich dich rüh-
men.
19 Laß sich nicht über mich freuen, die
[a]mir zu Unrecht feind sind; / laß nicht mit
den Augen spotten, die [b]mich ohne Grund
hassen!

a Ps 25,19 *b* Ps 69,5

20 Denn sie reden nicht, was zum Frieden
dient, / und ersinnen falsche Anklagen
wider die Stillen im Lande.
21 Sie sperren das Maul weit auf wider
mich / und sprechen: »Da, da, wir haben
es gesehen!«
22 HERR, du hast es gesehen, schweige
nicht; / HERR, sei nicht ferne von mir!
23 Wache auf, werde wach, mir Recht zu
schaffen / und meine Sache zu führen,
mein Gott und Herr!
24 HERR, mein Gott, verhilf mir zum
Recht nach deiner Gerechtigkeit, / daß sie
sich nicht über mich freuen.
25 Laß sie nicht sagen in ihrem Herzen:
»Da, da! das wollten wir.« / Laß sie nicht
sagen: »Wir haben ihn verschlungen.«
26 ¶Sie sollen sich schämen und zuschan-
den werden, / alle, die sich meines Un-
glücks freuen;
sie sollen in Schmach und Schande sich
kleiden, / die sich wider mich rühmen.
27 Jubeln und freuen sollen sich, / die mir
gönnen, daß ich recht behalte,
und immer sagen: Der HERR sei hoch
gelobt, / der seinem Knecht so wohl will!
28 Und meine Zunge soll reden von dei-
ner Gerechtigkeit / und dich täglich prei-
sen.

Der Reichtum der Güte Gottes

36 VON DAVID, DEM KNECHT DES HERRN,
VORZUSINGEN.
2 Es sinnen die Übertreter auf gottloses
Treiben im Grund ihres Herzens. / [a]Es ist
keine Gottesfurcht bei ihnen.

a Röm 3,18

3 Und doch hat Gott den Weg vor ihnen
geebnet, / um ihre Schuld aufzufinden und
zu hassen.
4 Alle ihre Worte sind falsch und erlogen, /
verständig und gut handeln sie nicht mehr.
5 Sie [a]trachten auf ihrem Lager nach
Schaden / und stehen fest auf dem bösen
Weg und scheuen kein Arges.

a Mi 2,1

6 **¶HERR, deine Güte reicht, so weit der
Himmel ist, / und deine Wahrheit, so weit
die Wolken gehen.**
7 Deine Gerechtigkeit steht wie die Berge
Gottes und dein Recht wie die große
Tiefe. / HERR, du hilfst Menschen und Tie-
ren.
8 Wie köstlich ist deine Güte, Gott, / daß
Menschenkinder [a]unter dem Schatten dei-
ner Flügel Zuflucht haben!

a Ps 17,8

9 Sie werden satt von den reichen Gütern
deines Hauses, / und du tränkst sie mit
Wonne wie mit einem Strom.
10 **Denn bei dir ist [a]die Quelle des Le-
bens, / und in deinem Lichte sehen wir das
Licht.**

a Jer 2,13; Joh 4,14

11 ¶Breite deine Güte über die, die dich

kennen, / und deine Gerechtigkeit über die
Frommen.
12 Laß mich nicht kommen unter den Fuß
der Stolzen, / und die Hand der Gottlosen
vertreibe mich nicht!
13 Sieh da, sie sind gefallen, die Übeltäter, /
sind gestürzt und können nicht wieder
aufstehen.

Das scheinbare Glück der Gottlosen

37 VON DAVID.
[a]Entrüste dich nicht über die
Bösen, / sei nicht neidisch auf die Übel-
täter. *a* Spr 24,19
2 Denn wie das Gras werden sie bald ver-
dorren, / und wie das grüne Kraut werden
sie verwelken.
3 Hoffe auf den HERRN und tu Gutes, /
bleibe im Lande und nähre dich redlich.
4 Habe deine Lust am HERRN; / der [a]wird
dir geben, was dein Herz wünscht.
a Ps 20,5
5 **Befiehl dem HERRN deine Wege / und
hoffe auf ihn, er wird's wohlmachen**
6 und wird deine [a]Gerechtigkeit herauf-
führen wie das Licht / und dein Recht wie
den Mittag. *a* Mi 7,9
7 **Sei stille dem HERRN und warte auf ihn.** /
Entrüste dich nicht über den, dem es gut-
geht, der seinen Mutwillen treibt.
8 Steh ab vom Zorn und laß den Grimm, /
entrüste dich nicht, damit du nicht Un-
recht tust.
9 Denn die Bösen werden ausgerottet; /
die aber des HERRN harren, werden das
Land erben.
10 Noch eine kleine Zeit, so ist der Gott-
lose nicht mehr da; / und wenn du nach
seiner Stätte siehst, ist er weg.
11 Aber [a]die Elenden werden das Land
erben / und ihre Freude haben an großem
Frieden. *a* Mt 5,5
12 ¶Der Gottlose droht dem Gerechten /
und knirscht mit seinen Zähnen wider ihn.
13 Aber der Herr lacht seiner; / denn er
sieht, daß [a]sein Tag kommt. *a* Hiob 18,20
14 Die Gottlosen ziehen das Schwert / und
spannen ihren Bogen,
daß sie fällen den Elenden und Armen /
und morden die Frommen.
15 Aber ihr Schwert wird in ihr eigenes
Herz dringen, / und ihr Bogen wird zer-
brechen.
16 ¶Das Wenige, das ein Gerechter hat, /
ist besser als der Überfluß vieler Gottlo-
ser.[a] *a* Spr 15,16
17 Denn der Gottlosen Arm wird zerbre-
chen, / aber der HERR erhält die Gerech-
ten.
18 Der HERR kennt die Tage der From-
men, / und [a]ihr Gut wird ewiglich blei-
ben. *a* Pred 8,12
19 Sie werden nicht zuschanden in böser
Zeit, / und [a]in der Hungersnot werden sie
genug haben. *a* Spr 10,3
20 Denn die Gottlosen werden umkom-
men; / und die Feinde des HERRN,
wenn sie auch sind wie prächtige Auen, /
werden sie doch vergehen, wie der Rauch
vergeht.
21 ¶Der Gottlose muß borgen und bezahlt
nicht, / aber der Gerechte ist barmherzig
und kann geben.
22 Denn die Gesegneten des HERRN erben
das Land; / aber die er verflucht, werden
ausgerottet.
23 Von dem HERRN kommt es, wenn eines
Mannes Schritte fest werden, / und er hat
Gefallen an seinem Wege.
24 Fällt er, so stürzt er doch nicht; / denn
der HERR hält ihn fest an der Hand.[a]
a Spr 24,16
25 ¶Ich bin jung gewesen und alt gewor-
den / und habe noch nie den Gerechten
verlassen gesehen und seine Kinder um
Brot betteln.
26 Er ist allezeit barmherzig und leiht
gerne, / und sein Geschlecht wird zum
Segen sein.
27 Laß ab vom Bösen und tu Gutes, / so
bleibst du wohnen immerdar.
28 Denn der HERR hat das Recht lieb / und
verläßt seine Heiligen nicht.
Ewiglich werden sie bewahrt, / aber das
Geschlecht der Gottlosen wird ausgerot-
tet.
29 Die Gerechten werden das Land erer-
ben / und darin wohnen allezeit.[a]
a Jes 60,21
30 ¶Der Mund des Gerechten redet Weis-
heit, / und seine Zunge lehrt das Recht.
31 Das Gesetz seines Gottes ist in seinem
Herzen; / seine Tritte gleiten nicht.
32 Der Gottlose lauert dem Gerechten
auf / und gedenkt, ihn zu töten.
33 Aber der HERR läßt ihn nicht in seinen
Händen / und läßt ihn vor Gericht nicht
zum Schuldigen werden.
34 Harre auf den HERRN und halte dich

auf seinem Weg, so wird er dich erhöhen,
daß du das Land erbest; / du wirst es
sehen, daß die Gottlosen ausgerottet wer-
den.
35¶ [a] Ich sah einen Gottlosen, der pochte
auf Gewalt / und machte sich breit und
grünte wie eine Zeder.
a (35 und 36) 1.Sam 25,2-38; Hes 31,3-14
36 Dann kam ich wieder vorbei; siehe, da
war er dahin. / Ich fragte nach ihm; doch
ward er nirgends gefunden.
37 **Bleibe fromm und halte dich recht; /
denn einem solchen wird es zuletzt gut-
gehen.**
38 Die Übertreter aber werden miteinan-
der vertilgt, / und die Gottlosen werden
zuletzt ausgerottet.
39 Aber der HERR hilft den Gerechten, /
er ist ihre Stärke in der Not.
40 Und [a] der HERR wird ihnen beistehen
und sie erretten; / er wird sie von den
Gottlosen erretten und ihnen helfen;
denn sie trauen auf ihn. *a* Lk 18,7.8

In schwerer Heimsuchung (Der dritte Bußpsalm)

38 EIN PSALM DAVIDS, ZUM GEDENK-
OPFER.
2 HERR, strafe mich nicht in deinem
Zorn / und züchtige mich nicht in deinem
Grimm!
3 Denn [a] deine Pfeile stecken in mir, / und
deine Hand drückt mich. *a* Hiob 6,4
4¶ Es ist nichts Gesundes an meinem
Leibe wegen deines Drohens / und ist
nichts Heiles an meinen Gebeinen wegen
meiner Sünde.
5 Denn [a] meine Sünden gehen über mein
Haupt; / wie eine schwere Last sind sie
mir zu schwer geworden. *a* Klgl 1,14
6 Meine Wunden stinken und eitern / um
meiner Torheit willen.
7 Ich gehe krumm und sehr gebückt; / den
ganzen Tag gehe ich traurig einher.
8 Denn meine Lenden sind ganz ver-
dorrt; / es ist nichts Gesundes an meinem
Leibe.
9 Ich bin matt geworden und ganz zer-
schlagen; / ich schreie vor Unruhe meines
Herzens.
10¶ Herr, du kennst all mein Begehren, /
und mein Seufzen ist dir nicht verborgen.
11 Mein Herz erbebt, meine Kraft hat mich
verlassen, / und das Licht meiner Augen
ist auch dahin.
12 Meine Lieben und Freunde scheuen
zurück vor meiner Plage, / und meine
Nächsten halten sich ferne.[a]
a Ps 69,9; 88,9; Hiob 19,13-19
13 Die mir nach dem Leben trachten, stel-
len mir nach; und die mein Unglück
suchen, bereden, wie sie mir schaden; /
sie sinnen auf Trug den ganzen Tag.
14 Ich bin wie taub und höre nicht, / und
[a] wie ein Stummer, der seinen Mund nicht
auftut. *a* Ps 39,3
15 Ich muß sein wie einer, der nicht hört /
und keine Widerrede in seinem Munde
hat.
16 Aber ich harre, HERR, auf dich; / du,
Herr, mein Gott, wirst erhören.
17 Denn ich denke: Daß sie sich ja nicht
über mich freuen! / Wenn mein Fuß
wankte, würden sie sich hoch rühmen
wider mich.
18 Denn ich bin dem Fallen nahe, / und
mein Schmerz ist immer vor mir.
19¶ So [a] bekenne ich denn meine Misse-
tat / und sorge mich wegen meiner Sünde.
a Ps 32,5
20 Aber meine Feinde leben und sind
mächtig; / die mich zu Unrecht hassen,
derer sind viele.
21 Die mir Gutes mit Bösem vergelten,
feinden mich an, / weil ich mich an das
Gute halte.
22 Verlaß mich nicht, HERR, / mein Gott,
sei nicht ferne von mir!
23 Eile, mir beizustehen, / Herr, du meine
Hilfe!

Bittruf angesichts der menschlichen Vergänglichkeit

39 EIN PSALM DAVIDS, VORZUSINGEN,
FÜR [a] JEDUTUN. *a* 1.Chr 25,1.3
2 Ich habe mir vorgenommen: Ich will
mich hüten, / daß ich nicht sündige mit
meiner Zunge;
ich will meinem Mund einen Zaum anle-
gen, / solange ich den Gottlosen vor mir
sehen muß.
3 Ich bin [a] verstummt und still und
schweige fern der Freude / und muß mein
Leid in mich fressen. *a* Ps 38,14
4 Mein Herz ist entbrannt in meinem
Leibe; wenn ich daran denke, brennt es
wie Feuer. / So rede ich denn mit meiner
Zunge:
5¶ »HERR, lehre mich doch, daß es [a] ein

Ende mit mir haben muß / und [b]mein
Leben ein Ziel hat und ich davon muß.
a Ps 90,12 *b* Hiob 14,5
6 Siehe, [a]meine Tage sind eine Handbreit
bei dir, / und mein Leben ist wie nichts
vor dir.
WIE GAR NICHTS SIND ALLE MENSCHEN, /
DIE DOCH SO SICHER LEBEN! SELA.
a Ps 90,5.6
7 Sie gehen daher wie ein Schatten und
machen sich viel vergebliche Unruhe; / sie
sammeln und wissen nicht, wer es ein-
bringen wird.«[a]
a Ps 49,17-21; Pred 2,18.21; Lk 12,15-21
8 ¶Nun, Herr, wessen soll ich mich trö-
sten? / Ich hoffe auf dich.
9 Errette mich aus aller meiner Sünde /
und laß mich nicht den Narren zum Spott
werden.
10 Ich will schweigen und meinen Mund
nicht auftun; / denn du hast es getan.
11 Wende deine Plage von mir; / ich ver-
gehe, weil deine Hand nach mir greift.
12 Wenn du den Menschen züchtigst um
der Sünde willen, so verzehrst du seine
Schönheit wie Motten ein Kleid. / WIE
GAR NICHTS SIND DOCH ALLE MENSCHEN.
SELA.
13 ¶Höre mein Gebet, HERR, und ver-
nimm mein Schreien, / schweige nicht zu
meinen Tränen;
denn [a]ich bin ein Gast bei dir, / ein
Fremdling wie alle meine Väter.
a Ps 119,19; 3.Mose 25,23; 1.Petr 2,11; Hebr 11,13
14 Laß ab von mir, daß ich mich erquicke, /
ehe ich dahinfahre und nicht mehr bin.

Dank und Bitte

40 EIN PSALM DAVIDS, VORZUSINGEN.
2 Ich harrte des HERRN, / und er
neigte sich zu mir und hörte mein
Schreien.
3 Er zog mich aus der grausigen Grube, /
aus lauter Schmutz und Schlamm,
und stellte meine Füße auf einen Fels, /
daß ich sicher treten kann;
4 er hat mir [a]ein neues Lied in meinen
Mund gegeben, / zu loben unsern Gott.
Das werden viele sehen und sich fürch-
ten / und auf den HERRN hoffen. *a* Ps 33,3
5 Wohl dem, der seine Hoffnung setzt auf
den HERRN / und sich nicht wendet zu den
Hoffärtigen und denen, die mit Lügen
umgehen!
6 ¶HERR, mein Gott, groß sind deine
Wunder und deine Gedanken, die du an
uns beweisest; / dir ist nichts gleich!
Ich will sie verkündigen und davon
sagen, / wiewohl sie nicht zu zählen
sind.[a] *a* Ps 139,17.18
7 [a]Schlachtopfer und Speisopfer gefallen
dir nicht, aber die Ohren hast du mir auf-
getan. / Du willst weder Brandopfer noch
Sündopfer.
a Ps 50,8-13; 51,18; 1.Sam 15,22; Hebr 10,5-10
8 Da sprach ich: Siehe, ich komme; / im
Buch ist von mir geschrieben:
9 Deinen Willen, mein Gott, tue ich
gern; / und dein Gesetz hab ich in mei-
nem Herzen.
10 Ich verkündige Gerechtigkeit in der gro-
ßen Gemeinde. / Siehe, ich will mir mei-
nen Mund nicht stopfen lassen; HERR, das
weißt du.
11 Deine Gerechtigkeit verberge ich nicht
in meinem Herzen; / von deiner Wahrheit
und von deinem Heil rede ich.
Ich verhehle deine Güte und Treue
nicht / vor der großen Gemeinde.
12 ¶Du aber, HERR, wollest deine Barm-
herzigkeit nicht von mir wenden; / laß
deine Güte und Treue allewege mich
behüten.
13 Denn es haben mich umgeben Leiden
ohne Zahl. / Meine Sünden haben mich
ereilt; ich kann sie nicht überblicken.
Ihrer sind mehr als Haare auf meinem
Haupt, / und mein Herz ist verzagt.
14 [a]Laß dir's gefallen, HERR, mich zu erret-
ten; / eile, HERR, mir zu helfen!
a (V. 14-18) Ps 70
15 Schämen sollen sich und zuschanden
werden, / die mir nach dem Leben trach-
ten, mich umzubringen.
Es sollen zurückweichen und zuschanden
werden, / die mir mein Unglück gönnen.
16 Sie sollen in ihrer Schande erschrek-
ken, / die über mich schreien: Da, da!
17 Laß deiner sich freuen und fröhlich
sein / alle, die nach dir fragen;
und die dein Heil lieben, laß allewege
sagen: / Der HERR sei hoch gelobt!
18 Denn ich bin arm und elend; / der Herr
aber sorgt für mich.
Du bist mein Helfer und Erretter; / mein
Gott, säume doch nicht!

Gebet in Krankheit

41 EIN PSALM DAVIDS, VORZUSINGEN.
2 Wohl dem, der [a]sich des Schwa-

chen annimmt! / Den wird der HERR erretten zur bösen Zeit. [a] Spr 14,21; Mt 5,7
[3] Der HERR wird ihn bewahren und beim Leben erhalten und es ihm lassen wohlgehen auf Erden / und ihn nicht preisgeben dem Willen seiner Feinde.
[4] Der HERR wird ihn erquicken auf seinem Lager; / du hilfst ihm auf von aller seiner Krankheit.
[5] Ich sprach: HERR, sei mir gnädig! Heile mich; / denn ich habe an dir gesündigt.
[6] Meine Feinde reden Arges wider mich: / »Wann wird er sterben und sein Name vergehen?«
[7] Sie kommen, nach mir zu schauen, / und meinen's doch nicht von Herzen;
sondern sie suchen etwas, daß sie lästern können, / gehen hin und tragen's hinaus auf die Gasse.
[8] Alle, die mich hassen, flüstern miteinander über mich / und denken Böses über mich:
[9] »Unheil ist über ihn ausgegossen; / wer so daliegt, wird nicht wieder aufstehen.«
[10] Auch mein Freund, dem ich vertraute, / der mein Brot aß, tritt mich mit Füßen.[a]
[a] Ps 55,13-15; Joh 13,18; Apg 1,16
[11] Du aber, HERR, sei mir gnädig und hilf mir auf, / so will ich ihnen vergelten.
[12] ¶ Daran merke ich, daß du Gefallen an mir hast, / daß mein Feind über mich nicht frohlocken wird.
[13] Mich aber hältst du um meiner Frömmigkeit willen / und stellst mich vor dein Angesicht für ewig.
[14] ¶ Gelobt sei der HERR, der Gott Israels, / von Ewigkeit zu Ewigkeit! Amen! Amen![a] [a] Ps 72,18; 89,53; 106,48; 150,6

ZWEITES BUCH

Verlangen nach Gott aus fremdem Land

42 EINE UNTERWEISUNG DER [a] SÖHNE KORACH, VORZUSINGEN.
[a] 1.Chr 6,16.22; 2.Chr 20,19
[2] **Wie der Hirsch lechzt nach frischem Wasser, / so schreit meine Seele, Gott, zu dir.**
[3] [a] **Meine Seele dürstet nach Gott, / nach dem lebendigen Gott.**
Wann werde ich dahin kommen, / daß ich Gottes Angesicht schaue?
[a] Ps 63,2; 84,3; 143,6
[4] Meine Tränen sind meine Speise Tag und Nacht, / weil man täglich zu mir sagt: [a] Wo ist nun dein Gott? [a] Ps 79,10
[5] Daran will ich denken / und ausschütten mein Herz bei mir selbst:
[a] wie ich einherzog in großer Schar, / mit ihnen zu wallen zum Hause Gottes
mit Frohlocken und Danken / in der Schar derer, die da feiern. [a] Ps 27,4
[6] WAS BETRÜBST DU DICH, MEINE SEELE, / UND BIST SO UNRUHIG IN MIR?
HARRE AUF GOTT; DENN ICH WERDE IHM NOCH DANKEN, / DASS ER MEINES ANGESICHTS HILFE UND MEIN GOTT IST.[a]
[a] Ps 116,7
[7] ¶ Mein Gott, betrübt ist meine Seele in mir, darum gedenke ich an dich / aus dem Land am Jordan und Hermon, vom Berge Misar.
[8] Deine Fluten rauschen daher, und eine Tiefe ruft die andere; / alle deine Wasserwogen und Wellen gehen über mich.
[9] Am Tage sendet der HERR seine Güte, / und des Nachts singe ich ihm und bete zu dem Gott meines Lebens.
[10] Ich sage zu Gott, meinem [a] Fels: / Warum hast du mich vergessen?
Warum muß ich so traurig gehen, / wenn mein Feind mich dränget? [a] 5.Mose 32,4
[11] Es ist wie Mord in meinen Gebeinen, wenn mich meine Feinde schmähen / und täglich zu mir sagen: Wo ist nun dein Gott?
[12] WAS BETRÜBST DU DICH, MEINE SEELE, / UND BIST SO UNRUHIG IN MIR?
HARRE AUF GOTT; DENN ICH WERDE IHM NOCH DANKEN, / DASS ER MEINES ANGESICHTS HILFE UND MEIN GOTT IST.

43 ¶ Gott, schaffe mir Recht und führe meine Sache wider das unheilige Volk / und errette mich von den falschen und bösen Leuten!
[2] Denn du bist der Gott meiner Stärke: / Warum hast du mich verstoßen?
Warum muß ich so traurig gehen, / wenn mein Feind mich dränget?
[3] Sende dein Licht und deine Wahrheit, daß sie mich leiten / und bringen zu deinem heiligen Berg und zu deiner Wohnung,
[4] daß ich hineingehe zum Altar Gottes, zu dem Gott, der meine Freude und Wonne ist, / und dir, Gott, auf der Harfe danke, mein Gott.
[5] WAS BETRÜBST DU DICH, MEINE SEELE, / UND BIST SO UNRUHIG IN MIR?

HARRE AUF GOTT; DENN ICH WERDE IHM
NOCH DANKEN, / DASS ER MEINES ANGE-
SICHTS HILFE UND MEIN GOTT IST.

Hat Gott sein Volk verstoßen?

44 EINE UNTERWEISUNG DER SÖHNE
KORACH, VORZUSINGEN.
2 Gott, wir haben mit unsern Ohren
gehört, [a]unsre Väter haben's uns erzählt, /
was du getan hast zu ihren Zeiten, in alten
Tagen. *a* 5.Mose 6,20-25
3 Du hast mit deiner Hand die Heiden
vertrieben, / sie aber hast du eingesetzt;
du hast die Völker zerschlagen, / sie aber
hast du ausgebreitet.
4 Denn sie haben das Land nicht einge-
nommen durch ihr Schwert, / und ihr Arm
half ihnen nicht,
sondern deine Rechte, dein Arm und das
Licht deines Angesichts; / denn du hattest
Wohlgefallen an ihnen.
5 ¶Du bist es, mein König und mein
Gott, / der du Jakob Hilfe verheißest.
6 Durch dich wollen wir unsre Feinde zu
Boden stoßen, / in deinem Namen nieder-
treten, die sich gegen uns erheben.
7 Denn ich verlasse mich nicht auf mei-
nen Bogen, / und mein Schwert kann mir
nicht helfen;
8 sondern du hilfst uns von unsern Fein-
den / und machst zuschanden, die uns has-
sen.
9 Täglich [a]rühmen wir uns Gottes / und
preisen deinen Namen ewiglich. SELA.
a Jer 9,22.23
10 ¶Warum verstößest du uns denn nun
und lässest uns zuschanden werden / und
ziehst nicht aus mit unserm Heer?
11 Du lässest uns fliehen vor unserm
Feind, / daß uns berauben, die uns hassen.
12 Du gibst uns dahin wie Schlachtschafe /
und zerstreust uns unter die Heiden.
13 Du verkaufst dein Volk um ein Nichts /
und hast mit ihrem Kaufgeld nichts
gewonnen.
14 Du machst uns zur Schmach bei unsern
Nachbarn, / zu Spott und Hohn bei denen,
die um uns her sind.[a] *a* Ps 79,4; 1.Kön 9,7
15 Du machst uns zum Sprichwort unter
den Heiden, / läßt die Völker das Haupt
über uns schütteln.
16 Täglich ist meine Schmach mir vor
Augen, / und mein Antlitz ist voller
Scham,
17 weil ich sie höhnen und lästern höre /
und muß die Feinde und Rachgierigen
sehen.
18 ¶Dies alles ist über uns gekommen; /
und wir haben doch dich nicht vergessen,
an deinem Bund nicht untreu gehandelt.
19 Unser Herz ist nicht abgefallen / noch
unser Schritt gewichen von deinem Weg,
20 daß du uns so zerschlägst am Ort der
Schakale / und bedeckst uns mit Fin-
sternis.
21 Wenn wir den Namen unsres Gottes
vergessen hätten / und unsre Hände aufge-
hoben zum fremden Gott:
22 würde das Gott nicht erforschen? / Er
kennt ja unsres Herzens Grund.
23 Doch um deinetwillen [a]werden wir täg-
lich getötet / und sind geachtet wie
Schlachtschafe.[b] *a* 1.Kor 15,31 *b* Röm 8,36
24 ¶Wache auf, Herr! Warum schläfst du? /
Werde wach und verstoß uns nicht für
immer!
25 Warum verbirgst du dein Antlitz, / ver-
gissest unser Elend und unsre Drangsal?
26 Denn unsre Seele ist gebeugt zum
Staube, / unser Leib liegt am Boden.
27 Mache dich auf, hilf uns / und erlöse
uns um deiner Güte willen!

Lied zur Hochzeit des Königs

45 EINE UNTERWEISUNG DER SÖHNE
KORACH, VORZUSINGEN, NACH DER
WEISE »LILIEN«, EIN BRAUTLIED.
2 Mein Herz dichtet ein feines Lied,
einem König will ich es singen; / meine
Zunge ist ein Griffel eines guten Schrei-
bers:
3 Du bist der Schönste unter den Men-
schenkindern, voller Huld sind deine Lip-
pen; / wahrlich, Gott hat dich gesegnet für
ewig.
4 Gürte dein Schwert an die Seite, du
Held, und schmücke dich herrlich! /
5 Es möge dir gelingen in deiner Herr-
lichkeit.
Zieh einher für die Wahrheit in Sanftmut
und Gerechtigkeit, / so wird deine rechte
Hand Wunder vollbringen.
6 Scharf sind deine Pfeile, daß Völker vor
dir fallen; / sie dringen ins Herz der Feinde
des Königs.
7 ¶[a]Gott, dein Thron bleibt immer und
ewig; / das Zepter deines Reichs ist ein
gerechtes Zepter. *a (7 und 8)* Hebr 1,8.9
8 Du liebst Gerechtigkeit / und hassest
gottloses Treiben;

darum hat dich der Herr, dein Gott,
gesalbt / mit Freudenöl wie keinen deines-
gleichen.
9 Deine Kleider sind lauter Myrrhe, Aloe
und Kassia; / aus Elfenbeinpalästen erfreut
dich Saitenspiel.
10 In deinem Schmuck gehen Töchter von
Königen; / die Braut steht zu deiner Rech-
ten in Goldschmuck aus Ofir.
11 ¶ Höre, Tochter, sieh und neige dein
Ohr: / Vergiß dein Volk und dein Vater-
haus!
12 Den König verlangt nach deiner Schön-
heit; / denn er ist dein Herr, und du sollst
ihm huldigen.
13 Die Tochter Tyrus kommt mit Geschen-
ken; / die Reichen im Volk suchen deine
Gunst.
14 ¶ Die Königstochter ist mit Perlen
geschmückt; / sie ist mit goldenen Gewän-
dern bekleidet.
15 Man führt sie in gestickten Kleidern
zum König; / Jungfrauen folgen ihr, ihre
Gespielinnen führt man zu dir.
16 Man führt sie hin mit Freude und
Jubel; / sie ziehen ein in des Königs Palast.
17 ¶ An deiner Väter Statt werden deine
Söhne sein; / die wirst du zu Fürsten set-
zen in aller Welt.
18 Ich will deinen Namen kundmachen
von Kind zu Kindeskind; / darum werden
dir danken die Völker immer und ewig.

Ein feste Burg ist unser Gott

46 EIN LIED DER SÖHNE KORACH, VOR-
ZUSINGEN, NACH DER WEISE »JUNG-
FRAUEN«.
2 **Gott ist unsre Zuversicht und Stärke, /
eine Hilfe in den großen Nöten, die uns
getroffen haben.**
3 Darum fürchten wir uns nicht, wenn-
gleich die Welt unterginge / und die Berge
mitten ins Meer sänken,
4 wenngleich das Meer wütete und wallte /
und von seinem Ungestüm die Berge ein-
fielen. SELA.*

* Vermutlich stand der Kehrvers von Vers 8 und 12 auch an dieser Stelle.

5 Dennoch soll die Stadt Gottes fein lustig
bleiben / mit ihren [a] Brünnlein, da die hei-
ligen Wohnungen des Höchsten sind.*

a Jes 12,3

* Luther übersetzte ursprünglich wörtlicher: »Der Strom mit seinen Bächen erfreut die Stadt Gottes, die heiligen Wohnungen des Höchsten.«

6 Gott ist bei ihr drinnen, darum wird sie
festbleiben; / Gott hilft ihr früh am Mor-
gen.
7 Die Heiden müssen verzagen und die
Königreiche fallen, / das Erdreich muß ver-
gehen, wenn er sich hören läßt.
8 DER HERR ZEBAOTH IST MIT UNS, / DER
GOTT JAKOBS IST UNSER SCHUTZ. SELA.
9 ¶ [a] Kommt her und schauet die Werke
des HERRN, / der auf Erden solch ein Zer-
stören anrichtet,

a (9 und 10) 2.Kön 19,35

10 der den Kriegen steuert in aller Welt, /
der [a] Bogen zerbricht, Spieße zerschlägt
und Wagen mit Feuer verbrennt.

a Ps 76,4

11 Seid stille und erkennet, daß ich Gott
bin! / Ich will der Höchste sein unter den
Heiden, der Höchste auf Erden.
12 DER HERR ZEBAOTH IST MIT UNS, / DER
GOTT JAKOBS IST UNSER SCHUTZ. SELA.

Gott ist König über alle Völker

47 EIN PSALM DER SÖHNE KORACH, VOR-
ZUSINGEN.
2 Schlagt froh in die Hände, alle Völker, /
und jauchzet Gott mit fröhlichem Schall!
3 Denn der HERR, der Allerhöchste, ist
heilig, / ein großer König über die ganze
Erde.
4 Er beugt die Völker unter uns / und Völ-
kerschaften unter unsere Füße.
5 Er erwählt uns unser Erbteil, / die Herr-
lichkeit [a] Jakobs, den er liebhat. SELA.

a 5.Mose 32,9

6 ¶ Gott fährt auf unter Jauchzen, / der
HERR beim Hall der Posaune.
7 Lobsinget, lobsinget Gott, / lobsinget,
lobsinget unserm Könige!
8 Denn [a] Gott ist König über die ganze
Erde; / lobsinget ihm mit Psalmen!

a Ps 93,1

9 ¶ Gott ist König über die Völker, / Gott
sitzt auf seinem heiligen Thron.
10 Die Fürsten der Völker sind versam-
melt / als Volk des Gottes Abrahams;
denn Gott gehören die Starken auf
Erden; / er ist hoch erhaben.

Gottes Stadt

48 EIN PSALMLIED DER SÖHNE KORACH.
2 Groß ist der HERR und hoch zu
rühmen / in der Stadt unsres Gottes, auf
seinem heiligen Berge.[a]

a Ps 46,5.6

3 Schön ragt empor der Berg Zion, / daran
sich freut die ganze Welt,

der Gottesberg* fern im Norden, / [a]die
Stadt des großen Königs. *a* Klgl 2,15; Mt 5,35
* Siehe Sach- und Worterklärungen.
4 Gott ist in ihren Palästen, / er ist bekannt
als Schutz.
5 ¶Denn siehe, Könige waren versammelt / und miteinander herangezogen.[a]
a 2.Kön 18,17.18
6 Sie haben sich verwundert, als sie solches sahen; / sie haben sich entsetzt und
sind davongestürzt.
7 Zittern hat sie da erfaßt, / Angst wie eine
Gebärende.
8 Du zerbrichst die großen Schiffe / durch
den Sturm vom Osten.
9 ¶Wie wir es gehört haben, so sehen wir
es / an der Stadt des HERRN Zebaoth,
an der Stadt unsres Gottes: / Gott erhält
sie ewiglich. SELA.
10 ¶Gott, wir gedenken deiner Güte / in
deinem Tempel.
11 Gott, [a]wie dein Name, so ist auch dein
Ruhm / bis an der Welt Enden. *a* Mal 1,11
Deine Rechte ist voll Gerechtigkeit. /
12 Dessen freue sich der Berg Zion,
und die Töchter Juda seien fröhlich, /
weil du recht richtest.
13 ¶Ziehet um Zion herum und umschreitet es, / zählt seine Türme;
14 habt gut acht auf seine Mauern, durchwandert seine Paläste, / daß ihr den Nachkommen davon erzählt:
15 Wahrlich, [a]das ist Gott, unser Gott für
immer und ewig. / Er ist's, der uns führet. *a* Jes 25,9

Die Herrlichkeit der Reichen ist Trug und Schein

49 EIN PSALM DER SÖHNE KORACH, VORZUSINGEN, NACH DER WEISE »JUGEND«.
2 Höret zu, alle Völker; / merket auf, alle,
die in dieser Zeit leben,
3 einfache Leute und Herren, / reich und
arm, miteinander!
4 Mein Mund soll Weisheit reden, / und
was mein Herz sagt, soll verständig sein.
5 Ich will einem Spruch mein Ohr neigen / und mein Rätselwort kundtun beim
Klang der Harfe.
6 ¶Warum sollte ich mich fürchten in
bösen Tagen, / wenn mich die Missetat
meiner Widersacher umgibt,
7 die sich verlassen auf Hab und Gut / und
pochen auf ihren großen Reichtum?
8 [a]Kann doch keiner einen andern auslösen / oder für ihn an Gott ein Sühnegeld
geben *a (8 und 9)* Mi 6,6-8; Mt 16,26
9 – denn es kostet zuviel, ihr Leben auszulösen; / er muß davon abstehen ewiglich –,
10 damit er immer weiterlebe / und die
Grube nicht sehe.
11 ¶Nein, er wird sehen: [a]Auch die Weisen sterben, so wie die Toren und Narren
umkommen; / [b]sie müssen ihr Gut andern lassen. *a* Pred 2,16 *b* Pred 6,2
12 Gräber sind ihr Haus immerdar, ihre
Wohnung für und für, / und doch hatten
sie große Ehre auf Erden.
13 EIN MENSCH IN SEINER HERRLICHKEIT
KANN NICHT BLEIBEN, / SONDERN [a]MUSS
DAVON WIE DAS VIEH. *a* Pred 3,19
14 ¶Dies ist der Weg derer, die so voll Torheit sind, / und das Ende aller, denen ihr
Gerede so wohl gefällt. SELA.
15 Sie liegen bei den Toten wie Schafe, der
Tod weidet sie; / aber die Frommen werden gar bald über sie herrschen,
und ihr Trotz muß vergehen; / bei den
Toten müssen sie bleiben.
16 Aber [a]Gott wird mich erlösen aus des
Todes Gewalt; / denn [b]er nimmt mich auf.
SELA. *a* Hos 13,14 *b* Ps 73,24
17 ¶Laß es dich nicht anfechten, wenn
einer reich wird, / wenn die Herrlichkeit
seines Hauses groß wird.[a] *a* Hiob 21,7-15
18 Denn [a]er wird nichts bei seinem Sterben mitnehmen, / und seine Herrlichkeit
wird ihm nicht nachfahren.
a Pred 5,14; 1.Tim 6,7
19 Er [a]freut sich wohl dieses guten Lebens, / und man preist dich, wenn es dir
gutgeht. *a* Lk 12,16-21; 16,19-31
20 Aber doch fahren sie ihren Vätern
nach / und sehen das Licht nimmermehr.
21 EIN MENSCH IN SEINER HERRLICHKEIT
KANN NICHT BLEIBEN, / SONDERN MUSS
DAVON WIE DAS VIEH.

Der rechte Gottesdienst

50 EIN PSALM [a]ASAFS.
Gott, der HERR, der Mächtige,
redet und ruft der Welt zu / vom Aufgang
der Sonne bis zu ihrem Niedergang.
a 1.Chr 25,1
2 **Aus Zion bricht an der schöne Glanz Gottes.**[a] / *a* Jes 62,1
3 **Unser Gott kommt und schweiget nicht.**

Fressendes Feuer geht vor ihm her / und
um ihn her ein mächtiges Wetter.
4 Er [a]ruft Himmel und Erde zu, / daß er
sein Volk richten wolle: *a* 5.Mose 32,1; Jes 1,2
5 »Versammelt mir meine Heiligen, / die
[a]den Bund mit mir schlossen beim
Opfer.« *a* 2.Mose 24,4-11
6 Und die Himmel werden seine Gerech-
tigkeit verkünden; / denn Gott selbst ist
Richter. SELA.
7 ¶»Höre, mein Volk, laß mich reden;
Israel, ich will wider dich zeugen: / [a]Ich,
Gott, bin dein Gott. *a* 2.Mose 20,2
8 [a]Nicht deiner Opfer wegen klage ich
dich an – / sind doch deine Brandopfer
täglich vor mir.
a (8-13) Ps 40,7; 1.Sam 15,22; Jes 1,11
9 Ich will von deinem Hause Stiere nicht
nehmen / noch Böcke aus deinen Stäl-
len.
10 Denn alles Wild im Walde ist mein /
und die Tiere auf den Bergen zu Tausen-
den.
11 Ich kenne alle Vögel auf den Bergen; /
und was sich regt auf dem Felde, ist mein.
12 Wenn mich hungerte, wollte ich dir
nicht davon sagen; / denn der Erdkreis ist
mein und alles, was darauf ist.
13 Meinst du, daß ich Fleisch von Stieren
essen wolle / oder Blut von Böcken trin-
ken?
14 Opfere Gott Dank / und erfülle dem
Höchsten deine Gelübde [a] *a* Jona 2,10
15 und [a]**rufe mich an in der Not, / so will
ich dich erretten, und du sollst mich prei-
sen.«** *a* Ps 91,15
16 ¶[a]Aber zum Gottlosen spricht Gott:
»Was hast du von meinen Geboten zu
reden / und nimmst meinen Bund in dei-
nen Mund, *a (16-21)* Röm 2,21-23
17 da du doch Zucht hassest / und wirfst
meine Worte hinter dich?
18 Wenn du einen Dieb siehst, so läufst du
mit ihm / und hast Gemeinschaft mit den
Ehebrechern.
19 Deinen Mund lässest du Böses reden, /
und deine Zunge treibt Falschheit.
20 [a]Du sitzest und redest wider deinen
Bruder; / deiner Mutter Sohn verleumdest
du. *a (20 und 21)* 1.Mose 42,21
21 Das tust du, und ich schweige; / da
meinst du, ich sei so wie du.
Aber ich will dich zurechtweisen / und es
dir vor Augen stellen.
22 ¶Begreift es doch, die ihr Gott verges-
set, / damit ich nicht hinraffe, und kein
Retter ist da!
23 Wer Dank opfert, der preiset mich, /
und da ist der Weg, daß ich ihm zeige das
Heil Gottes.«

Gott, sei mir Sünder gnädig!
(Der vierte Bußpsalm)

51 EIN PSALM DAVIDS, VORZUSINGEN,
2 ALS DER PROPHET [a]NATHAN ZU IHM
KAM, NACHDEM ER ZU BATSEBA EINGE-
GANGEN WAR. *a* 2.Sam 12,1-15
3 Gott, [a]sei mir gnädig nach deiner Güte, /
und tilge meine Sünden nach deiner gro-
ßen Barmherzigkeit. *a* Lk 18,13
4 Wasche mich rein von meiner Misse-
tat, / und reinige mich von meiner Sünde;
5 denn [a]ich erkenne meine Missetat, / und
meine Sünde ist immer vor mir. *a* Ps 32,5
6 An dir allein habe ich gesündigt / und
übel vor dir getan,
[a]auf daß du recht behaltest in deinen
Worten / und rein dastehst, wenn du rich-
test. *a* Röm 3,4
7 Siehe, [a]ich bin als Sünder geboren, / und
meine Mutter hat mich in Sünden emp-
fangen. *a* Joh 3,6
8 Siehe, dir gefällt Wahrheit, die im Ver-
borgenen liegt, / und im Geheimen tust
du mir Weisheit kund.
9 ¶Entsündige mich mit [a]Ysop, daß ich
rein werde; / wasche mich, [b]daß ich
schneeweiß werde. *a* 2.Mose 12,22.23 *b* Jes 1,18
10 Laß mich hören Freude und Wonne, /
daß die Gebeine fröhlich werden, die du
zerschlagen hast.[a] *a* Ps 32,3.4
11 Verbirg dein Antlitz vor meinen Sün-
den, / und tilge alle meine Missetat.
12 **Schaffe in mir, Gott, ein [a]reines Herz, /
und gib mir einen [b]neuen, beständigen
Geist.** *a* Mt 5,8 *b* Hes 36,26.27
13 **Verwirf mich nicht von deinem Ange-
sicht, / und nimm deinen heiligen Geist
nicht von mir.**
14 **Erfreue mich wieder mit deiner Hilfe, /
und mit einem willigen Geist rüste mich
aus.**
15 Ich will die Übertreter deine Wege leh-
ren, / daß sich die Sünder zu dir bekehren.
16 ¶Errette mich von Blutschuld, Gott,
der du mein Gott und Heiland bist, /
daß meine Zunge deine Gerechtigkeit
rühme.

17 Herr, tu meine Lippen auf, / daß mein
Mund deinen Ruhm verkündige.
18 Denn Schlachtopfer willst du nicht, ich
wollte sie dir sonst geben, / und Brand-
opfer gefallen dir nicht.[a] *a* Ps 40,7
19 Die Opfer, die Gott gefallen, sind ein
geängsteter Geist, / ein geängstetes, zer-
schlagenes Herz wirst du, Gott, nicht ver-
achten.[a] *a* Ps 34,19
20 ¶ Tu wohl an Zion nach deiner Gnade, /
baue die Mauern zu Jerusalem.
21 Dann werden dir gefallen rechte Opfer,
Brandopfer und Ganzopfer; / dann wird
man Stiere auf deinem Altar opfern.

Trostpsalm gegen einen Gewalttäter

52 EINE UNTERWEISUNG DAVIDS, VORZU-
SINGEN,
2 [a]ALS DOËG, DER EDOMITER, KAM UND
ZEIGTE ES SAUL AN UND SPRACH: DAVID
IST IN AHIMELECHS HAUS GEKOMMEN.
a 1.Sam 22,9-19
3 Was rühmst du dich der Bosheit, du
Tyrann, / da doch Gottes Güte noch täg-
lich währt?
4 Deine Zunge trachtet nach Schaden /
wie ein scharfes Schermesser, du Betrü-
ger!
5 Du liebst das Böse mehr als das Gute /
und redest lieber Falsches als Rechtes.
SELA.
6 Du redest gern alles, was zum Verder-
ben dient, / mit falscher Zunge.
7 ¶ Darum wird dich auch Gott für immer
zerstören, dich zerschlagen und aus dei-
nem Zelte reißen / und aus dem Lande
der Lebendigen ausrotten. SELA.
8 [a]Und die Gerechten werden es sehen
und sich fürchten / und werden seiner
lachen: *a (8 und 9)* Ps 91,8
9 »Siehe, das ist der Mann, / der nicht auf
Gott sein Vertrauen setzte,
sondern verließ sich auf seinen großen
Reichtum / und war mächtig, Schaden zu
tun.«
10 ¶ Ich aber [a]werde bleiben wie ein grü-
nender Ölbaum im Hause Gottes; / ich
verlasse mich auf Gottes Güte immer und
ewig. *a* Ps 92,13-16
11 Ich will dir danken ewiglich, / denn du
hast es getan.
Ich will harren auf deinen Namen vor
deinen Heiligen, / denn du bist gütig.

Die Torheit der Gottlosen

(vgl. Ps 14)

53 EINE UNTERWEISUNG DAVIDS, VORZU-
SINGEN, ZUM REIGENTANZ.
2 Die Toren sprechen in ihrem Herzen: /
»Es ist kein Gott.«
Sie taugen nichts; ihr Freveln ist ein
Greuel; / da ist keiner, der Gutes tut.
3 Gott schaut vom Himmel auf die Men-
schenkinder, / daß er sehe, ob jemand klug
sei und nach Gott frage.
4 Aber sie sind alle abgefallen und alle-
samt verdorben; / da ist keiner, der Gutes
tut, auch nicht **einer**.
5 ¶ Wollen denn die Übeltäter sich nichts
sagen lassen, / die mein Volk fressen, daß
sie sich nähren, Gott aber rufen sie nicht
an?
6 Sie fürchten sich da, / wo nichts zu
fürchten ist;
doch Gott zerstreut die Gebeine derer, /
die dich bedrängen.
Du machst sie zuschanden, / denn Gott
hat sie verworfen.
7 Ach daß die Hilfe aus Zion über Israel
käme und Gott sein gefangenes Volk erlö-
ste! / So würde Jakob sich freuen und
Israel fröhlich sein.

Hilferuf eines Bedrohten

54 EINE UNTERWEISUNG DAVIDS, VORZU-
SINGEN, BEIM SAITENSPIEL,
2 [a]ALS DIE MÄNNER VON SIF KAMEN UND
ZU SAUL SPRACHEN: DAVID HÄLT SICH BEI
UNS VERBORGEN. *a* 1.Sam 23,19; 26,1
3 Hilf mir, Gott, durch deinen Namen /
und schaffe mir Recht durch deine Kraft.
4 Gott, erhöre mein Gebet, / vernimm die
Rede meines Mundes.
5 Denn Stolze erheben sich gegen mich,
und Gewalttäter trachten mir nach dem
Leben; / sie haben Gott nicht vor Augen.
SELA.
6 ¶ Siehe, Gott steht mir bei, / der Herr
erhält mein Leben.
7 Er wird die Bosheit meinen Feinden ver-
gelten. / Vertilge sie um deiner Treue wil-
len!
8 So will ich dir ein Freudenopfer brin-
gen / und deinen Namen, HERR, preisen,
daß er so tröstlich ist.
9 Denn du errettest mich aus aller meiner
Not, / daß mein Auge auf meine Feinde
herabsieht.

Klage über falsche Brüder

55 EINE UNTERWEISUNG DAVIDS, VORZU-
SINGEN, BEIM SAITENSPIEL.
2 Gott, höre mein Gebet / und verbirg
dich nicht vor meinem Flehen.
3 Merke auf mich und erhöre mich, / wie
ich so ruhelos klage und heule,
4 da der Feind so schreit / und der Gott-
lose mich bedrängt;
denn sie wollen Unheil über mich brin-
gen / und sind mir heftig gram.
5 Mein Herz ängstet sich in meinem
Leibe, / und Todesfurcht ist auf mich gefal-
len.
6 Furcht und Zittern ist über mich gekom-
men, / und Grauen hat mich überfallen.
7 Ich sprach: O hätte ich Flügel wie
Tauben, / daß ich wegflöge und Ruhe
fände!
8 Siehe, so wollte ich in die Ferne flie-
hen / und in der Wüste bleiben. SELA.
9 Ich wollte eilen, daß ich entrinne / vor
dem Sturmwind und Wetter.
10 ¶Mache ihre Zunge uneins, Herr, und
verwirre sie; / denn ich sehe Frevel und
Hader in der Stadt.
11 Das geht Tag und Nacht um auf ihren
Mauern, / und Mühsal und Unheil ist drin-
nen.
12 Verderbnis regiert darin, / Lügen und
Trügen weicht nicht aus ihren Gassen.
13 [a]Wenn mein **Feind** mich schmähte, /
wollte ich es ertragen;
wenn einer, der mich haßt, groß tut wider
mich, / wollte ich mich vor ihm verber-
gen. *a (13-15)* Ps 41,10
14 Aber nun bist du es, mein Gefährte, /
mein Freund und mein Vertrauter,
15 die wir freundlich miteinander waren, /
die wir in Gottes Haus gingen inmitten
der Menge!
16 Der Tod übereile sie, daß sie [a]lebendig
zu den Toten fahren; / denn es ist lauter
Bosheit bei ihnen. *a* 4.Mose 16,31-33
17 ¶Ich aber will zu Gott rufen, / und der
HERR wird mir helfen.
18 Abends und morgens und mittags will
ich klagen und heulen; / so wird er meine
Stimme hören.
19 Er erlöst mich von denen, die an mich
wollen, / und schafft mir Ruhe; denn ihrer
sind viele wider mich.
20 Gott wird hören und sie demütigen, /
[a]der allewege bleibet. SELA.
Denn sie werden nicht anders / und wol-
len Gott nicht fürchten. *a* Ps 102,27.28
21 Sie legen ihre Hände an ihre Freunde /
und entheiligen ihren Bund.
22 Ihr Mund ist glatter als Butter, / und
haben doch Krieg im Sinn;
ihre Worte sind linder als Öl / und sind
doch gezückte Schwerter.[a] *a* Jer 9,7
23 **¶Wirf dein Anliegen auf den HERRN;**
[a]der wird dich versorgen / und wird den
Gerechten in Ewigkeit nicht wanken las-
sen. *a* 1.Petr 5,7
24 Und du, Gott, wirst sie hinunterstoßen
in die tiefe Grube. Die Blutgierigen und
Falschen werden ihr Leben nicht [a]bis zur
Hälfte bringen. / Ich aber hoffe auf dich.
a Ps 102,25

Getrostes Vertrauen in schwerer Not

56 EIN GÜLDENES KLEINOD DAVIDS, VOR-
ZUSINGEN, NACH DER WEISE »DIE
STUMME TAUBE UNTER DEN FREMDEN«,
[a]ALS IHN DIE PHILISTER IN GAT ERGRIFFEN
HATTEN. *a* 1.Sam 21,11-16
2 Gott, sei mir gnädig, denn Menschen
stellen mir nach; / täglich bekämpfen und
bedrängen sie mich.
3 Meine Feinde stellen mir täglich nach; /
denn viele kämpfen gegen mich voll Hoch-
mut.
4 Wenn ich mich fürchte, / so hoffe ich
auf dich.
5 ICH WILL GOTTES WORT RÜHMEN; AUF
GOTT WILL ICH HOFFEN UND [a]MICH NICHT
FÜRCHTEN. / WAS KÖNNEN MIR MENSCHEN
TUN? *a* Ps 27,1; 118,6; Jes 12,2; 51,12; Mt 10,28
6 ¶Täglich fechten sie meine Sache an; /
alle ihre Gedanken suchen mir Böses zu
tun.
7 Sie rotten sich zusammen, sie lauern
und haben acht auf meine Schritte, / wie
sie mir nach dem Leben trachten.
8 Sollten sie mit ihrer Bosheit entrinnen? /
Gott, stoß diese Leute ohne alle Gnade
hinunter!
9 ¶Zähle die Tage meiner Flucht, sammle
meine Tränen in deinen Krug; / ohne
Zweifel, du zählst sie.
10 Dann werden meine Feinde zurückwei-
chen, wenn ich dich anrufe. / Das weiß
ich, daß du mein Gott bist.
11 ICH WILL RÜHMEN GOTTES WORT; / ICH
WILL RÜHMEN DES HERRN WORT.
12 AUF GOTT HOFFE ICH UND FÜRCHTE

MICH NICHT; / WAS KÖNNEN MIR MENSCHEN TUN?
13 ¶Ich habe dir, Gott, gelobt, / daß ich dir danken will.
14 Denn [a]du hast mich vom Tode errettet, / meine Füße vom Gleiten,
daß ich wandeln kann vor Gott / im Licht der Lebendigen. *a* Hiob 33,30

Vertrauensvolle Bitte in der Anfechtung

57 EIN GÜLDENES KLEINOD DAVIDS, VORZUSINGEN, NACH DER WEISE »VERTILGE NICHT«, [a]ALS ER VOR SAUL IN DIE HÖHLE FLOH. *a* 1.Sam 22,1
2 Sei mir gnädig, Gott, sei mir gnädig! / Denn auf dich traut meine Seele,
und [a]unter dem Schatten deiner Flügel habe ich Zuflucht, / bis das Unglück vorübergehe. *a* Ps 17,8; 91,1.2
3 Ich rufe zu Gott, dem Allerhöchsten, / zu Gott, der meine Sache zum guten Ende führt.
4 Er sende vom Himmel und helfe mir von der Schmähung dessen, der mir nachstellt. SELA. / Gott sende seine Güte und Treue.
5 Ich liege mitten unter Löwen; / verzehrende Flammen sind die Menschen,
ihre Zähne sind Spieße und Pfeile / und ihre Zungen scharfe Schwerter.
6 ERHEBE DICH, GOTT, ÜBER DEN HIMMEL / UND DEINE HERRLICHKEIT ÜBER ALLE WELT!
7 ¶Sie haben meinen Schritten ein Netz gestellt / und meine Seele gebeugt;
sie haben vor mir eine Grube gegraben – / und fallen doch selbst hinein. SELA.
8 [a]Mein Herz ist bereit, Gott, / mein Herz ist bereit, daß ich singe und lobe.
a (8-12) Ps 108,2-6
9 Wach auf, meine Seele, wach auf, Psalter und Harfe, / ich will das Morgenrot wecken!
10 Herr, ich will dir danken unter den Völkern, / ich will dir lobsingen unter den Leuten.
11 Denn deine Güte reicht, so weit der Himmel ist, / und deine Wahrheit, so weit die Wolken gehen.
12 ERHEBE DICH, GOTT, ÜBER DEN HIMMEL / UND DEINE HERRLICHKEIT ÜBER ALLE WELT!

Gott ist noch Richter auf Erden

58 EIN GÜLDENES KLEINOD DAVIDS, VORZUSINGEN, NACH DER WEISE »VERTILGE NICHT«.
2 [a]Sprecht ihr in Wahrheit Recht, ihr Mächtigen? / Richtet ihr in Gerechtigkeit die Menschenkinder? *a (2 und 3)* Ps 82,2-4
3 Nein, mutwillig tut ihr Unrecht im Lande, / und eure Hände treiben Frevel.
4 Die Gottlosen sind abtrünnig vom Mutterschoß an, / die Lügner gehen irre von Mutterleib an.
5 Sie sind voller Gift wie eine giftige Schlange, / wie eine taube Otter, die ihr Ohr verschließt,
6 daß sie nicht höre die Stimme des Zauberers, / des Beschwörers, der gut beschwören kann.
7 ¶Gott, zerbrich ihnen die Zähne im Maul, / zerschlage, HERR, das Gebiß der jungen Löwen!
8 Sie werden vergehen wie Wasser, das verrinnt. / Zielen sie mit ihren Pfeilen, so werden sie ihnen zerbrechen.
9 Sie gehen dahin, wie Wachs zerfließt, / wie eine Fehlgeburt, die die Sonne nicht sieht.
10 Ehe eure Töpfe das Dornfeuer spüren, / reißt alles der brennende Zorn hinweg.
11 ¶Der Gerechte wird sich freuen, wenn er solche Vergeltung sieht, / und wird seine Füße baden in des Gottlosen Blut;
12 und die Leute werden sagen: Ja, der Gerechte empfängt seine Frucht, / ja, Gott ist noch Richter auf Erden.

Gebet mitten unter den Feinden

59 EIN GÜLDENES KLEINOD DAVIDS, VORZUSINGEN, NACH DER WEISE »VERTILGE NICHT«, [a]ALS SAUL HINSANDTE UND SEIN HAUS BEWACHEN LIESS, UM IHN ZU TÖTEN. *a* 1.Sam 19,11
2 Errette mich, mein Gott, von meinen Feinden / und schütze mich vor meinen Widersachern.
3 Errette mich von den Übeltätern / und hilf mir von den Blutgierigen!
4 Denn siehe, HERR, sie lauern mir auf; / Starke rotten sich wider mich zusammen ohne meine Schuld und Missetat.
5 Ich habe nichts verschuldet; sie aber laufen herzu und machen sich bereit. / Erwache, komm herbei und sieh darein!
6 Du, HERR, Gott Zebaoth, Gott Israels, / wache auf und suche heim alle Völker!

Sei keinem von ihnen gnädig, / die so ver-
wegene Übeltäter sind. SELA.
7 ¶ Jeden Abend kommen sie wieder, /
heulen wie die Hunde und laufen in der
Stadt umher.
8 Siehe, sie geifern mit ihrem Maul; /
Schwerter sind auf ihren Lippen: »Wer
sollte es hören?«
9 Aber du, HERR, wirst ihrer lachen / und
aller Völker spotten.
10 MEINE STÄRKE, ZU DIR WILL ICH MICH
HALTEN; / DENN [a] GOTT IST MEIN SCHUTZ.
a Ps 9,10.11
11 ¶ Gott erzeigt mir reichlich seine Güte, /
Gott läßt mich auf meine Feinde herabse-
hen.
12 Bringe sie nicht um, / daß es mein Volk
nicht vergesse;
zerstreue sie aber mit deiner Macht, Herr,
unser Schild, / und stoß sie hinunter!
13 Das Wort ihrer Lippen ist nichts als
Sünde; / darum sollen sie sich fangen in
ihrer Hoffart mit all ihren Flüchen und
Lügen.
14 Vertilge sie ohne alle Gnade, vertilge
sie, / daß sie nicht mehr da sind!
Laß sie innewerden, daß Gott Herrscher
ist in Jakob, / bis an die Enden der Erde.
SELA.
15 ¶ Jeden Abend kommen sie wieder, /
heulen wie die Hunde und laufen in der
Stadt umher.
16 Sie laufen hin und her nach Speise / und
murren, wenn sie nicht satt werden.
17 ¶ Ich aber will von deiner Macht singen
und des Morgens rühmen deine Güte; /
denn du bist mir Schutz und Zuflucht in
meiner Not.
18 MEINE STÄRKE, DIR WILL ICH LOBSIN-
GEN; / DENN GOTT IST MEIN SCHUTZ, MEIN
GNÄDIGER GOTT.

Gebet des verstoßenen Volkes

60 EIN GÜLDENES KLEINOD DAVIDS, VOR-
ZUSINGEN, NACH DER WEISE »LILIE
DES ZEUGNISSES«, ZUR BELEHRUNG,
2 ALS ER MIT DEN ARAMÄERN VON MESOPO-
TAMIEN UND MIT DEN ARAMÄERN VON ZOBA
KRIEG FÜHRTE; ALS JOAB UMKEHRTE UND
DIE EDOMITER IM SALZTAL SCHLUG, ZWÖLF-
TAUSEND MANN.[a] a 2.Sam 8,3.13; 10,13.18
3 Gott, der du uns verstoßen und zerstreut
hast / und zornig warst, tröste uns wieder;
4 der du die Erde erschüttert und zerris-
sen hast, / heile ihre Risse; denn sie wankt.
5 Du ließest deinem Volk Hartes wider-
fahren, / [a] du gabst uns einen Wein zu trin-
ken, daß wir taumelten. a Ps 75,9
6 Du hast doch ein [a] Zeichen gegeben
denen, die dich fürchten, / damit sie flie-
hen können vor dem Bogen. SELA.
a 2.Mose 17,15
7 [a] Daß deine Freunde errettet werden, /
dazu hilf mit deiner Rechten und erhöre
uns! a (7-14) Ps 108,7-14
8 ¶ Gott hat in seinem Heiligtum geredet: /
Ich will frohlocken;
ich will Sichem verteilen / und das Tal
Sukkot ausmessen;
9 Gilead ist mein, mein ist Manasse, Eph-
raim ist der Schutz meines Hauptes, /
[a] Juda ist mein Zepter. a 1.Mose 49,10
10 Moab ist mein Waschbecken, meinen
Schuh werfe ich auf Edom, / Philisterland,
jauchze mir zu!
11 ¶ Wer wird mich führen in die feste
Stadt? / Wer geleitet mich nach Edom?
12 Wirst du es nicht tun, Gott, der du uns
verstoßen hast, / und ziehst nicht aus,
Gott, mit unserm Heer?
13 Schaff uns Beistand in der Not; / denn
Menschenhilfe ist nichts nütze.
14 Mit Gott wollen wir Taten tun. / Er wird
unsre Feinde niedertreten.

Bitte und Fürbitte aus der Ferne

61 VON DAVID, VORZUSINGEN, BEIM SAI-
TENSPIEL.
2 Höre, Gott, mein Schreien / und merke
auf mein Gebet!
3 Vom Ende der Erde rufe ich zu dir,
denn mein Herz ist in Angst; / du wollest
mich führen auf einen hohen Felsen.
4 Denn du bist meine Zuversicht, / ein
starker Turm vor meinen Feinden.[a]
a Ps 71,3; Spr 18,10
5 Laß mich wohnen in deinem Zelte ewig-
lich / und [a] Zuflucht haben unter deinen
Fittichen. SELA. a Ps 17,8
6 Denn du, Gott, hörst mein Gelübde /
und gibst mir teil am Erbe derer, die dei-
nen Namen fürchten.
7 ¶ Du wollest dem König [a] langes Leben
geben, / daß seine Jahre währen für und
für, a Ps 21,5
8 daß er [a] immer throne vor Gott. / Laß
Güte und Treue ihn behüten! a 2.Sam 7,16
9 So will ich deinem Namen lobsingen
ewiglich, / daß ich meine Gelübde erfülle
täglich.

Stille zu Gott

62 EIN PSALM DAVIDS, VORZUSINGEN,
FÜR JEDUTUN.
2 MEINE SEELE IST [a]STILLE / ZU GOTT, DER
MIR HILFT. [a] Jes 30,15
3 DENN ER IST MEIN [a]FELS, MEINE HILFE,
MEIN SCHUTZ, / DASS ICH GEWISS NICHT
FALLEN WERDE. [a] Ps 18,3
4 Wie lange stellt ihr alle **einem** nach, /
wollt alle ihn morden,
als wäre er eine hangende Wand / und
eine rissige Mauer?
5 Sie denken nur, wie sie ihn stürzen, /
haben Gefallen am Lügen;
mit dem Munde segnen sie, / aber im
Herzen fluchen sie. SELA.
6 ¶ ABER SEI NUR STILLE ZU GOTT, MEINE
SEELE; / DENN ER IST MEINE HOFFNUNG.
7 ER IST MEIN FELS, MEINE HILFE UND
MEIN SCHUTZ, / DASS ICH NICHT FALLEN
WERDE.
8 Bei Gott ist mein Heil und meine Ehre,
der Fels meiner Stärke, / meine Zuversicht
ist bei Gott.
9 Hoffet auf ihn allezeit, liebe Leute,
schüttet euer Herz vor ihm aus; / Gott ist
unsre Zuversicht. SELA.
10 ¶ Aber Menschen sind ja nichts, große
Leute täuschen auch; / sie wiegen weniger
als nichts, soviel ihrer sind.
11 Verlaßt euch nicht auf Gewalt / und
setzt auf Raub nicht eitle Hoffnung;
[a]fällt euch Reichtum zu, / so hängt euer
Herz nicht daran.
[a] Mt 19,22; Lk 12,15-21; 1.Tim 6,9.17
12 Eines hat Gott geredet, / ein Zweifaches
habe ich gehört:
Gott allein ist mächtig, /
13 und du, Herr, bist gnädig;
denn [a]du vergiltst einem jeden, / wie er's
verdient hat. [a] Röm 2,6-11

Sehnsucht nach Gott

63 EIN PSALM DAVIDS, [a]ALS ER IN DER
WÜSTE JUDA WAR. [a] 1.Sam 22,5
2 Gott, du bist mein Gott, den ich suche. /
[a]Es dürstet meine Seele nach dir,
mein ganzer Mensch verlangt nach dir /
aus trockenem, dürrem Land, wo kein
Wasser ist. [a] Ps 42,3
3 So schaue ich aus nach dir in deinem
Heiligtum, / wollte gerne sehen deine
Macht und Herrlichkeit.
4 Denn deine Güte ist besser als Leben; /
meine Lippen preisen dich.
5 So will ich dich loben mein Leben lang /
und meine Hände in deinem Namen auf-
heben.
6 ¶ Das ist meines Herzens Freude und
Wonne, / wenn ich dich mit fröhlichem
Munde loben kann;
7 **wenn ich mich zu Bette lege, so denke ich
an dich, / wenn ich wach liege, sinne ich
über dich nach.**[a] [a] Jes 26,9
8 Denn du bist mein Helfer, / und [a]unter
dem Schatten deiner Flügel frohlocke
ich. [a] Ps 17,8
9 Meine Seele hängt an dir; / deine rechte
Hand hält mich.
10 ¶ Sie aber trachten mir nach dem
Leben, mich zu verderben; / sie werden in
die Tiefen der Erde hinunterfahren.
11 Sie werden dem Schwert dahingege-
ben / und den Schakalen zur Beute wer-
den.
12 Aber der König freut sich in Gott. Wer
bei ihm schwört, der darf sich rühmen; /
denn die Lügenmäuler sollen verstopft
werden.

Bitte um Schutz vor bösen Anschlägen

64 EIN PSALM DAVIDS, VORZUSINGEN.
2 Höre, Gott, meine Stimme in mei-
ner Klage, / behüte mein Leben vor dem
schrecklichen Feinde.
3 Verbirg mich vor den Anschlägen der
Bösen, / vor dem Toben der Übeltäter,
4 die ihre Zunge schärfen wie ein
Schwert, / mit ihren giftigen Worten zielen
wie mit Pfeilen,
5 daß sie heimlich schießen auf den From-
men; / plötzlich schießen sie auf ihn ohne
alle Scheu.
6 ¶ Sie verstehen sich auf ihre bösen
Anschläge und reden davon, wie sie
Stricke legen wollen, / und sprechen: [a]Wer
kann sie sehen? [a] Ps 94,7
7 Sie haben Böses im Sinn und halten's
geheim, / sind verschlagen und haben
Ränke im Herzen.
8 ¶ Da trifft sie Gott mit dem Pfeil, / plötz-
lich sind sie zu Boden geschlagen.
9 Ihre eigene Zunge bringt sie zu Fall, /
daß ihrer spotten wird, wer sie siehet.
10 Und alle Menschen werden sich fürch-
ten und sagen: [a]Das hat Gott getan! / und
erkennen, daß es sein Werk ist.
[a] 2.Mose 8,15

11 Die Gerechten werden sich des HERRN
freuen und auf ihn trauen, / und alle frommen Herzen werden sich seiner rühmen.

Danklied für geistlichen und leiblichen Segen

65 EIN PSALMLIED DAVIDS, VORZUSINGEN.
2 **Gott, man lobt dich in der Stille zu Zion, / und dir hält man Gelübde.**
3 **Du erhörst Gebet; / darum kommt alles Fleisch zu dir.**
4 Unsre Missetat drückt uns hart; / du wollest unsre Sünde vergeben.
5 Wohl dem, den du erwählst und zu dir
lässest, / daß er in deinen Vorhöfen wohne;
der hat reichen Trost von deinem Hause, / deinem heiligen Tempel.[a]

a Ps 63,3.4; 84,2-5; 5.Mose 4,7

6 ¶Erhöre uns nach der wunderbaren
Gerechtigkeit, Gott, unser Heil, / der du bist die Zuversicht aller auf Erden und fern am Meer;
7 der du die Berge festsetzest in deiner
Kraft / und gerüstet bist mit Macht;
8 der du [a]stillst das Brausen des Meeres, /
das Brausen seiner Wellen und das Toben der Völker, a Ps 89,10
9 daß sich entsetzen, die an den Enden
wohnen, vor deinen Zeichen. / Du machst fröhlich, was da lebet im Osten wie im Westen.
10 ¶Du [a]suchst das Land heim und bewäs-
serst es und machst es sehr reich; / Gottes Brünnlein hat Wasser die Fülle.
Du lässest ihr Getreide gut geraten; / denn so baust du das Land. a Ps 67,7
11 Du [a]tränkst seine Furchen und feuch-
test seine Schollen; / mit Regen machst du es weich und segnest sein Gewächs.

a Ps 104,13-16

12 Du krönst das Jahr mit deinem Gut, /
und deine Fußtapfen triefen von Segen.
13 Es triefen auch die Auen in der
Steppe, / und die Hügel sind erfüllt mit Jubel.
14 Die Anger sind voller Schafe, und die
Auen stehen dick mit Korn, / daß man jauchzet und singet.

Danklied für Gottes wunderbare Führung

66 EIN PSALMLIED, VORZUSINGEN.
Jauchzet Gott, alle Lande!
2 Lobsinget zur Ehre seines Namens; /
rühmet ihn herrlich!
3 Sprecht zu Gott: Wie wunderbar sind
deine Werke! / Deine Feinde müssen sich beugen vor deiner großen Macht.
4 Alles Land bete dich an und lobsinge
dir, / lobsinge deinem Namen. SELA.
5 ¶Kommt her und sehet an die Werke
Gottes, / der so wunderbar ist in seinem Tun an den Menschenkindern.
6 Er [a]verwandelte das Meer in trockenes
Land, sie konnten zu Fuß durch den Strom gehen. / Darum freuen wir uns seiner.

a 2.Mose 14,21.22; Jos 3,16.17

7 Er herrscht mit seiner Gewalt ewiglich,
seine Augen schauen auf die Völker. / Die Abtrünnigen können sich nicht erheben. SELA.
8 Lobet, ihr Völker, unsern Gott, / laßt sei-
nen Ruhm weit erschallen,
9 der unsre Seelen am Leben erhält / und
läßt unsere Füße nicht gleiten.
10 Denn, Gott, du hast uns [a]geprüft und
geläutert, / wie das Silber geläutert wird;

a Spr 17,3

11 du hast uns in den Turm werfen las-
sen, / du hast auf unsern Rücken eine Last gelegt,
12 du hast Menschen über unser Haupt
kommen lassen, [a]wir sind in Feuer und Wasser geraten. / Aber du hast uns herausgeführt und uns erquickt. a Jes 43,2
13 ¶Darum will ich in dein Haus gehen
mit Brandopfern / und dir meine Gelübde erfüllen,
14 wie ich meine Lippen aufgetan habe /
und mein Mund geredet hat in meiner Not.
15 Ich will dir Brandopfer bringen von fet-
ten Schafen mit dem Opferrauch von Widdern; / ich will opfern Rinder mit Böcken. SELA.
16 ¶Kommt her, höret zu, alle, die ihr Gott
fürchtet; / ich will erzählen, was er an mir getan hat.
17 Zu ihm rief ich mit meinem Munde /
und pries ihn mit meiner Zunge.
18 Wenn ich Unrechtes vorgehabt hätte in
meinem Herzen, / so hätte der Herr nicht gehört.[a]

a Spr 28,9

19 Aber Gott hat mich erhört / und ge-
merkt auf mein Flehen.
20 Gelobt sei Gott, der mein Gebet nicht
verwirft / noch seine Güte von mir wendet.

Gottes Segen über alle Welt

67 EIN PSALMLIED, VORZUSINGEN, BEIM
SAITENSPIEL.
2 Gott sei uns gnädig und segne uns, / er
lasse uns sein Antlitz leuchten,[a] – SELA –
a 4.Mose 6,24.25
3 daß man auf Erden erkenne seinen
Weg, / unter allen Heiden sein Heil.
4 ES DANKEN DIR, GOTT, DIE VÖLKER, / ES
DANKEN DIR ALLE VÖLKER.
5 ¶ Die Völker freuen sich und jauchzen, /
daß du die Menschen recht richtest und
regierst die Völker auf Erden. SELA.
6 ES DANKEN DIR, GOTT, DIE VÖLKER, / ES
DANKEN DIR ALLE VÖLKER.
7 ¶ Das [a]Land gibt sein Gewächs; / es
segne uns Gott, unser Gott! a Ps 65,10
8 Es segne uns Gott, / und alle Welt
fürchte ihn!

Der Sieg Gottes

68 EIN PSALMLIED DAVIDS, VORZUSIN-
GEN.
2 [a]Gott steht auf; so werden seine Feinde
zerstreut, / und die ihn hassen, fliehen vor
ihm. a 4.Mose 10,35
3 Wie Rauch verweht, so verwehen sie; /
wie Wachs zerschmilzt vor dem Feuer, so
kommen die Gottlosen um vor Gott.
4 Die Gerechten aber freuen sich und sind
fröhlich vor Gott / und freuen sich von
Herzen.
5 ¶ Singet Gott, lobsinget seinem Namen!
[a]Macht Bahn dem, der durch die Wüste
einherfährt; / er heißt HERR. Freuet euch
vor ihm! a Jes 57,14
6 Ein [a]Vater der Waisen und ein Helfer
der Witwen / ist Gott in seiner heiligen
Wohnung, a Ps 10,14
7 ein Gott, der die Einsamen nach Hause
bringt, der die Gefangenen herausführt,
daß es ihnen wohlgehe; / aber die Abtrün-
nigen läßt er bleiben in dürrem Lande.
8 ¶ Gott, [a]als du vor deinem Volk her-
zogst, / als du einhergingst in der Wüste,
– SELA – a 2.Mose 13,21
9 da [a]bebte die Erde, und die Himmel
troffen vor Gott – am Sinai –, / vor Gott,
dem Gott Israels. a 2.Mose 19,16-18
10 Du gabst, Gott, einen gnädigen Regen, /
und dein Erbe, das dürre war, erquicktest
du,
11 daß deine Herde darin wohnen konnte. /
Gott, du labst die Elenden in deiner Güte.
12 Der Herr gibt ein Wort – / der [a]Freu-
denbotinnen ist eine große Schar –:*

* Luther übersetzte: »Der Herr gibt das Wort mit großen Scharen Evangelisten.« a Jes 52,7

13 Die Könige der Heerscharen fliehen, /
sie fliehen, und die Frauen teilen die Beute
aus.
14 Wenn ihr zu Felde liegt, glänzt es wie
Flügel der Tauben, / die wie Silber und
Gold schimmern.
15 Als der Allmächtige dort Könige zer-
streute, / damals fiel Schnee auf dem Zal-
mon.
16 Ein Gottesberg ist Baschans Gebirge, /
ein Gebirge, reich an Gipfeln, ist Baschans
Gebirge.
17 Was seht ihr scheel, ihr Berge, ihr Gip-
fel, [a]auf den Berg, wo es Gott gefällt zu
wohnen? / Ja, dort wird der HERR immer-
dar wohnen. a Ps 132,13
18 Gottes Wagen sind vieltausendmal tau-
send; / der Herr zieht ein ins Heiligtum
vom Sinai her.
19 Du [a]bist aufgefahren zur Höhe / und
führtest Gefangne gefangen;
du hast Gaben empfangen unter den
Menschen, / auch die Abtrünnigen müs-
sen sich, Gott, vor dir bücken. a Eph 4,8-10
20 ¶ **Gelobt sei der Herr täglich. / [a]Gott legt
uns eine Last auf, aber er hilft uns auch.**
SELA. a 1.Kor 10,13
21 Wir haben einen Gott, der da hilft, / und
den HERRN, der vom Tode errettet.
22 Ja, Gott wird den Kopf seiner Feinde
zerschmettern, / den Schädel der Gottlo-
sen, die da fortfahren in ihrer Sünde.
23 Der Herr hat gesagt: Aus Baschan will
ich sie wieder holen, / aus der Tiefe des
Meeres will ich sie holen,
24 daß du deinen Fuß im Blut der Feinde
badest / und deine Hunde es lecken.
25 ¶ Man sieht, Gott, [a]wie du einher-
ziehst, / wie du, mein Gott und König,
[b]einherziehst im Heiligtum.
a Ps 24,7 b 2.Sam 6,13-15
26 Die Sänger gehen voran, am Ende die
Spielleute, / in der Mitte die Jungfrauen,
die da [a]Pauken schlagen. a 2.Mose 15,20
27 »Lobet Gott in den Versammlungen, /
den HERRN, [a]die ihr von Israel her-
stammt.« a Jes 48,1
28 Benjamin, der Jüngste, geht ihnen
voran, die Fürsten Judas mit ihren Scha-
ren, / die Fürsten Sebulons, die Fürsten
Naftalis.

29 ¶Entbiete, Gott, deine Macht, / die
Macht, Gott, die du an uns bewiesen hast
30 von deinem Tempel her; um Jerusa-
lems willen / werden dir [a]Könige Ge-
schenke bringen. *a* Ps 72,10
31 Bedrohe das Tier im Schilf, / die Rotte
der Mächtigen, die Gebieter der Völker;
tritt nieder, die das Silber liebhaben, /
zerstreue die Völker, die gerne Krieg füh-
ren.
32 Aus Ägypten werden Gesandte kom-
men; / Mohrenland wird seine Hände aus-
strecken zu Gott.[a]
a Jes 18,7; 19,21; 45,14; Apg 8,27
33 ¶Ihr Königreiche auf Erden, singet
Gott, / lobsinget dem Herrn! SELA.
34 Er fährt einher durch die Himmel, / die
von Anbeginn sind.
Siehe, er läßt seine Stimme erschallen, /
eine gewaltige Stimme.
35 Gebt Gott die Macht! Seine Herrlich-
keit ist über Israel / und seine Macht in
den Wolken.
36 Wundersam ist Gott in seinem Heilig-
tum; er ist Israels Gott. / Er wird dem
Volke Macht und Kraft geben. Gelobt sei
Gott!

In Anfechtung und Schmach

69 VON DAVID, VORZUSINGEN, NACH DER
WEISE »LILIEN«.
2 Gott, hilf mir! / Denn das Wasser geht
mir bis an die Kehle.
3 Ich versinke in tiefem Schlamm, / wo
kein Grund ist;
ich bin in tiefe Wasser geraten, / und die
Flut will mich ersäufen.
4 Ich habe mich müde geschrien, / mein
Hals ist heiser.
Meine Augen sind trübe geworden, / weil
ich so lange harren muß auf meinen
Gott.
5 Die [a]mich ohne Grund hassen, / sind
mehr, als ich Haare auf dem Haupte habe.
Die mir zu Unrecht feind sind und mich
verderben wollen, sind mächtig. / Ich soll
zurückgeben, was ich nicht geraubt habe.
a Joh 15,25
6 ¶Gott, du kennst meine Torheit, / und
meine Schuld ist dir nicht verborgen.
7 Laß an mir nicht zuschanden werden, /
die deiner harren, Herr, HERR Zebaoth!
Laß an mir nicht schamrot werden, / die
dich suchen, Gott Israels!
8 Denn [a]um deinetwillen trage ich
Schmach, / mein Angesicht ist voller
Schande. *a* Ps 44,23
9 Ich [a]bin fremd geworden meinen Brü-
dern / und unbekannt den Kindern mei-
ner Mutter; *a* Ps 38,12
10 denn [a]der Eifer um dein Haus hat mich
gefressen, / und [b]die Schmähungen derer,
die dich schmähen, sind auf mich gefal-
len. *a* Ps 119,139; Joh 2,17 *b* Röm 15,3
11 Ich weine bitterlich und faste, / und man
spottet meiner dazu.
12 Ich habe einen Sack angezogen, / aber
sie treiben ihren Spott mit mir.
13 Die im Tor sitzen, schwatzen von mir, /
und beim Zechen singt man von mir.[a]
a Hiob 30,9
14 ¶Ich aber bete zu dir, HERR, [a]zur Zeit
der Gnade; / Gott, nach deiner großen
Güte erhöre mich mit deiner treuen
Hilfe. *a* Jes 49,8
15 Errette mich aus dem Schlamm, / daß
ich nicht versinke,
daß ich errettet werde vor denen, die
mich hassen, / und aus den tiefen Was-
sern;
16 daß mich die Flut nicht ersäufe und die
Tiefe nicht verschlinge / und [a]das Loch
des Brunnens sich nicht über mir schließe.
a 1.Mose 29,3
17 ¶[a]Erhöre mich, HERR, denn deine Güte
ist tröstlich; / wende dich zu mir nach dei-
ner großen Barmherzigkeit
a (17 und 18) 4.Mose 6,26
18 und verbirg dein Angesicht nicht vor
deinem Knechte, / denn mir ist angst;
erhöre mich eilends.
19 Nahe dich zu meiner Seele und erlöse
sie, / erlöse mich um meiner Feinde wil-
len.
20 Du kennst meine Schmach, meine
Schande und Scham; / meine Widersacher
sind dir alle vor Augen.
21 Die Schmach bricht mir mein Herz /
und macht mich krank.
Ich warte, ob jemand Mitleid habe, aber
da ist niemand, / und auf Tröster, aber ich
finde keine.
22 Sie geben mir Galle zu essen / und
Essig zu trinken für meinen Durst.[a]
a Mt 27,34.48
23 ¶[a]Ihr Tisch werde ihnen zur Falle, / zur
Vergeltung und zum Strick.
a (23 und 24) Röm 11,9.10
24 Ihre Augen sollen finster werden, daß

sie nicht sehen, / und ihre Hüften laß
immerfort wanken.
25 Gieß deine Ungnade über sie aus, / und
dein grimmiger Zorn ergreife sie.
26 Ihre Wohnstatt soll verwüstet werden, /
und niemand wohne in ihren Zelten.[a]

[a] Apg 1,20

27 Denn sie verfolgen, den du geschlagen
hast, / und reden gern von dem Schmerz
dessen, den du hart getroffen hast.
28 Laß sie aus einer Schuld in die andre
fallen, / daß sie nicht kommen zu deiner
Gerechtigkeit.
29 Tilge sie aus dem [a]Buch des Lebens, /
daß sie nicht geschrieben stehen bei den
Gerechten.

[a] 2.Mose 32,32.33; Dan 12,1; Lk 10,20; Phil 4,3

30 Ich aber bin elend und voller Schmer-
zen. / Gott, deine Hilfe schütze mich!
31 ¶Ich will den Namen Gottes loben mit
einem Lied / und will ihn hoch ehren mit
Dank.
32 Das [a]wird dem HERRN besser gefallen /
als ein Stier, der Hörner und Klauen hat.

[a] Ps 50,8-13

33 Die Elenden sehen es und freuen sich, /
und die Gott suchen, denen [a]wird das
Herz aufleben. [a] Ps 22,27
34 Denn der HERR hört die Armen / und
verachtet seine Gefangenen nicht.
35 ¶Es lobe ihn Himmel und Erde, / die
Meere mit allem, was sich darin regt.
36 Denn Gott wird Zion helfen und die
Städte Judas bauen, / daß man dort wohne
und sie besitze.
37 Und die Kinder seiner Knechte werden
sie erben, / und die seinen Namen lieben,
werden darin bleiben.

Hilferuf gegen Widersacher

(vgl. Ps 40,14-18)

70 VON DAVID, VORZUSINGEN, ZUM GE-
DENKOPFER.
2 Eile, Gott, mich zu erretten, / HERR, mir
zu helfen!
3 Es sollen sich schämen und zuschanden
werden, / die mir nach dem Leben trach-
ten;
sie sollen zurückweichen und zum Spott
werden, / die mir Übles wünschen;
4 sie sollen umkehren um ihrer Schande
willen, / die über mich schreien: Da, da!
5 Laß deiner sich freuen und fröhlich
sein / alle, die nach dir fragen;
und die dein Heil lieben, laß allewege
sagen: / Hoch gelobt sei Gott!
6 Ich aber bin elend und arm; Gott, eile
zu mir! / Du bist mein Helfer und Erret-
ter; HERR, säume nicht!

Bitte um Gottes Hilfe im Alter

71 HERR, ich traue auf dich, / laß mich
nimmermehr zuschanden werden.
2 Errette mich durch deine Gerechtigkeit
und hilf mir heraus, / neige deine Ohren
zu mir und hilf mir!
3 Sei mir ein starker Hort, zu dem ich
immer fliehen kann, der du zugesagt hast,
mir zu helfen; / denn du bist mein [a]Fels
und meine Burg. [a] Ps 31,3.4
4 ¶Mein Gott, hilf mir aus der Hand des
Gottlosen, / aus der Hand des Ungerech-
ten und Tyrannen.
5 Denn du bist meine Zuversicht, HERR,
mein Gott, / meine Hoffnung von meiner
Jugend an.
6 Auf dich habe ich mich verlassen vom
Mutterleib an; du hast mich aus meiner
Mutter Leibe gezogen. / Dich rühme ich
immerdar.
7 Ich bin für viele wie ein Zeichen; / aber
du bist meine starke Zuversicht.
8 Laß meinen Mund deines Ruhmes / und
deines Preises voll sein täglich.
9 ¶Verwirf mich nicht in meinem Alter, /
verlaß mich nicht, wenn ich schwach
werde.
10 Denn meine Feinde reden über mich, /
und die auf mich lauern, beraten sich mit-
einander
11 und sprechen: Gott hat ihn verlassen; /
jagt ihm nach und ergreift ihn, denn da ist
kein Erretter!
12 ¶Gott, sei nicht ferne von mir; / mein
Gott, eile, mir zu helfen!
13 Schämen sollen sich und umkommen, /
die meiner Seele feind sind;
mit Schimpf und Schande sollen über-
schüttet werden, / die mein Unglück
suchen.
14 ¶Ich aber will immer harren / und meh-
ren all deinen Ruhm.
15 Mein Mund soll verkündigen deine
Gerechtigkeit, / täglich deine Wohltaten,
die ich nicht zählen kann.
16 Ich gehe einher in der Kraft Gottes des
HERRN; / ich preise deine Gerechtigkeit
allein.

17¶Gott, du hast mich von Jugend auf
gelehrt, / und noch jetzt verkündige ich
deine Wunder.
18Auch [a]im Alter, Gott, verlaß mich
nicht, / und wenn ich grau werde,
bis ich deine Macht verkündige Kindes-
kindern / und deine Kraft allen, die noch
kommen sollen. *a Jes 46,4*
19Gott, deine Gerechtigkeit reicht bis zum
Himmel; / der du große Dinge tust, Gott,
wer ist dir gleich?
20Du lässest mich erfahren viele und
große Angst / und [a]machst mich wieder
lebendig
und holst mich wieder herauf / aus den
Tiefen der Erde. *a 1.Sam 2,6*
21Du machst mich sehr groß / und trö-
stest mich wieder.
22¶So will auch ich dir danken mit Sai-
tenspiel / für deine Treue, mein Gott;
ich will dir zur Harfe lobsingen, / du
[a]Heiliger Israels. *a 2.Kön 19,22; Jes 43,3*
23Meine Lippen und meine Seele, die du
erlöst hast, / sollen fröhlich sein und dir
lobsingen.
24Auch meine Zunge soll täglich reden /
von deiner Gerechtigkeit;
denn zu Schmach und Schande werden, /
die mein Unglück suchen.

Der Friedefürst und sein Reich

72 VON SALOMO.
Gott, gib dein Gericht dem König /
und deine Gerechtigkeit dem Königssohn,
2daß er dein Volk richte mit Gerechtig-
keit / und deine Elenden rette.
3Laß die Berge Frieden bringen für das
Volk / und die Hügel Gerechtigkeit.
4¶Er soll den Elenden im Volk Recht
schaffen / und den Armen helfen und die
Bedränger zermalmen.
5Er soll leben, solange die Sonne scheint /
und solange der Mond währt, von Ge-
schlecht zu Geschlecht.
6Er soll herabfahren wie der Regen auf
die Aue, / wie die Tropfen, die das Land
feuchten.
7Zu seinen Zeiten soll blühen die Ge-
rechtigkeit / und großer Friede sein, bis
der Mond nicht mehr ist.
8Er soll herrschen von einem Meer bis
ans andere, / und von dem Strom* bis zu
den Enden der Erde.[a] *a Sach 9,10*

* d. i. der Euphrat.

9Vor ihm sollen sich neigen die Söhne
der Wüste, / und [a]seine Feinde sollen
Staub lecken. *a Jes 49,23*
10Die Könige von [a]Tarsis und auf den
Inseln / sollen [b]Geschenke bringen,
die Könige aus [c]Saba und Seba / sollen
Gaben senden.
a Jes 60,9 b Ps 68,30 c 1.Kön 10,1,2
11Alle Könige sollen vor ihm niederfal-
len / und alle Völker ihm dienen.
12¶Denn er wird den Armen erretten, der
um Hilfe schreit, / und den [a]Elenden, der
keinen Helfer hat. *a Hiob 36,15*
13Er wird gnädig sein den Geringen und
Armen, / und den Armen wird er helfen.
14Er wird sie aus Bedrückung und Frevel
erlösen, / und [a]ihr Blut ist wertgeachtet
vor ihm. *a Ps 9,13; 116,15*
15¶Er soll leben, und man soll ihm geben /
vom Gold aus Saba.
Man soll immerdar für ihn beten / und
ihn täglich segnen.
16Voll stehe das Getreide im Land bis
oben auf den Bergen; / wie am Libanon
rausche seine Frucht.
In den Städten sollen sie grünen / wie
das Gras auf Erden.
17Sein Name bleibe ewiglich; / solange die
Sonne währt, blühe sein Name.
Und [a]durch ihn sollen gesegnet sein alle
Völker, / und sie werden ihn preisen.
a 1.Mose 12,3; 22,18
18¶[a]Gelobt sei Gott der HERR, der Gott
Israels, / der allein Wunder tut!
a (18 und 19) Ps 41,14
19Gelobt sei sein herrlicher Name ewig-
lich, / und [a]alle Lande sollen seiner Ehre
voll werden! Amen! Amen! *a Jes 6,3*
20ZU ENDE SIND DIE GEBETE DAVIDS, DES
SOHNES ISAIS.

DRITTES BUCH

Anfechtung und Trost beim Glück des Gottlosen

73 EIN PSALM ASAFS.
Gott ist dennoch Israels Trost / für
alle, die reinen Herzens sind.
2Ich aber wäre fast gestrauchelt mit mei-
nen Füßen; / mein Tritt wäre beinahe
geglitten.
3Denn ich ereiferte mich über die Ruhm-
redigen, / als ich sah, [a]daß es den Gottlo-
sen so gut ging. *a Hiob 21,7*

[4]¶Denn für sie gibt es keine Qualen, /
gesund und feist ist ihr Leib.
[5]Sie sind nicht in Mühsal wie sonst die
Leute / und werden nicht wie andere Menschen geplagt.
[6]Darum prangen sie in Hoffart / und hüllen sich in Frevel.
[7]Sie brüsten sich wie ein fetter Wanst, /
sie tun, was ihnen einfällt.
[8]Sie achten alles für nichts und reden
böse, / sie reden und lästern hoch her.
[9]Was sie reden, das soll vom Himmel
herab geredet sein; / was sie sagen, das
soll gelten auf Erden.
[10]Darum fällt ihnen der Pöbel zu / und
läuft ihnen zu in Haufen wie Wasser.
[11]Sie sprechen: [a]Wie sollte Gott es wissen? / Wie sollte der Höchste etwas merken?

a Ps 10,11

[12]Siehe, das sind die Gottlosen; / die sind
glücklich in der Welt und werden reich.
[13]¶[a]Soll es denn umsonst sein, daß ich
mein Herz rein hielt / und meine Hände in
Unschuld wasche?

a (13 und 14) Mal 3,14

[14]Ich bin doch täglich geplagt, / und
meine Züchtigung ist alle Morgen da.
[15]Hätte ich gedacht: Ich will reden wie
sie, / siehe, dann hätte ich das Geschlecht
deiner Kinder verleugnet.
[16]So sann ich nach, ob ich's begreifen
könnte, / aber es war mir zu schwer,
[17]bis ich ging in das Heiligtum Gottes /
und merkte auf ihr Ende.
[18]¶Ja, du stellst sie auf schlüpfrigen
Grund / und stürzest sie zu Boden.
[19]Wie werden sie so plötzlich zunichte! /
Sie gehen unter und nehmen ein Ende
mit Schrecken.
[20]Wie ein Traum verschmäht wird, wenn
man erwacht, / so verschmähst du, Herr,
ihr Bild, wenn du dich erhebst.
[21]Als es mir wehe tat im Herzen / und
mich stach in meinen Nieren,
[22]da war ich ein Narr und wußte nichts, /
ich war wie ein Tier vor dir.
[23]¶**Dennoch [a]bleibe ich stets an dir; /
denn du hältst mich bei meiner rechten
Hand,**

a Röm 8,35-39

[24]**du leitest mich nach deinem Rat / und
[a]nimmst mich am Ende mit Ehren an.**

a Ps 49,16

[25]**Wenn ich nur dich habe, / so frage ich
nichts nach Himmel und Erde.**
[26]**Wenn mir gleich Leib und Seele verschmachtet, / so bist du doch, Gott, allezeit
meines Herzens Trost und [a]mein Teil.**

a Ps 16,5

[27]¶Denn siehe, die von dir weichen, werden umkommen; / du bringst um alle, die
dir die Treue brechen.
[28]Aber **das ist meine Freude, daß ich mich
zu Gott halte und meine Zuversicht setze
auf Gott, den HERRN, / daß ich verkündige
all dein Tun.**

Klage vor dem entweihten Heiligtum

74 EINE UNTERWEISUNG ASAFS.
Gott, warum verstößest du uns für
immer / und bist so zornig über die Schafe
deiner Weide?
[2]Gedenke an deine Gemeinde, / die du
vorzeiten erworben
und dir zum Erbteil erlöst hast, / an den
Berg [a]Zion, auf dem du wohnest.

a Ps 76,3

[3]¶Richte doch deine Schritte zu dem,
was so lange wüste liegt. / Der Feind hat
alles verheert im Heiligtum.
[4]Deine Widersacher brüllen in deinem
Hause / und stellen ihre Zeichen darin auf.
[5]Hoch sieht man Äxte sich heben / wie
im Dickicht des Waldes.
[6]Sie zerschlagen all sein Schnitzwerk /
mit Beilen und Hacken.
[7]Sie [a]verbrennen dein Heiligtum, / bis
auf den Grund entweihen sie die Wohnung deines Namens.

a 2.Kön 25,9

[8]Sie sprechen in ihrem Herzen: Laßt uns
sie ganz unterdrücken! / Sie verbrennen
alle Gotteshäuser im Lande.
[9]Unsere Zeichen sehen wir nicht, kein
Prophet ist mehr da, / und keiner ist bei
uns, der etwas weiß.
[10]¶Ach, Gott, wie lange soll der Widersacher noch schmähen / und der Feind deinen Namen immerfort lästern?
[11]Warum ziehst du deine Hand zurück? /
Nimm deine Rechte aus dem Gewand und
mach ein Ende!
[12]¶Gott ist ja mein König von alters her, /
der alle Hilfe tut, die auf Erden geschieht.
[13]Du hast [a]das Meer gespalten durch
deine Kraft, / zerschmettert die Köpfe der
[b]Drachen im Meer.

a Ps 104,6-8; 2.Mose 14,21.22 *b* Jes 27,1

[14]Du hast dem [a]Leviatan die Köpfe zerschlagen / und ihn zum Fraß gegeben dem
wilden Getier.

a Hiob 40,25

[15]Du hast Quellen und Bäche hervorbre-

chen lassen / und ließest starke Ströme
versiegen.
16 Dein ist der Tag und dein ist die Nacht; /
[a]du hast Gestirn und Sonne die Bahn
gegeben. *a* Ps 104,19
17 Du hast dem Land seine Grenze
gesetzt; / Sommer und Winter hast du
gemacht.
18 ¶So gedenke doch, HERR, wie der Feind
schmäht / und ein törichtes Volk deinen
Namen lästert.
19 Gib deine Taube* nicht den Tieren
preis; / das Leben deiner Elenden vergiß
nicht für immer.

* d.i. Israel.

20 Gedenke an den Bund; / denn die dunk-
len Winkel des Landes sind voll Frevel.
21 Laß den Geringen nicht beschämt
davongehen, / laß die Armen und Elenden
rühmen deinen Namen.
22 Mach dich auf, Gott, und führe deine
Sache; / denk an die Schmach, die dir täg-
lich [a]von den Toren widerfährt. *a* Ps 14,1-3
23 Vergiß nicht das Geschrei deiner
Feinde; / das Toben deiner Widersacher
wird je länger, je größer.

Gott ist Richter über die Stolzen

75 EIN PSALMLIED ASAFS, VORZUSINGEN,
NACH DER WEISE »VERTILGE NICHT«.
2 Wir danken dir, Gott, wir danken dir /
und verkündigen deine Wunder, daß [a]dein
Name so nahe ist. *a* Jes 46,13
3 ¶»Wenn meine Zeit gekommen ist, /
werde ich recht richten.
4 Die Erde mag wanken und alle, die dar-
auf wohnen, / aber ich halte ihre Säulen
fest.« SELA.
5 ¶Ich sprach zu den Ruhmredigen:
Rühmt euch nicht so! / und zu den Gott-
losen: Pochet nicht auf Gewalt!
6 Pocht nicht so hoch auf eure Gewalt, /
redet nicht so halsstarrig!
7 ¶Denn es kommt nicht vom Aufgang
und nicht vom Niedergang, / nicht von der
Wüste und nicht von den Bergen,
8 sondern Gott ist Richter, / der diesen
[a]erniedrigt und jenen erhöht. *a* 1.Sam 2,7
9 ¶Denn der HERR hat einen Becher in
der Hand, / mit starkem Wein voll einge-
schenkt.
Er schenkt daraus ein, und [a]die Gottlo-
sen auf Erden müssen alle trinken / und
sogar die Hefe schlürfen.
a Ps 60,5; Jer 25,15.16
10 ¶Ich aber will verkündigen ewiglich /
und lobsingen dem Gott Jakobs:
11 Er wird alle Gewalt der Gottlosen zer-
brechen, / daß die Gewalt des Gerechten
erhöht werde.

Gott, der furchtbare Richter

76 EIN PSALMLIED ASAFS, VORZUSINGEN,
BEIM SAITENSPIEL.
2 Gott ist in Juda bekannt, / in Israel ist
sein Name herrlich.
3 So erstand in Salem sein Zelt / und
[a]seine Wohnung in Zion. *a* Ps 132,13
4 Dort [a]zerbricht er die Pfeile des Bo-
gens, / Schild, Schwert und Streitmacht.
SELA. *a* Ps 46,10
5 ¶Du bist herrlicher und mächtiger / als
die ewigen Berge.
6 Beraubt sind die Stolzen und in Schlaf
gesunken, / und allen Kriegern versagen
die Hände.
7 Von deinem Schelten, Gott Jakobs, / sin-
ken in Schlaf Roß und Wagen.
8 ¶Furchtbar bist du! / Wer kann vor dir
bestehen, wenn du zürnest?
9 Wenn du das Urteil lässest hören vom
Himmel, / erschrickt das Erdreich und
wird [a]still, *a* Ps 46,11; Hab 2,20
10 wenn Gott sich aufmacht zu richten, /
daß er helfe allen Elenden auf Erden. SELA.
11 Wenn Menschen wider dich wüten, /
bringt es dir Ehre;
und wenn sie noch mehr wüten, / bist du
auch noch gerüstet.
12 ¶Tut Gelübde dem HERRN, eurem
Gott, und haltet sie! / Alle, die ihr um ihn
her seid, bringt Geschenke dem Furchtba-
ren,
13 der den Fürsten den Mut nimmt / und
furchtbar ist unter den Königen auf Erden.

Trost aus Gottes früheren Taten

77 EIN PSALM ASAFS, VORZUSINGEN, FÜR
JEDUTUN.
2 Ich rufe zu Gott und schreie um Hilfe, /
zu Gott rufe ich, und er erhört mich.
3 In der Zeit meiner Not suche ich den
Herrn; meine Hand ist des Nachts ausge-
reckt und läßt nicht ab; / denn meine Seele
will sich nicht trösten lassen.
4 Ich denke an Gott – und bin betrübt; /
ich sinne nach – und mein Herz ist in Äng-
sten. SELA.

5 Meine Augen hältst du, daß sie wachen
müssen; / ich bin so voll Unruhe, daß ich
nicht reden kann.
6 ¶Ich [a]gedenke der alten Zeit, / der ver-
gangenen Jahre. *a* Ps 143,5
7 Ich denke und sinne des Nachts und
rede mit meinem Herzen, / mein Geist
muß forschen.
8 Wird denn der Herr auf ewig verstoßen /
und keine Gnade mehr erweisen?
9 Ist's denn ganz und gar aus mit seiner
Güte, / und hat die Verheißung für immer
ein Ende?
10 Hat Gott vergessen, gnädig zu sein, /
oder sein Erbarmen im Zorn verschlos-
sen? SELA.
11 Ich sprach: Darunter leide ich, / daß die
rechte Hand des Höchsten sich so ändern
kann.
12 ¶Darum denke ich an die Taten des
HERRN, / ja, ich denke an deine früheren
Wunder
13 und sinne über alle deine Werke / und
denke deinen Taten nach.
14 **Gott, dein Weg ist heilig. / [a]Wo ist ein so
mächtiger Gott, wie du, Gott, bist?**
a 2.Mose 15,11
15 Du bist der Gott, der Wunder tut, / du
hast deine Macht bewiesen unter den Völ-
kern.
16 Du hast dein Volk erlöst mit Macht, /
die Kinder Jakobs und Josefs. SELA.
17 ¶Die Wasser sahen dich, Gott, die Was-
ser sahen dich und ängstigten sich, / ja, die
Tiefen tobten.
18 Wasser ergossen sich aus dem Gewölk,
die Wolken donnerten, / und deine Pfeile
fuhren einher.
19 Dein Donner rollte, Blitze erhellten den
Erdkreis, / die Erde erbebte und wankte.
20 [a]Dein Weg ging durch das Meer und
dein Pfad durch große Wasser; / doch nie-
mand sah deine Spur.
a (20 und 21) 2.Mose 14,21-31
21 Du führtest dein Volk wie eine Herde /
durch die Hand des Mose und Aaron.

Schuld, Gericht und Gnade in Israels Geschichte

(vgl. Ps 106)

78 EINE UNTERWEISUNG ASAFS.
Höre, mein Volk, meine Unterwei-
sung, / neiget eure Ohren zu der Rede
meines Mundes!
2 Ich [a]will meinen Mund auftun zu einem
Spruch / und Geschichten verkünden aus
alter Zeit. *a* Mt 13,35
3 [a]Was wir gehört haben und wissen / und
unsre Väter uns erzählt haben,
a (3 und 4) 2.Mose 13,14; 5.Mose 4,9.10
4 das wollen wir nicht verschweigen ihren
Kindern; / wir verkündigen dem kommen-
den Geschlecht
den Ruhm des HERRN und seine Macht /
und seine Wunder, die er getan hat.
5 ¶Er richtete ein Zeugnis auf in Jakob /
und gab ein Gesetz in Israel
und gebot unsern Vätern, / es ihre Kin-
der zu lehren,
6 damit es die Nachkommen lernten, / die
Kinder, die noch geboren würden;
die sollten aufstehen / und es auch ihren
Kindern verkündigen,
7 daß sie setzten auf Gott ihre Hoffnung
und nicht vergäßen die Taten Gottes, / son-
dern seine Gebote hielten
8 und nicht würden wie ihre Väter, /
[a]ein abtrünniges und ungehorsames Ge-
schlecht, *a* 5.Mose 32,5.6
dessen Herz nicht fest war / und dessen
Geist sich nicht treu an Gott hielt,
9 [a]wie die Söhne Ephraim, die den Bogen
führten, / abfielen zur Zeit des Streits;
a (9-11) Ri 2,11-13
10 sie hielten den Bund Gottes nicht / und
wollten nicht in seinem Gesetz wan-
deln
11 und vergaßen seine Taten und seine
Wunder, / die er ihnen erwiesen hatte.
12 ¶Vor ihren Vätern tat er Wunder / in
Ägyptenland, im Gefilde von Zoan.
13 Er [a]zerteilte das Meer und ließ sie hin-
durchziehen / und stellte das Wasser fest
wie eine Mauer. *a* 2.Mose 14,21.22
14 Er leitete sie am Tage mit einer Wolke /
und die ganze Nacht mit einem hellen
Feuer.[a] *a* 2.Mose 13,21
15 [a]Er spaltete die Felsen in der Wüste /
und tränkte sie mit Wasser in Fülle;
a (15 und 16) 2.Mose 17,6; 4.Mose 20,7-11; 5.Mose 32,18
16 er ließ Bäche aus den Felsen kommen, /
daß sie hinabflossen wie Wasserströme.
17 ¶Dennoch sündigten sie weiter wider
ihn / und empörten sich in der Wüste
gegen den Höchsten;
18 sie [a]versuchten Gott in ihrem Herzen, /
[b]als sie Speise forderten für ihr Gelüste,
a 2.Mose 16,3 *b* 4.Mose 11,4
19 und redeten wider Gott und sprachen: /

Kann Gott wohl einen Tisch bereiten in der Wüste?

20 Siehe, er hat wohl den Felsen geschlagen, / daß Wasser strömten und Bäche sich ergossen;
kann er aber auch Brot geben / und seinem Volk Fleisch verschaffen?

21 Da der HERR das hörte, [a]entbrannte er im Grimm, / und Feuer brach aus in Jakob, und Zorn kam über Israel, *a 4.Mose 11,1*

22 weil sie nicht glaubten an Gott / und nicht hofften auf seine Hilfe.

23 Und er gebot den Wolken droben / und tat auf die Türen des Himmels

24 und [a]ließ Manna auf sie regnen zur Speise / und gab ihnen Himmelsbrot. *a 2.Mose 16,4.14.15*

25 Brot der Engel aßen sie alle, / er sandte ihnen Speise in Fülle.

26 [a]Er ließ wehen den Ostwind unter dem Himmel / und erregte durch seine Stärke den Südwind *a (26-31) 4.Mose 11,31-33*

27 und ließ Fleisch auf sie regnen wie Staub / und Vögel wie Sand am Meer;

28 mitten in das Lager fielen sie ein, / rings um seine Wohnung her.

29 Da aßen sie und wurden sehr satt; / und was sie verlangten, gewährte er ihnen.

30 Sie hatten ihr Verlangen noch nicht gestillt, / ihre Speise war noch in ihrem Munde,

31 da kam der Zorn Gottes über sie und brachte ihre Vornehmsten um / und schlug die Besten in Israel nieder.

32 ¶Zu dem allen sündigten sie noch mehr / und glaubten nicht an seine Wunder.

33 Darum [a]ließ er ihre Tage dahinschwinden ins Nichts / und ihre Jahre in Schrekken. *a 4.Mose 14,22.23; 1.Kor 10,5*

34 Wenn er den Tod unter sie brachte, suchten sie Gott / und fragten wieder nach ihm

35 und dachten daran, daß Gott ihr Hort ist / und Gott, der Höchste, ihr Erlöser.

36 Doch betrogen sie ihn mit ihrem Munde / und belogen ihn mit ihrer Zunge.

37 Ihr Herz hing nicht fest an ihm, / und sie hielten nicht treu an seinem Bunde.

38 Er aber war barmherzig und vergab die Schuld / und vertilgte sie nicht
und wandte oft seinen Zorn ab / und ließ nicht seinen ganzen Grimm an ihnen aus.

39 Denn er dachte daran, daß sie Fleisch sind, / ein [a]Hauch, der dahinfährt und nicht wiederkommt. *a Ps 103,14-16*

40 ¶Wie oft trotzten sie ihm in der Wüste / und betrübten ihn in der Einöde!

41 Sie versuchten Gott immer wieder / und kränkten den Heiligen Israels.

42 Sie dachten nicht an die Taten seiner Hand, / an den Tag, als er sie erlöste von den Feinden,

43 wie er seine Zeichen in Ägypten getan hatte / und seine Wunder im Lande Zoan;

44 als er [a]ihre Ströme in Blut verwandelte, / daß sie aus ihren Flüssen nicht trinken konnten; *a 2.Mose 7,19.20*

45 als er [a]Ungeziefer unter sie schickte, das sie fraß, / und [b]Frösche, die ihnen Verderben brachten, *a 2.Mose 8,20 b 2.Mose 8,2*

46 und ihr Gewächs den Raupen gab / und ihre Saat den [a]Heuschrecken; *a 2.Mose 10,13*

47 als er ihre Weinstöcke mit [a]Hagel schlug / und ihre Maulbeerbäume mit Schloßen; *a 2.Mose 9,25*

48 als er ihr Vieh preisgab dem Hagel / und ihre Herden dem Wetterstrahl;

49 als er die Glut seines Zornes unter sie sandte, / Grimm und Wut und Drangsal, eine Schar Verderben bringender Engel;

50 als er seinem Zorn freien Lauf ließ und ihre Seele vor dem Tode nicht bewahrte / und [a]ihr Leben preisgab der Pest; *a 2.Mose 9,8-12*

51 als er [a]alle Erstgeburt in Ägypten schlug, / die Erstlinge ihrer Kraft in den Zelten Hams. *a 2.Mose 12,29*

52 Er ließ sein Volk ausziehen wie Schafe / und [a]führte sie wie eine Herde in der Wüste; *a Ps 77,21*

53 und er leitete sie sicher, daß sie sich nicht fürchteten; / [a]aber ihre Feinde bedeckte das Meer. *a 2.Mose 14,19.22.27*

54 Er brachte sie zu seinem heiligen Lande, / zu diesem [a]Berge, den seine Rechte erworben hat, *a 2.Mose 15,17*

55 und vertrieb vor ihnen her die Völker und verteilte ihr Land als Erbe / und ließ in ihren Zelten die Stämme Israels wohnen.

56 ¶Aber sie versuchten Gott und trotzten dem Höchsten / und hielten seine Gebote nicht;

57 sie wichen zurück und waren treulos

wie ihre Väter / und versagten wie ein
schlaffer Bogen;
58 sie erzürnten ihn mit ihren Höhen / und
[a]reizten ihn zum Zorn mit ihren Göt-
zen. a 5.Mose 32,21
59 Als das Gott hörte, entbrannte sein
Grimm, / und er verwarf Israel so sehr,
60 daß er [a]seine Wohnung in Silo dahin-
gab, / das Zelt, in dem er unter Menschen
wohnte; a 1.Sam 1,3; 4,11; Jer 7,12
61 er gab seine Macht* in Gefangenschaft /
und seine Herrlichkeit* in die Hand des
Feindes;

* Gemeint ist die Bundeslade (Ps 132,8; 1.Sam 4,21).

62 er übergab sein Volk dem Schwert / und
ergrimmte über sein Erbe.
63 Ihre junge Mannschaft fraß das Feuer, /
und ihre Jungfrauen mußten ungefreit
bleiben.
64 Ihre [a]Priester fielen durchs Schwert, /
und die Witwen konnten die Toten nicht
beweinen. a 1.Sam 4,17-20
65 ¶Da erwachte der Herr wie ein Schla-
fender, / wie ein Starker, der beim Wein
fröhlich war,
66 und schlug seine Feinde hinten / und
hängte ihnen ewige Schande an.[a]
a 1.Sam 5,6-12
67 Er verwarf das Zelt Josefs / und er-
wählte nicht den Stamm Ephraim,
68 sondern erwählte [a]den Stamm Juda, /
den Berg Zion, den er liebhat.
a 2.Chr 6,6
69 Er baute sein Heiligtum wie Himmels-
höhen, / wie die Erde, die er gegründet
hat für immer,
70 [a]und erwählte seinen Knecht David /
und nahm ihn von den Schafhürden;
a *(70 und 71)* 1.Sam 16,11.12; 2.Sam 7,8
71 von den säugenden Schafen holte er
ihn, / daß er sein Volk Jakob weide und
sein Erbe Israel.
72 Und er weidete sie mit aller Treue / und
leitete sie mit kluger Hand.

Gebet des Volkes Gottes in schwerer Kriegsnot

79 EIN PSALM ASAFS.
Gott, es sind Heiden in dein Erbe
eingefallen; die haben deinen heiligen
Tempel entweiht / und aus Jerusalem
einen Steinhaufen gemacht.
2 Sie haben die Leichname deiner
Knechte den Vögeln unter dem Himmel
zu fressen gegeben / und das Fleisch dei-
ner Heiligen den Tieren im Lande.
3 Sie haben ihr Blut vergossen um Jerusa-
lem her wie Wasser, / und da war niemand,
der sie begrub.
4 Wir sind bei unsern Nachbarn eine
Schmach geworden, / zu Spott und Hohn
bei denen, die um uns her sind.[a]
a Ps 44,14
5 ¶HERR, wie lange willst du so sehr zür-
nen / und deinen Eifer brennen lassen wie
Feuer?
6 [a]Schütte deinen Grimm auf die Völker,
die dich nicht kennen, / und auf die König-
reiche, die deinen Namen nicht anrufen.
a Jer 10,25
7 Denn sie haben Jakob gefressen / und
seine Stätte verwüstet.
8 Rechne uns die Schuld der Väter nicht
an, / erbarme dich unser bald, denn wir
sind sehr elend.
9 ¶Hilf du uns, Gott, unser Helfer, / um
deines Namens Ehre willen!
Errette uns und vergib uns unsre Sün-
den / um deines Namens willen!
10 Warum läßt du die Heiden sagen: /
[a]»Wo ist nun ihr Gott?«
a Ps 115,2; Joel 2,17
Laß unter den Heiden vor unsern Augen
kundwerden / die Vergeltung für das Blut
deiner Knechte, das vergossen ist.
11 Laß vor dich kommen das Seufzen der
Gefangenen; / durch deinen starken Arm
erhalte die Kinder des Todes
12 und [a]vergilt unsern Nachbarn sieben-
fach auf ihr Haupt / ihr Schmähen, mit
dem sie dich, Herr, geschmäht haben.
a Ps 137,7-9
13 ¶Wir aber, dein Volk, die Schafe deiner
Weide, / danken dir ewiglich und verkün-
den deinen Ruhm für und für.

Gebet für den zerstörten »Weinstock Gottes«

80 EIN PSALM ASAFS, VORZUSINGEN,
NACH DER WEISE »LILIEN DES ZEUG-
NISSES«.
2 Du Hirte Israels, höre, der du Josef
hütest wie Schafe! / Erscheine, der du
[a]thronst über den Cherubim,
a Ps 18,11; 2.Sam 6,2
3 vor Ephraim, Benjamin und Manasse!
Erwecke deine Kraft / und komm uns zu
Hilfe!

4 GOTT, TRÖSTE UNS WIEDER / UND LASS
LEUCHTEN DEIN ANTLITZ, SO GENESEN WIR.
5 ¶HERR, Gott Zebaoth, wie lange willst
du zürnen, / während dein Volk zu dir be-
tet?
6 Du speisest sie mit Tränenbrot / und
tränkest sie mit einem großen Krug voll
Tränen.
7 Du lässest unsre Nachbarn sich um uns
streiten, / und unsre Feinde verspotten
uns.
8 GOTT ZEBAOTH, TRÖSTE UNS WIEDER; /
LASS LEUCHTEN DEIN ANTLITZ, SO GENE-
SEN WIR.
9 ¶Du hast einen [a]Weinstock aus Ägyp-
ten geholt, / hast vertrieben die Völker und
ihn eingepflanzt. *a* Jes 5,1-7; Jer 2,21
10 Du hast vor ihm Raum gemacht und
hast ihn lassen einwurzeln, / daß er das
Land erfüllt hat.
11 Berge sind mit seinem Schatten be-
deckt / und mit seinen Reben die Zedern
Gottes.
12 Du hast [a]seine Ranken ausgebreitet bis
an das Meer / und seine Zweige bis an den
Strom. *a* Hos 10,1
13 Warum hast du denn seine Mauer zer-
brochen, / daß jeder seine Früchte abreißt,
der vorübergeht?
14 Es haben ihn zerwühlt die wilden Säue /
und die Tiere des Feldes ihn abgeweidet.
15 Gott Zebaoth, wende dich doch!
Schaue vom Himmel und sieh darein, /
nimm dich dieses Weinstocks an!
16 Schütze doch, was deine Rechte ge-
pflanzt hat, / [a]den Sohn, den du dir groß-
gezogen hast! *a* Hos 11,1
17 Sie haben ihn [a]mit Feuer verbrannt wie
Kehricht; / vor dem Drohen deines Ange-
sichts sollen sie umkommen. *a* Hes 15,2-4
18 ¶Deine Hand schütze den Mann deiner
Rechten, / den Sohn, den du dir großgezo-
gen hast.
19 So wollen wir nicht von dir weichen. /
Laß uns leben, so wollen wir deinen Na-
men anrufen.
20 HERR, GOTT ZEBAOTH, TRÖSTE UNS WIE-
DER; / LASS LEUCHTEN DEIN ANTLITZ, SO
GENESEN WIR.

Die wahre Festfeier

81 VON ASAF, VORZUSINGEN, AUF DER
GITTIT.
2 Singet fröhlich Gott, der unsre Stärke
ist, / jauchzet dem Gott Jakobs!
3 Hebt an mit Psalmen und laßt hören die
Pauken, / liebliche Zithern und Harfen!
4 [a]Blaset am Neumond die Posaune, / am
Vollmond, am Tag unsres Festes!
a 3.Mose 23,24
5 Denn das ist eine Satzung für Israel /
und eine Ordnung des Gottes Jakobs.
6 Das hat er zum Zeugnis gesetzt für Jo-
sef, / als Er auszog wider Ägyptenland.
¶Eine Sprache höre ich, die ich bisher
nicht kannte: /
7 Ich habe [a]ihre Schultern von der Last
befreit und ihre Hände vom Tragkorb er-
löset. *a* 2.Mose 6,6; Jes 9,3
8 Als du mich in der Not anriefst, half ich
dir heraus / und [a]antwortete dir aus der
Wetterwolke und prüfte dich am [b]Hader-
wasser. SELA.
a 2.Mose 19,16 *b* 2.Mose 17,2.7; 4.Mose 20,13
9 Höre, mein Volk, ich will dich ermah-
nen. / Israel, du sollst mich hören!
10 Kein andrer Gott sei unter dir, / und
einen fremden Gott sollst du nicht anbe-
ten![a] *a* 2.Mose 20,2.3
11 Ich bin der HERR, dein Gott, der dich
aus Ägyptenland geführt hat: / Tu deinen
Mund weit auf, laß mich ihn füllen!
12 ¶Aber mein Volk gehorcht nicht mei-
ner Stimme, / und Israel will mich nicht.
13 So hab ich sie dahingegeben in die Ver-
stocktheit ihres Herzens, / daß sie wandeln
nach eigenem Rat.
14 ¶Wenn doch mein Volk mir gehor-
sam wäre / und Israel auf meinem Wege
ginge!
15 Dann wollte ich seine Feinde bald de-
mütigen / und meine Hand gegen seine
Widersacher wenden!
16 Und die den HERRN hassen, müßten
sich vor ihm beugen, / aber Israels Zeit
würde ewiglich währen,
17 und ich würde es mit dem besten Wei-
zen speisen / und mit [a]Honig aus dem Fel-
sen sättigen. *a* 5.Mose 32,13

Der höchste Richter

82 EIN PSALM ASAFS.
Gott steht [a]in der Gottesgemein-
de / und ist Richter unter den Göttern.
a 1.Kön 22,19
2 »Wie lange wollt ihr [a]unrecht richten /
und die Gottlosen vorziehen? SELA.
a 5.Mose 1,17
3 Schaffet Recht dem Armen und der

Waise / und helft dem Elenden und Be-
dürftigen zum Recht.[a] *a* Jes 1,17
4 Errettet den Geringen und Armen / und
erlöst ihn aus der Gewalt der Gottlosen.«
5 ¶ Sie lassen sich nichts sagen und sehen
nichts ein, sie tappen dahin im Finstern. /
Darum wanken alle Grundfesten der
Erde.
6 ¶ »Wohl habe ich gesagt: [a]Ihr seid Göt-
ter / und allzumal Söhne des Höchsten;
a Joh 10,34
7 aber ihr werdet sterben wie Menschen /
und wie ein Tyrann zugrunde gehen.«
8 ¶ Gott, mache dich auf und [a]richte die
Erde; / denn du bist Erbherr über alle Hei-
den! *a* 1.Mose 18,25

Gebet gegen einen Bund von Feinden des Gottesvolkes

83 EIN PSALMLIED ASAFS.
2 Gott, schweige doch nicht! / Gott,
bleib nicht so still und ruhig!
3 ¶ Denn siehe, deine Feinde toben, / und
die dich hassen, erheben das Haupt.
4 Sie machen [a]listige Anschläge wider
dein Volk / und halten Rat wider die, die
bei dir sich bergen. *a* Ps 35,20
5 »Wohlan!« sprechen sie, »laßt uns sie
ausrotten, daß sie kein Volk mehr seien /
und des Namens Israel nicht mehr gedacht
werde!«
6 ¶ Denn sie sind miteinander eins gewor-
den / und haben einen Bund wider dich
gemacht:
7 die in den Zelten von Edom und Ismael
wohnen, / Moab und die Hagariter,
8 Gebal, Ammon und Amalek, / die Phili-
ster mit denen von Tyrus;
9 auch Assur hat sich zu ihnen geschla-
gen, / sie helfen den Söhnen Lot. SELA.
10 ¶ Mach's mit ihnen wie mit [a]Midian, /
wie mit [b]Sisera, mit Jabin am Bach Ki-
schon, *a* Ri 7,14.15; Jes 9,3 *b* Ri 4,2.12-24
11 die vertilgt wurden bei En-Dor / und
wurden zu Mist auf dem Acker.
12 Mache ihre Fürsten wie [a]Oreb und
Seeb, / alle ihre Edlen wie [b]Sebach und
Zalmunna, *a* Ri 7,25 *b* Ri 8,21
13 die auch einmal sagten: / Wir wollen das
Land Gottes einnehmen.
14 ¶ Mein Gott, mache sie wie verwehende
Blätter, / wie Spreu vor dem Winde.
15 Wie ein Feuer den Wald verbrennt / und
wie eine Flamme die Berge versengt,
16 so verfolge sie mit deinem Sturm / und
erschrecke sie mit deinem Ungewitter.
17 ¶ Bedecke ihr Angesicht mit Schande, /
daß sie, HERR, nach deinem Namen fra-
gen müssen.
18 Schämen sollen sie sich und erschrek-
ken für immer / und zuschanden werden
und umkommen.
19 So werden sie erkennen, daß du allein
[a]HERR heißest / und der Höchste bist in
aller Welt. *a* Hos 12,6

Freude am Hause Gottes

84 EIN PSALM DER [a]SÖHNE KORACH,
VORZUSINGEN, AUF DER GITTIT.
a 1.Chr 26,1
2 Wie lieb sind mir deine Wohnungen,
HERR Zebaoth! /
3 Meine Seele verlangt und sehnt sich
nach den Vorhöfen des HERRN;
mein Leib und Seele freuen sich / in dem
lebendigen Gott.[a] *a* Ps 42,3
4 Der Vogel hat ein Haus gefunden / und
die Schwalbe ein Nest für ihre Jungen –
deine Altäre, HERR Zebaoth, / mein Kö-
nig und mein Gott.
5 Wohl denen, die [a]in deinem Hause woh-
nen; / die loben dich immerdar. SELA.
a Ps 65,5
6 ¶ Wohl den Menschen, die dich für ihre
Stärke halten / und von Herzen dir nach-
wandeln!
7 Wenn sie durchs dürre Tal ziehen, wird
es ihnen zum Quellgrund, / und Frühre-
gen hüllt es in Segen.
8 Sie gehen von einer Kraft zur andern /
und schauen den wahren Gott in Zion.
9 HERR, Gott Zebaoth, höre mein Gebet; /
vernimm es, Gott Jakobs! SELA.
10 Gott, unser Schild, schaue doch; / sieh
doch an das Antlitz deines Gesalbten!
11 ¶ Denn **ein Tag in deinen Vorhöfen / ist
besser als sonst tausend.**
Ich will lieber die Tür hüten in meines
Gottes Hause / als wohnen in der Gottlo-
sen Hütten.[a] *a* Ps 27,4
12 Denn Gott der HERR ist Sonne und
Schild; der HERR gibt Gnade und Ehre. /
Er wird kein Gutes mangeln lassen den
Frommen.
13 HERR Zebaoth, wohl dem Menschen, /
der sich auf dich verläßt!

Bitte um neuen Segen

85 EIN PSALM DER SÖHNE KORACH, VORZUSINGEN.

2 HERR, der du bist vormals gnädig gewesen deinem Lande / und hast erlöst die Gefangenen Jakobs;

3 der du die Missetat vormals vergeben hast deinem Volk / und alle seine Sünde bedeckt hast; – SELA –

4 der du vormals hast all deinen Zorn fahren lassen / und dich abgewandt von der Glut deines Zorns:

5 hilf uns, Gott, unser Heiland, / und laß ab von deiner Ungnade über uns!

6 Willst du denn ewiglich über uns zürnen / und deinen Zorn walten lassen für und für?

7 Willst du uns denn nicht wieder erquikken, / daß dein Volk sich über dich freuen kann?

8 HERR, erweise uns deine Gnade / und gib uns dein Heil!

9 ¶Könnte ich doch hören, / was Gott der HERR redet,

daß er [a]Frieden zusagte seinem Volk und seinen Heiligen, / damit sie nicht in Torheit geraten. *a* Jer 29,11; Mi 5,4

10 Doch ist ja seine Hilfe nahe denen, die ihn fürchten, / daß in unserm Lande Ehre wohne;

11 daß Güte und Treue einander begegnen, / Gerechtigkeit und Friede sich küssen;

12 daß Treue auf der Erde wachse / und Gerechtigkeit vom Himmel schaue;

13 daß uns auch der HERR Gutes tue, / und unser Land seine Frucht gebe;

14 daß Gerechtigkeit vor ihm her gehe / und seinen Schritten folge.

Gebet in Bedrängnis

86 EIN GEBET DAVIDS.
HERR, neige deine Ohren und erhöre mich; / denn ich bin elend und arm.

2 Bewahre meine Seele, denn ich bin dein. / Hilf du, mein Gott, deinem Knechte, der sich verläßt auf dich.

3 Herr, sei mir gnädig; / denn ich rufe täglich zu dir.

4 Erfreue die Seele deines Knechts; / denn nach dir, Herr, verlangt mich.

5 Denn du, Herr, bist gut und gnädig, / von großer Güte allen, die dich anrufen.

6 Vernimm, HERR, mein Gebet / und merke auf die Stimme meines Flehens!

7 [a]In der Not rufe ich dich an; / du wollest mich erhören! *a* Ps 50,15

8 ¶Herr, [a]es ist dir keiner gleich unter den Göttern, / und niemand kann tun, was du tust. *a* Ps 135,5; 2.Mose 15,11

9 Alle Völker, die du gemacht hast, werden kommen / und vor dir anbeten, Herr, und deinen Namen ehren,

10 daß du so groß bist und Wunder tust / und du allein Gott bist.

11 ¶[a]**Weise mir, HERR, deinen Weg, / daß ich wandle in deiner Wahrheit; / erhalte mein Herz bei dem einen, / daß ich deinen Namen fürchte.** *a* Joh 14,6

12 ¶Ich danke dir, Herr, mein Gott, von ganzem Herzen / und ehre deinen Namen ewiglich.

13 Denn deine Güte ist groß gegen mich, / du hast mich errettet aus der Tiefe des Todes.

14 ¶Gott, es erheben sich die Stolzen gegen mich, und eine Rotte von Gewalttätern trachtet mir nach dem Leben / und haben dich nicht vor Augen.

15 Du aber, Herr, Gott, bist barmherzig und gnädig, / geduldig und von großer Güte und Treue.[a] *a* Ps 103,8; 2.Mose 34,6

16 Wende dich zu mir und sei mir gnädig; / stärke deinen Knecht mit deiner Kraft und hilf dem Sohn deiner Magd!

17 Tu ein Zeichen an mir, / daß du's gut mit mir meinst,

daß es sehen, die mich hassen, und sich schämen, / weil du mir beistehst, HERR, und mich tröstest.

Zion wird die Mutter der Völker

87 EIN PSALMLIED DER SÖHNE KORACH.
Sie ist fest gegründet auf den heiligen Bergen. /

2 Der HERR liebt die Tore Zions mehr als alle Wohnungen in Jakob.

3 Herrliche Dinge werden in dir gepredigt, / du Stadt Gottes. SELA.

4 ¶Ich zähle Ägypten und Babel / zu denen, die mich kennen,

auch die Philister und Tyrer samt den Mohren: / »Die sind hier geboren.«[a]

a Ps 67,4.5

5 Doch von Zion wird man sagen: »Mann für Mann ist darin geboren«; / und er selbst, der Höchste, erhält es.

37 *David und Batseba*
Farblithographie; 35,8 x 26,5 cm; 1956; signiert; Ausschnitt; aus Revue Verve Nr. 33/34; MBMC, Nizza
(© Foto: MBMC – Patrick Gérin)

38 *Davids Turm*
Öl auf Leinwand; 116 x 89 cm; 1968-1971; signiert;
Privatsammlung
(© Foto: Artephot/Nimatallah)

39 *David mit der Harfe*
Farblithographie; 36 x 26,5 cm; 1956; signiert;
aus Revue Verve Nr. 33/34; MBMC, Nizza
(© Foto: MBMC – Patrick Gérin)

40 *David und Absalom*
Farblithographie; 36 x 26,5 cm; 1956; signiert; Ausschnitt;
aus Revue Verve Nr. 33/34; MBMC, Nizza
(© Foto: MBMC – Patrick Gérin)

6Der HERR spricht, wenn er aufschreibt
die Völker: / »Die sind hier geboren.«
SELA.
7Und sie singen beim Reigen: / [a]Alle
meine Quellen sind in dir! *a* Ps 36,10

Gebet in großer Verlassenheit und Todesnähe

88 EIN PSALMLIED DER SÖHNE KORACH,
VORZUSINGEN, ZUM REIGENTANZ IM
WECHSEL*, EINE UNTERWEISUNG [a]HEMANS,
DES ESRACHITERS. *a* 1.Chr 6,18

* Die Übersetzung ist unsicher. Luther übersetzte: »von der Schwachheit der Elenden«.

2HERR, Gott, mein Heiland, / ich schreie
Tag und Nacht vor dir.
3Laß mein Gebet vor dich kommen, /
neige deine Ohren zu meinem Schreien.
4Denn meine Seele ist übervoll an Lei-
den, / und mein Leben ist nahe dem Tode.
5Ich bin denen gleichgeachtet, die in die
Grube fahren, / ich bin wie ein Mann, der
keine Kraft mehr hat.
6Ich liege unter den Toten verlassen, / wie
die Erschlagenen, die im Grabe liegen,
derer du nicht mehr gedenkst / und die
von deiner Hand geschieden sind.
7Du hast mich hinunter in die Grube ge-
legt, / in die Finsternis und in die Tiefe.
8Dein Grimm drückt mich nieder, / du
bedrängst mich mit allen deinen Fluten.
SELA.
9¶[a]Meine Freunde hast du mir entfrem-
det, / du hast mich ihnen zum Abscheu
gemacht. / Ich liege gefangen und kann
nicht heraus, *a* Ps 38,12
10mein Auge sehnt sich aus dem Elend. /
HERR, ich rufe zu dir täglich; / ich breite
meine Hände aus zu dir.
11[a]Wirst du an den Toten Wunder tun, /
oder werden die Verstorbenen aufstehen
und dir danken? SELA.
a (11 und 12) Ps 6,6; Jes 38,18
12Wird man im Grabe erzählen deine
Güte / und deine Treue bei den Toten?
13Werden denn deine Wunder in der Fin-
sternis erkannt / oder deine Gerechtigkeit
im Lande des Vergessens?
14¶Aber ich schreie zu dir, HERR, / und
mein Gebet kommt frühe vor dich:
15Warum verstößt du, HERR, meine
Seele / und verbirgst dein Antlitz vor mir?
16Ich bin elend und dem Tode nahe von
Jugend auf; / ich erleide deine Schrecken,
daß ich fast verzage.
17Dein Grimm geht über mich, / deine
Schrecken vernichten mich.
18Sie umgeben mich täglich wie Fluten /
und umringen mich allzumal.
19Meine Freunde und Nächsten hast du
mir entfremdet, / und meine Verwandten
hältst du fern von mir.

Israels Not und die Verheißung an David

89 EINE UNTERWEISUNG ETANS, DES ES-
RACHITERS.
2Ich will singen von der Gnade des
HERRN ewiglich / und seine Treue verkün-
den mit meinem Munde für und für;
3denn ich sage: Für ewig steht die Gnade
fest; / du gibst deiner Treue sicheren
Grund im Himmel.
4»Ich [a]habe einen Bund geschlossen mit
meinem Auserwählten, / [b]ich habe David,
meinem Knechte, geschworen:
a Jes 55,3 *b* Ps 132,11
5Ich will deinem Geschlecht festen
Grund geben auf ewig / und [a]deinen
Thron bauen für und für.« SELA.
a 2.Sam 7,16; Apg 2,30
6Und die Himmel werden, HERR, deine
Wunder preisen / und deine Treue in der
Gemeinde der Heiligen.
7¶Denn wer in den Wolken könnte dem
HERRN gleichen / und dem HERRN gleich
sein unter [a]den Himmlischen? *a* 1.Kön 22,19
8Gott ist gefürchtet in der Versammlung
der Heiligen, / groß und furchtbar über
alle, die um ihn sind.
9HERR, Gott Zebaoth, wer ist wie du? /
Mächtig bist du, HERR, und deine Treue
ist um dich her.
10Du herrschest über das ungestüme
Meer, / [a]du stillest seine Wellen, wenn sie
sich erheben. *a* Ps 65,8; Mt 8,26
11Du hast [a]Rahab* zu Tode geschlagen /
und deine Feinde zerstreut mit deinem
starken Arm. *a* Hiob 9,13; 26,12; Jes 30,7; 51,9

* d.i. der Drache der Urzeit.

12[a]Himmel und Erde sind dein, / du hast
gegründet den Erdkreis und was darinnen
ist. *a* Ps 24,1
13Nord und Süd hast du geschaffen, / Ta-
bor und Hermon jauchzen über deinen
Namen.
14Du hast einen gewaltigen Arm, / stark
ist deine Hand, und hoch ist deine Rechte.
15Gerechtigkeit und Gericht sind deines

Thrones Stütze, / Gnade und Treue gehen vor dir einher.

16 ¶Wohl dem Volk, das jauchzen kann! / HERR, sie werden im Licht deines Antlitzes wandeln;

17 sie werden über deinen Namen täglich fröhlich sein / und in deiner Gerechtigkeit herrlich sein.

18 Denn du bist der Ruhm ihrer Stärke, / und durch deine Gnade wirst du unser Haupt erhöhen.

19 Denn dem HERRN gehört unser Schild* / und dem Heiligen in Israel unser König.

* Bezeichnung des Königs.

20 ¶[a]Damals hast du geredet durch ein Gesicht / zu deinem Heiligen und gesagt:

Ich habe einen Helden erweckt, der helfen soll, / ich habe erhöht einen Auserwählten aus dem Volk.

a (20 und 21) 1.Sam 13,14; 16,13

21 Ich habe gefunden meinen Knecht David, / ich habe ihn gesalbt mit meinem heiligen Öl.

22 Meine Hand soll ihn erhalten, / und mein Arm soll ihn stärken.

23 Die Feinde sollen ihn nicht überwältigen / und die Ungerechten ihn nicht demütigen;

24 sondern ich will seine Widersacher vor ihm zerschlagen / und, die ihn hassen, zu Boden stoßen.

25 Aber meine Treue und Gnade soll bei ihm sein, / und sein Haupt soll erhöht sein in meinem Namen.

26 Seine Hand laß ich [a]herrschen über das Meer / und seine Rechte über die Ströme.

a Ps 72,8

27 [a]Er wird mich nennen: Du bist mein Vater, / mein Gott und Hort, der mir hilft.

a (27 und 28) 2.Sam 7,14

28 Und ich will ihn zum erstgeborenen Sohn machen, / zum Höchsten unter den Königen auf Erden.

29 Ich will ihm ewiglich bewahren meine Gnade, / und mein Bund soll ihm festbleiben.

30 Ich will ihm ewiglich Nachkommen geben / und seinen Thron erhalten, solange der Himmel währt.

31 Wenn aber seine Söhne mein Gesetz verlassen / und in meinen Rechten nicht wandeln,

32 wenn sie meine Ordnungen entheiligen / und meine Gebote nicht halten,

33 so will ich ihre Sünde mit der Rute heimsuchen / und ihre Missetat mit Plagen;

34 aber meine Gnade will ich nicht von ihm wenden / und meine Treue nicht brechen.

35 Ich will meinen Bund nicht entheiligen / und nicht ändern, was aus meinem Munde gegangen ist.

36 Ich habe **einmal** geschworen bei meiner Heiligkeit / und will David nicht belügen:

37 »Sein Geschlecht soll ewig bestehen / und [a]sein Thron vor mir wie die Sonne,

a Ps 72,17

38 wie der Mond, der ewiglich bleibt, / und wie [a]der treue Zeuge in den Wolken.« SELA.

a 1.Mose 9,13

39 ¶Aber nun hast du verstoßen und verworfen / und zürnst mit deinem Gesalbten!

40 Du hast zerbrochen den Bund mit deinem Knecht / und seine Krone entweiht in den Staub.

41 Du hast eingerissen alle seine Mauern / und hast zerstört seine Festungen.

42 Es berauben ihn alle, die vorübergehen; / er ist seinen Nachbarn ein Spott geworden.

43 Du erhöhst die Rechte seiner Widersacher / und erfreust alle seine Feinde.

44 Auch hast du die Kraft seines Schwerts weggenommen / und lässest ihn nicht siegen im Streit.

45 Du hast seinem Glanz ein Ende gemacht / und seinen Thron zu Boden geworfen.

46 Du hast die Tage seiner Jugend verkürzt / und ihn bedeckt mit Schande. SELA.

47 ¶HERR, wie lange willst du dich so verbergen / und deinen Grimm wie Feuer brennen lassen?

48 Gedenke, wie kurz mein Leben ist, / wie vergänglich du alle Menschen geschaffen hast!

49 Wo ist jemand, der da lebt und den Tod nicht sähe, / der seine Seele errette aus des Todes Hand? SELA.

50 ¶Herr, wo ist deine Gnade von einst, / die du David geschworen hast in deiner Treue?

51 Gedenke, Herr, an die [a]Schmach deiner Knechte, / die ich trage in meinem Herzen von all den vielen Völkern,

a Ps 44,10-25

52 mit der, HERR, deine Feinde dich
schmähen, / mit der sie schmähen hinter
deinem Gesalbten her!
53 ¶ Gelobt sei der HERR ewiglich! / Amen!
Amen![a] *a* Ps 41,14

VIERTES BUCH

Zuflucht in unserer Vergänglichkeit

90 EIN GEBET DES MOSE, DES MANNES
GOTTES.
Herr, du bist unsre Zuflucht für und für.
2 **Ehe denn die Berge wurden und die Erde
und die Welt geschaffen wurden, / bist du,
Gott, von Ewigkeit zu Ewigkeit.**
3 ¶ Der du [a] die Menschen lässest sterben /
und sprichst: Kommt wieder, Menschen-
kinder![b] *a* Ps 146,4 *b* Pred 1,4
4 Denn [a] tausend Jahre sind vor dir wie
der Tag, der gestern vergangen ist, / und
wie eine Nachtwache. *a* 2.Petr 3,8
5 [a] Du lässest sie dahinfahren wie einen
Strom, sie sind wie ein Schlaf, / wie ein
Gras, das am Morgen noch sproßt,
a (5 und 6) Ps 102,12; 103,15; Hiob 14,2; Jes 40,6; 1.Petr 1,24.25
6 das am Morgen blüht und sproßt / und
des Abends welkt und verdorrt.
7 ¶ Das macht dein Zorn, daß wir so ver-
gehen, / und dein Grimm, daß wir so
plötzlich dahin müssen.
8 Denn unsre Missetaten stellst du vor
dich, / unsre unerkannte Sünde ins Licht
vor deinem Angesicht.
9 Darum fahren alle unsre Tage dahin
durch deinen Zorn, / wir bringen unsre
Jahre zu wie ein Geschwätz.
10 Unser Leben währet siebzig Jahre, / und
wenn's hoch kommt, so sind's achtzig
Jahre,
und was daran köstlich scheint, / ist doch
nur [a] vergebliche Mühe;*
denn es fähret schnell dahin, / als flögen
wir davon. *a* Pred 1,3

* Luthers Übersetzung »und wenn's köstlich gewesen ist, so ist's Mühe und Arbeit gewesen« ist heute mißverständlich.

11 ¶ Wer glaubt's aber, daß du so sehr zür-
nest, / und wer fürchtet sich vor dir in dei-
nem Grimm?
12 [a] **Lehre uns bedenken, daß wir sterben
müssen, / auf daß wir klug werden.**
a Ps 39,5-7
13 ¶ HERR, kehre dich doch endlich wieder
zu uns / und sei deinen Knechten gnädig!
14 Fülle uns frühe mit deiner Gnade, / so
wollen wir rühmen und fröhlich sein unser
Leben lang.
15 Erfreue uns nun wieder, nachdem du
uns so lange plagest, / nachdem wir so
lange Unglück leiden.
16 Zeige deinen Knechten [a] deine Werke /
und deine Herrlichkeit ihren Kindern.
a Jes 5,12
17 Und der Herr, unser Gott, sei uns
freundlich und fördere das Werk unsrer
Hände bei uns. / Ja, das Werk unsrer
Hände wollest du fördern!

Unter Gottes Schutz

91 **Wer unter dem Schirm des Höchsten
sitzt / und unter dem Schatten des All-
mächtigen bleibt,**
2 **der spricht zu dem HERRN: Meine Zuver-
sicht und meine Burg, / mein Gott, auf den
ich hoffe.**
3 ¶ Denn er errettet dich vom Strick des
Jägers / und von der verderblichen Pest.
4 Er wird dich mit seinen Fittichen dek-
ken, und Zuflucht wirst du haben unter
seinen Flügeln. / Seine Wahrheit ist
Schirm und Schild,
5 daß du nicht erschrecken mußt vor dem
Grauen der Nacht, / vor den Pfeilen, die
des Tages fliegen,
6 vor der Pest, die im Finstern schleicht, /
vor der Seuche, die am Mittag Verderben
bringt.
7 Wenn auch tausend fallen zu deiner
Seite und zehntausend zu deiner Rech-
ten, / so wird es doch dich nicht treffen.
8 Ja, du wirst es mit eigenen Augen
sehen / und schauen, wie den Gottlosen
vergolten wird.
9 ¶ Denn der HERR ist deine Zuversicht, /
der Höchste ist deine Zuflucht.
10 Es wird dir kein Übel begegnen, / und
keine Plage wird sich deinem Hause
nahen.
11 [a] Denn er hat seinen Engeln befohlen, /
daß sie dich behüten auf allen deinen
Wegen, *a (11 und 12)* Mt 4,6
12 daß sie dich auf den Händen tragen /
und du deinen Fuß nicht an einen Stein
stoßest.
13 Über Löwen und Ottern wirst du
gehen / und junge Löwen und Drachen
niedertreten.[a] *a* Lk 10,19
14 ¶ »Er liebt mich, darum will ich ihn
erretten; / er kennt meinen Namen, darum
will ich ihn schützen.

15 Er [a]ruft mich an, darum will ich ihn
erhören; ich bin bei ihm in der Not, / ich
will ihn herausreißen und zu Ehren brin-
gen. a Ps 50,15
16 Ich will ihn sättigen mit langem Leben /
und will ihm zeigen mein [a]Heil.«
a Jes 52,10

Freude am Lob Gottes

92 EIN PSALMLIED FÜR DEN SABBATTAG.
2 **Das ist ein köstlich Ding, dem
HERRN danken / und [a]lobsingen deinem
Namen, du Höchster,** a Ps 147,1
3 **des Morgens deine Gnade / und des
Nachts deine Wahrheit verkündigen**
4 auf dem Psalter mit zehn Saiten, / mit
Spielen auf der Harfe.
5 Denn, HERR, du lässest mich fröhlich
singen von deinen Werken, / und ich
rühme die Taten deiner Hände.
6 ¶HERR, wie sind [a]deine Werke so groß! /
[b]Deine Gedanken sind sehr tief.
a Ps 104,24 b Jes 55,9
7 Ein Törichter glaubt das nicht, / und ein
Narr begreift es nicht.
8 ¶Die Gottlosen grünen wie das Gras,
und die Übeltäter blühen alle – / nur um
vertilgt zu werden für immer!
9 Aber du, HERR, bist der Höchste / und
bleibest ewiglich.
10 ¶Denn siehe, deine Feinde, HERR,
siehe, deine Feinde werden umkommen, /
und alle Übeltäter sollen zerstreut werden.
11 Aber mich machst du stark wie den
Wildstier / und [a]salbst mich mit frischem
Öl. a Ps 23,5
12 Mit Freude sieht mein Auge auf meine
Feinde herab / und hört mein Ohr von den
Boshaften, die sich gegen mich erheben.
13 ¶[a]Der Gerechte wird grünen wie ein
Palmbaum, / er wird wachsen wie eine
Zeder auf dem Libanon. a (13-15) Ps 1,3; 52,10
14 Die gepflanzt sind im Hause des
HERRN, / werden in den Vorhöfen unsres
Gottes grünen.
15 Und wenn sie auch alt werden, / werden
sie dennoch blühen, fruchtbar und frisch
sein,
16 daß sie verkündigen, wie der HERR es
recht macht; / [a]er ist mein Fels, und kein
Unrecht ist an ihm. a 5.Mose 32,4

Der ewige König

93 Der HERR ist [a]König und herr-
lich geschmückt; der HERR ist ge-
schmückt und umgürtet mit Kraft. / Er hat
den Erdkreis gegründet, daß er nicht
wankt.
a Ps 47,8; 96,10; 97,1; 98,6; 99,1; 146,10; 2.Mose 15,18
2 Von Anbeginn steht dein Thron fest; /
du bist ewig.
3 ¶HERR, die Wasserströme erheben sich,
die Wasserströme erheben ihr Brausen, /
die Wasserströme heben empor die Wel-
len;
4 die Wasserwogen im Meer sind groß
und brausen mächtig; / der HERR aber ist
noch größer in der Höhe.
5 ¶Dein Wort ist wahrhaftig und gewiß; /
Heiligkeit ist die Zierde deines Hauses,
HERR, für alle Zeit.

Hilferuf gegen die Unterdrücker des Volkes Gottes

94 HERR, du [a]Gott der Vergeltung, / du
Gott der Vergeltung, erscheine!
a 5.Mose 32,35
2 Erhebe dich, du [a]Richter der Welt; / ver-
gilt den Hoffärtigen, was sie verdienen!
a 1.Mose 18,25
3 ¶HERR, wie lange sollen die Gottlosen, /
wie lange sollen die Gottlosen prahlen?
4 Es reden so trotzig daher, / es rühmen
sich alle Übeltäter.
5 HERR, sie zerschlagen dein Volk / und
plagen dein Erbe.
6 Witwen und Fremdlinge bringen sie
um / und töten die Waisen
7 und sagen: [a]Der HERR sieht's nicht, /
und der Gott Jakobs beachtet's nicht.
a Ps 10,11
8 ¶Merkt doch auf, ihr Narren im Volk! /
Und ihr Toren, wann wollt ihr klug wer-
den?
9 Der das Ohr gepflanzt hat, sollte der
nicht hören? / Der das Auge gemacht hat,
sollte der nicht sehen?[a] a 2.Mose 4,11
10 Der die Völker in Zucht hält, sollte der
nicht Rechenschaft fordern – / er, der die
Menschen Erkenntnis lehrt?
11 Aber der HERR kennt die Gedanken der
Menschen: / sie sind nur ein Hauch![a]
a 1.Kor 3,20
12 ¶Wohl dem, den du, HERR, [a]in Zucht
nimmst / und lehrst ihn durch dein
Gesetz, a Hiob 5,17
13 ihm Ruhe zu schaffen vor bösen
Tagen, / bis dem Gottlosen die Grube
gegraben ist.

14 Denn [a]der HERR wird sein Volk nicht
verstoßen / noch sein Erbe verlassen.
a Jes 37,33-35
15 Denn **Recht muß doch Recht bleiben, /**
und ihm werden alle frommen Herzen zufal-
len.
16 ¶Wer steht mir bei wider die Boshaf-
ten? / Wer tritt zu mir wider die Übeltäter?
17 Wenn der HERR mir nicht hülfe, / läge
ich bald [a]am Orte des Schweigens.
a Ps 115,17
18 Wenn ich sprach: Mein Fuß ist gestrau-
chelt, / so hielt mich, HERR, deine Gnade.
19 Ich hatte viel Kummer in meinem Her-
zen, / aber [a]deine Tröstungen erquickten
meine Seele. *a* 2.Kor 1,4.5
20 ¶Du hast ja nicht Gemeinschaft mit
dem Richterstuhl der Bösen, / die das
Gesetz mißbrauchen und Unheil schaffen.
21 Sie rotten sich zusammen wider den
Gerechten / und verurteilen unschuldiges
Blut.
22 ¶Aber der HERR ist mein Schutz, / mein
Gott ist der Hort meiner Zuversicht.
23 Und er wird ihnen ihr Unrecht vergel-
ten und sie um ihrer Bosheit willen vertil-
gen; / der HERR, unser Gott, wird sie ver-
tilgen.

Aufruf zur Anbetung und zum Gehorsam

95 Kommt herzu, laßt uns dem HERRN
frohlocken / und jauchzen dem Hort
unsres Heils!
2 Laßt uns mit Danken vor sein Ange-
sicht kommen / und mit Psalmen ihm
jauchzen!
3 Denn der HERR ist ein großer Gott / und
[a]ein großer König über alle Götter.
a 2.Mose 15,11
4 Denn in seiner Hand sind die Tiefen der
Erde, / und die Höhen der Berge sind auch
sein.
5 Denn sein ist das Meer, und er hat's
gemacht, / und seine Hände haben das
Trockene bereitet.
6 ¶Kommt, laßt uns anbeten und knien /
und niederfallen vor dem HERRN, der uns
gemacht hat.
7 Denn er ist unser Gott, / und wir das
Volk seiner Weide und Schafe seiner
Hand.[a] *a* Ps 100,3; Joh 10,27.28
¶Wenn ihr doch heute auf seine Stimme
hören wolltet: /
8 [a]»Verstocket euer Herz nicht, wie zu
Meriba geschah, wie zu Massa in der
Wüste, *a (8-11)* Hebr 3,7.8; 4,7
9 wo mich eure Väter [a]versuchten und
prüften / und hatten doch mein Werk gese-
hen. *a* 2.Mose 17,2.7
10 Vierzig Jahre war dies Volk mir zuwi-
der, daß ich sprach: Es sind Leute, deren
Herz immer den Irrweg will / und die
meine Wege nicht lernen wollen,
11 so daß ich schwor in meinem Zorn: /
Sie sollen nicht zu meiner Ruhe kom-
men.«[a] *a* 4.Mose 14,22.23; Hebr 4,3

Der Schöpfer und Richter aller Welt

(vgl. 1.Chr 16,23-33)

96 Singet dem HERRN [a]ein neues
Lied; / singet dem HERRN, alle
Welt! *a* Ps 33,3
2 Singet dem HERRN und lobet seinen
Namen, / verkündet von Tag zu Tag sein
Heil!
3 Erzählet unter den Heiden von seiner
Herrlichkeit, / unter allen Völkern von sei-
nen Wundern!
4 Denn der HERR ist groß und hoch zu
loben, / mehr zu fürchten als alle Götter.
5 Denn alle Götter der Völker sind Göt-
zen; / aber der HERR hat den Himmel
gemacht.
6 Hoheit und Pracht sind vor ihm, / Macht
und Herrlichkeit in seinem Heiligtum.
7 ¶Ihr Völker, bringet dar dem HERRN, /
bringet dar dem HERRN Ehre und Macht!
8 Bringet dar dem HERRN die Ehre seines
Namens, / bringet Geschenke und kommt
in seine Vorhöfe!
9 Betet an den HERRN in heiligem
Schmuck; / es fürchte ihn alle Welt!
10 Sagt unter den Heiden: Der HERR ist
[a]König. / Er hat den Erdkreis gegründet,
daß er nicht wankt. Er richtet die Völker
recht. *a* Ps 93,1
11 ¶[a]Der Himmel freue sich, und die Erde
sei fröhlich, / das Meer brause und was
darinnen ist; *a (11-13)* Ps 98,7-9; Jes 49,13
12 das Feld sei fröhlich und alles, was dar-
auf ist; / es sollen jauchzen alle Bäume im
Walde
13 vor dem HERRN; denn er kommt, / denn
er kommt, [a]zu richten das Erdreich.
Er [b]wird den Erdkreis richten mit
Gerechtigkeit / und die Völker mit seiner
Wahrheit. *a* Ps 82,8 *b* Apg 17,31

Freude am Königtum Gottes

97 Der HERR ist [a]König; des freue sich
das Erdreich / und seien fröhlich die
Inseln, soviel ihrer sind. *a* Ps 93,1
2 Wolken und Dunkel sind um ihn her, /
Gerechtigkeit und Gericht sind seines
Thrones Stütze.
3 [a]Feuer geht vor ihm her / und verzehrt
ringsum seine Feinde. *a (3 und 4)* Hab 3,4
4 Seine Blitze erleuchten den Erdkreis, /
das Erdreich sieht es und erschrickt.
5 Berge zerschmelzen wie Wachs vor dem
HERRN, / vor dem [a]Herrscher der ganzen
Erde. *a* Jos 3,13
6 Die Himmel verkündigen seine Gerech-
tigkeit, / und [a]seine Herrlichkeit sehen alle
Völker. *a* Ps 67,5.6; Jes 24,21.22
7 ¶Schämen sollen sich alle, die den Bil-
dern dienen und [a]sich der Götzen rüh-
men. / [b]Betet ihn an, alle Götter!
a Jer 46,25 *b* Hebr 1,6
8 Zion hört es und ist froh, / und die
Töchter Juda sind fröhlich, weil du, HERR,
recht regierest.
9 Denn du, HERR, bist der Höchste über
allen Landen, / [a]du bist hoch erhöht über
alle Götter. *a* 2.Mose 15,11
10 ¶Die ihr den HERRN liebet, hasset das
Arge! / Der Herr bewahrt die Seelen sei-
ner Heiligen; aus der Hand der Gottlosen
wird er sie erretten.
11 Dem Gerechten muß das Licht immer
wieder aufgehen / und Freude den from-
men Herzen.
12 Ihr Gerechten, freut euch des HERRN /
und danket ihm und preiset seinen heili-
gen Namen!

Der königliche Richter aller Welt

98 EIN PSALM.
Singet dem HERRN [a]ein neues
Lied, / denn er tut Wunder.
[b]Er schafft Heil mit seiner Rechten / und
mit seinem heiligen Arm.
a Ps 33,3 *b* Jes 59,16; 63,5
2 Der HERR läßt sein Heil kundwerden; /
vor den Völkern macht er seine Gerech-
tigkeit offenbar.
3 Er gedenkt an seine Gnade und Treue
für das Haus Israel, / [a]aller Welt Enden
sehen das Heil unsres Gottes. *a* Jes 52,10
4 ¶Jauchzet dem HERRN, alle Welt, / sin-
get, rühmet und lobet!
5 Lobet den HERRN mit Harfen, / mit Har-
fen und mit Saitenspiel!
6 Mit Trompeten und Posaunen / jauch-
zet vor dem HERRN, dem [a]König!
a Ps 93,1
7 Das Meer brause und was darinnen ist, /
der Erdkreis und die darauf wohnen.[a]
a Ps 96,11-13
8 Die Ströme sollen frohlocken, / und alle
Berge seien fröhlich
9 vor dem HERRN; denn er kommt, das
Erdreich zu richten. / Er wird den Erdkreis
richten mit Gerechtigkeit und die Völker,
wie es recht ist.

Der heilige Gott

99 Der HERR ist [a]König, darum zittern
die Völker; / [b]er sitzt über den Che-
rubim, darum bebt die Welt.
a Ps 93,1 *b* Ps 18,11
2 Der HERR ist groß in Zion / und erha-
ben über alle Völker.
3 ¶Preisen sollen sie deinen großen und
wunderbaren Namen, / – DENN ER IST HEI-
LIG –
4 und die Macht des Königs, / der das
Recht liebhat.*
[a]Du hast bestimmt, was richtig ist, / du
schaffest Gericht und Gerechtigkeit in
Jakob. *a* Jes 9,6

* Luther übersetzte: »Im Reich dieses Königs hat man das Recht lieb.«

5 ERHEBET DEN HERRN, UNSERN GOTT,
BETET AN [a]VOR DEM SCHEMEL SEINER
FÜSSE; / DENN ER IST HEILIG.
a Ps 132,7.8; 1.Chr 28,2; Klgl 2,1
6 ¶Mose und Aaron unter seinen Prie-
stern, und Samuel unter denen, die sei-
nen Namen anrufen, / die riefen den
HERRN an, und er erhörte sie.
7 Er redete mit ihnen in der Wolken-
säule; / sie hielten seine Gesetze und
Gebote, die er ihnen gab.
8 ¶HERR, du bist unser Gott, du erhörtest
sie; / du, Gott, [a]vergabst ihnen und straf-
test ihr Tun. *a* 2.Mose 34,7
9 ERHEBET DEN HERRN, UNSERN GOTT,
UND BETET AN AUF SEINEM HEILIGEN
BERGE; / DENN DER HERR, UNSER GOTT,
IST HEILIG.

Ein Aufruf zum Lobe Gottes

100 EIN PSALM ZUM DANKOPFER.
Jauchzet dem HERRN, alle Welt!
2 Dienet dem HERRN mit Freuden, /

kommt vor sein Angesicht mit Frohlok-
ken!
3 Erkennet, daß der HERR Gott ist! Er hat
uns gemacht und nicht wir selbst / zu
seinem Volk und [a]zu Schafen seiner
Weide. *a* Ps 95,7
4 ¶ [a]Gehet zu seinen Toren ein mit Dan-
ken, zu seinen Vorhöfen mit Loben; / dan-
ket ihm, lobet seinen Namen!
a (4 und 5) Ps 106,1
5 Denn der HERR ist freundlich, und seine
Gnade währet ewig / und seine Wahrheit
für und für.

Regentenspiegel

101 EIN PSALM DAVIDS.
Von Gnade und Recht will ich
singen / und dir, HERR, Lob sagen.
2 Ich handle umsichtig und redlich, daß
du mögest zu mir kommen; / ich wandle
mit redlichem Herzen in meinem Hause.
3 [a]Ich nehme mir keine böse Sache vor; /
ich hasse den Übertreter und lasse ihn
nicht bei mir bleiben. *a (3-6)* Spr 20,8.28
4 Ein falsches Herz muß von mir wei-
chen. / Den Bösen kann ich nicht leiden.
5 Wer seinen Nächsten heimlich verleum-
det, / den bring ich zum Schweigen.
Ich mag den nicht, der stolze Gebärde /
und hoffärtige Art hat.
6 Meine Augen sehen nach den Treuen
im Lande, daß sie bei mir wohnen; / [a]ich
habe gerne fromme Diener. *a* Spr 22,11
7 Falsche Leute dürfen in meinem Hause
nicht bleiben, / die Lügner gedeihen nicht
bei mir.
8 Jeden Morgen bring ich zum Schwei-
gen / alle Gottlosen im Lande,
[a]daß ich alle Übeltäter ausrotte / aus der
Stadt des HERRN. *a* Spr 20,26

Gebet um Wiederherstellung Zions
(Der fünfte Bußpsalm)

102 EIN GEBET FÜR DEN ELENDEN,
WENN ER VERZAGT IST UND SEINE
KLAGE VOR DEM HERRN AUSSCHÜTTET.
2 HERR, höre mein Gebet / und laß mein
Schreien zu dir kommen!
3 Verbirg dein Antlitz nicht vor mir in der
Not, neige deine Ohren zu mir; / wenn ich
dich anrufe, so erhöre mich bald!
4 ¶ Denn meine Tage sind vergangen wie
ein Rauch, / und meine Gebeine sind ver-
brannt wie von Feuer.
5 Mein Herz ist geschlagen und verdorrt
wie Gras, / daß ich sogar vergesse, mein
Brot zu essen.
6 Mein Gebein klebt an meiner Haut / vor
Heulen und Seufzen.
7 Ich bin wie die Eule in der Einöde, / wie
das Käuzchen in den Trümmern.
8 Ich wache und klage / wie ein einsamer
Vogel auf dem Dache.
9 ¶ Täglich schmähen mich meine Fein-
de, / und die mich verspotten, fluchen mit
meinem Namen.
10 Denn ich esse Asche wie Brot / und
mische meinen Trank mit Tränen
11 vor deinem Drohen und Zorn, / weil du
mich hochgehoben und zu Boden gewor-
fen hast.
12 Meine Tage sind dahin wie ein Schat-
ten, / und [a]ich verdorre wie Gras.
a Ps 90,5.6
13 ¶ Du aber, HERR, bleibst ewiglich / und
[a]dein Name für und für. *a* Ps 135,13
14 Du wollest dich aufmachen und über
Zion erbarmen; / denn es ist Zeit, daß du
ihm gnädig seist, und die Stunde ist
gekommen
15 – denn deine Knechte wollten gerne,
daß es gebaut würde, / und es jammert
sie, daß es in Trümmern liegt –,
16 daß die Heiden den Namen des HERRN
fürchten / und alle Könige auf Erden deine
Herrlichkeit.
17 ¶ Ja, der HERR baut Zion wieder / und
erscheint in seiner Herrlichkeit.
18 Er wendet sich zum Gebet der Verlas-
senen / und verschmäht ihr Gebet nicht.
19 Das werde geschrieben für die Nach-
kommen; / und das Volk, das er schafft,
wird den HERRN loben.
20 Denn er schaut von seiner heiligen
Höhe, / [a]der HERR sieht vom Himmel auf
die Erde, *a* Ps 14,2
21 daß er das Seufzen der Gefangenen
höre / und losmache die Kinder des Todes,
22 daß sie in Zion verkünden den Namen
des HERRN / und sein Lob in Jerusalem,
23 wenn die Völker zusammenkommen /
und die Königreiche, dem HERRN zu die-
nen.[a] *a* Ps 87,4; Jes 60,3-10; Lk 13,29.30
24 ¶ Er demütigt auf dem Wege meine
Kraft, / er verkürzt meine Tage.
25 Ich sage: Mein Gott, nimm mich nicht
weg [a]in der Hälfte meiner Tage! / Deine
Jahre währen für und für. *a* Ps 55,24
26 [a]Du hast vorzeiten die Erde gegrün-

det, / und die Himmel sind deiner Hände
Werk. *a (26-28)* Hebr 1,10-12
27 Sie [a] werden vergehen, du aber bleibst; /
sie werden alle veralten wie ein Gewand;
wie ein Kleid wirst du sie wechseln, / und
sie werden verwandelt werden. *a* 2.Petr 3,10
28 Du aber bleibst, wie du bist, / und deine
Jahre nehmen kein Ende.
29 Die Söhne deiner Knechte bleiben
wohnen, / und ihr Geschlecht wird vor dir
gedeihen.

Das Hohelied der Barmherzigkeit Gottes

103 VON DAVID.
Lobe den HERRN, meine Seele, /
und was in mir ist, seinen heiligen Namen!
2 **Lobe den HERRN, meine Seele, / und**
[a] **vergiß nicht, was er dir Gutes getan**
hat: *a* 5.Mose 4,9
3 **der dir [a] alle deine Sünde vergibt / und**
heilet alle deine Gebrechen, *a* Ps 32,1
4 **der dein Leben vom Verderben erlöst, /**
der dich krönet mit Gnade und Barmher-
zigkeit,
5 der deinen Mund fröhlich macht, / und
du wieder jung wirst [a] wie ein Adler.
a Jes 40,31
6 ¶Der HERR schafft Gerechtigkeit und
Recht / allen, die Unrecht leiden.
7 Er [a] hat seine Wege Mose wissen las-
sen, / die Kinder Israel sein Tun.
a 2.Mose 33,13
8 **Barmherzig und gnädig ist der HERR, /**
geduldig und von großer Güte.[a] *a* Ps 86,15
9 Er wird nicht für immer hadern / noch
ewig zornig bleiben.[a] *a* Jes 57,16
10 **Er handelt nicht mit uns nach unsern**
Sünden / und vergilt uns nicht nach unsrer
Missetat.
11 **Denn [a] so hoch der Himmel über der**
Erde ist, / läßt er seine Gnade walten über
denen, die ihn fürchten. *a* Ps 36,6; Jes 55,8.9
12 **So fern der Morgen ist vom Abend, / läßt**
er unsre Übertretungen von uns sein.
13 **Wie sich [a] ein Vater über Kinder er-**
barmt, / so erbarmt sich der HERR über die,
die ihn fürchten. *a* Lk 15,11-24
14 ¶Denn er weiß, was für ein Gebilde wir
sind; / er gedenkt daran, [a] daß wir Staub
sind. *a* 1.Mose 2,7; 3,19
15 [a] Ein Mensch ist in seinem Leben wie
Gras, / er blüht wie eine Blume auf dem
Felde; *a (15 und 16)* Ps 90,5.6; Hiob 7,10
16 wenn der Wind darüber geht, so ist sie
nimmer da, / und ihre Stätte kennet sie
nicht mehr.
17 [a] Die Gnade aber des HERRN währt von
Ewigkeit zu Ewigkeit / über denen, die ihn
fürchten, *a* Lk 1,50
und seine Gerechtigkeit auf Kindeskind /
18 bei denen, die seinen Bund halten
und gedenken an seine Gebote, / daß sie
danach tun.
19 ¶Der HERR hat seinen Thron im Him-
mel errichtet, / und sein Reich herrscht
über alles.
20 [a] Lobet den HERRN, ihr seine Engel, ihr
starken Helden, die ihr seinen Befehl aus-
richtet, / daß man höre auf die Stimme
seines Wortes!
a (20-22) Jes 6,1-4; Ps 29,1; 148; Dan 7,10
21 Lobet den HERRN, alle seine Heerscha-
ren, / seine Diener, die ihr seinen Willen
tut!
22 Lobet den HERRN, alle seine Werke, an
allen Orten seiner Herrschaft!
¶Lobe den HERRN, meine Seele!

Lob des Schöpfers

104 Lobe den HERRN, meine Seele! /
HERR, mein Gott, du bist sehr
herrlich;
du bist schön und prächtig geschmückt. /
2 Licht ist dein Kleid, das du anhast.
Du breitest den Himmel aus wie einen
Teppich; /
3 du baust deine Gemächer [a] über den
Wassern.
Du fährst auf den Wolken wie auf einem
Wagen / und [b] kommst daher auf den Fitti-
chen des Windes, *a* 1.Mose 1,6-8 *b* Ps 18,10-12
4 der du machst Winde zu deinen Boten /
und Feuerflammen zu deinen Dienern;[a]
a Hebr 1,7
5 der du das Erdreich gegründet hast auf
festen Boden, / daß es bleibt immer und
ewiglich.[a] *a* Mt 24,35; Offb 21,1
6 Mit Fluten decktest du es wie mit einem
Kleide, / und die Wasser standen über den
Bergen.
7 Aber vor deinem Schelten flohen sie, /
vor deinem Donner fuhren sie dahin.
8 Die Berge stiegen hoch empor, / und die
Täler senkten sich herunter zum Ort, den
du ihnen gegründet hast.
9 Du hast [a] eine Grenze gesetzt, darüber
kommen sie nicht / und dürfen nicht wie-
der das Erdreich bedecken.
a Hiob 38,8-11; Spr 8,29

10 ¶Du lässest Wasser in den Tälern quel-
len, / daß sie zwischen den Bergen dahin-
fließen,
11 daß alle Tiere des Feldes trinken / und
das Wild seinen Durst lösche.
12 Darüber sitzen die Vögel des Himmels /
und singen unter den Zweigen.
13 Du feuchtest die Berge von oben her, /
du machst das Land voll Früchte, die du
schaffest.
14 Du lässest Gras wachsen für das Vieh /
und Saat zu Nutz den Menschen,
daß du Brot aus der Erde hervorbringst, /
15 daß der Wein erfreue des Menschen
Herz
und sein Antlitz schön werde vom Öl /
und das Brot des Menschen Herz stärke.
16 Die Bäume des HERRN stehen voll
Saft, / die Zedern des Libanon, die er ge-
pflanzt hat.
17 Dort nisten die Vögel, / und die Reiher
wohnen in den Wipfeln.
18 Die hohen Berge geben dem Steinbock
Zuflucht / und die Felsklüfte dem Klipp-
dachs.
19 ¶Du hast den Mond gemacht, das Jahr
danach zu teilen; / [a]die Sonne weiß ihren
Niedergang. *a* Ps 74,16
20 Du machst Finsternis, daß es Nacht
wird; / da regen sich alle wilden Tiere,
21 die jungen Löwen, die da brüllen nach
Raub / und ihre Speise suchen von Gott.
22 Wenn aber die Sonne aufgeht, heben
sie sich davon / und legen sich in ihre Höh-
len.
23 So geht dann der Mensch aus an seine
Arbeit / und an sein Werk bis an den
Abend.
24 ¶**HERR, wie sind deine Werke so groß
und viel! / Du hast sie alle weise geordnet,
und die Erde ist voll deiner Güter.**[a]
a 1.Mose 1,31
25 Da ist das Meer, das so groß und weit
ist, / da wimmelt's ohne Zahl, große und
kleine Tiere.
26 Dort ziehen Schiffe dahin; / da sind
große Fische, die du gemacht hast, damit
zu spielen.
27 ¶[a]**Es warten alle auf dich, / daß du ihnen
Speise gebest zur rechten Zeit.**
a (27 und 28) Ps 145,15.16
28 **Wenn du ihnen gibst, so sammeln sie; /
wenn du deine Hand auftust, so werden sie
mit Gutem gesättigt.**
29 Verbirgst du dein Angesicht, so er-
schrecken sie; / nimmst du weg ihren
Odem, so vergehen sie und [a]werden wie-
der Staub. *a* 1.Mose 3,19
30 Du sendest aus deinen Odem, so wer-
den sie geschaffen, / und du machst neu
die Gestalt der Erde.
31 ¶Die Herrlichkeit des HERRN bleibe
ewiglich, / der HERR freue sich seiner
Werke!
32 Er schaut die Erde an, so bebt sie; / er
rührt die Berge an, so rauchen sie.
33 Ich will dem HERRN singen mein Leben
lang / und meinen Gott loben, solange ich
bin.
34 Mein Reden möge ihm wohlgefallen. /
Ich freue mich des HERRN.
35 Die Sünder sollen ein Ende nehmen
auf Erden und die Gottlosen nicht mehr
sein.
¶**Lobe den HERRN, meine Seele! Halleluja!**

Lob Gottes für seine Heilstaten in Israels Frühzeit

105 [a]Danket dem HERRN und rufet an
seinen Namen; / verkündigt sein
Tun unter den Völkern! *a (1-15)* 1.Chr 16,8-22
2 Singet und spielet ihm, / redet von allen
seinen Wundern!
3 Rühmet seinen heiligen Namen; / es
freue sich das Herz derer, die den HERRN
suchen!
4 Fraget nach dem HERRN und nach sei-
ner Macht, / suchet sein Antlitz allezeit!
5 Gedenket seiner Wunderwerke, die er
getan hat, / seiner Zeichen und der Urteile
seines Mundes,
6 du Geschlecht Abrahams, seines
Knechts, / ihr Söhne Jakobs, seine Auser-
wählten!
7 ¶Er ist der HERR, unser Gott, / er richtet
in aller Welt.
8 Er gedenkt ewiglich an seinen Bund, /
an das Wort, das er verheißen hat für tau-
send Geschlechter,[a] *a* 5.Mose 7,9
9 an den Bund, den er geschlossen hat
mit Abraham, / und an den Eid, den er
Isaak geschworen hat.
10 Er stellte ihn auf für Jakob als Satzung /
und für Israel als ewigen Bund
11 und sprach: »Dir will ich das Land
Kanaan geben, / das Los eures Erbteils«,[a]
a 1.Mose 12,7
12 als sie noch gering waren an Zahl, / nur
wenige und Fremdlinge im Lande.

[13] ¶ Und sie zogen von Volk zu Volk, / von
einem Königreich zum andern.
[14] Er ließ keinen Menschen ihnen Scha-
den tun / und wies Könige zurecht um
ihretwillen:[a] *a* 4.Mose 23,7-10
[15] »Tastet meine Gesalbten nicht an, /
und tut meinen Propheten kein Leid!«
[16] ¶ Und er ließ eine [a] Hungersnot ins Land
kommen / und nahm weg allen Vorrat an
Brot. *a* 1.Mose 41,54
[17] Er sandte einen Mann vor ihnen hin; /
[a] Josef wurde als Knecht verkauft.
a 1.Mose 37,28
[18] Sie zwangen seine Füße in Fesseln, /
sein Leib mußte in Eisen liegen,
[19] bis sein Wort eintraf / und die Rede des
HERRN ihm recht gab.
[20] Da [a] sandte der König hin und ließ ihn
losgeben, / der Herr über Völker, er gab
ihn frei. *a* 1.Mose 41,14
[21] Er setzte ihn zum Herrn über sein
Haus, / zum Herrscher über alle seine
Güter,
[22] daß er seine Fürsten unterwiese nach
seinem Willen / und seine Ältesten Weis-
heit lehrte.
[23] Und Israel zog nach Ägypten, / und
Jakob ward ein Fremdling im Lande
Hams.[a] *a* 1.Mose 46,1.7
[24] ¶ Und der Herr [a] ließ sein Volk sehr
wachsen / und machte sie mächtiger als
ihre Feinde. *a* 2.Mose 1,7.12
[25] Diesen verwandelte er das Herz, daß
sie seinem Volk gram wurden / und Arg-
list übten an seinen Knechten.
[26] Er sandte seinen Knecht [a] Mose / und
[b] Aaron, den er erwählt hatte.
a 2.Mose 3,10 *b* 2.Mose 4,14-16
[27] Die taten seine Zeichen unter ihnen /
und seine Wunder im Lande Hams.[a]
a 2.Mose 7-12
[28] Er ließ Finsternis kommen und machte
es finster; / doch sie blieben ungehorsam
seinen Worten.
[29] Er verwandelte ihre Wasser in Blut /
und tötete ihre Fische.
[30] Ihr Land wimmelte von Fröschen / bis
in die Kammern ihrer Könige.
[31] Er gebot, da kam Ungeziefer, / Stech-
mücken in all ihr Gebiet.
[32] Er gab ihnen Hagel statt Regen, / Feu-
erflammen in ihrem Lande
[33] und schlug ihre Weinstöcke und Fei-
genbäume / und zerbrach die Bäume in
ihrem Gebiet.
[34] Er gebot, da kamen Heuschrecken
geflogen / und gekrochen ohne Zahl;
[35] sie fraßen alles, was da wuchs in ihrem
Lande, / und fraßen auch die Frucht ihres
Ackers.
[36] Er schlug alle Erstgeburt in Ägypten, /
alle Erstlinge ihrer Kraft.
[37] Er führte sie heraus [a] mit Silber und
Gold; / es war kein Gebrechlicher unter
ihren Stämmen. *a* 2.Mose 12,35
[38] Ägypten wurde froh, daß sie auszogen; /
denn Furcht vor ihnen war auf sie gefal-
len.
[39] Er breitete eine Wolke aus, sie zu dek-
ken, / und ein Feuer, des Nachts zu leuch-
ten.[a] *a* 2.Mose 14,20
[40] Sie baten, da ließ er [a] Wachteln kom-
men, / und er sättigte sie mit Himmels-
brot. *a* 2.Mose 16,13-15
[41] Er [a] öffnete den Felsen, da flossen Was-
ser heraus, / daß Bäche liefen in der dür-
ren Wüste. *a* 2.Mose 17,6
[42] Denn er gedachte an sein heiliges
Wort / und an Abraham, seinen Knecht.
[43] ¶ So führte er sein Volk in Freuden her-
aus / und seine Auserwählten mit Jubel
[44] und gab ihnen die Länder der Heiden, /
daß sie die Güter der Völker gewannen,
[45] damit sie seine Gebote hielten / und
seine Gesetze bewahrten. Halleluja!

Gottes Gnade und Israels Undank

106 Halleluja! [a] **Danket dem HERRN;
denn er ist freundlich, / und seine
Güte währet ewiglich.**
a Ps 100,4.5; 107,1; 118,1; 136,1; 1.Chr 16,34
[2] Wer kann [a] die großen Taten des HERRN
alle erzählen / und sein Lob genug ver-
kündigen? *a* Joh 21,25; Hebr 11,32
[3] Wohl denen, die das Gebot halten / und
tun immerdar recht!
[4] ¶ HERR, gedenke meiner nach der
Gnade, / die du deinem Volk verheißen
hast;
erweise an uns deine Hilfe, /
[5] daß wir sehen das Heil deiner Auser-
wählten
und uns freuen, daß es deinem Volke so
gut geht, / und uns rühmen mit denen, die
dein Eigen sind.
[6] ¶ Wir haben gesündigt samt unsern
Vätern, / wir haben unrecht getan und sind
gottlos gewesen.[a] *a* Dan 9,5
[7] Unsre Väter in Ägypten / wollten deine
Wunder nicht verstehen.

Sie gedachten nicht an deine große Güte /
und [a]waren ungehorsam am Meer, am
Schilfmeer. *a* 2.Mose 14,11.12
8 Er aber half ihnen um seines Namens
willen, / daß er seine Macht beweise.
9 Er schalt das Schilfmeer, da wurde es
trocken, / und führte sie durch die Tiefen
wie durch trockenes Land
10 und half ihnen aus der Hand dessen,
der sie haßte, / und erlöste sie von der
Hand des Feindes.
11 Und die Wasser ersäuften ihre Widersa-
cher, / daß nicht **einer** übrigblieb.
12 Da glaubten sie an seine Worte / und
[a]sangen sein Lob. *a* 2.Mose 15,21
13 ¶ Aber sie vergaßen bald seine Werke, /
sie warteten nicht auf seinen Rat.
14 Und [a]sie wurden lüstern in der Wüste /
und versuchten Gott in der Einöde.
a 4.Mose 11,4-6
15 Er aber gab ihnen, was sie erbaten, /
und sandte ihnen genug, bis ihnen davor
ekelte.
16 Und [a]sie empörten sich wider Mose im
Lager, / wider Aaron, den Heiligen des
HERRN. *a* 4.Mose 16,1-3
17 [a]Die Erde tat sich auf und verschlang
Datan / und deckte zu die Rotte Abi-
rams, *a (17 und 18)* 4.Mose 16,31-35
18 und Feuer wurde unter ihrer Rotte
angezündet, / die Flamme verbrannte die
Gottlosen.
19 ¶ [a]Sie machten ein Kalb am Horeb / und
beteten das gegossene Bild an
a (19 und 20) 2.Mose 32,1-6
20 und [a]verwandelten die Herrlichkeit
ihres Gottes / in das Bild eines Ochsen,
der Gras frißt. *a* Röm 1,23
21 Sie [a]vergaßen Gott, ihren Heiland, / der
so große Dinge in Ägypten getan hatte,
a 5.Mose 32,18
22 Wunder im Lande Hams / und schreck-
liche Taten am Schilfmeer.
23 Und er gedachte, sie zu vertilgen, / wäre
nicht Mose gewesen, sein Auserwählter;
[a]der trat vor ihm in die Bresche, / seinen
Grimm abzuwenden, daß er sie nicht ver-
derbe. *a* 2.Mose 32,11.32; 5.Mose 9,25-29; Hes 13,4.5
24 ¶ Und sie achteten das köstliche Land
gering; / sie glaubten seinem Worte nicht[a]
a 4.Mose 14,2-4; 5.Mose 8,7-10
25 und murrten in ihren Zelten; / sie
gehorchten der Stimme des HERRN nicht.
26 Da erhob er seine Hand wider sie, / daß
er sie niederschlüge in der Wüste
27 und würfe ihre Nachkommen unter die
Heiden / und zerstreute sie in die Länder.
28 Und [a]sie hängten sich an den Baal-
Peor / und aßen von den Opfern für die
Toten *a* 4.Mose 25,3
29 und erzürnten den Herrn mit ihrem
Tun. / Da brach die Plage herein über sie.
30 [a]Da trat Pinhas hinzu und vollzog das
Gericht; / da wurde der Plage gewehrt;
a (30 und 31) 4.Mose 25,12.13
31 das wurde ihm gerechnet zur Gerech-
tigkeit / von Geschlecht zu Geschlecht
ewiglich.
32 Und sie erzürnten den Herrn am [a]Ha-
derwasser, / und Mose ging es übel um
ihretwillen; *a* 4.Mose 20,2-13
33 denn sie erbitterten sein Herz, / daß
ihm unbedachte Worte entfuhren.
34 ¶ [a]Auch vertilgten sie die Völker nicht, /
wie ihnen der HERR doch geboten hatte,
a (34-36) 5.Mose 7,1.2; 12,2.3; Ri 1,28; 2,23–3,6
35 sondern sie ließen sich ein mit den Hei-
den / und lernten ihre Werke
36 und dienten ihren Götzen; / die wur-
den ihnen zum Fallstrick.
37 [a]Und sie opferten ihre Söhne / und ihre
Töchter den bösen Geistern
a (37 und 38) 3.Mose 18,21; 2.Kön 21,6.16
38 und vergossen unschuldig Blut, / das
Blut ihrer Söhne und Töchter,
die sie opferten den Götzen Kanaans, /
so daß das Land mit Blutschuld befleckt
war.
39 Sie machten sich unrein mit ihren Wer-
ken / und wurden abtrünnig durch ihr Tun.
40 ¶ Da entbrannte der Zorn des HERRN
über sein Volk, / und sein Erbe wurde ihm
zum Abscheu.
41 Er [a]gab sie in die Hand der Heiden, /
daß über sie herrschten, die ihnen gram
waren. *a* Ri 2,14
42 Und ihre Feinde ängsteten sie, / und sie
wurden gedemütigt unter ihre Hand.
43 Er rettete sie oftmals; aber sie erzürn-
ten ihn mit ihrem Vorhaben / und schwan-
den dahin um ihrer Missetat willen.
44 ¶ Da sah er ihre Not an, / als er ihre
Klage hörte,
45 und gedachte an seinen Bund mit
ihnen, / und es reute ihn nach seiner gro-
ßen Güte.
46 Und er ließ sie Barmherzigkeit finden /
bei allen, die sie gefangenhielten.
47 ¶ Hilf uns, HERR, unser Gott, / und
[a]bring uns zusammen aus den Heiden,

daß wir preisen deinen heiligen Namen /
und uns rühmen, daß wir dich loben kön-
nen! [a] 5.Mose 30,3; 1.Chr 16,35
48 ¶ Gelobt sei der HERR, der Gott Israels, /
von Ewigkeit zu Ewigkeit,
und alles Volk spreche: Amen! / Hallelu-
ja![a] [a] Ps 41,14; 1.Chr 16,36

FÜNFTES BUCH

Danklied der Erlösten

107 [a] **Danket dem HERRN; denn er ist
freundlich, / und seine Güte währet
ewiglich.** [a] Ps 106,1
2 So sollen sagen, die erlöst sind durch
den HERRN, / die er aus der Not erlöst hat,
3 die er aus den Ländern zusammenge-
bracht hat / von Osten und Westen, von
Norden und Süden.
4 ¶ Die irregingen in der Wüste, auf ungebahntem Wege, / und fanden keine Stadt,
in der sie wohnen konnten,
5 die hungrig und durstig waren / und
deren Seele verschmachtete,
6 DIE DANN ZUM HERRN RIEFEN IN IHRER
NOT, / UND ER ERRETTETE SIE AUS IHREN
ÄNGSTEN
7 und führte sie den richtigen Weg, / daß
sie kamen zur Stadt, in der sie wohnen
konnten:
8 DIE SOLLEN DEM HERRN DANKEN FÜR
SEINE GÜTE UND FÜR SEINE WUNDER, / DIE
ER AN DEN MENSCHENKINDERN TUT,
9 daß er sättigt die durstige Seele / und
[a] die Hungrigen füllt mit Gutem.
[a] Lk 1,53

10 Die da sitzen mußten in Finsternis und
Dunkel, / gefangen in Zwang und Eisen,
11 weil sie Gottes Geboten ungehorsam
waren / und den Ratschluß des Höchsten
verachtet hatten,
12 so daß er ihr Herz durch Unglück
beugte / und sie dalagen und ihnen nie-
mand half,
13 DIE DANN ZUM HERRN RIEFEN IN IHRER
NOT, / UND ER HALF IHNEN AUS IHREN
ÄNGSTEN
14 und führte sie aus Finsternis und Dun-
kel / und zerriß ihre Bande:
15 DIE SOLLEN DEM HERRN DANKEN FÜR
SEINE GÜTE UND FÜR SEINE WUNDER, / DIE
ER AN DEN MENSCHENKINDERN TUT,
16 daß er zerbricht eherne Türen / und zer-
schlägt eiserne Riegel.
17 ¶ Die Toren, die geplagt waren um ihrer
Übertretung / und um ihrer Sünde willen,
18 daß ihnen ekelte vor aller Speise / und
sie todkrank wurden,
19 DIE DANN ZUM HERRN RIEFEN IN IHRER
NOT, / UND ER HALF IHNEN AUS IHREN
ÄNGSTEN,
20 er sandte sein Wort und machte sie
gesund / und errettete sie, daß sie nicht
starben:
21 DIE SOLLEN DEM HERRN DANKEN FÜR
SEINE GÜTE UND FÜR SEINE WUNDER, / DIE
ER AN DEN MENSCHENKINDERN TUT,
22 und sollen Dank opfern / und seine
Werke erzählen mit Freuden.
23 ¶ Die mit Schiffen auf dem Meere fuh-
ren / und trieben ihren Handel auf großen
Wassern,
24 die des HERRN Werke erfahren haben /
und seine Wunder auf dem Meer,
25 wenn er sprach und einen Sturmwind
erregte, / der die Wellen erhob,
26 und sie gen Himmel fuhren und in den
Abgrund sanken, / daß ihre Seele vor
Angst verzagte,
27 daß sie taumelten und wankten wie ein
Trunkener / und wußten keinen Rat mehr,
28 DIE DANN ZUM HERRN SCHRIEN IN IHRER
NOT, / UND ER FÜHRTE SIE AUS IHREN ÄNG-
STEN
29 und stillte das Ungewitter, / daß die
Wellen sich legten
30 und sie froh wurden, daß es still gewor-
den war / und er sie zum erwünschten
Lande brachte:
31 DIE SOLLEN DEM HERRN DANKEN FÜR
SEINE GÜTE UND FÜR SEINE WUNDER, / DIE
ER AN DEN MENSCHENKINDERN TUT,
32 und ihn in der Gemeinde preisen / und
bei den Alten rühmen.
33 ¶ Er machte Bäche trocken / und ließ
Wasserquellen versiegen,
34 daß [a] fruchtbares Land zur Salzwüste
wurde / wegen der Bosheit derer, die dort
wohnten. [a] 1.Mose 19,24.25
35 Er machte das Trockene wieder wasser-
reich / und gab dem dürren Lande Wasser-
quellen
36 und ließ die Hungrigen dort bleiben, /
daß sie eine Stadt bauten, in der sie woh-
nen konnten,
37 und Äcker besäten und Weinberge
pflanzten, / die jährlich Früchte trugen.
38 Und er segnete sie, daß sie sich sehr
mehrten, / und gab ihnen viel Vieh.

[39]Aber sie wurden gering an Zahl und
geschwächt / von der Last des Unglücks
und des Kummers.
[40]Er [a]schüttete Verachtung aus auf die
Fürsten / und ließ sie irren in der Wüste,
wo kein Weg ist; *a* Hiob 12,21
[41]aber die Armen schützte er vor Elend /
und mehrte ihr Geschlecht wie eine
Herde.
[42]Das [a]werden die Frommen sehen und
sich freuen, / und aller Bosheit wird das
Maul gestopft werden. *a* Hiob 22,19.20
[43]¶ Wer ist weise und behält dies? / Der
wird merken, wieviel Wohltaten der HERR
erweist.

Lob Gottes und Zuversicht in Kriegsnot

108 EIN PSALMLIED DAVIDS.
[2][a]Gott, mein Herz ist bereit, /
ich will singen und spielen. Wach auf,
meine Seele! *a (2-6)* Ps 57,8-12
[3]Wach auf, Psalter und Harfe! / Ich will
das Morgenrot wecken.
[4]Ich will dir danken, HERR, unter den
Völkern, / ich will dir lobsingen unter den
Leuten.
[5]Denn **deine Gnade reicht, so weit der
Himmel ist, / und deine Treue, so weit die
Wolken gehen.**[a] *a* Ps 36,6; 57,11
[6]Erhebe dich, Gott, über den Himmel /
und deine Herrlichkeit über alle Lande!
[7]¶ [a]Laß deine Freunde errettet werden, /
dazu hilf mit deiner Rechten und erhöre
uns! *a (7-14)* Ps 60,7-14
[8]Gott hat in seinem Heiligtum geredet: /
Ich will frohlocken;
ich will Sichem verteilen / und das Tal
Sukkot ausmessen.
[9]Gilead ist mein, Manasse ist auch mein,
und Ephraim ist der Schutz meines
Haupts, / Juda ist mein Zepter.
[10]Moab ist mein Waschbecken, ich will
meinen Schuh auf Edom werfen, / über
die Philister will ich jauchzen.
[11]¶ Wer wird mich führen in die feste
Stadt? / Wer wird mich nach Edom leiten?
[12]Wirst du es nicht tun, Gott, der du uns
verstoßen hast, / und ziehst nicht aus,
Gott, mit unserm Heer?
[13]Schaff uns Beistand vor dem Feind; /
denn Menschenhilfe ist nichts nütze.
[14]¶ Mit Gott wollen wir Taten tun. / Er
wird unsre Feinde niedertreten.

Ein Ruf zu Gott gegen erbarmungslose Widersacher

109 EIN PSALM DAVIDS, VORZUSINGEN.
Gott, mein Ruhm, schweige
nicht! /
[2]Denn sie haben ihr gottloses Lügenmaul
wider mich aufgetan.
Sie reden wider mich mit falscher Zunge
[3]und reden giftig wider mich allenthal-
ben / und streiten wider mich ohne Grund.
[4]Dafür, daß ich sie liebe, feinden sie mich
an; / ich aber bete.
[5]Sie erweisen mir Böses für Gutes / und
Haß für Liebe.
[6]¶ [a]Gib ihm einen Gottlosen zum Geg-
ner, / und ein Verkläger stehe zu seiner
Rechten. *a (6-20)* Mt 5,43.44; Lk 23,34
[7]Wenn er gerichtet wird, soll er schuldig
gesprochen werden, / und sein Gebet
werde zur Sünde.
[8]Seiner Tage sollen wenige werden, / und
[a]sein Amt soll ein andrer empfangen.
a Apg 1,20
[9]Seine Kinder sollen Waisen werden /
und seine Frau eine Witwe.
[10]Seine Kinder sollen umherirren und
betteln / und vertrieben werden aus ihren
Trümmern.
[11]Es soll der Wucherer alles fordern, was
er hat, / und Fremde sollen seine Güter
rauben.
[12]Und niemand soll ihm Gutes tun, / und
niemand erbarme sich seiner Waisen.
[13]Seine Nachkommen sollen ausgerottet
werden, / ihr Name soll schon im zweiten
Glied getilgt werden.[a] *a* Hes 18,20-23
[14][a]Der Schuld seiner Väter soll gedacht
werden vor dem HERRN, / und seiner
Mutter Sünde soll nicht getilgt werden.
a 2.Mose 20,5
[15]Der HERR soll sie nie mehr aus den
Augen lassen, / und ihr Andenken soll
ausgerottet werden auf Erden,
[16]weil er so gar keine Barmherzigkeit
übte, / sondern verfolgte den Elenden und
Armen und den Betrübten, ihn zu töten.
[17]Er liebte den Fluch, / so komme er
auch über ihn;
er wollte den Segen nicht, / so bleibe er
auch fern von ihm.
[18]Er zog den Fluch an wie sein Hemd; /
[a]der dringe in ihn hinein wie Wasser und
wie Öl in seine Gebeine; *a* 4.Mose 5,24
[19]er werde ihm wie ein Kleid, das er

anhat, / und wie ein Gürtel, mit dem er
allezeit sich gürtet.
20 So geschehe denen vom HERRN, die
wider mich sind / und die Böses reden
wider mich.
21 ¶Aber du, HERR, sei du mit mir um
deines Namens willen; / denn deine Gnade
ist mein Trost: errette mich!
22 Denn ich bin arm und elend; / mein
Herz ist zerschlagen in mir.
23 Ich fahre dahin wie ein Schatten, der
schwindet, / und werde abgeschüttelt wie
Heuschrecken.
24 Meine Knie sind schwach vom Fasten, /
und mein Leib ist mager und hat kein Fett.
25 Ich bin ihnen zum Spott geworden; /
wenn sie mich sehen, schütteln sie den
Kopf.
26 Steh mir bei, HERR, mein Gott! / Hilf
mir nach deiner Gnade,
27 und laß sie innewerden, daß dies deine
Hand ist / und du, HERR, das tust.
28 [a]Fluchen sie, so segne du. Erheben sie
sich gegen mich, so sollen sie zuschanden
werden; / aber dein Knecht soll sich
freuen. *a* Lk 6,27.28
29 Meine Widersacher sollen mit Schmach
angezogen / und mit ihrer Schande beklei-
det werden wie mit einem Mantel.
30 ¶Ich will dem HERRN sehr danken mit
meinem Munde / und ihn rühmen vor der
Menge.
31 Denn er steht dem Armen zur Rech-
ten, / daß er ihm helfe von denen, die ihn
verurteilen.

Der ewige König und Priester

110 EIN PSALM DAVIDS. **[a]Der HERR sprach zu meinem**
Herrn: »Setze dich zu meiner Rechten, / bis
ich [b]deine Feinde zum Schemel deiner Füße
mache.« *a* Mt 22,44; Apg 2,34.35; Hebr 1,13
b 1.Kor 15,25; Phil 2,8-11; Hebr 10,12.13
2 Der HERR wird das Zepter deiner Macht
ausstrecken aus [a]Zion. / Herrsche mitten
unter deinen Feinden! *a* Ps 2,6
3 Wenn du dein Heer aufbietest, wird dir
dein Volk / willig folgen in heiligem
Schmuck.
Deine Söhne werden dir geboren / wie
der Tau aus der Morgenröte.
4 ¶Der HERR hat geschworen, und es wird
ihn nicht gereuen: / »Du bist ein Priester
ewiglich [a]nach der Weise Melchisedeks.«
a 1.Mose 14,18-20; Hebr 5,6.10; 6,20; 7,17.21
5 Der Herr zu deiner Rechten [a]wird zer-
schmettern / die Könige am Tage seines
Zorns. *a* Ps 2,2.5.9
6 Er wird richten unter den Heiden, wird
viele erschlagen, / [a]wird Häupter zer-
schmettern auf weitem Gefilde. *a* Dan 2,44
7 Er wird trinken vom Bach auf dem
Wege, / darum wird er das Haupt empor-
heben.

Preis der Gottesgnade

111 Halleluja! Ich danke dem HERRN von ganzem Herzen / im Rate der
Frommen und in der Gemeinde.
2 Groß sind die Werke des HERRN; / wer
sie erforscht, der hat Freude daran.
3 Was er tut, das ist herrlich und präch-
tig, / und seine Gerechtigkeit bleibt ewig-
lich.
4 Er hat [a]ein Gedächtnis gestiftet seiner
Wunder, / der gnädige und barmherzige
HERR. *a* 2.Mose 12,1-28
5 Er [a]gibt Speise denen, die ihn fürch-
ten; / er gedenkt ewig an seinen Bund.
a Ps 145,15
6 Er läßt verkündigen seine gewaltigen
Taten seinem Volk, / daß er ihnen gebe
das Erbe der Heiden.
7 Die Werke seiner Hände sind Wahrheit
und Recht; / alle seine Ordnungen sind
beständig.
8 Sie stehen fest für immer und ewig; / sie
sind recht und verläßlich.
9 Er sendet eine Erlösung seinem Volk;
er verheißt, daß sein Bund ewig bleiben
soll. / Heilig und hehr ist sein Name.
10 Die [a]Furcht des HERRN ist der Weisheit
Anfang. Klug sind alle, die danach tun. /
Sein Lob bleibet ewiglich. *a* Spr 1,7

Preis der Gottesfurcht

112 [a]Halleluja! Wohl dem, der den HERRN fürchtet, / der große Freude
hat an seinen Geboten!
a (1 und 2) Ps 1,2; Spr 20,7
2 Sein Geschlecht wird gewaltig sein im
Lande; / die Kinder der Frommen werden
gesegnet sein.
3 Reichtum und Fülle wird in ihrem
Hause sein, / und ihre Gerechtigkeit bleibt
ewiglich.
4 Den Frommen geht das Licht auf in der
Finsternis / von dem Gnädigen, Barmher-
zigen und Gerechten.

5 ¶Wohl dem, der barmherzig ist und
gerne leiht / und das Seine tut, wie es recht
ist!
6 Denn er wird ewiglich bleiben; / der
Gerechte wird nimmermehr vergessen.
7 Vor schlimmer Kunde fürchtet er sich
nicht; / sein Herz hofft unverzagt auf den
HERRN.
8 Sein Herz ist getrost und fürchtet sich
nicht, / [a]bis er auf seine Feinde herab-
sieht. *a* Ps 91,8
9 [a]Er streut aus und gibt den Armen;
seine Gerechtigkeit bleibt ewiglich. / Seine
Kraft wird hoch in Ehren stehen.
a 2.Kor 9,9
10 Der Gottlose wird's sehen, und es wird
ihn verdrießen; mit den Zähnen wird er
knirschen und vergehen. / Denn was die
Gottlosen wollen, das wird zunichte.

Gottes Hoheit und Huld

(Ps 113–118: vgl. Mt 26,30)

113 Halleluja! Lobet, ihr Knechte des
HERRN, / lobet den Namen des
HERRN!
2 Gelobt sei der Name des HERRN / von
nun an bis in Ewigkeit!
3 [a]Vom Aufgang der Sonne bis zu ihrem
Niedergang / sei gelobet der Name des
HERRN! *a* Ps 50,1
4 ¶Der HERR ist hoch über alle Völker; /
seine Herrlichkeit reicht, so weit der Him-
mel ist.
5 [a]Wer ist wie der HERR, unser Gott, / im
Himmel und auf Erden?
a (5 und 6) 2.Mose 15,11; Jes 57,15
6 Der oben thront in der Höhe, / der her-
niederschaut in die Tiefe,
7 [a]der den Geringen aufrichtet aus dem
Staube / und erhöht den Armen aus dem
Schmutz,
a (7 und 8) 1.Sam 2,8; Lk 1,48; 1.Mose 41,40.41
8 daß er ihn setze neben die Fürsten, /
neben die Fürsten seines Volkes;
9 der [a]die Unfruchtbare im Hause zu
Ehren bringt, / daß sie eine fröhliche Kin-
dermutter wird. Halleluja!
a 1.Mose 21,2; 1.Sam 1,20; Lk 1,57.58

Gottes Wunder beim Auszug aus Ägypten

114 Als [a]Israel aus Ägypten zog, / das
Haus Jakob aus dem fremden
Volk, *a* 2.Mose 12,41
2 da wurde [a]Juda sein Heiligtum, / Israel
sein Königreich. *a* 2.Mose 19,6
3 ¶Das [a]Meer sah es und floh, / der [b]Jor-
dan wandte sich zurück.
a 2.Mose 14,21.22 *b* Jos 3,13.16
4 Die Berge hüpften wie die Lämmer, /
die Hügel wie die jungen Schafe.
5 ¶Was war mit dir, du Meer, daß du flo-
hest, / und mit dir, Jordan, daß du dich
zurückwandtest?[a] *a* Jos 4,23.24
6 Ihr Berge, daß ihr hüpftet wie die Läm-
mer, / ihr Hügel, wie die jungen Schafe?
7 ¶Vor dem Herrn [a]erbebe, du Erde, / vor
dem Gott Jakobs, *a* 2.Mose 19,18
8 der den [a]Felsen wandelte in einen See /
und die Steine in Wasserquellen!
a 2.Mose 17,6

Gott allein die Ehre!

(Vers 4-11: vgl. Ps 135,15-20)

115 Nicht uns, HERR, nicht uns, son-
dern deinem Namen gib Ehre / um
deiner Gnade und Treue willen!
2 Warum sollen die Heiden sagen: / [a]Wo
ist denn ihr Gott? *a* Ps 42,4
3 **Unser Gott ist im Himmel; / er kann
schaffen, was er will.**
4 ¶[a]Ihre Götzen aber sind Silber und
Gold, / von Menschenhänden gemacht.
a (4-8) 5.Mose 4,28; Jes 44,9-20
5 Sie haben Mäuler und reden nicht, / sie
haben Augen und sehen nicht,
6 sie haben Ohren und hören nicht, / sie
haben Nasen und riechen nicht,
7 sie haben Hände und greifen nicht, Füße
haben sie und gehen nicht, / und kein Laut
kommt aus ihrer Kehle.
8 ¶Die solche Götzen machen, sind ihnen
gleich, / alle, die auf sie hoffen.
9 Aber Israel hoffe auf den HERRN! / Er ist
ihre Hilfe und Schild.
10 Das Haus Aaron hoffe auf den HERRN! /
Er ist ihre Hilfe und Schild.
11 Die ihr den HERRN fürchtet, hoffet auf
den HERRN! / Er ist ihre Hilfe und Schild.
12 ¶**Der HERR denkt an uns und segnet
uns;** / er segnet das Haus Israel, er segnet
das Haus Aaron.
13 Er segnet, die den HERRN fürchten, /
die Kleinen und die Großen.
14 Der HERR segne euch je mehr und
mehr, / euch und eure Kinder!
15 Ihr seid die [a]Gesegneten des HERRN, /
der Himmel und Erde gemacht hat.
a Ps 134,3

16 ¶Der Himmel ist der Himmel des
HERRN; / aber die Erde hat er den Men-
schenkindern gegeben.
17 Die Toten werden dich, HERR, nicht
loben, / keiner, der hinunterfährt in die
Stille;[a] *a* Jes 38,18
18 aber **wir** loben den HERRN / von nun an
bis in Ewigkeit. Halleluja!

Dank für Rettung aus Todesgefahr

116 Ich liebe den HERRN, denn er
hört / die Stimme meines Flehens.
2 Er neigte sein Ohr zu mir; / darum will
ich mein Leben lang ihn anrufen.
3 ¶Stricke des Todes hatten mich umfan-
gen, des Totenreichs Schrecken hatten
mich getroffen; / ich kam in Jammer und
Not.
4 Aber ich rief an den Namen des
HERRN: / Ach, HERR, errette mich!
5 ¶Der HERR ist gnädig und gerecht, / und
unser Gott ist barmherzig.
6 Der HERR behütet die Unmündigen; /
wenn ich schwach bin, so hilft er mir.
7 ¶Sei nun wieder zufrieden, meine
Seele; / denn der HERR tut dir Gutes.[a]
a Ps 42,6
8 Denn du hast meine Seele vom Tode
errettet, / mein Auge von den Tränen, mei-
nen Fuß vom Gleiten.
9 Ich werde wandeln vor dem HERRN /
[a]im Lande der Lebendigen. *a* Ps 142,6
10 ¶Ich glaube, auch wenn ich sage: / Ich
werde sehr geplagt.*

* Luther übersetzte: »Ich glaube, darum rede ich« (vgl. 2.Kor 4,13, wo Paulus der griechischen Übersetzung des Alten Testaments folgt).

11 Ich sprach in meinem Zagen: / [a]Alle
Menschen sind Lügner. *a* Röm 3,4
12 Wie soll ich dem HERRN vergelten / all
seine Wohltat, die er an mir tut?
13 ¶Ich will den Kelch des Heils nehmen /
UND DES HERRN NAMEN ANRUFEN.
14 ICH WILL MEINE GELÜBDE DEM HERRN
ERFÜLLEN / VOR ALL SEINEM VOLK.
15 ¶Der Tod seiner Heiligen / wiegt schwer
vor dem HERRN.[a] *a* Ps 72,14
16 Ach, HERR, ich bin dein Knecht, ich bin
dein Knecht, der Sohn deiner Magd; / du
hast meine Bande zerrissen.
17 ¶[a]Dir will ich Dank opfern / UND DES
HERRN NAMEN ANRUFEN.
a (17 und 18) Jona 2,10
18 ICH WILL MEINE GELÜBDE DEM HERRN
ERFÜLLEN / VOR ALL SEINEM VOLK
19 in den Vorhöfen am Hause des HERRN, /
in dir, Jerusalem. Halleluja!

Aufruf an die Völker zum Lob Gottes

117 Lobet den HERRN, alle Heiden! /
Preiset ihn, alle Völker![a] *a* Röm 15,11
2 Denn [a]seine Gnade und Wahrheit / wal-
tet über uns in Ewigkeit. Halleluja!
a 2.Mose 34,6

Dankbares Bekenntnis zur Hilfe Gottes

118 [a]Danket dem HERRN; denn er ist
freundlich, / und seine Güte wäh-
ret ewiglich. *a* Ps 106,1
2 ¶Es sage nun Israel: / Seine Güte wäh-
ret ewiglich.
3 Es sage nun das Haus Aaron: / Seine
Güte währet ewiglich.
4 Es sagen nun, die den HERRN fürchten: /
Seine Güte währet ewiglich.
5 ¶In der Angst rief ich den HERRN an; /
und der HERR erhörte mich und tröstete
mich.
6 [a]Der HERR ist mit mir, darum [b]fürchte
ich mich nicht; / was können mir Men-
schen tun? *a* Röm 8,31 *b* Ps 56,5; Hebr 13,6
7 Der HERR ist mit mir, mir zu helfen; /
und ich werde herabsehen auf meine
Feinde.
8 [a]Es ist gut, auf den HERRN vertrauen /
und nicht sich verlassen auf Menschen.
a (8 und 9) Ps 146,3
9 Es ist gut, auf den HERRN vertrauen /
und nicht sich verlassen auf Fürsten.
10 ¶Alle Heiden umgeben mich; / aber im
Namen des HERRN will ich sie abwehren.
11 Sie umgeben mich von allen Seiten; /
aber im Namen des HERRN will ich sie
abwehren.
12 Sie umgeben mich wie Bienen, sie ent-
brennen wie ein Feuer in Dornen; / aber
im Namen des HERRN will ich sie abweh-
ren.
13 Man stößt mich, daß ich fallen soll; /
aber der HERR hilft mir.
14 **Der HERR ist meine Macht und mein
Psalm / und ist [a]mein Heil.** *a* 2.Mose 15,2
15 ¶Man singt mit Freuden vom Sieg in
den Hütten der Gerechten: / Die Rechte
des HERRN behält den Sieg!
16 Die Rechte des HERRN ist erhöht; / die
Rechte des HERRN behält den Sieg!
17 **Ich werde nicht sterben, sondern leben /
und des HERRN Werke verkündigen.**

18 Der HERR züchtigt mich schwer; / aber
[a]er gibt mich dem Tode nicht preis.
a 2.Kor 6,9
19 ¶ Tut mir auf die Tore der Gerechtig-
keit, / daß ich durch sie einziehe und dem
HERRN danke.
20 Das ist das Tor des HERRN; / [a]die
Gerechten werden dort einziehen.
a Jes 26,2
21 Ich danke dir, daß du mich erhört hast /
und hast mir geholfen.
22 ¶ [a]**Der Stein, den die Bauleute verworfen
haben, / ist zum Eckstein geworden.**
a (22 und 23) Jes 28,16; Mt 21,42
23 Das ist vom HERRN geschehen / und ist
ein Wunder vor unsern Augen.
24 **Dies ist der Tag, den der HERR macht; /
laßt uns freuen und fröhlich an ihm sein.**
25 **O HERR, hilf! / O HERR, laß wohlgelin-
gen!**
26 [a]Gelobt sei, der da kommt im Namen
des HERRN! / Wir segnen euch, die ihr vom
Hause des HERRN seid. *a* Mt 21,9; 23,39
27 Der HERR ist Gott, der uns erleuchtet. /
Schmückt das Fest mit Maien bis an die
[a]Hörner des Altars! *a* 2.Mose 27,1.2
28 ¶ Du bist mein Gott, und ich danke dir; /
mein Gott, ich will dich preisen.
29 Danket dem HERRN; denn er ist freund-
lich, / und seine Güte währet ewiglich.

Die Herrlichkeit des Wortes Gottes
(Das güldene ABC)

119 [a]Wohl denen, die ohne Tadel
leben, / die im Gesetz des HERRN
wandeln! *a (1-3)* Ps 112,1.2
2 Wohl denen, die sich an seine Mahnun-
gen halten, / die ihn von ganzem Herzen
suchen,
3 die auf seinen Wegen wandeln / und kein
Unrecht tun.
4 Du hast geboten, fleißig zu halten /
deine Befehle.
5 O daß mein Leben deine Gebote / mit
ganzem Ernst hielte.
6 Wenn ich schaue allein auf deine
Gebote, / so werde ich nicht zuschanden.
7 Ich danke dir mit aufrichtigem Herzen, /
daß du mich lehrst die Ordnungen deiner
Gerechtigkeit.
8 Deine Gebote will ich halten; / verlaß
mich nimmermehr!
9 ¶ **Wie wird ein junger Mann seinen Weg
unsträflich gehen? / Wenn er sich hält an
deine Worte.**
10 Ich suche dich von ganzem Herzen; /
laß mich nicht abirren von deinen Gebo-
ten.
11 Ich behalte dein Wort in meinem Her-
zen, / damit ich nicht wider dich sündige.
12 Gelobet seist du, HERR! / [a]Lehre mich
deine Gebote! *a* Vers 26.64.68
13 Ich will mit meinen Lippen erzählen /
alle Weisungen deines Mundes.
14 Ich freue mich über den Weg, den deine
Mahnungen zeigen, / wie über großen
Reichtum.
15 Ich rede von dem, was du befohlen
hast, / und schaue auf deine Wege.
16 Ich habe Freude an deinen Satzungen /
und vergesse deine Worte nicht.
17 ¶ Tu wohl deinem Knecht, daß ich lebe /
und dein Wort halte.
18 **Öffne mir die Augen, daß ich sehe / die
Wunder an deinem Gesetz.**
19 **Ich bin [a]ein Gast auf Erden; / verbirg
deine Gebote nicht vor mir.** *a* Ps 39,13
20 Meine Seele verzehrt sich vor Verlan-
gen / nach deinen Ordnungen allezeit.
21 Du schiltst die Stolzen; / [a]verflucht
sind, die von deinen Geboten abirren.
a 5.Mose 27,26; Gal 3,10
22 Wende von mir Schmach und Verach-
tung; / denn ich halte mich an deine Mah-
nungen.
23 Fürsten sitzen da und reden wider
mich; / aber dein Knecht sinnt nach über
deine Gebote.
24 Ich habe Freude an deinen Mahnun-
gen; / sie sind meine Ratgeber.
25 ¶ Meine Seele liegt im Staube; / er-
quicke mich nach deinem Wort.
26 Ich erzähle dir meine Wege, und du
erhörst mich; / lehre mich deine Gebote.
27 Laß mich verstehen den Weg deiner
Befehle, / so will ich reden von deinen
Wundern.
28 Ich gräme mich, daß mir die Seele ver-
schmachtet; / stärke mich nach deinem
Wort.
29 Halte fern von mir den [a]Weg der Lüge /
und gib mir in Gnaden dein Gesetz.
a Vers 104.128
30 Ich habe erwählt den Weg der Wahr-
heit, / deine Weisungen hab ich vor mich
gestellt.
31 Ich halte an deinen Mahnungen fest; /
HERR, laß mich nicht zuschanden werden!
32 Ich laufe den Weg deiner Gebote; /
denn du tröstest mein Herz.

33 ¶Zeige mir, HERR, den Weg deiner Gebote, / daß ich sie bewahre bis ans Ende.

34 Unterweise mich, daß ich bewahre dein Gesetz / und es halte von ganzem Herzen.

35 Führe mich auf dem Steig deiner Gebote; / denn ich habe Gefallen daran.

36 Neige mein Herz zu deinen Mahnungen / und nicht zur Habsucht.

37 Wende meine Augen ab, daß sie nicht sehen nach unnützer Lehre, / und erquicke mich auf deinem Wege.

38 Erfülle deinem Knecht dein Wort, / daß ich dich fürchte.

39 Wende von mir die Schmach, die ich scheue; / denn deine Ordnungen sind gut.

40 Siehe, ich begehre deine Befehle; / erquicke mich mit deiner Gerechtigkeit.

41 ¶HERR, laß mir deine Gnade widerfahren, / deine Hilfe nach deinem Wort,

42 daß ich antworten kann dem, der mich schmäht; / denn ich verlasse mich auf dein Wort.

43 Und nimm ja nicht von meinem Munde das Wort der Wahrheit; / denn ich hoffe auf deine Ordnungen.

44 Ich will dein Gesetz halten allezeit, / immer und ewiglich.

45 Und ich wandle fröhlich; / denn ich suche deine Befehle.

46 Ich [a]rede von deinen Zeugnissen vor Königen / und schäme mich nicht.

a Mt 10,18

47 Ich habe Freude an deinen Geboten, / sie sind mir sehr lieb,

48 und hebe meine Hände auf zu deinen Geboten, die mir lieb sind, / und rede von deinen Weisungen.

49 ¶Denke an das Wort, das du deinem Knecht gabst, / und laß mich darauf hoffen.

50 Das ist mein Trost in meinem Elend, / daß dein Wort mich erquickt.

51 Die Stolzen treiben ihren Spott mit mir; / dennoch weiche ich nicht von deinem Gesetz.

52 HERR, wenn ich an deine ewigen Ordnungen denke, / so werde ich getröstet.

53 Zorn erfaßt mich über die Gottlosen, / die dein Gesetz verlassen.

54 Deine Gebote sind mein Lied / im Hause, in dem ich Fremdling bin.

55 HERR, ich denke des Nachts an deinen Namen / und halte dein Gesetz.

56 Das ist mein Schatz, / daß ich mich an deine Befehle halte.

57 ¶Ich habe gesagt: HERR, das soll mein Erbe sein, / daß ich deine Worte halte.

58 Ich suche deine Gunst von ganzem Herzen; / sei mir gnädig nach deinem Wort.

59 Ich bedenke meine Wege / und lenke meine Füße zu deinen Mahnungen.

60 Ich eile und säume nicht, / zu halten deine Gebote.

61 Der Gottlosen Stricke umschlingen mich; / aber dein Gesetz vergesse ich nicht.

62 Zur Mitternacht stehe ich auf, dir zu danken / für die Ordnungen deiner Gerechtigkeit.[a]

a Ps 42,9

63 Ich halte mich zu allen, die dich fürchten / und deine Befehle halten.

64 HERR, die Erde ist voll deiner Güte; / lehre mich deine Gebote.

65 ¶Du tust Gutes deinem Knecht, / HERR, nach deinem Wort.

66 Lehre mich heilsame Einsicht und Erkenntnis; / denn ich glaube deinen Geboten.

67 **Ehe ich gedemütigt wurde, irrte ich; / nun aber halte ich dein Wort.**

68 Du bist gütig und freundlich, / lehre mich deine Weisungen.

69 Die Stolzen erdichten Lügen über mich, / ich aber halte von ganzem Herzen deine Befehle.

70 Ihr Herz ist völlig verstockt; / ich aber habe Freude an deinem Gesetz.

71 Es ist gut für mich, daß du mich gedemütigt hast, / damit ich deine Gebote lerne.

72 Das Gesetz deines Mundes ist mir lieber / als viel tausend Stück Gold und Silber.

73 ¶Deine Hand hat mich gemacht und bereitet; / unterweise mich, daß ich deine Gebote lerne.

74 Die dich fürchten, sehen mich und freuen sich; / denn ich hoffe auf dein Wort.

75 HERR, ich weiß, daß deine Urteile gerecht sind; / in deiner Treue hast du mich gedemütigt.

76 Deine Gnade soll mein Trost sein, / wie du deinem Knecht zugesagt hast.

77 Laß mir deine Barmherzigkeit widerfahren, daß ich lebe; / denn ich habe Freude an deinem Gesetz.

[78]Ach daß die Stolzen zuschanden wür-
den, die mich mit Lügen niederdrücken! /
Ich aber sinne nach über deine Befehle.
[79]Ach daß sich zu mir hielten, die dich
fürchten / und deine Mahnungen kennen!
[80]Mein Herz bleibe rechtschaffen in dei-
nen Geboten, / damit ich nicht zuschan-
den werde.
[81]¶Meine Seele verlangt nach deinem
Heil; / ich hoffe auf dein Wort.
[82]Meine Augen sehnen sich nach deinem
Wort / und sagen: Wann tröstest du mich?
[83]Ich bin wie ein Weinschlauch im
Rauch; / doch deine Gebote vergesse ich
nicht.
[84]Wie lange soll dein Knecht noch war-
ten? / Wann willst du Gericht halten über
meine Verfolger?
[85]Die Stolzen graben mir Gruben, / sie,
die nicht tun nach deinem Gesetz.
[86]All deine Gebote sind Wahrheit; / sie
aber verfolgen mich mit Lügen; hilf mir!
[87]Sie haben mich fast umgebracht auf
Erden; / ich aber verlasse deine Befehle
nicht.
[88]Erquicke mich nach deiner Gnade, /
daß ich halte die Mahnung deines Mun-
des.
[89]¶HERR, [a]dein Wort bleibt ewiglich, / so
weit der Himmel reicht; *a* Jes 40,8
[90]deine Wahrheit währet für und für. / Du
hast die Erde fest gegründet, und sie bleibt
stehen.
[91]Sie steht noch heute nach deinen Ord-
nungen; / denn es muß dir alles dienen.
[92]**Wenn dein Gesetz nicht mein [a]Trost
gewesen wäre, / so wäre ich vergangen in
meinem Elend.** *a* Jer 15,16
[93]Ich will deine Befehle nimmermehr
vergessen; / denn du erquickst mich damit.
[94]Ich bin dein, hilf mir; / denn ich suche
deine Befehle.
[95]Die Gottlosen lauern mir auf, daß sie
mich umbringen; / ich aber merke auf
deine Mahnungen.
[96]Ich habe gesehen, daß alles ein Ende
hat, / aber dein Gebot bleibt bestehen.
[97]¶Wie habe ich dein Gesetz so lieb! /
Täglich sinne ich ihm nach.[a] *a* Ps 1,2
[98]Du machst mich mit deinem Gebot
weiser, als meine Feinde sind; / denn es ist
ewiglich mein Schatz.
[99]Ich habe mehr Einsicht als alle meine
Lehrer; / denn über deine Mahnungen
sinne ich nach.
[100]Ich bin klüger als die Alten; / denn ich
halte mich an deine Befehle.
[101]Ich verwehre meinem Fuß alle bösen
Wege, / damit ich dein Wort halte.
[102]Ich weiche nicht von deinen Ordnun-
gen; / denn du lehrest mich.
[103]Dein Wort ist meinem Munde / süßer
als Honig.
[104]Dein Wort macht mich klug; / darum
[a]hasse ich alle falschen Wege. *a* Vers 29
[105]¶**Dein Wort ist meines Fußes Leuchte /
und [a]ein Licht auf meinem Wege.**
a 2.Petr 1,19
[106]Ich schwöre und will's halten: / Die
Ordnungen deiner Gerechtigkeit will ich
bewahren.
[107]Ich bin sehr gedemütigt; / HERR, er-
quicke mich nach deinem Wort!
[108][a]Laß dir gefallen, HERR, das Opfer
meines Mundes, / und lehre mich deine
Ordnungen. *a* Ps 19,15
[109]Mein Leben ist immer in Gefahr; / aber
dein Gesetz vergesse ich nicht.
[110]Die Gottlosen legen mir Schlingen; /
ich aber irre nicht ab von deinen Befehlen.
[111]Deine Mahnungen sind mein ewiges
Erbe; / denn sie sind meines Herzens
Wonne.
[112]Ich neige mein Herz, / zu tun deine
Gebote immer und ewiglich.
[113]¶Ich [a]hasse die Wankelmütigen / und
liebe dein Gesetz. *a* Ps 31,7; 1.Kön 18,21
[114]Du bist mein Schutz und mein Schild; /
ich hoffe auf dein Wort.
[115]Weichet von mir, ihr Übeltäter! / Ich
will mich halten an die Gebote meines
Gottes.
[116]Erhalte mich durch dein Wort, daß ich
lebe, / und laß mich nicht zuschanden wer-
den in meiner Hoffnung.
[117]Stärke mich, daß ich gerettet werde, /
so will ich stets Freude haben an deinen
Geboten.
[118]Du verwirfst alle, die von deinen Gebo-
ten abirren; / denn ihr Tun ist Lug und
Trug.
[119]Du schaffst alle Gottlosen auf Erden
weg [a]wie Schlacken, / darum liebe ich
deine Mahnungen. *a* Jes 1,25
[120]Ich fürchte mich vor dir, daß mir die
Haut schaudert, / und ich entsetze mich
vor deinen Gerichten.
[121]¶Ich übe Recht und Gerechtigkeit; /
übergib mich nicht denen, die mir Gewalt
antun wollen.

[122]Tritt ein für deinen Knecht und tröste
ihn, / daß mir die Stolzen nicht Gewalt
antun!
[123]Meine Augen sehnen sich nach dei-
nem Heil / und nach dem Wort deiner
Gerechtigkeit.
[124]Handle mit deinem Knechte nach dei-
ner Gnade / und lehre mich deine Gebote.
[125]Ich bin dein Knecht: Unterweise
mich, / daß ich verstehe deine Mahnun-
gen.
[126]Es ist Zeit, daß der HERR handelt; / sie
haben dein Gesetz zerbrochen.
[127]Darum liebe ich deine Gebote / mehr
als Gold und feines Gold.
[128]Darum halte ich alle deine Befehle für
recht, / [a]ich hasse alle falschen Wege.

a Vers 29

[129]¶Deine Mahnungen sind Wunder-
werke; / darum hält sie meine Seele.
[130]Wenn dein Wort offenbar wird, so
erfreut es / und macht klug die Unverstän-
digen.
[131]Ich tue meinen Mund weit auf und
lechze, / denn mich verlangt nach deinen
Geboten.
[132]Wende dich zu mir und sei mir gnä-
dig, / wie du pflegst zu tun denen, die dei-
nen Namen lieben.
[133]Laß meinen Gang in deinem Wort fest
sein / und laß kein Unrecht über mich
herrschen.
[134]Erlöse mich von der Bedrückung durch
Menschen, / so will ich halten deine
Befehle.
[135]Laß dein Antlitz leuchten über deinen
Knecht, / und lehre mich deine Gebote.
[136]Meine Augen fließen von Tränen, / weil
man dein Gesetz nicht hält.
[137]¶HERR, du bist gerecht, / und deine
Urteile sind richtig.
[138]Du hast deine Mahnungen geboten / in
Gerechtigkeit und großer Treue.
[139]Ich habe mich fast zu Tode [a]geeifert, /
weil meine Widersacher deine Worte ver-
gessen.

a Ps 69,10

[140]Dein Wort ist ganz durchläutert, / und
dein Knecht hat es lieb.
[141]Ich bin gering und verachtet; / ich ver-
gesse aber nicht deine Befehle.
[142]Deine Gerechtigkeit ist eine ewige
Gerechtigkeit, / und dein Gesetz ist Wahr-
heit.
[143]Angst und Not haben mich getroffen; /
ich habe aber Freude an deinen Geboten.
[144]Deine Mahnungen sind gerecht in
Ewigkeit; / unterweise mich, so lebe ich.
[145]¶Ich rufe von ganzem Herzen; / erhöre
mich, HERR; ich will deine Gebote halten.
[146]Ich rufe zu dir, hilf mir; / ich will mich
an deine Mahnungen halten.
[147]Ich komme in der Frühe und rufe um
Hilfe; / auf dein Wort hoffe ich.
[148]Ich wache auf, wenn's noch Nacht ist, /
nachzusinnen über dein Wort.
[149]Höre meine Stimme nach deiner
Gnade; / HERR, erquicke mich nach dei-
nem Recht.
[150]Meine arglistigen Verfolger nahen; /
aber sie sind fern von deinem Gesetz.
[151]HERR, du bist nahe, / und alle deine
Gebote sind Wahrheit.
[152]Längst weiß ich aus deinen Mahnun-
gen, / daß du sie für ewig gegründet hast.
[153]¶Sieh doch mein Elend und errette
mich; / denn ich vergesse dein Gesetz
nicht.
[154]Führe meine Sache und erlöse mich; /
erquicke mich durch dein Wort.
[155]Das Heil ist fern von den Gottlosen; /
denn sie achten deine Gebote nicht.
[156]HERR, deine Barmherzigkeit ist groß; /
erquicke mich nach deinem Recht.
[157]Meiner Verfolger und Widersacher
sind viele; / ich weiche aber nicht von dei-
nen Mahnungen.
[158]Ich sehe die Verächter, und es tut mir
wehe, / daß sie dein Wort nicht halten.
[159]Siehe, ich liebe deine Befehle; / HERR,
erquicke mich nach deiner Gnade.
[160][a]Dein Wort ist nichts als Wahrheit, /
alle Ordnungen deiner Gerechtigkeit wäh-
ren ewiglich.

a Joh 17,17

[161]¶Fürsten verfolgen mich ohne Grund; /
aber mein Herz fürchtet sich nur vor dei-
nen Worten.
[162]Ich freue mich über dein Wort / wie
einer, der große Beute macht.
[163]Lügen bin ich feind, und sie sind mir
ein Greuel; / aber dein Gesetz habe ich
lieb.
[164]Ich lobe dich des Tages siebenmal / um
deiner gerechten Ordnungen willen.
[165]Großen Frieden haben, die dein Gesetz
lieben; / sie werden nicht straucheln.
[166]HERR, ich warte auf dein Heil / und tue
nach deinen Geboten.
[167]Meine Seele hält sich an deine Mah-
nungen / und liebt sie sehr.
[168]Ich halte deine Befehle und deine

Mahnungen; / denn alle meine Wege lie-
gen offen vor dir.
169 ¶HERR, laß mein Klagen vor dich kom-
men; / unterweise mich nach deinem
Wort.
170 Laß mein Flehen vor dich kommen; /
errette mich nach deinem Wort.
171 Meine Lippen sollen dich loben; / denn
du lehrst mich deine Gebote.
172 Meine Zunge soll singen von deinem
Wort; / denn alle deine Gebote sind
gerecht.
173 Laß deine Hand mir beistehen; / denn
ich habe erwählt deine Befehle.
174 HERR, mich verlangt nach deinem
Heil, / und an deinem Gesetz habe ich
Freude.
175 Laß meine Seele leben, daß sie dich
lobe, / und dein Recht mir helfen.
176 Ich bin [a]wie ein verirrtes und verlo-
renes Schaf; / suche deinen Knecht, denn
ich vergesse deine Gebote nicht. *a* Jes 53,6

Hilferuf gegen Verleumder

120 EIN WALLFAHRTSLIED.
Ich rufe zu dem HERRN in mei-
ner Not, / und er erhört mich.
2 HERR, errette mich von den Lügenmäu-
lern, / von den falschen Zungen.
3 ¶Was soll er dir antun, du falsche
Zunge, / und was dir noch geben?
4 Scharfe Pfeile eines Starken / und feu-
rige Kohlen!
5 ¶Weh mir, daß ich weilen muß unter
Meschech; / ich muß wohnen bei den Zel-
ten Kedars!
6 Es wird meiner Seele lang, / zu wohnen
bei denen, die den Frieden hassen.
7 Ich [a]halte Frieden; aber wenn ich rede, /
so fangen sie Streit an. *a* Röm 12,18

Der treue Menschenhüter

121 EIN WALLFAHRTSLIED.
Ich hebe meine Augen auf zu den
Bergen. / Woher kommt mir Hilfe?*

* Luther übersetzte nach der lateinischen Übersetzung: »... zu den Bergen, von welchen mir Hilfe kommt.«

2 Meine Hilfe kommt vom HERRN, / der
Himmel und Erde gemacht hat.
3 ¶Er wird deinen Fuß nicht gleiten las-
sen, / und der dich behütet, schläft nicht.
4 Siehe, der Hüter Israels / schläft und
schlummert nicht.
5 ¶Der HERR behütet dich; / der HERR ist
dein Schatten über deiner rechten Hand,
6 daß dich des Tages die Sonne nicht ste-
che / noch der Mond des Nachts.
7 ¶[a]**Der HERR behüte dich vor allem Übel, /
er behüte deine Seele.**
a (7 und 8) 4.Mose 6,24-26
8 **Der HERR behüte deinen Ausgang und
Eingang / von nun an bis in Ewigkeit!**[a]
a 5.Mose 28,6

Ein Segenswunsch für Jerusalem

122 [a]VON DAVID, EIN WALLFAHRTSLIED.
Ich freute mich über die, die mir
sagten: / Lasset uns ziehen zum Hause
des HERRN! *a (1 und 2)* Ps 26,8; Hes 48,35
2 Nun stehen unsere Füße / in deinen
Toren, Jerusalem.
3 ¶Jerusalem ist gebaut als eine Stadt, / in
der man zusammenkommen soll,
4 wohin die Stämme hinaufziehen, / die
Stämme des HERRN,
wie es geboten ist dem Volke Israel, / zu
preisen den Namen des HERRN.
5 Denn dort stehen die Throne zum
Gericht, / die Throne des Hauses David.
6 ¶Wünschet Jerusalem [a]Glück! / Es
möge wohlgehen denen, die dich lie-
ben! *a* Sach 4,7
7 Es möge Friede sein in deinen Mauern /
und Glück in deinen Palästen!
8 Um meiner Brüder und Freunde wil-
len / will ich dir Frieden wünschen.
9 Um des Hauses des HERRN willen, unse-
res Gottes, / will ich dein Bestes suchen.

Aufblick zu Gottes Gnade

123 EIN WALLFAHRTSLIED.
Ich hebe meine Augen auf zu
dir, / der du im Himmel wohnest.
2 Siehe, wie die Augen der Knechte / auf
die Hände ihrer Herren sehen,
wie die Augen der Magd / auf die Hände
ihrer Frau,
so sehen unsre Augen auf den HERRN,
unsern Gott, / bis er uns gnädig werde.
3 ¶Sei uns gnädig, HERR, sei uns gnädig; /
denn allzusehr litten wir Verachtung.
4 Allzusehr litt unsere Seele den Spott der
Stolzen / und die Verachtung der Hoffärti-
gen.

Der Helfer in der Not

124 VON DAVID, EIN WALLFAHRTSLIED.
Wäre der HERR nicht bei uns /
– so sage Israel –,

2 wäre der HERR nicht bei uns, / wenn
Menschen wider uns aufstehen,
3 so verschlängen sie uns lebendig, / wenn
ihr Zorn über uns entbrennt;
4 so [a]ersäufte uns Wasser, / Ströme gin-
gen [b]über unsre Seele, *a* Ps 69,16 *b* Ps 42,8
5 es gingen Wasser / hoch über uns hin-
weg.
6 ¶ Gelobt sei der HERR, daß er uns nicht
gibt / zum Raub in ihre Zähne!
7 Unsre Seele ist entronnen wie ein Vogel
dem Netze des Vogelfängers; / das Netz
ist zerrissen, und wir sind frei.
8 ¶ Unsre Hilfe steht im Namen des
HERRN, / der Himmel und Erde gemacht
hat.

Der Herr ist um sein Volk her

125 EIN WALLFAHRTSLIED.
Die auf den HERRN hoffen, wer-
den nicht fallen, / sondern ewig bleiben
wie der Berg Zion.
2 Wie um Jerusalem Berge sind, / so ist
der HERR um sein Volk her von nun an bis
in Ewigkeit.
3 ¶ Denn der Gottlosen Zepter wird nicht
bleiben über dem Erbteil der Gerechten, /
damit die Gerechten ihre Hand nicht aus-
strecken zur Ungerechtigkeit.
4 ¶ HERR, tu wohl den Guten / und denen,
die frommen Herzens sind.
5 Die aber abweichen auf ihre krummen
Wege, wird der HERR dahinfahren lassen
mit den Übeltätern. / [a]Friede sei über
Israel! *a* Ps 128,6; Gal 6,16

Der Herr erlöst seine Gefangenen

126 [a]EIN WALLFAHRTSLIED.
Wenn der HERR die Gefangenen
Zions erlösen wird, / so werden wir sein
wie die Träumenden. *a (1 und 2)* Ps 14,7
2 Dann wird unser Mund voll Lachens /
und unsre Zunge voll Rühmens sein.
Dann wird man sagen unter den Hei-
den: / Der HERR hat Großes an ihnen
getan!
3 ¶ Der HERR hat Großes an uns getan; /
des sind wir fröhlich.
4 ¶ HERR, bringe zurück unsre Gefange-
nen, / wie du die Bäche wiederbringst im
Südland.
5 **Die mit Tränen säen, / werden mit Freu-**
den ernten.[a] *a* Mt 5,4
6 **Sie gehen hin und weinen / und streuen**
ihren Samen
und [a]kommen mit Freuden / und bringen
ihre Garben. *a* Jes 35,10

An Gottes Segen ist alles gelegen

127 VON SALOMO, EIN WALLFAHRTS-
LIED.
Wenn der HERR nicht das Haus baut, / so
arbeiten umsonst, die daran bauen.
Wenn der HERR nicht die Stadt behütet, /
so wacht der Wächter umsonst.
2 Es ist umsonst, daß ihr früh aufsteht /
und hernach lange sitzet
und esset euer Brot mit Sorgen; / denn
[a]seinen Freunden gibt er es im Schlaf.
a Spr 10,22
3 ¶ Siehe, Kinder sind eine Gabe des
HERRN, / und Leibesfrucht ist ein Ge-
schenk.[a] *a* Ps 128,3.4; 1.Mose 30,2; 33,5
4 Wie Pfeile in der Hand eines Starken, /
so sind die Söhne der Jugendzeit.
5 Wohl dem, der seinen Köcher mit ihnen
gefüllt hat! / Sie werden nicht zuschanden,
wenn sie mit ihren Feinden verhandeln im
Tor.

Gesegneter Hausstand

128 EIN WALLFAHRTSLIED.
Wohl dem, der den HERRN fürch-
tet / und auf seinen Wegen geht!
2 Du wirst dich nähren von deiner Hände
Arbeit; / wohl dir, du hast's gut.
3 ¶ Deine Frau wird sein wie ein fruchtba-
rer Weinstock / drinnen in deinem Hause,
deine Kinder wie junge Ölbäume / um
deinen Tisch her.[a] *a* Ps 127,3
4 Siehe, so wird gesegnet der Mann, / der
den HERRN fürchtet.
5 ¶ Der HERR wird dich segnen aus Zion, /
daß du siehst das Glück Jerusalems dein
Leben lang
6 und [a]siehst Kinder deiner Kinder. /
[b]Friede sei über Israel!
a 1.Mose 48,11 *b* Ps 125,5

Hilferuf des bedrängten Israel

129 EIN WALLFAHRTSLIED.
Sie haben mich oft bedrängt von
meiner Jugend auf / – so sage Israel –,
2 sie haben mich oft bedrängt von meiner
Jugend auf; / aber sie haben mich nicht
überwältigt.
3 Die Pflüger haben [a]auf meinem Rük-
ken geackert / und ihre Furchen langgezo-
gen. *a* Jes 51,23

[4] Der HERR, der gerecht ist, / hat der Gott-
losen Stricke zerhauen.
[5] ¶ Ach daß zuschanden würden und
zurückwichen / alle, die Zion gram sind!
[6] Ach daß sie würden wie das Gras auf
den Dächern, / das verdorrt, ehe man es
ausrauft,
[7] mit dem der Schnitter seine Hand nicht
füllt / noch der Garbenbinder seinen Arm;
[8] und keiner, der vorübergeht, soll spre-
chen: [a] Der Segen des HERRN sei über
euch! / Wir segnen euch im Namen des
HERRN.

a Rut 2,4

Aus tiefer Not
(Der sechste Bußpsalm)

130 EIN WALLFAHRTSLIED.
Aus der Tiefe rufe ich, HERR, zu dir.
[2] Herr, höre meine Stimme! / Laß deine
Ohren merken auf die Stimme meines Fle-
hens!
[3] Wenn du, HERR, Sünden anrechnen
willst – / Herr, wer wird bestehen?
[4] Denn bei dir ist die [a] Vergebung, / daß
man dich fürchte.

a Jes 55,7; Röm 6,1.2

[5] ¶ [a] Ich harre des HERRN, meine Seele
harret, / und ich hoffe auf sein Wort.

a (5 und 6) Jes 21,11; Lk 12,35.36

[6] Meine Seele wartet auf den Herrn /
mehr als die Wächter auf den Morgen;*
mehr als die Wächter auf den Morgen /

* Luther übersetzte: »Meine Seele wartet auf den Herrn von einer Morgenwache bis zur andern.«

[7] hoffe Israel auf den HERRN!
Denn bei dem HERRN ist die Gnade / und
viel Erlösung bei ihm.
[8] Und er wird Israel erlösen / aus allen
seinen Sünden.[a]

a Mt 1,21

Kindliche Ergebung

131 VON DAVID, EIN WALLFAHRTSLIED.
HERR, mein Herz ist nicht hof-
färtig, / und meine Augen sind nicht
stolz.
Ich gehe nicht um mit großen Dingen, /
die mir zu wunderbar sind.
[2] Fürwahr, [a] meine Seele ist still und ruhig
geworden / wie ein kleines Kind bei seiner
Mutter;
wie ein kleines Kind, / so ist meine Seele
in mir.

a Ps 62,2

[3] ¶ Israel, hoffe auf den HERRN / von nun
an bis in Ewigkeit!

Davids Haus und das Heiligtum auf Zion

132 EIN WALLFAHRTSLIED.
Gedenke, HERR, an David / und
all seine Mühsal,
[2] der dem HERRN einen Eid schwor / und
gelobte dem Mächtigen Jakobs:
[3] [a] Ich will nicht in mein Haus gehen /
noch mich aufs Lager meines Bettes
legen,

a (3-5) 2.Sam 7,2; Apg 7,46

[4] ich will meine Augen nicht schlafen las-
sen / noch meine Augenlider schlummern,
[5] bis ich eine Stätte finde für den HERRN, /
eine Wohnung für den Mächtigen Jakobs.
[6] ¶ Siehe, wir hörten von ihr in Efrata, /
wir haben sie gefunden im Gefilde von
Jaar.
[7] Wir wollen in seine Wohnung gehen /
und anbeten vor dem Schemel seiner
Füße.
[8] HERR, [a] mache dich auf zur Stätte dei-
ner Ruhe, / du und [b] die Lade deiner
Macht!

a 4.Mose 10,35; 2.Chr 6,41 b Ps 78,61

[9] Deine Priester laß sich kleiden mit
Gerechtigkeit / und deine Heiligen sich
freuen.
[10] Weise nicht ab das Antlitz deines
Gesalbten / um deines Knechtes David
willen!
[11] ¶ Der HERR hat David [a] einen Eid
geschworen, / davon wird er sich wahrlich
nicht wenden:
Ich will dir auf deinen Thron setzen /
einen, der von deinem Leibe kommt.

a Ps 89,4.5; Hebr 6,17

[12] Werden deine Söhne meinen Bund hal-
ten / und mein Gebot, das ich sie lehren
werde,
so sollen auch ihre Söhne / auf deinem
Thron sitzen ewiglich.
[13] ¶ Denn der HERR hat Zion erwählt, /
und [a] es gefällt ihm, dort zu wohnen.

a Ps 68,17; 76,3

[14] »Dies ist die Stätte meiner Ruhe ewig-
lich; / hier will ich wohnen, denn das
gefällt mir.
[15] Ich will ihre Speise segnen / und ihren
Armen Brot genug geben.
[16] Ihre Priester will ich mit Heil kleiden, /
und ihre Heiligen sollen fröhlich sein.
[17] Dort soll dem David aufgehen ein
mächtiger Sproß, / ich habe [a] meinem
Gesalbten eine [b] Leuchte zugerichtet;

a 1.Sam 2,10 b 1.Kön 11,36

[18] seine Feinde will ich in Schande klei-

den, / aber über ihm soll blühen seine
Krone.«

Segen der brüderlichen Eintracht

133 VON DAVID, EIN WALLFAHRTSLIED.
**Siehe, wie fein und lieblich ist's, /
wenn [a]Brüder einträchtig beieinander woh-
nen!** a 1.Mose 13,8
2 Es ist wie das feine [a]Salböl auf dem
Haupte Aarons, das herabfließt in seinen
Bart, / das herabfließt zum Saum seines
Kleides, a 2.Mose 29,7; 30,23-30
3 wie der Tau, der vom Hermon herab-
fällt / auf die Berge Zions!
Denn dort verheißt der HERR den Segen /
und Leben bis in Ewigkeit.

Nächtliches Loblied im Tempel

134 EIN WALLFAHRTSLIED.
Wohlan, lobet den HERRN, alle
Knechte des HERRN, / die ihr steht des
Nachts im Hause des HERRN!
2 Hebet eure Hände auf im Heiligtum /
und lobet den HERRN!
3 Der HERR segne dich aus Zion, / der
Himmel und Erde gemacht hat![a] a Ps 115,15

Anbetung des lebendigen Gottes

135 Halleluja! Lobet den Namen des
HERRN, / lobet, ihr Knechte des
HERRN,
2 die ihr steht im Hause des HERRN, / in
den Vorhöfen am Hause unsres Gottes!
3 Lobet den HERRN, denn der HERR ist
freundlich; / lobsinget seinem Namen,
denn er ist lieblich!
4 Denn der HERR hat sich Jakob erwählt, /
Israel zu seinem Eigentum.[a] a 2.Mose 19,5.6
5 ¶Ja, ich weiß, daß der HERR groß ist /
und [a]unser Herr über allen Göttern.
a Ps 86,8
6 Alles, was er will, das tut er / im Him-
mel und auf Erden, im Meer und in allen
Tiefen;
7 der die Wolken läßt aufsteigen vom
Ende der Erde, der die Blitze samt dem
Regen macht, / der den Wind herausführt
aus seinen Kammern;[a] a Jer 10,13
8 der [a]die Erstgeburten schlug in Ägyp-
ten / bei den Menschen und beim Vieh
a 2.Mose 12,29
9 und ließ [a]Zeichen und Wunder kom-
men über dich, Ägyptenland, / über den
Pharao und alle seine Knechte; a Ps 78,42-52
10 [a]der viele Völker schlug / und tötete
mächtige Könige, a (10-12) 4.Mose 21,21-35
11 Sihon, den König der Amoriter, und Og,
den König von Baschan, / und alle König-
reiche in Kanaan,
12 und [a]gab ihr Land zum Erbe, / zum
Erbe seinem Volk Israel. a Jos 12,1-6
13 ¶HERR, [a]dein Name währet ewiglich, /
dein Ruhm, HERR, währet für und für.
a Ps 102,13
14 Denn [a]der HERR schafft Recht seinem
Volk / und wird seinen Knechten gnädig
sein. a 5.Mose 32,36
15 ¶[a]Die Götzen der Heiden sind Silber
und Gold, / gemacht von Menschenhän-
den. a (15-20) Ps 115,4-11
16 Sie haben Mäuler und reden nicht, / sie
haben Augen und sehen nicht,
17 sie haben Ohren und hören nicht, / auch
ist kein Odem in ihrem Munde.
18 Die solche Götzen machen, sind ihnen
gleich, / alle, die auf sie hoffen.
19 ¶Das Haus Israel lobe den HERRN! /
Lobet den HERRN, ihr vom Hause Aaron!
20 Ihr vom Hause Levi, lobet den HERRN! /
Die ihr den HERRN fürchtet, lobet den
HERRN!
21 Gelobt sei der HERR aus Zion, / der zu
Jerusalem wohnt! Halleluja!

Gottes Wunder in seiner Schöpfung und in der Geschichte seines Volkes

136 [a]Danket dem HERRN; denn er ist
freundlich, / denn seine Güte wäh-
ret ewiglich. a Ps 106,1
2 Danket dem Gott aller Götter, / denn
seine Güte währet ewiglich.
3 Danket dem Herrn aller Herren, / denn
seine Güte währet ewiglich.
4 ¶Der allein große Wunder tut, / denn
seine Güte währet ewiglich.
5 Der die Himmel mit Weisheit gemacht
hat, / denn seine Güte währet ewiglich.
6 Der die Erde über den Wassern ausge-
breitet hat, / denn seine Güte währet ewig-
lich.
7 [a]Der große Lichter gemacht hat, / denn
seine Güte währet ewiglich:
a (7-9) 1.Mose 1,14-18
8 die Sonne, den Tag zu regieren, / denn
seine Güte währet ewiglich;
9 den Mond und die Sterne, die Nacht zu

regieren, / denn seine Güte währet ewig-
lich.
10 ¶ [a]Der die Erstgeborenen schlug in
Ägypten, / denn seine Güte währet ewig-
lich; *a (10-16)* Ps 135,8-12
11 und führte Israel von dort heraus, /
denn seine Güte währet ewiglich;
12 mit starker Hand und ausgerecktem
Arm, / denn seine Güte währet ewiglich.
13 Der das Schilfmeer teilte in zwei Teile, /
denn seine Güte währet ewiglich;
14 und ließ Israel mitten hindurchgehen, /
denn seine Güte währet ewiglich;
15 der den Pharao und sein Heer ins Schilf-
meer stieß, / denn seine Güte währet ewig-
lich.
16 ¶ Der sein Volk führte durch die
Wüste, / denn seine Güte währet ewiglich.
17 [a]Der große Könige schlug, / denn seine
Güte währet ewiglich; *a (17-22)* 4.Mose 21,23-35
18 und brachte mächtige Könige um, /
denn seine Güte währet ewiglich;
19 Sihon, den König der Amoriter, / denn
seine Güte währet ewiglich;
20 und Og, den König von Baschan, / denn
seine Güte währet ewiglich;
21 und gab ihr Land zum Erbe, / denn
seine Güte währet ewiglich;
22 zum Erbe seinem Knecht Israel, / denn
seine Güte währet ewiglich.
23 Der an uns dachte, als wir unterdrückt
waren, / denn seine Güte währet ewiglich;
24 und uns erlöste von unsern Feinden, /
denn seine Güte währet ewiglich.
25 Der [a]Speise gibt allem Fleisch, / denn
seine Güte währet ewiglich. *a* Ps 145,15
26 ¶ Danket dem Gott des Himmels, /
denn seine Güte währet ewiglich.

Klage der Gefangenen zu Babel

137 An den Wassern zu Babel saßen
wir und weinten, / wenn wir an
Zion gedachten.
2 Unsere Harfen hängten wir / an die Wei-
den dort im Lande.
3 Denn die uns gefangenhielten, / hießen
uns dort singen
und in unserm Heulen fröhlich sein: /
»Singet uns ein Lied von Zion!«
4 ¶ Wie könnten wir des HERRN Lied sin-
gen / in fremdem Lande?
5 [a]Vergesse ich dich, Jerusalem, / so ver-
dorre meine Rechte. *a* Jer 51,50
6 Meine Zunge soll an meinem Gaumen
kleben, / wenn ich deiner nicht gedenke,
wenn ich nicht lasse Jerusalem / meine
höchste Freude sein.
7 ¶ HERR, [a]vergiß den Söhnen Edom
nicht, was sie sagten am Tage Jerusalems: /
»Reißt nieder, reißt nieder bis auf den
Grund!« *a* Ps 79,12; Obd 10-15
8 Tochter Babel, du Verwüsterin, / wohl
dem, der dir vergilt, was du uns angetan
hast!
9 Wohl dem, der [a]deine jungen Kinder
nimmt / und sie am Felsen zerschmet-
tert![b] *a* Jes 13,16 *b* Röm 12,19

Dank für Gottes Hilfe

138 VON DAVID.
Ich danke dir von ganzem Her-
zen, / vor den Göttern will ich dir lobsin-
gen.
2 Ich will anbeten vor deinem heiligen
Tempel / und deinen Namen preisen für
deine Güte und Treue;
denn du hast deinen Namen und dein
Wort / herrlich gemacht über alles.
3 Wenn ich dich anrufe, so erhörst du
mich / und gibst meiner Seele große Kraft.
4 ¶ Es danken dir, HERR, alle Könige auf
Erden, / [a]daß sie hören das Wort deines
Mundes; *a* Jes 2,3
5 sie singen von den Wegen des HERRN, /
daß die Herrlichkeit des HERRN so groß
ist.
6 Denn der HERR ist hoch und sieht auf
den Niedrigen / und kennt den Stolzen von
ferne.
7 ¶ Wenn ich mitten in der Angst wandle, /
so erquickest du mich
und reckst deine Hand gegen den Zorn
meiner Feinde / und hilfst mir mit deiner
Rechten.
8 Der HERR wird meine Sache hinausfüh-
ren. HERR, deine Güte ist ewig. / Das Werk
deiner Hände wollest du nicht lassen.

Gott der Allwissende und Allgegenwärtige

139 [a]EIN PSALM DAVIDS, VORZUSINGEN.
HERR, du erforschest mich / und
kennest mich. *a (1 und 2)* Ps 7,10; Jer 17,10
2 Ich sitze oder stehe auf, so weißt du
es; / du verstehst meine Gedanken von
ferne.
3 Ich gehe oder liege, so bist du um mich /
und siehst alle meine Wege.
4 Denn siehe, es ist kein Wort auf meiner

Zunge, / das du, HERR, nicht schon wüß-
test.
5 Von allen Seiten umgibst du mich / und
hältst deine Hand über mir.
6 Diese Erkenntnis ist mir zu wunderbar
und zu hoch, / ich kann sie nicht begrei-
fen.
7 ¶Wohin soll ich gehen vor deinem
Geist, / und wohin soll ich fliehen vor dei-
nem Angesicht?
8 Führe ich gen Himmel, so bist du da; /
bettete ich mich bei den Toten, siehe, so
bist du auch da.[a] *a* Am 9,2
9 Nähme ich Flügel der Morgenröte / und
[a]bliebe am äußersten Meer, *a* Jona 1,3
10 so würde auch dort deine Hand mich
führen / und deine Rechte mich halten.
11 [a]Spräche ich: Finsternis möge mich
decken / und Nacht statt Licht um mich
sein –, *a (11 und 12)* Hiob 34,22
12 so wäre auch Finsternis nicht finster bei
dir, / und die Nacht leuchtete wie der Tag.
Finsternis ist wie das Licht.
13 ¶Denn du hast meine Nieren bereitet /
und hast mich gebildet im Mutterleibe.
14 Ich danke dir dafür, / daß ich wunder-
bar gemacht bin;
wunderbar sind deine Werke; / das er-
kennt meine Seele.
15 Es war dir mein Gebein nicht verbor-
gen, als ich im Verborgenen gemacht
wurde, / als ich gebildet wurde unten in
der Erde.
16 Deine Augen sahen mich, / als ich noch
nicht bereitet war,
und [a]alle Tage waren in dein Buch
geschrieben, / die noch werden sollten und
von denen keiner da war. *a* Ps 31,16
17 ¶Aber [a]wie schwer sind für mich, Gott,
deine Gedanken! / Wie ist ihre Summe so
groß! *a* Ps 40,6
18 Wollte ich sie zählen, so wären sie mehr
als der Sand: / [a]Am Ende bin ich noch
immer bei dir. *a* Ps 63,7
19 ¶Ach Gott, wolltest du doch die Gott-
losen töten! / Daß doch die Blutgierigen
von mir wichen!
20 Denn sie reden von dir lästerlich, / und
deine Feinde erheben sich mit frechem
Mut.
21 Sollte ich nicht hassen, HERR, die dich
hassen, / und verabscheuen, die sich gegen
dich erheben?
22 Ich hasse sie mit ganzem Ernst; / sie
sind mir zu Feinden geworden.
23 **¶Erforsche mich, Gott, und erkenne
mein Herz; / prüfe mich und erkenne, wie
ich's meine.**
24 **Und sieh, ob ich auf bösem Wege bin, /
und leite mich auf ewigem Wege.**

Bitte um Rettung vor boshaften Feinden

140 EIN PSALM DAVIDS, VORZUSINGEN.
2 Errette mich, HERR, von den
bösen Menschen; / behüte mich vor den
Gewalttätigen,
3 die Böses planen in ihrem Herzen / und
täglich Streit erregen.
4 Sie haben scharfe Zungen wie Schlan-
gen, / [a]Otterngift ist unter ihren Lippen.
SELA. *a* Röm 3,13
5 Bewahre mich, HERR, vor der Hand der
Gottlosen; / behüte mich vor den Gewalt-
tätigen, die mich zu Fall bringen wollen.
6 Die Hoffärtigen legen mir Schlingen und
breiten Stricke aus zum Netz / und stellen
mir Fallen auf den Weg. SELA.
7 ¶Ich aber sage zum HERRN: [a]Du bist
mein Gott; / HERR, vernimm die Stimme
meines Flehens! *a* Ps 22,11
8 HERR, meine starke Hilfe, / du be-
schirmst mein Haupt zur Zeit des Streits.
9 HERR, gib dem Gottlosen nicht, was er
begehrt! / Was er sinnt, laß nicht gelingen,
sie könnten sich sonst überheben. SELA.
10 Das Unglück, über das meine Feinde
beraten, / komme über sie selber.
11 Er möge feurige Kohlen über sie schüt-
ten; / er möge sie stürzen in Gruben, daß
sie nicht mehr aufstehen.
12 ¶Ein böses Maul wird kein Glück haben
auf Erden; / ein frecher, böser Mensch
wird verjagt und gestürzt werden.
13 Denn ich weiß, daß der HERR des Elen-
den Sache führen / und den Armen Recht
schaffen wird.
14 Ja, die Gerechten werden deinen Na-
men preisen, / und die Frommen werden
vor deinem Angesicht bleiben.

Bitte um Bewahrung

141 EIN PSALM DAVIDS.
HERR, ich rufe zu dir, eile zu
mir; / vernimm meine Stimme, wenn ich
dich anrufe.
2 Mein Gebet möge vor dir gelten als ein
[a]Räucheropfer, / das Aufheben meiner
Hände als ein [b]Abendopfer.
a 2.Mose 30,7 *b* 2.Mose 29,39

3 HERR, behüte meinen Mund / und
bewahre meine Lippen![a] *a* Ps 39,2; Jak 3,5.6
4 Neige mein Herz nicht zum Bösen,
gottlos zu leben mit den Übeltätern; / ich
mag nicht essen von ihren leckeren Speisen.
5 ¶Der Gerechte schlage mich freundlich
und [a]weise mich zurecht; / das wird mir
wohltun wie Balsam auf dem Haupte.
Mein Haupt wird sich dagegen nicht wehren. / Doch ich bete stets, daß jene mir
nicht Schaden tun. *a* 3.Mose 19,17; Spr 27,5.6
6 Ihre Anführer sollen hinabgestürzt werden vom Felsen; / dann wird man merken,
wie richtig meine Worte gewesen sind.
7 Ihre Gebeine werden zerstreut bis zur
Pforte des Todes, / wie wenn einer das
Land pflügt und zerwühlt.
8 Ja, auf dich, HERR, sehen meine Augen; / ich traue auf dich, gib mich nicht in
den Tod dahin.
9 Bewahre mich vor der Schlinge, die sie
mir gelegt haben, / und vor der Falle der
Übeltäter.
10 Die Gottlosen sollen miteinander in ihr
eigenes Netz fallen; / mich aber laß entrinnen.

Hilferuf in schwerer Bedrängnis

142 EINE UNTERWEISUNG DAVIDS, [a]ALS
ER IN DER HÖHLE WAR, EIN GEBET.
a 1.Sam 24,4
2 Ich schreie zum HERRN mit meiner
Stimme, / ich flehe zum HERRN mit meiner Stimme.
3 Ich schütte meine Klage vor ihm aus /
und zeige an vor ihm meine Not.
4 Wenn mein Geist in Ängsten ist, / so
nimmst du dich meiner an.
Sie legen mir Schlingen / auf dem Wege,
den ich gehe.
5 Schau zur Rechten und sieh: / da will
niemand mich kennen.
Ich kann nicht entfliehen, / niemand
nimmt sich meiner an.
6 ¶HERR, zu dir schreie ich und sage: Du
bist meine Zuversicht, / mein Teil [a]im
Lande der Lebendigen. *a* Ps 27,13
7 Höre auf meine Klage, / denn ich werde
sehr geplagt.
Errette mich von meinen Verfolgern, /
denn sie sind mir zu mächtig.
8 Führe mich aus dem Kerker, / daß ich
preise deinen Namen.
Die Gerechten werden sich zu mir sammeln, / wenn du mir wohltust.

Bitte um Verschonung und Leitung (Der siebente Bußpsalm)

143 EIN PSALM DAVIDS.
HERR, erhöre mein Gebet, vernimm mein Flehen um deiner Treue willen, / erhöre mich um deiner Gerechtigkeit willen,
2 und **geh nicht ins Gericht mit deinem
Knecht; / denn [a]vor dir ist kein Lebendiger
gerecht.** *a* Ps 130,3; Hiob 9,2; Röm 3,20
3 Denn der Feind verfolgt meine Seele /
und schlägt mein Leben zu Boden,
er legt mich ins Finstere / wie die, die
lange schon tot sind.
4 Und mein Geist ist in Ängsten, / mein
Herz ist erstarrt in meinem Leibe.
5 ¶Ich [a]denke an die früheren Zeiten; ich
sinne nach über all deine Taten / und spreche von den Werken deiner Hände.
a Ps 77,6
6 Ich breite meine Hände aus zu dir, /
[a]meine Seele dürstet nach dir wie ein
dürres Land. SELA. *a* Ps 42,2.3
7 HERR, erhöre mich bald, mein Geist vergeht; / verbirg dein Antlitz nicht vor mir,
daß ich nicht gleich werde denen, / die in
die Grube fahren.
8 Laß mich am Morgen hören deine
Gnade; / denn ich hoffe auf dich.
Tu mir kund den Weg, den ich gehen
soll; / denn mich verlangt nach dir.
9 Errette mich, mein Gott, von meinen
Feinden; / zu dir nehme ich meine Zuflucht.
10 **¶Lehre mich tun nach deinem Wohlgefallen, denn du bist mein Gott; / dein guter
Geist führe mich auf ebner Bahn.**
11 HERR, erquicke mich um deines
Namens willen; / führe mich aus der Not
um deiner Gerechtigkeit willen,
12 und vernichte meine Feinde um deiner
Güte willen / und bringe alle um, die mich
bedrängen; denn ich bin dein Knecht.

Gebet um Rettung und Wohlstand

144 VON DAVID.
Gelobt sei der HERR, mein Fels, /
der meine Hände kämpfen lehrt und
meine Fäuste, Krieg zu führen,
2 meine Hilfe und meine [a]Burg, / mein
Schutz und mein Erretter,

mein Schild, auf den ich traue, / der Völ-
ker unter mich zwingt. *a* Ps 18,3
3 ¶ HERR, was ist der Mensch, daß du dich
seiner annimmst, / und des Menschen
Kind, daß du ihn so beachtest?
4 Ist doch der Mensch gleich wie nichts; /
seine Zeit fährt dahin [a] wie ein Schatten.
a Hiob 14,2
5 ¶ [a] HERR, neige deinen Himmel und
fahre herab; / rühre die Berge an, daß sie
rauchen. *a (5-7)* Ps 18,10-17
6 Sende Blitze und streue sie aus, schick
deine Pfeile und jage sie dahin, /
7 streck aus deine Hand von der Höhe.
ERLÖSE MICH UND ERRETTE MICH AUS
GROSSEN WASSERN, / AUS DER HAND DER
FREMDEN,
8 DEREN MUND UNNÜTZ REDET / UND
DEREN RECHTE HAND TRÜGT.
9 ¶ Gott, ich will dir [a] ein neues Lied sin-
gen, / ich will dir spielen auf dem Psalter
von zehn Saiten, *a* Ps 33,3
10 der du den Königen Sieg gibst / und
erlösest deinen Knecht David vom mör-
derischen Schwert.
11 ERLÖSE MICH UND ERRETTE MICH / AUS
DER HAND DER FREMDEN,
DEREN MUND FALSCHES REDET / UND
DEREN RECHTE HAND TRÜGT.
12 ¶ Unsere Söhne seien wie Pflanzen,
die aufschießen in ihrer Jugendkraft – /
unsere Töchter wie Säulen, geschnitzt für
Paläste –
13 unsere Kammern gefüllt, / daß sie Vor-
rat geben, einen nach dem andern –
unsere Schafe, daß sie Tausende werfen /
und Zehntausende auf unsern Triften –
14 unsere Rinder, daß sie tragen ohne
Schaden und Verlust – / und kein Klagege-
schrei sei auf unsern Gassen. –
15 Wohl dem Volk, dem es so ergeht! /
[a] Wohl dem Volk, dessen Gott der HERR
ist! *a* 5.Mose 33,29

Gottes ewige Güte

145 EIN LOBLIED DAVIDS.
Ich will dich erheben, mein Gott,
du König, / und deinen Namen loben
immer und ewiglich.
2 Ich will dich täglich loben / und deinen
Namen rühmen immer und ewiglich.
3 Der HERR ist groß und sehr zu loben, /
und seine Größe ist unausforschlich.
4 Kindeskinder werden deine Werke prei-
sen / und deine gewaltigen Taten verkün-
digen.
5 Sie sollen reden von deiner hohen, herr-
lichen Pracht / und deinen Wundern nach-
sinnen; [a] *a* Ps 19,2-7
6 sie sollen reden von deinen mächtigen
Taten / und erzählen von deiner Herrlich-
keit;
7 sie sollen preisen deine große Güte /
und deine Gerechtigkeit rühmen.
8 ¶ **Gnädig und barmherzig ist der HERR, /**
geduldig und von großer Güte. [a]
a 2.Mose 34,6
9 [a] Der HERR ist allen gütig / und erbarmt
sich aller seiner Werke. *a (9 und 10)* Jes 64,7
10 Es sollen dir danken, HERR, alle deine
Werke / und deine Heiligen dich loben
11 und die Ehre deines Königtums rüh-
men / und von deiner Macht reden,
12 daß den Menschen deine gewaltigen
Taten kundwerden / und die herrliche
Pracht deines Königtums.
13 Dein Reich ist ein ewiges Reich, / und
deine Herrschaft währet für und für.
¶ Der HERR ist getreu in all seinen Wor-
ten / und gnädig in allen seinen Werken.*

* Die zweite Hälfte dieses Verses, die nur in einem Teil der Handschriften überliefert ist, stellt den N-Vers des im Hebräischen nach dem ABC geordneten Psalms dar.

14 Der HERR hält alle, die da fallen, / und
[a] richtet alle auf, die niedergeschlagen
sind. *a* Ps 146,8
15 [a] **Aller Augen warten auf dich, / und du**
gibst ihnen ihre Speise zur rechten Zeit.
a (15 und 16) Ps 104,27.28; 136,25
16 **Du tust deine Hand auf / und sättigst**
alles, was lebt, nach deinem Wohlgefallen.
17 Der HERR ist gerecht in allen seinen
Wegen / und gnädig in allen seinen Wer-
ken.
18 **Der HERR ist nahe allen, die ihn anru-**
fen, / allen, die ihn ernstlich anrufen.
19 Er tut, [a] was die Gottesfürchtigen be-
gehren, / und hört ihr Schreien und hilft
ihnen. *a* Spr 10,24
20 Der HERR behütet alle, die ihn lieben, /
und wird vertilgen alle Gottlosen.
21 Mein Mund soll des HERRN Lob ver-
kündigen, / und alles Fleisch lobe seinen
heiligen Namen immer und ewiglich.

Gottes ewige Treue

146 Halleluja! Lobe den HERRN,
meine Seele!
2 Ich will den HERRN loben, solange ich

lebe, / und meinem Gott lobsingen, so-
lange ich bin.
3 [a]Verlasset euch nicht auf Fürsten; / sie
sind Menschen, die können ja nicht hel-
fen. *a* Ps 118,8.9; Jer 17,5
4 Denn des Menschen Geist muß davon,
und [a]er muß wieder zu Erde werden; /
dann sind verloren alle seine Pläne.
a 1.Mose 3,19; Pred 3,20
5 ¶ Wohl dem, dessen Hilfe der Gott
Jakobs ist, / der seine Hoffnung setzt auf
den HERRN, seinen Gott,[a] *a* Jer 17,7
6 der Himmel und Erde gemacht hat, / das
Meer und alles, was darinnen ist;
der Treue hält ewiglich,
7 der Recht schafft denen, die Gewalt lei-
den, / der die Hungrigen speiset.
¶ Der HERR macht die Gefangenen frei. /
8 Der HERR macht die Blinden sehend.
[a]Der HERR richtet auf, die niedergeschla-
gen sind. / Der HERR liebt die Gerechten.
a Ps 145,14
9 [a]Der HERR behütet die Fremdlinge und
erhält Waisen und Witwen; / aber die Gott-
losen führt er in die Irre. *a* 2.Mose 22,20.21
10 ¶ Der HERR ist [a]König ewiglich, / dein
Gott, Zion, für und für. Halleluja! *a* Ps 93,1

Gottes Walten in der Schöpfung und in Israels Geschichte

147 Halleluja! Lobet den HERRN!
Denn [a]unsern Gott loben, das ist
ein köstlich Ding, / ihn loben ist lieblich
und schön. *a* Ps 92,2
2 ¶ Der HERR baut Jerusalem auf / und
bringt zusammen die Verstreuten Israels.
3 Er heilt, die [a]zerbrochenen Herzens
sind, / und verbindet ihre Wunden.
a Jes 61,1
4 Er zählt die Sterne / und [a]nennt sie alle
mit Namen. *a* Jes 40,26
5 Unser Herr ist groß und von großer
Kraft, / und unbegreiflich ist, wie er regiert.
6 Der HERR richtet die Elenden auf / und
stößt die Gottlosen zu Boden.[a] *a* Lk 1,52
7 ¶ Singt dem HERRN ein Danklied / und
lobt unsern Gott mit Harfen,
8 der den Himmel mit Wolken bedeckt
und Regen gibt auf Erden; / der Gras auf
den Bergen wachsen läßt,
9 der dem Vieh sein Futter gibt, / [a]den
jungen Raben, die zu ihm rufen.
a Hiob 38,41
10 Er hat keine Freude an der Stärke des
Rosses / und kein Gefallen an den Schen-
keln des Mannes.
11 Der HERR hat Gefallen an denen, die
ihn fürchten, / die auf seine Güte hoffen.
12 ¶ Preise, Jerusalem, den HERRN; / lobe,
Zion, deinen Gott!
13 Denn er macht fest die Riegel deiner
Tore / und segnet deine Kinder in deiner
Mitte.
14 Er schafft deinen Grenzen Frieden /
und sättigt dich mit dem besten Weizen.
15 [a]Er sendet sein Gebot auf die Erde, /
sein Wort läuft schnell. *a (15-18)* Hiob 38,22-30
16 Er gibt Schnee wie Wolle, / er streut
Reif wie Asche.
17 Er wirft seine Schloßen herab wie Brok-
ken; / wer kann bleiben vor seinem Frost?
18 Er sendet sein Wort, da schmilzt der
Schnee; / er läßt seinen Wind wehen, da
taut es.
19 [a]Er verkündigt Jakob sein Wort, / Israel
seine Gebote und sein Recht.
a (19 und 20) 5.Mose 4,8; Apg 14,16-17; Röm 3,2
20 So hat er an keinem Volk getan; / sein
Recht kennen sie nicht. Halleluja!

Gottes Lob im Himmel und auf Erden

148 [a]Halleluja! Lobet im Himmel den
HERRN, / lobet ihn in der Höhe!
a (1 und 2) Ps 103,20-22
2 Lobet ihn, alle seine Engel, / lobet ihn,
all sein Heer!
3 [a]Lobet ihn, Sonne und Mond, / lobet
ihn, alle leuchtenden Sterne!
a (3-13) 1.Mose 1,1-27
4 Lobet ihn, ihr Himmel aller Himmel /
und ihr Wasser über dem Himmel!
5 Die sollen loben den Namen des
HERRN; / denn [a]er gebot, da wurden sie
geschaffen. *a* Ps 33,9
6 Er läßt sie bestehen für immer und
ewig; / er gab eine Ordnung, die dürfen sie
nicht überschreiten.
7 ¶ Lobet den HERRN auf Erden, / ihr gro-
ßen Fische und alle Tiefen des Meeres,
8 Feuer, Hagel, Schnee und Nebel, /
Sturmwinde, die sein Wort ausrichten,
9 ihr Berge und alle Hügel, / fruchttra-
gende Bäume und alle Zedern,
10 ihr Tiere und alles Vieh, / Gewürm und
Vögel,
11 ihr Könige auf Erden und alle Völker, /
Fürsten und alle Richter auf Erden,
12 Jünglinge und Jungfrauen, / Alte mit
den Jungen!

13 Die sollen loben den Namen des
HERRN; / denn sein Name allein ist hoch,
seine Herrlichkeit reicht, so weit Him-
mel und Erde ist. /
14 Er erhöht die Macht seines Volkes.
[a]Alle seine Heiligen sollen loben, / die
Kinder Israel, das Volk, das ihm dient. Hal-
leluja! *a* 5.Mose 4,7.8

Zion lobe den HERRN!

149 Halleluja! Singet dem HERRN [a]ein
neues Lied; / die Gemeinde der
Heiligen soll ihn loben. *a* Ps 33,3
2 Israel freue sich [a]seines Schöpfers, / die
Kinder Zions seien fröhlich über ihren
[b]König. *a* Ps 100,3 *b* Ps 93,1
3 Sie sollen loben seinen Namen im Rei-
gen, / mit Pauken und Harfen sollen sie
ihm spielen.
4 Denn der HERR hat Wohlgefallen an sei-
nem Volk, / er hilft den Elenden herrlich.
5 ¶Die Heiligen sollen fröhlich sein und
preisen / und rühmen auf ihren Lagern.
6 Ihr Mund soll Gott erheben; / sie sollen
scharfe Schwerter in ihren Händen halten,
7 daß sie Vergeltung üben unter den Hei-
den, / Strafe unter den Völkern,
8 ihre Könige zu binden mit Ketten / und
ihre Edlen mit eisernen Fesseln,
9 daß sie an ihnen [a]vollziehen das Ge-
richt, wie geschrieben ist. / Solche Ehre
werden alle seine Heiligen haben. Halle-
luja! *a* Jes 34; 63,4-6; Joel 4,2-14

Das große Halleluja

150 Halleluja! Lobet Gott in seinem
Heiligtum, / lobet ihn in der Feste
seiner Macht!
2 Lobet ihn für seine Taten, / lobet ihn in
seiner großen Herrlichkeit!
3 Lobet ihn mit Posaunen, / lobet ihn mit
Psalter und Harfen!
4 Lobet ihn mit Pauken und Reigen, /
lobet ihn mit Saiten und Pfeifen!
5 Lobet ihn mit hellen Zimbeln, / lobet
ihn mit klingenden Zimbeln!
6 **Alles, [a]was Odem hat, lobe den HERRN! /
Halleluja!** *a* Ps 41,14; Offb 5,13

DIE SPRÜCHE SALOMOS (SPRICHWÖRTER)

Inhaltsübersicht

1 Dies sind die Sprüche [a]Salomos, des
Sohnes Davids, des Königs von Is-
rael, *a* 1.Kön 5,9-12
2 um zu lernen Weisheit und Zucht und
zu verstehen verständige Rede,
3 daß man annehme Zucht, die da klug
macht, Gerechtigkeit, Recht und Redlich-
keit;
4 daß die Unverständigen klug werden
und die Jünglinge vernünftig und beson-
nen.
5 Wer weise ist, der höre zu und wachse
an Weisheit, und wer verständig ist, der
lasse sich raten,
6 daß er verstehe Sprüche und Gleich-
nisse, die Worte der Weisen und ihre Rät-
sel.
7 **Die [a]Furcht des HERRN ist der Anfang der
Erkenntnis. Die Toren verachten Weisheit
und Zucht.** *a* Kap 8,13; 9,10; Hiob 28,28; Ps 111,10

Warnung vor Verführern

8 **Mein Sohn, gehorche der Zucht deines
Vaters und verlaß nicht das Gebot deiner
Mutter;**[a] *a* Kap 6,20; 13,1; 5.Mose 21,18-21
9 **denn das ist ein schöner Schmuck für
dein Haupt und eine Kette an deinem
Halse.**
10 **Mein Sohn, wenn [a]dich die bösen Bu-
ben locken, so folge nicht.**
a Kap 16,29; 5.Mose 13,7-9
11 Wenn sie sagen: »Geh mit uns! Wir
wollen auf Blut lauern und den Unschul-
digen nachstellen ohne Grund;
12 wir wollen sie verschlingen wie das To-
tenreich die Lebendigen, und die From-
men sollen sein wie die, welche hinunter
in die Grube fahren;

13 wir wollen kostbares Gut finden, wir
wollen unsre Häuser mit Raub füllen;
14 wage es mit uns! **Einen** Beutel nur soll
es für uns alle geben«:
15 mein Sohn, wandle den Weg nicht mit
ihnen, halte deinen Fuß fern von ihrem
Pfad;
16 denn ihre Füße laufen zum Bösen und
eilen, Blut zu vergießen.
17 Man spannt das Netz vor den Augen
der Vögel, doch lassen sie sich nicht warnen;
18 so lauern jene auf ihr eigenes Blut und
trachten sich selbst nach dem Leben.
19 So geht es allen, die nach unrechtem
Gewinn trachten; er nimmt ihnen das
Leben.

Die Bußpredigt der Weisheit

20 [a] Die Weisheit ruft laut auf der Straße
und läßt ihre Stimme hören auf den Plät-
zen. *a (20 und 21)* Kap 8,1-3
21 Sie ruft im lautesten Getümmel, am
Eingang der Tore, sie redet ihre Worte in
der Stadt:
22 Wie lange wollt ihr Unverständigen un-
verständig sein und ihr Spötter Lust zu
Spötterei haben und ihr Toren die Er-
kenntnis hassen?
23 Kehrt euch zu meiner Zurechtwei-
sung! Siehe, ich will über euch strömen
lassen meinen Geist und euch meine
Worte kundtun.
24 ¶ Wenn ich aber rufe und ihr euch wei-
gert, wenn ich [a] meine Hand ausstrecke
und niemand darauf achtet, *a* Jes 65,2.12
25 wenn ihr fahren laßt all meinen Rat und
meine Zurechtweisung nicht wollt:
26 dann will ich auch lachen bei eurem
Unglück und euer spotten, wenn da
kommt, was ihr fürchtet;[a] *a* 5.Mose 28,63
27 wenn über euch kommt wie ein Sturm,
was ihr fürchtet, und euer Unglück wie
ein Wetter; wenn über euch Angst und
Not kommt.
28 Dann werden sie nach mir rufen, aber
ich werde nicht antworten; sie werden
mich suchen und nicht finden.[a]
a Jes 59,2; Mi 3,4
29 Weil sie die Erkenntnis haßten und die
Furcht des HERRN nicht erwählten,
30 meinen Rat nicht wollten und all meine
Zurechtweisung verschmähten,
31 darum sollen sie [a] essen von den Früch-
ten ihres Wandels und satt werden an ih-
ren Ratschlägen. *a* Jes 3,10.11
32 Denn den Unverständigen bringt ihre
Abkehr den Tod, und die Toren bringt ihre
Sorglosigkeit um;
33 wer aber mir gehorcht, wird sicher woh-
nen und ohne Sorge sein und kein Un-
glück fürchten.

Die Weisheit bewahrt vor dem Verderben

2 Mein Sohn, wenn du meine Rede an-
nimmst und meine Gebote behältst,
2 so daß dein Ohr auf Weisheit acht-
hat, und du dein Herz der Einsicht zu-
neigst,
3 [a] ja, wenn du nach Vernunft rufst und
deine Stimme nach Einsicht erhebst,
a (3-6) Jak 1,5
4 wenn du sie suchst wie Silber und nach
ihr forschst wie nach Schätzen:
5 dann wirst du die Furcht des HERRN ver-
stehen und die Erkenntnis Gottes finden.
6 Denn [a] der HERR gibt Weisheit, und aus
seinem Munde kommt Erkenntnis und
Einsicht. *a* Dan 2,20-23
7 **Er läßt es den Aufrichtigen gelingen und**
[a] **beschirmt die Frommen.** *a* Ps 7,11
8 Er behütet, die recht tun, und bewahrt
den Weg seiner Frommen.
9 Dann wirst du verstehen Gerechtigkeit
und Recht und Frömmigkeit und jeden
guten Weg.
10 ¶ Denn [a] Weisheit wird in dein Herz
eingehen, und Erkenntnis wird deiner
Seele lieblich sein, *a* 1.Kor 1,30
11 Besonnenheit wird dich bewahren und
Einsicht dich behüten, –
12 daß du nicht gerätst auf den Weg der
Bösen noch unter Leute, die Falsches re-
den,
13 die da verlassen die rechte Bahn und
gehen finstere Wege,
14 die sich freuen, Böses zu tun, und sind
fröhlich über böse Ränke,
15 die krumme Wege gehen und auf Ab-
wege kommen, –
16 daß du nicht gerätst an die Frau eines
andern, an eine Fremde, die glatte Worte
gibt
17 und verläßt den Gefährten ihrer Jugend
und vergißt den Bund ihres Gottes;
18 denn ihr Haus neigt sich zum Tode und
ihre Wege zum Ort der Toten;
19 alle, die zu ihr eingehen, kommen nicht
wieder und erreichen den Weg des Le-
bens nicht, –
20 daß du wandelst auf dem Wege der Gu-

ten und bleibst auf der Bahn der Gerechten;

21 denn die Gerechten werden im Lande wohnen und die Frommen darin bleiben,[a] *a* Ps 37,9; Mt 5,5

22 aber die [a]Gottlosen werden aus dem Land ausgerottet und die Treulosen daraus vertilgt. *a* Ps 37,10

Vom Segen der Gottesfurcht und Weisheit

3 [a]Mein Sohn, vergiß meine Weisung nicht, und dein Herz behalte meine Gebote, *a (1 und 2)* 3.Mose 18,5

2 denn sie werden dir langes Leben bringen und gute Jahre und Frieden;

3 Gnade und Treue sollen dich nicht verlassen. [a]Hänge meine Gebote an deinen Hals und [b]schreibe sie auf die Tafel deines Herzens, *a* 5.Mose 6,8 *b* Jer 31,33

4 so wirst du Freundlichkeit und Klugheit erlangen, die Gott und den Menschen gefallen.

5 ¶**Verlaß dich auf den HERRN von ganzem Herzen, und verlaß dich nicht auf deinen Verstand,**

6 **sondern gedenke an ihn in allen deinen Wegen, so wird er dich recht führen.**

7 [a]Dünke dich nicht weise zu sein, sondern fürchte den HERRN und weiche vom Bösen. *a* Jes 5,21

8 Das wird deinem Leibe heilsam sein und deine Gebeine erquicken.

9 ¶Ehre den HERRN mit deinem Gut und mit den [a]Erstlingen all deines Einkommens, *a* 2.Mose 23,19

10 so werden deine Scheunen voll werden und deine Kelter von Wein überlaufen.

11 ¶[a]**Mein Sohn, [b]verwirf die Zucht des HERRN nicht und sei nicht ungeduldig, wenn er dich zurechtweist;**

a (11 und 12) Hebr 12,5.6 *b* Hiob 5,17-19

12 **denn wen der HERR liebt, den [a]weist er zurecht, und hat doch Wohlgefallen an ihm wie ein Vater am Sohn.** *a* 1.Kor 11,32; Offb 3,19

13 ¶Wohl dem Menschen, der Weisheit erlangt, und dem Menschen, der Einsicht gewinnt!

14 Denn es ist besser, **sie** zu erwerben, als Silber, und ihr Ertrag ist besser als Gold.[a]

a Kap 8,10

15 Sie ist edler als Perlen, und alles, was du wünschen magst, ist ihr nicht zu vergleichen.

16 Langes Leben ist in ihrer rechten Hand, in ihrer Linken ist Reichtum und Ehre.

17 Ihre Wege sind liebliche Wege, und alle ihre Steige sind Frieden.

18 Sie ist ein [a]Baum des Lebens allen, die sie ergreifen, und glücklich sind, die sie festhalten. *a* Kap 11,30; 13,12; 15,4

19 ¶[a]Der HERR hat die Erde durch Weisheit gegründet und nach seiner Einsicht die Himmel bereitet. *a (19 und 20)* Kap 8,22-31

20 Kraft seiner Erkenntnis quellen die Wasser der Tiefe hervor und triefen die Wolken von Tau.

21 Mein Sohn, laß sie nicht aus deinen Augen weichen, bewahre Umsicht und Klugheit!

22 Das wird Leben sein für dein Herz und ein Schmuck für deinen Hals.

23 Dann wirst du sicher wandeln auf deinem Wege, so daß dein Fuß sich nicht stoßen wird.

24 Legst du dich, so wirst du dich nicht fürchten, und liegst du, so wirst du süß schlafen.[a] *a* Ps 3,6

25 Fürchte dich nicht vor plötzlichem Schrecken noch vor dem Verderben der Gottlosen, wenn es über sie kommt;

26 denn [a]der HERR ist deine Zuversicht; er behütet deinen Fuß, daß er nicht gefangen werde. *a* Kap 10,29

Ermahnung zum Wohltun und zur Friedfertigkeit

27 Weigere dich nicht, dem Bedürftigen Gutes zu tun, wenn deine Hand es vermag.

28 Sprich nicht zu deinem Nächsten: Geh hin und komm wieder; morgen will ich dir geben –, wenn du es doch hast.

29 ¶Trachte nicht nach Bösem gegen deinen Nächsten, der arglos bei dir wohnt.

30 Geh nicht mutwillig mit jemand vor Gericht, wenn er dir kein Leid getan hat.

31 Sei nicht neidisch auf den Gewalttätigen und erwähle seiner Wege keinen,

32 denn wer auf Abwegen geht, ist dem HERRN ein Greuel, aber [a]den Frommen ist er Freund. *a* Ps 25,14

33 ¶Im Hause des Gottlosen ist der Fluch des HERRN, aber das Haus der Gerechten wird gesegnet.

34 Er wird der Spötter spotten, aber [a]den Demütigen wird er Gnade geben.

a 1.Petr 5,5

35 Die Weisen werden Ehre erben, aber die Toren werden Schande davontragen.

Väterliche Mahnung

4 Hört, meine Söhne, die Mahnung
eures Vaters; merkt auf, daß ihr lernt
und klug werdet!
2 Denn ich gebe euch eine gute Lehre;
verlaßt meine Weisung nicht.
3 Denn als ich noch Kind in meines Va-
ters Hause war, ein zartes, das einzige un-
ter der Obhut meiner Mutter,
4 da lehrte er mich und sprach: Laß dein
Herz meine Worte aufnehmen; [a]halte
meine Gebote, so wirst du leben.
a 3.Mose 18,5
5 Erwirb Weisheit, erwirb Einsicht; vergiß
sie nicht und weiche nicht von der Rede
meines Mundes;
6 verlaß sie nicht, so wird sie dich bewah-
ren; liebe sie, so wird sie dich behüten.
7 Denn der Weisheit Anfang ist: Erwirb
Weisheit, und erwirb Einsicht mit allem,
was du hast.
8 Achte sie hoch, so wird sie dich erhö-
hen und wird dich zu Ehren bringen, wenn
du sie herzest.
9 Sie wird dein Haupt schön schmücken
und wird dich zieren mit einer prächtigen
Krone.
10 ¶ Höre, mein Sohn, und nimm an
meine Rede, so [a]werden deine Jahre viel
werden. *a* Kap 3,2
11 Ich will dich den Weg der Weisheit füh-
ren; ich will dich auf rechter Bahn leiten,
12 daß, wenn du gehst, dein Gang dir
nicht sauer werde, und wenn du läufst, du
nicht strauchelst.
13 Bleibe in der Unterweisung, laß nicht ab
davon; bewahre sie, denn sie ist dein Leben.
14 Komm nicht auf den Pfad der Gottlo-
sen und tritt nicht auf den Weg der Bö-
sen.[a] *a* Ps 1,1
15 Laß ihn liegen und geh nicht darauf;
weiche von ihm und geh vorüber.
16 Denn jene können nicht schlafen, wenn
sie nicht übelgetan, und [a]sie ruhen nicht,
wenn sie nicht Schaden getan.
a Ps 36,5; Mi 2,1
17 Sie nähren sich vom Brot des Frevels
und trinken vom Wein der Gewalttat. –
18 **Der Gerechten Pfad glänzt wie das Licht
am Morgen, das immer heller leuchtet bis
zum vollen Tag.**
19 [a]Der Gottlosen Weg aber ist wie das
Dunkel; sie wissen nicht, wodurch sie zu
Fall kommen werden. *a* Kap 24,20
20 ¶ Mein Sohn, merke auf meine Rede
und neige dein Ohr zu meinen Worten.
21 Laß sie dir nicht aus den Augen kom-
men; behalte sie in deinem Herzen,
22 denn sie sind das Leben denen, die sie
finden, und [a]heilsam ihrem ganzen Leibe.
a Kap 3,8
23 Behüte dein Herz mit allem Fleiß, denn
daraus quillt das Leben.
24 Tu von dir die Falschheit des Mundes
und sei kein Lästermaul.
25 Laß [a]deine Augen stracks vor sich se-
hen und deinen Blick geradeaus gerichtet
sein. *a* Kap 17,24
26 Laß deinen Fuß auf ebener Bahn ge-
hen, und [a]alle deine Wege seien gewiß.
a Hebr 12,13
27 [a]Weiche weder zur Rechten noch zur
Linken; wende deinen Fuß vom Bösen.
a Jos 1,7

Warnung vor der Verführerin

5 Mein Sohn, merke auf meine Weis-
heit; neige dein Ohr zu meiner Lehre,
2 daß du behaltest guten Rat und dein
Mund wisse Erkenntnis zu bewahren!
3 [a]Denn die Lippen der fremden Frau
sind süß wie Honigseim, und ihre Kehle
ist glatter als Öl, *a (3-6)* Kap 2,16-19
4 hernach aber ist sie bitter wie Wermut
und scharf wie ein zweischneidiges
Schwert.
5 Ihre Füße laufen zum Tode hinab; ihre
Schritte führen ins Totenreich,
6 daß du den Weg des Lebens nicht wahr-
nimmst; haltlos sind ihre Tritte, und du
merkst es nicht.
7 ¶ So gehorcht mir nun, meine Söhne,
und weicht nicht von der Rede meines
Mundes.
8 Laß deine Wege ferne von ihr sein und
nahe nicht zur Tür ihres Hauses,
9 daß du nicht andern gebest deine Kraft
und deine Jahre einem Unbarmherzigen;
10 daß sich nicht Fremde von deinem Ver-
mögen sättigen und, was du mühsam er-
worben, nicht komme in eines andern
Haus,
11 und müssest hernach seufzen, wenn dir
Leib und Leben vergehen,
12 und sprechen: »Ach, wie konnte ich die
Zucht hassen, und wie konnte mein Herz
die Warnung verschmähen,
13 daß ich nicht gehorchte der Stimme
meiner Lehrer und mein Ohr nicht kehrte
zu denen, die mich lehrten!

14 Ich wäre fast ganz ins Unglück gekom-
men vor allen Leuten und allem Volk.«[a]
a 5.Mose 22,28.29
15 ¶ Trinke Wasser aus **deiner** Zisterne
und was quillt aus **deinem** Brunnen.
16 Sollen deine Quellen herausfließen auf
die Straße und deine Wasserbäche auf die
Gassen?
17 Habe du sie allein, und kein Fremder
mit dir.
18 Dein Born sei gesegnet, und [a]freue dich
der Frau deiner Jugend. *a* Pred 9,9
19 Sie ist lieblich wie eine Gazelle und
holdselig wie ein Reh. Laß dich von ihrer
Anmut allezeit sättigen und ergötze dich
allewege an ihrer Liebe.
20 ¶ Mein Sohn, warum willst du dich an
der Fremden ergötzen und herzest eine
andere?
21 **Denn eines jeden Wege liegen offen vor
dem HERRN, und er hat acht auf aller Men-
schen Gänge.**
22 Den Gottlosen werden seine Missetа-
ten fangen, und er wird mit den Stricken
seiner Sünde gebunden.
23 Er wird sterben, weil er Zucht nicht
wollte, und um seiner großen Torheit wil-
len wird er hingerafft werden.

Warnung vor Bürgschaften, vor Faulheit und Falschheit

6 [a]Mein Sohn, hast du gebürgt für dei-
nen Nächsten und hast du Handschlag
gegeben für einen andern,
a (1 und 2) Kap 11,15; 20,16; 22,26
2 und bist du gebunden durch deine
Worte und gefangen in der Rede deines
Mundes,
3 so tu doch dies, mein Sohn, damit du
wieder frei wirst, denn du bist in deines
Nächsten Hand: Geh hin, dränge und be-
stürme deinen Nächsten!
4 Laß deine Augen nicht schlafen noch
deine Augenlider schlummern.
5 Errette dich wie ein Reh aus der Schlin-
ge und wie ein Vogel aus der Hand des
Fängers.
6 ¶ **Geh hin zur Ameise, du Fauler, sieh an
ihr Tun und lerne von ihr!**[a] *a* Kap 10,4; 20,4
7 **Wenn sie auch keinen Fürsten noch
Hauptmann noch Herrn hat,**
8 **so bereitet sie doch ihr Brot im Sommer
und sammelt ihre Speise in der Ernte.**
9 Wie lange liegst du, Fauler! Wann willst
du aufstehen von deinem Schlaf?
10 [a]Ja, schlafe noch ein wenig, schlummre
ein wenig, schlage die Hände ineinander
ein wenig, daß du schläfst,
a (10 und 11) Kap 24,33.34
11 so wird dich die Armut übereilen wie
ein Räuber und der Mangel wie ein ge-
wappneter Mann.
12 ¶ Ein heilloser Mensch, ein nichtswür-
diger Mann, wer einhergeht mit [a]trügeri-
schem Munde, *a* Kap 10,31.32
13 wer [a]winkt mit den Augen, gibt Zei-
chen mit den Füßen, zeigt mit den Fin-
gern, *a* Kap 10,10
14 trachtet nach Bösem und Verkehrtem
in seinem Herzen und richtet allezeit Ha-
der an.
15 Darum wird plötzlich sein Verderben
über ihn kommen, und er wird schnell zer-
schmettert werden, und keine Hilfe ist da.
16 ¶ Diese sechs Dinge haßt der HERR,
diese sieben sind ihm ein Greuel:
17 stolze Augen, falsche Zunge, Hände,
die unschuldiges Blut vergießen,
18 ein Herz, das arge Ränke schmiedet,
Füße, die behende sind, Schaden zu tun,
19 ein falscher Zeuge, der frech Lügen re-
det, und wer Hader zwischen Brüdern an-
richtet.

Warnung vor Ehebruch

20 Mein Sohn, bewahre das Gebot deines
Vaters und laß nicht fahren die Weisung
deiner Mutter.[a] *a* Kap 1,8
21 Binde sie dir aufs Herz allezeit und
hänge sie um deinen Hals,
22 daß sie dich geleiten, wenn du gehst;
daß sie dich bewachen, wenn du dich legst;
[a]daß sie zu dir sprechen, wenn du auf-
wachst. *a* Ps 119,172
23 Denn das Gebot ist eine Leuchte und
die Weisung ein Licht, und die Vermah-
nung ist der Weg des Lebens,
24 auf daß du bewahrt werdest vor der
Frau deines Nächsten, vor der glatten
Zunge der Fremden.[a] *a* Kap 2,16
25 Laß dich nach ihrer Schönheit nicht ge-
lüsten in deinem Herzen, und laß dich
nicht fangen durch ihre Augenlider.
26 Denn eine Hure bringt einen nur ums
Brot, aber eines andern Ehefrau um das
kostbare Leben.
27 Kann auch jemand ein Feuer unterm
Gewand tragen, ohne daß seine Kleider
brennen?
28 Oder könnte jemand auf Kohlen gehen,

ohne daß seine Füße verbrannt würden?
29 So geht es dem, der zu seines Nächsten
Frau geht; es bleibt keiner ungestraft, der
sie berührt.[a] *a* Kap 5,8-14
30 Es ist für einen Dieb nicht so schmach-
voll, wenn er stiehlt, um seine Gier zu
stillen, weil ihn hungert;
31 wenn er ergriffen wird, [a] ersetzt er's sie-
benfach und gibt her alles Gut seines
Hauses. *a* 2.Mose 21,37
32 Aber wer mit einer Verheirateten die
Ehe bricht, der ist von Sinnen; wer sein Le-
ben ins Verderben bringen will, der tut das.
33 Schläge und Schande treffen ihn, und
seine Schmach ist nicht zu tilgen.
34 Denn Eifersucht erweckt den Grimm
des Mannes, und er schont nicht am Tage
der Vergeltung
35 und achtet kein Sühnegeld und nimmt
nichts an, wenn du auch viel schenken
wolltest.

7 ¶ Mein Sohn, behalte meine Rede und
verwahre meine Gebote bei dir.
2 **Behalte meine Gebote, so wirst du leben,
und hüte meine Weisung wie deinen Aug-
apfel.**
3 Binde sie an deine Finger, schreibe sie
auf die Tafel deines Herzens.
4 Sprich zur Weisheit: Du bist meine
Schwester, und nenne die Klugheit deine
Freundin,
5 daß sie dich behüte vor der Frau des
andern, vor der Fremden, die glatte Worte
gibt.
6 ¶ Denn am Fenster meines Hauses
guckte ich durchs Gitter
7 und sah einen unter den Unverständi-
gen und erblickte unter den jungen Leu-
ten einen törichten Jüngling.
8 Der ging über die Gasse zu ihrer Ecke
und schritt daher auf dem Wege zu ihrem
Hause
9 in der Dämmerung, am Abend des
Tages, als es Nacht wurde und dunkel war.
10 Und siehe, da begegnete ihm eine Frau
im Hurengewand, listig,
11 wild und unbändig, daß ihre Füße nicht
in ihrem Hause bleiben können.
12 Jetzt ist sie draußen, jetzt auf der Gasse
und lauert an allen Ecken.
13 Und sie erwischt ihn und küßt ihn, wird
dreist und spricht:
14 »Ich hatte [a] Dankopfer zu bringen,
heute habe ich meine Gelübde erfüllt.
a 3.Mose 7,15-17
15 Darum bin ich ausgegangen, dir entge-
gen, um nach dir zu suchen, und habe
dich gefunden.
16 Ich habe mein Bett schön geschmückt
mit bunten Decken aus Ägypten.
17 Ich habe mein Lager mit Myrrhe be-
sprengt, mit Aloe und Zimt.
18 Komm, laß uns kosen bis an den Mor-
gen und laß uns die Liebe genießen.
19 Denn der Mann ist nicht daheim, er ist
auf eine weite Reise gegangen.
20 Er hat den Geldbeutel mit sich genom-
men; er wird erst zum Vollmond wieder
heimkommen.«
21 Sie überredet ihn mit vielen Worten
und gewinnt ihn mit ihrem glatten Munde.
22 Er folgt ihr alsbald nach, wie ein Stier
zur Schlachtbank geführt wird, und wie
ein Hirsch, der ins Netz rennt,
23 bis ihm der Pfeil die Leber spaltet; wie
ein Vogel zur Schlinge eilt und weiß nicht,
daß es das Leben gilt.
24 ¶ So hört nun auf mich, meine Söhne,
und merkt auf die Rede meines Mundes.
25 Laß dein Herz nicht abweichen auf ih-
ren Weg und irre nicht ab auf ihre Bahn.
26 Denn zahlreich sind die Erschlagenen,
die sie gefällt hat, und viele sind, die sie
getötet hat.
27 Ihr Haus ist der Weg ins Totenreich, da
man hinunterfährt in des Todes Kammern.

Einladung und Verheißung der Weisheit

8 [a] Ruft nicht die Weisheit, und läßt
nicht die Klugheit sich hören?
a (1-3) Kap 1,20-23
2 Öffentlich am Wege steht sie und an der
Kreuzung der Straßen;
3 an den Toren am Ausgang der Stadt und
am Eingang der Pforte ruft sie:
4 O ihr Männer, euch rufe ich und erhebe
meine Stimme zu den Menschenkindern!
5 Merkt, ihr Unverständigen, auf Klugheit,
und ihr Toren, nehmt Verstand an!
6 Hört, denn ich rede, was edel ist, und
meine Lippen sprechen, was recht ist.
7 Denn mein Mund redet die Weisheit,
und meine Lippen hassen, was gottlos ist.
8 Alle Reden meines Mundes sind ge-
recht, es ist nichts Verkehrtes noch Fal-
sches darin.
9 Sie sind alle recht für die Verständigen
und richtig denen, die Erkenntnis gefun-
den haben.

10 Nehmt meine Zucht an lieber als Silber
und achtet Erkenntnis höher als kostbares
Gold.[a] *a* Kap 3,14
11 Denn Weisheit ist besser als Perlen, und
alles, was man wünschen mag, kann ihr
nicht gleichen.
12 ¶ Ich, die Weisheit, wohne bei der
Klugheit und weiß, guten Rat zu geben.
13 Die Furcht des HERRN haßt das Arge;
Hoffart und Hochmut, bösem Wandel und
falschen Lippen bin ich feind.
14 Mein ist beides, Rat und Tat, ich habe
Verstand und Macht.
15 Durch mich regieren die Könige und
setzen die Ratsherren das Recht.[a]
a Kap 16,12
16 Durch mich herrschen die Fürsten und
die Edlen richten auf Erden.
17 **Ich liebe, die mich lieben, und die mich
suchen, finden mich.**
18 Reichtum und Ehre ist bei mir, blei-
bendes Gut und Gerechtigkeit.
19 Meine Frucht ist besser als Gold und
feines Gold, und mein Ertrag besser als
erlesenes Silber.
20 Ich wandle auf dem Wege der Gerech-
tigkeit, mitten auf der Straße des Rechts,
21 daß ich versorge mit Besitz, die mich
lieben, und ihre Schatzkammern fülle.

Die Weisheit als Gottes Liebling

22 [a] Der HERR hat mich schon gehabt im
Anfang seiner Wege, ehe er etwas schuf,
von Anbeginn her. *a (22-31)* Hiob 28,23-28
23 Ich bin eingesetzt von Ewigkeit her, im
Anfang, ehe die Erde war.
24 Als die Meere noch nicht waren, ward
ich geboren, als die Quellen noch nicht
waren, die von Wasser fließen.
25 Ehe denn die Berge eingesenkt waren,
vor den Hügeln ward ich geboren,
26 als er die Erde noch nicht gemacht hatte
noch die Fluren darauf noch die Schollen
des Erdbodens.
27 Als er die Himmel bereitete, war ich
da, als er den Kreis zog über den Fluten
der Tiefe,
28 als er die Wolken droben mächtig
machte, als er stark machte die Quellen
der Tiefe,
29 als er [a] dem Meer seine Grenze setzte
und den Wassern, daß sie nicht überschrei-
ten seinen Befehl; als er die Grundfesten
der Erde legte, *a* Ps 104,9
30 da war ich als sein Liebling* bei ihm;
ich war seine Lust täglich und spielte vor
ihm allezeit;

* Luther übersetzte im Anschluß an die griechische und lateinische Bibel »der Werkmeister«.

31 ich spielte auf seinem Erdkreis und
hatte meine Lust an den Menschenkin-
dern.
32 ¶ So hört nun auf mich, meine Söhne!
Wohl denen, die meine Wege einhalten!
33 Hört die Mahnung und werdet weise
und schlagt sie nicht in den Wind!
34 Wohl dem Menschen, der mir ge-
horcht, daß er wache an meiner Tür täg-
lich, daß er hüte die Pfosten meiner Tore!
35 Wer mich findet, der findet das Leben
und erlangt Wohlgefallen vom HERRN.
36 Wer aber mich verfehlt, zerstört sein
Leben; alle, die mich hassen, lieben den
Tod.

Weisheit und Torheit laden zum Mahle

9 Die Weisheit hat ihr Haus gebaut und
ihre sieben Säulen behauen.
2 Sie hat ihr Vieh geschlachtet, ihren Wein
gemischt und ihren Tisch bereitet
3 und sandte ihre Mägde aus, zu rufen
oben auf den Höhen der Stadt:
4 »Wer noch unverständig ist, der kehre
hier ein!«, und zum Toren spricht sie:
5 »Kommt, eßt von meinem Brot und
trinkt von dem Wein, den ich gemischt
habe!
6 Verlaßt die Torheit, so werdet ihr le-
ben, und geht auf dem Wege der Klug-
heit.« –
7 Wer den Spötter belehrt, der trägt
Schande davon, und wer den Gottlosen
zurechtweist, holt sich Schmach.
8 Rüge nicht den Spötter, daß er dich nicht
hasse; rüge den Weisen, der wird dich lie-
ben.
9 Gib dem Weisen, so wird er noch wei-
ser werden; lehre den Gerechten, so wird
er in der Lehre zunehmen.[a] – *a* Mt 13,12
10 [a] **Der Weisheit Anfang ist die Furcht des
HERRN, und den Heiligen erkennen, das ist
Verstand.** *a* Kap 1,7
11 Denn durch mich werden deine Tage
viel werden und die Jahre deines Lebens
sich mehren.
12 Bist du weise, so bist du's dir zugut;
bist du ein Spötter, so mußt du's allein
tragen.

13 ¶Frau Torheit ist ein unbändiges Weib,
verführerisch, und weiß nichts von Scham.
14 Sie sitzt vor der Tür ihres Hauses auf
einem Thron auf den Höhen der Stadt,
15 einzuladen alle, die vorübergehen und
richtig auf ihrem Wege wandeln:
16 »Wer noch unverständig ist, der kehre
hier ein!«, und zum Toren spricht sie:
17 »Gestohlenes Wasser ist süß, und
heimliches Brot schmeckt fein.«[a]
a Kap 20,17
18 Er weiß aber nicht, daß dort nur die
Schatten wohnen, daß ihre Gäste in der
Tiefe des Todes hausen.

Salomos Lehren von Weisheit und Frömmigkeit

10 Dies sind die Sprüche Salomos.
[a]Ein weiser Sohn ist seines Vaters
Freude; aber ein törichter Sohn ist seiner
Mutter Grämen. a Kap 15,20
2 Unrecht Gut hilft nicht; aber Gerechtig-
keit errettet vom Tode.
3 Der HERR läßt [a]den Gerechten nicht
Hunger leiden; aber die Gier der Gottlo-
sen stößt er zurück. a Ps 37,19.25
4 Lässige Hand macht arm; aber [a]der Flei-
ßigen Hand macht reich. a Kap 6,6
5 Wer im Sommer sammelt, ist ein kluger
Sohn; wer aber in der Ernte schläft, macht
seinen Eltern Schande.
6 Segen ruht auf dem Haupt des Gerech-
ten; aber auf die Gottlosen wird ihr Frevel
fallen.
7 Das Andenken des Gerechten bleibt im
Segen; aber [a]der Name der Gottlosen wird
verwesen. a Hiob 18,17; Ps 9,6
8 Wer weisen Herzens ist, nimmt Gebote
an; wer aber ein Narrenmaul hat, kommt
zu Fall.
9 Wer in Unschuld lebt, der lebt sicher;
wer aber verkehrte Wege geht, wird er-
tappt werden.
10 Wer mit den Augen winkt, schafft Ver-
druß, und wer ein Narrenmaul hat, kommt
zu Fall.[a] a Kap 6,12.13
11 Des Gerechten Mund ist ein Brunnen
des Lebens; aber auf die Gottlosen wird
ihr Frevel fallen.
12 **Haß erregt Hader; aber [a]Liebe deckt alle
Übertretungen zu.** a 1.Petr 4,8
13 Auf den Lippen des Verständigen fin-
det man Weisheit; aber auf den Rücken
des Unverständigen gehört eine Rute.
14 Die Weisen halten mit ihrem Wissen
zurück; aber der Toren Mund führt schnell
zum Verderben.
15 [a]Die Habe des Reichen ist seine feste
Stadt; aber das Verderben der Geringen
ist ihre Armut. a Kap 18,11
16 Dem Gerechten gereicht sein Erwerb
zum Leben, aber dem Gottlosen sein Ein-
kommen zur Sünde.
17 Zucht bewahren ist der Weg zum Le-
ben; wer aber Zurechtweisung nicht ach-
tet, geht in die Irre.
18 Falsche Lippen bergen Haß, und wer
verleumdet, ist ein Tor.
19 **Wo viel Worte sind, da geht's ohne
Sünde nicht ab; wer aber seine Lippen im
Zaum hält, ist klug.**
20 Des Gerechten Zunge ist kostbares Sil-
ber; aber der Gottlosen Verstand ist wie
nichts.
21 Des Gerechten Lippen erquicken viele;
aber die Toren werden an ihrer Torheit
sterben.
22 Der Segen des HERRN allein macht
reich, und nichts tut eigene Mühe hin-
zu.[a] a Ps 127,2
23 Ein Tor hat Lust an Schandtat, aber der
einsichtige Mann an Weisheit.
24 **Was [a]der Gottlose fürchtet, das wird
ihm begegnen; und was [b]die Gerechten
begehren, wird ihnen gegeben.**
a Kap 1,27 b Ps 37,4
25 Wenn das Wetter daherfährt, ist der
Gottlose nicht mehr; der Gerechte aber
besteht ewiglich.[a] a Kap 12,7
26 Wie Essig den Zähnen und Rauch den
Augen tut, so tut der Faule denen, die ihn
senden.
27 Die Furcht des HERRN mehrt die Tage;
aber die Jahre der Gottlosen werden ver-
kürzt.
28 **Das [a]Warten der Gerechten wird Freu-
de werden; aber [b]der Gottlosen Hoffnung
wird verloren sein.**
a Ps 9,19 b Hiob 8,13
29 Das [a]Walten des HERRN ist des From-
men Zuflucht; aber für den Übeltäter ist
es Verderben. a Kap 3,26
30 Der Gerechte wird nimmermehr wan-
ken; aber [a]die Gottlosen werden nicht im
Lande bleiben. a Kap 2,22
31 [a]Aus dem Munde des Gerechten
sprießt Weisheit; aber die falsche Zunge
wird ausgerottet. a Ps 37,30
32 Die Lippen der Gerechten lehren heil-

same Dinge; aber der Gottlosen Mund ist Falschheit.

11 Falsche Waage ist dem HERRN ein Greuel; aber [a]ein volles Gewicht ist sein Wohlgefallen. a 3.Mose 19,35.36

2 Wo [a]Hochmut ist, da ist auch Schande; aber Weisheit ist bei den Demütigen. a Kap 16,18

3 Ihre Unschuld wird die Frommen leiten; aber ihre Falschheit wird die Verächter verderben.

4 [a]Reichtum hilft nicht am Tage des Zorns; aber [b]Gerechtigkeit errettet vom Tode. a Lk 12,20 b Kap 10,2

5 Die Gerechtigkeit des Frommen macht seinen Weg eben; aber der Gottlose wird fallen durch seine Gottlosigkeit.

6 Die Gerechtigkeit der Frommen wird sie erretten; aber die Verächter werden gefangen durch ihre Gier.

7 Wenn [a]der gottlose Mensch stirbt, ist seine Hoffnung verloren, und das Harren der Ungerechten wird zunichte. a Kap 10,28

8 Der Gerechte wird aus der Not erlöst, und der Gottlose kommt an seine Statt.

9 Durch den Mund des Gottesverächters wird sein Nächster verderbt; aber die Gerechten werden durch Erkenntnis errettet.

10 Eine Stadt freut sich, wenn's den Gerechten wohlgeht, und wenn die Gottlosen umkommen, wird man froh.

11 Durch den Segen der Frommen kommt eine Stadt hoch; aber durch den Mund der Gottlosen wird sie niedergerissen.[a] a Kap 28,12

12 Wer [a]seinen Nächsten schmäht, ist ein Tor; aber ein verständiger Mann schweigt stille. a Ps 15,3

13 **Ein Verleumder verrät, was er heimlich weiß; aber wer getreuen Herzens ist, verbirgt es.**

14 Wo nicht weiser Rat ist, da geht das Volk unter; wo aber viele Ratgeber sind, findet sich Hilfe.

15 Wer für einen andern [a]bürgt, der wird Schaden haben; wer aber sich hütet, Bürge zu sein, geht sicher. a Kap 6,1.2

16 Eine holdselige Frau erlangt Ehre; aber eine Schande ist eine Frau, die Redlichkeit haßt. Den Faulen wird es mangeln an Hab und Gut, die Fleißigen aber erlangen Reichtum.*

* Vervollständigt aus der griechischen Übersetzung.

17 Ein barmherziger Mann nützt auch sich selber; aber ein herzloser schneidet sich ins eigene Fleisch.

18 Der Gottlosen Arbeit bringt trügerischen Gewinn; aber wer Gerechtigkeit sät, hat sicheren Lohn.

19 Gerechtigkeit [a]führt zum Leben; aber dem Bösen nachjagen führt zum Tode. a Kap 19,23

20 Falsche Herzen sind dem HERRN ein Greuel; aber Wohlgefallen hat er an den Frommen.

21 Die Hand darauf: Der Böse bleibt nicht ungestraft; aber der Gerechten Geschlecht wird errettet werden.

22 Eine schöne Frau ohne Zucht ist wie eine Sau mit einem goldenen Ring durch die Nase.[a] a Kap 31,30

23 Der Gerechten Wunsch führt zu lauter Gutem; aber der Gottlosen Hoffen führt zum Tage des Zorns.

24 [a]**Einer teilt reichlich aus und hat immer mehr; ein andrer kargt, wo er nicht soll, und wird doch ärmer.** a (24 und 25) Mt 25,29; 2.Kor 9,6

25 **Wer reichlich gibt, wird gelabt, und wer reichlich tränkt, der wird auch getränkt werden.**

26 Wer Korn zurückhält, dem fluchen die Leute; aber Segen kommt über den, der es verkauft.

27 Wer nach Gutem strebt, trachtet nach Gottes Wohlgefallen; wer aber das Böse sucht, dem wird es begegnen.

28 Wer sich auf seinen Reichtum verläßt, der wird untergehen; aber die Gerechten werden grünen wie das Laub.[a] a Ps 52,9.10

29 Wer sein eigenes Haus in Verruf bringt, wird Wind erben, und ein Tor muß des Weisen Knecht werden.

30 Die Frucht der Gerechtigkeit ist [a]ein Baum des Lebens; aber Gewalttat nimmt das Leben weg. a Kap 3,18

31 Siehe, dem Gerechten wird vergolten auf Erden, wieviel mehr dem Gottlosen und Sünder![a] a 1.Petr 4,17.18

12 Wer [a]Zucht liebt, der wird klug; aber wer [b]Zurechtweisung haßt, der bleibt dumm. a Kap 13,1 b Kap 13,18

2 Wer fromm ist, der erlangt Wohlgefallen vom HERRN; aber den Heimtückischen verdammt er.

3 Durch Gottlosigkeit kann der Mensch nicht bestehen; aber die Wurzel der Gerechten wird bleiben.

4 Eine [a]tüchtige Frau ist ihres Mannes
Krone; aber eine schandbare ist wie Eiter
in seinem Gebein. *a* Kap 31,10-31
5 Die Gedanken der Gerechten sind red-
lich; aber was die Gottlosen planen, ist
lauter Trug.
6 Der Gottlosen Reden richten Blutver-
gießen an; aber die Frommen errettet ihr
Mund.
7 Die Gottlosen werden gestürzt und
nicht mehr sein; aber das Haus der Ge-
rechten bleibt stehen.[a] *a* Kap 10,25
8 Ein Mann wird gelobt nach seiner Klug-
heit; aber wer verschrobenen Sinnes ist,
wird verachtet.
9 Wer gering ist und geht seiner Arbeit
nach, ist besser als einer, der groß sein will
und an Brot Mangel hat.
10 **Der Gerechte [a]erbarmt sich seines
Viehs; aber das Herz der Gottlosen ist un-
barmherzig.** *a* 2.Mose 23,5
11 Wer seinen Acker bebaut, wird Brot die
Fülle haben; wer aber nichtigen Dingen
nachgeht, ist ein Tor.[a] *a* Kap 28,19
12 Des Gottlosen Lust ist, Schaden zu tun;
aber die Wurzel der Gerechten wird
Frucht bringen.
13 Der Böse wird gefangen in seinen eige-
nen falschen Worten; aber der Gerechte
entgeht der Not.
14 [a]Viel Gutes bekommt ein Mann durch
die Frucht seines Mundes; und dem Men-
schen wird vergolten nach den Taten sei-
ner Hände. *a* Kap 18,20
15 Den Toren dünkt sein Weg recht; aber
wer auf Rat hört, der ist weise.
16 Ein Tor zeigt seinen Zorn alsbald; aber
wer Schmähung überhört, der ist klug.
17 Wer wahrhaftig ist, der sagt offen, was
recht ist; aber ein falscher Zeuge betrügt.
18 Wer unvorsichtig herausfährt mit Wor-
ten, sticht wie ein Schwert; aber die Zunge
der Weisen bringt Heilung.[a] *a* Kap 13,3
19 Wahrhaftiger Mund besteht immerdar;
aber die falsche Zunge besteht nicht lange.
20 Die Böses planen, haben Trug im Her-
zen; aber die zum Frieden raten, haben
Freude.
21 Es wird dem Gerechten kein Leid ge-
schehen; aber die Gottlosen werden voll
Unglücks sein.
22 Lügenmäuler sind dem HERRN ein
Greuel; die aber treulich handeln, gefallen
ihm.
23 Ein verständiger Mann trägt seine Klug-
heit nicht zur Schau; aber das Herz des
Toren schreit seine Torheit hinaus.
24 Die fleißige Hand wird herrschen; die
aber lässig ist, muß Frondienst leisten.
25 Sorge im Herzen bedrückt den Men-
schen; aber [a]ein freundliches Wort erfreut
ihn. *a* Kap 16,24
26 Der Gerechte findet seine Weide; aber
die Gottlosen führt ihr Weg in die Irre.
27 Einem Lässigen gerät sein Handel
nicht; aber ein fleißiger Mensch wird reich.
28 Auf dem Wege der Gerechtigkeit ist Le-
ben; aber böser Weg führt zum Tode.

13 Ein weiser Sohn [a]liebt Zucht; aber
ein Spötter hört selbst auf Drohen
nicht. *a* Kap 1,8; 12,1
2 Die Frucht seiner Worte genießt der
Fromme; aber die Verächter sind gierig
nach Frevel.
3 Wer seine Zunge hütet, bewahrt sein Le-
ben; wer aber mit seinem Maul heraus-
fährt, über den kommt Verderben.[a]
a Kap 12,18; 21,23
4 Der Faule begehrt und kriegt's doch
nicht; aber die Fleißigen kriegen genug.
5 Der Gerechte ist der Lüge feind; aber
der Gottlose handelt schimpflich und
schändlich.
6 Die Gerechtigkeit behütet den Unschul-
digen; aber die Gottlosigkeit bringt den
Sünder zu Fall.
7 Mancher stellt sich reich und hat nichts,
und mancher stellt sich arm und hat
großes Gut.[a]* *a* Offb 2,9; 3,17
* Luther übersetzte: »Mancher ist arm bei großem Gut,
und mancher ist reich bei seiner Armut.«
8 Mit Reichtum muß mancher sein Le-
ben erkaufen; aber ein Armer bekommt
keine Drohung zu hören.
9 **Das Licht der Gerechten brennt fröhlich;
aber [a]die Leuchte der Gottlosen wird ver-
löschen.** *a* Hiob 18,5.6
10 Unter den Übermütigen ist immer
Streit; aber [a]Weisheit ist bei denen, die
sich raten lassen. *a* Kap 1,5
11 Hastig errafftes Gut zerrinnt; wer aber
ruhig sammelt, bekommt immer mehr.
12 Hoffnung, die sich verzögert, ängstet
das Herz; wenn aber kommt, was man be-
gehrt, das ist ein Baum des Lebens.
13 **Wer das Wort verachtet, muß dafür bü-
ßen; wer aber das Gebot fürchtet, dem wird
es gelohnt.**
14 Die Lehre des Weisen ist eine Quelle

des Lebens, zu meiden die Stricke des
Todes.
15 Rechte Einsicht schafft Gunst; aber der
Verächter Weg bringt Verderben.
16 Ein Kluger tut alles mit Vernunft; ein
Tor aber stellt Narrheit zur Schau.
17 Ein gottloser Bote bringt ins Unglück;
aber ein getreuer Bote bringt Hilfe.
18 Wer Zucht mißachtet, hat Armut und
Schande; wer sich gern zurechtweisen läßt,
wird zu Ehren kommen.
19 Wenn kommt, was man begehrt, tut es
dem Herzen wohl; aber das Böse meiden
ist den Toren ein Greuel.
20 Wer mit den Weisen umgeht, der wird
weise; wer aber der Toren Geselle ist, der
wird Unglück haben.
21 Unheil verfolgt die Sünder; aber den
Gerechten wird mit Gutem vergolten.
22 Der Gute wird vererben auf Kindes-
kind; aber [a]des Sünders Habe wird ge-
spart für den Gerechten.
a Kap 28,8; Hiob 27,13-17; Pred 2,26
23 **Es ist viel Speise in den Furchen der
Armen; aber wo kein Recht ist, da ist Ver-
derben.**
24 Wer [a]seine Rute schont, der haßt sei-
nen Sohn; wer ihn aber liebhat, der züch-
tigt ihn beizeiten. *a* Kap 22,15
25 Der Gerechte kann essen, bis er satt ist;
der Gottlosen Bauch aber leidet Mangel.

14 Die Weisheit der Frauen baut ihr
Haus; aber ihre Torheit reißt's nie-
der mit eigenen Händen.
2 Wer den HERRN fürchtet, der wandelt
auf rechter Bahn; wer ihn aber verachtet,
der geht auf Abwegen.
3 In des Toren Mund ist die Rute für sei-
nen Hochmut; aber die Weisen bewahrt
ihr Mund.
4 Wo keine Rinder sind, da ist die Krippe
leer; aber die Kraft des Ochsen bringt rei-
chen Ertrag.
5 Ein treuer Zeuge lügt nicht; aber ein
falscher Zeuge redet frech Lügen.[a]
a 2.Mose 20,16; 23,1
6 Der Spötter sucht Weisheit und findet
sie nicht; aber dem Verständigen ist die
Erkenntnis leicht.
7 Geh weg von dem Toren, denn du lernst
nichts von ihm.
8 Das ist des Klugen Weisheit, daß er acht-
gibt auf seinen Weg; aber der Toren Tor-
heit ist lauter Trug.
9 Auf dem Zelt der Spötter ruht Schuld;
aber auf dem Hause des Frommen ruht
Wohlgefallen.
10 Das Herz allein kennt sein Leid, und
[a]auch in seine Freude kann sich kein
Fremder mengen. *a* Röm 12,15
11 Das Haus der Gottlosen wird vertilgt;
aber [a]die Hütte der Frommen wird grü-
nen. *a* Kap 12,7
12 Manchem scheint ein Weg recht; aber
zuletzt bringt er ihn zum Tode.
13 Auch beim Lachen kann das Herz
trauern, und nach der Freude kommt Leid.
14 Einem gottlosen Menschen wird's ge-
hen, wie er wandelt, und auch einem gu-
ten nach seinen Taten.
15 Ein Unverständiger glaubt noch alles;
aber ein Kluger gibt acht auf seinen Gang.
16 Ein Weiser scheut sich und meidet das
Böse; ein Tor aber fährt trotzig hindurch.
17 Ein Jähzorniger handelt töricht; aber
ein Ränkeschmied wird gehaßt.
18 Die Unverständigen erben Torheit; aber
Erkenntnis ist der Klugen Krone.
19 Die Bösen müssen sich bücken vor den
Guten und die Gottlosen an den Toren
der Gerechten.
20 Der [a]Arme ist verhaßt auch seinem
Nächsten; aber die Reichen haben viele
Freunde. *a* Kap 19,4.7
21 Wer seinen Nächsten verachtet, versün-
digt sich; aber [a]wohl dem, der sich der
Elenden erbarmt! *a* Ps 41,2
22 Die nach Bösem trachten, werden in
die Irre gehen; die aber auf Gutes bedacht
sind, werden Güte und Treue erfahren.
23 Wo man arbeitet, da ist Gewinn; wo
man aber nur mit Worten umgeht, da ist
Mangel.
24 Den Weisen ist ihr Reichtum eine
Krone; aber die Narrheit der Toren bleibt
Narrheit.
25 Ein wahrhaftiger Zeuge rettet manchem
das Leben; aber wer Lügen ausspricht, übt
Verrat.
26 Wer den HERRN fürchtet, hat [a]eine si-
chere Festung, und auch seine Kinder wer-
den beschirmt. *a* Kap 18,10
27 Die Furcht des HERRN ist eine Quelle
des Lebens, daß man meide die Stricke
des Todes.
28 Wenn ein König viel Volk hat, das ist
seine Herrlichkeit; wenn aber wenig Volk
da ist, das bringt einen Fürsten ins Verder-
ben.

29 [a]Wer geduldig ist, der ist weise; wer aber ungeduldig ist, offenbart seine Torheit. [a] Kap 16,32; 19,11

30 Ein gelassenes Herz ist des Leibes Leben; aber Eifersucht ist Eiter in den Gebeinen.

31 **Wer dem Geringen Gewalt tut, lästert dessen Schöpfer; aber wer sich des Armen erbarmt, der ehrt Gott.[a]**

[a] Kap 17,5; Hiob 31,13-15; Mt 25,40

32 Der Gottlose besteht nicht in seinem Unglück; aber der Gerechte ist auch in seinem Tode getrost.

33 Im Herzen des Verständigen ruht Weisheit, und inmitten der Toren wird sie offenbar.

34 **Gerechtigkeit erhöht ein Volk; aber die Sünde ist der Leute Verderben.**

35 Ein [a]kluger Knecht gefällt dem König, aber einen schändlichen trifft sein Zorn.

[a] 1.Mose 41,37-40

15 Eine [a]linde Antwort stillt den Zorn; aber [b]ein hartes Wort erregt Grimm.

[a] Kap 25,15 [b] 1.Kön 12,13-16

2 Der Weisen Zunge bringt gute Erkenntnis; aber der Toren Mund speit nur Torheit.

3 [a]Die Augen des HERRN sind an allen Orten, sie schauen auf Böse und Gute.

[a] 2.Chr 16,9

4 Eine linde Zunge ist ein Baum des Lebens; aber eine lügenhafte bringt Herzeleid.

5 Der Tor verschmäht die Zucht seines Vaters; wer aber Zurechtweisung annimmt, ist klug.

6 In des Gerechten Haus ist großes Gut; aber in des Gottlosen Gewinn steckt Verderben.

7 Der Weisen Mund breitet Einsicht aus; aber der Toren Herz ist nicht recht.

8 Der Gottlosen [a]Opfer ist dem HERRN ein Greuel; aber das [b]Gebet der Frommen ist ihm wohlgefällig.

[a] Kap 21,27; Jes 1,11.15 [b] Kap 28,9; Lk 18,9-14

9 Des Gottlosen Weg ist dem HERRN ein Greuel; wer aber der Gerechtigkeit nachjagt, den liebt er.

10 Den Weg verlassen bringt böse Züchtigung, und wer Zurechtweisung haßt, der muß sterben.

11 [a]Unterwelt und Abgrund liegen offen vor dem HERRN, wieviel mehr [b]die Herzen der Menschen!

[a] Hiob 26,6; Ps 139,8; Offb 9,1.11 [b] Jer 17,10

12 Der Spötter liebt den nicht, der ihn zurechtweist, und geht nicht hin zu den Weisen.

13 Ein fröhliches Herz macht ein fröhliches Angesicht; aber wenn das Herz bekümmert ist, entfällt auch der Mut.

14 Des Klugen Herz sucht Erkenntnis; aber der Toren Mund geht mit Torheit um.

15 Ein Betrübter hat nie einen guten Tag; aber ein guter Mut ist ein tägliches Fest.[a] [a] Kap 17,22

16 Besser [a]wenig mit der Furcht des HERRN als ein großer Schatz, bei dem Unruhe ist. [a] Kap 16,8; Ps 37,16

17 Besser ein Gericht Kraut mit Liebe als ein gemästeter Ochse mit Haß.[a] [a] Kap 17,1

18 Ein zorniger Mann richtet Zank an; ein Geduldiger aber stillt den Streit.

19 [a]Der Weg des Faulen ist wie eine Dornenhecke; aber der Weg der Rechtschaffenen ist wohlgebahnt. [a] Kap 24,30.31

20 Ein weiser Sohn erfreut den Vater; aber ein törichter Mensch verachtet seine Mutter.[a] [a] Kap 10,1

21 Dem Toren ist die Torheit eine Freude; aber ein verständiger Mann bleibt auf dem rechten Wege.

22 Die Pläne werden zunichte, wo man nicht miteinander berät; [a]wo aber viele Ratgeber sind, gelingen sie. [a] Kap 11,14

23 Es ist einem Mann eine Freude, wenn er richtig antwortet, und wie wohl tut ein Wort zur rechten Zeit!

24 Der Weg des Lebens führt den Klugen aufwärts, daß er meide die Tiefen des Todes.

25 Der HERR wird das Haus der Hoffärtigen einreißen; aber den Grenzstein der Witwe wird er schützen.

26 Die Anschläge des Argen sind dem HERRN ein Greuel; aber rein sind vor ihm freundliche Reden.

27 Wer [a]unrechtem Gewinn nachgeht, zerstört sein Haus; wer aber Bestechung haßt, der wird leben. [a] Ps 15,5

28 Das Herz des Gerechten bedenkt, was zu antworten ist; aber der Mund der Gottlosen schäumt Böses.

29 Der HERR ist ferne von den Gottlosen; aber [a]der Gerechten Gebet erhört er.

[a] Vers 8; Joh 9,31

30 Ein freundliches Antlitz erfreut das Herz; eine gute Botschaft labt das Gebein.

31 Das Ohr, das da hört auf heilsame Weisung, wird unter den Weisen wohnen.

[32]Wer Zucht verwirft, der macht sich
selbst zunichte; wer sich aber etwas sagen
läßt, der wird klug.
[33]Die Furcht des HERRN ist Zucht, die
zur Weisheit führt, und [a]ehe man zu Eh-
ren kommt, muß man Demut lernen.
a Kap 18,12; 22,4

16 Der Mensch setzt sich's wohl vor
im Herzen; aber vom HERRN
kommt, was die Zunge reden wird.
[2]Einen jeglichen dünken seine Wege rein;
aber der HERR prüft die Geister.
[3]Befiehl dem HERRN deine Werke, so
wird dein Vorhaben gelingen.[a] *a* Ps 37,5
[4]Der HERR macht alles zu seinem Zweck,
[a]auch den Gottlosen für den bösen Tag.
a Röm 9,22
[5]Ein stolzes Herz ist dem HERRN ein
Greuel und wird gewiß nicht ungestraft
bleiben.
[6]Durch Güte und Treue wird Missetat
gesühnt, und durch die Furcht des HERRN
meidet man das Böse.
[7]Wenn eines Menschen Wege dem
HERRN wohlgefallen, so [a]läßt er auch seine
Feinde mit ihm Frieden machen.
a 1.Mose 31,24; 33,4
[8]Besser [a]wenig mit Gerechtigkeit als viel
Einkommen mit Unrecht. *a* Kap 15,16
[9]**Des Menschen Herz erdenkt sich seinen
Weg; aber der HERR allein lenkt seinen
Schritt.**[a] *a* Kap 19,21; Jer 10,23
[10]Gottes Spruch ist in dem Munde des
Königs; sein Mund spricht nicht fehl im
Gericht.
[11]Waage und rechte Waagschalen sind
vom HERRN; und alle Gewichte im Beutel
sind sein Werk.[a] *a* Kap 11,1
[12]Den Königen ist Unrecht tun ein
Greuel; denn [a]durch Gerechtigkeit wird
der Thron befestigt. *a* Kap 20,28; 25,5; 29,14
[13]Rechte Worte gefallen den Königen;
und wer aufrichtig redet, wird geliebt.
[14][a]Des Königs Grimm ist ein Bote des
Todes; aber ein weiser Mann wird ihn ver-
söhnen. *a (14 und 15)* Kap 19,12; 20,2
[15]Wenn des Königs Angesicht freundlich
ist, das ist Leben, und seine Gnade ist wie
ein Spätregen.
[16]Weisheit erwerben ist besser als Gold
und Einsicht erwerben edler als Silber.
[17]Der Frommen Weg meidet das Arge;
und wer auf seinen Weg achtet, bewahrt
sein Leben.
[18][a]**Wer zugrunde gehen soll, der wird zu-
vor stolz; und Hochmut kommt vor dem
Fall.** *a* Kap 18,12
[19]Besser niedrig sein mit den Demütigen,
als Beute austeilen mit den Hoffärtigen.
[20]Wer auf das Wort merkt, der findet
Glück; und wohl dem, der sich auf den
HERRN verläßt!
[21]Ein Verständiger wird gerühmt als ein
weiser Mann, und liebliche Rede mehrt
die Erkenntnis.
[22]Klugheit ist ein Brunnen des Lebens
dem, der sie hat; aber die Strafe der Toren
ist ihre Torheit.
[23]Des Weisen Herz redet klug und mehrt
auf seinen Lippen die Lehre.
[24][a]Freundliche Reden sind Honigseim,
trösten die Seele und erfrischen die Ge-
beine. *a* Kap 12,25
[25]Manchem scheint ein Weg recht; aber
zuletzt bringt er ihn zum Tode.
[26]Der Hunger des Arbeiters arbeitet für
ihn; denn sein Mund treibt ihn an.
[27]Ein heilloser Mensch gräbt nach Un-
heil, und in seinem Munde ist's wie bren-
nendes Feuer.
[28]Ein falscher Mensch richtet Zank an,
und ein Verleumder macht Freunde un-
eins.
[29]Ein Frevler verlockt seinen Nächsten
und führt ihn auf keinen guten Weg.
[30]Wer mit den Augen winkt, denkt nichts
Gutes; und wer mit den Lippen andeutet,
vollbringt Böses.
[31][a]Graue Haare sind eine Krone der
Ehre; auf dem Weg der Gerechtigkeit wird
sie gefunden. *a* Kap 20,29
[32]**Ein [a]Geduldiger ist besser als ein Star-
ker und wer sich selbst beherrscht, besser
als einer, der Städte gewinnt.** *a* Kap 14,29
[33]Der Mensch wirft das Los; aber es fällt,
wie der HERR will.

17 Besser ein trockner Bissen mit Frie-
den als ein Haus voll Geschlachte-
tem mit Streit.[a] *a* Kap 15,17
[2]Ein kluger Knecht wird herrschen über
einen schandbaren Sohn und wird mit den
Brüdern das Erbe teilen.
[3]Wie der Tiegel das Silber und der Ofen
das Gold, so prüft der HERR die Her-
zen.[a] *a* Ps 66,10
[4]Ein Böser achtet auf böse Mäuler, und
ein Falscher hört gern auf schändliche
Zungen.
[5]Wer [a]den Armen verspottet, verhöhnt

dessen Schöpfer; und wer sich über eines
andern Unglück freut, wird nicht ungestraft bleiben. [a] Kap 14,31
6 Der Alten Krone sind Kindeskinder, und der Kinder Ehre sind ihre Väter.
7 Es steht einem Toren nicht wohl an, von hohen Dingen zu reden, viel weniger einem Edlen, daß er mit Lügen umgeht.
8 Bestechung ist wie ein Zauberstein dem, der sie gibt; wohin er sich kehrt, hat er Glück.
9 Wer Verfehlung zudeckt, stiftet Freundschaft; wer aber eine Sache aufrührt, der macht Freunde uneins.
10 Ein Scheltwort dringt tiefer bei dem Verständigen als hundert Schläge bei dem Toren.
11 Ein böser Mensch trachtet, stets zu widersprechen; aber ein grausamer Bote wird über ihn kommen.
12 Besser einer Bärin begegnen, der die Jungen geraubt sind, als einem Toren in seiner Torheit.
13 Wer Gutes mit Bösem vergilt, von dessen Haus wird das Böse nicht weichen.
14 Wer Streit anfängt, gleicht dem, der dem Wasser den Damm aufreißt. Laß ab vom Streit, ehe er losbricht!
15 Wer [a]den Schuldigen gerecht spricht und den Gerechten schuldig, die sind beide dem HERRN ein Greuel. [a] Jes 5,23
16 Was soll dem Toren Geld in der Hand, Weisheit zu kaufen, wo er doch ohne Verstand ist?
17 Ein Freund liebt allezeit, und ein Bruder wird für die Not geboren.[a] [a] Kap 18,24
18 Ein Tor ist, wer in die Hand gelobt und [a]Bürge wird für seinen Nächsten. [a] Kap 6,1-5
19 Wer Zank liebt, der liebt die Sünde; und wer seine Tür zu hoch macht, strebt nach Einsturz.
20 Ein verkehrtes Herz findet nichts Gutes; und wer falscher Zunge ist, wird in Unglück fallen.
21 Wer einen Toren zeugt, muß sich grämen, und eines Toren Vater hat keine Freude.
22 Ein fröhliches Herz tut dem Leibe wohl; aber ein betrübtes Gemüt läßt das Gebein verdorren.[a] [a] Kap 15,13.15
23 Der Gottlose nimmt gern heimlich Geschenke, zu beugen den Weg des Rechts.[a] [a] 2.Mose 23,8
24 Ein Verständiger hat die Weisheit vor Augen; aber [a]ein Tor wirft die Augen hin und her. [a] Kap 4,25
25 Ein törichter Sohn ist seines Vaters Verdruß und ein Gram für die Mutter, die ihn geboren hat.
26 Es ist schon nicht gut, daß man Unschuldige Strafe zahlen läßt; aber den Edlen zu schlagen geht über alles Maß.
27 Ein Vernünftiger mäßigt seine Rede, und ein verständiger Mann wird nicht hitzig.[a] [a] Kap 10,19; Jak 1,19
28 Auch [a]ein Tor, wenn er schwiege, würde für weise gehalten und für verständig, wenn er den Mund hielte. [a] Hiob 13,5

18 Wer sich absondert, der sucht, was ihn gelüstet, und gegen alles, was gut ist, geht er an.
2 Ein Tor hat nicht Gefallen an Einsicht, sondern will kundtun, was in seinem Herzen steckt.
3 Wohin ein Frevler kommt, kommt auch Verachtung; und wo Schande ist, da ist Hohn.
4 Die Worte in eines Mannes Munde sind wie tiefe Wasser, und die Quelle der Weisheit ist ein sprudelnder Bach.
5 Es ist nicht gut, den Schuldigen vorzuziehen, daß man des Gerechten Sache beuge im Gericht.[a] [a] 5.Mose 1,17
6 Die Lippen des Toren bringen Zank, und sein Mund ruft nach Schlägen.
7 Der Mund des Toren bringt ihn ins Verderben, und seine Lippen bringen ihn zu Fall.
8 Die Worte des Verleumders sind wie Leckerbissen und gehen einem glatt ein.[a] [a] Kap 26,22
9 Wer [a]lässig ist in seiner Arbeit, der ist ein Bruder des Verderbers. [a] Kap 10,4
10 **Der Name des HERRN ist [a]eine feste Burg; der Gerechte läuft dorthin und wird beschirmt.** [a] Kap 14,26; Ps 61,4
11 [a]Des Reichen Habe ist ihm wie eine feste Stadt und dünkt ihn eine hohe Mauer. [a] Kap 10,15
12 [a]Wenn einer zugrunde gehen soll, wird sein Herz zuvor stolz; und ehe man zu Ehren kommt, muß man demütig sein. [a] Kap 16,18
13 Wer antwortet, ehe er hört, dem ist's Torheit und Schande.
14 Wer ein mutiges Herz hat, weiß sich auch im Leiden zu halten; wenn aber der Mut daniederliegt, wer kann's tragen?

15 Ein verständiges Herz erwirbt Einsicht, und das Ohr der Weisen sucht Erkenntnis.

16 Das [a]Geschenk des Menschen schafft ihm Raum und bringt ihn zu den großen Herren. *a* 1.Mose 43,11

17 Ein jeder hat zuerst in seiner Sache recht; kommt aber der andere zu Wort, so findet sich's.

18 Das Los schlichtet den Streit und läßt Mächtige nicht aneinandergeraten.

19 Ein gekränkter Bruder ist abweisender als eine feste Stadt, und Streitigkeiten sind hart wie der Riegel einer Burg.

20 Einem Mann [a]wird vergolten, was sein Mund geredet hat, und er wird gesättigt mit dem, was seine Lippen ihm einbringen. *a* Kap 12,14

21 [a]Tod und Leben stehen in der Zunge Gewalt; wer sie liebt, wird ihre Frucht essen. *a* Kap 13,3

22 Wer [a]eine Ehefrau gefunden hat, der hat etwas Gutes gefunden und Wohlgefallen erlangt vom HERRN. *a* Kap 19,14; 31,10

23 Ein Armer redet mit Flehen, aber ein Reicher antwortet hart.

24 Es gibt Allernächste, die bringen ins Verderben, und es gibt Freunde, die hangen fester an als ein Bruder.[a] *a* Kap 17,17

19

1 Ein Armer, der in Unschuld wandelt, ist besser als einer, der Verkehrtes spricht und dabei reich ist.[a] *a* Kap 28,6

2 Wo man nicht mit Vernunft handelt, da ist auch Eifer nichts nütze; und wer hastig läuft, der tritt fehl.

3 Des Menschen Torheit führt ihn in die Irre, und doch tobt sein Herz wider den HERRN.[a] *a* Klgl 3,39

4 [a]Reichtum macht viel Freunde; aber der Arme wird von seinem Freunde verlassen. *a* Kap 14,20

5 Ein [a]falscher Zeuge bleibt nicht ungestraft; und wer frech Lügen redet, wird nicht entrinnen. *a* Kap 21,28; 5.Mose 19,18-21

6 Viele schmeicheln dem Vornehmen; und wer Geschenke gibt, hat alle zu Freunden.

7 Den Armen hassen alle seine Brüder; wieviel mehr halten sich seine Freunde von ihm fern! Wer viel spricht, der tut Frevel; und wer Worten nachjagt, der wird nicht entrinnen.*

* Vervollständigt aus der griechischen Übersetzung.

8 Wer Klugheit erwirbt, liebt sein Leben; und der Verständige findet Gutes.

9 Ein falscher Zeuge bleibt nicht ungestraft; und wer frech Lügen redet, wird umkommen.

10 Dem Toren steht nicht an, gute Tage zu haben, viel weniger einem Knecht, zu herrschen über Fürsten.

11 Klugheit macht den Mann langsam zum Zorn, und es ist seine Ehre, daß er Verfehlung übersehen kann.[a] *a* Kap 14,29

12 Die Ungnade des Königs ist wie das Brüllen eines Löwen; aber seine Gnade ist wie Tau auf dem Grase.[a] *a* Kap 16,14.15

13 Ein törichter Sohn ist seines Vaters Herzeleid, und [a]eine zänkische Frau wie ein ständig triefendes Dach. *a* Kap 27,15.16

14 Haus und Habe vererben die Eltern; aber [a]eine verständige Ehefrau kommt vom HERRN. *a* Kap 18,22

15 Faulheit macht schläfrig, und ein Lässiger wird Hunger leiden.

16 Wer das Gebot bewahrt, der bewahrt sein Leben; [a]wer aber auf seinen Weg nicht achtet, wird sterben. *a* Kap 16,17

17 **Wer sich des Armen erbarmt, der leiht dem HERRN, und der wird ihm vergelten, was er Gutes getan hat.**[a]
a Kap 14,31; Ps 41,2-4; Dan 4,24; Mt 5,7; 25,40; 2.Kor 9,6

18 Züchtige deinen Sohn, solange Hoffnung da ist, aber [a]laß dich nicht hinreißen, ihn zu töten. *a* 5.Mose 21,18-21

19 Großer Grimm muß Strafe leiden; denn willst du ihm steuern, so wird er noch größer.

20 Höre auf Rat und nimm Zucht an, daß du hernach weise seist.

21 In eines Mannes Herzen sind viele Pläne; aber zustande kommt der Ratschluß des HERRN.[a] *a* Kap 16,9

22 Ein gütiger Mensch ist der Liebe wert, und ein Armer ist besser als ein Lügner.

23 Die Furcht des HERRN führt zum Leben; man wird satt werden und sicher schlafen, von keinem Übel heimgesucht.

24 Der Faule steckt seine Hand in die Schüssel und bringt sie nicht wieder zum Munde.[a] *a* Kap 26,15

25 Schlägt man den Spötter, so werden Unverständige vernünftig; weist man den Verständigen zurecht, so gewinnt er an Einsicht.[a] *a* Kap 21,11

26 Wer den Vater mißhandelt und die Mutter verjagt, der ist ein schandbarer und verfluchter Sohn.

27 Läßt du ab, mein Sohn, auf Ermahnung

zu hören, so irrst du ab von vernünftiger
Lehre.[a] *a* Jak 1,22
28 Ein nichtswürdiger Zeuge spottet des
Rechts, und den Gottlosen mundet das
Unrecht.
29 Den Spöttern sind Strafen bereitet und
[a] Schläge für den Rücken der Toren.
a Kap 26,3

20 Der Wein macht Spötter, und star-
kes Getränk macht wild; wer davon
taumelt, wird niemals weise.[a]
a Kap 23,29-35; 31,5; Hos 4,11
2 Das [a] Drohen des Königs ist wie das
Brüllen eines Löwen; wer ihn erzürnt, der
sündigt wider das eigene Leben.
a Kap 16,14
3 Eine Ehre ist es dem Mann, dem Streit
fern zu bleiben; aber die gerne streiten,
sind allzumal Toren.
4 Im Herbst [a] will der Faule nicht pflügen;
so muß er in der Ernte betteln und kriegt
nichts. *a* Kap 6,6-11
5 Das Vorhaben im Herzen eines Mannes
ist wie ein tiefes Wasser; aber ein kluger
Mann kann es schöpfen.
6 Viele Menschen rühmen ihre Güte;
aber wer findet einen, der zuverlässig ist?
7 Ein Gerechter, der unsträflich wandelt,
[a] dessen Kindern wird's wohlgehen.
a Ps 112,1.2
8 Ein König, der auf dem Thron sitzt, um
zu richten, sondert aus mit seinem Blick
alles Böse.[a] *a* Ps 101,3
9 Wer kann sagen: »Ich habe mein Herz
geläutert und [a] bin rein von meiner
Sünde«? *a* Kap 30,12; Hiob 4,17; 9,2.3
10 Zweierlei Gewicht und zweierlei Maß
ist beides dem HERRN ein Greuel.
11 Schon einen Knaben erkennt man an
seinem Tun, ob er lauter und redlich wer-
den will.[a] *a* Kap 22,6
12 **Ein hörendes Ohr und ein sehendes
Auge, die macht beide der HERR.**
13 Liebe den Schlaf nicht, daß du nicht
arm wirst; laß deine Augen offen sein, so
wirst du Brot genug haben.
14 »Schlecht, schlecht!« spricht man, wenn
man kauft; aber wenn man weggeht, so
rühmt man sich.
15 Es gibt Gold und viel Perlen; aber ein
Mund, der Vernünftiges redet, ist ein edles
Kleinod.
16 Nimm dem sein Kleid, der für einen
andern [a] Bürge wurde, und pfände ihn
anstelle des Fremden! *a* Kap 6,1.2
17 Das [a] gestohlene Brot schmeckt dem
Manne gut; aber am Ende hat er den
Mund voller Kieselsteine. *a* Kap 9,17
18 Pläne kommen zum Ziel, wenn man
sich recht berät; und [a] Krieg soll man mit
Vernunft führen. *a* Kap 24,6
19 Wer Geheimnisse verrät, ist ein Ver-
leumder, und mit dem, der den Mund
nicht halten kann, laß dich nicht ein.
20 Wer seinem Vater und seiner Mutter
flucht, dessen Leuchte wird verlöschen in
der Finsternis.[a] *a* Kap 30,17; 2.Mose 21,17
21 Das Erbe, nach dem man zuerst sehr
eilt, wird zuletzt nicht gesegnet sein.
22 **Sprich nicht: [a] »Ich will Böses vergel-
ten!« Harre des HERRN, der wird dir hel-
fen.** *a* Kap 24,29; Röm 12,17
23 Zweierlei Gewicht ist dem HERRN ein
Greuel, und eine falsche Waage ist nicht
gut.
24 Jedermanns Schritte bestimmt der
HERR. Welcher Mensch versteht seinen
Weg?
25 Es ist dem Menschen ein Fallstrick,
unbedacht Gelübde zu tun und erst nach
dem Geloben zu überlegen.
26 Ein weiser König sondert die Gottlosen
aus und läßt das Rad über sie gehen.
27 Eine Leuchte des HERRN ist [a] des Men-
schen Geist; er durchforscht alle Kam-
mern des Innern. *a* 1.Kor 2,11
28 Gütig und treu sein behütet den König,
und [a] sein Thron besteht durch Güte.
a Kap 16,12
29 Der Jünglinge Ehre ist ihre Stärke, und
[a] graues Haar ist der Alten Schmuck.
a Kap 16,31
30 Man muß dem Bösen wehren mit har-
ter Strafe und mit ernsten Schlägen, die
man fühlt.

21 Des Königs Herz ist in der Hand des
HERRN wie Wasserbäche; [a] er lenkt
es, wohin er will. *a* Ps 33,15
2 **Einen jeglichen dünkt sein Weg recht;
aber der HERR prüft die Herzen.**
3 Recht und Gerechtigkeit tun ist dem
HERRN lieber als Opfer.[a]
a 1.Sam 15,22; Hos 6,6
4 Hoffärtige Augen und stolzer Sinn, die
Leuchte der Gottlosen, ist Sünde.
5 Das Planen eines Emsigen bringt Über-
fluß; wer aber allzu rasch handelt, dem
wird's mangeln.
6 Wer Schätze sammelt mit Lügen, der

wird fehlgehen und ist unter denen, die
den Tod suchen.
7 Der Gottlosen Gewalt rafft sie selber
weg; denn sie wollen nicht tun, was recht
ist.
8 Wer mit Schuld beladen ist, geht
krumme Wege; wer aber rein ist, dessen
Tun ist gerade.
9 Besser im Winkel auf dem Dach woh-
nen als mit einer zänkischen Frau zusam-
men in einem Hause.
10 Die Seele des Gottlosen gelüstet nach
Bösem und erbarmt sich nicht seines
Nächsten.
11 Wenn der Spötter gestraft wird, so wer-
den die Unverständigen weise, und wenn
man einen Weisen belehrt, so nimmt er
Erkenntnis an.[a] *a* Kap 19,25
12 Der Gerechte* achtet auf des Gottlo-
sen Haus, und er stürzt die Gottlosen ins
Verderben.

* Der »Gerechte« ist wahrscheinlich Gott.

13 Wer seine Ohren verstopft vor dem
Schreien des Armen, der wird einst auch
rufen und nicht erhört werden.
14 Eine heimliche Gabe stillt den Zorn
und ein Geschenk im Verborgenen den
heftigen Grimm.[a] *a* 1.Sam 25,18-35
15 Dem Gerechten ist es eine Freude,
wenn Recht geschieht, aber den Übeltä-
tern ist es ein Schrecken.
16 Ein Mensch, der vom Wege der Klug-
heit abirrt, wird weilen in der Schar der
Toten.
17 Wer gern in Freuden lebt, wird Mangel
haben; und [a]wer Wein und Salböl liebt,
wird nicht reich. *a* Kap 23,21
18 Der Gottlose wird als Lösegeld gege-
ben für den Gerechten und der Verächter
für die Frommen.
19 Besser in der Wüste wohnen als bei
einer zänkischen und zornigen Frau.
20 Im Hause des Weisen ist ein kostba-
rer Schatz an Öl; aber ein Tor vergeudet
ihn.
21 Wer der Gerechtigkeit und Güte nach-
jagt, der findet Leben und Ehre.
22 Ein Weiser ersteigt die Stadt der Star-
ken und stürzt ihre Macht, auf die sie sich
verläßt.
23 Wer Mund und Zunge bewahrt, der
bewahrt sein Leben vor Not.[a] *a* Kap 13,3
24 Wer stolz und vermessen ist, heißt ein
Spötter; er treibt frechen Übermut.
25 Der [a]Faule stirbt über seinem Wün-
schen; denn seine Hände wollen nichts
tun. *a* Kap 13,4
26 Den ganzen Tag begehrt die Gier; aber
der Gerechte gibt und versagt nichts.
27 [a]Der Gottlosen Opfer ist ein Greuel,
wieviel mehr, wenn man's darbringt für
eine Schandtat. *a* Kap 15,8
28 Ein [a]lügenhafter Zeuge wird umkom-
men; aber wer recht gehört hat, dessen
Wort bleibt. *a* Kap 19,5.9
29 Der Gottlose macht ein freches Ge-
sicht; aber wer fromm ist, macht seine
Wege fest.
30 Keine Weisheit, kein Verstand, [a]kein
Rat besteht vor dem HERRN. *a* Ps 33,10.11
31 [a]Rosse werden gerüstet zum Tage der
Schlacht; aber der Sieg kommt vom
HERRN. *a* Ps 33,17

22 Ein [a]guter Ruf ist köstlicher als gro-
ßer Reichtum und anziehendes
Wesen besser als Silber und Gold.
a Pred 7,1
2 **Reiche und Arme begegnen einander; der
HERR hat sie alle gemacht.**[a] *a* Kap 29,13
3 Der Kluge sieht das Unglück kommen
und verbirgt sich; die Unverständigen lau-
fen weiter und leiden Schaden.
4 Der Lohn der Demut und der Furcht
des HERRN ist Reichtum, Ehre und
Leben.[a] *a* Kap 15,33
5 Stacheln und Stricke sind auf dem Wege
des Verkehrten; wer sich aber davon fern-
hält, bewahrt sein Leben.
6 Gewöhne einen Knaben an seinen Weg,
so läßt er auch nicht davon, wenn er alt
wird.[a] *a* Kap 20,11
7 Der Reiche herrscht über die Armen;
und wer borgt, ist des Gläubigers Knecht.
8 Wer [a]Unrecht sät, der wird Unglück ern-
ten, und die Rute seines Übermuts wird
ein Ende haben. *a* Hiob 4,8
9 Wer ein gütiges Auge hat, wird geseg-
net; denn [a]er gibt von seinem Brot den
Armen. *a* Kap 19,17
10 Treibe den Spötter hinaus, so geht der
Zank weg, und Hader und Schmähung
hören auf.[a] *a* Kap 26,20
11 Wer ein reines Herz und [a]liebliche
Rede hat, dessen Freund ist der König.[b]
a Kol 4,6 *b* Ps 101,6
12 Die Augen des HERRN behüten die
Erkenntnis; aber die Worte des Verächters
bringt er zu Fall.
13 Der Faule spricht: [a]»Es ist ein Löwe

draußen; ich könnte getötet werden auf
der Gasse.« *a* Kap 26,13
14 [a]Der Mund unzüchtiger Frauen ist eine
tiefe Grube; wem der HERR zürnt, der fällt
hinein. *a* Kap 5,3
15 Torheit steckt dem Knaben im Herzen;
aber [a]die Rute der Zucht treibt sie ihm
aus. *a* Kap 13,24; 23,13.14; 29,17
16 Wer dem Armen Unrecht tut, mehrt
ihm seine Habe; wer einem Reichen gibt,
schafft ihm nur Mangel.

Worte der Weisen

17 Neige deine Ohren und höre die
[a]Worte von Weisen und nimm zu Herzen
meine Lehre. *a* Kap 24,23
18 Denn lieblich ist's, wenn du sie im
Sinne behältst; laß sie miteinander auf dei-
nen Lippen bleiben.
19 Damit deine Hoffnung sich gründe auf
den HERRN, erinnere ich daran heute
gerade dich.
20 Hab ich dir's nicht mannigfach aufge-
schrieben als Rat und Erkenntnis,
21 um dir kundzutun zuverlässige Worte
der Wahrheit, damit du rechte Antwort
bringen kannst dem, der dich gesandt
hat?
22 [a]Beraube den Armen nicht, weil er arm
ist, und unterdrücke den Geringen nicht
im Gericht; *a (22 und 23)* 2.Mose 23,6
23 denn der HERR wird ihre Sache führen
und wird ihre Bedrücker bedrücken. –
24 Geselle dich nicht zum [a]Zornigen und
halt dich nicht zu einem wütenden
Mann; *a* Kap 15,18
25 du könntest auf seinen Weg geraten und
dich selbst zu Fall bringen. –
26 Sei nicht einer von denen, die mit ihrer
Hand haften und für Schulden [a]Bürge wer-
den; *a* Kap 6,1
27 denn wenn du nicht bezahlen kannst,
so wird man dir dein Bett unter dir weg-
nehmen. –
28 [a]Verrücke nicht die uralten Grenzen,
die deine Väter gemacht haben. –
a Kap 23,10; 5.Mose 27,17
29 Siehst du einen Mann, behende in sei-
nem Geschäft, der wird Königen dienen;
geringen Leuten wird er nicht dienen.

23 Wenn du zu Tische sitzt mit einem
hohen Herrn, so bedenke wohl, was
du vor dir hast,
2 und setze ein Messer an deine Kehle,
wenn du gierig bist;
3 wünsche dir nichts von seinen feinen
Speisen; denn es ist trügerisches Brot. –
4 Bemühe dich nicht, reich zu werden; da
spare deine Klugheit![a] *a* Kap 28,22
5 Du richtest deine Augen auf Reichtum,
und er ist nicht mehr da; denn er macht
sich Flügel wie ein Adler und fliegt gen
Himmel. –
6 Iß nicht bei einem Neidischen und wün-
sche dir von seinen feinen Speisen nichts;
7 denn in seinem Herzen ist er berech-
nend; er spricht zu dir: Iß und trink!, und
sein Herz ist doch nicht mit dir.
8 Die Bissen, die du gegessen hast, mußt
du ausspeien, und deine freundlichen
Worte sind verloren. –
9 Rede nicht vor des Unverständigen
Ohren; denn er verachtet die Klugheit dei-
ner Rede. –
10 [a]Verrücke nicht uralte Grenzen und
vergreife dich nicht an dem Acker der Wai-
sen, *a* Kap 22,28
11 denn ihr Helfer ist mächtig; der wird
ihre Sache gegen dich führen. –
12 Wende dein Herz hin zur Zucht und
deine Ohren zu vernünftiger Rede. –
13 [a]Laß nicht ab, den Knaben zu züchti-
gen; denn wenn du ihn mit der Rute
schlägst, so wird er sein Leben behalten;
a (13 und 14) Kap 22,15
14 du schlägst ihn mit der Rute, aber du
errettest ihn vom Tode. –
15 Mein Sohn, wenn dein Herz weise ist,
so freut sich auch mein Herz,
16 und meine Seele ist froh, wenn deine
Lippen reden, was recht ist. –
17 Dein Herz sei nicht neidisch auf den
Sünder, sondern trachte täglich nach der
Furcht des HERRN;
18 denn das Ende kommt noch, und dann
wird deine Hoffnung nicht zuschanden. –
19 Höre, mein Sohn, und sei weise und
richte dein Herz auf den rechten Weg.
20 Sei nicht unter den Säufern und
Schlemmern;
21 denn die [a]Säufer und Schlemmer ver-
armen, und ein Schläfer muß zerrissene
Kleider tragen. – *a* Kap 21,17
22 Gehorche deinem Vater, der dich
gezeugt hat, und verachte deine Mutter
nicht, wenn sie alt wird.[a] – *a* Kap 1,8
23 Kaufe Wahrheit und verkaufe sie nicht,
die Weisheit, die Zucht und die Einsicht. –

24 [a]Der Vater eines Gerechten freut sich,
und wer einen Weisen gezeugt hat, ist
fröhlich über ihn. *a* Kap 10,1
25 Laß deinen Vater und deine Mutter sich
freuen, und fröhlich sein, die dich gebo-
ren hat. –
26 **Gib mir, mein Sohn, dein Herz und laß
deinen Augen meine Wege wohlgefallen.**
27 [a]Denn die Hure ist eine tiefe Grube,
und die fremde Frau ist ein enger Brun-
nen. *a (27 und 28)* Kap 22,14; 7,10-14
28 Auch lauert sie wie ein Räuber und
mehrt die Treulosen unter den Men-
schen. –
29 [a]Wo ist Weh? Wo ist Leid? Wo ist
Zank? Wo ist Klagen? Wo sind Wunden
ohne jeden Grund? Wo sind trübe Augen?
a (29-35) Kap 20,1; Jes 56,12
30 Wo man lange beim Wein sitzt und
kommt, auszusaufen, was eingeschenkt ist.
31 Sieh den Wein nicht an, wie er so rot ist
und im Glase so schön steht: Er geht glatt
ein,
32 aber danach beißt er wie eine Schlange
und sticht wie eine Otter.
33 Da werden deine Augen seltsame
Dinge sehen, und dein Herz wird Ver-
kehrtes reden,
34 und du wirst sein wie einer, der auf
hoher See sich schlafen legt, und wie einer,
der oben im Mastkorb liegt.
35 »Sie schlugen mich, aber es tat mir
nicht weh; sie prügelten mich, aber ich
fühlte es nicht. Wann werde ich aufwa-
chen? Dann will ich's wieder so treiben.«

24 Sei nicht neidisch auf böse Men-
schen und wünsche nicht, bei ihnen
zu sein;
2 denn ihr Herz trachtet nach Gewalt, und
ihre Lippen raten zum Unglück. –
3 Durch Weisheit wird ein Haus gebaut
und durch Verstand erhalten,
4 und [a]durch ordentliches Haushalten
werden die Kammern voll kostbarer, lieb-
licher Habe. – *a* Kap 31,10-31
5 Ein weiser Mann ist stark und ein ver-
nünftiger Mann voller Kraft;
6 denn [a]mit Überlegung soll man Krieg
führen, und wo [b]viele Ratgeber sind, da
ist der Sieg. – *a* Kap 20,18 *b* Kap 11,14
7 Weisheit ist dem Toren zu hoch; er darf
seinen Mund im Rat nicht auftun. –
8 Wer sich vornimmt, Böses zu tun, den
nennt man einen Erzbösewicht.
9 Das Vorhaben des Toren ist Sünde, und
der Spötter ist den Leuten ein Greuel. –
10 **Der ist nicht stark, der in der Not nicht
fest ist.** –
11 Errette, die man zum Tode schleppt,
und entzieh dich nicht denen, die zur
Schlachtbank wanken.[a] *a* Ps 82,4
12 Sprichst du: »Siehe, wir haben's nicht
gewußt!«, fürwahr, der die Herzen prüft,
merkt es, und der auf deine Seele achthat,
weiß es und vergilt dem Menschen nach
seinem Tun. –
13 Iß Honig, mein Sohn, denn er ist
gut, und Honigseim ist süß deinem Gau-
men.
14 So ist Weisheit gut für deine Seele;
wenn du sie findest, wird dir's am Ende
wohlgehen, und deine Hoffnung wird
nicht umsonst sein. –
15 Laure nicht als Gottloser auf das Haus
des Gerechten; zerstöre seine Wohnung
nicht,
16 denn [a]**ein Gerechter fällt siebenmal und
steht wieder auf, aber die Gottlosen versin-
ken im Unglück.** – *a* Ps 37,24
17 Freue dich nicht über den Fall deines
Feindes, und dein Herz sei nicht froh über
sein Unglück;[a] *a* Hiob 31,29
18 der HERR könnte es sehen und Mißfal-
len daran haben und seinen Zorn von ihm
wenden. –
19 Erzürne dich nicht über die Bösen und
ereifre dich nicht über die Gottlosen;[a]
a Ps 37,1
20 denn der Böse hat nichts zu hoffen, und
[a]die Leuchte der Gottlosen wird verlö-
schen. – *a* Kap 13,9
21 Mein Sohn, [a]fürchte den HERRN und
den König und menge dich nicht unter die
Aufrührer; *a* 1.Petr 2,17
22 denn plötzlich wird sie das Verderben
treffen und unversehens von beiden her
das Unheil kommen.

23 Auch dies sind Worte der Weisen: [a]Die
Person ansehen im Gericht ist nicht gut.
a 3.Mose 19,15
24 Wer zum Schuldigen spricht: »Du hast
recht«, dem fluchen die Völker, und die
Leute verwünschen ihn.
25 Die aber gerecht richten, denen geht es
gut, und reicher Segen kommt auf sie.
26 Eine [a]richtige Antwort ist wie ein lieb-
licher Kuß. *a* Kap 15,23
27 Richte erst draußen deine Arbeit aus

und bearbeite deinen Acker; danach
gründe dein Haus.
28 Sei nicht [a] ein falscher Zeuge wider deinen Nächsten und betrüge nicht mit deinem Munde. *a* 2.Mose 20,16
29 Sprich nicht: »Wie einer mir tut, so will
ich ihm auch tun und [a] einem jeglichen
sein Tun vergelten.« *a* Kap 20,22
30 Ich ging am Acker des Faulen entlang
und am Weinberg des Toren,
31 und siehe, lauter Nesseln waren darauf,
und er stand voll Disteln, und die Mauer
war eingefallen.
32 Als ich das sah, nahm ich's zu Herzen,
ich schaute und lernte daraus:
33 [a] Noch ein wenig schlafen und ein wenig
schlummern und ein wenig die Hände
zusammentun, daß du ruhst,
a (33 und 34) Kap 6,9-11
34 so wird deine Armut kommen wie ein
Räuber und dein Mangel wie ein gewappneter Mann.

Weitere Sprüche Salomos

25 Auch dies sind [a] Sprüche Salomos;
die Männer Hiskias, des Königs von
Juda, haben sie gesammelt. *a* Kap 1,1; 10,1
2 ¶Es ist Gottes Ehre, eine Sache zu verbergen; aber der Könige Ehre ist es, eine
Sache zu erforschen.
3 Der Himmel ist hoch und die Erde
tief, und der Könige Herz ist unerforschlich.
4 Man tue die Schlacken vom Silber, so
gelingt dem Goldschmied das Gefäß;
5 man tue den Gottlosen hinweg vom
König, so wird [a] sein Thron durch Gerechtigkeit gefestigt. *a* Kap 16,12
6 Prange nicht vor dem Könige und stelle
dich nicht zu den Großen;
7 denn [a] es ist besser, daß man zu dir sage:
Tritt hier herauf!, als daß du erniedrigt
wirst vor einem Edlen, den deine Augen
gesehen haben. *a* Lk 14,7-11
8 Laufe nicht zu schnell vor Gericht; denn
was willst du zuletzt machen, wenn dich
dein Nächster beschämt?
9 Trage deine Sache mit deinem Nächsten
aus, aber [a] verrate nicht eines andern
Geheimnis, *a* Kap 20,19
10 damit von dir nicht übel spricht, wer es
hört, und dann das böse Gerede über dich
nicht aufhört.
11 Ein Wort, geredet zu rechter Zeit, ist
wie goldene Äpfel auf silbernen Schalen.[a] *a* Kap 15,23
12 Ein Weiser, der mahnt, und ein Ohr,
das auf ihn hört, das ist wie ein goldener
Ring und ein goldenes Halsband.
13 Wie die Kühle des Schnees zur Zeit
der Ernte, so ist ein getreuer Bote dem,
der ihn gesandt hat, und erquickt seines
Herrn Seele.
14 Wer Geschenke verspricht und hält's
nicht, der ist wie Wolken und Wind ohne
Regen.
15 Durch Geduld wird ein Fürst überredet, und eine [a] linde Zunge zerbricht Knochen. *a* Kap 15,1
16 Findest du Honig, so iß davon nur,
soviel du bedarfst, daß du nicht zu satt
wirst und speist ihn aus.
17 Halte deinen Fuß zurück vom Hause
deines Nächsten; er könnte dich satt
bekommen und dir gram werden.
18 Wer wider seinen Nächsten falsch
Zeugnis redet, der ist wie ein Streithammer, Schwert und scharfer Pfeil.
19 Auf einen Treulosen hoffen zur Zeit der
Not, das ist wie ein fauler Zahn und gleitender Fuß.
20 Wer einem mißmutigen Herzen Lieder
singt, das ist, wie wenn einer das Kleid
ablegt an einem kalten Tag, und wie Essig
auf Lauge.
21 [a] **Hungert deinen Feind, so speise ihn mit
Brot, dürstet ihn, so tränke ihn mit Wasser,** *a (21 und 22)* Röm 12,20
22 **denn du wirst feurige Kohlen auf sein
Haupt häufen, und der HERR wird dir's
vergelten.**
23 Wind mit dunklen Wolken bringt
Regen, und heimliches Geschwätz schafft
saure Gesichter.
24 Besser im Winkel auf dem Dache sitzen als mit einer zänkischen Frau zusammen in einem Hause.
25 Eine [a] gute Botschaft aus fernen Landen ist wie kühles Wasser für eine durstige Kehle. *a* Kap 15,30
26 Ein Gerechter, der angesichts eines
Gottlosen wankt, ist wie ein getrübter
Brunnen und eine verderbte Quelle.
27 Zuviel Honig essen ist nicht gut; aber
wer nach schweren Dingen forscht, dem
bringt's Ehre.
28 Ein Mann, der [a] seinen Zorn nicht
zurückhalten kann, ist wie eine offene
Stadt ohne Mauern. *a* Kap 29,11

26 Wie Schnee zum Sommer und
Regen zur Ernte, so reimt sich Ehre
zum Toren.
2 Wie ein Vogel dahinfliegt und eine
Schwalbe enteilt, so ist ein unverdienter
Fluch: er trifft nicht ein.
3 Dem Roß eine Peitsche und dem Esel
einen Zaum und [a]dem Toren eine Rute
auf den Rücken! *a* Kap 19,29
4 Antworte dem Toren nicht nach seiner
Torheit, daß du ihm nicht gleich wirst.
5 Antworte aber dem Toren nach seiner
Torheit, daß er sich nicht weise dünke.
6 Wer eine Sache durch einen törichten
Boten ausrichtet, der ist wie einer, der sich
selbst die Füße abhaut und Schaden lei-
det.
7 Wie einem Gelähmten das Tanzen, so
steht dem Toren an, von Weisheit zu
reden.
8 Einem Toren Ehre antun, das ist, wie
wenn einer einen edlen Stein auf einen
Steinhaufen wirft.
9 Ein Spruch in eines Toren Mund ist wie
ein Dornzweig in der Hand eines Trunke-
nen.
10 Wie ein Schütze, der jeden verwundet,
so ist, wer einen Toren oder einen Vor-
übergehenden dingt.
11 Wie [a]ein Hund wieder frißt, was er
gespien hat, so ist der Tor, der seine Tor-
heit immer wieder treibt. *a* 2.Petr 2,22
12 **Wenn du einen siehst, der sich [a]weise**
dünkt, da ist für einen Toren mehr Hoff-
nung als für ihn. *a* Kap 3,7
13 Der Faule spricht: [a]»Es ist ein Löwe
auf dem Wege, ein Löwe auf den Gas-
sen.« *a* Kap 22,13
14 Ein [a]Fauler wendet sich im Bett wie
die Tür in der Angel. *a* Kap 6,9-11
15 Der Faule steckt seine Hand in die
Schüssel, und es wird ihm sauer, daß er
sie zum Munde bringe.[a] *a* Kap 19,24
16 Ein Fauler dünkt sich weiser als sieben,
die da wissen, verständig zu antworten.
17 Wer vorübergeht und sich mengt in
fremden Streit, der ist wie einer, der den
Hund bei den Ohren zwackt.
18 Wie ein Unsinniger, der mit Geschoß
und Pfeilen schießt und tötet,
19 so ist ein Mensch, der seinen Nächsten
betrügt und spricht: »Ich habe nur ge-
scherzt.«
20 Wenn kein Holz mehr da ist, so ver-
lischt das Feuer, und [a]wenn der Verleum-
der weg ist, so hört der Streit auf.
a Kap 22,10
21 Wie die Kohlen die Glut und Holz das
Feuer, so [a]facht ein zänkischer Mann den
Streit an. *a* Kap 15,18
22 Die Worte des Verleumders sind wie
Leckerbissen und gehen einem glatt
ein.[a] *a* Kap 18,8
23 Glatte Lippen und ein böses Herz, das
ist wie Tongeschirr, mit Silberschaum
überzogen.
24 [a]Der Hasser verstellt sich mit seiner
Rede, aber im Herzen ist er falsch;
a (24 und 25) Mt 12,45
25 wenn er seine Stimme holdselig macht,
so glaube ihm nicht; denn es sind sieben
Greuel in seinem Herzen.
26 Wer den Haß trügerisch verbirgt, des-
sen Bosheit wird doch vor der Gemeinde
offenbar werden.
27 Wer [a]eine Grube macht, der wird hin-
einfallen; und wer einen Stein wälzt, auf
den wird er zurückkommen.
a Ps 7,16; Pred 10,8
28 Eine falsche Zunge haßt den, dem sie
Arges getan hat, und glatte Lippen richten
Verderben an.

27 **Rühme dich nicht des morgigen**
Tages; denn du weißt nicht, was der
Tag bringt.[a] *a* Jak 4,13.14
2 Laß dich von einem andern loben und
nicht von deinem Mund, von einem Frem-
den und nicht von deinen eignen Lippen.
3 Stein ist schwer, und Sand ist Last; aber
der Ärger über einen Toren ist schwerer
als beide.
4 Zorn ist ein wütig Ding, und Grimm ist
ungestüm; aber wer kann vor der Eifer-
sucht bestehen?
5 Offene [a]Zurechtweisung ist besser als
Liebe, die verborgen bleibt. *a* 3.Mose 19,17
6 Die [a]Schläge des Freundes meinen es
gut; aber die [b]Küsse des Hassers sind trü-
gerisch. *a* Ps 141,5 *b* Mt 26,49
7 Ein Satter tritt Honigseim mit Füßen;
aber einem Hungrigen ist alles Bittre süß.
8 Wie ein Vogel, der aus seinem Nest
flüchtet, so ist ein Mann, der aus seiner
Heimat flieht.
9 Das Herz freut sich an Salbe und Räu-
cherwerk, und süß ist der Freund, der
wohlgemeinten Rat gibt.
10 Von deinem [a]Freund und deines Vaters
Freund laß nicht ab. Geh nicht ins Haus

deines Bruders, wenn dir's übel geht. Ein
Nachbar in der Nähe ist besser als ein Bru-
der in der Ferne.
[a] Kap 18,24
11 Sei weise, mein Sohn, und erfreue mein
Herz, so kann ich antworten dem, der
mich schmäht.
12 Ein Kluger sieht das Unglück kommen
und verbirgt sich; aber die Unverständi-
gen laufen weiter und leiden Schaden.
13 Nimm dem sein Kleid, der für einen
andern Bürge wurde, und pfände ihn
anstelle des Fremden.
14 Wenn einer seinen Nächsten des Mor-
gens früh mit lauter Stimme segnet, so
wird ihm das für einen Fluch gerechnet.
15 [a] Eine zänkische Frau und ein trie-
fendes Dach, wenn's sehr regnet, lassen
sich miteinander vergleichen:
[a] *(15 und 16)* Kap 19,13
16 wer sie aufhalten will, der will den Wind
aufhalten und will Öl mit der Hand fassen.
17 Ein Messer wetzt das andre und ein
Mann den andern.
18 Wer seinen Feigenbaum pflegt, der ißt
Früchte davon, und wer seinem Herrn treu
dient, wird geehrt.
19 Wie sich im Wasser das Angesicht spie-
gelt, so ein Mensch im Herzen des andern.
20 Unterwelt und Abgrund werden nie-
mals satt, und [a] der Menschen Augen sind
auch unersättlich.
[a] Pred 1,8
21 Ein Mann bewährt sich in seinem Ruf
wie das Silber im Tiegel und das Gold im
Ofen.
22 Wenn du den Toren im Mörser zer-
stießest mit dem Stampfer wie Grütze, so
ließe doch seine Torheit nicht von ihm.
23 Auf deine Schafe hab acht und nimm
dich deiner Herden an;
24 denn Vorräte währen nicht ewig, und
auch eine Krone währt nicht für und für.
25 Ist das Gras abgeweidet und wiederum
Grünes nachgewachsen und ist das Futter
auf den Bergen gesammelt,
26 dann kleiden dich die Lämmer, und die
Böcke geben dir das Geld, einen Acker zu
kaufen;
27 du hast Ziegenmilch genug zu deiner
Speise, zur Speise deines Hauses und zur
Nahrung deiner Mägde.

28 [a] Der Gottlose flieht, auch wenn
niemand ihn jagt; der Gerechte aber
ist furchtlos wie ein junger Löwe.
[a] Jes 57,21
2 Um des Landes Sünde willen wechseln
häufig seine Herren; aber durch einen ver-
ständigen und vernünftigen Mann gewinnt
das Recht Bestand.
3 Ein gottloser Mann, der die Geringen
bedrückt, ist wie ein Platzregen, der die
Frucht verdirbt.
4 Wer die Weisung verläßt, rühmt den
Gottlosen; wer sie aber bewahrt, der
bekämpft ihn.
5 Böse Leute verstehen nichts vom Recht;
die aber nach dem HERRN fragen, verste-
hen alles.
6 Besser ein Armer, der in seiner Unsträf-
lichkeit wandelt, als ein Reicher, der auf
verkehrten Wegen geht.[a]
[a] Kap 19,1
7 Wer die Lehre bewahrt, ist ein verstän-
diger Sohn; wer aber der Schlemmer
Geselle ist, macht seinem Vater Schande.
8 Wer sein Gut mehrt mit Zinsen und
Aufschlag, der sammelt es für den, der
sich der Armen erbarmt.[a]
[a] Kap 13,22; 3.Mose 25,35-37
9 Wer sein Ohr abwendet, um die Wei-
sung nicht zu hören, [a] dessen Gebet ist ein
Greuel.
[a] Kap 15,8
10 Wer die Frommen verführt auf einen
bösen Weg, wird selbst in seine Grube fal-
len; aber die Frommen werden Gutes er-
erben.
11 Ein Reicher meint weise zu sein,
aber ein verständiger Armer durchschaut
ihn.
12 Wenn die Gerechten Oberhand haben,
so ist herrliche Zeit; [a] wenn aber die Gott-
losen hochkommen, verbergen sich die
Leute.
[a] Kap 11,11
13 **Wer seine Sünde leugnet, dem wird's
nicht gelingen; [a] wer sie aber bekennt und
läßt, der wird Barmherzigkeit erlangen.**
[a] Ps 32,3-5; 1.Joh 1,8.9
14 Wohl dem, der Gott allewege fürchtet!
Wer aber sein Herz verhärtet, wird in
Unglück fallen.
15 Ein Gottloser, der über ein armes Volk
regiert, ist wie ein brüllender Löwe und
ein gieriger Bär.
16 Wenn ein Fürst ohne Verstand ist, so
geschieht viel Unrecht; wer aber unrech-
ten Gewinn haßt, wird lange leben.
17 Wer schuldig ist am Blut eines Men-
schen, der wird flüchtig sein bis zum
Grabe, und niemand helfe ihm![a]
[a] 1.Mose 4,14
18 Wer ohne Tadel einhergeht, dem wird

geholfen; wer aber verkehrte Wege geht, wird in eine Grube fallen.

19 Wer seinen Acker bebaut, wird Brot genug haben; wer aber nichtigen Dingen nachgeht, wird Armut genug haben.

20 Ein treuer Mann wird von vielen gesegnet; [a]wer aber eilt, reich zu werden, wird nicht ohne Schuld bleiben. *a* Kap 13,11

21 Die [a]Person ansehen ist nicht gut; aber mancher vergeht sich schon um ein Stück Brot. *a* Kap 18,5; 5.Mose 1,17

22 Wer habgierig ist, [a]jagt nach Reichtum und weiß nicht, daß Mangel über ihn kommen wird. *a* Kap 23,4; 1.Tim 6,9

23 Wer einen Menschen zurechtweist, wird zuletzt Dank haben, mehr als der da freundlich tut.

24 Wer [a]seinem Vater oder seiner Mutter etwas nimmt und spricht, es sei nicht Sünde, der ist des Verderbers Geselle. *a* Mt 15,5

25 Ein Habgieriger erweckt Zank; wer sich aber auf den HERRN verläßt, wird gelabt.

26 **Wer [a]sich auf seinen Verstand verläßt, ist ein Tor; wer aber in der Weisheit wandelt, wird entrinnen.** *a* Kap 3,5.6

27 Wer dem Armen gibt, dem wird nichts mangeln; wer aber seine Augen abwendet, der wird von vielen verflucht.

28 Wenn die Gottlosen hochkommen, so verbergen sich die Leute; wenn sie aber umkommen, werden der Gerechten viel.

29 Wer [a]gegen alle Warnung halsstarrig ist, der wird plötzlich verderben ohne alle Hilfe. *a* Kap 15,10

2 Wenn [a]der Gerechten viel sind, freut sich das Volk; wenn aber der Gottlose herrscht, seufzt das Volk. *a* Kap 11,10

3 Wer Weisheit liebt, erfreut seinen Vater; [a]wer aber mit Huren umgeht, kommt um sein Gut. *a* Lk 15,13.30

4 Ein König richtet das Land auf durchs Recht; wer aber viel Steuern erhebt, richtet es zugrunde.

5 Wer seinem Nächsten schmeichelt, der spannt ihm ein Netz über den Weg.

6 Wenn ein Böser sündigt, verstrickt er sich selbst; aber ein Gerechter geht seinen Weg und ist fröhlich.

7 Der Gerechte weiß um die Sache der Armen; der Gottlose aber weiß gar nichts.

8 Die Spötter bringen leichtfertig eine Stadt in Aufruhr; aber die Weisen stillen den Zorn.

9 Wenn ein Weiser mit einem Toren rechtet, so tobt der oder lacht, aber es gibt keine Ruhe.

10 Die Blutgierigen hassen den Frommen; aber die Gerechten nehmen sich seiner an.

11 [a]Ein Tor schüttet all seinen Unmut aus, aber [b]ein Weiser beschwichtigt ihn zuletzt. *a* Kap 12,23 *b* Kap 25,28

12 Ein Herrscher, der auf Lügen hört, hat nur gottlose Diener.

13 [a]Der Arme und sein Peiniger begegnen einander; der beiden [b]das Augenlicht gab, ist der HERR. *a* Kap 22,2 *b* Hiob 33,30; Ps 13,4

14 Ein König, der die Armen treulich richtet, dessen Thron wird für immer bestehen.[a] *a* Kap 16,12

15 Rute und Tadel gibt Weisheit; aber ein Knabe, sich selbst überlassen, macht seiner Mutter Schande.[a] *a* Kap 22,15; 1.Kön 1,6

16 Wo viele Gottlose sind, da ist viel Sünde; aber [a]die Gerechten werden ihren Fall erleben. *a* Ps 37,35.36

17 [a]Züchtige deinen Sohn, so wird er dir Freude machen und deine Seele erquicken. *a* Kap 23,13

18 **Wo keine Offenbarung ist, wird das Volk wild und wüst; aber wohl dem, der auf die Weisung achtet!**

19 Ein Knecht läßt sich mit Worten nicht in Zucht halten; denn wenn er sie auch versteht, so nimmt er sie doch nicht an.

20 Siehst du einen, der [a]schnell ist zu reden, da ist für einen Toren mehr Hoffnung als für ihn. *a* Pred 5,1.2; Jak 1,19

21 Wenn ein Knecht von Jugend auf verwöhnt wird, so wird er am Ende widerspenstig sein.

22 Ein [a]zorniger Mann richtet Streit an, und ein Grimmiger tut viel Sünde. *a* Kap 15,18; 22,24

23 [a]Die Hoffart des Menschen wird ihn stürzen; aber [b]der Demütige wird Ehre empfangen. *a* Mt 23,12 *b* 1.Petr 5,5

24 Wer mit Dieben gemeinsame Sache macht, haßt sein Leben; [a]den Fluch hört er aussprechen und zeigt's nicht an. *a* 3.Mose 5,1

25 **Menschenfurcht bringt zu Fall; wer sich aber auf den HERRN verläßt, wird beschützt.[a]** *a* Mt 10,28

26 Viele suchen das Angesicht eines Fürsten; aber eines jeglichen Recht kommt vom HERRN.

27 Ein ungerechter Mensch ist dem Gerechten ein Greuel; und wer recht wandelt, ist dem Gottlosen ein Greuel.

Die Sprüche Agurs

30 Dies sind die Worte Agurs, des Sohnes des Jake, aus [a]Massa. Es spricht der Mann: Ich habe mich gemüht, o Gott, ich habe mich gemüht, o Gott, und muß davon lassen. *a* 1.Mose 25,12.14
2 Denn ich bin der Allertörichste, und Menschenverstand habe ich nicht.
3 Weisheit hab ich nicht gelernt, und Erkenntnis des Heiligen habe ich nicht.
4 Wer ist hinaufgefahren zum Himmel und wieder herab? Wer hat den Wind in seine Hände gefaßt? Wer hat die Wasser in ein Kleid gebunden? Wer hat alle Enden der Welt bestimmt? Wie heißt er? Und wie heißt sein Sohn? Weißt du das?[a] *a* Hiob 38,28-34
5 ¶ Alle [a]Worte Gottes sind durchläutert; er ist ein Schild denen, die auf ihn trauen. *a* Ps 12,7
6 [a]Tu nichts zu seinen Worten hinzu, daß er dich nicht zur Rechenschaft ziehe und du als Lügner dastehst. *a* 5.Mose 4,2
7 ¶ Zweierlei bitte ich von dir, das wollest du mir nicht verweigern, ehe denn ich sterbe:
8 Falschheit und Lüge laß ferne von mir sein; Armut und Reichtum gib mir nicht; [a]laß mich aber mein Teil Speise dahinnehmen, das du mir beschieden hast. *a* 1.Tim 6,6-8
9 Ich könnte sonst, wenn ich zu satt würde, verleugnen und sagen: [a]Wer ist der HERR? Oder wenn ich zu arm würde, könnte ich stehlen und mich an dem Namen meines Gottes vergreifen. *a* 2.Mose 5,2
10 ¶ Verleumde nicht den Knecht bei seinem Herrn, daß er dir nicht fluche und du es büßen mußt.
11 Es gibt eine Art, die ihrem Vater flucht und ihre Mutter nicht segnet;
12 eine Art, die [a]sich rein dünkt, und ist doch von ihrem Schmutz nicht gewaschen; *a* Kap 20,9
13 eine Art, die ihre Augen hoch trägt und ihre Augenlider emporhebt;
14 eine Art, die Schwerter als Zähne hat und Messer als Backenzähne und verzehrt die Elenden im Lande und die Armen unter den Leuten.
15 ¶ Der Blutegel hat zwei Töchter, die heißen: »Gib her, gib her!« Drei sind nicht zu sättigen, und vier sagen nie: »Es ist genug«:
16 das Totenreich und der Frauen verschloßner Schoß, die Erde, die nicht des Wassers satt wird, und das Feuer, das nie spricht: »Es ist genug!«
17 ¶ **Ein Auge, das den Vater verspottet, und verachtet, der Mutter zu gehorchen, das müssen die Raben am Bach aushacken und die jungen Adler fressen.**[a] *a* Kap 20,20
18 ¶ Drei sind mir zu wundersam, und vier verstehe ich nicht:
19 des Adlers Weg am Himmel, der Schlange Weg auf dem Felsen, des Schiffes Weg mitten im Meer und des Mannes Weg beim Weibe.
20 ¶ So ist der Weg der Ehebrecherin: sie verschlingt und wischt sich den Mund und spricht: Ich habe nichts Böses getan.
21 ¶ Ein Land wird durch dreierlei unruhig, und viererlei kann es nicht ertragen:
22 einen Knecht, wenn er König wird; einen Toren, wenn er zu satt ist;[a] *a* Pred 10,6.7
23 eine [a]Verschmähte, wenn sie geehelicht wird, und eine Magd, wenn sie ihre Herrin beerbt. *a* 5.Mose 24,1-4
24 ¶ Vier sind die Kleinsten auf Erden und doch klüger als die Weisen:
25 die Ameisen – ein schwaches Volk, dennoch schaffen sie im Sommer ihre Speise;[a] *a* Kap 6,6-8
26 die Klippdachse – ein schwaches Volk, dennoch bauen sie ihr Haus in den Felsen;
27 die Heuschrecken – sie haben keinen König, dennoch ziehen sie aus in Ordnung;
28 die Eidechse – man greift sie mit den Händen, und sie ist doch in der Könige Schlössern.
29 ¶ Drei haben einen stattlichen Gang, und vier gehen stolz einher:
30 der Löwe, mächtig unter den Tieren und kehrt um vor niemandem;
31 der stolze Hahn, der Widder und der König, wenn er einhergeht vor seinem Heerbann.
32 ¶ Ob du töricht gehandelt und dich überhoben hast oder ob du recht überlegt hast: lege die Hand auf den Mund!
33 Denn wenn man Milch stößt, so wird Butter daraus, und wer die Nase hart

schneuzt, zwingt Blut heraus, und wer den
Zorn reizt, ruft Streit hervor.

Die Worte an Lemuel

31 Dies sind die Worte Lemuels, des
Königs von [a]Massa, die ihn seine
Mutter lehrte. a Kap 30,1
2 ¶ Was, mein Auserwählter, soll ich dir
sagen, was, du Sohn meines Leibes, was,
mein erbetener Sohn?
3 Laß nicht den Frauen deine Kraft und
geh nicht die Wege, auf denen sich die
Könige verderben![a] a 5.Mose 17,17; 1.Kön 11,1.4
4 Nicht den Königen, Lemuel, ziemt es,
[a]Wein zu trinken, nicht den Königen, noch
den Fürsten starkes Getränk! a Kap 20,1
5 Sie könnten beim Trinken des Rechts
vergessen und verdrehen die Sache aller
elenden Leute.
6 Gebt starkes Getränk denen, die am
Umkommen sind, und Wein den betrüb-
ten Seelen,
7 daß sie trinken und ihres Elends verges-
sen und ihres Unglücks nicht mehr geden-
ken.
8 ¶ **Tu deinen Mund auf für die Stummen
und für die Sache aller, die verlassen
sind.**[a] a Hiob 29,12
9 Tu deinen Mund auf und richte in
Gerechtigkeit und schaffe Recht dem
Elenden und Armen.

Lob der tüchtigen Hausfrau

10 Wem [a]eine tüchtige Frau beschert ist,
die ist viel edler als die köstlichsten Per-
len. a Kap 18,22
11 Ihres Mannes Herz darf sich auf sie ver-
lassen, und Nahrung wird ihm nicht man-
geln.
12 Sie tut ihm Liebes und kein Leid ihr
Leben lang.
13 Sie geht mit Wolle und Flachs um und
arbeitet gerne mit ihren Händen.
14 Sie ist wie ein Kaufmannsschiff; ihren
Unterhalt bringt sie von ferne.
15 Sie steht vor Tage auf und gibt Speise
ihrem Hause, und dem Gesinde, was ihm
zukommt.
16 Sie trachtet nach einem Acker und
kauft ihn und pflanzt einen Weinberg vom
Ertrag ihrer Hände.
17 Sie gürtet ihre Lenden mit Kraft und
regt ihre Arme.
18 Sie merkt, wie ihr Fleiß Gewinn bringt;
ihr Licht verlischt des Nachts nicht.
19 Sie streckt ihre Hand nach dem Rok-
ken, und ihre Finger fassen die Spindel.
20 Sie breitet ihre Hände aus zu dem
Armen und reicht ihre Hand dem Bedürf-
tigen.
21 Sie fürchtet für die Ihren nicht den
Schnee; denn ihr ganzes Haus hat wollene
Kleider.
22 Sie macht sich selbst Decken; feine
Leinwand und Purpur ist ihr Kleid.
23 Ihr Mann ist bekannt in den Toren,
wenn er sitzt bei den Ältesten des Landes.
24 Sie macht einen Rock und verkauft ihn,
einen Gürtel gibt sie dem Händler.
25 Kraft und Würde sind ihr Gewand, und
sie lacht des kommenden Tages.
26 Sie tut ihren Mund auf mit Weisheit,
und auf ihrer Zunge ist gütige Weisung.
27 Sie schaut, wie es in ihrem Hause zu-
geht, und ißt ihr Brot nicht mit Faulheit.
28 Ihre Söhne stehen auf und preisen sie,
ihr Mann lobt sie:
29 »Es sind wohl viele tüchtige Frauen, du
aber übertriffst sie alle.«
30 **Lieblich und [a]schön sein ist nichts; eine
Frau, die den HERRN fürchtet, soll man
loben.** a Kap 11,22
31 Gebt ihr von den Früchten ihrer Hände,
und ihre Werke sollen sie loben in den
Toren!

DER PREDIGER SALOMO (KOHELET)

Inhaltsübersicht

Alles Irdische ist eitel

1 Dies sind die Reden des Predigers, des
Sohnes Davids, des Königs zu Jerusa-
lem.
2 ¶Es ist alles ganz eitel, sprach der Pre-
diger, es ist alles ganz eitel.
3 Was hat der Mensch für Gewinn von all
seiner Mühe, die er hat unter der Sonne?[a]

a Kap 2,23

4 [a]Ein Geschlecht vergeht, das andere
kommt; die Erde aber bleibt immer beste-
hen. a Ps 90,3
5 Die Sonne geht auf und geht unter und
läuft an ihren Ort, daß sie dort wieder auf-
gehe.
6 Der Wind geht nach Süden und dreht
sich nach Norden und wieder herum an
den Ort, wo er anfing.
7 Alle Wasser laufen ins Meer, doch wird
das Meer nicht voller; an den Ort, dahin
sie fließen, fließen sie immer wieder.
8 Alles Reden ist so voll [a]Mühe, daß nie-
mand damit zu Ende kommt. [b]Das Auge
sieht sich niemals satt, und das Ohr hört
sich niemals satt. a Ps 90,10 b Spr 27,20
9 Was geschehen ist, eben das wird her-
nach sein. Was man getan hat, eben das
tut man hernach wieder, und es geschieht
nichts Neues unter der Sonne.
10 Geschieht etwas, von dem man sagen
könnte: »Sieh, das ist neu«? Es ist längst
vorher auch geschehen in den Zeiten, die
vor uns gewesen sind.
11 Man gedenkt derer nicht, die früher
gewesen sind, und derer, die hernach
kommen; man wird auch ihrer nicht ge-
denken bei denen, die noch später sein
werden.

Auch das Streben nach Weisheit ist eitel

12 Ich, der Prediger, war König über Israel
zu Jerusalem
13 und richtete mein Herz darauf, die
Weisheit zu suchen und zu erforschen bei
allem, was man unter dem Himmel tut.
Solch unselige Mühe hat Gott den Men-
schenkindern gegeben, daß sie sich damit
quälen sollen.
14 Ich sah an alles Tun, das unter der
Sonne geschieht, und siehe, es war alles
eitel und Haschen nach Wind.
15 [a]Krumm kann nicht gerade werden,
noch, was fehlt, gezählt werden. a Kap 7,13
16 Ich sprach in meinem Herzen: Siehe,
ich bin herrlich geworden und habe mehr
Weisheit als alle, die vor mir gewesen sind
zu Jerusalem, und mein Herz hat viel ge-
lernt und erfahren.
17 Und ich richtete mein Herz darauf,
[a]daß ich lernte Weisheit und erkennte
Tollheit und Torheit. Ich ward aber ge-
wahr, daß auch dies ein Haschen nach
Wind ist. a Kap 2,12; 7,25
18 Denn wo viel Weisheit ist, da ist viel
Grämen, und wer viel lernt, der muß viel
leiden.

Torheit und Weisheit sind beide eitel

2 Ich sprach in meinem Herzen: Wohl-
an, ich will Wohlleben und gute Tage
haben! Aber siehe, das war auch eitel.
2 Ich sprach zum Lachen: Du bist toll!
und zur Freude: Was schaffst du?
3 Da dachte ich in meinem Herzen, mei-
nen Leib mit [a]Wein zu laben, doch so,
daß mein Herz mich mit Weisheit leitete,
und mich an Torheit zu halten, bis ich
sähe, was den Menschen zu tun gut wäre,
solange sie unter dem Himmel leben.

a Spr 31,4

4 Ich tat große Dinge: ich baute mir Häu-
ser, ich pflanzte mir Weinberge,
5 ich machte mir Gärten und Lustgärten

und pflanzte allerlei fruchtbare Bäume
hinein;
6 ich machte mir Teiche, daraus zu be-
wässern den Wald der grünenden Bäume.
7 Ich erwarb mir Knechte und Mägde und
hatte auch Gesinde, im Hause geboren;
ich hatte eine größere Habe an Rindern
und Schafen als alle, die vor mir zu Jeru-
salem waren.
8 Ich sammelte mir auch Silber und Gold
und was Könige und Länder besitzen; ich
beschaffte mir Sänger und Sängerinnen
und die Wonne der Menschen, Frauen in
Menge,
9 und [a] war größer als alle, die vor mir zu
Jerusalem waren. Auch da blieb meine
Weisheit bei mir. *a* 1.Kön 10,23
10 Und alles, was meine Augen wünsch-
ten, das gab ich ihnen und verwehrte
meinem Herzen keine Freude, so daß
es fröhlich war von aller meiner Mühe;
und das war mein Teil von aller meiner
Mühe.
11 Als ich aber ansah alle meine Werke, die
meine Hand getan hatte, und die Mühe,
die ich gehabt hatte, siehe, da war es alles
eitel und Haschen nach Wind und kein
Gewinn unter der Sonne.
12 ¶Da wandte ich mich, zu betrachten
die Weisheit und die Tollheit und Torheit.
Denn was wird der Mensch tun, der nach
dem König kommen wird? Was man schon
längst getan hat.
13 Da sah ich, daß die Weisheit die Tor-
heit übertrifft wie das Licht die Finsternis;
14 daß der Weise seine Augen im Kopf
hat, aber die Toren in der Finsternis ge-
hen; und ich merkte doch, daß es dem
einen geht wie dem andern.
15 Da dachte ich in meinem Herzen:
Wenn es denn mir geht wie dem Toren,
warum hab ich dann nach Weisheit ge-
trachtet? Da sprach ich in meinem Her-
zen: Auch das ist eitel.
16 Denn man gedenkt des Weisen nicht
für immer, ebensowenig wie des Toren,
und in künftigen Tagen ist alles vergessen.
Wie [a] stirbt doch der Weise samt dem To-
ren! *a* Ps 49,11
17 Darum verdroß es mich zu leben, denn
es war mir zuwider, was unter der Sonne
geschieht, daß alles eitel ist und Haschen
nach Wind.
18 Und mich verdroß alles, um das ich
mich gemüht hatte unter der Sonne, [a] weil
ich es einem Menschen lassen muß, der
nach mir sein wird. *a* Vers 21; Ps 39,7
19 Denn wer weiß, ob er weise oder tö-
richt sein wird und soll doch herrschen
über alles, was ich mit Mühe und Weis-
heit geschafft habe unter der Sonne. Das
ist auch eitel.
20 ¶Da wandte ich mich dahin, daß ich
mein Herz verzweifeln ließ an allem, um
das ich mich mühte unter der Sonne.
21 Denn es muß ein Mensch, der seine
Arbeit mit Weisheit, Verstand und Ge-
schicklichkeit mühsam getan hat, es einem
andern zum Erbteil überlassen, der sich
nicht darum gemüht hat. Das ist auch ei-
tel und ein großes Unglück.
22 Denn was kriegt der Mensch von aller
seiner Mühe und dem Streben seines Her-
zens, womit er sich abmüht unter der
Sonne?
23 Alle seine Tage sind voller Schmerzen,
und voll Kummer ist sein Mühen, daß
auch sein Herz des Nachts nicht Ruhe fin-
det. Das ist auch eitel.
24 ¶Ist's nun [a] nicht besser für den Men-
schen, daß er esse und trinke und seine
Seele guter Dinge sei bei seinem Mühen?
Doch dies sah ich auch, daß es von Gottes
Hand kommt. *a* Kap 3,12.22; 5,17; 8,15; 9,7
25 Denn wer kann fröhlich essen und ge-
nießen ohne ihn?
26 Denn dem Menschen, der ihm gefällt,
gibt er Weisheit, Verstand und Freude;
[a] aber dem Sünder gibt er Mühe, daß er
sammle und häufe und es doch dem gege-
ben werde, der Gott gefällt. Auch das ist
eitel und Haschen nach Wind.
a Spr 13,22; 28,8

Alles hat seine Zeit

3 Ein [a] jegliches hat seine Zeit, und alles
Vorhaben unter dem Himmel hat seine
Stunde: *a* Kap 8,6; Ps 31,16
2 geboren werden hat seine Zeit, sterben
hat seine Zeit; pflanzen hat seine Zeit, aus-
reißen, was gepflanzt ist, hat seine Zeit;
3 töten hat seine Zeit, heilen hat seine
Zeit; abbrechen hat seine Zeit, bauen hat
seine Zeit;
4 weinen hat seine Zeit, lachen hat seine
Zeit; klagen hat seine Zeit, tanzen hat
seine Zeit;
5 Steine wegwerfen hat seine Zeit, Steine
sammeln hat seine Zeit; herzen hat seine
Zeit, aufhören zu herzen hat seine Zeit;

6 suchen hat seine Zeit, verlieren hat seine Zeit; behalten hat seine Zeit, wegwerfen hat seine Zeit;

7 zerreißen hat seine Zeit, zunähen hat seine Zeit; schweigen hat seine Zeit, reden hat seine Zeit;

8 lieben hat seine Zeit, hassen hat seine Zeit; Streit hat seine Zeit, Friede hat seine Zeit.

9 Man mühe sich ab, wie man will, so hat man keinen Gewinn davon.

10 ¶ Ich sah die Arbeit, die Gott den Menschen gegeben hat, daß sie sich damit plagen.

11 Er hat alles schön gemacht zu seiner Zeit, auch hat er die Ewigkeit in ihr Herz gelegt; nur daß [a]der Mensch nicht ergründen kann das Werk, das Gott tut, weder Anfang noch Ende. *a* Kap 8,17

12 Da merkte ich, daß es [a]nichts Besseres dabei gibt als fröhlich sein und sich gütlich tun in seinem Leben. *a* Kap 2,24

13 Denn ein Mensch, der da ißt und trinkt und hat guten Mut bei all seinem Mühen, das ist eine Gabe Gottes.

14 ¶ Ich merkte, daß alles, was Gott tut, das besteht für ewig; man kann nichts dazutun noch wegtun. Das alles tut Gott, daß man sich vor ihm fürchten soll.

15 Was geschieht, das ist schon längst gewesen, und was sein wird, ist auch schon längst gewesen; und Gott holt wieder hervor, was vergangen ist.

Vergänglichkeit des Menschen

16 Weiter sah ich unter der Sonne: An der Stätte des Rechts war Gottlosigkeit, und an der Stätte der Gerechtigkeit war Frevel.

17 Da sprach ich in meinem Herzen: [a]Gott wird richten den Gerechten und den Gottlosen; denn alles Vorhaben und alles Tun hat seine Zeit. *a* Kap 12,14

18 Ich sprach in meinem Herzen: Es geschieht wegen der Menschenkinder, damit Gott sie prüfe und sie sehen, daß sie selber sind wie das Vieh.

19 Denn [a]es geht dem Menschen wie dem Vieh: wie dies stirbt, so stirbt auch er, und sie haben alle **einen** Odem, und der Mensch hat nichts voraus vor dem Vieh; denn es ist alles eitel. *a* Ps 49,13.21

20 Es fährt alles an **einen** Ort. [a]Es ist alles aus Staub geworden und wird wieder zu Staub. *a* 1.Mose 3,19; Ps 146,4

21 Wer weiß, ob der Odem der Menschen aufwärts fahre und der Odem des Viehes hinab unter die Erde fahre?

22 So sah ich denn, daß nichts Besseres ist, als daß ein Mensch fröhlich sei in seiner Arbeit; denn das ist sein Teil. Denn wer will ihn dahin bringen, daß er sehe, was nach ihm geschehen wird?

Bedrückung, Arbeitseifer, Vereinsamung

4 Wiederum sah ich alles Unrecht an, das unter der Sonne geschieht, und siehe, da waren Tränen derer, die Unrecht litten und keinen Tröster hatten. Und die ihnen Gewalt antaten, waren zu mächtig, so daß sie keinen Tröster hatten.

2 Da [a]pries ich die Toten, die schon gestorben waren, mehr als die Lebendigen, die noch das Leben haben. *a* Hiob 3,11.13

3 Und [a]besser daran als beide ist, wer noch nicht geboren ist und des Bösen nicht inne wird, das unter der Sonne geschieht. *a* Kap 6,3

4 ¶ Ich sah alles Mühen an und alles geschickte Tun: da ist nur Eifersucht des einen auf den andern. Das ist auch eitel und Haschen nach Wind.

5 Ein Tor [a]legt die Hände ineinander und verzehrt sein eigenes Fleisch. *a* Spr 24,33.34

6 Besser eine Hand voll mit Ruhe als beide Fäuste voll mit Mühe und Haschen nach Wind.[a] *a* Spr 15,16

7 ¶ Wiederum sah ich Eitles unter der Sonne:

8 Da ist einer, der steht allein und hat weder Kind noch Bruder, doch ist seiner Mühe kein Ende, und seine Augen können nicht genug Reichtum sehen. Für wen mühe ich mich denn und gönne mir selber nichts Gutes? Das ist auch eitel und eine böse Mühe.

9 [a]So ist's ja besser zu zweien als allein; denn sie haben guten Lohn für ihre Mühe. *a (9-12)* 1.Mose 2,18

10 Fällt einer von ihnen, so hilft ihm sein Gesell auf. Weh dem, der allein ist, wenn er fällt! Dann ist kein anderer da, der ihm aufhilft.

11 Auch, wenn zwei beieinander liegen, wärmen sie sich; wie kann ein einzelner warm werden?

12 Einer mag überwältigt werden, aber zwei können widerstehen, und eine dreifache Schnur reißt nicht leicht entzwei.

Volksgunst ist eitel

13 Ein Knabe, der arm, aber weise ist, ist
besser als ein König, der alt, aber töricht
ist und nicht versteht, sich raten zu lassen.
14 Denn aus dem Gefängnis ist er auf den
Thron gekommen und war doch arm geboren,
als jener noch König war.
15 Und ich sah alle Lebenden, die unter
der Sonne wandelten, bei dem zweiten
Knaben, der an jenes Stelle treten sollte.
16 Und es war kein Ende des Volks, vor
dem er herzog. Und doch wurden seiner
nicht froh, die später kamen. Das ist auch
eitel und Haschen nach Wind.

Warnung vor Unbedachtsamkeit beim Gottesdienst

17 [a]**Bewahre deinen Fuß, wenn du zum
Hause Gottes gehst, und komm, daß du
hörst.** Das ist besser, als wenn die Toren
[b]Opfer bringen; denn sie wissen nichts als
Böses zu tun.

a Ps 15,1; Jes 33,14-16; Mt 5,23.24 *b* 1.Sam 15,22

5 Sei [a]nicht schnell mit deinem Munde
und laß dein Herz nicht eilen, etwas zu
reden vor Gott; denn Gott ist im Himmel
und du auf Erden; darum [b]laß deiner
Worte wenig sein. *a* Jak 1,19 *b* Mt 6,7
2 Denn wo viel Mühe ist, da kommen
Träume, und [a]wo viel Worte sind, da hört
man den Toren. *a* Kap 10,14; Spr 10,19
3 ¶ Wenn du Gott ein [a]Gelübde tust, so
zögere nicht, es zu halten; denn er hat
kein Gefallen an den Toren; was du gelobst,
das halte.

a 5.Mose 23,22; 1.Sam 1,11.28; Ps 50,14

4 Es ist besser, du gelobst nichts, als daß
du nicht hältst, was du gelobst.
5 Laß nicht zu, daß dein Mund dich in
Schuld bringe, und sprich vor dem [a]Boten
Gottes nicht: Es war ein Versehen. Gott
könnte zürnen über deine Worte und verderben
das Werk deiner Hände. *a* Mal 2,7
6 Wo viel [a]Träume sind, da ist Eitelkeit
und viel Gerede; darum fürchte Gott!

a Jer 23,27.28

Warnung bei offenbarem Unrecht

7 Siehst du, wie im Lande der [a]Arme Unrecht
leidet und Recht und Gerechtigkeit
zum Raub geworden sind, dann wundere
dich nicht darüber; denn ein Hoher
schützt den andern, und noch Höhere sind
über beiden. *a* 2.Mose 23,6
8 Aber immer ist ein König, der dafür
sorgt, daß das Feld bebaut wird, ein Gewinn
für das Land.

Nichtigkeit des Reichtums

9 Wer Geld liebt, wird vom Geld niemals
satt, und [a]wer Reichtum liebt, wird keinen
Nutzen davon haben. Das ist auch eitel.

a Spr 28,22; Lk 12,15

10 Denn wo viele Güter sind, da sind viele,
die sie aufessen; und was hat ihr Besitzer
mehr davon als das Nachsehen?
11 Wer arbeitet, dem ist der Schlaf süß, er
habe wenig oder viel gegessen; aber die
Fülle läßt den Reichen nicht schlafen.
12 ¶ Es ist ein böses Übel, das ich sah unter
der Sonne: [a]Reichtum, wohl verwahrt,
wird zum Schaden dem, der ihn hat.

a Mt 19,22

13 Denn der Reiche kommt um durch ein
böses Geschick, und wenn er einen Sohn
gezeugt hat, dem bleibt nichts in der Hand.
14 Wie einer [a]nackt von seiner Mutter
Leibe gekommen ist, so fährt er wieder
dahin, wie er gekommen ist, und trotz seiner
Mühe [b]nimmt er nichts mit sich in
seiner Hand, wenn er dahinfährt.

a Hiob 1,21 *b* Ps 49,18; 1.Tim 6,7

15 Das ist ein böses Übel, daß er dahinfährt,
wie er gekommen ist. Was hilft's ihm
denn, daß er in den Wind gearbeitet hat?
16 Sein Leben lang hat er im Finstern und
in Trauer gesessen, in großem Grämen
und Krankheit und Verdruß.
17 ¶ So habe ich nun das gesehen, daß es
gut und fein sei, wenn man ißt und trinkt
und guten Mutes ist bei allem Mühen, das
einer sich macht unter der Sonne in der
kurzen Zeit seines Lebens, die ihm Gott
gibt; denn das ist sein Teil.
18 Denn wenn Gott einem Menschen
Reichtum und Güter gibt und läßt ihn davon
essen und trinken und sein Teil nehmen
und fröhlich sein bei seinem Mühen,
so ist das eine Gottesgabe.
19 Denn er denkt nicht viel an die Kürze
seines Lebens, weil [a]Gott sein Herz erfreut.

a Ps 73,26

6 ¶ Es ist ein Unglück, das ich sah unter
der Sonne, und es liegt schwer auf den
Menschen:
2 Da ist einer, dem Gott Reichtum, Güter
und Ehre gegeben hat, und es mangelt ihm
nichts, was sein Herz begehrt; aber Gott
gibt ihm doch nicht Macht, es zu genie-

ßen, sondern ein Fremder verzehrt es. Das
ist auch eitel und ein schlimmes Leiden.
3 Wenn einer auch hundert Kinder zeugte
und hätte ein so langes Leben, daß er sehr
alt würde, aber er genösse das Gute nicht
und bliebe ohne Grab, von dem sage ich:
[a] Eine Fehlgeburt hat es besser als er.
a Kap 4,3
4 Denn sie kommt ohne Leben, und in
Finsternis fährt sie dahin, und ihr Name
bleibt von Finsternis bedeckt,
5 auch hat sie die Sonne nicht gesehen
noch gekannt; so hat sie mehr Ruhe als
jener.
6 Und ob er auch zweitausend Jahre lebte
und hätte nichts Gutes genossen: fährt
nicht alles dahin an **einen** Ort?
7 ¶ Alles Mühen des Menschen ist für sei-
nen Mund, aber [a] sein Verlangen bleibt un-
gestillt.
a Kap 1,8
8 Denn was hat ein Weiser dem Toren
voraus? Was hilft's dem Armen, daß er
versteht, unter den Lebenden zu wandeln?
9 Es ist besser, zu gebrauchen, was vor
Augen ist, als nach anderm zu verlangen.
Das ist auch eitel und Haschen nach Wind.

Der Mensch hat keine Macht über sein Leben

10 Was da ist, ist längst mit Namen ge-
nannt, und bestimmt ist, was ein Mensch
sein wird. [a] Darum kann er nicht hadern
mit dem, der ihm zu mächtig ist.
a Hiob 9,2-4.32
11 Denn je mehr Worte, desto mehr Eitel-
keit; was hat der Mensch davon?
12 *Denn wer weiß, was dem Menschen
nützlich ist im Leben, in seinen kurzen,
eitlen Tagen, die er verbringt [a] wie einen
Schatten? Oder wer will dem Menschen
sagen, was nach ihm kommen wird unter
der Sonne?
a 1.Chr 29,15; Ps 144,4

* Abweichende Verszählung statt 7,1-29: 7,2-30.

Von der wahren Weisheit

7 Ein [a] guter Ruf ist besser als gute
Salbe und der Tag des Todes besser als
der Tag der Geburt.
a Spr 22,1
2 Es ist besser, in ein Haus zu gehen, wo
man trauert, als in ein Haus, wo man feiert;
denn da zeigt sich das Ende aller Men-
schen, und der Lebende nehme es zu Her-
zen!
3 Trauern ist besser als Lachen; denn
durch Trauern wird das Herz gebessert.
4 Das Herz der Weisen ist dort, wo man
trauert, aber das Herz der Toren dort, wo
man sich freut.
5 Es ist besser, das Schelten des Weisen
zu hören als den Gesang der Toren.
6 Denn wie das Krachen der Dornen un-
ter den Töpfen, so ist das Lachen der To-
ren; auch das ist eitel.
7 ¶ Unrechter Gewinn macht den Weisen
zum Toren, und Bestechung verdirbt das
Herz.
8 Der Ausgang einer Sache ist besser als
ihr Anfang. Ein Geduldiger ist besser als
ein Hochmütiger.
9 [a] Sei nicht schnell, dich zu ärgern; denn
Ärger ruht im Herzen des Toren.
a Jak 1,19
10 Sprich nicht: Wie kommt's, daß die frü-
heren Tage besser waren als diese? Denn
du fragst das nicht in Weisheit.
11 Weisheit ist gut mit einem Erbgut und
hilft denen, die die Sonne sehen.
12 Denn wie Geld beschirmt, so beschirmt
auch Weisheit; aber [a] die Weisheit erhält
das Leben dem, der sie hat.
a Spr 3,1.2
13 ¶ Sieh an die Werke Gottes; denn [a] wer
kann das gerade machen, was er krümmt?
a Kap 1,15
14 Am guten Tage sei guter Dinge, und
am bösen Tag bedenke: Diesen hat Gott
geschaffen wie jenen, damit der Mensch
nicht wissen soll, was künftig ist.
15 ¶ Dies alles hab ich gesehen in den Ta-
gen meines eitlen Lebens: [a] Da ist ein Ge-
rechter, der geht zugrunde in seiner Ge-
rechtigkeit, und da ist ein Gottloser, der
lebt lange in seiner Bosheit.
a Kap 8,14; Ps 73,12-14
16 Sei nicht allzu gerecht und nicht allzu
weise, damit du dich nicht zugrunde rich-
test.[a]
a Lk 18,11.12
17 Sei nicht allzu gottlos und sei kein Tor,
damit du nicht stirbst vor deiner Zeit.
18 Es ist gut, wenn du dich an das eine
hältst und auch jenes nicht aus der Hand
läßt; denn wer Gott fürchtet, der entgeht
dem allen.
19 ¶ Die Weisheit macht den Weisen stär-
ker als zehn Gewaltige, die in der Stadt
sind.
20 Denn es ist kein Mensch so gerecht auf
Erden, daß er [a] nur Gutes tue und nicht
sündige.
a Ps 14,3
21 Nimm auch nicht zu Herzen alles, was
man sagt, daß du nicht hören mußt, wie
dein Knecht dir flucht;

22 denn dein Herz weiß, daß du andern
auch oftmals geflucht hast.
23 Das alles hab ich versucht mit der Weis-
heit. Ich dachte, ich will weise werden, sie
blieb aber ferne von mir.
24 Alles, was da ist, das ist fern und ist
sehr tief; wer will's finden?
25 ¶ Ich richtete meinen Sinn darauf, zu
erfahren und zu erforschen und zu suchen
Weisheit und Einsicht, zu erkennen, daß
[a]Gottlosigkeit Torheit ist und Narrheit
Tollheit.

a Ps 14,1

26 Und ich fand, bitterer als der Tod sei
eine Frau, die ein Fangnetz ist und Stricke
ihr Herz und Fesseln ihre Hände. Wer
Gott gefällt, der wird ihr entrinnen; aber
der Sünder wird durch sie gefangen.[a]

a Spr 2,16-22

27 Schau, das habe ich gefunden, spricht
der Prediger, eins nach dem andern, daß
ich Erkenntnis fände.
28 Und ich suchte immerfort und hab's
nicht gefunden: unter tausend habe ich
einen Mann gefunden, aber eine Frau hab
ich unter allen nicht gefunden.
29 Schau, allein das hab ich gefunden:
[a]Gott hat den Menschen aufrichtig ge-
macht; aber sie suchen viele Künste.

a 1.Mose 1,27

8 Wer ist wie der Weise, und wer ver-
steht etwas zu deuten? Die Weisheit
der Menschen erleuchtet sein Angesicht;
aber ein freches Angesicht wird gehaßt.

Das Unrecht in der Welt und das verborgene Walten Gottes

2 Achte auf das Wort des Königs; aber
wenn du einen Eid bei Gott leisten sollst,
3 so übereile dich nicht! Geh von seinem
Angesicht weg und halte dich nicht zu
einer bösen Sache; denn er tut alles, was
er will.
4 In des Königs Wort ist Gewalt, und wer
darf zu ihm sagen: Was machst du?
5 Wer das Gebot hält, der will nichts von
einer bösen Sache wissen; denn des Wei-
sen Herz weiß um Zeit und Gericht.
6 Denn [a]jedes Vorhaben hat seine Zeit
und sein Gericht, und des Menschen Bos-
heit liegt schwer auf ihm.

a Kap 3,1

7 Denn er weiß nicht, was geschehen wird,
und [a]wer will ihm sagen, wie es werden
wird?

a Kap 10,14

8 Der Mensch hat keine Macht, den Wind
aufzuhalten, und hat keine Macht über
den Tag des Todes, und keiner bleibt ver-
schont im Krieg, und das gottlose Treiben
rettet den Gottlosen nicht.
9 Das alles hab ich gesehen und richtete
mein Herz auf alles Tun, das unter der
Sonne geschieht zur Zeit, da ein Mensch
herrscht über den andern zu seinem Un-
glück.
10 ¶ Und weiter sah ich Gottlose, die be-
graben wurden und zur Ruhe kamen; aber
die recht getan hatten, mußten hinweg von
heiliger Stätte und wurden vergessen in
der Stadt. Das ist auch eitel.
11 ¶ Weil [a]das Urteil über böses Tun nicht
sogleich ergeht, wird das Herz der Men-
schen voll Begier, Böses zu tun.

a Hiob 35,15.16; Mal 3,14.15

12 [a]Wenn ein Sünder auch hundertmal
Böses tut und lange lebt, so weiß ich doch,
daß es wohlgehen wird denen, die Gott
fürchten, die sein Angesicht scheuen.

a (12 und 13) Ps 37,18; 73,17-26

13 Aber dem Gottlosen wird es nicht
wohlgehen, und wie ein Schatten werden
nicht lange leben, die sich vor Gott nicht
fürchten.
14 ¶ Es ist eitel, was auf Erden geschieht:
[a]es gibt Gerechte, denen geht es, als hät-
ten sie Werke der Gottlosen getan, und es
gibt Gottlose, denen geht es, als hätten sie
Werke der Gerechten getan. Ich sprach:
Das ist auch eitel.

a Kap 7,15

15 Darum pries ich die Freude, daß der
Mensch [a]nichts Besseres hat unter der
Sonne, als zu essen und zu trinken und
fröhlich zu sein. Das bleibt ihm bei sei-
nem Mühen sein Leben lang, das Gott
ihm gibt unter der Sonne.

a Kap 2,24

16 ¶ Ich richtete mein Herz darauf, zu er-
kennen die Weisheit und zu schauen die
Mühe, die auf Erden geschieht, daß einer
weder Tag noch Nacht Schlaf bekommt in
seine Augen.
17 Und ich sah alles Tun Gottes, daß [a]ein
Mensch das Tun nicht ergründen kann, das
unter der Sonne geschieht. Und je mehr
der Mensch sich müht, zu suchen, desto
weniger findet er. Und auch wenn der
Weise meint: »Ich weiß es«, so kann er's
doch nicht finden.

a Kap 3,11; Jes 55,8.9

Aufruf zur Freude trotz der Eitelkeit des Lebens

9 Denn ich habe das alles zu Herzen ge-
nommen, um dies zu erforschen: Ge-

rechte und Weise und ihr Tun sind in
Gottes Hand. Auch über Liebe und Haß
bestimmt der Mensch nicht; alles ist vor
ihm festgelegt.
2 [a]Es begegnet dasselbe dem einen wie
dem andern: dem Gerechten wie dem
Gottlosen, dem Guten und Reinen wie
dem Unreinen; dem, der opfert, wie dem,
der nicht opfert. Wie es dem Guten geht,
so geht's auch dem Sünder. Wie es dem
geht, der schwört, so geht's auch dem, der
den Eid scheut. *a* Kap 2,14; Hiob 9,22
3 Das ist das Unglück bei allem, was un-
ter der Sonne geschieht, daß es dem einen
geht wie dem andern. Und [a]dazu ist das
Herz der Menschen voll Bosheit, und Tor-
heit ist in ihrem Herzen, solange sie le-
ben; danach müssen sie sterben. *a* Kap 8,11
4 Denn wer noch bei den Lebenden weilt,
der hat Hoffnung; denn ein lebender
Hund ist besser als ein toter Löwe.
5 Denn die Lebenden wissen, daß sie ster-
ben werden, die Toten aber wissen nichts;
sie haben auch keinen Lohn mehr, denn
ihr Andenken ist vergessen.
6 Ihr Lieben und ihr Hassen und ihr Ei-
fern ist längst dahin; sie haben kein Teil
mehr auf der Welt an allem, was unter der
Sonne geschieht.
7 ¶ So geh hin und [a]iß dein Brot mit Freu-
den, trink deinen Wein mit gutem Mut;
denn dies dein Tun hat Gott schon längst
gefallen. *a* Kap 2,24
8 Laß deine Kleider immer weiß sein und
laß deinem Haupte Salbe nicht mangeln.
9 [a]Genieße das Leben mit deiner Frau,
die du liebhast, solange du das eitle Leben
hast, das dir Gott unter der Sonne gege-
ben hat; denn das ist dein Teil am Leben
und bei deiner Mühe, mit der du dich
mühst unter der Sonne. *a* Spr 5,18.19
10 Alles, was dir vor die Hände kommt, es
zu tun mit deiner Kraft, das tu; denn bei
den Toten, zu denen du fährst, gibt es we-
der Tun noch Denken, weder Erkenntnis
noch Weisheit.

Wertlosigkeit der Weisheit

11 Wiederum sah ich, wie es unter der
Sonne zugeht: Zum Laufen hilft nicht
schnell sein, zum Kampf hilft nicht stark
sein, zur Nahrung hilft nicht geschickt
sein, zum Reichtum hilft nicht klug sein;
daß einer angenehm sei, dazu hilft nicht,
daß er etwas gut kann, sondern [a]alles liegt
an Zeit und Glück. *a* Spr 16,9
12 Auch weiß der Mensch seine Zeit nicht,
sondern wie die Fische gefangen werden
mit dem verderblichen Netz und wie die
Vögel mit dem Garn gefangen werden, so
werden auch die Menschen verstrickt zur
bösen Zeit, wenn sie plötzlich über sie
fällt.
13 ¶ Ich habe unter der Sonne auch diese
Weisheit gesehen, die mich groß dünkte:
14 Da war eine kleine Stadt und wenig
Männer darin, und es kam ein großer Kö-
nig, der belagerte sie und baute große Boll-
werke gegen sie.
15 Und es fand sich darin ein armer, wei-
ser Mann, der hätte die Stadt retten kön-
nen durch seine Weisheit; aber kein
Mensch dachte an diesen armen Mann.
16 Da sprach ich: Weisheit ist zwar besser
als Stärke, doch des Armen Weisheit wird
verachtet, und auf seine Worte hört man
nicht.
17 Der Weisen Worte, in Ruhe vernom-
men, sind besser als des Herrschers
Schreien unter den Törichten.
18 Weisheit ist besser als Kriegswaffen;
aber ein einziger Böscwicht verdirbt viel
Gutes.

Über Weisheit und Torheit

10 Tote Fliegen verderben gute Salben.
Ein wenig Torheit wiegt schwerer als
Weisheit und Ehre.
2 Des Weisen Herz ist zu seiner Rechten,
aber des Toren Herz ist zu seiner Linken.
3 Auch wenn der Tor auf der Straße geht,
fehlt es ihm an Verstand, doch er hält je-
den andern für einen Toren.
4 ¶ Wenn des Herrschers Zorn wider dich
ergeht, so verlaß deine Stätte nicht; denn
Gelassenheit wendet großes Unheil ab.
5 Dies ist ein Unglück, das ich sah unter
der Sonne, gleich einem Versehen, das
vom Gewaltigen ausgeht:
6 Ein Tor sitzt in großer Würde, und Rei-
che müssen in Niedrigkeit sitzen.
7 Ich sah Knechte auf Rossen und Für-
sten zu Fuß gehen wie Knechte.
8 ¶ [a]Wer eine Grube gräbt, der kann
selbst hineinfallen, und wer eine Mauer
einreißt, den kann eine Schlange beißen.
a Spr 26,27
9 Wer Steine bricht, der kann sich dabei

wehe tun, und wer Holz spaltet, der kann
dabei verletzt werden.
10 Wenn ein Eisen stumpf wird und an
der Schneide ungeschliffen bleibt, muß
man mit ganzer Kraft arbeiten. Aber Weisheit bringt Vorteil und Gewinn.
11 Wenn die Schlange beißt vor der Beschwörung, so hat der Beschwörer keinen
Vorteil.[a] *a Ps 58,5.6*
12 ¶Die Worte aus dem Munde des Weisen bringen ihm Gunst; aber des Toren
Lippen verschlingen ihn selber.
13 Der Anfang seiner Worte ist Narrheit
und das Ende verderbliche Torheit.
14 Der Tor macht [a]viele Worte; aber [b]der
Mensch weiß nicht, was sein wird, und
wer will ihm sagen, was nach ihm werden
wird? *a Kap 5,2 b Kap 8,7*
15 Die Arbeit ermüdet den Toren, der
nicht einmal weiß, in die Stadt zu gehen.
16 ¶Weh dir, Land, dessen [a]König ein
Kind ist und dessen Fürsten schon [b]in der
Frühe tafeln! *a Jes 3,4 b Jes 5,11*
17 Wohl dir, Land, dessen König ein Edler
ist und dessen Fürsten zur rechten Zeit
tafeln als ehrbare Männer und nicht als
Zecher.
18 Durch Faulheit sinken die Balken, und
durch lässige Hände tropft es im Haus.
19 ¶Man hält Mahlzeiten, um zu lachen,
und [a]der Wein erfreut das Leben, und das
Geld muß alles zuwege bringen. *a Ps 104,15*
20 ¶Fluche dem König auch nicht in Gedanken und fluche dem Reichen auch
nicht in deiner Schlafkammer; denn die
Vögel des Himmels tragen die Stimme
fort, und die Fittiche haben, sagen's weiter.

Berechne nicht die Zukunft, sondern nütze den Tag!

11 Laß dein Brot über das Wasser fahren; denn du wirst es finden nach
langer Zeit.
2 Verteil es unter sieben oder unter acht;
denn du weißt nicht, was für Unglück auf
Erden kommen wird.
3 ¶Wenn die Wolken voll sind, so geben
sie Regen auf die Erde, und wenn der
Baum fällt – er falle nach Süden oder Norden zu –, wohin er fällt, da bleibt er liegen.
4 Wer auf den Wind achtet, der sät nicht,
und wer auf die Wolken sieht, der erntet
nicht.
5 Gleichwie du nicht weißt, [a]welchen Weg
der Wind nimmt und wie die [b]Gebeine
im Mutterleibe bereitet werden, so kannst
du auch [c]Gottes Tun nicht wissen, der
alles wirkt. *a Joh 3,8 b Ps 139,13 c Kap 8,17*
6 Am Morgen säe deinen Samen, und laß
deine Hand bis zum Abend nicht ruhen;
denn du weißt nicht, was geraten wird, ob
dies oder das, oder ob beides miteinander
gut gerät.
7 Es ist das Licht süß, und den Augen
lieblich, die Sonne zu sehen.
8 Denn wenn ein Mensch viele Jahre lebt,
so sei er fröhlich in ihnen allen und denke
an die finstern Tage, daß es viele sein werden; denn alles, was kommt, ist eitel.

Freue dich deiner Jugend, ehe Alter und Tod kommen!

9 So [a]freue dich, Jüngling, in deiner Jugend und laß dein Herz guter Dinge sein
in deinen jungen Tagen. Tu, was dein Herz
gelüstet und deinen Augen gefällt; aber
wisse, daß dich Gott um das alles vor Gericht ziehen wird. *a Kap 2,24*
10 Laß den Unmut fern sein von deinem
Herzen und halte fern das Übel von deinem Leibe; denn Kindheit und Jugend
sind eitel.
12 ¶Denk an deinen Schöpfer in deiner Jugend, ehe die bösen Tage
kommen und die Jahre sich nahen, da du
wirst sagen: »Sie gefallen mir nicht«;
2 ehe die Sonne und das Licht, Mond und
Sterne finster werden und Wolken wiederkommen nach dem Regen, –
3 *zur Zeit, wenn die Hüter des Hauses
zittern und die Starken sich krümmen und
müßig stehen die Müllerinnen, weil es so
wenige geworden sind, und wenn finster
werden, die durch die Fenster sehen,

* Bilder für das Altern der Menschen.

4 und wenn die Türen an der Gasse sich
schließen, daß die Stimme der Mühle leiser wird, und wenn sie sich hebt, wie wenn
ein Vogel singt, und alle Töchter des Gesanges sich neigen;
5 wenn man vor Höhen sich fürchtet und
sich ängstigt auf dem Wege, wenn der
Mandelbaum blüht und die Heuschrecke
sich belädt und die Kaper aufbricht; denn
der Mensch fährt dahin, wo er ewig bleibt,
und die Klageleute gehen umher auf der
Gasse; –
6 ehe der silberne Strick zerreißt und die

goldene Schale zerbricht und der Eimer
zerschellt an der Quelle und das Rad zer-
brochen in den Brunnen fällt.
7 Denn [a]der Staub muß wieder zur Erde
kommen, wie er gewesen ist, und der
Geist wieder zu Gott, der ihn gegeben
hat. *a* Kap 3,20; 1.Mose 3,19
8 Es ist alles ganz eitel, spricht der Predi-
ger, ganz eitel.

Nachwort über den Prediger

9 Es bleibt noch übrig zu sagen: Der Pre-
diger war ein Weiser und lehrte auch das
Volk gute Lehre, und er erwog und
forschte und dichtete viele Sprüche.
10 Er suchte, daß er fände angenehme
Worte und schriebe recht die Worte der
Wahrheit.
11 Die Worte der Weisen sind wie Sta-
cheln, und [a]wie eingeschlagene Nägel sind
die einzelnen Sprüche; sie sind von **einem**
Hirten gegeben. *a* Jes 22,23
12 ¶Und über dem allen, mein Sohn, laß
dich warnen; denn des vielen Bücherma-
chens ist kein Ende, und viel Studieren
macht den Leib müde.
13 Laßt uns die Hauptsumme aller Lehre
hören: [a]Fürchte Gott und halte seine Ge-
bote; denn das gilt für alle Menschen.
a 5.Mose 6,2
14 Denn Gott wird alle Werke vor Gericht
bringen, alles, was verborgen ist, es sei gut
oder böse.[a] *a* Röm 2,16; 2.Kor 5,10

DAS HOHELIED SALOMOS

(vgl. Ps 45)

Inhaltsübersicht

Eine Sammlung Liebeslieder *Kap 1–8*

1 Das Hohelied Salomos.
2 ¶Er küsse mich mit dem Kusse
seines Mundes; denn deine Liebe ist lieb-
licher als Wein.
3 Es riechen deine Salben köstlich; dein
Name ist eine ausgeschüttete Salbe, dar-
um lieben dich die Mädchen.
4 Zieh mich dir nach, so wollen wir lau-
fen. Der König führte mich in seine Kam-
mern. Wir wollen uns freuen und fröhlich
sein über dich; wir preisen deine Liebe
mehr als den Wein. Herzlich lieben sie
dich.
5 ¶Ich bin braun, aber gar lieblich, ihr
Töchter Jerusalems, wie die Zelte Kedars,
wie die Teppiche Salomos.
6 Seht mich nicht an, daß ich so braun
bin; denn die Sonne hat mich so ver-
brannt. Meiner Mutter Söhne zürnten mit
mir. Sie haben mich zur Hüterin der Wein-
berge gesetzt; aber meinen eigenen Wein-
berg habe ich nicht behütet.
7 ¶Sage mir an, du, den meine Seele liebt,
wo du weidest, wo du ruhst am Mittag,
damit ich nicht herumlaufen muß bei den
Herden deiner Gesellen.
8 Weißt du es nicht, du Schönste unter
den Frauen, so geh hinaus auf die Spuren
der Schafe und weide deine Zicklein bei
den Zelten der Hirten.
9 ¶Ich vergleiche dich, meine Freundin,
einer Stute an den Wagen des Pharao.
10 Deine Wangen sind lieblich mit den
Kettchen und dein Hals mit den Perlen-
schnüren.
11 Wir wollen dir goldene Kettchen ma-
chen mit kleinen silbernen Kugeln.
12 ¶Als der König sich herwandte, gab
meine Narde ihren Duft.
13 Mein Freund ist mir ein Büschel Myr-
rhen, das zwischen meinen Brüsten hängt.
14 Mein Freund ist mir eine Traube von
Zyperblumen in den Weingärten von En-
Gedi.
15 Siehe, meine Freundin, du bist schön;
schön bist du, deine Augen sind wie Tau-
benaugen.
16 Siehe, mein Freund, du bist schön und
lieblich. Unser Lager ist grün.
17 Die Balken unserer Häuser sind Ze-
dern, unsere Täfelung Zypressen.

2 Ich bin eine Blume in Scharon und eine Lilie im Tal.

2 Wie eine Lilie unter den Dornen, so ist meine Freundin unter den Mädchen.

3 Wie ein Apfelbaum unter den wilden Bäumen, so ist mein Freund unter den Jünglingen. Unter seinem Schatten zu sitzen begehre ich, und seine Frucht ist meinem Gaumen süß.

4 Er führt mich in den Weinkeller, und die Liebe ist sein Zeichen über mir.

5 Er erquickt mich mit Traubenkuchen und labt mich mit Äpfeln; denn ich bin krank vor Liebe.

6 Seine Linke liegt unter meinem Haupte, und seine Rechte herzt mich. –

7 Ich beschwöre euch, ihr Töchter Jerusalems, bei den Gazellen oder bei den Hinden auf dem Felde, daß ihr die Liebe nicht aufweckt und nicht stört, bis es ihr selbst gefällt.

8 ¶ Da ist die Stimme meines Freundes! Siehe, er kommt und hüpft über die Berge und springt über die Hügel.

9 Mein Freund gleicht einer Gazelle oder einem jungen Hirsch. Siehe, er steht hinter unsrer Wand und sieht durchs Fenster und blickt durchs Gitter.

10 Mein Freund antwortet und spricht zu mir: Steh auf, meine Freundin, meine Schöne, und komm her!

11 Denn siehe, der Winter ist vergangen, der Regen ist vorbei und dahin.

12 Die Blumen sind aufgegangen im Lande, der Lenz ist herbeigekommen, und die Turteltaube läßt sich hören in unserm Lande.

13 Der Feigenbaum hat Knoten gewonnen, und die Reben duften mit ihren Blüten. Steh auf, meine Freundin, und komm, meine Schöne, komm her!

14 Meine Taube in den Felsklüften, im Versteck der Felswand, zeige mir deine Gestalt, laß mich hören deine Stimme; denn deine Stimme ist süß, und deine Gestalt ist lieblich.

15 ¶ Fangt uns die Füchse, die kleinen Füchse, die die Weinberge verderben; denn unsere Weinberge haben Blüten bekommen.

16 ¶ Mein Freund ist mein, und ich bin sein, der unter den Lilien weidet.

17 Bis der Tag kühl wird und die Schatten schwinden, wende dich her gleich einer Gazelle, mein Freund, oder gleich einem jungen Hirsch auf den Balsambergen.

3 Des Nachts auf meinem Lager suchte ich, den meine Seele liebt. Ich suchte; aber ich fand ihn nicht.

2 Ich will aufstehen und in der Stadt umhergehen auf den Gassen und Straßen und suchen, den meine Seele liebt. Ich suchte; aber ich fand ihn nicht.

3 Es fanden mich die Wächter, die in der Stadt umhergehen: »Habt ihr nicht gesehen, den meine Seele liebt?«

4 Als ich ein wenig an ihnen vorüber war, da fand ich, den meine Seele liebt. Ich hielt ihn und ließ ihn nicht los, bis ich ihn brachte in meiner Mutter Haus, in die Kammer derer, die mich geboren hat. –

5 Ich beschwöre euch, ihr Töchter Jerusalems, bei den Gazellen oder bei den Hinden auf dem Felde, daß ihr die Liebe nicht aufweckt und nicht stört, bis es ihr selbst gefällt.

6 ¶ Was steigt da herauf aus der Wüste wie ein gerader Rauch, wie ein Duft von Myrrhe, Weihrauch und allerlei Gewürz des Krämers?

7 Siehe, es ist die Sänfte Salomos; sechzig Starke sind um sie her von den Starken in Israel.

8 Alle halten sie Schwerter und sind geübt im Kampf; ein jeder hat sein Schwert an der Hüfte gegen die Schrecken der Nacht.

9 Der König Salomo ließ sich eine Sänfte machen aus Holz vom Libanon.

10 Ihre Säulen machte er aus Silber, ihre Lehnen aus Gold, ihren Sitz mit Purpur bezogen, ihr Inneres mit Ebenholz eingelegt. – Ihr Töchter Jerusalems,

11 kommt heraus und seht, ihr Töchter Zions, den König Salomo mit der Krone, mit der ihn seine Mutter gekrönt hat am Tage seiner Hochzeit, am Tage der Freude seines Herzens.

4 Siehe, meine Freundin, du bist schön! Siehe, schön bist du! Deine Augen sind wie Taubenaugen hinter deinem Schleier. Dein Haar ist wie eine Herde Ziegen, die herabsteigen vom Gebirge Gilead.

2 Deine Zähne sind wie eine Herde geschorener Schafe, die aus der Schwemme kommen; alle haben sie Zwillinge, und keines unter ihnen ist unfruchtbar.

3 Deine Lippen sind wie eine scharlach-

41 *Salomos Gebet*
Farblithographie; 35,8 x 26,5 cm; 1956; signiert;
aus Revue Verve Nr. 33/34; MBMC, Nizza

42 *Ester*
Gouache; 52,5 x 38 cm; 1960; Künstlerblatt; signiert;
für Revue Verve Nr. 37/38; MBMC, Nizza
(© Foto: MBMC – Patrick Gérin)

43 *Hiob*
Öl auf Leinwand; 170 x 121 cm; 1975; signiert;
Privatsammlung
(© Foto: Archives Ida Chagall, Paris)

44 *Bezalel*
Farblithographie; 47 x 34 cm; 1966;
aus dem Exodus-Zyklus
(© Foto: Galerie an der Brenz, Sontheim)

farbene Schnur, und dein Mund ist lieb-
lich. Deine Schläfen sind hinter deinem
Schleier wie eine Scheibe vom Granat-
apfel.
4 Dein Hals ist wie der Turm Davids, mit
Brustwehr gebaut, an der tausend Schilde
hangen, lauter Schilde der Starken.
5 Deine beiden Brüste sind wie junge
Zwillinge von Gazellen, die unter den Li-
lien weiden.
6 Bis der Tag kühl wird und die Schatten
schwinden, will ich zum Myrrhenberge ge-
hen und zum Weihrauchhügel.
7 Du bist wunderbar schön, meine Freun-
din, und kein Makel ist an dir.
8 ¶Komm mit mir, meine Braut, vom Li-
banon, komm mit mir vom Libanon, steig
herab von der Höhe des Amana, von der
Höhe des Senir und Hermon, von den
Wohnungen der Löwen, von den Bergen
der Leoparden!
9 ¶Du hast mir das Herz genommen,
meine Schwester, liebe Braut, du hast mir
das Herz genommen mit einem einzigen
Blick deiner Augen, mit einer einzigen
Kette an deinem Hals.
10 Wie schön ist deine Liebe, meine
Schwester, liebe Braut! Deine Liebe ist
lieblicher als Wein, und der Geruch dei-
ner Salben übertrifft alle Gewürze.
11 Von deinen Lippen, meine Braut, träu-
felt Honigseim. Honig und Milch sind
unter deiner Zunge, und der Duft
deiner Kleider ist wie der Duft des Liba-
non.
12 ¶Meine Schwester, liebe Braut, du bist
ein verschlossener Garten, eine verschlos-
sene Quelle, ein versiegelter Born.
13 Du bist gewachsen wie ein Lustgarten
von Granatäpfeln mit edlen Früchten, Zy-
perblumen mit Narden,
14 Narde und Safran, Kalmus und Zimt,
mit allerlei Weihrauchsträuchern, Myrrhe
und Aloe, mit allen feinen Gewürzen.
15 Ein Gartenbrunnen bist du, ein Born
lebendigen Wassers, das vom Libanon
fließt.
16 Steh auf, Nordwind, und komm, Süd-
wind, und wehe durch meinen Garten, daß
der Duft seiner Gewürze ströme! Mein
Freund komme in seinen Garten und esse
von seinen edlen Früchten. –
5 Ich bin gekommen, meine Schwester,
liebe Braut, in meinen Garten. Ich habe
meine Myrrhe samt meinen Gewürzen ge-
pflückt; ich habe meine Wabe samt mei-
nem Honig gegessen; ich habe meinen
Wein samt meiner Milch getrunken. Eßt,
meine Freunde, und trinkt und werdet
trunken von Liebe!
2 Ich schlief, aber mein Herz war wach.
Da ist die Stimme meines Freundes, der
anklopft: »Tu mir auf, liebe Freundin,
meine Schwester, meine Taube, meine
Reine! Denn mein Haupt ist voll Tau und
meine Locken voll Nachttropfen.«
3 »Ich habe mein Kleid ausgezogen, – wie
soll ich es wieder anziehen? Ich habe
meine Füße gewaschen, – wie soll ich sie
wieder schmutzig machen?«
4 Mein Freund steckte seine Hand durchs
Riegelloch, und mein Innerstes wallte ihm
entgegen.
5 Da stand ich auf, daß ich meinem
Freunde auftäte; meine Hände troffen von
Myrrhe und meine Finger von fließender
Myrrhe am Griff des Riegels.
6 Aber als ich meinem Freund aufgetan
hatte, war er weg und fortgegangen. Meine
Seele war außer sich, daß er sich abge-
wandt hatte. Ich suchte ihn, aber ich fand
ihn nicht; ich rief, aber er antwortete mir
nicht.
7 Es fanden mich die Wächter, die in der
Stadt umhergehen; die schlugen mich
wund. Die Wächter auf der Mauer nah-
men mir meinen Überwurf. –
8 Ich beschwöre euch, ihr Töchter Jeru-
salems, findet ihr meinen Freund, so sagt
ihm, daß ich vor Liebe krank bin.
9 ¶Was hat dein Freund vor andern
Freunden voraus, o du Schönste unter den
Frauen? Was hat dein Freund vor andern
Freunden voraus, daß du uns so be-
schwörst? –
10 Mein Freund ist weiß und rot, auserko-
ren unter vielen Tausenden.
11 Sein Haupt ist das feinste Gold. Seine
Locken sind kraus, schwarz wie ein Rabe.
12 Seine Augen sind wie Tauben an den
Wasserbächen, sie baden in Milch und sit-
zen an reichen Wassern.
13 Seine Wangen sind wie Balsambeete, in
denen Gewürzkräuter wachsen. Seine Lip-
pen sind wie Lilien, die von fließender
Myrrhe triefen.
14 Seine Finger sind wie goldene Stäbe,
voller Türkise. Sein Leib ist wie reines El-
fenbein, mit Saphiren geschmückt.

15 Seine Beine sind wie Marmorsäulen,
gegründet auf goldenen Füßen. Seine Ge-
stalt ist wie der Libanon, auserwählt wie
Zedern.
16 Sein Mund ist süß, und alles an ihm ist
lieblich. - So ist mein Freund; ja, mein
Freund ist so, ihr Töchter Jerusalems! -

6 »Wo ist denn dein Freund hingegan-
gen, o du Schönste unter den Frauen?
Wo hat sich dein Freund hingewandt? So
wollen wir ihn mit dir suchen.«
2 Mein Freund ist hinabgegangen in sei-
nen Garten, zu den Balsambeeten, daß er
weide in den Gärten und Lilien pflücke.
3 Mein Freund ist mein, und ich bin sein,
der unter den Lilien weidet.

4 Du bist schön, meine Freundin, wie
Tirza, lieblich wie Jerusalem, gewaltig wie
ein Heer.
5 Wende deine Augen von mir; denn sie
verwirren mich. Deine Haare sind wie eine
Herde Ziegen, die herabsteigen vom Ge-
birge Gilead.
6 Deine Zähne sind wie eine Herde
Schafe, die aus der Schwemme kommen;
alle haben sie Zwillinge, und keines unter
ihnen ist unfruchtbar.
7 Deine Schläfen sind hinter deinem
Schleier wie eine Scheibe vom Granat-
apfel. -
8 Sechzig Königinnen sind es und achtzig
Nebenfrauen und Jungfrauen ohne Zahl.
9 Aber **eine** ist meine Taube, meine
Reine; die Einzige ist sie für ihre Mutter,
das Liebste für die, die sie geboren hat.
Als die Töchter sie sahen, priesen sie sie
glücklich; die Königinnen und Neben-
frauen rühmten sie.
10 ¶Wer ist sie, die hervorbricht wie die
Morgenröte, schön wie der Mond, klar wie
die Sonne, gewaltig wie ein Heer?
11 Ich bin hinabgegangen in den Nußgar-
ten, zu schauen die Knospen im Tal, zu
schauen, ob der Weinstock sproßt, ob die
Granatbäume blühen.
12 Ohne daß ich's merkte, trieb mich mein
Verlangen zu der Tochter eines Fürsten.

7 Wende dich hin, wende dich her, o Su-
lamith! Wende dich hin, wende dich
her, daß wir dich schauen! Was seht ihr an
Sulamith beim Reigen im Lager? -
2 Wie schön ist dein Gang in den Schu-
hen, du Fürstentochter! Die Rundung dei-
ner Hüfte ist wie ein Halsgeschmeide, das
des Meisters Hand gemacht hat.
3 Dein Schoß ist wie ein runder Becher,
dem nimmer Getränk mangelt. Dein Leib
ist wie ein Weizenhaufen, umsteckt mit
Lilien.
4 Deine beiden Brüste sind wie junge
Zwillinge von Gazellen.
5 Dein Hals ist wie ein Turm von Elfen-
bein. Deine Augen sind wie die Teiche
von Heschbon am Tor Bat-Rabbim. Deine
Nase ist wie der Turm auf dem Libanon,
der nach Damaskus sieht.
6 Dein Haupt auf dir ist wie der Karmel.
Das Haar auf deinem Haupt ist wie Pur-
pur; ein König liegt in deinen Locken ge-
fangen. -
7 Wie schön und wie lieblich bist du, du
Liebe voller Wonne!
8 Dein Wuchs ist hoch wie ein Palmbaum,
deine Brüste gleichen den Weintrauben.
9 Ich sprach: Ich will auf den Palmbaum
steigen und seine Zweige ergreifen. Laß
deine Brüste sein wie Trauben am Wein-
stock und den Duft deines Atems wie
Äpfel;
10 laß deinen Mund sein wie guten Wein,
der meinem Gaumen glatt eingeht und
Lippen und Zähne mir netzt.
11 ¶Meinem Freund gehöre ich, und nach
mir steht sein Verlangen.
12 Komm, mein Freund, laß uns aufs Feld
hinausgehen und unter Zyperblumen die
Nacht verbringen,
13 daß wir früh aufbrechen zu den Wein-
bergen und sehen, ob der Weinstock
sproßt und seine Blüten aufgehen, ob die
Granatbäume blühen. Da will ich dir
meine Liebe schenken.
14 Die Liebesäpfel geben den Duft, und
an unsrer Tür sind lauter edle Früchte,
heurige und auch vorjährige: mein Freund,
für dich hab ich sie aufbewahrt.

8 O daß du mein Bruder wärest, der
meiner Mutter Brüste gesogen! Fände
ich dich draußen, so wollte ich dich küs-
sen, und niemand dürfte mich schelten!
2 Ich wollte dich führen und in meiner
Mutter Haus bringen, in die Kammer de-
rer, die mich gebar. Da wollte ich dich trän-
ken mit gewürztem Wein und mit dem
Most meiner Granatäpfel. -
3 Seine Linke liegt unter meinem Haupt,
und seine Rechte herzt mich. -

4 Ich beschwöre euch, ihr Töchter Je-
rusalems, daß ihr die Liebe nicht auf-
weckt und nicht stört, bis es ihr selbst ge-
fällt.
5 ¶Wer ist sie, die heraufsteigt von der
Wüste und lehnt sich auf ihren Freund?
Unter dem Apfelbaum weckte ich dich,
wo deine Mutter mit dir in Wehen kam,
wo in Wehen kam, die dich gebar.
6 [a] Lege mich wie ein Siegel auf dein Herz,
wie ein Siegel auf deinen Arm. Denn
Liebe ist stark wie der Tod und Leiden-
schaft unwiderstehlich wie das Totenreich.
Ihre Glut ist feurig und eine Flamme des
HERRN,

a (6 und 7) Mt 22,30; Röm 7,2; 1.Mose 2,24; Mt 19,5.6; Eph 5,28-33

7 so daß auch viele Wasser die Liebe nicht
auslöschen und Ströme sie nicht erträn-
ken können. Wenn einer alles Gut in sei-
nem Hause um die Liebe geben wollte, so
könnte das alles nicht genügen.
8 Unsre Schwester ist klein und hat keine
Brüste. Was sollen wir mit unsrer Schwe-
ster tun, wenn man um sie werben wird?
9 Ist sie eine Mauer, so wollen wir ein
silbernes Bollwerk darauf bauen. Ist sie
eine Tür, so wollen wir sie sichern mit
Zedernbohlen. –
10 Ich bin eine Mauer, und meine Brüste
sind wie Türme. Da bin ich geworden in
seinen Augen wie eine, die Frieden findet.
11 ¶Salomo hat einen Weinberg in Baal-
Hamon. Er gab den Weinberg den Wäch-
tern, daß jeder für seine Früchte brächte
tausend Silberstücke.
12 Mein Weinberg gehört mir. Die Tau-
send lasse ich dir, Salomo, und zweihun-
dert den Wächtern seiner Früchte.
13 ¶Die du wohnst in den Gärten, laß
mich deine Stimme hören; die Gefährten
lauschen dir.
14 Flieh, mein Freund! Sei wie eine Ga-
zelle oder wie ein junger Hirsch auf den
Balsambergen!

DER PROPHET JESAJA

Inhaltsübersicht

1 Dies ist die Offenbarung, die Jesaja,
der Sohn des Amoz, geschaut hat über
Juda und Jerusalem zur Zeit des [a] Usija,
Jotam, Ahas und Hiskia, der Könige von
Juda. *a* 2.Chr 26,22

Gottes Anklage gegen das abtrünnige Volk

2 [a] Höret, ihr Himmel, und Erde, nimm
zu Ohren, denn der HERR redet! [b] Ich habe
Kinder großgezogen und hochgebracht,
und sie sind von mir abgefallen!
a 5.Mose 32,1 *b* 5.Mose 32,5.6

3 **Ein Ochse kennt seinen Herrn und ein
Esel die Krippe seines Herrn; aber Israel
kennt's nicht, und mein Volk versteht's
nicht.**

4 ¶ Wehe dem sündigen Volk, dem Volk
mit Schuld beladen, dem boshaften Ge-
schlecht, den verderbten Kindern, die den
HERRN verlassen, den Heiligen Israels lä-
stern, die abgefallen sind!

5 Wohin soll man euch noch [a] schlagen,
die ihr doch weiter im Abfall verharrt? Das
ganze Haupt ist krank, das ganze Herz ist
matt. *a* Jer 2,30

6 Von der Fußsohle bis zum Haupt ist
nichts Gesundes an euch, sondern Beulen
und Striemen und frische Wunden, die
nicht gereinigt noch verbunden noch mit
Öl gelindert sind.[a] *a* 5.Mose 28,35

7 Euer Land ist verwüstet, eure Städte
sind mit Feuer verbrannt; Fremde verzeh-
ren eure Äcker vor euren Augen; alles ist
verwüstet wie beim Untergang Sodoms.

8 Übriggeblieben ist allein die Tochter
Zion wie ein Häuslein im Weinberg, wie
eine Nachthütte im Gurkenfeld, wie eine
belagerte Stadt.

9 Hätte uns der HERR Zebaoth nicht einen
geringen Rest übriggelassen, so [a] wären wir
wie Sodom und gleich wie Gomorra.[b]
a 1.Mose 19,24.25 *b* Röm 9,29

10 ¶ Höret des HERRN Wort, ihr Herren
von Sodom! Nimm zu Ohren die Weisung
unsres Gottes, du Volk von Gomorra!

11 [a] Was soll mir die Menge eurer Opfer?
spricht der HERR. Ich bin satt der Brand-
opfer von Widdern und des Fettes von
Mastkälbern und habe kein Gefallen am
Blut der Stiere, der Lämmer und Böcke.
a (11-14) Ps 40,7-9; Spr 15,8; Jer 6,20; Am 5,22

12 Wenn ihr kommt, zu erscheinen vor
mir – wer fordert denn von euch, daß ihr
meinen Vorhof zertretet?

13 Bringt nicht mehr dar so vergebliche
Speisopfer! Das Räucherwerk ist mir ein
Greuel! [a] Neumonde und Sabbate, wenn
ihr zusammenkommt, Frevel und Festver-
sammlung mag ich nicht! *a* 4.Mose 10,10

14 Meine Seele ist feind euren Neumon-
den und Jahresfesten; sie sind mir eine
Last, ich bin's müde, sie zu tragen.

15 Und wenn ihr auch eure Hände aus-
breitet, verberge ich doch meine Augen
vor euch; und [a] wenn ihr auch viel betet,
höre ich euch doch nicht; denn eure
Hände sind voll Blut.
a Spr 1,28; 15,29; Joh 9,31

16 Wascht euch, reinigt euch, tut eure bö-
sen Taten aus meinen Augen, laßt ab vom
Bösen!

17 Lernt Gutes tun, [a] trachtet nach Recht,
helft den Unterdrückten, schafft den Wai-
sen Recht, führt der Witwen Sache!
a Jer 7,5.6

18 ¶ So kommt denn und laßt uns mitein-
ander rechten, spricht der HERR. [a] **Wenn
eure Sünde auch blutrot ist, soll sie doch
schneeweiß werden, und wenn sie rot ist wie
Scharlach, soll sie doch wie Wolle wer-
den.** *a* Kap 44,22; Ps 51,9

[19]Wollt ihr mir gehorchen, so sollt ihr
des Landes Gut genießen.[a] *a* 3.Mose 25,18.19
[20]Weigert ihr euch aber und seid unge-
horsam, so sollt ihr [a]vom Schwert gefres-
sen werden; denn der Mund des HERRN
sagt es. *a* 3.Mose 26,25

Gottes Gericht zur Läuterung Jerusalems

[21]Wie geht das zu, daß die treue Stadt zur
Hure geworden ist? Sie war voll Recht,
Gerechtigkeit wohnte darin; nun aber –
Mörder.
[22][a]Dein Silber ist Schlacke geworden und
dein Wein mit Wasser verfälscht.
a (22-25) Hes 22,18-22
[23]Deine Fürsten sind Abtrünnige und
Diebsgesellen, sie nehmen alle gern Ge-
schenke an und trachten nach Gaben. Den
Waisen schaffen sie nicht Recht, und der
Witwen Sache kommt nicht vor sie.
[24]¶Darum spricht der Herr, der HERR
Zebaoth, der Mächtige Israels: Wehe! Ich
werde mir Trost schaffen an meinen Fein-
den und mich rächen an meinen Widersa-
chern
[25]und will meine Hand wider dich kehren
und wie mit Lauge [a]ausschmelzen, was
Schlacke ist, und all dein Zinn ausschei-
den. *a* Ps 119,119
[26]Und ich will dir wieder Richter geben,
wie sie vormals waren, und Ratsherren wie
im Anfang. [a]Alsdann wirst du eine Stadt
der Gerechtigkeit und eine treue Stadt
heißen. *a* Sach 8,3
[27]Zion muß durch Gericht erlöst werden
und, die zu ihr zurückkehren, durch Ge-
rechtigkeit.[a] *a* Kap 46,13
[28]Die Übertreter aber und Sünder wer-
den allesamt vernichtet werden, und die
den HERRN verlassen, werden umkom-
men.
[29]Denn ihr sollt zuschanden werden we-
gen der [a]Eichen, an denen ihr eure Lust
habt, und ihr sollt schamrot werden we-
gen der [b]Gärten, die ihr erwählt habt.
a Kap 57,5 *b* Kap 65,3
[30]Denn ihr werdet sein wie eine Eiche
mit dürren Blättern und wie ein Garten
ohne Wasser;
[31]und der Starke wird sein wie Werg
und sein Tun wie ein Funke, und beides
wird miteinander brennen, und niemand
löscht.

In Zion finden alle Völker Heil und Frieden

2 Dies ist's, was Jesaja, der Sohn des
Amoz, geschaut hat über Juda und Je-
rusalem:
[2][a]Es wird zur letzten Zeit der Berg, da
des HERRN Haus ist, fest stehen, höher als
alle Berge und über alle Hügel erhaben,
und alle Heiden werden herzulaufen,
a (2-4) Mi 4,1-3; Kap 19,23; Jer 3,17
[3]und viele Völker werden hingehen und
sagen: Kommt, laßt uns auf den Berg des
HERRN gehen, zum Hause des Gottes Ja-
kobs, daß er uns lehre seine Wege und wir
wandeln auf seinen Steigen! Denn [a]von
Zion wird Weisung ausgehen und des
HERRN Wort von Jerusalem.
a 5.Mose 4,6; Joh 4,22
[4]Und [a]er wird richten unter den Heiden
und zurechtweisen viele Völker. Da wer-
den sie ihre Schwerter zu Pflugscharen
und ihre Spieße zu Sicheln machen. Denn
es wird kein Volk wider das andere das
Schwert erheben, und sie werden hinfort
nicht mehr lernen, Krieg zu führen.
a Kap 9,4
[5]¶Kommt nun, ihr vom Hause Jakob,
laßt uns wandeln im Licht des HERRN!

Der Tag des HERRN macht alles Hohe niedrig

[6]Aber du hast dein Volk, das Haus Ja-
kob, verstoßen; denn sie treiben Wahrsa-
gerei wie die im Osten und sind Zeichen-
deuter wie die Philister und hängen sich
an die Kinder der Fremden.
[7]Ihr Land ist voll Silber und Gold, und
ihrer Schätze ist kein Ende; [a]ihr Land ist
voll Rosse, und ihrer Wagen ist kein
Ende. *a* Mi 5,9
[8]Auch ist ihr Land voll Götzen; sie beten
an ihrer Hände Werk, das ihre Finger ge-
macht haben.
[9]Aber gebeugt wird der Mensch, gede-
mütigt der Mann, und du wirst ihnen nicht
vergeben.
[10]Geh in die Felsen und verbirg dich in
der Erde vor dem Schrecken des HERRN
und vor seiner herrlichen Majestät!
[11]Denn alle hoffärtigen Augen werden er-
niedrigt werden, und, die stolze Männer
sind, werden sich beugen müssen; der
HERR aber wird allein hoch sein an jenem
Tage.[a] *a* Vers 17

12¶ Denn [a]der Tag des HERRN Zebaoth
wird kommen über alles Hoffärtige und
Hohe und über alles Erhabene, daß es er-
niedrigt werde:
a Jer 46,10; Hes 30,3; Joel 1,15; Am 5,18; Zef 1,14
13 über alle hohen und erhabenen Zedern
auf dem Libanon und über alle Eichen in
Baschan,
14 über alle hohen Berge und über alle
erhabenen Hügel,
15 über alle hohen Türme und über alle
festen Mauern,
16 über alle Schiffe im Meer und über alle
kostbaren Boote,
17 daß sich beugen muß alle Hoffart der
Menschen und sich demütigen müssen,
die stolze Männer sind, und der HERR al-
lein hoch sei an jenem Tage.[a] a Vers 11
18¶ Und mit den Götzen wird's ganz aus
sein.
19 Da wird man in die Höhlen der Felsen
gehen und in die Klüfte der Erde vor dem
Schrecken des HERRN und vor seiner herr-
lichen Majestät, wenn er sich aufmachen
wird, zu schrecken die Erde.
20 An jenem Tage [a]wird jedermann weg-
werfen seine silbernen und goldenen Göt-
zen, die er sich hatte machen lassen, um
sie anzubeten, zu den Maulwürfen und
Fledermäusen, a Kap 31,7
21 damit er sich verkriechen kann in die
Felsspalten und Steinklüfte vor dem
Schrecken des HERRN und [a]vor seiner
herrlichen Majestät, wenn er sich aufma-
chen wird, zu schrecken die Erde.
a 2.Thess 1,9.10
22 So laßt nun ab von dem Menschen, der
nur ein Hauch ist; denn für was ist er zu
achten?

Gottes Gericht über die Herren Jerusalems und seine eitlen Frauen

3 Siehe, der Herr, der HERR Zebaoth,
wird von Jerusalem und Juda wegneh-
men Stütze und Stab: [a]allen Vorrat an Brot
und allen Vorrat an Wasser,
a 3.Mose 26,26; Hes 4,16
2 Helden und Kriegsleute, Richter und
Propheten, Wahrsager und Älteste,
3 Hauptleute und Vornehme, Ratsherren
und Weise, Zauberer und Beschwörer.
4 Und ich will ihnen [a]Knaben zu Fürsten
geben, und Mutwillige sollen über sie
herrschen. a Pred 10,16
5 Und im Volk wird einer den andern be-
drängen, ein jeder seinen Nächsten. Der
Junge geht los auf den Alten und der Ver-
achtete auf den Geehrten.
6 Dann wird einer seinen Nächsten, der in
seines Vaters Hause ist, drängen: Du hast
noch einen Mantel! Sei unser Herr! Die-
ser Trümmerhaufe sei unter deiner Hand!
7 Er aber wird sie zu der Zeit beschwören
und sagen: Ich bin kein Arzt; es ist kein
Brot und kein Mantel in meinem Hause!
Macht mich nicht zum Herrn über das
Volk!
8 Denn Jerusalem ist gestrauchelt, und
Juda liegt da, weil ihre Worte und ihr Tun
wider den HERRN sind, daß sie seiner
Majestät widerstreben.
9 Daß sie die Person ansehen, zeugt ge-
gen sie; ihrer Sünde rühmen sie sich [a]wie
die Leute in Sodom und verbergen sie
nicht. Wehe ihnen! Denn damit bringen
sie sich selbst in alles Unglück.
a 1.Mose 19,5-9
10 Heil den Gerechten, sie haben es gut!
Denn sie werden die Frucht ihrer Werke
genießen.
11 Wehe aber den Gottlosen, sie haben es
schlecht! Denn es wird ihnen vergolten
werden, wie sie es verdienen.
12 Kinder sind Gebieter meines Volks,
und Frauen beherrschen es. Mein Volk,
deine Führer verführen dich und verwir-
ren den Weg, den du gehen sollst!
13¶ Der HERR steht da zum Gericht und
ist aufgetreten, sein Volk zu richten.
14 Der HERR geht ins Gericht mit den Äl-
testen seines Volks und mit seinen Für-
sten: Ihr habt den [a]Weinberg abgeweidet,
und was ihr den Armen geraubt, ist in eu-
rem Hause. a Kap 5,7
15 Warum zertretet ihr mein Volk und zer-
schlagt das Angesicht der Elenden? spricht
Gott, der HERR Zebaoth.
16¶ So hat der Herr gesprochen: Weil die
Töchter Zions stolz sind und gehen mit
aufgerecktem Halse, mit lüsternen Augen,
trippeln daher und tänzeln und haben
kostbare Schuhe an ihren Füßen,[a]
a 1.Tim 2,9
17 deshalb wird der HERR den Scheitel der
Töchter Zions kahl machen, und der HERR
wird ihre Schläfe entblößen.
18 Zu der Zeit wird der Herr den Schmuck
an den kostbaren Schuhen wegnehmen
und die Stirnbänder, die Spangen,

19 die Ohrringe, die Armspangen, die
Schleier,
20 die Hauben, die Schrittkettchen, die
Gürtel, die Riechfläschchen, die Amulette,
21 die Fingerringe, die Nasenringe,
22 die Feierkleider, die Mäntel, die Tücher,
die Täschchen,
23 die Spiegel, die Hemden, die Kopftü-
cher, die Überwürfe.
24 Und es wird Gestank statt Wohlgeruch
sein und ein Strick statt eines Gürtels und
eine Glatze statt lockigen Haars und statt
des Prachtgewandes ein Sack, Brandmal
statt Schönheit.
25 ¶Deine Männer werden durchs
Schwert fallen und deine Krieger im
Kampf.
26 Und Zions Tore werden trauern und
klagen, und sie wird leer und einsam auf
der Erde sitzen.

4 Und sieben Frauen werden zu der
Zeit **einen** Mann ergreifen und spre-
chen: Wir wollen uns selbst ernähren und
kleiden, laß uns nur nach deinem Namen
heißen, daß unsre Schmach von uns ge-
nommen werde.

Das künftige Heil für die Geretteten in Jerusalem

2 Zu der Zeit wird, [a]was der HERR sprie-
ßen läßt, lieb und wert sein und die Frucht
des Landes herrlich und schön bei denen,
die erhalten bleiben in Israel. *a* Jer 33,15
3 Und wer da wird [a]übrig sein in Zion und
übrigbleiben in Jerusalem, der wird heilig
heißen, ein jeder, der [b]aufgeschrieben ist
zum Leben in Jerusalem.

a Kap 6,13 *b* 2.Mose 32,32; Ps 69,29; Mal 3,16

4 Wenn der Herr den Unflat der Töch-
ter Zions abwaschen wird und die Blut-
schuld Jerusalems wegnehmen durch den
Geist, der richten und ein Feuer anzün-
den wird,
5 dann wird der HERR über der ganzen
Stätte des Berges Zion und über ihren Ver-
sammlungen eine [a]Wolke schaffen am
Tage und Rauch und Feuerglanz in der
Nacht. Ja, es wird ein Schutz sein über
allem, was herrlich ist, *a* 2.Mose 13,21
6 und eine Hütte zum Schatten am Tage
vor der Hitze und Zuflucht und Obdach
vor dem Wetter und Regen.

Das Lied vom unfruchtbaren Weinberg

5 Wohlan, ich will meinem lieben Freun-
de singen, ein Lied von meinem
Freund und seinem Weinberg.
¶Mein Freund hatte einen [a]Weinberg
auf einer fetten Höhe.

a Kap 3,14; Jer 2,21; Mk 12,1-9

2 Und er grub ihn um und entsteinte ihn
und pflanzte darin edle Reben. Er baute
auch einen Turm darin und grub eine Kel-
ter und wartete darauf, daß er gute Trau-
ben brächte; aber er brachte schlechte.
3 Nun richtet, ihr Bürger zu Jerusalem
und ihr Männer Judas, zwischen mir und
meinem Weinberg!
4 Was sollte man noch mehr tun an mei-
nem Weinberg, das ich nicht getan habe
an ihm? Warum hat er denn schlechte
Trauben gebracht, während ich darauf war-
tete, daß er gute brächte?
5 Wohlan, ich will euch zeigen, was ich
mit meinem Weinberg tun will! Sein Zaun
soll weggenommen werden, daß er ver-
wüstet werde, und seine Mauer soll einge-
rissen werden, daß er zertreten werde.
6 Ich will ihn wüst liegen lassen, daß er
nicht beschnitten noch gehackt werde,
sondern Disteln und Dornen darauf wach-
sen, und will den Wolken gebieten, daß
sie nicht darauf regnen.
7 Des HERRN Zebaoth Weinberg aber ist
das Haus Israel und die Männer Judas
seine Pflanzung, an der sein Herz hing. Er
wartete auf Rechtsspruch, siehe, da war
Rechtsbruch, auf Gerechtigkeit, siehe, da
war Geschrei über Schlechtigkeit.

Weherufe über die Sünden der Großen

8 Weh denen, [a]die ein Haus zum andern
bringen und einen Acker an den andern
rücken, bis kein Raum mehr da ist und sie
allein das Land besitzen! *a* 5.Mose 5,21
9 Es ist in meinen Ohren das Wort des
HERRN Zebaoth: Fürwahr, die vielen Häu-
ser sollen veröden und die großen und
feinen leer stehen.
10 Denn zehn Morgen Weinberg sollen
nur **einen** Eimer geben und zehn Scheffel
Saat nur **einen** Scheffel.
11 ¶Weh denen, die des Morgens früh auf
sind, dem Saufen nachzugehen, und sit-
zen bis in die Nacht, daß sie der Wein
erhitzt,
12 und haben [a]Harfen, Zithern, Pauken,

Pfeifen und Wein in ihrem Wohlleben,
aber [b]sehen nicht auf das Werk des HERRN
und schauen nicht auf das Tun seiner
Hände! *a* Am 6,5.6 *b* Ps 44,2
13 Darum wird mein Volk weggeführt wer-
den unversehens, und seine Vornehmen
müssen Hunger leiden und die lärmende
Menge Durst.
14 Daher hat das Totenreich den Schlund
weit aufgesperrt und den Rachen aufgetan
ohne Maß, daß hinunterfährt, was da
prangt und lärmt, alle Übermütigen und
Fröhlichen.
15 So wird gebeugt der Mensch und gede-
mütigt der Mann, und die Augen der Hof-
färtigen werden erniedrigt,
16 aber [a]der HERR Zebaoth wird hoch sein
im Gericht und Gott, der Heilige, sich hei-
lig erweisen in Gerechtigkeit. *a* Kap 2,11.17
17 Da werden dann Lämmer weiden wie
auf ihrer Trift und Ziegen sich nähren in
den Trümmerstätten der Hinweggerafften.
18 ¶Weh denen, die das Unrecht herbei-
ziehen mit Stricken der Lüge und die
Sünde mit Wagenseilen
19 und sprechen: [a]Er lasse eilends und
bald kommen sein Werk, daß wir's sehen;
es nahe und treffe ein der Ratschluß des
Heiligen Israels, daß wir ihn kennenler-
nen! *a* Jer 17,15; 2.Petr 3,4
20 **¶Weh denen, die Böses gut und Gutes
böse nennen, die aus Finsternis Licht und
aus Licht Finsternis machen, die aus sauer
süß und aus süß sauer machen!**
21 ¶Weh denen, die [a]weise sind in ihren
eigenen Augen und [b]halten sich selbst für
klug! *a* Spr 3,7 *b* Röm 12,16
22 ¶Weh denen, die Helden sind, Wein
zu saufen, und wackere Männer, Rausch-
trank zu mischen,
23 die [a]den Schuldigen gerecht sprechen
für Geschenke und das Recht nehmen de-
nen, die im Recht sind! *a* 2.Mose 23,8
24 ¶Darum, wie des Feuers Flamme
Stroh verzehrt und Stoppeln vergehen in
der Flamme, so wird ihre Wurzel verfau-
len und ihre Blüte auffliegen wie Staub.
Denn sie verachten die Weisung des
HERRN Zebaoth und lästern die Rede des
Heiligen Israels.

Gott ruft die Feinde ins Land zum Endgericht

25 *Darum ist der [a]Zorn des HERRN ent-
brannt über sein Volk, und er reckt seine
Hand wider sie und schlägt sie, daß die
Berge beben und ihre Leichen sind wie
Kehricht auf den Gassen. Und bei all dem
läßt sein Zorn nicht ab, sondern seine
Hand ist noch ausgereckt. *a* Kap 9,11.16.20; 10,4

* Die Verse 25-30 gehören wahrscheinlich mit Kap 9,7-10,4 zusammen.

26 Er wird ein Feldzeichen aufrichten für
das Volk in der Ferne und pfeift es herbei
vom Ende der Erde. Und siehe, eilends
und schnell kommen sie daher.
27 Keiner unter ihnen ist müde oder
schwach, keiner schlummert noch schläft;
keinem geht der Gürtel auf von seinen
Hüften, und keinem zerreißt ein Schuh-
riemen.
28 Ihre Pfeile sind scharf und alle ihre Bo-
gen gespannt; die Hufe ihrer Rosse sind
hart wie Kieselsteine, und ihre Wagenrä-
der sind wie ein Sturmwind.
29 Ihr Brüllen ist wie das der Löwen, und
sie brüllen wie junge Löwen. Sie werden
daherbrausen und den Raub packen und
davontragen, daß niemand retten kann.
30 Und es wird über ihnen brausen zu der
Zeit wie das Brausen des Meeres. Wenn
man dann das Land ansehen wird, siehe,
so ist's finster vor Angst, und das Licht
scheint nicht mehr über ihnen.

Jesajas Berufung zum Propheten

6 In dem Jahr, als der König [a]Usija starb,
sah ich den Herrn sitzen auf einem ho-
hen und erhabenen Thron, und sein Saum
füllte den Tempel. *a* 2.Chr 26,22
2 Serafim standen über ihm; ein jeder
hatte sechs Flügel: mit zweien deckten sie
ihr Antlitz, mit zweien deckten sie ihre
Füße, und mit zweien flogen sie.[a]
a 1.Kön 22,19
3 Und einer rief zum andern und sprach:
[a]**Heilig, heilig, heilig ist der HERR Zeba-
oth, alle Lande sind seiner Ehre voll!**
a Offb 4,8
4 Und die Schwellen bebten von der
Stimme ihres Rufens, und das Haus ward
[a]voll Rauch. *a* Hes 10,4; Offb 15,8
5 Da sprach ich: Weh mir, ich vergehe!
Denn ich bin unreiner Lippen und wohne
unter einem Volk von unreinen Lippen;
denn [a]ich habe den König, den HERRN
Zebaoth, gesehen mit meinen Augen.
a 2.Mose 33,20
6 Da flog einer der Serafim zu mir und

hatte eine glühende Kohle in der Hand,
die er mit der Zange vom Altar nahm,
7 und rührte meinen Mund an und
sprach: Siehe, hiermit sind deine Lippen
berührt, daß deine Schuld von dir genom-
men werde und deine Sünde gesühnt
sei.
8 ¶ Und ich hörte die Stimme des Herrn,
wie er sprach: Wen soll ich senden? Wer
will unser Bote sein? Ich aber sprach: Hier
bin ich, sende mich!
9 [a]Und er sprach: Geh hin und sprich zu
diesem Volk: Höret und verstehet's nicht;
sehet und merket's nicht!

a (9 und 10) Mt 13,11-15; Joh 12,40; Apg 28,26.27

10 Verstocke das Herz dieses Volks und
laß ihre Ohren taub sein und ihre Augen
blind, [a]daß sie nicht sehen mit ihren Au-
gen noch hören mit ihren Ohren noch ver-
stehen mit ihrem Herzen und sich nicht
bekehren und genesen.

a 5.Mose 29,3; Röm 11,8

11 Ich aber sprach: Herr, wie lange?
Er sprach: Bis die Städte wüst werden,
ohne Einwohner, und die Häuser ohne
Menschen und das Feld ganz wüst da-
liegt.
12 Denn der HERR wird die Menschen
weit wegtun, so daß das Land sehr verlas-
sen sein wird.
13 Auch [a]wenn nur der zehnte Teil darin
bleibt, so wird es abermals verheert wer-
den, doch wie bei einer Eiche und Linde,
von denen beim Fällen noch ein [b]Stumpf
bleibt. Ein heiliger Same wird solcher
Stumpf sein.

a Am 5,3 *b* Kap 7,3; 10,20.21

Jesaja ruft den König Ahas zum Glauben

7 Es begab sich zur Zeit des Ahas, des
Sohnes Jotams, des Sohnes Usijas, des
Königs von Juda, da zogen Rezin, der Kö-
nig von Aram, und Pekach, der Sohn Re-
maljas, der König von Israel, herauf nach
Jerusalem, um es zu bekämpfen; sie konn-
ten es aber nicht erobern.[a]*

a 2.Kön 16,5

* Siehe Sach- und Worterklärungen zu »Syrisch-Ephraimitischer Krieg«.

2 Da wurde dem Hause David angesagt:
Die Aramäer haben sich gelagert in Eph-
raim. Da bebte ihm das Herz und das Herz
seines Volks, wie die Bäume im Walde
beben vom Winde.
3 Aber der HERR sprach zu Jesaja: Geh
hinaus, Ahas entgegen, du und dein Sohn
Schear-Jaschub*, an das Ende der Wasser-
leitung des oberen Teiches, an der Straße
beim Acker des Walkers,

* d. h. ein Rest wird sich bekehren.

4 und sprich zu ihm: Hüte dich und
[a]bleibe still; fürchte dich nicht, und dein
Herz sei unverzagt vor diesen beiden
Brandscheiten, die nur noch rauchen, vor
dem Zorn Rezins und der Aramäer und
des Sohnes Remaljas.

a Kap 30,15

5 Weil die Aramäer gegen dich Böses er-
sonnen haben samt Ephraim und dem
Sohn Remaljas und sagen:
6 »Wir wollen hinaufziehen nach Juda
und es erschrecken und für uns erobern
und zum König darin machen den Sohn
Tabeals«, –
7 so spricht Gott der HERR: Es soll nicht
geschehen und nicht so gehen,
8 sondern wie Damaskus das Haupt ist
von Aram, so soll Rezin nur das Haupt
von Damaskus sein – und in fünfundsech-
zig Jahren soll es mit Ephraim aus sein,
daß sie nicht mehr ein Volk seien –;
9 und wie Samaria das Haupt ist von Eph-
raim, so soll der Sohn Remaljas nur das
Haupt von Samaria sein. [a]**Glaubt ihr nicht,
so bleibt ihr nicht.**

a 2.Chr 20,20

Das Zeichen des Immanuel und das Strafgericht durch die Assyrer

10 Und der HERR redete abermals zu Ahas
und sprach:
11 Fordere dir ein Zeichen vom HERRN,
deinem Gott, es sei drunten in der Tiefe
oder droben in der Höhe!
12 Aber Ahas sprach: Ich will's nicht for-
dern, damit ich den HERRN nicht versu-
che.
13 Da sprach Jesaja: Wohlan, so hört, ihr
vom Hause David: Ist's euch zu wenig,
daß ihr Menschen müde macht? Müßt ihr
auch meinen Gott müde machen?
14 Darum wird euch der HERR selbst ein
Zeichen geben: [a]**Siehe, eine Jungfrau* ist
schwanger und wird einen Sohn gebären,
den wird sie nennen Immanuel**.**

a Mt 1,23

*Andere Übersetzung: »junge Frau«. **d. h. »Gott mit uns!«

15 Butter und Honig wird er essen, bis er
weiß, Böses zu verwerfen und Gutes zu
erwählen.
16 Denn ehe [a]der Knabe lernt Böses ver-
werfen und Gutes erwählen, wird das
Land verödet sein, vor dessen zwei Köni-
gen dir graut.

a Kap 8,4

17 Der HERR wird über dich, über dein
Volk und über deines Vaters Haus Tage
kommen lassen, wie sie nicht gekommen
sind seit der Zeit, da Ephraim sich von
Juda schied, nämlich durch den König von
Assyrien.
18 ¶ Zu der Zeit wird der HERR herbei-
pfeifen die Fliege am Ende der Ströme
Ägyptens und die Biene im Lande Assur,
19 daß sie kommen und sich alle nieder-
lassen in den tiefen Tälern und in den
Steinklüften und in allen Hecken und an
jeder Tränke.
20 Zu der Zeit wird der Herr das Haupt
und die Haare am Leib scheren und den
Bart abnehmen durch das Schermesser,
das gedungen ist jenseits des Stroms, [a] durch
den König von Assyrien. *a* 2.Kön 15,29
21 Zu der Zeit wird ein Mann eine junge
Kuh und zwei Schafe aufziehen
22 und wird so viel zu melken haben, daß
er Butter essen wird; denn Butter und Ho-
nig wird essen, wer übrigbleiben wird im
Lande.
23 Und es wird zu der Zeit geschehen: wo
jetzt tausend Weinstöcke stehen, tausend
Silberstücke wert, da werden Dornen und
Disteln sein,
24 daß man mit Pfeil und Bogen dahin ge-
hen muß. Denn im ganzen Lande werden
Dornen und Disteln sein,
25 daß man auch zu all den Bergen, die
man jetzt mit der Hacke zu behacken
pflegt, nicht kommen kann aus Scheu vor
Dornen und Disteln, sondern man wird
Rinder darüber treiben und Schafe es zer-
treten lassen.

Der Sohn des Propheten als Zeichen des Gerichts über Aram und Israel

8 Und der HERR sprach zu mir: Nimm
dir eine große Tafel und schreib darauf
mit deutlicher Schrift: Raubebald-Eile-
beute!
2 Und ich nahm mir zwei treue Zeugen,
den Priester Uria und Secharja, den Sohn
Jeberechjas.
3 Und ich ging zu der Prophetin; die ward
schwanger und gebar einen Sohn. Und der
HERR sprach zu mir: Nenne ihn Raube-
bald-Eilebeute!
4 Denn ehe [a] der Knabe rufen kann: Lie-
ber Vater! Liebe Mutter!, [b] soll die Macht
von Damaskus und die Beute aus Samaria
weggenommen werden durch den König
von Assyrien. *a* Kap 7,16 *b* 2.Kön 16,9

Das Gericht über Juda und die Völker

5 Und der HERR redete weiter mit mir und
sprach:
6 Weil dies Volk verachtet die Wasser von
Siloah, die still dahinfließen, und in Angst
zerfließt vor Rezin und dem Sohn Re-
maljas,
7 siehe, so wird der Herr über sie kom-
men lassen die starken und vielen Wasser
des Stromes, nämlich den König von As-
syrien und alle seine Macht, daß sie über
alle ihre Ränder fluten und über alle ihre
Ufer gehen.
8 Und sie werden einbrechen in Juda und
wegschwemmen und überfluten, bis sie
an den Hals reichen. Und sie werden ihre
Flügel ausbreiten, daß sie dein Land, o
[a] Immanuel, füllen, so weit es ist.
a Kap 7,14
9 ¶ Tobet, ihr Völker, ihr müßt doch flie-
hen! Höret's alle, die ihr in fernen Landen
seid! Rüstet euch, ihr müßt doch fliehen;
rüstet euch, ihr müßt doch fliehen!
10 Beschließt einen Rat, und es werde
nichts daraus; beredet euch, und es ge-
schehe nicht! Denn hier ist Immanuel!
11 ¶ Denn so sprach der HERR zu mir, als
seine Hand über mich kam und er mich
warnte, ich sollte nicht wandeln auf dem
Wege dieses Volks:
12 Ihr sollt nicht alles Verschwörung nen-
nen, was dies Volk Verschwörung nennt,
und vor dem, was sie fürchten, fürchtet
euch nicht und laßt euch nicht grauen,
13 sondern verschwört euch mit dem
HERRN Zebaoth; [a] den laßt eure Furcht
und euren Schrecken sein. *a* Mt 10,28
14 Er wird ein Fallstrick sein und ein
[a] Stein des Anstoßes und ein Fels des Är-
gernisses für die beiden Häuser Israel, ein
Fallstrick und eine Schlinge für die Bürger
Jerusalems, *a* Röm 9,33
15 daß viele von ihnen sich daran stoßen,
fallen, zerschmettern, verstrickt und ge-
fangen werden.

Der Prophet und seine Jünger

16 Ich soll [a] verschließen die Offenbarung,
versiegeln die Weisung in meinen Jün-
gern *a* Dan 12,4
17 und will hoffen auf den HERRN, der sein

Antlitz verborgen hat vor dem Hause Ja-
kob, und will auf ihn harren.
18 Siehe, [a]hier bin ich und die Kinder, die
mir der HERR gegeben hat als Zeichen und
Weissagung in Israel vom HERRN Zeba-
oth, der auf dem Berge Zion wohnt.
[a] Vers 3; Kap 7,3; Hebr 2,13
19 ¶Wenn sie aber zu euch sagen: Ihr
müßt die Totengeister und Beschwörer be-
fragen, die da flüstern und murmeln, so
sprecht: [a]Soll nicht ein Volk seinen Gott
befragen? Oder soll man für Lebendige
die Toten befragen? [a] 2.Kön 1,3
20 Hin zur Weisung und hin zur Offenba-
rung! Werden sie das nicht sagen, so wird
ihnen kein Morgenrot scheinen,
21 sondern sie werden im Lande umher-
gehen, hart geschlagen und hungrig. Und
wenn sie Hunger leiden, werden sie zür-
nen und fluchen ihrem König und ihrem
Gott, und sie werden über sich blicken
22 und unter sich die Erde ansehen und
nichts finden als Trübsal und Finsternis;
denn sie sind im Dunkel der Angst und
gehen irre im Finstern.
23 *Doch [a]**es wird nicht dunkel bleiben
über denen, die in Angst sind.** Hat er in
früherer Zeit in Schmach gebracht das
Land Sebulon und [b]das Land Naftali, so
wird er hernach zu Ehren bringen den Weg
am Meer, das Land jenseits des Jordans,
das Galiläa der Heiden.
[a] Ps 107,10-14 [b] 2.Kön 15,29; Mt 4,12-16
* Abweichende Verszählung statt 8,23: 9,1.

Der Friedefürst wird verheißen

9 ***Das Volk, das [a]im Finstern wandelt,
sieht ein großes Licht, und über denen,
die da wohnen im finstern Lande, scheint
es hell.** [a] Lk 1,79
* Abweichende Verszählung statt 9,1-20: 9,2-21.
2 Du weckst lauten Jubel, du machst groß
die Freude. Vor dir wird man sich freuen,
wie man sich freut in der Ernte, wie man
fröhlich ist, wenn man Beute austeilt.
3 Denn [a]du hast ihr drückendes Joch, die
Jochstange auf ihrer Schulter und den
Stecken ihres Treibers zerbrochen wie am
[b]Tage Midians. [a] Ps 81,7 [b] Ri 7,14.15.22
4 Denn jeder Stiefel, der mit Gedröhn da-
hergeht, und jeder Mantel, durch Blut ge-
schleift, wird verbrannt und vom Feuer
verzehrt.
5 ¶**Denn uns ist ein Kind geboren, ein
Sohn ist uns gegeben, und [a]die Herrschaft
ruht auf seiner Schulter; und er heißt
Wunder-Rat, Gott-Held, Ewig-Vater,
[b]Friede-Fürst;** [a] Kap 22,22; Mi 5,1 [b] Mi 4,3
6 **auf daß seine Herrschaft groß werde und
des Friedens kein Ende auf dem [a]Thron
Davids und in seinem Königreich, daß er's
stärke und stütze durch [b]Recht und Ge-
rechtigkeit von nun an bis in Ewigkeit. Sol-
ches wird tun der Eifer des HERRN Zebaoth.**
[a] 2.Sam 7,12.13; Lk 1,32 [b] Kap 11,1-5; Ps 72,3.4

Gottes Gericht über das unbußfertige Nordreich

7 Der Herr hat ein Wort gesandt wider
Jakob, und es ist in Israel niedergefallen,
8 daß alles Volk es innewerde, Ephraim
und die Bürger Samarias, die da sagen in
Hochmut und stolzem Sinn:
9 Ziegelsteine sind gefallen, aber wir wol-
len's mit Quadern wieder bauen. Man hat
Maulbeerbäume abgehauen, aber wir wol-
len Zedern an ihre Stelle setzen.
10 Doch der HERR macht stark gegen sie
ihre Bedränger, nämlich Rezin, und ihre
Feinde stachelt er auf,
11 die Aramäer von vorn und die Philister
von hinten, daß sie Israel fressen mit vol-
lem Maul. BEI ALL DEM LÄSST SEIN ZORN
NOCH NICHT AB, SEINE HAND IST NOCH AUS-
GERECKT.
12 ¶Aber das Volk kehrt nicht um zu
dem, der es schlägt, und fragt nicht nach
dem HERRN Zebaoth.
13 Darum [a]haut der HERR von Israel Kopf
und Schwanz ab, Ast und Stumpf, auf
einen Tag. [a] Kap 10,33
14 Die Ältesten und die Vornehmen sind
der Kopf, die Propheten aber, die falsch
lehren, sind der Schwanz.
15 Denn die Leiter dieses Volks sind Ver-
führer, und die sich leiten lassen, sind ver-
loren.
16 Darum kann der Herr ihre junge Mann-
schaft nicht verschonen noch ihrer Waisen
und Witwen sich erbarmen; denn sie sind
allzumal gottlos und böse, und aller Mund
redet Torheit. BEI ALL DEM LÄSST SEIN
ZORN NOCH NICHT AB, SEINE HAND IST
NOCH AUSGERECKT.
17 ¶Denn die Bosheit lodert wie Feuer;
das verzehrt Dornen und Disteln und zün-
det den dichten Wald an und gibt hohen
Rauch.
18 Vom Zorn des HERRN Zebaoth brennt

das Land, daß das Volk wird wie ein Fraß
des Feuers; keiner schont den andern.
19 Sie verschlingen zur Rechten und lei-
den Hunger; sie fressen zur Linken und
werden doch nicht satt. Ein jeder frißt das
Fleisch seines Nächsten:
20 Manasse den Ephraim, Ephraim den
Manasse, und sie beide miteinander sind
gegen Juda. BEI ALL DEM LÄSST SEIN ZORN
NICHT AB, SEINE HAND IST NOCH AUSGE-
RECKT.

10 ¶[a]Weh denen, die unrechte Ge-
setze machen, und den Schreibern,
die unrechtes Urteil schreiben,

a (1-4) Kap 5,8-23

2 um die Sache der Armen zu beugen und
Gewalt zu üben am Recht der Elenden in
meinem Volk, daß die Witwen ihr Raub
und die Waisen ihre Beute werden!
3 Was wollt ihr tun am Tage der Heimsu-
chung und des Unheils, das von ferne
kommt? Zu wem wollt ihr fliehen um
Hilfe? Und wo wollt ihr eure Herrlichkeit
lassen?
4 Wer sich nicht unter die Gefangenen
bückt, wird unter den Erschlagenen fallen.
BEI ALL DEM LÄSST SEIN ZORN NICHT AB,
SEINE HAND IST NOCH AUSGERECKT.

Gegen den Hochmut des Königs von Assyrien

5 Wehe Assur, der meines Zornes [a]Rute
und meines Grimmes Stecken ist!

a Vers 15

6 Ich sende ihn wider ein gottloses Volk
und gebe ihm Befehl wider das Volk, dem
ich zürne, daß er's beraube und ausplün-
dere und es zertrete wie Dreck auf der
Gasse.
7 Aber er meint's nicht so, und sein Herz
denkt nicht so, sondern sein Sinn steht
danach, zu vertilgen und auszurotten nicht
wenige Völker.
8 Denn er spricht: »Sind meine Fürsten
nicht allesamt Könige?
9 Ist Kalne nicht wie Karkemisch? Ist Ha-
mat nicht wie Arpad? Ist nicht Samaria
wie Damaskus?
10 [a]Wie meine Hand gefunden hat die
Königreiche der Götzen, obwohl ihre
Götzen mehr waren, als die zu Jerusa-
lem und Samaria sind:

a (10 und 11) 2.Kön 18,33-35

11 sollte ich nicht Jerusalem tun und sei-
nen Götzen, wie ich Samaria und seinen
Götzen getan habe?«
12 ¶Wenn aber der Herr all sein Werk aus-
gerichtet hat auf dem Berge Zion und zu
Jerusalem, wird er sprechen: [a]Ich will
heimsuchen die Frucht des Hochmuts des
Königs von Assyrien und den Stolz seiner
hoffärtigen Augen,

a Kap 37,36

13 weil er spricht: »Ich hab's durch mei-
ner Hände Kraft ausgerichtet und durch
meine Weisheit, denn ich bin klug. Ich
habe die Grenzen der Länder anders ge-
setzt und ihre Schätze geraubt und wie ein
Stier die Bewohner zu Boden gestoßen.
14 Meine Hand hat gefunden den Reich-
tum der Völker wie ein Vogelnest, und ich
habe alle Länder zusammengerafft, wie
man Eier sammelt, die verlassen sind; kein
Flügel regte sich, und kein Schnabel
sperrte sich auf und zirpte.«
15 ¶Vermag sich auch eine Axt zu rüh-
men wider den, der damit haut, oder eine
Säge groß zu tun wider den, der sie zieht?
Als ob [a]die Rute den schwänge, der sie
hebt; als ob der Stock den höbe, der kein
Holz ist!

a Vers 5

16 Darum wird der Herr, der HERR Zeba-
oth, unter die Fetten in Assur die Auszeh-
rung senden, und seine Herrlichkeit wird
er anzünden, daß sie brennen wird wie ein
Feuer.
17 Und [a]das Licht Israels wird ein Feuer
sein, und sein Heiliger wird eine Flamme
sein, und sie wird seine Dornen und Di-
steln anzünden und verzehren auf **einen**
Tag.

a 5.Mose 4,24

18 Und die Herrlichkeit seiner Wälder und
Gärten soll zunichte werden mit Stumpf
und Stiel und wird vergehen und dahin-
schwinden,
19 daß die Bäume seiner Wälder, die üb-
rigbleiben, gezählt werden können, und
ein Knabe kann sie aufschreiben.

Errettung eines Restes von Israel. Zions Errettung vor dem Ansturm der Assyrer

20 [a]Zu der Zeit werden die Übriggeblie-
benen von Israel und, was entkommen ist
vom Hause Jakob, sich nicht mehr verlas-
sen auf den, der sie schlägt, sondern sie
werden sich verlassen auf den HERRN, den
Heiligen Israels, in Treue.

a (20 und 21) Kap 6,13; 7,3

21 Ein Rest wird sich bekehren, ja, der
Rest Jakobs, zu Gott, dem Starken.

[22]Denn wäre auch dein Volk, o Israel,
[a]wie Sand am Meer, so soll doch nur ein
Rest in ihm bekehrt werden. Verderben ist
beschlossen und bringt Fluten von Ge-
rechtigkeit. *a* Röm 9,27
[23]Denn Gott der HERR Zebaoth [a]wird
Verderben ergehen lassen, wie beschlos-
sen ist, im ganzen Lande. *a* Kap 28,22
[24]¶Darum spricht Gott der HERR Zeba-
oth: Fürchte dich nicht, mein Volk, das in
Zion wohnt, vor Assur, der dich mit dem
Stecken schlägt und seinen Stab gegen
dich aufhebt, wie es in Ägypten geschah.
[25]Denn es ist nur noch eine kleine Weile,
so wird meine Ungnade ein Ende haben,
und mein Zorn wird sich richten auf sein
Verderben.
[26]Alsdann wird der HERR Zebaoth eine
Geißel über ihn schwingen wie in der
[a]Schlacht Midians am Rabenfelsen und
wird seinen Stab, den er am Meer
brauchte, [b]aufheben wie in Ägypten.
a Ri 7,25; Ps 83,10 *b* 2.Mose 14,26.27
[27]Zu der Zeit wird seine Last von deiner
Schulter weichen müssen und sein Joch
von deinem Halse.
¶Er zieht herauf von Rimmon,
[28]er kommt nach Aja. Er zieht durch
Migron, er läßt seinen Troß zu Michmas.
[29]Sie ziehen durch den engen Weg, blei-
ben in Geba über Nacht. Rama erschrickt,
das Gibea Sauls flieht.
[30]Du Tochter [a]Gallim, schreie laut!
Merke auf, Lajescha; gib ihm Antwort,
Anatot! *a* 1.Sam 25,44
[31]Madmena weicht, die Bürger von Ge-
bim laufen davon.
[32]Noch heute wird er haltmachen in
[a]Nob; er wird seine Hand ausstrecken ge-
gen den Berg der Tochter Zion, gegen den
Hügel Jerusalems. *a* 1.Sam 21,2
[33]¶Aber siehe, der Herr, der HERR Zeba-
oth, wird die Äste mit Macht abhauen und,
was hoch aufgerichtet steht, niederschla-
gen, daß die Hohen erniedrigt werden.
[34]Und der dichte Wald wird mit dem Ei-
sen umgehauen werden, und der Libanon
wird fallen durch einen Mächtigen.

Der Messias und sein Friedensreich

**11 Und es wird ein Reis hervorgehen
aus dem Stamm Isais und ein Zweig
aus seiner Wurzel Frucht bringen.**
**[2]Auf ihm wird ruhen der Geist des HERRN,
der Geist der Weisheit und des Verstandes,
der Geist des Rates und der Stärke, der
Geist der Erkenntnis und der Furcht des
HERRN.**
[3]Und Wohlgefallen wird er haben an der
Furcht des HERRN. Er wird nicht richten
nach dem, was seine Augen sehen, noch
Urteil sprechen nach dem, was seine Oh-
ren hören,
[4]sondern wird mit Gerechtigkeit richten
die Armen und rechtes Urteil sprechen
den Elenden im Lande, und er wird mit
dem Stabe seines Mundes den Gewalttäti-
gen schlagen und [a]mit dem Odem seiner
Lippen den Gottlosen töten. *a* 2.Thess 2,8
[5]Gerechtigkeit wird der Gurt seiner Len-
den sein und die Treue der Gurt seiner
Hüften.
[6]Da werden [a]die Wölfe bei den Läm-
mern wohnen und die Panther bei den
Böcken lagern. Ein kleiner Knabe wird
Kälber und junge Löwen und Mastvieh
miteinander treiben. *a* Kap 65,25
[7]Kühe und Bären werden zusammen
weiden, daß ihre Jungen beieinander lie-
gen, und Löwen werden Stroh fressen wie
die Rinder.
[8]Und ein Säugling wird spielen am Loch
der Otter, und ein entwöhntes Kind wird
seine Hand stecken in die Höhle der Nat-
ter.
[9]Man wird nirgends Sünde tun noch fre-
veln auf meinem ganzen heiligen Berge;
denn das Land wird voll Erkenntnis des
HERRN sein, wie Wasser das Meer bedeckt.
[10]¶Und es wird geschehen zu der Zeit,
daß [a]das Reis aus der Wurzel Isais dasteht
als Zeichen für die Völker. Nach ihm wer-
den die Heiden fragen, und die Stätte, da
er wohnt, wird herrlich sein. *a* Röm 15,12
[11][a]Und der Herr wird zu der Zeit zum
zweiten Mal seine Hand ausstrecken, daß
er den Rest seines Volks loskaufe, der üb-
riggeblieben ist in Assur, Ägypten, Patros,
Kusch, Elam, Schinar, Hamat und auf den
Inseln des Meeres. *a (11-13)* Hes 37,21.22
[12]Und er wird ein Zeichen aufrichten un-
ter den Völkern und zusammenbringen
die Verjagten Israels und die Zerstreuten
Judas sammeln von den vier Enden der
Erde.
[13]Und der Neid Ephraims wird aufhören
und die Feindschaft Judas ausgerottet wer-
den, daß Ephraim nicht mehr neidisch ist
auf Juda und Juda nicht mehr Ephraim
feind ist.

14 Sie werden sich stürzen auf das Land
der Philister im Westen und miteinander
berauben alle, die im Osten wohnen. Nach
Edom und Moab werden sie ihre Hände
ausstrecken, die Ammoniter werden ihnen
gehorsam sein.
15 Und der HERR wird austrocknen die
Zunge des Meeres von Ägypten und wird
seine Hand gehen lassen über den Euphrat
mit seinem starken Wind und ihn in sie-
ben Bäche zerschlagen, so daß man mit
Schuhen hindurchgehen kann.
16 Und [a]es wird eine Straße dasein für den
Rest seines Volks, das übriggeblieben ist
in Assur, wie sie für Israel da war zur Zeit,
als sie aus Ägyptenland zogen.

[a] 2.Mose 14,29

Das Danklied der Erlösten

12 Zu der Zeit wirst du sagen:
Ich danke dir, HERR, daß du bist zor-
nig gewesen über mich / und dein Zorn
sich gewendet hat und du mich tröstest.
**2 Siehe, Gott ist mein Heil, / ich bin sicher
und fürchte mich nicht; / denn [a]Gott der
HERR ist meine Stärke und mein Psalm /
und ist mein Heil.** [a] 2.Mose 15,2
**3 Ihr werdet mit Freuden Wasser schöpfen /
aus den Heilsbrunnen.[a]** [a] Kap 55,1; Sach 13,1
4 ¶ Und ihr werdet sagen zu der Zeit:
[a]Danket dem HERRN, / rufet an seinen
Namen! / Machet kund unter den Völkern
sein Tun, / verkündiget, wie sein Name so
hoch ist! [a] 1.Chr 16,8; Ps 105,1
5 Lobsinget dem HERRN, denn er hat sich
herrlich bewiesen. / Solches sei kund in
allen Landen!
6 Jauchze und rühme, du Tochter Zion; /
denn der Heilige Israels ist groß bei dir!

Gottes Gericht über Babel

(Kap 13 und 14: vgl. Kap 21,1-10; 47; Jer 50; 51)

13 Dies ist die [a]Last für Babel, die Je-
saja, der Sohn des Amoz, geschaut
hat: [a] Jer 23,33
2 ¶ Auf hohem Berge erhebt das Banner,
ruft laut ihnen zu, winkt mit der Hand,
daß sie einziehen durch die Tore der Für-
sten.
3 Ich habe meine Geheiligten entboten zu
meinem Zorngericht und meine Starken
gerufen, die da jauchzen über meine Herr-
lichkeit.
4 Es ist Geschrei und Lärm auf den Ber-
gen wie von einem großen Volk, Geschrei
und Getümmel von den versammelten
Königreichen der Völker. Der HERR Zeba-
oth rüstet ein Heer zum Kampf.
5 Sie kommen aus fernen Landen, vom
Ende des Himmels, ja, der HERR selbst
samt den Werkzeugen seines Zorns, um
zu verderben die ganze Erde.
6 Heulet, denn [a]des HERRN Tag ist nahe;
er kommt wie eine Verwüstung vom All-
mächtigen. [a] Joel 1,15
7 Darum werden alle Hände schlaff, und
aller Menschen Herz wird feige sein.
8 Schrecken, Angst und Schmerzen wird
sie ankommen, es wird ihnen bange sein
wie einer Gebärenden. Einer wird sich vor
dem andern entsetzen, feuerrot werden
ihre Angesichter sein.
9 ¶ Denn siehe, des HERRN Tag kommt
grausam, zornig, grimmig, die Erde zu ver-
wüsten und die Sünder von ihr zu vertil-
gen.
10 Denn die Sterne am Himmel und sein
Orion scheinen nicht hell, die Sonne geht
finster auf, und der Mond gibt keinen
Schein.[a] [a] Hes 32,7; Joel 2,10; Am 5,8; Mt 24,29
11 Ich will den Erdkreis heimsuchen um
seiner Bosheit willen und die Gottlosen
um ihrer Missetat willen und will dem
Hochmut der Stolzen ein Ende machen
und die Hoffart der Gewaltigen demüti-
gen,
12 daß ein Mann kostbarer sein soll als
feinstes Gold und ein Mensch wertvoller
als Goldstücke aus Ofir.
13 ¶ Darum will ich den Himmel bewe-
gen, und die Erde soll beben und von ihrer
Stätte weichen durch den Grimm des
HERRN Zebaoth, am Tage seines Zorns.
14 Und sie sollen sein wie ein verscheuch-
tes Reh und wie eine Herde ohne Hirten,
daß sich ein jeder zu seinem Volk kehren
und ein jeder in sein Land fliehen wird.
15 Wer da gefunden wird, wird erstochen,
und wen man aufgreift, wird durchs
Schwert fallen.
16 Es [a]sollen auch ihre Kinder vor ihren
Augen zerschmettert, ihre Häuser geplün-
dert und ihre Frauen geschändet wer-
den. [a] Ps 137,8.9
17 ¶ Denn siehe, ich will die Meder gegen
sie erwecken, die nicht Silber suchen oder
nach Gold fragen,
18 sondern die Jünglinge mit Bogen er-
schießen und sich der Frucht des Leibes

nicht erbarmen und die Kinder nicht scho-
nen.
19 So soll Babel, das schönste unter den
Königreichen, die herrliche Pracht der
Chaldäer, zerstört werden von Gott [a]wie
Sodom und Gomorra, *a* 1.Mose 19,24.25
20 daß man hinfort nicht mehr da wohne
noch jemand da bleibe für und für, daß
auch Araber dort keine Zelte aufschlagen
noch Hirten ihre Herden lagern lassen,
21 [a]sondern Wüstentiere werden sich da
lagern, und ihre Häuser werden voll Eulen
sein; Strauße werden da wohnen, und
Feldgeister werden da hüpfen,
a (21 und 22) Kap 34,13
22 und wilde Hunde werden in ihren Palä-
sten heulen und Schakale in den Schlös-
sern der Lust. Ihre Zeit wird bald kom-
men, und ihre Tage lassen nicht auf sich
warten.

Triumphlied über den Sturz des Weltherrschers

14 Denn der HERR wird sich über Ja-
kob erbarmen und Israel [a]noch ein-
mal erwählen und sie in ihr Land setzen.
Und Fremdlinge werden sich zu ihnen ge-
sellen und dem Hause Jakob anhangen.
a Sach 1,17
2 Und [a]die Völker werden Israel nehmen
und an seinen Ort bringen, und dann wird
das Haus Israel sie als Knechte und Mägde
besitzen [b]im Lande des HERRN. Und sie
werden gefangenhalten die, von denen sie
gefangen waren, und werden herrschen
über ihre Bedränger.
a Kap 49,22 *b* 3.Mose 25,23
3 Und zu der Zeit, wenn dir der HERR
Ruhe geben wird von deinem Jammer und
Leid und von dem harten Dienst, in dem
du gewesen bist,
4 wirst du dies Lied anheben gegen den
König von Babel und sagen:
¶ Wie ist's mit dem Treiber so gar aus,
und das Toben hat ein Ende!
5 Der HERR hat den Stock der Gottlosen
zerbrochen, die Rute der Herrscher.
6 Der schlug die Völker im Grimm ohne
Aufhören und herrschte mit Wüten über
die Nationen und verfolgte ohne Erbar-
men.
7 Nun hat Ruhe und Frieden alle Welt und
jubelt fröhlich.
8 Auch freuen sich die Zypressen über
dich und die Zedern auf dem Libanon und
sagen: »Seit du daliegst, kommt niemand
herauf, der uns abhaut.«
9 Das Totenreich drunten erzittert vor dir,
wenn du nun kommst. Es schreckt auf vor
dir die Toten, alle Gewaltigen der Welt,
und läßt alle Könige der Völker von ihren
Thronen aufstehen,
10 daß sie alle anheben und zu dir sagen:
»Auch du bist schwach geworden wie wir,
und es geht dir wie uns.
11 Deine Pracht [a]ist herunter zu den To-
ten gefahren samt dem Klang deiner Har-
fen. Gewürm wird dein Bett sein und Wür-
mer deine Decke.« *a* Hes 32,18.19
12 Wie bist du vom Himmel gefallen, du
schöner Morgenstern! Wie wurdest du zu
Boden geschlagen, der du alle Völker nie-
derschlugst!
13 Du aber gedachtest in deinem Herzen:
»Ich will in den Himmel steigen und mei-
nen Thron über die Sterne Gottes erhö-
hen, ich will mich setzen auf den [a]Berg
der Versammlung im fernsten Norden.*

* Der Berg der Versammlung ist der Götterberg im höchsten Norden. *a* Ps 48,3; Hes 28,14

14 Ich will auffahren über die hohen Wol-
ken und gleich sein dem Allerhöchsten.«
15 Ja, hinunter zu den Toten fuhrst du,
zur tiefsten Grube!
16 Wer dich sieht, wird auf dich schauen,
wird dich ansehen und sagen: »Ist das der
Mann, der die Welt zittern und die König-
reiche beben machte,
17 der den Erdkreis zur Wüste machte und
seine Städte zerstörte und seine Gefange-
nen nicht nach Hause entließ?«
18 Alle Könige der Völker ruhen doch in
Ehren, ein jeder in seiner Kammer;
19 du aber bist [a]hingeworfen ohne Grab
wie ein verachteter Zweig, bedeckt von Er-
schlagenen, die mit dem Schwert ersto-
chen sind, wie eine zertretene Leiche.
a Kap 34,3
20 Du wirst nicht wie jene begraben wer-
den, die hinabfahren in eine steinerne
Gruft; denn du hast dein Land verderbt
und dein Volk erschlagen. Man wird des
Geschlechtes der Bösen nicht mehr ge-
denken.
21 Richtet die Schlachtbank zu für seine
Söhne [a]um der Missetat ihres Vaters wil-
len, daß sie nicht wieder hochkommen
und die Welt erobern und den Erdkreis
voll Trümmer machen. *a* 2.Mose 20,5

22 ¶ Und ich will über sie kommen,
spricht der HERR Zebaoth, und von Babel
ausrotten Name und Rest, Kind und Kin-
deskind, spricht der HERR.
23 Und ich will Babel machen zum Erbe
für die Igel und zu einem Wassersumpf
und will es mit dem Besen des Verder-
bens wegfegen, spricht der HERR Zebaoth.

Gegen Assyrien

24 Der HERR Zebaoth hat geschworen:
Was gilt's? Es soll gehen, wie ich denke,
und soll zustande kommen, wie ich's im
Sinn habe,
25 daß Assur zerschlagen werde in mei-
nem Lande und ich es zertrete auf meinen
Bergen, damit sein Joch von ihnen genom-
men werde und seine Last von ihrem
Halse komme.
26 Das ist der Ratschluß, den er hat über
alle Lande, und das ist die Hand, die aus-
gereckt ist über alle Völker.
27 Denn der HERR Zebaoth hat's beschlos-
sen, – wer will's wehren? Und seine Hand
ist ausgereckt, – wer will sie wenden?

Gegen die Philister

(vgl. Jer 47)

28 Im Jahr, als König [a]Ahas starb, wurde
diese Last angekündigt: *a* 2.Kön 16,20
29 Freue dich nicht, ganz Philisterland,
daß der Stock, der dich schlug, zerbrochen
ist! Denn aus der Wurzel der Schlange
wird eine giftige Natter kommen, und ihre
Frucht wird ein feuriger fliegender Drache
sein.
30 Die Geringen werden auf meiner Aue
weiden und die Armen sicher ruhen; aber
deine Wurzel will ich durch Hunger töten,
und deine Übriggebliebenen werde ich
morden.
31 Heule, Tor! Schreie, Stadt! Erzittere,
ganz Philisterland! Denn von Norden
kommt Rauch, und keiner sondert sich ab
von seinen Scharen.
32 Und was wird man den Boten der Hei-
den sagen? »Der HERR hat Zion gegrün-
det, und hier werden die Elenden seines
Volks Zuflucht haben.«

Gegen Moab

(vgl. Jer 48; Zef 2,8-11)

15 Dies ist die Last für Moab: Des
Nachts kommt Verheerung über Ar
in Moab, es ist dahin; des Nachts kommt
Verheerung über Kir in Moab, es ist da-
hin!
2 Es geht hinauf die Tochter Dibon zu
den Altären, um zu weinen; Moab heult
über Nebo und über Medeba. Jedes Haupt
ist kahlgeschoren, jeder Bart ist abge-
schnitten.
3 Auf ihren Gassen gehen sie mit dem
Sack umgürtet, auf ihren Dächern und
Straßen heulen sie alle und gehen wei-
nend einher.
4 [a]Heschbon und Elale schreien, daß
man's zu Jahaz hört. Darum wehklagen
die Gerüsteten Moabs, es verzagt ihre
Seele. *a (4-9)* Kap 16,9-11
5 Mein Herz schreit über Moab; seine
Flüchtigen fliehen bis nach Zoar, bis Eglat-
Schelischija. Denn sie gehen die Steige
von Luhit hinauf und weinen, und auf dem
Wege nach Horonajim erhebt sich ein
Jammergeschrei.
6 Denn die Wasser von Nimrim versie-
gen, daß das Gras verdorrt und das Kraut
verwelkt und kein Grünes wächst.
7 Darum führen sie das Gut, das sie ge-
sammelt, und alles, was sie verwahrt ha-
ben, über den Weidenbach.
8 Geschrei geht um in den Grenzen
Moabs, Geheul bis Eglajim und Geheul
bis Beer-Elim!
9 Denn die Wasser von Dimon sind voll
Blut. Dazu will ich über Dimon noch
mehr Unheil kommen lassen, Löwen über
die Entronnenen Moabs und über die Üb-
riggebliebenen im Lande.

Moab sucht Hilfe bei Juda

16 »Schickt dem Landesherrn die Läm-
mer von Sela aus der Wüste zum
Berge der Tochter Zion!«
2 Wie ein Vogel dahinfliegt, der aus dem
Nest vertrieben wird, so werden die Be-
wohner Moabs an den Furten des Arnon
sein.
3 »Gib Rat, schaffe Recht, mache deinen
Schatten des Mittags wie die Nacht; ver-
birg die Verjagten, und verrate die Flüch-
tigen nicht!
4 Laß Moabs Verjagte bei dir herbergen,
sei du für Moab eine Zuflucht vor dem
Verwüster!«
Der Dränger wird ein Ende haben, der
Verwüster aufhören und der Bedrücker
aus dem Lande müssen.
5 Dann wird ein Thron bereitet werden

aus Gnaden, daß einer in Treue darauf
sitze in der Hütte Davids und richte und
trachte nach Recht und fördere Gerechtig-
keit.
6 ¶ »Wir haben gehört von dem Hoch-
mut Moabs, der so groß ist, von seinem
Hochmut, seinem Stolz und Mutwillen
und seinem eitlen Geschwätz.«
7 Darum wird ein Moabiter über den an-
dern heulen, allesamt werden sie heulen.
Über die Traubenkuchen von Kir-Heres
werden sie seufzen, ganz zerschlagen.
8 Denn die Fluren von Heschbon sind
wüst geworden, der Weinstock von Sibma
ist verderbt. Die Herren unter den Völ-
kern haben seine edlen Reben zerschla-
gen, die bis nach Jaser reichten und sich
zogen bis in die Wüste; ihre Ranken brei-
teten sich aus und gingen über das Meer.
9 ¶ [a] Darum weine ich mit Jaser um den
Weinstock von Sibma und vergieße viel
Tränen über dich, Heschbon und Elale.
Denn es ist Kriegsgeschrei in deinen
Herbst und deine Ernte gefallen,

a (9-11) Kap 15,4-9

10 daß Freude und Wonne in den Gärten
aufhören, und in den Weinbergen jauchzt
und ruft man nicht mehr. Man keltert kei-
nen Wein in den Keltern, dem Gesang ist
ein Ende gemacht.[a]

a Jer 48,33

11 Darum klagt mein Herz über Moab wie
eine Harfe und meine Seele über Kir-
Heres.
12 Alsdann, wenn Moab hingeht und sich
abmüht bei den Altären und kommt zu
seinem Heiligtum, um zu beten, so wird's
doch nichts ausrichten.

Ein Nachwort

13 Das ist's, was der HERR damals gegen
Moab geredet hat.
14 Nun aber redet der HERR und spricht:
In drei Jahren, [a] wie eines Tagelöhners
Jahre sind, wird die Herrlichkeit Moabs
gering werden mit all dem großen Ge-
pränge, daß wenig übrigbleibt, gar nicht
viel.

a Kap 21,16

Gegen Damaskus und das Nordreich Israel

(vgl. Jer 49,23-27; Am 1,3-5)

17 Dies ist die Last für Damaskus:
Siehe, Damaskus wird keine Stadt
mehr sein, sondern ein zerfallener Stein-
haufen;
2 seine Städte werden verlassen sein für
immer, daß Herden dort weiden, die nie-
mand verscheucht.
3 Und es wird aus sein mit dem Bollwerk
Ephraims und mit dem Königtum von
[a] Damaskus; und dem Rest von Aram wird
es gehen wie der Herrlichkeit Israels,
spricht der HERR Zebaoth.

a 2.Kön 16,9

4 Zu der Zeit wird die Herrlichkeit Jakobs
gering sein, und sein fetter Leib wird ma-
ger sein.
5 Es wird sein, wie wenn der Schnitter die
Halme faßt und mit seinem Arm die Äh-
ren schneidet, wie wenn einer Ähren liest
im Tal Refaïm;
6 wie wenn man Oliven herunterschlägt
in der Ernte und eine Nachernte bleibt,
zwei oder drei oben in dem Wipfel, vier
oder fünf Früchte an den Zweigen, spricht
der HERR, der Gott Israels.
7 ¶ Zu der Zeit wird der Mensch blicken
auf den, der ihn gemacht hat, und seine
Augen werden auf den Heiligen Israels
schauen;
8 und er wird nicht mehr blicken auf die
Altäre, die seine Hände gemacht haben,
und nicht schauen auf das, was seine Fin-
ger gemacht haben, auf die Bilder der
Aschera und auf die Rauchopfersäulen.
9 ¶ Zu der Zeit werden ihre festen Städte
verlassen sein wie die Städte der Hiwiter
und Amoriter, die sie verließen vor Israel,
und zur Wüste werden.
10 Denn [a] du hast vergessen den Gott
deines Heils und nicht gedacht an den Fel-
sen deiner Stärke.
¶ Darum setze nur Pflanzen zu deiner
Lust und lege Reben aus der Fremde!*

* Wahrscheinlich Gärten zur Verehrung des heidnischen Gottes Adonis. *a* Kap 65,2.3; 5.Mose 32,15

11 Auch wenn du sie hochbringst am Tag,
da du sie pflanzt, und sie zum Sprießen
bringst an dem Morgen, da du sie säst, –
hin ist die Ernte, wenn du die Garben ein-
bringen willst, und du wirst Schmerzen
haben, die niemand heilt.

Das brausende Völkermeer

12 Ha, ein Brausen vieler Völker, wie das
Meer brausen sie, und ein Getümmel
mächtiger Nationen, wie große Wasser to-
ben sie!
13 Ja, wie große Wasser werden die Natio-
nen tosen. Aber er wird sie schelten, da
werden sie in die Ferne fliehen und wer-

den gejagt wie Spreu auf den Bergen vom
Winde und wie wirbelnde Blätter vom Un-
gewitter.
14 Um den Abend, siehe, da ist Schrek-
ken, und [a]ehe es Morgen wird, sind sie
nicht mehr da. Das ist der Lohn unsrer
Räuber und das Los derer, die uns das
Unsre nehmen. *a* Kap 37,36

Gottes Botschaft an das Land Kusch

18 Weh dem Lande voll schwirrender
Flügel, [a]jenseits der Ströme von
Kusch, *a* Zef 3,10
2 das Boten über das Meer sendet und in
leichten Schiffen auf den Wassern fährt!
Geht hin, ihr schnellen Boten, zum Volk,
das hochgewachsen und glatt ist, zum
Volk, das schrecklicher ist als sonst irgend-
eins, zum Volk, das befiehlt und zertritt,
dessen Land Wasserströme durchschnei-
den.
3 Alle, die ihr auf Erden wohnt und in
den Ländern lebt, – wenn man das Banner
auf den Bergen aufrichtet, so sehet! Wenn
man die Posaune bläst, so höret!
4 Denn so spricht der HERR zu mir: Ich
will schauen von meiner Stätte und will
still warten wie drückende Hitze am ho-
hen Mittag und wie Taugewölk in der
Hitze der Ernte.
5 Denn vor der Ernte, wenn die Blüte vor-
über ist und die Traube noch reift, wird er
die Ranken mit Winzermessern abschnei-
den und die Reben wegnehmen und ab-
hauen,
6 daß man's miteinander liegenläßt für
die Geier auf den Bergen und die Tiere im
Lande, daß im Sommer die Geier darauf
sitzen und im Winter allerlei Tiere im
Lande darauf liegen.
7 ¶Zu der Zeit wird das hochgewachsene
und glatte Volk, das schrecklicher ist als
sonst irgendeins, das befiehlt und zertritt,
dessen Land Wasserströme durchschnei-
den, [a]Geschenke bringen dem HERRN Ze-
baoth an den Ort, da der Name des HERRN
Zebaoth wohnt, zum Berge Zion.
a Ps 68,30.32; Apg 8,27

Gegen Ägypten

(vgl. Jer 46; Hes 29–32)

19 Dies ist die Last für Ägypten: Siehe,
der HERR wird auf einer schnellen
Wolke fahren und über Ägypten kommen.
Da werden die Götzen Ägyptens vor ihm
beben, und den Ägyptern wird das Herz
feige werden in ihrem Leibe.
2 Und ich will die Ägypter gegeneinander
hetzen, daß ein Bruder wider den andern,
ein Freund wider den andern, eine Stadt
wider die andre, ein Reich wider das andre
kämpfen wird.
3 Und der Mut soll den Ägyptern in ih-
rem Herzen vergehen, und ich will ihre
Anschläge zunichte machen. Da werden
sie dann fragen ihre Götzen und Beschwö-
rer, ihre Geister und Zeichendeuter.
4 Aber ich will die Ägypter übergeben in
die Hand eines grausamen Herrn, und ein
harter König soll über sie herrschen,
spricht der Herrscher, der HERR Zebaoth.
5 Und das Wasser im Nil wird vertrock-
nen, und der Strom wird versiegen und
verschwinden.
6 Und die Wasser werden stinkend wer-
den, und die Flüsse Ägyptens werden
seicht und trocken werden, daß Rohr und
Schilf verwelken.
7 Und das Gras an den Wassern wird ver-
gehen, und alle Saat am Wasser wird ver-
dorren und zunichte werden.
8 Und die Fischer werden trauern, und
alle, die Angeln ins Wasser werfen, wer-
den klagen; und alle, die Netze auswerfen
in den Strom, werden betrübt sein.
9 Es werden zuschanden, die da Flachs
kämmen und verarbeiten, und die da we-
ben, werden erbleichen.
10 Die Weber werden geschlagen sein, und
alle, die um Lohn arbeiten, sind beküm-
mert.
11 ¶Die Fürsten von Zoan sind Toren, die
weisen Räte des Pharao sind mit ihrem
Rat zu Narren geworden. Wie könnt ihr
zum Pharao sagen: »Ich bin ein Sohn von
Weisen und komme von Königen der Vor-
zeit her«?
12 Wo sind denn nun deine Weisen, daß
sie dir's verkündigen und anzeigen, was
der HERR Zebaoth über Ägypten beschlos-
sen hat?
13 Die Fürsten von Zoan sind zu Toren
geworden, die Fürsten von Memfis sind
betrogen; die Häupter seiner Geschlech-
ter verführen Ägypten.
14 Denn der HERR hat einen Taumelgeist
über sie ausgegossen, daß sie Ägypten tau-
meln machen in all seinem Tun, wie ein
Trunkenbold taumelt, wenn er speit.

[15]Und Ägypten wird nichts gelingen, was
Kopf oder Schwanz, Ast oder Stumpf aus-
richten wollen.

Gottes Plan über Ägypten

[16]Zu der Zeit werden die Ägypter sein
wie Weiber und sich fürchten und er-
schrecken, wenn der HERR Zebaoth die
Hand über sie schwingen wird.
[17]Und die Ägypter werden sich fürchten
vor dem Lande Juda; wenn sie daran den-
ken, werden sie erschrecken wegen des
Rates des HERRN Zebaoth, den er über sie
beschlossen hat.
[18]¶Zu der Zeit werden fünf Städte in
Ägyptenland die Sprache Kanaans spre-
chen und [a]bei dem HERRN Zebaoth
schwören. Eine wird heißen Ir-Heres.

a Kap 65,16; Jer 12,16

[19]¶Zu der Zeit wird für den HERRN ein
Altar mitten in Ägyptenland sein und ein
[a]Steinmal für den HERRN an seiner
Grenze; *a* 3.Mose 26,1
[20]das wird ein Zeichen und Zeugnis sein
für den HERRN Zebaoth in Ägyptenland.
Wenn sie zum HERRN schreien vor den
Bedrängern, so wird er ihnen einen Retter
senden; der wird ihre Sache führen und
sie erretten.
[21]Denn [a]der HERR wird den Ägyptern be-
kannt werden, und die Ägypter werden
den HERRN erkennen zu der Zeit und wer-
den ihm dienen mit Schlachtopfern und
Speisopfern und werden dem HERRN Ge-
lübde tun und sie halten. *a* Kap 66,19
[22]Und der HERR wird die Ägypter schla-
gen und heilen; und sie werden sich be-
kehren zum HERRN, und er wird sich er-
bitten lassen und sie heilen.
[23]¶Zu der Zeit wird eine Straße sein von
Ägypten nach Assyrien, daß die Assyrer
nach Ägypten und die Ägypter nach Assy-
rien kommen und die Ägypter samt den
Assyrern Gott dienen.
[24][a]Zu der Zeit wird Israel der dritte sein
mit den Ägyptern und Assyrern, ein Se-
gen mitten auf Erden;

a (24 und 25) 5.Mose 4,20; Röm 15,10

[25]denn der HERR Zebaoth wird sie seg-
nen und sprechen: Gesegnet bist du,
Ägypten, mein Volk, und du, Assur, mei-
ner Hände Werk, und du, Israel, mein
Erbe!

Weissagung des Sieges der Assyrer über Ägypten und Kusch

20 Im Jahr, da [a]der Tartan nach Asch-
dod kam, als ihn gesandt hatte Sar-
gon, der König von Assyrien, und er ge-
gen Aschdod kämpfte und es eroberte, –

a 2.Kön 18,17

[2]zu der Zeit redete der HERR durch Je-
saja, den Sohn des Amoz, und sprach: Geh
hin und tu den härenen Schurz von dei-
nen Lenden und zieh die Schuhe von dei-
nen Füßen. Und er tat so und ging nackt
und barfuß.
[3]Da sprach der HERR: Gleichwie mein
Knecht Jesaja nackt und barfuß geht drei
Jahre lang als Zeichen und Weissagung
über Ägypten und Kusch,
[4]so wird der König von Assyrien wegtrei-
ben die Gefangenen Ägyptens und die
Verbannten von Kusch, jung und alt, nackt
und barfuß, in schmählicher Blöße, zur
Schande Ägyptens.
[5]Und sie werden erschrecken in Juda und
zuschanden werden wegen der Kuschiter,
auf die sie sich verließen, und wegen der
Ägypter, deren sie sich rühmten.
[6]Und die Bewohner dieser Küste werden
sagen zu der Zeit: Ist das unsere Zuver-
sicht, zu der wir um Hilfe geflohen sind,
daß wir errettet würden vor dem König
von Assyrien? Wie könnten wir selber
entrinnen?

Die Schau von Babels Fall

(vgl. Kap 13; 14)

21 Dies ist die Last für die Wüste: Wie
ein Wetter vom Süden herfährt, so
kommt's aus der Wüste, aus einem
schrecklichen Lande.
[2]Mir ist eine harte Offenbarung ange-
zeigt: »Der Räuber raubt, und der Verwü-
ster verwüstet. Elam, zieh herauf! Medien,
belagere! Ich will allem Seufzen ein Ende
machen.«
[3]Darum sind meine Lenden voll Schmer-
zen, und Angst hat mich ergriffen wie eine
Gebärende. Ich krümme mich, wenn ich's
höre, und erschrecke, wenn ich's sehe.
[4]Mein Herz zittert, Grauen hat mich er-
schreckt; auch am Abend, der mir so lieb
ist, habe ich keine Ruhe.
[5]¶Deckt den Tisch, breitet den Teppich
aus, eßt und trinkt! Macht euch auf, ihr
Fürsten, salbt den Schild!

6 Denn so hat der Herr zu mir gesagt:
»Geh hin, stelle den Wächter auf; was er
schaut, soll er ansagen!
7 Und sieht er einen Zug von Wagen mit
Rossen, einen Zug von Eseln und Kame-
len, so soll er darauf achtgeben mit allem
Eifer.«
8 Da rief der Späher: Herr, ich stehe auf
der Warte bei Tage immerdar und stelle
mich auf meine Wacht jede Nacht.
9 Und siehe, da kommen Männer, ein Zug
von Wagen mit Rossen; die heben an und
sprechen: [a]Gefallen ist Babel, es ist gefal-
len, und alle Bilder seiner Götter sind zu
Boden geschlagen! *a* Offb 18,2
10 ¶ Mein zerdroschenes und zertretenes
Volk! Was ich gehört habe vom HERRN
Zebaoth, dem Gott Israels, das verkün-
dige ich euch.

Sprüche über Edom und Arabien

(vgl. Jer 49,7-22.28-33)

11 Dies ist die Last für Duma: Man ruft zu
mir aus [a]Seïr: Wächter, ist die Nacht bald
hin? Wächter, ist die Nacht bald hin?
a 5.Mose 2,5
12 Der Wächter aber sprach: Wenn auch
der Morgen kommt, so wird es doch Nacht
bleiben. Wenn ihr fragen wollt, so kommt
wieder und fragt.
13 ¶ Dies ist die Last für Arabien: Ihr
müßt im Gestrüpp, in der Steppe über
Nacht bleiben, ihr Karawanen der Dedani-
ter.
14 Bringt den Durstigen Wasser entge-
gen, die ihr wohnt im Lande Tema; bietet
Brot den Flüchtigen.
15 Denn sie fliehen vor dem Schwert, ja,
vor dem bloßen Schwert, vor dem ge-
spannten Bogen, vor der Gewalt des
Kampfes.
16 ¶ Denn so hat der Herr zu mir gespro-
chen: Noch ein Jahr, [a]wie des Tagelöh-
ners Jahre sind, dann soll alle Herrlichkeit
Kedars untergehen. *a* Kap 16,14
17 Und von den Bogenschützen Kedars
sollen nur wenige übrigbleiben; denn der
HERR, der Gott Israels, hat's gesagt.

Gegen den Übermut Jerusalems

22 Dies ist die Last für das Schautal:
Was habt ihr denn, daß ihr alle auf
die Dächer steigt,
2 du Stadt voller Lärmen und Toben, du
fröhliche Burg? – Deine Erschlagenen sind
nicht mit dem Schwert erschlagen und
nicht im Kampf gefallen.
3 Alle deine Hauptleute sind gewichen, in
die Ferne geflohen. Alle, die man von dir
gefunden hat, wurden gefangen, ohne Bo-
gen gefangen.
4 Darum sage ich: Schaut weg von mir,
[a]laßt mich bitterlich weinen! Müht euch
nicht, mich zu trösten über die Zerstö-
rung der Tochter meines Volks! *a* Jer 8,23
5 ¶ Denn es kommt ein Tag des Getüm-
mels und des Zertretens und der Verwir-
rung von Gott, dem HERRN Zebaoth, im
Schautal; es kracht die Mauer, sie schreien
am Berge.
6 Elam fährt daher mit Köchern, Wagen,
Leuten und Rossen, und Kir läßt seine
Schilde glänzen.
7 Und es wird geschehen, daß deine aus-
erlesenen Täler werden voll von Wagen
und Rossen sein; die stellen sich auf ge-
gen das Tor.
8 Da wird der Schutz Judas weggenom-
men werden.
¶ Aber ihr schautet zu der Zeit auf die
Rüstungen im Waldhaus.
9 Und ihr saht, daß viele Risse in der Stadt
Davids waren, und sammeltet das Wasser
des [a]unteren Teiches. *a* Kap 7,3
10 Ihr zähltet auch die Häuser Jerusalems
und [a]bracht sie ab, um die Mauer zu
befestigen, *a* Jer 33,4
11 und machtet ein Becken zwischen bei-
den Mauern für das Wasser des alten Tei-
ches. Doch ihr saht nicht auf den, der sol-
ches tut, und schautet nicht auf den, der
solches schafft von ferne her.
12 Zu der Zeit rief Gott, der HERR Zeba-
oth, daß man [a]weine und klage und sich
das Haar abschere und den Sack anlege.
a Am 8,10
13 Aber siehe da, lauter Freude und
Wonne, Rinder töten, Schafe schlachten,
Fleisch essen, Wein trinken: [a]»Laßt uns
essen und trinken; wir sterben doch mor-
gen!« *a* 1.Kor 15,32
14 Aber meinen Ohren ist vom HERRN Ze-
baoth offenbart: »Wahrlich, diese Missetat
soll euch nicht vergeben werden, bis ihr
sterbt«, spricht Gott, der HERR Zebaoth.

Schebna und Eljakim

15 So spricht Gott, der HERR Zebaoth:
Geh hinein zu dem Verwalter da, zu

[a]Schebna, dem Hofmeister, und sprich zu
ihm: a Kap 36,3
16Was hast du hier? Und wen hast du
hier, daß du dir hier ein Grab aushauen
läßt, daß du dein Grab in der Höhe aus-
hauen und deine Wohnung in den Felsen
machen läßt?
17Siehe, der HERR wird dich wegwerfen,
wie ein Starker einen wegwirft, und wird
dich packen
18und dich zum Knäuel machen und dich
wegschleudern wie eine Kugel in ein
weites Land. Dort wirst du sterben, dort
werden deine kostbaren Wagen bleiben,
du Schmach für das Haus deines Herrn!
19Und ich will dich aus deiner Stellung
stürzen und dich aus deinem Amt stoßen.
20¶ Und zu der Zeit will ich rufen mei-
nen Knecht Eljakim, den Sohn Hilkijas,
21und will ihm dein Amtskleid anziehen
und ihn mit deinem Gürtel gürten und
deine Herrschaft in seine Hand geben, daß
er [a]Vater sei für die, die in Jerusalem woh-
nen, und für das Haus Juda. a 1.Mose 45,8
22Und ich will die Schlüssel des Hauses
Davids auf seine Schulter legen, daß er
[a]auftue und niemand zuschließe, daß er
zuschließe und niemand auftue. a Offb 3,7
23Und ich will ihn als Nagel einschlagen
an einen festen Ort, und er soll werden
zum Thron der Ehre für seines Vaters
Haus.
24¶ Aber wenn sich an ihn hängt die
ganze Schwere seines Vaterhauses, Kind
und Kindeskinder, alle kleinen Geräte,
Trinkgefäße und allerlei Krüge,
25dann, spricht der HERR Zebaoth, soll
der Nagel nachgeben, der am festen Ort
steckt, er soll abbrechen und fallen, so daß
alles, was daran hing, zerbricht; denn der
HERR sagt es.

Das Gericht über Tyrus und Sidon

(vgl. Hes 26–28)

23 Dies ist die Last für Tyrus:
¶ Heult, ihr [a]Tarsisschiffe, denn
Tyrus ist zerstört, daß kein Haus mehr da
ist! Wenn sie heimkehren aus dem Lande
Kittim, werden sie dessen gewahr wer-
den. a Hes 27,12
2Die Bewohner der Küste sind still ge-
worden, die Kaufleute von Sidon. Ihre Bo-
ten zogen übers Meer,
3und was von Früchten am Schihor und
von Getreide am Nil wuchs, brachte man
nach Sidon hin über große Wasser, und du
warst der Völker Markt geworden.
4Erschrick, Sidon, denn das Meer, ja, die
Feste am Meer spricht; Ich werde nicht
mehr Mutter, ich gebäre nicht mehr;
darum ziehe ich keine Jünglinge auf und
erziehe keine Jungfrauen.
5Sobald es die Ägypter hören, erschrek-
ken sie über die Kunde von Tyrus.
6¶ Fahrt hin nach Tarsis, heult, ihr Be-
wohner der Küste!
7Ist das eure fröhliche Stadt, die sich
ihres Alters rühmte? Ihre Füße führten
sie weit weg, in der Ferne zu weilen.
8Wer hat solches beschlossen, daß es
Tyrus, der Krone, so gehen sollte, wo doch
ihre Kaufleute Fürsten waren und ihre
Händler die Herrlichsten auf Erden?
9Der HERR Zebaoth hat's so beschlos-
sen, auf daß er erniedrigte die Pracht und
verächtlich machte die stolze Stadt, alle
Herrlichsten auf Erden.
10Bebaue dein Land, du Tochter [a]Tarsis!
Denn es gibt keinen Hafen mehr.
a Hes 27,12
11¶ Der HERR hat seine Hand ausgereckt
über das Meer und erschreckt die König-
reiche. Er hat Befehl gegeben über Phöni-
zien, daß seine Bollwerke zerstört werden,
12und er hat gesagt: Du sollst nicht mehr
fröhlich sein, du geschändete Jungfrau, du
Tochter Sidon! Nach Kittim mach dich auf
und zieh fort, doch wirst du auch da keine
Ruhe haben.
13Siehe, die Chaldäer – dies Volk hat's
getan, nicht Assur – haben die Stadt zur
Wüste gemacht; sie haben Belagerungs-
türme aufgerichtet, ihre Paläste niederge-
rissen und die Stadt geschleift.
14Heult, ihr Tarsisschiffe, denn euer
Bollwerk ist zerstört!
15¶ Zu der Zeit wird Tyrus vergessen wer-
den siebzig Jahre, solange etwa ein König
lebt. Aber nach siebzig Jahren wird es mit
Tyrus gehen, wie es im Hurenlied heißt:
16Nimm die Harfe, geh in der Stadt um-
her, du vergessene Hure! Mach's gut auf
dem Saitenspiel und singe viel Lieder, auf
daß dein wieder gedacht werde!
17Denn nach siebzig Jahren wird der
HERR die Stadt Tyrus heimsuchen, daß sie
wieder zu ihrem Hurenlohn komme und
Hurerei treibe mit allen Königreichen auf
Erden.
18Aber ihr Gewinn und Hurenlohn wird

dem HERRN geweiht werden. Man wird
ihn nicht wie Schätze sammeln und auf-
häufen, sondern ihr Erwerb wird denen
zufallen, die vor dem HERRN wohnen, daß
sie essen und satt werden und wohlbe-
kleidet seien.

Das zukünftige Gottesgericht über die Erde

24 Siehe, der HERR macht die Erde
leer und wüst und wirft um, was auf
ihr ist, und zerstreut ihre Bewohner.
2 Und es geht dem Priester wie dem Volk,
dem Herrn wie dem Knecht, der Frau wie
der Magd, dem Verkäufer wie dem Käu-
fer, dem Verleiher wie dem Borger, dem
Gläubiger wie dem Schuldner.
3 Die Erde wird leer und beraubt sein;
denn der HERR hat solches geredet.
4 Das Land verdorrt und verwelkt, der
Erdkreis verschmachtet und verwelkt, die
Höchsten des Volks auf Erden ver-
schmachten.
5 Die Erde ist entweiht von ihren Bewoh-
nern; denn sie übertreten das Gesetz und
ändern die Gebote und brechen den ewi-
gen Bund.
6 Darum frißt der Fluch die Erde, und
büßen müssen's, die darauf wohnen.
Darum nehmen die Bewohner der Erde
ab, so daß wenig Leute übrigbleiben.
7 ¶ Der Wein ist dahin, der Weinstock ver-
schmachtet, und alle, die von Herzen fröh-
lich waren, seufzen.
8 Die Freude der Pauken ist vorüber, das
Jauchzen der Fröhlichen ist aus, und die
Freude der Harfe hat ein Ende.
9 Man singt nicht beim Weintrinken, und
das Getränk ist bitter denen, die es trin-
ken.
10 Die Stadt ist zerstört und wüst, alle
Häuser sind verschlossen, daß niemand
hineingehen kann.
11 Man klagt um den Wein auf den Gas-
sen, daß alle Freude weg ist, alle Wonne
des Landes dahin ist.
12 Nur Verwüstung ist in der Stadt geblie-
ben, und die Tore sind in Trümmer ge-
schlagen.
13 Denn so geht es zu auf Erden und un-
ter den Völkern, wie wenn ein Ölbaum
leergeschlagen wird, wie bei der Nachlese,
wenn die Weinernte aus ist.
14 ¶ Sie erheben ihre Stimme und rühmen
und jauchzen vom Meer her über die
Herrlichkeit des HERRN:
15 »So preiset nun den HERRN an den Ge-
staden, auf den Inseln des Meeres den Na-
men des HERRN, des Gottes Israels.«
16 Wir hören Lobgesänge vom Ende der
Erde: »Herrlichkeit dem Gerechten!«
¶ Aber ich muß sagen: Wie bin ich so
elend! Wie bin ich so elend! Weh mir!
Denn es rauben die Räuber, ja, immerfort
rauben die Räuber.
17 Über euch, Bewohner der Erde, kommt
Schrecken und Grube und Netz.
18 Und [a]wer entflieht vor dem Geschrei
des Schreckens, der fällt in die Grube; und
wer entkommt aus der Grube, der wird im
Netz gefangen. Denn [b]die Fenster in der
Höhe sind aufgetan, und die Grundfesten
der Erde beben.

a Jer 48,43.44; Am 5,19 *b* 1.Mose 7,11

19 Es wird die Erde mit Krachen zerbre-
chen, zerbersten und zerfallen.[a] *a* 2.Petr 3,10
20 Die Erde wird taumeln wie ein Trunke-
ner und wird hin und her geworfen wie
eine schwankende Hütte; denn ihre Mis-
setat drückt sie, daß sie fallen muß und
nicht wieder aufstehen kann.
21 ¶ Zu der Zeit wird der HERR [a]das Heer
der Höhe heimsuchen in der Höhe und
[b]die Könige der Erde auf der Erde,

a Dan 10,13 *b* Jer 46,25

22 daß sie gesammelt werden als Gefan-
gene im Gefängnis und verschlossen wer-
den im Kerker und nach langer Zeit heim-
gesucht werden.
23 Und der Mond wird schamrot werden
und die Sonne sich schämen, wenn der
HERR Zebaoth König sein wird auf dem
Berg Zion und zu Jerusalem und vor sei-
nen Ältesten in Herrlichkeit.

Das Danklied der Erlösten nach dem Gottesgericht

25 HERR, du bist mein Gott, dich
preise ich; ich lobe deinen Namen.
Denn du hast Wunder getan; deine Rat-
schlüsse von alters her sind treu und wahr-
haftig.
2 Denn du hast die Stadt zum Steinhau-
fen gemacht, die feste Stadt, daß sie in
Trümmern liegt, die Paläste der Fremden,
daß sie nicht mehr eine Stadt seien und
nie wieder aufgebaut werden.
3 Darum ehrt dich ein mächtiges Volk,
die Städte gewalttätiger Völker fürchten
dich.
4 Denn du bist der Geringen Schutz ge-

wesen, der Armen Schutz in der Trübsal,
[a]eine Zuflucht vor dem Ungewitter, ein
Schatten vor der Hitze, wenn die Tyrannen
wüten wie ein Unwetter im Winter,
a Kap 4,6
5 wie die Hitze in der Zeit der Dürre. Du
demütigst der Fremden Ungestüm, wie du
die Hitze brichst durch den Schatten der
Wolken; du dämpfst der Tyrannen Siegesgesang.

Das große Freudenmahl

6 Und der HERR Zebaoth wird auf diesem
Berge allen Völkern [a]ein fettes Mahl machen,
ein Mahl von reinem Wein, von Fett,
von Mark, von Wein, darin keine Hefe
ist. a Mt 22,2-4
7 Und er wird auf diesem Berge die Hülle
wegnehmen, mit der alle Völker verhüllt
sind, und die Decke, mit der alle Heiden
zugedeckt sind.
8 Er wird [a]den Tod verschlingen auf ewig.
Und Gott der HERR [b]wird die Tränen von
allen Angesichtern abwischen und wird
aufheben die Schmach seines Volks in allen
Landen; denn der HERR hat's gesagt.
a 1.Kor 15,55 b Offb 7,17
9 ¶ Zu der Zeit wird man sagen: »Siehe,
[a]das ist unser Gott, auf den wir hofften,
daß er uns helfe. Das ist der HERR, auf
den wir hofften; laßt uns jubeln und fröhlich
sein über sein Heil.« a Ps 48,15
10 Denn die Hand des HERRN ruht auf diesem
Berge. Moab aber wird zertreten werden,
wie Stroh in die Mistlache getreten
wird.
11 Und wenn es auch seine Hände darin
ausbreitet, wie sie ein Schwimmer ausbreitet,
um zu schwimmen, so wird doch der
Herr seinen Hochmut niederdrücken trotz
allen Mühens seiner Arme.
12 Und deine hohen, steilen Mauern wird
er beugen, erniedrigen und in den Staub
zu Boden werfen.

Jubellied des Volkes Gottes

26 Zu der Zeit wird man dies Lied singen
im Lande Juda: Wir haben eine
feste Stadt, zum Schutze schafft er Mauern
und Wehr.
2 Tut auf die Tore, daß hineingehe das
gerechte Volk, das den Glauben bewahrt![a]
a Ps 118,20
3 Wer festen Herzens ist, dem bewahrst
du Frieden; denn er verläßt sich auf dich.
4 Darum verlaßt euch auf den HERRN immerdar;
denn Gott der HERR ist ein [a]Fels
ewiglich. a 5.Mose 32,4
5 Er erniedrigt, die in der Höhe wohnen;
die hohe Stadt wirft er nieder, ja, er stößt
sie zur Erde, daß sie im Staube liegt.
6 Mit Füßen wird sie zertreten, ja, mit den
Füßen der Armen, mit den Tritten der
Geringen.

Gottes Gericht über die Welt und Israels Auferweckung

7 Des Gerechten Weg ist eben, den Steig
des Gerechten machst du gerade.
8 Wir warten auf dich, HERR, auch auf
dem Wege deiner Gerichte; des Herzens
Begehren steht nach deinem Namen und
deinem Lobpreis.
9 [a]Von Herzen verlangt mich nach dir des
Nachts, ja, mit meinem Geist suche ich
dich am Morgen. Denn wenn deine Gerichte
über die Erde gehen, so lernen die
Bewohner des Erdkreises Gerechtigkeit.
a Ps 63,7
10 Aber wenn dem Gottlosen Gnade widerfährt,
so lernt er doch nicht Gerechtigkeit,
sondern tut nur übel im Lande, wo
das Recht gilt, und sieht des HERRN Herrlichkeit
nicht.
11 HERR, deine Hand ist erhoben, doch
sie sehen es nicht. Aber sie sollen sehen
[a]den Eifer um dein Volk und zuschanden
werden. Mit dem Feuer, mit dem du deine
Feinde verzehrst, wirst du sie verzehren.
a Kap 37,32
12 Aber uns, HERR, wirst du [a]Frieden
schaffen; denn auch alles, was wir ausrichten,
das hast du für uns getan. a Kap 9,6
13 ¶ HERR, unser Gott, es herrschen wohl
andere Herren über uns als du, aber wir
gedenken doch allein deiner und deines
Namens.
14 Tote werden nicht lebendig, Schatten
stehen nicht auf; darum hast du sie heimgesucht
und vertilgt und jedes Gedenken
an sie zunichte gemacht.
15 Du, HERR, mehrst das Volk, du mehrst
das Volk, beweist deine Herrlichkeit und
machst weit alle Grenzen des Landes.
16 ¶ HERR, [a]wenn Trübsal da ist, so suchen
wir dich; wenn du uns züchtigst, sind
wir in Angst und Bedrängnis. a Hos 5,15
17 Gleich [a]wie eine Schwangere, wenn sie
bald gebären soll, sich ängstigt und schreit

in ihren Schmerzen, so geht's uns auch,
HERR, vor deinem Angesicht.
a Joh 16,21; Offb 12,2
18 Wir sind auch schwanger, und uns ist
bange, und wenn wir gebären, so ist's
Wind. Wir können dem Lande nicht hel-
fen, und Bewohner des Erdkreises können
nicht geboren werden.
19 **Aber deine Toten werden leben, [a]deine
Leichname werden auferstehen.** Wachet
auf und rühmet, die ihr liegt unter der
Erde! Denn ein Tau der Lichter ist dein
Tau, und die Erde wird die Toten heraus-
geben. *a* Hes 37,1-14; Mt 27,52.53
20 ¶ Geh hin, mein Volk, [a]in deine Kam-
mer, und schließ die Tür hinter dir zu!
Verbirg dich einen kleinen Augenblick, bis
der Zorn vorübergehe. *a* Mt 6,6
21 Denn siehe, der HERR wird ausgehen
von seinem Ort, heimzusuchen die Bos-
heit der Bewohner der Erde. Dann [a]wird
die Erde offenbar machen das Blut, das
auf ihr vergossen ist, und nicht weiter ver-
bergen, die auf ihr getötet sind.
a 1.Mose 4,10.11; Offb 18,24

Israels Erlösung

27 Zu der Zeit wird der HERR heimsu-
chen mit seinem harten, großen und
starken Schwert den [a]Leviatan, die flüch-
tige Schlange, und den Leviatan, die ge-
wundene Schlange, und wird den Drachen
im Meer töten. *a* Ps 74,14
2 Zu der Zeit wird es heißen: Lieblicher
[a]Weinberg, singet ihm zu! *a* Kap 5,1-7
3 Ich, der HERR, behüte ihn und begieße
ihn immer wieder. Damit man ihn nicht
verderbe, will ich ihn Tag und Nacht be-
hüten.
4 Ich zürne nicht. Sollten aber Disteln und
Dornen aufschießen, so wollte ich über
sie herfallen und sie alle miteinander an-
stecken,
5 es sei denn, sie suchen Zuflucht bei mir
und machen Frieden mit mir, ja, Frieden
mit mir.
6 ¶ Es wird einst dazu kommen, daß Ja-
kob wurzeln und Israel blühen und grü-
nen wird, daß sie den Erdkreis mit Früch-
ten erfüllen.
7 [a]Wird doch Israel nicht geschlagen, wie
seine Feinde geschlagen werden, und nicht
getötet, wie seine Feinde getötet wer-
den! *a (7 und 8)* Jer 30,11
8 Sondern, indem du es wegschicktest
und wegführtest, hast du es gerichtet, es
verscheucht mit rauhem Sturm am Tage
des Ostwinds.
9 Darum wird die Sünde Jakobs dadurch
gesühnt werden, und das wird die Frucht
davon sein, daß seine Sünden weggenom-
men werden: er wird alle Altarsteine zer-
stoßenen Kalksteinen gleichmachen; und
keine Bilder der Aschera noch [a]Rauch-
opfersäulen werden mehr bleiben.
a 3.Mose 26,30
10 ¶ Denn die feste Stadt ist einsam ge-
worden, die schönen Häuser verödet und
verlassen wie die Steppe, daß Kälber dort
weiden und ruhen und Zweige abfressen.
11 Ihre Zweige werden vor Dürre brechen,
daß die Frauen kommen und Feuer damit
machen werden; denn [a]es ist ein unver-
ständiges Volk. Darum erbarmt sich ihrer
auch nicht, [b]der sie gemacht hat; und der
sie geschaffen hat, ist ihnen nicht gnä-
dig. *a* Jer 4,22 *b* 5.Mose 32,18
12 ¶ Zu der Zeit wird der HERR Ähren aus-
klopfen vom Ufer des Stromes bis an den
Bach Ägyptens, und ihr Israeliten werdet
aufgesammelt werden, einer nach dem an-
dern.
13 Zu der Zeit wird man mit einer großen
Posaune blasen, und [a]es werden kommen
die Verlorenen im Lande Assur und die
Verstoßenen im Lande Ägypten und wer-
den den HERRN anbeten auf dem heiligen
Berg zu Jerusalem. *a* Kap 11,11.12; Joel 3,5

Gericht über Samaria, die Hauptstadt des Nordreichs

28 Weh der prächtigen Krone der
Trunkenen von Ephraim, der wel-
ken Blume ihrer lieblichen Herrlichkeit,
die da prangt hoch über dem fetten Tal
derer, die vom Wein taumeln!
2 Siehe, einen Starken und Mächtigen hält
der Herr bereit; wie Hagelsturm, wie ver-
derbliches Wetter, wie Wasserflut, die
mächtig einreißt, wirft er zu Boden mit
Gewalt.[a] *a* 2.Kön 17,5.6
3 Mit Füßen wird zertreten die prächtige
Krone der Trunkenen von Ephraim.
4 Und die welke Blume ihrer lieblichen
Herrlichkeit, die da prangt hoch über dem
fetten Tal, wird sein wie eine Frühfeige
vor dem Sommer, die einer erspäht und
flugs aus der Hand verschlingt.
5 ¶ Zu der Zeit wird der HERR Zebaoth
eine liebliche Krone sein und ein herrli-

cher Kranz für die Übriggebliebenen
seines Volks
6 und ein Geist des Rechts für den, der zu
Gericht sitzt, und eine Kraft denen, die
den Kampf zurücktreiben zum Tor.

Gericht über die Priester und Propheten in Jerusalem

7 Aber auch diese sind vom Wein toll ge-
worden und taumeln von starkem Ge-
tränk. Priester und Propheten sind toll von
starkem Getränk, sind vom Wein verwirrt.
Sie taumeln von starkem Getränk, sie sind
toll beim Weissagen und wanken beim
Rechtsprechen.
8 Denn alle Tische sind voll Gespei und
Unflat an allen Orten!
9 »Wen«, sagen sie, »will der denn Er-
kenntnis lehren? Wem will er Offenbarung
zu verstehen geben? Denen, die entwöhnt
sind von der Milch, denen, die von der
Brust abgesetzt sind?
10 Zawlazaw zawlazaw, kawlakaw kawla-
kaw,* hier ein wenig, da ein wenig!«

* Die Worte, die das Lallen der Trunkenen nachahmen und nicht übersetzt werden können, sollen die Redeweise des Propheten verspotten.

11 Jawohl, Gott wird einmal [a]mit unver-
ständlicher Sprache und mit einer frem-
den Zunge reden zu diesem Volk,
a 5.Mose 28,49; Jer 5,15; 1.Kor 14,21
12 er, der zu ihnen gesagt hat: [a]»Das ist
die Ruhe; schafft Ruhe den Müden, und
das ist die Erquickung!« Aber sie wollten
nicht hören. *a* Kap 30,15; Mt 11,28.29
13 Darum soll so auch des HERRN Wort an
sie ergehen: »Zawlazaw zawlazaw, kawla-
kaw kawlakaw, hier ein wenig, da ein we-
nig«, daß sie hingehen und rücklings fal-
len, zerbrochen, verstrickt und gefangen
werden.
14 ¶ So höret nun des HERRN Wort, ihr
Spötter, die ihr herrscht über dies Volk,
das in Jerusalem ist.
15 Ihr sprecht: Wir haben mit dem Tod
einen Bund geschlossen und mit dem To-
tenreich einen Vertrag gemacht. Wenn die
brausende Flut daherfährt, wird sie uns
nicht treffen; denn wir haben Lüge zu uns-
rer Zuflucht und Trug zu unserm Schutz
gemacht.
16 Darum spricht Gott der HERR: **Siehe,
ich lege in Zion einen Grundstein, einen
bewährten Stein, einen kostbaren [a]Eck-
stein, der fest gegründet ist. [b]Wer glaubt,
der flieht nicht.*** *a* Ps 118,22; Eph 2,20 *b* Kap 7,9

* In der griechischen Übersetzung heißt es: »Wer glaubt, der wird nicht zuschanden« (vgl. Röm 9,33; 10,11; 1.Petr 2,6).

17 Und ich will das Recht zur Richtschnur
und die Gerechtigkeit zur Waage machen.
So wird [a]Hagel die falsche Zuflucht zer-
schlagen, und Wasser sollen den Schutz
wegschwemmen, *a* Hiob 38,22.23
18 daß hinfalle euer Bund mit dem Tode
und euer Vertrag mit dem Totenreich nicht
bestehen bleibe. Wenn die Flut daherfährt,
wird sie euch zermalmen;
19 sooft sie daherfährt, wird sie euch er-
fassen. Denn Morgen für Morgen wird sie
kommen, des Tags und des Nachts. Da
wird man nur mit Entsetzen Offenbarung
deuten.*

* Luther übersetzte: »Denn allein die Anfechtung lehrt aufs Wort merken.«

20 Denn das Bett ist zu kurz, um sich aus-
zustrecken, und die Decke zu schmal, um
sich drein zu schmiegen.
21 Denn der HERR wird sich aufmachen
wie am Berge [a]Perazim und toben wie im
Tal [b]Gibeon, daß er sein Werk vollbringe,
aber fremd ist sein Werk, und daß er seine
Tat tue, aber seltsam ist seine Tat!
a 2.Sam 5,20; 1.Chr 14,11 *b* 1.Chr 14,16
22 So laßt nun euer Spotten, auf daß eure
Bande nicht fester werden; denn [a]ich habe
von einem Verderben gehört, das von
Gott, dem HERRN Zebaoth, beschlossen
ist über alle Welt. *a* Kap 10,22.23

Ein Gleichnis für Gottes weisen Rat

23 Nehmt zu Ohren und hört meine Stim-
me, merkt auf und hört meine Rede:
24 Pflügt oder gräbt oder bricht denn ein
Ackermann seinen Acker zur Saat immer-
fort um?
25 Ist's nicht so: Wenn er ihn geebnet hat,
dann streut er Dill und wirft Kümmel und
sät Weizen und Gerste, ein jedes, wohin
er's haben will, und Spelt an den Rand?
26 So unterwies ihn sein Gott und lehrte
ihn, wie es recht sei.
27 Auch drischt man den Dill nicht mit
Dreschschlitten und läßt auch nicht die
Walze über den Kümmel gehen, sondern
den Dill schlägt man aus mit einem Stabe
und den Kümmel mit einem Stecken.
28 Zermalmt man etwa das Getreide?
Nein, man drischt es nicht ganz und gar,

wenn man's mit Dreschwalzen und ihrem Gespann ausdrischt.

29 Auch das kommt her vom HERRN Zebaoth; sein Rat ist wunderbar, und er führt es herrlich hinaus.

Jerusalems Belagerung und Errettung

29 Weh Ariel, Ariel, du Stadt, wo David lagerte! Fügt Jahr zu Jahr und feiert die Feste!

2 Ich will den Ariel ängstigen, daß er traurig und voll Jammer sei, und er soll mir ein rechter Ariel sein.

3 Denn [a] ich will dich belagern ringsumher und will dich ängstigen mit Bollwerk und will Wälle um dich aufführen lassen. *a* Lk 19,43

4 Dann sollst du erniedrigt werden und von der Erde her reden und aus dem Staube mit deiner Rede murmeln, daß deine Stimme sei wie die eines Totengeistes aus der Erde, und deine Rede wispert aus dem Staube.

5 Aber die Menge deiner Feinde soll werden wie Staub und die Menge der Tyrannen wie wehende Spreu. Und plötzlich wird's geschehen,

6 daß Heimsuchung kommt vom HERRN Zebaoth mit Wetter und Erdbeben und großem Donner, mit Wirbelsturm und Ungewitter und mit Flammen eines verzehrenden Feuers.

7 Und wie ein Traum, wie ein Nachtgesicht, so soll die Menge aller Völker sein, die gegen Ariel kämpfen, mit ihrem ganzen Heer und Bollwerk, und die ihn ängstigen.

8 Denn wie ein Hungriger träumt, daß er esse, – wenn er aber aufwacht, so ist sein Verlangen nicht gestillt; und wie ein Durstiger träumt, daß er trinke, – wenn er aber aufwacht, ist er matt und durstig: so soll es der Menge aller Völker ergehen, die gegen den Berg Zion kämpfen.

Die Verblendung des Volkes

9 Starrt hin und werdet bestürzt, seid verblendet und werdet blind! Seid trunken, doch nicht vom Wein, taumelt, doch nicht von starkem Getränk!

10 Denn der HERR hat über euch einen Geist des tiefen Schlafs ausgegossen und eure Augen – die Propheten – zugetan, und eure Häupter – die Seher – hat er verhüllt.

11 Darum sind euch alle Offenbarungen wie die Worte eines versiegelten Buches, das man einem gibt, der lesen kann, und spricht: Lies doch das!, und er spricht: »Ich kann nicht, denn es ist versiegelt«;

12 oder das man einem gibt, der nicht lesen kann, und spricht: Lies doch das!, und er spricht: »Ich kann nicht lesen.«

13 Und der Herr sprach: Weil dies Volk mir naht mit seinem Munde und mit seinen Lippen mich ehrt, aber ihr Herz fern von mir ist und sie mich fürchten nur nach Menschengeboten, die man sie lehrt, [a]

a Kap 1,15; 58,2.3; Mt 15,8.9

14 darum will ich auch hinfort mit diesem Volk wunderlich umgehen, aufs wunderlichste und seltsamste, daß [a] die Weisheit seiner Weisen vergehe und [b] der Verstand seiner Klugen sich verbergen müsse.

a 1.Kor 1,19 *b* Mt 11,25

15 ¶ Weh denen, die mit ihrem Plan verborgen sein wollen vor dem HERRN und mit ihrem Tun im Finstern bleiben und sprechen: [a] »Wer sieht uns, und wer kennt uns?« *a* Ps 10,11

16 Wie kehrt ihr alles um! Als ob der [a] Ton dem Töpfer gleich wäre, daß das Werk spräche von seinem Meister: Er hat mich nicht gemacht! und ein Bildwerk spräche von seinem Bildner: Er versteht nichts!

a Kap 45,9

Die große Wandlung

17 Wohlan, es ist noch eine kleine Weile, so soll der Libanon fruchtbares Land werden, und was jetzt fruchtbares Land ist, soll wie ein Wald werden.

18 [a] Zu der Zeit werden die Tauben hören die Worte des Buches, und die Augen der Blinden werden aus Dunkel und Finsternis sehen; *a (18 und 19)* Kap 35,5; Mt 11,5

19 und die Elenden werden wieder Freude haben am HERRN, und die Ärmsten unter den Menschen werden fröhlich sein in dem Heiligen Israels.

20 Denn es wird ein Ende haben mit den Tyrannen und mit den Spöttern aus sein, und es werden vertilgt werden alle, die darauf aus sind, Unheil anzurichten,

21 welche die Leute schuldig sprechen vor Gericht und stellen dem nach, der sie [a] zurechtweist im Tor, und beugen durch Lügen das Recht des Unschuldigen. *a* Am 5,10

22 Darum spricht der HERR, der Abraham erlöst hat, zum Hause Jakob: Jakob soll

nicht mehr beschämt dastehen, und sein
Antlitz soll nicht mehr erblassen.
23 Denn wenn sie sehen werden die Werke
meiner Hände – seine Kinder – in ihrer
Mitte, werden sie meinen Namen heiligen; sie werden den Heiligen Jakobs heiligen und den Gott Israels fürchten.
24 Und die, welche irren in ihrem Geist,
werden Verstand annehmen, und die, welche murren, werden sich belehren lassen.

Gegen das leichtfertige Vertrauen auf die Hilfe Ägyptens

30 Weh den [a]abtrünnigen Söhnen, spricht der HERR, die ohne mich Pläne fassen und ohne meinen Geist Bündnisse eingehen, um eine Sünde auf die andere zu häufen, *a* Kap 1,2
2 die hinabziehen nach Ägypten und befragen meinen Mund nicht, [a]um sich zu stärken mit der Macht des Pharao und sich zu bergen im Schatten Ägyptens! *a* 2.Kön 18,21
3 Aber es soll euch die Stärke des Pharao zur Schande geraten und der Schutz im Schatten Ägyptens zum Hohn.
4 Denn ihre Fürsten sind zwar in Zoan, und ihre Boten sind nach Hanes gekommen,
5 aber sie müssen doch alle zuschanden werden an dem Volk, das ihnen nichts nützen kann, weder zur Hilfe noch sonst zu Nutz, sondern nur zu Schande und Spott.
6 ¶ Dies ist die Last für die Tiere des Südlandes: Im Lande der Trübsal und Angst, wo Löwe und Löwin, wo Ottern und [a]feurige fliegende Drachen sind, da führen sie ihre Habe auf dem Rücken von Eseln und ihre Schätze auf dem Höcker von Kamelen zu dem Volk, das ihnen nichts nützen kann. *a* 5.Mose 8,15
7 Denn Ägypten ist nichts, und sein Helfen ist vergeblich. Darum nenne ich Ägypten [a]»Rahab, die zum Schweigen gebracht ist«. *a* Ps 89,11

Gegen die Verächter des göttlichen Wortes

8 So geh nun hin und schreib es vor ihnen nieder auf eine Tafel und zeichne es in ein Buch, daß es bleibe für immer und ewig.
9 Denn sie sind ein ungehorsames Volk und verlogene Söhne, die nicht hören wollen die Weisung des HERRN,
10 sondern sagen zu den [a]Sehern: »Ihr sollt nicht sehen!« und zu den Schauern: »Was wahr ist, sollt ihr uns nicht schauen! Redet zu uns, was angenehm ist; schaut, was das Herz begehrt! *a* Am 2,12
11 Weicht ab vom Wege, geht aus der rechten Bahn! Laßt uns doch in Ruhe mit dem Heiligen Israels!«
12 Darum spricht der Heilige Israels: Weil ihr dies Wort verwerft und verlaßt euch auf Frevel und Mutwillen und trotzt darauf,
13 so soll euch diese Sünde sein wie ein Riß, wenn es beginnt zu rieseln an einer hohen Mauer, die plötzlich, unversehens einstürzt;
14 wie wenn ein Topf zerschmettert wird, den man zerstößt ohne Erbarmen, so daß man von seinen Stücken nicht eine Scherbe findet, darin man Feuer hole vom Herde oder Wasser schöpfe aus dem Brunnen.
15 ¶ Denn so spricht Gott der HERR, der Heilige Israels: Wenn ihr umkehrtet und stille bliebet, so würde euch geholfen; [a]**durch Stillesein und Hoffen würdet ihr stark sein.** Aber ihr wollt nicht *a* Kap 7,4; 2.Mose 14,14
16 und sprecht: »Nein, sondern auf Rossen wollen wir dahinfliegen«, – darum werdet ihr dahinfliehen, »und auf Rennern wollen wir reiten«, – darum werden euch eure Verfolger überrennen.
17 Denn euer [a]tausend werden fliehen vor eines einzigen Drohen; ja vor fünfen werdet ihr alle fliehen, bis ihr übrigbleibt wie ein Mast oben auf einem Berge und wie ein Banner auf einem Hügel. *a* 5.Mose 32,30

Gottes Erbarmen über sein Volk

18 Darum harrt der HERR darauf, daß er euch gnädig sei, und er macht sich auf, daß er sich euer erbarme; denn der HERR ist ein Gott des Rechts. Wohl allen, die auf ihn harren!
19 Du Volk Zions, das in Jerusalem wohnt, du wirst nicht weinen! [a]Er wird dir gnädig sein, wenn du rufst. Er wird dir antworten, sobald er's hört. *a* Kap 65,24
20 Und der HERR wird euch in Trübsal Brot und in Ängsten Wasser geben. Und dein Lehrer wird sich nicht mehr verbergen müssen, sondern deine Augen werden deinen Lehrer sehen.
21 Deine Ohren werden hinter dir das Wort hören: [a]»Dies ist der Weg; den geht!

Sonst weder zur Rechten noch zur Lin-
ken!« *a* 5.Mose 5,32
22 Und ihr werdet entweihen eure übersil-
berten Götzen und die goldenen Hüllen
eurer Bilder und werdet sie wegwerfen wie
Unrat und zu ihnen sagen: Hinaus![a]
a Kap 27,9
23 ¶ Und er wird deinem Samen, den du
auf den Acker gesät hast, Regen geben
und dir Brot geben vom Ertrag des Ackers
in voller Genüge. Und dein Vieh wird zu
der Zeit weiden auf weiter Aue.
24 Die Rinder und Esel, die auf dem Felde
ackern, werden gesalzenes gemengtes Fut-
ter fressen, das geworfelt ist mit Schaufel
und Wurfgabel.
25 Und es werden auf allen großen Bergen
und auf allen hohen Hügeln Wasserbäche
und Ströme fließen zur Zeit der großen
Schlacht, wenn die Türme fallen werden.
26 Und des Mondes Schein wird sein wie
der Sonne Schein, und der Sonne Schein
wird siebenmal heller sein zu der Zeit,
wenn der HERR den Schaden seines Volks
verbinden und seine Wunden heilen wird.

Das Gericht über Assyrien

27 Siehe, des HERRN Name kommt von
ferne! Sein Zorn brennt, und mächtig er-
hebt er sich, seine Lippen sind voll Grimm
und seine Zunge wie ein verzehrendes
Feuer
28 und sein Odem wie eine Wasserflut, die
bis an den Hals reicht, zu schwingen die
Völker in der Schwinge des Verderbens.
Und er wird die Völker mit einem Zaum
in ihren Backen hin und her treiben.
29 Da [a]werdet ihr singen wie in der Nacht
des heiligen Festes und euch von Herzen
freuen, wie wenn man mit Flötenspiel
geht zum Berge des HERRN, zum Hort
Israels. *a* 5.Mose 16,14
30 Und der HERR wird seine herrliche
Stimme erschallen lassen, und man wird
sehen, wie sein Arm herniederfährt mit
zornigem Drohen und mit Flammen ver-
zehrenden Feuers, mit Wolkenbruch und
Hagelschlag.
31 [a]Da wird Assur erschrecken vor der
Stimme des HERRN, der ihn schlägt mit
dem Stock. *a (31-33)* 2.Kön 19,35-37
32 Jedesmal, wenn ein Schlag daherfährt,
wird der Stock zur Zuchtrute, die der
HERR auf ihn niedersausen läßt; und so
bekämpft er ihn, daß er ihn als Opfer
schwingt unter Pauken und Zitherspiel.
33 Denn die Feuergrube ist längst herge-
richtet, ja, sie ist auch dem König bereitet,
tief und weit genug. Der Scheiterhaufen
darin hat Feuer und Holz die Menge; der
Odem des HERRN wird ihn anzünden wie
ein Schwefelstrom.

Nicht Ägypten, sondern der HERR rettet Jerusalem

31 [a]Weh denen, die hinabziehen nach
Ägypten um Hilfe und [b]sich verlas-
sen auf Rosse und hoffen auf Wagen, weil
ihrer viele sind, und auf Gespanne, weil
sie sehr stark sind! Aber sie halten sich
nicht zum Heiligen Israels und fragen
nichts nach dem HERRN.
a Kap 30,1.2 *b* Ps 20,8
2 Aber auch er ist weise und [a]bringt Un-
heil herbei und [b]nimmt seine Worte nicht
zurück, sondern wird sich aufmachen wi-
der das Haus der Bösen und wider die
Hilfe der Übeltäter. *a* Am 3,6 *b* 4.Mose 23,19
3 Denn Ägypten ist Mensch und nicht
Gott, und seine Rosse sind Fleisch und
nicht Geist. Und der HERR wird seine
Hand ausstrecken, so daß der Helfer
strauchelt und der, dem geholfen wird,
fällt und alle miteinander umkommen.

Das Gericht über Assyrien. Zions Errettung

4 So hat der HERR zu mir gesprochen:
Gleich wie ein Löwe und ein junger Löwe
brüllt über seinem Raub, wenn man wider
ihn aufruft die Menge der Hirten – er er-
schrickt vor ihrem Geschrei nicht, und es
ist ihm auch nicht angst vor ihrer Men-
ge –, so wird der HERR Zebaoth hernie-
derfahren auf den Berg Zion und auf
seinen Hügel, um zu kämpfen.
5 Und der HERR Zebaoth wird Jerusalem
beschirmen, [a]wie Vögel es tun mit ihren
Flügeln, er wird schützen, erretten, scho-
nen und befreien. *a* Mt 23,37
6 ¶ Kehrt um, ihr Israeliten, zu dem, von
welchem ihr so sehr abgewichen seid![a]
a Jer 7,3-5
7 Denn zu der Zeit wird ein jeder seine
[a]silbernen und goldenen Götzen verwer-
fen, die eure Hände gemacht hatten euch
zur Sünde. *a* Kap 2,20
8 Und [a]Assur soll fallen, nicht durch
Mannes-Schwert, und soll verzehrt wer-

den, nicht durch Menschen-Schwert. Und
es wird vor dem Schwert fliehen, und
seine junge Mannschaft wird Frondienste
leisten müssen. *a* Kap 37,36
9 Und sein [a]Fels wird vor Furcht weichen,
und seine Fürsten werden das Banner ver-
lassen, spricht der HERR, der zu Zion ein
Feuer und zu Jerusalem einen Glutofen
hat. *a* 5.Mose 32,31

Das künftige Reich der Gerechtigkeit

32 Siehe, [a]es wird ein König regieren,
Gerechtigkeit aufzurichten, und
Fürsten werden herrschen, das Recht zu
handhaben, *a* Kap 33,17; Jer 23,5
2 daß ein jeder von ihnen sein wird wie
eine Zuflucht vor dem Wind und wie ein
Schutz vor dem Platzregen, wie Wasserbä-
che am dürren Ort, wie der Schatten eines
großen Felsens im trockenen Lande.
3 Und die Augen der Sehenden werden
nicht mehr blind sein, und die Ohren der
Hörenden werden aufmerken.
4 Und die Unvorsichtigen werden Klug-
heit lernen, und [a]die Zunge der Stam-
melnden wird fließend und klar reden.
a Kap 35,6
5 Es wird nicht mehr [a]ein Narr Fürst hei-
ßen, noch ein Betrüger edel genannt wer-
den. *a* Spr 28,16
6 Denn ein Narr redet Narrheit, und sein
Herz geht mit Unheil um, daß er Ruch-
loses anrichte und rede über den HERRN
lauter Trug; dadurch läßt er hungrig die
hungrigen Seelen und wehrt den Dursti-
gen das Trinken.
7 Und des Betrügers Waffen sind böse, er
sinnt auf Tücke, um die Elenden zu ver-
derben mit falschen Worten, auch wenn
der Arme sein Recht vertritt.
8 Aber der Edle hat edle Gedanken und
beharrt bei Edlem.

Die wahre Sicherheit durch den Geist aus der Höhe

9 Wohlan, [a]ihr stolzen Frauen, hört
meine Stimme! Ihr Töchter, die ihr so
sicher seid, nehmt zu Ohren meine
Rede! *a* Kap 3,16–4,1
10 Über Jahr und Tag, da werdet ihr Si-
cheren zittern; denn es wird keine Wein-
lese sein, auch keine Obsternte kommen.
11 Erschreckt, ihr stolzen Frauen, zittert,
ihr Sicheren! Zieht euch aus, entblößt
euch und umgürtet eure Lenden!
12 Man wird klagen um die Äcker, ja, um
die lieblichen Äcker, um die fruchtbaren
Weinstöcke,
13 um den Acker meines Volks, auf dem
Dornen und Hecken wachsen, um alle
Häuser voll Freude in der fröhlichen Stadt.
14 Denn die Paläste werden verlassen sein,
und die Stadt, die voll Getümmel war, wird
einsam sein, daß Burg und Turm für im-
mer zu Höhlen werden, dem Wild zur
Freude, den Herden zur Weide,
15 so lange bis über uns ausgegossen wird
[a]der Geist aus der Höhe. Dann wird [b]die
Wüste zum fruchtbaren Lande und das
fruchtbare Land wie Wald geachtet wer-
den. *a* Kap 44,3 *b* Kap 29,17
16 Und das Recht wird in der Wüste woh-
nen und Gerechtigkeit im fruchtbaren
Lande.
17 Und der Gerechtigkeit Frucht wird
Friede sein, und der Ertrag der Gerechtig-
keit wird ewige Stille und Sicherheit sein,
18 daß mein Volk in friedlichen Auen
wohnen wird, [a]in sicheren Wohnungen
und in stolzer Ruhe. *a* Jer 33,16
19 Aber der Wald wird niederbrechen, und
die Stadt wird versinken in Niedrigkeit.
20 Wohl euch, die ihr säen könnt an allen
Wassern und könnt die Rinder und Esel
frei gehen lassen.

Die Rettung Zions vor dem Verwüster

33 Weh dir, du Verwüster, der du selbst
nicht verwüstet bist, und du Räuber,
der du selbst nicht beraubt bist! [a]Wenn du
das Verwüsten vollendet hast, so wirst du
auch verwüstet werden; wenn du des Rau-
bens ein Ende gemacht hast, so wird man
dich auch berauben. *a* Mt 7,2
2 HERR, sei uns gnädig, denn auf dich har-
ren wir! Sei unser Arm alle Morgen, dazu
unser Heil zur Zeit der Trübsal!
3 Es fliehen die Völker vor dem gewalti-
gen Tosen, und die Heiden werden zer-
streut, wenn du dich erhebst.
4 Da wird man Beute wegraffen, wie die
Heuschrecken wegraffen, und wie die Kä-
fer herbeistürzen, so stürzt man sich dar-
auf.
5 Der HERR ist erhaben, denn er wohnt in
der Höhe. Er hat Zion mit Recht und Ge-
rechtigkeit erfüllt.
6 Und du wirst sichere Zeiten haben:
Reichtum an Heil, Weisheit und Klugheit;

die Furcht des HERRN wird Zions Schatz
sein.
7 ¶ Siehe, die Leute von [a]Ariel schreien
draußen, die Boten des Friedens weinen
bitterlich. *a* Kap 29,1
8 Die Wege sind verödet, es geht niemand
mehr auf der Straße. Man hält nicht Treu
und Glauben, man verwirft die Zeugen
und achtet der Leute nicht.
9 Das Land sieht traurig und jämmerlich
aus, der Libanon ist zuschanden gewor-
den und verdorrt. Scharon ist wie eine
Steppe, und Baschan und Karmel stehen
kahl.
10 ¶ Nun aber will ich mich aufmachen,
spricht der HERR; nun will ich mich erhe-
ben, nun will ich aufstehen.
11 Mit Stroh geht ihr schwanger, Stoppeln
gebärt ihr; euer Zorn ist ein Feuer, das
euch selbst verzehren wird.
12 Und die Völker werden zu Kalk ver-
brannt werden; wie abgehauene Dornen
weden sie im Feuer verzehrt.
13 ¶ So hört nun ihr, die ihr ferne seid,
was ich getan habe, und die ihr nahe seid,
erkennt meine Stärke!
14 ¶ In Zion sind die Sünder erschrocken,
Zittern hat die Heuchler befallen, und sie
sprechen: »Wer ist unter uns, der [a] bei ver-
zehrendem Feuer wohnen kann? Wer ist
unter uns, der bei ewiger Glut wohnen
kann?« *a* Kap 10,17; Jer 23,29
15 [a] Wer in Gerechtigkeit wandelt und re-
det, was recht ist; wer schändlichen Ge-
winn haßt und seine Hände bewahrt, daß
er nicht Geschenke nehme; wer seine Oh-
ren zustopft, daß er nichts von Blutschuld
höre, und seine Augen zuhält, daß er
nichts Arges sehe: *a (15 und 16)* Ps 15; 24,3.4
16 der wird in der Höhe wohnen, und Fel-
sen werden seine Feste und Schutz sein.
Sein Brot wird ihm gegeben, sein Wasser
hat er gewiß.
17 ¶ Deine Augen werden den König se-
hen in seiner Schönheit; du wirst ein
weites Land sehen.
18 Dein Herz wird an den Schrecken zu-
rückdenken und sagen: »Wo sind nun die
Schreiber? Wo sind die Vögte? Wo sind,
die die Türme zählten?«
19 Du wirst das freche Volk nicht mehr
sehen, [a] das Volk von dunkler Sprache, die
man nicht verstehen kann, und von stam-
melnder Zunge, die unverständlich bleibt.
a Kap 28,11; 5.Mose 28,49.50
20 Schaue auf Zion, die Stadt unsrer
Feiern! Deine Augen werden Jerusalem
sehen, eine sichere Wohnung, ein Zelt, das
nicht mehr abgebrochen wird. Seine
Pflöcke sollen nie mehr herausgezogen
und keines seiner Seile zerrissen werden.
21 Denn der HERR wird dort bei uns mäch-
tig sein, und weite Wassergräben wird es
geben, auf denen kein Schiff mehr fahren,
kein stolzes Schiff mehr dahinziehen kann.
22 – **Denn der HERR ist unser Richter, der
HERR ist unser Meister, der HERR ist unser
König; der hilft uns!** –
23 Seine Taue hängen lose, sie halten den
Mastbaum nicht fest, und die Segel span-
nen sich nicht. Dann wird viel Beute aus-
geteilt werden, und auch die Lahmen wer-
den plündern.
24 Und kein Bewohner wird sagen: [a] »Ich
bin schwach«; denn das Volk, das darin
wohnt, wird Vergebung der Sünde ha-
ben. *a* Sach 12,8

Gottes Strafgericht über Edom

34 Kommt herzu, ihr Heiden, und hö-
ret; ihr Völker, merkt auf! Die Erde
höre zu und was sie füllt, der Erdkreis und
was darauf lebt!
2 Denn der HERR ist zornig über alle Hei-
den und ergrimmt über alle ihre Scharen.
Er wird an ihnen den Bann vollstrecken
und sie zur Schlachtung dahingeben.
3 Und ihre Erschlagenen werden hinge-
worfen werden, daß der Gestank von ih-
ren Leichnamen aufsteigen wird und die
Berge von ihrem Blut fließen.
4 Und alles Heer des Himmels wird da-
hinschwinden, und [a] der Himmel wird zu-
sammengerollt werden wie eine Buchrolle,
und all sein Heer wird hinwelken, wie ein
Blatt verwelkt am Weinstock und wie ein
dürres Blatt am Feigenbaum. *a* Offb 6,13.14
5 ¶ Denn mein Schwert ist trunken im
Himmel, und siehe, es wird herniederfah-
ren auf Edom und über das Volk, an dem
ich den Bann vollstrecke zum Gericht.[a]
a 5.Mose 32,41.42; Jer 49,7-22
6 Des HERRN Schwert ist voll Blut und
trieft von Fett, vom Blut der Lämmer und
Böcke, vom Nierenfett der Widder. Denn
[a] der HERR hält ein Schlachten in Bozra
und ein großes Opfer im Lande Edom.
a Kap 63,1
7 Da werden Wildstiere mit ihnen nieder-
sinken und junge Stiere samt den Büffeln.

Und ihr Land wird trunken werden von
Blut, und die Erde wird triefen von Fett.
8 ¶ Denn es kommt [a]der Tag der Rache
des HERRN und das Jahr der Vergeltung,
um Zion zu rächen. *a* Kap 63,4
9 Da werden Edoms Bäche zu Pech wer-
den und seine Erde zu [a]Schwefel; ja, sein
Land wird zu brennendem Pech werden,
a 1.Mose 19,24
10 das weder Tag noch Nacht verlöschen
wird, sondern immer wird Rauch von ihm
aufgehen. Und [a]es wird verwüstet sein von
Geschlecht zu Geschlecht, daß niemand
hindurchgehen wird auf ewige Zeiten,
a Mal 1,4
11 sondern Rohrdommeln und Igel wer-
den's in Besitz nehmen, Nachteulen und
Raben werden dort wohnen. Und er wird
die Meßschnur darüber spannen, daß es
verwüstet werde, und das Bleilot werfen,
daß es öde sei.
12 Und Feldgeister werden darin wohnen,
und seine Edlen werden nicht mehr sein.
Man wird dort keinen König mehr ausru-
fen, und alle seine Fürsten werden ein
Ende haben.
13 [a]Dornen werden wachsen in seinen Pa-
lästen, Nesseln und Disteln in seinen
Schlössern; und es wird eine Behausung
sein der Schakale und eine Stätte für die
Strauße. *a (13 und 14)* Kap 13,21.22
14 Da werden Wüstentiere und wilde
Hunde einander treffen, und ein Feldgeist
wird dem andern begegnen. Das Nachtge-
spenst wird auch dort herbergen und seine
Ruhestatt dort finden.
15 Da wird auch die Natter nisten und le-
gen, ihre Eier aufhäufen und ausbrüten.
Auch die Raubvögel werden dort zusam-
menkommen. Keines vermißt das andere.
16 – Sucht nun in dem [a]Buch des HERRN
und lest! – Keines von ihnen wird fehlen.
Denn sein Mund gebietet es, und sein
Geist bringt sie zusammen. *a* 2.Mose 32,32
17 Er wirft ihnen das Los, und seine Hand
teilt aus unter sie mit der Meßschnur, daß
sie das Land besitzen auf ewige Zeiten und
darin wohnen von Geschlecht zu Ge-
schlecht.

Das zukünftige Heil

35 Die Wüste und Einöde wird froh-
locken, und die Steppe wird jubeln
und wird blühen wie die Lilien.[a]
a Kap 32,15
2 Sie wird blühen und jubeln in aller Lust
und Freude. Die Herrlichkeit des Libanon
ist ihr gegeben, die Pracht von Karmel und
Scharon. Sie sehen die Herrlichkeit des
HERRN, die Pracht unsres Gottes.
3 Stärkt die müden Hände und macht
fest die wankenden Knie![a] *a* Hebr 12,12
4 Sagt den verzagten Herzen: »Seid ge-
trost, fürchtet euch nicht! Seht, da ist euer
Gott! Er kommt zur Rache; Gott, der da
vergilt, kommt und wird euch helfen.«
5 Dann werden die Augen der Blinden
aufgetan und die Ohren der Tauben geöff-
net werden.[a] *a* Kap 29,18
6 Dann werden die Lahmen springen wie
ein Hirsch, und die Zunge der Stummen
wird frohlocken. Denn es werden Wasser
in der Wüste hervorbrechen und Ströme
im dürren Lande.
7 Und [a]wo es zuvor trocken gewesen ist,
sollen Teiche stehen, und wo es dürre ge-
wesen ist, sollen Brunnquellen sein. Wo
zuvor die Schakale gelegen haben, soll
Gras und Rohr und Schilf stehen.
a Kap 41,18
8 [a]Und es wird dort eine Bahn sein, die
der heilige Weg heißen wird. Kein Unrei-
ner darf ihn betreten; nur sie werden auf
ihm gehen; auch die Toren dürfen nicht
darauf umherirren. *a (8-10)* Kap 56,3-8; Jer 31,8
9 Es wird da kein Löwe sein und kein rei-
ßendes Tier darauf gehen; sie sind dort
nicht zu finden, sondern die Erlösten wer-
den dort gehen.
10 **Die Erlösten des HERRN werden wieder-
kommen und nach Zion kommen mit
Jauchzen; ewige Freude wird über ihrem
Haupte sein; Freude und Wonne werden sie
ergreifen, und Schmerz und Seufzen wird
entfliehen.**[a] *a* Kap 51,11; Offb 21,4

Jerusalem von Sanherib bedroht und wunderbar errettet

(Kap 36 und 37: vgl. 2.Kön 18,13–19,37; 2.Chr 32,1-23)

36 Und es begab sich im vierzehnten
Jahr des Königs Hiskia, da zog der
König von Assyrien, Sanherib, herauf ge-
gen alle festen Städte Judas und nahm sie
ein.
2 Und der König von Assyrien sandte den
Rabschake von Lachisch nach Jerusalem
zu dem König Hiskia mit großer Heeres-
macht. Und er trat hin an die [a]Wasserlei-
tung des oberen Teiches, an der Straße bei
dem Acker des Walkers. *a* Kap 7,3

3 Und es kamen zu ihm heraus der Hof-
meister [a]Eljakim, der Sohn Hilkijas, und
der Schreiber Schebna und der Kanzler
Joach, der Sohn Asafs. *a* Kap 22,20
4 Und der Rabschake sprach zu ihnen:
Sagt doch dem Hiskia: So spricht der
große König, der König von Assyrien: Was
ist das für ein Vertrauen, das du da hast?
5 Meinst du, bloße Worte seien schon Rat
und Macht zum Kämpfen? Auf wen ver-
läßt du dich denn, daß du von mir abgefal-
len bist?
6 Verläßt du dich auf den [a]zerbrochenen
Rohrstab Ägypten, der jedem, der sich
darauf stützt, in die Hand dringt und sie
durchbohrt? So tut der Pharao, der König
von Ägypten, allen, die sich auf ihn verlas-
sen. *a* Hes 29,6.7
7 Willst du mir aber sagen: Wir verlassen
uns auf den HERRN, unsern Gott, – ist's
denn nicht derselbe, dessen [a]Höhen und
Altäre Hiskia abgetan und zu Juda und
Jerusalem gesagt hat: »Nur vor diesem Al-
tar sollt ihr anbeten«? *a* 2.Kön 18,4
8 Wohlan, nimm eine Wette an mit mei-
nem Herrn, dem König von Assyrien: Ich
will dir zweitausend Rosse geben; laß se-
hen, ob du die Reiter dazu stellen kannst!
9 Wie willst du denn zurücktreiben auch
nur einen der geringsten Diener meines
Herrn? Und du verläßt dich auf Ägypten
um der Wagen und Gespanne willen!
10 Meinst du denn, daß ich ohne den
HERRN heraufgezogen bin in dies Land, es
zu verderben? Nein, sondern der HERR
sprach zu mir: Zieh hinauf in dies Land
und verdirb es!
11 ¶Aber Eljakim und Schebna und Joach
sprachen zum Rabschake: Rede doch mit
deinen Knechten aramäisch, denn wir ver-
stehen's gut, und rede nicht hebräisch mit
uns vor den Ohren des Volks, das auf der
Mauer ist.
12 Da sprach der Rabschake: Meinst du,
daß mein Herr mich nur zu deinem Herrn
oder zu dir gesandt habe, solche Worte zu
reden, und nicht vielmehr zu den Män-
nern, die auf der Mauer sitzen und samt
euch ihren eigenen Mist fressen und ihren
Harn saufen werden?
13 Und der Rabschake trat hin und rief
laut auf hebräisch und sprach: Hört die
Worte des großen Königs, des Königs von
Assyrien!
14 So spricht der König: Laßt euch von
Hiskia nicht betrügen; denn er kann euch
nicht erretten.
15 Und laßt euch von Hiskia nicht vertrö-
sten auf den HERRN, wenn er sagt: Der
HERR wird uns erretten, und diese Stadt
wird nicht in die Hand des Königs von
Assyrien gegeben werden.
16 Hört nicht auf Hiskia! Denn so spricht
der König von Assyrien: Schließt Freund-
schaft mit mir und kommt zu mir heraus,
so soll [a]ein jeder von euch von seinem
Weinstock und von seinem Feigenbaum
essen und aus seinem Brunnen trinken,
a 1.Kön 5,5; Mi 4,4
17 bis ich komme und hole euch in ein
Land, das wie euer Land ist, ein Land,
darin Korn und Wein ist, ein Land, darin
Brot und Weinberge sind.
18 Laßt euch von Hiskia nicht bereden,
wenn er sagt: Der HERR wird uns erretten!
[a]Haben etwa die Götter der andern Völ-
ker ihr Land errettet aus der Hand des
Königs von Assyrien? *a* Kap 37,12
19 Wo sind die Götter von Hamat und Ar-
pad? Wo sind die Götter von Sefarwajim?
Und wo sind die Götter des Landes Sama-
rien? Haben sie Samaria errettet aus mei-
ner Hand?
20 Welcher unter allen Göttern dieser Län-
der hat sein Land errettet aus meiner
Hand, daß allein der HERR Jerusalem er-
retten sollte aus meiner Hand?
21 Sie schwiegen aber still und antworte-
ten ihm nichts; denn der König hatte ge-
boten: Antwortet ihm nichts.
22 Da kamen der Hofmeister Eljakim, der
Sohn Hilkijas, und der Schreiber Schebna
und der Kanzler Joach, der Sohn Asafs,
mit zerrissenen Kleidern zu Hiskia und
sagten ihm die Worte des Rabschake an.

37 ¶Als aber der König Hiskia das
hörte, zerriß er seine Kleider und
legte einen Sack an und ging in das Haus
des HERRN.
2 Und er sandte den Hofmeister Eljakim
und den Schreiber Schebna samt den Äl-
testen der Priester, mit dem Sack angetan,
zu dem Propheten Jesaja, dem Sohn des
Amoz.
3 Und sie sprachen zu ihm: So spricht His-
kia: Das ist ein Tag der Trübsal, der Züch-
tigung und der Schmach – wie wenn Kin-
der eben geboren werden sollen, aber die
Kraft fehlt, sie zu gebären.
4 Vielleicht hört der HERR, dein Gott, die

Worte des Rabschake, den sein Herr, der
König von Assyrien, gesandt hat, den le-
bendigen Gott zu lästern, und straft die
Worte, die der HERR, dein Gott, gehört
hat! So tu Fürbitte für die Übriggebliebe-
nen, die noch vorhanden sind.
5 Und die Großen des Königs Hiskia ka-
men zu Jesaja.
6 Jesaja aber sprach zu ihnen: So sollt ihr
eurem Herrn sagen: So spricht der HERR:
Fürchte dich nicht vor den Worten, die du
gehört hast, mit denen mich die Knechte
des Königs von Assyrien geschmäht ha-
ben!
7 Siehe, ich will ihn andern Sinnes ma-
chen; denn er soll ein Gerücht hören, so
daß er wieder heimzieht in sein Land.
Dann will ich ihn durchs Schwert fällen in
seinem Lande.
8 ¶Als aber der Rabschake zurückkam,
fand er den König von Assyrien im Kampf
gegen Libna; denn er hatte gehört, daß er
von Lachisch abgezogen war.
9 Er hatte nämlich gehört über Tirhaka,
den König von Kusch: Er ist ausgezogen,
gegen dich zu kämpfen. Als er das hörte,
sandte er Boten zu Hiskia und ließ ihm
sagen:
10 Sagt Hiskia, dem König von Juda: Laß
dich durch deinen Gott nicht betrügen,
auf den du dich verläßt und sprichst: Jeru-
salem wird nicht in die Hand des Königs
von Assyrien gegeben werden.
11 Siehe, du hast gehört, was die Könige
von Assyrien allen Ländern getan haben,
daß sie den Bann an ihnen vollstreckten,
und du allein solltest errettet werden?
12 *a* Haben denn die Götter der Völker die
Länder errettet, die von meinen Vätern
vernichtet wurden: Gosan, Haran, Rezef
und die von Eden in Telassar? *a* Kap 36,18
13 Wo ist der König von Hamat und der
König von Arpad und der König der Stadt
Sefarwajim, Hena und Awa?
14 ¶Und als Hiskia den Brief von den Bo-
ten empfangen und gelesen hatte, ging er
hinauf in das Haus des HERRN und brei-
tete ihn aus vor dem HERRN.
15 Und Hiskia betete zum HERRN und
sprach:
16 HERR Zebaoth, du Gott Israels, der du
über den Cherubim thronst, du bist allein
Gott über alle Königreiche auf Erden, du
hast Himmel und Erde gemacht.
17 HERR, neige deine Ohren und höre
doch, HERR, tu deine Augen auf und sieh
doch! Höre doch alle die Worte Sanheribs,
die er gesandt hat, um den lebendigen
Gott zu schmähen.
18 Wahr ist's, HERR, die Könige von Assy-
rien haben alle Länder verwüstet
19 und haben ihre Götter ins Feuer gewor-
fen; denn sie waren nicht Götter, sondern
Werk von Menschenhänden, Holz und
Stein. Die haben sie vertilgt.
20 Nun aber, HERR, unser Gott, errette uns
aus seiner Hand, damit *a* alle Königreiche
auf Erden erfahren, daß du, HERR, allein
Gott bist! *a* Kap 40,5; Dan 6,27
21 ¶Da sandte Jesaja, der Sohn des Amoz,
zu Hiskia und ließ ihm sagen: So spricht
der HERR, der Gott Israels: Was du von
mir erbeten hast wegen des Königs San-
herib von Assyrien, habe ich gehört.
22 Dies ist's, was der HERR über ihn
spricht:
¶Die Jungfrau, die Tochter Zion, verach-
tet dich und spottet deiner, und die Toch-
ter Jerusalem schüttelt das Haupt hinter
dir her.
23 Wen hast du geschmäht und gelästert?
Über wen hast du die Stimme erhoben?
Du hobst deine Augen empor wider den
Heiligen Israels.
24 Durch deine Knechte hast du den
Herrn geschmäht und gesagt: »Ich bin mit
der Menge meiner Wagen heraufgezogen
auf die Höhe der Berge in den innersten
Libanon und habe seine hohen *a* Zedern
abgehauen samt seinen auserwählten Zy-
pressen und bin bis zu seiner äußersten
Höhe gekommen, in seinen dichtesten
Wald. *a* Kap 14,8
25 Ich habe gegraben und getrunken
fremde Wasser und habe mit meinen Fuß-
sohlen ausgetrocknet alle Flüsse Ägyp-
tens.«
26 ¶Hast du nicht gehört, daß ich es lange
zuvor bereitet und von Anfang an geplant
habe? Jetzt aber habe ich's kommen las-
sen, daß du feste Städte zerstören solltest
zu Steinhaufen,
27 und ihre Einwohner sollten ohne Kraft
werden und sich fürchten und zuschan-
den werden und wie Feldgras werden und
wie grünes Kraut, wie Gras auf den Dä-
chern, das verdorrt, ehe es reif wird.
28 Ich weiß von deinem Aufstehen und
Sitzen, von deinem Ausziehen und Ein-
ziehen und daß du tobst gegen mich.

29 Weil du nun gegen mich tobst und dein
Stolz vor meine Ohren gekommen ist, will
ich dir meinen Ring in die Nase legen und
meinen Zaum in dein Maul und will dich
den Weg wieder heimführen, den du ge-
kommen bist.
30 ¶ Und das sei dir, Hiskia, ein Zeichen:
In diesem Jahr iß, was von selber nach-
wächst, im nächsten Jahr, was auch dann
noch wächst; im dritten Jahr sät und ern-
tet, pflanzt Weinberge und eßt ihre
Früchte.
31 Denn die Erretteten vom Hause Juda
und was übriggeblieben ist, werden von
neuem nach unten Wurzeln schlagen und
oben Frucht tragen.
32 Denn von Jerusalem werden ausgehen,
die übriggeblieben sind, und die Errette-
ten vom Berge Zion. [a]Solches wird tun
der Eifer des HERRN Zebaoth. *a* Kap 9,6
33 ¶ Darum spricht der HERR über den
König von Assyrien: Er soll nicht in diese
Stadt kommen und soll auch keinen Pfeil
hineinschießen und mit keinem Schild da-
vor kommen und soll keinen Wall gegen
sie aufschütten,
34 sondern auf dem Wege, den er gekom-
men ist, soll er wieder heimkehren, daß er
in diese Stadt nicht komme, spricht der
HERR.
35 Denn ich will diese Stadt schützen, daß
ich sie errette um meinetwillen und um
meines Knechtes David willen.
36 ¶ Da fuhr aus der Engel des HERRN und
schlug im assyrischen Lager hundertfünf-
undachtzigtausend Mann. Und [a]als man
sich früh am Morgen aufmachte, siehe, da
lag alles voller Leichen. *a* Kap 17,14; 31,8
37 Und der König von Assyrien, Sanherib,
brach auf, zog weg und kehrte wieder
heim und blieb zu Ninive.
38 Es begab sich aber, als er anbetete im
Hause Nisrochs, seines Gottes, erschlu-
gen ihn seine Söhne Adrammelech und
Sarezer mit dem Schwert, und sie flohen
ins Land Ararat. Und sein Sohn Asarhad-
don wurde König an seiner Statt.

Hiskias Krankheit, Genesung und Danklied

(vgl. 2.Kön 20,1-11; 2.Chr 32,24)

38 Zu der Zeit wurde Hiskia todkrank.
Und der Prophet Jesaja, der Sohn
des Amoz, kam zu ihm und sprach zu
ihm: So spricht der HERR: Bestelle dein
Haus, denn du wirst sterben und nicht am
Leben bleiben.
2 Da wandte Hiskia sein Angesicht zur
Wand und betete zum HERRN
3 und sprach: Gedenke doch, HERR, wie
ich vor dir in Treue und ungeteilten Her-
zens gewandelt bin und [a]habe getan, was
dir gefallen hat. Und Hiskia weinte sehr.
a 2.Kön 18,3-6
4 Da geschah das Wort des HERRN zu Je-
saja:
5 Geh hin und sage Hiskia: So spricht der
HERR, der Gott deines Vaters David: Ich
habe dein Gebet gehört und deine Tränen
gesehen. Siehe, ich will deinen Tagen noch
fünfzehn Jahre zulegen
6 und will dich samt dieser Stadt erretten
aus der Hand des Königs von Assyrien
und will diese Stadt beschirmen.
7 Und dies sei dir das Zeichen von dem
HERRN, daß der HERR tun wird, was er
zugesagt hat:
8 Siehe, ich will den Schatten an der Son-
nenuhr des Ahas zehn Striche zurückzie-
hen, über die er gelaufen ist. Und die
Sonne lief zehn Striche zurück an der Son-
nenuhr, über die sie gelaufen war.
9 ¶ Dies ist das Lied Hiskias, des Königs
von Juda, als er krank gewesen und von
seiner Krankheit gesund geworden war:
10 ¶ Ich sprach: Nun muß ich zu des To-
tenreiches Pforten fahren in der Mitte
meines Lebens, / da ich doch gedachte,
noch länger zu leben.
11 Ich sprach: Nun werde ich den HERRN
nicht mehr schauen / [a]im Lande der Le-
bendigen, / nun werde ich die Menschen
nicht mehr sehen / mit denen, die auf der
Welt sind. *a* Ps 27,13
12 Meine Hütte ist abgebrochen / und
über mir weggenommen wie eines Hirten
Zelt. / Zu Ende gewebt hab ich mein Le-
ben wie ein Weber; / er schneidet mich ab
vom Faden. Tag und Nacht gibst du mich
preis;
13 bis zum Morgen schreie ich um Hilfe; /
aber er zerbricht mir alle meine Knochen
wie ein Löwe; / Tag und Nacht gibst du
mich preis.
14 Ich zwitschere wie eine Schwalbe / und
gurre wie eine Taube. / Meine Augen se-
hen verlangend nach oben: / Herr, ich
leide Not, tritt für mich ein!
15 Was soll ich reden und was ihm sa-
gen? / Er hat's getan! / Entflohen ist all

mein Schlaf / bei solcher Betrübnis meiner
Seele.
16 Herr, laß mich wieder genesen / und
leben!
17 **Siehe, um Trost war mir sehr bange. /
Du aber hast dich meiner Seele herzlich
angenommen, / daß sie nicht verdürbe; /
denn [a] du wirfst alle meine Sünden hinter
dich zurück.** *a* Ps 32,5; Mi 7,18.19
18 Denn [a] die Toten loben dich nicht, /
und der Tod rühmt dich nicht, / und die
in die Grube fahren, / warten nicht auf
deine Treue; *a* Ps 6,6; 115,17
19 sondern allein, die da leben, loben dich
so wie ich heute. / Der Vater macht den
Kindern deine Treue kund.
20 Der HERR hat mir geholfen, / darum
wollen wir singen und spielen, / solange
wir leben, / im Hause des HERRN!
21 *Und Jesaja sprach, man solle ein Pfla-
ster von Feigen nehmen und auf sein Ge-
schwür legen, daß er gesund würde.

* Die Verse 21 und 22 gehören zwischen Vers 6 und Vers 7 wie in 2.Kön 20,7.8.

22 Hiskia aber sprach: Was ist das Zeichen,
daß ich wieder zum Hause des HERRN hin-
aufgehen kann?

Hiskia und die Gesandten aus Babel

(vgl. 2.Kön 20,12-19; 2.Chr 32,27-31)

39 Zu der Zeit sandte Merodach-Bala-
dan, der Sohn Baladans, der König
von Babel, Briefe und Geschenke an His-
kia; denn er hatte gehört, daß er krank
gewesen und wieder gesund geworden sei.
2 Darüber freute sich Hiskia und zeigte
den Gesandten das Schatzhaus, Silber und
Gold und Spezerei, kostbare Salben und
sein ganzes Zeughaus und alle Schätze,
die er hatte. Es gab nichts, was ihnen His-
kia nicht gezeigt hätte in seinem Hause
und in seinem ganzen Reich.
3 ¶ Da kam der Prophet Jesaja zum König
Hiskia und sprach zu ihm: Was sagen diese
Männer, und von woher kommen sie zu
dir? Hiskia sprach: Sie kommen aus fer-
nem Lande zu mir, nämlich aus Babel.
4 Er aber sprach: Was haben sie in dei-
nem Hause gesehen? Hiskia sprach: Alles,
was in meinem Hause ist, haben sie gese-
hen, und es gibt nichts, das ich ihnen nicht
gezeigt hätte von meinen Schätzen.
5 Und Jesaja sprach zu Hiskia: Höre das
Wort des HERRN Zebaoth:
6 Siehe, es kommt die Zeit, daß alles, [a] was
in deinem Hause ist und was deine Väter
gesammelt haben bis auf diesen Tag, nach
Babel gebracht werden wird, so daß nichts
zurückbleibt, spricht der HERR.
a 2.Kön 24,13
7 Dazu werden sie von deinen Söhnen,
die von dir kommen werden, die du zeu-
gen wirst, einige nehmen, daß sie Käm-
merer werden müssen am Hofe des Kö-
nigs von Babel.
8 Und Hiskia sprach zu Jesaja: Das Wort
des HERRN ist gut, das du sagst. Denn er
dachte: Es wird doch Friede und Sicher-
heit sein, solange ich lebe.

DAS TROSTBUCH VON DER ERLÖSUNG ISRAELS (Kapitel 40–55)

Des HERRN tröstendes Wort für sein Volk

40 Tröstet, tröstet mein Volk! spricht
euer Gott.
2 [a] Redet mit Jerusalem freundlich und
predigt ihr, daß ihre Knechtschaft ein
Ende hat, daß ihre Schuld vergeben ist;
denn [b] sie hat doppelte Strafe empfangen
von der Hand des HERRN für alle ihre Sün-
den. *a* Hos 2,16 *b* Jer 16,18
3 ¶ [a] Es ruft eine Stimme: In der Wüste
bereitet dem HERRN den Weg, macht in
der Steppe eine ebene Bahn unserm
Gott! *a (3-5)* Lk 3,4-6; Joh 1,23
4 Alle Täler sollen erhöht werden, und
[a] alle Berge und Hügel sollen erniedrigt
werden, und was uneben ist, soll gerade,
und was hügelig ist, soll eben werden;
a Kap 49,11
5 denn die Herrlichkeit des HERRN soll
offenbart werden, und alles Fleisch mit-
einander wird es sehen; denn des HERRN
Mund hat's geredet.
6 ¶ [a] Es spricht eine Stimme: Predige!,
und ich sprach: Was soll ich predigen?
**Alles Fleisch ist Gras, und alle seine Güte
ist wie eine Blume auf dem Felde.**
a (6-8) Ps 90,5.6; Jak 1,10.11
7 Das Gras verdorrt, die Blume verwelkt;
denn des HERRN Odem bläst darein. Ja,
Gras ist das Volk!
8 **Das Gras verdorrt, die Blume verwelkt,
aber [a] das Wort unseres Gottes bleibt ewig-
lich.** *a* Ps 119,89; Lk 21,33
9 ¶ Zion, du Freudenbotin, steig auf einen
hohen Berg; Jerusalem, du Freudenbotin,

erhebe deine Stimme mit Macht; erhebe
sie und fürchte dich nicht! Sage den Städ-
ten Judas: Siehe, da ist euer Gott;
10 siehe, da ist Gott der HERR! Er kommt
gewaltig, und sein Arm wird herrschen.
[a]Siehe, was er gewann, ist bei ihm, und
was er sich erwarb, geht vor ihm her.

a Kap 62,11

11 Er wird seine Herde weiden wie ein
[a]Hirte. Er wird die Lämmer in seinen Arm
sammeln und im Bausch seines Gewandes
tragen und die Mutterschafe führen.

a Joh 10,11

Israels unvergleichlicher Gott

12 Wer mißt die Wasser mit der hohlen
Hand, und wer bestimmt des Himmels
Weite mit der Spanne und faßt den Staub
der Erde mit dem Maß und wiegt die
Berge mit einem Gewicht und die Hügel
mit einer Waage?
13 Wer bestimmt den Geist des HERRN,
und welcher Ratgeber unterweist ihn?[a]

a Röm 11,34; 1.Kor 2,16

14 Wen fragt er um Rat, der ihm Einsicht
gebe und lehre ihn den Weg des Rechts
und lehre ihn Erkenntnis und weise ihm
den Weg des Verstandes?
15 Siehe, die Völker sind geachtet wie ein
Tropfen am Eimer und wie ein Sandkorn
auf der Waage. Siehe, die Inseln sind wie
ein Stäublein.
16 Der Libanon wäre zu wenig zum Feuer
und seine Tiere zu wenig zum Brandop-
fer.
17 Alle Völker sind vor ihm wie nichts und
gelten ihm als nichtig und eitel.
18 ¶ [a]Mit wem wollt ihr denn Gott ver-
gleichen? Oder was für ein [b]Abbild wollt
ihr von ihm machen?

a Kap 46,5 *b* 2.Mose 20,4; Apg 17,29

19 Der Meister gießt ein Bild, und der
Goldschmied vergoldet's und macht sil-
berne Ketten daran.
20 Wer aber zu arm ist für eine solche
Gabe, der wählt ein Holz, das nicht fault,
und sucht einen klugen Meister dazu, ein
Bild zu fertigen, das nicht wackelt.
21 Wißt ihr denn nicht? Hört ihr denn
nicht? Ist's euch nicht von Anfang an ver-
kündigt? Habt ihr's nicht gelernt von An-
beginn der Erde?
22 Er thront über dem Kreis der Erde, und
die darauf wohnen, sind wie Heuschrek-
ken; er spannt den Himmel aus wie einen
Schleier und breitet ihn aus wie ein Zelt,
in dem man wohnt;
23 er gibt die Fürsten preis, daß sie nichts
sind, und die Richter auf Erden macht er
zunichte:
24 Kaum sind sie gepflanzt, kaum sind sie
gesät, kaum hat ihr Stamm eine Wurzel in
der Erde, da läßt er einen Wind unter sie
wehen, daß sie verdorren, und ein Wirbel-
sturm führt sie weg wie Spreu.
25 Mit wem wollt ihr mich also verglei-
chen, dem ich gleich sei? spricht der Hei-
lige.
26 ¶ Hebt eure Augen in die Höhe und
seht! Wer hat dies geschaffen? Er führt ihr
Heer vollzählig heraus und [a]ruft sie alle
mit Namen; seine Macht und starke Kraft
ist so groß, daß nicht eins von ihnen
fehlt.[b]

a Ps 147,4 *b* 1.Mose 1,14-18

27 Warum sprichst du denn, Jakob, und
du, Israel, sagst: »Mein Weg ist dem
HERRN verborgen, und mein Recht geht
vor meinem Gott vorüber«?
28 Weißt du nicht? Hast du nicht gehört?
Der HERR, der ewige Gott, der die Enden
der Erde geschaffen hat, wird nicht müde
noch matt, sein Verstand ist unausforsch-
lich.
29 **Er gibt dem Müden Kraft, und Stärke
genug dem Unvermögenden.**
30 Männer werden müde und matt, und
Jünglinge straucheln und fallen;
31 aber **die auf den HERRN harren, kriegen
neue Kraft, daß sie auffahren mit Flügeln
[a]wie Adler, daß sie laufen und nicht matt
werden, daß sie wandeln und nicht müde
werden.**

a Ps 103,5

Die Völker vor dem Weltenrichter

41 Die Inseln sollen vor mir schweigen
und die Völker neue Kraft gewin-
nen! Sie sollen herzutreten und dann re-
den! Laßt uns miteinander rechten!
2 Wer läßt [a]den von Osten her kommen,
dem Heil auf dem Fuße folgt, vor dem er
Völker und Könige dahingibt, daß er ihrer
mächtig wird? Sein Schwert macht sie wie
Staub und sein Bogen wie verwehte
Spreu.

a Kap 44,28; 45,1.13; 46,11; 48,14.15

3 Er jagt ihnen nach und zieht unversehrt
hindurch und berührt den Weg nicht mit
seinen Füßen.
4 Wer tut und macht das? Wer ruft die
Geschlechter von Anfang her? Ich bin's,

der HERR, [a]der Erste, und bei den Letzten
noch derselbe. *a* Kap 44,6; 48,12; Offb 1,8.17
5 Als die Inseln das sahen, fürchteten sie
sich, und die Enden der Erde erschraken;
sie nahten sich und kamen herzu.
6 ¶ Einer will dem andern helfen und
spricht zu seinem Nächsten: Steh fest!
7 Der Meister nimmt den Goldschmied
fest an die Hand, und sie machen mit dem
Hammer das Blech glatt auf dem Amboß
und sprechen: Das wird fein stehen! und
machen's fest mit Nägeln, daß es nicht
wackeln soll.
8 ¶ Du aber, Israel, mein [a]Knecht, Jakob,
den ich erwählt habe, du Sproß Abrahams,
meines [b]Geliebten,
a Kap 42,19; 43,10; 44,1.21; 45,4; Ps 135,4 *b* Jak 2,23
9 den ich fest ergriffen habe von den En-
den der Erde her und berufen von ihren
Grenzen, zu dem ich sprach: Du sollst
mein Knecht sein; ich erwähle dich und
verwerfe dich nicht –,
10 [a]**fürchte dich nicht, ich bin mit dir; wei-
che nicht, denn ich bin dein Gott. Ich stärke
dich, ich helfe dir auch, ich halte dich durch
die rechte Hand meiner Gerechtigkeit.**
a Kap 43,1
11 Siehe, zu Spott und zuschanden sollen
werden alle, die dich hassen; sie sollen
werden wie nichts, und die Leute, die mit
dir hadern, sollen umkommen.
12 Wenn du nach ihnen fragst, wirst du sie
nicht finden. Die mit dir hadern, sollen
werden wie nichts, und die wider dich
streiten, sollen ein Ende haben.
13 Denn ich bin der HERR, dein Gott, der
deine rechte Hand faßt und zu dir spricht:
Fürchte dich nicht, ich helfe dir!
14 ¶ **Fürchte dich nicht, du Würmlein Ja-
kob, du armer Haufe Israel. [a]Ich helfe dir,
spricht der HERR, und dein Erlöser ist der
Heilige Israels.** *a* Kap 43,3
15 Siehe, ich habe dich zum scharfen,
neuen Dreschwagen gemacht, der viele
Zacken hat, daß du Berge zerdreschen und
zermalmen sollst und Hügel wie Spreu
machen.
16 Du sollst sie worfeln, daß der Wind sie
wegführt und der Wirbelsturm sie ver-
weht. Du aber wirst fröhlich sein über den
HERRN und wirst dich rühmen des Heili-
gen Israels.
17 ¶ Die Elenden und Armen suchen Was-
ser, und es ist nichts da, ihre Zunge ver-
dorrt vor Durst. Aber ich, der HERR, will
sie erhören; ich, der Gott Israels, will sie
nicht verlassen.
18 Ich will Wasserbäche auf den Höhen
öffnen und Quellen mitten auf den Fel-
dern und [a]will die Wüste zu Wasserstel-
len machen und das dürre Land zu Was-
serquellen.
a Kap 35,1.7; 43,19; 2.Mose 17,6; Ps 107,35
19 Ich will in der Wüste wachsen lassen
Zedern, Akazien, Myrten und Ölbäume;
ich will in der Steppe pflanzen miteinan-
der Zypressen, Buchsbaum und Kiefern,
20 damit man zugleich sehe und erkenne
und merke und verstehe: des HERRN Hand
hat dies getan, und der Heilige Israels hat
es geschaffen.
21 ¶ Bringt eure Sache vor, spricht der
HERR; sagt an, womit ihr euch verteidigen
wollt, spricht der König in Jakob.
22 Sie sollen herzutreten und uns verkün-
digen, was kommen wird. [a]Verkündigt es
doch, was früher geweissagt wurde, damit
wir darauf achten! Oder laßt uns hören,
was kommen wird, damit wir merken, daß
es eintrifft! *a* Kap 43,8.9; 44,7
23 Verkündigt uns, was hernach kommen
wird, damit wir erkennen, daß ihr Götter
seid! Wohlan, tut Gutes oder tut Schaden,
damit wir uns verwundern und erschrek-
ken!
24 Siehe, ihr seid nichts, und euer Tun ist
auch nichts, und euch erwählen ist ein
Greuel.
25 ¶ Von Norden habe ich einen kommen
lassen, und er ist gekommen, vom Auf-
gang der Sonne her den, der meinen Na-
men anruft. Er zerstampft die Gewaltigen
wie Lehm und wie der Töpfer, der den
Ton tritt.
26 Wer hat es von Anfang an verkündigt,
daß wir's vernahmen? Wer hat es vorher
geweissagt, daß wir sagen: Das ist recht!
Aber da ist keiner, der es verkündigte, kei-
ner, der etwas hören ließ, keiner, der von
euch ein Wort hörte.
27 Ich bin der erste, der zu Zion sagt:
Siehe, da sind sie!, und Jerusalem gebe
ich einen [a]Freudenboten. *a* Kap 52,7
28 Schau ich mich um, da ist niemand,
und seh ich sie an, da ist kein Ratgeber,
daß ich sie fragen könnte und sie mir ant-
worteten.
29 Siehe, sie sind alle nichts, und nichtig
sind ihre Werke; ihre Götzen sind leerer
Wind.

Der Knecht Gottes das Licht der Welt

42 [a]**Siehe, das ist mein Knecht – ich
halte ihn – und mein Auserwählter,
an dem meine Seele Wohlgefallen hat.** Ich
habe ihm meinen Geist gegeben; er wird
das Recht unter die Heiden bringen.
a (1-4) Kap 49,1-6; 50,4-11; 52,13–53,12; Mt 12,18-21; 3,17
2 Er wird nicht schreien noch rufen, und
seine Stimme wird man nicht hören auf
den Gassen.
3 [a]**Das geknickte Rohr wird er nicht zer-
brechen, und den glimmenden Docht wird
er nicht auslöschen.** In Treue trägt er das
Recht hinaus. *a* Ps 34,19
4 Er selbst wird nicht verlöschen und
nicht zerbrechen, [a]bis er auf Erden das
Recht aufrichte; und die Inseln warten auf
seine Weisung. *a* Kap 51,5
5 ¶ So spricht Gott, der HERR, [a]der die
Himmel schafft und ausbreitet, der die
Erde macht und ihr Gewächs, der dem
Volk auf ihr den Odem gibt und den Geist
denen, die auf ihr gehen: *a* 1.Mose 1
6 Ich, der HERR, habe dich gerufen in Ge-
rechtigkeit und halte dich bei der Hand
und behüte dich und [a]mache dich zum
Bund für das Volk, zum Licht der Hei-
den, *a* Kap 49,6.8
7 daß du [a]die Augen der Blinden öffnen
sollst und [b]die Gefangenen aus dem Ge-
fängnis führen und, die da sitzen in der
Finsternis, aus dem Kerker.
a Kap 35,5 *b* Kap 45,13; Ps 126,1-4
8 Ich, der [a]HERR, das ist mein Name, [b]ich
will meine Ehre keinem andern geben
noch meinen Ruhm den Götzen.
a 2.Mose 3,15 *b* Kap 48,11
9 Siehe, was ich früher verkündigt habe,
ist gekommen. So [a]verkündige ich auch
Neues; ehe denn es aufgeht, lasse ich's
euch hören. *a* Kap 48,6

Gott kommt zur Befreiung seines Volkes

10 Singet dem HERRN [a]ein neues Lied, sei-
nen Ruhm an den Enden der Erde, die
ihr auf dem Meer fahrt, und was im Meer
ist, ihr Inseln und die darauf wohnen!
a Ps 33,3
11 Ruft laut, ihr Wüsten und die Städte
darin samt den Dörfern, wo Kedar wohnt.
Es sollen jauchzen, die in Felsen wohnen,
und rufen von den Höhen der Berge!
12 Sie sollen dem HERRN die Ehre geben
und seinen Ruhm auf den Inseln verkün-
den!
13 ¶ Der HERR zieht aus wie ein Held, wie
ein Kriegsmann kommt er in Eifer; laut
erhebt er das Kampfgeschrei, zieht wie ein
Held wider seine Feinde.
14 Ich schwieg wohl eine lange Zeit, war
still und hielt an mich. Nun aber will ich
schreien wie eine Gebärende, ich will laut
rufen und schreien.
15 Ich will Berge und Hügel zur Wüste
machen und all ihr Gras verdorren lassen
und will die Wasserströme zu Land ma-
chen und die Seen austrocknen.
16 Aber die Blinden will ich auf dem Wege
leiten, den sie nicht wissen; ich will sie
führen auf den Steigen, die sie nicht ken-
nen. Ich will die Finsternis vor ihnen her
zum Licht machen und [a]das Höckerige
zur Ebene. Das alles will ich tun und nicht
davon ablassen. *a* Kap 40,4
17 Aber die sich auf Götzen verlassen und
sprechen zum gegossenen Bilde: »Ihr seid
unsre Götter!«, die sollen zurückweichen
und zuschanden werden.[a] *a* Kap 44,11; Ps 97,7
18 ¶ Hört, ihr Tauben, und schaut her, ihr
Blinden, daß ihr seht![a] *a* Kap 43,8
19 Wer ist so blind wie mein [a]Knecht, und
wer ist so taub wie mein Bote, den ich
senden will? Wer ist so blind wie der Ver-
traute und so blind wie der Knecht des
HERRN? *a* Kap 41,8
20 Du sahst wohl viel, aber du hast's nicht
beachtet; deine Ohren waren offen, aber
du hast nicht gehört.[a] *a* Kap 53,1
21 Dem HERRN hat es gefallen um seiner
Gerechtigkeit willen, daß er sein Gesetz
herrlich und groß mache.
22 Dennoch ist es ein beraubtes und ge-
plündertes Volk; sie sind alle gebunden in
Gefängnissen und verschlossen in Ker-
kern. Sie sind zur Beute geworden, und es
ist kein Erretter da; sie sind geplündert,
und es ist niemand da, der sagt: Gib wie-
der her!
23 Wer ist unter euch, der das zu Ohren
nimmt, der aufmerkt und es hört für künf-
tige Zeiten?
24 Wer hat Jakob der Plünderung preisge-
geben und Israel den Räubern? Hat es
nicht der HERR getan, an dem wir gesün-
digt haben? Und sie wollten nicht auf sei-
nen Wegen wandeln, und sie gehorchten
seinen Weisungen nicht.
25 Darum hat er über sie ausgeschüttet

seinen grimmigen Zorn und den Schrek-
ken des Krieges, daß er sie ringsumher
versengte, aber sie merken's nicht, und sie
in Brand steckte, aber sie nehmen's nicht
zu Herzen.

Gott erlöst sein Volk

43 Und nun spricht der HERR, der dich
geschaffen hat, Jakob, und dich ge-
macht hat, Israel: **Fürchte dich nicht, denn
ich habe dich erlöst; ich habe dich bei dei-
nem Namen gerufen; du bist mein!**
2 Wenn [a]du durch Wasser gehst, will ich
bei dir sein, daß dich die Ströme nicht
ersäufen sollen; und [b]wenn du ins Feuer
gehst, sollst du nicht brennen, und die
Flamme soll dich nicht versengen.
a 2.Mose 14,21 b Ps 66,12; Dan 3,25-27
3 Denn ich bin der HERR, dein Gott, der
Heilige Israels, dein [a]Heiland. Ich habe
Ägypten für dich als Lösegeld gegeben,
Kusch und Seba an deiner Statt,
a Kap 41,14
4 weil du in meinen Augen so wertgeach-
tet und auch herrlich bist und weil ich
dich liebhabe. Ich gebe Menschen an dei-
ner Statt und Völker für dein Leben.
5 So fürchte dich nun nicht, denn ich bin
bei dir. [a]Ich will vom Osten deine Kinder
bringen und dich vom Westen her sam-
meln, a Kap 11,11-16; Jer 30,10
6 ich will sagen zum Norden: Gib her!
und zum Süden: Halte nicht zurück! Bring
her meine Söhne von ferne und meine
Töchter vom Ende der Erde,
7 alle, die [a]mit meinem Namen genannt
sind, die ich zu meiner Ehre geschaffen
und zubereitet und gemacht habe.
a Jer 14,9

Israel Gottes Zeuge vor der Welt

8 Es soll hervortreten das blinde Volk, das
doch Augen hat, und die Tauben, die doch
Ohren haben!
9 Alle Heiden sollen zusammenkommen
und die Völker sich versammeln. [a]Wer ist
unter ihnen, der dies verkündigen kann
und uns hören lasse, was früher geweis-
sagt wurde? Sie sollen ihre Zeugen auf-
stellen und beweisen, so wird man's hören
und sagen: Es ist die Wahrheit.
a Kap 41,22.26
10 Ihr seid meine Zeugen, spricht der
HERR, und mein Knecht, den ich erwählt
habe, damit ihr wißt und mir glaubt und
erkennt, daß ich's bin. [a]Vor mir ist kein
Gott gemacht, so wird auch nach mir kei-
ner sein. a Kap 44,8
11 **Ich, ich bin der HERR, und [a]außer mir
ist kein Heiland.** a Kap 45,21; 5.Mose 32,39
12 Ich hab's verkündigt und habe auch ge-
holfen und hab's euch sagen lassen; und
es war kein fremder Gott unter euch. Ihr
seid meine Zeugen, spricht der HERR, und
ich bin Gott.
13 Ich bin, ehe denn ein Tag war, und nie-
mand ist da, der aus meiner Hand erretten
kann. Ich wirke; wer will's wenden?

Gott führt sein Volk aus Babel

14 So spricht der HERR, euer Erlöser, der
Heilige Israels: Um euretwillen habe ich
nach Babel geschickt und habe die Riegel
eures Gefängnisses zerbrochen, und zur
Klage wird der Jubel der Chaldäer.
15 Ich bin der HERR, euer Heiliger, der ich
Israel geschaffen habe, euer König.
16 So spricht der HERR, der [a]im Meer
einen Weg und [b]in starken Wassern Bahn
macht, a 2.Mose 14,22 b Jos 3,16
17 der [a]ausziehen läßt Wagen und Rosse,
Heer und Macht, daß sie auf einem Hau-
fen daliegen und nicht aufstehen, daß sie
verlöschen, wie ein Docht verlischt:
a 2.Mose 14,23-28
18 Gedenkt nicht an das Frühere und ach-
tet nicht auf das Vorige!
19 Denn siehe, ich will ein Neues schaf-
fen, jetzt wächst es auf, erkennt ihr's denn
nicht? Ich mache einen Weg in der Wüste
und [a]Wasserströme in der Einöde.
a Kap 41,18
20 Das Wild des Feldes preist mich, die
Schakale und Strauße; denn ich will in der
Wüste Wasser und in der Einöde Ströme
geben, zu tränken mein Volk, meine Aus-
erwählten;
21 das Volk, das ich mir bereitet habe, soll
meinen Ruhm verkündigen.[a] a 1.Petr 2,9

Gott tilgt Israels Sünde

22 Nicht, daß du mich gerufen hättest, Ja-
kob, oder daß du dich um mich gemüht
hättest, Israel.
23 Mir hast du nicht die Schafe deines
Brandopfers gebracht noch mich geehrt
mit deinen Schlachtopfern. Ich habe dir
nicht Arbeit gemacht mit Opfergaben,
habe dich auch nicht bemüht mit Weih-
rauch.[a] a Kap 1,11-15

24 Mir hast du nicht für Geld köstliches
Gewürz gekauft, mich hast du mit dem
Fett deiner Opfer nicht gelabt. Aber [a] **mir
hast du Arbeit gemacht mit deinen Sünden
und hast mir Mühe gemacht mit deinen
Missetaten.** *a* 2.Kor 5,21
25 **Ich, ich tilge deine Übertretungen um
meinetwillen und gedenke deiner Sünden
nicht.**[a] *a* Kap 44,22; Jer 31,34
26 Erinnere mich, laß uns miteinander
rechten! Zähle alles auf, damit du Recht
bekommst!
27 Schon [a] dein Ahnherr hat gesündigt,
und deine Wortführer sind von mir abge-
fallen. *a* Kap 41,8; 1.Mose 35,11.12
28 Darum habe ich die Fürsten des Hei-
ligtums entheiligt und Jakob dem Bann
übergeben und Israel dem Hohn.

Das wahre Israel

44 So höre nun, mein Knecht Jakob,
und Israel, den ich erwählt habe!
2 So spricht der HERR, der dich gemacht
und bereitet hat und der dir beisteht von
Mutterleibe an: Fürchte dich nicht, mein
Knecht Jakob, und du, [a] Jeschurun, den
ich erwählt habe! *a* 5.Mose 32,15
3 Denn **ich will Wasser gießen auf das Dur-
stige und Ströme auf das Dürre: [a] ich will
meinen Geist auf deine Kinder gießen und
meinen Segen auf deine Nachkommen,**
a Kap 32,15; Joel 3,1
4 daß sie wachsen sollen wie Gras zwi-
schen Wassern, wie die Weiden an den
Wasserbächen.
5 Dieser wird sagen »Ich bin des
HERRN«, und jener wird genannt werden
mit dem Namen »Jakob«. Und wieder ein
anderer wird in seine Hand schreiben
»Dem HERRN eigen« und wird mit dem
Namen »Israel« genannt werden.

Der lebendige Gott und die toten Götzen

6 So spricht der **Herr,** der König Israels,
und sein Erlöser, der HERR Zebaoth: [a] **Ich
bin der Erste, und ich bin der Letzte, und
[b] außer mir ist kein Gott.**
a Kap 41,4 *b* Kap 43,11
7 Und wer ist mir gleich? Er rufe und ver-
künde es und tue es mir dar! Wer hat vor-
zeiten kundgetan das Künftige? [a] Sie sol-
len uns verkündigen, was kommen wird!
a Kap 41,22; 5.Mose 18,22
8 Fürchtet euch nicht und erschreckt
nicht! Habe ich's dich nicht schon lange
hören lassen und es dir verkündigt? Ihr
seid doch meine Zeugen! Ist auch ein Gott
außer mir? [a] Es ist kein Fels, ich weiß ja
keinen. *a* 1.Sam 2,2
9 ¶ [a] Die Götzenmacher sind alle nichtig;
woran ihr Herz hängt, das ist nichts nütze.
Und ihre Zeugen sehen nichts, merken
auch nichts, damit sie zuschanden wer-
den. *a (9-11)* Kap 45,16; Ps 115,4-8; Jer 10,3-16
10 Wer sind sie, die einen Gott machen
und einen Götzen gießen, der nichts nütze
ist?
11 Siehe, alle ihre Genossen [a] werden zu-
schanden; die Meister sind auch nur Men-
schen. Wenn sie auch alle zusammentre-
ten, sollen sie dennoch erschrecken und
zuschanden werden. *a* Kap 42,17
12 [a] Der Schmied macht ein Messer in der
Glut und formt es mit Hammerschlägen.
Er arbeitet daran mit der ganzen Kraft
seines Arms; dabei wird er hungrig, so daß
er nicht mehr kann, und trinkt auch kein
Wasser, so daß er matt wird.
a (12-20) Kap 40,18-20
13 Der Zimmermann spannt die Schnur
und zeichnet mit dem Stift. Er behaut das
Holz und zirkelt es ab und macht es wie
eines Mannes Gestalt, wie einen schönen
Menschen; in einem Hause soll es thro-
nen.
14 Er haut Zedern ab und nimmt Kiefern
und Eichen und wählt unter den Bäumen
des Waldes. Er hatte Fichten gepflanzt,
und der Regen ließ sie wachsen.
15 Das gibt den Leuten Brennholz; davon
nimmt er und wärmt sich; auch zündet er
es an und bäckt Brot; aber daraus macht
er auch einen Gott und betet's an; er
macht einen Götzen daraus und kniet da-
vor nieder.
16 Die eine Hälfte verbrennt er im Feuer,
auf ihr brät er Fleisch und ißt den Braten
und sättigt sich, wärmt sich auch und
spricht: Ah! Ich bin warm geworden, ich
spüre das Feuer.
17 Aber die andere Hälfte macht er zum
Gott, daß es sein Götze sei, vor dem er
kniet und niederfällt und betet, und
spricht: Errette mich, denn du bist mein
Gott!
18 Sie wissen nichts und verstehen nichts;
denn sie sind verblendet, daß ihre Augen
nicht sehen und ihre Herzen nichts mer-
ken können.
19 Er kommt nicht zur Einsicht; keine Ver-

nunft und kein Verstand ist da, daß er
dächte: Ich habe die eine Hälfte mit Feuer
verbrannt und hab auf den Kohlen Brot
gebacken und Fleisch gebraten und geges-
sen, und sollte die andere Hälfte zum Göt-
zen machen und sollte knien vor einem
Klotz?
20 Wer Asche hütet, den hat sein Herz
getäuscht und betört, so daß er sein Le-
ben nicht erretten und nicht zu sich sagen
wird: Ist das nicht Trug, woran meine
Rechte sich hält?

Freude über die Erlösung

21 Gedenke daran, Jakob, und du, Israel,
denn du bist mein [a] Knecht. Ich habe dich
bereitet, daß du mein Knecht seist. Israel,
ich vergesse dich nicht!*
a Kap 41,8

* Luther übersetzte im Anschluß an die alten Übersetzungen: »Israel, vergiß Mein nicht!«

22 **Ich [a] tilge deine Missetat wie eine Wolke
und deine Sünden wie den Nebel. Kehre
dich zu mir, denn ich erlöse dich!** –
a Kap 43,25
23 Jauchzet, ihr Himmel, denn der HERR
hat's getan! Jubelt, ihr Tiefen der Erde! Ihr
Berge, frohlocket mit Jauchzen, der Wald
und alle Bäume darin! Denn der HERR hat
Jakob erlöst und ist herrlich in Israel.[a]
a Kap 49,13; 55,12; Ps 96,11-13

Kyrus als Werkzeug Gottes

24 So spricht der HERR, dein Erlöser, der
dich von Mutterleibe bereitet hat: [a] Ich bin
der HERR, der alles schafft, der den Him-
mel ausbreitet allein und die Erde fest-
macht ohne Gehilfen;
a Kap 45,12
25 der die Zeichen der Wahrsager zunichte
macht und die Weissager zu Narren; [a] der
die Weisen zurücktreibt und ihre Kunst
zur Torheit macht;
a Kap 29,14
26 der das Wort seiner Knechte wahr
macht und den Ratschluß vollführt, den
seine Boten verkündigt haben; der zu Je-
rusalem spricht: Werde bewohnt! und zu
den Städten Judas: Werdet wieder aufge-
baut!, und ihre Trümmer richte ich auf;
27 der zu der Tiefe spricht: Versiege!, und
[a] deine Fluten trockne ich aus;
a Jos 4,23
28 der zu Kyrus sagt: Mein Hirte! Er soll
all meinen Willen vollenden und [a] sagen
zu Jerusalem: Werde wieder gebaut! und
zum Tempel: Werde gegründet!
a 2.Chr 36,23; Esr 1,1-4

45 ¶ So spricht der HERR zu seinem
Gesalbten, zu Kyrus, den ich bei sei-
ner rechten Hand ergriff, [a] daß ich Völker
vor ihm unterwerfe und Königen das
Schwert abgürte, damit vor ihm Türen ge-
öffnet werden und Tore nicht verschlos-
sen bleiben:
a Kap 41,2
2 Ich will vor dir hergehen und das Berg-
land eben machen, ich will die ehernen
Türen zerschlagen und die eisernen Riegel
zerbrechen
3 und will dir heimliche Schätze geben
und verborgene Kleinode, damit du er-
kennst, daß ich der HERR bin, der dich
beim Namen ruft, der Gott Israels.
4 Um Jakobs, meines Knechts, und um
Israels, meines Auserwählten, willen rief
ich dich bei deinem Namen und gab dir
Ehrennamen, obgleich du mich nicht
kanntest.
5 [a] Ich bin der HERR, und sonst keiner
mehr, kein Gott ist außer mir. Ich habe
dich gerüstet, obgleich du mich nicht
kanntest,
a (5 und 6) 2.Mose 20,3
6 damit man erfahre in Ost und West, daß
außer mir nichts ist. Ich bin der HERR,
und sonst keiner mehr,
7 der ich das Licht mache und schaffe die
Finsternis, der ich Frieden gebe und
[a] schaffe Unheil. Ich bin der HERR, der dies
alles tut.
a Am 3,6
8 ¶ Träufelt, ihr Himmel, von oben, und
ihr Wolken, regnet Gerechtigkeit! Die Erde
tue sich auf und bringe Heil, und Gerech-
tigkeit wachse mit auf! Ich, der HERR, habe
es geschaffen.

Gegen die Vermessenen in Israel

9 Weh dem, der [a] mit seinem Schöpfer ha-
dert, eine Scherbe unter irdenen Scher-
ben! [b] Spricht denn der Ton zu seinem
Töpfer: Was machst du? und sein Werk:
Du hast keine Hände!
a Hiob 40,2 b Kap 29,16; Jer 18,6; Röm 9,20
10 Weh dem, der zum Vater sagt: Warum
zeugst du? und zur Frau: Warum gebierst
du?
11 So spricht der HERR, der Heilige Israels
und sein Schöpfer: Wollt ihr mich zur
Rede stellen wegen meiner Söhne? Und
wollt ihr mir Befehl geben wegen des
Werkes meiner Hände?
12 Ich habe die Erde gemacht und den
Menschen auf ihr geschaffen. [a] Ich bin's,
dessen Hände den Himmel ausgebreitet

haben und der seinem ganzen Heer gebo-
ten hat. *a* Kap 44,24
[13] Ich habe ihn erweckt in Gerechtigkeit, und alle seine Wege will ich eben machen. Er soll meine Stadt wieder aufbauen und meine Gefangenen loslassen, nicht um Geld und nicht um Geschenke, spricht der HERR Zebaoth.[a] *a* Kap 41,2

Verheißung der Herrlichkeit Gottes in aller Welt

[14] So spricht der HERR: Der Ägypter Erwerb und der Kuschiter Gewinn und die hochgewachsenen Leute von Seba werden zu dir kommen und dein eigen sein. Sie werden dir folgen, in Fesseln werden sie gehen und werden zu dir kommen und niederfallen und zu dir flehen: Nur bei dir ist Gott, und sonst ist kein Gott mehr.
[15] **Fürwahr, [a] du bist ein verborgener Gott, du Gott Israels, der [b] Heiland.** *a* Röm 11,33 *b* Kap 43,11
[16] Aber die [a] Götzenmacher sollen alle in Schmach und Schande geraten und miteinander schamrot einhergehen. *a* Kap 44,9-11
[17] Israel aber wird erlöst durch den HERRN mit einer ewigen Erlösung und wird nicht zuschanden noch zu Spott immer und ewiglich.
[18] ¶ Denn so spricht der HERR, der den Himmel geschaffen hat – er ist Gott; der die Erde bereitet und gemacht hat – er hat sie gegründet; er hat sie nicht geschaffen, daß sie leer sein soll, sondern sie bereitet, daß man auf ihr wohnen solle: Ich bin der HERR, und sonst keiner mehr.
[19] [a] Ich habe nicht im Verborgenen geredet an einem finstern Ort der Erde; ich habe nicht zu den Söhnen Jakobs gesagt: »Sucht mich vergeblich!« Denn ich bin der HERR, der von Gerechtigkeit redet und verkündigt, was recht ist. *a* Kap 48,16
[20] ¶ Versammelt euch und kommt miteinander herzu, ihr Entronnenen der Heiden. Keine Erkenntnis haben, die sich abschleppen mit den Klötzen ihrer Götzen und zu einem Gott flehen, der nicht helfen kann.
[21] Tut es kund, bringt es vor, beratet miteinander: Wer hat dies hören lassen von alters her und vorzeiten verkündigt? Hab ich's nicht getan, der HERR? Es ist sonst kein Gott außer mir, ein gerechter Gott und Heiland, und es ist keiner außer mir.
[22] ¶ **Wendet euch zu mir, so werdet ihr gerettet, aller Welt Enden; denn ich bin Gott, und sonst keiner mehr.**
[23] [a] Ich habe bei mir selbst geschworen, und Gerechtigkeit ist ausgegangen aus meinem Munde, ein Wort, bei dem es bleiben soll: **Mir sollen sich alle Knie beugen und alle Zungen schwören**
a (23 und 24) Röm 14,11; Phil 2,10.11
[24] **und sagen: [a] Im HERRN habe ich Gerechtigkeit und Stärke.** Aber alle, die ihm widerstehen, werden zu ihm kommen und beschämt werden. *a* Jer 23,6
[25] Im HERRN wird gerecht werden Israels ganzes Geschlecht und [a] wird sich seiner rühmen. *a* Jer 9,22.23

Sturz der babylonischen Götzen

46 [a] Bel bricht zusammen, Nebo ist gefallen, ihre Götzenbilder sind den Tieren und dem Vieh aufgeladen, daß sie sich müde tragen an dem, was eure Last war. *a* Jer 50,2
[2] Ja, sie können die Last nicht wegbringen. Die Götzen sind gefallen und alle zusammengebrochen und müssen in die Gefangenschaft gehen.
[3] ¶ Hört mir zu, ihr vom Hause Jakob, und alle, die ihr noch übrig seid vom Hause Israel, die ihr von mir getragen werdet von Mutterleibe an und vom Mutterschoße an mir aufgeladen seid:
[4] Auch [a] bis in euer Alter bin ich derselbe, und ich will euch tragen, bis ihr grau werdet. Ich habe es getan; ich will heben und tragen und erretten. *a* Ps 71,18
[5] ¶ [a] Wem wollt ihr mich gleichstellen, und mit wem vergleicht ihr mich? An wem meßt ihr mich, daß ich ihm gleich sein soll? *a (5-8)* Kap 44,9-20
[6] Sie schütten das Gold aus dem Beutel und wiegen das Silber mit der Waage dar und dingen den Goldschmied, daß er einen Gott daraus mache, vor dem sie knien und anbeten.
[7] Sie heben ihn auf die Schultern und tragen ihn und setzen ihn nieder an seine Stätte, daß er stehe und nicht von seinem Ort rücke. [a] Schreit einer zu ihm, so antwortet er nicht und hilft ihm nicht aus seiner Not. *a* 1.Kön 18,26
[8] ¶ Gedenkt doch daran, ihr Abtrünnigen, und nehmt's zu Herzen!
[9] Gedenkt des Vorigen, wie es von alters

her war: [a]Ich bin Gott, und sonst keiner
mehr, ein Gott, dem nichts gleicht.

a Kap 44,6

10 Ich habe von Anfang an verkündigt, was
hernach kommen soll, und vorzeiten, was
noch nicht geschehen ist. Ich sage: Was
ich beschlossen habe, geschieht, und alles,
was ich mir vorgenommen habe, das tue
ich.

11 Ich rufe einen Adler [a]vom Osten her,
aus fernem Lande den Mann, der meinen
Ratschluß ausführe. Wie ich's gesagt habe,
so lasse ich's kommen; was ich geplant
habe, das tue ich auch. *a* Kap 41,2

12 ¶ Hört mir zu, ihr trotzigen Herzen, die
ihr ferne seid von der Gerechtigkeit!

13 Ich habe meine Gerechtigkeit nahe ge-
bracht; sie ist nicht ferne, und mein Heil
säumt nicht. Ich will zu Zion das Heil ge-
ben und in Israel meine Herrlichkeit.

Gericht über Babel

47 Herunter, Jungfrau, du Tochter Ba-
bel, setze dich in den Staub! Setze
dich auf die Erde, wo kein Thron ist, du
Tochter der Chaldäer. Man wird nicht
mehr zu dir sagen: »Du Zarte und Ver-
wöhnte«.

2 Nimm die Mühle und mahle Mehl,
decke auf deinen Schleier! Hebe die
Schleppe, entblöße den Schenkel, wate
durchs Wasser,

3 daß [a]deine Blöße aufgedeckt und deine
Schande gesehen werde! Ich will mich rä-
chen, unerbittlich, *a* Nah 3,5

4 spricht unser Erlöser; der heißt der
HERR Zebaoth, der Heilige Israels.

5 ¶ Setze dich stumm hin, geh in die Fin-
sternis, du Tochter der Chaldäer! Denn
du sollst nicht mehr heißen »Herrin über
Königreiche«.

6 Als ich [a]über mein Volk zornig war und
mein Erbe entheiligte, gab ich sie in deine
Hand; aber du erwiesest ihnen keine
Barmherzigkeit, auch über die Alten
machtest du dein Joch allzu schwer.

a Sach 1,15

7 Du dachtest: Ich bin eine Herrin für im-
mer. Du hattest noch nicht zu Herzen ge-
nommen noch daran gedacht, wie es her-
nach werden könnte.

8 ¶ [a]So höre nun dies, die du in Wollust
lebst und so sicher sitzt und sprichst in
deinem Herzen: »Ich bin's, und sonst
keine; ich werde keine Witwe werden noch
ohne Kinder sein«:

a (8 und 9) Zef 2,15; Offb 18,7

9 Dies beides wird plötzlich über dich
kommen auf **einen** Tag, daß du Witwe und
ohne Kinder bist. Ja, es wird in vollem
Maße über dich kommen trotz der Menge
deiner Zaubereien und trotz der großen
Macht deiner Beschwörungen.

10 Denn du hast dich auf deine Bosheit
verlassen, als du dachtest: [a]Niemand sieht
mich! Deine Weisheit und Kunst hat dich
verleitet, daß du in deinem Herzen
sprachst: Ich bin's, und sonst keine!

a Ps 10,11

11 Aber nun wird über dich Unglück kom-
men, das du nicht wegzuzaubern weißt,
und Unheil wird auf dich fallen, das du
nicht durch Sühne abwenden kannst. Und
es wird plötzlich ein Verderben über dich
kommen, dessen du dich nicht versiehst.

12 ¶ So tritt nun auf mit deinen Beschwö-
rungen und der Menge deiner Zaubereien,
um die du dich von deiner Jugend auf
bemüht hast, ob du dir helfen und es ab-
wenden kannst.[a] *a* Dan 2,2

13 Du hast dich müde gemacht mit der
Menge deiner Pläne. Es sollen hertreten
und dir helfen die Meister des Himmels-
laufs und die Sterngucker, die an jedem
Neumond kundtun, was über dich kom-
men werde!

14 Siehe, sie sind wie Stoppeln, die das
Feuer verbrennt, sie können ihr Leben
nicht erretten vor der Flamme Gewalt.
Denn es wird nicht eine Glut sein, an der
man sich wärmen, oder ein Feuer, um das
man sitzen könnte.

15 So sind alle, um die du dich bemüht
hast, die mit dir Handel trieben von dei-
ner Jugend auf: ein jeder wird hierhin und
dorthin wanken, und du hast keinen
Retter.

Gnade für das abtrünnige Israel

48 Hört dies, ihr vom Hause Jakob, die
ihr nach dem Namen Israels heißt
und aus dem Wasser Judas gekommen
seid; die ihr schwört bei dem Namen des
HERRN und den Gott Israels bekennt, aber
nicht in Wahrheit und Gerechtigkeit,[a] –

a Kap 51,1

2 sie nennen sich nach der heiligen Stadt
und pochen auf den Gott Israels, der da
heißt der HERR Zebaoth.

3 ¶ Ich habe vorzeiten verkündigt, was schon gekommen ist; aus meinem Munde ist es gekommen, und ich habe es sagen lassen. Ich tat es plötzlich, und es kam.

4 Denn ich weiß, daß du hart bist und dein Nacken eine eiserne Sehne ist und deine Stirn ehern.

5 Darum habe ich dir's vorzeiten verkündigt und es dir sagen lassen, ehe es gekommen ist, damit du nicht sagen könntest: Mein Götze tat es, und mein Abgott, der geschnitzt und gegossen wurde, hat's befohlen.

6 ¶ Das alles hast du gehört und siehst es und verkündigst es doch nicht. Von nun an lasse ich dich Neues hören und Verborgenes, das du nicht wußtest.

7 Jetzt ist es geschaffen und nicht vorzeiten, und vorher hast du nicht davon gehört, auf daß du nicht sagen könntest: Siehe, das wußte ich schon.

8 Du hörtest es nicht und wußtest es auch nicht, und dein Ohr war damals nicht geöffnet. Ich aber wußte sehr wohl, daß du treulos bist und man dich nennt »Abtrünnig von Mutterleib an«.

9 ¶ Um meines Namens willen halte ich lange meinen Zorn zurück, und um meines Ruhmes willen bezähme ich mich dir zugut, damit du nicht ausgerottet wirst.

10 Siehe, ich habe dich geläutert, aber nicht wie Silber, sondern ich habe dich geprüft im [a] Glutofen des Elends.

a 5.Mose 4,20

11 Um meinetwillen, ja, um meinetwillen will ich's tun, daß ich nicht gelästert werde; denn [a] ich will meine Ehre keinem andern lassen.

a Kap 42,8

Die Stunde der Erlösung Israels ist gekommen

12 Höre mir zu, Jakob, und du, Israel, den ich berufen habe: Ich bin's, ich bin der Erste und auch der Letzte.

13 Meine Hand hat die Erde gegründet, und meine Rechte hat den Himmel ausgespannt. Ich rufe, und alles steht da.

14 ¶ Versammelt euch alle und hört: Wer ist unter ihnen, der es verkündigt hat? [a] Er, den der HERR liebt, wird seinen Willen an Babel beweisen und seinen Arm an den Chaldäern.

a Kap 41,2

15 Ich, ja, ich habe es gesagt, ich habe ihn gerufen, ich habe ihn auch kommen lassen, und sein Weg soll ihm gelingen.

16 Tretet her zu mir und hört dies! [a] Ich habe von Anfang an nicht im Verborgenen geredet; von der Zeit an, da es geschieht, bin ich auf dem Plan. – Und nun sendet mich Gott der HERR und sein Geist.

a Kap 45,19

17 ¶ So spricht der HERR, dein Erlöser, der Heilige Israels: Ich bin der HERR, dein Gott, der dich lehrt, was dir hilft, und dich leitet auf dem Wege, den du gehst.

18 **O [a] daß du auf meine Gebote gemerkt hättest, so würde dein Friede sein wie ein Wasserstrom und deine Gerechtigkeit wie Meereswellen.**

a 5.Mose 5,29

19 Deine Kinder würden [a] zahlreich sein wie Sand und deine Nachkommen wie Sandkörner. Dein Name würde nicht ausgerottet und nicht vertilgt werden vor mir.

a 1.Mose 22,17

20 ¶ [a] Geht heraus aus Babel, flieht von den Chaldäern! Mit fröhlichem Schall verkündigt dies und laßt es hören, tragt's hinaus bis an die Enden der Erde und sprecht: Der HERR hat seinen Knecht Jakob erlöst.

a Jer 51,6; Offb 18,4

21 Sie litten keinen Durst, als er sie leitete in der Wüste. [a] Er ließ ihnen Wasser aus dem Felsen fließen, er spaltete den Fels, daß Wasser herausrann.

a 2.Mose 17,6

22 **Aber die Gottlosen, spricht der HERR, haben keinen Frieden.[a]**

a Kap 57,21

Der Knecht Gottes das Heil Israels und das Licht der Heiden

(vgl. Kap 42,1-4)

49 Hört mir zu, ihr Inseln, und ihr Völker in der Ferne, merkt auf! Der HERR hat mich berufen von Mutterleibe an; er hat meines Namens gedacht, als ich noch im Schoß der Mutter war.

2 Er hat [a] meinen Mund wie ein scharfes Schwert gemacht, [b] mit dem Schatten seiner Hand hat er mich bedeckt. Er hat mich zum spitzen Pfeil gemacht und mich in seinem Köcher verwahrt.

a Hebr 4,12; Offb 1,16 b Kap 51,16

3 Und er sprach zu mir: Du bist mein Knecht, Israel, durch den ich mich verherrlichen will.

4 Ich aber dachte, [a] ich arbeitete vergeblich und verzehrte meine Kraft umsonst und unnütz, wiewohl mein Recht bei dem HERRN und mein Lohn bei meinem Gott ist.

a 1.Kor 15,58

5 ¶ Und nun spricht der HERR, der mich

von Mutterleib an zu seinem Knecht be-
reitet hat, daß ich Jakob zu ihm zurück-
bringen soll und Israel zu ihm gesammelt
werde, – darum bin ich vor dem HERRN
wertgeachtet, und mein Gott ist meine
Stärke –,
6 **er spricht: Es ist zu wenig, daß du mein**
Knecht bist, die Stämme Jakobs aufzurich-
ten und die Zerstreuten Israels wiederzu-
bringen, sondern [a] ich habe dich auch zum
Licht der Heiden gemacht, daß du seist
mein Heil bis an die Enden der Erde.
a Kap 42,6; 60,3; Lk 2,32; Apg 13,47

Die Wiederherstellung Israels

7 So spricht der HERR, der Erlöser Israels,
sein Heiliger, zu dem, der verachtet ist von
den Menschen und verabscheut von den
Heiden, zu dem Knecht, der unter Tyran-
nen ist: Könige sollen sehen und aufste-
hen, und Fürsten sollen niederfallen um
des HERRN willen, der treu ist, um des
Heiligen Israels willen, der dich erwählt
hat.
8 ¶ So spricht der HERR: [a] Ich habe dich
erhört zur Zeit der Gnade und habe dir
am Tage des Heils geholfen und [b] habe
dich behütet und zum Bund für das Volk
bestellt, daß du das Land aufrichtest und
das verwüstete Erbe zuteilst,
a Ps 69,14; 2.Kor 6,2 *b* Kap 42,6
9 zu sagen den Gefangenen: Geht heraus!
und zu denen in der Finsternis: Kommt
hervor! Am Wege werden sie weiden und
auf allen kahlen Höhen ihre Weide haben.
10 Sie [a] werden weder hungern noch dür-
sten, sie wird weder Hitze noch Sonne ste-
chen; denn ihr Erbarmer wird sie führen
und sie an die Wasserquellen leiten.
a Offb 7,16
11 Ich will alle meine Berge zum ebenen
Wege machen, und meine Pfade sollen ge-
bahnt sein.[a] *a* Kap 40,4
12 Siehe, diese werden von ferne kommen,
und siehe, jene vom Norden und diese
vom Meer und jene vom Lande Sinim.[a]
a Lk 13,29
13 ¶ [a] Jauchzet, ihr Himmel; freue dich,
Erde! Lobet, ihr Berge, mit Jauchzen!
Denn der HERR hat sein Volk getröstet
und erbarmt sich seiner Elenden.
a Kap 44,23
14 ¶ Zion aber sprach: Der HERR hat mich
verlassen, der Herr hat meiner vergessen.
15 **Kann auch eine Frau ihr Kindlein ver-**
gessen, [a] daß sie sich nicht erbarme über
den Sohn ihres Leibes? Und ob sie seiner
vergäße, [b] so will ich doch deiner nicht ver-
gessen. *a* 1.Mose 21,16; 1.Kön 3,26 *b* Jer 31,20
16 **Siehe, in die Hände habe ich dich ge-**
zeichnet; deine Mauern sind immerdar vor
mir.
17 Deine Erbauer eilen herbei, aber die
dich zerbrochen und zerstört haben, wer-
den sich davonmachen.
18 ¶ [a] Hebe deine Augen auf und sieh um-
her: Diese alle sind versammelt und kom-
men zu dir. So wahr ich lebe, spricht der
HERR: du sollst mit diesen allen wie mit
einem Schmuck angetan werden und wirst
sie als Gürtel um dich legen, wie eine
Braut es tut. *a* Kap 60,4
19 Denn dein wüstes, zerstörtes und ver-
heertes Land wird dir alsdann zu eng wer-
den, um darin zu wohnen, und deine Ver-
derber werden vor dir weichen,
20 so daß deine Söhne, du Kinderlose,
noch sagen werden vor deinen Ohren:
[a] Der Raum ist mir zu eng; mach mir Platz,
daß ich wohnen kann. *a* Kap 54,1
21 Du aber wirst sagen in deinem Herzen:
Wer hat mir diese geboren? Ich war un-
fruchtbar, einsam, vertrieben und versto-
ßen. Wer hat mir diese aufgezogen? Siehe,
ich war allein gelassen – wo waren denn
diese?
22 ¶ So spricht Gott der HERR: Siehe, ich
will meine Hand zu den Heiden hin erhe-
ben und für die Völker mein Banner auf-
richten. [a] Dann werden sie deine Söhne in
den Armen herbringen und deine Töchter
auf der Schulter hertragen. *a* Kap 60,4
23 Und Könige sollen deine Pfleger und
ihre Fürstinnen deine Ammen sein. [a] Sie
werden vor dir niederfallen zur Erde aufs
Angesicht und deiner Füße Staub lecken.
Da [b] wirst du erfahren, daß ich der HERR
bin, an dem nicht zuschanden werden, die
auf mich harren. *a* Ps 72,9 *b* Kap 60,16
24 ¶ Kann man auch einem Starken den
Raub wegnehmen? Oder kann man einem
Gewaltigen seine Gefangenen entreißen?
25 So aber spricht der HERR: [a] Nun sollen
die Gefangenen dem Starken weggenom-
men werden, und der Raub soll dem Ge-
waltigen entrissen werden. Ich selbst will
deinen Gegnern entgegentreten und dei-
nen Söhnen helfen. *a* Mt 12,29
26 Und ich will deine Schinder sättigen mit

ihrem eigenen Fleisch, und sie sollen von
ihrem eigenen Blut wie von süßem Wein
trunken werden. Und alles Fleisch soll er-
fahren, daß ich, der HERR, dein Heiland
bin und dein Erlöser, der Mächtige Jakobs.

Die Schuld liegt beim Volk

50 So spricht der HERR: Wo ist der
[a]Scheidebrief eurer Mutter, mit dem
ich sie entlassen hätte? Oder wer ist mein
Gläubiger, dem ich euch verkauft hätte?
Siehe, [b]ihr seid um eurer Sünden willen
verkauft, und eure Mutter ist um eurer
Abtrünnigkeit willen entlassen.

a Kap 54,6; 5.Mose 24,1 *b* Kap 52,3

2 Warum kam ich, und niemand war da?
Warum rief ich, und niemand antwortete?
[a]Ist mein Arm nun so kurz geworden, daß
er nicht mehr erlösen kann? Oder ist bei
mir keine Kraft mehr, zu erretten? Siehe,
mit meinem Schelten [b]mache ich das
Meer trocken und die Wasserströme zur
Wüste, daß ihre Fische vor Mangel an
Wasser stinken und vor Durst sterben.

a Kap 59,1; 4.Mose 11,23 *b* 2.Mose 14,21

3 Ich kleide den Himmel mit Dunkel und
hülle ihn in Trauer.

Der Knecht Gottes im Leiden

(vgl. Kap 42,1-4)

4 **Gott der HERR hat mir eine Zunge gege-
ben, wie sie Jünger haben, daß ich wisse,
mit den Müden zu rechter Zeit zu reden.
Alle Morgen weckt er mir das Ohr, daß ich
höre, wie Jünger hören.**
5 [a]Gott der HERR hat mir das Ohr geöff-
net. Und ich bin nicht ungehorsam und
weiche nicht zurück. *a* Ps 40,7
6 **Ich [a]bot meinen Rücken dar denen, die
mich schlugen, und meine Wangen denen,
die mich rauften. [b]Mein Angesicht ver-
barg ich nicht vor Schmach und Speichel.**

a Joh 19,1 *b* Mt 26,67.68

7 Aber Gott der HERR hilft mir, darum
werde ich nicht zuschanden. Darum [a]hab
ich mein Angesicht hart gemacht wie
einen Kieselstein; denn ich weiß, daß ich
nicht zuschanden werde. *a* Hes 3,8.9
8 Er ist nahe, der mich [a]gerecht spricht;
wer will mit mir rechten? Laßt uns zusam-
men vortreten! Wer will mein Recht an-
fechten? Der komme her zu mir!

a Röm 8,33

9 Siehe, Gott der HERR hilft mir; wer will
mich verdammen? Siehe, sie alle werden
wie Kleider zerfallen, die die Motten fres-
sen.
10 ¶Wer ist unter euch, der den HERRN
fürchtet, der der Stimme seines Knechts
gehorcht, der im Finstern wandelt und
dem kein Licht scheint? Der hoffe auf den
Namen des HERRN und verlasse sich auf
seinen Gott!
11 Siehe, ihr alle, die ihr ein Feuer anzün-
det und Brandpfeile zurüstet, geht hin in
die Glut eures Feuers und in die Brand-
pfeile, die ihr angezündet habt! Das wider-
fährt euch von meiner Hand; in Schmer-
zen sollt ihr liegen.

Gottes ewiges Heil für Israel

51 Hört mir zu, [a]die ihr der Gerechtig-
keit nachjagt, die ihr den HERRN
sucht: Schaut den Fels an, aus dem ihr
gehauen seid, und [b]des Brunnens Schacht,
aus dem ihr gegraben seid.

a Kap 48,1 *b* 5.Mose 33,28

2 Schaut Abraham an, euren Vater, und
Sara, von der ihr geboren seid. Denn [a]als
einen einzelnen berief ich ihn, um ihn zu
segnen und zu mehren.

a Kap 41,8; 1.Mose 12,1.2

3 Ja, der HERR tröstet Zion, er tröstet alle
ihre Trümmer und macht ihre Wüste wie
Eden und ihr dürres Land wie den [a]Gar-
ten des HERRN, daß man Wonne und
Freude darin findet, Dank und Lobge-
sang. *a* 1.Mose 2,8
4 Merkt auf mich, ihr Völker, und ihr
Menschen, hört mir zu! Denn Weisung
wird von mir ausgehen, und mein Recht
will ich gar bald zum Licht der Völker
machen.
5 Denn meine Gerechtigkeit ist nahe,
mein Heil tritt hervor, und meine Arme
werden die Völker richten. [a]Die Inseln
harren auf mich und warten auf meinen
Arm. *a* Kap 42,4
6 Hebt eure Augen auf gen Himmel und
schaut unten auf die Erde! Denn [a]der
Himmel wird wie ein Rauch vergehen und
die Erde wie ein Kleid zerfallen, und die
darauf wohnen, werden wie Mücken da-
hinsterben. Aber mein Heil bleibt ewig-
lich, und meine Gerechtigkeit wird nicht
zerbrechen. *a* Ps 102,26.27; Mt 24,35
7 Hört mir zu, die ihr die Gerechtigkeit

kennt, du Volk, in dessen Herzen mein
Gesetz ist! [a]Fürchtet euch nicht, wenn
euch die Leute schmähen, und entsetzt
euch nicht, wenn sie euch verhöhnen!
a Mt 5,11

8 Denn die Motten werden sie fressen wie
ein Kleid, und Würmer werden sie fressen
wie ein wollenes Tuch. Aber meine Ge-
rechtigkeit bleibt ewiglich und mein Heil
für und für.

Der HERR greift ein mit Macht und Trost

9 Wach auf, wach auf, zieh Macht an, du
Arm des HERRN! Wach auf, wie vor alters
zu Anbeginn der Welt! Warst du es nicht,
der [a]Rahab zerhauen und den Drachen
durchbohrt hat? a Ps 89,11
10 Warst du es nicht, der das Meer aus-
trocknete, die Wasser der großen Tiefe,
der den Grund des Meeres zum Wege
machte, daß die Erlösten hindurchgin-
gen?[a] a 2.Mose 14,21.22
11 So werden die Erlösten des HERRN
heimkehren und nach Zion kommen mit
Jauchzen, und ewige Freude wird auf ih-
rem Haupte sein. Wonne und Freude wer-
den sie ergreifen, aber Trauern und Seuf-
zen wird von ihnen fliehen.[a] a Kap 35,10
12 ¶Ich, ich bin euer Tröster! Wer bist du
denn, [a]daß du dich vor Menschen gefürch-
tet hast, die doch sterben, und vor Men-
schenkindern, die [b]wie Gras vergehen,
a Ps 56,5; Mt 10,28 b Kap 40,1.6
13 und hast des HERRN vergessen, der dich
gemacht hat, der [a]den Himmel ausgebrei-
tet und die Erde gegründet hat, und hast
dich ständig gefürchtet den ganzen Tag vor
dem Grimm des Bedrängers, als er sich
vornahm, dich zu verderben? Wo ist nun
der Grimm des Bedrängers? a Kap 44,24
14 Der Gefangene wird eilends losgege-
ben, daß er nicht sterbe und begraben
werde und daß er keinen Mangel an Brot
habe.
15 Denn ich bin der HERR, dein Gott, [a]der
das Meer erregt, daß seine Wellen wüten –
sein Name heißt HERR Zebaoth –;
a Jer 31,35
16 ich habe mein Wort in deinen Mund
gelegt und habe dich unter dem Schatten
meiner Hände geborgen, auf daß ich den
Himmel von neuem ausbreite und die
Erde gründe und zu Zion spreche: Du bist
mein Volk.

Weckruf Gottes an das erniedrigte Jerusalem

17 Werde wach, werde wach, steh auf, Je-
rusalem, die du getrunken hast von der
Hand des HERRN den Kelch seines Grim-
mes! [a]Den Taumelkelch hast du ausge-
trunken, den Becher geleert.
a Ps 60,5; 75,9; Jer 13,12.13; Offb 16,19
18 Es war niemand von allen Söhnen, die
sie geboren hat, der sie leitete, niemand
von allen Söhnen, die sie erzogen hat, der
sie bei der Hand nahm.
19 Dies beides ist dir begegnet – wer trug
Leid um dich? –: Verwüstung und Scha-
den, Hunger und Schwert; – wer hat dich
getröstet?
20 Deine Söhne [a]lagen auf allen Gassen
verschmachtet wie ein Hirsch im Netz, ge-
troffen vom Zorn des HERRN und vom
Schelten deines Gottes. a Klgl 2,11.19
21 Darum höre dies, du Elende, die du
trunken bist, doch nicht von Wein!
22 So spricht dein Herrscher, der HERR,
und dein Gott, der die Sache seines Volks
führt: Siehe, ich nehme den Taumelkelch
aus deiner Hand, den Becher meines
Grimmes. Du sollst ihn nicht mehr trin-
ken,
23 sondern ich will ihn deinen Peinigern
in die Hand geben, die zu dir sprachen:
Wirf dich nieder, daß wir darüberhin ge-
hen! Und [a]du machtest deinen Rücken
dem Erdboden gleich und wie eine Gasse,
daß man darüberhin laufe. a Ps 129,3

Gott ruft sein Volk in die Freiheit

52 Wach auf, wach auf, Zion, zieh an
deine Stärke! Schmücke dich herr-
lich, Jerusalem, du heilige Stadt! Denn es
wird hinfort kein Unbeschnittener oder
Unreiner zu dir hineingehen.
2 Schüttle den Staub ab, steh auf, Jerusa-
lem, du Gefangene! Mach dich los von
den Fesseln deines Halses, du gefangene
Tochter Zion!
3 Denn so spricht der HERR: [a]Ihr seid um-
sonst verkauft, ihr sollt auch ohne Geld
ausgelöst werden. a Kap 50,1
4 ¶So spricht Gott der HERR: [a]Mein Volk
zog einst hinab nach Ägypten, daß es dort
ein Fremdling wäre; [b]auch Assur hat ihm
ohne Grund Gewalt angetan.
a 1.Mose 46,5.6 b 2.Kön 17,6
5 Aber nun, was habe ich hier zu schaf-

fen? spricht der HERR. Mein Volk ist um-
sonst weggeführt; seine Tyrannen prahlen,
spricht der HERR, und [a]mein Name wird
immer den ganzen Tag gelästert.
a Hes 36,20
6 Darum soll an jenem Tag mein Volk
meinen Namen erkennen, daß ich es bin,
der da spricht: Hier bin ich!

Die frohe Botschaft

7 **Wie [a]lieblich sind auf den Bergen die
Füße der Freudenboten, die da Frieden
verkündigen, Gutes predigen, Heil verkün-
digen, die da sagen zu Zion: Dein Gott ist
König!** *a* Kap 41,27; Nah 2,1; Röm 10,15
8 Deine [a]Wächter rufen mit lauter Stim-
me und rühmen miteinander; denn alle
Augen werden es sehen, wenn der HERR
nach Zion zurückkehrt. *a* Kap 62,6; Hes 3,17
9 Seid fröhlich und rühmt miteinander, ihr
Trümmer Jerusalems; denn der HERR hat
sein Volk getröstet und Jerusalem erlöst.
10 Der HERR hat offenbart seinen heiligen
Arm vor den Augen aller Völker, daß aller
Welt Enden sehen das Heil unsres Gottes.
11 ¶Weicht, weicht, zieht aus von dort
und rührt nichts Unreines an! Geht weg
aus ihrer Mitte, reinigt euch, die ihr des
HERRN Geräte tragt!
12 Denn [a]ihr sollt nicht in Eile ausziehen
und in Hast entfliehen; denn [b]der HERR
wird vor euch herziehen und der Gott Is-
raels euren Zug beschließen.
a 2.Mose 12,11; 5.Mose 16,3 *b* 2.Mose 13,21

Das stellvertretende Leiden und die Herrlichkeit des Knechtes Gottes

(vgl. Kap 42,1-4)

13 Siehe, meinem Knecht wird's gelingen,
er wird erhöht und sehr hoch erhaben sein.
14 Wie sich viele über ihn entsetzten, weil
seine Gestalt häßlicher war als die anderer
Leute und sein Aussehen als das der Men-
schenkinder,
15 so wird er viele Heiden besprengen*,
daß auch Könige werden ihren Mund vor
ihm zuhalten. Denn [a]denen nichts davon
verkündet ist, die werden es nun sehen,
und die nichts davon gehört haben, die
werden es merken. *a* Kap 65,1; Röm 15,21
* Nach der griechischen Übersetzung: in Staunen setzen.

53 ¶Aber [a]wer glaubt dem, was uns
verkündet wurde, und wem ist der
[b]Arm des HERRN offenbart?
a Joh 12,38; Röm 10,16 *b* Kap 52,10
2 Er schoß auf vor ihm [a]wie ein Reis und
wie eine Wurzel aus dürrem Erdreich. Er
hatte keine Gestalt und Hoheit. Wir sahen
ihn, aber da war keine Gestalt, die uns
gefallen hätte. *a* Kap 11,1
3 Er war der [a]Allerverachtetste und Un-
werteste, voller Schmerzen und Krankheit.
Er war so verachtet, daß man das Ange-
sicht vor ihm verbarg; darum haben wir
ihn für nichts geachtet. *a* Ps 22,7.8; Mk 9,12
4 **Fürwahr, [a]er trug unsre Krankheit und
lud auf sich unsre Schmerzen. Wir aber
hielten ihn für den, der geplagt und von
Gott geschlagen und gemartert wäre.**
a Mt 8,17
5 **Aber er ist um unsrer Missetat* willen
verwundet und [a]um unsrer Sünde willen
zerschlagen. [b]Die Strafe liegt auf ihm, auf
daß wir Frieden hätten, und durch seine
Wunden sind wir geheilt.**
* Abfall, Abtrünnigkeit. *a* Röm 4,25 *b* 1.Petr 2,24
6 Wir [a]gingen alle in die Irre wie Schafe,
ein jeder sah auf seinen Weg. Aber [b]der
HERR warf unser aller Sünde auf ihn.
a 1.Petr 2,25 *b* 2.Kor 5,21
7 Als er gemartert ward, [a]litt er doch wil-
lig und tat seinen Mund nicht auf wie ein
[b]Lamm, das zur Schlachtbank geführt
wird; und wie ein Schaf, das verstummt
vor seinem Scherer, tat er seinen Mund
nicht auf.[c] *a* Mk 14,65 *b* Joh 1,29 *c* Apg 8,32
8 Er ist aus Angst und Gericht hinwegge-
nommen. Wer aber kann sein Geschick
ermessen? Denn er ist aus dem Lande der
Lebendigen weggerissen, da er für die
Missetat meines Volks geplagt war.
9 Und man gab ihm sein Grab bei Gottlo-
sen und bei Übeltätern*, als er gestorben
war, wiewohl er niemand Unrecht getan
hat und [a]kein Betrug in seinem Munde
gewesen ist. *a* 1.Petr 2,22; 1.Joh 3,5
* Der überlieferte hebr. Text hat hier: »bei Reichen«.
10 So wollte ihn der HERR zerschlagen mit
Krankheit.
¶Wenn er [a]sein Leben zum Schuldopfer
gegeben hat, [b]wird er Nachkommen ha-
ben und in die Länge leben, und des
HERRN Plan wird durch seine Hand gelin-
gen. *a* 3.Mose 5,15; Mt 20,28 *b* Ps 22,31
11 Weil seine Seele sich abgemüht hat,
wird er das Licht schauen und die Fülle
haben. Und [a]durch seine Erkenntnis wird
er, mein Knecht, der Gerechte, den Vie-
len Gerechtigkeit schaffen; denn [b]er trägt
ihre Sünden. *a* 1.Kor 1,30 *b* Joh 1,29

12 Darum will ich ihm die Vielen zur
Beute geben, und er soll die Starken zum
Raube haben, dafür daß er sein Leben in
den Tod gegeben hat und [a]den Übeltätern
gleichgerechnet ist und er die Sünde der
Vielen getragen hat und [b]für die Übeltäter
gebeten. *a* Mk 15,28; Lk 22,37 *b* Lk 23,33.34

Gott verheißt seinem Volk eine neue Gnadenzeit

54 Rühme, du Unfruchtbare, die du
nicht geboren hast! Freue dich mit
Rühmen und jauchze, die du nicht
schwanger warst! Denn die Einsame hat
mehr Kinder, als die den Mann hat, spricht
der HERR.[a] *a* Kap 49,20; Gal 4,27
2 Mache den Raum deines Zeltes weit
und breite aus die Decken deiner Wohn-
statt; spare nicht! Spann deine Seile lang
und stecke deine Pflöcke fest!
3 Denn du wirst dich ausbreiten zur Rech-
ten und zur Linken, und deine Nachkom-
men werden Völker beerben und verwü-
stete Städte neu bewohnen.
4 Fürchte dich nicht, denn du sollst nicht
zuschanden werden; schäme dich nicht,
denn du sollst nicht zum Spott werden,
sondern [a]du wirst die Schande deiner Ju-
gend vergessen und [b]der Schmach deiner
Witwenschaft nicht mehr gedenken.
a Ps 25,7 *b* Jer 51,5
5 Denn der dich gemacht hat, ist dein
Mann – HERR Zebaoth heißt sein Name –,
und dein Erlöser ist der Heilige Israels,
der aller Welt Gott genannt wird.
6 Denn der HERR hat dich zu sich gerufen
[a]wie eine verlassene und von Herzen be-
trübte Frau; und die Frau der Jugendzeit,
wie könnte sie verstoßen bleiben! spricht
dein Gott. *a* Kap 50,1
7 **Ich habe dich einen kleinen Augenblick
verlassen, aber mit großer Barmherzigkeit
will ich dich sammeln.**[a] *a* Ps 30,6
8 **Ich habe mein Angesicht [a]im Augenblick
des Zorns ein wenig vor dir verborgen,
aber mit ewiger Gnade will ich mich dei-
ner erbarmen, spricht der HERR, dein Erlö-
ser.** *a* Kap 60,10; Klgl 3,31.32
9 Ich halte es wie zur Zeit Noahs, [a]als ich
schwor, daß die Wasser Noahs nicht mehr
über die Erde gehen sollten. So habe ich
geschworen, daß ich nicht mehr über dich
zürnen und dich nicht mehr schelten
will. *a* 1.Mose 9,11-17
10 Denn **es sollen wohl Berge weichen und
Hügel hinfallen, aber meine Gnade soll
nicht von dir weichen, und [a]der Bund
meines Friedens soll nicht hinfallen,
spricht der HERR, dein Erbarmer.**
a Hes 37,26
11 ¶ [a]Du Elende, über die alle Wetter ge-
hen, die keinen Trost fand! Siehe, ich will
deine Mauern auf Edelsteine stellen und
will deinen Grund mit Saphiren legen
a (11 und 12) Offb 21,18-21
12 und deine Zinnen aus Kristallen ma-
chen und deine Tore von Rubinen und
alle deine Grenzen von erlesenen Steinen.
13 Und alle deine Söhne [a]sind Jünger des
HERRN, und großen Frieden haben deine
Söhne. *a* Joh 6,45
14 Du sollst auf Gerechtigkeit gegründet
sein. Du wirst ferne sein von Bedrückung,
denn du brauchst dich nicht zu fürchten,
und von Schrecken, denn er soll dir nicht
nahen.
15 Siehe, wenn man kämpft, dann kommt
es nicht von mir; wer gegen dich streitet,
wird im Kampf gegen dich fallen.
16 Siehe, ich habe den Schmied geschaf-
fen, der die Kohlen im Feuer anbläst und
Waffen macht nach seinem Handwerk;
und [a]ich habe auch den Verderber ge-
schaffen, um zu vernichten. *a* 2.Sam 24,16
17 Keiner Waffe, die gegen dich bereitet
wird, soll es gelingen, und jede Zunge, die
sich gegen dich erhebt, sollst du im Ge-
richt schuldig sprechen. Das ist das Erb-
teil der Knechte des HERRN, und ihre Ge-
rechtigkeit kommt von mir, spricht der
HERR.

Einladung zum Gnadenbunde Gottes

55 Wohlan, [a]alle, die ihr durstig seid,
kommt her zum Wasser! Und die
ihr kein Geld habt, kommt her, kauft und
eßt! Kommt her und kauft ohne Geld und
umsonst Wein und Milch!
a Joh 7,37; Offb 22,17
2 Warum zählt ihr Geld dar für das, was
kein Brot ist, und sauren Verdienst für das,
was nicht satt macht? Hört doch auf mich,
so werdet ihr Gutes essen und euch am
Köstlichen laben.
3 Neigt eure Ohren her und kommt her
zu mir! Höret, so werdet ihr leben! [a]Ich
will mit euch einen ewigen Bund schlie-
ßen, euch die beständigen Gnaden Davids
zu geben. *a* 2.Sam 7,8-16; Jer 31,31-34; Apg 13,34

4 Siehe, ich habe ihn den Völkern zum
Zeugen bestellt, zum Fürsten für sie und
zum Gebieter.
5 Siehe, du wirst Heiden rufen, die du
nicht kennst, und Heiden, die dich nicht
kennen, werden zu dir laufen um des
HERRN willen, deines Gottes, und des Hei-
ligen Israels, der dich herrlich gemacht
hat.

Gottes wunderbarer Weg

6 [a]Suchet den HERRN, solange er zu fin-
den ist; ruft ihn an, solange er nahe ist.
a Jer 29,13.14; Am 5,4
7 Der Gottlose [a]lasse von seinem Wege
und der Übeltäter von seinen Gedanken
und bekehre sich zum HERRN, so wird er
sich seiner erbarmen, und zu unserm
Gott, denn [b]bei ihm ist viel Vergebung.
a Hes 18,27; 33,11 b Ps 130,4
8 Denn **meine Gedanken sind nicht eure**
Gedanken, und [a]eure Wege sind nicht
meine Wege, spricht der HERR, a Röm 11,33
9 **sondern soviel der Himmel höher ist als**
die Erde, so sind auch meine Wege höher
als eure Wege und meine Gedanken als eure
Gedanken.
10 **Denn gleichwie der Regen und Schnee**
vom Himmel fällt und nicht wieder dahin
zurückkehrt, sondern feuchtet die Erde und
macht sie fruchtbar und läßt wachsen, daß
sie gibt Samen, zu säen, und Brot, zu essen,
11 **so soll das Wort, das aus meinem Munde**
geht, auch sein: [a]Es wird nicht wieder leer
zu mir zurückkommen, sondern wird tun,
was mir gefällt, und ihm wird gelingen,
wozu ich es sende. a Mt 13,8
12 Denn ihr sollt in Freuden ausziehen
und im Frieden geleitet werden. [a]Berge
und Hügel sollen vor euch her frohlocken
mit Jauchzen und alle Bäume auf dem
Felde in die Hände klatschen. a Kap 44,23
13 Es sollen Zypressen statt Dornen wach-
sen und Myrten statt Nesseln. Und dem
HERRN soll es zum Ruhm geschehen und
zum ewigen Zeichen, das nicht vergehen
wird.[a] a Kap 41,19.20

Die Gemeinde Gottes wächst über ihre Grenzen

56 So spricht der HERR: Wahrt das
Recht und übt Gerechtigkeit; denn
mein Heil ist nahe, daß es komme, und
meine Gerechtigkeit, daß sie offenbart
werde.
2 Wohl dem Menschen, der dies tut, und
dem Menschenkind, das daran festhält,
das [a]den Sabbat hält und nicht entheiligt
und seine Hand hütet, nichts Arges zu
tun! a Kap 58,13; 1.Mose 2,2.3;
2.Mose 16,23; 20,8; Jer 17,21.22
3 Und [a]der Fremde, der sich dem HERRN
zugewandt hat, soll nicht sagen: Der HERR
wird mich getrennt halten von seinem
Volk. Und der [b]Verschnittene soll nicht
sagen: Siehe, ich bin ein dürrer Baum.
a Kap 14,1 b 5.Mose 23,2
4 Denn so spricht der HERR: Den Ver-
schnittenen, die meine Sabbate halten und
erwählen, was mir wohlgefällt, und an mei-
nem Bund festhalten,
5 denen will ich in meinem Hause und in
meinen Mauern ein Denkmal und einen
Namen geben; das ist besser als Söhne
und Töchter. Einen ewigen Namen will
ich ihnen geben, der nicht vergehen soll.
6 Und die Fremden, die sich dem HERRN
zugewandt haben, ihm zu dienen und sei-
nen Namen zu lieben, damit sie seine
Knechte seien, alle, die den Sabbat halten,
daß sie ihn nicht entheiligen, und die an
meinem Bund festhalten,
7 die will ich zu meinem heiligen Berge
bringen und will sie erfreuen in meinem
Bethaus, und ihre Brandopfer und
Schlachtopfer sollen mir wohlgefällig sein
auf meinem Altar; denn [a]mein Haus wird
ein Bethaus heißen für alle Völker.
a Mk 11,17
8 Gott der HERR, der die Versprengten Is-
raels sammelt, spricht: Ich will noch mehr
zu der Zahl derer, die versammelt sind,
sammeln.

Klage über die Hirten des Volkes

9 Ihr [a]Tiere alle auf dem Felde, kommt
und freßt, ihr Tiere alle im Walde!
a Jer 12,9
10 Alle ihre [a]Wächter sind blind, sie wis-
sen alle nichts. Stumme Hunde sind sie,
die nicht bellen können, sie liegen und
jappen und schlafen gerne. a Hes 3,17; 33,6-9
11 Aber es sind [a]gierige Hunde, die nie
satt werden können. Das sind die Hirten,
die keinen Verstand haben; ein jeder sieht
auf seinen Weg, alle sind auf ihren Gewinn
aus und sagen: a Jer 6,13
12 Kommt her, ich will Wein holen, wir
wollen uns vollsaufen, und es soll morgen
sein wie heute und noch viel herrlicher!

Das Geschick der Frommen und der Gottlosen

57 Der Gerechte ist umgekommen,
und niemand ist da, der es zu Her-
zen nimmt, und [a]fromme Leute sind hin-
gerafft, und niemand achtet darauf. Ja, der
Gerechte ist weggerafft durch die Bos-
heit *a Mi 7,2*
2 und [a]geht zum Frieden ein. Es ruhen
auf ihren Lagern, die recht gewandelt
sind. *a 2.Kön 22,20; Dan 12,13*
3 ¶Ihr aber, tretet herzu, ihr Söhne der
Zauberin, ihr [a]Kinder des Ehebrechers
und der Hure! *a Hos 2,4*
4 [a]Mit wem wollt ihr euren Spott treiben?
Über wen wollt ihr das Maul aufsperren
und die Zunge herausstrecken? Seid ihr
nicht abtrünnige Kinder, ein verkehrtes
Geschlecht, *a (4-6) 2.Kön 16,3.4; Jer 2,20.23.24*
5 die ihr bei den Götzeneichen in Brunst
geratet, unter allen grünen Bäumen, und
die Kinder opfert in den Tälern unter den
Felsklippen?
6 Bei den glatten Steinen im Tal ist dein
Teil, sie sind dein Los. Ihnen hast du dein
Trankopfer ausgeschüttet, hast du Speis-
opfer geopfert. Deshalb kann ich mein Ur-
teil nicht ändern.
7 Du machtest dein Lager auf hohem, er-
habenem Berg und gingst dort hinauf, zu
opfern.
8 Und hinter die Tür und den Pfosten
setztest du dein Denkzeichen. Denn du
hast dich von mir abgewandt und aufge-
deckt dein Lager, es bestiegen und weit
gemacht. Du hast dich mit ihnen verbun-
den, liebtest ihr Lager und buhltest mit
ihnen.
9 Du bist mit Öl zum König gezogen und
mit viel köstlicher Salbe und hast deine
Boten in die Ferne gesandt und tief hinab
bis zum Totenreich.
10 Du hast dich abgemüht mit der Menge
deiner Wege und sprachst nicht: Das lasse
ich; sondern du fandest ja noch Leben in
deinen Gliedern, so wurdest du dessen
nicht müde.[a] *a Jer 2,25*
11 ¶Wen hast du gescheut und gefürch-
tet, daß du treulos wurdest und nicht an
mich dachtest und es nicht zu Herzen
nahmst? Ist es nicht so: [a]Weil ich schwieg
und mich verbarg, hast du mich nicht ge-
fürchtet? *a Ps 50,21*
12 Ich will aber deine Gerechtigkeit kund-
tun und deine Werke, daß sie dir nichts
nütze sind.
13 Wenn du rufen wirst, so sollen dir deine
vielen Götzen helfen. Aber der Wind wird
sie alle wegführen, und ein Hauch wird sie
wegnehmen. Doch [a]wer auf mich traut,
wird das Land erben und meinen heiligen
Berg besitzen. *a Ps 37,9-11*

Gott will seinem Volke Heil geben

14 Und er spricht: Machet Bahn, machet
Bahn! [a]Bereitet den Weg, räumt die An-
stöße aus dem Weg meines Volks!
a Kap 40,3; 62,10
15 Denn **so spricht [a]der Hohe und Erha-
bene, der ewig wohnt, dessen Name heilig
ist: Ich wohne in der Höhe und im Heilig-
tum und [b]bei denen, die zerschlagenen
und demütigen Geistes sind, auf daß ich
erquicke den Geist der Gedemütigten und
das Herz der Zerschlagenen.**
a Ps 113,5-9 b Kap 66,1.2; Ps 51,19
16 Denn [a]ich will nicht immerdar hadern
und nicht ewiglich zürnen; sonst würde
ihr Geist vor mir verschmachten und der
Lebensodem, den ich geschaffen habe.
a Ps 103,9
17 Ich war zornig über die Sünde ihrer
Habgier und schlug sie, verbarg mich und
zürnte. Aber sie gingen treulos die Wege
ihres Herzens.
18 Ihre Wege habe ich gesehen, aber ich
[a]will sie heilen und sie leiten und ihnen
wieder Trost geben; und denen, die da
Leid tragen, *a 2.Mose 15,26*
19 will ich Frucht der Lippen schaffen.
[a]Friede, Friede denen in der Ferne und
denen in der Nähe, spricht der HERR; [b]ich
will sie heilen. *a 4.Mose 6,26; Lk 2,14; Eph 2,17*
b 2.Mose 15,26; Jer 17,14
20 Aber die Gottlosen sind [a]wie das unge-
stüme Meer, das nicht still sein kann und
dessen Wellen Schlamm und Unrat aus-
werfen. *a Jud 13*
21 Die Gottlosen haben keinen Frieden,
spricht mein Gott.[a] *a Kap 48,22; Spr 28,1*

Falsches und echtes Fasten

58 Rufe getrost, halte nicht an dich! Er-
hebe deine Stimme wie eine Po-
saune und [a]verkündige meinem Volk
seine Abtrünnigkeit und dem Hause Ja-
kob seine Sünden! *a Mi 3,8*

2 Sie suchen mich täglich und begehren,
meine Wege zu wissen, als wären sie ein
Volk, das die Gerechtigkeit schon getan
und das Recht seines Gottes nicht verlas-
sen hätte. Sie fordern von mir Recht, sie
begehren, daß Gott sich nahe.[a]
a Kap 29,13.14
3 »Warum [a]fasten wir, und du siehst es
nicht an? Warum kasteien wir unseren
Leib, und du willst's nicht wissen?« –
Siehe, an dem Tag, da ihr fastet, geht ihr
doch euren Geschäften nach und bedrückt
alle eure Arbeiter. *a* Jer 14,12
4 Siehe, wenn ihr fastet, hadert und zankt
ihr und schlagt mit gottloser Faust drein.
Ihr sollt nicht so fasten, wie ihr jetzt tut,
wenn eure Stimme in der Höhe gehört
werden soll.
5 Soll das ein [a]Fasten sein, an dem ich
Gefallen habe, ein Tag, an dem man sich
kasteit, wenn ein Mensch seinen Kopf hän-
gen läßt wie Schilf und in Sack und Asche
sich bettet? Wollt ihr das ein Fasten nen-
nen und einen Tag, an dem der HERR
Wohlgefallen hat? *a* Sach 7,5.6; Mt 6,16-18
6 ¶Das aber ist ein Fasten, an dem ich
Gefallen habe: Laß los, die du mit Un-
recht gebunden hast, laß ledig, auf die du
das Joch gelegt hast! Gib frei, die du be-
drückst, reiß jedes Joch weg!
7 **Brich dem Hungrigen dein Brot, und die
im Elend ohne Obdach sind, führe ins
Haus! Wenn du einen nackt siehst, so kleide
ihn, und entzieh dich nicht deinem Fleisch
und Blut!**[a] *a* 5.Mose 15,11; Hes 18,7; Mt 25,35.36
8 Dann wird dein Licht hervorbrechen wie
die Morgenröte, und deine Heilung wird
schnell voranschreiten, und [a]deine Ge-
rechtigkeit wird vor dir hergehen, und [b]die
Herrlichkeit des HERRN wird deinen Zug
beschließen. *a* Ps 37,6 *b* Kap 52,12
9 Dann wirst du rufen, und der HERR wird
dir antworten. Wenn du schreist, wird er
sagen: Siehe, hier bin ich.[a]
¶Wenn du in deiner Mitte niemand un-
terjochst und nicht mit Fingern zeigst und
nicht übel redest, *a* Kap 30,19
10 sondern den Hungrigen dein Herz fin-
den läßt und den Elenden sättigst, dann
wird dein Licht in der Finsternis aufge-
hen, und dein Dunkel wird sein wie der
Mittag.
11 Und der HERR wird dich immerdar füh-
ren und dich sättigen in der Dürre und
dein Gebein stärken. Und du wirst sein
[a]wie ein bewässerter Garten und wie eine
Wasserquelle, der es nie an Wasser fehlt.
a Jer 31,12
12 Und es soll durch dich wieder aufge-
baut werden, was lange wüst gelegen hat,
und du wirst wieder aufrichten, was vor-
zeiten gegründet ward; [a]und du sollst hei-
ßen: »Der die Lücken zumauert und die
Wege ausbessert, daß man da wohnen
könne«. *a* Kap 61,4

Segen der Sabbatheiligung

13 Wenn du deinen Fuß am [a]Sabbat zu-
rückhältst und nicht deinen Geschäften
nachgehst an meinem heiligen Tage und
den Sabbat »Lust« nennst und den heili-
gen Tag des HERRN »Geehrt«; wenn du
ihn dadurch ehrst, daß du nicht deine
Gänge machst und nicht deine Geschäfte
treibst und kein leeres Geschwätz re-
dest, *a* Kap 56,2.4
14 dann wirst du deine Lust haben am
HERRN, und ich will dich über die Höhen
auf Erden gehen lassen und will dich spei-
sen mit dem Erbe deines Vaters Jakob;
denn des HERRN Mund hat's geredet.

Gott überwindet die Sünde seines Volkes

59 Siehe, [a]des HERRN Arm ist nicht zu
kurz, daß er nicht helfen könnte,
und seine Ohren sind nicht hart gewor-
den, so daß er nicht hören könnte,
a Kap 50,2
2 sondern eure Verschuldungen scheiden
euch von eurem Gott, und eure Sünden
verbergen sein Angesicht vor euch, daß
ihr nicht gehört werdet.
3 Denn [a]eure Hände sind mit Blut be-
fleckt und eure Finger mit Verschuldung;
eure Lippen reden Falsches, eure Zunge
spricht Bosheit. *a* Kap 1,15
4 Es ist niemand, der eine gerechte Sache
vorbringt, und niemand, der redlich rich-
tet. Man vertraut auf Nichtiges und redet
Trug; [a]mit Unheil sind sie schwanger und
gebären Verderben. *a* Ps 7,15
5 Sie brüten Natterneier und weben
Spinnweben. Ißt man von ihren Eiern, so
muß man sterben, zertritt man sie aber, so
fährt eine Schlange heraus.
6 Ihre Gewebe taugen nicht zu Kleidern,
und ihr Gespinst taugt nicht zur Decke.
Ihre Werke sind Unheilswerke, an ihren
Händen ist Frevel.

7 [a]Ihre Füße laufen zum Bösen, und sie
sind schnell dabei, [b]unschuldig Blut zu
vergießen. Ihre Gedanken sind Unheilsge-
danken, auf ihren Wegen wohnt Verder-
ben und Schaden.

a (7 und 8) Röm 3,15-17 *b* Spr 1,16; Jer 2,34

8 Sie kennen den Weg des Friedens nicht,
und Unrecht ist auf ihren Pfaden. Sie ge-
hen auf krummen Wegen; wer auf ihnen
geht, der hat keinen Frieden.
9 ¶Darum ist das Recht ferne von uns,
und die Gerechtigkeit kommt nicht zu uns.
Wir harren auf Licht, siehe, so ist's finster,
auf Helligkeit, siehe, so wandeln wir im
Dunkeln.
10 Wir tasten an der Wand entlang wie die
Blinden und tappen wie die, die keine Au-
gen haben. [a]Wir stoßen uns am Mittag
wie in der Dämmerung, wir sind im Dü-
stern wie die Toten. *a* 5.Mose 28,29
11 Wir brummen alle wie die Bären und
gurren wie die Tauben; denn wir harren
auf Recht, so ist's nicht da, auf Heil, so
ist's ferne von uns.
12 Denn wir sind zu oft von dir abgefallen,
und unsre Sünden zeugen gegen uns.
[a]Unsre Abtrünnigkeit steht uns vor Au-
gen, und wir kennen unsre Sünden:

a Jer 14,7

13 abtrünnig sein und den HERRN verleug-
nen und abfallen von unserm Gott, Frevel
reden und Ungehorsam, Lügenworte aus-
brüten und bedenkenlos daherreden.
14 Und das Recht ist zurückgewichen, und
die Gerechtigkeit hat sich entfernt; denn
die Wahrheit ist auf der Gasse zu Fall ge-
kommen, und die Aufrichtigkeit findet kei-
nen Eingang.
15 Und die Wahrheit ist dahin, und wer
vom Bösen weicht, muß sich ausplündern
lassen.
¶Das alles sieht der HERR, und es miß-
fällt ihm sehr, daß kein Recht ist.
16 Und [a]er sieht, daß niemand auf dem
Plan ist, und verwundert sich, daß nie-
mand ins Mittel tritt. Da hilft er sich selbst
mit seinem Arm, und seine Gerechtigkeit
steht ihm bei. *a* Hes 13,4.5
17 Er zieht Gerechtigkeit an wie einen
Panzer und setzt den Helm des Heils auf
sein Haupt und zieht an das Gewand der
Rache und kleidet sich mit Eifer wie mit
einem Mantel.
18 Nach den Taten wird er vergelten, mit
Grimm seinen Widersachern, mit Vergel-
tung seinen Feinden; ja, den Inseln will er
heimzahlen,
19 daß der Name des HERRN gefürchtet
werde bei denen vom Niedergang der
Sonne und seine Herrlichkeit bei denen
von ihrem Aufgang, wenn er kommen
wird wie ein reißender Strom, den der
Odem des HERRN treibt.
20 Aber [a]**für Zion wird er als Erlöser kom-
men und für die in Jakob, die sich von der
Sünde abwenden, spricht der HERR.**

a Röm 11,26

21 Und dies ist mein Bund mit ihnen,
spricht der HERR: Mein Geist, der auf dir
ruht, und [a]meine Worte, die ich in deinen
Mund gelegt habe, sollen von deinem
Mund nicht weichen noch von dem Mund
deiner Kinder und Kindeskinder, spricht
der HERR, von nun an bis in Ewigkeit.

a Jer 1,9

Zions zukünftige Herrlichkeit

60 **Mache dich auf, werde licht; denn
dein Licht kommt, und die Herrlich-
keit des HERRN geht auf über dir!**
2 **Denn siehe, Finsternis bedeckt das Erd-
reich und Dunkel die Völker; aber über dir
geht auf der HERR, und seine Herrlichkeit
erscheint über dir.**
3 Und [a]die Heiden werden zu deinem
Lichte ziehen und [b]die Könige zum Glanz,
der über dir aufgeht. *a* Kap 2,2.3 *b* Offb 21,24
4 ¶[a]Hebe deine Augen auf und sieh um-
her: Diese alle sind versammelt und kom-
men zu dir. [b]Deine Söhne werden von
ferne kommen und deine Töchter auf dem
Arme hergetragen werden.

a Kap 49,18 *b* Kap 49,22; 66,12

5 Dann wirst du deine Lust sehen und vor
Freude strahlen, und dein Herz wird erbe-
ben und weit werden, wenn sich die
Schätze der Völker am Meer zu dir keh-
ren und der Reichtum der Völker zu dir
kommt.
6 Denn die Menge der Kamele wird dich
bedecken, die jungen Kamele aus Midian
und Efa. Sie werden aus [a]Saba alle kom-
men, [b]Gold und Weihrauch bringen und
des HERRN Lob verkündigen.

a Ps 72,10 *b* Mt 2,1-11

7 Alle Herden von Kedar sollen zu dir ge-
bracht werden, und die Widder Nebajots
sollen dir dienen. Sie sollen als ein wohl-
gefälliges Opfer auf meinen Altar kom-

men; denn ich will das Haus meiner Herr-
lichkeit zieren.
8¶Wer sind die, die da fliegen wie die
Wolken und wie die Tauben zu ihren
Schlägen?
9Die [a]Inseln harren auf mich und die Tar-
sisschiffe vor allem, daß sie deine Söhne
von ferne herbringen samt ihrem Silber
und Gold für den Namen des HERRN,
deines Gottes, und [b]für den Heiligen Is-
raels, der dich herrlich gemacht hat.

a Kap 42,4 *b* Kap 55,5

10Fremde werden deine Mauern bauen,
und ihre Könige werden dir dienen. Denn
[a]in meinem Zorn habe ich dich geschla-
gen, aber in meiner Gnade erbarme ich
mich über dich. *a* Kap 54,8
11Deine Tore sollen stets offen stehen
und weder Tag noch Nacht zugeschlossen
werden, daß der Reichtum der Völker zu
dir gebracht und ihre Könige herzugeführt
werden.[a] *a* Offb 21,25.26
12Denn welche Völker oder Königreiche
dir nicht dienen wollen, die sollen um-
kommen und die Völker verwüstet wer-
den.
13Die Herrlichkeit des Libanon soll zu
dir kommen, Zypressen, Buchsbaum und
Kiefern miteinander, zu schmücken den
Ort meines Heiligtums; denn ich will die
Stätte meiner Füße herrlich machen.
14Es werden gebückt zu dir kommen, die
dich unterdrückt haben, und [a]alle, die dich
gelästert haben, werden niederfallen zu
deinen Füßen und dich nennen »Stadt des
HERRN«, »Zion des Heiligen Israels«.

a Kap 14,2

15¶Denn dafür, daß du [a]die Verlassene
und Ungeliebte gewesen bist, zu der nie-
mand hinging, will ich dich zur Pracht
ewiglich machen und zur Freude für und
für. *a* Kap 49,14
16Du sollst Milch von den Völkern sau-
gen, und der Könige Brust soll dich säu-
gen, [a]auf daß du erfahrest, daß ich, der
HERR, dein Heiland bin und ich, der Mäch-
tige Jakobs, dein Erlöser. *a* Kap 49,23
17Ich will Gold anstatt des Erzes und Sil-
ber anstatt des Eisens bringen und Erz an-
statt des Holzes und Eisen anstatt der
Steine. Und ich will zu deiner Obrigkeit
den Frieden machen und zu deinen Vög-
ten die Gerechtigkeit.
18Man soll nicht mehr von Frevel hören
in deinem Lande noch von Schaden oder
Verderben in deinen Grenzen, sondern
deine Mauern sollen »Heil« und deine
Tore »Lob« heißen.
19[a]Die Sonne soll nicht mehr dein Licht
sein am Tage, und der Glanz des Mondes
soll dir nicht mehr leuchten, sondern [b]der
HERR wird dein ewiges Licht und dein
Gott wird dein Glanz sein.

a Kap 24,23; Offb 21,23 *b* Offb 22,5

20Deine Sonne wird nicht mehr unterge-
hen und dein Mond nicht den Schein ver-
lieren; denn [a]der HERR wird dein ewiges
Licht sein, und die Tage deines Leidens
sollen ein Ende haben. *a* Joh 8,12; Jak 1,17
21Und dein Volk sollen lauter Gerechte
sein. Sie werden das Land ewiglich besit-
zen als der Sproß meiner Pflanzung und
als ein Werk meiner Hände mir zum
Preise.
22Aus dem Kleinsten sollen tausend wer-
den und aus dem Geringsten ein mäch-
tiges Volk. Ich, der HERR, will es zu seiner
Zeit eilends ausrichten.

Die frohe Botschaft von der kommenden Herrlichkeit

**61 Der [a]Geist Gottes des HERRN ist auf
mir, weil der HERR mich gesalbt hat.
[b]Er hat mich gesandt, den Elenden gute
Botschaft zu bringen, die zerbrochenen
Herzen zu verbinden, zu verkündigen den
Gefangenen die Freiheit, den Gebunde-
nen, daß sie frei und ledig sein sollen;**

a Kap 11,2 *b* Mt 11,5; Lk 4,18.19

**2zu verkündigen [a]ein gnädiges Jahr des
HERRN und [b]einen Tag der Vergeltung
unsres Gottes, zu trösten alle Trauern-
den,** *a* 3.Mose 25,10.13 *b* Kap 63,4
3zu schaffen den Trauernden zu Zion,
daß ihnen Schmuck statt Asche, Freuden-
öl statt Trauerkleid, Lobgesang statt eines
betrübten Geistes gegeben werden, daß sie
genannt werden »Bäume der Gerechtig-
keit«, »Pflanzung des HERRN«, ihm zum
Preise.
4Sie werden die alten Trümmer wieder
aufbauen und, was vorzeiten zerstört wor-
den ist, wieder aufrichten; sie werden die
verwüsteten Städte erneuern, die von Ge-
schlecht zu Geschlecht zerstört gelegen
haben.[a] *a* Kap 58,12
5[a]Fremde werden hintreten und eure
Herden weiden, und Ausländer werden
eure Ackerleute und Weingärtner sein.

a Kap 60,10

6 Ihr aber sollt [a] Priester des HERRN hei-
ßen, und man wird euch Diener unsres
Gottes nennen. Ihr werdet der Völker Gü-
ter essen und euch ihrer Herrlichkeit rüh-
men. a 2.Mose 19,6; 1.Petr 2,5.9
7 Dafür, daß mein Volk doppelte Schmach
trug und Schande ihr Teil war, sollen sie
doppelten Anteil besitzen in ihrem Lande
und ewige Freude haben.
8 ¶ Denn ich bin der HERR, der das Recht
liebt und Raub und Unrecht haßt; ich will
ihnen den Lohn in Treue geben und einen
[a] ewigen Bund mit ihnen schließen.
a Kap 54,10; 55,3
9 Und man soll ihr Geschlecht kennen un-
ter den Heiden und ihre Nachkommen un-
ter den Völkern, daß, wer sie sehen wird,
erkennen soll, daß sie ein Geschlecht sind,
gesegnet vom HERRN.
10 ¶ **Ich freue mich im HERRN, und meine
Seele ist fröhlich in meinem Gott; denn er
hat mir die [a] Kleider des Heils angezogen
und mich mit dem Mantel der Gerechtig-
keit gekleidet,** wie einen Bräutigam mit
priesterlichem Kopfschmuck geziert und
wie eine Braut, die in ihrem Geschmeide
prangt. a Mt 22,11.12
11 Denn gleichwie Gewächs aus der Erde
wächst und Same im Garten aufgeht, so
läßt Gott der HERR Gerechtigkeit aufge-
hen und Ruhm vor allen Heidenvölkern.

Die zukünftige Herrlichkeit Zions

62 Um Zions willen will ich nicht
schweigen, und um Jerusalems wil-
len will ich nicht innehalten, bis seine Ge-
rechtigkeit aufgehe wie ein Glanz und sein
Heil brenne wie eine Fackel,
2 daß die Heiden sehen deine Gerechtig-
keit und alle Könige deine Herrlichkeit.
Und du sollst mit einem [a] neuen Namen
genannt werden, welchen des HERRN
Mund nennen wird. a Kap 65,15; Offb 2,17
3 Und du wirst sein eine schöne [a] Krone
in der Hand des HERRN und ein könig-
licher Reif in der Hand deines Gottes.
a 2.Tim 4,8
4 Man soll dich nicht mehr nennen [a] »Ver-
lassene« und dein Land nicht mehr »Ein-
same«, sondern du sollst heißen »Meine
Lust« und dein Land »Liebe Frau«; denn
der HERR hat Lust an dir, und [b] dein Land
hat einen lieben Mann.
a Kap 54,6; 60,15 b Hos 2,21
5 Denn wie ein junger Mann eine Jung-
frau freit, so wird dich dein Erbauer freien,
und wie sich ein Bräutigam freut über die
Braut, so wird sich dein Gott über dich
freuen.
6 ¶ O Jerusalem, ich habe [a] Wächter über
deine Mauern bestellt, die den ganzen Tag
und die ganze Nacht nicht mehr schwei-
gen sollen. Die ihr den HERRN erinnern
sollt, ohne euch Ruhe zu gönnen,
a Kap 52,8
7 laßt ihm keine Ruhe, bis er Jerusalem
wieder aufrichte und es setze zum Lob-
preis auf Erden!
8 Der HERR hat geschworen bei seiner
Rechten und bei seinem starken Arm:
[a] Ich will dein Getreide nicht mehr deinen
Feinden zu essen geben noch deinen
Wein, mit dem du soviel Arbeit hattest,
die Fremden trinken lassen, a Kap 65,21.22
9 sondern die es einsammeln, sollen's
auch essen und den HERRN rühmen, und
die ihn einbringen, sollen ihn trinken in
den Vorhöfen meines Heiligtums.
10 ¶ Gehet ein, gehet ein durch die Tore!
Bereitet dem Volk den Weg! [a] Machet
Bahn, machet Bahn, räumt die Steine hin-
weg! Richtet ein Zeichen auf für die Völ-
ker! a Kap 57,14
11 Siehe, der HERR läßt es hören bis an
die Enden der Erde: Sagt der [a] Tochter
Zion: Siehe, dein Heil kommt! [b] Siehe, was
er gewann, ist bei ihm, und was er sich
erwarb, geht vor ihm her!
a Sach 9,9 b Kap 40,9.10
12 Man wird sie nennen »Heiliges Volk«,
[a] »Erlöste des HERRN«, und dich wird man
nennen »Gesuchte« und »Nicht mehr ver-
lassene Stadt«. a Kap 35,10

Gottes Gericht über Edom

63 Wer ist der, der von Edom kommt,
mit rötlichen Kleidern von [a] Bozra,
der so geschmückt ist in seinen Kleidern
und einherschreitet in seiner großen Kraft?
»Ich bin's, der in Gerechtigkeit redet, und
bin mächtig zu helfen.« a Kap 34,6
2 Warum ist denn dein Gewand so rotfar-
ben und dein Kleid wie das eines Kelter-
treters? [a] a Offb 19,13
3 »Ich [a] trat die Kelter allein, und niemand
unter den Völkern war mit mir. Ich habe
sie gekeltert in meinem Zorn und zertre-
ten in meinem Grimm. Da ist ihr Blut auf

meine Kleider gespritzt, und ich habe
mein ganzes Gewand besudelt.
a Joel 4,13; Offb 14,20

4 Denn ich hatte einen [a]Tag der Vergel-
tung mir vorgenommen; das Jahr, die Mei-
nen zu erlösen, war gekommen.
a Kap 13,9; 34,8; 61,2

5 Und ich sah mich um, aber da war kein
Helfer, und ich verwunderte mich, daß nie-
mand mir beistand. Da mußte mein Arm
mir helfen, und mein Zorn stand mir bei.
6 Und ich habe die Völker zertreten in
meinem Zorn und [a]habe sie trunken ge-
macht in meinem Grimm und ihr Blut auf
die Erde geschüttet.«
a Kap 51,17

Buß- und Bittgebet des Gottesvolkes

7 Ich will der Gnade des HERRN geden-
ken und der Ruhmestaten des HERRN in
allem, was uns der HERR getan hat, und
der großen Güte an dem Hause Israel, die
er ihnen erwiesen hat nach seiner Barm-
herzigkeit und großen Gnade.
8 Denn er sprach: Sie sind ja mein Volk,
[a]Söhne, die nicht falsch sind. Darum ward
er ihr Heiland
a 5.Mose 32,5.20

9 in aller ihrer Not. Nicht ein Engel und
nicht ein Bote, sondern [a]sein Angesicht
half ihnen. Er erlöste sie, weil er sie liebte
und Erbarmen mit ihnen hatte. Er nahm
sie auf und trug sie allezeit von alters
her.
a 2.Mose 33,14.15

10 Aber sie waren widerspenstig und be-
trübten seinen heiligen Geist; darum ward
er ihr Feind und stritt wider sie.
11 ¶ Da gedachte sein Volk wieder an die
vorigen Zeiten, an Mose: Wo ist denn nun,
der [a]aus dem Wasser zog den Hirten sei-
ner Herde? Wo ist, der [b]seinen heiligen
Geist in ihn gab?
a 2.Mose 2,5 *b* 4.Mose 11,17

12 Der seinen herrlichen Arm zur Rech-
ten des Mose gehen ließ? Der [a]die Wasser
spaltete vor ihnen her, auf daß er sich
einen ewigen Namen machte?
a 2.Mose 14,29

13 Der sie führte durch die Fluten, wie
Rosse, die in der Wüste nicht straucheln;
14 wie Vieh, das ins Tal hinabsteigt, so
brachte der Geist des HERRN uns zur
Ruhe. So hast du dein Volk geführt, auf
daß du dir einen herrlichen Namen mach-
test.
15 ¶ So schau nun vom Himmel und [a]sieh
herab von deiner heiligen, herrlichen
Wohnung! Wo ist nun dein Eifer und deine
Macht? Deine große, herzliche Barmher-
zigkeit hält sich hart gegen mich.
a 5.Mose 26,15

16 **Bist du doch unser Vater; denn Abraham
weiß von uns nichts, und Israel kennt uns
nicht. [a]Du, HERR, bist unser Vater; »Un-
ser Erlöser«, das ist von alters her dein
Name.**
a 5.Mose 32,6

17 Warum [a]läßt du uns, HERR, abirren von
deinen Wegen und unser Herz verstocken,
daß wir dich nicht fürchten? Kehr zurück
um deiner Knechte willen, um der Stäm-
me willen, die dein Erbe sind!
a Kap 57,17

18 Kurze Zeit haben sie dein heiliges Volk
vertrieben, [a]unsre Widersacher haben
dein Heiligtum zertreten.
a Ps 79,1

19 Wir sind geworden wie solche, über die
du niemals herrschtest, wie Leute, über
die dein Name nie genannt wurde.
¶ *Ach daß du den Himmel zerrissest
und führest herab, daß die Berge vor dir
zerflössen,

* Abweichende Verszählung statt 63,19b–64,11: 64,1-12.

64 wie Feuer Reisig entzündet und wie
Feuer Wasser sieden macht, daß
dein Name kundwürde unter deinen Fein-
den und die Völker vor dir zittern müß-
ten,
2 wenn du Furchtbares tust, das wir nicht
erwarten – und führest herab, daß die
Berge vor dir zerflössen! –
3 und das man von alters her nicht ver-
nommen hat. Kein Ohr hat gehört, kein
Auge hat gesehen einen Gott außer dir,
der so wohltut denen, die auf ihn har-
ren.[a]
a 1.Kor 2,9

4 Du begegnetest denen, die Gerechtig-
keit übten und auf deinen Wegen deiner
gedachten. Siehe, [a]du zürntest, als wir von
alters her gegen dich sündigten und ab-
trünnig wurden.
a 2.Mose 32,8-10

5 Aber nun sind wir alle wie die Unrei-
nen, und alle unsre Gerechtigkeit ist wie
ein beflecktes Kleid. Wir sind alle verwelkt
wie die Blätter, und unsre Sünden tragen
uns davon wie der Wind.
6 Niemand ruft deinen Namen an oder
macht sich auf, daß er sich an dich halte;
denn du hast dein Angesicht vor uns ver-
borgen und läßt uns vergehen unter der
Gewalt unsrer Schuld.
7 ¶ Aber nun, HERR, [a]du bist doch unser
Vater! [b]Wir sind Ton, du bist unser Töp-
fer, und wir alle sind deiner Hände
Werk.
a Kap 63,16 *b* Kap 45,9; Klgl 4,2; Röm 9,21

8 HERR, zürne nicht so sehr und gedenke
nicht ewig der Sünde! Sieh doch an, daß
wir alle dein Volk sind!
9 Deine heiligen Städte sind zur Wüste
geworden, Zion ist zur Wüste geworden,
Jerusalem liegt zerstört.
10 *a* Das Haus unsrer Heiligkeit und Herr-
lichkeit, in dem dich unsre Väter gelobt
haben, ist mit Feuer verbrannt, und alles,
was wir Schönes hatten, ist zuschanden
gemacht. *a* Ps 74,7
11 HERR, willst du bei alledem noch zö-
gern und schweigen und uns so sehr
niederschlagen?

Verstoßung der Abtrünnigen, gnädige Annahme der Getreuen

65 Ich ließ mich suchen von denen, die
nicht nach mir fragten, *a* ich ließ
mich finden von denen, die mich nicht
suchten. Zu einem Volk, das meinen Na-
men nicht anrief, sagte ich: Hier bin ich,
hier bin ich! *a* Röm 10,20
2 Ich streckte meine Hände aus den gan-
zen Tag nach einem ungehorsamen Volk,
das nach seinen eigenen Gedanken wan-
delt auf einem Wege, der nicht gut ist; *a*
a Röm 10,21
3 nach einem Volk, das mich beständig
ins Angesicht kränkt: Sie opfern in den
Gärten und räuchern auf Ziegelsteinen,
4 sie sitzen in Gräbern und bleiben über
Nacht in Höhlen, essen *a* Schweinefleisch
und haben Greuelsuppen in ihren Töp-
fen *a* Kap 66,17; 3.Mose 11,7
5 und sprechen: Bleib weg und rühr mich
nicht an, denn ich bin für dich heilig. Die
sollen ein Rauch werden in meiner Nase,
ein Feuer, das den ganzen Tag brennt.
6 Siehe, es steht vor mir geschrieben: Ich
will nicht schweigen, sondern heimzahlen;
ja, ich will es ihnen heimzahlen,
7 beides, ihre Missetaten und ihrer Väter
Missetaten miteinander, spricht der HERR,
die auf den Bergen geräuchert und mich
auf den Hügeln geschändet haben. Ja, ich
will ihnen heimzahlen ihr früheres Tun.
8 ¶ So spricht der HERR: Wie wenn man
noch Saft in der Traube findet und spricht:
Verdirb es nicht, denn es ist ein Segen
darin!, so will ich um meiner Knechte wil-
len tun, *a* daß ich nicht alles verderbe.
a Kap 6,13; 1.Mose 18,26-32
9 Ich will aus Jakob Nachkommen wach-
sen lassen und aus Juda Erben, die meine
Berge besitzen; meine Auserwählten sol-
len sie besitzen, und meine Knechte sol-
len auf ihnen wohnen.
10 Und meinem Volk, das nach mir fragt,
soll *a* Scharon eine Weide für die Herde
werden und das *b* Tal Achor ein Lagerplatz
für das Vieh. *a* Kap 33,9 *b* Jos 7,26
11 Aber ihr, die ihr den HERRN verlaßt und
meines heiligen Berges vergeßt und dem
Gad* einen Tisch zurichtet und dem
Meni* vom Trankopfer voll einschenkt, –
* Gad und Meni sind Schicksalsgötter.
12 wohlan, euch will ich dem Schwert
übergeben, daß ihr euch alle zur Schlach-
tung hinknien müßt; denn *a* ich rief, und
ihr habt nicht geantwortet, ich redete, und
ihr habt nicht gehört, sondern tatet, was
mir nicht gefiel, und erwähltet, wonach
ich kein Verlangen hatte. *a* Kap 66,4; Jer 7,13
13 ¶ Darum spricht Gott der HERR: Siehe,
a meine Knechte sollen essen, ihr aber sollt
hungern; siehe, meine Knechte sollen trin-
ken, ihr aber sollt dürsten. Siehe, meine
Knechte sollen fröhlich sein, ihr aber sollt
zuschanden werden; *a* Kap 55,1
14 siehe, meine Knechte sollen vor Her-
zenslust jauchzen, ihr aber sollt vor Her-
zeleid schreien und vor Jammer heulen.
15 Und ihr sollt euren Namen meinen
Auserwählten zum Fluch überlassen »Daß
dich Gott der HERR töte«; aber *a* meine
Knechte wird man mit einem andern Na-
men nennen. *a* Kap 62,2
16 Wer sich segnen wird auf Erden, der
wird sich im Namen des wahrhaftigen
Gottes segnen, und *a* wer schwören wird
auf Erden, der wird bei dem wahrhaftigen
Gott schwören. Denn die früheren Ängste
sind vergessen und vor meinen Augen ent-
schwunden. *a* Kap 19,18; Jer 4,2

Verheißung eines neuen Himmels und einer neuen Erde

17 **Denn siehe, *a* ich will einen neuen Him-
mel und eine neue Erde schaffen, daß man
der vorigen nicht mehr gedenken und sie
nicht mehr zu Herzen nehmen wird.**
a Kap 66,22; 2.Petr 3,13; Offb 21,1
18 *a* Freuet euch und seid fröhlich immer-
dar über das, was ich schaffe. Denn siehe,
ich will Jerusalem zur Wonne machen und
sein Volk zur Freude,
a (18 und 19) Kap 35,10; 25,8; Offb 21,4
19 und ich will fröhlich sein über Jerusa-
lem und mich freuen über mein Volk. Man

soll in ihm nicht mehr hören die Stimme
des Weinens noch die Stimme des Klagens.
20 Es sollen keine Kinder mehr da sein,
die nur einige Tage leben, oder Alte, die
ihre Jahre nicht erfüllen, sondern [a]als
Knabe gilt, wer hundert Jahre alt stirbt,
und wer die hundert Jahre nicht erreicht,
gilt als verflucht. *a* Sach 8,4
21 Sie werden Häuser bauen und bewohnen, sie werden Weinberge pflanzen und
[a]ihre Früchte essen. *a* Kap 62,8
22 Sie sollen nicht [a]bauen, was ein anderer bewohne, und nicht pflanzen, was ein
anderer esse. Denn die Tage meines Volks
werden sein [b]wie die Tage eines Baumes,
und ihrer Hände Werk werden meine Auserwählten genießen.
a 5.Mose 28,30 *b* Hiob 14,7
23 Sie sollen nicht umsonst arbeiten und
keine Kinder für einen frühen Tod zeugen; denn sie sind das Geschlecht der Gesegneten des HERRN, und ihre Nachkommen sind bei ihnen.
24 Und es soll geschehen: [a]ehe sie rufen,
will ich antworten; wenn sie noch reden,
will ich hören. *a* Kap 30,19; 58,9
25 [a]Wolf und Schaf sollen beieinander
weiden; der Löwe wird Stroh fressen wie
das Rind, aber [b]die Schlange muß Erde
fressen. Sie werden weder Bosheit noch
Schaden tun auf meinem ganzen heiligen
Berge, spricht der HERR.
a Kap 11,6-9 *b* 1.Mose 3,14

Strafe für allen selbsterwählten Gottesdienst

66 So spricht der HERR: [a]Der Himmel
ist mein Thron und die Erde der
[b]Schemel meiner Füße! [c]Was ist denn das
für ein Haus, das ihr mir bauen könntet,
oder welches ist die Stätte, da ich ruhen
sollte?
a 1.Kön 8,27 *b* Klgl 2,1; Apg 7,49 *c* Apg 17,24
2 Meine Hand hat alles gemacht, was da
ist, spricht der HERR. **Ich sehe aber auf den
Elenden und auf den, [a]der zerbrochenen
Geistes ist und der erzittert vor meinem
Wort.** *a* Kap 57,15; Ps 51,19
3 ¶Wer einen Stier schlachtet, gleicht
dem, der einen Mann erschlägt; wer ein
Schaf opfert, gleicht dem, der einem Hund
das Genick bricht; wer ein Speisopfer
bringt, gleicht dem, der Schweineblut
spendet; wer Weihrauch anzündet, gleicht
dem, der Götzen verehrt: wahrlich, wie
sie Lust haben an ihren eigenen Wegen
und ihre Seele Gefallen hat an ihren Greueln,[a] *a* 1.Sam 15,22.23
4 so will auch ich Lust daran haben, daß
ich ihnen wehe tue, und ich will über sie
kommen lassen, wovor ihnen graut. Denn
[a]ich rief, und niemand antwortete, ich redete, und sie hörten nicht und taten, was
mir nicht gefiel, und hatten ihre Lust an
dem, woran ich kein Wohlgefallen hatte.
a Kap 65,12

Das zukünftige Heil Jerusalems – das Gericht über die Gottlosen

5 Hört des HERRN Wort, die ihr erzittert
vor seinem Wort: Es sprechen eure Brüder, [a]die euch hassen und verstoßen um
meines Namens willen: »Laßt doch den
HERRN sich verherrlichen, daß wir eure
Freude mitansehen«, – doch sie sollen zuschanden werden. *a* Lk 6,22
6 Horch, Lärm aus der Stadt! Horch, vom
Tempel her! Horch, der HERR vergilt seinen Feinden!
7 Ehe sie Wehen bekommt, hat sie geboren; ehe sie in Kindsnöte kommt, ist sie
eines Knaben genesen.
8 Wer hat solches je gehört? Wer hat solches je gesehen? Ward ein Land an **einem**
Tage geboren? Ist ein Volk auf einmal zur
Welt gekommen? Kaum in Wehen, hat
Zion schon ihre Kinder geboren.
9 Sollte ich das Kind den Mutterschoß
durchbrechen und nicht auch geboren
werden lassen? spricht der HERR. Sollte
ich, der gebären läßt, den Schoß verschließen? spricht dein Gott.[a] *a* Kap 37,3
10 Freuet euch mit Jerusalem und seid
fröhlich über die Stadt, alle, die ihr sie
liebhabt! Freuet euch mit ihr, alle, die ihr
über sie traurig gewesen seid.
11 Denn nun [a]dürft ihr saugen und euch
satt trinken an den Brüsten ihres Trostes;
denn nun dürft ihr reichlich trinken und
euch erfreuen an dem Reichtum ihrer
Mutterbrust. *a* Kap 60,16
12 Denn so spricht der HERR: Siehe, ich
breite aus bei ihr den Frieden wie einen
Strom und [a]den Reichtum der Völker wie
einen überströmenden Bach. Ihre Kinder
sollen auf dem Arme getragen werden,
und auf den Knien wird man sie liebkosen. *a* Kap 60,4

[13]**Ich will euch trösten, [a]wie einen seine
Mutter tröstet;** ja, ihr sollt an Jerusalem
getröstet werden. *a* Ps 131,2
[14]Ihr werdet's sehen, und euer Herz wird
sich freuen, und euer Gebein soll grünen
wie Gras. Dann wird man erkennen die
Hand des HERRN an seinen Knechten und
den Zorn an seinen Feinden.
[15]¶Denn siehe, [a]der HERR wird kommen
mit Feuer und seine Wagen wie ein Wetter,
daß er vergelte im Grimm seines
Zorns und mit Schelten in Feuerflammen.
a Ps 50,3; Offb 19,11-15
[16]Denn der HERR wird durch Feuer die
ganze Erde richten und durch sein Schwert
alles Fleisch, und der vom HERRN Getöteten
werden viele sein.
[17]Die sich heiligen und reinigen für [a]das
Opfer in den Gärten dem einen nach, [b]der
in der Mitte ist, und Schweinefleisch essen,
greuliches Getier und Mäuse, die sollen
miteinander weggerafft werden, spricht
der HERR. *a* Kap 65,3-5 *b* Hes 8,11
[18]¶Ich kenne ihre Werke und ihre Gedanken
und komme, um alle Völker und
Zungen zu versammeln, daß sie kommen
und meine Herrlichkeit sehen.
[19]Und ich will ein Zeichen unter ihnen
aufrichten und einige von ihnen, die errettet
sind, zu den Völkern senden, nach
Tarsis, nach Put und Lud, nach Meschech
und Rosch, nach Tubal und Jawan und zu
den fernen Inseln, wo man nichts von mir
gehört hat und die meine Herrlichkeit
nicht gesehen haben; und [a]sie sollen
meine Herrlichkeit unter den Völkern verkündigen.
a Mt 28,19
[20]Und [a]sie werden alle eure Brüder aus
allen Völkern herbringen dem HERRN zum
Weihgeschenk auf Rossen und Wagen, in
Sänften, auf Maultieren und Dromedaren
nach Jerusalem zu meinem heiligen Berge,
spricht der HERR, gleichwie Israel die
Opfergaben in reinem Gefäße zum Hause
des HERRN bringt. *a* Kap 60,3-7
[21]Und ich will auch aus ihnen Priester
und Leviten nehmen, spricht der HERR.
[22]Denn wie [a]der neue Himmel und die
neue Erde, die ich mache, vor mir Bestand
haben, spricht der HERR, so soll auch
euer Geschlecht und Name Bestand haben.
a Kap 65,17
[23]Und alles Fleisch wird einen Neumond
nach dem andern und einen Sabbat nach
dem andern kommen, um vor mir anzubeten,
spricht der HERR.[a] *a* 4.Mose 10,10
[24]Und sie werden hinausgehen und
schauen die Leichname derer, die von mir
abtrünnig waren; denn [a]ihr Wurm wird
nicht sterben, und ihr Feuer wird nicht
verlöschen, und sie werden allem Fleisch
ein Greuel sein. *a* Mk 9,48

DER PROPHET JEREMIA

Inhaltsübersicht

1 Dies sind die Worte Jeremias, des
Sohnes Hilkijas, aus dem Priesterge-
schlecht zu [a]Anatot im Lande [b]Benja-
min. a Kap 11,21; Jos 21,18 b 5.Mose 33,12
2 Zu ihm geschah das Wort des HERRN
zur Zeit [a]Josias, des Sohnes Amons, des
Königs von Juda, im dreizehnten Jahr sei-
ner Herrschaft, a 2.Kön 21,24; 22,1
3 und hernach zur Zeit [a]Jojakims, des
Sohnes Josias, des Königs von Juda, bis
ans Ende des elften Jahres [b]Zedekias, des
Sohnes Josias, des Königs von Juda, bis
[c]Jerusalem weggeführt wurde im fünften
Monat.
a 2.Kön 23,34 b 2.Kön 24,17; 25,2-21 c Kap 39,9

Jeremias Berufung

4 Und des HERRN Wort geschah zu mir:
5 Ich kannte dich, ehe ich dich im Mutter-
leibe bereitete, und [a]sonderte dich aus,
ehe du von der Mutter geboren wurdest,
und bestellte dich zum Propheten für die
Völker. a Jes 49,1; Gal 1,15
6 Ich aber sprach: Ach, Herr HERR, [a]ich
tauge nicht zu predigen; denn ich bin zu
jung. a 2.Mose 4,10; Jes 6,5-7
7 Der HERR sprach aber zu mir: Sage
nicht: »Ich bin zu jung«, sondern du sollst
gehen, wohin ich dich sende, und predi-
gen alles, was ich dir gebiete.
8 Fürchte dich nicht vor ihnen; denn [a]ich
bin bei dir und will dich erretten, spricht
der HERR. a 2.Mose 3,12
9 Und der HERR streckte seine Hand aus
und rührte meinen Mund an und sprach
zu mir: Siehe, [a]ich lege meine Worte in
deinen Mund. a 2.Mose 4,12
10 Siehe, ich setze dich heute über Völker
und Königreiche, daß du [a]ausreißen und
einreißen, zerstören und verderben sollst
und bauen und pflanzen. a Kap 18,7-10
11 ¶Und es geschah des HERRN Wort zu
mir: Jeremia, was siehst du? Ich sprach:
Ich sehe einen erwachenden Zweig.
12 Und der HERR sprach zu mir: Du
hast recht gesehen; denn [a]ich will wachen
über meinem Wort, daß ich's tue.
a Kap 31,28
13 ¶Und es geschah des HERRN Wort zum
zweitenmal zu mir: Was siehst du? Ich
sprach: Ich sehe einen siedenden Kessel
überkochen von Norden her.
14 Und der HERR sprach zu mir: [a]Von
Norden her wird das Unheil losbrechen
über alle, die im Lande wohnen.
a Kap 4,6; 6,1.22; 10,22; 25,9; 50,41
15 Denn siehe, ich will rufen alle Völker
der Königreiche des Nordens, spricht der
HERR, daß sie kommen sollen und ihre
Throne setzen vor die Tore Jerusalems
und rings um die Mauern her und vor alle
Städte Judas.
16 Und ich will mein Gericht über sie er-
gehen lassen um all ihrer Bosheit willen,
daß sie mich verlassen und andern Göt-
tern opfern und ihrer Hände Werk anbe-
ten.
17 So gürte nun deine Lenden und mache
dich auf und predige ihnen alles, was ich
dir gebiete. Erschrick nicht vor ihnen,
auf daß ich dich nicht erschrecke vor ih-
nen!
18 Denn ich will dich heute zur festen
Stadt, zur eisernen Säule, zur [a]ehernen
Mauer machen im ganzen Lande wider
die Könige Judas, wider seine Großen, wi-
der seine Priester, wider das Volk des
Landes, a Kap 15,20; Hes 3,8.9
19 daß, wenn sie auch wider dich streiten,
sie dir dennoch nichts anhaben können;
denn ich bin bei dir, spricht der HERR, daß
ich dich errette.

Das untreue Gottesvolk

2 Und des HERRN Wort geschah zu mir:
2 Geh hin und predige öffentlich der Stadt Jerusalem und sprich: So spricht der HERR: Ich gedenke der Treue deiner Jugend und der Liebe deiner Brautzeit, wie du mir folgtest [a]in der Wüste, im Lande, da man nicht sät. *a* Hos 2,16; 13,5

3 Da war Israel [a]dem HERRN heilig, die [b]Erstlingsfrucht seiner Ernte. Wer davon essen wollte, machte sich schuldig, und Unheil mußte über ihn kommen, spricht der HERR.

a 2.Mose 28,36 *b* Am 6,1; Jak 1,18

4 ¶ Hört des HERRN Wort, ihr vom Hause Jakob und alle Geschlechter vom Hause Israel!

5 So spricht der HERR: [a]Was haben doch eure Väter Unrechtes an mir gefunden, daß sie von mir wichen und hingen den nichtigen Götzen an und wurden so zunichte, *a* Mi 6,3

6 und dachten niemals: Wo ist der HERR, der uns aus Ägyptenland führte und [a]leitete uns in der Wüste, im wilden, ungebahnten Lande, im dürren und finstern Lande, im Lande, das niemand durchwandert und kein Mensch bewohnt?

a 5.Mose 8,15

7 Und ich brachte euch in ein fruchtbares Land, [a]daß ihr äßet seine Früchte und Güter. Aber als ihr hineinkamt, [b]machtet ihr mein Land unrein und mein Eigentum mir zum Greuel. *a* 5.Mose 1,25 *b* Ri 2,1.2

8 Die Priester fragten nicht: Wo ist der HERR?, und die Hüter des Gesetzes achteten meiner nicht, und die Hirten des Volks wurden mir untreu, und die Propheten weissagten im Namen des Baal und hingen den Götzen an, die nicht helfen können.

9 Darum muß ich noch weiter mit euch und mit euren Kindeskindern rechten, spricht der HERR.

10 ¶ Denn geht hin zu den Inseln der Kittäer und schaut, und sendet nach Kedar und gebt genau acht und schaut, ob's daselbst so zugeht:

11 ob die Heiden ihre Götter wechseln, die doch keine Götter sind. Aber mein Volk hat [a]seine Herrlichkeit eingetauscht gegen einen Götzen, der nicht helfen kann! *a* Röm 1,23

12 Entsetze dich, Himmel, darüber, erschrick und erbebe gar sehr, spricht der HERR.

13 Denn **mein Volk tut eine zwiefache Sünde: mich, [a]die lebendige Quelle, verlassen sie und machen sich Zisternen, die doch rissig sind und kein Wasser geben.**

a Kap 17,13; Ps 36,10; Joh 7,38

14 ¶ Ist denn Israel ein Sklave oder unfrei geboren, daß er jedermanns Raub sein darf?

15 [a]Löwen brüllen über ihm, brüllen laut und verwüsten sein Land, und seine Städte werden verbrannt, so daß niemand darin wohnt. *a* Kap 4,7

16 Dazu scheren die Leute von [a]Memfis und Tachpanhes dir den Kopf kahl.

a Kap 44,1

17 Das alles hast du dir doch selbst bereitet, weil du den HERRN, deinen Gott, verläßt, sooft er dich den rechten Weg leiten will.

18 Was hilft's dir, daß du nach Ägypten ziehst und willst vom Nil trinken? Und was hilft's dir, daß du nach Assyrien ziehst und willst vom Euphrat trinken?

19 Deine Bosheit ist schuld, daß du so geschlagen wirst, und dein Ungehorsam, daß du so gestraft wirst. Und du mußt innewerden und erfahren, was es für Jammer und Herzeleid bringt, den HERRN, deinen Gott, zu verlassen und ihn nicht zu fürchten, spricht Gott, der HERR Zebaoth.

20 ¶ Denn von jeher hast du dein Joch zerbrochen und deine Bande zerrissen und gesagt: Ich will nicht unterworfen sein! Sondern [a]auf allen hohen Hügeln und unter allen grünen Bäumen triebst du Hurerei. *a* Jes 57,5; Hes 6,13

21 Ich aber [a]hatte dich gepflanzt als einen edlen Weinstock, ein ganz echtes Gewächs. [b]Wie bist du mir denn geworden zu einem schlechten, wilden Weinstock?

a Ps 80,9 *b* Jes 5,1-4

22 Und wenn du dich auch mit Lauge wüschest und nähmest viel Seife dazu, so bleibt doch der Schmutz deiner Schuld vor mir, spricht Gott der HERR.

23 ¶ Wie wagst du denn zu sagen: Ich bin nicht unrein, ich habe mich nicht an die Baale gehängt? Sieh doch, wie du es treibst im Tal, und bedenke, was du getan hast! Du läufst umher wie eine Kamelstute in der Brunst,

24 wie eine Wildeselin in der Wüste, wenn sie vor großer Brunst lechzt und läuft, daß

niemand sie aufhalten kann. Wer sie ha-
ben will, muß nicht weit laufen; er trifft sie
bald in dieser Zeit.
25 Schone doch deine Füße, daß sie nicht
wund werden, und deine Kehle, daß sie
nicht durstig werde. Aber du sprichst: Da
wird nichts draus; ich muß diese Fremden
lieben und ihnen nachlaufen.
26 ¶ Wie ein Dieb zuschanden wird, wenn
man ihn ergreift, so wird das Haus Israel
zuschanden werden samt seinen Königen,
Fürsten, Priestern und Propheten,
27 die zum Holz sagen: »Du bist mein Va-
ter« und zum Stein: »Du hast mich gebo-
ren«. Denn [a]sie kehren mir den Rücken
zu und nicht das Angesicht. Aber wenn
die Not über sie kommt, sprechen sie:
»Auf und hilf uns!« *a* Kap 7,24; 18,17; 32,33
28 [a]Wo sind denn deine Götter, die du dir
gemacht hast? Laß sie aufstehen; laß se-
hen, ob sie dir helfen können in deiner
Not! Denn [b]soviel Städte, soviel Götter
hast du, Juda.

a 5.Mose 32,37.38; Ri 10,14 *b* Kap 11,13

29 ¶ Wie könnt ihr rechten mit mir? Ihr
seid alle von mir abgefallen, spricht der
HERR.
30 Alle [a]meine Schläge sind vergeblich an
euren Söhnen, sie lassen sich doch nicht
erziehen; [b]euer Schwert frißt eure Prophe-
ten wie ein wütender Löwe.

a Jes 1,5 *b* Mt 5,12; 22,6; 23,37; Mk 12,5

31 ¶ Du böses Geschlecht, merke auf des
HERRN Wort! Bin ich denn für Israel eine
Wüste oder ödes Land? Warum spricht
denn mein Volk: »Wir sind freie Herren
und brauchen dir nicht mehr nachzulau-
fen«?
32 Vergißt wohl eine Jungfrau ihren
Schmuck oder eine Braut ihren Schleier?
Mein Volk aber vergißt mich seit endlos
langer Zeit.
33 Wie fein findest du Wege, dir Liebha-
ber zu suchen! Darum hast du dich auch
gewöhnt, auf bösen Wegen zu wandeln.
34 Auch findet man an deinen Kleidern
[a]das Blut von Armen und Unschuldigen,
die du nicht beim Einbruch ertappt hast,
sondern die alledem widerstanden.

a Kap 26,20-23; 2.Mose 23,7

35 Und doch sprichst du: Ich bin unschul-
dig; [a]er hat ja doch seinen Zorn von mir
gewandt. Siehe, ich will dich richten, weil
du sprichst: Ich habe nicht gesündigt.

a Jes 43,25.26

36 Was läufst du denn so leichtfertig bald
dahin, bald dorthin! Auch [a]an Ägypten
wirst du zuschanden werden, wie du an
Assyrien zuschanden geworden bist.

a 2.Kön 23,33-35; Jes 30,3

37 Denn du mußt auch von dort wegzie-
hen und deine Hände über dem Kopf zu-
sammenlegen; denn der HERR hat sie ver-
worfen, auf die du deine Hoffnung setz-
test, und es wird dir nicht mit ihnen gelin-
gen.

3 ¶ Und er sprach: [a]Wenn sich ein Mann
von seiner Frau scheidet und sie geht
von ihm und gehört einem andern, darf er
sie auch wieder annehmen? Ist's nicht so,
daß das Land unrein würde? Du aber hast
mit vielen gehurt und solltest wieder zu
mir kommen? spricht der HERR.

a 5.Mose 24,1-4

2 Hebe deine Augen auf zu den Höhen
und sieh, wo du allenthalben dich preisge-
geben hast! An den Wegen sitzt du und
lauerst auf sie wie ein Araber in der Wü-
ste und machst das Land unrein mit dei-
ner [a]Hurerei und Bosheit. *a* Hos 4,13
3 Darum muß auch der Frühregen aus-
bleiben, und kein Spätregen kommt. Aber
du hast eine Hurenstirn, du willst dich
nicht mehr schämen
4 und schreist jetzt zu mir: [a]»Lieber Va-
ter, du Vertrauter meiner Jugend!

a Vers 19; Kap 31,9; Jes 63,16

5 Willst du denn ewiglich zürnen und
nicht vom Grimm lassen?« Siehe, so re-
dest du und tust Böses und läßt dir nicht
wehren.

Schuldspruch und Verheißung über Israel und Juda

6 Und der HERR sprach zu mir zur Zeit
des Königs Josia: Hast du gesehen, was
Israel, die Abtrünnige, tat? Sie ging hin
[a]auf alle hohen Berge und unter alle grü-
nen Bäume und trieb dort Hurerei.

a Kap 2,20

7 [a]Und ich dachte, nachdem sie das alles
getan, würde sie zu mir zurückkehren.
Aber sie kehrte nicht zurück. Und obwohl
ihre Schwester Juda, die Treulose, gese-
hen hat, *a (7-9)* 2.Kön 17,18.19; Hes 23,2-11
8 wie ich Israel, die Abtrünnige, wegen
ihres Ehebruchs gestraft und sie entlassen
und ihr einen Scheidebrief gegeben habe,
scheut sich dennoch ihre Schwester, das

treulose Juda, nicht, sondern geht hin und
treibt auch Hurerei.
9 Und ihre leichtfertige Hurerei hat das
Land unrein gemacht; denn sie treibt Ehe-
bruch mit Stein und Holz.
10 Und auch in diesem allen bekehrt sich
das treulose Juda, ihre Schwester, nicht zu
mir von ganzem Herzen, sondern nur mit
Heuchelei, spricht der HERR.
11 ¶ Und der HERR sprach zu mir: Das
abtrünnige Israel steht gerechter da als das
treulose Juda.
12 Geh hin und rufe diese Worte nach
Norden und sprich: Kehre zurück, du ab-
trünniges Israel, spricht der HERR, so will
ich nicht zornig auf euch blicken. Denn
[a]ich bin gnädig, spricht der HERR, und will
nicht ewiglich zürnen. *a* 2.Mose 34,6
13 Allein erkenne deine Schuld, daß du
wider den HERRN, deinen Gott, gesündigt
hast und bist hin und her gelaufen zu den
fremden Göttern unter allen grünen Bäu-
men, und ihr habt meiner Stimme nicht
gehorcht, spricht der HERR.
14 ¶ Kehrt um, ihr abtrünnigen Kinder,
spricht der HERR, denn ich bin euer HERR!
Und ich will euch holen, [a]einen aus einer
Stadt und zwei aus einem Geschlecht, und
will euch bringen nach Zion. *a* Jes 6,13
15 Und ich will euch [a]Hirten geben nach
meinem Herzen, die euch weiden sollen
in Einsicht und Weisheit.

a Kap 23,3.4; Jes 44,28; Hes 34,23

16 [a]Und es soll geschehen, wenn ihr zahl-
reich geworden seid und euch ausgebrei-
tet habt im Lande, so soll man, spricht der
HERR, in jenen Tagen nicht mehr reden
von der Bundeslade des HERRN, ihrer
nicht mehr gedenken oder nach ihr fragen
und sie nicht mehr vermissen; auch wird
sie nicht wieder gemacht werden.

a (16 und 17) 4.Mose 10,33-36; 2.Kön 25,8.9; Hebr 4,14-16

17 Sondern zu jener Zeit wird man Jerusa-
lem nennen [a]»Des HERRN Thron«, und
[b]es werden sich dahin sammeln alle Hei-
den um des Namens des HERRN willen zu
Jerusalem, und sie werden nicht mehr
wandeln nach ihrem verstockten und bö-
sen Herzen. *a* 2.Mose 17,16 *b* Jes 2,2-4; Mi 4,2
18 In jenen Tagen wird das Haus Juda zum
Haus Israel gehen, und [a]sie werden mit-
einander heimkommen von Norden her
in das Land, das ich euren Vätern zum
Erbe gegeben habe. *a* Jes 11,11-13
19 ¶ Und ich dachte: Wie will ich dich hal-
ten, [a]als wärst du mein Sohn, und dir das
liebe Land geben, [b]den allerschönsten Be-
sitz unter den Völkern! Und ich dachte,
du würdest mich dann [c]»Lieber Vater«
nennen und nicht von mir weichen.

a 5.Mose 7,6; 32,6 *b* 5.Mose 8,7 *c* Vers 4

20 Aber das Haus Israel hat mir nicht
die Treue gehalten, gleichwie eine Frau
wegen ihres Liebhabers nicht die Treue
hält, spricht der HERR.

Israels Umkehr

21 Man hört ein klägliches Heulen und
Weinen der Israeliten [a]auf den Höhen,
weil sie übelgetan und den HERRN, ihren
Gott, vergessen haben. *a* Vers 2
22 Kehrt zurück, ihr abtrünnigen Kinder,
so will ich euch heilen von eurem Unge-
horsam.
¶ Siehe, wir kommen zu dir; denn du bist
der HERR, unser Gott.
23 Wahrlich, es ist ja nichts als Betrug mit
den Hügeln und mit dem Lärm auf den
Bergen. Wahrlich, es hat Israel keine an-
dere Hilfe als am HERRN, unserm Gott.
24 Der schändliche Baal hat gefressen, was
unsere Väter erworben hatten, von unsrer
Jugend an, ihre Schafe und Rinder, Söhne
und Töchter.
25 So müssen wir uns betten in unsere
Schande, und unsre Schmach soll uns be-
decken. Denn [a]wir haben gesündigt wider
den HERRN, unsern Gott, wir und unsere
Väter, von unsrer Jugend an bis auf den
heutigen Tag, und haben nicht gehorcht
der Stimme des HERRN, unseres Gottes.

a Kap 14,7.20

4 ¶ Willst du dich, Israel, bekehren,
spricht der HERR, so kehre dich zu mir!
Und wenn du deine greulichen Götzen
von meinem Angesicht wegtust, so
brauchst du nicht mehr umherzuschwei-
fen,
2 und wenn du ohne Heuchelei recht und
heilig [a]schwörst: »So wahr der HERR lebt«,
dann werden die Heiden in ihm gesegnet
werden und sich seiner rühmen.

a 5.Mose 10,20; Jes 65,16

3 Denn so spricht der HERR zu denen in
Juda und zu Jerusalem: [a]Pflüget ein
Neues und säet nicht unter die Dornen!

a Hos 10,12

4 [a]Beschneidet euch für den HERRN und
tut weg die Vorhaut eures Herzens, ihr
Männer von Juda und ihr Leute von Jeru-

salem, auf daß nicht [b]um eurer Bosheit
willen mein Grimm ausfahre wie Feuer
und brenne, so daß niemand löschen
kann. *a* Kap 9,25; 5.Mose 10,16; Röm 2,29; Kol 2,11
b Kap 6,7.10

Der Feind aus dem Norden wird das Land verheeren

5 Verkündet in Juda und schreit laut in
Jerusalem und sprecht: »Blast die Posaune
im Lande!« Ruft mit voller Stimme und
sprecht: »Sammelt euch und laßt uns in
die festen Städte ziehen!«
6 Richtet in Zion ein Fluchtzeichen auf;
flieht und säumet nicht! Denn ich bringe
[a]von Norden Unheil herzu und großen
Jammer. *a* Kap 1,14
7 Es steigt herauf der [a]Löwe aus seinem
Dickicht, und der Verderber der Völker
hat sich aufgemacht und ist ausgezogen
von seiner Stätte, dein Land zu verwüsten
und deine Städte zu verbrennen, so daß
niemand darin wohnt.
a Kap 2,15; 5,6; 25,38; 49,19; 50,44
8 Darum [a]zieht den Sack an, klagt und
heult; denn der grimmige Zorn des HERRN
will sich nicht von uns wenden.
a Kap 6,26
9 ¶ Zu der Zeit, spricht der HERR, wird
dem König und den Fürsten der Mut ent-
fallen, die Priester werden bestürzt und
die Propheten erschrocken sein.
10 Ich aber sprach: Ach, Herr HERR, du
hast dies Volk und Jerusalem sehr ge-
täuscht, als du sagtest: »Es wird [a]Friede
bei euch sein«, wo doch das Schwert uns
ans Leben geht! *a* Kap 6,14
11 ¶ Zu der Zeit wird man diesem Volk
und Jerusalem sagen: »Es kommt ein hei-
ßer Wind von den kahlen Höhen aus der
Wüste, geraden Weges zu der Tochter
meines Volks, nicht zum Worfeln noch
zum Sichten.«
12 Ja, ein Wind kommt auf mein Geheiß,
der ihnen zu stark sein wird; da will ich
dann mit ihnen rechten.
13 Siehe, er fährt daher wie Wolken, und
seine Wagen sind wie ein Sturmwind,
seine Rosse sind schneller als Adler. Weh
uns! Wir sind verloren!
14 So [a]wasche nun, Jerusalem, dein Herz
von der Bosheit, auf daß dir geholfen
werde. Wie lange wollen bei dir bleiben
deine heillosen Gedanken? *a* Kap 6,8; Jes 1,16
15 ¶ Horch! Es kommt ein Geschrei von
Dan her und eine böse Botschaft vom Ge-
birge Ephraim.
16 Sagt an den Völkern, verkündet in Je-
rusalem: Belagerer kommen aus fernen
Landen und erheben Kriegsgeschrei ge-
gen die Städte Judas.
17 Sie werden sich [a]um Jerusalem her la-
gern wie die Wächter auf dem Felde; denn
es hat mich erzürnt, spricht der HERR.
a Kap 1,15; 6,3
18 Das hast du zum Lohn für deinen Wan-
del und dein Tun. Das kommt von deiner
Bosheit, daß es so bitter um dich steht
und dir bis ans Herz dringt.
19 ¶ Wie ist mir so weh! Mein Herz pocht
mir im Leibe, und ich habe keine Ruhe;
denn ich höre der Posaune Hall, den Lärm
der Feldschlacht;
20 Niederlage auf Niederlage wird gemel-
det. Denn das ganze Land wird verheert,
plötzlich sind meine Hütten und meine
Zelte zerstört.
21 Wie lange soll ich noch das Fluchtzei-
chen sehen und der Posaune Hall hören?
22 Aber mein Volk ist toll und glaubt mir
nicht. Töricht sind sie und achten's nicht;
[a]weise sind sie genug, Übles zu tun, aber
rechttun wollen sie nicht lernen. *a* Jes 27,11
23 ¶ Ich schaute das Land an, siehe, [a]es
war wüst und öde, und den Himmel, und
er war finster. *a* 1.Mose 1,2
24 Ich sah die Berge an, und siehe, sie beb-
ten, und alle Hügel wankten.
25 Ich sah, und siehe, da war kein Mensch,
und alle Vögel unter dem Himmel waren
weggeflogen.
26 Ich sah, und siehe, das Fruchtland war
eine Wüste, und alle seine Städte waren
zerstört vor dem HERRN und vor seinem
grimmigen Zorn.
27 Denn so spricht der HERR: Das ganze
Land soll wüst werden, aber [a]ich will mit
ihm doch nicht ganz ein Ende machen.
a Kap 5,18; 10,24; 18,3-8; Am 9,8
28 Darum wird das Land betrübt und der
Himmel droben traurig sein; denn ich
hab's geredet, ich hab's beschlossen, und
es soll mich nicht gereuen, ich will auch
nicht davon ablassen.
29 ¶ Aus allen Städten werden sie vor dem
Geschrei der Reiter und Schützen fliehen
und in die dichten Wälder laufen und in
die Felsen kriechen. Alle Städte werden
verlassen stehen, so daß niemand darin
wohnt.

45 *Psalm*
Öl auf Leinwand; 200 x 96 cm; 1977; signiert;
Privatsammlung
(© Foto: Archives Ida Chagall, Paris)

46 *Dein Wort ist meines Fußes Leuchte (Psalm 119,105)*
Detail aus dem nördlichen Chorfenster; 1976-1984;
Pfarrkirche St. Stephan, Mainz
(© Foto: Kunstverlag Maria Laach)

47 *Der Baum des Lebens*
Glasfenster; 750 x 120 cm; 1974-1976;
Chapelle des Cordeliers, Sarrebourg
(© Foto: Mairie de Sarrebourg)

48 *Der Geiger (Der Sabbat)*
Öl auf Leinwand; 188 x 158,5 cm; 1912–1913; signiert;
Stedelijk Museum, Amsterdam
(© Foto: Stedelijk Museum)

30 Was willst du dann tun, du Überwäl-
tigte? Wenn du dich schon mit Purpur klei-
den und mit goldenen Kleinoden schmük-
ken und dein Angesicht schminken wür-
dest, so schmückst du dich doch vergeb-
lich. Die dir jetzt den Hof machen, wer-
den dich verachten, sie werden dir nach
dem Leben trachten.
31 Denn ich höre ein Geschrei wie von
einer Gebärenden, Angstrufe wie von
einer, die in den ersten Kindsnöten ist, ein
Geschrei der Tochter Zion, die da keucht
und die Hände ausbreitet: Ach, weh mir!
Ich muß vergehen vor den Würgern.

Dem sündigen Volk kann nicht mehr vergeben werden

5 Geht durch die Gassen Jerusalems
und schaut und merkt auf und [a]sucht
auf den Straßen der Stadt, ob ihr jemand
findet, der Recht übt und auf Wahrheit
hält, so will ich ihr gnädig sein.
a 1.Mose 18,22-32
2 Und wenn sie auch sprechen: Bei dem
lebendigen Gott!, so [a]schwören sie doch
falsch. *a* Kap 4,2
3 HERR, deine Augen sehen auf Wahrhaf-
tigkeit*. Du schlägst sie, aber sie fühlen's
nicht; [a]du machst fast ein Ende mit ihnen,
aber sie bessern sich nicht. [b]Sie haben ein
Angesicht, härter als ein Fels, und wollen
sich nicht bekehren.
a Kap 2,30; 7,28; 9,2 *b* Jes 48,4
* Luther übersetzte: »sehen nach dem Glauben«.
4 Ich aber dachte: Wohlan, es sind arme,
unverständige Leute und wissen nicht um
des HERRN Weg und um ihres Gottes
Recht.
5 Ich will zu den Großen gehen und mit
ihnen reden; die werden um des HERRN
Weg und ihres Gottes Recht wissen. Aber
[a]sie alle haben das Joch zerbrochen und
die Seile zerrissen. *a* Kap 2,20
6 Darum wird sie auch der [a]Löwe aus
dem Walde zerreißen, und der Wolf aus
der Steppe wird sie verderben, und der
Panther wird um ihre Städte lauern; alle,
die von da herausgehen, werden zer-
fleischt. Denn ihrer Sünden sind zu viele,
und sie bleiben in ihrem Ungehorsam.
a Kap 4,7
7 ¶ Wie soll ich dir denn gnädig sein?
Deine Söhne haben mich verlassen und
schwören bei dem, der nicht Gott ist. Als
ich sie satt gemacht hatte, trieben sie Ehe-
bruch und liefen ins Hurenhaus.
8 Ein jeder [a]wiehert nach seines Näch-
sten Frau wie die vollen, müßigen Heng-
ste. *a* Hes 22,11
9 Und ich sollte das an ihnen nicht heim-
suchen, spricht der HERR, und ich sollte
mich nicht rächen an einem Volk wie die-
sem?[a] *a* Vers 29; Kap 9,8
10 ¶ Stürmt ihre Weinberge hinauf und
zerstört die stützenden Mauern; aber ver-
wüstet sie nicht ganz! Reißt ihre Wein-
ranken weg; denn sie gehören nicht dem
HERRN!
11 Sie verachten mich, spricht der HERR,
das Haus Israel und das Haus Juda.
12 Sie verleugnen den HERRN und spre-
chen: »Das tut er nicht; so übel wird es
uns nicht gehen; Schwert und Hunger wer-
den wir nicht sehen.
13 Die Propheten sind Schwätzer und ha-
ben Gottes Wort nicht; es ergehe ihnen
selbst so!«
14 Darum spricht der HERR, der Gott Ze-
baoth: Weil ihr solche Reden führt, siehe,
so will ich meine Worte in deinem Munde
zu Feuer machen und dies Volk zu Brenn-
holz, daß es verzehrt werde.
15 ¶ Siehe, ich will über euch vom Hause
Israel [a]ein Volk von ferne her bringen,
spricht der HERR, ein Volk von uner-
schöpflicher Kraft, ein uraltes Volk, ein
Volk, [b]dessen Sprache du nicht verstehst,
und was sie reden, kannst du nicht ver-
nehmen. *a* Kap 6,22 *b* Jes 28,11
16 Seine Köcher sind wie offene Gräber;
es sind lauter Helden.
17 Sie werden deine Ernte und dein Brot
verzehren, sie werden deine Söhne und
Töchter fressen, sie werden deine Schafe
und Rinder verschlingen, sie werden deine
Weinstöcke und Feigenbäume verzehren;
deine festen Städte, auf die du dich ver-
läßt, werden sie mit dem Schwert einneh-
men.
18 Doch will ich, spricht der HERR, auch
zu jener Zeit mit euch [a]nicht ganz ein
Ende machen. *a* Kap 4,27
19 Und wenn sie sagen: Warum tut uns
der HERR, unser Gott, dies alles?, sollst du
ihnen antworten: Wie ihr mich verlaßt und
fremden Göttern dient in eurem eigenen
Lande, so sollt ihr auch Fremden dienen
in einem Lande, das nicht euer ist.[a]
a Kap 16,10-14

20¶ Verkündet im Hause Jakob und ruft
aus in Juda und sprecht:
21 Hört zu, ihr tolles Volk, das keinen Ver-
stand hat, [a]die da Augen haben und sehen
nicht, Ohren haben und hören nicht!
a Jes 6,9.10; Mk 8,18
22 Wollt ihr mich nicht fürchten, spricht
der HERR, und vor mir nicht erschrecken,
[a]der ich dem Meere den Sand zur Grenze
setze, darin es allezeit bleiben muß, dar-
über es nicht gehen darf? Und wenn es
auch aufwallt, so vermag es doch nichts;
und wenn seine Wellen auch toben, so
dürfen sie doch nicht darüber gehen.
a Ps 104,9
23 Aber dies Volk hat ein abtrünniges, un-
gehorsames Herz. Sie bleiben abtrünnig
und gehen ihrer Wege
24 und sprechen niemals in ihrem Herzen:
»Laßt uns doch den HERRN, unsern Gott,
fürchten, der uns [a]Frühregen und Spätre-
gen gibt zur rechten Zeit und uns die Ernte
treulich und jährlich gewährt.«
a 5.Mose 11,14
25 Aber [a]eure Verschuldungen verhindern
das, und eure Sünden halten das Gute von
euch fern. *a* Jes 59,2
26¶ Man findet unter meinem Volk Gott-
lose, die den Leuten nachstellen und Fal-
len zurichten, um sie zu fangen, wie's die
Vogelfänger tun.
27 Ihre Häuser sind voller Tücke, wie ein
Vogelbauer voller Lockvögel ist. Daher
sind sie groß und reich geworden,
28 fett und feist. Sie gehen mit bösen Din-
gen um; sie halten kein Recht, [a]der Wai-
sen Sache fördern sie nicht, daß ihnen ihr
Recht werde, und helfen den Armen nicht
zum Recht. *a* 2.Mose 22,21; Jes 1,17
29 Sollte ich das an ihnen nicht heimsu-
chen, spricht der HERR, und sollte ich
mich nicht rächen an einem Volk wie die-
sem?[a] *a* Vers 9
30 Es steht greulich und gräßlich im
Lande.
31 Die [a]Propheten weissagen Lüge, und
die Priester herrschen auf eigene Faust,
und mein Volk hat's gern so. Aber was
werdet ihr tun, wenn's damit ein Ende
hat? *a* Hes 13,6

Das wohlverdiente Gericht

6 Flieht, ihr Leute von Benjamin, aus Je-
rusalem und blast die Posaune in [a]Te-
koa und richtet ein Fluchtzeichen auf über
Bet-Kerem! Denn es droht [b]von Norden
Unheil und großer Jammer.
a Am 1,1 *b* Kap 1,14
2 Die Tochter Zion ist wie eine liebliche
Aue;
3 aber es werden Hirten über sie kommen
mit ihren Herden; [a]die werden Zelte auf-
schlagen rings um sie her und ein jeder
seinen Platz abweiden. *a* Kap 4,17
4 »Rüstet euch zum Krieg gegen sie!
Wohlauf, laßt uns hinaufziehen, solange
es noch heller Tag ist! Wehe, es will Abend
werden, und die Schatten werden lang!
5 Wohlan, laßt uns hinaufziehen bei Nacht
und ihre Paläste zerstören!«
6 Denn so spricht der HERR Zebaoth:
Fällt Bäume und werft einen Wall auf ge-
gen Jerusalem; denn es ist eine Stadt, die
heimgesucht werden soll. [a]Ist doch nichts
als Unrecht darin! *a* Kap 5,1
7 Denn wie ein Brunnen sein Wasser quel-
len läßt, so quillt auch ihre Bosheit. Frevel
und Gewalt hört man in ihr, und Morden
und Schlagen treiben sie täglich vor mir.
8 Beßre dich, Jerusalem, ehe sich mein
Herz von dir wende und ich dich zum wü-
sten Lande mache, darin niemand wohnt!
9¶ So spricht der HERR Zebaoth: Halte
Nachlese am Rest Israels wie am Wein-
stock, strecke deine Hand immer wieder
aus wie ein Winzer nach den Reben.
10 »Ach, mit wem soll ich noch reden, und
wem soll ich Zeugnis geben? Daß doch
jemand hören wollte! Aber [a]ihr Ohr ist
unbeschnitten; sie können's nicht hören.
Siehe, sie halten des HERRN Wort für Spott
und wollen es nicht haben.
a Kap 4,4; Apg 7,51
11 Darum bin ich von des HERRN Zorn so
voll, daß ich ihn nicht zurückhalten kann.«
So schütte ihn aus über die Kinder auf der
Gasse und über die Schar der jungen Män-
ner! Denn es sollen alle, Mann und Frau,
Alte und Hochbetagte, gefangen wegge-
führt werden.
12 Ihre Häuser sollen den Fremden zuteil
werden samt den Äckern und Frauen;
denn ich will meine Hand ausstrecken,
spricht der HERR, wider die Bewohner des
Landes.
13 [a]Denn sie gieren alle, klein und groß,
nach unrechtem Gewinn, und Propheten
und Priester gehen alle mit Lüge um
a (13-15) Kap 8,10-12; Hes 13,10.16; 1.Thess 5,3
14 und heilen den Schaden meines Volks

nur obenhin, indem sie sagen: »Friede!
Friede!«, und ist doch nicht Friede.
15 Sie werden mit Schande dastehen, weil
sie solche Greuel getrieben haben; aber
sie wollen sich nicht schämen und wissen
nichts von Scham. Darum sollen sie fallen
unter den Fallenden, und wenn ich sie
heimsuchen werde, sollen sie stürzen,
spricht der HERR.
16 ¶ So spricht der HERR: Tretet hin an die
Wege und schaut und fragt nach den Wegen der Vorzeit, welches der gute Weg sei,
und wandelt darin, [a] so werdet ihr Ruhe
finden für eure Seele! Aber sie sprechen:
Wir wollen's nicht tun! *a* Mt 11,29
17 Auch habe ich [a] Wächter über euch gesetzt: Achtet auf den Hall der Posaune!
Aber sie sprechen: Wir wollen's nicht
tun! *a* Hes 3,17
18 Darum höret, ihr Völker, und merkt auf
samt euren Leuten!
19 Du, Erde, höre zu! Siehe, ich will Unheil über dies Volk bringen, ihren verdienten Lohn, weil sie [a] auf meine Worte nicht
achten und mein Gesetz verwerfen.
a Jes 1,2
20 Was frage ich nach dem Weihrauch aus
Saba und nach dem köstlichen Gewürz,
das aus fernen Landen kommt? [a] Eure
Brandopfer sind mir nicht wohlgefällig,
und eure Schlachtopfer gefallen mir nicht.
a Ps 40,7; Jes 1,11-15
21 Darum spricht der HERR: Siehe, ich will
diesem Volk Anstöße in den Weg stellen,
daran sich Väter und Söhne zugleich stoßen und ein Nachbar mit dem andern umkommen soll.
22 ¶ So spricht der HERR: Siehe, es kommt
ein Volk von Norden, und [a] ein großes
Volk wird sich erheben vom Ende der
Erde. *a* Kap 5,15; 5.Mose 28,49
23 Sie führen Bogen und Speer, sind grausam und ohne Erbarmen. Sie brausen daher wie ein ungestümes Meer und reiten
auf Rossen, gerüstet als Kriegsleute, gegen dich, du Tochter Zion.[a] *a* Kap 50,42
24 Wir haben von ihnen gehört, und unsre
Arme sind uns niedergesunken; es ist uns
angst und weh geworden wie einer Gebärenden.
25 Niemand gehe hinaus auf den Acker,
niemand gehe über Land; denn es ist
[a] Schrecken um und um vor dem Schwert
des Feindes. *a* Kap 20,3
26 O Tochter meines Volks, [a] zieh den
Sack an und wälze dich im Staube! Trage
Leid wie um den einzigen Sohn und klage
bitterlich; denn der Verderber kommt
über uns plötzlich. *a* Kap 4,8; Am 8,10

Jeremia als Prüfer des Volkes

27 Ich habe dich zum Prüfer gesetzt für
mein Volk, daß du seinen Wandel erkennen und prüfen sollst.
28 Sie sind ganz und gar abtrünnig und
wandeln verleumderisch; [a] Erz und Eisen
sind sie; alle bringen sie Verderben.
a Hes 22,18
29 Der Blasebalg schnaubte, das Blei
wurde flüssig vom Feuer; aber das
Schmelzen war umsonst, denn die Bösen
sind nicht ausgeschieden.
30 Darum heißen sie »Verworfenes Silber«; denn [a] der HERR hat sie verworfen.
a 1.Kön 9,7

Die Tempelrede

(vgl. Kap 26)

7 Dies ist das Wort, das vom HERRN geschah zu Jeremia:
2 Tritt ins Tor am Hause des HERRN und
predige dort dies Wort und sprich: Höret
des HERRN Wort, ihr alle von Juda, die ihr
zu diesen Toren eingeht, den HERRN anzubeten!
3 So spricht der HERR Zebaoth, der Gott
Israels: [a] **Bessert euer Leben und euer Tun,
so will ich bei euch wohnen an diesem
Ort.*** *a* Kap 18,11; 25,5; 26,13; Jes 1,16

* Nach anderer Überlieferung: so will ich euch wohnen lassen an diesem Ort. (In gleicher Weise auch Vers 7.)

4 Verlaßt euch nicht auf Lügenworte,
wenn sie sagen: Hier ist des HERRN Tempel, hier ist des HERRN Tempel, hier ist
des HERRN Tempel!
5 Sondern bessert euer Leben und euer
Tun, daß ihr recht handelt einer gegen den
andern
6 und [a] keine Gewalt übt gegen Fremdlinge, Waisen und Witwen und nicht unschuldiges Blut vergießt an diesem Ort
und nicht andern Göttern nachlauft zu eurem eigenen Schaden, *a* Kap 5,28
7 so will ich immer und ewig bei euch
wohnen an diesem Ort, in dem Lande, das
ich euren Vätern gegeben habe.
8 Aber nun verlaßt ihr euch auf Lügenworte, die zu nichts nütze sind.
9 Ihr seid [a] Diebe, Mörder, Ehebrecher
und Meineidige und opfert dem Baal und

lauft fremden Göttern nach, die ihr nicht
kennt. *a* Hos 4,2
10 Und dann kommt ihr und tretet vor
mich in diesem Hause, das nach meinem
Namen genannt ist, und sprecht: Wir sind
geborgen, – und tut weiter solche Greuel.
11 Haltet ihr denn [a] dies Haus, das nach
meinem Namen genannt ist, für eine Räu-
berhöhle? Siehe, ich sehe es wohl, spricht
der HERR. *a* Mt 21,13
12 ¶ Geht hin an meine Stätte zu [a] Silo, wo
früher mein Name gewohnt hat, und
schaut, was ich dort getan habe wegen der
Bosheit meines Volks Israel.
a Jos 18,1; 1.Sam 4,4.12; Ps 78,60
13 Weil ihr denn lauter solche Dinge treibt,
spricht der HERR, und weil ich [a] immer
wieder zu euch redete und ihr nicht hören
wolltet und ich euch rief und ihr nicht
antworten wolltet, *a* Kap 25,3; Jes 65,12
14 so will ich mit dem Hause, das nach
meinem Namen genannt ist, auf das ihr
euch verlaßt, und mit der Stätte, die ich
euch und euren Vätern gegeben habe,
ebenso tun, wie ich mit Silo getan habe,
15 und will euch [a] von meinem Angesicht
verstoßen, wie ich verstoßen habe alle
eure Brüder, das ganze Geschlecht Eph-
raim. *a* 2.Kön 17,18.20.23

Gegen falschen Gottesdienst

16 Du [a] sollst für dies Volk nicht bitten und
sollst für sie weder Klage noch Gebet vor-
bringen, sie auch nicht vertreten vor mir;
denn ich will dich nicht hören.
a Kap 11,14; 14,11; 37,3; 42,2; 2.Mose 32,10.11; 1.Sam 12,23
17 [a] Siehst du nicht, was sie tun in den
Städten Judas und auf den Gassen Jerusa-
lems? *a (17 und 18)* Kap 19,13; 44,17.19; Jes 65,11
18 Die Kinder lesen Holz, die Väter zün-
den das Feuer an, und die Frauen kneten
den Teig, daß sie der Himmelskönigin Ku-
chen backen, und fremden Göttern spen-
den sie Trankopfer mir zum Verdruß.
19 Aber damit machen sie nicht mir Ver-
druß, spricht der HERR, sondern sich
selbst zu ihrer eigenen Schande.
20 Darum spricht Gott der HERR: Siehe,
mein Zorn und mein Grimm wird ausge-
schüttet über diese Stätte, über Menschen
und über Vieh, über die Bäume auf dem
Felde und über die Früchte des Landes;
der soll so brennen, daß niemand löschen
kann.
21 ¶ [a] So spricht der HERR Zebaoth, der
Gott Israels: Tut eure Brandopfer zu eu-
ren Schlachtopfern und freßt Fleisch!
a (21 und 22) 1.Sam 15,22; Ps 50,7-15; Hos 8,13; Mi 6,6-8
22 Ich aber habe euren Vätern an dem
Tage, als ich sie aus Ägyptenland führte,
nichts gesagt noch geboten von Brandop-
fern und Schlachtopfern;
23 sondern dies habe ich ihnen geboten:
Gehorcht meinem Wort, so [a] will ich euer
Gott sein, und ihr sollt mein Volk sein;
wandelt ganz auf dem Wege, den ich euch
gebiete, auf daß es euch wohlgehe.
a Kap 11,4; 24,7; 30,22; 31,1.33; 32,38; 3.Mose 26,12;
Hes 11,20; 14,11; 34,30; 37,27
24 Aber [a] sie wollten nicht hören noch ihre
Ohren mir zukehren, sondern wandelten
nach ihrem eignen Rat und nach ihrem
verstockten und bösen Herzen und kehr-
ten mir den Rücken zu und nicht das An-
gesicht. *a* Kap 11,8; Jes 65,2
25 [a] Ja, von dem Tage an, da ich eure Vä-
ter aus Ägyptenland führte, bis auf diesen
Tag habe ich immer wieder zu euch ge-
sandt alle meine Knechte, die Prophe-
ten. *a (25 und 26)* Kap 25,4
26 Aber [a] sie wollen mich nicht hören noch
ihre Ohren mir zukehren, sondern sind
halsstarrig und treiben es ärger als ihre Vä-
ter. *a* Kap 16,12
27 Und wenn du schon ihnen dies alles
sagst, so werden sie doch nicht auf dich
hören; rufst du sie, so werden sie dir nicht
antworten.
28 Darum sprich zu ihnen: Dies ist das
Volk, das auf die Stimme des HERRN,
seines Gottes, nicht hören noch sich bes-
sern will. [a] Die Wahrheit ist dahin und aus-
gerottet aus ihrem Munde. *a* Kap 5,1
29 ¶ [a] Schere deine Haare ab und wirf sie
von dir und wehklage auf den Höhen;
denn der HERR hat dies Geschlecht, über
das er zornig ist, verworfen und versto-
ßen. *a* Mi 1,16
30 Denn die Leute von Juda tun, was mir
mißfällt, spricht der HERR. [a] Sie haben ihre
Greuelbilder gesetzt in das Haus, das nach
meinem Namen genannt ist, um es unrein
zu machen, *a* Kap 32,34; 2.Kön 21,4.5
31 [a] und haben die Höhen des Tofet im Tal
Ben-Hinnom gebaut, um ihre Söhne und
Töchter zu verbrennen, was ich nie gebo-
ten habe und mir nie in den Sinn gekom-
men ist. *a (31-33)* Kap 19,5-7; 32,35; 3.Mose 18,21
32 Darum siehe, es kommt die Zeit,

spricht der HERR, daß man's nicht mehr
nennen wird »Tofet« und »Tal Ben-Hin-
nom«, sondern »Würgetal«. Und man wird
im Tofet begraben müssen, weil sonst kein
Raum mehr sein wird.
33 Und die [a]Leichname dieses Volks sol-
len den Vögeln des Himmels und den Tie-
ren des Feldes zum Fraß werden, ohne
daß sie jemand verscheuchen wird.
a Kap 9,21
34 Und [a]ich will in den Städten Judas und
auf den Gassen Jerusalems wegnehmen
den Jubel der Freude und Wonne und die
Stimme des Bräutigams und der Braut;
denn das Land soll wüst werden.
a Kap 16,9; 25,10; 33,11
8 ¶ Zu dieser Zeit, spricht der HERR, wird
man die Gebeine der Könige von Juda,
die Gebeine seiner Fürsten, die Gebeine
der Priester, die Gebeine der Propheten
und die Gebeine der Bürger Jerusalems
aus ihren Gräbern werfen
2 und wird sie hinstreuen der Sonne, dem
Mond und dem ganzen Heer des Him-
mels, die sie geliebt und [a]denen sie ge-
dient haben, denen sie nachgelaufen sind,
die sie befragt und angebetet haben. Sie
sollen nicht wieder aufgelesen und begra-
ben werden, sondern Dung auf dem Felde
sein. *a* 5.Mose 4,19
3 Und alle, die übriggeblieben sind von
diesem bösen Volk, werden an allen Or-
ten, wohin ich sie verstoße, lieber tot als
lebendig sein wollen, spricht der HERR
Zebaoth.

Gegen das verblendete Volk und seine Verführer

4 Sprich zu ihnen: So spricht der HERR:
Wo ist jemand, wenn er fällt, der nicht
gern wieder aufstünde? Wo ist jemand,
wenn er irregeht, der nicht gern wieder
zurechtkäme?
5 Warum will denn dies Volk zu Jerusa-
lem irregehen für und für? Sie halten so
fest am falschen Gottesdienst, daß sie
nicht umkehren wollen.
6 Ich sehe und höre, daß sie nicht die
Wahrheit reden. Es gibt niemand, dem
seine Bosheit leid wäre und der spräche:
Was hab ich doch getan! Sie laufen alle
ihren Lauf wie ein Hengst, der in der
Schlacht dahinstürmt.
7 **Der Storch unter dem Himmel weiß seine
Zeit, Turteltaube, Kranich und Schwalbe
halten die Zeit ein, in der sie wiederkom-
men sollen; aber [a]mein Volk will das Recht
des HERRN nicht wissen.** *a* Jes 1,3
8 ¶ Wie könnt ihr sagen: »Wir sind weise
und haben das Gesetz des HERRN bei
uns«? Ist's doch lauter Lüge, was die
Schreiber daraus machen.
9 Die Weisen müssen zuschanden, er-
schreckt und gefangen werden; denn was
können sie Weises lehren, wenn sie des
HERRN Wort verwerfen?
10 Darum will ich ihre Frauen den Frem-
den geben und ihre Äcker denen, durch
die sie verjagt werden. Denn [a]sie gieren
alle, klein und groß, nach unrechtem Ge-
winn; Priester und Propheten gehen mit
Lüge um *a* Kap 6,13-15; Jes 56,11
11 und heilen den Schaden meines Volks
nur obenhin, indem sie sagen: »Friede!
Friede!«, und ist doch nicht Friede.
12 Sie werden mit Schande dastehen, weil
sie solche Greuel getrieben haben; aber
sie wollen sich nicht schämen und wissen
nichts von Scham. Darum sollen sie fallen
unter den Fallenden, und wenn ich sie
heimsuchen werde, sollen sie stürzen,
spricht der HERR.
13 Ich will unter ihnen Lese halten, spricht
der HERR, so daß keine Trauben am Wein-
stock und keine Feigen am Feigenbaum
übrigbleiben, ja, auch die Blätter abfallen
sollen; und was ich ihnen gegeben habe,
das soll ihnen genommen werden.

Die Angst des Volkes und die Trauer des Propheten

14 »Wozu wollen wir noch da sitzen? Sam-
melt euch und laßt uns in die festen Städte
ziehen, daß wir dort umkommen. Denn
der HERR, unser Gott, wird uns umkom-
men lassen und [a]uns tränken mit einem
giftigen Trank, weil wir so gesündigt ha-
ben wider den HERRN. *a* Kap 9,14
15 Wir hofften, es sollte Friede werden,
aber es kommt nichts Gutes; wir hofften,
wir sollten heil werden, aber siehe, es ist
Schrecken da.[a] *a* Kap 14,19
16 Man hört ihre [a]Rosse schnauben von
Dan her, vom Wiehern ihrer Hengste er-
bebt das ganze Land. Sie fahren daher und
werden das Land auffressen mit allem, was
darin ist, die Stadt samt allen, die darin
wohnen.« *a* Kap 4,15
17 Denn siehe, ich will Schlangen und Nat-
tern unter euch senden, die nicht zu be-

schwören sind; die sollen euch stechen,
spricht der HERR.
18 ¶Was kann mich in meinem Jammer
erquicken? [a]Mein Herz in mir ist krank.
a Kap 4,19
19 Siehe, die Tochter meines Volks schreit
aus fernem Lande her: »Will denn der
HERR nicht mehr Gott sein in Zion, oder
soll es keinen König mehr haben?« Ja,
warum haben sie mich so erzürnt durch
ihre Bilder und fremde, nichtige Götzen?
20 »Die Ernte ist vergangen, der Sommer
ist dahin, und uns ist keine Hilfe gekom-
men!«
21 Mich jammert von Herzen, daß mein
Volk so ganz zerschlagen ist; ich gräme
und entsetze mich.
22 Ist denn [a]keine Salbe in Gilead, oder
ist kein Arzt da? Warum ist denn die Toch-
ter meines Volks nicht geheilt? a Kap 46,11
23 *Ach daß ich Wasser genug hätte in
meinem Haupte und [a]meine Augen Trä-
nenquellen wären, daß ich Tag und Nacht
[b]beweinen könnte die Erschlagenen mei-
nes Volks! a Kap 13,17 b Lk 19,41
* Abweichende Verszählung statt 8,23: 9,1.

Jeremias Klage über sein Volk

9 *Ach daß ich eine Herberge hätte in
der Wüste, so wollte ich mein Volk ver-
lassen und von ihnen ziehen! Denn es sind
lauter Ehebrecher und ein treuloser Haufe.
* Abweichende Verszählung statt 9,1-25: 9,2-26.
2 Sie schießen mit ihren Zungen lauter
Lüge und [a]keine Wahrheit und treiben's
mit Gewalt im Lande und gehen von einer
Bosheit zur andern, mich aber achten sie
nicht, spricht der HERR. a Kap 5,1
3 [a]Ein jeder hüte sich vor seinem Freunde
und traue auch seinem Bruder nicht; denn
ein Bruder überlistet den andern, und ein
Freund verleumdet den andern.
a (3 und 4) Kap 12,6; Ps 41,10; Mi 7,5.6
4 Ein Freund täuscht den andern, sie re-
den kein wahres Wort; sie haben sich
daran gewöhnt, daß einer den andern be-
trügt. Sie freveln, und es ist ihnen leid um-
zukehren.
5 Es ist allenthalben nichts als Trug unter
ihnen, und vor lauter Trug wollen sie mich
nicht kennen, spricht der HERR.
6 ¶Darum spricht der HERR Zebaoth:
Siehe, ich will sie schmelzen und prüfen;
denn was soll ich sonst tun, wenn ich an-
sehe die Tochter meines Volks?
7 Ihre falschen Zungen sind tödliche
Pfeile; [a]mit dem Munde reden sie freund-
lich zu ihrem Nächsten, aber im Herzen
lauern sie ihm auf. a Ps 12,3
8 Sollte ich das nicht heimsuchen an
ihnen, spricht der HERR, und sollte ich
mich nicht rächen an einem Volk wie die-
sem?[a] a Kap 5,9.29
9 ¶Ich muß über die Berge weinen und
heulen und über die Weidegründe in der
Steppe klagen; denn sie sind verödet, daß
niemand hindurchzieht und man auch
kein Vieh blöken hört. [a]Die Vögel des
Himmels und das Vieh sind geflohen und
fort. a Kap 4,25; 12,4
10 Und ich will [a]Jerusalem zu Steinhau-
fen und zur Wohnung der Schakale ma-
chen und will die Städte Judas zur Wüste
machen, daß niemand darin wohnen
soll. a Kap 26,18
11 ¶[a]Wer ist nun weise, daß er dies ver-
stünde, und zu wem spricht des HERRN
Mund, daß er verkündete, warum das
Land verdirbt und öde wird wie eine Wü-
ste, die niemand durchwandert? a Lk 19,42
12 Und der HERR sprach: Weil sie mein
Gesetz verlassen, das ich ihnen vorgelegt
habe, und meinen Worten nicht gehor-
chen, auch nicht danach leben,
13 sondern [a]folgen ihrem verstockten Her-
zen und den Baalen, wie ihre Väter sie
gelehrt haben, a Kap 7,24
14 darum spricht der HERR Zebaoth, der
Gott Israels: Siehe, ich will dies Volk [a]mit
Wermut speisen und [b]mit Gift tränken.
a Kap 23,15 b Kap 8,14
15 Ich will sie unter Völker zerstreuen, die
weder sie noch ihre Väter gekannt haben,
und [a]will das Schwert hinter ihnen her
schicken, bis es aus ist mit ihnen.
a 3.Mose 26,33
16 ¶So spricht der HERR Zebaoth: Gebt
acht und bestellt Klageweiber, daß sie
kommen, und schickt nach denen, die kla-
gen können,
17 daß sie herbeieilen und um uns klagen,
daß unsre Augen von Tränen rinnen und
unsre Augenlider von Wasser fließen.
18 Horch, man hört ein Klagegeschrei in
Zion: Ach, wie hat man uns Gewalt ange-
tan und wie sind wir zuschanden gewor-
den! Wir müssen das Land räumen; denn
sie haben unsre Wohnungen geschleift.
19 Ja, höret, ihr Frauen, des HERRN Wort,
und nehmt zu Ohren die Rede seines

Mundes! Lehrt eure Töchter klagen, und
eine lehre die andere dies Klagelied:
20 »Der Tod ist zu unsern Fenstern her-
eingestiegen und in unsere Häuser gekom-
men. Er würgt die Kinder auf der Gasse
und die jungen Männer auf den Plätzen.«
21 So spricht der HERR: [a] Die Leichen der
Menschen sollen liegen wie Dung auf dem
Felde und wie Garben hinter dem Schnit-
ter, die niemand sammelt.

a Kap 7,33; 14,16; 16,4; 25,33; Ps 79,2

Das rechte Rühmen

22 So spricht der HERR: **Ein Weiser rühme
sich nicht seiner Weisheit, ein Starker
rühme sich nicht seiner Stärke, ein Reicher
rühme sich nicht seines Reichtums.**
23 **Sondern [a] wer sich rühmen will, der
rühme sich dessen, daß er klug sei und
mich kenne, daß ich der HERR bin, der
Barmherzigkeit, Recht und Gerechtigkeit
übt auf Erden; denn solches gefällt mir,
spricht der HERR.**

a 1.Kor 1,31; 2.Kor 10,17

Israel ein unbeschnittenes Volk

24 Siehe, es kommt die Zeit, spricht der
HERR, daß ich heimsuchen werde alle, die
an der Vorhaut beschnitten sind,
25 nämlich Ägypten, Juda, Edom, die Am-
moniter, Moab und alle, die [a] das Haar
rundherum abscheren, die in der Wüste
wohnen. Denn alle Heiden sind nur unbe-
schnitten, aber [b] ganz Israel hat ein unbe-
schnittenes Herz.

a 3.Mose 19,27 *b* Kap 4,4; 3.Mose 26,41; 5.Mose 30,6

Die toten Götzen und der lebendige Gott

10 Höret, was der HERR zu euch redet,
ihr vom Hause Israel!
2 So spricht der HERR: [a] Ihr sollt nicht den
Gottesdienst der Heiden annehmen und
sollt euch nicht fürchten vor den [b] Zeichen
des Himmels, wie die Heiden sich fürch-
ten.

a 2.Mose 23,24 *b* 2.Kön 21,6

3 Denn ihre Götter sind alle nichts. [a] Man
fällt im Walde einen Baum, und der Bild-
hauer macht daraus mit dem Schnitzmes-
ser ein Werk von Menschenhänden,

a Jes 44,13-17

4 und er schmückt es mit Silber und Gold
und befestigt es mit Nagel und Hammer,
daß es nicht umfalle.
5 Sie sind ja nichts als Vogelscheuchen im
Gurkenfeld. Sie können nicht reden; auch
muß man sie tragen, denn [a] sie können
nicht gehen. Darum sollt ihr euch nicht
vor ihnen fürchten; denn sie können we-
der helfen noch Schaden tun.

a Ps 115,7; Jes 46,7

6 ¶ Aber [a] dir, HERR, ist niemand gleich;
du bist groß, und dein Name ist groß, wie
du es mit der Tat beweist.

a Ps 86,8

7 Wer sollte dich nicht fürchten, du König
der Völker? Dir muß man gehorchen;
denn unter allen Weisen der Völker und
in allen ihren Königreichen ist niemand
dir gleich.
8 Sie sind alle Narren und Toren; denn
dem Holz zu dienen, ist ein nichtiger
Gottesdienst.
9 Silberblech bringt man aus Tarsis, Gold
aus Ufas; durch den Bildhauer und Gold-
schmied werden sie hergestellt; blauen
und roten Purpur zieht man ihnen an, und
alles ist der Künstler Werk.
10 Aber der HERR ist der wahrhaftige Gott,
der [a] lebendige Gott, der ewige König. Vor
seinem Zorn bebt die Erde, und die Völ-
ker können sein Drohen nicht ertragen.

a Kap 5,2

11 ¶ So sagt nun zu ihnen: Die Götter, die
Himmel und Erde nicht gemacht haben,
müssen vertilgt werden von der Erde und
unter dem Himmel.
12 [a] Er aber hat die Erde durch seine Kraft
gemacht und den Erdkreis bereitet durch
seine Weisheit und den Himmel ausge-
breitet durch seinen Verstand.

a (12-16) Kap 51,15-19

13 Wenn er donnert, so ist Wasser die
Menge am Himmel; Wolken läßt er her-
aufziehen vom Ende der Erde. Er macht
die Blitze, daß es regnet, und läßt den
Wind kommen aus seinen Vorratskam-
mern.[a]

a Ps 135,7

14 Alle Menschen aber sind Toren mit
ihrer Kunst, und [a] alle Goldschmiede ste-
hen beschämt da mit ihren Bildern; denn
ihre Götzen sind Trug und haben kein Le-
ben,

a Jes 45,16

15 sie sind nichts, ein Spottgebilde; sie
müssen zugrunde gehen, wenn sie heim-
gesucht werden.
16 Aber so ist der nicht, der Jakobs Reich-
tum ist; sondern er ist's, der alles geschaf-
fen hat, und [a] Israel ist sein Erbteil. Er
heißt HERR Zebaoth.

a 5.Mose 32,9

Worte des Gerichts und der Klage

17 Raffe dein Bündel auf von der Erde, die
du sitzt in Bedrängnis!
18 Denn so spricht der HERR: Siehe, ich
will die Bewohner des Landes diesmal
wegschleudern und will sie ängstigen, da-
mit sie sich finden lassen.
19 ¶ Ach, was hab ich für Jammer und
Herzeleid! Ich dachte: Es ist nur eine
Plage, ich muß sie erleiden.
20 Aber mein Zelt ist zerstört, und alle
meine Seile sind zerrissen. Meine Kinder
sind von mir gegangen und nicht mehr da.
Niemand richtet meine Hütte wieder auf,
und mein Zelt schlägt keiner mehr auf.
21 Denn die Hirten sind zu Toren gewor-
den und fragen nicht nach dem HERRN.
Darum kann ihnen nichts Rechtes gelin-
gen, und [a] ihre ganze Herde ist zerstreut.
a Kap 23,1
22 Horch, es kommt eine Kunde daher
und ein großes Getöse [a] aus dem Lande
des Nordens, daß die Städte Judas verwü-
stet und zur Wohnung der Schakale wer-
den sollen. *a* Kap 1,14
23 ¶ Ich weiß, HERR, daß des Menschen
Tun nicht in seiner Gewalt steht, und [a] es
liegt in niemandes Macht, wie er wandle
oder seinen Gang richte. *a* Spr 16,9
24 [a] **Züchtige mich, HERR, doch mit Maßen
und nicht in deinem Grimm, auf daß du
mich nicht ganz zunichte machst.**
a Kap 30,11; 46,28; Ps 6,2; Hab 1,12
25 Schütte aber deinen Zorn aus über die
Heiden, die dich nicht kennen, und über
die Geschlechter, die deinen Namen nicht
anrufen. Denn sie haben Jakob aufgefres-
sen und verschlungen, sie haben ihn ver-
nichtet und seine Wohnung verwüstet.[a]
a Ps 79,6.7

Der Bundesbruch des Volkes und Gottes Gericht

11 Dies ist das Wort, das zu Jeremia
geschah vom HERRN:
2 Hört die Worte dieses Bundes, daß ihr
sie den Leuten in Juda und den Bürgern
von Jerusalem sagt!
3 Und sprich zu ihnen: So spricht der
HERR, der Gott Israels: [a] Verflucht sei, wer
nicht gehorcht den Worten dieses Bundes,
a 5.Mose 27,26
4 die ich euren Vätern gebot an dem Tage,
als ich sie aus Ägyptenland führte, aus
dem glühenden Ofen, und sprach: Ge-
horcht meiner Stimme und tut, wie ich
euch geboten habe, so [a] sollt ihr mein Volk
sein, und ich will euer Gott sein,
a Kap 7,23
5 damit ich den Eid halten kann, den ich
euren Vätern geschworen habe, ihnen [a] ein
Land zu geben, darin Milch und Honig
fließt, so wie es heute ist. Ich antwortete
und sprach: HERR, ja, so sei es!
a 2.Mose 3,8
6 ¶ Und der HERR sprach zu mir: Predige
alle diese Worte in den Städten Judas und
auf den Gassen Jerusalems und sprich:
Hört die Worte dieses Bundes und tut da-
nach!
7 [a] Denn ich habe eure Väter ermahnt von
dem Tage an, als ich sie aus Ägyptenland
führte, bis auf den heutigen Tag, und ich
ermahnte sie immer wieder und sprach:
Gehorcht meiner Stimme!
a (7 und 8) Kap 25,4
8 Aber sie gehorchten nicht, kehrten auch
ihre Ohren mir nicht zu, sondern [a] ein je-
der wandelte nach seinem bösen und ver-
stockten Herzen. Darum habe ich auch
über sie kommen lassen alle Worte dieses
Bundes, den ich geboten hatte zu halten
und den sie doch nicht gehalten haben.
a Kap 3,17; 7,26; 13,10; 18,12; 5.Mose 28,15-68
9 ¶ Und der HERR sprach zu mir: Ich weiß
sehr wohl, wie sie in Juda und in Jerusa-
lem sich verschworen haben.
10 Sie kehren zurück zu den Sünden ihrer
Väter, die vor ihnen waren und die mei-
nen Worten auch nicht gehorchen wollten
und andern Göttern nachfolgten und
ihnen dienten. So hat das Haus Israel und
das Haus Juda meinen Bund gebrochen,
den ich mit ihren Vätern geschlossen
habe.
11 Darum siehe, spricht der HERR, ich will
Unheil über sie kommen lassen, dem sie
nicht entgehen sollen; und [a] wenn sie zu
mir schreien, will ich sie nicht hören.
a Ps 18,42; Jes 1,15; Hes 8,18
12 [a] Dann werden die Städte Judas und die
Bürger Jerusalems hingehen und zu den
Göttern schreien, denen sie geopfert ha-
ben; aber die werden ihnen nicht helfen in
ihrer Not. *a (12 und 13)* Kap 2,28; 5.Mose 32,37.38
13 Denn soviel Städte, soviel Götter hast
du, Juda; und so viele Gassen es in Jeru-
salem gibt, so viele Schandaltäre habt ihr
aufgerichtet, um dem Baal zu opfern.

14Du aber [a]bitte nicht für dies Volk und
bringe für sie kein Flehen noch Gebet vor
mich; denn ich will sie nicht hören, wenn
sie zu mir schreien in ihrer Not. *a* Kap 7,16
15¶ Was macht [a]mein geliebtes Volk in
meinem Hause? Sie treiben lauter Bosheit
und meinen, Gelübde und [b]heiliges Opferfleisch könnten die Schuld von ihnen
nehmen; und wenn sie übeltun, sind sie
guter Dinge darüber. *a* Röm 11,28 *b* Hos 8,13
16Der HERR nannte dich einen grünen,
schönen, fruchtbaren Ölbaum; aber nun
hat er mit großem Brausen ein Feuer um
ihn anzünden lassen, so daß seine Äste
verderben müssen.
17Denn der HERR Zebaoth, der dich gepflanzt hat, hat dir Unheil angedroht um
der Bosheit willen des Hauses Israel und
des Hauses Juda, die sie getrieben haben,
um mich zu erzürnen mit ihren Räucheropfern, die sie dem Baal darbrachten.

Der Anschlag der Leute von Anatot auf Jeremia

18Der HERR tat mir kund ihr Vorhaben,
damit ich's wisse, und er zeigte es mir.
19Denn ich war [a]wie ein argloses Lamm
gewesen, das zur Schlachtbank geführt
wird, und wußte nicht, daß sie gegen mich
beratschlagt und gesagt hatten: Laßt uns
den Baum in seinem Saft verderben und
ihn aus dem Lande der Lebendigen ausrotten, daß seines Namens nimmermehr
gedacht werde. *a* Jes 53,7
20Aber du, HERR Zebaoth, [a]du gerechter
Richter, [b]der du Nieren und Herzen prüfst,
laß mich sehen, wie du ihnen vergiltst;
denn ich habe dir meine Sache befohlen. *a* Ps 7,10 *b* Kap 17,10; 20,12
21Darum spricht der HERR über die Männer von [a]Anatot, die dir nach dem Leben
trachten und sprechen: Weissage nicht im
Namen des HERRN, wenn du nicht von
unsern Händen sterben willst! – *a* Kap 1,1
22darum spricht der HERR Zebaoth:
Siehe, ich will sie heimsuchen. Ihre junge
Mannschaft soll mit dem Schwert getötet
werden, und ihre Söhne und Töchter sollen vor Hunger sterben,
23daß keiner von ihnen übrigbleibt; denn
ich will über die Männer von Anatot Unheil kommen lassen in dem Jahr, da ich
sie heimsuchen werde.

Jeremias Anstoß am Glück der Gottlosen und Gottes Antwort

12 HERR, wenn ich auch mit dir rechten wollte, so behältst du doch recht;
dennoch muß ich vom Recht mit dir reden. [a]Warum geht's doch den Gottlosen
so gut, und die Abtrünnigen haben alles in
Fülle? *a* Ps 73,3
2Du pflanzt sie ein, sie schlagen Wurzeln
und wachsen und bringen Frucht. Nahe
bist du ihrem Munde, aber ferne von
ihrem Herzen.
3[a]Mich aber, HERR, kennst du und siehst
mich und prüfst mein Herz vor dir. Reiß
sie weg wie Schafe zum Schlachten, und
sondere sie aus, daß sie getötet werden!
a Ps 139,1
4Wie lange soll das Land so trocken stehen und das Gras überall auf dem Felde
verdorren? Wegen der Bosheit der Bewohner [a]schwinden Vieh und Vögel dahin;
denn man sagt: Er weiß nicht, wie es uns
gehen wird. *a* Kap 9,9
5¶ Wenn es dich müde macht, mit Fußgängern zu gehen, wie wird es dir gehen,
wenn du mit Rossen laufen sollst? Und
wenn du schon im Lande, wo keine Gefahr ist, Sicherheit suchst, was willst du
tun im Dickicht des Jordans?
6Denn auch deine Brüder und deines Vaters Haus sind treulos, sie schreien hinter
dir her aus vollem Halse. Darum traue du
ihnen nicht, wenn sie auch freundlich mit
dir reden.

Gottes Klage über sein verwüstetes Land

7Ich habe mein Haus verlassen und mein
Erbe verstoßen und, was meine Seele
liebt, in der Feinde Hand gegeben.
8Mein Erbe ist mir geworden wie ein
Löwe im Walde und brüllt wider mich;
darum bin ich ihm feind geworden.
9Mein Erbe ist wie der bunte Vogel, um
den sich die Vögel sammeln: Wohlauf und
sammelt euch, [a]alle Tiere des Feldes,
kommt und freßt! *a* Jes 56,9
10[a]Viele Hirten haben meinen Weinberg
verwüstet und meinen Acker zertreten; sie
haben meinen schönen Acker zur Wüste
gemacht. *a (10 und 11)* Kap 6,3
11Sie haben ihn jämmerlich verwüstet;
verödet liegt er vor mir; ja, das ganze Land
ist verwüstet, aber niemand will es zu Herzen nehmen.

[12]Die Verwüster kommen daher über alle
kahlen Höhen der Steppe. Denn ein
Schwert hat der HERR, das frißt von einem
Ende des Landes bis zum andern, und
kein Geschöpf wird Frieden haben.
[13][a]Sie haben Weizen gesät, aber Dornen
geerntet; sie ließen's sich sauer werden,
aber sie konnten's nicht genießen. Sie
konnten ihres Ertrages nicht froh werden
vor dem grimmigen Zorn des HERRN.

a Hos 8,7

Weissagung über benachbarte Völker

[14]So spricht der HERR: Wider alle meine
bösen Nachbarn, die das Erbteil antasten,
das ich meinem Volk Israel ausgeteilt
habe: Siehe, ich will sie aus ihrem Lande
ausreißen und das Haus Juda aus ihrer
Mitte reißen.
[15]Aber wenn ich sie ausgerissen habe,
will ich mich wieder über sie erbarmen
und will einen jeden in sein Erbteil und in
sein Land zurückbringen.
[16]Und es soll geschehen, wenn sie von
meinem Volk lernen werden, [a]bei mei-
nem Namen zu schwören: So wahr der
HERR lebt!, wie sie mein Volk gelehrt ha-
ben, beim Baal zu schwören, so [b]sollen
sie inmitten meines Volks wohnen.

a 5.Mose 6,13 *b* Kap 4,2

[17]Wenn sie aber nicht hören wollen, so
will ich solch ein Volk ausreißen und ver-
nichten, spricht der HERR.

Der verdorbene Gürtel

13 So sprach der HERR zu mir: Geh hin
und kaufe dir einen leinenen Gürtel
und gürte damit deine Lenden, aber laß
ihn nicht naß werden!
[2]Und ich kaufte einen Gürtel nach dem
Befehl des HERRN und gürtete ihn um
meine Lenden.
[3]¶ Da geschah des HERRN Wort ein
zweitesmal zu mir:
[4]Nimm den Gürtel, den du gekauft und
um deine Lenden gegürtet hast, und ma-
che dich auf und geh hin an den Euphrat
und verstecke ihn dort in einer Felsspalte!
[5]Ich ging hin und versteckte ihn am Eu-
phrat, wie mir der HERR geboten hatte.
[6]Nach langer Zeit aber sprach der HERR
zu mir: Mache dich auf und geh hin an
den Euphrat und hole den Gürtel wieder,
den ich dich dort verstecken ließ!
[7]Ich ging hin an den Euphrat und grub
nach und nahm den Gürtel von dem Ort,
wo ich ihn versteckt hatte; und siehe, der
Gürtel war verdorben, so daß er zu nichts
mehr taugte.
[8]¶ Da geschah des HERRN Wort zu mir:
[9]So spricht der HERR: Ebenso will ich
verderben den großen Hochmut Judas und
Jerusalems.
[10]Dies böse Volk, das [a]meine Worte nicht
hören will, sondern nach seinem verstock-
ten Herzen wandelt und andern Göttern
folgt, um ihnen zu dienen und sie anzube-
ten: es soll werden wie der Gürtel, der zu
nichts mehr taugt.

a Kap 11,8

[11]Denn gleichwie der Gürtel um die Len-
den des Mannes gebunden wird, so habe
ich, spricht der HERR, das ganze Haus Is-
rael und das ganze Haus Juda um mich
gegürtet, daß sie mein Volk sein sollten,
mir zum Ruhm, zu Lob und Ehren; aber
sie wollten nicht hören.

Die gefüllten Weinkrüge

[12]Sage ihnen dies Wort: So spricht der
HERR, der Gott Israels: Alle Krüge wer-
den mit Wein gefüllt. Und wenn sie zu dir
sagen: Wer weiß das nicht, daß alle Krüge
mit Wein gefüllt werden?,
[13]so antworte ihnen: So spricht der HERR:
Siehe, ich will alle, die in diesem Lande
wohnen, die Könige, die auf dem Thron
Davids sitzen, die Priester und Propheten
und alle Einwohner Jerusalems [a]mit Trun-
kenheit füllen

a Kap 25,15-28; Jes 51,17

[14]und will einen am andern, die Väter
samt den Söhnen, zerschmettern, spricht
der HERR, und will weder schonen noch
barmherzig sein und sie ohne Mitleid
verderben.

Mahnung zur Beugung vor Gott

[15]Hört und merkt auf und seid nicht so
hochfahrend, denn der HERR hat's gere-
det.
[16]Gebt dem HERRN, eurem Gott, die
Ehre, ehe es finster wird und ehe eure
Füße sich an den dunklen Bergen stoßen
und ihr auf das Licht wartet, während er
es doch finster und dunkel machen wird.
[17]Wollt ihr das aber nicht hören, so muß
ich heimlich weinen über solchen Hoch-
mut; [a]meine Augen müssen von Tränen

überfließen, weil des HERRN Herde gefan-
gen weggeführt wird. *a* Kap 8,23; 14,17; Lk 19,41
18 Sage dem König und der Königinmut-
ter: Setzt euch ganz nach unten; denn [a] die
Krone der Herrlichkeit ist euch vom Haupt
gefallen. *a* 2.Kön 24,10-16; Jes 62,3; Klgl 5,16
19 Die Städte im Südland sind verschlos-
sen, und es ist niemand, der sie auftut;
ganz Juda ist weggeführt.

Die Schändung Jerusalems

20 Hebt eure Augen auf und seht, wie sie
von Norden daherkommen. Wo ist nun
die Herde, die dir befohlen war, deine herr-
liche Herde?
21 Was willst du sagen, wenn er die über
dich zum Haupt bestellen wird, die du als
Freunde an dich gewöhnt hast? Was gilt's?
Es wird dich Angst ankommen wie eine
Frau in Kindsnöten.
22 Und wenn du in deinem Herzen sagen
wirst: »Warum begegnet mir das?« –: um
der Menge deiner Sünden willen [a] wird dir
dein Gewand aufgehoben und wird dir
Schande angetan. *a* Jes 47,2.3; Hes 16,37
23 Kann etwa ein Mohr seine Haut wan-
deln oder ein Panther seine Flecken? So
wenig könnt auch ihr Gutes tun, die ihr
ans Böse gewöhnt seid.
24 Darum will ich sie zerstreuen wie
Spreu, die verweht wird von dem Wind
aus der Wüste.
25 Das soll dein Lohn sein und dein Teil,
den ich dir zugemessen habe, spricht der
HERR: Weil du mich vergessen hast und
dich auf Lügen verläßt,
26 will auch ich dein Gewand hochheben,
daß deine Schande sichtbar werde.
27 Denn ich habe gesehen deine Ehebre-
cherei, deine Geilheit, deine freche Hure-
rei, ja, deine Greuel auf den Hügeln und
im Felde. Weh dir, Jerusalem! Wann wirst
du doch endlich rein werden?

Vergebliche Bitte bei Dürre und Kriegsnot

14 Dies ist das Wort, das der HERR zu
Jeremia sagte über die große Dürre:
2 Juda liegt jämmerlich da, seine Städte
sind verschmachtet. Sie sitzen trauernd auf
der Erde, und in Jerusalem ist lautes Kla-
gen.
3 Die Großen schicken ihre Leute nach
Wasser; aber wenn sie zum Brunnen kom-
men, finden sie kein Wasser und bringen
ihre Gefäße leer zurück. Sie sind traurig
und betrübt und verhüllen ihre Häupter.
4 Die Erde lechzt, weil es nicht regnet auf
Erden. Darum sind die [a] Ackerleute trau-
rig und verhüllen ihre Häupter. *a* Joel 1,11
5 Ja, auch die Hirschkühe, die auf dem
Felde werfen, verlassen die Jungen, weil
kein Gras wächst.
6 Die Wildesel stehen auf den kahlen Hö-
hen und schnappen nach Luft wie die
Schakale; ihre Augen erlöschen, weil
nichts Grünes wächst.
7 ¶ **Ach, HERR, wenn unsre Sünden uns
verklagen, so hilf doch um deines Namens
willen! Denn [a] unser Ungehorsam ist groß,
womit wir wider dich gesündigt haben.**
a Dan 9,4-9
8 Du bist der Trost Israels und sein Not-
helfer. Warum stellst du dich, als wärst du
ein Fremdling im Lande und ein Wande-
rer, der nur über Nacht bleibt?
9 Warum stellst du dich wie einer, der ver-
zagt ist, und wie ein Held, der nicht helfen
kann? Du bist ja doch unter uns, HERR,
und [a] wir heißen nach deinem Namen; ver-
laß uns nicht! *a* Kap 15,16; Jes 43,7
10 ¶ So spricht der HERR von diesem Volk:
Sie laufen gern hin und her und schonen
ihre Füße nicht. Darum hat der HERR kein
Gefallen an ihnen, sondern er denkt nun
an ihre Missetat und will ihre Sünden
heimsuchen.
11 ¶ Und der HERR sprach zu mir: [a] Du
sollst nicht für dies Volk um Gnade bit-
ten. *a* Kap 7,16
12 Denn wenn sie auch [a] fasten, so will ich
doch ihr Flehen nicht erhören; und wenn
sie auch [b] Brandopfer und Speisopfer brin-
gen, so gefallen sie mir doch nicht, son-
dern ich will sie durch Schwert, Hunger
und Pest aufreiben. *a* Jes 58,3 *b* Kap 6,20
13 Da sprach ich: Ach, Herr HERR! Siehe,
die Propheten sagen ihnen: Ihr werdet das
Schwert nicht sehen und keine Hungers-
not bei euch haben, sondern ich will euch
beständigen Frieden geben an diesem Ort.
14 Aber der HERR sprach zu mir: [a] Diese
Propheten weissagen Lüge in meinem Na-
men; ich habe sie nicht gesandt und ihnen
nichts befohlen und nicht zu ihnen gere-
det. Sie predigen euch falsche Offenbarun-
gen, nichtige Wahrsagung und ihres Her-
zens Trug.
a Kap 23,21.22; 27,9.14.15; 29,8.9; Hes 13,6
15 ¶ Darum spricht der HERR: Wider die

Propheten, die [a]in meinem Namen weis-
sagen, obgleich ich sie nicht gesandt habe,
und sie dennoch predigen, es werde we-
der Schwert noch Hungersnot in dies Land
kommen: Solche Propheten sollen sterben
durch Schwert und Hunger. *a* 5.Mose 18,20
16 Und die Leute, denen sie weissagen,
sollen auf den Gassen Jerusalems liegen,
vom Schwert und Hunger hingestreckt,
und [a]niemand wird sie begraben, sie und
ihre Frauen, Söhne und Töchter; und ich
will ihre Bosheit über sie ausschütten.
a Kap 9,21
17 Und du sollst zu ihnen dies Wort sa-
gen: [a]Meine Augen fließen über von Trä-
nen, unaufhörlich Tag und Nacht; denn
die Jungfrau, die Tochter meines Volks,
ist unheilbar verwundet und völlig zer-
schlagen. *a* Kap 13,17
18 Gehe ich hinaus aufs Feld, siehe, so
liegen dort vom Schwert Erschlagene;
komme ich in die Stadt, siehe, so liegen
dort vor Hunger Verschmachtete. Sogar
Propheten und Priester müssen in ein
Land ziehen, das sie nicht kennen.
19 ¶Hast du denn Juda verworfen oder
einen Abscheu gegen Zion? Warum hast
du uns denn so geschlagen, daß uns nie-
mand heilen kann? [a]Wir hofften, es sollte
Friede werden; aber es kommt nichts
Gutes. Wir hofften, wir sollten heil wer-
den; aber siehe, es ist Schrecken da.
a Kap 8,15
20 HERR, wir erkennen unser gottloses Le-
ben und unsrer Väter Missetat; denn [a]wir
haben wider dich gesündigt.
a Kap 3,25; Ps 51,5-7; 106,6
21 Aber um deines Namens willen verwirf
uns nicht! Laß den Thron deiner Herrlich-
keit nicht verspottet werden; gedenke doch
an deinen Bund mit uns und laß ihn nicht
aufhören!
22 Ist denn unter den Götzen der Heiden
einer, der Regen geben könnte, oder gibt
der Himmel Regen? Du bist doch der
HERR, unser Gott, auf den wir hoffen;
denn du hast das alles gemacht.
15 ¶Und der HERR sprach zu mir: Und
[a]wenn auch Mose und Samuel vor
mir stünden, so habe ich doch kein Herz
für dies Volk. Treibe sie weg von mir, und
laß sie weggehen!
a 2.Mose 32,11; 1.Sam 7,9; Hes 14,14
2 Und wenn sie zu dir sagen: Wo sollen
wir hin?, dann antworte ihnen: So spricht
der HERR: [a]Wen der Tod trifft, den treffe
er; wen das Schwert trifft, den treffe es;
wen der Hunger trifft, den treffe er; wen
die Gefangenschaft trifft, den treffe sie!
a Kap 43,11; Sach 11,9
3 Denn ich will sie heimsuchen mit [a]vie-
rerlei Plagen, spricht der HERR: mit dem
Schwert, daß sie getötet werden; mit Hun-
den, die sie fortschleifen sollen; [b]mit den
Vögeln des Himmels und mit den Tieren
des Feldes, daß sie gefressen und vertilgt
werden sollen. *a* Hes 14,21 *b* Kap 7,33
4 Und ich will sie zu einem Bild des Ent-
setzens machen für alle Königreiche auf
Erden um [a]Manasses willen, des Sohnes
Hiskias, des Königs von Juda, für alles,
was er in Jerusalem begangen hat.
a 2.Kön 21,11-16; 23,26
5 ¶Wer will sich denn deiner erbarmen,
Jerusalem? Wer wird denn Mitleid mit dir
haben? Wer wird denn kommen und fra-
gen, ob es dir gutgeht?
6 Du hast mich verlassen, spricht der
HERR, und bist von mir abgefallen; darum
habe ich meine Hand gegen dich ausge-
streckt, um dich zu verderben; ich bin des
Erbarmens müde.
7 Ich worfelte sie mit der [a]Worfschaufel
in den Städten des Landes, und mein Volk,
das sich nicht bekehren wollte von seinem
Wandel, machte ich kinderlos und brachte
es um. *a* Mt 3,12
8 Es wurden mehr Frauen zu Witwen un-
ter ihnen, als Sand am Meer ist. Ich ließ
kommen über die Mütter der jungen
Mannschaft den Verderber am hellen Mit-
tag und ließ plötzlich über sie fallen Angst
und Schrecken.
9 Die sieben Kinder hatte, welkte dahin,
und ihre Seele verschmachtete in ihr. [a]Ihre
Sonne ging unter am hellen Tag; ihr Ruhm
und ihre Freude hatte ein Ende. Und was
von ihnen übrig ist, will ich dem Schwert
hingeben vor ihren Feinden, spricht der
HERR. *a* Am 8,9

Die Klage des Propheten über sein Amt. Gottes Zusage

10 Weh mir, meine Mutter, [a]daß du mich
geboren hast, gegen den jedermann ha-
dert und streitet im ganzen Lande! Hab
ich doch weder auf Wucherzinsen ausge-
liehen, noch hat man mir geliehen, und
doch flucht mir jedermann. *a* Kap 20,14

11 ¶ Der HERR sprach: Wohlan, ich will
etliche von euch übriglassen, denen es
wieder wohlgehen soll, und will euch zu
Hilfe kommen in der Not und Angst unter
den Feinden.
12 Kann man Eisen zerbrechen, Eisen und
Kupfer aus dem Norden?
13 Ich will dein Gut und deine Schätze
zum Raube geben als Lohn für alle deine
Sünden, die du in deinem ganzen Gebiet
begangen hast,[a] *a Kap 17,3*
14 und will dich zum Knecht deiner
Feinde machen in einem Lande, das du
nicht kennst; denn es ist das Feuer meines
Zorns über euch angezündet.
15 ¶ Ach HERR, du weißt es! Gedenke an
mich und nimm dich meiner an und räche
mich an meinen Verfolgern! Laß mich
nicht hinweggerafft werden, während du
deinen Zorn über sie noch zurückhältst;
denn du weißt, daß ich um deinetwillen
geschmäht werde.
16 [a] **Dein Wort ward meine Speise, sooft
ich's empfing, und dein Wort ist meines
Herzens Freude und Trost; denn ich bin ja
nach deinem Namen genannt, HERR, Gott
Zebaoth.**

a 5.Mose 8,3; 32,46.47; Hes 3,1-3; Offb 10,8.9

17 Ich habe mich nicht zu den Fröhlichen
gesellt noch mich mit ihnen gefreut, son-
dern saß einsam, gebeugt von deiner
Hand; denn du hattest mich erfüllt mit
Grimm.
18 Warum währt doch mein Leiden so
lange und sind meine Wunden so
schlimm, daß sie niemand heilen kann?
Du bist mir geworden wie ein trügerischer
Born, der nicht mehr quellen will.
19 ¶ Darum spricht der HERR: Wenn du
dich zu mir hältst, so will ich mich zu dir
halten, und du sollst mein Prediger blei-
ben. Und wenn du recht redest und nicht
leichtfertig, so sollst du mein Mund sein.
Sie sollen sich zu dir kehren, doch du
kehre dich nicht zu ihnen!
20 Denn [a] ich mache dich für dies Volk
zur festen, ehernen Mauer. Wenn sie auch
wider dich streiten, sollen sie dir doch
nichts anhaben; denn ich bin bei dir, daß
ich dir helfe und dich errette, spricht der
HERR, *a Kap 1,18.19*
21 und ich will dich erretten aus der Hand
der Bösen und erlösen aus der Hand der
Tyrannen.

Jeremias Einsamkeit als Vorzeichen des Gerichts

16 Und des HERRN Wort geschah zu
mir:
2 Du sollst dir keine Frau nehmen und
weder Söhne noch Töchter zeugen an die-
sem Ort.
3 Denn so spricht der HERR von den Söh-
nen und Töchtern, die an diesem Ort ge-
boren werden, und von ihren Müttern, die
sie gebären, und von ihren Vätern, die sie
zeugen in diesem Lande:
4 Sie sollen an bösen Krankheiten sterben
und nicht beklagt noch begraben werden,
sondern sollen [a] Dung werden auf dem
Acker. Durch Schwert und Hunger sollen
sie umkommen, und ihre Leichname sol-
len den Vögeln des Himmels und den Tie-
ren des Feldes zum Fraße werden.

a Kap 9,21

5 ¶ So spricht der HERR: Du sollst in kein
Trauerhaus gehen, weder um zu klagen
noch um zu trösten; denn ich habe mei-
nen Frieden von diesem Volk weggenom-
men, die Gnade und die Barmherzigkeit,
spricht der HERR.
6 Große und Kleine sollen sterben in die-
sem Lande und nicht begraben noch be-
klagt werden, und [a] niemand wird sich ih-
retwegen wund ritzen oder kahlscheren.

a Kap 41,5; 47,5; 48,37; 3.Mose 19,27.28; 5.Mose 14,1

7 Auch wird man keinem das Trauerbrot
brechen, um ihn zu trösten wegen eines
Toten, und auch nicht den Trostbecher zu
trinken geben wegen seines Vaters oder
seiner Mutter.
8 Du sollst auch in kein Hochzeitshaus
gehen, um bei ihnen zu sitzen zum Essen
und zum Trinken.
9 Denn so spricht der HERR Zebaoth, der
Gott Israels: Siehe, [a] ich will an diesem
Ort vor euren Augen und zu euren Leb-
zeiten ein Ende machen dem Jubel der
Freude und Wonne, der Stimme des Bräu-
tigams und der Braut. *a Kap 7,34*
10 ¶ [a] Und wenn du das alles diesem Volk
gesagt hast und sie zu dir sprechen wer-
den: »Warum kündigt uns der HERR all
dies große Unheil an? Was ist die Missetat
und Sünde, womit wir wider den HERRN,
unsern Gott, gesündigt haben?«,

a (10-13) Kap 5,19

11 so sollst du ihnen sagen: Weil eure Vä-
ter mich verlassen haben, spricht der

HERR, und andern Göttern nachgelaufen
sind, ihnen gedient und sie angebetet,
mich aber verlassen und mein Gesetz
nicht gehalten haben,
12 ihr aber noch ärger tut als eure Väter;
denn siehe, [a]ein jeder lebt nach seinem
verstockten und bösen Herzen, so daß er
mir nicht gehorcht. *a* Kap 7,26
13 Darum will ich euch aus diesem Lande
verstoßen in ein Land, von dem weder ihr
noch eure Väter gewußt haben. [a]Dort sollt
ihr andern Göttern dienen Tag und Nacht,
weil ich euch keine Gnade mehr erweisen
will. *a* 5.Mose 28,64

Heil und Gericht für Israel und für die Völker

14 [a]Darum siehe, es kommt die Zeit,
spricht der HERR, daß man nicht mehr sagen wird: »So wahr der HERR lebt, der die
Israeliten aus Ägyptenland geführt hat«,
a (14 und 15) Kap 23,7.8
15 sondern: »So wahr der HERR lebt, der
die Israeliten geführt hat aus dem Lande
des Nordens und aus allen Ländern, wohin er sie verstoßen hatte.« Denn ich will
sie zurückbringen in das Land, das ich ihren Vätern gegeben habe.
16 ¶Siehe, ich will viele Fischer aussenden, spricht der HERR, die sollen sie fischen; und danach will ich viele Jäger aussenden, die sollen sie fangen auf allen
Bergen und auf allen Hügeln und in allen
Felsklüften.
17 Denn [a]meine Augen sehen auf alle ihre
Wege, daß sie sich nicht vor mir verstekken können, und ihre Missetat ist vor meinen Augen nicht verborgen. *a* Hiob 34,21
18 Aber zuvor will ich ihre Missetat und
Sünde [a]zwiefach vergelten, weil sie mein
Land mit ihren toten Götzen unrein gemacht und mein Erbland mit ihren
Greueln angefüllt haben. *a* Jes 40,2
19 ¶HERR, du bist meine Stärke und Kraft
und meine Zuflucht in der Not! Die Heiden werden zu dir kommen von den Enden der Erde und sagen: Nur Lüge haben
unsere Väter gehabt, nichtige Götter, die
nicht helfen können.
20 Wie kann ein Mensch sich Götter machen? Das sind doch keine Götter!
21 Darum siehe, diesmal will ich sie lehren und meine Kraft und Gewalt ihnen
kundtun, daß sie erfahren sollen: [a]Ich
heiße der HERR. *a* 2.Mose 3,15

Gottes gerechte Vergeltung

17 [a]Die Sünde Judas ist geschrieben
mit eisernem Griffel und mit diamantener Spitze gegraben auf die Tafel
ihres Herzens und auf die Hörner an ihren
Altären; *a (1-3)* 2.Kön 23,4-18
2 denn ihre Söhne denken an ihre Altäre
und Ascherabilder unter den grünen Bäumen und auf den hohen Hügeln.
3 Aber ich will deine Opferhöhen auf Bergen und Feldern samt deiner Habe und
allen deinen Schätzen zum Raube geben
um der Sünde willen, die in deinem ganzen Gebiet begangen ist.[a] *a* Kap 15,13
4 Und du sollst aus deinem Erbe verstoßen werden, das ich dir gegeben habe, und
ich will dich zum Knecht deiner Feinde
machen in einem Lande, das du nicht
kennst; denn ihr habt ein Feuer meines
Zorns angezündet, das ewiglich brennen
wird.
5 ¶So spricht der HERR: **Verflucht ist der
Mann, der [a]sich auf Menschen verläßt und
[b]hält Fleisch für seinen Arm und weicht
mit seinem Herzen vom HERRN.**
a Ps 118,8; 146,3 *b* 2.Chr 32,8
6 Der wird sein wie ein [a]Dornstrauch in
der Wüste und wird nicht sehen das Gute,
das kommt, sondern er wird bleiben in
der Dürre der Wüste, im unfruchtbaren
Lande, wo niemand wohnt. *a* Kap 48,6
7 **Gesegnet aber ist der Mann, [a]der sich
auf den HERRN verläßt und dessen Zuversicht der HERR ist.** *a* Ps 146,5
8 Der ist [a]wie ein Baum, am Wasser gepflanzt, der seine Wurzeln zum Bach hin
streckt. Denn obgleich die Hitze kommt,
fürchtet er sich doch nicht, sondern seine
Blätter bleiben grün; und er sorgt sich
nicht, wenn ein dürres Jahr kommt, sondern bringt ohne Aufhören Früchte.
a Ps 1,3
9 ¶**Es ist das Herz ein trotzig und verzagt
Ding; wer kann es ergründen?**
10 Ich, der HERR, [a]kann das Herz ergründen und die Nieren prüfen und [b]gebe
einem jeden nach seinem Tun, nach den
Früchten seiner Werke.
a 1.Sam 16,7; Ps 7,10; Spr 15,11 *b* Röm 2,6
11 Wie ein Vogel, der sich über Eier setzt,
die er nicht gelegt hat, so ist, wer unrecht
Gut sammelt; denn [a]er muß davon, wenn
er's am wenigsten denkt, und muß zuletzt
noch Spott dazu haben. *a* Lk 12,20

12 Aber die Stätte unseres Heiligtums ist
der [a]Thron der Herrlichkeit, erhaben von
Anbeginn. *a* Kap 3,17
13 Denn du, HERR, bist die Hoffnung Is-
raels. Alle, die dich verlassen, müssen zu-
schanden werden, und die Abtrünnigen
müssen auf die Erde geschrieben werden;
denn sie verlassen den HERRN, [a]die Quelle
des lebendigen Wassers. *a* Kap 2,13

Jeremias Gebet in Anfechtung

14 [a]**Heile du mich, HERR, so werde ich heil;
hilf du mir, so ist mir geholfen;** denn du
bist mein Ruhm. *a* 2.Mose 15,26; Ps 6,3
15 Siehe, sie sprechen zu mir: »Wo ist
denn des HERRN Wort? [a]Laß es doch kom-
men!« *a* Jes 5,19
16 Aber ich habe dich nie gedrängt, Un-
heil kommen zu lassen; auch hab ich den
bösen Tag nicht herbeigewünscht, das
weißt du. Was ich gepredigt habe, das liegt
offen vor dir.
17 Sei du mir nur nicht schrecklich, meine
Zuversicht in der Not!
18 [a]Laß die zuschanden werden, die mich
verfolgen, und nicht mich; laß sie erschrek-
ken, und nicht mich. Laß den Tag des Un-
heils über sie kommen und zerschlage sie
zwiefach! *a* Ps 35,4

Die Heiligung des Sabbats

19 [a]So sprach der HERR zu mir: Geh hin
und tritt ins Tor des Volks, durch das die
Könige von Juda aus- und eingehen, und
in alle Tore Jerusalems *a (19-27)* Neh 13,15-22
20 und sprich zu ihnen: Höret des HERRN
Wort, ihr Könige Judas und ganz Juda und
alle Einwohner Jerusalems, die durch
diese Tore gehen!
21 [a]So spricht der HERR: Hütet euch und
tragt keine Last am Sabbattag durch die
Tore Jerusalems *a (21 und 22)* 2.Mose 20,8-10
22 und tragt keine Last am Sabbattag aus
euren Häusern und tut keine Arbeit, son-
dern [a]heiligt den Sabbattag, wie ich euren
Vätern geboten habe. *a* Jes 56,2
23 Aber [a]sie hörten nicht und kehrten mir
ihre Ohren nicht zu, sondern blieben hals-
starrig, daß sie ja nicht auf mich hörten
noch Zucht annähmen. *a* Kap 11,8
24 Wenn ihr nun auf mich hören werdet,
spricht der HERR, daß ihr am Sabbattag
keine Last durch die Tore dieser Stadt
tragt, sondern ihn heiligt, daß ihr an die-
sem Tage keine Arbeit tut,
25 so [a]sollen auch durch die Tore dieser
Stadt aus- und eingehen Könige, die auf
dem Thron Davids sitzen und die mit Roß
und Wagen fahren, sie und ihre Großen
samt allen, die in Juda und Jerusalem
wohnen; und es soll diese Stadt immerdar
bewohnt werden. *a* Kap 22,4
26 Und sie sollen kommen aus den Städ-
ten Judas und aus der Gegend von Jerusa-
lem und aus dem Lande Benjamin, aus
dem Hügelland und vom Gebirge und
vom Südland, die da bringen Brandopfer,
Schlachtopfer, Speisopfer und Weihrauch
und die da Dankopfer bringen zum Hause
des HERRN.
27 Werdet ihr aber nicht auf mein Gebot
hören, [a]den Sabbattag zu heiligen und
keine Last am Sabbattag zu tragen durch
die Tore Jerusalems, so will ich ein Feuer
in ihren Toren anzünden, das die festen
Häuser Jerusalems verzehrt und nicht ge-
löscht werden kann. *a* Hes 20,12.13

Das Gleichnis vom Töpfer

18 Dies ist das Wort, das geschah vom
HERRN zu Jeremia:
2 Mach dich auf und geh hinab in des
Töpfers Haus; dort will ich dich meine
Worte hören lassen.
3 Und ich ging hinab in des Töpfers Haus,
und siehe, er arbeitete eben auf der
Scheibe.
4 Und der Topf, den er aus dem Ton
machte, mißriet ihm unter den Händen.
Da machte er einen andern Topf daraus,
wie es ihm gefiel.
5 ¶Da geschah des HERRN Wort zu mir:
6 Kann ich nicht ebenso mit euch umge-
hen, ihr vom Hause Israel, wie dieser Töp-
fer? spricht der HERR. Siehe, [a]wie der Ton
in des Töpfers Hand, so seid auch ihr vom
Hause Israel in meiner Hand.
a Jes 45,9; Röm 9,21
7 [a]Bald rede ich über ein Volk und König-
reich, daß ich es ausreißen, einreißen und
zerstören will; *a (7-10)* Kap 1,10
8 wenn es sich aber bekehrt von seiner
Bosheit, gegen die ich rede, so [a]reut mich
auch das Unheil, das ich ihm gedachte zu
tun. *a* Kap 26,3; Hes 33,11; Jona 3,10
9 Und bald rede ich über ein Volk und
Königreich, daß ich es bauen und pflan-
zen will;
10 wenn es aber tut, was mir mißfällt, daß
es meiner Stimme nicht gehorcht, so reut

mich auch das Gute, das ich ihm verhei-
ßen hatte zu tun.
11 ¶Und nun sprich zu den Leuten in
Juda und zu den Bürgern Jerusalems: So
spricht der HERR: Siehe, ich bereite euch
Unheil und habe gegen euch etwas im
Sinn. So bekehrt euch doch, ein jeder von
seinen bösen Wegen, und [a]bessert euern
Wandel und euer Tun! *a* Kap 7,3
12 Aber sie sprechen: [a]Daraus wird nichts!
Wir wollen nach unsern Gedanken wan-
deln, und ein jeder soll tun nach seinem
[b]verstockten und bösen Herzen.
a Kap 6,16 *b* Kap 11,8
13 ¶Darum spricht der HERR: Fragt doch
unter den Heiden: Wer hat je dergleichen
gehört? So greuliche Dinge tut die Jung-
frau Israel!
14 Bleibt doch der Schnee länger auf den
Steinen im Felde, wenn's vom Libanon
herab schneit, und das Regenwasser ver-
läuft sich nicht so schnell,
15 wie mein Volk meiner vergißt. Sie op-
fern den nichtigen Göttern. Die haben sie
zu Fall gebracht auf den alten Wegen und
lassen sie nun gehen auf ungebahnten
Straßen,
16 auf daß ihr Land zur Wüste werde,
ihnen zur ewigen Schande, daß, wer vor-
übergeht, sich entsetze und den Kopf
schüttle.
17 Denn ich will sie wie durch einen Ost-
wind zerstreuen vor ihren Feinden; [a]ich
will ihnen den Rücken und nicht das Ant-
litz zeigen am Tag ihres Verderbens.
a Kap 2,27

Jeremias Gebet gegen seine Feinde

18 Sie sprechen: »Kommt und laßt uns ge-
gen Jeremia Böses planen; denn dem Prie-
ster wird's nicht fehlen an Weisung noch
dem Weisen an Rat noch dem Propheten
am Wort! Kommt, laßt uns ihn mit seinen
eigenen Worten schlagen und nichts ge-
ben auf alle seine Reden!«
19 HERR, hab acht auf mich und höre die
Stimme meiner Widersacher!
20 Ist's recht, daß man Gutes mit Bösem
vergilt? Denn sie haben mir eine Grube
gegraben! Gedenke doch, wie ich vor dir
gestanden bin, um für sie zum besten zu
reden und deinen Grimm von ihnen abzu-
wenden!
21 So strafe nun ihre Kinder mit Hunger
und gib sie dem Schwerte preis, daß ihre
Frauen kinderlos und Witwen seien und
ihre Männer vom Tode getroffen und ihre
junge Mannschaft im Krieg durchs
Schwert getötet werden;
22 daß Geschrei aus ihren Häusern gehört
werde, wenn du plötzlich Kriegsvolk über
sie kommen läßt. Denn sie haben eine
Grube gegraben, mich zu fangen, und mei-
nen Füßen Fallen gestellt.
23 Aber du, HERR, kennst alle ihre An-
schläge gegen mich, daß sie mich töten
wollen. So [a]vergib ihnen ihre Missetat
nicht und tilge ihre Sünde nicht aus vor
dir! Laß sie vor dir zu Fall kommen und
handle an ihnen zur Zeit deines Zorns![b]
a Mt 6,15 *b* Lk 23,34

Der zerschmetterte Krug

19 So sprach der HERR: Geh hin und
kaufe dir einen irdenen Krug vom
Töpfer und nimm mit etliche von den Äl-
testen des Volks und von den Ältesten der
Priester
2 und geh hinaus ins Tal [a]Ben-Hinnom,
das vor dem Scherbentor liegt, und pre-
dige dort die Worte, die ich dir sage,
a Kap 7,31
3 und sprich: Höret des HERRN Wort, ihr
Könige von Juda und ihr Bürger Jerusa-
lems! So spricht der HERR Zebaoth, der
Gott Israels: [a]Siehe, ich will ein solches
Unheil über diese Stätte bringen, daß je-
dem, der es hören wird, die Ohren gellen
sollen, *a* 2.Kön 21,12
4 weil sie mich verlassen und diese Stätte
einem fremden Gott gegeben und dort an-
dern Göttern geopfert haben, die weder
sie noch ihre Väter noch die Könige von
Juda kannten, und weil sie die Stätte voll
unschuldigen Blutes gemacht
5 [a]und dem Baal Höhen gebaut haben,
um ihre Kinder dem Baal als Brandopfer
zu verbrennen, was ich weder geboten
noch geredet habe und was mir nie in den
Sinn gekommen ist.
a (5-7) Kap 7,31-33; 3.Mose 18,21
6 ¶Darum siehe, es wird die Zeit kom-
men, spricht der HERR, daß man diese
Stätte nicht mehr »Tofet« und »Tal Ben-
Hinnom«, sondern »Würgetal« nennen
wird.
7 Und ich will den Gottesdienst Judas und
Jerusalems an diesem Ort zunichte ma-
chen und will sie durchs Schwert fallen
lassen vor ihren Feinden und durch die

Hand derer, die ihnen nach dem Leben
trachten, und will ihre Leichname den Vö-
geln des Himmels und den Tieren auf dem
Felde zum Fraße geben.
8 Und ich will diese Stadt zum Entsetzen
und zum Spott machen, daß alle, die vor-
übergehen, sich entsetzen und spotten
über alle ihre Plagen.
9 Ich will sie [a]ihrer Söhne und Töchter
Fleisch essen lassen, und einer soll des
andern Fleisch essen in der Not und
Angst, mit der ihre Feinde und die, die
ihnen nach dem Leben trachten, sie be-
drängen werden. *a* 3.Mose 26,29; 5.Mose 28,53
10 ¶Und du sollst den Krug zerbrechen
vor den Augen der Männer, die mit dir
gegangen sind,
11 und zu ihnen sagen: So spricht der
HERR Zebaoth: [a]Wie man eines Töpfers
Gefäß zerbricht, daß es nicht wieder ganz
werden kann, so will ich dies Volk und
diese Stadt zerbrechen. Und man wird im
[b]Tofet begraben, weil sonst kein Raum da-
für da sein wird. *a* Jes 30,12-14 *b* Kap 7,32
12 So will ich's mit dieser Stätte und ihren
Bewohnern machen, spricht der HERR,
daß diese Stadt wie das Tofet werden soll.
13 Und die Häuser Jerusalems und die
Häuser der Könige von Juda sollen ebenso
unrein werden wie die Stätte Tofet, alle
Häuser, wo sie [a]auf den Dächern dem gan-
zen Heer des Himmels geopfert und an-
dern Göttern Trankopfer dargebracht ha-
ben. *a* Kap 32,29; 2.Kön 23,12; Zef 1,5

Die Mißhandlung Jeremias durch Paschhur

14 Und als Jeremia vom Tofet zurückkam,
wohin ihn der HERR gesandt hatte, um zu
weissagen, trat er in den Vorhof am Hause
des HERRN und sprach zu allem Volk:
15 So spricht der HERR Zebaoth, der Gott
Israels: Siehe, ich will über diese Stadt und
über alle ihre Ortschaften all das Unheil
kommen lassen, das ich gegen sie geredet
habe, weil sie halsstarrig sind und meine
Worte nicht hören wollen.
20 ¶Als aber Paschhur, ein Sohn Im-
mers, der Priester, der zum Vorste-
her im Hause des HERRN bestellt war,
hörte, wie Jeremia solche Worte weissagte,
2 schlug er den Propheten Jeremia und
[a]schloß ihn in den Block am oberen Ben-
jamintor, das am Hause des HERRN ist.
a Apg 16,24
3 Und am andern Morgen ließ Paschhur
den Jeremia aus dem Block los. Da sprach
Jeremia zu ihm: Der HERR nennt dich
nicht Paschhur, sondern [a]»Schrecken um
und um«; *a* Vers 10; Kap 6,25; 46,5; 49,29; Ps 31,14
4 denn so spricht der HERR: Siehe, ich
will dich zum Schrecken machen für dich
selbst und alle deine Freunde; sie sollen
fallen durchs Schwert ihrer Feinde, und
du sollst es mit eigenen Augen sehen.
Und ich will ganz Juda in die Hand des
Königs von Babel geben; der soll sie weg-
führen nach Babel und mit dem Schwert
töten.
5 Auch will ich alle Güter dieser Stadt und
allen Ertrag ihrer Arbeit und alle Kleinode
und alle Schätze der Könige von Juda in
die Hand ihrer Feinde geben; die [a]werden
sie rauben, mitnehmen und nach Babel
bringen. *a* Jes 39,6
6 Und du, Paschhur, sollst mit allen dei-
nen Hausgenossen gefangen weggeführt
werden und nach Babel kommen. Dort
sollst du sterben und begraben werden
samt allen deinen Freunden, denen du Lü-
gen gepredigt hast.

Die Last des Prophetenamts

7 HERR, [a]du hast mich überredet, und ich
habe mich überreden lassen. Du bist mir
zu stark gewesen und hast gewonnen; aber
ich bin darüber zum Spott geworden täg-
lich, und jedermann verlacht mich.
a Kap 1,5-7
8 Denn sooft ich rede, muß ich schreien;
»Frevel und Gewalt!« muß ich rufen. Denn
des HERRN Wort ist mir zu Hohn und
Spott geworden täglich.
9 Da dachte ich: Ich will nicht mehr an
ihn denken und nicht mehr in seinem Na-
men predigen. Aber es ward in meinem
Herzen wie ein brennendes Feuer, in mei-
nen Gebeinen verschlossen, daß ich's
nicht ertragen konnte; ich wäre schier ver-
gangen.[a] *a* 1.Kor 9,16
10 Denn ich höre, wie viele heimlich re-
den: [a]»Schrecken ist um und um!« »Ver-
klagt ihn!« »Wir wollen ihn verklagen!«
[b]Alle meine Freunde und Gesellen lauern,
ob ich nicht falle: »Vielleicht läßt er sich
überlisten, daß wir ihm beikommen kön-
nen und uns an ihm rächen.«
a Vers 3 *b* Kap 18,18
11 Aber [a]der HERR ist bei mir wie ein star-
ker Held, darum werden meine Verfolger

fallen und nicht gewinnen. Sie müssen
ganz zuschanden werden, weil es ihnen
nicht gelingt. Ewig wird ihre Schande sein
und nie vergessen werden. *a* Kap 1,8.19
12 ¶Und nun, HERR Zebaoth, der du die
Gerechten prüfst, Nieren und Herz durch-
schaust: [a]Laß mich deine Vergeltung an
ihnen sehen; denn ich habe dir meine Sa-
che befohlen. *a* Kap 11,20
13 Singet dem HERRN, rühmet den HERRN,
der des Armen Leben aus den Händen
der Boshaften errettet!
14 ¶Verflucht sei der Tag, an dem ich ge-
boren bin; der Tag soll ungesegnet sein,
an dem mich meine Mutter geboren
hat![a] *a* Kap 15,10; Hiob 3,3-11; 10,18
15 Verflucht sei, der meinem Vater gute
Botschaft brachte und sprach: »Du hast
einen Sohn«, so daß er ihn fröhlich
machte!
16 Der Tag soll sein [a]wie die Städte, die
der HERR vernichtet hat ohne Erbarmen.
Am Morgen soll er Wehklage hören und
am Mittag Kriegsgeschrei, *a* 1.Mose 19,24.25
17 weil er mich nicht getötet hat im Mut-
terleibe, so daß meine Mutter mein Grab
geworden und ihr Leib ewig schwanger ge-
blieben wäre!
18 Warum bin ich doch aus dem Mutter-
leib hervorgekommen, wenn ich nur Jam-
mer und Herzeleid sehen muß und meine
Tage in Schmach zubringe!

Jeremia kündigt Zedekia die Zerstörung Jerusalems an

21 Dies ist das Wort, das vom HERRN
geschah zu Jeremia, als der König
[a]Zedekia zu ihm sandte Paschhur, den
Sohn Malkijas, und [b]Zefanja, den Sohn
Maasejas, den Priester, und ihm sagen
ließ: *a* Kap 39,1-10 *b* Kap 29,25.26; 37,3; 52,24
2 Befrage doch den HERRN für uns; denn
Nebukadnezar, der König von Babel, führt
Krieg gegen uns. Vielleicht wird der HERR
doch an uns sein Wunder tun wie so man-
ches Mal, damit jener von uns abzieht.
3 Jeremia sprach zu ihnen: So sagt zu Ze-
dekia:
4 Das spricht der HERR, der Gott Israels:
Siehe, ich will euch zum Rückzug zwin-
gen samt euren Waffen, die ihr in euren
Händen habt und mit denen ihr kämpft
gegen den König von Babel und gegen die
Chaldäer, die euch draußen vor der Mauer
belagern, und will euch versammeln mit-
ten in dieser Stadt.
5 Und ich selbst will wider euch streiten
mit ausgestreckter Hand, mit starkem
Arm, mit Zorn und Grimm und ohne Er-
barmen
6 und will die Bürger dieser Stadt schla-
gen, Menschen und Tiere, daß sie sterben
sollen durch eine große Pest.
7 Und danach, spricht der HERR, will ich
Zedekia, den König von Juda, samt seinen
Großen und dem Volk, das in dieser Stadt
von Pest, Schwert und Hunger übriggelas-
sen wird, in die Hände Nebukadnezars,
des Königs von Babel, geben und in die
Hände ihrer Feinde und in die Hände de-
rer, die ihnen nach dem Leben trachten.
Er wird sie mit der Schärfe des Schwerts
schlagen schonungslos, ohne Gnade und
Erbarmen.
8 ¶Und zu diesem Volk sage: So spricht
der HERR: Siehe, [a]ich lege euch vor den
Weg zum Leben und den Weg zum
Tode. *a* 5.Mose 30,15
9 Wer in dieser Stadt bleibt, der wird ster-
ben müssen durch Schwert, Hunger und
Pest; wer sich aber hinausbegibt und über-
läuft zu den Chaldäern, die euch belagern,
der soll am Leben bleiben und soll sein
Leben als Beute behalten.[a] *a* Kap 38,2
10 Denn ich habe mein Angesicht gegen
diese Stadt gerichtet zum Unheil und nicht
zum Heil, spricht der HERR. [a]Sie soll dem
König von Babel übergeben werden, daß
er sie mit Feuer verbrenne. *a* Kap 34,2
11 ¶Und zum Hause des Königs von Juda
sage: Höret des HERRN Wort,
12 ihr vom Hause David! So spricht der
HERR: [a]Haltet alle Morgen gerechtes Ge-
richt und errettet den Bedrückten aus des
Frevlers Hand, auf daß nicht [b]mein
Grimm ausfahre wie Feuer und brenne,
ohne daß jemand löschen kann, um eurer
bösen Taten willen. *a* Kap 22,3 *b* Kap 7,20
13 ¶Siehe, spricht der HERR, ich will an
dich, du Stadt, die du wohnst auf dem
Felsen im Tal und sprichst: Wer will uns
überfallen, und wer will in unsere Feste
kommen?
14 Ich [a]will euch heimsuchen, spricht der
HERR, nach der Frucht eures Tuns; [b]ich
will ein Feuer in ihrem Wald anzünden,
das soll alles umher verzehren.
a Gal 6,7 *b* Hes 21,3

Worte über die Könige Schallum (Joahas), Jojakim und Konja (Jojachin)

22 So sprach der HERR: Geh hinab in das Haus des Königs von Juda und rede dort dies Wort

2 und sprich: Höre des HERRN Wort, du König von Juda, der du auf dem Thron Davids sitzt, du und deine Großen und dein Volk, die durch diese Tore hineingehen.

3 So spricht der HERR: [a]Schafft Recht und Gerechtigkeit und errettet den Bedrückten von des Frevlers Hand und bedrängt nicht die Fremdlinge, Waisen und Witwen und tut niemand Gewalt an und vergießt nicht unschuldiges Blut an dieser Stätte. *a* Kap 21,12

4 Werdet ihr das tun, so [a]sollen durch die Tore dieses Hauses einziehen Könige, die auf Davids Thron sitzen, und fahren mit Wagen und Rossen samt ihren Großen und ihrem Volk. *a* Kap 17,25

5 Werdet ihr aber diesen Worten nicht gehorchen, so habe ich bei mir selbst geschworen, spricht der HERR: [a]dies Haus soll zerstört werden. *a* 1.Kön 9,8

6 ¶ Denn so spricht der HERR von dem Hause des Königs von Juda: Ein Gilead warst du mir, ein Gipfel im Libanon, – was gilt's? Ich will dich zur Wüste, zur Stadt ohne Einwohner machen!

7 Denn ich habe Verderber wider dich bestellt, einen jeden mit seinen Waffen; die sollen deine auserwählten Zedern umhauen und ins Feuer werfen.

8 Da werden viele Völker an dieser Stadt vorüberziehen und zueinander sagen: Warum hat der HERR an dieser großen Stadt so gehandelt?

9 Und man wird antworten: Weil sie den Bund des HERRN, ihres Gottes, verlassen und andere Götter angebetet und ihnen gedient haben.

10 ¶ [a]Weint nicht über den Toten und grämt euch nicht um ihn; weint aber über den, der fortgezogen ist; denn er wird nicht mehr wiederkommen und sein Vaterland nicht wiedersehen. *a (10-12)* 2.Kön 23,29-34

11 Denn so spricht der HERR über [a]Schallum, den Sohn [b]Josias, des Königs von Juda, der König wurde an seines Vaters Josia Statt: Der von dieser Stätte fortgezogen ist, wird nicht wieder herkommen,

a 1.Chr 3,15 *b* 2.Chr 36,1-4

12 sondern muß sterben an dem Ort, wohin er gefangengeführt ist, und wird dies Land nicht mehr sehen.

13 ¶ [a]Weh dem, der [b]sein Haus mit Sünden baut und seine Gemächer mit Unrecht, der seinen Nächsten umsonst arbeiten läßt und [c]gibt ihm seinen Lohn nicht

a (13-19) 2.Kön 24,1-4 *b* Mi 3,10 *c* 3.Mose 19,13; Jak 5,4

14 und denkt: »Wohlan, ich will mir ein großes Haus bauen und weite Gemächer« und läßt sich Fenster ausbrechen und mit Zedern täfeln und rot malen.

15 Meinst du, du seist König, weil du mit Zedern prangst? Hat dein Vater nicht auch gegessen und getrunken und hielt dennoch auf Recht und Gerechtigkeit, und es ging ihm gut?

16 Er half dem Elenden und Armen zum Recht, und es ging ihm gut. Heißt dies nicht, mich recht erkennen? spricht der HERR.

17 Aber deine Augen und dein Herz sind auf nichts anderes aus als auf unrechten Gewinn und darauf, unschuldiges Blut zu vergießen, zu freveln und zu unterdrükken.

18 ¶ Darum spricht der HERR über [a]Jojakim, den Sohn Josias, den König von Juda: Man wird ihn nicht beklagen: »Ach, Bruder! Ach, Schwester!« Man wird ihn nicht beklagen: »Ach, Herr! Ach, Edler!«

a 2.Kön 23,34

19 Er soll wie ein Esel begraben werden, fortgeschleift und [a]hinausgeworfen vor die Tore Jerusalems. *a* Kap 36,30

20 ¶ Geh hinauf auf den Libanon und schreie und laß deine Klage hören in Baschan und schreie vom Abarim her; denn alle deine Liebhaber sind zunichte gemacht!

21 Ich habe dir's vorher gesagt, als es noch gut um dich stand; aber du sprachst: »Ich will nicht hören.« So hast du es dein Lebtag getan, daß du meiner Stimme nicht gehorchtest.

22 Alle deine Hirten weidet der Sturmwind, und deine Liebhaber müssen gefangen fort, Ja, nun bist du zu Spott und zuschanden geworden um aller deiner Bosheit willen.

23 Die du jetzt auf dem Libanon wohnst und in Zedern nistest, wie wirst du stöhnen, wenn dir Schmerzen und Wehen kommen werden wie einer in Kindsnöten!

24 ¶ [a]So wahr ich lebe, spricht der HERR:

Wenn [b]Konja, der Sohn Jojakims, der Kö-
nig von Juda, ein Siegelring wäre an mei-
ner rechten Hand, so wollte ich dich doch
abreißen *a (24-30) 2.Kön 24,8-16 b Kap 24,1*
25 und in die Hände derer geben, die dir
nach dem Leben trachten und vor denen
du dich fürchtest: in die Hände Nebukad-
nezars, des Königs von Babel, und der
Chaldäer.
26 Und ich will dich und deine Mutter, die
dich geboren hat, in ein anderes Land trei-
ben, das nicht euer Vaterland ist; dort sollt
ihr sterben.
27 Aber in das Land, wohin sie von Her-
zen gern wieder kämen, sollen sie nicht
zurückkehren.
28 ¶ Ist denn Konja ein elender, verachte-
ter, verstoßener Mann, ein Gefäß, das nie-
mand haben will? Ach, wie ist er doch
samt seinem Geschlecht vertrieben und
in ein unbekanntes Land geworfen!
29 **O Land, Land, Land, höre des HERRN
Wort!**
30 So spricht der HERR: Schreibt diesen
Mann auf als einen, der [a]ohne Kinder ist,
einen Mann, dem sein Leben lang nichts
gelingt! Denn keiner seiner Nachkommen
wird das Glück haben, daß er auf dem
Thron Davids sitze und in Juda herr-
sche. *a 1.Chr 3,17-24*

Gegen die bösen Hirten. Verheißung eines gerechten Königs

23 [a]Weh euch [b]Hirten, die ihr die
Herde meiner Weide umkommen
laßt und zerstreut! spricht der HERR.
a (1-4) Hes 34 b Kap 10,21; Sach 11,5
2 Darum spricht der HERR, der Gott Is-
raels, von den Hirten, die mein Volk wei-
den: Ihr habt meine Herde zerstreut und
verstoßen und nicht nach ihr gesehen.
Siehe, ich will euch heimsuchen um eures
bösen Tuns willen, spricht der HERR.
3 Und ich will die Übriggebliebenen mei-
ner Herde sammeln aus allen Ländern,
wohin ich sie verstoßen habe, und will sie
wiederbringen zu ihren Weideplätzen, daß
sie sollen wachsen und viel werden.
4 Und [a]ich will Hirten über sie setzen, die
sie weiden sollen, daß sie sich nicht mehr
fürchten noch erschrecken noch heimge-
sucht werden, spricht der HERR.
a Kap 3,15
5 **Siehe, es kommt die Zeit, spricht der
HERR, daß ich dem David einen gerechten
[a]Sproß erwecken will. Der soll [b]ein König
sein, der wohl regieren und Recht und Ge-
rechtigkeit im Lande üben wird.**
a Sach 3,8 b Jes 32,1
6 **Zu seiner Zeit soll Juda geholfen werden
und [a]Israel sicher wohnen. Und dies wird
sein Name sein, mit dem man ihn nennen
wird: [b]»Der HERR unsere Gerechtigkeit«.**
a 5.Mose 33,28 b Kap 33,16; Jes 45,24
7 ¶ [a]Darum siehe, es wird die Zeit kom-
men, spricht der HERR, daß man nicht
mehr sagen wird: »So wahr der HERR lebt,
der die Israeliten aus Ägyptenland geführt
hat!«, *a (7 und 8) Kap 16,14.15*
8 sondern: »So wahr der HERR lebt, der
die Nachkommen des Hauses Israel her-
ausgeführt und hergebracht hat aus dem
Lande des Nordens und aus allen Landen,
wohin er sie verstoßen hatte.« Und sie sol-
len in ihrem Lande wohnen.

Worte über die falschen Propheten

(vgl. Hes 13,2-16)

9 Wider die Propheten. Mein Herz will
mir in meinem Leibe brechen, alle meine
Gebeine zittern; mir ist wie einem trunke-
nen Mann und wie einem, der vom Wein
taumelt, vor dem HERRN und vor seinen
heiligen Worten.
10 Denn das Land ist voller Ehebrecher,
und wegen des Fluches [a]vertrocknet das
Land und die Weideplätze in der Steppe
verdorren. Böse ist, wonach sie streben,
und ihre Stärke ist Unrecht. *a Kap 12,4*
11 Denn [a]Propheten wie Priester sind
ruchlos; auch in meinem Hause finde ich
ihre Bosheit, spricht der HERR. *a Kap 5,31*
12 Darum ist ihr Weg [a]wie ein glatter Weg,
auf dem sie im Finstern gleiten und fallen;
denn ich will Unheil über sie kommen las-
sen, das Jahr ihrer Heimsuchung, spricht
der HERR. *a Kap 13,16; Ps 35,6*
13 [a]Auch bei den Propheten zu Samaria
sah ich Anstößiges, daß sie weissagten im
Namen des Baal und mein Volk Israel ver-
führten; *a (13-15) 5.Mose 18,20-22; Jes 1,10; Hes 13,22*
14 aber bei den Propheten zu Jerusalem
sehe ich Greuel, wie sie ehebrechen und
mit Lügen umgehen und die Boshaften
stärken, auf daß sich ja niemand bekehre
von seiner Bosheit. Sie sind alle vor mir
gleichwie Sodom und die Bürger Jerusa-
lems wie Gomorra.
15 Darum spricht der HERR Zebaoth über
die Propheten: Siehe, [a]ich will sie mit Wer-

mut speisen und mit Gift tränken; denn
von den Propheten Jerusalems geht das
ruchlose Wesen aus ins ganze Land.
a Kap 9,14

16 ¶So spricht der HERR Zebaoth: Hört
nicht auf die Worte der Propheten, die
euch weissagen! [a]Sie betrügen euch; denn
[b]sie verkünden euch Gesichte aus ihrem
Herzen und nicht aus dem Mund des
HERRN. *a* Kap 6,13.14 *b* Kap 14,14

17 Sie sagen denen, die des HERRN Wort
verachten: Es wird euch wohlgehen –, und
allen, [a]die nach ihrem verstockten Herzen
wandeln, sagen sie: Es wird kein Unheil
über euch kommen. *a* Kap 7,24

18 Aber wer hat [a]im Rat des HERRN ge-
standen, daß er sein Wort gesehen und
gehört hätte? Wer hat sein Wort vernom-
men und gehört? *a* Jes 40,13

19 [a]Siehe, es wird ein Wetter des HERRN
kommen voll Grimm und ein schreckli-
ches Ungewitter auf den Kopf der Gottlo-
sen niedergehen. *a (19 und 20)* Kap 30,23.24

20 Und des HERRN Zorn wird nicht ablas-
sen, bis er tue und ausrichte, was er im
Sinn hat; zur letzten Zeit werdet ihr es
klar erkennen.

21 ¶Ich sandte die Propheten nicht, und
doch laufen sie; ich redete nicht zu ihnen,
und doch weissagen sie.[a] *a* Kap 14,14

22 Denn wenn sie in meinem Rat gestan-
den hätten, so hätten sie meine Worte
meinem Volk gepredigt, um es von sei-
nem bösen Wandel und von seinem bö-
sen Tun zu bekehren.

23 ¶**Bin ich nur ein Gott, der nahe ist,
spricht der HERR, und nicht auch ein Gott,
der ferne ist?**

24 **Meinst du, daß [a]sich jemand so heim-
lich verbergen könne, daß ich ihn nicht
sehe? spricht der HERR. Bin ich es nicht,
der Himmel und Erde erfüllt? spricht der
HERR.** *a* Ps 139,7-16

25 ¶Ich höre es wohl, was die Propheten
reden, die Lüge weissagen in meinem Na-
men und sprechen: Mir hat geträumt, mir
hat geträumt.

26 Wann wollen doch die Propheten auf-
hören, die Lüge weissagen und ihres Her-
zens Trug weissagen

27 und wollen, daß mein Volk meinen Na-
men vergesse über ihren Träumen, die
einer dem andern erzählt, [a]wie auch ihre
Väter meinen Namen vergaßen über dem
Baal? *a* Ri 3,7

28 Ein Prophet, der Träume hat, der er-
zähle Träume; wer aber mein Wort hat,
der predige mein Wort recht. Wie reimen
sich Stroh und Weizen zusammen? spricht
der HERR.

29 **Ist mein Wort nicht wie ein Feuer, spricht
der HERR, und wie ein Hammer, der Felsen
zerschmeißt?**[a] *a* Hebr 4,12

30 ¶Darum siehe, ich will an die Prophe-
ten, spricht der HERR, die mein Wort steh-
len einer vom andern.

31 Siehe, ich will an die Propheten, spricht
der HERR, die ihr eigenes Wort führen und
sprechen: »Er hat's gesagt.«

32 Siehe, ich will an die Propheten, spricht
der HERR, die falsche Träume erzählen
und [a]verführen mein Volk mit ihren Lü-
gen und losem Geschwätz, obgleich ich
sie nicht gesandt und ihnen nichts befoh-
len habe und sie auch diesem Volk nichts
nütze sind, spricht der HERR. *a* Kap 14,14

33 ¶[a]Wenn dich dies Volk oder ein Pro-
phet oder ein Priester fragen wird und sagt:
Was ist die Last, die der HERR jetzt ankün-
digt?, sollst du zu ihnen sagen: Ihr seid die
Last, ich will euch wegwerfen, spricht der
HERR. – *a (33-40)* 2.Kön 9,25; Jes 13,1

34 Und wenn ein Prophet oder Priester
oder die Leute sagen werden: »Das ist die
Last des HERRN«, den will ich heimsu-
chen und sein Haus dazu.

35 Vielmehr sollt ihr einer mit dem an-
dern reden und zueinander sagen: »Was
antwortet der HERR?« und: »Was sagt der
HERR?«

36 Aber sagt nicht mehr »Last des
HERRN«; denn einem jeden wird sein ei-
genes Wort zur Last werden, weil ihr so
die Worte des lebendigen Gottes, des
HERRN Zebaoth, unseres Gottes, verdreht.

37 Darum sollt ihr zum Propheten sagen:
»Was antwortet dir der HERR?« und: »Was
sagt der HERR?«

38 Wenn ihr aber sagt: »Last des HERRN«,
so spricht der HERR: Weil ihr dies Wort
Last des HERRN nennt, obgleich ich zu
euch gesandt habe und euch sagen ließ,
ihr sollt nicht »Last des HERRN« sagen, –

39 siehe, so will ich euch aufheben wie
eine Last und euch samt der Stadt, die ich
euch und euren Vätern gegeben habe, von
meinem Angesicht wegwerfen

40 und will euch [a]ewige Schande und
ewige Schmach zufügen, die nie verges-
sen werden soll. *a* Kap 20,11

Die zwei Feigenkörbe

24 Siehe, der HERR zeigte mir zwei
Feigenkörbe, aufgestellt vor dem
Tempel des HERRN, [a]nachdem Nebukad-
nezar, der König von Babel, den Jechonja*,
den Sohn Jojakims, den König von Juda,
weggeführt hatte samt den Großen Judas
und den Zimmerleuten und Schmieden
und sie von Jerusalem nach Babel ge-
bracht hatte. *a* 2.Kön 24,14-16

* Der Name lautet in 2.Kön 24,6 u.ö. Jojachin, in Jer 22,24
u.ö. Konja.

2 In dem einen Korbe waren sehr gute
Feigen, wie die ersten reifen Feigen sind;
im andern Korbe waren sehr schlechte
Feigen, daß man sie nicht essen konnte,
so schlecht waren sie.
3 Und der HERR sprach zu mir: Jeremia,
was siehst du? Ich sprach: Feigen; die gu-
ten Feigen sind sehr gut, und die schlech-
ten sind sehr schlecht, daß man sie nicht
essen kann, so schlecht sind sie.
4 ¶ [a]Da geschah des HERRN Wort zu
mir: *a (4-10)* Hes 11,14-21
5 So spricht der HERR, der Gott Israels:
Wie auf diese guten Feigen, so will ich
blicken auf die Weggeführten aus Juda,
die ich von dieser Stätte habe fortziehen
lassen in der Chaldäer Land.
6 Ich will sie gnädig ansehen und sie wie-
der in dies Land bringen und [a]will sie
bauen und nicht verderben, ich will sie
pflanzen und nicht ausreißen.
a Kap 1,10; 31,28
7 Und ich will ihnen ein Herz geben, [a]daß
sie mich erkennen sollen, daß ich der
HERR bin. Und [b]sie sollen mein Volk sein,
und ich will ihr Gott sein; von ganzem
Herzen werden sie sich zu mir bekeh-
ren. *a* Kap 31,33.34 *b* Kap 7,23
8 ¶ [a]Aber wie die schlechten Feigen, die
so schlecht sind, daß man sie nicht essen
kann, spricht der HERR, so will ich dahin-
geben Zedekia, den König von Juda, samt
seinen Großen und allen, die übriggeblie-
ben sind in Jerusalem und in diesem
Lande und die in Ägyptenland wohnen.
a (8-10) 2.Kön 24,17-20; 5.Mose 2,31; Kap 29,16-19
9 Ich will sie zum Bild des Entsetzens, ja
des Unglücks machen für alle Königrei-
che auf Erden, [a]zum Spott und zum
Sprichwort, zum Hohn und zum Fluch an
allen Orten, wohin ich sie verstoßen
werde, *a* 1.Kön 9,7
10 und will Schwert, Hunger und Pest un-
ter sie schicken, bis sie ganz vertilgt sind
aus dem Lande, das ich ihnen und ihren
Vätern gegeben habe.

Die siebzigjährige Gefangenschaft bis zum Untergang Babels

25 Dies ist das Wort, das zu Jeremia
geschah über das ganze Volk von
Juda [a]im vierten Jahr Jojakims, des
Sohnes Josias, des Königs von Juda; das
ist das erste Jahr Nebukadnezars, des Kö-
nigs von Babel. *a* Kap 36,1
2 Und der Prophet Jeremia sprach zu dem
ganzen Volk von Juda und zu allen Bür-
gern Jerusalems:
3 Vom [a]dreizehnten Jahr des Josia an, des
Sohnes Amons, des Königs von Juda, ist
des HERRN Wort zu mir geschehen bis auf
diesen Tag, und ich habe zu euch nun drei-
undzwanzig Jahre lang immer wieder ge-
predigt, aber ihr habt nie hören wollen.
a Kap 1,2; 36,2
4 Und der HERR hat zu euch [a]immer wie-
der alle seine Knechte, die Propheten, ge-
sandt; aber ihr habt nie hören wollen und
eure Ohren mir nicht zugekehrt und mir
nicht gehorcht,
a Kap 7,25.26; 11,7; 26,5; 28,8; 29,19; 44,4; 2.Chr 36,15.16
5 wenn er sprach: [a]Bekehrt euch, ein je-
der von seinem bösen Wege und von eu-
ren bösen Werken, so sollt ihr in dem
Lande, das der HERR euch und euren Vä-
tern gegeben hat, für immer und ewig blei-
ben. *a* Kap 7,3
6 Folgt nicht andern Göttern, ihnen zu
dienen und sie anzubeten, und erzürnt
mich nicht durch eurer Hände Werk, da-
mit ich euch nicht Unheil zufügen muß.
7 Aber ihr wolltet mir nicht gehorchen,
spricht der HERR, auf daß ihr mich ja er-
zürntet durch eurer Hände Werk zu eu-
rem eigenen Unheil.
8 ¶ Darum spricht der HERR Zebaoth: Weil
ihr denn meine Worte nicht hören wollt,
9 siehe, so will ich ausschicken und kom-
men lassen alle Völker des Nordens,
spricht der HERR, auch meinen Knecht
[a]Nebukadnezar, den König von Babel, und
will sie bringen über dies Land und über
seine Bewohner und über alle diese Völ-
ker ringsum und will an ihnen den Bann
vollstrecken und sie zum Bild des Entset-
zens und zum Spott und zur ewigen Wüste
machen *a* Dan 3,31-33

10und *a*will wegnehmen allen fröhlichen
Gesang, die Stimme des Bräutigams und
der Braut, das Geräusch der Mühle und
das Licht der Lampe, *a* Kap 7,34
11so *a*daß dies ganze Land wüst und zer-
stört liegen soll. Und *b*diese Völker sollen
dem König von Babel dienen siebzig
Jahre. *a* 2.Chr 36,21 *b* Kap 29,10; Esr 1,1.2
12Wenn aber die siebzig Jahre um sind,
will ich heimsuchen den König von Babel
und jenes Volk, spricht der HERR, um ihrer
Missetat willen, dazu das Land der Chal-
däer und will es zur ewigen Wüste ma-
chen.
13So lasse ich an diesem Lande, gegen
das ich geredet habe, alle meine Worte in
Erfüllung gehen, nämlich alles, was in die-
sem Buch geschrieben steht, was Jeremia
geweissagt hat über alle Völker.
14Und *a*auch sie sollen großen Völkern
und großen Königen dienen. So will ich
ihnen vergelten nach ihrem Verdienst und
nach den Werken ihrer Hände. *a* Kap 27,7

Der Zornbecher für alle Völker

15Denn so sprach zu mir der HERR, der
Gott Israels: Nimm diesen *a*Becher mit
dem Wein meines Zorns aus meiner Hand
und laß daraus trinken alle Völker, zu de-
nen ich dich sende,
a Kap 51,7; Jes 51,17; Offb 14,10
16daß sie trinken, taumeln und toll wer-
den vor dem Schwert, das ich unter sie
schicken will. –
17Und ich nahm den Becher aus der
Hand des HERRN und ließ daraus trinken
alle Völker, zu denen mich der HERR
sandte,
18nämlich Jerusalem, die Städte Judas,
ihre Könige und Fürsten, daß sie wüst und
zerstört liegen und ein Spott und Fluch
sein sollten – wie es denn heutigentages
steht –,
19auch den Pharao, den König von Ägyp-
ten, mit seinen Großen und mit seinen
Fürsten, mit seinem ganzen Volk
20und allem Mischvolk, alle Könige im
Lande Uz, alle Könige in der Philister
Lande mit Aschkelon, Gaza, Ekron und
denen, die übriggeblieben sind in Asch-
dod;
21die von Edom, die von Moab, die Am-
moniter;
22alle Könige von Tyrus, alle Könige von
Sidon, die Könige auf den Inseln jenseits
des Meeres;
23die von Dedan, die von Tema, die von
Bus und alle, die *a*das Haar rundherum
abscheren; *a* Kap 9,25
24alle Könige Arabiens und die der
Mischvölker, die in der Wüste wohnen;
25alle Könige in Simri, alle Könige in
Elam, alle Könige in Medien;
26alle Könige des Nordens, die in der
Nähe und die in der Ferne, einen wie den
andern, alle Königreiche der Welt, soviel
ihrer auf Erden sind. Und der König von
*a*Scheschach* soll nach ihnen trinken.
* d. i. ein Deckname für Babel. *a* Kap 51,41
27Und sprich zu ihnen: So spricht der
HERR Zebaoth, der Gott Israels: Trinkt,
daß ihr trunken werdet, und speit, daß ihr
niederfallt und nicht aufstehen könnt vor
dem Schwert, das ich unter euch schicken
will.
28Und wenn sie den Becher von deiner
Hand nicht nehmen und nicht trinken wol-
len, so sprich zu ihnen: So spricht der
HERR Zebaoth: Ihr müßt trinken!
29Denn siehe, *a*bei der Stadt, die nach
meinem Namen genannt ist, fange ich an
mit dem Unheil, und ihr solltet ungestraft
bleiben? *b*Ihr sollt nicht ungestraft blei-
ben, denn ich rufe das Schwert über alle
herbei, die auf Erden wohnen, spricht der
HERR Zebaoth. *a* Hes 9,6; 1.Petr 4,17 *b* Kap 49,12
30¶ Und du sollst ihnen alle diese Worte
weissagen und zu ihnen sprechen: Der
HERR *a*wird brüllen aus der Höhe und sei-
nen Donner hören lassen aus seiner heili-
gen Wohnung. Er wird brüllen über seine
Fluren hin; wie einer, der die Kelter tritt,
wird er seinen Ruf erschallen lassen über
alle Bewohner der Erde hin,
a Hos 11,10; Joel 4,16; Am 1,2
31und sein Schall wird dringen bis an die
Enden der Erde. Der HERR will mit den
Völkern rechten und mit allem Fleisch
Gericht halten; die Schuldigen wird er
dem Schwert übergeben, spricht der
HERR.
32¶ So spricht der HERR Zebaoth: Siehe,
es wird eine Plage kommen von einem
Volk zum andern, und ein großes Wetter
wird sich erheben von den Enden der
Erde.
33Zu der Zeit werden die vom HERRN
Erschlagenen liegen von einem Ende der
Erde bis ans andere Ende; sie werden nicht

beklagt noch aufgehoben noch begraben
werden, sondern müssen auf dem Felde
liegen und [a]zu Dung werden. *a* Kap 9,21
34 Heult, ihr [a]Hirten, und schreit, wälzt
euch in der Asche, ihr Herren der Herde;
denn die Zeit ist erfüllt, daß ihr geschlach-
tet und zerstreut werdet und zerbrechen
müßt wie ein kostbares Gefäß. *a* Kap 23,1
35 Und die Hirten werden nicht fliehen
können, und die Herren der Herde wer-
den nicht entrinnen können.
36 Da werden die Hirten schreien, und die
Herren der Herde werden heulen, daß der
HERR ihre Weide so verwüstet hat
37 und ihre Auen, die so schön standen,
vernichtet sind von dem grimmigen Zorn
des HERRN.
38 Er hat sein Versteck verlassen wie ein
junger [a]Löwe, und ihr Land ist verheert
von seinem gewaltigen Schwert und von
seinem grimmigen Zorn. *a* Kap 4,7

Jeremias Tempelrede, seine Gefangennahme und Freilassung

(vgl. Kap 7)

26 Im Anfang der Herrschaft [a]Joja-
kims, des Sohnes Josias, des Königs
von Juda, geschah dies Wort vom HERRN:
a 2.Kön 23,34-37
2 So spricht der HERR: Tritt in den Vorhof
am Hause des HERRN und predige denen,
die aus allen Städten Judas hereinkom-
men, um anzubeten im Hause des HERRN,
alle Worte, die ich dir befohlen habe,
ihnen zu sagen, und tu nichts davon weg,
3 ob sie vielleicht hören wollen und [a]sich
bekehren, ein jeder von seinem bösen
Wege, damit mich auch reuen könne das
Übel, das ich gedenke, ihnen anzutun um
ihrer bösen Taten willen. *a* Kap 18,8; 36,3
4 Und sprich zu ihnen: So spricht der
HERR: Werdet ihr mir nicht gehorchen und
nicht nach meinem Gesetz wandeln, das
ich euch vorgelegt habe,
5 und nicht hören auf die Worte meiner
Knechte, der Propheten, die ich [a]immer
wieder zu euch sende und auf die ihr doch
nicht hören wollt, *a* Kap 25,4
6 so [a]will ich's mit diesem Hause machen
wie mit [b]Silo und diese Stadt zum Fluch-
wort für alle Völker auf Erden machen.
a 2.Kön 25,9 *b* Kap 7,12
7 ¶ Als aber die Priester, Propheten und
alles Volk Jeremia hörten, daß er solche
Worte redete im Hause des HERRN,
8 und Jeremia nun alles gesagt hatte, was
ihm der HERR befohlen hatte, allem Volk
zu sagen, ergriffen ihn die Priester, Pro-
pheten und das ganze Volk und sprachen:
Du mußt sterben!
9 Warum weissagst du im Namen des
HERRN: »Es wird diesem Hause gehen wie
Silo, und diese Stadt soll so wüst werden,
daß niemand mehr darin wohnt«? Und das
ganze Volk sammelte sich im Hause des
HERRN wider Jeremia.
10 Als das die Oberen von Juda hörten,
gingen sie aus des Königs Hause hinauf
ins Haus des HERRN und setzten sich zum
Gericht vor das neue Tor am Hause des
HERRN.
11 Und die Priester und Propheten spra-
chen vor den Oberen und allem Volk: Die-
ser Mann ist des Todes schuldig; denn [a]er
hat geweissagt gegen diese Stadt, wie ihr
mit eigenen Ohren gehört habt. *a* Apg 6,13
12 Aber Jeremia sprach zu allen Oberen
und zu allem Volk: Der HERR hat mich
gesandt, daß ich dies alles, was ihr gehört
habt, weissagen sollte gegen dies Haus und
gegen diese Stadt.
13 So [a]bessert nun eure Wege und euer
Tun und gehorcht der Stimme des HERRN,
eures Gottes, dann wird den HERRN auch
gereuen das Übel, das er gegen euch gere-
det hat. *a* Kap 7,3
14 Siehe, ich bin in euren Händen, ihr
könnt mit mir machen, wie es euch recht
und gut dünkt.
15 Doch sollt ihr wissen: Wenn ihr mich
tötet, so [a]werdet ihr unschuldiges Blut
auf euch laden, auf diese Stadt und ihre
Einwohner. Denn wahrlich, der HERR hat
mich zu euch gesandt, daß ich dies alles
vor euren Ohren reden soll.
a 2.Mose 23,7; Mt 27,4.25
16 Da sprachen die Oberen und das ganze
Volk zu den Priestern und Propheten: Die-
ser Mann ist des Todes nicht schuldig;
denn er hat zu uns geredet im Namen des
HERRN, unseres Gottes.
17 Und es standen auf etliche von den Äl-
testen des Landes und sprachen zu dem
versammelten Volk:
18 Zur Zeit Hiskias, des Königs von Juda,
war ein Prophet, [a]Micha von Moreschet;
der sprach zum ganzen Volk Juda: »So
spricht der HERR Zebaoth: [b]Zion wird wie
ein Acker gepflügt werden, und [c]Jerusa-
lem wird zu Steinhaufen werden und der

Berg des Tempels zu einer Höhe wilden
Gestrüpps.« *a* Mi 1,1 *b* Mi 3,12 *c* Kap 9,10
19 Doch ließ ihn Hiskia, der König von
Juda, und das ganze Juda deswegen nicht
töten, vielmehr fürchteten sie den HERRN
und flehten zu ihm. Da [a]reute auch den
HERRN das Übel, das er gegen sie geredet
hatte. Wir aber würden großes Unheil über
uns bringen. *a* Kap 18,8

Hinrichtung des Propheten Uria

20 Da war noch einer, der im Namen des
HERRN weissagte, Uria, der Sohn Sche-
majas, von [a]Kirjat-Jearim. Der weissagte
gegen diese Stadt und gegen dies Land
ganz wie Jeremia. *a* Jos 15,9
21 Als aber der König Jojakim und alle
seine Gewaltigen und die Oberen seine
Worte hörten, wollte ihn der König töten
lassen. Und Uria erfuhr das, fürchtete sich
und floh und kam nach Ägypten.
22 Aber der König Jojakim schickte Leute
nach Ägypten, Elnatan, den Sohn Ach-
bors, und andere mit ihm.
23 Die holten ihn aus Ägypten und brach-
ten ihn zum König Jojakim. Der ließ ihn
mit dem Schwert töten und ließ seinen
Leichnam unter dem niederen Volk be-
graben.
24 ¶Aber mit Jeremia war die Hand [a]Ahi-
kams, des Sohnes Schafans, so daß man
ihn nicht dem Volk in die Hände gab, das
ihn getötet hätte. *a* 2.Kön 22,12

Jeremias Predigt vom Joch Nebukadnezars

27 Im Anfang der Herrschaft [a]Zede-
kias, des Sohnes Josias, des Königs
von Juda, geschah dies Wort vom HERRN
zu Jeremia: *a* 2.Kön 24,17.18
2 So spricht der HERR zu mir: Mache dir
ein [a]Joch und lege es auf deinen Nacken
a Kap 28,10
3 und schicke Botschaft zum [a]König von
Edom, zum König von Moab, zum König
der Ammoniter, zum König von Tyrus und
zum König von Sidon durch die Boten,
die zu Zedekia, dem König von Juda, nach
Jerusalem gekommen sind, *a* Kap 25,21.22
4 und befiehl ihnen, daß sie ihren Herren
sagen: So spricht der HERR Zebaoth, der
Gott Israels: So sollt ihr euren Herren sa-
gen:
5 Ich [a]habe die Erde gemacht und Men-
schen und Tiere, die auf Erden sind, durch
meine große Kraft und meinen ausgereck-
ten Arm und gebe sie, wem ich will.
a Kap 32,17
6 [a]Nun aber habe ich alle diese Länder in
die Hand meines Knechts Nebukadnezar,
des Königs von Babel, gegeben und auch
die Tiere auf dem Felde, daß sie ihm un-
tertan sein sollen.
a (6 und 7) Kap 25,9; Jes 45,1-8; Hes 26,7; Dan 2,38
7 Und es sollen alle Völker ihm dienen
und seinem Sohn und seines Sohnes Sohn,
bis auch für sein Land die Zeit kommt,
daß es vielen Völkern und großen Köni-
gen untertan sein muß.
8 Das Volk aber und das Königreich, das
dem König von Babel, Nebukadnezar,
nicht untertan sein will und das seinen
Nacken nicht unter das Joch des Königs
von Babel beugt, das will ich heimsuchen
mit Schwert, Hunger und Pest, spricht der
HERR, bis ich sie durch seine Hand um-
bringe.
9 So [a]hört doch nicht auf eure Propheten,
Wahrsager, Traumdeuter, Zeichendeuter
und Zauberer, die euch sagen: Ihr werdet
nicht untertan sein müssen dem König
von Babel. *a* Kap 14,13.14
10 Denn sie weissagen euch Lüge, auf daß
sie euch aus eurem Lande fortbringen und
ich euch verstoße und ihr umkommt.
11 Aber das Volk, das seinen Nacken un-
ter das Joch des Königs von Babel beugt
und ihm untertan ist, das will ich in sei-
nem Lande lassen, daß es dasselbe be-
baue und bewohne, spricht der HERR.
12 ¶Und ich redete alle diese Worte zu
Zedekia, dem König von Juda, und sprach:
Beugt euren Nacken unter das Joch des
Königs von Babel und seid ihm und sei-
nem Volk untertan, so sollt ihr am Leben
bleiben.
13 Warum wollt ihr sterben, du und dein
Volk, durch Schwert, Hunger und Pest, wie
der HERR geredet hat über das Volk, das
dem König von Babel nicht untertan sein
will?
14 Darum hört nicht auf die Worte der
Propheten, die euch sagen: »Ihr werdet
nicht untertan sein müssen dem König
von Babel!« Denn [a]sie weissagen euch
Lüge, *a* Kap 14,14
15 und ich habe sie nicht gesandt, spricht
der HERR, sondern sie weissagen Lüge in
meinem Namen, auf daß ich euch ver-

stoße und ihr umkommt samt den Pro-
pheten, die euch weissagen.
16 Und zu den Priestern und zu diesem
ganzen Volk redete ich und sprach: So
spricht der HERR: Hört nicht auf die
Worte eurer Propheten, die euch weissa-
gen und sprechen: »Siehe, [a] die Geräte aus
dem Hause des HERRN werden nun bald
von Babel wieder herkommen!« Denn sie
weissagen euch Lüge. *a* Kap 28,3; 2.Chr 36,10
17 Hört nicht auf sie, sondern seid dem
König von Babel untertan, so werdet ihr
am Leben bleiben. Warum soll diese Stadt
zur Wüstenei werden?
18 Sind sie aber Propheten und haben sie
des HERRN Wort, so laßt sie den HERRN
Zebaoth bitten, daß die Geräte, die übrig-
geblieben sind im Hause des HERRN und
im Hause des Königs von Juda und zu
Jerusalem, nicht auch nach Babel geführt
werden.
19 Denn so spricht der HERR Zebaoth von
[a] den Säulen und vom Meer und von den
Gestellen und von den Geräten, die noch
übriggeblieben sind in dieser Stadt,
a 1.Kön 7,15-39; 2.Kön 25,13-17
20 die Nebukadnezar, der König von Ba-
bel, nicht mitnahm, als er Jechonja, den
Sohn Jojakims, den König von Juda, von
Jerusalem wegführte nach Babel samt al-
len Vornehmen in Juda und Jerusalem, –
21 so spricht der HERR Zebaoth, der Gott
Israels, von den Geräten, die übriggeblie-
ben sind im Hause des HERRN und im
Hause des Königs von Juda und zu Jeru-
salem:
22 sie sollen nach Babel geführt werden
und dort bleiben bis auf den Tag, an dem
ich nach ihnen sehe, spricht der HERR,
und [a] ich sie wieder zurückbringen lasse
an diesen Ort. *a* Esr 1,1-11

Jeremia und Hananja

28 In demselben Jahr, im Anfang der
Herrschaft Zedekias, des Königs von
Juda, im fünften Monat des vierten Jahrs,
sprach Hananja, der Sohn Asurs, ein Pro-
phet von [a] Gibeon, zu mir im Hause des
HERRN in Gegenwart der Priester und des
ganzen Volks: *a* 2.Chr 1,3.13
2 So spricht der HERR Zebaoth, der Gott
Israels: Ich habe das Joch des Königs von
Babel zerbrochen,
3 und ehe zwei Jahre um sind, [a] will ich
alle Geräte des Hauses des HERRN, die
Nebukadnezar, der König von Babel, von
diesem Ort weggenommen und nach Ba-
bel geführt hat, wieder an diesen Ort brin-
gen; *a* Kap 27,16
4 auch [a] Jechonja, den Sohn Jojakims, den
König von Juda, samt allen Weggeführten
aus Juda, die nach Babel gekommen sind,
will ich wieder an diesen Ort bringen,
spricht der HERR, denn ich will das Joch
des Königs von Babel zerbrechen.
a Kap 27,20
5 Da sprach der Prophet Jeremia zu dem
Propheten Hananja in Gegenwart der Prie-
ster und des ganzen Volks, die im Hause
des HERRN standen,
6 und sagte: Amen! Der HERR tue so; der
HERR bestätige dein Wort, das du geweis-
sagt hast, daß er die Geräte aus dem Hause
des HERRN von Babel wiederbringe an die-
sen Ort und alle Weggeführten.
7 Doch höre dies Wort, das ich vor deinen
Ohren rede und vor den Ohren des ganzen
Volks:
8 Die Propheten, die vor mir und vor dir
gewesen sind von alters her, die haben ge-
gen viele Länder und große Königreiche
geweissagt von Krieg, von Unheil und
Pest.
9 Wenn aber ein Prophet von Heil weis-
sagt – [a] ob ihn der HERR wahrhaftig ge-
sandt hat, wird man daran erkennen, daß
sein Wort erfüllt wird. *a* 5.Mose 18,21.22
10 ¶ Da nahm der Prophet Hananja das
[a] Joch vom Nacken des Propheten Jeremia
und zerbrach es. *a* Kap 27,2
11 Und Hananja sprach in Gegenwart des
ganzen Volks: So spricht der HERR:
Ebenso [a] will ich zerbrechen das Joch Ne-
bukadnezars, des Königs von Babel, ehe
zwei Jahre um sind, und es vom Nacken
aller Völker nehmen. Und der Prophet Je-
remia ging seines Weges. *a* Kap 29,10
12 ¶ Aber des HERRN Wort geschah zu Je-
remia, nachdem der Prophet Hananja das
Joch auf dem Nacken des Propheten Jere-
mia zerbrochen hatte:
13 Geh hin und sage Hananja: So spricht
der HERR: Du hast das hölzerne Joch zer-
brochen, aber du hast nun ein eisernes
Joch an seine Stelle gesetzt.
14 Denn so spricht der HERR Zebaoth, der
Gott Israels: [a] Ein eisernes Joch habe ich
allen diesen Völkern auf den Nacken ge-
legt, daß sie [b] untertan sein sollen Nebu-
kadnezar, dem König von Babel, und ihm

dienen, und auch die Tiere habe ich ihm gegeben.
a 5.Mose 28,48 *b* Kap 27,6

15 Und der Prophet Jeremia sprach zum Propheten Hananja: Höre doch, Hananja! Der HERR hat dich nicht gesandt; aber du machst, daß dies Volk sich auf Lügen verläßt.

16 Darum spricht der HERR: Siehe, ich will dich vom Erdboden nehmen; dies Jahr sollst du sterben, denn du hast sie mit deiner Rede vom HERRN abgewendet.

17 Und der Prophet Hananja starb im selben Jahr im siebenten Monat.

Jeremias Brief an die Weggeführten in Babel

29 Dies sind die Worte des Briefes, den der Prophet Jeremia von Jerusalem sandte an den Rest der Ältesten, die weggeführt waren, an die Priester und Propheten und an das ganze Volk, das Nebukadnezar von Jerusalem nach Babel weggeführt hatte

2 – nachdem der König Jechonja und die Königinmutter mit den Kämmerern und Oberen in Juda und Jerusalem samt den Zimmerleuten und Schmieden aus Jerusalem weggeführt waren[a] –,
a 2.Kön 24,14.15

3 durch Elasa, den Sohn Schafans, und Gemarja, den Sohn Hilkijas, die Zedekia, der König von Juda, nach Babel sandte zu Nebukadnezar, dem König von Babel:

4 ¶ So spricht der HERR Zebaoth, der Gott Israels, zu den Weggeführten, die ich von Jerusalem nach Babel habe wegführen lassen:

5 Baut Häuser und wohnt darin; pflanzt Gärten und eßt ihre Früchte;

6 nehmt euch Frauen und zeugt Söhne und Töchter, nehmt für eure Söhne Frauen, und gebt eure Töchter Männern, daß sie Söhne und Töchter gebären; mehrt euch dort, daß ihr nicht weniger werdet.

7 **Suchet der Stadt Bestes,** dahin ich euch habe wegführen lassen, **und betet für sie zum HERRN; denn wenn's ihr wohlgeht, so geht's auch euch wohl.**

8 ¶ [a]Denn so spricht der HERR Zebaoth, der Gott Israels: Laßt euch durch die Propheten, die bei euch sind, und durch die Wahrsager nicht betrügen, und hört nicht auf die Träume, die sie träumen!
a (8 und 9) Kap 14,14

9 Denn sie weissagen euch Lüge in meinem Namen. Ich habe sie nicht gesandt, spricht der HERR.

10 Denn so spricht der HERR: [a]Wenn für Babel siebzig Jahre voll sind, so will ich euch heimsuchen und will mein gnädiges Wort an euch erfüllen, daß ich euch wieder an diesen Ort bringe.
a Kap 25,11-13

11 Denn **ich weiß wohl, was ich für Gedanken über euch habe, spricht der HERR: Gedanken des Friedens und nicht des Leides, daß ich euch gebe das Ende, des ihr wartet.***

* Wörtlich: daß ich euch gebe Zukunft und Hoffnung.

12 Und ihr werdet mich anrufen und hingehen und mich bitten, und ich will euch erhören.

13 [a]Ihr werdet mich suchen und finden; denn **wenn ihr mich von ganzem Herzen suchen werdet,**
a (13 und 14) Kap 30,3; 5.Mose 4,29; Jes 55,6

14 **so will ich mich von euch finden lassen,** spricht der HERR, und will eure Gefangenschaft wenden und euch sammeln aus allen Völkern und von allen Orten, wohin ich euch verstoßen habe, spricht der HERR, und will euch wieder an diesen Ort bringen, von wo ich euch habe wegführen lassen.

15 ¶ Zwar meint ihr, der HERR habe euch auch in Babel Propheten erstehen lassen. –

16 Fürwahr, so spricht der HERR über den König, der auf Davids Thron sitzt, und über das ganze Volk, das in dieser Stadt wohnt, über eure Brüder, die nicht mit euch in die Gefangenschaft gezogen sind,

17 [a]ja, so spricht der HERR Zebaoth: Siehe, ich will Schwert, Hunger und Pest unter sie schicken und will sie machen wie die schlechten Feigen, davor einem ekelt zu essen,
a (17 und 18) Kap 24,8-10

18 und will hinter ihnen her sein mit Schwert, Hunger und Pest und [a]will sie zum Bild des Entsetzens machen für alle Königreiche auf Erden, zum Fluch, zum Grauen, zum Hohn und zum Spott unter allen Völkern, wohin ich sie verstoßen werde,
a 5.Mose 28,37

19 weil sie meinen Worten nicht gehorchten, spricht der HERR, der ich meine Knechte, die Propheten, [a]immer wieder zu euch gesandt habe; aber ihr wolltet nicht hören, spricht der HERR. –
a Kap 25,4

20 Aber ihr alle, die ihr gefangen weggeführt seid, die ich von Jerusalem habe nach Babel ziehen lassen, höret des HERRN Wort!

[21]So spricht der HERR Zebaoth, der Gott
Israels, wider Ahab, den Sohn Kolajas, und
wider Zidkija, den Sohn Maasejas, die
euch Lügen weissagen in meinem Namen:
Siehe, ich will sie geben in die Hände
Nebukadnezars, des Königs von Babel.
Der soll sie totschlagen lassen vor euren
Augen,
[22]so daß man ihre Namen zum Fluch-
wort machen wird unter allen Weggeführ-
ten aus Juda, die in Babel sind, und sagen:
Der HERR tue an dir wie an Zidkija und
Ahab, die der König von Babel im Feuer
rösten ließ,
[23]weil sie eine Schandtat in Israel begin-
gen und Ehebruch trieben mit den Frauen
ihrer Nächsten und in meinem Namen
Lüge predigten, was ich ihnen nicht be-
fohlen hatte. Solches weiß ich und be-
zeuge es, spricht der HERR.

Jeremia und Schemaja

[24]Und wider Schemaja von Nehelam
sollst du sagen:
[25]So spricht der HERR Zebaoth, der Gott
Israels: Weil du unter deinem Namen
Briefe gesandt hast an alles Volk, das in
Jerusalem ist, an den Priester [a]Zefanja,
den Sohn Maasejas, und an alle Priester
und gesagt:

a Kap 21,1

[26]Der HERR hat dich zum Priester be-
stellt anstatt des Priesters Jojada, daß du
Aufseher sein sollst im Hause des HERRN
[a]über alle Wahnsinnigen und Weissager,
daß du sie [b]in Block und Eisen legst, –

a Hos 9,7 *b* Kap 20,2

[27]nun, warum strafst du dann nicht Jere-
mia von Anatot, der euch weissagt?
[28]Hat er doch zu uns nach Babel ge-
schickt und sagen lassen: Es wird noch
lange währen; baut Häuser und wohnt
darin, pflanzt Gärten und eßt ihre Früchte.
[29]– Es hatte nämlich der Priester Zefanja
den Brief vorgelesen vor den Ohren des
Propheten Jeremia. –
[30]Da geschah des HERRN Wort zu Jere-
mia:
[31]Sende hin zu allen Weggeführten und
laß ihnen sagen: So spricht der HERR wi-
der Schemaja von Nehelam: Weil euch
Schemaja weissagt – und ich habe ihn
doch nicht gesandt – und macht, daß ihr
auf Lügen vertraut,
[32]darum spricht der HERR: Siehe, ich will
Schemaja von Nehelam heimsuchen samt
seinen Nachkommen, daß keiner von den
Seinen unter diesem Volk bleiben soll.
Und er soll das Gute nicht sehen, das ich
meinem Volk tun will, spricht der HERR;
denn er hat es mit seiner Rede vom
HERRN abgewendet.

Israels Befreiung aus der Gefangenschaft

30 Dies ist das Wort, das vom HERRN
geschah zu Jeremia:
[2]So spricht der HERR, der Gott Israels:
Schreib dir alle Worte, die ich zu dir gere-
det habe, in ein Buch.
[3]Denn siehe, es kommt die Zeit, spricht
der HERR, daß ich das Geschick meines
Volks Israel und Juda wenden will, spricht
der HERR; und [a]ich will sie wiederbringen
in das Land, das ich ihren Vätern gegeben
habe, daß sie es besitzen sollen.

a Kap 29,14

[4]¶ Und dies sind die Worte, die der HERR
redete über Israel und Juda.
[5]So spricht der HERR: Wir hören ein Ge-
schrei des Schreckens; nur Furcht ist da
und kein Friede.
[6]Forscht doch und seht, ob dort Männer
gebären! Wie kommt es denn, daß ich
sehe, wie alle Männer ihre Hände an die
Hüften halten wie Frauen in Kindsnöten
und alle Angesichter so bleich sind?
[7]Wehe, es ist [a]ein gewaltiger Tag, und
seinesgleichen ist nicht gewesen, und es
ist eine Zeit der Angst für Jakob; doch soll
ihm daraus geholfen werden.

a Joel 2,11; Zef 1,14.15

[8][a]Es soll aber geschehen zu dieser Zeit,
spricht der HERR Zebaoth, daß ich das
Joch auf deinem Nacken zerbrechen will
und deine Bande zerreißen. Sie werden
nicht mehr Fremden dienen,

a (8 und 9) Kap 23,5; 27,12; Hes 34,23; Hos 3,5

[9]sondern dem HERRN, ihrem Gott, und
ihrem König David, den ich ihnen erwek-
ken will.
[10]¶ Darum fürchte du dich nicht, mein
Knecht Jakob, spricht der HERR, und ent-
setze dich nicht, Israel. Denn siehe, ich
will dich erretten aus fernen Landen und
deine Nachkommen aus dem Lande ihrer
Gefangenschaft, daß Jakob zurückkehren
soll und in Frieden und Sicherheit leben,
und niemand soll ihn schrecken.[a]

a Kap 46,27; Jes 43,5.6

[11]Denn ich bin bei dir, spricht der HERR,
daß ich dir helfe. Denn ich will mit allen
Völkern ein Ende machen, unter die ich

dich zerstreut habe; aber mit dir will ich
nicht ein Ende machen. [a]Ich will dich mit
Maßen züchtigen, doch ungestraft kann
ich dich nicht lassen. *a* Kap 10,24; 5.Mose 8,5
12 ¶Denn so spricht der HERR: Dein
Schaden ist verzweifelt böse, und [a]deine
Wunden sind unheilbar. *a* Kap 15,18
13 Deine Sache führt niemand; da ist kei-
ner, der dich verbindet, es kann dich nie-
mand heilen.
14 Alle deine Liebhaber vergessen dich,
fragen nichts nach dir. Ich habe dich ge-
schlagen wie einen Feind mit unbarmher-
ziger Züchtigung um deiner großen Schuld
und um deiner vielen Sünden willen.
15 Was schreist du über deinen Schaden
und über dein verzweifelt böses Leiden?
Habe ich dir doch solches getan um dei-
ner großen Schuld und um deiner vielen
Sünden willen.
16 ¶Doch alle, die dich gefressen haben,
sollen gefressen werden, und alle, die dich
geängstigt haben, sollen alle gefangen weg-
geführt werden; und [a]die dich beraubt ha-
ben, sollen beraubt werden, und alle, die
dich geplündert haben, sollen geplündert
werden. *a* Jes 33,1; Hes 39,10
17 Aber dich will ich [a]wieder gesund ma-
chen und deine Wunden heilen, spricht
der HERR, weil man dich nennt: »die Ver-
stoßene« und: »Zion, nach der niemand
fragt«. *a* Kap 33,6; Jes 57,18.19
18 ¶So spricht der HERR: Siehe, ich will
das Geschick der Hütten Jakobs wenden
und mich über seine Wohnungen erbar-
men, und die Stadt soll wieder auf ihre
Hügel gebaut werden, und die Burg soll
stehen an ihrem rechten Platz.
19 Und es soll aus ihr erschallen Lob-
und Freudengesang; denn ich will sie meh-
ren und nicht mindern, ich will sie herr-
lich machen und nicht geringer.
20 Ihre Söhne sollen sein wie früher, und
ihre Gemeinde soll vor mir fest gegründet
stehen; denn ich will heimsuchen alle, die
sie bedrängen.
21 Und [a]ihr Fürst soll aus ihrer Mitte kom-
men und ihr Herrscher von ihnen ausge-
hen; und er soll zu mir nahen, denn wer
dürfte sonst sein Leben wagen und mir
nahen? spricht der HERR. *a* Vers 9
22 Und ihr sollt mein Volk sein, und ich
will euer Gott sein.[a] *a* Kap 7,23
23 ¶[a]Siehe, es wird ein Wetter des HERRN
kommen voll Grimm, ein schreckliches
Ungewitter wird auf den Kopf der Gottlo-
sen niedergehen. *a (23 und 24)* Kap 23,19.20
24 Des HERRN grimmiger Zorn wird nicht
ablassen, bis er tue und ausrichte, was er
im Sinn hat; zur letzten Zeit werdet ihr es
erkennen.

Die Verheißung des neuen Bundes

31 Zu derselben Zeit, spricht der
HERR, [a]will ich der Gott aller Ge-
schlechter Israels sein, und sie sollen mein
Volk sein. *a* Kap 7,23
2 ¶So spricht der HERR: Das Volk, das
dem Schwert entronnen ist, hat Gnade ge-
funden in der Wüste; Israel zieht hin zu
seiner Ruhe.
3 Der HERR ist mir erschienen von ferne:
**Ich habe dich je und je geliebt, darum habe
ich dich zu mir gezogen aus lauter Güte.**
4 Wohlan, ich will dich wiederum bauen,
daß du gebaut sein sollst, du Jungfrau Is-
rael; du sollst dich wieder schmücken,
Pauken schlagen und herausgehen zum
Tanz.
5 Du sollst wiederum Weinberge pflanzen
an den Bergen Samarias; pflanzen wird
man sie und ihre Früchte genießen.
6 Denn es wird die Zeit kommen, daß die
Wächter auf dem Gebirge Ephraim rufen:
Wohlauf, laßt uns hinaufziehen nach Zion
zum HERRN, unserm Gott!
7 ¶Denn so spricht der HERR: Jubelt über
Jakob mit Freuden und jauchzet über das
Haupt unter den Völkern. Ruft laut, rühmt
und sprecht: Der HERR hat seinem Volk
geholfen, dem Rest Israels!
8 Siehe, ich will sie aus dem Lande des
Nordens bringen und [a]will sie sammeln
von den Enden der Erde, auch Blinde und
Lahme, Schwangere und junge Mütter,
daß sie als große Gemeinde wieder hier-
herkommen sollen. *a* Jes 35,8-10; Hes 34,16
9 Sie werden weinend kommen, aber ich
will sie trösten und leiten. Ich will sie zu
Wasserbächen führen auf ebenem Wege,
daß sie nicht zu Fall kommen; denn [a]ich
bin Israels Vater, und Ephraim ist mein
erstgeborener Sohn. *a* 2.Mose 4,22; 2.Kor 6,18
10 ¶Höret, ihr Völker, des HERRN Wort
und verkündet's fern auf den Inseln und
sprecht: Der Israel zerstreut hat, der wird's
auch wieder sammeln und [a]wird es hüten
wie ein Hirte seine Herde; *a* Jes 40,11
11 denn der HERR wird Jakob erlösen und
von der Hand des Mächtigen erretten.

12 Sie werden kommen und auf der Höhe
des Zion jauchzen und sich freuen über
die Gaben des HERRN, über Getreide,
Wein, Öl und junge Schafe und Rinder,
daß ihre Seele sein wird [a]wie ein wasser-
reicher Garten und sie nicht mehr beküm-
mert sein sollen. *a* Jes 58,11
13 Alsdann werden die Jungfrauen fröh-
lich beim Reigen sein, die junge Mann-
schaft und die Alten miteinander; denn
ich will ihr Trauern in Freude verwandeln
und sie trösten und sie erfreuen nach ihrer
Betrübnis.
14 Und ich will der Priester Herz voller
Freude machen, und mein Volk soll mei-
ner Gaben die Fülle haben, spricht der
HERR.
15 ¶ So spricht der HERR: Man hört Kla-
gegeschrei und bittres Weinen in Rama:
[a]Rahel weint über ihre Kinder und will
sich nicht trösten lassen über ihre Kinder;
denn es ist aus mit ihnen.
a 1.Mose 35,16-20; 1.Sam 10,2; Mt 2,18
16 Aber so spricht der HERR: Laß dein
Schreien und Weinen und die Tränen dei-
ner Augen; denn deine Mühe wird noch
belohnt werden, spricht der HERR. Sie sol-
len wiederkommen aus dem Lande des
Feindes,
17 und deine Nachkommen haben viel
Gutes zu erwarten, spricht der HERR, denn
deine Söhne sollen wieder in ihre Heimat
kommen.
18 ¶ Ich habe wohl gehört, wie Ephraim
klagt: »Du hast mich hart erzogen, und
ich ließ mich erziehen wie ein junger Stier,
der noch nicht gelernt hat zu ziehen. Be-
kehre du mich, so will ich mich bekehren;
denn du, HERR, bist mein Gott!
19 Nachdem ich bekehrt war, tat ich Buße,
und als ich zur Einsicht kam, schlug ich an
meine Brust. Ich bin zuschanden gewor-
den und stehe schamrot da; denn ich muß
büßen die Schande meiner Jugend.«
20 Ist nicht Ephraim mein teurer Sohn und
mein liebes Kind? Denn [a]sooft ich ihm
auch drohe, muß ich doch seiner geden-
ken; darum [b]bricht mir mein Herz, daß
ich mich seiner erbarmen muß, spricht der
HERR. *a* Jes 49,15 *b* Hos 11,8
21 ¶ Richte dir Wegzeichen auf, setze dir
Steinmale und richte deinen Sinn auf die
Straße, auf der du gezogen bist! Kehr zu-
rück, Jungfrau Israel, kehr zurück zu die-
sen deinen Städten!
22 Wie lang willst du in der Irre gehen, du
abtrünnige Tochter? Denn der HERR wird
ein Neues im Lande schaffen: Die Frau
wird den Mann umgeben.
23 ¶ So spricht der HERR Zebaoth, der
Gott Israels: »Man wird dies Wort wieder
sagen im Lande Juda und in seinen Städ-
ten, wenn ich ihr Geschick wenden werde:
Der HERR segne dich, du [a]Wohnung der
Gerechtigkeit, du heiliger Berg! *a* Sach 8,3
24 Auch Juda samt allen seinen Städten
soll darin wohnen, die Ackerleute und die
mit Herden umherziehen;
25 denn ich will die Müden erquicken und
die Verschmachtenden sättigen.«
26 Darüber bin ich aufgewacht und sah auf
und hatte so sanft geschlafen.
27 Siehe, es kommt die Zeit, spricht der
HERR, daß ich das Haus Israel und das
Haus Juda besäen will mit Menschen und
mit Vieh.
28 Und gleichwie ich über sie gewacht
habe, [a]auszureißen und einzureißen, zu
verderben und zu zerstören und zu plagen,
so will ich über sie wachen, zu bauen und
zu pflanzen, spricht der HERR. *a* Kap 1,10
29 [a]Zu derselben Zeit wird man nicht
mehr sagen: »Die Väter haben saure Trau-
ben gegessen, und den Kindern sind die
Zähne stumpf geworden«,
a (29 und 30) Hes 18,2; 2.Mose 20,5; Klgl 5,7
30 sondern ein jeder wird um seiner
Schuld willen sterben, und wer saure Trau-
ben gegessen hat, dem sollen seine Zähne
stumpf werden.
31 ¶ [a]**Siehe, es kommt die Zeit, spricht der**
HERR, da will ich mit dem Hause Israel
und mit dem Hause Juda einen neuen Bund
schließen, *a (31-34)* Hebr 8,8-12
32 nicht wie der [a]Bund gewesen ist, den
ich mit ihren Vätern schloß, als ich sie bei
der Hand nahm, um sie aus Ägyptenland
zu führen, ein Bund, den sie nicht gehal-
ten haben, ob ich gleich ihr Herr war,
spricht der HERR; *a* 5.Mose 6,4-7
33 sondern **das soll der Bund sein, den ich**
mit dem Hause Israel schließen will nach
dieser Zeit, spricht der HERR: [a]Ich will
mein Gesetz in ihr Herz geben und in ih-
ren Sinn schreiben, und [b]sie sollen mein
Volk sein, und ich will ihr Gott sein.
a Hes 11,19; Hebr 10,16.17 *b* Kap 7,23
34 **Und es wird keiner den andern noch ein**
Bruder den andern lehren und sagen: »Er-
kenne den HERRN«, sondern sie sollen mich

alle erkennen, beide, klein und groß, spricht der HERR; denn [a]ich will ihnen ihre Missetat vergeben und ihrer Sünde nimmermehr gedenken.
a Kap 33,8; Jes 43,25; Röm 11,26.27

35¶ So spricht der HERR, der die Sonne dem Tage zum Licht gibt und den Mond und die Sterne der Nacht zum Licht bestellt; der das Meer bewegt, daß seine Wellen brausen – HERR Zebaoth ist sein Name –:

36 Wenn jemals diese Ordnungen vor mir ins Wanken kämen, spricht der HERR, so müßte auch das Geschlecht Israels aufhören, ein Volk zu sein vor mir ewiglich.[a]
a Kap 33,25.26; Röm 11,1

37¶ So spricht der HERR: Wenn man den Himmel oben messen könnte und den Grund der Erde unten erforschen, dann würde ich auch verwerfen das ganze Geschlecht Israels für all das, was sie getan haben, spricht der HERR.

38¶ Siehe, es kommt die Zeit, spricht der HERR, daß die Stadt des HERRN gebaut werden wird vom Turm Hananel an bis ans Ecktor;

39 und die Meßschnur wird weiter geradeaus gehen bis an den Hügel Gareb und sich nach Goa hin wenden.

40 Und das ganze Tal der Leichen und der Asche und die Hänge bis zum Bach Kidron, bis zu der Ecke am Roßtor im Osten, wird dem HERRN heilig sein. Und die Stadt wird niemals mehr eingerissen und abgebrochen werden.

Der Ackerkauf

32 Dies ist das Wort, das vom HERRN geschah zu Jeremia im zehnten Jahr Zedekias, des Königs von Juda, das ist das achtzehnte Jahr Nebukadnezars.

2 Damals [a]belagerte das Heer des Königs von Babel Jerusalem. Und der Prophet Jeremia lag gefangen im Wachthof am Hause des Königs von Juda,
a 2.Kön 25,1.2

3 [a]wo Zedekia, der König von Juda, ihn hatte gefangensetzen lassen, indem er sagte: Warum weissagst du und sprichst: So spricht der HERR: Siehe, ich gebe diese Stadt in die Hände des Königs von Babel, und er soll sie erobern,
a (3 und 4) Kap 21,7; 34,2

4 und Zedekia, der König von Juda, soll den Chaldäern nicht entrinnen, sondern ich will ihn dem König von Babel in die Hände geben, daß er von Mund zu Mund mit ihm reden und mit eigenen Augen ihn sehen soll?

5 Und [a]er wird Zedekia nach Babel führen; da soll er auch bleiben, bis ich ihn heimsuche, spricht der HERR, denn wenn ihr auch gegen die Chaldäer kämpft, soll euch doch nichts gelingen.
a Kap 52,11

6¶ Und Jeremia sprach: Es ist des HERRN Wort zu mir geschehen:

7 Siehe, Hanamel, der Sohn Schallums, deines Oheims, wird zu dir kommen und sagen: [a]Kaufe du meinen Acker in Anatot; denn dir kommt es als erstem zu, ihn einzulösen und zu kaufen.
a 3.Mose 25,25; Rut 4,3.4

8 Da kam Hanamel, meines Oheims Sohn, wie der HERR gesagt hatte, zu mir in den Wachthof und sprach zu mir: Kaufe doch meinen Acker in Anatot, der im Lande Benjamin liegt; denn dir kommt es zu, ihn zu erwerben und einzulösen; kaufe du ihn! Da merkte ich, daß es des HERRN Wort war,

9 und kaufte den Acker von Hanamel, meines Oheims Sohn, in Anatot, und wog ihm das Geld dar, siebzehn Lot Silber.

10 Und ich schrieb einen Kaufbrief und versiegelte ihn und nahm Zeugen dazu und wog das Geld dar auf der Waage nach Recht und Gewohnheit.

11 Und ich nahm den versiegelten Kaufbrief und die offene Abschrift

12 und gab beides Baruch, dem Sohn Nerijas, des Sohnes Machsejas, in Gegenwart Hanamels, meines Vetters, und der Zeugen, die unter dem Kaufbrief geschrieben standen, und aller Judäer, die im Wachthof sich aufhielten,

13 und befahl Baruch vor ihren Augen:

14 So spricht der HERR Zebaoth, der Gott Israels: Nimm diese Briefe, den versiegelten Kaufbrief samt dieser offenen Abschrift, und lege sie in ein irdenes Gefäß, daß sie lange erhalten bleiben.

15 Denn so spricht der HERR Zebaoth, der Gott Israels: Man wird wieder Häuser, [a]Äcker und Weinberge kaufen in diesem Lande.
a Vers 44

16¶ Und als ich den Kaufbrief Baruch, dem Sohn Nerijas, gegeben hatte, betete ich zum HERRN und sprach:

17 Ach, Herr HERR, siehe, du hast Himmel und [a]Erde gemacht durch deine große

Kraft und durch deinen ausgereckten Arm,
und [b]es ist kein Ding vor dir unmöglich;
a Kap 27,5 *b* 1.Mose 18,14; Lk 1,37
18 der du [a]Gnade erweist vielen Tausen-
den und die Schuld der Väter kommen
läßt auf das Haupt ihrer Kinder, du großer
und starker Gott – HERR Zebaoth ist dein
Name –, *a* 2.Mose 20,5.6
19 groß von Rat und mächtig von Tat, und
deine Augen stehen offen über allen We-
gen der Menschenkinder, [a]einem jeden zu
geben nach seinen Wegen und nach der
Frucht seines Tuns; *a* Röm 2,6
20 der du in Ägyptenland hast Zeichen
und Wunder getan bis auf diesen Tag an
Israel und an den Menschen und hast dir
einen Namen gemacht, wie es heute am
Tage ist,
21 und hast dein Volk Israel aus Ägypten-
land geführt durch Zeichen und Wunder,
mit mächtiger Hand, mit ausgerecktem
Arm und mit großem Schrecken,[a]
a 5.Mose 26,8
22 und hast ihnen dies Land gegeben, wie
du ihren Vätern geschworen hattest, daß
du es ihnen geben wolltest, ein Land, darin
Milch und Honig fließt;
23 aber als sie hineinkamen und es in Be-
sitz nahmen, gehorchten sie deiner Stim-
me nicht, wandelten auch nicht nach dei-
nem Gesetz, und alles, was du ihnen ge-
botest, daß sie es tun sollten, taten sie
nicht; darum ließest du ihnen auch all dies
Unheil widerfahren:
24 Siehe, die Wälle reichen schon bis an
die Stadt, daß sie erobert werde, und sie
muß wegen Schwert, Hunger und Pest in
die Hände der Chaldäer gegeben werden,
die sie belagern; und wie du geredet hast,
so ist's geschehen; du siehst es ja selbst.
25 Aber du, Herr HERR, sprichst zu mir:
»Kaufe dir einen Acker um Geld und
nimm Zeugen dazu«, obwohl doch die
Stadt in die Hände der Chaldäer gegeben
wird?
26 ¶Und des HERRN Wort geschah zu Je-
remia:
27 Siehe, ich, der HERR, [a]bin der Gott al-
len Fleisches, [b]sollte mir etwas unmög-
lich sein? *a* 4.Mose 16,22 *b* Vers 17
28 Darum so spricht der HERR: Siehe, ich
gebe diese Stadt in die Hände der Chal-
däer und in die Hand Nebukadnezars, des
Königs von Babel, und er soll sie erobern.
29 Und die Chaldäer, die diese Stadt bela-
gern, werden hereinkommen und sie in
Brand stecken und verbrennen samt den
Häusern, wo man [a]auf den Dächern dem
Baal Räucheropfer gespendet und andern
Göttern Trankopfer dargebracht hat, um
mich zu erzürnen. *a* Kap 19,13
30 Denn Israel und Juda haben von ihrer
Jugend auf getan, was mir mißfällt: ja, die
Israeliten haben mich erzürnt durch ihrer
Hände Werk, spricht der HERR.
31 Denn seit diese Stadt gebaut ist, hat sie
mich zornig und grimmig gemacht bis auf
diesen Tag, daß ich sie von meinem Ange-
sicht wegtun muß
32 wegen all der Bosheit Israels und Judas,
die sie getan haben, um mich zu erzür-
nen. Sie, ihre Könige, Oberen, Priester und
Propheten und die in Juda und Jerusalem
wohnten,
33 haben mir [a]den Rücken und nicht das
Angesicht zugekehrt, und obwohl ich sie
stets lehren ließ, wollten sie nicht hören
noch sich bessern. *a* Kap 2,27
34 Dazu haben sie ihre greulichen Götzen
in das Haus gesetzt, das nach meinem Na-
men genannt ist, daß sie es unrein mach-
ten,[a] *a* Kap 7,30
35 und haben [a]die Höhen des Baal gebaut
im Tal Ben-Hinnom, um ihre Söhne und
Töchter für den Moloch durchs Feuer ge-
hen zu lassen, was ich ihnen nicht befoh-
len habe, und es ist mir nie in den Sinn
gekommen, daß sie solchen Greuel tun
sollten, um Juda in Sünde zu bringen.
a Kap 7,31; 19,5; Hes 20,25.26
36 ¶Nun aber, so spricht der HERR, der
Gott Israels, von dieser Stadt, von der ihr
sagt, daß sie durch Schwert, Hunger und
Pest in die Hände des Königs von Babel
gegeben werde:
37 Siehe, ich will sie [a]sammeln aus allen
Ländern, wohin ich sie verstoßen in mei-
nem Zorn, Grimm und großem Unmut,
und will sie wieder an diesen Ort bringen,
daß sie sicher wohnen sollen. *a* 5.Mose 30,3
38 Sie sollen mein Volk sein, und ich will
ihr Gott sein.[a] *a* Kap 7,23
39 Und ich will ihnen [a]einerlei Sinn und
einerlei Wandel geben, daß sie mich fürch-
ten ihr Leben lang, auf daß es ihnen wohl-
gehe und ihren Kindern nach ihnen.
a Hes 36,27
40 Und ich will [a]einen ewigen Bund mit
ihnen schließen, daß ich nicht ablassen
will, ihnen Gutes zu tun, und will ihnen

Furcht vor mir ins Herz geben, daß sie
nicht von mir weichen. *a* Kap 31,31-34
41 Es *a* soll meine Freude sein, ihnen
Gutes zu tun, und *b* ich will sie in diesem
Lande einpflanzen, ganz gewiß, von ganzem Herzen und von ganzer Seele.
a 5.Mose 28,63a *b* Am 9,15
42 ¶ Denn so spricht der HERR: Gleichwie
ich über dies Volk all dies große Unheil
habe kommen lassen, so will ich auch alles
Gute über sie kommen lassen, das ich
ihnen zugesagt habe.
43 Und es sollen Äcker gekauft werden in
diesem Lande, von dem ihr sagt: »Eine
Wüste ist's ohne Menschen und Vieh; es
ist in der Chaldäer Hände gegeben.«
44 Man wird *a* Äcker um Geld kaufen und
verbriefen, versiegeln und Zeugen dazu
nehmen im Lande Benjamin und um Jerusalem her und in den Städten Judas, in
den Städten auf dem Gebirge, in den Städten des Hügellandes und in den Städten
des Südlandes; denn *b* ich will ihr Geschick
wenden, spricht der HERR.
a Vers 15 *b* Kap 29,14; 30,3

Wiederherstellung Jerusalems und Judas

33 Und des HERRN Wort geschah zu
Jeremia zum zweitenmal, als er
noch *a* im Wachthof gefangen war:
a Kap 32,2
2 So spricht der HERR, der alles macht,
schafft und ausrichtet – HERR ist sein
Name –:
3 Rufe mich an, so will ich dir antworten
und will dir kundtun große und unfaßbare
Dinge, von denen du nichts weißt.
4 Denn so spricht der HERR, der Gott Israels, von den *a* Häusern dieser Stadt und
von den Häusern der Könige Judas, die
abgebrochen wurden, um Bollwerke zu
machen zur Abwehr *a* Jes 22,10
5 im Kampf gegen die Chaldäer und um
sie zu füllen mit den Leichnamen der
Menschen, die ich in meinem Zorn und
Grimm erschlagen habe, als ich mein Angesicht vor dieser Stadt verbarg um all
ihrer Bosheit willen:
6 Siehe, ich will sie *a* heilen und gesund
machen und will ihnen dauernden Frieden gewähren. *a* Kap 30,17
7 Denn *a* ich will das Geschick Judas und
das Geschick Israels wenden und *b* will sie
bauen wie im Anfang *a* Kap 29,14 *b* Kap 24,6
8 und will sie reinigen von aller Missetat,
womit sie wider mich gesündigt haben;
und *a* will ihnen vergeben alle Missetaten,
womit sie wider mich gesündigt und gefrevelt haben. *a* Kap 31,34; 50,20
9 Und das soll mein Ruhm und meine
Wonne, mein Preis und meine Ehre sein
unter allen Völkern auf Erden, wenn sie
all das Gute hören, das ich Jerusalem tue.
Und sie werden sich verwundern und entsetzen über all das Gute und über all das
Heil, das ich der Stadt geben will.
10 ¶ So spricht der HERR: An diesem Ort,
von dem ihr sagt: *a* »Er ist wüst, ohne
Menschen und Vieh«, in den Städten
Judas und auf den Gassen Jerusalems, die
so verwüstet sind, daß niemand mehr
darin ist, weder Menschen noch Vieh,
a Kap 32,43
11 wird man dennoch wieder hören *a* den
Jubel der Freude und Wonne, die Stimme
des Bräutigams und der Braut und die
Stimme derer, die da sagen: *b* »Danket dem
HERRN Zebaoth; denn er ist freundlich,
und seine Güte währet ewiglich«, wenn
sie Dankopfer bringen zum Hause des
HERRN. Denn ich will das Geschick des
Landes wenden, daß es werde, wie es im
Anfang war, spricht der HERR.
a Kap 7,34 *b* Esr 3,11; Ps 106,1
12 ¶ So spricht der HERR Zebaoth: An diesem Ort, der so wüst ist, daß weder Menschen noch Vieh darin sind, und in allen
ihren Städten werden dennoch wieder
Auen sein für die Hirten, die da Herden
weiden.
13 In den *a* Städten auf dem Gebirge und
in den Städten des Hügellandes und in den
Städten des Südlandes, im Lande Benjamin und um Jerusalem her und in den
Städten Judas sollen dennoch wieder die
Herden gezählt aus- und einziehen, spricht
der HERR. *a* Kap 32,44

Der ewige Bund mit dem Hause David und dem Hause Levi

14 *a* Siehe, es kommt die Zeit, spricht der
HERR, daß ich das gnädige Wort erfüllen
will, das ich zum Hause Israel und zum
Hause Juda geredet habe.
a (14-16) Kap 23,5.6; Sach 3,8
15 **In jenen Tagen und zu jener Zeit will ich
dem David einen gerechten Sproß aufgehen
lassen; der soll Recht und Gerechtigkeit
schaffen im Lande.**

16 **Zu derselben Zeit soll Juda geholfen
werden und Jerusalem [a]sicher wohnen,
und man wird es nennen »Der HERR un-
sere Gerechtigkeit«.** *a* 5.Mose 33,28
17 ¶Denn so spricht der HERR: Es soll
David niemals fehlen an einem, der [a]auf
dem Thron des Hauses Israel sitzt.
a 2.Sam 7,12.13; 1.Kön 9,5; Ps 89,30
18 Und den levitischen Priestern soll's nie-
mals fehlen an einem, der täglich vor mei-
nem Angesicht Brandopfer darbringt und
Speisopfer in Rauch aufgehen läßt und Op-
fer schlachtet.[a] *a* 4.Mose 25,12.13; Neh 13,29
19 ¶Und des HERRN Wort geschah zu Je-
remia:
20 [a]So spricht der HERR: Wenn mein
Bund mit Tag und Nacht aufhörte, daß
nicht mehr Tag und Nacht sind zu ihrer
Zeit, *a (20 und 21)* Kap 31,35.36; 1.Mose 8,22
21 so würde auch mein Bund aufhören mit
meinem Knecht David, daß er keinen
Sohn mehr hat zum König auf seinem
Thron, und mit den Leviten, den [a]Prie-
stern, meinen Dienern.
a 4.Mose 25,12.13; Hebr 9,11-14
22 Wie man [a]des Himmels Heer nicht
zählen noch den Sand am Meer messen
kann, so will ich mehren das Geschlecht
Davids, meines Knechts, und die Leviten,
die mir dienen. *a* 1.Mose 15,5
23 ¶Und des HERRN Wort geschah zu Je-
remia:
24 Hast du nicht gemerkt, was diese Leute
reden: »Die beiden Geschlechter, die der
HERR auserwählt hatte, hat er verworfen«,
und sie verachten mein Volk und lassen es
nicht mehr ein Volk sein in ihren Augen.
25 So spricht der HERR: Wenn ich jemals
meinen Bund nicht hielte mit Tag und
Nacht noch die Ordnungen des Himmels
und der Erde,
26 so wollte ich auch verwerfen das Ge-
schlecht Jakobs und Davids, meines
Knechts, daß ich nicht mehr aus ihrem
Geschlecht Herrscher nehme über die
Nachkommen Abrahams, Isaaks und Ja-
kobs. Denn ich will ihr Geschick wenden
und mich über sie erbarmen.

Zedekia vor der Entscheidung

34 Dies ist das Wort, das vom HERRN
geschah zu Jeremia, als [a]Nebukad-
nezar, der König von Babel, mit seinem
ganzen Heer und allen Königreichen auf
Erden, die unter seiner Gewalt waren, und
allen Völkern Jerusalem und alle seine
Städte belagerte. *a* Kap 52,4; 2.Kön 25,1.2
2 So spricht der HERR, der Gott Israels:
Geh hin und sprich mit Zedekia, dem Kö-
nig von Juda, und sage zu ihm: So spricht
der HERR: Siehe, [a]ich will diese Stadt in
die Hände des Königs von Babel geben,
und er soll sie mit Feuer verbrennen.
a Kap 21,10
3 Und auch du sollst seiner Hand nicht
entrinnen, sondern ergriffen und in seine
Hand gegeben werden. Du wirst ihn [a]mit
eigenen Augen sehen und von Mund zu
Mund mit ihm reden und nach Babel kom-
men. *a* Kap 32,4
4 ¶[a]Höre doch auf des HERRN Wort, Ze-
dekia, du König von Juda! So spricht der
HERR über dich: Du sollst nicht durchs
Schwert sterben, *a (4 und 5)* Kap 52,11
5 sondern du sollst im Frieden sterben.
Und wie deinen Vätern, den früheren Kö-
nigen, die vor dir gewesen sind, so wird
man auch dir zu Ehren [a]einen Brand an-
zünden und dich [b]beklagen: »Ach, Herr!«;
denn ich habe es geredet, spricht der
HERR. *a* 2.Chr 16,14 *b* Kap 22,18
6 ¶Und der Prophet Jeremia sagte alle
diese Worte zu Zedekia, dem König von
Juda, in Jerusalem,
7 als das Heer des Königs von Babel schon
Jerusalem und alle Städte Judas belagerte,
die übriggeblieben waren, nämlich La-
chisch und Aseka; denn diese waren noch
übriggeblieben von den festen Städten
Judas.

Der Wortbruch an den freigelassenen Sklaven

8 Dies ist das Wort, das vom HERRN ge-
schah zu Jeremia, nachdem der König Ze-
dekia einen Bund geschlossen hatte mit
dem ganzen Volk zu Jerusalem, eine
[a]Freilassung auszurufen, *a* Vers 14
9 daß ein jeder seinen Sklaven und ein
jeder seine Sklavin, die Hebräer und He-
bräerinnen waren, freilassen sollte, so daß
kein Judäer den andern als Sklaven hielte.
10 Da hatten alle Oberen und alles Volk
gehorcht, die diesen Bund eingegangen
waren, daß ein jeder seinen Sklaven und
seine Sklavin freilassen und sie nicht mehr
als Sklaven halten sollte, und hatten sie
losgegeben.
11 Aber danach hatten sie die Sklaven und
Sklavinnen wieder zurückgefordert, die sie

freigegeben hatten, und sie gezwungen,
daß sie wieder Sklaven und Sklavinnen
sein mußten.
12 Da geschah des HERRN Wort zu Jere-
mia:
13 So spricht der HERR, der Gott Israels:
Ich habe einen Bund geschlossen mit eu-
ren Vätern, als ich sie aus Ägyptenland,
aus der Knechtschaft, führte und sprach:
14 [a] Im siebenten Jahre soll ein jeder sei-
nen Bruder, der ein Hebräer ist und sich
ihm verkauft und sechs Jahre gedient hat,
freilassen. Aber eure Väter gehorchten mir
nicht und kehrten ihre Ohren mir nicht
zu. *a* 2.Mose 21,2; 3.Mose 25,39-41; 5.Mose 15,12
15 Ihr aber hattet euch nun bekehrt und
getan, was mir wohlgefiel, daß ihr [a] eine
Freilassung ausrufen ließet, ein jeder für
seinen Nächsten, und habt darüber einen
Bund geschlossen vor mir in dem Hause,
das nach meinem Namen genannt ist.
a 3.Mose 25,10
16 Jetzt aber seid ihr umgeschlagen und
habt meinen Namen entheiligt! Ein jeder
fordert seinen Sklaven und seine Sklavin
zurück, die ihr freigelassen hattet, so daß
sie gehen konnten, wohin sie wollten, und
zwingt sie jetzt, daß sie wieder eure Skla-
ven und Sklavinnen sein müssen.
17 ¶ Darum spricht der HERR: Ihr ge-
horchtet mir nicht und rieft keine Freilas-
sung aus, ein jeder für seinen Bruder und
seinen Nächsten, – siehe, so rufe ich,
spricht der HERR, über euch eine Freilas-
sung aus für Schwert, für Pest, für Hunger
und will euch zum Bild des Entsetzens
machen für alle Königreiche auf Erden.
18 Und ich will die Leute, die meinen
Bund übertreten und die Worte des
Bundes nicht halten, den sie vor mir ge-
schlossen haben, so zurichten wie das
Kalb, das sie in zwei Stücke geteilt haben
und zwischen dessen Stücken sie hin-
durchgegangen sind,
19 nämlich die Oberen von Juda und von
Jerusalem, die Kämmerer, die Priester und
das ganze Volk des Landes, alle, die zwi-
schen den Stücken des Kalbes hindurch-
gegangen sind.
20 Und ich will sie geben in die Hand ihrer
Feinde und derer, die ihnen nach dem Le-
ben trachten, und [a] ihre Leichname sollen
den Vögeln unter dem Himmel und den
Tieren auf dem Felde zum Fraße wer-
den. *a* Kap 7,33
21 Auch Zedekia, den König von Juda,
und seine Oberen will ich geben in die
Hände ihrer Feinde und derer, die ihnen
nach dem Leben trachten, und in die Hand
des Heeres des Königs von Babel, [a] das
jetzt von euch abgezogen ist. *a* Kap 37,5
22 Denn siehe, ich will ihnen befehlen,
spricht der HERR, und will sie wieder vor
diese Stadt bringen. [a] Sie sollen sie bela-
gern und erobern und mit Feuer verbren-
nen. Und ich will die Städte Judas verwü-
sten, daß niemand mehr darin wohnen
soll. *a* Kap 37,8

Der Gehorsam der Rechabiter

35 Dies ist das Wort, das vom HERRN
geschah zu Jeremia zur Zeit [a] Joja-
kims, des Sohnes Josias, des Königs von
Juda: *a* 2.Kön 23,34
2 Geh hin zu den [a] Rechabitern, rede mit
ihnen und führe sie in des HERRN Haus, in
eine der Hallen, und schenke ihnen Wein
ein. *a* 1.Chr 2,55
3 Da nahm ich Jaasanja, den Sohn Jir-
mejas, des Sohnes Habazzinjas, samt sei-
nen Brüdern und allen seinen Söhnen, und
das ganze Geschlecht der Rechabiter
4 und führte sie in des HERRN Haus, in
die Halle der Söhne Hanans, des Sohnes
Jigdaljas, des Mannes Gottes, die neben
der Halle der Oberen ist, über der Halle
Maasejas, des Sohnes Schallums, des Tor-
hüters.
5 Und ich setzte den Männern vom Hause
Rechab Krüge voll Wein und Schalen vor
und sprach zu ihnen: Trinkt Wein!
6 Sie aber antworteten: Wir trinken kei-
nen Wein; denn unser Vater [a] Jonadab, der
Sohn Rechabs, hat uns geboten: Ihr und
eure Nachkommen sollt niemals Wein
trinken *a* 2.Kön 10,15
7 und kein Haus bauen, keinen Samen
säen, keinen Weinberg pflanzen noch be-
sitzen, sondern ihr sollt in Zelten wohnen
euer Leben lang, auf daß ihr lange lebet in
dem Lande, in dem ihr umherzieht.
8 Also gehorchen wir der Stimme unseres
Vaters Jonadab, des Sohnes Rechabs, in
allem, was er uns geboten hat, daß wir
keinen Wein trinken unser Leben lang, we-
der wir noch unsere Frauen noch unsere
Söhne und Töchter;
9 und wir bauen auch keine Häuser, darin
zu wohnen, und haben weder Weinberge
noch Äcker noch Samen,

10 sondern wir wohnen in Zelten und ge-
horchen und tun in allem, wie es unser
Vater Jonadab geboten hat.
11 Als aber Nebukadnezar, der König von
Babel, gegen das Land heraufzog, spra-
chen wir: Kommt, laßt uns nach Jerusa-
lem ziehen vor dem Heer der Chaldäer
und der Aramäer! Und so sind wir in Jeru-
salem geblieben.
12 ¶Da geschah des HERRN Wort zu Jere-
mia:
13 So spricht der HERR Zebaoth, der Gott
Israels: Geh hin und sprich zu den Män-
nern von Juda und zu den Bürgern von
Jerusalem: Wollt ihr euch denn nicht bes-
sern und meinen Worten gehorchen?
spricht der HERR.
14 Die Worte Jonadabs, des Sohnes Re-
chabs, der seinen Nachkommen geboten
hat, daß sie keinen Wein trinken sollen,
werden gehalten, und sie trinken keinen
Wein bis auf diesen Tag; denn sie gehor-
chen ihres Vaters Gebot. Ich aber habe
euch [a]immer wieder predigen lassen, doch
gehorchtet ihr mir nicht. *a* Kap 25,4
15 Ich habe auch immer wieder alle meine
Knechte, die Propheten, zu euch gesandt
und sagen lassen: Kehrt um, ein jeder von
seinem bösen Wege, und bessert euer Tun
und folgt nicht andern Göttern nach, ihnen
zu dienen, so sollt ihr in dem Lande blei-
ben, das ich euch und euren Vätern gege-
ben habe. Aber [a]ihr wolltet eure Ohren
nicht zu mir kehren und mir nicht gehor-
chen. *a* Mt 23,37
16 Ja, die Nachkommen Jonadabs, des
Sohnes Rechabs, haben ihres Vaters Ge-
bot gehalten, das er ihnen geboten hat.
Aber dies Volk gehorcht mir nicht!
17 ¶Darum spricht der HERR, der Gott
Zebaoth, der Gott Israels: Siehe, ich will
über Juda und über alle Bürger Jerusa-
lems kommen lassen all das Unheil, das
ich gegen sie geredet habe, [a]weil ich zu
ihnen redete und sie nicht hören wollten,
weil ich rief und sie mir nicht antworten
wollten. *a* Kap 7,13-15
18 Aber zu den Rechabitern sprach Jere-
mia: So spricht der HERR Zebaoth, der
Gott Israels: Weil ihr dem Gebot eures
Vaters Jonadab gehorcht habt und alle
seine Gebote gehalten und alles getan, was
er euch geboten hat,
19 darum spricht der HERR Zebaoth, der
Gott Israels: Es soll dem Jonadab, dem
Sohn Rechabs, niemals an einem Manne
fehlen, der vor mir steht.

Die Schriftrolle Baruchs

36 Im [a]vierten Jahr Jojakims, des Soh-
nes Josias, des Königs von Juda, ge-
schah dies Wort zu Jeremia vom HERRN:
a Kap 25,1
2 Nimm eine Schriftrolle und schreibe
darauf alle Worte, die ich zu dir geredet
habe über Israel, über Juda und alle Völ-
ker von der Zeit an, da ich zu dir geredet
habe, nämlich [a]von der Zeit Josias an bis
auf diesen Tag. *a* Kap 25,3
3 Vielleicht wird das Haus Juda, wenn sie
hören von all dem Unheil, das ich ihnen
zu tun gedenke, sich bekehren, ein jeder
von seinem bösen Wege, damit ich ihnen
ihre Schuld und Sünde vergeben kann.[a]
a Kap 26,3
4 ¶Da rief Jeremia [a]Baruch, den Sohn
Nerijas. Und Baruch schrieb auf eine
Schriftrolle alle Worte des HERRN, die er
zu Jeremia geredet hatte, wie Jeremia sie
ihm sagte. *a* Kap 32,12; 45,1
5 Und Jeremia gebot Baruch und sprach:
Mir ist's verwehrt, ich kann nicht in des
HERRN Haus gehen.
6 Du aber geh hin und lies die Schrift-
rolle, auf die du des HERRN Worte, wie ich
sie dir gesagt habe, geschrieben hast, dem
Volk vor im Hause des HERRN am Fast-
tage, und du sollst sie auch lesen vor den
Ohren aller Judäer, die aus ihren Städten
hereinkommen.
7 Vielleicht werden sie sich mit Beten vor
dem HERRN demütigen und sich bekeh-
ren, ein jeder von seinem bösen Wege;
denn der Zorn und Grimm ist groß, den
der HERR diesem Volk angedroht hat.
8 Und Baruch, der Sohn Nerijas, tat alles,
wie ihm der Prophet Jeremia befohlen
hatte, daß er die Worte des HERRN aus der
Schriftrolle vorläse im Hause des HERRN.
9 ¶Es begab sich aber im fünften Jahr
Jojakims, des Sohnes Josias, des Königs
von Juda, im neunten Monat, daß man ein
Fasten ausrief vor dem HERRN für alles
Volk zu Jerusalem und für alles Volk, das
aus den Städten Judas nach Jerusalem
kam.
10 Und Baruch las aus der Schriftrolle die
Worte Jeremias vor im Hause des HERRN,
in der Halle Gemarjas, des Sohnes [a]Scha-
fans, des Schreibers, im oberen Vorhof bei

dem neuen Tor am Hause des HERRN, vor
dem ganzen Volk. *a* 2.Kön 22,3
11 Als nun Michaja, der Sohn Gemarjas,
des Sohnes Schafans, alle Worte des
HERRN gehört hatte aus der Schriftrolle,
12 ging er hinab in des Königs Haus in die
Kanzlei. Und siehe, dort saßen alle Oberen:
Elischama, der Schreiber, Delaja, der
Sohn Schemajas, [a] Elnatan, der Sohn Achbors,
Gemarja, der Sohn Schafans, und
Zidkija, der Sohn Hananjas, samt allen
andern Oberen. *a* Kap 26,22
13 Und Michaja berichtete ihnen alle
Worte, die er gehört hatte, als Baruch aus
der Schriftrolle vor den Ohren des Volks
vorlas.
14 ¶ Da sandten alle Oberen Jehudi, den
Sohn Netanjas, des Sohnes Schelemjas,
des Sohnes Kuschis, zu Baruch und ließen
ihm sagen: Nimm die Schriftrolle, aus
der du dem Volk vorgelesen hast, mit dir
und komm! Und Baruch, der Sohn Nerijas,
nahm die Schriftrolle mit sich und
kam zu ihnen.
15 Und sie sprachen zu ihm: Setze dich
und lies, daß wir's hören! Und Baruch las
vor ihren Ohren.
16 Und als sie alle die Worte hörten, entsetzten
sie sich untereinander und sprachen
zu Baruch: Wir müssen alle diese
Worte dem König mitteilen.
17 Und sie fragten den Baruch: Sage uns,
wie hast du alle diese Worte aufgeschrieben?
18 Baruch sprach zu ihnen: Jeremia hat
mir alle diese Worte vorgesagt, und ich
schrieb sie mit Tinte auf die Schriftrolle.
19 Da sprachen die Oberen zu Baruch:
Geh hin und verbirg dich mit Jeremia, daß
niemand wisse, wo ihr seid!
20 Sie aber gingen hinein zum König in
den Vorhof und ließen die Schriftrolle verwahren
in der Halle Elischamas, des
Schreibers, und teilten dem König alle
diese Worte mit.
21 Da sandte der König den Jehudi, die
Schriftrolle zu holen. Der nahm sie aus
der Halle Elischamas, des Schreibers. Und
Jehudi las dem König vor und allen Oberen,
die bei dem König standen.
22 Der König aber saß im Winterhause vor
dem Kohlenbecken; denn es war im neunten
Monat.
23 Wenn aber Jehudi drei oder vier Spalten
gelesen hatte, schnitt er sie ab mit
einem Schreibmesser und warf sie ins
Feuer, das im Kohlenbecken war, bis die
Schriftrolle ganz verbrannt war im Feuer.
24 Und niemand entsetzte sich und [a] zerriß
seine Kleider, weder der König noch
seine Großen, die doch alle diese Worte
gehört hatten. *a* 2.Kön 22,11
25 Und obwohl Elnatan, Delaja und Gemarja
den König baten, er möge die
Schriftrolle nicht verbrennen, hörte er
nicht auf sie.
26 Dazu gebot der König Jerachmeel, dem
Königssohn, und Seraja, dem Sohn Asriëls,
und Schelemja, dem Sohn Abdeels,
sie sollten Baruch, den Schreiber, und Jeremia,
den Propheten, ergreifen. Aber der
HERR hatte sie verborgen.
27 Nachdem der König die Schriftrolle verbrannt
hatte, auf die Baruch die Worte geschrieben
hatte, wie Jeremia sie ihm sagte,
geschah des HERRN Wort zu Jeremia:
28 Nimm dir eine neue Schriftrolle und
schreibe auf sie alle vorigen Worte, die auf
der ersten Schriftrolle standen, die Jojakim,
der König von Juda, verbrannt hat.
29 Über Jojakim aber, den König von Juda,
sollst du sagen: So spricht der HERR: Du
hast diese Schriftrolle verbrannt und gesagt:
Warum hast du darauf geschrieben,
daß [a] der König von Babel kommen und
dies Land verderben werde, so daß [b] weder
Menschen noch Vieh mehr darin sein
werden? *a* Kap 25,8-11 *b* Kap 7,20; 9,9.10
30 Darum spricht der HERR über Jojakim,
den König von Juda: [a] Es soll keiner von
den Seinen auf dem Thron Davids sitzen,
und [b] sein Leichnam soll hingeworfen liegen,
am Tag in der Hitze und nachts im
Frost. *a* Kap 22,30 *b* Kap 22,19
31 Und ich will ihn und seine Nachkommen
und seine Großen heimsuchen um
ihrer Schuld willen, und ich will über sie
und über die Bürger Jerusalems und über
die in Juda kommen lassen all das Unheil,
von dem ich zu ihnen geredet habe, und
sie gehorchten doch nicht.
32 Da nahm Jeremia eine andere Schriftrolle
und gab sie Baruch, dem Sohn Nerijas,
dem Schreiber. Der schrieb darauf,
so wie ihm Jeremia vorsagte, alle Worte,
die auf der Schriftrolle gestanden hatten,
die Jojakim, der König von Juda, im Feuer
hatte verbrennen lassen; und es wurden
zu ihnen noch viele ähnliche Worte hinzugetan.

Jeremia warnt den König Zedekia

37 Und [a]Zedekia, der Sohn Josias, wurde König anstatt Konjas,* des Sohnes Jojakims; denn Nebukadnezar, der König von Babel, machte ihn zum König im Lande Juda. *a* 2.Kön 24,17

* Vgl. Anmerkung zu Jer 24,1.

2 Aber er und seine Großen und das Volk des Landes gehorchten nicht den Worten des HERRN, die er durch den Propheten Jeremia redete.

3 Dennoch sandte der König Zedekia Juchal, den Sohn Schelemjas, und den Priester Zefanja, den Sohn Maasejas, zum Propheten Jeremia und ließ ihm sagen: [a]Bitte den HERRN, unsern Gott, für uns! *a* Kap 7,16; 42,2

4 Denn Jeremia ging noch unter dem Volk aus und ein, und man hatte ihn noch nicht ins Gefängnis geworfen.

5 Es war aber das Heer des Pharao aus Ägypten aufgebrochen, und als die Chaldäer, die vor Jerusalem lagen, davon hörten, waren sie von Jerusalem abgezogen.

6 ¶Und des HERRN Wort geschah zum Propheten Jeremia:

7 So spricht der HERR, der Gott Israels: Sagt dem König von Juda, der euch zu mir gesandt hat, mich zu befragen: Siehe, das Heer des Pharao, das euch zu Hilfe ausgezogen ist, wird wieder heim nach Ägypten ziehen,

8 und die Chaldäer werden wiederkommen und [a]diese Stadt belagern und sie erobern und mit Feuer verbrennen. *a* Kap 34,22

9 Darum spricht der HERR: Betrügt euch nicht damit, daß ihr denkt: »Die Chaldäer werden von uns abziehen.« Sie werden nicht abziehen.

10 Und wenn ihr auch das ganze Heer der Chaldäer schlüget, die gegen euch kämpfen, und es blieben von ihnen nur etliche Verwundete übrig, so würde doch ein jeder in seinem Zelt aufstehen und diese Stadt mit Feuer verbrennen.

Jeremia wird gefangengesetzt

11 Als nun der Chaldäer Heer von Jerusalem abgezogen war vor dem Heere des Pharao,

12 wollte Jeremia aus Jerusalem herausgehen ins Land Benjamin, [a]um mit seinen Verwandten ein Erbe zu teilen. *a* Kap 32,8.9

13 Und als er zum Benjamintor kam, war dort ein Wachhabender mit Namen Jirija, der Sohn Schelemjas, des Sohnes Hananjas; der hielt den Propheten Jeremia an und sprach: Du willst zu den Chaldäern überlaufen.

14 Jeremia sprach: Das ist nicht wahr, ich will nicht zu den Chaldäern überlaufen. Aber Jirija wollte ihn nicht hören, sondern ergriff Jeremia und brachte ihn zu den Oberen.

15 Und die Oberen wurden zornig über Jeremia und [a]ließen ihn schlagen und warfen ihn ins Gefängnis im Hause Jonatans, des Schreibers; denn das hatten sie zum Kerker gemacht. *a* Kap 20,2

16 So kam Jeremia in den überwölbten Raum einer Zisterne und blieb dort lange Zeit.

Zedekia befragt heimlich den Propheten

17 Aber Zedekia, der König, sandte hin und ließ ihn holen und fragte ihn heimlich in seinem Haus und sprach: Ist wohl ein Wort vom HERRN vorhanden? Jeremia sprach: Ja! [a]Du wirst dem König von Babel in die Hände gegeben werden. *a* Kap 34,21

18 Und Jeremia sprach zum König Zedekia: Was hab ich gegen dich, gegen deine Großen und gegen dies Volk gesündigt, daß sie mich in den Kerker geworfen haben?

19 Wo sind nun eure Propheten, die euch weissagten und sprachen: Der König von Babel wird nicht über euch noch über dies Land kommen?

20 Und nun, mein Herr und König, höre mich und laß meine Bitte vor dir gelten! Laß mich nicht wieder in Jonatans, des Schreibers, Haus bringen, daß ich dort nicht sterbe.

21 Da befahl der König Zedekia, daß man Jeremia [a]im Wachthof behalten sollte, und ließ ihm täglich aus der Bäckergasse einen Laib Brot geben, bis alles Brot in der Stadt aufgezehrt war. So blieb Jeremia im Wachthof. *a* Kap 32,2

Jeremia in der Zisterne

38 Es hörten aber Schefatja, der Sohn Mattans, und Gedalja, der Sohn Paschhurs, und Juchal, der Sohn Schelemjas, und [a]Paschhur, der Sohn Malkijas,

die Worte, die Jeremia zu allem Volk re-
dete. a Kap 21,1
2 So spricht der HERR: Wer in dieser Stadt
bleibt, der wird durch Schwert, Hunger
und Pest sterben müssen; wer aber hin-
ausgeht zu den Chaldäern, der soll am Le-
ben bleiben und wird sein Leben wie eine
Beute davonbringen.[a] a Kap 21,9
3 Denn so spricht der HERR: Diese Stadt
soll übergeben werden dem Heer des
Königs von Babel, und es soll sie einneh-
men.
4 Da sprachen die Oberen zum König:
Laß doch diesen Mann töten; denn auf
diese Weise nimmt er den Kriegsleuten,
die noch übrig sind in dieser Stadt, den
Mut, desgleichen dem ganzen Volk, weil
er solche Worte zu ihnen sagt. Denn [a]der
Mann sucht nicht, was diesem Volk zum
Heil, sondern was zum Unheil dient.
a Am 7,10
5 Der König Zedekia sprach: Siehe, er ist
in euren Händen; denn der König vermag
nichts wider euch.
6 Da nahmen sie Jeremia und warfen ihn
in die Zisterne Malkijas, des Königs-
sohnes, die im Wachthof war, und ließen
ihn an Seilen hinab. In der Zisterne aber
war kein Wasser, sondern Schlamm, und
Jeremia sank in den Schlamm.
7 ¶ Als aber [a]Ebed-Melech, der Mohr, ein
Kämmerer in des Königs Haus, hörte, daß
man Jeremia in die Zisterne geworfen
hatte, und der König gerade im Benjamin-
tor saß, a Kap 39,15-18
8 da ging Ebed-Melech aus des Königs
Haus und redete mit dem König und
sprach:
9 Mein Herr und König, diese Männer
handeln übel an dem Propheten Jeremia,
daß sie ihn in die Zisterne geworfen
haben; dort muß er vor Hunger ster-
ben; denn es ist kein Brot mehr in der
Stadt.
10 Da befahl der König Ebed-Melech,
dem Mohren: Nimm von hier drei Män-
ner mit dir und zieh den Propheten Jere-
mia aus der Zisterne, ehe er stirbt.
11 Und Ebed-Melech nahm die Männer
mit sich und ging in des Königs Haus in
die Kleiderkammer und nahm dort zerris-
sene, alte Lumpen und ließ sie an einem
Seil hinab zu Jeremia in die Zisterne.
12 Und Ebed-Melech, der Mohr, sprach
zu Jeremia: Lege diese zerrissenen, alten
Lumpen unter deine Achseln um das Seil;
und Jeremia tat es.
13 Und sie zogen Jeremia herauf aus der
Zisterne an den Stricken. Und so blieb Je-
remia im Wachthof.

Letztes Gespräch zwischen Zedekia und Jeremia

14 Und der König Zedekia sandte hin und
ließ den Propheten Jeremia zu sich holen
unter den dritten Eingang am Hause des
HERRN. Und der König sprach zu Jeremia:
Ich will dich etwas fragen; verbirg mir
nichts!
15 Jeremia sprach zu Zedekia: Sage ich dir
etwas, so tötest du mich doch; gebe ich
dir aber einen Rat, so gehorchst du mir
nicht.
16 Da schwor der König Zedekia dem Je-
remia heimlich und sprach: So wahr der
HERR lebt, der uns dies Leben gegeben
hat: [a]ich will dich nicht töten noch den
Männern in die Hände geben, die dir nach
dem Leben trachten. a Vers 4.5
17 Und Jeremia sprach zu Zedekia: So
spricht der HERR, der Gott Zebaoth, der
Gott Israels: Wirst du hinausgehen zu den
Obersten des Königs von Babel, so sollst
du am Leben bleiben, und diese Stadt soll
nicht verbrannt werden, sondern du und
dein Haus sollen am Leben bleiben;
18 wirst du aber nicht hinausgehen zu den
Obersten des Königs von Babel, so wird
diese Stadt den Chaldäern in die Hände
gegeben, und sie werden sie mit Feuer
verbrennen, und auch du wirst ihren Hän-
den nicht entrinnen.
19 Der König Zedekia sprach zu Jeremia:
Ich habe aber die Sorge, daß ich den Ju-
däern, die zu den Chaldäern übergelaufen
sind, übergeben werden könnte, daß sie
mir übel mitspielen.
20 Jeremia sprach: Man wird dich nicht
übergeben. Gehorche doch der Stimme
des HERRN, die ich dir verkünde, so wird
dir's wohlgehen, und du wirst am Leben
bleiben.
21 Wirst du aber nicht hinausgehen, so ist
dies das Wort, das mir der HERR gezeigt
hat:
22 Siehe, alle Frauen, die noch vorhanden
sind im Haus des Königs von Juda, wer-
den zu den Obersten des Königs von Ba-
bel hinaus müssen, und sie werden dann
sagen: »Ach, deine guten Freunde haben

dich überredet und in ihre Gewalt ge-
bracht und in den Sumpf geführt und las-
sen dich nun stecken.«
23 Ja, alle deine Frauen und Kinder wer-
den hinaus müssen zu den Chaldäern, und
[a] du selbst wirst ihren Händen nicht ent-
gehen, sondern du wirst vom König von
Babel ergriffen, und diese Stadt wird
mit Feuer verbrannt werden.

a Kap 32,4; 34,3

24 ¶ Und Zedekia sprach zu Jeremia: Sieh
zu, daß niemand diese Worte erfahre, so
wirst du nicht sterben.
25 Und wenn's die Oberen erfahren soll-
ten, daß ich mit dir geredet habe, und zu
dir kommen und sprechen: »Sag an, was
hast du mit dem König geredet; verbirg es
uns nicht, so wollen wir dich nicht töten.
Was hat der König mit dir geredet?«,
26 so sprich: Ich habe den König gebeten,
daß er mich nicht wieder in Jonatans Haus
führen lasse, ich müßte sonst dort ster-
ben.
27 Da kamen alle Oberen zu Jeremia und
fragten ihn, und er antwortete ihnen, wie
ihm der König befohlen hatte. Da ließen
sie von ihm, weil sie nichts erfahren konn-
ten.
28 Und Jeremia [a] blieb im Wachthof bis
auf den Tag, da Jerusalem eingenommen
wurde.

a Kap 37,21

Jeremia wird bei der Eroberung Jerusalems befreit

[a] Und es geschah, daß Jerusalem erobert
wurde.

a (1-10) Kap 52,4-16; 2.Kön 25,1-12

39 Denn im neunten Jahr Zedekias,
des Königs von Juda, im zehnten
Monat kam Nebukadnezar, der König von
Babel, und sein ganzes Heer vor Jerusa-
lem und belagerten es.
2 Und im elften Jahr Zedekias, am neun-
ten Tage des vierten Monats, brach man in
die Stadt ein.
3 Und alle Obersten des Königs von Ba-
bel zogen hinein und hielten unter dem
Mitteltor, nämlich Nergal-Sarezer, der
Fürst von Sin-Magir, der Oberhofmeister,
und Nebuschasban, der Oberkämmerer,
und alle andern Obersten des Königs von
Babel.
4 Als nun Zedekia, der König von Juda,
und seine Kriegsleute das sahen, flohen
sie bei Nacht zur Stadt hinaus auf dem
Wege zu des Königs Garten durchs Tor
zwischen den beiden Mauern und entwi-
chen zum Jordantal hin.
5 Aber die Kriegsleute der Chaldäer jag-
ten ihnen nach und holten Zedekia ein im
Jordantal von Jericho und nahmen ihn ge-
fangen und brachten ihn zu Nebukadne-
zar, dem König von Babel, nach Ribla, das
im Lande Hamat liegt. Der sprach das Ur-
teil über ihn.
6 Und der König von Babel ließ die Söhne
Zedekias vor seinen Augen töten in Ribla
und tötete auch alle Vornehmen Judas.
7 Aber Zedekia ließ er die Augen ausste-
chen und ihn in Ketten legen, um ihn nach
Babel zu führen.
8 Und die Chaldäer verbrannten das Haus
des Königs und die Häuser der Bürger und
rissen die Mauern Jerusalems nieder.
9 Was aber noch an Volk in der Stadt war,
und wer sonst zu ihnen übergelaufen war,
die führte Nebusaradan, der Oberste der
Leibwache, alle miteinander gefangen
nach Babel.
10 Aber von dem niederen Volk, das
nichts hatte, ließ zur selben Zeit Nebusa-
radan, der Oberste der Leibwache, etliche
im Lande Juda zurück und gab ihnen
Weinberge und Felder.
11 ¶ Aber Nebukadnezar, der König von
Babel, hatte Nebusaradan, dem Obersten
der Leibwache, Befehl gegeben wegen Je-
remia und gesagt:
12 Nimm ihn und laß ihn dir befohlen sein
und tu ihm kein Leid, sondern [a] wie er's
von dir begehrt, so mach's mit ihm.

a Kap 40,4

13 Da sandten hin Nebusaradan, der Ober-
ste der Leibwache, und Nebuschasban, der
Oberkämmerer, Nergal-Sarezer, der Ober-
hofmeister, und alle Obersten des Königs
von Babel
14 und [a] ließen Jeremia aus dem Wachthof
holen und übergaben ihn [b] Gedalja, dem
Sohn Ahikams, des Sohnes Schafans, daß
er ihn nach Hause gehen ließe. Und so
blieb er unter dem Volk.

a Kap 38,28 *b* Kap 40,5.6.14-16

15 ¶ [a] Es war auch des HERRN Wort ge-
schehen zu Jeremia, als er noch im Wacht-
hof lag:

a (15-18) Kap 38,7

16 Geh hin und sage Ebed-Melech, dem
Mohren: So spricht der HERR Zebaoth, der
Gott Israels: Siehe, ich will meine Worte
kommen lassen über diese Stadt zum Un-

heil und nicht zum Heil, und du sollst es
sehen zur selben Zeit.
17 Aber dich will ich erretten zur selben
Zeit, spricht der HERR, und du sollst den
Leuten nicht ausgeliefert werden, vor de-
nen du dich fürchtest.
18 Denn ich will dich entkommen lassen,
daß du nicht durchs Schwert fällst, son-
dern du sollst dein Leben wie eine Beute
davonbringen, weil du mir vertraut hast,
spricht der HERR.

Jeremia bleibt im Lande. Gedaljas Statthalterschaft

40 Dies ist das Wort, das vom HERRN
geschah zu Jeremia, [a] als ihn Nebu-
saradan, der Oberste der Leibwache, los-
ließ in Rama, wo er ihn gefunden hatte;
denn er war auch, mit Fesseln gebunden,
unter allen Gefangenen aus Jerusalem und
Juda, die nach Babel weggeführt werden
sollten. *a* Kap 39,11-14
2 Als nun der Oberste der Leibwache Je-
remia hatte zu sich holen lassen, sprach er
zu ihm: Der HERR, dein Gott, hat dies
Unglück über diese Stätte vorhergesagt
3 und hat's auch kommen lassen und ge-
tan, wie er geredet hat; denn ihr habt ge-
sündigt wider den HERRN und seiner
Stimme nicht gehorcht; darum ist euch
solches widerfahren.
4 Und nun siehe, ich mache dich heute
los von den Fesseln, mit denen deine
Hände gebunden waren. [a] Gefällt dir's, mit
mir nach Babel zu ziehen, so komm, du
sollst mir befohlen sein. Gefällt dir's aber
nicht, mit mir nach Babel zu ziehen, so
laß es sein. Siehe, du hast das ganze Land
vor dir; wo dich's gut dünkt und dir's ge-
fällt, da zieh hin. *a* Kap 39,12
5 [a] Denn weiter hinaus wird kein Wieder-
kehren möglich sein. Darum magst du
umkehren zu Gedalja, dem Sohne Ahi-
kams, des Sohnes Schafans, den der Kö-
nig von Babel über die Städte in Juda ge-
setzt hat, und bei ihm bleiben unter dem
Volk; oder geh, wohin dir's gefällt. Und
der Oberste der Leibwache gab ihm Weg-
zehrung und Geschenke und ließ ihn ge-
hen. *a (5 und 6)* Kap 39,14
6 So kam Jeremia zu Gedalja, dem Sohne
Ahikams, nach Mizpa und blieb bei ihm
unter dem Volk, das im Lande noch üb-
riggeblieben war.
7 ¶ Als nun die Hauptleute, die noch im
Lande verstreut waren, samt ihren Leuten
erfuhren, daß der König von Babel [a] Ge-
dalja, den Sohn Ahikams, über das Land
gesetzt hatte und über die Männer, Frauen
und Kinder und über die Geringen im
Lande, die nicht nach Babel weggeführt
waren, *a* 2.Kön 25,22-24
8 kamen sie zu Gedalja nach Mizpa, näm-
lich [a] Jischmael, der Sohn Netanjas, Joha-
nan und Jonatan, die Söhne Kareachs, und
Seraja, der Sohn Tanhumets, und die Söh-
ne Efais von Netofa und Jaasanja, der Sohn
eines Maachatiters, samt ihren Leuten.
a Kap 41,1.11
9 Und Gedalja, der Sohn Ahikams, des
Sohnes Schafans, schwor ihnen und ihren
Leuten einen Eid und sprach: Fürchtet
euch nicht, den Chaldäern untertan zu
sein; bleibt im Lande und seid dem König
von Babel untertan, so wird's euch wohl-
gehen.
10 Siehe, ich bleibe hier in Mizpa und
habe die Verantwortung vor den Chal-
däern, die zu uns kommen; ihr aber sollt
Wein und Feigen und Öl ernten und in
eure Gefäße tun und sollt in euren Städ-
ten wohnen, die ihr wieder in Besitz ge-
nommen habt.
11 Und als die Judäer, die im Lande Moab
und Ammon und in Edom und in allen
Ländern waren, hörten, daß der König von
Babel einen Rest in Juda übriggelassen
und über sie Gedalja gesetzt hatte, den
Sohn Ahikams, des Sohnes Schafans,
12 da kamen auch sie alle zurück aus allen
Orten, wohin sie verstreut waren, in das
Land Juda zu Gedalja nach Mizpa und ern-
teten sehr viel Wein und Sommerfrüchte.
13 ¶ Aber Johanan, der Sohn Kareachs,
und alle Hauptleute, die im Lande ver-
streut gewesen waren, kamen zu Gedalja
nach Mizpa
14 und sprachen zu ihm: Weißt du auch,
daß Baalis, der König der Ammoniter,
Jischmael, den Sohn Netanjas, gesandt
hat, daß er dich erschlagen soll? Das
wollte ihnen aber Gedalja, der Sohn Ahi-
kams, nicht glauben.
15 Da sprach Johanan, der Sohn Kareachs,
zu Gedalja heimlich in Mizpa: Ich will hin-
gehen und Jischmael, den Sohn Netanjas,
erschlagen, daß es niemand erfahren soll.
Warum soll er dich erschlagen, so daß alle
Judäer, die bei dir versammelt sind, zer-

streut werden und, die noch aus Juda üb-
riggeblieben sind, umkommen?
16Aber Gedalja, der Sohn Ahikams,
sprach zu Johanan, dem Sohn Kareachs:
Du sollst das nicht tun; es ist nicht wahr,
was du von Jischmael sagst.

Gedaljas Ermordung durch Jischmael

(vgl. 2.Kön 25,25)

41 Aber im siebenten Monat kam
[a]Jischmael, der Sohn Netanjas, des
Sohnes Elischamas, aus königlichem
Stamm, einer von den Obersten des Kö-
nigs, und zehn Männer mit ihm zu Ge-
dalja, dem Sohn Ahikams, nach Mizpa,
und sie aßen dort in Mizpa miteinander.
a Kap 40,8
2Und Jischmael, der Sohn Netanjas, er-
hob sich samt den zehn Männern, die bei
ihm waren, und sie erschlugen [a]Gedalja,
den Sohn Ahikams, des Sohnes Schafans,
mit dem Schwert, weil ihn der König von
Babel über das Land gesetzt hatte. *a* Kap 40,5
3Auch erschlug Jischmael alle Judäer,
die bei Gedalja waren in Mizpa, und die
Chaldäer, die dort waren, sämtliche
Kriegsleute.
4Am andern Tage, nachdem Gedalja er-
schlagen war und es noch niemand wußte,
5kamen achtzig Männer von Sichem, von
Silo und von Samaria und hatten die Bärte
abgeschoren und ihre Kleider zerrissen
und [a]sich wund geritzt und trugen Speis-
opfer und Weihrauch mit, um es zum
Hause des HERRN zu bringen. *a* Kap 16,6
6Und Jischmael, der Sohn Netanjas, ging
heraus von Mizpa ihnen entgegen, ging
und weinte. Als er nun an sie herankam,
sprach er zu ihnen: Ihr sollt zu Gedalja,
dem Sohn Ahikams, kommen.
7Als sie aber mitten in die Stadt kamen,
ermordete sie Jischmael, der Sohn Netan-
jas, er und die Männer, die bei ihm waren,
und warfen sie in die Zisterne.
8Aber es waren zehn Männer darunter,
die sprachen zu Jischmael: Töte uns nicht;
wir haben Vorrat im Acker verborgen lie-
gen an Weizen, Gerste, Öl und Honig. Da
ließ er ab und tötete sie nicht mit den
andern.
9Die Zisterne aber, in die Jischmael die
Leichname der Männer warf, die er er-
schlagen hatte samt dem Gedalja, ist die,
welche der König [a]Asa hatte anlegen las-
sen im Krieg gegen Bascha, den König von
Israel. Die füllte Jischmael, der Sohn Ne-
tanjas, mit den Erschlagenen.
a 1.Kön 15,16-24
10Und Jischmael, der Sohn Netanjas, führ-
te das Volk, das in Mizpa übriggeblieben
war, gefangen weg: die Königstöchter samt
allem Volk, über das Nebusaradan, der
Oberste der Leibwache, Gedalja, den Sohn
Ahikams, gesetzt hatte; und er zog hin
und wollte hinüber zu den Ammonitern.
11¶ Als aber [a]Johanan, der Sohn Ka-
reachs, und alle Hauptleute des Heeres,
die bei ihm waren, von all dem Bösen er-
fuhren, das Jischmael, der Sohn Netanjas,
begangen hatte, *a* Kap 40,8.13-16
12nahmen sie zu sich alle Männer und
zogen hin, um mit Jischmael, dem Sohn
Netanjas, zu kämpfen, und trafen ihn an
dem [a]großen Wasser bei Gibeon. *a* 2.Sam 2,13
13Als nun alles Volk, das bei Jischmael
war, den Johanan, den Sohn Kareachs, er-
blickte samt allen Hauptleuten des Hee-
res, die bei ihm waren, da wurde es froh.
14Und das ganze Volk, das Jischmael von
Mizpa weggeführt hatte, wandte sich um
und ging zu Johanan, dem Sohn Kareachs,
über.
15Aber Jischmael, der Sohn Netanjas,
entrann mit acht Männern dem Johanan
und zog zu den Ammonitern.
16Und Johanan, der Sohn Kareachs, samt
allen Hauptleuten des Heeres, die bei ihm
waren, nahm zu sich das übriggebliebene
Volk, das Jischmael, der Sohn Netanjas,
aus Mizpa weggeführt hatte, nachdem er
Gedalja, den Sohn Ahikams, erschlagen
hatte, nämlich die Kriegsleute, die Frauen
und Kinder und Hofleute, die er von
Gibeon zurückgebracht hatte.
17Und sie zogen hin und kehrten ein in
der Herberge [a]Kimhams bei Bethlehem,
um von dort [b]nach Ägypten zu ziehen
a 2.Sam 19,38 *b* Kap 43,7
18aus Furcht vor den Chaldäern. Denn sie
fürchteten sich vor ihnen, weil Jischmael,
der Sohn Netanjas, Gedalja, den Sohn
Ahikams, erschlagen hatte, den der König
von Babel über das Land gesetzt hatte.

Jeremia warnt vor der Auswanderung nach Ägypten

42 Da traten herzu alle Hauptleute
des Heeres, Johanan, der Sohn Ka-
reachs, Asarja, der Sohn Hoschajas, samt
dem ganzen Volk, klein und groß,

2 und sprachen zum Propheten Jeremia:
Laß doch unsere Bitte vor dir gelten und
a bete für uns zum HERRN, deinem Gott,
für alle diese Übriggebliebenen – denn lei-
der sind wir von vielen nur wenige übrig-
geblieben, wie du mit eigenen Augen
siehst –, *a* Kap 37,3
3 daß der HERR, dein Gott, uns kundtun
wolle, wohin wir ziehen und was wir tun
sollen.
4 Und der Prophet Jeremia sprach zu
ihnen: Wohlan, ich will gehorchen. Siehe,
ich will zum HERRN, eurem Gott, beten,
wie ihr gesagt habt, und alles, was euch
der HERR antworten wird, das will ich euch
kundtun und will euch nichts vorenthal-
ten.
5 Und sie sprachen zu Jeremia: Der HERR
sei ein zuverlässiger und wahrhaftiger
Zeuge wider uns, wenn wir nicht alles tun
werden, was uns der HERR, dein Gott,
durch dich befehlen wird.
6 Es sei Gutes oder Böses, so wollen wir
gehorchen der Stimme des HERRN, unse-
res Gottes, zu dem wir dich senden, auf
daß es uns wohlgehe, wenn wir der
Stimme des HERRN, unseres Gottes, ge-
horchen.
7 ¶ Und nach zehn Tagen geschah des
HERRN Wort zu Jeremia.
8 Da rief er Johanan, den Sohn Kareachs,
und alle Hauptleute des Heeres, die bei
ihm waren, und alles Volk, klein und groß,
9 und sprach zu ihnen: So spricht der
HERR, der Gott Israels, zu dem ihr mich
gesandt habt, daß ich euer Gebet vor ihn
bringen sollte:
10 Werdet ihr in diesem Lande bleiben, so
will ich euch *a* bauen und nicht einreißen;
ich will euch pflanzen und nicht ausrei-
ßen; denn es hat mich gereut das Unheil,
das ich euch angetan habe. *a* Kap 1,10
11 Ihr sollt euch nicht fürchten vor dem
König von Babel, vor dem ihr euch fürch-
tet, spricht der HERR; ihr sollt euch vor
ihm nicht fürchten, denn ich will bei euch
sein, daß ich euch helfe und von seiner
Hand errette.
12 Ich will euch Barmherzigkeit erweisen
und mich über euch erbarmen und euch
wieder auf eure Äcker bringen.
13 *a* Werdet ihr aber sagen: »Wir wollen
nicht in diesem Lande bleiben« und so
der Stimme des HERRN, eures Gottes,
nicht gehorchen *a (13-17)* Kap 29,17.18
14 und werdet ihr sagen: »Nein, wir wol-
len nach Ägyptenland ziehen, daß wir
weder Krieg sehen noch den Schall der
Posaune hören noch Hunger nach
Brot leiden müssen; dort wollen wir blei-
ben« –
15 nun, so höret des HERRN Wort, ihr Üb-
riggebliebenen von Juda! So spricht der
HERR Zebaoth, der Gott Israels: Werdet
ihr euer Angesicht nach Ägyptenland rich-
ten, um dorthin zu ziehen und dort zu
wohnen,
16 so soll euch das Schwert, vor dem ihr
euch fürchtet, in Ägyptenland treffen, und
der Hunger, vor dem ihr euch sorgt, soll
stets hinter euch her sein in Ägypten, und
ihr sollt dort sterben.
17 Denn sie seien, wer sie wollen: Wer
sein Angesicht nach Ägypten richtet, um
dorthin zu ziehen und dort zu wohnen,
der soll sterben durch Schwert, Hunger
und Pest, und es soll keiner übrigbleiben
noch dem Unheil entrinnen, das ich über
sie kommen lassen will.
18 ¶ Denn so spricht der HERR Zebaoth,
der Gott Israels: Gleichwie mein Zorn und
Grimm über die Einwohner Jerusalems
ausgeschüttet wurde, so soll er auch über
euch ausgeschüttet werden, wenn ihr nach
Ägypten zieht; und *a* ihr sollt zum Fluch,
zum Bild des Entsetzens, zur Verwün-
schung und zur Schande werden und diese
Stätte nicht mehr sehen. *a* Kap 25,9
19 Das ist das Wort des HERRN an euch,
die ihr übriggeblieben seid von Juda, daß
ihr nicht nach Ägypten zieht. Darum
erkennt, daß ich euch heute gewarnt
habe;
20 denn ihr selbst habt euer Leben in Ge-
fahr gebracht, weil ihr mich gesandt habt
zum HERRN, eurem Gott, und gesagt: Bete
zum HERRN, unserm Gott, für uns, und
alles, was der HERR, unser Gott, sagen
wird, tu uns kund, so wollen wir danach
tun.
21 Das habe ich euch heute wissen lassen;
aber ihr wollt der Stimme des HERRN,
eures Gottes, nicht gehorchen noch allem,
was er euch durch mich befohlen hat.
22 So sollt ihr denn wissen, daß ihr durch
Schwert, Hunger und Pest sterben müßt
an dem Ort, wohin ihr zu ziehen gedenkt,
um dort zu wohnen.

Jeremia wird nach Ägypten verschleppt

43 Als Jeremia dem ganzen Volk alle
Worte des HERRN, ihres Gottes, aus-
gerichtet hatte, wie ihm der HERR, ihr
Gott, alle diese Worte an sie befohlen
hatte,
2 sprachen Asarja, der Sohn Hoschajas,
und Johanan, der Sohn Kareachs, und alle
aufsässigen Männer zu Jeremia: Du lügst!
Der HERR, unser Gott, hat dich nicht zu
uns gesandt und gesagt: »Ihr sollt nicht
nach Ägypten ziehen, um dort zu woh-
nen«,
3 sondern [a]Baruch, der Sohn Nerijas, be-
redet dich zu unserm Schaden, damit wir
den Chaldäern übergeben werden und sie
uns töten oder nach Babel wegführen.
a Kap 36,32
4 Da gehorchten Johanan, der Sohn Ka-
reachs, und alle Hauptleute des Heeres
samt dem ganzen Volk der Stimme des
HERRN nicht, daß sie im Lande Juda ge-
blieben wären,
5 sondern Johanan, der Sohn Kareachs,
und alle Hauptleute des Heeres nahmen
zu sich alle Übriggebliebenen von Juda,
die von allen Völkern, wohin sie geflohen,
zurückgekommen waren, um im Lande
Juda zu wohnen,
6 nämlich Männer, Frauen und Kinder,
dazu die Königstöchter und alle übrigen,
die Nebusaradan, der Oberste der Leibwa-
che, bei Gedalja, dem Sohn Ahikams, des
Sohnes Schafans, gelassen hatte, und auch
den Propheten Jeremia und Baruch, den
Sohn Nerijas.
7 Und sie [a]zogen nach Ägyptenland, denn
sie wollten der Stimme des HERRN nicht
gehorchen, und kamen nach Tachpanhes.
a Kap 42,14-17; 2.Kön 25,26

Jeremia weissagt den Einfall Nebukadnezars

8 Aber des HERRN Wort geschah zu Jere-
mia in Tachpanhes:
9 Nimm große Steine und vergrabe sie in
dem Boden am Eingang des Hauses des
Pharao in Tachpanhes, so daß die Männer
aus Juda es sehen,
10 und sprich zu ihnen: So spricht der
HERR Zebaoth, der Gott Israels: Siehe, ich
will hinsenden und [a]meinen Knecht Ne-
bukadnezar, den König von Babel, holen
lassen und will seinen Thron oben auf
diese Steine setzen, die ich eingraben ließ;
und er soll seinen Thronhimmel darüber
ausspannen. a Kap 25,9
11 Er soll kommen und Ägyptenland
schlagen und [a]töten, wen es trifft, gefan-
genführen, wen es trifft, mit dem Schwert
erschlagen, wen es trifft. a Kap 15,2
12 Und ich will [a]die Tempel Ägyptens in
Brand stecken und niederbrennen und ihre
Götter wegführen. Und er soll Ägypten-
land lausen, wie ein Hirt sein Kleid laust,
und mit Frieden von dannen ziehen.
a Kap 46,25
13 Er soll die Steinmale von Bet-Sche-
mesch in Ägyptenland zerbrechen und die
Götzentempel in Ägypten mit Feuer
verbrennen.

Jeremia warnt vor der erneuten Verehrung der Himmelskönigin

44 Dies ist das Wort, das zu Jeremia
geschah an alle Judäer, die in Ägyp-
tenland wohnten, nämlich in Migdol,
[a]Tachpanhes und Memfis, und die im
Lande Patros wohnten. a Kap 43,7
2 So spricht der HERR Zebaoth, der Gott
Israels: Ihr habt gesehen all das Unheil,
das ich habe kommen lassen über Jerusa-
lem und über alle Städte in Juda; siehe,
heutigentags sind sie wüst, und niemand
wohnt darin;
3 und das um ihrer Bosheit willen, die sie
taten, als sie mich erzürnten und hingin-
gen und opferten und dienten andern Göt-
tern, die weder sie noch ihr noch eure
Väter kannten.
4 Und ich sandte [a]immer wieder zu euch
alle meine Knechte, die Propheten, und
ließ euch sagen: »Tut doch nicht solche
Greuel, die ich hasse.« a Kap 25,4
5 Aber sie gehorchten nicht und kehrten
auch ihre Ohren nicht zu mir, daß sie sich
von ihrer Bosheit bekehrt und andern Göt-
tern nicht geopfert hätten.
6 Darum ergoß sich auch mein Zorn und
Grimm und entbrannte über die Städte
Judas und die Gassen Jerusalems, daß sie
zur Wüste und Öde geworden sind, so wie
es heute ist.
7 ¶Nun, so spricht der HERR, der Gott
Zebaoth, der Gott Israels: Warum tut ihr
euch selbst ein so großes Unheil an, daß
bei euch ausgerottet werden aus Juda
Mann und Frau, Kind und Säugling und
nichts von euch übrigbleibt,[a] a Kap 42,22

8 und erzürnt mich so durch eurer Hände
Werke und opfert andern Göttern in
Ägyptenland, wohin ihr gezogen seid, um
dort zu wohnen, auf daß ihr ausgerottet
und zum Fluch und zur Schmach werdet
unter allen Völkern auf Erden?
9 Habt ihr vergessen [a] die Sünden eurer
Väter, die Sünden der Könige von Juda,
die Sünden ihrer Frauen, dazu eure eigenen Sünden und die Sünden eurer Frauen, die sie getan haben im Lande Juda
und auf den Gassen Jerusalems?

a Kap 7,17.18

10 Sie haben sich bis auf diesen Tag nicht
gedemütigt, fürchten sich auch nicht und
wandeln nicht in meinem Gesetz und in
den Rechtsordnungen, die ich euch und
euren Vätern gegeben habe.
11 ¶ Darum spricht der HERR Zebaoth,
der Gott Israels: Siehe, [a] ich will mein Angesicht wider euch richten zum Unheil,
und ganz Juda soll ausgerottet werden.

a Am 9,4

12 Und ich will wegraffen, die übriggebliebe sind von Juda, die ihr Angesicht nach
Ägyptenland gerichtet haben, um dorthin
zu ziehen und dort zu wohnen; es soll ein
Ende mit ihnen allen werden in Ägyptenland. Durchs Schwert sollen sie fallen, und
durch Hunger sollen sie umkommen, klein
und groß; sie sollen durch Schwert und
Hunger sterben und sollen zur Verwünschung, zum Entsetzen, zum Fluch und
zur Schmach werden.[a]

a Kap 42,14-17

13 Ich will auch die Einwohner in Ägyptenland mit Schwert, Hunger und Pest
heimsuchen, gleichwie ich an Jerusalem
getan habe,
14 so daß von denen, die übriggeblieben
sind von Juda und die hierher gekommen
sind nach Ägyptenland, um hier zu wohnen, keiner entrinnen und entkommen
soll. Sie sollen nicht mehr ins Land Juda
zurückkehren, wohin sie gerne wiederkämen und wohnten, sondern es soll keiner
dahin zurückkommen außer einigen Entronnenen.
15 ¶ Da antworteten dem Jeremia alle
Männer, die sehr wohl wußten, daß ihre
Frauen andern Göttern opferten, und alle
Frauen, die dabeistanden, eine große
Menge, samt allem Volk, das in Ägyptenland und in [a] Patros wohnte, und sprachen:

a Jes 11,11

16 Den Worten, die du im Namen des
HERRN uns sagst, wollen wir nicht gehorchen,
17 sondern wir wollen all die Worte halten, die aus unserm eigenen Munde gekommen sind, und wollen der [a] Himmelskönigin opfern und ihr Trankopfer darbringen, wie wir und unsere Väter, unsere
Könige und Oberen getan haben in den
Städten Judas und auf den Gassen Jerusalems. Da [b] hatten wir auch Brot genug, und
es ging uns gut, und wir sahen kein Unglück.

a Kap 7,17.18 b Hos 2,7

18 Seit der Zeit aber, da wir es unterlassen
haben, der Himmelskönigin zu opfern und
Trankopfer darzubringen, haben wir an
allem Mangel gelitten und sind durch
Schwert und Hunger umgekommen.
19 Und wenn wir Frauen der Himmelskönigin opfern und Trankopfer darbringen,
das [a] tun wir ja nicht ohne den Willen unserer Männer, wenn wir ihr Kuchen bakken, um ein Bild von ihr zu machen, und
ihr Trankopfer darbringen.

a 4.Mose 30,11-13

20 ¶ Da sprach Jeremia zu dem ganzen
Volk, den Männern und Frauen und allen
Leuten, die ihm so geantwortet hatten:
21 Nein, der HERR hat gedacht an das Opfern, das ihr in den Städten Judas und auf
den Gassen Jerusalems getrieben habt
samt euren Vätern, Königen, Oberen und
allem Volk des Landes, und er hat's zu
Herzen genommen,
22 daß er nicht mehr leiden konnte euren
bösen Wandel und die Greuel, die ihr tatet; daher ist auch euer Land zur Wüste,
zum Entsetzen und zum Fluch geworden,
daß niemand darin wohnt, so wie es heute
ist.
23 Weil ihr der Himmelskönigin geopfert
habt und wider den HERRN sündigtet und
der Stimme des HERRN nicht gehorchtet
und in seinem Gesetze, seinen Rechten
und Mahnungen nicht gewandelt seid,
darum ist euch solches Unheil widerfahren, so wie es heute ist.
24 Und Jeremia sprach zu allem Volk und
zu allen Frauen: Höret des HERRN Wort,
ihr alle aus Juda, die in Ägyptenland sind!
25 So spricht der HERR Zebaoth, der Gott
Israels: Ihr und eure Frauen habt mit eurem Munde geredet und mit euren Händen vollbracht, was ihr sagt: »Wir wollen
unsere Gelübde halten, die wir der Himmelskönigin gelobt haben, daß wir ihr opfern und Trankopfer darbringen.« Wohlan,

erfüllt doch eure Gelübde und haltet eure
Gelübde!
26 So höret nun des HERRN Wort, ihr alle
aus Juda, die ihr in Ägyptenland wohnt:
Siehe, ich schwöre bei meinem großen Na-
men, spricht der HERR, daß mein Name
nicht mehr genannt werden soll durch ir-
gendeines Menschen Mund aus Juda in
ganz Ägyptenland, der da sagt: »So wahr
Gott der HERR lebt!«
27 Siehe, [a]ich will über sie wachen zum
Unheil und nicht zum Heil, daß, wer aus
Juda in Ägyptenland ist, durch Schwert
und Hunger umkommen soll, bis es ein
Ende mit ihnen hat. *a* Am 9,4
28 Die aber dem Schwert entrinnen, wer-
den aus Ägyptenland ins Land Juda zu-
rückkommen als ein geringes Häuflein. So
werden dann alle, die übriggeblieben sind
von Juda und die nach Ägyptenland gezo-
gen waren, dort zu wohnen, erkennen,
wessen Wort wahr geworden ist, meines
oder ihres.
29 Und dies sei das Zeichen, spricht der
HERR: Ich will euch an diesem Ort heim-
suchen, damit ihr wißt, daß mein Wort
wahr werden soll über euch zum Unheil.
30 So spricht der HERR: Siehe, ich will den
Pharao Hofra, den König von Ägypten,
übergeben in die Hände seiner Feinde und
derer, die ihm nach dem Leben trachten,
[a]gleichwie ich Zedekia, den König von
Juda, übergeben habe in die Hand Nebu-
kadnezars, des Königs von Babel, seines
Feindes, der ihm nach dem Leben trach-
tete. *a* Hes 29,19

Ein Wort für Baruch

45 Dies ist das Wort, das der Prophet
Jeremia zu Baruch, dem Sohn Ne-
rijas, redete, [a]als er die Worte, wie Jere-
mia sie ihm sagte, auf eine Schriftrolle
schrieb, im vierten Jahr Jojakims, des
Sohnes Josias, des Königs von Juda:
a Kap 36,4
2 So spricht der HERR Zebaoth, der Gott
Israels, über dich, Baruch:
3 Du sprichst: Weh mir, wie hat mir der
HERR Jammer zu meinem Schmerz hin-
zugefügt! Ich seufze mich müde und finde
keine Ruhe.
4 Sage ihm: So spricht der HERR: Siehe,
was ich gebaut habe, das reiße ich ein, und
was ich gepflanzt habe, das reiße ich aus,
nämlich dies mein ganzes Land.
5 Und du begehrst für dich große Dinge?
Begehre es nicht! Denn siehe, ich will Un-
heil kommen lassen über alles Fleisch,
spricht der HERR, aber [a]dein Leben sollst
du wie eine Beute davonbringen, an wel-
chen Ort du auch ziehst. *a* Kap 39,18; 43,4-6

GERICHTSWORTE GEGEN FREMDE VÖLKER
(Kapitel 46–51)

46 Dies ist das Wort des HERRN, das zu
dem Propheten Jeremia geschehen
ist wider alle Völker.

Weissagung gegen Ägypten
(vgl. Jes 19; Hes 29–32)

2 Wider Ägypten. Wider das Heer des
[a]Pharao Necho, des Königs von Ägypten,
welches lagerte am Euphratstrom bei Kar-
kemisch und das Nebukadnezar, der Kö-
nig von Babel, schlug im vierten Jahr Joja-
kims, des Sohnes Josias, des Königs von
Juda: *a* 2.Kön 23,29
3 ¶ Rüstet Rundschild und Langschild
und zieht in den Streit!
4 Spannt Rosse an und laßt Reiter aufsit-
zen, setzt die Helme auf und schärft die
Spieße und zieht Panzer an!
5 Wie kommt's aber, daß ich sehe, daß sie
verzagt sind und die Flucht ergreifen und
ihre Helden erschlagen sind? Sie fliehen
und wenden sich nicht mehr zurück.
[a]Schrecken um und um! spricht der
HERR. *a* Kap 20,3
6 Der Schnelle kann nicht entfliehen noch
der Starke entrinnen. Im Norden am Eu-
phratstrom sind sie gefallen und niederge-
streckt.
7 ¶ Wer ist's, der emporstieg wie der Nil,
und seine Wasser wälzten sich dahin wie
Ströme?
8 Ägypten stieg empor wie der Nil, und
seine Wasser wälzten sich daher wie
Ströme, und es sprach: »Ich will hinauf-
ziehen, das Land bedecken und die Städte
verderben samt denen, die darin woh-
nen.«
9 Wohlan, setzt euch auf die Rosse, rennt
mit den Wagen, laßt die Helden auszie-
hen, die von Kusch und aus Put, die den
Schild führen, und die Schützen aus Lud!
10 Denn dies ist der [a]Tag Gottes, des
HERRN Zebaoth, ein Tag der Vergeltung,
daß [b]er sich an seinen Feinden räche,

wenn das Schwert fressen und von ihrem
Blut voll und trunken werden wird. Denn
sie müssen Gott, dem HERRN Zebaoth,
ein Schlachtopfer werden im Lande des
Nordens am Euphratstrom.
a Jes 2,12 *b* 5.Mose 32,41.42

11 ¶ Geh hinauf nach Gilead und hole Bal-
sam, Jungfrau, Tochter Ägypten! Aber [a]es
ist umsonst, daß du viel Heilmittel ge-
brauchst; du wirst doch nicht heil.
a Kap 8,22

12 Deine Schande ist unter den Völkern
erschollen, deines Heulens ist das Land
voll; denn ein Held fällt über den andern
und liegen beide miteinander danieder.
13 ¶ Dies ist das Wort des HERRN, das er
zu dem Propheten Jeremia redete, als Ne-
bukadnezar, der König von Babel, heran-
zog, um Ägyptenland zu schlagen:
14 Verkündigt's in Ägypten und sagt's an
in Migdol, sagt's an in Memfis und Tach-
panhes und sprecht: Setze dich zur Wehr!
Denn das Schwert wird fressen, was um
dich her ist.
15 Wie geht's zu, daß deine Gewaltigen zu
Boden fallen und können nicht standhal-
ten? Der HERR hat sie so gestürzt.
16 Er macht, daß ihrer viele fallen, daß
einer mit dem andern daniederliegt. Da
sprechen sie: Wohlauf, laßt uns wieder zu
unserm Volk ziehen, in unser Vaterland
vor dem mörderischen Schwert!
17 Nennt den Namen des Pharao, des
Königs von Ägypten: »Prahlhans, der die
Zeit versäumt hat«.
18 So wahr ich lebe, spricht der König, der
HERR Zebaoth heißt: Er wird daherziehen
so hoch, wie der Berg Tabor unter den
Bergen ist und wie der Karmel am Meer
ist.
19 ¶ Mache dir Fluchtgepäck, du Einwoh-
nerin, Tochter Ägypten; denn Memfis wird
wüst und verbrannt werden, daß niemand
darin wohnen wird.
20 Ägypten ist wie eine schöne junge Kuh;
aber es kommt von Norden der Schläch-
ter.
21 Auch die darin um Sold dienen, sind
wie gemästete Kälber; aber sie müssen
sich dennoch wenden und miteinander
fliehen und werden nicht standhalten;
denn der Tag ihres Unheils wird über sie
kommen, die Zeit ihrer Heimsuchung.
22 ¶ Man hört sie heranziehen wie eine
zischende Schlange; ja, sie kommen mit
Heeresmacht und bringen Äxte über sie
wie die Holzhauer.
23 Die werden ihren Wald umhauen,
spricht der HERR, denn sie sind nicht zu
zählen; ihrer sind mehr als Heuschrecken,
die niemand zählen kann.
24 Die Tochter Ägypten wird zuschanden;
denn sie ist dem Volk aus dem Norden in
die Hände gegeben.
25 ¶ [a]Der HERR Zebaoth, der Gott Israels,
spricht: Siehe, ich will heimsuchen den
Amon zu No und den Pharao und Ägyp-
ten samt seinen Göttern und Königen, ja,
den Pharao mit allen, die sich auf ihn ver-
lassen, *a (25 und 26)* Kap 43,12.13; Jes 24,21
26 daß ich sie gebe in die Hände derer, die
ihnen nach dem Leben trachten, und in
die Hände Nebukadnezars, des Königs von
Babel, und seiner Großen. Aber [a]danach
soll das Land bewohnt werden wie vor al-
ters, spricht der HERR. *a* Hes 29,14
27 ¶ Aber du, [a]mein Knecht Jakob, fürch-
te dich nicht, und du, Israel, verzage nicht!
Denn siehe, ich will dir helfen aus fernen
Landen und deinen Nachkommen aus
dem Lande ihrer Gefangenschaft, daß Ja-
kob zurückkommen soll und in Frieden
sein und ohne Sorge, und niemand soll
ihn schrecken. *a* Kap 30,10
28 Darum fürchte dich nicht, du, Jakob,
mein Knecht, spricht der HERR, denn ich
bin bei dir! Mit allen Völkern, unter die
ich dich verstoßen habe, will ich ein Ende
machen; aber mit dir will ich nicht ein
Ende machen. [a]Züchtigen will ich dich
mit Maßen, doch ungestraft kann ich dich
nicht lassen. *a* Kap 10,24; 30,11

Weissagung gegen die Philister

(vgl. Jes 14,29-32; Hes 25,15-17)

47 Dies ist das Wort des HERRN, das
zum Propheten Jeremia geschah wi-
der die Philister, ehe der Pharao Gaza
schlug.
2 So spricht der HERR: Siehe, es kommen
Wasser heran von Norden, die zum rei-
ßenden Strom werden und das Land über-
fluten und was darin ist, die Städte und die
darin wohnen, daß die Leute schreien und
alle Einwohner im Lande heulen.
3 Vor dem Stampfen ihrer starken Rosse,
die dahertraben, und vor dem Rasseln
ihrer Wagen und dem Poltern ihrer Räder
werden sich die Väter nicht umsehen nach
den Kindern, so verzagt werden sie sein

4 über den Tag, der da kommt, um zu verderben alle Philister und auszurotten die letzten Helfer für Tyrus und Sidon. Denn der HERR wird die Philister verderben, den Rest derer, die gekommen sind von der [a]Insel Kaftor. *a* Am 9,7

5 Über [a]Gaza wird Trauer kommen, und Aschkelon wird vernichtet, der Rest der [b]Anakiter. Wie lange willst du dich [c]wund ritzen? *a* Am 1,6.7; Zef 2,4; Sach 9,5 *b* Jos 11,22 *c* Kap 16,6; 48,37

6 O du Schwert des HERRN, wann willst du doch aufhören? Fahre in deine Scheide und ruhe und sei still!

7 Aber wie kann es aufhören, da doch der HERR ihm Befehl gegeben hat wider Aschkelon und es wider das Ufer des Meeres bestellt hat?

Weissagung gegen Moab

(vgl. Jes 15; 16; Hes 25,8-11; Am 2,1-3; Zef 2,8-11)

48 Wider Moab. So spricht der HERR Zebaoth, der Gott Israels: Wehe der Stadt Nebo, denn sie ist zerstört! Geschändet ist Kirjatajim und eingenommen, die hohe Feste ist zuschanden geworden und zerbrochen.

2 Der Stolz Moabs auf Heschbon ist dahin; denn man sinnt Böses gegen die Stadt: »Kommt, wir wollen sie ausrotten, daß sie ohne Volk sei.« Und du, Madmen, mußt auch vernichtet werden; das Schwert wird hinter dir her sein.

3 Man hört ein Geschrei in Horonajim von Verwüstung und großem Jammer.

4 Moab ist zerschlagen. Man hört ihre Kleinen schreien;

5 denn sie gehen mit Weinen die Steige von Luhit hinauf, und die Feinde hören ein Jammergeschrei den Weg von Horonajim herab:

6 »Flieht und rettet euer Leben!« Aber ihr werdet sein [a]wie ein Strauch in der Wüste. *a* Kap 17,6

7 ¶ Weil du dich auf deine Bauwerke verläßt und auf deine Schätze, sollst du auch erobert werden, und [a]Kemosch muß gefangen wegziehen samt seinen Priestern und Fürsten. *a* 4.Mose 21,29; Ri 11,24; 1.Kön 11,7

8 Denn der Verwüster wird über alle Städte kommen, daß nicht **eine** Stadt entrinnen wird. Es sollen die Täler verwüstet und die Ebenen verheert werden; denn der HERR hat's gesagt.

9 Gebt Moab Flügel, denn es wird davonmüssen, als flöge es, und seine Städte werden wüst liegen, daß niemand darin wohnen wird.

10 ¶ Verflucht sei, wer des HERRN Werk lässig tut; verflucht sei, wer sein Schwert aufhält, daß es nicht Blut vergießt!

11 ¶ Moab ist von seiner Jugend an ungestört gewesen und [a]auf seinen Hefen still gelegen und ist nie aus einem Faß ins andre gegossen und ist nie in die Gefangenschaft gezogen; darum ist sein Geschmack ihm geblieben und sein Geruch nicht verändert worden. *a* Zef 1,12

12 Darum siehe, spricht der HERR, es kommt die Zeit, daß ich ihnen Küfer schikken will, die sie ausschütten sollen und ihre Fässer ausleeren und ihre Krüge zerschmettern.

13 Und Moab soll über dem Kemosch zuschanden werden, gleichwie das Haus Israel über Bethel zuschanden geworden ist, worauf sie sich verließen.

14 ¶ Wie könnt ihr sagen: Wir sind Helden und rechte Kriegsleute?

15 Moab wird verwüstet, und seine Städte werden erstiegen, und seine beste Mannschaft muß hinab zur Schlachtbank, spricht der König, welcher heißt der HERR Zebaoth.

16 Denn der Untergang Moabs wird bald kommen, und sein Unglück eilt herbei.

17 ¶ Habt doch Mitleid mit ihnen, alle, die ihr um sie her wohnt und ihren Namen kennt, und sprecht: »Wie ist das starke Zepter und der herrliche Stab so zerbrochen!«

18 Herunter von der Herrlichkeit, du Tochter Dibon, und setz dich in den Staub! Denn der Verwüster Moabs wird zu dir hinaufkommen und deine Bollwerke zerstören.

19 Tritt an die Straße und schaue, du Einwohnerin von Aroër! Frage, die da fliehen und entrinnen, und sprich: »Was ist geschehen?«

20 Ach, Moab ist verwüstet und verheert! Heult und schreit; sagt's am Arnon, daß Moab vernichtet ist!

21 Die Strafe ist über das ebene Land ergangen, nämlich über Holon, Jahaz, Mefaat,

22 Dibon, Nebo, Bet-Diblatajim,

23 Kirjatajim, Bet-Gamul, Bet-Meon,

24 Kerijot, Bozra und über alle Städte im Lande Moab, sie seien fern oder nahe.

25 Das Horn Moabs ist abgeschlagen, und
sein Arm ist zerbrochen, spricht der HERR.
26 ¶ [a]Macht es trunken; denn es hat sich
gegen den HERRN erhoben! Speien müsse
Moab, auf daß es auch zum Gespött
werde. *a* Kap 25,15
27 Oder ist Israel dir nicht ein Gespött
gewesen, als hätte man es unter den Die-
ben gefunden? Sooft du von ihm sprachst,
hast du es verhöhnt.
28 O ihr Bewohner von Moab, verlaßt die
Städte und wohnt in den Felsen und tut
wie die Tauben, die da nisten in den
Löchern!
29 ¶ Man hat immer gesagt von dem stol-
zen Moab, daß es sehr stolz sei, hoffärtig,
hochmütig, trotzig und übermütig.
30 Aber der HERR spricht: Ich kenne sei-
nen Übermut wohl und sein böses Ge-
schwätz; Böses haben sie getan.
31 Darum muß ich über Moab heulen und
über ganz Moab schreien und über die
Leute von Kir-Heres klagen.
32 Mehr als über Jaser muß ich über dich
weinen, du Weinstock Sibma; denn deine
Ranken reichten über das Meer und
kamen bis nach Jaser. Der Verwüster ist
über deine Ernte und Weinlese hergefal-
len.
33 Freude und Wonne sind hinweggenom-
men aus dem Fruchtland und dem Lande
Moab. Dem Wein in den Kufen mache ich
ein Ende, der Kelterer wird nicht mehr
keltern, der Winzer wird nicht mehr sein
Lied singen.
34 Das Geschrei von Heschbon wird
gehört bis Elale, bis nach Jahaz, von Zoar
an bis nach Horonajim, bis Eglat-Scheli-
schija; denn auch die Wasser Nimrims sol-
len versiegen.
35 Und ich will, spricht der HERR, in Moab
damit ein Ende machen, daß sie auf den
Höhen opfern und ihren Göttern Opfer
darbringen.
36 ¶ Darum klagt mein Herz über Moab
wie Flötenklage, und über die Leute in
Kir-Heres klagt mein Herz wie Flöten-
klage; denn [a]das Gut, das sie gesammelt,
ist zugrunde gegangen. *a* Jes 15,7
37 Alle Köpfe werden [a]kahl sein und alle
Bärte abgeschoren, alle Hände wund
geritzt, und jeder wird den Sack anzie-
hen. *a* Kap 16,6
38 Auf allen Dächern und Gassen, überall
in Moab wird man klagen; denn ich habe
Moab zerbrochen wie ein Gefäß, das nie-
mand haben will, spricht der HERR.
39 O wie ist es zerschlagen, wie heulen
sie! Wie haben sie schimpflich den Rük-
ken gewandt! Moab ist zum Spott und
zum Bild des Schreckens geworden allen,
die ringsum wohnen.
40 Denn so spricht der HERR: Siehe, [a]er
fliegt daher wie ein Adler und breitet seine
Flügel aus über Moab. *a* Kap 49,22
41 Die Städte sind erobert, und die Festun-
gen sind eingenommen, und das Herz der
Helden in Moab wird an jenem Tage sein
wie das Herz einer Frau in Kindsnöten.
42 Denn Moab muß vertilgt werden, daß
es kein Volk mehr sei, weil es sich gegen
den HERRN erhoben hat.
43 [a]Schrecken, Grube und Schlinge über
dich, du Volk von Moab! spricht der
HERR. *a (43 und 44)* Jes 24,17.18
44 Wer dem Schrecken entflieht, der wird
in die Grube fallen, und wer aus der Grube
herauskommt, der wird in der Schlinge
gefangen werden; denn ich will über Moab
kommen lassen das Jahr seiner Heim-
suchung, spricht der HERR.
45 Erschöpft suchen die Entronnenen
Zuflucht im Schatten von Heschbon; aber
[a]es wird ein Feuer aus Heschbon und eine
Flamme aus dem Hause Sihon ausgehen,
welche die Schläfe Moabs verzehren wird
und den Scheitel der kriegerischen Leute.
a 4.Mose 21,28.29
46 ¶ Weh dir, Moab! Verloren ist das Volk
des Kemosch; denn man hat deine Söhne
und Töchter genommen und gefangen
weggeführt.
47 Aber in der letzten Zeit will ich das
Geschick Moabs wenden, spricht der
HERR. Das sei gesagt von der Strafe über
Moab.

Weissagung gegen Ammon

(vgl. Hes 25,2-7; Am 1,13-15; Zef 2,8-11)

49 Wider die Ammoniter. So spricht
der HERR: Hat denn Israel keine
Kinder, oder hat es keinen Erben? Warum
besitzt denn [a]Milkom das Land Gad, und
warum wohnt sein Volk in dessen Städ-
ten? *a* 1.Kön 11,5
2 Darum siehe, es kommt die Zeit, spricht
der HERR, daß ich will ein Kriegsgeschrei
erschallen lassen über Rabba, die Stadt der
Ammoniter, und es soll zu einem wüsten
Schutthügel werden, und seine Tochter-

städte sollen in Brand gesteckt werden.
Aber Israel soll seine Besitzer besitzen,
spricht der HERR.
3 Heule, Heschbon! denn Ai ist verwü-
stet. Schreit, ihr Töchter von Rabba, und
zieht den Sack an; klagt und lauft hin und
her mit Ritzwunden! Denn Milkom wird
gefangen weggeführt samt seinen Priestern
und Fürsten.
4 Was rühmst du dich deines Tales, deines
wasserreichen Tales, du ungehorsame
Tochter, die du dich auf deine Schätze ver-
läßt und sprichst in deinem Herzen: Wer
darf sich an mich machen?
5 Siehe, spricht Gott, der HERR Zebaoth,
ich will Schrecken über dich kommen las-
sen von allen, die um dich her wohnen;
ihr sollt in alle Richtungen versprengt wer-
den, und niemand wird die Flüchtigen
sammeln.
6 Aber danach [a]will ich wieder wenden
das Geschick Ammons, spricht der HERR.

a Kap 48,47

Weissagungen gegen Edom

(vgl. Jes 21,11; 34,5-15; Hes 25,12-14; Am 1,11.12; Obd)

7 Wider Edom. So spricht der HERR Ze-
baoth: Ist denn keine Weisheit mehr in
Teman? Ist denn kein Rat mehr bei den
Klugen? Ist ihnen die Weisheit ausgegan-
gen?
8 Flieht, wendet euch und verkriecht euch
tief, ihr Bürger von Dedan! Denn ich lasse
Unheil über Esau kommen, die Zeit sei-
ner Heimsuchung.
9 Es sollen Winzer über dich kommen,
die keine Nachlese übriglassen, und Diebe
sollen des Nachts über dich kommen, die
sollen nach Herzenslust verwüsten.
10 Denn ich habe Esau entblößt und seine
Verstecke aufgedeckt, daß er sich nicht
verbergen kann. Seine Söhne, seine Brü-
der und seine Nachbarn sind vernichtet,
daß keiner von ihnen mehr da ist.
11 Verlaß nur deine Waisen, ich will sie
am Leben erhalten, und deine Witwen sol-
len auf mich hoffen.
12 ¶ Denn so spricht der HERR: Siehe, die
es nicht verdient hatten, den Kelch zu trin-
ken, müssen trinken, und du solltest unge-
straft bleiben? Du sollst nicht ungestraft
bleiben, sondern du mußt auch trin-
ken.[a]

a Kap 25,15.28.29; Ps 137,7

13 Denn ich habe bei mir selbst geschwo-
ren, spricht der HERR, daß Bozra zum Ent-
setzen, zur Schmach, zur Wüste und zum
Fluch werden soll und alle seine Städte
zur ewigen Wüste.
14 ¶ Ich hab eine Kunde vernommen vom
HERRN, ein Bote ist unter die Völker
gesandt: Sammelt euch und kommt her
wider Edom; macht euch auf zum Kampf!
15 Denn siehe, ich will dich gering machen
unter den Völkern und verachtet unter den
Menschen.
16 Daß die andern dich fürchten, hat dich
verführt, und dein Herz ist hochmütig,
weil du in Felsenklüften wohnst und hohe
Gebirge innehast. Wenn du auch dein Nest
so hoch machtest wie der Adler, dennoch
will ich dich von dort herunterstürzen,
spricht der HERR.
17 Also soll Edom wüst werden, daß alle,
die vorübergehen, sich entsetzen und
spotten über alle seine Plagen.
18 Gleichwie Sodom und Gomorra samt
ihren Nachbarn zerstört wurden, spricht
der HERR, so soll auch dort niemand woh-
nen noch ein Mensch darin hausen.[a]

a Kap 50,40; Jes 1,9

19 [a]Siehe, er kommt herauf wie ein Löwe
aus dem Dickicht des Jordans in die Auen;
denn ich will sie eilends daraus wegtrei-
ben und den, der erwählt ist, darüber set-
zen. Denn wer ist mir gleich, wer will mich
meistern, und wer ist der Hirte, der mir
widerstehen kann?

a (19-21) Kap 50,44-46

20 ¶ So hört nun den Ratschluß des
HERRN, den er über Edom gefaßt hat, und
seine Gedanken, die er über die Einwoh-
ner von Teman hat. Was gilt's? Wird man
sie nicht fortschleifen mit den geringsten
ihrer Schafe, werden ihretwegen nicht ihre
Auen veröden?
21 Vom Krachen ihres Sturzes erbebt die
Erde, und ihr Geschrei wird man am
Schilfmeer hören.
22 Siehe, [a]er fliegt herauf wie ein Adler
und breitet seine Flügel aus über Bozra.
Zu der Zeit wird das Herz der Helden in
Edom sein wie das Herz einer Frau in
Kindsnöten.

a Kap 48,40

Weissagung gegen Damaskus

(vgl. Jes 17,1-3; Am 1,3-5)

23 Wider Damaskus. Hamat und Arpad
sind zuschanden geworden; sie sind ver-
zagt, denn sie hören ein böses Gerücht.
Ihr Herz bebt vor Sorge; sie sind so

erschrocken, daß sie nicht Ruhe finden
können.
[24]Damaskus ist verzagt und wendet sich
zur Flucht; es zittert und ist in Ängsten
und Schmerzen wie eine Frau in Kindsnö-
ten.
[25]Wie ist sie nun verlassen, die berühmte
und fröhliche Stadt!
[26]Darum wird ihre junge Mannschaft auf
ihren Gassen fallen, und alle ihre Kriegs-
leute werden umkommen zur selben Zeit,
spricht der HERR Zebaoth.
[27]Und ich will an die Mauern von
Damaskus Feuer legen, daß es die Paläste
Ben-Hadads verzehren soll.

Weissagungen gegen arabische Stämme

[28]Wider [a]Kedar und die Königreiche von
[b]Hazor, die Nebukadnezar, der König von
Babel, schlug. So spricht der HERR: Wohl-
auf, zieht herauf gegen Kedar und ver-
nichtet, die im Osten wohnen!
a Jes 21,16.17 *b* Jos 11,10
[29]Man wird ihnen ihre Zelte und Herden
nehmen, ihre Zeltdecken, alle Geräte und
Kamele wegführen und über sie rufen:
[a]Schrecken um und um! *a* Kap 20,3
[30]¶ Flieht, hebt euch eilends davon, ver-
kriecht euch tief, ihr Einwohner von
Hazor! spricht der HERR; denn Nebukad-
nezar, der König von Babel, hat etwas im
Sinn wider euch und plant etwas gegen
euch.
[31]Wohlauf, zieht herauf wider ein Volk,
das ruhig und sicher wohnt! spricht der
HERR; sie haben weder Tür noch Riegel
und wohnen allein.
[32]Ihre Kamele sollen geraubt und die
Menge ihres Viehs genommen werden,
und in alle Winde will ich die zerstreuen,
die [a]das Haar rundherum abscheren, und
von allen Seiten her will ich ihr Unglück
über sie kommen lassen, spricht der
HERR; *a* Kap 25,23
[33]daß Hazor eine Wohnung der Schakale
und eine ewige Wüste werden soll, so daß
niemand dort wohne und kein Mensch
darin hause.[a] *a* Vers 13

Weissagung gegen Elam

[34]Dies ist das Wort des HERRN, das ge-
schah zu Jeremia, dem Propheten, wider
[a]Elam im Anfang der Herrschaft Zede-
kias, des Königs von Juda: *a* Kap 25,25
[35]So spricht der HERR Zebaoth: Siehe,
ich will den [a]Bogen Elams zerbrechen,
seine stärkste Waffe, *a* Jes 22,6
[36]und will die vier Winde von den vier
Enden des Himmels über sie kommen las-
sen und will sie in alle diese Winde zer-
streuen, so daß es kein Volk geben soll,
wohin nicht Vertriebene aus Elam kom-
men werden.
[37]Und ich will Elam verzagt machen vor
seinen Feinden und vor denen, die ihnen
nach dem Leben trachten, und will Unheil
über sie kommen lassen in meinem grim-
migen Zorn, spricht der HERR, und will
das Schwert hinter ihnen her schicken, bis
ich sie aufreibe.[a] *a* Hes 32,24
[38]Meinen Thron will ich in Elam aufstel-
len und will dort den König und die Für-
sten umbringen, spricht der HERR.
[39]Aber in der letzten Zeit will ich das
Geschick Elams wieder wenden, spricht
der HERR.

Weissagung vom Untergang Babels und von der Erlösung Israels

(vgl. Jes 13; 14)

50 [a]Dies ist das Wort, das der HERR
durch den Propheten Jeremia gere-
det hat wider Babel und das Land der
Chaldäer: *a (1 und 2)* Jes 46,1
[2]Verkündet's unter den Völkern und
laßt's erschallen, richtet das Banner auf!
Laßt's erschallen und verbergt es nicht
und sprecht: Babel ist genommen, Bel ist
zuschanden, Merodach ist zerschmettert;
ihre Götzen sind zuschanden, ihre Götter-
bilder sind zerschmettert!
[3]Denn es zieht von Norden ein Volk
heran gegen sie, das ihr Land zur Wüste
macht, so daß niemand darin wohnen
wird, sondern Menschen und Vieh daraus
fliehen werden.
[4]¶ In jenen Tagen und zur selben Zeit,
spricht der HERR, [a]werden kommen die
Leute von Israel samt den Leuten von
Juda und weinend umherziehen und den
HERRN, ihren Gott, suchen. *a* Kap 31,9
[5]Sie werden fragen nach dem Wege nach
Zion und sich dorthin kehren: »Kommt,
wir wollen uns dem HERRN zuwenden [a]zu
einem ewigen Bunde, der nimmermehr
vergessen werden soll!« *a* Kap 32,40
[6]Denn mein Volk ist wie [a]eine verlorne
Herde. Ihre Hirten haben sie verführt und
auf den Bergen in die Irre gehen lassen,

daß sie über Berge und Hügel gehen muß-
ten und ihren Ruheplatz vergaßen.
a Kap 23,1
7 Es fraßen sie alle, die sie antrafen, und
ihre Feinde sprachen: Wir tun nicht
unrecht! Denn sie haben sich versündigt
an dem HERRN, der rechten Weide, und
an dem HERRN, der ihrer Väter Hoffnung
war.
8 ¶ [a]Flieht aus Babel und zieht aus der
Chaldäer Lande und macht's wie die
Böcke vor der Herde! a Kap 51,6; Jes 48,20
9 Denn siehe, ich will Völker in großen
Scharen erwecken und aus dem Lande des
Nordens gegen Babel heranführen; die sol-
len sich gegen die Stadt rüsten und sie
auch einnehmen. Ihre Pfeile sind wie die
eines guten Kriegers, der nicht mit leeren
Händen zurückkehrt.
10 Und das Chaldäerland soll ein Raub
werden; alle, die es berauben, sollen satt
werden, spricht der HERR.
11 Wenn ihr euch auch freut und rühmt,
daß ihr mein Erbteil geplündert habt, und
hüpft wie die Kälber im Grase und wie-
hert wie die starken Rosse,
12 so wird eure Mutter doch sehr zuschan-
den und, die euch geboren hat, zum Spott
werden. Siehe, unter den Völkern soll sie
die geringste sein, wüst, dürr und öde.
13 Denn vor dem Zorn des HERRN wird
sie unbewohnt und ganz wüst bleiben, so
daß [a]alle, die an Babel vorüberziehen, sich
entsetzen werden und spotten über alle
ihre Plagen. a Kap 51,37
14 Stellt euch ringsum gegen Babel auf, all
ihr Bogenschützen; schießt nach ihr, spart
nicht an Pfeilen; denn sie hat wider den
HERRN gesündigt.
15 Erhebt das Kriegsgeschrei ringsum.
Sie hat sich ergeben, ihre Pfeiler sind gefal-
len, ihre Mauern sind abgebrochen; denn
so vergilt der HERR. [a]Übt Vergeltung an
Babel, tut ihr, wie sie getan hat. a Offb 18,6
16 Rottet aus von Babel den Sämann und
den Schnitter in der Ernte! Vor dem mör-
derischen Schwert wird sich jeder zu
seinem Volk wenden und in sein Land
fliehen.
17 ¶ Israel war eine zerstreute Herde, die
die Löwen verscheucht haben. Zuerst fraß
sie der König von Assyrien, danach nagte
ihre Knochen ab Nebukadnezar, der König
von Babel.
18 Darum spricht der HERR Zebaoth, der
Gott Israels: Siehe, ich will heimsuchen
den König von Babel und sein Land,
[a]gleichwie ich den König von Assyrien
heimgesucht habe. a 2.Kön 19,35
19 Israel aber will ich wieder heim zu sei-
ner Wohnung bringen, daß sie auf dem
Karmel und in Baschan weiden und sich
sättigen sollen auf dem Gebirge Ephraim
und Gilead.
20 **Zur selben Zeit und in jenen Tagen wird
man die Missetat Israels suchen, spricht der
HERR, aber es wird keine da sein, und die
Sünden Judas, aber es wird keine gefunden
werden; denn [a]ich will sie vergeben denen,
die ich übrigbleiben lasse.** a Kap 33,7.8
21 ¶ Zieh heran gegen das Land Merata-
jim; zieh heran gegen die Einwohner von
Pekod*; vertilge sie und vollziehe den
Bann an ihren Nachkommen, spricht der
HERR, und tu alles, was ich dir befohlen
habe!

* Meratajim bedeutet »Doppeltrotz«, Pekod »Heimsu-
chung«; gemeint ist Babel.

22 Es ist ein Kriegsgeschrei im Lande und
großer Jammer.
23 Wie ist der [a]Hammer der ganzen Welt
zerbrochen und zerschlagen! Wie ist Babel
zum Bild des Entsetzens geworden unter
allen Völkern! a Kap 51,20
24 Ich habe dir Fallen gestellt, Babel, und
du hast dich darin gefangen, ehe du dich's
versahst; du bist getroffen und ergriffen,
denn du hast den HERRN herausgefordert.
25 Der HERR hat sein Zeughaus aufgetan
und die Waffen seines Zorns hervorgeholt;
denn Gott, der HERR Zebaoth, hat etwas
auszurichten in der Chaldäer Lande.
26 Kommt her gegen dies Land von allen
Enden, öffnet seine Kornhäuser, werft
alles auf einen Haufen und vollzieht den
Bann an ihm, daß nichts übrigbleibe!
27 Tötet alle seine Stiere, führt sie hinab
zur Schlachtbank! Weh ihnen, denn ihr
Tag ist gekommen, die Zeit ihrer Heimsu-
chung!
28 Man hört ein Geschrei der Flüchtigen
und derer, die entronnen sind aus dem
Lande Babel, daß sie verkünden zu Zion
die Vergeltung des HERRN, unseres Gottes,
die Vergeltung für seinen Tempel.
29 ¶ Ruft viele wider Babel, belagert es
ringsum, all ihr Bogenschützen, und laßt
keinen davonkommen! [a]Vergeltet Babel,
wie es verdient hat; wie es getan hat, so tut
ihm wieder! Denn es hat stolz gehandelt

wider den HERRN, den Heiligen Israels.
a Vers 15
30 Darum soll seine junge Mannschaft fallen auf seinen Gassen, und alle seine Kriegsleute sollen umkommen an jenem Tage, spricht der HERR.
31 Siehe, du Stolzer, ich will an dich, spricht Gott, der HERR Zebaoth; denn dein Tag ist gekommen, die Zeit deiner Heimsuchung.
32 Da soll der Stolze stürzen und fallen, daß ihn niemand aufrichte. Ich will an seine Städte Feuer legen; das soll alles, was ringsumher ist, verzehren.
33 ¶ So spricht der HERR Zebaoth: Siehe, die Leute von Israel samt den Leuten von Juda müssen Gewalt und Unrecht leiden; alle, die sie gefangen weggeführt haben, halten sie fest und wollen sie nicht loslassen.
34 Aber ihr Erlöser ist stark, der heißt HERR Zebaoth; der wird ihre Sache so hinausführen, daß er das Land erbeben und die Einwohner von Babel erzittern läßt.
35 ¶ Das Schwert soll kommen, spricht der HERR, über die Chaldäer und über die Einwohner von Babel und über ihre Fürsten und über ihre Weisen!
36 Das Schwert soll kommen über ihre Wahrsager, daß sie zu Narren werden; das Schwert soll kommen über ihre Starken, daß sie verzagen!
37 Das Schwert soll kommen über ihre Rosse und Wagen und über alles fremde Volk, das darin ist, daß sie [a] zu Weibern werden! Das Schwert soll kommen über ihre Schätze, daß sie geplündert werden!
a Kap 51,30
38 Dürre soll kommen über ihre Wasser, daß sie versiegen! Denn es ist ein Götzenland, und an ihren schrecklichen Götzen sind sie toll geworden.
39 Darum sollen Wüstentiere und wilde Hunde darin wohnen und die Strauße, und es soll nie mehr bewohnt werden und niemand darin hausen für und für.
40 Gleichwie Gott Sodom und Gomorra samt ihren Nachbarn zerstört hat, spricht der HERR, soll niemand darin wohnen noch ein Mensch darin hausen.[a]
a Kap 49,18; 1.Mose 19,24.25
41 ¶ Siehe, es kommt ein Volk [a] von Norden her; viele Völker und viele Könige werden vom Ende der Erde sich aufmachen.
a Kap 1,14
42 Die haben Bogen und Speer; sie sind grausam und unbarmherzig; ihr Geschrei ist wie das Brausen des Meeres; sie reiten auf Rossen, gerüstet als Kriegsleute gegen dich, du Tochter Babel.[a]
a Kap 6,23
43 Wenn der König von Babel die Kunde von ihnen hören wird, so werden ihm die Hände niedersinken; ihm wird so angst und bange werden wie einer Frau in Kindsnöten.
44 ¶ [a] Siehe, er kommt herauf wie ein Löwe aus dem Dickicht des Jordans in die Auen; denn ich will sie eilends daraus wegtreiben und den, der erwählt ist, darüber setzen. Denn wer ist mir gleich, wer will mich meistern, und wer ist der Hirte, der mir widerstehen kann?
a (44-46) Kap 4,7
45 ¶ So hört nun den Ratschluß des HERRN, den er über Babel gefaßt hat, und seine Gedanken, die er hat über die Einwohner im Lande der Chaldäer! Was gilt's? Wird man sie nicht fortschleifen mit den geringsten ihrer Schafe, werden ihretwegen nicht ihre Auen veröden?
46 Und die Erde wird beben von dem Ruf: Babel ist genommen!, und sein Wehgeschrei wird unter den Völkern erschallen.

Weitere Weissagung vom Untergang Babels und von der Erlösung Israels

51 So spricht der HERR: Siehe, ich will einen Verderben bringenden Wind erwecken wider Babel und wider seine Bewohner, die sich gegen mich erhoben haben.
2 Ich will [a] Worfler nach Babel schicken, die sie worfeln sollen und ihr Land ausfegen, die von allen Seiten über sie kommen werden am Tage des Unheils.
a Kap 15,7
3 Ihre Schützen sollen nicht schießen, und ihre Geharnischten sollen sich nicht wehren können. Verschont nicht ihre junge Mannschaft, vollstreckt den Bann an ihrem ganzen Heer,
4 daß die Erschlagenen daliegen im Lande der Chaldäer und die Erstochenen auf ihren Gassen!
5 Aber Israel und Juda sollen nicht [a] Witwen werden, verlassen von ihrem Gott, dem HERRN Zebaoth; denn das Land der Chaldäer hat sich sehr verschuldet [b] am Heiligen Israels.
a Jes 54,4 *b* Kap 50,29
6 [a] Flieht aus Babel, und rette ein jeder

sein Leben, daß ihr nicht untergeht in sei-
ner Schuld. Denn dies ist für den HERRN
die Zeit der Rache, um ihm seine Taten
zu vergelten. a Kap 50,8; Offb 18,4
7 ¶ Ein [a]goldener Kelch, der alle Welt
trunken gemacht hat, war Babel in der
Hand des HERRN. [b]Alle Völker haben von
seinem Wein getrunken; darum sind die
Völker so toll geworden.
a Offb 17,4 b Kap 25,15; Offb 18,3
8 Wie plötzlich ist [a]Babel gefallen und zer-
schmettert! Heult über Babel, bringt Bal-
sam für seine Wunden, ob es vielleicht
geheilt werden könnte. a Jes 21,9
9 Wir wollten Babel heilen; aber es wollte
nicht geheilt werden. So laßt es fahren
und laßt uns ein jeder in sein Land zie-
hen! Denn seine Strafe reicht bis an den
Himmel und langt hinauf bis an die Wol-
ken.
10 Der HERR hat unsere Gerechtigkeit ans
Licht gebracht. Kommt, laßt uns in Zion
erzählen die Werke des HERRN, unseres
Gottes!
11 ¶ Ja, schärft nun die Pfeile und ergreift
die Schilde! [a]Der HERR hat den Mut der
Könige von Medien erweckt; denn seine
Gedanken stehen wider Babel, daß er es
verderbe. Denn dies ist die [b]Vergeltung
des HERRN, die Vergeltung für seinen
Tempel. a Jes 13,17 b Kap 50,28
12 Ja, erhebt nun das Banner gegen die
Mauern von Babel, macht stark die
Wachen, bestellt Wächter, legt einen Hin-
terhalt! Denn der HERR hat sich's vorge-
nommen und wird's auch tun, was er
gegen die Einwohner von Babel geredet
hat.
13 ¶ Die du [a]an großen Wassern wohnst
und große Schätze hast, dein Ende ist
gekommen, dein Lebensfaden wird abge-
schnitten! a Offb 17,1
14 Der HERR Zebaoth hat bei sich ge-
schworen: Wenn ich dich auch gefüllt habe
mit Menschen wie mit Heuschrecken, so
wird man doch über dich anstimmen den
Ruf des Keltertreters.
15 ¶ [a]Er hat die Erde durch seine Kraft
gemacht und den Erdkreis durch seine
Weisheit bereitet und den Himmel ausge-
breitet durch seinen Verstand.
a *(15-19)* Kap 10,12-16
16 Wenn er donnert, so ist Wasser die
Menge am Himmel. [a]Er läßt die Wolken
heraufziehen vom Ende der Erde. Er
macht die Blitze, daß es regnet, und läßt
den Wind kommen aus seinen Vorrats-
kammern. a Ps 135,7
17 Alle Menschen aber sind Toren mit
ihrer Kunst, und alle Goldschmiede ste-
hen beschämt da mit ihren Bildern; denn
ihre Götzen sind Trug und haben kein
Leben.
18 Sie sind nichts, ein Spottgebilde; sie
müssen zugrunde gehen, wenn sie heim-
gesucht werden.
19 Aber so ist der nicht, der Jakobs Reich-
tum ist, sondern er ist's, der alle Dinge
schafft, und Israel ist sein Erbteil. Er heißt
HERR Zebaoth.
20 ¶ Du, Babel, warst [a]mein Hammer,
meine Kriegswaffe; durch dich habe ich
Völker zerschmettert und Königreiche zer-
stört. a Kap 50,23
21 Durch dich habe ich Rosse und Reiter
zerschmettert, Wagen und Fahrer.
22 Durch dich habe ich Männer und
Frauen zerschmettert, Alte und Junge,
Jünglinge und Jungfrauen.
23 Durch dich habe ich Hirten und Her-
den zerschmettert, Bauern und Gespanne
und Fürsten und Herren.
24 Aber nun will ich [a]Babel und allen [b]Be-
wohnern von Chaldäa vergelten alle ihre
Bosheit, die sie an Zion begangen haben,
vor euren Augen, spricht der HERR.
a Kap 50,29 b Hiob 1,17
25 Siehe, ich will an dich, du Berg des Ver-
derbens, der du Verderben gebracht hast
über alle Welt, spricht der HERR. Ich will
meine Hand wider dich ausstrecken und
dich von den Felsen herabwälzen und
will einen verbrannten Berg aus dir ma-
chen,
26 daß man weder Ecksteine noch Grund-
steine aus dir nehmen kann, sondern eine
ewige Wüste sollst du sein, spricht der
HERR.
27 ¶ Richtet auf das Banner auf Erden,
blast die Posaune unter den Völkern!
[a]Heiligt die Völker zum Kampf gegen die
Stadt Babel! Ruft wider sie die Königrei-
che Ararat, Minni und [b]Aschkenas! Sam-
melt Kriegsleute gegen sie, bringt Rosse
herauf, zahlreich wie Heuschrecken!
a Jes 13,3 b 1.Mose 10,3
28 Heiligt die Völker zum Kampf gegen
sie, die Könige von Medien samt allen
ihren Fürsten und Herren und das ganze
Land ihrer Herrschaft,

[29]daß das Land erbebt und erzittert; denn
die Gedanken des HERRN wollen erfüllt
werden wider Babel, daß er das Land
Babel zur Wüste mache, in der niemand
wohnt.
[30]¶ Die Helden zu Babel werden nicht zu
Felde ziehen, sondern in der Festung blei-
ben. Mit ihrer Stärke ist's aus, [a]sie sind
Weiber geworden; ihre Wohnungen sind
in Brand gesteckt und ihre Riegel zerbro-
chen. *a* Kap 50,37
[31]Ein Läufer begegnet dem andern und
ein Bote dem andern, um dem König von
Babel anzusagen, daß seine Stadt genom-
men sei an allen Enden
[32]und die Furten besetzt seien und die
Bollwerke verbrannt und die Kriegsleute
verzagt.
[33]Denn so spricht der HERR Zebaoth, der
Gott Israels: Die Tochter Babel ist wie
eine Tenne, wenn man sie feststampft; es
wird ihre Ernte gar bald kommen.
[34]¶ »Nebukadnezar, der König von Babel,
hat mich gefressen und umgebracht, er hat
aus mir ein leeres Gefäß gemacht. Er hat
mich verschlungen wie ein Drache, er hat
seinen Bauch gefüllt mit meinen Kostbar-
keiten; er hat mich vertrieben.
[35]Nun aber komme über Babel der Fre-
vel, der an mir begangen ist und an mei-
nem Fleische«, spricht die Einwohnerin
von Zion, »und mein Blut komme über
die Bewohner von Chaldäa«, spricht Jeru-
salem.
[36]Darum spricht der HERR: Siehe, ich will
deine Sache führen und dich rächen. Ich
will ihr Meer austrocknen und ihre Brun-
nen versiegen lassen.
[37]Und Babel soll zu Steinhaufen und zur
Wohnung der Schakale werden, [a]zum Bild
des Entsetzens und zum Spott, daß nie-
mand darin wohne. *a* Kap 50,13
[38]Sie sollen miteinander brüllen wie die
Löwen und knurren wie die jungen
Löwen.
[39]Wenn sie vor Gier brennen, will ich
ihnen ein Mahl zurichten und will sie trun-
ken machen, daß sie matt werden und zum
ewigen Schlaf einschlafen, von dem sie
nimmermehr aufwachen sollen, spricht
der HERR.
[40]Ich will sie hinabführen wie Lämmer
zur Schlachtbank, wie Widder und Böcke.
[41]¶ Wie ist [a]Scheschach gefallen und die
in aller Welt Berühmte eingenommen!
Wie ist Babel zum Bild des Entsetzens
geworden unter den Heiden! *a* Kap 25,26
[42]Ein Meer ist über Babel gegangen, und
mit der Menge seiner Wellen ist es be-
deckt.
[43]Seine Städte sind zur Wüste und zu
einem dürren, öden Lande geworden, zum
Lande, darin niemand wohnt und das kein
Mensch durchzieht.
[44]Ja, ich habe den [a]Bel zu Babel heimge-
sucht und habe aus seinem Rachen geris-
sen, was er verschlungen hatte. Und die
Heiden sollen nicht mehr zu ihm laufen;
denn es sind auch die Mauern von Babel
zerfallen. *a* Kap 50,2; Jes 46,1
[45]¶ Zieh aus von dort, mein Volk, und
rette ein jeder sein Leben vor dem grim-
migen Zorn des HERRN!
[46]Euer Herz könnte sonst weich werden
und verzagen vor den Gerüchten, die man
im Lande hören wird. Denn es wird in
diesem Jahr ein Gerücht umgehen und
danach im nächsten Jahr wieder ein
Gerücht, und Gewalt wird im Lande sein
und ein Herrscher wider den andern.
[47]Darum siehe, es kommt die Zeit, daß
ich die Götzen zu Babel heimsuchen will
und sein ganzes Land zuschanden werden
soll und seine Erschlagenen darin liegen
werden.
[48][a]Himmel und Erde und alles, was
darinnen ist, werden jauchzen über Ba-
bel, weil seine Verwüster von Norden ge-
kommen sind, spricht der HERR.
a Offb 18,20
[49]Und Babel muß fallen für die Erschla-
genen Israels, wie für Babel gefallen sind
die Erschlagenen der ganzen Erde.
[50]¶ So zieht nun hin, die ihr dem Schwert
entronnen seid, und haltet euch nicht auf!
Gedenkt des HERRN in fernem Lande und
[a]laßt euch Jerusalem im Herzen sein!
a Ps 137,5
[51]Wir waren zuschanden geworden, weil
wir die Schmach hören mußten und
Scham unser Angesicht bedeckte, weil die
Fremden über das Heiligtum des Hauses
des HERRN kamen.
[52]Darum siehe, die Zeit kommt, spricht
der HERR, daß ich die Götzen Babels
heimsuchen will, und im ganzen Lande
sollen die tödlich Verwundeten stöhnen.
[53]Und wenn [a]Babel zum Himmel empor-
stiege und seine Mauern unersteigbar
hoch machte, so sollen doch Verwüster

von mir über sie kommen, spricht der
HERR. a 1.Mose 11,4; Jes 14,13
54 ¶ Man hört ein Geschrei aus Babel und
einen großen Jammer aus der Chaldäer
Lande;
55 denn der HERR verwüstet Babel und
vertilgt aus ihm das große Getümmel.
Wellen brausen heran wie große Wasser,
es erschallt ihr lautes Tosen;
56 denn es ist über Babel der Verwüster
gekommen. Seine Helden werden gefan-
gen, seine Bogen werden zerbrochen;
denn [a] der Gott der Vergeltung, der HERR,
zahlt es ihnen heim. a 5.Mose 32,39-41
57 Ich will seine Fürsten, Weisen, Herren
und Hauptleute und seine Krieger trun-
ken machen, daß sie zu ewigem Schlaf ein-
schlafen sollen, von dem sie nie mehr auf-
wachen, spricht der König, der da heißt
HERR Zebaoth.
58 ¶ So spricht der HERR Zebaoth: Die
Mauern des großen Babel sollen geschleift
und seine hohen Tore mit Feuer verbrannt
werden, daß die Arbeit der Heiden
umsonst sei und [a] dem Feuer verfalle, was
die Völker mit Mühe erbaut haben.
a Hab 2,13
59 ¶ Dies ist das Wort, das der Prophet
Jeremia befahl Seraja, dem Sohn [a] Nerijas,
des Sohnes Machsejas, als er mit Zedekia,
dem König von Juda, nach Babel zog im
vierten Jahr seiner Herrschaft. Und Seraja
war der Marschall für die Reise.
a Kap 36,4
60 Und Jeremia [a] schrieb all das Unheil,
das über Babel kommen sollte, in ein
Buch, nämlich alle diese Worte, die wider
Babel geschrieben sind. a Kap 50,1-51,58
61 Und Jeremia sprach zu Seraja: Wenn
du nach Babel kommst, so schaue zu und
lies laut alle diese Worte
62 und sprich: HERR, du hast geredet
gegen diese Stätte, daß du sie ausrotten
willst, so daß niemand darin wohne, weder
Mensch noch Vieh, sondern daß sie
immerdar wüst sei.
63 [a] Und wenn du das Buch ausgelesen
hast, so binde einen Stein daran und wirf's
in den Euphrat a *(63 und 64)* Offb 18,21
64 und sprich: So soll Babel versinken und
nicht wieder aufkommen von dem Unheil,
das ich über sie bringen will, sondern soll
vergehen.
¶ So weit hat Jeremia geredet.

Nochmaliger Bericht von der Zerstörung Jerusalems und der Wegführung in die Gefangenschaft

(vgl. Kap 39,1-10; 2.Kön 24,18-25,21; 2.Chr 36,11-21)

52 Zedekia war einundzwanzig Jahre
alt, als er König wurde; und er
regierte elf Jahre zu Jerusalem. Seine Mut-
ter hieß Hamutal, eine Tochter Jirmejas
aus Libna.
2 Und er tat, was dem HERRN mißfiel,
gleichwie Jojakim getan hatte.
3 ¶ Denn so geschah es mit Jerusalem und
Juda um des Zornes des HERRN willen,
bis er sie von seinem Angesicht wegstieß.
Zedekia fiel ab vom König von Babel.
4 Im neunten Jahr seiner Herrschaft, am
zehnten Tage des zehnten Monats, kam
Nebukadnezar, der König von Babel, mit
seinem ganzen Heer vor Jerusalem, und
sie belagerten es und machten Bollwerke
ringsumher.
5 Und die Stadt blieb belagert bis ins elfte
Jahr des Königs Zedekia.
6 Aber am neunten Tage des vierten
Monats nahm der Hunger überhand in der
Stadt, und das Volk des Landes hatte
nichts mehr zu essen.
7 Da brach man in die Stadt, und alle
Kriegsleute wandten sich zur Flucht und
zogen zur Stadt hinaus bei Nacht durch
das Tor zwischen den zwei Mauern auf
dem Wege, der zum Garten des Königs
geht. Aber die Chaldäer lagen rings um
die Stadt her. Und als sie den Weg zum
Jordantal nahmen,
8 jagte das Heer der Chaldäer dem König
nach, und sie holten Zedekia ein im Jor-
dantal von Jericho. Da zerstreute sich sein
ganzes Heer.
9 Und sie nahmen den König gefangen
und brachten ihn hinauf zum König von
Babel nach Ribla, das im Lande Hamat
liegt; der sprach das Urteil über ihn.
10 Allda ließ der König von Babel die
Söhne Zedekias vor dessen Augen töten
und tötete auch alle Oberen von Juda in
Ribla.
11 Aber Zedekia ließ er die Augen ausste-
chen und ihn in Ketten legen. So [a] führte
ihn der König von Babel nach Babel und
legte ihn ins Gefängnis, bis er starb.
a Kap 32,5
12 ¶ Am zehnten Tage des fünften Mo-
nats, das ist das neunzehnte Jahr Nebu-

kadnezars, des Königs von Babel, kam Nebusaradan, der Oberste der Leibwache, der stets um den König von Babel war, nach Jerusalem

13 und verbrannte das Haus des HERRN und das Haus des Königs und alle Häuser von Jerusalem; alle großen Häuser verbrannte er mit Feuer.

14 Und das ganze Heer der Chaldäer, das bei dem Obersten der Leibwache war, riß alle Mauern Jerusalems ringsumher nieder.

15 Aber das niedere Volk und was vom Volk noch übrig war in der Stadt und die zum König von Babel abgefallen waren und was übriggeblieben war von den Werkleuten, führte Nebusaradan, der Oberste der Leibwache, gefangen weg.

16 Vom niederen Volk auf dem Lande ließ Nebusaradan, der Oberste der Leibwache, Weingärtner und Ackerleute zurück.

17 ¶ Aber die kupfernen Säulen am Hause des HERRN und die Gestelle und das kupferne Meer am Hause des HERRN zerbrachen die Chaldäer und brachten alles Kupfer nach Babel.[a]

a Kap 27,19-22

18 Und die Töpfe, Schaufeln, Messer, Bekken, Schalen und alle kupfernen Gefäße, die man im Gottesdienst zu gebrauchen pflegte, nahmen sie weg.

19 [a] Dazu nahm der Oberste der Leibwache, was golden und silbern war an Bechern, Räuchergefäßen, Becken, Töpfen, Leuchtern, Löffeln und Schalen.

a (19-23) 1.Kön 7,15-37

20 Die zwei Säulen, das Meer, die zwölf kupfernen Rinder darunter und die Gestelle, welche der König Salomo hatte machen lassen für das Haus des HERRN – das Kupfer aller dieser Geräte war unermeßlich viel.

21 Von den zwei Säulen aber war jede achtzehn Ellen hoch; eine Schnur, zwölf Ellen lang, reichte um sie herum; jede Säule war vier Finger dick und inwendig hohl.

22 Auf jeder stand ein kupferner Knauf, fünf Ellen hoch, und ein Gitterwerk und Granatäpfel waren an jedem Knauf ringsumher, alles aus Kupfer; und eine Säule war wie die andere, die Granatäpfel auch.

23 Es waren sechsundneunzig Granatäpfel daran; im ganzen waren es hundert Granatäpfel rings um das Gitterwerk herum.

24 ¶ Und der Oberste der Leibwache nahm den obersten Priester Seraja und den zweitobersten Priester Zefanja und die drei Hüter der Schwelle

25 und aus der Stadt einen Kämmerer, der über die Kriegsleute gesetzt war, und sieben Männer, welche stets um den König sein mußten, die man in der Stadt fand, dazu den Schreiber des Feldhauptmanns, der das Volk des Landes zum Heer aufbot, und sechzig Mann vom Volk des Landes, die man in der Stadt fand;

26 diese nahm Nebusaradan, der Oberste der Leibwache, und brachte sie zum König von Babel nach Ribla.

27 Und der König von Babel schlug sie tot zu Ribla, das im Lande Hamat liegt. So wurde Juda aus seinem Lande weggeführt.

28 ¶ Dies ist das Volk, das Nebukadnezar weggeführt hat: im siebenten Jahr 3023 Judäer;

29 im achtzehnten Jahr aber des Nebukadnezar 832 Leute aus Jerusalem;

30 und im dreiundzwanzigsten Jahr des Nebukadnezar führte Nebusaradan, der Oberste der Leibwache, 745 Leute aus Juda weg. Alle zusammen sind 4600.

Begnadigung des Königs Jojachin

(vgl. 2.Kön 25,27-30)

31 Aber im siebenunddreißigsten Jahr, nachdem Jojachin, der König von Juda, weggeführt war, am fünfundzwanzigsten Tage des zwölften Monats ließ Evil-Merodach, der König von Babel, im Jahr, da er König wurde, Jojachin, den König von Juda, aus dem Kerker holen

32 und redete freundlich mit ihm und setzte seinen Sitz über die Sitze der Könige, die bei ihm in Babel waren.

33 Und Jojachin legte die Kleider seiner Gefangenschaft ab und aß bei dem König sein Leben lang.

34 Und ihm wurde stets sein Unterhalt vom König von Babel gegeben, wie es für ihn verordnet war, sein ganzes Leben lang bis an sein Ende.

DIE KLAGELIEDER JEREMIAS

Inhaltsübersicht

Klagen und Gebete nach der Zerstörung
Jerusalems *Kap 1–5*

Jerusalem klagt und fleht um Hilfe

1 Wie liegt die Stadt so verlassen, die
voll Volks war! Sie ist [a] wie eine Witwe,
die Fürstin unter den Völkern, und die
eine Königin in den Ländern war, muß
nun dienen. *a* Jer 51,5
2 Sie weint des Nachts, daß ihr die Tränen
über die Backen laufen. Es ist [a] niemand
unter allen ihren Liebhabern, der sie trö-
stet. Alle ihre Freunde sind ihr untreu und
ihre Feinde geworden. *a* Ps 69,21
3 Juda ist gefangen in Elend und schwe-
rem Dienst, es wohnt unter den Hei-
den und findet keine Ruhe; alle seine Ver-
folger kommen heran und bedrängen
es.
4 Die Straßen nach Zion liegen wüst, weil
niemand auf ein Fest kommt. Alle Tore
der Stadt stehen öde, ihre Priester seuf-
zen, ihre Jungfrauen sehen jammervoll
drein, und sie ist betrübt.
5 Ihre Widersacher sind obenauf, ihren
Feinden geht's gut; denn der HERR hat
über die Stadt Jammer gebracht um ihrer
großen Sünden willen, und ihre Kinder
sind gefangen vor dem Feind dahingezo-
gen.
6 Es ist von der Tochter Zion aller
Schmuck dahin. Ihre Fürsten sind wie Hir-
sche, die keine Weide finden und matt vor
dem Verfolger herlaufen.
7 ¶ Jerusalem denkt in dieser Zeit, da sie
elend und verlassen ist, wieviel Gutes sie
von alters her gehabt hat, wie aber all ihr
Volk daniedersank unter des Feindes Hand
und ihr niemand half. Ihre Feinde sehen
auf sie herab und spotten über ihren
Untergang.
8 Jerusalem hat sich versündigt; darum
muß sie sein wie eine unreine Frau. Alle,
die sie ehrten, verschmähen sie jetzt, weil
sie [a] ihre Blöße sehen; sie aber seufzt und
hat sich abgewendet. *a* Hes 16,37
9 Ihr Unflat klebt an ihrem Saum. Sie
hätte nicht gemeint, daß es ihr zuletzt so
gehen würde. Sie ist ja greulich herunter-
gestoßen und hat dazu niemand, der sie
tröstet. »Ach HERR, sieh an mein Elend;
denn der Feind triumphiert!«
10 Der Feind [a] hat seine Hand gelegt an
alle ihre Kleinode. Ja, sie mußte zusehen,
daß [b] die Heiden in ihr Heiligtum gingen,
während du geboten hast, sie sollten nicht
in deine Gemeinde kommen.
a Jer 52,17-19 *b* 5.Mose 23,4
11 Alles Volk seufzt und geht nach Brot,
es gibt seine Kleinode um Speise, um sein
Leben zu erhalten. »Ach HERR, sieh doch
und schau, wie verachtet ich bin!«
12 ¶ Euch allen, die ihr vorübergeht, sage
ich: »Schaut doch und seht, ob irgendein
Schmerz ist wie mein Schmerz, der mich
getroffen hat; denn der HERR hat Jammer
über mich gebracht am Tage seines grim-
migen Zorns.
13 Er hat ein Feuer aus der Höhe in meine
Gebeine gesandt und läßt es wüten. Er hat
meinen Füßen ein Netz gestellt und mich
rückwärts fallen lassen; er hat mich zur
Wüste gemacht, daß ich für immer siech
bin.
14 Schwer ist das Joch meiner Sünden;
durch seine Hand sind sie zusammenge-
knüpft. Sie sind mir auf den Hals gekom-
men, so daß mir alle meine Kraft vergan-
gen ist. Der Herr hat mich in die Gewalt
derer gegeben, gegen die ich nicht auf-
kommen kann.
15 Der Herr hat zertreten alle meine Star-
ken, die ich hatte; er hat gegen mich ein
Fest ausrufen lassen, um meine junge
Mannschaft zu verderben. [a] Der Herr hat
die Kelter getreten der Jungfrau, der Toch-
ter Juda. *a* Jes 63,3
16 Darüber weine ich so, und mein
Auge fließt von Tränen; denn der Tröster,
der meine Seele erquicken sollte, ist fer-
ne von mir. Meine Kinder sind dahin;

denn der Feind hat die Oberhand gewon-
nen.«
17 ¶ Zion streckt ihre Hände aus, und
doch ist niemand da, der sie tröstet; denn
der HERR hat gegen Jakob seine Feinde
ringsum aufgeboten, so daß Jerusalem
zwischen ihnen sein muß [a]wie eine un-
reine Frau. *a* Vers 8
18 ¶ Der HERR ist gerecht, denn [a]ich bin
seinem Worte ungehorsam gewesen. Hö-
ret, alle Völker, und schaut meinen
Schmerz! Meine Jungfrauen und Jüng-
linge sind in die Gefangenschaft gegan-
gen. *a* Kap 3,42; 5,16
19 Ich rief meine Freunde, aber sie ließen
mich im Stich. Meine Priester und meine
Ältesten sind in der Stadt verschmachtet,
sie gehen nach Brot, um ihr Leben zu er-
halten.
20 Ach HERR, sieh doch, wie bange ist mir,
daß mir's im Leibe davon weh tut! Mir
dreht sich das Herz im Leibe um, weil ich
so ungehorsam gewesen bin. Draußen hat
mich das Schwert und im Hause hat mich
der Tod meiner Kinder beraubt.
21 Man hört's wohl, daß ich seufze, und
doch habe ich keinen Tröster; alle meine
Feinde hören mein Unglück und [a]freuen
sich, daß du es gemacht hast. So laß doch
den Tag kommen, den du verkündet hast,
daß es ihnen gehen soll wie mir. *a* Kap 4,21
22 Laß alle ihre Bosheit vor dich kommen
und richte sie zu, wie du mich zugerichtet
hast um aller meiner Missetat willen; denn
meiner Seufzer sind viel, und mein Herz
ist betrübt.

Klage über die Verwüstung Judas und Jerusalems

2 Wie hat der Herr die Tochter Zion mit
seinem Zorn überschüttet! Er hat die
Herrlichkeit Israels vom Himmel auf die
Erde geworfen; er hat nicht gedacht an
seinen [a]Fußschemel am Tage seines
Zorns. *a* Ps 132,7.8
2 Der Herr hat alle Wohnungen Jakobs
ohne Erbarmen vertilgt, er hat die Burgen
der Tochter Juda abgebrochen in seinem
Grimm und geschleift. Er hat entweiht ihr
Königreich und ihre Fürsten.
3 Er hat alle Macht Israels in seinem grim-
migen Zorn zerbrochen, er hat seine
rechte Hand zurückgezogen, als der Feind
kam, und hat in Jakob gewütet wie ein
flammendes Feuer, das alles ringsum ver-
zehrt.
4 Er hat seinen Bogen gespannt wie ein
Feind; seine rechte Hand hat er geführt
wie ein Widersacher und hat alles getötet,
was lieblich anzusehen war im Zelt der
Tochter Zion, und hat seinen Grimm wie
Feuer ausgeschüttet.
5 Der Herr ist wie ein Feind geworden, er
hat Israel vertilgt. Er hat zerstört alle Palä-
ste und hat die Burgen vernichtet; er hat
der Tochter Juda viel Jammer und Leid
gebracht.
6 Er hat sein eigenes Zelt zerwühlt wie
einen Garten und seine Wohnung vernich-
tet. Der HERR hat in Zion [a]Feiertag und
Sabbat vergessen lassen, und in seinem
grimmigen Zorn [b]ließ er König und Prie-
ster schänden. *a* Hos 2,13 *b* Kap 5,12
7 Der Herr hat seinen Altar verworfen und
sein Heiligtum entweiht. Er hat die
Mauern ihrer Paläste in des Feindes Hände
gegeben, daß sie im Hause des HERRN Ge-
schrei erhoben haben wie an einem Feier-
tag.
8 Der HERR gedachte zu vernichten die
Mauer der Tochter Zion; er hat die [a]Meß-
schnur über die Mauern gezogen und
seine Hand nicht abgewendet, bis er sie
vertilgte. Er ließ Mauer und Wall trauern
und miteinander fallen. *a* 2.Kön 21,13
9 Ihre Tore sind tief in die Erde gesunken;
er hat ihre Riegel zerbrochen und zunichte
gemacht. Ihr König und ihre Fürsten sind
unter den Heiden, wo sie das Gesetz nicht
üben können, und ihre Propheten haben
keine Gesichte vom HERRN.
10 Die Ältesten der Tochter Zion sitzen
auf der Erde und sind still, sie werfen
Staub auf ihre Häupter und haben den
Sack angezogen. Die Jungfrauen von Jeru-
salem senken ihre Köpfe zur Erde.
11 ¶ Ich habe mir fast die Augen ausge-
weint, mein Leib tut mir weh, mein Herz
ist auf die Erde ausgeschüttet über dem
Jammer der Tochter meines Volks, weil
die Säuglinge und Unmündigen auf den
Gassen in der Stadt verschmachten.
12 Zu ihren Müttern sprechen sie: Wo ist
Brot und Wein?, da sie auf den Gassen in
der Stadt verschmachten wie die tödlich
Verwundeten und in den Armen ihrer
Mütter den Geist aufgeben.
13 ¶ Ach du Tochter Jerusalem, wem soll
ich dich vergleichen, und wie soll ich dir

zureden? Du Jungfrau, Tochter Zion, wem
soll ich dich vergleichen, damit ich dich
tröste? Denn dein Schaden ist groß wie
das Meer. Wer kann dich heilen?
14 Deine Propheten haben dir trügerische
und törichte Gesichte verkündet und dir
deine Schuld nicht offenbart, wodurch sie
dein Geschick abgewandt hätten, sondern
sie haben dich Worte hören lassen, die
Trug waren und dich verführten.[a]

[a] Jer 14,14-16; 23,16-22

15 Alle, die vorübergehen, klatschen in die
Hände, pfeifen und schütteln den Kopf
über die Tochter Jerusalem: [a]Ist das die
Stadt, von der man sagte, sie sei die aller-
schönste, an der sich alles Land freut?

[a] Ps 48,3; Hes 16,14

16 Alle deine Feinde reißen ihr Maul auf
über dich, pfeifen und knirschen mit den
Zähnen und sprechen: »Ha! wir haben sie
vertilgt! Das ist der Tag, den wir begehrt
haben; wir haben's erlangt, wir haben's er-
lebt.«
17 Der HERR hat getan, was er vorhatte; er
hat sein Wort erfüllt, das er längst zuvor
geboten hat. Er hat ohne Erbarmen zer-
stört, er hat den Feind über dich frohlok-
ken lassen und hat die Macht deiner Wi-
dersacher erhöht.
18 ¶ Schreie laut zum Herrn, klage, du Toch-
ter Zion, laß Tag und Nacht Tränen herab-
fließen wie einen Bach; höre nicht auf da-
mit, und dein Augapfel lasse nicht ab!
19 Steh des Nachts auf und schreie zu Be-
ginn jeder Nachtwache, schütte dein Herz
aus vor dem Herrn wie Wasser. Hebe
deine Hände zu ihm auf um des Lebens
deiner jungen Kinder willen, die vor Hun-
ger verschmachten an allen Straßenecken!
20 ¶ HERR, schaue und sieh doch, wen du
so verderbt hast! Sollen denn die Frauen
[a]ihres Leibes Frucht essen, die Kindlein,
die man auf Händen trägt? Sollen denn
Propheten und Priester in dem Heiligtum
des Herrn erschlagen werden?

[a] 5.Mose 28,53-57; Jer 19,9

21 Es lagen in den Gassen auf der Erde
Knaben und Alte; meine Jungfrauen und
Jünglinge sind durchs Schwert gefallen.
Du hast getötet am Tage deines Zorns, du
hast ohne Erbarmen geschlachtet.
22 Du hast von allen Seiten her meine
Feinde gerufen wie zu einem Feiertag, so
daß niemand am Tage des Zorns des
HERRN entronnen und übriggeblieben ist.
Die ich auf den Händen getragen und
großgezogen habe, die hat der Feind
umgebracht.

Klage und Trost eines Leidenden

3 Ich bin der Mann, der Elend sehen
muß durch die Rute des Grimmes
Gottes.
2 Er hat mich geführt und gehen lassen in
die Finsternis und nicht ins Licht.
3 Er hat seine Hand gewendet gegen mich
und erhebt sie gegen mich Tag für Tag.
4 Er hat mir Fleisch und Haut alt gemacht
und mein Gebein zerschlagen.
5 Er hat mich ringsum eingeschlossen und
mich mit Bitternis und Mühsal umgeben.
6 Er hat mich in Finsternis versetzt wie
die, die längst tot sind.
7 Er hat mich ummauert, daß ich nicht
heraus kann, und mich in harte Fesseln
gelegt.
8 Und wenn ich auch schreie und rufe, so
stopft er sich die Ohren zu vor meinem
Gebet.[a]

[a] Ps 22,3; 69,4

9 Er hat meinen Weg vermauert mit Qua-
dern und meinen Pfad zum Irrweg ge-
macht.
10 Er hat auf mich gelauert wie ein Bär,
wie ein Löwe im Verborgenen.
11 Er läßt mich den Weg verfehlen, er hat
mich zerfleischt und zunichte gemacht.
12 Er hat seinen Bogen gespannt und mich
dem Pfeil zum Ziel gegeben.
13 Er hat mir seine Pfeile in die Nieren
geschossen.
14 Ich bin ein Hohn für mein ganzes Volk
und täglich [a]ihr Spottlied.

[a] Hiob 30,9

15 Er hat mich mit Bitterkeit gesättigt und
mit Wermut getränkt.
16 Er hat mich auf Kiesel beißen lassen, er
drückte mich nieder in die Asche.
17 Meine Seele ist aus dem Frieden ver-
trieben; ich habe das Gute vergessen.
18 Ich sprach: Mein Ruhm und meine
Hoffnung auf den HERRN sind dahin.
19 Gedenke doch, wie ich so elend und
verlassen, mit Wermut und Bitterkeit ge-
tränkt bin!
20 ¶ Du wirst ja daran gedenken, denn
meine Seele sagt mir's.
21 Dies nehme ich zu Herzen, darum
hoffe ich noch:
22 **Die Güte des HERRN ist's, daß wir nicht
gar aus sind, seine Barmherzigkeit hat noch
kein Ende,**[a]

[a] Neh 9,31

23 **sondern sie ist alle Morgen neu, und
deine Treue ist groß.**
24 **Der HERR [a]ist mein Teil, spricht meine
Seele; darum will ich auf ihn hoffen.**
a Ps 16,5; 73,26
25 Denn der HERR ist freundlich dem, der
auf ihn harrt, und dem Menschen, der
nach ihm fragt.
26 **Es ist ein köstlich Ding, geduldig sein
und [a]auf die Hilfe des HERRN hoffen.**
a Röm 8,25
27 **Es ist ein köstlich Ding für einen Mann,
daß er das Joch in seiner Jugend trage.**
28 Er sitze einsam und schweige, wenn
Gott es ihm auferlegt,
29 und stecke seinen Mund in den Staub;
vielleicht ist noch Hoffnung.
30 Er [a]biete die Backe dar dem, der ihn
schlägt, und lasse sich viel Schmach an-
tun. *a* Mt 5,39
31 [a] **Denn der HERR verstößt nicht ewig;**
a (31 und 32) Jes 54,8
32 **sondern er betrübt wohl und erbarmt sich
wieder nach seiner großen Güte.**
33 **Denn nicht von Herzen plagt und
betrübt er die Menschen.**
34 ¶ Wenn man alle Gefangenen auf
Erden unter die Füße tritt
35 und eines Mannes Recht vor dem
Allerhöchsten beugt
36 und eines Menschen Sache verdreht,
– sollte das der Herr nicht sehen?
37 Wer darf denn sagen, daß solches
geschieht ohne des Herrn Befehl[a]
a Jes 45,7; Am 3,6
38 und daß nicht Böses und Gutes kommt
aus dem Munde des Allerhöchsten?
39 **Was murren denn die Leute im Leben?
Ein jeder murre wider seine Sünde!**
40 Laßt uns erforschen und prüfen un-
sern Wandel und uns zum HERRN bekeh-
ren!
41 Laßt uns unser Herz samt den Händen
aufheben zu Gott im Himmel!
42 Wir, [a]wir haben gesündigt und sind un-
gehorsam gewesen, darum hast du nicht
vergeben. *a* Ps 106,6
43 Du hast dich in Zorn gehüllt und uns
verfolgt und ohne Erbarmen getötet.
44 Du hast dich mit einer Wolke verdeckt,
daß kein Gebet hindurch konnte.
45 Du hast uns zu Kehricht und Unrat ge-
macht unter den Völkern.
46 Alle unsere Feinde reißen ihr Maul auf
über uns.
47 Wir werden gedrückt und geplagt mit
Schrecken und Angst.
48 ¶ Wasserbäche rinnen aus meinen Au-
gen über den Jammer der Tochter meines
Volks.
49 Meine Augen fließen und können's
nicht lassen, und es ist kein Aufhören da,
50 bis der HERR vom Himmel herabschaut
und darein sieht.[a] *a* Ps 102,20.21
51 Mein Auge macht mir Schmerzen we-
gen all der Töchter meiner Stadt.
52 ¶ Meine Feinde haben mich ohne
Grund gejagt wie einen Vogel.
53 Sie haben mein Leben in der Grube
zunichte gemacht und Steine auf mich ge-
worfen.
54 Wasser hat mein Haupt über-
schwemmt; da sprach ich: Nun bin ich ver-
loren.
55 Ich rief aber deinen Namen an, HERR,
unten aus der Grube,
56 und du erhörtest meine Stimme: »Ver-
birg deine Ohren nicht vor meinem Seuf-
zen und Schreien!«
57 Du nahtest dich zu mir, als ich dich
anrief, und sprachst: Fürchte dich nicht!
58 Du führst, Herr, meine Sache und er-
löst mein Leben.
59 Du siehst, HERR, wie mir Unrecht ge-
schieht; hilf mir zu meinem Recht!
60 Du siehst, wie sie Rache üben wollen,
und kennst alle ihre Gedanken gegen
mich.
61 HERR, du hörst ihr Schmähen und alle
ihre Anschläge gegen mich,
62 die Reden meiner Widersacher und ihr
Geschwätz über mich den ganzen Tag.
63 Sieh doch: ob sie sitzen oder aufste-
hen, singen sie über mich [a]Spottlieder.
a Vers 14
64 Vergilt ihnen, HERR, wie sie verdient
haben![a] *a* Kap 1,21; Ps 137,8; 1.Petr 2,23; 3,9
65 Laß ihnen das Herz verstockt werden,
laß sie deinen Fluch fühlen!
66 Verfolge sie mit Grimm und vertilge
sie unter dem Himmel des HERRN.

Zions Elend und Schmach

4 Wie ist das Gold so ganz dunkel und
das feine Gold so häßlich geworden,
und wie liegen die Edelsteine an allen Stra-
ßenecken zerstreut!
2 Die edlen Kinder Zions, dem Golde
gleichgeachtet, wie sind sie nun den irde-
nen Töpfen gleich, die ein Töpfer macht!

3 Auch Schakale reichen ihren Jungen die
Brüste und säugen sie; aber die Tochter
meines Volks ist unbarmherzig [a]wie ein
Strauß in der Wüste. *a* Hiob 39,14-16
4 Dem Säugling klebt seine Zunge an sei-
nem Gaumen vor Durst; die kleinen Kin-
der verlangen nach Brot, und niemand ist
da, der's ihnen bricht.
5 Die früher leckere Speisen aßen, ver-
schmachteten jetzt auf den Gassen; die frü-
her auf Purpur getragen wurden, die müs-
sen jetzt im Schmutz liegen.
6 Die Missetat der Tochter meines Volks
ist größer als die [a]Sünde Sodoms, [b]das
plötzlich unterging, und keine Hand kam
zu Hilfe. *a* 1.Mose 18,20 *b* 1.Mose 19,24.25
7 ¶ Zions Fürsten waren reiner als der
Schnee und weißer als Milch; ihr Leib war
rötlicher als Korallen, ihr Aussehen war
wie Saphir.
8 Nun aber ist ihre Gestalt so dunkel vor
Schwärze, daß man sie auf den Gassen
nicht erkennt; ihre Haut hängt an den Kno-
chen, und sie sind so dürr wie ein Holz-
scheit.
9 Den durchs Schwert Erschlagenen ging
es besser als denen, die vor Hunger star-
ben, die verschmachteten und umkamen
aus Mangel an Früchten des Ackers.
10 Es haben die barmherzigsten Frauen
[a]ihre Kinder selbst kochen müssen, damit
sie zu essen hatten in dem Jammer der
Tochter meines Volks. *a* Kap 2,20
11 Der HERR hat seinen Grimm austoben
lassen, er hat seinen grimmigen Zorn aus-
geschüttet; er hat in Zion ein Feuer ange-
steckt, das auch ihre Grundfesten verzehrt
hat.
12 ¶ Es hätten's die Könige auf Erden
nicht geglaubt noch alle Leute in der Welt,
daß der Widersacher und Feind zum Tor
Jerusalems einziehen könnte.
13 Es ist aber geschehen wegen der Sün-
den ihrer Propheten und wegen der Mis-
setaten ihrer Priester, die dort der Gerech-
ten Blut vergossen haben.
14 Sie irrten hin und her auf den Gassen
wie die Blinden und waren mit Blut besu-
delt, daß man ihre Kleider nicht anrühren
konnte;
15 man rief ihnen zu: [a]»Weicht, ihr Unrei-
nen! Weicht, weicht, rührt nichts an!«
Wenn sie flohen und umherirrten, so sagte
man auch unter den Heiden: »Sie sollen
nicht länger bei uns bleiben.« *a* 3.Mose 13,45
16 Des HERRN Zorn hat sie zerstreut; er
will sie nicht mehr ansehen. Die [a]Priester
ehrte man nicht, und [b]an den Alten übte
man keine Barmherzigkeit.
a Kap 2,6 *b* Kap 5,12; 3.Mose 19,32
17 ¶ Noch immer blickten unsre Augen
aus nach nichtiger Hilfe, bis sie müde wur-
den; und wir warteten auf ein Volk, das
uns doch nicht helfen konnte.
18 Man jagte uns, daß wir auf unsern Gas-
sen nicht gehen konnten. Da kam unser
Ende; unsere Tage sind aus, unser Ende
ist gekommen.
19 Unsre Verfolger waren schneller als die
Adler unter dem Himmel. Auf den Ber-
gen haben sie uns verfolgt und in der Wü-
ste auf uns gelauert.
20 Der Gesalbte des HERRN, der unser Le-
bensodem war, ist gefangen worden in ih-
ren Gruben; wir aber dachten: »In seinem
Schatten wollen wir leben unter den Völ-
kern.«
21 Ja, freue dich nur und sei fröhlich, du
Tochter Edom, die du wohnst im Lande
Uz! Denn [a]der Kelch wird auch zu dir
kommen, daß du trunken wirst und dich
entblößt. *a* Kap 3,64; Ps 137,7; Jer 25,15.21
22 [a]Deine Schuld ist abgetan, du Tochter
Zion; der Herr wird dich nicht mehr weg-
führen lassen. [b]Aber deine Schuld, du
Tochter Edom, wird er heimsuchen und
deine Sünden aufdecken. *a* Jes 40,2
b Jes 34,8-10; Hes 35,14.15

Gebet des Volkes in seiner tiefsten Erniedrigung

5 Gedenke, HERR, wie es uns geht;
schau und sieh an unsre Schmach!
2 Unser Erbe ist den Fremden zuteil ge-
worden und unsre Häuser den Auslän-
dern.
3 Wir sind Waisen und haben keinen Va-
ter; unsre Mütter sind wie Witwen.
4 Unser Wasser müssen wir um Geld trin-
ken; unser eigenes Holz müssen wir be-
zahlen.
5 Mit dem Joch auf unserm Hals treibt
man uns, und wenn wir auch müde sind,
läßt man uns doch keine Ruhe.
6 Wir mußten Ägypten und Assur die
Hand hinhalten, um uns an Brot zu sätti-
gen.
7 Unsre Väter haben gesündigt und leben
nicht mehr, wir aber müssen ihre Schuld
tragen.[a] *a* 2.Mose 20,5; Jer 31,29

8 Knechte herrschen über uns, und niemand ist da, der uns von ihrer Hand errettet.
9 Wir müssen unser Brot unter Gefahr für unser Leben holen, bedroht von dem Schwert in der Wüste.
10 Unsre Haut ist verbrannt wie in einem Ofen von dem schrecklichen Hunger.
11 Sie haben die Frauen in Zion geschändet und die Jungfrauen in den Städten Judas.
12 Fürsten wurden von ihnen gehenkt, und die Alten hat man nicht geehrt.[a]

a 2.Kön 25,19-21

13 Jünglinge mußten Mühlsteine tragen und Knaben beim Holztragen straucheln.
14 Es sitzen die Ältesten nicht mehr im Tor und die Jünglinge nicht mehr beim Saitenspiel.
15 Unsres Herzens Freude hat ein Ende, unser Reigen ist in Wehklagen verkehrt.
16 [a] Die Krone ist von unserm Haupt gefallen. O weh, daß wir so gesündigt haben! a Jer 13,18
17 Darum ist auch unser Herz krank, und unsre Augen sind trübe geworden
18 um des Berges Zion willen, weil er so wüst liegt, daß die Füchse darüber laufen.
19 ¶ Aber du, HERR, der du ewiglich bleibst und dein Thron von Geschlecht zu Geschlecht,
20 warum willst du uns so ganz vergessen und uns lebenslang so ganz verlassen?
21 [a] Bringe uns, HERR, zu dir zurück, daß wir wieder heimkommen; erneure unsre Tage wie vor alters! a Ps 126
22 Hast du uns denn ganz verworfen, und bist du allzusehr über uns erzürnt?

DER PROPHET HESEKIEL (EZECHIEL)

Inhaltsübersicht

Hesekiel schaut die Herrlichkeit des HERRN

(vgl. Kap 10)

1 Im dreißigsten Jahr am fünften Tage des vierten Monats, als ich unter den Weggeführten am [a] Fluß Kebar war, tat sich der Himmel auf, und Gott zeigte mir Gesichte. a Vers 3; Kap 3,23; 10,15.20.22; 43,3
2 Am fünften Tag des Monats – es war das fünfte Jahr, nachdem der König [a] Jojachin gefangen weggeführt war –,

a 2.Kön 24,15

3 da geschah das Wort des HERRN zu Hesekiel, dem Sohn des Busi, dem Priester, im Lande der Chaldäer am Fluß Kebar. Dort [a] kam die Hand des HERRN über ihn. a Kap 3,22.23; 8,1; 33,22; 37,1; 40,1
4 ¶ [a] Und ich sah, und siehe, es kam ein ungestümer Wind von Norden her, eine mächtige Wolke und loderndes Feuer, und Glanz war rings um sie her, und mitten im Feuer war es wie blinkendes Kupfer.

a (4-28) Offb 4

5 Und mitten darin war etwas wie vier Gestalten; die waren anzusehen wie Menschen.
6 Und jede von ihnen hatte vier Angesichter und vier Flügel.
7 Und ihre Beine standen gerade, und ihre Füße waren wie Stierfüße und glänzten wie blinkendes, glattes Kupfer.
8 Und sie hatten Menschenhände unter ihren Flügeln an ihren vier Seiten; die vier hatten Angesichter und Flügel.
9 Ihre Flügel berührten einer den andern. Und wenn sie gingen, brauchten sie sich nicht umzuwenden; immer gingen sie in der Richtung eines ihrer Angesichter.
10 Ihre Angesichter waren vorn gleich einem Menschen und zur rechten Seite gleich einem Löwen bei allen vieren und zur linken Seite gleich einem Stier bei allen vieren und hinten gleich einem Adler bei allen vieren.
11 Und ihre Flügel waren nach oben hin ausgebreitet; je zwei Flügel berührten ein-

ander, und mit zwei Flügeln bedeckten sie ihren Leib.

12 Immer gingen sie in der Richtung eines ihrer Angesichter; wohin der Geist sie trieb, dahin gingen sie; sie brauchten sich im Gehen nicht umzuwenden.

13 Und in der Mitte zwischen den Gestalten sah es aus, wie wenn feurige Kohlen brennen, und wie Fackeln, die zwischen den Gestalten hin und her fuhren. Das Feuer leuchtete, und aus dem ’Feuer kamen Blitze.

14 Und die Gestalten liefen hin und her, daß es aussah wie Blitze.

15 ¶ Als ich die Gestalten sah, siehe, da stand je ein Rad auf der Erde bei den vier Gestalten, bei ihren vier Angesichtern.

16 Die Räder waren anzuschauen wie ein Türkis und waren alle vier gleich, und sie waren so gemacht, daß ein Rad im andern war.

17 Nach allen vier Seiten konnten sie gehen; sie brauchten sich im Gehen nicht umzuwenden.

18 Und sie hatten Felgen, und ich sah, ihre Felgen waren voller Augen ringsum bei allen vier Rädern.

19 Und wenn die Gestalten gingen, so gingen auch die Räder mit, und wenn die Gestalten sich von der Erde emporhoben, so hoben die Räder sich auch empor.

20 Wohin der Geist sie trieb, dahin gingen sie, und die Räder hoben sich mit ihnen empor; denn es war der Geist der Gestalten in den Rädern.

21 Wenn sie gingen, so gingen diese auch; wenn sie standen, so standen diese auch; und wenn sie sich emporhoben von der Erde, so hoben sich auch die Räder mit ihnen empor; denn es war der Geist der Gestalten in den Rädern.

22 ¶ Aber über den Häuptern der Gestalten war es wie eine Himmelsfeste, wie ein Kristall, unheimlich anzusehen, oben über ihren Häuptern ausgebreitet,

23 daß unter der Feste ihre Flügel gerade ausgestreckt waren, einer an dem andern; und mit zwei Flügeln bedeckten sie ihren Leib.

24 Und wenn sie gingen, hörte ich ihre Flügel rauschen wie große Wasser, wie die Stimme des Allmächtigen, ein Getöse wie in einem Heerlager. Wenn sie aber stillstanden, ließen sie die Flügel herabhängen,

25 und es donnerte im Himmel über ihnen. Wenn sie stillstanden, ließen sie die Flügel herabhängen.

26 ¶ Und über der Feste, die über ihrem Haupt war, sah es aus [a]wie ein Saphir, einem Thron gleich, und [b]auf dem Thron saß einer, der aussah wie ein Mensch.

[a] 2.Mose 24,10 [b] Offb 4,2.3; Jes 6,1

27 Und ich sah, und es war wie blinkendes Kupfer aufwärts von dem, was aussah wie seine Hüften; und abwärts von dem, was wie seine Hüften aussah, erblickte ich etwas wie Feuer und Glanz ringsumher.

28 Wie der Regenbogen steht in den Wolken, wenn es geregnet hat, so glänzte es ringsumher. So war [a]die Herrlichkeit des HERRN anzusehen.

¶ Und als ich sie gesehen hatte, fiel ich auf mein Angesicht und hörte einen reden.

[a] Kap 3,23; 8,4; 9,3; 10,4.18; 11,23; 43,4; 44,4

Hesekiels Berufung zum Prophetenamt

2 Und er sprach zu mir: Du Menschenkind, tritt auf deine Füße, so will ich mit dir reden.

2 Und als er so mit mir redete, kam Leben in mich und stellte mich auf meine Füße, und ich hörte dem zu, der mit mir redete.

3 Und er sprach zu mir: Du Menschenkind, ich sende dich zu den Israeliten, zu dem abtrünnigen Volk, das von mir abtrünnig geworden ist. Sie und ihre Väter haben bis auf diesen heutigen Tag wider mich gesündigt.

4 Und die Söhne, zu denen ich dich sende, haben harte Köpfe und verstockte Herzen. Zu denen sollst du sagen: »So spricht Gott der HERR!«

5 [a]Sie gehorchen oder lassen es – denn sie sind ein Haus des Widerspruchs –, dennoch sollen sie wissen, daß ein Prophet unter ihnen ist.

[a] Vers 7; Kap 3,11.27

6 ¶ Und du, Menschenkind, sollst dich [a]vor ihnen nicht fürchten noch vor ihren Worten fürchten. Es sind wohl widerspenstige und stachlige Dornen um dich, und du wohnst unter Skorpionen; aber du sollst dich nicht fürchten vor ihren Worten und dich vor ihrem Angesicht nicht entsetzen – denn sie sind ein Haus des Widerspruchs –,

[a] Jer 1,8

7 sondern du sollst ihnen meine Worte sagen, sie gehorchen oder lassen es; denn sie sind ein Haus des Widerspruchs.

8 ¶ Aber du, Menschenkind, höre, was ich

49 *Lege mich wie ein Siegel auf dein Herz (Hoheslied 8,6)*
Öl auf Leinwand; 148 x 172 cm; undatiert; signiert;
Zyklus zum Hohenlied I; MBMC, Nizza
(© Foto: Martin Hartmann)

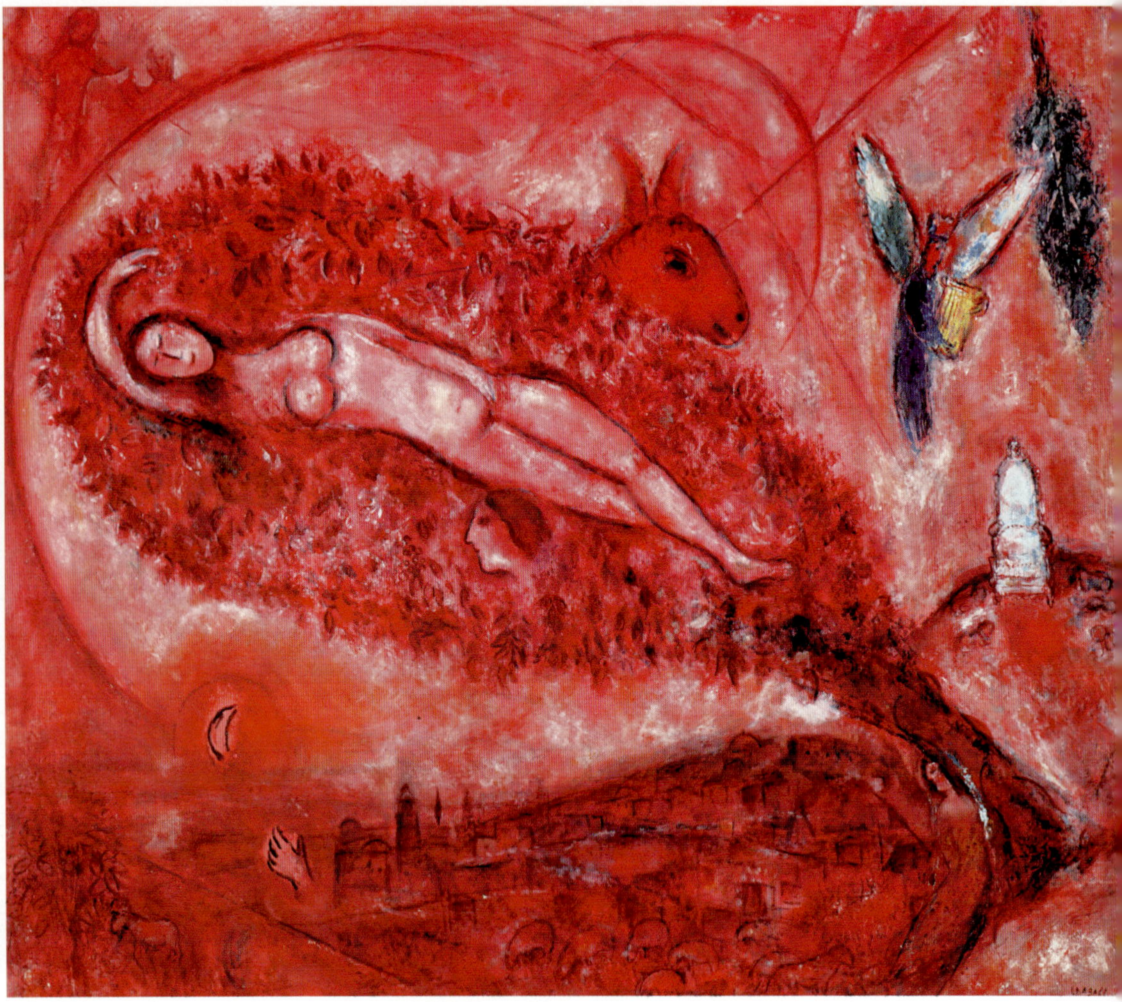

50 *Ich schlief, aber mein Herz war wach (Hoheslied 5,2)*
Öl auf Leinwand; 140 x 164 cm; 1957; signiert;
Zyklus zum Hohenlied II; MBMC, Nizza
(© Foto: RMN)

51 *Am Tage seiner Hochzeit (Hoheslied 3,11)*
Öl auf Leinwand; 149 x 210 cm; undatiert; signiert;
Zyklus zum Hohenlied III; MBMC, Nizza
(© Foto: RMN – Gérard Blot)

52 *Zieh mich dir nach, so wollen wir laufen (Hoheslied 1,4)*
Öl auf Leinwand; 145 x 211 cm; 1958; signiert;
Zyklus zum Hohenlied IV; MBMC, Nizza
(© Foto: RMN)

dir sage, und widersprich nicht wie das
Haus des Widerspruchs. Tu deinen Mund
auf und iß, was ich dir geben werde.
9 Und ich sah, und siehe, da war eine
Hand gegen mich ausgestreckt, die hielt
eine [a]Schriftrolle. *a* Offb 10,8
10 Die breitete sie aus vor mir, und sie war
außen und innen beschrieben, und darin
stand geschrieben Klage, Ach und Weh.
3 ¶[a]Und er sprach zu mir: Du Men-
schenkind, iß, was du vor dir hast! Iß
diese Schriftrolle und geh hin und rede
zum Hause Israel!
a (1-3) Jer 15,16; 1,9; Offb 10,9-11
2 Da tat ich meinen Mund auf, und er gab
mir die Rolle zu essen
3 und sprach zu mir: Du Menschenkind,
du mußt diese Schriftrolle, die ich dir
gebe, in dich hinein essen und deinen Leib
damit füllen. Da aß ich sie, und [a]sie war in
meinem Munde so süß wie Honig.
a Ps 119,103
4 ¶Und er sprach zu mir: Du Menschen-
kind, geh hin zum Hause Israel und ver-
kündige ihnen meine Worte.
5 Denn ich sende dich ja nicht zu einem
Volk, das unbekannte Worte und eine
fremde Sprache hat, sondern zum Hause
Israel,
6 nicht zu vielen Völkern, die unbekannte
Worte und eine fremde Sprache haben,
deren Worte du nicht verstehen könntest.
Und wenn ich dich zu solchen sendete,
würden **sie** dich gern hören.
7 Aber das Haus Israel will **dich** nicht
hören, denn sie wollen **mich** nicht hören;
denn das ganze Haus Israel hat harte Stir-
nen und verstockte Herzen.
8 Siehe, ich habe dein [a]Angesicht so hart
gemacht wie ihr Angesicht und deine Stirn
so hart wie ihre Stirn. *a* Jes 50,7; Jer 1,18
9 Ja, ich habe deine Stirn so hart wie einen
Diamanten gemacht, der härter ist als ein
Kieselstein. Darum fürchte dich nicht, ent-
setze dich auch nicht vor ihnen; denn sie
sind ein Haus des Widerspruchs.
10 ¶Und er sprach zu mir: Du Menschen-
kind, alle meine Worte, die ich dir sage,
die fasse mit dem Herzen und nimm sie
zu Ohren!
11 Und geh hin zu den Weggeführten
deines Volks und verkündige ihnen und
sprich zu ihnen: »So spricht Gott der
HERR!«, [a]sie hören oder lassen es.
a Kap 2,5.7

Hesekiel wird zum Wächter über Israel bestellt

(vgl. Kap 33,1-9)

12 Und der Geist hob mich empor, und
ich hörte hinter mir ein Getöse wie von
einem großen Erdbeben, als [a]die Herrlich-
keit des HERRN sich erhob von ihrem
Ort. *a* Kap 1,28
13 Und es war ein Rauschen von den Flü-
geln der Gestalten, die aneinander schlu-
gen, und auch ein Rasseln der Räder
neben ihnen wie das Getöse eines großen
Erdbebens.
14 Da hob mich der Geist empor und
führte mich weg. Und ich fuhr dahin im
bitteren Grimm meines Geistes, und die
Hand des HERRN lag schwer auf mir.
15 Und ich kam zu den Weggeführten, die
am Fluß Kebar wohnten, nach Tel-Abib
und setzte mich zu denen, die dort wohn-
ten, und blieb dort unter ihnen sieben
Tage ganz verstört.
16 ¶Und als die sieben Tage um waren,
geschah des HERRN Wort zu mir:
17 **Du Menschenkind, ich habe dich zum**
[a]**Wächter gesetzt über das Haus Israel. Du**
wirst aus meinem Munde das Wort hören
und sollst sie in meinem Namen war-
nen. *a* Kap 33,7; Jes 52,8; Hebr 13,17
18 **Wenn ich dem Gottlosen sage: Du mußt**
des Todes sterben! und du warnst ihn nicht
und sagst es ihm nicht, um den Gottlosen
vor seinem gottlosen Wege zu warnen, damit
er am Leben bleibe, – so wird der Gottlose
um seiner Sünde willen sterben, aber sein
Blut will ich von deiner Hand fordern.[a]
a Kap 14,10
19 **Wenn du aber den Gottlosen warnst und**
er sich nicht bekehrt von seinem gottlosen
Wesen und Wege, so wird er um seiner
Sünde willen sterben, aber du hast dein
Leben errettet.
20 Und [a]wenn sich ein Gerechter von sei-
ner Gerechtigkeit abwendet und Unrecht
tut, so werde ich ihn zu Fall bringen, und
er muß sterben. Denn weil du ihn nicht
gewarnt hast, wird er um seiner Sünde wil-
len sterben müssen, und seine Gerechtig-
keit, die er getan hat, wird nicht angese-
hen werden; aber sein Blut will ich von
deiner Hand fordern. *a* Kap 18,24
21 Wenn du aber den Gerechten warnst,
daß er nicht sündigen soll, und er sündigt
auch nicht, so wird er am Leben bleiben;

denn er hat sich warnen lassen, und du
hast dein Leben errettet.

Der Prophet soll verstummen

22 [a]Und dort kam des HERRN Hand über
mich, und er sprach zu mir: Mach dich
auf und geh hinaus in die Ebene; da will
ich mit dir reden. *a (22 und 23)* Kap 1,3
23 Und ich machte mich auf und ging hin-
aus in die Ebene; und siehe, dort stand
[a]die Herrlichkeit des HERRN, wie ich sie
am Fluß Kebar gesehen hatte; und ich fiel
nieder auf mein Angesicht. *a* Kap 1,28
24 Und [a]der Geist kam in mich und stellte
mich auf meine Füße. Und er redete mit
mir und sprach zu mir: Geh hin und
schließ dich ein in deinem Hause!
a Kap 2,2
25 Und du, Menschenkind, siehe, man
wird dir Stricke anlegen und dich damit
binden, daß du nicht unter die Leute
gehen kannst.
26 Und ich will dir die Zunge an deinem
Gaumen kleben lassen, daß du stumm
wirst und sie nicht mehr zurechtweisen
kannst; denn sie sind ein Haus des Wider-
spruchs.
27 Wenn ich aber mit dir reden werde, will
ich dir den Mund auftun, daß du zu ihnen
sagen sollst: »So spricht Gott der HERR!«
[a]Wer es hört, der höre es; wer es läßt, der
lasse es; denn sie sind ein Haus des Wider-
spruchs. *a* Kap 2,5.7

Bildliche Darstellung des Gerichts über Jerusalem

4 Und du, Menschenkind, nimm dir
einen Ziegelstein; den lege vor dich hin
und entwirf darauf die Stadt Jerusalem
2 und mache eine Belagerung: baue ein
Bollwerk um sie und schütte einen Wall
gegen sie auf und schlag ein Heerlager auf
und stelle Sturmböcke rings um sie her.
3 Nimm dir aber eine eiserne Platte und
laß sie eine eiserne Mauer sein zwischen
dir und der Stadt und richte dein Ange-
sicht gegen sie und belagere sie. Das sei
ein Zeichen dem Hause Israel.
4 Du sollst dich auch auf deine linke Seite
legen und die Schuld des Hauses Israel
auf dich legen. So viele Tage du so daliegst,
so lange sollst du auch ihre Schuld tragen.
5 Ich will dir aber die Jahre ihrer Schuld
auflegen, für jedes Jahr einen Tag, näm-
lich dreihundertneunzig Tage. So lange
sollst du die Schuld des Hauses Israel tra-
gen.
6 Und wenn du dies vollbracht hast,
sollst du danach dich auf deine rechte Seite
legen und sollst tragen die Schuld des
Hauses Juda vierzig Tage lang; denn ich
gebe dir hier auch je einen Tag für ein
Jahr.
7 Richte aber dein Angesicht und deinen
bloßen Arm gegen das belagerte Jerusa-
lem und weissage gegen die Stadt.
8 Und siehe, ich will dir Stricke anlegen,
daß du dich nicht wenden kannst von einer
Seite zur andern, bis du die Tage deiner
Belagerung vollendet hast.
9 ¶ Nimm dir aber Weizen, Gerste, Boh-
nen, Linsen, Hirse und Spelt und tu alles
in **ein** Gefäß und mache dir Brot daraus,
daß du daran zu essen hast, solange du
auf deiner Seite liegen mußt – dreihun-
dertneunzig Tage,
10 so daß deine Speise, die du täglich
essen sollst, abgewogen zwanzig Lot sei;
so viel darfst du von einem Tag zum
andern essen.
11 Das Wasser sollst du auch abgemessen
trinken, nämlich den sechsten Teil von
einer Kanne; so viel darfst du von einem
Tag zum andern trinken.
12 Gerstenfladen sollst du essen, die du
vor den Augen der Leute auf Menschen-
kot backen sollst.
13 Und der HERR sprach: So sollen die
Israeliten ihr [a]unreines Brot essen unter
den Heiden, zu denen ich sie verstoßen
werde. *a* Hos 9,3
14 Ich aber sprach: Ach, Herr HERR!
Siehe, ich bin noch nie unrein geworden;
denn ich habe von meiner Jugend an bis
auf diese Zeit niemals [a]Fleisch von einem
gefallenen oder zerrissenen Tier gegessen,
und nie ist [b]unreines Fleisch in meinen
Mund gekommen. *a* 2.Mose 22,30 *b* Apg 10,14
15 Er aber sprach zu mir: Sieh, ich will dir
Kuhmist statt Menschenkot zulassen, dein
Brot darauf zu bereiten.
16 Und er sprach zu mir: Du Menschen-
kind, siehe, [a]ich will den Vorrat an Brot in
Jerusalem wegnehmen, daß sie [b]das Brot
abgewogen essen müssen und mit Kum-
mer, und das Wasser abgemessen trinken
müssen und mit Schaudern,
a Kap 5,16 *b* 3.Mose 26,26
17 damit sie an Brot und Wasser Mangel
leiden und sie, einer wie der andere,

erschaudern und in ihrer Schuld verschmachten sollen.

5 ¶Und du, Menschenkind, nimm ein scharfes Schwert und brauche es als Schermesser und fahr damit über dein Haupt und deinen Bart und nimm eine Waage und teile das Haar:

2 ein Drittel sollst du mit Feuer verbrennen mitten in der Stadt, wenn die Tage der Belagerung um sind; ein anderes Drittel nimm und schlag's mit dem Schwert ringsumher; das letzte Drittel streue in den Wind, und ich will hinter ihnen her das Schwert ziehen.[a] *a* Vers 12

3 Nimm aber ein klein wenig davon und binde es in deinen Mantelzipfel.

4 Und nimm noch einmal etwas davon und wirf's ins Feuer und verbrenne es; davon soll ein Feuer ausbrechen über das ganze Haus Israel.

Begründung und Beschreibung des Gerichts über Jerusalem

5 So spricht Gott der HERR: Das ist Jerusalem, das ich mitten unter die Heiden gesetzt habe und unter die Länder ringsumher!

6 Aber es widersprach meinen Ordnungen und trieb es schlimmer als die Heiden und war gegen meine Gebote ungehorsamer als die Länder, die ringsumher liegen. Denn sie verwarfen meine Ordnungen und wollten nicht nach meinen Geboten leben.

7 Darum spricht Gott der HERR: Weil ihr es schlimmer getrieben habt als die Heiden, die um euch her sind, und nach meinen Geboten nicht gelebt und meine Ordnungen nicht gehalten habt und nicht einmal nach den Ordnungen der Heiden gelebt habt, die um euch her sind,

8 so spricht Gott der HERR: Siehe, auch ich will an dich und Gericht über dich ergehen lassen, daß die Heiden zusehen sollen,

9 und will so mit dir umgehen, wie ich es nie getan habe und auch nicht mehr tun werde, um aller deiner Greuel willen.

10 Darum [a]sollen in deiner Mitte Väter ihre Kinder und Kinder ihre Väter fressen; und ich will solches Gericht über dich ergehen lassen, daß alle, die von dir übriggeblieben sind, in alle Winde zerstreut werden. *a* 5.Mose 28,53-55

11 Darum, so wahr ich lebe, spricht Gott der HERR: weil du mein Heiligtum mit all deinen Götzen und Greueln unrein gemacht hast, will auch ich dich zerschlagen, und [a]mein Auge soll ohne Mitleid auf dich blicken, und ich will nicht gnädig sein. *a* Kap 7,4; 8,7-18

12 Es soll ein Drittel von dir an der Pest sterben und durch Hunger vernichtet werden in deiner Mitte, und das zweite Drittel soll durchs Schwert fallen rings um dich her, und das letzte Drittel will ich in alle Winde zerstreuen und will hinter ihnen her das Schwert ziehen.[a] *a* Vers 2

13 So soll mein Zorn vollendet werden und [a]mein Grimm über sie zum Ziel kommen, daß ich meinen Mut kühle, und sie sollen erfahren, daß ich, der HERR, es in meinem Eifern geredet habe, wenn ich meinen Grimm an ihnen vollende. *a* Kap 16,42

14 [a]Ich will dich zur Wüste und zur Schmach machen unter den Völkern, die um dich her sind, vor den Augen aller, die vorübergehen. *a (14 und 15)* 5.Mose 28,37; Jer 24,9

15 Und du sollst zur Schmach, zum Hohn, zur Warnung und zum Entsetzen werden für alle Völker, die um dich her sind, wenn ich über dich Gericht ergehen lasse mit Zorn, Grimm und zornigem Schelten – das sage ich, der HERR –

16 und wenn ich [a]böse Pfeile des Hungers unter euch schießen werde, die Verderben bringen und die ich schießen werde, um euch zu verderben, und wenn ich den Hunger bei euch immer größer werden lasse und euch den [b]Vorrat an Brot wegnehme. *a* 5.Mose 32,23.24 *b* Kap 4,16

17 Ja, Hunger und wilde Tiere will ich unter euch schicken, die sollen euch kinderlos machen, und es soll Pest und Blutvergießen bei dir umgehen, und ich will das Schwert über dich bringen. Ich, der HERR, habe es gesagt.[a] *a* Kap 14,21

Die kommende Verwüstung des Landes

6 Und des HERRN Wort geschah zu mir:
2 Du Menschenkind, richte dein Angesicht gegen die Berge Israels und [a]weissage gegen sie *a* Kap 36,1; Mi 6,1

3 und sprich: Ihr Berge Israels, höret das Wort Gottes des HERRN! So spricht Gott der HERR zu den Bergen und Hügeln, zu den Gründen und Tälern: Siehe, ich will das Schwert über euch bringen und eure Opferhöhen zerstören,

4 daß eure Altäre verwüstet und eure

[a]Rauchopfersäulen zerbrochen werden,
und will eure Erschlagenen vor eure Göt-
zen werfen; *a* 3.Mose 26,30
5 ja, ich will die Leichname der Israeliten
vor ihre Götzen hinwerfen und [a]will eure
Gebeine um eure Altäre her verstreuen.
a 2.Kön 23,14
6 Überall, wo ihr wohnt, sollen die Städte
verwüstet und die Opferhöhen zur Einöde
werden; denn man wird eure Altäre wüst
und zur Einöde machen und eure Götzen
zerbrechen und zunichte machen und
eure Rauchopfersäulen zerschlagen und
eure Machwerke vertilgen.
7 Und Erschlagene sollen mitten unter
euch daliegen, und ihr sollt erfahren, daß
ich der HERR bin.
8 ¶Ich [a]will aber einige von euch übrig-
lassen, die dem Schwert entgehen, unter
den Völkern, wenn ich euch in die Länder
zerstreut habe. *a* Jes 6,13
9 Diese eure Entronnenen werden dann
an mich denken unter den Völkern, wohin
sie gefangen weggeführt sind, wenn ich ihr
abgöttisches Herz, das von mir gewichen
ist, und ihre abgöttischen Augen, die nach
ihren Götzen sahen, zerschlagen habe.
Und es wird sie ekeln vor all dem Bösen,
das sie mit all ihren Greueln begangen
haben,
10 und sie werden erfahren, daß ich der
HERR bin; nicht umsonst habe ich gere-
det, solches Unglück ihnen zu tun.
11 ¶So spricht Gott der HERR: Schlag
deine Hände zusammen und stampfe mit
deinem Fuße und sprich: Weh über alle
schlimmen Greuel des Hauses Israel,
derentwegen sie durch Schwert, Hunger
und Pest fallen müssen!
12 Wer ferne ist, wird an der Pest sterben,
und wer nahe ist, wird durchs Schwert fal-
len; wer aber übrigbleibt und davor
bewahrt ist, wird vor Hunger sterben. So
will ich meinen Grimm unter ihnen voll-
enden,
13 daß ihr erfahren sollt, daß ich der HERR
bin, wenn ihre Erschlagenen mitten unter
ihren Götzen liegen um ihre Altäre her,
oben [a]auf allen Hügeln und oben auf allen
Bergen und unter allen grünen Bäumen
und unter allen dichten Eichen, überall,
wo sie all ihren Götzen lieblichen Opfer-
duft darbrachten. *a* 1.Kön 14,23
14 Ich will meine Hand gegen sie ausstrek-
ken und das Land wüst und öde machen
von der Wüste an bis nach [a]Ribla überall,
wo sie wohnen, und sie sollen erfahren,
daß ich der HERR bin. *a* 2.Kön 25,21

Das Ende naht

7 Und des HERRN Wort geschah zu mir:
2 Du Menschenkind, so spricht Gott
der HERR zum Land Israels: Das Ende
kommt, das Ende über alle vier Enden
des Landes.
3 Nun kommt das Ende über dich; denn
ich will meinen Zorn über dich senden
und will dich richten, wie du verdient hast,
und will alle deine Greuel über dich brin-
gen.
4 [a]Mein Auge soll ohne Mitleid auf dich
blicken, und ich will nicht gnädig sein, son-
dern ich will dir geben, wie du verdient
hast, und deine Greuel sollen über dich
kommen, daß ihr erfahrt, daß ich der HERR
bin. *a* Kap 5,11; 8,18; 9,10
5 ¶So spricht Gott der HERR: Siehe, es
kommt ein Unglück über das andere!
6 Das Ende kommt, es kommt das Ende,
es ist erwacht über dich; siehe, es kommt!
7 Es geht schon an und bricht herein über
dich, du Bewohner des Landes. Die Zeit
kommt, der Tag des Jammers ist nahe, an
dem kein Singen mehr auf den Bergen sein
wird.
8 Nun will ich bald meinen Grimm über
dich schütten und meinen Zorn an dir
vollenden und will dich richten, wie du
verdient hast, und alle deine Greuel über
dich bringen.
9 Mein Auge soll ohne Mitleid auf dich
blicken, und ich will nicht gnädig sein, son-
dern ich will dir geben, wie du verdient
hast, und deine Greuel sollen über dich
kommen, daß ihr erfahrt, daß ich der HERR
bin, der euch schlägt.
10 ¶Siehe, der [a]Tag, siehe, er kommt, er
bricht an! Unrecht blüht, und Vermessen-
heit grünt. *a* Jes 2,12
11 Gewalttat hat sich erhoben und wird
zur Rute des Frevels; nichts ist mehr von
ihnen da und nichts von ihrem Reichtum,
nichts von ihrer Pracht und nichts von
ihrer Herrlichkeit.
12 Es kommt die Zeit, es naht der Tag!
Der Käufer freue sich nicht, und der Ver-
käufer traure nicht; denn es kommt der
Zorn über all ihren Reichtum.
13 Denn der Verkäufer wird zum Verkau-
fen nicht zurückkehren, auch wenn er

noch am Leben ist; denn der Zorn über all ihren Reichtum wird sich nicht wenden; um seiner Missetat willen wird keiner sein Leben erhalten können.

14 ¶ Laßt sie die Posaune nur blasen und alles zurüsten; es wird doch niemand in den Krieg ziehen, denn mein Zorn ist entbrannt über all ihren Reichtum.

15 Draußen das Schwert, drinnen Pest und Hunger! Wer auf dem Feld ist, der wird vom Schwert sterben; wer in der Stadt ist, den werden Pest und Hunger fressen.

16 Und die von ihnen entrinnen, die werden auf den Bergen sein wie gurrende Tauben in den Schluchten, sie alle, ein jeder wegen seiner Missetat.

17 [a]Alle Hände werden herabsinken, und alle Knie werden weich. [a] Jes 13,7

18 Und [a]sie werden Säcke anlegen und mit Furcht überschüttet sein, und auf allen Gesichtern liegt Scham, und alle Köpfe werden kahlgeschoren. [a] Jer 48,37

19 Sie werden ihr Silber hinaus auf die Gassen werfen und ihr Gold wie Unrat achten; denn [a]ihr Silber und Gold kann sie nicht erretten am Tage des Zorns des HERRN. Sie werden sich damit nicht sättigen und ihren Bauch damit nicht füllen; denn es wurde zum Anlaß ihrer Missetat. [a] Spr 11,4; Zef 1,18

20 Sie haben ihre edlen Kleinode zur Hoffart verwendet und Bilder ihrer greulichen Götzen, ihrer Scheusale, daraus gemacht. Darum will ich ihnen all das zum Unrat machen

21 und will es Fremden in die Hände geben, daß sie es rauben, und den Gottlosen auf Erden zur Beute, daß sie es entheiligen.

22 Ich will mein Angesicht von ihnen abwenden, und mein Kleinod soll entheiligt werden; ja, Räuber sollen darüber kommen und es entheiligen.

23 ¶ Mache Ketten! Denn das Land ist voll Blutschuld und die Stadt voll Frevel.

24 So will ich die Schlimmsten unter den Völkern herbringen, die sollen ihre Häuser einnehmen; und ich will der Hoffart der Gewaltigen ein Ende machen, und entheiligt werden ihre Heiligtümer.

25 Angst kommt; da werden sie Heil suchen, aber es wird nicht zu finden sein.

26 Ein Unglück wird über das andere kommen, eine schlimme Kunde nach der andern. So werden sie dann eine Offenbarung bei den Propheten suchen; auch wird nicht mehr Weisung bei den Priestern noch Rat bei den Ältesten sein.

27 Der König wird trauern, und die Fürsten werden sich in Entsetzen kleiden, und die Hände des Volks des Landes werden kraftlos sein. Ich will mit ihnen umgehen, wie sie gelebt haben, und will sie richten, wie sie verdient haben, daß sie erfahren sollen, daß ich der HERR bin.

Die Greuel des Götzendienstes im Tempel

8 Und es begab sich im sechsten Jahr am fünften Tage des sechsten Monats. Ich saß in meinem Hause, und [a]die Ältesten von Juda saßen vor mir. Da fiel die Hand Gottes des HERRN auf mich. [a] Kap 14,1

2 Und ich sah, und siehe, da war eine Gestalt wie ein Mann, und abwärts von dem, was wie seine Hüften aussah, war es wie Feuer, aber oberhalb seiner Hüften war ein Glanz zu sehen wie blinkendes Kupfer.[a] [a] Kap 1,4

3 Und er streckte etwas wie eine Hand aus und ergriff mich bei dem Haar meines Hauptes. Da [a]führte mich der Geist fort zwischen Himmel und Erde und brachte mich nach Jerusalem in göttlichen Gesichten zu dem Eingang des inneren Tores, das gegen Norden liegt, wo ein Bild stand zum Ärgernis für den Herrn. [a] Kap 3,12

4 Und siehe, dort war [a]die Herrlichkeit des Gottes Israels, so wie ich sie in der Ebene gesehen hatte. [a] Kap 1,28

5 Und er sprach zu mir: Du Menschenkind, hebe deine Augen auf nach Norden. Und als ich meine Augen aufhob nach Norden, siehe, da stand nördlich vom Tor ein Altar, da, wo es zu dem Bild geht, das für den Herrn ein Ärgernis war.

6 Und er sprach zu mir: Du Menschenkind, siehst du auch, was diese tun? Große Greuel sind es, die das Haus Israel hier tut, um mich von meinem Heiligtum zu vertreiben. Aber du wirst noch größere Greuel sehen.

7 ¶ Und er führte mich zur Tür des Vorhofes. Da sah ich, und siehe, da war ein Loch in der Wand.

8 Und er sprach zu mir: Du Menschenkind, brich ein Loch durch die Wand. Und als ich ein Loch durch die Wand gebrochen hatte, siehe, da war eine Tür.

9 Und er sprach zu mir: Geh hinein und schaue die schlimmen Greuel, die sie hier treiben.

10 Und als ich hineinkam und schaute, siehe, da waren [a]lauter Bilder von Gewürm und scheußlichem Getier und allen Götzen des Hauses Israel, ringsherum an den Wänden eingegraben. *a* Röm 1,23

11 Davor standen [a]siebzig Männer von den Ältesten des Hauses Israel, und Jaasanja, der Sohn Schafans, stand [b]mitten unter ihnen. Und ein jeder hatte sein Räuchergefäß in der Hand, und der Duft einer Wolke von Weihrauch stieg auf.

a 2.Mose 24,1; 4.Mose 11,16; Lk 10,1.17 *b* Jes 66,17

12 Und er sprach zu mir: Menschenkind, siehst du, was die Ältesten des Hauses Israel tun in der Finsternis, ein jeder in der Kammer seines Götzenbildes? Denn sie sagen: [a]Der HERR sieht uns nicht, der HERR hat das Land verlassen.

a Kap 9,9

13 Und er sprach zu mir: Du sollst noch größere Greuel sehen, die sie tun.

14 Und er führte mich zum Eingang des Tores am Hause des HERRN, das gegen Norden liegt, und siehe, dort saßen Frauen, die den Tammus beweinten.

15 Und er sprach zu mir: Menschenkind, siehst du das? Aber du sollst noch größere Greuel sehen als diese.

16 ¶Und er führte mich in den inneren Vorhof am Hause des HERRN; und siehe, vor dem Eingang zum Tempel des HERRN, zwischen der Vorhalle und dem Altar, standen etwa fünfundzwanzig Männer, die ihren Rücken gegen den Tempel des HERRN und ihr Gesicht gegen Osten gewendet hatten und [a]beteten gegen Osten die Sonne an.

a 5.Mose 4,19; 17,3; 2.Kön 23,5.11; Jer 8,2

17 Und er sprach zu mir: Menschenkind, siehst du das? Ist es dem Hause Juda nicht genug, diese Greuel hier zu treiben, daß sie auch sonst das ganze Land mit Gewalt und Unrecht erfüllen und mich immer wieder reizen? Und siehe, sie halten sich die Weinrebe an die Nase.*

* Gemeint ist ein abgöttischer Brauch.

18 Darum will ich auch mit Grimm an ihnen handeln, und [a]mein Auge soll ohne Mitleid auf sie blicken, und ich will nicht gnädig sein. [b]Wenn sie auch mit lauter Stimme mir in die Ohren schreien, will ich sie doch nicht hören. *a* Kap 7,4 *b* Jes 1,15

Die Heimsuchung Jerusalems

9 Und er rief mit lauter Stimme vor meinen Ohren und sprach: Gekommen ist die Heimsuchung der Stadt; ein jeder habe sein Werkzeug zur Zerstörung in seiner Hand!

2 Und siehe, da kamen sechs Männer auf dem Wege vom oberen Tor her, das gegen Norden liegt, und jeder hatte ein Werkzeug zum Zerschlagen in seiner Hand. Aber es war einer unter ihnen, [a]der hatte ein Kleid von Leinwand an und ein Schreibzeug an seiner Seite. Und sie kamen heran und traten neben den kupfernen Altar. *a* Kap 10,2; Dan 10,5

3 ¶Und [a]die Herrlichkeit des Gottes Israels erhob sich von dem Cherub, über dem sie war, zu der Schwelle des Tempels am Hause, und der HERR rief dem, der das Kleid von Leinwand anhatte und das Schreibzeug an seiner Seite, *a* Kap 1,28

4 und sprach zu ihm: Geh durch die Stadt Jerusalem und [a]zeichne mit einem Zeichen an der Stirn die Leute, die da seufzen und jammern über alle Greuel, die darin geschehen. *a* Offb 7,3

5 Zu den andern Männern aber sprach er, so daß ich es hörte: Geht ihm nach durch die Stadt und schlagt drein; eure Augen sollen ohne Mitleid blicken und keinen verschonen.

6 Erschlagt Alte, Jünglinge, Jungfrauen, Kinder und Frauen, schlagt alle tot; aber die das Zeichen an sich haben, von denen sollt ihr keinen anrühren. [a]Fangt aber an bei meinem Heiligtum! Und sie fingen an bei den Ältesten, die vor dem Tempel waren. *a* Jer 25,29

7 Und er sprach zu ihnen: Macht den Tempel unrein, füllt die Vorhöfe mit Erschlagenen; dann geht hinaus! Und sie gingen hinaus und erschlugen die Leute in der Stadt.

8 Und als sie die erschlagen hatten, war ich noch übrig. Und ich fiel auf mein Angesicht, schrie und sprach: [a]Ach, Herr HERR, willst du denn den ganzen Rest Israels verderben, daß du deinen Zorn so ausschüttest über Jerusalem?

a Kap 11,13

9 Und er sprach zu mir: Die Missetat des Hauses Israel und Juda ist allzu groß; es ist lauter Blutschuld im Lande und lauter Unrecht in der Stadt. Denn sie sprechen:

[a]Der HERR hat das Land verlassen, der
HERR sieht uns nicht. *a* Kap 8,12
10 Darum [a]soll mein Auge ohne Mitleid
auf sie blicken, ich will auch nicht gnädig
sein, sondern will ihr Tun auf ihren Kopf
kommen lassen. *a* Kap 7,4
11 Und siehe, der Mann, der das Kleid von
Leinwand anhatte und das Schreibzeug an
seiner Seite, antwortete und sprach: Ich
habe getan, wie du mir geboten hast.

Die Herrlichkeit Gottes über den Cherubim

(vgl. Kap 1,4-28)

10 Und ich sah, und siehe, an der Him-
melsfeste über dem Haupt der Che-
rubim glänzte es wie ein Saphir, und über
ihnen war etwas zu sehen wie ein Thron.
2 Und er sprach zu dem [a]Mann in dem
Kleid von Leinwand: Geh hinein zwischen
das Räderwerk unter dem Cherub und
[b]fülle deine Hände mit glühenden Koh-
len, die zwischen den Cherubim sind, und
streue sie über die Stadt. Und er ging hin-
ein vor meinen Augen. *a* Kap 9,2 *b* Offb 8,5
3 Die Cherubim aber standen zur Rech-
ten am Hause des Herrn, als der Mann
hineinging, und die Wolke erfüllte den
inneren Vorhof.
4 ¶ Und [a]die Herrlichkeit des HERRN
erhob sich von dem Cherub zur Schwelle
des Hauses, und [b]das Haus wurde erfüllt
mit der Wolke und der Vorhof mit dem
Glanz der Herrlichkeit des HERRN.
a Kap 1,28 *b* 2.Mose 40,34; Jes 6,4
5 Und man hörte die Flügel der Cheru-
bim rauschen bis in den äußeren Vorhof
wie die Stimme des allmächtigen Gottes,
wenn er redet.
6 Und als er dem Mann in dem Kleid von
Leinwand geboten hatte: Nimm von dem
Feuer zwischen dem Räderwerk zwischen
den Cherubim, ging dieser hinein und trat
neben das Rad.
7 Und der Cherub streckte seine Hand aus
der Mitte der Cherubim hin zum Feuer,
das zwischen den Cherubim war, nahm
davon und gab es dem Mann in dem Kleid
von Leinwand in die Hände; der empfing
es und ging hinaus.
8 Und es erschien an den Cherubim etwas
wie eines Menschen Hand unter ihren Flü-
geln.
9 ¶ Und ich sah, und siehe, vier Räder
standen bei den Cherubim, bei jedem
Cherub ein Rad, und die Räder sahen aus
wie ein Türkis,
10 und alle vier sahen eins wie das andere
aus; es war, als wäre ein Rad im andern.
11 Wenn sie gehen sollten, so konnten sie
nach allen ihren vier Seiten gehen; sie
brauchten sich im Gehen nicht umzuwen-
den; sondern wohin das erste ging, da gin-
gen die andern nach, ohne sich im Gehen
umzuwenden.
12 Und ihr ganzer Leib, Rücken, Hände
und Flügel und die Räder waren voller
Augen um und um bei allen vieren.
13 Und die Räder wurden vor meinen
Ohren »das Räderwerk« genannt.
14 Ein [a]jeder hatte vier Angesichter; das
erste Angesicht war das eines Cherubs,
das zweite das eines Menschen, das dritte
das eines Löwen, das vierte das eines
Adlers. *a* Kap 1,10
15 Und die Cherubim hoben sich empor.
Es war aber dieselbe Gestalt, die ich am
[a]Fluß Kebar gesehen hatte. *a* Kap 1,1
16 Wenn die Cherubim gingen, so gingen
auch die Räder mit, und wenn die Cheru-
bim ihre Flügel schwangen, daß sie sich
von der Erde erhoben, so wandten sich
auch die Räder nicht von ihrer Seite weg.
17 Wenn jene standen, so standen diese
auch; erhoben sie sich, so erhoben sich
diese auch; denn es war der Geist der
Gestalten in ihnen.
18 ¶ [a]Und die Herrlichkeit des HERRN ging
wieder hinaus von der Schwelle des Tem-
pels und stellte sich über die Cherubim.
a (18 und 19) Kap 1,28
19 Da schwangen die Cherubim ihre Flü-
gel und erhoben sich von der Erde vor
meinen Augen, und als sie hinausgingen,
gingen die Räder mit. Und sie traten in
den Eingang des östlichen Tores am Hause
des HERRN, und die Herrlichkeit des
Gottes Israels war oben über ihnen.
20 Das waren die Gestalten, die ich unter
dem Gott Israels am Fluß Kebar gesehen
hatte; und ich merkte, daß es Cherubim
waren.
21 Vier Angesichter hatte jeder und vier
Flügel und etwas wie Menschenhände
unter den Flügeln.
22 Und ihre Angesichter waren so gestal-
tet, wie ich sie am Fluß Kebar gesehen
hatte; und sie gingen in der Richtung eines
ihrer Angesichter, wie sie wollten.

Gottes Gericht über die Obersten des Volkes

11 Und [a]der Geist hob mich empor
und brachte mich zum Tor am
Hause des HERRN, das gegen Osten liegt.
Und siehe, im Eingang des Tores waren
fünfundzwanzig Männer, und ich sah unter
ihnen die Obersten im Volk Jaasanja, den
Sohn Asurs, und Pelatja, den Sohn Benajas.
a Kap 3,12
2 Und er sprach zu mir: Menschenkind,
das sind die Männer, die Unheil planen
und schädlichen Rat geben in dieser
Stadt;
3 denn sie sprechen: »Sind nicht vor kur-
zem die Häuser wieder aufgebaut worden?
[a]Die Stadt ist der Topf, wir sind das
Fleisch.« *a* Kap 24,3-14
4 Darum sollst du, Menschenkind, gegen
sie weissagen.
5 Und der Geist des HERRN fiel auf mich,
und er sprach zu mir: Sage: So spricht der
HERR: So habt ihr geredet, ihr vom Hause
Israel; und eures Geistes Gedanken kenne
ich wohl.
6 Ihr habt viele erschlagen in dieser Stadt,
und ihre Gassen liegen voll Toter.
7 Darum spricht Gott der HERR: Die ihr
in der Stadt getötet habt, die sind das
Fleisch, und sie ist der Topf; aber ihr müßt
hinaus.
8 Das Schwert, das ihr fürchtet, das will
ich über euch kommen lassen, spricht
Gott der HERR.
9 Ich will euch aus der Stadt hinaustrei-
ben und Fremden in die Hand geben und
will Gericht über euch halten.
10 Ihr [a]sollt durchs Schwert fallen; an der
Grenze Israels will ich euch richten; und
ihr sollt erfahren, daß ich der HERR bin.
a 2.Kön 25,20.21
11 Die Stadt aber soll für euch nicht der
Topf sein noch ihr das Fleisch darin, son-
dern an der Grenze Israels will ich euch
richten.
12 Und ihr sollt erfahren, daß ich der HERR
bin; denn ihr seid nach meinen Geboten
nicht gewandelt und habt meine Ordnun-
gen nicht gehalten, sondern habt gelebt
nach den Ordnungen der Heiden, die um
euch her sind. –
13 Und als ich noch so weissagte, starb
Pelatja, der Sohn Benajas. Da fiel ich auf
mein Angesicht und schrie mit lauter
Stimme und sprach: [a]Ach, Herr HERR,
willst du dem Rest Israels ganz und gar
ein Ende machen? *a* Kap 9,8

Die Verheißung für die Weggeführten

14 Da geschah des HERRN Wort zu mir:
15 Du Menschenkind, die Leute, die noch
in Jerusalem wohnen, sagen von deinen
Brüdern und Verwandten und dem gan-
zen Haus Israel: Sie sind ferne vom
HERRN, aber uns ist das Land zum Eigen-
tum gegeben.
16 Darum sage: So spricht Gott der HERR:
Ja, [a]ich habe sie fern weg unter die Hei-
den vertrieben und in die Länder zerstreut
und bin ihnen nur wenig zum Heiligtum
geworden in den Ländern, in die sie ge-
kommen sind. *a* Kap 6,8-10
17 Darum sage: So spricht Gott der HERR:
[a]Ich will euch zusammenbringen aus den
Völkern und will euch sammeln aus den
Ländern, in die ihr zerstreut seid, und will
euch das Land Israels geben.
a Jer 24,5.6; 29,14
18 Dorthin sollen sie kommen und alle
seine Götzen und Greuel daraus wegtun.
19 Und **ich will ihnen ein anderes Herz ge-
ben und einen neuen Geist in sie geben und
[a]will das steinerne Herz wegnehmen aus
ihrem Leibe und ihnen [b]ein fleischernes
Herz geben,** *a* Kap 36,26 *b* Jer 24,7
20 damit sie in meinen Geboten wandeln
und meine Ordnungen halten und danach
tun. Und [a]sie sollen mein Volk sein, und
ich will ihr Gott sein. *a* Kap 14,11; Jer 7,23
21 Denen aber, die mit ihrem Herzen ih-
ren Götzen und ihren Greueln nachwan-
deln, will ich ihr Tun auf ihren Kopf kom-
men lassen, spricht Gott der HERR.

Die Herrlichkeit Gottes verläßt Jerusalem

22 [a]Da schwangen die Cherubim ihre Flü-
gel, und die Räder gingen mit, und die
Herrlichkeit des Gottes Israels war oben
über ihnen. *a (22 und 23)* Kap 1,28
23 Und die Herrlichkeit des HERRN erhob
sich aus der Stadt und stellte sich auf den
Berg, der im Osten vor der Stadt liegt.
24 Und [a]der Geist hob mich empor und
brachte mich nach Chaldäa zu den Weg-
geführten in einem Gesicht durch den
Geist Gottes. Und das Gesicht, das ich
geschaut hatte, verschwand vor mir.
a Kap 3,12

[25]Und ich sagte den Weggeführten alle
Worte des HERRN, die er mir in Gesichten
gezeigt hatte.

Die Wegführung von König und Volk wird in Gleichnishandlungen dargestellt

12 Und des HERRN Wort geschah zu
mir:
[2]Du Menschenkind, du wohnst in einem
Haus des Widerspruchs; [a]sie haben wohl
Augen, daß sie sehen könnten, und wol-
len nicht sehen, und Ohren, daß sie hören
könnten, und wollen nicht hören; denn sie
sind ein Haus des Widerspruchs. *a* Jer 5,21
[3]Du aber, Menschenkind, pack dir Sa-
chen wie für die Verbannung und zieh am
hellen Tage fort vor ihren Augen. Von dei-
nem Ort sollst du ziehen an einen andern
Ort vor ihren Augen. Vielleicht merken
sie es, denn sie sind ein Haus des Wider-
spruchs.
[4]Du sollst deine Sachen am hellen Tage
vor ihren Augen herausschaffen wie Ge-
päck für die Verbannung und am Abend
hinausziehen vor ihren Augen, wie man
zur Verbannung auszieht,
[5]und du sollst dir vor ihren Augen ein
Loch durch die Wand brechen und da hin-
ausziehen,
[6]und sollst deine Schulter vor ihren
Augen beladen und hinausziehen, wenn
es dunkel wird! Dein Angesicht sollst du
verhüllen, damit du das Land nicht siehst.
Denn ich habe dich für das Haus Israel
zum [a]Wahrzeichen gesetzt. *a* Kap 24,24.27
[7]¶Und ich tat, wie mir befohlen war, und
trug mein Gepäck hinaus wie Gepäck für
die Verbannung am hellen Tage, und am
Abend brach ich mit der Hand ein Loch
durch die Wand. Und als es dunkel wurde,
belud ich meine Schulter und zog hinaus
vor ihren Augen.
[8]¶Und frühmorgens geschah des HERRN
Wort zu mir:
[9]Du Menschenkind, hat das Haus Israel,
das Haus des Widerspruchs, nicht zu dir
gesagt: Was machst du da?
[10]Sage zu ihnen: So spricht Gott der
HERR: Diese Last trifft den Fürsten zu Je-
rusalem und das ganze Haus Israel, das
dort wohnt.
[11]Sprich: Ich bin euer Wahrzeichen; wie
ich getan habe, so wird ihnen geschehen:
fortziehen müssen sie und gefangen weg-
geführt werden.
[12][a]Ihr Fürst wird seine Habe auf die
Schulter laden, wenn es dunkel wird, und
ein Loch durch die Wand brechen und da
hinausziehen; sein Angesicht wird er ver-
hüllen, daß er nicht mit seinen Augen das
Land sehe. *a* 2.Kön 25,4
[13]Und ich will [a]mein Netz über ihn wer-
fen, daß er in meinem Garn gefangen
werde, und will ihn nach Babel bringen in
der Chaldäer Land, [b]das er jedoch nicht
sehen wird, und dort soll er sterben.
a Kap 17,20 *b* Jer 39,7
[14]Und alle, die um ihn her sind, seine
Helfer und seinen ganzen Anhang, will ich
in alle Winde zerstreuen und das Schwert
ziehen hinter ihnen her.
[15]Dann sollen sie erfahren, daß ich der
HERR bin, wenn ich sie unter die Heiden
verstoße und in die Länder zerstreue.
[16]Aber [a]ich will von ihnen einige wenige
übriglassen vor dem Schwert, dem Hun-
ger und der Pest. Die sollen von all ihren
Greueltaten erzählen unter den Heiden,
zu denen sie kommen werden; und sie
sollen erfahren, daß ich der HERR bin.
a Kap 6,8
[17]Und des HERRN Wort geschah zu mir:
[18]Du Menschenkind, du sollst dein Brot
essen mit Beben und dein Wasser trinken
mit Zittern und Sorgen.
[19]Und sage zum Volk des Landes: So
spricht Gott der HERR zu den Einwohnern
Jerusalems über das Land Israels: Sie
müssen ihr Brot essen mit Sorgen und ihr
Wasser trinken mit Schaudern; denn ihr
Land soll wüst werden und leer von allem,
was darin ist, um des Frevels willen all
seiner Bewohner.
[20]Und die Städte, die bewohnt sind, sol-
len verwüstet werden und das Land öde;
und ihr werdet erfahren, daß ich der HERR
bin.

Gegen die Verächter der Weissagung

[21]Und des HERRN Wort geschah zu mir:
[22]Du Menschenkind, was habt ihr da für
ein Gerede im Lande Israels? Ihr sagt:
[a]»Es dauert so lange, und es wird nichts
aus der Weissagung.« *a* 2.Petr 3,4
[23]Darum sage zu ihnen: So spricht Gott
der HERR: Ich will diesem Gerede ein
Ende machen, daß man es nicht mehr im
Munde führen soll in Israel. Sage vielmehr
zu ihnen: Die Zeit ist nahe, und [a]alles
kommt, was geweissagt ist. *a* Hab 2,3

24 Denn es soll hinfort keine trügenden Gesichte und keine falsche Offenbarung mehr geben im Hause Israel.

25 Denn ich bin der HERR. Was ich rede, das soll geschehen und sich nicht lange hinausziehen, sondern in eurer Zeit, du Haus des Widerspruchs, rede ich ein Wort und tue es auch, spricht Gott der HERR.

26 ¶ Und des HERRN Wort geschah zu mir:

27 Du Menschenkind, siehe, das Haus Israel spricht: Mit den Gesichten, die dieser schaut, dauert's noch lange, und er weissagt auf Zeiten, die noch ferne sind.

28 Darum sage ihnen: So spricht Gott der HERR: Was ich rede, soll sich nicht lange hinausziehen, sondern es soll geschehen, spricht Gott der HERR.

Gegen die falschen Propheten

13 Und des HERRN Wort geschah zu mir:

2 Du Menschenkind, weissage gegen die Propheten Israels und sprich zu denen, die aus eigenem Antrieb heraus weissagen »Höret des HERRN Wort!«:

3 So spricht Gott der HERR: [a]Weh den törichten Propheten, die ihrem eigenen Geist folgen und haben doch keine Gesichte! *a* Jer 14,14

4 ¶ [a]O Israel, deine Propheten sind wie die Füchse in den Trümmern!
a (4 und 5) Kap 22,30; Ps 106,23

5 Sie sind nicht in die Bresche getreten und haben sich nicht zur Mauer gemacht um das Haus Israel, damit es fest steht im Kampf am [a]Tage des HERRN. *a* Jes 2,12

6 Ihre Gesichte sind nichtig, und ihr Wahrsagen ist Lüge. [a]Sie sprechen: »Der HERR hat's gesagt«, und doch hat sie der HERR nicht gesandt, und sie warten darauf, daß er ihr Wort erfüllt.
a Kap 22,28; Jer 5,31

7 Ist's nicht vielmehr so: Eure Gesichte sind nichtig, und euer Wahrsagen ist lauter Lüge? Und ihr sprecht doch: »Der HERR hat's geredet«, wo ich doch nichts geredet habe.

8 Darum spricht Gott der HERR: Weil ihr Trug redet und Lügen wahrsagt, siehe, darum will ich an euch, spricht Gott der HERR.

9 Und [a]meine Hand soll über die Propheten kommen, die Trug reden und Lügen wahrsagen. Sie sollen in der Gemeinschaft meines Volks nicht bleiben und in das Buch des Hauses Israel nicht eingeschrieben werden und ins Land Israels nicht kommen – und ihr sollt erfahren, daß ich Gott der HERR bin. *a* Kap 14,9

10 Weil sie mein Volk verführen und sagen: [a]»Friede!«, wo doch kein Friede ist, und weil sie, wenn das Volk sich eine Wand baut, sie mit Kalk übertünchen, *a* Jer 6,14

11 so sprich zu den Tünchern, die mit Kalk tünchen: »Die Wand wird einfallen!« Denn es wird ein Platzregen kommen und Hagel wie Steine fallen und ein Wirbelwind losbrechen.

12 Siehe, da wird die Wand einfallen. Was gilt's? Dann wird man zu euch sagen: Wo ist nun der Anstrich, den ihr darüber getüncht habt?

13 ¶ Darum spricht Gott der HERR: Ich will einen Wirbelwind losbrechen lassen in meinem Grimm und einen Platzregen in meinem Zorn und Hagel wie Steine in vernichtendem Grimm.

14 So will ich die Wand niederreißen, die ihr mit Kalk übertüncht habt, und will sie zu Boden stoßen, daß man ihren Grund sehen soll. Wenn sie fällt, sollt ihr auch darin umkommen. Und ihr sollt erfahren, daß ich der HERR bin.

15 Und ich will meinen ganzen Grimm an der Wand auslassen und an denen, die sie mit Kalk übertüncht haben, und will zu euch sagen: Hier ist weder Wand noch Tüncher –

16 das sind die Propheten Israels, die Jerusalem wahrsagen und predigen »Friede!«, wo doch kein Friede ist, spricht Gott der HERR.

Gegen falsche Prophetinnen

17 Und du, Menschenkind, richte dein Angesicht gegen die Töchter deines Volks, die aus eigenem Antrieb als Prophetinnen auftreten, und weissage gegen sie

18 und sprich: So spricht Gott der HERR: Weh euch, die ihr Binden näht für alle Handgelenke und Hüllen für die Köpfe der Jungen und Alten, um Seelen damit zu fangen! Wollt ihr Seelen fangen in meinem Volk und Seelen für euch am Leben erhalten?

19 Ihr entheiligt mich bei meinem Volk für eine Handvoll Gerste und einen Bissen Brot, dadurch daß ihr Seelen tötet, die nicht sterben sollten, und Seelen am Le-

ben erhaltet, die nicht leben sollten, durch
euer Lügen unter meinem Volk, das so
gern Lügen hört.
20 Darum spricht Gott der HERR: Siehe,
ich will über eure Binden kommen, mit
denen ihr die Seelen fangt, und will sie
von euren Armen reißen und die Seelen,
die ihr gefangen habt, befreien.
21 Und ich will eure Hüllen wegreißen und
mein Volk aus eurer Hand erretten, daß
ihr sie nicht mehr fangen könnt. Und ihr
sollt erfahren, daß ich der HERR bin.
22 Weil ihr das Herz der Gerechten be-
trübt habt, die ich nicht betrübt habe, und
[a] die Hände der Gottlosen gestärkt habt,
damit sie sich von ihrem bösen Wandel
nicht bekehren, um ihr Leben zu retten:

a Jer 23,14

23 darum sollt ihr nicht mehr Trug predi-
gen und wahrsagen, sondern ich will mein
Volk aus euren Händen erretten, und ihr
sollt erfahren, daß ich der HERR bin.

Gottes Antwort an Götzendiener

14 Und es kamen [a] einige von den Äl-
testen Israels zu mir und setzten
sich vor mir nieder.

a Kap 20,1

2 Da geschah des HERRN Wort zu mir:
3 Du Menschenkind, diese Leute hängen
mit ihrem Herzen an ihren Götzen und
haben mit Freuden vor Augen, was sie
schuldig werden läßt – sollte ich mich
wirklich von ihnen befragen lassen?
4 Darum rede mit ihnen und sage zu
ihnen: So spricht Gott der HERR: Jedem
vom Hause Israel, der mit seinem Herzen
an seinen Götzen hängt und mit Freuden
vor Augen hat, was ihn schuldig werden
läßt, und dann zum Propheten kommt,
dem will ich, der HERR, antworten, wie
er's verdient hat mit seinen vielen Götzen,
5 damit ich so dem Hause Israels ans Herz
greife, weil sie von mir gewichen sind mit
all ihren Götzen.
6 Darum sollst du zum Hause Israel sa-
gen: So spricht Gott der HERR: Kehrt um
und wendet euch ab von euren Götzen
und wendet euer Angesicht von allen eu-
ren Greueln.
7 Denn jedem vom Hause Israel oder von
den Fremdlingen in Israel, der von mir
weicht und mit seinem Herzen an seinen
Götzen hängt und mit Freuden vor Augen
hat, was ihn schuldig werden läßt, und der
dann zum Propheten kommt, um durch
ihn mich zu befragen, dem will ich, der
HERR, selbst antworten.
8 Ich will mein Angesicht gegen ihn rich-
ten und ihn zum Zeichen und Sprichwort
machen und will ihn aus meinem Volk
ausrotten. So sollt ihr erfahren, daß ich
der HERR bin.
9 Wenn aber ein Prophet [a] sich betören
läßt, etwas zu verkünden, so habe ich, der
HERR, diesen Propheten betört und will
meine Hand gegen ihn ausstrecken und
ihn aus meinem Volk Israel ausrotten.

a 1.Kön 22,20-23

10 [a] So sollen sie beide ihre Schuld tragen:
wie die Schuld des Befragenden, so soll
auch die Schuld des Propheten sein,

a (10 und 11) Kap 3,17-20

11 damit das Haus Israel nicht mehr von
mir abirrt und sich nicht mehr unrein
macht durch alle seine Übertretungen;
sondern [a] sie sollen mein Volk sein, und
ich will ihr Gott sein, spricht Gott der
HERR.

a Kap 11,20

Die Überlebenden bei Gottes vierfachem Gericht

12 Und des HERRN Wort geschah zu mir:
13 Du Menschenkind, wenn ein Land an
mir sündigt und Treubruch begeht und
wenn ich meine Hand dagegen ausstrecke
und [a] den Vorrat an Brot ihm wegnehme
und Hungersnot ins Land schicke, um
Menschen und Vieh darin auszurotten,

a Kap 4,16

14 und [a] wenn dann diese drei Männer im
Lande wären, Noah, Daniel und Hiob, so
würden sie durch ihre Gerechtigkeit allein
ihr Leben retten, spricht Gott der HERR.

a Jer 15,1

15 ¶ Und wenn ich wilde Tiere ins Land
bringen würde, die die Leute ausrotteten
und das Land zur Einöde machten, so daß
niemand mehr hindurchziehen könnte vor
wilden Tieren,
16 und diese drei Männer wären auch
darin – so wahr ich lebe, spricht Gott der
HERR: sie würden weder Söhne noch
Töchter retten, sondern allein sich selbst,
und das Land müßte öde werden.
17 ¶ Oder wenn ich das Schwert kommen
ließe über dies Land und sprechen würde:
Schwert, fahre durchs Land! und würde
Menschen und Vieh ausrotten,
18 und diese drei Männer wären darin – so
wahr ich lebe, spricht Gott der HERR: sie

würden weder Söhne noch Töchter retten, sondern sie allein würden errettet werden.
[19]¶ Oder wenn ich die Pest in dies Land schicken und meinen Grimm darüber ausschütten würde mit Blutvergießen, um Menschen und Vieh darin auszurotten,
[20]und Noah, Daniel und Hiob wären darin – so wahr ich lebe, spricht Gott der HERR: sie würden durch ihre Gerechtigkeit weder Söhne noch Töchter retten, sondern allein ihr eigenes Leben.
[21]¶ Denn so spricht Gott der HERR: Wenn ich meine [a]vier schweren Strafen, Schwert, Hunger, wilde Tiere und Pest, über Jerusalem schicken werde, um darin auszurotten Menschen und Vieh,

a Kap 5,17; 3.Mose 26,16-25; Jer 15,3; Offb 6,8

[22]siehe, so sollen einige übrigbleiben und davonkommen, die Söhne und Töchter herausbringen werden. Die sollen zu euch kommen, und ihr werdet ihren Wandel und ihre Taten sehen und euch trösten über das Unheil, das ich über Jerusalem habe kommen lassen, und über all das andre, das ich über die Stadt habe kommen lassen.
[23]Sie werden euer Trost sein, wenn ihr sehen werdet ihren Wandel und ihre Taten, und ihr werdet erfahren, daß ich nicht ohne Grund getan habe, was ich an Jerusalem getan habe, spricht Gott der HERR.

Das Gleichnis vom unbrauchbaren Rebholz

15 Und des HERRN Wort geschah zu mir:
[2]Du Menschenkind, was hat das Holz des [a]Weinstocks voraus vor anderm Holz, das Rebholz, das im Gehölz wächst? *a* Jer 2,21
[3]Nimmt man es denn und macht etwas daraus? Macht man auch nur einen Pflock daraus, an den man etwas hängen kann?
[4]Siehe, [a]man wirft's ins Feuer, daß es verzehrt wird. Wenn das Feuer seine beiden Enden verzehrt hat und die Mitte versengt ist, wozu sollte es dann noch taugen? *a* Joh 15,6
[5]Siehe, als es noch unversehrt war, konnte man nichts daraus machen; wieviel weniger kann dann noch daraus gemacht werden, wenn es das Feuer verzehrt und versengt hat!
[6]Darum spricht Gott der HERR: Wie ich das Holz des Weinstocks, das im Gehölz wächst, dem Feuer zu verzehren gebe, so will ich auch die Einwohner Jerusalems dahingeben
[7]und will mein Angesicht gegen sie richten: Sie sind dem Feuer entgangen, aber das Feuer soll sie doch fressen! Und ihr sollt erfahren, daß ich der HERR bin, wenn ich mein Angesicht gegen sie richte
[8]und das Land zur Wüstenei mache, weil sie die Treue gebrochen haben, spricht Gott der HERR.

Jerusalem – eine treulose Frau

(vgl. Kap 23)

16 Und des HERRN Wort geschah zu mir:
[2]Du Menschenkind, tu kund der Stadt Jerusalem ihre Greuel
[3]und sprich: So spricht Gott der HERR zu Jerusalem: Nach Geschlecht und Geburt bist du aus dem Lande der Kanaaniter, dein Vater war ein Amoriter, deine Mutter eine Hetiterin.
[4]Bei deiner Geburt war es so: Am Tag, als du geboren wurdest, wurde deine Nabelschnur nicht abgeschnitten; auch hat man dich nicht mit Wasser gebadet, damit du sauber würdest, dich nicht mit Salz abgerieben und nicht in Windeln gewickelt.
[5]Denn niemand sah mitleidig auf dich und erbarmte sich, daß er etwas von all dem an dir getan hätte, sondern du wurdest aufs Feld geworfen. So verachtet war dein Leben, als du geboren wurdest.
[6]Ich aber ging an dir vorüber und sah dich in deinem Blut liegen und sprach zu dir, als du so in deinem Blut dalagst: Du sollst leben! Ja, zu dir sprach ich, als du so in deinem Blut dalagst: Du sollst leben
[7]und heranwachsen; wie ein Gewächs auf dem Felde machte ich dich. Und du wuchsest heran und wurdest groß und schön. Deine Brüste wuchsen, und du bekamst lange Haare; aber du warst noch nackt und bloß.
[8]Und ich ging an dir vorüber und sah dich an, und siehe, es war die Zeit, um dich zu werben. Da [a]breitete ich meinen Mantel über dich und bedeckte deine Blöße. Und ich schwor dir's und [b]schloß mit dir einen Bund, spricht Gott der HERR, daß du solltest mein sein.

a Rut 3,9 *b* 2.Mose 19,5

9 Und ich badete dich mit Wasser und wusch dich von deinem Blut und salbte dich mit Öl

10 und kleidete dich mit bunten Kleidern und zog dir Schuhe von feinem Leder an. Ich gab dir einen Kopfbund aus kostbarer Leinwand und hüllte dich in seidene Schleier

11 und schmückte dich mit Kleinoden und legte dir Spangen an deine Arme und eine Kette um deinen Hals

12 und gab dir einen Ring an deine Nase und Ohrringe an deine Ohren und eine schöne Krone auf dein Haupt.

13 So warst du geschmückt mit Gold und Silber und gekleidet mit kostbarer Leinwand, Seide und bunten Kleidern. Du aßest feinstes Mehl, Honig und Öl und wurdest überaus schön und kamst zu königlichen Ehren.

14 Und dein Ruhm erscholl unter den Völkern deiner Schönheit wegen, die vollkommen war durch den Schmuck, den ich dir angelegt hatte, spricht Gott der HERR.

15 ¶ Aber du verließest dich auf deine Schönheit. Und weil du so gerühmt wurdest, [a]triebst du Hurerei und botest dich jedem an, der vorüberging, und warst ihm zu Willen.

a Jer 2,20

16 Du nahmst von deinen Kleidern und machtest dir bunte Opferhöhen daraus und triebst dort deine Hurerei, wie es nie geschehen ist noch geschehen wird.

17 Du nahmst auch dein schönes Geschmeide, das ich dir von meinem Gold und Silber gegeben hatte, und [a]machtest dir Götzenbilder daraus und triebst deine Hurerei mit ihnen.

a Hos 8,4

18 Und du nahmst deine bunten Kleider und bedecktest sie damit, und mein Öl und Räucherwerk legtest du ihnen vor.

19 Meine Speise, die ich dir zu essen gab, feinstes Mehl, Öl und Honig, legtest du ihnen vor zum lieblichen Geruch. Ja, es kam dahin, spricht Gott der HERR,

20 [a]daß du deine Söhne und Töchter nahmst, die du mir geboren hattest, und opfertest sie ihnen zum Fraß. War es denn noch nicht genug mit deiner Hurerei,

a *(20 und 21)* Kap 20,26; 23,37; 5.Mose 12,31; 2.Kön 16,3; Jer 7,31

21 daß du meine Kinder schlachtetest und ließest sie für die Götzen verbrennen?

22 Und bei all deinen Greueln und deiner Hurerei hast du nie gedacht an die Zeit deiner Jugend, wie du bloß und nackt warst und in deinem Blute lagst.

23 ¶ Und nach all diesen deinen Übeltaten – o weh, weh dir! spricht Gott der HERR –

24 bautest du dir [a]einen Hurenaltar und machtest dir ein Lager darauf an allen Plätzen.

a Jer 11,13

25 An jeder Straßenecke bautest du dein Hurenlager und machtest deine Schönheit zum Abscheu. Du spreiztest deine Beine für alle, die vorübergingen, und triebst viel Hurerei.

26 Zuerst triebst du Hurerei mit den Ägyptern, deinen Nachbarn voller Geilheit, und triebst viel Hurerei, um mich zu reizen.

27 Ich aber streckte meine Hand aus gegen dich und entzog dir einen Teil meiner Gaben und gab dich preis der Willkür deiner Feinde, der Töchter der Philister, die sich schämten über dein schamloses Treiben.

28 Danach [a]triebst du Hurerei mit den Assyrern, weil du nicht satt geworden warst; du triebst mit ihnen Hurerei und wurdest auch hier nicht satt.

a Kap 23,12

29 Da triebst du noch mehr Hurerei mit dem Krämerland Chaldäa; doch auch da wurdest du nicht satt.

30 Wie fieberte doch dein Herz, spricht Gott der HERR, daß du alle diese Werke einer großen Erzhure tatest:

31 daß du deinen Hurenaltar bautest an allen Straßenecken und dir ein Hurenlager machtest auf allen Plätzen! Dazu warst du nicht wie sonst eine Hure; denn du hast ja Geld dafür verschmäht.

32 Du Ehebrecherin, die du dir Fremde anstelle deines Mannes nimmst!

33 Allen andern Huren gibt man Geld; du aber gibst allen deinen Liebhabern noch Geld dazu und kaufst sie, damit sie von überall her zu dir kommen und mit dir Hurerei treiben.

34 So ist es bei dir mit deiner Hurerei umgekehrt wie bei andern Frauen, weil man dir nicht nachläuft und dir nicht Geld gibt, sondern du noch Geld dazugibst; bei dir ist es also umgekehrt.

35 ¶ Darum, du Hure, höre des HERRN Wort!

36 So spricht Gott der HERR: Weil du bei deiner Hurerei deine Scham entblößtest und deine Blöße vor deinen Liebhabern aufdecktest, und wegen all deiner greuli-

chen Götzen und wegen des Blutes deiner
Kinder, die du ihnen geopfert hast:
37 Darum, siehe, ich will sammeln alle
deine Liebhaber, denen du gefallen hast,
alle, die du geliebt, samt allen, die du nicht
geliebt hast, und will sie gegen dich ver-
sammeln von überall her und [a]will ihnen
deine Blöße aufdecken, daß sie deine
ganze Blöße sehen sollen. a Jer 13,22
38 Und ich will dich richten, [a]wie man
Ehebrecherinnen und Mörderinnen rich-
tet; ich lasse Grimm und Eifer über dich
kommen. a 3.Mose 20,10
39 Und ich will dich in ihre Hände geben,
daß sie deinen Hurenaltar abbrechen und
dein Lager einreißen und dir deine Klei-
der ausziehen und dein schönes Ge-
schmeide dir nehmen und dich nackt und
bloß liegen lassen.
40 Und sie sollen eine Versammlung ge-
gen dich einberufen und dich [a]steinigen
und mit ihren Schwertern zerhauen
a 5.Mose 22,23.24
41 und [a]deine Häuser mit Feuer verbren-
nen und an dir das Gericht vollstrecken
vor den Augen vieler Frauen. So will ich
deiner Hurerei ein Ende machen, und
auch Geld sollst du nicht mehr dafür ge-
ben. a 2.Kön 25,9
42 Dann kommt mein Grimm gegen dich
zum Ziel, und mein Eifer läßt von dir ab,
so daß ich Ruhe habe und nicht mehr zür-
nen muß.
43 Weil du nicht gedacht hast an die Zeit
deiner Jugend, sondern mich mit all dem
zum Zorn gereizt hast, darum will ich auch
all dein Tun auf deinen Kopf kommen las-
sen, spricht Gott der HERR. Hast du nicht
Unzucht getrieben zu all deinen Greuelta-
ten hinzu?
44 ¶Siehe, wer gern in Sprichwörtern re-
det, wird von dir dies Sprichwort sagen:
»Wie die Mutter, so die Tochter.«
45 Du bist die Tochter deiner Mutter, die
ihren Mann und ihre Kinder von sich stieß,
und bist die Schwester deiner Schwestern,
die ihre Männer und Kinder von sich stie-
ßen. [a]Eure Mutter war eine von den Heti-
tern und euer Vater ein Amoriter. a Vers 3
46 Deine große Schwester ist Samaria mit
ihren Töchtern, die dir zur Linken wohnt,
und deine kleine Schwester ist Sodom mit
ihren Töchtern, die zu deiner Rechten
wohnt.
47 Es war dir nicht genug, in ihren Wegen
zu gehen und nach ihren Greueln zu tun;
du hast es noch ärger getrieben als sie in
all deinem Tun.
48 So wahr ich lebe, spricht Gott der
HERR: [a]Sodom, deine Schwester, samt ih-
ren Töchtern hat's nicht so getrieben wie
du und deine Töchter. a Mt 10,15
49 Siehe, das war die Schuld deiner Schwe-
ster Sodom: Hoffart und alles in Fülle und
sichere Ruhe hatte sie mit ihren Töchtern;
aber dem Armen und Elenden halfen sie
nicht,
50 sondern waren stolz und taten Greuel
vor mir. [a]Darum habe ich sie auch hin-
weggetan, wie du gesehen hast.
a 1.Mose 19,24
51 So hat auch Samaria nicht die Hälfte
deiner Sünden getan, sondern du hast so
viel mehr Greuel getan als sie, daß [a]deine
Schwester gerecht dasteht gegenüber all
den Greueln, die du getan hast. a Jer 3,11
52 So trag du nun auch deine Schande,
weil du an die Stelle deiner Schwester ge-
treten bist durch deine Sünden, mit denen
du größere Greuel getan hast als sie; sie
steht gerechter da als du. So schäme du
dich nun auch und trag deine Schande,
während deine Schwester gerecht dasteht.
53 ¶Ich will aber [a]ihr Geschick wenden,
nämlich das Geschick Sodoms und ihrer
Töchter und das Geschick Samarias und
ihrer Töchter und auch dein Geschick in
ihrer Mitte, a 5.Mose 30,3
54 daß du deine Schande tragen mußt und
dich über all das schämst, was du getan
hast, ihnen zum Trost.
55 Und deine Schwestern, Sodom und ihre
Töchter, sollen wieder werden, wie sie zu-
vor gewesen sind, und Samaria und ihre
Töchter sollen wieder werden, wie sie zu-
vor gewesen sind; und auch du und deine
Töchter sollen wieder werden, wie ihr zu-
vor gewesen seid.
56 Und doch nahmst du den Namen So-
doms, deiner Schwester, nicht in den
Mund zur Zeit deines Hochmuts,
57 als deine Blöße noch nicht aufgedeckt
war wie zur Zeit, als dich die Töchter
Edoms und die Töchter der Philister über-
all schmähten und dich ringsumher ver-
achteten.
58 Deine Schandtat und deine Greuel –
die mußt du tragen, spricht der HERR.
59 ¶Denn so spricht Gott der HERR: Ich
will dir tun, wie du getan hast, als du den

Eid verachtet und den Bund gebrochen
hast.
60 Ich will aber [a]gedenken an meinen
Bund, den ich mit dir geschlossen habe
[b]zur Zeit deiner Jugend, und will mit dir
[c]einen ewigen Bund aufrichten.

a 3.Mose 26,45 *b* Hos 2,17 *c* Kap 37,26; Jer 31,31-34

61 Dann [a]wirst du an deine Wege denken
und dich schämen, wenn ich deine großen
und kleinen Schwestern nehmen und sie
dir zu Töchtern geben werde, aber nicht
um deines Bundes willen. *a* Kap 20,43
62 Und ich will meinen Bund mit dir auf-
richten, so daß du erfahren sollst, daß ich
der HERR bin,
63 damit [a]du daran denkst und dich
schämst und vor Scham deinen Mund
nicht mehr aufzutun wagst, wenn ich dir
alles vergeben werde, was du getan hast,
spricht Gott der HERR. *a* Kap 36,31.32

Das Gleichnis vom Zedernwipfel und vom Weinstock

17 Und des HERRN Wort geschah zu
mir:
2 Du Menschenkind, lege dem Hause Is-
rael ein Rätsel vor und ein Gleichnis
3 und sprich: So spricht Gott der HERR:
Ein großer Adler mit großen Flügeln und
langen Fittichen und vollen Schwingen,
die bunt waren, kam auf den Libanon und
nahm hinweg den Wipfel einer Zeder
4 und brach die Spitze ab und führte sie
[a]ins Krämerland und setzte sie in die
Händlerstadt. *a* Kap 16,29
5 Dann nahm er ein Gewächs des Landes
und pflanzte es in gutes Land, wo viel Was-
ser war, und setzte es am Ufer ein.
6 Und es wuchs und wurde ein ausgebrei-
teter [a]Weinstock mit niedrigem Stamm;
denn seine Ranken bogen sich zu ihm,
und seine Wurzeln blieben unter ihm; und
so wurde es ein Weinstock, der Schöß-
linge hervortrieb und Zweige. *a* Kap 19,10
7 Da kam ein anderer großer Adler mit
großen Flügeln und starken Schwingen.
Und siehe, der Weinstock bog seine Wur-
zeln zu diesem Adler hin und streckte
seine Ranken ihm entgegen; der Adler
sollte ihm mehr Wasser geben als das
Beet, in das er gepflanzt war.
8 Und er war doch auf guten Boden an
viel Wasser gepflanzt, so daß er wohl hätte
Zweige bringen können, Früchte tragen
und ein herrlicher Weinstock werden.
9 So sage nun: So spricht Gott der HERR:
Sollte der geraten? Wird man nicht seine
Wurzeln ausreißen, daß seine Früchte ver-
derben? Und er wird verdorren; alle Blät-
ter, die ihm gewachsen sind, werden ver-
welken. Ohne große Kraft und ohne viel
Volk wird man ihn mit seinen Wurzeln
ausreißen.
10 Siehe, er ist zwar gepflanzt; aber sollte
er geraten? Sobald der Ostwind über ihn
kommt, wird er verdorren auf dem Beet,
auf dem er gewachsen ist.
11 ¶Und des HERRN Wort geschah zu mir:
12 Sprich doch zu dem Haus des Wider-
spruchs: Wißt ihr nicht, was damit gemeint
ist? Und sprich: Siehe, [a]es kam der König
von Babel nach Jerusalem und nahm sei-
nen König und seine Oberen und führte
sie weg zu sich nach Babel.

a 2.Kön 24,10.15.16

13 [a]Und er nahm einen vom königlichen
Geschlecht und schloß einen Bund mit
ihm und nahm einen Eid von ihm; aber
die Gewaltigen im Lande führte er fort,

a *(13-15)* 2.Kön 24,17; 2.Chr 36,13

14 damit das Königtum niedrig bliebe und
sich nicht erheben könnte, sondern sein
Bund gehalten würde und bestünde.
15 Aber er fiel von ihm ab und sandte
seine Boten nach Ägypten, daß man ihm
Rosse und viel Kriegsvolk schicken sollte.
Sollte es ihm gelingen? Sollte er davon-
kommen, wenn er das tut? Sollte er, der
den Bund bricht, davonkommen?
16 So wahr ich lebe, spricht Gott der
HERR: an dem Ort des Königs, der ihn als
König eingesetzt hat, dessen Eid er ver-
achtet und dessen Bund er gebrochen hat,
da soll er sterben, mitten in Babel.
17 Auch wird ihm der Pharao nicht beiste-
hen im Kriege mit einem großen Heer und
viel Volk, wenn man zum Sturm den Wall
aufwerfen und die Bollwerke bauen wird,
so daß viele umkommen.
18 Denn weil er den Eid verachtet und den
Bund gebrochen hat, weil er seine Hand
darauf gegeben und doch dies alles getan
hat, wird er nicht davonkommen.
19 ¶Darum spricht Gott der HERR: So
wahr ich lebe, will ich meinen Eid, den er
verachtet hat, und meinen Bund, den er
gebrochen hat, auf seinen Kopf kommen
lassen.
20 Ich will [a]mein Netz über ihn werfen,
und er soll in meinem Garn gefangen wer-

den, und ich will ihn nach Babel bringen
und will dort mit ihm ins Gericht gehen,
weil er mir die Treue gebrochen hat.
[a] Kap 12,13
21 Und alle Auserlesenen von seiner gan-
zen Streitmacht sollen durchs Schwert fal-
len, und alle, die übriggeblieben sind, sol-
len in alle Winde zerstreut werden, und
ihr sollt erfahren, daß ich, der HERR, es
geredet habe.
22 So spricht Gott der HERR: Dann will
ich selbst von dem Wipfel der Zeder die
Spitze wegnehmen und ihr einen Platz ge-
ben; ich will oben von ihren Zweigen [a] ein
zartes Reis brechen und will's auf einen
hohen und erhabenen Berg pflanzen.
[a] Jes 11,1
23 [a] Auf den hohen Berg Israels will ich's
pflanzen, daß es Zweige gewinnt und
Früchte bringt und ein herrlicher Zedern-
baum wird, so daß [b] Vögel aller Art in ihm
wohnen und alles, was fliegt, im Schatten
seiner Zweige bleiben kann.
[a] Kap 20,40 [b] Dan 4,9; Mt 13,32
24 Und alle Bäume auf dem Felde sollen
erkennen, daß ich der HERR bin: Ich [a] er-
niedrige den hohen Baum und erhöhe den
niedrigen; ich lasse den grünen Baum ver-
dorren, und den dürren Baum lasse ich
grünen. Ich, der HERR, rede es und tue es
auch. [a] Kap 21,31; 1.Sam 2,7.8

Gott richtet jeden nach seinem Tun und fordert Umkehr

18 Und des HERRN Wort geschah zu
mir:
2 Was habt ihr unter euch im Lande Is-
raels für ein Sprichwort: [a] »Die Väter ha-
ben saure Trauben gegessen, aber den Kin-
dern sind die Zähne davon stumpf ge-
worden«? [a] Jer 31,29
3 So wahr ich lebe, spricht Gott der HERR:
dies Sprichwort soll nicht mehr unter euch
umgehen in Israel.
4 Denn siehe, alle Menschen gehören mir;
die Väter gehören mir so gut wie die
Söhne; jeder, der sündigt, soll sterben.
5 ¶ Wenn nun einer gerecht ist und Recht
und Gerechtigkeit übt,
6 der von den Höhenopfern nicht ißt und
seine Augen nicht aufhebt zu den Götzen
des Hauses Israel, der [a] seines Nächsten
Frau nicht befleckt und [b] nicht liegt bei
einer Frau in ihrer Unreinheit,
[a] 3.Mose 18,19 [b] 3.Mose 18,20
7 der niemand bedrückt, der [a] dem
Schuldner sein Pfand zurückgibt und
niemand etwas mit Gewalt nimmt, der
[b] mit dem Hungrigen sein Brot teilt und
den Nackten kleidet,
[a] 5.Mose 24,10-13 [b] Jes 58,7
8 der [a] nicht auf Zinsen gibt und keinen
Aufschlag nimmt, der seine Hand von Un-
recht zurückhält und rechtes Urteil fällt
unter den Leuten, [a] 2.Mose 22,24; Ps 15,5
9 der nach meinen Gesetzen lebt und
meine Gebote hält, daß er danach tut: das
ist ein Gerechter, der soll das Leben be-
halten, spricht Gott der HERR.
10 ¶ Wenn er aber einen gewalttätigen
Sohn zeugt, der Blut vergießt oder eine
dieser Sünden tut,
11 während der Vater all das nicht getan
hat: wenn er von den Höhenopfern ißt und
seines Nächsten Frau befleckt,
12 die Armen und Elenden bedrückt, mit
Gewalt etwas nimmt, das Pfand nicht zu-
rückgibt, seine Augen zu den Götzen auf-
hebt und Greuel begeht,
13 auf Zinsen gibt und einen Aufschlag
nimmt – sollte der am Leben bleiben? Er
soll nicht leben, sondern weil er alle die-
se Greuel getan hat, soll er des Todes
sterben; seine Blutschuld komme über
ihn.
14 ¶ [a] Wenn der dann aber einen Sohn
zeugt, der alle diese Sünden sieht, die sein
Vater tut – wenn er sie sieht und doch
nicht so handelt, [a] *(14-17)* 5.Mose 24,16
15 nicht von den Höhenopfern ißt, seine
Augen nicht aufhebt zu den Götzen des
Hauses Israel, nicht seines Nächsten Frau
befleckt,
16 niemand bedrückt, kein Pfand fordert,
nichts mit Gewalt nimmt, sein Brot mit
dem Hungrigen teilt und den Nackten klei-
det,
17 seine Hand von Unrecht zurückhält,
nicht Zinsen noch Aufschlag nimmt, son-
dern meine Gebote hält und nach meinen
Gesetzen lebt: der soll nicht sterben um
der Schuld seines Vaters willen, sondern
soll am Leben bleiben.
18 Aber sein Vater, der Gewalt und Un-
recht geübt und unter seinem Volk getan
hat, was nicht taugt, siehe, der soll sterben
um seiner Schuld willen.
19 ¶ Doch ihr sagt: [a] »Warum soll denn ein
Sohn nicht die Schuld seines Vaters tra-
gen?« Weil der Sohn Recht und Gerech-

tigkeit geübt und alle meine Gesetze ge-
halten und danach getan hat, soll er am
Leben bleiben. *a* 2.Mose 20,5
20 Denn nur wer sündigt, der soll sterben.
[a]Der Sohn soll nicht tragen die Schuld
des Vaters, und der Vater soll nicht tragen
die Schuld des Sohnes, sondern die Ge-
rechtigkeit des Gerechten soll ihm allein
zugute kommen, und die Ungerechtigkeit
des Ungerechten soll auf ihm allein lie-
gen. *a* 2.Kön 14,6
21 [a]Wenn sich aber der Gottlose bekehrt
von allen seinen Sünden, die er getan hat,
und hält alle meine Gesetze und übt Recht
und Gerechtigkeit, so soll er am Leben
bleiben und nicht sterben.
a (21-32) Kap 33,10-20
22 Es [a]soll an alle seine Übertretungen,
die er begangen hat, nicht gedacht wer-
den, sondern er soll am Leben bleiben um
der Gerechtigkeit willen, die er getan
hat. *a* Jes 43,25
23 **Meinst du, daß ich Gefallen habe am
Tode des Gottlosen, spricht Gott der HERR,
und nicht vielmehr daran, daß [a]er sich be-
kehrt von seinen Wegen und am Leben
bleibt?** *a* 1.Tim 2,4
24 Und [a]wenn sich der Gerechte abkehrt
von seiner Gerechtigkeit und tut Unrecht
und lebt nach allen Greueln, die der Gott-
lose tut, sollte der am Leben bleiben? An
alle seine Gerechtigkeit, die er getan hat,
soll nicht gedacht werden, sondern in sei-
ner Übertretung und Sünde, die er getan
hat, soll er sterben. *a* Kap 3,20
25 ¶Und doch sagt ihr: »Der Herr handelt
nicht recht.« So höret nun, ihr vom Hause
Israel: Handle denn **ich** unrecht? Ist's nicht
vielmehr so, daß **ihr** unrecht handelt?
26 Denn wenn der Gerechte sich abkehrt
von seiner Gerechtigkeit und tut Unrecht,
so muß er sterben; um seines Unrechts
willen, das er getan hat, muß er sterben.
27 Wenn sich dagegen [a]der Ungerechte
abkehrt von seiner Ungerechtigkeit, die er
getan hat, und übt nun Recht und Gerech-
tigkeit, der wird sein Leben erhalten.
a Jes 55,7
28 Denn weil er es gesehen und sich be-
kehrt hat von allen seinen Übertretungen,
die er begangen hat, so soll er leben und
nicht sterben.
29 Und doch sprechen die vom Hause Is-
rael: »Der Herr handelt nicht recht.« Sollte
ich unrecht handeln, Haus Israel? Ist es
nicht vielmehr so, daß **ihr** unrecht han-
delt?
30 Darum will ich euch richten, ihr vom
Hause Israel, einen jeden nach seinem
Weg, spricht Gott der HERR. Kehrt um
und kehrt euch ab von allen euren Über-
tretungen, damit ihr nicht durch sie in
Schuld fallt.
31 Werft von euch alle eure Übertretun-
gen, die ihr begangen habt, und macht
euch [a]ein neues Herz und einen neuen
Geist. Denn warum wollt ihr sterben, ihr
vom Haus Israel? *a* Kap 11,19
32 Denn ich habe kein Gefallen am Tod
des Sterbenden, spricht Gott der HERR.
Darum bekehrt euch, so werdet ihr leben.

Klagelied über das Geschick des Königshauses

19 Und du, stimm ein Klagelied an
über die Fürsten Israels
2 und sprich: Welch eine Löwin war deine
Mutter! [a]Unter Löwen lagerte sie, unter
jungen Löwen zog sie ihre Jungen auf.
a 1.Mose 49,9
3 Und eins ihrer Jungen zog sie groß, und
es wurde ein junger Löwe daraus; der
lernte, Tiere zu reißen, ja, Menschen fraß
er.
4 Da boten sie Völker gegen ihn auf, fin-
gen ihn in ihrer Grube und [a]führten ihn in
Ketten nach Ägyptenland.
a 2.Kön 23,31-33, Jer 22,11.12
5 ¶[a]Als nun die Mutter sah, daß ihre
Hoffnung verloren war, nachdem sie lange
gehofft hatte, nahm sie ein andres von ih-
ren Jungen und machte einen jungen Lö-
wen daraus. *a (5 und 6)* 2.Kön 24,6.8.9
6 Der lebte unter den Löwen, wurde ein
junger Löwe und lernte Tiere zu reißen,
ja, Menschen fraß er.
7 Er zerstörte ihre Burgen und verwüstete
ihre Städte, daß das Land und was darin
war vor seinem lauten Brüllen sich ent-
setzte.
8 Da stellten sie Völker aus allen Ländern
ringsumher gegen ihn auf und warfen ihr
Netz über ihn und fingen ihn in ihrer
Grube
9 und stießen ihn gefesselt in einen Käfig
und [a]führten ihn zum König von Babel;
und man brachte ihn in Gewahrsam, da-
mit seine Stimme nicht mehr gehört
würde auf den Bergen Israels.
a 2.Kön 24,15

10¶Deine Mutter war [a]wie ein Weinstock
im Weingarten, am Wasser gepflanzt;
fruchtbar und voller Ranken war er von
dem vielen Wasser; *a* Kap 17,6
11seine Ranken wurden so stark, daß sie
zu Zeptern taugten; sein Wuchs wurde
hoch bis an die Wolken, und man sah, daß
er so hoch war und so viele Ranken hatte.
12Aber er wurde im Grimm ausgerissen
und zu Boden geworfen. Der Ostwind ließ
seine Frucht verdorren, und seine starken
Ranken wurden zerbrochen, daß sie verdorrten und verbrannt wurden.
13Nun ist er gepflanzt in eine Wüste, in
ein dürres, durstiges Land,
14und ein Feuer ging aus von seinen starken Ranken; das verzehrte seine Frucht.
Es blieb an ihm keine starke Ranke mehr
für ein Zepter.

Das ist ein Klagelied; zum Klagelied ist
es geworden.

Israels ständiger Ungehorsam – Gottes Ehre in Gnade und Gericht

20 Und es begab sich im siebenten
Jahr am zehnten Tage des fünften
Monats, da kamen [a]einige von den Ältesten Israels, den HERRN zu befragen, und
setzten sich vor mir nieder. *a* Kap 14,1
2Da geschah des HERRN Wort zu mir:
3Du Menschenkind, sage den Ältesten
Israels und sprich zu ihnen: So spricht
Gott der HERR: Seid ihr gekommen, mich
zu befragen? So wahr ich lebe: [a]ich will
mich nicht von euch befragen lassen,
spricht Gott der HERR. *a* Kap 14,3
4Willst du sie richten, du Menschenkind?
Willst du richten? [a]Zeige ihnen die Greueltaten ihrer Väter *a* Kap 22,2; 23,36
5und sprich zu ihnen: So spricht Gott der
HERR: Zu der Zeit, [a]als ich Israel erwählte,
erhob ich meine Hand zum Schwur für
das Geschlecht des Hauses Jakob und gab
mich ihnen zu erkennen in Ägyptenland.
Ja, ich erhob meine Hand für sie und
schwor: Ich bin der HERR, euer Gott.
a 2.Mose 6,7.8
6Ich erhob zur selben Zeit meine Hand
zum Schwur, daß [a]ich sie führen würde
aus Ägyptenland in ein Land, das ich für
sie ausersehen hatte, das von Milch und
Honig fließt, ein edles Land vor allen Ländern, *a* 2.Mose 3,8
7und sprach zu ihnen: [a]Ein jeder werfe
weg die Greuelbilder vor seinen Augen,
und macht euch nicht unrein mit den Götzen Ägyptens; denn ich bin der HERR,
euer Gott. *a* Jos 24,14.23
8Sie aber waren mir ungehorsam und
wollten mir nicht gehorchen, und keiner
von ihnen warf die Greuelbilder vor seinen Augen weg, und sie verließen die Götzen Ägyptens nicht. Da dachte ich, meinen Grimm über sie auszuschütten und
meinen ganzen Zorn an ihnen auszulassen noch in Ägyptenland.
9Aber ich unterließ es [a]um meines Namens willen, [b]damit er nicht entheiligt
würde vor den Heiden, unter denen sie
waren und vor deren Augen ich mich
ihnen zu erkennen gegeben hatte, daß ich
sie aus Ägyptenland führen wollte.
a Vers 14; Kap 36,21.22 *b* 2.Mose 32,12
10¶Und als ich sie aus Ägyptenland geführt und in die Wüste gebracht hatte,
11gab ich ihnen meine Gebote und lehrte
sie meine Gesetze, [a]durch die der Mensch
lebt, der sie hält. *a* 3.Mose 18,5; Lk 10,28
12Ich gab ihnen auch [a]meine Sabbate
zum Zeichen zwischen mir und ihnen, damit sie erkannten, daß ich der HERR bin,
der sie heiligt. *a* 2.Mose 31,13-17
13[a]Aber das Haus Israel war mir ungehorsam auch in der Wüste, und sie lebten
nicht nach meinen Geboten und verachteten meine Gesetze, durch die der Mensch
lebt, der sie hält, und sie entheiligten
meine Sabbate sehr. Da gedachte ich, meinen Grimm über sie auszuschütten in der
Wüste und sie ganz und gar umzubringen. *a (13 und 14)* 2.Mose 32,10-12
14Aber ich unterließ es um meines Namens willen, damit er nicht entheiligt
würde vor den Heiden, vor deren Augen
ich sie herausgeführt hatte.
15Doch ich erhob meine Hand in der
Wüste und [a]schwor ihnen, sie nicht in das
Land zu bringen, das ich ihnen bestimmt
hatte, das von Milch und Honig fließt, ein
edles Land vor allen Ländern,
a 4.Mose 14,30
16weil sie meine Gesetze verachtet und
nicht nach meinen Geboten gelebt und
meine Sabbate entheiligt hatten; denn sie
folgten den Götzen ihres Herzens nach.
17Aber mein Auge blickte schonend auf
sie, daß ich sie nicht vertilgte; ich habe
mit ihnen nicht ein Ende gemacht in der
Wüste.

18 ¶Und ich sprach zu ihren Söhnen in
der Wüste: Ihr sollt nicht nach den Gebo-
ten eurer Väter leben und ihre Gesetze
nicht halten und mit ihren Götzen euch
nicht unrein machen;
19 denn ich bin der HERR, euer Gott. Nach
meinen Geboten sollt ihr leben, und
meine Gesetze sollt ihr halten und danach
tun;
20 und meine Sabbate sollt ihr heiligen,
daß sie ein Zeichen seien zwischen mir
und euch, damit ihr wißt, daß ich, der
HERR, euer Gott bin.
21 Aber auch die Söhne waren mir unge-
horsam, lebten nicht nach meinen Gebo-
ten, hielten auch meine Gesetze nicht, daß
sie danach taten, durch die der Mensch
lebt, der sie hält, und entheiligten meine
Sabbate. Da gedachte ich, meinen Grimm
über sie auszuschütten und meinen gan-
zen Zorn an ihnen auszulassen in der Wü-
ste.
22 Ich hielt aber meine Hand zurück und
unterließ es um meines Namens willen,
damit er nicht entheiligt würde vor den
Heiden, vor deren Augen ich sie heraus-
geführt hatte.
23 Doch ich erhob meine Hand in der Wü-
ste und schwor ihnen, [a]sie unter die Hei-
den zu zerstreuen und in die Länder zu
versprengen, *a* 3.Mose 26,33
24 weil sie meine Gebote nicht gehalten
und meine Gesetze verachtet und meine
Sabbate entheiligt hatten und nach den
Götzen ihrer Väter sahen.
25 Darum gab auch ich ihnen Gebote, die
nicht gut waren, und Gesetze, durch die
sie kein Leben haben konnten,
26 und ließ sie unrein werden durch ihre
Opfer, als sie [a]alle Erstgeburt durchs Feuer
gehen ließen, damit ich Entsetzen über
sie brachte und sie so erkennen mußten,
daß ich der HERR bin.
a Kap 16,20; 2.Mose 13,2.13; 22,28
27 ¶Darum rede, du Menschenkind, mit
dem Hause Israel und sprich zu ihnen: So
spricht Gott der HERR: Eure Väter haben
mich auch damit gelästert, daß sie mir die
Treue gebrochen haben,
28 als ich sie in das Land gebracht hatte,
über das ich meine Hand erhoben hatte
zu dem Schwur, es ihnen zu geben: wo sie
irgendeinen hohen Hügel oder dichten
Baum sahen, da opferten sie ihre Opfer
und dahin brachten sie ihre Gaben mir
zum Ärgernis und da legten sie ihre Räu-
cheropfer nieder und da gossen sie ihre
Trankopfer aus.
29 Ich aber sprach zu ihnen: Was ist das
für eine Höhe, auf die ihr geht? Daher
heißt sie bis auf diesen Tag »Höhe«.
30 ¶Darum sprich zum Hause Israel: So
spricht Gott der HERR: Macht ihr euch
nicht unrein in der Weise eurer Väter und
treibt Abgötterei mit ihren Greuelbildern?
31 Ihr macht euch unrein mit euren Göt-
zen bis auf den heutigen Tag dadurch, daß
ihr eure Gaben opfert und eure Söhne und
Töchter durchs Feuer gehen laßt. Und da
sollte ich mich von euch, Haus Israel, be-
fragen lassen? So wahr ich lebe, spricht
Gott der HERR: ich will mich von euch
nicht befragen lassen.
32 Dazu soll euch fehlschlagen, was euch
in den Sinn kommt, wenn ihr sagt: [a]Wir
wollen sein wie die Heiden, wie die Völ-
ker in den andern Ländern, und Holz und
Stein anbeten. *a* 2.Mose 23,24
33 So wahr ich lebe, spricht Gott der
HERR: ich will über euch herrschen mit
starker Hand und ausgestrecktem Arm
und mit ausgeschüttetem Grimm
34 und will euch aus den Völkern heraus-
führen und aus den Ländern, in die ihr
zerstreut worden seid, sammeln mit star-
ker Hand, mit ausgestrecktem Arm und
mit ausgeschüttetem Grimm
35 und will euch [a]in die Wüste der Völker
bringen und dort mit euch ins Gericht ge-
hen von Angesicht zu Angesicht.
a Hos 2,16
36 Wie ich [a]mit euren Vätern in der Wü-
ste von Ägypten ins Gericht gegangen bin,
ebenso will ich auch mit euch ins Gericht
gehen, spricht Gott der HERR.
a 4.Mose 14,22.23
37 Ich will euch [a]unter dem Stabe hin-
durchgehen lassen und [b]euch genau ab-
zählen *a* 3.Mose 27,32 *b* Jer 33,13
38 und will die Abtrünnigen und die, die
von mir abfielen, von euch aussondern.
Ja, aus dem Lande, in dem ihr jetzt Fremd-
linge seid, will ich sie herausführen; aber
ins Land Israels sollen sie nicht hinein-
kommen, damit ihr erkennt: ich bin der
HERR!
39 ¶Aber ihr vom Hause Israel, so spricht
Gott der HERR: Weil ihr mir denn nicht
gehorchen wollt, so fahrt hin und dient ein
jeder seinem Götzen, aber meinen heili-

gen Namen laßt hinfort ungeschändet mit euren Opfern und Götzen!

40 Denn so spricht Gott der HERR: Auf meinem heiligen Berg, auf dem [a]hohen Berge Israels, da wird mir das ganze Haus Israel dienen, alle, die im Lande sind. Da werde ich sie gnädig annehmen, und da will ich eure Opfer und eure Erstlingsgaben fordern und alle eure heiligen Gaben. *a* Kap 17,23

41 Ich will euch gnädig annehmen beim lieblichen Geruch der Opfer, wenn ich euch aus den Völkern bringen und aus den Ländern sammeln werde, in die ihr zerstreut worden seid, und ich werde mich an euch als der Heilige erweisen vor den Augen der Heiden.

42 Und ihr werdet erfahren, daß ich der HERR bin, wenn ich euch ins Land Israels bringe, in das Land, über das ich meine Hand erhob zu dem Schwur, es euren Vätern zu geben.

43 Dort werdet ihr gedenken an eure Wege und alle eure Taten, mit denen ihr euch unrein gemacht habt, und werdet vor euch selbst Abscheu haben wegen all der bösen Taten, die ihr getan habt.[a] *a* Kap 36,31.32

44 Und ihr werdet erfahren, daß ich der HERR bin, wenn ich so an euch handle zur Ehre meines Namens und nicht nach euren bösen Wegen und verderblichen Taten, du Haus Israel, spricht Gott der HERR.

Das Gleichnis vom Waldbrand

21 *Und des HERRN Wort geschah zu mir:

* Abweichende Verszählung statt 21,1-37: 20,45-21,32.

2 Du Menschenkind, richte dein Angesicht nach Teman hin und rufe nach Süden und weissage gegen den Wald im Südland

3 und sprich zum Wald im Südland: Höre des HERRN Wort! So spricht Gott der HERR: Siehe, ich will in dir ein Feuer anzünden, das soll grüne und dürre Bäume verzehren, daß man seine Flamme nicht wird löschen können, sondern es soll durch sie jedes Angesicht versengt werden vom Südland bis zum Norden hin.

4 Und alles Fleisch soll sehen, daß ich, der HERR, es angezündet habe und niemand es löschen kann.

5 Ich aber sprach: Ach, Herr HERR, sie sagen von mir: Redet der nicht immer in Rätseln?

Das Schwert ist bereit

6 Und des HERRN Wort geschah zu mir:

7 Du Menschenkind, richte dein Angesicht gegen Jerusalem und rede gegen sein Heiligtum und weissage gegen das Land Israels

8 und sprich zum Land Israels: So spricht der HERR: Siehe, ich will an dich; ich will mein Schwert aus der Scheide ziehen und will in dir ausrotten Gerechte und Ungerechte.

9 Weil ich denn in dir Gerechte und Ungerechte ausrotte, darum soll mein Schwert aus der Scheide fahren über alles Fleisch vom Südland bis zum Norden hin.

10 Und alles Fleisch soll erfahren, daß ich, der HERR, mein Schwert aus der Scheide gezogen habe; es soll nicht wieder eingesteckt werden.

11 ¶Und du, Menschenkind, sollst seufzen, bis dir die Lenden weh tun, ja, bitterlich sollst du seufzen, daß sie es sehen!

12 Und wenn sie zu dir sagen werden: Warum seufzest du?, so sollst du sagen: Um einer Botschaft willen, die kommen wird; vor ihr werden alle Herzen verzagen und [a]alle Hände sinken, allen der Mut entfallen und alle Knie weich werden. Siehe, es kommt und wird geschehen, spricht Gott der HERR. *a* Kap 7,17

13 ¶Und des HERRN Wort geschah zu mir:

14 Du Menschenkind, weissage und sprich: So spricht der Herr: Sprich: Das Schwert, ja, das Schwert ist geschärft und blank gefegt.

15 Es ist geschärft, daß es schlachten soll; es ist gefegt, daß es blinken soll. Wie sollten wir uns da freuen? Mein Sohn, du hast den Stock verachtet und jeden Rat.

16 Und er hat ein Schwert zum Fegen gegeben, daß man's ergreifen soll; es ist geschärft und gefegt, daß man's dem Henker in die Hand gebe.

17 Schrei und heule, du Menschenkind; denn es geht über mein Volk und über alle Regenten in Israel, die dem Schwert verfallen sind samt meinem Volk. Darum schlag auf deine Lenden;

18 denn die Prüfung ist da, und wie sollte es nicht geschehen, da du doch [a]den Stock verachtet hast? spricht Gott der HERR. *a* Jes 1,5

19 ¶Und du, Menschenkind, weissage und schlag deine Hände zusammen! Denn das

Schwert wird zweifach, ja dreifach kom-
men, ein Schlachtschwert, ein großes
Schlachtschwert, das sie umkreisen wird,
20 damit die Herzen verzagen und viele
fallen sollen; an allen ihren Toren lasse ich
das Schwert wüten. Wehe, es ist zum Blit-
zen gemacht, zum Schlachten geschärft!
21 Hau drein zur Rechten und Linken, wo-
hin deine Schneiden gewandt sind!
22 Dann will auch ich meine Hände zu-
sammenschlagen und meinen Zorn stil-
len. Ich, der HERR, habe es gesagt.

Das Schwert des Königs von Babel

23 Und des HERRN Wort geschah zu mir:
24 Du Menschenkind, mach dir zwei
Wege, auf denen das Schwert des Königs
von Babel kommen kann; sie sollen aber
beide von **einem** Land ausgehen. Und
stelle einen Wegweiser an den Anfang
eines jeden Weges, der zu einer Stadt wei-
sen soll,
25 und mache den einen Weg, damit das
Schwert nach Rabba kommen kann, der
Stadt der Ammoniter, und den andern
nach Juda, zu der festen Stadt Jerusalem.
26 Denn der König von Babel wird an der
Wegscheide stehen, am Anfang der bei-
den Wege, um sich wahrsagen zu lassen:
er wirft mit den Pfeilen das Los, befragt
seinen Götzen und beschaut die Leber.
27 Und das Los in seiner Rechten wird
nach Jerusalem deuten: da soll er den
Mund auftun mit großem Geschrei, die
Stimme erheben mit Kriegsgeschrei,
[a] Sturmböcke heranführen gegen die Tore,
einen Wall aufschütten und ein Bollwerk
bauen. –

a Kap 4,2

28 Aber ihnen wird diese Wahrsagung trü-
gerisch scheinen; haben sie doch heilige
Eide empfangen. Er aber wird sie an ihre
Schuld erinnern, daß sie dabei behaftet
werden.
29 Darum spricht Gott der HERR: Weil ihr
an eure Schuld erinnert habt und euer Un-
gehorsam offenbar geworden ist, so daß
man eure Sünden sieht in all euren Taten,
ja, weil ihr daran erinnert habt, sollt ihr
dabei behaftet werden.
30 Und du, Fürst in Israel, du unheiliger
Frevler, dessen Tag kommen wird, wenn
die Schuld zum Ende geführt hat, –
31 so spricht Gott der HERR: Tu weg den
[a] Kopfbund und nimm ab die Krone! Denn
nichts bleibt, wie es ist, sondern [b] was hoch
ist, soll erniedrigt werden, und was niedrig
ist, soll erhöht werden.

a 2.Mose 28,4 *b* Lk 18,14

32 Zu Trümmern, zu Trümmern, zu
Trümmern will ich sie machen – aber auch
dies wird nicht bleiben –, [a] bis der kommt,
der das Recht hat; dem will ich es ge-
ben.

a 1.Mose 49,10

Das Schwert über Ammon

33 Und du, Menschenkind, weissage und
sprich: So spricht Gott der HERR über die
[a] Ammoniter und über ihr Schmähen: Du
sollst sagen: Das Schwert, das Schwert ist
gezückt, daß es schlachten soll; es ist ge-
fegt, daß es töten soll, und soll blinken,

a Kap 25,2-7

34 während du dir trügerische Gesichte
schauen und Lügen wahrsagen läßt; das
Schwert soll an den Hals unheiliger Frev-
ler gesetzt werden, deren Tag kommen
wird, wenn die Schuld zum Ende geführt
hat.
35 Stecke es wieder in die Scheide! Ich
will dich richten an dem Ort, an dem du
geschaffen, und im Land, in dem du gebo-
ren bist.
36 Und ich will meinen Zorn über dich
ausschütten; ich will das Feuer meines
Grimms über dich entfachen und will dich
rohen Leuten preisgeben, die Verderben
schmieden.
37 Du sollst dem Feuer zum Fraß werden,
und dein Blut soll im Lande vergossen
werden, und man wird nicht mehr an dich
denken; denn ich, der HERR, habe es
geredet.

Jerusalems Blutschuld und Schandtaten

22 Und des HERRN Wort geschah zu
mir:
2 Du Menschenkind, [a] willst du nicht rich-
ten die mörderische Stadt? [b] Zeige ihr alle
ihre Greueltaten

a Kap 24,6 *b* Kap 20,4

3 und sprich: So spricht Gott der HERR:
O Stadt, die du das Blut der Deinen ver-
gießt, damit deine Zeit komme, und die
du dir Götzen machst, damit du unrein
werdest!
4 Durch das [a] Blut, das du vergossen hast,
wurdest du schuldig, und durch die Göt-
zen, die du dir machtest, hast du dich un-
rein gemacht. Damit hast du deine Tage
herbeigezogen und bewirkt, daß deine
Jahre kommen müssen. Darum will ich

dich zum Spott unter den Heiden und
[b]zum Hohn in allen Ländern machen.
a 2.Kön 21,16 *b* Kap 5,15
5 In der Nähe wie in der Ferne sollen sie
über dich spotten; befleckt ist dein Name
und groß die Verwirrung.
6 ¶Siehe, die Fürsten in Israel, ein jeder
in dir pocht auf seine Macht, Blut zu ver-
gießen.
7 Vater und Mutter verachten sie, den
[a]Fremdlingen tun sie Gewalt und Unrecht
an, die [b]Witwen und Waisen bedrücken
sie. *a* 2.Mose 22,20 *b* 2.Mose 22,21
8 Du verachtest, was mir heilig ist, und
entheiligst meine Sabbate.
9 Verleumder trachten bei dir danach,
Blut zu vergießen. Sie essen von den Hö-
henopfern und treiben Schandtaten in dei-
ner Mitte.
10 Sie [a]decken die Blöße der Väter auf
und [b]nötigen Frauen während ihrer Un-
reinheit. *a* 3.Mose 18,7.8 *b* 3.Mose 18,19
11 Sie [a]treiben Greuel mit der Frau ihres
Nächsten; [b]sie entehren ihre eigene
Schwiegertochter durch Schandtat; [c]sie
tun ihren eigenen Schwestern Gewalt an,
den Töchtern ihres Vaters.
a 3.Mose 18,20 *b* 3.Mose 18,15 *c* 3.Mose 18,9
12 Sie lassen sich bestechen, um Blut zu
vergießen. Du [a]nimmst Zinsen und Auf-
schlag und suchst unrechten Gewinn an
deinem Nächsten mit Gewalt – und mich
vergißt du! spricht Gott der HERR.
a 2.Mose 22,24
13 ¶Siehe, ich schlage meine Hände zu-
sammen über den unrechten Gewinn, den
du gemacht hast, und über das Blut, das in
deiner Mitte vergossen ist.
14 Meinst du aber, dein Herz kann stand-
halten oder deine Hände werden festblei-
ben zu der Zeit, wenn ich an dir handle?
Ich, der HERR, habe es geredet und will's
auch tun
15 und will dich zerstreuen unter die Hei-
den und dich verstoßen in die Länder und
will mit deiner Unreinheit ein Ende ma-
chen;
16 und du wirst bei den Heiden als ver-
flucht gelten. Dann wirst du erfahren, daß
ich der HERR bin.

Das Gleichnis vom Schmelzofen

17 Und des HERRN Wort geschah zu mir:
18 [a]Du Menschenkind, das Haus Israel ist
mir zu Schlacken geworden; sie alle sind
Kupfer, Zinn, Eisen und Blei im Ofen; ja,
zu Silberschlacken sind sie geworden.
a (18-22) Jes 1,22-25; Jer 6,28
19 Darum spricht Gott der HERR: Weil ihr
denn alle Schlacken geworden seid, siehe,
so will ich euch alle in Jerusalem zusam-
menbringen.
20 Wie man Silber, Kupfer, Eisen, Blei und
Zinn im Ofen zusammenbringt, daß man
ein Feuer darunter anfacht und es zer-
schmelzen läßt, so will ich auch euch in
meinem Zorn und Grimm zusammen-
bringen, hineintun und schmelzen.
21 Ja, ich will euch sammeln und das
Feuer meines Zorns gegen euch anfachen,
daß ihr darin zerschmelzen müßt.
22 Wie das Silber im Ofen zerschmilzt, so
sollt auch ihr darin zerschmelzen und sollt
erfahren, daß ich, der HERR, meinen
Grimm über euch ausgeschüttet habe.

Die Schuld aller Stände im Lande

23 Und des HERRN Wort geschah zu mir:
24 Du Menschenkind, sprich zu ihnen: Du
bist ein Land, das nicht beregnet ist, das
nicht benetzt wurde zur Zeit des Zorns,
25 [a]dessen Fürsten in seiner Mitte sind
wie brüllende Löwen, wenn sie rauben;
[b]sie fressen Menschen, reißen Gut und
Geld an sich und machen viele zu Witwen
im Lande. *a* Kap 34,3.8; Zef 3,3 *b* Ps 14,4
26 [a]Seine Priester tun meinem Gesetz Ge-
walt an und entweihen, was mir heilig ist;
sie [b]machen zwischen heilig und unheilig
keinen Unterschied und lehren nicht, was
rein oder unrein ist, und vor meinen Sab-
baten schließen sie die Augen; so werde
ich unter ihnen entheiligt.
a (26-28) Zef 3,4; Kap 44,23; Mt 23,25 *b* 3.Mose 10,10
27 Die Oberen in seiner Mitte sind wie
reißende Wölfe, Blut zu vergießen und
Menschen umzubringen um ihrer Habgier
willen.
28 Und seine Propheten streichen ihnen
mit Tünche darüber, haben Truggesichte
und wahrsagen ihnen Lügen; sie sagen:
»So spricht Gott der HERR«, wo doch der
HERR gar nicht geredet hat.[a] *a* Kap 13,3.6.10
29 Das Volk des Landes übt Gewalt; sie
rauben drauf los und bedrücken die Ar-
men und Elenden und tun den Fremdlin-
gen Gewalt an gegen alles Recht.
30 Ich suchte unter ihnen, ob jemand eine
Mauer ziehen und [a]in die Bresche vor mir
treten würde für das Land, damit ich's

nicht vernichten müßte; aber ich fand kei-
nen. *a* Kap 13,5
31 Darum [a] schüttete ich meinen Zorn
über sie aus, und mit dem Feuer meines
Grimmes machte ich ihnen ein Ende und
ließ so ihr Treiben auf ihren Kopf kom-
men, spricht Gott der HERR. *a* Kap 21,36

Das Gleichnis von den zuchtlosen Schwestern Ohola und Oholiba

(vgl. Kap 16)

23 Und des HERRN Wort geschah zu
mir:
2 Du Menschenkind, es waren zwei
Frauen, Töchter **einer** Mutter.
3 Die wurden Huren in Ägypten schon in
ihrer Jugend; dort ließen sie nach ihren
Brüsten greifen und ihren jungen Busen
betasten.
4 Die große hieß Ohola und ihre Schwe-
ster Oholiba. Und ich nahm sie zu Frauen,
und sie gebaren mir Söhne und Töchter.
Ohola ist Samaria und Oholiba Jerusa-
lem.
5 ¶Ohola trieb Hurerei hinter meinem
Rücken und entbrannte für ihre Liebha-
ber, für die Assyrer, die zu ihr kamen,
6 für die Statthalter und Hauptleute, die
mit Purpur gekleidet waren, lauter junge
hübsche Leute, die auf Rossen ritten.
7 Und sie buhlte mit ihnen, lauter auser-
lesenen Söhnen Assurs, und bei allen, für
die sie entbrannte, machte sie sich auch
unrein mit ihren Götzen.
8 Dazu [a] ließ sie auch nicht von ihrer Hu-
rerei mit den Ägyptern, die bei ihr gelegen
hatten in ihrer Jugend und ihre jungen
Brüste betastet und schlimme Hurerei mit
ihr getrieben hatten. *a* 2.Kön 17,4
9 Da übergab ich sie in die Hand ihrer
Liebhaber, der Söhne Assurs, für die sie
entbrannt war.
10 Die deckten ihre Blöße auf und nah-
men ihre Söhne und Töchter weg; sie
selbst aber töteten sie mit dem Schwert,
und sie wurde zum Gespött unter den
Frauen. So vollzogen sie das Gericht an
ihr.
11 ¶Als aber ihre Schwester Oholiba das
sah, entbrannte sie noch viel mehr als ihre
Schwester und trieb die Hurerei noch
schlimmer als sie.
12 Sie entbrannte für die Söhne Assurs,
Statthalter und Hauptleute, die zu ihr ka-
men, herrlich gekleidet, lauter junge hüb-
sche Leute, die auf Rossen ritten.
13 Da sah ich, daß sie beide auf gleiche
Weise unrein geworden waren.
14 Aber diese trieb ihre Hurerei noch wei-
ter. Denn sie sah Bilder von Männern an
der Wand in roter Farbe, Bilder von Chal-
däern,
15 um ihre Lenden gegürtet und bunte
Turbane auf ihren Köpfen, ein Bild gewal-
tiger Kämpfer allesamt, wie eben die
Söhne Babels sind, deren Vaterland Chal-
däa ist.
16 Da entbrannte sie für sie, sobald sie die
Bilder sah, und schickte Boten zu ihnen
nach Chaldäa.
17 Und die Söhne Babels kamen zu ihr,
um bei ihr zu schlafen, und machten sie
unrein mit ihrer Hurerei, und sie machte
sich unrein mit ihnen, bis sie ihrer müde
wurde.
18 Als sie ihre Hurerei so offen trieb und
ihre Schande so enthüllte, da wurde ich
auch ihrer überdrüssig, wie ich ihrer
Schwester müde geworden war.
19 Sie aber trieb ihre Hurerei immer
schlimmer und dachte an die Zeit ihrer
Jugend, als sie in Ägyptenland zur Hure
geworden war,
20 und entbrannte für ihre Liebhaber, de-
ren Brunst war wie die der Esel und der
Hengste.
21 Und du sehntest dich nach der Unzucht
deiner Jugend, als die Ägypter nach dei-
nen Brüsten griffen und deinen Busen be-
tasteten.
22 ¶Darum, Oholiba, so spricht Gott der
HERR: Siehe, ich will deine Liebhaber, de-
ren du müde geworden bist, gegen dich
aufstehen lassen und will sie von überall
her gegen dich zusammenbringen,
23 nämlich die Söhne Babels und alle
Chaldäer, die von Pekod, Schoa und Koa
und alle Assyrer mit ihnen, die schöne
junge Mannschaft, lauter Statthalter und
Hauptleute, Ritter und Edle, die alle auf
Rossen reiten.
24 Und sie werden über dich kommen, ge-
rüstet mit Rossen und Wagen und mit viel
Kriegsvolk und werden dich ringsum bela-
gern mit großen und kleinen Schilden und
Helmen. Denen will ich den Rechtsfall
vorlegen, daß sie dich richten sollen nach
ihrem Recht.
25 Ich will meinen Eifer gegen dich rich-

ten, daß sie unbarmherzig an dir handeln
sollen. Sie sollen dir Nase und Ohren ab-
schneiden, und was von dir übrigbleibt,
soll durchs Schwert fallen. Sie sollen dei-
ne Söhne und Töchter wegnehmen und,
was von dir übrigbleibt, mit Feuer ver-
brennen.
26 Sie sollen dir deine Kleider ausziehen
und deinen Schmuck wegnehmen.
27 So will ich deiner Unzucht und deiner
Hurerei, die du seit Ägyptenland treibst,
ein Ende machen, daß du deine Augen
nicht mehr nach ihnen aufheben und an
Ägypten nicht mehr denken sollst.
28 ¶ Denn so spricht Gott der HERR:
Siehe, ich will dich denen preisgeben, de-
nen du feind geworden und deren du
müde bist.
29 Die sollen wie Feinde mir dir umgehen
und alles nehmen, was du erworben hast,
und dich nackt und bloß liegen lassen. Da
soll die Schande deiner Hurerei und deine
Unzucht und deine Buhlerei aufgedeckt
werden.
30 Das soll dir angetan werden um deiner
Hurerei willen, die du mit den Heiden ge-
trieben, weil du dich mit ihren Götzen un-
rein gemacht hast.
31 Du bist auf dem Wege deiner Schwe-
ster gegangen, darum gebe ich dir auch
ihren Kelch in die Hand.
32 ¶ So spricht Gott der HERR: Du mußt
den Kelch deiner Schwester trinken, so tief
und weit er ist; du sollst zu so großem
Spott und Hohn werden, daß es unerträg-
lich sein wird.
33 Du mußt dich [a] mit starkem Trank und
Jammer volltrinken; denn der Kelch dei-
ner Schwester Samaria ist ein Kelch des
Grauens und Entsetzens. *a* Jes 51,17
34 Den mußt du bis zur Neige austrinken,
danach die Scherben ausschlürfen und
deine Brüste zerreißen; denn ich habe es
geredet, spricht Gott der HERR.
35 Darum spricht Gott der HERR: Weil du
[a] mich vergessen und mich verworfen hast,
so trage nun auch du deine Unzucht und
deine Hurerei! *a* Jer 2,32
36 ¶ Und der HERR sprach zu mir: Du
Menschenkind, willst du nicht Ohola und
Oholiba richten? [a] Zeige ihnen ihre Greu-
eltaten: *a* Kap 20,4
37 wie sie Ehebruch getrieben und Blut
vergossen und die Ehe gebrochen haben
mit ihren Götzen; und [a] wie sie ihnen noch
dazu ihre Kinder, die sie mir geboren hat-
ten, zum Fraß darbrachten. *a* Kap 16,20
38 Überdies haben sie mir das angetan: sie
haben noch am gleichen Tag [a] mein Hei-
ligtum unrein gemacht und meine Sabbate
entheiligt. *a* Kap 8,5-18
39 Denn als sie ihre Kinder den Götzen
geschlachtet hatten, gingen sie noch am
gleichen Tag in mein Heiligtum, es zu ent-
heiligen. Siehe, so haben sie es in meinem
Hause getrieben.
40 Sie haben sogar Boten geschickt nach
Männern, die aus fernen Landen kommen
sollten. Und siehe, als sie kamen, da bade-
test du dich und schminktest dich und
schmücktest dich mit Geschmeide ihnen
zu Ehren
41 und saßest auf einem herrlichen Pol-
ster, und ein Tisch war davor hergerichtet;
darauf legtest du mein Räucherwerk und
mein Öl.
42 Und es erhob sich in der Stadt ein
großes Freudengeschrei über die Männer,
weil solch eine Menge von Menschen her-
beigebracht war aus Saba, aus der Wüste,
und sie gaben ihnen Geschmeide an ihre
Arme und schöne Kronen auf ihre Häup-
ter.
43 Ich aber dachte: Sie ist das Ehebrechen
gewohnt von alters her, sie kann das Hu-
ren nicht lassen.
44 Denn man ging zu ihr, wie man zu einer
Hure geht; so ging man zu Ohola und
Oholiba, den zuchtlosen Frauen.
45 Darum werden gerechte Männer sie
richten [a] nach dem Recht, das für Ehebre-
cherinnen und für Mörderinnen gilt; denn
sie sind Ehebrecherinnen, und ihre Hände
sind voll Blut. *a* Kap 16,38.40
46 ¶ Denn so spricht Gott der HERR: Man
berufe eine Versammlung gegen sie ein
und gebe sie als Raub und Beute preis,
47 daß die Leute sie steinigen und mit ih-
ren Schwertern erstechen und ihre Söhne
und Töchter umbringen und ihre Häuser
mit Feuer verbrennen.
48 So will ich der Unzucht im Lande ein
Ende machen, daß alle Frauen sich war-
nen lassen und nicht nach solcher Unzucht
tun.
49 Und man wird die Strafe für eure Un-
zucht auf euch legen, und ihr sollt tragen,
was ihr mit euren Götzen gesündigt habt,
und sollt erfahren, daß ich Gott der HERR
bin.

Das Gleichnis vom rostigen Topf

24 Und es geschah das Wort des
HERRN zu mir [a]im neunten Jahr am
zehnten Tage des zehnten Monats:
a 2.Kön 25,1

2 Du Menschenkind, schreib dir diesen
Tag auf, ja, eben diesen Tag; denn der Kö-
nig von Babel hat sich an eben diesem
Tage vor Jerusalem gelagert.
3 Und gib dem Haus des Widerspruchs
ein Gleichnis und sprich zu ihnen: So
spricht Gott der HERR: Setze einen [a]Topf
auf, setz ihn auf und gieß Wasser hinein!
a Kap 11,3

4 Tu Fleisch hinein, lauter gute Stücke,
Lenden und Schultern, und fülle ihn mit
den besten Knochen.
5 Nimm das Beste von der Herde und
schichte Holzscheite darunter und laß die
Stücke tüchtig sieden und auch die Kno-
chen darin gut kochen.
6 ¶ Darum spricht Gott der HERR: [a]Wehe
der Stadt voller Blutschuld, die einem Topf
gleicht, an dem Rost sitzt und nicht abge-
hen will! Nimm ein Stück nach dem
andern heraus und lose nicht darum,
welches zuerst heraus soll.
a Kap 22,2; Nah 3,1

7 Denn das Blut, das sie vergossen hat, ist
noch in ihrer Mitte; auf den nackten Fel-
sen und nicht auf die Erde hat sie es ver-
schüttet, [a]so daß man's mit Erde hätte zu-
decken können. *a* 3.Mose 17,13; 1.Sam 14,32-34
8 Und ich ließ sie darum das Blut auf den
nackten Felsen schütten, damit es nicht
zugedeckt würde, so daß der Grimm über
sie kommt und es gerächt wird.
9 ¶ Darum spricht Gott der HERR: Wehe,
du Stadt voller Blutschuld, auch ich will
den Holzstoß groß machen! –
10 Trage nur viel Holz her, bring das Feuer
zum Lodern, koche das Fleisch gar und
gieß die Brühe aus, daß die Knochen an-
brennen;
11 stelle den Topf leer auf die Glut, damit
er heiß wird und sein Erz glüht und seine
Unreinheit schmilzt und sein Rost abgeht!
12 Aber sosehr der Topf glüht, will doch
der starke Rost von ihm im Feuer nicht
abgehen. –
13 Weil du durch Unzucht dich unrein ge-
macht hast und nicht rein wurdest von dei-
ner Unreinheit, obwohl ich dich reinigen
wollte, darum sollst du hinfort nicht wie-
der rein werden, bis [a]mein Grimm sich an
dir gekühlt hat. *a* Kap 5,13
14 Ich, der HERR, habe es geredet! Es wird
kommen, ich will's tun und nicht säumen.
[a]Ich will nicht schonen, und es wird mich
nicht reuen; sondern sie sollen dich rich-
ten, wie du gelebt und getan hast, spricht
Gott der HERR. *a* Jer 13,14

Das Verhalten des Propheten beim Tod seiner Frau – ein Zeichen

15 Und des HERRN Wort geschah zu mir:
16 Du Menschenkind, siehe, ich will dir
deiner Augen Freude nehmen durch einen
plötzlichen Tod. Aber du sollst nicht kla-
gen und nicht weinen und keine Träne ver-
gießen.
17 Heimlich darfst du seufzen, aber keine
Totenklage halten, sondern du sollst dei-
nen Kopfbund anlegen und deine Schuhe
anziehen; du sollst [a]deinen Bart nicht ver-
hüllen und nicht das [b]Trauerbrot essen.
a Mi 3,7 *b* Hos 9,4
18 ¶ Und als ich am Morgen zum Volk ge-
redet hatte, starb mir am Abend meine
Frau. Und ich tat am andern Morgen, wie
mir befohlen war.
19 Und das Volk sprach zu mir: Willst du
uns nicht erklären, was das für uns bedeu-
tet, was du tust?
20 Und ich sprach zu ihnen: Der HERR hat
mit mir geredet und gesagt:
21 Sage dem Hause Israel: So spricht Gott
der HERR: Siehe, ich will mein Heiligtum,
eure herrliche Zuflucht, die Freude eurer
Augen, das Verlangen eures Herzens, ent-
heiligen, und eure Söhne und Töchter, die
ihr dort zurücklassen mußtet, werden
durchs Schwert fallen. –
22 Da werdet ihr dann tun, wie ich getan
habe: euren Bart werdet ihr nicht verhül-
len und nicht das Trauerbrot essen,
23 sondern werdet euren Kopfbund auf
eurem Haupt behalten und eure Schuhe
an den Füßen; ihr werdet nicht klagen und
nicht weinen, sondern [a]in eurer Schuld
vergehen und untereinander seufzen. –
a 3.Mose 26,39.40
24 So soll Hesekiel für euch [a]ein Wahrzei-
chen sein, daß ihr tun werdet, wie er getan
hat, wenn es nun kommen wird. Dann
werdet ihr erfahren, daß ich Gott der
HERR bin. *a* Kap 12,6.11
25 ¶ Und du, Menschenkind, ist es nicht
so? An dem Tage, an dem ich von ihnen

nehme ihre Zuflucht und ganze Wonne,
die Freude ihrer Augen und das Verlan-
gen ihres Herzens, dazu ihre Söhne und
Töchter,
26 ja, an jenem Tage wird [a]einer, der ent-
ronnen ist, zu dir kommen und dir's kund-
tun. *a* Kap 33,21
27 An jenem Tage wird dein Mund aufge-
tan werden, wenn der kommt, der entron-
nen ist, so daß du reden kannst und nicht
mehr stumm bist; und du wirst für sie ein
Wahrzeichen sein, daß sie erfahren, daß
ich der HERR bin.

Gottes Gericht über die Nachbarn Judas

25 Und des HERRN Wort geschah zu
mir:
2 [a]Du Menschenkind, richte dein Ange-
sicht gegen die Ammoniter und weissage
gegen sie *a (2-7)* Kap 21,33-37; Jer 49,1-6; Am 1,13-15
3 und sprich zu den Ammonitern: Hört
das Wort Gottes des HERRN! So spricht
Gott der HERR: [a]Weil ihr über mein Hei-
ligtum ruft: »Ha! es ist entweiht!« und
[b]über das Land Israels: »Es ist verwüstet!«
und über das Haus Juda: »Es ist wegge-
führt!«, *a* Kap 36,2 *b* Klgl 2,16
4 darum siehe, ich will dich den Söhnen
des Ostens übergeben, daß sie ihre Zelt-
dörfer in dir aufschlagen und ihre Woh-
nungen in dir bauen sollen; sie sollen
deine Früchte essen und deine Milch trin-
ken.
5 Und ich will Rabba zur Kameltrift ma-
chen und das Land der Ammoniter zu
Schafhürden, und ihr sollt erfahren, daß
ich der HERR bin.
6 Denn so spricht Gott der HERR: Weil du
in die Hände geklatscht und mit den Fü-
ßen gestampft und über das Land Israels
von ganzem Herzen so höhnisch dich ge-
freut hast,
7 darum siehe, ich will meine Hand gegen
dich ausstrecken und dich den Völkern zur
Beute geben und dich aus den Nationen
ausrotten und aus den Ländern austilgen
und dich vernichten; und du sollst erfah-
ren, daß ich der HERR bin.
8 ¶ [a]So spricht Gott der HERR: Weil Moab
und Seïr sprechen: »Siehe, das Haus Juda
ist nichts anderes als alle Völker!«,
a (8-11) Jes 15; 16; Jer 48
9 siehe, so will ich die Berghänge Moabs
bloßlegen, daß es ohne Städte sei in sei-
nem ganzen Gebiet, ohne den Stolz des
Landes: Bet-Jeschimot, Baal-Meon und
Kirjatajim,
10 und will es den Söhnen des Ostens zum
Erbe geben, zum Land der Ammoniter
hinzu, so daß man an sie nicht mehr den-
ken wird unter den Völkern.
11 Und ich will das Gericht ergehen lassen
über Moab, und sie sollen erfahren, daß
ich der HERR bin.
12 ¶ [a]So spricht Gott der HERR: Weil sich
Edom am Hause Juda gerächt und sich
schwer verschuldet hat mit seiner Ra-
che,
a (12-14) Kap 35; Jer 49,7-22; Am 1,11.12; Obd; Ps 137,7
13 darum spricht Gott der HERR: Ich will
meine Hand ausstrecken gegen Edom und
will von ihm ausrotten Menschen und
Vieh und will es wüst machen von Teman
bis nach Dedan, und sie sollen durchs
Schwert fallen.
14 Und ich will mich an Edom rächen
durch mein Volk Israel, und sie sollen mit
Edom umgehen nach meinem Zorn und
Grimm, daß sie meine Vergeltung erfah-
ren sollen, spricht Gott der HERR.
15 [a]So spricht Gott der HERR: Weil die
Philister sich gerächt und mit beständigem
Haß so höhnisch Rache geübt haben zum
Verderben meines Volks,
a (15-17) Jes 14,29-32; Jer 47; Am 1,6-8; Zef 2,4.5
16 darum spricht Gott der HERR: Siehe,
ich will meine Hand ausstrecken gegen die
Philister und will die Kreter ausrotten und
will umbringen, die übriggeblieben sind
am Ufer des Meeres,
17 und will bittere Rache an ihnen üben
und sie mit Grimm strafen, daß sie erfah-
ren sollen, daß ich der HERR bin, wenn ich
Vergeltung an ihnen übe.

Das Gericht über Tyrus

(vgl. Am 1,9.10; Jes 23)

26 Und es begab sich im elften Jahr am
ersten Tage des ersten Monats, da
geschah des HERRN Wort zu mir:
2 Du Menschenkind, weil Tyrus spricht
über Jerusalem: »Ha! [a]die Pforte der Völ-
ker ist zerbrochen; nun fällt es mir zu; ich
werde jetzt reich werden, weil Jerusalem
wüst liegt!«, *a* Kap 25,3
3 darum spricht Gott der HERR: Siehe, ich
will an dich, Tyrus, und will viele Völker
gegen dich heraufführen, wie das Meer
seine Wellen heraufführt.
4 Die sollen die Mauern von Tyrus zerstö-

ren und seine Türme abbrechen; ja, ich
will sogar seine Erde von ihm wegfegen
und will einen nackten Fels aus ihm machen,
5 einen Platz im Meer, an dem man Fischnetze aufspannt; denn ich habe es geredet,
spricht Gott der HERR, und es soll den
Völkern zum Raub werden.
6 Und seine Tochterstädte auf dem Festland sollen mit dem Schwert geschlagen
werden, und sie sollen erfahren, daß ich
der HERR bin.
7 ¶ Denn so spricht Gott der HERR: Siehe,
ich will über Tyrus kommen lassen [a]Nebukadnezar, den König von Babel, von
Norden her, den [b]König der Könige, mit
Rossen, Wagen, Reitern und einem großen Heer. *a* Jer 27,6 *b* Dan 2,37
8 Der soll deine Tochterstädte auf dem
Festland mit dem Schwert schlagen; aber
gegen dich wird er Bollwerke errichten
und einen Wall gegen dich aufschütten
und ein Schilddach gegen dich erstellen.
9 Er wird mit Sturmböcken deine Mauern
umstoßen und deine Türme mit seinen
Werkzeugen einreißen.
10 Von der Menge seiner Pferde wird
Staub dich bedecken. Deine Mauern werden erbeben von dem Getümmel seiner
Rosse, Wagen und Reiter, wenn er in deine
Tore eindringt, wie man eindringt in eine
erstürmte Stadt.
11 Er wird mit den Hufen seiner Rosse
alle deine Gassen zerstampfen. Dein Volk
wird er mit dem Schwert erschlagen und
deine stolzen Steinmale zu Boden reißen.
12 Sie werden deine Schätze rauben und
deine Handelsgüter plündern. Deine
Mauern werden sie abbrechen und deine
schönen Häuser einreißen und werden
deine Steine und die Balken und den
Schutt ins Meer werfen.
13 Und ich will dem Getön deiner Lieder
ein Ende machen, und den Klang deiner
Harfen soll man nicht mehr hören.[a]
a Am 5,23
14 Und ich will einen nackten Fels aus dir
machen, einen Platz, an dem man Fischnetze aufspannt, und du sollst nicht wieder gebaut werden. Denn ich bin der
HERR, der dies redet, spricht Gott der
HERR.
15 ¶ So spricht Gott der HERR gegen
Tyrus: Was gilt's? Die Inseln werden erbeben, wenn du fallen wirst mit Getöse und
deine Verwundeten stöhnen werden und
das Schwert morden wird in deiner Mitte.
16 Alle Fürsten am Meer werden von ihren Thronen herabsteigen und ihre Oberkleider ablegen und ihre bunten Gewänder ausziehen und werden in Trauerkleidern gehen und auf der Erde sitzen und
immer von neuem erzittern und sich entsetzen über dich.
17 Sie werden über dich ein Klagelied anstimmen und von dir sagen: Ach, wie bist
du zugrunde gegangen, du berühmte
Stadt, die du am Meer lagst und so mächtig warst auf dem Meer samt deinen Einwohnern, daß sich das ganze Land vor dir
fürchten mußte!
18 Nun entsetzen sich die Inseln am Tag
deines Falls, und die Inseln im Meer erschrecken über deinen Untergang.
19 ¶ Denn so spricht Gott der HERR: Ich
will dich zu einer verödeten Stadt machen
gleich den Städten, in denen niemand
wohnt, und will eine große Flut über dich
kommen lassen, daß hohe Wogen dich bedecken,
20 und will dich [a]hinunterstoßen zu denen, die in die Grube gefahren sind, zu
dem Volk der Vorzeit. Ich will dich wohnen lassen in den Tiefen unter der Erde
zwischen den Trümmern der Vorzeit bei
denen, die in die Grube gefahren sind, daß
du keine Wohnung und keine Stätte mehr
hast im Lande der Lebendigen;
a Jes 14,11.15; Eph 4,9; 1.Petr 3,19
21 ja, tödlichem Schrecken gebe ich dich
preis, daß es aus ist mit dir und man dich
nie mehr findet, wenn man nach dir sucht,
spricht Gott der HERR.

Klagelied über Tyrus

(vgl. Jes 23)

27 Und des HERRN Wort geschah zu
mir:
2 Du Menschenkind, stimm ein Klagelied
an über Tyrus
3 und sprich zu Tyrus: Die du wohnst am
Zugang zum Meer und für die Völker mit
vielen Inseln Handel treibst! So spricht
Gott der HERR: [a]O Tyrus, du sprichst: Ich
bin die Allerschönste! *a* Hos 9,13
4 Dein Gebiet liegt mitten im Meer, und
deine Bauleute haben dich aufs allerschönste erbaut.
5 Sie haben all dein Plankenwerk aus Zy-

pressenholz vom [a]Senir gemacht und die
Zedern vom Libanon geholt, um deine
Mastbäume daraus zu machen;
a 5.Mose 3,8.9
6 deine Ruder haben sie aus Eichen von
Baschan gemacht und deine Wände mit
Elfenbein getäfelt, gefaßt in Buchsbaum-
holz von den Gestaden der Kittäer.
7 Dein Segel war beste bunte Leinwand
aus Ägypten als dein Kennzeichen, und
deine Decken waren blauer und roter Pur-
pur von den Gestaden [a]Elischas.
a 1.Mose 10,4
8 Die Edlen von Sidon und Arwad waren
deine Ruderknechte, und die kundigsten
Männer von Tyrus hattest du als deine
Steuerleute.
9 Die Ältesten von [a]Gebal und seine Kun-
digsten mußten deine Risse abdichten.
Alle Seeschiffe und ihre Schiffsleute fan-
den sich bei dir ein, um mit deinen Waren
Handel zu treiben. a Jos 13,5; 1.Kön 5,32
10 Perser, Lyder und Libyer waren dein
Kriegsvolk; ihre Schilde und Helme häng-
ten sie bei dir auf; sie waren dein
Schmuck.
11 Die Männer von Arwad waren in dei-
nem Heer rings auf deinen Mauern und
waren Wächter auf deinen Türmen. Sie
haben ihre Schilde ringsum an deinen
Mauern aufgehängt und haben dich so
schön gemacht.
12 ¶ Tarsis hat für dich Handel getrieben
mit einer Fülle von Gütern aller Art und
Silber, Eisen, Zinn und Blei auf deine
Märkte gebracht.
13 Jawan, [a]Tubal und Meschech haben
mit dir gehandelt und Sklaven und Geräte
aus Kupfer als Ware gebracht. a Kap 38,2
14 Die Leute von Togarma haben dir
Rosse und Reitpferde und Maulesel auf
deine Märkte gebracht.
15 Die Leute von Rhodos sind deine
Händler gewesen, und viele Inseln haben
Handel mit dir getrieben; sie haben mit
Elfenbein und Ebenholz gezahlt.
16 Die Edomiter haben von dem Vielen
gekauft, das du gefertigt hattest, und ha-
ben Malachit, Purpur, bunte Stoffe, feine
Leinwand, Korallen und Rubine auf deine
Märkte gebracht.
17 Juda und das Land Israel haben mit dir
gehandelt und haben Weizen aus Minnit,
Feigen, Honig, Öl und Harz als Ware ge-
bracht.
18 Damaskus hat von dem Vielen gekauft,
das du gefertigt hattest, von der Fülle der
Güter aller Art gegen Wein von Helbon
und gegen Wolle von Zahar.
19 Wedan und Jawan haben von Usal auf
deine Märkte geformtes Eisen, Zimt und
Kalmus gebracht; die kamen als Ware.
20 Dedan hat mit dir gehandelt mit Dek-
ken zum Reiten.
21 Arabien und alle Fürsten von [a]Kedar
haben mit dir Handel getrieben mit Scha-
fen, Widdern und Böcken. a 1.Mose 25,13
22 Die Kaufleute aus [a]Saba und Ragma
haben mit dir gehandelt; den besten Bal-
sam und Edelsteine aller Art und Gold
haben sie auf deine Märkte gebracht.
a 1.Mose 10,7
23 Haran und Kanne und Eden samt den
Kaufleuten aus Assur und ganz Medien
haben mit dir gehandelt.
24 Sie waren deine Händler mit Prachtge-
wändern, mit Mänteln von Purpur und
bunten Stoffen, mit Teppichen von Pur-
pur, mit geflochtenen und gedrehten
Tauen im Handel mit dir.
25 Tarsisschiffe waren die Käufer deiner
Ware. So bist du sehr reich und herrlich
geworden mitten im Meer.
26 Deine Ruderer haben dich auf die hohe
See geführt; aber ein Ostwind wird dich
mitten auf dem Meer zerschmettern,
27 so daß dein Reichtum, dein Handels-
gut, deine Ware, deine Schiffsleute, deine
Steuerleute, deine Zimmerleute, deine
Händler und alle deine Kriegsleute und
alles Volk in dir mitten auf dem Meer um-
kommen werden am Tag deines Falls.
28 Da werden die Gestade erbeben von
dem Geschrei deiner Steuerleute.
29 Und alle, die das Ruder führen, die
Schiffsleute, alle Seefahrer werden von ih-
ren Schiffen herabsteigen, sie werden an
Land gehen
30 und laut über dich schreien und bitter-
lich klagen, werden Staub auf ihre Häup-
ter werfen und sich in der Asche wälzen.
31 Sie werden sich kahlscheren deinetwe-
gen und Säcke anlegen und von Herzen
bitterlich um dich weinen und trauern.
32 Es werden auch ihre Kinder ein Klage-
lied über dich anstimmen und um dich
klagen: Ach! Wer ist je auf dem Meer so
still geworden wie Tyrus?
33 Als du deinen Handel auf dem Meer
triebst, da machtest du viele Länder satt,

mit der Menge deiner Güter und Waren
machtest du reich die Könige auf Erden.
34 Nun aber bist du zerschmettert, hin-
weg vom Meer in die tiefen Wasser ge-
stürzt, daß dein Handelsgut und all dein
Volk in dir umgekommen ist.
35 Alle, die auf den Inseln wohnen, er-
schrecken über dich, und ihre Könige ent-
setzen sich und sehen jämmerlich drein.
36 Die Kaufleute unter den Völkern zi-
schen über dich, daß du [a]so plötzlich un-
tergegangen bist und nicht mehr aufkom-
men kannst. *a* Kap 28,19

Das Gericht über den König von Tyrus

28 Und des HERRN Wort geschah zu
mir:
2 Du Menschenkind, sage dem Fürsten
zu Tyrus: So spricht Gott der HERR: [a]Weil
sich dein Herz überhebt und spricht: »Ich
bin ein Gott, ich sitze auf einem Götter-
sitz mitten im Meer«, während du doch
ein Mensch und nicht Gott bist; dennoch
überhebt sich dein Herz, als wäre es eines
Gottes Herz, – *a* Jes 31,3; Dan 5,20; Apg 12,23
3 siehe, du hältst dich für klüger als [a]Da-
niel, daß dir nichts verborgen sei,
a Kap 14,14; Dan 1,17
4 und durch deine Klugheit und deinen
Verstand habest du dir Macht erworben
und Schätze von Gold und Silber gesam-
melt
5 und habest in deiner großen Weisheit
durch deinen Handel deine Macht ge-
mehrt; nun bist du so stolz geworden, weil
du so mächtig bist; –
6 darum spricht Gott der HERR: Weil sich
dein Herz überhebt, als wäre es eines
Gottes Herz,
7 darum siehe, ich will Fremde über dich
schicken, die Gewalttätigsten unter den
Völkern; [a]die sollen ihr Schwert zücken
gegen deine schöne Weisheit und sollen
deinen Glanz entweihen. *a* Kap 30,11
8 Sie sollen dich [a]hinunterstoßen in die
Grube, daß du den Tod eines Erschlage-
nen stirbst mitten auf dem Meer.
a Kap 26,20
9 Was gilt's, wirst du dann vor deinen
Henkern noch sagen: »Ich bin Gott«, wäh-
rend du doch nicht Gott bist, sondern ein
Mensch und in der Hand deiner Henker?
10 Du sollst den Tod von Unbeschnitte-
nen sterben durch die Hand von Frem-
den; denn ich habe es geredet, spricht Gott
der HERR.

Klagelied über den König von Tyrus

11 Und des HERRN Wort geschah zu mir:
12 Du Menschenkind, [a]stimm ein Klage-
lied an über den König von Tyrus und
sprich zu ihm: So spricht Gott der HERR:
Du warst das Abbild der Vollkommenheit,
voller Weisheit und über die Maßen
schön. *a* Kap 27,2
13 In Eden warst du, im [a]Garten Gottes,
geschmückt mit Edelsteinen jeder Art, mit
Sarder, Topas, Diamant, Türkis, Onyx,
Jaspis, Saphir, Malachit, Smaragd. Von
Gold war die Arbeit deiner Ohrringe und
des Perlenschmucks, den du trugst; am
Tag, als du geschaffen wurdest, wurden sie
bereitet. *a* Kap 31,8.9; 1.Mose 2,8
14 Du warst ein glänzender, schirmender
Cherub, und auf den heiligen Berg hatte
ich dich gesetzt; ein Gott warst du und
wandeltest inmitten der feurigen Steine.
15 Du warst ohne Tadel in deinem Tun
von dem Tage an, als du geschaffen wur-
dest, bis an dir Missetat gefunden wurde.
16 Durch deinen großen Handel wurdest
du voll Frevels und hast dich versündigt.
Da verstieß ich dich vom Berge Gottes
und tilgte dich, du schirmender Cherub,
hinweg aus der Mitte der feurigen Steine.
17 Weil sich dein Herz erhob, daß du so
schön warst, und du deine Weisheit ver-
dorben hast in all deinem Glanz, darum
habe ich dich zu Boden gestürzt und ein
Schauspiel aus dir gemacht vor den Köni-
gen.
18 Weil du mit deiner großen Missetat
durch unrechten Handel dein Heiligtum
entweiht hast, darum habe ich ein Feuer
aus dir hervorbrechen lassen, das dich ver-
zehrte und zu Asche gemacht hat auf der
Erde vor aller Augen.
19 Alle, die dich kannten unter den Völ-
kern, haben sich über dich entsetzt, daß
du [a]so plötzlich untergegangen bist und
nicht mehr aufkommen kannst. *a* Kap 27,36

Das Gericht über Sidon

20 Und des HERRN Wort geschah zu mir:
21 Du Menschenkind, richte dein Ange-
sicht gegen [a]Sidon und weissage gegen die
Stadt *a* Jes 23,2-4
22 und sprich: So spricht Gott der HERR:
Siehe, ich will an dich, Sidon, und will

meine Herrlichkeit erweisen in deiner
Mitte, damit man erfahren soll, daß ich
der HERR bin, wenn ich das Gericht über
die Stadt ergehen lasse und an ihr zeige,
daß ich heilig bin.
23 Und ich will Pest und Blutvergießen in
ihre Gassen schicken, und überall sollen
in ihr liegen vom Schwert Erschlagene,
und sie sollen erfahren, daß ich der HERR
bin.
24 Und forthin soll für das Haus Israel von
all seinen feindseligen Nachbarn ringsum
kein Dorn übrigbleiben, es zu stechen,
und kein Gestrüpp, ihm wehe zu tun, damit
sie erfahren, daß ich Gott der HERR
bin.

Israels Heil nach dem Gericht

25 So spricht Gott der HERR: Wenn ich
das Haus Israel wieder sammle aus den
Völkern, unter die sie zerstreut sind, so
will ich an ihnen vor den Augen der Heiden
zeigen, daß ich heilig bin. Und sie
sollen wohnen in ihrem Lande, das ich
meinem Knecht Jakob gegeben habe,
26 und sollen darin sicher wohnen und
Häuser bauen und Weinberge pflanzen. Ja,
sicher sollen sie wohnen, wenn ich das
Gericht ergehen lasse über alle ihre Feinde
rings um sie her, und sie sollen erfahren,
daß ich, der HERR, ihr Gott bin.

Das Schicksal Ägyptens

(vgl. Jes 19; 20; Jer 46)

29 Im zehnten Jahr am zwölften Tag
des zehnten Monats geschah des
HERRN Wort zu mir:
2 Du Menschenkind, richte dein Angesicht
gegen den Pharao, den König von
Ägypten, und weissage gegen ihn und gegen
ganz Ägyptenland.
3 Rede und sprich: So spricht Gott der
HERR: Siehe, ich will an dich, Pharao, du
König von Ägypten, du großer [a]Drache,
der du in deinem Strom liegst und
sprichst: »Der Strom ist mein, und ich
habe ihn mir gemacht.« *a Kap 32,2*
4 Aber ich will dir einen Haken ins Maul
legen und die Fische in deinem Strom an
deine Schuppen hängen und will dich aus
deinem Strom herausziehen samt allen Fischen
in deinem Strom, die an deinen
Schuppen hängen.
5 Ich will dich und alle Fische aus deinem
Strom in die Wüste werfen; du wirst aufs
Land fallen und nicht wieder aufgelesen
und gesammelt werden, sondern ich gebe
dich den Tieren auf dem Land und den
Vögeln des Himmels zum Fraß.
6 Und alle, die in Ägypten wohnen, sollen
erfahren, daß ich der HERR bin.
¶Weil du dem Hause Israel ein [a]Rohrstab
gewesen bist – *a 2.Kön 18,21*
7 wenn sie dich mit der Hand anfaßten, so
brachst du und stachst sie in die Seite;
und wenn sie sich auf dich lehnten, so
brachst du entzwei, und alle Hüften wankten –,
8 darum spricht Gott der HERR: Siehe, ich
will das Schwert über dich kommen lassen
und Menschen und Vieh in dir ausrotten.
9 Und Ägyptenland soll zur Wüste und
Öde werden, und sie sollen erfahren, daß
ich der HERR bin.
¶Weil du sprichst: »Der Strom ist mein,
und ich bin's, der ihn gemacht hat«, –
10 darum siehe, ich will an dich und an
deine Wasserströme und will Ägyptenland
zur Wüste und Öde machen [a]von Migdol
bis nach Syene und bis an die Grenze von
Kusch, *a Kap 30,6*
11 daß [a]vierzig Jahre lang weder Mensch
noch Tier das Land durchziehen oder
darin wohnen soll. *a 4.Mose 14,33.34*
12 Denn ich will Ägyptenland zur Wüste
machen inmitten verwüsteter Länder und
ihre Städte in Trümmern liegen lassen inmitten
verwüsteter Städte vierzig Jahre
lang und will die Ägypter zerstreuen unter
die Völker, und in die Länder will ich sie
verjagen.
13 ¶Denn so spricht Gott der HERR:
Wenn die vierzig Jahre um sein werden,
will ich die Ägypter wieder sammeln aus
den Völkern, unter die sie zerstreut werden
sollen,
14 und will das Geschick Ägyptens wenden
und sie wieder ins Land Patros bringen,
in ihr Vaterland; aber sie sollen dort
nur ein kleines Königreich sein.
15 Sie sollen kleiner sein als andere Reiche
und nicht mehr sich erheben über die
Völker, und ich will sie gering machen,
daß sie nicht über die Völker herrschen
sollen,
16 damit sich das Haus Israel nicht mehr
auf sie verläßt und sich damit versündigt,
wenn es sich an sie hängt; und sie sollen
erfahren, daß ich Gott der HERR bin.

Ägypten als Lohn für Nebukadnezar

17 Und es begab sich im siebenundzwan-
zigsten Jahr am ersten Tag des ersten
Monats, da geschah des HERRN Wort zu
mir:
18 Du Menschenkind! Nebukadnezar, der
König von Babel, hat sein Heer in hartem
Dienst vor Tyrus arbeiten lassen, so daß
alle Häupter kahl wurden und alle Schul-
tern wund gerieben waren; und doch ist
weder ihm noch seinem Heer all die Ar-
beit vor Tyrus belohnt worden.
19 Darum spricht Gott der HERR: Siehe,
ich will Nebukadnezar, dem König von Ba-
bel, Ägyptenland geben, daß er all ihr Gut
wegnehmen und sie berauben und plün-
dern soll, damit er seinem Heer den Sold
gebe.
20 Zum Lohn für die Arbeit, die er vor
Tyrus getan hat, will ich ihm das Land
Ägypten geben; denn sie haben für mich
gearbeitet, spricht Gott der HERR.[a]
a Kap 30,24
21 Zur selben Zeit will ich dem Hause Is-
rael wieder Macht geben und will deinen
Mund unter ihnen auftun, damit sie erfah-
ren, daß ich der HERR bin.

Der Sturz Ägyptens

30 Und des HERRN Wort geschah zu
mir:
2 Du Menschenkind, weissage und sprich:
So spricht Gott der HERR: Heulet! Wehe,
was für ein Tag!
3 Denn der Tag ist nahe, ja, [a]des HERRN
Tag ist nahe, ein finsterer Tag; die Zeit der
Heiden kommt. *a* Joel 1,15; Zef 1,14
4 Und das Schwert soll über Ägypten
kommen, und Kusch wird erschrecken,
wenn die Erschlagenen in Ägypten fallen
und sein Reichtum weggenommen und
seine Grundfesten eingerissen werden.
5 Kusch und Put und Lud mit allerlei
fremdem Volk und Kub und ihre Verbün-
deten sollen mit ihnen durchs Schwert fal-
len.[a] *a* Jer 46,9
6 ¶So spricht der HERR: Alle, die Ägyp-
ten stützen, müssen fallen, und seine
stolze Macht muß herunter. [a]Von Migdol
bis nach Syene sollen sie durchs Schwert
fallen, spricht Gott der HERR. *a* Kap 29,10
7 Und sie sollen inmitten verwüsteter
Länder zur Wüste werden und ihre Städte
inmitten verwüsteter Städte in Trümmern
liegen,
8 damit sie erfahren, daß ich der HERR
bin, wenn ich Feuer an Ägypten lege, so
daß alle, die ihnen helfen, zunichte wer-
den.
9 Zur selben Zeit werden Boten von mir
ausziehen in Schiffen, [a]um Kusch zu
schrecken, das jetzt so sicher ist, und es
wird ein Schrecken über sie kommen am
Tage Ägyptens; denn siehe, er kommt ge-
wiß. *a* Jes 20,3.4
10 ¶So spricht Gott der HERR: Ich will
dem Reichtum Ägyptens ein Ende ma-
chen durch Nebukadnezar, den König von
Babel.
11 Er und sein Volk, [a]die Gewalttätigsten
unter den Völkern, werden herangebracht
werden, um das Land zu verderben, und
werden ihre Schwerter ziehen gegen Ägyp-
ten, daß das Land überall voll Erschlage-
ner liegt. *a* Kap 28,7
12 Und [a]ich will die Ströme austrocknen
und das Land an böse Leute verkaufen
und will das Land und was darin ist durch
Fremde verwüsten lassen. Ich, der HERR,
habe es geredet. *a* Jes 19,5
13 ¶So spricht Gott der HERR: Ich will
von Memfis die Götzen ausrotten und die
Abgötter vertilgen, und Ägypten soll kei-
nen Fürsten mehr haben, und ich will
Schrecken über Ägyptenland bringen.
14 Ich will Patros zur Wüste machen und
an Zoan Feuer legen und das Gericht über
[a]No ergehen lassen *a* Nah 3,8.9
15 und will meinen Grimm ausschütten
über Sin, die Festung Ägyptens, und will
den Reichtum von No vernichten.
16 Ich will Feuer an Ägypten legen, und
Sin soll es angst und bange werden, und
No soll erobert und Memfis täglich ge-
ängstigt werden.
17 Die junge Mannschaft von On und Pi-
Beset soll durchs Schwert fallen und die
Frauen gefangen weggeführt werden.
18 In [a]Tachpanhes wird sich der Tag ver-
finstern, wenn ich dort das Zepter Ägyp-
tens zerbreche und seine stolze Macht
ein Ende nimmt. Die Stadt wird mit Wol-
ken bedeckt werden, und ihre Töchter
werden gefangen weggeführt werden.
a Jer 43,9
19 Und ich will das Gericht über Ägypten
ergehen lassen, damit sie erfahren, daß ich
der HERR bin.

Der Arm des Pharao und der Arm Nebukadnezars

20 Und es begab sich im elften Jahr am
siebenten Tag des ersten Monats, da geschah des HERRN Wort zu mir:
21 Du Menschenkind, ich habe den Arm
des Pharao, des Königs von Ägypten, zerbrochen, und siehe, er ist nicht verbunden worden, daß er wieder heilen könnte, auch nicht mit Binden umwickelt, daß er wieder stark würde und ein Schwert fassen könnte.
22 Darum spricht Gott der HERR: Siehe,
ich will an den Pharao, den König von Ägypten, und will seine Arme zerbrechen, den gesunden und den zerbrochenen, daß ihm das Schwert aus der Hand fallen muß,
23 und will die Ägypter unter die Völker
zerstreuen und in die Länder verjagen.
24 Aber die Arme des Königs von Babel
will ich stärken und ihm mein Schwert in die Hand geben und will die Arme des Pharao zerbrechen, daß er vor ihm stöhnen soll wie ein tödlich Verwundeter.[a]

a Kap 29,20

25 Ja, ich will die Arme des Königs von
Babel stärken, aber die Arme des Pharao sollen sinken, damit sie erfahren, daß ich der HERR bin, wenn ich mein Schwert dem König von Babel in die Hand gebe, damit er's gegen Ägyptenland zücke,
26 und ich die Ägypter unter die Völker
zerstreue und in die Länder verjage, damit sie erfahren, daß ich der HERR bin.

Der Pharao – ein gestürzter Zedernbaum

31 Und es begab sich im elften Jahr am
ersten Tag des dritten Monats, da geschah des HERRN Wort zu mir:
2 Du Menschenkind, sage zum Pharao,
dem König von Ägypten, und zu seinem stolzen Volk: Wem bist du gleich in deiner Herrlichkeit?
3 Siehe, einem Zedernbaum auf dem Li-
banon, mit schönen Ästen und dichtem Laub und sehr hoch, so daß sein Wipfel in die Wolken ragte.
4 Wasser ließ ihn groß werden und die
Flut der Tiefe in die Höhe wachsen. Ihre Ströme gingen rings um seinen Stamm her, und ihre Rinnsale sandte sie zu allen Bäumen auf dem Felde.
5 Darum ist er höher geworden als alle
Bäume auf dem Felde und trieb viele Äste und lange Zweige; denn er hatte Wasser genug, sich auszubreiten.
6 Alle Vögel des Himmels nisteten auf
seinen Ästen, und alle Tiere des Feldes hatten Junge unter seinen Zweigen, und unter seinem Schatten wohnten alle großen Völker.
7 Er war schön geworden in seiner Größe
mit seinen langen Ästen; denn seine Wurzeln hatten viel Wasser.
8 So war ihm kein Zedernbaum gleich in
Gottes Garten, und die Zypressen waren seinen Ästen nicht zu vergleichen, und die Platanen waren nichts gegen seine Zweige. Ja, er war so schön wie kein Baum im Garten Gottes.
9 Ich hatte ihn so schön gemacht mit sei-
nen vielen Ästen, daß ihn alle Bäume von Eden im Garten Gottes beneideten.
10 ¶ Darum – so spricht Gott der HERR:
Weil er so hoch geworden war, daß sein Wipfel bis in die Wolken ragte, und weil sein Herz sich erhob, da er so hoch geworden war,
11 darum gab ich ihn dem Mächtigsten un-
ter den Völkern in die Hände, daß der mit ihm umginge, wie er verdient hat mit seinem gottlosen Tun, und ihn vertriebe.
12 Fremde hieben ihn um, die Gewalttä-
tigsten unter den Völkern, und ließen ihn liegen. Seine Äste fielen auf die Berge und in alle Täler, und seine Zweige lagen zerbrochen an allen Bächen im Lande, so daß alle Völker auf Erden wegziehen mußten und ihn liegen ließen, weil er keinen Schatten mehr gab.
13 Alle Vögel des Himmels saßen auf sei-
nem gefällten Stamm, und alle Tiere des Feldes legten sich auf seine Äste,
14 damit sich fortan kein Baum am Was-
ser wegen seiner Höhe überhebe und seinen Wipfel bis in die Wolken recke und kein Baum am Wasser sich erhebe über die andern. Denn sie müssen alle unter die Erde und dem Tod übergeben werden zu den Menschen, die in die Grube fahren.
15 ¶ So spricht Gott der HERR: An dem
Tage, an dem er hinunter zu den Toten fuhr, da ließ ich die Fluten der Tiefe um ihn trauern und hielt ihre Ströme an, daß die großen Wasser nicht fließen konnten. Ich ließ den Libanon um ihn trauern, daß alle Bäume auf dem Felde um seinetwillen verdorrten.

16 [a] Ich erschreckte die Völker, als sie ihn
fallen hörten, da ich ihn hinunterstieß zu
den Toten, zu denen, die in die Grube
gefahren sind. Damit trösteten sich unter
der Erde alle Bäume von Eden, die edelsten und besten vom Libanon, alle, die am
Wasser gestanden hatten.

a (16 und 17) Kap 28,8

17 Denn sie mußten auch mit ihm hinunter zu den Toten, zu den mit dem Schwert
Erschlagenen, weil sie unter dem Schatten
seines Arms gewohnt hatten inmitten der
Völker.
18 Wem bist du gleich, Pharao, mit deiner
Pracht und Herrlichkeit unter den Bäumen
von Eden? Und du mußt mit den Bäumen
von Eden unter die Erde hinabfahren und
unter den Unbeschnittenen liegen, die mit
dem Schwert erschlagen sind. So soll es
dem Pharao gehen und seinem stolzen
Volk, spricht Gott der HERR.

Klagelieder über den Pharao und über Ägypten

32 Und es begab sich im elften Jahr am
ersten Tag des zwölften Monats, da
geschah des HERRN Wort zu mir:
2 Du Menschenkind, stimm ein Klagelied
an über den Pharao, den König von Ägypten, und sprich zu ihm: Du Löwe unter
den Völkern, wie bist du dahin! Und doch
warst du wie ein [a] Drache im Meer und
schnaubtest in deinen Strömen und rührtest das Wasser auf mit deinen Füßen und
machtest seine Ströme trübe.

a Kap 29,3

3 So spricht Gott der HERR: [a] Ich will mein
Netz über dich auswerfen durch eine
Menge Völker; die sollen dich in meinem
Garn heraufholen;

a Kap 12,13

4 und ich will dich an Land ziehen und
aufs Feld werfen, daß sich [a] alle Vögel des
Himmels auf dich setzen sollen und alle
Tiere auf Erden von dir satt werden.

a Kap 29,5

5 Und ich will dein Fleisch auf die Berge
werfen und mit deinem Aas die Täler füllen.
6 Das Land will ich mit deinem Blut tränken bis zu den Bergen, und die Bäche sollen davon voll werden.
7 [a] Und wenn du dann ganz dahin bist, so
will ich den Himmel verhüllen und seine
Sterne verfinstern und die Sonne mit Wolken überziehen, und der Mond soll nicht
scheinen.

a (7 und 8) Jes 13,10

8 Alle Lichter am Himmel lasse ich über
dir dunkel werden und bringe eine Finsternis über dein Land, spricht Gott der
HERR.
9 Dazu will ich die Herzen vieler Völker
erschrecken, wenn ich deine Gefangenen
unter die Völker bringe, in viele Länder,
die du nicht kennst.
10 Viele Völker sollen sich über dich entsetzen, und ihren Königen soll vor dir
grauen, wenn ich mein Schwert vor ihnen
blinken lasse; immer wieder sollen sie zittern, ein jeder um sein Leben, wenn der
Tag deines Falls kommt.
11 ¶ Denn so spricht Gott der HERR: Das
Schwert des Königs von Babel soll dich
treffen.
12 Ich will dein Volk fällen durch das
Schwert der Helden, die allesamt die Gewalttätigsten unter den Völkern sind; sie
werden die Herrlichkeit Ägyptens verheeren und sein stolzes Volk vernichten.
13 Und ich will alle seine Tiere umbringen
an den großen Wassern, daß keines Menschen Fuß und keines Tieres Klaue sie
mehr trübe machen soll.
14 Alsdann will ich seine Wasser klar machen, daß seine Ströme fließen wie Öl,
spricht Gott der HERR,
15 wenn ich das Land Ägypten verwüste
und alles, was im Land ist, öde mache und
alle, die darin wohnen, erschlage, und sie
sollen erfahren, daß ich der HERR bin. –
16 Das ist ein Klagelied, und man soll es
singen; ja, die Töchter der Völker sollen
es singen, über Ägypten und sein stolzes
Volk sollen sie klagen, spricht Gott der
HERR.
17 ¶ Und im elften Jahr am fünfzehnten
Tag desselben Monats geschah des HERRN
Wort zu mir:
18 Du Menschenkind, wehklage über das
stolze Volk in Ägypten und [a] stoß es hinab
mit den Töchtern der starken Völker, tief
unter die Erde zu denen, die in die Grube
gefahren sind.

a Kap 31,16

19 Vor wem hast du nun etwas voraus an
Schönheit? [a] Hinunter mit dir! Lege dich
zu den Unbeschnittenen!

a Jes 14,11.15

20 Sie werden fallen mitten unter denen,
die mit dem Schwert erschlagen sind. Das
Schwert ist schon gefaßt und gezückt über
ihr stolzes Volk.
21 Von ihm werden sagen unter der Erde
die starken Helden mit ihren Helfern: Sie

sind hinuntergefahren und liegen da, die
Unbeschnittenen und mit dem Schwert
Erschlagenen.
22 ¶ Da liegt Assur mit seinem ganzen
Volk, ringsherum seine Gräber, sie alle er-
schlagen und durchs Schwert gefallen!
23 Seine Gräber bekam es ganz hinten in
der Grube, und sein Volk liegt ringsumher
begraben, alle erschlagen und durchs
Schwert gefallen, von denen einst Schrek-
ken ausging im Lande der Lebendigen.
24 ¶ Da liegt Elam mit seinem stolzen
Volk, ringsherum seine Gräber, sie alle er-
schlagen und durchs Schwert gefallen, hin-
untergefahren als Unbeschnittene unter
die Erde, von denen einst Schrecken aus-
ging im Lande der Lebendigen; sie müs-
sen ihre Schande tragen mit denen, die in
die Grube gefahren sind.[a] *a* Jer 49,37
25 Man hat sie mitten unter die Erschlage-
nen gelegt mit ihrem stolzen Volk, rings-
herum ihre Gräber, sie alle als Unbeschnit-
tene und mit dem Schwert Erschlagene,
von denen einst Schrecken ausging im
Lande der Lebendigen; sie müssen ihre
Schande tragen mit denen, die in die
Grube gefahren sind, und bei den Erschla-
genen liegen.
26 ¶ Da liegen [a]Meschech und Tubal mit
ihrem stolzen Volk, ringsherum ihre Grä-
ber, sie alle als Unbeschnittene und mit
dem Schwert Erschlagene, von denen einst
Schrecken ausging im Lande der Lebendi-
gen. *a* Kap 27,13; 38,2
27 Sie liegen nicht bei den Helden, die in
der Vorzeit gefallen und mit ihrer Kriegs-
wehr zu den Toten gefahren sind, denen
man ihre Schwerter unter ihre Häupter ge-
legt und ihre Schilde über ihre Gebeine
gedeckt hat, die gefürchtete Helden waren
im Lande der Lebendigen.
28 Du aber mußt inmitten der Unbeschnit-
tenen begraben sein und bei denen liegen,
die mit dem Schwert erschlagen sind.
29 ¶ Da liegt [a]Edom mit seinen Königen
und allen seinen Fürsten, die in ihrer Hel-
denkraft zu den vom Schwert Erschlage-
nen getan wurden; da liegen sie bei den
Unbeschnittenen und denen, die in die
Grube gefahren sind. *a* Kap 25,12-14
30 ¶ Da sind alle Fürsten des Nordens und
alle [a]Sidonier, die mit den Erschlagenen
hinabgefahren sind, und ihre schreckliche
Gewalt ist zuschanden geworden; sie müs-
sen als Unbeschnittene bei denen liegen,
die mit dem Schwert erschlagen sind, und
ihre Schande tragen samt denen, die in die
Grube gefahren sind. *a* Kap 28,21-23
31 ¶ Diese alle wird der Pharao sehen und
sich trösten über sein stolzes Volk. Mit
dem Schwert erschlagen ist der Pharao
und sein ganzes Heer, spricht Gott der
HERR.
32 Denn ich setzte ihn zum Schrecken im
Lande der Lebendigen, aber nun liegt er
bei den Unbeschnittenen und mit dem
Schwert Erschlagenen, der Pharao und
sein stolzes Volk, spricht Gott der HERR.

Das Wächteramt des Propheten

(vgl. Kap 3,16-21)

33 Und des HERRN Wort geschah zu
mir:
2 Du Menschenkind, rede zu den Söhnen
deines Volks und sprich zu ihnen: Wenn
ich das Schwert über ein Land bringe und
das Volk des Landes nimmt einen Mann
aus seiner Mitte und macht ihn zu seinem
Wächter
3 und er sieht das Schwert kommen über
das Land und bläst die Posaune und warnt
das Volk –
4 wer nun den Hall der Posaune hört und
will sich nicht warnen lassen, und das
Schwert kommt und nimmt ihn weg, des-
sen Blut wird auf seinen Kopf kommen.
5 Denn er hat den Hall der Posaune ge-
hört und sich dennoch nicht warnen las-
sen; darum wird sein Blut auf ihn kom-
men. Wer sich aber warnen läßt, der wird
sein Leben davonbringen.
6 Wenn aber der Wächter das Schwert
kommen sieht und nicht die Posaune bläst
und sein Volk nicht warnt und das Schwert
kommt und nimmt einen von ihnen weg,
so wird der wohl um seiner Sünde willen
weggenommen; aber sein Blut will ich von
der Hand des Wächters fordern.
7 ¶ Und nun, du Menschenkind, ich habe
dich zum [a]Wächter gesetzt über das Haus
Israel. Wenn du etwas aus meinem Munde
hörst, sollst du sie in meinem Namen war-
nen. *a* Hebr 13,17
8 Wenn ich nun zu dem Gottlosen sage:
Du Gottloser mußt des Todes sterben!
und du sagst ihm das nicht, um den Gott-
losen vor seinem Wege zu warnen, so wird
er, der Gottlose, um seiner Sünde willen
sterben, aber sein Blut will ich von deiner
Hand fordern.

9 Warnst du aber den Gottlosen vor sei-
nem Wege, daß er von ihm umkehre, und
er will von seinem Wege nicht umkehren,
so wird er um seiner Sünde willen ster-
ben, aber du hast dein Leben errettet.

Gott richtet jeden nach seinem Handeln

(vgl. Kap 18,21-32)

10 Und nun, du Menschenkind, sage dem
Hause Israel: Ihr sprecht: Unsere Sünden
und Missetaten liegen auf uns, daß wir dar-
unter vergehen; wie können wir denn le-
ben?
11 So sprich zu ihnen: [a]**So wahr ich lebe,
spricht Gott der HERR: ich habe kein
Gefallen am Tode des Gottlosen, sondern
daß der Gottlose umkehre von seinem Wege
und lebe. So [b]kehrt nun um von euren
bösen Wegen. Warum wollt ihr sterben,
ihr vom Hause Israel?**

a 5.Mose 32,40 b Jes 55,7; Joel 2,12.13

12 ¶Und du, Menschenkind, sprich zu
deinem Volk: [a]Wenn ein Gerechter Böses
tut, so wird's ihm nicht helfen, daß er ge-
recht gewesen ist; und wenn ein Gottloser
von seiner Gottlosigkeit umkehrt, so soll's
ihm nicht schaden, daß er gottlos gewesen
ist. Auch der Gerechte kann nicht am Le-
ben bleiben, wenn er sündigt. a Kap 3,20
13 Denn wenn ich zu dem Gerechten spre-
che: Du sollst leben! und er verläßt sich
auf seine Gerechtigkeit und tut Böses, so
soll aller seiner Gerechtigkeit nicht mehr
gedacht werden, sondern er soll sterben
um des Bösen willen, das er getan hat.
14 Und wenn ich zum Gottlosen spreche:
Du sollst sterben! und er bekehrt sich von
seiner Sünde und tut, was recht und gut
ist,
15 – so daß der Gottlose [a]das Pfand zu-
rückgibt und [b]erstattet, was er geraubt hat,
und nach den Satzungen des Lebens wan-
delt und nichts Böses tut –, so soll er am
Leben bleiben und nicht sterben,

a 5.Mose 24,10-13 b Kap 18,7; Lk 19,8

16 und all seiner Sünden, die er getan hat,
soll nicht mehr gedacht werden, denn er
hat nun getan, was recht und gut ist; darum
soll er am Leben bleiben.
17 Aber dein Volk spricht: »Der Herr han-
delt nicht recht«, während doch sie nicht
recht handeln.
18 Wenn der Gerechte sich abkehrt von
seiner Gerechtigkeit und Unrecht tut, so
muß er deshalb sterben.
19 Und wenn sich der Gottlose von seiner
Gottlosigkeit bekehrt und tut, was recht
und gut ist, so soll er deshalb am Leben
bleiben.
20 Und doch sprecht ihr: »Der Herr han-
delt nicht recht«, während ich doch einen
jeden von euch, ihr vom Hause Israel,
nach seinem Handeln richte.

Der Prophet erhält die Botschaft vom Fall Jerusalems

21 Und es begab sich im elften Jahr unse-
rer Gefangenschaft am [a]fünften Tag des
zehnten Monats, da kam zu mir ein [b]Ent-
ronnener von Jerusalem und sprach: Die
Stadt ist genommen.

a Kap 1,2 b Kap 24,26; 2.Kön 25,2-4

22 Und die Hand des HERRN war über
mich gekommen am Abend, bevor der
Entronnene kam, und er tat mir meinen
Mund auf, als jener am Morgen zu mir
kam. Und mein Mund wurde aufgetan, so
daß ich nicht mehr stumm sein mußte.

Gegen den Anspruch der im Lande Zurückgebliebenen

23 Und des HERRN Wort geschah zu mir:
24 Du Menschenkind, die Bewohner jener
Trümmer im Lande Israels sprechen: [a]Ab-
raham war ein einzelner Mann und nahm
dies Land in Besitz; wir aber sind viele, so
gehört uns das Land erst recht. a Jes 51,2
25 Darum sprich zu ihnen: So spricht Gott
der HERR: [a]Ihr habt das Fleisch über dem
Blut gegessen und eure Augen zu den
Götzen aufgehoben und Blut vergossen –
und dann wollt ihr das Land besitzen?

a 1.Sam 14,32-34

26 Ihr verlaßt euch auf euer Schwert und
übt Greuel, und einer schändet die Frau
des andern – und [a]dann wollt ihr das Land
besitzen? a Kap 11,14-21
27 So sprich zu ihnen: So spricht Gott der
HERR: So wahr ich lebe, sollen alle, die in
den Trümmern wohnen, durchs Schwert
fallen, und die auf freiem Felde sind, will
ich den Tieren zum Fraß geben, und die
in den Festungen und Höhlen sind, sollen
an der Pest sterben.
28 Denn ich will das Land ganz verwüsten
und seiner Hoffart und Macht ein Ende
machen, daß das Gebirge Israel so zur
Wüste wird, daß niemand mehr hindurch-
zieht.

[29]Und sie sollen erfahren, daß ich der
HERR bin, wenn ich das Land ganz verwü-
ste um aller ihrer Greuel willen, die sie
verübt haben.

Gegen die leichtfertigen Hörer des prophetischen Wortes

[30]Und du, Menschenkind, dein Volk re-
det über dich an den Mauern und in den
Haustüren, und einer spricht zum andern:
Kommt doch und laßt uns hören, was das
für ein Wort ist, das vom HERRN ausgeht.
[31]Und sie werden zu dir kommen, wie
das Volk so zusammenkommt, und vor
dir sitzen als mein Volk und [a]werden
deine Worte hören, aber nicht danach tun,
sondern ihr Mund ist voll von Liebeswei-
sen, und danach tun sie, und hinter ihrem
Gewinn läuft ihr Herz her. *a* Jes 53,1
[32]Und siehe, du bist für sie wie einer, der
Liebeslieder singt, der eine schöne Stim-
me hat und gut spielen kann. Sie hören
wohl deine Worte, aber sie tun nicht da-
nach.
[33]Wenn es aber kommt – und siehe, es
kommt! –, so werden sie erfahren, daß [a]ein
Prophet unter ihnen gewesen ist. *a* Kap 2,5

Die schlechten Hirten und der rechte Hirt

(vgl. Kap 37,24-28)

34 Und des HERRN Wort geschah zu
mir:
[2]Du Menschenkind, weissage gegen die
Hirten Israels, weissage und sprich zu
ihnen: So spricht Gott der HERR: [a]Wehe
den Hirten Israels, die sich selbst weiden!
Sollen die Hirten nicht die Herde wei-
den? *a* Jer 23,1-4
[3]Aber ihr eßt das Fett und kleidet euch
mit der Wolle und schlachtet das Gemä-
stete, aber die Schafe wollt ihr nicht wei-
den.
[4][a]Das Schwache stärkt ihr nicht, und das
Kranke heilt ihr nicht, das Verwundete ver-
bindet ihr nicht, das Verirrte holt ihr nicht
zurück, und das Verlorene sucht ihr nicht;
das Starke aber tretet ihr nieder mit Ge-
walt.[b] *a* Sach 11,15.16 *b* Joh 10,11
[5]Und [a]meine Schafe sind zerstreut, weil
sie keinen Hirten haben, und sind allen
wilden Tieren zum Fraß geworden und
zerstreut. *a* Mt 9,36
[6]Sie irren umher auf allen Bergen und
auf allen hohen Hügeln und sind über das
ganze Land zerstreut, und niemand ist da,
der nach ihnen fragt oder auf sie achtet.
[7]¶Darum hört, ihr Hirten, des HERRN
Wort!
[8]So wahr ich lebe, spricht Gott der HERR:
weil meine Schafe zum Raub geworden
sind und meine Herde zum Fraß für alle
wilden Tiere, weil sie keinen Hirten hatten
und meine Hirten nach meiner Herde
nicht fragten, sondern die Hirten sich
selbst weideten, aber meine Schafe nicht
weideten,
[9]darum, ihr Hirten, hört des HERRN
Wort!
[10]So spricht Gott der HERR: Siehe, [a]ich
will an die Hirten und will meine Herde
von ihren Händen fordern; ich will ein
Ende damit machen, daß sie Hirten sind,
und sie sollen sich nicht mehr selbst wei-
den. Ich will meine Schafe erretten aus
ihrem Rachen, daß sie sie nicht mehr fres-
sen sollen. *a* Jer 23,2
[11]¶Denn so spricht Gott der HERR:
Siehe, [a]ich will mich meiner Herde selbst
annehmen und sie suchen. *a* Jes 40,11
[12]Wie [a]ein Hirte seine Schafe sucht,
wenn sie von seiner Herde verirrt sind, so
will ich meine Schafe suchen und will sie
erretten von allen Orten, wohin sie zer-
streut waren zur Zeit, als es trüb und fin-
ster war. *a* Lk 15,4
[13]Ich will sie aus allen Völkern heraus-
führen und aus allen Ländern sammeln
und will sie in ihr Land bringen und
will sie weiden auf den Bergen Israels,
in den Tälern und an allen Plätzen des
Landes.
[14]Ich will sie auf die beste Weide führen,
und auf den hohen Bergen in Israel sollen
ihre Auen sein; da [a]werden sie auf guten
Auen lagern und fette Weide haben auf
den Bergen Israels. *a* Ps 23,2
[15]Ich selbst will meine Schafe weiden,
und ich will sie lagern lassen, spricht Gott
der HERR.
[16][a]**Ich will das Verlorene wieder suchen
und das Verirrte zurückbringen und das Ver-
wundete verbinden und das Schwache stär-
ken und, was fett und stark ist, behüten; ich
will sie weiden, wie es recht ist.*** *a* Jer 31,8.9

* So auch Luther selbst; nach anderer Überlieferung: »aber was fett und stark ist, will ich vertilgen und will es weiden mit Gericht«.

17¶ Aber zu euch, meine Herde, spricht
Gott der HERR: Siehe, [a]ich will richten
zwischen Schaf und Schaf und Widdern
und Böcken. *a* Mt 25,32
18 Ist's euch nicht genug, die beste Weide
zu haben, daß ihr die übrige Weide mit
Füßen tretet, und klares Wasser zu trinken,
daß ihr auch noch hineintretet und es
trübe macht,
19 so daß meine Schafe fressen müssen,
was ihr mit euren Füßen zertreten habt,
und trinken, was ihr mit euren Füßen
trübe gemacht habt?
20 Darum spricht Gott der HERR: Siehe,
ich will selbst richten zwischen den fetten
und den mageren Schafen;
21 weil ihr mit Seite und Schulter drängtet
und die Schwachen von euch stießt mit
euren Hörnern, bis ihr sie alle hinausgetrieben
hattet,
22 will ich meiner Herde helfen, daß sie
nicht mehr zum Raub werden soll, und
will richten zwischen Schaf und Schaf.
23¶ Und [a]**ich will ihnen einen einzigen
Hirten erwecken, der sie weiden soll, nämlich
meinen Knecht David. Der wird sie weiden
und soll ihr Hirte sein,**
a Kap 37,24; Jer 30,9; Hos 3,5; Joh 10,14-16
24 und ich, der HERR, will ihr Gott sein,
aber mein Knecht David soll der Fürst
unter ihnen sein; das sage ich, der HERR.
25¶ Und ich will einen [a]Bund des Friedens
mit ihnen schließen und [b]alle bösen
Tiere aus dem Lande ausrotten, daß sie
[c]sicher in der Steppe wohnen und in den
Wäldern schlafen können. *a* Kap 37,26
b 3.Mose 26,6 *c* Hos 2,20
26 [a]Ich will sie und alles, was um meinen
Hügel her ist, segnen und auf sie regnen
lassen zu rechter Zeit. Das sollen gnädige
Regen sein, *a (26 und 27)* 3.Mose 26,4
27 daß die Bäume auf dem Felde ihre
Früchte bringen und das Land seinen Ertrag
gibt, und sie sollen sicher auf ihrem
Lande wohnen und sollen erfahren, daß
ich der HERR bin, wenn ich ihr Joch zerbrochen
und sie errettet habe aus der
Hand derer, denen sie dienen mußten.
28 Und sie sollen nicht mehr den Völkern
zum Raub werden, und kein wildes Tier
im Lande soll sie mehr fressen, sondern
sie sollen sicher wohnen, und [a]niemand
soll sie schrecken. *a* Jer 30,10
29 Und ich will ihnen eine Pflanzung aufgehen
lassen zum Ruhm, daß sie nicht
mehr Hunger leiden sollen im Lande und
die Schmähungen der Heiden nicht mehr
ertragen müssen.[a] *a* Kap 36,30
30 Und sie sollen erfahren, daß ich, [a]der
HERR, ihr Gott, bei ihnen bin und daß die
vom Hause Israel mein Volk sind, spricht
Gott der HERR. *a* Kap 11,20
31 Ja, ihr sollt meine Herde sein, [a]die
Herde meiner Weide, und ich will euer
Gott sein, spricht Gott der HERR. *a* Ps 100,3

Das Gericht über Edom

35 Und des HERRN Wort geschah zu
mir:
2 Du Menschenkind, richte dein Angesicht
gegen das Gebirge Seïr und weissage
gegen [a]Edom *a* Kap 25,12-14
3 und sprich zu ihm: So spricht Gott der
HERR: Siehe, ich will an dich, du Gebirge
Seïr, und meine Hand gegen dich ausstrekken
und will dich ganz und gar zur Wüste
machen.
4 Ich will deine Städte öde machen, daß
du zur Wüste werden sollst, und du sollst
erfahren, daß ich der HERR bin.
5 [a]Weil ihr ewige Feindschaft hattet gegen
die Israeliten und sie dem Schwert
preisgegeben habt, als es ihnen übel ging
und ihre Schuld zum Ende führte, –
a (5 und 6) Ps 137,7
6 darum, so wahr ich lebe, spricht Gott
der HERR, will ich auch dich bluten lassen,
und du sollst dem Blutbad nicht entrinnen.
Weil du dich mit Blut verschuldet
hast, soll auch dein Blut fließen.
7 Und ich will das Gebirge Seïr wüst und
öde machen und alle ausrotten, die dort
hin und her ziehen.
8 Und ich will seine Berge mit Erschlagenen
füllen, seine Hügel, seine Täler und
alle seine Bachläufe – überall sollen vom
Schwert Erschlagene liegen.
9 Ja, zu einer ewigen Wüste will ich dich
machen, daß niemand mehr in deinen
Städten wohnt, und ihr sollt erfahren, daß
ich der HERR bin.
10¶ Weil du sprachst: »Diese beiden Völker
mit ihren beiden Ländern müssen
mein werden, und wir wollen sie in Besitz
nehmen« – obgleich der HERR dort
wohnt –,
11 darum, so wahr ich lebe, spricht Gott
der HERR, will ich an dir handeln mit demselben
Zorn und derselben Leidenschaft,

mit denen du an ihnen gehandelt hast in
deinem Haß, und will mich an ihnen kund-
tun, wenn ich dich richte.
12 Und du sollst erfahren, daß ich, der
HERR, all deine Lästerreden gegen die
Berge Israels gehört habe, als du sagtest:
Sie sind verwüstet und uns zum Fraß ge-
geben.
13 So habt ihr euch gegen mich gerühmt
und frech gegen mich geredet; das habe
ich gehört.
14 So spricht Gott der HERR: Ich will dich
zur Wüste machen, daß sich alles Land
freuen soll.
15 Und wie du dich gefreut hast über das
Erbe des Hauses Israel, weil es verwüstet
war, ebenso will ich mit dir tun: das Ge-
birge Seïr soll zur Wüste werden mit ganz
Edom, und sie sollen erfahren, daß ich der
HERR bin.

Die Verheißung für die Berge Israels

36 Und du, Menschenkind, [a]weissage
den Bergen Israels und sprich: Hört
des HERRN Wort, ihr Berge Israels!

a Kap 6,2

2 So spricht Gott der HERR: [a]Weil der
Feind über euch frohlockt: »Ha, die ewi-
gen Höhen sind nun unser Besitz gewor-
den!«,

a Kap 25,3

3 darum weissage und sprich: So spricht
Gott der HERR: Weil man euch allenthal-
ben verwüstet und vertilgt und ihr zum
Besitz der übriggebliebenen Heiden ge-
worden und übel ins Gerede der Leute
gekommen seid,
4 darum hört, ihr Berge Israels, das Wort
Gottes des HERRN! So spricht Gott der
HERR zu den Bergen und Hügeln, zu den
Bächen und Tälern, zu den öden Trüm-
mern und verlassenen Städten, die den üb-
riggebliebenen Heiden ringsumher zum
Raub und Spott geworden sind, –
5 darum, so spricht Gott der HERR: Wahr-
lich, ich habe in meinem feurigen Eifer
geredet gegen die Heiden, die übriggeblie-
ben sind, und gegen ganz [a]Edom, die
mein Land in Besitz genommen haben mit
Freude von ganzem Herzen und mit
Hohnlachen, um es zu verheeren und zu
plündern.

a Kap 35,15

6 ¶ Darum weissage über das Land Israels
und sprich zu den Bergen und Hügeln, zu
den Bächen und Tälern: So spricht Gott
der HERR: Siehe, ich rede in meinem Eifer
und Grimm, weil ihr solche Schmach von
den Heiden tragen mußtet.
7 Darum spricht Gott der HERR: Ich hebe
meine Hand auf zum Schwur: Wahrlich,
eure Nachbarn, die Heiden ringsumher,
sollen ihre Schande tragen.
8 Aber ihr Berge Israels sollt wieder grü-
nen und eure Frucht bringen meinem Volk
Israel, denn bald sollen sie heimkehren.
9 Denn siehe, ich will mich wieder zu
euch kehren und euch mein Angesicht zu-
wenden, daß ihr angebaut und besät wer-
det.
10 Und ich will viele Menschen auf euch
wohnen lassen, das ganze Haus Israel ins-
gesamt, und die Städte sollen wieder be-
wohnt und die Trümmer aufgebaut wer-
den.
11 Ja, ich lasse Menschen und Vieh auf
euch zahlreich werden; sie sollen sich
mehren und fruchtbar sein. Und ich will
euch wieder bewohnt sein lassen wie frü-
her und [a]will euch mehr Gutes tun als je
zuvor, und ihr sollt erfahren, daß ich der
HERR bin.

a 3.Mose 26,9

12 Ich will wieder Menschen über euch
ziehen lassen, nämlich mein Volk Israel;
die werden dich besitzen, und du sollst ihr
Erbteil sein und ihnen die Kinder nicht
mehr nehmen.
13 So spricht Gott der HERR: Weil man
das von euch sagt: »Du hast Menschen
gefressen und deinem Volk die Kinder ge-
nommen«,
14 darum sollst du nun nicht mehr Men-
schen fressen und deinem Volk nicht mehr
die Kinder nehmen, spricht Gott der
HERR.
15 Und ich will dich nicht mehr die
Schmähungen der Heiden hören lassen,
und du sollst den Spott der Heiden nicht
mehr tragen und sollst deinem Volk nicht
mehr die Kinder nehmen, spricht Gott der
HERR.

Die Erneuerung Israels durch Gottes Geist

16 Und des HERRN Wort geschah zu mir:
17 Du Menschenkind, als das Haus Israel
in seinem Lande wohnte und es [a]unrein
machte mit seinem Wandel und Tun, daß
ihr Wandel vor mir war wie die Unreinheit
einer Frau, wenn sie ihre Tage hat,

a 3.Mose 18,24.25

18 da schüttete ich meinen Grimm über

sie aus um des Blutes willen, das sie im
Lande vergossen, und weil sie es unrein
gemacht hatten durch ihre Götzen.
19 Und ich zerstreute sie unter die Heiden
und versprengte sie in die Länder und
richtete sie nach ihrem Wandel und Tun.
20 So kamen sie zu den Heiden; aber wo-
hin sie kamen, [a]entheiligten sie meinen
heiligen Namen, weil man von ihnen
sagte: »Sie sind des HERRN Volk und ha-
ben doch aus ihrem Lande fortziehen
müssen!« *a* Jes 52,5
21 Da [a]tat es mir leid um meinen heiligen
Namen, den das Haus Israel entheiligte
unter den Heiden, wohin sie auch ka-
men. *a* Kap 20,9
22 ¶Darum sollst du zum Hause Israel sa-
gen: So spricht Gott der HERR: Ich tue es
nicht um euretwillen, ihr vom Hause Is-
rael, sondern [a]um meines heiligen Na-
mens willen, den ihr entheiligt habt unter
den Heiden, wohin ihr auch gekommen
seid. *a* Jes 48,11; Jer 14,7
23 Denn [a]ich will meinen großen Namen,
der vor den Heiden entheiligt ist, den ihr
unter ihnen entheiligt habt, wieder heilig
machen. [b]Und die Heiden sollen erfahren,
daß ich der HERR bin, spricht Gott der
HERR, wenn ich vor ihren Augen an euch
zeige, daß ich heilig bin.
a Mt 6,9 *b* Kap 37,28
24 Denn ich will euch aus den Heiden her-
ausholen und euch aus allen Ländern sam-
meln und wieder in euer Land bringen,
25 und ich will [a]reines Wasser über euch
sprengen, daß ihr rein werdet; von all eu-
rer Unreinheit und von allen euren Göt-
zen will ich euch reinigen.
a Sach 13,1; Hebr 10,22
26 [a]**Und ich will euch ein neues Herz und
einen neuen Geist in euch geben und will
das steinerne Herz aus eurem Fleisch weg-
nehmen und euch ein fleischernes Herz ge-
ben.** *a (26 und 27)* Kap 11,19.20; Jer 31,33
27 **Ich will [a]meinen Geist in euch geben
und will solche Leute aus euch machen,
die [b]in meinen Geboten wandeln und
meine Rechte halten und danach tun.**
a Kap 39,29; Jes 44,3 *b* Kap 37,24
28 Und ihr sollt wohnen im Lande, das ich
euren Vätern gegeben habe, und [a]sollt
mein Volk sein, und ich will euer Gott
sein. *a* Kap 11,20
29 Ich will euch von all eurer Unreinheit
erlösen und will das Korn rufen und will
es mehren und will keine Hungersnot über
euch kommen lassen.
30 Ich will die Früchte auf den Bäumen
und den Ertrag auf dem Felde mehren,
daß euch die Heiden nicht mehr verspot-
ten, weil ihr hungern müßt.[a]
a Kap 34,29; Joel 2,19
31 Dann werdet ihr an euren bösen Wan-
del denken und an euer Tun, das nicht gut
war, und werdet euch selbst zuwider sein
um eurer Sünde und eures Götzendien-
stes willen.[a] *a* Kap 20,43
32 Nicht um euretwillen tue ich das,
spricht Gott der HERR, das sollt ihr wis-
sen, sondern ihr werdet euch schämen
müssen und schamrot werden, ihr vom
Hause Israel, über euren Wandel.
33 ¶So spricht Gott der HERR: Zu der
Zeit, wenn ich euch reinigen werde von
allen euren Sünden, will ich die Städte wie-
der bewohnt sein lassen, und die Trüm-
mer sollen wieder aufgebaut werden.
34 Das verwüstete Land soll wieder ge-
pflügt werden, nachdem es verheert war
vor den Augen aller, die vorüberzogen.
35 Und man wird sagen: Dies Land war
verheert, und jetzt ist's wie der Garten
Eden, und diese Städte waren zerstört, öde
und niedergerissen und stehen nun fest
gebaut und sind bewohnt.
36 Und die Heiden, die um euch her üb-
riggeblieben sind, sollen erfahren, daß [a]ich
der HERR bin, der da [b]baut, was niederge-
rissen ist, und pflanzt, was verheert war.
Ich, der HERR, sage es und tue es auch.
a Kap 17,24 *b* Jer 1,10; 18,7.8
37 ¶So spricht Gott der HERR: Auch darin
will ich mich vom Hause Israel bitten las-
sen, daß ich dies ihnen tue: [a]Ich will die
Menschen bei ihnen mehren wie eine
Herde. *a* Mi 2,12
38 Wie eine heilige Herde, wie eine Herde
in Jerusalem an ihren Festen, so sollen die
verwüsteten Städte voll Menschenherden
werden, und sie sollen erfahren, daß ich
der HERR bin.

Israel, das Totenfeld, wird durch Gottes Odem lebendig

37 [a]Des HERRN Hand kam über mich,
und er führte mich hinaus im Geist
des HERRN und stellte mich mitten auf ein
weites Feld; das lag voller Totengebeine.
a Kap 1,3
2 Und er führte mich überall hindurch.

Und siehe, es lagen sehr viele Gebeine
über das Feld hin, und siehe, sie waren
ganz verdorrt.
3 ¶Und er sprach zu mir: Du Menschen-
kind, meinst du wohl, daß diese Gebeine
wieder lebendig werden? Und ich sprach:
HERR, mein Gott, du weißt es.
4 Und er sprach zu mir: Weissage über
diese Gebeine und sprich zu ihnen: Ihr
verdorrten Gebeine, höret des HERRN
Wort!
5 So spricht Gott der HERR zu diesen Ge-
beinen: Siehe, [a]ich will Odem in euch
bringen, daß ihr wieder lebendig werdet.
a Ps 104,30
6 Ich will euch Sehnen geben und lasse
Fleisch über euch wachsen und überziehe
euch mit Haut und will euch Odem ge-
ben, daß [a]ihr wieder lebendig werdet; und
ihr sollt erfahren, daß ich der HERR bin.
a Jes 26,19
7 ¶Und ich weissagte, wie mir befohlen
war. Und siehe, da rauschte es, als ich
weissagte, und siehe, es regte sich, und
die Gebeine rückten zusammen, Gebein
zu Gebein.
8 Und ich sah, und siehe, es wuchsen Seh-
nen und Fleisch darauf, und sie wurden
mit Haut überzogen; es war aber noch kein
Odem in ihnen.
9 Und er sprach zu mir: Weissage zum
Odem; weissage, du Menschenkind, und
sprich zum Odem: So spricht Gott der
HERR: Odem, komm herzu von den vier
Winden und blase diese Getöteten an, daß
sie wieder lebendig werden!
10 Und ich weissagte, wie er mir befohlen
hatte. Da kam der Odem in sie, und sie
wurden wieder lebendig und stellten sich
auf ihre Füße, ein überaus großes Heer.
11 ¶Und er sprach zu mir: Du Menschen-
kind, [a]diese Gebeine sind das ganze Haus
Israel. Siehe, jetzt sprechen sie: Unsere
Gebeine sind verdorrt, und unsere Hoff-
nung ist verloren, und es ist aus mit uns.
a Vers 1
12 Darum weissage und sprich zu ihnen:
So spricht Gott der HERR: Siehe, ich will
eure Gräber auftun und hole euch, mein
Volk, aus euren Gräbern herauf und bringe
euch ins Land Israels.
13 Und ihr sollt erfahren, daß ich der HERR
bin, wenn ich eure Gräber öffne und euch,
mein Volk, aus euren Gräbern heraufhole.
14 Und ich will meinen Odem in euch ge-
ben, daß ihr wieder leben sollt, und will
euch in euer Land setzen, und ihr sollt
erfahren, daß ich der HERR bin. Ich rede
es und tue es auch, spricht der HERR.

Die Wiedervereinigung Israels unter dem einen Hirten

15 Und des HERRN Wort geschah zu mir:
16 Du Menschenkind, nimm dir ein Holz
und schreibe darauf: »Für Juda und Israel,
die sich zu ihm halten.« Und nimm noch
ein Holz und schreibe darauf: »Holz Eph-
raims, für Josef und das ganze Haus Is-
rael, das sich zu ihm hält.«
17 Und füge eins an das andere, daß es **ein**
Holz werde in deiner Hand.
18 Wenn nun dein Volk zu dir sprechen
wird: Willst du uns nicht zeigen, was du
damit meinst?,
19 so sprich zu ihnen: So spricht Gott der
HERR: Siehe, ich will das Holz Josefs, das
in der Hand Ephraims ist, nehmen samt
den Stämmen Israels, die sich zu ihm hal-
ten, und will sie zu dem Holz Judas tun
und **ein** Holz daraus machen, und sie sol-
len **eins** sein in meiner Hand.
20 Und so sollst du die Hölzer, auf die du
geschrieben hast, in deiner Hand halten
vor ihren Augen
21 [a]und sollst zu ihnen sagen: So spricht
Gott der HERR: Siehe, ich will die Israeli-
ten herausholen aus den Heiden, wohin
sie gezogen sind, und will sie von überall
her sammeln und wieder in ihr Land brin-
gen *a (21 und 22)* Jes 11,12.13
22 und will ein einziges Volk aus ihnen
machen im Land auf den Bergen Israels,
und [a]sie sollen allesamt **einen** König ha-
ben und [b]sollen nicht mehr zwei Völker
sein und nicht mehr geteilt in zwei König-
reiche. *a* Kap 34,23 *b* Jer 3,18; Hos 2,2
23 Und sie sollen sich nicht mehr unrein
machen mit ihren Götzen und Greuelbil-
dern und allen ihren Sünden. Ich will sie
retten von allen ihren Abwegen, auf denen
sie gesündigt haben, und will sie reinigen,
und [a]sie sollen mein Volk sein, und ich
will ihr Gott sein. *a* Kap 11,20
24 **Und [a]mein Knecht David soll ihr Kö-
nig sein und der einzige Hirte für sie alle.
Und [b]sie sollen wandeln in meinen Rech-
ten und meine Gebote halten und danach
tun.** *a* Kap 34,23 *b* Kap 36,27
25 Und sie sollen wieder in dem Lande
wohnen, das ich meinem Knecht Jakob

gegeben habe, in dem eure Väter gewohnt haben. Sie und ihre Kinder und Kindeskinder sollen darin wohnen für immer, und [a]mein Knecht David soll für immer ihr Fürst sein.

a Lk 1,32.33

26 [a]Und ich will mit ihnen einen [b]Bund des Friedens schließen, der soll ein ewiger Bund mit ihnen sein. Und ich will sie erhalten und mehren, und mein Heiligtum soll unter ihnen sein für immer.

a (26-28) 2.Mose 25,8 *b* Kap 34,25; Jes 54,10

27 Ich will unter ihnen wohnen und [a]will ihr Gott sein, und sie sollen mein Volk sein,

a Kap 11,20

28 damit auch [a]die Heiden erfahren, daß ich der HERR bin, der Israel heilig macht, wenn mein Heiligtum für immer unter ihnen sein wird.

a Kap 36,23

Weissagung gegen Gog aus Magog

38 Und des HERRN Wort geschah zu mir:

2 Du Menschenkind, richte dein Angesicht auf Gog, der im Lande [a]Magog ist und der Fürst von Rosch, [b]Meschech und Tubal, und weissage gegen ihn

a Kap 39,6 *b* Kap 27,13; 32,26; 1.Mose 10,2

3 und sprich: So spricht Gott der HERR: Siehe, ich will an dich, Gog, der du der Fürst bist von Rosch, Meschech und Tubal!

4 Siehe, ich will dich herumlenken und dir einen Haken ins Maul legen und will dich ausziehen lassen mit deinem ganzen Heer, mit Roß und Mann, die alle voll gerüstet sind; und sie sind ein großer Heerhaufe, die alle kleine und große Schilde und Schwerter tragen.

5 Du führst mit dir Perser, Kuschiter und Libyer, die alle Schild und Helm tragen,

6 dazu Gomer und sein ganzes Heer, die vom Hause [a]Togarma, die im Norden wohnen, mit ihrem ganzen Heer; ja, du führst viele Völker mit dir.

a Kap 27,14

7 Wohlan, rüste dich gut, du und alle deine Heerhaufen, die bei dir sind, und sei du ihr Heerführer!

8 Nach langer Zeit sollst du aufgeboten werden; am Ende der Zeiten sollst du in ein Land kommen, das dem Schwert entrissen ist, und zu dem Volk, das aus vielen Völkern gesammelt ist, nämlich auf die Berge Israels, die lange Zeit verwüstet gewesen sind, und nun ist es herausgeführt aus den Völkern, und sie alle wohnen sicher.

9 Du wirst heraufziehen und daherkommen wie ein Sturmwetter und wirst sein wie eine Wolke, die das Land bedeckt, du und dein ganzes Heer und die vielen Völker mit dir.

10 ¶So spricht Gott der HERR: Zu jener Zeit werden dir Gedanken kommen, und du wirst auf Böses sinnen

11 und denken: »Ich will das Land überfallen, das offen daliegt, und über die kommen, die still und sicher leben, die alle ohne Mauern dasitzen und haben weder Riegel noch Tore«,

12 damit du rauben und plündern kannst und deine Hand an die zerstörten Orte legst, die wieder bewohnt sind, und an das Volk, das aus den Heiden gesammelt ist und sich Vieh und Güter erworben hat und [a]in der Mitte der Erde wohnt.

a Ri 9,37

13 Saba, Dedan und die Kaufleute von Tarsis und alle seine Gewaltigen werden zu dir sagen: Bist du gekommen, zu rauben, und hast du deine Heerhaufen versammelt, zu plündern, um Silber und Gold wegzunehmen und Vieh und Güter zu sammeln und große Beute zu machen?

14 ¶Darum so weissage, du Menschenkind, und sprich zu Gog: So spricht Gott der HERR: Ist's nicht so? Wenn mein Volk Israel sicher wohnen wird, dann wirst du aufbrechen.

15 Und wirst kommen aus deinem Ort, vom äußersten Norden, du und viele Völker mit dir, alle zu Roß, ein großer Heerhaufe und eine gewaltige Macht,

16 du wirst heraufziehen gegen mein Volk Israel wie eine Wolke, die das Land bedeckt. Am Ende der Zeit wird das geschehen. Ich will dich aber dazu über mein Land kommen lassen, daß die Heiden mich erkennen, wenn ich an dir, Gog, vor ihren Augen zeige, daß ich heilig bin.

17 [a]So spricht Gott der HERR: Du bist doch der, von dem ich vorzeiten geredet habe durch meine Diener, die Propheten in Israel, die in jener Zeit weissagten, daß ich dich über sie kommen lassen wollte?

a (17 und 18) Zef 3,8

18 ¶Und es wird geschehen zu der Zeit, wenn Gog kommen wird über das Land Israels, spricht Gott der HERR, wird mein Zorn in mir aufsteigen.

19 Und ich sage in meinem Eifer und im
Feuer meines Zorns: Wahrlich, zu der Zeit
wird ein großes Erdbeben sein im Lande
Israels,
20 daß vor meinem Angesicht erbeben
sollen die Fische im Meer, die Vögel un-
ter dem Himmel, die Tiere auf dem Felde
und alles, was sich regt und bewegt auf
dem Lande, und alle Menschen, die auf
der Erde sind. Und die Berge sollen nie-
dergerissen werden und die Felswände
und alle Mauern zu Boden fallen.
21 [a]Und ich will über ihn das Schwert her-
beirufen auf allen meinen Bergen, spricht
Gott der HERR, daß jeder sein Schwert
gegen den andern erhebt.
a (21-23) Offb 20,8.9
22 Und ich will ihn richten mit Pest und
Blutvergießen und will Platzregen mit Ha-
gel, Feuer und Schwefel über ihn und sein
Heer und über die vielen Völker kommen
lassen, die mit ihm sind.
23 So will ich mich herrlich und heilig er-
weisen und mich zu erkennen geben vor
vielen Heiden, daß sie erfahren, daß ich
der HERR bin.

39 ¶Und du, Menschenkind, [a]weissage
gegen Gog und sprich: So spricht
Gott der HERR: Siehe, ich will an dich,
Gog, der du der Fürst bist von Rosch, Me-
schech und Tubal. *a* Kap 38,2
2 Siehe, ich will dich herumlenken und
herbeilocken aus dem äußersten Norden
und auf die Berge Israels bringen
3 und will dir den Bogen aus deiner lin-
ken Hand schlagen und die Pfeile aus dei-
ner rechten Hand.
4 Auf den Bergen Israels sollst du fallen,
du mit deinem ganzen Heer und mit den
Völkern, die bei dir sind. Ich will dich den
Raubvögeln, allem was fliegt, und den Tie-
ren auf dem Felde zum Fraß geben.
5 Du sollst auf freiem Felde fallen; denn
ich habe es gesagt, spricht Gott der HERR.
6 Und ich will Feuer werfen auf Magog
und auf die Bewohner der Inseln, die so
sicher wohnen, und sie sollen erfahren,
daß ich der HERR bin.
7 Und ich will meinen heiligen Namen
kundmachen unter meinem Volk Israel
und will meinen heiligen Namen nicht län-
ger schänden lassen, sondern die Heiden
sollen erfahren, daß ich der HERR bin, der
Heilige in Israel.
8 Siehe, es kommt und geschieht, spricht
Gott der HERR; das ist der Tag, von dem
ich geredet habe.
9 ¶Und die Bürger in den Städten Israels
werden herausgehen und [a]Feuer anzün-
den und die Waffen verbrennen, kleine
und große Schilde, Bogen und Pfeile, Keu-
len und Spieße. Und sie werden sieben
Jahre lang Feuer damit machen; *a* Jes 9,4
10 sie brauchen kein Holz auf dem Felde
zu holen oder im Walde zu schlagen, son-
dern von den Waffen werden sie Feuer
machen und [a]werden die berauben, von
denen sie beraubt sind, und plündern, von
denen sie geplündert sind, spricht Gott der
HERR. *a* Jer 30,16
11 ¶Und zu der Zeit soll es geschehen, da
will ich Gog einen Ort geben zum Be-
gräbnis in Israel, nämlich das Tal der Wan-
derer östlich vom Meer, und das wird den
Wanderern den Weg versperren. Dort wird
man Gog mit seinem ganzen Heerhaufen
begraben; und es soll heißen »Tal der
Heerhaufen des Gog«.
12 Und das Haus Israel wird sie sieben
Monate lang begraben, damit das Land ge-
reinigt werde.
13 Ja, alles Volk des Landes wird an ihnen
zu begraben haben; und sie werden Ruhm
davon haben an dem Tage, an dem ich
meine Herrlichkeit erweise, spricht Gott
der HERR.
14 Und sie werden Leute aussondern, die
ständig im Lande umhergehen, die Lei-
chen zu begraben, die noch auf dem
Lande liegen, damit es gereinigt werde.
Nach sieben Monaten sollen sie beginnen
nachzuforschen.
15 Und wenn sie im Lande umhergehen
und Menschengebeine sehen, sollen sie
ein Zeichen aufrichten, bis die Totengrä-
ber sie auch im »Tal der Heerhaufen des
Gog« begraben.
16 Auch soll eine Stadt »Stadt der Heer-
haufen« heißen. So werden sie das Land
reinigen.
17 ¶Du Menschenkind, so spricht Gott
der HERR: Sage den Vögeln, allem was
fliegt, und allen Tieren auf dem Felde:
[a]Sammelt euch und kommt herbei, findet
euch zusammen von überall her zu mei-
nem Schlachtopfer, das ich euch schlachte,
einem großen Schlachtopfer auf den Ber-
gen Israels, und freßt Fleisch und sauft
Blut! *a* Offb 19,17.18
18 Fleisch der Starken sollt ihr fressen, und

Blut der Fürsten auf Erden sollt ihr sau-
fen, der Widder und Lämmer, der Böcke
und Stiere, all des Mastviehs aus Baschan.
19 Und ihr sollt Fett fressen, bis ihr satt
werdet, und Blut saufen, bis ihr trunken
seid von dem Schlachtopfer, das ich euch
schlachte.
20 Sättigt euch von Rossen und Reitern,
von Starken und all den Kriegsleuten an
meinem Tisch, spricht Gott der HERR.
21 ¶ Und ich will meine Herrlichkeit unter
die Heiden bringen, daß alle Heiden mein
Gericht sehen sollen, das ich gehalten
habe, und meine Hand, die ich an sie ge-
legt habe.
22 Und das Haus Israel soll erfahren, daß
ich, der HERR, ihr Gott bin, von dem Tage
an und fernerhin,
23 und die Heiden sollen erkennen, daß
das Haus Israel um seiner Missetat willen
weggeführt worden ist. Weil sie sich an
mir versündigt hatten, darum [a] habe ich
mein Angesicht vor ihnen verborgen und
habe sie übergeben in die Hände ihrer Wi-
dersacher, daß sie allesamt durchs Schwert
fallen mußten. *a* Jes 54,8
24 Ich habe ihnen getan, was sie mit ihrer
Unreinheit und ihren Übertretungen ver-
dient haben, und habe mein Angesicht vor
ihnen verborgen.
25 ¶ Darum – so spricht Gott der HERR:
Nun [a] will ich das Geschick Jakobs wen-
den und mich des ganzen Hauses Israel
erbarmen und um meinen heiligen Na-
men eifern. *a* Kap 16,53-63
26 Sie aber sollen ihre Schmach und alle
ihre Sünde, mit der sie sich an mir versün-
digt haben, vergessen, wenn sie nun sicher
in ihrem Lande wohnen und niemand sie
schreckt
27 und ich sie aus den Völkern zurückge-
bracht und aus den Ländern ihrer Feinde
gesammelt und an ihnen vor den Augen
vieler Heiden gezeigt habe, daß ich heilig
bin.
28 Dann werden sie erkennen, daß ich, der
HERR, ihr Gott bin, der ich sie unter die
Heiden weggeführt habe und wieder in ihr
Land sammle und nicht **einen** von ihnen
dort zurücklasse.
29 Und ich will mein Angesicht nicht mehr
vor ihnen verbergen; denn [a] ich habe mei-
nen Geist über das Haus Israel ausgegos-
sen, spricht Gott der HERR.
a Kap 36,26.27; Joel 3,1

DIE GESICHTE VON DER KÜNFTIGEN GOTTESSTADT
(Kapitel 40–48)

Der Beginn der Gesichte

40 Im fünfundzwanzigsten Jahr unse-
rer Gefangenschaft, im Anfang des
Jahres, am zehnten Tag des Monats, im
vierzehnten Jahr, nachdem die Stadt ein-
genommen war, eben an diesem Tag [a] kam
die Hand des HERRN über mich und führte
mich dorthin, – *a* Kap 1,3
2 in göttlichen Gesichten führte er mich
ins Land Israel und stellte mich auf einen
sehr hohen Berg; [a] darauf war etwas wie
der Bau einer Stadt gegen Süden.
a Sach 14,10
3 Und als er mich dorthin gebracht hatte,
siehe, da war ein Mann, der war anzu-
schauen wie Erz. Er hatte eine leinene
Schnur und eine [a] Meßrute in seiner Hand
und stand unter dem Tor.
a Kap 47,3; Sach 2,5; Offb 21,15
4 Und er sprach zu mir: Du Menschen-
kind, sieh her und höre fleißig zu und
merke auf alles, was ich dir zeigen will;
denn dazu bist du hierhergebracht, daß
ich dir dies zeige, damit du alles, was du
hier siehst, verkündigst dem Hause
Israel.

Die Umfassungsmauer des Tempelbezirks

5 [a] Und siehe, es ging eine Mauer außen
um das Gotteshaus ringsherum. Und der
Mann hatte die Meßrute in der Hand; die
war sechs Ellen lang – jede Elle war eine
Handbreit länger als eine gewöhnliche
Elle. Und er maß das Mauerwerk: es war
eine Rute dick und auch eine Rute
hoch. *a (40,5–42,20)* 1.Kön 6

Der äußere Vorhof und seine Torbauten

6 Und er ging zum Tor, das an der Ost-
seite lag, und ging seine Stufen hinauf und
maß die Schwelle des Tores: eine Rute
tief.
7 Und jede Nische des Tores war eine
Rute lang und eine Rute breit, und der
Raum zwischen den Nischen des Tores
war fünf Ellen breit. Und auch die
Schwelle des Tores an der Vorhalle des
Tores gegen den Tempel hin maß eine
Rute.

8 Und er maß die Vorhalle des Tores:
9 acht Ellen; und ihre Pfeiler: zwei Ellen.
Und die Vorhalle des Tores lag gegen den
Tempel hin.
10 Und die Nischen des Tores, das an der
Ostseite lag, waren drei auf jeder Seite,
jede so weit wie die andere, und die Pfei-
ler auf beiden Seiten waren gleich breit.
11 Und er maß die Weite der Öffnung des
Tores: zehn Ellen; und die Länge des Tor-
weges: dreizehn Ellen.
12 Und vorn an den Nischen war eine
Schranke, auf beiden Seiten je eine Elle;
aber die Nischen waren je sechs Ellen auf
beiden Seiten.
13 Dazu maß er das Tor von der Rück-
wand der Nischen auf der einen Seite bis
zur Rückwand der Nischen auf der andern
Seite: fünfundzwanzig Ellen; eine Öffnung

14 Und er maß die Öffnung der Vorhalle:
zwanzig Ellen; und bis zum Pfeiler des
Tores reichte der Vorhof ringsum.
15 Und vom Tor, wo man von außen hin-
eintritt, bis zur Vorhalle am inneren Tor
waren es fünfzig Ellen.
16 Und es waren Fenster mit Stäben davor
an den Nischen nach innen am Tor auf
beiden Seiten. Ebenso waren auch Fen-
ster an der Vorhalle nach innen auf beiden
Seiten, und an den Pfeilern waren Palm-
wedel dargestellt.
17 ¶Und er führte mich weiter zum äuße-
ren Vorhof, und siehe, da waren Kammern
und ein Pflaster rings um den Vorhof an-
gelegt. Dreißig Kammern lagen an dem
Pflaster.
18 Und das Pflaster lief auch zur Seite der
Tore, die ganze Seitenwand der Tore ent-
lang; das war das untere Pflaster.
19 Und er maß die Breite des Vorhofs von
dem unteren Tor an bis außen vor den
inneren Vorhof: hundert Ellen. Das war
der Osten. Und nun der Norden!
20 ¶Er maß auch das Tor am äußeren Vor-
hof, das an der Nordseite lag, nach der
Länge und Breite.
21 Das hatte auf jeder Seite drei Nischen,
und seine Pfeiler und seine Vorhalle wa-
ren ebenso groß wie am ersten Tor: fünf-
zig Ellen lang und fünfundzwanzig Ellen
breit.
22 Und seine Fenster und seine Vorhalle
und seine Palmwedel waren gleich wie am
Tor an der Ostseite; und es hatte sieben
Stufen, die man hinaufging, und hatte
seine Vorhalle auf der Innenseite.
23 Und ein Tor zum inneren Vorhof lag
gegenüber diesem Tor, das an der Nord-
seite lag, wie bei dem Tor an der Ostseite;
und er maß hundert Ellen von einem Tor
zum andern.
24 ¶Danach führte er mich nach Süden,
und siehe, da war auch ein Tor an der
Südseite, und er maß seine Pfeiler und
seine Vorhalle; sie waren gleich den an-
dern.
25 Und es waren Fenster an ihm und an
seiner Vorhalle ringsherum gleich jenen
Fenstern, und es war fünfzig Ellen lang
und fünfundzwanzig Ellen breit.
26 Und sieben Stufen führten hinauf, und
es hatte eine Vorhalle auf der Innenseite,
und Palmwedel waren an ihren Pfeilern
dargestellt auf jeder Seite.
27 Und es gab auch ein Tor zum inneren
Vorhof an der Südseite; und er maß hun-
dert Ellen von dem einen Südtor zum
andern.

Der innere Vorhof und seine Torbauten

28 Und er führte mich weiter durchs Süd-
tor in den inneren Vorhof und maß dieses
Tor: es war gleich groß wie die andern
29 mit seinen Nischen, seinen Pfeilern und
seiner Vorhalle in gleicher Größe und mit
Fenstern an ihm und an der Vorhalle rings-
herum: es war fünfzig Ellen lang und fünf-
undzwanzig Ellen breit.
30 Und es gab eine Vorhalle ringsherum:
fünfundzwanzig Ellen lang und fünf Ellen
breit.
31 Und die Vorhalle lag gegen den äuße-
ren Vorhof hin, und Palmwedel waren an
ihren Pfeilern dargestellt; es waren aber
acht Stufen hinaufzugehen.
32 ¶Danach führte er mich in den inne-
ren Vorhof auf die Ostseite und maß das
Tor: es war gleich groß wie die andern
33 mit seinen Nischen, seinen Pfeilern und
seiner Vorhalle in gleicher Größe und mit
Fenstern an ihm und an der Vorhalle rings-
herum: es war fünfzig Ellen lang und fünf-
undzwanzig Ellen breit.
34 Und seine Vorhalle lag gegen den äuße-
ren Vorhof hin, und Palmwedel waren
an ihren Pfeilern dargestellt auf beiden
Seiten, und acht Stufen waren hinaufzu-
gehen.
35 ¶Danach führte er mich zum Nordtor

und maß es: es war gleich groß wie die
andern
36 mit seinen Nischen, seinen Pfeilern und
seiner Vorhalle und den Fenstern an ihm
ringsherum: es war fünfzig Ellen lang und
fünfundzwanzig Ellen breit.
37 Und seine Vorhalle lag gegen den äuße-
ren Vorhof hin, und Palmwedel waren an
ihren Pfeilern dargestellt auf beiden Sei-
ten, und acht Stufen waren hinaufzugehen.

**Die Tische für die Opfer
und die Kammern für die Priester**

38 Und am Tor – gegen Osten – war eine
Kammer, und ihr Eingang war bei der Vor-
halle des Tores; dort wäscht man die
Brandopfer.
39 Und in der Vorhalle des Tores standen
auf beiden Seiten zwei Tische, auf denen
man die Brandopfer, Sündopfer und
Schuldopfer schlachtet.
40 Und außen, an der Seite, für den, der
zum Tor hinaufgeht, nach Norden hin,
standen zwei Tische und an der andern
Seite der Vorhalle des Tores auch zwei
Tische.
41 So standen auf jeder Seite des Tores
vier Tische; das sind zusammen acht Ti-
sche, auf denen man schlachtet.
42 Und vier Tische zum Brandopfer wa-
ren aus gehauenen Steinen, je anderthalb
Ellen lang und breit und eine Elle hoch;
darauf legt man die Geräte, mit denen man
Brandopfer und Schlachtopfer schlachtet.
43 Und Gabelhaken, eine Hand breit, wa-
ren am Gebäude fest angebracht an bei-
den Seiten, und über den Tischen waren
Dächer, um das Opferfleisch gegen Regen
und Hitze zu schützen.
44 ¶Und außen vor dem inneren Tor wa-
ren zwei Kammern im inneren Vorhof: die
eine an der Seite neben dem Nordtor, die
schaute nach Süden; die andere an der
Seite neben dem Südtor, die schaute nach
Norden.
45 Und er sprach zu mir: Die Kammer,
die nach Süden schaut, gehört den Prie-
stern, die im Hause Dienst tun;
46 aber die Kammer, die nach Norden
schaut, gehört den Priestern, die am Altar
dienen. Dies sind die [a]Söhne Zadok, die
als einzige unter den Söhnen Levi vor den
HERRN treten dürfen, um ihm zu die-
nen.

a Kap 43,19; 44,15; 48,11; 1.Kön 1,8.39; 1.Chr 5,34-41

47 Und er maß den Vorhof: hundert Ellen
lang und hundert Ellen breit im Geviert;
und [a]der Altar stand vor dem Tempel.

a Kap 43,13

Der Tempel und seine Nebengebäude

48 Und er führte mich hinein zur Vorhalle
des Tempels und maß die Pfeiler der Vor-
halle: fünf Ellen auf jeder Seite; und das
Tor: vierzehn Ellen; und die Wände zu
beiden Seiten an der Tür: drei Ellen auf
jeder Seite.
49 Aber die Vorhalle war zwanzig Ellen
breit und zwölf Ellen tief und hatte zehn
Stufen, die man hinaufging, und [a]Säulen
standen an den Pfeilern, auf jeder Seite
eine.

a 1.Kön 7,21

41 ¶Und er führte mich hinein in die
Tempelhalle und maß die Pfeiler;
die waren auf jeder Seite sechs Ellen breit,
so weit das Heiligtum war.
2 Und die Tür war zehn Ellen weit, aber
die Wände zu beiden Seiten an der Tür
waren je fünf Ellen breit. Und er maß den
Raum der Tempelhalle: vierzig Ellen tief
und zwanzig Ellen breit.
3 Dann ging er in den innersten Raum
und maß die Pfeiler der Tür: zwei Ellen;
und die Tür: sechs Ellen; und die Breite
zu beiden Seiten an der Tür: je sieben
Ellen.
4 Und er maß: zwanzig Ellen tief und, wie
die Tempelhalle, zwanzig Ellen breit. Und
er sprach zu mir: Dies ist das Allerheilig-
ste.
5 ¶Und er maß die Wand des Tempel-
hauses: sechs Ellen dick. Und die Tiefe
des Anbaus betrug vier Ellen, rings um
das Haus herum.
6 Und Seitenräume gab es, Stockwerk auf
Stockwerk, dreimal dreißig, und sie schlos-
sen sich an die Wand des Hauses so
an, daß die Seitenräume ringsherum
liefen und in sich Halt hatten; aber sie
hatten keinen Halt in der Wand des Hau-
ses.
7 Und der Umgang wurde breiter von
Stockwerk zu Stockwerk für die Seiten-
räume, denn der Umgang des Hauses lief
in jedem Stockwerk rings um das Haus
herum; deshalb nahm die Breite am Haus
nach oben hin zu, und man stieg von dem
unteren Stockwerk auf zum mittleren und
oberen.
8 Und ich sah am Hause ein erhöhtes Pfla-

ster ringsherum, den Unterbau für die Sei-
tenräume, eine volle Rute, sechs Ellen
hoch.
9 [a]Und die Dicke der Wand außen am
Anbau betrug fünf Ellen, und der Raum,
der frei blieb, zwischen den Seitenräumen
am Hause *a (9 und 10)* Kap 42,1-3
10 und den Kammern betrug zwanzig El-
len rings um das Haus herum.
11 Und es gingen zwei Türen vom Anbau
auf den frei gelassenen Raum hin, eine
nach Norden, die andere nach Süden, und
die Breite der frei gelassenen Fläche auf
dem Unterbau betrug fünf Ellen auf jeder
Seite.
12 ¶Und das Gebäude am Hofraum nach
Westen hin war siebzig Ellen tief, und die
Mauer des Gebäudes war auf allen Seiten
fünf Ellen dick, und es war neunzig Ellen
breit.
13 Und er maß die Länge des Tempels:
hundert Ellen; und der Hofraum mit je-
nem Gebäude und seinen Mauern war
auch hundert Ellen lang.
14 Und die Breite der Vorderseite des
Tempels und der Hofraum an seiner Ost-
seite ergaben zusammen auch hundert El-
len.
15 Und er maß die Länge des Gebäudes,
das am Ende des Hofraums liegt, und
seine Mauern auf beiden Seiten: hundert
Ellen. Und die Tempelhalle und das In-
nerste und die Vorhalle draußen
16 waren getäfelt, und alle drei hatten sie
Fenster mit Stäben und einen Absatz am
Dach ringsherum; und es war Tafelwerk
an allen Seiten ringsherum. Und das Licht
kam durch die Fenster; aber die Fenster
waren verhängt.
17 Bis oberhalb der Tür und bis zum Al-
lerheiligsten, draußen und auf der ganzen
Wand ringsherum, im Inneren und drau-
ßen waren Schnitzereien;
18 da waren Cherubim und Palmwedel
dargestellt, je eine Palme zwischen zwei
Cherubim, und jeder Cherub hatte zwei
Angesichter.
19 Zur einen Palme wendete er ein Men-
schengesicht, zur andern Palme ein Lö-
wengesicht; die Darstellungen liefen rings
um das ganze Haus.
20 Vom Boden an bis oberhalb der Tür
waren Cherubim und Palmwedel an der
Wand geschnitzt.
21 [a]Und die Türpfosten im Tempel waren
viereckig. Und vor dem Allerheiligsten
stand etwas, das aussah
a (21 und 22) 2.Mose 25,23-30; 40,22.23
22 wie ein Altar aus Holz; der war drei
Ellen hoch und zwei Ellen lang und breit
und hatte Ecken, und sein Fuß und seine
Wände waren aus Holz. Und er sprach zu
mir: Das ist der Tisch, der vor dem HERRN
steht.
23 ¶Und die Tempelhalle und das Aller-
heiligste hatten je zwei Türflügel;
24 zwei Türflügel hatten die Türen, beide
Türflügel konnten sich drehen, jede Tür
hatte zwei Türflügel.
25 Und auch an den Türflügeln der Tem-
pelhalle waren Cherubim und Palmwedel
dargestellt wie an den Wänden. Und ein
Gitter aus Holz war außen vor der Vor-
halle.
26 Und Fenster mit Stäben und Palmwe-
del waren auf beiden Seiten an den Wän-
den der Vorhalle.

42 ¶[a]Und er führte mich hinaus zum
äußeren Vorhof nach Norden und
brachte mich zu den Kammern, die ge-
genüber dem Hofraum und gegenüber je-
nem Gebäude an der Nordseite lagen,
a (1-3) Kap 40,17; 41,9.10.13
2 die Länge hundert Ellen, an der Nord-
seite, und die Breite fünfzig Ellen.
3 Zwischen den zwanzig Ellen des inne-
ren Vorhofs und dem Pflaster im äußeren
Vorhof war Absatz an Absatz, dreimal.
4 Und ins Innere führte vor den Kammern
ein Gang, zehn Ellen breit und hundert El-
len lang, und ihre Türen lagen nach Norden.
5 Und die oberen Kammern des Baues
waren kürzer als seine unteren und mittle-
ren Kammern; denn die Absätze nahmen
Raum von ihnen weg.
6 Denn sie waren drei Stockwerke hoch
und hatten keine Säulen, wie die Vorhöfe
Säulen hatten. Darum waren die oberen
Kammern gegenüber den unteren und
mittleren verkürzt vom Boden an.
7 Und außen vor den Kammern nach dem
äußeren Vorhof hin lief eine Mauer an den
Kammern entlang, fünfzig Ellen lang.
8 Denn die Länge der Kammern nach
dem äußeren Vorhof zu betrug fünfzig El-
len, aber am Tempel entlang waren es hun-
dert Ellen.
9 Und unten an diesen Kammern war der
Zugang von Osten her, wenn man vom
äußeren Vorhof her zu ihnen hineinging,

10 am Anfang der äußeren Mauer.
¶In der Richtung nach Süden lagen auch
Kammern dem Hofraum und jenem Ge-
bäude gegenüber.
11 Und ein Gang lief vor ihnen hin ganz
wie vor jenen Kammern an der Nordseite;
ihre Länge und ihre Breite, ihre Ausgänge
und ihre Einrichtungen und ihre Türen
waren gleich.
12 Und wie die Türen der Kammern nach
Süden lagen, so war auch eine Tür am
Anfang des Ganges, nämlich des Ganges
am Bau entlang, wenn man von Osten her
kommt.
13 ¶Und er sprach zu mir: Die Kammern
im Norden und die Kammern im Süden
gegenüber dem Hofraum, das sind die hei-
ligen Kammern, in denen die Priester, die
zum HERRN nahen, die hochheiligen Op-
fer essen. Dort legen sie die hochheiligen
Opfer nieder, die Speisopfer, die Sündop-
fer und die Schuldopfer; denn die Stätte
ist heilig.
14 Und [a]wenn die Priester in das Heilig-
tum hineingehen, dürfen sie von dort nicht
wieder in den äußeren Vorhof gehen, son-
dern sollen zuvor in den Kammern ihre
Kleider ablegen, in denen sie Dienst getan
haben, denn die sind heilig; und sie sollen
ihre andern Kleider anlegen und dann hin-
ausgehen unter das Volk. *a* Kap 44,19

Der Umfang des Tempelbezirks

15 Und als er den Tempel im Inneren ganz
ausgemessen hatte, führte er mich hinaus
zum Osttor und maß den ganzen Umfang
des Tempels.
16 Er maß die Ostseite mit der Meßrute:
fünfhundert Ruten;
17 und die Nordseite maß er auch: fünf-
hundert Ruten;
18 desgleichen die Südseite auch: fünfhun-
dert Ruten.
19 Und er wandte sich zur Westseite und
maß auch fünfhundert Ruten.
20 Nach allen vier Windrichtungen maß
er. Und es war eine Mauer ringsherum,
fünfhundert Ruten im Geviert, damit das
Heilige von dem Unheiligen geschieden
sei.

Der Einzug der Herrlichkeit des HERRN in den Tempel

43 Und er führte mich wieder zum Tor
im Osten.
2 Und siehe, die [a]Herrlichkeit des Gottes
Israels kam von Osten und brauste, wie
ein großes Wasser braust, und es ward sehr
licht auf der Erde von seiner Herrlich-
keit. *a* Kap 1,28
3 Und es war ganz so [a]wie das Gesicht,
das ich geschaut hatte, als der Herr kam,
um die Stadt zu zerstören, und [b]wie das
Gesicht, das ich gesehen hatte am Fluß
Kebar. Da fiel ich nieder auf mein Ange-
sicht. *a* Kap 8-11 *b* Kap 1
4 Und die Herrlichkeit des HERRN kam
hinein ins Tempelhaus durch [a]das Tor, das
nach Osten liegt. *a* Kap 10,19
5 Da hob mich der Geist auf und brachte
mich in den inneren Vorhof; und siehe,
[a]die Herrlichkeit des HERRN erfüllte das
Haus. *a* Kap 1,28; 2.Mose 40,34; 1.Kön 8,10.11
6 Und ich hörte einen mit mir reden vom
Hause heraus, während der Mann neben
mir stand.
7 Und er sprach zu mir: Du Menschen-
kind, das ist der Ort meines Thrones und
[a]die Stätte meiner Fußsohlen; hier will ich
für immer wohnen unter den Israeliten.
Und das Haus Israel soll nicht mehr mei-
nen heiligen Namen entweihen, weder sie
noch ihre Könige, durch ihren Götzen-
dienst und durch die Leichen ihrer Kö-
nige, wenn sie sterben; *a* Ps 132,7.8
8 denn sie haben ihre Schwelle an meine
Schwelle und ihre Pfosten neben meine
Pfosten gesetzt, so daß nur eine Wand zwi-
schen mir und ihnen war, und haben so
meinen heiligen Namen entweiht [a]durch
die Greuel, die sie taten; darum habe ich
sie auch in meinem Zorn vertilgt.
a Kap 8,7-18
9 Nun aber sollen sie ihren Götzendienst
und die Leichen ihrer Könige weit von
mir wegtun, und ich will für immer unter
ihnen wohnen.
10 ¶Und du, Menschenkind, beschreibe
dem Haus Israel den Tempel, sein Ausse-
hen und seinen Plan, damit [a]sie sich schä-
men ihrer Missetaten. *a* Kap 36,32
11 Und wenn sie sich all dessen schämen,
was sie getan haben, so zeige ihnen Plan
und Gestalt des Tempels und seine Aus-
gänge und Eingänge und seinen ganzen
Plan und alle seine Ordnungen und alle
seine Gesetze. Schreibe sie vor ihren Au-
gen auf, damit sie auf seinen ganzen Plan
und alle seine Ordnungen achthaben und
danach tun.

12 Das soll aber das Gesetz des Tempels
sein: auf der Höhe des Berges soll sein
ganzes Gebiet ringsum hochheilig sein.
Siehe, das ist das Gesetz des Tempels.

Der Altar und seine Weihe

13 [a]Das sind aber die Maße des Altars,
gemessen nach Ellen, die eine Handbreit
länger sind als die gewöhnliche Elle: sein
Sockel ist eine Elle hoch und eine Elle
breit, und die Leiste an seinem Rand ist
eine Spanne hoch ringsherum. Und das ist
die Höhe des Altars:

a (13-17) Kap 40,47; 2.Mose 27,1-8

14 von dem Sockel auf der Erde bis an den
unteren Absatz sind es zwei Ellen in der
Höhe und eine Elle in der Breite, und von
dem niedrigeren Absatz bis zu dem höhe-
ren Absatz sind es vier Ellen in der Höhe
und eine Elle in der Breite;
15 und der Opferherd ist vier Ellen hoch,
und auf dem Opferherd stehen nach oben
vier Hörner.
16 Und der Opferherd ist zwölf Ellen lang
und zwölf Ellen breit im Geviert.
17 Und der obere Absatz ist vierzehn El-
len lang und vierzehn Ellen breit im Ge-
viert, und eine Leiste geht ringsherum,
eine halbe Elle hoch; und sein Sockel ist
eine Elle hoch, und seine Stufen liegen
nach Osten hin.
18 ¶Und er sprach zu mir: Du Menschen-
kind, so spricht Gott der HERR: Dies sol-
len die Ordnungen für den Altar sein an
dem Tage, an dem er gebaut ist, um
Brandopfer auf ihm zu opfern und Blut an
ihn zu sprengen.
19 [a]Da sollst du den levitischen Priestern
aus dem Geschlecht Zadoks, die vor mich
treten, um mir zu dienen, spricht Gott der
HERR, einen jungen Stier zum Sündopfer
geben. *a (19-21)* Kap 40,46; 3.Mose 4,1-12
20 Und von seinem Blut sollst du nehmen
und damit die vier Hörner besprengen und
die vier Ecken des Absatzes und die Lei-
ste, die ringsherum geht; damit sollst du
ihn entsündigen und Sühne für ihn schaf-
fen.
21 Und du sollst den Stier des Sündopfers
nehmen und ihn verbrennen auf dem Platz
am Tempel, wo man die Opfertiere mu-
stert, außerhalb des Heiligtums.
22 Aber am nächsten Tag sollst du einen
Ziegenbock opfern, der ohne Fehler ist,
als Sündopfer und den Altar damit ent-
sündigen, wie er mit dem Stier entsündigt
ist.
23 Nachdem du den Altar entsündigt hast,
sollst du einen jungen Stier opfern, der
ohne Fehler ist, und einen Widder von
der Herde ohne Fehler
24 und sollst sie beide vor dem HERRN
opfern, und die Priester sollen Salz auf sie
streuen und sollen sie so dem HERRN op-
fern als Brandopfer.
25 So sollst du sieben Tage lang täglich
einen Bock als Sündopfer opfern, und sie
sollen einen jungen Stier und einen Wid-
der von der Herde, die beide ohne Fehler
sind, opfern.
26 So sollen sie sieben Tage lang für den
Altar Sühne schaffen und ihn reinigen und
ihre Hände füllen.
27 Und nach diesen Tagen sollen die Prie-
ster am achten Tag und danach immer
wieder auf dem Altar opfern eure Brand-
opfer und eure Dankopfer, so will ich euch
gnädig sein, spricht Gott der HERR.

Das verschlossene Osttor

44 [a]Und er führte mich wieder zu dem
äußeren Tor des Heiligtums im
Osten; es war aber zugeschlossen.

a (1 und 2) Kap 43,4

2 Und der HERR sprach zu mir: Dies Tor
soll zugeschlossen bleiben und nicht auf-
getan werden, und niemand soll dort hin-
eingehen. Denn der HERR, der Gott Is-
raels, ist dort eingezogen; darum soll es
zugeschlossen bleiben.
3 Nur der Fürst darf sich, weil er der Fürst
ist, dort niederlassen und das Opfermahl
essen vor dem HERRN. [a]Durch die Vor-
halle des Tores soll er hineingehen und
durch sie wieder herausgehen. *a* Kap 46,2

Weisungen für den Dienst im Tempel

4 Danach führte er mich zum Tor im Nor-
den vor das Haus des HERRN. Und ich sah,
und siehe, das Haus war erfüllt von der
Herrlichkeit des HERRN, und ich fiel auf
mein Angesicht.
5 Und der HERR sprach zu mir: Du Men-
schenkind, gib acht und sieh mit deinen
Augen und höre mit deinen Ohren alles,
was ich dir sagen will von allen Ordnun-
gen und Gesetzen im Haus des HERRN,
und gib acht, wie man es halten soll mit
dem Zutritt zum Heiligtum an allen Ein-
gängen.

6 Und sage dem Haus des Widerspruchs,
dem Hause Israel: So spricht Gott der
HERR: Laßt's genug sein, ihr vom Hause
Israel, mit allen euren Greueltaten!
7 Denn ihr habt fremde Leute mit unbe-
schnittenem Herzen und [a]unbeschnitte-
nem Fleisch in mein Heiligtum hineinge-
lassen und so mein Haus entheiligt, als ihr
mir Brot, Fett und Blut opfertet; so habt
ihr meinen Bund gebrochen mit allen eu-
ren Greueltaten; *a* Jes 52,1; Jer 9,25
8 ihr habt nicht selbst den Dienst in mei-
nem Heiligtum getan, sondern habt sie be-
stellt, um für euch den Dienst in meinem
Heiligtum zu tun.
9 ¶ Darum spricht Gott der HERR: Es soll
kein Fremder mit unbeschnittenem Her-
zen und unbeschnittenem Fleisch in mein
Heiligtum kommen von allen Fremdlin-
gen, die unter den Israeliten leben,
10 sondern die Leviten, die von mir abge-
wichen sind, als Israel von mir abfiel und
irreging, ihren Götzen nach, die sollen ihre
Sünde tragen
11 und sollen in meinem Heiligtum Dienst
tun als Hüter an den Türen des Hauses
und als Diener des Hauses. Sie sollen das
Brandopfer und das Schlachtopfer für das
Volk schlachten und sollen vor ihnen ste-
hen und ihnen dienen.
12 Weil sie ihnen gedient haben vor ihren
Götzen und dem Hause Israel einen An-
laß zur Sünde gegeben haben, darum habe
ich meine Hand gegen sie erhoben, spricht
Gott der HERR, daß sie ihre Sünde tragen
müssen.
13 Und sie sollen nicht zu mir nahen, um
mir Priesterdienst zu tun, und sollen zu
dem, was mir heilig ist, und an die hoch-
heiligen Opfer nicht kommen, sondern
sollen ihre Schande tragen für ihre Greuel,
die sie getan haben.
14 Darum habe ich sie bestellt, den Dienst
an meinem Hause zu tun bei aller Arbeit
und bei allem, was dort zu tun ist.
15 ¶ Aber die levitischen Priester, die
[a]Söhne Zadok, die den Dienst an meinem
Heiligtum getan haben, als die Israeliten
von mir abfielen, die sollen vor mich tre-
ten, um mir zu dienen, und vor mir ste-
hen, um mir Fett und Blut zu opfern,
spricht Gott der HERR. *a* Kap 40,46
16 Sie sollen hineingehen in mein Heilig-
tum und vor meinen Tisch treten, um mir
zu dienen, und sollen meinen Dienst tun.
17 ¶ Und wenn sie durch die Tore des in-
neren Vorhofs gehen wollen, sollen sie
[a]leinene Kleider anziehen und nichts Wol-
lenes anhaben, solange sie in den Toren
des inneren Vorhofs und im Hause Dienst
tun. *a* 3.Mose 16,4
18 Und sie sollen einen leinenen Kopf-
bund auf ihrem Haupt haben und leinene
Beinkleider um ihre Lenden und sollen
sich nicht mit Zeug gürten, das Schweiß
wirkt.
19 Und [a]wenn sie in den äußeren Vorhof
zum Volk herausgehen, sollen sie die Klei-
der, in denen sie Dienst getan haben, aus-
ziehen und in die Kammern des Heilig-
tums legen und andere Kleider anziehen,
damit sie das Volk nicht durch ihre Klei-
der mit dem Heiligen in Berührung brin-
gen. *a* Kap 42,14

Ordnungen für die Priester

20 [a]Ihr Haupt sollen sie nicht kahlscheren
und auch nicht die Haare frei wachsen
lassen, sondern sie sollen die Haare rings-
herum abschneiden. *a* 3.Mose 19,27
21 ¶ Und [a]die Priester sollen keinen Wein
trinken, wenn sie in den inneren Vorhof
gehen sollen. *a* 3.Mose 10,9
22 ¶ Und [a]sie sollen keine Witwe oder
Verstoßene zur Frau nehmen, sondern
eine Jungfrau vom Hause Israel oder die
Witwe eines Priesters. *a* 3.Mose 21,13.14
23 ¶ Und [a]sie sollen mein Volk lehren, daß
es zu unterscheiden wisse zwischen Heili-
gem und Unheiligem und zwischen Rei-
nem und Unreinem. *a* Kap 22,26; 3.Mose 10,10
24 ¶ Und wenn eine Streitsache vor sie
kommt, [a]sollen sie Richter sein und nach
meinem Recht das Urteil sprechen und
sollen bei allen meinen Festen meine Ge-
bote und Ordnungen halten und meine
Sabbate heiligen. *a* 5.Mose 17,8.9
25 ¶ Und [a]sie sollen zu keinem Toten ge-
hen und sich unrein machen, [b]nur zu Va-
ter und Mutter, Sohn oder Tochter, Bru-
der oder einer Schwester, die noch keinen
Mann gehabt hat; an ihnen dürfen sie sich
unrein machen. *a* 4.Mose 19,11 *b* 3.Mose 21,1-4
26 Und nach seiner Reinigung soll man
ihm zuzählen sieben Tage.
27 Und wenn er wieder hinein zum Hei-
ligtum geht in den inneren Vorhof, um im
Heiligtum Dienst zu tun, soll er sein Sünd-
opfer opfern, spricht Gott der HERR.
28 ¶ Und [a]Erbbesitz sollen sie nicht ha-

ben; denn ich bin ihr Erbbesitz. Auch sollt
ihr ihnen kein Eigentum an Land geben in
Israel; denn ich bin ihr Eigentum.

a 4.Mose 18,20

29 Sie sollen ihre Nahrung haben vom
Speisopfer, Sündopfer und Schuldopfer,
und [a]alles dem Bann Verfallene in Israel
soll ihnen gehören. a 4.Mose 18,14
30 Und das Beste von allen ersten Früch-
ten und die [a]Abgaben von allem, wovon
ihr Abgaben leistet, sollen den Priestern
gehören. Ihr sollt den Priestern auch [b]die
Erstlinge eures Teiges geben, damit Segen
auf deinem Hause ruhe. a 2.Mose 25,2

b 4.Mose 15,20; Neh 10,38

31 Was aber verendet oder zerrissen ist, es
seien Vögel oder andere Tiere, das sollen
die Priester nicht essen.[a] a 3.Mose 22,8

Die Landabgabe für den heiligen Bezirk; die Landanteile der Stadt und des Fürsten

45 Wenn ihr nun das Land durchs Los
austeilt, sollt ihr eine Abgabe vom
Land absondern, die dem HERRN heilig
sein soll, fünfundzwanzigtausend Ellen
lang und zwanzigtausend breit; dieser
Raum soll heilig sein, soweit er reicht.
2 Von ihm sollen auf das Heiligtum kom-
men je fünfhundert Ellen im Geviert und
dazu ein freier Raum ringsherum von fünf-
zig Ellen.
3 Und auf diesem abgemessenen Raum
sollst du abmessen eine Länge von fünf-
undzwanzigtausend Ellen und eine Breite
von zehntausend; und darin soll das Hei-
ligtum stehen, das Allerheiligste.
4 Das soll ein heiliges Gebiet im Lande
sein und den Priestern gehören, die im
Heiligtum dienen und vor den HERRN tre-
ten, um ihm zu dienen, damit sie Raum
für ihre Häuser haben, und es soll heilig
sein.
5 Aber die Leviten, die am Tempel Dienst
tun, sollen auch einen Raum fünfund-
zwanzigtausend Ellen lang und zehntau-
send breit als ihr Eigentum bekommen,
damit sie da wohnen.
6 Und [a]der Stadt sollt ihr als Eigentum
zuweisen einen Raum von fünftausend
Ellen Breite und fünfundzwanzigtausend
Ellen Länge, entlang der Abgabe für das
Heiligtum. Das soll dem ganzen Hause
Israel gehören. a Kap 48,15-20
7 [a]Dem Fürsten aber sollt ihr auch einen
Raum geben zu beiden Seiten der Abgabe
für das Heiligtum und des Eigentums der
Stadt, neben der Abgabe für das Heilig-
tum und dem Eigentum der Stadt, im We-
sten westwärts und im Osten ostwärts, und
es soll die Länge einem der Stammesge-
biete entsprechen von der Grenze im We-
sten bis zur Grenze im Osten a Kap 48,21.22
8 des Landes. Das soll sein Eigentum sein
in Israel, damit [a]meine Fürsten nicht
mehr meinem Volk das Seine nehmen,
sondern das Land dem Hause Israel für
seine Stämme lassen. a Kap 46,18

Mahnung an die Fürsten

9 So spricht Gott der HERR: [a]Ihr habt's
lange genug schlimm getrieben, ihr Für-
sten Israels; laßt ab von Frevel und Ge-
walttat und tut, was recht und gut ist, und
hört auf, Leute in meinem Volk von Haus
und Hof zu vertreiben, spricht Gott der
HERR. a 1.Kön 12,4.11; 21; Jer 21,11.12; Mi 3,1-3
10 ¶ Ihr sollt [a]rechtes Gewicht und rech-
ten Scheffel und rechtes Maß haben.

a 3.Mose 19,36; 5.Mose 25,15

11 Ein Scheffel und ein Eimer sollen gleich
sein, so daß ein Eimer den zehnten Teil
von einem Faß hat und ein Scheffel auch
den zehnten Teil von einem Faß; nach
dem Faß soll man sie beide messen.
12 Und ein Lot soll zwanzig Gramm ha-
ben und ein Pfund fünfzig Lot.

Die Aufgaben des Fürsten im Opferdienst

13 Das soll nun die Aufgabe sein, die ihr
leisten sollt, nämlich den sechsten Teil
eines Scheffels von einem Faß Weizen und
den sechsten Teil eines Scheffels von
einem Faß Gerste.
14 Und vom Öl sollt ihr geben je den zehn-
ten Teil eines Eimers von einem Faß, das
zehn Eimer oder zehn Scheffel faßt; denn
zehn Eimer sind zehn Scheffel;
15 und je ein Lamm von zweihundert
Schafen von den Herden Israels zum
Speisopfer und Brandopfer und Dankop-
fer, um für sie Sühne zu schaffen, spricht
Gott der HERR.
16 Alles Volk des Landes soll diese Abga-
ben zum Fürsten in Israel bringen.
17 Und [a]der Fürst soll die Brandopfer,
Speisopfer und Trankopfer ausrichten an
den Festen, Neumonden und Sabbaten
und an allen Feiertagen des Hauses Israel.
Er soll die Sündopfer und Speisopfer,

Brandopfer und Dankopfer darbringen,
um Sühne zu schaffen für das Haus Is-
rael. *a* 2.Sam 6,17.18
18 So spricht Gott der HERR: Am ersten
Tag des ersten Monats sollst du nehmen
einen jungen Stier, der ohne Fehler ist,
und das Heiligtum entsündigen.
19 Und der Priester soll von dem Blut des
Sündopfers nehmen und die Pfosten am
Tempel damit besprengen und die vier Ek-
ken des Absatzes am Altar samt den Pfo-
sten am Tor des inneren Vorhofs.
20 So sollst du auch tun am ersten Tag des
siebenten Monats wegen derer, [a]die sich
verfehlt haben aus Versehen oder Unwis-
senheit; damit entsühnt ihr den Tempel.
a 3.Mose 4,22; 5,17.18
21 ¶Am vierzehnten Tag des ersten Mo-
nats sollt ihr [a]das Passa halten und sieben
Tage feiern und ungesäuertes Brot es-
sen. *a* 3.Mose 23,5
22 An diesem Tag soll der Fürst für sich
und für alles Volk des Landes einen Stier
zum Sündopfer opfern.
23 Und an den sieben Tagen des Festes
soll er dem HERRN täglich ein [a]Brandop-
fer darbringen, je sieben Stiere und sieben
Widder, die ohne Fehler sind, und je einen
Ziegenbock zum Sündopfer. *a* 4.Mose 28,17-25
24 Zum [a]Speisopfer aber soll er je einen
Scheffel zu einem Stier und einen Scheffel
zu einem Widder opfern und je eine
Kanne Öl zu einem Scheffel.
a Kap 46,5; 4.Mose 15,4-12
25 ¶Vom [a]fünfzehnten Tag des siebenten
Monats an soll er sieben Tage nacheinan-
der feiern wie jene sieben Tage und es
ebenso halten mit Sündopfer, Brandopfer,
Speisopfer samt dem Öl. *a* 3.Mose 23,34

46 ¶So spricht Gott der HERR: Das Tor
am inneren Vorhof im Osten soll an
den sechs Werktagen zugeschlossen sein,
aber am Sabbattag und am Neumond soll
man's auftun.
2 Und [a]der Fürst soll von draußen unter
die Vorhalle des Tores treten und bei den
Pfosten am Tor stehenbleiben. Und die
Priester sollen sein Brandopfer und Dank-
opfer opfern, er aber soll auf der Schwelle
des Tores anbeten und danach wieder hin-
ausgehen; das Tor aber soll offen bleiben
bis zum Abend. *a* Kap 44,3
3 Ebenso soll das Volk des Landes an der
Tür dieses Tores anbeten vor dem HERRN
an den Sabbaten und Neumonden.
4 Das [a]Brandopfer aber, das der Fürst
dem HERRN opfern soll am Sabbattag, sol-
len sechs Lämmer sein, die ohne Fehler
sind, und ein Widder ohne Fehler
a 4.Mose 28,9.10
5 und als [a]Speisopfer einen Scheffel zu
jedem Widder, als Speisopfer zu den Läm-
mern aber, soviel seine Hand gibt, und je
eine Kanne Öl zu einem Scheffel.
a Kap 45,24
6 Am Neumond aber soll er einen jungen
Stier opfern, der ohne Fehler ist, und sechs
Lämmer und einen Widder, auch ohne
Fehler,
7 und als Speisopfer je einen Scheffel zum
Stier und je einen Scheffel zum Widder,
aber zu den Lämmern soviel, wie er ge-
ben mag, und je eine Kanne Öl zu einem
Scheffel.
8 Und wenn der Fürst hineingeht, soll er
durch die Vorhalle des Tores hineingehen
und auf demselben Weg wieder hinausge-
hen.
9 Aber wenn das Volk des Landes vor den
HERRN kommt an den Feiertagen, dann
sollen die, die zum Tor im Norden hinein-
gehen, um anzubeten, durch das Tor im
Süden wieder hinausgehen, und die, die
zum Tor im Süden hineingehen, sollen
durch das Tor im Norden wieder hinaus-
gehen und sollen nicht wieder durch das
Tor hinausgehen, durch das sie hineinge-
gangen sind, sondern sollen durch das Tor
gegenüber hinausgehen.
10 Der Fürst aber soll mit ihnen sein,
wenn sie hinein- und wenn sie hinausge-
hen.
11 ¶Und an den Festen und Feiertagen
soll man als Speisopfer zu je einem Stier
einen Scheffel und zu je einem Widder
einen Scheffel opfern und zu den Läm-
mern, soviel seine Hand gibt, und je eine
Kanne Öl zu einem Scheffel.
12 ¶Wenn aber der Fürst ein Brandopfer
oder Dankopfer als freiwillige Gabe dem
HERRN darbringen will, so soll man ihm
das Tor im Osten auftun, damit er sein
Brandopfer und Dankopfer opfern kann,
wie er es sonst am Sabbat zu opfern pflegt.
Und wenn er wieder hinausgeht, soll man
das Tor hinter ihm zuschließen.
13 ¶Und er soll dem HERRN [a]täglich ein
Brandopfer darbringen, nämlich ein ein-
jähriges Schaf ohne Fehler; das soll er alle
Morgen opfern. *a* 2.Mose 29,38-42; 4.Mose 28,3

14 Und er soll alle Morgen den sechsten
Teil eines Scheffels als Speisopfer dazu
darbringen und den dritten Teil einer
Kanne Öl, um das Feinmehl zu besprengen,
als ein Speisopfer für den HERRN. Das
soll eine ewige Ordnung sein über das tägliche
Opfer.
15 Und so sollen sie das Schaf mit dem
Speisopfer und dem Öl alle Morgen opfern
als tägliches Brandopfer.

Bestimmungen über das Erbland des Fürsten

16 So spricht Gott der HERR: Wenn der
Fürst einem seiner Söhne ein Geschenk
gibt von seinem Erbe, soll es seinen Söhnen
verbleiben, und sie sollen es als ihr
Erbe besitzen.
17 Wenn er aber einem seiner Großen von
seinem Erbteil etwas schenkt, so sollen
sie es besitzen bis zum [a]Jahr der Freilassung,
und dann soll es an den Fürsten wieder
zurückfallen; nur der Anteil seiner
Söhne soll diesen verbleiben.

a 3.Mose 25,10; Jer 34,8

18 Es [a]soll auch der Fürst dem Volk nichts
nehmen von seinem Erbteil, um sie dadurch
aus ihrem Eigentum zu verdrängen,
sondern er soll sein Eigentum auf seine
Söhne vererben, damit nicht jemand von
meinem Volk aus seinem Eigentum vertrieben
wird.

a Kap 45,8.9

Die Opferküchen

19 Und er führte mich durch den Eingang
an der Seite des Tores zu den heiligen
Kammern im Norden, die den Priestern
gehörten, und siehe, dort war ein Raum in
der Ecke im Westen.
20 Und er sprach zu mir: Dies ist der Ort,
wo die Priester das Schuldopfer und das
Sündopfer kochen und das Speisopfer bakken
sollen, damit sie es nicht in den äußeren
Vorhof hinaustragen müssen und so
das Volk mit dem Heiligen in Berührung
bringen.
21 Danach führte er mich in den äußeren
Vorhof hinaus und ließ mich in die vier
Ecken des Vorhofs gehen. Und siehe, da
war in jeder Ecke des Vorhofs wieder ein
Vorhof.
22 In den vier Ecken des Vorhofs waren
kleine Vorhöfe, vierzig Ellen lang und dreißig
Ellen breit, alle vier von gleichem Maß.
23 Und es ging eine Mauer um jeden der
vier Vorhöfe herum; da waren Herde
ringsherum unten an den Mauern.
24 Und er sprach zu mir: Dies sind die
Küchen, in denen die Tempeldiener das
Schlachtopfer des Volks kochen sollen.

Der wunderbare Strom aus dem Tempel

47 [a]Und er führte mich wieder zu der
Tür des Tempels. Und siehe, da
[b]floß ein Wasser heraus unter der
Schwelle des Tempels nach Osten; denn
die vordere Seite des Tempels lag gegen
Osten. Und das Wasser lief unten an der
südlichen Seitenwand des Tempels hinab,
südlich am Altar vorbei.

a (1-12) 1.Mose 2,10-14 *b* Joel 4,18; Offb 22,1

2 Und er führte mich hinaus durch das
Tor im Norden und brachte mich außen
herum zum äußeren Tor im Osten; und
siehe, das Wasser sprang heraus aus seiner
südlichen Seitenwand.
3 Und der Mann ging heraus nach Osten
und hatte eine [a]Meßschnur in der Hand,
und er maß tausend Ellen und ließ mich
durch das Wasser gehen; da ging es mir
bis an die Knöchel.

a Kap 40,3

4 Und er maß abermals tausend Ellen und
ließ mich durch das Wasser gehen: da ging
es mir bis an die Knie; und er maß noch
tausend Ellen und ließ mich durch das
Wasser gehen: da ging es mir bis an die
Lenden.
5 Da maß er noch tausend Ellen: da war
es ein Strom, so tief, daß ich nicht mehr
hindurchgehen konnte; denn das Wasser
war so hoch, daß man schwimmen mußte
und nicht hindurchgehen konnte.
6 Und er sprach zu mir: Du Menschenkind,
hast du das gesehen? Und er führte
mich zurück am Ufer des Flusses entlang.
7 Und als ich zurückkam, siehe, da standen
sehr viele Bäume am Ufer auf beiden
Seiten.
8 Und er sprach zu mir: Dies Wasser fließt
hinaus in das östliche Gebiet und weiter
hinab zum Jordantal und mündet ins Tote
Meer. Und wenn es ins Meer fließt, soll
dessen Wasser gesund werden,
9 und alles, was darin lebt und webt, wohin
der Strom kommt, das soll leben. Und
es soll sehr viele Fische dort geben, wenn
dieses Wasser dorthin kommt; und alles
soll gesund werden und leben, wohin dieser
Strom kommt.[a]

a 2.Mose 15,23

10 Und es werden an ihm die Fischer ste-

hen. Von En-Gedi bis nach En-Eglajim
wird man die Fischgarne aufspannen; denn
es wird dort sehr viele Fische von aller Art
geben wie im großen Meer.
11 Aber die Teiche und Lachen daneben
werden nicht gesund werden, sondern
man soll daraus Salz gewinnen.
12 Und an dem Strom werden an seinem
Ufer auf beiden Seiten *a* allerlei fruchtbare
Bäume wachsen; und ihre Blätter werden
nicht verwelken, und mit ihren Früchten
hat es kein Ende. *b* Sie werden alle Monate
neue Früchte bringen; denn ihr Wasser
fließt aus dem Heiligtum. Ihre Früchte
werden zur Speise dienen und ihre Blätter
zur Arznei. *a* Jes 32,15 *b* Offb 22,2

Die Grenzen des Landes

13 So spricht Gott der HERR: Dies sind die
Grenzen, nach denen ihr das Land den
zwölf Stämmen Israels austeilen sollt;
a zwei Teile gehören dem Stamm Josef.
a 1.Mose 48,5; Jos 17,17
14 Und ihr sollt es als Erbteil bekommen,
einer wie der andere; denn ich habe meine
Hand aufgehoben zum Schwur, *a* dies Land
euren Vätern zu geben, und so soll es euch
als Erbteil zufallen. *a* 1.Mose 12,7
15 ¶ *a* Dies ist nun die Grenze des Landes
gegen Norden: von dem großen Meer an
auf Hetlon zu nach Zedad,
a (15-20) 4.Mose 34,2-12
16 Hamat, Berota, Sibrajim, das an Damaskus und Hamat grenzt, und Hazar-
Enan, das an den Hauran grenzt.
17 Und so soll die Grenze laufen vom
Meer an bis nach Hazar-Enan, und Damaskus und Hamat sollen nördlich liegen-
bleiben. Das sei die Grenze gegen Norden.
18 ¶ Aber die Grenze gegen Osten: von
Hazar-Enan, das zwischen dem Hauran
und Damaskus liegt, der Jordan zwischen
Gilead und dem Lande Israel bis hinab
ans östliche Meer nach Tamar. Das soll
die Grenze gegen Osten sein.
19 ¶ Aber die Grenze gegen Süden läuft
von Tamar bis an das *a* Haderwasser von
Kadesch und den *b* Bach Ägyptens hinab
bis an das große Meer. Das soll die Grenze
gegen Süden sein.
a 4.Mose 20,13 *b* 4.Mose 34,5
20 ¶ Und an der Seite gegen Westen ist
das große Meer die Grenze bis gegenüber
Hamat. Das sei die Grenze gegen Westen.

Die Verteilung des Landes

21 Und ihr sollt dies Land austeilen unter
die Stämme Israels,
22 und wenn ihr das Los werft, um das
Land unter euch zu teilen, so sollt ihr *a* die
Fremdlinge, die bei euch wohnen und Kinder unter euch zeugen, halten wie die Ein-
heimischen unter den Israeliten; mit euch
sollen sie ihren Erbbesitz erhalten unter
den Stämmen Israels, *a* 3.Mose 19,33.34
23 und ihr sollt auch ihnen ihren Anteil
am Lande geben, jedem bei dem Stamm,
bei dem er wohnt, spricht Gott der HERR.
48 ¶ Dies sind die Namen der Stämme:
a Von Norden vom Meer an auf dem
Wege nach Hetlon zu nach Hamat und
Hazar-Enan, so daß Damaskus nördlich
liegenbleibt, gegen Hamat: das soll Dan
als seinen Anteil haben von Osten bis nach
Westen. *a* Kap 47,15-17
2 Neben Dan soll Asser seinen Anteil haben von Osten bis nach Westen.
3 Neben Asser soll Naftali seinen Anteil
haben von Osten bis nach Westen.
4 Neben Naftali soll Manasse seinen Anteil haben von Osten bis nach Westen.
5 Neben Manasse soll Ephraim seinen
Anteil haben von Osten bis nach Westen.
6 Neben Ephraim soll Ruben seinen Anteil haben von Osten bis nach Westen.
7 Neben Ruben soll Juda seinen Anteil
haben von Osten bis nach Westen.
8 ¶ *a* Neben Juda aber sollt ihr einen Teil
als Abgabe absondern von Osten bis nach
Westen, der fünfundzwanzigtausend Ellen
breit und so lang ist wie sonst ein Anteil
von Osten bis nach Westen. Mitten darin
soll das Heiligtum stehen. *a (8-20)* Kap 45,1-8
9 Das Land, das ihr als Abgabe dem
HERRN absondern sollt, soll fünfundzwan-
zigtausend Ellen lang und zehntausend Ellen breit sein.
10 Und diese Abgabe für das Heiligtum
soll den Priestern gehören, nämlich fünf-
undzwanzigtausend Ellen lang an der
Nordseite und an der Südseite und zehn-
tausend Ellen breit an der Ostseite und an
der Westseite. Und das Heiligtum des
HERRN soll mitten darin stehen.
11 Es soll den geweihten Priestern gehören, den *a* Söhnen Zadok, die mir Dienst
getan haben und nicht mit den Israeliten
abgefallen sind, wie die Leviten abgefallen
sind. *a* Kap 40,46

[12]Und diese besondere Abgabe von der
Abgabe des Landes soll ihnen gehören
und hochheilig sein, neben dem Gebiet
der Leviten.
[13]Die Leviten aber sollen neben dem Gebiet der Priester auch ein Gebiet von fünfundzwanzigtausend Ellen in der Länge und zehntausend Ellen in der Breite haben; denn im ganzen soll die Länge fünfundzwanzigtausend Ellen und die Breite zwanzigtausend Ellen sein.
[14]Und sie dürfen nichts davon verkaufen oder vertauschen, damit dieser beste Teil des Landes nicht in andere Hände kommt; denn er ist dem HERRN geheiligt.
[15]Aber die übrigen fünftausend Ellen in der Breite entlang den fünfundzwanzigtausend Ellen sollen nicht heilig, sondern für die Stadt zum Wohnen und zur Weidetrift bestimmt sein, und die Stadt soll mitten darin stehen.
[16]Und das sollen ihre Maße sein: viertausendfünfhundert Ellen an der Nordseite und an der Südseite, ebenso auch an der Ostseite und an der Westseite viertausendfünfhundert Ellen.[a] *a* Offb 21,16
[17]Die Weidetrift der Stadt soll zweihundertfünfzig Ellen gegen Norden und gegen Süden messen, ebenso auch gegen Osten und gegen Westen zweihundertfünfzig Ellen.
[18]Aber das übrige Gebiet entlang der Abgabe für das Heiligtum, nämlich zehntausend Ellen gegen Osten und zehntausend Ellen gegen Westen, das soll dem Unterhalt derer dienen, die in der Stadt arbeiten.
[19]Und Arbeiter aus allen Stämmen Israels sollen in der Stadt arbeiten.
[20]So soll die ganze Abgabe fünfundzwanzigtausend Ellen im Geviert sein. Ein Viereck soll die Abgabe für das Heiligtum sein mit dem, was Eigentum der Stadt ist.
[21][a]Was aber noch übrig ist, soll dem Fürsten gehören, nämlich auf beiden Seiten neben der Abgabe für das Heiligtum und neben dem Eigentum der Stadt entlang den fünfundzwanzigtausend Ellen an der Ostseite und an der Westseite, so weit wie die Anteile der Stämme reichen; das soll dem Fürsten gehören. Die Abgabe für das Heiligtum und der Tempel sollen in der Mitte liegen. *a (21 und 22)* Kap 45,7
[22]Abgesehen von dem Eigentum der Leviten und dem Eigentum der Stadt, das mitten im Gebiet des Fürsten liegt, soll das Land zwischen dem Gebiet Judas und dem Gebiet Benjamins dem Fürsten gehören.
[23]¶Danach sollen die übrigen Stämme kommen: Benjamin soll seinen Anteil haben von Osten bis nach Westen.
[24]Neben dem Gebiet Benjamins soll Simeon seinen Anteil haben von Osten bis nach Westen.
[25]Neben dem Gebiet Simeons soll Issachar seinen Anteil haben von Osten bis nach Westen.
[26]Neben dem Gebiet Issachars soll Sebulon seinen Anteil haben von Osten bis nach Westen.
[27]Neben dem Gebiet Sebulons soll Gad seinen Anteil haben von Osten bis nach Westen.
[28]Neben dem Gebiet von Gad soll [a]im Süden die Grenze von Tamar bis an das Haderwasser von Kadesch laufen und den Bach Ägyptens hinab bis an das große Meer. *a* Kap 47,19
[29]Das ist das Land, das ihr austeilen sollt als Erbteil unter die Stämme Israels, und das sollen ihre Erbteile sein, spricht Gott der HERR.

Die Tore der Stadt

[30][a]Und dies sollen die Ausgänge der Stadt sein: an der Nordseite mit ihren viertausendfünfhundert Ellen
a (30-35) Offb 21,12.13
[31]drei Tore: das erste Tor Ruben, das zweite Juda, das dritte Levi; denn die Tore der Stadt sollen nach den Namen der Stämme Israels genannt werden.
[32]So auch an der Ostseite mit ihren viertausendfünfhundert Ellen drei Tore: nämlich das erste Tor Josef, das zweite Benjamin, das dritte Dan.
[33]An der Südseite mit ihren viertausendfünfhundert Ellen auch drei Tore: das erste Tor Simeon, das zweite Issachar, das dritte Sebulon.
[34]So auch an der Westseite mit ihren viertausendfünfhundert Ellen drei Tore: das erste Tor Gad, das zweite Asser, das dritte Naftali.
[35]So soll der ganze Umfang achtzehntausend Ellen sein. Und alsdann soll die Stadt genannt werden [a]»Hier ist der HERR«.
a Kap 43,7; Jes 60,14; Offb 21,3

DER PROPHET DANIEL

Inhaltsübersicht

Die Erziehung Daniels und seiner Freunde am babylonischen Hof

1 Im dritten Jahr der Herrschaft [a]Joja-
kims, des Königs von Juda, zog Nebu-
kadnezar, der König von Babel, vor Jeru-
salem und belagerte es. a 2.Kön 24,1.2
2 Und der Herr gab in seine Hand Joja-
kim, den König von Juda, und einen Teil
der Geräte aus dem Hause Gottes. Die
ließ er ins [a]Land Schinar bringen, in den
Tempel seines Gottes, und tat die Geräte
in die Schatzkammer seines Gottes.
a 1.Mose 11,2
3 Und der König sprach zu Aschpenas,
seinem obersten Kämmerer, er sollte
[a]einige von den Israeliten auswählen, und
zwar von königlichem Stamm und von
edler Herkunft, a 2.Kön 20,18
4 junge Leute, die keine Gebrechen hät-
ten, sondern schön, begabt, weise, klug
und verständig wären, also fähig, an des
Königs Hof zu dienen; und er sollte sie in
Schrift und Sprache der Chaldäer unter-
richten lassen.
5 Und der König bestimmte, was man
ihnen täglich geben sollte von seiner
Speise und von dem Wein, den er selbst
trank; so sollten sie drei Jahre erzogen
werden und danach vor dem König die-
nen.
6 Unter ihnen waren aus Juda Daniel,
Hananja, Mischaël und Asarja.
7 Und der oberste Kämmerer gab ih-
nen andere Namen und nannte Daniel
Beltschazar und Hananja Schadrach und
Mischaël Meschach und Asarja Abed-
Nego.
8 ¶Aber Daniel nahm sich in seinem Her-
zen vor, daß er sich mit des Königs Speise
und mit seinem Wein nicht [a]unrein ma-
chen wollte, und bat den obersten Käm-
merer, daß er sich nicht unrein machen
müßte. a 3.Mose 11
9 Und Gott gab es Daniel, daß ihm der
oberste Kämmerer günstig und gnädig ge-
sinnt wurde.[a] a 1.Mose 39,21
10 Der sprach zu ihm: Ich fürchte mich
vor meinem Herrn, dem König, der euch
eure Speise und euern Trank bestimmt
hat. Wenn er merken würde, daß euer
Aussehen schlechter ist als das der andern
jungen Leute eures Alters, so brächtet ihr
mich bei dem König um mein Leben.
11 Da sprach Daniel zu dem Aufseher, den
der oberste Kämmerer über Daniel, Ha-
nanja, Mischaël und Asarja gesetzt hatte:
12 Versuch's doch mit deinen Knechten
zehn Tage und laß uns Gemüse zu essen
und Wasser zu trinken geben.
13 Und dann laß dir unser Aussehen und
das der jungen Leute, die von des Königs
Speise essen, zeigen; und danach magst
du mit deinen Knechten tun nach dem,
was du sehen wirst.
14 Und er hörte auf sie und versuchte es
mit ihnen zehn Tage.
15 Und nach den zehn Tagen sahen sie
schöner und kräftiger aus als alle jungen
Leute, die von des Königs Speise aßen.
16 Da tat der Aufseher die Speise und den
Trank, die für sie bestimmt waren, weg
und gab ihnen Gemüse.
17 Und diesen vier jungen Leuten gab
Gott Einsicht und Verstand für jede Art
von Schrift und Weisheit. [a]Daniel aber
verstand sich auf Gesichte und Träume
jeder Art. a Hes 28,3
18 ¶Und als die Zeit um war, die der Kö-
nig bestimmt hatte, daß sie danach vor ihn
gebracht werden sollten, brachte sie der
oberste Kämmerer vor Nebukadnezar.
19 Und der König redete mit ihnen, und
es wurde unter allen niemand gefunden,
der Daniel, Hananja, Mischaël und Asarja
gleich war. Und sie wurden des Königs
Diener.
20 Und der König fand sie in allen Sachen,
die er sie fragte, zehnmal klüger und ver-

ständiger als alle Zeichendeuter und Wei-
sen in seinem ganzen Reich.
21 Und Daniel blieb im Dienst bis ins [a]er-
ste Jahr des Königs Kyrus. *a* Esr 1,1

Nebukadnezars Traum von den vier Weltreichen

(vgl. Kap 7)

2 Im zweiten Jahr seiner Herrschaft
hatte Nebukadnezar einen Traum, über
den er so erschrak, daß er aufwachte.
2 Und der König ließ alle Zeichendeuter
und Weisen und [a]Zauberer und Wahrsa-
ger zusammenrufen, daß sie ihm seinen
Traum sagen sollten. Und sie kamen und
traten vor den König. *a* Jes 47,12.13
3 Und der König sprach zu ihnen: Ich
habe einen Traum gehabt; der hat mich
erschreckt, und ich wollte gerne wissen,
was es mit dem Traum gewesen ist.
4 Da sprachen die Wahrsager zum König
auf aramäisch: Der König lebe ewig! Sage
deinen Knechten den Traum, so wollen
wir ihn deuten.
5 Der König antwortete und sprach zu den
Wahrsagern: Mein Wort ist deutlich ge-
nug. Werdet ihr mir nun den Traum nicht
kundtun und deuten, so sollt ihr in Stücke
gehauen und eure Häuser sollen zu
Schutthaufen gemacht werden.
6 Werdet ihr mir aber den Traum kund-
tun und deuten, so sollt ihr Geschenke,
Gaben und große Ehre von mir empfan-
gen. Darum sagt mir den Traum und
seine Deutung.
7 Sie antworteten noch einmal und spra-
chen: Der König sage seinen Knechten
den Traum, so wollen wir ihn deuten.
8 Der König antwortete und sprach: Wahr-
lich, ich merke, daß ihr Zeit gewinnen
wollt, weil ihr seht, daß mein Wort deut-
lich genug ist.
9 Aber werdet ihr mir den Traum nicht
sagen, so ergeht ein Urteil über euch alle,
weil ihr euch vorgenommen habt, Lug und
Trug vor mir zu reden, bis die Zeiten sich
ändern. Darum sagt mir den Traum; so
kann ich merken, daß ihr auch die Deu-
tung trefft.
10 Da antworteten die Wahrsager vor dem
König und sprachen zu ihm: Es ist kein
Mensch auf Erden, der sagen könnte, was
der König fordert. Ebenso gibt es auch
keinen König, wie groß oder mächtig er
sei, der solches von irgendeinem Zeichen-
deuter, Weisen oder Wahrsager fordern
würde.
11 Denn was der König fordert, ist zu
hoch, und es gibt auch sonst niemand,
der es vor dem König sagen könnte, ausge-
nommen die Götter, die nicht bei den
Menschen wohnen.
12 Da wurde der König sehr zornig und
befahl, alle Weisen von Babel umzubrin-
gen.
13 Und das Urteil ging aus, daß man die
Weisen töten sollte. Auch Daniel und
seine Gefährten suchte man, um sie zu
töten.
14 ¶ Da wandte sich Daniel [a]klug und ver-
ständig an Arjoch, den Obersten der Leib-
wache des Königs, der auszog, um die
Weisen von Babel zu töten. *a* Kap 1,20
15 Und er fing an und sprach zu Arjoch,
dem der König Vollmacht gegeben hatte:
Warum ist ein so strenges Urteil vom Kö-
nig ergangen? Und Arjoch teilte es Daniel
mit.
16 Da ging Daniel hinein und bat den Kö-
nig, ihm eine Frist zu geben, damit er die
Deutung dem König sagen könne.
17 Und Daniel ging heim und teilte es sei-
nen Gefährten Hananja, Mischaël und
Asarja mit,
18 damit sie den Gott des Himmels um
Gnade bäten wegen dieses Geheimnisses
und Daniel und seine Gefährten nicht
samt den andern Weisen von Babel umkä-
men.
19 Da wurde Daniel dies Geheimnis
durch ein Gesicht in der Nacht offenbart.
Und Daniel lobte den Gott des Himmels,
20 fing an und sprach: Gelobet sei der
Name Gottes von Ewigkeit zu Ewigkeit,
denn ihm gehören Weisheit und Stärke!
21 Er ändert Zeit und Stunde; [a]er setzt
Könige ab und setzt Könige ein; er gibt
den Weisen ihre Weisheit und den Ver-
ständigen ihren Verstand, *a* Kap 4,14.22.29
22 er offenbart, was tief und verborgen
ist; er weiß, was in der Finsternis liegt,
denn bei ihm ist lauter Licht.
23 Ich danke dir und lobe dich, Gott mei-
ner Väter, daß du mir Weisheit und Stärke
verliehen und jetzt offenbart hast, was wir
von dir erbeten haben; denn du hast uns
des Königs Sache offenbart.
24 Da ging Daniel hinein zu Arjoch, der
vom König Befehl hatte, die Weisen von

Babel umzubringen, und sprach zu ihm: Du sollst die Weisen von Babel nicht umbringen, sondern führe mich hinein zum König, ich will dem König die Deutung sagen.

25 Arjoch brachte Daniel eilends hinein vor den König und sprach zu ihm: Ich habe einen Mann gefunden unter den Gefangenen aus Juda, der dem König die Deutung sagen kann.

26 Der König antwortete und sprach zu Daniel, den sie Beltschazar nannten: Bist du es, der mir den Traum, den ich gesehen habe, und seine Deutung kundtun kann?

27 ¶Daniel fing an vor dem König und sprach: Das Geheimnis, nach dem der König fragt, vermögen die Weisen, Gelehrten, Zeichendeuter und Wahrsager dem König nicht zu sagen.

28 Aber [a]es ist ein Gott im Himmel, der kann Geheimnisse offenbaren. Der hat dem König Nebukadnezar kundgetan, was in künftigen Zeiten geschehen soll. Mit deinem Traum und deinen Gesichten, als du schliefst, verhielt es sich so:

a 1.Mose 41,16

29 Du, König, dachtest auf deinem Bett, was dereinst geschehen würde; und der, der Geheimnisse offenbart, hat dir kundgetan, was geschehen wird.

30 Mir aber ist dies Geheimnis offenbart worden, [a]nicht als wäre meine Weisheit größer als die Weisheit aller, die da leben, sondern damit dem König die Deutung kundwürde und du deines Herzens Gedanken erführest. *a* 1.Mose 41,39

31 Du, König, hattest einen Traum, und siehe, ein großes und hohes und hell glänzendes Bild stand vor dir, das war schrecklich anzusehen.

32 Das Haupt dieses Bildes war von feinem Gold, seine Brust und seine Arme waren von Silber, sein Bauch und seine Lenden waren von Kupfer,

33 seine Schenkel waren von Eisen, seine Füße waren teils von Eisen und teils von Ton.

34 Das sahst du, bis ein Stein herunterkam, ohne Zutun von Menschenhänden; der traf das Bild an seinen Füßen, die von Eisen und Ton waren, und zermalmte sie.

35 Da wurden miteinander zermalmt Eisen, Ton, Kupfer, Silber und Gold und wurden wie Spreu auf der Sommertenne, und der Wind verwehte sie, daß man sie nirgends mehr finden konnte. Der Stein aber, der das Bild zerschlug, wurde zu einem großen Berg, so daß er die ganze Welt füllte.

36 ¶Das ist der Traum. Nun wollen wir die Deutung vor dem König sagen.

37 Du, König, bist [a]ein König aller Könige, dem der Gott des Himmels Königreich, Macht, Stärke und Ehre gegeben hat *a* Hes 26,7

38 und dem er alle Länder, in denen Leute wohnen, dazu [a]die Tiere auf dem Felde und die Vögel unter dem Himmel in die Hände gegeben und dem er über alles Gewalt verliehen hat. Du bist das goldene Haupt. *a* Jer 27,6; 28,14

39 Nach dir wird ein anderes Königreich aufkommen, geringer als deines, danach das dritte Königreich, das aus Kupfer ist und über alle Länder herrschen wird.

40 Und das vierte wird hart sein wie Eisen; denn wie Eisen alles zermalmt und zerschlägt, ja, wie Eisen alles zerbricht, so wird es auch alles zermalmen und zerbrechen.

41 Daß du aber die Füße und Zehen teils von Ton und teils von Eisen gesehen hast, bedeutet: das wird ein zerteiltes Königreich sein; doch wird etwas von des Eisens Härte darin bleiben, wie du ja gesehen hast Eisen mit Ton vermengt.

42 Und daß die Zehen an seinen Füßen teils von Eisen und teils von Ton sind, bedeutet: zum Teil wird's ein starkes und zum Teil ein schwaches Reich sein.

43 Und daß du gesehen hast Eisen mit Ton vermengt, bedeutet: sie werden sich zwar durch Heiraten miteinander vermischen, aber sie werden doch nicht aneinander festhalten, so wie sich Eisen mit Ton nicht mengen läßt.

44 Aber **zur Zeit dieser Könige wird der Gott des Himmels [a]ein Reich aufrichten, das nimmermehr zerstört wird; und sein Reich wird auf kein anderes Volk kommen. Es wird alle diese Königreiche zermalmen und zerstören; aber es selbst wird ewig bleiben,**

a Kap 7,14.27; Jes 9,6; 1.Kor 15,24; Offb 11,15

45 wie du ja gesehen hast, daß ein Stein ohne Zutun von Menschenhänden vom Berg herunterkam, der Eisen, Kupfer, Ton, Silber und Gold zermalmte. So hat der

große Gott dem König kundgetan, was dereinst geschehen wird. Der Traum ist zuverlässig, und die Deutung ist richtig.

46 ¶Da fiel der König Nebukadnezar auf sein Angesicht und warf sich nieder vor Daniel und befahl, man sollte ihm Speisopfer und Räucheropfer darbringen.

47 Und der König antwortete Daniel und sprach: Es ist kein Zweifel, [a]euer Gott ist ein Gott über alle Götter und ein Herr über alle Könige, der Geheimnisse offenbaren kann, wie du dies Geheimnis hast offenbaren können.

a Kap 3,29; Jos 2,11; Ps 86,8; Jes 42,8

48 Und der König erhöhte Daniel und [a]gab ihm große und viele Geschenke und machte ihn zum Fürsten über das ganze Land Babel und setzte ihn zum Obersten über alle Weisen in Babel. *a* Vers 6; Kap 5,29

49 Und Daniel bat den König, [a]über die einzelnen Bezirke im Lande Babel Schadrach, Meschach und Abed-Nego zu setzen. Daniel aber blieb am Hof des Königs. *a* Kap 3,12

Die drei Männer im Feuerofen

3 Der König Nebukadnezar ließ ein goldenes Bild machen sechzig Ellen hoch und sechs Ellen breit und ließ es aufrichten in der Ebene Dura im Lande Babel.

2 Und der König Nebukadnezar sandte nach den Fürsten, Würdenträgern, Statthaltern, Richtern, Schatzmeistern, Räten, Amtleuten und allen Mächtigen im Lande, daß sie zusammenkommen sollten, um das Bild zu weihen, das der König Nebukadnezar hatte aufrichten lassen.

3 Da kamen zusammen die Fürsten, Würdenträger, Statthalter, Richter, Schatzmeister, Räte, Amtleute und alle Mächtigen im Lande, um das Bild zu weihen, das der König Nebukadnezar hatte aufrichten lassen. Und sie mußten sich vor dem Bild aufstellen, das Nebukadnezar hatte aufrichten lassen.

4 Und der Herold rief laut: Es wird euch befohlen, ihr Völker und Leute aus so vielen verschiedenen Sprachen:

5 Wenn ihr hören werdet den Schall der Posaunen, Trompeten, Harfen, Zithern, Flöten, Lauten und aller andern Instrumente, dann sollt ihr niederfallen und das goldene Bild anbeten, das der König Nebukadnezar hat aufrichten lassen.

6 Wer aber dann nicht niederfällt und anbetet, der soll sofort in den glühenden Ofen geworfen werden.

7 Als sie nun hörten den Schall der Posaunen, Trompeten, Harfen, Zithern, Flöten und aller andern Instrumente, fielen nieder alle Völker und Leute aus so vielen verschiedenen Sprachen und beteten an das goldene Bild, das der König Nebukadnezar hatte aufrichten lassen.

8 ¶Da kamen einige chaldäische Männer und verklagten die Juden,

9 fingen an und sprachen zum König Nebukadnezar: Der König lebe ewig!

10 Du hast [a]ein Gebot ergehen lassen, daß alle Menschen niederfallen und das goldene Bild anbeten sollten, wenn sie den Schall der Posaunen, Trompeten, Harfen, Zithern, Flöten, Lauten und aller andern Instrumente hören würden; *a* Kap 6,13

11 wer aber nicht niederfiele und anbetete, sollte in den glühenden Ofen geworfen werden.

12 Nun sind da [a]jüdische Männer, die du über die einzelnen Bezirke im Lande Babel gesetzt hast, nämlich Schadrach, Meschach und Abed-Nego; die verachten dein Gebot und ehren deinen Gott nicht und beten das goldene Bild nicht an, das du hast aufrichten lassen. *a* Kap 2,49

13 Da befahl Nebukadnezar mit Grimm und Zorn, Schadrach, Meschach und Abed-Nego vor ihn zu bringen. Und die Männer wurden vor den König gebracht.

14 Da fing Nebukadnezar an und sprach zu ihnen: Wie? Wollt ihr, Schadrach, Meschach und Abed-Nego, meinen Gott nicht ehren und das goldene Bild nicht anbeten, das ich habe aufrichten lassen?

15 Wohlan, seid bereit! Sobald ihr den Schall der Posaunen, Trompeten, Harfen, Zithern, Flöten, Lauten und aller andern Instrumente hören werdet, so fallt nieder und betet das Bild an, das ich habe machen lassen! Werdet ihr's aber nicht anbeten, dann sollt ihr sofort in den glühenden Ofen geworfen werden. [a]Laßt sehen, wer der Gott ist, der euch aus meiner Hand erretten könnte!

a 2.Mose 5,2; 2.Kön 18,35

16 Da fingen an Schadrach, Meschach und Abed-Nego und sprachen zum König Nebukadnezar: Es ist nicht nötig, daß wir dir darauf antworten.

17 Wenn unser Gott, den wir verehren,

will, so kann er uns erretten; aus dem
[a]glühenden Ofen und aus deiner Hand, o
König, kann er erretten.
a 5.Mose 4,20; Ps 66,12
18 Und wenn er's nicht tun will, so sollst
du dennoch wissen, [a]daß wir deinen Gott
nicht ehren und das goldene Bild, das du
hast aufrichten lassen, nicht anbeten wollen.
a 2.Mose 20,3-5
19 ¶Da wurde Nebukadnezar voll Grimm,
und der Ausdruck seines Angesichts veränderte sich gegenüber Schadrach, Meschach und Abed-Nego, und er befahl,
man sollte den Ofen siebenmal heißer machen, als man sonst zu tun pflegte.
20 Und er befahl den besten Kriegsleuten,
die in seinem Heer waren, Schadrach, Meschach und Abed-Nego zu binden und in
den glühenden Ofen zu werfen.
21 Da wurden diese Männer in ihren Mänteln, Hosen, Hüten, in ihrer ganzen Kleidung, gebunden und in den glühenden
Ofen geworfen.
22 Weil das Gebot des Königs so streng
war, schürte man das Feuer im Ofen so
sehr, daß die Männer, die Schadrach, Meschach und Abed-Nego hinaufbrachten,
von den Feuerflammen getötet wurden.
23 Aber die drei Männer, Schadrach, Meschach und Abed-Nego, fielen hinab in
den glühenden Ofen, gebunden wie sie
waren.
24 ¶Da entsetzte sich der König Nebukadnezar, fuhr auf und sprach zu seinen
Räten: Haben wir nicht drei Männer gebunden in das Feuer werfen lassen? Sie
antworteten und sprachen zum König: Ja,
König.
25 Er antwortete und sprach: Ich sehe aber
vier Männer [a]frei im Feuer umhergehen,
und sie sind unversehrt; und der vierte
sieht aus, als wäre er ein Sohn der Götter.
a Jes 43,2
26 Und Nebukadnezar trat vor die Tür des
glühenden Ofens und sprach: Schadrach,
Meschach und Abed-Nego, ihr Knechte
Gottes des Höchsten, tretet heraus und
kommt her! Da traten Schadrach, Meschach und Abed-Nego heraus aus dem
Feuer.
27 Und die Fürsten, Würdenträger, Statthalter und Räte des Königs kamen zusammen und sahen, daß [a]das Feuer den Leibern dieser Männer nichts hatte anhaben
können und ihr Haupthaar nicht versengt
und ihre Mäntel nicht versehrt waren; ja,
man konnte keinen Brand an ihnen riechen.
a Hebr 11,33.34
28 Da fing Nebukadnezar an und sprach:
Gelobt sei der Gott Schadrachs, Meschachs und Abed-Negos, der [a]seinen Engel gesandt und seine Knechte errettet hat,
die ihm vertraut und des Königs Gebot
nicht gehalten haben, sondern ihren Leib
preisgaben; denn sie wollten keinen andern Gott verehren und anbeten als allein
ihren Gott!
a Kap 6,23
29 So sei nun dies mein Gebot: Wer unter
allen Völkern und Leuten aus so vielen
verschiedenen Sprachen den Gott Schadrachs, Meschachs und Abed-Negos lästert,
der soll in Stücke gehauen und sein Haus
zu einem Schutthaufen gemacht werden.
Denn [a]es gibt keinen andern Gott als den,
der so erretten kann.
a Kap 2,47
30 Und der König gab Schadrach, Meschach und Abed-Nego große Macht im
Lande Babel.

Nebukadnezars Wahnsinn

31 König Nebukadnezar allen Völkern,
Leuten aus so vielen verschiedenen Sprachen auf der ganzen Erde: Viel Friede zuvor!
32 Es gefällt mir, die Zeichen und Wunder
zu verkünden, die Gott der Höchste an
mir getan hat.
33 Denn seine Zeichen sind groß, und
seine Wunder sind mächtig, und [a]sein
Reich ist ein ewiges Reich, und seine Herrschaft währet für und für.
a Kap 2,44; 4,31; 6,27; 7,14.27; Ps 145,13
4 ¶Ich, Nebukadnezar, hatte Ruhe in
meinem Hause und lebte zufrieden in
meinem Palast.
2 Da hatte ich einen Traum, der erschreckte mich, und die Gedanken, die ich
auf meinem Bett hatte, und die Gesichte,
die ich gesehen hatte, beunruhigten mich.
3 Und ich befahl, daß alle Weisen Babels
vor mich gebracht würden, damit sie mir
sagten, was der Traum bedeutete.
4 Da brachte man herein die Zeichendeuter, Weisen, Gelehrten und Wahrsager, und
ich erzählte den Traum vor ihnen; aber sie
konnten mir nicht sagen, was er bedeutete,
5 bis zuletzt Daniel vor mich trat, der Beltschazar heißt nach dem Namen meines

Gottes und [a]der den Geist der heiligen
Götter hat. Und ich erzählte vor ihm den
Traum: *a* Kap 5,11.14
6 Beltschazar, du Oberster unter den Zei-
chendeutern, von dem ich weiß, daß du
den Geist der heiligen Götter hast und dir
nichts verborgen ist, sage, was die Ge-
sichte meines Traumes, die ich gesehen
habe, bedeuten.
7 ¶Dies sind aber die Gesichte, die ich
gesehen habe auf meinem Bett: Siehe, es
stand ein Baum in der Mitte der Erde, der
war sehr hoch.
8 Und er wurde groß und mächtig, und
seine Höhe reichte bis an den Himmel,
und er war zu sehen bis ans Ende der
ganzen Erde.
9 Sein Laub war dicht und seine Frucht
reichlich, und er gab Nahrung für alle. Alle
Tiere des Feldes fanden Schatten unter
ihm, und die Vögel des Himmels saßen
auf seinen Ästen, und alles Fleisch nährte
sich von ihm.
10 Und ich sah ein Gesicht auf meinem
Bett, und siehe, ein heiliger Wächter fuhr
vom Himmel herab.
11 Der rief laut und sprach: Haut den
Baum um und schlagt ihm die Äste weg,
streift ihm das Laub ab und zerstreut seine
Frucht, daß die Tiere, die unter ihm lie-
gen, weglaufen und die Vögel von seinen
Zweigen fliehen.
12 Doch laßt den Stock mit seinen Wur-
zeln in der Erde bleiben; er soll in eiser-
nen und ehernen Ketten auf dem Felde
im Grase und unter dem Tau des Him-
mels liegen und naß werden und soll sein
Teil haben mit den Tieren am Gras auf
der Erde.
13 Und das menschliche Herz soll von ihm
genommen und ein tierisches Herz ihm
gegeben werden, und sieben Zeiten sollen
über ihn hingehen.
14 Dies ist im Rat der Wächter beschlos-
sen und ist Gebot der Heiligen, damit die
Lebenden erkennen, daß [a]der Höchste
Gewalt hat über die Königreiche der Men-
schen und sie geben kann, wem er will,
und einen Niedrigen darüber setzen.
a Kap 2,21
15 Solch einen Traum hab ich, König Ne-
bukadnezar, gehabt; du aber, Beltschazar,
sage, was er bedeutet. Denn alle Weisen
in meinem Königreich können mir nicht
kundtun, was er bedeutet; du aber kannst
es, denn der Geist der heiligen Götter ist
bei dir.
16 ¶Da entsetzte sich Daniel, der auch
Beltschazar heißt, eine Zeitlang, und seine
Gedanken beunruhigten ihn. Aber der Kö-
nig sprach: Beltschazar, laß dich durch den
Traum und seine Deutung nicht beunru-
higen. Beltschazar fing an und sprach:
Ach, mein Herr, daß doch der Traum dei-
nen Feinden und seine Deutung deinen
Widersachern gelte!
17 Der [a]Baum, den du gesehen hast, der
groß und mächtig wurde und dessen Höhe
an den Himmel reichte und der zu sehen
war auf der ganzen Erde, *a* Hes 31,3-14
18 dessen Laub dicht und dessen Frucht
reichlich war, so daß er Nahrung für alle
gab, unter dem die Tiere des Feldes wohn-
ten und auf dessen Ästen die Vögel des
Himmels saßen –
19 das bist du, König, der du so groß und
mächtig bist; denn deine Macht ist groß
und reicht bis an den Himmel und deine
Gewalt bis ans Ende der Erde.
20 Daß aber der König einen heiligen
Wächter gesehen hat vom Himmel herab-
fahren, der sagte: »Haut den Baum um
und zerstört ihn, doch den Stock mit sei-
nen Wurzeln laßt in der Erde bleiben; er
soll in eisernen und ehernen Ketten auf
dem Felde im Grase und unter dem Tau
des Himmels liegen und naß werden und
mit den Tieren des Feldes zusammenle-
ben, bis über ihn sieben Zeiten hingegan-
gen sind«;
21 das, König, bedeutet – und zwar ergeht
es als Ratschluß des Höchsten über mei-
nen Herrn, den König –:
22 man wird dich aus der Gemeinschaft
der Menschen verstoßen, und du mußt
bei den Tieren des Feldes bleiben, und
man wird dich Gras fressen lassen wie die
Rinder, und du wirst unter dem Tau des
Himmels liegen und naß werden, und sie-
ben Zeiten werden über dich hingehen,
bis du erkennst, daß der Höchste Gewalt
hat über die Königreiche der Menschen
und sie gibt, wem er will.
23 Wenn aber gesagt wurde, man solle
dennoch den Stock des Baumes mit sei-
nen Wurzeln übriglassen, das bedeutet:
dein Königreich soll dir erhalten bleiben,
sobald du erkannt hast, daß der Himmel
die Gewalt hat.
24 Darum, mein König, laß dir meinen Rat

gefallen und mache dich los und ledig von
deinen Sünden durch Gerechtigkeit und
von deiner Missetat durch [a]Wohltat an
den Armen, so wird es dir lange wohlerge-
hen. *a* Spr 19,17; Mt 5,7
25 ¶Dies alles widerfuhr dem König Ne-
bukadnezar.
26 Denn nach zwölf Monaten, als der Kö-
nig auf dem Dach des königlichen Pala-
stes in Babel sich erging,
27 [a]hob er an und sprach: Das ist das
große Babel, das ich erbaut habe zur Kö-
nigsstadt durch meine große Macht zu
Ehren meiner Herrlichkeit.
a (27 und 28) Spr 16,18
28 Ehe noch der König diese Worte aus-
geredet hatte, kam eine Stimme vom Him-
mel: Dir, König Nebukadnezar, wird ge-
sagt: Dein Königreich ist dir genommen,
29 man wird dich aus der Gemeinschaft
der Menschen verstoßen, und du sollst bei
den Tieren des Feldes bleiben; Gras wird
man dich fressen lassen wie die Rinder,
und sieben Zeiten sollen hingehen, bis du
erkennst, daß [a]der Höchste Gewalt hat
über die Königreiche der Menschen und
sie gibt, wem er will. *a* Kap 5,21
30 Im gleichen Augenblick wurde das
Wort erfüllt an Nebukadnezar, und er
wurde verstoßen aus der Gemeinschaft
der Menschen, und er fraß Gras wie die
Rinder, und sein Leib lag unter dem Tau
des Himmels und wurde naß, bis sein Haar
wuchs so groß wie Adlerfedern und seine
Nägel wie Vogelklauen wurden.
31 ¶Nach dieser Zeit hob ich, Nebukad-
nezar, meine Augen auf zum Himmel, und
mein Verstand kam mir wieder, und ich
lobte den Höchsten. Ich pries und ehrte
den, der ewig lebt, [a]dessen Gewalt ewig
ist und dessen Reich für und für währt,
a Kap 3,33
32 gegen den [a]alle, die auf Erden wohnen,
für nichts zu rechnen sind. Er macht's,
wie er will, mit den Mächten im Himmel
und mit denen, die auf Erden wohnen.
Und [b]niemand kann seiner Hand wehren
noch zu ihm sagen: Was machst du?
a Jes 40,17 *b* Hiob 9,12
33 Zur selben Zeit kehrte mein Verstand
zu mir zurück, und meine Herrlichkeit
und mein Glanz kamen wieder an mich
zur Ehre meines Königreichs. Und meine
Räte und Mächtigen suchten mich auf,
und ich wurde wieder über mein König-
reich eingesetzt und gewann noch größere
Herrlichkeit.
34 Darum lobe, ehre und preise ich, Ne-
bukadnezar, den König des Himmels;
denn **all sein Tun ist Wahrheit, und seine
Wege sind recht, und [a]wer stolz ist, den
kann er demütigen.** *a* Lk 1,51; 18,14

Belsazars Gastmahl

5 König Belsazar machte ein herrliches
Mahl für seine tausend Mächtigen und
soff sich voll mit ihnen.
2 Und als er betrunken war, ließ er [a]die
goldenen und silbernen Gefäße herbrin-
gen, die sein Vater Nebukadnezar aus dem
Tempel zu Jerusalem weggenommen
hatte, damit der König mit seinen Mächti-
gen, mit seinen Frauen und mit seinen
Nebenfrauen daraus tränke.
a Kap 1,2; 2.Chr 36,10; Esr 1,7-11
3 Da wurden die goldenen und silbernen
Gefäße herbeigebracht, die aus dem Tem-
pel, aus dem Hause Gottes zu Jerusalem,
weggenommen worden waren; und der
König, seine Mächtigen, seine Frauen und
Nebenfrauen tranken daraus.
4 Und als sie so tranken, lobten sie die
goldenen, silbernen, ehernen, eisernen,
hölzernen und steinernen Götter.
5 ¶Im gleichen Augenblick gingen her-
vor Finger wie von einer Menschenhand,
die schrieben gegenüber dem Leuchter
auf die getünchte Wand in dem königli-
chen Saal. Und der König erblickte die
Hand, die da schrieb.
6 Da entfärbte sich der König, und seine
Gedanken erschreckten ihn, so daß er wie
gelähmt war und ihm die Beine zitterten.
7 Und der König rief laut, daß man die
Weisen, Gelehrten und Wahrsager herbei-
holen solle. Und er ließ den Weisen von
Babel sagen: Welcher Mensch diese
Schrift lesen kann und mir sagt, was sie
bedeutet, der soll mit Purpur gekleidet
werden und eine goldene Kette um den
Hals tragen und der Dritte in meinem Kö-
nigreich sein.
8 Da wurden alle Weisen des Königs her-
eingeführt, aber sie konnten weder die
Schrift lesen noch die Deutung dem Kö-
nig kundtun.
9 Darüber erschrak der König Belsazar
noch mehr und verlor seine Farbe ganz,
und seinen Mächtigen wurde angst und
bange.

10 Da ging auf die Worte des Königs und
seiner Mächtigen die Königinmutter in
den Saal hinein und sprach: Der König
lebe ewig! Laß dich von deinen Gedanken
nicht so erschrecken, und entfärbe dich
nicht!
11 Es ist ein Mann in deinem Königreich,
der [a]den Geist der heiligen Götter hat.
Denn zu deines Vaters Zeiten fand sich
bei ihm Erleuchtung, Klugheit und Weis-
heit wie der Götter Weisheit. Und dein
Vater, der König Nebukadnezar, [b]setzte
ihn über die Zeichendeuter, Weisen, Ge-
lehrten und Wahrsager, *a* Kap 4,5 *b* Kap 2,48
12 weil ein [a]überragender Geist bei ihm
gefunden wurde, dazu Verstand und Klug-
heit, Träume zu deuten, dunkle Sprüche
zu erraten und Geheimnisse zu offenba-
ren. Das ist Daniel, dem der König den
Namen Beltschazar gab. So rufe man nun
Daniel; der wird sagen, was es bedeutet.
a Kap 1,17
13 ¶Da wurde Daniel vor den König ge-
führt. Und der König sprach zu Daniel:
Bist du Daniel, einer der Gefangenen aus
Juda, die der König, mein Vater, aus Juda
hergebracht hat?
14 Ich habe von dir sagen hören, daß du
den Geist der heiligen Götter habest und
Erleuchtung, Verstand und hohe Weisheit
bei dir zu finden sei.
15 Nun hab ich vor mich rufen lassen die
Weisen und Gelehrten, damit sie mir diese
Schrift lesen und kundtun sollen, was sie
bedeutet; aber sie können mir nicht sa-
gen, was sie bedeutet.
16 Von dir aber höre ich, daß du Deutun-
gen zu geben und Geheimnisse zu offen-
baren vermagst. Kannst du nun die Schrift
lesen und mir sagen, was sie bedeutet, so
sollst du mit Purpur gekleidet werden und
eine goldene Kette um deinen Hals tragen
und der Dritte in meinem Königreich
sein.
17 ¶Da fing Daniel an und sprach vor dem
König: Behalte deine Gaben und gib dein
Geschenk einem andern; ich will dennoch
die Schrift dem König lesen und kundtun,
was sie bedeutet.
18 Mein König, [a]Gott der Höchste hat dei-
nem Vater Nebukadnezar Königreich,
Macht, Ehre und Herrlichkeit gegeben.
a Kap 2,37
19 Und um solcher Macht willen, die ihm
gegeben war, fürchteten und scheuten sich
vor ihm alle Völker und Leute aus so vie-
len verschiedenen Sprachen. Er tötete,
wen er wollte; er ließ leben, wen er wollte;
er erhöhte, wen er wollte; er demütigte,
wen er wollte.
20 Als sich aber sein Herz überhob und er
stolz und hochmütig wurde, da wurde er
vom königlichen Thron gestoßen und ver-
lor seine Ehre
21 und wurde verstoßen aus der Gemein-
schaft der Menschen, und sein Herz wurde
gleich dem der Tiere, und er mußte bei
dem Wild hausen und fraß Gras wie die
Rinder, und sein Leib lag unter dem Tau
des Himmels und wurde naß, bis er lernte,
daß [a]Gott der Höchste Gewalt hat über
die Königreiche der Menschen und sie
gibt, wem er will. *a* Kap 4,29
22 Aber du, Belsazar, sein Sohn, hast dein
Herz nicht gedemütigt, obwohl du das
alles wußtest,
23 sondern hast dich gegen den Herrn des
Himmels erhoben, und die Gefäße seines
Hauses hat man vor dich bringen müssen,
und du, deine Mächtigen, deine Frauen
und deine Nebenfrauen, ihr habt daraus
getrunken; dazu hast du die silbernen, gol-
denen, ehernen, eisernen, hölzernen, stei-
nernen Götter gelobt, die weder sehen
noch hören noch fühlen können. Den Gott
aber, der deinen Odem und alle deine
Wege in seiner Hand hat, hast du nicht
verehrt.
24 Darum wurde von ihm diese Hand ge-
sandt und diese Schrift geschrieben.
25 [a]So aber lautet die Schrift, die dort ge-
schrieben steht: **Mene mene tekel u-par-
sin.** *a (25-28)* Jes 47,11
26 Und sie bedeutet dies: **Mene,** das ist,
Gott hat dein Königtum **gezählt** und been-
det.
27 **Tekel,** das ist, man hat dich auf der
Waage **gewogen** und zu leicht befunden.
28 **Peres,** das ist, dein Reich ist **zerteilt** und
den Medern und **Persern** gegeben.
29 Da befahl Belsazar, daß man Daniel
mit Purpur kleiden sollte und ihm eine
goldene Kette um den Hals geben;
und er ließ von ihm verkünden, daß er
der Dritte im Königreich sei.[a]
a Kap 2,48; 1.Mose 41,42.43
30 ¶Aber in derselben Nacht wurde Bel-
sazar, der König der Chaldäer, getötet.

Daniel in der Löwengrube

6 *Und [a]Darius aus [b]Medien übernahm
das Reich, als er zweiundsechzig Jahre
alt war. *a* Kap 9,1 *b* Jes 13,17

* Abweichende Verszählung statt 6,1-29: 5,31–6,28.

2 Und es gefiel Darius, über das ganze
Königreich hundertundzwanzig Statthalter
zu setzen.
3 Über sie setzte er drei Fürsten, von de-
nen einer Daniel war. Ihnen sollten die
Statthalter Rechenschaft ablegen, damit
der König der Mühe enthoben wäre.
4 Daniel aber übertraf alle Fürsten und
Statthalter, denn [a]es war ein überragender
Geist in ihm. Darum dachte der König
daran, ihn über das ganze Königreich zu
setzen. *a* Kap 5,12
5 Da trachteten die Fürsten und Statthal-
ter danach, an Daniel etwas zu finden, das
gegen das Königreich gerichtet wäre. Aber
sie konnten keinen Grund zur Anklage
und kein Vergehen finden; denn er war
treu, so daß man keine Schuld und kein
Vergehen bei ihm finden konnte.
6 Da sprachen die Männer: Wir werden
keinen Grund zur Anklage gegen Daniel
finden, es sei denn wegen seiner Gottes-
verehrung.
7 Da kamen die Fürsten und Statthalter
eilends vor den König gelaufen und spra-
chen zu ihm: Der König Darius lebe ewig!
8 Es haben die Fürsten des Königreichs,
die Würdenträger, die Statthalter, die Räte
und Befehlshaber alle gedacht, es solle ein
königlicher Befehl gegeben und ein stren-
ges Gebot erlassen werden, daß jeder, der
in dreißig Tagen etwas bitten wird von
irgendeinem Gott oder Menschen außer
von dir, dem König, allein, zu den Löwen
in die Grube geworfen werden soll.
9 Darum, o König, wollest du ein solches
Gebot ausgehen lassen und ein Schreiben
aufsetzen, das nicht wieder geändert wer-
den darf [a]nach dem Gesetz der Meder
und Perser, das unaufhebbar ist.
a Est 1,19; 8,8
10 So ließ der König Darius das Schreiben
und das Gebot aufsetzen.
11 ¶Als nun Daniel erfuhr, daß ein sol-
ches Gebot ergangen war, ging er hinein in
sein Haus. Er hatte aber an seinem Ober-
gemach [a]offene Fenster nach Jerusalem,
und er fiel dreimal am Tag auf seine Knie,
betete, lobte und dankte seinem Gott,
wie er es auch vorher zu tun pflegte.
a 1.Kön 8,48
12 Da kamen jene Männer eilends gelau-
fen und fanden Daniel, wie er betete und
flehte vor seinem Gott.
13 Da traten sie vor den König und rede-
ten mit ihm über das königliche Gebot: O
König, [a]hast du nicht ein Gebot erlassen,
daß jeder, der in dreißig Tagen etwas bit-
ten würde von irgendeinem Gott oder
Menschen außer von dir, dem König, al-
lein, zu den Löwen in die Grube geworfen
werden solle? Der König antwortete und
sprach: Das ist wahr, und das Gesetz der
Meder und Perser kann niemand aufhe-
ben. *a* Kap 3,10
14 Sie antworteten und sprachen vor dem
König: Daniel, einer der Gefangenen aus
Juda, der achtet weder dich noch dein Ge-
bot, das du erlassen hast; denn er betet
dreimal am Tage.
15 Als der König das hörte, wurde er sehr
betrübt und war darauf bedacht, Daniel
die Freiheit zu erhalten, und mühte sich,
bis die Sonne unterging, ihn zu erretten.
16 Aber die Männer kamen wieder zum
König gelaufen und sprachen zu ihm: Du
weißt doch, König, es ist das Gesetz der
Meder und Perser, daß alle Gebote und
Befehle, die der König beschlossen hat,
unverändert bleiben sollen.
17 Da befahl der König, Daniel herzubrin-
gen. Und sie warfen ihn zu den Löwen in
die Grube. Der König aber sprach zu Da-
niel: [a]Dein Gott, dem du ohne Unterlaß
dienst, der helfe dir! *a* Kap 3,15
18 Und sie brachten einen Stein, den leg-
ten sie vor die Öffnung der Grube; den
versiegelte der König mit seinem eigenen
Ring und mit dem Ringe seiner Mächti-
gen, damit nichts anderes mit Daniel ge-
schähe.
19 Und der König ging weg in seinen Pa-
last und fastete die Nacht über und ließ
kein Essen vor sich bringen und konnte
auch nicht schlafen.
20 ¶Früh am Morgen, als der Tag anbrach,
stand der König auf und ging eilends zur
Grube, wo die Löwen waren.
21 Und als er zur Grube kam, rief er Da-
niel mit angstvoller Stimme. Und der Kö-
nig sprach zu Daniel: Daniel, du Knecht
des lebendigen Gottes, [a]hat dich dein
Gott, dem du ohne Unterlaß dienst, auch
erretten können von den Löwen? *a* Kap 3,17

22 Daniel aber redete mit dem König: Der König lebe ewig!

23 Mein Gott hat [a]seinen Engel gesandt, der [b]den Löwen den Rachen zugehalten hat, so daß sie mir kein Leid antun konnten; denn vor ihm bin ich unschuldig, und auch gegen dich, mein König, habe ich nichts Böses getan.

a Kap 3,28 *b* Ps 22,22; Hebr 11,33

24 Da wurde der König sehr froh und ließ Daniel aus der Grube herausziehen. Und sie zogen Daniel aus der Grube heraus, und man fand keine Verletzung an ihm; denn er hatte seinem Gott vertraut.

25 Da ließ der König die Männer, die Daniel verklagt hatten, holen und zu den Löwen in die Grube werfen samt ihren Kindern und Frauen. Und ehe sie den Boden erreichten, ergriffen die Löwen sie und zermalmten alle ihre Knochen.

26 Da ließ der König Darius allen Völkern und Leuten aus so vielen verschiedenen Sprachen auf der ganzen Erde schreiben: Viel Friede zuvor!

27 Das ist mein Befehl, daß man in meinem ganzen Königreich den Gott Daniels fürchten und sich vor ihm scheuen soll. Denn **er ist der lebendige Gott, der ewig bleibt, und [a]sein Reich ist unvergänglich, und seine Herrschaft hat kein Ende.**

a Kap 3,33

28 Er ist ein Retter und Nothelfer, und er tut Zeichen und Wunder im Himmel und auf Erden. Der hat Daniel von den Löwen errettet.

29 ¶Und Daniel hatte große Macht im Königreich des Darius und auch im Königreich des [a]Kyrus von Persien. *a* Kap 1,21

Daniels Gesicht von den vier Tieren und dem Menschensohn

(vgl. Kap 2)

7 Im ersten Jahr [a]Belsazars, des Königs von Babel, hatte Daniel einen Traum und Gesichte auf seinem Bett; und er schrieb den Traum auf, und dies ist sein Inhalt: *a* Kap 5,1

2 Ich, Daniel, sah ein Gesicht in der Nacht, und siehe, die vier Winde unter dem Himmel wühlten das große Meer auf.

3 [a]Und vier große Tiere stiegen herauf aus dem Meer, ein jedes anders als das andere. *a* (3-7) Offb 13,1.2

4 Das erste war wie ein Löwe und hatte Flügel wie ein Adler. Ich sah, wie ihm die Flügel genommen wurden. Und es wurde von der Erde aufgehoben und auf zwei Füße gestellt wie ein Mensch, und es wurde ihm ein menschliches Herz gegeben.

5 Und siehe, ein anderes Tier, das zweite, war gleich einem Bären und war auf der einen Seite aufgerichtet und hatte in seinem Maul zwischen seinen Zähnen drei Rippen. Und man sprach zu ihm: Steh auf und friß viel Fleisch!

6 Danach sah ich, und siehe, ein anderes Tier, gleich einem Panther, das hatte vier Flügel wie ein Vogel auf seinem Rücken, und das Tier hatte vier Köpfe, und ihm wurde große Macht gegeben.

7 Danach sah ich in diesem Gesicht in der Nacht, und siehe, ein viertes Tier war furchtbar und schrecklich und sehr stark und hatte große eiserne Zähne, fraß um sich und zermalmte, und was übrigblieb, zertrat es mit seinen Füßen. Es war auch ganz anders als die vorigen Tiere und hatte zehn Hörner.

8 Als ich aber auf die Hörner achtgab, siehe, da brach ein anderes kleines Horn zwischen ihnen hervor, vor dem drei der vorigen Hörner ausgerissen wurden. Und siehe, das Horn hatte Augen wie Menschenaugen und ein Maul; [a]das redete große Dinge. *a* Kap 11,36

9 Ich sah, wie [a]Throne aufgestellt wurden, und [b]einer, der uralt war, setzte sich. Sein Kleid war weiß wie Schnee und das Haar auf seinem Haupt rein wie Wolle; Feuerflammen waren sein Thron und dessen Räder loderndes Feuer.

a Hes 1,26; Offb 4,2 *b* Ps 90,2

10 Und von ihm ging aus ein langer feuriger Strahl. [a]Tausendmal Tausende dienten ihm, und zehntausendmal Zehntausende standen vor ihm. Das Gericht wurde gehalten, und [b]die Bücher wurden aufgetan. *a* Offb 5,11 *b* Ps 69,29; Offb 20,12

11 Ich merkte auf um der großen Reden willen, die das Horn redete, und ich sah, wie [a]das Tier getötet wurde und sein Leib umkam und ins Feuer geworfen wurde.

a Offb 19,20

12 Und mit der Macht der andern Tiere war es auch aus; denn [a]es war ihnen Zeit und Stunde bestimmt, wie lang ein jedes leben sollte. *a* Kap 2,21

13 Ich sah in diesem Gesicht in der Nacht,

53 *Der Frieden mit der Natur*
Radierung; 32,3 x 25,6 cm; 1952-1956; auf der Platte signiert;
Ausschnitt; MBMC, Nizza
(© Foto: MBMC – Patrick Gérin)

56 *Jona*
Tuschpinselzeichnung auf Papier; 35 x 27 cm; 1960;
Privatsammlung

und siehe, es kam einer mit den Wolken
des Himmels [a]wie eines Menschen Sohn
und gelangte zu dem, der uralt war, und
wurde vor ihn gebracht.

a Lk 21,27; Offb 1,13; 14,14

14 Der gab ihm Macht, Ehre und Reich,
daß ihm alle Völker und Leute aus so vie-
len verschiedenen Sprachen dienen soll-
ten. Seine Macht ist ewig und vergeht
nicht, und sein Reich hat kein Ende.
15 Ich, Daniel, war entsetzt, und dies Ge-
sicht erschreckte mich.
16 ¶Und ich ging zu einem von denen,
die dastanden, und bat ihn, daß er mir
über das alles Genaueres berichtete. Und
er redete mit mir und sagte mir, was es
bedeutete.
17 Diese vier großen Tiere sind vier Kö-
nigreiche, die auf Erden kommen werden.
18 Aber die Heiligen des Höchsten wer-
den das Reich empfangen und werden's
immer und ewig besitzen.
19 Danach hätte ich gerne Genaueres ge-
wußt über das [a]vierte Tier, das ganz an-
ders war als alle andern, ganz furchtbar,
mit eisernen Zähnen und ehernen Klauen,
das um sich fraß und zermalmte und mit
seinen Füßen zertrat, was übrigblieb;

a Vers 7

20 und über die zehn Hörner auf seinem
Haupt und über das andere Horn, das her-
vorbrach, vor dem drei ausfielen; und es
hatte Augen und ein Maul, das große
Dinge redete, und war größer als die Hör-
ner, die neben ihm waren.
21 Und ich sah das Horn [a]kämpfen gegen
die Heiligen, und es behielt den Sieg über
sie,

a Offb 13,7

22 bis der kam, der uralt war, und Recht
schaffte den Heiligen des Höchsten und
bis die Zeit kam, daß die Heiligen das
Reich empfingen.
23 Er sprach: Das vierte Tier wird das
vierte Königreich auf Erden sein; das wird
ganz anders sein als alle andern Königrei-
che; es wird alle Länder fressen, zertreten
und zermalmen.
24 Die [a]zehn Hörner bedeuten zehn Kö-
nige, die aus diesem Königreich hervorge-
hen werden. Nach ihnen aber wird ein an-
derer aufkommen, der wird ganz anders
sein als die vorigen und wird drei Könige
stürzen.

a Offb 17,12

25 Er wird [a]den Höchsten lästern und die
Heiligen des Höchsten vernichten und
wird sich unterstehen, Festzeiten und Ge-
setz zu ändern. Sie werden in seine Hand
gegeben werden [b]eine Zeit und zwei Zei-
ten und eine halbe Zeit.

a Offb 13,5.6 *b* Kap 12,7

26 Danach wird das Gericht gehalten wer-
den; dann wird ihm seine Macht genom-
men und ganz und gar vernichtet werden.
27 Aber **das Reich und die Macht und die**
Gewalt über die Königreiche unter dem gan-
zen Himmel wird dem Volk der Heiligen
des Höchsten gegeben werden, dessen
Reich ewig ist, und alle Mächte werden ihm
dienen und gehorchen.
28 ¶Das war das Ende der Rede. [a]Aber
ich, Daniel, wurde sehr beunruhigt in mei-
nen Gedanken, und jede Farbe war aus
meinem Antlitz gewichen; doch behielt
ich die Rede in meinem Herzen.

a Kap 8,18; 10,8.16-18

Daniels Gesicht vom Widder und Ziegenbock

8 Im dritten Jahr der Herrschaft des Kö-
nigs [a]Belsazar erschien mir, Daniel, ein
Gesicht, nach jenem, das mir zuerst er-
schienen war.

a Kap 7,1

2 Ich hatte ein Gesicht, und während
meines Gesichtes war ich in der Festung
Susa im Lande Elam, am Fluß Ulai.
3 Und ich hob meine Augen auf und sah,
und siehe, ein Widder stand vor dem Fluß,
der hatte zwei hohe Hörner, doch eins hö-
her als das andere, und das höhere war
später hervorgewachsen.
4 Ich sah, daß der [a]Widder mit den Hör-
nern stieß nach Westen, nach Norden und
nach Süden hin. Und kein Tier konnte vor
ihm bestehen und vor seiner Gewalt erret-
tet werden, sondern er tat, was er wollte,
und wurde groß.

a Vers 20

5 Und indem ich darauf achthatte, siehe,
da kam ein [a]Ziegenbock vom Westen her
über die ganze Erde, ohne den Boden zu
berühren, und der Bock hatte ein ansehn-
liches Horn zwischen seinen Augen.

a Vers 21

6 Und er kam bis zu dem Widder, der
zwei Hörner hatte, den ich vor dem Fluß
stehen sah, und er lief in gewaltigem Zorn
auf ihn zu.
7 Und ich sah, daß er nahe an den Widder
herankam, und voller Grimm stieß er den
Widder und zerbrach ihm seine beiden
Hörner. Und der Widder hatte keine Kraft,

daß er vor ihm hätte bestehen können,
sondern der Bock warf ihn zu Boden und
zertrat ihn, und niemand konnte den Wid-
der von seiner Gewalt erretten.
8 Und der Ziegenbock wurde sehr groß.
Und als er am stärksten geworden war, zer-
brach das große Horn, und es wuchsen an
seiner Stelle vier andere Hörner nach den
vier Winden des Himmels hin.[a] *a* Kap 11,4
9 Und aus einem von ihnen wuchs [a]ein
kleines Horn; das wurde sehr groß nach
Süden, nach Osten und nach dem herrli-
chen Land hin. *a* Kap 7,8
10 Und es wuchs bis an das Heer des Him-
mels und warf einige von dem Heer und
von den Sternen zur Erde und zertrat sie.
11 Ja, es wuchs bis zum Fürsten des Hee-
res und [a]nahm ihm das tägliche Opfer weg
und verwüstete die Wohnung seines Hei-
ligtums. *a* Kap 9,27
12 Und es wurde Frevel an dem täglichen
Opfer verübt, und das Horn warf die Wahr-
heit zu Boden. Und was es tat, gelang ihm.
13 Ich hörte aber einen Heiligen reden,
und ein anderer Heiliger sprach zu dem,
der da redete: Wie lange gilt dies Gesicht
vom täglichen Opfer und vom verwüsten-
den Frevel und vom Heiligtum, das zertre-
ten wird?
14 Und er antwortete mir: Bis zweitau-
senddreihundert Abende und Morgen ver-
gangen sind; dann wird das Heiligtum wie-
der geweiht werden.
15 ¶ Und als ich, Daniel, dies Gesicht sah
und es gerne verstanden hätte, siehe, da
stand einer vor mir, der aussah wie ein
Mann,
16 und ich hörte eine Menschenstimme
mitten über dem [a]Ulai rufen und spre-
chen: [b]Gabriel, lege diesem das Gesicht
aus, damit er's versteht.
a Vers 2 *b* Kap 9,21; Lk 1,19.26
17 Und Gabriel trat nahe zu mir. Ich er-
schrak aber, als er kam, und fiel auf mein
Angesicht. Er aber sprach zu mir: Merk
auf, du Menschenkind! Denn dies Gesicht
geht [a]auf die Zeit des Endes. *a* Offb 10,6
18 Und als er mit mir redete, sank ich in
Ohnmacht zur Erde auf mein Angesicht.
Er aber rührte mich an und richtete mich
auf, so daß ich wieder stand.
19 Und er sprach: Siehe, ich will dir kund-
tun, wie es gehen wird zur letzten Zeit des
Zorns; denn auf die Zeit des Endes geht
das Gesicht.
20 Der Widder mit den beiden Hörnern,
den du gesehen hast, bedeutet die Könige
von Medien und Persien.
21 Der Ziegenbock aber ist [a]der König von
Griechenland. Das große Horn zwischen
seinen Augen ist der erste König.
a Kap 11,3
22 Daß aber vier an seiner Stelle wuchsen,
nachdem es zerbrochen war, bedeutet, daß
vier Königreiche aus seinem Volk entste-
hen werden, aber nicht so mächtig wie er.
23 [a]Aber gegen Ende ihrer Herrschaft,
wenn die Frevler überhandnehmen, wird
aufkommen ein frecher und verschlagener
König. *a (23 und 24)* Kap 11,21
24 Der wird mächtig sein, doch nicht so
mächtig wie sie. Er wird ungeheures Un-
heil anrichten, und es wird ihm gelingen,
was er tut. Er wird die Starken vernichten.
Und gegen das heilige Volk
25 richtet sich sein Sinnen, und es wird
ihm durch Betrug gelingen, und er wird
überheblich werden, und unerwartet wird
er viele verderben und wird sich aufleh-
nen gegen den Fürsten aller Fürsten; aber
er wird zerbrochen werden ohne Zutun
von Menschenhand.
26 Dies Gesicht von den Abenden und
Morgen, das dir hiermit kundgetan ist, das
ist wahr; aber [a]du sollst das Gesicht ge-
heimhalten; denn es ist noch eine lange
Zeit bis dahin. *a* Kap 12,4
27 ¶ Und ich, Daniel, war erschöpft und
lag einige Tage krank. Danach stand ich
auf und verrichtete meinen Dienst beim
König. Und ich wunderte mich über das
Gesicht, und niemand konnte es mir
auslegen.

Daniels Bußgebet und das Geheimnis der siebzig Jahre

9 Im ersten Jahr des [a]Darius, des
Sohnes des Ahasveros*, aus dem
Stamm der Meder, der über das Reich der
Chaldäer König wurde, *a* Kap 6,1

* Griechisch: Xerxes.

2 in diesem ersten Jahr seiner Herrschaft
achtete ich, Daniel, in den Büchern auf
die Zahl der Jahre, von denen der HERR
geredet hatte zum Propheten Jeremia, daß
nämlich Jerusalem [a]siebzig Jahre wüst lie-
gen sollte. *a* Jer 25,11.12; 29,10
3 Und ich kehrte mich zu Gott, dem
Herrn, um zu beten und zu flehen unter
Fasten und in Sack und Asche.

4 [a]Ich betete aber zu dem HERRN, mei-
nem Gott, und bekannte und sprach: Ach,
Herr, du großer und heiliger Gott, der du
[b]Bund und Gnade bewahrst denen, die
dich lieben und deine Gebote halten!

a (4-19) Jer 14,7 *b* 5.Mose 7,9; Neh 1,5

5 Wir haben gesündigt, Unrecht getan,
sind gottlos gewesen und abtrünnig gewor-
den; wir sind von deinen Geboten und
Rechten abgewichen.
6 Wir gehorchten nicht deinen Knechten,
den Propheten, die in deinem Namen zu
unsern Königen, Fürsten, Vätern und zu
allem Volk des Landes redeten.
7 Du, Herr, bist gerecht, wir aber müssen
uns alle heute schämen, die von Juda und
von Jerusalem und vom ganzen Israel, die,
die nahe sind, und die zerstreut sind in
allen Ländern, wohin du sie verstoßen hast
um ihrer Missetat willen, die sie an dir
begangen haben.
8 Ja, HERR, wir, unsre Könige, unsre Für-
sten und unsre Väter müssen uns schä-
men, daß wir uns an dir versündigt ha-
ben.[a]

a Esr 9,7; Jes 43,27

9 Bei dir aber, Herr, unser Gott, ist Barm-
herzigkeit und [a]Vergebung. Denn wir sind
abtrünnig geworden

a Ps 130,4

10 und gehorchten nicht der Stimme des
HERRN, unseres Gottes, und wandelten
nicht in seinem Gesetz, das er uns vor-
legte durch seine Knechte, die Propheten;
11 sondern ganz Israel übertrat dein Ge-
setz, und sie wichen ab und gehorchten
deiner Stimme nicht. [a]Darum trifft uns
auch der Fluch, den er geschworen hat
und der geschrieben steht im Gesetz des
Mose, des Knechtes Gottes, weil wir an
ihm gesündigt haben.

a 3.Mose 26,14-39; 5.Mose 28,15-68

12 Und Gott hat seine Worte gehalten, die
er geredet hat gegen uns und unsere Rich-
ter, die uns richten sollten, daß er ein so
großes Unglück über uns hat kommen las-
sen; denn unter dem ganzen Himmel ist
derartiges nicht geschehen wie in Jerusa-
lem.
13 Wie es geschrieben steht im Gesetz des
Mose, so ist all dies große Unglück über
uns gekommen. Aber wir beteten auch
nicht vor dem HERRN, unserm Gott, so
daß wir uns von unsern Sünden bekehrt
und auf deine Wahrheit geachtet hätten.
14 Darum ist der HERR auch bedacht ge-
wesen auf dies Unglück und hat's über
uns kommen lassen. Denn der HERR, un-
ser Gott, ist gerecht in allen seinen Wer-
ken, die er tut; aber wir gehorchten seiner
Stimme nicht.
15 ¶Und nun, Herr, unser Gott, der du
dein Volk aus Ägyptenland geführt hast
mit starker Hand und hast dir einen Na-
men gemacht, so wie es heute ist: wir ha-
ben gesündigt, wir sind gottlos gewesen.
16 Ach Herr, um aller deiner Gerechtig-
keit willen wende ab deinen Zorn und
Grimm von deiner Stadt Jerusalem und
deinem heiligen Berg. Denn wegen unse-
rer Sünden und wegen der Missetaten un-
serer Väter trägt Jerusalem und dein Volk
Schmach bei allen, die um uns her woh-
nen.
17 Und nun, unser Gott, höre das Gebet
deines Knechtes und sein Flehen. Laß
leuchten dein Antlitz über dein zerstörtes
Heiligtum um deinetwillen, Herr!
18 Neige dein Ohr, mein Gott, und höre,
tu deine Augen auf und sieh an unsere
Trümmer und die Stadt, die nach deinem
Namen genannt ist. Denn **wir liegen vor
dir mit unserm Gebet und vertrauen nicht
auf unsre Gerechtigkeit, sondern auf deine
große Barmherzigkeit.**
19 Ach Herr, höre! Ach Herr, sei gnädig!
Ach Herr, merk auf! Tu es und säume
nicht – um deinetwillen, mein Gott! Denn
deine Stadt und [a]dein Volk ist nach dei-
nem Namen genannt.

a Jer 14,9

20 ¶Als ich noch so redete und betete und
meine und meines Volkes Israel Sünde be-
kannte und mit meinem Gebet für den
heiligen Berg meines Gottes vor dem
HERRN, meinem Gott, lag,
21 eben als ich noch so redete in meinem
Gebet, da flog der Mann [a]Gabriel, den ich
zuvor im Gesicht gesehen hatte, um die
Zeit des Abendopfers dicht an mich
heran.

a Kap 8,16

22 Und er unterwies mich und redete mit
mir und sprach: Daniel, jetzt bin ich aus-
gegangen, um dir zum rechten Verständnis
zu verhelfen.
23 Denn als du anfingst zu beten, erging
ein Wort, und ich komme, um dir's kund-
zutun; denn du bist von Gott geliebt. So
merke nun auf das Wort, damit du das
Gesicht verstehst.
24 ¶Siebzig Wochen* sind verhängt über
dein Volk und über deine heilige Stadt;
dann wird dem Frevel ein Ende gemacht

und die Sünde abgetan und die Schuld
gesühnt, und es wird ewige Gerechtigkeit
gebracht und Gesicht und Weissagung er-
füllt und das Allerheiligste gesalbt werden.

* Gemeint sind Jahrwochen; jede umfaßt sieben Jahre.

25 So wisse nun und gib acht: Von der
Zeit an, als das Wort erging, Jerusalem
werde wiederaufgebaut werden, bis ein
Gesalbter, ein Fürst, kommt, sind es sie-
ben Wochen; und zweiundsechzig Wo-
chen lang wird es wieder aufgebaut sein
mit Plätzen und Gräben, wiewohl in kum-
mervoller Zeit.
26 Und nach den zweiundsechzig Wochen
wird ein Gesalbter ausgerottet werden und
nicht mehr sein. Und das Volk eines Für-
sten wird kommen und die Stadt und das
Heiligtum zerstören, aber dann kommt das
Ende durch eine Flut, und bis zum Ende
wird es Krieg geben und [a]Verwüstung, die
längst beschlossen ist.
a Jes 28,22; Lk 21,23.24
27 Er wird aber vielen den Bund schwer-
machen eine Woche lang. Und in der Mitte
der Woche wird er Schlachtopfer und
Speisopfer abschaffen. Und im Heiligtum
wird stehen ein [a]Greuelbild, das Verwü-
stung anrichtet, bis [b]das Verderben, das
beschlossen ist, sich über die Verwüstung
ergießen wird.
a Kap 8,11; 11,31; 12,11; Mt 24,15 *b* Jes 10,22.23

Vorbereitung und Empfang einer letzten Offenbarung und Versiegelung des Buches

10 Im dritten Jahr des Königs [a]Kyrus
von Persien wurde dem Daniel, der
[b]Beltschazar heißt, etwas offenbart, was
gewiß ist und von großen Dingen handelt.
Und er achtete darauf und verstand das
Gesicht.
a Kap 1,21 *b* Kap 1,7
2 ¶Zu der Zeit trauerte ich, Daniel, drei
Wochen lang.
3 Ich aß keine leckere Speise; Fleisch und
Wein kamen nicht in meinen Mund; und
ich salbte mich auch nicht, bis die drei
Wochen um waren.
4 Und am vierundzwanzigsten Tage des
ersten Monats war ich an dem großen
Strom Tigris
5 [a]und hob meine Augen auf und sah,
und siehe, da stand ein Mann, der hatte
leinene Kleider an und einen goldenen
Gürtel um seine Lenden.
a (5 und 6) Kap 8,15; 12,6; Hes 9,2; Offb 1,13-15
6 Sein Leib war wie ein Türkis, sein Ant-
litz sah aus wie ein Blitz, seine Augen wie
feurige Fackeln, seine Arme und Füße wie
helles, glattes Kupfer, und seine Rede war
wie ein großes Brausen.[a]
a Hes 1,27.28
7 Aber ich, Daniel, sah dies Gesicht al-
lein, und die Männer, die bei mir waren,
sahen's nicht; doch fiel ein großer Schrek-
ken auf sie, so daß sie flohen und sich
verkrochen.
8 ¶Ich blieb allein und sah dies große Ge-
sicht. Es blieb aber keine Kraft in mir;
jede Farbe wich aus meinem Antlitz, und
ich hatte keine Kraft mehr.
9 Und ich hörte seine Rede; und während
ich sie hörte, sank ich ohnmächtig auf
mein Angesicht zur Erde.
10 Und siehe, eine Hand rührte mich an
und half mir auf die Knie und auf die
Hände,
11 und er sprach zu mir: Daniel, du von
Gott Geliebter, merk auf die Worte, die
ich mit dir rede, und richte dich auf; denn
ich bin jetzt zu dir gesandt. Und als er dies
mit mir redete, richtete ich mich zitternd
auf.
12 Und er sprach zu mir: Fürchte dich
nicht, Daniel; denn von dem ersten Tage
an, als du von Herzen begehrtest zu ver-
stehen und anfingst, dich zu demütigen
vor deinem Gott, wurden deine Worte er-
hört, und ich wollte kommen um deiner
Worte willen.
13 Aber der Engelfürst des Königreichs
Persien hat mir einundzwanzig Tage wi-
derstanden; und siehe, Michael, einer der
Ersten unter den Engelfürsten, kam mir
zu Hilfe, und ihm überließ ich den
[a]Kampf mit dem Engelfürsten des König-
reichs Persien.
a Jes 24,21
14 Nun aber komme ich, um dir Bericht
zu geben, wie es deinem Volk gehen wird
am Ende der Tage; denn das Gesicht geht
auf ferne Zeit.
15 ¶Und als er das alles mit mir redete,
neigte ich mein Angesicht zur Erde und
schwieg still.
16 Und siehe, einer, der einem Menschen
gleich war, [a]rührte meine Lippen an. Da
tat ich meinen Mund auf und redete und
sprach zu dem, der vor mir stand: Mein
Herr, meine Glieder bebten, als ich das
Gesicht hatte, und es war keine Kraft mehr
in mir.
a Jes 6,7; Jer 1,9
17 Wie kann der Knecht meines Herrn mit

meinem Herrn reden, da auch jetzt noch
keine Kraft in mir ist und mir der Atem
fehlt?
18 Da [a]rührte mich abermals der an, der
aussah wie ein Mensch, und stärkte
mich *a* Kap 8,18
19 und sprach: [a]Fürchte dich nicht, du von
Gott Geliebter! Friede sei mit dir! Sei ge-
trost, sei getrost! Und als er mit mir re-
dete, ermannte ich mich und sprach: Mein
Herr, rede; denn du hast mich gestärkt.
a Offb 1,17
20 Und er sprach: Weißt du, warum ich zu
dir gekommen bin? Und jetzt muß ich wie-
der hin und mit dem Engelfürsten von
Persien kämpfen; und wenn ich das hinter
mich gebracht habe, siehe, dann wird der
Engelfürst von Griechenland kommen.
21 – Doch zuvor will ich dir kundtun, was
geschrieben ist im Buch der Wahrheit. –
Und es ist keiner, der mir hilft gegen jene,
außer eurem Engelfürsten Michael.
11 Und ich stand auch bei ihm im er-
sten Jahr des Darius des Meders,
um ihm zu helfen und ihn zu stärken.
2 ¶Und nun [a]will ich dir kundtun, was
gewiß geschehen soll. Siehe, es werden
noch drei Könige in Persien aufstehen, der
vierte aber wird größeren Reichtum ha-
ben als alle andern. Und wenn er in sei-
nem Reichtum am mächtigsten ist, wird
er alles gegen das Königreich Griechen
land aufbieten. *a* Kap 10,21
3 Danach wird [a]ein mächtiger König auf-
stehen und mit großer Macht herrschen,
und was er will, wird er ausrichten.
a Kap 8,21
4 Aber wenn er emporgekommen ist, wird
sein Reich zerbrechen und [a]in die vier
Winde des Himmels zerteilt werden, nicht
auf seine Nachkommen, auch nicht mit
solcher Macht, wie er sie hatte; denn sein
Reich wird zerstört und Fremden zuteil
werden. *a* Kap 8,8.22
5 Und der König des Südens wird mäch-
tig werden; aber gegen ihn wird einer sei-
ner Fürsten noch mächtiger werden und
herrschen; dessen Herrschaft wird groß
sein.
6 Nach einigen Jahren aber werden sie
sich miteinander befreunden. Und die
Tochter des Königs des Südens wird kom-
men zum König des Nordens, um die Ei-
nigkeit zu festigen. Aber sie wird keinen
Erfolg haben, und auch ihr Nachkomme
wird nicht bleiben, sondern sie wird preis-
gegeben werden samt denen, die sie ge-
bracht haben, und mit dem, der sie er-
zeugt hat, und mit dem, der sie zur Frau
genommen hat. Zu der Zeit
7 wird einer aus ihrem Stamm empor-
kommen; der wird gegen die Heeresmacht
des Königs des Nordens ziehen und in
seine Festung eindringen und wird an
ihnen seine Macht zeigen.
8 Auch wird er ihre Götter samt den Bil-
dern und den kostbaren Geräten aus Sil-
ber und Gold wegführen nach Ägypten
und einige Jahre von dem König des Nor-
dens ablassen.
9 Aber der wird eindringen in das Reich
des Königs des Südens, jedoch dann wie-
der in sein Land zurückkehren.
10 ¶Aber seine Söhne werden Krieg füh-
ren und große Heere zusammenbringen;
und der eine wird kommen und wie eine
Flut heranbrausen und wiederum Krieg
führen bis vor seine Festung.
11 Dann wird der König des Südens er-
grimmen und ausziehen und mit dem Kö-
nig des Nordens kämpfen. Der wird ein
großes Heer zusammenbringen, aber das
Heer wird in die Hand des andern gege-
ben
12 und vernichtet werden. Daraufhin wird
sich dessen Herz überheben, und er wird
viele Tausende erschlagen; aber er wird
nicht mächtig bleiben.
13 Denn der König des Nordens wird wie-
derum ein Heer zusammenbringen, grö-
ßer als das vorige war; und nach einigen
Jahren wird er ausziehen mit großer Hee-
resmacht und vielem Troß.
14 Und zur selben Zeit werden viele auf-
stehen gegen den König des Südens. Auch
werden sich Abtrünnige aus deinem Volk
erheben und eine Weissagung erfüllen und
werden fallen.
15 Und der König des Nordens wird kom-
men und einen Wall aufschütten und eine
feste Stadt einnehmen. Und die Heere des
Südens können's nicht verhindern, und
sein bestes Kriegsvolk kann nicht wider-
stehen;
16 sondern der gegen ihn zieht, wird tun,
was ihm gut dünkt, und niemand wird ihm
widerstehen können. Er wird auch in das
[a]herrliche Land kommen, und Verderben
ist in seiner Hand. *a* Kap 8,9
17 Und er wird seinen Sinn darauf richten,

daß er mit Macht sein ganzes Königreich
bekomme, und sich mit ihm vertragen und
wird ihm seine Tochter zur Frau geben,
um ihn zu verderben. Aber es wird ihm
nicht gelingen, und es wird nichts daraus
werden.
18 Danach wird er sich gegen die Inseln
wenden und viele von ihnen gewinnen.
Aber ein Mächtiger wird ihn zwingen, mit
Schmähen aufzuhören, und wird ihm
seine Schmähungen heimzahlen.
19 Danach wird er sich wenden gegen die
Festungen seines eigenen Landes; er wird
straucheln und fallen, daß man ihn nir-
gends finden wird.
20 ¶Und an seiner Statt wird einer empor-
kommen, der wird einen Kämmerer das
herrliche Land durchziehen lassen, um
Abgaben einzutreiben; doch nach einigen
Jahren wird er umgebracht werden, aber
weder öffentlich noch im Kampf.
21 ¶Dann wird an seiner Statt [a]empor-
kommen ein verächtlicher Mensch, dem
die Ehre des Thrones nicht zugedacht war.
Der wird unerwartet kommen und sich
durch Ränke die Herrschaft erschlei-
chen. *a* Kap 8,23.24
22 Und heranflutende Heere werden vor
ihm hinweggeschwemmt und vernichtet
werden, dazu auch der Fürst des Bundes.
23 Denn nachdem er sich mit ihm ange-
freundet hat, wird er listig handeln und
heraufziehen und mit wenigen Leuten
Macht gewinnen.
24 Und unerwartet wird er in die besten
Städte des Landes kommen und wird tun,
was weder seine Väter noch seine Vorvä-
ter getan haben, und Raub, Beute und Gü-
ter an seine Leute verteilen; er wird nach
den allerfestesten Städten trachten, aber
nur für eine befristete Zeit.
25 Und er wird seine Macht und seinen
Mut gegen den König des Südens aufbie-
ten mit einem großen Heer. Dann wird
der König des Südens sich aufmachen
zum Kampf mit einem großen, mächtigen
Heer, aber er wird nicht bestehen; denn es
werden Pläne gegen ihn geschmiedet.
26 Und die sein Brot essen, die werden
helfen, ihn zu verderben und sein Heer zu
verjagen, so daß viele erschlagen werden.
27 Und beide Könige werden darauf be-
dacht sein, wie sie einander schaden kön-
nen, und sie werden an **einem** Tisch verlo-
gen miteinander reden. Es wird ihnen aber
nicht gelingen, denn das Ende ist noch auf
eine andere Zeit bestimmt.
28 Danach wird er wieder heimziehen mit
großer Beute und dabei seinen Sinn rich-
ten gegen den heiligen Bund; er wird es
ausführen und in sein Land zurückkehren.
29 Und nach einer bestimmten Zeit wird
er wieder nach Süden ziehen; aber es wird
beim zweitenmal nicht so sein wie beim
erstenmal.
30 Denn es werden Schiffe aus Kittim ge-
gen ihn kommen, so daß er verzagen wird
und umkehren muß. Dann wird er gegen
den heiligen Bund ergrimmen und danach
handeln und sich denen zuwenden, die
den heiligen Bund verlassen.
31 Und seine Heere werden kommen und
Heiligtum und Burg entweihen und das
tägliche Opfer abschaffen und das Greuel-
bild der Verwüstung aufstellen.[a] *a* Kap 9,27
32 Und er wird mit Ränken alle zum Ab-
fall bringen, die den Bund übertreten.
Aber die vom Volk, die ihren Gott ken-
nen, werden sich ermannen und danach
handeln.
33 Und die Verständigen im Volk werden
vielen zur Einsicht verhelfen; darüber wer-
den sie verfolgt werden mit Schwert,
Feuer, Gefängnis und Raub eine Zeitlang.
34 Während sie verfolgt werden, wird
ihnen eine kleine Hilfe zuteil werden; aber
viele werden sich nicht aufrichtig zu ihnen
halten.
35 Und einige von den Verständigen wer-
den fallen, damit viele bewährt, rein und
lauter werden für die Zeit des Endes; denn
es geht ja um eine befristete Zeit.
36 ¶Und der König wird tun, was er will,
und [a]wird sich überheben und großtun ge-
gen alles, was Gott ist. Und gegen den
Gott aller Götter [b]wird er Ungeheuerli-
ches reden, und es wird ihm gelingen, bis
sich der Zorn ausgewirkt hat; denn es muß
geschehen, was beschlossen ist.
a 2.Thess 2,4 *b* Kap 7,8.25; Offb 13,5.6
37 Auch die Götter seiner Väter wird er
nicht achten; er wird weder den [a]Lieb-
lingsgott der Frauen noch einen andern
Gott achten; denn er wird sich über alles
erheben. *a* Hes 8,14
38 Dagegen wird er den Gott der Festun-
gen verehren; den Gott, von dem seine
Väter nichts gewußt haben, wird er ehren
mit Gold, Silber, Edelsteinen und Kost-
barkeiten.

39 Und er wird die starken Festungen dem
fremden Gott unterstellen. Denen, die ihn
erwählen, wird er große Ehre antun und
sie zu Herren machen über viele und
ihnen Land zum Lohn austeilen.
40 ¶Und zur Zeit des Endes wird sich der
König des Südens mit ihm messen, und
der König des Nordens wird mit Wagen,
Reitern und vielen Schiffen gegen ihn
anstürmen und wird in die Länder ein-
fallen und sie überschwemmen und über-
fluten.
41 Und er wird in das [a]herrliche Land ein-
fallen, und viele werden umkommen. Es
werden aber seiner Hand entrinnen Edom,
Moab und der Hauptteil der Ammoni-
ter. *a* Vers 16
42 Und er wird seine Hand ausstrecken
nach den Ländern, und Ägypten wird ihm
nicht entrinnen,
43 sondern er wird Herr werden über die
goldenen und silbernen Schätze und über
alle Kostbarkeiten Ägyptens; Libyer und
Kuschiter werden ihm folgen müssen.
44 Es werden ihn aber Gerüchte erschrek-
ken aus Osten und Norden, und er wird
mit großem Grimm ausziehen, um viele
zu vertilgen und zu verderben.
45 Und er wird seine prächtigen Zelte auf-
schlagen zwischen dem Meer und dem
herrlichen, heiligen Berg; aber es wird mit
ihm ein Ende nehmen, und niemand wird
ihm helfen.

12 ¶Zu jener Zeit wird [a]Michael, der
große Engelfürst, der für dein Volk
eintritt, sich aufmachen. Denn [b]es wird
eine Zeit so großer Trübsal sein, wie sie
nie gewesen ist, seitdem es Menschen gibt,
bis zu jener Zeit. Aber zu jener Zeit wird
dein Volk errettet werden, alle, die [c]im
Buch geschrieben stehen.
a Kap 10,13; Offb 12,7 *b* Mt 24,21 *c* Kap 7,10
2 Und **viele, die unter der Erde schlafen
liegen, werden aufwachen, [a]die einen zum
ewigen Leben, die andern zu ewiger
Schmach und Schande.** *a* Joh 5,29
3 **Und [a]die da lehren, werden leuchten wie
des Himmels Glanz, und [b]die viele zur
Gerechtigkeit weisen, wie die Sterne im-
mer und ewiglich.**
a Kap 11,33 *b* Spr 4,18; Mt 13,43
4 ¶Und du, Daniel, verbirg diese Worte,
und [a]versiegle dies Buch bis auf die letzte
Zeit. Viele werden es dann durchforschen
und große Erkenntnis finden. *a* Offb 10,4
5 ¶Und ich, Daniel, sah, und siehe, es
standen zwei andere da, einer an diesem
Ufer des Stroms, der andere an jenem
Ufer.
6 Und er sprach zu dem Mann in [a]leine-
nen Kleidern, der über den Wassern des
Stroms stand: Wann sollen denn diese gro-
ßen Wunder geschehen? *a* Kap 10,5
7 Und ich hörte den Mann in leinenen
Kleidern, der über den Wassern des
Stroms stand. Er hob seine rechte und
linke Hand auf gen Himmel und schwor
bei dem, der ewiglich lebt, daß es [a]eine
Zeit und zwei Zeiten und eine halbe Zeit
währen soll; und wenn die Zerstreuung
des heiligen Volks ein Ende hat, soll dies
alles geschehen. *a* Kap 7,25; Offb 10,5.6
8 Und ich hörte es, aber ich verstand's
nicht und sprach: Mein Herr, was wird das
Letzte davon sein?
9 Er aber sprach: Geh hin, Daniel; denn
es ist verborgen und versiegelt bis auf die
letzte Zeit.
10 Viele werden gereinigt, geläutert und
geprüft werden, aber die Gottlosen wer-
den gottlos handeln; alle Gottlosen wer-
den's nicht verstehen, aber die Verständi-
gen werden's verstehen.
11 Und von der Zeit an, da [a]das tägliche
Opfer abgeschafft und das Greuelbild der
Verwüstung aufgestellt wird, sind tausend-
zweihundertneunzig Tage. *a* Kap 9,27
12 Wohl dem, der da wartet und erreicht
tausenddreihundertfünfunddreißig Tage!
13 Du aber, Daniel, geh hin, bis das Ende
kommt, und ruhe, bis du auferstehst zu
deinem Erbteil am Ende der Tage!

DER PROPHET HOSEA

Inhaltsübersicht

Hoseas Ehe als Bild für Israels Untreue und Gottes Treue *Kap 1–3*
Gegen Priester und Könige *4–10*
Gottes erbarmende Liebe *11–14*

Hoseas Ehe – das Zeichen für die Untreue Israels

1 Dies ist das Wort des HERRN, das ge-
schehen ist zu Hosea, dem Sohn Bee-
ris, zur Zeit des [a]Usija, Jotam, Ahas und
Hiskia, der Könige von Juda, und zur Zeit
[b]Jerobeams, des Sohnes des Joasch, des
Königs von Israel. a Jes 1,1 b 2.Kön 14,23; Am 1,1
2 ¶ Als der HERR anfing zu reden durch
Hosea, sprach er zu ihm: Geh hin und
nimm ein [a]Hurenweib und Hurenkinder;
denn das Land läuft vom HERRN weg der
Hurerei nach. a Kap 3,1; 5.Mose 23,18
3 ¶ Und er ging hin und nahm Gomer, die
Tochter Diblajims, zur Frau; die ward
schwanger und gebar ihm einen Sohn.
4 Und der HERR sprach zu ihm: Nenne
ihn Jesreel; denn es ist nur noch eine
kurze Zeit, dann will ich [a]die Blutschuld
von Jesreel heimsuchen am Hause Jehu
und will mit dem Königreich des Hauses
Israel ein Ende machen. a 2.Kön 10,1-14
5 Zur selben Zeit will ich den Bogen Is-
raels zerbrechen in der Ebene Jesreel.
6 ¶ Und sie ward abermals schwanger und
gebar eine Tochter. Und er sprach zu ihm:
Nenne sie [a]Lo-Ruhama*; denn ich will
mich nicht mehr über das Haus Israel er-
barmen, sondern ich will sie wegwerfen.

* d. h. »Unbegnadigte«. a Kap 2,3.25

7 Doch will ich mich erbarmen über das
Haus Juda und will ihnen helfen durch
den HERRN, ihren Gott; ich will ihnen aber
nicht helfen durch Bogen, Schwert, Rü-
stung, Roß und Wagen.
8 ¶ Und als sie Lo-Ruhama entwöhnt
hatte, ward sie wieder schwanger und ge-
bar einen Sohn.
9 Und er sprach: Nenne ihn Lo-Ammi*;
denn ihr seid nicht mein Volk, so will ich
auch nicht der Eure sein.

* d. h. »Nicht mein Volk«.

Gottes Treue überwindet Israels Untreue

2 *Es wird aber [a]die Zahl der Israeliten
sein wie der Sand am Meer, den man
weder messen noch zählen kann. Und [b]es
soll geschehen, anstatt daß man zu ihnen
sagt: »Ihr seid nicht mein Volk«, wird man
zu ihnen sagen: »O ihr Kinder des leben-
digen Gottes!« a 1.Mose 22,17 b Röm 9,26

* Abweichende Verszählung statt 2,1-25: 1,10–2,23.

2 Denn [a]es werden die Judäer und die
Israeliten zusammenkommen und werden
sich ein gemeinsames Haupt erwählen und
aus dem Lande heraufziehen; denn der
Tag Jesreels wird ein großer Tag sein.
a Jes 11,11-13; Jer 3,18; Hes 37,22
3 Sagt euren Brüdern, [a]sie seien mein
Volk, und zu euren Schwestern, [b]sie seien
in Gnaden. a Kap 1,9 b Kap 1,6
4 ¶ Fordert von eurer Mutter – sie ist ja
nicht meine Frau, und ich bin nicht ihr
Mann! –, daß sie die [a]Zeichen ihrer Hure-
rei von ihrem Angesichte wegtue und die
Zeichen ihrer Ehebrecherei zwischen ih-
ren Brüsten, a Hes 16; 23
5 damit ich sie nicht nackt ausziehe und
hinstelle, wie sie war, als sie geboren
wurde, und ich sie nicht mache wie eine
Wüste und wie ein dürres Land und sie
nicht vor Durst sterben lasse!
6 Und ich will mich ihrer Kinder nicht er-
barmen, denn sie sind Hurenkinder.
7 Ihre Mutter ist eine Hure, und die sie
getragen hat, treibt es schändlich und
spricht: [a]Ich will meinen Liebhabern
nachlaufen, die mir mein Brot und Wasser
geben, Wolle und Flachs, Öl und Trank.
a Jer 44,17
8 Darum siehe, ich will ihr den Weg mit
Dornen versperren und eine Mauer zie-
hen, daß sie ihren Pfad nicht finden soll.
9 Und wenn sie ihren Liebhabern nach-
läuft und sie nicht einholen kann, und
wenn sie nach ihnen sucht und sie nicht

finden kann, so wird sie sagen: Ich will
wieder zu meinem früheren Mann gehen;
denn damals ging es mir besser als jetzt.
10 Aber sie will nicht erkennen, daß ich es
bin, [a]der ihr Korn, Wein und Öl gegeben
hat und viel Silber und Gold, das sie dem
Baal zu Ehren gebraucht haben.
a 5.Mose 7,12.13
11 ¶Darum will ich mein Korn und mei-
nen Wein mir wieder nehmen zu seiner
Zeit und meine Wolle und meinen Flachs
ihr entreißen, womit sie ihre Blöße be-
deckt.
12 Dann will ich [a]ihre Scham aufdecken
vor den Augen ihrer Liebhaber, und nie-
mand soll sie aus meiner Hand erretten.
a Jer 13,22
13 Und ich will ein Ende machen mit allen
ihren Freuden, Festen, Neumonden, Sab-
baten und allen ihren Feiertagen.
14 Ich will ihre Weinstöcke und Feigen-
bäume verwildern lassen, weil sie sagt:
»Das ist mein Lohn, den mir meine Lieb-
haber gegeben haben.« Ich will eine
Wildnis aus ihnen machen, daß die Tiere
des Feldes sie fressen sollen.
15 So will ich heimsuchen an ihr die Tage
der Baale, an denen sie Räucheropfer dar-
bringt und sich mit Stirnreifen und Hals-
bändern schmückt und ihren Liebhabern
nachläuft, mich aber vergißt, spricht der
HERR.
16 ¶Darum siehe, ich will sie locken und
will sie in die Wüste führen und [a]freund-
lich mit ihr reden. *a* Jes 40,2
17 Dann will ich ihr von dorther ihre Wein-
berge geben und das [a]Tal Achor* zum Tor
der Hoffnung machen. Und dorthin wird
sie willig folgen wie zur Zeit ihrer Jugend,
als sie aus Ägyptenland zog. *a* Jos 7,24-26

* Siehe Sach- und Worterklärungen.

18 Alsdann, spricht der HERR, wirst du
mich nennen [a]»Mein Mann« und nicht
mehr »Mein Baal«. *a* Jes 54,5
19 Denn ich will die Namen der Baale von
ihrem Munde wegtun, daß man ihrer Na-
men nicht mehr gedenken soll.
20 ¶Und [a]ich will zur selben Zeit für sie
einen Bund schließen mit den Tieren auf
dem Felde, mit den Vögeln unter dem
Himmel und mit dem Gewürm des Erd-
bodens und will Bogen, Schwert und Rü-
stung im Lande zerbrechen und [b]will sie
sicher wohnen lassen.
a 1.Mose 9,9.10 *b* Hes 34,25
**21 Ich will mich mit dir verloben für alle
Ewigkeit, ich will mich mit dir verloben in
Gerechtigkeit und Recht, in Gnade und
Barmherzigkeit.**[a] *a* Offb 19,7
**22 Ja, in Treue will ich mich mit dir verlo-
ben, und du wirst [a]den HERRN erken-
nen.** *a* Jer 31,34
23 Zur selben Zeit will ich erhören, spricht
der HERR, ich will den Himmel erhören,
und der Himmel soll die Erde erhören,
24 und die Erde soll Korn, Wein und Öl
erhören, und diese sollen Jesreel erhören.*

*»Jesreel« kann heißen »Gott sät ein« und meint die frucht-
bare Ebene, zugleich aber (Vers 25) den Prophetensohn, der
wiederum ganz Israel vertritt (vgl. Kap 1,4).

25 Und ich will ihn mir in das Land ein-
säen und mich erbarmen über [a]Lo-
Ruhama, und [b]ich will sagen zu Lo-Ammi:
»Du bist mein Volk«, und er wird sagen:
»Du bist mein Gott.« *a* Kap 1,6
b Kap 1,9; Röm 9,25; 1.Petr 2,10

Gottes Langmut wird sein Volk zurückgewinnen

3 Und der HERR sprach zu mir: [a]Geh
noch einmal hin und wirb um eine
buhlerische und ehebrecherische Frau,
wie denn der HERR um die Israeliten
wirbt, obgleich sie sich zu fremden Göt-
tern kehren und [b]Traubenkuchen lie-
ben. *a* Kap 1,2 *b* Jer 7,17.18
2 Und ich kaufte sie mir für fünfzehn Sil-
berstücke und fünfzehn Scheffel Gerste
3 und sprach zu ihr: Lange Zeit sollst du
bleiben, ohne zu huren und ohne einem
Mann anzugehören, und auch ich will
nicht zu dir eingehen.
4 Denn lange Zeit werden die Israeliten
ohne König und ohne Obere bleiben, ohne
Opfer, ohne Steinmal, ohne Efod und
ohne Hausgott.[a] *a* 2.Chr 15,3
5 Danach werden sich die Israeliten be-
kehren und [a]den HERRN, ihren Gott, und
ihren König David suchen und werden mit
Zittern zu dem HERRN und seiner Gnade
kommen in letzter Zeit. *a* Jer 30,9; Hes 34,23.24

Strafrede gegen die Priester und gegen den Götzendienst Israels

4 Höret, ihr Israeliten, des HERRN Wort!
Denn der HERR hat Ursache, zu schel-
ten, die im Lande wohnen; denn es ist
keine Treue, keine Liebe und keine Er-
kenntnis Gottes im Lande,

2 sondern Verfluchen, Lügen, Morden,
Stehlen und Ehebrechen haben überhand-
genommen, und eine Blutschuld kommt
nach der andern.
3 Darum wird das Land dürre stehen, und
alle seine Bewohner werden dahinwelken;
auch die Tiere auf dem Felde und die Vö-
gel unter dem Himmel und die Fische im
Meer werden weggerafft.
4 ¶ Doch soll man niemand schelten noch
zurechtweisen, sondern allein dich, Prie-
ster, habe ich zu schelten.
5 Darum sollst du bei Tage fallen, und der
Prophet soll des Nachts neben dir fallen;
auch deine Mutter will ich dahingeben.
6 Mein Volk ist dahin, weil es ohne Er-
kenntnis ist. Denn du hast die Erkenntnis
verworfen; darum will ich dich auch ver-
werfen, daß du nicht mehr mein Priester
sein sollst. Du vergißt das Gesetz deines
Gottes; darum will auch ich deine Kinder
vergessen.
7 Je mehr ihrer werden, desto mehr sün-
digen sie gegen mich; darum will ich ihre
Ehre zuschanden machen.
8 Sie nähren sich von den [a] Sündopfern
meines Volks und sind begierig nach sei-
ner Schuld.

a 3.Mose 4,13-21.27-35; 6,19

9 Darum soll es dem Priester gehen wie
dem Volk; denn ich will sein Tun heimsu-
chen und ihm vergelten, wie er's verdient:
10 Sie werden essen und nicht satt wer-
den, Hurerei treiben und sich nicht meh-
ren, weil sie den HERRN verlassen haben
und ihn nicht achten.
11 Hurerei, Wein und Trunk machen toll.
12 ¶ Mein Volk [a] befragt sein Holz, und
sein Stab soll ihm antworten; denn der
[b] Geist der Hurerei verführt sie, daß sie
mit ihrer Hurerei ihrem Gott weglaufen.

a Jer 2,27 *b* Kap 5,4

13 Oben [a] auf den Bergen opfern sie, und
auf den Hügeln räuchern sie unter den
Eichen, Linden und Buchen; denn ihr
Schatten erquickt. Darum werden eure
Töchter auch zu Huren und eure Bräute
zu Ehebrecherinnen.

a Hes 6,13

14 Ich will's auch nicht wehren, wenn eure
Töchter zu Huren und eure Bräute zu
Ehebrecherinnen werden, weil [a] ihr selbst
abseits geht mit den Huren und mit den
Tempeldirnen opfert und so das törichte
Volk zu Fall kommt.

a Kap 1,2

15 ¶ Willst du, Israel, schon huren, so soll
Juda sich nicht auch verschulden! [a] Geht
nicht hin nach Gilgal und kommt nicht
hinauf nach [b] Bet-Awen und [c] schwört
nicht: So wahr der HERR lebt!

a Am 5,5 *b* Kap 10,5 *c* Am 8,14

16 Denn Israel läuft dahin wie eine tolle
Kuh; soll da der HERR sie weiden lassen
wie ein Lamm auf freiem Feld?
17 Ephraim hat sich zu den Götzen ge-
stellt; so laß es hinfahren.
18 Sie haben sich der Schwelgerei und Hu-
rerei ergeben; ihre Schamlosen haben Lust
an der Schande.
19 Der Wind mit seinen Flügeln wird sie
fassen, und über ihrem Opfer sollen sie
zuschanden werden.

Drohung gegen die Führer Israels

5 So hört nun dies, ihr Priester, und
merke auf, du Haus Israel, und nimm
zu Ohren, du Haus des Königs! Denn euch
ist das Recht anvertraut! Ihr aber seid eine
Schlinge für Mizpa geworden und ein aus-
gespanntes Netz auf dem Tabor
2 und eine tiefe Grube zu Schittim; darum
muß ich sie allesamt strafen.
3 Ich kenne Ephraim gut, und Israel ist
vor mir nicht verborgen; [a] Ephraim ist nun
eine Hure und Israel unrein.

a Kap 1,2; 6,10

4 Ihre bösen Taten lassen es nicht zu, daß
sie umkehren zu ihrem Gott; denn sie ha-
ben einen [a] Geist der Hurerei in ihrem
Herzen, und den HERRN kennen sie
nicht.

a Kap 4,12

5 Wider Israel zeugt seine Hoffart; darum
sollen Israel und Ephraim fallen um ihrer
Schuld willen; auch Juda soll mit ihnen
fallen.
6 Alsdann werden sie kommen mit ihren
Schafen und Rindern, den HERRN zu su-
chen, aber ihn nicht finden; denn er hat
sich von ihnen gewandt.[a]

a Jes 1,11-15

7 Sie sind dem HERRN untreu und zeugen
fremde Kinder; darum wird sie auch der
[a] Neumond fressen samt ihrem Erbteil.

a Kap 2,13

Der Bruderkrieg zwischen Ephraim und Juda und Israels flüchtige Buße

8 [a] Blast die Posaune zu Gibea, ja, trom-
petet zu Rama, ja, ruft laut zu [b] Bet-Awen:
Man ist hinter dir her, Benjamin!

a (5,8–6,6) 2.Kön 15,37; Jes 7,1-9 *b* Kap 4,15

9 Denn Ephraim soll zur Wüste werden

zur Zeit, wenn ich sie strafen werde. Da-
vor habe ich die Stämme Israels treulich
gewarnt.
10 Die Oberen von Juda sind denen gleich,
die [a]die Grenze verrücken; darum will ich
meinen Zorn über sie ausschütten wie
Wasser. *a* 5. Mose 19,14
11 Ephraim leidet Gewalt, zertreten ist das
Recht; denn es gefiel ihm, dem Nichtigen
nachzulaufen.
12 Ich bin für Ephraim wie eine Motte und
für das Haus Juda wie eine Made.
13 Als aber Ephraim seine Krankheit und
Juda seine Wunde fühlte, [a]zog Ephraim
hin nach Assur und schickte zum König
Jareb. Aber der kann euch nicht helfen
noch eure Wunde heilen.
a Kap 7,11; 10,6; 12,2
14 Denn ich bin für Ephraim [a]wie ein
Löwe und für das Haus Juda wie ein jun-
ger Löwe. Ich, ich [b]zerreiße sie und gehe
davon; ich schleppe sie weg, und niemand
kann sie retten. *a* Kap 13,7 *b* Kap 6,1
15 ¶ Ich will wieder an meinen Ort gehen,
bis sie ihre Schuld erkennen und mein An-
gesicht suchen; [a]wenn's ihnen übel ergeht,
so werden sie mich suchen: *a* Jes 26,16
6 »Kommt, wir wollen wieder zum
HERRN; denn er hat uns [a]zerrissen, er
wird uns auch heilen, er hat uns geschla-
gen, er wird uns auch verbinden.
a Kap 5,14
2 Er [a]macht uns lebendig nach zwei Ta-
gen, er wird uns am dritten Tage aufrich-
ten, daß wir vor ihm leben werden.
a 5. Mose 32,39
3 Laßt uns darauf achthaben und danach
trachten, den HERRN zu erkennen; denn
er wird hervorbrechen wie die schöne
Morgenröte und wird zu uns kommen wie
ein Regen, wie ein Spätregen, der das Land
feuchtet.«
4 ¶ Was soll ich dir tun, Ephraim? Was soll
ich dir tun, Juda? Denn [a]eure Liebe ist
wie eine Wolke am Morgen und wie der
Tau, der frühmorgens vergeht. *a* Kap 7,16
5 Darum schlage ich drein durch die Pro-
pheten und [a]töte sie durch die Worte
meines Mundes, daß mein Recht wie das
Licht hervorkomme. *a* Jer 23,29
6 Denn [a]**ich habe Lust an der Liebe und
nicht am Opfer, an der Erkenntnis Gottes
und nicht am Brandopfer.**
a 1. Sam 15,22; Spr 21,3; Mt 9,13; 12,7

Gegen Israels Könige und ihre Bündnisse

7 Sie haben den Bund übertreten bei
Adam*; dort wurden sie mir untreu.
* d. i. der Name einer Stadt (vgl. Jos 3,16).
8 Gilead ist eine Stadt voller Übeltäter, be-
fleckt von Blutschuld.
9 Und die Rotten der Priester sind wie die
Räuber, die da lauern auf die Leute; sie
morden auf dem Wege, der nach Sichem
geht, ja, Schandtaten vollbringen sie.
10 Ich sehe im Hause Israel, wovor mir
graut; denn da [a]treibt Ephraim Hurerei,
und Israel macht sich unrein. *a* Kap 5,3
11 Auch Juda wird noch eine Ernte vor
sich haben.
7 Wenn ich [a]meines Volkes Geschick
wenden und Israel heilen will, so zeigt
sich erst die Sünde Ephraims und die Bos-
heit Samarias, wie sie Lug und Trug trei-
ben und die Diebe einsteigen und die Räu-
ber auf der Straße plündern. *a* Joel 4,1
2 Dennoch wollen sie nicht einsehen, daß
ich alle ihre Bosheit merke. Ich sehe aber
ihr böses Tun wohl, das sie allenthalben
treiben.
3 Sie erfreuen den König mit ihrer Bos-
heit und Obere mit ihren Lügen;
4 sie sind allesamt Ehebrecher, glühend
wie ein Backofen, den der Bäcker heizt,
wenn er den Teig ausgeknetet hat und ihn
durchsäuern und aufgehen läßt.
5 »Heute ist unseres Königs Fest!« Da
werden die Oberen toll vom Wein, und er
zieht die Spötter zu sich.
6 Denn ihr Herz ist in heißer Glut wie ein
Backofen, wenn sie Böses ersinnen. Ihr
Grimm schläft die ganze Nacht, aber am
Morgen brennt er lichterloh.
7 Allesamt sind sie erhitzt wie ein Back-
ofen, so daß sie ihre Richter fressen; ja,
alle ihre Könige fallen, und es ist keiner
unter ihnen, der mich anruft.
8 ¶ Ephraim mengt sich unter die Völker;
Ephraim ist wie ein Kuchen, den niemand
umwendet.
9 Fremde fressen seine Kraft, doch er will
es nicht merken; seine Haare sind schon
grau geworden, doch er will es nicht mer-
ken.
10 Wider Israel zeugt seine Hoffahrt, den-
noch bekehren sie sich nicht zum HERRN,
ihrem Gott, fragen auch trotz alledem
nicht nach ihm.
11 Denn Ephraim ist wie eine törichte

Taube, die sich leicht locken läßt. Jetzt
rufen sie Ägypten an, dann [a]laufen sie
nach Assur. a Kap 5,13
12 Aber indem sie hin und her laufen, will
ich mein Netz über sie werfen und sie
herunterholen wie Vögel unter dem Him-
mel; ich will sie strafen, wie es ihrer Ge-
meinde verkündet ist.
13 Weh ihnen, daß sie von mir weichen!
Sie sollen vertilgt werden; denn sie sind
abtrünnig geworden von mir. [a]Ich wollte
sie wohl erlösen; aber sie reden Lügen
wider mich. a Ps 81,14.15
14 Auch rufen sie mich nicht von Herzen
an, sondern machen ein Geheul auf ihren
Lagern. Sie ritzen sich wund um Korn und
Wein, aber mir sind sie ungehorsam.
15 Ich lehre sie Zucht und stärke ihren
Arm; aber sie sinnen Böses gegen mich.
16 Sie bekehren sich, aber nicht recht, son-
dern [a]sind wie ein schlaffer Bogen. Dar-
um werden ihre Oberen durchs Schwert
fallen wegen der Frechheit ihrer Zungen.
Das soll ihnen in Ägyptenland zum Spott
werden. a Ps 78,57

Israels falscher Gottesdienst

8 Stoße laut in die [a]Posaune! Es kommt
über das Haus des HERRN [b]wie ein Ad-
ler, weil sie [c]meinen Bund übertreten und
sich gegen meine Gebote auflehnen.
a Jes 58,1 b 5.Mose 28,49 c Kap 6,7
2 Wohl schreien sie zu mir: »Du bist mein
Gott; wir, Israel, kennen dich.«
3 Doch Israel verwirft das Gute; darum
soll der Feind sie verfolgen.
4 Sie [a]machen Könige, aber ohne mich;
sie setzen Obere ein, und ich darf es nicht
wissen. Aus ihrem Silber und Gold ma-
chen sie Götzen, damit sie ja bald ausge-
rottet werden! a 2.Kön 15,10.14.25.30
5 [a]Dein Kalb, Samaria, verwerfe ich. Mein
Zorn ist gegen sie entbrannt. Wie lange
soll das noch andauern? Sie können doch
nicht ungestraft bleiben, die Söhne
Israel. a (5 und 6) 2.Mose 32,20; 1.Kön 12,28
6 Ein Goldschmied hat das Kalb gemacht,
und es kann doch kein Gott sein; darum
soll das Kalb Samarias zerpulvert werden.
7 Denn sie säen Wind und werden Sturm
ernten. [a]Ihre Saat soll nicht aufgehen; was
dennoch aufwächst, bringt kein Mehl;
und wenn es etwas bringen würde, sollen
Fremde es verschlingen. a Jer 12,13
8 Verschlungen wird Israel; die Heiden ge-
hen mit ihnen um wie mit [a]einem Gefäß,
das niemand haben will; a Jer 22,28
9 denn [a]sie laufen nach Assur, einsam wie
ein Wildesel, und Ephraim buhlt mit Ge-
schenken. a Kap 5,13
10 Auch wenn sie unter den Heiden aus-
teilen, will ich sie doch jetzt einsammeln;
sie sollen's bald müde werden, Könige und
Obere zu salben.
11 ¶ Ephraim hat sich viele Altäre ge-
macht; aber sie sind ihm zur Sünde ge-
worden.
12 Wenn ich ihm auch noch so viele mei-
ner Gebote aufschreibe, so werden sie
doch geachtet wie eine fremde Lehre.
13 Wenn sie auch [a]viel opfern und Fleisch
herbringen und essen's, so hat doch der
HERR kein Gefallen daran, sondern er will
ihrer Schuld gedenken und ihre Sünden
heimsuchen. Sie [b]sollen wieder zurück
nach Ägypten! a Jes 1,11 b 5.Mose 28,68
14 Israel vergißt seinen Schöpfer und baut
Paläste, und Juda macht viele feste Städte;
aber ich will [a]Feuer in seine Städte sen-
den, das soll seine Paläste verzehren.
a Jer 17,27; Am 2,5

Die Freude ist dahin, die Vergeltung ist da

9 Du darfst dich nicht freuen, Israel,
noch rühmen wie die Völker; denn du
läufst mit deiner [a]Hurerei deinem Gott
weg; gern nimmst du Hurenlohn auf allen
Tennen. a Kap 1,2
2 Darum sollen Tenne und Kelter sie
nicht nähren, und der Wein soll ihnen
fehlen.
3 Sie sollen nicht bleiben im Lande des
HERRN; sondern [a]Ephraim muß wieder
nach Ägypten und muß in Assyrien Un-
reines essen. a Kap 8,13
4 Dort werden sie dem HERRN kein Trank-
opfer vom Wein bringen, und ihre
Schlachtopfer werden ihm nicht wohlge-
fällig sein. Ihr Brot soll sein wie das Brot
der Trauernden, an dem unrein werden
alle, die davon essen; denn ihr Brot müs-
sen sie für sich allein essen, doch es soll
nicht in des HERRN Haus gebracht wer-
den.
5 Was wollt ihr dann in den Festzeiten und
an den Feiertagen des HERRN tun?
6 Siehe, sie müssen fort wegen der Ver-
wüstung. Ägypten wird sie sammeln und
Memfis sie begraben. [a]Nesseln werden

wachsen, wo jetzt ihr kostbares Silber ist,
und Dornen in ihren Hütten. *a* Kap 10,8
7 Die Zeit der Heimsuchung ist gekommen, die Zeit der Vergeltung; dessen wird Israel innewerden.
¶ »Ein Narr ist der Prophet und wahnsinnig der Mann des Geistes!« Ja, um deiner großen Schuld und um der großen Anfeindung willen!
8 Ephraim spähte wohl aus nach meinem Gott; aber nun stellen sie dem Propheten Fallen auf allen seinen Wegen, Anfeindung selbst im Hause seines Gottes.
9 Tief verdorben ist ihr Tun wie in den [a]Tagen von Gibea; darum wird er ihrer Schuld gedenken und ihre Sünden heimsuchen. *a* Kap 10,9; Ri 19,22-30; 20,13

Israels Undank gegen Gottes Wohltaten

10 Ich [a]fand Israel wie Trauben in der Wüste und sah eure Väter wie die ersten Feigen am Feigenbaum; aber hernach gingen sie zum [b]Baal-Peor und gelobten sich dem schändlichen Abgott und wurden so zum Greuel wie ihre Liebhaber.

a 5.Mose 32,10 *b* 4.Mose 25,3

11 Darum muß die Herrlichkeit Ephraims wie ein Vogel wegfliegen, daß sie weder gebären noch tragen noch schwanger werden sollen.
12 Und wenn sie ihre Kinder auch großzögen, will ich sie doch kinderlos machen, so daß kein Mensch mehr da ist. Ja, weh ihnen, wenn ich von ihnen gewichen bin!
13 ¶ Als ich Ephraim sah, war es [a]herrlich gepflanzt wie Tyrus; aber nun muß es seine Kinder herausgeben dem Totschläger. *a* Hes 27,3
14 HERR, gib ihnen – was willst du ihnen geben? Gib ihnen unfruchtbare Leiber und versiegende Brüste!
15 All ihre Bosheit geschieht zu Gilgal; dort werde ich ihnen feind. So will ich sie um ihres bösen Tuns willen aus meinem Hause stoßen und ihnen keine Liebe mehr erweisen; denn alle ihre Oberen sind abtrünnig.
16 ¶ Ephraim ist geschlagen, seine Wurzel ist verdorrt, so daß sie keine Frucht mehr bringen können. Auch wenn sie gebären würden, will ich doch die ersehnte Frucht ihres Leibes töten.
17 Mein Gott wird sie verwerfen, weil sie ihn nicht hören wollen, und sie sollen unter den Heiden umherirren.

Das Gericht über Königtum und Götzendienst

10 Israel ist ein [a]üppig rankender Weinstock, der seine Frucht trägt. Aber je mehr Früchte er hatte, desto mehr Altäre machten sie; wo das Land am besten war, da richteten sie die schönsten [b]Steinmale auf. *a* Jer 2,21 *b* 3.Mose 26,1
2 Ihr Herz ist falsch; nun wird sie ihre Schuld treffen. Ihre Altäre sollen zerbrochen und ihre Steinmale zerstört werden.
3 Schon müssen sie sagen: Wir haben keinen König, denn wir fürchteten den HERRN nicht. Was kann uns der König nun helfen?
4 Sie reden und schwören falsch und schließen Bündnisse, und ihr Recht grünt wie giftiges Kraut auf allen Furchen im Felde.
5 ¶ Die Einwohner von Samaria sorgen sich um das Kalb zu [a]Bet-Awen. Sein Volk trauert darum, und seine Götzenpfaffen zittern um seine Herrlichkeit; denn sie wird von ihnen weggeführt. *a* Kap 4,15
6 Ja, das Kalb wird nach Assyrien gebracht [a]zum Geschenk für den König Jareb. So muß Ephraim zuschanden werden und Israel beschämt sein trotz seiner Klugheit.

a Kap 5,13

7 Denn der König von Samaria ist dahin wie Schaum auf dem Wasser.
8 Die Höhen zu Awen sind verwüstet, auf denen sich Israel versündigte; [a]Disteln und Dornen wachsen auf ihren Altären. Und sie werden sagen: [b]Ihr Berge, bedeckt uns! und: Ihr Hügel, fallt über uns!

a Kap 9,6 *b* Lk 23,30; Offb 6,16

9 ¶ Israel, du hast seit den [a]Tagen von Gibea gesündigt; dort standen sie gegen mich auf. Sollte darum nicht in Gibea der Krieg über sie kommen wegen der bösen Leute? *a* Kap 9,9
10 Ich werde sie züchtigen nach meinem Willen; Völker sollen gegen sie versammelt werden, wenn ich sie strafen werde wegen ihrer zwiefachen Sünde.
11 Ephraim war eine junge Kuh, daran gewöhnt, gern zu dreschen. Aber ich habe ihm ein Joch auf seinen schönen Nacken gelegt; ich will Ephraim einspannen; Juda soll pflügen und Jakob eggen.
12 ¶ Säet Gerechtigkeit und erntet nach dem Maße der Liebe! [a]Pflüget ein Neues, [b]solange es Zeit ist, den HERRN zu su-

chen, bis er kommt und Gerechtigkeit
über euch regnen läßt! a Jer 4,3 b Jes 55,6
13 Ihr aber [a] pflügt Böses und erntet Übel-
tat und eßt Lügenfrüchte. Weil du dich
nun verläßt auf deinen Weg und auf die
Menge deiner Helden, a Hiob 4,8
14 darum soll sich ein Getümmel erheben
in deinem Volk, daß alle deine Festungen
zerstört werden, gleichwie Schalman zer-
störte Bet-Arbeel damals im Krieg, als die
Mutter zerschmettert wurde samt den
Kindern.
15 So soll's euch zu Bethel auch ergehen
um eurer großen Bosheit willen; schon
früh am Morgen wird der König von Israel
untergehen.

Gottes heilige Liebe

11 Als Israel jung war, [a] hatte ich ihn
lieb und [b] rief ihn, meinen Sohn, aus
Ägypten; a 5.Mose 7,8 b 2.Mose 4,22.23; Mt 2,15
2 aber wenn man sie jetzt ruft, so wenden
sie sich davon und opfern den Baalen und
räuchern den Bildern.
3 Ich lehrte Ephraim gehen und nahm ihn
auf meine Arme; aber sie merkten's nicht,
wie ich ihnen half.
4 Ich ließ sie ein menschliches Joch zie-
hen und in Seilen der Liebe gehen und
half ihnen das Joch auf ihrem Nacken tra-
gen und gab ihnen Nahrung,
5 daß sie nicht wieder nach Ägyptenland
zurückkehren sollten. Nun aber muß As-
sur ihr König sein; denn sie wollen sich
nicht bekehren.
6 Darum soll das Schwert über ihre Städte
kommen und soll ihre Riegel zerbrechen
und sie fressen um ihres Vorhabens wil-
len.
7 Mein Volk ist müde, sich zu mir zu keh-
ren, und wenn man ihnen predigt, so rich-
tet sich keiner auf.
8 ¶ Wie kann ich dich preisgeben, Eph-
raim, und dich ausliefern, Israel? Wie kann
ich dich preisgeben gleich [a] Adma und
dich zurichten wie Zebojim? [b] Mein Herz
ist andern Sinnes, alle meine Barmher-
zigkeit ist entbrannt.
a 5.Mose 29,22 b Jer 31,20
9 Ich will nicht tun nach meinem grimmi-
gen Zorn noch Ephraim wieder verder-
ben. Denn ich bin Gott und nicht ein
Mensch und bin der Heilige unter dir und
will nicht kommen, zu verheeren. [a]
a Klgl 3,31-36
10 Alsdann wird man dem HERRN nach-
folgen, und [a] er wird brüllen wie ein Löwe.
Und wenn er brüllen wird, so werden zit-
ternd herbeikommen [b] seine Söhne von
Westen her. a Jer 25,30 b Kap 2,1
11 Und auch aus Ägypten kommen sie er-
schrocken wie Vögel und aus dem Lande
Assur wie Tauben; und ich will sie wieder
wohnen lassen in ihren Häusern, spricht
der HERR.

Der Stammvater Jakob als Urbild seines Volkes

12 In Ephraim ist allenthalben Lüge
wider mich und im Hause Israel fal-
scher Gottesdienst. Aber auch Juda hält
nicht fest an Gott und an dem Heiligen,
der treu ist.
2 Ephraim weidet Wind und läuft dem
Ostwind nach, und täglich mehrt es die
Lüge und Gewalttat. [a] Sie schließen mit
Assur einen Bund und bringen Öl nach
Ägypten. a Kap 5,13
3 Darum wird der HERR mit Juda rechten.
Er wird Jakob heimsuchen nach seinem
Wandel und ihm vergelten nach seinem
Tun.
4 Er hat schon [a] im Mutterleibe seinen
Bruder betrogen und [b] im Mannesalter mit
Gott gekämpft.
a 1.Mose 25,22.26 b 1.Mose 32,25-29
5 Er kämpfte mit dem Engel und siegte,
er weinte und bat ihn. Dann hat er ihn zu
[a] Bethel gefunden und dort mit ihm gere-
det a 1.Mose 35,15
6 – der HERR ist der Gott Zebaoth, [a] HERR
ist sein Name –. a Ps 83,19
7 So bekehre dich nun zu deinem Gott,
halte fest an Barmherzigkeit und Recht
und hoffe stets auf deinen Gott!
8 ¶ Wie Kanaans Händler hat Ephraim
eine falsche Waage in seiner Hand und
betrügt gern;
9 denn er spricht: [a] Ich bin reich, ich habe
genug! Bei all meinen Mühen wird man
keine Schuld an mir finden, die Sünde
ist. a Offb 3,17
10 ¶ [a] Ich aber, der HERR, bin dein Gott
von Ägyptenland her und will dich wieder
in Zelten wohnen lassen wie in der Wü-
stenzeit. a Kap 13,4
11 Ich rede wieder zu den Propheten, und
ich bin's, der viel Offenbarung gibt und
durch die Propheten sich kundtut.

Auf Israels Götzendienst folgt Israels Untergang

12 In [a]Gilead verüben sie Greuel, darum
werden sie zunichte; und zu [b]Gilgal op-
fern sie Stiere, darum sollen ihre Altäre
werden wie Steinhaufen an den Furchen
im Felde. *a* Kap 6,8 *b* Kap 9,15
13 [a]Jakob mußte fliehen in das Land
Aram, und [b]Israel mußte um eine Frau
dienen, um eine Frau mußte er die Herde
hüten. *a* 1.Mose 27,43; 28,5 *b* 1.Mose 29,20
14 Aber hernach [a]führte der HERR durch
einen Propheten Israel aus Ägypten, und
durch einen Propheten ließ er sie hüten.
a 2.Mose 3,10

15 Nun aber hat ihn Ephraim bitter er-
zürnt; darum wird ihr Blut über sie kom-
men, und ihr Herr wird ihnen vergelten
die Schmach, die sie ihm antun.

Gottes Gericht über Ephraim

13 Solange Ephraim nach meinem Ge-
bot redete, war er erhoben in Israel.
Danach versündigte er sich durch Baal und
starb dahin.
2 Dennoch sündigen sie weiter: Aus ih-
rem Silber [a]gießen sie Bilder, wie sie sich's
erdenken, Götzen, die doch nur Schmie-
dewerk sind. Dann sagen sie von ihnen:
Wer die Kälber küssen will, der soll Men-
schen opfern. *a* Jes 44,10
3 Darum werden sie sein [a]wie eine Wolke
am Morgen und wie der Tau, der früh-
morgens vergeht; ja, [b]wie Spreu, die von
der Tenne verweht wird, und wie Rauch
aus dem Fenster. *a* Kap 6,4 *b* Ps 1,4
4 ¶ Ich aber [a]bin der HERR, dein Gott,
von Ägyptenland her, und du solltest kei-
nen andern Gott kennen als mich und kei-
nen Heiland als allein mich. *a* 2.Mose 20,2.3
5 Ich [a]nahm mich ja deiner an in der Wü-
ste, im dürren Lande. *a* Kap 9,10
6 Aber als sie geweidet wurden, daß sie
satt wurden und genug hatten, erhob sich
ihr Herz; darum vergessen sie mich.[a]
a 5.Mose 32,15

7 So will ich für sie [a]wie ein Löwe werden
und wie ein Panther am Wege auf sie
lauern. *a* Kap 5,14
8 Ich will sie anfallen wie eine Bärin, der
ihre Jungen genommen sind, und will ihr
verstocktes Herz zerreißen und will sie
dort wie ein Löwe fressen; die wilden
Tiere sollen sie zerreißen.
9 ¶ **Israel, [a]du bringst dich ins Unglück;
denn dein Heil steht allein bei mir.**
a Jer 2,17
10 [a]Wo ist dein König, der dir helfen kann
in allen deinen Städten, und deine Richter,
von denen du sagtest: Gib mir einen Kö-
nig und Obere? *a (10 und 11)* 1.Sam 8,5-9
11 Ich gebe dir Könige in meinem Zorn
und will sie dir nehmen in meinem
Grimm.
12 ¶ Die Schuld Ephraims ist zusammen-
gebunden, und seine Sünde ist sicher ver-
wahrt.
13 Wehen kommen, daß er geboren wer-
den soll, aber er ist ein unverständiges
Kind: Wenn die Zeit gekommen ist, so
will er den Mutterschoß nicht durchbre-
chen.
14 Aber ich will sie aus dem Totenreich
erlösen und [a]vom Tode erretten. [b]Tod, ich
will dir ein Gift sein; Totenreich, ich will
dir eine Pest sein; Rache kenne ich nicht
mehr. *a* 2.Tim 1,10; Offb 20,14; 21,4 *b* 1.Kor 15,54.55

Samarias Zerstörung

15 Denn wenn Ephraim auch zwischen
Brüdern Frucht bringt, so wird doch ein
Ostwind vom HERRN aus der Wüste her-
auffahren, daß sein Brunnen vertrocknet
und seine Quelle versiegt, und er wird rau-
ben seinen Schatz, alles kostbare Gerät.
14 Samaria wird wüst werden; denn es
ist seinem Gott ungehorsam. Sie sol-
len durchs Schwert fallen und ihre kleinen
Kinder zerschmettert und [a]ihre Schwan-
geren aufgeschlitzt werden. *a* 2.Kön 15,16

Mahnung zur Umkehr und Verheißung des kommenden Heils

2 [a]Bekehre dich, Israel, zu dem HERRN,
deinem Gott; denn du bist gefallen um
deiner Schuld willen. *a* Kap 12,7; Sach 1,4
3 Nehmt diese Worte mit euch und be-
kehrt euch zum HERRN und sprecht zu
ihm: Vergib uns alle Sünde und tu uns
wohl, so wollen wir [a]opfern die Frucht
unserer Lippen. *a* Hebr 13,15
4 Assur soll uns nicht helfen; wir wollen
nicht mehr auf Rossen reiten, auch nicht
mehr sagen zu den Werken unserer
Hände: »Ihr seid unser Gott.« Denn bei
dir finden die Verwaisten Gnade.
5 So will ich ihre Abtrünnigkeit wieder

heilen; gerne will ich sie lieben; denn mein
Zorn soll sich von ihnen wenden.
6 Ich will für Israel wie ein Tau sein, daß
es blühen soll wie eine Lilie, und seine
Wurzeln sollen ausschlagen wie eine Linde
7 und seine Zweige sich ausbreiten, daß
es so schön sei wie ein Ölbaum und so
guten Geruch gebe wie die Linde.
8 Und sie sollen wieder unter meinem
Schatten sitzen; von Korn sollen sie sich
nähren und blühen wie ein Weinstock.
Man soll sie rühmen wie den Wein vom
Libanon.
9 Ephraim, was sollen dir weiter die Göt-
zen? **Ich** will dich erhören und führen, **ich**
will sein wie eine grünende Tanne; von
mir erhältst du deine Früchte.
10 ¶ Wer ist weise, daß er dies versteht,
und klug, daß er dies einsieht? Denn **die
Wege des HERRN sind richtig, und die Ge-
rechten wandeln darauf; aber die Übertreter
kommen auf ihnen zu Fall.**

DER PROPHET JOEL

Inhaltsübersicht

Die Heuschreckenplage und der Tag des HERRN

1 Dies ist das Wort des HERRN, das ge-
schehen ist zu Joel, dem Sohn Petuëls.
2 ¶ Hört dies, ihr Ältesten, und merkt auf,
alle Bewohner des Landes, ob solches ge-
schehen sei zu euren Zeiten oder zu eurer
Väter Zeiten!
3 Sagt euren Kindern davon und laßt's
eure Kinder ihren Kindern sagen und diese
wiederum ihren Nachkommen:
4 Was die Raupen übriglassen, das [a] fres-
sen die Heuschrecken, und was die Heu-
schrecken übriglassen, das fressen die Kä-
fer, und was die Käfer übriglassen, das frißt
das Geschmeiß. *a* Kap 2,25
5 ¶ Wacht auf, ihr Trunkenen, und weint,
und heult, alle Weinsäufer, um den süßen
Wein; denn er ist euch vor eurem Munde
weggenommen!
6 Denn [a] es zieht herauf in mein Land ein
Volk, mächtig und ohne Zahl; das hat
Zähne wie die Löwen und Backenzähne
wie die Löwinnen. *a* Kap 2,2
7 Es verwüstet meinen Weinstock und
frißt meinen Feigenbaum kahl, schält ihn
ganz und gar ab, daß seine Zweige weiß
dastehen.
8 ¶ Heule wie eine Jungfrau, die Trauer
anlegt um ihres Bräutigams willen!
9 Denn [a] Speisopfer und Trankopfer gibt
es nicht mehr im Hause des HERRN, und
die Priester, des HERRN Diener, trauern.
a Kap 2,14
10 Das Feld ist verwüstet und der Acker
ausgedörrt; das Getreide ist verdorben, der
Wein steht jämmerlich und das Öl kläg-
lich.
11 Die Ackerleute sehen traurig drein, und
die Weingärtner heulen um den Weizen
und um die Gerste, weil aus der Ernte auf
dem Felde nichts werden kann,
12 weil der Weinstock verdorrt ist und der
Feigenbaum verwelkt, auch die Granat-
bäume, Palmbäume und Apfelbäume, ja,
alle Bäume auf dem Felde sind verdorrt.
So ist die Freude der Menschen zum Jam-
mer geworden.
13 ¶ Umgürtet euch und klagt, ihr Prie-
ster, heult, ihr Diener des Altars! Kommt,
behaltet auch im Schlaf das Trauergewand
an, ihr Diener meines Gottes! Denn Speis-
opfer und Trankopfer gibt es nicht mehr
im Hause eures Gottes.
14 [a] Sagt ein heiliges Fasten an, ruft die
Gemeinde zusammen! Versammelt die
Ältesten und alle Bewohner des Landes
zum Hause des HERRN, eures Gottes, und
schreit zum HERRN: *a* Kap 2,15
15 O weh des Tages! Denn [a] der Tag des
HERRN ist nahe und kommt wie ein Ver-
derben vom Allmächtigen. *a* Kap 2,1; Jes 13,6
16 Ist nicht die Speise vor unsern Augen
weggenommen und [a] vom Hause unseres
Gottes Freude und Wonne? *a* 5.Mose 16,11
17 Der Same ist unter der Erde verdorrt,

die Kornhäuser stehen wüst, die Scheu-
nen zerfallen; denn das Getreide ist ver-
dorben.
18 O wie seufzt das Vieh! Die Rinder se-
hen kläglich drein, denn sie haben keine
Weide, und die Schafe verschmachten.
19 HERR, dich rufe ich an; denn das Feuer
hat die Auen in der Steppe verbrannt, und
[a] die Flamme hat alle Bäume auf dem
Felde angezündet. *a* Kap 2,3
20 Es schreien auch die wilden Tiere zu
dir; denn [a] die Wasserbäche sind ausge-
trocknet, und das Feuer hat die Auen in
der Steppe verbrannt. *a* Ps 104,10.11

Schilderung des Heuschreckenheeres. Aufruf zur Buße

2 Blast die Posaune zu Zion, ruft laut auf
meinem heiligen Berge! Erzittert, alle
Bewohner des Landes! Denn [a] der Tag des
HERRN kommt und ist nahe, *a* Kap 1,15
2 ein finsterer Tag, ein dunkler Tag, ein
wolkiger Tag, ein nebliger Tag! Gleichwie
die Morgenröte sich ausbreitet über die
Berge, so [a] kommt ein großes und mäch-
tiges Volk, [b] desgleichen vormals nicht ge-
wesen ist und hinfort nicht sein wird auf
ewige Zeiten für und für.
a Kap 1,6 *b* 2.Mose 10,13-15
3 Vor ihm her geht ein verzehrendes
Feuer und hinter ihm [a] eine brennende
Flamme. Das Land ist vor ihm wie der
Garten Eden, aber nach ihm wie eine wü-
ste Einöde, und niemand wird ihm entge-
hen. *a* Kap 1,19
4 Sie sind gestaltet wie Pferde und rennen
wie die Rosse.
5 Sie sprengen daher über die Höhen der
Berge, wie die Wagen rasseln und wie eine
Flamme prasselt im Stroh, wie ein mäch-
tiges Volk, das zum Kampf gerüstet ist.
6 Völker werden sich vor ihm entsetzen,
und jedes Angesicht erbleicht.
7 Sie werden laufen wie Helden und die
Mauern ersteigen wie Krieger; ein jeder
zieht unentwegt voran und weicht von sei-
ner Richtung nicht.
8 Keiner wird den andern drängen, son-
dern ein jeder zieht auf seinem Weg da-
her; sie durchbrechen die feindlichen Waf-
fen, und dabei reißt ihr Zug nicht ab.
9 Sie werden sich stürzen auf die Stadt
und die Mauern erstürmen, in die Häuser
steigen sie ein, wie ein Dieb kommen sie
durch die Fenster.
10 Vor ihm erzittert das Land und bebt
der Himmel, [a] Sonne und Mond werden
finster, und die Sterne halten ihren Schein
zurück. *a* Kap 3,4; Jes 13,10
11 Denn der HERR wird seinen Donner vor
seinem Heer erschallen lassen; denn sein
Heer ist sehr groß und mächtig und wird
seinen Befehl ausrichten. Ja, der Tag des
HERRN ist groß und voller Schrecken, wer
kann ihn ertragen?
12 ¶ [a] **Doch auch jetzt noch, spricht der**
HERR, bekehrt euch zu mir von ganzem
Herzen mit Fasten, mit Weinen, mit Kla-
gen! *a (12 und 13)* Hes 33,11
13 **Zerreißt eure Herzen und nicht eure**
Kleider und bekehrt euch zu dem HERRN,
eurem Gott! Denn [a] er ist gnädig, barmher-
zig, geduldig und von großer Güte, und es
gereut ihn bald die Strafe. *a* 2.Mose 34,6
14 Wer weiß, [a] ob es ihn nicht wieder ge-
reut und er einen Segen zurückläßt, so daß
ihr opfern könnt Speisopfer und Trankop-
fer dem HERRN, eurem Gott. *a* Jona 3,9
15 ¶ Blast die Posaune zu Zion, [a] sagt ein
heiliges Fasten an, ruft die Gemeinde zu-
sammen! *a* Kap 1,14
16 Versammelt das Volk, heiligt die Ge-
meinde, sammelt die Ältesten, bringt zu-
sammen die Kinder und die Säuglinge!
Der Bräutigam gehe aus seiner Kammer
und die Braut aus ihrem Gemach!
17 Laßt die Priester, des HERRN Diener,
weinen zwischen Vorhalle und Altar und
sagen: HERR, schone dein Volk und laß
dein Erbteil nicht zuschanden werden, daß
Heiden über sie spotten! [a] Warum willst
du unter den Völkern sagen lassen: Wo ist
nun ihr Gott? *a* Ps 79,10

Gottes Gnadenzusage

18 Dann wird der HERR um sein Land ei-
fern und sein Volk verschonen.
19 Und der HERR wird antworten und zu
seinem Volk sagen: Siehe, ich will euch
Getreide, Wein und Öl die Fülle schicken,
daß ihr genug daran haben sollt, und [a] will
euch nicht mehr unter den Heiden zu-
schanden werden lassen. *a* Vers 26.27
20 Und ich will den Feind aus Norden von
euch wegtreiben und ihn in dürres und
wüstes Land verstoßen, seine Spitze in das
östliche Meer und sein Ende in das westli-
che Meer; er soll verfaulen und stinken,
denn er hat Gewaltiges getan.

21 ¶ Fürchte dich nicht, liebes Land, son-
dern sei fröhlich und getrost; denn der
HERR kann auch Gewaltiges tun.
22 Fürchtet euch nicht, ihr Tiere auf dem
Felde; denn die Auen in der Steppe sollen
grünen und die Bäume ihre Früchte brin-
gen, und die Feigenbäume und Wein-
stöcke sollen reichlich tragen.
23 Und ihr, Kinder Zions, freut euch und
seid fröhlich im HERRN, eurem Gott, der
euch gnädigen Regen gibt und euch her-
absendet [a]Frühregen und Spätregen wie
zuvor, *a* Jer 5,24
24 daß die Tennen voll Korn werden und
die Keltern Überfluß an Wein und Öl ha-
ben sollen.
25 Und ich will euch die Jahre erstatten,
deren Ertrag die [a]Heuschrecken, Käfer,
Geschmeiß und Raupen gefressen haben,
mein großes Heer, das ich unter euch
schickte. *a* Kap 1,4
26 Ihr sollt genug zu essen haben und
[a]den Namen des HERRN, eures Gottes,
preisen, der Wunder unter euch getan hat,
und mein Volk soll nicht mehr zuschan-
den werden. *a* 5.Mose 8,10
27 Und ihr sollt's erfahren, daß ich mitten
unter Israel bin und daß ich, der HERR,
euer Gott bin, und sonst keiner mehr, und
mein Volk soll nicht mehr zuschanden
werden.

Ausgießung des heiligen Geistes

(vgl. Apg 2,16-21)

3 **Und nach diesem will ich [a]meinen
Geist ausgießen über alles Fleisch, und
eure Söhne und Töchter sollen weissagen,
eure Alten sollen Träume haben, und eure
Jünglinge sollen Gesichte sehen.**
a 4.Mose 11,29; Jes 44,3; Hes 39,29; Tit 3,5.6
2 Auch will ich zur selben Zeit über
Knechte und Mägde meinen Geist ausgie-
ßen.
3 Und ich will Wunderzeichen geben am
Himmel und auf Erden: Blut, Feuer und
Rauchdampf.
4 Die [a]Sonne soll in Finsternis und der
Mond in Blut verwandelt werden, ehe
denn der große und schreckliche Tag des
HERRN kommt.
a Kap 2,2.10.11; Mt 24,29; Offb 6,12
5 Und es soll geschehen: [a]**wer des HERRN
Namen anrufen wird, der soll errettet wer-
den.** Denn [b]auf dem Berge Zion und zu
Jerusalem wird Errettung sein, wie der
HERR verheißen hat, und bei den Entron-
nenen, die der HERR berufen wird.
a Röm 10,13 *b* Obd 17

Gottes Strafgericht über die Heiden. Israels Heil

4 *Denn siehe, in jenen Tagen und zur
selben Zeit, da ich [a]das Geschick Judas
und Jerusalems wenden werde, *a* Hos 7,1

* Abweichende Verszählung statt 4,1-21: 3,6-26.

2 will ich alle Heiden zusammenbringen
und will sie ins [a]Tal Joschafat hinabführen
und will dort mit ihnen rechten wegen
meines Volks und meines Erbteils Israel,
weil sie es unter die Heiden zerstreut und
sich in mein Land geteilt haben;
a Vers 12.14
3 sie haben das Los um mein Volk gewor-
fen und haben Knaben für eine Hure hin-
gegeben und Mädchen für Wein verkauft
und vertrunken.
4 ¶ Und ihr aus Tyrus und Sidon und aus
allen Gebieten der Philister, was habt ihr
mit mir zu tun? Wollt ihr mir's heimzah-
len? Wohlan, zahlt mir's heim, so will ich's
euch eilends und bald heimzahlen auf eu-
ren Kopf.
5 Mein Silber und Gold habt ihr genom-
men und meine schönen Kleinode in eure
Tempel gebracht;
6 dazu habt ihr auch die Leute von Juda
und Jerusalem den Griechen verkauft, um
sie weit weg von ihrem Lande zu bringen.
7 Siehe, ich will sie kommen lassen aus
dem Ort, wohin ihr sie verkauft habt, und
will's euch heimzahlen auf euren Kopf
8 und will nun eure Söhne und eure Töch-
ter verkaufen in die Hand der Leute von
Juda; die sollen sie denen in Saba, einem
Volk in fernen Landen, verkaufen; denn
der HERR hat's geredet.
9 ¶ Ruft dies aus unter den Heiden! Berei-
tet euch zum heiligen Krieg! Bietet die
Starken auf! Laßt herzukommen und hin-
aufziehen alle Kriegsleute!
10 [a]Macht aus euren Pflugscharen Schwer-
ter und aus euren Sicheln Spieße! Der
Schwache spreche: Ich bin stark! *a* Jes 2,4
11 Auf, alle Heiden ringsum, kommt und
versammelt euch! – Dahin führe du hinab,
HERR, deine Starken! –
12 Die Heiden sollen sich aufmachen und
heraufkommen zum Tal Joschafat; denn
dort will ich sitzen und richten alle Hei-
den ringsum.

13 Greift [a]zur Sichel, denn die Ernte ist
reif! Kommt und [b]tretet, denn die Kelter
ist voll, die Kufen laufen über, denn ihre
Bosheit ist groß!
a Offb 14,15 b Jes 63,3.6; Offb 14,18
14 Es werden Scharen über Scharen von
Menschen sein im [a]Tal der Entscheidung;
denn des HERRN Tag ist nahe im Tal der
Entscheidung. a Vers 2
15 [a]Sonne und Mond werden sich verfin-
stern, und die Sterne halten ihren Schein
zurück. a Kap 2,10; 3,4
16 Und [a]der HERR wird aus Zion brüllen
und aus Jerusalem seine Stimme hören
lassen, daß Himmel und Erde erbeben
werden. Aber seinem Volk wird der HERR
eine Zuflucht sein und eine Burg den Is-
raeliten. a Am 1,2
17 Und [a]ihr sollt's erfahren, daß ich, der
HERR, euer Gott, zu Zion auf meinem hei-
ligen Berge wohne. Dann wird Jerusalem
heilig sein, und kein Fremder wird mehr
hindurchziehen. a Hes 34,30
18 ¶Zur selben Zeit werden [a]die Berge
von süßem Wein triefen und die Hügel
von Milch fließen, und alle Bäche in Juda
werden voll Wasser sein. Und [b]es wird
eine Quelle ausgehen vom Hause des
HERRN, die wird das Tal Schittim bewäs-
sern. a Am 9,13 b Hes 47,1
19 Aber Ägypten soll wüst werden und
Edom eine Einöde [a]um des Frevels willen
an den Leuten von Juda, weil sie unschul-
diges Blut in ihrem Lande vergossen ha-
ben. a Obd 10
20 Aber Juda soll für immer bewohnt wer-
den und Jerusalem für und für.
21 Und ich will [a]ihr Blut nicht ungesühnt
lassen. Und [b]der HERR wird wohnen zu
Zion. a 5.Mose 32,43 b Hes 48,35

DER PROPHET AMOS

Inhaltsübersicht

Gottes unabwendbares Gericht über Israels Nachbarn und über sein eigenes Volk

1 Dies ist's, was Amos, der unter den
[a]Schafzüchtern von Tekoa war, gese-
hen hat über Israel zur Zeit [b]Usijas, des
Königs von Juda, und [c]Jerobeams, des
Sohnes des Joasch, des Königs von Israel,
zwei Jahre vor dem Erdbeben.
a Kap 7,14 b 2.Kön 15,1; Sach 14,5 c 2.Kön 14,23
2 Und er sprach: [a]Der HERR wird aus
Zion brüllen und seine Stimme aus Jeru-
salem hören lassen, daß die Auen der Hir-
ten vertrocknen werden und der Karmel
oben verdorren wird. a Jer 25,30; Joel 4,16
3 ¶[a]So spricht der HERR: Um drei, ja um
vier Frevel willen derer von **Damaskus** will
ich sie nicht schonen, weil sie Gilead mit
eisernen Dreschschlitten gedroschen ha-
ben; a (3-5) Jes 17,1-3
4 sondern ich will ein Feuer schicken in
das Haus Hasaëls, das soll die Paläste Ben-
Hadads verzehren.
5 Und ich will die Riegel von Damaskus
zerbrechen und die Einwohner aus Bikat-
Awen und den, der das Zepter hält, aus
Bet-Eden ausrotten, und das Volk von
Aram soll nach [a]Kir weggeführt werden,
spricht der HERR. a 2.Kön 16,9
6 ¶[a]So spricht der HERR: Um drei, ja um
vier Frevel willen derer von **Gaza** will ich
sie nicht schonen, weil sie die Gefangenen
alle weggeführt und an Edom ausgeliefert
haben; a (6-8) 2.Chr 21,16.17; 28,18; Jer 47,1
7 sondern ich will ein Feuer in die Mauern
von Gaza schicken, das soll seine Paläste
verzehren.
8 Und ich will die Einwohner aus Asch-
dod und den, der das Zepter hält, aus
Aschkelon ausrotten und meine Hand ge-
gen Ekron wenden, und es soll umkom-
men, was von den Philistern noch übrig
ist, spricht Gott der HERR.
9 ¶[a]So spricht der HERR: Um drei, ja um

vier Frevel willen derer von **Tyrus** will ich
sie nicht schonen, weil sie die Gefangenen
alle an Edom ausgeliefert und nicht an den
Bruderbund gedacht haben;
a (9 und 10) Jes 23; Joel 4,4; 1.Kön 5,26
10 sondern ich will ein Feuer in die
Mauern von Tyrus schicken, das soll seine
Paläste verzehren.
11 ¶ [a] So spricht der HERR: Um drei, ja um
vier Frevel willen derer von **Edom** will ich
sie nicht schonen, weil sie ihren Bruder
mit dem Schwert verfolgt und alles Erbar-
men von sich getan haben und immerfort
wüten in ihrem Zorn und an ihrem Grimm
ewig festhalten;
a (11 und 12) Obd 10; 5.Mose 23,8; Jer 49,7
12 sondern ich will ein Feuer schicken
nach Teman, das soll die Paläste von Bozra
verzehren.
13 ¶ [a] So spricht der HERR: Um drei, ja um
vier Frevel willen derer von **Ammon** will
ich sie nicht schonen, weil sie die Schwan-
geren in Gilead aufgeschlitzt haben, um
ihr Gebiet zu erweitern; *a (13-15)* Jer 49,1-6
14 sondern ich will ein Feuer anzünden in
den Mauern Rabbas, das soll seine Paläste
verzehren, wenn man das Kriegsgeschrei
erhebt am Tage der Schlacht, wenn das
Wetter kommt am Tage des Sturms.
15 Da wird dann ihr König samt seinen
Oberen gefangen weggeführt werden,
spricht der HERR.

2 ¶ [a] So spricht der HERR: Um drei, ja
um vier Frevel willen derer von **Moab**
will ich sie nicht schonen, weil sie die Ge-
beine des Königs von Edom verbrannt ha-
ben zu Asche; *a (1-3)* Jes 15; Jer 48
2 sondern ich will ein Feuer schicken nach
Moab, das soll die Paläste von Kerijot
verzehren, und Moab soll sterben im Ge-
tümmel und Geschrei und Posaunen-
hall.
3 Und [a] ich will den Herrscher unter ihnen
ausrotten und alle ihre Oberen samt ihm
töten, spricht der HERR. *a* 4.Mose 24,17
4 ¶ So spricht der HERR: Um drei, ja um
vier Frevel willen derer von **Juda** will ich
sie nicht schonen, weil sie des HERRN Ge-
setz verachten und seine Ordnungen nicht
halten und sich von ihren Lügengötzen
verführen lassen, denen ihre Väter nach-
gefolgt sind;
5 sondern [a] ich will ein Feuer nach Juda
schicken, das soll die Paläste von Jerusa-
lem verzehren. *a* Hos 8,14
6 ¶ So spricht der HERR: Um drei, ja um
vier Frevel willen derer von **Israel** will ich
sie nicht schonen, weil sie die Unschuldi-
gen für Geld und die Armen [a] für ein Paar
Schuhe verkaufen. *a* Kap 8,6
7 Sie [a] treten den Kopf der Armen in den
Staub und drängen die Elenden vom
Wege. Sohn und Vater gehen zu demsel-
ben Mädchen, um meinen heiligen Na-
men zu entheiligen. *a* Kap 8,4
8 Und bei allen Altären schlemmen sie
auf den [a] gepfändeten Kleidern und trin-
ken Wein vom Gelde der Bestraften im
Hause ihres Gottes. *a* 2.Mose 22,25
9 Und dabei habe ich [a] den Amoriter vor
ihnen her vertilgt, der so hoch war wie die
Zedern und so stark wie die Eichen, und
ich vertilgte oben seine Frucht und unten
seine Wurzel. *a* 4.Mose 21,21-28
10 Auch habe ich euch aus Ägyptenland
geführt und vierzig Jahre in der Wüste ge-
leitet, damit ihr der Amoriter Land besä-
ßet.
11 Und ich habe aus euren Söhnen Pro-
pheten erweckt und [a] Gottgeweihte aus eu-
ren Jünglingen. Ist's nicht so, ihr Israeli-
ten? spricht der HERR. *a* 4.Mose 6,2-13
12 Aber ihr gebt den Gottgeweihten Wein
zu trinken und gebietet den Propheten und
sprecht: [a] Ihr sollt nicht weissagen!
a Kap 7,13.16; Jer 11,21
13 ¶ Siehe, ich will's unter euch schwan-
ken machen, wie ein Wagen voll Garben
schwankt,
14 so daß, wer schnell ist, nicht entfliehen
noch der Starke etwas vermögen soll, und
der Mächtige soll nicht sein Leben retten
können.
15 Die Bogenschützen sollen nicht stand-
halten, und wer schnell laufen kann, soll
nicht entrinnen, und wer da reitet, soll sein
Leben nicht retten,
16 und wer unter den Starken der mann-
hafteste ist, soll nackt entfliehen müssen
an jenem Tage, spricht der HERR.

Erwählung bewahrt nicht vor Gericht

3 Höret, was der HERR wider euch redet,
ihr Israeliten, wider alle Geschlechter,
die ich aus Ägyptenland geführt habe:
2 [a] **Aus allen Geschlechtern auf Erden habe**
ich allein euch erkannt, darum will ich auch
an euch heimsuchen all eure Sünde.
a 5.Mose 4,34

Wenn Gott redet, kann der Prophet nicht schweigen

3 Können etwa zwei miteinander wan-
dern, sie seien denn einig untereinander?
4 Brüllt etwa ein Löwe im Walde, wenn er
keinen Raub hat? Schreit etwa ein junger
Löwe aus seiner Höhle, er habe denn
etwas gefangen?
5 Fällt etwa ein Vogel zur Erde, wenn kein
Fangnetz da ist? Oder springt eine Falle
auf von der Erde, sie habe denn etwas ge-
fangen?
6 Bläst man etwa die Posaune in einer
Stadt und das Volk entsetzt sich nicht? [a] Ist
etwa ein Unglück in der Stadt, das der
HERR nicht tut? *a* Jes 45,7; Klgl 3,37
7 – Gott der HERR tut nichts, er offenbare
denn seinen Ratschluß den Propheten, sei-
nen Knechten.[a] – *a* 1.Mose 18,17
8 Der Löwe brüllt, wer sollte sich nicht
fürchten? Gott der HERR redet, wer sollte
nicht Prophet werden?

Ankündigung des Gerichts über Samaria

9 Verkündigt in den Palästen von Asch-
dod und in den Palästen im Lande Ägyp-
ten und sprecht: Sammelt euch auf den
Bergen um Samaria und seht, welch ein
großes Zetergeschrei und Unrecht darin
ist!
10 Sie achten kein Recht, spricht der
HERR; sie sammeln Schätze von Frevel
und Raub in ihren Palästen.
11 Darum spricht Gott der HERR: Man
wird dies Land ringsumher bedrängen und
dich von deiner Macht herunterreißen und
deine Häuser plündern.
12 ¶ So spricht der HERR: Gleichwie ein
Hirte dem Löwen zwei Beine oder ein
Ohrläppchen aus dem Maul reißt, so sol-
len die Israeliten herausgerissen werden,
die zu Samaria sitzen in der Ecke des Ru-
hebettes und auf dem Lager von Damast.
13 ¶ Hört und bezeugt es dem Hause Ja-
kob, spricht Gott der HERR, der Gott Ze-
baoth:
14 Zur Zeit, da ich die Sünden Israels
heimsuchen werde, will ich die Altäre in
Bethel heimsuchen und die Hörner des
Altars abbrechen, daß sie zu Boden fallen
sollen,
15 und will Winterhaus und Sommerhaus
zerschlagen, und die [a] elfenbeingeschmück-
ten Häuser sollen zugrunde gehen und
viele Häuser vernichtet werden, spricht
der HERR. *a* 1.Kön 22,39; Ps 45,9

Gegen die schwelgerischen Frauen in Samaria

4 Hört dies Wort, ihr fetten Kühe, die
ihr auf dem Berge Samarias seid und
den Geringen Gewalt antut und schindet
die Armen und sprecht zu euren Herren:
Bringt her, laßt uns saufen!
2 Gott der HERR hat geschworen bei sei-
ner Heiligkeit: Siehe, es kommt die Zeit
über euch, daß man euch herausziehen
wird mit Angeln und, was von euch übrig-
bleibt, mit Fischhaken.
3 Und ihr werdet zu den Mauerlücken
hinaus müssen, eine jede vor sich hin, und
zum Hermon weggeschleppt werden,
spricht der HERR.

Gottes Züchtigungen werden mißachtet

4 Ja, kommt her nach Bethel und treibt
Sünde, und nach [a] Gilgal, um noch viel
mehr zu sündigen! Bringt eure Schlacht-
opfer am Morgen und eure [b] Zehnten am
dritten Tage, *a* Hos 12,12 *b* 5.Mose 14,28
5 räuchert [a] Sauerteig zum Dankopfer und
ruft freiwillige Opfer aus und verkündet
sie; denn so habt ihr's gern, ihr Israeliten,
spricht Gott der HERR! *a* 3.Mose 2,11
6 ¶ Ich habe euch in allen euren Städten
müßige Zähne gegeben und Mangel an
Brot in allen euren Orten; DENNOCH BE-
KEHRT IHR EUCH NICHT ZU MIR, spricht der
HERR.
7 Auch habe ich euch den [a] Regen vorent-
halten, als noch drei Monate waren bis zur
Ernte, und ich ließ regnen über eine Stadt,
und auf die andere Stadt ließ ich nicht reg-
nen, ein Acker wurde beregnet, und der
andere Acker, der nicht beregnet wurde,
verdorrte. *a* 1.Kön 17,1
8 Und es zogen zwei, drei Städte zu **einer**
Stadt, um Wasser zu trinken, und konnten
nicht genug finden; DENNOCH BEKEHRT IHR
EUCH NICHT ZU MIR, spricht der HERR.
9 Ich plagte euch mit [a] dürrer Zeit und
mit Getreidebrand; auch fraßen die [b] Rau-
pen alles, was in euren Gärten und Wein-
bergen, auf euren Feigenbäumen und Öl-
bäumen wuchs; DENNOCH BEKEHRT IHR
EUCH NICHT ZU MIR, spricht der HERR.
a Hag 1,11 *b* Joel 1,4
10 Ich schickte unter euch die [a] Pest wie in
Ägypten; ich tötete eure junge Mannschaft

durchs Schwert und ließ eure Pferde ge-
fangen wegführen, ich ließ den Gestank
eures Heerlagers in eure Nasen steigen;
DENNOCH BEKEHRT IHR EUCH NICHT ZU
MIR, spricht der HERR. *a* 2.Mose 9,3
11 Ich richtete unter euch Zerstörung an,
wie Gott [a] Sodom und Gomorra zerstörte,
daß ihr wart wie ein [b] Brandscheit, das
aus dem Feuer gerissen wird; DENNOCH
BEKEHRT IHR EUCH NICHT ZU MIR, spricht
der HERR. *a* 1.Mose 19,24.25 *b* Sach 3,2
12 ¶ Darum will ich's weiter so mit dir ma-
chen, Israel! Weil ich's denn weiter so mit
dir machen will, so bereite dich, Israel,
und begegne deinem Gott!
13 Denn siehe, er ist's, der die Berge
macht und den Wind schafft; er zeigt dem
Menschen, was er im Sinne hat. Er macht
die Morgenröte und die Finsternis, [a] er tritt
einher auf den Höhen der Erde – er heißt
»HERR, Gott Zebaoth«. *a* Mi 1,3

Klagelied über Israel

5 Höret, ihr vom Hause Israel, dies
Wort; denn ich muß dies Klagelied
über euch anstimmen:
2 Die Jungfrau Israel ist gefallen, daß sie
nicht wieder aufstehen wird; sie ist zu Bo-
den gestoßen, und niemand ist da, der ihr
aufhelfe.
3 Denn so spricht Gott der HERR: Die
Stadt, aus der Tausend zum Kampf aus-
ziehen, soll nur Hundert übrigbehalten,
und aus der Hundert ausziehen, die soll
nur Zehn übrigbehalten im Hause Israel.

Gegen die Unterdrücker

4 Denn so spricht der HERR zum Hause
Israel: [a] **Suchet mich, so werdet ihr leben.**
a Jer 29,13
5 [a] Suchet nicht Bethel und kommt nicht
nach Gilgal und geht nicht nach Beer-
scheba; denn Gilgal wird gefangen wegge-
führt werden, und Bethel wird zunichte
werden. *a* Kap 4,4; Hos 4,15
6 Suchet den HERRN, so werdet ihr leben,
daß er nicht daherfahre über das Haus Jo-
sef wie ein verzehrendes Feuer, das nie-
mand löschen kann zu Bethel –
7 die ihr [a] das Recht in Wermut verkehrt
und die Gerechtigkeit zu Boden stoßt.
a Kap 6,12; Jes 5,20
8 ¶ Der das [a] Siebengestirn und den Orion
macht, der aus der Finsternis den Morgen
macht und aus dem Tag die finstere Nacht,
der [b] das Wasser im Meer herbeiruft und
schüttet es auf den Erdboden – er heißt
»HERR« –, *a* Hiob 38,31 *b* Kap 9,6
9 der über den Starken Verderben kom-
men läßt und bringt Verderben über die
feste Stadt.
10 ¶ Sie sind dem gram, [a] der sie im Tor
zurechtweist, und verabscheuen den, der
ihnen die Wahrheit sagt. *a* Jes 29,21
11 ¶ Darum, weil ihr die Armen unter-
drückt und nehmt von ihnen hohe Abga-
ben an Korn, so [a] sollt ihr in den Häusern
nicht wohnen, die ihr von Quadersteinen
gebaut habt, und den Wein nicht trinken,
den ihr in den feinen Weinbergen ge-
pflanzt habt. *a* Zef 1,13
12 Denn ich kenne eure Freveltaten, die
so viel sind, und eure Sünden, die so groß
sind, wie ihr die Gerechten bedrängt und
Bestechungsgeld nehmt und die Armen
im Tor unterdrückt.
13 Darum muß der Kluge zu dieser Zeit
schweigen; denn es ist eine böse Zeit.
14 ¶ Suchet das Gute und nicht das Böse,
auf daß ihr leben könnt, so wird der HERR,
der Gott Zebaoth, bei euch sein, wie ihr
rühmt.
15 [a] Hasset das Böse und liebet das Gute,
richtet das Recht auf im Tor, vielleicht wird
der HERR, der Gott Zebaoth, doch gnädig
sein denen, die von Josef übrigbleiben.
a Ps 34,15; Röm 12,9
16 ¶ Darum spricht der HERR, der Gott
Zebaoth, der Herr: Es wird in allen Gas-
sen Wehklagen sein, und auf allen Straßen
wird man sagen: »Wehe, wehe!« Und man
wird den Ackermann zum Trauern rufen
und zum Wehklagen, wer die Totenklage
erheben kann.
17 In allen Weinbergen wird Wehklagen
sein; denn ich will unter euch fahren,
spricht der HERR.

Der Tag des HERRN ist ein Tag des Gerichts

18 [a] Weh denen, die des HERRN Tag her-
beiwünschen! Was soll er euch? Denn des
HERRN Tag ist Finsternis und nicht
Licht, *a (18-20)* Joel 2,11
19 gleichwie wenn jemand vor dem Lö-
wen flieht und ein Bär begegnet ihm und
er kommt in ein Haus und lehnt sich mit
der Hand an die Wand, so sticht ihn eine
Schlange!

20 Ja, des HERRN Tag wird finster und
nicht licht sein, dunkel und nicht hell.

Der äußerliche Gottesdienst tut's nicht

21 Ich bin euren Feiertagen gram und ver-
achte sie und [a] mag eure Versammlungen
nicht riechen. a Jes 1,11-15
22 Und wenn ihr mir auch [a] Brandopfer
und Speisopfer opfert, so habe ich kein
Gefallen daran und mag auch eure fetten
Dankopfer nicht ansehen. a Mi 6,6.7
23 Tu weg von mir das Geplärr deiner Lie-
der; denn ich mag dein Harfenspiel nicht
hören!
24 Es ströme aber das Recht wie Wasser
und die Gerechtigkeit wie ein nie versie-
gender Bach.
25 ¶ [a] Habt ihr vom Hause Israel mir in
der Wüste die vierzig Jahre lang Schlacht-
opfer und Speisopfer geopfert?
a (25 und 26) Jer 7,22.23; Apg 7,42.43
26 Ihr trugt den Sakkut, euren König, und
Kewan*, den Stern eures Gottes, eure Bil-
der, welche ihr euch selbst gemacht habt;

* Sakkut und Kewan (vgl. Sach- und Worterklärungen) sind Namen heidnischer Götter, die in Israel verehrt wurden.

27 so will ich euch wegführen lassen bis
jenseits von Damaskus, spricht der HERR,
der Gott Zebaoth heißt.

Gegen Selbstsicherheit und Schwelgerei der Vornehmen in Israel

6 Weh den Sorglosen zu Zion und weh
denen, die voll Zuversicht sind auf dem
Berge Samarias, den Vornehmen des Erst-
lings unter den Völkern, zu denen das
Haus Israel kommt!
2 Geht hin nach [a] Kalne und schaut und
von da nach Hamat, der großen Stadt, und
zieht hinab nach Gat der Philister! Seid
ihr besser als diese Königreiche, ist euer
Gebiet größer als das ihre, a 1.Mose 10,10
3 die ihr meint, vom bösen Tag weit ab zu
sein, und [a] trachtet immer nach Frevelre-
giment, a Ps 10,5
4 die ihr schlaft auf elfenbeingeschmück-
ten Lagern und euch streckt auf euren Ru-
hebetten? Ihr eßt die Lämmer aus der
Herde und die gemästeten Kälber
5 [a] und spielt auf der Harfe und erdichtet
euch Lieder wie David a (5 und 6) Jes 5,12
6 und trinkt Wein aus Schalen und salbt
euch mit dem besten Öl, aber bekümmert
euch nicht um den Schaden Josefs.
7 ¶ Darum sollen sie nun vorangehen un-
ter denen, die gefangen weggeführt wer-
den, und soll das Schlemmen der Über-
mütigen aufhören.
8 Denn Gott der HERR hat geschworen
bei sich: Mich verdrießt die Hoffart Ja-
kobs, spricht der HERR, der Gott Zebaoth,
und ich hasse seine Paläste. Darum will
ich die Stadt übergeben mit allem, was
darin ist.
9 Und wenn auch zehn Männer in einem
Hause übrigbleiben, sollen sie doch ster-
ben.
10 Und nimmt dann einen sein Verwand-
ter, der ihn bestatten und seine Gebeine
aus dem Hause tragen will, so sagt er zu
dem, der drin im Hause ist: Sind ihrer
noch mehr da? Und der wird antworten:
Sie sind alle dahin! Und er wird sagen:
Still! Denn man darf des HERRN Namen
nicht nennen.[a] a Kap 8,3
11 Denn siehe, der HERR hat geboten, daß
man die großen Häuser in Trümmer schla-
gen soll und die kleinen Häuser in Stücke.
12 ¶ Wer kann auf Felsen mit Rossen ren-
nen oder mit Rindern pflügen? Denn [a] ihr
wandelt das Recht in Gift und die Frucht
der Gerechtigkeit in Wermut, a Kap 5,7
13 die ihr euch freut über Lo-Dabar und
sprecht: Haben wir nicht durch unsere
Kraft Karnajim genommen?
14 Darum siehe, ich will gegen euch, ihr
vom Hause Israel, ein Volk aufstehen las-
sen, spricht der HERR, der Gott Zebaoth,
das soll euch bedrängen von da an, wo
man nach Hamat geht, bis an den Bach in
der Wüste.

Die drei ersten Visionen: Heuschrecken, Feuer, Bleilot

7 Gott der HERR ließ mich schauen, und
siehe, da war einer, der machte Heu-
schrecken zur Zeit, als das Grummet auf-
ging; und siehe, das Grummet war ge-
wachsen, nachdem der König hatte mähen
lassen.
2 Als sie nun alles Gras im Lande abfres-
sen wollten, sprach ich: Ach Herr HERR,
sei gnädig! Wer soll Jakob wieder aufhel-
fen? Er ist ja so schwach.
3 Da reute es den HERRN, und er sprach:
Wohlan, es soll nicht geschehen.
4 ¶ Gott der HERR ließ mich schauen, und
siehe, Gott der HERR rief das Feuer, um
damit zu strafen. Das verzehrte [a] die große
Tiefe und fraß das Ackerland. a 1.Mose 7,11

5 Da sprach ich: Ach Herr HERR, laß ab!
Wer soll Jakob wieder aufhelfen? Er ist ja
so schwach.
6 Da reute den HERRN das auch, und Gott
der HERR sprach: Es soll auch nicht geschehen.
7 ¶Er ließ mich abermals schauen, und
siehe, der Herr stand auf der Mauer, die
mit einem Bleilot gerichtet war, und er
hatte ein Bleilot in seiner Hand.
8 Und der HERR sprach zu mir: Was siehst
du, Amos? Ich sprach: Ein [a]Bleilot. Da
sprach der Herr zu mir: Siehe, ich will das
Bleilot legen an mein Volk Israel und [b]ihm
nichts mehr übersehen, *a* Jes 34,11 *b* Kap 8,2
9 sondern die Höhen Isaaks sollen verwüstet und die Heiligtümer Israels zerstört
werden, und ich will mich mit dem
Schwert über das Haus Jerobeam hermachen.

Amos wird aus Bethel ausgewiesen

10 [a]Da sandte Amazja, der Priester in
Bethel, zu Jerobeam, dem König von Israel, und ließ ihm sagen: Der Amos macht
einen Aufruhr gegen dich im Hause Israel; das Land kann seine Worte nicht ertragen. *a (10 und 11)* Jer 38,4
11 Denn so spricht Amos: Jerobeam wird
durchs Schwert sterben, und Israel wird
aus seinem Lande gefangen weggeführt
werden.
12 Und Amazja sprach zu Amos: Du [a]Seher, geh weg und flieh ins Land Juda und
iß dort dein Brot und weissage daselbst.
a 1.Sam 9,9
13 Aber weissage nicht mehr in [a]Bethel;
denn es ist des Königs Heiligtum und der
Tempel des Königreichs. *a* 1.Kön 12,28.29
14 Amos antwortete und sprach zu
Amazja: Ich bin kein Prophet noch ein
Prophetenjünger, sondern [a]ich bin ein
Hirt, der Maulbeeren züchtet. *a* Kap 1,1
15 Aber der HERR nahm mich von der
Herde und sprach zu mir: Geh hin und
weissage meinem Volk Israel!
16 So höre nun des HERRN Wort! Du
sprichst: [a]Weissage nicht wider Israel und
eifere nicht wider das Haus Isaak!
a Kap 2,12
17 Darum spricht der HERR: Deine Frau
wird in der Stadt zur Hure werden, und
deine Söhne und Töchter sollen durchs
Schwert fallen, und dein Acker soll mit
der Meßschnur ausgeteilt werden. Du aber
sollst in einem unreinen Lande sterben,
und Israel soll aus seinem Lande vertrieben werden.

Die vierte Vision: Ein Korb mit reifem Obst

8 Gott der HERR ließ mich schauen, und
siehe, da stand ein Korb mit reifem
Obst.
2 Und er sprach: Was siehst du, Amos?
Ich aber antwortete: Einen Korb mit reifem Obst. Da sprach der HERR zu mir:
Reif zum Ende ist mein Volk Israel; [a]ich
will ihm nichts mehr übersehen. *a* Kap 7,8
3 Und die Lieder im Tempel sollen in
Heulen verkehrt werden zur selben Zeit,
spricht Gott der HERR. [a]Es werden an allen Orten viele Leichname liegen, die man
heimlich hinwirft. *a* Kap 6,10

Gegen den Wucher der Reichen

4 Höret dies, die ihr [a]die Armen unterdrückt und die Elenden im Lande
zugrunde richtet *a* Kap 2,7
5 und sprecht: Wann will denn der Neumond ein Ende haben, daß wir Getreide
verkaufen, und den Sabbat, daß wir Korn
feilhalten können und das Maß verringern
und den Preis steigern und die Waage fälschen, *a* Neh 13,15
6 damit wir die Armen um Geld und [a]die
Geringen um ein Paar Schuhe in unsere
Gewalt bringen und Spreu für Korn verkaufen? *a* Kap 2,6
7 ¶Der HERR hat bei sich, dem Ruhm
Jakobs, geschworen: Niemals werde ich
diese ihre Taten vergessen!
8 Sollte nicht um solcher Taten willen das
Land erbeben müssen und alle Bewohner
trauern? Ja, [a]es soll sich heben wie die
Wasser des Nils und sich senken wie der
Strom Ägyptens. *a* Kap 9,5
9 ¶Zur selben Zeit, spricht Gott der
HERR, will ich [a]die Sonne am Mittag untergehen und das Land am hellen Tage
finster werden lassen. *a* Jer 15,9
10 [a]Ich will eure Feiertage in Trauer und
alle eure Lieder in Wehklagen verwandeln.
Ich will über alle Lenden den Sack bringen und alle Köpfe kahl machen und will
ein Trauern schaffen, [b]wie man trauert
über den einzigen Sohn, und sie sollen ein
bitteres Ende nehmen. *a* Tob 2,5.6 *b* Jer 6,26

Einst wird man vergeblich nach Gottes Wort verlangen

[11]**Siehe, es kommt die Zeit, spricht Gott der HERR, daß ich einen Hunger ins Land schicken werde, [a]nicht einen Hunger nach Brot oder Durst nach Wasser, sondern nach dem Wort des HERRN, es zu hören;**

a 1.Sam 3,1

[12]**daß sie hin und her von einem Meer zum andern, von Norden nach Osten laufen und des HERRN Wort suchen und [a]doch nicht finden werden.** *a* Mi 3,7

[13]Zu der Zeit werden die schönen Jungfrauen und die Jünglinge verschmachten vor Durst,

[14]die jetzt schwören bei dem Abgott Samarias und sprechen: [a]»So wahr dein Gott lebt, Dan!« und: »So wahr dein Gott lebt, Beerscheba!« Sie sollen so fallen, daß sie nicht wieder aufstehen können. *a* Ri 18,30

Die letzte Vision: Gott über dem Altar; dem Gericht kann niemand entrinnen

9 Ich sah den Herrn über dem Altar stehen, und er sprach: Schlage an den Knauf, daß die Pfosten beben und die Trümmer ihnen allen auf den Kopf fallen; und was noch übrigbleibt von ihnen, will ich mit dem Schwert töten, daß keiner von ihnen entfliehen noch irgendeiner entkommen soll!

[2]Und [a]wenn sie sich auch unten bei den Toten vergrüben, soll sie doch meine Hand von dort holen, und wenn sie zum Himmel hinaufstiegen, will ich sie doch herunterstoßen. *a* Hiob 26,6; Ps 139,8

[3]Und wenn sie sich auch versteckten oben auf dem Berge Karmel, will ich sie doch suchen und von dort herabholen; und wenn sie sich vor meinen Augen verbärgen im Grunde des Meeres, so will ich doch der Schlange befehlen, sie dort zu beißen.

[4]Und wenn sie vor ihren Feinden gefangen einhergingen, so will ich doch dem Schwert befehlen, sie dort zu töten. Denn [a]ich will meine Augen auf sie richten zum Bösen und nicht zum Guten. *a* Jer 44,11

[5]¶Denn Gott, der HERR Zebaoth, ist es, der die Erde anrührt, daß sie bebt und alle ihre Bewohner trauern müssen, und daß sie [a]sich hebt wie die Wasser des Nils und sich senkt wie der Strom Ägyptens;

a Kap 8,8

[6]er ist es, der seinen Saal in den Himmel baut und [a]seinen Palast über der Erde gründet, der [b]das Wasser im Meer herbeiruft und schüttet es auf das Erdreich. Er heißt HERR! *a* Ps 104,3 *b* Kap 5,8

[7]¶Seid ihr Israeliten mir nicht [a]gleichwie die Mohren? spricht der HERR. Habe ich nicht Israel aus Ägyptenland geführt und die [b]Philister aus Kaftor und die Aramäer aus Kir? *a* 5.Mose 7,7 *b* Jer 47,4

[8]Siehe, die Augen Gottes des HERRN sehen auf das sündige Königreich, daß ich's vom Erdboden vertilge, wiewohl ich das Haus Jakob nicht ganz vertilgen will, spricht der HERR.

[9]Denn siehe, ich will befehlen und das Haus Israel unter allen Heiden schütteln lassen, gleichwie man mit einem Sieb schüttelt und kein Stein zur Erde fällt.

[10]Alle Sünder in meinem Volk sollen durchs Schwert sterben, die da sagen: [a]Es wird das Unglück nicht so nahe sein noch uns begegnen. *a* Kap 6,3

Das künftige Heil des Gottesvolkes

[11]**Zur selben Zeit will ich die [a]zerfallene Hütte Davids wieder aufrichten und ihre Risse vermauern und, was abgebrochen ist, wieder aufrichten und will sie bauen, wie sie vorzeiten gewesen ist,**

a 1.Kön 12,19; Apg 15,16.17

[12]damit sie in Besitz nehmen, was übrig ist von Edom, und alle Heiden, über die mein Name genannt ist, spricht der HERR, der solches tut.

[13]¶Siehe, es kommt die Zeit, spricht der HERR, daß man [a]zugleich ackern und ernten, zugleich keltern und säen wird. Und [b]die Berge werden von süßem Wein triefen, und alle Hügel werden fruchtbar sein. *a* 3.Mose 26,5 *b* Joel 4,18

[14]Denn ich [a]will die Gefangenschaft meines Volks Israel wenden, daß sie [b]die verwüsteten Städte wieder aufbauen und bewohnen sollen, daß sie Weinberge pflanzen und Wein davon trinken, Gärten anlegen und Früchte daraus essen.

a 5.Mose 30,3 *b* Jes 65,21

[15]Denn ich will sie in ihr Land pflanzen, daß sie nicht mehr aus ihrem Land ausgerottet werden, das ich ihnen gegeben habe, spricht der HERR, dein Gott.

DER PROPHET OBADJA

Weissagung vom Strafgericht über Edom und von der Wiedereinsetzung Israels in sein Land

(vgl. Jer 49,7-22)

1 Dies ist es, was Obadja geschaut hat.
So spricht Gott der HERR über Edom: –
Wir haben vom HERRN eine Botschaft ge-
hört, ein Bote ist unter die Heiden ge-
sandt: Wohlauf, laßt uns wider Edom strei-
ten! –
2 Siehe, ich habe dich gering gemacht und
sehr verachtet unter den Völkern.
3 Der Hochmut deines Herzens hat dich
betrogen, weil du [a]in den Felsenklüften
wohnst, in deinen hohen Schlössern, und
du sprichst in deinem Herzen: Wer will
mich zu Boden stoßen? *a* 4.Mose 24,21
4 Wenn du auch in die Höhe führest wie
ein Adler und machtest dein Nest zwi-
schen den Sternen, dennoch will ich dich
von dort herunterstürzen, spricht der
HERR.
5 ¶Wenn Diebe oder Räuber nachts über
dich kommen, wie sollst du dann zunichte
werden! Ja, sie sollen stehlen, bis sie ge-
nug haben. Und wenn die Weinleser über
dich kommen, so sollen sie dir keine
Nachlese übriglassen.
6 Wie sollen sie Esau durchsuchen und
seine Schätze aufspüren!
7 Alle deine Bundesgenossen werden dich
zum Lande hinausstoßen; die Leute, auf
die du deinen Trost setzt, werden dich be-
trügen und überwältigen; die dein Brot es-
sen, werden dich verraten, ehe du es mer-
ken wirst.
8 Was gilt's? spricht der HERR, ich will zur
selben Zeit die Weisen in Edom zunichte
machen und die Klugheit auf dem Ge-
birge Esau.
9 Auch deine Starken, [a]Teman, sollen ver-
zagen, auf daß alle auf dem Gebirge Esau
ausgerottet werden durch Morden.
a Am 1,12
10 ¶[a]Um des Frevels willen, an deinem
Bruder Jakob begangen, sollst du zuschan-
den werden und für immer ausgerottet
sein. *a* Joel 4,19
11 [a]Zu der Zeit, als du dabeistandest und
sahst, wie Fremde sein Heer gefangen
wegführten und Ausländer zu seinen To-
ren einzogen und über Jerusalem das Los
warfen, da warst auch du wie einer von
ihnen. *a (11-14)* Ps 137,7
12 Du sollst nicht mehr herabsehen auf
deinen Bruder zur Zeit seines Elends und
sollst dich nicht freuen über die Söhne
Juda zur Zeit ihres Jammers und sollst
mit deinem Mund nicht so stolz reden zur
Zeit ihrer Angst.
13 Du sollst nicht zum Tor meines Volks
einziehen zur Zeit seines Jammers; du
sollst nicht herabsehen auf sein Unglück
zur Zeit seines Jammers; du sollst nicht
nach seinem Gut greifen zur Zeit seines
Jammers.
14 Du sollst nicht stehen an den Flucht-
wegen, um seine Entronnenen zu morden;
du sollst seine Übriggebliebenen nicht ver-
raten zur Zeit der Angst.
15 ¶Denn [a]der Tag des HERRN ist nahe
über alle Heiden. [b]Wie du getan hast, soll
dir wieder geschehen, und wie du verdient
hast, so soll es auf deinen Kopf kom-
men. *a* Joel 1,15 . *b* Jer 50,15.29
16 Denn wie ihr auf meinem heiligen
Berge getrunken habt, so [a]sollen alle Hei-
den täglich trinken; ja, sie sollen's saufen
und ausschlürfen und sollen sein, als wä-
ren sie nie gewesen. *a* Jer 25,15
17 ¶Aber [a]auf dem Berge Zion werden
Gerettete sein, und er soll heilig sein, und
das Haus Jakob soll seine Besitzer besit-
zen. *a* Joel 3,5; 4,17
18 Und [a]das Haus Jakob soll ein Feuer
werden und das Haus Josef eine Flamme,
aber das Haus Esau Stroh; das werden sie
anzünden und verzehren, so daß vom
Hause Esau nichts übrigbleibt; denn der
HERR hat's geredet. *a* Sach 12,6
19 Und sie werden das Südland, das Ge-
birge Esaus, besitzen und das Hügelland,
das Land der Philister. Ja, sie werden das

Gefilde Ephraims und das Gefilde Sama-
rias besitzen und Benjamin das Gebirge
Gilead.
20 Und die Weggeführten von Israel wer-
den die Städte der Kanaaniter bis nach Zar-
pat besitzen, und die Weggeführten von
Jerusalem, die in Sefarad sind, werden die
Städte im Südland besitzen.
21 Und es werden die Geretteten vom
Berg Zion kommen, um das Gebirge Esau
zu richten, und die Königsherrschaft wird
des HERRN sein.

DER PROPHET JONA

Inhaltsübersicht

Jonas Berufung und Flucht vor Gott

1 Es geschah das Wort des HERRN zu
[a]Jona, dem Sohn Amittais: [a] 2.Kön 14,25
2 Mache dich auf und geh in die große
Stadt Ninive und predige wider sie; denn
ihre Bosheit ist vor mich gekommen.
3 ¶ Aber Jona machte sich auf und [a]wollte
vor dem HERRN nach Tarsis fliehen und
kam hinab nach Jafo. Und als er ein Schiff
fand, das nach Tarsis fahren wollte, gab er
Fährgeld und trat hinein, um mit ihnen
nach Tarsis zu fahren und dem HERRN aus
den Augen zu kommen. [a] Ps 139,7.9.10
4 ¶ Da ließ der HERR einen großen Wind
aufs Meer kommen, und es erhob sich ein
großes Ungewitter auf dem Meer, daß man
meinte, das Schiff würde zerbrechen.
5 Und die Schiffsleute fürchteten sich und
schrien, ein jeder zu seinem Gott, und
warfen die Ladung, die im Schiff war, ins
Meer, daß es leichter würde. Aber Jona
war hinunter in das Schiff gestiegen, lag
und schlief.
6 Da trat zu ihm der Schiffsherr und
sprach zu ihm: Was schläfst du? Steh auf,
rufe deinen Gott an! Ob vielleicht dieser
Gott an uns gedenken will, daß wir nicht
verderben.
7 Und einer sprach zum andern: Kommt,
wir wollen [a]losen, daß wir erfahren, um
wessentwillen es uns so übel geht. Und als
sie losten, traf's Jona. [a] Spr 16,33
8 Da sprachen sie zu ihm: Sage uns,
warum geht es uns so übel? Was ist dein
Gewerbe, und wo kommst du her? Aus
welchem Lande bist du, und von welchem
Volk bist du?
9 Er sprach zu ihnen: Ich bin ein Hebräer
und fürchte den HERRN, den Gott des
Himmels, der [a]das Meer und das Trok-
kene gemacht hat. [a] 1.Mose 1,9.10
10 Da fürchteten sich die Leute sehr und
sprachen zu ihm: Warum hast du das ge-
tan? Denn sie wußten, daß er vor dem
HERRN floh; denn er hatte es ihnen gesagt.
11 Da sprachen sie zu ihm: Was sollen wir
denn mit dir tun, daß das Meer stille werde
und von uns ablasse? Denn das Meer ging
immer ungestümer.
12 Er sprach zu ihnen: Nehmt mich und
werft mich ins Meer, so wird das Meer still
werden und von euch ablassen. Denn ich
weiß, daß um meinetwillen dies große Un-
gewitter über euch gekommen ist.
13 Doch die Leute ruderten, daß sie wie-
der ans Land kämen; aber sie konnten
nicht, denn das Meer ging immer unge-
stümer gegen sie an.
14 Da riefen sie zu dem HERRN und spra-
chen: Ach, HERR, laß uns nicht verderben
um des Lebens dieses Mannes willen und
rechne uns nicht unschuldiges Blut zu;
denn du, HERR, tust, wie dir's gefällt.
15 Und sie nahmen Jona und warfen ihn
ins Meer. Da wurde das Meer still und ließ
ab von seinem Wüten.
16 Und die Leute fürchteten den HERRN
sehr und brachten dem HERRN Opfer dar
und taten Gelübde.

Jonas Gebet

2 Aber der HERR ließ einen großen
Fisch kommen, Jona zu verschlingen.
Und [a]Jona war im Leibe des Fisches drei
Tage und drei Nächte. [a] Mt 12,40; 16,4

2 ¶ Und Jona betete zu dem HERRN, sei-
nem Gott, im Leibe des Fisches
3 und sprach: [a] Ich rief zu dem HERRN in
meiner Angst, / und er antwortete mir.
Ich schrie aus dem Rachen des Todes, /
und du hörtest meine Stimme. *a* Ps 120,1
4 Du warfst mich in die Tiefe, mitten ins
Meer, / daß die Fluten mich umgaben.
[a] Alle deine Wogen und Wellen / gingen
über mich, *a* Ps 42,8
5 daß ich dachte, [a] ich wäre von deinen
Augen verstoßen, / ich würde deinen hei-
ligen Tempel nicht mehr sehen. *a* Ps 31,23
6 [a] Wasser umgaben mich und gingen mir
ans Leben, / die Tiefe umringte mich,
Schilf bedeckte mein Haupt. *a* Ps 18,5; 69,2
7 Ich sank hinunter zu der Berge Grün-
den, / der Erde Riegel schlossen sich hin-
ter mir ewiglich.
Aber [a] du hast mein Leben aus dem Ver-
derben geführt, / HERR, mein Gott!
a Ps 103,4
8 Als meine Seele in mir verzagte, / ge-
dachte ich an den HERRN,
und [a] mein Gebet kam zu dir / in deinen
heiligen Tempel. *a* Ps 142,2-4
9 Die [a] sich halten an das Nichtige, / ver-
lassen ihre Gnade. *a* Ps 31,7
10 Ich aber will mit Dank / dir Opfer brin-
gen.
Meine Gelübde will ich erfüllen / dem
HERRN, der mir geholfen hat.[a]
a Ps 50,14; 116,17.18
11 ¶ Und der HERR sprach zu dem Fisch,
und der spie Jona aus ans Land.

Jonas Predigt und Ninives Buße

3 [a] Und es geschah das Wort des HERRN
zum zweitenmal zu Jona:
a (1 und 2) Kap 1,2
2 Mach dich auf, geh in die große Stadt
Ninive und predige ihr, was ich dir sage!
3 Da machte sich Jona auf und ging hin
nach Ninive, wie der HERR gesagt hatte.
[a] Ninive aber war eine große Stadt vor
Gott, drei Tagereisen groß. *a* Kap 4,11
4 Und als Jona anfing, in die Stadt hinein-
zugehen, und eine Tagereise weit gekom-
men war, predigte er und sprach: Es sind
noch vierzig Tage, so wird Ninive unterge-
hen.
5 Da [a] glaubten die Leute von Ninive an
Gott und [b] ließen ein Fasten ausrufen und
zogen alle, groß und klein, den Sack zur
Buße an. *a* Mt 12,41 *b* Joel 1,14
6 Und als das vor den König von Ninive
kam, stand er auf von seinem Thron und
legte seinen Purpur ab und hüllte sich in
den Sack und setzte sich in die Asche
7 und ließ ausrufen und sagen in Ninive
als Befehl des Königs und seiner Gewalti-
gen: Es sollen weder Mensch noch Vieh,
weder Rinder noch Schafe Nahrung zu
sich nehmen, und man soll sie nicht wei-
den noch Wasser trinken lassen;
8 und sie sollen sich in den Sack hüllen,
Menschen und Vieh, und zu Gott rufen
mit Macht. Und ein jeder bekehre sich von
seinem bösen Wege und vom Frevel sei-
ner Hände!
9 Wer weiß? [a] Vielleicht läßt Gott es sich
gereuen und wendet sich ab von seinem
grimmigen Zorn, daß wir nicht verder-
ben. *a* Joel 2,14
10 Als aber Gott ihr Tun sah, wie sie [a] sich
bekehrten von ihrem bösen Wege, reute
ihn das Übel, das er ihnen angekündigt
hatte, und tat's nicht. *a* Jer 18,7.8

Jonas Unmut und Gottes Antwort

4 Das aber verdroß Jona sehr, und er
ward zornig
2 und betete zum HERRN und sprach:
Ach, HERR, das ist's ja, was ich dachte, als
ich noch in meinem Lande war, weshalb
ich auch eilends nach Tarsis fliehen wollte;
denn ich wußte, [a] daß du gnädig, barmher-
zig, langmütig und von großer Güte bist
und läßt dich des Übels gereuen.
a 2.Mose 34,6
3 So [a] nimm nun, HERR, meine Seele von
mir; denn ich möchte lieber tot sein als
leben. *a* 1.Kön 19,4
4 Aber der HERR sprach: Meinst du, daß
du mit Recht zürnst?
5 ¶ Und Jona ging zur Stadt hinaus und
ließ sich östlich der Stadt nieder und
machte sich dort eine Hütte; darunter
setzte er sich in den Schatten, bis er sähe,
was der Stadt widerfahren würde.
6 Gott der HERR aber ließ eine Staude
wachsen; die wuchs über Jona, daß sie
Schatten gäbe seinem Haupt und ihm
hülfe von seinem Unmut. Und Jona freute
sich sehr über die Staude.
7 Aber am Morgen, als die Morgenröte
anbrach, ließ Gott einen Wurm kommen;
der stach die Staude, daß sie verdorrte.
8 Als aber die Sonne aufgegangen war, ließ
Gott einen heißen Ostwind kommen, und

die Sonne stach Jona auf den Kopf, daß er
matt wurde. Da wünschte er sich den Tod
und sprach: Ich möchte lieber tot sein als
leben.
9 ¶Da sprach Gott zu Jona: Meinst du,
daß du mit Recht zürnst um der Staude
willen? Und er sprach: Mit Recht zürne
ich bis an den Tod.
10 Und der HERR sprach: Dich jammert
die Staude, um die du dich nicht gemüht
hast, hast sie auch nicht aufgezogen, die in
einer Nacht ward und in einer Nacht ver-
darb,
11 und mich sollte nicht jammern Ninive,
eine so große Stadt, in der mehr als hun-
dertundzwanzigtausend Menschen sind,
die nicht wissen, was rechts oder links ist,
dazu auch viele Tiere?

DER PROPHET MICHA

Inhaltsübersicht

Gericht über Israel und Juda	*Kap 1–3*
Das künftige Heil	*4–5*
Warnung und Hoffnung	*6–7*

Gott erscheint zum Gericht über Israel und Juda

1 Dies ist das Wort des HERRN, welches
geschah zu [a]Micha aus Moreschet zur
Zeit des [b]Jotam, Ahas und Hiskia, der Kö-
nige von Juda, das er geschaut hat über
Samaria und Jerusalem. *a* Jer 26,18 *b* Jes 1,1
2 Höret, alle Völker! Merk auf, Land und
alles, was darinnen ist! Denn Gott der
HERR hat mit euch zu reden, ja, der Herr
aus seinem heiligen Tempel.
3 Denn siehe, der HERR wird herausge-
hen aus seiner Wohnung und herabfahren
und [a]treten auf die Höhen der Erde,
a Am 4,13
4 daß die Berge unter ihm schmelzen und
die Täler sich spalten, gleichwie Wachs vor
dem Feuer zerschmilzt, wie die Wasser,
die talwärts stürzen.
5 Das alles um Jakobs Übertretung willen
und um der Sünden willen des Hauses
Israel.
¶Was ist aber die Übertretung Jakobs?
[a]Ist's nicht Samaria? Was sind aber die
Opferhöhen Judas? Ist's nicht Jerusa-
lem? *a* Jer 23,13.14
6 Und ich will [a]Samaria zu Steinhaufen
im Felde machen, die man für die Wein-
berge nimmt, und will seine Steine ins Tal
schleifen und es bis auf den Grund bloß-
legen. *a* 1.Kön 16,24; Hos 14,1
7 Alle seine Götzen sollen zerbrochen
und all sein [a]Hurenlohn soll mit Feuer
verbrannt werden. Und ich will alle seine
Götzenbilder zerstören; denn sie sind von
Hurenlohn zusammengebracht und sollen
auch wieder zu Hurenlohn werden.
a Hos 2,7.14

Unheil kommt über die Städte Judas

8 Darüber muß ich klagen und heulen,
ich muß barfuß und bloß dahergehen; ich
muß klagen wie die Schakale und jammern
wie die Strauße:
9 Denn unheilbar ist die Plage des HERRN:
sie kommt bis nach Juda, sein Schlag
reicht bis an meines Volkes Tor, bis hin
nach Jerusalem.
10 ¶*Verkündet's ja nicht in [a]Gat; laßt
euer Weinen nicht hören; in Bet-Leafra
wälzt euch im Staube! *a* 2.Sam 1,20

* Verse 10-16: Die Wortspiele, die an die Namen judäischer Orte (vgl. Jos 15,33-47) anknüpfen, können im Deutschen nicht wiedergegeben werden. Der Text ist nur zum Teil verständlich überliefert.

11 Ihr Einwohner von Schafir müßt dahin
mit allen Schanden; die Einwohner von
Zaanan werden nicht ausziehen; das Leid
Bet-Ezels wird euch wehren, daß ihr euch
da lagert.
12 Die Einwohner von Marot vermögen
sich nicht zu trösten; denn es wird das
Unglück vom HERRN kommen auch bis an
die Tore Jerusalems.
13 Du Stadt Lachisch, spanne Rosse an
und fahre davon; denn du bist für die
Tochter Zion der Anfang zur Sünde, und
in dir finden sich die Übertretungen Is-
raels.

14 Du wirst dich scheiden müssen von
Moreschet-Gat; die Häuser von Achsib
werden den Königen von Israel zum Trug
werden.
15 Ich will über dich, Marescha, den rech-
ten Erben bringen, und die Herrlichkeit
Israels soll kommen bis Adullam.
16 Laß dir die Haare abscheren und geh
kahl um deiner verzärtelten Kinder wil-
len; ja, mach dich kahl wie ein Geier, denn
sie sind gefangen von dir weggeführt.

Weheruf über die Machthaber, die das Volk berauben

2 Weh denen, die [a]Schaden zu tun
trachten und gehen mit bösen Gedan-
ken um auf ihrem Lager, daß sie es frühe,
wenn's licht wird, vollbringen, weil sie die
Macht haben! *a* Ps 36,5
2 Sie [a]reißen Äcker an sich und nehmen
Häuser, wie sie's gelüstet. So treiben sie
Gewalt mit eines jeden Hause und mit
eines jeden Erbe.
a 5.Mose 5,21; Spr 24,15; Jes 5,8
3 ¶ Darum spricht der HERR: Siehe, ich
ersinne wider dies Geschlecht Böses, aus
dem ihr euren Hals nicht ziehen und un-
ter dem ihr nicht so stolz dahergehen sollt;
denn [a]es soll eine böse Zeit sein.
a Am 5,13
4 Zur selben Zeit wird man einen Spruch
von euch machen und klagen: Es ist aus –
so wird man sagen –, wir sind vernichtet!
Meines Volkes Land kriegt einen fremden
Herrn! Wann wird er uns die Äcker wieder
zuteilen, die er uns genommen hat?
5 Jawohl, ihr werdet keinen Anteil behal-
ten in der Gemeinde des HERRN.
6 ¶ »Geifert nicht!«, so geifern sie. [a]»Sol-
ches soll man nicht predigen! Wir werden
nicht so zuschanden werden! *a* Am 7,16
7 Ist denn das Haus Jakob verflucht?
Meinst du, [a]der HERR sei schnell zum
Zorn? Sollte er solches tun wollen?« Es ist
wahr, meine Reden sind freundlich den
Frommen. *a* Am 6,3
8 Aber ihr steht wider mein Volk wie ein
Feind; denn wie Leute, die aus dem
Kriege kommen, raubt ihr Rock und Man-
tel denen, die sicher dahergehen.
9 Ihr treibt die Frauen meines Volks aus
ihren lieben Häusern und nehmt von ih-
ren Kindern meinen Schmuck auf immer.
10 Darum macht euch auf! Ihr müßt da-
von, ihr sollt an dieser Stätte nicht blei-
ben! Um der Unreinheit willen muß sie
unsanft zerstört werden.
11 ¶ Wenn ich ein Irrgeist wäre und ein
Lügenprediger und predigte, wie sie sau-
fen und schwelgen sollen – das wäre ein
Prediger für dies Volk!

Verheißung des künftigen Heils

12 »Ich [a]will dich, Jakob, sammeln ganz
und gar und, was übrig ist von Israel, zu-
sammenbringen. Ich will sie wie Schafe
miteinander in einen festen Stall tun und
[b]wie eine Herde in ihre Hürden, daß es
von Menschen dröhnen soll.«
a Jer 31,10 *b* Hes 36,37
13 Er wird als ein Durchbrecher* vor ihnen
heraufziehen; sie werden durchbrechen
und durchs Tor hinausziehen, und ihr Kö-
nig wird vor ihnen hergehen und [a]der
HERR an ihrer Spitze. *a* Jes 52,12

* Gemeint ist im Gleichnis das Leittier der Herde.

Gegen die führenden Männer in Juda

3 Und ich sprach: Höret doch, ihr Häup-
ter im Hause Jakob und ihr Herren im
Hause Israel! Ihr solltet die sein, die [a]das
Recht kennen. *a* Jer 5,5
2 Aber ihr haßt das Gute und liebt das
Arge; ihr schindet ihnen die Haut ab und
das Fleisch von ihren Knochen
3 und [a]freßt das Fleisch meines Volks.
Und wenn ihr ihnen die Haut abgezogen
habt, zerbrecht ihr ihnen auch die Kno-
chen; ihr zerlegt es wie in einen Topf und
wie Fleisch in einen Kessel. *a* Ps 14,4
4 Darum, [a]wenn ihr nun zum HERRN
schreit, wird er euch nicht erhören, son-
dern wird sein Angesicht vor euch verber-
gen zur selben Zeit, wie ihr mit eurem
bösen Treiben verdient habt.
a Spr 1,28; Hes 8,18
5 ¶ So spricht der HERR wider die Pro-
pheten, die mein Volk verführen, die da
predigen, es werde gutgehen, wenn man
ihnen zu fressen gibt; wer ihnen aber
nichts ins Maul gibt, dem predigen sie, es
werde ein Krieg kommen:
6 »Darum soll euch die Nacht ohne Ge-
sichte sein und die Finsternis ohne Wahr-
sagung.« Die Sonne soll über den Prophe-
ten untergehen und der Tag über ihnen
finster werden.
7 Und die Seher sollen zuschanden und

die Wahrsager zu Spott werden; sie müs-
sen alle ihren Bart verhüllen, weil [a]kein
Gotteswort dasein wird. *a* Am 8,12
8 Ich aber bin voll Kraft, voll Geist des
HERRN, voll Recht und Stärke, daß ich [a]Ja-
kob seine Übertretung und Israel seine
Sünde anzeigen kann. *a* Jes 58,1
9 ¶ So hört doch dies, ihr Häupter im
Hause Jakob und ihr Herren im Hause Is-
rael, die ihr das Recht verabscheut und
alles, was gerade ist, krumm macht;
10 die ihr [a]Zion mit Blut baut und Jerusa-
lem mit Unrecht *a* Hab 2,12
11 – seine Häupter richten für Geschenke,
seine Priester lehren für Lohn und seine
Propheten wahrsagen für Geld – und euch
dennoch auf den HERRN verlaßt und
sprecht: [a]»Ist nicht der HERR unter uns?
Es kann kein Unglück über uns kom-
men«: *a* Jer 7,4
12 Darum wird Zion um euretwillen wie
ein Acker gepflügt werden, und [a]Jerusa-
lem wird zu Steinhaufen werden und der
Berg des Tempels zu einer Höhe wilden
Gestrüpps. *a* Ps 79,1; Jer 9,10; 26,18

Das kommende Friedensreich Gottes

4 [a]In den letzten Tagen aber wird der
Berg, darauf des HERRN Haus ist, fest
stehen, höher als alle Berge und über die
Hügel erhaben. Und die Völker werden
herzulaufen, *a (1-3)* Jes 2,2-4
2 und viele Heiden werden hingehen und
sagen: Kommt, laßt uns hinauf zum Berge
des HERRN gehen und zum Hause des
Gottes Jakobs, daß er uns lehre seine
Wege und wir in seinen Pfaden wandeln!
Denn von Zion wird Weisung ausgehen
und [a]des HERRN Wort von Jerusalem.
a Lk 24,47
3 Er wird unter großen Völkern richten
und viele Heiden zurechtweisen in fernen
Landen. Sie werden ihre Schwerter zu
Pflugscharen und ihre Spieße zu Sicheln
machen. Es wird kein Volk wider das an-
dere das Schwert erheben, und sie werden
hinfort nicht mehr lernen, Krieg zu füh-
ren.
4 Ein [a]jeder wird unter seinem Weinstock
und Feigenbaum wohnen, und niemand
wird sie schrecken. Denn der Mund des
HERRN Zebaoth hat's geredet.
a 1.Kön 5,5; Sach 3,10
5 Ein jedes Volk wandelt im Namen seines
Gottes, aber wir wandeln im Namen des
HERRN, unseres Gottes, immer und
ewiglich!

Die Begnadigung des zerschlagenen Volkes

6 Zur selben Zeit, spricht der HERR, will
ich [a]die Lahmen sammeln und [b]die Ver-
stoßenen zusammenbringen und die ich
geplagt habe. *a* Jer 31,8 *b* 5.Mose 30,4
7 Und ich will den Lahmen geben, daß sie
viele Erben haben, und will die Verstoße-
nen zum großen Volk machen. Und der
HERR wird König über sie sein auf dem
Berge Zion von nun an bis in Ewigkeit.
8 Und du, Turm der Herde, du Feste der
Tochter Zion, zu dir wird kommen und
wiederkehren die frühere Herrschaft, das
Königtum der Tochter Jerusalem.
9 ¶ Warum [a]schreist du denn jetzt so laut?
Ist kein König bei dir? Und sind deine
Ratgeber alle hinweg, daß dich die We-
hen erfassen wie eine in Kindsnöten?
a Jer 8,19
10 Leide doch solche Wehen und stöhne,
du Tochter Zion, wie eine in Kindsnöten;
denn du mußt zwar zur Stadt hinaus und
auf dem Felde wohnen und nach Babel
kommen. Aber von dort wirst du wieder
errettet werden, dort wird dich der HERR
erlösen von deinen Feinden.
11 ¶ Nun aber werden sich viele Heiden
wider dich zusammenrotten und sprechen:
Sie ist dahingegeben; wir wollen auf Zion
herabsehen!
12 Aber sie wissen des HERRN Gedanken
nicht und kennen seinen Ratschlag nicht,
daß er sie zusammengebracht hat wie Gar-
ben auf der Tenne.
13 Darum mache dich auf und drisch, du
Tochter Zion! Denn ich will dir eiserne
Hörner und eherne Klauen machen, und
du sollst viele Völker zermalmen und ihr
Gut dem HERRN weihen und ihre Habe
dem Herrscher der ganzen Welt.
14 ¶ Aber nun zerraufe und zerkratze dich,
denn man wird uns belagern und den
Richter Israels mit der Rute auf die Backe
schlagen.

Der Herrscher aus Davids Geschlecht wird aus Bethlehem kommen

5 Und du, [a]Bethlehem Efrata, die du
klein bist unter den Städten in Juda,
aus dir soll mir der kommen, der in Israel

Herr sei, [b]dessen Ausgang von Anfang
und von Ewigkeit her gewesen ist.
a 1.Mose 35,19; Mt 2,5.6 *b* Joh 1,1.2
2 Indes läßt er sie plagen bis auf die Zeit,
daß die, [a]welche gebären soll, geboren hat.
Da wird dann [b]der Rest seiner Brüder wie-
derkommen zu den Söhnen Israel.
a Jes 7,14 *b* Jes 11,12
3 Er aber wird auftreten und [a]weiden in
der Kraft des HERRN und in der Macht des
Namens des HERRN, seines Gottes. Und
sie werden sicher wohnen; denn er wird
zur selben Zeit herrlich werden, so weit
die Welt ist. *a* Hes 34,23
4 Und [a]er wird der Friede sein.
¶ Wenn Assur in unser Land fällt und in
unsere festen Häuser einbricht, so werden
wir sieben Hirten und acht Fürsten dage-
gen aufstellen, *a* Jes 9,5; Eph 2,14
5 die das Land Assur verderben mit dem
Schwert und das Land Nimrods mit ihren
bloßen Waffen. So wird er uns von Assur
erretten, wenn es in unser Land fallen und
in unsere Grenzen einbrechen wird.
6 ¶ Und es werden die Übriggebliebenen
aus Jakob unter vielen Völkern sein [a]wie
Tau vom HERRN, wie Regen aufs Gras, der
auf niemand harrt noch auf Menschen
wartet. *a* Ps 110,3
7 Ja, die Übriggebliebenen aus Jakob wer-
den unter den Heiden inmitten vieler Völ-
ker sein wie ein Löwe unter den Tieren
im Walde, wie ein junger Löwe unter
einer Herde Schafe, dem niemand wehren
kann, wenn er einbricht, zertritt und zer-
reißt.
8 Denn deine Hand wird siegen gegen alle
deine Widersacher, daß alle deine Feinde
ausgerottet werden.
9 ¶ Zur selben Zeit, spricht der HERR,
[a]will ich deine Rosse ausrotten und deine
Wagen zunichte machen *a* Sach 9,10
10 und will die Städte deines Landes ver-
nichten und alle deine Festungen zerbre-
chen.
11 Und ich will die Zauberei bei dir aus-
rotten, daß keine Zeichendeuter bei dir
bleiben sollen.
12 [a]Ich will deine Götzenbilder und Stein-
male aus deiner Mitte ausrotten, daß du
nicht mehr anbeten sollst deiner Hände
Werk, *a (12 und 13)* Sach 13,2
13 und will deine Ascherabilder ausreißen
aus deiner Mitte und deine Städte vertil-
gen.
14 Und ich will mit Grimm und Zorn Ver-
geltung üben an allen Völkern, die nicht
gehorchen wollen.

Der rechte Gottesdienst

6 Höret doch, was der HERR sagt: »Mach
dich auf, führe deine Sache vor den
Bergen und [a]laß die Hügel deine Stimme
hören!« *a* Hes 6,2
2 Höret, ihr Berge, wie der HERR rechten
will, und merkt auf, ihr Grundfesten der
Erde; denn der HERR will mit seinem Volk
rechten und mit Israel ins Gericht gehen!
3 ¶ [a]»Was habe ich dir getan, mein Volk,
und womit habe ich dich beschwert? Das
sage mir! *a* Jer 2,5
4 Habe ich dich doch aus Ägyptenland ge-
führt und aus der Knechtschaft erlöst und
vor dir her gesandt Mose, Aaron und [a]Mir-
jam. *a* 2.Mose 15,20
5 Mein Volk, denke doch daran, was Ba-
lak, der König von Moab, vorhatte und
was ihm [a]Bileam, der Sohn Beors, ant-
wortete; wie du hinüberzogst von [b]Schit-
tim bis nach [c]Gilgal, damit ihr erkennt,
wie der HERR euch alles Gute getan
hat.« *a* 4.Mose 22–24 *b* Jos 2,1 *c* Jos 4,19
6 ¶ »Womit soll ich mich dem HERRN na-
hen, mich beugen vor dem hohen Gott?
Soll ich mich [a]ihm mit Brandopfern na-
hen und mit einjährigen Kälbern?
a Ps 50,8-13; Am 5,22
7 Wird wohl der HERR Gefallen haben an
viel tausend Widdern, an unzähligen Strö-
men von Öl? Soll ich meinen Erstgebore-
nen für meine Übertretung geben, meines
Leibes Frucht für meine Sünde?«
8 **Es ist dir gesagt, Mensch, was gut ist und**
[a]was der HERR von dir fordert, nämlich
Gottes Wort halten und Liebe üben und de-
mütig sein vor deinem Gott.
a 5.Mose 10,12; 1.Sam 15,22

Gegen Lug und Trug in Jerusalem

9 Des HERRN Stimme ruft über die Stadt
– wer deinen Namen fürchtet, dem wird's
gelingen –: Höret, ihr Stämme und Rats-
leute!
10 Noch immer bleibt unrecht Gut in des
Gottlosen Hause und [a]das verfluchte fal-
sche Maß. *a* 3.Mose 19,35
11 Oder sollte ich unrechte Waage und
[a]falsche Gewichte im Beutel billigen?
a Spr 20,10

12 Ihre Reichen tun viel Unrecht, und ihre
Einwohner gehen mit Lügen um und ha-
ben falsche Zungen in ihrem Halse.
13 Darum will auch ich anfangen, dich zu
plagen und dich um deiner Sünden willen
wüst zu machen.
14 Du sollst essen und doch nicht satt wer-
den. Und was du beiseite schaffst, wirst du
doch nicht retten; und was du rettest, will
ich doch dem Schwert preisgeben.
15 Du sollst säen und nicht ernten; du
sollst Öl keltern und dich damit nicht sal-
ben und Wein keltern und ihn nicht trin-
ken.[a] *a* 5.Mose 28,38-40; Am 5,11
16 Denn du hieltest dich an die Weisun-
gen Omris und alle Werke des Hauses
[a]Ahab und folgtest ihrem Rat. Darum will
ich dich zur Wüste machen und ihre Ein-
wohner, daß man sie auspfeifen soll, und
ihr sollt die Schmach meines Volks tra-
gen. *a* 1.Kön 16,29-33

Klage über die Verderbnis des Volkes

7 Ach, es geht mir wie einem, der Obst
pflücken will, der im Weinberge Nach-
lese hält, da man keine Trauben findet zu
essen, und ich wollte doch gerne die be-
sten Früchte haben!
2 [a]Die frommen Leute sind weg in die-
sem Lande, und die Gerechten sind nicht
mehr unter den Leuten. Sie lauern alle auf
Blut, ein jeder jagt den andern, daß er ihn
fange. *a* Ps 12,2; Jes 57,1
3 Ihre Hände sind geschäftig, Böses zu
tun. Der Fürst und der Richter fordern
Geschenke. Die Gewaltigen reden nach ih-
rem Mutwillen, um Schaden zu tun, und
drehen's, wie sie wollen.
4 Der Beste unter ihnen ist wie ein Dorn-
strauch und der Redlichste wie eine
Hecke. Aber es kommt der Tag, den deine
Späher geschaut haben, da sollst du heim-
gesucht werden; da werden sie nicht wis-
sen, wo aus noch ein.
5 ¶ [a]Niemand glaube seinem Nächsten,
niemand verlasse sich auf einen Freund!
Bewahre die Tür deines Mundes vor der,
die in deinen Armen schläft!
a (5 und 6) Jer 9,3.4
6 Denn der Sohn verachtet den Vater, die
Tochter widersetzt sich der Mutter, die
Schwiegertochter ist wider die Schwieger-
mutter; und des Menschen Feinde sind
seine eigenen Hausgenossen.[a] *a* Mt 10,35.36
7 ¶ Ich aber will auf den HERRN schauen
und harren auf den Gott meines Heils;
mein Gott wird mich erhören.

Die Hoffnung der Gemeinde auf Gottes Gnade

8 [a]Freue dich nicht über mich, meine
Feindin! Wenn ich auch daniederliege, so
werde ich wieder aufstehen; und wenn ich
auch im Finstern sitze, so [b]ist doch der
HERR mein Licht. *a* Obd 12 *b* Ps 27,1
9 Ich will des HERRN Zorn tragen – denn
[a]ich habe wider ihn gesündigt –, bis er
meine Sache führe und mir Recht schaffe.
Er wird mich ans Licht bringen, daß ich
seine Gnade schaue. *a* Jer 14,7
10 Meine Feindin wird's sehen müssen
und in Schande dastehen, die jetzt zu mir
sagt: [a]Wo ist der HERR, dein Gott? Meine
Augen werden's sehen, daß sie dann wie
Dreck auf der Gasse zertreten wird.
a Ps 79,10
11 ¶ Es kommt der Tag, da werden deine
Mauern gebaut werden, da wird weit wer-
den deine Grenze,
12 da werden sie von Assur und von den
Städten Ägyptens zu dir kommen, von
Ägypten bis an den Euphrat, von einem
Meer zum andern, von einem Gebirge
zum andern.
13 Denn die Erde wird wüst sein ihrer Be-
wohner wegen, um der Frucht ihrer Werke
willen.
14 ¶ Du aber [a]weide dein Volk mit dei-
nem Stabe, die Herde deines Erbteils, die
da einsam wohnt im Walde, mitten im
fruchtbaren Lande; [b]laß sie in Baschan
und Gilead weiden wie vor alters!
a Kap 5,3 *b* Jer 50,19
15 Laß uns Wunder sehen wie zur Zeit, als
du aus Ägyptenland zogst,
16 daß die Heiden es sehen und aller ihrer
Macht sich schämen sollen und die Hand
auf ihren Mund legen und ihre Ohren zu-
halten.
17 Sie sollen [a]Staub lecken wie die Schlan-
gen, und wie das Gewürm auf Erden sol-
len sie zitternd hervorkommen aus ihren
Burgen. Sie werden sich fürchten vor dem
HERRN, unserm Gott, und vor dir sich ent-
setzen. *a* Ps 72,9
18 ¶ **Wo ist [a]solch ein Gott, wie du bist,
der die Sünde vergibt und erläßt die
Schuld denen, die übriggeblieben sind von**

seinem Erbteil; der an seinem Zorn nicht
ewig festhält, denn er ist barmherzig!
a Ps 103,3.8-13
19 Er wird sich unser wieder erbarmen,
unsere Schuld unter die Füße treten und
alle unsere Sünden in die Tiefen des Mee-
res werfen.
20 Du wirst [a]Jakob die Treue halten und
[b]Abraham Gnade erweisen, wie du un-
sern Vätern vorzeiten geschworen hast.
a 1.Mose 28,13-15 *b* 1.Mose 22,16-18; Lk 1,73

DER PROPHET NAHUM

Inhaltsübersicht

Gottes Gericht über Ninive *Kap 1–3*

Der vergeltende Gott: Gericht über Ninive

1 Dies ist die Last für Ninive, das Buch
der Weissagung Nahums aus Elkosch.
2 ¶ [a]Der HERR ist ein eifernder und ver-
geltender Gott, ja, ein Vergelter ist der
HERR und zornig. Der HERR vergilt seinen
Widersachern; er wird es seinen Feinden
nicht vergessen.
a (2 und 3) 2.Mose 20,5; 5.Mose 4,24
3 Der HERR [a]ist geduldig und von großer
Kraft, vor dem niemand unschuldig ist. Er
ist der HERR, dessen Weg in Wetter und
Sturm ist; Wolken sind der Staub unter
seinen Füßen. *a* 2.Mose 34,6.7
4 Er schilt das Meer und macht es trok-
ken; alle Wasser läßt er versiegen. Baschan
und Karmel verschmachten, und was auf
dem Berge Libanon blüht, verwelkt.
5 Die [a]Berge erzittern vor ihm, und die
Hügel zergehen; das Erdreich bebt vor
ihm, der Erdkreis und alle, die darauf woh-
nen. *a* Ps 97,5
6 Wer kann vor seinem Zorn bestehen,
und wer kann vor seinem Grimm bleiben?
Sein Zorn brennt wie Feuer, und die Fel-
sen zerspringen vor ihm.
7 **Der HERR ist [a]gütig und eine Feste zur**
Zeit der Not und [b]kennt die, die auf ihn
trauen. *a* 5.Mose 4,31 *b* Ps 1,6
8 Er schirmt sie, wenn die Flut überläuft.
Er macht ein Ende mit seinen Widersa-
chern, und seine Feinde verfolgt er mit
Finsternis.
9 ¶ Was wollt ihr ersinnen wider den
HERRN? Er führt doch das Ende herbei.
Es wird das Unglück nicht zweimal kom-
men.
10 Denn wenn sie auch sind wie die Dor-
nen, die noch ineinanderwachsen und im
besten Saft sind, so sollen sie doch ganz
verbrannt werden wie dürres Stroh.
11 *Denn von dir ist gekommen, der Arges
ersann, der Böses wider den HERRN plante.
* Vers 11 und 14 ist Ninive, Vers 12 und 13 Juda angeredet.
12 ¶ So spricht der HERR: Sie mögen kom-
men so gerüstet und mächtig, wie sie wol-
len, sie sollen doch umgehauen werden
und dahinfahren. Ich habe dich gedemü-
tigt, aber ich will dich nicht wiederum de-
mütigen.
13 Jetzt will ich sein Joch, das du trägst,
zerbrechen und deine Bande zerreißen.
14 ¶ Wider dich hat der HERR geboten,
daß von deinem Namen kein Nachkomme
mehr bleiben soll. Vom Hause deines
Gottes will ich ausrotten die Götzen und
Bilder; ein Grab will ich dir machen, denn
du bist zunichte geworden.
2 ¶ Siehe [a]auf den Bergen die Füße eines
guten Boten, der da Frieden verkün-
digt! Feiere deine Feste, Juda, und erfülle
deine Gelübde! Denn [b]es wird der Arge
nicht mehr über dich kommen; er ist ganz
ausgerottet. *a* Jes 52,7 *b* Kap 1,11

Weissagung der Zerstörung Ninives

2 Es wird gegen dich heraufziehen, der
dich zerstört. Bewahre die Festung! Gib
acht auf die Straße, rüste dich aufs beste
und stärke dich aufs gewaltigste!
3 – Denn der HERR wird die Pracht Ja-
kobs erneuern wie die Pracht Israels, denn
man hat sie völlig verheert und ihre Re-
ben verderbt. –
4 ¶ Die Schilde seiner Starken sind rot,
sein Heervolk glänzt in Purpur, seine Wa-
gen stellt er auf wie leuchtende Fackeln,
seine Rosse rasen.

5 Die Wagen rollen auf den Gassen und
rasseln auf den Straßen; sie glänzen wie
Fackeln und fahren einher wie die Blitze.
6 ¶ Aufgeboten werden seine Gewaltigen,
sie stürzen heran auf ihren Wegen, sie
eilen zur Mauer, und aufgerichtet wird das
Schutzdach.
7 Da werden die Tore an den Wassern ge-
öffnet, und der Palast vergeht in Angst.
8 Die Königin wird gefangen weggeführt,
und ihre Jungfrauen werden seufzen wie
die Tauben und an ihre Brust schlagen.
9 Ninive ist wie ein voller Teich, aber
seine Wasser müssen verrinnen. »Steht,
steht!« ruft man, aber da wird sich nie-
mand umwenden.
10 ¶ So raubt nun Silber, raubt Gold!
Denn hier ist der Schätze kein Ende und
die Menge aller kostbaren Kleinode.
11 Nun muß sie verheert und geplündert
werden, daß [a] aller Herzen verzagen und
die Knie schlottern, aller Lenden zittern
und aller Angesicht bleich wird.
a Jes 13,7.8
12 ¶ Wo ist nun die Wohnung der Löwen
und die Höhle der jungen Löwen, wo der
Löwe und die Löwin mit den jungen Lö-
wen herumliefen, und niemand wagte sie
zu scheuchen?
13 Der Löwe raubte genug für seine Jun-
gen und würgte für seine Löwinnen. Seine
Höhlen füllte er mit Raub und seine Woh-
nung mit dem, was er zerrissen hatte.
14 Siehe, ich will an dich, spricht der HERR
Zebaoth, und deine Wagen anzünden, und
das Schwert soll deine jungen Löwen fres-
sen. Und ich will deinem Rauben ein Ende
machen auf Erden, daß man die Stimme
deiner Boten nicht mehr hören soll.

Der Untergang der großen Hure Ninive

3 [a] Weh der mörderischen Stadt, die voll
Lügen und Räuberei ist und von ihrem
Rauben nicht lassen will! *a* Hes 24,6.9
2 Denn da wird man hören die Peitschen
knallen und die Räder rasseln und die
Rosse jagen und die Wagen rollen.
3 Reiter rücken herauf mit glänzenden
Schwertern und mit blitzenden Spießen.
Da liegen viele Erschlagene, eine Unzahl
von Leichen; ihrer ist kein Ende, so daß
man über sie fallen muß.
4 Das alles um der großen Hurerei willen
[a] der schönen Hure, die mit Zauberei um-
geht, die mit ihrer Hurerei die Völker und
mit ihrer Zauberei Land und Leute an sich
gebracht hat. *a* Jes 23,16; Offb 17,1-6
5 ¶ Siehe, ich will an dich, spricht der
HERR Zebaoth; ich will dir den Saum
deines Gewandes aufdecken über dein An-
gesicht und [a] will den Völkern deine Blöße
und den Königreichen deine Schande zei-
gen. *a* Jes 47,3
6 Ich will Unrat auf dich werfen und dich
schänden und ein Schauspiel aus dir ma-
chen,
7 daß alle, die dich sehen, vor dir fliehen
und sagen sollen: Ninive ist verwüstet; wer
will Mitleid mit ihr haben? Und wo soll
ich dir Tröster suchen?
8 ¶ Meinst du, du seist besser als die Stadt
[a] No-Amon, die da lag am Nil und vom
Wasser umgeben war, deren Mauern und
Bollwerk Wasserfluten waren? *a* Jer 46,25
9 Kusch und Ägypten waren ihre uner-
meßliche Macht, Put und Libyen waren
ihre Hilfe.
10 Dennoch wurde sie vertrieben und
mußte gefangen wegziehen. Ihre Kinder
sind auf allen Gassen zerschmettert wor-
den, und um ihre Edlen [a] warf man das
Los, und alle ihre Gewaltigen wurden in
Ketten und Fesseln gelegt. *a* Joel 4,3
11 Auch du [a] mußt trunken werden und
von Sinnen kommen; auch du mußt
Zuflucht suchen vor dem Feinde!
a Jer 25,15
12 ¶ Alle deine festen Städte sind wie Fei-
genbäume mit reifen Feigen: wenn man
sie schüttelt, so fallen sie dem in den
Mund, der sie essen will.
13 Siehe, dein Kriegsvolk soll zu Weibern
werden, und die Tore deines Landes sol-
len deinen Feinden geöffnet werden, und
das Feuer soll deine Riegel verzehren.
14 Schöpfe dir Wasser, denn du wirst bela-
gert werden! Verstärke deine Bollwerke!
Knete den Ton und tritt den Lehm und
mache harte Ziegel!
15 Aber das Feuer wird dich fressen und
das Schwert töten – es wird dich fressen,
[a] wie Käfer fressen –, magst du auch zahl-
reich werden wie Käfer, magst du auch
zahlreich werden wie Heuschrecken.
a Joel 1,4
16 Du hast mehr Händler, als Sterne am
Himmel sind; aber nun werden sie aus-
schlüpfen wie Käfer und davonfliegen.
17 Deine Wachleute sind so viele wie die

Heuschrecken und deine Werber so viele
wie die Käfer, die sich an die Zäune lagern
in den kalten Tagen; wenn aber die Sonne
aufgeht, heben sie sich davon, daß man
nicht weiß, wo sie bleiben.
18 ¶ Deine Hirten werden schlafen, o Kö-
nig von Assur, deine Mächtigen schlum-
mern. Dein Volk wird auf den Bergen zer-
streut sein, und niemand wird sie
sammeln.
19 Niemand wird deinen Schaden lindern,
und deine Wunde wird unheilbar sein.
Alle, die das von dir hören, werden in die
Hände klatschen über dich; denn über
wen ist nicht deine Bosheit ohne Unterlaß
ergangen?

DER PROPHET HABAKUK

Inhaltsübersicht

Gott bleibt gerecht *Kap 1–3*

Klage über das Unglück in der Welt

1 Dies ist die Last, die der Prophet Ha-
bakuk geschaut hat.
2 ¶ HERR, wie lange soll ich schreien, und
du willst nicht hören? Wie lange soll ich
zu dir rufen: »Frevel!«, und du willst nicht
helfen?
3 Warum läßt du mich Bosheit sehen und
siehst dem Jammer zu? Raub und Frevel
sind vor mir; es geht Gewalt vor Recht.
4 Darum ist das Gesetz ohnmächtig, und
die rechte Sache kann nie gewinnen; denn
der Gottlose übervorteilt den Gerechten;
darum ergehen verkehrte Urteile.

Gottes Strafgericht durch die Chaldäer

5 Schaut hin unter die Heiden, seht und
verwundert euch! Denn ich will etwas tun
zu euren Zeiten, was ihr nicht glauben
werdet, wenn man davon sagen wird.[a]

a Apg 13,41

6 Denn siehe, ich will die Chaldäer er-
wecken, ein grimmiges und schnelles
Volk, das hinziehen wird, so weit die Erde
ist, um Wohnstätten einzunehmen, die
ihm nicht gehören.
7 Grausam und schrecklich ist es; es ge-
bietet und zwingt, wie es will.
8 Ihre Rosse sind schneller als die Pan-
ther und bissiger als die [a]Wölfe am
Abend. Ihre Reiter fliegen in großen Scha-
ren von ferne daher, wie die Adler eilen
zum Fraß.

a Zef 3,3

9 Sie kommen allesamt, um Schaden zu
tun; wo sie hinwollen, stürmen sie vor-
wärts und raffen Gefangene zusammen
wie Sand.
10 Sie spotten der Könige, und der Für-
sten lachen sie. Alle Festungen werden
ihnen ein Scherz sein; denn sie schütten
Erde auf und erobern sie.
11 Alsdann brausen sie dahin wie ein
Sturm und jagen weiter; mit alledem ma-
chen sie ihre Kraft zu ihrem Gott.

Frage des Propheten nach Gottes Gerechtigkeit

12 Aber du, HERR, mein Gott, mein Heili-
ger, der du von Ewigkeit her bist, laß uns
nicht sterben; sondern laß sie uns, o HERR,
nur eine Strafe sein, und [a]laß sie, o unser
Fels, uns nur züchtigen.

a Jer 10,24

13 Deine Augen sind zu rein, als daß du
Böses ansehen könntest, und dem Jam-
mer kannst du nicht zusehen! Warum
siehst du dann aber den Räubern zu und
schweigst, wenn der Gottlose den ver-
schlingt, der gerechter ist als er?
14 Du läßt es den Menschen gehen wie
den Fischen im Meer, wie dem Gewürm,
das keinen Herrn hat.
15 Sie ziehen's alles mit der Angel heraus
und fangen's mit ihrem Netze und sam-
meln's mit ihrem Garn. Darüber freuen
sie sich und sind fröhlich.
16 Darum opfern sie ihrem Netze und räu-
chern ihrem Garn, weil durch diese ihr
Anteil so fett und ihre Speise so üppig
geworden ist.
17 Sollen sie darum ihr Netz immerdar
ausleeren und Völker umbringen ohne
Erbarmen?

Gottes Antwort an den Propheten. Weherufe über den Unterdrücker

2 Hier [a] stehe ich auf meiner Warte und
stelle mich auf meinen Turm und
schaue und sehe zu, was er mir sagen und
antworten werde auf das, was ich ihm vor-
gehalten habe. a Jes 21,8
2 Der HERR aber antwortete mir und
sprach: [a] Schreib auf, was du geschaut hast,
deutlich auf eine Tafel, daß es lesen könne,
wer vorüberläuft! a Jes 30,8; Offb 1,11.19
3 Die Weissagung wird ja noch erfüllt wer-
den zu ihrer Zeit und wird endlich frei an
den Tag kommen und nicht trügen. [a] Wenn
sie sich auch hinzieht, so harre ihrer; sie
wird gewiß kommen und nicht ausblei-
ben. a Hes 12,23; 2.Petr 3,9
4 ¶ Siehe, [a] wer halsstarrig ist, der wird
keine Ruhe in seinem Herzen haben, [b] **der
Gerechte aber wird durch seinen Glauben
leben.** a Jes 48,22 b Röm 1,17; Gal 3,11; Hebr 10,38
5 So wird auch der treulose Tyrann keinen
Erfolg haben, der stolze Mann nicht blei-
ben, der seinen Rachen aufsperrt wie das
Reich des Todes und ist wie der Tod, der
nicht zu sättigen ist: Er rafft an sich alle
Heiden und sammelt zu sich alle Völker.
6 Was gilt's aber? Diese alle werden einen
Spruch über ihn machen und ein Lied und
ein Sprichwort sagen:
¶ WEH DEM, der sein Gut mehrt mit frem-
dem Gut – wie lange wird's währen? – und
häuft viel Pfänder bei sich auf!
7 Wie plötzlich werden aufstehen, die dich
beißen, und erwachen, die dich peinigen!
Und du mußt ihnen zum Raube werden.
8 Denn du hast viele Völker beraubt. So
werden dich wieder berauben alle übrigen
Völker [a] um des Menschenblutes willen
und um des Frevels willen, begangen am
Lande und an der Stadt und an allen, die
darin wohnen. a Vers 17
9 ¶ WEH DEM, der unrechten Gewinn
macht zum Unglück seines Hauses, auf
daß er sein Nest in der Höhe baue, um
dem Unheil zu entrinnen!
10 Aber dein Ratschlag wird zur Schande
deines Hauses geraten; denn du hast zu
viele Völker zerschlagen und damit gegen
dein Leben gesündigt.
11 Denn auch [a] die Steine in der Mauer
werden schreien, und die Sparren am Ge-
bälk werden ihnen antworten. a Lk 19,40
12 ¶ WEH DEM, der [a] die Stadt mit Blut
baut und richtet die Burg auf mit
Unrecht! a Jer 22,13; Mi 3,10
13 Wird's nicht so vom HERRN Zebaoth
geschehen: Woran die Völker sich abgear-
beitet haben, muß mit Feuer verbrennen,
und wofür die Leute sich müde gemacht
haben, das muß verloren sein?[a] –
a Jer 51,58
14 Denn die Erde wird voll werden von
Erkenntnis der Ehre des HERRN, wie Was-
ser das Meer bedeckt.[a] a Jes 11,9
15 ¶ WEH DEM, der seinen Nächsten trin-
ken läßt und seinen Grimm beimischt und
ihn trunken macht, daß er seine Blöße
sehe!
16 Du hast dich gesättigt mit Schande und
nicht mit Ehre. So [a] trinke du nun auch,
daß du taumelst! Denn an dich wird kom-
men der Kelch in der Rechten des HERRN,
und du wirst Schande haben statt Ehre.
a Jer 25,15.26
17 Denn der Frevel, den du am Libanon
begangen, wird über dich kommen, und
die vernichteten Tiere werden dich schrek-
ken um des Menschenblutes willen und
um des Frevels willen, begangen am
Lande und an der Stadt und an allen, die
darin wohnen.
18 Was wird dann das Bild helfen, das sein
Meister gebildet hat, und das gegossene
Bild, das da Lügen lehrt? Dennoch verläßt
sich sein Meister darauf, obgleich er nur
stumme Götzen macht.[a] a Jes 44,10-20
19 ¶ WEH DEM, der zum Holz spricht:
»Wach auf!« und zum stummen Steine:
»Steh auf!« Wie sollte ein Götze lehren
können? Siehe, er ist [a] mit Gold und Sil-
ber überzogen, und kein Odem ist in
ihm. a Ps 115,4-8
20 Aber [a] **der HERR ist in seinem heiligen
Tempel.** [b] **Es sei vor ihm stille alle Welt!**
a Ps 11,4 b Ps 76,9; Sach 2,17; Offb 8,1

Der Psalm Habakuks

3 Dies ist das Gebet des Propheten Ha-
bakuk, nach Art eines Klageliedes:
2 HERR, ich habe die Kunde von dir ge-
hört, ich habe dein Werk gesehen, HERR!
mache es lebendig in naher Zeit, und laß
es kundwerden in naher Zeit. Im Zorne
denke an Barmherzigkeit!
3 Gott kam von Teman und der Heilige
vom [a] Gebirge Paran. SELA. Seines Lobes
war der Himmel voll, und seiner Ehre war
die Erde voll. a 5.Mose 33,2

4 Sein Glanz war wie Licht; Strahlen gin-
gen aus von seinen Händen. Darin war
verborgen seine Macht.
5 ¶ Pest ging vor ihm her, und Seuche
folgte, wo er hintrat.
6 Er stand auf und [a]ließ erbeben die Erde;
er schaute und ließ erzittern die Heiden.
Zerschmettert wurden die uralten Berge,
und bücken mußten sich die uralten Hü-
gel, als er wie vor alters einherzog.

[a] Ps 104,32

7 Ich sah die Hütten von Kuschan in Not
und die Zelte der Midianiter betrübt.
8 ¶ Warst du zornig, HERR, auf die Flut?
Entbrannte dein Grimm wider die Wasser
und dein Zorn wider das Meer, als du auf
deinen Rossen rittest und deine Wagen
den Sieg behielten?
9 Du zogst deinen Bogen hervor, legtest
die Pfeile auf deine Sehne. SELA. Du spal-
tetest das Land, daß Ströme flossen,
10 die Berge sahen dich, und ihnen ward
bange. Der Wasserstrom fuhr dahin, [a]die
Tiefe ließ sich hören. Ihren Aufgang ver-
gaß die Sonne,

[a] Ps 77,17

11 und [a]der Mond stand still; beim Glän-
zen deiner Pfeile verblassen sie, beim
Leuchten deines blitzenden Speeres.

[a] Jos 10,13

12 Du zertratest das Land im Zorn und
zerdroschest die Heiden im Grimm.
13 Du zogst aus, deinem Volk zu helfen,
zu helfen deinem Gesalbten. Du zer-
schlugst das Dach vom Hause des Gott-
losen und [a]entblößtest die Grundfeste bis
auf den Fels. SELA.

[a] Ps 18,8.16

14 Du durchbohrtest mit seinen Pfeilen
sein Haupt, seine Scharen zerstoben wie
Spreu, denn ihre Freude war, zu zerstreuen
und zu fressen den Elenden im Verborge-
nen.
15 Du tratest nieder seine Rosse im Meer,
im Schlamm der Wasserfluten.
16 ¶ Weil ich solches höre, bebt mein
Leib, meine Lippen zittern von dem Ge-
schrei. Fäulnis fährt in meine Gebeine,
und meine Knie beben. Aber ich will
harren auf die Zeit der Trübsal, daß sie
heraufziehe über das Volk, das uns an-
greift.
17 Da wird der Feigenbaum nicht grünen,
und es wird kein Gewächs sein an den
Weinstöcken. Der Ertrag des Ölbaums
bleibt aus, und die Äcker bringen keine
Nahrung; Schafe werden aus den Hürden
gerissen, und in den Ställen werden keine
Rinder sein.
18 Aber **ich will mich freuen des HERRN
und fröhlich sein in Gott, meinem Heil.**[a]

[a] Jes 61,10

19 Denn der HERR ist meine Kraft, [a]er
wird meine Füße machen wie Hirschfüße
und wird mich über die Höhen führen.
VORZUSINGEN, BEIM SAITENSPIEL.

[a] Ps 18,34

DER PROPHET ZEFANJA

Inhaltsübersicht

Der Tag des Zornes Gottes

1 Dies ist das Wort des HERRN, das ge-
schah zu Zefanja, dem Sohn Kuschis,
des Sohnes Gedaljas, des Sohnes Amarjas,
des Sohnes Hiskias, zur Zeit [a]Josias, des
Sohnes Amons, des Königs von Juda.

a Jer 1,2

2 ¶ Ich will alles vom Erdboden wegraf-
fen, spricht der HERR.
3 Ich will Mensch und Vieh, die Vögel
des Himmels und die Fische im Meer weg-
raffen; [a]ich will zu Fall bringen die Gott-
losen, ja, ich will die Menschen ausrotten
vom Erdboden, spricht der HERR.

a Mt 13,41

4 Ich will meine Hand ausstrecken gegen
Juda und gegen alle, die in Jerusalem woh-
nen, und will ausrotten von dieser Stätte,
was vom Baal noch übrig ist, dazu den
Namen der [a]Götzenpfaffen und Priester

a 2.Kön 23,5; Hos 10,5

5 und die [a]auf den Dächern anbeten des
Himmels Heer, die es anbeten und schwö-
ren doch bei dem HERRN und zugleich bei
[b]Milkom

a Jer 19,13 b Jer 49,1

6 und die vom HERRN abfallen und die
nach dem HERRN nichts fragen und ihn
nicht achten.
7 ¶ Seid [a]stille vor Gott dem HERRN, denn
des HERRN Tag ist nahe; denn der HERR
hat ein Schlachtopfer zubereitet und seine
Gäste dazu geladen.

a Hab 2,20

8 Und am Tage des Schlachtopfers des
HERRN will ich heimsuchen die Oberen
und die Söhne des Königs und alle, die
ein fremdländisches Gewand tragen.
9 Auch will ich zur selben Zeit die heim-
suchen, die über die Schwelle springen,
die ihres Herrn Haus füllen mit Rauben
und Trügen.
10 ¶ Zur selben Zeit, spricht der HERR,
wird sich ein lautes Geschrei erheben vom
Fischtor her und ein Geheul von der Neu-
stadt und ein großer Jammer von den
Hügeln.
11 Heult, die ihr im »Mörser« wohnt;
denn das ganze Krämervolk ist dahin, und
alle, die Geld wechseln, sind ausgerottet.
12 Zur selben Zeit will ich Jerusalem mit
der Lampe durchsuchen und aufschrek-
ken die Leute, die sich durch nichts aus
der Ruhe bringen lassen und sprechen in
ihrem Herzen: Der HERR wird weder
Gutes noch Böses tun.
13 Ihre Güter sollen zum Raub werden
und ihre Häuser verwüstet. [a]Sie werden
Häuser bauen und nicht darin wohnen,
sie werden Weinberge pflanzen und kei-
nen Wein davon trinken.

a 5.Mose 28,30.39; Am 5,11

14 ¶ [a]Des HERRN großer Tag ist nahe, er
ist nahe und eilt sehr. Horch, der bittere
Tag des HERRN! Da werden die Starken
schreien.

a Joel 1,15

15 Denn [a]dieser Tag ist ein Tag des
Grimmes, ein Tag der Trübsal und der
Angst, ein Tag des Wetters und des Unge-
stüms, ein Tag der Finsternis und des
Dunkels, ein Tag der Wolken und des
Nebels,

a Jer 30,7

16 ein Tag der Posaune und des Kriegsge-
schreis gegen die festen Städte und die
hohen Zinnen.
17 Und ich will die Menschen ängstigen,
daß sie umhergehen sollen wie die Blin-
den, weil sie wider den HERRN gesündigt
haben. Ihr Blut soll vergossen werden,
als wäre es Staub, und ihre Eingeweide
sollen weggeworfen werden, als wären sie
Kot.
18 Es [a]wird sie ihr Silber und Gold nicht
erretten können am Tage des Zorns des
HERRN, sondern das ganze Land soll durch
das Feuer seines Grimms verzehrt wer-
den; denn er wird plötzlich ein Ende ma-
chen mit allen, die im Lande wohnen.

a Hes 7,19

Mahnung zur Demut

2 Sammelt euch und kommt her, du
Volk, das keine Scham kennt,
2 ehe denn ihr werdet wie Spreu, die vom
Winde dahinfährt; ehe denn des HERRN
grimmiger Zorn über euch kommt; ehe
der Tag des Zorns des HERRN über euch
kommt!
3 Suchet den HERRN, alle ihr Elenden im
Lande, die ihr seine Rechte haltet! [a]Su-
chet Gerechtigkeit, suchet Demut! Viel-
leicht könnt ihr euch bergen am Tage des
Zorns des HERRN! *a* Am 5,15
4 ¶Denn Gaza wird verlassen und Asch-
kelon verwüstet werden. Aschdod soll am
Mittag vertrieben und Ekron ausgewurzelt
werden.
5 Weh denen, die am Meer hin wohnen,
dem Volk der [a]Kreter! Des HERRN Wort
wird über euch kommen, du Kanaan, der
[b]Philister Land; ich will dich umbringen,
daß niemand mehr da wohnen soll.
a 1.Sam 30,14 *b* Jer 47
6 Dann sollen am Meer hin Hirtenfelder
und Schafhürden sein.
7 Und das Land am Meer soll den Übrig-
gebliebenen vom Hause Juda zuteil wer-
den, daß sie darauf weiden, und am Abend
sollen sie sich in den Häusern von Asch-
kelon lagern, wenn nun der HERR, ihr
Gott, sie wiederum heimsuchen und [a]ihre
Gefangenschaft wenden wird. *a* Kap 3,20
8 ¶Ich habe das Schmähen [a]Moabs und
das Lästern der [b]Ammoniter gehört, wo-
mit sie mein Volk geschmäht und gegen
sein Land großgetan haben.
a Jer 48 *b* Jer 49,1-6
9 Wohlan, so wahr ich lebe! spricht der
HERR Zebaoth, der Gott Israels: Moab soll
wie [a]Sodom und die Ammoniter wie Go-
morra werden, ein Unkrautfeld und eine
Salzgrube und ewige Wüste. Die Übrigge-
bliebenen meines Volks sollen sie berau-
ben, und der Rest von meinem Volk soll
sie beerben. *a* 1.Mose 19,24.25
10 Das soll ihnen begegnen für ihre Hof-
fart, weil sie das Volk des HERRN Zebaoth
geschmäht und gegen es großgetan haben.
11 Heilig wird über ihnen der HERR sein;
denn er wird alle Götter auf Erden vertil-
gen, und es sollen ihn anbeten alle Inseln
der Heiden, ein jeder an seiner Stätte.
12 ¶Auch ihr [a]Kuschiter sollt durch mein
Schwert erschlagen werden. *a* Hes 30,9
13 ¶Und der Herr wird seine Hand aus-
strecken nach Norden und Assur umbrin-
gen. [a]Ninive wird er öde machen, dürr
wie eine Wüste, *a* Nah 1,1
14 daß [a]Herden sich darin lagern werden,
allerlei Tiere des Feldes. Auch [b]Rohrdom-
meln und Eulen werden wohnen in ihren
Säulenknäufen, das Käuzchen wird im
Fenster schreien und auf der Schwelle der
Rabe. *a* Jes 13,21 *b* Jes 34,11
15 Das ist die fröhliche Stadt, die so sicher
wohnte und in ihrem Herzen sprach: [a]»Ich
bin's, und sonst keine mehr.« Wie ist sie
so wüst geworden, daß Tiere darin lagern!
Wer vorübergeht, pfeift über sie und
klatscht in die Hände. *a* Jes 47,8

Drohung gegen das gottlose Jerusalem. Verheißung für das arme und geringe Volk in Israel

3 Weh der widerspenstigen, befleckten,
tyrannischen Stadt!
2 Sie will nicht gehorchen noch sich zu-
rechtweisen lassen; sie will auf den HERRN
nicht trauen noch sich zu ihrem Gott hal-
ten.
3 Ihre [a]Oberen sind brüllende Löwen und
ihre Richter Wölfe am Abend, die nichts
bis zum Morgen übriglassen. *a* Hes 22,27
4 Ihre Propheten sind leichtfertig und voll
Trug; ihre Priester entweihen das Heilig-
tum und deuten das Gesetz freventlich.[a]
a Mi 3,11
5 Der HERR handelt gerecht in ihrer Mitte
und tut kein Arges. Er bringt alle Morgen
sein Recht ans Licht, und es bleibt nicht
aus; aber der Frevler kennt keine Scham.
6 ¶Ich habe Völker ausgerottet, ihre Bur-
gen verwüstet und ihre Gassen so leer ge-
macht, daß niemand darauf geht; ihre
Städte sind zerstört, daß niemand mehr
darin wohnt.
7 Ich sprach: Mich sollst du fürchten und
dich zurechtweisen lassen –, so würde ihre
Wohnung nicht ausgerottet und nichts von
allem kommen, womit ich sie heimsuchen
wollte. Aber sie sind von jeher eifrig da-
bei, alles Böse zu tun.
8 Darum wartet auf mich, spricht der
HERR, bis auf den Tag, an dem ich [a]zum
letzten Gericht auftrete; denn mein Be-
schluß ist es, die Völker zu versammeln
und die Königreiche zusammenzubringen,
um [b]meinen Zorn über sie auszuschüt-

ten, ja, alle Glut meines Grimmes; denn
alle Welt soll durch meines Eifers Feuer
verzehrt werden. *a* Joel 4,2 *b* Ps 79,6

9 ¶Dann aber will ich den Völkern reine
Lippen geben, daß sie alle des HERRN Na-
men anrufen sollen und ihm einträchtig
dienen.

10 Von jenseits [a]der Ströme von Kusch
[b]werden meine Anbeter, mein zerstreutes
Volk, mir Geschenke bringen.
a Ps 68,32; Jes 18,1 *b* Apg 8,27

11 Zur selben Zeit wirst du dich all deiner
Taten nicht mehr zu schämen brauchen,
mit denen du dich gegen mich empört
hast; denn ich will deine stolzen Prahler
von dir tun, und du wirst dich nicht mehr
überheben auf meinem heiligen Berge.

**12 Ich will in dir [a]übriglassen ein armes
und geringes Volk; die werden auf des
HERRN Namen trauen.** *a* Hes 6,8

13 Und diese Übriggebliebenen in Israel
werden nichts Böses tun noch Lüge re-
den, und man wird in ihrem Munde keine
betrügerische Zunge finden, sondern sie
sollen weiden und lagern ohne alle Furcht.

14 ¶[a]Jauchze, du Tochter Zion! Froh-
locke, Israel! Freue dich und sei fröhlich
von ganzem Herzen, du Tochter Jerusa-
lem! *a* Sach 9,9

15 Denn der HERR hat deine Strafe wegge-
nommen und deine Feinde abgewendet.
Der HERR, der König Israels, ist bei dir,
daß du dich vor keinem Unheil mehr
fürchten mußt.

16 Zur selben Zeit wird man sprechen zu
Jerusalem: Fürchte dich nicht, Zion! Laß
deine Hände nicht sinken!

17 Denn der HERR, dein Gott, ist bei dir,
ein starker Heiland. [a]Er wird sich über
dich freuen und dir freundlich sein, er wird
dir vergeben in seiner Liebe und wird über
dich mit Jauchzen fröhlich sein. *a* Jes 62,5

18 Wie an einem festlichen Tage nehme
ich von dir hinweg das Unheil, daß du sei-
netwegen keine Schmach mehr trägst.

19 ¶Siehe, zur selben Zeit will ich mit al-
len denen ein Ende machen, die dich be-
drängen, und [a]will den Hinkenden helfen
und die Zerstreuten sammeln und will sie
zu Lob und Ehren bringen in allen Lan-
den, wo man sie verachtet. *a* Mi 4,7

20 Zur selben Zeit will ich euch heimbrin-
gen und euch zur selben Zeit sammeln;
denn ich will euch zu Lob und Ehren brin-
gen unter allen Völkern auf Erden, [a]wenn
ich eure Gefangenschaft wenden werde
vor euren Augen, spricht der HERR.
a Kap 2,7; Jer 29,14

DER PROPHET HAGGAI

Inhaltsübersicht

Aufruf zum Tempelbau

1 Im [a]zweiten Jahr des Königs Darius,
im sechsten Monat, am ersten Tage des
Monats, geschah des HERRN Wort durch
den Propheten [b]Haggai zu [c]Serubbabel,
dem Sohn Schealtiëls, dem Statthalter von
Juda, und zu Jeschua, dem Sohn Joza-
daks, dem Hohenpriester:
a Esr 4,24 *b* Esr 5,1 *c* Esr 5,2
2 ¶ So spricht der HERR Zebaoth: Dies
Volk spricht: Die Zeit ist noch nicht da,
daß man des HERRN Haus baue.
3 Und des HERRN Wort geschah durch
den Propheten Haggai:
4 Aber eure Zeit ist da, daß ihr in getäfel-
ten Häusern wohnt, und [a]dies Haus muß
wüst stehen! *a* 2.Sam 7,2
5 Nun, so spricht der HERR Zebaoth: Ach-
tet doch darauf, wie es euch geht:
6 Ihr [a]sät viel und bringt wenig ein; ihr
eßt und werdet doch nicht satt; ihr trinkt
und bleibt doch durstig; ihr kleidet euch
und könnt euch doch nicht erwärmen; und
wer Geld verdient, der legt's in einen löch-
rigen Beutel. *a* Kap 2,16; 5.Mose 28,38
7 ¶ So spricht der HERR Zebaoth: Achtet
doch darauf, wie es euch geht!
8 Geht hin auf das Gebirge und holt Holz
und baut das Haus! Das soll mir ange-
nehm sein, und ich will meine Herrlich-
keit erweisen, spricht der HERR.
9 Denn ihr erwartet wohl viel, aber siehe,
es wird wenig; und wenn ihr's schon heim-
bringt, so blase ich's weg. Warum das?
spricht der HERR Zebaoth. Weil **mein** Haus
so wüst dasteht und ein jeder nur eilt, für
sein Haus zu sorgen.
10 Darum hat der Himmel über euch [a]den
Tau zurückgehalten und das Erdreich sein
Gewächs. *a* 1.Kön 17,1
11 Und ich habe die [a]Dürre gerufen über
Land und Berge, über Korn, Wein, Öl und
über alles, was aus der Erde kommt, auch
über Mensch und Vieh und über alle Ar-
beit der Hände. *a* Kap 2,17; Am 4,9
12 ¶ Da gehorchten Serubbabel, der Sohn
Schealtiëls, und Jeschua, der Sohn Joza-
daks, der Hohepriester, und alle übrigen
vom Volk der Stimme des HERRN, ihres
Gottes, und den Worten des Propheten
Haggai, wie ihn der HERR, ihr Gott, ge-
sandt hatte; und das Volk fürchtete sich
vor dem HERRN.
13 Da sprach Haggai, der [a]Bote des
HERRN, der beauftragt war mit der Bot-
schaft des HERRN an das Volk: Ich bin mit
euch, spricht der HERR. *a* Mal 2,7
14 Und der HERR erweckte den Geist Se-
rubbabels, des Sohnes Schealtiëls, des
Statthalters von Juda, und den Geist Je-
schuas, des Sohnes Jozadaks, des Hohen-
priesters, und den Geist aller übrigen vom
Volk, daß sie kamen und arbeiteten am
Hause des HERRN Zebaoth, ihres Gottes,
15 *am vierundzwanzigsten Tage des sech-
sten Monats im zweiten Jahr des Königs
Darius.

* Abweichende Verszählung statt 1,15: 2,1.

Weissagung von der künftigen Herrlichkeit des Tempels

2 *Am einundzwanzigsten Tage des sie-
benten Monats geschah des HERRN
Wort durch den Propheten Haggai:

* Abweichende Verszählung statt 2,1-23: 2,2-24.

2 Sage zu Serubbabel, dem Sohn Scheal-
tiëls, dem Statthalter von Juda, und zu Je-
schua, dem Sohn Jozadaks, dem Hohen-
priester, und zu den übrigen vom Volk und
sprich:
3 Wer ist unter euch noch übrig, der dies
Haus [a]in seiner früheren Herrlichkeit ge-
sehen hat? Und wie seht ihr's nun? Sieht
es nicht wie nichts aus? *a* Esr 3,12
4 Aber nun, Serubbabel, sei getrost,
spricht der HERR, sei getrost, Jeschua, du
Sohn Jozadaks, du Hoherpriester! Sei ge-
trost, alles Volk im Lande, spricht der

HERR, und arbeitet! Denn ich bin mit
euch, spricht der HERR Zebaoth,
5 [a]nach dem Wort, das ich euch zusagte,
als ihr aus Ägypten zogt; und [b]mein Geist
soll unter euch bleiben. Fürchtet euch
nicht! *a* 2.Mose 19,5 *b* Sach 4,6
6 Denn so spricht der HERR Zebaoth: Es
ist nur noch eine kleine Weile, so [a]werde
ich Himmel und Erde, das Meer und das
Trockene erschüttern. *a* Hebr 12,26
7 Ja, alle Heiden will ich erschüttern. Da
sollen dann kommen aller Völker Kost-
barkeiten, und ich will dies Haus voll Herr-
lichkeit machen, spricht der HERR Zeba-
oth.
8 Denn mein ist das Silber, und mein ist
das Gold, spricht der HERR Zebaoth.
9 Es soll die Herrlichkeit dieses neuen
Hauses größer werden, als die des ersten
gewesen ist, spricht der HERR Zebaoth;
und ich will Frieden geben an dieser Stätte,
spricht der HERR Zebaoth.

Können unheilige Menschen den Tempel bauen?

10 Am vierundzwanzigsten Tage des neun-
ten Monats, im zweiten Jahr des Darius,
geschah des HERRN Wort zu dem Prophe-
ten Haggai:
11 So spricht der HERR Zebaoth: Frage die
Priester nach dem Gesetz und sprich:
12 Wenn jemand heiliges Fleisch trüge im
Zipfel seines Kleides und berührte danach
mit seinem Zipfel Brot, Gekochtes, Wein,
Öl oder was es für Speise wäre, würde es
auch heilig? Und die Priester antworteten
und sprachen: Nein.
13 Haggai sprach: Wenn aber jemand
[a]durch Berührung eines Toten unrein
wäre und eins davon anrührte, würde es
auch unrein? Die Priester antworteten und
sprachen: Es würde unrein.
a 3.Mose 5,2; 4.Mose 19,22
14 Da antwortete Haggai und sprach:
Ebenso ist es mit diesem Volk und mit
diesen Leuten vor mir, spricht der HERR,
und auch mit allem Werk ihrer Hände;
und [a]was sie dort opfern, ist unrein.
a Esr 4,1-3

Ermutigung zum Weiterbau des Tempels

15 Und jetzt achtet doch darauf, wie es
euch gehen wird von diesem Tage an und
fernerhin! Wie ging es euch denn, bevor
ein Stein auf den andern gelegt war am
Tempel des HERRN?
16 Wenn einer [a]zum Kornhaufen kam, der
zwanzig Maß haben sollte, so waren kaum
zehn da; kam er zur Kelter und meinte,
fünfzig Eimer zu schöpfen, so waren kaum
zwanzig da. *a* Kap 1,6
17 Ich [a]plagte euch mit Dürre, Getreide-
brand und Hagel in all eurer Arbeit; den-
noch bekehrtet ihr euch nicht zu mir,
spricht der HERR. *a* Kap 1,11
18 Nun aber achtet doch darauf, wie es
euch ergehen wird von diesem Tag an und
fernerhin – vom vierundzwanzigsten Tage
des neunten Monats an –, nämlich von
dem Tag an, da der Tempel des HERRN
gegründet ist! Achtet darauf,
19 ob noch der Same in der Scheune da-
hinschwindet und ob Weinstock, Feigen-
baum, Granatbaum und Ölbaum noch
nicht tragen! Von diesem Tage an will ich
Segen geben.

Serubbabel – ein Siegelring Gottes

20 Und des HERRN Wort geschah zum
zweitenmal am vierundzwanzigsten Tage
des Monats zu Haggai:
21 Sage Serubbabel, dem Statthalter von
Juda: [a]Ich will Himmel und Erde erschüt-
tern *a* Vers 6
22 und will die Throne der Königreiche
umstürzen und die mächtigen Königrei-
che der Heiden vertilgen und will umwer-
fen die Wagen und die darauf fahren; Roß
und Reiter sollen fallen, ein jeder durch
des andern Schwert.
23 Zur selben Zeit, spricht der HERR Ze-
baoth, [a]will ich dich, Serubbabel, du Sohn
Schealtiëls, meinen Knecht, nehmen,
spricht der HERR, und dich wie einen Sie-
gelring halten; denn ich habe dich erwählt,
spricht der HERR Zebaoth. *a* Sach 4,6.7

DER PROPHET SACHARJA

Inhaltsübersicht

Die Geschichte der Väter mahnt zur Buße

1 Im achten Monat des zweiten Jahrs
des Königs Darius geschah das Wort
des HERRN zu [a]Sacharja, dem Sohn Be-
rechjas, des Sohnes Iddos, dem Prophe-
ten: *a* Esr 5,1
2 ¶Der HERR ist zornig gewesen über
eure Väter.
3 Aber sprich zum Volk: So spricht der
HERR Zebaoth: [a]Kehrt euch zu mir,
spricht der HERR Zebaoth, so will ich mich
zu euch kehren, spricht der HERR
Zebaoth. *a* Mal 3,7; Jak 4,8
4 Seid nicht wie eure Väter, denen die
früheren Propheten predigten und spra-
chen: »So spricht der HERR Zebaoth:
[a]Kehrt um von euren bösen Wegen und
von eurem bösen Tun!«, aber sie gehorch-
ten nicht und achteten nicht auf mich,
spricht der HERR. *a* Jer 3,12; Hes 33,11
5 Wo sind nun eure Väter? Und die Pro-
pheten, leben sie noch?
6 Aber haben nicht meine Worte und
meine Gebote, die ich durch meine
Knechte, die Propheten, gab, eure Väter
getroffen, daß sie haben umkehren müs-
sen und sagen: »Wie der HERR Zebaoth
vorhatte, uns zu tun nach unsern Wegen
und Taten, so hat er uns auch getan«?

**Die erste Vision:
Der Mann auf dem roten Pferd**

7 Am vierundzwanzigsten Tage des elften
Monats – das ist der Monat Schebat – im
zweiten Jahr des Königs Darius geschah
das Wort des HERRN zu Sacharja, dem
Sohn Berechjas, des Sohnes Iddos, dem
Propheten:
8 ¶Ich sah in dieser Nacht, und siehe, ein
Mann saß auf einem roten Pferde, und er
hielt zwischen den Myrten im Talgrund,
und hinter ihm waren [a]rote, braune und
weiße Pferde. *a* Kap 6,1-8
9 Und ich sprach: Mein Herr, wer sind
diese? Und der Engel, der mit mir redete,
sprach zu mir: Ich will dir zeigen, wer
diese sind.
10 Und der Mann, der zwischen den Myr-
ten hielt, antwortete: Diese sind's, die der
HERR ausgesandt hat, die Lande zu durch-
ziehen.
11 Sie aber antworteten dem Engel des
HERRN, der zwischen den Myrten hielt,
und sprachen: Wir haben die Lande durch-
zogen, und siehe, alle Lande liegen ruhig
und still.
12 Da hob der Engel des HERRN an und
sprach: HERR Zebaoth, wie lange noch
willst du dich nicht [a]erbarmen über Jeru-
salem und über die Städte Judas, über die
du zornig bist schon [b]siebzig Jahre?
a Ps 102,14 *b* Dan 9,2
13 Und der HERR antwortete dem Engel,
der mit mir redete, freundliche Worte und
tröstliche Worte.
14 Und der Engel, der mit mir redete,
sprach zu mir: Predige und sprich: So
spricht der HERR Zebaoth: Ich eifere für
Jerusalem und Zion mit großem Eifer
15 und bin sehr [a]zornig über die stolzen
Völker; denn ich war nur ein wenig zor-
nig, sie aber halfen zum Verderben.
a Jes 47,6
16 ¶Darum spricht der HERR: [a]Ich will
mich wieder Jerusalem zuwenden mit
Barmherzigkeit, und mein Haus soll darin
wieder aufgebaut werden, spricht der
HERR Zebaoth, und die Meßschnur soll
über Jerusalem gespannt werden.
a Kap 8,3
17 Und weiter predige und sprich: So
spricht der HERR Zebaoth: Es sollen
meine Städte wieder Überfluß haben an
Gutem, und der HERR wird Zion wieder
[a]trösten und wird Jerusalem [b]wieder er-
wählen. *a* Jes 40,1.2 *b* Jes 14,1

Die zweite Vision: Die vier Hörner und die vier Schmiede

2 *Und ich hob meine Augen auf und
sah, und siehe, da waren vier Hörner.
* Abweichende Verszählung statt 2,1-17: 1,18-21; 2,1-13.
2 Und ich sprach zu dem Engel, der mit
mir redete: Wer sind diese? Er sprach zu
mir: Es sind die Hörner, die Juda, das ist
Israel, und Jerusalem zerstreut haben.
3 ¶Und der HERR zeigte mir vier
Schmiede.
4 Da sprach ich: Was wollen die machen?
Er sprach: Jene sind die Hörner, die Juda
so zerstreut haben, daß niemand sein
Haupt hat erheben können; diese aber
sind gekommen, jene abzuschrecken und
die Hörner der Völker abzuschlagen, die
ihr Horn gegen das Land Juda erhoben
haben, um es zu zerstreuen.

Die dritte Vision: Der Mann mit der Meßschnur

5 Und ich hob meine Augen auf und sah,
und siehe, ein Mann hatte eine [a]Meß-
schnur in der Hand. *a* Hes 40,3
6 Und ich sprach: Wo gehst du hin? Er
sprach zu mir: Jerusalem auszumessen
und zu sehen, wie lang und breit es wer-
den soll.
7 Und siehe, der Engel, der mit mir re-
dete, stand da, und ein anderer Engel ging
heraus ihm entgegen
8 und sprach zu ihm: Lauf hin und sage
diesem jungen Mann: Jerusalem soll
[a]ohne Mauern bewohnt werden wegen der
großen Menge der Menschen und des
Viehs, die darin sein wird. *a* Hes 38,11
9 Doch [a]ich will, spricht der HERR, eine
feurige Mauer rings um sie her sein und
will mich herrlich darin erweisen. *a* Kap 9,8

Die neue Zeit für Israel und die Völker

10 Auf, auf! Flieht aus dem Lande des
Nordens! spricht der HERR; denn ich habe
euch in die vier Winde unter dem Him-
mel zerstreut, spricht der HERR.
11 Auf, Zion, die du wohnst bei der Toch-
ter Babel, entrinne!
12 Denn so spricht der HERR Zebaoth, der
mich gesandt hat, über die Völker, die
euch beraubt haben: Wer euch antastet,
der [a]tastet meinen Augapfel an.
a 5.Mose 32,10
13 Denn siehe, ich will meine Hand über
sie schwingen, daß sie eine Beute derer
werden sollen, die ihnen haben dienen
müssen. – Und ihr sollt erkennen, daß
mich der HERR Zebaoth gesandt hat.
14 ¶**Freue dich und sei fröhlich, du Tochter
Zion! Denn siehe, ich komme und will bei
dir wohnen,** spricht der HERR.
15 Und es sollen zu der Zeit viele Völker
sich zum HERRN wenden und sollen mein
Volk sein, und [a]ich will bei dir wohnen. –
Und du sollst erkennen, daß mich der
HERR Zebaoth zu dir gesandt hat. –
a Jes 11,10
16 Und der HERR wird Juda in Besitz neh-
men als sein Erbteil in dem heiligen Lande
und [a]wird Jerusalem wieder erwählen.
a Kap 1,17
17 [a]Alles Fleisch sei stille vor dem HERRN;
denn er hat sich aufgemacht von seiner
heiligen Stätte! *a* Hab 2,20

Die vierte Vision: Der Hohepriester Jeschua

3 Und er ließ mich sehen den Hohen-
priester [a]Jeschua, wie er vor dem En-
gel des HERRN stand, und der [b]Satan stand
zu seiner Rechten, um ihn zu [c]verkla-
gen. *a* Hag 1,1 *b* Hiob 1,9 *c* Offb 12,10
2 Und der Engel des HERRN sprach zu
dem Satan: [a]Der HERR schelte dich, du
Satan! Ja, der HERR, der Jerusalem erwählt
hat, schelte dich! Ist dieser nicht ein
Brandscheit, das aus dem Feuer gerettet
ist? *a* Jud 9
3 Jeschua aber hatte unreine Kleider an
und stand vor dem Engel,
4 der anhob und sprach zu denen, die vor
ihm standen: Tut die unreinen Kleider von
ihm! Und er sprach zu ihm: Sieh her, ich
[a]nehme deine Sünde von dir und lasse dir
[b]Feierkleider anziehen. *a* Jes 6,7 *b* Jes 61,3
5 Und er sprach: Setzt ihm einen reinen
[a]Kopfbund auf das Haupt! Und sie setzten
ihm einen reinen Kopfbund auf das Haupt
und zogen ihm reine Kleider an, und der
Engel des HERRN stand dabei.
a 2.Mose 28,39
6 ¶Und der Engel des HERRN bezeugte
es Jeschua und sprach:
7 So spricht der HERR Zebaoth: Wirst du
in meinen Wegen wandeln und meinen
Dienst recht versehen, so sollst du mein
Haus regieren und meine Vorhöfe bewah-
ren. Und ich will dir Zugang zu mir geben
mit diesen, die hier stehen.

8 ¶Höre nun, Jeschua, du Hoherpriester:
Du und deine Brüder, die vor dir sitzen,
sind miteinander ein [a]Zeichen; denn
siehe, ich will meinen Knecht, »den
[b]Sproß«, kommen lassen.
[a] Jes 8,18 [b] Kap 6,12; Jer 23,5; 33,15
9 ¶Siehe, auf dem einen [a]Stein, den ich
vor Jeschua hingelegt habe, sind [b]sieben
Augen. Siehe, ich will auf ihm eine In-
schrift eingraben, spricht der HERR Zeba-
oth, und will die Sünde des Landes weg-
nehmen an einem einzigen Tag.
[a] 2.Mose 39,6.7 [b] Kap 4,10; Offb 5,6
10 ¶Zu derselben Zeit, spricht der HERR
Zebaoth, wird einer den andern einladen
[a]unter den Weinstock und unter den Fei-
genbaum. [a] 1.Kön 5,5; Mi 4,4

Die fünfte Vision: Der goldene Leuchter und die zwei Ölbäume

4 Und der Engel, der mit mir redete,
weckte mich abermals auf, wie man
vom Schlaf erweckt wird,
2 und sprach zu mir: [a]Was siehst du? Ich
aber sprach: Ich sehe, und siehe, da steht
ein [b]Leuchter, ganz aus Gold, mit einer
Schale oben darauf, auf der sieben Lam-
pen sind und sieben Schnauzen an jeder
Lampe, [a] Jer 1,11-13; Am 8,2 [b] 2.Mose 25,31-40
3 und zwei Ölbäume dabei, einer zu sei-
ner Rechten, der andere zu seiner Linken.
4 Und ich hob an und sprach zu dem En-
gel, der mit mir redete: Mein Herr, was ist
das?
5 Und der Engel, der mit mir redete, ant-
wortete und sprach zu mir: Weißt du nicht,
was das ist? Ich aber sprach: Nein, mein
Herr.

Verheißung über Serubbabel

6 Und er antwortete und sprach zu mir:
Das ist das Wort des HERRN an Serubba-
bel: **Es soll nicht durch Heer oder Kraft,
sondern durch meinen Geist geschehen,**
spricht der HERR Zebaoth.
7 Wer bist du, du großer Berg, der du doch
vor Serubbabel zur Ebene werden mußt?
Er wird hervorholen den Schlußstein, so
daß man rufen wird: [a]Glück zu! Glück
zu! [a] Ps 122,6
8 ¶Und es geschah zu mir das Wort des
HERRN:
9 Die Hände [a]Serubbabels haben dies
Haus gegründet, seine Hände [b]sollen's
auch vollenden, damit ihr [c]erkennt, daß
mich der HERR Zebaoth zu euch gesandt
hat. [a] Esr 3,8 [b] Esr 6,14-16 [c] Kap 2,13.15
10 Denn [a]wer immer den Tag des gering-
sten Anfangs verachtet hat, wird doch mit
Freuden sehen den [b]Schlußstein in Serub-
babels Hand. [a] Hag 2,3 [b] Vers 7
¶Jene [c]sieben sind des HERRN Augen,
die alle Lande durchziehen.* [c] Kap 3,9
* Dieser Satz gehört wohl zu Kap 3,9.

Deutung der fünften Vision

11 Und ich hob an und sprach zu ihm:
Was sind die zwei Ölbäume zur Rechten
und zur Linken des Leuchters?
12 Und ich sprach weiter zu ihm: Was sind
die beiden Zweige der Ölbäume bei den
zwei goldenen Röhren, aus denen das gol-
dene Öl herabfließt?
13 Und er sprach zu mir: Weißt du nicht,
was sie sind? Ich aber sprach: Nein, mein
Herr.
14 Und er sprach: Es sind die zwei Ge-
salbten, die [a]vor dem Herrscher aller
Lande stehen. [a] Kap 6,5; Offb 11,4

Die sechste Vision: Die fliegende Schriftrolle

5 Und ich hob meine Augen abermals
auf und sah, und siehe, da war eine
fliegende Schriftrolle.
2 Und er sprach zu mir: Was siehst du?
Ich aber sprach: Ich sehe eine fliegende
Schriftrolle, die ist zwanzig Ellen lang und
zehn Ellen breit.
3 Und er sprach zu mir: Das ist der Fluch,
der ausgeht über das ganze Land; denn
alle Diebe werden nach dieser Schrift von
hier ausgefegt und alle Meineidigen wer-
den nach dieser Schrift von hier ausgefegt.
4 Ich will ihn ausgehen lassen, spricht der
HERR Zebaoth, daß er kommen soll über
das Haus des Diebes und über das Haus
dessen, der bei meinem Namen falsch
schwört. Und er soll in dem Haus bleiben
und soll's verzehren samt seinem Holz
und seinen Steinen.

Die siebente Vision: Die Frau in der Tonne

5 Und der Engel, der mit mir redete, trat
hervor und sprach zu mir: Hebe deine Au-
gen auf und sieh! Was kommt da hervor?
6 Und ich sprach: Was ist das? Er aber
sprach: Das ist eine Tonne, die da hervor-

kommt – und sprach weiter: Das ist die
Sünde im ganzen Lande.
7 Und siehe, es hob sich der Deckel aus
Blei, und da war eine Frau, die saß in der
Tonne.
8 Er aber sprach: Das ist die Gottlosig-
keit. Und er stieß sie in die Tonne und
warf den Deckel aus Blei oben auf die Öff-
nung.
9 Und ich hob meine Augen auf und sah,
und siehe, zwei Frauen traten heran und
hatten Flügel, die der Wind trieb – es wa-
ren aber Flügel wie Storchenflügel –, und
sie trugen die Tonne zwischen Erde und
Himmel dahin.
10 Und ich sprach zum Engel, der mit mir
redete: Wo tragen diese die Tonne hin?
11 Er aber sprach zu mir: Daß ihr ein Tem-
pel gebaut werde [a] im Lande Schinar und
sie dort aufgestellt werde. *a* 1.Mose 11,2

Die achte Vision: Die vier Wagen

6 [a] Und ich hob meine Augen abermals
auf und sah, und siehe, da waren vier
Wagen, die kamen zwischen den zwei Ber-
gen hervor; die Berge aber waren aus Kup-
fer. *a (1-8)* Offb 6,1-8; Kap 1,8
2 Am ersten Wagen waren rote Rosse, am
zweiten Wagen waren schwarze Rosse,
3 am dritten Wagen waren weiße Rosse,
am vierten Wagen waren scheckige Rosse,
allesamt stark.
4 Und ich hob an und sprach zum Engel,
der mit mir redete: Mein Herr, wer sind
diese?
5 Der Engel antwortete und sprach zu
mir: Es sind die vier Winde unter dem
Himmel, die hervorkommen, nachdem sie
gestanden haben [a] vor dem Herrscher al-
ler Lande. *a* Kap 4,14
6 *Die schwarzen Rosse ziehen nach Nor-
den, die weißen ziehen nach Westen und
die scheckigen ziehen nach Süden.

* Vermutlich ist ausgefallen: »Die roten Rosse ziehen nach Osten.«

7 Und die starken Rosse wollten sich auf-
machen, um [a] die Lande zu durchziehen.
Und er sprach: Geht hin und durchzieht
die Lande! Und sie durchzogen die
Lande. *a* Kap 1,10
8 Und er rief mich an und redete mit mir
und sprach: Sieh, die nach Norden ziehen,
lassen meinen Geist ruhen im Lande des
Nordens.

Die Krönung Jeschuas

9 Und des HERRN Wort geschah zu mir:
10 Nimm von den Weggeführten, von Hel-
dai und von Tobija und von Jedaja, die
von Babel gekommen sind, und geh an
diesem selben Tage ins Haus Joschijas,
des Sohnes Zefanjas,
11 [a] nimm von ihnen Silber und Gold und
mache Kronen und kröne das Haupt Je-
schuas, des Hohenpriesters, des Sohnes
Jozadaks, *a (11 und 12)* Kap 3,8
12 und sprich zu ihm: So spricht der HERR
Zebaoth: Siehe, es ist ein Mann, der heißt
»Sproß«; denn unter ihm wird's sprossen,
und er wird bauen des HERRN Tempel.
13 Ja, den Tempel des HERRN wird er
bauen, und er wird herrlich geschmückt
sein und wird sitzen und herrschen auf
seinem Thron. Und ein [a] Priester wird sein
zu seiner Rechten, und es wird Friede sein
zwischen den beiden. *a* Ps 110,4
14 Und die Kronen sollen zum Andenken
an Heldai, Tobija, Jedaja und den Sohn
Zefanjas im Tempel des HERRN bleiben.
15 Und [a] es werden kommen von ferne,
die am Tempel des HERRN bauen werden.
Da werdet ihr erkennen, daß mich der
HERR Zebaoth zu euch gesandt hat; und
das soll geschehen, wenn ihr gehorchen
werdet der Stimme des HERRN, eures
Gottes. *a* Jes 60,10

Am bloßen Fasten hat Gott kein Gefallen

7 Und es geschah im vierten Jahr des
Königs Darius am vierten Tag des
neunten Monats, der Kislew heißt, daß des
HERRN Wort zu Sacharja geschah.
2 Damals sandte Bethel den Sarezer und
den Regem-Melech mit seinen Leuten,
um den HERRN anzuflehen,
3 und ließ die Priester, die zum Hause des
HERRN Zebaoth gehörten, und die Pro-
pheten fragen: Muß ich immer noch im
[a] fünften Monat weinen und Fasten hal-
ten, wie ich es nun so viele Jahre getan
habe? *a* Kap 8,19; 2.Kön 25,8.9; Jer 52,12.13
4 Und des HERRN Zebaoth Wort geschah
zu mir:
5 Sage allem Volk im Lande und den Prie-
stern und sprich: [a] Als ihr fastetet und Leid
trugt im fünften und siebenten Monat
diese siebzig Jahre lang, habt ihr da für
mich gefastet? *a* Jes 58,5

6 Und wenn ihr eßt und trinkt, eßt und
trinkt ihr da nicht für euch selbst?

Gottes Gericht über die Unbrüderlichkeit

7 Ist's nicht das, was der HERR durch die
früheren Propheten predigen ließ, als Je-
rusalem bewohnt war und Frieden hatte
samt seinen Städten ringsum und Leute
im Südland und im Hügelland wohnten
8 – und des HERRN Wort geschah zu Sa-
charja –,
9 daß der HERR Zebaoth sprach: Richtet
recht, und [a] **ein jeder erweise seinem Bru-
der Güte und Barmherzigkeit,** *a* Mi 6,8
10 **und** [a] **tut nicht Unrecht den Witwen,
Waisen, Fremdlingen und Armen, und
denke keiner gegen seinen Bruder etwas
Arges in seinem Herzen!** *a* 2.Mose 22,20.21
11 Aber sie wollten nicht aufmerken und
kehrten mir den Rücken zu und verstock-
ten ihre Ohren, um nicht zu hören,
12 und machten ihre Herzen [a] hart wie
Diamant, damit sie nicht hörten das Ge-
setz und die Worte, die der HERR Zebaoth
durch seinen Geist sandte durch die frü-
heren Propheten. Daher ist so großer Zorn
vom HERRN Zebaoth gekommen. *a* Jes 48,4
13 Und es ist so ergangen: Gleichwie ge-
predigt wurde und sie nicht hörten, so
wollte ich auch nicht hören, als sie riefen,
spricht der HERR Zebaoth.
14 Darum habe ich sie zerstreut unter alle
Heiden, die sie nicht kannten, und das
Land blieb verwüstet hinter ihnen liegen,
so daß niemand mehr darin hin und her
zog; so haben sie das liebliche Land zur
Wüste gemacht.

Das künftige Heil für das Volk Gottes

8 Und es geschah des HERRN Wort:
2 So spricht der HERR Zebaoth: [a] Ich
eifere für Zion mit großem Eifer und
eifere um seinetwillen in großem Zorn.
a Kap 1,14
3 So spricht der HERR: Ich kehre wieder
auf den Zion zurück und [a] will zu Jerusa-
lem wohnen, daß Jerusalem eine [b] Stadt
der Treue heißen soll und der Berg des
HERRN Zebaoth ein [c] heiliger Berg.
a Kap 1,16 *b* Jes 1,21.26 *c* Ps 2,6
4 ¶ So spricht der HERR Zebaoth: [a] Es sol-
len hinfort wieder sitzen auf den Plätzen
Jerusalems alte Männer und Frauen, jeder
mit seinem Stock in der Hand vor hohem
Alter, *a* Jes 65,20
5 und die Plätze der Stadt sollen voll sein
von Knaben und Mädchen, die dort spie-
len.
6 So spricht der HERR Zebaoth: Erscheint
dies auch unmöglich in den Augen derer,
die in dieser Zeit übriggeblieben sind von
diesem Volk, sollte es darum auch [a] un-
möglich erscheinen in **meinen** Augen?
spricht der HERR Zebaoth. *a* Lk 1,37
7 ¶ So spricht der HERR Zebaoth: Siehe,
ich will mein Volk erlösen aus dem Lande
gegen Aufgang und aus dem Lande gegen
Niedergang der Sonne
8 und will sie heimbringen, daß sie in Je-
rusalem wohnen. Und [a] sie sollen mein
Volk sein, und ich will ihr Gott sein in
Treue und Gerechtigkeit. *a* Jer 24,7
9 ¶ So spricht der HERR Zebaoth: [a] Stärkt
eure Hände, die ihr diese Worte hört in
dieser Zeit durch der Propheten Mund –
an dem Tage, da der Grund gelegt wurde
zum Hause des HERRN Zebaoth, auf daß
der Tempel gebaut würde. *a* Jes 35,3
10 Denn vor diesen Tagen war der Men-
schen Arbeit vergebens, und auch der
Tiere Arbeit erbrachte nichts; und vor lau-
ter Feinden war kein Friede für die, die
aus- und einzogen, und ich ließ alle Men-
schen aufeinander los, einen jeden gegen
seinen Nächsten.
11 Aber nun will ich nicht wie in den vori-
gen Tagen verfahren mit denen, die übrig-
geblieben sind von diesem Volk, spricht
der HERR Zebaoth,
12 sondern sie sollen in Frieden säen. Der
Weinstock soll seine Frucht geben und das
Land sein Gewächs, und der Himmel soll
seinen Tau geben. Und ich will denen, die
übriggeblieben sind von diesem Volk, das
alles zum Besitz geben.
13 Und es soll geschehen: Wie ihr vom
Hause Juda und vom Hause Israel ein
Fluch gewesen seid unter den Heiden, so
will ich euch erlösen, daß ihr [a] ein Segen
sein sollt. Fürchtet euch nur nicht und
stärkt eure Hände! *a* 1.Mose 12,2
14 ¶ So spricht der HERR Zebaoth: Gleich-
wie ich euch zu plagen gedachte, als mich
eure Väter erzürnten, spricht der HERR
Zebaoth, und es mich nicht gereute,
15 so gedenke ich nun wiederum in diesen
Tagen wohlzutun Jerusalem und dem
Hause Juda. Fürchtet euch nur nicht!

[16]Das ist's aber, was ihr tun sollt: [a]**Rede
einer mit dem andern Wahrheit und richtet
recht, schafft Frieden in euren Toren,**
[a] Eph 4,25
[17]**und** [a]**keiner ersinne Arges in seinem
Herzen gegen seinen Nächsten, und liebt
nicht falsche Eide; denn das alles hasse
ich, spricht der HERR.** [a] Kap 7,10
[18]¶ Und es geschah des HERRN Zebaoth
Wort zu mir:
[19]So spricht der HERR Zebaoth: [a]Die Fa-
sten des vierten, fünften, siebenten und
zehnten Monats sollen dem Hause Juda
zur Freude und Wonne und zu fröhlichen
Festzeiten werden. Doch liebt Wahrheit
und Frieden! [a] Kap 7,3.5

Das künftige Heil für die Völker

[20]So spricht der HERR Zebaoth: Es wer-
den noch viele Völker kommen und Bür-
ger vieler Städte,
[21]und die Bürger einer Stadt werden zur
andern gehen und sagen: Laßt uns gehen,
den HERRN anzuflehen und zu suchen den
HERRN Zebaoth; wir selber wollen hinge-
hen.
[22]So werden viele Völker, Heiden in Scha-
ren, kommen, den HERRN Zebaoth in Je-
rusalem zu suchen und den HERRN anzu-
flehen.
[23]¶ So spricht der HERR Zebaoth: Zu der
Zeit werden zehn Männer aus allen Spra-
chen der Heiden **einen** jüdischen Mann
beim Zipfel seines Gewandes ergreifen
und sagen: Wir wollen mit euch gehen,
denn wir hören, daß Gott mit euch ist.

Läuterung der heidnischen Nachbarn Judas

9 Die Last, die der HERR ankündigt,
kommt über das Land Hadrach, und
auf [a]Damaskus läßt sie sich nieder – denn
der HERR schaut auf die Menschen und
auf alle Stämme Israels –, [a] Jes 17
[2]dazu auf Hamat, das daran grenzt, auch
auf [a]Tyrus und Sidon, die doch sehr weise
sind. [a] Jes 23; Jer 47,4; Hes 26–28
[3]Denn Tyrus baute sich ein Bollwerk und
sammelte Silber wie Sand und Gold wie
Dreck auf der Gasse.
[4]Aber siehe, der Herr wird es erobern
und wird seine Macht ins Meer stürzen,
und die Stadt wird mit Feuer verbrannt
werden.
[5]Wenn Aschkelon das sehen wird, wird
es erschrecken, und [a]Gaza wird sehr angst
werden, dazu Ekron, denn seine Zuver-
sicht wird zuschanden. Es wird aus sein
mit dem König von Gaza, und in Aschke-
lon wird man nicht mehr wohnen,
[a] Jer 47
[6]und in Aschdod werden [a]Mischlinge
wohnen.
¶ Und ich will die Pracht der Philister
ausrotten. [a] 5.Mose 23,3
[7]Und ich will [a]das Blut von ihrem Munde
wegnehmen und das, was mir ein Greuel
ist, von ihren Zähnen, daß auch sie un-
serm Gott übrigbleiben und wie ein
Stamm in Juda werden und die Bewohner
Ekrons wie die [b]Jebusiter.
[a] 1.Mose 9,4 [b] Jos 15,63; 2.Sam 24,18
[8]Und [a]ich will mich selbst als Wache um
mein Haus lagern, so daß keiner dort hin-
und herziehe und nicht mehr der Treiber
über sie komme; denn ich sehe nun dar-
auf mit meinen Augen. [a] Kap 2,9

Verheißung des messianischen Friedensreiches

[9]**Du,** [a]**Tochter Zion, freue dich sehr, und
du, Tochter Jerusalem, jauchze! Siehe,**
[b]**dein König kommt zu dir, ein Gerechter
und ein Helfer, arm und reitet auf einem
Esel, auf einem Füllen der Eselin.**
[a] Zef 3,14 [b] Mt 21,5
[10]Denn [a]ich will die Wagen wegtun aus
Ephraim und die Rosse aus Jerusalem,
und der Kriegsbogen soll zerbrochen wer-
den. Denn er wird Frieden gebieten den
Völkern, und seine Herrschaft wird sein
von einem Meer bis zum andern und vom
Strom bis an die Enden der Erde. [a] Mi 5,9
[11]Auch lasse ich [a]um des Blutes deines
Bundes willen deine Gefangenen frei aus
der Grube, in der kein Wasser ist;
[a] 2.Mose 24,8
[12]so [a]kehrt heim zur festen Stadt, die ihr
auf Hoffnung gefangenliegt. Denn heute
verkündige ich, daß ich dir [b]zweifach er-
statten will. [a] Kap 10,9 [b] Jes 61,7
[13]¶ Denn ich habe mir Juda zum Bogen
gespannt und Ephraim darauf gelegt und
will deine Söhne, Zion, aufbieten gegen
deine Söhne, Griechenland, und will dich
zum Schwert eines Riesen machen.
[14]Und der HERR wird über ihnen erschei-
nen, und seine Pfeile werden ausfahren

wie der Blitz, und Gott der HERR wird die
Posaune blasen und wird einherfahren in
den Stürmen vom Südland.
15 Der HERR Zebaoth wird sie schützen,
und die Schleudersteine werden fressen
und niederwerfen und Blut trinken wie
Wein und voll davon werden wie die Bek-
ken und wie die Ecken des Altars.
16 Und der HERR, ihr Gott, wird ihnen zu
der Zeit helfen, der Herde seines Volks;
denn wie edle Steine werden sie in seinem
Lande glänzen.
17 Denn wie groß ist seine Güte und wie
groß ist seine Huld! Korn und Wein läßt er
sprossen, Jünglinge und Jungfrauen.

Der rechte Helfer

10 Bittet den HERRN, daß es regne zur
Zeit des Spätregens, so wird der
HERR, der die Wolken macht, euch auch
Regen genug geben für jedes Gewächs auf
dem Felde.
2 Denn die Götzen reden Lüge, und die
Wahrsager schauen Trug und erzählen
nichtige Träume, und ihr Trösten ist
nichts. Darum geht das Volk in die Irre
wie eine Herde und [a]ist verschmachtet,
weil kein Hirte da ist.

a Mt 9,36

Gott rüstet sein Volk zum Kampf und führt es heim

3 Mein Zorn ist entbrannt über [a]die Hir-
ten, und ich will die Böcke heimsuchen;
denn der HERR Zebaoth wird seine Herde
heimsuchen, nämlich das Haus Juda, und
wird sie zurichten wie ein Roß, das ge-
schmückt ist zum Kampf.

a Kap 11,5

4 Die Ecksteine, Pflöcke, Kriegsbogen,*
[a]alle Mächtigen sollen aus ihr hervorge-
hen.

a Jer 30,21

* Bezeichnungen für die Großen des Volkes.

5 Und sie sollen sein wie Riesen, die im
Kampf den Feind niedertreten in den
Dreck auf der Gasse, und sie sollen kämp-
fen, denn der HERR wird mit ihnen sein,
daß die Reiter zuschanden werden.
6 Und ich will das Haus Juda stärken und
das Haus Josef erretten und will sie wie-
der einsetzen; denn ich erbarme mich
ihrer. Und sie sollen sein, wie sie waren,
als ich sie nicht verstoßen hatte; denn ich,
der HERR, bin ihr Gott und will sie erhö-
ren.
7 Und Ephraim soll sein wie ein Riese,
und ihr Herz soll fröhlich werden wie vom
Wein; ihre Söhne sollen's sehen und sich
freuen, ihr Herz soll fröhlich sein über den
HERRN.
8 ¶Ich will sie locken und sie sammeln,
denn ich will sie erlösen, und sie sollen
sich mehren, wie sie sich vormals gemehrt
haben.
9 Ich [a]säte sie unter die Völker, daß sie
[b]meiner gedächten in fernen Landen und
leben sollten mit ihren Kindern und wie-
der heimkehren.

a Jes 66,19 *b* Jer 51,50

10 Denn ich will sie zurückbringen aus
Ägyptenland und sie sammeln aus Assy-
rien und will sie ins Land Gilead und zum
Libanon bringen, daß man nicht Raum ge-
nug für sie finden wird.
11 Und wenn sie in Angst [a]durchs Meer
gehen, so wird er die Wellen im Meer
schlagen, daß alle Tiefen des Wassers ver-
trocknen werden. Da soll dann zu Boden
sinken die Pracht Assyriens, und das Zep-
ter Ägyptens soll weichen.

a 2.Mose 14,16; Jes 11,15

12 Ich will sie stärken in dem HERRN, daß
sie wandeln sollen in seinem Namen,
spricht der HERR.

11 ¶Tu deine Türen auf, Libanon, daß
das Feuer deine Zedern verzehre!
2 Heult, ihr Zypressen; denn die Zedern
sind gefallen und die Herrlichen vernich-
tet. Heult, ihr Eichen Baschans; denn der
feste Wald ist umgehauen.
3 Man hört die Hirten heulen, denn ihre
Herrlichkeit ist vernichtet; man hört die
jungen Löwen brüllen, denn die Pracht des
Jordans ist vernichtet.

Gegen die treulosen Hirten des Volkes

4 So sprach der HERR, mein Gott: Hüte
die Schlachtschafe!
5 Denn ihre Käufer schlachten sie und
halten's für keine Sünde, und ihre Verkäu-
fer sprechen: Gelobt sei der HERR, ich bin
nun reich! Und [a]ihre Hirten schonen sie
nicht.

a Jer 23; Hes 13; 34

6 Darum will ich auch nicht mehr scho-
nen die Bewohner des Landes, spricht der
HERR. Und siehe, ich will die Leute fallen
lassen, einen jeden in die Hand des an-
dern und in die Hand seines Königs; sie
werden das Land zerschlagen, und ich will
sie nicht erretten aus ihrer Hand. –
7 Und ich hütete die Schlachtschafe für
die Händler der Schafe und nahm mir zwei
Stäbe; den einen nannte ich »Huld«, den

andern nannte ich »Eintracht« und hütete
die Schafe.
8 Und ich vertilgte die drei Hirten in
einem Monat. Und ich mochte die Schafe
nicht mehr, und sie wollten mich auch
nicht mehr.
9 Und ich sprach: Ich will euch nicht hü-
ten; was da stirbt, das sterbe; was ver-
schmachtet, das verschmachte; und von
den Übriggebliebenen fresse ein jeder des
andern Fleisch![a] *a* Jer 15,2
10 Und ich nahm meinen Stab »Huld« und
zerbrach ihn, um meinen Bund aufzuhe-
ben, den ich mit allen Völkern geschlos-
sen hatte.
11 Und er wurde aufgehoben am selben
Tage. Und [a]die Händler der Schafe, die
auf mich achteten, erkannten daran, daß
es des HERRN Wort war. *a* Vers 7
12 Und ich sprach zu ihnen: [a]Gefällt's
euch, so gebt her meinen Lohn; wenn
nicht, so laßt's bleiben. Und sie wogen mir
den Lohn dar, dreißig Silberstücke.
a Mt 26,15
13 Und der HERR sprach zu mir: Wirf's
hin dem Schmelzer! Ei, eine treffliche
Summe, deren ich wertgeachtet bin von
ihnen! Und [a]ich nahm die dreißig Silber-
stücke und warf sie ins Haus des HERRN,
dem Schmelzer hin. *a* Mt 27,9.10
14 Und ich zerbrach meinen andern Stab
»Eintracht«, um die [a]Bruderschaft zwi-
schen Juda und Israel aufzuheben.
a Hes 37,22
15 ¶Und der HERR sprach zu mir: Nimm
abermals zu dir das Gerät eines Hirten,
aber eines nichtsnutzigen!
16 Denn siehe, ich werde einen Hirten im
Lande erwecken, der nach dem Verlore-
nen nicht sehen, das Verlaufene nicht su-
chen, der das Zerbrochene nicht heilen
und das Gesunde nicht versorgen wird;
aber das Fleisch der Fetten wird er fressen
und ihre Klauen zerreißen.
17 Weh über meinen nichtsnutzigen Hir-
ten, der die Herde verläßt! Das Schwert
komme über seinen Arm und über sein
rechtes Auge! Sein Arm soll verdorren
und sein rechtes Auge erlöschen.

Gottes Schutz für Jerusalem

12 Dies ist die Last, die der HERR an-
kündigt.
¶Von Israel spricht der HERR, der den
Himmel ausbreitet und die Erde gründet
und den Odem des Menschen in ihm
macht:
2 Siehe, ich will [a]Jerusalem zum Taumel-
becher zurichten für alle Völker ringsum-
her, und auch Juda wird's gelten, wenn
Jerusalem belagert wird.
a Jes 51,17; Jer 25,15-29
3 Zur selben Zeit will ich Jerusalem ma-
chen zum Laststein für alle Völker. Alle,
die ihn wegheben wollen, sollen sich daran
wund reißen; denn es werden sich alle
Völker auf Erden gegen Jerusalem ver-
sammeln.[a] *a* Kap 14,3; Joel 4,12
4 Zu der Zeit, spricht der HERR, will ich
alle Rosse scheu und ihre Reiter irre ma-
chen, aber über das Haus Juda will ich
meine Augen offen halten und alle Rosse
der Völker mit Blindheit plagen.
5 Und die Fürsten in Juda werden sagen
in ihrem Herzen: Die Bürger Jerusalems
sollen getrost sein in dem HERRN Zeba-
oth, ihrem Gott!
6 Zu der Zeit will ich die Fürsten Judas
machen zum Feuerbecken mitten im Holz
und [a]zur Fackel im Stroh, daß sie verzeh-
ren zur Rechten und zur Linken alle Völ-
ker ringsumher. Aber Jerusalem soll auch
fernerhin bleiben an seinem Ort. *a* Obd 18
7 ¶Und der HERR wird zuerst die Hütten
Judas erretten, auf daß sich nicht zu hoch
rühme das Haus David noch die Bürger
Jerusalems wider Juda.
8 Zu der Zeit wird der HERR die Bürger
Jerusalems beschirmen, und es wird zu
dieser Zeit geschehen, daß [a]der Schwache
unter ihnen sein wird wie David und das
Haus David wie Gott, wie der Engel des
HERRN vor ihnen her. *a* Jes 33,24

Klage über den Durchbohrten

9 Und zu der Zeit werde ich darauf be-
dacht sein, [a]alle Heiden zu vertilgen, die
gegen Jerusalem gezogen sind. *a* Offb 20,9
10 Aber über das Haus David und über
die Bürger Jerusalems will ich [a]ausgießen
den Geist der Gnade und des Gebets. Und
[b]sie werden mich ansehen, den sie durch-
bohrt haben, und sie werden um ihn kla-
gen, wie man klagt um ein einziges Kind,
und werden sich um ihn betrüben, wie
man sich betrübt um den Erstgebore-
nen. *a* Joel 3,1 *b* Joh 19,37; Offb 1,7
11 Zu der Zeit wird große Klage sein in
Jerusalem, wie die um [a]Hadad-Rimmon
in der Ebene von Megiddo war. *a* 2.Kön 5,18

12 Und das Land wird klagen, ein jedes
Geschlecht besonders: das Geschlecht des
Hauses David besonders und die Frauen
besonders, das Geschlecht des Hauses Na-
than besonders und die Frauen besonders,
13 das Geschlecht des Hauses Levi beson-
ders und die Frauen besonders, das Ge-
schlecht Schimis besonders und die
Frauen besonders;
14 so auch alle andern übriggebliebenen
Geschlechter, ein jedes besonders und die
Frauen besonders.

Ausrottung des Götzendienstes und der falschen Propheten

13 Zu der Zeit werden das Haus David
und die Bürger Jerusalems einen
[a] offenen Quell haben gegen Sünde und
Befleckung. *a* Jes 12,3; 55,1
2 Zu der Zeit, spricht der HERR Zebaoth,
[a] will ich die Namen der Götzen ausrotten
aus dem Lande, daß man ihrer nicht mehr
gedenken soll; dazu will ich auch die [b] Pro-
pheten und allen Geist der Unreinheit aus
dem Lande treiben. *a* Mi 5,12 *b* Jer 29,8.9
3 Und so soll es geschehen: Wenn jemand
weiterhin als Prophet auftritt, dann sollen
sein Vater und seine Mutter, die ihn ge-
zeugt haben, zu ihm sagen: [a] Du sollst
nicht am Leben bleiben; denn du redest
Lüge im Namen des HERRN! Und es wer-
den Vater und Mutter, die ihn gezeugt ha-
ben, ihn durchbohren, wenn er als Pro-
phet auftritt. *a* 5.Mose 13,6
4 Denn es soll zu der Zeit geschehen, daß
die Propheten, wenn sie weissagen, in
Schande dastehen mit dem, was sie ge-
schaut haben, und sie sollen nicht mehr
einen härenen Mantel anziehen, um zu be-
trügen;
5 sondern jeder wird sagen müssen: Ich
bin kein Prophet, sondern ein Ackermann;
denn vom Acker habe ich meinen Erwerb
von Jugend auf.
6 Und wenn man zu ihm sagen wird: Was
sind das für Wunden auf deiner Brust?,
wird er sagen: So wurde ich geschlagen im
Hause derer, die mich lieben.

Der geläuterte Rest

7 Schwert, mach dich auf über meinen
Hirten, über den Mann, der mir der näch-
ste ist! spricht der HERR Zebaoth. [a] Schlage
den Hirten, daß sich die Herde zerstreue;
und ich will meine Hand wenden gegen
die Kleinen. *a* Mt 26,31
8 Und es soll geschehen in dem ganzen
Lande, spricht der HERR, daß zwei Teile
darin ausgerottet werden sollen und un-
tergehen, und nur der dritte Teil soll darin
übrigbleiben.[a] *a* Jes 6,13
9 Und ich will den dritten Teil durchs
Feuer gehen lassen und läutern, wie man
Silber läutert, und ihn prüfen, wie man
Gold prüft. Die werden dann meinen Na-
men anrufen, und ich will sie erhören. Ich
will sagen: [a] Es ist mein Volk; und sie wer-
den sagen: HERR, mein Gott! *a* Hos 2,25

Jerusalem und die Völkerwelt am Tage des HERRN

14 Siehe, es kommt für den HERRN die
Zeit, daß man in deiner Mitte unter
sich verteilen wird, [a] was man dir geraubt
hat. *a* Jes 39,6
2 Denn ich werde alle Heiden sammeln
zum Kampf gegen Jerusalem. Und die
Stadt wird erobert, die Häuser werden ge-
plündert und die Frauen geschändet wer-
den. Und die Hälfte der Stadt wird gefan-
gen weggeführt werden, aber das übrige
Volk wird nicht aus der Stadt ausgerottet
werden.
3 Und [a] der HERR wird ausziehen und
kämpfen gegen diese Heiden, wie er zu
kämpfen pflegt am Tage der Schlacht.
a Kap 12,3; Jes 42,13; Offb 19,19
4 Und seine Füße werden stehen zu der
Zeit auf dem Ölberg, der vor Jerusalem
liegt nach Osten hin. Und der Ölberg wird
sich in der Mitte spalten, vom Osten bis
zum Westen, sehr weit auseinander, so daß
die eine Hälfte des Berges nach Norden
und die andere nach Süden weichen wird.
5 Und das Tal Hinnom wird verstopft wer-
den, denn das Tal wird an die Flanke des
Berges stoßen. Und ihr werdet fliehen, wie
ihr vorzeiten geflohen seid [a] vor dem Erd-
beben zur Zeit Usijas, des Königs von
Juda. Da wird dann kommen der HERR,
mein Gott, und alle Heiligen mit ihm.
a Am 1,1
6 Zu der Zeit wird weder Kälte noch Frost
noch Eis sein.
7 Und es wird ein einziger Tag sein – [a] er
ist dem HERRN bekannt! –, es wird nicht
Tag und Nacht sein, und auch um den
Abend wird es licht sein. *a* Mk 13,32

8 ¶Zu der Zeit werden [a]lebendige Was-
ser aus Jerusalem fließen, die eine Hälfte
zum Meer im Osten und die andere Hälfte
zum Meer im Westen, und so wird es sein
im Sommer und im Winter. *a* Hes 47,1-8
9 Und [a]**der HERR wird König sein über alle
Lande.** Zu der Zeit wird der HERR der ein-
zige sein und sein Name der einzige.
a Ps 97,1; Offb 11,15
10 Und das ganze Land wird verwandelt
werden in eine Ebene, von Geba bis nach
[a]Rimmon im Süden. Aber Jerusalem wird
hoch liegen und an seiner Stätte bleiben,
vom Tor Benjamin bis an die Stelle des
ersten Tors, [b]bis an das Ecktor, und vom
Turm Hananel bis an des Königs Kelter.
a Jos 15,32 *b* Jer 31,38
11 Und man wird darin wohnen; es wird
[a]keinen Bann mehr geben, denn [b]Jerusa-
lem wird ganz sicher wohnen.
a Offb 22,3 *b* Jer 33,16
12 ¶Und dies wird die Plage sein, mit der
der HERR alle Völker schlagen wird, die
gegen Jerusalem in den Kampf gezogen
sind: ihr Fleisch wird verwesen, während
sie noch auf ihren Füßen stehen, und ihre
Augen werden in ihren Höhlen verwesen
und ihre Zungen im Mund.
13 Zu der Zeit wird der HERR eine große
Verwirrung unter ihnen anrichten, so daß
einer den andern bei der Hand packen und
seine Hand wider des andern Hand erhe-
ben wird;
14 und auch Juda wird gegen Jerusalem
kämpfen. Und man wird zusammenbrin-
gen die Güter aller Heiden ringsumher:
Gold, Silber und Kleider über die Maßen
viel.
15 Und so wird dann diese Plage auch
kommen über Rosse, Maultiere, Kamele,
Esel und alle Tiere, die in diesem Heer
sind; sie werden von ihr geschlagen gleich-
wie jene.
16 Und alle, die übriggeblieben sind von
allen Heiden, die gegen Jerusalem zogen,
werden jährlich heraufkommen, um anzu-
beten [a]den König, den HERRN Zebaoth,
und um das Laubhüttenfest zu halten.
a Vers 9
17 Aber über das Geschlecht auf Erden,
das nicht heraufziehen wird nach Jerusa-
lem, um anzubeten den König, den HERRN
Zebaoth, über das wird's nicht regnen.
18 Und wenn das Geschlecht der Ägypter
nicht heraufzöge und käme, so wird auch
über sie die Plage kommen, mit der der
HERR alle Heiden schlagen wird, wenn sie
nicht heraufkommen, um das Laubhütten-
fest zu halten.
19 Darin besteht die Sünde der Ägypter
und aller Heiden, daß sie nicht herauf-
kommen, um das Laubhüttenfest zu hal-
ten.
20 ¶Zu der Zeit wird auf den Schellen der
Rosse stehen [a]»Heilig dem HERRN«. Und
die Töpfe im Hause des HERRN werden
den Becken vor dem Altar gleichgestellt
sein. *a* 2.Mose 28,36
21 Und [a]es werden alle Töpfe in Jerusa-
lem und Juda dem HERRN Zebaoth heilig
sein, so daß alle, die da opfern wollen,
kommen werden und sie nehmen und
darin kochen werden. Und [b]es wird kei-
nen Händler mehr geben im Hause des
HERRN Zebaoth zu der Zeit.
a Offb 21,26.27 *b* Mt 21,12

DER PROPHET MALEACHI

Inhaltsübersicht

Gottes Liebe zu Israel

1 Dies ist die Last, die der HERR ankündigt für Israel durch Maleachi.

2 ¶Ich habe euch lieb, spricht der HERR. Ihr aber sprecht: »Woran sehen wir, daß du uns liebhast?« Ist nicht Esau Jakobs Bruder? spricht der HERR; [a]und doch hab ich Jakob lieb *a* 1.Mose 25,23; Röm 9,13

3 und hasse Esau und habe sein Gebirge öde gemacht und sein Erbe [a]den Schakalen zur Wüste. *a* Jes 34,13

4 Und wenn auch Edom spricht: Wir sind zerschlagen, aber wir wollen das Zerstörte wieder bauen!, so spricht der HERR Zebaoth: Werden sie bauen, so will ich abbrechen, und man wird sie nennen »Land des Frevels« und »Ein Volk, über das der HERR ewiglich zürnt«.

5 Das sollen eure Augen sehen, und ihr werdet sagen: Der HERR ist herrlich über die Grenzen Israels hinaus.

Verachtung Gottes durch minderwertige Opfer

6 [a]Ein Sohn soll seinen Vater ehren und ein Knecht seinen Herrn. Bin ich nun Vater, wo ist meine Ehre? Bin ich Herr, wo fürchtet man mich? spricht der HERR Zebaoth zu euch Priestern, die meinen Namen verachten. Ihr aber sprecht: »Wodurch verachten wir denn deinen Namen?« *a* 2.Mose 20,12

7 Dadurch daß ihr opfert auf meinem Altar unreine Speise. Ihr aber sprecht: »Womit opfern wir dir denn Unreines?« Dadurch daß ihr sagt: »Des HERRN Tisch ist für nichts zu achten.«

8 Denn wenn ihr [a]ein blindes Tier opfert, so haltet ihr das nicht für böse; und wenn ihr ein lahmes oder ein krankes opfert, so haltet ihr das auch nicht für böse. Bring es doch deinem Fürsten! Meinst du, daß du ihm gefallen werdest oder daß er dich gnädig ansehen werde? spricht der HERR Zebaoth. *a* 3.Mose 22,20.23

9 So bittet doch Gott und seht, ob er uns gnädig sei! Denn meint ihr, nachdem solches von euch geschehen ist, er werde euch gnädig ansehen? spricht der HERR Zebaoth.

10 Daß doch einer unter euch die Türen zuschlösse, damit ihr nicht umsonst auf meinem Altar Feuer anzündet! Ich habe kein Gefallen an euch, spricht der HERR Zebaoth, und [a]das Opfer von euren Händen ist mir nicht angenehm. *a* Kap 2,13; Jes 1,13

11 Denn vom Aufgang der Sonne bis zum Niedergang ist mein Name herrlich unter den Heiden, und an allen Orten wird meinem Namen geopfert und ein reines Opfer dargebracht; denn [a]mein Name ist herrlich unter den Heiden, spricht der HERR Zebaoth. *a* Jes 60,1-7

12 Ihr aber entheiligt ihn damit, daß ihr sagt: »Des Herrn Tisch ist unheilig, und sein Opfer ist für nichts zu achten.«

13 Und ihr sprecht: »Siehe, welch eine Mühsal!« und bringt mich in Zorn, spricht der HERR Zebaoth, denn ihr bringt herzu, was geraubt, lahm und krank ist, und bringt es dar zum Opfer. Sollte mir solches gefallen von eurer Hand? spricht der HERR.

14 Verflucht sei der Betrüger, der in seiner Herde [a]ein gutes männliches Tier hat und es gelobt, aber dem Herrn ein fehlerhaftes opfert. Denn ich bin ein großer König, spricht der HERR Zebaoth, und mein Name ist gefürchtet unter den Heiden. *a* 3.Mose 22,19

Strafrede gegen die Priester

2 Und nun, ihr Priester, dies Wort gilt euch:

2 Wenn ihr's nicht hören noch zu Herzen nehmen werdet, daß ihr meinem Namen die Ehre gebt, spricht der HERR Zebaoth,

so [a] werde ich den Fluch unter euch schik-
ken und verfluchen, womit ihr gesegnet
seid; ja, verfluchen werde ich euren Se-
gen, weil ihr's nicht wollt zu Herzen neh-
men. *a* 5.Mose 28,15
3 Siehe, ich will euch den Arm zerbre-
chen und den Unrat eurer Festopfer euch
ins Angesicht werfen, und er soll an euch
kleben bleiben.
4 So werdet ihr dann erfahren, daß ich sol-
ches Wort über euch habe ergehen lassen,
damit mein Bund mit Levi bestehen
bleibe, spricht der HERR Zebaoth.
5 Denn mein Bund mit ihm war, daß ich
ihm Leben und Frieden gab, und ich gab
ihm Furcht, daß er mich fürchtete und
meinen Namen scheute.
6 Verläßliche Weisung war in seinem
Munde, und es wurde nichts Böses auf
seinen Lippen gefunden. Er wandelte vor
mir friedsam und aufrichtig und hielt viele
von Sünden zurück.
7 Denn [a] **des Priesters Lippen sollen die
Lehre bewahren, daß man aus seinem
Munde Weisung suche; denn** [b] **er ist ein
Bote des HERRN Zebaoth.**
a 5.Mose 33,10 *b* Hag 1,13
8 Ihr aber seid von dem Wege abgewi-
chen und habt viele zu Fall gebracht durch
falsche Weisung und habt den Bund mit
Levi verdorben, spricht der HERR Zeba-
oth.
9 Darum habe auch ich euch verächtlich
und unwert gemacht vor dem ganzen
Volk, weil ihr meine Wege nicht haltet und
die Person anseht, wenn ihr Weisung gebt.

Gegen Ehen mit heidnischen Frauen und gegen Ehescheidung

10 Haben wir nicht [a] alle **einen** Vater? Hat
uns nicht [b] **ein** Gott geschaffen? Warum
verachten wir denn einer den andern und
entheiligen den Bund mit unsern Vä-
tern? *a* Kap 1,6 *b* Hiob 31,15; Eph 4,6
11 Juda ist treulos geworden, und in Israel
und in Jerusalem geschehen Greuel. Denn
Juda entheiligt, was dem HERRN heilig ist
und was er liebhat, und [a] freit eines frem-
den Gottes Tochter. *a* Esr 9,2
12 Aber der HERR wird den, der solches
tut, ausrotten aus den Zelten Jakobs mit
seinem ganzen Geschlecht, auch wenn er
noch dem HERRN Zebaoth Opfer bringt.
13 ¶ Weiter tut ihr auch das: Ihr bedeckt
den Altar des HERRN mit Tränen und Wei-
nen und Seufzen; aber [a] er mag das Opfer
nicht mehr ansehen noch etwas Ange-
nehmes von euren Händen empfangen.
a Kap 1,10
14 Ihr aber sprecht: »Warum das?« Weil
der HERR Zeuge war zwischen dir und der
Frau deiner Jugend, der du treulos gewor-
den bist, obwohl sie doch deine Gefährtin
und die Frau ist, mit der du einen Bund
geschlossen hast.
15 Nicht einer hat das getan, in dem noch
ein Rest von Geist war. Denn er sucht
Nachkommen, die Gott geheiligt sind.
Darum so seht euch vor in eurem Geist,
und werde keiner treulos der Frau seiner
Jugend.
16 Wer ihr aber gram ist und [a] sie verstößt,
spricht der HERR, der Gott Israels, der be-
deckt mit Frevel sein Kleid, spricht der
HERR Zebaoth. Darum so seht euch vor in
eurem Geist und brecht nicht die Treue!
a 5.Mose 24,1

Gottes Gericht kommt bald

17 Ihr macht den HERRN unwillig [a] durch
euer Reden! Ihr aber sprecht: »Womit ma-
chen wir ihn unwillig?« Dadurch daß ihr
sprecht: »Wer Böses tut, der gefällt dem
HERRN, und an solchen hat er Freude«
oder: »Wo ist der Gott, der da straft?«
a Kap 3,13.14
3 ¶ **Siehe,** [a] **ich will meinen Boten senden,
der vor mir her den Weg bereiten soll.
Und bald wird kommen zu seinem Tem-
pel der Herr, den ihr sucht; und der Engel
des Bundes, den ihr begehrt, siehe, er
kommt!** spricht der HERR Zebaoth.
a Mt 11,10; Mk 1,2; Lk 1,17
2 Wer wird aber den Tag seines Kommens
ertragen können, und wer wird bestehen,
wenn er erscheint? Denn [a] er ist wie das
Feuer eines Schmelzers und wie die Lauge
der Wäscher. *a* Jes 1,25
3 Er wird sitzen und schmelzen und das
Silber reinigen, er wird die Söhne Levi rei-
nigen und [a] läutern wie Gold und Silber.
Dann werden sie dem HERRN Opfer brin-
gen in Gerechtigkeit, *a* Sach 13,9
4 und es wird dem HERRN wohlgefallen
das Opfer Judas und Jerusalems wie vor-
mals und vor langen Jahren.
5 Und ich will zu euch kommen zum Ge-
richt und will ein schneller Zeuge sein ge-
gen die Zauberer, Ehebrecher, Meineidi-
gen und gegen die, die Gewalt und

Unrecht tun den Tagelöhnern, Witwen
und Waisen und die den Fremdling drük-
ken und mich nicht fürchten, spricht der
HERR Zebaoth.

Gott hält seine Zusage

6 Ich, der HERR, wandle mich nicht; aber
ihr habt nicht aufgehört, Jakobs Söhne zu
sein:
7 Ihr seid von eurer Väter Zeit an immer-
dar abgewichen von meinen Geboten und
habt sie nicht gehalten. So [a]bekehrt euch
nun zu mir, so will ich mich auch zu euch
kehren, spricht der HERR Zebaoth. Ihr
aber sprecht: »Worin sollen wir uns be-
kehren?« *a* Sach 1,3
8 Ist's recht, daß ein Mensch Gott betrügt,
wie ihr mich betrügt? Ihr aber sprecht:
»Womit betrügen wir dich?« Mit dem
Zehnten und der [a]Opfergabe! *a* 2.Mose 25,2
9 [a]Darum seid ihr auch verflucht; denn
ihr betrügt mich allesamt.

a (9 und 10) Hag 1,5.6

10 Bringt aber die Zehnten in voller Höhe
in mein Vorratshaus, auf daß in meinem
Hause Speise sei, und prüft mich hiermit,
spricht der HERR Zebaoth, ob ich euch
dann nicht des Himmels Fenster auftun
werde und Segen herabschütten die Fülle.
11 Und ich will um euretwillen [a]den »Fres-
ser« bedrohen, daß er euch die Frucht auf
dem Acker nicht verderben soll und der
Weinstock auf dem Felde euch nicht un-
fruchtbar sei, spricht der HERR Zebaoth.

a Joel 1,4

12 Dann werden euch alle Heiden glück-
lich preisen, denn ihr sollt ein herrliches
Land sein, spricht der HERR Zebaoth.

Der Tag des HERRN und sein Vorläufer

13 Ihr redet hart gegen mich, spricht der
HERR. Ihr aber sprecht: »Was reden wir
gegen dich?«
14 Ihr sagt: [a]»Es ist umsonst, daß man
Gott dient; und was nützt es, daß wir sein
Gebot halten und in Buße einhergehen
vor dem HERRN Zebaoth?

a Ps 73,13.14; Sach 7,3.5

15 Darum preisen wir die Verächter; denn
die Gottlosen gedeihen, und die Gott ver-
suchen, bleiben bewahrt.«
16 ¶ Aber die Gottesfürchtigen trösten
sich untereinander: Der HERR merkt und
hört es, und es wird vor ihm ein Gedenk-
buch geschrieben für die, welche den
HERRN fürchten und an seinen Namen ge-
denken.
17 Sie sollen, spricht der HERR Zebaoth,
an dem Tage, den ich machen will, [a]mein
Eigentum sein, und ich will mich ihrer er-
barmen, wie ein Mann sich seines Sohnes
erbarmt, der ihm dient. *a* 2.Mose 19,5
18 Ihr werdet am Ende doch sehen, was
für ein Unterschied ist zwischen dem Ge-
rechten und dem Gottlosen, zwischen
dem, der Gott dient, und dem, der ihm
nicht dient.
19 ¶ *Denn siehe, es kommt ein Tag, der
brennen soll wie ein Ofen. Da werden alle
Verächter und Gottlosen Stroh sein, und
der kommende Tag wird sie anzünden,
spricht der HERR Zebaoth, und er wird
ihnen weder Wurzel noch Zweig lassen.

* Abweichende Verszählung statt 3,19-24: 4,1-6.

20 **Euch aber, die ihr meinen Namen fürch-
tet, [a]soll aufgehen die Sonne der Gerech-
tigkeit und Heil unter ihren Flügeln.** Und
ihr sollt herausgehen und springen wie die
Mastkälber. *a* Lk 1,78
21 Ihr werdet die Gottlosen zertreten;
denn sie sollen Staub unter euren Füßen
werden [a]an dem Tage, den ich machen
will, spricht der HERR Zebaoth. *a* Vers 17
22 ¶ Gedenkt an das Gesetz meines
Knechtes Mose, das ich ihm befohlen
habe auf dem Berge Horeb für ganz Israel,
an alle Gebote und Rechte!
23 **Siehe, ich will euch senden den Prophe-
ten [a]Elia, [b]ehe der große und schreckliche
Tag des HERRN kommt.**

a Mt 11,14; 17,11-13 *b* Joel 3,4

24 Der soll [a]das Herz der Väter bekehren
zu den Söhnen und das Herz der Söhne
zu ihren Vätern, auf daß ich nicht komme
und das Erdreich mit dem Bann schlage.

a Lk 1,17

DAS NEUE TESTAMENT

DAS EVANGELIUM NACH MATTHÄUS

Inhaltsübersicht

Jesu Stammbaum

(Lk 3,23-38)

1 Dies ist das Buch von der Geschichte
Jesu Christi, des [a]Sohnes Davids, des
[b]Sohnes Abrahams. *a* 1.Chr 17,11 *b* 1.Mose 22,18
2 ¶Abraham zeugte [a]Isaak. Isaak zeugte
[b]Jakob. Jakob zeugte [c]Juda und seine Brü-
der. *a* 1.Mose 21,3.12 *b* 1.Mose 25,26
c 1.Mose 29,35; 49,10
3 [a]Juda zeugte [b]Perez und Serach mit der
Tamar. Perez zeugte Hezron. Hezron
zeugte Ram. *a (3-6)* Rut 4,18-22 *b* 1.Mose 38,29.30
4 Ram zeugte Amminadab. Amminadab
zeugte Nachschon. Nachschon zeugte Sal-
mon.
5 Salmon zeugte Boas mit der [a]Rahab.
[b]Boas zeugte Obed mit der Rut. Obed
zeugte Isai. *a* Jos 2,1 *b* Rut 4,13-17
6 Isai zeugte den König David. David
zeugte [a]Salomo mit der Frau des Uria.
a 2.Sam 12,24
7 [a]Salomo zeugte Rehabeam. Rehabeam
zeugte Abija. Abija zeugte Asa.
a (7-11) 1.Chr 3,10-16
8 Asa zeugte Joschafat. Joschafat zeugte
Joram. Joram zeugte Usija.
9 Usija zeugte Jotam. Jotam zeugte Ahas.
Ahas zeugte Hiskia.
10 Hiskia zeugte Manasse. Manasse zeugte
Amon. Amon zeugte Josia.
11 Josia zeugte Jojachin und seine Brüder
um die Zeit der [a]babylonischen Gefan-
genschaft. *a* 2.Kön 25,7.11.21
12 Nach der babylonischen Gefangen-
schaft zeugte Jojachin [a]Schealtiël. Scheal-
tiël zeugte [b]Serubbabel. *a* 1.Chr 3,17 *b* Esr 3,2
13 Serubbabel zeugte Abihud. Abihud
zeugte Eljakim. Eljakim zeugte Asor.
14 Asor zeugte Zadok. Zadok zeugte
Achim. Achim zeugte Eliud.
15 Eliud zeugte Eleasar. Eleasar zeugte
Mattan. Mattan zeugte Jakob.
16 Jakob zeugte [a]Josef, den Mann der
Maria, von der geboren ist Jesus, der da
heißt Christus. *a* Lk 1,27
17 ¶Alle Glieder von Abraham bis zu
David sind vierzehn Glieder. Von David
bis zur babylonischen Gefangenschaft sind
vierzehn Glieder. Von der babylonischen
Gefangenschaft bis zu Christus sind vier-
zehn Glieder.

Jesu Geburt

18 Die Geburt Jesu Christi geschah aber
so: Als Maria, seine Mutter, dem Josef
vertraut* war, fand es sich, ehe er sie heim-
holte, daß sie schwanger war [a]von dem
heiligen Geist. *a* Lk 1,35

* Siehe Sach- und Worterklärungen unter »Verlobung«.

19 Josef aber, ihr Mann, war fromm und
wollte sie nicht in Schande bringen,
gedachte aber, sie heimlich zu verlassen.
20 Als er das noch bedachte, siehe, da
erschien ihm der Engel des Herrn im
Traum und sprach: Josef, du Sohn Davids,
fürchte dich nicht, Maria, deine Frau, zu
dir zu nehmen; denn was sie empfangen
hat, das ist von dem heiligen Geist.
21 Und sie wird einen Sohn gebären, [a]dem
sollst du den Namen Jesus geben, denn
[b]**er wird sein Volk retten von ihren Sün-
den.** *a* Lk 2,21; Apg 4,12 *b* Ps 130,8
22 Das ist aber alles geschehen, damit
erfüllt würde, was der Herr durch den Pro-
pheten gesagt hat, der da spricht (Jesaja
7,14):
23 »Siehe, eine Jungfrau wird schwanger
sein und einen Sohn gebären, und sie wer-

den ihm den Namen Immanuel geben«,
das heißt übersetzt: Gott mit uns.
24 ¶ Als nun Josef vom Schlaf erwachte,
tat er, wie ihm der Engel des Herrn befoh-
len hatte, und nahm seine Frau zu sich.
25 Und er berührte sie nicht, bis sie einen
Sohn gebar; und er gab ihm den Namen
Jesus.

Die Weisen aus dem Morgenland

2 Als [a]Jesus geboren war in Bethlehem
in Judäa zur Zeit des Königs Herodes,
siehe, da kamen Weise* aus dem Morgen-
land nach Jerusalem und sprachen:

* Siehe Sach- und Worterklärungen. *a* Lk 2,1-7

2 Wo ist der neugeborene König der
Juden? Wir [a]haben seinen Stern gesehen
im Morgenland und sind gekommen, ihn
anzubeten. *a* 4.Mose 24,17
3 Als das der König Herodes hörte,
erschrak er und mit ihm ganz Jerusalem,
4 und er ließ zusammenkommen alle
Hohenpriester und Schriftgelehrten des
Volkes und erforschte von ihnen, wo der
Christus geboren werden sollte.
5 Und sie sagten ihm: In [a]Bethlehem in
Judäa; denn so steht geschrieben durch
den Propheten (Micha 5,1): *a* Joh 7,42
6 »Und du, Bethlehem im jüdischen
Lande, bist keineswegs die kleinste unter
den Städten in Juda; denn aus dir wird
kommen der Fürst, der mein Volk Israel
weiden soll.«
7 ¶ Da rief Herodes die Weisen heimlich
zu sich und erkundete genau von ihnen,
wann der Stern erschienen wäre,
8 und schickte sie nach Bethlehem und
sprach: Zieht hin und forscht fleißig nach
dem Kindlein; und wenn ihr's findet, so
sagt mir's wieder, daß auch ich komme
und es anbete.
9 Als sie nun den König gehört hatten,
zogen sie hin. Und siehe, der Stern, den
sie im Morgenland gesehen hatten, ging
vor ihnen her, bis er über dem Ort stand,
wo das Kindlein war.
10 Als sie den Stern sahen, wurden sie
hoch erfreut
11 und gingen in das Haus und fanden das
Kindlein mit Maria, seiner Mutter, und fie-
len nieder und beteten es an und taten
ihre Schätze auf und [a]schenkten ihm
Gold, Weihrauch und Myrrhe.
a Ps 72,10.15; Jes 60,6
12 Und Gott befahl ihnen im Traum, nicht
wieder zu Herodes zurückzukehren; und
sie zogen auf einem andern Weg wieder in
ihr Land.

Die Flucht nach Ägypten

13 Als sie aber hinweggezogen waren,
siehe, da erschien der Engel des Herrn
dem Josef im Traum und sprach: Steh auf,
nimm das Kindlein und seine Mutter mit
dir und flieh nach Ägypten und bleib dort,
bis ich dir's sage; denn Herodes hat vor,
das Kindlein zu suchen, um es umzubrin-
gen.
14 Da stand er auf und nahm das Kindlein
und seine Mutter mit sich bei Nacht und
entwich nach Ägypten
15 und blieb dort bis nach dem Tod des
Herodes, damit erfüllt würde, was der
Herr durch den Propheten gesagt hat, der
da spricht (Hosea 11,1): »Aus Ägypten
habe ich meinen Sohn gerufen.«

Der Kindermord des Herodes

16 Als Herodes nun sah, daß er von den
Weisen betrogen war, wurde er sehr zor-
nig und schickte aus und ließ alle Kinder
in Bethlehem töten und in der ganzen
Gegend, die zweijährig und darunter
waren, nach der Zeit, die er von den Wei-
sen genau erkundet hatte.
17 Da wurde erfüllt, was gesagt ist durch
den Propheten Jeremia, der da spricht
(Jeremia 31,15):
18 »In Rama hat man ein Geschrei gehört,
viel Weinen und Wehklagen; [a]Rahel
beweinte ihre Kinder und wollte sich nicht
trösten lassen, denn es war aus mit
ihnen.« *a* 1.Mose 35,19

Die Rückkehr aus Ägypten

19 Als aber Herodes gestorben war, siehe,
da erschien der Engel des Herrn dem Josef
im Traum in Ägypten
20 und sprach: Steh auf, nimm das Kind-
lein und seine Mutter mit dir und zieh hin
in das Land Israel; [a]sie sind gestorben, die
dem Kindlein nach dem Leben getrachtet
haben. *a* 2.Mose 4,19
21 Da stand er auf und nahm das Kindlein
und seine Mutter mit sich und kam in das
Land Israel.
22 Als er aber hörte, daß Archelaus in
Judäa König war anstatt seines Vaters
Herodes, fürchtete er sich, dorthin zu
gehen. Und im Traum empfing er Befehl

57 *Der Prophet Elia*
Mosaik; 725 x 570 cm; 1970; signiert;
MBMC, Nizza
(© Foto: RMN)

60 *Die Berufung Hesekiels*
Radierung; 33,8 × 25,6 cm; 1952-1956;
MBMC, Nizza
(© Foto: MBMC – Patrick Gérin)

von Gott und zog ins galiläische Land
23 und kam und wohnte in einer Stadt mit
Namen [a]Nazareth, damit erfüllt würde,
was gesagt ist durch die Propheten: Er soll
Nazoräer* heißen. *a* Lk 2,39; Joh 1,46

* Siehe Sach- und Worterklärungen.

Johannes der Täufer

(Mk 1,2-8; Lk 3,1-18)

3 Zu der Zeit kam [a]Johannes der Täufer
und predigte in der Wüste von Judäa
a Lk 1,13
2 und sprach: [a]**Tut Buße, denn das Himmelreich ist nahe herbeigekommen!**
a Kap 4,17; Röm 12,2
3 Denn dieser ist's, von dem der Prophet
Jesaja gesprochen und gesagt hat (Jesaja
40,3): »Es ist eine Stimme eines Predigers
in der Wüste: Bereitet dem Herrn den
Weg und macht eben seine Steige!«[a]
a Joh 1,23
4 Er aber, Johannes, hatte ein Gewand aus
Kamelhaaren an und [a]einen ledernen Gürtel um seine Lenden; seine Speise aber
waren Heuschrecken und wilder Honig.
a 2.Kön 1,8
5 Da ging zu ihm hinaus die Stadt Jerusalem und ganz Judäa und alle Länder am
Jordan
6 und ließen sich taufen von ihm im Jordan und bekannten ihre Sünden.
7 Als er nun viele Pharisäer und Sadduzäer sah zu seiner Taufe kommen, sprach
er zu ihnen: [a]Ihr Schlangenbrut, wer hat
denn euch gewiß gemacht, daß ihr dem
künftigen Zorn entrinnen werdet?
a Kap 23,33
8 Seht zu, bringt rechtschaffene Frucht der
Buße!
9 Denkt nur nicht, daß ihr bei euch sagen
könntet: [a]Wir haben Abraham zum Vater.
Denn ich sage euch: Gott vermag dem
Abraham aus diesen Steinen Kinder zu
erwecken. *a* Joh 8,33.39; Röm 2,28.29; 4,12
10 Es ist schon die Axt den Bäumen an
die Wurzel gelegt. Darum: [a]jeder Baum,
der nicht gute Frucht bringt, wird abgehauen und ins Feuer geworfen. *a* Lk 13,6-9
11 Ich taufe euch mit Wasser zur Buße;
der aber nach mir kommt, ist stärker als
ich, und ich bin nicht wert, ihm die Schuhe
zu tragen; der wird euch mit dem heiligen
Geist und mit Feuer taufen.[a]
a Joh 1,26.27.33; Apg 1,5; 2,3.4
12 Er hat seine Worfschaufel in der Hand;
er wird seine Tenne fegen und seinen Weizen in die Scheune sammeln; aber die
Spreu wird er verbrennen mit unauslöschlichem Feuer.[a] *a* Kap 13,30

Jesu Taufe

(Mk 1,9-11; Lk 3,21.22; Joh 1,32-34)

13 Zu der Zeit kam Jesus aus Galiläa an
den Jordan zu Johannes, daß er sich von
ihm taufen ließe.
14 Aber Johannes wehrte ihm und sprach:
Ich bedarf dessen, daß ich von dir getauft
werde, und du kommst zu mir?[a] *a* Joh 13,6
15 Jesus aber antwortete und sprach zu
ihm: Laß es jetzt geschehen! Denn so
gebührt es uns, alle Gerechtigkeit zu erfüllen. Da ließ er's geschehen.
16 Und als Jesus getauft war, stieg er alsbald herauf aus dem Wasser. Und siehe,
da tat sich ihm der Himmel auf, und er
sah [a]den Geist Gottes wie eine Taube herabfahren und über sich kommen. *a* Jes 11,2
17 Und siehe, eine [a]Stimme vom Himmel
herab sprach: **Dies ist mein lieber Sohn,**
[b]**an dem ich Wohlgefallen habe.**
a Kap 17,5 *b* Jes 42,1

Jesu Versuchung

(Mk 1,12.13; Lk 4,1-13)

4 Da wurde Jesus vom Geist in die
Wüste geführt, damit er von dem Teufel [a]versucht würde. *a* Hebr 4,15
2 Und da er [a]vierzig Tage und vierzig
Nächte gefastet hatte, hungerte ihn.
a 2.Mose 34,28; 1.Kön 19,8
3 Und der Versucher trat zu ihm und
sprach: Bist du Gottes Sohn, so sprich,
daß diese Steine Brot werden.[a]
a 1.Mose 3,1-7
4 Er aber antwortete und sprach: Es steht
geschrieben (5.Mose 8,3): **»Der Mensch lebt nicht vom Brot allein, sondern von einem jeden Wort, das aus dem Mund Gottes geht.«**
5 ¶Da führte ihn der Teufel mit sich in
die heilige Stadt und stellte ihn auf die
Zinne des Tempels
6 und sprach zu ihm: Bist du Gottes Sohn,
so wirf dich hinab; denn es steht geschrieben (Psalm 91,11.12): »Er wird seinen
Engeln deinetwegen Befehl geben; und sie
werden dich auf den Händen tragen, damit
du deinen Fuß nicht an einen Stein stößt.«
7 Da sprach Jesus zu ihm: Wiederum
steht auch geschrieben (5.Mose 6,16): **»Du**

**sollst den Herrn, deinen Gott, nicht versu-
chen.«**
8 ¶Darauf führte ihn der Teufel mit sich
auf einen sehr hohen Berg und zeigte ihm
alle Reiche der Welt und ihre Herrlichkeit
9 und sprach zu ihm: Das alles will ich dir
geben, wenn du niederfällst und mich
anbetest.[a] *a* Kap 16,26
10 Da sprach Jesus zu ihm: Weg mit dir,
Satan! Denn es steht geschrieben (5. Mose
6,13): **»Du sollst anbeten den Herrn, deinen
Gott, und ihm allein dienen.«**
11 Da verließ ihn der Teufel. Und siehe, da
[a]traten Engel zu ihm und dienten ihm.
a Joh 1,51; Hebr 1,6.14

Der Beginn des Wirkens Jesu in Galiläa

(Mk 1,14.15; Lk 4,14.15)

12 Als nun Jesus hörte, daß [a]Johannes
gefangengesetzt worden war, zog er sich
nach Galiläa zurück. *a* Kap 14,3
13 Und er verließ Nazareth, kam und
wohnte in Kapernaum, das am See liegt
im Gebiet von Sebulon und Naftali,
14 damit erfüllt würde, was gesagt ist durch
den Propheten Jesaja, der da spricht
(Jesaja 8,23; 9,1):
15 »Das Land Sebulon und das Land Naf-
tali, das Land am Meer, das Land jenseits
des Jordans, das heidnische Galiläa,
16 das Volk, das in Finsternis saß, hat ein
großes Licht gesehen; und denen, die
saßen am Ort und im Schatten des Todes,
ist ein Licht aufgegangen.«[a] *a* Joh 8,12
17 ¶ Seit der Zeit fing Jesus an zu predi-
gen: [a]**Tut Buße, denn das Himmelreich ist
nahe herbeigekommen!** *a* Kap 3,2

Die Berufung der ersten Jünger

(Mk 1,16-20; Lk 5,1-11; Joh 1,35-51)

18 Als nun Jesus am Galiläischen Meer
entlangging, sah er zwei Brüder, Simon,
der Petrus genannt wird, und Andreas, sei-
nen Bruder; die warfen ihre Netze ins
Meer; denn sie waren Fischer.
19 Und er sprach zu ihnen: Folgt mir nach;
[a]ich will euch zu Menschenfischern ma-
chen! *a* Kap 28,19.20
20 Sogleich verließen sie ihre Netze und
folgten ihm nach.[a] *a* Kap 19,27
21 Und als er von dort weiterging, sah er
zwei andere Brüder, Jakobus, den Sohn
des Zebedäus, und Johannes, seinen Bru-
der, im Boot mit ihrem Vater Zebedäus,
wie sie ihre Netze flickten. Und er rief sie.
22 Sogleich verließen sie das Boot und
ihren Vater und folgten ihm nach.

Krankenheilungen in Galiläa

(Mk 1,39; 3,7-12; Lk 4,44; 6,17-19)

23 Und Jesus zog umher in ganz Galiläa,
lehrte in ihren Synagogen und predigte
das Evangelium von dem Reich und heilte
alle Krankheiten und alle Gebrechen im
Volk.
24 Und die Kunde von ihm erscholl durch
ganz Syrien. Und sie [a]brachten zu ihm
alle Kranken, mit mancherlei Leiden und
Plagen behaftet, Besessene, Mondsüchtige
und Gelähmte; und er machte sie gesund.
a Mk 6,55
25 Und es folgte ihm eine große Menge
aus Galiläa, aus den Zehn Städten, aus
Jerusalem, aus Judäa und von jenseits des
Jordans.

Die Bergpredigt (Kapitel 5–7)

Die Seligpreisungen

(Lk 6,20-49)

5 Als er aber das Volk sah, ging er auf
einen Berg und setzte sich; und seine
Jünger traten zu ihm.
2 Und er tat seinen Mund auf, lehrte sie
und sprach:
3 **Selig sind, [a]die da geistlich arm sind;
denn ihrer ist das Himmelreich.** *a* Jes 57,15
4 **Selig sind, die da Leid tragen; denn sie
sollen getröstet werden.**[a] *a* Ps 126,5; Offb 7,17
5 **Selig sind die Sanftmütigen; denn sie
werden das Erdreich besitzen.**[a]
a Kap 11,29; Ps 37,11
6 **Selig sind, die da hungert und dürstet
nach der Gerechtigkeit; denn sie sollen satt
werden.**[a] *a* Lk 18,9-14; Joh 6,35
7 **Selig sind die Barmherzigen; denn sie
werden Barmherzigkeit erlangen.**[a]
a Kap 25,35-46; Jak 2,13
8 **Selig sind, die reinen Herzens sind; denn
sie werden Gott schauen.**[a]
a Ps 24,3-5; 51,12.13; 1.Joh 3,2.3
9 **Selig sind die [a]Friedfertigen;* denn sie
werden Gottes Kinder heißen.** *a* Hebr 12,14
* Andere Übersetzung: »die Frieden stiften«.
10 **Selig sind, die [a]um der Gerechtigkeit
willen verfolgt werden; denn ihrer ist das
Himmelreich.** *a* 1.Petr 3,14
11 Selig seid ihr, wenn euch die Men-
schen [a]um meinetwillen schmähen und

verfolgen und reden allerlei Übles gegen
euch, wenn sie damit lügen.
a Kap 10,22; Apg 5,41; 1.Petr 4,14
12 Seid fröhlich und getrost; es wird euch
im Himmel reichlich belohnt werden.
Denn ebenso haben sie [a]verfolgt die Pro-
pheten, die vor euch gewesen sind.
a Hebr 11,33-38; Jak 5,10

Salz und Licht

13 **Ihr seid das Salz der Erde.** Wenn nun
das Salz nicht mehr salzt, womit soll man
salzen? Es ist zu nichts mehr nütze, als
daß man es wegschüttet und läßt es von
den Leuten zertreten.[a] *a* Mk 9,50; Lk 14,34.35
14 ¶ **Ihr seid [a]das Licht der Welt.** Es kann
die Stadt, die auf einem Berge liegt, nicht
verborgen sein. *a* Joh 8,12
15 Man zündet auch nicht ein Licht an und
setzt es unter einen Scheffel, sondern auf
einen Leuchter; so leuchtet es allen, die
im Hause sind.[a] *a* Mk 4,21; Lk 8,16
16 So laßt [a]euer Licht leuchten vor den
Leuten, damit sie [b]eure guten Werke
sehen und euren Vater im Himmel prei-
sen. *a* Phil 2,14.15 *b* Joh 15,8; Eph 5,8.9

Jesu Stellung zum Gesetz

17 Ihr sollt nicht meinen, daß ich gekom-
men bin, das Gesetz oder die Propheten
aufzulösen; ich bin nicht gekommen auf-
zulösen, sondern zu erfüllen.[a]
a Kap 3,15; Röm 3,31; 10,4; 1.Joh 2,7
18 Denn wahrlich, ich sage euch: Bis Him-
mel und Erde vergehen, wird nicht verge-
hen der kleinste Buchstabe noch ein [a]Tüp-
felchen vom Gesetz, bis es alles geschieht.
a Lk 16,17
19 Wer nun [a]eines von diesen kleinsten
Geboten auflöst und lehrt die Leute so,
der wird der Kleinste heißen im Himmel-
reich; wer es aber tut und lehrt, der wird
groß heißen im Himmelreich. *a* Jak 2,10
20 ¶ Denn ich sage euch: Wenn eure
Gerechtigkeit nicht besser ist als die der
Schriftgelehrten und Pharisäer, so werdet
ihr nicht in das Himmelreich kommen.[a]
a Kap 23,2-33

Vom Töten

21 Ihr habt gehört, daß zu den Alten gesagt
ist (2. Mose 20,13; 21,12): »Du sollst nicht
töten«; wer aber tötet, der soll des
Gerichts schuldig sein.
22 Ich aber sage euch: Wer mit seinem
Bruder zürnt, der ist des Gerichts schul-
dig; wer aber zu seinem Bruder sagt: Du
Nichtsnutz!, der ist des Hohen Rats
schuldig; wer aber sagt: Du Narr!, der ist
des höllischen Feuers schuldig.[a] *a* 1.Joh 3,15
23 Darum: wenn du deine Gabe auf dem
Altar opferst und dort kommt dir in den
Sinn, daß dein Bruder etwas gegen dich
hat,
24 so laß dort vor dem Altar deine Gabe
und geh zuerst hin und [a]versöhne dich
mit deinem Bruder und dann komm und
opfere deine Gabe. *a* Mk 11,25
25 Vertrage dich mit deinem Gegner
sogleich, solange du noch mit ihm auf dem
Weg bist, damit dich der Gegner nicht
dem Richter überantworte und der Rich-
ter dem Gerichtsdiener und du ins Ge-
fängnis geworfen werdest.[a]
a Kap 18,23-35; Lk 12,58.59
26 Wahrlich, ich sage dir: Du wirst nicht
von dort herauskommen, bis du auch den
letzten Pfennig bezahlt hast.

Vom Ehebrechen

27 Ihr habt gehört, daß gesagt ist (2. Mose
20,14): »Du sollst nicht ehebrechen.«
28 Ich aber sage euch: [a]Wer eine Frau
ansieht, sie zu begehren, der hat schon
mit ihr die Ehe gebrochen in seinem Her-
zen. *a* 2.Sam 11,2; Hiob 31,1; 2.Petr 2,14
29 [a]Wenn dich aber dein rechtes Auge
zum Abfall verführt, so reiß es aus und
wirf's von dir. Es ist besser für dich, daß
eins deiner Glieder verderbe und nicht der
ganze Leib in die Hölle geworfen werde.
a (29 und 30) Kap 18,8.9; Mk 9,47.43; Kol 3,5
30 Wenn dich deine rechte Hand zum
Abfall verführt, so hau sie ab und wirf sie
von dir. Es ist besser für dich, daß eins
deiner Glieder verderbe und nicht der
ganze Leib in die Hölle fahre.
31 ¶ Es ist auch gesagt (5. Mose 24,1): »Wer
sich von seiner Frau scheidet, der soll ihr
einen Scheidebrief geben.«[a]
a Kap 19,3-9; Mk 10,4-12
32 Ich aber sage euch: Wer sich von seiner
Frau scheidet, es sei denn wegen Ehe-
bruchs, der macht, daß sie die Ehe bricht;
und wer eine Geschiedene heiratet, der
bricht die Ehe.[a] *a* Lk 16,18; 1.Kor 7,10.11

Vom Schwören

33 Ihr habt weiter gehört, daß zu den
Alten gesagt ist (3. Mose 19,12; 4. Mose

30,3): »Du sollst keinen falschen Eid
schwören und sollst dem Herrn deinen
Eid halten.«
34 [a]Ich aber sage euch, daß ihr überhaupt
nicht schwören sollt, weder bei dem
[b]Himmel, denn er ist Gottes Thron;

a (34 und 35) Kap 23,16-22 *b* Jes 66,1

35 noch bei der Erde, denn sie ist der
Schemel seiner Füße; noch bei Jerusalem,
denn [a]sie ist die Stadt des großen
Königs. *a* Ps 48,3
36 Auch sollst du nicht bei deinem Haupt
schwören; denn du vermagst nicht ein einziges Haar weiß oder schwarz zu machen.
37 Eure Rede aber sei: Ja, ja; nein, nein.
Was darüber ist, das ist vom Übel.[a]

a Jak 5,12

Vom Vergelten

38 Ihr habt gehört, daß gesagt ist (2. Mose
21,24): »Auge um Auge, Zahn um Zahn.«
39 Ich aber sage euch, daß ihr nicht widerstreben sollt dem Übel, sondern: wenn
dich jemand auf deine rechte Backe
schlägt, dem biete die andere auch dar.[a]

a Klgl 3,30; Joh 18,22.23; Röm 12,19.21; 1.Petr 2,20-23

40 Und [a]wenn jemand mit dir rechten will
und dir deinen Rock nehmen, dem laß
auch den Mantel.[b] *a* 1.Kor 6,7 *b* Hebr 10,34
41 Und wenn dich jemand nötigt, eine
Meile mitzugehen, so geh mit ihm zwei.
42 Gib dem, der dich bittet, und wende
dich nicht ab von dem, der etwas von dir
borgen will.

Von der Feindesliebe

43 Ihr habt gehört, daß gesagt ist: »Du
sollst deinen Nächsten lieben« (3. Mose
19,18) und deinen Feind hassen.
44 Ich aber sage euch: [a]**Liebt eure Feinde
und [b]bittet für die, die euch verfolgen,***

a 2. Mose 23,4.5; Lk 6,27.28; Röm 12,14.20
b Lk 23,34; Apg 7,60

* In der späteren Überlieferung wird der Text erweitert: »Liebt eure Feinde, segnet, die euch fluchen, tut wohl denen, die euch hassen, und bittet für die, die euch beleidigen und verfolgen« (vgl. Lk 6,27.28). Den Feind zu hassen (Vers 43) wird im Alten Testament nirgends geboten.

45 **damit ihr [a]Kinder seid eures Vaters im
Himmel.** Denn er läßt seine Sonne aufgehen über Böse und Gute und läßt regnen
über Gerechte und Ungerechte. *a* Eph 5,1
46 Denn wenn ihr liebt, die euch lieben,
was werdet ihr für Lohn haben? Tun nicht
dasselbe auch die Zöllner?
47 Und wenn ihr nur zu euren Brüdern
freundlich seid, was tut ihr Besonderes?
Tun nicht dasselbe auch die Heiden?
48 **Darum sollt ihr [a]vollkommen sein, wie
euer Vater im Himmel vollkommen ist.**

a 3.Mose 19,2

Vom Almosengeben

6 Habt acht auf eure Frömmigkeit, daß
ihr die nicht übt vor den Leuten, um
von ihnen gesehen zu werden; ihr habt
sonst keinen Lohn bei eurem Vater im
Himmel.
2 ¶Wenn du nun Almosen gibst, sollst du
es nicht vor dir ausposaunen lassen, wie
es die Heuchler tun in den Synagogen und
auf den Gassen, damit sie von den Leuten
gepriesen werden. Wahrlich, ich sage euch:
Sie haben ihren Lohn schon gehabt.[a]

a 1.Kor 13,3

3 Wenn du aber Almosen gibst, so laß
deine linke Hand nicht wissen, was die
rechte tut,[a] *a* Kap 25,37-40; Röm 12,8
4 damit dein Almosen verborgen bleibe;
und dein Vater, der in das Verborgene
sieht, wird dir's vergelten.

Vom Beten. Das Vaterunser

5 Und wenn ihr betet, sollt ihr nicht sein
wie die Heuchler, die gern in den Synagogen und an den Straßenecken stehen und
beten, damit sie von den Leuten gesehen
werden. Wahrlich, ich sage euch: Sie
haben ihren Lohn schon gehabt.
6 Wenn du aber betest, so geh in dein
Kämmerlein und schließ die Tür zu und
bete zu deinem Vater, der im Verborgenen ist; und dein Vater, der in das Verborgene sieht, wird dir's vergelten.
7 Und wenn ihr betet, sollt ihr nicht viel
plappern wie die Heiden; denn [a]sie meinen, sie werden erhört, wenn sie viele
Worte machen. *a* Jes 1,15
8 Darum sollt ihr ihnen nicht gleichen.
Denn euer Vater weiß, was ihr bedürft,
bevor ihr ihn bittet.
9 [a]Darum sollt ihr so beten:
Unser Vater im Himmel!
[b]Dein Name werde geheiligt.

a (9-13) Lk 11,2-4 *b* Hes 36,23

10 **Dein Reich komme.**
**[a]Dein Wille geschehe wie im Himmel so
auf Erden.** *a* Lk 22,42
11 **Unser tägliches Brot gib uns heute.**
12 **Und vergib uns unsere Schuld,**

wie auch wir vergeben unsern Schuldi-
gern.[a] *a* Kap 18,21-35
13 **Und** [a]**führe uns nicht in Versuchung,**
sondern erlöse uns von dem Bösen.*
[Denn [b]**dein ist das Reich und die Kraft**
und die Herrlichkeit in Ewigkeit. Amen.]**
a Joh 17,15; 1.Kor 10,13 *b* 1.Chr 29,11-13

* Luther übersetzte: »erlöse uns von dem Übel«.
** Dieser Abschluß des Gebetes findet sich schon in einer Gemeindeordnung vom Anfang des 2.Jahrhunderts, wird aber in den neutestamentlichen Handschriften erst später bezeugt.

14 Denn wenn ihr den Menschen ihre Ver-
fehlungen vergebt, so wird euch euer
himmlischer Vater auch vergeben.[a]
a Mk 11,25
15 Wenn ihr aber den Menschen nicht ver-
gebt, so wird euch euer Vater eure Verfeh-
lungen auch nicht vergeben.

Vom Fasten

16 Wenn ihr fastet, sollt ihr nicht sauer
dreinsehen wie die Heuchler; denn sie ver-
stellen ihr Gesicht, um sich vor den Leu-
ten zu zeigen mit ihrem Fasten. Wahrlich,
ich sage euch: Sie haben ihren Lohn schon
gehabt.[a] *a* Jes 58,5.6
17 Wenn du aber fastest, so salbe dein
Haupt und wasche dein Gesicht,
18 damit du dich nicht vor den Leuten
zeigst mit deinem Fasten, sondern vor dei-
nem Vater, der im Verborgenen ist; und
dein Vater, der in das Verborgene sieht,
wird dir's vergelten.

Vom Schätzesammeln und Sorgen

19 Ihr sollt euch nicht Schätze sammeln
auf Erden, wo sie die Motten und der Rost
fressen und wo die Diebe einbrechen und
stehlen.
20 Sammelt euch aber [a]Schätze im Him-
mel, wo sie weder Motten noch Rost fres-
sen und wo die Diebe nicht einbrechen
und stehlen. *a* Kap 19,21; Lk 12,33.34; Kol 3,1.2
21 Denn wo dein Schatz ist, da ist auch
dein Herz.
22 ¶Das Auge ist das Licht des Leibes.
Wenn dein Auge lauter ist, so wird dein
ganzer Leib licht sein.[a] *a* Lk 11,34-36
23 Wenn aber dein Auge böse ist, so wird
dein ganzer Leib finster sein. Wenn nun
das Licht, das in dir ist, Finsternis ist, wie
groß wird dann die Finsternis sein![a]
a Joh 11,10
24 **¶Niemand kann zwei Herren dienen: ent-**
weder er wird den einen hassen und den
andern lieben, oder er wird an dem einen
hängen und den andern verachten. Ihr könnt
nicht Gott dienen und dem Mammon.[a]
a Lk 16,13; Jak 4,4
25 [a]Darum sage ich euch: [b]Sorgt nicht um
euer Leben, was ihr essen und trinken wer-
det; auch nicht um euren Leib, was ihr
anziehen werdet. Ist nicht das Leben mehr
als die Nahrung und der Leib mehr als die
Kleidung?
a (25-33) Lk 12,22-31 *b* Phil 4,6; 1.Petr 5,7
26 Seht die Vögel unter dem Himmel an:
sie säen nicht, sie ernten nicht, sie sam-
meln nicht in die Scheunen; und euer
himmlischer Vater ernährt sie doch. Seid
ihr denn nicht viel mehr als sie?[a]
a Kap 10,29-31; Lk 12,6.7
27 Wer ist unter euch, der seines Lebens
Länge eine Spanne zusetzen könnte, wie
sehr er sich auch darum sorgt?
28 Und warum sorgt ihr euch um die Klei-
dung? Schaut die Lilien auf dem Feld an,
wie sie wachsen: sie arbeiten nicht, auch
spinnen sie nicht.
29 Ich sage euch, daß auch [a]Salomo in
aller seiner Herrlichkeit nicht gekleidet
gewesen ist wie eine von ihnen. *a* 1.Kön 10
30 Wenn nun Gott das Gras auf dem Feld
so kleidet, das doch heute steht und mor-
gen in den Ofen geworfen wird: sollte er
das nicht viel mehr für euch tun, ihr Klein-
gläubigen?
31 Darum sollt ihr nicht sorgen und sagen:
Was werden wir essen? Was werden wir
trinken? Womit werden wir uns kleiden?
32 Nach dem allen trachten die Heiden.
Denn euer himmlischer Vater weiß, daß
ihr all dessen bedürft.
33 **Trachtet zuerst nach dem** [a]**Reich Gottes**
und nach seiner Gerechtigkeit, [b]**so wird**
euch das alles zufallen.
a Röm 14,17 *b* 1.Kön 3,13.14; Ps 37,4.25
34 Darum sorgt nicht für morgen, denn
[a]der morgige Tag wird für das Seine sor-
gen. Es ist genug, daß jeder Tag seine
eigene Plage hat. *a* 2.Mose 16,19

Vom Richtgeist

7 Richtet nicht, damit ihr nicht gerichtet
werdet.[a] *a* Röm 2,1; 1.Kor 4,5
2 Denn nach welchem Recht ihr richtet,
werdet ihr gerichtet werden; und [a]mit wel-
chem Maß ihr meßt, wird euch zugemes-
sen werden. *a* Jes 33,1; Mk 4,24

3 Was siehst du aber den Splitter in deines
Bruders Auge und nimmst nicht wahr den
Balken in deinem Auge?
4 Oder wie kannst du sagen zu deinem
Bruder: Halt, ich will dir den Splitter aus
deinem Auge ziehen?, und siehe, ein Bal-
ken ist in deinem Auge.
5 Du Heuchler, zieh zuerst den Balken aus
deinem Auge; danach sieh zu, wie du den
Splitter aus deines Bruders Auge ziehst.
6 ¶ Ihr sollt das Heilige nicht den Hunden
geben, und eure Perlen sollt ihr nicht vor
die Säue werfen, damit die sie nicht zer-
treten mit ihren Füßen und sich umwen-
den und euch zerreißen.[a] *a* Kap 10,11; Lk 23,9

Von der Gebetserhörung
(Lk 11,9-13)

7 [a] **Bittet, so wird euch gegeben; [b] suchet, so
werdet ihr finden; klopfet an, so wird euch
aufgetan.** *a* Mk 11,24; Joh 14,13 *b* Jer 29,13.14
8 **Denn wer da bittet, der empfängt; und
wer da sucht, der findet; und wer da an-
klopft, dem wird aufgetan.**
9 Wer ist unter euch Menschen, der sei-
nem Sohn, wenn er ihn bittet um Brot,
einen Stein biete?
10 oder, wenn er ihn bittet um einen Fisch,
eine Schlange biete?
11 Wenn nun ihr, die ihr doch böse seid,
dennoch euren Kindern gute Gaben geben
könnt, wieviel mehr [a] wird euer Vater im
Himmel Gutes geben denen, die ihn bit-
ten! *a* Jak 1,17

Vom Tun des göttlichen Willens

12 **Alles nun, was ihr wollt, daß euch die
Leute tun sollen, das tut ihnen auch! Das
ist das Gesetz und die Propheten.**[a]
a Kap 22,36-40; Röm 13,8-10; Gal 5,14
13 ¶ [a] **Geht hinein durch die enge Pforte.
Denn die Pforte ist weit, und der Weg ist
breit, der zur Verdammnis führt, und viele
sind's, die auf ihm hineingehen.** *a* Lk 13,24
14 **Wie eng ist die Pforte und wie schmal der
Weg, der zum Leben führt, und wenige
sind's, die ihn finden!**[a] *a* Kap 19,24; Apg 14,22
15 ¶ Seht euch vor vor den [a] falschen Pro-
pheten, die in Schafskleidern zu euch
kommen, inwendig aber sind sie reißende
Wölfe. *a* Kap 24,4.5.24; 2.Kor 11,13-15
16 An ihren [a] Früchten sollt ihr sie erken-
nen. Kann man denn Trauben lesen von
den Dornen oder Feigen von den Disteln?
a Gal 5,19-22
17 So bringt jeder gute Baum gute Früchte;
aber ein fauler Baum bringt schlechte
Früchte.[a] *a* Kap 12,33
18 Ein guter Baum kann nicht schlechte
Früchte bringen, und ein fauler Baum
kann nicht gute Früchte bringen.
19 Jeder Baum, der nicht gute Früchte
bringt, wird abgehauen und ins Feuer
geworfen.[a] *a* Kap 3,10; Joh 15,2.6
20 Darum: an ihren Früchten sollt ihr sie
erkennen.
21 ¶ **Es werden nicht alle, die zu mir sagen:
Herr, Herr!, in das Himmelreich kommen,
sondern [a] die den Willen tun meines Vaters
im Himmel.** *a* Röm 2,13; Jak 1,22
22 [a] Es werden viele zu mir sagen an jenem
Tage: Herr, Herr, [b] haben wir nicht in dei-
nem Namen geweissagt? Haben wir nicht
in deinem Namen böse Geister ausgetrie-
ben? Haben wir nicht in deinem Namen
viele Wunder getan?
a (22 und 23) Lk 13,25-27 *b* Jer 27,15
23 Dann werde ich ihnen bekennen: Ich
habe euch noch nie gekannt; weicht von
mir, ihr Übeltäter![a] *a* Kap 25,12; 2.Tim 2,19

Vom Hausbau

24 Darum, wer diese meine Rede hört und
tut sie, der gleicht einem klugen Mann,
der sein Haus auf Fels baute.
25 Als nun ein Platzregen fiel und die Was-
ser kamen und die Winde wehten und stie-
ßen an das Haus, fiel es doch nicht ein;
denn es war auf Fels gegründet.
26 Und wer diese meine Rede hört und
tut sie nicht, der gleicht einem törichten
Mann, der sein Haus auf Sand baute.
27 Als nun ein Platzregen fiel und die Was-
ser kamen und die Winde wehten und stie-
ßen an das Haus, da fiel es ein, und sein
Fall war groß.
28 ¶ Und es begab sich, als Jesus diese
Rede vollendet hatte, daß sich das Volk
[a] entsetzte über seine Lehre; *a* Apg 2,12
29 denn er lehrte sie mit Vollmacht und
nicht wie ihre Schriftgelehrten.[a]
a Joh 7,16.46

Die Heilung eines Aussätzigen
(Mk 1,40-44; Lk 5,12-14)

8 Als er aber vom Berge herabging,
folgte ihm eine große Menge.
2 Und siehe, ein Aussätziger kam heran
und fiel vor ihm nieder und sprach: Herr,
wenn du willst, kannst du mich reinigen.

3 Und Jesus streckte die Hand aus, rührte
ihn an und sprach: Ich will's tun; sei rein!
Und sogleich wurde er von seinem Aus-
satz rein.
4 Und Jesus sprach zu ihm: Sieh zu, [a] sage
es niemandem, sondern geh hin und
[b] zeige dich dem Priester und opfere die
Gabe, die Mose befohlen hat, ihnen zum
Zeugnis. *a* Mk 8,30 *b* 3.Mose 14,2-32

Der Hauptmann von Kapernaum

(Lk 7,1-10; Joh 4,46-53)

5 Als aber Jesus nach Kapernaum hinein-
ging, trat ein Hauptmann zu ihm; der bat
ihn
6 und sprach: Herr, mein Knecht liegt zu
Hause und ist gelähmt und leidet große
Qualen.
7 Jesus sprach zu ihm: Ich will kommen
und ihn gesund machen.
8 Der Hauptmann antwortete und sprach:
Herr, ich bin nicht wert, daß du unter mein
Dach gehst, sondern sprich nur ein Wort,
so wird mein Knecht gesund.
9 Denn auch ich bin ein Mensch, der
Obrigkeit untertan, und habe Soldaten
unter mir; und wenn ich zu einem sage:
Geh hin!, so geht er; und zu einem
andern: Komm her!, so kommt er; und zu
meinem Knecht: Tu das!, so tut er's.
10 Als das Jesus hörte, wunderte er sich
und sprach zu denen, die ihm nachfolg-
ten: Wahrlich, ich sage euch: Solchen
Glauben habe ich in Israel bei keinem
gefunden![a] *a* Mk 6,6; Lk 18,8
11 [a] Aber ich sage euch: Viele werden kom-
men von Osten und von Westen und mit
Abraham und Isaak und Jakob im Him-
melreich zu Tisch sitzen;
a (11 und 12) Lk 13,28.29
12 aber die Kinder des Reichs werden hin-
ausgestoßen in die Finsternis; da wird sein
Heulen und Zähneklappern.
13 Und Jesus sprach zu dem Hauptmann:
Geh hin; [a] dir geschehe, wie du geglaubt
hast. Und sein Knecht wurde gesund zu
derselben Stunde. *a* Kap 9,29; 15,28

Jesus im Haus des Petrus

(Mk 1,29-34; Lk 4,38-41)

14 Und Jesus kam in das Haus des Petrus
und sah, daß dessen [a] Schwiegermutter zu
Bett lag und hatte das Fieber. *a* 1.Kor 9,5
15 Da ergriff er ihre Hand, und das Fieber
verließ sie. Und sie stand auf und diente
ihm.
16 Am Abend aber brachten sie viele
Besessene zu ihm; und er trieb die Gei-
ster aus durch sein Wort und machte alle
Kranken gesund,
17 damit erfüllt würde, was gesagt ist durch
den Propheten Jesaja, der da spricht
(Jesaja 53,4): »Er hat unsre Schwachheit
auf sich genommen, und unsre Krankheit
hat er getragen.«

Vom Ernst der Nachfolge

(Lk 9,57-60)

18 Als aber Jesus die Menge um sich sah,
befahl er, hinüber ans andre Ufer zu fah-
ren.
19 Und es trat ein Schriftgelehrter herzu
und sprach zu ihm: Meister, ich will dir
folgen, wohin du gehst.
20 Jesus sagt zu ihm: **Die Füchse haben
Gruben, und die Vögel unter dem Himmel
haben Nester; aber [a] der Menschensohn hat
nichts, wo er sein Haupt hinlege.** *a* 2.Kor 8,9
21 Und ein anderer unter den Jüngern
sprach zu ihm: Herr, erlaube mir, daß ich
zuvor hingehe und meinen Vater begra-
be.[a] *a* Kap 10,37
22 Aber Jesus spricht zu ihm: **Folge du mir,
und laß die Toten ihre Toten begraben!**

Die Stillung des Sturms

(Mk 4,35-41; Lk 8,22-25)

23 Und er stieg in das Boot, und seine Jün-
ger folgten ihm.
24 Und siehe, da erhob sich ein gewaltiger
Sturm auf dem See, so daß auch das Boot
von Wellen zugedeckt wurde. Er aber
schlief.
25 Und sie traten zu ihm, weckten ihn auf
und sprachen: Herr, hilf, wir kommen um!
26 Da sagt er zu ihnen: Ihr Kleingläubi-
gen, warum seid ihr so furchtsam? Und
stand auf und bedrohte den Wind und das
Meer. Da wurde es ganz stille.[a]
a Ps 89,10; Apg 27,22.34
27 Die Menschen aber verwunderten sich
und sprachen: Was ist das für ein Mann,
daß ihm Wind und Meer gehorsam sind?

Die Heilung der zwei besessenen Gadarener

(Mk 5,1-17; Lk 8,26-37)

28 Und er kam ans andre Ufer in die
Gegend der Gadarener. Da liefen ihm ent-

gegen zwei Besessene; die kamen aus
den Grabhöhlen und waren sehr gefähr-
lich, so daß niemand diese Straße gehen
konnte.
29 Und siehe, sie schrien: Was willst du
von uns, du [a]Sohn Gottes? Bist du herge-
kommen, [b]uns zu quälen, ehe es Zeit
ist? *a* Lk 4,41 *b* 2.Petr 2,4; Jak 2,19
30 Es war aber fern von ihnen eine große
Herde Säue auf der Weide.
31 Da baten ihn die bösen Geister und
sprachen: Willst du uns austreiben, so laß
uns in die Herde Säue fahren.
32 Und er sprach: Fahrt aus! Da fuhren sie
aus und fuhren in die Säue. Und siehe, die
ganze Herde stürmte den Abhang hin-
unter in den See, und sie ersoffen im
Wasser.
33 Und die Hirten flohen und gingen hin
in die Stadt und berichteten das alles und
wie es den Besessenen ergangen war.
34 Und siehe, da ging die ganze Stadt hin-
aus Jesus entgegen. Und als sie ihn sahen,
baten sie ihn, daß er ihr Gebiet verlasse.

Die Heilung eines Gelähmten (»Der Gichtbrüchige«)

(Mk 2,1-12; Lk 5,17-26)

9 Da stieg er in ein Boot und fuhr hin-
über und kam in [a]seine Stadt.
a Kap 4,13
2 Und siehe, da brachten sie zu ihm einen
Gelähmten, der lag auf einem Bett. Als
nun Jesus ihren Glauben sah, sprach er zu
dem Gelähmten: **Sei getrost, mein Sohn,**
[a]**deine Sünden sind dir vergeben.**
a 2.Mose 34,6.7; Ps 103,3
3 Und siehe, einige unter den Schriftge-
lehrten sprachen bei sich selbst: [a]Dieser
lästert Gott. *a* Kap 26,65
4 Als aber Jesus [a]ihre Gedanken sah,
sprach er: Warum denkt ihr so Böses in
euren Herzen? *a* Joh 2,25
5 Was ist denn leichter, zu sagen: Dir sind
deine Sünden vergeben, oder zu sagen:
Steh auf und geh umher?
6 Damit ihr aber wißt, daß [a]der Men-
schensohn Vollmacht hat, auf Erden die
Sünden zu vergeben – sprach er zu dem
Gelähmten: Steh auf, hebe dein Bett auf
und geh heim! *a* Joh 17,2
7 Und er stand auf und ging heim.
8 Als das Volk das sah, fürchtete es sich
und pries Gott, der solche Macht den
Menschen gegeben hat.

Die Berufung des Matthäus und das Mahl mit den Zöllnern

(Mk 2,13-17; Lk 5,27-32)

9 Und als Jesus von dort wegging, sah er
einen Menschen am Zoll sitzen, der hieß
[a]Matthäus; und er sprach zu ihm: Folge
mir! Und er stand auf und folgte ihm.
a Kap 10,3
10 Und es begab sich, als er zu Tisch saß
im Hause, siehe, da kamen viele Zöllner
und Sünder und saßen zu Tisch mit Jesus
und seinen Jüngern.
11 Als das die Pharisäer sahen, sprachen
sie zu seinen Jüngern: Warum ißt euer
Meister mit den Zöllnern und Sündern?
12 Als das Jesus hörte, sprach er: Die Star-
ken bedürfen des Arztes nicht, sondern
die Kranken.[a] *a* Hes 34,16
13 Geht aber hin und lernt, was das heißt
(Hosea 6,6): [a]»Ich habe Wohlgefallen an
Barmherzigkeit und nicht am Opfer.« [b]**Ich**
bin gekommen, die Sünder zu rufen und
nicht die Gerechten.
a Kap 12,7; 1.Sam 15,22 *b* Kap 18,11

Die Frage nach dem Fasten

(Mk 2,18-22; Lk 5,33-38)

14 Da kamen die Jünger des Johannes zu
ihm und sprachen: Warum [a]fasten wir und
die Pharisäer so viel, und deine Jünger
fasten nicht? *a* Lk 18,12
15 Jesus antwortete ihnen: Wie können die
Hochzeitsgäste Leid tragen, solange der
[a]Bräutigam bei ihnen ist? Es wird aber die
Zeit kommen, daß der Bräutigam von
ihnen genommen wird; dann werden sie
fasten. *a* Joh 3,29
16 Niemand flickt ein altes Kleid mit
einem Lappen von neuem Tuch; denn der
Lappen reißt doch wieder vom Kleid ab,
und der Riß wird ärger.[a] *a* Röm 7,6
17 Man füllt auch nicht neuen Wein in alte
Schläuche; sonst zerreißen die Schläuche,
und der Wein wird verschüttet, und die
Schläuche verderben. Sondern man füllt
neuen Wein in neue Schläuche, so bleiben
beide miteinander erhalten.

Die Heilung der blutflüssigen Frau und die Auferweckung der Tochter des Jaïrus

(Mk 5,21-43; Lk 8,40-56)

18 Als er dies mit ihnen redete, siehe, da
kam einer von den Vorstehern der Ge-
meinde, fiel vor ihm nieder und sprach:

Meine Tochter ist eben gestorben, aber
komm und lege deine Hand auf sie, so
wird sie lebendig.
19 Und Jesus stand auf und folgte ihm mit
seinen Jüngern.
20 ¶ Und siehe, eine Frau, die seit zwölf
Jahren den Blutfluß hatte, trat von hinten
an ihn heran und berührte den Saum
seines Gewandes.
21 Denn sie sprach bei sich selbst: Könnte
ich nur [a]sein Gewand berühren, so würde
ich gesund. *a* Kap 14,36
22 Da wandte sich Jesus um und sah sie
und sprach: Sei getrost, meine Tochter,
dein Glaube hat dir geholfen. Und die Frau
wurde gesund zu derselben Stunde.
23 ¶ Und als er in das Haus des Vorstehers
kam und sah die Flötenspieler und
das Getümmel des Volkes,
24 sprach er: Geht hinaus! Denn [a]das
Mädchen ist nicht tot, sondern es schläft.
Und sie verlachten ihn. *a* Joh 11,11.14.25
25 Als aber das Volk hinausgetrieben war,
ging er hinein und ergriff sie bei der Hand.
Da stand das Mädchen auf.
26 Und diese Kunde erscholl durch dieses
ganze Land.

Die Heilung zweier Blinder und eines Stummen

27 Und als Jesus von dort weiterging, folgten
ihm zwei Blinde, die schrien: Ach, du
Sohn Davids, erbarme dich unser![a]
a Kap 20,30
28 Und als er heimkam, traten die Blinden
zu ihm. Und Jesus sprach zu ihnen:
[a]Glaubt ihr, daß ich das tun kann? Da
sprachen sie zu ihm: Ja, Herr. *a* Apg 14,9
29 Da berührte er ihre Augen und sprach:
Euch [a]geschehe nach eurem Glauben!
a Kap 8,13
30 Und ihre Augen wurden geöffnet. Und
Jesus drohte ihnen und sprach: [a]Seht zu,
daß es niemand erfahre! *a* Kap 8,4
31 Aber sie gingen hinaus und verbreiteten
die Kunde von ihm in diesem ganzen
Lande.
32 ¶ Als diese nun hinausgegangen waren,
siehe, da brachten sie zu ihm einen Menschen,
der war stumm und besessen.
33 Als aber der böse Geist ausgetrieben
war, redete der Stumme. Und das Volk
verwunderte sich und sprach: So etwas ist
noch nie in Israel gesehen worden.
34 Aber die Pharisäer sprachen: Er treibt
die bösen Geister aus durch ihren Obersten.[a]
a Kap 12,24-32

Die große Ernte

35 Und Jesus ging ringsum in alle Städte
und Dörfer, lehrte in ihren Synagogen und
predigte das Evangelium von dem Reich
und heilte alle Krankheiten und alle
Gebrechen.
36 Und als er das Volk sah, jammerte es
ihn; denn sie waren verschmachtet und
[a]zerstreut wie die Schafe, die keinen Hirten
haben.[b] *a* 1.Kön 22,17; Hes 34,5 *b* Mk 6,34
37 Da sprach er zu seinen Jüngern: **Die
Ernte ist groß, aber wenige sind der Arbeiter.**
38 **Darum bittet den Herrn der Ernte, daß
er Arbeiter in seine Ernte sende.**[a] *a* Lk 10,2

Die Berufung der Zwölf
(Mk 6,7; 3,13-19; Lk 9,1; 6,12-16)

10 Und er rief seine zwölf Jünger zu
sich und gab ihnen Macht über die
unreinen Geister, daß sie die austrieben
und heilten alle Krankheiten und alle
Gebrechen.
2 [a]Die Namen aber der zwölf Apostel sind
diese: zuerst Simon, genannt Petrus, und
Andreas, sein Bruder; Jakobus, der Sohn
des Zebedäus, und Johannes, sein Bruder;
a (2-4) Mk 3,16-19; Lk 6,14-16; Apg 1,13
3 Philippus und Bartholomäus; Thomas
und Matthäus, der Zöllner; Jakobus, der
Sohn des Alphäus, und Thaddäus;
4 Simon Kananäus und Judas Iskariot,
der ihn verriet.

Die Aussendung der Zwölf
(Mk 6,7-13; Lk 9,2-6)

5 Diese Zwölf sandte Jesus aus, gebot
ihnen und sprach: Geht nicht den Weg zu
den Heiden und zieht in keine Stadt der
Samariter,
6 sondern geht hin zu den verlorenen
Schafen aus dem Hause Israel.[a]
a Kap 15,24; Apg 13,46
7 [a]Geht aber und predigt und sprecht:
[b]Das Himmelreich ist nahe herbeigekommen.
a (7-15) Lk 10,1-12 *b* Kap 4,17
8 Macht Kranke gesund, weckt Tote auf,
macht Aussätzige rein, [a]treibt böse Geister
aus. Umsonst habt ihr's empfangen,
umsonst gebt es auch. *a* Mk 16,17
9 Ihr sollt [a]weder Gold noch Silber noch
Kupfer in euren Gürteln haben, *a* Apg 20,33

10 auch keine Reisetasche, auch nicht zwei
Hemden, keine Schuhe, auch keinen Stek-
ken. Denn [a]ein Arbeiter ist seiner Speise
wert. *a* 4.Mose 18,31; 1.Kor 9,14; 1.Tim 5,18
11 Wenn ihr aber in eine Stadt oder ein
Dorf geht, da erkundigt euch, ob jemand
darin ist, der es wert ist; und bei dem
bleibt, bis ihr weiterzieht.
12 Wenn ihr aber in ein Haus geht, so
grüßt es;
13 und wenn es das Haus wert ist, wird
euer Friede auf sie kommen. Ist es aber
nicht wert, so wird sich euer Friede wie-
der zu euch wenden.
14 Und wenn euch jemand nicht aufneh-
men und eure Rede nicht hören wird, so
geht heraus aus diesem Hause oder dieser
Stadt und [a]schüttelt den Staub von euren
Füßen. *a* Apg 13,51
15 Wahrlich, ich sage euch: Dem Land der
[a]Sodomer und Gomorrer wird es erträg-
licher ergehen am Tage des Gerichts als
dieser Stadt. *a* 1.Mose 19,1-29

Die Ansage kommender Verfolgungen
(Mk 13,9-13; Lk 21,12-17)

16 [a]Siehe, ich sende euch wie Schafe mit-
ten unter die Wölfe. Darum [b]**seid klug wie
die Schlangen und ohne Falsch wie die
Tauben.** *a* Lk 10,3 *b* Röm 16,19; Eph 5,15
17 Hütet euch aber vor den Menschen;
denn [a]sie werden euch den Gerichten
überantworten und werden euch geißeln
in ihren Synagogen. *a* Apg 5,40; 2.Kor 11,24
18 Und man wird euch vor Statthalter und
Könige führen um meinetwillen, [a]ihnen
und den Heiden zum Zeugnis.
a Apg 25,23; 27,24
19 Wenn sie euch nun überantworten wer-
den, so sorgt nicht, wie oder was ihr reden
sollt; denn es soll euch zu der Stunde
gegeben werden, was ihr reden sollt.[a]
a 2.Mose 4,12; Lk 12,11.12; Apg 4,8
20 Denn nicht ihr seid es, die da reden,
sondern [a]eures Vaters Geist ist es, der
durch euch redet. *a* 1.Kor 2,4
21 Es wird aber ein Bruder den andern
dem Tod preisgeben und der Vater den
Sohn, und die Kinder werden sich empö-
ren gegen ihre Eltern und werden sie töten
helfen.[a] *a* Mi 7,6
22 Und ihr werdet gehaßt werden von
jedermann um meines Namens willen.
Wer aber [a]bis an das Ende beharrt, der
wird selig werden.[b] *a* 2.Tim 2,12 *b* Kap 24,9-13

23 [a]Wenn sie euch aber in einer Stadt ver-
folgen, so flieht in eine andere. Wahrlich,
ich sage euch: [b]Ihr werdet mit den Städ-
ten Israels nicht zu Ende kommen, bis der
Menschensohn kommt. *a* Apg 8,1 *b* Kap 16,28
24 Der Jünger steht nicht über dem Mei-
ster und der Knecht nicht über seinem
Herrn.[a] *a* Lk 6,40; Joh 13,16; 15,20
25 Es ist für den Jünger genug, daß er ist
wie sein Meister und der Knecht wie sein
Herr. Haben sie [a]den Hausherrn Beelze-
bul genannt, wieviel mehr werden sie
seine Hausgenossen so nennen! *a* Kap 12,24
26 Darum fürchtet euch nicht vor ihnen.

Menschenfurcht und Gottesfurcht
(Lk 12,2-9)

Es ist nichts verborgen, was nicht offen-
bar wird, und nichts geheim, was man
nicht wissen wird.[a] *a* Mk 4,22; Lk 8,17
27 Was ich euch sage in der Finsternis, das
redet im Licht; und was euch gesagt wird
in das Ohr, das predigt auf den Dächern.
28 Und fürchtet euch nicht vor denen, die
den Leib töten, doch die Seele nicht töten
können; [a]fürchtet euch aber viel mehr vor
dem, der Leib und Seele verderben kann
in der Hölle. *a* Hebr 10,31; Jak 4,12
29 Kauft man nicht zwei Sperlinge für
einen Groschen? Dennoch fällt keiner von
ihnen auf die Erde ohne euren Vater.
30 Nun aber sind auch eure Haare auf dem
Haupt alle gezählt.[a] *a* Apg 27,34
31 Darum fürchtet euch nicht; ihr seid
besser als viele Sperlinge.[a] *a* Kap 6,26
32 **Wer nun mich bekennt vor den Men-
schen, den will ich auch bekennen vor
meinem himmlischen Vater.**[a] *a* Offb 3,5
33 **Wer mich aber verleugnet vor den Men-
schen, den will ich auch verleugnen vor
meinem himmlischen Vater.**[a]
a Mk 8,38; Lk 9,26; 2.Tim 2,12

Entzweiungen um Jesu willen

34 [a]Ihr sollt nicht meinen, daß ich gekom-
men bin, Frieden zu bringen auf die Erde.
Ich bin nicht gekommen, Frieden zu brin-
gen, sondern das Schwert.
a *(34-36)* Lk 12,51-53; Mi 7,6
35 Denn ich bin gekommen, den Men-
schen zu entzweien mit seinem Vater und
die Tochter mit ihrer Mutter und die
Schwiegertochter mit ihrer Schwiegermut-
ter.

36 Und des Menschen Feinde werden
seine eigenen Hausgenossen sein.
37 Wer Vater oder Mutter mehr liebt als
mich, der ist meiner nicht wert; und wer
Sohn oder Tochter mehr liebt als mich,
der ist meiner nicht wert.[a]
a 5.Mose 13,7-12; 33,9; Lk 14,26.27
38 Und wer nicht sein Kreuz auf sich
nimmt und folgt mir nach, der ist meiner
nicht wert.[a] a Kap 16,24.25
39 **Wer sein Leben findet, der wird's verlie-
ren; und wer sein Leben verliert um mei-
netwillen, der wird's finden.**[a]
a Lk 9,24; Joh 12,25

Aufnahme um Jesu willen

40 **Wer euch aufnimmt, der nimmt mich
auf; und wer mich aufnimmt, der nimmt
den auf, der mich gesandt hat.**[a]
a Lk 9,48; Joh 13,20; Gal 4,14
41 Wer einen Propheten aufnimmt, weil es
ein Prophet ist, der wird den Lohn eines
Propheten empfangen. [a]Wer einen Ge-
rechten aufnimmt, weil es ein Gerechter
ist, der wird den Lohn eines Gerechten
empfangen. a 1.Kön 17,8-24
42 Und wer einem dieser Geringen auch
nur einen Becher kalten Wassers zu trin-
ken gibt, weil es ein Jünger ist, wahrlich,
ich sage euch: es wird ihm nicht unbe-
lohnt bleiben.[a] a Kap 25,40; Mk 9,41

Die Anfrage des Täufers

(Lk 7,18-23)

11 Und es begab sich, als Jesus diese
Gebote an seine zwölf Jünger been-
det hatte, daß er von dort weiterging, um
in ihren Städten zu lehren und zu predi-
gen.
2 Als aber Johannes im [a]Gefängnis von
den Werken Christi hörte, sandte er seine
Jünger a Kap 14,3
3 und ließ ihn fragen: [a]Bist du es, der da
kommen soll, oder sollen wir auf einen
andern warten? a Kap 3,11; Mal 3,1
4 Jesus antwortete und sprach zu ihnen:
Geht hin und sagt Johannes wieder, was
ihr hört und seht:
5 Blinde sehen und Lahme gehen, Aus-
sätzige werden rein und Taube hören, Tote
stehen auf, und Armen wird das Evange-
lium gepredigt;[a] a Jes 35,5.6; 61,1
6 und **selig ist, wer sich nicht an mir
ärgert.**[a] a Kap 13,57; 26,31

Jesu Zeugnis über den Täufer

(Lk 7,24-35)

7 Als sie fortgingen, fing Jesus an, zu dem
Volk von Johannes zu reden: Was seid ihr
[a]hinausgegangen in die Wüste zu sehen?
Wolltet ihr ein Rohr sehen, das der Wind
hin und her weht? a Kap 3,1.5
8 Oder was seid ihr hinausgegangen zu
sehen? Wolltet ihr einen Menschen in wei-
chen Kleidern sehen? Siehe, die weiche
Kleider tragen, sind in den Häusern der
Könige.
9 Oder was seid ihr hinausgegangen zu
sehen? Wolltet ihr einen [a]Propheten
sehen? Ja, ich sage euch: er ist mehr als
ein Prophet. a Lk 1,76; 20,6
10 Dieser ist's, von dem geschrieben steht
(Maleachi 3,1): »Siehe, ich sende meinen
Boten vor dir her, der deinen Weg vor dir
bereiten soll.«
11 ¶ Wahrlich, ich sage euch: Unter allen,
die von einer Frau geboren sind, ist keiner
aufgetreten, der größer ist als Johannes der
Täufer; [a]der aber der Kleinste ist im Him-
melreich, ist größer als er. a Kap 13,17
12 Aber von den Tagen Johannes des Täu-
fers bis heute leidet das Himmelreich
Gewalt, und die Gewalttätigen reißen es
an sich.[a] a Lk 16,16
13 Denn alle Propheten und das Gesetz
haben geweissagt bis hin zu Johannes;
14 und wenn ihr's annehmen wollt: er ist
[a]Elia, der da kommen soll.
a Kap 17,10-13; Mal 3,23
15 Wer Ohren hat, der höre!
16 ¶ Mit wem soll ich aber dieses Ge-
schlecht vergleichen? Es gleicht den Kin-
dern, die auf dem Markt sitzen und rufen
den andern zu:
17 Wir haben euch aufgespielt, und ihr
wolltet nicht tanzen; wir haben Klagelie-
der gesungen, und ihr wolltet nicht wei-
nen.[a] a Joh 5,35
18 Johannes ist gekommen, [a]aß nicht und
trank nicht; so sagen sie: Er ist besessen.
a Kap 3,4
19 Der Menschensohn ist gekommen, [a]ißt
und trinkt; so sagen sie: Siehe, was ist die-
ser Mensch für ein Fresser und Weinsäu-
fer, ein Freund der Zöllner und Sünder!
Und doch ist die [b]Weisheit gerechtfertigt
worden aus ihren Werken.
a Kap 9,10-15; Joh 2,2 b 1.Kor 1,24-30

Jesu Weheruf über galiläische Städte

(Lk 10,13-15)

20 Da fing er an, die Städte zu schelten, in
denen die meisten seiner Taten geschehen
waren; denn sie hatten nicht Buße getan:
21 Wehe dir, Chorazin! Weh dir, Betsaida!
Wären solche Taten in Tyrus und Sidon
geschehen, wie sie bei euch geschehen
sind, sie hätten längst [a]in Sack und Asche
Buße getan. *a* Jona 3,6
22 Doch ich sage euch: Es wird Tyrus und
Sidon erträglicher ergehen am Tage des
Gerichts als euch.
23 Und du, [a]Kapernaum, wirst du [b]bis
zum Himmel erhoben werden? Du wirst
bis in die Hölle hinuntergestoßen werden.
Denn wenn in Sodom die Taten geschehen wären, die in dir geschehen sind, es
stünde noch heutigen Tages.

a Kap 4,13; 8,5; 9,1 *b* Jes 14,13.15

24 Doch ich sage euch: Es wird dem Land
der Sodomer erträglicher ergehen am Tage
des Gerichts als dir.[a] *a* Kap 10,15

Jesu Lobpreis und Heilandsruf

25 [a]Zu der Zeit fing Jesus an und sprach:
Ich preise dich, Vater, Herr des Himmels
und der Erde, weil du dies den Weisen
und Klugen verborgen hast und hast es
den Unmündigen offenbart.[b]

a (25-27) Jes 29,14; Lk 10,21.22; Joh 17,25 *b* 1.Kor 1,18-29

26 Ja, Vater; denn so hat es dir wohlgefallen.
27 [a]Alles ist mir übergeben von meinem
Vater; und niemand kennt den Sohn als
nur der Vater; und niemand kennt den
Vater als nur der Sohn und wem es der
Sohn offenbaren will.

a Kap 28,18; Joh 3,35; 17,2; Phil 2,9

28 ¶ **Kommt her zu mir, alle, die ihr mühselig und beladen seid; ich will euch erquicken.**[a] *a* Kap 12,20; 23,4; Jer 31,25
29 **Nehmt auf euch mein Joch und lernt von
mir; denn ich bin sanftmütig und von Herzen demütig; so werdet ihr [a]Ruhe finden
für eure Seelen.** *a* Jes 28,12; Jer 6,16
30 **Denn mein Joch ist sanft, und meine
Last ist leicht.**[a] *a* Lk 11,46; 1.Joh 5,3

Das Ährenraufen am Sabbat

(Mk 2,23-28; Lk 6,1-5)

12 Zu der Zeit ging Jesus durch ein
Kornfeld am Sabbat; und seine Jünger waren hungrig und fingen an, [a]Ähren
auszuraufen und zu essen. *a* 5.Mose 23,26
2 Als das die Pharisäer sahen, sprachen
sie zu ihm: Siehe, deine Jünger tun, [a]was
am Sabbat nicht erlaubt ist. *a* 2.Mose 20,10
3 [a]Er aber sprach zu ihnen: Habt ihr nicht
gelesen, was David tat, als ihn und die bei
ihm waren hungerte? *a (3 und 4)* 1.Sam 21,7
4 Wie er in das Gotteshaus ging und aß
die Schaubrote, die doch weder er noch
die bei ihm waren essen durften, sondern
[a]allein die Priester? *a* 3.Mose 24,9
5 Oder habt ihr nicht gelesen im Gesetz,
wie die Priester am Sabbat im Tempel den
Sabbat brechen und sind doch ohne
Schuld?
6 Ich sage euch aber: Hier ist Größeres
als der Tempel.
7 Wenn ihr aber wüßtet, was das heißt
(Hosea 6,6): [a]»Ich habe Wohlgefallen an
Barmherzigkeit und nicht am Opfer«,
dann hättet ihr die Unschuldigen nicht
verdammt. *a* Kap 9,13
8 **Der Menschensohn ist ein Herr über den
Sabbat.**

Die Heilung eines Mannes am Sabbat

(Mk 3,1-6; Lk 6,6-11)

9 Und er ging von dort weiter und kam
in ihre Synagoge.
10 Und siehe, da war ein Mensch, der hatte
eine verdorrte Hand. Und sie fragten ihn
und sprachen: Ist's erlaubt, am Sabbat zu
heilen?, damit sie ihn verklagen könnten.
11 Aber er sprach zu ihnen: Wer ist unter
euch, der sein einziges Schaf, wenn es ihm
am Sabbat in eine Grube fällt, nicht
ergreift und ihm heraushilft?[a] *a* Lk 14,3-5
12 Wieviel mehr ist nun ein Mensch als
ein Schaf! Darum darf man am Sabbat
Gutes tun.
13 Da sprach er zu dem Menschen:
Strecke deine Hand aus! Und er streckte
sie aus; und sie wurde ihm wieder gesund
wie die andere.
14 Da gingen die Pharisäer hinaus und
hielten Rat über ihn, wie sie ihn umbrächten.[a] *a* Joh 5,16

Der Gottesknecht

(Mk 3,7-12; Lk 6,17-19)

15 Aber als Jesus das erfuhr, entwich er
von dort. Und eine große Menge folgte
ihm, und er heilte sie alle
16 und gebot ihnen, daß sie ihn nicht
offenbar machten,[a] *a* Kap 8,4
17 damit erfüllt würde, was gesagt ist durch

den Propheten Jesaja, der da spricht
(Jesaja 42,1-4):
18 »Siehe, [a]das ist mein Knecht, den ich
erwählt habe, und mein Geliebter, [b]an
dem meine Seele Wohlgefallen hat; ich
will meinen Geist auf ihn legen, und er
soll den Heiden das Recht verkündigen.
a Apg 3,13.26 b Kap 3,17
19 Er wird nicht streiten noch schreien,
und man wird seine Stimme nicht hören
auf den Gassen;
20 das geknickte Rohr wird er nicht zerbrechen,
und den glimmenden Docht wird
er nicht auslöschen, bis er das Recht hinausführt
zum Sieg;
21 und die Heiden werden auf seinen
Namen hoffen.«

Jesu Macht über die bösen Geister

(Mk 3,22-27; Lk 11,14-23)

22 Da wurde ein Besessener zu Jesus
gebracht, der war blind und stumm; und
er heilte ihn, so daß der Stumme redete
und sah.
23 Und alles Volk entsetzte sich und
fragte: Ist dieser nicht [a]Davids Sohn?
a Kap 21,9; Joh 7,42
24 Aber als die Pharisäer das hörten, sprachen
sie: [a]Er treibt die bösen Geister nicht
anders aus als durch Beelzebul, ihren
Obersten. a Kap 9,34
25 Jesus erkannte aber ihre Gedanken und
sprach zu ihnen: Jedes Reich, das mit sich
selbst uneins ist, wird verwüstet; und jede
Stadt oder jedes Haus, das mit sich selbst
uneins ist, kann nicht bestehen.
26 Wenn nun der Satan den Satan austreibt,
so muß er mit sich selbst uneins
sein; wie kann dann sein Reich bestehen?
27 Wenn ich aber die bösen Geister durch
Beelzebul austreibe, durch wen treiben
eure Söhne sie aus? Darum werden sie
eure Richter sein.
28 Wenn ich aber [a]die bösen Geister
durch den Geist Gottes austreibe, so ist ja
das Reich Gottes zu euch gekommen.
a 1.Joh 3,8
29 Oder wie kann jemand in das Haus
eines Starken eindringen und ihm seinen
Hausrat rauben, wenn er nicht zuvor den
Starken fesselt? Erst dann kann er sein
Haus berauben.[a] a Kap 4,1-11; Jes 49,24
30 [a]Wer nicht mit mir ist, der ist gegen
mich; und wer nicht mit mir sammelt, der
zerstreut. a Mk 9,40

Die Sünde gegen den heiligen Geist

(Mk 3,28-30; Lk 12,10)

31 Darum sage ich euch: Alle Sünde und
Lästerung wird den Menschen vergeben;
aber die Lästerung gegen den Geist wird
nicht vergeben.[a] a 1.Joh 5,16; Hebr 6,4-6; 10,26
32 Und [a]wer etwas redet gegen den Menschensohn,
dem wird es vergeben; aber
wer etwas redet gegen den heiligen Geist,
dem wird's nicht vergeben, weder in dieser
noch in jener Welt. a 1.Tim 1,13

Vom Baum und seinen Früchten

(Lk 6,43-45)

33 Nehmt an, ein Baum ist gut, so wird
auch seine Frucht gut sein; oder nehmt
an, ein Baum ist faul, so wird auch seine
Frucht faul sein. Denn an der Frucht
erkennt man den Baum.[a] a Kap 7,16-18
34 Ihr [a]Schlangenbrut, wie könnt ihr
Gutes reden, die ihr böse seid? Wes das
Herz voll ist, des geht der Mund über.
a Kap 3,7
35 Ein guter Mensch bringt Gutes hervor
aus dem guten Schatz seines Herzens; und
ein böser Mensch bringt Böses hervor aus
seinem bösen Schatz.
36 **Ich sage euch aber, daß die Menschen
Rechenschaft geben müssen am Tage des
Gerichts von jedem nichtsnutzigen Wort,
das sie geredet haben.**[a] a Jak 3,6; Jud 15
37 Aus deinen Worten wirst du gerechtfertigt
werden, und aus deinen Worten wirst
du verdammt werden.

Die Zeichenforderung der Pharisäer

(Mk 8,11.12; Lk 11,29-32)

38 Da fingen einige von den Schriftgelehrten
und Pharisäern an und sprachen zu
ihm: Meister, wir möchten gern ein Zeichen
von dir sehen.
39 Und er antwortete und sprach zu ihnen:
Ein böses und abtrünniges Geschlecht fordert
ein Zeichen, aber es wird ihm kein
Zeichen gegeben werden, es sei denn das
Zeichen des Propheten Jona.
40 Denn [a]wie Jona drei Tage und drei
Nächte im Bauch des Fisches war, so wird
der Menschensohn drei Tage und drei
Nächte [b]im Schoß der Erde sein.
a Jona 2,1 b Eph 4,9; 1.Petr 3,19
41 Die Leute von Ninive werden auftreten
beim Jüngsten Gericht mit diesem Geschlecht
und werden es verdammen; denn

[a]sie taten Buße nach der Predigt des Jona.
Und siehe, hier ist mehr als Jona.
a Jona 3,5

42 Die Königin vom Süden wird auftreten
beim Jüngsten Gericht mit diesem Ge-
schlecht und wird es verdammen; denn
[a]sie kam vom Ende der Erde, um Salomos
Weisheit zu hören. Und siehe, hier ist
mehr als Salomo. *a* 1.Kön 10,1-10

Von der Rückkehr des bösen Geistes

(Lk 11,24-26)

43 Wenn der unreine Geist von einem
Menschen ausgefahren ist, so durchstreift
er dürre Stätten, sucht Ruhe und findet sie
nicht.
44 Dann spricht er: Ich will wieder zurück-
kehren in mein Haus, aus dem ich fortge-
gangen bin. Und wenn er kommt, so fin-
det er's leer, gekehrt und geschmückt.
45 Dann geht er hin und nimmt mit sich
sieben andre Geister, die böser sind als er
selbst; und wenn sie hineinkommen, woh-
nen sie darin; und [a]es wird mit diesem
Menschen hernach ärger, als es vorher war.
So wird's auch diesem bösen Geschlecht
ergehen. *a* 2.Petr 2,20

Jesu wahre Verwandte

(Mk 3,31-35; Lk 8,19-21)

46 Als er noch zu dem Volk redete, siehe,
da standen [a]seine Mutter und seine Brü-
der draußen, die wollten mit ihm reden.
a Kap 13,55

47 Da sprach einer zu ihm: Siehe, deine
Mutter und deine Brüder stehen draußen
und wollen mit dir reden.
48 Er antwortete aber und sprach zu dem,
der es ihm ansagte: Wer ist meine Mutter,
und wer sind meine Brüder?[a]
a Kap 10,37; Lk 2,49

49 Und er streckte die Hand aus über seine
Jünger und sprach: Siehe da, das ist meine
Mutter, und das sind meine Brüder![a]
a Hebr 2,11

50 Denn **wer den Willen tut meines Vaters
im Himmel, [a]der ist mir Bruder und Schwe-
ster und Mutter.** *a* Röm 8,29

Vom Sämann

(Mk 4,1-9; Lk 8,4-8)

13 An demselben Tage ging Jesus aus
dem Hause und setzte sich an den
See.
2 Und es versammelte sich eine große
Menge bei ihm, so daß er in ein Boot stieg
und sich setzte, und alles Volk stand am
Ufer.
3 Und er redete vieles zu ihnen in Gleich-
nissen und sprach: Siehe, es ging ein
Sämann aus, zu säen.
4 Und indem er säte, fiel einiges auf den
Weg; da kamen die Vögel und fraßen's
auf.
5 Einiges fiel auf felsigen Boden, wo es
nicht viel Erde hatte, und ging bald auf,
weil es keine tiefe Erde hatte.
6 Als aber die Sonne aufging, verwelkte
es, und weil es keine Wurzel hatte, ver-
dorrte es.
7 Einiges fiel unter die Dornen; und die
Dornen wuchsen empor und erstickten's.
8 Einiges fiel auf gutes Land und trug
Frucht, einiges hundertfach, einiges sech-
zigfach, einiges dreißigfach.
9 Wer Ohren hat, der höre!

Vom Sinn der Gleichnisse

(Mk 4,10-12; Lk 8,9.10)

10 Und die Jünger traten zu ihm und spra-
chen: Warum redest du zu ihnen in
Gleichnissen?
11 Er antwortete und sprach zu ihnen:
[a]Euch ist's gegeben, die Geheimnisse des
Himmelreichs zu verstehen, diesen aber
ist's nicht gegeben. *a* 1.Kor 2,10
12 Denn [a]wer da hat, dem wird gegeben,
daß er die Fülle habe; wer aber nicht hat,
dem wird auch das genommen, was er
hat.[b] *a* Spr 9,9 *b* Kap 25,28.29; Mk 4,25; Lk 8,18
13 Darum [a]rede ich zu ihnen in Gleichnis-
sen. Denn [b]mit sehenden Augen sehen
sie nicht und mit hörenden Ohren hören
sie nicht; und sie verstehen es nicht.
a Joh 16,25 *b* 5.Mose 29,3
14 Und an ihnen wird die Weissagung
Jesajas erfüllt, die da sagt (Jesaja 6,9.10):
»Mit den Ohren werdet ihr hören und wer-
det es nicht verstehen; und mit sehenden
Augen werdet ihr sehen und werdet es
nicht erkennen.
15 Denn das Herz dieses Volkes ist ver-
stockt: ihre Ohren hören schwer, und ihre
Augen sind geschlossen, damit sie nicht
etwa mit den Augen sehen und mit den
Ohren hören und mit dem Herzen ver-
stehen und sich bekehren, und ich ihnen
helfe.«[a] *a* Joh 9,39

[16]Aber selig sind eure Augen, daß sie
sehen, und eure Ohren, daß sie hören.[a]
a Lk 10,23.24
[17]Wahrlich, ich sage euch: Viele Prophe-
ten und Gerechte haben begehrt, zu
sehen, was ihr seht, und haben's nicht
gesehen, und zu hören, was ihr hört, und
haben's nicht gehört.[a] a 1.Petr 1,10

Die Deutung des Gleichnisses vom Sämann

(Mk 4,13-20; Lk 8,11-15)

[18]So hört nun ihr dies Gleichnis von dem
Sämann:
[19]Wenn jemand das Wort von dem Reich
hört und nicht versteht, so kommt der
Böse und reißt hinweg, was in sein Herz
gesät ist; das ist der, bei dem auf den Weg
gesät ist.
[20]Bei dem aber auf felsigen Boden gesät
ist, das ist, der das Wort hört und es gleich
mit Freuden aufnimmt;
[21]aber er hat keine Wurzel in sich, son-
dern er ist wetterwendisch; wenn sich
Bedrängnis oder Verfolgung erhebt um
des Wortes willen, so fällt er gleich ab.
[22]Bei dem aber unter die Dornen gesät
ist, das ist, der das Wort hört, und [a]die
Sorge der Welt und der betrügerische
Reichtum ersticken das Wort, und er
bringt keine Frucht. a Kap 6,19-34; 1.Tim 6,9
[23]Bei dem aber auf gutes Land gesät ist,
das ist, der das Wort hört und versteht
und dann auch Frucht bringt; und der eine
trägt hundertfach, der andere sechzigfach,
der dritte dreißigfach.

Vom Unkraut unter dem Weizen

[24]Er legte ihnen ein anderes Gleichnis vor
und sprach: Das Himmelreich gleicht
einem Menschen, der guten Samen auf
seinen Acker säte.
[25]Als aber die Leute schliefen, kam sein
Feind und säte Unkraut zwischen den Wei-
zen und ging davon.
[26]Als nun die Saat wuchs und Frucht
brachte, da fand sich auch das Unkraut.
[27]Da traten die Knechte zu dem Hausva-
ter und sprachen: Herr, hast du nicht guten
Samen auf deinen Acker gesät? Woher hat
er denn das Unkraut?
[28]Er sprach zu ihnen: Das hat ein Feind
getan. Da sprachen die Knechte: Willst du
denn, daß wir hingehen und es ausjäten?
[29]Er sprach: Nein! damit ihr nicht zu-
gleich den Weizen mit ausrauft, wenn ihr
das Unkraut ausjätet.
[30]Laßt beides miteinander wachsen bis
zur Ernte; und um die Erntezeit will ich
zu den Schnittern sagen: Sammelt zuerst
das Unkraut und bindet es in Bündel,
damit man es verbrenne; aber den Weizen
sammelt mir in meine Scheune.[a]
a Kap 3,12; 15,13; Offb 14,15

Vom Senfkorn

(Mk 4,30-32; Lk 13,18.19)

[31]Ein anderes Gleichnis legte er ihnen vor
und sprach: Das Himmelreich gleicht
einem Senfkorn, das ein Mensch nahm
und auf seinen Acker säte;
[32]das ist das kleinste unter allen Samen-
körnern; wenn es aber gewachsen ist, so
ist es größer als alle Kräuter und [a]wird ein
Baum, so daß die Vögel unter dem Him-
mel kommen und wohnen in seinen Zwei-
gen. a Hes 17,23

Vom Sauerteig

[33]Ein anderes Gleichnis sagte er ihnen:
Das Himmelreich gleicht einem Sauerteig,
den eine Frau nahm und unter einen hal-
ben Zentner Mehl mengte, bis es ganz
durchsäuert war.[a] a Lk 13,20.21
[34]¶Das alles redete Jesus in Gleichnissen
zu dem Volk, und ohne Gleichnisse redete
er nichts zu ihnen,[a] a Mk 4,33.34
[35]damit erfüllt würde, was gesagt ist
durch den Propheten, der da spricht
(Psalm 78,2): »Ich will meinen Mund auf-
tun in Gleichnissen und will aussprechen,
was verborgen war vom Anfang der Welt
an.«

Die Deutung des Gleichnisses vom Unkraut

[36]Da ließ Jesus das Volk gehen und kam
heim. Und seine Jünger traten zu ihm und
sprachen: Deute uns das Gleichnis vom
Unkraut auf dem Acker.
[37]Er antwortete und sprach zu ihnen: Der
Menschensohn ist's, der den guten Samen
sät.
[38]Der [a]Acker ist die Welt. Der gute Same
sind die Kinder des Reichs. Das Unkraut
sind die [b]Kinder des Bösen.
a 1.Kor 3,9 b Joh 8,44
[39]Der Feind, der es sät, ist der Teufel.
Die Ernte ist das Ende der Welt. Die
Schnitter sind die Engel.

40 Wie man nun das Unkraut ausjätet und
mit Feuer verbrennt, so wird's auch am
Ende der Welt gehen.
41 Der Menschensohn wird seine Engel
senden, und sie werden sammeln aus sei-
nem Reich alles, was zum Abfall verführt,
und die da Unrecht tun,[a] *a* Kap 24,31
42 und werden sie in den Feuerofen
werfen; da wird Heulen und Zähneklap-
pern sein.
43 Dann werden die Gerechten [a]leuchten
wie die Sonne in ihres Vaters Reich. Wer
Ohren hat, der höre! *a* Dan 12,3

Vom Schatz im Acker und der kostbaren Perle

44 Das Himmelreich gleicht einem Schatz,
verborgen im Acker, den ein Mensch fand
und verbarg; und in seiner Freude ging er
hin und [a]verkaufte alles, was er hatte, und
kaufte den Acker. *a* Kap 19,29; Lk 14,33; Phil 3,7
45 ¶ Wiederum gleicht das Himmelreich
einem Kaufmann, der gute Perlen suchte,
46 und als er eine kostbare Perle fand, ging
er hin und verkaufte alles, was er hatte,
und kaufte sie.

Vom Fischnetz

47 Wiederum gleicht das Himmelreich
einem Netz, das ins Meer geworfen ist und
Fische aller Art fängt.[a] *a* Kap 22,9.10
48 Wenn es aber voll ist, ziehen sie es her-
aus an das Ufer, setzen sich und lesen die
guten in Gefäße zusammen, aber die
schlechten werfen sie weg.
49 So wird es auch am Ende der Welt
gehen: Die Engel werden ausgehen und
[a]die Bösen von den Gerechten scheiden
a Kap 25,32
50 und werden sie in den Feuerofen wer-
fen; da wird Heulen und Zähneklappern
sein.
51 ¶ Habt ihr das alles verstanden? Sie ant-
worteten: Ja.
52 Da sprach er: Darum gleicht jeder
Schriftgelehrte, der ein Jünger des Him-
melreichs geworden ist, einem Hausvater,
der aus seinem Schatz Neues und Altes
hervorholt.

Die Verwerfung Jesu in Nazareth

(Mk 6,1-6; Lk 4,16-30)

53 Und es begab sich, als Jesus diese
Gleichnisse vollendet hatte, daß er davon-
ging
54 und kam in seine Vaterstadt und lehrte
sie in ihrer Synagoge, so daß sie sich ent-
setzten und fragten: Woher hat dieser sol-
che Weisheit und solche Taten?
55 Ist er nicht der Sohn des Zimmer-
manns? Heißt nicht seine Mutter Maria,
und seine Brüder Jakobus und Josef und
Simon und Judas?
56 Und seine Schwestern, sind sie nicht
alle bei uns? [a]Woher kommt ihm denn
das alles? *a* Joh 6,42; 7,15.52
57 Und sie ärgerten sich an ihm. Jesus aber
sprach zu ihnen: [a]Ein Prophet gilt nir-
gends weniger als in seinem Vaterland und
in seinem Hause. *a* Joh 4,44
58 Und er tat dort nicht viele Zeichen
wegen ihres Unglaubens.

Das Ende Johannes des Täufers

(Mk 6,14-29; Lk 3,19.20; 9,7-9)

14 Zu der Zeit kam die Kunde von
Jesus vor den Landesfürsten Hero-
des.
2 Und er sprach zu seinen Leuten: Das ist
Johannes der Täufer; er ist von den Toten
auferstanden, darum tut er solche Taten.
3 Denn Herodes hatte Johannes ergriffen,
gefesselt und [a]in das Gefängnis geworfen
wegen der Herodias, der Frau seines Bru-
ders Philippus. *a* Kap 11,2
4 Denn Johannes hatte zu ihm gesagt: [a]Es
ist nicht recht, daß du sie hast.
a 2.Mose 20,14
5 Und er hätte ihn gern getötet, fürchtete
sich aber vor dem Volk; denn [a]sie hielten
ihn für einen Propheten. *a* Kap 21,26
6 ¶ Als aber Herodes seinen Geburtstag
beging, da tanzte die Tochter der Herodias
vor ihnen. Das gefiel dem Herodes gut.
7 Darum versprach er ihr mit einem Eid,
er wolle ihr geben, was sie fordern würde.
8 Und wie sie zuvor von ihrer Mutter
angestiftet war, sprach sie: Gib mir hier
auf einer Schale das Haupt Johannes des
Täufers!
9 Und der König wurde traurig; doch
wegen des Eides und derer, die mit ihm
zu Tisch saßen, befahl er, es ihr zu geben,
10 und schickte hin und ließ Johannes im
Gefängnis enthaupten.
11 Und sein Haupt wurde hereingetragen
auf einer Schale und dem Mädchen gege-
ben; und sie brachte es ihrer Mutter.
12 Da kamen seine Jünger und nahmen

seinen Leichnam und begruben ihn; und
sie kamen und verkündeten das Jesus.

Die Speisung der Fünftausend

(Mk 6,31-44; Lk 9,10-17; Joh 6,1-13)

13 Als das Jesus hörte, fuhr er von dort
weg in einem Boot in eine einsame
Gegend allein. Und als das Volk das hörte,
folgte es ihm zu Fuß aus den Städten.
14 Und Jesus stieg aus und sah die große
Menge; und sie jammerten ihn, und er
heilte ihre Kranken.
15 Am Abend aber traten seine Jünger zu
ihm und sprachen: Die Gegend ist öde,
und die Nacht bricht herein; laß das Volk
gehen, damit sie in die Dörfer gehen und
sich zu essen kaufen.
16 Aber Jesus sprach zu ihnen: Es ist nicht
nötig, daß sie fortgehen; gebt ihr ihnen zu
essen.
17 Sie sprachen zu ihm: Wir haben hier
nichts als fünf Brote und zwei Fische.
18 Und er sprach: Bringt sie mir her!
19 Und er ließ das Volk sich auf das Gras
lagern und nahm die fünf Brote und die
zwei Fische, sah auf zum Himmel, dankte
und brach's und gab die Brote den Jün-
gern, und die Jünger gaben sie dem Volk.
20 Und sie aßen alle und wurden satt und
sammelten auf, was an Brocken übrigblieb,
zwölf Körbe voll.[a] *a* 2.Kön 4,44
21 Die aber gegessen hatten, waren etwa
fünftausend Mann, ohne Frauen und Kin-
der.

Jesus und der sinkende Petrus auf dem See

(Mk 6,45-52; Joh 6,15-21)

22 Und alsbald trieb Jesus seine Jünger, in
das Boot zu steigen und vor ihm hinüber-
zufahren, bis er das Volk gehen ließe.
23 Und als er das Volk hatte gehen lassen,
[a]stieg er allein auf einen Berg, um zu
beten. Und am Abend war er dort allein.
a Lk 6,12; 9,18
24 Und das Boot war schon weit vom Land
entfernt und kam in Not durch die Wel-
len; denn der Wind stand ihm entgegen.
25 Aber in der vierten Nachtwache kam
Jesus zu ihnen und ging auf dem See.
26 Und als ihn die Jünger sahen auf dem
See gehen, erschraken sie und riefen: [a]Es
ist ein Gespenst! und schrien vor Furcht.
a Lk 24,37
27 Aber sogleich redete Jesus mit ihnen
und sprach: **Seid getrost, ich bin's; fürchtet
euch nicht!**
28 Petrus aber antwortete ihm und sprach:
Herr, bist du es, so befiehl mir, zu dir zu
kommen auf dem Wasser.
29 Und er sprach: Komm her! Und Petrus
stieg aus dem Boot und ging auf dem Was-
ser und kam auf Jesus zu.
30 Als er aber den starken Wind sah,
erschrak er und begann zu sinken und
schrie: Herr, hilf mir!
31 Jesus aber streckte sogleich die Hand
aus und ergriff ihn und sprach zu ihm: Du
Kleingläubiger, warum hast du gezweifelt?
32 Und sie traten in das Boot, und der
Wind legte sich.
33 Die aber im Boot waren, fielen vor ihm
nieder und sprachen: [a]Du bist wahrhaftig
Gottes Sohn! *a* Kap 16,16; Joh 1,49

Krankenheilungen in Genezareth

(Mk 6,53-56)

34 Und sie fuhren hinüber und kamen ans
Land in Genezareth.
35 Und als die Leute an diesem Ort ihn
erkannten, schickten sie Botschaft ringsum
in das ganze Land und brachten alle Kran-
ken zu ihm
36 und baten ihn, daß sie nur [a]den Saum
seines Gewandes berühren dürften. Und
alle, die ihn berührten, wurden gesund.
a Kap 9,21; Lk 6,19

Von Reinheit und Unreinheit

(MK 7,1-23)

15 Da kamen zu Jesus Pharisäer und
Schriftgelehrte aus Jerusalem und
sprachen:
2 Warum übertreten deine Jünger die Sat-
zungen der Ältesten? Denn sie [a]waschen
ihre Hände nicht, wenn sie Brot essen.
a Lk 11,38
3 Er antwortete und sprach zu ihnen:
Warum übertretet denn ihr Gottes Gebot
um eurer Satzungen willen?
4 Denn Gott hat geboten (2.Mose 20,12;
21,17): »Du sollst Vater und Mutter ehren;
wer aber Vater und Mutter flucht, der soll
des Todes sterben.«
5 [a]Aber ihr lehrt: Wer zu Vater oder Mut-
ter sagt: Eine Opfergabe soll sein, was dir
von mir zusteht, *a (5 und 6)* Spr 28,24; 1.Tim 5,8
6 der braucht seinen Vater nicht zu ehren.
Damit habt ihr Gottes Gebot aufgehoben
um eurer Satzungen willen.

7 Ihr Heuchler, wie fein hat Jesaja von
euch geweissagt und gesprochen (Jesaja
29,13):
8 »Dies Volk ehrt mich mit seinen Lippen,
aber ihr Herz ist fern von mir;
9 vergeblich dienen sie mir, weil sie lehren
solche Lehren, die nichts als Menschengebote
sind.«
10 ¶ Und er rief das Volk zu sich und
sprach zu ihnen: Hört zu und begreift's:
11 [a]Was zum Mund hineingeht, das macht
den Menschen nicht unrein; sondern was
aus dem Mund herauskommt, das macht
den Menschen unrein.

a Apg 10,15; 1.Tim 4,4; Tit 1,15

12 Da traten seine Jünger zu ihm und fragten:
Weißt du auch, daß die Pharisäer an
dem Wort Anstoß nahmen, als sie es hörten?
13 Aber er antwortete und sprach: Alle
Pflanzen, die mein himmlischer Vater
nicht gepflanzt hat, die werden ausgerissen.[a]

a Apg 5,38

14 Laßt sie, sie sind [a]blinde Blindenführer!
Wenn aber ein Blinder den andern
führt, so fallen sie beide in die Grube.

a Kap 23,24; Lk 6,39; Röm 2,19

15 Da antwortete Petrus und sprach zu
ihm: Deute uns dies Gleichnis!
16 Und Jesus sprach zu ihnen: Seid denn
auch ihr noch immer unverständig?
17 Merkt ihr nicht, daß alles, was zum
Mund hineingeht, das geht in den Bauch
und wird danach in die Grube ausgeleert?
18 Was aber aus dem Mund herauskommt,
das kommt aus dem Herzen, und das
macht den Menschen unrein.
19 Denn [a]aus dem Herzen kommen böse
Gedanken, Mord, Ehebruch, Unzucht,
Diebstahl, falsches Zeugnis, Lästerung.

a 1.Mose 8,21

20 Das sind die Dinge, die den Menschen
unrein machen. Aber mit ungewaschenen
Händen essen macht den Menschen nicht
unrein.

Die kanaanäische Frau

(Mk 7,24-30)

21 Und Jesus ging weg von dort und zog
sich zurück in die Gegend von Tyrus und
Sidon.
22 Und siehe, eine kanaanäische Frau kam
aus diesem Gebiet und schrie: Ach Herr,
du Sohn Davids, erbarme dich meiner!
Meine Tochter wird von einem bösen
Geist übel geplagt.
23 Und er antwortete ihr kein Wort. Da
traten seine Jünger zu ihm, baten ihn und
sprachen: Laß sie doch gehen,* denn sie
schreit uns nach.

* Es kann auch übersetzt werden: »Stell sie zufrieden«.

24 Er antwortete aber und sprach: Ich bin
nur gesandt zu den verlorenen Schafen des
Hauses Israel.[a]

a Kap 10,5.6; Röm 15,8

25 Sie aber kam und fiel vor ihm nieder
und sprach: Herr, hilf mir!
26 Aber er antwortete und sprach: Es ist
nicht recht, daß man den Kindern ihr Brot
nehme und werfe es vor die Hunde.
27 Sie sprach: Ja, Herr; aber doch fressen
die Hunde von den Brosamen, die vom
Tisch ihrer Herren fallen.
28 Da antwortete Jesus und sprach zu ihr:
**Frau, [a]dein Glaube ist groß. Dir geschehe,
wie du willst!** Und ihre Tochter wurde
gesund zu derselben Stunde.

a Kap 8,10.13

Weitere Heilungen

29 Und Jesus ging von dort weiter und
kam an das Galiläische Meer und ging auf
einen Berg und setzte sich dort.
30 Und es kam eine große Menge zu ihm;
die hatten bei sich Gelähmte, Verkrüppelte,
Blinde, Stumme und viele andere
Kranke und legten sie Jesus vor die Füße,
und er heilte sie,
31 so daß sich das Volk verwunderte, als
sie sahen, daß die Stummen redeten, die
Verkrüppelten gesund waren, die Gelähmten
gingen, die Blinden sahen; und sie
priesen den Gott Israels.[a]

a Mk 7,37

Die Speisung der Viertausend

(Mk 8,1-10)

32 [a]Und Jesus rief seine Jünger zu sich
und sprach: Das Volk jammert mich; denn
sie harren nun schon drei Tage bei mir aus
und haben nichts zu essen; und ich will
sie nicht hungrig gehen lassen, damit sie
nicht verschmachten auf dem Wege.

a (32-39) Kap 14,13-21

33 Da sprachen seine Jünger zu ihm:
Woher sollen wir soviel Brot nehmen in
der Wüste, um eine so große Menge zu
sättigen?
34 Und Jesus sprach zu ihnen: Wie viele
Brote habt ihr? Sie antworteten: Sieben
und ein paar Fische.

35 Und er ließ das Volk sich auf die Erde
lagern
36 und nahm die sieben Brote und die
Fische, dankte, brach sie und gab sie sei-
nen Jüngern, und die Jünger gaben sie
dem Volk.
37 Und sie aßen alle und wurden satt; und
sie sammelten auf, was an Brocken übrig-
blieb, sieben Körbe voll.
38 Und die gegessen hatten, waren vier-
tausend Mann, ausgenommen Frauen
und Kinder.
39 Und als er das Volk hatte gehen lassen,
stieg er ins Boot und kam in das Gebiet
von Magadan.

Die Zeichenforderung der Pharisäer

(Mk 8,11.12; Lk 12,54-56)

16 Da traten die Pharisäer und Saddu-
zäer zu ihm; die versuchten ihn und
forderten ihn auf, sie [a]ein Zeichen vom
Himmel sehen zu lassen. *a* Kap 12,38
2 Aber er antwortete und sprach: Des
Abends sprecht ihr: Es wird ein schöner
Tag werden, denn der Himmel ist rot.
3 Und des Morgens sprecht ihr: Es wird
heute ein Unwetter kommen, denn der
Himmel ist rot und trübe. Über das Aus-
sehen des Himmels könnt ihr urteilen;
könnt ihr dann nicht auch über die [a]Zei-
chen der Zeit urteilen?* *a* Kap 11,4

* Verse 2b.3 (»Des Abends … urteilen?«) finden sich bei einigen wichtigen Textzeugen nicht.

4 Ein böses und abtrünniges Geschlecht
fordert ein Zeichen; doch [a]soll ihm kein
Zeichen gegeben werden, es sei denn das
Zeichen des Jona*. Und er ließ sie stehen
und ging davon. *a* Kap 12,39.40

* Siehe Sach- und Worterklärungen.

Warnung vor der Lehre der Pharisäer und Sadduzäer

(Mk 8,14-21)

5 Und als die Jünger ans andre Ufer
gekommen waren, hatten sie vergessen,
Brot mitzunehmen.
6 Jesus aber sprach zu ihnen: [a]Seht zu
und hütet euch vor dem Sauerteig der
Pharisäer und Sadduzäer! *a* Lk 12,1
7 Da dachten sie bei sich selbst und spra-
chen: Das wird's sein, daß wir kein Brot
mitgenommen haben.
8 Als das Jesus merkte, sprach er zu
ihnen: Ihr Kleingläubigen, was beküm-
mert ihr euch doch, daß ihr kein Brot
habt?
9 Versteht ihr noch nicht? Denkt ihr nicht
an die [a]fünf Brote für die fünftausend und
wieviel Körbe voll ihr da aufgesammelt
habt? *a* Kap 14,17-21
10 Auch nicht an die [a]sieben Brote für die
viertausend und wieviel Körbe voll ihr da
aufgesammelt habt? *a* Kap 15,34-38
11 Wieso versteht ihr denn nicht, daß ich
nicht vom Brot zu euch geredet habe?
Hütet euch vielmehr vor dem Sauerteig
der Pharisäer und Sadduzäer!
12 Da verstanden sie, daß er nicht gesagt
hatte, sie sollten sich hüten vor dem Sau-
erteig des Brotes, sondern vor der Lehre
der Pharisäer und Sadduzäer.

Das Bekenntnis des Petrus und die Verheißung an ihn

(Mk 8,27-30; Lk 9,18-21)

13 Da kam Jesus in die Gegend von Cäsa-
rea Philippi und fragte seine Jünger und
sprach: Wer sagen die Leute, daß der Men-
schensohn sei?
14 Sie sprachen: Einige sagen, du seist [a]Jo-
hannes der Täufer, andere, du seist [b]Elia,
wieder andere, du seist Jeremia oder [c]ei-
ner der Propheten.
a Kap 14,2 *b* Kap 17,10 *c* Lk 7,16
15 Er fragte sie: Wer sagt denn ihr, daß ich
sei?
16 Da antwortete Simon Petrus und
sprach: [a]**Du bist Christus, des lebendigen
Gottes Sohn!** *a* Joh 6,69
17 Und Jesus antwortete und sprach zu
ihm: Selig bist du, Simon, Jonas Sohn;
[a]denn Fleisch und Blut haben dir das nicht
offenbart, sondern mein Vater im Him-
mel. *a* Kap 11,27; Gal 1,15.16
18 Und ich sage dir auch: Du bist Petrus,
und auf diesen [a]Felsen will ich meine
Gemeinde bauen, und die Pforten der
Hölle sollen sie nicht überwältigen.
a Joh 1,42; Eph 2,20
19 **Ich will dir die Schlüssel des Himmel-
reichs geben: [a]alles, was du auf Erden bin-
den wirst, soll auch im Himmel gebunden
sein, und alles, was du auf Erden lösen
wirst, soll auch im Himmel gelöst sein.**
a Kap 18,18
20 Da gebot er seinen Jüngern, nieman-
dem zu sagen, daß er der Christus sei.[a]
a Kap 17,9

Die erste Ankündigung von Jesu Leiden und Auferstehung

(Mk 8,31-33; Lk 9,22)

21 Seit der Zeit fing Jesus an, seinen Jün-
gern zu zeigen, wie er nach Jerusalem
gehen und viel leiden müsse von den Älte-
sten und Hohenpriestern und Schriftge-
lehrten und getötet werden und [a]am drit-
ten Tage auferstehen. *a* Kap 12,40; Joh 2,19
22 Und Petrus nahm ihn beiseite und fuhr
ihn an und sprach: Gott bewahre dich,
Herr! Das widerfahre dir nur nicht!
23 Er aber wandte sich um und sprach zu
Petrus: Geh weg von mir, Satan! Du bist
mir ein Ärgernis; denn du meinst nicht,
was göttlich, sondern was menschlich ist.

Von der Nachfolge

(Mk 8,34–9,1; Lk 9,23-27)

24 [a]Da sprach Jesus zu seinen Jüngern:
**Will mir jemand nachfolgen, der verleugne
sich selbst und nehme sein Kreuz auf sich
und folge mir.**[b]
a (24 und 25) Kap 10,38.39 *b* 1.Petr 2,21
25 **Denn wer sein Leben erhalten will, der
wird's verlieren; [a]wer aber sein Leben ver-
liert um meinetwillen, der wird's finden.**
a Offb 12,11
26 **Was hülfe es dem Menschen, [a]wenn er
die ganze Welt gewönne und nähme doch
Schaden an seiner Seele? Oder was kann
der Mensch geben, womit er [b]seine Seele
auslöse?** *a* Lk 12,20 *b* Ps 49,9
27 Denn es wird geschehen, daß der Men-
schensohn kommt in der Herrlichkeit
seines Vaters mit seinen Engeln, und dann
wird er [a]einem jeden vergelten nach sei-
nem Tun. *a* Röm 2,6
28 Wahrlich, ich sage euch: Es stehen
einige hier, die werden den Tod nicht
schmecken, bis sie den Menschensohn
kommen sehen in seinem Reich.[a]
a Kap 10,23

Die Verklärung Jesu

(Mk 9,2-13; Lk 9,28-36)

17 Und nach sechs Tagen [a]nahm Jesus
mit sich Petrus und Jakobus und
Johannes, dessen Bruder, und führte sie
allein auf einen hohen Berg.
a Kap 26,37; Mk 5,37; 13,3; 14,33; Lk 8,51
2 [a]Und er wurde verklärt vor ihnen, und
[b]sein Angesicht leuchtete wie die Sonne,
und seine Kleider wurden weiß wie das
Licht. *a (2 und 5)* 2.Petr 1,16-18 *b* Offb 1,16
3 Und siehe, da erschienen ihnen Mose
und Elia; die redeten mit ihm.
4 Petrus aber fing an und sprach zu Jesus:
Herr, hier ist gut sein! Willst du, so will
ich hier drei Hütten bauen, dir eine, Mose
eine und Elia eine.
5 Als er noch so redete, siehe, da über-
schattete sie eine lichte Wolke. Und siehe,
eine Stimme aus der Wolke sprach: [a]**Dies
ist mein lieber Sohn, an dem ich Wohlgefal-
len habe; den sollt ihr hören!** *a* Kap 3,17
6 Als das die Jünger hörten, fielen sie auf
ihr Angesicht und erschraken sehr.
7 Jesus aber trat zu ihnen, rührte sie an
und sprach: Steht auf und fürchtet euch
nicht!
8 Als sie aber ihre Augen aufhoben, sahen
sie niemand als Jesus allein.
9 Und als sie vom Berge hinabgingen,
gebot ihnen Jesus und sprach: Ihr sollt
von dieser Erscheinung [a]niemandem sa-
gen, bis der Menschensohn von den Toten
auferstanden ist. *a* Kap 16,20
10 ¶ Und seine Jünger fragten ihn und
sprachen: Warum sagen denn die Schrift-
gelehrten, zuerst müsse [a]Elia kommen?
a Kap 11,14
11 Jesus antwortete und sprach zu ihnen:
Elia soll freilich kommen und alles
zurechtbringen.
12 Doch ich sage euch: Elia ist schon
gekommen, aber sie haben ihn nicht
erkannt, sondern [a]haben mit ihm getan,
was sie wollten. So wird auch der Men-
schensohn durch sie leiden müssen.
a Kap 14,9.10
13 Da verstanden die Jünger, daß er von
Johannes dem Täufer zu ihnen geredet
hatte.[a] *a* Lk 1,17

Die Heilung eines mondsüchtigen Knaben

(Mk 9,14-29; Lk 9,37-42)

14 Und als sie zu dem Volk kamen, trat ein
Mensch zu ihm, fiel ihm zu Füßen
15 und sprach: Herr, erbarme dich über
meinen Sohn! Denn er ist mondsüchtig
und hat schwer zu leiden; er fällt oft ins
Feuer und oft ins Wasser;
16 und ich habe ihn zu deinen Jüngern
gebracht, und sie konnten ihm nicht hel-
fen.
17 Jesus aber antwortete und sprach: O du

ungläubiges und verkehrtes Geschlecht,
wie lange soll ich bei euch sein? Wie lange
soll ich euch erdulden? Bringt ihn mir
her!
18 Und Jesus bedrohte ihn; und der böse
Geist fuhr aus von ihm, und der Knabe
wurde gesund zu derselben Stunde.
19 Da traten seine Jünger zu ihm, als sie
allein waren, und fragten: [a]Warum konnten **wir** ihn nicht austreiben? *a Kap 10,1*
20 Er aber sprach zu ihnen: Wegen eures
Kleinglaubens. Denn wahrlich, ich sage
euch: [a]Wenn ihr Glauben habt wie ein
Senfkorn, so könnt ihr sagen zu diesem
Berge: Heb dich dorthin!, so wird er sich
heben; und euch wird nichts unmöglich
sein.* *a Kap 21,21; Lk 17,6; 1.Kor 13,2*

* Vers 21 findet sich erst in der späteren Überlieferung: »Aber diese Art fährt nur aus durch Beten und Fasten.« (vgl. Mk 9,29)

Die zweite Ankündigung von Jesu Leiden und Auferstehung

(Mk 9,30-32; Lk 9,43-45)

22 [a]Als sie aber beieinander waren in Galiläa, sprach Jesus zu ihnen: Der Menschensohn wird überantwortet werden in die
Hände der Menschen,

a (22 und 23) Kap 16,21; 20,18.19

23 und sie werden ihn töten, und am dritten Tag wird er auferstehen. Und sie wurden sehr betrübt.

Von der Zahlung der Tempelsteuer

24 Als sie nun nach Kapernaum kamen,
traten zu Petrus, die den Tempelgroschen
einnehmen, und sprachen: Pflegt euer
Meister nicht den [a]Tempelgroschen zu
geben? *a 2.Mose 30,13; 2.Kön 12,5.6*
25 Er sprach: Ja. Und als er heimkam, kam
ihm Jesus zuvor und fragte: Was meinst
du, Simon? Von wem nehmen die Könige
auf Erden Zoll oder Steuern: von ihren
Kindern oder von den Fremden?
26 Als er antwortete: Von den Fremden,
sprach Jesus zu ihm: So sind die Kinder
frei.
27 Damit wir ihnen aber keinen Anstoß
geben, geh hin an den See und wirf die
Angel aus, und den ersten Fisch, der heraufkommt, den nimm; und wenn du sein
Maul aufmachst, wirst du ein Zweigroschenstück finden; das nimm und gib's
ihnen für mich und dich.

Der Rangstreit der Jünger

(Mk 9,33-37; Lk 9,46-48)

18 Zu derselben Stunde traten die Jünger zu Jesus und fragten: Wer ist
doch der Größte im Himmelreich?
2 Jesus rief ein Kind zu sich und stellte es
mitten unter sie
3 und sprach: Wahrlich, ich sage euch:
Wenn ihr nicht umkehrt und werdet wie die Kinder, so werdet ihr nicht ins Himmelreich kommen.[a] *a Kap 19,14*
4 Wer nun sich selbst erniedrigt und wird
wie dies Kind, der ist der Größte im Himmelreich.
5 Und wer ein solches Kind aufnimmt in
meinem Namen, der nimmt mich auf.[a]

a Kap 10,40

Warnung vor Verführung zum Abfall

(Mk 9,42-48; Lk 17,1-3a)

6 Wer aber einen dieser Kleinen, die an
mich glauben, zum Abfall verführt, für
den wäre es besser, daß ein Mühlstein an
seinen Hals gehängt und er ersäuft würde
im Meer, wo es am tiefsten ist.
7 Weh der Welt der Verführungen wegen!
Es müssen ja Verführungen kommen;
doch weh dem Menschen, der zum Abfall
verführt!
8 [a]Wenn aber deine Hand oder dein Fuß
dich zum Abfall verführt, so hau sie ab
und wirf sie von dir. Es ist besser für dich,
daß du lahm oder verkrüppelt zum Leben
eingehst, als daß du zwei Hände oder zwei
Füße hast und wirst in das ewige Feuer
geworfen. *a (8 und 9) Kap 5,29.30*
9 Und wenn dich dein Auge zum Abfall
verführt, reiß es aus und wirf's von dir. Es
ist besser für dich, daß du einäugig zum
Leben eingehst, als daß du zwei Augen
hast und wirst in das höllische Feuer geworfen.

Vom verlorenen Schaf

(Lk 15,4-7)

10 Seht zu, daß ihr nicht einen von diesen
Kleinen verachtet. Denn ich sage euch:
[a]Ihre Engel im Himmel sehen allezeit das
Angesicht meines Vaters im Himmel.*

* Vers 11 findet sich erst in der späteren Überlieferung: »Denn der Menschensohn ist gekommen, selig zu machen, was verloren ist.« (vgl. Lk 19,10) *a Hebr 1,14*

12 ¶ Was meint ihr? Wenn ein Mensch
hundert Schafe hätte und eins unter ihnen

sich verirrte: läßt er nicht die neunund-
neunzig auf den Bergen, geht hin und
sucht das verirrte?
13 Und wenn es geschieht, daß er's findet,
wahrlich, ich sage euch: er freut sich dar-
über mehr als über die neunundneunzig,
die sich nicht verirrt haben.
14 So ist's auch nicht der Wille bei eurem
Vater im Himmel, daß auch nur eines von
diesen Kleinen verloren werde.

Zurechtweisung und Gebet in der Gemeinde

15 Sündigt aber dein Bruder an dir, so geh
hin und [a]weise ihn zurecht zwischen dir
und ihm allein. Hört er auf dich, so hast
du deinen Bruder gewonnen.

a 3.Mose 19,17; Lk 17,3; Gal 6,1

16 Hört er nicht auf dich, so nimm noch
einen oder zwei zu dir, damit [a]jede Sache
durch den Mund von zwei oder drei Zeu-
gen bestätigt werde. a 5.Mose 19,15
17 Hört er auf die nicht, so sage es der
Gemeinde. Hört er auch auf die Ge-
meinde nicht, so sei er für dich wie ein
Heide und Zöllner.[a]

a 1.Kor 5,13; 2.Thess 3,6; Tit 3,10

18 Wahrlich, ich sage euch: **Was ihr auf
Erden binden werdet, soll auch im Himmel
gebunden sein, und was ihr auf Erden lösen
werdet, soll auch im Himmel gelöst sein.**[a]

a Kap 16,19; Joh 20,23

19 Wahrlich, ich sage euch auch: Wenn
zwei unter euch eins werden auf Erden,
worum sie bitten wollen, so soll es ihnen
widerfahren von meinem Vater im Him-
mel.[a] a Mk 11,24
20 Denn **wo zwei oder drei versammelt sind
in meinem Namen, [a]da bin ich mitten unter
ihnen.** a Kap 28,20

Von der Vergebung (»Der Schalksknecht«)

21 Da trat Petrus zu ihm und fragte: Herr,
wie oft muß ich denn meinem Bruder, der
an mir sündigt, vergeben? Genügt es sie-
benmal?
22 Jesus sprach zu ihm: Ich sage dir: nicht
siebenmal, sondern siebzigmal sieben-
mal.[a] a 1.Mose 4,24; Lk 17,4; Eph 4,32
23 ¶Darum gleicht das Himmelreich
einem König, der mit seinen Knechten
abrechnen wollte.
24 Und als er anfing abzurechnen, wurde
einer vor ihn gebracht, der war ihm zehn-
tausend Zentner Silber schuldig.
25 Da er's nun nicht bezahlen konnte,
befahl der Herr, ihn und seine Frau und
[a]seine Kinder und alles, was er hatte, zu
verkaufen und damit zu bezahlen.

a Neh 5,5

26 Da fiel ihm der Knecht zu Füßen und
flehte ihn an und sprach: Hab Geduld mit
mir; ich will dir's alles bezahlen.
27 Da hatte der Herr Erbarmen mit die-
sem Knecht und ließ ihn frei, und die
Schuld erließ er ihm auch.
28 Da ging dieser Knecht hinaus und traf
einen seiner Mitknechte, der war ihm hun-
dert Silbergroschen schuldig; und er
packte und würgte ihn und sprach: Be-
zahle, was du mir schuldig bist!
29 Da fiel sein Mitknecht nieder und bat
ihn und sprach: Hab Geduld mit mir; ich
will dir's bezahlen.
30 Er wollte aber nicht, sondern ging hin
und warf ihn ins Gefängnis, bis er bezahlt
hätte, was er schuldig war.
31 Als aber seine Mitknechte das sahen,
wurden sie sehr betrübt und kamen und
brachten bei ihrem Herrn alles vor, was
sich begeben hatte.
32 Da forderte ihn sein Herr vor sich und
sprach zu ihm: Du böser Knecht! Deine
ganze Schuld habe ich dir erlassen, [a]weil
du mich gebeten hast; a Lk 6,36
33 hättest du dich da nicht auch erbarmen
sollen über deinen Mitknecht, wie ich
mich über dich erbarmt habe?[a] a 1.Joh 4,11
34 Und sein Herr wurde zornig und über-
antwortete ihn den Peinigern, [a]bis er alles
bezahlt hätte, was er ihm schuldig war.

a Kap 5,26

35 So wird auch mein himmlischer Vater
an euch tun, wenn ihr einander nicht von
Herzen vergebt, ein jeder seinem Bru-
der.[a] a Kap 6,14.15; Jak 2,13

Von Ehe, Ehescheidung, Ehelosigkeit

(Mk 10,1-12)

19 Und es begab sich, als Jesus diese
Reden vollendet hatte, daß er sich
aufmachte aus Galiläa und kam in das
Gebiet von Judäa jenseits des Jordans;
2 und eine große Menge folgte ihm nach,
und er heilte sie dort.
3 ¶Da traten Pharisäer zu ihm und ver-
suchten ihn und sprachen: Ist's erlaubt,
daß sich ein Mann aus irgendeinem Grund
von seiner Frau scheidet?

4 Er aber antwortete und sprach: Habt ihr
nicht gelesen: Der im Anfang den Men-
schen geschaffen hat, [a]schuf sie als Mann
und Frau *a* 1.Mose 1,27
5 und sprach (1.Mose 2,24): »Darum wird
ein Mann Vater und Mutter verlassen und
an seiner Frau hängen, und die zwei wer-
den **ein** Fleisch sein«?
6 So sind sie nun nicht mehr zwei, son-
dern **ein** Fleisch*. **Was nun Gott zusam-
mengefügt hat, das [a]soll der Mensch nicht
scheiden!** *a* 1.Kor 7,10.11

* Siehe Sach- und Worterklärungen zu »Fleisch«.

7 ¶Da fragten sie: Warum hat dann Mose
geboten, ihr einen [a]Scheidebrief zu geben
und sich von ihr zu scheiden? *a* Kap 5,31
8 Er sprach zu ihnen: Mose hat euch
erlaubt, euch zu scheiden von euren
Frauen, eures Herzens Härte wegen; von
Anfang an aber ist's nicht so gewesen.
9 Ich aber sage euch: Wer sich von seiner
Frau scheidet, es sei denn wegen Ehe-
bruchs, und heiratet eine andere, der
bricht die Ehe.[a] *a* Kap 5,32; Lk 16,18
10 ¶Da sprachen seine Jünger zu ihm:
Steht die Sache eines Mannes mit seiner
Frau so, dann ist's nicht gut zu heiraten.
11 Er sprach aber zu ihnen: Dies Wort fas-
sen nicht alle, sondern nur die, denen es
gegeben ist.[a] *a* 1.Kor 7,7
12 Denn einige sind von Geburt an zur
Ehe unfähig; andere sind von Menschen
zur Ehe unfähig gemacht; und wieder
andere haben sich selbst zur Ehe unfähig
gemacht um des Himmelreichs willen.
Wer es fassen kann, der fasse es!

Die Segnung der Kinder

(Mk 10,13-16; Lk 18,15-17)

13 Da wurden Kinder zu ihm gebracht,
damit er die Hände auf sie legte und
betete. Die Jünger aber fuhren sie an.
14 Aber Jesus sprach: **Lasset die Kinder
und wehret ihnen nicht, zu mir zu kommen;
denn solchen gehört das Himmelreich.**[a]
a Kap 18,2.3
15 Und er legte die Hände auf sie und zog
von dort weiter.

Die Gefahr des Reichtums (»Der reiche Jüngling«)

(Mk 10,17-27; Lk 18,18-27)

16 Und siehe, einer trat zu ihm und fragte:
Meister, was soll ich Gutes tun, damit ich
das ewige Leben habe?
17 Er aber sprach zu ihm: Was fragst du
mich nach dem, was gut ist? Gut ist nur
Einer. Willst du aber zum Leben einge-
hen, so halte die Gebote.
18 Da fragte er ihn: Welche? Jesus aber
sprach: »Du sollst nicht töten; du sollst
nicht ehebrechen; du sollst nicht stehlen;
du sollst nicht falsch Zeugnis geben;
19 ehre Vater und Mutter« (2.Mose 20,12-
16); und: »Du sollst deinen Nächsten lie-
ben wie dich selbst« (3.Mose 19,18).
20 Da sprach der Jüngling zu ihm: Das
habe ich alles gehalten; was fehlt mir
noch?
21 Jesus antwortete ihm: Willst du voll-
kommen sein, so geh hin, verkaufe, was
du hast, und gib's den Armen, so wirst du
einen [a]Schatz im Himmel haben; und
komm und folge mir nach!
a Kap 6,20; Lk 12,33
22 Als der Jüngling das Wort hörte, ging er
betrübt davon; denn er hatte viele Güter.[a]
a Ps 62,11
23 ¶Jesus aber sprach zu seinen Jüngern:
Wahrlich, ich sage euch: Ein Reicher wird
schwer ins Himmelreich kommen.
24 Und weiter sage ich euch: Es ist leich-
ter, daß ein Kamel durch ein Nadelöhr
gehe, als daß ein Reicher ins Reich Gottes
komme.
25 Als das seine Jünger hörten, entsetzten
sie sich sehr und sprachen: Ja, wer kann
dann selig werden?
26 Jesus aber sah sie an und sprach zu
ihnen: Bei den Menschen ist's unmöglich;
aber [a]bei Gott sind alle Dinge möglich.
a Hiob 42,2

Der Lohn der Nachfolge

(Mk 10,28-31; Lk 18,28-30)

27 Da fing Petrus an und sprach zu ihm:
Siehe, [a]wir haben alles verlassen und sind
dir nachgefolgt; was wird uns dafür gege-
ben? *a* Kap 4,20.22
28 Jesus aber sprach zu ihnen: Wahrlich,
ich sage euch: Ihr, die ihr mir nachgefolgt
seid, werdet bei der Wiedergeburt, wenn
der Menschensohn sitzen wird auf dem
Thron seiner Herrlichkeit, auch [a]sitzen auf
zwölf Thronen und [b]richten die zwölf
Stämme Israels.
a Lk 22,30; Offb 3,21 *b* 1.Kor 6,2
29 Und wer Häuser oder Brüder oder
Schwestern oder Vater oder Mutter oder
Kinder oder Äcker verläßt um meines

Namens willen, der wird's hundertfach
empfangen und das ewige Leben ererben.
30 Aber viele, die die Ersten sind, werden
die Letzten und die Letzten werden die
Ersten sein.

Von den Arbeitern im Weinberg

20 Denn das Himmelreich gleicht
einem Hausherrn, der früh am Morgen ausging, um Arbeiter für seinen Weinberg einzustellen.
2 Und als er mit den Arbeitern einig
wurde über einen Silbergroschen als Tagelohn, sandte er sie in seinen Weinberg.
3 Und er ging aus um die dritte Stunde
und sah andere müßig auf dem Markt stehen
4 und sprach zu ihnen: Geht ihr auch hin
in den Weinberg; ich will euch geben, was
recht ist.
5 Und sie gingen hin. Abermals ging er
aus um die sechste und um die neunte
Stunde und tat dasselbe.
6 Um die elfte Stunde aber ging er aus
und fand andere und sprach zu ihnen: Was
steht ihr den ganzen Tag müßig da?
7 Sie sprachen zu ihm: Es hat uns niemand eingestellt. Er sprach zu ihnen: Geht
ihr auch hin in den Weinberg.
8 Als es nun Abend wurde, sprach der
Herr des Weinbergs zu seinem Verwalter:
Ruf die Arbeiter und gib ihnen den Lohn
und fang an bei den letzten bis zu den
ersten.
9 Da kamen, die um die elfte Stunde eingestellt waren, und jeder empfing seinen
Silbergroschen.
10 Als aber die ersten kamen, meinten sie,
sie würden mehr empfangen; und auch
sie empfingen ein jeder seinen Silbergroschen.
11 Und als sie den empfingen, murrten sie
gegen den Hausherrn
12 und sprachen: Diese letzten haben nur
eine Stunde gearbeitet, doch du hast sie
uns gleichgestellt, die wir des Tages Last
und Hitze getragen haben.
13 Er antwortete aber und sagte zu einem
von ihnen: Mein Freund, ich tu dir nicht
Unrecht. Bist du nicht mit mir einig geworden über einen Silbergroschen?
14 Nimm, was dein ist, und geh! Ich will
aber diesem letzten dasselbe geben wie
dir.
15 Oder [a] habe ich nicht Macht zu tun, was
ich will, mit dem, was mein ist? Siehst du
scheel drein, weil ich so gütig bin?

a Röm 9,16.21

16 **So werden die Letzten die Ersten und
die Ersten die Letzten sein.***

* In der späteren Überlieferung finden sich zusätzlich die Worte: »Denn viele sind berufen, aber wenige sind auserwählt« (vgl. 22,14).

Die dritte Ankündigung von Jesu Leiden und Auferstehung

(Mk 10,32-34; Lk 18,31-33)

17 Und Jesus zog hinauf nach Jerusalem
und nahm die zwölf Jünger beiseite und
sprach zu ihnen auf dem Wege:
18 Siehe, wir [a] ziehen hinauf nach Jerusalem, und [b] der Menschensohn wird den
Hohenpriestern und Schriftgelehrten überantwortet werden; und sie werden ihn zum
Tode verurteilen

a Joh 2,13 *b* Kap 16,21; 17,22.23

19 und werden ihn den Heiden überantworten, damit sie ihn verspotten und geißeln und kreuzigen; und am dritten Tage
wird er auferstehen.

Vom Herrschen und vom Dienen (»Die Söhne des Zebedäus«)

(Mk 10,35-45)

20 Da trat zu ihm die Mutter der [a] Söhne
des Zebedäus mit ihren Söhnen, fiel vor
ihm nieder und wollte ihn um etwas bitten.

a Kap 10,2

21 Und er sprach zu ihr: Was willst du? Sie
sprach zu ihm: Laß diese meine beiden
Söhne sitzen in deinem Reich einen zu
deiner Rechten und den andern zu deiner
Linken.[a]

a Kap 19,28

22 Aber Jesus antwortete und sprach: Ihr
wißt nicht, was ihr bittet. Könnt ihr den
[a] Kelch trinken, den ich trinken werde?*
Sie antworteten ihm: Ja, das können wir.

a Kap 26,39

* In der späteren Überlieferung finden sich zusätzlich die Worte: »und euch taufen lassen mit der Taufe, mit der ich getauft werde?« (vgl. Mk 10,38).

23 Er sprach zu ihnen: [a] Meinen Kelch
werdet ihr zwar trinken,* aber das Sitzen
zu meiner Rechten und Linken zu geben,
steht mir nicht zu. Das wird denen zuteil,
für die es bestimmt ist von meinem
Vater.

a Apg 12,2; Offb 1,9

* In der späteren Überlieferung finden sich zusätzlich die Worte: »und mit der Taufe, mit der ich getauft werde, werdet ihr getauft werden« (vgl. Mk 10,39).

24¶ [a]Als das die Zehn hörten, wurden sie
unwillig über die zwei Brüder.
a (24-28) Lk 22,24-27
25Aber Jesus rief sie zu sich und sprach:
Ihr wißt, daß die Herrscher ihre Völker
niederhalten und die Mächtigen ihnen
Gewalt antun.
26So soll es nicht sein unter euch; son-
dern wer unter euch groß sein will, der
[a]sei euer Diener; *a* Kap 23,11; 1.Kor 9,19
27und wer unter euch der Erste sein will,
der sei euer Knecht,[a] *a* Mk 9,35
28so wie **der Menschensohn nicht gekom-
men ist, daß er sich dienen lasse, sondern
[a]daß er diene und [b]gebe sein Leben zu einer
Erlösung für viele.** *a* Phil 2,7 *b* 1.Petr 1,18.19

Die Heilung von zwei Blinden bei Jericho

(Mk 10,46-52; Lk 18,35-43)

29Und als sie von Jericho fortgingen,
folgte ihm eine große Menge.
30Und siehe, zwei Blinde saßen am Wege;
und als sie hörten, daß Jesus vorüberging,
schrien sie: Ach Herr, du Sohn Davids,
erbarme dich unser!
31Aber das Volk fuhr sie an, daß sie
schweigen sollten. Doch sie schrien noch
viel mehr: Ach Herr, du Sohn Davids,
erbarme dich unser!
32Jesus aber blieb stehen, rief sie und
sprach: Was wollt ihr, daß ich für euch tun
soll?
33Sie sprachen zu ihm: Herr, daß unsere
Augen aufgetan werden.
34Und es jammerte Jesus, und er berührte
ihre Augen; und sogleich wurden sie wie-
der sehend, und sie folgten ihm nach.

Jesu Einzug in Jerusalem

(Mk 11,1-10; Lk 19,29-38; Joh 12,12-19)

21 Als sie nun in die Nähe von Jerusa-
lem kamen, nach Betfage an den
Ölberg, sandte Jesus zwei Jünger voraus
2und sprach zu ihnen: Geht hin in das
Dorf, das vor euch liegt, und gleich werdet
ihr eine Eselin angebunden finden und ein
Füllen bei ihr; bindet sie los und führt sie
zu mir!
3Und wenn euch jemand etwas sagen
wird, so sprecht: Der Herr bedarf ihrer.
Sogleich wird er sie euch überlassen.[a]
a Kap 26,18
4Das geschah aber, damit erfüllt würde,
was gesagt ist durch den Propheten, der da
spricht (Sacharja 9,9):
5»Sagt der Tochter Zion: Siehe, dein
König kommt zu dir sanftmütig und reitet
auf einem Esel und auf einem Füllen, dem
Jungen eines Lasttiers.«
6Die Jünger gingen hin und taten, wie
ihnen Jesus befohlen hatte,
7und brachten die Eselin und das Füllen
und legten ihre Kleider darauf, und er
setzte sich darauf.
8Aber eine sehr große Menge [a]breitete
ihre Kleider auf den Weg; andere hieben
Zweige von den Bäumen und streuten sie
auf den Weg. *a* 2.Kön 9,13
9Die Menge aber, die ihm voranging und
nachfolgte, schrie: [a]**Hosianna dem Sohn
Davids! Gelobt sei, der da kommt in dem
Namen des Herrn! Hosianna in der Höhe!**
a Ps 118,25.26
10¶Und als er in Jerusalem einzog,
erregte sich die ganze Stadt und fragte:
Wer ist der?
11Die Menge aber sprach: Das ist Jesus,
der Prophet aus Nazareth in Galiläa.

Die Tempelreinigung

(Mk 11,15-19; Lk 19,45-48; Joh 2,13-16)

12Und Jesus ging in den Tempel hinein
und trieb heraus alle Verkäufer und Käu-
fer im Tempel und stieß die Tische der
Geldwechsler um und die Stände der Tau-
benhändler
13und sprach zu ihnen: Es steht geschrie-
ben (Jesaja 56,7): »Mein Haus soll ein Bet-
haus heißen«; ihr aber macht eine [a]Räu-
berhöhle daraus. *a* Jer 7,11
14Und es gingen zu ihm Blinde und
Lahme im Tempel, und er heilte sie.
15Als aber die Hohenpriester und Schrift-
gelehrten die Wunder sahen, die er tat,
und die Kinder, die im Tempel schrien:
Hosianna dem Sohn Davids!, entrüsteten
sie sich
16und sprachen zu ihm: Hörst du auch,
was diese sagen? Jesus antwortete ihnen:
Ja! Habt ihr nie gelesen (Psalm 8,3): »Aus
dem Munde der Unmündigen und Säug-
linge hast du dir Lob bereitet«?
17Und er ließ sie stehen und ging zur
Stadt hinaus nach Betanien und blieb dort
über Nacht.

Der verdorrte Feigenbaum

(Mk 11,12-14.20-24)

18 Als er aber am Morgen wieder in die
Stadt ging, hungerte ihn.
19 Und er sah einen Feigenbaum an dem
Wege, ging hin und [a]fand nichts daran als
Blätter und sprach zu ihm: Nun wachse
auf dir niemals mehr Frucht! Und der Fei-
genbaum verdorrte sogleich. *a* Lk 13,6
20 Und als das die Jünger sahen, verwun-
derten sie sich und fragten: Wie ist der
Feigenbaum so rasch verdorrt?
21 Jesus aber antwortete und sprach zu
ihnen: Wahrlich, ich sage euch: Wenn ihr
Glauben habt und nicht zweifelt, so wer-
det ihr nicht allein Taten wie die mit dem
Feigenbaum tun, sondern, [a]wenn ihr zu
diesem Berge sagt: Heb dich und wirf dich
ins Meer!, so wird's geschehen. *a* Kap 17,20
22 Und **alles, was ihr bittet im Gebet, wenn
ihr glaubt, so werdet ihr's empfangen.**

Die Frage nach Jesu Vollmacht

(Mk 11,27-33; Lk 20,1-8)

23 Und als er in den Tempel kam und
lehrte, traten die Hohenpriester und die
Ältesten des Volkes zu ihm und fragten:
[a]Aus welcher Vollmacht tust du das, und
wer hat dir diese Vollmacht gegeben?
a Joh 2,18; Apg 4,7
24 Jesus aber antwortete und sprach zu
ihnen: Ich will euch auch eine Sache fra-
gen; wenn ihr mir die sagt, will ich euch
auch sagen, aus welcher Vollmacht ich das
tue.
25 Woher war die Taufe des Johannes?
War sie vom Himmel oder von den Men-
schen? Da bedachten sie's bei sich selbst
und sprachen: Sagen wir, sie war vom
Himmel, so wird er zu uns sagen: Warum
habt ihr ihm dann nicht geglaubt?
26 Sagen wir aber, sie war von Menschen,
so müssen wir uns vor dem Volk fürchten,
denn sie [a]halten alle Johannes für einen
Propheten. *a* Kap 14,5
27 Und sie antworteten Jesus und spra-
chen: Wir wissen's nicht. Da sprach er zu
ihnen: So sage ich euch auch nicht, aus
welcher Vollmacht ich das tue.

Von den ungleichen Söhnen

28 Was meint ihr aber? Es hatte ein Mann
zwei Söhne und ging zu dem ersten und
sprach: Mein Sohn, geh hin und arbeite
heute im Weinberg.
29 Er antwortete aber und sprach: Nein,
ich will nicht. Danach reute es ihn, und er
ging hin.
30 Und der Vater ging zum zweiten Sohn
und sagte dasselbe. Der aber antwortete
und sprach: [a]Ja, Herr! und ging nicht
hin. *a* Kap 7,21
31 Wer von den beiden hat des Vaters Wil-
len getan? Sie antworteten: Der erste.
Jesus sprach zu ihnen: Wahrlich, ich sage
euch: Die [a]Zöllner und Huren kommen
eher ins Reich Gottes als ihr. *a* Lk 18,9-14
32 Denn Johannes kam zu euch und lehrte
euch den rechten Weg, und ihr glaubtet
ihm nicht; aber [a]die Zöllner und Huren
glaubten ihm. Und obwohl ihr's saht, tatet
ihr dennoch nicht Buße, so daß ihr ihm
dann auch geglaubt hättet. *a* Lk 7,29

Von den bösen Weingärtnern

(Mk 12,1-12; Lk 20,9-19)

33 Hört ein anderes Gleichnis: Es war ein
Hausherr, der [a]pflanzte einen Weinberg
und zog einen Zaun darum und grub eine
Kelter darin und baute einen Turm und
verpachtete ihn an Weingärtner und ging
außer Landes. *a* Jes 5,1.2
34 Als nun die Zeit der Früchte herbei-
kam, sandte er seine Knechte zu den
Weingärtnern, damit sie seine Früchte hol-
ten.
35 Da nahmen die Weingärtner seine
Knechte: den einen schlugen sie, den
zweiten töteten sie, den dritten steinigten
sie.
36 Abermals sandte er andere Knechte,
mehr als das erstemal; und sie taten mit
ihnen dasselbe.
37 Zuletzt aber sandte er seinen Sohn zu
ihnen und sagte sich: Sie werden sich vor
meinem Sohn scheuen.
38 Als aber die Weingärtner den Sohn
sahen, sprachen sie zueinander: Das ist
der Erbe; kommt, laßt uns ihn töten und
sein Erbgut an uns bringen![a]
a Kap 26,3-5; Joh 1,11
39 Und sie nahmen ihn und stießen ihn
zum Weinberg hinaus und töteten ihn.
40 Wenn nun der Herr des Weinbergs
kommen wird, was wird er mit diesen
Weingärtnern tun?
41 Sie antworteten ihm: Er wird den Bösen
ein böses Ende bereiten und seinen Wein-

berg andern Weingärtnern verpachten, die
ihm die Früchte zur rechten Zeit geben.
42 ¶Jesus sprach zu ihnen: Habt ihr nie
gelesen in der Schrift (Psalm 118,22.23):
»Der [a]Stein, den die Bauleute verworfen
haben, der ist zum Eckstein geworden.
Vom Herrn ist das geschehen und ist ein
Wunder vor unsern Augen«?
a Apg 4,11; 1.Petr 2,4-8
43 Darum sage ich euch: Das Reich Gottes
wird von euch genommen und einem Volk
gegeben werden, das seine Früchte bringt.
44 Und wer auf diesen Stein fällt, der wird
zerschellen; auf wen aber er fällt, den wird
er zermalmen.*

* Dieser Vers findet sich bei einigen alten Textzeugen nicht.

45 ¶Und als die Hohenpriester und Phari-
säer seine Gleichnisse hörten, erkannten
sie, daß er von ihnen redete.
46 Und sie trachteten danach, ihn zu
ergreifen; aber sie fürchteten sich vor dem
Volk, denn es hielt ihn für einen Prophe-
ten.

Die königliche Hochzeit

(Lk 14,16-24)

22 Und Jesus fing an und redete aber-
mals in Gleichnissen zu ihnen und
sprach:
2 Das Himmelreich gleicht einem König,
der seinem Sohn die Hochzeit ausrichte-
te.[a] a Joh 3,29
3 Und er sandte seine Knechte aus, die
Gäste zur Hochzeit zu laden; doch sie
wollten nicht kommen.
4 Abermals sandte er andere Knechte aus
und sprach: Sagt den Gästen: Siehe, meine
Mahlzeit habe ich bereitet, meine Ochsen
und mein Mastvieh ist geschlachtet, und
alles ist bereit; kommt zur Hochzeit!
5 Aber sie verachteten das und gingen
weg, einer auf seinen Acker, der andere an
sein Geschäft.
6 Einige aber ergriffen seine Knechte, ver-
höhnten und töteten sie.[a] a Kap 21,35
7 Da wurde der König zornig und schickte
seine Heere aus und brachte diese Mörder
um und zündete ihre Stadt an.[a] a Kap 24,2
8 Dann sprach er zu seinen Knechten: Die
Hochzeit ist zwar bereit, aber die Gäste
waren's nicht wert.
9 Darum geht hinaus auf die Straßen und
ladet zur Hochzeit ein, wen ihr findet.
10 Und die Knechte gingen auf die Stra-
ßen hinaus und brachten zusammen, [a]wen
sie fanden, Böse und Gute; und die Tische
wurden alle voll. a Kap 13,47
11 Da ging der König hinein, sich die Gäste
anzusehen, und sah da einen Menschen,
der hatte [a]kein hochzeitliches Gewand
an, a Offb 19,8
12 und sprach zu ihm: Freund, wie bist du
hier hereingekommen und hast doch kein
hochzeitliches Gewand an? Er aber ver-
stummte.
13 Da sprach der König zu seinen Dienern:
Bindet ihm die Hände und Füße und werft
ihn in die Finsternis hinaus! Da wird Heu-
len und Zähneklappern sein.
14 Denn **viele sind berufen, aber wenige
sind auserwählt.**

Die Frage nach der Steuer (»Der Zinsgroschen«)

(Mk 12,13-17; Lk 20,20-26)

15 Da gingen die Pharisäer hin und hielten
Rat, wie sie ihn in seinen Worten fangen
könnten;
16 und sandten zu ihm ihre Jünger samt
den Anhängern des Herodes. Die spra-
chen: [a]Meister, wir wissen, daß du wahr-
haftig bist und lehrst den Weg Gottes recht
und fragst nach niemand; denn du achtest
nicht das Ansehen der Menschen.
a Joh 3,2
17 Darum sage uns, was meinst du: Ist's
recht, daß man dem Kaiser Steuern zahlt
oder nicht?
18 Als nun Jesus ihre Bosheit merkte,
sprach er: Ihr Heuchler, was versucht ihr
mich?
19 Zeigt mir die Steuermünze! Und sie
reichten ihm einen Silbergroschen.
20 Und er sprach zu ihnen: Wessen Bild
und Aufschrift ist das?
21 Sie sprachen zu ihm: Des Kaisers. Da
sprach er zu ihnen: **So gebt dem Kaiser,
was des Kaisers ist, und Gott, was Gottes
ist!**[a] a Röm 13,1.7
22 Als sie das hörten, wunderten sie sich,
ließen von ihm ab und gingen davon.

Die Frage nach der Auferstehung

(Mk 12,18-27; Lk 20,27-40)

23 An demselben Tage traten die Saddu-
zäer zu ihm, [a]die lehren, es gebe keine
Auferstehung, und fragten ihn
a Apg 4,2; 23,6.8
24 und sprachen: Meister, Mose hat gesagt
(5.Mose 25,5.6): »Wenn einer stirbt und

hat keine Kinder, so soll sein Bruder die
Frau heiraten und seinem Bruder Nach-
kommen erwecken.«
25 Nun waren bei uns sieben Brüder. Der
erste heiratete und starb; und weil er keine
Nachkommen hatte, hinterließ er seine
Frau seinem Bruder;
26 desgleichen der zweite und der dritte
bis zum siebenten.
27 Zuletzt nach allen starb die Frau.
28 Nun in der Auferstehung: wessen Frau
wird sie sein von diesen sieben? Sie haben
sie ja alle gehabt.
29 Jesus aber antwortete und sprach zu
ihnen: Ihr irrt, weil ihr weder die Schrift
kennt noch die Kraft Gottes.
30 Denn in der Auferstehung werden sie
weder heiraten noch sich heiraten lassen,
sondern sie sind wie Engel im Himmel.
31 Habt ihr denn nicht gelesen von der
Auferstehung der Toten, was euch gesagt
ist von Gott, der da spricht (2. Mose 3,6):
32 »Ich bin der Gott Abrahams und der
Gott Isaaks und der Gott Jakobs«? **Gott ist
nicht ein Gott der Toten, sondern der Leben-
den.**
33 Und als das Volk das hörte, entsetzten
sie sich über seine Lehre.

Die Frage nach dem höchsten Gebot

(Mk 12,28-31; Lk 10,25-28)

34 Als aber die Pharisäer hörten, daß er
den Sadduzäern das Maul gestopft hatte,
versammelten sie sich.
35 Und einer von ihnen, ein Schriftgelehr-
ter, versuchte ihn und fragte:
36 Meister, welches ist das höchste Gebot
im Gesetz?
37 Jesus aber antwortete ihm: **»Du sollst
den Herrn, deinen Gott, lieben von ganzem
Herzen, von ganzer Seele und von ganzem
Gemüt*«** (5. Mose 6,5).

* Siehe Sach- und Worterklärungen.

38 Dies ist das höchste und größte Gebot.
39 Das andere aber ist dem gleich: **»Du
sollst deinen Nächsten lieben wie dich
selbst«** (3. Mose 19,18).
40 In diesen beiden Geboten hängt das
ganze Gesetz und die Propheten.[a]

a Röm 13,9.10

Die Frage nach dem Davidssohn

(Mk 12,35-37; Lk 20,41-44)

41 Als nun die Pharisäer beieinander
waren, fragte sie Jesus:
42 Was denkt ihr von dem Christus? Wes-
sen Sohn ist er? Sie antworteten: [a]Da-
vids.

a Jes 11,1; Joh 7,42

43 Da fragte er sie: Wie kann ihn dann
David durch den Geist Herr nennen, wenn
er sagt (Psalm 110,1):
44 »Der Herr sprach zu meinem Herrn:
[a]Setze dich zu meiner Rechten,
bis ich deine Feinde unter deine Füße
lege«?

a Kap 26,64

45 Wenn nun David ihn Herr nennt, wie
ist er dann sein Sohn?
46 Und niemand konnte ihm ein Wort ant-
worten, auch wagte niemand von dem
Tage an, ihn hinfort zu fragen.

Gegen die Schriftgelehrten und Pharisäer

(Mk 12,38-40; Lk 20,45-47; 11,39-52)

23 Da redete Jesus zu dem Volk und
zu seinen Jüngern
2 und sprach: Auf dem Stuhl des Mo-
se sitzen die Schriftgelehrten und Phari-
säer.
3 Alles nun, was sie euch sagen, das tut
und haltet; aber nach ihren Werken sollt
ihr nicht handeln; denn [a]sie sagen's zwar,
tun's aber nicht.

a Mal 2,7.8; Röm 2,21-23

4 [a]Sie binden schwere und unerträgliche
Bürden und legen sie den Menschen auf
die Schultern; aber sie selbst wollen kei-
nen Finger dafür krümmen.

a Kap 11,28-30; Apg 15,10.28

5 Alle ihre Werke aber tun sie, [a]damit sie
von den Leuten gesehen werden. Sie
machen ihre [b]Gebetsriemen* breit und
die Quasten* an ihren Kleidern groß.

a Kap 6,1 *b* 4. Mose 15,38.39

* Siehe Sach- und Worterklärungen.

6 Sie [a]sitzen gern obenan bei Tisch und
in den Synagogen

a Lk 14,7

7 und haben's gern, daß sie auf dem Markt
gegrüßt und von den Leuten Rabbi
genannt werden.
8 Aber ihr sollt euch nicht Rabbi nennen
lassen; denn **einer ist euer Meister; ihr
aber seid alle Brüder.**
9 Und ihr sollt niemanden unter euch
Vater nennen auf Erden; denn einer ist
euer Vater, der im Himmel ist.
10 Und ihr sollt euch nicht Lehrer nennen
lassen; denn einer ist euer Lehrer: Chri-
stus.
11 Der größte unter euch soll euer Diener
sein.[a]

a Kap 20,26.27

12 Denn **wer sich selbst erhöht, der wird
erniedrigt; und wer sich selbst erniedrigt,
der wird erhöht.**[a]

a Hiob 22,29; Spr 29,23; Hes 21,31; Lk 18,14; 1.Petr 5,5

13 ¶ Weh euch, Schriftgelehrte und Pharisäer, ihr Heuchler, die ihr das Himmelreich zuschließt vor den Menschen! Ihr geht nicht hinein, und die hinein wollen, laßt ihr nicht hineingehen.*

* Vers 14 findet sich erst in der späteren Überlieferung: »Weh euch, Schriftgelehrte und Pharisäer, ihr Heuchler, die ihr die Häuser der Witwen freßt und zum Schein lange Gebete verrichtet! Darum werdet ihr ein um so härteres Urteil empfangen« (vgl. Mk 12,40).

15 ¶ Weh euch, Schriftgelehrte und Pharisäer, ihr Heuchler, die ihr Land und Meer durchzieht, damit ihr einen Judengenossen* gewinnt; und wenn er's geworden ist, macht ihr aus ihm ein Kind der Hölle, doppelt so schlimm wie ihr.

* Siehe Sach- und Worterklärungen zu »Gottesfürchtige«.

16 ¶ [a]Weh euch, ihr [b]verblendeten Führer, die ihr sagt: Wenn einer schwört bei dem Tempel, das gilt nicht; wenn aber einer schwört bei dem Gold des Tempels, der ist gebunden.

a (16-22) Kap 5,34-37 *b* Kap 15,14

17 Ihr Narren und Blinden! Was ist mehr: das Gold oder der Tempel, der das Gold heilig macht?

18 Oder: Wenn einer schwört bei dem Altar, das gilt nicht; wenn aber einer schwört bei dem Opfer, das darauf liegt, der ist gebunden.

19 Ihr Blinden! Was ist mehr: das Opfer oder der Altar, der das Opfer heilig macht?

20 Darum, wer schwört bei dem Altar, der schwört bei ihm und bei allem, was darauf liegt.

21 Und wer schwört bei dem Tempel, der schwört bei ihm und bei dem, der darin wohnt.

22 Und wer schwört bei dem Himmel, der schwört bei dem Thron Gottes und bei dem, der darauf sitzt.

23 ¶ Weh euch, Schriftgelehrte und Pharisäer, ihr Heuchler, die ihr den [a]Zehnten gebt von Minze, Dill und Kümmel und laßt das [b]Wichtigste im Gesetz beiseite, nämlich das Recht, die Barmherzigkeit und den Glauben! Doch dies sollte man tun und jenes nicht lassen.

a 3.Mose 27,30; Lk 18,12 *b* Mi 6,8

24 Ihr verblendeten Führer, die ihr Mükken aussiebt, aber Kamele verschluckt!

25 ¶ Weh euch, Schriftgelehrte und Pharisäer, ihr Heuchler, [a]die ihr die Becher und Schüsseln außen reinigt, innen aber sind sie voller Raub und Gier! *a* Mk 7,4.8

26 Du [a]blinder Pharisäer, reinige zuerst das Innere des Bechers, damit auch das Äußere rein wird![b] *a* Joh 9,40 *b* Tit 1,15

27 ¶ Weh euch, Schriftgelehrte und Pharisäer, ihr Heuchler, die ihr seid wie die übertünchten Gräber, die von außen hübsch aussehen, aber innen sind sie voller Totengebeine und lauter Unrat!

28 So auch ihr: von außen scheint ihr vor den Menschen fromm, aber innen seid ihr voller Heuchelei und Unrecht.

29 ¶ Weh euch, Schriftgelehrte und Pharisäer, ihr Heuchler, die ihr den Propheten Grabmäler baut und die Gräber der Gerechten schmückt

30 und sprecht: Hätten wir zu Zeiten unserer Väter gelebt, so wären wir nicht mit ihnen schuldig geworden am Blut der Propheten!

31 Damit bezeugt ihr von euch selbst, daß ihr Kinder derer seid, [a]die die Propheten getötet haben. *a* Jer 26,20-23; Kap 5,12; Apg 7,52

32 Wohlan, macht auch ihr das Maß eurer Väter voll!

33 Ihr Schlangen, ihr Otternbrut! Wie wollt ihr der höllischen Verdammnis entrinnen?

34 ¶ Darum: siehe, ich sende zu euch Propheten und Weise und Schriftgelehrte; und von ihnen werdet ihr einige töten und kreuzigen, und einige werdet ihr geißeln in euren Synagogen und werdet sie verfolgen von einer Stadt zur andern,

35 damit über euch komme all das gerechte Blut, das vergossen ist auf Erden, von dem Blut des gerechten [a]Abel an bis auf das Blut des [b]Secharja, des Sohnes Berechjas, den ihr getötet habt zwischen Tempel und Altar. *a* 1.Mose 4,8 *b* 2.Chr 24,20.21

36 Wahrlich, ich sage euch: das alles wird über dieses Geschlecht kommen.

Klage über Jerusalem

(Lk 13,34.35)

37 Jerusalem, Jerusalem, die du tötest die Propheten und steinigst, die zu dir gesandt sind! Wie oft habe ich deine Kinder versammeln wollen, wie eine Henne ihre Küken versammelt unter ihre Flügel; und ihr habt nicht gewollt!

38 Siehe, »euer Haus soll euch wüst gelassen werden« [a](Jeremia 22,5; Psalm 69,26).

a 1.Kön 9,7.8

39 Denn ich sage euch: Ihr werdet mich
von jetzt an nicht sehen, bis ihr sprecht:
[a]Gelobt sei, der da kommt im Namen des
Herrn! *a* Kap 21,9; 26,64

Jesu Rede über die Endzeit (Kapitel 24–25)

Das Ende des Tempels
(Mk 13,1.2; Lk 21,5.6)

24 Und Jesus ging aus dem Tempel
fort, und seine Jünger traten zu ihm
und zeigten ihm die Gebäude des Tem-
pels.
2 Er aber sprach zu ihnen: Seht ihr nicht
das alles? Wahrlich, ich sage euch: [a]Es
wird hier nicht ein Stein auf dem andern
bleiben, der nicht zerbrochen werde.
a Lk 19,44

Der Anfang der Wehen
(Mk 13,3-13; Lk 21,7-19)

3 Und als er auf dem Ölberg saß, traten
seine Jünger zu ihm und sprachen, als sie
allein waren: Sage uns, wann wird das
geschehen? Und was wird das Zeichen sein
für dein Kommen und für das Ende der
Welt?[a] *a* Apg 1,6-8
4 Jesus aber antwortete und sprach zu
ihnen: Seht zu, daß euch nicht jemand ver-
führe.
5 Denn es werden viele [a]kommen unter
meinem Namen und sagen: [b]Ich bin der
Christus, und sie werden viele verführen.
a Joh 5,43 *b* 1.Joh 2,18
6 Ihr werdet hören von Kriegen und
Kriegsgeschrei; seht zu und erschreckt
nicht. Denn das muß so geschehen; aber
es ist noch nicht das Ende da.
7 Denn es wird sich ein Volk gegen das
andere erheben und ein Königreich gegen
das andere; und es werden Hungersnöte
sein und Erdbeben hier und dort.
8 Das alles aber ist der Anfang der Wehen.
9 ¶ [a]Dann werden sie euch der Bedräng-
nis preisgeben und euch töten. Und ihr
werdet gehaßt werden um meines Namens
willen von allen Völkern.
a (9-10) Kap 10,21.22; Joh 16,2
10 Dann werden viele abfallen und werden
sich untereinander verraten und werden
sich untereinander hassen.
11 Und es werden sich viele [a]falsche Pro-
pheten erheben und werden viele verfüh-
ren. *a* 2.Petr 2,1; 1.Joh 4,1
12 Und weil die Ungerechtigkeit über-
handnehmen wird, wird die Liebe in
vielen erkalten.[a] *a* 2.Tim 3,1-5
13 **Wer aber beharrt bis ans Ende, der wird
selig werden.**[a] *a* Kap 10,22; Offb 13,10
14 Und es wird gepredigt werden dies
Evangelium vom Reich in der ganzen Welt
zum Zeugnis für [a]alle Völker, und dann
wird das Ende kommen. *a* Kap 28,19

Die große Bedrängnis
(Mk 13,14-23; Lk 21,20-24)

15 Wenn ihr nun sehen werdet das Greu-
elbild der Verwüstung stehen an der heili-
gen Stätte, wovon gesagt ist durch den Pro-
pheten Daniel (Daniel 9,27; 11,31) – wer
das liest, der merke auf! –,
16 alsdann fliehe auf die Berge, wer in
Judäa ist;
17 [a]und wer auf dem Dach ist, der steige
nicht hinunter, etwas aus seinem Hause
zu holen; *a (17 und 18)* Lk 17,31
18 und wer auf dem Feld ist, der kehre
nicht zurück, seinen Mantel zu holen.
19 Weh aber den Schwangeren und den
Stillenden zu jener Zeit![a] *a* Lk 23,29
20 Bittet aber, daß eure Flucht nicht
geschehe im Winter oder am Sabbat.
21 Denn [a]es wird dann eine große Be-
drängnis sein, wie sie nicht gewesen ist
vom Anfang der Welt bis jetzt und auch
nicht wieder werden wird. *a* Dan 12,1
22 Und wenn diese Tage nicht verkürzt
würden, so würde kein Mensch selig wer-
den; aber um der Auserwählten willen
werden diese Tage verkürzt.
23 ¶ Wenn dann jemand zu euch sagen
wird: Siehe, hier ist der Christus! Oder:
Da!, so sollt ihr's nicht glauben.
24 Denn es werden falsche Christusse und
[a]falsche Propheten aufstehen und [b]große
Zeichen und Wunder tun, so daß sie, wenn
es möglich wäre, auch die Auserwählten
verführten.
a 5.Mose 13,2-4 *b* 2.Thess 2,8.9; Offb 13,13
25 Siehe, ich habe es euch vorausgesagt.
26 [a]Wenn sie also zu euch sagen werden:
Siehe, er ist in der Wüste!, so geht nicht
hinaus; siehe, er ist drinnen im Haus!, so
glaubt es nicht. *a (26 und 27)* Lk 17,23.24
27 Denn wie der Blitz ausgeht vom Osten
und leuchtet bis zum Westen, so wird auch
das Kommen des Menschensohns sein.
28 Wo das Aas ist, da sammeln sich die
Geier.[a] *a* Lk 17,37; Offb 19,17.18

Das Kommen des Menschensohns

(Mk 13,24-27; Lk 21,25-28)

29 Sogleich aber nach der Bedrängnis
jener Zeit wird die [a]Sonne sich verfinstern
und der Mond seinen Schein verlieren,
und die Sterne werden vom Himmel fallen,
und [b]die Kräfte der Himmel werden
ins Wanken kommen.

a Jes 13,10; Offb 6,12.13 *b* 2.Petr 3,10

30 Und dann wird erscheinen das Zeichen
des Menschensohns am Himmel. Und
dann werden [a]wehklagen alle Geschlechter
auf Erden und werden [b]sehen den
Menschensohn kommen auf den Wolken
des Himmels mit großer Kraft und Herrlichkeit.

a Offb 1,7 *b* Kap 26,64; Dan 7,13.14; Offb 19,11-13

31 Und er wird seine Engel senden mit
hellen [a]Posaunen, und sie werden seine
Auserwählten sammeln von den vier Winden,
von einem Ende des Himmels bis
zum andern.

a 1.Kor 15,52; Offb 8,2

Mahnung zur Wachsamkeit

(Mk 13,28-32; Lk 21,29-33; 12,39.40)

32 An dem Feigenbaum lernt ein Gleichnis:
wenn seine Zweige jetzt saftig werden
und Blätter treiben, so wißt ihr, daß der
Sommer nahe ist.
33 Ebenso auch: wenn ihr das alles seht,
so wißt, daß er nahe vor der Tür ist.
34 Wahrlich, ich sage euch: Dieses Geschlecht
wird nicht vergehen, bis dies alles
geschieht.
33 **Himmel und Erde werden vergehen; aber
meine Worte werden nicht vergehen.**[a]

a Kap 5,18; Jes 51,6

36 Von dem Tage aber und von der Stunde
weiß niemand, auch die Engel im Himmel
nicht, auch der Sohn nicht, sondern allein
der Vater.[a]

a Apg 1,7

37 [a]Denn wie es in den Tagen Noahs war,
so wird auch sein das Kommen des Menschensohns.

a (37 und 38) Lk 17,26.27; 1.Mose 6,9–7,23

38 Denn wie sie waren in den Tagen vor
der Sintflut – sie aßen, sie tranken, sie heirateten
und ließen sich heiraten bis an den
Tag, an dem Noah in die Arche hineinging;
39 und sie beachteten es nicht, bis die Sintflut
kam und raffte sie alle dahin –, so wird
es auch sein beim Kommen des Menschensohns.
40 Dann werden zwei auf dem Felde sein;
der eine wird angenommen, der andere
wird preisgegeben.
41 Zwei Frauen werden mahlen mit der
Mühle; die eine wird angenommen, die
andere wird preisgegeben.[a]

a Lk 17,35

42 ¶Darum **wachet; denn ihr wißt nicht, an
welchem Tag euer Herr kommt.**[a]

a Kap 25,13

43 Das sollt ihr aber wissen: Wenn ein
Hausvater wüßte, [a]zu welcher Stunde in
der Nacht der Dieb kommt, so würde er ja
wachen und nicht in sein Haus einbrechen
lassen.

a 1.Thess 5,2

44 Darum seid auch ihr bereit! Denn der
Menschensohn kommt zu einer Stunde,
da ihr's nicht meint.

Vom treuen und vom bösen Knecht

(Lk 12,41-46)

45 Wer ist nun der treue und kluge Knecht,
den der Herr über seine Leute gesetzt hat,
damit er ihnen zur rechten Zeit zu essen
gebe?
46 Selig ist der Knecht, den sein Herr,
wenn er kommt, das tun sieht.
47 Wahrlich, ich sage euch: Er wird ihn
über alle seine Güter setzen.[a]

a Kap 25,21.23

48 Wenn aber jener als ein böser Knecht
in seinem Herzen sagt: [a]Mein Herr
kommt noch lange nicht,

a 2.Petr 3,4

49 und fängt an, seine Mitknechte zu
schlagen, ißt und trinkt mit den Betrunkenen:
50 dann wird der Herr dieses Knechts
kommen an einem Tage, an dem er's nicht
erwartet, und zu einer Stunde, die er nicht
kennt,
51 und er wird ihn in Stücke hauen lassen
und ihm sein Teil geben bei den Heuchlern;
da wird sein Heulen und Zähneklappern.

Von den klugen und törichten Jungfrauen

25 Dann wird das Himmelreich gleichen
zehn Jungfrauen, die ihre Lampen
nahmen und gingen hinaus, dem
Bräutigam entgegen.[a]

a Lk 12,35.36; Offb 19,7

2 Aber fünf von ihnen waren töricht, und
fünf waren klug.
3 Die törichten nahmen ihre Lampen,
aber sie nahmen kein Öl mit.
4 Die klugen aber nahmen Öl mit in ihren
Gefäßen, samt ihren Lampen.

5 Als nun der Bräutigam lange ausblieb,
wurden sie alle schläfrig und schliefen
ein.
6 Um Mitternacht aber erhob sich lautes
Rufen: Siehe, der Bräutigam kommt! Geht
hinaus, ihm entgegen!
7 Da standen diese Jungfrauen alle auf
und machten ihre Lampen fertig.
8 Die törichten aber sprachen zu den klu-
gen: Gebt uns von eurem Öl, denn unsre
Lampen verlöschen.
9 Da antworteten die klugen und spra-
chen: Nein, sonst würde es für uns und
euch nicht genug sein; geht aber zum
Kaufmann und kauft für euch selbst.
10 [a]Und als sie hingingen zu kaufen, kam
der Bräutigam; und die bereit waren, gin-
gen mit ihm hinein zur Hochzeit, und die
Tür wurde verschlossen. *a (10-12)* Lk 13,25
11 Später kamen auch die andern Jung-
frauen und sprachen: Herr, Herr, tu uns
auf!
12 Er antwortete aber und sprach: Wahr-
lich, ich sage euch: [a]Ich kenne euch
nicht. *a* Kap 7,23
13 Darum wachet! Denn ihr wißt weder
Tag noch Stunde.[a]* *a* Kap 24,42.44

* In der späteren Überlieferung finden sich zusätzlich die Worte: »in der der Menschensohn kommen wird« (vgl. 24,44).

Von den anvertrauten Zentnern

(Lk 19,12-27)

14 Denn es ist wie mit einem Menschen,
der außer Landes ging: er rief seine
Knechte und vertraute ihnen sein Vermö-
gen an;
15 dem einen gab er fünf Zentner Silber,
dem andern zwei, dem dritten einen, [a]je-
dem nach seiner Tüchtigkeit, und zog
fort. *a* Röm 12,6
16 Sogleich ging der hin, der fünf Zentner
empfangen hatte, und handelte mit ihnen
und gewann weitere fünf dazu.
17 Ebenso gewann der, der zwei Zentner
empfangen hatte, zwei weitere dazu.
18 Der aber einen empfangen hatte, ging
hin, grub ein Loch in die Erde und verbarg
das Geld seines Herrn.
19 Nach langer Zeit kam der Herr dieser
Knechte und forderte Rechenschaft von
ihnen.
20 Da trat herzu, der fünf Zentner emp-
fangen hatte, und legte weitere fünf Zent-
ner dazu und sprach: Herr, du hast mir
fünf Zentner anvertraut; siehe da, ich habe
damit weitere fünf Zentner gewonnen.
21 Da sprach sein Herr zu ihm: **Recht so,
du tüchtiger und [a]treuer Knecht, du bist
über wenigem treu gewesen, ich will dich
über viel setzen; geh hinein zu deines
Herrn Freude!** *a* Kap 24,45-47
22 Da trat auch herzu, der zwei Zentner
empfangen hatte, und sprach: Herr, du
hast mir zwei Zentner anvertraut; siehe
da, ich habe damit zwei weitere gewon-
nen.
23 Sein Herr sprach zu ihm: Recht so, du
tüchtiger und treuer Knecht, du bist über
wenigem treu gewesen, ich will dich über
viel setzen; geh hinein zu deines Herrn
Freude!
24 Da trat auch herzu, der einen Zentner
empfangen hatte, und sprach: Herr, ich
wußte, daß du ein harter Mann bist: du
erntest, wo du nicht gesät hast, und sam-
melst ein, wo du nicht ausgestreut hast;
25 und ich fürchtete mich, ging hin und
verbarg deinen Zentner in der Erde. Siehe,
da hast du das Deine.
26 Sein Herr aber antwortete und sprach
zu ihm: Du böser und fauler Knecht!
Wußtest du, daß ich ernte, wo ich nicht
gesät habe, und einsammle, wo ich nicht
ausgestreut habe?
27 Dann hättest du mein Geld zu den
Wechslern bringen sollen, und wenn ich
gekommen wäre, hätte ich das Meine wie-
derbekommen mit Zinsen.
28 Darum nehmt ihm den Zentner ab und
gebt ihn dem, der zehn Zentner hat.
29 Denn wer da hat, dem wird gegeben
werden, und er wird die Fülle haben; wer
aber nicht hat, dem wird auch, was er hat,
genommen werden.[a] *a* Kap 13,12; Spr 11,24.25
30 Und den unnützen Knecht werft in die
Finsternis hinaus; da wird sein Heulen und
Zähneklappern.

Vom Weltgericht

31 Wenn aber [a]der Menschensohn kom-
men wird in seiner Herrlichkeit, und alle
Engel mit ihm, dann [b]wird er sitzen auf
dem Thron seiner Herrlichkeit,

a Kap 16,27 *b* Offb 20,11-13

32 und [a]alle Völker werden vor ihm ver-
sammelt werden. Und [b]er wird sie vonein-
ander scheiden, wie ein Hirt die Schafe
von den Böcken scheidet,

a Röm 14,10 *b* Kap 13,49

33 und wird die Schafe zu seiner Rechten
stellen und die Böcke zur Linken.[a]

[a] Hes 34,17

34 Da wird dann der König sagen zu denen
zu seiner Rechten: Kommt her, ihr Geseg-
neten meines Vaters, ererbt das Reich, das
euch bereitet ist von Anbeginn der Welt!
35 [a]Denn ich bin hungrig gewesen, und
ihr habt mir zu essen gegeben. Ich bin
durstig gewesen, und ihr habt mir zu trin-
ken gegeben. Ich bin ein Fremder gewe-
sen, und ihr habt mich aufgenommen.

[a] *(35 und 36)* Jes 58,7

36 Ich bin nackt gewesen, und ihr habt
mich gekleidet. Ich bin krank gewesen,
und ihr habt mich besucht. Ich bin im
Gefängnis gewesen, und ihr seid zu mir
gekommen.
37 Dann werden ihm die Gerechten ant-
worten und sagen: Herr, wann haben wir
dich hungrig gesehen und haben dir zu
essen gegeben, oder durstig und haben
dir zu trinken gegeben?
38 Wann haben wir dich als Fremden ge-
sehen und haben dich aufgenommen, oder
nackt und haben dich gekleidet?
39 Wann haben wir dich krank oder im
Gefängnis gesehen und sind zu dir gekom-
men?
40 Und der König wird antworten und zu
ihnen sagen: Wahrlich, ich sage euch:
[a]**Was ihr getan habt einem von diesen mei-**
nen geringsten Brüdern, das habt ihr mir
getan.

[a] Kap 10,42; Spr 19,17; Hebr 2,11

41 ¶ Dann wird er auch sagen zu denen
zur Linken: Geht weg von mir, ihr Ver-
fluchten, in das [a]ewige Feuer, das bereitet
ist dem Teufel und seinen Engeln!

[a] Offb 20,10.15

42 Denn ich bin hungrig gewesen, und ihr
habt mir nicht zu essen gegeben. Ich bin
durstig gewesen, und ihr habt mir nicht zu
trinken gegeben.
43 Ich bin ein Fremder gewesen, und ihr
habt mich nicht aufgenommen. Ich bin
nackt gewesen, und ihr habt mich nicht
gekleidet. Ich bin krank und im Gefängnis
gewesen, und ihr habt mich nicht besucht.
44 Dann werden sie ihm auch antworten
und sagen: Herr, wann haben wir dich
hungrig oder durstig gesehen oder als
Fremden oder nackt oder krank oder im
Gefängnis und haben dir nicht gedient?
45 Dann wird er ihnen antworten und
sagen: Wahrlich, ich sage euch: Was ihr
nicht getan habt einem von diesen Gering-
sten, das habt ihr mir auch nicht getan.
46 Und sie werden hingehen: diese zur
ewigen Strafe, aber die Gerechten in das
ewige Leben.[a]

[a] Joh 5,29; Jak 2,13

Leiden, Sterben und Auferstehung Jesu (Kapitel 26–28)

(Mk 14–16; Lk 22–24; Joh 18–21)

Der Plan der Hohenpriester und Ältesten

26 Und es begab sich, als Jesus alle
diese Reden vollendet hatte, daß er
zu seinen Jüngern sprach:
2 Ihr wißt, daß in zwei Tagen [a]Passa ist;
und [b]der Menschensohn wird überant-
wortet werden, daß er gekreuzigt werde.

[a] 2.Mose 12,1-20 [b] Kap 20,18

3 ¶ Da versammelten sich die Hohenprie-
ster und die Ältesten des Volkes im Palast
des Hohenpriesters, der hieß [a]Kaiphas,

[a] Lk 3,1.2

4 und hielten Rat, wie sie Jesus mit List
ergreifen und töten könnten.
5 Sie sprachen aber: Ja nicht bei dem Fest,
damit es nicht einen Aufruhr gebe im
Volk.

Die Salbung in Betanien

(Lk 7,36-50; Joh 12,1-8)

6 Als nun Jesus in Betanien war im Hause
Simons des Aussätzigen,
7 trat zu ihm eine Frau, die hatte ein Glas
mit kostbarem Salböl und goß es auf sein
Haupt, als er zu Tisch saß.
8 Als das die Jünger sahen, wurden sie
unwillig und sprachen: Wozu diese Ver-
geudung?
9 Es hätte teuer verkauft und das Geld
den Armen gegeben werden können.
10 Als Jesus das merkte, sprach er zu
ihnen: Was betrübt ihr die Frau? Sie hat
ein gutes Werk an mir getan.
11 Denn [a]Arme habt ihr allezeit bei euch,
mich aber habt ihr nicht allezeit.

[a] 5.Mose 15,11

12 Daß sie das Öl auf meinen Leib gegos-
sen hat, das hat sie für mein Begräbnis
getan.
13 Wahrlich, ich sage euch: Wo dies Evan-
gelium gepredigt wird in der ganzen Welt,
da wird man auch sagen zu ihrem
Gedächtnis, was sie getan hat.

Der Verrat des Judas

14 Da ging einer von den Zwölfen, mit
Namen Judas Iskariot, hin zu den Hohen-
priestern
15 und sprach: [a]Was wollt ihr mir geben?
Ich will ihn euch verraten. Und sie boten
ihm [b]dreißig Silberlinge.
a Joh 11,57 *b* Sach 11,12
16 Und von da an suchte er eine Gelegen-
heit, daß er ihn verriete.

Das Abendmahl
(Joh 13,21-26)

17 Aber am ersten [a]Tage der Ungesäuer-
ten Brote traten die Jünger zu Jesus und
fragten: Wo willst du, daß wir dir das Pas-
salamm zum Essen bereiten?
a 2.Mose 12,18-20
18 Er sprach: Geht hin in die Stadt zu
einem und sprecht zu ihm: Der Meister
läßt dir sagen: Meine Zeit ist nahe; ich will
bei dir das Passa feiern mit meinen Jün-
gern.[a] *a* Kap 21,3
19 Und die Jünger taten, wie ihnen Jesus
befohlen hatte, und bereiteten das Passa-
lamm.
20 ¶ Und am Abend setzte er sich zu Tisch
mit den Zwölfen.
21 Und als sie aßen, sprach er: Wahrlich,
ich sage euch: Einer unter euch wird mich
verraten.
22 Und sie wurden sehr betrübt und fin-
gen an, jeder einzeln, ihn zu fragen: Herr,
bin ich's?
23 Er antwortete und sprach: Der die
Hand mit mir in die Schüssel taucht, der
wird mich verraten.
24 Der Menschensohn geht zwar dahin,
wie von ihm geschrieben steht; doch [a]weh
dem Menschen, durch den der Menschen-
sohn verraten wird! Es wäre für diesen
Menschen besser, wenn er nie geboren
wäre. *a* Lk 17,1.2
25 Da antwortete Judas, der ihn verriet,
und sprach: Bin ich's, Rabbi? Er sprach zu
ihm: Du sagst es.
26 ¶ [a]**Als sie aber aßen, nahm Jesus das
Brot, dankte und brach's und gab's den
Jüngern und sprach: Nehmet, esset; das ist
mein Leib.** *a (26-28)* 1.Kor 10,16; 11,23-25
27 **Und er nahm den Kelch und dankte, gab
ihnen den und sprach: Trinket alle daraus;**
28 **das ist mein [a]Blut des [b]Bundes,* das
vergossen wird für viele zur Vergebung der
Sünden.** *a* 2.Mose 24,8 *b* Jer 31,31; Hebr 9,15.16

* Luther übersetzte: »des neuen Testaments«.

29 Ich sage euch: Ich werde von nun an
nicht mehr von diesem Gewächs des
Weinstocks trinken bis an den Tag, an dem
ich von neuem davon trinken werde mit
euch in meines Vaters Reich.
30 Und als sie den [a]Lobgesang gesungen
hatten, gingen sie hinaus an den Ölberg.
a Ps 113–118

Die Ankündigung der Verleugnung des Petrus

31 Da sprach Jesus zu ihnen: In dieser
Nacht werdet ihr alle Ärgernis nehmen an
mir. Denn es steht geschrieben (Sacharja
13,7): »Ich werde den Hirten schlagen, und
[a]die Schafe der Herde werden sich zer-
streuen.« *a* Joh 16,32
32 Wenn ich aber auferstanden bin, will
ich vor euch hingehen nach [a]Galiläa.
a Kap 28,7
33 Petrus aber antwortete und sprach zu
ihm: Wenn sie auch alle Ärgernis nehmen,
so will ich doch niemals Ärgernis nehmen
an dir.
34 Jesus sprach zu ihm: Wahrlich, ich sage
dir: In dieser Nacht, ehe der Hahn kräht,
wirst du mich dreimal verleugnen.[a]
a Joh 13,38
35 Petrus sprach zu ihm: Und wenn ich
mit dir sterben müßte, will ich dich nicht
verleugnen. Das gleiche sagten auch alle
Jünger.

Jesus in Gethsemane

36 Da kam Jesus mit ihnen zu einem Gar-
ten, der hieß Gethsemane, und sprach zu
den Jüngern: Setzt euch hier, solange ich
dorthin gehe und bete.
37 Und [a]er nahm mit sich Petrus und die
zwei Söhne des Zebedäus und [b]fing an zu
trauern und zu zagen. *a* Kap 17,1 *b* Hebr 5,7
38 Da sprach Jesus zu ihnen: [a]Meine
Seele ist betrübt bis an den Tod; bleibt
hier und wacht mit mir! *a* Joh 12,27
39 Und er ging ein wenig weiter, fiel nie-
der auf sein Angesicht und betete und
sprach: **Mein Vater, ist's möglich, so gehe
dieser [a]Kelch an mir vorüber; doch [b]nicht
wie ich will, sondern wie du willst!**
a Joh 18,11 *b* Joh 6,38; Hebr 5,8
40 Und er kam zu seinen Jüngern und fand
sie schlafend und sprach zu Petrus: Könnt

ihr denn nicht eine Stunde mit mir
wachen?
41 [a]**Wachet und betet, daß ihr nicht in [b]An-
fechtung fallt! Der Geist ist willig; aber das
Fleisch ist schwach.** *a* Eph 6,18 *b* Hebr 2,18
42 Zum zweiten Mal ging er wieder hin,
betete und sprach: Mein Vater, ist's nicht
möglich, daß dieser Kelch an mir vorüber-
gehe, ohne daß ich ihn trinke, so geschehe
dein Wille!
43 Und er kam und fand sie abermals
schlafend, und ihre Augen waren voller
Schlaf.
44 Und er ließ sie und ging abermals hin
und [a]betete zum dritten Mal und redete
dieselben Worte. *a* 2.Kor 12,8
45 Dann kam er zu seinen Jüngern und
sprach zu ihnen: Ach, wollt ihr weiter
schlafen und ruhen? Siehe, die Stunde ist
da, daß der Menschensohn in die Hände
der Sünder überantwortet wird.
46 Steht auf, laßt uns gehen! Siehe, er ist
da, der mich verrät.

Jesu Gefangennahme

47 Und als er noch redete, siehe, da kam
Judas, einer von den Zwölfen, und mit ihm
eine große Schar mit Schwertern und mit
Stangen, von den Hohenpriestern und
Ältesten des Volkes.
48 Und der Verräter hatte ihnen ein Zei-
chen genannt und gesagt: Welchen ich
küssen werde, der ist's; den ergreift.
49 Und alsbald trat er zu Jesus und sprach:
Sei gegrüßt, Rabbi! und küßte ihn.
50 Jesus aber sprach zu ihm: Mein Freund,
dazu bist du gekommen? Da traten sie
heran und legten Hand an Jesus und ergrif-
fen ihn.
51 Und siehe, einer von denen, die bei
Jesus waren, streckte die Hand aus und
zog sein Schwert und schlug nach dem
Knecht des Hohenpriesters und hieb ihm
ein Ohr ab.
52 Da sprach Jesus zu ihm: Stecke dein
Schwert an seinen Ort! Denn [a]wer das
Schwert nimmt, der soll durchs Schwert
umkommen. *a* 1.Mose 9,6
53 Oder meinst du, ich könnte meinen
Vater nicht bitten, daß er mir sogleich
mehr als zwölf Legionen [a]Engel schickte?
a Kap 4,11
54 Wie würde dann aber die Schrift erfüllt,
daß es so geschehen muß?
55 Zu der Stunde sprach Jesus zu der
Schar: Ihr seid ausgezogen wie gegen
einen Räuber mit Schwertern und mit
Stangen, mich zu fangen. Habe ich doch
täglich im Tempel gesessen und gelehrt,
und ihr habt mich nicht ergriffen.
56 Aber das ist alles geschehen, damit
erfüllt würden die Schriften der Prophe-
ten. Da verließen ihn alle Jünger und flo-
hen.

Jesus vor dem Hohen Rat

57 Die aber Jesus ergriffen hatten, führten
ihn zu dem Hohenpriester Kaiphas, wo
die Schriftgelehrten und Ältesten sich ver-
sammelt hatten.
58 Petrus aber folgte ihm von ferne bis
zum Palast des Hohenpriesters und ging
hinein und setzte sich zu den Knechten,
um zu sehen, worauf es hinaus wollte.
59 Die Hohenpriester aber und der ganze
Hohe Rat suchten falsches Zeugnis gegen
Jesus, daß sie ihn töteten.
60 Und obwohl viele falsche Zeugen her-
zutraten, fanden sie doch nichts. Zuletzt
traten zwei herzu
61 und sprachen: Er hat gesagt: Ich kann
[a]den Tempel Gottes abbrechen und in drei
Tagen aufbauen.[b] *a* Apg 6,14 *b* Joh 2,19-21
62 Und der Hohepriester stand auf und
sprach zu ihm: Antwortest du nichts auf
das, was diese gegen dich bezeugen?
63 Aber Jesus [a]schwieg still. Und der
Hohepriester sprach zu ihm: **Ich beschwöre
dich bei dem lebendigen Gott, [b]daß du uns
sagst, ob du der Christus bist, der Sohn
Gottes.** *a* Kap 27,12 *b* Joh 10,24
64 **Jesus sprach zu ihm: Du sagst es. Doch
sage ich euch: Von nun an werdet ihr sehen
den Menschensohn [a]sitzen zur Rechten
der Kraft und [b]kommen auf den Wolken
des Himmels.**
a Ps 110,1 *b* Kap 16,27; 24,30; Dan 7,13
65 [a]Da zerriß der Hohepriester seine Klei-
der und sprach: Er hat Gott gelästert! Was
bedürfen wir weiterer Zeugen? Siehe, jetzt
habt ihr die Gotteslästerung gehört.
a (65 und 66) 3.Mose 24,16; Joh 10,33; 19,7
66 Was ist euer Urteil? Sie antworteten
und sprachen: Er ist des Todes schuldig.
67 Da spien sie ihm ins Angesicht und
schlugen ihn mit Fäusten. Einige aber
schlugen ihn ins Angesicht[a] *a* Jes 50,6
68 und sprachen: Weissage uns, Christus,
wer ist's, der dich schlug?

Die Verleugnung des Petrus

69 Petrus aber saß draußen im Hof; da trat
eine Magd zu ihm und sprach: Und du
warst auch mit dem Jesus aus Galiläa.
70 Er leugnete aber vor ihnen allen und
sprach: Ich weiß nicht, was du sagst.
71 Als er aber hinausging in die Torhalle,
sah ihn eine andere und sprach zu denen,
die da waren: Dieser war auch mit dem
Jesus von Nazareth.
72 Und er leugnete abermals und schwor
dazu: Ich kenne den Menschen nicht.
73 Und nach einer kleinen Weile traten
hinzu, die da standen, und sprachen zu
Petrus: Wahrhaftig, du bist auch einer von
denen, denn deine Sprache verrät dich.
74 Da fing er an, sich zu verfluchen und
zu schwören: Ich kenne den Menschen
nicht. Und alsbald krähte der Hahn.
75 Da dachte Petrus an das Wort, das Jesus
zu ihm gesagt hatte: Ehe der Hahn kräht,
wirst du mich dreimal verleugnen. Und er
ging hinaus und weinte bitterlich.

Jesus vor Pilatus. Das Ende des Judas

27 Am Morgen aber faßten alle Ho-
henpriester und die Ältesten des
Volkes den Beschluß über Jesus, ihn zu
töten,
2 und sie banden ihn, führten ihn ab und
überantworteten ihn dem Statthalter Pila-
tus.
3 ¶ Als Judas, der ihn verraten hatte, sah,
daß er zum Tode verurteilt war, reute es
ihn, und er brachte die dreißig Silberlinge
den Hohenpriestern und Ältesten zurück[a]
a Kap 26,15
4 und sprach: Ich habe Unrecht getan, daß
ich unschuldiges Blut verraten habe. Sie
aber sprachen: Was geht uns das an? Da
sieh du zu!
5 Und er warf die Silberlinge in den Tem-
pel, ging fort und [a]erhängte sich.
a Apg 1,18.19
6 Aber die Hohenpriester nahmen die Sil-
berlinge und sprachen: [a]Es ist nicht recht,
daß wir sie in den Gotteskasten legen;
denn es ist Blutgeld. *a* 5.Mose 23,19
7 Sie beschlossen aber, den Töpferacker
davon zu kaufen zum Begräbnis für
Fremde.
8 Daher heißt dieser Acker Blutacker bis
auf den heutigen Tag.
9 Da wurde erfüllt, was gesagt ist durch
den Propheten Jeremia, der da spricht:
»Sie haben die dreißig Silberlinge genom-
men, den Preis für den Verkauften, der
geschätzt wurde bei den Israeliten,
10 und sie haben das Geld für den Töpfer-
acker gegeben, wie mir der Herr befoh-
len hat« (Jeremia 32,9; Sacharja 11,12.13).
11 ¶ Jesus aber stand vor dem Statthalter;
und der Statthalter fragte ihn und sprach:
Bist du der König der Juden? Jesus aber
sprach: Du sagst es.
12 Und als er von den Hohenpriestern und
Ältesten verklagt wurde, [a]antwortete er
nichts. *a* Kap 26,63; Jes 53,7
13 Da sprach Pilatus zu ihm: Hörst du
nicht, wie hart sie dich verklagen?
14 Und er antwortete ihm nicht auf ein
einziges Wort, so daß sich der Statthalter
sehr verwunderte.[a]
a Joh 19,9

Jesu Verurteilung und Verspottung

15 Zum Fest aber hatte der Statthalter die
Gewohnheit, dem Volk einen Gefangenen
loszugeben, welchen sie wollten.
16 Sie hatten aber zu der Zeit einen
berüchtigten Gefangenen, der hieß Jesus
Barabbas.
17 Und als sie versammelt waren, sprach
Pilatus zu ihnen: Welchen wollt ihr? Wen
soll ich euch losgeben, Jesus Barabbas
oder Jesus, von dem gesagt wird, er sei
der Christus?
18 Denn er wußte, daß sie ihn [a]aus Neid
überantwortet hatten. *a* Joh 12,19
19 Und als er auf dem Richterstuhl saß,
schickte seine Frau zu ihm und ließ ihm
sagen: Habe du nichts zu schaffen mit die-
sem Gerechten; denn ich habe heute viel
erlitten im Traum um seinetwillen.
20 Aber die Hohenpriester und Ältesten
überredeten das Volk, daß sie um Bar-
abbas bitten, Jesus aber umbringen soll-
ten.
21 Da fing der Statthalter an und sprach zu
ihnen: Welchen wollt ihr? Wen von den
beiden soll ich euch losgeben? Sie spra-
chen: Barabbas!
22 Pilatus sprach zu ihnen: Was soll ich
denn machen mit Jesus, von dem gesagt
wird, er sei der Christus? Sie sprachen alle:
Laß ihn kreuzigen!
23 Er aber sagte: Was hat er denn Böses

getan? Sie schrien aber noch mehr: Laß
ihn kreuzigen!
24 Als aber Pilatus sah, daß er nichts aus-
richtete, sondern das Getümmel immer
größer wurde, nahm er Wasser und
[a]wusch sich die Hände vor dem Volk und
sprach: Ich bin unschuldig an seinem Blut;
seht ihr zu! *a* 5.Mose 21,6
25 Da antwortete das ganze Volk und
sprach: [a]Sein Blut komme über uns und
unsere Kinder! *a* Apg 5,28
26 Da gab er ihnen Barabbas los, aber
Jesus ließ er geißeln und überantwortete
ihn, daß er gekreuzigt werde.
27 ¶ Da nahmen die Soldaten des Statthal-
ters Jesus mit sich in das Prätorium und
sammelten die ganze Abteilung um ihn.
28 Und zogen ihn aus und legten ihm
einen Purpurmantel an
29 und flochten eine Dornenkrone und
setzten sie ihm aufs Haupt und gaben ihm
ein Rohr in seine rechte Hand und beug-
ten die Knie vor ihm und verspotteten ihn
und sprachen: Gegrüßet seist du, der
Juden König!
30 und spien ihn an und nahmen das Rohr
und schlugen damit sein Haupt.[a] *a* Jes 50,6

Jesu Kreuzigung und Tod

31 Und als sie ihn verspottet hatten, zogen
sie ihm den Mantel aus und zogen ihm
seine Kleider an und führten ihn ab, um
ihn zu kreuzigen.
32 Und als sie hinausgingen, fanden sie
einen Menschen aus Kyrene mit Namen
Simon; den zwangen sie, daß er ihm sein
Kreuz trug.
33 ¶ Und als sie an die Stätte kamen mit
Namen Golgatha, das heißt: Schädelstätte,
34 gaben sie ihm Wein zu trinken mit
[a]Galle vermischt; und als er's schmeckte,
wollte er nicht trinken. *a* Ps 69,22
35 Als sie ihn aber gekreuzigt hatten, [a]ver-
teilten sie seine Kleider und warfen das
Los darum.* *a* Joh 19,24

* In der späteren Überlieferung finden sich zusätzlich die Worte: »damit erfüllt werde, was gesagt ist durch den Propheten (Psalm 22,19): Sie haben meine Kleider unter sich geteilt und haben über mein Gewand das Los geworfen« (vgl. Joh 19,24).

36 Und sie saßen da und bewachten ihn.
37 Und oben über sein Haupt setzten sie
eine Aufschrift mit der Ursache seines
Todes: Dies ist Jesus, der Juden König.
38 ¶ Und da wurden zwei [a]Räuber mit ihm
gekreuzigt, einer zur Rechten und einer
zur Linken. *a* Jes 53,12
39 Die aber vorübergingen, lästerten ihn
und [a]schüttelten ihre Köpfe *a* Ps 22,8
40 und sprachen: [a]Der du den Tempel
abbrichst und baust ihn auf in drei Tagen,
hilf dir selber, wenn du Gottes Sohn bist,
und steig herab vom Kreuz!
a Kap 26,61; Joh 2,19
41 Desgleichen spotteten auch die Hohen-
priester mit den Schriftgelehrten und Älte-
sten und sprachen:
42 Andern hat er geholfen und kann sich
selber nicht helfen. Ist er der König von
Israel, so steige er nun vom Kreuz herab.
Dann wollen wir an ihn glauben.
43 Er hat [a]Gott vertraut; der erlöse ihn
nun, wenn er Gefallen an ihm hat; denn er
hat gesagt: Ich bin Gottes Sohn.[b]
a Ps 22,9 *b* Weish 2,13.16-20
44 Desgleichen schmähten ihn auch die
Räuber, die mit ihm gekreuzigt waren.
45 ¶ Und von der sechsten Stunde an kam
eine Finsternis über das ganze Land bis
zur neunten Stunde.
46 Und um die neunte Stunde schrie Jesus
laut: Eli, Eli, lama asabtani? Das heißt:
[a]**Mein Gott, mein Gott, warum hast du mich
verlassen?** *a* Ps 22,2
47 Einige aber, die da standen, als sie das
hörten, sprachen sie: Der ruft nach Elia.
48 Und sogleich lief einer von ihnen, nahm
einen Schwamm und füllte ihn mit [a]Essig
und steckte ihn auf ein Rohr und gab ihm
zu trinken. *a* Ps 69,22
49 Die andern aber sprachen: Halt, laß
sehen, ob Elia komme und ihm helfe!
50 Aber Jesus schrie abermals laut und
verschied.
51 ¶ Und siehe, der [a]Vorhang im Tempel
zerriß in zwei Stücke von oben an bis
unten aus. *a* 2.Mose 26,31-33; 2.Chr 3,14
52 Und die Erde erbebte, und die Felsen
zerrissen, und die Gräber taten sich auf,
und viele Leiber der entschlafenen Heili-
gen standen auf
53 und gingen aus den Gräbern nach sei-
ner Auferstehung und kamen in die hei-
lige Stadt und erschienen vielen.
54 Als aber der Hauptmann und die mit
ihm Jesus bewachten das Erdbeben sahen
und was da geschah, erschraken sie sehr
und sprachen: **Wahrlich, dieser ist Gottes
Sohn gewesen!**
55 Und es waren viele Frauen da, die von

ferne zusahen; die waren Jesus aus Galiläa
nachgefolgt und hatten ihm gedient;[a]
a Lk 8,2.3
56 unter ihnen war Maria von Magdala und
Maria, die Mutter des Jakobus und Josef,
und die Mutter der Söhne des Zebedäus.

Jesu Grablegung

57 [a]Am Abend aber kam ein reicher Mann
aus Arimathäa, der hieß Josef und war
auch ein Jünger Jesu.
a *(57 und 58)* 5.Mose 21,22.23
58 Der ging zu Pilatus und bat um den
Leib Jesu. Da befahl Pilatus, man sollte
ihm ihn geben.
59 Und Josef nahm den Leib und wickelte
ihn in ein reines Leinentuch
60 und legte ihn in sein eigenes neues
Grab, das er in einen Felsen hatte hauen
lassen, und wälzte einen großen Stein vor
die Tür des Grabes und ging davon.
61 Es waren aber dort Maria von Magdala
und die andere Maria; die saßen dem Grab
gegenüber.

Die Bewachung des Grabes

62 Am nächsten Tag, der auf den [a]Rüsttag
folgt, kamen die Hohenpriester mit den
Pharisäern zu Pilatus a Mk 15,42
63 und sprachen: Herr, wir haben daran
gedacht, daß dieser Verführer [a]sprach, als
er noch lebte: Ich will nach drei Tagen
auferstehen. a Kap 20,19
64 Darum befiehl, daß man das Grab
bewache bis zum dritten Tag, damit nicht
seine Jünger kommen und ihn stehlen und
zum Volk sagen: Er ist auferstanden von
den Toten, und der letzte Betrug ärger
wird als der erste.
65 Pilatus sprach zu ihnen: Da habt ihr die
Wache; geht hin und bewacht es, so gut
ihr könnt.
66 Sie gingen hin und sicherten das Grab
mit der Wache und versiegelten den Stein.

Jesu Auferstehung

(Mk 16,1-10; Lk 24,1-10; Joh 20,1-18)

28 Als aber der Sabbat vorüber war
und [a]der erste Tag der Woche
anbrach, kamen Maria von Magdala und
die andere Maria, um nach dem Grab zu
sehen. a Apg 20,7; 1.Kor 16,2; Offb 1,10
2 Und siehe, es geschah ein großes Erd-
beben. Denn der Engel des Herrn kam
vom Himmel herab, trat hinzu und wälzte
den Stein weg und setzte sich darauf.
3 Seine Gestalt war wie der Blitz und [a]sein
Gewand weiß wie der Schnee.
a Kap 17,2; Apg 1,10
4 Die Wachen aber erschraken aus Furcht
vor ihm und wurden, als wären sie tot.
5 Aber der Engel sprach zu den Frauen:
Fürchtet euch nicht! Ich weiß, daß ihr
Jesus, den Gekreuzigten, sucht.
6 Er ist nicht hier; [a]er ist auferstanden,
wie er gesagt hat. Kommt her und seht die
Stätte, wo er gelegen hat;
a Kap 12,40; 16,21; 17,23; 20,19
7 und geht eilends hin und sagt seinen
Jüngern, daß er auferstanden ist von den
Toten. Und siehe, er wird vor euch hinge-
hen nach [a]Galiläa; dort werdet ihr ihn
sehen. Siehe, ich habe es euch gesagt.
a Kap 26,32
8 Und sie gingen eilends weg vom Grab
mit Furcht und großer Freude und liefen,
um es seinen Jüngern zu verkündigen.
9 Und siehe, da begegnete ihnen Jesus
und sprach: Seid gegrüßt! Und sie traten
zu ihm und umfaßten seine Füße und fie-
len vor ihm nieder.
10 Da sprach Jesus zu ihnen: Fürchtet
euch nicht! Geht hin und verkündigt es
meinen [a]Brüdern, daß sie nach Galiläa
gehen: dort werden sie mich sehen.
a Hebr 2,11
11 ¶ Als sie aber hingingen, siehe, da
kamen einige von der Wache in die Stadt
und verkündeten den Hohenpriestern
alles, was geschehen war.
12 Und sie kamen mit den Ältesten zusam-
men, hielten Rat und gaben den Soldaten
viel Geld
13 und sprachen: Sagt, seine Jünger sind
in der Nacht gekommen und haben ihn
gestohlen, während wir schliefen.[a]
a Kap 27,64
14 Und wenn es dem Statthalter zu Ohren
kommt, wollen wir ihn beschwichtigen
und dafür sorgen, daß ihr sicher seid.
15 Sie nahmen das Geld und taten, wie sie
angewiesen waren. Und so ist dies zum
Gerede geworden bei den Juden bis auf
den heutigen Tag.

Der Missionsbefehl

16 Aber die elf Jünger gingen nach Galiläa
auf den Berg, wohin Jesus sie beschieden
hatte.

17 Und als sie ihn sahen, fielen sie vor ihm nieder; einige aber zweifelten.

18 Und Jesus trat herzu und sprach zu ihnen: [a]**Mir ist gegeben alle Gewalt im Himmel und auf Erden.** *a* Kap 11,27; Eph 1,20-22

19 **Darum gehet hin und** [a]**machet zu Jüngern alle Völker: Taufet sie auf den Namen des Vaters und des Sohnes und des heiligen Geistes** *a* Kap 24,14; Mk 16,15.16; 2.Kor 5,20

20 **und lehret sie halten alles, was ich euch befohlen habe. Und siehe,** [a]**ich bin bei euch alle Tage bis an der Welt Ende.** *a* Kap 18,20

DAS EVANGELIUM NACH MARKUS

Inhaltsübersicht

Johannes der Täufer

(Mt 3,1-12; Lk 3,1-18; Joh 1,19-27)

1 Dies ist der Anfang des Evangeliums von Jesus Christus, dem Sohn Gottes.

2 ¶Wie geschrieben steht im Propheten Jesaja: [a]»Siehe, ich sende meinen Boten vor dir her, der deinen Weg bereiten soll.« *a* Mt 11,10

3 »Es ist eine Stimme eines Predigers in der Wüste: Bereitet den Weg des Herrn, macht seine Steige eben!« (Maleachi 3,1; Jesaja 40,3):

4 Johannes der Täufer war in der Wüste und predigte die Taufe der Buße zur Vergebung der Sünden.

5 Und es ging zu ihm hinaus das ganze jüdische Land und alle Leute von Jerusalem und ließen sich von ihm taufen im Jordan und bekannten ihre Sünden.

6 Johannes aber trug ein Gewand aus Kamelhaaren und einen ledernen Gürtel um seine Lenden und aß Heuschrecken und wilden Honig

7 und predigte und sprach: Es kommt einer nach mir, der ist stärker als ich; und ich bin nicht wert, daß ich mich vor ihm bücke und die Riemen seiner Schuhe löse.

8 Ich taufe euch mit Wasser; aber er wird euch mit dem heiligen Geist taufen.

Jesu Taufe und Versuchung

(Mt 3,13–4,11; Lk 3,21.22; 4,1-13; Joh 1,32-34)

9 Und es begab sich zu der Zeit, daß Jesus aus [a]Nazareth in Galiläa kam und ließ sich taufen von Johannes im Jordan. *a* Lk 2,51

10 Und alsbald, als er aus dem Wasser stieg, sah er, daß sich der Himmel auftat und der Geist wie eine Taube herabkam auf ihn.

11 Und da geschah eine Stimme vom Himmel: **Du bist mein lieber Sohn, an dir habe ich Wohlgefallen.**[a] *a* Kap 9,7

12 ¶Und alsbald trieb ihn der Geist in die Wüste;

13 und er war in der Wüste vierzig Tage und wurde versucht von dem Satan und war bei den wilden Tieren, und die Engel dienten ihm.

Der Beginn des Wirkens Jesu in Galiläa

(Mt 4,12-17; Lk 4,14.15)

14 Nachdem aber Johannes gefangengesetzt war, kam Jesus nach Galiläa und predigte das Evangelium Gottes

15 und sprach: [a]**Die Zeit ist erfüllt, und das Reich Gottes ist herbeigekommen. Tut Buße und glaubt an das Evangelium!** *a* Gal 4,4

Die Berufung der ersten Jünger

(Mt 4,18-22; Lk 5,1-11; Joh 1,35-51)

16 Als er aber am Galiläischen Meer entlangging, sah er Simon und Andreas, Simons Bruder, wie sie ihre Netze ins Meer warfen; denn sie waren Fischer.

17 Und Jesus sprach zu ihnen: Folgt mir nach; ich will euch zu Menschenfischern machen!

18 Sogleich verließen sie ihre Netze und
folgten ihm nach.
19 Und als er ein wenig weiterging, sah er
Jakobus, den Sohn des Zebedäus, und
Johannes, seinen Bruder, wie sie im Boot
die Netze flickten.
20 Und alsbald rief er sie, und sie ließen
ihren Vater Zebedäus im Boot mit den
Tagelöhnern und folgten ihm nach.

Jesus in Kapernaum

(Mt 8,14-17; Lk 4,31-44)

21 Und sie gingen hinein nach Kapernaum;
und alsbald am Sabbat ging er in die Syn-
agoge und lehrte.
22 Und sie entsetzten sich über seine
Lehre; denn er lehrte mit Vollmacht und
nicht wie die Schriftgelehrten.[a] *a* Mt 7,28.29
23 Und alsbald war in ihrer Synagoge ein
Mensch, besessen von einem unreinen
Geist*; der schrie:

* Siehe Sach- und Worterklärungen.

24 [a] Was willst du von uns, Jesus von Naza-
reth? Du bist gekommen, uns zu vernich-
ten. Ich weiß, wer du bist: der Heilige
Gottes! *a* Kap 5,7
25 Und Jesus bedrohte ihn und sprach:
Verstumme und fahre aus von ihm!
26 Und der unreine Geist riß ihn und
schrie laut und fuhr aus von ihm.[a]

a Kap 9,26

27 Und sie entsetzten sich alle, so daß sie
sich untereinander befragten und spra-
chen: Was ist das? Eine neue Lehre in
Vollmacht! Er gebietet auch den unreinen
Geistern, und sie gehorchen ihm!
28 Und die Kunde von ihm erscholl als-
bald überall im ganzen galiläischen Land.
29 ¶ Und alsbald gingen sie aus der Syn-
agoge und kamen in das Haus des Simon
und Andreas mit Jakobus und Johannes.
30 Und die Schwiegermutter Simons lag
darnieder und hatte das Fieber; und als-
bald sagten sie ihm von ihr.
31 Da trat er zu ihr, faßte sie bei der Hand
und richtete sie auf; und das Fieber ver-
ließ sie, und sie diente ihnen.
32 ¶ Am Abend aber, als die Sonne unter-
gegangen war, brachten sie zu ihm alle
Kranken und Besessenen.
33 Und die ganze Stadt war versammelt
vor der Tür.
34 Und er half vielen Kranken, die mit
mancherlei Gebrechen beladen waren,
und trieb viele böse Geister aus und [a] ließ
die Geister nicht reden; denn sie kannten
ihn. *a* Apg 16,17.18
35 ¶ Und am Morgen, noch vor Tage, stand
er auf und ging hinaus. Und [a] er ging an
eine einsame Stätte und betete dort.

a Mt 14,23; 26,36; Lk 5,16; 11,1

36 Simon aber und die bei ihm waren, eil-
ten ihm nach.
37 Und als sie ihn fanden, sprachen sie zu
ihm: Jedermann sucht dich.
38 Und er sprach zu ihnen: Laßt uns
anderswohin gehen, in die nächsten
Städte, daß ich auch dort predige; denn
dazu bin ich gekommen.
39 Und er kam und predigte in ihren Syn-
agogen in ganz Galiläa und trieb die bösen
Geister aus.

Die Heilung eines Aussätzigen

(Mt 8,2-4; Lk 5,12-16)

40 Und es kam zu ihm ein Aussätziger,
der bat ihn, kniete nieder und sprach zu
ihm: Willst du, so kannst du mich reini-
gen.
41 Und es jammerte ihn, und er streckte
die Hand aus, rührte ihn an und sprach zu
ihm: Ich will's tun; sei rein!
42 Und sogleich wich der Aussatz von
ihm, und er wurde rein.
43 Und Jesus drohte ihm und trieb ihn
alsbald von sich[a] *a* Kap 3,12
44 und sprach zu ihm: Sieh zu, daß du
[a] niemandem etwas sagst; sondern geh hin
und zeige dich dem Priester und [b] opfere
für deine Reinigung, was Mose geboten
hat, ihnen zum Zeugnis.

a Kap 7,36 *b* 3.Mose 14,2-32

45 Er aber ging fort und fing an, viel davon
zu reden und die Geschichte bekanntzu-
machen, so daß Jesus hinfort nicht mehr
öffentlich in eine Stadt gehen konnte; son-
dern er war draußen an einsamen Orten;
doch sie kamen zu ihm von allen Enden.

Die Heilung eines Gelähmten (»Der Gichtbrüchige«)

(Mt 9,1-8; Lk 5,17-26)

2 Und nach einigen Tagen ging er wieder
nach Kapernaum; und es wurde be-
kannt, daß er im Hause war.
2 Und es versammelten sich viele, so daß
sie nicht Raum hatten, auch nicht draußen
vor der Tür; und er sagte ihnen das Wort.

[3]Und es kamen einige zu ihm, die brach-
ten einen Gelähmten, von vieren getra-
gen.
[4]Und da sie ihn nicht zu ihm bringen
konnten wegen der Menge, deckten sie das
Dach auf, wo er war, machten ein Loch
und ließen das Bett herunter, auf dem der
Gelähmte lag.
[5]Als nun Jesus ihren Glauben sah, sprach
er zu dem Gelähmten: **Mein Sohn, deine
Sünden sind dir vergeben.**
[6]Es saßen da aber einige Schriftgelehrte
und dachten in ihren Herzen:
[7]Wie redet der so? Er lästert Gott! [a]Wer
kann Sünden vergeben als Gott allein?

a Ps 130,4; Jes 43,25

[8]Und Jesus erkannte sogleich in seinem
Geist, daß sie so bei sich selbst dachten,
und sprach zu ihnen: Was denkt ihr sol-
ches in euren Herzen?
[9]Was ist leichter, zu dem Gelähmten zu
sagen: Dir sind deine Sünden vergeben,
oder zu sagen: Steh auf, nimm dein Bett
und geh umher?
[10]Damit ihr aber wißt, daß der Menschen-
sohn Vollmacht hat, Sünden zu vergeben
auf Erden – sprach er zu dem Gelähmten:
[11]Ich sage dir, steh auf, nimm dein Bett
und geh heim!
[12]Und er stand auf, nahm sein Bett und
ging alsbald hinaus vor aller Augen, so daß
sie sich alle entsetzten und Gott priesen
und sprachen: Wir haben so etwas noch
nie gesehen.

Die Berufung des Levi und das Mahl mit den Zöllnern

(Mt 9,9-13; Lk 5,27-32)

[13]Und er ging wieder hinaus an den See;
und alles Volk kam zu ihm, und er lehrte
sie.
[14]Und als er vorüberging, sah er Levi, den
Sohn des Alphäus, am Zoll sitzen und
sprach zu ihm: Folge mir nach! Und er
stand auf und folgte ihm nach.
[15]Und es begab sich, daß er zu Tisch saß
in seinem Hause, da setzten sich viele
Zöllner und Sünder zu Tisch mit Jesus
und seinen Jüngern; denn es waren viele,
die ihm nachfolgten.
[16]Und als die Schriftgelehrten unter den
Pharisäern sahen, daß er mit den Sündern
und Zöllnern aß, sprachen sie zu seinen
Jüngern: Ißt er mit den Zöllnern und Sün-
dern?
[17]Als das Jesus hörte, sprach er zu ihnen:
Die Starken bedürfen keines Arztes, son-
dern die Kranken. **Ich bin gekommen, die
Sünder zu rufen und nicht die Gerechten.**

Die Frage nach dem Fasten

(Mt 9,14-17; Lk 5,33-38)

[18]Und die Jünger des Johannes und die
Pharisäer fasteten viel; und es kamen
einige, die sprachen zu ihm: Warum fasten
die Jünger des Johannes und die Jünger
der Pharisäer, und deine Jünger fasten
nicht?
[19]Und Jesus sprach zu ihnen: Wie kön-
nen die Hochzeitsgäste fasten, während
der Bräutigam bei ihnen ist? Solange der
Bräutigam bei ihnen ist, können sie nicht
fasten.
[20]Es wird aber die Zeit kommen, daß der
Bräutigam von ihnen genommen wird;
dann werden sie fasten, an jenem Tage.
[21]Niemand flickt einen Lappen von
neuem Tuch auf ein altes Kleid; sonst reißt
der neue Lappen vom alten ab, und der
Riß wird ärger.
[22]Und niemand füllt neuen Wein in alte
Schläuche; sonst zerreißt der Wein die
Schläuche, und der Wein ist verloren und
die Schläuche auch; sondern man soll
neuen Wein in neue Schläuche füllen.

Das Ährenraufen am Sabbat

(Mt 12,1-8; Lk 6,1-5)

[23]Und es begab sich, daß er am Sabbat
durch ein Kornfeld ging, und seine Jünger
fingen an, während sie gingen, Ähren aus-
zuraufen.
[24]Und die Pharisäer sprachen zu ihm:
Sieh doch! Warum tun deine Jünger am
Sabbat, was nicht erlaubt ist?
[25]Und er sprach zu ihnen: Habt ihr nie
gelesen, was David tat, als er in Not war
und ihn hungerte, ihn und die bei ihm
waren:
[26]wie er [a]ging in das Haus Gottes zur
Zeit Abjatars, des Hohenpriesters, und aß
die Schaubrote, die [b]niemand essen darf
als die Priester, und gab sie auch denen,
die bei ihm waren? *a* 1.Sam 21,7 *b* 3.Mose 24,9
[27]Und er sprach zu ihnen: [a]Der Sabbat
ist um des Menschen willen gemacht und
nicht der Mensch um des Sabbats wil-
len. *a* 2.Mose 20,10
[28]**So ist der Menschensohn ein Herr auch
über den Sabbat.**

Die Heilung eines Mannes am Sabbat

(Mt 12,9-14; Lk 6,6-11)

3 Und er ging abermals in die Synagoge.
Und es war dort ein Mensch, der hatte
eine verdorrte Hand.
2 Und sie lauerten darauf, ob er auch am
Sabbat ihn heilen würde, damit sie ihn ver-
klagen könnten.
3 Und er sprach zu dem Menschen mit
der verdorrten Hand: Tritt hervor!
4 Und er sprach zu ihnen: Soll man am
Sabbat Gutes tun oder Böses tun, Leben
erhalten oder töten? Sie aber schwiegen
still.
5 Und er sah sie ringsum an mit Zorn und
war betrübt über ihr verstocktes Herz und
sprach zu dem Menschen: Strecke deine
Hand aus! Und er streckte sie aus; und
seine Hand wurde gesund.
6 Und die Pharisäer gingen hinaus und
hielten alsbald Rat über ihn mit den
Anhängern des Herodes, wie sie ihn
umbrächten.

Zulauf des Volkes und viele Heilungen

(Mt 12,15.16; Lk 6,17-19)

7 [a]Aber Jesus entwich mit seinen Jüngern
an den See, und eine große Menge aus
Galiläa folgte ihm; auch aus Judäa

a (7 und 8) Mt 4,25

8 und Jerusalem, aus Idumäa und von jen-
seits des Jordans und aus der Umgebung
von Tyrus und Sidon kam eine große
Menge zu ihm, die von seinen Taten
gehört hatte.
9 Und er sagte zu seinen Jüngern, sie soll-
ten ihm ein kleines Boot bereithalten,
damit die Menge ihn nicht bedränge.
10 Denn er heilte viele, so daß alle, die
geplagt waren, über ihn herfielen, um ihn
anzurühren.
11 Und wenn ihn die unreinen Geister
sahen, fielen sie vor ihm nieder und
schrien: [a]Du bist Gottes Sohn! *a* Lk 4,41
12 Und [a]er gebot ihnen streng, daß sie ihn
nicht offenbar machten. *a* Kap 1,43.44

Die Berufung der Zwölf

(Mt 10,1-4; Lk 6,12-16)

13 Und er ging auf einen Berg und rief zu
sich, welche er wollte, und die gingen hin
zu ihm.
14 Und er setzte zwölf ein, die er auch
Apostel nannte, daß sie bei ihm sein soll-
ten und daß er sie aussendete zu predigen
15 und daß sie Vollmacht hätten, die bösen
Geister auszutreiben.
16 Und er setzte die Zwölf ein und gab
Simon den Namen Petrus;
17 weiter: Jakobus, den Sohn des Zebe-
däus, und Johannes, den Bruder des
Jakobus, und [a]gab ihnen den Namen
Boanerges, das heißt: Donnersöhne;

a Lk 9,54

18 weiter: Andreas und Philippus und Bar-
tholomäus und Matthäus und Thomas
und Jakobus, den Sohn des Alphäus, und
Thaddäus und Simon Kananäus
19 und Judas Iskariot, der ihn dann ver-
riet.

Jesus und seine Angehörigen

20 Und er ging in ein Haus. Und da kam
abermals das Volk zusammen, so daß sie
nicht einmal essen konnten.
21 Und als es die Seinen hörten, machten
sie sich auf und wollten ihn festhalten;
denn sie sprachen: Er ist von Sinnen.[a]

a Kap 6,4; Joh 7,5; 8,48

Jesus und die bösen Geister

(Mt 12,24-32; Lk 11,14-23)

22 Die Schriftgelehrten aber, die von Jeru-
salem herabgekommen waren, sprachen:
Er hat den Beelzebul, und: [a]Er treibt die
bösen Geister aus durch ihren Obersten.

a Mt 9,34

23 Jesus aber rief sie zusammen und
sprach zu ihnen in Gleichnissen: Wie kann
der Satan den Satan austreiben?
24 Wenn ein Reich mit sich selbst uneins
wird, kann es nicht bestehen.
25 Und wenn ein Haus mit sich selbst
uneins wird, kann es nicht bestehen.
26 Erhebt sich nun der Satan gegen sich
selbst und ist mit sich selbst uneins, so
kann er nicht bestehen, sondern es ist aus
mit ihm.
27 Niemand kann aber in das Haus eines
Starken eindringen und seinen Hausrat
rauben, wenn er nicht zuvor den Starken
fesselt; erst dann kann er sein Haus berau-
ben.
28 Wahrlich, ich sage euch: Alle Sünden
werden den Menschenkindern vergeben,
auch die Lästerungen, wieviel sie auch
lästern mögen;
29 wer aber den heiligen Geist lästert, der

hat keine Vergebung in Ewigkeit, sondern
ist ewiger Sünde schuldig.[a] *a* Hebr 6,4-6
30 Denn sie sagten: Er hat einen unreinen
Geist.[a] *a* Joh 10,20

Jesu wahre Verwandte
(Mt 12,46-50; Lk 8,19-21)

31 Und es kamen seine Mutter und seine
Brüder und standen draußen, schickten zu
ihm und ließen ihn rufen.
32 Und das Volk saß um ihn. Und sie spra-
chen zu ihm: Siehe, deine Mutter und
deine Brüder und deine Schwestern drau-
ßen fragen nach dir.
33 Und er antwortete ihnen und sprach:
Wer ist meine Mutter und meine Brü-
der?
34 Und er sah ringsum auf die, die um ihn
im Kreise saßen, und sprach: Siehe, das
ist meine Mutter und das sind meine Brü-
der!
35 Denn **wer Gottes Willen tut, der ist mein
Bruder und meine Schwester und meine
Mutter.**

Vom Sämann
(Mt 13,1-9; Lk 8,4-8)

4 Und er fing abermals an, am See zu
lehren. Und es versammelte sich eine
sehr große Menge bei ihm, so daß er in
ein Boot steigen mußte, das im Wasser
lag; er setzte sich, und alles Volk stand auf
dem Lande am See.
2 Und er lehrte sie vieles in Gleichnissen;
und in seiner Predigt sprach er zu ihnen:
3 Hört zu! Siehe, es ging ein Sämann aus,
zu säen.
4 Und es begab sich, indem er säte, daß
einiges auf den Weg fiel; da kamen die
Vögel und fraßen's auf.
5 Einiges fiel auf felsigen Boden, wo es
nicht viel Erde hatte, und ging alsbald auf,
weil es keine tiefe Erde hatte.
6 Als nun die Sonne aufging, verwelkte es,
und weil es keine Wurzel hatte, verdorrte
es.
7 Und einiges fiel unter die Dornen, und
die Dornen wuchsen empor und erstick-
ten's, und es brachte keine Frucht.
8 Und einiges fiel auf gutes Land, ging auf
und wuchs und brachte Frucht, und
einiges trug dreißigfach und einiges sech-
zigfach und einiges hundertfach.
9 Und er sprach: Wer Ohren hat zu hören,
der höre!

Vom Sinn der Gleichnisse
(Mt 13,10-17; Lk 8,9.10)

10 Und als er allein war, fragten ihn, die
um ihn waren, samt den Zwölfen, nach
den Gleichnissen.
11 Und er sprach zu ihnen: Euch ist das
Geheimnis des Reiches Gottes gegeben;
denen aber draußen widerfährt es alles in
Gleichnissen,
12 damit sie es mit sehenden Augen sehen
und doch nicht erkennen, und mit hören-
den Ohren hören und doch nicht verste-
hen, damit sie sich nicht etwa bekehren
und ihnen vergeben werde.[a] *a* Jes 6,9.10

**Die Deutung des Gleichnisses
vom Sämann**
(Mt 13,18-23; Lk 8,11-15)

13 Und er sprach zu ihnen: Versteht ihr
dies Gleichnis nicht, wie wollt ihr dann
die andern alle verstehen?
14 Der Sämann sät das Wort.
15 Das aber sind die auf dem Wege: wenn
das Wort gesät wird und sie es gehört
haben, kommt sogleich der Satan und
nimmt das Wort weg, das in sie gesät war.
16 Desgleichen auch die, bei denen auf fel-
sigen Boden gesät ist: wenn sie das Wort
gehört haben, nehmen sie es sogleich mit
Freuden auf,
17 aber sie haben keine Wurzel in sich,
sondern sind wetterwendisch; wenn sich
Bedrängnis oder Verfolgung um des Wor-
tes willen erhebt, so fallen sie sogleich ab.
18 Und andere sind die, bei denen unter
die Dornen gesät ist: die hören das Wort,
19 und die Sorgen der Welt und der betrü-
gerische Reichtum und die Begierden
nach allem andern dringen ein und erstik-
ken das Wort, und es bleibt ohne Frucht.
20 Diese aber sind's, bei denen auf gutes
Land gesät ist: die hören das Wort und
nehmen's an und bringen Frucht, einige
dreißigfach und einige sechzigfach und
einige hundertfach.

Vom Licht und vom rechten Maß
(Lk 8,16-18)

21 Und er sprach zu ihnen: Zündet man
etwa ein Licht an, um es unter den Schef-
fel oder unter die Bank zu setzen? Keines-
wegs, sondern um es auf den Leuchter zu
setzen.[a] *a* Mt 5,15
22 Denn es ist nichts verborgen, was nicht

offenbar werden soll, und ist nichts
geheim, was nicht an den Tag kommen
soll.[a] a Mt 10,26.27; Lk 12,2
23 Wer Ohren hat zu hören, der höre!
24 ¶ Und er sprach zu ihnen: Seht zu, was
ihr hört! Mit welchem Maß ihr meßt, wird
man euch wieder messen, und man wird
euch noch dazugeben.[a] a Mt 7,2
25 Denn wer da hat, dem wird gegeben;
und wer nicht hat, dem wird man auch das
nehmen, was er hat.[a] a Mt 13,12.13

Vom Wachsen der Saat

26 Und er sprach: Mit dem Reich Gottes
ist es so, wie wenn ein Mensch Samen
aufs Land wirft
27 und schläft und aufsteht, Nacht und
Tag; und der Same geht auf und wächst –
er weiß nicht, wie.[a] a Jak 5,7
28 Denn von selbst bringt die Erde Frucht,
zuerst den Halm, danach die Ähre, danach
den vollen Weizen in der Ähre.
29 Wenn sie aber die Frucht gebracht hat,
so schickt er alsbald die Sichel hin; denn
die Ernte ist da.

Vom Senfkorn

(Mt 13,31.32.34; Lk 13,18.19)

30 Und er sprach: Womit wollen wir das
Reich Gottes vergleichen, und durch wel-
ches Gleichnis wollen wir es abbilden?
31 Es ist wie ein Senfkorn: wenn das gesät
wird aufs Land, so ist's das kleinste unter
allen Samenkörnern auf Erden;
32 und wenn es gesät ist, so geht es auf
und wird größer als alle Kräuter und treibt
große Zweige, so daß die Vögel unter dem
Himmel unter seinem Schatten wohnen
können.
33 ¶ Und durch viele solche Gleichnisse
sagte er ihnen das Wort so, wie sie es zu
hören vermochten.
34 Und ohne Gleichnisse redete er nicht
zu ihnen; aber wenn sie allein waren, legte
er seinen Jüngern alles aus.

Die Stillung des Sturmes

(Mt 8,23-27; Lk 8,22-25)

35 Und am Abend desselben Tages sprach
er zu ihnen: Laßt uns hinüberfahren.
36 Und sie ließen das Volk gehen und nah-
men ihn mit, wie er im Boot war, und es
waren noch andere Boote bei ihm.
37 Und es erhob sich ein großer Windwir-
bel, und die Wellen schlugen in das Boot,
so daß das Boot schon voll wurde.
38 Und er war hinten im Boot und schlief
auf einem Kissen. Und sie weckten ihn
auf und sprachen zu ihm: Meister, fragst
du nichts danach, daß wir umkommen?
39 Und er stand auf und bedrohte den
Wind und sprach zu dem Meer: Schweig
und verstumme! Und der Wind legte sich,
und es entstand eine große Stille.
40 Und er sprach zu ihnen: Was seid ihr
so furchtsam? Habt ihr noch keinen Glau-
ben?
41 Sie aber fürchteten sich sehr und spra-
chen untereinander: Wer ist der? Auch
Wind und Meer sind ihm gehorsam!

Die Heilung des besessenen Geraseners

(Mt 8,28-34; Lk 8,26-39)

5 Und sie kamen ans andre Ufer des
Sees in die Gegend der Gerasener.
2 Und als er aus dem Boot trat, lief ihm
alsbald von den Gräbern her ein Mensch
entgegen mit einem unreinen Geist,
3 der hatte seine Wohnung in den Grab-
höhlen. Und niemand konnte ihn mehr
binden, auch nicht mit Ketten;
4 denn er war oft mit Fesseln und Ketten
gebunden gewesen und hatte die Ketten
zerrissen und die Fesseln zerrieben; und
niemand konnte ihn bändigen.
5 Und er war allezeit, Tag und Nacht, in
den Grabhöhlen und auf den Bergen,
schrie und schlug sich mit Steinen.
6 Als er aber Jesus sah von ferne, lief er
hinzu und fiel vor ihm nieder
7 und schrie laut: Was willst du von mir,
Jesus, du Sohn Gottes, des Allerhöchsten?
Ich beschwöre dich bei Gott: Quäle mich
nicht![a] a Kap 1,24
8 Denn er hatte zu ihm gesagt: Fahre aus,
du unreiner Geist, von dem Menschen!
9 Und er fragte ihn: Wie heißt du? Und er
sprach: Legion heiße ich; denn wir sind
viele.
10 Und er bat Jesus sehr, daß er sie nicht
aus der Gegend vertreibe.
11 Es war aber dort an den Bergen eine
große Herde Säue auf der Weide.
12 Und die unreinen Geister baten ihn und
sprachen: Laß uns in die Säue fahren!
13 Und er erlaubte es ihnen. Da fuhren die
unreinen Geister aus und fuhren in die

Säue, und die Herde stürmte den Abhang
hinunter in den See, etwa zweitausend,
und sie ersoffen im See.
14 Und die Sauhirten flohen und verkün-
deten das in der Stadt und auf dem Lande.
Und die Leute gingen hinaus, um zu
sehen, was geschehen war,
15 und kamen zu Jesus und sahen den
Besessenen, wie er dasaß, bekleidet und
vernünftig, den, der die Legion unreiner
Geister gehabt hatte; und sie fürchteten
sich.
16 Und die es gesehen hatten, erzählten
ihnen, was mit dem Besessenen gesche-
hen war, und das von den Säuen.
17 Und sie fingen an und baten Jesus, aus
ihrem Gebiet fortzugehen.
18 Und als er in das Boot trat, bat ihn der
Besessene, daß er bei ihm bleiben dürfe.
19 Aber er ließ es ihm nicht zu, sondern
sprach zu ihm: Geh hin in dein Haus zu
den Deinen und verkünde ihnen, welch
große Wohltat dir der Herr getan und wie
er sich deiner erbarmt hat.
20 Und er ging hin und fing an, in den
[a]Zehn Städten auszurufen, welch große
Wohltat ihm Jesus getan hatte; und jeder-
mann verwunderte sich. *a* Kap 7,31

Die Heilung einer blutflüssigen Frau und die Auferweckung der Tochter des Jaïrus

(Mt 9,18-26; Lk 8,40-56)

21 Und als Jesus wieder herübergefahren
war im Boot, versammelte sich eine große
Menge bei ihm, und er war am See.
22 Da kam einer von den Vorstehern der
Synagoge, mit Namen Jaïrus. Und als er
Jesus sah, fiel er ihm zu Füßen
23 und bat ihn sehr und sprach: Meine
Tochter liegt in den letzten Zügen; komm
doch und lege deine Hände auf sie, damit
sie gesund werde und lebe.
24 Und er ging hin mit ihm.
¶Und es folgte ihm eine große Menge,
und sie umdrängten ihn.
25 Und da war eine Frau, die hatte den
Blutfluß seit zwölf Jahren
26 und hatte viel erlitten von vielen Ärz-
ten und all ihr Gut dafür aufgewandt; und
es hatte ihr nichts geholfen, sondern es
war noch schlimmer mit ihr geworden.
27 Als die von Jesus hörte, kam sie in der
Menge von hinten heran und berührte
sein Gewand.
28 Denn sie sagte sich: Wenn ich nur seine
Kleider berühren könnte, so würde ich
gesund.
29 Und sogleich versiegte die Quelle ihres
Blutes, und sie spürte es am Leibe, daß
sie von ihrer Plage geheilt war.
30 Und Jesus spürte sogleich an sich
selbst, daß [a]eine Kraft von ihm ausgegan-
gen war, und wandte sich um in der Menge
und sprach: Wer hat meine Kleider
berührt? *a* Lk 6,19
31 Und seine Jünger sprachen zu ihm: Du
siehst, daß dich die Menge umdrängt, und
fragst: Wer hat mich berührt?
32 Und er sah sich um nach der, die das
getan hatte.
33 Die Frau aber fürchtete sich und zit-
terte, denn sie wußte, was an ihr gesche-
hen war; sie kam und fiel vor ihm nieder
und sagte ihm die ganze Wahrheit.
34 Er aber sprach zu ihr: Meine Tochter,
dein Glaube hat dich gesund gemacht; geh
hin in Frieden und sei gesund von deiner
Plage!
35 ¶Als er noch so redete, kamen einige
aus dem Hause des Vorstehers der Syn-
agoge und sprachen: Deine Tochter ist
gestorben; was bemühst du weiter den
Meister?
36 Jesus aber hörte mit an,* was gesagt
wurde, und sprach zu dem Vorsteher:
Fürchte dich nicht, glaube nur!

* Es kann auch übersetzt werden: »Jesus aber über-
hörte . . .«.

37 Und er ließ niemanden mit sich gehen
als Petrus und Jakobus und Johannes, den
Bruder des Jakobus.[a] *a* Mt 17,1
38 Und sie kamen in das Haus des Vorste-
hers, und er sah das Getümmel, und wie
sehr sie weinten und heulten.
39 Und er ging hinein und sprach zu
ihnen: Was lärmt und weint ihr? [a]Das
Kind ist nicht gestorben, sondern es
schläft. *a* Joh 11,11
40 Und sie verlachten ihn. Er aber trieb
sie alle hinaus und nahm mit sich den
Vater des Kindes und die Mutter und die
bei ihm waren, und ging hinein, wo das
Kind lag,
41 und ergriff das Kind bei der Hand und
sprach zu ihm: Talita kum! – das heißt
übersetzt: Mädchen, [a]ich sage dir, steh
auf! *a* Lk 7,14; Apg 9,40
42 Und sogleich stand das Mädchen auf
und ging umher; es war aber zwölf Jahre

alt. Und sie entsetzten sich sogleich über
die Maßen.
43 Und er gebot ihnen streng, daß es nie-
mand wissen sollte, und sagte, sie sollten
ihr zu essen geben.

Die Verwerfung Jesu in Nazareth

(Mt 13,53-58; Lk 4,16-30)

6 Und er ging von dort weg und kam in
seine Vaterstadt, und seine Jünger folg-
ten ihm nach.
2 Und als der Sabbat kam, fing er an, zu
lehren in der Synagoge. Und viele, die
zuhörten, verwunderten sich und spra-
chen: [a]Woher hat er das? Und was ist das
für eine Weisheit, die ihm gegeben ist?
Und solche mächtigen Taten, die durch
seine Hände geschehen? a Joh 7,15
3 Ist er nicht der Zimmermann, Marias
Sohn, und der Bruder des Jakobus und
Joses und Judas und Simon? Sind nicht
auch seine Schwestern hier bei uns? Und
sie ärgerten sich an ihm.[a] a Joh 6,42
4 Jesus aber sprach zu ihnen: Ein Prophet
gilt nirgends weniger als in seinem Vater-
land und bei seinen Verwandten und in
seinem Hause.
5 Und er konnte dort nicht eine einzige
Tat tun, außer daß er wenigen Kranken die
Hände auflegte und sie heilte.
6 Und er wunderte sich über ihren
Unglauben. Und er ging rings umher in
die Dörfer und lehrte.

Die Aussendung der Zwölf

(Mt 10, 1.5-14; Lk 9,1-6)

7 Und er rief die Zwölf zu sich und fing
an, sie auszusenden [a]je zwei und zwei,
und gab ihnen Macht über die unreinen
Geister a Lk 10,1
8 und gebot ihnen, nichts mitzunehmen
auf den Weg als allein einen Stab, kein
Brot, keine Tasche, kein Geld im Gürtel,
9 wohl aber Schuhe, und nicht zwei Hem-
den anzuziehen.
10 Und er sprach zu ihnen: Wo ihr in ein
Haus gehen werdet, da bleibt, bis ihr von
dort weiterzieht.
11 Und wo man euch nicht aufnimmt und
nicht hört, da geht hinaus und schüttelt
den Staub von euren Füßen zum Zeugnis
gegen sie.
12 Und sie zogen aus und predigten, man
solle Buße tun,
13 und trieben viele böse Geister aus und
[a]salbten viele Kranke mit Öl und machten
sie gesund. a Jak 5,14.15

Das Ende Johannes des Täufers

(Mt 14,1-12; Lk 9,7-9; 3,19.20)

14 Und es kam dem König Herodes zu
Ohren; denn der Name Jesu war nun
bekannt. Und die Leute sprachen: Johan-
nes der Täufer ist von den Toten aufer-
standen; darum tut er solche Taten.
15 Einige aber sprachen: Er ist Elia; andere
aber: Er ist ein Prophet wie einer der Pro-
pheten.
16 Als es aber Herodes hörte, sprach er:
Es ist Johannes, den ich enthauptet habe,
der ist auferstanden.
17 ¶Denn er, Herodes, hatte ausgesandt
und Johannes ergriffen und ins Gefängnis
geworfen um der Herodias willen, der Frau
seines Bruders Philippus; denn er hatte
sie geheiratet.
18 Johannes hatte nämlich zu Herodes
gesagt: [a]Es ist nicht recht, daß du die Frau
deines Bruders hast.
a 2.Mose 20,14; 3.Mose 18,16
19 Herodias aber stellte ihm nach und
wollte ihn töten und konnte es nicht.
20 Denn Herodes fürchtete Johannes, weil
er wußte, daß er ein frommer und heiliger
Mann war, und hielt ihn in Gewahrsam;
und wenn er ihn hörte, wurde er sehr
unruhig; doch hörte er ihn gern.
21 Und es kam ein gelegener Tag, als
Herodes an seinem Geburtstag ein Fest-
mahl gab für seine Großen und die Ober-
sten und die Vornehmsten von Galiläa.
22 Da trat herein die Tochter der Herodias
und tanzte und gefiel Herodes und denen,
die mit am Tisch saßen. Da sprach der
König zu dem Mädchen: Bitte von mir,
was du willst, ich will dir's geben.
23 Und er schwor ihr einen Eid: Was du
von mir bittest, will ich dir geben, [a]bis zur
Hälfte meines Königreichs. a Est 5,3.6
24 Und sie ging hinaus und fragte ihre
Mutter: Was soll ich bitten? Die sprach:
Das Haupt Johannes des Täufers.
25 Da ging sie sogleich eilig hinein zum
König, bat ihn und sprach: Ich will, daß du
mir gibst, jetzt gleich auf einer Schale, das
Haupt Johannes des Täufers.
26 Und der König wurde sehr betrübt.
Doch wegen des Eides und derer, die mit
am Tisch saßen, wollte er sie keine Fehl-
bitte tun lassen.

27 Und sogleich schickte der König den
Henker hin und befahl, das Haupt des
Johannes herzubringen. Der ging hin und
enthauptete ihn im Gefängnis
28 und trug sein Haupt herbei auf einer
Schale und gab's dem Mädchen, und das
Mädchen gab's seiner Mutter.
29 Und als das seine Jünger hörten, kamen
sie und nahmen seinen Leichnam und leg-
ten ihn in ein Grab.

Die Speisung der Fünftausend

(Mt 14,13-21; Lk 9,10-17; Joh 6,1-13)

30 Und die Apostel kamen bei Jesus
zusammen und verkündeten ihm alles,
was sie getan und gelehrt hatten.[a]

a Lk 9,10; 10,17

31 Und er sprach zu ihnen: Geht ihr allein
an eine einsame Stätte und ruht ein wenig.
Denn es waren viele, die kamen und gin-
gen, und sie hatten nicht Zeit genug zum
Essen.
32 Und sie fuhren in einem Boot an eine
einsame Stätte für sich allein.
33 Und man sah sie wegfahren, und viele
merkten es und liefen aus allen Städten zu
Fuß dorthin zusammen und kamen ihnen
zuvor.
34 Und Jesus stieg aus und sah die große
Menge; und [a] sie jammerten ihn, denn sie
waren wie Schafe, die keinen Hirten
haben. Und er fing eine lange Predigt an.

a Mt 9,36

35 ¶ [a] Als nun der Tag fast vorüber war, tra-
ten seine Jünger zu ihm und sprachen: Es
ist öde hier, und der Tag ist fast vorüber;

a (35-44) Kap 8,1-9

36 laß sie gehen, damit sie in die Höfe und
Dörfer ringsum gehen und sich Brot kau-
fen.
37 Er aber antwortete und sprach zu
ihnen: Gebt ihr ihnen zu essen! Und sie
sprachen zu ihm: Sollen wir denn hinge-
hen und für zweihundert Silbergroschen
Brot kaufen und ihnen zu essen geben?
38 Er aber sprach zu ihnen: Wieviel Brote
habt ihr? Geht hin und seht! Und als sie es
erkundet hatten, sprachen sie: Fünf und
zwei Fische.
39 Und er gebot ihnen, daß sie sich alle
lagerten, tischweise, auf das grüne Gras.
40 Und sie setzten sich, in Gruppen zu
hundert und zu fünfzig.
41 Und er nahm die fünf Brote und zwei
Fische und [a] sah auf zum Himmel, dankte
und brach die Brote und gab sie den Jün-
gern, damit sie unter ihnen austeilten, und
die zwei Fische teilte er unter sie alle.

a Kap 7,34

42 Und sie aßen alle und wurden satt.
43 Und sie sammelten die Brocken auf,
zwölf Körbe voll, und von den Fischen.
44 Und die die Brote gegessen hatten,
waren fünftausend Mann.

Jesus kommt zu seinen Jüngern auf dem See

(Mt 14,22-33; Joh 6,15-21)

45 Und alsbald trieb er seine Jünger, in
das Boot zu steigen und vor ihm hinüber-
zufahren nach Betsaida, bis er das Volk
gehen ließe.
46 Und als er sie fortgeschickt hatte, ging
er hin auf einen Berg, um zu beten.
47 Und am Abend war das Boot mitten
auf dem See und er auf dem Land allein.
48 Und er sah, daß sie sich abplagten beim
Rudern, denn der Wind stand ihnen ent-
gegen. Um die vierte Nachtwache kam er
zu ihnen und ging auf dem See und wollte
an ihnen vorübergehen.
49 Und als sie ihn sahen auf dem See
gehen, meinten sie, es wäre ein Gespenst,
und schrien;
50 denn sie sahen ihn alle und erschraken.
Aber sogleich redete er mit ihnen und
sprach zu ihnen: Seid getrost, ich bin's;
fürchtet euch nicht!
51 und trat zu ihnen ins Boot, und [a] der
Wind legte sich. Und sie entsetzten sich
über die Maßen;

a Kap 4,39

52 denn sie waren um nichts verständiger
geworden angesichts der Brote, sondern
[a] ihr Herz war verhärtet.

a Kap 8,17

Krankenheilungen in Genezareth

(Mt 14,34-36)

53 Und als sie hinübergefahren waren ans
Land, kamen sie nach Genezareth und leg-
ten an.
54 Und als sie aus dem Boot stiegen,
erkannten ihn die Leute alsbald
55 und liefen im ganzen Land umher und
fingen an, die Kranken auf Bahren überall
dorthin zu tragen, wo sie hörten, daß er
war.
56 Und wo er in Dörfer, Städte und Höfe
hineinging, da legten sie die Kranken auf
den Markt und baten ihn, daß diese auch

nur [a]den Saum seines Gewandes berühren dürften; und alle, die ihn berührten, wurden gesund. *a* Kap 5,27.28; Apg 5,15; 19,11.12

Von Reinheit und Unreinheit

(Mt 15,1-20)

7 Und es versammelten sich bei ihm die Pharisäer und einige von den Schriftgelehrten, die aus Jerusalem gekommen waren.

2 Und sie sahen einige seiner Jünger mit unreinen, das heißt: ungewaschenen Händen das Brot essen.

3 Denn die Pharisäer und alle Juden essen nicht, wenn sie nicht die Hände mit einer Handvoll Wasser gewaschen haben, und halten so die Satzungen der Ältesten*;

* Siehe Sach- und Worterklärungen zu »Älteste«.

4 und wenn sie vom Markt kommen, essen sie nicht, wenn sie sich nicht gewaschen haben. Und es gibt viele andre Dinge, die sie zu halten angenommen haben, wie: [a]Trinkgefäße und Krüge und Kessel und Bänke zu waschen. *a* Mt 23,25

5 Da fragten ihn die Pharisäer und Schriftgelehrten: Warum leben deine Jünger nicht nach den Satzungen der Ältesten, sondern essen das Brot mit unreinen Händen?

6 Er aber sprach zu ihnen: Wie fein hat von euch Heuchlern Jesaja geweissagt, wie geschrieben steht (Jesaja 29,13): »Dies Volk ehrt mich mit den Lippen; aber ihr Herz ist fern von mir.

7 Vergeblich dienen sie mir, weil sie lehren solche Lehren, die nichts sind als Menschengebote.«

8 Ihr verlaßt Gottes Gebot und haltet der Menschen Satzungen.

9 Und er sprach zu ihnen: Wie fein hebt ihr Gottes Gebot auf, damit ihr eure Satzungen aufrichtet!

10 Denn Mose hat gesagt (2. Mose 20,12; 21,17): »Du sollst deinen Vater und deine Mutter ehren«, und: »Wer Vater oder Mutter flucht, der soll des Todes sterben.«

11 Ihr aber lehrt: Wenn einer zu Vater oder Mutter sagt: Korban* – das heißt: Opfergabe soll sein, was dir von mir zusteht –,

* Siehe Sach- und Worterklärungen.

12 so laßt ihr ihn nichts mehr tun für seinen Vater oder seine Mutter

13 und hebt so Gottes Wort auf durch eure Satzungen, die ihr überliefert habt; und dergleichen tut ihr viel.

14 ¶Und er rief das Volk wieder zu sich und sprach zu ihnen: Hört mir alle zu und begreift's!

15 Es [a]gibt nichts, was von außen in den Menschen hineingeht, das ihn unrein machen könnte; sondern was aus dem Menschen herauskommt, das ist's, was den Menschen unrein macht.* *a* Apg 10,14.15

* Vers 16 findet sich erst in der späteren Überlieferung: »Hat jemand Ohren zu hören, der höre!« (vgl. 4,9.23)

17 Und als er von dem Volk ins Haus kam, fragten ihn seine Jünger nach diesem Gleichnis.

18 Und er sprach zu ihnen: Seid ihr denn auch so unverständig? Merkt ihr nicht, daß alles, was von außen in den Menschen hineingeht, ihn nicht unrein machen kann?

19 Denn es geht nicht in sein Herz, sondern in den Bauch, und kommt heraus in die Grube. Damit erklärte er alle Speisen für rein.

20 Und er sprach: Was aus dem Menschen herauskommt, das macht den Menschen unrein;

21 denn von innen, aus dem Herzen der Menschen, kommen heraus böse Gedanken, Unzucht, Diebstahl, Mord,

22 Ehebruch, Habgier, Bosheit, Arglist, Ausschweifung, Mißgunst, Lästerung, Hochmut, Unvernunft.

23 Alle diese bösen Dinge kommen von innen heraus und machen den Menschen unrein.

Die Frau aus Syrophönizien

(Mt 15,21-28)

24 Und er stand auf und ging von dort in das Gebiet von Tyrus. Und er ging in ein Haus und wollte es niemanden wissen lassen und konnte doch nicht verborgen bleiben,

25 sondern alsbald hörte eine Frau von ihm, deren Töchterlein einen unreinen Geist hatte. Und sie kam und fiel nieder zu seinen Füßen

26 – die Frau war aber eine Griechin aus Syrophönizien – und bat ihn, daß er den bösen Geist von ihrer Tochter austreibe.

27 Jesus aber sprach zu ihr: Laß zuvor die Kinder satt werden; es ist nicht recht, daß man den Kindern das Brot wegnehme und werfe es vor die Hunde.

28 Sie antwortete aber und sprach zu ihm: Ja, Herr; aber doch fressen die Hunde un-

61 *Die heilige Familie*
Gouache; 67 x 50,5 cm; 1950; signiert;
Wilhelm-Hack-Museum, Ludwigshafen
(© Foto: Wilhelm-Hack-Museum)

62 *Madonna mit dem Kind*
Gouache; 24,5 x 14,7 cm; 1911; signiert;
Sammlung E.W.K.
(© Foto: Archives Ida Chagall, Paris)

63 *Golgatha (Kalvarienberg)*
Öl auf Leinwand; 174,6 × 192,4 cm; 1912; signiert;
The Museum of Modern Art, New York
(© Foto: Archives Ida Chagall, Paris)

64 *Der verlorene Sohn*
Öl auf Leinwand; 162 x 122 cm; 1975; signiert;
Privatsammlung
(© Foto: Scala)

ter dem Tisch von den Brosamen der Kin-
der.
29 Und er sprach zu ihr: Um dieses Wortes
willen geh hin, der böse Geist ist von dei-
ner Tochter ausgefahren.
30 Und sie ging hin in ihr Haus und fand
das Kind auf dem Bett liegen, und der
böse Geist war ausgefahren.

Die Heilung eines Taubstummen

31 [a]Und als er wieder fortging aus dem
Gebiet von Tyrus, kam er durch Sidon an
das Galiläische Meer, mitten in das Gebiet
der [b]Zehn Städte.

a (31-37) Mt 15,29-31 *b* Kap 5,20

32 Und sie brachten zu ihm einen, der
taub und stumm war, und baten ihn, daß
er die Hand auf ihn lege.
33 Und er nahm ihn aus der Menge bei-
seite und legte ihm die Finger in die Oh-
ren und berührte seine Zunge mit Spei-
chel und
34 sah auf zum Himmel und seufzte und
sprach zu ihm: Hefata!, das heißt: Tu dich
auf!
35 Und sogleich taten sich seine Ohren
auf, und die Fessel seiner Zunge löste sich,
und er redete richtig.
36 Und er gebot ihnen, sie sollten's nie-
mandem sagen. Je mehr er's aber verbot,
desto mehr breiteten sie es aus.[a]

a Kap 1,43-45

37 Und sie wunderten sich über die Ma-
ßen und sprachen: **Er hat alles wohl ge-
macht; die Tauben macht er hörend und die
Sprachlosen redend.**

Die Speisung der Viertausend

(Mt 15,32-39)

8 Zu der Zeit, als wieder eine große
Menge da war und sie nichts zu essen
hatten, rief Jesus die Jünger zu sich und
sprach zu ihnen:
2 [a]Mich jammert das Volk, denn sie ha-
ben nun drei Tage bei mir ausgeharrt und
haben nichts zu essen. *a (2-9)* Kap 6,34-44
3 Und wenn ich sie hungrig heimgehen
ließe, würden sie auf dem Wege ver-
schmachten; denn einige sind von ferne
gekommen.
4 Seine Jünger antworteten ihm: Wie
kann sie jemand hier in der Wüste mit
Brot sättigen?
5 Und er fragte sie: Wieviel Brote habt
ihr? Sie sprachen: Sieben.
6 Und er gebot dem Volk, sich auf die
Erde zu lagern. Und er nahm die sieben
Brote, dankte und brach sie und gab sie
seinen Jüngern, damit sie sie austeilten,
und sie teilten sie unter das Volk aus.
7 Und sie hatten auch einige Fische, und
er dankte und ließ auch diese austeilen.
8 Sie aßen aber und wurden satt und sam-
melten die übrigen Brocken auf, sieben
Körbe voll.
9 Und es waren etwa viertausend; und er
ließ sie gehen.

Die Zeichenforderung der Pharisäer

(Mt 16,1-4)

10 Und alsbald stieg er in das Boot mit
seinen Jüngern und kam in die Gegend
von Dalmanuta.
11 Und die Pharisäer kamen heraus und
fingen an, mit ihm zu streiten, versuchten
ihn und [a]forderten von ihm ein Zeichen
vom Himmel. *a* Joh 6,30
12 Und er seufzte in seinem Geist und
sprach: Was fordert doch dieses Ge-
schlecht ein Zeichen? Wahrlich, ich sage
euch: Es wird diesem Geschlecht kein Zei-
chen gegeben werden!
13 Und er verließ sie und stieg wieder in
das Boot und fuhr hinüber.

Warnung vor den Pharisäern und vor Herodes

(Mt 16,5-12)

14 Und sie hatten vergessen, Brot mitzu-
nehmen, und hatten nicht mehr mit sich
im Boot als ein Brot.
15 Und er gebot ihnen und sprach: Schaut
zu und [a]seht euch vor vor dem Sauerteig
der Pharisäer und vor dem Sauerteig des
[b]Herodes. *a* Lk 12,1 *b* Kap 3,6
16 Und sie bedachten hin und her, daß sie
kein Brot hätten.
17 Und er merkte das und sprach zu ihnen:
Was bekümmert ihr euch doch, daß ihr
kein Brot habt? Versteht ihr noch nicht,
und begreift ihr noch nicht? [a]Habt ihr
noch ein verhärtetes Herz in euch?

a Kap 6,52

18 [a]Habt Augen und seht nicht, und habt
Ohren und hört nicht, und denkt nicht
daran: *a* Mt 13,13.16
19 als ich die fünf Brote brach für die fünf-
tausend, wieviel Körbe voll Brocken habt
ihr da aufgesammelt? Sie sagten: Zwölf.[a]

a Kap 6,41-44

20 Und als ich die sieben brach für die
viertausend, wieviel Körbe voll Brocken
habt ihr da aufgesammelt? Sie sagten: Sie-
ben.[a] *a* Vers 8.9
21 Und er sprach zu ihnen: Begreift ihr
denn noch nicht?

Die Heilung eines Blinden

22 Und sie kamen nach Betsaida. Und sie
brachten zu ihm einen Blinden und baten
ihn, daß er ihn [a]anrühre. *a* Kap 6,56
23 Und er nahm den Blinden bei der Hand
und führte ihn hinaus vor das Dorf, [a]tat
Speichel auf seine Augen, legte seine
Hände auf ihn und fragte ihn: Siehst du
etwas? *a* Joh 9,6
24 Und er sah auf und sprach: Ich sehe die
Menschen, als sähe ich Bäume umherge-
hen.
25 Danach legte er abermals die Hände auf
seine Augen. Da sah er deutlich und
wurde wieder zurechtgebracht, so daß er
alles scharf sehen konnte.
26 Und er schickte ihn heim und sprach:
Geh nicht hinein in das Dorf!

Das Bekenntnis des Petrus

(Mt 16,13-20; Lk 9,18-21; Joh 6,67-69)

27 Und Jesus ging fort mit seinen Jüngern
in die Dörfer bei Cäsarea Philippi. Und
auf dem Wege fragte er seine Jünger und
sprach zu ihnen: Wer sagen die Leute, daß
ich sei?
28 Sie antworteten ihm: Einige sagen, du
seist Johannes der Täufer; einige sagen,
du seist Elia; andere, du seist einer der
Propheten.[a] *a* Kap 6,15
29 Und er fragte sie: Ihr aber, wer sagt ihr,
daß ich sei? Da antwortete Petrus und
sprach zu ihm: **Du bist der Christus!**
30 Und er gebot ihnen, daß sie nieman-
dem von ihm sagen sollten.[a] *a* Kap 9,9

Die erste Ankündigung von Jesu Leiden und Auferstehung

(Mt 16,21-23; Lk 9,22)

31 Und er fing an, sie zu lehren: Der Men-
schensohn muß viel leiden und verworfen
werden von den Ältesten und Hohenprie-
stern und Schriftgelehrten und getötet
werden und nach drei Tagen auferste-
hen.[a] *a* Kap 9,31; 10,32-34
32 Und er redete das Wort frei und offen.
Und Petrus nahm ihn beiseite und fing an,
ihm zu wehren.
33 Er aber wandte sich um, sah seine Jün-
ger an und bedrohte Petrus und sprach:
Geh weg von mir, Satan! Denn du meinst
nicht, was göttlich, sondern was mensch-
lich ist.

Von der Nachfolge

(Mt 16,24-28; Lk 9,23-27)

34 Und er rief zu sich das Volk samt sei-
nen Jüngern und sprach zu ihnen: **Wer
mir nachfolgen will, der verleugne sich
selbst und nehme sein Kreuz auf sich und
folge mir nach.**
35 **Denn wer sein Leben erhalten will, der
wird's verlieren; und wer sein Leben ver-
liert um meinetwillen und um des Evan-
geliums willen, der wird's erhalten.**[a]
a Mt 10,39
36 **Denn was hülfe es dem Menschen, wenn
er die ganze Welt gewönne und nähme an
seiner Seele Schaden?**
37 **Denn was kann der Mensch geben, wo-
mit er seine Seele auslöse?**
38 Wer sich aber meiner und meiner
Worte schämt unter diesem abtrünnigen
und sündigen Geschlecht, dessen wird
sich auch der Menschensohn schämen,
wenn er kommen wird in der Herrlichkeit
seines Vaters mit den heiligen Engeln.[a]
a Mt 10,33
9 Und er sprach zu ihnen: Wahrlich, ich
sage euch: Es stehen einige hier, die
werden den Tod nicht schmecken, bis sie
sehen das Reich Gottes kommen mit
Kraft.

Die Verklärung Jesu

(Mt 17,1-13; Lk 9,28-36)

2 Und nach sechs Tagen nahm Jesus mit
sich Petrus, Jakobus und Johannes und
führte sie auf einen hohen Berg, nur sie
allein. Und er wurde vor ihnen verklärt;
3 und seine Kleider wurden hell und sehr
weiß, wie sie kein Bleicher auf Erden so
weiß machen kann.
4 Und es erschien ihnen Elia mit Mose,
und sie redeten mit Jesus.
5 Und Petrus fing an und sprach zu Jesus:
Rabbi, hier ist für uns gut sein. Wir wollen
drei Hütten bauen, dir eine, Mose eine
und Elia eine.
6 Er wußte aber nicht, was er redete; denn
sie waren ganz verstört.
7 Und es kam eine Wolke, die überschat-
tete sie. Und eine Stimme geschah aus der

Wolke: [a]**Das ist mein lieber Sohn; den sollt ihr hören!** *a* Kap 1,11; 2.Petr 1,17

8 Und auf einmal, als sie um sich blickten, sahen sie niemand mehr bei sich als Jesus allein.

9 Als sie aber vom Berge hinabgingen, gebot ihnen Jesus, [a]daß sie niemandem sagen sollten, was sie gesehen hatten, bis der Menschensohn auferstünde von den Toten. *a* Kap 8,30

10 Und sie behielten das Wort und befragten sich untereinander: Was ist das, auferstehen von den Toten?

11 ¶Und sie fragten ihn und sprachen: Sagen nicht die Schriftgelehrten, daß zuvor Elia kommen muß?

12 Er aber sprach zu ihnen: Elia [a]soll ja zuvor kommen und alles wieder zurechtbringen. Und wie steht dann geschrieben von dem Menschensohn, daß er [b]viel leiden und verachtet werden soll?

a Mal 3,23 *b* Jes 53,3-5

13 Aber ich sage euch: [a]Elia ist gekommen, und sie haben ihm angetan, was sie wollten, wie [b]von ihm geschrieben steht.

a Mt 11,14 *b* 1.Kön 19,2.10

Die Heilung eines besessenen Knaben

(Mt 17,14-20; Lk 9,37-42)

14 Und sie kamen zu den Jüngern und sahen eine große Menge um sie herum und Schriftgelehrte, die mit ihnen stritten.

15 Und sobald die Menge ihn sah, entsetzten sich alle, liefen herbei und grüßten ihn.

16 Und er fragte sie: Was streitet ihr mit ihnen?

17 Einer aber aus der Menge antwortete: Meister, ich habe meinen Sohn hergebracht zu dir, der hat einen sprachlosen Geist*.

* Siehe Sach- und Worterklärungen (»Geister, böse«)

18 Und wo er ihn erwischt, reißt er ihn; und er hat Schaum vor dem Mund und knirscht mit den Zähnen und wird starr. Und ich habe mit deinen Jüngern geredet, daß sie ihn austreiben sollen, und sie konnten's nicht.

19 Er aber antwortete ihnen und sprach: O du ungläubiges Geschlecht, wie lange soll ich bei euch sein? Wie lange soll ich euch ertragen? Bringt ihn her zu mir!

20 Und sie brachten ihn zu ihm. Und sogleich, als ihn der Geist sah, riß er ihn. Und er fiel auf die Erde, wälzte sich und hatte Schaum vor dem Mund.

21 Und Jesus fragte seinen Vater: Wie lange ist's, daß ihm das widerfährt? Er sprach: Von Kind auf.

22 Und oft hat er ihn ins Feuer und ins Wasser geworfen, daß er ihn umbrächte. Wenn du aber etwas kannst, so erbarme dich unser und hilf uns!

23 Jesus aber sprach zu ihm: Du sagst: Wenn du kannst – **alle Dinge sind möglich dem, der da glaubt.**

24 Sogleich schrie der Vater des Kindes: **Ich glaube; hilf meinem Unglauben!**

25 Als nun Jesus sah, daß das Volk herbeilief, bedrohte er den unreinen Geist und sprach zu ihm: Du sprachloser und tauber Geist, ich gebiete dir: Fahre von ihm aus und fahre nicht mehr in ihn hinein!

26 Da [a]schrie er und riß ihn sehr und fuhr aus. Und der Knabe lag da wie tot, so daß die Menge sagte: Er ist tot. *a* Kap 1,26

27 Jesus aber ergriff ihn bei der Hand und richtete ihn auf, und er stand auf.

28 Und als er heimkam, fragten ihn seine Jünger für sich allein: Warum konnten **wir** ihn nicht austreiben?

29 Und er sprach: Diese Art kann durch nichts ausfahren als durch Beten.*

* In der späteren Überlieferung finden sich zusätzlich die Worte: »und Fasten«.

Die zweite Ankündigung von Jesu Leiden und Auferstehung

(Mt 17,22.23; Lk 9,43-45)

30 Und sie gingen von dort weg und zogen durch Galiläa; und er wollte nicht, daß es jemand wissen sollte.

31 Denn er lehrte seine Jünger und sprach zu ihnen: Der Menschensohn wird überantwortet werden in die Hände der Menschen, und sie werden ihn töten; und wenn er getötet ist, so wird er nach drei Tagen auferstehen.[a] *a* Kap 8,31; 10,32-34

32 Sie aber [a]verstanden das Wort nicht und fürchteten sich, ihn zu fragen.

a Lk 18,34

Der Rangstreit der Jünger

(Mt 18,1-5; Lk 9,46-48)

33 Und sie kamen nach Kapernaum. Und als er daheim war, fragte er sie: Was habt ihr auf dem Weg verhandelt?

34 Sie aber schwiegen; denn sie hatten auf

dem Weg miteinander verhandelt, wer der
Größte sei.
35 Und er setzte sich und rief die Zwölf
und sprach zu ihnen: [a] Wenn jemand will
der Erste sein, der soll der Letzte sein von
allen und aller Diener.
a Kap 10,43.44; Mt 23,11; Lk 22,26.27
36 Und er nahm ein Kind, stellte es mitten
unter sie und herzte es und sprach zu
ihnen:
37 Wer ein solches Kind in meinem Namen aufnimmt, der nimmt mich auf; und
wer mich aufnimmt, der nimmt nicht mich
auf, sondern den, der mich gesandt hat.[a]
a Mt 10,40

Der fremde Wundertäter

(Lk 9,49.50)

38 Johannes sprach zu ihm: Meister, wir
sahen einen, der trieb böse Geister in deinem Namen aus, und wir verboten's ihm,
weil er uns nicht nachfolgt.[a]
a 4.Mose 11,27.28
39 Jesus aber sprach: Ihr sollt's ihm nicht
verbieten. Denn [a] niemand, der ein Wunder tut in meinem Namen, kann so bald
übel von mir reden. a 1.Kor 12,3
40 Denn wer nicht gegen uns ist, der ist
für uns.[a] a Mt 12,30; Lk 11,23
41 ¶Denn wer euch einen Becher Wasser
zu trinken gibt deshalb, weil ihr Christus
angehört, wahrlich, ich sage euch: Es wird
ihm nicht unvergolten bleiben.[a] a Mt 10,42

Warnung vor Verführung zum Abfall

(Mt 18,6-9; Lk 17,1.2)

42 Und wer einen dieser Kleinen, die an
mich glauben, zum Abfall verführt, für
den wäre es besser, daß ihm ein Mühlstein an den Hals gehängt und er ins Meer
geworfen würde.
43 Wenn dich aber deine Hand zum Abfall verführt, so haue sie ab! Es ist besser
für dich, daß du verkrüppelt zum Leben
eingehst, als daß du zwei Hände hast und
fährst in die Hölle, in das Feuer, das nie
verlöscht.[a] * a Mt 5,30
45 Wenn dich dein Fuß zum Abfall verführt, so haue ihn ab! Es ist besser für
dich, daß du lahm zum Leben eingehst,
als daß du zwei Füße hast und wirst in die
Hölle geworfen.*

* In der späteren Überlieferung wird als Vers 44 und 46 der Text von Vers 48 eingefügt.

47 Wenn dich dein Auge zum Abfall verführt, so wirf's von dir! Es ist besser für
dich, daß du einäugig in das Reich Gottes
gehst, als daß du zwei Augen hast und
wirst in die Hölle geworfen,[a] a Mt 5,29
48 wo ihr Wurm nicht stirbt und das Feuer
nicht verlöscht.[a] a Jes 66,24
49 ¶Denn jeder wird mit Feuer gesalzen
werden.
50 Das Salz ist gut; [a] wenn aber das Salz
nicht mehr salzt, womit wird man's würzen? [b] Habt Salz bei euch und habt Frieden untereinander! a Mt 5,13; Lk 14,34
b Kol 4,6

Von der Ehescheidung

(Mt 19,1-9)

10 Und er machte sich auf und kam von
dort in das Gebiet von Judäa und
jenseits des Jordans. Und abermals lief das
Volk in Scharen bei ihm zusammen, und
wie es seine Gewohnheit war, lehrte er sie
abermals.
2 Und Pharisäer traten zu ihm und fragten ihn, ob ein Mann sich scheiden dürfe
von seiner Frau; und sie versuchten ihn
damit.
3 Er antwortete aber und sprach zu ihnen:
Was hat euch Mose geboten?
4 Sie sprachen: Mose hat zugelassen,
einen Scheidebrief zu schreiben und sich
zu scheiden.[a] a 5.Mose 24,1; Mt 5,31.32
5 Jesus aber sprach zu ihnen: Um eures
Herzens Härte willen hat er euch dieses
Gebot geschrieben;
6 aber von Beginn der Schöpfung an hat
Gott sie geschaffen als Mann und Frau.[a]
a 1.Mose 1,27
7 [a] Darum wird ein Mann seinen Vater
und seine Mutter verlassen und wird an
seiner Frau hängen, a *(7 und 8)* 1.Mose 2,24
8 und die zwei werden **ein** Fleisch sein.
So sind sie nun nicht mehr zwei, sondern
ein Fleisch.*

* Siehe Sach- und Worterklärungen zu »Fleisch«.

9 **Was nun Gott zusammengefügt hat, soll
der Mensch nicht scheiden.**
10 ¶Und daheim fragten ihn abermals
seine Jünger danach.
11 Und er sprach zu ihnen: Wer sich scheidet von seiner Frau und heiratet eine andere, der bricht ihr gegenüber die Ehe;[a]
a Lk 16,18; 1.Kor 7,10.11
12 und wenn sich eine Frau scheidet von
ihrem Mann und heiratet einen andern,
bricht sie ihre Ehe.

Die Segnung der Kinder
(Mt 19,13-15; Lk 18,15-17)

13 Und sie brachten Kinder zu ihm, damit er sie anrühre. Die Jünger aber fuhren sie an.

14 Als es aber Jesus sah, wurde er unwillig und sprach zu ihnen: **Laßt die Kinder zu mir kommen und wehret ihnen nicht; denn solchen gehört das Reich Gottes.**

15 Wahrlich, ich sage euch: Wer das Reich Gottes nicht empfängt wie ein Kind, der wird nicht hineinkommen.[a] *a* Mt 18,3

16 Und [a] er herzte sie und legte die Hände auf sie und segnete sie. *a* Kap 9,36

Die Gefahr des Reichtums (»Der reiche Jüngling«)
(Mt 19,16-26; Lk 18,18-27)

17 Und als er sich auf den Weg machte, lief einer herbei, kniete vor ihm nieder und fragte ihn: Guter Meister, was soll ich tun, damit ich das ewige Leben ererbe?

18 Aber Jesus sprach zu ihm: Was nennst du mich gut? Niemand ist gut als Gott allein.

19 Du kennst die Gebote: [a]»Du sollst nicht töten; du sollst nicht ehebrechen; du sollst nicht stehlen; du sollst nicht falsch Zeugnis reden; du sollst niemanden berauben; ehre Vater und Mutter.« *a* 2.Mose 20,12-17

20 Er aber sprach zu ihm: Meister, das habe ich alles gehalten von meiner Jugend auf.

21 Und Jesus sah ihn an und gewann ihn lieb und sprach zu ihm: Eines fehlt dir. Geh hin, verkaufe alles, was du hast, und gib's den Armen, so wirst du einen Schatz im Himmel haben, und komm und [a] folge mir nach!* *a* Kap 8,34; Mt 10,38

* In der späteren Überlieferung finden sich zusätzlich die Worte: »und nimm das Kreuz auf dich.«

22 Er aber wurde unmutig über das Wort und ging traurig davon; denn er hatte viele Güter.

23 ¶Und Jesus sah um sich und sprach zu seinen Jüngern: [a]Wie schwer werden die Reichen in das Reich Gottes kommen! *a* Ps 62,11; 1.Tim 6,17

24 Die Jünger aber entsetzten sich über seine Worte. Aber Jesus antwortete wiederum und sprach zu ihnen: Liebe Kinder, wie schwer ist's, ins Reich Gottes zu kommen!

25 Es ist leichter, daß ein Kamel durch ein Nadelöhr gehe, als daß ein Reicher ins Reich Gottes komme.

26 Sie entsetzten sich aber noch viel mehr und sprachen untereinander: Wer kann dann selig werden?

27 Jesus aber sah sie an und sprach: Bei den Menschen ist's unmöglich, aber nicht bei Gott; denn alle Dinge sind möglich bei Gott.

Der Lohn der Nachfolge
(Mt 19,27-30; Lk 18,28-30)

28 Da fing Petrus an und sagte zu ihm: Siehe, wir haben alles verlassen und sind dir nachgefolgt.

29 Jesus sprach: Wahrlich, ich sage euch: Es ist niemand, der Haus oder Brüder oder Schwestern oder Mutter oder Vater oder Kinder oder Äcker verläßt um meinetwillen und um des Evangeliums willen,

30 der nicht hundertfach empfange: jetzt in dieser Zeit Häuser und Brüder und Schwestern und Mütter und Kinder und Äcker mitten unter Verfolgungen - und in der zukünftigen Welt das ewige Leben.

31 Viele aber werden die Letzten sein, die die Ersten sind, und die Ersten sein, die die Letzten sind.

Die dritte Ankündigung von Jesu Leiden und Auferstehung
(Mt 20,17-19; Lk 18,31-34)

32 Sie waren aber auf dem Wege hinauf nach Jerusalem, und Jesus ging ihnen voran; und sie entsetzten sich; die ihm aber nachfolgten, fürchteten sich. Und er nahm abermals die Zwölf zu sich und [a] fing an, ihnen zu sagen, was ihm widerfahren werde: *a* Kap 9,31

33 Siehe, wir gehen hinauf nach Jerusalem, und der Menschensohn wird überantwortet werden den Hohenpriestern und Schriftgelehrten, und sie werden ihn zum Tode verurteilen und den Heiden überantworten.

34 Die werden ihn verspotten und anspeien und geißeln und töten, und nach drei Tagen wird er auferstehen.

Vom Herrschen und vom Dienen (»Die Söhne des Zebedäus«)
(Mt 20,20-28)

35 Da gingen zu ihm Jakobus und Johannes, die Söhne des Zebedäus, und spra-

chen: Meister, wir wollen, daß du für uns tust, um was wir dich bitten werden.

36 Er sprach zu ihnen: Was wollt ihr, daß ich für euch tue?

37 Sie sprachen zu ihm: Gib uns, daß wir sitzen einer zu deiner Rechten und einer zu deiner Linken in deiner Herrlichkeit.

38 Jesus aber sprach zu ihnen: Ihr wißt nicht, was ihr bittet. Könnt ihr den [a]Kelch trinken, den ich trinke, oder [b]euch taufen lassen mit der Taufe, mit der ich getauft werde? *a* Kap 14,36 *b* Lk 12,50

39 Sie sprachen zu ihm: Ja, das können wir. Jesus aber sprach zu ihnen: [a]Ihr werdet zwar den Kelch trinken, den ich trinke, und getauft werden mit der Taufe, mit der ich getauft werde; *a* Apg 12,2; Offb 1,9

40 zu sitzen aber zu meiner Rechten oder zu meiner Linken, das steht mir nicht zu, euch zu geben, sondern das wird denen zuteil, für die es bestimmt ist.

41 ¶Und als das die Zehn hörten, wurden sie unwillig über Jakobus und Johannes.

42 [a]Da rief Jesus sie zu sich und sprach zu ihnen: Ihr wißt, die als Herrscher gelten, halten ihre Völker nieder, und ihre Mächtigen tun ihnen Gewalt an.

a (42-45) Lk 22,25-27

43 Aber so ist es unter euch nicht; sondern wer groß sein will unter euch, der soll euer Diener sein;

44 und wer unter euch der Erste sein will, der soll aller Knecht sein.[a]

a Kap 9,35; 1.Petr 5,3

45 Denn auch **der Menschensohn ist nicht gekommen, daß er sich dienen lasse, sondern daß er diene und sein Leben gebe als Lösegeld für viele.**

Die Heilung eines Blinden bei Jericho

(Mt 20,29-34; Lk 18,35-43)

46 Und sie kamen nach Jericho. Und als er aus Jericho wegging, er und seine Jünger und eine große Menge, da saß ein blinder Bettler am Wege, Bartimäus, der Sohn des Timäus.

47 Und als er hörte, daß es Jesus von Nazareth war, fing er an, zu schreien und zu sagen: Jesus, du Sohn Davids, erbarme dich meiner!

48 Und viele fuhren ihn an, er solle stillschweigen. Er aber schrie noch viel mehr: Du Sohn Davids, erbarme dich meiner!

49 Und Jesus blieb stehen und sprach: Ruft ihn her! Und sie riefen den Blinden und sprachen zu ihm: Sei getrost, steh auf! Er ruft dich!

50 Da warf er seinen Mantel von sich, sprang auf und kam zu Jesus.

51 Und Jesus antwortete und sprach zu ihm: Was willst du, daß ich für dich tun soll? Der Blinde sprach zu ihm: Rabbuni, daß ich sehend werde.

52 Jesus aber sprach zu ihm: Geh hin, dein Glaube hat dir geholfen. Und sogleich wurde er sehend und folgte ihm nach auf dem Wege.

Jesu Einzug in Jerusalem

(Mt 21,1-11; Lk 19,29-40; Joh 12,12-19)

11 Und als sie in die Nähe von Jerusalem kamen, nach Betfage und Betanien an den Ölberg, sandte er zwei seiner Jünger

2 und sprach zu ihnen: Geht hin in das Dorf, das vor euch liegt. Und sobald ihr hineinkommt, werdet ihr ein Füllen angebunden finden, auf dem noch nie ein Mensch gesessen hat; bindet es los und führt es her!

3 Und wenn jemand zu euch sagen wird: Warum tut ihr das?, so sprecht: Der Herr bedarf seiner, und er sendet es alsbald wieder her.

4 Und sie gingen hin und fanden das Füllen angebunden an einer Tür draußen am Weg und banden's los.

5 Und einige, die dort standen, sprachen zu ihnen: Was macht ihr da, daß ihr das Füllen losbindet?

6 Sie sagten aber zu ihnen, wie ihnen Jesus geboten hatte, und die ließen's zu.

7 Und sie führten das Füllen zu Jesus und legten ihre Kleider darauf, und er setzte sich darauf.

8 Und viele breiteten ihre Kleider auf den Weg, andere aber grüne Zweige, die sie auf den Feldern abgehauen hatten.

9 Und die vorangingen und die nachfolgten, schrien: [a]**Hosianna! Gelobt sei, der da kommt in dem Namen des Herrn!**

a Ps 118,25.26

10 Gelobt sei das Reich unseres Vaters David, das da kommt! Hosianna in der Höhe!

11 Und Jesus ging hinein nach Jerusalem in den Tempel, und er besah ringsum alles, und spät am Abend ging er hinaus nach Betanien mit den Zwölfen.

Der verdorrte Feigenbaum.
Die Tempelreinigung

(Mt 21,12-22; Lk 19,45-48; Joh 2,13-16)

12 Und am nächsten Tag, als sie von Beta-
nien weggingen, hungerte ihn.
13 Und er sah einen Feigenbaum von
ferne, der Blätter hatte; da ging er hin, ob
er etwas darauf fände. Und als er zu ihm
kam, fand er nichts als Blätter; denn es
war nicht die Zeit für Feigen.
14 Da fing Jesus an und sprach zu ihm:
Nun esse niemand mehr eine Frucht von
dir in Ewigkeit! Und seine Jünger hörten
das.
15 ¶ Und sie kamen nach Jerusalem. Und
Jesus ging in den Tempel und fing an, aus-
zutreiben die Verkäufer und Käufer im
Tempel; und die Tische der Geldwechsler
und die Stände der Taubenhändler stieß
er um
16 und ließ nicht zu, daß jemand etwas
durch den Tempel trage.
17 Und er lehrte und sprach zu ihnen:
Steht nicht geschrieben (Jesaja 56,7):
»Mein Haus soll ein Bethaus heißen für
alle Völker«? Ihr aber habt eine [a]Räuber-
höhle daraus gemacht. *a* Jer 7,11
18 Und es kam vor die Hohenpriester und
Schriftgelehrten, und sie trachteten da-
nach, wie sie ihn umbrächten. Sie fürchte-
ten sich nämlich vor ihm; denn alles Volk
verwunderte sich über seine Lehre.
19 Und abends gingen sie hinaus vor die
Stadt.
20 ¶ Und als sie am Morgen an dem Fei
genbaum vorbeigingen, sahen sie, daß er
verdorrt war bis zur Wurzel.
21 Und Petrus dachte daran und sprach zu
ihm: Rabbi, sieh, der Feigenbaum, den du
verflucht hast, ist verdorrt.
22 Und Jesus antwortete und sprach zu
ihnen: Habt Glauben an Gott!
23 Wahrlich, ich sage euch: Wer zu die-
sem Berge spräche: Heb dich und wirf
dich ins Meer! und zweifelte nicht in sei-
nem Herzen, sondern glaubte, daß gesche-
hen werde, was er sagt, so wird's ihm ge-
schehen.[a] *a* Kap 9,23; Mt 17,20
24 Darum sage ich euch: **Alles, was ihr bit-
tet in eurem Gebet, glaubt nur, daß ihr's
empfangt, so wird's euch zuteil werden.**[a]
a Mt 7,7; Joh 14,13; 1.Joh 5,14.15
25 Und wenn ihr steht und betet, so ver-
gebt, wenn ihr etwas gegen jemanden habt,
damit auch euer Vater im Himmel euch
vergebe eure Übertretungen.[a] *

* Vers 26 findet sich erst in der späteren Überlieferung: »Wenn ihr aber nicht vergebt, so wird euer Vater, der im Himmel ist, eure Übertretungen auch nicht vergeben« (vgl. Mt 6,15). *a* Mt 5,23.24; 6,14.15

Die Frage nach Jesu Vollmacht

(Mt 21,23-27; Lk 20,1-8)

27 Und sie kamen wieder nach Jerusalem.
Und als er im Tempel umherging, kamen
zu ihm die Hohenpriester und Schriftge-
lehrten und Ältesten
28 und fragten ihn: Aus welcher Vollmacht
tust du das? Oder wer hat dir diese Voll-
macht gegeben, daß du das tust?
29 Jesus aber sprach zu ihnen: Ich will
euch auch eine Sache fragen; antwortet
mir, so will ich euch sagen, aus welcher
Vollmacht ich das tue.
30 Die Taufe des Johannes – war sie vom
Himmel oder von Menschen? Antwortet
mir!
31 Und sie bedachten bei sich selbst und
sprachen: Sagen wir, sie war vom Himmel,
so wird er sagen: Warum habt ihr ihm
dann nicht geglaubt?
32 Oder sollen wir sagen, sie war von Men-
schen? – da fürchteten sie sich vor dem
Volk. Denn [a]sie hielten alle Johannes
wirklich für einen Propheten. *a* Lk 7,29.30
33 Und sie antworteten und sprachen zu
Jesus: Wir wissen's nicht. Und Jesus
sprach zu ihnen: So sage ich euch auch
nicht, aus welcher Vollmacht ich das tue.

Von den bösen Weingärtnern

(Mt 21,33-46; Lk 20,9-19)

12 Und er fing an, zu ihnen in Gleich-
nissen zu reden: Ein Mensch
[a]pflanzte einen Weinberg und zog einen
Zaun darum und grub eine Kelter und
baute einen Turm und verpachtete ihn an
Weingärtner und ging außer Landes.
a Jes 5,1.2
2 Und er sandte, als die Zeit kam, einen
Knecht zu den Weingärtnern, damit er von
den Weingärtnern seinen Anteil an den
Früchten des Weinbergs hole.
3 Sie nahmen ihn aber, schlugen ihn und
schickten ihn mit leeren Händen fort.
4 Abermals sandte er zu ihnen einen an-
dern Knecht; dem schlugen sie auf den
Kopf und [a]schmähten ihn. *a* 2.Chr 36,16

5 Und er sandte noch einen andern, den
töteten sie; und viele andere: die einen
schlugen sie, die andern töteten sie.
6 Da hatte er noch einen, seinen geliebten
Sohn; den sandte er als letzten auch zu
ihnen und sagte sich: Sie werden sich vor
meinem Sohn scheuen.
7 Sie aber, die Weingärtner, sprachen un-
tereinander: Dies ist der Erbe; kommt, laßt
uns ihn töten, so wird das Erbe unser sein!
8 Und sie nahmen ihn und töteten ihn
und [a] warfen ihn hinaus vor den Wein-
berg. *a* Hebr 13,12
9 Was wird nun der Herr des Weinbergs
tun? Er wird kommen und die Weingärt-
ner umbringen und den Weinberg andern
geben.
10 Habt ihr denn nicht dieses Schriftwort
gelesen (Psalm 118,22.23): »Der Stein, den
die Bauleute verworfen haben, der ist zum
Eckstein geworden.
11 Vom Herrn ist das geschehen und ist
ein Wunder vor unsern Augen«?
12 Und sie trachteten danach, ihn zu er-
greifen, und fürchteten sich doch vor dem
Volk; denn sie verstanden, daß er auf sie
hin dies Gleichnis gesagt hatte. Und sie
ließen ihn und gingen davon.

Die Frage nach der Steuer (»Der Zinsgroschen«)

(Mt 22,15-22; Lk 20,20-26)

13 Und sie sandten zu ihm einige von den
Pharisäern und von den Anhängern des
Herodes, daß sie ihn fingen in Worten.
14 Und sie kamen und sprachen zu ihm:
Meister, wir wissen, daß du wahrhaftig bist
und fragst nach niemand; denn du achtest
nicht das Ansehen der Menschen, sondern
du lehrst den Weg Gottes recht. Ist's recht,
daß man dem Kaiser Steuern zahlt oder
nicht? Sollen wir sie zahlen oder nicht zah-
len?
15 Er aber merkte ihre Heuchelei und
sprach zu ihnen: Was versucht ihr mich?
Bringt mir einen Silbergroschen, daß ich
ihn sehe!
16 Und sie brachten einen. Da sprach er:
Wessen Bild und Aufschrift ist das? Sie
sprachen zu ihm: Des Kaisers.
17 Da sprach Jesus zu ihnen: So [a] **gebt dem
Kaiser, was des Kaisers ist, und Gott, was
Gottes ist!** Und sie wunderten sich über
ihn. *a* Röm 13,1.7

Die Frage nach der Auferstehung

(Mt 22,23-33; Lk 20,27-38)

18 Da traten die Sadduzäer zu ihm, die
lehren, es gebe keine Auferstehung; die
fragten ihn und sprachen:
19 Meister, Mose hat uns vorgeschrieben
(5. Mose 25,5.6): »Wenn jemand stirbt und
hinterläßt eine Frau, aber keine Kinder, so
soll sein Bruder sie zur Frau nehmen und
seinem Bruder Nachkommen erwecken.«
20 Nun waren sieben Brüder. Der erste
nahm eine Frau; der starb und hinterließ
keine Kinder.
21 Und der zweite nahm sie und starb und
hinterließ auch keine Kinder. Und der
dritte ebenso.
22 Und alle sieben hinterließen keine Kin-
der. Zuletzt nach allen starb die Frau auch.
23 Nun in der Auferstehung, wenn sie auf-
erstehen: wessen Frau wird sie sein unter
ihnen? Denn alle sieben haben sie zur
Frau gehabt.
24 Da sprach Jesus zu ihnen: Ist's nicht
so? Ihr irrt, weil ihr weder die Schrift kennt
noch die Kraft Gottes.
25 Wenn sie von den Toten auferstehen
werden, so werden sie weder heiraten
noch sich heiraten lassen, sondern sie sind
wie die Engel im Himmel.
26 Aber von den Toten, daß sie auferste-
hen, habt ihr nicht gelesen im Buch des
Mose, bei dem Dornbusch, wie Gott zu
ihm sagte und sprach (2. Mose 3,6): »Ich
bin der Gott Abrahams und der Gott
Isaaks und der Gott Jakobs«?
27 Gott ist nicht ein Gott der Toten, son-
dern der Lebenden. Ihr irrt sehr.

Die Frage nach dem höchsten Gebot

(Mt 22,35-40; Lk 10,25-28)

28 Und es trat zu ihm einer von den
Schriftgelehrten, der ihnen zugehört hatte,
wie sie miteinander stritten. Und als er
sah, daß er ihnen gut geantwortet hatte,
fragte er ihn: Welches ist das höchste Ge-
bot von allen?
29 Jesus aber antwortete ihm: Das höch-
ste Gebot ist das: »Höre, Israel, der Herr,
unser Gott, ist der Herr allein,
30 und **du sollst den Herrn, deinen Gott,
lieben von ganzem Herzen, von ganzer Seele,
von ganzem Gemüt* und von allen deinen
Kräften«** (5. Mose 6,4.5).

* Siehe Sach- und Worterklärungen.

31 Das andre ist dies: **»Du sollst deinen
Nächsten lieben wie dich selbst«** (3. Mose
19,18). Es ist kein anderes Gebot größer
als diese.
32 [a]Und der Schriftgelehrte sprach zu
ihm: Meister, du hast wahrhaftig recht ge-
redet! Er ist nur **einer,** und ist kein anderer
außer ihm; *a (32-34)* Lk 20,39.40
33 und ihn lieben von ganzem Herzen, von
ganzem Gemüt und von allen Kräften, und
seinen Nächsten lieben wie sich selbst,
[a]das ist mehr als alle Brandopfer und
Schlachtopfer. *a* 1.Sam 15,22; Hos 6,6; Mt 9,13
34 Als Jesus aber sah, daß er verständig
antwortete, sprach er zu ihm: [a]Du bist
nicht fern vom Reich Gottes. Und nie-
mand wagte mehr, ihn zu fragen.
a Apg 26,27-29

Die Frage nach dem Davidssohn

(Mt 22,41-46; Lk 20,41-44)

35 Und Jesus fing an und sprach, als er im
Tempel lehrte: Wieso sagen die Schriftge-
lehrten, [a]der Christus sei Davids Sohn?
a Jes 11,1; Joh 7,42; Röm 1,3
36 David selbst hat [a]durch den heiligen
Geist gesagt (Psalm 110,1): »Der Herr
sprach zu meinem Herrn: Setze dich zu
meiner Rechten, bis ich deine Feinde
unter deine Füße lege.« *a* 2.Sam 23,2
37 Da nennt ihn ja David selbst seinen
Herrn. Woher ist er dann sein Sohn? Und
alles Volk hörte ihn gern.

Warnung vor den Schriftgelehrten

(Mt 23,5-14; Lk 20,45-47)

38 Und er lehrte sie und sprach zu ihnen:
Seht euch vor vor den Schriftgelehrten,
die gern in langen Gewändern gehen und
lassen sich auf dem Markt grüßen
39 und sitzen gern obenan in den Synago-
gen und am Tisch beim Mahl;
40 sie [a]fressen die Häuser der Witwen und
verrichten zum Schein lange Gebete. Die
werden ein um so härteres Urteil empfan-
gen. *a* Jak 1,27

Das Scherflein der Witwe

(Lk 21,1-4)

41 Und Jesus setzte sich dem [a]Gotteska-
sten gegenüber und sah zu, wie das Volk
Geld einlegte in den Gotteskasten. Und
viele Reiche legten viel ein. *a* 2.Kön 12,10
42 Und es kam eine arme Witwe und legte
zwei Scherflein ein; das macht zusammen
einen Pfennig.
43 Und er rief seine Jünger zu sich und
sprach zu ihnen: Wahrlich, ich sage euch:
Diese arme Witwe hat mehr in den Got-
teskasten gelegt als alle, die etwas einge-
legt haben.
44 Denn sie haben alle etwas von ihrem
Überfluß eingelegt; diese aber hat von
ihrer Armut ihre ganze Habe eingelegt,
alles, was sie zum Leben hatte.

JESU REDE ÜBER DIE ENDZEIT (Kapitel 13)

(Mt 24; Lk 21,5-36; 17,23-37)

Das Ende des Tempels

13 Und als er aus dem Tempel ging,
sprach zu ihm einer seiner Jünger:
Meister, siehe, was für Steine und was für
Bauten!
2 Und Jesus sprach zu ihm: Siehst du
diese großen Bauten? Nicht ein Stein wird
auf dem andern bleiben, der nicht zerbro-
chen werde.

Der Anfang der Wehen

3 Und als er auf dem Ölberg saß gegen-
über dem Tempel, fragten ihn [a]Petrus und
Jakobus und Johannes und Andreas, als
sie allein waren: *a* Mt 17,1
4 Sage uns, wann wird das geschehen?
Und was wird das Zeichen sein, wenn das
alles vollendet werden soll?
5 Jesus fing an und sagte zu ihnen: Seht
zu, daß euch nicht jemand verführe!
6 Es werden viele kommen unter meinem
Namen und sagen: Ich bin's, und werden
viele verführen.[a] *a* Joh 5,43
7 Wenn ihr aber hören werdet von Krie-
gen und Kriegsgeschrei, so fürchtet euch
nicht. Es muß so geschehen. Aber das
Ende ist noch nicht da.
8 Denn es wird sich ein Volk gegen das
andere erheben und ein Königreich gegen
das andere. Es werden Erdbeben gesche-
hen hier und dort, es werden Hungers-
nöte sein. Das ist der Anfang der Wehen.
9 ¶ Ihr aber seht euch vor! Denn sie wer-
den euch den Gerichten überantworten,
und in den Synagogen werdet ihr gegei-
ßelt werden, und vor Statthalter und Kö-
nige werdet ihr geführt werden um mei-
netwillen, ihnen zum Zeugnis.
10 Und das Evangelium muß zuvor gepre-
digt werden unter allen Völkern.[a] *a* Kap 16,15

11 Und wenn sie euch hinführen und über-
antworten werden, so sorgt euch nicht vor-
her, was ihr reden sollt; sondern was euch
in jener Stunde gegeben wird, das redet.
Denn ihr seid's nicht, die da reden, son-
dern der heilige Geist.
12 Und es wird ein Bruder den andern
dem Tod preisgeben und der Vater den
Sohn, und die Kinder werden sich empö-
ren gegen die Eltern und werden sie töten
helfen.
13 Und [a] ihr werdet gehaßt sein von jeder-
mann um meines Namens willen. **Wer
aber beharrt bis an das Ende, der wird selig.**
a Joh 15,18.21

Die große Bedrängnis

14 Wenn ihr aber sehen werdet das [a] Greu-
elbild der Verwüstung stehen, wo es nicht
soll – wer es liest, der merke auf! –, als-
dann, wer in Judäa ist, der fliehe auf die
Berge. *a* Dan 9,27; 11,31
15 Wer auf dem Dach ist, der steige nicht
hinunter und gehe nicht hinein, etwas aus
seinem Hause zu holen.
16 Und wer auf dem Feld ist, der wende
sich nicht um, seinen Mantel zu holen.
17 Weh aber den Schwangeren und den
Stillenden zu jener Zeit!
18 Bittet aber, daß es nicht im Winter ge-
schehe.
19 Denn in diesen Tagen wird [a] eine sol-
che Bedrängnis sein, wie sie nie gewesen
ist bis jetzt vom Anfang der Schöpfung,
die Gott geschaffen hat, und auch nicht
wieder werden wird. *a* Dan 12,1
20 Und wenn der Herr diese Tage nicht
verkürzt hätte, würde kein Mensch selig;
aber um der Auserwählten willen, die er
auserwählt hat, hat er diese Tage verkürzt.
21 Wenn dann jemand zu euch sagen wird:
Siehe, hier ist der Christus; siehe, da ist
er!, so glaubt es nicht.
22 Denn es werden sich erheben falsche
Christusse und falsche Propheten, die Zei-
chen und Wunder tun, so daß sie die Aus-
erwählten verführen würden, wenn es
möglich wäre.
23 Ihr aber seht euch vor! Ich habe euch
alles zuvor gesagt!

Das Kommen des Menschensohns

24 Aber zu jener Zeit, nach dieser Be-
drängnis, wird die Sonne sich verfinstern
und der Mond seinen Schein verlieren,
25 und die Sterne werden vom Himmel
fallen, und die Kräfte der Himmel werden
ins Wanken kommen.[a] *a* Hebr 12,26
26 Und dann werden sie [a] sehen den Men-
schensohn kommen in den Wolken mit
großer Kraft und Herrlichkeit. *a* Dan 7,13
27 Und dann [a] wird er die Engel senden
und wird seine Auserwählten versammeln
von den vier Winden, vom Ende der Erde
bis zum Ende des Himmels. *a* Mt 13,41

Mahnung zur Wachsamkeit

28 An dem Feigenbaum aber lernt ein
Gleichnis: Wenn jetzt seine Zweige saftig
werden und Blätter treiben, so wißt ihr,
daß der Sommer nahe ist.
29 Ebenso auch: wenn ihr seht, daß dies
geschieht, so wißt, daß er nahe vor der
Tür ist.
30 Wahrlich, ich sage euch: Dieses Ge-
schlecht wird nicht vergehen, bis dies alles
geschieht.
31 **Himmel und Erde werden vergehen;
meine Worte aber werden nicht vergehen.**
32 Von dem Tage aber und der Stunde
weiß niemand, auch die Engel im Himmel
nicht, auch der Sohn nicht, sondern allein
der Vater.
33 ¶ Seht euch vor, wachet! Denn ihr wißt
nicht, wann die Zeit da ist.[a]
a Lk 12,35-40; 21,36
34 Wie bei einem Menschen, der über
Land zog und verließ sein Haus und gab
seinen Knechten Vollmacht, einem jeden
seine Arbeit, und gebot dem Türhüter, er
solle wachen:
35 so wacht nun; denn ihr wißt nicht,
wann der Herr des Hauses kommt, ob am
Abend oder zu Mitternacht oder um den
Hahnenschrei oder am Morgen,[a] *a* Lk 12,38
36 damit er euch nicht schlafend finde,
wenn er plötzlich kommt.
37 Was ich aber euch sage, das sage ich
allen: Wachet!

Leiden, Sterben und Auferstehung Jesu (Kapitel 14–16)

(Mt 26–28; Lk 22–24; Joh 18–21)

Der Plan der Hohenpriester und Schriftgelehrten

14 Es waren noch zwei Tage bis zum
Passafest und den Tagen der Unge-
säuerten Brote. Und die Hohenpriester

und Schriftgelehrten suchten, wie sie ihn
mit List ergreifen und töten könnten.
2 Denn sie sprachen: Ja nicht bei dem
Fest, damit es nicht einen Aufruhr im Volk
gebe.

Die Salbung in Betanien

3 Und als er in Betanien war im Hause
Simons des Aussätzigen und saß zu Tisch,
da kam eine Frau, die hatte ein Glas mit
unverfälschtem und kostbarem Nardenöl,
und sie zerbrach das Glas und goß es auf
sein Haupt.
4 Da wurden einige unwillig und sprachen
untereinander: Was soll diese Vergeudung
des Salböls?
5 Man hätte dieses Öl für mehr als drei-
hundert Silbergroschen verkaufen können
und das Geld den Armen geben. Und sie
fuhren sie an.
6 Jesus aber sprach: Laßt sie in Frieden!
Was betrübt ihr sie? Sie hat ein gutes Werk
an mir getan.
7 Denn [a]ihr habt allezeit Arme bei euch,
und wenn ihr wollt, könnt ihr ihnen Gutes
tun; mich aber habt ihr nicht allezeit.

a 5.Mose 15,11

8 Sie hat getan, was sie konnte; sie hat
meinen Leib im voraus gesalbt für mein
Begräbnis.
9 Wahrlich, ich sage euch: Wo das Evan-
gelium gepredigt wird in aller Welt, da wird
man auch das sagen zu ihrem Gedächtnis,
was sie jetzt getan hat.

Der Verrat des Judas

10 Und Judas Iskariot, einer von den Zwöl-
fen, ging hin zu den Hohenpriestern, daß
er ihn an sie verriete.
11 Als die das hörten, wurden sie froh und
versprachen, ihm Geld zu geben. Und er
suchte, wie er ihn bei guter Gelegenheit
verraten könnte.

Das Abendmahl

12 Und am ersten Tage der Ungesäuerten
Brote, als man das Passalamm opferte,
sprachen seine Jünger zu ihm: Wo willst
du, daß wir hingehen und das Passalamm
bereiten, damit du es essen kannst?
13 Und er sandte zwei seiner Jünger und
sprach zu ihnen: Geht hin in die Stadt,
und es wird euch ein Mensch begegnen,
der trägt einen Krug mit Wasser; folgt ihm,
14 und wo er hineingeht, da sprecht zu
dem Hausherrn: Der Meister läßt dir sa-
gen: Wo ist der Raum, in dem ich das
Passalamm essen kann mit meinen Jün-
gern?[a]

a Kap 11,3

15 Und er wird euch einen großen Saal zei-
gen, der mit Polstern versehen und vorbe-
reitet ist; dort richtet für uns zu.
16 Und die Jünger gingen hin und kamen
in die Stadt und fanden's, wie er ihnen
gesagt hatte, und bereiteten das Passa-
lamm.
17 ¶ Und am Abend kam er mit den Zwöl-
fen.
18 [a]Und als sie bei Tisch waren und aßen,
sprach Jesus: Wahrlich, ich sage euch:
Einer unter euch, der mit mir ißt, wird
mich verraten.

a (18-20) Joh 13,21-26

19 Und sie wurden traurig und fragten ihn,
einer nach dem andern: Bin ich's?
20 Er aber sprach zu ihnen: Einer von den
Zwölfen, der mit mir seinen Bissen in die
Schüssel taucht.
21 Der Menschensohn geht zwar hin, wie
von ihm geschrieben steht; weh aber dem
Menschen, durch den der Menschensohn
verraten wird! Es wäre für diesen Men-
schen besser, wenn er nie geboren wäre.
22 ¶ [a]**Und als sie aßen, nahm Jesus das
Brot, dankte und brach's und gab's ihnen
und sprach: Nehmet; das ist mein Leib.**

a (22-24) 1.Kor 11,23-25

23 **Und er nahm den Kelch, dankte und gab
ihnen den; und sie tranken alle daraus.**
24 **Und er sprach zu ihnen: Das ist mein
[a]Blut des Bundes,* das für viele vergossen
wird.**

a 2.Mose 24,8; Hebr 9,15.16

* Luther übersetzte: »Blut des neuen Testaments«.

25 Wahrlich, ich sage euch, daß ich nicht
mehr trinken werde vom Gewächs des
Weinstocks bis an den Tag, an dem ich
aufs neue davon trinke im Reich Gottes.

Die Ankündigung der Verleugnung des Petrus

26 Und als sie den [a]Lobgesang gesungen
hatten, gingen sie hinaus an den Ölberg.

a Ps 113–118

27 Und Jesus sprach zu ihnen: Ihr werdet
alle Ärgernis nehmen; denn es steht ge-
schrieben (Sacharja 13,7): »Ich werde den
Hirten schlagen, und [a]die Schafe werden
sich zerstreuen.«

a Joh 16,32

28 Wenn ich aber auferstanden bin, will
ich vor euch hingehen nach [a]Galiläa.

a Kap 16,7

29 Petrus aber sagte zu ihm: Und wenn sie alle Ärgernis nehmen, so doch ich nicht!

30 Und Jesus sprach zu ihm: Wahrlich, ich sage dir: Heute, in dieser Nacht, ehe der Hahn zweimal kräht, wirst du mich dreimal verleugnen.[a] *a* Joh 13,38

31 Er aber redete noch weiter: Auch wenn ich mit dir sterben müßte, werde ich dich nicht verleugnen! Das gleiche sagten sie alle.

Jesus in Gethsemane

32 Und sie kamen zu einem Garten mit Namen Gethsemane. Und er sprach zu seinen Jüngern: Setzt euch hierher, bis ich gebetet habe.

33 Und er [a]nahm mit sich Petrus und Jakobus und Johannes und fing an zu zittern und zu zagen *a* Mt 17,1

34 und sprach zu ihnen: [a]Meine Seele ist betrübt bis an den Tod; bleibt hier und wachet! *a* Joh 12,27

35 Und er ging ein wenig weiter, warf sich auf die Erde und betete, daß, wenn es möglich wäre, die Stunde an ihm vorüberginge,

36 und sprach: **Abba, mein Vater, alles ist dir möglich; nimm [a]diesen Kelch von mir; doch nicht, was ich will, sondern was du willst!** *a* Kap 10,38

37 Und er kam und fand sie schlafend und sprach zu Petrus: Simon, schläfst du? Vermochtest du nicht, **eine** Stunde zu wachen?

38 **Wachet und betet, daß ihr nicht in Versuchung fallt! Der Geist ist willig; aber das Fleisch ist schwach.**

39 Und er ging wieder hin und betete und sprach dieselben Worte

40 und kam zurück und fand sie abermals schlafend; denn ihre Augen waren voller Schlaf, und sie wußten nicht, was sie ihm antworten sollten.

41 Und er kam zum dritten Mal und sprach zu ihnen: Ach, wollt ihr weiter schlafen und ruhen? Es ist genug; die Stunde ist gekommen. Siehe, der Menschensohn wird überantwortet in die Hände der Sünder.

42 Steht auf, laßt uns gehen! Siehe, der mich verrät, ist nahe.

Jesu Gefangennahme

43 Und alsbald, während er noch redete, kam herzu Judas, einer von den Zwölfen, und mit ihm eine Schar mit Schwertern und mit Stangen, von den Hohenpriestern und Schriftgelehrten und Ältesten.

44 Und der Verräter hatte ihnen ein Zeichen genannt und gesagt: Welchen ich küssen werde, der ist's; den ergreift und führt ihn sicher ab.

45 Und als er kam, trat er alsbald zu ihm und sprach: Rabbi! und küßte ihn.

46 Die aber legten Hand an ihn und ergriffen ihn.

47 Einer aber von denen, die dabeistanden, zog sein Schwert und schlug nach dem Knecht des Hohenpriesters und hieb ihm ein Ohr ab.

48 Und Jesus antwortete und sprach zu ihnen: Ihr seid ausgezogen wie gegen einen Räuber mit Schwertern und mit Stangen, mich zu fangen.

49 Ich bin täglich bei euch im Tempel gewesen und habe gelehrt, und ihr habt mich nicht ergriffen. Aber so muß die Schrift erfüllt werden.

50 Da verließen ihn alle und flohen.

51 Ein junger Mann aber folgte ihm nach, der war mit einem Leinengewand bekleidet auf der bloßen Haut; und sie griffen nach ihm.

52 Er aber ließ das Gewand fahren und [a]floh nackt davon. *a* Am 2,16

Jesus vor dem Hohen Rat

53 Und sie führten Jesus zu dem Hohenpriester; und es versammelten sich alle Hohenpriester und Ältesten und Schriftgelehrten.

54 Petrus aber folgte ihm nach von ferne, bis hinein in den Palast des Hohenpriesters, und saß da bei den Knechten und wärmte sich am Feuer.

55 Aber die Hohenpriester und der ganze Hohe Rat suchten Zeugnis gegen Jesus, daß sie ihn zu Tode brächten, und fanden nichts.

56 Denn viele gaben falsches Zeugnis ab gegen ihn; aber ihr Zeugnis stimmte nicht überein.

57 Und einige standen auf und gaben falsches Zeugnis ab gegen ihn und sprachen:

58 Wir haben gehört, daß er gesagt hat: [a]Ich will diesen Tempel, der mit Händen gemacht ist, abbrechen und in drei Tagen einen andern bauen, der nicht mit Händen gemacht ist. *a* Joh 2,19-21

59 Aber ihr Zeugnis stimmte auch so nicht überein.

[60]Und der Hohepriester stand auf, trat in
die Mitte und fragte Jesus und sprach:
Antwortest du nichts auf das, was diese
gegen dich bezeugen?
[61]Er aber [a]schwieg still und antwortete
nichts. Da fragte ihn der Hohepriester
abermals und sprach zu ihm: **Bist du der
Christus, der Sohn des Hochgelobten?**

a Kap 15,5; Jes 53,7

[62]**Jesus aber sprach: Ich bin's; und [a]ihr
werdet sehen den Menschensohn sitzen zur
Rechten der Kraft und kommen mit den
Wolken des Himmels.** *a* Ps 110,1; Dan 7,13.14
[63]Da zerriß der Hohepriester seine Klei-
der und sprach: Was bedürfen wir weite-
rer Zeugen?
[64]Ihr habt die Gotteslästerung gehört.
Was ist euer Urteil? Sie aber verurteilten
ihn alle, [a]daß er des Todes schuldig sei.

a Joh 19,7

[65]Da fingen einige an, ihn anzuspeien und
sein Angesicht zu verdecken und ihn mit
Fäusten zu schlagen und zu ihm zu sagen:
Weissage uns! Und die Knechte schlugen
ihn ins Angesicht.

Die Verleugnung des Petrus

[66]Und Petrus war unten im Hof. Da kam
eine von den Mägden des Hohenprie-
sters;
[67]und als sie Petrus sah, wie er sich
wärmte, schaute sie ihn an und sprach:
Und du warst auch mit dem Jesus von
Nazareth.
[68]Er leugnete aber und sprach: Ich weiß
nicht und verstehe nicht, was du sagst.
Und er ging hinaus in den Vorhof, und der
Hahn krähte.
[69]Und die Magd sah ihn und fing aber-
mals an, denen zu sagen, die dabeistan-
den: Das ist einer von denen.
[70]Und er leugnete abermals. Und nach
einer kleinen Weile sprachen die, die da-
beistanden, abermals zu Petrus: Wahrhaf-
tig, du bist einer von denen; denn du bist
auch ein Galiläer.
[71]Er aber fing an, sich zu verfluchen und
zu schwören: Ich kenne den Menschen
nicht, von dem ihr redet.
[72]Und alsbald krähte der Hahn zum
zweiten Mal. Da gedachte Petrus an das
Wort, das Jesus zu ihm gesagt hatte: Ehe
der Hahn zweimal kräht, wirst du mich
dreimal verleugnen. Und er fing an zu
weinen.

Jesus vor Pilatus

15 Und alsbald am Morgen hielten die
Hohenpriester Rat mit den Ältesten
und Schriftgelehrten und dem ganzen Ho-
hen Rat, und sie banden Jesus, führten
ihn ab und überantworteten ihn Pilatus.
[2]Und Pilatus fragte ihn: Bist du der Kö-
nig der Juden? Er aber antwortete und
sprach zu ihm: Du sagst es.
[3]Und die Hohenpriester beschuldigten
ihn hart.
[4]Pilatus aber fragte ihn abermals: Ant-
wortest du nichts? Siehe, wie hart sie dich
verklagen!
[5]Jesus aber [a]antwortete nichts mehr, so
daß sich Pilatus verwunderte.

a Kap 14,61; Jes 53,7

Jesu Verurteilung und Verspottung

[6]Er pflegte ihnen aber zum Fest einen
Gefangenen loszugeben, welchen sie er-
baten.
[7]Es war aber einer, genannt Barabbas, ge-
fangen mit den Aufrührern, die beim Auf-
ruhr einen Mord begangen hatten.
[8]Und das Volk ging hinauf und bat, daß
er tue, wie er zu tun pflegte.
[9]Pilatus aber antwortete ihnen: Wollt ihr,
daß ich euch den König der Juden los-
gebe?
[10]Denn er erkannte, daß ihn die Hohen-
priester aus Neid überantwortet hatten.[a]

a Joh 11,48

[11]Aber die Hohenpriester reizten das Volk
auf, daß er ihnen viel lieber den Barabbas
losgebe.
[12]Pilatus aber fing wiederum an und
sprach zu ihnen: Was wollt ihr denn, daß
ich tue mit dem, den ihr den König der
Juden nennt?
[13]Sie schrien abermals: Kreuzige ihn!
[14]Pilatus aber sprach zu ihnen: Was hat
er denn Böses getan? Aber sie schrien
noch viel mehr: Kreuzige ihn!
[15]Pilatus aber wollte dem Volk zu Willen
sein und gab ihnen Barabbas los und ließ
Jesus geißeln und überantwortete ihn, daß
er gekreuzigt werde.
[16]¶Die Soldaten aber führten ihn hinein
in den Palast, das ist ins Prätorium, und
riefen die ganze Abteilung zusammen
[17]und zogen ihm einen Purpurmantel an
und flochten eine Dornenkrone und setz-
ten sie ihm auf

18 und fingen an, ihn zu grüßen: Gegrüßet
seist du, der Juden König!
19 Und sie schlugen ihn mit einem Rohr
auf das Haupt und spien ihn an und fielen
auf die Knie und huldigten ihm.
20 Und als sie ihn verspottet hatten, zogen
sie ihm den Purpurmantel aus und zogen
ihm seine Kleider an.

Jesu Kreuzigung und Tod

Und sie führten ihn hinaus, daß sie ihn
kreuzigten.
21 Und zwangen einen, der vorüberging,
mit Namen Simon von Kyrene, der vom
Feld kam, den Vater des Alexander und
des [a]Rufus, daß er ihm das Kreuz trage.
a Röm 16,13
22 Und sie brachten ihn zu der Stätte Gol-
gatha, das heißt übersetzt: Schädelstätte.
23 Und sie gaben ihm Myrrhe in Wein zu
trinken; aber er nahm's nicht.
24 ¶ Und sie kreuzigten ihn. Und sie teil-
ten seine Kleider und warfen das Los, wer
was bekommen solle.[a] *a* Ps 22,19
25 Und es war die dritte Stunde, als sie ihn
kreuzigten.
26 Und es stand über ihm geschrieben,
welche Schuld man ihm gab, nämlich: Der
König der Juden.
27 Und sie kreuzigten mit ihm zwei Räu-
ber, einen zu seiner Rechten und einen zu
seiner Linken.*

* Vers 28 findet sich erst in der späteren Überlieferung: »Da wurde die Schrift erfüllt: Er ist zu den Übeltätern gerechnet worden.«

29 Und die vorübergingen, lästerten ihn
und schüttelten ihre Köpfe und sprachen:
Ha, [a]der du den Tempel abbrichst und
baust ihn auf in drei Tagen, *a* Kap 14,58
30 hilf dir nun selber und steig herab vom
Kreuz!
31 Desgleichen verspotteten ihn auch die
Hohenpriester untereinander samt den
Schriftgelehrten und sprachen: Er hat an-
dern geholfen und kann sich selber nicht
helfen.
32 Ist er der Christus, der König von Is-
rael, so steige er nun vom Kreuz, [a]damit
wir sehen und glauben. Und die mit ihm
gekreuzigt waren, schmähten ihn auch.
a Mt 16,1.4
33 ¶ Und zur sechsten Stunde kam eine
Finsternis über das ganze Land bis zur
neunten Stunde.
34 Und zu der neunten Stunde rief Jesus
laut: Eli, Eli, lama asabtani? Das heißt
übersetzt: [a]**Mein Gott, mein Gott, warum
hast du mich verlassen?** *a* Ps 22,2
35 Und einige, die dabeistanden, als sie das
hörten, sprachen sie: Siehe, er ruft den
Elia.
36 Da lief einer und füllte einen Schwamm
mit Essig, steckte ihn auf ein Rohr, gab
ihm zu trinken und sprach: Halt, laßt se-
hen, ob Elia komme und ihn herabnehme!
37 Aber Jesus schrie laut und verschied.
38 ¶ Und der [a]Vorhang im Tempel zerriß
in zwei Stücke von oben an bis unten
aus. *a* 2.Mose 26,31-33; 2.Chr 3,14
39 Der Hauptmann aber, der dabeistand,
ihm gegenüber, und sah, daß er so ver-
schied, sprach: **Wahrlich, dieser Mensch
ist Gottes Sohn gewesen!**
40 ¶ Und es waren auch Frauen da, die von
ferne zuschauten, unter ihnen Maria von
Magdala und Maria, die Mutter Jakobus'
des Kleinen und des Joses, und Salome,
41 [a]die ihm nachgefolgt waren, als er in
Galiläa war, und ihm gedient hatten, und
viele andere Frauen, die mit ihm hinauf
nach Jerusalem gegangen waren. *a* Lk 8,2.3

Jesu Grablegung

42 Und als es schon Abend wurde, und
weil Rüsttag war, das ist der Tag vor dem
Sabbat,
43 kam Josef von Arimathäa, ein angese-
hener Ratsherr, der auch auf das Reich
Gottes wartete, der wagte es und ging hin-
ein zu Pilatus und bat um den Leichnam
Jesu.
44 Pilatus aber wunderte sich, daß er
schon tot sei, und rief den Hauptmann
und fragte ihn, ob er schon lange gestor-
ben sei.
45 Und als er's erkundet hatte von dem
Hauptmann, gab er Josef den Leichnam.
46 Und der kaufte ein Leinentuch und
nahm ihn ab und wickelte ihn in das Tuch
und legte ihn in ein Grab, das war in einen
Felsen gehauen, und wälzte einen Stein
vor des Grabes Tür.
47 Aber Maria von Magdala und Maria,
die Mutter des Joses, sahen, wo er hinge-
legt wurde.

Jesu Auferstehung

(Mt 28,1-10; Lk 24,1-12; Joh 20,1-10)

16 Und als der Sabbat vergangen war,
kauften Maria von Magdala und Ma-

ria, die Mutter des Jakobus, und Salome
wohlriechende Öle, um hinzugehen und
ihn zu salben.
2 Und sie kamen zum Grab am ersten Tag
der Woche, sehr früh, als die Sonne auf-
ging.
3 Und sie sprachen untereinander: Wer
wälzt uns den Stein von des Grabes Tür?
4 Und sie sahen hin und wurden gewahr,
daß der Stein weggewälzt war; denn er war
sehr groß.
5 ¶Und sie gingen hinein in das Grab und
sahen einen Jüngling zur rechten Hand sit-
zen, der hatte ein langes weißes Gewand
an, und sie entsetzten sich.
6 Er aber sprach zu ihnen: Entsetzt euch
nicht! Ihr sucht Jesus von Nazareth, den
Gekreuzigten. Er ist auferstanden, er ist
nicht hier. Siehe da die Stätte, wo sie ihn
hinlegten.
7 Geht aber hin und sagt seinen Jüngern
und Petrus, *a* daß er vor euch hingehen
wird nach Galiläa; dort werdet ihr ihn se-
hen, wie er euch gesagt hat. *a* Kap 14,28
8 Und sie gingen hinaus und flohen von
dem Grab; denn Zittern und Entsetzen
hatte sie ergriffen. Und sie sagten nieman-
dem etwas; denn sie fürchteten sich.

Erscheinungen des Auferstandenen und Himmelfahrt

(Lk 24,36-49; Joh 20,19-23)

9 Als aber Jesus auferstanden war früh am
ersten Tag der Woche, erschien er zuerst
a Maria von Magdala, von der er sieben
böse Geister ausgetrieben hatte.
a Lk 8,2; Joh 20,11-18
10 Und sie ging hin und verkündete es de-
nen, die mit ihm gewesen waren und Leid
trugen und weinten.
11 Und als diese hörten, daß er lebe und
sei ihr erschienen, glaubten sie es nicht.
12 Danach offenbarte er sich in anderer
Gestalt zweien von ihnen unterwegs, als
sie über Land gingen.[a] *a* Lk 24,13-35
13 Und die gingen auch hin und verkünde-
ten es den andern. Aber auch denen glaub-
ten sie nicht.
14 ¶Zuletzt, als die Elf zu Tisch saßen,
a offenbarte er sich ihnen und schalt ihren
Unglauben und ihres Herzens Härte, daß
sie nicht geglaubt hatten denen, die ihn
gesehen hatten als Auferstandenen.
a 1.Kor 15,5
15 Und er sprach zu ihnen: **Gehet hin in
alle Welt und predigt das Evangelium aller
Kreatur.**[a] *a* Kap 13,10; Mt 28,18-20
16 **Wer da** *a* **glaubt und getauft wird, der
wird selig werden; wer aber nicht glaubt,
der wird verdammt werden.** *a* Apg 2,38; 16,31.33
17 Die Zeichen aber, die folgen werden de-
nen, die da glauben, sind diese: in mei-
nem Namen werden sie *a* böse Geister aus-
treiben, *b* in neuen Zungen reden,
a Apg 16,18 *b* Apg 10,46; 19,6
18 *a* Schlangen mit den Händen hochhe-
ben, und wenn sie etwas Tödliches trin-
ken, wird's ihnen nicht schaden; *b* auf
Kranke werden sie die Hände legen, so
wird's besser mit ihnen werden.
a Lk 10,19; Apg 28,3-6 *b* Jak 5,14.15
19 ¶Nachdem der Herr Jesus mit ihnen
geredet hatte, *a* wurde er aufgehoben gen
Himmel und *b* setzte sich zur Rechten
Gottes. *a* Apg 1,2 *b* Ps 110,1; Apg 7,55
20 Sie aber zogen aus und predigten an
allen Orten. Und der Herr *a* wirkte mit
ihnen und bekräftigte das Wort durch die
mitfolgenden Zeichen.* *a* Apg 14,3; Hebr 2,4

* Nach den ältesten Textzeugen endet das Markusevangelium mit Vers 8. Die Verse 9–20 sind im 2. Jahrhundert hinzugefügt worden, vermutlich um dem Markusevangelium einen den andern Evangelien entsprechenden Abschluß zu geben.

DAS EVANGELIUM NACH LUKAS

Inhaltsübersicht

1 Viele haben es schon unternommen, Bericht zu geben von den Geschichten, die unter uns geschehen sind,

2 wie uns das überliefert haben, die es von Anfang an selbst gesehen haben und Diener des Worts gewesen sind.[a]

a 1.Joh 1,1-4

3 So habe auch ich's für gut gehalten, nachdem ich alles von Anfang an sorgfältig erkundet habe, [a]es für dich, hochgeehrter Theophilus, in guter Ordnung aufzuschreiben,

a Apg 1,1; Kol 4,14

4 damit du den sicheren Grund der Lehre erfährst, in der du unterrichtet bist.

Die Ankündigung der Geburt Johannes des Täufers

5 Zu der Zeit des Herodes, des Königs von Judäa, lebte ein Priester von der [a]Ordnung Abija, mit Namen Zacharias, und seine Frau war aus dem Geschlecht Aaron und hieß Elisabeth.

a 1.Chr 24,10.19

6 Sie waren aber alle beide fromm vor Gott und lebten in allen Geboten und Satzungen des Herrn untadelig.

7 Und sie hatten kein Kind; denn Elisabeth war unfruchtbar, und beide waren hochbetagt.

8 ¶ Und es begab sich, als Zacharias den Priesterdienst vor Gott versah, da seine Ordnung an der Reihe war,

9 daß ihn nach dem Brauch der Priesterschaft das Los traf, das [a]Räucheropfer darzubringen; und er ging in den Tempel des Herrn.

a 2.Mose 30,7

10 Und die ganze Menge des Volkes stand draußen und betete zur Stunde des Räucheropfers.

11 Da erschien ihm der Engel des Herrn und stand an der rechten Seite des Räucheraltars.

12 Und als Zacharias ihn sah, erschrak er, und es kam Furcht über ihn.

13 Aber der Engel sprach zu ihm: Fürchte dich nicht, Zacharias, denn dein Gebet ist erhört, und deine Frau Elisabeth wird dir einen Sohn gebären, und du sollst ihm den Namen Johannes geben.

14 Und du wirst Freude und Wonne haben, und viele werden sich über seine Geburt freuen.

15 Denn er wird groß sein vor dem Herrn; [a]Wein und starkes Getränk wird er nicht trinken und wird schon von Mutterleib an erfüllt werden mit dem heiligen Geist.

a Ri 13,4.5

16 Und er wird vom Volk Israel viele zu dem Herrn, ihrem Gott, bekehren.

17 Und er wird vor ihm hergehen im Geist und in der Kraft [a]Elias, zu bekehren die Herzen der Väter zu den Kindern und die Ungehorsamen zu der Klugheit der Gerechten, zuzurichten dem Herrn ein Volk, das wohl vorbereitet ist.

a Mal 3,1.23.24; Mt 17,11-13

18 Und Zacharias sprach zu dem Engel: Woran soll ich das erkennen? Denn [a]ich bin alt, und meine Frau ist betagt.

a 1.Mose 18,11

19 Der Engel antwortete und sprach zu ihm: Ich bin [a]Gabriel, der vor Gott steht, und bin gesandt, mit dir zu reden und dir dies zu verkündigen.

a Dan 8,16

20 Und siehe, du wirst stumm werden und nicht reden können bis zu dem Tag, an dem dies geschehen wird, weil du meinen Worten nicht geglaubt hast, die erfüllt werden sollen zu ihrer Zeit.

21 ¶ Und das Volk wartete auf Zacharias und wunderte sich, daß er so lange im Tempel blieb.

22 Als er aber herauskam, konnte er nicht

mit ihnen reden; und sie merkten, daß er
eine Erscheinung gehabt hatte im Tempel.
Und er winkte ihnen und blieb stumm.
23 Und es begab sich, als die Zeit seines
Dienstes um war, da ging er heim in sein
Haus.
24 Nach diesen Tagen wurde seine Frau
Elisabeth schwanger und hielt sich fünf
Monate verborgen und sprach:
25 So hat der Herr an mir getan in den
Tagen, als er mich angesehen hat, [a]um
meine Schmach unter den Menschen von
mir zu nehmen. *a* 1.Mose 30,23

Die Ankündigung der Geburt Jesu

26 Und im sechsten Monat wurde der En-
gel Gabriel von Gott gesandt in eine Stadt
in Galiläa, die heißt Nazareth,
27 zu einer Jungfrau, die vertraut* war
[a]einem Mann mit Namen Josef vom
Hause David; und die Jungfrau hieß Maria.
a Mt 1,16.18

* Siehe Sach- und Worterklärungen zu »Verlobung«.

28 Und der Engel kam zu ihr hinein und
sprach: Sei gegrüßt, du Begnadete! Der
Herr ist mit dir!
29 Sie aber erschrak über die Rede und
dachte: Welch ein Gruß ist das?
30 Und der Engel sprach zu ihr:
Fürchte dich nicht, Maria, du hast Gnade
bei Gott gefunden.
31 **Siehe, [a]du wirst schwanger werden und**
einen Sohn gebären, und [b]du sollst ihm
den Namen Jesus geben.
a Jes 7,14 *b* Mt 1,21-23
32 **Der wird groß sein und Sohn des Höch-**
sten genannt werden; und Gott der Herr
wird ihm den [a]Thron seines Vaters David
geben, *a* Jes 9,6
33 **und er wird König sein über das Haus**
Jakob in Ewigkeit, und sein Reich wird kein
Ende haben.
34 ¶Da sprach Maria zu dem Engel: Wie
soll das zugehen, da ich doch von keinem
Mann weiß?
35 Der Engel antwortete und sprach zu
ihr: [a]Der heilige Geist wird über dich
kommen, und die Kraft des Höchsten wird
dich überschatten; darum wird auch das
Heilige, das geboren wird, Gottes Sohn ge-
nannt werden. *a* Mt 1,18.20
36 Und siehe, Elisabeth, deine Verwandte,
ist auch schwanger mit einem Sohn, in
ihrem Alter, und ist jetzt im sechsten Mo-
nat, von der man sagt, daß sie unfruchtbar
sei.
37 Denn bei Gott ist kein Ding unmög-
lich.[a] *a* 1.Mose 18,14
38 Maria aber sprach: Siehe, ich bin des
Herrn Magd; mir geschehe, wie du gesagt
hast. Und der Engel schied von ihr.

Marias Besuch bei Elisabeth

39 Maria aber machte sich auf in diesen
Tagen und ging eilends in das Gebirge zu
einer Stadt in Juda
40 und kam in das Haus des Zacharias und
begrüßte Elisabeth.
41 Und es begab sich, als Elisabeth den
Gruß Marias hörte, hüpfte das Kind in ih-
rem Leibe. Und Elisabeth wurde vom hei-
ligen Geist erfüllt
42 und rief laut und sprach: Gepriesen bist
du unter den Frauen, und gepriesen ist die
Frucht deines Leibes!
43 Und wie geschieht mir das, daß die
Mutter meines Herrn zu mir kommt?
44 Denn siehe, als ich die Stimme deines
Grußes hörte, hüpfte das Kind vor Freude
in meinem Leibe.
45 Und [a]selig bist du, die du geglaubt hast!
Denn es wird vollendet werden, was dir
gesagt ist von dem Herrn. *a* Kap 11,27.28

Marias Lobgesang

46 [a]Und Maria sprach: *a (46-55)* 1.Sam 2,1-10
Meine Seele erhebt den Herrn, /
47 **und mein Geist freut sich Gottes, meines**
Heilandes;
48 denn er hat die Niedrigkeit seiner Magd
angesehen. / Siehe, von nun an werden
mich seligpreisen alle Kindeskinder.
49 Denn er hat große Dinge an mir getan, /
der da mächtig ist und dessen Name heilig
ist.
50 Und seine Barmherzigkeit währt von
Geschlecht zu Geschlecht / bei denen, die
ihn fürchten.[a] *a* Ps 103,13.17
51 Er übt Gewalt mit seinem Arm / und
[a]zerstreut, die hoffärtig sind in ihres Her-
zens Sinn. *a* 1.Mose 11,8
52 Er stößt die Gewaltigen vom Thron /
und erhebt die Niedrigen.[a] *a* Ps 147,6
53 Die Hungrigen füllt er mit Gütern /
und läßt die Reichen leer ausgehen.[a]
a Ps 34,11; 107,9
54 Er gedenkt der Barmherzigkeit / und
hilft seinem Diener Israel auf,

55 wie er geredet hat zu unsern Vätern, /
Abraham und seinen Kindern in Ewig-
keit.[a] a 1.Mose 17,7; 18,18
56 ¶ Und Maria blieb bei ihr etwa drei Mo-
nate; danach kehrte sie wieder heim.

Die Geburt Johannes des Täufers

57 Und für Elisabeth kam die Zeit, daß sie
gebären sollte; und sie gebar einen Sohn.
58 Und ihre Nachbarn und Verwandten
hörten, daß der Herr große Barmherzig-
keit an ihr getan hatte, und freuten sich
mit ihr.
59 Und es begab sich [a]am achten Tag, da
kamen sie, das Kindlein zu beschneiden,
und wollten es nach seinem Vater Zacha-
rias nennen. a 1.Mose 17,12
60 Aber seine Mutter antwortete und
sprach: Nein, sondern er soll Johannes
heißen.
61 Und sie sprachen zu ihr: Ist doch nie-
mand in deiner Verwandtschaft, der so
heißt.
62 Und sie winkten seinem Vater, wie er
ihn nennen lassen wollte.
63 Und er forderte eine kleine Tafel und
schrieb: Er heißt Johannes. Und sie wun-
derten sich alle.
64 Und sogleich wurde sein Mund aufge-
tan und seine Zunge gelöst, und er redete
und lobte Gott.
65 Und es kam Furcht über alle Nachbarn;
und diese ganze Geschichte wurde be-
kannt auf dem ganzen Gebirge Judäas.
66 Und alle, die es hörten, nahmen's zu
Herzen und sprachen: Was meinst du, will
aus diesem Kindlein werden? Denn die
Hand des Herrn war mit ihm.

Der Lobgesang des Zacharias

67 Und sein Vater Zacharias wurde
vom heiligen Geist erfüllt, weissagte und
sprach:
68 **Gelobt sei der Herr, der Gott Israels! /**
Denn [a]er hat besucht und erlöst sein Volk
a Kap 7,16
69 und hat uns aufgerichtet eine Macht des
Heils / im Hause seines Dieners David
70 – wie er vorzeiten geredet hat / durch
den Mund seiner heiligen Propheten –,
71 daß er uns errettete von unsern Fein-
den / und aus der Hand aller, die uns has-
sen,
72 und Barmherzigkeit erzeigte unsern Vä-
tern / und gedächte [a]an seinen heiligen
Bund a 1.Mose 17,7
73 und an den [a]Eid, den er geschworen
hat unserm Vater Abraham, / uns zu ge-
ben, a 1.Mose 22,16-18; Mi 7,20
74 daß wir, erlöst aus der Hand unsrer
Feinde,
75 ihm dienten ohne Furcht unser Leben
lang / in Heiligkeit und Gerechtigkeit vor
seinen Augen.[a] a Tit 2,12.14
76 Und du, Kindlein, wirst ein Prophet des
Höchsten heißen. / Denn [a]du wirst dem
Herrn vorangehen, daß du seinen Weg be-
reitest a Mal 3,1
77 und Erkenntnis des Heils gebest sei-
nem Volk / in der Vergebung ihrer Sün-
den,[a] a Jer 31,34
78 durch die herzliche Barmherzigkeit un-
seres Gottes, / durch die uns besuchen
wird [a]das aufgehende Licht aus der Höhe,
a Jes 60,1.2
79 damit es erscheine denen, die [a]sitzen
in Finsternis und Schatten des Todes, /
und richte unsere Füße auf den Weg des
Friedens. a Jes 9,1
80 ¶ Und das Kindlein wuchs und wurde
stark im Geist. Und er [a]war in der Wüste
bis zu dem Tag, an dem er vor das Volk
Israel treten sollte. a Mt 3,1

Jesu Geburt

2 Es begab sich aber zu der Zeit, daß ein
Gebot von dem Kaiser Augustus aus-
ging, daß alle Welt geschätzt würde.
2 Und diese Schätzung* war die allererste
und geschah zur Zeit, da Quirinius Statt-
halter in Syrien war.
* Siehe Sach- und Worterklärungen.
3 Und jedermann ging, daß er sich schät-
zen ließe, ein jeder in seine Stadt.
4 Da machte sich auf auch Josef aus Gali-
läa, aus der Stadt Nazareth, in das jüdische
Land zur Stadt Davids, die da heißt Beth-
lehem, weil er aus dem Hause und Ge-
schlechte Davids war,
5 damit er sich schätzen ließe mit
Maria, seinem vertrauten Weibe;* die war
schwanger.
* Siehe Sach- und Worterklärungen zu »Verlobung«.
6 Und als sie dort waren, kam die Zeit,
daß sie gebären sollte.
7 Und [a]sie gebar ihren ersten Sohn und
wickelte ihn in Windeln und legte ihn in

eine Krippe; denn sie hatten sonst keinen
Raum in der Herberge. *a* Mt 1,25
8 ¶ Und es waren Hirten in derselben Gegend auf dem Felde bei den Hürden, die hüteten des Nachts ihre Herde.
9 Und der Engel des Herrn trat zu ihnen, und die Klarheit des Herrn leuchtete um sie; und sie fürchteten sich sehr.
10 Und der Engel sprach zu ihnen: **Fürchtet euch nicht! Siehe, ich verkündige euch große Freude, die allem Volk widerfahren wird;**
11 **denn euch ist heute der Heiland geboren, welcher ist Christus, der Herr, in der Stadt Davids.**
12 Und das habt zum Zeichen: ihr werdet finden das Kind in Windeln gewickelt und in einer Krippe liegen.
13 Und alsbald war da bei dem Engel [a]die Menge der himmlischen Heerscharen, die lobten Gott und sprachen: *a* Ps 103,20.21
14 [a]**Ehre sei Gott in der Höhe und** [b]**Friede auf Erden bei den Menschen seines Wohlgefallens.***

a Kap 19,38 *b* 4.Mose 6,26; Eph 2,14.17

* Luther übersetzte nach anderer Überlieferung: »... und den Menschen ein Wohlgefallen«.

15 ¶ Und als die Engel von ihnen gen Himmel fuhren, sprachen die Hirten untereinander: Laßt uns nun gehen nach Bethlehem und die Geschichte sehen, die da geschehen ist, die uns der Herr kundgetan hat.
16 Und sie kamen eilend und fanden beide, Maria und Josef, dazu das Kind in der Krippe liegen.
17 Als sie es aber gesehen hatten, breiteten sie das Wort aus, das zu ihnen von diesem Kinde gesagt war.
18 Und alle, vor die es kam, wunderten sich über das, was ihnen die Hirten gesagt hatten.
19 Maria aber behielt alle diese Worte und bewegte sie in ihrem Herzen.
20 Und die Hirten kehrten wieder um, priesen und lobten Gott für alles, was sie gehört und gesehen hatten, wie denn zu ihnen gesagt war.
21 ¶ Und als acht Tage um waren und [a]man das Kind beschneiden mußte, [b]gab man ihm den Namen Jesus, wie er genannt war von dem Engel, ehe er im Mutterleib empfangen war.

a Kap 1,59; 1.Mose 17,12 *b* Kap 1,31

Jesu Darstellung im Tempel. Simeon und Hanna

22 Und als die [a]Tage ihrer Reinigung nach dem Gesetz des Mose um waren, brachten sie ihn nach Jerusalem, [b]um ihn dem Herrn darzustellen,

a 3.Mose 12,1-4 *b* 4.Mose 18,15

23 wie geschrieben steht im Gesetz des Herrn (2.Mose 13,2.15): »Alles Männliche, das zuerst den Mutterschoß durchbricht, soll dem Herrn geheiligt heißen«,
24 und um das Opfer darzubringen, wie es gesagt ist im Gesetz des Herrn: »ein Paar Turteltauben oder zwei junge Tauben« (3.Mose 12,6-8).
25 ¶ Und siehe, ein Mann war in Jerusalem, mit Namen Simeon; und dieser Mann war fromm und gottesfürchtig und [a]wartete auf den Trost Israels, und der heilige Geist war mit ihm. *a* 1.Mose 49,18
26 Und ihm war ein Wort zuteil geworden von dem heiligen Geist, er solle den Tod nicht sehen, er habe denn zuvor den Christus des Herrn gesehen.
27 Und er kam auf Anregen des Geistes in den Tempel. Und als die Eltern das Kind Jesus in den Tempel brachten, um mit ihm zu tun, wie es Brauch ist nach dem Gesetz,
28 da nahm er ihn auf seine Arme und lobte Gott und sprach:
29 **Herr, nun läßt du deinen Diener in Frieden fahren, wie du gesagt hast;**
30 **denn meine Augen haben deinen Heiland gesehen,**
31 den du bereitet hast vor allen Völkern,
32 ein [a]Licht, zu erleuchten die Heiden und zum Preis deines Volkes Israel.

a Jes 49,6

33 ¶ Und sein Vater und seine Mutter wunderten sich über das, was von ihm gesagt wurde.
34 Und Simeon segnete sie und sprach zu Maria, seiner Mutter: Siehe, dieser ist gesetzt zum Fall und zum Aufstehen für viele in Israel und zu einem Zeichen, dem widersprochen wird[a]

a Kap 20,17.18; Apg 28,22; 1.Kor 1,23

35 – und [a]auch durch deine Seele wird ein Schwert dringen –, damit vieler Herzen Gedanken offenbar werden. *a* Joh 19,25
36 ¶ Und es war eine Prophetin, Hanna, eine Tochter Phanuëls, aus dem Stamm Asser; die war hochbetagt. Sie hatte sie-

ben Jahre mit ihrem Mann gelebt, nach-
dem sie geheiratet hatte,
37 und war nun eine Witwe an die vierund-
achtzig Jahre; die wich nicht vom Tem-
pel und [a]diente Gott mit Fasten und Be-
ten Tag und Nacht. *a* 1.Tim 5,5
38 Die trat auch hinzu zu derselben
Stunde und pries Gott und redete von ihm
zu allen, die auf die Erlösung Jerusalems
warteten.
39 ¶Und als sie alles vollendet hatten nach
dem Gesetz des Herrn, kehrten sie wieder
zurück nach Galiläa in ihre Stadt Nazareth.
40 Das Kind aber wuchs und wurde stark,
voller Weisheit, und Gottes Gnade war bei
ihm.

Der zwölfjährige Jesus im Tempel

41 Und seine Eltern [a]gingen alle Jahre
nach Jerusalem zum Passafest.
a 5.Mose 16,1-8
42 Und als er zwölf Jahre alt war, gingen
sie hinauf nach dem Brauch des Festes.
43 Und als [a]die Tage vorüber waren und
sie wieder nach Hause gingen, blieb der
Knabe Jesus in Jerusalem, und seine
Eltern wußten's nicht. *a* 2.Mose 12,18
44 Sie meinten aber, er wäre unter den Ge-
fährten, und kamen eine Tagereise weit
und suchten ihn unter den Verwandten
und Bekannten.
45 Und da sie ihn nicht fanden, gingen
sie wieder nach Jerusalem und suchten ihn.
46 Und es begab sich nach drei Tagen, da
fanden sie ihn im Tempel sitzen, mitten
unter den Lehrern, wie er ihnen zuhörte
und sie fragte.
47 Und alle, die ihm zuhörten, verwun-
derten sich über seinen Verstand und
seine Antworten.
48 Und als sie ihn sahen, entsetzten sie
sich. Und seine Mutter sprach zu ihm:
Mein Sohn, warum hast du uns das getan?
Siehe, dein Vater und ich haben dich mit
Schmerzen gesucht.
49 Und er sprach zu ihnen: Warum habt
ihr mich gesucht? Wißt ihr nicht, daß ich
sein muß in dem, [a]was meines Vaters
ist? *a* Joh 2,16
50 Und sie verstanden das Wort nicht, das
er zu ihnen sagte.
51 Und er ging mit ihnen hinab und kam
nach Nazareth und war ihnen untertan.
Und seine Mutter behielt alle diese Worte
in ihrem Herzen.
52 Und Jesus nahm zu an Weisheit, Alter
und Gnade bei Gott und den Menschen.[a]
a 1.Sam 2,26

Johannes der Täufer

(Mt 3,1-12; Mk 1,1-8)

3 Im fünfzehnten Jahr der Herrschaft
des Kaisers Tiberius, als Pontius Pila-
tus Statthalter in Judäa war und Herodes
Landesfürst von Galiläa und sein Bruder
Philippus Landesfürst von Ituräa und
der Landschaft Trachonitis und Lysanias
Landesfürst von Abilene,
2 als Hannas und Kaiphas Hohepriester
waren, da [a]geschah das Wort Gottes zu
Johannes, dem Sohn des Zacharias, in der
Wüste. *a* Hes 1,3; Hos 1,1
3 Und er kam in die ganze Gegend um
den Jordan und predigte die Taufe der
Buße zur Vergebung der Sünden,
4 wie geschrieben steht im Buch der Re-
den des Propheten Jesaja (Jesaja 40,3-5):
»Es ist eine Stimme eines Predigers in der
Wüste:
Bereitet den Weg des Herrn und macht
seine Steige eben!
5 Alle Täler sollen erhöht werden, und alle
Berge und Hügel sollen erniedrigt werden;
und was krumm ist, soll gerade werden, und
was uneben ist, soll ebener Weg werden.
6 Und alle Menschen werden den Heiland
Gottes sehen.«
7 ¶Da sprach Johannes zu der Menge, die
hinausging, um sich von ihm taufen zu
lassen: Ihr Schlangenbrut, wer hat denn
euch gewiß gemacht, daß ihr dem künfti-
gen Zorn entrinnen werdet?
8 Seht zu, bringt rechtschaffene Früchte
der Buße; und nehmt euch nicht vor zu
sagen: Wir haben Abraham zum Vater.
Denn ich sage euch: Gott kann dem Abra-
ham aus diesen Steinen Kinder erwecken.
9 Es ist schon die Axt den Bäumen an die
Wurzel gelegt; jeder Baum, der nicht gute
Frucht bringt, wird abgehauen und ins
Feuer geworfen.
10 ¶Und die Menge fragte ihn und sprach:
Was sollen wir denn tun?
11 Er antwortete und sprach zu ihnen: Wer
zwei Hemden hat, der gebe dem, der
keines hat; und wer zu essen hat, tue
ebenso.
12 Es kamen auch die Zöllner, um sich
taufen zu lassen, und sprachen zu ihm:
Meister, was sollen denn wir tun?

13 Er sprach zu ihnen: Fordert nicht mehr, als euch vorgeschrieben ist!

14 Da fragten ihn auch die Soldaten und sprachen: Was sollen denn wir tun? Und er sprach zu ihnen: Tut niemandem Gewalt oder Unrecht und laßt euch genügen an eurem Sold!

15 ¶ Als aber das Volk voll Erwartung war und alle dachten in ihren Herzen von Johannes, [a]ob er vielleicht der Christus wäre, *a* Joh 1,19-28

16 antwortete Johannes und sprach zu allen: Ich taufe euch mit Wasser; es kommt aber einer, der ist stärker als ich, und ich bin nicht wert, daß ich ihm die Riemen seiner Schuhe löse; der wird euch mit dem heiligen Geist und mit Feuer taufen.

17 In seiner Hand ist die Worfschaufel, und er wird seine Tenne fegen und wird den Weizen in seine Scheune sammeln, die Spreu aber wird er mit unauslöschlichem Feuer verbrennen.

18 Und mit vielem andern mehr ermahnte er das Volk und verkündigte ihm das Heil.

19 [a]Der Landesfürst Herodes aber, der von Johannes zurechtgewiesen wurde wegen der Herodias, der Frau seines Bruders, und wegen alles Bösen, das er getan hatte, *a (19 und 20)* Mt 14,3.4; Mk 6,17.18

20 fügte zu dem allen noch dies hinzu: er warf Johannes ins Gefängnis.

Jesu Taufe

(Mt 3,13-17; Mk 1,9-11)

21 Und es begab sich, als alles Volk sich taufen ließ und Jesus auch getauft worden war und betete, da tat sich der Himmel auf,

22 und [a]der heilige Geist fuhr hernieder auf ihn in leiblicher Gestalt wie eine Taube, und eine Stimme kam aus dem Himmel: [b]**Du bist mein lieber Sohn, an dir habe ich Wohlgefallen.** *a* Joh 1,32 *b* Kap 9,35

Jesu Stammbaum

(Mt 1,1-17)

23 Und Jesus war, als er auftrat, etwa dreißig Jahre alt und [a]wurde gehalten für einen Sohn Josefs, der war ein Sohn Elis, *a* Kap 4,22

24 der war ein Sohn Mattats, der war ein Sohn Levis, der war ein Sohn Melchis, der war ein Sohn Jannais, der war ein Sohn Josefs,

25 der war ein Sohn Mattitjas, der war ein Sohn des Amos, der war ein Sohn Nahums, der war ein Sohn Heslis, der war ein Sohn Naggais,

26 der war ein Sohn Mahats, der war ein Sohn Mattitjas, der war ein Sohn Schimis, der war ein Sohn Josechs, der war ein Sohn Jodas,

27 der war ein Sohn Johanans, der war ein Sohn Resas, der war ein Sohn Serubbabels, der war ein Sohn Schealtiëls, der war ein Sohn Neris,

28 der war ein Sohn Melchis, der war ein Sohn Addis, der war ein Sohn Kosams, der war ein Sohn Elmadams, der war ein Sohn Ers,

29 der war ein Sohn Joschuas, der war ein Sohn Eliësers, der war ein Sohn Jorims, der war ein Sohn Mattats, der war ein Sohn Levis,

30 der war ein Sohn Simeons, der war ein Sohn Judas, der war ein Sohn Josefs, der war ein Sohn Jonams, der war ein Sohn Eljakims,

31 der war ein Sohn Meleas, der war ein Sohn Mennas, der war ein Sohn Mattatas, der war ein Sohn [a]Nathans, der war ein Sohn Davids, *a* 2.Sam 5,14

32 der war ein Sohn [a]Isais, der war ein Sohn Obeds, der war ein Sohn des Boas, der war ein Sohn Salmons, der war ein Sohn Nachschons, *a* Rut 4,17-22

33 [a]der war ein Sohn Amminadabs, der war ein Sohn Admins, der war ein Sohn Arnis, der war ein Sohn Hezrons, der war ein Sohn des Perez, der war ein Sohn Judas,

a (33-38) 1.Mose 5,1-32; 11,10-26; 21,2.3; 29,35

34 der war ein Sohn Jakobs, der war ein Sohn Isaaks, der war ein Sohn Abrahams, der war ein Sohn Terachs, der war ein Sohn Nahors,

35 der war ein Sohn Serugs, der war ein Sohn Regus, der war ein Sohn Pelegs, der war ein Sohn Ebers, der war ein Sohn Schelachs,

36 der war ein Sohn Kenans, der war ein Sohn Arpachschads, der war ein Sohn Sems, der war ein Sohn Noahs, der war ein Sohn Lamechs,

37 der war ein Sohn Metuschelachs, der war ein Sohn Henochs, der war ein Sohn Jereds, der war ein Sohn Mahalalels, der war ein Sohn Kenans,

38 der war ein Sohn des Enosch, der war

ein Sohn Sets, der war ein Sohn Adams,
der war Gottes.

Jesu Versuchung

(Mt 4,1-11; Mk 1,12.13)

4 Jesus aber, voll heiligen Geistes, kam
zurück vom Jordan und wurde vom
Geist in die Wüste geführt
2 und vierzig Tage lang von dem Teufel
versucht. Und er aß nichts in diesen Tagen,
und als sie ein Ende hatten, hungerte ihn.
3 Der Teufel aber sprach zu ihm: Bist du
Gottes Sohn, so sprich zu diesem Stein,
daß er Brot werde.
4 Und Jesus antwortete ihm: Es steht ge-
schrieben (5. Mose 8,3): **»Der Mensch lebt
nicht allein vom Brot.«***

* In der späteren Überlieferung finden sich zusätzlich die Worte: »sondern von einem jeden Wort Gottes« (vgl. Mt 4,4).

5 ¶Und der Teufel führte ihn hoch hinauf
und zeigte ihm alle Reiche der Welt in
einem Augenblick
6 und sprach zu ihm: Alle diese Macht
will ich dir geben und ihre Herrlichkeit;
denn sie ist mir übergeben, und ich gebe
sie, wem ich will.
7 Wenn du mich nun anbetest, so soll sie
ganz dein sein.
8 Jesus antwortete ihm und sprach: Es
steht geschrieben (5. Mose 6,13): **»Du sollst
den Herrn, deinen Gott, anbeten und ihm
allein dienen.«**
9 ¶Und er führte ihn nach Jerusalem und
stellte ihn auf die Zinne des Tempels und
sprach zu ihm: Bist du Gottes Sohn, so
wirf dich von hier hinunter;
10 denn es steht geschrieben (Psalm
91,11.12): »Er wird seinen Engeln deinet-
wegen befehlen, daß sie dich bewahren.
11 Und sie werden dich auf den Händen
tragen, damit du deinen Fuß nicht an einen
Stein stößt.«
12 Jesus antwortete und sprach zu ihm: Es
ist gesagt (5. Mose 6,16): **»Du sollst den
Herrn, deinen Gott, nicht versuchen.«**
13 Und [a]als der Teufel alle Versuchungen
vollendet hatte, wich er von ihm eine Zeit-
lang. *a* Hebr 4,15

Der Beginn des Wirkens Jesu in Galiläa

(Mt 4,12-17; Mk 1,14.15)

14 Und Jesus kam in der Kraft des Geistes
wieder nach Galiläa, und die Kunde von
ihm erscholl durch alle umliegenden Orte.
15 Und er lehrte in ihren Synagogen und
wurde von jedermann gepriesen.

Jesu Predigt in Nazareth

(Mt 13,53-58; Mk 6,1-6)

16 Und er kam nach Nazareth, wo er auf-
gewachsen war, und ging nach seiner Ge-
wohnheit am Sabbat in die Synagoge und
stand auf und wollte lesen.
17 Da wurde ihm das Buch des Propheten
Jesaja gereicht. Und als er das Buch auftat,
fand er die Stelle, wo geschrieben steht
(Jesaja 61,1.2):
18 **»Der Geist des Herrn ist auf mir, weil
er mich gesalbt hat, zu verkündigen das
Evangelium den Armen; er hat mich ge-
sandt, [a]zu predigen den Gefangenen, daß
sie frei sein sollen, und den Blinden, daß
sie sehen sollen, und den Zerschlagenen,
daß sie frei und ledig sein sollen,** *a* Jes 42,7
19 **zu verkündigen das [a]Gnadenjahr des
Herrn.«** *a* 3.Mose 25,10
20 Und als er das Buch zutat, gab er's dem
Diener und setzte sich. Und aller Augen
in der Synagoge sahen auf ihn.
21 Und er fing an, zu ihnen zu reden:
**Heute ist dieses Wort der Schrift erfüllt vor
euren Ohren.**
22 ¶Und sie gaben alle Zeugnis von ihm
und wunderten sich, daß solche Worte der
Gnade aus seinem Munde kamen, und
sprachen: [a]Ist das nicht Josefs Sohn?
a Kap 3,23
23 Und er sprach zu ihnen: Ihr werdet mir
freilich dies Sprichwort sagen: Arzt, hilf
dir selber! Denn wie große Dinge haben
wir gehört, die in Kapernaum geschehen
sind! Tu so auch hier in deiner Vaterstadt!
24 Er sprach aber: Wahrlich, ich sage euch:
[a]Kein Prophet gilt etwas in seinem Vater-
land. *a* Joh 4,44
25 [a]Aber wahrhaftig, ich sage euch: Es wa-
ren viele Witwen in Israel zur Zeit des
Elia, als der Himmel verschlossen war drei
Jahre und sechs Monate und eine große
Hungersnot herrschte im ganzen Lande,
a (25 und 26) 1.Kön 17,1.9-24
26 und zu keiner von ihnen wurde Elia ge-
sandt als allein zu einer Witwe nach Sa-
repta im Gebiet von Sidon.
27 Und viele Aussätzige waren in Israel
zur Zeit des Propheten Elisa, und keiner
von ihnen wurde rein als allein [a]Naaman
aus Syrien. *a* 2.Kön 5,1-14
28 Und alle, die in der Synagoge waren,

wurden von Zorn erfüllt, als sie das hörten.
29 Und sie standen auf und stießen ihn
zur Stadt hinaus und führten ihn an den
Abhang des Berges, auf dem ihre Stadt
gebaut war, um ihn hinabzustürzen.
30 Aber er ging mitten durch sie hinweg.

Jesus in Kapernaum

(Mt 8,14-17; Mk 1,21-39)

31 Und er ging hinab nach [a]Kapernaum,
einer Stadt in Galiläa, und lehrte sie am
Sabbat.

a Mt 4,13; Joh 2,12

32 Und sie verwunderten sich über seine
Lehre; denn [a]er predigte mit Vollmacht.

a Mt 7,28.29; Joh 7,46

33 Und es war ein Mensch in der Syn-
agoge, besessen von einem unreinen
Geist, und der schrie laut:
34 Halt, was willst du von uns, Jesus von
Nazareth? Du bist gekommen, uns zu ver-
nichten. Ich weiß, wer du bist: der Heilige
Gottes!
35 Und Jesus bedrohte ihn und sprach:
Verstumme und fahre aus von ihm! Und
der böse Geist warf ihn mitten unter sie
und fuhr von ihm aus und tat ihm keinen
Schaden.
36 Und es kam eine Furcht über sie alle,
und sie redeten miteinander und sprachen:
Was ist das für ein Wort? Er gebietet mit
Vollmacht und Gewalt den unreinen Gei-
stern, und sie fahren aus.
37 Und die Kunde von ihm erscholl in alle
Orte des umliegenden Landes.
38 ¶Und er machte sich auf aus der Syn-
agoge und kam in Simons Haus. Und Si-
mons Schwiegermutter hatte hohes Fie-
ber, und sie baten ihn für sie.
39 Und er trat zu ihr und gebot dem Fie-
ber, und es verließ sie. Und sogleich stand
sie auf und diente ihnen.
40 Und als die Sonne untergegangen war,
brachten alle ihre Kranken mit mancherlei
Leiden zu ihm. Und er legte die Hände
auf einen jeden und machte sie gesund.
41 Von vielen fuhren auch die bösen Gei-
ster aus und schrien: [a]Du bist der Sohn
Gottes! Und er bedrohte sie und ließ sie
nicht reden; denn sie wußten, daß er der
Christus war.

a Mt 8,29; Mk 3,11.12

42 ¶Als es aber Tag wurde, ging er hinaus
an eine einsame Stätte; und das Volk
suchte ihn, und sie kamen zu ihm und
wollten ihn festhalten, damit er nicht von
ihnen ginge.
43 Er sprach aber zu ihnen: Ich muß auch
den andern Städten das Evangelium predi-
gen vom Reich Gottes; denn dazu bin ich
gesandt.
44 Und er predigte in den Synagogen Ju-
däas.[a]

a Mt 4,23

Der Fischzug des Petrus

(Mt 4,18-22; Mk 1,16-20)

5 Es begab sich aber, als sich die Menge
zu ihm drängte, um das Wort Gottes
zu hören, da stand er am See Genezareth
2 und sah zwei Boote am Ufer liegen; die
Fischer aber waren ausgestiegen und wu-
schen ihre Netze.
3 Da stieg er in eines der Boote, das Si-
mon gehörte, und bat ihn, ein wenig vom
Land wegzufahren. Und er setzte sich
und lehrte die Menge vom Boot aus.
4 Und als er aufgehört hatte zu reden,
sprach er zu Simon: Fahre hinaus, wo es
tief ist, und [a]werft eure Netze zum Fang
aus!

a Joh 21,6

5 Und Simon antwortete und sprach: Mei-
ster, wir haben die ganze Nacht gearbeitet
und nichts gefangen; aber auf dein Wort
will ich die Netze auswerfen.
6 Und als sie das taten, fingen sie eine
große Menge Fische, und ihre Netze be-
gannen zu reißen.
7 Und sie winkten ihren Gefährten, die
im andern Boot waren, sie sollten kom-
men und mit ihnen ziehen. Und sie ka-
men und füllten beide Boote voll, so daß
sie fast sanken.
8 Als das Simon Petrus sah, fiel er Jesus
zu Füßen und sprach: Herr, geh weg von
mir! [a]Ich bin ein sündiger Mensch.

a Kap 18,13

9 Denn ein Schrecken hatte ihn erfaßt und
alle, die bei ihm waren, über diesen Fang,
den sie miteinander getan hatten,
10 ebenso auch Jakobus und Johannes, die
Söhne des Zebedäus, Simons Gefährten.
Und Jesus sprach zu Simon: Fürchte dich
nicht! Von nun an wirst du Menschen fan-
gen.
11 Und sie brachten die Boote ans Land
und verließen alles und folgten ihm nach.

Die Heilung eines Aussätzigen

(Mt 8,1-4; Mk 1,40-45)

12 Und es begab sich, als er in einer Stadt
war, siehe, da war ein Mann voller Aus-
satz. Als der Jesus sah, fiel er nieder auf

sein Angesicht und bat ihn und sprach:
Herr, willst du, so kannst du mich reinigen.
13 Und er streckte die Hand aus und
rührte ihn an und sprach: Ich will's tun,
sei rein! Und sogleich wich der Aussatz
von ihm.
14 Und er gebot ihm, daß er's niemandem
sagen sollte. [a]Geh aber hin und zeige dich
dem Priester und opfere für deine Reini-
gung, wie Mose geboten hat, ihnen zum
Zeugnis. *a* 3.Mose 14,2-32
15 Aber die Kunde von ihm breitete sich
immer weiter aus, und es kam eine große
Menge zusammen, zu hören und gesund
zu werden von ihren Krankheiten.
16 Er aber zog sich zurück in die Wüste
und betete.[a] *a* Mk 1,35

Die Heilung eines Gelähmten (»Der Gichtbrüchige«)

(Mt 9,1-8; Mk 2,1-12)

17 Und es begab sich eines Tages, als er
lehrte, daß auch Pharisäer und Schriftge-
lehrte dasaßen, die gekommen waren aus
allen Orten in Galiläa und Judäa und aus
Jerusalem. Und die Kraft des Herrn war
mit ihm, daß er heilen konnte.
18 Und siehe, einige Männer brachten
einen Menschen auf einem Bett; der war
gelähmt. Und sie versuchten, ihn hinein-
zubringen und vor ihn zu legen.
19 Und weil sie wegen der Menge keinen
Zugang fanden, ihn hineinzubringen, stie-
gen sie auf das Dach und ließen ihn durch
die Ziegel hinunter mit dem Bett mitten
unter sie vor Jesus.
20 Und als er ihren Glauben sah, sprach er:
Mensch, deine Sünden sind dir vergeben.
21 Und die Schriftgelehrten und Pharisäer
fingen an zu überlegen und sprachen: Wer
ist der, daß er Gotteslästerungen redet?
[a]Wer kann Sünden vergeben als allein
Gott? *a* Kap 7,49; Ps 130,4; Jes 43,25
22 Als aber Jesus ihre Gedanken merkte,
antwortete er und sprach zu ihnen: Was
denkt ihr in euren Herzen?
23 Was ist leichter, zu sagen: Dir sind
deine Sünden vergeben, oder zu sagen:
Steh auf und geh umher?
24 [a]Damit ihr aber wißt, daß der Men-
schensohn Vollmacht hat, auf Erden Sün-
den zu vergeben – sprach er zu dem Ge-
lähmten: Ich sage dir, steh auf, nimm dein
Bett und geh heim! *a* Joh 5,36
25 Und sogleich stand er auf vor ihren
Augen und nahm das Bett, auf dem er ge-
legen hatte, und ging heim und pries Gott.
26 Und sie entsetzten sich alle und prie-
sen Gott und wurden von Furcht erfüllt
und sprachen: Wir haben heute seltsame
Dinge gesehen.

Die Berufung des Levi und das Mahl mit den Zöllnern

(Mt 9,9-13; Mk 2,13-17)

27 Und danach ging er hinaus und sah
einen Zöllner mit Namen Levi am Zoll
sitzen und sprach zu ihm: Folge mir nach!
28 Und er verließ alles, stand auf und
folgte ihm nach.
29 Und Levi richtete ihm ein großes Mahl
zu in seinem Haus, und [a]viele Zöllner und
andre saßen mit ihm zu Tisch. *a* Kap 15,1
30 Und die Pharisäer und ihre Schriftge-
lehrten murrten und sprachen zu seinen
Jüngern: Warum eßt und trinkt ihr mit
den Zöllnern und Sündern?
31 Und Jesus antwortete und sprach zu
ihnen: **Die Gesunden bedürfen des Arztes
nicht, sondern die Kranken.**
32 **Ich bin gekommen, die Sünder zur Buße
zu rufen und nicht die Gerechten.**

Die Frage nach dem Fasten

(Mt 9,14-17; Mk 2,18-22)

33 Sie aber sprachen zu ihm: Die Jünger
des Johannes fasten oft und beten viel,
ebenso die Jünger der Pharisäer; aber
deine Jünger essen und trinken.
34 Jesus sprach aber zu ihnen: Ihr könnt
die Hochzeitsgäste nicht fasten lassen, so-
lange der Bräutigam bei ihnen ist.
35 Es wird aber die Zeit kommen, daß der
Bräutigam von ihnen genommen wird;
dann werden sie fasten, in jenen Tagen.
36 Und er sagte zu ihnen ein Gleichnis:
Niemand reißt einen Lappen von einem
neuen Kleid und flickt ihn auf ein altes
Kleid; sonst zerreißt man das neue, und
der Lappen vom neuen paßt nicht auf das
alte.
37 Und niemand füllt neuen Wein in alte
Schläuche; sonst zerreißt der neue Wein
die Schläuche und wird verschüttet, und
die Schläuche verderben.
38 Sondern neuen Wein soll man in neue
Schläuche füllen.
39 Und niemand, der vom alten Wein
trinkt, will neuen; denn er spricht: Der
alte ist milder.

Das Ährenraufen am Sabbat
(Mt 12,1-8; Mk 2,23-28)

6 [a]Und es begab sich an einem Sabbat,
daß er durch ein Kornfeld ging; und
seine Jünger rauften Ähren aus und zer-
rieben sie mit den Händen und aßen.
a (1-11) Kap 13,10-17; 14,1-6
2 Einige der Pharisäer aber sprachen:
Warum tut ihr, was am Sabbat nicht er-
laubt ist?
3 Und Jesus antwortete und sprach zu
ihnen: Habt ihr nicht das gelesen, [a]was
David tat, als ihn hungerte und die, die bei
ihm waren? a 1.Sam 21,7
4 wie er in das Haus Gottes ging und die
Schaubrote nahm und aß, [a]die doch nie-
mand essen durfte als die Priester allein,
und wie er sie auch denen gab, die bei
ihm waren? a 3.Mose 24,9
5 Und er sprach zu ihnen: Der Menschen-
sohn ist ein Herr über den Sabbat.

Die Heilung eines Mannes am Sabbat
(Mt 12,9-14; Mk 3,1-6)

6 Es geschah aber an einem andern Sab-
bat, daß er in die Synagoge ging und lehrte.
Und da war ein Mensch, dessen rechte
Hand war verdorrt.
7 Aber die Schriftgelehrten und Pharisäer
lauerten darauf, ob er auch am Sabbat hei-
len würde, damit sie etwas fänden, ihn zu
verklagen.
8 Er aber merkte ihre Gedanken und
sprach zu dem Mann mit der verdorrten
Hand: Steh auf und tritt hervor! Und er
stand auf und trat vor.
9 Da sprach Jesus zu ihnen: Ich frage
euch: Ist's erlaubt, am Sabbat Gutes zu
tun oder Böses, Leben zu erhalten oder
zu vernichten?
10 Und er sah sie alle ringsum an und
sprach zu ihm: Strecke deine Hand aus!
Und er tat's; da wurde seine Hand wieder
zurechtgebracht.
11 Sie aber wurden ganz von Sinnen und
beredeten sich miteinander, was sie Jesus
tun wollten.

Die Berufung der Zwölf
(Mt 10,1-4; Mk 3,13-19)

12 Es begab sich aber zu der Zeit, daß er
auf einen Berg ging, um zu beten; und er
blieb die Nacht über im Gebet zu Gott.[a]
a Mk 1,35
13 [a]Und als es Tag wurde, rief er seine
Jünger und erwählte zwölf von ihnen, die
er auch Apostel nannte:
a (13-16) Mt 10,2-4; Apg 1,13
14 Simon, den er auch Petrus nannte, und
Andreas, seinen Bruder, Jakobus und Jo-
hannes; Philippus und Bartholomäus;
15 Matthäus und Thomas; Jakobus, den
Sohn des Alphäus, und Simon, genannt
der Zelot;
16 Judas, den Sohn des Jakobus, und Judas
Iskariot, der zum Verräter wurde.

Die Predigt auf dem Felde
(Verse 17-49)

17 Und er ging mit ihnen hinab und trat
auf ein ebenes Feld. Und um ihn war eine
große Schar seiner Jünger und eine große
Menge des Volkes aus ganz Judäa und Je-
rusalem und aus dem Küstenland von
Tyrus und Sidon,
18 die gekommen waren, ihn zu hören und
von ihren Krankheiten geheilt zu werden;
und die von unreinen Geistern umgetrie-
ben waren, wurden gesund.
19 Und alles Volk suchte, ihn anzurühren;
denn es ging Kraft von ihm aus, und er
heilte sie alle.

Die Seligpreisungen
(Mt 5,3-12)

20 Und er hob seine Augen auf über seine
Jünger und sprach:
**[a]Selig seid ihr Armen; denn das Reich
Gottes ist euer.** a Jak 2,5
21 **Selig seid ihr, die ihr jetzt hungert; denn
ihr sollt satt werden.**
**Selig seid ihr, die ihr jetzt weint; denn
ihr werdet lachen.**[a] a Offb 7,16.17
22 **Selig seid ihr, wenn euch die Menschen
hassen und euch ausstoßen und schmähen
und verwerfen euren Namen als böse um
des Menschensohnes willen.**[a] a Joh 15,18.19
23 Freut euch an jenem Tage und springt
vor Freude; denn siehe, euer Lohn ist groß
im Himmel. Denn das gleiche haben ihre
Väter den Propheten getan.

Die Weherufe

24 Aber dagegen: Weh euch Reichen!
Denn ihr habt euren Trost schon ge-
habt.[a] a Mt 19,23; Jak 5,1
25 Weh euch, die ihr jetzt satt seid! Denn
ihr werdet hungern.

Weh euch, die ihr jetzt lacht! Denn ihr
werdet weinen und klagen.
26 Weh euch, wenn euch jedermann
wohlredet! Denn das gleiche haben ihre
Väter den falschen Propheten getan.

Von der Feindesliebe

(Mt 5,39-48)

27 Aber ich sage euch, die ihr zuhört: **Liebt
eure Feinde; tut wohl denen, die euch has-
sen;**
28 **segnet, die euch verfluchen; bittet für die,
die euch beleidigen.**[a] *a* 1.Kor 4,12
29 Und wer dich auf die eine Backe
schlägt, dem biete die andere auch dar;
und wer dir den Mantel nimmt, dem ver-
weigere auch den Rock nicht.
30 Wer dich bittet, dem gib; und wer dir
das Deine nimmt, von dem fordere es
nicht zurück.
31 Und **wie ihr wollt, daß euch die Leute
tun sollen, so tut ihnen auch!**[a] *a* Mt 7,12
32 Und wenn ihr die liebt, die euch lieben,
welchen Dank habt ihr davon? Denn auch
die Sünder lieben ihre Freunde.
33 Und wenn ihr euren Wohltätern wohl-
tut, welchen Dank habt ihr davon? Denn
die Sünder tun dasselbe auch.
34 Und wenn ihr denen leiht, von denen
ihr etwas zu bekommen hofft, welchen
Dank habt ihr davon? Auch die Sünder
leihen den Sündern, damit sie das Gleiche
bekommen.[a] *a* 5.Mose 15,7.8
35 Vielmehr liebt eure Feinde; tut Gutes
und leiht, wo ihr nichts dafür zu bekom-
men hofft. So wird euer Lohn groß sein,
und ihr werdet Kinder des Allerhöchsten
sein; denn er ist gütig gegen die Undank-
baren und Bösen.

Von der Stellung zum Nächsten

(Mt 7,1-5)

36 **Seid barmherzig, wie auch euer Vater
barmherzig ist.**
37 Und richtet nicht, so werdet ihr auch
nicht gerichtet. Verdammt nicht, so wer-
det ihr nicht verdammt. Vergebt, so wird
euch vergeben.[a] *a* Mt 6,14
38 Gebt, so wird euch gegeben. Ein volles,
gedrücktes, gerütteltes und überfließendes
Maß wird man in euren Schoß geben;
denn [a]eben mit dem Maß, mit dem ihr
meßt, wird man euch wieder messen.
a Mk 4,24
39 ¶Er sagte ihnen aber auch ein Gleich-
nis: Kann auch ein Blinder einem Blinden
den Weg weisen? Werden sie nicht alle
beide in die Grube fallen?[a] *a* Mt 15,14
40 Der Jünger steht nicht über dem Mei-
ster; wenn er vollkommen ist, so ist er wie
sein Meister.[a] *a* Mt 10,24.25, Joh 15,20
41 ¶Was siehst du aber den Splitter in
deines Bruders Auge, und den Balken in
deinem Auge nimmst du nicht wahr?
42 Wie kannst du sagen zu deinem Bru-
der: Halt still, Bruder, ich will den Splitter
aus deinem Auge ziehen, und du siehst
selbst nicht den Balken in deinem Auge?
Du Heuchler, zieh zuerst den Balken aus
deinem Auge und sieh dann zu, daß du
den Splitter aus deines Bruders Auge
ziehst!

Vom Baum und seinen Früchten

(Mt 12,33-35)

43 [a]Denn es gibt keinen guten Baum, der
faule Frucht trägt, und keinen faulen
Baum, der gute Frucht trägt.
a (43 und 44) Mt 7,16-18
44 Denn jeder Baum wird an seiner eige-
nen Frucht erkannt. Man pflückt ja nicht
Feigen von den Dornen, auch liest man
nicht Trauben von den Hecken.
45 Ein guter Mensch bringt Gutes hervor
aus dem guten Schatz seines Herzens; und
ein böser bringt Böses hervor aus dem
bösen. Denn wes das Herz voll ist, des
geht der Mund über.
46 ¶Was nennt ihr mich aber Herr, Herr,
und tut nicht, was ich euch sage?[a]
a Mal 1,6; Mt 7,21

Vom Hausbau

(Mt 7,24-27)

47 Wer zu mir kommt und hört meine
Rede und tut sie - ich will euch zeigen,
wem er gleicht.
48 Er gleicht einem Menschen, der ein
Haus baute und grub tief und legte den
Grund auf Fels. Als aber eine Wasserflut
kam, da riß der Strom an dem Haus und
konnte es nicht bewegen; denn es war gut
gebaut.
49 Wer aber hört und nicht tut, der gleicht
einem Menschen, der ein Haus baute auf
die Erde, ohne Grund zu legen; und der
Strom riß an ihm, und es fiel gleich zu-
sammen, und sein Einsturz war groß.

Der Hauptmann von Kapernaum

(Mt 8,5-13; Joh 4,46-53)

7 Nachdem Jesus seine Rede vor dem Volk vollendet hatte, ging er nach Kapernaum.

2 Ein Hauptmann aber hatte einen Knecht, der ihm lieb und wert war; der lag todkrank.

3 Als er aber von Jesus hörte, sandte er die Ältesten der Juden zu ihm und bat ihn, zu kommen und seinen Knecht gesund zu machen.

4 Als sie aber zu Jesus kamen, baten sie ihn sehr und sprachen: Er ist es wert, daß du ihm die Bitte erfüllst;

5 denn er hat unser Volk lieb, und die Synagoge hat er uns erbaut.

6 Da ging Jesus mit ihnen. Als er aber nicht mehr fern von dem Haus war, sandte der Hauptmann Freunde zu ihm und ließ ihm sagen: Ach Herr, bemühe dich nicht; ich bin nicht wert, daß du unter mein Dach gehst;

7 darum habe ich auch mich selbst nicht für würdig geachtet, zu dir zu kommen; sondern sprich ein Wort, so wird mein Knecht gesund.

8 Denn auch ich bin ein Mensch, der Obrigkeit untertan, und habe Soldaten unter mir; und wenn ich zu einem sage: Geh hin!, so geht er hin; und zu einem andern: Komm her!, so kommt er; und zu meinem Knecht: Tu das!, so tut er's.

9 Als aber Jesus das hörte, wunderte er sich über ihn und wandte sich um und sprach zu dem Volk, das ihm nachfolgte: Ich sage euch: Solchen Glauben habe ich in Israel nicht gefunden.

10 Und als die Boten wieder nach Hause kamen, fanden sie den Knecht gesund.

Der Jüngling zu Nain

11 Und es begab sich danach, daß er in eine Stadt mit Namen Nain ging; und seine Jünger gingen mit ihm und eine große Menge.

12 Als er aber nahe an das Stadttor kam, siehe, da trug man einen Toten heraus, der der einzige Sohn seiner Mutter war, und sie war eine Witwe; und eine große Menge aus der Stadt ging mit ihr.

13 Und als sie der Herr sah, jammerte sie ihn, und er sprach zu ihr: Weine nicht!

14 Und trat hinzu und berührte den Sarg, und die Träger blieben stehen. Und er sprach: Jüngling, [a] ich sage dir, steh auf!

[a] Mk 5,41

15 Und der Tote richtete sich auf und fing an zu reden, und [a] Jesus gab ihn seiner Mutter.

[a] 1.Kön 17,23; 2.Kön 4,36

16 Und Furcht ergriff sie alle, und sie priesen Gott und sprachen: [a] Es ist ein großer Prophet unter uns aufgestanden, und: [b] Gott hat sein Volk besucht.

[a] Mt 16,14 [b] Kap 1,68

17 Und diese Kunde von ihm erscholl in ganz Judäa und im ganzen umliegenden Land.

Die Anfrage des Täufers

(Mt 11,2-6)

18 Und die Jünger des Johannes verkündeten ihm das alles. Und Johannes rief zwei seiner Jünger zu sich

19 und sandte sie zum Herrn und ließ ihn fragen: Bist du, der da kommen soll, oder sollen wir auf einen andern warten?

20 Als aber die Männer zu ihm kamen, sprachen sie: Johannes der Täufer hat uns zu dir gesandt und läßt dich fragen: Bist du, der da kommen soll, oder sollen wir auf einen andern warten?

21 Zu der Stunde machte Jesus viele gesund von Krankheiten und Plagen und bösen Geistern, und vielen Blinden schenkte er das Augenlicht.

22 Und Jesus antwortete und sprach zu ihnen: Geht und verkündet Johannes, was ihr gesehen und gehört habt: Blinde sehen, Lahme gehen, Aussätzige werden rein, Taube hören, Tote stehen auf, Armen wird das Evangelium gepredigt;

23 und **selig ist, wer sich nicht ärgert an mir.**

Jesu Zeugnis über den Täufer

(Mt 11,7-19)

24 Als aber die Boten des Johannes fortgingen, fing Jesus an, zu dem Volk über Johannes zu reden: Was seid ihr hinausgegangen in die Wüste zu sehen? Wolltet ihr ein Rohr sehen, das vom Wind bewegt wird?

25 Oder was seid ihr hinausgegangen zu sehen? Wolltet ihr einen Menschen sehen in weichen Kleidern? Seht, die herrliche Kleider tragen und üppig leben, die sind an den königlichen Höfen.

26 Oder was seid ihr hinausgegangen zu sehen? Wolltet ihr einen Propheten sehen?

Ja, ich sage euch: Er ist mehr als ein Pro-
phet.[a] *a* Kap 1,76
27 Er ist's, von dem geschrieben steht
(Maleachi 3,1): »Siehe, ich sende meinen
Boten vor dir her, der deinen Weg vor dir
bereiten soll.«
28 Ich sage euch, daß unter denen, die von
einer Frau geboren sind, [a]keiner größer ist
als Johannes; der aber der Kleinste ist im
Reich Gottes, der ist größer als er.
a Kap 1,15
29 Und alles Volk, das ihn hörte, und [a]die
Zöllner gaben Gott recht und ließen sich
taufen mit der Taufe des Johannes.
a Kap 3,7.12; Mt 21,32
30 Aber [a]die Pharisäer und Schriftgelehr-
ten verachteten, was Gott ihnen zugedacht
hatte, und ließen sich nicht von ihm tau-
fen. *a* Apg 13,46
31 ¶Mit wem soll ich die Menschen dieses
Geschlechts vergleichen, und wem sind sie
gleich?
32 Sie sind den Kindern gleich, die auf
dem Markt sitzen und rufen einander zu:
Wir haben euch aufgespielt, und ihr habt
nicht getanzt; wir haben Klagelieder ge-
sungen, und ihr habt nicht geweint.
33 Denn Johannes der Täufer ist gekom-
men und [a]aß kein Brot und trank kei-
nen Wein; so sagt ihr: Er ist besessen.
a Mt 3,4
34 Der Menschensohn ist gekommen, ißt
und trinkt; so sagt ihr: Siehe, dieser
Mensch ist ein Fresser und Weinsäufer,
ein [a]Freund der Zöllner und Sünder!
a Kap 15,2
35 Und doch ist die Weisheit gerechtfer-
tigt worden von allen ihren Kindern.[a]
a 1.Kor 1,24-30

Jesu Salbung durch die Sünderin

36 Es bat ihn aber einer der Pharisäer, bei
ihm zu essen. Und er ging hinein in das
Haus des Pharisäers und setzte sich zu
Tisch.[a] *a* Kap 11,37
37 Und siehe, eine Frau war in der Stadt,
die war eine Sünderin. Als die vernahm,
daß er zu Tisch saß im Haus des Pharisä-
ers, [a]brachte sie ein Glas mit Salböl
a Mk 14,3
38 und trat von hinten zu seinen Füßen,
weinte und fing an, seine Füße mit Tränen
zu benetzen und mit den Haaren ihres
Hauptes zu trocknen, und küßte seine
Füße und salbte sie mit Salböl.
39 ¶Als aber das der Pharisäer sah, der
ihn eingeladen hatte, sprach er bei sich
selbst und sagte: Wenn dieser ein Prophet
wäre, so wüßte er, wer und was für eine
Frau das ist, die ihn anrührt; denn sie ist
eine Sünderin.
40 Jesus antwortete und sprach zu ihm:
Simon, ich habe dir etwas zu sagen. Er
aber sprach: Meister, sag es!
41 Ein Gläubiger hatte zwei Schuldner.
Einer war fünfhundert Silbergroschen
schuldig, der andere fünfzig.
42 Da sie aber nicht bezahlen konnten,
schenkte er's beiden. Wer von ihnen wird
ihn am meisten lieben?
43 Simon antwortete und sprach: Ich
denke, der, dem er am meisten geschenkt
hat. Er aber sprach zu ihm: Du hast recht
geurteilt.
44 ¶Und er wandte sich zu der Frau und
sprach zu Simon: Siehst du diese Frau?
Ich bin in dein Haus gekommen; [a]du hast
mir kein Wasser für meine Füße gegeben;
diese aber hat meine Füße mit Tränen be-
netzt und mit ihren Haaren getrocknet.
a 1.Mose 18,4
45 Du [a]hast mir keinen Kuß gegeben;
diese aber hat, seit ich hereingekommen
bin, nicht abgelassen, meine Füße zu küs-
sen. *a* Röm 16,16
46 Du hast mein Haupt nicht mit Öl ge-
salbt; sie aber hat meine Füße mit Salböl
gesalbt.
47 Deshalb sage ich dir: Ihre vielen Sün-
den sind vergeben, denn sie hat viel Liebe
gezeigt; wem aber wenig vergeben wird,
der liebt wenig.
48 ¶Und er sprach zu ihr: Dir sind deine
Sünden vergeben.
49 Da fingen die an, die mit zu Tisch sa-
ßen, und sprachen bei sich selbst: Wer ist
dieser, [a]der auch die Sünden vergibt?
a Kap 5,21
50 Er aber sprach zu der Frau: [a]**Dein
Glaube hat dir geholfen; geh hin in Frieden!**
a Kap 8,48; 17,19; 18,42

Jüngerinnen Jesu

8 Und es begab sich danach, daß er
durch Städte und Dörfer zog und pre-
digte und verkündigte das Evangelium
vom Reich Gottes; und die Zwölf waren
mit ihm,
2 dazu einige Frauen, die er gesund ge-
macht hatte von bösen Geistern und

Krankheiten, nämlich [a]Maria, genannt
Magdalena, von der sieben böse Geister
ausgefahren waren, *a* Joh 20,1.11-18
3 und Johanna, die Frau des Chuzas, eines
Verwalters des Herodes, und Susanna und
[a]viele andere, die ihnen dienten mit ihrer
Habe. *a* Mk 15,40.41

Vom Sämann

(Mt 13,1-9; Mk 4,1-9)

4 Als nun eine große Menge beieinander
war und sie aus den Städten zu ihm eilten,
redete er in einem Gleichnis:
5 Es ging ein Sämann aus, zu säen seinen
Samen. Und indem er säte, fiel einiges auf
den Weg und wurde zertreten, und die Vö-
gel unter dem Himmel fraßen's auf.
6 Und einiges fiel auf den Fels; und als es
aufging, verdorrte es, weil es keine Feuch-
tigkeit hatte.
7 Und einiges fiel mitten unter die Dor-
nen; und die Dornen gingen mit auf und
erstickten's.
8 Und einiges fiel auf gutes Land; und es
ging auf und trug hundertfach Frucht. Als
er das sagte, rief er: Wer Ohren hat zu
hören, der höre!

Vom Sinn der Gleichnisse

(Mt 13,10-17; Mk 4,10-12)

9 Es fragten ihn aber seine Jünger, was
dies Gleichnis bedeute.
10 Er aber sprach: Euch ist's gegeben, die
Geheimnisse des Reiches Gottes zu ver-
stehen, den andern aber in Gleichnissen,
[a]damit sie es nicht sehen, auch wenn sie
es sehen, und nicht verstehen, auch wenn
sie es hören. *a* Jes 6,9.10

Die Deutung des Gleichnisses vom Sämann

(Mt 13,18-23; Mk 4,13-20)

11 Das Gleichnis aber bedeutet dies: Der
Same ist das Wort Gottes.
12 Die aber auf dem Weg, das sind die, die
es hören; danach kommt der Teufel und
nimmt das Wort aus ihrem Herzen, damit
sie nicht glauben und selig werden.
13 Die aber auf dem Fels sind die: wenn
sie es hören, nehmen sie das Wort mit
Freuden an. Doch sie haben keine Wur-
zel; eine Zeitlang glauben sie, und zu der
Zeit der Anfechtung fallen sie ab.
14 Was aber unter die Dornen fiel, sind
die, die es hören und gehen hin und er-
sticken unter den Sorgen, dem Reichtum
und den Freuden des Lebens und bringen
keine Frucht.
15 **Das aber auf dem guten Land sind die,
die das Wort hören und behalten [a]in einem
feinen, guten Herzen und bringen Frucht in
Geduld.** *a* Apg 16,14

Vom Licht und vom rechten Hören

(Mk 4,21-25)

16 Niemand aber zündet ein Licht an und
bedeckt es mit einem Gefäß oder setzt es
unter eine Bank; sondern er setzt es auf
einen Leuchter, damit, wer hineingeht, das
Licht sehe.[a] *a* Mt 5,15
17 Denn es ist nichts verborgen, was nicht
offenbar werden soll, auch nichts geheim,
was nicht bekanntwerden und an den Tag
kommen soll.[a] *a* Mt 10,26; 1.Kor 4,5
18 ¶So seht nun darauf, wie ihr zuhört;
denn [a]wer da hat, dem wird gegeben;
wer aber nicht hat, dem wird auch das ge-
nommen, was er meint zu haben.
a Mt 25,29

Jesu wahre Verwandte

(Mt 12,46-50; Mk 3,31-35)

19 Es kamen aber seine Mutter und seine
Brüder zu ihm und konnten wegen der
Menge nicht zu ihm gelangen.
20 Da wurde ihm gesagt: Deine Mutter
und deine Brüder stehen draußen und
wollen dich sehen.
21 Er aber antwortete und sprach zu ihnen:
Meine Mutter und meine Brüder sind
diese, die Gottes Wort hören und tun.

Die Stillung des Sturms

(Mt 8,23-27; Mk 4,35-41)

22 Und es begab sich an einem der Tage,
daß er in ein Boot stieg mit seinen Jün-
gern; und er sprach zu ihnen: Laßt uns
über den See fahren. Und sie stießen vom
Land ab.
23 Und als sie fuhren, schlief er ein. Und
es kam ein Windwirbel über den See, und
die Wellen überfielen sie, und sie waren in
großer Gefahr.
24 Da traten sie zu ihm und weckten ihn
auf und sprachen: Meister, Meister, wir
kommen um! Da stand er auf und be-
drohte den Wind und die Wogen des Was-
sers, und sie legten sich, und es entstand
eine Stille.
25 Er sprach aber zu ihnen: Wo ist euer
Glaube? Sie aber fürchteten sich und ver-
wunderten sich und sprachen zueinander:

Wer ist dieser? Auch dem Wind und dem
Wasser gebietet er, und sie sind ihm ge-
horsam.

Die Heilung des besessenen Geraseners

(Mt 8,28-34; Mk 5,1-20)

26 Und sie fuhren weiter in die Gegend
der Gerasener, die Galiläa gegenüberliegt.
27 Und als er ans Land trat, begegnete ihm
ein Mann aus der Stadt, der hatte böse
Geister; er trug seit langer Zeit keine Klei-
der mehr und blieb in keinem Hause, son-
dern in den Grabhöhlen.
28 Als er aber Jesus sah, schrie er auf und
fiel vor ihm nieder und rief laut: Was willst
du von mir, Jesus, du Sohn Gottes des
Allerhöchsten? Ich bitte dich: Quäle mich
nicht!
29 Denn er hatte dem unreinen Geist ge-
boten, aus dem Menschen auszufahren.
Denn der hatte ihn lange Zeit geplagt; und
er wurde mit Ketten und Fesseln gebun-
den und gefangengehalten, doch er zerriß
seine Fesseln und wurde von dem bösen
Geist in die Wüste getrieben.
30 Und Jesus fragte ihn: Wie heißt du? Er
antwortete: Legion. Denn es waren viele
böse Geister in ihn gefahren.
31 Und sie baten ihn, daß er ihnen nicht
gebiete, in den Abgrund zu fahren.
32 Es war aber dort auf dem Berg eine
große Herde Säue auf der Weide. Und sie
baten ihn, daß er ihnen erlaube, in die
Säue zu fahren. Und er erlaubte es ihnen.
33 Da fuhren die bösen Geister von dem
Menschen aus und fuhren in die Säue; und
die Herde stürmte den Abhang hinunter
in den See und ersoff.
34 Als aber die Hirten sahen, was da ge-
schah, flohen sie und verkündeten es in
der Stadt und in den Dörfern.
35 Da gingen die Leute hinaus, um zu se-
hen, was geschehen war, und kamen zu
Jesus und fanden den Menschen, von dem
die bösen Geister ausgefahren waren, sit-
zend zu den Füßen Jesu, bekleidet und
vernünftig, und sie erschraken.
36 Und die es gesehen hatten, verkünde-
ten ihnen, wie der Besessene gesund ge-
worden war.
37 Und die ganze Menge aus dem umlie-
genden Land der Gerasener bat ihn, von
ihnen fortzugehen; denn es hatte sie große
Furcht ergriffen. Und er stieg ins Boot und
kehrte zurück.
38 Aber der Mann, von dem die bösen
Geister ausgefahren waren, bat ihn, daß er
bei ihm bleiben dürfe. Aber Jesus schickte
ihn fort und sprach:
39 Geh wieder heim und sage, wie große
Dinge Gott an dir getan hat. Und er ging
hin und verkündigte überall in der Stadt,
wie große Dinge Jesus an ihm getan hatte.

Die Heilung einer blutflüssigen Frau und die Auferweckung der Tochter des Jaïrus

(Mt 9,18-26; Mk 5,21-43)

40 Als Jesus zurückkam, nahm ihn das
Volk auf; denn sie warteten alle auf ihn.
41 Und siehe, da kam ein Mann mit Na-
men Jaïrus, der ein Vorsteher der Syn-
agoge war, und fiel Jesus zu Füßen und
bat ihn, in sein Haus zu kommen;
42 denn er hatte eine einzige Tochter von
etwa zwölf Jahren, die lag in den letzten
Zügen. Und als er hinging, umdrängte ihn
das Volk.
43 ¶ Und eine Frau hatte den Blutfluß seit
zwölf Jahren; die hatte alles, was sie zum
Leben hatte, für die Ärzte aufgewandt
und* konnte von keinem geheilt werden.

* Der Versteil »hatte alles … aufgewandt und« findet sich bei einigen wichtigen Textzeugen nicht.

44 Die trat von hinten an ihn heran und
berührte den Saum seines Gewandes; und
sogleich hörte ihr Blutfluß auf.
45 Und Jesus fragte: Wer hat mich be-
rührt? Als es aber alle abstritten, sprach
Petrus: Meister, das Volk drängt und
drückt dich.
46 Jesus aber sprach: Es hat mich jemand
berührt; denn ich habe gespürt, daß eine
Kraft von mir ausgegangen ist.
47 Als aber die Frau sah, daß es nicht ver-
borgen blieb, kam sie mit Zittern und fiel
vor ihm nieder und verkündete vor allem
Volk, warum sie ihn angerührt hatte und
wie sie sogleich gesund geworden war.
48 Er aber sprach zu ihr: Meine Tochter,
[a]dein Glaube hat dir geholfen. Geh hin in
Frieden! *a* Kap 7,50
49 ¶ Als er noch redete, kam einer von den
Leuten des Vorstehers der Synagoge und
sprach: Deine Tochter ist gestorben; be-
mühe den Meister nicht mehr.
50 Als aber Jesus das hörte, antwortete er
ihm: Fürchte dich nicht; glaube nur, so
wird sie gesund!

[51]Als er aber in das Haus kam, ließ er
niemanden mit hineingehen [a]als Petrus
und Johannes und Jakobus und den Vater
und die Mutter des Kindes. *a* Mt 17,1
[52]Sie weinten aber alle und klagten um
sie. Er aber sprach: [a]Weint nicht! Sie ist
nicht gestorben, sondern sie schläft.
a Kap 7,13
[53]Und sie verlachten ihn, denn sie wuß-
ten, daß sie gestorben war.
[54]Er aber nahm sie bei der Hand und
rief: Kind, steh auf!
[55]Und ihr Geist kam wieder, und sie stand
sogleich auf. Und er befahl, man solle ihr
zu essen geben.
[56]Und ihre Eltern entsetzten sich. [a]Er
aber gebot ihnen, niemandem zu sagen,
was geschehen war. *a* Kap 5,14; Mk 7,36

Die Aussendung der Zwölf

(Mt 10,1.5-14; Mk 6,7-13)

9 [a]Er rief aber die Zwölf zusammen und
gab ihnen Gewalt und Macht über alle
bösen Geister, und daß sie Krankheiten
heilen konnten, *a (1-6)* Kap 10,1-12
[2]und sandte sie aus, zu predigen das
Reich Gottes und die Kranken zu hei-
len.
[3]Und er sprach zu ihnen: Ihr sollt nichts
mit auf den Weg nehmen, weder Stab
noch Tasche noch Brot noch Geld; es soll
auch einer nicht zwei Hemden haben.
[4]Und wenn ihr in ein Haus geht, dann
bleibt dort, bis ihr weiterzieht.
[5]Und wenn sie euch nicht aufnehmen,
dann geht fort aus dieser Stadt und schüt-
telt den Staub von euren Füßen zu einem
Zeugnis gegen sie.
[6]Und sie gingen hinaus und zogen von
Dorf zu Dorf, predigten das Evangelium
und machten gesund an allen Orten.

Herodes und Jesus

(Mt 14,1.2; Mk 6,14-16)

[7]Es kam aber vor Herodes, den Landes-
fürsten, alles, was geschah; und er wurde
unruhig, weil von einigen gesagt wurde:
Johannes ist von den Toten auferstanden;
[8]von einigen aber: Elia ist erschienen;
von andern aber: Einer von den alten Pro-
pheten ist auferstanden.
[9]Und Herodes sprach: Johannes, den
habe ich enthauptet; wer ist aber dieser,
über den ich solches höre? Und [a]er be-
gehrte ihn zu sehen. *a* Kap 23,8

Die Speisung der Fünftausend

(Mt 14,13-21; Mk 6,31-44; Joh 6,1-13)

[10]Und die Apostel kamen zurück und er-
zählten Jesus, wie große Dinge sie getan
hatten. Und er nahm sie zu sich, und er
zog sich mit ihnen allein in die Stadt zu-
rück, die heißt Betsaida.
[11]Als die Menge das merkte, zog sie ihm
nach. Und er ließ sie zu sich und sprach
zu ihnen vom Reich Gottes und machte
gesund, die der Heilung bedurften.
[12]Aber der Tag fing an, sich zu neigen.
¶Da traten die Zwölf zu ihm und spra-
chen: Laß das Volk gehen, damit sie hin-
gehen in die Dörfer und Höfe ringsum
und Herberge und Essen finden; denn wir
sind hier in der Wüste.
[13]Er aber sprach zu ihnen: Gebt ihr ihnen
zu essen. Sie sprachen: Wir haben nicht
mehr als fünf Brote und zwei Fische, es
sei denn, daß wir hingehen sollen und für
alle diese Leute Essen kaufen.
[14]Denn es waren etwa fünftausend Mann.
Er sprach aber zu seinen Jüngern: Laßt sie
sich setzen in Gruppen zu je fünfzig.
[15]Und sie taten das und ließen alle sich
setzen.
[16]Da nahm er die fünf Brote und zwei
Fische und sah auf zum Himmel und
dankte, brach sie und gab sie den Jüngern,
damit sie dem Volk austeilten.
[17]Und sie aßen und wurden alle satt; und
es wurde aufgesammelt, was sie an Brok-
ken übrigließen, zwölf Körbe voll.

Das Bekenntnis des Petrus

(Mt 16,13-19; Mk 8,27-29; Joh 6,67-69)

[18]Und es begab sich, als Jesus allein war
und betete und nur seine Jünger bei ihm
waren, da fragte er sie und sprach: Wer
sagen die Leute, daß ich sei?
[19]Sie antworteten und sprachen: [a]Sie sa-
gen, du seist Johannes der Täufer; einige
aber, du seist Elia; andere aber, es sei einer
der alten Propheten auferstanden. *a* Vers 7.8
[20]Er aber sprach zu ihnen: Wer sagt ihr
aber, daß ich sei? Da antwortete Petrus
und sprach: **Du bist der Christus Gottes!**

Die erste Ankündigung von Jesu Leiden und Auferstehung

(Mt 16,20.21; Mk 8,30.31)

[21]Er aber gebot ihnen, daß sie das nie-
mandem sagen sollten,

[22]und sprach: Der Menschensohn muß viel leiden und verworfen werden von den Ältesten und Hohenpriestern und Schriftgelehrten und getötet werden und am dritten Tag auferstehen.[a] *a* Vers 44.45; Kap 18,31-34

Von der Nachfolge

(Mt 16,24-28; Mk 8,34-9,1)

[23]Da sprach er zu ihnen allen: **Wer mir folgen will, der verleugne sich selbst und nehme sein Kreuz auf sich täglich und folge mir nach.**
[24]**Denn wer sein Leben erhalten will, der wird es verlieren; wer aber sein Leben verliert um meinetwillen, der wird's erhalten.**[a] *a* Kap 17,33; Mt 10,39; Joh 12,25
[25]**Denn welchen Nutzen hätte der Mensch, wenn er die ganze Welt gewönne und verlöre sich selbst oder nähme Schaden an sich selbst?**
[26]Wer sich aber meiner und meiner Worte schämt, dessen wird sich der Menschensohn auch schämen, wenn er kommen wird in seiner Herrlichkeit und der des Vaters und der heiligen Engel.[a]
a Mt 10,33; 2.Tim 1,8
[27]Ich sage euch aber wahrlich: Einige von denen, die hier stehen, werden den Tod nicht schmecken, bis sie das Reich Gottes sehen.

Die Verklärung Jesu

(Mt 17,1-8; Mk 9,2-8)

[28]Und es begab sich, etwa acht Tage nach diesen Reden, daß er mit sich nahm Petrus, Johannes und Jakobus und ging auf einen Berg, um zu beten.
[29]Und als er betete, wurde das Aussehen seines Angesichts anders, und sein Gewand wurde weiß und glänzte.
[30]Und siehe, zwei Männer redeten mit ihm; das waren Mose und Elia.
[31]Sie erschienen verklärt und redeten von seinem Ende, das er in Jerusalem erfüllen sollte.
[32]Petrus aber und die bei ihm waren, waren voller Schlaf. Als sie aber aufwachten, sahen sie, wie er verklärt war, und die zwei Männer, die bei ihm standen.
[33]Und es begab sich, als sie von ihm schieden, da sprach Petrus zu Jesus: Meister, hier ist für uns gut sein! Laßt uns drei Hütten bauen, dir eine, Mose eine und Elia eine. Er wußte aber nicht, was er redete.
[34]Als er aber dies redete, kam eine Wolke und überschattete sie; und sie erschraken, als sie in die Wolke hineinkamen.
[35]Und es geschah eine Stimme aus der Wolke, die sprach: [a]**Dieser ist mein auserwählter Sohn;** [b]**den sollt ihr hören!**
a Kap 3,22; Ps 2,7 *b* 5.Mose 18,15
[36]Und als die Stimme geschah, fanden sie Jesus allein. Und sie schwiegen davon und verkündeten in jenen Tagen niemandem, was sie gesehen hatten.

Die Heilung eines besessenen Knaben

(Mt 17,14-21; Mk 9,14-29)

[37]Es begab sich aber, als sie am nächsten Tag von dem Berg kamen, da kam ihm eine große Menge entgegen.
[38]Und siehe, ein Mann aus der Menge rief: Meister, ich bitte dich, sieh doch nach meinem Sohn; denn er ist mein einziger Sohn.
[39]Siehe, ein Geist ergreift ihn, daß er plötzlich aufschreit, und er reißt ihn, daß er Schaum vor dem Mund hat, und läßt kaum von ihm ab und reibt ihn ganz auf.
[40]Und ich habe deine Jünger gebeten, daß sie ihn austrieben, und sie konnten es nicht.
[41]Da antwortete Jesus und sprach: O du ungläubiges und verkehrtes Geschlecht, wie lange soll ich bei euch sein und euch erdulden? Bring deinen Sohn her!
[42]Und als er zu ihm kam, riß ihn der böse Geist und zerrte ihn. Jesus aber bedrohte den unreinen Geist und machte den Knaben gesund und [a]gab ihn seinem Vater wieder. *a* Kap 7,15
[43]Und sie entsetzten sich alle über die Herrlichkeit Gottes.

Die zweite Ankündigung von Jesu Leiden und Auferstehung

(Mt 17,22.23; Mk 9,30-32)

Als sie sich aber alle verwunderten über alles, was er tat, sprach er zu seinen Jüngern:
[44]Laßt diese Worte in eure Ohren dringen: Der Menschensohn wird überantwortet werden in die Hände der Menschen.[a]
a Vers 22; Kap 18,31-34
[45]Aber dieses Wort verstanden sie nicht, und [a]es war vor ihnen verborgen, so daß sie es nicht begriffen. Und sie fürchteten sich, ihn nach diesem Wort zu fragen.
a Kap 24,45

Der Rangstreit der Jünger

(Mt 18,1-5; Mk 9,33-37)

46 Es kam aber unter ihnen der Gedanke
auf, wer von ihnen der Größte sei.
47 Als aber Jesus den Gedanken ihres Her-
zens erkannte, nahm er ein Kind und
stellte es neben sich
48 und sprach zu ihnen: Wer dieses Kind
aufnimmt in meinem Namen, der nimmt
mich auf; und [a]wer mich aufnimmt, der
nimmt den auf, der mich gesandt hat.
Denn wer der Kleinste ist unter euch al-
len, der ist groß. *a* Mt 10,40

Der fremde Wundertäter

(Mk 9,38-40)

49 Da fing Johannes an und sprach: Mei-
ster, wir sahen einen, der trieb böse Gei-
ster aus in deinem Namen; und wir wehr-
ten ihm, denn er folgt dir nicht nach mit
uns.
50 Und Jesus sprach zu ihm: Wehrt ihm
nicht! Denn [a]wer nicht gegen euch ist, der
ist für euch. *a* Kap 11,23; Phil 1,18

Aufbruch nach Jerusalem. Ablehnung Jesu durch Samariter

51 Es begab sich aber, als die Zeit erfüllt
war, daß er hinweggenommen werden
sollte, da wandte er sein Angesicht, stracks
[a]nach Jerusalem zu wandern. *a* Mk 10,32
52 Und er sandte Boten vor sich her; die
gingen hin und kamen in ein Dorf der Sa-
mariter, ihm Herberge zu bereiten.
53 Und [a]sie nahmen ihn nicht auf, weil er
sein Angesicht gewandt hatte, nach Jeru-
salem zu wandern. *a* Joh 4,9
54 Als aber das seine Jünger Jakobus und
Johannes sahen, sprachen sie: Herr, willst
du, so wollen wir sagen, [a]daß Feuer vom
Himmel falle und sie verzehre.
a 2.Kön 1,10-12
55 Jesus aber wandte sich um und wies sie
zurecht.*

* Die Versteile 55b.56a finden sich erst in der späteren Überlieferung: »und sprach: Wißt ihr nicht, welches Geistes Kinder ihr seid? Der Menschensohn ist nicht gekommen, das Leben der Menschen zu vernichten, sondern zu erhalten.«

56 Und sie gingen in ein andres Dorf.

Vom Ernst der Nachfolge

(Mt 8,19-22)

57 Und als sie auf dem Wege waren, sprach
einer zu ihm: Ich will dir folgen, wohin du
gehst.
58 Und Jesus sprach zu ihm: **Die Füchse
haben Gruben, und die Vögel unter dem
Himmel haben Nester; aber der Menschen-
sohn hat nichts, wo er sein Haupt hinlege.**
59 Und er sprach zu einem andern: Folge
mir nach! Der sprach aber: Herr, erlaube
mir, daß ich zuvor hingehe und meinen
Vater begrabe.
60 Aber Jesus sprach zu ihm: **Laß die To-
ten ihre Toten begraben; du aber geh hin
und verkündige das Reich Gottes!**
61 Und ein andrer sprach: Herr, ich will dir
nachfolgen; aber erlaube mir zuvor, daß
ich Abschied nehme von denen, die in
meinem Haus sind.[a] *a* 1.Kön 19,20
62 Jesus aber sprach zu ihm: **Wer seine
Hand an den Pflug legt und sieht zurück,
der ist nicht geschickt für das Reich Got-
tes.**[a] *a* Phil 3,13

Die Aussendung der zweiundsiebzig Jünger

(Mt 10,7-16)

10 Danach setzte der Herr [a]weitere
zweiundsiebzig* Jünger ein und
sandte sie [b]je zwei und zwei vor sich her
in alle Städte und Orte, wohin er gehen
wollte, *a* Kap 6,13-16; 9,1 *b* Mk 6,7

* Statt »zweiundsiebzig« haben andere Textzeugen »siebzig«.

2 und sprach zu ihnen: **Die Ernte ist groß,
der Arbeiter aber sind wenige. Darum bittet
den Herrn der Ernte, daß er Arbeiter aus-
sende in seine Ernte.**[a] *a* Mt 9,37.38; Joh 4,35
3 Geht hin; siehe, ich sende euch wie
Lämmer mitten unter die Wölfe.
4 [a]Tragt keinen Geldbeutel bei euch,
keine Tasche und keine Schuhe, und
[b]grüßt niemanden unterwegs.
a (4-11) Kap 9,3-5 *b* 2.Kön 4,29
5 Wenn ihr in ein Haus kommt, sprecht
zuerst: [a]Friede sei diesem Hause!
a Joh 20,19
6 Und wenn dort ein Kind des Friedens
ist, so wird euer Friede auf ihm ruhen;
wenn aber nicht, so wird sich euer Friede
wieder zu euch wenden.
7 In demselben Haus aber bleibt, eßt und
trinkt, was man euch gibt; denn ein Arbei-
ter ist seines Lohnes wert. Ihr sollt nicht
von einem Haus zum andern gehen.
8 Und wenn ihr in eine Stadt kommt und
sie euch aufnehmen, dann eßt, was euch
vorgesetzt wird,
9 und heilt die Kranken, die dort sind, und

sagt ihnen: Das Reich Gottes ist nahe zu
euch gekommen.
10 Wenn ihr aber in eine Stadt kommt und
sie euch nicht aufnehmen, so geht hinaus
auf ihre Straßen und sprecht:
11 Auch den Staub aus eurer Stadt, der sich
an unsre Füße gehängt hat, schütteln wir
ab auf euch. Doch sollt ihr wissen: das
Reich Gottes ist nahe herbeigekommen.
12 Ich sage euch: Es wird [a] Sodom erträgli-
cher ergehen an jenem Tage als dieser
Stadt. *a* 1.Mose 19,1-29

Jesu Weherufe über galiläische Städte
(Mt 11,20-24)

13 Weh dir, Chorazin! Weh dir, Betsaida!
Denn wären solche Taten in Tyrus und
Sidon geschehen, wie sie bei euch gesche-
hen sind, sie hätten längst in Sack und
Asche gesessen und Buße getan.
14 Doch es wird Tyrus und Sidon erträgli-
cher ergehen im Gericht als euch.
15 Und du, Kapernaum, wirst du bis zum
Himmel erhoben werden? Du wirst bis in
die Hölle hinuntergestoßen werden.
16 **Wer euch hört, der hört mich; und wer
euch verachtet, der verachtet mich; wer aber
mich verachtet, der verachtet den, der mich
gesandt hat.**[a] *a* Mt 10,40; Joh 5,23

Jesu Jubelruf
(Mt 11,25-27)

17 Die Zweiundsiebzig* aber kamen zu-
rück voll Freude und sprachen: Herr, auch
die bösen Geister sind uns untertan in dei-
nem Namen.

* Statt »zweiundsiebzig« haben andere Textzeugen »siebzig«.

18 Er sprach aber zu ihnen: Ich sah den
Satan vom Himmel fallen wie einen
Blitz.[a] *a* Joh 12,31; Offb 12,8.9
19 Seht, ich habe euch Macht gegeben, [a] zu
treten auf Schlangen und Skorpione, und
Macht über alle Gewalt des Feindes; und
nichts wird euch schaden. *a* Ps 91,13; Mk 16,18
20 Doch **darüber freut euch nicht, daß euch
die Geister untertan sind. Freut euch aber,
daß [a] eure Namen im Himmel geschrieben
sind.** *a* 2.Mose 32,32; Jes 4,3; Phil 4,3; Offb 3,5
21 ¶Zu der Stunde freute sich Jesus im
heiligen Geist und sprach: Ich preise dich,
Vater, Herr des Himmels und der Erde,
[a] weil du dies den Weisen und Klugen ver-
borgen hast und hast es den Unmündigen
offenbart. Ja, Vater, so hat es dir wohlge-
fallen. *a* 1.Kor 2,7
22 Alles ist mir übergeben von meinem
Vater. Und niemand weiß, wer der Sohn
ist, als nur der Vater, noch, wer der Vater
ist, als nur der Sohn und wem es der Sohn
offenbaren will.
23 ¶Und er wandte sich zu seinen Jün-
gern und sprach zu ihnen allein: [a] Selig
sind die Augen, die sehen, was ihr seht.
a Mt 13,16.17
24 Denn ich sage euch: [a] Viele Propheten
und Könige wollten sehen, was ihr seht,
und haben's nicht gesehen, und hören, was
ihr hört, und haben's nicht gehört.
a 1.Petr 1,10

Der barmherzige Samariter

25 [a] Und siehe, da stand ein Schriftgelehr-
ter auf, versuchte ihn und sprach: Meister,
was muß ich tun, daß ich das ewige Leben
ererbe?
a (25-27) Mt 22,35-40; Mk 12,28-34; Kap 18,18-20
26 Er aber sprach zu ihm: Was steht im
Gesetz geschrieben? Was liest du?
27 Er antwortete und sprach: **»Du sollst
den Herrn, deinen Gott, lieben von ganzem
Herzen, von ganzer Seele, von allen Kräften
und von ganzem Gemüt*, und deinen Näch-
sten wie dich selbst«** (5.Mose 6,5; 3.Mose
19,18).

* Siehe Sach- und Worterklärungen.

28 Er aber sprach zu ihm: Du hast recht
geantwortet; [a] tu das, so wirst du leben.
a 3.Mose 18,5; Mt 19,17
29 ¶Er aber wollte sich selbst rechtferti-
gen und sprach zu Jesus: Wer ist denn
mein Nächster?
30 Da antwortete Jesus und sprach: Es war
ein Mensch, der ging von Jerusalem hinab
nach Jericho und fiel unter die Räuber;
die zogen ihn aus und schlugen ihn und
machten sich davon und ließen ihn halb-
tot liegen.
31 Es traf sich aber, daß ein Priester die-
selbe Straße hinabzog; und als er ihn sah,
ging er vorüber.
32 Desgleichen auch ein Levit: als er zu
der Stelle kam und ihn sah, ging er vor-
über.
33 Ein Samariter aber, der auf der Reise
war, kam dahin; und als er ihn sah, jam-
merte er ihn;
34 und er ging zu ihm, goß Öl und Wein
auf seine Wunden und verband sie ihm,
hob ihn auf sein Tier und brachte ihn in
eine Herberge und pflegte ihn.

35 Am nächsten Tag zog er zwei Silbergro-
schen heraus, gab sie dem Wirt und
sprach: Pflege ihn; und wenn du mehr aus-
gibst, will ich dir's bezahlen, wenn ich wie-
derkomme.
36 Wer von diesen dreien, meinst du, ist
der Nächste gewesen dem, der unter die
Räuber gefallen war?
37 Er sprach: Der die Barmherzigkeit an
ihm tat. Da sprach Jesus zu ihm: So geh
hin und tu desgleichen![a] *a* Joh 13,17

Maria und Marta

38 Als sie aber weiterzogen, kam er in ein
Dorf. Da war [a]eine Frau mit Namen
Marta, die nahm ihn auf. *a* Joh 11,1; 12,2.3
39 Und sie hatte eine Schwester, die hieß
Maria; die setzte sich dem Herrn zu Fü-
ßen und hörte seiner Rede zu.
40 Marta aber machte sich viel zu schaf-
fen, ihm zu dienen. Und sie trat hinzu und
sprach: Herr, fragst du nicht danach, daß
mich meine Schwester läßt allein dienen?
Sage ihr doch, daß sie mir helfen soll!
41 Der Herr aber antwortete und sprach
zu ihr: Marta, Marta, du hast viel Sorge
und Mühe.
42 **Eins aber ist not. Maria hat das gute Teil
erwählt; das soll nicht von ihr genommen
werden.**[a] *a* Mt 6,33

Das Vaterunser

(Mt 6,9-13)

11 Und es begab sich, daß er an einem
Ort war und betete. Als er aufgehört
hatte, sprach einer seiner Jünger zu ihm:
Herr, lehre uns beten, wie auch Johannes
seine Jünger lehrte.
2 Er aber sprach zu ihnen: Wenn ihr be-
tet, so sprecht: **Vater! Dein Name werde
geheiligt. Dein Reich komme.***
3 **Unser tägliches Brot gib uns Tag für Tag**
4 **und vergib uns unsre Sünden; denn auch
wir vergeben allen, die an uns schuldig
werden. Und führe uns nicht in Versu-
chung.***

* In der späteren Überlieferung finden sich zusätzliche Versteile: Vers 2: »Dein Wille geschehe auf Erden wie im Himmel«, Vers 4: »sondern erlöse uns von dem Bösen« (entsprechend Mt 6,10.13).

Der bittende Freund

(Mt 7,7-11)

5 Und er sprach zu ihnen: Wenn jemand
unter euch einen Freund hat und ginge zu
ihm um Mitternacht und spräche zu ihm:
Lieber Freund, leih mir drei Brote;
6 denn mein Freund ist zu mir gekom-
men auf der Reise, und ich habe nichts,
was ich ihm vorsetzen kann,
7 und der drinnen würde antworten und
sprechen: Mach mir keine Unruhe! Die
Tür ist schon zugeschlossen, und meine
Kinder und ich liegen schon zu Bett; ich
kann nicht aufstehen und dir etwas geben.
8 Ich sage euch: Und wenn er schon nicht
aufsteht und ihm etwas gibt, weil er sein
Freund ist, dann wird er doch wegen
seines unverschämten Drängens aufstehen
und ihm geben, soviel er bedarf.
9 ¶Und ich sage euch auch: **Bittet, so wird
euch gegeben; suchet, so werdet ihr finden;
klopfet an, so wird euch aufgetan.**
10 **Denn wer da bittet, der empfängt; und
wer da sucht, der findet; und [a]wer da an-
klopft, dem wird aufgetan.** *a* Kap 13,25
11 Wo ist unter euch ein Vater, der seinem
Sohn, wenn der ihn* um einen Fisch bit-
tet, eine Schlange für den Fisch biete?

* In der späteren Überlieferung finden sich zusätzlich die Worte: ». . . ums Brot bittet, dafür einen Stein biete? oder wenn er . . .« (vgl. Mt 7,9).

12 oder der ihm, wenn er um ein Ei bittet,
einen Skorpion dafür biete?
13 Wenn nun ihr, die ihr böse seid, euren
Kindern gute Gaben geben könnt, wieviel
mehr wird der Vater im Himmel den heili-
gen Geist geben denen, die ihn bitten!

Jesus und die bösen Geister

(Mt 12,22-30; Mk 3,22-27)

14 Und er trieb einen bösen Geist aus, der
war stumm. Und es geschah, als der Geist
ausfuhr, da redete der Stumme. Und die
Menge verwunderte sich.
15 Einige aber unter ihnen sprachen: Er
treibt die bösen Geister aus durch Beelze-
bul, ihren Obersten.
16 Andere aber versuchten ihn und [a]for-
derten von ihm ein Zeichen vom Him-
mel. *a* Mk 8,11
17 Er aber erkannte ihre Gedanken und
sprach zu ihnen: Jedes Reich, das mit sich
selbst uneins ist, wird verwüstet, und ein
Haus fällt über das andre.
18 Ist aber der Satan auch mit sich selbst
uneins, wie kann sein Reich bestehen?
Denn ihr sagt, ich treibe die bösen Geister
aus durch Beelzebul.

19 Wenn aber ich die bösen Geister durch
Beelzebul austreibe, durch wen treiben
eure Söhne sie aus? Darum werden sie
eure Richter sein.
20 Wenn ich aber [a]durch Gottes Finger
die bösen Geister austreibe, so ist ja das
Reich Gottes zu euch gekommen.
a 2.Mose 8,15
21 Wenn ein Starker gewappnet seinen Pa-
last bewacht, so bleibt, was er hat, in Frie-
den.
22 Wenn aber ein Stärkerer über ihn
kommt und überwindet ihn, so nimmt er
ihm seine Rüstung, auf die er sich verließ,
und verteilt die Beute.[a] *a* Kol 2,15; 1.Joh 4,4
23 Wer nicht mit mir ist, der ist gegen
mich; und wer nicht mit mir sammelt, der
zerstreut.[a] *a* Kap 9,50

Von der Rückkehr des bösen Geistes

(Mt 12,43-45)

24 Wenn der unreine Geist von einem
Menschen ausgefahren ist, so durchstreift
er dürre Stätten, sucht Ruhe und findet sie
nicht; dann spricht er: Ich will wieder zu-
rückkehren in mein Haus, aus dem ich
fortgegangen bin.
25 Und wenn er kommt, so findet er's ge-
kehrt und geschmückt.
26 Dann geht er hin und nimmt sieben
andre Geister mit sich, die böser sind als
er selbst; und wenn sie hineinkommen,
wohnen sie darin, und [a]es wird mit die-
sem Menschen hernach ärger als zuvor.
a Joh 5,14

Eine Seligpreisung Jesu

27 Und es begab sich, als er so redete, da
erhob eine Frau im Volk ihre Stimme und
sprach zu ihm: [a]Selig ist der Leib, der dich
getragen hat, und die Brüste, an denen du
gesogen hast. *a* Kap 1,28.48
28 Er aber sprach: **Ja, selig sind, die das
Wort Gottes hören und bewahren.**[a]
a Kap 8,15.21

Ablehnung der Zeichenforderung

(Mt 12,38-42)

29 Die Menge aber drängte herzu. Da fing
er an und sagte: Dies Geschlecht ist ein
böses Geschlecht; [a]es fordert ein Zeichen,
aber es wird ihm kein Zeichen gegeben
werden als nur das Zeichen des Jona.
a Vers 16
30 Denn wie Jona ein Zeichen war für die
Leute von Ninive,* so wird es auch der
Menschensohn sein für dieses Geschlecht.

* Siehe Sach- und Worterklärungen zu »Jona«.

31 Die Königin vom Süden wird auftreten
beim Jüngsten Gericht mit den Leuten
dieses Geschlechts und wird sie verdam-
men; denn [a]sie kam vom Ende der Welt,
zu hören die Weisheit Salomos. Und siehe,
hier ist mehr als Salomo. *a* 1.Kön 10,1
32 Die Leute von Ninive werden auftreten
beim Jüngsten Gericht mit diesem Ge-
schlecht und werden's verdammen; denn
[a]sie taten Buße nach der Predigt des Jona.
Und siehe, hier ist mehr als Jona.
a Jona 3,5

Bildworte vom Licht

(Mt 5,15; 6,22.23)

33 Niemand zündet ein Licht an und setzt
es in einen Winkel, auch nicht unter einen
Scheffel, sondern auf den Leuchter, da-
mit, wer hineingeht, das Licht sehe.[a]
a Kap 8,16
34 Dein Auge ist das Licht des Leibes.
Wenn nun dein Auge lauter ist, so ist dein
ganzer Leib licht; wenn es aber böse ist,
so ist auch dein Leib finster.
35 So schaue darauf, daß nicht das Licht in
dir Finsternis sei.
36 Wenn nun dein Leib ganz licht ist und
kein Teil an ihm finster ist, dann wird er
ganz licht sein, wie wenn dich das Licht
erleuchtet mit hellem Schein.

Weherufe gegen die Pharisäer und Schriftgelehrten

(Mt 23,1-36)

37 Als er noch redete, bat ihn ein Phari-
säer, mit ihm zu essen. Und er ging hinein
und setzte sich zu Tisch.[a] *a* Kap 7,36; 14,1
38 Als das der Pharisäer sah, wunderte er
sich, daß er sich nicht [a]vor dem Essen
gewaschen hatte. *a* Mt 15,2
39 Der Herr aber sprach zu ihm: Ihr Pha-
risäer, ihr haltet die Becher und Schüsseln
außen rein; aber euer Inneres ist voll
Raubgier und Bosheit.
40 Ihr Narren, hat nicht der, der das Äu-
ßere geschaffen hat, auch das Innere ge-
schaffen?
41 Gebt doch, was drinnen ist, als Almo-
sen, siehe, dann ist euch alles rein.
42 ¶ Aber weh euch Pharisäern! Denn ihr
gebt den Zehnten von Minze und Raute

und allerlei Gemüse, aber am Recht und
[a]an der Liebe Gottes geht ihr vorbei.
Doch dies sollte man tun und jenes nicht
lassen. *a* Joh 5,42
43 ¶ Weh euch Pharisäern! Denn [a]ihr sitzt
gern obenan in den Synagogen und wollt
gegrüßt sein auf dem Markt. *a* Kap 14,7
44 ¶ Weh euch! Denn ihr seid wie die verdeckten Gräber, über die die Leute laufen,
und wissen es nicht.
45 ¶ Da antwortete einer von den Schriftgelehrten und sprach zu ihm: Meister, mit
diesen Worten schmähst du uns auch.
46 Er aber sprach: Weh auch euch Schriftgelehrten! Denn ihr beladet die Menschen
mit unerträglichen Lasten, und ihr selbst
rührt sie nicht mit einem Finger an.
47 ¶ Weh euch! Denn ihr baut den Propheten Grabmäler; [a]eure Väter aber haben sie getötet. *a* Apg 7,52
48 So bezeugt ihr und billigt die Taten eurer Väter; denn sie haben sie getötet; und
ihr baut ihnen Grabmäler!
49 Darum spricht die Weisheit Gottes: Ich
will Propheten und Apostel zu ihnen senden, und einige von ihnen werden sie töten und verfolgen,
50 damit gefordert werde von diesem Geschlecht das Blut aller Propheten, das vergossen ist seit Erschaffung der Welt,
51 von Abels Blut an bis hin zum Blut des
Secharja, der umkam zwischen Altar und
Tempel. Ja, ich sage euch: Es wird gefordert werden von diesem Geschlecht.
52 ¶ Weh euch Schriftgelehrten! Denn ihr
habt den Schlüssel der Erkenntnis weggenommen. Ihr selbst seid nicht hineingegangen und habt auch denen gewehrt, die
hinein wollten.
53 ¶ Und als er von dort hinausging, fingen die Schriftgelehrten und Pharisäer an,
heftig auf ihn einzudringen und ihn mit
vielen Fragen auszuhorchen,
54 und belauerten ihn, ob sie etwas aus
seinem Mund erjagen könnten.[a]
a Kap 20,20

Mahnung zum furchtlosen Bekennen

(Mt 10,26-33)

12 Unterdessen kamen einige tausend
Menschen zusammen, so daß sie
sich untereinander traten. Da fing er an
und sagte zuerst zu seinen Jüngern: [a]Hütet euch vor dem Sauerteig der Pharisäer,
das ist die Heuchelei. *a* Mt 16,6; Mk 8,15
2 ¶ Es ist aber [a]nichts verborgen, was
nicht offenbar wird, und nichts geheim,
was man nicht wissen wird. *a* Kap 8,17
3 Darum, was ihr in der Finsternis sagt,
das wird man im Licht hören; und was ihr
ins Ohr flüstert in der Kammer, das wird
man auf den Dächern predigen.
4 ¶ Ich sage aber euch, meinen Freunden:
Fürchtet euch nicht vor denen, die den
Leib töten und danach nichts mehr tun
können.
5 Ich will euch aber zeigen, vor wem ihr
euch fürchten sollt: Fürchtet euch vor
dem, der, nachdem er getötet hat, auch
Macht hat, in die Hölle zu werfen. Ja, ich
sage euch, vor dem fürchtet euch.[a]
a Hebr 12,29
6 Verkauft man nicht fünf Sperlinge für
zwei Groschen? Dennoch ist vor Gott
nicht einer von ihnen vergessen.
7 Aber [a]auch die Haare auf eurem Haupt
sind alle gezählt. Darum fürchtet euch
nicht; ihr seid besser als viele Sperlinge.
a Kap 21,18
8 Ich sage euch aber: **Wer mich bekennt
vor den Menschen, den wird auch der
Menschensohn bekennen vor den Engeln
Gottes.**
9 **Wer mich aber verleugnet vor den Menschen, der wird verleugnet werden vor den
Engeln Gottes.**[a] *a* Kap 9,26; 1.Sam 2,30
10 Und wer ein Wort gegen den Menschensohn sagt, dem soll es vergeben werden; wer aber den heiligen Geist lästert,
dem soll es nicht vergeben werden.[a]
a Mt 12,32; Mk 3,28.29
11 [a]Wenn sie euch aber führen werden in
die Synagogen und vor die Machthaber
und die Obrigkeit, so sorgt nicht, wie oder
womit ihr euch verantworten oder was ihr
sagen sollt; *a (11 und 12)* Kap 21,12-15; Mt 10,17-20
12 denn der heilige Geist wird euch in dieser Stunde lehren, was ihr sagen sollt.

Warnung vor Habgier

13 Es sprach aber einer aus dem Volk zu
ihm: Meister, sage meinem Bruder, daß er
mit mir das Erbe teile.
14 Er aber sprach zu ihm: Mensch, wer
hat mich zum Richter oder Erbschlichter
über euch gesetzt?
15 Und er sprach zu ihnen: Seht zu und
[a]hütet euch vor aller Habgier; denn **niemand lebt davon, daß er viele Güter hat.**
a Pred 5,9; 1.Tim 6,9.10

Der reiche Kornbauer

16 Und er sagte ihnen ein Gleichnis und sprach: Es war ein reicher Mensch, dessen Feld hatte gut getragen.

17 Und er dachte bei sich selbst und sprach: Was soll ich tun? Ich habe nichts, wohin ich meine Früchte sammle.

18 Und sprach: Das will ich tun: ich will meine Scheunen abbrechen und größere bauen, und will darin sammeln all mein Korn und meine Vorräte

19 [a]und will sagen zu meiner Seele: Liebe Seele, du hast einen großen Vorrat für viele Jahre; habe nun Ruhe, iß, trink und habe guten Mut! →*a (19 und 20)* Ps 49,17-20

20 Aber Gott sprach zu ihm: Du Narr! Diese Nacht wird man deine Seele von dir fordern; und wem wird dann gehören, was du angehäuft hast?

21 So geht es dem, der sich Schätze sammelt und ist nicht reich bei Gott.[a]

a Mt 6,20

Vom falschen und rechten Sorgen

(Mt 6,25-33.20.21)

22 Er sprach aber zu seinen Jüngern: Darum sage ich euch: Sorgt nicht um euer Leben, was ihr essen sollt, auch nicht um euren Leib, was ihr anziehen sollt.

23 Denn das Leben ist mehr als die Nahrung und der Leib mehr als die Kleidung.

24 Seht die Raben an: sie säen nicht, sie ernten auch nicht, sie haben auch keinen Keller und keine Scheune, und Gott ernährt sie doch. Wieviel besser seid ihr als die Vögel!

25 Wer ist unter euch, der, wie sehr er sich auch darum sorgt, seines Lebens Länge eine Spanne zusetzen könnte?

26 Wenn ihr nun auch das Geringste nicht vermögt, warum sorgt ihr euch um das andre?

27 Seht die Lilien an, wie sie wachsen: sie spinnen nicht, sie weben nicht. Ich sage euch aber, daß auch Salomo in aller seiner Herrlichkeit nicht gekleidet gewesen ist wie eine von ihnen.

28 Wenn nun Gott das Gras, das heute auf dem Feld steht und morgen in den Ofen geworfen wird, so kleidet, wieviel mehr wird er euch kleiden, ihr Kleingläubigen!

29 Darum auch ihr, fragt nicht danach, was ihr essen oder was ihr trinken sollt, und macht euch keine Unruhe.

30 Nach dem allen trachten die Heiden in der Welt; aber euer Vater weiß, daß ihr dessen bedürft.

31 **Trachtet vielmehr nach seinem Reich, so wird euch das alles zufallen.**

32 **Fürchte dich nicht, du kleine Herde! Denn es hat eurem Vater wohlgefallen, euch [a]das Reich zu geben.** *a* Kap 22,29

33 ¶ Verkauft, was ihr habt, und gebt Almosen. Macht euch Geldbeutel, die nicht veralten, einen [a]Schatz, der niemals abnimmt, im Himmel, wo kein Dieb hinkommt und den keine Motten fressen.

a Kap 18,22

34 Denn wo euer Schatz ist, da wird auch euer Herz sein.

Vom Warten auf das Kommen Christi

(Mt 24,43-51)

35 [a]Laßt eure Lenden umgürtet sein und [b]eure Lichter brennen

a 2.Mose 12,11; 1.Petr 1,13 *b* Mt 25,1-13

36 und seid gleich den Menschen, die auf ihren Herrn warten, wann er aufbrechen wird von der Hochzeit, damit, [a]wenn er kommt und anklopft, sie ihm sogleich auftun. *a* Offb 3,20

37 Selig sind die Knechte, die der Herr, wenn er kommt, wachend findet. Wahrlich, ich sage euch: Er wird sich schürzen und wird sie zu Tisch bitten und kommen und ihnen dienen.

38 Und wenn er kommt in der zweiten oder in der dritten Nachtwache und findet's so: selig sind sie.

39 Das sollt ihr aber wissen: Wenn ein Hausherr wüßte, [a]zu welcher Stunde der Dieb kommt, so ließe er nicht in sein Haus einbrechen. *a* 1.Thess 5,2

40 **Seid auch ihr bereit! Denn der Menschensohn kommt zu einer Stunde, da ihr's nicht meint.**

41 ¶ Petrus aber sprach: Herr, sagst du dies Gleichnis zu uns oder auch zu allen?

42 Der Herr aber sprach: Wer ist denn der treue und kluge Verwalter, den der Herr über seine Leute setzt, damit er ihnen zur rechten Zeit gibt, was ihnen zusteht?

43 Selig ist der Knecht, den sein Herr, wenn er kommt, das tun sieht.

44 Wahrlich, ich sage euch: Er wird ihn über alle seine Güter setzen.

45 Wenn aber jener Knecht in seinem Herzen sagt: Mein Herr kommt noch lange nicht, und fängt an, die Knechte und

Mägde zu schlagen, auch zu essen und zu
trinken und sich vollzusaufen,
46 dann wird der Herr dieses Knechtes
kommen an einem Tage, an dem er's nicht
erwartet, und zu einer Stunde, die er nicht
kennt, und wird ihn in Stücke hauen las-
sen und wird ihm sein Teil geben bei den
Ungläubigen.
47 ¶ Der Knecht aber, der den Willen
seines Herrn kennt, hat aber nichts vorbe-
reitet noch nach seinem Willen getan, der
wird viel Schläge erleiden müssen.[a]

a Jak 4,17

48 Wer ihn aber nicht kennt und getan hat,
was Schläge verdient, wird wenig Schläge
erleiden. Denn **wem viel gegeben ist, bei
dem wird man viel suchen; und wem viel
anvertraut ist, von dem wird man um so
mehr fordern.**

Entzweiungen um Jesu willen

(Mt 10,34-36)

49 **Ich bin gekommen, ein Feuer anzuzün-
den auf Erden; was wollte ich lieber, als daß
es schon brennte!**
50 Aber ich muß mich zuvor taufen lassen
mit einer Taufe, und wie ist mir so bange,
bis sie vollbracht ist![a]

a Kap 18,31; Mt 20,22; 26,38

51 Meint ihr, daß ich gekommen bin, Frie-
den zu bringen auf Erden? Ich sage: Nein,
sondern Zwietracht.
52 Denn von nun an werden fünf in einem
Hause uneins sein, drei gegen zwei und
zwei gegen drei.
53 Es wird der Vater gegen den Sohn sein
und der Sohn gegen den Vater, die Mutter
gegen die Tochter und die Tochter gegen
die Mutter, die Schwiegermutter gegen die
Schwiegertochter und die Schwiegertoch-
ter gegen die Schwiegermutter.

Beurteilung der Zeit

54 [a]Er sprach aber zu der Menge: Wenn
ihr eine Wolke aufsteigen seht vom We-
sten her, so sagt ihr gleich: Es gibt Regen.
Und es geschieht so. *a (54-56)* Mt 16,2.3
55 Und wenn der Südwind weht, so sagt ihr:
Es wird heiß werden. Und es geschieht so.
56 Ihr Heuchler! Über das Aussehen der
Erde und des Himmels könnt ihr urteilen;
warum aber könnt ihr über diese Zeit nicht
urteilen?
57 ¶ Warum aber urteilt ihr nicht auch
von euch aus darüber, was recht ist?
58 [a]Denn wenn du mit deinem Gegner
zum Gericht gehst, so bemühe dich auf
dem Wege, von ihm loszukommen, damit
er nicht etwa dich vor den Richter ziehe,
und der Richter überantworte dich dem
Gerichtsdiener, und der Gerichtsdiener
werfe dich ins Gefängnis.

a (58 und 59) Mt 5,25.26

59 Ich sage dir: Du wirst von dort nicht
herauskommen, bis du den allerletzten
Heller bezahlt hast.

Der Untergang der Galiläer. Der Turm von Siloah

13 Es kamen aber zu der Zeit einige,
die berichteten ihm von den Gali-
läern, deren Blut Pilatus mit ihren Opfern
vermischt hatte.
2 Und Jesus antwortete und sprach zu
ihnen: Meint ihr, daß diese Galiläer mehr
gesündigt haben als alle andern Galiläer,
weil sie das erlitten haben?[a] *a* Joh 9,2
3 Ich sage euch: Nein; sondern wenn ihr
nicht Buße tut, werdet ihr alle auch so
umkommen.
4 Oder meint ihr, daß die achtzehn, auf
die der Turm in Siloah fiel und erschlug
sie, schuldiger gewesen sind als alle an-
dern Menschen, die in Jerusalem wohnen?
5 Ich sage euch: Nein; sondern wenn ihr
nicht Buße tut, werdet ihr alle auch so
umkommen.

Das Gleichnis vom Feigenbaum

6 Er sagte ihnen aber dies Gleichnis: Es
hatte einer einen Feigenbaum, der war ge-
pflanzt in seinem Weinberg, und er kam
und [a]suchte Frucht darauf und fand
keine. *a* Mt 21,19
7 Da sprach er zu dem Weingärtner:
Siehe, ich bin nun drei Jahre lang gekom-
men und habe Frucht gesucht an diesem
Feigenbaum und finde keine. So hau ihn
ab! Was nimmt er dem Boden die Kraft?
8 Er aber antwortete und sprach zu ihm:
Herr, laß ihn noch dies Jahr, bis ich um
ihn grabe und ihn dünge;[a] *a* 2.Petr 3,9.15
9 vielleicht bringt er doch noch Frucht;
wenn aber nicht, so hau ihn ab.[a] *a* Kap 3,9

Die Heilung einer verkrümmten Frau am Sabbat

10 [a]Und er lehrte in einer Synagoge am
Sabbat. *a (10-17)* Kap 6,6-11
11 Und siehe, eine Frau war da, die hatte

seit achtzehn Jahren einen Geist, der sie
krank machte; und sie war verkrümmt und
konnte sich nicht mehr aufrichten.
12 Als aber Jesus sie sah, rief er sie zu sich
und sprach zu ihr: Frau, sei frei von deiner
Krankheit!
13 Und legte die Hände auf sie; und so-
gleich richtete sie sich auf und pries Gott.
14 Da antwortete der Vorsteher der Syn-
agoge, denn er war unwillig, daß Jesus am
Sabbat heilte, und sprach zu dem Volk: Es
sind [a] sechs Tage, an denen man arbeiten
soll; an denen kommt und laßt euch hei-
len, aber nicht am Sabbattag.
a 2.Mose 20,9.10
15 Da antwortete ihm der Herr und sprach:
Ihr Heuchler! Bindet nicht jeder von euch
am Sabbat seinen Ochsen oder seinen Esel
von der Krippe los und führt ihn zur Trän-
ke?[a] *a* Kap 14,5
16 Sollte dann nicht diese, die doch [a] Abra-
hams Tochter ist, die der Satan schon acht-
zehn Jahre gebunden hatte, am Sabbat von
dieser Fessel gelöst werden? *a* Kap 19,9
17 Und als er das sagte, mußten sich schä-
men alle, die gegen ihn gewesen waren.
Und alles Volk freute sich über alle herrli-
chen Taten, die durch ihn geschahen.

Vom Senfkorn und vom Sauerteig

(Mt 13,31-33; Mk 4,30-32)

18 Er aber sprach: Wem gleicht das Reich
Gottes, und womit soll ich's vergleichen?
19 Es gleicht einem Senfkorn, das ein
Mensch nahm und in seinen Garten säte;
und es wuchs und wurde ein Baum, und
die Vögel des Himmels wohnten in sei-
nen Zweigen.
20 ¶Und wiederum sprach er: Womit soll
ich das Reich Gottes vergleichen?
21 Es gleicht einem Sauerteig, den eine
Frau nahm und unter einen halben Zent-
ner Mehl mengte, bis es ganz durchsäuert
war.

Von der engen Pforte und der verschlossenen Tür

22 Und er ging durch Städte und Dörfer
und lehrte und nahm seinen Weg nach
Jerusalem.
23 Es sprach aber einer zu ihm: Herr,
meinst du, daß nur wenige selig werden?
Er aber sprach zu ihnen:
24 Ringt darum, [a] daß ihr durch die enge
Pforte hineingeht; denn viele, das sage ich
euch, werden danach trachten, wie sie hin-
einkommen, und werden's nicht kön-
nen. *a* Mt 7,13.14
25 Wenn der Hausherr aufgestanden ist
und die Tür verschlossen hat, und ihr an-
fangt, draußen zu stehen und an die Tür
zu klopfen und zu sagen: Herr, tu uns auf!,
dann wird er antworten und zu euch sa-
gen: [a] Ich kenne euch nicht; wo seid ihr
her? *a* Mt 25,11.12
26 [a] Dann werdet ihr anfangen zu sagen:
Wir haben vor dir gegessen und getrun-
ken, und auf unsern Straßen hast du ge-
lehrt. *a (26 und 27)* Mt 7,22.23
27 Und er wird zu euch sagen: Ich kenne
euch nicht; wo seid ihr her? Weicht alle
von mir, ihr Übeltäter!
28 [a] Da wird Heulen und Zähneklappern
sein, wenn ihr sehen werdet Abraham,
Isaak und Jakob und alle Propheten im
Reich Gottes, euch aber hinausgesto-
ßen. *a (28 und 29)* Mt 8,11.12
29 Und **es werden kommen von Osten und
von Westen, von Norden und von Süden, die
[a] zu Tisch sitzen werden im Reich Gottes.**
a Kap 14,15
30 Und siehe, es sind Letzte, die werden
die Ersten sein, und sind Erste, die wer-
den die Letzten sein.[a] *a* Mt 19,30

Die Feindschaft des Herodes

31 Zu dieser Stunde kamen einige Phari-
säer und sprachen zu ihm: Mach dich auf
und geh weg von hier; denn Herodes will
dich töten.
32 Und er sprach zu ihnen: Geht hin und
sagt diesem Fuchs: Siehe, ich treibe böse
Geister aus und mache gesund heute und
morgen, und am dritten Tage werde ich
vollendet sein.
33 Doch muß ich heute und morgen und
am folgenden Tage noch wandern; denn
es geht nicht an, daß ein Prophet um-
komme außerhalb von Jerusalem.

Jesu Klage über Jerusalem

(Mt 23,37-39)

34 [a] Jerusalem, Jerusalem, die du tötest die
Propheten und steinigst, die zu dir gesandt
werden, wie oft habe ich deine Kinder ver-
sammeln wollen wie eine Henne ihre Kü-
ken unter ihre Flügel, und ihr habt nicht
gewollt! *a (34 und 35)* Kap 19,41-44
35 Seht, »euer Haus soll euch wüst gelas-
sen werden« (Jeremia 22,5; Psalm 69,26).
Aber ich sage euch: Ihr werdet mich nicht

mehr sehen, bis die Zeit kommt, da ihr
sagen werdet: [a]Gelobt ist, der da kommt
in dem Namen des Herrn! *a* Ps 118,26

Die Heilung eines Wassersüchtigen am Sabbat

14 Und es begab sich, daß er an einem
Sabbat in das Haus eines Oberen der
Pharisäer kam, das Brot zu essen, und sie
belauerten ihn.[a] *a* Kap 6,6-11; 11,37
2 Und siehe, da war ein Mensch vor ihm,
der war wassersüchtig.
3 Und Jesus fing an und sagte zu den
Schriftgelehrten und Pharisäern: Ist's er-
laubt, am Sabbat zu heilen oder nicht?
4 Sie aber schwiegen still. Und er faßte
ihn an und heilte ihn und ließ ihn gehen.
5 Und er sprach zu ihnen: Wer ist unter
euch, dem sein Sohn oder sein Ochse in
den Brunnen fällt und der ihn nicht als-
bald herauszieht, auch am Sabbat?[a]
a Kap 13,15; Mt 12,11
6 Und sie konnten ihm darauf keine Ant-
wort geben.

Von Rangordnung und Auswahl der Gäste

7 Er sagte aber ein Gleichnis zu den Gä-
sten, als er merkte, [a]wie sie suchten,
obenan zu sitzen, und sprach zu ihnen:
a Mt 23,6
8 [a]Wenn du von jemandem zur Hochzeit
geladen bist, so setze dich nicht obenan;
denn es könnte einer eingeladen sein, der
vornehmer ist als du, *a (8-10)* Spr 25,6.7
9 und dann kommt der, der dich und ihn
eingeladen hat, und sagt zu dir: Weiche
diesem!, und du mußt dann beschämt un-
tenan sitzen.
10 Sondern wenn du eingeladen bist, so
geh hin und setz dich untenan, damit,
wenn der kommt, der dich eingeladen hat,
er zu dir sagt: Freund, rücke hinauf! Dann
wirst du Ehre haben vor allen, die mit dir
zu Tisch sitzen.
11 Denn **wer sich selbst erhöht, der soll er-
niedrigt werden; und wer sich selbst ernied-
rigt, der soll erhöht werden.**[a]
a Kap 18,14; Mt 23,12; Jak 4,6.10
12 ¶ Er sprach aber auch zu dem, der ihn
eingeladen hatte: Wenn du ein Mittags-
oder Abendmahl machst, so lade weder
deine Freunde noch deine Brüder noch
deine Verwandten noch reiche Nachbarn
ein, damit sie dich nicht etwa wieder ein-
laden und dir vergolten wird.
13 [a]Sondern wenn du ein Mahl machst, so
lade Arme, Verkrüppelte, Lahme und
Blinde ein, *a (13 und 14)* 5.Mose 14,29
14 dann wirst du selig sein, denn sie haben
nichts, um es dir zu vergelten; es wird dir
aber vergolten werden bei der [a]Auferste-
hung der Gerechten.
a Weish 5,16; 1.Kor 15,23; Apg 24,15

Das große Abendmahl

(Mt 22,1-10)

15 Als aber einer das hörte, der mit zu
Tisch saß, sprach er zu Jesus: Selig ist,
der das [a]Brot ißt im Reich Gottes!
a Kap 13,29
16 ¶ Er aber sprach zu ihm: Es war ein
Mensch, der machte ein großes Abend-
mahl und lud viele dazu ein.
17 Und er sandte seinen Knecht aus zur
Stunde des Abendmahls, den Geladenen
zu sagen: **Kommt, denn es ist alles bereit!**
18 Und sie fingen an alle nacheinander,
sich zu entschuldigen. Der erste sprach zu
ihm: Ich habe einen Acker gekauft und
muß hinausgehen und ihn besehen; ich
bitte dich, entschuldige mich.
19 Und der zweite sprach: Ich habe fünf
Gespanne Ochsen gekauft, und ich gehe
jetzt hin, sie zu besehen; ich bitte dich,
entschuldige mich.
20 Und der dritte sprach: Ich habe eine
Frau genommen; darum kann ich nicht
kommen.[a] *a* 1.Kor 7,33
21 Und der Knecht kam zurück und sagte
das seinem Herrn. Da wurde der Haus-
herr zornig und sprach zu seinem Knecht:
Geh schnell hinaus auf die Straßen und
Gassen der Stadt und führe die Armen,
Verkrüppelten, Blinden und Lahmen her-
ein.
22 Und der Knecht sprach: Herr, es ist ge-
schehen, was du befohlen hast; es ist aber
noch Raum da.
23 Und der Herr sprach zu dem Knecht:
Geh hinaus auf die Landstraßen und an
die Zäune und nötige sie hereinzukom-
men, daß mein Haus voll werde.
24 Denn ich sage euch, daß keiner der
Männer, die eingeladen waren, mein
Abendmahl schmecken wird.

Von Nachfolge und Selbstverleugnung

25 Es ging aber eine große Menge mit ihm;
und er wandte sich um und sprach zu
ihnen:

[26]Wenn jemand zu mir kommt und haßt
nicht seinen Vater, Mutter, Frau, Kinder,
Brüder, Schwestern und dazu sich selbst,
der kann nicht mein Jünger sein.[a]

[a] Kap 18,29.30; 5.Mose 33,9; 1.Kor 7,29

[27]Und wer nicht sein Kreuz trägt und mir
nachfolgt, der kann nicht mein Jünger
sein.[a] [a] Kap 9,23

[28]Denn wer ist unter euch, der einen
Turm bauen will und setzt sich nicht zu-
vor hin und überschlägt die Kosten, ob er
genug habe, um es auszuführen, –
[29]damit nicht, wenn er den Grund gelegt
hat und kann's nicht ausführen, alle, die es
sehen, anfangen, über ihn zu spotten,
[30]und sagen: Dieser Mensch hat angefan-
gen zu bauen und kann's nicht ausführen?
[31]Oder welcher König will sich auf einen
Krieg einlassen gegen einen andern König
und setzt sich nicht zuvor hin und hält
Rat, ob er mit Zehntausend dem begeg-
nen kann, der über ihn kommt mit Zwan-
zigtausend?
[32]Wenn nicht, so schickt er eine Gesandt-
schaft, solange jener noch fern ist, und bit-
tet um Frieden.
[33]So auch jeder unter euch, der sich nicht
lossagt von allem, was er hat, der kann
nicht mein Jünger sein.[a] [a] Kap 9,62
[34]¶ Das Salz ist etwas Gutes; wenn aber
das Salz nicht mehr salzt, womit soll man
würzen?[a] [a] Mt 5,13; Mk 9,50
[35]Es ist weder für den Acker noch für
den Mist zu gebrauchen, sondern man
wird's wegwerfen. Wer Ohren hat zu hö-
ren, der höre!

Vom verlorenen Schaf

15 Es nahten sich ihm aber allerlei Zöll-
ner und Sünder, um ihn zu hören.
[2]Und die Pharisäer und Schriftgelehrten
murrten und sprachen: [a]Dieser nimmt die
Sünder an und ißt mit ihnen. [a] Kap 5,30; 19,7
[3]Er sagte aber zu ihnen dies Gleichnis
und sprach:
[4][a]Welcher Mensch ist unter euch, der
hundert Schafe hat und, wenn er **eins** von
ihnen verliert, nicht die neunundneunzig
in der Wüste läßt und geht dem verlore-
nen nach, bis er's findet?[b]

[a] *(4-7)* Mt 18,12-14 [b] Kap 19,10; Hes 34,12; Joh 10,11.12

[5]Und wenn er's gefunden hat, so legt er
sich's auf die Schultern voller Freude.
[6]Und wenn er heimkommt, ruft er seine
Freunde und Nachbarn und spricht zu
ihnen: Freut euch mit mir; denn ich habe
mein Schaf gefunden, das verloren war.
[7]Ich sage euch: So wird auch Freude im
Himmel sein über **einen** Sünder, der Buße
tut, mehr als über neunundneunzig Ge-
rechte, die der Buße nicht bedürfen.

Vom verlorenen Groschen

[8]Oder welche Frau, die zehn Silbergro-
schen hat und **einen** davon verliert, zündet
nicht ein Licht an und kehrt das Haus
und sucht mit Fleiß, bis sie ihn findet?
[9]Und wenn sie ihn gefunden hat, ruft sie
ihre Freundinnen und Nachbarinnen und
spricht: Freut euch mit mir; denn ich habe
meinen Silbergroschen gefunden, den ich
verloren hatte.
[10]**So, sage ich euch, wird Freude sein vor
den Engeln Gottes über e i n e n Sünder, der
Buße tut.**

Vom verlorenen Sohn

[11]Und er sprach: Ein Mensch hatte zwei
Söhne.
[12]Und der jüngere von ihnen sprach zu
dem Vater: Gib mir, Vater, das Erbteil, das
mir zusteht. Und er teilte Hab und Gut
unter sie.
[13]Und nicht lange danach sammelte der
jüngere Sohn alles zusammen und zog in
ein fernes Land; und dort [a]brachte er sein
Erbteil durch mit Prassen. [a] Spr 29,3
[14]Als er nun all das Seine verbraucht
hatte, kam eine große Hungersnot über
jenes Land, und er fing an zu darben
[15]und ging hin und hängte sich an einen
Bürger jenes Landes; der schickte ihn auf
seinen Acker, die Säue zu hüten.
[16]Und er begehrte, seinen Bauch zu fül-
len mit den Schoten, die die Säue fraßen;
und niemand gab sie ihm.[a] [a] Spr 23,21
[17]Da ging er in sich und sprach: Wie viele
Tagelöhner hat mein Vater, die Brot in
Fülle haben, und ich verderbe hier im
Hunger!
[18]Ich will mich aufmachen und zu mei-
nem Vater gehen und zu ihm sagen: Vater,
ich habe gesündigt gegen den Himmel und
vor dir.[a] [a] Ps 51,6; Jer 3,12.13
[19]Ich bin hinfort nicht mehr wert, daß ich
dein Sohn heiße; mache mich zu einem
deiner Tagelöhner!
[20]Und er machte sich auf und kam zu

seinem Vater. Als er aber noch weit ent-
fernt war, sah ihn sein Vater, und es jam-
merte ihn; er lief und fiel ihm um den
Hals und küßte ihn.
21 Der Sohn aber sprach zu ihm: **Vater, ich
habe gesündigt gegen den Himmel und vor
dir; ich bin hinfort nicht mehr wert, daß ich
dein Sohn heiße.**
22 Aber der Vater sprach zu seinen Knech-
ten: Bringt schnell das beste Gewand her
und zieht es ihm an und gebt ihm einen
Ring an seine Hand und Schuhe an seine
Füße
23 und bringt das gemästete Kalb und
schlachtet's; laßt uns essen und fröhlich
sein!
24 Denn **dieser [a] mein Sohn war tot und ist
wieder lebendig geworden; er war verloren
und ist gefunden worden.** Und sie fingen
an, fröhlich zu sein. *a* Eph 2,5
25 ¶ Aber der ältere Sohn war auf dem
Feld. Und als er nahe zum Hause kam,
hörte er Singen und Tanzen
26 und rief zu sich einen der Knechte und
fragte, was das wäre.
27 Der aber sagte ihm: Dein Bruder ist
gekommen, und dein Vater hat das gemä-
stete Kalb geschlachtet, weil er ihn gesund
wiederhat.
28 [a] Da wurde er zornig und wollte nicht
hineingehen. Da ging sein Vater heraus
und bat ihn. *a (28-32)* Mt 20,15
29 Er antwortete aber und sprach zu sei-
nem Vater: Siehe, so viele Jahre diene ich
dir und habe dein Gebot noch nie über-
treten, und du hast mir nie einen Bock
gegeben, daß ich mit meinen Freunden
fröhlich gewesen wäre.
30 Nun aber, da dieser dein Sohn gekom-
men ist, der dein Hab und Gut mit Huren
verpraßt hat, hast du ihm das gemästete
Kalb geschlachtet.
31 Er aber sprach zu ihm: Mein Sohn, du
bist allezeit bei mir, und alles, was mein
ist, das ist dein.
32 Du solltest aber fröhlich und guten
Mutes sein; denn dieser dein Bruder war
tot und ist wieder lebendig geworden, er
war verloren und ist wiedergefunden.

Vom unehrlichen Verwalter

16 Er sprach aber auch zu den Jüngern:
Es war ein reicher Mann, der hatte
einen Verwalter; der wurde bei ihm be-
schuldigt, er verschleudere ihm seinen
Besitz.
2 Und er ließ ihn rufen und sprach zu ihm:
Was höre ich da von dir? Gib Rechen-
schaft über deine Verwaltung; denn du
kannst hinfort nicht Verwalter sein.
3 Der Verwalter sprach bei sich selbst:
Was soll ich tun? Mein Herr nimmt mir
das Amt; graben kann ich nicht, auch
schäme ich mich zu betteln.
4 Ich weiß, was ich tun will, damit sie
mich in ihre Häuser aufnehmen, wenn ich
von dem Amt abgesetzt werde.
5 Und er rief zu sich die Schuldner seines
Herrn, einen jeden für sich, und fragte den
ersten: Wieviel bist du meinem Herrn
schuldig?
6 Er sprach: Hundert Eimer Öl. Und er
sprach zu ihm: Nimm deinen Schuld-
schein, setz dich hin und schreib flugs
fünfzig.
7 Danach fragte er den zweiten: Du aber,
wieviel bist du schuldig? Er sprach: Hun-
dert Sack Weizen. Und er sprach zu ihm:
Nimm deinen Schuldschein und schreib
achtzig.
8 ¶ Und der Herr lobte den ungetreuen
Verwalter, weil er klug gehandelt hatte;
denn die [a] Kinder dieser Welt sind unter
ihresgleichen klüger als die Kinder des
Lichts. *a* Eph 5,8.9
9 Und ich sage euch: Macht euch Freunde
mit dem ungerechten Mammon, damit,
wenn er zu Ende geht, sie euch aufneh-
men in die ewigen Hütten.[a]
a Kap 14,14; Mt 6,20; 19,21

Von der Treue

10 **Wer [a] im Geringsten treu ist, der ist auch
im Großen treu; und wer im Geringsten un-
gerecht ist, der ist auch im Großen unge-
recht.** *a* Kap 19,17
11 Wenn ihr nun mit dem ungerechten
Mammon nicht treu seid, wer wird euch
das wahre Gut anvertrauen?
12 Und wenn ihr mit dem fremden Gut
nicht treu seid, wer wird euch geben, was
euer ist?
13 Kein Knecht kann zwei Herren dienen;
entweder er wird den einen hassen und
den andern lieben, oder er wird an dem
einen hängen und den andern verachten.
Ihr könnt nicht Gott dienen und dem
Mammon.[a] *a* Mt 6,24

Die Selbstgerechtigkeit der Pharisäer. Das Gesetz

14 Das alles hörten die Pharisäer. Die wa-
ren geldgierig und spotteten über ihn.
15 Und er sprach zu ihnen: Ihr seid's, die
ihr [a] euch selbst rechtfertigt vor den Men-
schen; aber Gott kennt eure Herzen; denn
was hoch ist bei den Menschen, das ist ein
Greuel vor Gott. *a* Kap 18,9-14
16 ¶ [a] Das Gesetz und die Propheten rei-
chen bis zu Johannes. Von da an wird das
Evangelium vom Reich Gottes gepredigt,
und jedermann drängt sich mit Gewalt
hinein. *a* Mt 11,12.13
17 Es ist aber leichter, daß Himmel und
Erde vergehen, als daß ein [a] Tüpfelchen
vom Gesetz fällt. *a* Mt 5,18
18 Wer sich scheidet von seiner Frau und
heiratet eine andere, der bricht die Ehe;
und wer die von ihrem Mann Geschie-
dene heiratet, der bricht auch die Ehe.[a]
a Mt 5,32; 19,9

Vom reichen Mann und armen Lazarus

19 Es war aber ein reicher Mann, der klei-
dete sich in Purpur und kostbares Leinen
und lebte alle Tage herrlich und in Freu-
den.
20 Es war aber ein Armer mit Namen La-
zarus, der lag vor seiner Tür voll von Ge-
schwüren
21 und begehrte, sich zu sättigen mit dem,
was von des Reichen Tisch fiel; dazu ka-
men auch die Hunde und leckten seine
Geschwüre.
22 Es begab sich aber, daß der Arme starb,
und er wurde von den Engeln getragen in
Abrahams Schoß. Der Reiche aber starb
auch und wurde begraben.
23 Als er nun in der Hölle war, hob er seine
Augen auf in seiner Qual und sah Abra-
ham von ferne und Lazarus in seinem
Schoß.
24 Und er rief: Vater Abraham, erbarme
dich meiner und sende Lazarus, damit er
die Spitze seines Fingers ins Wasser tau-
che und mir die Zunge kühle; denn ich
leide Pein in diesen Flammen.
25 Abraham aber sprach: Gedenke, Sohn,
daß du [a] dein Gutes empfangen hast in
deinem Leben, Lazarus dagegen hat Böses
empfangen; nun wird er hier getröstet, und
du wirst gepeinigt. *a* Kap 6,24
26 Und überdies besteht zwischen uns und
euch eine große Kluft, daß niemand, der
von hier zu euch hinüber will, dorthin
kommen kann und auch niemand von dort
zu uns herüber.
27 Da sprach er: So bitte ich dich, Vater,
daß du ihn sendest in meines Vaters Haus;
28 denn ich habe noch fünf Brüder, die
soll er warnen, damit sie nicht auch kom-
men an diesen Ort der Qual.
29 Abraham sprach: Sie haben Mose und
die Propheten; die sollen sie hören.[a]
a 2.Tim 3,16
30 Er aber sprach: Nein, Vater Abraham,
sondern wenn einer von den Toten zu
ihnen ginge, so würden sie Buße tun.
31 Er sprach zu ihm: Hören sie Mose und
die Propheten nicht, so werden sie sich
auch nicht überzeugen lassen, wenn je-
mand von den Toten auferstünde.

Von Verführung zum Abfall. Von der Vergebung

(Mt 18,6.7.15.21.22; Mk 9,42)

17 [a] Er sprach aber zu seinen Jüngern:
Es ist unmöglich, daß keine Verfüh-
rungen kommen; aber weh dem, durch
den sie kommen! *a (1 und 2)* Mt 18,6.7
2 Es wäre besser für ihn, daß man einen
Mühlstein an seinen Hals hängte und
würfe ihn ins Meer, als daß er einen dieser
Kleinen zum Abfall verführt.
3 Hütet euch!
¶ Wenn dein Bruder sündigt, so weise ihn
zurecht; und wenn er es bereut, vergib
ihm.[a] *a* Mt 18,15
4 Und wenn er siebenmal am Tag an dir
sündigen würde und siebenmal wieder zu
dir käme und spräche: Es reut mich!, so
sollst du ihm vergeben.[a] *a* Mt 18,21.22

Von der Kraft des Glaubens

5 Und die Apostel sprachen zu dem
Herrn: Stärke uns den Glauben!
6 Der Herr aber sprach: Wenn ihr Glau-
ben hättet so groß wie ein Senfkorn, dann
könntet ihr zu diesem Maulbeerbaum sa-
gen: Reiß dich aus und versetze dich ins
Meer!, und er würde euch gehorchen.[a]
a Mt 17,20; 21,21

Vom Knechtslohn

7 Wer unter euch hat einen Knecht, der
pflügt oder das Vieh weidet, und sagt ihm,
wenn der vom Feld heimkommt: Komm
gleich her und setz dich zu Tisch?

8 Wird er nicht vielmehr zu ihm sagen: Bereite mir das Abendessen, schürze dich und diene mir, bis ich gegessen und getrunken habe; danach sollst du auch essen und trinken?

9 Dankt er etwa dem Knecht, daß er getan hat, was befohlen war?

10 So auch ihr! Wenn ihr alles getan habt, was euch befohlen ist, so sprecht: Wir sind unnütze Knechte; [a]wir haben getan, was wir zu tun schuldig waren. *a* 1.Kor 9,16

Die zehn Aussätzigen

11 Und es begab sich, [a]als er nach Jerusalem wanderte, daß er durch Samarien und Galiläa hin zog. *a* Kap 9,51; 13,22

12 Und als er in ein Dorf kam, begegneten ihm zehn aussätzige Männer; [a]die standen von ferne *a* 3.Mose 13,45.46

13 und erhoben ihre Stimme und sprachen: Jesus, lieber Meister, erbarme dich unser!

14 Und als er sie sah, sprach er zu ihnen: [a]Geht hin und zeigt euch den Priestern! Und es geschah, als sie hingingen, da wurden sie rein. *a* Kap 5,14

15 Einer aber unter ihnen, als er sah, daß er gesund geworden war, kehrte er um und pries Gott mit lauter Stimme

16 und fiel nieder auf sein Angesicht zu Jesu Füßen und dankte ihm. Und das war ein Samariter.

17 Jesus aber antwortete und sprach: Sind nicht die zehn rein geworden? Wo sind aber die neun?

18 Hat sich sonst keiner gefunden, der wieder umkehrte, um Gott die Ehre zu geben, als nur dieser Fremde?

19 Und er sprach zu ihm: Steh auf, geh hin; [a]dein Glaube hat dir geholfen. *a* Kap 7,50

Vom Kommen des Gottesreiches

(Mt 24; Mk 13)

20 Als er aber von den Pharisäern gefragt wurde: Wann kommt das Reich Gottes?, antwortete er ihnen und sprach: [a]Das Reich Gottes kommt nicht so, daß man's beobachten kann; *a* Joh 18,36

21 man wird auch nicht sagen: Siehe, hier ist es! Oder: Da ist es! Denn **siehe, das Reich Gottes ist mitten unter euch.***

* Luther übersetzte Vers 20b.21: »Das Reich Gottes kommt nicht mit äußerlichen Gebärden ... sehet, das Reich Gottes ist inwendig in euch«.

22 ¶ Er sprach aber zu den Jüngern: Es wird die Zeit kommen, in der ihr begehren werdet, zu sehen einen der Tage des Menschensohns, und werdet ihn nicht sehen.

23 Und sie werden zu euch sagen: Siehe, da! Oder: Siehe, hier! Geht nicht hin und lauft ihnen nicht nach![a] *a* Kap 21,8

24 Denn wie der Blitz aufblitzt und leuchtet von einem Ende des Himmels bis zum andern, so wird der Menschensohn an seinem Tage sein.

25 Zuvor aber muß er viel leiden und verworfen werden von diesem Geschlecht.[a] *a* Kap 9,22

26 Und wie es geschah [a]zu den Zeiten Noahs, so wird's auch geschehen in den Tagen des Menschensohns: *a* 1.Mose 6,9–7,23

27 Sie aßen, sie tranken, sie heirateten, sie ließen sich heiraten bis zu dem Tag, an dem Noah in die Arche ging und die Sintflut kam und brachte sie alle um.

28 Ebenso, wie es geschah [a]zu den Zeiten Lots: Sie aßen, sie tranken, sie kauften, sie verkauften, sie pflanzten, sie bauten; *a* 1.Mose 19,15.24.25

29 an dem Tage aber, als Lot aus Sodom ging, da regnete es Feuer und Schwefel vom Himmel und brachte sie alle um.

30 Auf diese Weise wird's auch gehen an dem Tage, wenn der Menschensohn wird offenbar werden.

31 ¶ Wer an jenem Tage auf dem Dach ist und seine Sachen im Haus hat, der steige nicht hinunter, um sie zu holen. Und ebenso, wer auf dem Feld ist, der wende sich nicht um nach dem, was hinter ihm ist.

32 Denkt an [a]Lots Frau! *a* 1.Mose 19,26

33 Wer sein Leben zu erhalten sucht, der wird es verlieren; und wer es verlieren wird, der wird es gewinnen.[a] *a* Kap 9,24

34 Ich sage euch: In jener Nacht werden zwei auf **einem** Bett liegen; der eine wird angenommen, der andere wird preisgegeben werden.

35 Zwei Frauen werden miteinander Korn mahlen; die eine wird angenommen, die andere wird preisgegeben werden.*

* Vers 36 findet sich erst in der späteren Überlieferung: »Zwei werden auf dem Felde sein; der eine wird angenommen, der andere wird preisgegeben werden« (vgl. Mt 24,40).

37 Und sie fingen an und fragten ihn: Herr, wo? Er aber sprach zu ihnen: Wo das Aas ist, da sammeln sich auch die Geier.

Von der bittenden Witwe

18 Er sagte ihnen aber ein Gleichnis
darüber, daß sie [a]allezeit beten und
nicht nachlassen sollten, *a* 1.Thess 5,17
2 und sprach: Es war ein Richter in ei-
ner Stadt, der fürchtete sich nicht vor
Gott und scheute sich vor keinem Men-
schen.
3 Es war aber eine Witwe in derselben
Stadt, die kam zu ihm und sprach: Schaffe
mir Recht gegen meinen Widersacher!
4 Und er wollte lange nicht. Danach aber
dachte er bei sich selbst: Wenn ich mich
schon vor Gott nicht fürchte noch vor kei-
nem Menschen scheue,
5 will ich doch dieser Witwe, [a]weil sie mir
soviel Mühe macht, Recht schaffen, damit
sie nicht zuletzt komme und mir ins Ge-
sicht schlage. *a* Kap 11,7.8
6 ¶ Da sprach der Herr: Hört, was der un-
gerechte Richter sagt!
7 **Sollte Gott nicht auch Recht schaffen
seinen Auserwählten, die zu ihm Tag und
Nacht rufen, und sollte er's bei ihnen lange
hinziehen?**
8 **Ich sage euch: Er wird ihnen Recht schaf-
fen in Kürze.** Doch wenn der Menschen-
sohn kommen wird, meinst du, er werde
Glauben finden auf Erden?

Vom Pharisäer und Zöllner

9 Er sagte aber zu einigen, die [a]sich
anmaßten, fromm zu sein, und verach-
teten die andern, dies Gleichnis:
a Röm 10,3
10 Es gingen zwei Menschen hinauf in den
Tempel, um zu beten, der eine ein Phari-
säer, der andere ein Zöllner.
11 [a]Der Pharisäer stand für sich und be-
tete so: Ich danke dir, Gott, daß ich nicht
bin wie die andern Leute, Räuber, Betrü-
ger, Ehebrecher oder auch wie dieser Zöll-
ner. *a (11 und 12)* Jes 58,2.3
12 Ich faste zweimal in der Woche und
[a]gebe den Zehnten von allem, was ich ein-
nehme. *a* Mt 23,23
13 Der Zöllner aber stand ferne, wollte
auch die Augen nicht aufheben zum Him-
mel, sondern schlug an seine Brust und
sprach: **Gott, sei mir Sünder gnädig!**[a]
a Ps 51,3.19
14 Ich sage euch: [a]Dieser ging gerechtfer-
tigt hinab in sein Haus, nicht jener. Denn
**wer sich selbst erhöht, der wird erniedrigt
werden; und [b]wer sich selbst erniedrigt, der
wird erhöht werden.**
a Mt 21,31 *b* Kap 14,11; Mt 23,12

Die Segnung der Kinder

(Mt 19,13-15; Mk 10,13-16)

15 Sie brachten auch kleine Kinder zu ihm,
damit er sie anrühren sollte. Als das aber
die Jünger sahen, fuhren sie sie an.
16 Aber Jesus rief sie zu sich und sprach:
**Lasset die Kinder zu mir kommen und weh-
ret ihnen nicht, denn solchen gehört das
Reich Gottes.**
17 Wahrlich, ich sage euch: Wer nicht das
Reich Gottes annimmt wie ein Kind, der
wird nicht hineinkommen.

Die Gefahr des Reichtums (»Der reiche Jüngling«)

(Mt 19,16-26; Mk 10,17-27)

18 Und es fragte ihn ein Oberer und
sprach: Guter Meister, was muß ich tun,
damit ich das ewige Leben ererbe?[a]
a Kap 10,25-28
19 Jesus aber sprach zu ihm: Was nennst
du mich gut? Niemand ist gut als Gott
allein.
20 Du kennst die Gebote: [a]»Du sollst
nicht ehebrechen; du sollst nicht töten; du
sollst nicht stehlen; du sollst nicht falsch
Zeugnis reden; du sollst deinen Vater und
deine Mutter ehren!« *a* 2.Mose 20,12-16
21 Er aber sprach: Das habe ich alles ge-
halten von Jugend auf.
22 Als Jesus das hörte, sprach er zu ihm:
Es fehlt dir noch eines. Verkaufe alles, was
du hast, und gib's den Armen, so wirst du
einen [a]Schatz im Himmel haben, und
komm und folge mir nach! *a* Mt 6,20
23 Als er das aber hörte, wurde er traurig;
denn er war sehr reich.
24 ¶ Als aber Jesus sah, daß er traurig ge-
worden war, sprach er: Wie schwer kom-
men die Reichen in das Reich Gottes![a]
a Kap 19,9
25 Denn es ist leichter, daß ein Kamel
durch ein Nadelöhr gehe, als daß ein Rei-
cher in das Reich Gottes komme.
26 Da sprachen, die das hörten: Wer kann
dann selig werden?
27 Er aber sprach: Was bei den Menschen
unmöglich ist, das ist bei Gott möglich.

Der Lohn der Nachfolge

(Mt 19,27-30; Mk 10,28-31)

28 Da sprach Petrus: Siehe, wir haben, was wir hatten, verlassen und sind dir nachgefolgt.

29 Er aber sprach zu ihnen: Wahrlich, ich sage euch: Es ist niemand, der Haus oder Frau oder Brüder oder Eltern oder Kinder verläßt um des Reiches Gottes willen,

30 der es nicht vielfach wieder empfange in dieser Zeit und in der zukünftigen Welt das ewige Leben.

Die dritte Ankündigung von Jesu Leiden und Auferstehung

(Mt 20,17-19; Mk 10,32-34)

31 [a]Er nahm aber zu sich die Zwölf und sprach zu ihnen: Seht, wir gehen hinauf nach Jerusalem, und es wird alles vollendet werden, [b]was geschrieben ist durch die Propheten von dem Menschensohn.

a (31-33) Kap 9,22.44.45 *b* Jes 52,13–53,12

32 Denn er wird überantwortet werden den Heiden, und er wird verspottet und mißhandelt und angespien werden,

33 und sie werden ihn geißeln und töten; und am dritten Tage wird er auferstehen.

34 Sie aber begriffen nichts davon, und [a]der Sinn der Rede war ihnen verborgen, und sie verstanden nicht, was damit gesagt war.

a Kap 9,45; 24,45

Die Heilung eines Blinden bei Jericho

(Mt 20,29-34; Mk 10,46-52)

35 Es begab sich aber, als er in die Nähe von Jericho kam, daß ein Blinder am Wege saß und bettelte.

36 Als er aber die Menge hörte, die vorbeiging, forschte er, was das wäre.

37 Da berichteten sie ihm, Jesus von Nazareth gehe vorbei.

38 Und er rief: Jesus, du Sohn Davids, erbarme dich meiner!

39 Die aber vornean gingen, fuhren ihn an, er solle schweigen. Er aber schrie noch viel mehr: Du Sohn Davids, erbarme dich meiner!

40 Jesus aber blieb stehen und ließ ihn zu sich führen. Als er aber näher kam, fragte er ihn:

41 Was willst du, daß ich für dich tun soll? Er sprach: Herr, daß ich sehen kann.

42 Und Jesus sprach zu ihm: Sei sehend! [a]Dein Glaube hat dir geholfen.

a Kap 17,19

43 Und sogleich wurde er sehend und folgte ihm nach und pries Gott. Und alles Volk, das es sah, lobte Gott.

Zachäus

19 Und er ging nach Jericho hinein und zog hindurch.

2 Und siehe, da war ein Mann mit Namen Zachäus, der war ein Oberer der Zöllner und war reich.

3 Und er begehrte, Jesus zu sehen, wer er wäre, und konnte es nicht wegen der Menge; denn er war klein von Gestalt.

4 Und er lief voraus und stieg auf einen Maulbeerbaum, um ihn zu sehen; denn dort sollte er durchkommen.

5 Und als Jesus an die Stelle kam, sah er auf und sprach zu ihm: Zachäus, steig eilend herunter; denn ich muß heute in deinem Haus einkehren.

6 Und er stieg eilend herunter und nahm ihn auf mit Freuden.

7 Als sie das sahen, murrten sie alle und sprachen: Bei einem Sünder ist er eingekehrt.[a]

a Kap 15,2

8 Zachäus aber trat vor den Herrn und sprach: Siehe, Herr, die Hälfte von meinem Besitz gebe ich den Armen, und wenn ich jemanden betrogen habe, so gebe ich es vierfach zurück.[a]

a 2.Mose 21,37; Hes 33,14-16

9 Jesus aber sprach zu ihm: Heute ist diesem Hause Heil widerfahren, denn [a]auch er ist Abrahams Sohn.

a Kap 13,16

10 Denn **der Menschensohn ist gekommen, zu suchen und selig zu machen, was verloren ist.**[a]

a Kap 5,32; Hes 34,16; 1.Tim 1,15

Von den anvertrauten Pfunden

(Mt 25,14-30)

11 Als sie nun zuhörten, sagte er ein weiteres Gleichnis; denn er war nahe bei Jerusalem, und sie meinten, das Reich Gottes werde sogleich offenbar werden.

12 Und er sprach: Ein Fürst zog in ein fernes Land, um ein Königtum zu erlangen und dann zurückzukommen.

13 Der ließ zehn seiner Knechte rufen und gab ihnen zehn Pfund und sprach zu ihnen: Handelt damit, bis ich wiederkomme!

14 Seine Bürger aber waren ihm feind und schickten eine Gesandtschaft hinter ihm her und ließen sagen: [a]Wir wollen nicht, daß dieser über uns herrsche.

a Joh 1,11

15 Und es begab sich, als er wiederkam,
nachdem er das Königtum erlangt hatte,
da ließ er die Knechte rufen, denen er das
Geld gegeben hatte, um zu erfahren, was
ein jeder erhandelt hätte.
16 Da trat der erste herzu und sprach:
Herr, dein Pfund hat zehn Pfund eingebracht.
17 Und er sprach zu ihm: Recht so, du
tüchtiger Knecht; [a]weil du im Geringsten
treu gewesen bist, sollst du Macht haben
über zehn Städte. *a* Kap 16,10
18 Der zweite kam auch und sprach: Herr,
dein Pfund hat fünf Pfund erbracht.
19 Zu dem sprach er auch: Und du sollst
über fünf Städte sein.
20 Und der dritte kam und sprach: Herr,
siehe, hier ist dein Pfund, das ich in einem
Tuch verwahrt habe;
21 denn ich fürchtete mich vor dir, weil du
ein harter Mann bist; du nimmst, was du
nicht angelegt hast, und erntest, was du
nicht gesät hast.
22 Er sprach zu ihm: Mit deinen eigenen
Worten richte ich dich, du böser Knecht.
Wußtest du, daß ich ein harter Mann bin,
nehme, was ich nicht angelegt habe, und
ernte, was ich nicht gesät habe:
23 warum hast du dann mein Geld nicht
zur Bank gebracht? Und wenn ich zurückgekommen
wäre, hätte ich's mit Zinsen
eingefordert.
24 Und er sprach zu denen, die dabeistanden:
Nehmt das Pfund von ihm und gebt's
dem, der zehn Pfund hat.
25 Und sie sprachen zu ihm: Herr, er hat
doch schon zehn Pfund.
26 Ich sage euch aber: Wer da hat, dem
wird gegeben werden; von dem aber, der
nicht hat, wird auch das genommen werden,
was er hat.[a] *a* Kap 8,18; Mt 13,12
27 Doch diese meine Feinde, die nicht
wollten, daß ich ihr König werde, bringt
her und macht sie vor mir nieder.

Jesu Einzug in Jerusalem

(Mt 21,1-11; Mk 11,1-10; Joh 12,12-16)

28 Und als er das gesagt hatte, ging er
voran und zog hinauf nach Jerusalem.
29 Und es begab sich, als er nahe von Betfage
und Betanien an den Berg kam, der
Ölberg heißt, da sandte er zwei Jünger
30 und sprach: Geht hin in das Dorf, das
vor uns liegt. Und wenn ihr hineinkommt,
werdet ihr ein Füllen angebunden finden,
auf dem noch nie ein Mensch gesessen
hat; bindet es los und bringt's her!
31 Und wenn euch jemand fragt: Warum
bindet ihr es los?, dann sagt: Der Herr
bedarf seiner.
32 Und die er gesandt hatte, gingen hin
und fanden's, wie er ihnen gesagt hatte.
33 Als sie aber das Füllen losbanden, sprachen
seine Herren zu ihnen: Warum bindet
ihr das Füllen los?
34 Sie aber sprachen: Der Herr bedarf seiner.
35 Und sie brachten's zu Jesus und warfen
ihre Kleider auf das Füllen und setzten
Jesus darauf.
36 Als er nun hinzog, breiteten sie ihre
Kleider auf den Weg.
37 Und als er schon nahe am Abhang des
Ölbergs war, fing die ganze Menge der
Jünger an, mit Freuden Gott zu loben mit
lauter Stimme über alle Taten, die sie gesehen
hatten,
38 und sprachen: [a]**Gelobt sei, der da
kommt, der König, in dem Namen des
Herrn!** [b]Friede sei im Himmel und Ehre
in der Höhe! *a* Ps 118,26 *b* Kap 2,14
39 Und einige Pharisäer in der Menge
sprachen zu ihm: Meister, weise doch
deine Jünger zurecht!
40 Er antwortete und sprach: Ich sage
euch: Wenn diese schweigen werden, so
werden die Steine schreien.

Jesus weint über Jerusalem

41 Und als er nahe hinzukam, sah er die
Stadt und weinte über sie
42 und sprach: [a]Wenn doch auch du erkenntest
zu dieser Zeit, was zum Frieden
dient! [b]Aber nun ist's vor deinen Augen
verborgen. *a* Kap 13,34 *b* Mt 13,13.14
43 Denn es wird eine Zeit über dich kommen,
da werden deine Feinde um dich
einen Wall aufwerfen, dich belagern und
von allen Seiten bedrängen,
44 und werden dich dem Erdboden gleichmachen
samt deinen Kindern in dir und
[a]keinen Stein auf dem andern lassen in
dir, weil du die Zeit nicht erkannt hast, in
der du heimgesucht worden bist. *a* Kap 21,6

Die Tempelreinigung

(Mt 21,12-16; Mk 11,15-18; Joh 2,13-16)

45 Und er ging in den Tempel und fing an,
die Händler auszutreiben,
46 und sprach zu ihnen: Es steht geschrie-

ben (Jesaja 56,7): »Mein Haus soll ein Bethaus sein«; ihr aber habt es zur [a]Räuberhöhle gemacht. *a* Jer 7,11

47 Und er lehrte täglich im Tempel. Aber die Hohenpriester und Schriftgelehrten und die Angesehensten des Volkes trachteten danach, daß sie ihn umbrächten,

48 und fanden nicht, wie sie es machen sollten; denn das ganze Volk hing ihm an und hörte ihn.

Die Frage nach Jesu Vollmacht

(Mt 21,23-27; Mk 11,27-33)

20 Und es begab sich eines Tages, als er das Volk lehrte im Tempel und predigte das Evangelium, da traten zu ihm die Hohenpriester und Schriftgelehrten mit den Ältesten

2 und sprachen zu ihm: Sage uns, aus welcher Vollmacht tust du das? Oder wer hat dir diese Vollmacht gegeben?

3 Er aber antwortete und sprach zu ihnen: Ich will euch auch eine Sache fragen; sagt mir:

4 Die Taufe des Johannes – war sie vom Himmel oder von Menschen?

5 Sie aber bedachten's bei sich selbst und sprachen: Sagen wir, vom Himmel, so wird er sagen: Warum habt ihr ihm nicht geglaubt?[a] *a* Kap 7,29.30

6 Sagen wir aber, von Menschen, so wird uns alles Volk steinigen; denn sie sind überzeugt, daß Johannes ein Prophet war.

7 Und sie antworteten, sie wüßten nicht, wo sie her wäre.

8 Und Jesus sprach zu ihnen: So sage ich euch auch nicht, aus welcher Vollmacht ich das tue.

Von den bösen Weingärtnern

(Mt 21,33-46; Mk 12,1-12)

9 Er fing aber an, dem Volk dies Gleichnis zu sagen: Ein Mensch pflanzte einen Weinberg und verpachtete ihn an Weingärtner und ging außer Landes für eine lange Zeit.

10 [a]Und als die Zeit kam, sandte er einen Knecht zu den Weingärtnern, damit sie ihm seinen Anteil gäben an der Frucht des Weinbergs. Aber die Weingärtner schlugen ihn und schickten ihn mit leeren Händen fort. *a (10-12)* 2.Chr 36,15.16

11 Und er sandte noch einen zweiten Knecht; sie aber schlugen den auch und verhöhnten ihn und schickten ihn mit leeren Händen fort.

12 Und er sandte noch einen dritten; sie aber schlugen auch den blutig und stießen ihn hinaus.

13 Da sprach der Herr des Weinbergs: Was soll ich tun? Ich will meinen lieben Sohn senden; vor dem werden sie sich doch scheuen.

14 ¶ Als aber die Weingärtner den Sohn sahen, dachten sie bei sich selbst und sprachen: Das ist der Erbe; laßt uns ihn töten, damit das Erbe unser sei!

15 Und sie stießen ihn hinaus vor den Weinberg und töteten ihn. Was wird nun der Herr des Weinbergs mit ihnen tun?

16 Er wird kommen und diese Weingärtner umbringen und seinen Weinberg andern geben.

¶ Als sie das hörten, sprachen sie: Nur das nicht!

17 Er aber sah sie an und sprach: Was bedeutet dann das, was geschrieben steht (Psalm 118,22): »Der Stein, den die Bauleute verworfen haben, der ist zum Eckstein geworden«?

18 Wer auf diesen Stein fällt, der wird zerschellen; [a]auf wen er aber fällt, den wird er zermalmen. *a* Dan 2,34.35.44.45

19 Und die Schriftgelehrten und Hohenpriester trachteten danach, Hand an ihn zu legen noch in derselben Stunde, und [a]fürchteten sich doch vor dem Volk; denn sie hatten verstanden, daß er auf sie hin dies Gleichnis gesagt hatte. *a* Kap 19,48

Die Frage nach der Steuer (»Der Zinsgroschen«)

(Mt 22,15-22; Mk 12,13-17)

20 Und sie belauerten ihn und sandten Leute aus, die sich stellen sollten, als wären sie fromm; [a]die sollten ihn fangen in seinen Worten, damit man ihn überantworten könnte der Obrigkeit und Gewalt des Statthalters. *a* Kap 11,54; 23,2

21 Und sie fragten ihn und sprachen: Meister, wir wissen, daß du aufrichtig redest und lehrst und achtest nicht das Ansehen der Menschen, sondern du lehrst den Weg Gottes recht.

22 Ist's recht, daß wir dem Kaiser Steuern zahlen oder nicht?

23 Er aber merkte ihre List und sprach zu ihnen:

24 Zeigt mir einen Silbergroschen! Wessen Bild und Aufschrift hat er? Sie sprachen: Des Kaisers.

25 Er aber sprach zu ihnen: **So gebt dem Kaiser, was des Kaisers ist, und Gott, was Gottes ist!**[a] *a* Röm 13,1.7

26 Und sie konnten ihn in seinen Worten nicht fangen vor dem Volk und wunderten sich über seine Antwort und schwiegen still.

Die Frage nach der Auferstehung

(Mt 22,23-33.46; Mk 12,18-27.34)

27 Da traten zu ihm einige der Sadduzäer, die lehren, es gebe keine Auferstehung, und fragten ihn und sprachen:

28 Meister, Mose hat uns vorgeschrieben (5. Mose 25,5.6): »Wenn jemand stirbt, der eine Frau hat, aber keine Kinder, so soll sein Bruder sie zur Frau nehmen und seinem Bruder Nachkommen erwecken.«

29 Nun waren sieben Brüder. Der erste nahm eine Frau und starb kinderlos.

30 Und der zweite nahm sie,

31 und der dritte; desgleichen alle sieben, sie hinterließen keine Kinder und starben.

32 Zuletzt starb auch die Frau.

33 Nun in der Auferstehung: wessen Frau wird sie sein unter ihnen? Denn alle sieben haben sie zur Frau gehabt.

34 Und Jesus sprach zu ihnen: Die Kinder dieser Welt heiraten und lassen sich heiraten;

35 welche aber gewürdigt werden, jene Welt zu erlangen und die Auferstehung von den Toten, die werden weder heiraten noch sich heiraten lassen.

36 Denn sie können hinfort auch nicht sterben; denn sie sind den Engeln gleich und [a]Gottes Kinder, weil sie Kinder der Auferstehung sind. *a* 1. Joh 3,1.2

37 Daß aber die Toten auferstehen, darauf hat auch Mose gedeutet beim Dornbusch, wo er den Herrn nennt Gott Abrahams und Gott Isaaks und Gott Jakobs (2. Mose 3,6).

38 **Gott aber ist nicht ein Gott der Toten, sondern der Lebenden; denn [a]ihm leben sie alle.** *a* Röm 14,8

39 ¶Da antworteten einige der Schriftgelehrten und sprachen: Meister, du hast recht geredet.

40 Und sie wagten nicht mehr, ihn etwas zu fragen.

Die Frage nach dem Davidssohn

(Mt 22,41-44; Mk 12,35-37)

41 Er sprach aber zu ihnen: Wieso sagen sie, der Christus sei Davids Sohn?

42 Denn David selbst sagt im Psalmbuch (Psalm 110,1): »Der Herr sprach zu meinem Herrn: Setze dich zu meiner Rechten,

43 bis ich deine Feinde zum Schemel deiner Füße mache.«

44 David nennt ihn also einen Herrn; wie ist er dann sein Sohn?

Warnung vor den Schriftgelehrten

(Mt 23,5-7)

45 Als aber alles Volk zuhörte, sprach er zu seinen Jüngern:

46 Hütet euch vor den Schriftgelehrten, die es lieben, in langen Gewändern einherzugehen, und lassen sich gern grüßen auf dem Markt und [a]sitzen gern obenan in den Synagogen und bei Tisch; *a* Kap 11,43

47 sie fressen die Häuser der Witwen und verrichten zum Schein lange Gebete. Die werden ein um so härteres Urteil empfangen.

Das Scherflein der Witwe

(Mk 12,41-44)

21 Er blickte aber auf und sah, wie die Reichen ihre Opfer in den Gotteskasten einlegten.

2 Er sah aber auch eine arme Witwe, die legte dort zwei Scherflein ein.

3 Und er sprach: Wahrlich, ich sage euch: Diese arme Witwe hat mehr als sie alle eingelegt.

4 Denn diese alle haben etwas von ihrem Überfluß zu den Opfern eingelegt; sie aber hat von ihrer Armut alles eingelegt, was sie zum Leben hatte.[a] *a* 2. Kor 8,12

Jesu Rede über die Endzeit (Verse 5-36)

(Mt 24,1-36; Mk 13,1-32)

Das Ende des Tempels

5 Und als einige von dem Tempel sagten, daß er mit schönen Steinen und Kleinoden geschmückt sei, sprach er:

6 Es wird die Zeit kommen, in der von allem, was ihr seht, nicht ein Stein auf dem andern gelassen wird, der nicht zerbrochen werde.[a] *a* Kap 19,44

Die Vorzeichen

[7]Sie fragten ihn aber: Meister, wann wird
das geschehen? Und was wird das Zeichen
sein, wenn das geschehen wird?
[8]Er aber sprach: Seht zu, laßt euch nicht
verführen. Denn viele werden kommen
unter meinem Namen und sagen: Ich
bin's, und: Die Zeit ist herbeigekommen.
– Folgt ihnen nicht nach!
[9]Wenn ihr aber hören werdet von Krie-
gen und Aufruhr, so entsetzt euch nicht.
Denn das muß zuvor geschehen; aber das
Ende ist noch nicht so bald da.
[10]Dann sprach er zu ihnen: Ein Volk wird
sich erheben gegen das andere und ein
Reich gegen das andere,
[11]und es werden geschehen große Erdbe-
ben und hier und dort Hungersnöte und
Seuchen; auch werden Schrecknisse und
vom Himmel her große Zeichen gesche-
hen.

Die Verfolgung der Gemeinde

[12][a]Aber vor diesem allen werden sie
Hand an euch legen und euch verfolgen,
und werden euch überantworten den Syn-
agogen und Gefängnissen und euch vor
Könige und Statthalter führen um meines
Namens willen. *a (12-18)* Mt 10,18-22.30
[13]Das wird euch widerfahren zu einem
Zeugnis.
[14]So nehmt nun zu Herzen, [a]daß ihr euch
nicht vorher sorgt, wie ihr euch verant-
worten sollt. *a* Kap 12,11
[15]Denn ich will euch Mund und Weisheit
geben, der alle eure Gegner nicht wider-
stehen noch widersprechen können.[a]
a Apg 6,10
[16]Ihr werdet aber verraten werden von
Eltern, Brüdern, Verwandten und Freun-
den; und man wird einige von euch töten.
[17]Und ihr werdet gehaßt sein von jeder-
mann um meines Namens willen.
[18]Und kein Haar von eurem Haupt soll
verlorengehen.[a] *a* Kap 12,7
[19]Seid standhaft, und ihr werdet euer Le-
ben gewinnen.[a] * *a* Hebr 10,36

* Luther übersetzte: »Fasset eure Seelen mit Geduld.«

Das Ende Jerusalems

[20]Wenn ihr aber sehen werdet, daß Jeru-
salem von einem Heer belagert wird, dann
erkennt, daß seine Verwüstung nahe her-
beigekommen ist.
[21]Alsdann, wer in Judäa ist, der fliehe ins
Gebirge, und wer in der Stadt ist, gehe
hinaus, und wer auf dem Lande ist,
komme nicht herein.
[22]Denn das sind die [a]Tage der Vergel-
tung, daß erfüllt werde alles, was geschrie-
ben ist. *a* 5.Mose 32,35
[23]Weh aber den Schwangeren und den
Stillenden in jenen Tagen! Denn es wird
große Not auf Erden sein und Zorn über
dies Volk kommen,
[24]und sie werden fallen durch die Schärfe
des Schwertes und gefangen weggeführt
unter alle Völker, und [a]Jerusalem wird
zertreten werden von den Heiden, [b]bis die
Zeiten der Heiden erfüllt sind.
a Jes 63,18; Offb 11,2 *b* Röm 11,25

Das Kommen des Menschensohns

[25][a]Und es werden Zeichen geschehen an
Sonne und Mond und Sternen, und auf
Erden wird den Völkern bange sein, und
sie werden verzagen vor dem Brausen und
Wogen des Meeres, *a* Offb 6,12.13
[26]und die Menschen werden vergehen
vor Furcht und in Erwartung der Dinge,
die kommen sollen über die ganze Erde;
denn die Kräfte der Himmel werden ins
Wanken kommen.
[27]Und alsdann [a]werden sie sehen den
Menschensohn kommen in einer Wolke
mit großer Kraft und Herrlichkeit.
a Dan 7,13
[28]**Wenn aber dieses anfängt zu geschehen,
dann seht auf und erhebt eure Häupter,
[a]weil sich eure Erlösung naht.** *a* Phil 4,4.5

Vom Feigenbaum

[29]Und er sagte ihnen ein Gleichnis: Seht
den Feigenbaum und alle Bäume an:
[30]wenn sie jetzt ausschlagen und ihr seht
es, so wißt ihr selber, daß jetzt der Som-
mer nahe ist.
[31]So auch ihr: wenn ihr seht, daß dies
alles geschieht, so wißt, daß das Reich
Gottes nahe ist.

Ermahnung zur Wachsamkeit

[32]Wahrlich, ich sage euch: Dieses Ge-
schlecht wird nicht vergehen, bis es alles
geschieht.
[33]**Himmel und Erde werden vergehen;
aber meine Worte vergehen nicht.**
[34]¶ Hütet euch aber, daß [a]eure Herzen
nicht beschwert werden mit Fressen und

Saufen und mit täglichen Sorgen und die-
ser Tag nicht [b]plötzlich über euch komme
wie ein Fallstrick; *a* Mk 4,19 *b* 1.Thess 5,3
35 denn er wird über alle kommen, die auf
der ganzen Erde wohnen.
36 So seid allezeit wach und betet, daß ihr
stark werdet, zu entfliehen diesem allen,
was geschehen soll, und zu stehen vor
dem Menschensohn.
37 ¶Er lehrte des Tags im Tempel; des
Nachts aber ging er hinaus und blieb an
dem Berg, den man den Ölberg nennt.
38 Und alles Volk machte sich früh auf zu
ihm, ihn im Tempel zu hören.

LEIDEN, STERBEN UND AUFERSTEHUNG JESU
(Kapitel 22–24)
(Mt 26–28; Mk 14–16; Joh 18–21)

Der Verrat des Judas

22 Es war aber nahe das Fest der Unge-
säuerten Brote, das Passa heißt.
2 Und [a]die Hohenpriester und Schriftge-
lehrten trachteten danach, wie sie ihn tö-
ten könnten; denn sie fürchteten sich vor
dem Volk. *a* Kap 20,19
3 ¶Es fuhr aber [a]der Satan in Judas, ge-
nannt Iskariot, der zur Zahl der Zwölf ge-
hörte. *a* Joh 13,2.27
4 Und er ging hin und redete mit den Ho-
henpriestern und mit den Hauptleuten
darüber, wie er ihn an sie verraten könnte.
5 Und sie wurden froh und versprachen,
ihm Geld zu geben.
6 Und er sagte es zu und suchte eine Ge-
legenheit, daß er ihn an sie verriete ohne
Aufsehen.

Das Abendmahl

7 Es kam nun der [a]Tag der Ungesäuerten
Brote, an dem man das Passalamm opfern
mußte. *a* 2.Mose 12,18-20
8 Und er sandte Petrus und Johannes und
sprach: Geht hin und bereitet uns das Pas-
salamm, damit wir's essen.
9 Sie aber fragten ihn: Wo willst du, daß
wir's bereiten?
10 Er sprach zu ihnen: Siehe, wenn ihr hin-
einkommt in die Stadt, wird euch ein
Mensch begegnen, der trägt einen Wasser-
krug; folgt ihm in das Haus, in das er hin-
eingeht,
11 und sagt zu dem Hausherrn: Der Mei-
ster läßt dir sagen: Wo ist der Raum, in
dem ich das Passalamm essen kann mit
meinen Jüngern?
12 Und er wird euch einen großen Saal zei-
gen, der mit Polstern versehen ist; dort
bereitet es.
13 Sie gingen hin und [a]fanden's, wie er
ihnen gesagt hatte, und bereiteten das Pas-
salamm. *a* Kap 19,32
14 ¶Und als die Stunde kam, setzte er sich
nieder und die Apostel mit ihm.
15 Und er sprach zu ihnen: Mich hat herz-
lich verlangt, dies Passalamm mit euch zu
essen, ehe ich leide.
16 Denn ich sage euch, daß ich es nicht
mehr essen werde, bis es erfüllt wird im
Reich Gottes.[a] *a* Kap 13,29
17 Und er nahm den Kelch, dankte und
sprach: Nehmt ihn und teilt ihn unter
euch;
18 denn ich sage euch: Ich werde von nun
an nicht trinken von dem Gewächs des
Weinstocks, bis das Reich Gottes kommt.
19 ¶[a]**Und er nahm das Brot, dankte und
brach's und gab's ihnen und sprach: Das ist
mein Leib, der für euch gegeben wird; das
tut zu meinem Gedächtnis.**
a (19 und 20) 1.Kor 11,23-25
20 **Desgleichen auch den Kelch nach dem
Mahl und sprach: Dieser Kelch ist der neue
Bund* in meinem Blut, das für euch vergos-
sen wird!**
* Luther übersetzte: »das neue Testament«.
21 ¶Doch siehe, die Hand meines Verrä-
ters ist mit mir am Tisch.[a] *a* Joh 13,21.22
22 Denn der Menschensohn geht zwar da-
hin, wie es beschlossen ist; doch weh dem
Menschen, durch den er verraten wird!
23 Und sie fingen an, untereinander zu fra-
gen, wer es wohl wäre unter ihnen, der
das tun würde.

Gespräche mit den Jüngern

24 [a]Es erhob sich auch ein Streit unter
ihnen, [b]wer von ihnen als der Größte gel-
ten solle. *a (24-30)* Mt 20,25-28; Mk 10,42-45
b Kap 9,46
25 Er aber sprach zu ihnen: Die Könige
herrschen über ihre Völker, und ihre
Machthaber lassen sich Wohltäter nennen.
26 Ihr aber nicht so! Sondern der Größte
unter euch soll sein wie der Jüngste, und
der Vornehmste wie ein Diener.
27 Denn wer ist größer: der zu Tisch sitzt
oder der dient? Ist's nicht der, der zu Tisch

sitzt? [a]Ich aber bin unter euch wie ein
Diener. a Joh 13,4-14
28¶Ihr aber seid's, die ihr ausgeharrt habt
bei mir in meinen Anfechtungen.[a]
a Joh 6,67.68
29Und ich will euch das Reich zueignen,
wie mir's mein Vater zugeeignet hat,
30daß ihr essen und trinken sollt an meinem Tisch in meinem Reich und [a]sitzen
auf Thronen und richten die zwölf Stämme
Israels. a Mt 19,28
31¶Simon, Simon, siehe, der Satan hat
begehrt, euch zu sieben wie den Weizen.[a] a 2.Kor 2,11
32**Ich aber habe [a]für dich gebeten, daß dein
Glaube nicht aufhöre.** Und wenn du dereinst dich bekehrst, so stärke deine Brüder. a Joh 17,11.15
33Er aber sprach zu ihm: Herr, ich bin
bereit, mit dir ins Gefängnis und in den
Tod zu gehen.
34Er aber sprach: Petrus, ich sage dir: Der
Hahn wird heute nicht krähen, ehe du
dreimal geleugnet hast, daß du mich
kennst.
35¶Und er sprach zu ihnen: [a]Als ich euch
ausgesandt habe ohne Geldbeutel, ohne
Tasche und ohne Schuhe, habt ihr da je
Mangel gehabt? Sie sprachen: Niemals.
a Kap 9,3; 10,4
36Da sprach er zu ihnen: Aber nun, wer
einen Geldbeutel hat, der nehme ihn, desgleichen auch die Tasche, und wer's nicht
hat, verkaufe seinen Mantel und kaufe ein
Schwert.
37Denn ich sage euch: Es muß das an mir
vollendet werden, was geschrieben steht
(Jesaja 53,12): »Er ist zu den Übeltätern
gerechnet worden.« Denn was von mir geschrieben ist, das wird vollendet.
38Sie sprachen aber: Herr, siehe, hier sind
zwei Schwerter. Er aber sprach zu ihnen:
Es ist genug.

Jesus in Gethsemane

39Und er ging nach seiner Gewohnheit
hinaus an den Ölberg. Es folgten ihm aber
auch die Jünger.
40Und als er dahin kam, sprach er zu
ihnen: **Betet, damit ihr nicht in Anfechtung
fallt!**
41Und er riß sich von ihnen los, etwa
einen Steinwurf weit, und kniete nieder,
betete
42und sprach: Vater, willst du, so nimm
diesen Kelch von mir; **doch nicht mein,
sondern [a]dein Wille geschehe!** a Mt 6,10
43Es erschien ihm aber ein Engel vom
Himmel und stärkte ihn.
44Und er rang mit dem Tode und betete
heftiger. Und sein Schweiß wurde wie
Blutstropfen, die auf die Erde fielen.*

* Die Verse 43.44 finden sich in einigen wichtigen Textzeugen nicht.

45Und er stand auf von dem Gebet und
kam zu seinen Jüngern und fand sie schlafend vor Traurigkeit
46und sprach zu ihnen: Was schlaft ihr?
Steht auf und betet, damit ihr nicht in Anfechtung fallt!

Jesu Gefangennahme

47Als er aber noch redete, siehe, da kam
eine Schar; und einer von den Zwölfen,
der mit dem Namen Judas, ging vor ihnen
her und nahte sich zu Jesus, um ihn zu
küssen.
48Jesus aber sprach zu ihm: Judas, verrätst du den Menschensohn mit einem
Kuß?
49Als aber, die um ihn waren, sahen, was
geschehen würde, sprachen sie: Herr, sollen wir mit dem Schwert dreinschlagen?
50Und einer von ihnen schlug nach dem
Knecht des Hohenpriesters und hieb ihm
sein rechtes Ohr ab.
51Da sprach Jesus: Laßt ab! Nicht weiter! Und er rührte sein Ohr an und heilte
ihn.
52Jesus aber sprach zu den Hohenpriestern und Hauptleuten des Tempels und
den Ältesten, die zu ihm hergekommen
waren: Ihr seid wie gegen einen Räuber
mit Schwertern und mit Stangen ausgezogen.
53Ich bin täglich bei euch im Tempel gewesen, und [a]ihr habt nicht Hand an mich
gelegt. Aber dies ist eure Stunde und die
Macht der Finsternis. a Joh 7,30; 8,20

Die Verleugnung des Petrus

54Sie ergriffen ihn aber und führten ihn
ab und brachten ihn in das Haus des Hohenpriesters. Petrus aber folgte von ferne.
55Da zündeten sie ein Feuer an mitten
im Hof und setzten sich zusammen; und
Petrus setzte sich mitten unter sie.
56Da sah ihn eine Magd am Feuer sitzen

und sah ihn genau an und sprach: Dieser
war auch mit ihm.
57 Er aber leugnete und sprach: Frau, ich
kenne ihn nicht.
58 Und nach einer kleinen Weile sah ihn
ein anderer und sprach: Du bist auch einer
von denen. Petrus aber sprach: Mensch,
ich bin's nicht.
59 Und nach einer Weile, etwa nach einer
Stunde, bekräftigte es ein anderer und
sprach: Wahrhaftig, dieser war auch mit
ihm; denn er ist ein Galiläer.
60 Petrus aber sprach: Mensch, ich weiß
nicht, was du sagst. Und alsbald, während
er noch redete, krähte der Hahn.
61 Und der Herr wandte sich und sah Pe-
trus an. Und Petrus gedachte an des Herrn
Wort, wie er zu ihm gesagt hatte: Ehe
heute der Hahn kräht, wirst du mich drei-
mal verleugnen.
62 Und Petrus ging hinaus und weinte
bitterlich.[a] *a* Ps 51,19

Jesus vor dem Hohen Rat

63 Die Männer aber, die Jesus gefangen-
hielten, verspotteten ihn und schlugen ihn,
64 verdeckten sein Angesicht und fragten:
Weissage, wer ist's, der dich schlug?
65 Und noch mit vielen andern Lästerun-
gen schmähten sie ihn.
66 ¶ Und als es Tag wurde, versammelten
sich die Ältesten des Volkes, die Hohen-
priester und Schriftgelehrten und führten
ihn vor ihren Rat
67 und sprachen: Bist du der Christus, so
sage es uns! Er sprach aber zu ihnen:
[a]Sage ich's euch, so glaubt ihr's nicht;
a Joh 3,12
68 frage ich aber, so antwortet ihr nicht.
69 Aber von nun an wird der Menschen-
sohn [a]sitzen zur Rechten der Kraft
Gottes. *a* Ps 110,1
70 Da sprachen sie alle: **Bist du denn Gottes
Sohn? Er sprach zu ihnen: Ihr sagt es, ich
bin es.**
71 Sie aber sprachen: Was bedürfen wir
noch eines Zeugnisses? Wir haben's selbst
gehört aus seinem Munde.

Jesus vor Pilatus

23 Und die ganze Versammlung stand
auf, und sie führten ihn vor Pilatus
2 und fingen an, ihn zu verklagen, und
sprachen: [a]Wir haben gefunden, daß die-
ser unser Volk aufhetzt und [b]verbietet,
dem Kaiser Steuern zu geben, und spricht,
er sei Christus, ein König.
a Apg 24,5 *b* Kap 20,25
3 Pilatus aber fragte ihn und sprach: Bist
du der Juden König? Er antwortete ihm
und sprach: Du sagst es.
4 Pilatus sprach zu den Hohenpriestern
und zum Volk: Ich finde keine Schuld an
diesem Menschen.
5 Sie aber wurden noch ungestümer und
sprachen: Er wiegelt das Volk auf damit,
daß er lehrt hier und dort in ganz Judäa,
angefangen von Galiläa bis hierher.

Jesus vor Herodes

6 Als aber Pilatus das hörte, fragte er, ob
der Mensch aus Galiläa wäre.
7 Und als er vernahm, daß er ein [a]Unter-
tan des Herodes war, sandte er ihn zu He-
rodes, der in diesen Tagen auch in Jerusa-
lem war. *a* Kap 3,1
8 Als aber Herodes Jesus sah, freute er
sich sehr; denn [a]er hätte ihn längst gerne
gesehen; denn er hatte von ihm gehört
und hoffte, er würde ein Zeichen von ihm
sehen. *a* Kap 9,9
9 Und er fragte ihn viel. Er aber antwor-
tete ihm nichts.
10 Die Hohenpriester aber und Schriftge-
lehrten standen dabei und verklagten ihn
hart.
11 Aber Herodes mit seinen Soldaten ver-
achtete und verspottete ihn, legte ihm ein
weißes Gewand an und sandte ihn zurück
zu Pilatus.
12 An dem Tag wurden Herodes und Pi-
latus Freunde; denn vorher waren sie ein-
ander feind.

Jesu Verurteilung

13 Pilatus aber rief die Hohenpriester und
die Oberen und das Volk zusammen
14 und sprach zu ihnen: Ihr habt diesen
Menschen zu mir gebracht als einen, der
das Volk aufwiegelt; und siehe, ich habe
ihn vor euch verhört und habe an diesem
Menschen keine Schuld gefunden, derent-
wegen ihr ihn anklagt;
15 Herodes auch nicht, denn er hat ihn
uns zurückgesandt. Und siehe, er hat
nichts getan, was den Tod verdient.
16 Darum will ich ihn schlagen lassen und
losgeben.*

* Vers 17 findet sich erst in der späteren Überlieferung: »Er mußte ihnen aber zum Fest einen Gefangenen losgeben.«

18 Da schrien sie alle miteinander: Hinweg mit diesem, gib uns Barabbas los!

19 Der war wegen eines Aufruhrs, der in der Stadt geschehen war, und wegen eines Mordes ins Gefängnis geworfen worden.

20 Da redete Pilatus abermals auf sie ein, weil er Jesus losgeben wollte.

21 Sie riefen aber: Kreuzige, kreuzige ihn!

22 Er aber sprach zum dritten Mal zu ihnen: Was hat denn dieser Böses getan? Ich habe nichts an ihm gefunden, was den Tod verdient; darum will ich ihn schlagen lassen und losgeben.

23 Aber sie setzten ihm zu mit großem Geschrei und forderten, daß er gekreuzigt würde. Und ihr Geschrei nahm überhand.

24 Und Pilatus urteilte, daß ihre Bitte erfüllt werde,

25 und ließ den los, der wegen Aufruhr und Mord ins Gefängnis geworfen war, um welchen sie baten; aber Jesus übergab er ihrem Willen.

Jesu Weg nach Golgatha

26 Und als sie ihn abführten, ergriffen sie einen Mann, Simon von Kyrene, der vom Feld kam, und legten das Kreuz auf ihn, daß er's Jesus nachtrüge.

27 ¶Es folgte ihm aber eine große Volksmenge und Frauen, die klagten und beweinten ihn.

28 Jesus aber wandte sich um zu ihnen und sprach: Ihr Töchter von Jerusalem, weint nicht über mich, sondern weint über euch selbst und über eure Kinder.

29 Denn siehe, es wird die Zeit kommen, in der man sagen wird: Selig sind die Unfruchtbaren und die Leiber, die nicht geboren haben, und die Brüste, die nicht genährt haben![a]

a Kap 21,23

30 Dann werden sie anfangen, zu sagen zu den Bergen: Fallt über uns! und zu den Hügeln: Bedeckt uns![a]

a Hos 10,8; Offb 6,16; 9,6

31 Denn wenn man das tut am grünen Holz, was wird am dürren werden?[a]

a 1.Petr 4,17

Jesu Kreuzigung und Tod

32 Es wurden aber auch andere hingeführt, zwei Übeltäter, daß sie mit ihm hingerichtet würden.

33 ¶Und als sie kamen an die Stätte, die da heißt Schädelstätte, kreuzigten sie ihn dort und die Übeltäter mit ihm, einen zur Rechten und einen zur Linken.

34 Jesus aber sprach: [a]**Vater, vergib ihnen; denn** [b]**sie wissen nicht, was sie tun!** Und [c]sie verteilten seine Kleider und warfen das Los darum.

a Jes 53,12; Apg 7,60 *b* Apg 3,17 *c* Ps 22,19

35 Und das Volk stand da und sah zu. Aber die Oberen spotteten und sprachen: Er hat andern geholfen; er helfe sich selber, ist er der Christus, der Auserwählte Gottes.

36 Es verspotteten ihn auch die Soldaten, traten herzu und brachten ihm Essig

37 und sprachen: Bist du der Juden König, so hilf dir selber!

38 Es war aber über ihm auch eine Aufschrift: Dies ist der Juden König.

39 ¶Aber einer der Übeltäter, die am Kreuz hingen, lästerte ihn und sprach: Bist du nicht der Christus? Hilf dir selbst und uns!

40 Da wies ihn der andere zurecht und sprach: Und du fürchtest dich auch nicht vor Gott, der du doch in gleicher Verdammnis bist?

41 Wir sind es zwar mit Recht, denn wir empfangen, was unsre Taten verdienen; dieser aber hat nichts Unrechtes getan.

42 Und er sprach: Jesus, gedenke an mich, [a]wenn du in dein Reich kommst!

a Mt 20,21

43 Und Jesus sprach zu ihm: **Wahrlich, ich sage dir: Heute wirst du mit mir** [a]**im Paradies sein.**

a 2.Kor 12,4

44 ¶Und es war schon um die sechste Stunde, und es kam eine Finsternis über das ganze Land bis zur neunten Stunde,

45 und die Sonne verlor ihren Schein, und der [a]Vorhang des Tempels riß mitten entzwei.

a 2.Mose 26,31-33; 2.Chr 3,14

46 Und Jesus rief laut: **Vater,** [a]**ich befehle meinen Geist in deine Hände!** Und als er das gesagt hatte, verschied er.

a Ps 31,6; Apg 7,59

47 ¶Als aber der Hauptmann sah, was da geschah, pries er Gott und sprach: Fürwahr, dieser ist ein frommer Mensch gewesen!

48 Und als alles Volk, das dabei war und zuschaute, sah, was da geschah, schlugen sie sich an ihre Brust und kehrten wieder um.

49 Es standen aber alle seine Bekannten von ferne, auch die [a]Frauen, die ihm aus

Galiläa nachgefolgt waren, und sahen das alles. *a* Kap 8,2.3

Jesu Grablegung

50 Und siehe, da war ein Mann mit Namen Josef, ein Ratsherr, der war ein guter, frommer Mann

51 und hatte ihren Rat und ihr Handeln nicht gebilligt. Er war aus Arimathäa, einer Stadt der Juden, und [a]wartete auf das Reich Gottes. *a* Kap 2,25.38

52 Der ging zu Pilatus und bat um den Leib Jesu

53 und nahm ihn ab, wickelte ihn in ein Leinentuch und legte ihn in ein Felsengrab, in dem noch nie jemand gelegen hatte.

54 Und es war Rüsttag, und der Sabbat brach an.

55 Es folgten aber die Frauen nach, die mit ihm gekommen waren aus Galiläa, und beschauten das Grab und wie sein Leib hineingelegt wurde.

56 Sie kehrten aber um und bereiteten wohlriechende Öle und Salben. [a]Und den Sabbat über ruhten sie nach dem Gesetz. *a* 2.Mose 20,10

Jesu Auferstehung

(Mt 28,1-10; Mk 16,1-8; Joh 20,1-10)

24 Aber am ersten Tag der Woche sehr früh kamen sie zum Grab und trugen bei sich die wohlriechenden Öle, die sie bereitet hatten.

2 Sie fanden aber den Stein weggewälzt von dem Grab

3 und gingen hinein und fanden den Leib des Herrn Jesus nicht.

4 Und als sie darüber bekümmert waren, siehe, da traten zu ihnen zwei Männer mit glänzenden Kleidern.

5 Sie aber erschraken und neigten ihr Angesicht zur Erde. Da sprachen die zu ihnen: **Was sucht ihr den Lebenden bei den Toten?**

6 **Er ist nicht hier, er ist auferstanden.** Gedenkt daran, wie er euch gesagt hat, als er noch in Galiläa war:

7 Der Menschensohn muß überantwortet werden in die Hände der Sünder und gekreuzigt werden und am dritten Tage auferstehen.[a] *a* Kap 9,22

8 Und sie gedachten an seine Worte.

9 Und sie gingen wieder weg vom Grab und verkündigten das alles den elf Jüngern und den andern allen.

10 Es waren aber [a]Maria von Magdala und Johanna und Maria, des Jakobus Mutter, und die andern mit ihnen; die sagten das den Aposteln. *a* Kap 8,2.3

11 Und es erschienen ihnen diese Worte, als wär's Geschwätz, und sie glaubten ihnen nicht.

12 Petrus aber stand auf und lief zum Grab und bückte sich hinein und sah nur die Leinentücher und ging davon und wunderte sich über das, was geschehen war.[a] *a* Joh 20,6-10

Die Emmausjünger

(Mk 16,12.13)

13 Und siehe, zwei von ihnen gingen an demselben Tage in ein Dorf, das war von Jerusalem etwa zwei Wegstunden entfernt; dessen Name ist Emmaus.

14 Und sie redeten miteinander von allen diesen Geschichten.

15 Und es geschah, als sie so redeten und sich miteinander besprachen, da nahte sich Jesus selbst und ging mit ihnen.

16 Aber ihre Augen wurden gehalten, daß sie ihn nicht erkannten.

17 ¶Er sprach aber zu ihnen: Was sind das für Dinge, die ihr miteinander verhandelt unterwegs? Da blieben sie traurig stehen.

18 Und der eine, mit Namen Kleopas, antwortete und sprach zu ihm: Bist du der einzige unter den Fremden in Jerusalem, der nicht weiß, was in diesen Tagen dort geschehen ist?

19 Und er sprach zu ihnen: Was denn? Sie aber sprachen zu ihm: Das mit Jesus von Nazareth, der [a]ein Prophet war, mächtig in Taten und Worten vor Gott und allem Volk; *a* Mt 21,11

20 wie ihn unsre Hohenpriester und Oberen zur Todesstrafe überantwortet und gekreuzigt haben.

21 Wir aber hofften, er sei es, der [a]Israel erlösen werde. Und über das alles ist heute der dritte Tag, daß dies geschehen ist. *a* Apg 1,6

22 Auch haben uns erschreckt einige Frauen aus unserer Mitte, die sind früh bei dem Grab gewesen,

23 haben seinen Leib nicht gefunden, kommen und sagen, sie haben eine Erscheinung von Engeln gesehen, die sagen, er lebe.

24 Und einige von uns gingen hin zum

Grab und fanden's so, wie die Frauen sag-
ten; aber ihn sahen sie nicht.
25 ¶Und er sprach zu ihnen: O ihr Toren,
zu trägen Herzens, all dem zu glauben,
was die Propheten geredet haben!
26 **Mußte nicht Christus dies erleiden und
in seine Herrlichkeit eingehen?**
27 Und er fing an bei Mose und allen Pro-
pheten und legte ihnen aus, was in der
ganzen Schrift von ihm gesagt war.[a]

a 5.Mose 18,15; Ps 22; Jes 52,13–53,12

28 Und sie kamen nahe an das Dorf, wo
sie hingingen. Und er stellte sich, als wollte
er weitergehen.
29 Und sie nötigten ihn und sprachen:
[a]**Bleibe bei uns; denn es will Abend werden,
und der Tag hat sich geneigt.** Und er ging
hinein, bei ihnen zu bleiben.

a Ri 19,9

30 ¶Und es geschah, als er mit ihnen zu
Tisch saß, nahm er das Brot, dankte,
brach's und gab's ihnen.[a]

a Kap 9,16; 22,19

31 Da wurden ihre Augen geöffnet, und
sie erkannten ihn. Und er verschwand vor
ihnen.
32 Und sie sprachen untereinander:
Brannte nicht unser Herz in uns, als er mit
uns redete auf dem Wege und uns die
Schrift öffnete?
33 Und sie standen auf zu derselben
Stunde, kehrten zurück nach Jerusalem
und fanden die Elf versammelt und die
bei ihnen waren;
34 die sprachen: **Der Herr ist wahrhaftig
auferstanden** und Simon erschienen.[a]

a 1.Kor 15,4.5

35 Und sie erzählten ihnen, was auf dem
Wege geschehen war und wie er von ihnen
erkannt wurde, als er das Brot brach.

Jesu Erscheinung vor den Jüngern

(Mk 16,14-19; Joh 20,19-23; Apg 1,1-14; 1.Kor 15,5)

36 Als sie aber davon redeten, trat er
selbst, Jesus, mitten unter sie und sprach
zu ihnen: Friede sei mit euch!
37 Sie erschraken aber und fürchteten sich
und [a]meinten, sie sähen einen Geist.

a Mt 14,26

38 Und er sprach zu ihnen: Was seid ihr so
erschrocken, und warum kommen solche
Gedanken in euer Herz?
39 Seht meine Hände und meine Füße,
ich bin's selber. Faßt mich an und seht;
denn ein Geist hat nicht Fleisch und Kno-
chen, wie ihr seht, daß ich sie habe.
40 Und als er das gesagt hatte, zeigte er
ihnen die Hände und Füße.[a]

a Joh 20,20

41 Als sie aber noch nicht glaubten vor
Freude und sich verwunderten, sprach er
zu ihnen: Habt ihr hier etwas zu essen?
42 Und sie legten ihm ein Stück gebrate-
nen Fisch vor.[a]

a Joh 21,5.10; Apg 10,41

43 Und er nahm's und aß vor ihnen.
44 Er sprach aber zu ihnen: Das sind
meine Worte, [a]die ich zu euch gesagt
habe, als ich noch bei euch war: [b]Es muß
alles erfüllt werden, was von mir geschrie-
ben steht im Gesetz des Mose, in den Pro-
pheten und in den Psalmen.

a Kap 18,31-33 b Vers 26.27; Kap 18,31

45 Da öffnete er ihnen das Verständnis, so
daß sie die Schrift verstanden,[a]

a Kap 9,45; Joh 12,16

46 und sprach zu ihnen: **So steht's geschrie-
ben, daß Christus leiden wird und auferste-
hen von den Toten [a]am dritten Tage;**

a Hos 6,2

47 **und [a]daß gepredigt wird in seinem Na-
men Buße zur Vergebung der Sünden unter
allen Völkern.** Fangt an in Jerusalem,

a Apg 2,38; 17,30

48 und seid dafür Zeugen.
49 Und siehe, ich will [a]auf euch herabsen-
den, was mein Vater verheißen hat. Ihr
aber sollt in der Stadt bleiben, bis ihr aus-
gerüstet werdet [b]mit Kraft aus der Höhe.

a Joh 15,26; 16,7 b Apg 2,1-4

Jesu Himmelfahrt

50 Er führte sie aber hinaus bis nach Beta-
nien und hob die Hände auf und segnete
sie.
51 Und es geschah, als er sie segnete,
schied er von ihnen und fuhr auf gen Him-
mel.
52 Sie aber beteten ihn an und kehrten zu-
rück nach Jerusalem mit großer Freude
53 und waren allezeit im Tempel und prie-
sen Gott.

DAS EVANGELIUM NACH JOHANNES

Inhaltsübersicht

Das Wort ward Fleisch

1 Im Anfang war das Wort, und das Wort
war bei Gott, und Gott war das
Wort.[a] a Kap 17,5; 1.Mose 1,1; 1.Joh 1,1.2; Offb 19,13
2 Dasselbe war im Anfang bei Gott.
3 Alle Dinge sind durch dasselbe gemacht,
und ohne dasselbe ist nichts gemacht, was
gemacht ist.[a]* a 1.Kor 8,6; Kol 1,16.17; Hebr 1,2

* Mögliche andere Satzeinteilung aufgrund alter Überlieferung: »Was geworden ist – in ihm war das Leben.«

4 In ihm war das Leben, und das Leben
war das [a]Licht der Menschen. a Kap 8,12
5 Und das Licht scheint in der Finsternis,
und die Finsternis hat's nicht ergriffen.[a]
a Kap 3,19
6 ¶Es war ein Mensch, von Gott gesandt,
der hieß [a]Johannes. a Mt 3,1; Mk 1,4
7 Der kam zum Zeugnis, um von dem
Licht zu zeugen, damit sie alle durch ihn
glaubten.[a] a Apg 19,4
8 Er war nicht das Licht, sondern er sollte
zeugen von dem Licht.
9 ¶Das war das wahre Licht, das alle Men-
schen erleuchtet, die in diese Welt kom-
men.
10 Er war in der Welt, und die Welt ist
durch ihn gemacht; aber die Welt erkannte
ihn nicht.
11 Er kam [a]in sein Eigentum; und die Sei-
nen nahmen ihn nicht auf. a Ps 24,1
12 Wie viele ihn aber aufnahmen, denen
gab er Macht, [a]Gottes Kinder zu werden,
denen, die an seinen Namen glauben,
a Gal 3,26
13 die nicht [a]aus dem Blut noch aus dem
Willen des Fleisches noch aus dem Willen
eines Mannes, sondern [b]von Gott gebo-
ren sind. a Weish 7,2 b Kap 3,5.6
14 ¶**Und [a]das Wort ward Fleisch* und
wohnte unter uns, und wir sahen [b]seine
Herrlichkeit, eine Herrlichkeit als des ein-
geborenen Sohnes vom Vater, voller Gnade
und Wahrheit.** a 1.Tim 3,16
b 2.Mose 33,18; Jes 60,1; 2.Petr 1,16.17

* Siehe Sach- und Worterklärungen.

15 Johannes gibt Zeugnis von ihm und
ruft: Dieser war es, von dem ich gesagt
habe: Nach mir wird kommen, der vor mir
gewesen ist; denn er war eher als ich.
16 Und **von [a]seiner Fülle haben wir alle ge-
nommen Gnade um Gnade.**
a Kap 3,34; Kol 1,19
17 **Denn [a]das Gesetz ist durch Mose gege-
ben; die Gnade und Wahrheit ist durch
Jesus Christus geworden.** a Röm 10,4
18 [a]Niemand hat Gott je gesehen; der Ein-
geborene, der Gott ist und in des Vaters
Schoß ist,* [b]der hat ihn uns verkündigt.
a Kap 6,46 b Mt 11,27

* Luther übersetzte aufgrund anderer Textzeugen: »der eingeborene Sohn, der in des Vaters Schoß ist«.

Das Zeugnis des Täufers über sich selbst

(Mt 3,1-12; Mk 1,1-8; Lk 3,1-18)

19 Und dies ist das Zeugnis des Johannes,
als die Juden zu ihm sandten Priester und
Leviten von Jerusalem, daß sie ihn frag-
ten: Wer bist du?
20 Und er bekannte und leugnete nicht,
und er bekannte: Ich bin nicht der Chri-
stus.
21 Und sie fragten ihn: Was dann? Bist du
[a]Elia? Er sprach: Ich bin's nicht. Bist du
der [b]Prophet? Und er antwortete: Nein.
a Mal 3,23; Mt 17,10-13 b 5.Mose 18,15
22 Da sprachen sie zu ihm: Wer bist du
dann? daß wir Antwort geben denen, die
uns gesandt haben. Was sagst du von dir
selbst?
23 Er sprach: »Ich bin eine Stimme eines
Predigers in der Wüste: Ebnet den Weg
des Herrn!«, wie der Prophet Jesaja gesagt
hat (Jesaja 40,3).
24 ¶Und sie waren von den Pharisäern ab-
gesandt,

25 und sie fragten ihn und sprachen zu
ihm: Warum taufst du denn, wenn du nicht
der Christus bist noch Elia noch der Pro-
phet?
26 Johannes antwortete ihnen und sprach:
Ich taufe mit Wasser; aber er ist [a]mitten
unter euch getreten, den ihr nicht kennt.
a Lk 17,21
27 Der wird nach mir kommen, und ich
bin nicht wert, daß ich seine Schuhriemen
löse.
28 Dies geschah in Betanien jenseits des
Jordans, wo Johannes taufte.

Das Zeugnis des Täufers vom Lamm Gottes

(Mt 3,13-17; Mk 1,9-11; Lk 3,21.22)

29 Am nächsten Tag sieht Johannes, daß
Jesus zu ihm kommt, und spricht: **Siehe,
das ist [a]Gottes Lamm, das der Welt Sünde
trägt!** *a* Jes 53,7
30 Dieser ist's, von dem ich gesagt habe:
Nach mir kommt ein Mann, der vor mir
gewesen ist, denn er war eher als ich.
31 Und ich kannte ihn nicht. Aber damit
er Israel offenbart werde, darum bin ich
gekommen, zu taufen mit Wasser.
32 ¶ Und Johannes bezeugte und sprach:
Ich sah, daß der Geist herabfuhr wie eine
Taube vom Himmel und blieb auf ihm.
33 Und ich kannte ihn nicht. Aber der
mich sandte, zu taufen mit Wasser, der
sprach zu mir: Auf wen du siehst den
Geist herabfahren und auf ihm bleiben,
der ist's, der mit dem heiligen Geist tauft.
34 Und ich habe es gesehen und bezeugt:
Dieser ist Gottes Sohn.

Die ersten Jünger

35 Am nächsten Tag stand Johannes aber-
mals da und zwei seiner Jünger;
36 und als er Jesus vorübergehen sah,
sprach er: Siehe, das ist Gottes Lamm!
37 Und die zwei Jünger hörten ihn reden
und folgten Jesus nach.
38 Jesus aber wandte sich um und sah sie
nachfolgen und sprach zu ihnen: Was
sucht ihr? Sie aber sprachen zu ihm: Rabbi
– das heißt übersetzt: Meister –, wo ist
deine Herberge?
39 Er sprach zu ihnen: Kommt und seht!
Sie kamen und sahen's und blieben die-
sen Tag bei ihm. Es war aber um die
zehnte Stunde.
40 Einer von den zweien, die Johannes ge-
hört hatten und Jesus nachgefolgt waren,
war [a]Andreas, der Bruder des Simon Pe-
trus. *a* Mt 4,18-20
41 Der findet zuerst seinen Bruder Simon
und spricht zu ihm: Wir haben den Mes-
sias gefunden, das heißt übersetzt: der Ge-
salbte.
42 Und er führte ihn zu Jesus. Als Jesus
ihn sah, sprach er: Du bist Simon, der
Sohn des Johannes; du sollst [a]Kephas hei-
ßen, das heißt übersetzt: Fels. *a* Mt 16,18
43 ¶ Am nächsten Tag wollte Jesus nach
Galiläa gehen und findet Philippus und
spricht zu ihm: Folge mir nach!
44 Philippus aber war aus Betsaida, der
Stadt des Andreas und Petrus.
45 [a]Philippus findet Nathanael und spricht
zu ihm: Wir haben den gefunden, [b]von
dem Mose im Gesetz und die Propheten
geschrieben haben, Jesus, Josefs Sohn, aus
Nazareth. *a (45 und 46)* Jes 53,2
b 5.Mose 18,18; Jer 23,5; Hes 34,23
46 Und Nathanael sprach zu ihm: [a]Was
kann aus Nazareth Gutes kommen! Phil-
ippus spricht zu ihm: Komm und sieh
es! *a* Kap 7,41
47 Jesus sah Nathanael kommen und sagt
von ihm: Siehe, ein rechter Israelit, in dem
kein Falsch ist.
48 Nathanael spricht zu ihm: Woher
kennst du mich? Jesus antwortete und
sprach zu ihm: Bevor Philippus dich rief,
als du unter dem Feigenbaum warst, sah
ich dich.
49 Nathanael antwortete ihm: Rabbi, du
bist Gottes Sohn, du bist der König von
Israel![a] *a* Kap 6,69; Ps 2,7; Jer 23,5; Mt 14,33; 16,16
50 Jesus antwortete und sprach zu ihm:
Du glaubst, weil ich dir gesagt habe, daß
ich dich gesehen habe unter dem Feigen-
baum. Du wirst noch Größeres als das se-
hen.
51 Und er spricht zu ihm: Wahrlich, wahr-
lich, ich sage euch: Ihr werdet den Him-
mel offen sehen und [a]die Engel Gottes
hinauf- und herabfahren über dem Men-
schensohn. *a* 1.Mose 28,12; Mt 4,11

Die Hochzeit zu Kana

2 Und am dritten Tage war eine Hoch-
zeit in Kana in Galiläa, und die Mutter
Jesu war da.
2 Jesus aber und seine Jünger waren auch
zur Hochzeit geladen.

3 Und als der Wein ausging, spricht die Mutter Jesu zu ihm: Sie haben keinen Wein mehr.

4 Jesus spricht zu ihr: Was geht's dich an, Frau, was ich tue? Meine Stunde ist noch nicht gekommen.

5 Seine Mutter spricht zu den Dienern: Was er euch sagt, das tut.

6 Es standen aber dort sechs steinerne Wasserkrüge [a]für die Reinigung nach jüdischer Sitte, und in jeden gingen zwei oder drei Maße*. *a* Mk 7,3.4

* Siehe Sach- und Worterklärungen.

7 Jesus spricht zu ihnen: Füllt die Wasserkrüge mit Wasser! Und sie füllten sie bis obenan.

8 Und er spricht zu ihnen: Schöpft nun und bringt's dem Speisemeister! Und sie brachten's ihm.

9 Als aber der Speisemeister den Wein kostete, der Wasser gewesen war, und nicht wußte, woher er kam – die Diener aber wußten's, die das Wasser geschöpft hatten –, ruft der Speisemeister den Bräutigam

10 und spricht zu ihm: Jedermann gibt zuerst den guten Wein und, wenn sie betrunken werden, den geringeren; du aber hast den guten Wein bis jetzt zurückbehalten.

11 Das ist das erste Zeichen, das Jesus tat, geschehen in Kana in Galiläa, und [a]er offenbarte seine Herrlichkeit. Und seine Jünger glaubten an ihn. *a* Kap 1,14

12 ¶Danach [a]ging Jesus hinab nach Kapernaum, er, [b]seine Mutter, seine Brüder und seine Jünger, und sie blieben nicht lange da. *a* Kap 7,3 *b* Mt 13,55

Die Tempelreinigung

(Mt 21,12-17; Mk 11,15-19; Lk 19,45-48)

13 Und das Passafest der Juden war nahe, und Jesus zog hinauf nach Jerusalem.[a] *a* Kap 5,1; 7,10; Mt 20,18; Mk 11,1; Lk 19,28

14 Und er fand im Tempel die Händler, die Rinder, Schafe und Tauben verkauften, und die Wechsler, die da saßen.

15 Und er machte eine Geißel aus Stricken und trieb sie alle zum Tempel hinaus samt den Schafen und Rindern und schüttete den Wechslern das Geld aus und stieß die Tische um

16 und sprach zu denen, die die Tauben verkauften: Tragt das weg und macht nicht meines Vaters Haus zum Kaufhaus!

17 Seine Jünger aber dachten daran, daß geschrieben steht (Psalm 69,10): »Der Eifer um dein Haus wird mich fressen.«

18 ¶Da fingen die Juden an und sprachen zu ihm: [a]Was zeigst du uns für ein Zeichen, daß du dies tun darfst? *a* Mt 21,23

19 Jesus antwortete und sprach zu ihnen: Brecht diesen Tempel ab, und in drei Tagen will ich ihn aufrichten.[a] *a* Mt 26,61; 27,40

20 Da sprachen die Juden: Dieser Tempel ist in sechsundvierzig Jahren erbaut worden, und du willst ihn in drei Tagen aufrichten?

21 Er aber redete von dem Tempel seines Leibes.[a] *a* 1.Kor 6,19

22 Als er nun auferstanden war von den Toten, dachten seine Jünger daran, daß er dies gesagt hatte, und glaubten der [a]Schrift und dem Wort, das Jesus gesagt hatte. *a* Hos 6,2

23 ¶Als er aber am Passafest in Jerusalem war, glaubten viele an seinen Namen, da sie die Zeichen sahen, die er tat.

24 Aber Jesus vertraute sich ihnen nicht an; denn er kannte sie alle

25 und bedurfte nicht, daß ihm jemand Zeugnis gab vom Menschen; denn [a]er wußte, was im Menschen war. *a* Mk 2,8

Jesus und Nikodemus

3 Es war aber ein Mensch unter den Pharisäern mit Namen Nikodemus, einer von den Oberen der Juden.[a] *a* Kap 7,50; 19,39

2 Der kam zu Jesus bei Nacht und sprach zu ihm: Meister, wir wissen, du bist ein Lehrer, von Gott gekommen; denn niemand kann die Zeichen tun, die du tust, es sei denn Gott mit ihm.

3 Jesus antwortete und sprach zu ihm: Wahrlich, wahrlich, ich sage dir: **Es sei denn, daß jemand [a]von neuem geboren werde, so kann er das Reich Gottes nicht sehen.** *a* 1.Petr 1,23

4 Nikodemus spricht zu ihm: Wie kann ein Mensch geboren werden, wenn er alt ist? Kann er denn wieder in seiner Mutter Leib gehen und geboren werden?

5 Jesus antwortete: Wahrlich, wahrlich, ich sage dir: **Es sei denn, daß jemand geboren werde [a]aus Wasser und Geist, so kann er nicht in das Reich Gottes kommen.** *a* Hes 36,25-27; Mt 3,11; Tit 3,5

6 Was [a]vom Fleisch geboren ist, das ist Fleisch; und was vom Geist geboren ist, das ist Geist.[b] *a* Kap 1,13 *b* Röm 8,5-9

7Wundere dich nicht, daß ich dir gesagt
habe: Ihr müßt von neuem geboren wer-
den.
8Der Wind bläst, wo er will, und du hörst
sein Sausen wohl; aber du weißt nicht, wo-
her er kommt und wohin er fährt. So ist es
bei jedem, der aus dem Geist geboren ist.
9Nikodemus antwortete und sprach zu
ihm: Wie kann dies geschehen?
10Jesus antwortete und sprach zu ihm:
Bist du Israels Lehrer und weißt das nicht?
11Wahrlich, wahrlich, ich sage dir: Wir re-
den, was wir wissen, und bezeugen, was
wir gesehen haben; ihr aber nehmt unser
Zeugnis nicht an.
12Glaubt ihr nicht, wenn ich euch von
irdischen Dingen sage, wie werdet ihr glau-
ben, wenn ich euch von himmlischen Din-
gen sage?
13Und niemand ist gen Himmel aufgefah-
ren außer dem, der vom Himmel herab-
gekommen ist, nämlich der Menschen-
sohn.
14¶Und wie [a]Mose in der Wüste die
Schlange erhöht hat, so muß der Men-
schensohn erhöht werden, *a* 4.Mose 21,8.9
15damit alle, die an ihn glauben, das ewige
Leben haben.
16Denn **also hat Gott die Welt geliebt, daß
er seinen eingeborenen Sohn gab, damit
alle, die an ihn glauben, nicht verloren
werden, sondern das ewige Leben haben.**[a]

a Röm 5,8; 8,32; 1.Joh 4,9

17Denn Gott hat seinen Sohn nicht in die
Welt gesandt, daß er die Welt richte, son-
dern [a]daß die Welt durch ihn gerettet
werde. *a* Lk 19,10
18Wer an ihn glaubt, der wird nicht ge-
richtet; wer aber nicht glaubt, der ist schon
gerichtet, denn er glaubt nicht an den Na-
men des eingeborenen Sohnes Gottes.[a]

a Kap 5,24

19Das ist aber das Gericht, daß das Licht
in die Welt gekommen ist, und die Men-
schen liebten die Finsternis mehr als das
Licht, denn ihre Werke waren böse.[a]

a Kap 1,5.9-11

20Wer Böses tut, der haßt das Licht und
[a]kommt nicht zu dem Licht, damit seine
Werke nicht aufgedeckt werden.

a Eph 5,13

21Wer aber die Wahrheit tut, der kommt
zu dem Licht, damit offenbar wird, daß
seine Werke in Gott getan sind.[a]

a 1.Joh 1,6.7

Das letzte Zeugnis des Täufers von Jesus

22Danach kam Jesus mit seinen Jüngern
in das Land Judäa und blieb dort eine
Weile mit ihnen und [a]taufte. *a* Kap 4,1.2
23Johannes aber taufte auch noch in
Änon, nahe bei Salim, denn es war da viel
Wasser; und sie kamen und ließen sich
taufen.
24Denn Johannes war noch nicht ins Ge-
fängnis geworfen.[a] *a* Mk 1,14
25Da erhob sich ein Streit zwischen den
Jüngern des Johannes und einem Juden
über die Reinigung.
26Und sie kamen zu Johannes und spra-
chen zu ihm: Meister, der bei dir war jen-
seits des Jordans, [a]von dem du Zeugnis
gegeben hast, siehe, der tauft, und jeder-
mann kommt zu ihm. *a* Kap 1,26-34
27Johannes antwortete und sprach: Ein
Mensch kann nichts nehmen, wenn es ihm
nicht vom Himmel gegeben ist.[a]

a Hebr 5,4

28Ihr selbst seid meine Zeugen, daß ich
gesagt habe: Ich bin nicht der Christus,
sondern vor ihm her gesandt.[a]

a Kap 1,20.23.27

29Wer die Braut hat, der ist der [a]Bräuti-
gam; der Freund des Bräutigams aber, der
dabeisteht und ihm zuhört, freut sich sehr
über die Stimme des Bräutigams. Diese
meine Freude ist nun erfüllt. *a* Mt 9,15
30**Er muß wachsen, ich aber muß abneh-
men.**
31¶Der [a]von oben her kommt, ist über
allen. Wer von der Erde ist, der ist von der
Erde und redet von der Erde. Der vom
Himmel kommt, der ist über allen

a Kap 8,23

32und bezeugt, was er gesehen und ge-
hört hat; und sein Zeugnis nimmt nie-
mand an.
33Wer es aber annimmt, der besiegelt,
daß Gott wahrhaftig ist.
34Denn der, den Gott gesandt hat, redet
Gottes Worte; denn [a]Gott gibt den Geist
ohne Maß. *a* Kap 1,16
35[a]Der Vater hat den Sohn lieb und [b]hat
ihm alles in seine Hand gegeben.

a Kap 5,20 *b* Mt 11,27

36**Wer an den Sohn glaubt, der hat das
ewige Leben.** Wer aber dem Sohn nicht ge-
horsam ist, der wird das Leben nicht se-
hen, sondern der Zorn Gottes bleibt über
ihm.

Jesus und die Samariterin

4 Als nun Jesus erfuhr, daß den Phari-
säern zu Ohren gekommen war, daß er
mehr zu Jüngern machte und [a]taufte als
Johannes
[a] Kap 3,22.26
2 – obwohl Jesus nicht selber taufte, son-
dern seine Jünger –,
3 verließ er Judäa und ging wieder nach
Galiläa.
4 Er mußte aber durch Samarien reisen.
5 ¶ Da kam er in eine Stadt Samariens, die
heißt Sychar, nahe bei dem Feld, das [a]Ja-
kob seinem Sohn Josef gab.
[a] 1.Mose 48,22; Jos 24,32
6 Es war aber dort Jakobs Brunnen. Weil
nun Jesus müde war von der Reise, setzte
er sich am Brunnen nieder; es war um die
sechste Stunde.
7 Da kommt eine Frau aus Samarien, um
Wasser zu schöpfen. Jesus spricht zu ihr:
Gib mir zu trinken!
8 Denn seine Jünger waren in die Stadt
gegangen, um Essen zu kaufen.
9 Da spricht die samaritische Frau zu ihm:
Wie, du bittest mich um etwas zu trinken,
der du ein Jude bist und ich eine samariti-
sche Frau? [a]Denn die Juden haben keine
Gemeinschaft mit den Samaritern. –
[a] Lk 9,52.53
10 Jesus antwortete und sprach zu ihr:
Wenn du erkenntest die Gabe Gottes und
wer der ist, der zu dir sagt: Gib mir zu
trinken!, du bätest ihn, und er gäbe dir
[a]lebendiges Wasser.
[a] Kap 7,38.39
11 ¶ Spricht zu ihm die Frau: Herr, hast du
doch nichts, womit du schöpfen könntest,
und der Brunnen ist tief; woher hast du
dann lebendiges Wasser?
12 Bist du mehr als unser Vater Jakob, der
uns diesen Brunnen gegeben hat? Und er
hat daraus getrunken und seine Kinder
und sein Vieh.
13 Jesus antwortete und sprach zu ihr: Wer
von diesem Wasser trinkt, den wird wie-
der dürsten;[a]
[a] Kap 6,58
14 wer aber von dem Wasser trinken wird,
das ich ihm gebe, den wird in Ewigkeit
nicht dürsten, sondern das Wasser, das ich
ihm geben werde, das wird in ihm eine
Quelle des Wassers werden, das in das
ewige Leben quillt.[a]
[a] Kap 6,35; 7,38.39; Ps 36,10
15 ¶ Spricht die Frau zu ihm: Herr, gib mir
solches Wasser, damit mich nicht dürstet
und ich nicht herkommen muß, um zu
schöpfen!
16 Jesus spricht zu ihr: Geh hin, ruf dei-
nen Mann und komm wieder her!
17 Die Frau antwortete und sprach zu ihm:
Ich habe keinen Mann. Jesus spricht zu
ihr: Du hast recht geantwortet: Ich habe
keinen Mann.
18 Fünf Männer hast du gehabt, und der,
den du jetzt hast, ist nicht dein Mann; das
hast du recht gesagt.
19 ¶ Die Frau spricht zu ihm: Herr, ich
sehe, daß du ein Prophet bist.
20 Unsere Väter haben auf diesem Berge
angebetet, und ihr sagt, in Jerusalem sei
die Stätte, wo man anbeten soll.[a]
[a] 5.Mose 12,5; Ps 122
21 Jesus spricht zu ihr: Glaube mir, Frau,
es kommt die Zeit, daß ihr weder auf die-
sem Berge noch in Jerusalem den Vater
anbeten werdet.
22 Ihr [a]wißt nicht, was ihr anbetet; wir wis-
sen aber, was wir anbeten; denn [b]das Heil
kommt von den Juden.
[a] 2.Kön 17,29-41
[b] Jes 2,3
23 Aber es kommt die Zeit und ist schon
jetzt, in der die wahren Anbeter den Vater
anbeten werden im Geist und in der Wahr-
heit; denn auch der Vater will solche An-
beter haben.
24 [a]**Gott ist Geist, und die ihn anbeten, die**
[b]**müssen ihn im Geist und in der Wahrheit**
anbeten.
[a] 2.Kor 3,17 [b] Röm 12,1
25 ¶ Spricht die Frau zu ihm: Ich weiß,
daß der [a]Messias kommt, der da Christus
heißt. Wenn dieser kommt, wird er uns
alles verkündigen.
[a] Kap 1,41
26 Jesus spricht zu ihr: Ich bin's, der mit
dir redet.
27 ¶ Unterdessen kamen seine Jünger, und
sie wunderten sich, daß er mit einer Frau
redete; doch sagte niemand: Was fragst
du? Oder: Was redest du mit ihr?
28 Da ließ die Frau ihren Krug stehen und
ging in die Stadt und spricht zu den Leu-
ten:
29 Kommt, seht einen Menschen, der mir
alles gesagt hat, was ich getan habe, ob er
nicht der Christus sei!
30 Da gingen sie aus der Stadt heraus und
kamen zu ihm.
31 ¶ Inzwischen mahnten ihn die Jünger
und sprachen: Rabbi, iß!
32 Er aber sprach zu ihnen: Ich habe eine
Speise zu essen, von der ihr nicht wißt.

33 Da sprachen die Jünger untereinander:
Hat ihm jemand zu essen gebracht?
34 Jesus spricht zu ihnen: Meine Speise
ist die, daß ich [a]tue den Willen dessen,
der mich gesandt hat, und [b]vollende sein
Werk. *a* Kap 6,38 *b* Kap 17,4
35 Sagt ihr nicht selber: Es sind noch vier
Monate, dann kommt die Ernte? Siehe,
ich sage euch: Hebt eure Augen auf und
seht auf die Felder, denn [a]sie sind reif zur
Ernte. *a* Mt 9,37
36 Wer erntet, empfängt schon seinen
Lohn und sammelt Frucht zum ewigen
Leben, damit sich miteinander freuen, der
da sät und der da erntet.
37 Denn hier ist der Spruch wahr: Der eine
sät, der andere erntet.
38 Ich habe euch gesandt, zu ernten, wo
ihr nicht gearbeitet habt; andere haben ge-
arbeitet, und euch ist ihre Arbeit zugute
gekommen.
39 ¶Es glaubten aber an ihn viele der Sa-
mariter aus dieser Stadt um der Rede der
Frau willen, die bezeugte: Er hat mir alles
gesagt, was ich getan habe.
40 Als nun die Samariter zu ihm kamen,
baten sie ihn, bei ihnen zu bleiben; und er
blieb zwei Tage da.
41 Und noch viel mehr glaubten um seines
Wortes willen
42 und sprachen zu der Frau: Von nun an
glauben wir nicht mehr um deiner Rede
willen; denn [a]wir haben selber gehört und
erkannt: **Dieser ist wahrlich der Welt Hei-
land.** *a* Apg 8,5-8

Heilung des Sohnes eines königlichen Beamten

(Mt 8,5-13; Lk 7,1-10)

43 Aber nach zwei Tagen ging er von dort
weiter [a]nach Galiläa. *a* Mt 4,12
44 Denn er selber, Jesus, bezeugte, daß
ein Prophet daheim nichts gilt.[a] *a* Mt 13,57
45 Als er nun nach Galiläa kam, nahmen
ihn die Galiläer auf, die [a]alles gesehen hat-
ten, was er in Jerusalem auf dem Fest ge-
tan hatte; denn sie waren auch zum Fest
gekommen. *a* Kap 2,23
46 ¶Und Jesus kam abermals nach Kana
in Galiläa, [a]wo er das Wasser zu Wein ge-
macht hatte. Und es war ein Mann im
Dienst des Königs; dessen Sohn lag krank
in Kapernaum. *a* Kap 2,1.9
47 Dieser hörte, daß Jesus aus Judäa nach
Galiläa kam, und ging hin zu ihm und bat
ihn, herabzukommen und seinem Sohn zu
helfen; denn der war todkrank.
48 Und Jesus sprach zu ihm: Wenn ihr
nicht Zeichen und Wunder seht, so glaubt
ihr nicht.[a] *a* Kap 2,18; 1.Kor 1,22
49 Der Mann sprach zu ihm: Herr, komm
herab, ehe mein Kind stirbt!
50 Jesus spricht zu ihm: Geh hin, dein
Sohn lebt! Der Mensch glaubte dem Wort,
das Jesus zu ihm sagte, und ging hin.
51 Und während er hinabging, begegneten
ihm seine Knechte und sagten: Dein Kind
lebt.
52 Da erforschte er von ihnen die Stunde,
in der es besser mit ihm geworden war.
Und sie antworteten ihm: Gestern um die
siebente Stunde verließ ihn das Fieber.
53 Da merkte der Vater, daß es die Stunde
war, in der Jesus zu ihm gesagt hatte: Dein
Sohn lebt. Und er glaubte mit seinem gan-
zen Hause.
54 Das ist nun [a]das zweite Zeichen, das
Jesus tat, als er aus Judäa nach Galiläa
kam. *a* Kap 2,11

Die Heilung eines Kranken am Teich Betesda

5 Danach war ein Fest der Juden, und
Jesus zog hinauf nach Jerusalem.[a]
a Kap 2,13
2 Es ist aber in Jerusalem beim [a]Schaftor
ein Teich, der heißt auf hebräisch Betesda.
Dort sind fünf Hallen; *a* Neh 3,1
3 in denen lagen viele Kranke, Blinde,
Lahme, Ausgezehrte.*

* Die Verse 3b.4 finden sich erst in der späteren Überlieferung: »Sie warteten darauf, daß sich das Wasser bewegte. 4 Denn der Engel des Herrn fuhr von Zeit zu Zeit herab in den Teich und bewegte das Wasser. Wer nun zuerst hineinstieg, nachdem sich das Wasser bewegt hatte, der wurde gesund, an welcher Krankheit er auch litt.«

5 Es war aber dort ein Mensch, der lag
achtunddreißig Jahre krank.
6 Als Jesus den liegen sah und vernahm,
daß er schon so lange gelegen hatte,
spricht er zu ihm: Willst du gesund wer-
den?
7 Der Kranke antwortete ihm: Herr, ich
habe keinen Menschen, der mich in den
Teich bringt, wenn das Wasser sich be-
wegt; wenn ich aber hinkomme, so steigt
ein anderer vor mir hinein.
8 Jesus spricht zu ihm: Steh auf, nimm
dein Bett und geh hin!
9 Und sogleich wurde der Mensch gesund
und nahm sein Bett und ging hin.

¶Es war aber an dem Tag Sabbat.
10 Da sprachen die Juden zu dem, der ge-
sund geworden war: Es ist heute Sabbat;
du darfst dein Bett nicht tragen.[a]
a 2.Mose 20,10; Jer 17,21.22
11 Er antwortete ihnen: Der mich gesund
gemacht hat, sprach zu mir: Nimm dein
Bett und geh hin!
12 Da fragten sie ihn: Wer ist der Mensch,
der zu dir gesagt hat: Nimm dein Bett und
geh hin?
13 Der aber gesund geworden war, wußte
nicht, wer es war; denn Jesus war entwi-
chen, da so viel Volk an dem Ort war.
14 Danach fand ihn Jesus im Tempel und
sprach zu ihm: Siehe, du bist gesund ge-
worden; [a]sündige hinfort nicht mehr, daß
dir nicht etwas Schlimmeres widerfahre.
a Kap 8,11
15 Der Mensch ging hin und berichtete
den Juden, es sei Jesus, der ihn gesund
gemacht habe.
16 Darum verfolgten die Juden Jesus, weil
er dies am Sabbat getan hatte.[a] *a* Mt 12,14
17 Jesus aber antwortete ihnen: Mein Va-
ter wirkt bis auf diesen Tag, und [a]ich wirke
auch. *a* Kap 9,4
18 Darum [a]trachteten die Juden noch viel
mehr danach, ihn zu töten, weil er nicht
allein den Sabbat brach, sondern auch
sagte, Gott sei sein Vater, und machte sich
selbst Gott gleich. *a* Kap 7,30; 10,33

Die Vollmacht des Sohnes

19 Da antwortete Jesus und sprach zu
ihnen: Wahrlich, wahrlich, ich sage euch:
Der Sohn kann nichts von sich aus tun,
sondern nur, [a]was er den Vater tun sieht;
denn was dieser tut, das tut gleicherweise
auch der Sohn. *a* Kap 3,11.32
20 Denn [a]der Vater hat den Sohn lieb und
zeigt ihm alles, was er tut, und wird ihm
noch größere Werke zeigen, so daß ihr
euch verwundern werdet. *a* Kap 3,35
21 Denn wie der Vater die Toten aufer-
weckt und macht sie lebendig, so macht
auch der Sohn lebendig, welche er will.
22 [a]Denn der Vater richtet niemand, son-
dern [b]hat alles Gericht dem Sohn überge-
ben, *a (22 und 23)* Dan 7,13.14 *b* Apg 10,42
23 damit sie [a]alle den Sohn ehren, wie sie
den Vater ehren. [b]Wer den Sohn nicht
ehrt, der ehrt den Vater nicht, der ihn ge-
sandt hat. *a* Phil 2,10.11 *b* 1.Joh 2,23
24 Wahrlich, wahrlich, ich sage euch: **Wer
mein Wort hört und glaubt dem, der mich
gesandt hat, der hat das ewige Leben und
kommt nicht in das Gericht, sondern er ist
vom Tode zum Leben hindurchgedrun-
gen.**[a] *a* Kap 3,16.18
25 Wahrlich, wahrlich, ich sage euch: Es
kommt die Stunde und [a]ist schon jetzt,
daß die Toten hören werden die Stimme
des Sohnes Gottes, und die sie hören wer-
den, die werden leben. *a* Eph 2,5.6
26 Denn wie der Vater das Leben hat in
sich selber, so hat er auch dem Sohn gege-
ben, das Leben zu haben in sich selber;[a]
a Kap 1,1-4
27 und er hat ihm Vollmacht gegeben, das
Gericht zu halten, weil er [a]der Menschen-
sohn ist. *a* Dan 7,13.14
28 Wundert euch darüber nicht. Denn **es
kommt die Stunde, in der alle, die in den
Gräbern sind, seine Stimme hören werden,**
29 **und werden hervorgehen, die Gutes getan
haben, zur Auferstehung des Lebens, die
aber Böses getan haben, zur Auferstehung
des Gerichts.**[a] *a* Dan 12,2; Mt 25,46; 2. Kor 5,10
30 ¶Ich kann nichts von mir aus tun. Wie
ich höre, so richte ich, und mein Gericht
ist gerecht; denn [a]ich suche nicht meinen
Willen, sondern den Willen dessen, der
mich gesandt hat. *a* Kap 6,38

Das Zeugnis für den Sohn

31 Wenn ich von mir selbst zeuge, so ist
mein Zeugnis nicht wahr.
32 Ein anderer ist's, der von mir zeugt;
und ich weiß, daß das Zeugnis wahr ist,
das er von mir gibt.
33 Ihr habt zu Johannes geschickt, und er
hat die Wahrheit bezeugt.[a] *a* Kap 1,19-34
34 Ich aber nehme nicht Zeugnis von
einem Menschen; sondern ich sage das,
damit ihr selig werdet.
35 Er war ein brennendes und scheinendes
Licht; ihr aber wolltet eine kleine Weile
fröhlich sein in seinem Licht.
36 Ich aber habe ein größeres Zeugnis als
das des Johannes; denn [a]die Werke, die
mir der Vater gegeben hat, damit ich sie
vollende, eben diese Werke, die ich tue,
bezeugen von mir, daß mich der Vater ge-
sandt hat. *a* Kap 3,2; 10,25.38
37 Und der Vater, der mich gesandt hat,
hat von mir Zeugnis gegeben. Ihr habt nie-
mals [a]seine Stimme gehört noch seine Ge-
stalt gesehen, *a* Mt 3,17
38 und sein Wort habt ihr nicht in euch

65 *Kreuzigung*
Schwarze Tinte; Pastell und Farbstifte auf glänzendem Japanpapier; 76,7 x 57 cm; 1972; Privatsammlung
(© Foto: Centre Georges Pompidou – Philippe Migeat)

66 *Die weiße Kreuzigung*
Öl auf Leinwand; 154,3 x 139,7 cm; 1938; signiert;
The Art Institute of Chicago; Gift of Alfred S. Alschuler
(© Foto: The Art Institute of Chicago 1996)

67 *Die gelbe Kreuzigung*
Öl auf Leinwand; 140 x 101 cm; 1942; signiert;
Musée National d'Art Moderne,
Centre Georges Pompidou, Paris
(© Foto: Centre Georges Pompidou – Philippe Migeat)

68 *Der Exodus*
Öl auf Leinwand; 130 x 162,3 cm; 1952-1966; signiert;
MBMC, Nizza
(© Foto: RMN – Gérard Blot)

wohnen; denn ihr glaubt dem nicht, den
er gesandt hat.
39 Ihr sucht in der Schrift, denn ihr meint,
ihr habt das ewige Leben darin; und sie
ist's, die von mir zeugt;[a]
a Lk 24,27.44; 2.Tim 3,15-17
40 aber ihr wollt nicht zu mir kommen,
daß ihr das Leben hättet.
41 ¶Ich nehme nicht Ehre von Menschen;
42 aber ich kenne euch, daß ihr nicht
Gottes Liebe in euch habt.
43 Ich bin gekommen in meines Vaters
Namen, und ihr nehmt mich nicht an.
Wenn ein anderer kommen wird in sei-
nem eigenen Namen, den werdet ihr an-
nehmen.[a] *a* Mt 24,5
44 Wie könnt ihr glauben, [a]die ihr Ehre
voneinander annehmt, und die Ehre, die
von dem alleinigen Gott ist, sucht ihr
nicht? *a* Kap 12,42.43; 1.Thess 2,6
45 ¶Ihr sollt nicht meinen, daß ich euch
vor dem Vater verklagen werde; [a]es ist
einer, der euch verklagt: Mose, auf den ihr
hofft. *a* 5.Mose 31,24-27
46 Wenn ihr Mose glaubtet, so glaubtet ihr
auch mir; denn [a]er hat von mir geschrie-
ben. *a* 1.Mose 3,15; 49,10; 5.Mose 18,15
47 Wenn ihr aber seinen Schriften nicht
glaubt, wie werdet ihr meinen Worten
glauben?[a] *a* Lk 16,31

Die Speisung der Fünftausend

(Mt 14,13-21; Mk 6,30-44; Lk 9,10-17)

6 Danach fuhr Jesus weg über das Gali-
läische Meer, das auch See von Tibe-
rias heißt.
2 Und es zog ihm viel Volk nach, weil sie
die Zeichen sahen, die er an den Kranken
tat.
3 Jesus aber ging auf einen Berg und
setzte sich dort mit seinen Jüngern.
4 Es war aber kurz vor dem Passa, dem
Fest der Juden.[a] *a* Kap 2,13; 11,55
5 Da hob Jesus seine Augen auf und sieht,
daß viel Volk zu ihm kommt, und spricht
zu Philippus: Wo kaufen wir Brot, damit
diese zu essen haben?
6 Das sagte er aber, um ihn zu prüfen;
denn er wußte wohl, was er tun wollte.
7 Philippus antwortete ihm: Für zweihun-
dert Silbergroschen Brot ist nicht genug
für sie, daß jeder ein wenig bekomme.
8 Spricht zu ihm einer seiner Jünger, An-
dreas, der Bruder des Simon Petrus:
9 Es ist ein Kind hier, das hat fünf Ger-
stenbrote und zwei Fische; aber was ist
das für so viele?
10 Jesus aber sprach: Laßt die Leute sich
lagern. Es war aber viel Gras an dem Ort.
Da lagerten sich etwa fünftausend Män-
ner.
11 Jesus aber nahm die Brote, dankte und
gab sie denen, die sich gelagert hatten;
desgleichen auch von den Fischen, soviel
sie wollten.
12 Als sie aber satt waren, sprach er zu
seinen Jüngern: Sammelt die übrigen
Brocken, damit nichts umkommt.
13 Da sammelten sie und füllten von den
fünf Gerstenbroten zwölf Körbe mit Brok-
ken, die denen übrigblieben, die gespeist
worden waren.
14 ¶Als nun die Menschen das Zeichen
sahen, das Jesus tat, sprachen sie: Das ist
wahrlich [a]der Prophet, der in die Welt
kommen soll. *a* 5.Mose 18,15
15 Als Jesus nun merkte, daß sie kommen
würden und ihn ergreifen, [a]um ihn zum
König zu machen, entwich er wieder auf
den Berg, er selbst allein. *a* Kap 18,36

Jesus auf dem See

(Mt 14,22-33; Mk 6,45-52)

16 Am Abend aber gingen seine Jünger
hinab an den See,
17 stiegen in ein Boot und fuhren über den
See nach Kapernaum. Und es war schon
finster geworden, und Jesus war noch
nicht zu ihnen gekommen.
18 Und der See wurde aufgewühlt von
einem starken Wind.
19 Als sie nun etwa eine Stunde gerudert
hatten, sahen sie Jesus auf dem See gehen
und nahe an das Boot kommen; und sie
fürchteten sich.
20 Er aber sprach zu ihnen: Ich bin's;
fürchtet euch nicht!
21 Da wollten sie ihn ins Boot nehmen;
und sogleich war das Boot am Land, wo-
hin sie fahren wollten.

Jesus das Brot des Lebens

22 Am nächsten Tag sah das Volk, das am
andern Ufer des Sees stand, daß kein an-
deres Boot da war als das eine und daß
Jesus nicht mit seinen Jüngern in das Boot
gestiegen war, sondern seine Jünger waren
allein weggefahren.
23 Es kamen aber andere Boote von Tibe-
rias nahe an den Ort, wo sie das Brot ge-

gessen hatten unter der Danksagung des
Herrn.
24 Als nun das Volk sah, daß Jesus nicht
da war und seine Jünger auch nicht, stie-
gen sie in die Boote und fuhren nach Ka-
pernaum und suchten Jesus.
25 Und als sie ihn fanden am andern Ufer
des Sees, fragten sie ihn: Rabbi, wann bist
du hergekommen?
26 Jesus antwortete ihnen und sprach:
Wahrlich, wahrlich, ich sage euch: Ihr
sucht mich nicht, weil ihr Zeichen gese-
hen habt, sondern weil ihr von dem Brot
gegessen habt und satt geworden seid.
27 Schafft euch Speise, die nicht vergäng-
lich ist, sondern die bleibt zum ewigen
Leben. Die wird euch der Menschensohn
geben; denn [a] auf dem ist das Siegel Gottes
des Vaters. *a* Kap 5,36
28 Da fragten sie ihn: Was sollen wir tun,
daß wir Gottes Werke wirken?
29 Jesus antwortete und sprach zu ihnen:
**Das ist Gottes Werk, daß ihr an den glaubt,
den er gesandt hat.**
30 Da sprachen sie zu ihm: Was tust du
für ein Zeichen, damit wir sehen und dir
glauben? Was für ein Werk tust du?
31 Unsre Väter haben in der Wüste das
Manna gegessen, wie geschrieben steht
(Psalm 79,24): »Er gab ihnen Brot vom
Himmel zu essen.«[a] *a* 2.Mose 16,13-15
32 Da sprach Jesus zu ihnen: Wahrlich,
wahrlich, ich sage euch: Nicht Mose hat
euch das Brot vom Himmel gegeben, son-
dern mein Vater gibt euch das wahre Brot
vom Himmel.
33 Denn Gottes Brot ist das, das vom Him-
mel kommt und gibt der Welt das Leben.
34 Da sprachen sie zu ihm: Herr, gib uns
allezeit solches Brot.
35 Jesus aber sprach zu ihnen: **Ich bin das
Brot des Lebens. Wer zu mir kommt, den
wird nicht hungern; und wer an mich glaubt,
den wird nimmermehr dürsten.**[a]
a Kap 4,14; 7,37
36 Aber ich habe euch gesagt: Ihr habt
mich gesehen und glaubt doch nicht.
37 Alles, was mir mein Vater gibt, das
kommt zu mir; und [a] **wer zu mir kommt,
den werde ich nicht hinausstoßen.** *a* Mt 11,28
38 Denn ich bin vom Himmel gekommen,
nicht damit ich meinen Willen tue, son-
dern [a] den Willen dessen, der mich ge-
sandt hat. *a* Kap 4,34
39 Das ist aber der Wille dessen, der mich
gesandt hat, [a] daß ich nichts verliere von
allem, was er mir gegeben hat, sondern
daß ich's auferwecke am Jüngsten Tage.
a Kap 10,28.29; 17,12
40 Denn das ist der Wille meines Vaters,
daß, wer den Sohn sieht und glaubt an
ihn, das ewige Leben habe; und [a] ich
werde ihn auferwecken am Jüngsten
Tage. *a* Kap 5,29; 11,24
41 ¶ Da murrten die Juden über ihn, weil
er sagte: Ich bin das Brot, das vom Him-
mel gekommen ist,
42 und sprachen: Ist dieser nicht Jesus,
[a] Josefs Sohn, dessen Vater und Mutter wir
kennen? Wieso spricht er dann: Ich bin
vom Himmel gekommen? *a* Lk 4,22
43 Jesus antwortete und sprach zu ihnen:
Murrt nicht untereinander.
44 Es kann niemand zu mir kommen, es
sei denn, ihn ziehe der Vater, der mich
gesandt hat, und ich werde ihn auferwek-
ken am Jüngsten Tage.
45 Es steht geschrieben in den Propheten
(Jesaja 54,13): »Sie werden alle von Gott
gelehrt sein.« Wer es vom Vater hört und
lernt, der kommt zu mir.
46 Nicht als ob jemand den Vater gesehen
hätte außer dem, der von Gott gekommen
ist; der hat den Vater gesehen.[a] *a* Kap 1,18
47 Wahrlich, wahrlich, ich sage euch: **Wer
glaubt, der hat das ewige Leben.**[a]
a Kap 3,16
48 Ich bin das Brot des Lebens.[a] *a* Vers 35
49 Eure Väter haben in der Wüste das
Manna gegessen und sind gestorben.[a]
a 1.Kor 10,3-5
50 Dies ist das Brot, das vom Himmel
kommt, damit, wer davon ißt, nicht sterbe.
51 Ich bin das lebendige Brot, das vom
Himmel gekommen ist. Wer von diesem
Brot ißt, der wird leben in Ewigkeit. Und
[a] dieses Brot ist mein Fleisch, das ich ge-
ben werde für das Leben der Welt.
a Mk 14,22
52 ¶ Da stritten die Juden untereinander
und sagten: Wie kann der uns sein Fleisch
zu essen geben?
53 Jesus sprach zu ihnen: Wahrlich, wahr-
lich, ich sage euch: Wenn ihr nicht das
Fleisch des Menschensohns eßt und sein
Blut trinkt, so habt ihr kein Leben in euch.
54 Wer [a] mein Fleisch ißt und mein Blut
trinkt, der hat das ewige Leben, und ich
werde ihn am Jüngsten Tage auferwek-
ken. *a* Mt 26,26-28

55 Denn mein Fleisch ist die wahre Speise, und mein Blut ist der wahre Trank.

56 Wer mein Fleisch ißt und mein Blut trinkt, der [a]bleibt in mir und ich in ihm.
[a] Kap 15,4; 1.Joh 3,24

57 Wie mich der lebendige Vater gesandt hat und ich lebe um des Vaters willen, so wird auch, wer mich ißt, leben um meinetwillen.

58 Dies ist das Brot, das vom Himmel gekommen ist. Es ist nicht wie bei den Vätern, die gegessen haben und gestorben sind. Wer dies Brot ißt, der wird leben in Ewigkeit.

59 Das sagte er in der Synagoge, als er in Kapernaum lehrte.

Scheidung unter den Jüngern

60 Viele nun seiner Jünger, die das hörten, sprachen: Das ist eine harte Rede; wer kann sie hören?

61 Da Jesus aber bei sich selbst merkte, daß seine Jünger darüber murrten, sprach er zu ihnen: Ärgert euch das?

62 Wie, wenn ihr nun sehen werdet den Menschensohn [a]auffahren dahin, wo er zuvor war?
[a] Lk 24,50.51

63 [a]Der Geist ist's, der lebendig macht; das Fleisch* ist nichts nütze. Die Worte, die ich zu euch geredet habe, die sind Geist und sind Leben.
[a] Kap 3,6; 2.Kor 3,6

* Siehe Sach- und Worterklärungen.

64 Aber es gibt einige unter euch, die glauben nicht. Denn Jesus wußte von Anfang an, wer die waren, die nicht glaubten, und wer ihn verraten würde.

65 Und er sprach: Darum habe ich euch gesagt: Niemand kann zu mir kommen, es sei ihm denn vom Vater gegeben.

Das Bekenntnis des Petrus

66 Von da an wandten sich viele seiner Jünger ab und gingen hinfort nicht mehr mit ihm.

67 Da fragte Jesus die Zwölf: Wollt ihr auch weggehen?

68 Da antwortete ihm Simon Petrus: **Herr, wohin sollen wir gehen? Du hast Worte des ewigen Lebens;**

69 **und wir haben geglaubt und erkannt: Du bist der Heilige Gottes.**[a]
[a] Mt 16,16

70 Jesus antwortete ihnen: Habe ich nicht euch Zwölf erwählt? Und einer von euch ist ein Teufel.

71 Er redete aber von Judas, dem Sohn des Simon Iskariot. Der verriet ihn hernach und war einer der Zwölf.

Die Reise zum Laubhüttenfest

7 Danach zog Jesus umher in [a]Galiläa; denn er wollte nicht in Judäa umherziehen, weil ihm die Juden nach dem Leben trachteten.
[a] Kap 4,43

2 Es war aber nahe das [a]Laubhüttenfest der Juden.
[a] 3.Mose 23,34-36

3 Da sprachen seine [a]Brüder zu ihm: Mach dich auf von hier und geh nach Judäa, damit auch deine Jünger die Werke sehen, die du tust.
[a] Kap 2,12; Mt 12,46; Apg 1,14

4 Niemand tut etwas im Verborgenen und will doch öffentlich etwas gelten. Willst du das, so offenbare dich vor der Welt.

5 Denn auch seine Brüder glaubten nicht an ihn.

6 Da spricht Jesus zu ihnen: [a]Meine Zeit ist noch nicht da, eure Zeit ist allewege.
[a] Kap 2,4

7 Die Welt kann euch nicht hassen. [a]Mich aber haßt sie, denn ich bezeuge von ihr, daß ihre Werke böse sind.
[a] Kap 15,18

8 Geht ihr hinauf zum Fest! Ich will nicht hinaufgehen zu diesem Fest, denn meine Zeit ist noch nicht erfüllt.

9 Das sagte er und blieb in Galiläa.

10 ¶ Als aber seine Brüder hinaufgegangen waren zum Fest, da ging auch er hinauf, nicht öffentlich, sondern heimlich.[a]
[a] Kap 2,13

11 Da suchten ihn die Juden auf dem Fest und fragten: Wo ist er?

12 Und es war ein großes Gemurmel über ihn im Volk. Einige sprachen: Er ist gut; andere aber sprachen: Nein, sondern er verführt das Volk.

13 Niemand aber redete offen über ihn [a]aus Furcht vor den Juden.
[a] Kap 9,22; 12,42; 19,38

Jesus auf dem Fest

14 Aber mitten im Fest ging Jesus hinauf in den Tempel und lehrte.

15 Und die Juden verwunderten sich und sprachen: Wie kann dieser die Schrift verstehen, wenn er es doch nicht gelernt hat?[a]
[a] Mt 13,56

16 Jesus antwortete ihnen und sprach: **Meine Lehre ist nicht von mir, sondern von dem, der mich gesandt hat.**

17 **Wenn jemand dessen Willen tun will,
wird er innewerden, ob diese Lehre von Gott
ist oder ob ich von mir selbst aus rede.**
18 Wer von sich selbst aus redet, der
[a]sucht seine eigene Ehre; wer aber die
Ehre dessen sucht, der ihn gesandt hat,
der ist wahrhaftig, und keine Ungerechtig-
keit ist in ihm. *a* Kap 5,41.44
19 ¶Hat euch nicht Mose das Gesetz ge-
geben? Und [a]niemand unter euch tut das
Gesetz. [b]Warum sucht ihr mich zu tö-
ten? *a* Röm 2,17-24 *b* Kap 5,16.18
20 Das Volk antwortete: [a]Du bist beses-
sen; wer sucht dich zu töten? *a* Kap 10,20
21 Jesus antwortete und sprach zu ihnen:
Ein einziges Werk habe ich getan, und es
wundert euch alle.[a] *a* Kap 5,16
22 Mose hat euch doch die [a]Beschneidung
gegeben – nicht daß sie von Mose kommt,
sondern von den Vätern –, und ihr be-
schneidet den Menschen auch am Sab-
bat. *a* 1.Mose 17,10-12; 3.Mose 12,3
23 Wenn nun ein Mensch am Sabbat die
Beschneidung empfängt, damit nicht das
Gesetz des Mose gebrochen werde, was
zürnt ihr dann mir, weil ich am Sabbat den
ganzen Menschen gesund gemacht habe?
24 Richtet nicht nach dem, was vor Augen
ist, sondern richtet gerecht.
25 ¶Da sprachen einige aus Jerusalem: Ist
das nicht der, den sie zu töten suchen?
26 Und siehe, er redet frei und offen, und
sie sagen ihm nichts. Sollten unsere Obe-
ren nun wahrhaftig erkannt haben, daß er
der Christus ist?
27 Doch wir wissen, woher dieser ist;
wenn aber der Christus kommen wird, so
wird niemand wissen, woher er ist.[a]
a Hebr 7,3
28 Da rief Jesus, der im Tempel lehrte: Ihr
kennt mich und wißt, woher ich bin. Aber
nicht von mir selbst aus bin ich gekom-
men, sondern es ist ein Wahrhaftiger, der
mich gesandt hat, den ihr nicht kennt.
29 [a]Ich aber kenne ihn; denn ich bin von
ihm, und er hat mich gesandt. *a* Mt 11,27
30 Da suchten sie ihn zu ergreifen; aber
niemand legte Hand an ihn, denn seine
Stunde war noch nicht gekommen.[a]
a Kap 8,20; Lk 22,53
31 Aber viele aus dem Volk glaubten an
ihn und sprachen: Wenn der Christus
kommen wird, wird er etwa mehr Zeichen
tun, als dieser getan hat?
32 ¶Und es kam den Pharisäern zu Oh-
ren, daß im Volk solches Gemurmel über
ihn war. Da sandten die Hohenpriester und
Pharisäer Knechte aus, die ihn ergreifen
sollten.
33 Da sprach Jesus zu ihnen: [a]Ich bin
noch eine kleine Zeit bei euch, und dann
gehe ich hin zu dem, der mich gesandt
hat. *a* Kap 13,33
34 [a]Ihr werdet mich suchen und nicht fin-
den; und wo ich bin, könnt ihr nicht hin-
kommen. *a* Kap 8,21
35 Da sprachen die Juden untereinander:
Wo will dieser hingehen, daß wir ihn nicht
finden könnten? Will er zu denen gehen,
die in der Zerstreuung unter den Grie-
chen wohnen, und die Griechen lehren?
36 Was ist das für ein Wort, daß er sagt:
Ihr werdet mich suchen und nicht finden;
und wo ich bin, da könnt ihr nicht hin-
kommen?
37 ¶Aber [a]am letzten Tag des Festes, der
der höchste war, trat Jesus auf und rief:
[b]Wen da dürstet, der komme zu mir und
trinke!
a 3.Mose 23,36 *b* Kap 4,10; Jes 55,1; Offb 22,17
38 **Wer an mich glaubt, [a]wie die Schrift sagt,
von dessen Leib werden Ströme lebendigen
Wassers fließen.** *a* Jes 58,11
39 Das sagte er aber von dem Geist, den
die empfangen sollten, die an ihn glaub-
ten; denn [a]der Geist war noch nicht da;
denn Jesus war noch nicht verherrlicht.
a Kap 16,7

Zwiespalt im Volk

40 Einige nun aus dem Volk, die diese
Worte hörten, sprachen: [a]Dieser ist wahr-
haftig der Prophet. *a* Kap 6,14
41 Andere sprachen: Er ist der Christus.
Wieder andere sprachen: [a]Soll der Chri-
stus aus Galiläa kommen? *a* Kap 1,46
42 Sagt nicht die Schrift: [a]aus dem Ge-
schlecht Davids und [b]aus dem Ort Bethle-
hem, wo David war, soll der Christus kom-
men? *a* Mt 22,42 *b* Mi 5,1; Mt 2,5.6
43 So entstand seinetwegen Zwietracht im
Volk.[a] *a* Kap 9,16
44 Es wollten aber einige ihn ergreifen;
aber niemand legte Hand an ihn.
45 ¶Die Knechte kamen zu den Hohen-
priestern und Pharisäern; und die fragten
sie: Warum habt ihr ihn nicht gebracht?
46 Die Knechte antworteten: Noch nie hat
ein Mensch [a]so geredet wie dieser.
a Mt 7,28.29

47 Da antworteten ihnen die Pharisäer:
Habt ihr euch auch verführen lassen?
48 Glaubt denn einer von den Oberen oder
Pharisäern an ihn?
49 Nur das Volk tut's, das nichts vom Ge-
setz weiß; verflucht ist es.
50 Spricht zu ihnen [a]Nikodemus, der vor-
mals zu ihm gekommen war und der einer
von ihnen war: *a* Kap 3,1.2
51 Richtet denn unser Gesetz einen Men-
schen, ehe man ihn verhört und erkannt
hat, was er tut?[a] *a* 5.Mose 1,16
52 Sie antworteten und sprachen zu ihm:
Bist du auch ein Galiläer? Forsche und
sieh: Aus Galiläa steht kein Prophet auf.

Jesus und die Ehebrecherin

53 Und jeder ging heim.*

* Der Bericht 7,53–8,11 ist in den ältesten Textzeugen des Johannes-Evangeliums nicht enthalten.

8 Jesus aber ging zum Ölberg.
2 Und frühmorgens kam er wieder in
den Tempel, und alles Volk kam zu ihm,
und er setzte sich und lehrte sie.
3 ¶ Aber die Schriftgelehrten und Phari-
säer brachten eine Frau, beim Ehebruch
ergriffen, und stellten sie in die Mitte
4 und sprachen zu ihm: Meister, diese
Frau ist auf frischer Tat beim Ehebruch
ergriffen worden.
5 [a]Mose aber hat uns im Gesetz geboten,
solche Frauen zu steinigen. Was sagst
du? *a* 3.Mose 20,10
6 Das sagten sie aber, ihn zu versuchen,
damit sie ihn verklagen könnten. Aber
Jesus bückte sich und schrieb mit dem
Finger auf die Erde.
7 Als sie nun fortfuhren, ihn zu fragen,
richtete er sich auf und sprach zu ihnen:
[a]**Wer unter euch ohne Sünde ist, der werfe
den ersten Stein auf sie.** *a* Röm 2,1
8 Und er bückte sich wieder und schrieb
auf die Erde.
9 Als sie aber das hörten, gingen sie weg,
einer nach dem andern, die Ältesten
zuerst; und Jesus blieb allein mit der Frau,
die in der Mitte stand.
10 Jesus aber richtete sich auf und fragte
sie: Wo sind sie, Frau? Hat dich niemand
verdammt?
11 Sie antwortete: Niemand, Herr. Und
Jesus sprach: So verdamme ich dich auch
nicht; geh hin und [a]sündige hinfort nicht
mehr. *a* Kap 5,14

Jesus das Licht der Welt

12 Da redete Jesus abermals zu ihnen und
sprach: **Ich bin das [a]Licht der Welt. Wer
mir nachfolgt, der wird nicht wandeln in der
Finsternis, sondern wird das Licht des Le-
bens haben.** *a* Kap 1,5.9; Jes 49,6; 60,20; Mt 5,14-16
13 Da sprachen die Pharisäer zu ihm: Du
gibst Zeugnis von dir selbst; dein Zeugnis
ist nicht wahr.
14 Jesus antwortete und sprach zu ihnen:
Auch [a]wenn ich von mir selbst zeuge, ist
mein Zeugnis wahr; denn [b]ich weiß, wo-
her ich gekommen bin und wohin ich
gehe; ihr aber wißt nicht, woher ich
komme oder wohin ich gehe.
a Kap 5,31 *b* Kap 7,28
15 Ihr richtet nach dem Fleisch*, [a]ich
richte niemand. *a* Kap 3,17

* Siehe Sach- und Worterklärungen.

16 Wenn ich aber richte, so ist mein Rich-
ten gerecht; denn ich bin's nicht allein,
sondern ich und der Vater, der mich ge-
sandt hat.
17 Auch steht in eurem Gesetz geschrie-
ben, daß zweier Menschen Zeugnis wahr
sei.[a] *a* 5.Mose 19,15
18 Ich bin's, der von sich selbst zeugt; und
der Vater, der mich gesandt hat, zeugt auch
von mir.
19 Da fragten sie ihn: Wo ist dein Vater?
Jesus antwortete: Ihr kennt weder mich
noch meinen Vater; [a]wenn ihr mich kenn-
tet, so kenntet ihr auch meinen Vater.
a Kap 14,7
20 ¶ Diese Worte redete Jesus an dem
Gotteskasten, als er lehrte im Tempel;
[a]und niemand ergriff ihn, denn seine
Stunde war noch nicht gekommen.
a Kap 7,30

Jesu Weg zur Erhöhung

21 [a]Da sprach Jesus abermals zu ihnen:
Ich gehe hinweg, und ihr werdet mich su-
chen und in eurer Sünde sterben. Wo ich
hingehe, da könnt ihr nicht hinkommen.
a (21 und 22) Kap 7,34.35; 13,33
22 Da sprachen die Juden: Will er sich
denn selbst töten, daß er sagt: Wohin ich
gehe, da könnt ihr nicht hinkommen?
23 Und er sprach zu ihnen: Ihr seid von
unten her, ich bin [a]von oben her; ihr seid
von dieser Welt, ich bin nicht von dieser
Welt. *a* Kap 3,31
24 Darum habe ich euch gesagt, daß ihr

sterben werdet in euren Sünden; denn
[a]wenn ihr nicht glaubt, daß ich es bin,
werdet ihr sterben in euren Sünden.
a Jes 43,10
25 Da fragten sie ihn: Wer bist du denn?
Und Jesus sprach zu ihnen: Zuerst das,
was ich euch auch sage.
26 Ich habe viel von euch zu reden und zu
richten. Aber der mich gesandt hat, ist
wahrhaftig, und was ich von ihm gehört
habe, das rede ich zu der Welt.
27 Sie verstanden aber nicht, daß er zu
ihnen vom Vater sprach.
28 Da sprach Jesus zu ihnen: [a]Wenn ihr
den Menschensohn erhöhen werdet, dann
werdet ihr erkennen, daß ich es bin und
nichts von mir selber tue, sondern, wie
mich der Vater gelehrt hat, so rede ich.
a Kap 3,14; 12,32
29 Und der mich gesandt hat, ist mit mir.
Er läßt mich nicht allein; denn ich tue alle-
zeit, was ihm gefällt.

Die wahre Freiheit

30 Als er das sagte, glaubten viele an ihn.
31 Da sprach nun Jesus zu den Juden, die
an ihn glaubten: [a]**Wenn ihr bleiben werdet
an meinem Wort, so seid ihr wahrhaftig
meine Jünger** *a* Kap 15,7
32 **und werdet die Wahrheit erkennen, und
die Wahrheit wird euch frei machen.**
33 Da antworteten sie ihm: [a]Wir sind
Abrahams Kinder und sind niemals je-
mandes Knecht gewesen. Wie sprichst du
dann: Ihr sollt frei werden? *a* Mt 3,9
34 Jesus antwortete ihnen und sprach:
Wahrlich, wahrlich, ich sage euch: **Wer
Sünde tut, der ist der Sünde Knecht.**
35 Der Knecht bleibt nicht ewig im Haus;
der Sohn bleibt ewig.
36 **Wenn euch nun der Sohn frei macht, so
seid ihr wirklich frei.**[a] *a* Röm 6,16.18.22

Abrahamskinder und Teufelskinder

37 Ich weiß wohl, daß ihr Abrahams Kin-
der seid; aber ihr sucht mich zu töten,
denn mein Wort findet bei euch keinen
Raum.
38 Ich rede, was ich von meinem Vater
gesehen habe; und ihr tut, was ihr von
eurem Vater gehört habt.
39 Sie antworteten und sprachen zu ihm:
Abraham ist unser Vater. Spricht Jesus zu
ihnen: Wenn ihr Abrahams Kinder wärt,
so tätet ihr Abrahams Werke.
40 Nun aber sucht ihr mich zu töten, einen
Menschen, der euch die Wahrheit gesagt
hat, wie ich sie von Gott gehört habe. Das
hat Abraham nicht getan.
41 Ihr tut die Werke eures Vaters. Da spra-
chen sie zu ihm: Wir sind nicht unehelich
geboren; wir haben **einen** Vater: Gott.
42 Jesus sprach zu ihnen: Wäre Gott euer
Vater, so liebtet ihr mich; denn ich bin
von Gott ausgegangen und komme von
ihm; denn ich bin nicht von selbst gekom-
men, sondern er hat mich gesandt.
43 Warum versteht ihr denn meine Spra-
che nicht? [a]Weil ihr mein Wort nicht hö-
ren könnt! *a* 1.Kor 2,14
44 Ihr [a]habt den Teufel zum Vater, und
nach eures Vaters Gelüste wollt ihr tun.
Der ist [b]ein Mörder von Anfang an und
steht nicht in der Wahrheit; denn die
Wahrheit ist nicht in ihm. Wenn er Lügen
redet, so spricht er aus dem Eigenen; denn
er ist ein Lügner und der Vater der
Lüge. *a* 1.Joh 3,8-10 *b* 1.Mose 3,4.19
45 Weil ich aber die Wahrheit sage, glaubt
ihr mir nicht.

Der Streit um Jesu Ehre

46 [a]Wer von euch kann mich einer Sünde
zeihen? Wenn ich aber die Wahrheit sage,
warum glaubt ihr mir nicht?
a 2.Kor 5,21; 1.Petr 2,22; 1.Joh 3,5; Hebr 4,15
47 [a]Wer von Gott ist, der hört Gottes
Worte; ihr hört darum nicht, weil ihr nicht
von Gott seid. *a* Kap 18,37
48 ¶Da antworteten die Juden und spra-
chen zu ihm: Sagen wir nicht mit Recht,
daß du ein Samariter bist und [a]einen bö-
sen Geist hast? *a* Kap 7,20
49 Jesus antwortete: Ich habe keinen bö-
sen Geist, sondern ich ehre meinen Vater,
aber ihr nehmt mir die Ehre.
50 Ich suche nicht meine Ehre; es ist aber
einer, der sie sucht, und er richtet.
51 Wahrlich, wahrlich, ich sage euch: **Wer
mein Wort hält, der [a]wird den Tod nicht
sehen in Ewigkeit.** *a* Kap 6,40.47
52 Da sprachen die Juden zu ihm: Nun
erkennen wir, daß du einen bösen Geist
hast. Abraham ist gestorben und die Pro-
pheten, und du sprichst: Wer mein Wort
hält, der wird den Tod nicht schmecken in
Ewigkeit.
53 Bist du mehr als unser Vater Abraham,
der gestorben ist? Und die Propheten sind
gestorben. Was machst du aus dir selbst?

54 Jesus antwortete: Wenn ich mich sel-
ber ehre, so ist meine Ehre nichts. Es ist
aber mein Vater, der mich ehrt, von dem
ihr sagt: [a]Er ist unser Gott; *a* Jes 63,16
55 und [a]ihr kennt ihn nicht; ich aber kenne
ihn. Und wenn ich sagen wollte: Ich kenne
ihn nicht, so würde ich ein Lügner, wie ihr
seid. Aber ich kenne ihn und halte sein
Wort. *a* Kap 7,28.29
56 Abraham, euer Vater, wurde froh, daß
er meinen Tag sehen sollte, und er sah ihn
und freute sich.
57 Da sprachen die Juden zu ihm: Du
bist noch nicht fünfzig Jahre alt und hast
Abraham gesehen?
58 Jesus sprach zu ihnen: Wahrlich, wahr-
lich, ich sage euch: [a]Ehe Abraham wurde,
bin ich. *a* Kap 1,1.2
59 Da [a]hoben sie Steine auf, um auf ihn
zu werfen. Aber Jesus verbarg sich und
ging zum Tempel hinaus. *a* Kap 10,31

Die Heilung eines Blindgeborenen

9 Und Jesus ging vorüber und sah einen
Menschen, der blind geboren war.
2 Und seine Jünger fragten ihn und spra-
chen: Meister, [a]wer hat gesündigt, dieser
oder seine Eltern, daß er blind geboren
ist? *a* Lk 13,2
3 Jesus antwortete: Es hat weder dieser
gesündigt noch seine Eltern, sondern [a]es
sollen die Werke Gottes offenbar werden
an ihm. *a* Kap 11,4
4 Wir [a]müssen die Werke dessen wirken,
der mich gesandt hat, solange es Tag ist;
[b]es kommt die Nacht, da niemand wirken
kann. *a* Kap 5,17 *b* Jer 13,16
5 Solange ich in der Welt bin, bin ich das
[a]Licht der Welt. *a* Kap 8,12; 12,35
6 Als er das gesagt hatte, spuckte er auf
die Erde, machte daraus einen [a]Brei und
strich den Brei auf die Augen des Blin-
den. *a* Mk 8,23
7 Und er sprach zu ihm: Geh zum Teich
Siloah – das heißt übersetzt: gesandt – und
wasche dich! Da ging er hin und wusch
sich und kam sehend wieder.
8 Die Nachbarn nun und die, die ihn frü-
her als Bettler gesehen hatten, sprachen:
Ist das nicht der Mann, der dasaß und bet-
telte?
9 Einige sprachen: Er ist's; andere: Nein,
aber er ist ihm ähnlich. Er selbst aber
sprach: Ich bin's.
10 Da fragten sie ihn: Wie sind deine Au-
gen aufgetan worden?
11 Er antwortete: Der Mensch, der Je-
sus heißt, machte einen Brei und strich
ihn auf meine Augen und sprach: Geh
zum Teich Siloah und wasche dich! Ich
ging hin und wusch mich und wurde se-
hend.
12 Da fragten sie ihn: Wo ist er? Er ant-
wortete: Ich weiß es nicht.
13 ¶Da führten sie ihn, der vorher blind
gewesen war, zu den Pharisäern.
14 Es war aber Sabbat an dem Tag, als
Jesus den Brei machte und seine Augen
öffnete.
15 Da fragten ihn auch die Pharisäer, wie
er sehend geworden wäre. Er aber sprach
zu ihnen: Einen Brei legte er mir auf die
Augen, und ich wusch mich und bin nun
sehend.
16 Da sprachen einige der Pharisäer: Die-
ser Mensch ist nicht von Gott, weil er den
Sabbat nicht hält. Andere aber sprachen:
Wie kann ein sündiger Mensch solche Zei-
chen tun? Und es entstand Zwietracht un-
ter ihnen.
17 Da sprachen sie wieder zu dem Blin-
den: Was sagst du von ihm, daß er deine
Augen aufgetan hat? Er aber sprach: Er ist
ein Prophet.
18 ¶Nun glaubten die Juden nicht von
ihm, daß er blind gewesen und sehend
geworden war, bis sie die Eltern dessen
riefen, der sehend geworden war,
19 und sie fragten sie und sprachen: Ist
das euer Sohn, von dem ihr sagt, er sei
blind geboren? Wieso ist er nun sehend?
20 Seine Eltern antworteten ihnen und
sprachen: Wir wissen, daß dieser unser
Sohn ist und daß er blind geboren ist.
21 Aber wieso er nun sehend ist, wissen
wir nicht, und wer ihm seine Augen auf-
getan hat, wissen wir auch nicht. Fragt ihn,
er ist alt genug; laßt ihn für sich selbst
reden.
22 Das sagten seine Eltern, denn [a]sie
fürchteten sich vor den Juden. Denn die
Juden hatten sich schon geeinigt: wenn
jemand ihn als den Christus bekenne, der
solle [b]aus der Synagoge ausgestoßen wer-
den. *a* Kap 7,13 *b* Kap 12,42
23 Darum sprachen seine Eltern: Er ist alt
genug, fragt ihn selbst.
24 ¶Da riefen sie noch einmal den Men-
schen, der blind gewesen war, und spra-

chen zu ihm: Gib Gott die Ehre! Wir wis-
sen, daß dieser Mensch ein Sünder ist.
25 Er antwortete: Ist er ein Sünder? Das
weiß ich nicht; eins aber weiß ich: daß ich
blind war und bin nun sehend.
26 Da fragten sie ihn: Was hat er mit dir
getan? Wie hat er deine Augen aufge-
tan?
27 Er antwortete ihnen: Ich habe es euch
schon gesagt, und ihr habt's nicht gehört!
Was wollt ihr's abermals hören? Wollt ihr
auch seine Jünger werden?
28 Da schmähten sie ihn und sprachen:
Du bist sein Jünger; wir aber sind Moses
Jünger.
29 Wir wissen, daß Gott mit Mose gere-
det hat; woher aber dieser ist, wissen wir
nicht.
30 Der Mensch antwortete und sprach zu
ihnen: Das ist verwunderlich, daß ihr nicht
wißt, woher er ist, und er hat meine Au-
gen aufgetan.
31 Wir wissen, [a]daß Gott die Sünder nicht
erhört; sondern [b]den, der gottesfürchtig
ist und seinen Willen tut, den erhört er.

a Ps 66,18; Jes 1,15 *b* Spr 15,29

32 Von Anbeginn der Welt an hat man
nicht gehört, daß jemand einem Blindge-
borenen die Augen aufgetan habe.
33 Wäre dieser nicht von Gott, er könnte
nichts tun.
34 Sie antworteten und sprachen zu ihm:
Du bist ganz in Sünden geboren und lehrst
uns? Und sie stießen ihn hinaus.
35 ¶Es kam vor Jesus, daß sie ihn ausge-
stoßen hatten. Und als er ihn fand, fragte
er: Glaubst du an den Menschensohn?
36 Er antwortete und sprach: Herr, wer
ist's? daß ich an ihn glaube.
37 Jesus sprach zu ihm: Du hast ihn gese-
hen, und [a]der mit dir redet, der ist's.

a Kap 4,26

38 Er aber sprach: Herr, ich glaube, und
betete ihn an.
39 ¶Und Jesus sprach: Ich bin zum Ge-
richt in diese Welt gekommen, damit, die
nicht sehen, sehend werden, und die se-
hen, blind werden.[a] *a* Mt 13,11-15
40 Das hörten einige der Pharisäer, die bei
ihm waren, und fragten ihn: Sind wir denn
auch blind?
41 Jesus sprach zu ihnen: Wärt ihr blind,
so hättet ihr keine Sünde; weil ihr aber
sagt: Wir sind sehend, bleibt eure Sün-
de.[a] *a* Kap 15,22

Der gute Hirte

10 Wahrlich, wahrlich, ich sage euch:
Wer nicht zur Tür hineingeht in den
Schafstall, sondern steigt anderswo hinein,
der ist ein Dieb und ein Räuber.
2 Der aber zur Tür hineingeht, der ist der
Hirte der Schafe.
3 Dem macht der Türhüter auf, und die
Schafe hören seine Stimme; und er ruft
seine Schafe mit Namen und führt sie hin-
aus.
4 Und wenn er alle seine Schafe hinausge-
lassen hat, geht er vor ihnen her, und die
Schafe folgen ihm nach; denn sie kennen
seine Stimme.
5 Einem Fremden aber folgen sie nicht
nach, sondern fliehen vor ihm; denn sie
kennen die Stimme der Fremden nicht.
6 Dies Gleichnis sagte Jesus zu ihnen; sie
verstanden aber nicht, was er ihnen damit
sagte.
7 ¶Da sprach Jesus wieder: Wahrlich,
wahrlich, ich sage euch: Ich bin die Tür zu
den Schafen.
8 Alle, die vor mir gekommen sind, die
sind Diebe und Räuber; aber die Schafe
haben ihnen nicht gehorcht.
9 **Ich bin die Tür; wenn jemand durch mich
hineingeht, wird er selig werden** und wird
ein- und ausgehen und Weide finden.[a]

a Kap 14,6

10 Ein Dieb kommt nur, um zu stehlen, zu
schlachten und umzubringen. Ich bin ge-
kommen, damit sie das Leben und volle
Genüge haben sollen.
11 ¶**Ich bin [a]der gute Hirte. Der gute Hirte
[b]läßt sein Leben für die Schafe.**

a Ps 23; Jes 40,11; Hes 34,11-23
b Kap 15,13; Hebr 13,20

12 Der Mietling aber, der nicht Hirte ist,
dem die Schafe nicht gehören, sieht den
Wolf kommen und verläßt die Schafe und
flieht – und der Wolf stürzt sich auf die
Schafe und zerstreut sie –,
13 denn er ist ein Mietling und kümmert
sich nicht um die Schafe.
14 **Ich bin der gute Hirte und [a]kenne die
Meinen, und die Meinen kennen mich,**

a 2.Tim 2,19

15 **wie mich mein Vater kennt, und ich kenne
den Vater.** Und ich lasse mein Leben für
die Schafe.
16 Und ich habe noch andere Schafe, die
sind nicht aus diesem Stall; auch sie muß

ich herführen, und sie werden meine
Stimme hören, und es wird **eine** Herde und
ein Hirte werden.[a] *a* Kap 11,52; Apg 10,34.35
17 Darum liebt mich mein Vater, weil ich
mein Leben lasse, daß ich's wiedernehme.
18 Niemand nimmt es von mir, sondern
ich selber lasse es. [a] Ich habe Macht, es zu
lassen, und habe Macht, es wiederzuneh-
men. Dies Gebot habe ich empfangen von
meinem Vater. *a* Kap 5,26
19 ¶ Da entstand abermals Zwietracht un-
ter den Juden wegen dieser Worte.[a]
a Kap 7,43; 9,16
20 Viele unter ihnen sprachen: [a] Er hat
einen bösen Geist und ist von Sinnen; was
hört ihr ihm zu? *a* Kap 7,20; Mk 3,21
21 Andere sprachen: Das sind nicht Worte
eines Besessenen; kann denn ein böser
Geist die Augen der Blinden auftun?
22 ¶ Es war damals das Fest der Tempel-
weihe in Jerusalem, und es war Winter.
23 Und Jesus ging umher im Tempel in
der [a] Halle Salomos. *a* Apg 3,11
24 Da umringten ihn die Juden und spra-
chen zu ihm: Wie lange hältst du uns im
Ungewissen? Bist du der Christus, so sage
es frei heraus.
25 Jesus antwortete ihnen: Ich habe es
euch gesagt, und ihr glaubt nicht. [a] Die
Werke, die ich tue in meines Vaters Na-
men, die zeugen von mir. *a* Kap 5,36
26 Aber [a] ihr glaubt nicht, denn ihr seid
nicht von meinen Schafen. *a* Kap 8,45.47
27 [a] **Meine Schafe hören meine Stimme,**
und ich kenne sie, und sie folgen mir;
a (27 und 28) Ps 95,7
28 **und ich gebe ihnen das ewige Leben, und**
sie werden nimmermehr umkommen, und
niemand wird sie aus meiner Hand reißen.
29 Mein Vater, der mir sie gegeben hat, ist
größer als alles, und niemand kann sie aus
des Vaters Hand reißen.
30 **Ich und der Vater sind eins.**

Der Vorwurf der Gotteslästerung

31 Da [a] hoben die Juden abermals Steine
auf, um ihn zu steinigen. *a* Kap 8,59
32 Jesus sprach zu ihnen: Viele gute
Werke habe ich euch erzeigt vom Vater;
um welches dieser Werke willen wollt ihr
mich steinigen?
33 Die Juden antworteten ihm und spra-
chen: Um eines guten Werkes willen stei-
nigen wir dich nicht, sondern [a] um der
Gotteslästerung willen, [b] denn du bist ein
Mensch und machst dich selbst zu Gott.
a Mt 9,3; 26,65 *b* Kap 5,18
34 Jesus antwortete ihnen: Steht nicht ge-
schrieben in eurem Gesetz (Psalm 82,6):
»Ich habe gesagt: Ihr seid Götter«?
35 Wenn er **die** Götter nennt, zu denen
das Wort Gottes geschah – und die Schrift
kann doch nicht [a] gebrochen werden –,
a Mt 5,17
36 wie sagt ihr dann zu dem, den der Vater
geheiligt und in die Welt gesandt hat: Du
lästerst Gott –, weil ich sage: Ich bin
Gottes Sohn?[a] *a* Kap 5,17-20
37 Tue ich nicht die Werke meines Vaters,
so glaubt mir nicht;
38 tue ich sie aber, so glaubt doch den
Werken, wenn ihr mir nicht glauben wollt,
damit ihr erkennt und wißt, daß der Vater
in mir ist und ich in ihm.
39 Da [a] suchten sie abermals, ihn zu er-
greifen. Aber [b] er entging ihren Händen.
a Kap 8,59 *b* Lk 4,30
40 ¶ Dann ging er wieder fort auf die an-
dere Seite des Jordans an den Ort, [a] wo
Johannes zuvor getauft hatte, und blieb
dort. *a* Kap 1,28
41 Und viele kamen zu ihm und sprachen:
Johannes hat kein Zeichen getan; aber
alles, was Johannes von diesem gesagt hat,
das ist wahr.
42 Und es glaubten dort viele an ihn.

Die Auferweckung des Lazarus

11 Es lag aber einer krank, Lazarus aus
Betanien, dem Dorf [a] Marias und
ihrer Schwester Marta. *a* Lk 10,38.39
2 Maria aber war es, die [a] den Herrn mit
Salböl gesalbt und seine Füße mit ihrem
Haar getrocknet hatte. Deren Bruder La-
zarus war krank. *a* Kap 12,3
3 Da sandten die Schwestern zu Jesus und
ließen ihm sagen: Herr, siehe, der, den du
liebhast, liegt krank.
4 Als Jesus das hörte, sprach er: Diese
Krankheit ist nicht zum Tode, sondern
[a] zur Verherrlichung Gottes, damit der
Sohn Gottes dadurch verherrlicht werde.
a Kap 9,3
5 Jesus aber hatte Marta lieb und ihre
Schwester und Lazarus.
6 Als er nun hörte, daß er krank war, blieb
er noch zwei Tage an dem Ort, wo er war;
7 danach spricht er zu seinen Jüngern:
Laßt uns wieder nach Judäa ziehen!
8 Seine Jünger aber sprachen zu ihm:

Meister, [a]eben noch wollten die Juden dich steinigen, und du willst wieder dorthin ziehen? *a* Kap 10,31

9 Jesus antwortete: Hat nicht der Tag zwölf Stunden? Wer bei Tag umhergeht, der stößt sich nicht; denn er sieht [a]das Licht dieser Welt. *a* Kap 9,4.5

10 Wer aber bei Nacht umhergeht, der stößt sich; denn es ist kein Licht in ihm.[a] *a* Kap 12,35

11 ¶ Das sagte er, und danach spricht er zu ihnen: Lazarus, unser Freund, [a]schläft, aber ich gehe hin, ihn aufzuwecken. *a* Mt 9,24

12 Da sprachen seine Jünger: Herr, wenn er schläft, wird's besser mit ihm.

13 Jesus aber sprach von seinem Tode; sie meinten aber, er rede vom leiblichen Schlaf.

14 Da sagte es ihnen Jesus frei heraus: Lazarus ist gestorben;

15 und ich bin froh um euretwillen, daß ich nicht dagewesen bin, damit ihr glaubt. Aber laßt uns zu ihm gehen!

16 Da sprach [a]Thomas, der Zwilling genannt wird, zu den Jüngern: Laßt uns mit ihm gehen, daß wir mit ihm sterben! *a* Kap 20,24-28

17 ¶ Als Jesus kam, fand er Lazarus schon vier Tage im Grabe liegen.

18 Betanien aber war nahe bei Jerusalem, etwa eine halbe Stunde entfernt.

19 Und viele Juden waren zu Marta und Maria gekommen, sie zu trösten wegen ihres Bruders.

20 ¶ Als Marta nun hörte, daß Jesus kommt, geht sie ihm entgegen; Maria aber blieb daheim sitzen.

21 Da sprach Marta zu Jesus: Herr, wärst du hier gewesen, mein Bruder wäre nicht gestorben.

22 Aber auch jetzt weiß ich: Was du bittest von Gott, das wird dir Gott geben.

23 Jesus spricht zu ihr: Dein Bruder wird auferstehen.

24 Marta spricht zu ihm: Ich weiß wohl, daß er auferstehen wird – bei der [a]Auferstehung am Jüngsten Tage. *a* Kap 5,28.29; 6,40; Mt 22,23-33

25 Jesus spricht zu ihr: **Ich bin die Auferstehung und das Leben. Wer an mich glaubt, der wird leben, auch wenn er stirbt;**

26 **und wer da lebt und glaubt an mich, der [a]wird nimmermehr sterben.** Glaubst du das? *a* Kap 8,51

27 Sie spricht zu ihm: Ja, Herr, ich glaube, daß du der Christus bist, der Sohn Gottes, der in die Welt gekommen ist.[a] *a* Mt 16,16

28 ¶ Und als sie das gesagt hatte, ging sie hin und rief ihre Schwester Maria heimlich und sprach zu ihr: Der Meister ist da und ruft dich.

29 Als Maria das hörte, stand sie eilend auf und kam zu ihm.

30 Jesus aber war noch nicht in das Dorf gekommen, sondern war noch dort, wo ihm Marta begegnet war.

31 Als die Juden, die bei ihr im Hause waren und sie trösteten, sahen, daß Maria eilend aufstand und hinausging, folgten sie ihr, weil sie dachten: Sie geht zum Grab, um dort zu weinen.

32 ¶ Als nun Maria dahin kam, wo Jesus war, und sah ihn, fiel sie ihm zu Füßen und sprach zu ihm: Herr, wärst du hier gewesen, mein Bruder wäre nicht gestorben.

33 Als Jesus sah, wie sie weinte und wie auch die Juden weinten, die mit ihr gekommen waren, ergrimmte er im Geist und wurde [a]sehr betrübt *a* Kap 13,21

34 und sprach: Wo habt ihr ihn hingelegt? Sie antworteten ihm: Herr, komm und sieh es!

35 Und Jesus gingen die Augen über.

36 Da sprachen die Juden: Siehe, wie hat er ihn liebgehabt!

37 Einige aber unter ihnen sprachen: [a]Er hat dem Blinden die Augen aufgetan; konnte er nicht auch machen, daß dieser nicht sterben mußte? *a* Kap 9,7

38 Da ergrimmte Jesus abermals und kam zum Grab. Es war aber eine Höhle, und [a]ein Stein lag davor. *a* Mt 27,60

39 Jesus sprach: Hebt den Stein weg! Spricht zu ihm Marta, die Schwester des Verstorbenen: Herr, er stinkt schon; denn er liegt seit vier Tagen.

40 Jesus spricht zu ihr: Habe ich dir nicht gesagt: Wenn du glaubst, wirst du die Herrlichkeit Gottes sehen?

41 Da hoben sie den Stein weg. Jesus aber hob seine Augen auf und sprach: Vater, ich danke dir, daß du mich erhört hast.

42 Ich weiß, daß du mich allezeit hörst; aber [a]um des Volkes willen, das umhersteht, sage ich's, damit sie glauben, daß du mich gesandt hast. *a* Kap 12,30

43 Als er das gesagt hatte, rief er mit lauter Stimme: Lazarus, komm heraus!

44 Und der Verstorbene kam heraus, ge-
bunden mit Grabtüchern an Füßen und
Händen, und sein Gesicht war verhüllt mit
einem Schweißtuch. Jesus spricht zu
ihnen: Löst die Binden und laßt ihn ge-
hen!
45 Viele nun von den Juden, die zu Maria
gekommen waren und sahen, was Jesus
tat, glaubten an ihn.

Der Entschluß zur Tötung Jesu

46 Einige aber von ihnen gingen hin zu
den Pharisäern und sagten ihnen, was
Jesus getan hatte.
47 Da [a]versammelten die Hohenpriester
und die Pharisäer den Hohen Rat und
sprachen: Was tun wir? Dieser Mensch tut
viele Zeichen. *a* Mt 26,3.4
48 Lassen wir ihn so, dann werden sie
alle an ihn glauben, und dann kommen
die Römer und nehmen uns Land und
Leute.
49 Einer aber von ihnen, Kaiphas, der in
dem Jahr Hoherpriester war, sprach zu
ihnen: Ihr wißt nichts;
50 ihr bedenkt auch nicht: Es ist besser
für euch, ein Mensch sterbe für das Volk,
als daß das ganze Volk verderbe.[a]
a Kap 18,14
51 Das sagte er aber nicht von sich aus,
sondern weil er in dem Jahr Hoherprie-
ster war, weissagte er. Denn Jesus sollte
sterben für das Volk,
52 und nicht für das Volk allein, sondern
auch, um die [a]verstreuten Kinder Gottes
[b]zusammenzubringen.
a Kap 7,35 *b* Kap 10,16; 1.Joh 2,2
53 Von dem Tage an war es für sie be-
schlossen, daß sie ihn töteten.
54 Jesus aber ging nicht mehr frei umher
unter den Juden, sondern ging von dort
weg in eine Gegend nahe der Wüste, in
eine Stadt mit Namen [a]Ephraim, und
blieb dort mit den Jüngern.
a 2.Sam 13,23; 1.Makk 11,34
55 ¶Es war aber nahe das Passafest der
Juden; und viele aus der Gegend gingen
hinauf nach Jerusalem vor dem Fest, [a]daß
sie sich reinigten. *a* 2.Chr 30,17.18
56 Da fragten sie nach Jesus und redeten
miteinander, als sie im Tempel standen:
Was meint ihr? Er wird doch nicht zum
Fest kommen?
57 Die Hohenpriester und Pharisäer aber
hatten Befehl gegeben: Wenn jemand
weiß, wo er ist, soll er's anzeigen, damit
sie ihn ergreifen könnten.

Die Salbung in Betanien
(Mt 26,6-13; Mk 14,3-9)

12 Sechs Tage vor dem Passafest kam
Jesus nach Betanien, wo Lazarus war,
den Jesus auferweckt hatte von den To-
ten.[a] *a* Kap 11,1.43
2 Dort machten sie ihm ein Mahl, und
Marta diente ihm; Lazarus aber war einer
von denen, die mit ihm zu Tisch saßen.
3 Da nahm Maria ein Pfund Salböl von
unverfälschter, kostbarer Narde und salbte
die Füße Jesu und trocknete mit ihrem
Haar seine Füße; das Haus aber wurde
erfüllt vom Duft des Öls.[a] *a* Lk 7,38
4 Da sprach einer seiner Jünger, Judas Is-
kariot, der ihn hernach verriet:
5 Warum ist dieses Öl nicht für dreihun-
dert Silbergroschen verkauft worden und
den Armen gegeben?
6 Das sagte er aber nicht, weil er nach den
Armen fragte, sondern er war ein Dieb,
denn [a]er hatte den Geldbeutel und nahm
an sich, was gegeben war. *a* Kap 13,29
7 Da sprach Jesus: Laß sie in Frieden! Es
soll gelten für den Tag meines Begräb-
nisses.
8 Denn [a]Arme habt ihr allezeit bei euch;
mich aber habt ihr nicht allezeit.
a 5.Mose 15,11
9 ¶Da erfuhr eine große Menge der Ju-
den, daß er dort war, und sie kamen nicht
allein um Jesu willen, sondern um auch
Lazarus zu sehen, den er von den Toten
erweckt hatte.
10 Aber die Hohenpriester beschlossen,
auch Lazarus zu töten;
11 denn um seinetwillen gingen viele Ju-
den hin und glaubten an Jesus.

Der Einzug in Jerusalem
(Mt 21,1-11; Mk 11,1-10; Lk 19,29-40)

12 Als am nächsten Tag die große Menge,
die aufs Fest gekommen war, hörte, daß
Jesus nach Jerusalem käme,
13 nahmen sie Palmzweige und gingen
hinaus ihm entgegen und riefen: [a]**Ho-
sianna! Gelobt sei, der da kommt in dem
Namen des Herrn, der König von Israel!**
a Ps 118,25.26
14 Jesus aber fand einen jungen Esel und

ritt darauf, wie geschrieben steht (Sacharja
9,9):
15 »Fürchte dich nicht, du Tochter Zion!
Siehe, dein König kommt und reitet auf
einem Eselsfüllen.«
16 Das verstanden seine Jünger zuerst
nicht; doch als Jesus verherrlicht war, da
dachten sie daran, daß dies von ihm ge-
schrieben stand und man so mit ihm ge-
tan hatte.
17 Das Volk aber, das bei ihm war, als er
Lazarus aus dem Grabe rief und von den
Toten auferweckte, rühmte die Tat.
18 Darum ging ihm auch die Menge ent-
gegen, weil sie hörte, er habe dieses Zei-
chen getan.
19 Die Pharisäer aber sprachen unterein-
ander: Ihr seht, daß ihr nichts ausrichtet;
siehe, [a]alle Welt läuft ihm nach. *a* Kap 11,48

Die Ankündigung der Verherrlichung

20 Es waren aber einige Griechen unter
denen, die heraufgekommen waren, um
anzubeten auf dem Fest.
21 Die traten zu [a]Philippus, der von Bet-
saida aus Galiläa war, und baten ihn und
sprachen: Herr, wir wollten Jesus gerne
sehen. *a* Kap 1,44
22 Philippus kommt und sagt es Andreas,
und Philippus und Andreas sagen's Jesus
weiter.
23 Jesus aber antwortete ihnen und sprach:
Die Zeit ist gekommen, daß der Men-
schensohn verherrlicht werde.
24 Wahrlich, wahrlich, ich sage euch: **Wenn
das Weizenkorn nicht in die Erde fällt und
erstirbt, bleibt es allein; [a]wenn es aber er-
stirbt, bringt es viel Frucht.**
a Röm 14,9; 1.Kor 15,36
25 **Wer sein Leben liebhat, der wird's ver-
lieren; und wer sein Leben auf dieser Welt
haßt, der wird's erhalten zum ewigen Le-
ben.**[a] *a* Mt 10,39; 16,25; Lk 17,33
26 **Wer mir dienen will, der folge mir nach;
und [a]wo ich bin, da soll mein Diener auch
sein. Und wer mir dienen wird, den wird
mein Vater ehren.** *a* Kap 17,24
27 ¶Jetzt [a]ist meine Seele betrübt. Und
was soll ich sagen? Vater, hilf mir aus die-
ser Stunde? Doch darum bin ich in diese
Stunde gekommen. *a* Mt 26,38
28 Vater, verherrliche deinen Namen! Da
kam eine Stimme vom Himmel: Ich habe
ihn verherrlicht und will ihn abermals ver-
herrlichen.[a] *a* Kap 13,31; Mt 3,17; 17,5
29 Da sprach das Volk, das dabeistand
und zuhörte: Es hat gedonnert. Die an-
dern sprachen: Ein Engel hat mit ihm ge-
redet.
30 Jesus antwortete und sprach: Diese
Stimme ist nicht um meinetwillen gesche-
hen, sondern [a]um euretwillen. *a* Kap 11,42
31 Jetzt ergeht das Gericht über diese
Welt; nun [a]wird der Fürst dieser Welt aus-
gestoßen werden. *a* Kap 14,30; 16,11; Lk 10,18
32 **Und ich, wenn ich [a]erhöht werde von der
Erde, so will ich alle zu mir ziehen.**
a Kap 8,28
33 Das sagte er aber, um anzuzeigen, wel-
chen Todes er sterben würde.
34 ¶Da antwortete ihm das Volk: Wir ha-
ben aus dem Gesetz gehört, daß [a]der
Christus in Ewigkeit bleibt; wieso sagst du
dann: Der Menschensohn muß erhöht
werden? Wer ist dieser Menschensohn?
a Ps 110,4; Dan 7,14
35 Da sprach Jesus zu ihnen: Es ist das
Licht noch eine kleine Zeit bei euch. Wan-
delt, solange ihr das Licht habt, damit euch
die Finsternis nicht überfalle. [a]Wer in der
Finsternis wandelt, der weiß nicht, wo er
hingeht. *a* Kap 11,10
36 **Glaubt an das Licht, solange ihr's habt,
damit ihr [a]Kinder des Lichtes werdet.** Das
redete Jesus und ging weg und verbarg
sich vor ihnen. *a* Eph 5,8

Der Unglaube des Volkes

37 Und obwohl er solche Zeichen vor ih-
ren Augen tat, glaubten sie doch nicht an
ihn,
38 damit erfüllt werde der Spruch des Pro-
pheten Jesaja, den er sagte (Jesaja 53,1):
»Herr, wer glaubt unserm Predigen? Und
wem ist der Arm des Herrn offenbart?«
39 Darum konnten sie nicht glauben, denn
Jesaja hat wiederum gesagt (Jesaja 6,9.10):
40 »Er hat ihre Augen verblendet und ihr
Herz verstockt, damit sie nicht etwa mit
den Augen sehen und mit dem Herzen
verstehen und sich bekehren, und ich
ihnen helfe.«[a] *a* Mt 13,14.15
41 Das hat Jesaja gesagt, [a]weil er seine
Herrlichkeit sah und redete von ihm.
a Jes 6,1
42 Doch auch von den Oberen glaubten
viele an ihn; aber um der Pharisäer willen
bekannten sie es nicht, um nicht [a]aus der
Synagoge ausgestoßen zu werden.
a Kap 9,22

43 Denn [a]sie hatten lieber Ehre bei den
Menschen als Ehre bei Gott. *a* Kap 5,44
44 ¶Jesus aber rief: Wer an mich glaubt,
der glaubt nicht an mich, sondern an den,
der mich gesandt hat.
45 Und [a]wer mich sieht, der sieht den, der
mich gesandt hat. *a* Kap 14,9
46 Ich bin in die Welt gekommen als ein
[a]Licht, damit, wer an mich glaubt, nicht in
der Finsternis bleibe. *a* Kap 8,12
47 Und wer meine Worte hört und be-
wahrt sie nicht, den werde ich nicht rich-
ten; denn [a]ich bin nicht gekommen, daß
ich die Welt richte, sondern daß ich die
Welt rette. *a* Kap 3,17; Lk 9,56
48 Wer mich verachtet und nimmt meine
Worte nicht an, der hat schon seinen Rich-
ter: Das Wort, das ich geredet habe, das
wird ihn richten am Jüngsten Tage.
49 Denn ich habe nicht aus mir selbst ge-
redet, sondern der Vater, der mich gesandt
hat, der hat mir ein Gebot gegeben, was
ich tun und reden soll.
50 Und ich weiß: sein Gebot ist das ewige
Leben. Darum: was ich rede, das rede ich
so, wie es mir der Vater gesagt hat.

Jesu Abschiedsreden
(Kapitel 13–17)

Die Fußwaschung

13 Vor dem Passafest aber erkannte
Jesus, [a]daß seine Stunde gekommen
war, daß er aus dieser Welt ginge zum Va-
ter; und wie er die Seinen geliebt hatte,
die in der Welt waren, so liebte er sie bis
ans Ende. *a* Kap 7,30; 17,1
2 Und beim Abendessen, als schon [a]der
Teufel dem Judas, Simons Sohn, dem Is-
kariot, ins Herz gegeben hatte, ihn zu ver-
raten, *a* Lk 22,3
3 Jesus aber wußte, daß ihm [a]der Vater
alles in seine Hände gegeben hatte und
daß er [b]von Gott gekommen war und zu
Gott ging, *a* Kap 3,35 *b* Kap 16,28
4 da stand er vom Mahl auf, legte sein
Obergewand ab und nahm einen Schurz
und umgürtete sich.
5 Danach goß er Wasser in ein Becken,
fing an, den Jüngern die Füße zu waschen,
und trocknete sie mit dem Schurz, mit
dem er umgürtet war.
6 Da kam er zu Simon Petrus; der sprach
zu ihm: Herr, solltest du mir die Füße
waschen?
7 Jesus antwortete und sprach zu ihm:
Was ich tue, das verstehst du jetzt nicht;
du wirst es aber hernach erfahren.
8 Da sprach Petrus zu ihm: Nimmermehr
sollst du mir die Füße waschen! Jesus ant-
wortete ihm: Wenn ich dich nicht wasche,
so hast du kein Teil an mir.
9 Spricht zu ihm Simon Petrus: Herr, nicht
die Füße allein, sondern auch die Hände
und das Haupt!
10 Spricht Jesus zu ihm: Wer gewaschen
ist, bedarf nichts, als daß ihm die Füße
gewaschen werden; denn er ist ganz rein.
Und [a]ihr seid rein, aber nicht alle.
a Kap 15,3
11 Denn er kannte seinen Verräter; darum
sprach er: Ihr seid nicht alle rein.
12 ¶Als er nun ihre Füße gewaschen hatte,
nahm er seine Kleider und setzte sich wie-
der nieder und sprach zu ihnen: Wißt ihr,
was ich euch getan habe?
13 Ihr nennt mich Meister und Herr und
sagt es mit Recht, denn ich bin's auch.[a]
a Mt 23,8.10
14 Wenn nun ich, euer Herr und Meister,
euch [a]die Füße gewaschen habe, so sollt
auch ihr euch untereinander die Füße wa-
schen. *a* Lk 22,27
15 Ein Beispiel habe ich euch gegeben, da-
mit ihr tut, wie ich euch getan habe.[a]
a Phil 2,5; 1.Petr 2,21
16 Wahrlich, wahrlich, ich sage euch: [a]Der
Knecht ist nicht größer als sein Herr und
der Apostel nicht größer als der, der ihn
gesandt hat. *a* Mt 10,24
17 Wenn ihr dies wißt – selig seid ihr, wenn
ihr's tut.[a] *a* Mt 7,24
18 ¶Das sage ich nicht von euch allen; ich
weiß, welche ich erwählt habe. Aber es
muß die Schrift erfüllt werden (Psalm
41,10): »Der mein Brot ißt, tritt mich mit
Füßen.«
19 Jetzt sage ich's euch, ehe es geschieht,
damit ihr, wenn es geschehen ist, glaubt,
daß ich es bin.
20 Wahrlich, wahrlich, ich sage euch: Wer
jemanden aufnimmt, den ich senden
werde, der nimmt mich auf; wer aber mich
aufnimmt, der nimmt den auf, der mich
gesandt hat.[a] *a* Mt 10,40

Jesus und der Verräter

(Mt 26,21-25; Mk 14,18-21; Lk 22,21-23)

21 Als Jesus das gesagt hatte, wurde er [a]be-
trübt im Geist und bezeugte und sprach:

Wahrlich, wahrlich, ich sage euch: Einer
unter euch wird mich verraten. *a* Kap 12,27
22 Da sahen sich die Jünger untereinan-
der an, und ihnen wurde bange, von wem
er wohl redete.
23 Es war aber [a]einer unter seinen Jün-
gern, den Jesus liebhatte, der lag bei Tisch
an der Brust Jesu. *a* Kap 19,26; 20,2; 21,20
24 Dem winkte Simon Petrus, daß er fra-
gen sollte, wer es wäre, von dem er redete.
25 Da lehnte der sich an die Brust Jesu
und fragte ihn: Herr, wer ist's?
26 Jesus antwortete: Der ist's, dem ich den
Bissen eintauche und gebe. Und er nahm
den Bissen, tauchte ihn ein und gab ihn
Judas, dem Sohn des Simon Iskariot.
27 Und als der den Bissen nahm, fuhr der
Satan in ihn. Da sprach Jesus zu ihm: Was
du tust, das tue bald!
28 Aber niemand am Tisch wußte, wozu
er ihm das sagte.
29 Einige meinten, weil Judas den Beutel
hatte, spräche Jesus zu ihm: Kaufe, was
wir zum Fest nötig haben!, oder daß er
den Armen etwas geben sollte.
30 Als er nun den Bissen genommen hatte,
ging er alsbald hinaus. Und es war Nacht.

Die Verherrlichung und das neue Gebot

31 Als Judas nun hinausgegangen war,
spricht Jesus: [a]Jetzt ist der Menschensohn
verherrlicht, und Gott ist verherrlicht in
ihm. *a* Kap 12,23.28
32 Ist Gott verherrlicht in ihm, so [a]wird
Gott ihn auch verherrlichen in sich und
wird ihn bald verherrlichen. *a* Kap 17,1-5
33 Liebe Kinder, ich bin noch eine kleine
Weile bei euch. Ihr werdet mich suchen.
Und [a] wie ich zu den Juden sagte, sage ich
jetzt auch zu euch: Wo ich hingehe, da
könnt ihr nicht hinkommen. *a* Kap 8,21
34 ¶ **Ein neues Gebot gebe ich euch, daß ihr**
euch untereinander liebt, wie ich euch ge-
liebt habe, damit auch ihr einander lieb-
habt.[a] *a* Kap 15,12.13.17
35 **Daran wird jedermann erkennen, daß ihr**
meine Jünger seid, wenn ihr Liebe unterein-
ander habt.

Die Ankündigung der Verleugnung des Petrus

(Mt 26,33-35; Mk 14,29-31; Lk 22,31-34)

36 Spricht Simon Petrus zu ihm: Herr, wo
gehst du hin? Jesus antwortete ihm: Wo
ich hingehe, kannst du mir diesmal nicht
folgen; aber [a]du wirst mir später folgen.
a Kap 21,18.19
37 Petrus spricht zu ihm: Herr, warum
kann ich dir diesmal nicht folgen? Ich will
mein Leben für dich lassen.
38 Jesus antwortete ihm: Du willst dein
Leben für mich lassen? Wahrlich, wahr-
lich, ich sage dir: Der Hahn wird nicht
krähen, bis du mich dreimal verleugnet
hast.

Jesus der Weg zum Vater

14 **Euer Herz erschrecke nicht! Glaubt**
an Gott und glaubt an mich!
2 In meines Vaters Hause sind viele Woh-
nungen. Wenn's nicht so wäre, hätte ich
dann zu euch gesagt: Ich gehe hin, euch
die Stätte zu bereiten?
3 Und wenn ich hingehe, euch die Stätte
zu bereiten, will ich wiederkommen und
[a]euch zu mir nehmen, damit ihr seid, wo
ich bin. *a* Kap 12,26; 17,24
4 Und wo ich hingehe, den Weg wißt ihr.
5 ¶ Spricht zu ihm Thomas: Herr, wir wis-
sen nicht, wo du hingehst; wie können wir
den Weg wissen?
6 Jesus spricht zu ihm: **Ich bin der Weg**
und die Wahrheit und das Leben; [a]niemand
kommt zum Vater denn durch mich.
a Kap 10,9; Mt 11,27; Röm 5,1.2; Hebr 10,20
7 Wenn ihr mich erkannt habt, so werdet
ihr auch meinen Vater erkennen. Und von
nun an kennt ihr ihn und habt ihn gese-
hen.
8 ¶ Spricht zu ihm Philippus: Herr, zeige
uns den Vater, und es genügt uns.
9 Jesus spricht zu ihm: So lange bin ich
bei euch, und du kennst mich nicht, Phil-
ippus? [a]**Wer mich sieht, der sieht den Vater!**
Wie sprichst du dann: Zeige uns den Va-
ter? *a* Kap 12,45; Hebr 1,3
10 Glaubst du nicht, daß ich im Vater bin
und der Vater in mir? [a]Die Worte, die ich
zu euch rede, die rede ich nicht von mir
selbst aus. Und der Vater, der in mir
wohnt, der tut seine Werke. *a* Kap 12,49
11 Glaubt mir, daß ich im Vater bin und
der Vater in mir; wenn nicht, so [a]glaubt
doch um der Werke willen.
a Kap 10,25.38
12 ¶ Wahrlich, wahrlich, ich sage euch:
Wer an mich glaubt, der [a]wird die Werke
auch tun, die ich tue, und er wird noch
größere als diese tun; denn ich gehe zum
Vater. *a* Mt 28,19

[13] [a]Und was ihr bitten werdet in meinem
Namen, das will ich tun, damit der Vater
verherrlicht werde im Sohn.

a *(13 und 14)* Kap 15,7; 16,24; Mk 11,24; 1.Joh 5,14.15

[14] Was ihr mich bitten werdet in meinem
Namen, das will ich tun.

Die Verheißung des heiligen Geistes

[15] Liebt ihr mich, so werdet ihr meine Ge-
bote halten.[a] a Kap 15,10; 1.Joh 5,3

[16] Und ich will den Vater bitten, und er
wird euch einen andern [a]Tröster* geben,
daß er bei euch sei in Ewigkeit:

a Kap 15,26; 16,7

* Andere Übersetzungen: »Fürsprecher«, »Beistand« (vgl. 15,26; 16,7).

[17] den [a]Geist der Wahrheit, den die Welt
nicht empfangen kann, denn sie sieht ihn
nicht und kennt ihn nicht. Ihr kennt ihn,
denn er bleibt bei euch und wird in euch
sein. a Kap 16,13

[18] Ich will euch nicht als Waisen zurück-
lassen; ich komme zu euch.

[19] Es ist noch eine kleine Zeit, dann wird
mich die Welt nicht mehr sehen. [a]Ihr aber
sollt mich sehen, denn **ich lebe, und ihr
sollt auch leben.** a Kap 20,20

[20] An jenem Tage werdet ihr erkennen,
daß ich in meinem Vater bin und ihr in
mir und ich in euch.

[21] Wer [a]meine Gebote hat und hält sie,
der ist's, der mich liebt. Wer mich aber
liebt, der [b]wird von meinem Vater geliebt
werden, und ich werde ihn lieben und
mich ihm offenbaren.

a 1.Joh 5,3 b Kap 16,27

[22] ¶Spricht zu ihm Judas, nicht der Iska-
riot: Herr, was bedeutet es, daß du dich
uns offenbaren willst und nicht der Welt?

[23] Jesus antwortete und sprach zu ihm:
[a]**Wer mich liebt, der wird mein Wort halten;
und mein Vater wird ihn lieben, und wir
werden zu ihm kommen und Wohnung bei
ihm nehmen.** a Spr 8,17; Eph 3,17

[24] Wer aber mich nicht liebt, der hält
meine Worte nicht. Und [a]das Wort, das
ihr hört, ist nicht mein Wort, sondern das
des Vaters, der mich gesandt hat.

a Kap 7,16.17

[25] ¶Das habe ich zu euch geredet, solange
ich bei euch gewesen bin.

[26] Aber **der Tröster, der heilige Geist, den
mein Vater senden wird in meinem Namen,
der wird euch alles lehren und euch an alles
erinnern, was ich euch gesagt habe.**

Der Friede Christi

[27] **Den Frieden lasse ich euch, [a]meinen
Frieden gebe ich euch. Nicht gebe ich euch,
wie die Welt gibt. Euer Herz erschrecke
nicht und fürchte sich nicht.**

a Kap 16,33; Phil 4,7

[28] Ihr habt gehört, daß ich euch gesagt
habe: Ich gehe hin und komme wieder zu
euch. Hättet ihr mich lieb, so würdet ihr
euch freuen, daß ich zum Vater gehe; denn
der Vater ist größer als ich.

[29] Und jetzt habe ich's euch gesagt, ehe es
geschieht, damit ihr glaubt, wenn es nun
geschehen wird.

[30] ¶Ich werde nicht mehr viel mit euch
reden, denn es kommt [a]der Fürst dieser
Welt. Er hat keine Macht über mich;

a Kap 12,31; Eph 2,2

[31] aber die Welt soll erkennen, daß ich den
Vater liebe und [a]tue, wie mir der Vater
geboten hat. Steht auf und laßt uns von
hier weggehen. a Kap 10,18

Der wahre Weinstock

15 [a]Ich bin der wahre Weinstock, und
mein Vater der Weingärtner.

a *(1-6)* Ps 80,9-12; Jes 5,1-7; Jer 2,21

[2] Eine jede Rebe an mir, die keine Frucht
bringt, wird er wegnehmen; und eine jede,
die Frucht bringt, wird er reinigen, daß sie
mehr Frucht bringe.

[3] Ihr seid schon rein um des Wortes wil-
len, das ich zu euch geredet habe.[a]

a Kap 13,10; 1.Petr 1,23

[4] Bleibt in mir und ich in euch. Wie die
Rebe keine Frucht bringen kann aus sich
selbst, wenn sie nicht am Weinstock bleibt,
so auch ihr nicht, wenn ihr nicht in mir
bleibt.

[5] **Ich bin der Weinstock, ihr seid die Reben.
Wer in mir bleibt und ich in ihm, der bringt
viel Frucht; denn [a]ohne mich könnt ihr
nichts tun.** a 2.Kor 3,5.6

[6] Wer nicht in mir bleibt, der wird wegge-
worfen wie eine Rebe und verdorrt, und
man sammelt sie und wirft sie ins Feuer,
und sie müssen brennen.

[7] Wenn ihr in mir bleibt und meine Worte
in euch bleiben, [a]werdet ihr bitten, was
ihr wollt, und es wird euch widerfahren.

a Mk 11,24

[8] Darin wird mein Vater verherrlicht, daß
ihr viel Frucht bringt und werdet meine
Jünger.[a] a Mt 5,16

Das Gebot der Liebe

9 Wie mich mein Vater liebt, so liebe ich
euch auch. Bleibt in meiner Liebe!
10 Wenn ihr meine Gebote haltet, so bleibt
ihr in meiner Liebe, wie ich meines Vaters
Gebote halte und bleibe in seiner Liebe.
11 Das sage ich euch, damit meine Freude
in euch bleibe und eure Freude vollkom-
men werde.[a] *a* Kap 17,13
12 ¶ **Das ist mein Gebot, daß ihr euch unter-
einander liebt, wie ich euch liebe.**[a]
a Kap 13,34
13 Niemand hat größere Liebe als die,
[a]daß er sein Leben läßt für seine Freunde.
a Kap 10,11; 1.Joh 3,16
14 Ihr seid meine Freunde, wenn ihr tut,
was ich euch gebiete.[a] *a* Kap 8,31; Mt 12,50
15 Ich sage hinfort nicht, daß ihr Knechte
seid; denn ein Knecht weiß nicht, was sein
Herr tut. Euch aber habe ich gesagt, daß
ihr Freunde seid; denn alles, was ich von
meinem Vater gehört habe, habe ich euch
kundgetan.
16 ¶ **Nicht ihr habt mich erwählt, sondern
ich habe euch erwählt und bestimmt, daß
ihr hingeht und Frucht bringt und eure
Frucht bleibt, damit, wenn ihr den Vater bit-
tet in meinem Namen, er's euch gebe.**
17 ¶ Das gebiete ich euch, daß ihr euch
untereinander liebt.

Der Haß der Welt

18 Wenn euch die Welt haßt, so wißt, daß
sie mich vor euch gehaßt hat.[a] *a* Kap 7,7
19 Wäret ihr von der Welt, so hätte die
Welt das Ihre lieb. Weil ihr aber nicht von
der Welt seid, sondern ich euch aus der
Welt erwählt habe, darum haßt euch die
Welt.[a] *a* Kap 17,14; 1.Joh 4,4.5
20 Gedenkt an das Wort, das ich euch ge-
sagt habe: [a]Der Knecht ist nicht größer als
sein Herr. Haben sie mich verfolgt, so wer-
den sie euch auch verfolgen; haben sie
mein Wort gehalten, so werden sie eures
auch halten. *a* Kap 13,16; Mt 10,24.25
21 Aber das alles werden sie euch tun um
meines Namens willen; denn [a]sie kennen
den nicht, der mich gesandt hat.
a Kap 16,3
22 ¶ Wenn ich nicht gekommen wäre und
hätte es ihnen gesagt, so hätten sie keine
Sünde; nun aber können sie nichts vor-
wenden, um ihre Sünde zu entschuldi-
gen.[a] *a* Kap 9,41
23 Wer mich haßt, der haßt auch meinen
Vater.[a] *a* Lk 10,16
24 Hätte ich nicht die Werke getan unter
ihnen, die kein anderer getan hat, so hät-
ten sie keine Sünde. Nun aber haben sie
es gesehen, und doch hassen sie mich und
meinen Vater.
25 Aber es muß das Wort erfüllt werden,
das in ihrem Gesetz geschrieben steht:
»Sie hassen mich ohne Grund« (Psalm
69,5).
26 ¶ Wenn aber der [a]Tröster kommen
wird, [b]den ich euch senden werde vom
Vater, der Geist der Wahrheit, der vom
Vater ausgeht, der wird Zeugnis geben von
mir. *a* Kap 14,16.26 *b* Lk 24,49
27 Und auch ihr seid [a]meine Zeugen,
denn ihr seid von Anfang an bei mir ge-
wesen. *a* Apg 1,8.21.22; 5,32
16 Das habe ich zu euch geredet, damit
ihr nicht abfallt.
2 Sie werden euch [a]aus der Synagoge aus-
stoßen. Es kommt aber die Zeit, daß, wer
euch [b]tötet, meinen wird, er tue Gott
einen Dienst damit. *a* Mt 10,17.22 *b* Mt 24,9
3 Und das werden sie darum tun, weil sie
weder meinen Vater noch mich erken-
nen.[a] *a* Kap 15,21
4 Aber dies habe ich zu euch geredet, da-
mit, wenn ihre Stunde kommen wird, ihr
daran denkt, daß ich's euch gesagt habe.
Zu Anfang aber habe ich es euch nicht
gesagt, denn ich war bei euch.

Das Werk des heiligen Geistes

5 Jetzt aber gehe ich hin zu dem, der mich
gesandt hat; und niemand von euch fragt
mich: Wo gehst du hin?
6 Doch weil ich das zu euch geredet habe,
ist euer Herz voll Trauer.
7 Aber ich sage euch die Wahrheit: Es ist
gut für euch, daß ich weggehe. Denn wenn
ich nicht weggehe, kommt der [a]Tröster
nicht zu euch. Wenn ich aber gehe, will
ich ihn zu euch senden. *a* Kap 14,16.26
8 Und wenn er kommt, wird er der Welt
die Augen auftun über die Sünde und über
die Gerechtigkeit und über das Gericht;
9 über die Sünde: daß sie nicht an mich
glauben;[a] *a* Kap 15,22.24
10 über die [a]Gerechtigkeit: daß ich zum
Vater gehe und ihr mich hinfort nicht
seht; *a* Apg 5,31; Röm 4,25
11 über das Gericht: daß der Fürst dieser
Welt gerichtet ist.[a] *a* Kap 12,31

12 ¶Ich habe euch noch viel zu sagen; aber
ihr könnt es jetzt nicht ertragen.[a] *a* 1.Kor 3,1
13 Wenn aber jener, der Geist der Wahr-
heit, kommen wird, [a]wird er euch in alle
Wahrheit leiten. Denn er wird nicht aus
sich selber reden; sondern was er hören
wird, das wird er reden, und was zukünftig
ist, wird er euch verkündigen.
a Kap 14,26; 1.Joh 2,27
14 Er wird mich verherrlichen; denn von
dem Meinen wird er's nehmen und euch
verkündigen.
15 [a]Alles, was der Vater hat, das ist mein.
Darum habe ich gesagt: Er wird's von dem
Meinen nehmen und euch verkündigen.
a Kap 3,35; 17,10

Trauer und Hoffnung bei Jesu Abschied

16 Noch eine kleine Weile, dann werdet
ihr mich nicht mehr sehen; und abermals
eine kleine Weile, dann werdet ihr mich
sehen.[a] *a* Kap 14,19
17 Da sprachen einige seiner Jünger un-
tereinander: Was bedeutet das, was er zu
uns sagt: Noch eine kleine Weile, dann
werdet ihr mich nicht sehen; und aber-
mals eine kleine Weile, dann werdet ihr
mich sehen; und: Ich gehe zum Vater?
18 Da sprachen sie: Was bedeutet das, was
er sagt: Noch eine kleine Weile? Wir wis-
sen nicht, was er redet.
19 Da merkte Jesus, daß sie ihn fragen
wollten, und sprach zu ihnen: Danach fragt
ihr euch untereinander, daß ich gesagt
habe: Noch eine kleine Weile, dann wer-
det ihr mich nicht sehen; und abermals
eine kleine Weile, dann werdet ihr mich
sehen?
20 Wahrlich, wahrlich, ich sage euch: Ihr
werdet weinen und klagen, aber die Welt
wird sich freuen; ihr werdet traurig sein,
doch eure Traurigkeit soll in Freude ver-
wandelt werden.[a] *a* Mk 16,10
21 Eine Frau, wenn sie gebiert, so [a]hat sie
Schmerzen, denn ihre Stunde ist gekom-
men. Wenn sie aber das Kind geboren hat,
denkt sie nicht mehr an die Angst um der
Freude willen, daß ein Mensch zur Welt
gekommen ist. *a* Jes 26,17
22 **Und auch ihr habt nun Traurigkeit; aber
ich will euch wiedersehen, und euer Herz
soll sich freuen, und eure Freude soll nie-
mand von euch nehmen.**
23 An dem Tag werdet ihr mich nichts fra-
gen.
¶Wahrlich, wahrlich, ich sage euch:
[a]Wenn ihr den Vater um etwas bitten wer-
det in meinem Namen, wird er's euch ge-
ben. *a* Kap 14,13.14
24 Bisher habt ihr um nichts gebeten in
meinem Namen. Bittet, so werdet ihr neh-
men, daß [a]eure Freude vollkommen sei.
a Kap 15,11
25 ¶Das habe ich euch in Bildern gesagt.
Es kommt die Zeit, daß ich nicht mehr in
Bildern mit euch reden werde, sondern
euch frei heraus verkündigen von meinem
Vater.
26 An jenem Tage werdet ihr bitten in mei-
nem Namen. Und ich sage euch nicht, daß
ich den Vater für euch bitten will;
27 denn [a]er selbst, der Vater, hat euch lieb,
weil ihr mich liebt und glaubt, daß ich von
Gott ausgegangen bin. *a* Kap 14,21
28 Ich bin vom Vater ausgegangen und in
die Welt gekommen; ich verlasse die Welt
wieder und gehe zum Vater.
29 ¶Sprechen zu ihm seine Jünger: Siehe,
nun redest du frei heraus und nicht mehr
in Bildern.
30 Nun wissen wir, daß du alle Dinge weißt
und bedarfst dessen nicht, daß dich je-
mand fragt. Darum glauben wir, daß du
von Gott ausgegangen bist.
31 Jesus antwortete ihnen: Jetzt glaubt ihr?
32 Siehe, es kommt die Stunde und ist
schon gekommen, daß ihr [a]zerstreut wer-
det, ein jeder in das Seine, und mich allein
laßt. Aber ich bin nicht allein, denn der
Vater ist bei mir. *a* Sach 13,7; Mt 26,31
33 Das habe ich mit euch geredet, damit
ihr in mir [a]Frieden habt. **In der Welt habt
ihr Angst; aber seid getrost, [b]ich habe die
Welt überwunden.**
a Kap 14,27; Röm 5,1 *b* 1.Joh 5,4

Das hohepriesterliche Gebet

17 So redete Jesus, und hob seine Au-
gen auf zum Himmel und sprach: Va-
ter, die Stunde ist da: verherrliche deinen
Sohn, damit der Sohn dich verherrliche;
2 denn du hast ihm [a]Macht gegeben über
alle Menschen, damit er das ewige Leben
gebe allen, die du ihm gegeben hast.
a Mt 11,27
3 **Das ist aber das ewige Leben, daß sie
dich, der du allein [a]wahrer Gott bist, und
den du gesandt hast, Jesus Christus, erken-
nen.** *a* 1.Joh 5,20
4 Ich habe dich verherrlicht auf Erden und

das Werk vollendet, das du mir gegeben
hast, damit ich es tue.
5 Und nun, Vater, verherrliche du mich
bei dir mit der Herrlichkeit, die ich bei dir
hatte, ehe die Welt war.[a] *a* Kap 1,1; Phil 2,6
6 Ich habe deinen Namen den Menschen
offenbart, die du mir aus der Welt gege-
ben hast. Sie waren dein, und du hast sie
mir gegeben, und sie haben dein Wort be-
wahrt.
7 Nun wissen sie, daß alles, was du mir
gegeben hast, von dir kommt.
8 Denn die Worte, die du mir gegeben
hast, habe ich ihnen gegeben, und sie ha-
ben sie angenommen und wahrhaftig [a]er-
kannt, daß ich von dir ausgegangen bin,
und sie glauben, daß du mich gesandt
hast. *a* Kap 16,30
9 Ich bitte für sie und bitte nicht für die
Welt, sondern für die, [a]die du mir gege-
ben hast; denn sie sind dein. *a* Kap 6,37.44
10 Und alles, [a]was mein ist, das ist dein,
und was dein ist, das ist mein; und ich bin
in ihnen verherrlicht. *a* Kap 16,15
11 Ich bin nicht mehr in der Welt; sie aber
sind in der Welt, und ich komme zu dir.
Heiliger Vater, erhalte sie in deinem Na-
men, den du mir gegeben hast, daß sie
eins seien wie wir.
12 Solange ich bei ihnen war, erhielt ich
sie in deinem Namen, den du mir gege-
ben hast, und ich habe sie bewahrt, und
[a]keiner von ihnen ist verloren [b]außer dem
Sohn des Verderbens, damit die Schrift er-
füllt werde. *a* Kap 6,39 *b* Ps 41,10
13 Nun aber komme ich zu dir und rede
dies in der Welt, damit meine Freude in
ihnen vollkommen sei.[a] *a* Kap 15,11
14 Ich habe ihnen dein Wort gegeben, und
die Welt hat sie gehaßt; denn [a]sie sind
nicht von der Welt, wie auch ich nicht von
der Welt bin. *a* Kap 15,19
15 Ich bitte dich nicht, daß du sie aus der
Welt nimmst, sondern [a]daß du sie be-
wahrst vor dem Bösen. *a* Mt 6,13; 2.Thess 3,3
16 Sie sind nicht von der Welt, wie auch
ich nicht von der Welt bin.
17 **Heilige sie in der Wahrheit; [a]dein Wort
ist die Wahrheit.** *a* Ps 119,160
18 Wie du mich gesandt hast in die Welt,
so sende ich sie auch in die Welt.[a]
a Kap 20,21
19 Ich heilige mich selbst für sie, [a]damit
auch sie geheiligt seien in der Wahrheit.
a Hebr 10,10
20 ¶Ich bitte aber nicht allein für sie, son-
dern auch für die, [a]die durch ihr Wort an
mich glauben werden, *a* Röm 10,17
21 **damit sie alle [a]eins seien.** Wie du, Vater,
in mir bist und ich in dir, so sollen auch
sie in uns sein, damit die Welt glaube, daß
du mich gesandt hast. *a* Gal 3,28
22 Und ich habe ihnen die Herrlichkeit ge-
geben, die du mir gegeben hast, [a]damit
sie eins seien, wie wir eins sind,
a Apg 4,32
23 [a]ich in ihnen und du in mir, damit sie
vollkommen eins seien und die Welt er-
kenne, daß du mich gesandt hast und sie
liebst, wie du mich liebst. *a* 1.Kor 6,17
24 ¶Vater, ich will, [a]daß, wo ich bin, auch
die bei mir seien, die du mir gegeben hast,
damit sie meine Herrlichkeit sehen, die
du mir gegeben hast; denn [b]du hast mich
geliebt, ehe der Grund der Welt gelegt
war. *a* Kap 12,26 *b* Spr 8,22-31
25 Gerechter Vater, die Welt kennt dich
nicht; ich aber kenne dich, und diese ha-
ben erkannt, daß du mich gesandt hast.
26 Und ich habe ihnen deinen Namen
kundgetan und werde ihn kundtun, damit
die Liebe, mit der du mich liebst, in ihnen
sei und ich in ihnen.

Leiden, Sterben und Auferstehung Jesu
(Kapitel 18–21; vgl. Kap. 13)
(Mt 26–28; Mk 14–16; Lk 22–24)

Jesu Gefangennahme

18 Als Jesus das geredet hatte, ging er
hinaus mit seinen Jüngern über den
Bach Kidron; da war ein Garten, in den
gingen Jesus und seine Jünger.
2 Judas aber, der ihn verriet, kannte den
Ort auch, denn Jesus versammelte sich oft
[a]dort mit seinen Jüngern. *a* Lk 21,37
3 Als nun Judas die Schar der Soldaten
mit sich genommen hatte und Knechte
von den Hohenpriestern und Pharisäern,
kommt er dahin mit Fackeln, Lampen und
mit Waffen.
4 Da nun Jesus alles wußte, was ihm be-
gegnen sollte, ging er hinaus und sprach
zu ihnen: Wen sucht ihr?
5 Sie antworteten ihm: Jesus von Naza-
reth. Er spricht zu ihnen: Ich bin's! Judas
aber, der ihn verriet, stand auch bei ihnen.
6 Als nun Jesus zu ihnen sagte: Ich bin's!,
wichen sie zurück und fielen zu Boden.

7 Da fragte er sie abermals: Wen sucht ihr? Sie aber sprachen: Jesus von Nazareth.

8 Jesus antwortete: Ich habe euch gesagt, daß ich es bin. Sucht ihr mich, so laßt diese gehen!

9 Damit sollte das Wort erfüllt werden, das er gesagt hatte: Ich habe keinen von denen verloren, die du mir gegeben hast.[a]

a Kap 17,12

10 Simon Petrus aber hatte ein Schwert und zog es und schlug nach dem Knecht des Hohenpriesters und hieb ihm sein rechtes Ohr ab. Und der Knecht hieß Malchus.

11 Da sprach Jesus zu Petrus: Steck dein Schwert in die Scheide! Soll ich den Kelch nicht trinken, den mir mein Vater gegeben hat?

Jesu Verhör vor Hannas und Kaiphas und die Verleugnung des Petrus

12 Die Schar aber und ihr Anführer und die Knechte der Juden nahmen Jesus und banden ihn

13 und führten ihn zuerst zu Hannas; der war der Schwiegervater des Kaiphas, der in jenem Jahr Hoherpriester war.

14 [a]Kaiphas aber war es, der den Juden geraten hatte, es wäre gut, **ein** Mensch stürbe für das ganze Volk.[b]

a Lk 3,1.2 *b* Kap 11,49.50

15 ¶ Simon Petrus aber folgte Jesus nach und ein anderer Jünger. Dieser Jünger war dem Hohenpriester bekannt und ging mit Jesus hinein in den Palast des Hohenpriesters.

16 Petrus aber stand draußen vor der Tür. Da kam der andere Jünger, der dem Hohenpriester bekannt war, heraus und redete mit der Türhüterin und führte Petrus hinein.

17 Da sprach die Magd, die Türhüterin, zu Petrus: Bist du nicht auch einer von den Jüngern dieses Menschen? Er sprach: Ich bin's nicht.

18 Es standen aber die Knechte und Diener und hatten ein Kohlenfeuer gemacht, denn es war kalt, und sie wärmten sich. Aber auch Petrus stand bei ihnen und wärmte sich.

19 ¶ Der Hohepriester befragte nun Jesus über seine Jünger und über seine Lehre.

20 Jesus antwortete ihm: Ich habe frei und offen vor aller Welt geredet. Ich habe allezeit gelehrt in der Synagoge und im Tempel, wo alle Juden zusammenkommen, und habe nichts im Verborgenen geredet.[a]

a Kap 7,14.26

21 Was fragst du mich? Frage die, die gehört haben, was ich zu ihnen geredet habe. Siehe, sie wissen, was ich gesagt habe.

22 Als er so redete, schlug einer von den Knechten, die dabeistanden, Jesus ins Gesicht und sprach: Sollst du dem Hohenpriester so antworten?

23 Jesus antwortete: Habe ich übel geredet, so beweise, daß es böse ist; habe ich aber recht geredet, was schlägst du mich?

24 Und Hannas sandte ihn gebunden zu dem Hohenpriester Kaiphas.

25 ¶ Simon Petrus aber stand da und wärmte sich. Da sprachen sie zu ihm: Bist du nicht einer seiner Jünger? Er leugnete und sprach: Ich bin's nicht.

26 Spricht einer von den Knechten des Hohenpriesters, ein Verwandter dessen, dem Petrus das Ohr abgehauen hatte: Sah ich dich nicht im Garten bei ihm?

27 Da leugnete Petrus abermals, und alsbald krähte der Hahn.

Jesu Verhör vor Pilatus

28 Da führten sie Jesus von Kaiphas zum Prätorium; es war früh am Morgen. Und sie gingen nicht hinein, damit sie nicht unrein würden, sondern das Passamahl essen könnten.

29 Da kam Pilatus zu ihnen heraus und fragte: Was für eine Klage bringt ihr gegen diesen Menschen vor?

30 Sie antworteten und sprachen zu ihm: Wäre dieser nicht ein Übeltäter, wir hätten ihn dir nicht überantwortet.

31 Da sprach Pilatus zu ihnen: So nehmt ihr ihn hin und [a]richtet ihn nach eurem Gesetz. Da sprachen die Juden zu ihm: Wir dürfen niemand töten.

a Kap 19,6.7

32 So sollte das Wort Jesu erfüllt werden, das er gesagt hatte, [a]um anzuzeigen, welchen Todes er sterben würde.

a Kap 12,32.33; Mt 20,19

33 ¶ Da ging Pilatus wieder hinein ins Prätorium und rief Jesus und fragte ihn: Bist du der König der Juden?

34 Jesus antwortete: Sagst du das von dir aus, oder haben dir's andere über mich gesagt?

35 Pilatus antwortete: Bin ich ein Jude?

Dein Volk und die Hohenpriester haben
dich mir überantwortet. Was hast du ge-
tan?
36 Jesus antwortete: **Mein Reich ist nicht
von dieser Welt.** Wäre mein Reich von die-
ser Welt, meine Diener würden darum
kämpfen, daß ich den Juden nicht über-
antwortet würde; nun aber ist mein Reich
nicht von dieser Welt.
37 Da fragte ihn Pilatus: So bist du den-
noch ein König? Jesus antwortete: Du
sagst es, **ich bin ein König. Ich bin dazu
geboren und in die Welt gekommen, daß ich
die Wahrheit bezeugen soll. Wer aus der
Wahrheit ist, der hört meine Stimme.**[a]
a 1.Tim 6,13
38 Spricht Pilatus zu ihm: Was ist Wahr-
heit?
¶ Und als er das gesagt hatte, ging er wie-
der hinaus zu den Juden und spricht zu
ihnen: Ich finde keine Schuld an ihm.
39 Es besteht aber die Gewohnheit bei
euch, daß ich euch einen zum Passafest
losgebe; wollt ihr nun, daß ich euch den
König der Juden losgebe?
40 Da schrien sie wiederum: Nicht diesen,
sondern Barabbas! Barabbas aber war ein
Räuber.

Jesu Geißelung und Verspottung

19 Da nahm Pilatus Jesus und ließ ihn
geißeln.
2 Und die Soldaten flochten eine Krone
aus Dornen und setzten sie auf sein Haupt
und legten ihm ein Purpurgewand an
3 und traten zu ihm und sprachen: Sei
gegrüßt, König der Juden! und schlugen
ihm ins Gesicht.
4 Da ging Pilatus wieder hinaus und
sprach zu ihnen: Seht, ich führe ihn her-
aus zu euch, damit ihr erkennt, daß ich
keine Schuld an ihm finde.
5 Und Jesus kam heraus und trug die Dor-
nenkrone und das Purpurgewand. Und Pi-
latus spricht zu ihnen: Seht, welch ein
Mensch!

Jesu Verurteilung

6 Als ihn die Hohenpriester und die
Knechte sahen, schrien sie: Kreuzige!
Kreuzige! Pilatus spricht zu ihnen: Nehmt
ihr ihn hin und kreuzigt ihn, denn ich finde
keine Schuld an ihm.
7 Die Juden antworteten ihm: Wir haben
ein Gesetz, und nach dem Gesetz muß er
sterben, denn [a]er hat sich selbst zu Gottes
Sohn gemacht. *a* Kap 10,33; 3.Mose 24,16
8 Als Pilatus dies Wort hörte, fürchtete er
sich noch mehr
9 und ging wieder hinein in das Prätorium
und spricht zu Jesus: Woher bist du? Aber
Jesus gab ihm keine Antwort.
10 Da sprach Pilatus zu ihm: Redest du
nicht mit mir? Weißt du nicht, daß ich
Macht habe, dich loszugeben, und Macht
habe, dich zu kreuzigen?
11 Jesus antwortete: Du hättest keine
Macht über mich, wenn es dir nicht von
oben her gegeben wäre. Darum: der mich
dir überantwortet hat, der hat größere
Sünde.
12 Von da an trachtete Pilatus danach, ihn
freizulassen. Die Juden aber schrien: Läßt
du diesen frei, so bist du [a]des Kaisers
Freund nicht; denn [b]wer sich zum König
macht, der ist gegen den Kaiser.
a St zu Dan 2,1 *b* Apg 17,7
13 Als Pilatus diese Worte hörte, führte er
Jesus heraus und setzte sich auf den Rich-
terstuhl an der Stätte, die da heißt Stein-
pflaster, auf hebräisch Gabbata.
14 Es war aber am Rüsttag für das Passa-
fest um die sechste Stunde. Und er spricht
zu den Juden: Seht, das ist euer König!
15 Sie schrien aber: Weg, weg mit dem!
Kreuzige ihn! Spricht Pilatus zu ihnen:
[a]Soll ich euren König kreuzigen? Die Ho-
henpriester antworteten: Wir haben kei-
nen König als den Kaiser. *a* Kap 18,37
16 Da überantwortete er ihnen Jesus, daß
er gekreuzigt würde.

Jesu Kreuzigung und Tod

Sie nahmen ihn aber,
17 und er trug sein Kreuz und ging hinaus
zur Stätte, die da heißt Schädelstätte, auf
hebräisch Golgatha.
18 Dort kreuzigten sie ihn und mit ihm
zwei andere zu beiden Seiten, Jesus aber
in der Mitte.
19 Pilatus aber schrieb eine Aufschrift und
setzte sie auf das Kreuz; und es war ge-
schrieben: Jesus von Nazareth, der König
der Juden.
20 Diese Aufschrift lasen viele Juden,
denn die Stätte, wo Jesus gekreuzigt
wurde, war nahe bei der Stadt. Und es war
geschrieben in hebräischer, lateinischer
und griechischer Sprache.
21 Da sprachen die Hohenpriester der Ju-

den zu Pilatus: Schreib nicht: Der König
der Juden, sondern, daß er gesagt hat: Ich
bin der König der Juden.
22 Pilatus antwortete: Was ich geschrieben
habe, das habe ich geschrieben.
23 ¶Als aber die Soldaten Jesus gekreu-
zigt hatten, nahmen sie seine Kleider und
machten vier Teile, für jeden Soldaten
einen Teil, dazu auch das Gewand. Das
war aber ungenäht, von oben an gewebt in
einem Stück.
24 Da sprachen sie untereinander: Laßt
uns das nicht zerteilen, sondern darum lo-
sen, wem es gehören soll. So sollte die
Schrift erfüllt werden, die sagt (Psalm
22,19): »Sie haben meine Kleider unter
sich geteilt und haben über mein Gewand
das Los geworfen.« Das taten die Soldaten.
25 ¶Es standen aber bei dem Kreuz Jesu
seine Mutter und seiner Mutter Schwe-
ster, Maria, die Frau des Klopas, und Ma-
ria von Magdala.
26 Als nun Jesus seine Mutter sah und bei
ihr den Jünger, [a]den er liebhatte, spricht
er zu seiner Mutter: **Frau, siehe, das ist
dein Sohn!** a Kap 13,23
27 Danach spricht er zu dem Jünger: **Siehe,
das ist deine Mutter!** Und von der Stunde
an nahm sie der Jünger zu sich.
28 ¶Danach, als Jesus wußte, daß schon
alles vollbracht war, spricht er, [a]damit die
Schrift erfüllt würde: **Mich dürstet.** a Ps 22,16
29 Da stand ein Gefäß voll Essig. Sie aber
[a]füllten einen Schwamm mit Essig und
steckten ihn auf ein Ysoprohr und hielten
es ihm an den Mund. a Ps 69,22
30 Als nun Jesus den Essig genommen
hatte, sprach er: **Es ist vollbracht!** und
neigte das Haupt und verschied.
31 ¶Weil es aber Rüsttag war und [a]die
Leichname nicht am Kreuz bleiben soll-
ten den Sabbat über - denn dieser Sabbat
war ein hoher Festtag –, baten die Juden
Pilatus, daß ihnen die Beine gebrochen
und sie abgenommen würden. a 5.Mose 21,23
32 Da kamen die Soldaten und brachen
dem ersten die Beine und auch dem an-
dern, der mit ihm gekreuzigt war.
33 Als sie aber zu Jesus kamen und sahen,
daß er schon gestorben war, brachen sie
ihm die Beine nicht;
34 sondern einer der Soldaten stieß mit
dem Speer in seine Seite, und sogleich
kam Blut und Wasser heraus.
35 Und der das gesehen hat, der hat es
bezeugt, und sein Zeugnis ist wahr, und er
weiß, daß er die Wahrheit sagt, damit auch
ihr glaubt.
36 Denn das ist geschehen, damit die
Schrift erfüllt würde (2.Mose 12,46): »Ihr
sollt ihm kein Bein zerbrechen.«
37 Und wiederum sagt die Schrift an einer
andern Stelle (Sacharja 12,10): [a]»Sie wer-
den den sehen, den sie durchbohrt ha-
ben.« a Offb 1,7

Jesu Grablegung

38 Danach bat Josef von Arimathäa, der
ein Jünger Jesu war, doch heimlich, [a]aus
Furcht vor den Juden, den Pilatus, daß er
den Leichnam Jesu abnehmen dürfe. Und
Pilatus erlaubte es. Da kam er und nahm
den Leichnam Jesu ab. a Kap 7,13
39 Es kam aber auch [a]Nikodemus, der vor-
mals in der Nacht zu Jesus gekommen
war, und brachte Myrrhe gemischt mit
Aloe, etwa hundert Pfund. a Kap 3,2
40 Da nahmen sie den Leichnam Jesu und
banden ihn in Leinentücher mit wohlrie-
chenden Ölen, wie die Juden zu begraben
pflegen.
41 Es war aber an der Stätte, wo er gekreu-
zigt wurde, ein Garten und im Garten ein
neues Grab, in das noch nie jemand gelegt
worden war.
42 Dahin legten sie Jesus wegen des Rüst-
tags der Juden, weil das Grab nahe war.

Der Ostermorgen

(Mt 28,1-10; Mk 16,1-8; Lk 24,1-12)

20 Am ersten Tag der Woche kommt
Maria von Magdala früh, als es noch
finster war, zum Grab und sieht, daß der
Stein vom Grab weg war.
2 Da läuft sie und kommt zu Simon Pe-
trus und zu dem andern Jünger, [a]den
Jesus liebhatte, und spricht zu ihnen: Sie
haben den Herrn weggenommen aus dem
Grab, und wir wissen nicht, wo sie ihn
hingelegt haben. a Kap 13,23
3 Da ging Petrus und der andere Jünger
hinaus, und sie kamen zum Grab.
4 Es liefen aber die zwei miteinander, und
der andere Jünger lief voraus, schneller
als Petrus, und kam zuerst zum Grab,
5 schaut hinein und sieht die Leinentü-
cher liegen; er ging aber nicht hinein.
6 Da kam Simon Petrus ihm nach und
ging in das Grab hinein und sieht die Lei-
nentücher liegen,

7 aber das [a]Schweißtuch, das Jesus um
das Haupt gebunden war, nicht bei den
Leinentüchern liegen, sondern daneben,
zusammengewickelt an einem besonderen
Ort. *a Kap 11,44*
8 Da ging auch der andere Jünger hinein,
der zuerst zum Grab gekommen war, und
sah und glaubte.
9 Denn [a]sie verstanden die Schrift noch
nicht, daß er von den Toten auferstehen
müßte. *a Lk 24,25-27; Apg 2,24-32; 1.Kor 15,4*
10 Da gingen die Jünger wieder heim.

Maria von Magdala

11 Maria aber stand draußen vor dem Grab
und weinte. Als sie nun weinte, schaute
sie in das Grab
12 und sieht zwei Engel in weißen Gewän-
dern sitzen, einen zu Häupten und den
andern zu den Füßen, wo sie den Leich-
nam Jesu hingelegt hatten.
13 Und die sprachen zu ihr: Frau, was
weinst du? Sie spricht zu ihnen: Sie haben
meinen Herrn weggenommen, und ich
weiß nicht, wo sie ihn hingelegt haben.
14 Und als sie das sagte, wandte sie sich
um und sieht Jesus stehen und weiß nicht,
daß es Jesus ist.
15 Spricht Jesus zu ihr: Frau, was weinst
du? Wen suchst du? Sie meint, es sei der
Gärtner, und spricht zu ihm: Herr, hast du
ihn weggetragen, so sage mir, wo du ihn
hingelegt hast; dann will ich ihn holen.
16 Spricht Jesus zu ihr: Maria! Da wandte
sie sich um und spricht zu ihm auf hebrä-
isch: Rabbuni!, das heißt: Meister!
17 Spricht Jesus zu ihr: Rühre mich nicht
an! Denn ich bin noch nicht aufgefahren
zum Vater. Geh aber hin zu meinen [a]Brü-
dern und sage ihnen: Ich fahre auf zu mei-
nem Vater und zu eurem Vater, zu mei-
nem Gott und zu eurem Gott. *a Hebr 2,11.12*
18 Maria von Magdala geht und verkün-
digt den Jüngern: Ich habe den Herrn ge-
sehen, und das hat er zu mir gesagt.

Die Vollmacht der Jünger

(Mk 16,14-18; Lk 24,36-49)

19 Am Abend aber dieses ersten Tages der
Woche, als die Jünger versammelt und die
Türen verschlossen waren aus Furcht vor
den Juden, kam Jesus und trat mitten un-
ter sie und spricht zu ihnen: Friede sei mit
euch!
20 Und als er das gesagt hatte, [a]zeigte er
ihnen die Hände und seine Seite. Da wur-
den die Jünger froh, daß sie den Herrn
sahen. *a 1.Joh 1,1*
21 Da sprach Jesus abermals zu ihnen:
**Friede sei mit euch! [a]Wie mich der Vater
gesandt hat, so sende ich euch.** *a Kap 17,18*
22 Und als er das gesagt hatte, blies er sie
an und spricht zu ihnen: **Nehmt hin den
heiligen Geist!**
23 **Welchen ihr die Sünden erlaßt, denen
sind sie erlassen; und welchen ihr sie behal-
tet, denen sind sie behalten.**[a] *a Mt 18,18*

Thomas

24 [a]Thomas aber, der Zwilling genannt
wird, einer der Zwölf, war nicht bei ihnen,
als Jesus kam. *a Kap 11,16; 14,5; 21,2*
25 Da sagten die andern Jünger zu ihm:
Wir haben den Herrn gesehen. Er aber
sprach zu ihnen: Wenn ich nicht in seinen
Händen die Nägelmale sehe und meinen
Finger in die Nägelmale lege und meine
Hand in seine [a]Seite lege, kann ich's nicht
glauben. *a Kap 19,34*
26 Und nach acht Tagen waren seine Jün-
ger abermals drinnen versammelt, und
Thomas war bei ihnen. Kommt Jesus, als
die Türen verschlossen waren, und tritt
mitten unter sie und spricht: **Friede sei mit
euch!**
27 Danach spricht er zu Thomas: Reiche
deinen Finger her und sieh meine Hände,
und reiche deine Hand her und lege sie in
meine Seite, und sei nicht ungläubig, son-
dern gläubig!
28 Thomas antwortete und sprach zu ihm:
Mein Herr und [a]mein Gott! *a Kap 1,1*
29 Spricht Jesus zu ihm: Weil du mich ge-
sehen hast, Thomas, darum glaubst du.
**Selig sind, [a]die nicht sehen und doch glau-
ben!** *a 1.Petr 1,8; Hebr 11,1*
30 ¶ Noch viele andere Zeichen tat Jesus
vor seinen Jüngern, die nicht geschrieben
sind in diesem Buch.[a] *a Kap 21,24.25*
31 Diese aber sind geschrieben, damit ihr
glaubt, daß Jesus der Christus ist, der Sohn
Gottes, und damit ihr [a]durch den Glau-
ben das Leben habt in seinem Namen.
a 1.Joh 5,13

Der Auferstandene am See Tiberias

21 Danach offenbarte sich Jesus aber-
mals den Jüngern am See Tiberias.
Er offenbarte sich aber so:
2 Es waren beieinander Simon Petrus und

Thomas, der Zwilling genannt wird, und
[a]Nathanael aus Kana in Galiläa und die
Söhne des Zebedäus und zwei andere sei-
ner Jünger.
a Kap 1,45
3 Spricht Simon Petrus zu ihnen: Ich will
fischen gehen. Sie sprechen zu ihm: So
wollen wir mit dir gehen. Sie gingen hin-
aus und stiegen in das Boot, und in dieser
Nacht fingen sie nichts.
4 Als es aber schon Morgen war, stand
Jesus am Ufer, aber [a]die Jünger wußten
nicht, daß es Jesus war.
a Kap 20,14; Lk 24,16
5 Spricht Jesus zu ihnen: Kinder, [a]habt
ihr nichts zu essen? Sie antworteten ihm:
Nein.
a Lk 24,41
6 Er aber sprach zu ihnen: Werft das Netz
aus zur Rechten des Bootes, so werdet ihr
finden. Da warfen sie es aus und konn-
ten's nicht mehr ziehen wegen der Menge
der Fische.[a]
a Lk 5,4-7
7 Da spricht der Jünger, [a]den Jesus lieb-
hatte, zu Petrus: Es ist der Herr! Als Si-
mon Petrus hörte, daß es der Herr war,
gürtete er sich das Obergewand um, denn
er war nackt, und warf sich ins Wasser.
a Kap 13,23
8 Die andern Jünger aber kamen mit dem
Boot, denn sie waren nicht fern vom Land,
nur etwa zweihundert Ellen, und zogen
das Netz mit den Fischen.
9 Als sie nun ans Land stiegen, sahen sie
ein Kohlenfeuer und Fische darauf und
Brot.
10 Spricht Jesus zu ihnen: Bringt von den
Fischen, die ihr jetzt gefangen habt!
11 Simon Petrus stieg hinein und zog das
Netz an Land, voll großer Fische, hun-
dertdreiundfünfzig. Und obwohl es so
viele waren, zerriß doch das Netz nicht.
12 Spricht Jesus zu ihnen: Kommt und
haltet das Mahl! Niemand aber unter den
Jüngern wagte, ihn zu fragen: Wer bist du?
Denn sie wußten, daß es der Herr war.
13 Da kommt Jesus und [a]nimmt das Brot
und gibt's ihnen, desgleichen auch die Fi-
sche.
a Kap 6,11
14 Das ist nun das dritte Mal, daß Jesus
den Jüngern offenbart wurde, nachdem er
von den Toten auferstanden war.

Petrus und Johannes

15 Als sie nun das Mahl gehalten hatten,
spricht Jesus zu Simon Petrus: [a]Simon,
Sohn des Johannes, hast du mich lieber,
als mich diese haben? Er spricht zu ihm:
Ja, Herr, du weißt, daß ich dich liebhabe.
Spricht Jesus zu ihm: Weide meine Läm-
mer!
a Kap 1,42
16 Spricht er zum zweiten Mal zu ihm:
Simon, Sohn des Johannes, hast du mich
lieb? Er spricht zu ihm: Ja, Herr, du weißt,
daß ich dich liebhabe. Spricht Jesus zu
ihm: [a]Weide meine Schafe!
a 1.Petr 5,2.4
17 Spricht er zum dritten Mal zu ihm: Si-
mon, Sohn des Johannes, hast du mich
lieb? Petrus wurde traurig, weil er [a]zum
dritten Mal zu ihm sagte: Hast du mich
lieb?, und sprach zu ihm: Herr, du weißt
alle Dinge, [b]du weißt, daß ich dich lieb-
habe. Spricht Jesus zu ihm: Weide meine
Schafe!
a Kap 13,38 b Kap 16,30
18 ¶ Wahrlich, wahrlich, ich sage dir: Als
du jünger warst, gürtetest du dich selbst
und gingst, wo du hin wolltest; wenn du
aber alt wirst, wirst du deine Hände aus-
strecken, und ein anderer wird dich gürten
und führen, wo du nicht hin willst.
19 Das sagte er aber, um anzuzeigen, mit
welchem Tod er Gott preisen würde. Und
als er das gesagt hatte, spricht er zu ihm:
Folge mir nach![a]
a Kap 13,36
20 ¶ Petrus aber wandte sich um und sah
den Jünger folgen, [a]den Jesus liebhatte,
der auch beim Abendessen an seiner Brust
gelegen und gesagt hatte: Herr, wer ist's,
der dich verrät?
a Kap 13,23.25
21 Als Petrus diesen sah, spricht er zu
Jesus: Herr, was wird aber mit diesem?
22 Jesus spricht zu ihm: Wenn ich will,
daß er bleibt, bis ich komme, was geht es
dich an? Folge du mir nach!
23 Da kam unter den Brüdern die Rede
auf: Dieser Jünger stirbt nicht. Aber Jesus
hatte nicht zu ihm gesagt: Er stirbt nicht,
sondern: Wenn ich will, daß er bleibt, bis
ich komme, was geht es dich an?
24 ¶ Dies ist der Jünger, [a]der dies alles be-
zeugt und aufgeschrieben hat, und wir wis-
sen, daß sein Zeugnis wahr ist.
a Kap 15,27
25 Es sind noch viele andere Dinge, die
Jesus getan hat. Wenn aber eins nach dem
andern aufgeschrieben werden sollte, so
würde, meine ich, die Welt die Bücher
nicht fassen, die zu schreiben wären.[a]
a Kap 20,30; Ps 106,2

DIE APOSTELGESCHICHTE DES LUKAS

Inhaltsübersicht

Christi Himmelfahrt

1 Den [a]ersten Bericht habe ich gegeben, lieber Theophilus, von all dem, was Jesus von Anfang an tat und lehrte *a* Lk 1,3

2 bis zu dem Tag, an dem er aufgenommen wurde, [a]nachdem er den Aposteln, die er erwählt hatte, durch den heiligen Geist Weisung gegeben hatte. *a* Mt 28,19.20

3 Ihnen zeigte er sich nach seinem Leiden durch viele Beweise als der Lebendige und ließ sich sehen unter ihnen vierzig Tage lang und redete mit ihnen vom Reich Gottes.

4 Und als er mit ihnen zusammen war, befahl er ihnen, Jerusalem nicht zu verlassen, sondern [a]zu warten auf die Verheißung des Vaters, die ihr, so sprach er, von mir gehört habt; *a* Lk 24,49; Joh 15,26

5 denn Johannes hat mit Wasser getauft, ihr aber sollt mit dem heiligen Geist getauft werden nicht lange nach diesen Tagen.[a] *a* Mt 3,11

6 ¶Die nun zusammengekommen waren, fragten ihn und sprachen: Herr, wirst du in dieser Zeit [a]wieder aufrichten das Reich für Israel? *a* Lk 19,11; 24,21

7 Er sprach aber zu ihnen: Es gebührt euch nicht, Zeit oder Stunde zu wissen, die der Vater in seiner Macht bestimmt hat;[a] *a* Mt 24,36

8 aber **ihr werdet die Kraft des heiligen Geistes empfangen, der auf euch kommen wird, und [a]werdet meine Zeugen sein** in Jerusalem und [b]in ganz Judäa und Samarien und bis an das Ende der Erde. *a* Lk 24,48 *b* Kap 8,1

9 ¶Und als er das gesagt hatte, [a]wurde er zusehends aufgehoben, und eine Wolke nahm ihn auf vor ihren Augen weg. *a* Mk 16,19; Lk 24,51

10 Und als sie ihm nachsahen, wie er gen Himmel fuhr, siehe, da standen bei ihnen [a]zwei Männer in weißen Gewändern. *a* Lk 24,4

11 Die sagten: Ihr Männer von Galiläa, was steht ihr da und seht zum Himmel? Dieser Jesus, der von euch weg gen Himmel aufgenommen wurde, wird so [a]wiederkommen, wie ihr ihn habt gen Himmel fahren sehen. *a* Lk 21,27

12 ¶Da kehrten sie nach Jerusalem zurück von dem Berg, der heißt Ölberg und liegt nahe bei Jerusalem, einen Sabbatweg entfernt.

13 Und als sie hineinkamen, stiegen sie hinauf in das Obergemach des Hauses, wo sie sich aufzuhalten pflegten: [a]Petrus, Johannes, Jakobus und Andreas, Philippus und Thomas, Bartholomäus und Matthäus, Jakobus, der Sohn des Alphäus, und Simon der Zelot und Judas, der Sohn des Jakobus. *a* Lk 6,13-16

14 Diese alle waren stets beieinander einmütig im Gebet samt den Frauen und Maria, der Mutter Jesu, und [a]seinen Brüdern. *a* Joh 7,3

Die Nachwahl des zwölften Apostels

15 Und in den Tagen trat [a]Petrus auf unter den Brüdern – es war aber eine Menge beisammen von etwa hundertzwanzig – und sprach: *a* Joh 21,15-19

16 Ihr Männer und Brüder, es mußte das Wort der Schrift erfüllt werden, das der heilige Geist durch den Mund Davids vorausgesagt hat über Judas, der denen den Weg zeigte, die Jesus gefangennahmen;[a] *a* Ps 41,10

17 denn er gehörte zu uns und hatte dieses
Amt mit uns empfangen.
18 Der hat einen Acker erworben mit dem
Lohn für seine Ungerechtigkeit. Aber er
ist vornüber gestürzt und mitten entzwei
geborsten, so daß alle seine Eingeweide
hervorquollen.[a] *a* Mt 27,3-10
19 Und es ist allen bekanntgeworden, die
in Jerusalem wohnen, so daß dieser Acker
in ihrer Sprache genannt wird: Hakelda-
mach, das heißt Blutacker.
20 Denn es steht geschrieben im Psalm-
buch (Psalm 69,26; 109,8): »Seine Behau-
sung soll verwüstet werden, und niemand
wohne darin«, und: »Sein Amt empfange
ein andrer.«
21 So muß nun einer von diesen Männern,
die bei uns gewesen sind [a] die ganze Zeit
über, als der Herr Jesus unter uns ein- und
ausgegangen ist *a* Joh 15,27
22 – von der Taufe des Johannes an bis zu
dem Tag, an dem er von uns genommen
wurde –, mit uns Zeuge seiner Auferste-
hung werden.
23 Und sie stellten zwei auf: Josef, genannt
Barsabbas, mit dem Beinamen Justus, und
Matthias,
24 und [a] beteten und sprachen: Herr, der du
aller Herzen kennst, zeige an, welchen du
erwählt hast von diesen beiden, *a* Kap 6,6
25 damit er diesen Dienst und das Apo-
stelamt empfange, das Judas verlassen hat,
um an den Ort zu gehen, wohin er gehört.
26 Und sie [a] warfen das Los über sie, und
das Los fiel auf Matthias; und er wurde
zugeordnet zu den elf Aposteln.[b]
a Spr 16,33 *b* Ri 21,17

Das Pfingstwunder

2 Und als der [a] Pfingsttag gekommen
war, waren sie alle an **einem** Ort beiein-
ander. *a* 3.Mose 23,15-21
2 Und es geschah plötzlich ein Brausen
vom Himmel wie von einem gewaltigen
Wind und erfüllte das ganze Haus, in dem
sie saßen.
3 Und es erschienen ihnen Zungen zer-
teilt, wie von Feuer; und er setzte sich auf
einen jeden von ihnen,[a] *a* Mt 3,11
4 und [a] sie wurden alle erfüllt von dem
heiligen Geist und fingen an, zu predigen
in andern Sprachen,* wie der Geist ihnen
gab auszusprechen. *a* Kap 4,31; 10,44-46

* Wörtlich: »in andern Zungen«; vgl. Sach- und Worterklärungen unter »Zungenrede« (siehe auch 10,46; 19,6).

5 Es wohnten aber in Jerusalem Juden,
die waren [a] gottesfürchtige Männer aus al-
len Völkern unter dem Himmel. *a* Kap 13,26
6 Als nun dieses Brausen geschah, kam
die Menge zusammen und wurde be-
stürzt; denn ein jeder hörte sie in seiner
eigenen Sprache reden.
7 Sie entsetzten sich aber, verwunderten
sich und sprachen: Siehe, sind nicht diese
alle, die da reden, aus Galiläa?
8 Wie hören wir denn jeder seine eigene
Muttersprache?
9 Parther und Meder und Elamiter und
die wir wohnen in Mesopotamien und Ju-
däa, Kappadozien, Pontus und der Provinz
Asien,
10 Phrygien und Pamphylien, Ägypten und
der Gegend von Kyrene in Libyen und
Einwanderer aus Rom,
11 Juden und Judengenossen, Kreter und
Araber: wir hören sie in unsern Sprachen
von den großen Taten Gottes reden.
12 Sie entsetzten sich aber alle und wur-
den ratlos und sprachen einer zu dem an-
dern: Was will das werden?
13 Andere aber hatten ihren Spott und
sprachen: Sie sind voll von süßem Wein.

Die Pfingstpredigt des Petrus

14 Da trat Petrus auf mit den Elf, erhob
seine Stimme und redete zu ihnen: Ihr
Juden, liebe Männer, und alle, die ihr in
Jerusalem wohnt, das sei euch kundgetan,
und laßt meine Worte zu euren Ohren ein-
gehen!
15 Denn diese sind nicht betrunken, wie
ihr meint, ist es doch erst die dritte Stunde
am Tage;
16 sondern das ist's, was durch den Pro-
pheten Joel gesagt worden ist (Joel 3,1-5):
17 »Und es soll geschehen in den letzten
Tagen, spricht Gott, da will ich ausgießen
von meinem Geist auf alles Fleisch; und
eure Söhne und eure Töchter sollen weis-
sagen, und eure Jünglinge sollen Gesichte
sehen, und eure Alten sollen Träume ha-
ben;
18 und auf meine Knechte und auf meine
Mägde will ich in jenen Tagen von meinem
Geist ausgießen, und sie sollen weissagen.
19 Und ich will Wunder tun oben am Him-
mel und Zeichen unten auf Erden, Blut
und Feuer und Rauchdampf;
20 die Sonne soll in Finsternis und der

Mond in Blut verwandelt werden, ehe der
große Tag der Offenbarung des Herrn
kommt.
21 Und es soll geschehen: wer den Namen
des Herrn anrufen wird, der soll gerettet
werden.«
22 ¶Ihr Männer von Israel, hört diese
Worte: Jesus von Nazareth, von Gott un-
ter euch ausgewiesen durch Taten und
Wunder und Zeichen, die Gott durch ihn
in eurer Mitte getan hat, wie ihr selbst
wißt –
23 diesen Mann, der [a]durch Gottes Rat-
schluß und Vorsehung dahingegeben war,
habt ihr durch die Hand der Heiden ans
Kreuz geschlagen und umgebracht.
a Kap 4,28
24 Den hat Gott auferweckt und hat auf-
gelöst die Schmerzen des Todes, wie es
denn unmöglich war, daß er vom Tode
festgehalten werden konnte.
25 Denn David spricht von ihm (Psalm
16,8-11): »Ich habe den Herrn allezeit vor
Augen, denn er steht mir zur Rechten,
damit ich nicht wanke.
26 Darum ist mein Herz fröhlich, und
meine Zunge frohlockt; auch mein Leib
wird ruhen in Hoffnung.
27 Denn du wirst mich nicht dem Tod
überlassen und nicht zugeben, daß dein
Heiliger die Verwesung sehe.
28 Du hast mir kundgetan die Wege des
Lebens; du wirst mich erfüllen mit Freude
vor deinem Angesicht.«
29 ¶Ihr Männer, liebe Brüder, laßt mich
freimütig zu euch reden von dem Erzvater
David. [a]Er ist gestorben und begraben,
und sein Grab ist bei uns bis auf diesen
Tag.
a 1.Kön 2,10
30 Da er nun ein Prophet war und wußte,
daß ihm Gott verheißen hatte mit einem
Eid, daß [a]ein Nachkomme von ihm auf
seinem Thron sitzen sollte,
a 2.Sam 7,12.13; Ps 89,4.5
31 hat er's vorausgesehen und von der
Auferstehung des Christus gesagt: Er ist
nicht dem Tod überlassen, und sein Leib
hat die Verwesung nicht gesehen.
32 Diesen Jesus hat Gott auferweckt; des-
sen sind wir alle Zeugen.
33 Da er nun durch die rechte Hand
Gottes erhöht ist und empfangen hat den
verheißenen heiligen Geist vom Vater,
[a]hat er diesen ausgegossen, wie ihr hier
seht und hört.
a Joh 15,26
34 Denn David ist nicht gen Himmel ge-
fahren; sondern er sagt selbst (Psalm 110,1):
»Der Herr sprach zu meinem Herrn:
Setze dich zu meiner Rechten,
35 bis ich deine Feinde zum Schemel dei-
ner Füße mache.«
36 So wisse nun das ganze Haus Israel
gewiß, daß Gott diesen Jesus, den ihr
gekreuzigt habt, zum Herrn und Christus
gemacht hat.[a]
a Kap 5,31

Die erste Gemeinde

37 Als sie aber das hörten, ging's ihnen
durchs Herz, und sie sprachen zu Petrus
und den andern Aposteln: Ihr Männer,
liebe Brüder, [a]was sollen wir tun?
a Kap 16,30; Lk 3,10
38 Petrus sprach zu ihnen: [a]**Tut Buße, und
jeder von euch lasse sich taufen auf den
Namen Jesu Christi zur Vergebung eurer
Sünden, so werdet ihr empfangen die Gabe
des heiligen Geistes.**
a Kap 3,17-19; Lk 24,47
39 Denn euch und euren Kindern gilt
diese Verheißung, und allen, die fern sind,
so viele der Herr, unser Gott, herzurufen
wird.[a]
a Joel 3,5
40 Auch mit vielen andern Worten be-
zeugte er das und ermahnte sie und
sprach: Laßt euch erretten aus diesem
[a]verkehrten Geschlecht!
a Mt 17,17; Phil 2,15
41 Die nun sein Wort annahmen, ließen
sich taufen; und an diesem Tage wurden
hinzugefügt etwa dreitausend Menschen.
42 **¶Sie blieben aber beständig in der Lehre
der Apostel und in der Gemeinschaft und
im [a]Brotbrechen und im Gebet.**
a Kap 20,7
43 Es kam aber Furcht über alle Seelen,
und es geschahen auch viele Wunder und
Zeichen durch die Apostel.
44 Alle aber, die gläubig geworden waren,
waren beieinander und hatten alle Dinge
gemeinsam.[a]
a Kap 4,32-35
45 Sie verkauften Güter und Habe und
teilten sie aus unter alle, je nach dem es
einer nötig hatte.
46 Und sie waren täglich einmütig beiein-
ander im Tempel und brachen das Brot
hier und dort in den Häusern, hielten die
Mahlzeiten mit Freude und lauterem Her-
zen
47 und lobten Gott und fanden Wohlwol-
len beim ganzen Volk. [a]Der Herr aber
fügte täglich zur Gemeinde hinzu, die ge-
rettet wurden.
a Kap 4,4; 5,14; 6,7; 11,21; 14,1

Die Heilung des Gelähmten

3 Petrus aber und Johannes gingen hin-
auf in den Tempel um die neunte
Stunde, zur Gebetszeit.
2 Und es wurde ein Mann herbeigetragen,
lahm von Mutterleibe; den setzte man
täglich vor die Tür des Tempels, die da
heißt die Schöne, damit er um Almosen
bettelte bei denen, die in den Tempel gin-
gen.
3 Als er nun Petrus und Johannes sah, wie
sie in den Tempel hineingehen wollten,
bat er um ein Almosen.
4 Petrus aber blickte ihn an mit Johannes
und sprach: Sieh uns an!
5 Und er sah sie an und wartete darauf,
daß er etwas von ihnen empfinge.
6 Petrus aber sprach: Silber und Gold
habe ich nicht; was ich aber habe, das gebe
ich dir: Im Namen Jesu Christi von Naza-
reth steh auf und geh umher!
7 Und er ergriff ihn bei der rechten Hand
und richtete ihn auf. Sogleich wurden
seine Füße und Knöchel fest,
8 er sprang auf, konnte gehen und stehen
und ging mit ihnen in den Tempel, lief
und sprang umher und lobte Gott.
9 Und es sah ihn alles Volk umhergehen
und Gott loben.
10 Sie erkannten ihn auch, daß er es war,
der vor der Schönen Tür des Tempels ge-
sessen und um Almosen gebettelt hatte;
und Verwunderung und Entsetzen erfüllte
sie über das, was ihm widerfahren war.
11 Als er sich aber zu Petrus und Johannes
hielt, lief alles Volk zu ihnen in die [a] Halle,
die da heißt Salomos, und sie wunderten
sich sehr. *a* Kap 5,12; Joh 10,23
12 ¶Als Petrus das sah, sprach er zu dem
Volk: Ihr Männer von Israel, was wundert
ihr euch darüber, oder was seht ihr auf
uns, als hätten wir durch eigene Kraft oder
Frömmigkeit bewirkt, daß dieser gehen
kann?
13 Der Gott Abrahams und Isaaks und Ja-
kobs, der Gott unsrer Väter, hat seinen
Knecht Jesus verherrlicht, den ihr über-
antwortet und verleugnet habt vor Pilatus,
als der ihn loslassen wollte.
14 Ihr aber habt den Heiligen und Gerech-
ten verleugnet und darum [a] gebeten, daß
man euch den Mörder schenke;
a Mt 27,20.21
15 aber den Fürsten des Lebens habt ihr
getötet. Den hat Gott auferweckt von den
Toten; dessen sind wir Zeugen.
16 Und durch den Glauben an seinen Na-
men hat sein Name diesen, den ihr seht
und kennt, stark gemacht; und der Glaube,
der durch ihn gewirkt ist, hat diesem die
Gesundheit gegeben vor euer aller Augen.
17 ¶Nun, liebe Brüder, ich weiß, daß ihr's
aus Unwissenheit getan habt wie auch eure
Oberen.[a] *a* Lk 23,34
18 Gott aber hat erfüllt, was er durch den
Mund aller seiner Propheten zuvor ver-
kündigt hat: daß sein Christus leiden soll-
te.[a] *a* Lk 24,44
19 So tut nun Buße und bekehrt euch, daß
eure Sünden getilgt werden,[a] *a* Kap 2,38
20 damit die Zeit der Erquickung komme
von dem Angesicht des Herrn und er den
sende, der euch zuvor zum Christus be-
stimmt ist: Jesus.
21 Ihn muß der Himmel aufnehmen bis
zu der Zeit, in der alles wiedergebracht
wird, wovon Gott geredet hat durch den
Mund seiner heiligen Propheten von An-
beginn.
22 Mose hat gesagt (5. Mose 18,15.19):
»Einen Propheten wie mich wird euch der
Herr, euer Gott, erwecken aus euren Brü-
dern; den sollt ihr hören in allem, was er
zu euch sagen wird.
23 Und es wird geschehen, wer diesen Pro-
pheten nicht hören wird, der soll vertilgt
werden aus dem Volk.«
24 Und alle Propheten von Samuel an, wie
viele auch danach geredet haben, die ha-
ben auch diese Tage verkundigt.
25 Ihr seid die Söhne der Propheten und
des Bundes, den Gott geschlossen hat mit
euren Vätern, als er zu Abraham sprach
(1. Mose 22,18): »Durch dein Geschlecht
sollen gesegnet werden alle Völker auf Er-
den.«
26 [a] Für euch zuerst hat Gott seinen
Knecht Jesus erweckt und hat ihn zu euch
gesandt, euch zu segnen, daß ein jeder sich
bekehre von seiner Bosheit. *a* Kap 13,46

Petrus und Johannes vor dem Hohen Rat

4 Während sie zum Volk redeten, traten
zu ihnen die Priester und der [a] Haupt-
mann des Tempels und die Sadduzäer,
a Lk 22,4.52
2 die verdroß, daß sie das Volk lehrten
und [a] verkündigten an Jesus die Auferste-
hung von den Toten. *a* Kap 23,8

3 Und sie legten Hand an sie und setzten
sie gefangen bis zum Morgen; denn es war
schon Abend.
4 Aber viele von denen, die das Wort ge-
hört hatten, wurden gläubig; und die Zahl
der Männer stieg auf etwa fünftausend.[a]
a Kap 2,47
5 ¶Als nun der Morgen kam, versam-
melten sich ihre Oberen und Ältesten und
Schriftgelehrten in Jerusalem,
6 auch [a]Hannas, der Hohepriester, und
Kaiphas und Johannes und Alexander und
alle, die vom Hohenpriestergeschlecht wa-
ren; a Lk 3,1.2
7 und sie stellten sie vor sich und fragten
sie: Aus welcher Kraft oder in welchem
Namen habt ihr das getan?[a] a Mt 21,23
8 Petrus, [a]voll des heiligen Geistes, sprach
zu ihnen: Ihr Oberen des Volkes und ihr
Ältesten! a Mt 10,19.20
9 Wenn wir heute verhört werden wegen
dieser Wohltat an dem kranken Menschen,
durch wen er gesund geworden ist,
10 so sei euch und dem ganzen Volk Israel
kundgetan: [a]Im Namen Jesu Christi von
Nazareth, den ihr gekreuzigt habt, den
Gott von den Toten auferweckt hat; durch
ihn steht dieser hier gesund vor euch.
a Kap 3,6.13-16
11 Das ist der Stein, von euch Bauleuten
verworfen, der zum Eckstein geworden
ist.[a] a Mt 21,42
12 Und **in keinem andern ist das Heil, auch
ist [a]kein andrer Name unter dem Himmel
den Menschen gegeben, durch den wir sollen
selig werden.** a Kap 10,43; Mt 1,21
13 ¶Sie sahen aber den Freimut des Pe-
trus und Johannes und wunderten sich;
denn sie merkten, daß sie ungelehrte und
einfache Leute waren, und wußten auch
von ihnen, daß sie mit Jesus gewesen wa-
ren.
14 Sie sahen aber den Menschen, [a]der ge-
sund geworden war, bei ihnen stehen und
wußten nichts dagegen zu sagen. a Kap 3,8.9
15 Da hießen sie sie hinausgehen aus dem
Hohen Rat und verhandelten miteinander
und sprachen:
16 Was wollen wir mit diesen Menschen
tun? Denn daß ein offenkundiges Zeichen
durch sie geschehen ist, ist allen bekannt,
die in Jerusalem wohnen, und wir kön-
nen's nicht leugnen.[a] a Joh 11,47
17 Aber damit es nicht weiter einreiße un-
ter dem Volk, wollen wir ihnen drohen,
daß sie hinfort zu keinem Menschen in
diesem Namen reden.
18 Und sie riefen sie und geboten ihnen,
keinesfalls zu reden oder zu lehren in dem
Namen Jesu.
19 Petrus aber und Johannes antworteten
und sprachen zu ihnen: Urteilt selbst, [a]ob
es vor Gott recht ist, daß wir euch mehr
gehorchen als Gott. a Kap 5,28.29
20 **Wir können's ja nicht lassen, von dem zu
reden, was wir gesehen und gehört haben.**
21 Da drohten sie ihnen und ließen sie ge-
hen um des Volkes willen, weil sie nichts
fanden, was Strafe verdient hätte; denn alle
lobten Gott für das, was geschehen war.
22 Denn der Mensch war über vierzig
Jahre alt, an dem dieses Zeichen der Hei-
lung geschehen war.

Das Gebet der Gemeinde

23 Und als man sie hatte gehen lassen, ka-
men sie zu den Ihren und berichteten, was
die Hohenpriester und Ältesten zu ihnen
gesagt hatten.
24 Als sie das hörten, erhoben sie ihre
Stimme einmütig zu Gott und sprachen:
Herr, du hast Himmel und Erde und das
Meer und alles, was darin ist, gemacht,
25 du hast durch den heiligen Geist, durch
den Mund unseres Vaters David, deines
Knechtes, gesagt (Psalm 2,1.2): »Warum
toben die Heiden, und die Völker nehmen
sich vor, was umsonst ist?
26 Die Könige der Erde treten zusammen,
und die Fürsten versammeln sich wider
den Herrn und seinen Christus.«
27 Wahrhaftig, sie haben sich versammelt
in dieser Stadt gegen deinen heiligen
Knecht Jesus, den du gesalbt hast, [a]He-
rodes und Pontius Pilatus mit den Heiden
und den Stämmen Israels, a Lk 23,12
28 zu tun, was deine Hand und dein Rat-
schluß zuvor bestimmt hatten, daß es ge-
schehen solle.[a] a Kap 2,23
29 Und nun, Herr, sieh an ihr Drohen und
**gib deinen Knechten, [a]mit allem Freimut zu
reden dein Wort;** a Eph 6,19
30 strecke deine Hand aus, daß Heilungen
und Zeichen und Wunder geschehen
durch den Namen deines heiligen Knech-
tes Jesus.
31 Und als sie gebetet hatten, erbebte die
Stätte, wo sie versammelt waren; und sie
wurden alle vom heiligen Geist erfüllt und
redeten das Wort Gottes mit Freimut.

Die Gütergemeinschaft der ersten Christen

32 Die Menge der Gläubigen aber war ein
Herz und eine Seele; auch nicht einer
sagte von seinen Gütern, daß sie sein wä-
ren, sondern [a]es war ihnen alles gemein-
sam. *a* Kap 2,44
33 Und mit großer Kraft bezeugten die
Apostel die Auferstehung des Herrn
Jesus, und große [a]Gnade war bei ihnen
allen. *a* Kap 2,47
34 Es war auch [a]keiner unter ihnen, der
Mangel hatte; denn wer von ihnen Äcker
oder Häuser besaß, verkaufte sie und
brachte das Geld für das Verkaufte
a Kap 2,45
35 und legte es den Aposteln zu Füßen;
und man gab einem jeden, was er nötig
hatte.
36 Josef aber, der von den Aposteln [a]Bar-
nabas genannt wurde – das heißt übersetzt:
Sohn des Trostes –, ein Levit, aus Zypern
gebürtig,
a Kap 11,22-26; 12,25; 15,2; Gal 2,1; Kol 4,10
37 der hatte einen Acker und verkaufte ihn
und brachte das Geld und legte es den
Aposteln zu Füßen.

Hananias und Saphira

5 Ein Mann aber mit Namen Hananias
samt seiner Frau Saphira verkaufte
einen Acker,
2 doch er hielt mit Wissen seiner Frau
etwas von dem Geld zurück und brachte
nur einen Teil und [a]legte ihn den Apo-
steln zu Füßen. *a* Kap 4,34-37
3 Petrus aber sprach: Hananias, warum hat
der Satan dein Herz erfüllt, daß du den
heiligen Geist belogen und etwas vom
Geld für den Acker zurückbehalten hast?
4 Hättest du den Acker nicht behalten
können, als du ihn hattest? Und konntest
du nicht auch, als er verkauft war, noch
tun, was du wolltest? Warum hast du dir
dies in deinem Herzen vorgenommen? Du
hast nicht Menschen, sondern Gott belo-
gen.
5 Als Hananias diese Worte hörte, fiel er
zu Boden und gab den Geist auf. Und es
kam eine große Furcht über alle, die dies
hörten.
6 Da standen die jungen Männer auf und
deckten ihn zu und trugen ihn hinaus und
begruben ihn.
7 ¶Es begab sich nach einer Weile, etwa
nach drei Stunden, da kam seine Frau her-
ein und wußte nicht, was geschehen war.
8 Aber Petrus sprach zu ihr: Sag mir, habt
ihr den Acker für diesen Preis verkauft?
Sie sprach: Ja, für diesen Preis.
9 Petrus aber sprach zu ihr: Warum seid
ihr euch denn einig geworden, den Geist
des Herrn zu versuchen? Siehe, die Füße
derer, die deinen Mann begraben haben,
sind vor der Tür und werden auch dich
hinaustragen.
10 Und sogleich fiel sie zu Boden, ihm vor
die Füße, und gab den Geist auf. Da ka-
men die jungen Männer und fanden sie
tot, trugen sie hinaus und begruben sie
neben ihrem Mann.
11 Und es kam eine große Furcht über die
ganze Gemeinde und über alle, die das
hörten.

Wundertaten der Apostel

12 Es geschahen aber viele Zeichen und
Wunder im Volk durch die Hände der
Apostel; und sie waren alle in der [a]Halle
Salomos einmütig beieinander. *a* Kap 3,11
13 Von den andern aber wagte keiner,
ihnen zu nahe zu kommen; doch das Volk
hielt viel von ihnen.
14 Desto mehr aber wuchs die Zahl derer,
die an den Herrn glaubten – eine Menge
Männer und Frauen –,[a] *a* Kap 2,47
15 so daß sie die Kranken sogar auf die
Straßen hinaustrugen und sie auf Betten
und Bahren legten, damit, wenn Petrus
käme, wenigstens sein Schatten auf einige
von ihnen fiele.[a] *a* Kap 19,11.12
16 Es kamen auch viele aus den Städten
rings um Jerusalem und brachten Kranke
und solche, die von unreinen Geistern ge-
plagt waren; und alle wurden gesund.

Die Apostel vor dem Hohen Rat

17 Es erhoben sich aber [a]der Hoheprie-
ster und alle, die mit ihm waren, nämlich
die Partei der Sadduzäer, von Eifersucht
erfüllt, *a* Kap 4,1.6
18 und legten Hand an die Apostel und
warfen sie in das öffentliche Gefängnis.
19 Aber [a]der Engel des Herrn tat in der
Nacht die Türen des Gefängnisses auf und
führte sie heraus und sprach: *a* Kap 12,7
20 Geht hin und tretet im Tempel auf und
redet zum Volk alle Worte des Lebens.
21 Als sie das gehört hatten, gingen sie
frühmorgens in den Tempel und lehrten.

Der Hohepriester aber und die mit ihm
waren, kamen und riefen den Hohen Rat
und alle Ältesten in Israel zusammen und
sandten zum Gefängnis, sie zu holen.
22 Die Knechte gingen hin und fanden sie
nicht im Gefängnis, kamen zurück und be-
richteten:
23 Das Gefängnis fanden wir fest ver-
schlossen und die Wächter vor den Türen
stehen; aber als wir öffneten, fanden wir
niemanden darin.
24 Als der Hauptmann des Tempels und
die Hohenpriester diese Worte hörten,
wurden sie betreten und wußten nicht, was
daraus werden sollte.
25 Da kam jemand, der berichtete ihnen:
Siehe, die Männer, die ihr ins Gefängnis
geworfen habt, stehen im Tempel und leh-
ren das Volk.
26 Da ging der Hauptmann mit den
Knechten hin und holte sie, doch nicht
mit Gewalt; denn sie fürchteten sich vor
dem Volk, daß sie gesteinigt würden.
27 Und sie brachten sie und stellten sie
vor den Hohen Rat. Und der Hohepriester
fragte sie
28 und sprach: [a] Haben wir euch nicht
streng geboten, in diesem Namen nicht zu
lehren? Und seht, ihr habt Jerusalem er-
füllt mit eurer Lehre und [b] wollt das Blut
dieses Menschen über uns bringen.
a Kap 4,18 *b* Mt 27,25
29 Petrus aber und die Apostel antworte-
ten und sprachen: **Man muß Gott mehr ge-
horchen als den Menschen.**[a]
a Kap 4,19; Dan 3,17.18
30 Der Gott unsrer Väter hat Jesus aufer-
weckt, den ihr an das Holz gehängt und
getötet habt.[a] *a* Kap 3,15
31 Den hat Gott [a] durch seine rechte Hand
erhöht zum Fürsten und Heiland, um Is-
rael Buße und Vergebung der Sünden zu
geben. *a* Kap 2,33
32 Und [a] wir sind Zeugen dieses Gesche-
hens und mit uns [b] der heilige Geist, den
Gott denen gegeben hat, die ihm gehor-
chen. *a* Lk 24,48 *b* Joh 15,26.27
33 Als sie das hörten, ging's ihnen durchs
Herz, und sie wollten sie töten.

Der Rat des Gamaliel

34 Da stand aber im Hohen Rat ein Phari-
säer auf mit Namen [a] Gamaliel, ein Schrift-
gelehrter, vom ganzen Volk in Ehren ge-
halten, und ließ die Männer für kurze Zeit
hinausführen. *a* Kap 22,3
35 Und er sprach zu ihnen: Ihr Männer
von Israel, seht genau zu, was ihr mit die-
sen Menschen tun wollt.
36 Denn vor einiger Zeit stand Theudas
auf und gab vor, er wäre etwas, und ihm
hing eine Anzahl Männer an, etwa vier-
hundert. Der wurde erschlagen, und alle,
die ihm folgten, wurden zerstreut und ver-
nichtet.
37 Danach stand Judas der Galiläer auf in
den Tagen der Volkszählung und brachte
eine Menge Volk hinter sich zum Aufruhr;
und der ist auch umgekommen, und alle,
die ihm folgten, wurden zerstreut.
38 Und nun sage ich euch: Laßt ab von
diesen Menschen und laßt sie gehen! [a] Ist
dies Vorhaben oder dies Werk von Men-
schen, so wird's untergehen; *a* Mt 15,13
39 ist es aber von Gott, so könnt ihr sie
nicht vernichten – damit ihr nicht dasteht
als solche, die gegen Gott streiten wollen.
Da stimmten sie ihm zu
40 und riefen die Apostel herein, [a] ließen
sie geißeln und geboten ihnen, sie sollten
nicht mehr im Namen Jesu reden, und
ließen sie gehen. *a* Mt 10,17
41 Sie gingen aber [a] fröhlich von dem Ho-
hen Rat fort, weil sie würdig gewesen wa-
ren, um Seines Namens willen Schmach
zu leiden, *a* Mt 5,10-12; 1.Petr 4,13
42 und sie hörten nicht auf, alle Tage im
Tempel und hier und dort in den Häusern
zu lehren und zu predigen das Evange-
lium von Jesus Christus.

Die Wahl der sieben Armenpfleger

6 In diesen Tagen aber, als die Zahl der
Jünger zunahm, erhob sich ein Mur-
ren unter den griechischen Juden in der
Gemeinde gegen die hebräischen, weil
ihre Witwen übersehen wurden bei der
[a] täglichen Versorgung. *a* Kap 4,35
2 Da riefen die Zwölf die Menge der Jün-
ger zusammen und sprachen: Es ist nicht
recht, daß wir für die Mahlzeiten sorgen
und darüber das Wort Gottes vernachläs-
sigen.
3 Darum, ihr lieben Brüder, seht euch um
nach sieben Männern in eurer Mitte, die
[a] einen guten Ruf haben und voll heiligen
Geistes und Weisheit sind, die wir bestel-
len wollen zu diesem Dienst. *a* 1.Tim 3,8-10

4 Wir aber wollen ganz beim Gebet und
beim Dienst des Wortes bleiben.
5 Und die Rede gefiel der ganzen Menge
gut; und sie wählten Stephanus, einen
Mann voll Glaubens und heiligen Geistes,
und [a]Philippus und Prochorus und Nikanor und Timon und Parmenas und Nikolaus, den Judengenossen aus Antiochia.

a Kap 8,5

6 Diese Männer stellten sie vor die Apostel; die [a]beteten und legten die Hände
auf sie. *a* Kap 1,24; 13,3; 14,23
7 Und das Wort Gottes breitete sich aus,
und die Zahl der Jünger wurde sehr groß
in Jerusalem. Es wurden auch viele Priester dem Glauben gehorsam.[a]

a Kap 2,47; 19,20

Stephanus vor dem Hohen Rat

8 Stephanus aber, voll Gnade und Kraft,
tat Wunder und große Zeichen unter dem
Volk.
9 Da standen einige auf von der Synagoge
der Libertiner und der Kyrenäer und der
Alexandriner und einige von denen aus
Zilizien und der Provinz Asien und stritten mit Stephanus.
10 Doch sie vermochten nicht zu widerstehen der Weisheit und dem Geist, in
dem er redete.[a] *a* Lk 21,15
11 ¶Da stifteten sie einige Männer an, die
sprachen: Wir haben ihn Lästerworte reden hören gegen Mose und gegen Gott.[a]

a Mt 26,60-66

12 Und sie brachten das Volk und die Ältesten und die Schriftgelehrten auf, traten
herzu und ergriffen ihn und führten ihn
vor den Hohen Rat
13 und stellten falsche Zeugen auf, die
sprachen: Dieser Mensch hört nicht auf,
zu reden [a]gegen diese heilige Stätte und
das Gesetz. *a* Jer 26,9.11
14 Denn wir haben ihn sagen hören: Dieser Jesus von Nazareth [a]wird diese Stätte
zerstören und die Ordnungen ändern, die
uns Mose gegeben hat. *a* Joh 2,19
15 Und alle, die im Rat saßen, blickten auf
ihn und sahen sein Angesicht wie eines
Engels Angesicht.

Die Rede des Stephanus

7 Da fragte der Hohepriester: Ist das so?
2 [a]Er aber sprach: Liebe Brüder und
Väter, hört zu. Der Gott der Herrlichkeit
erschien unserm Vater Abraham, als er
noch in Mesopotamien war, ehe er in Haran wohnte, *a (2-16)* 1.Mose 11-50; Jos 24,32
3 und sprach zu ihm (1.Mose 12,1): »Geh
aus deinem Land und von deiner Verwandtschaft und zieh in das Land, das ich
dir zeigen will.«
4 Da ging er aus dem Land der Chaldäer
und wohnte in Haran. Und als sein Vater
gestorben war, brachte Gott ihn von dort
herüber in dies Land, in dem ihr nun
wohnt,
5 aber er gab ihm kein Eigentum darin,
auch nicht einen Fuß breit, und verhieß
ihm, er wolle es ihm und seinen Nachkommen zum Besitz geben, obwohl er
noch kein Kind hatte.
6 Denn so sprach Gott (1.Mose 15,13.14):
»Deine Nachkommen werden Fremdlinge
sein in einem fremden Lande, und man
wird sie knechten und mißhandeln [a]vierhundert Jahre lang. *a* 2.Mose 12,40
7 Aber das Volk, dem sie als Knechte dienen müssen, will ich richten«, sprach Gott,
»und danach werden sie ausziehen und
mir dienen an dieser Stätte.«
8 Und er gab ihm den Bund der Beschneidung. Und so zeugte er Isaak und beschnitt ihn am achten Tage, und Isaak
den Jakob, und Jakob die zwölf Erzväter.
9 Und die Erzväter beneideten Josef und
verkauften ihn nach Ägypten. Aber Gott
war mit ihm
10 und errettete ihn aus aller seiner Bedrängnis und gab ihm Gnade und Weisheit vor dem Pharao, dem König von
Ägypten; der setzte ihn zum Regenten
über Ägypten und über sein ganzes Haus.
11 Es kam aber eine Hungersnot über ganz
Ägypten und Kanaan und eine große Bedrängnis, und unsre Väter fanden keine
Nahrung.
12 Jakob aber hörte, daß es in Ägypten
Getreide gäbe, und sandte unsre Väter aus
zum erstenmal.
13 Und beim zweitenmal gab sich Josef
seinen Brüdern zu erkennen; so wurde
dem Pharao Josefs Herkunft bekannt.
14 Josef aber sandte aus und ließ seinen
Vater Jakob holen und seine ganze Verwandtschaft, fünfundsiebzig Menschen.
15 Und Jakob zog hinab nach Ägypten und
starb, er und unsre Väter;
16 und sie wurden nach Sichem herübergebracht und in das Grab gelegt, das

Abraham für Geld gekauft hatte von den Söhnen Hamors in Sichem.

17 ¶ [a]Als nun die Zeit der Verheißung sich nahte, die Gott dem Abraham zugesagt hatte, wuchs das Volk und mehrte sich in Ägypten, *a (17-35)* 2.Mose 1-3

18 bis ein andrer König über Ägypten aufkam, der nichts wußte von Josef.

19 Dieser ging mit Hinterlist vor gegen unser Volk und mißhandelte unsre Väter und ließ ihre kleinen Kinder aussetzen, damit sie nicht am Leben blieben.

20 Zu der Zeit wurde Mose geboren, und er war ein schönes Kind vor Gott und wurde drei Monate ernährt im Hause seines Vaters.

21 Als er aber ausgesetzt wurde, nahm ihn die Tochter des Pharao auf und zog ihn auf als ihren Sohn.

22 Und Mose wurde in aller Weisheit der Ägypter gelehrt und war mächtig in Worten und Werken.

23 ¶ Als er aber vierzig Jahre alt wurde, gedachte er, nach seinen Brüdern, den Israeliten, zu sehen.

24 Und sah einen Unrecht leiden; da stand er ihm bei und rächte den, dem Leid geschah, und erschlug den Ägypter.

25 Er meinte aber, seine Brüder sollten's verstehen, daß Gott durch seine Hand ihnen Rettung bringe; aber sie verstanden's nicht.

26 Und am nächsten Tag kam er zu ihnen, als sie miteinander stritten, und ermahnte sie, Frieden zu halten, und sprach: Liebe Männer, ihr seid doch Brüder; warum tut einer dem andern Unrecht?

27 Der aber seinem Nächsten Unrecht getan hatte, stieß ihn von sich und sprach (2.Mose 2,14): »Wer hat dich zum Aufseher und Richter über uns gesetzt?

28 Willst du mich auch töten, wie du gestern den Ägypter getötet hast?«

29 Mose aber floh wegen dieser Rede und lebte als Fremdling im Lande Midian; dort [a]zeugte er zwei Söhne. *a* 2.Mose 18,3.4

30 ¶ Und nach vierzig Jahren erschien ihm in der Wüste am Berge Sinai ein Engel in einer Feuerflamme im Dornbusch.

31 Als aber Mose das sah, wunderte er sich über die Erscheinung. Als er aber hinzuging, zu schauen, geschah die Stimme des Herrn zu ihm (2.Mose 3,5-10):

32 »Ich bin der Gott deiner Väter, der Gott Abrahams und Isaaks und Jakobs.« Mose aber fing an zu zittern und wagte nicht hinzuschauen.

33 Aber der Herr sprach zu ihm: »Zieh die Schuhe aus von deinen Füßen; denn die Stätte, auf der du stehst, ist heiliges Land!

34 Ich habe gesehen das Leiden meines Volkes, das in Ägypten ist, und habe sein Seufzen gehört und bin herabgekommen, es zu erretten. Und nun komm her, ich will dich nach Ägypten senden.«

35 Diesen Mose, den sie verleugnet hatten, als sie sprachen: »Wer hat dich als Aufseher und Richter eingesetzt?«, den sandte Gott als Anführer und Retter durch den Engel, der ihm im Dornbusch erschienen war.

36 Dieser Mose führte sie heraus und tat Wunder und Zeichen [a]in Ägypten, [b]im Roten Meer und in der Wüste vierzig Jahre lang. *a* 2.Mose 7,10 *b* 2.Mose 14,21

37 Dies ist der Mose, der zu den Israeliten gesagt hat (5.Mose 18,15): »Einen Propheten wie mich wird euch der Herr, euer Gott, erwecken aus euren Brüdern.«

38 Dieser ist's, der in der Gemeinde in der Wüste stand zwischen dem Engel, der mit ihm redete [a]auf dem Berge Sinai, und unsern Vätern. [b]Dieser empfing Worte des Lebens, um sie uns weiterzugeben.

a 2.Mose 19 *b* 5.Mose 9,10

39 Ihm wollten unsre Väter nicht gehorsam werden, sondern sie stießen ihn von sich und wandten sich in ihrem Herzen wieder Ägypten zu

40 und sprachen zu Aaron (2.Mose 32,1): »Mache uns Götter, die vor uns hergehen; denn wir wissen nicht, was diesem Mose, der uns aus dem Lande Ägypten geführt hat, widerfahren ist.«

41 Und sie machten zu der Zeit ein Kalb und opferten dem Götzenbild und freuten sich über das Werk ihrer Hände.

42 Aber Gott wandte sich ab und gab sie dahin, so daß sie dem Heer des Himmels dienten, wie geschrieben steht im Buch der Propheten (Amos 5,25-27): »Habt ihr vom Hause Israel die vierzig Jahre in der Wüste mir je Opfer und Gaben dargebracht?

43 Ihr trugt die Hütte Molochs umher und den Stern des Gottes Räfan, die Bilder, die ihr gemacht hattet, sie anzubeten. Und ich will euch wegführen bis über Babylon hinaus.«

44 ¶ Es hatten unsre Väter die Stiftshütte

in der Wüste, wie der es angeordnet hatte,
der zu Mose redete, [a]daß er sie machen
sollte nach dem Vorbild, das er gesehen
hatte. *a* 2.Mose 25,9
45 Diese übernahmen unsre Väter und
[a]brachten sie mit Josua in das Land, das
die Heiden innehatten, die Gott vertrieb
vor dem Angesicht unsrer Väter, bis zur
Zeit Davids. *a* Jos 3,14; 18,1
46 Der fand Gnade bei Gott und bat
darum, [a]daß er eine Stätte finden möge
für das Haus Jakob. *a* 2.Sam 7,1-16; Ps 132,3-5
47 Salomo aber baute ihm ein Haus.[a]
a 1.Kön 6
48 Aber der Allerhöchste wohnt nicht in
Tempeln, die mit Händen gemacht sind,
wie der Prophet spricht (Jesaja 66,1.2):
49 »Der Himmel ist mein Thron und die
Erde der Schemel meiner Füße; was wollt
ihr mir denn für ein Haus bauen«, spricht
der Herr, »oder was ist die Stätte meiner
Ruhe?
50 Hat nicht meine Hand das alles ge-
macht?«
51 ¶ Ihr [a]Halsstarrigen, mit [b]verstockten
Herzen und tauben Ohren,* ihr wider-
strebt allezeit dem heiligen Geist, wie eure
Väter, so auch ihr.
a 2.Mose 32,9 *b* 3.Mose 26,41; Röm 2,28.29

* Luther übersetzte wörtlich: »unbeschnitten an Herzen und Ohren«.

52 Welchen Propheten haben eure Väter
nicht verfolgt? Und [a]sie haben getötet, die
zuvor verkündigten das Kommen des Ge-
rechten, dessen Verräter und Mörder ihr
nun geworden seid. *a* 2.Chr 36,16; Mt 23,31
53 Ihr habt [a]das Gesetz empfangen [b]durch
Weisung von Engeln und habt's nicht ge-
halten. *a* 2.Mose 20,1-21 *b* Gal 3,19; Hebr 2,2

Der Tod des Stephanus

54 Als sie das hörten, ging's ihnen durchs
Herz, und sie knirschten mit den Zähnen
über ihn.
55 Er aber, voll heiligen Geistes, sah auf
zum Himmel und sah die Herrlichkeit
Gottes und Jesus stehen zur Rechten
Gottes
56 und sprach: Siehe, ich sehe den Him-
mel offen und [a]den Menschensohn zur
Rechten Gottes stehen. *a* Lk 22,69
57 Sie schrien aber laut und hielten sich
ihre Ohren zu und stürmten einmütig auf
ihn ein,
58 stießen ihn zur Stadt hinaus und [a]stei-
nigten ihn. Und die Zeugen legten ihre
Kleider ab zu den Füßen eines jungen
Mannes, der hieß [b]Saulus,
a 3.Mose 24,16 *b* Kap 22,20
59 und sie steinigten Stephanus; der rief
den Herrn an und sprach: [a]**Herr Jesus,
nimm meinen Geist auf!** *a* Lk 23,46
60 Er fiel auf die Knie und schrie laut: **Herr,
[a]rechne ihnen diese Sünde nicht an!** Und
als er das gesagt hatte, verschied er.
a Lk 23,34

8 Saulus aber hatte Gefallen an seinem
Tode.

Die Verfolgung der Gemeinde in Jerusalem

Es erhob sich aber an diesem Tag eine
große Verfolgung über die Gemeinde in
Jerusalem; da [a]zerstreuten sich alle in die
Länder Judäa und Samarien, außer den
Aposteln. *a* Kap 1,8; 11,19
2 Es bestatteten aber den Stephanus got-
tesfürchtige Männer und hielten eine
große Klage über ihn.
3 Saulus aber suchte die Gemeinde zu
zerstören, ging von Haus zu Haus,
schleppte Männer und Frauen fort und
warf sie ins Gefängnis.[a]
a Kap 9,1; 22,4; 1.Kor 15,9

Philippus in Samaria. Der Zauberer Simon

4 Die nun zerstreut worden waren, zogen
umher und predigten das Wort.
5 [a]Philippus aber kam hinab in die Haupt-
stadt Samariens und predigte ihnen von
Christus. *a* Kap 6,5
6 Und das Volk neigte einmütig dem zu,
was Philippus sagte, als sie ihm zuhörten
und die Zeichen sahen, die er tat.
7 Denn [a]die unreinen Geister fuhren aus
mit großem Geschrei aus vielen Besesse-
nen, auch viele Gelähmte und Verkrüp-
pelte wurden gesund gemacht; *a* Mk 16,17
8 und es entstand große Freude in dieser
Stadt.
9 ¶ Es war aber ein Mann mit Namen Si-
mon, der zuvor in der Stadt Zauberei trieb
und das Volk von Samaria in seinen Bann
zog, weil er vorgab, er wäre etwas Großes.
10 Und alle hingen ihm an, klein und groß,
und sprachen: Dieser ist die Kraft Gottes,
die die Große genannt wird.
11 Sie hingen ihm aber an, weil er sie lange

Zeit mit seiner Zauberei in seinen Bann
gezogen hatte.
12 Als sie aber den Predigten des Philip-
pus von dem Reich Gottes und von dem
Namen Jesu Christi glaubten, ließen sich
taufen Männer und Frauen.
13 Da wurde auch Simon gläubig und ließ
sich taufen und hielt sich zu Philippus.
Und als er die Zeichen und großen Taten
sah, die geschahen, geriet er außer sich
vor Staunen.
14 ¶ Als aber die Apostel in Jerusalem hör-
ten, daß Samarien das Wort Gottes ange-
nommen hatte, sandten sie zu ihnen
Petrus und Johannes.
15 Die kamen hinab und beteten für sie,
daß sie den heiligen Geist empfingen.
16 Denn er war noch auf keinen von ihnen
gefallen, sondern sie waren allein getauft
auf den Namen des Herrn Jesus.
17 Da legten sie die Hände auf sie, und sie
empfingen den heiligen Geist.
18 ¶ Als aber Simon sah, daß der Geist
gegeben wurde, wenn die Apostel die
Hände auflegten, bot er ihnen Geld an
19 und sprach: Gebt auch mir die Macht,
damit jeder, dem ich die Hände auflege,
den heiligen Geist empfange.
20 Petrus aber sprach zu ihm: Daß du ver-
dammt werdest mitsamt deinem Geld,
weil du meinst, Gottes Gabe werde durch
Geld erlangt.
21 Du hast weder Anteil noch Anrecht an
dieser Sache; denn dein Herz ist nicht
rechtschaffen vor Gott.
22 Darum tu Buße für diese deine Bos-
heit und flehe zum Herrn, ob dir das
Trachten deines Herzens vergeben werden
könne.
23 Denn ich sehe, daß du voll bitterer
Galle bist und verstrickt in Ungerechtig-
keit.
24 Da antwortete Simon und sprach: Bit-
tet ihr den Herrn für mich, daß nichts von
dem über mich komme, was ihr gesagt
habt.
25 ¶ Als sie nun das Wort des Herrn
bezeugt und geredet hatten, kehrten sie
wieder um nach Jerusalem und predigten
das Evangelium in vielen Dörfern der
Samariter.

Der Kämmerer aus Äthiopien

26 Aber der Engel des Herrn redete zu
Philippus und sprach: Steh auf und geh
nach Süden auf die Straße, die von Jerusa-
lem nach Gaza hinabführt und öde ist.
27 Und er stand auf und ging hin. Und
siehe, ein Mann aus Äthiopien, ein Käm-
merer und Mächtiger am Hof der Kan-
dake, der Königin von Äthiopien, welcher
ihren ganzen Schatz verwaltete, der war
nach Jerusalem gekommen, um anzube-
ten.
28 Nun zog er wieder heim und saß auf
seinem Wagen und las den Propheten
Jesaja.
29 Der Geist aber sprach zu Philippus:
Geh hin und halte dich zu diesem Wa-
gen!
30 Da lief Philippus hin und hörte, daß er
den Propheten Jesaja las, und fragte: Ver-
stehst du auch, was du liest?
31 Er aber sprach: Wie kann ich, wenn
mich nicht jemand anleitet? Und er bat
Philippus, aufzusteigen und sich zu ihm
zu setzen.
32 Der Inhalt aber der Schrift, die er las,
war dieser (Jesaja 53,7.8): »Wie ein Schaf,
das zur Schlachtung geführt wird, und wie
ein Lamm, das vor seinem Scherer ver-
stummt, so tut er seinen Mund nicht auf.
33 In seiner Erniedrigung wurde sein
Urteil aufgehoben. Wer kann seine Nach-
kommen aufzählen? Denn sein Leben
wird von der Erde weggenommen.«
34 Da antwortete der Kämmerer dem Phil-
ippus und sprach: Ich bitte dich, von wem
redet der Prophet das, von sich selber oder
von jemand anderem?
35 Philippus aber tat seinen Mund auf und
fing mit diesem Wort der Schrift an und
predigte ihm das Evangelium von Jesus.
36 Und als sie auf der Straße dahinfuhren,
kamen sie an ein Wasser. Da sprach der
Kämmerer: Siehe, da ist Wasser; was hin-
dert's, daß ich mich taufen lasse?*

* Vers 37 findet sich erst in der späteren Überlieferung: »Philippus aber sprach: Wenn du von ganzem Herzen glaubst, so kann es geschehen. Er aber antwortete und sprach: Ich glaube, daß Jesus Christus Gottes Sohn ist.«

38 Und er ließ den Wagen halten, und
beide stiegen in das Wasser hinab, Philip-
pus und der Kämmerer, und er taufte ihn.
39 Als sie aber aus dem Wasser heraufstie-
gen, [a] entrückte der Geist des Herrn den
Philippus, und der Kämmerer sah ihn
nicht mehr; er zog aber seine Straße fröh-
lich.
40 Philippus aber fand sich in Aschdod

[a] 1.Kön 18,12

wieder und zog umher und predigte in
allen Städten das Evangelium, bis er nach
[a]Cäsarea kam.
a Kap 21,8.9

Die Bekehrung des Saulus

9 [a]Saulus aber [b]schnaubte noch mit
Drohen und Morden gegen die Jünger
des Herrn und ging zum Hohenpriester
a (1-19) Kap 22,3-16; 26,9-18 *b* Kap 8,3
2 und bat ihn um Briefe nach Damaskus
an die Synagogen, damit er Anhänger des
neuen Weges, Männer und Frauen, wenn
er sie dort fände, gefesselt nach Jerusalem
führe.
3 [a]Als er aber auf dem Wege war und in
die Nähe von Damaskus kam, umleuch-
tete ihn plötzlich ein Licht vom Him-
mel;
a (3-6) 1.Kor 15,8
4 und er fiel auf die Erde und hörte eine
Stimme, die sprach zu ihm: Saul, Saul,
was verfolgst du mich?
5 Er aber sprach: Herr, wer bist du? Der
sprach: Ich bin Jesus, den du verfolgst.
6 Steh auf und geh in die Stadt; da wird
man dir sagen, was du tun sollst.
7 Die Männer aber, die seine Gefährten
waren, standen sprachlos da; denn sie hör-
ten zwar die Stimme, aber sahen nieman-
den.
8 Saulus aber richtete sich auf von der
Erde; und als er seine Augen aufschlug,
sah er nichts. Sie nahmen ihn aber bei der
Hand und führten ihn nach Damaskus;
9 und er konnte drei Tage nicht sehen und
aß nicht und trank nicht.
10 ¶Es war aber ein Jünger in Damaskus
mit Namen Hananias; dem erschien der
Herr und sprach: Hananias! Und er sprach:
Hier bin ich, Herr.
11 Der Herr sprach zu ihm: Steh auf und
geh in die Straße, die die Gerade heißt,
und frage in dem Haus des Judas nach
einem Mann mit Namen Saulus von
Tarsus. Denn siehe, er betet
12 und hat in einer Erscheinung einen
Mann gesehen mit Namen Hananias, der
zu ihm hereinkam und die Hand auf ihn
legte, damit er wieder sehend werde.
13 Hananias aber antwortete: Herr, ich
habe von vielen gehört über diesen Mann,
wieviel Böses er deinen Heiligen in Jeru-
salem angetan hat;
14 und hier hat er Vollmacht von den
Hohenpriestern, alle gefangenzunehmen,
die deinen Namen anrufen.
15 Doch der Herr sprach zu ihm: Geh nur
hin; denn dieser ist mein auserwähltes
Werkzeug, daß er meinen Namen trage
[a]vor Heiden und [b]vor Könige und vor das
Volk Israel.
a Kap 13,46 *b* Kap 26,2; 27,24
16 Ich will ihm zeigen, wieviel er leiden
muß um meines Namens willen.[a]
a 2.Kor 11,23-28
17 Und Hananias ging hin und kam in das
Haus und legte die Hände auf ihn und
sprach: Lieber Bruder Saul, der Herr hat
mich gesandt, Jesus, der dir auf dem Wege
hierher erschienen ist, daß du wieder
sehend und mit dem heiligen Geist erfüllt
werdest.
18 Und sogleich fiel es von seinen Augen
wie Schuppen, und er wurde wieder
sehend; und er stand auf, ließ sich taufen
19 und nahm Speise zu sich und stärkte
sich.

Saulus in Damaskus und Jerusalem

Saulus blieb aber einige Tage bei den
Jüngern in Damaskus.
20 Und alsbald predigte er in den Synago-
gen von Jesus, daß dieser Gottes Sohn
sei.
21 Alle aber, die es hörten, entsetzten sich
und sprachen: Ist das nicht der, [a]der in
Jerusalem alle vernichten wollte, die die-
sen Namen anrufen, und ist er nicht des-
halb hierhergekommen, daß er sie gefes-
selt zu den Hohenpriestern führe?
a Kap 8,1; 26,10
22 Saulus aber [a]gewann immer mehr an
Kraft und trieb die Juden in die Enge, die
in Damaskus wohnten, und bewies, daß
Jesus der Christus ist.
a Kap 18,28
23 Nach mehreren Tagen aber hielten die
Juden Rat und beschlossen, ihn zu töten.
24 Aber es wurde Saulus bekannt, daß sie
ihm nachstellten. Sie bewachten Tag und
Nacht auch die Tore, um ihn zu töten.
25 Da nahmen ihn seine Jünger bei Nacht
und [a]ließen ihn in einem Korb die Mauer
hinab.
a 2.Kor 11,32.33
26 ¶Als er aber nach Jerusalem kam, ver-
suchte er, sich zu den Jüngern zu halten;
doch sie fürchteten sich alle vor ihm und
glaubten nicht, daß er ein Jünger wäre.[a]
a Gal 1,17-19
27 Barnabas aber nahm ihn zu sich und
führte ihn zu den Aposteln und erzählte
ihnen, wie Saulus auf dem Wege den
Herrn gesehen und daß der mit ihm gere-

det und wie er in Damaskus im Namen
Jesu frei und offen gepredigt hätte.
28 Und er ging bei ihnen in Jerusalem ein
und aus und predigte im Namen des Herrn
frei und offen.
29 Er redete und stritt auch mit den grie-
chischen Juden; aber sie stellten ihm nach,
um ihn zu töten.
30 Als das die Brüder erfuhren, geleiteten
sie ihn nach Cäsarea und schickten ihn
weiter [a]nach Tarsus. *a* Gal 1,21
31 ¶So hatte nun die Gemeinde Frieden
in ganz Judäa und Galiläa und Samarien
und baute sich auf und lebte in der Furcht
des Herrn und mehrte sich unter dem Bei-
stand des heiligen Geistes.

Petrus in Lydda

32 Es geschah aber, als Petrus überall im
Land umherzog, daß er auch zu den Heili-
gen kam, die in Lydda wohnten.
33 Dort fand er einen Mann mit Namen
Äneas, seit acht Jahren ans Bett gebun-
den; der war gelähmt.
34 Und Petrus sprach zu ihm: Äneas,
Jesus Christus macht dich gesund; steh
auf und mach dir selber das Bett. Und
sogleich stand er auf.
35 Da sahen ihn alle, die in Lydda und in
Scharon wohnten, und bekehrten sich zu
dem Herrn.

Die Auferweckung der Tabita

36 In Joppe war eine Jüngerin mit Namen
Tabita, das heißt übersetzt: Reh. Die tat
viele gute Werke und gab reichlich Almo-
sen.
37 Es begab sich aber zu der Zeit, daß sie
krank wurde und starb. Da wuschen sie
sie und legten sie in das Obergemach.
38 Weil aber Lydda nahe bei Joppe ist,
sandten die Jünger, als sie hörten, daß
Petrus dort war, zwei Männer zu ihm und
baten ihn: Säume nicht, zu uns zu kom-
men!
39 Petrus aber stand auf und ging mit
ihnen. Und als er hingekommen war, führ-
ten sie ihn hinauf in das Obergemach, und
es traten alle Witwen zu ihm, weinten und
zeigten ihm die Röcke und Kleider, die
Tabita gemacht hatte, als sie noch bei
ihnen war.
40 Und als Petrus sie alle hinausgetrieben
hatte, kniete er nieder, betete und wandte
sich zu dem Leichnam und sprach: Tabita,
[a]steh auf! Und sie schlug ihre Augen auf;
und als sie Petrus sah, setzte sie sich auf.
a Mk 5,41
41 Er aber gab ihr die Hand und ließ sie
aufstehen und rief die Heiligen und die
Witwen und stellte sie lebendig vor sie.
42 Und das wurde in ganz Joppe bekannt,
und viele kamen zum Glauben an den
Herrn.
43 Und es geschah, daß Petrus lange Zeit
in Joppe blieb bei einem Simon, der ein
Gerber war.

Der Hauptmann Kornelius

10 Es war aber ein Mann in Cäsarea mit
Namen Kornelius, ein Hauptmann
der Abteilung, die die Italische genannt
wurde.
2 Der war fromm und gottesfürchtig mit
seinem ganzen Haus und gab dem Volk
viele Almosen und betete immer zu
Gott.
3 Der hatte eine Erscheinung um die
neunte Stunde am Tage und sah deutlich
einen Engel Gottes bei sich eintreten; der
sprach zu ihm: Kornelius!
4 Er aber sah ihn an, erschrak und fragte:
Herr, was ist? Der sprach zu ihm: [a]Deine
Gebete und deine Almosen sind vor Gott
gekommen, und er hat ihrer gedacht.
a Tob 3,24.25
5 Und nun sende Männer nach Joppe und
laß holen Simon mit dem Beinamen
Petrus.
6 Der ist zu Gast bei einem [a]Gerber
Simon, dessen Haus am Meer liegt.
a Kap 9,43
7 Und als der Engel, der mit ihm redete,
hinweggegangen war, rief Kornelius zwei
seiner Knechte und einen frommen Sol-
daten von denen, die ihm dienten,
8 und erzählte ihnen alles und [a]sandte sie
nach Joppe. *a* Kap 11,5-17
9 ¶Am nächsten Tag, als diese auf dem
Wege waren und in die Nähe der Stadt
kamen, stieg Petrus auf das Dach, zu beten
um die sechste Stunde.
10 Und als er hungrig wurde, wollte er
essen. Während sie ihm aber etwas zube-
reiteten, geriet er in Verzückung
11 und sah den Himmel aufgetan und
etwas wie ein großes leinenes Tuch herab-
kommen, an vier Zipfeln niedergelassen
auf die Erde.
12 Darin waren allerlei vierfüßige und krie-

chende Tiere der Erde und Vögel des Himmels.

13 Und es geschah eine Stimme zu ihm: Steh auf, Petrus, schlachte und iß!

14 Petrus aber sprach: O nein, Herr; denn ich habe noch nie etwas Verbotenes und Unreines gegessen.[a] *a* 3.Mose 11; Hes 4,14

15 Und die Stimme sprach zum zweitenmal zu ihm: Was Gott rein gemacht hat, das nenne du nicht verboten.[a] *a* Röm 14,14

16 Und das geschah dreimal; und alsbald wurde das Tuch wieder hinaufgenommen gen Himmel.

17 ¶Als aber Petrus noch ratlos war, was die Erscheinung bedeute, die er gesehen hatte, siehe, da fragten die Männer, von Kornelius gesandt, nach dem Haus Simons und standen an der Tür,

18 riefen und fragten, ob Simon mit dem Beinamen Petrus hier zu Gast wäre.

19 Während aber Petrus nachsann über die Erscheinung, sprach der Geist zu ihm: Siehe, drei Männer suchen dich;

20 so steh auf, steig hinab und geh mit ihnen und zweifle nicht, denn ich habe sie gesandt.

21 ¶Da stieg Petrus hinab zu den Männern und sprach: Siehe, ich bin's, den ihr sucht; warum seid ihr hier?

22 Sie aber sprachen: Der Hauptmann Kornelius, ein frommer und gottesfürchtiger Mann mit gutem Ruf bei dem ganzen Volk der Juden, hat Befehl empfangen von einem heiligen Engel, daß er dich sollte holen lassen in sein Haus und hören, was du zu sagen hast.

23 Da rief er sie herein und beherbergte sie.

¶Am nächsten Tag machte er sich auf und zog mit ihnen, und einige Brüder aus Joppe gingen mit ihm.

24 Und am folgenden Tag kam er nach Cäsarea. Kornelius aber wartete auf sie und hatte seine Verwandten und nächsten Freunde zusammengerufen.

25 Und als Petrus hereinkam, ging ihm Kornelius entgegen und fiel ihm zu Füßen und betete ihn an.

26 Petrus aber richtete ihn auf und sprach: Steh auf, [a]ich bin auch nur ein Mensch.

a Kap 14,15; Offb 19,10

27 Und während er mit ihm redete, ging er hinein und fand viele, die zusammengekommen waren.

28 Und er sprach zu ihnen: Ihr wißt, daß es einem jüdischen Mann nicht erlaubt ist, mit einem Fremden umzugehen oder zu ihm zu kommen; aber Gott hat mir gezeigt, daß ich keinen Menschen meiden oder unrein nennen soll.

29 Darum habe ich mich nicht geweigert zu kommen, als ich geholt wurde. So frage ich euch nun, warum ihr mich habt holen lassen.

30 Kornelius sprach: Vor vier Tagen um diese Zeit betete ich um die neunte Stunde in meinem Hause. Und siehe, da stand ein Mann vor mir in einem leuchtenden Gewand

31 und sprach: Kornelius, dein Gebet ist erhört, und deiner Almosen ist gedacht worden vor Gott.

32 So sende nun nach Joppe und laß herrufen Simon mit dem Beinamen Petrus, der zu Gast ist im Hause des Gerbers Simon am Meer.

33 Da sandte ich sofort zu dir; und du hast recht getan, daß du gekommen bist. Nun sind wir alle hier vor Gott zugegen, um alles zu hören, was dir vom Herrn befohlen ist.

34 ¶Petrus aber tat seinen Mund auf und sprach: **Nun erfahre ich in Wahrheit, [a]daß Gott die Person nicht ansieht;**

a 5.Mose 10,17; 1.Sam 16,7; Röm 2,11

35 **sondern in jedem Volk, wer ihn fürchtet und recht tut, der ist ihm angenehm.**[a]

a Joh 10,16

36 Er hat das Wort dem Volk Israel gesandt und [a]Frieden verkündigt durch Jesus Christus, welcher ist Herr über alle. *a* Eph 2,17

37 Ihr wißt, was in ganz Judäa geschehen ist, [a]angefangen von Galiläa nach der Taufe, die Johannes predigte, *a* Mt 4,12-17

38 wie Gott Jesus von Nazareth [a]gesalbt hat mit heiligem Geist und Kraft; der ist umhergezogen und hat Gutes getan und alle gesund gemacht, die in der Gewalt des Teufels waren, denn Gott war mit ihm. *a* Mt 3,16

39 Und wir sind Zeugen für alles, was er getan hat im jüdischen Land und in Jerusalem. Den haben sie an das Holz gehängt und getötet.

40 Den hat Gott auferweckt am dritten Tag und [a]hat ihn erscheinen lassen,

a 1.Kor 15,4-7

41 [a]nicht dem ganzen Volk, sondern uns, den von Gott vorher erwählten Zeugen,

die wir [b]mit ihm gegessen und getrunken haben, nachdem er auferstanden war von den Toten. *a* Joh 14,19.22 *b* Lk 24,30.43

42 Und er hat uns geboten, dem Volk zu predigen und zu bezeugen, [a]daß er von Gott bestimmt ist zum Richter der Lebenden und der Toten. *a* Joh 5,22

43 Von diesem [a]bezeugen alle Propheten, daß durch seinen Namen alle, die an ihn glauben, Vergebung der Sünden empfangen sollen. *a* Jes 53,5.6; Jer 31,34

44 ¶ Während Petrus noch diese Worte redete, fiel der heilige Geist auf alle, die dem Wort zuhörten.

45 Und die gläubig gewordenen Juden, die mit Petrus gekommen waren, entsetzten sich, weil auch auf die Heiden die Gabe des heiligen Geistes ausgegossen wurde;

46 denn sie hörten, daß sie in [a]Zungen redeten und Gott hoch priesen. Da antwortete Petrus: *a* Kap 2,4

47 Kann auch jemand denen das Wasser zur Taufe verwehren, die den heiligen Geist empfangen haben ebenso wie wir?

48 Und er befahl, sie zu taufen in dem Namen Jesu Christi. Da baten sie ihn, noch einige Tage dazubleiben.

Petrus in Jerusalem

11 Es kam aber den Aposteln und Brüdern in Judäa zu Ohren, daß auch die Heiden Gottes Wort angenommen hatten.

2 Und als Petrus hinaufkam nach Jerusalem, stritten die gläubig gewordenen Juden mit ihm

3 und sprachen: Du bist zu Männern gegangen, die nicht Juden sind, und hast mit ihnen gegessen![a] *a* Gal 2,12

4 Petrus aber fing an und erzählte es ihnen der Reihe nach und sprach:

5 [a]Ich war in der Stadt Joppe im Gebet und geriet in Verzückung und hatte eine Erscheinung; ich sah etwas wie ein großes leinenes Tuch herabkommen, an vier Zipfeln niedergelassen vom Himmel; das kam bis zu mir. *a (5-17)* Kap 10,9-48

6 Als ich hineinsah, erblickte ich vierfüßige Tiere der Erde und wilde Tiere und kriechende Tiere und Vögel des Himmels.

7 Ich hörte aber auch eine Stimme, die sprach zu mir: Steh auf, Petrus, schlachte und iß!

8 Ich aber sprach: O nein, Herr; denn es ist nie etwas Verbotenes oder Unreines in meinen Mund gekommen.

9 Aber die Stimme antwortete zum zweitenmal vom Himmel: Was Gott rein gemacht hat, das nenne du nicht verboten.

10 Das geschah aber dreimal; und alles wurde wieder gen Himmel hinaufgezogen.

11 Und siehe, auf einmal standen drei Männer vor dem Hause, in dem wir waren, von Cäsarea zu mir gesandt.

12 Der Geist aber sprach zu mir, ich solle mit ihnen gehen und nicht zweifeln. Es kamen aber mit mir auch diese sechs Brüder, und wir gingen in das Haus des Mannes.

13 Der berichtete uns, wie er den Engel in seinem Haus gesehen habe, der zu ihm sagte: Sende Männer nach Joppe und laß holen Simon, mit dem Beinamen Petrus;

14 der wird dir die Botschaft sagen, durch die du selig wirst und dein ganzes Haus.

15 Als ich aber anfing zu reden, fiel der heilige Geist auf sie [a]ebenso wie am Anfang auf uns. *a* Kap 2,1-4

16 Da dachte ich an das Wort des Herrn, als er sagte: Johannes hat mit Wasser getauft; ihr aber sollt mit dem heiligen Geist getauft werden.[a] *a* Kap 1,5

17 Wenn nun Gott ihnen die gleiche Gabe gegeben hat wie auch uns, die wir zum Glauben gekommen sind an den Herrn Jesus Christus: wer war ich, daß ich Gott wehren konnte?

18 Als sie das hörten, schwiegen sie still und lobten Gott und sprachen: So hat Gott auch den Heiden die Umkehr gegeben, die zum Leben führt!

Erste Christen in Antiochia

19 Die aber [a]zerstreut waren wegen der Verfolgung, die sich wegen Stephanus erhob, gingen bis nach Phönizien und Zypern und Antiochia und verkündigten das Wort niemandem als allein den Juden. *a* Kap 8,1-4

20 Es waren aber einige unter ihnen, Männer aus Zypern und Kyrene, die kamen nach Antiochia und redeten auch zu den Griechen und predigten das Evangelium vom Herrn Jesus.

21 Und die Hand des Herrn war mit ihnen, und eine große Zahl wurde gläubig und bekehrte sich zum Herrn.[a] *a* Kap 2,47

22 ¶ Es kam aber die Kunde davon der

Gemeinde von Jerusalem zu Ohren; und
sie sandten [a]Barnabas, daß er nach Antio-
chia ginge. *a* Kap 4,36
23 Als dieser dort hingekommen war und
die Gnade Gottes sah, wurde er froh und
ermahnte sie alle, mit festem Herzen an
dem Herrn zu bleiben;
24 denn er war ein bewährter Mann, voll
heiligen Geistes und Glaubens. Und [a]viel
Volk wurde für den Herrn gewonnen.
a Kap 5,14
25 Barnabas aber zog aus nach Tarsus,
[a]Saulus zu suchen. *a* Kap 9,30
26 Und als er ihn fand, brachte er ihn nach
[a]Antiochia. Und sie blieben ein ganzes
Jahr bei der Gemeinde und lehrten viele.
In Antiochia wurden die Jünger zuerst
Christen genannt. *a* Gal 2,11
27 ¶In diesen Tagen kamen [a]Propheten
von Jerusalem nach Antiochia.
a Kap 13,1; 15,32
28 Und einer von ihnen mit Namen
[a]Agabus trat auf und sagte durch den Geist
eine große Hungersnot voraus, die über
den ganzen Erdkreis kommen sollte; dies
geschah unter dem Kaiser Klaudius.
a Kap 21,10
29 Aber unter den Jüngern beschloß ein
jeder, nach seinem Vermögen den Brü-
dern, die in Judäa wohnten, eine Gabe zu
senden.
30 Das taten sie auch und schickten sie zu
den Ältesten durch Barnabas und Sau-
lus.[a] *a* Kap 12,25; 1.Kor 16,1-4

Der Tod des Jakobus und die Befreiung des Petrus

12 Um diese Zeit legte der König
Herodes Hand an einige von der
Gemeinde, sie zu mißhandeln.
2 Er tötete aber [a]Jakobus, den Bruder des
Johannes, mit dem Schwert. *a* Mt 20,20-23
3 ¶Und als er sah, daß es den Juden gefiel,
fuhr er fort und nahm auch Petrus gefan-
gen. Es waren aber eben die Tage der
Ungesäuerten Brote.
4 Als er ihn nun ergriffen hatte, warf er
ihn ins Gefängnis und überantwortete ihn
vier Wachen von je vier Soldaten, ihn zu
bewachen. Denn er gedachte, ihn nach
dem Fest vor das Volk zu stellen.
5 So wurde nun Petrus im Gefängnis fest-
gehalten; aber die Gemeinde betete ohne
Aufhören für ihn zu Gott.
6 Und in jener Nacht, als ihn Herodes vor-
führen lassen wollte, schlief Petrus zwi-
schen zwei Soldaten, mit zwei Ketten
gefesselt, und die Wachen vor der Tür
bewachten das Gefängnis.
7 Und siehe, der Engel des Herrn kam
herein, und Licht leuchtete auf in dem
Raum; und er stieß Petrus in die Seite und
weckte ihn und sprach: Steh schnell auf!
Und die Ketten fielen ihm von seinen
Händen.[a] *a* Kap 5,19
8 Und der Engel sprach zu ihm: Gürte
dich und zieh deine Schuhe an! Und er tat
es. Und er sprach zu ihm: Wirf deinen
Mantel um und folge mir!
9 Und er ging hinaus und folgte ihm und
wußte nicht, daß ihm das wahrhaftig
geschehe durch den Engel, sondern
meinte, eine Erscheinung zu sehen.
10 Sie gingen aber durch die erste und
zweite Wache und kamen zu dem eiser-
nen Tor, das zur Stadt führt; das tat sich
ihnen von selber auf. Und sie traten hin-
aus und gingen eine Straße weit, und als-
bald verließ ihn der Engel.
11 Und als Petrus zu sich gekommen war,
sprach er: Nun weiß ich wahrhaftig, daß
der Herr seinen Engel gesandt und mich
aus der Hand des Herodes errettet hat und
von allem, was das jüdische Volk erwar-
tete.
12 ¶Und als er sich besonnen hatte, ging
er zum Haus Marias, der Mutter des [a]Jo-
hannes mit dem Beinamen Markus, wo
viele beieinander waren und beteten.
a Vers 25; Kap 13,5.13; 15,37
13 Als er aber an das Hoftor klopfte, kam
eine Magd mit Namen Rhode, um zu
hören, wer da wäre.
14 Und als sie die Stimme des Petrus
erkannte, tat sie vor Freude das Tor nicht
auf, lief hinein und verkündete, Petrus
stünde vor dem Tor.
15 Sie aber sprachen zu ihr: Du bist von
Sinnen. Doch sie bestand darauf, es wäre
so. Da sprachen sie: Es ist sein Engel.
16 Petrus aber klopfte weiter an. Als sie
nun aufmachten, sahen sie ihn und ent-
setzten sich.
17 Er aber winkte ihnen mit der Hand, daß
sie schweigen sollten, und erzählte ihnen,
wie ihn der Herr aus dem Gefängnis
geführt hatte, und sprach: Verkündet dies
dem Jakobus und den Brüdern. Dann
ging er hinaus und zog an einen andern
Ort.

Das Ende des Herodes Agrippa

18 Als es aber Tag wurde, entstand eine nicht geringe Verwirrung unter den Soldaten, was wohl mit Petrus geschehen sei.[a]

[a] Kap 5,21.22

19 Als aber Herodes ihn holen lassen wollte und ihn nicht fand, verhörte er die Wachen und ließ sie abführen. Dann zog er von Judäa hinab nach Cäsarea und blieb dort eine Zeitlang.

20 ¶ Er war aber zornig auf die Einwohner von Tyrus und Sidon. Sie aber kamen einmütig zu ihm und überredeten Blastus, den Kämmerer des Königs, und baten um Frieden, [a]weil ihr Land seine Nahrung aus dem Land des Königs bekam.

[a] Hes 27,17

21 Und an einem festgesetzten Tag legte Herodes das königliche Gewand an, setzte sich auf den Thron und hielt eine Rede an sie.

22 Das Volk aber rief ihm zu: Das ist Gottes Stimme und nicht die eines Menschen![a]

[a] Hes 28,2

23 Alsbald schlug ihn der Engel des Herrn, [a]weil er Gott nicht die Ehre gab. Und [b]von Würmern zerfressen, gab er den Geist auf.

[a] Dan 5,20 [b] 2.Makk 9,9

24 ¶ Und das Wort Gottes wuchs und breitete sich aus.[a]

[a] Kap 6,7

25 Barnabas und Saulus aber kehrten zurück, nachdem sie in Jerusalem [a]die Gabe überbracht hatten, und [b]nahmen mit sich Johannes, der den Beinamen Markus hat.

[a] Kap 11,29.30 [b] Kap 13,5

Der Beginn der ersten Missionsreise

13 Es waren aber in Antiochia in der Gemeinde [a]Propheten und Lehrer, nämlich Barnabas und Simeon, genannt Niger, und Luzius von Kyrene und Manaën, der mit dem Landesfürsten Herodes erzogen worden war, und Saulus.

[a] Kap 11,27; 1.Kor 12,28

2 Als sie aber dem Herrn dienten und fasteten, sprach der heilige Geist: Sondert mir aus Barnabas und Saulus zu dem Werk, [a]zu dem ich sie berufen habe.

[a] Kap 9,15

3 Da fasteten sie und [a]beteten und legten die Hände auf sie und ließen sie ziehen.

[a] Kap 6,6

Auf der Insel Zypern

4 Nachdem sie nun ausgesandt waren vom heiligen Geist, kamen sie nach Seleuzia und von da zu Schiff nach Zypern.

5 Und als sie in die Stadt Salamis kamen, verkündigten sie das Wort Gottes in den Synagogen der Juden; sie hatten aber auch [a]Johannes als Gehilfen bei sich.

[a] Kap 12,12.25

6 Als sie die ganze Insel bis nach Paphos durchzogen hatten, trafen sie einen Zauberer und falschen Propheten, einen Juden, der hieß Barjesus;

7 der war bei dem Statthalter Sergius Paulus, einem verständigen Mann. Dieser rief Barnabas und Saulus zu sich und begehrte, das Wort Gottes zu hören.

8 Da widerstand ihnen der Zauberer Elymas – denn so wird sein Name übersetzt – und versuchte, den Statthalter vom Glauben abzuhalten.

9 Saulus aber, der auch Paulus heißt, voll heiligen Geistes, sah ihn an

10 und sprach: Du Sohn des Teufels, voll aller List und aller Bosheit, du Feind aller Gerechtigkeit, hörst du nicht auf, krumm zu machen die geraden Wege des Herrn?

11 Und nun siehe, die Hand des Herrn kommt über dich, und du sollst blind sein und die Sonne eine Zeitlang nicht sehen! Auf der Stelle fiel Dunkelheit und Finsternis auf ihn, und er ging umher und suchte jemanden, der ihn an der Hand führte.

12 Als der Statthalter sah, was geschehen war, wurde er gläubig und verwunderte sich über die Lehre des Herrn.

In Antiochia in Pisidien

13 Paulus aber und die um ihn waren, fuhren von Paphos ab und kamen nach Perge in Pamphylien. [a]Johannes aber trennte sich von ihnen und kehrte zurück nach Jerusalem.

[a] Kap 15,38

14 Sie aber zogen von Perge weiter und kamen nach Antiochia in Pisidien und gingen am Sabbat in die Synagoge und setzten sich.

15 Nach der [a]Lesung des Gesetzes und der Propheten aber schickten die Vorsteher der Synagoge zu ihnen und ließen ihnen sagen: Liebe Brüder, wollt ihr etwas reden und das Volk ermahnen, so sagt es.

[a] Kap 15,21

16 Da stand Paulus auf und winkte mit der
Hand und sprach: Ihr Männer von Israel
und ihr Gottesfürchtigen*, hört zu!

* Siehe Sach- und Worterklärungen.

17 Der Gott dieses Volkes Israel hat unsre
Väter erwählt und das Volk groß gemacht,
als sie Fremdlinge waren im Lande Ägyp-
ten, und [a]mit starkem Arm führte er sie
von dort heraus. *a* 2.Mose 12,37.40.41; 14,8
18 Und vierzig Jahre lang ertrug er sie in
der Wüste[a] *a* Ps 106,13-33
19 und [a]vernichtete sieben Völker in dem
Land Kanaan und [b]gab ihnen deren Land
zum Erbe; *a* 5.Mose 7,1 *b* Jos 14,2
20 das geschah in etwa vierhundertfünfzig
Jahren. Danach gab er ihnen [a]Richter bis
zur Zeit des [b]Propheten Samuel.
a Ri 2,16 *b* 1.Sam 3,20
21 Und von da an [a]baten sie um einen
König; und Gott gab ihnen [b]Saul, den
Sohn des Kisch, einen Mann aus dem
Stamm Benjamin, für vierzig Jahre.
a 1.Sam 8,5 *b* 1.Sam 10,21-24
22 Und als er diesen verstoßen hatte,
erhob er David zu ihrem König, von dem
er bezeugte (1. Samuel 13,14): »Ich habe
David gefunden, den Sohn Isais, einen
Mann nach meinem Herzen, der soll mei-
nen ganzen Willen tun.«
23 Aus dessen Geschlecht hat Gott, [a]wie
er verheißen hat, Jesus kommen lassen als
Heiland für das Volk Israel, *a* Jes 11,1
24 nachdem Johannes, bevor Jesus auftrat,
dem ganzen Volk Israel die Taufe der
Buße gepredigt hatte.[a] *a* Lk 3,3
25 Als aber Johannes seinen Lauf vollen-
dete, sprach er: [a]Ich bin nicht der, für den
ihr mich haltet; aber siehe, er kommt nach
mir, [b]dessen Schuhriemen zu lösen ich
nicht wert bin.
a Joh 1,20 *b* Mk 1,7; Lk 3,16; Joh 1,27
26 Ihr Männer, liebe Brüder, ihr Söhne aus
dem Geschlecht Abrahams und ihr Got-
tesfürchtigen, uns ist das Wort dieses Heils
gesandt.
27 Denn die Einwohner von Jerusalem
und ihre Oberen haben, [a]weil sie Jesus
nicht erkannten, die Worte der Propheten,
die an jedem Sabbat vorgelesen werden,
mit ihrem Urteilsspruch erfüllt. *a* Joh 16,3
28 Und obwohl sie nichts an ihm fanden,
das den Tod verdient hätte, [a]baten sie
doch Pilatus, ihn zu töten. *a* Mt 27,22.23
29 Und als sie alles vollendet hatten, was
von ihm geschrieben steht, nahmen sie
ihn von dem Holz und [a]legten ihn in ein
Grab. *a* Mt 27,59.60
30 Aber Gott hat ihn auferweckt von den
Toten;[a] *a* Kap 3,15
31 und er ist [a]an vielen Tagen denen
erschienen, die mit ihm von Galiläa hin-
auf nach Jerusalem gegangen waren; die
sind jetzt seine Zeugen vor dem Volk.
a Kap 1,3
32 Und wir verkündigen euch die Verhei-
ßung, die an die Väter ergangen ist,
33 daß Gott sie uns, ihren Kindern, erfüllt
hat, indem er Jesus auferweckte; wie denn
im zweiten Psalm geschrieben steht
(Psalm 2,7): »Du bist mein Sohn, heute
habe ich dich gezeugt.«
34 Daß er ihn aber von den Toten aufer-
weckt hat und ihn nicht der Verwesung
überlassen wollte, hat er so gesagt (Jesaja
55,3): »Ich will euch die Gnade, die David
verheißen ist, treu bewahren.«
35 Darum sagt er auch an einer andern
Stelle (Psalm 16,10): [a]»Du wirst nicht zuge-
ben, daß dein Heiliger die Verwesung
sehe.« *a* Kap 2,27
36 Denn nachdem David zu seiner Zeit
dem Willen Gottes gedient hatte, ist er
entschlafen und zu seinen Vätern versam-
melt worden und hat die Verwesung gese-
hen.
37 Der aber, den Gott auferweckt hat, der
hat die Verwesung nicht gesehen.
38 So sei euch nun kundgetan, liebe Brü-
der, daß euch durch ihn Vergebung der
Sünden verkündigt wird; und in all dem,
worin ihr durch das Gesetz des Mose nicht
gerecht werden konntet,[a] *a* Röm 8,3.4
39 ist der [a]gerecht gemacht, der an ihn
glaubt. *a* Röm 10,4
40 Seht nun zu, daß nicht über euch
komme, was in den Propheten gesagt ist
(Habakuk 1,5):
41 »Seht, ihr Verächter, und wundert euch
und werdet zunichte! Denn ich tue ein
Werk zu euren Zeiten, das ihr nicht glau-
ben werdet, wenn es euch jemand er-
zählt.«
42 ¶ Als sie aber aus der Synagoge hinaus-
gingen, baten die Leute, daß sie am näch-
sten Sabbat noch einmal von diesen Din-
gen redeten.
43 Und als die Gemeinde auseinanderging,
folgten viele Juden und gottesfürchtige
Judengenossen dem Paulus und Barnabas.
Diese sprachen mit ihnen und ermahnten

sie, daß sie bleiben sollten in der Gnade Gottes.

44 ¶Am folgenden Sabbat aber kam fast die ganze Stadt zusammen, das Wort Gottes zu hören.

45 Als aber die Juden die Menge sahen, wurden sie neidisch und widersprachen dem, was Paulus sagte, und lästerten.

46 Paulus und Barnabas aber sprachen frei und offen: [a]Euch mußte das Wort Gottes zuerst gesagt werden; da ihr es aber von euch stoßt und haltet euch selbst nicht für würdig des ewigen Lebens, siehe, so wenden wir uns zu den Heiden.

a Kap 3,25.26; Mt 10,5.6

47 Denn so hat uns der Herr geboten (Jesaja 49,6): »Ich habe dich zum Licht der Heiden gemacht, damit du das Heil seist bis an die Enden der Erde.«

48 ¶Als das die Heiden hörten, wurden sie froh und priesen das Wort des Herrn, und alle wurden gläubig, [a]die zum ewigen Leben bestimmt waren. *a* Röm 8,29.30

49 Und das Wort des Herrn breitete sich aus in der ganzen Gegend.

50 Aber die Juden hetzten die gottesfürchtigen vornehmen Frauen und die angesehensten Männer der Stadt auf und stifteten eine Verfolgung an gegen Paulus und Barnabas und vertrieben sie aus ihrem Gebiet.

51 Sie aber [a]schüttelten den Staub von ihren Füßen zum Zeugnis gegen sie und kamen nach Ikonion. *a* Kap 18,6; Mt 10,14

52 Die Jünger aber wurden erfüllt von Freude und heiligem Geist.

In Ikonion

14 Es geschah aber in Ikonion, daß sie wieder in die Synagoge der Juden gingen und so predigten, daß eine große Menge Juden und Griechen gläubig wurde.

2 Die Juden aber, die ungläubig blieben, stifteten Unruhe und hetzten die Seelen der Heiden auf gegen die Brüder.

3 Dennoch blieben sie eine lange Zeit dort und lehrten frei und offen im Vertrauen auf den Herrn, der das Wort seiner Gnade bezeugte und [a]ließ Zeichen und Wunder geschehen durch ihre Hände.

a Kap 19,11; Hebr 2,4

4 Die Menge in der Stadt aber spaltete sich; die einen hielten's mit den Juden und die andern mit den Aposteln.

5 Als sich aber ein Sturm erhob bei den Heiden und Juden und ihren Oberen und sie sie mißhandeln und steinigen wollten,[a] *a* 2.Tim 3,11

6 merkten sie es und entflohen in die Städte Lykaoniens, nach Lystra und Derbe, und in deren Umgebung

7 und predigten dort das Evangelium.

In Lystra

8 Und es war ein Mann in Lystra, der hatte schwache Füße und konnte nur sitzen; er war gelähmt von Mutterleib an und hatte noch nie gehen können.

9 Der hörte Paulus reden. Und als dieser ihn ansah und merkte, daß [a]er glaubte, ihm könne geholfen werden, *a* Mt 9,28

10 sprach er mit lauter Stimme: Stell dich aufrecht auf deine Füße! Und er sprang auf und ging umher.

11 Als aber das Volk sah, was Paulus getan hatte, erhoben sie ihre Stimme und riefen auf lykaonisch: [a]Die Götter sind den Menschen gleich geworden und zu uns herabgekommen. *a* Kap 28,6

12 Und sie nannten Barnabas Zeus und Paulus Hermes, weil er das Wort führte.

13 Und der Priester des Zeus aus dem Tempel vor ihrer Stadt brachte Stiere und Kränze vor das Tor und wollte opfern samt dem Volk.

14 Als das die Apostel Barnabas und Paulus hörten, zerrissen sie ihre Kleider und sprangen unter das Volk und schrien:

15 Ihr Männer, was macht ihr da? [a]Wir sind auch sterbliche Menschen wie ihr und predigen euch das Evangelium, daß ihr euch bekehren sollt von diesen falschen Göttern zu dem lebendigen Gott, der Himmel und Erde und das Meer und alles, was darin ist, gemacht hat. *a* Kap 10,26

16 Zwar hat er in den vergangenen Zeiten alle Heiden ihre eigenen Wege gehen lassen;[a] *a* Kap 17,30

17 und doch hat er sich selbst nicht unbezeugt gelassen, hat viel Gutes getan und euch vom Himmel Regen und fruchtbare Zeiten gegeben, hat euch ernährt und eure Herzen mit Freude erfüllt. –

18 Und obwohl sie das sagten, konnten sie kaum das Volk davon abbringen, ihnen zu opfern.

19 ¶Es kamen aber von Antiochia und Ikonion Juden dorthin und überredeten das Volk und [a]steinigten Paulus und schleif-

ten ihn zur Stadt hinaus, und meinten, er
wäre gestorben. *a* 2.Kor 11,25; 2.Tim 3,11
20 Als ihn aber die Jünger umringten,
stand er auf und ging in die Stadt.

Die Rückkehr nach Antiochia in Syrien

Am nächsten Tag zog er mit Barnabas
weiter nach Derbe;
21 und sie predigten dieser Stadt das Evan-
gelium und machten viele zu Jüngern.
Dann kehrten sie zurück nach Lystra und
Ikonion und Antiochia,
22 stärkten die Seelen der Jünger und
ermahnten sie, im Glauben zu bleiben,
und sagten: **Wir müssen durch viele [a]Be-
drängnisse in das Reich Gottes eingehen.**
a Röm 5,3-5; 1.Thess 3,3
23 Und sie setzten in jeder Gemeinde
Älteste ein, [a]beteten und fasteten und
befahlen sie dem Herrn, an den sie gläu-
big geworden waren. *a* Kap 6,6
24 Und sie zogen durch Pisidien und
kamen nach Pamphylien
25 und sagten das Wort in Perge und zogen
hinab nach Attalia.
26 ¶ Und von da fuhren sie mit dem Schiff
nach Antiochia, [a]wo sie der Gnade Gottes
befohlen worden waren zu dem Werk, das
sie nun ausgerichtet hatten. *a* Kap 13,1.2
27 Als sie aber dort ankamen, versammel-
ten sie die Gemeinde und verkündeten,
wieviel Gott durch sie getan und wie er
den Heiden [a]die Tür des Glaubens aufge-
tan hätte. *a* 1.Kor 16,9
28 Sie blieben aber dort eine nicht geringe
Zeit bei den Jüngern.

Die Apostelversammlung in Jerusalem

15 Und einige kamen herab von Judäa
und lehrten die Brüder: Wenn ihr
euch nicht beschneiden laßt nach der Ord-
nung des Mose, könnt ihr nicht selig wer-
den.[a] *a* Gal 5,2
2 Als nun Zwietracht entstand und Paulus
und Barnabas einen nicht geringen Streit
mit ihnen hatten, ordnete man an, [a]daß
Paulus und Barnabas und einige andre von
ihnen nach Jerusalem hinaufziehen soll-
ten zu den Aposteln und Ältesten um die-
ser Frage willen. *a* Gal 2,1
3 Und sie wurden von der Gemeinde
geleitet und zogen durch Phönizien und
Samarien und erzählten von der Bekeh-
rung der Heiden und machten damit allen
Brüdern große Freude.
4 Als sie aber nach Jerusalem kamen, wur-
den sie empfangen von der Gemeinde und
von den Aposteln und von den Ältesten.
Und sie verkündeten, wieviel Gott durch
sie getan hatte.
5 Da traten einige von der Partei der Pha-
risäer auf, die gläubig geworden waren,
und sprachen: Man muß sie beschneiden
und ihnen gebieten, das Gesetz des Mose
zu halten.
6 Da kamen die Apostel und die Älte-
sten zusammen, über diese Sache zu be-
raten.
7 ¶ Als man sich aber lange gestritten
hatte, stand Petrus auf und sprach zu
ihnen: Ihr Männer, liebe Brüder, ihr wißt,
daß Gott vor langer Zeit unter euch
bestimmt hat, daß [a]durch meinen Mund
die Heiden das Wort des Evangeliums hör-
ten und glaubten. *a* Kap 10,44; 11,15
8 Und Gott, der die Herzen kennt, hat es
bezeugt und ihnen den heiligen Geist
gegeben wie auch uns,
9 und er hat keinen Unterschied gemacht
zwischen uns und ihnen, nachdem er ihre
Herzen gereinigt hatte durch den Glau-
ben.
10 Warum versucht ihr denn nun Gott
dadurch, daß ihr [a]ein Joch auf den Nak-
ken der Jünger legt, das weder unsre Väter
noch wir haben tragen können?
a Mt 23,4; Gal 5,1
11 Vielmehr glauben wir, [a]durch die
Gnade des Herrn Jesus selig zu werden,
ebenso wie auch sie. *a* Gal 2,16; Eph 2,4-10
12 Da schwieg die ganze Menge still und
hörte Paulus und Barnabas zu, die erzähl-
ten, wie große Zeichen und Wunder Gott
durch sie getan hatte unter den Hei-
den.
13 ¶ Danach, als sie schwiegen, antworte-
te [a]Jakobus und sprach: Ihr Männer, liebe
Brüder, hört mir zu! *a* Kap 21,18; Gal 2,9
14 Simon hat erzählt, wie Gott zum ersten
Mal die Heiden gnädig heimgesucht hat,
um aus ihnen ein Volk für seinen Namen
zu gewinnen.
15 Und dazu stimmen die Worte der Pro-
pheten, wie geschrieben steht (Amos
9,11.12):
16 »Danach will ich mich wieder zu ihnen
wenden und will die zerfallene Hütte
Davids wieder bauen, und ihre Trümmer
will ich wieder aufbauen und will sie auf-
richten,

17 damit die Menschen, die übriggeblie-
ben sind, nach dem Herrn fragen, dazu
alle Heiden, über die mein Name genannt
ist, spricht der Herr,
18 der tut, was von alters her bekannt ist.«
19 Darum meine ich, daß man denen von
den Heiden, die sich zu Gott bekehren,
nicht Unruhe mache,
20 sondern ihnen vorschreibe, daß sie sich
enthalten sollen [a]von Befleckung durch
Götzen und [b]von Unzucht* und vom
Erstickten* und [c]vom Blut.

a 3.Mose 19,4 *b* 3.Mose 19,29 *c* 3.Mose 3,17

* Siehe Sach- und Worterklärungen.

21 Denn Mose hat von alten Zeiten her in
allen Städten solche, die ihn predigen, und
[a]wird alle Sabbattage in den Synagogen
gelesen. *a* Kap 13,15

Die Beschlüsse der Apostelversammlung

22 Und die Apostel und Ältesten beschlos-
sen samt der ganzen Gemeinde, aus ihrer
Mitte Männer auszuwählen und mit Pau-
lus und Barnabas nach Antiochia zu sen-
den, nämlich Judas mit dem Beinamen
Barsabbas und Silas, angesehene Männer
unter den Brüdern.
23 Und sie gaben ein Schreiben in ihre
Hand, also lautend:
¶ Wir, die Apostel und Ältesten, eure
Brüder, wünschen Heil den Brüdern aus
den Heiden in Antiochia und Syrien und
Zilizien.
24 Weil wir gehört haben, daß einige von
den Unsern, denen wir doch nichts befoh-
len hatten, euch mit Lehren irregemacht
und eure Seelen verwirrt haben,
25 so haben wir, einmütig versammelt,
beschlossen, Männer auszuwählen und zu
euch zu senden, mit unsern geliebten Brü-
dern Barnabas und Paulus,
26 Männer, die ihr Leben eingesetzt haben
für den Namen unseres Herrn Jesus Chri-
stus.
27 So haben wir Judas und Silas gesandt,
die euch mündlich dasselbe mitteilen wer-
den.
28 Denn es gefällt dem heiligen Geist und
uns, euch weiter keine Last aufzuerlegen
als nur diese notwendigen Dinge:
29 daß ihr euch enthaltet vom Götzenop-
fer und vom Blut und vom Erstickten und
von Unzucht. Wenn ihr euch davor
bewahrt, tut ihr recht. Lebt wohl!

Die Benachrichtigung der Gemeinde in Antiochia

30 Als man sie hatte gehen lassen, kamen
sie nach Antiochia und versammelten die
Gemeinde und übergaben den Brief.
31 Als sie ihn lasen, wurden sie über den
Zuspruch froh.
32 Judas aber und Silas, die selbst [a]Pro-
pheten waren, ermahnten die Brüder mit
vielen Reden und stärkten sie.

a Kap 11,27; 13,1

33 Und als sie eine Zeitlang dort verweilt
hatten, ließen die Brüder sie mit Frieden
gehen zu denen, die sie gesandt hatten.*

* Vers 34 findet sich erst in der späteren Überlieferung: »Es gefiel aber Silas, dort zu bleiben.«

35 Paulus und Barnabas aber blieben in
Antiochia, lehrten und predigten mit vie-
len andern das Wort des Herrn.

Der Beginn der zweiten Missionsreise

36 Nach einigen Tagen sprach Paulus zu
Barnabas: Laß uns wieder aufbrechen und
nach unsern Brüdern sehen in allen Städ-
ten, in denen wir das Wort des Herrn ver-
kündigt haben, wie es um sie steht.
37 Barnabas aber wollte, daß sie auch [a]Jo-
hannes mit dem Beinamen Markus mit-
nähmen. *a* Kap 12,12.25
38 Paulus aber hielt es nicht für richtig,
jemanden mitzunehmen, der sie [a]in Pam-
phylien verlassen hatte und nicht mit
ihnen ans Werk gegangen war. *a* Kap 13,13
39 Und sie kamen scharf aneinander, so
daß sie sich trennten. Barnabas nahm
Markus mit sich und fuhr nach Zypern.
40 Paulus aber wählte Silas und zog fort,
von den Brüdern der Gnade Gottes befoh-
len.
41 Er zog aber durch Syrien und Zilizien
und stärkte die Gemeinden.

In Kleinasien

16 Er kam auch nach Derbe und Lystra;
und siehe, dort war ein Jünger mit
Namen [a]Timotheus, der Sohn [b]einer jüdi-
schen Frau, die gläubig war, und eines grie-
chischen Vaters. *a* Kap 17,14; 19,22; 20,4;
Phil 2,19-22; 1.Thess 3,2.6 *b* 2.Tim 1,5
2 Der hatte einen guten Ruf bei den Brü-
dern in Lystra und Ikonion.
3 Diesen wollte Paulus mit sich ziehen las-

sen, und er nahm ihn und [a]beschnitt ihn
wegen der Juden, die in jener Gegend
waren; denn sie wußten alle, daß sein
Vater ein Grieche war. *a* Gal 2,3

4 Als sie aber durch die Städte zogen,
übergaben sie ihnen [a]die Beschlüsse, die
von den Aposteln und Ältesten in Jerusa-
lem gefaßt worden waren, damit sie sich
daran hielten. *a* Kap 15,23-29

5 Da wurden die Gemeinden im Glauben
gefestigt und nahmen täglich zu an Zahl.

6 ¶Sie zogen aber [a]durch Phrygien und
das Land Galatien, da ihnen vom heiligen
Geist verwehrt wurde, das Wort zu predi-
gen in der Provinz Asien. *a* Kap 18,23

7 Als sie aber bis nach Mysien gekommen
waren, versuchten sie, nach Bithynien zu
reisen; doch der Geist Jesu ließ es ihnen
nicht zu.

8 Da zogen sie durch Mysien und kamen
hinab nach Troas.

Der Ruf nach Mazedonien

9 Und Paulus sah eine Erscheinung bei
Nacht: ein Mann aus Mazedonien stand
da und bat ihn: Komm herüber nach
Mazedonien und hilf uns!

10 Als er aber die Erscheinung gesehen
hatte, da suchten wir sogleich nach Maze-
donien zu reisen, gewiß, daß uns Gott
dahin berufen hatte, ihnen das Evangelium
zu predigen.

In Philippi

11 Da fuhren wir von Troas ab und kamen
geradewegs nach Samothrake, am näch-
sten Tag nach Neapolis

12 und von da nach Philippi, das ist eine
Stadt des ersten Bezirks von Mazedonien,
eine römische Kolonie. Wir blieben aber
einige Tage in dieser Stadt.

13 Am Sabbattag gingen wir hinaus vor die
Stadt an den Fluß, wo wir dachten, daß
man zu beten pflegte, und wir setzten uns
und redeten mit den Frauen, die dort
zusammenkamen.

Die Bekehrung der Lydia

14 Und eine gottesfürchtige Frau mit
Namen Lydia, eine Purpurhändlerin aus
der Stadt Thyatira, hörte zu; der tat der
Herr das Herz auf, so daß sie darauf acht-
hatte, was von Paulus geredet wurde.

15 Als sie aber mit ihrem Hause getauft
war, bat sie uns und sprach: Wenn ihr aner-
kennt, daß ich an den Herrn glaube, so
kommt in mein Haus und bleibt da. Und
sie nötigte uns.

Die Magd mit dem Wahrsagegeist

16 Es geschah aber, als wir zum Gebet gin-
gen, da begegnete uns eine Magd, die hatte
einen Wahrsagegeist und brachte ihren
Herren viel Gewinn ein mit ihrem Wahr-
sagen.

17 Die folgte Paulus und uns überall hin
und schrie: Diese Menschen sind Knechte
des allerhöchsten Gottes, die euch den
Weg des Heils verkündigen.[a] *a* Mk 1,24.34

18 Das tat sie viele Tage lang. Paulus war
darüber so aufgebracht, daß er sich
umwandte und zu dem Geist sprach: Ich
gebiete dir im Namen Jesu Christi, daß du
von ihr ausfährst. [a]Und er fuhr aus zu der-
selben Stunde. *a* Mk 16,17

19 Als aber ihre Herren sahen, daß damit
ihre Hoffnung auf Gewinn ausgefahren
war, ergriffen sie Paulus und Silas, schlepp-
ten sie auf den Markt vor die Oberen

20 [a]und führten sie den Stadtrichtern vor
und sprachen: Diese Menschen bringen
unsre Stadt in Aufruhr; sie sind Juden
a Kap 17,6

21 und verkünden Ordnungen, die wir
weder annehmen noch einhalten dürfen,
weil wir Römer sind.

22 Und das Volk wandte sich gegen sie;
und die Stadtrichter ließen ihnen die Klei-
der herunterreißen und befahlen, sie [a]mit
Stöcken zu schlagen.
a 2.Kor 11,25; Phil 1,30; 1 Thess 2,2

Paulus und Silas im Gefängnis

23 Nachdem man sie hart geschlagen
hatte, warf man sie ins Gefängnis und
befahl dem Aufseher, sie gut zu bewa-
chen.

24 Als er diesen Befehl empfangen hatte,
warf er sie in das innerste Gefängnis und
legte ihre Füße in den Block.

25 ¶Um Mitternacht aber beteten Paulus
und Silas und lobten Gott. Und die Gefan-
genen hörten sie.

26 Plötzlich aber geschah ein großes Erd-
beben, so daß die Grundmauern des
Gefängnisses wankten. Und sogleich öff-
neten sich alle Türen, und von allen fielen
die Fesseln ab.

27 Als aber der Aufseher aus dem Schlaf
auffuhr und sah die Türen des Gefäng-

nisses offenstehen, zog er das Schwert und
wollte sich selbst töten; denn er meinte,
die Gefangenen wären entflohen.
28 Paulus aber rief laut: Tu dir nichts an;
denn wir sind alle hier!
29 Da forderte der Aufseher ein Licht und
stürzte hinein und fiel zitternd Paulus und
Silas zu Füßen.
30 Und er führte sie heraus und sprach:
Liebe Herren, [a]was muß ich tun, daß ich
gerettet werde? *a* Kap 2,37
31 Sie sprachen: **Glaube an den Herrn
Jesus, so wirst du und dein Haus selig!**
32 Und sie sagten ihm das Wort des Herrn
und allen, die in seinem Hause waren.
33 Und er nahm sie zu sich in derselben
Stunde der Nacht und wusch ihnen die
Striemen. Und er ließ sich und alle die
Seinen sogleich taufen
34 und führte sie in sein Haus und deckte
ihnen den Tisch und freute sich mit sei-
nem ganzen Hause, daß er zum Glauben
an Gott gekommen war.
35 ¶ Als es aber Tag geworden war, sand-
ten die Stadtrichter die Amtsdiener und
ließen sagen: Laß diese Männer frei!
36 Und der Aufseher überbrachte Paulus
diese Botschaft: Die Stadtrichter haben
hergesandt, daß ihr frei sein sollt. Nun
kommt heraus und geht hin in Frieden!
37 Paulus aber sprach zu ihnen: Sie haben
uns ohne Recht und Urteil öffentlich
geschlagen, die wir doch [a]römische Bür-
ger sind, und in das Gefängnis geworfen,
und sollten uns nun heimlich fortschik-
ken? Nein! Sie sollen selbst kommen und
uns hinausführen! *a* Kap 22,25
38 Die Amtsdiener berichteten diese
Worte den Stadtrichtern. Da fürchteten sie
sich, als sie hörten, daß sie römische Bür-
ger seien,
39 und kamen und redeten ihnen zu, führ-
ten sie heraus und baten sie, die Stadt zu
verlassen.
40 Da gingen sie aus dem Gefängnis und
gingen zu der Lydia. Und als sie die Brü-
der gesehen und sie getröstet hatten,
zogen sie fort.

In Thessalonich

17 Nachdem sie aber durch Amphipolis
und Apollonia gereist waren, kamen
sie nach [a]Thessalonich; da war eine Syn-
agoge der Juden. *a* 1.Thess 2,2
2 Wie nun Paulus gewohnt war, ging er zu
ihnen hinein und redete mit ihnen an drei
Sabbaten von der Schrift,
3 tat sie ihnen auf und legte ihnen dar,
[a]daß Christus leiden mußte und von den
Toten auferstehen und daß dieser Jesus,
den ich – so sprach er – euch verkündige,
der Christus ist. *a* Lk 24,26.27.45.46
4 Einige von ihnen ließen sich überzeu-
gen und schlossen sich Paulus und [a]Silas
an, auch eine große Menge von gottes-
fürchtigen Griechen, dazu nicht wenige
von den angesehensten Frauen.
a 1.Thess 1,1; 2.Thess 1,1
5 Aber die Juden ereiferten sich und hol-
ten sich einige üble Männer aus dem
Pöbel, rotteten sich zusammen und rich-
teten einen Aufruhr in der Stadt an und
zogen vor das Haus Jasons und suchten
sie, um sie vor das Volk zu führen.
6 Sie fanden sie aber nicht. Da schleiften
sie Jason und einige Brüder vor die Obe-
ren der Stadt und schrien: Diese, [a]die den
ganzen Weltkreis erregen, sind jetzt auch
hierher gekommen; *a* Kap 16,20
7 die beherbergt Jason. Und diese alle
handeln gegen des Kaisers Gebote und
sagen, [a]ein anderer sei König, nämlich
Jesus. *a* Lk 23,2
8 So brachten sie das Volk auf und die
Oberen der Stadt, die das hörten.
9 Und erst nachdem ihnen von Jason und
den andern Bürgschaft geleistet war, lie-
ßen sie sie frei.

In Beröa

10 Die Brüder aber schickten noch in der-
selben Nacht Paulus und Silas nach Beröa.
Als sie dahin kamen, gingen sie in die Syn-
agoge der Juden.
11 Diese aber waren freundlicher als die in
Thessalonich; sie nahmen das Wort bereit-
willig auf und [a]forschten täglich in der
Schrift, ob sich's so verhielte. *a* Joh 5,39
12 So glaubten nun viele von ihnen, dar-
unter nicht wenige von den vornehmen
griechischen Frauen und Männern.
13 Als aber die Juden von Thessalonich
erfuhren, daß auch in Beröa das Wort
Gottes von Paulus verkündigt wurde,
kamen sie und erregten Unruhe und ver-
wirrten auch dort das Volk.
14 Da schickten die Brüder Paulus sogleich
weiter bis an das Meer; Silas und [a]Timo-
theus aber blieben zurück. *a* Kap 16,1
15 Die aber Paulus geleiteten, brachten ihn

bis nach Athen. Und nachdem sie den
Auftrag empfangen hatten, daß Silas und
Timotheus so schnell wie möglich zu ihm
kommen sollten, kehrten sie zurück.

In Athen

16 Als aber Paulus in Athen auf sie war-
tete, ergrimmte sein Geist in ihm, als er
die Stadt voller Götzenbilder sah.
17 Und er redete zu den Juden und den
Gottesfürchtigen in der Synagoge und täg-
lich auf dem Markt zu denen, die sich ein-
fanden.
18 Einige Philosophen aber, Epikureer und
Stoiker, stritten mit ihm. Und einige von
ihnen sprachen: Was will dieser Schwätzer
sagen? Andere aber: Es sieht so aus, als
wolle er fremde Götter verkündigen. Er
hatte ihnen nämlich [a] das Evangelium von
Jesus und von der Auferstehung verkün-
digt. *a* 1.Kor 4,12
19 Sie nahmen ihn aber mit und führten
ihn auf den Areopag* und sprachen: Kön-
nen wir erfahren, was das für eine neue
Lehre ist, die du lehrst?

* Siehe Sach- und Worterklärungen.

20 Denn du bringst etwas Neues vor
unsere Ohren; nun wollen wir gerne wis-
sen, was das ist.
21 Alle Athener nämlich, auch die Frem-
den, die bei ihnen wohnten, hatten nichts
anderes im Sinn, als etwas Neues zu sagen
oder zu hören.
22 ¶Paulus aber stand mitten auf dem
Areopag und sprach: Ihr Männer von
Athen, ich sehe, daß ihr die Götter in allen
Stücken sehr verehrt.
23 Ich bin umhergegangen und habe eure
Heiligtümer angesehen und fand einen
Altar, auf dem stand geschrieben: Dem
unbekannten Gott. Nun verkündige ich
euch, was ihr unwissend verehrt.
24 Gott, der die Welt gemacht hat und
alles, was darin ist, er, der Herr des Him-
mels und der Erde, [a] wohnt nicht in Tem-
peln, die mit Händen gemacht sind.
a 1.Kön 8,27
25 Auch läßt er sich nicht von Menschen-
händen dienen, wie einer, [a] der etwas nötig
hätte, da er doch selber jedermann Leben
und Odem und alles gibt. *a* Ps 50,9-12
26 Und er hat aus einem Menschen das
ganze Menschengeschlecht gemacht, da-
mit sie auf dem ganzen Erdboden woh-
nen, und [a] er hat festgesetzt, wie lange sie
bestehen und in welchen Grenzen sie
wohnen sollen, *a* 5.Mose 32,8
27 damit sie Gott suchen sollen, ob sie ihn
wohl fühlen und finden könnten; und **für-
wahr, [a] er ist nicht ferne von einem jeden
unter uns.** *a* Jes 55,6
28 **Denn in ihm leben, weben und sind wir;**
wie auch einige Dichter bei euch gesagt
haben: Wir sind seines Geschlechts.
29 Da wir nun [a] göttlichen Geschlechts
sind, sollen wir nicht meinen, [b] die Gott-
heit sei gleich den goldenen, silbernen und
steinernen Bildern, durch menschliche
Kunst und Gedanken gemacht.
a 1.Mose 1,27 *b* Jes 40,18
30 Zwar hat Gott über die [a] Zeit der
Unwissenheit hinweggesehen; nun aber
[b] gebietet er den Menschen, daß alle an
allen Enden Buße tun. *a* Kap 14,16 *b* Lk 24,47
31 Denn er hat einen Tag festgesetzt, an
dem er den Erdkreis [a] richten will mit
Gerechtigkeit durch einen Mann, den er
dazu bestimmt hat, und hat jedermann
den Glauben angeboten, indem er ihn von
den Toten auferweckt hat.
a Kap 10,42; Mt 25,31-33
32 ¶Als sie von der Auferstehung der
Toten hörten, begannen die einen zu spot-
ten; die andern aber sprachen: Wir wollen
dich darüber ein andermal weiter hören.
33 So ging Paulus von ihnen.
34 Einige Männer schlossen sich ihm an
und wurden gläubig; unter ihnen war auch
Dionysius, einer aus dem Rat, und eine
Frau mit Namen Damaris und andere mit
ihnen.

In Korinth

18 Danach verließ Paulus Athen und
kam nach Korinth
2 und fand einen Juden mit Namen
[a] Aquila, aus Pontus gebürtig; der war mit
seiner Frau Priszilla kürzlich aus Italien
gekommen, weil Kaiser Klaudius allen
Juden geboten hatte, Rom zu verlassen.
Zu denen ging Paulus. *a* Röm 16,3
3 Und weil er das gleiche Handwerk hatte,
blieb er bei ihnen und [a] arbeitete mit
ihnen; sie waren nämlich von Beruf Zelt-
macher. *a* Kap 20,34; 1.Kor 4,12
4 Und er lehrte in der Synagoge an allen
Sabbaten und überzeugte Juden und Grie-
chen.
5 Als aber [a] Silas und Timotheus aus
Mazedonien kamen, richtete sich Paulus

ganz auf die Verkündigung des Wortes und
bezeugte den Juden, daß Jesus der Chri-
stus ist. a Kap 17,14.15; 2.Kor 1,19
6 Als sie aber widerstrebten und lästerten,
[a] schüttelte er die Kleider aus und sprach
zu ihnen: Euer Blut komme über euer
Haupt; [b] ohne Schuld gehe ich von nun an
zu den Heiden. a Kap 13,51; Neh 5,15 b Kap 20,26
7 Und er machte sich auf von dort und
kam in das Haus eines Mannes mit Namen
Titius Justus, eines Gottesfürchtigen; des-
sen Haus war neben der Synagoge.
8 [a] Krispus aber, der Vorsteher der Syn-
agoge, kam zum Glauben an den Herrn
mit seinem ganzen Hause, und auch viele
Korinther, die zuhörten, wurden gläubig
und ließen sich taufen. a 1.Kor 1,14
9 ¶ [a] Es sprach aber der Herr durch eine
Erscheinung in der Nacht zu Paulus:
[b] **Fürchte dich nicht, sondern rede und
schweige nicht!** a (9 und 10) Jer 1,8 b 1.Kor 2,3
10 **Denn ich bin mit dir, und niemand soll
sich unterstehen, dir zu schaden; denn [a] ich
habe ein großes Volk in dieser Stadt.**
a Joh 10,16
11 Er blieb aber dort ein Jahr und sechs
Monate und lehrte unter ihnen das Wort
Gottes.
12 ¶ Als aber Gallio Statthalter in Achaja
war, empörten sich die Juden einmütig
gegen Paulus und führten ihn vor den
Richterstuhl
13 und sprachen: Dieser Mensch überre-
det die Leute, Gott zu dienen dem Gesetz
zuwider.
14 [a] Als aber Paulus den Mund auftun
wollte, sprach Gallio zu den Juden: Wenn
es um einen Frevel oder ein Vergehen
ginge, ihr Juden, so würde ich euch anhö-
ren, wie es recht ist; a (14 und 15) Kap 25,18-20
15 weil es aber Fragen sind über Lehre und
Namen und das Gesetz bei euch, so seht
ihr selber zu; ich gedenke, darüber nicht
Richter zu sein.[a] a Joh 18,31
16 Und er trieb sie weg von dem Richter-
stuhl.
17 Da ergriffen sie alle Sosthenes, den Vor-
steher der Synagoge, und schlugen ihn vor
dem Richterstuhl, und Gallio kümmerte
sich nicht darum.

Die Rückkehr nach Antiochia

18 Paulus aber blieb noch eine Zeitlang
dort. Danach nahm er Abschied von den
Brüdern und wollte nach Syrien fahren
und mit ihm Priszilla und Aquila. Zuvor
[a] ließ er sich in Kenchreä sein Haupt sche-
ren, denn er hatte ein Gelübde getan.
a Kap 21,24.26
19 Und sie kamen nach Ephesus, und er
ließ die beiden dort zurück; er aber ging
in die Synagoge und redete mit den Juden.
20 Sie baten ihn aber, daß er längere Zeit
bei ihnen bleibe. Doch er willigte nicht
ein,
21 sondern nahm Abschied von ihnen und
sprach: [a] Will's Gott, so will ich wieder zu
euch kommen. Und er fuhr weg von
Ephesus a Jak 4,15
22 und kam nach Cäsarea und [a] ging hin-
auf nach Jerusalem und grüßte die Ge-
meinde und zog hinab nach Antiochia.
a Kap 21,15

Der Beginn der dritten Missionsreise

23 Und nachdem er einige Zeit geblieben
war, brach er wieder auf und durchzog
nacheinander das galatische Land und
Phrygien und stärkte alle Jünger.

Apollos in Ephesus

24 Es kam aber nach Ephesus ein Jude
mit Namen [a] Apollos, aus Alexandria
gebürtig, ein beredter Mann und gelehrt
in der Schrift. a 1.Kor 3,5.6
25 Dieser war unterwiesen im Weg des
Herrn und redete brennend im Geist und
lehrte richtig von Jesus, wußte aber nur
von der [a] Taufe des Johannes. a Kap 19,3
26 Er fing an, frei und offen zu predigen in
der Synagoge. Als ihn Aquila und Priszilla
hörten, nahmen sie ihn zu sich und legten
ihm den Weg Gottes noch genauer aus.
27 Als er aber nach Achaja reisen wollte,
schrieben die Brüder an die Jünger dort
und empfahlen ihnen, ihn aufzunehmen.
Und als er dahin gekommen war, half er
denen viel, die gläubig geworden waren
durch die Gnade.
28 Denn er widerlegte die Juden kräftig
und [a] erwies öffentlich durch die Schrift,
daß Jesus der Christus ist. a Kap 9,22; 17,3

Paulus in Ephesus

19 Es geschah aber, als Apollos in
Korinth war, daß Paulus durch das
Hochland zog und nach Ephesus kam und
einige Jünger fand.
2 Zu denen sprach er: [a] Habt ihr den heili-
gen Geist empfangen, als ihr gläubig wur-

det? Sie sprachen zu ihm: Wir haben noch nie gehört, daß es einen heiligen Geist gibt.
[a] Kap 2,38

3 Und er fragte sie: Worauf seid ihr denn getauft? Sie antworteten: Auf die Taufe des Johannes.

4 Paulus aber sprach: Johannes hat getauft mit der Taufe der Buße und dem Volk gesagt, sie sollten an den glauben, der nach ihm kommen werde, nämlich an Jesus.[a]
[a] Mt 3,11

5 Als sie das hörten, ließen sie sich taufen auf den Namen des Herrn Jesus.

6 Und als Paulus die Hände auf sie legte, kam der heilige Geist auf sie, und sie redeten in Zungen und weissagten.[a]
[a] Kap 8,17; 10,44.46

7 Es waren aber zusammen etwa zwölf Männer.

8 ¶Er ging aber in die Synagoge und predigte frei und offen drei Monate lang, lehrte und überzeugte sie von dem Reich Gottes.

9 Als aber einige verstockt waren und nicht glaubten und vor der Menge übel redeten von der Lehre, trennte er sich von ihnen und sonderte auch die Jünger ab und redete täglich in der Schule des Tyrannus.

10 Und das geschah zwei Jahre lang, so daß alle, die in der Provinz Asien wohnten, das Wort des Herrn hörten, Juden und Griechen.

11 Und Gott wirkte nicht geringe Taten durch die Hände des Paulus.[a]
[a] Kap 14,3; 2.Kor 12,12

12 So hielten sie auch die Schweißtücher und andere Tücher, die er auf seiner Haut getragen hatte, über die Kranken, und die Krankheiten wichen von ihnen, und die bösen Geister fuhren aus.[a]
[a] Kap 5,15

13 ¶Es [a]unterstanden sich aber einige von den Juden, die als Beschwörer umherzogen, den Namen des Herrn Jesus zu nennen über denen, die böse Geister hatten, und sprachen: Ich beschwöre euch bei dem Jesus, den Paulus predigt.
[a] Lk 9,49

14 Es waren aber sieben Söhne eines jüdischen Hohenpriesters mit Namen Skevas, die dies taten.

15 Aber der böse Geist antwortete und sprach zu ihnen: Jesus kenne ich wohl, und von Paulus weiß ich wohl; aber wer seid ihr?

16 Und der Mensch, in dem der böse Geist war, stürzte sich auf sie und überwältigte sie alle und richtete sie so zu, daß sie nackt und verwundet aus dem Haus flohen.

17 Das aber wurde allen bekannt, die in Ephesus wohnten, Juden und Griechen; und Furcht befiel sie alle, und der Name des Herrn Jesus wurde hoch gelobt.

18 ¶Es kamen auch viele von denen, die gläubig geworden waren, und bekannten und verkündeten, was sie getan hatten.

19 Viele aber, die Zauberei getrieben hatten, brachten die Bücher zusammen und verbrannten sie öffentlich und berechneten, was sie wert waren, und kamen auf fünfzigtausend Silbergroschen.

20 So breitete sich das Wort aus durch die Kraft des Herrn und wurde mächtig.[a]
[a] Kap 12,24

21 ¶Als das geschehen war, nahm sich Paulus im Geist vor, durch Mazedonien und Achaja zu ziehen und nach Jerusalem zu reisen, und sprach: Wenn ich dort gewesen bin, muß ich auch [a]Rom sehen.
[a] Kap 23,11

22 Und er sandte zwei, die ihm dienten, Timotheus und [a]Erastus, nach Mazedonien; er aber blieb noch eine Weile in der Provinz Asien.
[a] 2.Tim 4,20

Der Aufruhr des Demetrius

23 Es erhob sich aber um diese Zeit [a]eine nicht geringe Unruhe über den neuen Weg.
[a] 2.Kor 1,8.9

24 Denn einer mit Namen Demetrius, ein Goldschmied, machte silberne Tempel der Diana* und verschaffte denen vom Handwerk nicht geringen Gewinn.

* Siehe Sach- und Worterklärungen.

25 Diese und die Zuarbeiter dieses Handwerks versammelte er und sprach: Liebe Männer, ihr wißt, daß wir großen Gewinn von diesem Gewerbe haben;

26 und ihr seht und hört, daß nicht allein in Ephesus, sondern auch fast in der ganzen Provinz Asien dieser Paulus viel Volk abspenstig macht, überredet und spricht: Was mit Händen gemacht ist, das sind keine Götter.

27 Aber es droht nicht nur unser Gewerbe in Verruf zu geraten, sondern auch der Tempel der großen Göttin Diana wird für nichts geachtet werden, und zudem wird ihre göttliche Majestät untergehen, der doch die ganze Provinz Asien und der Weltkreis Verehrung erweist.

28 Als sie das hörten, wurden sie von Zorn erfüllt und schrien: Groß ist die Diana der Epheser!
29 Und die ganze Stadt wurde voll Getümmel; sie stürmten einmütig zum Theater und ergriffen [a]Gajus und Aristarch aus Mazedonien, die Gefährten des Paulus.

a Kap 20,4

30 Als aber Paulus unter das Volk gehen wollte, ließen's ihm die Jünger nicht zu.
31 Auch einige der Oberen der Provinz Asien, die ihm freundlich gesinnt waren, sandten zu ihm und ermahnten ihn, sich nicht zum Theater zu begeben.
32 Dort schrien die einen dies, die andern das, und die Versammlung war in Verwirrung, und die meisten wußten nicht, warum sie zusammengekommen waren.
33 Einige aber aus der Menge unterrichteten den Alexander, den die Juden vorschickten. Alexander aber winkte mit der Hand und wollte sich vor dem Volk verantworten.
34 Als sie aber innewurden, daß er ein Jude war, schrie alles wie aus einem Munde fast zwei Stunden lang: Groß ist die Diana der Epheser!
35 Als aber der Kanzler das Volk beruhigt hatte, sprach er: Ihr Männer von Ephesus, wo ist ein Mensch, der nicht weiß, daß die Stadt Ephesus eine Hüterin der großen Diana ist und ihres Bildes, das vom Himmel gefallen ist?
36 Weil das nun unwidersprechlich ist, sollt ihr euch ruhig verhalten und nichts Unbedachtes tun.
37 Ihr habt diese Menschen hergeführt, die weder Tempelräuber noch Lästerer unserer Göttin sind.
38 Haben aber Demetrius und die mit ihm vom Handwerk sind einen Anspruch an jemanden, so gibt es Gerichte und Statthalter; da laßt sie sich untereinander verklagen.
39 Wollt ihr aber darüber hinaus noch etwas, so kann man es in einer ordentlichen Versammlung entscheiden.
40 Denn wir stehen in Gefahr, wegen der heutigen Empörung verklagt zu werden, ohne daß ein Grund vorhanden ist, mit dem wir diesen Aufruhr entschuldigen könnten. Und als er dies gesagt hatte, ließ er die Versammlung gehen.

Paulus in Mazedonien und Griechenland

20 Als nun das Getümmel aufgehört hatte, rief Paulus die Jünger zu sich und tröstete sie, nahm Abschied und brach auf, um nach [a]Mazedonien zu reisen.

a 2.Kor 2,13

2 Und als er diese Gegenden durchzogen und die Gemeinden mit vielen Worten ermahnt hatte, kam er nach Griechenland
3 und blieb dort drei Monate. Da ihm aber die Juden nachstellten, als er zu Schiff nach Syrien fahren wollte, beschloß er, durch Mazedonien zurückzukehren.
4 Es zogen aber mit ihm Sopater aus [a]Beröa, der Sohn des Pyrrhus, aus Thessalonich aber Aristarch und Sekundus und [b]Gajus aus Derbe und [c]Timotheus, aus der Provinz Asien aber [d]Tychikus und [e]Trophimus.

a Kap 17,10 *b* Kap 19,29 *c* Kap 16,1 *d* Eph 6,21 *e* Kap 21,29

5 Diese reisten voraus und warteten auf uns in Troas.

In Troas

6 Wir aber fuhren nach den Tagen der Ungesäuerten Brote mit dem Schiff von Philippi ab und kamen am fünften Tag zu ihnen nach Troas und blieben dort sieben Tage.
7 ¶ [a]Am ersten Tag der Woche aber, als wir versammelt waren, [b]das Brot zu brechen, predigte ihnen Paulus, und da er am nächsten Tag weiterreisen wollte, zog er die Rede hin bis Mitternacht.

a Mt 28,1 *b* Kap 2,42.46

8 Und es waren viele Lampen in dem Obergemach, wo wir versammelt waren.
9 Es saß aber ein junger Mann mit Namen Eutychus in einem Fenster und sank in einen tiefen Schlaf, weil Paulus so lange redete; und vom Schlaf überwältigt fiel er hinunter vom dritten Stock und wurde tot aufgehoben.
10 Paulus aber ging hinab und [a]warf sich über ihn, umfing ihn und sprach: Macht kein Getümmel; denn es ist Leben in ihm.

a 1.Kön 17,21

11 Dann ging er hinauf und brach das Brot und aß und redete viel mit ihnen, bis der Tag anbrach; und so zog er hinweg.
12 Sie brachten aber den jungen Mann lebend herein und wurden nicht wenig getröstet.

Die Reise nach Milet

13 Wir aber zogen voraus zum Schiff und
fuhren nach Assos und wollten dort Paulus
zu uns nehmen; denn er hatte es so befoh-
len, weil er selbst zu Fuß gehen wollte.
14 Als er uns nun traf in Assos, nahmen
wir ihn zu uns und kamen nach Mitylene.
15 Und von dort fuhren wir weiter und
kamen am nächsten Tag auf die Höhe von
Chios; am folgenden Tag gelangten wir
nach Samos und am nächsten Tag kamen
wir nach Milet.
16 Denn Paulus hatte beschlossen, an
[a]Ephesus vorüberzufahren, um in der Pro-
vinz Asien keine Zeit zu verlieren; denn
er eilte, am Pfingsttag in Jerusalem zu sein,
wenn es ihm möglich wäre. *a* Kap 18,21

Die Abschiedsrede des Paulus an die Ältesten von Ephesus

17 Aber von Milet sandte er nach Ephesus
und ließ die Ältesten der Gemeinde rufen.
18 Als aber die zu ihm kamen, sprach er
zu ihnen: Ihr wißt, wie ich mich vom
ersten Tag an, als ich in die Provinz Asien
gekommen bin, die ganze Zeit bei euch
verhalten habe,[a] *a* Kap 18,19; 19,10
19 wie ich dem Herrn gedient habe in aller
Demut und mit Tränen und unter Anfech-
tungen, die mir durch die Nachstellungen
der Juden widerfahren sind.
20 Ich habe euch nichts vorenthalten, was
nützlich ist, daß ich's euch nicht verkün-
digt und gelehrt hätte, öffentlich und in
den Häusern,
21 und habe Juden und Griechen bezeugt
die Umkehr zu Gott und den Glauben an
unsern Herrn Jesus.
22 Und nun siehe, durch den Geist gebun-
den, [a]fahre ich nach Jerusalem und weiß
nicht, was mir dort begegnen wird,
a Kap 19,21
23 nur daß der heilige Geist in allen Städ-
ten mir bezeugt, daß Fesseln und Bedräng-
nisse auf mich warten.[a] *a* Kap 9,16; 21,4.11
24 Aber [a]ich achte mein Leben nicht der
Rede wert, wenn ich nur [b]meinen Lauf
vollende und das Amt ausrichte, das ich
von dem Herrn Jesus empfangen habe, zu
bezeugen das Evangelium von der Gnade
Gottes. *a* Kap 21,13 *b* 2.Tim 4,7
25 Und nun siehe, ich weiß, daß ihr mein
Angesicht nicht mehr sehen werdet, ihr
alle, zu denen ich hingekommen bin und
das Reich gepredigt habe.
26 [a]Darum bezeuge ich euch am heutigen
Tage, [b]daß ich rein bin vom Blut aller;
a (26 und 27) Hes 3,17-19 *b* Kap 18,6
27 denn ich habe nicht unterlassen, euch
den ganzen Ratschluß Gottes zu verkün-
digen.
28 So [a]habt nun acht auf euch selbst und
[b]auf die ganze Herde, in der euch der heilige
Geist eingesetzt hat zu Bischöfen*, zu wei-
den die Gemeinde Gottes, die er durch sein
eigenes Blut erworben hat.
a 1.Tim 4,16 *b* 1.Petr 5,2-4

* Siehe Sach- und Worterklärungen.

29 Denn das weiß ich, daß nach meinem
Abschied reißende [a]Wölfe zu euch kom-
men, die die Herde nicht verschonen wer-
den. *a* Mt 7,15
30 Auch aus eurer Mitte werden Männer
aufstehen, die Verkehrtes lehren, um die
Jünger an sich zu ziehen.[a] *a* 1.Joh 2,18.19
31 Darum seid wachsam und denkt daran,
daß ich drei Jahre lang Tag und Nacht nicht
abgelassen habe, einen jeden unter Trä-
nen zu ermahnen.
32 Und nun befehle ich euch Gott und
dem Wort seiner Gnade, der da mächtig
ist, euch zu erbauen und euch das Erbe zu
geben mit allen, die geheiligt sind.
33 Ich habe von niemandem Silber oder
Gold oder Kleidung begehrt.
34 Denn ihr wißt selber, daß mir diese
Hände zum Unterhalt gedient haben für
mich und die, die mit mir gewesen
sind.[a] *a* Kap 18,3; 1.Kor 4,12; 1.Thess 2,9
35 Ich habe euch in allem gezeigt, daß man
so arbeiten und sich der Schwachen
annehmen muß im Gedenken an das Wort
des Herrn Jesus, der selbst gesagt hat:
Geben ist seliger als nehmen.
36 ¶Und als er das gesagt hatte, [a]kniete er
nieder und betete mit ihnen allen.
a Kap 21,5
37 Da begannen alle laut zu weinen, und
sie fielen Paulus um den Hals und küßten
ihn,
38 am allermeisten betrübt über das Wort,
das er gesagt hatte, sie würden sein Ange-
sicht nicht mehr sehen. Und sie geleiteten
ihn auf das Schiff.

Von Milet nach Cäsarea

21 Als wir uns nun von ihnen losgeris-
sen hatten und abgefahren waren,

kamen wir geradewegs nach Kos und am folgenden Tage nach Rhodos und von da nach Patara.

2 Und als wir ein Schiff fanden, das nach Phönizien fuhr, stiegen wir ein und fuhren ab.

3 Als aber Zypern in Sicht kam, ließen wir es linker Hand liegen und fuhren nach Syrien und kamen in Tyrus an, denn dort sollte das Schiff die Ware ausladen.

4 Als wir nun die Jünger fanden, blieben wir sieben Tage dort. Die sagten Paulus [a]durch den Geist, er solle nicht nach Jerusalem hinaufziehen. *a* Kap 20,23

5 Und es geschah, als wir die Tage zugebracht hatten, da machten wir uns auf und reisten weiter. Und sie geleiteten uns alle mit Frauen und Kindern bis hinaus vor die Stadt, und [a]wir knieten nieder am Ufer und beteten. *a* Kap 20,36

6 Und als wir voneinander Abschied genommen hatten, stiegen wir ins Schiff; jene aber wandten sich wieder heimwärts.

7 Wir beendeten die Seefahrt und kamen von Tyrus nach Ptolemaïs, begrüßten die Brüder und blieben einen Tag bei ihnen.

8 ¶ Am nächsten Tag zogen wir weiter und kamen nach Cäsarea und gingen in das Haus des [a]Philippus, des Evangelisten, der einer von den Sieben war, und blieben bei ihm. *a* Kap 6,5; 8,40

9 Der hatte vier Töchter, die waren Jungfrauen und weissagten.

10 Und als wir mehrere Tage dablieben, kam ein Prophet mit Namen [a]Agabus aus Judäa herab. *a* Kap 11,28

11 Und als er zu uns kam, nahm er den Gürtel des Paulus und band sich die Füße und Hände und sprach: Das sagt der heilige Geist: [a]Den Mann, dem dieser Gürtel gehört, werden die Juden in Jerusalem so binden und überantworten in die Hände der Heiden. *a* Kap 20,23

12 Als wir aber das hörten, baten wir und die aus dem Ort, daß er nicht hinauf nach Jerusalem zöge.[a] *a* Mt 16,22

13 Paulus aber antwortete: Was macht ihr, daß ihr weint und brecht mir mein Herz? Denn [a]ich bin bereit, nicht allein mich binden zu lassen, sondern auch zu sterben in Jerusalem für den Namen des Herrn Jesus. *a* Kap 20,24

14 Da er sich aber nicht überreden ließ, schwiegen wir und sprachen: [a]Des Herrn Wille geschehe. *a* Lk 22,42

Die Ankunft in Jerusalem

15 Und nach diesen Tagen machten wir uns fertig und zogen hinauf nach Jerusalem.

16 Es kamen aber mit uns auch einige Jünger aus Cäsarea und führten uns zu einem alten Jünger mit Namen Mnason aus Zypern, bei dem wir zu Gast sein sollten.

17 Als wir nun nach Jerusalem kamen, nahmen uns die Brüder gerne auf.

18 ¶ Am nächsten Tag aber ging Paulus mit uns zu [a]Jakobus, und es kamen die Ältesten alle dorthin. *a* Kap 15,13

19 Und als er sie begrüßt hatte, erzählte er eins nach dem andern, was Gott unter den Heiden durch seinen Dienst getan hatte.

20 Als sie aber das hörten, lobten sie Gott und sprachen zu ihm: Bruder, du siehst, wieviel tausend Juden gläubig geworden sind, und alle sind [a]Eiferer für das Gesetz. *a* Kap 15,1

21 Ihnen ist aber berichtet worden über dich, daß du alle Juden, die unter den Heiden wohnen, den Abfall von Mose lehrst und sagst, sie sollen ihre Kinder nicht beschneiden und auch nicht nach den Ordnungen leben.[a] *a* Kap 16,3

22 Was nun? Auf jeden Fall werden sie hören, daß du gekommen bist.

23 So tu nun das, was wir dir sagen. Wir haben vier Männer, die haben [a]ein Gelübde auf sich genommen; *a* Kap 18,18

24 die nimm zu dir und laß dich reinigen mit ihnen und trage die Kosten für sie, daß sie ihr Haupt scheren können;* so werden alle erkennen, daß es nicht so ist, wie man ihnen über dich berichtet hat, sondern daß du selber auch nach dem Gesetz lebst und es hältst.

* Siehe Sach- und Worterklärungen zu »Gottgeweihter«.

25 Wegen der gläubig gewordenen Heiden aber haben wir beschlossen und geschrieben, daß sie sich hüten sollen vor dem Götzenopfer, vor Blut, vor Ersticktem und vor Unzucht.[a] *a* Kap 15,20.29

26 Da nahm Paulus die Männer zu sich und reinigte sich am nächsten Tag mit ihnen und ging in den Tempel und zeigte an, daß die Tage der Reinigung beendet sein sollten, sobald für jeden von ihnen das Opfer dargebracht wäre.[a]

a 4.Mose 6,13-21; 1.Kor 9,20

Die Verhaftung des Paulus

27 Als aber die sieben Tage zu Ende gingen, sahen ihn die Juden aus der Provinz Asien im Tempel und erregten das ganze Volk, legten die Hände an ihn

28 und schrien: Ihr Männer von Israel, helft! Dies ist der Mensch, der alle Menschen an allen Enden lehrt gegen unser Volk, [a]gegen das Gesetz und gegen diese Stätte; dazu [b]hat er auch Griechen in den Tempel geführt und diese heilige Stätte entweiht. *a* Kap 6,13 *b* Hes 44,7

29 Denn sie hatten [a]Trophimus, den Epheser, mit ihm in der Stadt gesehen; den, meinten sie, hätte Paulus in den Tempel geführt. *a* Kap 20,4; 2.Tim 4,20

30 Und die ganze Stadt wurde erregt, und es entstand ein Auflauf des Volkes. Sie ergriffen aber Paulus und zogen ihn zum Tempel hinaus. Und sogleich wurden die Tore zugeschlossen.

31 ¶Als sie ihn aber töten wollten, kam die Nachricht hinauf vor den Oberst der Abteilung, daß ganz Jerusalem in Aufruhr sei.

32 Der nahm sogleich Soldaten und Hauptleute und lief hinunter zu ihnen. Als sie aber den Oberst und die Soldaten sahen, hörten sie auf, Paulus zu schlagen.

33 Als nun der Oberst herangekommen war, nahm er ihn fest und [a]ließ ihn fesseln mit zwei Ketten und fragte, wer er wäre und was er getan hätte. *a* Kap 20,23

34 Einer aber rief dies, der andre das im Volk. Da er aber nichts Gewisses erfahren konnte wegen des Getümmels, ließ er ihn in die Burg führen.

35 Und als er an die Stufen kam, mußten ihn die Soldaten tragen wegen des Ungestüms des Volkes;

36 denn die Menge folgte und schrie: Weg mit ihm![a] *a* Kap 22,22; Lk 23,18

37 Als nun Paulus in die Burg geführt werden sollte, fragte er den Oberst: Darf ich mit dir reden? Er aber sprach: Kannst du Griechisch?

38 Bist du nicht der Ägypter, der vor diesen Tagen einen Aufruhr gemacht und viertausend von den Aufrührern in die Wüste hinausgeführt hat?

39 Paulus aber sprach: Ich bin ein jüdischer Mann aus Tarsus in Zilizien, Bürger einer namhaften Stadt. Ich bitte dich, erlaube mir, zu dem Volk zu reden.

40 Als er es ihm aber erlaubte, trat Paulus auf die Stufen und winkte dem Volk mit der Hand. Da entstand eine große Stille, und er redete zu ihnen auf hebräisch und sprach:

Die Verteidigungsrede des Paulus

22 Ihr Männer, liebe Brüder und Väter, hört mir zu, wenn ich mich jetzt vor euch verantworte.

2 Als sie aber hörten, daß er [a]auf hebräisch zu ihnen redete, wurden sie noch stiller. Und er sprach: *a* Kap 21,40

3 [a]Ich bin ein jüdischer Mann, geboren in Tarsus in Zilizien, aufgewachsen aber in dieser Stadt und mit aller Sorgfalt unterwiesen im väterlichen Gesetz zu Füßen [b]Gamaliels, und war ein Eiferer für Gott, wie ihr es heute alle seid.
a (3-21) Kap 9,1-29; 26,9-20 *b* Kap 5,34

4 Ich habe die neue Lehre verfolgt bis auf den Tod; ich band Männer und Frauen und warf sie ins Gefängnis,[a] *a* Kap 8,3

5 wie mir auch der Hohepriester und alle Ältesten bezeugen. Von ihnen empfing ich auch Briefe an die Brüder und reiste nach Damaskus, um auch die, die dort waren, gefesselt nach Jerusalem zu führen, damit sie bestraft würden.

6 ¶Es geschah aber, als ich dorthin zog und in die Nähe von Damaskus kam, da umleuchtete mich plötzlich um die Mittagszeit ein großes Licht vom Himmel.

7 Und ich fiel zu Boden und hörte eine Stimme, die sprach zu mir: Saul, Saul, was verfolgst du mich?

8 Ich antwortete aber: Herr, wer bist du? Und er sprach zu mir: Ich bin Jesus von Nazareth, den du verfolgst.

9 Die aber mit mir waren, sahen zwar das Licht, aber die Stimme dessen, der mit mir redete, hörten sie nicht.

10 Ich fragte aber: Herr, was soll ich tun? Und der Herr sprach zu mir: Steh auf und geh nach Damaskus. Dort wird man dir alles sagen, was dir zu tun aufgetragen ist.

11 Als ich aber, geblendet von der Klarheit dieses Lichtes, nicht sehen konnte, wurde ich an der Hand geleitet von denen, die bei mir waren, und kam nach Damaskus.

12 ¶Da war aber ein gottesfürchtiger Mann, der sich an das Gesetz hielt, mit Namen Hananias, der einen guten Ruf bei allen Juden hatte, die dort wohnten.

13 Der kam zu mir, trat vor mich hin und

sprach zu mir: Saul, lieber Bruder, sei sehend. Und zur selben Stunde konnte ich ihn sehen.

14 Er aber sprach: Der Gott unserer Väter hat dich erwählt, daß du seinen Willen erkennen sollst und den Gerechten sehen und die Stimme aus seinem Munde hören;

15 denn du wirst für ihn vor allen Menschen Zeuge sein von dem, was du gesehen und gehört hast.

16 Und nun, was zögerst du? Steh auf und rufe seinen Namen an und laß dich taufen und deine Sünden abwaschen.

17 ¶ Es geschah aber, als ich wieder nach Jerusalem kam und im Tempel betete, daß ich in Verzückung geriet

18 und ihn sah. Da sprach er zu mir: Eile und mach dich schnell auf aus Jerusalem; denn dein Zeugnis von mir werden sie nicht annehmen.

19 Und ich sprach: Herr, sie wissen doch, daß ich die, die an dich glaubten, gefangennahm und in den Synagogen geißeln ließ.

20 Und als das Blut des Stephanus, deines Zeugen, vergossen wurde, [a]stand ich auch dabei und hatte Gefallen daran und bewachte denen die Kleider, die ihn töteten.

a Kap 7,58; 8,1

21 Und er sprach zu mir: Geh hin; denn ich will dich in die Ferne zu den Heiden senden.[a]

a Kap 13,2

Paulus vor dem römischen Oberst

22 Sie hörten ihm aber zu bis zu diesem Wort; dann erhoben sie ihre Stimme und riefen: [a]Hinweg mit diesem von der Erde! Denn er darf nicht mehr leben.

a Kap 21,36

23 ¶ Als sie aber schrien und ihre Kleider abwarfen und Staub in die Luft wirbelten,

24 befahl der Oberst, ihn in die Burg zu führen, und sagte, daß man ihn geißeln und verhören sollte, um zu erfahren, aus welchem Grund sie so gegen ihn schrien.

25 Als man ihn aber zum Geißeln festband, sprach Paulus zu dem Hauptmann, der dabeistand: [a]Ist es erlaubt bei euch, einen Menschen, der römischer Bürger ist, ohne Urteil zu geißeln?

a Kap 16,37; 23,27

26 Als das der Hauptmann hörte, ging er zu dem Oberst und berichtete ihm und sprach: Was willst du tun? Dieser Mensch ist römischer Bürger.

27 Da kam der Oberst zu ihm und fragte ihn: Sage mir, bist du römischer Bürger? Er aber sprach: Ja.

28 Da sagte der Oberst: Ich habe dies Bürgerrecht für viel Geld erworben. Paulus aber sprach: Ich aber bin schon als römischer Bürger geboren.

29 Da ließen sogleich von ihm ab, die ihn verhören sollten. Und der Oberst fürchtete sich, als er vernahm, daß es ein römischer Bürger war, den er hatte festbinden lassen.

30 ¶ Am nächsten Tag wollte er genau erkunden, warum Paulus von den Juden verklagt wurde. Er ließ ihn von den Ketten lösen und befahl den Hohenpriestern und dem ganzen Hohen Rat zusammenzukommen, und führte Paulus hinab und stellte ihn vor sie.

Paulus vor dem Hohen Rat

23 Paulus aber sah den Hohen Rat an und sprach: Ihr Männer, liebe Brüder, ich habe mein Leben [a]mit gutem Gewissen vor Gott geführt, bis auf diesen Tag.

a Kap 24,16

2 Der Hohepriester Hananias aber befahl denen, die um ihn standen, ihn auf den Mund zu schlagen.

3 Da sprach Paulus zu ihm: Gott wird dich schlagen, [a]du getünchte Wand! Sitzt du da und richtest mich nach dem Gesetz und läßt mich schlagen gegen das Gesetz?

a Mt 23,27

4 Aber die dabeistanden, sprachen: Schmähst du den Hohenpriester Gottes?

5 Und Paulus sprach: Liebe Brüder, ich wußte es nicht, daß er der Hohepriester ist. Denn es steht geschrieben (2. Mose 22,27): »Dem Obersten deines Volkes sollst du nicht fluchen.«

6 Als aber Paulus erkannte, daß ein Teil Sadduzäer war und der andere Teil Pharisäer, rief er im Rat: Ihr Männer, liebe Brüder, [a]ich bin ein Pharisäer und ein Sohn von Pharisäern. Ich werde angeklagt um der Hoffnung und um der Auferstehung der Toten willen.

a Kap 22,3; 26,5; Gal 1,14

7 Als er aber das sagte, entstand Zwietracht zwischen Pharisäern und Sadduzäern, und die Versammlung spaltete sich.

8 Denn [a]die Sadduzäer sagen, es gebe keine Auferstehung noch Engel und Geister; die Pharisäer aber lehren beides.

a Mt 22,23

9 Es entstand aber ein großes Geschrei;

und einige Schriftgelehrte von der Partei der Pharisäer standen auf, stritten und sprachen: [a]Wir finden nichts Böses an diesem Menschen; vielleicht hat ein Geist oder ein Engel mit ihm geredet.

a Kap 25,25

10 Als aber die Zwietracht groß wurde, befürchtete der Oberst, sie könnten Paulus zerreißen, und ließ Soldaten hinabgehen und Paulus ihnen entreißen und in die Burg führen.

11 In der folgenden Nacht aber stand der Herr bei ihm und sprach: Sei getrost! Denn wie du für mich in Jerusalem Zeuge warst, so mußt du auch [a]in Rom Zeuge sein. a Kap 1,8; 25,11.12; 27,23.24

Der Mordanschlag gegen Paulus

12 Als es aber Tag wurde, rotteten sich einige Juden zusammen und verschworen sich, weder zu essen noch zu trinken, bis sie Paulus getötet hätten.

13 Es waren aber mehr als vierzig, die diese Verschwörung machten.

14 Die gingen zu den Hohenpriestern und Ältesten und sprachen: Wir haben uns durch einen Eid gebunden, nichts zu essen, bis wir Paulus getötet haben.

15 So wirkt nun ihr mit dem Hohen Rat bei dem Oberst darauf hin, daß er ihn zu euch herunterführen läßt, als wolltet ihr ihn genauer verhören; wir aber sind bereit, ihn zu töten, ehe er vor euch kommt.

16 ¶ Als aber der Sohn der Schwester des Paulus von dem Anschlag hörte, ging er und kam in die Burg und berichtete es Paulus.

17 Paulus aber rief einen von den Hauptleuten zu sich und sprach: Führe diesen jungen Mann zu dem Oberst, denn er hat ihm etwas zu sagen.

18 Der nahm ihn und führte ihn zum Oberst und sprach: Der Gefangene Paulus hat mich zu sich rufen lassen und mich gebeten, diesen jungen Mann zu dir zu führen, der dir etwas zu sagen hat.

19 Da nahm ihn der Oberst bei der Hand und führte ihn beiseite und fragte ihn: Was ist's, das du mir zu sagen hast?

20 Er aber sprach: Die Juden sind übereingekommen, dich zu bitten, daß du Paulus morgen vor den Hohen Rat hinunterbringen läßt, so als wollten sie ihn genauer verhören.

21 Du aber traue ihnen nicht; denn mehr als vierzig Männer von ihnen lauern ihm auf; die haben sich verschworen, weder zu essen noch zu trinken, bis sie ihn getötet hätten; und jetzt sind sie bereit und warten auf deine Zusage.

22 Da ließ der Oberst den jungen Mann gehen und gebot ihm, niemandem zu sagen, daß er ihm das eröffnet hätte.

Die Überführung des Paulus nach Cäsarea

23 Und der Oberst rief zwei Hauptleute zu sich und sprach: Rüstet zweihundert Soldaten, daß sie nach Cäsarea ziehen, und siebzig Reiter und zweihundert Schützen für die dritte Stunde der Nacht;

24 und haltet Tiere bereit, Paulus draufzusetzen und wohlverwahrt zu bringen zum Statthalter Felix.

25 Und er schrieb einen Brief, der lautete:

26 Klaudius Lysias dem edlen Statthalter Felix: Gruß zuvor!

27 Diesen Mann hatten die Juden ergriffen und wollten ihn töten. Da [a]kam ich mit Soldaten dazu und entriß ihnen den und [b]erfuhr, daß er ein römischer Bürger ist. a Kap 21,33 b Kap 22,25

28 Da ich aber erkunden wollte, weshalb sie ihn anklagten, führte ich ihn hinunter vor ihren Hohen Rat.[a] a Kap 22,30

29 Da fand ich, daß er beschuldigt wird [a]wegen Fragen ihres Gesetzes, aber keine Anklage gegen sich hatte, auf die Tod oder Gefängnis steht. a Kap 18,14.15

30 Und als vor mich kam, daß ein Anschlag gegen den Mann geplant sei, sandte ich ihn sogleich zu dir und [a]wies auch die Kläger an, vor dir zu sagen, was sie gegen ihn hätten. a Kap 24,8

31 ¶ Die Soldaten nahmen Paulus, wie ihnen befohlen war, und führten ihn in der Nacht nach Antipatris.

32 Am nächsten Tag aber ließen sie die Reiter mit ihm ziehen und kehrten wieder in die Burg zurück.

33 Als aber jene nach Cäsarea kamen, übergaben sie den Brief dem Statthalter und führten ihm auch Paulus vor.

34 Als der Statthalter den Brief gelesen hatte, fragte er, aus welchem Land er sei. Und als er erfuhr, daß er aus [a]Zilizien sei, sprach er: a Kap 22,3

35 Ich will dich verhören, wenn deine Ankläger auch da sind. Und er ließ ihn in Gewahrsam halten im Palast des Herodes.

Vor dem Statthalter Felix

24 Nach fünf Tagen kam der Hohepriester Hananias mit einigen Ältesten und dem Anwalt Tertullus herab; die erschienen vor dem Statthalter gegen Paulus.

2 Als der aber herbeigerufen worden war, fing Tertullus an, ihn anzuklagen, und sprach: Daß wir in großem Frieden leben unter dir und daß diesem Volk viele Wohltaten widerfahren sind durch deine Fürsorge, edelster Felix,

3 das erkennen wir allezeit und überall mit aller Dankbarkeit an.

4 Damit ich dich aber nicht zu lange aufhalte, bitte ich dich, du wollest uns kurz anhören in deiner Güte.

5 Wir haben erkannt, daß dieser Mann schädlich ist und [a]daß er Aufruhr erregt unter allen Juden auf dem ganzen Erdkreis und daß er ein Anführer der Sekte der Nazarener ist. *a* Kap 17,6

6 Er hat auch versucht, [a]den Tempel zu entweihen. Ihn haben wir ergriffen.*

a Kap 21,28.29

* Die Verse 6b-8a finden sich erst in der späteren Überlieferung: »und wollten ihn richten nach unserm Gesetz. 7 Aber der Oberst Lysias kam dazu und riß ihn mit großer Gewalt aus unsern Händen 8 und wies seine Ankläger an dich.«

8 Wenn du ihn verhörst, kannst du selbst das alles von ihm erkunden, dessentwegen wir ihn verklagen.

9 Auch die Juden bekräftigten das und sagten, es verhielte sich so.

10 Paulus aber antwortete, als ihm der Statthalter winkte zu reden: Weil ich weiß, daß du in diesem Volk nun viele Jahre Richter bist, will ich meine Sache unerschrocken verteidigen.

11 Du kannst feststellen, daß es nicht mehr als zwölf Tage sind, [a]seit ich nach Jerusalem hinaufzog, um anzubeten. *a* Kap 21,17

12 Und sie haben mich weder im Tempel noch in den Synagogen noch in der Stadt dabei gefunden, wie ich mit jemandem gestritten oder einen Aufruhr im Volk gemacht hätte.

13 Sie können dir auch nicht beweisen, wessen sie mich jetzt verklagen.

14 Das bekenne ich dir aber, daß ich nach dem Weg, den sie eine Sekte nennen, dem Gott meiner Väter so diene, daß ich allem glaube, was geschrieben steht im Gesetz und in den Propheten.

15 Ich habe die Hoffnung zu Gott, die auch sie selbst haben, nämlich daß es [a]eine Auferstehung der Gerechten wie der Ungerechten geben wird.

a Dan 12,2; Joh 5,28.29

16 **Darin übe ich mich, allezeit ein [a]unverletztes Gewissen zu haben vor Gott und den Menschen.** *a* Kap 23,1

17 Nach mehreren Jahren aber bin ich gekommen, um [a]Almosen für mein Volk zu überbringen und zu opfern.

a Röm 15,25.26; Gal 2,10

18 [a]Als ich mich im Tempel reinigte, ohne Auflauf und Getümmel, fanden mich dabei *a (18 und 19)* Kap 21,27

19 einige Juden aus der Provinz Asien. Die sollten jetzt hier sein vor dir und mich verklagen, wenn sie etwas gegen mich hätten.

20 Oder laß diese hier selbst sagen, was für ein Unrecht sie gefunden haben, als ich vor dem Hohen Rat stand;

21 es sei denn dies **eine** Wort, das ich rief, als ich unter ihnen stand: Um der Auferstehung der Toten willen werde ich von euch heute angeklagt.[a] *a* Kap 23,6

Die Verschleppung des Prozesses

22 Felix aber zog die Sache hin, denn er wußte recht gut um diese Lehre und sprach: Wenn der Oberst [a]Lysias herabkommt, so will ich eure Sache entscheiden. *a* Kap 23,26

23 Er befahl aber dem Hauptmann, Paulus gefangenzuhalten, doch in leichtem Gewahrsam, und niemandem von den Seinen zu wehren, ihm zu dienen.[a]

a Kap 27,3

24 ¶Nach einigen Tagen aber kam Felix mit seiner Frau Drusilla, die eine Jüdin war, und ließ Paulus kommen und hörte ihn über den Glauben an Christus Jesus.

25 Als aber Paulus von Gerechtigkeit und Enthaltsamkeit und von dem zukünftigen Gericht redete, erschrak Felix und antwortete: Für diesmal geh! Zu gelegener Zeit will ich dich wieder rufen lassen.

26 ¶Er hoffte aber nebenbei, daß ihm von Paulus Geld gegeben werde; darum ließ er ihn auch oft kommen und besprach sich mit ihm.

27 Als aber zwei Jahre um waren, kam Porzius Festus als Nachfolger des Felix. Felix aber wollte den Juden eine Gunst erweisen und ließ Paulus gefangen zurück.

Die Verhandlung vor Festus

25 Als nun Festus ins Land gekommen war, zog er nach drei Tagen von Cäsarea hinauf nach Jerusalem.

2 Da [a]erschienen die Hohenpriester und die Angesehensten der Juden vor ihm gegen Paulus und drangen in ihn *a* Kap 24,1

3 und baten ihn um die Gunst, daß er Paulus nach Jerusalem kommen ließe; denn sie wollten ihm einen Hinterhalt legen, um ihn unterwegs umzubringen.[a]

a Kap 23,15

4 Da antwortete Festus, Paulus werde weiter in Gewahrsam gehalten in Cäsarea; er selber aber werde in Kürze wieder dahin ziehen.

5 Die nun unter euch ermächtigt sind, sprach er, die laßt mit hinabziehen und den Mann verklagen, wenn etwas Unrechtes an ihm ist.

6 ¶Nachdem aber Festus bei ihnen nicht mehr als acht oder zehn Tage gewesen war, zog er hinab nach Cäsarea. Und am nächsten Tag setzte er sich auf den Richterstuhl und ließ Paulus holen.

7 Als der aber vor ihn kam, umringten ihn die Juden, die von Jerusalem herabgekommen waren, und brachten viele und schwere Klagen gegen ihn vor, die sie aber nicht beweisen konnten.

8 Paulus aber verteidigte sich: Ich habe mich weder am Gesetz der Juden noch am Tempel noch am Kaiser versündigt.

Die Berufung an den Kaiser

9 Festus aber wollte den Juden eine Gunst erweisen und antwortete Paulus und sprach: Willst du hinauf nach Jerusalem und dich dort in dieser Sache von mir richten lassen?

10 Paulus aber sprach: Ich stehe vor des Kaisers Gericht; da muß ich gerichtet werden. Den Juden habe ich kein Unrecht getan, wie auch du sehr wohl weißt.

11 Habe ich aber Unrecht getan und todeswürdig gehandelt, so weigere ich mich nicht zu sterben; ist aber nichts an dem, dessentwegen sie mich verklagen, so darf mich ihnen niemand preisgeben. [a]Ich berufe mich auf den Kaiser! *a* Kap 23,11; 28,19

12 Da besprach sich Festus mit seinen Ratgebern und antwortete: Auf den Kaiser hast du dich berufen, zum Kaiser sollst du ziehen.

König Agrippa beim Statthalter Festus

13 Nach einigen Tagen kamen König Agrippa und Berenike nach Cäsarea, Festus zu begrüßen.

14 Und als sie mehrere Tage dort waren, legte Festus dem König die Sache des Paulus vor und sprach: [a]Da ist ein Mann von Felix als Gefangener zurückgelassen worden; *a* Kap 24,27

15 um dessentwillen erschienen die Hohenpriester und Ältesten der Juden vor mir, als ich in Jerusalem war, und baten, ich solle ihn richten lassen.

16 Denen antwortete ich: Es ist der Römer Art nicht, einen Angeklagten preiszugeben, bevor er seinen Klägern gegenüberstand und Gelegenheit hatte, sich gegen die Anklage zu verteidigen.[a] *a* Kap 22,25

17 Als sie aber hier zusammenkamen, duldete ich keinen Aufschub, sondern hielt am nächsten Tag Gericht und ließ den Mann vorführen.

18 Als seine Ankläger auftraten, brachten sie keine Anklage vor wegen Vergehen, wie ich sie erwartet hatte.

19 Sie hatten aber Streit mit ihm über einige Fragen ihres Glaubens und über einen verstorbenen Jesus, von dem Paulus behauptete, er lebe.[a] *a* Kap 18,15

20 Da ich aber von diesem Streit nichts verstand, fragte ich, ob er nach Jerusalem reisen und sich dort deswegen richten lassen wolle.

21 Als aber Paulus sich auf sein Recht berief, bis zur Entscheidung des Kaisers in Gewahrsam zu bleiben, ließ ich ihn gefangenhalten, bis ich ihn zum Kaiser senden könnte.

22 Agrippa sprach zu Festus: [a]Ich möchte den Menschen auch gerne hören. Er aber sprach: Morgen sollst du ihn hören.

a Lk 23,8

23 ¶Und am nächsten Tag kamen Agrippa und Berenike mit großem Gepränge und gingen in den Palast mit den Hauptleuten und vornehmsten Männern der Stadt. Und als Festus es befahl, wurde Paulus gebracht.

24 Und Festus sprach: König Agrippa und all ihr Männer, die ihr mit uns hier seid, da seht ihr den, um dessentwillen die ganze Menge der Juden in Jerusalem und auch hier in mich drang und [a]schrie, er dürfe nicht länger leben. *a* Kap 22,22

25 Als ich aber erkannte, daß er nichts getan hatte, das des Todes würdig war, und er auch selber sich auf den Kaiser berief, beschloß ich, ihn dorthin zu senden.

26 Etwas Sicheres über ihn aber habe ich nicht, das ich meinem Herrn schreiben könnte. Darum habe ich ihn vor euch bringen lassen, vor allem aber vor dich, König Agrippa, damit ich nach geschehenem Verhör etwas hätte, was ich schreiben könnte.

27 Denn es erscheint mir unsinnig, einen Gefangenen zu schicken und keine Beschuldigung gegen ihn anzugeben.

Paulus vor Agrippa und Festus

26 Agrippa aber sprach zu Paulus: Es ist dir erlaubt, für dich selbst zu reden. Da streckte Paulus die Hand aus und verantwortete sich:

2 Es ist mir sehr lieb, König Agrippa, daß ich mich heute vor dir verantworten soll wegen all der Dinge, deren ich von den Juden beschuldigt werde,

3 vor allem weil du alle Ordnungen und Streitfragen der Juden kennst. Darum bitte ich dich, mich geduldig anzuhören.

4 ¶ Mein Leben von Jugend auf, wie ich es von Anfang an unter meinem Volk und in Jerusalem zugebracht habe, ist allen Juden bekannt,

5 die mich von früher kennen, wenn sie es bezeugen wollten. Denn [a] nach der allerstrengsten Richtung unsres Glaubens habe ich gelebt als Pharisäer.

a Kap 23,6; Phil 3,5

6 Und nun stehe ich hier und werde angeklagt [a] wegen der Hoffnung auf die Verheißung, die unsern Vätern von Gott gegeben ist. *a* Kap 28,20

7 Auf ihre Erfüllung hoffen die zwölf Stämme unsres Volkes, wenn sie Gott bei Tag und Nacht beharrlich dienen. Wegen dieser Hoffnung werde ich, o König, von den Juden beschuldigt.[a] *a* Kap 24,15

8 Warum wird das bei euch für unglaublich gehalten, [a] daß Gott Tote auferweckt? *a* Kap 23,8

9 [a] Zwar meinte auch ich selbst, ich müßte viel gegen den Namen Jesu von Nazareth tun. *a (9-20)* Kap 9,1-29; 22,3-21

10 Das habe ich in Jerusalem auch getan; dort brachte ich viele Heilige ins Gefängnis, wozu ich Vollmacht von den Hohenpriestern empfangen hatte. Und wenn sie getötet werden sollten, gab ich meine Stimme dazu.

11 Und in allen Synagogen zwang ich sie oft durch Strafen zur Lästerung, und ich wütete maßlos gegen sie, verfolgte sie auch bis in die fremden Städte.

12 ¶ Als ich nun nach Damaskus reiste mit Vollmacht und im Auftrag der Hohenpriester,

13 sah ich mitten am Tage, o König, auf dem Weg ein Licht vom Himmel, heller als der Glanz der Sonne, das mich und die mit mir reisten umleuchtete.

14 Als wir aber alle zu Boden stürzten, hörte ich eine Stimme zu mir reden, die sprach auf hebräisch: Saul, Saul, was verfolgst du mich? Es wird dir schwer sein, wider den Stachel zu löcken.*

* Dahinter steht das Bild widerspenstiger Zugtiere, die gegen den Treiber ausschlagen.

15 Ich aber sprach: Herr, wer bist du? Der Herr sprach: Ich bin Jesus, den du verfolgst;

16 steh nun auf und stell dich auf deine Füße. Denn dazu bin ich dir erschienen, um dich zu erwählen zum Diener und zum Zeugen für das, was du von mir gesehen hast und was ich dir noch zeigen will.

17 Und ich will dich erretten von deinem Volk und von den Heiden, zu denen ich dich sende,

18 um ihnen die Augen aufzutun, daß sie sich bekehren von der Finsternis zum Licht und von der Gewalt des Satans zu Gott. So werden sie Vergebung der Sünden empfangen und [a] das Erbteil samt denen, die geheiligt sind durch den Glauben an mich. *a* Kap 20,32

19 ¶ Daher, König Agrippa, war ich der himmlischen Erscheinung nicht ungehorsam,[a] *a* Gal 1,16

20 sondern verkündigte zuerst denen in Damaskus und in Jerusalem und im ganzen jüdischen Land und dann auch den Heiden, sie sollten Buße tun und sich zu Gott bekehren und rechtschaffene Werke der Buße tun.

21 Deswegen haben mich die Juden im Tempel ergriffen und versucht, mich zu töten.[a] *a* Kap 21,30.31

22 Aber Gottes Hilfe habe ich erfahren bis zum heutigen Tag und stehe nun hier und bin sein Zeuge bei groß und klein und [a] sage nichts, als was die Propheten und Mose vorausgesagt haben: *a* Lk 24,44-47

[23]daß Christus müsse leiden und [a]als
erster auferstehen von den Toten und ver-
kündigen das Licht seinem Volk und den
Heiden. *a* 1.Kor 15,20
[24]¶Als er aber dies zu seiner Verteidi-
gung sagte, sprach Festus mit lauter
Stimme: Paulus, du bist von Sinnen! Das
große Wissen macht dich wahnsinnig.
[25]Paulus aber sprach: Edler Festus, ich
bin nicht von Sinnen, sondern ich rede
wahre und vernünftige Worte.
[26]Der König, zu dem ich frei und offen
rede, versteht sich auf diese Dinge. Denn
ich bin gewiß, daß ihm nichts davon ver-
borgen ist; denn [a]dies ist nicht im Winkel
geschehen. *a* Joh 18,20
[27]Glaubst du, König Agrippa, den Pro-
pheten? Ich weiß, daß du glaubst.
[28]Agrippa aber sprach zu Paulus: Es fehlt
nicht viel, so wirst du mich noch überre-
den und einen Christen aus mir machen.
[29]Paulus aber sprach: Ich wünschte vor
Gott, daß über kurz oder lang nicht allein
du, sondern alle, die mich heute hören,
das würden, was ich bin, ausgenommen
diese Fesseln.
[30]¶Da stand der König auf und der Statt-
halter und Berenike und die bei ihnen
saßen.
[31]Und als sie sich zurückzogen, redeten
sie miteinander und sprachen: Dieser
Mensch hat nichts getan, was Tod oder
Gefängnis verdient hätte.
[32]Agrippa aber sagte zu Festus: Dieser
Mensch könnte freigelassen werden, wenn
er sich nicht [a]auf den Kaiser berufen hätte.
a Kap 25,11

Paulus auf der Fahrt nach Rom

27 Als es aber [a]beschlossen war, daß
wir nach Italien fahren sollten, über-
gaben sie Paulus und einige andre Gefan-
gene einem Hauptmann mit Namen Julius
von einer kaiserlichen Abteilung.
a Kap 25,12
[2]Wir bestiegen aber ein Schiff aus Adra-
myttion, das die Küstenstädte der Provinz
Asien anlaufen sollte, und fuhren ab; mit
uns war auch [a]Aristarch, ein Mazedonier
aus Thessalonich. *a* Kap 20,4
[3]Und am nächsten Tag kamen wir in
Sidon an; und [a]Julius verhielt sich freund-
lich gegen Paulus und erlaubte ihm, zu
seinen Freunden zu gehen und sich pfle-
gen zu lassen. *a* Kap 24,23; 28,16
[4]Und von da stießen wir ab und fuhren
im Schutz von Zypern hin, weil uns die
Winde entgegen waren,
[5]und fuhren über das Meer längs der
Küste von Zilizien und Pamphylien und
kamen nach Myra in Lyzien.
[6]Und dort fand der Hauptmann ein Schiff
aus Alexandria, das nach Italien ging, und
ließ uns darauf übersteigen.
[7]Wir kamen aber viele Tage nur langsam
vorwärts und gelangten mit Mühe bis auf
die Höhe von Knidos, denn der Wind
hinderte uns; und wir fuhren im Schutz
von Kreta hin, bis auf die Höhe von Sal-
mone,
[8]und gelangten kaum daran vorbei und
kamen an einen Ort, der »Guthafen«
heißt; nahe dabei lag die Stadt Lasäa.
[9]¶Da nun viel Zeit vergangen war und
die Schiffahrt bereits [a]gefährlich wurde,
weil auch die [b]Fastenzeit schon vorüber
war, ermahnte sie Paulus
a 2.Kor 11,25.26 *b* 3.Mose 16,29
[10]und sprach zu ihnen: Liebe Männer, ich
sehe, daß diese Fahrt nur mit Leid und
großem Schaden vor sich gehen wird,
nicht allein für die Ladung und das Schiff,
sondern auch für unser Leben.
[11]Aber der Hauptmann glaubte dem Steu-
ermann und dem Schiffsherrn mehr als
dem, was Paulus sagte.
[12]Und da der Hafen zum Überwintern
ungeeignet war, bestanden die meisten von
ihnen auf dem Plan, von dort weiterzufah-
ren und zu versuchen, ob sie zum Über-
wintern bis nach Phönix kommen könn-
ten, einem Hafen auf Kreta, der gegen
Südwest und Nordwest offen ist.

Seesturm und Schiffbruch

[13]Als aber der Südwind wehte, meinten
sie, ihr Vorhaben ausführen zu können,
lichteten die Anker und fuhren nahe an
Kreta entlang.
[14]Nicht lange danach aber brach von der
Insel her ein Sturmwind los, den man
Nordost nennt.
[15]Und da das Schiff ergriffen wurde und
nicht mehr gegen den Wind gerichtet wer-
den konnte, gaben wir auf und ließen uns
treiben.
[16]Wir fuhren aber vorbei an einer Insel,
die Kauda heißt, da konnten wir mit Mühe
das Beiboot in unsre Gewalt bekommen.

17 Sie zogen es herauf und umspannten zum Schutz das Schiff mit Seilen. Da sie aber fürchteten, in die Syrte zu geraten, ließen sie den Treibanker herunter und trieben so dahin.

18 Und da wir großes Ungewitter erlitten, warfen sie am nächsten Tag Ladung ins Meer.

19 Und am dritten Tag warfen sie mit eigenen Händen das Schiffsgerät hinaus.

20 Da aber viele Tage weder Sonne noch Sterne schienen und ein gewaltiges Ungewitter uns bedrängte, war all unsre Hoffnung auf Rettung dahin.

21 ¶Und als man lange nichts gegessen hatte, trat Paulus mitten unter sie und sprach: Liebe Männer, man hätte auf mich hören sollen und nicht von Kreta aufbrechen, dann wäre uns Leid und Schaden erspart geblieben.

22 Doch nun ermahne ich euch: seid unverzagt; denn keiner von euch wird umkommen, nur das Schiff.

23 Denn diese Nacht trat zu mir der Engel des Gottes, dem ich gehöre und dem ich diene,

24 und sprach: Fürchte dich nicht, Paulus, [a]du mußt vor den Kaiser gestellt werden; und siehe, Gott hat dir geschenkt alle, die mit dir fahren. *a* Kap 23,11

25 Darum, liebe Männer, seid unverzagt; denn ich glaube Gott, es wird so geschehen, wie mir gesagt ist.

26 Wir werden aber auf eine Insel auflaufen.[a] *a* Kap 28,1

27 ¶Als aber die vierzehnte Nacht kam, seit wir in der Adria trieben, wähnten die Schiffsleute um Mitternacht, sie kämen an ein Land.

28 Und sie warfen das Senkblei aus und fanden es zwanzig Faden tief; und ein wenig weiter loteten sie abermals und fanden es fünfzehn Faden tief.

29 Da fürchteten sie, wir würden auf Klippen geraten, und warfen hinten vom Schiff vier Anker aus und wünschten, daß es Tag würde.

30 Als aber die Schiffsleute vom Schiff zu fliehen suchten und das Beiboot ins Meer herabließen und vorgaben, sie wollten auch vorne die Anker herunterlassen,

31 sprach Paulus zu dem Hauptmann und zu den Soldaten: Wenn diese nicht auf dem Schiff bleiben, könnt ihr nicht gerettet werden.

32 Da hieben die Soldaten die Taue ab und ließen das Beiboot ins Meer fallen.

33 ¶Und als es anfing hell zu werden, ermahnte Paulus sie alle, Nahrung zu sich zu nehmen, und sprach: Es ist heute der vierzehnte Tag, daß ihr wartet und ohne Nahrung geblieben seid und nichts zu euch genommen habt.

34 Darum ermahne ich euch, etwas zu essen; denn das dient zu eurer Rettung; [a]es wird keinem von euch ein Haar vom Haupt fallen. *a* Mt 10,30

35 Und als er das gesagt hatte, nahm er Brot, [a]dankte Gott vor ihnen allen und brach's und fing an zu essen. *a* Joh 6,11

36 Da wurden sie alle guten Mutes und nahmen auch Nahrung zu sich.

37 Wir waren aber alle zusammen im Schiff zweihundertsechsundsiebzig.

38 Und nachdem sie satt geworden waren, erleichterten sie das Schiff und warfen das Getreide in das Meer.

39 ¶Als es aber Tag wurde, kannten sie das Land nicht; eine Bucht aber wurden sie gewahr, die hatte ein flaches Ufer. Dahin wollten sie das Schiff treiben lassen, wenn es möglich wäre.

40 Und sie hieben die Anker ab und ließen sie im Meer, banden die Steuerruder los und richteten das Segel nach dem Wind und hielten auf das Ufer zu.

41 Und als sie auf eine Sandbank gerieten, ließen sie das Schiff auflaufen, und das Vorderschiff bohrte sich ein und saß fest, aber das Hinterschiff zerbrach unter der Gewalt der Wellen.

42 Die Soldaten aber hatten vor, die Gefangenen zu töten, damit niemand fortschwimmen und entfliehen könne.

43 Aber der Hauptmann wollte Paulus am Leben erhalten und wehrte ihrem Vorhaben und ließ die, die schwimmen konnten, als erste ins Meer springen und sich ans Land retten,

44 die andern aber einige auf Brettern, einige auf dem, was noch vom Schiff da war. Und so geschah es, [a]daß sie alle gerettet ans Land kamen. *a* Vers 22-25

Auf der Insel Malta

28 Und als wir gerettet waren, erfuhren wir, daß die Insel Malta hieß.

2 Die Leute aber erwiesen uns nicht geringe Freundlichkeit, zündeten ein

Feuer an und nahmen uns alle auf wegen
des Regens, der über uns gekommen war,
und wegen der [a]Kälte. *a* 2.Kor 11,27
3 Als nun Paulus einen Haufen Reisig
zusammenraffte und aufs Feuer legte, fuhr
wegen der Hitze eine Schlange heraus und
biß sich an seiner Hand fest.
4 Als aber die Leute das Tier an seiner
Hand hängen sahen, sprachen sie unter-
einander: Dieser Mensch muß ein Mör-
der sein, den die Göttin der Rache nicht
leben läßt, obgleich er dem Meer entkom-
men ist.
5 Er aber schlenkerte das Tier ins Feuer,
und [a]es widerfuhr ihm nichts Übles.
a Mk 16,18
6 Sie aber warteten, daß er anschwellen
oder plötzlich tot umfallen würde. Als sie
nun lange gewartet hatten und sahen, daß
ihm nichts Schlimmes widerfuhr, änder-
ten sie ihre Meinung und sprachen: [a]Er ist
ein Gott. *a* Kap 14,11
7 ¶In dieser Gegend hatte der angesehen-
ste Mann der Insel, mit Namen Publius,
Landgüter; der nahm uns auf und beher-
bergte uns drei Tage lang freundlich.
8 Es geschah aber, daß der Vater des
Publius am Fieber und an der Ruhr dar-
nieder lag. Zu dem ging Paulus hinein und
betete und legte die Hände auf ihn und
machte ihn gesund.
9 Als das geschehen war, kamen auch die
andern Kranken der Insel herbei und lie-
ßen sich gesund machen.
10 Und sie erwiesen uns große Ehre; und
als wir abfuhren, gaben sie uns mit, was
wir nötig hatten.

Von Malta nach Rom

11 Nach drei Monaten aber fuhren wir ab
mit einem Schiff aus Alexandria, das bei
der Insel überwintert hatte und das Zei-
chen der Zwillinge führte.
12 Und als wir nach Syrakus kamen, blie-
ben wir drei Tage da.
13 Von da fuhren wir die Küste entlang
und kamen nach Rhegion; und da am
nächsten Tag der Südwind sich erhob,
kamen wir in zwei Tagen nach Puteoli.
14 Dort fanden wir Brüder und wurden
von ihnen gebeten, sieben Tage da zu blei-
ben. Und so kamen wir nach Rom.
15 Dort hatten die Brüder von uns gehört
und kamen uns entgegen bis Forum Appii
und Tres-Tabernae. Als Paulus sie sah,
dankte er Gott und gewann Zuversicht.
16 Als wir nun nach Rom hineinkamen,*
[a]wurde dem Paulus erlaubt, für sich allein
zu wohnen mit dem Soldaten, der ihn
bewachte. *a* Kap 27,3

* In der späteren Überlieferung finden sich zusätzlich die Worte: »übergab der Hauptmann die Gefangenen dem Oberst; aber es (wurde)«.

Paulus in Rom

17 Es geschah aber nach drei Tagen, daß
Paulus die Angesehensten der Juden bei
sich zusammenrief. Als sie zusammenge-
kommen waren, sprach er zu ihnen: Ihr
Männer, liebe Brüder, [a]ich habe nichts
getan gegen unser Volk und die Ordnun-
gen der Väter und bin doch als Gefange-
ner aus Jerusalem überantwortet in die
Hände der Römer. *a* Kap 23,1
18 Diese wollten mich losgeben, nachdem
sie mich verhört hatten, weil nichts gegen
mich vorlag, das den Tod verdient hätte.
19 Da aber die Juden widersprachen, war
ich genötigt, [a]mich auf den Kaiser zu beru-
fen, nicht als hätte ich mein Volk wegen
etwas zu verklagen. *a* Kap 25,11
20 Aus diesem Grund habe ich darum
gebeten, daß ich euch sehen und zu euch
sprechen könnte; denn [a]um der Hoffnung
Israels willen trage ich diese Ketten.
a Kap 26,6.7
21 Sie aber sprachen zu ihm: Wir haben
deinetwegen weder Briefe aus Judäa emp-
fangen noch ist ein Bruder gekommen, der
über dich etwas Schlechtes berichtet oder
gesagt hätte.
22 Doch wollen wir von dir hören, was du
denkst; denn von dieser [a]Sekte ist uns
bekannt, daß ihr an allen Enden [b]wider-
sprochen wird. *a* Kap 24,14 *b* Lk 2,34
23 Und als sie ihm einen Tag bestimmt
hatten, kamen viele zu ihm in die Her-
berge. Da erklärte und bezeugte er ihnen
das Reich Gottes und predigte ihnen von
Jesus aus dem Gesetz des Mose und aus
den Propheten vom frühen Morgen bis
zum Abend.
24 Die einen stimmten dem zu, was er
sagte, die andern aber glaubten nicht.
25 ¶Sie waren aber untereinander uneins
und gingen weg, als Paulus dies eine Wort
gesagt hatte: Mit Recht hat der heilige
Geist durch den Propheten Jesaja zu euren
Vätern gesprochen (Jesaja 6,9.10):

26»Geh hin zu diesem Volk und sprich:
Mit den Ohren werdet ihr's hören und
nicht verstehen; und mit den Augen wer-
det ihr's sehen und nicht erkennen.
27Denn das Herz dieses Volkes ist ver-
stockt, und ihre Ohren hören schwer, und
ihre Augen sind geschlossen, damit sie
nicht etwa mit den Augen sehen und mit
den Ohren hören und mit dem Herzen
verstehen und sich bekehren, und ich
ihnen helfe.«
28**So [a]sei es euch kundgetan, daß den Hei-
den dies Heil Gottes gesandt ist; und sie
werden es hören.*** *a* Kap 13,46

* Vers 29 findet sich erst in der späteren Überlieferung: »Und als er das gesagt hatte, gingen die Juden weg und stritten heftig untereinander.«

30¶Paulus aber blieb zwei volle Jahre in
seiner eigenen Wohnung und nahm alle
auf, die zu ihm kamen,
31predigte das Reich Gottes und lehrte
von dem Herrn Jesus Christus [a]mit allem
Freimut ungehindert. *a* Eph 6,20

DER BRIEF DES PAULUS AN DIE RÖMER

Inhaltsübersicht

Paulus der Apostel der Heiden

1 Paulus, ein Knecht Christi Jesu, beru-
fen zum Apostel, [a]ausgesondert, zu
predigen das Evangelium Gottes,
a Apg 9,15; 13,2; Gal 1,15
2 das er zuvor verheißen hat durch seine
Propheten in der heiligen Schrift,[a]
a Kap 16,25.26; Lk 1,70; Tit 1,2
3 von seinem Sohn Jesus Christus, un-
serm Herrn, der geboren ist [a]aus dem
Geschlecht Davids nach dem Fleisch,
a Kap 9,5; 2.Sam 7,12; Mt 22,42
4 und nach dem Geist, der heiligt, [a]einge-
setzt ist als Sohn Gottes in Kraft durch die
Auferstehung von den Toten.
a Mt 28,18; Apg 13,33
5 Durch ihn haben wir empfangen Gnade
und Apostelamt, in seinem Namen den
[a]Gehorsam des Glaubens aufzurichten
[b]unter allen Heiden,
a Kap 15,18 *b* Apg 26,16-18; Gal 2,7.9
6 zu denen auch ihr gehört, die ihr beru-
fen seid von Jesus Christus.
7 ¶An alle Geliebten Gottes und [a]berufe-
nen Heiligen in Rom: [b]Gnade sei mit euch
und Friede von Gott, unserm Vater, und
dem Herrn Jesus Christus!
a 1.Kor 1,2; 2.Kor 1,1.2; Eph 1,1 *b* 4.Mose 6,24-26

Der Wunsch des Paulus, nach Rom zu kommen

8 Zuerst danke ich meinem Gott durch
Jesus Christus für euch alle, [a]daß man
von eurem Glauben in aller Welt spricht.
a Kap 16,19
9 Denn Gott ist mein Zeuge, dem ich in
meinem Geist diene am Evangelium von
seinem Sohn, daß ich [a]ohne Unterlaß euer
gedenke
a Eph 1,16
10 und allezeit in meinem Gebet flehe, ob
sich's wohl einmal fügen möchte durch
Gottes Willen, [a]daß ich zu euch komme.
a Kap 15,23.32; Apg 19,21
11 Denn mich verlangt danach, euch zu
sehen, damit ich euch etwas mitteile an
[a]geistlicher Gabe, um euch zu stärken,
a Kap 15,29
12 das heißt, damit ich zusammen mit
euch getröstet werde [a]durch euren und
meinen Glauben, den wir miteinander
haben.
a 2.Petr 1,1
13 ¶Ich will euch aber nicht verschwei-
gen, liebe Brüder, daß ich mir oft vorge-
nommen habe, zu euch zu kommen –
wurde aber bisher gehindert –, damit ich
auch unter euch Frucht schaffe wie unter
andern Heiden.
14 Ich bin ein Schuldner der Griechen und
der Nichtgriechen, der Weisen und der
Nichtweisen;
15 darum, soviel an mir liegt, bin ich wil-
lens, auch euch in Rom das Evangelium
zu predigen.

Das Evangelium als Kraft Gottes

16 Denn [a]**ich schäme mich des Evangeliums
nicht; denn es ist eine** [b]**Kraft Gottes, die
selig macht alle, die daran glauben, die
Juden zuerst und ebenso die Griechen.**
a Ps 119,46; 2.Tim 1,8 *b* 1.Kor 1,18.24
17 **Denn darin wird offenbart die Gerechtig-
keit, die vor Gott gilt,** [a]**welche kommt aus
Glauben in Glauben;*** **wie geschrieben steht**
(Habakuk 2,4): **»Der Gerechte wird aus
Glauben leben.«**
a Kap 3,21.22; Gal 3,11

* Wörtlich: »Denn die Gerechtigkeit Gottes wird in ihm offenbart aus Glauben zum Glauben« (vgl. 3,21). Siehe Sach- und Worterklärungen unter »Gerechtigkeit Gottes«.

Die Gottlosigkeit der Heiden

18 Denn Gottes Zorn wird vom Himmel
her offenbart über alles gottlose Wesen
und alle Ungerechtigkeit der Menschen,

die die Wahrheit durch Ungerechtigkeit
niederhalten.
19 Denn [a]was man von Gott erkennen
kann, ist unter ihnen offenbar; denn Gott
hat es ihnen offenbart. *a Apg 14,15-17; 17,24-28*
20 Denn Gottes unsichtbares Wesen, das
ist seine ewige Kraft und Gottheit, wird
seit der Schöpfung der Welt ersehen [a]aus
seinen Werken, wenn man sie wahrnimmt,
so daß sie keine Entschuldigung haben.
a Ps 19,2; Hebr 11,3
21 Denn obwohl sie von Gott wußten,
haben sie ihn nicht als Gott gepriesen
noch ihm gedankt, sondern sind dem
Nichtigen verfallen in ihren Gedanken,
und [a]ihr unverständiges Herz ist verfin-
stert. *a Eph 4,18*
22 Da sie sich für Weise hielten, sind sie
zu [a]Narren geworden *a 1.Kor 1,20*
23 und haben die Herrlichkeit des unver-
gänglichen Gottes vertauscht mit einem
Bild gleich dem eines vergänglichen Men-
schen und der Vögel und der vierfüßigen
und der kriechenden Tiere.[a]
a 2.Mose 20,4; 5.Mose 4,15-19; Ps 106,19-20; Jer 2,11
24 ¶ Darum hat Gott sie in den Begierden
ihrer Herzen dahingegeben in die Unrein-
heit, so daß ihre Leiber durch sie selbst
geschändet werden,[a] *a Apg 14,16*
25 sie, die Gottes Wahrheit in Lüge ver-
kehrt und das Geschöpf verehrt und ihm
gedient haben statt dem Schöpfer, der
gelobt ist in Ewigkeit. Amen.
26 ¶ Darum hat sie Gott dahingegeben in
schändliche Leidenschaften; denn ihre
Frauen haben den natürlichen Verkehr
vertauscht mit dem widernatürlichen;
27 desgleichen haben auch [a]die Männer
den natürlichen Verkehr mit der Frau ver-
lassen und sind in Begierde zueinander
entbrannt und haben Mann mit Mann
Schande getrieben und den Lohn ihrer
Verirrung, wie es ja sein mußte, an sich
selbst empfangen.
a 3.Mose 18,22; 20,13; 1.Kor 6,9
28 ¶ Und wie sie es für nichts geachtet
haben, Gott zu erkennen, hat sie Gott
dahingegeben in verkehrten Sinn, so daß
sie tun, was nicht recht ist,
29 voll von aller Ungerechtigkeit, Schlech-
tigkeit, Habgier, Bosheit, voll Neid, Mord,
Hader, List, Niedertracht; Zuträger,
30 Verleumder, Gottesverächter, Frevler,
hochmütig, prahlerisch, erfinderisch im
Bösen, den Eltern ungehorsam,
31 unvernünftig, treulos, lieblos, unbarm-
herzig.
32 Sie wissen, daß, die solches tun, nach
Gottes Recht den Tod verdienen; aber sie
tun es nicht allein, sondern haben auch
Gefallen an denen, die es tun.

Der Maßstab des göttlichen Gerichts

2 Darum, o Mensch, kannst du dich
nicht entschuldigen, wer du auch bist,
der du richtest. Denn [a]worin du den
andern richtest, verdammst du dich selbst,
weil du ebendasselbe tust, was du rich-
test. *a Mt 7,2; Joh 8,7; Jak 4,12*
2 Wir wissen aber, daß Gottes Urteil recht
ist über die, die solches tun.
3 Denkst du aber, o Mensch, der du die
richtest, die solches tun, und tust auch das-
selbe, daß du dem Urteil Gottes entrinnen
wirst?
4 Oder verachtest du den Reichtum sei-
ner Güte, [a]Geduld und Langmut? **Weißt
du nicht, daß dich Gottes Güte zur Buße
leitet?** *a 2.Petr 3,9.15*
5 Du aber mit deinem verstockten und
unbußfertigen Herzen häufst dir selbst
Zorn an auf den Tag des Zorns und der
Offenbarung des gerechten Gerichtes
Gottes,
6 [a]der einem jeden geben wird nach sei-
nen Werken: *a Jer 32,19; Mt 16,27; 2.Kor 5,10*
7 ewiges Leben denen, die in aller Geduld
mit guten Werken trachten nach Herrlich-
keit, Ehre und unvergänglichem Leben;
8 Ungnade und Zorn aber denen, die
streitsüchtig sind und der Wahrheit nicht
gehorchen, gehorchen aber der Ungerech-
tigkeit;[a] *a 2.Thess 1,8*
9 Trübsal und Angst über alle Seelen der
Menschen, die Böses tun, zuerst der
Juden und ebenso der Griechen;
10 Herrlichkeit aber und Ehre und Frie-
den allen denen, die Gutes tun, zuerst den
Juden und ebenso den Griechen.
11 ¶ Denn [a]**es ist kein Ansehen der Person
vor Gott.** *a 2.Chr 19,7; Apg 10,34; Kol 3,25; 1.Petr 1,17*
12 Alle, die ohne Gesetz gesündigt haben,
werden auch ohne Gesetz verlorengehen;
und alle, die unter dem Gesetz gesündigt
haben, werden durchs Gesetz verurteilt
werden.
13 Denn vor Gott sind nicht gerecht, die
das Gesetz **hören,** sondern [a]die das Gesetz
tun, werden gerecht sein.
a 5.Mose 6,25; Mt 7,21; Jak 1,22

[14]Denn wenn Heiden, die das Gesetz
nicht haben, doch [a]von Natur tun, was das
Gesetz fordert, so sind sie, obwohl sie das
Gesetz nicht haben, sich selbst Gesetz.
a Apg 10,35

[15]Sie beweisen damit, daß in ihr Herz
geschrieben ist, was das Gesetz fordert,
zumal ihr Gewissen es ihnen bezeugt,
dazu auch die Gedanken, die einander
anklagen oder auch entschuldigen –[a]
a Kap 1,32

[16]an dem Tag, [a]an dem Gott das Verborgene
der Menschen durch Christus Jesus
richten wird, wie es mein Evangelium
bezeugt. *a* Lk 8,17

Die Anklage gegen die Juden

[17]Wenn du dich aber Jude nennst und
verläßt dich aufs Gesetz und rühmst dich
Gottes

[18]und kennst seinen Willen und prüfst,
weil du aus dem Gesetz unterrichtet bist,
was das Beste zu tun sei,

[19]und maßt dir an, ein Leiter der Blinden
zu sein, ein Licht derer, die in Finsternis
sind,[a] *a* Mt 15,14

[20]ein Erzieher der Unverständigen, ein
Lehrer der Unmündigen, weil du im
Gesetz die Richtschnur der Erkenntnis
und Wahrheit hast –:

[21]Du lehrst nun andere, und lehrst dich
selber nicht? Du predigst, man solle nicht
stehlen, und du stiehlst?[a]
a Ps 50,16-21; Mt 23,3.4

[22]Du sprichst, man solle nicht ehebrechen,
und du brichst die Ehe? Du verabscheust
die Götzen, und beraubst ihre
Tempel?

[23]Du rühmst dich des Gesetzes, und
schändest Gott durch Übertretung des
Gesetzes?

[24]Denn »euretwegen wird Gottes Name
gelästert unter den Heiden«, wie geschrieben
steht (Jesaja 52,5).

[25]¶Die Beschneidung nützt etwas, wenn
du das Gesetz hältst; hältst du aber das
Gesetz nicht, so bist du aus einem
Beschnittenen schon ein Unbeschnittener
geworden.

[26]Wenn nun der Unbeschnittene hält, was
nach dem Gesetz recht ist, meinst du
nicht, [a]daß dann der Unbeschnittene vor
Gott als Beschnittener gilt? *a* Gal 5,6

[27]Und so wird der, der von Natur unbeschnitten
ist und das Gesetz erfüllt, dir ein
Richter sein, der du unter dem Buchstaben
und der Beschneidung stehst und das
Gesetz übertrittst.

[28][a]Denn nicht der ist ein Jude, der es
äußerlich ist, auch ist nicht das die
Beschneidung, die äußerlich am Fleisch
geschieht; *a (28 und 29)* Jer 4,4

[29]sondern der ist ein Jude, der es inwendig
verborgen ist, und [a]das ist die
Beschneidung des Herzens, die im Geist
und nicht im Buchstaben geschieht. Das
Lob eines solchen ist nicht von Menschen,
sondern von Gott.
a 5.Mose 30,6; Phil 3,3; Kol 2,11

Gottes unwandelbare Treue

3 Was haben dann die Juden für einen
Vorzug, oder was nützt die Beschneidung?

[2]Viel in jeder Weise! Zum ersten: ihnen
ist anvertraut, was Gott geredet hat.[a]
a Kap 9,4; 5.Mose 4,7.8; Ps 147,19.20

[3]Daß aber einige nicht treu waren, was
liegt daran? [a]Sollte ihre Untreue Gottes
Treue aufheben? *a* Kap 9,6; 11,29; 2.Tim 2,13

[4]Das sei ferne! Es bleibe vielmehr so:
Gott ist wahrhaftig und [a]alle Menschen
sind Lügner; wie geschrieben steht (Psalm
51,6): »Damit du recht behältst in deinen
Worten und siegst, wenn man mit dir rechtet.«
a Ps 116,11

[5]Ist's aber so, daß unsre Ungerechtigkeit
Gottes Gerechtigkeit ins Licht stellt, was
sollen wir sagen? Ist Gott dann nicht ungerecht,
wenn er zürnt? – Ich rede nach Menschenweise. –

[6]Das sei ferne! Wie könnte sonst Gott
die Welt richten?

[7]Wenn aber die Wahrheit Gottes durch
meine Lüge herrlicher wird zu seiner
Ehre, warum sollte ich dann noch als ein
Sünder gerichtet werden?

[8]Ist es etwa so, wie wir verlästert werden
und einige behaupten, daß wir sagen:
[a]Laßt uns Böses tun, damit Gutes daraus
komme? Deren Verdammnis ist gerecht.
a Kap 6,1

Die Schuld aller vor Gott

[9]Was sagen wir denn nun? Haben wir
Juden einen Vorzug? Gar keinen. Denn
[a]wir haben soeben bewiesen, daß alle,
Juden wie Griechen, unter der Sünde
sind, *a* Kap 1,18–2,24

10 wie geschrieben steht: [a]»Da ist keiner,
der gerecht ist, auch nicht einer.
a Hiob 4,17
11 Da ist keiner, der verständig ist; da ist
keiner, der nach Gott fragt.
12 Sie sind alle abgewichen und allesamt
verdorben. Da ist keiner, der Gutes tut,
auch nicht einer (Psalm 14,1-3).
13 Ihr Rachen ist ein offenes Grab; mit
ihren Zungen betrügen sie (Psalm 5,10),
Otterngift ist unter ihren Lippen (Psalm
140,4);
14 ihr Mund ist voll Fluch und Bitterkeit
(Psalm 10,7).
15 Ihre Füße eilen, Blut zu vergießen;
16 auf ihren Wegen ist lauter Schaden und
Jammer,
17 und [a]den Weg des Friedens kennen sie
nicht (Jesaja 59,7.8). *a* Lk 1,79
18 Es ist keine Gottesfurcht bei ihnen
(Psalm 36,2).«
19 Wir wissen aber: was das Gesetz sagt,
das sagt es denen, die unter dem Gesetz
sind, damit allen der Mund gestopft werde
und [a]alle Welt vor Gott schuldig sei,
a Kap 2,12; Gal 3,22
20 weil [a]kein Mensch durch die Werke
des Gesetzes vor ihm gerecht sein kann.
Denn [b]**durch das Gesetz kommt Erkenntnis
der Sünde.** *a* Ps 143,2; Gal 2,16 *b* Kap 7,7

Die Rechtfertigung allein durch Glauben

21 Nun aber ist ohne Zutun des Gesetzes
die Gerechtigkeit, die vor Gott gilt, offen-
bart, bezeugt durch das Gesetz und die
Propheten.[a] *a* Kap 1,17; 4; Apg 10,43
22 Ich rede aber von der Gerechtigkeit vor
Gott, [a]die da kommt durch den Glauben
an Jesus Christus zu allen, die glauben.
Denn es ist hier kein Unterschied: *a* Phil 3,9
23 [a]**sie sind allesamt Sünder und erman-
geln des Ruhmes, den sie bei Gott haben
sollten,*** *a* 1.Mose 8,21

* Wörtlich: »Alle haben gesündigt und die Herrlichkeit verloren, die Gott ihnen zugedacht hatte.«

24 **und werden ohne Verdienst gerecht aus
seiner Gnade durch die Erlösung, die durch
Christus Jesus geschehen ist.**[a]
a Kap 5,1; 2.Kor 5,19; Eph 2,8
25 Den hat Gott für den Glauben hinge-
stellt als [a]Sühne in seinem Blut zum Er-
weis seiner Gerechtigkeit, indem er die
Sünden vergibt, die früher
a Mt 26,28; Kol 1,20; Hebr 9,26-28
26 begangen wurden in der Zeit seiner
Geduld, um nun in dieser Zeit seine Ge-
rechtigkeit zu erweisen, daß er selbst ge-
recht ist und gerecht macht den, der da ist
aus dem Glauben an Jesus.
27 ¶ Wo bleibt nun [a]das Rühmen? Es ist
ausgeschlossen. Durch welches Gesetz?
Durch das Gesetz der Werke? Nein, son-
dern durch das Gesetz des Glaubens.
a 1.Kor 1,29.31
28 **So halten wir nun dafür, daß der Mensch
gerecht wird ohne des Gesetzes Werke, allein
durch den Glauben.**[a] *a* Gal 2,16
29 Oder ist Gott allein der Gott der Juden?
Ist er nicht auch der Gott der Heiden? Ja
gewiß, auch der Heiden.[a] *a* Kap 10,12
30 Denn es ist der eine Gott, [a]der gerecht
macht die Juden aus dem Glauben und
die Heiden durch den Glauben. *a* Kap 4,11.12
31 Wie? Heben wir denn das Gesetz auf
durch den Glauben? Das sei ferne! Son-
dern [a]wir richten das Gesetz auf. *a* Mt 5,17

Abraham der Vater des Glaubens

4 Was sagen wir denn von Abraham,
unserm leiblichen Stammvater? Was
hat er erlangt?
2 Das sagen wir: Ist Abraham durch
Werke gerecht, so kann er sich wohl rüh-
men, aber nicht vor Gott.
3 Denn was sagt die Schrift? [a]»Abraham
hat Gott geglaubt, und das ist ihm zur
Gerechtigkeit gerechnet worden.« (1. Mose
15,6) *a* Gal 3,6
4 Dem aber, der mit Werken umgeht, wird
der Lohn nicht aus Gnade zugerechnet,
sondern aus Pflicht.[a] *a* Kap 11,6
5 **Dem aber, der nicht mit Werken umgeht,
glaubt aber an den, der die Gottlosen gerecht
macht, [a]dem wird sein Glaube gerechnet zur
Gerechtigkeit.** *a* Kap 3,26
6 ¶ Wie ja auch David den Menschen selig-
preist, dem Gott zurechnet die Gerechtig-
keit ohne Zutun der Werke (Psalm 32,1.2):
7 »Selig sind die, denen die Ungerechtig-
keiten vergeben und denen die Sünden
bedeckt sind!
8 Selig ist der Mann, dem der Herr die
Sünde nicht zurechnet!«
9 ¶ Diese Seligpreisung nun, gilt sie den
Beschnittenen oder auch den Unbeschnit-
tenen? Wir sagen doch: »Abraham ist sein
Glaube zur Gerechtigkeit gerechnet wor-
den.«
10 Wie ist er ihm denn zugerechnet wor-
den? Als er beschnitten oder als er unbe-

schnitten war? Ohne Zweifel: nicht als er
beschnitten, sondern als er unbeschnitten
war.
11 Das Zeichen der Beschneidung aber
empfing er [a]als Siegel der Gerechtigkeit
des Glaubens, den er hatte, als er noch
nicht beschnitten war. So sollte er ein
Vater werden aller, die glauben, ohne
beschnitten zu sein, damit auch ihnen der
Glaube gerechnet werde zur Gerechtig-
keit; *a* 1.Mose 17,10.11
12 und ebenso ein Vater der Beschnitte-
nen, wenn sie nicht nur beschnitten sind,
sondern auch gehen in den Fußtapfen des
Glaubens, den [a]unser Vater Abraham
hatte, als er noch nicht beschnitten war.
a Mt 3,9

13 ¶Denn die Verheißung, daß er der Erbe
der Welt sein solle, ist Abraham oder sei-
nen Nachkommen nicht zuteil geworden
durchs Gesetz, sondern durch die Gerech-
tigkeit des Glaubens.[a] *a* 1.Mose 22,17.18
14 Denn wenn die vom Gesetz Erben sind,
dann ist der Glaube nichts, und die Ver-
heißung ist dahin.
15 Denn das Gesetz richtet nur Zorn an;
[a]wo aber das Gesetz nicht ist, da ist auch
keine Übertretung. *a* Kap 3,20; 5,13; 7,8.10
16 Deshalb muß die Gerechtigkeit durch
den Glauben kommen, damit sie aus Gna-
den sei und die Verheißung festbleibe für
alle Nachkommen, nicht allein für die, die
unter dem Gesetz sind, sondern auch für
die, die wie Abraham aus dem Glauben
leben. Der ist unser aller Vater
17 – wie geschrieben steht (1.Mose 17,5):
»Ich habe dich gesetzt zum Vater vieler
Völker« – vor Gott, dem er geglaubt hat,
der [a]die Toten lebendig macht und ruft
das, was nicht ist, daß es sei.
a 2.Kor 1,9; Hebr 11,19
18 Er hat geglaubt auf Hoffnung, wo nichts
zu hoffen war, daß er der Vater vieler Völ-
ker werde, wie zu ihm gesagt ist (1.Mose
15,5): »So zahlreich sollen deine Nachkom-
men sein.«
19 Und er wurde nicht schwach im Glau-
ben, als er auf seinen eigenen Leib sah,
der schon erstorben war, weil er fast hun-
dertjährig war, und auf den erstorbenen
Leib der Sara.[a] *a* 1.Mose 17,17
20 Denn er zweifelte nicht an der Verhei-
ßung Gottes durch Unglauben, sondern
wurde stark im Glauben und gab Gott die
Ehre
21 und wußte aufs allergewisseste: [a]was
Gott verheißt, das kann er auch tun.
a Hebr 11,11
22 Darum ist es ihm auch »zur Gerechtig-
keit gerechnet worden« (1.Mose 15,6).
23 Daß es ihm zugerechnet worden ist, ist
aber nicht allein um seinetwillen geschrie-
ben,
24 sondern auch um unsertwillen, denen
es zugerechnet werden soll, wenn wir glau-
ben an den, der unsern Herrn Jesus aufer-
weckt hat von den Toten,
25 [a]**welcher ist um unsrer Sünden willen**
dahingegeben und um unsrer Rechtfertigung
willen auferweckt. *a* Kap 8,32.34; Jes 53,4-6

Frieden mit Gott

5 **Da wir nun [a]gerecht geworden sind durch**
den Glauben, haben wir [b]Frieden mit
Gott durch unsern Herrn Jesus Christus;
a Kap 3,24.28 *b* Jes 53,5
2 durch ihn haben wir auch [a]den Zugang
im Glauben zu dieser Gnade, in der wir
stehen, und rühmen uns der Hoffnung der
zukünftigen Herrlichkeit, die Gott geben
wird. *a* Joh 14,6; Eph 3,12
3 Nicht allein aber das, sondern [a]wir rüh-
men uns auch der Bedrängnisse, weil **wir**
wissen, daß Bedrängnis Geduld bringt,
a Jak 1,2.3
4 **Geduld aber [a]Bewährung, Bewährung**
aber Hoffnung, *a* Jak 1,12
5 [a]**Hoffnung aber läßt nicht zuschanden**
werden; denn die Liebe Gottes ist ausge-
gossen in unsre Herzen durch den heiligen
Geist, der uns gegeben ist.
a Ps 22,6; 25,3.20; Hebr 6,18.19
6 Denn Christus ist schon zu der Zeit, als
wir noch schwach waren, für uns Gottlose
gestorben.
7 Nun stirbt kaum jemand um eines
Gerechten willen; um des Guten willen
wagt er vielleicht sein Leben.
8 Gott aber erweist seine Liebe zu uns
darin, daß Christus für uns gestorben ist,
als wir noch Sünder waren.[a]
a Joh 3,16; 1.Joh 4,10
9 Um wieviel mehr werden wir nun durch
ihn bewahrt werden vor dem [a]Zorn, nach-
dem wir jetzt durch sein Blut gerecht
geworden sind! *a* Kap 1,18; 2,5.8
10 Denn wenn wir [a]mit Gott versöhnt wor-
den sind durch den Tod seines Sohnes, als
wir noch [b]Feinde waren, um wieviel mehr

werden wir selig werden durch sein Leben,
nachdem wir nun versöhnt sind.

a 2.Kor 5,18 *b* Kap 8,7; Kol 1,21

11 Nicht allein aber das, sondern wir rühmen uns auch Gottes durch unsern Herrn Jesus Christus, durch den wir jetzt die Versöhnung empfangen haben.

Adam und Christus

12 Deshalb, wie durch **einen** Menschen [a]die Sünde in die Welt gekommen ist und [b]der Tod durch die Sünde, so ist der Tod zu allen Menschen durchgedrungen, weil sie alle gesündigt haben.

a 1.Mose 3,19 *b* Kap 6,23; 1.Mose 2,17

13 Denn die Sünde war wohl in der Welt, ehe das Gesetz kam; aber [a]wo kein Gesetz ist, da wird Sünde nicht angerechnet.

a Kap 4,15

14 Dennoch herrschte der Tod von Adam an bis Mose auch über die, die nicht gesündigt hatten durch die gleiche Übertretung wie Adam, welcher ist ein Bild dessen, der kommen sollte.

15 Aber nicht verhält sich's mit der Gabe wie mit der Sünde. Denn wenn durch die Sünde des Einen die Vielen gestorben sind, um wieviel mehr ist Gottes Gnade und Gabe den Vielen überreich zuteil geworden durch die Gnade des einen Menschen Jesus Christus.

16 Und nicht verhält es sich mit der Gabe wie mit dem, was durch den einen Sünder geschehen ist. Denn das Urteil hat von dem Einen her zur Verdammnis geführt, die Gnade aber hilft aus vielen Sünden zur Gerechtigkeit.

17 Denn wenn wegen der Sünde des Einen der Tod geherrscht hat durch den Einen, um wieviel mehr werden die, welche die Fülle der Gnade und der Gabe der Gerechtigkeit empfangen, herrschen im Leben durch den Einen, Jesus Christus.

18 **Wie nun durch die Sünde des Einen die Verdammnis über alle Menschen gekommen ist, so ist auch durch die Gerechtigkeit des Einen für alle Menschen die Rechtfertigung gekommen, die zum Leben führt.**[a]

a 1.Kor 15,21.22

19 Denn wie durch den Ungehorsam des einen Menschen die Vielen zu Sündern geworden sind, so [a]werden auch durch den Gehorsam des Einen die Vielen zu Gerechten.

a Kap 3,26; Jes 53,11

20 ¶ [a]Das Gesetz aber ist dazwischen hineingekommen, damit die Sünde mächtiger würde. Wo aber die Sünde mächtig geworden ist, da ist doch die Gnade noch viel mächtiger geworden,

a Kap 7,8.13; Gal 3,19

21 damit, wie die Sünde geherrscht hat zum Tode, [a]so auch die Gnade herrsche durch die Gerechtigkeit zum ewigen Leben durch Jesus Christus, unsern Herrn.

a Kap 6,23

Taufe und neues Leben

6 Was sollen wir nun sagen? Sollen wir denn in der Sünde beharren, damit die Gnade um so mächtiger werde?[a]

a Kap 3,5-8

2 Das sei ferne! Wie sollten wir in der Sünde leben wollen, der wir doch gestorben sind?

3 Oder **wißt ihr nicht, daß alle, die wir [a]auf Christus Jesus getauft sind, die sind in seinen Tod getauft?**

a Gal 3,27

4 **So sind wir ja mit ihm begraben durch die Taufe in den Tod, damit, wie Christus auferweckt ist von den Toten durch die Herrlichkeit des Vaters, auch wir in einem neuen Leben wandeln.**[a]

a Kol 2,12; 1.Petr 3,21

5 Denn wenn wir mit ihm verbunden und ihm gleichgeworden sind in seinem Tod, so werden wir ihm auch in der Auferstehung gleich sein.

6 Wir wissen ja, daß [a]unser alter Mensch mit ihm gekreuzigt ist, damit der Leib der Sünde vernichtet werde, so daß wir hinfort der Sünde nicht dienen.

a Gal 5,24

7 Denn wer gestorben ist, der ist frei geworden von der Sünde.

8 Sind wir aber mit Christus gestorben, so glauben wir, daß wir auch mit ihm leben werden,

9 und wissen, daß Christus, von den Toten erweckt, hinfort nicht stirbt; der Tod kann hinfort über ihn nicht herrschen.

10 Denn was er gestorben ist, das ist er der Sünde gestorben [a]ein für allemal; was er aber lebt, das lebt er Gott.

a Hebr 9,26-28

11 So auch ihr, haltet dafür, daß ihr der Sünde gestorben seid und lebt Gott in Christus Jesus.[a]

a 2.Kor 5,15; 1.Petr 2,24

12 ¶ So laßt nun die Sünde nicht herrschen in eurem sterblichen Leibe, und leistet seinen Begierden keinen Gehorsam.[a]

a 1.Mose 4,7

13 Auch gebt nicht der Sünde eure Glieder hin als Waffen der Ungerechtigkeit,

sondern gebt euch selbst Gott hin, als sol-
che, die tot waren und nun lebendig sind,
und [a]eure Glieder Gott als Waffen der
Gerechtigkeit. *a* Kap 12,1
14 Denn die Sünde wird nicht herrschen
können über euch, weil ihr ja nicht unter
dem Gesetz seid, sondern [a]unter der Gna-
de.[b] *a* Kap 7,4-6; 1.Joh 3,6 *b* Kap 5,17.21
15 ¶Wie nun? Sollen wir sündigen, weil
wir nicht unter dem Gesetz, sondern unter
der Gnade sind? Das sei ferne!
16 Wißt ihr nicht: wem ihr euch zu Knech-
ten macht, um ihm zu gehorchen, dessen
Knechte seid ihr und müßt ihm gehorsam
sein, es sei der Sünde zum Tode oder dem
Gehorsam zur Gerechtigkeit?[a] *a* Joh 8,34
17 Gott sei aber gedankt, daß ihr Knechte
der Sünde **gewesen** seid, aber nun von Her-
zen gehorsam geworden der Gestalt der
Lehre, der ihr ergeben seid.
18 Denn indem ihr nun [a]frei geworden
seid von der Sünde, seid ihr Knechte
geworden der Gerechtigkeit. *a* Joh 8,32
19 ¶Ich muß menschlich davon reden um
der Schwachheit eures Fleisches willen:
Wie ihr eure Glieder hingegeben hattet an
den Dienst der Unreinheit und Ungerech-
tigkeit zu immer neuer Ungerechtigkeit,
so gebt nun eure Glieder hin an den
Dienst der Gerechtigkeit, daß sie heilig
werden.
20 Denn als ihr Knechte der Sünde wart,
da wart ihr frei von der Gerechtigkeit.
21 Was hattet ihr nun damals für Frucht?
Solche, deren ihr euch jetzt schämt; denn
das Ende derselben ist der [a]Tod.
a Kap 8,6.13
22 Nun aber, da ihr von der Sünde frei und
Gottes Knechte geworden seid, habt ihr
darin eure Frucht, daß ihr heilig werdet;
das Ende aber ist das ewige Leben.
23 Denn [a]**der Sünde Sold ist der Tod; die
Gabe Gottes aber ist das ewige Leben in
Christus Jesus, unserm Herrn.**
a Kap 5,12; 1.Mose 2,17; Jak 1,15

Freiheit vom Gesetz

7 Wißt ihr nicht, liebe Brüder – denn ich
rede mit denen, die das Gesetz ken-
nen –, daß das Gesetz nur herrscht über
den Menschen, solange er lebt?
2 Denn [a]eine Frau ist an ihren Mann
gebunden durch das Gesetz, solange der
Mann lebt; wenn aber der Mann stirbt, so
ist sie frei von dem Gesetz, das sie an den
Mann bindet. *a* 1.Kor 7,39
3 Wenn sie nun bei einem andern Mann
ist, solange ihr Mann lebt, wird sie eine
Ehebrecherin genannt; wenn aber ihr
Mann stirbt, ist sie frei vom Gesetz, so
daß sie nicht eine Ehebrecherin ist, wenn
sie einen andern Mann nimmt.
4 Also seid auch ihr, meine Brüder, dem
Gesetz getötet durch den Leib Christi, so
daß ihr einem andern angehört, nämlich
dem, der von den Toten auferweckt ist,
damit wir Gott Frucht bringen.
5 Denn solange wir dem Fleisch verfallen
waren, da waren die sündigen Leidenschaf-
ten, die durchs Gesetz erregt wurden, kräf-
tig in unsern Gliedern, so daß wir [a]dem
Tode Frucht brachten. *a* Kap 6,21
6 Nun aber sind wir [a]vom Gesetz frei
geworden und ihm abgestorben, das uns
gefangenhielt, so daß wir dienen [b]im
neuen Wesen des Geistes und nicht im
alten Wesen des Buchstabens.
a Kap 8,1.2 *b* Kap 6,2.4

Der Mensch unter dem Gesetz

7 Was sollen wir denn nun sagen? Ist das
Gesetz Sünde? Das sei ferne! Aber die
Sünde erkannte ich nicht außer durchs
Gesetz. Denn ich wußte nichts von der
Begierde, wenn das Gesetz nicht gesagt
hätte (2.Mose 20,17): »Du sollst nicht
begehren!«
8 Die Sünde aber nahm das Gebot zum
Anlaß und erregte in mir Begierden aller
Art; denn [a]ohne das Gesetz war die Sünde
tot. *a* Kap 5,13; 1.Kor 15,56
9 Ich lebte einst ohne Gesetz; als aber das
Gebot kam, wurde die Sünde lebendig,
10 ich aber starb. Und so fand sich's, [a]daß
das Gebot mir den Tod brachte, das doch
[b]zum Leben gegeben war.
a 3.Mose 18,5 *b* Jak 1,15
11 Denn die Sünde nahm das Gebot zum
Anlaß und [a]betrog mich und tötete mich
durch das Gebot. *a* Hebr 3,13
12 So ist also das Gesetz heilig, und das
Gebot ist heilig, gerecht und gut.[a]
a 1.Tim 1,8
13 Ist dann, was doch gut ist, mir zum Tod
geworden? Das sei ferne! Sondern die
Sünde, [a]damit sie als Sünde sichtbar
werde, hat mir durch das Gute den Tod
gebracht, damit die Sünde überaus sündig
werde durchs Gebot. *a* Kap 5,20

14 ¶Denn wir wissen, daß das Gesetz
geistlich ist; [a]ich aber bin fleischlich, unter
die Sünde verkauft. *a* Joh 3,6
15 Denn ich weiß nicht, was ich tue. Denn
ich tue nicht, was ich will; sondern was ich
hasse, das tue ich.
16 Wenn ich aber das tue, was ich nicht
will, so gebe ich zu, daß das Gesetz gut ist.
17 So tue nun nicht ich es, sondern die
Sünde, die in mir wohnt.
18 Denn ich weiß, daß in mir, das heißt in
meinem Fleisch*, [a]nichts Gutes wohnt.
**Wollen habe ich wohl, aber das Gute voll-
bringen kann ich nicht.** *a* 1.Mose 6,5; 8,21

* Siehe Sach- und Worterklärungen (vgl. 7,25; 8,3-9).

19 **Denn das Gute, das ich will, das tue ich
nicht; sondern das Böse, das ich nicht will,
das tue ich.**
20 Wenn ich aber tue, was ich nicht will,
so tue nicht ich es, sondern die Sünde, die
in mir wohnt.
21 So finde ich nun das Gesetz, daß mir,
der ich das Gute tun will, das Böse
anhängt.
22 Denn ich habe Lust an Gottes Gesetz
nach dem inwendigen Menschen.
23 Ich sehe aber ein anderes Gesetz in
meinen Gliedern, das widerstreitet dem
Gesetz in meinem Gemüt* und hält mich
gefangen im Gesetz der Sünde, das in mei-
nen Gliedern ist.[a] *a* Gal 5,17

* Siehe Sach- und Worterklärungen.

24 **Ich elender Mensch! Wer wird mich
erlösen von diesem todverfallenen Leibe?**
25 **Dank sei Gott durch Jesus Christus,
unsern Herrn!**[a] *a* 1.Kor 15,57
¶So diene ich nun mit dem Gemüt dem
Gesetz Gottes, aber mit dem Fleisch dem
Gesetz der Sünde.

Das Leben im Geist

8 **So gibt es nun keine Verdammnis für die,
die in Christus Jesus sind.**[a] *a* Vers 33.34
2 Denn das Gesetz des Geistes, der leben-
dig macht in Christus Jesus, hat dich frei
gemacht von dem Gesetz der Sünde und
des Todes.
3 Denn was [a]dem Gesetz unmöglich war,
weil es durch das Fleisch geschwächt war,
das tat Gott: er sandte seinen Sohn [b]in der
Gestalt des sündigen Fleisches und um
der Sünde willen und verdammte die
Sünde im Fleisch,
a Apg 13,38; 15,10 *b* Hebr 2,17
4 damit die Gerechtigkeit, vom Gesetz
gefordert, in uns erfüllt würde, die wir nun
nicht nach dem Fleisch leben, sondern
[a]nach dem Geist. *a* Gal 5,16.25
5 Denn die da fleischlich sind, die sind
fleischlich gesinnt; die aber geistlich sind,
die sind geistlich gesinnt.
6 Aber fleischlich gesinnt sein ist der
[a]Tod, und geistlich gesinnt sein ist [b]Leben
und Friede. *a* Kap 6,21 *b* Gal 6,8
7 Denn fleischlich gesinnt sein ist [a]Feind-
schaft gegen Gott, weil das Fleisch dem
Gesetz Gottes nicht untertan ist; denn es
vermag's auch nicht. *a* Jak 4,4
8 Die aber fleischlich sind, können Gott
nicht gefallen.
9 Ihr aber seid nicht fleischlich, sondern
geistlich, wenn denn Gottes Geist in euch
wohnt. Wer aber Christi Geist nicht hat,
der ist nicht sein.
10 Wenn aber [a]Christus in euch ist, so ist
der Leib zwar tot um der Sünde willen,
der Geist aber ist Leben um der Gerech-
tigkeit willen. *a* Gal 2,20
11 Wenn nun der Geist dessen, der Jesus
von den Toten auferweckt hat, in euch
wohnt, so wird er, der Christus von den
Toten auferweckt hat, auch eure sterbli-
chen Leiber lebendig machen durch sei-
nen Geist, der in euch wohnt.
12 ¶So sind wir nun, liebe Brüder, nicht
dem Fleisch schuldig, daß wir nach dem
Fleisch leben.[a] *a* Kap 6,7.18
13 Denn wenn ihr nach dem Fleisch lebt,
so werdet ihr sterben müssen; wenn ihr
aber durch den Geist die Taten des Flei-
sches tötet, so werdet ihr leben.[a]
a Kap 7,24; Gal 6,8; Eph 4,22-24
14 Denn **welche der Geist Gottes treibt, die
sind Gottes Kinder.**
15 Denn ihr habt nicht einen knechtischen
Geist empfangen, daß ihr euch abermals
fürchten müßtet; sondern ihr habt einen
kindlichen Geist empfangen, durch den
wir rufen: Abba, lieber Vater![a]
a Gal 4,5.6; 2.Tim 1,7
16 Der [a]Geist selbst gibt Zeugnis unserm
Geist, daß wir Gottes Kinder sind.
a 2.Kor 1,22
17 Sind wir aber [a]Kinder, so sind wir auch
[b]Erben, nämlich Gottes Erben und Miter-
ben Christi, wenn wir denn mit ihm lei-
den, damit wir auch mit zur Herrlichkeit
erhoben werden. *a* Gal 4,7 *b* Offb 21,7

Hoffnung für die Schöpfung und Gewißheit des Heils

18 Denn ich bin überzeugt, daß dieser Zeit
Leiden nicht ins Gewicht fallen gegenüber
der Herrlichkeit, die an uns offenbart wer-
den soll.[a] a 2.Kor 4,17
19 Denn das ängstliche Harren der Krea-
tur wartet darauf, daß [a]die Kinder Gottes
offenbar werden. a Kol 3,4; 1.Joh 3,2
20 [a]Die Schöpfung ist ja unterworfen der
Vergänglichkeit – ohne ihren Willen, son-
dern durch den, der sie unterworfen hat –,
doch auf Hoffnung; a Pred 1,4
21 denn auch die Schöpfung wird frei wer-
den von der Knechtschaft der Vergänglich-
keit zu der herrlichen Freiheit der Kinder
Gottes.[a] a 2.Petr 3,13
22 Denn wir wissen, daß die ganze Schöp-
fung bis zu diesem Augenblick mit uns
seufzt und sich ängstet.
23 Nicht allein aber sie, sondern auch wir
selbst, die wir den Geist als Erstlingsgabe
haben, [a]seufzen in uns selbst und sehnen
uns nach der Kindschaft, der Erlösung
unseres Leibes. a 2.Kor 5,2
24 Denn **wir sind zwar gerettet, doch auf
Hoffnung.** Die Hoffnung aber, die man
sieht, ist nicht Hoffnung; denn wie kann
man auf das hoffen, was man sieht?[a]
a 2.Kor 5,7
25 Wenn wir aber auf das hoffen, was wir
nicht sehen, so warten wir darauf in
Geduld.[a] a Gal 5,5
26 ¶ Desgleichen hilft auch der Geist uns-
rer Schwachheit auf. Denn wir wissen
nicht, was wir beten sollen, wie sich's
gebührt; sondern der Geist selbst vertritt
uns mit unaussprechlichem Seufzen.
27 Der aber die Herzen erforscht, der
weiß, worauf der Sinn des Geistes gerich-
tet ist; denn er vertritt die Heiligen, wie es
Gott gefällt.
28 **Wir wissen aber, daß denen, die Gott lie-
ben, alle Dinge zum Besten dienen, denen,
die nach seinem [a]Ratschluß berufen sind.**
a Eph 1,11
29 Denn die er ausersehen hat, die hat er
auch vorherbestimmt, daß sie gleich sein
sollten dem Bild seines Sohnes, damit die-
ser der [a]Erstgeborene sei unter vielen
Brüdern. a Kol 1,18; Hebr 1,6
30 [a]Die er aber vorherbestimmt hat, die
hat er auch berufen; die er aber berufen
hat, die [b]hat er auch gerecht gemacht; die
er aber gerecht gemacht hat, die hat er
auch verherrlicht. a 2.Thess 2,13.14 b Kap 3,26
31 ¶ Was wollen wir nun hierzu sagen? [a]**Ist
Gott für uns, wer kann wider uns sein?**
a Ps 118,6
32 **Der auch [a]seinen eigenen Sohn nicht
verschont hat, sondern hat ihn für uns alle
dahingegeben – wie sollte er uns mit ihm
nicht alles schenken?** a Joh 3,16
33 **Wer will die Auserwählten Gottes be-
schuldigen? Gott ist hier, der gerecht
macht.**[a] a Jes 50,8
34 **Wer will verdammen? Christus Jesus ist
hier, der gestorben ist, ja vielmehr, der auch
auferweckt ist, der zur Rechten Gottes ist
und [a]uns vertritt.** a 1.Joh 2,1; Hebr 7,25
35 [a] Wer will uns scheiden von der Liebe
Christi? Trübsal oder Angst oder Verfol-
gung oder Hunger oder Blöße oder Gefahr
oder Schwert? a (35-39) Ps 73,23-26
36 wie geschrieben steht (Psalm 44,23):
»Um deinetwillen [a]werden wir getötet
den ganzen Tag; wir sind geachtet wie
Schlachtschafe.« a 2.Kor 4,11
37 ¶ Aber [a]in dem allen überwinden wir
weit durch den, der uns geliebt hat.
a 1.Joh 5,4
38 Denn **ich bin gewiß, daß weder Tod noch
Leben, weder Engel noch [a]Mächte noch
Gewalten, weder Gegenwärtiges noch Zu-
künftiges,** a Eph 6,12
39 **weder Hohes noch Tiefes noch eine
andere Kreatur uns scheiden kann von der
Liebe Gottes, die in Christus Jesus ist,
unserm Herrn.**

Gottes Weg mit Israel (Kapitel 9–11)

Israels Gotteskindschaft

9 Ich sage die Wahrheit in Christus und
lüge nicht, wie mir mein Gewissen
bezeugt im heiligen Geist,
2 daß ich große Traurigkeit und Schmer-
zen ohne Unterlaß in meinem Herzen
habe.
3 Ich selber [a]wünschte, verflucht und von
Christus getrennt zu sein für meine Brü-
der, die meine Stammverwandten sind
nach dem Fleisch, a 2.Mose 32,32
4 die Israeliten sind, denen die [a]Kind-
schaft gehört und die [b]Herrlichkeit und
die [c]Bundesschlüsse und das [d]Gesetz und
der Gottesdienst und die Verheißungen,
a 2.Mose 4,22; 5.Mose 7,6 b 2.Mose 40,34
c 1.Mose 17,7 d 2.Mose 20

5 denen auch die Väter gehören, und aus
denen [a]Christus herkommt nach dem
Fleisch, der da ist Gott über alles, gelobt
in Ewigkeit. Amen. *a* Kap 1,3; Mt 1; Lk 3,23-34

Die Kinder der Verheißung als das wahre Israel

6 Aber ich sage damit nicht, daß [a]Gottes
Wort hinfällig geworden sei. Denn [b]nicht
alle sind Israeliten, die von Israel stam-
men; *a* 4.Mose 23,19 *b* Kap 2,28
7 auch nicht alle, die Abrahams Nachkom-
men sind, sind darum seine Kinder. Son-
dern nur »was von Isaak stammt, soll dein
Geschlecht genannt werden« (1. Mose
21,12),
8 das heißt: nicht das sind Gottes Kinder,
die nach dem Fleisch Kinder sind; son-
dern nur die Kinder der [a]Verheißung wer-
den als seine Nachkommenschaft aner-
kannt. *a* Gal 4,23
9 Denn dies ist ein Wort der Verheißung,
da er spricht (1. Mose 18,10): »Um diese
Zeit will ich kommen, und Sara soll einen
Sohn haben.«
10 ¶ Aber nicht allein hier ist es so, son-
dern auch bei Rebekka, die von dem einen,
unserm Vater Isaak, schwanger wurde.
11 Ehe die Kinder geboren waren und
weder Gutes noch Böses getan hatten, da
wurde, damit der Ratschluß Gottes beste-
hen bliebe und seine freie Wahl –
12 nicht aus Verdienst der Werke, sondern
durch die Gnade des Berufenden –, zu ihr
gesagt: »Der Ältere soll dienstbar werden
dem Jüngeren« (1. Mose 25,23),
13 wie geschrieben steht (Maleachi 1,2.3):
»Jakob habe ich geliebt, aber Esau habe
ich gehaßt.«

Gottes freie Gnadenwahl

14 Was sollen wir nun hierzu sagen? Ist
denn Gott ungerecht? Das sei ferne!
15 Denn er spricht zu Mose (2. Mose
33,19): »Wem ich gnädig bin, dem bin ich
gnädig; und wessen ich mich erbarme,
dessen erbarme ich mich.«
16 **So liegt es nun nicht an jemandes Wollen
oder Laufen, sondern an Gottes Erbar-
men.**[a] *a* Eph 2,8
17 Denn die Schrift sagt zum Pharao
(2. Mose 9,16): »Eben dazu habe ich dich
erweckt, damit ich an dir meine Macht
erweise und damit mein Name auf der
ganzen Erde verkündigt werde.«
18 So erbarmt er sich nun, wessen er will,
und [a]verstockt, wen er will.
a 2.Mose 4,21; 1.Petr 2,8
19 ¶ Nun sagst du zu mir: Warum beschul-
digt er uns dann noch? Wer kann seinem
Willen widerstehen?
20 Ja, lieber Mensch, wer bist du denn,
daß du mit Gott rechten willst? [a]Spricht
auch ein Werk zu seinem Meister: Warum
machst du mich so? *a* Jes 45,9
21 Hat nicht ein Töpfer Macht über den
Ton, aus demselben Klumpen ein Gefäß
zu ehrenvollem und ein anderes zu nicht
ehrenvollem Gebrauch zu machen?[a]
a Jer 18,4-6
22 Da Gott seinen Zorn erzeigen und
seine Macht kundtun wollte, hat er [a]mit
großer Geduld ertragen die Gefäße des
Zorns, [b]die zum Verderben bestimmt
waren, *a* Kap 2,4 *b* Spr 16,4
23 damit er [a]den Reichtum seiner Herr-
lichkeit kundtue an den Gefäßen der Barm-
herzigkeit, [b]die er zuvor bereitet hatte zur
Herrlichkeit. *a* Eph 1,3-12 *b* Kap 8,29
24 Dazu hat er uns berufen, nicht allein
aus den Juden, sondern auch aus den Hei-
den.
25 Wie er denn auch durch Hosea spricht
(Hosea 2,25; 2,1): »Ich will das mein Volk
nennen, das nicht mein Volk war, und
meine Geliebte, die nicht meine Geliebte
war.«
26 »Und es soll geschehen: Anstatt daß zu
ihnen gesagt wurde: ›Ihr seid nicht mein
Volk‹, sollen sie Kinder des lebendigen
Gottes genannt werden.«
27 Jesaja aber ruft aus über Israel (Jesaja
10,22.23): »Wenn die Zahl der Israeliten
wäre wie der Sand am Meer, so wird doch
nur ein [a]Rest gerettet werden; *a* Kap 11,5
28 denn der Herr wird sein Wort, indem
er vollendet und scheidet, ausrichten auf
Erden.«
29 Und wie Jesaja vorausgesagt hat (Jesaja
1,9): »Wenn uns nicht der Herr Zebaoth
Nachkommen übriggelassen hätte, so
wären wir wie Sodom geworden und wie
Gomorra.«

Gesetzesgerechtigkeit und Glaubensgerechtigkeit

30 Was sollen wir nun hierzu sagen? Das
wollen wir sagen: [a]Die Heiden, die nicht

nach der Gerechtigkeit trachteten, haben
die Gerechtigkeit erlangt; ich rede aber
von der Gerechtigkeit, die aus dem Glau-
ben kommt. *a* Kap 10,20
31 Israel aber hat nach dem Gesetz der
Gerechtigkeit getrachtet und hat es doch
nicht erreicht.[a] *a* Kap 10,2.3
32 Warum das? Weil es die Gerechtigkeit
nicht aus dem Glauben sucht, sondern als
komme sie aus den Werken. Sie haben
sich gestoßen an dem [a]Stein des Ansto-
ßes, *a* Mt 21,42.44; 1.Petr 2,8
33 wie geschrieben steht (Jesaja 8,14;
28,16): »Siehe, ich lege in Zion einen Stein
des Anstoßes und einen Fels des Ärger-
nisses; und wer an ihn glaubt, der soll nicht
zuschanden werden.«
10 Liebe Brüder, meines Herzens
Wunsch ist, und ich flehe auch zu
Gott für sie, daß sie gerettet werden.
2 Denn ich bezeuge ihnen, daß sie Eifer
für Gott haben, aber ohne Einsicht.
3 Denn sie erkennen die [a]Gerechtigkeit
nicht, die vor Gott gilt, und suchen ihre
eigene Gerechtigkeit aufzurichten und
sind so der Gerechtigkeit Gottes nicht
untertan. *a* Kap 1,17
4 Denn [a]**Christus ist des Gesetzes Ende;**
[b]**wer an den glaubt, der ist gerecht.**
a Mt 5,17; Hebr 8,13 *b* Joh 3,18; Gal 3,24.25
5 ¶Mose nämlich schreibt von der Ge-
rechtigkeit, die aus dem Gesetz kommt
(3.Mose 18,5): »Der Mensch, der das tut,
wird dadurch leben.«
6 Aber die Gerechtigkeit aus dem Glau-
ben spricht so (5.Mose 30,11-14): »Sprich
nicht in deinem Herzen: Wer will hinauf
gen Himmel fahren?« - nämlich um Chri-
stus herabzuholen -
7 oder: »Wer will hinab in die Tiefe fah-
ren?« - nämlich um Christus von den
Toten heraufzuholen -,
8 sondern was sagt sie? »Das Wort ist dir
nahe, in deinem Munde und in deinem
Herzen.« Dies ist das Wort vom Glauben,
das wir predigen.
9 Denn wenn du mit deinem Munde [a]be-
kennst, daß Jesus der Herr ist, und in dei-
nem Herzen glaubst, daß ihn Gott von den
Toten auferweckt hat, so wirst du geret-
tet. *a* Mt 10,32; 2.Kor 4,5
10 Denn **wenn man von Herzen glaubt, so
wird man gerecht; und wenn man mit dem
Munde bekennt, so wird man gerettet.**
11 Denn die Schrift spricht (Jesaja 28,16):
»Wer an ihn glaubt, wird nicht zuschan-
den werden.«
12 Es ist hier [a]kein Unterschied zwischen
Juden und Griechen; es ist über alle der-
selbe Herr, reich für alle, die ihn anru-
fen. *a* Apg 10,34.35; 15,9
13 Denn »wer den Namen des Herrn anru-
fen wird, soll gerettet werden« (Joel 3,5).

Israel hat keine Entschuldigung

14 Wie sollen sie aber den anrufen, an den
sie nicht glauben? Wie sollen sie aber an
den glauben, von dem sie nichts gehört
haben? Wie sollen sie aber hören ohne
Prediger?
15 Wie sollen sie aber predigen, wenn sie
nicht gesandt werden? Wie denn geschrie-
ben steht (Jesaja 52,7): »Wie lieblich sind
die Füße der Freudenboten, die das Gute
verkündigen!«
16 Aber nicht alle sind dem Evangelium
gehorsam. Denn Jesaja spricht (Jesaja
53,1): »Herr, wer glaubt unserm Predigen?«
17 **So [a]kommt der Glaube aus der Predigt,
das Predigen aber durch das Wort Christi.**
a Joh 17,20
18 Ich frage aber: Haben sie es nicht
gehört? Doch, [a]es ist ja »in alle Lande
ausgegangen ihr Schall und ihr Wort bis
an die Enden der Welt« (Psalm 19,5).
a Kap 15,19
19 Ich frage aber: Hat es Israel nicht ver-
standen? Als erster spricht Mose (5.Mose
32,21): »Ich will euch eifersüchtig machen
auf ein Nicht-Volk; und über ein unver-
ständiges Volk will ich euch zornig ma-
chen.«
20 Jesaja aber wagt zu sagen (Jesaja 65,1):
»Ich ließ mich finden von denen, die mich
nicht suchten, und erschien denen, die
nicht nach mir fragten.«[a] *a* Kap 9,30
21 Zu Israel aber spricht er (Jesaja 65,2):
»Den ganzen Tag habe ich meine Hände
ausgestreckt nach dem Volk, das sich
nichts sagen läßt und widerspricht.«

Nicht ganz Israel ist verstockt

11 So frage ich nun: [a]Hat denn Gott sein
Volk verstoßen? Das sei ferne! Denn
[b]ich bin auch ein Israelit, vom Geschlecht
Abrahams, aus dem Stamm Benjamin.
a Ps 94,14; Jer 31,37 *b* Phil 3,5
2 Gott hat sein Volk nicht verstoßen, das
er zuvor erwählt hat. Oder wißt ihr nicht,
was die Schrift sagt von Elia, wie er vor

Gott tritt gegen Israel und spricht (1. Kö-
nige 19,10):
3 »Herr, sie haben deine Propheten getö-
tet und haben deine Altäre zerbrochen,
und ich bin allein übriggeblieben, und sie
trachten mir nach dem Leben«?
4 Aber was sagt ihm die göttliche Ant-
wort? (1. Könige 19,18): »Ich habe mir
übriggelassen siebentausend Mann, die
ihre Knie nicht gebeugt haben vor dem
Baal.«
5 So geht es auch jetzt zu dieser Zeit, daß
[a]einige übriggeblieben sind nach der Wahl
der Gnade. *a* Kap 9,27
6 Ist's aber aus Gnade, so ist's nicht aus
Verdienst der Werke; sonst wäre Gnade
nicht Gnade.
7 Wie nun? [a]Was Israel sucht, das hat es
nicht erlangt; die Auserwählten aber
haben es erlangt. Die andern sind ver-
stockt, *a* Kap 9,31
8 wie geschrieben steht (Jesaja 29,10):
»Gott hat ihnen einen Geist der Betäu-
bung gegeben, [a]Augen, daß sie nicht se-
hen, und Ohren, daß sie nicht hören, bis
auf den heutigen Tag.« *a* 5.Mose 29,3
9 Und David spricht (Psalm 69,23.24):
»Laß ihren Tisch zur Falle werden und zu
einer Schlinge und ihnen zum Anstoß und
zur Vergeltung.
10 Ihre Augen sollen finster werden, daß
sie nicht sehen, und ihren Rücken beuge
allezeit.«

Die Berufung der Heiden als Hoffnung für Israel

11 So frage ich nun: Sind sie gestrauchelt,
damit sie fallen? Das sei ferne! Sondern
[a]durch ihren Fall ist den Heiden das Heil
widerfahren, damit Israel ihnen [b]nachei-
fern sollte. *a* Apg 13,46 *b* Kap 10,19
12 Wenn aber schon ihr Fall Reichtum für
die Welt ist und ihr Schade Reichtum für
die Heiden, wieviel mehr wird es Reich-
tum sein, wenn ihre Zahl voll wird.
13 ¶Euch Heiden aber sage ich: Weil ich
Apostel der Heiden bin, preise ich mein
Amt,
14 ob ich vielleicht meine Stammverwand-
ten zum Nacheifern reizen und einige von
ihnen retten könnte.[a] *a* 1.Kor 9,20-22; 1.Tim 4,16
15 Denn wenn ihre Verwerfung die Ver-
söhnung der Welt ist, was wird ihre
Annahme anderes sein als Leben aus den
Toten!
16 Ist die [a]Erstlingsgabe vom Teig heilig,
so ist auch der ganze Teig heilig; und wenn
die Wurzel heilig ist, so sind auch die
Zweige heilig. *a* 4.Mose 15,20

Warnung an die Heidenchristen vor Überheblichkeit

17 Wenn aber nun einige von den Zweigen
ausgebrochen wurden und du, der du [a]ein
wilder Ölzweig warst, in den Ölbaum ein-
gepfropft worden bist und teilbekommen
hast an der Wurzel und dem Saft des
Ölbaums, *a* Eph 2,11-14
18 so rühme dich nicht gegenüber den
Zweigen. Rühmst du dich aber, so sollst
du wissen, daß [a]nicht du die Wurzel trägst,
sondern die Wurzel trägt dich. *a* Joh 4,22
19 Nun sprichst du: Die Zweige sind aus-
gebrochen worden, damit ich eingepfropft
würde.
20 Ganz recht! Sie wurden ausgebrochen
um ihres Unglaubens willen; du aber
stehst fest durch den Glauben. Sei nicht
stolz, sondern fürchte dich![a] *a* 1.Kor 10,12
21 Hat Gott die natürlichen Zweige nicht
verschont, wird er dich doch wohl auch
nicht verschonen.
22 Darum sieh die Güte und den Ernst
Gottes: den Ernst gegenüber denen, die
gefallen sind, die Güte Gottes aber dir
gegenüber, [a]sofern du bei seiner Güte
bleibst; sonst wirst du auch abgehauen
werden. *a* Joh 15,2.4; Hebr 3,14
23 Jene aber, sofern sie nicht im Unglau-
ben bleiben, werden eingepfropft werden;
denn Gott kann sie wieder einpfropfen.
24 Denn wenn du aus dem Ölbaum, der
von Natur wild war, abgehauen und wider
die Natur in den edlen Ölbaum einge-
pfropft worden bist, wieviel mehr werden
die natürlichen Zweige wieder eingepfropft
werden in ihren eigenen Ölbaum.

Israels endliche Errettung

25 Ich will euch, liebe Brüder, dieses
Geheimnis nicht verhehlen, damit ihr
euch nicht selbst für klug haltet: Verstok-
kung ist einem Teil Israels widerfahren, so
lange [a]bis die Fülle der Heiden zum Heil
gelangt ist; *a* Joh 10,16
26 [a]und so wird ganz Israel gerettet wer-
den, wie geschrieben steht (Jesaja 59,20;
Jeremia 31,33): [b]»Es wird kommen aus
Zion der Erlöser, der abwenden wird alle
Gottlosigkeit von Jakob. *a* Mt 23,39 *b* Ps 14,7

27 Und dies ist mein Bund mit ihnen,
wenn ich ihre Sünden wegnehmen werde.«
28 Im Blick auf das Evangelium sind sie
zwar Feinde um euretwillen; aber im Blick
auf die Erwählung sind sie Geliebte um
der Väter willen.
29 Denn **Gottes Gaben und Berufung kön-
nen ihn nicht gereuen.**[a] a 4.Mose 23,19
30 Denn wie ihr zuvor Gott ungehorsam
gewesen seid, nun aber Barmherzigkeit
erlangt habt wegen ihres Ungehorsams,*

* Luther übersetzte in Vers 30-32 »ungehorsam sein« bzw. »Ungehorsam« mit »nicht glauben« bzw. »Unglaube«.

31 so sind auch jene jetzt ungehorsam
geworden wegen der Barmherzigkeit, die
euch widerfahren ist, damit auch sie jetzt
Barmherzigkeit erlangen.
32 Denn [a]Gott hat alle eingeschlossen in
den Ungehorsam, damit er sich [b]aller
erbarme. a Gal 3,22 b 1.Tim 2,4

Lobpreis der Wunderwege Gottes

33 **O [a]welch eine Tiefe des Reichtums, bei-
des, der Weisheit und der Erkenntnis Gottes!
[b]Wie unbegreiflich sind seine Gerichte und
unerforschlich seine Wege!**
a Jes 45,15 b Jes 55,8.9
34 Denn [a]»wer hat des Herrn Sinn er-
kannt, oder [b]wer ist sein Ratgeber gewe-
sen«? (Jesaja 40,13) a 1.Kor 2,16 b Jer 23,18
35 Oder »wer hat ihm etwas zuvor gege-
ben, daß Gott es ihm vergelten müßte«?
(Hiob 41,3)
36 **Denn von ihm und durch ihn und zu ihm
sind alle Dinge. Ihm sei Ehre in Ewigkeit!
Amen.**

Das Leben als Gottesdienst

12 Ich ermahne euch nun, liebe Brüder,
durch die Barmherzigkeit Gottes,
daß ihr [a]eure Leiber hingebt als ein Opfer,
das lebendig, heilig und Gott wohlgefällig
ist. Das sei euer vernünftiger Gottes-
dienst. a Kap 6,13
2 Und stellt euch nicht dieser Welt gleich,
sondern ändert euch [a]durch Erneuerung
eures Sinnes, [b]damit ihr prüfen könnt, was
Gottes Wille ist, nämlich das Gute und
Wohlgefällige und Vollkommene.
a Eph 4,23 b Eph 5,10.17

Die Gnadengaben im Dienst der Gemeinde

3 Denn ich sage durch die Gnade, die mir
gegeben ist, jedem unter euch, daß nie-
mand [a]mehr von sich halte, als sich's
gebührt zu halten, sondern daß er maß-
voll von sich halte, ein jeder, [b]wie Gott
das Maß des Glaubens ausgeteilt hat.
a Mt 20,26; 1.Kor 4,6 b 1.Kor 12,11; Eph 4,7
4 Denn [a]wie wir an **einem** Leib viele Glie-
der haben, aber nicht alle Glieder dieselbe
Aufgabe haben, a 1.Kor 12,12
5 so sind wir viele **ein** Leib in Christus,
aber untereinander ist einer des andern
Glied,[a] a 1.Kor 12,27; Eph 4,4.25
6 und [a]haben verschiedene Gaben nach
der Gnade, die uns gegeben ist. Ist jemand
prophetische Rede gegeben, so übe er sie
dem Glauben gemäß. a 1.Kor 4,7; 12,4; 1.Petr 4,10
7 Ist jemand ein Amt gegeben, so diene
er. Ist jemand Lehre gegeben, so lehre
er.[a] a 1.Petr 4,11
8 Ist jemand Ermahnung gegeben, so
ermahne er. [a]Gibt jemand, so gebe er mit
lauterem Sinn. Steht jemand der Ge-
meinde vor, so sei er sorgfältig. Übt
jemand Barmherzigkeit, [b]so tue er's gern.
a Mt 6,3 b 2.Kor 8,2; 9,7

Das Leben der Gemeinde

9 Die [a]Liebe sei ohne Falsch. [b]Haßt das
Böse, hängt dem Guten an.
a 1.Tim 1,5 b Am 5,15
10 [a]Die brüderliche Liebe untereinander
sei herzlich. [b]Einer komme dem andern
mit Ehrerbietung zuvor.
a Joh 13,4-15 b Phil 2,3
11 [a]Seid nicht träge in dem, was ihr tun
sollt. [b]Seid brennend im Geist. [c]Dient
dem Herrn. a Offb 3,15 b Apg 18,25 c Kol 3,23
12 **Seid fröhlich in Hoffnung, geduldig in
Trübsal, [a]beharrlich im Gebet.**
a Lk 18,1-8; Kol 4,2; 1.Thess 5,17
13 Nehmt euch der Nöte der Heiligen an.
[a]Übt Gastfreundschaft. a 3.Joh 5-8; Hebr 13,2
14 Segnet, die euch verfolgen; [a]segnet,
und flucht nicht. a Mt 5,44; Apg 7,59; 1.Kor 4,12
15 **Freut euch mit den Fröhlichen und [a]weint
mit den Weinenden.** a Ps 35,13.14; 2.Kor 11,29
16 Seid [a]eines Sinnes untereinander.
Trachtet nicht nach hohen Dingen, son-
dern haltet euch herunter zu den gerin-
gen. [b]Haltet euch nicht selbst für klug.
a Kap 15,5; Phil 2,2 b Jes 5,21
17 [a]Vergeltet niemandem Böses mit Bö-
sem. [b]Seid auf Gutes bedacht gegenüber
jedermann. a Spr 20,22; 1.Thess 5,15 b 2.Kor 8,21
18 **Ist's möglich, soviel an euch liegt, so
[a]habt mit allen Menschen Frieden.**
a Mk 9,50; Hebr 12,14

19 [a]Rächt euch nicht selbst, meine Lie-
ben, sondern gebt Raum dem Zorn
Gottes; denn es steht geschrieben (5. Mose
32,35): »Die Rache ist mein; ich will ver-
gelten, spricht der Herr.«
a (19-21) 3.Mose 19,18; Mt 5,38-44

20 Vielmehr, [a]»wenn deinen Feind hun-
gert, gib ihm zu essen; dürstet ihn, gib
ihm zu trinken. Wenn du das tust, so wirst
du feurige Kohlen auf sein Haupt sam-
meln« (Sprüche 25,21.22). *a* 2.Kön 6,22

21 **Laß dich nicht vom Bösen überwinden,
sondern überwinde das Böse mit Gutem.**

Die Stellung zur staatlichen Gewalt

13 [a]**Jedermann sei untertan der Obrig-
keit*, die Gewalt über ihn hat. Denn
[b]es ist keine Obrigkeit außer von Gott; wo
aber Obrigkeit ist, die ist von Gott angeord-
net.** *a* Tit 3,1 *b* Spr 8,15; Joh 19,11

* Siehe Sach- und Worterklärungen.

2 Wer sich nun der Obrigkeit widersetzt,
der widerstrebt der Anordnung Gottes; die
ihr aber widerstreben, ziehen sich selbst
das Urteil zu.

3 Denn vor denen, die Gewalt haben, muß
man sich nicht fürchten wegen guter, son-
dern wegen böser Werke. [a]Willst du dich
aber nicht fürchten vor der Obrigkeit, so
tue Gutes; so wirst du Lob von ihr erhal-
ten. *a* 1.Petr 2,13.14

4 Denn sie ist Gottes Dienerin, dir zugut.
Tust du aber Böses, so fürchte dich; denn
sie trägt das Schwert nicht umsonst: sie ist
Gottes Dienerin und vollzieht das Strafge-
richt an dem, der Böses tut.[a] *a* 2.Chr 19,6.7

5 Darum ist es notwendig, sich unterzu-
ordnen, nicht allein um der Strafe, son-
dern auch um des Gewissens willen.

6 Deshalb zahlt ihr ja auch Steuer; denn
sie sind Gottes Diener, auf diesen Dienst
beständig bedacht.

7 So gebt nun jedem, was ihr schuldig
seid: Steuer, dem die Steuer gebührt; Zoll,
dem der Zoll gebührt; Furcht, dem die
Furcht gebührt; Ehre, dem die Ehre
gebührt.[a] *a* Mt 22,21

Die Liebe als Erfüllung des Gesetzes

8 Seid niemandem etwas schuldig, außer,
daß ihr euch untereinander liebt; denn
[a]wer den andern liebt, der hat das Gesetz
erfüllt. *a* Gal 5,14; 1.Tim 1,5

9 Denn was da gesagt ist (2. Mose 20,13-
17): »Du sollst nicht ehebrechen; du sollst
nicht töten; du sollst nicht stehlen; du
sollst nicht begehren«, und was da sonst
an Geboten ist, das wird in diesem Wort
zusammengefaßt (3. Mose 19,18): »Du
sollst deinen Nächsten lieben wie dich
selbst.«

10 Die Liebe [a]tut dem Nächsten nichts
Böses. **So ist nun die Liebe [b]des Gesetzes
Erfüllung.** *a* 1.Kor 13,4 *b* Mt 22,40

Leben im Licht des kommenden Tages

11 [a]Und das tut, weil ihr die Zeit erkennt,
nämlich daß die Stunde da ist, [b]aufzuste-
hen vom Schlaf, denn unser Heil ist jetzt
näher als zu der Zeit, da wir gläubig wur-
den. *a (11 und 12)* 1.Thess 5,6-8 *b* Eph 5,14

12 **Die Nacht ist vorgerückt, [a]der Tag aber
nahe herbeigekommen. So [b]laßt uns able-
gen die Werke der Finsternis und anlegen
die Waffen des Lichts.** *a* 1.Joh 2,8 *b* Eph 5,11

13 Laßt uns ehrbar leben wie am Tage,
[a]nicht in Fressen und Saufen, nicht in
Unzucht und Ausschweifung, nicht in
Hader und Eifersucht; *a* Lk 21,34; Eph 5,18

14 sondern [a]zieht an den Herrn Jesus
Christus und [b]sorgt für den Leib nicht so,
daß ihr den Begierden verfallt.
a Gal 3,27 *b* 1.Kor 9,27; Kol 2,23

Von den Schwachen und Starken im Glauben

14 Den Schwachen im Glauben nehmt
an und streitet nicht über Meinun-
gen.*[a] *a* Kap 15,1; 1.Kor 8,9

* Luther übersetzte: »und verwirrt die Gewissen nicht«.

2 Der eine glaubt, er dürfe alles essen;
wer aber schwach ist, der ißt kein
Fleisch.[a] *a* 1.Mose 1,29; 9,3

3 Wer ißt, der verachte den nicht, der
nicht ißt; und [a]wer nicht ißt, der richte
den nicht, der ißt; denn Gott hat ihn ange-
nommen. *a* Kol 2,16

4 Wer bist du, daß du einen fremden
Knecht [a]richtest? Er steht oder fällt sei-
nem Herrn. Er wird aber stehen bleiben;
denn der Herr kann ihn aufrecht halten.
a Mt 7,1; Jak 4,11.12

5 ¶ Der eine [a]hält einen Tag für höher als
den andern; der andere aber hält alle Tage
für gleich. Ein jeder sei in seiner Meinung
gewiß. *a* Gal 4,10

6 Wer auf den Tag achtet, der tut's im
Blick auf den Herrn; wer ißt, der ißt im

Blick auf den Herrn, denn er dankt Gott;
und wer nicht ißt, der ißt im Blick auf den
Herrn nicht und dankt Gott auch.
7 Denn **unser keiner lebt sich selber, und
keiner stirbt sich selber.**
8 **Leben wir, so leben wir dem Herrn; ster-
ben wir, so sterben wir dem Herrn. Darum:
wir leben oder sterben, so sind wir des
Herrn.**[a] *a* 2.Kor 5,15; Gal 2,20
9 **Denn dazu ist Christus gestorben und
wieder lebendig geworden, daß er über Tote
und Lebende Herr sei.**
10 ¶Du aber, was richtest du deinen Bru-
der? Oder du, was verachtest du deinen
Bruder? [a]Wir werden alle vor den Richter-
stuhl Gottes gestellt werden.
a Mt 25,31.32; Apg 17,31; 2.Kor 5,10
11 Denn es steht geschrieben (Jesaja
45,23): »So wahr ich lebe, spricht der Herr,
[a]mir sollen sich alle Knie beugen, und alle
Zungen sollen Gott bekennen.«
a Phil 2,10.11
12 So wird nun jeder von uns für sich
selbst Gott Rechenschaft geben.[a] *a* Gal 6,5
13 Darum laßt uns nicht mehr einer den
andern richten; sondern [a]richtet vielmehr
darauf euren Sinn, daß niemand seinem
Bruder einen Anstoß oder Ärgernis be-
reite. *a* 1.Kor 10,33
14 ¶Ich weiß und bin gewiß in dem Herrn
Jesus, daß [a]nichts unrein ist an sich selbst;
nur für den, der es für unrein hält, ist es
unrein. *a* Mt 15,11; Apg 10,15; Tit 1,15
15 Wenn aber dein Bruder wegen deiner
Speise betrübt wird, so handelst du nicht
mehr nach der Liebe. [a]Bringe nicht durch
deine Speise den ins Verderben, für den
Christus gestorben ist. *a* 1.Kor 8,11-13
16 Es soll doch nicht verlästert werden,
was ihr Gutes habt.
17 Denn [a]**das Reich Gottes ist nicht Essen
und Trinken, sondern Gerechtigkeit und
Friede und Freude in dem heiligen Geist.**
a 1.Kor 8,8; Hebr 13,9
18 Wer darin Christus dient, der ist Gott
wohlgefällig und bei den Menschen geach-
tet.
19 ¶Darum laßt uns dem nachstreben, was
[a]zum Frieden dient und [b]zur Erbauung
untereinander. *a* Kap 12,18 *b* Kap 15,2
20 Zerstöre nicht um der Speise willen
Gottes Werk. Es ist zwar alles rein; aber es
ist nicht gut für den, der es mit schlech-
tem Gewissen ißt.
21 Es ist besser, du ißt kein Fleisch und
trinkst keinen Wein und tust nichts, woran
sich dein Bruder stößt.[a]
a Vers 2; 1.Kor 10,25-27
22 Den Glauben, den du hast, behalte bei
dir selbst vor Gott. Selig ist, der sich selbst
nicht zu verurteilen braucht, wenn er sich
prüft.
23 Wer aber dabei zweifelt und dennoch
ißt, der ist gerichtet, denn es kommt nicht
aus dem Glauben. **Was aber nicht aus dem
Glauben kommt, das ist Sünde.**

15 Wir aber, die wir stark sind, sollen
[a]das Unvermögen der Schwachen
tragen und nicht Gefallen an uns selber
haben. *a* Kap 14,1
2 Jeder von uns lebe so, daß er seinem
Nächsten gefalle zum Guten und zur
Erbauung.[a] *a* 1.Kor 9,19; 10,24.33
3 Denn auch Christus hatte nicht an sich
selbst Gefallen, sondern wie geschrieben
steht (Psalm 69,10): »Die Schmähungen
derer, die dich schmähen, sind auf mich
gefallen.«
4 Denn was zuvor geschrieben ist, [a]das ist
uns zur Lehre geschrieben, damit wir
durch Geduld und den Trost der Schrift
Hoffnung haben. *a* 1.Kor 10,11
5 Der Gott aber der Geduld und des Tro-
stes gebe euch, daß ihr [a]einträchtig gesinnt
seid untereinander, Christus Jesus gemäß,
a Phil 2,2
6 damit ihr einmütig mit **einem** Munde
Gott lobt, den Vater unseres Herrn Jesus
Christus.
7 ¶Darum **nehmt einander an, wie Chri-
stus euch angenommen hat zu Gottes Lob.**
8 Denn ich sage: [a]Christus ist ein Diener
der Juden geworden um der Wahrhaftig-
keit Gottes willen, [b]um die Verheißungen
zu bestätigen, die den Vätern gegeben
sind; *a* Mt 15,24 *b* Apg 3,25
9 die Heiden aber sollen Gott loben um
der Barmherzigkeit willen, wie geschrie-
ben steht (Psalm 18,50): »Darum will ich
dich loben unter den Heiden und deinem
Namen singen.«
10 Und wiederum heißt es (5.Mose 32,43):
»Freut euch, ihr Heiden, mit seinem
Volk!«
11 Und wiederum (Psalm 117,1): »Lobet
den Herrn, alle Heiden, und preist ihn,
alle Völker!«
12 Und wiederum spricht Jesaja (Jesaja
11,10): »Es wird kommen der Sproß aus
der [a]Wurzel Isais und wird aufstehen, um

zu herrschen über die Heiden; auf den
werden die Heiden hoffen.« *a* Offb 5,5
13 Der Gott der Hoffnung aber erfülle
euch mit aller Freude und Frieden im
Glauben, daß ihr immer reicher werdet an
Hoffnung durch die Kraft des heiligen Geistes.

Die Vollmacht des Apostels

14 Ich weiß aber selbst sehr wohl von
euch, liebe Brüder, daß auch ihr selber
voll Güte seid, erfüllt mit aller Erkenntnis,
so daß ihr euch untereinander ermahnen
könnt.
15 Ich habe es aber dennoch gewagt und
euch manches geschrieben, um euch zu
erinnern [a]kraft der Gnade, die mir von
Gott gegeben ist, *a* Kap 1,5; 12,3
16 damit ich ein [a]Diener Christi Jesu unter
den Heiden sei, um das Evangelium
Gottes priesterlich auszurichten, damit die
Heiden ein Opfer werden, das Gott wohlgefällig
ist, geheiligt durch den heiligen
Geist. *a* Kap 11,13
17 Darum kann ich mich rühmen in Christus
Jesus vor Gott.
18 Denn ich werde nicht wagen, von etwas
zu reden, [a]das nicht Christus durch mich
gewirkt hat, um die Heiden zum [b]Gehorsam
zu bringen durch Wort und Werk,
a 2.Kor 3,5 *b* Kap 1,5
19 in der Kraft von [a]Zeichen und Wundern
und in der Kraft des Geistes Gottes.
So habe ich von Jerusalem aus ringsumher
bis nach Illyrien das Evangelium von
Christus voll ausgerichtet.
a Mk 16,17; 2.Kor 12,12
20 Dabei habe ich meine Ehre darein
gesetzt, das Evangelium zu predigen, wo
Christi Name noch nicht bekannt war,
damit ich nicht auf einen fremden Grund
baute,[a] *a* 2.Kor 10,15.16
21 sondern ich habe getan, wie geschrieben
steht (Jesaja 52,15): »Denen nichts
von ihm verkündigt worden ist, die sollen
sehen, und die nichts gehört haben, sollen
verstehen.«

Reisepläne des Apostels

22 Das ist auch der Grund, warum ich so
viele Male daran gehindert worden bin, zu
euch zu kommen.[a] *a* Kap 1,13
23 Nun aber habe ich keine Aufgabe mehr
in diesen Ländern, habe aber seit vielen
Jahren das [a]Verlangen, zu euch zu kommen,
a Kap 1,10.11
24 wenn ich nach Spanien reisen werde.
Denn ich hoffe, daß ich bei euch durchreisen
und euch sehen kann und von euch
dorthin weitergeleitet werde, doch so, daß
ich mich zuvor ein wenig an euch
erquicke.
25 Jetzt aber fahre ich hin nach Jerusalem,
um den Heiligen zu dienen.[a]
a Apg 18,21; 19,21; 20,22; 24,17
26 Denn die in Mazedonien und Achaja
haben willig eine gemeinsame Gabe
zusammengelegt für die Armen unter den
Heiligen in Jerusalem.[a] *a* 1.Kor 16,1; 2.Kor 8,1-4
27 Sie haben's willig getan und sind auch
ihre Schuldner. [a]Denn wenn die Heiden
an ihren geistlichen Gütern Anteil bekommen
haben, ist es recht und billig, daß sie
ihnen auch mit leiblichen Gütern Dienst
erweisen. *a* 1.Kor 9,11; Gal 6,6
28 Wenn ich das nun ausgerichtet und
ihnen diesen Ertrag zuverlässig übergeben
habe, will ich von euch aus nach Spanien
ziehen.
29 Ich weiß aber, wenn ich zu euch
komme, daß ich mit dem vollen Segen
Christi kommen werde.
30 ¶Ich ermahne euch aber, liebe Brüder,
durch unsern Herrn Jesus Christus und
durch die Liebe des Geistes, [a]daß ihr mir
kämpfen helft durch eure Gebete für mich
zu Gott, *a* 2.Kor 1,11; 2.Thess 3,1
31 damit ich [a]errettet werde von den
Ungläubigen in Judäa und mein Dienst,
den ich für Jerusalem tue, den Heiligen
willkommen sei, *a* 1.Thess 2,15
32 damit ich mit Freuden zu euch komme
nach Gottes Willen und mich mit euch
erquicke.
33 Der Gott des Friedens aber sei mit euch
allen! Amen.

Empfehlung der Phöbe. Grüße

16 Ich befehle euch unsere Schwester
Phöbe an, die im Dienst der Gemeinde
von Kenchreä ist,
2 daß ihr sie aufnehmt in dem Herrn, wie
sich's ziemt für die Heiligen, und ihr beisteht
in jeder Sache, in der sie euch
braucht; denn auch sie hat vielen beigestanden,
auch mir selbst.
3 ¶Grüßt die [a]Priska und den Aquila,
meine Mitarbeiter in Christus Jesus,
a Apg 18,2.18.26

4die für mein Leben ihren Hals hingehal-
ten haben, denen nicht allein ich danke,
sondern alle Gemeinden unter den Hei-
den.
5Grüßt auch die Gemeinde in ihrem
Hause. Grüßt Epänetus, meinen Lieben,
der aus der Provinz Asien der Erstling für
Christus ist.
6Grüßt Maria, die viel Mühe und Arbeit
um euch gehabt hat.
7Grüßt Andronikus und Junias,* meine
Stammverwandten und Mitgefangenen,
die berühmt sind unter den Aposteln und
schon vor mir in Christus gewesen sind.

* Wahrscheinlich lautete der Name ursprünglich (weiblich) Junia. In der alten Kirche und noch bis ins 13. Jahrhundert wurde er als Frauenname verstanden (vgl. das Ehepaar Priska und Aquila in Vers 3).

8Grüßt Ampliatus, meinen Lieben in
dem Herrn.
9Grüßt Urbanus, unsern Mitarbeiter in
Christus, und Stachys, meinen Lieben.
10Grüßt Apelles, den Bewährten in Chri-
stus. Grüßt die aus dem Haus des Aristo-
bul.
11Grüßt Herodion, meinen Stammver-
wandten. Grüßt die aus dem Haus des
Narzissus, die in dem Herrn sind.
12Grüßt die Tryphäna und die Tryphosa,
die in dem Herrn arbeiten. Grüßt die
Persis, meine Liebe, die sich viel gemüht
hat im Dienst des Herrn.
13Grüßt [a]Rufus, den Auserwählten in
dem Herrn, und seine Mutter, die auch
mir eine Mutter geworden ist. *a* Mk 15,21
14Grüßt Asynkritus, Phlegon, Hermes,
Patrobas, Hermas und die Brüder bei
ihnen.
15Grüßt Philologus und Julia, Nereus und
seine Schwester und Olympas und alle
Heiligen bei ihnen.
16Grüßt euch untereinander mit dem hei-
ligen Kuß. Es grüßen euch alle Gemein-
den Christi.[a] *a* 1.Kor 16,20

Warnung vor Irrlehrern

17Ich ermahne euch aber, liebe Brüder,
daß ihr euch in acht nehmt vor denen, die
Zwietracht und Ärgernis anrichten ent-
gegen der Lehre, die ihr gelernt habt, und
euch von ihnen abwendet.[a]

a Mt 7,15; 2.Thess 3,6; Tit 3,10

18Denn solche dienen nicht unserm
Herrn Christus, sondern [a]ihrem Bauch;
und durch [b]süße Worte und prächtige
Reden verführen sie die Herzen der Arg-
losen. *a* Phil 3,19 *b* Kol 2,4
19Denn euer [a]Gehorsam ist bei allen
bekanntgeworden. Deshalb freue ich mich
über euch; ich will aber, daß ihr [b]weise
seid zum Guten, aber geschieden vom
Bösen. *a* Kap 1,8 *b* 1.Kor 14,20
20Der Gott des Friedens aber wird den
Satan unter eure Füße treten in Kürze.
Die Gnade unseres Herrn Jesus Christus
sei mit euch!

Grüße der Mitarbeiter

21Es grüßen euch [a]Timotheus, mein Mit-
arbeiter, und Luzius, [b]Jason und [c]Sosipa-
ter, meine Stammverwandten.

a Apg 16,1-3; 19,22; Phil 2,19-22 *b* Apg 17,6 *c* Apg 20,4

22Ich, Tertius, der ich diesen Brief
geschrieben habe, grüße euch in dem
Herrn.
23Es grüßt euch [a]Gajus, mein und der
ganzen Gemeinde Gastgeber. Es grüßt
euch Erastus, der Stadtkämmerer, und
Quartus, der Bruder.* *a* 1.Kor 1,14

* Der Schluß des Römerbriefes ist uneinheitlich überliefert: Der Vers 24 und die Verse 25-27 finden sich bei den Textzeugen an verschiedenen Stellen des Briefes. Vers 24 fehlt bei den ältesten Textzeugen an dieser Stelle; er lautet: »Die Gnade unseres Herrn Jesus Christus sei mit euch allen! Amen.«

Lobpreis Gottes

25Dem aber, der euch stärken kann
gemäß meinem Evangelium und der Pre-
digt von Jesus Christus, durch die das
[a]Geheimnis offenbart ist, das seit ewigen
Zeiten verschwiegen war,

a 1.Kor 2,7; Eph 1,9; 3,4-9

26nun aber offenbart und kundgemacht
ist durch die Schriften der Propheten
nach dem Befehl des ewigen Gottes, den
[a]Gehorsam des Glaubens aufzurichten
unter allen Heiden: *a* Kap 1,5
27dem Gott, der allein weise ist, sei Ehre
durch Jesus Christus in Ewigkeit! Amen.

DER ERSTE BRIEF DES PAULUS AN DIE KORINTHER

Inhaltsübersicht

1 Paulus, berufen zum Apostel Christi Jesu durch den Willen Gottes, und Sosthenes, unser Bruder,

2 an die Gemeinde Gottes in Korinth, an die [a]Geheiligten in Christus Jesus, die berufenen Heiligen samt allen, die [b]den Namen unsres Herrn Jesus Christus anrufen an jedem Ort, bei ihnen und bei uns: *a* Kap 6,11 *b* Apg 9,14; 18,1-17

3 ¶ Gnade sei mit euch und Friede von Gott, unserm Vater, und dem Herrn Jesus Christus!

Dank für Gottes reiche Gaben in Korinth

4 Ich danke meinem Gott allezeit euretwegen für die Gnade Gottes, die euch gegeben ist in Christus Jesus,

5 daß ihr durch ihn in allen Stücken reich gemacht seid, in aller Lehre und in aller Erkenntnis.

6 Denn die Predigt von Christus ist in euch kräftig geworden,

7 so daß ihr keinen Mangel habt an irgendeiner Gabe und [a]wartet nur auf die Offenbarung unseres Herrn Jesus Christus.

a Tit 2,13; 2.Petr 3,13.14

8 Der wird euch auch [a]fest erhalten bis ans Ende, daß ihr [b]untadelig seid am Tag unseres Herrn Jesus Christus.

a Phil 1,6 *b* 1.Thess 3,13

9 Denn [a]**Gott ist treu, durch den ihr berufen seid zur Gemeinschaft seines Sohnes Jesus Christus, unseres Herrn.** *a* 1.Thess 5,24

Spaltungen in der Gemeinde

10 Ich ermahne euch aber, liebe Brüder, im Namen unseres Herrn Jesus Christus, daß ihr alle mit einer Stimme redet und laßt keine [a]Spaltungen unter euch sein, sondern haltet aneinander fest [b]in **einem** Sinn und in **einer** Meinung.

a Kap 11,18 *b* Röm 15,5; Phil 2,2

11 Denn es ist mir bekanntgeworden über euch, liebe Brüder, durch die Leute der Chloë, daß Streit unter euch ist.

12 Ich meine aber dies, daß unter euch der eine sagt: [a]Ich gehöre zu Paulus, der andere: Ich zu [b]Apollos, der dritte: Ich zu [c]Kephas, der vierte: Ich zu Christus.

a Kap 3,4 *b* Apg 18,24-27 *c* Joh 1,42

13 Wie? Ist Christus etwa zerteilt? Ist denn Paulus für euch gekreuzigt? Oder seid ihr auf den Namen des Paulus getauft?

14 Ich danke Gott, daß ich niemanden unter euch getauft habe außer [a]Krispus und [b]Gajus, *a* Apg 18,8 *b* Röm 16,23

15 damit nicht jemand sagen kann, ihr wäret auf meinen Namen getauft.

16 Ich habe aber auch [a]Stephanas und sein Haus getauft; sonst weiß ich nicht, ob ich noch jemanden getauft habe. *a* Kap 16,15

17 Denn Christus hat mich nicht gesandt zu taufen, sondern das Evangelium zu predigen – nicht mit klugen Worten, damit nicht das Kreuz Christi zunichte werde.

Die Weisheit der Welt ist Torheit vor Gott

18 Denn **das Wort vom Kreuz ist eine Torheit denen, [a]die verloren werden; uns aber, die wir selig werden, ist's [b]eine Gotteskraft.** *a* 2.Kor 4,3 *b* Röm 1,16

19 Denn es steht geschrieben (Jesaja 29,14): »Ich will zunichte machen die Weisheit der Weisen, und den Verstand der Verständigen will ich verwerfen.«

20 Wo sind die Klugen? Wo sind die Schriftgelehrten? Wo sind die Weisen dieser Welt? [a]Hat nicht Gott die Weisheit der Welt zur Torheit gemacht?

a Mt 11,25; Röm 1,22

21 Denn weil die Welt, umgeben von der Weisheit Gottes, Gott durch ihre Weisheit nicht erkannte, gefiel es Gott wohl, durch

die Torheit der Predigt selig zu machen,
die daran glauben.
22 Denn [a]die Juden fordern Zeichen, und
[b]die Griechen fragen nach Weisheit,
a Mt 12,38; Joh 4,48 b Apg 17,18-21
23 wir aber predigen den gekreuzigten
Christus, den Juden ein [a]Ärgernis und
den Griechen eine [b]Torheit;
a Apg 17,32; Gal 5,11 b Kap 2,14
24 denen aber, die berufen sind, Juden und
Griechen, predigen wir Christus als Gottes
Kraft und [a]Gottes Weisheit. a Kol 2,3
25 Denn die Torheit Gottes ist weiser, als
die Menschen sind, und die Schwachheit
Gottes ist stärker, als die Menschen sind.
26 ¶ Seht doch, liebe Brüder, auf eure
Berufung. Nicht viele Weise nach dem
Fleisch, nicht viele Mächtige, nicht viele
Angesehene sind berufen.[a]
a Joh 7,48; Jak 2,1-5
27 Sondern was töricht ist vor der Welt,
das hat Gott erwählt, damit er die Weisen
zuschanden mache; und was schwach ist
vor der Welt, das hat Gott erwählt, damit
er zuschanden mache, was stark ist;
28 und das Geringe vor der Welt und das
Verachtete hat Gott erwählt, das, was
nichts ist, damit er zunichte mache, was
etwas ist,
29 damit sich kein Mensch vor Gott rüh-
me.[a] a Röm 3,27; Eph 2,9
30 Durch ihn aber seid ihr in Christus
Jesus, **der uns von Gott gemacht ist zur
Weisheit und zur [a]Gerechtigkeit und zur
[b]Heiligung und zur [c]Erlösung,**
a Jer 23,5.6; 2.Kor 5,21 b Joh 17,19 c Mt 20,28
31 damit, wie geschrieben steht (Jeremia
9,22.23): [a]»Wer sich rühmt, der rühme
sich des Herrn!« a 2.Kor 10,17

Die Predigt des Apostels vom Gekreuzigten

2 Auch ich, liebe Brüder, als ich zu euch
kam, kam ich nicht mit hohen Worten
und hoher Weisheit, euch das Geheimnis
Gottes zu verkündigen.
2 Denn ich hielt es für richtig, unter euch
nichts zu wissen als allein Jesus Christus,
den Gekreuzigten.[a] a Gal 6,14
3 Und ich war bei euch [a]in Schwachheit
und [b]in Furcht und mit großem Zittern;
a Gal 4,13 b Apg 18,9; 2.Kor 10,1
4 und mein Wort und meine Predigt
geschahen nicht mit überredenden Wor-
ten menschlicher Weisheit, sondern [a]in
Erweisung des Geistes und der Kraft,
a Mt 10,20
5 damit euer Glaube nicht stehe auf Men-
schenweisheit, sondern auf [a]Gottes Kraft.
a 1.Thess 1,5

Von der Weisheit Gottes

6 Wovon wir aber reden, das ist dennoch
Weisheit bei den Vollkommenen; nicht
eine Weisheit dieser Welt, auch nicht der
Herrscher dieser Welt, die vergehen.
7 Sondern wir reden von der Weisheit
Gottes, die [a]im Geheimnis verborgen
ist, die Gott vorherbestimmt hat vor aller
Zeit zu unserer Herrlichkeit,
a Mt 11,25; Röm 16,25
8 die keiner von den Herrschern dieser
Welt erkannt hat; denn wenn sie die
erkannt hätten, so hätten sie den Herrn
der Herrlichkeit nicht gekreuzigt.
9 Sondern es ist gekommen, wie geschrie-
ben steht (Jesaja 64,3): »Was kein Auge
gesehen hat und kein Ohr gehört hat und
in keines Menschen Herz gekommen ist,
was Gott bereitet hat denen, die ihn lie-
ben.«
10 Uns aber [a]hat es Gott offenbart durch
seinen Geist; denn der Geist erforscht alle
Dinge, auch die Tiefen der Gottheit.
a Mt 13,11; Kol 1,26
11 Denn welcher Mensch weiß, was im
Menschen ist, als allein der Geist des Men-
schen, der in ihm ist? So weiß auch nie-
mand, was in Gott ist, als allein der Geist
Gottes.
12 Wir aber haben nicht empfangen den
Geist der Welt, sondern [a]den Geist aus
Gott, daß wir wissen können, was uns von
Gott geschenkt ist. a Joh 14,16.17
13 Und davon reden wir auch nicht mit
Worten, wie sie menschliche Weisheit leh-
ren kann, sondern mit Worten, die der
Geist lehrt, und deuten geistliche Dinge
für geistliche Menschen.
14 Der natürliche Mensch aber vernimmt
nichts vom Geist Gottes; es ist ihm eine
[a]Torheit, und er kann es nicht erkennen;
denn es muß geistlich beurteilt werden.
a Kap 1,23; Joh 8,47
15 Der geistliche Mensch aber beurteilt
alles und wird doch selber von nieman-
dem beurteilt.
16 Denn [a]»wer hat des Herrn Sinn er-
kannt, oder wer will ihn unterweisen?«

(Jesaja 40,13) Wir aber haben Christi
Sinn. a Röm 11,34

Unmündigkeit der Korinther

3 Und ich, liebe Brüder, konnte nicht zu
euch reden wie zu geistlichen Men-
schen, sondern wie zu fleischlichen, [a]wie
zu unmündigen Kindern in Christus.
a Joh 16,12
2 [a]Milch habe ich euch zu trinken gege-
ben und nicht feste Speise; denn ihr konn-
tet sie noch nicht vertragen. Auch jetzt
könnt ihr's noch nicht, a 1.Petr 2,2
3 weil ihr noch fleischlich seid. Denn
[a]wenn Eifersucht und Zank unter euch
sind, seid ihr da nicht fleischlich und lebt
nach Menschenweise? a Kap 1,10.11; 11,18
4 Denn wenn der eine sagt: Ich gehöre zu
Paulus, der andere aber: Ich zu Apollos –,
ist das nicht nach Menschenweise
geredet?[a] a Kap 1,12

Mitarbeiter Gottes

5 Wer ist nun Apollos? Wer ist Paulus?
Diener sind sie, durch die ihr gläubig
geworden seid, und das, wie es der Herr
einem jeden gegeben hat:
6 Ich habe gepflanzt, [a]Apollos hat begos-
sen; aber Gott hat das Gedeihen gege-
ben. a Apg 18,24-28
7 So ist nun weder der pflanzt noch der
begießt etwas, sondern Gott, der das
Gedeihen gibt.
8 Der aber pflanzt und der begießt, sind
einer wie der andere. [a]Jeder aber wird sei-
nen Lohn empfangen nach seiner Arbeit.
a Kap 4,5
9 ¶ Denn wir sind Gottes Mitarbeiter; ihr
seid Gottes [a]Ackerfeld und Gottes [b]Bau.
a Mt 13,3-9 b Eph 2,20
10 Ich nach Gottes Gnade, die mir gege-
ben ist, habe den Grund gelegt als ein wei-
ser Baumeister; ein anderer baut darauf.
Ein jeder aber sehe zu, wie er darauf baut.
11 **Einen andern Grund kann niemand le-
gen als den, der gelegt ist, welcher ist Jesus
Christus.**[a] a 1.Petr 2,4-6
12 Wenn aber jemand auf den Grund baut
Gold, Silber, Edelsteine, Holz, Heu, Stroh,
13 so wird das Werk eines jeden offenbar
werden. [a]Der Tag des Gerichts wird's klar
machen; denn mit Feuer wird er sich
offenbaren. Und von welcher Art eines
jeden Werk ist, wird das Feuer erweisen.
a Kap 4,5
14 Wird jemandes Werk bleiben, das er
darauf gebaut hat, so wird er Lohn emp-
fangen.
15 Wird aber jemandes Werk verbrennen,
so wird er Schaden leiden; er selbst aber
wird gerettet werden, doch so wie durchs
Feuer hindurch.
16 ¶ Wißt ihr nicht, daß ihr Gottes Tem-
pel seid und der Geist Gottes in euch
wohnt?[a] a Kap 6,19; 2.Kor 6,16
17 Wenn jemand den Tempel Gottes ver-
dirbt, den wird Gott verderben, denn der
Tempel Gottes ist heilig; der seid ihr.

Kein Grund zum Ruhm

18 Niemand betrüge sich selbst. Wer unter
euch meint, weise zu sein in dieser Welt,
der werde ein Narr, daß er weise werde.[a]
a Offb 3,17.18
19 Denn die Weisheit dieser Welt ist Tor-
heit bei Gott. Denn es steht geschrieben
(Hiob 5,13): »Die Weisen fängt er in ihrer
Klugheit«,
20 und wiederum (Psalm 94,11): »Der Herr
kennt die Gedanken der Weisen, daß sie
nichtig sind.«
21 Darum rühme sich niemand eines
Menschen; denn alles ist euer:
22 es sei Paulus oder Apollos oder Kephas,
es sei Welt oder Leben oder Tod, es sei
Gegenwärtiges oder Zukünftiges, **alles ist
euer,**
23 **ihr aber seid Christi, Christus aber ist
Gottes.**[a] a Kap 11,3

Kein Recht zum Richten

4 Dafür halte uns jedermann: für Diener
Christi und [a]Haushalter über Gottes
Geheimnisse. a Tit 1,7
2 Nun fordert man nicht mehr von den
Haushaltern, als daß sie für [a]treu befun-
den werden. a Lk 12,42
3 Mir aber ist's ein Geringes, daß ich von
euch gerichtet werde oder von einem
menschlichen Gericht; auch richte ich
mich selbst nicht.
4 Ich bin mir zwar nichts bewußt, aber
darin bin ich nicht gerechtfertigt; der Herr
ist's aber, der mich richtet.
5 Darum richtet nicht vor der Zeit, bis der
Herr kommt, der auch ans Licht bringen
wird, was im Finstern verborgen ist, und
wird das Trachten der Herzen offenbar
machen. Dann [a]wird einem jeden von
Gott sein Lob zuteil werden. a Kap 3,8

Gegen die Überheblichkeit der Korinther

6 Dies aber, liebe Brüder, habe ich im
Blick auf mich selbst und Apollos gesagt
um euretwillen, damit ihr an uns lernt,
was das heißt: Nicht über das hinaus, was
geschrieben steht!, [a]damit sich keiner für
den einen gegen den andern aufblase.
a Röm 12,3
7 Denn wer gibt dir einen Vorrang? Was
hast du, das du nicht empfangen hast?
Wenn du es aber empfangen hast, was
rühmst du dich dann, als hättest du es
nicht empfangen?
8 Ihr [a]seid schon satt geworden? Ihr seid
schon reich geworden? Ihr [b]herrscht ohne
uns? Ja, wollte Gott, ihr würdet schon
herrschen, damit auch wir mit euch herr-
schen könnten! *a* Offb 3,17 *b* Offb 3,21
9 Denn ich denke, Gott hat uns Apostel
als die Allergeringsten hingestellt, wie
[a]zum Tode Verurteilte. Denn wir sind ein
[b]Schauspiel geworden der Welt und den
Engeln und den Menschen.
a Röm 8,36 *b* Hebr 10,33
10 Wir sind [a]Narren um Christi willen, ihr
aber seid klug in Christus; wir schwach,
ihr aber stark; ihr herrlich, wir aber ver-
achtet. *a* Kap 3,18
11 Bis auf diese Stunde leiden wir Hunger
und Durst und Blöße und werden geschla-
gen und haben keine feste Bleibe[a]
a 2. Kor 11,23-27
12 und [a]mühen uns ab mit unsrer Hände
Arbeit. Man schmäht uns, so [b]segnen wir;
man verfolgt uns, so dulden wir's,
a Kap 9,15; Apg 18,3 *b* Mt 5,44; Röm 12,14
13 man verlästert uns, so reden wir freund-
lich. Wir sind geworden wie der Ab-
schaum der Menschheit, jedermanns Keh-
richt, bis heute.

Paulus der Vater der Gemeinde in Korinth

14 Nicht um euch zu beschämen, schreibe
ich dies; sondern ich ermahne euch als
meine lieben Kinder.
15 Denn wenn ihr auch zehntausend
Erzieher hättet in Christus, so habt ihr
doch nicht viele Väter; denn [a]ich habe
euch gezeugt in Christus Jesus durchs
Evangelium. *a* Kap 9,2; Gal 4,19
16 Darum ermahne ich euch: [a]Folgt mei-
nem Beispiel! *a* Kap 11,1
17 Aus demselben Grund habe ich [a]Ti-
motheus zu euch gesandt, der mein lieber
und getreuer Sohn ist in dem Herrn, damit
er euch erinnere an meine Weisungen in
Christus Jesus, wie ich sie überall in allen
Gemeinden lehre. *a* Apg 16,1-3
18 ¶Es haben sich einige aufgebläht, als
würde ich nicht zu euch kommen.
19 Ich werde aber, wenn der Herr will,
recht bald zu euch kommen und nicht die
Worte der Aufgeblasenen kennenlernen,
sondern ihre Kraft.
20 Denn das Reich Gottes steht nicht in
Worten, sondern in [a]Kraft. *a* Kap 2,4
21 Was wollt ihr? Soll ich mit dem Stock
zu euch kommen oder mit Liebe und
sanftmütigem Geist?[a] *a* 2. Kor 10,2

Ausschluß der Unzüchtigen aus der Gemeinde

5 Überhaupt geht die Rede, daß Un-
zucht unter euch ist, und zwar eine sol-
che Unzucht, wie es sie nicht einmal unter
den Heiden gibt: daß einer [a]die Frau
seines Vaters hat. *a* 3. Mose 18,8
2 Und ihr seid [a]aufgeblasen und seid nicht
vielmehr traurig geworden, so daß ihr den
aus eurer Mitte verstoßen hättet, der diese
Tat begangen hat? *a* Kap 4,6-8
3 Ich aber, [a]der ich nicht leiblich bei euch
bin, doch mit dem Geist, habe schon, als
wäre ich bei euch, beschlossen über den,
der solches getan hat: *a* Kol 2,5
4 wenn ihr in dem Namen unseres Herrn
Jesus versammelt seid und mein Geist
[a]samt der Kraft unseres Herrn Jesus bei
euch ist, *a* Mt 16,19; 18,18; 2. Kor 13,10
5 soll dieser Mensch [a]dem Satan überge-
ben werden zum Verderben des Fleisches,
damit der Geist gerettet werde am Tage
des Herrn. *a* 1. Tim 1,20
6 ¶Euer Rühmen ist nicht gut. Wißt ihr
nicht, daß [a]ein wenig Sauerteig den gan-
zen Teig durchsäuert? *a* Gal 5,9
7 [a]Darum schafft den alten Sauerteig weg,
damit ihr ein neuer Teig seid, wie ihr ja
ungesäuert seid. Denn **auch wir haben ein
Passalamm, das ist Christus, der geopfert
ist.** *a (7 und 8)* 2. Mose 12,3-20; 13,7; Jes 53,7; 1. Petr 1,19
8 Darum laßt uns das Fest feiern nicht im
alten Sauerteig, auch nicht im Sauerteig
der Bosheit und Schlechtigkeit, sondern
im ungesäuerten Teig der Lauterkeit und
Wahrheit.
9 ¶Ich habe euch in dem Brief geschrie-
ben, daß ihr nichts zu schaffen haben sollt
mit den Unzüchtigen.

10 Damit meine ich nicht allgemein die
Unzüchtigen in dieser Welt oder die Gei-
zigen oder Räuber oder Götzendiener;
sonst müßtet ihr ja die Welt räumen.
11 Vielmehr habe ich euch geschrieben:
Ihr sollt nichts mit einem zu schaffen
haben, der sich Bruder nennen läßt und
ist ein Unzüchtiger oder ein Geiziger oder
ein Götzendiener oder ein Lästerer oder
ein Trunkenbold oder ein Räuber; mit so
einem sollt ihr auch nicht essen.[a]

a 2.Thess 3,6

12 Denn was gehen mich die draußen an,
daß ich sie richten sollte? Habt ihr nicht
die zu richten, die drinnen sind?
13 Gott aber wird, die draußen sind, rich-
ten. [a]Verstoßt ihr den Bösen aus eurer
Mitte! *a* 5.Mose 13,6; Mt 18,17

Rechtssachen unter Christen

6 Wie kann jemand von euch wagen,
wenn er einen Streit hat mit einem
andern, sein Recht zu suchen vor den
Ungerechten und nicht vor den Heiligen?
2 Wißt ihr nicht, daß [a]die Heiligen die
Welt richten werden? Wenn nun die Welt
von euch gerichtet werden soll, seid ihr
dann nicht gut genug, geringe Sachen zu
richten? *a* Mt 19,28
3 Wißt ihr nicht, daß wir über Engel rich-
ten werden? Wieviel mehr über Dinge des
täglichen Lebens.
4 Ihr aber, wenn ihr über diese Dinge
rechtet, nehmt solche, die in der Ge-
meinde nichts gelten, und setzt sie zu
Richtern.
5 Euch zur Schande muß ich das sagen.
Ist denn gar kein Weiser unter euch, auch
nicht einer, der zwischen Bruder und Bru-
der richten könnte?
6 Vielmehr rechtet ein Bruder mit dem
andern, und das vor Ungläubigen!
7 Es ist schon schlimm genug, daß ihr mit-
einander rechtet. Warum laßt ihr euch
nicht lieber Unrecht tun? Warum laßt ihr
euch nicht lieber übervorteilen?[a]

a Mt 5,38-41; 1.Thess 5,15; 1.Petr 3,9

8 Vielmehr tut ihr Unrecht und übervor-
teilt, und das unter Brüdern!
9 ¶ [a]Oder wißt ihr nicht, daß die Unge-
rechten das Reich Gottes nicht ererben
werden? Laßt euch nicht irreführen! We-
der Unzüchtige noch Götzendiener, Ehe-
brecher, Lustknaben, Knabenschänder,

a (9-11) 1.Tim 1,9-11; Gal 5,19-21

10 Diebe, Geizige, Trunkenbolde, Läste-
rer oder Räuber werden das Reich Gottes
ererben.
11 Und solche sind einige von euch gewe-
sen. Aber ihr seid [a]reingewaschen, ihr seid
[b]geheiligt, ihr seid [c]gerecht geworden
durch den Namen des Herrn Jesus Chri-
stus und durch den Geist unseres Gottes.

a Tit 3,3-7 *b* Kap 1,2 *c* Röm 3,26

Der Leib ein Tempel des heiligen Geistes

12 [a]**Alles ist mir erlaubt, aber nicht alles
dient zum Guten. Alles ist mir erlaubt, aber
es soll mich nichts gefangennehmen.**

a Kap 10,23

13 Die Speise dem Bauch und der Bauch
der Speise; aber Gott wird das eine wie
das andere zunichte machen. [a]Der Leib
aber nicht der Hurerei, sondern dem
Herrn, und der Herr dem Leibe.

a 1.Thess 4,3-5

14 Gott aber [a]hat den Herrn auferweckt
und [b]wird auch uns auferwecken durch
seine Kraft. *a* Kap 15,20 *b* 2.Kor 4,14
15 Wißt ihr nicht, daß eure Leiber Glieder
Christi sind? Sollte ich nun die Glieder
Christi nehmen und Hurenglieder daraus
machen? Das sei ferne!
16 Oder wißt ihr nicht: wer sich an die
Hure hängt, der ist **ein** Leib mit ihr? Denn
die Schrift sagt: »Die zwei werden **ein**
Fleisch sein« (1.Mose 2,24).
17 Wer aber dem Herrn anhängt, der ist
[a]**ein** Geist mit ihm. *a* Joh 17,21.22
18 Flieht die Hurerei! Alle Sünden, die der
Mensch tut, bleiben außerhalb des Leibes;
wer aber Hurerei treibt, der sündigt am
eigenen Leibe.
19 Oder wißt ihr nicht, daß [a]euer Leib ein
Tempel des heiligen Geistes ist, der in
euch ist und den ihr von Gott habt, und
daß ihr nicht euch selbst gehört?

a Kap 3,16

20 Denn [a]**ihr seid teuer erkauft; darum**
[b]**preist Gott mit eurem Leibe.**

a Kap 7,23; 1.Petr 1,18.19 *b* Phil 1,20

Ehe und Ehelosigkeit

7 Wovon ihr aber geschrieben habt, dar-
auf antworte ich: Es ist gut für den
Mann, keine Frau zu berühren.
2 Aber um Unzucht zu vermeiden, soll
jeder seine eigene Frau haben und jede
Frau ihren eigenen Mann.

[3]Der Mann leiste der Frau, was er ihr
schuldig ist, desgleichen die Frau dem
Mann.
[4]Die Frau verfügt nicht über ihren Leib,
sondern der Mann. Ebenso verfügt der
Mann nicht über seinen Leib, sondern die
Frau.
[5]Entziehe sich nicht eins dem andern, es
sei denn eine Zeitlang, wenn beide es wol-
len, damit ihr zum Beten Ruhe habt; und
dann kommt wieder zusammen, damit
euch der Satan nicht versucht, weil ihr
euch nicht enthalten könnt.
[6]Das sage ich aber als Erlaubnis und nicht
als Gebot.
[7]Ich wollte zwar lieber, alle Menschen
wären, wie ich bin, aber jeder hat seine
eigene Gabe von Gott, der eine so, der
andere so.[a] *a* Mt 19,12
[8]¶Den Ledigen und Witwen sage ich: Es
ist gut für sie, wenn sie bleiben wie ich.
[9]Wenn sie sich aber nicht enthalten kön-
nen, sollen sie heiraten; denn es ist besser,
zu heiraten als sich in Begierde zu verzeh-
ren.[a] *a* 1.Tim 5,14

Ehescheidung

[10]Den Verheirateten aber gebiete nicht
ich, sondern [a]der Herr, daß die Frau sich
nicht von ihrem Manne scheiden soll
a Mt 5,32
[11]– hat sie sich aber geschieden, soll sie
ohne Ehe bleiben oder sich mit ihrem
Mann versöhnen – und daß der Mann
seine Frau nicht verstoßen soll.
[12]Den andern aber sage ich, nicht der
Herr: Wenn ein Bruder eine ungläubige
Frau hat und es gefällt ihr, bei ihm zu
wohnen, so soll er sich nicht von ihr schei-
den.
[13]Und wenn eine Frau einen ungläubigen
Mann hat und es gefällt ihm, bei ihr zu
wohnen, so soll sie sich nicht von ihm
scheiden.
[14]Denn der ungläubige Mann ist geheiligt
durch die Frau, und die ungläubige Frau
ist geheiligt durch den gläubigen Mann.
Sonst wären eure Kinder unrein; [a]nun
aber sind sie heilig. *a* Röm 11,16
[15]Wenn aber der Ungläubige sich schei-
den will, so laß ihn sich scheiden. Der
Bruder oder die Schwester ist nicht gebun-
den in solchen Fällen. [a]Zum Frieden hat
euch Gott berufen. *a* Röm 14,19
[16]Denn [a]was weißt du, Frau, ob du den
Mann retten wirst? Oder du, Mann, was
weißt du, ob du die Frau retten wirst?
a 1.Petr 3,1

Gottes Ruf und der Stand der Berufenen

[17]Nur soll jeder so leben, wie der Herr es
ihm zugemessen, wie Gott einen jeden
berufen hat. Und so ordne ich es an in
allen Gemeinden.
[18]Ist jemand als Beschnittener berufen,
der bleibe bei der Beschneidung. Ist
jemand als Unbeschnittener berufen, der
lasse sich nicht beschneiden.
[19]Beschnitten sein ist nichts, und unbe-
schnitten sein ist nichts, sondern: Gottes
Gebote halten.[a] *a* Gal 5,6; 6,15
[20]Jeder bleibe in der Berufung, in der er
berufen wurde.
[21]Bist du als Knecht berufen, so sorge
dich nicht; doch kannst du frei werden, so
nutze es um so lieber.
[22]Denn [a]wer als Knecht berufen ist in
dem Herrn, der ist ein Freigelassener des
Herrn; desgleichen, wer als Freier berufen
ist, der ist ein [b]Knecht Christi.
a Phlm 16 *b* Eph 6,6
[23]**Ihr seid teuer erkauft; werdet nicht der
Menschen Knechte.**[a] *a* Kap 6,20
[24]Liebe Brüder, ein jeder bleibe vor Gott,
worin er berufen ist.

Von den Unverheirateten

[25]Über die Jungfrauen habe ich kein
Gebot des Herrn; ich sage aber meine
Meinung als einer, der durch die Barm-
herzigkeit des Herrn Vertrauen verdient.
[26]So meine ich nun, es sei gut [a]um der
kommenden Not willen, es sei gut für den
Menschen, ledig zu sein. *a* Kap 10,11
[27]Bist du an eine Frau gebunden, so
suche nicht, von ihr loszukommen; bist
du nicht gebunden, so suche keine Frau.
[28]Wenn du aber doch heiratest, sündigst
du nicht, und wenn eine Jungfrau heiratet,
sündigt sie nicht; doch werden solche in
äußere Bedrängnis kommen. Ich aber
möchte euch gerne schonen.
[29]¶Das sage ich aber, liebe Brüder: [a]**Die
Zeit ist kurz. Fortan sollen auch die, die
Frauen haben, sein, [b]als hätten sie keine;
und die weinen, als weinten sie nicht;**
a Röm 13,11 *b* Lk 14,26
[30]**und die sich freuen, als freuten sie sich**

**nicht; und die kaufen, als behielten sie es
nicht;**
31 **und die diese Welt gebrauchen, als
brauchten sie sie nicht. [a]Denn das Wesen
dieser Welt vergeht.** [a] 1.Joh 2,15-17
32 Ich möchte aber, daß ihr ohne Sorge
seid. Wer ledig ist, der sorgt sich um die
Sache des Herrn, wie er dem Herrn
gefalle;
33 [a]wer aber verheiratet ist, der sorgt sich
um die Dinge der Welt, wie er der Frau
gefalle, und so ist er geteilten Herzens.
[a] Lk 14,20
34 Und die Frau, die keinen Mann hat, und
die Jungfrau sorgen sich um die Sache des
Herrn, daß sie heilig seien am Leib und
auch am Geist; aber die verheiratete Frau
sorgt sich um die Dinge der Welt, wie sie
dem Mann gefalle.
35 Das sage ich zu eurem eigenen Nutzen;
nicht um euch einen Strick um den Hals
zu werfen, sondern damit es recht zugehe
und ihr stets und ungehindert dem Herrn
dienen könnt.
36 ¶Wenn aber jemand meint, er handle
unrecht an seiner Jungfrau*, wenn sie
erwachsen ist, und es kann nicht anders
sein, so tue er, was er will; er sündigt nicht,
sie sollen heiraten.

* Siehe Sach- und Worterklärungen.

37 Wenn einer aber in seinem Herzen fest
ist, weil er nicht unter Zwang ist und sei-
nen freien Willen hat, und beschließt in
seinem Herzen, seine Jungfrau unberührt
zu lassen, so tut er gut daran.
38 Also, wer seine Jungfrau heiratet, der
handelt gut; wer sie aber nicht heiratet,
der handelt besser.

Von den Witwen

39 Eine Frau ist gebunden, solange ihr
Mann lebt; wenn aber der Mann ent-
schläft, ist sie frei, zu heiraten, wen sie
will; nur daß es in dem Herrn geschehe![a]
[a] Röm 7,2
40 Seliger ist sie aber, nach meiner Mei-
nung, wenn sie ledig bleibt. Ich meine
aber: ich habe auch den Geist Gottes.

Vom Essen des Götzenopferfleisches

8 Was aber das [a]Götzenopfer angeht, so
wissen wir, daß wir alle die Erkenntnis
haben. Die Erkenntnis bläht auf; aber die
Liebe baut auf. [a] Apg 15,29
2 Wenn [a]jemand meint, er habe etwas
erkannt, der hat noch nicht erkannt, wie
man erkennen soll. [a] Gal 6,3
3 Wenn aber jemand Gott liebt, der ist
[a]von ihm erkannt. [a] Kap 13,12; Gal 4,9
4 ¶Was nun das Essen von Götzenopfer-
fleisch angeht, so wissen wir, daß es kei-
nen Götzen gibt in der Welt und [a]keinen
Gott als den einen. [a] 5.Mose 6,4
5 Und [a]obwohl es solche gibt, die Götter
genannt werden, es sei im Himmel oder
auf Erden, wie es ja viele Götter und viele
Herren gibt, [a] Kap 10,19.20; Ps 136,2.3; Röm 8,38.39
6 **so haben wir doch nur [a]einen Gott,
den Vater, von dem alle Dinge sind und wir
zu ihm; und einen Herrn, Jesus Christus,
[b]durch den alle Dinge sind und wir durch
ihn.** [a] Kap 12,5.6; 2.Mose 20,3; Mal 2,10; Eph 4,5.6
[b] Joh 1,3; Kol 1,16
7 ¶Aber nicht jeder hat die Erkenntnis.
Denn einige, weil sie bisher an die Götzen
gewöhnt waren, essen's als Götzenopfer;
dadurch [a]wird ihr Gewissen, weil es
schwach ist, befleckt. [a] Kap 10,28
8 Aber Speise wird uns nicht vor Gottes
Gericht bringen. Essen wir nicht, so wer-
den wir darum nicht weniger gelten; essen
wir, so werden wir darum nicht besser
sein.[a] [a] Röm 14,17
9 Seht aber zu, daß diese eure Freiheit für
die Schwachen nicht zum Anstoß wird![a]
[a] Gal 5,13
10 Denn wenn jemand dich, der du die
Erkenntnis hast, im Götzentempel zu
Tisch sitzen sieht, wird dann nicht sein
Gewissen, da er doch schwach ist, verlei-
tet, das Götzenopfer zu essen?
11 Und so wird durch deine Erkenntnis der
Schwache [a]zugrunde gehen, der Bruder,
für den doch Christus gestorben ist.
[a] Röm 14,15
12 Wenn ihr aber so sündigt an den Brü-
dern und verletzt ihr schwaches Gewis-
sen, so sündigt ihr an Christus.
13 Darum, wenn Speise meinen Bruder zu
Fall bringt, will ich nie mehr Fleisch essen,
damit ich meinen Bruder nicht zu Fall
bringe.[a] [a] Röm 14,21

Recht und Freiheit des Apostels

9 Bin ich nicht frei? Bin ich nicht ein
Apostel? [a]Habe ich nicht unsern Herrn
Jesus gesehen? Seid nicht ihr mein Werk
in dem Herrn? [a] Kap 15,8; Apg 9,3-5.15
2 Bin ich für andere kein Apostel, so bin
ich's doch für euch; denn [a]das Siegel

meines Apostelamts seid ihr in dem
Herrn. *a* Kap 4,15; 2.Kor 3,2.3
3 Denen, die mich verurteilen, antworte
ich so:
4 Haben wir nicht das Recht, zu essen und
zu trinken?[a] *a* Lk 10,8
5 Haben wir nicht auch das Recht, eine
Schwester als Ehefrau mit uns zu führen
wie die andern Apostel und die Brüder
des Herrn und [a]Kephas? *a* Mt 8,14; Joh 1,42
6 Oder haben allein ich und [a]Barnabas
nicht das Recht, nicht zu [b]arbeiten?
a Apg 4,36 *b* 2.Thess 3,7-9
7 Wer zieht denn in den Krieg und zahlt
sich selbst den Sold? Wer pflanzt einen
Weinberg und ißt nicht von seiner Frucht?
Oder wer weidet eine Herde und nährt
sich nicht von der Milch der Herde?
8 Rede ich das nach menschlichem Gut-
dünken? Sagt das nicht auch das Gesetz?
9 Denn im Gesetz des Mose steht ge-
schrieben (5. Mose 25,4): [a]»Du sollst dem
Ochsen, der da drischt, nicht das Maul ver-
binden.« Sorgt sich Gott etwa um die Och-
sen? *a* 1.Tim 5,18
10 Oder redet er nicht überall um unsert-
willen? Ja, um unsertwillen ist es geschrie-
ben: Wer pflügt, soll auf Hoffnung pflü-
gen; und wer drischt, soll in der Hoffnung
dreschen, daß er seinen Teil empfangen
wird.
11 Wenn wir euch zugut Geistliches säen,
ist es dann zuviel, wenn wir Leibliches von
euch ernten?[a] *a* Röm 15,27
12 Wenn andere dieses Recht an euch
haben, warum nicht viel mehr wir? Aber
[a]wir haben von diesem Recht nicht
Gebrauch gemacht, sondern wir ertragen
alles, damit wir nicht dem Evangelium von
Christus ein Hindernis bereiten.
a Apg 20,33-35; 2.Kor 11,9
13 Wißt ihr nicht, daß, [a]die im Tempel die-
nen, vom Tempel leben, und die am Altar
dienen, vom Altar ihren Anteil bekom-
men? *a* 4.Mose 18,18.19.31; 5.Mose 18,1-3
14 So hat auch der Herr befohlen, daß, die
das Evangelium verkündigen, sich vom
Evangelium nähren sollen.[a]
a Lk 10,7; Gal 6,6
15 Ich aber habe [a]von alledem keinen
Gebrauch gemacht. Ich schreibe auch
nicht deshalb davon, damit es nun mit mir
so gehalten werden sollte. Lieber würde
ich sterben – nein, meinen Ruhm soll nie-
mand zunichte machen! *a* Apg 18,3
16 Denn daß ich das Evangelium predi-
ge, dessen darf ich mich nicht rühmen;
denn ich muß es tun. Und [a]**wehe mir,
wenn ich das Evangelium nicht predigte!**
a Jer 20,9
17 Täte ich's aus eigenem Willen, so
erhielte ich Lohn. Tue ich's aber nicht aus
eigenem Willen, so [a]ist mir doch das Amt
anvertraut. *a* Kap 4,1
18 Was ist denn nun mein Lohn? Daß ich
das Evangelium predige ohne Entgelt und
von meinem Recht am Evangelium nicht
Gebrauch mache.
19 ¶ Denn obwohl ich frei bin von jeder-
mann, [a]habe ich doch mich selbst je-
dermann zum Knecht gemacht, damit
ich möglichst viele gewinne.
a Mt 20,27; Röm 15,2
20 [a]Den Juden bin ich wie ein Jude gewor-
den, damit ich die Juden gewinne. Denen,
die unter dem Gesetz sind, bin ich wie
einer unter dem Gesetz geworden –
obwohl ich selbst nicht unter dem Gesetz
bin –, damit ich die, die unter dem Gesetz
sind, gewinne.
a (20-22) Kap 10,33; Apg 16,3; 21,20-26
21 Denen, die ohne Gesetz sind, [a]bin ich
wie einer ohne Gesetz geworden – obwohl
ich doch nicht ohne Gesetz bin vor Gott,
sondern bin in dem Gesetz Christi –,
damit ich die, die ohne Gesetz sind,
gewinne. *a* Gal 2,3
22 Den Schwachen bin ich ein Schwacher
geworden, [a]damit ich die Schwachen
gewinne. Ich bin allen alles geworden,
damit ich auf alle Weise einige rette.
a Röm 11,14
23 Alles aber tue ich um des Evangeliums
willen, um an ihm teilzuhaben.
24 ¶ Wißt ihr nicht, daß die, die [a]in der
Kampfbahn laufen, die laufen alle, aber
einer empfängt den [b]Siegespreis? Lauft so,
daß ihr ihn erlangt. *a* 2.Tim 4,7 *b* Phil 3,14
25 [a]Jeder aber, der kämpft, enthält sich
aller Dinge; jene nun, damit sie einen ver-
gänglichen Kranz empfangen, wir aber
einen [b]unvergänglichen.
a 2.Tim 2,4.5 *b* 1.Petr 5,4
26 Ich aber laufe nicht wie aufs Ungewisse;
ich kämpfe mit der Faust, nicht wie einer,
der in die Luft schlägt,
27 sondern [a]ich bezwinge meinen Leib
und zähme ihn, damit ich nicht andern
predige und selbst verwerflich werde.
a Röm 13,14

Das warnende Beispiel Israels

10 Ich will euch aber, liebe Brüder,
nicht in Unwissenheit darüber lassen,
daß unsre Väter alle [a]unter der Wolke
gewesen und alle [b]durchs Meer gegangen
sind; *a* 2.Mose 13,21 *b* 2.Mose 14,22
2 und alle sind auf Mose getauft worden
durch die Wolke und durch das Meer
3 und haben alle dieselbe geistliche Speise
gegessen[a] *a* 2.Mose 16,4.35; 5.Mose 8,3
4 und haben alle denselben geistlichen
Trank getrunken; sie tranken nämlich von
dem geistlichen [a]Felsen, der ihnen folgte;
der Fels aber war Christus. *a* 2.Mose 17,6
5 Aber an den meisten von ihnen hatte
Gott kein Wohlgefallen, denn sie wurden in der Wüste erschlagen.[a]
a 4.Mose 14,22-32
6 Das ist aber geschehen uns zum Vorbild, damit wir nicht am Bösen unsre Lust
haben, [a]wie jene sie hatten. *a* 4.Mose 11,4
7 Werdet auch nicht Götzendiener, wie
einige von ihnen es wurden, wie geschrieben steht (2. Mose 32,6): »Das Volk setzte
sich nieder, um zu essen und zu trinken,
und stand auf, um zu tanzen.«
8 Auch laßt uns nicht Hurerei treiben,
[a]wie einige von ihnen Hurerei trieben: und
an einem einzigen Tag kamen dreiundzwanzigtausend um. *a* 4.Mose 25,1.9
9 Laßt uns auch nicht Christus versuchen,
wie einige von ihnen ihn versuchten und
[a]wurden von den Schlangen umgebracht.
a 4.Mose 21,4-6
10 Murrt auch nicht, wie einige von ihnen
murrten und wurden umgebracht durch
den Verderber.[a] *a* 4.Mose 14,2.35.36; Hebr 3,11.17
11 Dies widerfuhr ihnen als ein Vorbild.
Es ist aber geschrieben uns zur Warnung,
auf die [a]das Ende der Zeiten gekommen
ist. *a* 1.Petr 4,7
12 Darum, **wer meint, er stehe, mag zusehen, daß er nicht falle.**
13 Bisher hat euch nur menschliche Versuchung getroffen. Aber **Gott ist treu, [a]der
euch nicht versuchen läßt über eure Kraft,
sondern macht, daß die Versuchung so ein
Ende nimmt, daß ihr's ertragen könnt.**
a Ps 68,20; 2.Petr 2,9

Die Unvereinbarkeit von Abendmahl und Götzendienst

14 Darum, meine Lieben, flieht den Götzendienst![a] *a* 1.Joh 5,21
15 Ich rede doch zu verständigen Menschen; beurteilt ihr, was ich sage.
16 **Der gesegnete Kelch, den wir segnen, ist
der nicht die Gemeinschaft des Blutes Christi? Das Brot, das wir brechen, ist das nicht
die Gemeinschaft des Leibes Christi?** [a]
a Kap 11,23-26; Mt 26,27; Apg 2,42
17 **Denn ein Brot ist's: So [a]sind wir viele
ein Leib, weil wir alle an einem Brot teilhaben.** *a* Kap 12,27; Röm 12,5
18 Seht an das Israel nach dem Fleisch!
Welche [a]die Opfer essen, stehen die nicht
in der Gemeinschaft des Altars?
a 3.Mose 7,6
19 Was will ich nun damit sagen? Daß das
Götzenopfer etwas sei? Oder [a]daß der
Götze etwas sei? *a* Kap 8,4
20 Nein, sondern was man da opfert, das
opfert man den bösen Geistern und nicht
Gott. Nun will ich nicht, daß ihr in der
Gemeinschaft der bösen Geister seid.
21 Ihr könnt nicht zugleich den Kelch des
Herrn trinken und den Kelch der bösen
Geister; ihr könnt nicht zugleich am Tisch
des Herrn teilhaben und am Tisch der
bösen Geister.[a] *a* Mt 6,24; 2.Kor 6,15.16
22 Oder wollen wir den Herrn herausfordern? Sind wir stärker als er?

Rücksicht auf das Gewissen

23 **Alles ist erlaubt, aber nicht alles dient
zum Guten. Alles ist erlaubt, aber nicht alles
baut auf.**[a] *a* Kap 6,12
24 **Niemand suche das Seine, sondern was
dem andern dient.**[a] *a* Röm 15,2; Phil 2,4
25 Alles, was auf dem Fleischmarkt verkauft wird, das eßt, und forscht nicht nach,
damit ihr das Gewissen nicht beschwert.[a]
a Röm 14,2-10.22
26 Denn »die Erde ist des Herrn und was
darinnen ist« (Psalm 24,1).
27 Wenn euch einer von den Ungläubigen
einlädt und ihr wollt hingehen, so eßt alles,
was euch vorgesetzt wird, und forscht
nicht nach, damit ihr das Gewissen nicht
beschwert.
28 Wenn aber jemand zu euch sagen
würde: Das ist [a]Opferfleisch, so eßt nicht
davon, um dessentwillen, der es euch
gesagt hat, und damit ihr das Gewissen
nicht beschwert. *a* Kap 8,7
29 Ich rede aber nicht von deinem eigenen Gewissen, sondern von dem des
andern. Denn warum sollte ich das Gewis-

sen eines andern über meine Freiheit urteilen lassen?
30 Wenn ich's [a] mit Danksagung genieße, was soll ich mich dann wegen etwas verlästern lassen, wofür ich danke? *a* 1.Tim 4,4
31 **Ob ihr nun eßt oder trinkt oder was ihr auch tut, das tut alles zu Gottes Ehre.**[a]
a Kol 3,17
32 [a] Erregt keinen Anstoß, weder bei den Juden noch bei den Griechen noch bei der Gemeinde Gottes, *a* Röm 14,13
33 so wie [a] auch ich jedermann in allem zu Gefallen lebe und suche nicht, was mir, sondern was vielen dient, damit sie gerettet werden. *a* Kap 9,20-22

11 Folgt meinem Beispiel, wie ich dem Beispiel Christi!

Die Frau im Gottesdienst

2 Ich lobe euch, weil ihr in allen Stücken an mich denkt und an den Überlieferungen festhaltet, wie ich sie euch gegeben habe.
3 Ich lasse euch aber wissen, daß Christus das Haupt eines jeden Mannes ist; [a] der Mann aber ist das Haupt der Frau; [b] Gott aber ist das Haupt Christi.
a 1.Mose 3,16; Eph 5,23 *b* Kap 3,23
4 Ein jeder Mann, der betet oder prophetisch redet und hat etwas auf dem Haupt, der schändet sein Haupt.
5 Eine Frau aber, die betet oder prophetisch redet mit unbedecktem Haupt, die schändet ihr Haupt; denn es ist gerade so, als wäre sie geschoren.
6 Will sie sich nicht bedecken, so soll sie sich doch das Haar abschneiden lassen! Weil es aber für die Frau eine Schande ist, daß sie das Haar abgeschnitten hat oder geschoren ist, soll sie das Haupt bedekken.
7 Der Mann aber soll das Haupt nicht bedecken, denn er ist Gottes Bild und Abglanz; die Frau aber ist des Mannes Abglanz.
8 Denn der Mann ist nicht von der Frau, sondern [a] die Frau von dem Mann.
a 1.Mose 2,21-23
9 Und der Mann ist nicht geschaffen um der Frau willen, sondern [a] die Frau um des Mannes willen. *a* 1.Mose 2,18
10 Darum soll die Frau eine Macht* auf dem Haupt haben um der Engel willen.

* »Macht« bedeutet wohl »Schleier«.

11 Doch in dem Herrn ist weder die Frau etwas ohne den Mann noch der Mann etwas ohne die Frau;
12 denn wie die Frau von dem Mann, so kommt auch der Mann durch die Frau; aber alles von Gott.
13 Urteilt bei euch selbst, ob es sich ziemt, daß eine Frau unbedeckt vor Gott betet.
14 Lehrt euch nicht auch die Natur, daß es für einen Mann eine Unehre ist, wenn er langes Haar trägt,
15 aber für eine Frau eine Ehre, wenn sie langes Haar hat? Das Haar ist ihr als Schleier gegeben.
16 Ist aber jemand unter euch, der Lust hat, darüber zu streiten, so soll er wissen, daß wir diese Sitte nicht haben, die Gemeinden Gottes auch nicht.

Vom Abendmahl des Herrn

17 Dies aber muß ich befehlen: Ich kann's nicht loben, daß ihr nicht zu eurem Nutzen, sondern zu eurem Schaden zusammenkommt.
18 Zum ersten höre ich: Wenn ihr in der Gemeinde zusammenkommt, sind [a] Spaltungen unter euch; und zum Teil glaube ich's. *a* Kap 1,12; 3,3
19 Denn [a] es müssen ja Spaltungen unter euch sein, damit die Rechtschaffenen unter euch offenbar werden.
a Mt 18,7; 1.Joh 2,19
20 Wenn ihr nun zusammenkommt, so hält man da nicht das Abendmahl des Herrn.
21 Denn ein jeder nimmt beim Essen sein eigenes Mahl vorweg, und der eine ist hungrig, der andere ist betrunken.[a]
a Jud 12
22 Habt ihr denn nicht Häuser, wo ihr essen und trinken könnt? Oder verachtet ihr die Gemeinde Gottes und [a] beschämt die, die nichts haben? Was soll ich euch sagen? Soll ich euch loben? Hierin lobe ich euch nicht. *a* Jak 2,5.6
23 ¶ [a] Denn ich habe von dem Herrn empfangen, was ich euch weitergegeben habe: **Der Herr Jesus, in der Nacht, da er verraten ward, nahm er das Brot,**
a (23-25) Mt 26,26-28; Mk 14,22-24; Lk 22,19.20
24 **dankte und brach's und sprach:* Das ist mein Leib, der für euch gegeben wird; das tut zu meinem Gedächtnis.**

* Spätere Textzeugen haben entsprechend Mt 26,26 die Worte »Nehmet, esset« eingefügt.

25 **Desgleichen nahm er auch den Kelch
nach dem Mahl und sprach: Dieser Kelch
ist der neue Bund* in meinem Blut; das tut,
sooft ihr daraus trinkt, zu meinem Gedächt-
nis.**

* Luther übersetzte: »das neue Testament«.

26 Denn sooft ihr von diesem Brot eßt
und aus dem Kelch trinkt, verkündigt ihr
den Tod des Herrn, [a]bis er kommt.
a Mt 26,29

27 Wer nun [a]unwürdig* von dem Brot
ißt oder aus dem Kelch des Herrn trinkt,
der wird schuldig sein am Leib und Blut
des Herrn. *a* Vers 21.22

* »Unwürdig«: d.h. in einer Weise, die die Heilstat Christi durch liebloses Verhalten mißachtet (vgl. 11,21.22).

28 Der Mensch [a]prüfe aber sich selbst,
und so esse er von diesem Brot und trinke
aus diesem Kelch. *a* Mt 26,22
29 Denn wer so ißt und trinkt, daß er [a]den
Leib des Herrn nicht achtet, der ißt und
trinkt sich selber zum Gericht.
a Kap 10,16.17
30 Darum sind auch viele Schwache und
Kranke unter euch, und nicht wenige sind
entschlafen.
31 Wenn wir uns selber richteten, so wür-
den wir nicht gerichtet.
32 Wenn wir aber von dem Herrn gerich-
tet werden, so werden wir gezüchtigt,
damit wir nicht samt der Welt verdammt
werden.[a] *a* Spr 3,11.12
33 Darum, meine lieben Brüder, wenn ihr
zusammenkommt, um zu essen, so wartet
aufeinander.
34 Hat jemand Hunger, so esse er daheim,
damit ihr nicht zum Gericht zusammen-
kommt.
¶ Das andre will ich ordnen, wenn ich
komme.

Viele Gaben – ein Geist

12 Über die Gaben des Geistes aber
will ich euch, liebe Brüder, nicht in
Unwissenheit lassen.
2 Ihr wißt: als ihr Heiden wart, zog es
euch mit Macht zu den [a]stummen Göt-
zen. *a* Hab 2,18.19
3 Darum tue ich euch kund, daß niemand
Jesus verflucht, der durch den Geist
Gottes redet; und [a]niemand kann Jesus
den Herrn nennen außer durch den heili-
gen Geist. *a* Mk 9,39; 1.Joh 4,2.3
4 [a] **Es sind [b]verschiedene Gaben; aber es ist
e i n Geist.** *a (4-6)* Eph 4,4-6.11 *b* Röm 12,6
5 **Und es sind [a]verschiedene Ämter; aber es
ist e i n Herr.** *a* Vers 28
6 **Und es sind verschiedene Kräfte; aber es
ist e i n Gott, der da wirkt alles in allen.**
7 In einem jeden offenbart sich der Geist
zum Nutzen aller;[a] *a* Kap 14,26
8 dem einen wird durch den Geist gege-
ben, von der Weisheit zu reden; dem
andern wird gegeben, von der Erkenntnis
zu reden, nach demselben Geist;
9 einem andern Glaube, in demselben
Geist; einem andern die Gabe, gesund zu
machen, in dem **einen** Geist;
10 einem andern die Kraft, Wunder zu tun;
einem andern prophetische Rede; einem
andern die Gabe, die Geister zu unter-
scheiden; einem andern mancherlei [a]Zun-
genrede; einem andern die Gabe, sie aus-
zulegen. *a* Kap 14; Apg 2,4
11 Dies alles aber wirkt derselbe **eine** Geist
und [a]teilt einem jeden das Seine zu, wie
er will. *a* Röm 12,3; Eph 4,7

Viele Glieder – ein Leib

12 Denn wie der Leib **einer** ist und doch
viele Glieder hat, alle Glieder des Leibes
aber, obwohl sie viele sind, doch **ein** Leib
sind: so auch Christus.
13 Denn [a]wir sind durch **einen** Geist alle
zu **einem** Leib getauft, wir seien Juden
oder Griechen, Sklaven oder Freie, und
sind alle mit **einem** Geist getränkt.
a Gal 3,28
14 Denn auch der Leib ist nicht **ein** Glied,
sondern viele.
15 Wenn aber der Fuß spräche: Ich bin
keine Hand, darum bin ich nicht Glied des
Leibes, sollte er deshalb nicht Glied des
Leibes sein?
16 Und wenn das Ohr spräche: Ich bin
kein Auge, darum bin ich nicht Glied des
Leibes, sollte es deshalb nicht Glied des
Leibes sein?
17 Wenn der ganze Leib Auge wäre, wo
bliebe das Gehör? Wenn er ganz Gehör
wäre, wo bliebe der Geruch?
18 Nun aber hat Gott die Glieder einge-
setzt, ein jedes von ihnen im Leib, so wie
er gewollt hat.
19 Wenn aber alle Glieder **ein** Glied wären,
wo bliebe der Leib?
20 Nun aber sind es viele Glieder, aber der
Leib ist **einer.**
21 Das Auge kann nicht sagen zu der
Hand: Ich brauche dich nicht; oder auch

das Haupt zu den Füßen: Ich brauche euch nicht.
22 Vielmehr sind die Glieder des Leibes, die uns die schwächsten zu sein scheinen, die nötigsten;
23 und die uns am wenigsten ehrbar zu sein scheinen, die umkleiden wir mit besonderer Ehre; und bei den unanständigen achten wir besonders auf Anstand;
24 denn die anständigen brauchen's nicht. Aber Gott hat den Leib zusammengefügt und dem geringeren Glied höhere Ehre gegeben,
25 damit im Leib keine Spaltung sei, sondern die Glieder in gleicher Weise füreinander sorgen.
26 Und **wenn e i n Glied leidet, so leiden alle Glieder mit, und wenn e i n Glied geehrt wird, so freuen sich alle Glieder mit.**
27 ¶Ihr aber seid der Leib Christi und jeder von euch ein Glied.[a] *a* Röm 12,5
28 Und Gott hat in der Gemeinde eingesetzt erstens Apostel, zweitens Propheten, drittens Lehrer, dann Wundertäter, dann Gaben, gesund zu machen, zu helfen, zu leiten und mancherlei Zungenrede.[a]

a Eph 4,11.12

29 Sind alle Apostel? Sind alle Propheten? Sind alle Lehrer? Sind alle Wundertäter?
30 Haben alle die Gabe, gesund zu machen? Reden alle in Zungen? Können alle auslegen?
31 Strebt aber nach den größeren Gaben![a]
¶Und ich will euch einen noch besseren Weg zeigen. *a* Kap 14,1.12

Das Hohelied der Liebe

13 Wenn ich mit Menschen- und mit Engelzungen redete und hätte die Liebe nicht, so wäre ich ein tönendes Erz oder eine klingende Schelle.
2 Und wenn ich [a]prophetisch reden könnte und wüßte alle Geheimnisse und alle Erkenntnis und [b]hätte allen Glauben, so daß ich Berge versetzen könnte, und hätte die Liebe nicht, so wäre ich nichts.

a Mt 7,22 *b* Mt 17,20

3 Und [a]wenn ich alle meine Habe den Armen gäbe und ließe meinen Leib verbrennen,* und hätte die Liebe nicht, so wäre mir's nichts nütze. *a* Mt 6,2

* Alte wichtige Textzeugen haben: »und meinen Leib hingäbe, um Ruhm zu gewinnen«.

4 ¶Die Liebe ist langmütig und freundlich, die Liebe eifert nicht, die Liebe treibt nicht Mutwillen, sie bläht sich nicht auf,
5 sie verhält sich nicht ungehörig, sie [a]sucht nicht das Ihre, sie läßt sich nicht erbittern, sie rechnet das Böse nicht zu,

a Phil 2,4

6 sie freut sich nicht über die Ungerechtigkeit, sie freut sich aber an der Wahrheit;[a] *a* Röm 12,9
7 sie erträgt alles, sie glaubt alles, sie hofft alles, sie duldet alles.[a]

a Spr 10,12; Mt 18,21.22; Röm 15,1

8 ¶Die Liebe hört niemals auf, wo doch das prophetische Reden aufhören wird und das Zungenreden aufhören wird und die Erkenntnis aufhören wird.
9 Denn unser Wissen ist Stückwerk, und unser prophetisches Reden ist Stückwerk.
10 Wenn aber kommen wird das Vollkommene, so wird das Stückwerk aufhören.
11 Als ich ein Kind war, da redete ich wie ein Kind und dachte wie ein Kind und war klug wie ein Kind; als ich aber ein Mann wurde, tat ich ab, was kindlich war.
12 Wir [a]sehen jetzt durch einen Spiegel ein dunkles Bild; dann aber von Angesicht zu Angesicht. Jetzt erkenne ich stückweise; dann aber werde ich erkennen, [b]wie ich erkannt bin.

a 4. Mose 12,8; 2. Kor 5,7 *b* Kap 8,3

13 **¶Nun aber bleiben [a]Glaube, Hoffnung, [b]Liebe, diese drei; aber die Liebe ist die größte unter ihnen.** *a* 1. Thess 1,3 *b* 1. Joh 4,16

Zungenrede und prophetische Rede

14 Strebt nach der Liebe! Bemüht euch um die Gaben des Geistes, am meisten aber um die Gabe der prophetischen Rede!
2 Denn wer [a]in Zungen* redet, der redet nicht für Menschen, sondern für Gott; denn niemand versteht ihn, vielmehr redet er im Geist von Geheimnissen.

a Apg 2,4; 10,46

* Siehe Sach- und Worterklärungen zu »Zungenrede«.

3 Wer aber prophetisch redet, der redet den Menschen zur Erbauung und zur Ermahnung und zur Tröstung.
4 Wer in Zungen redet, der erbaut sich selbst; wer aber prophetisch redet, der erbaut die Gemeinde.
5 Ich wollte, [a]daß ihr alle in Zungen reden könntet; aber noch viel mehr, daß ihr prophetisch reden könntet. Denn wer prophetisch redet, ist größer als der, der in Zun-

gen redet; es sei denn, er legt es auch aus,
damit die Gemeinde dadurch erbaut
werde. *a* Kap 12,10
6 ¶Nun aber, liebe Brüder, wenn ich zu
euch käme und redete in Zungen, was
würde ich euch nützen, wenn ich nicht
mit euch redete in Worten der Offenba-
rung oder der [a]Erkenntnis oder der Pro-
phetie oder der Lehre? *a* Kap 12,8
7 Verhält sich's doch auch so mit leblosen
Dingen, die Töne hervorbringen, es sei
eine Flöte oder eine Harfe: wenn sie nicht
unterschiedliche Töne von sich geben, wie
kann man erkennen, was auf der Flöte
oder auf der Harfe gespielt wird?
8 Und wenn die Posaune einen undeutli-
chen Ton gibt, wer wird sich zum Kampf
rüsten?
9 So auch ihr: wenn ihr in Zungen redet
und nicht mit deutlichen Worten, wie kann
man wissen, was gemeint ist? Ihr werdet
in den Wind reden.
10 Es gibt so viele Arten von Sprache in
der Welt, und nichts ist ohne Sprache.
11 Wenn ich nun die Bedeutung der Spra-
che nicht kenne, werde ich den nicht ver-
stehen, der redet, und der redet, wird mich
nicht verstehen.
12 So auch ihr: da ihr euch bemüht um
die Gaben des Geistes, so trachtet danach,
daß ihr die Gemeinde erbaut und alles
reichlich habt.
13 Wer also in Zungen redet, der bete, daß
er's auch auslegen könne.[a] *a* Kap 12,10
14 Denn wenn ich in Zungen bete, so betet
mein Geist; aber was ich im Sinn habe,
bleibt ohne Frucht.
15 Wie soll es denn nun sein? Ich will
beten mit dem Geist und will auch beten
mit dem Verstand; ich will [a]Psalmen sin-
gen mit dem Geist und will auch Psalmen
singen mit dem Verstand. *a* Eph 5,19
16 Wenn du Gott lobst im Geist, wie soll
der, der als Unkundiger dabeisteht, das
Amen sagen auf dein Dankgebet, da er
doch nicht weiß, was du sagst?
17 Dein Dankgebet mag schön sein; aber
der andere wird dadurch nicht erbaut.
18 Ich danke Gott, daß ich mehr in Zun-
gen rede als ihr alle.
19 Aber ich will in der Gemeinde lieber
fünf Worte reden mit meinem Verstand,
damit ich auch andere unterweise, als
zehntausend Worte in Zungen.
20 ¶Liebe Brüder, seid nicht [a]Kinder,
wenn es ums Verstehen geht; sondern seid
Kinder, wenn es um Böses geht; im Ver-
stehen aber seid vollkommen. *a* Eph 4,14
21 Im Gesetz steht geschrieben (Jesaja
28,11.12): »Ich will in andern Zungen und
mit andern Lippen reden zu diesem Volk,
und sie werden mich auch so nicht hören,
spricht der Herr.«
22 Darum ist die Zungenrede ein Zeichen
nicht für die Gläubigen, sondern für die
Ungläubigen; die prophetische Rede aber
ein Zeichen nicht für die Ungläubigen,
sondern für die Gläubigen.
23 Wenn nun die ganze Gemeinde an
einem Ort zusammenkäme und alle rede-
ten in Zungen, es kämen aber Unkundige
oder Ungläubige hinein, würden sie nicht
sagen, ihr seid von Sinnen?
24 Wenn sie aber alle prophetisch redeten
und es käme ein Ungläubiger oder Unkun-
diger hinein, der würde von allen geprüft
und von allen überführt;
25 [a]was in seinem Herzen verborgen ist,
würde offenbar, und so würde er nieder-
fallen auf sein Angesicht, Gott anbeten
und bekennen, daß Gott wahrhaftig unter
euch ist. *a* Joh 16,8
26 ¶Wie ist es denn nun, liebe Brüder?
Wenn ihr zusammenkommt, [a]so hat ein
jeder einen Psalm, er hat eine Lehre, er
hat eine Offenbarung, er hat eine Zungen-
rede, er hat eine Auslegung. **Laßt es alles
geschehen [b]zur Erbauung!**
a Kap 12,8-10 *b* Eph 4,12
27 Wenn jemand in Zungen redet, so seien
es zwei oder höchstens drei, und einer
nach dem andern; und einer lege es aus.
28 Ist aber kein Ausleger da, so schweige
er in der Gemeinde und rede für sich sel-
ber und für Gott.
29 Auch von den Propheten laßt zwei oder
drei reden, und die andern laßt [a]darüber
urteilen. *a* Apg 17,11; 1.Thess 5,21
30 Wenn aber einem andern, der dabei-
sitzt, eine Offenbarung zuteil wird, so
schweige der erste.
31 Ihr könnt alle prophetisch reden, doch
einer nach dem andern, damit alle lernen
und alle ermahnt werden.
32 Die Geister der Propheten sind den
Propheten untertan.
33 Denn Gott ist nicht ein Gott der [a]Un-
ordnung, sondern des Friedens. *a* Vers 40
¶Wie in allen Gemeinden der Heiligen
34 sollen [a]die Frauen schweigen in der

Gemeindeversammlung; denn es ist ihnen
nicht gestattet zu reden, sondern [b]sie sol-
len sich unterordnen, wie auch das Gesetz
sagt. *a* 1.Tim 2,11.12 *b* 1.Mose 3,16
35 Wollen sie aber etwas lernen, so sollen
sie daheim ihre Männer fragen. Es steht
der Frau schlecht an, in der Gemeinde zu
reden.
36 Oder ist das Wort Gottes von euch aus-
gegangen? Oder ist's allein zu euch
gekommen?
37 ¶Wenn einer meint, er sei ein Prophet
oder vom Geist erfüllt, [a]der erkenne, daß
es des Herrn Gebot ist, was ich euch
schreibe. *a* 1.Joh 4,6
38 Wer aber das nicht anerkennt, der wird
auch nicht anerkannt.
39 Darum, liebe Brüder, bemüht euch um
die prophetische Rede und wehrt nicht der
Zungenrede.
40 Laßt aber alles ehrbar und [a]ordentlich
zugehen. *a* Vers 33; Kol 2,5

Von der Auferstehung (Kapitel 15)

Das Zeugnis von der Auferstehung Christi

15 Ich erinnere euch aber, liebe Brüder,
an das Evangelium, das ich euch ver-
kündigt habe, das ihr auch angenommen
habt, in dem ihr auch fest steht,
2 durch das ihr auch selig werdet, wenn
ihr's festhaltet in der Gestalt, in der ich es
euch verkündigt habe; es sei denn, daß ihr
umsonst gläubig geworden wärt.
3 Denn als erstes habe ich euch weiterge-
geben, was ich auch empfangen habe: **Daß
Christus gestorben ist für unsre Sünden
[a]nach der Schrift;** *a* Jes 53,12
4 **und daß er begraben worden ist; und daß
er auferstanden ist am dritten Tage [a]nach
der Schrift;** *a* Hos 6,2; Lk 24,27.44-46
5 **und daß er [a]gesehen worden ist von
Kephas, [b]danach von den Zwölfen.**
a Lk 24,34 *b* Joh 20,19.26

6 Danach ist er gesehen worden von mehr
als fünfhundert Brüdern auf einmal, von
denen die meisten noch heute leben,
einige aber sind entschlafen.
7 Danach ist er gesehen worden von
Jakobus, danach [a]von allen Aposteln.
a Lk 24,50
8 Zuletzt von allen ist er [a]auch von mir
als einer unzeitigen Geburt gesehen wor-
den. *a* Kap 9,1; Apg 9,3-6
9 Denn [a]ich bin der geringste unter den
Aposteln, der ich nicht wert bin, daß ich
ein Apostel heiße, [b]weil ich die Gemeinde
Gottes verfolgt habe. *a* Eph 3,8 *b* Apg 8,3
10 Aber [a]durch Gottes Gnade bin ich, was
ich bin. Und seine Gnade an mir ist nicht
vergeblich gewesen, sondern ich habe viel
mehr gearbeitet als sie alle; nicht aber ich,
sondern Gottes Gnade, die mit mir ist.
a 2.Kor 11,5.23
11 Es sei nun ich oder jene: so predigen
wir, und so habt ihr geglaubt.

Gegen die Leugnung der Auferstehung der Toten

12 Wenn aber Christus gepredigt wird, daß
er von den Toten auferstanden ist, wie
sagen dann einige unter euch: Es gibt
keine Auferstehung der Toten?
13 Gibt es keine Auferstehung der Toten,
so ist auch Christus nicht auferstanden.
14 **Ist aber Christus nicht auferstanden, so
ist unsre Predigt vergeblich, so ist auch euer
Glaube vergeblich.**
15 Wir würden dann auch als falsche [a]Zeu-
gen Gottes befunden, weil wir gegen Gott
bezeugt hätten, er habe Christus aufer-
weckt, den er nicht auferweckt hätte, wenn
doch die Toten nicht auferstehen.
a Apg 1,22
16 Denn wenn die Toten nicht auferste-
hen, so ist Christus auch nicht auferstan-
den.
17 Ist Christus aber nicht auferstanden, so
ist euer Glaube nichtig, so seid ihr noch in
euren Sünden,
18 so sind auch die, die in Christus ent-
schlafen sind, verloren.
19 **Hoffen wir allein in diesem Leben auf
Christus, so sind wir die elendesten unter
allen Menschen.**

Christus ist auferstanden

20 **Nun aber [a]ist Christus auferstanden von
den Toten als [b]Erstling unter denen, die ent-
schlafen sind.** *a* Kap 6,14 *b* Kol 1,18
21 Denn da durch **einen** Menschen [a]der
Tod gekommen ist, so kommt auch durch
einen Menschen die Auferstehung der
Toten.[b] *a* 1.Mose 3,17-19 *b* Röm 5,18
22 Denn wie sie in Adam alle sterben, so
werden sie in Christus alle lebendig
gemacht werden.
23 Ein jeder aber in seiner Ordnung: als

Erstling Christus; [a]danach, wenn er kommen wird, die, die Christus angehören;
a 1.Thess 4,16.17

24 danach das Ende, wenn er das Reich Gott, dem Vater, übergeben wird, nachdem er [a]alle Herrschaft und alle Macht und Gewalt vernichtet hat. *a* Röm 8,38

25 Denn er muß herrschen, bis Gott ihm [a]»alle Feinde unter seine Füße legt« (Psalm 110,1). *a* Mt 22,44

26 **Der letzte Feind, der vernichtet wird, ist der Tod.**[a] *a* Offb 20,14; 21,4

27 Denn »alles hat er unter seine Füße getan« (Psalm 8,7). Wenn es aber heißt, **alles** sei ihm unterworfen, so ist offenbar, daß der ausgenommen ist, der ihm alles unterworfen hat.

28 Wenn aber alles ihm untertan sein wird, dann wird auch der Sohn selbst untertan sein dem, der ihm alles unterworfen hat, damit Gott sei alles in allem.

Leben aus der Auferstehung

29 Was soll es sonst, daß sich einige für die Toten taufen lassen? Wenn die Toten gar nicht auferstehen, was lassen sie sich dann für sie taufen?

30 Und was stehen wir dann jede Stunde in Gefahr?[a] *a* Röm 8,36; Gal 5,11

31 So wahr ihr, liebe Brüder, mein Ruhm seid, den ich in Christus Jesus, unserm Herrn, habe: [a]ich sterbe täglich.
a 2.Kor 4,10

32 Habe ich nur im Blick auf dieses Leben in Ephesus mit wilden Tieren gekämpft, was hilft's mir? Wenn die Toten nicht auferstehen, dann »laßt uns essen und trinken; denn morgen sind wir tot!« (Jesaja 22,13)

33 **Laßt euch nicht verführen! Schlechter Umgang verdirbt gute Sitten.**

34 Werdet doch einmal recht [a]nüchtern und sündigt nicht! Denn einige wissen nichts von Gott; das sage ich euch zur Schande. *a* 1.Thess 5,8

Der neue Leib bei der Auferstehung

35 Es könnte aber jemand fragen: Wie werden die Toten auferstehen, und mit was für einem Leib werden sie kommen?

36 Du Narr: Was du säst, wird nicht lebendig, [a]wenn es nicht stirbt. *a* Joh 12,24

37 Und was du säst, ist ja nicht der Leib, der werden soll, sondern ein bloßes Korn, sei es von Weizen oder etwas anderem.

38 Gott aber gibt ihm einen Leib, wie er will, einem jeden Samen seinen eigenen Leib.

39 Nicht alles Fleisch ist das gleiche Fleisch, sondern ein anderes Fleisch haben die Menschen, ein anderes das Vieh, ein anderes die Vögel, ein anderes die Fische.

40 Und es gibt himmlische Körper und irdische Körper; aber eine andere Herrlichkeit haben die himmlischen und eine andere die irdischen.

41 Einen andern Glanz hat die Sonne, einen andern Glanz hat der Mond, einen andern Glanz haben die Sterne; denn ein Stern unterscheidet sich vom andern durch seinen Glanz.

42 So auch die Auferstehung der Toten. **Es wird gesät verweslich und wird auferstehen unverweslich.**

43 **Es wird gesät in Niedrigkeit und wird auferstehen in [a]Herrlichkeit. Es wird gesät in Armseligkeit und wird auferstehen in Kraft.**
a Phil 3,21; Kol 3,4

44 **Es wird gesät ein natürlicher Leib und wird auferstehen ein geistlicher Leib.** Gibt es einen natürlichen Leib, so gibt es auch einen geistlichen Leib.

45 Wie geschrieben steht: Der erste Mensch, Adam, »wurde zu einem lebendigen Wesen« (1. Mose 2,7), und der letzte Adam zum [a]Geist, der lebendig macht.
a 2.Kor 3,17

46 Aber der geistliche Leib ist nicht der erste, sondern der natürliche; danach der geistliche.

47 Der erste Mensch ist von der Erde und irdisch; der zweite Mensch ist vom Himmel.

48 Wie der irdische ist, so sind auch die irdischen; und wie der himmlische ist, so sind auch die himmlischen.

49 Und wie wir getragen haben [a]das Bild des irdischen, so werden wir auch tragen das Bild des himmlischen. *a* 1.Mose 5,3

Verwandlung der Gläubigen und Sieg über den Tod

50 Das sage ich aber, liebe Brüder, daß Fleisch und Blut das Reich Gottes nicht ererben können; auch wird das Verwesliche nicht erben die Unverweslichkeit.

51 Siehe, ich sage euch ein Geheimnis: Wir werden nicht alle entschlafen, [a]wir werden aber alle verwandelt werden;

a 1.Thess 4,15-17

52 und das plötzlich, in einem Augenblick, zur Zeit der letzten Posaune. Denn [a]es wird die Posaune erschallen, und die Toten werden auferstehen unverweslich, und wir werden verwandelt werden. *a* Mt 24,31

53 Denn dies Verwesliche muß anziehen die Unverweslichkeit, und dies Sterbliche muß anziehen die Unsterblichkeit.[a]

a 2.Kor 5,4

54 Wenn aber dies Verwesliche anziehen wird die Unverweslichkeit und dies Sterbliche anziehen wird die Unsterblichkeit, dann wird erfüllt werden das Wort, das geschrieben steht (Jesaja 25,8; Hosea 13,14): »Der Tod ist verschlungen vom Sieg.

55 **Tod, wo ist dein Sieg? Tod, wo ist dein Stachel?«***

* Luther übersetzte Vers 54b.55 nach anderer Überlieferung: »Der Tod ist verschlungen in den Sieg. Tod, wo ist dein Stachel? Hölle, wo ist dein Sieg?«

56 Der Stachel des Todes aber ist die Sünde, [a]die Kraft aber der Sünde ist das Gesetz. *a* Röm 7,8.11.13

57 **Gott aber sei Dank, der uns den [a]Sieg gibt durch unsern Herrn Jesus Christus!**

a 1.Joh 5,4

58 ¶Darum, meine lieben Brüder, seid fest, unerschütterlich und nehmt immer zu in dem Werk des Herrn, weil ihr wißt, daß eure Arbeit nicht vergeblich ist in dem Herrn.

Geldsammlung für die Gemeinde in Jerusalem

16 Was aber die [a]Sammlung für die Heiligen angeht: wie ich in den Gemeinden in Galatien angeordnet habe, so sollt auch ihr tun! *a* 2.Kor 8; 9; Gal 2,10

2 An jedem [a]ersten Tag der Woche lege ein jeder von euch bei sich etwas zurück und sammle an, soviel ihm möglich ist, damit die Sammlung nicht erst dann geschieht, wenn ich komme. *a* Apg 20,7

3 Wenn ich aber gekommen bin, will ich die, die ihr für bewährt haltet, mit Briefen senden, damit sie eure Gabe nach Jerusalem bringen.

4 Wenn es aber die Mühe lohnt, daß ich auch hinreise, sollen sie mit mir reisen.

Reisepläne

5 Ich will aber zu euch kommen, sobald ich [a]durch Mazedonien gezogen bin; denn durch Mazedonien werde ich nur durchreisen. *a* Apg 19,21

6 Bei euch aber werde ich, wenn möglich, eine Weile bleiben oder auch den Winter zubringen, damit ihr mich dann dahin geleitet, wohin ich ziehen werde.

7 Ich will euch jetzt nicht nur sehen, wenn ich durchreise; denn ich hoffe, [a]ich werde einige Zeit bei euch bleiben, wenn es der Herr zuläßt. *a* Apg 20,2

8 Ich werde aber in [a]Ephesus bleiben bis Pfingsten. *a* Apg 19,1.10

9 Denn mir ist [a]eine Tür aufgetan zu reichem Wirken; aber auch viele Widersacher sind da. *a* 2.Kor 2,12; Kol 4,3

10 ¶Wenn [a]Timotheus kommt, so seht zu, daß er ohne Furcht bei euch sein kann; denn [b]er treibt auch das Werk des Herrn wie ich. *a* Kap 4,17 *b* Phil 2,19-22

11 Daß ihn nur nicht jemand verachte! Geleitet ihn aber in Frieden, daß er zu mir komme; denn ich warte auf ihn mit den Brüdern.

12 Von [a]Apollos, dem Bruder, aber sollt ihr wissen, daß ich ihn oft ermahnt habe, mit den Brüdern zu euch zu kommen; aber es war durchaus nicht sein Wille, jetzt zu kommen; er wird aber kommen, wenn es ihm gelegen sein wird. *a* Kap 1,12

Ermahnungen und Grüße

13 **Wachet, steht im Glauben, seid mutig und [a]seid stark!** *a* Eph 6,10

14 **Alle eure Dinge laßt in der Liebe geschehen!**

15 ¶Ich ermahne euch aber, liebe Brüder: Ihr kennt [a]das Haus des Stephanas, daß sie die Erstlinge in Achaja sind und haben sich selbst bereitgestellt zum Dienst für die Heiligen. *a* Kap 1,16

16 Ordnet auch ihr euch solchen unter und allen, die mitarbeiten und sich mühen!

17 Ich freue mich über die Ankunft des Stephanas und Fortunatus und Achaikus; denn sie haben mir euch, die ihr nicht hier sein könnt, ersetzt.

18 Sie haben meinen und euren Geist erquickt. [a]Erkennt solche Leute an!

a 1.Thess 5,12; Phil 2,29

19 ¶Es grüßen euch die Gemeinden in der

Provinz Asien. Es grüßen euch vielmals in
dem Herrn [a]Aquila und Priska samt der
Gemeinde in ihrem Hause.

a Apg 18,2; Röm 16,3.5

20 Es grüßen euch alle Brüder. Grüßt euch
untereinander mit dem heiligen Kuß.
21 ¶Hier [a]mein, des Paulus, eigenhändi-
ger Gruß. *a* Gal 6,11; Kol 4,18; 2.Thess 3,17

22 Wenn jemand den Herrn nicht liebhat,
der sei verflucht. [a]Maranata!* *a* Offb 22,20

* Maranata bedeutet: »Unser Herr, komm!« oder: »Unser Herr kommt!«

23 Die Gnade des Herrn Jesus sei mit
euch!
24 Meine Liebe ist mit euch allen in Chri-
stus Jesus!

DER ZWEITE BRIEF DES PAULUS AN DIE KORINTHER

Inhaltsübersicht

1 Paulus, ein [a]Apostel Christi Jesu durch
den Willen Gottes, und Timotheus,
unser Bruder, an die Gemeinde Gottes in
Korinth samt allen Heiligen in ganz
Achaja: *a* 1.Kor 1,1
2 ¶Gnade sei mit euch und Friede von
Gott, unserm Vater, und dem Herrn Jesus
Christus!

Dank für Gottes Trost in Trübsal

**3 Gelobt sei Gott, der Vater unseres Herrn
Jesus Christus, der Vater der Barmherzig-
keit und [a]Gott allen Trostes,** *a* Röm 15,5
**4 der uns tröstet in aller unserer Trübsal,
damit wir auch trösten können, die in aller-
lei Trübsal sind, mit dem Trost, mit dem wir
selber getröstet werden von Gott.**
5 Denn wie die [a]Leiden Christi reichlich
über uns kommen, so werden wir auch
[b]reichlich getröstet durch Christus.

a Ps 34,20; Röm 8,17 *b* Ps 94,19

6 [a]Haben wir aber Trübsal, so geschieht
es euch zu Trost und Heil. Haben wir
Trost, so geschieht es zu eurem Trost, der
sich wirksam erweist, wenn ihr mit Geduld
dieselben Leiden ertragt, die auch wir lei-
den. *a* Kap 4,8-11.15
7 Und unsre Hoffnung steht fest für euch,
weil wir wissen: wie ihr an den Leiden
teilhabt, so werdet ihr auch am Trost teil-
haben.

8 ¶Denn wir wollen euch, liebe Brüder,
nicht verschweigen die [a]Bedrängnis, die
uns in der Provinz Asien widerfahren ist,
wo wir über die Maßen beschwert waren
und über unsere Kraft, so daß wir auch
am Leben verzagten

a Apg 19,23-40; 1.Kor 15,32

9 und es bei uns selbst für beschlossen
hielten, wir müßten sterben. Das geschah
aber, damit wir unser Vertrauen nicht auf
uns selbst setzten, sondern auf Gott, der
die Toten auferweckt,
10 der uns aus solcher Todesnot errettet
hat und erretten wird. Auf ihn hoffen wir,
er werde uns auch hinfort erretten.
11 Dazu helft auch ihr durch [a]eure Für-
bitte für uns, damit unsertwegen für die
Gabe, die uns gegeben ist, durch viele Per-
sonen viel Dank dargebracht werde.

a Phil 1,19

Gegen den Vorwurf der Unwahrhaftigkeit

12 Denn dies ist unser Ruhm: das [a]Zeug-
nis unseres Gewissens, daß wir in Einfalt
und göttlicher Lauterkeit, nicht in [b]fleisch-
licher Weisheit, sondern in der Gnade
Gottes unser Leben in der Welt geführt
haben, und das vor allem bei euch.

a Kap 2,17; Hebr 13,18 *b* 1.Kor 1,17

13 Denn wir schreiben euch nichts ande-
res, als was ihr lest und auch versteht. Ich
hoffe aber, ihr werdet es noch völlig ver-
stehen,
14 wie ihr uns zum Teil auch schon ver-
standen habt, nämlich, daß [a]wir euer
Ruhm sind, wie auch [b]ihr unser Ruhm
seid am Tage unseres Herrn Jesus.

a Kap 5,12 *b* Phil 2,16

69 *Widerstand*
Öl auf Leinwand; 168 x 103 cm; 1937/1943–1948;
signiert; MBMC, Nizza
(© Foto: Centre Georges Pompidou – Philippe Migeat)

70 *Auferstehung*
Öl auf Leinwand; 168,3 x 107,7 cm; 1937/1943-1948; MBMC, Nizza
(© Foto: Centre Georges Pompidou – Philippe Migeat)

71 *Befreiung*
Öl auf Leinwand; 168 × 88 cm; 1937/1943–1952;
MBMC, Nizza
(© Foto: Centre Georges Pompidou – Philippe Migeat)

72 *Der Sonntag*
Öl auf Leinwand; 173 x 149 cm; 1953 - 54; signiert;
Musée National d'Art Moderne,
Centre Georges Pompidou, Paris
(© Foto: Landesmuseum Mainz – Ursula Rudischer)

15 ¶Und in solchem Vertrauen wollte ich
zunächst zu euch kommen, damit ihr aber-
mals eine Wohltat empfinget.
16 Von euch aus wollte ich nach Mazedo-
nien reisen, aus Mazedonien wieder zu
euch kommen und mich von euch gelei-
ten lassen nach Judäa.[a] *a* 1.Kor 16,5.6
17 Bin ich etwa leichtfertig gewesen, als
ich dies wollte? Oder ist mein Vorhaben
fleischlich, so daß das Ja Ja bei mir auch
ein Nein Nein ist?
18 Gott ist mein Zeuge, daß unser Wort an
euch nicht Ja und Nein zugleich ist.
19 Denn der Sohn Gottes, Jesus Christus,
der unter euch durch uns gepredigt wor-
den ist, durch mich und [a]Silvanus und
Timotheus, der war nicht Ja und Nein,
sondern es war Ja in ihm. *a* Apg 18,5
20 Denn **auf alle Gottesverheißungen ist
in ihm das Ja; darum sprechen wir auch
durch ihn das [a]Amen, Gott zum Lobe.**
a Offb 3,14
21 Gott ist's aber, der uns fest macht samt
euch in Christus und uns [a]gesalbt
a 1.Joh 2,27
22 und [a]versiegelt und in unsre Herzen
[b]als Unterpfand den Geist gegeben hat.
a Eph 1,13 *b* Kap 5,5; Röm 8,16
23 ¶Ich rufe aber Gott zum Zeugen an bei
meiner Seele, daß ich euch schonen wollte
und darum nicht wieder nach Korinth
gekommen bin.
24 Nicht daß wir [a]Herren wären über
euren Glauben, sondern wir sind Gehilfen
eurer Freude; denn ihr steht im Glauben.
a Kap 4,5; 1.Petr 5,3

2 ¶Ich hatte aber dies bei mir beschlos-
sen, daß ich nicht abermals in Traurig-
keit zu euch käme.[a] *a* Kap 12,21; 1.Kor 4,21
2 Denn wenn ich euch traurig mache, wer
soll mich dann fröhlich machen? Doch nur
der, der von mir betrübt wird.
3 Und eben dies habe ich geschrieben,
damit ich nicht, wenn ich komme, über
die traurig sein müßte, über die ich mich
freuen sollte. Habe ich doch zu euch allen
das Vertrauen, daß meine Freude euer
aller Freude ist.
4 Denn ich schrieb euch aus großer Trüb-
sal und Angst des Herzens unter vielen
Tränen; nicht, damit ihr betrübt werden
sollt, sondern damit ihr die Liebe erkennt,
die ich habe besonders zu euch.

Vergebung für ein bestraftes Gemeindeglied

5 Wenn aber jemand Betrübnis angerich-
tet hat, der hat nicht mich betrübt, son-
dern zum Teil – damit ich nicht zuviel
sage – euch alle.
6 Es ist aber genug, daß derselbe von den
meisten gestraft ist,
7 so daß ihr nun ihm desto mehr verge-
ben und ihn trösten sollt, damit er nicht in
allzu große Traurigkeit versinkt.
8 Darum ermahne ich euch, daß ihr ihm
Liebe erweist.
9 Denn darum habe ich auch geschrieben,
um eure Bewährung zu erkennen, ob ihr
gehorsam seid in allen Stücken.
10 Wem aber ihr etwas vergebt, dem ver-
gebe ich auch. Denn auch ich habe, wenn
ich etwas zu vergeben hatte, es vergeben
um euretwillen [a]vor Christi Angesicht,
a Joh 20,23
11 damit wir nicht übervorteilt werden
vom Satan; denn uns ist wohl bewußt,
[a]was er im Sinn hat. *a* Lk 22,31; 1.Petr 5,8

Die Verkündigung des Evangeliums als Siegeszug Christi

12 Als ich aber nach Troas kam, zu predi-
gen das Evangelium Christi, und mir [a]eine
Tür aufgetan war in dem Herrn,
a Apg 14,27; 1.Kor 16,9
13 da hatte ich keine Ruhe in meinem
Geist, weil ich [a]Titus, meinen Bruder,
nicht fand; sondern [b]ich nahm Abschied
von ihnen und fuhr nach Mazedonien.
a Kap 7,6 *b* Apg 20,1
14 ¶Gott aber sei gedankt, der uns allezeit
Sieg gibt in Christus und offenbart den
Wohlgeruch seiner Erkenntnis durch uns
an allen Orten!
15 Denn wir sind für Gott ein Wohlgeruch
Christi unter denen, die gerettet werden,
und unter denen, die verloren werden:[a]
a 1.Kor 1,18
16 [a]diesen ein Geruch des Todes zum
Tode, jenen aber ein Geruch des Lebens
zum Leben. [b]Wer aber ist dazu tüchtig?
a Lk 2,34 *b* Kap 3,5
17 Wir sind ja nicht wie die vielen, die mit
dem Wort Gottes Geschäfte machen; son-
dern wie man [a]aus Lauterkeit und aus
Gott reden muß, so reden wir vor Gott in
Christus. *a* Kap 1,12; 4,2; 1.Petr 4,11

Die Herrlichkeit des Dienstes im neuen Bund

3 Fangen wir denn abermals an, [a]uns
selbst zu empfehlen? Oder brauchen
wir, wie gewisse Leute, Empfehlungsbriefe
an euch oder von euch? *a* Kap 5,12
2 Ihr seid unser Brief, in unser Herz
geschrieben, erkannt und gelesen von
allen Menschen![a] *a* 1.Kor 9,2
3 Ist doch offenbar geworden, daß ihr ein
Brief Christi seid, durch unsern Dienst
zubereitet, geschrieben nicht mit Tinte,
sondern mit dem Geist des lebendigen
Gottes, nicht auf [a]steinerne Tafeln, son-
dern auf fleischerne Tafeln, nämlich eure
Herzen. *a* 2.Mose 24,12
4 ¶ Solches Vertrauen aber haben wir
durch Christus zu Gott.
5 Nicht daß wir tüchtig sind von uns sel-
ber, uns etwas zuzurechnen als von uns
selber; sondern [a]daß wir tüchtig sind, ist
von Gott, *a* Kap 2,16
6 der uns auch tüchtig gemacht hat zu
Dienern des [a]neuen Bundes, nicht des
[b]Buchstabens, sondern des Geistes. Denn
**der Buchstabe tötet, aber der [c]Geist macht le-
bendig.** *a* Jer 31,31; 1.Kor 11,25 *b* Röm 7,6 *c* Joh 6,63
7 ¶ [a]Wenn aber schon das Amt, das den
Tod bringt und das mit Buchstaben in
Stein gehauen war, Herrlichkeit hatte, so
daß die Israeliten das Angesicht des Mose
nicht ansehen konnten wegen der Herr-
lichkeit auf seinem Angesicht, die doch
aufhörte, *a (7-13)* 2.Mose 34,29-35
8 wie sollte nicht viel mehr das Amt, das
den Geist gibt, Herrlichkeit haben?[a]
a Gal 3,2.5
9 Denn wenn das Amt, das zur Ver-
dammnis führt, Herrlichkeit hatte, wieviel
mehr hat das Amt, das [a]zur Gerechtigkeit
führt, überschwengliche Herrlichkeit.
a Röm 1,17; 3,21
10 Ja, jene Herrlichkeit ist nicht für Herr-
lichkeit zu achten gegenüber dieser über-
schwenglichen Herrlichkeit.
11 Denn wenn das Herrlichkeit hatte, was
aufhört, wieviel mehr wird das Herrlich-
keit haben, was bleibt.
12 ¶ Weil wir nun solche Hoffnung haben,
sind wir voll großer Zuversicht
13 und tun nicht wie Mose, der eine Decke
vor sein Angesicht hängte, damit die Israe-
liten nicht sehen konnten das Ende der
Herrlichkeit, die aufhört.
14 Aber [a]ihre Sinne wurden verstockt.
Denn bis auf den heutigen Tag bleibt diese
Decke unaufgedeckt über dem Alten Te-
stament, wenn sie es lesen, weil sie nur in
Christus abgetan wird. *a* Apg 28,27; Röm 11,25
15 Aber bis auf den heutigen Tag, wenn
Mose gelesen wird, hängt die Decke vor
ihrem Herzen.
16 Wenn Israel aber [a]sich bekehrt zu dem
Herrn, so [b]wird die Decke abgetan.
a Röm 11,23.26 *b* 2.Mose 34,34
17 **Der Herr ist der Geist; wo aber der Geist
des Herrn ist, da ist Freiheit.**
18 Nun aber schauen wir alle mit aufge-
decktem Angesicht die [a]Herrlichkeit des
Herrn wie in einem Spiegel, und wir wer-
den verklärt in sein Bild von einer Herr-
lichkeit zur andern von dem Herrn, der
der Geist ist. *a* Kap 4,6

Das Licht des Evangeliums im Amt des Apostels

4 Darum, weil wir dieses [a]Amt haben
nach der [b]Barmherzigkeit, die uns
widerfahren ist, werden wir nicht müde,
a Kap 3,6 *b* 1.Kor 7,25
2 sondern wir meiden schändliche Heim-
lichkeit und [a]gehen nicht mit List um, fäl-
schen auch nicht Gottes Wort, sondern
durch Offenbarung der Wahrheit empfeh-
len wir uns dem Gewissen aller Menschen
vor Gott. *a* Kap 2,17; 1.Thess 2,5
3 Ist nun aber unser Evangelium verdeckt,
so ist's denen verdeckt, [a]die verloren wer-
den, *a* 1.Kor 1,18
4 den Ungläubigen, denen der Gott dieser
Welt den Sinn verblendet hat, daß sie nicht
sehen das helle Licht des Evangeliums von
der Herrlichkeit Christi, welcher ist [a]das
Ebenbild Gottes. *a* Hebr 1,3
5 Denn wir predigen nicht uns selbst, son-
dern Jesus Christus, daß er der Herr ist,
[a]wir aber eure Knechte um Jesu willen.
a Kap 1,24
6 Denn [a]**Gott, der sprach: Licht soll aus
der Finsternis hervorleuchten, der hat einen
[b]hellen Schein in unsre Herzen gegeben, daß
durch uns entstünde die Erleuchtung zur
Erkenntnis der Herrlichkeit Gottes in dem
Angesicht Jesu Christi.** *a* 1.Mose 1,3 *b* Kap 3,18

Leidensgemeinschaft mit Christus

7 [a]Wir haben aber diesen Schatz in irde-

mit Trost; ich habe überschwengliche Freude in aller unsrer Bedrängnis.

Die Freude des Paulus über die Reue der Gemeinde

5 Denn als wir nach [a]Mazedonien kamen, fanden wir keine Ruhe; sondern von allen Seiten [b]waren wir bedrängt, von außen mit Streit, von innen mit Furcht. *a* Apg 20,1.2 *b* Kap 4,8

6 Aber Gott, der die Geringen tröstet, der tröstete uns durch die Ankunft des [a]Titus; *a* Kap 2,13

7 nicht allein aber durch seine Ankunft, sondern auch durch den Trost, mit dem er bei euch getröstet worden war. Er berichtete uns von eurem Verlangen, eurem Weinen, eurem Eifer für mich, so daß ich mich noch mehr freute.

8 ¶Denn wenn ich euch auch durch den Brief traurig gemacht habe, reut es mich nicht. Und wenn es mich reute – ich sehe ja, daß jener Brief euch wohl eine Weile betrübt hat –,[a] *a* Kap 2,4

9 so freue ich mich doch jetzt nicht darüber, daß ihr betrübt worden seid, sondern darüber, daß ihr betrübt worden seid zur Reue. Denn ihr seid betrübt worden nach Gottes Willen, so daß ihr von uns keinen Schaden erlitten habt.

10 Denn [a]**die Traurigkeit nach Gottes Willen wirkt zur Seligkeit eine Reue, die niemanden reut;** [b]**die Traurigkeit der Welt aber wirkt den Tod.** *a* Mt 26,75; Lk 15,17-24 *b* Mt 27,3-5

11 Siehe: eben dies, daß ihr betrübt worden seid nach Gottes Willen, welches Mühen hat das in euch gewirkt, dazu Verteidigung, Unwillen, Furcht, Verlangen, Eifer, Bestrafung! Ihr habt in allen Stükken bewiesen, daß ihr rein seid in dieser Sache.

12 Darum, wenn ich euch auch geschrieben habe, so ist's doch nicht geschehen um dessentwillen, der beleidigt hat, auch nicht um dessentwillen, der beleidigt worden ist, sondern damit euer Mühen für uns offenbar werde bei euch vor Gott.

13 Dadurch sind wir getröstet worden.

¶Außer diesem unserm Trost aber haben wir uns noch überschwenglicher gefreut über die Freude des Titus; denn sein Geist ist erquickt worden von euch allen.

14 Denn was ich vor ihm von euch gerühmt habe, darin bin ich nicht zuschanden geworden; sondern wie alles wahr ist, was wir mit euch geredet haben, so hat sich auch unser Rühmen vor Titus als wahr erwiesen.

15 Und er ist überaus herzlich gegen euch gesinnt, wenn er an den Gehorsam von euch allen denkt, wie ihr ihn mit Furcht und Zittern aufgenommen habt.

16 Ich freue mich, daß ich mich in allem auf euch verlassen kann.

Die Geldsammlung für die Gemeinde in Jerusalem

8 Wir tun euch aber kund, liebe Brüder, die Gnade Gottes, die in den Gemeinden Mazedoniens gegeben ist.[a] *a* Röm 15,26

2 Denn ihre Freude war überschwenglich, als sie durch viel Bedrängnis bewährt wurden, und obwohl sie sehr arm sind, haben sie doch reichlich gegeben in aller Einfalt.

3 Denn nach Kräften, das bezeuge ich, und sogar über ihre Kräfte haben sie willig gegeben

4 und haben uns mit vielem Zureden gebeten, daß sie mithelfen dürften an der Wohltat und der Gemeinschaft des [a]Dienstes für die Heiligen; *a* Apg 11,29

5 und das nicht nur, wie wir hofften, sondern sie gaben sich selbst, zuerst dem Herrn und danach uns, nach dem Willen Gottes.

6 So haben wir Titus zugeredet, daß er, wie er zuvor angefangen hatte, nun auch diese Wohltat unter euch vollends ausrichte.

7 ¶Wie ihr aber [a]in allen Stücken reich seid, im Glauben und im Wort und in der Erkenntnis und in allem Eifer und in der Liebe, die wir in euch erweckt haben, so [b]gebt auch reichlich bei dieser Wohltat. *a* 1.Kor 1,5 *b* 1.Kor 16,1.2

8 Nicht sage ich das als Befehl; sondern weil andere so eifrig sind, prüfe ich auch eure Liebe, ob sie rechter Art sei.

9 Denn **ihr kennt die Gnade unseres Herrn Jesus Christus: obwohl er reich ist, wurde er doch** [a]**arm um euretwillen, damit ihr durch seine Armut reich würdet.** *a* Mt 8,20; Phil 2,7

10 Und darin sage ich meine Meinung; denn das ist euch nützlich, die ihr seit vorigem Jahr angefangen habt nicht allein mit dem Tun, sondern auch mit dem Wollen.

11 Nun aber vollbringt auch das Tun, damit, wie ihr geneigt seid zu wollen, ihr auch geneigt seid zu vollbringen nach dem Maß dessen, was ihr habt.

[12]Denn wenn der gute Wille da ist, so ist
er willkommen nach dem, was einer hat,
nicht nach dem, was er nicht hat.[a]

[a] Spr 3,27.28; Mk 12,43

[13]Nicht, daß die andern gute Tage haben
sollen und ihr Not leidet, sondern daß es
zu einem Ausgleich komme.
[14]Jetzt helfe euer Überfluß ihrem Man-
gel ab, damit danach auch ihr Überfluß
eurem Mangel abhelfe und so ein Aus-
gleich geschehe,
[15]wie geschrieben steht (2. Mose 16,18):
»Wer viel sammelte, hatte keinen Über-
fluß, und wer wenig sammelte, hatte kei-
nen Mangel.«
[16]¶Gott aber sei Dank, der dem Titus
solchen Eifer für euch ins Herz gegeben
hat.
[17]Denn [a]er ließ sich gerne zureden; ja,
weil er so sehr eifrig war, ist er von selber
zu euch gereist. [a] Vers 6; Kap 7,7.15
[18]Wir haben aber [a]den Bruder mit ihm
gesandt, dessen Lob wegen seines Dien-
stes am Evangelium durch alle Gemein-
den geht. [a] Kap 12,18
[19]Nicht allein aber das, sondern er ist
auch von den Gemeinden dazu eingesetzt,
uns zu begleiten, [a]wenn wir diese Gabe
überbringen dem Herrn zur Ehre und zum
Erweis unsres guten Willens. [a] Gal 2,10
[20]So verhüten wir, daß uns jemand übel
nachredet wegen dieser reichen Gabe, die
durch uns überbracht wird.
[21]Denn wir sehen darauf, daß es redlich
zugehe nicht allein vor dem Herrn, son-
dern auch vor den Menschen.
[22]Auch haben wir mit ihnen unsern Bru-
der gesandt, dessen Eifer wir oft in vielen
Stücken erprobt haben, nun aber ist er
noch viel eifriger aus großem Vertrauen
zu euch.
[23]Es sei nun [a]Titus, der mein Gefährte
und mein Mitarbeiter unter euch ist, oder
es seien unsere Brüder, die Abgesandte
der Gemeinden sind und eine Ehre Chri-
sti: [a] Kap 7,13; 12,18
[24]erbringt den Beweis eurer Liebe und
zeigt, daß wir euch zu Recht vor ihnen
[a]gerühmt haben öffentlich vor den Ge-
meinden. [a] Kap 7,14

Der Segen der Geldsammlung

9 Von dem Dienst, der für die Heiligen
geschieht, brauche ich euch nicht zu
schreiben.
[2]Denn ich weiß von eurem [a]guten Wil-
len, den ich an euch rühme bei denen aus
Mazedonien, wenn ich sage: Achaja ist
schon voriges Jahr bereit gewesen! Und
euer Beispiel hat die meisten angespornt.

[a] Kap 8,19

[3]Ich habe aber die Brüder gesandt, damit
nicht unser Rühmen über euch zunich-
te werde in diesem Stück, und damit ihr
vorbereitet seid, wie ich von euch gesagt
habe,
[4]daß nicht, wenn die aus Mazedonien mit
mir kommen und euch nicht vorbereitet
finden, wir, um nicht zu sagen: ihr,
zuschanden werden mit dieser unsrer
Zuversicht.
[5]So habe ich es nun für nötig angesehen,
die Brüder zu ermahnen, daß sie voranzö-
gen zu euch, um die von euch angekün-
digte Segensgabe vorher fertigzumachen,
so daß sie bereitliegt als eine Gabe des
Segens und nicht des Geizes.
[6]¶Ich meine aber dies: **Wer da kärglich
sät, der wird auch kärglich ernten; und wer
da sät im Segen, der wird auch ernten im
Segen.**[a] [a] Spr 11,24.25; 19,17
[7]Ein jeder, wie er's sich im Herzen vor-
genommen hat, [a]nicht mit Unwillen oder
aus Zwang; denn **einen fröhlichen Geber
hat Gott lieb.** [a] Röm 12,8
[8]Gott aber kann machen, daß alle Gnade
unter euch reichlich sei, damit ihr in allen
Dingen allezeit volle Genüge habt und
noch reich seid zu jedem guten Werk;
[9]wie geschrieben steht (Psalm 112,9): »Er
hat ausgestreut und den Armen gegeben;
seine Gerechtigkeit bleibt in Ewigkeit.«
[10]Der aber Samen gibt dem Sämann und
Brot zur Speise, der wird auch euch Samen
geben und ihn mehren und wachsen las-
sen die Früchte eurer Gerechtigkeit.[a]

[a] Hos 10,12

[11]So werdet ihr reich sein in allen Dingen,
zu geben in aller Einfalt, die durch uns
wirkt Danksagung an Gott.
[12]Denn der Dienst dieser Sammlung hilft
nicht allein dem Mangel der Heiligen ab,
sondern wirkt auch überschwenglich da-
rin, daß viele Gott danken.
[13]Denn für diesen treuen Dienst preisen
sie Gott über eurem Gehorsam im
Bekenntnis zum Evangelium Christi und
über der Einfalt eurer Gemeinschaft mit
ihnen und allen.
[14]Und in ihrem Gebet für euch sehnen

sie sich nach euch wegen der überschwenglichen Gnade Gottes bei euch.
15 **Gott aber sei Dank für seine unaussprechliche Gabe!**

Verteidigung des Apostels gegen persönliche Angriffe

10 Ich selbst aber, Paulus, ermahne
euch bei der Sanftmut und Güte
Christi, der ich in eurer Gegenwart unterwürfig sein soll, aber mutig, wenn ich fern von euch bin.
2 Ich bitte aber, daß ihr mich nicht zwingt, wenn ich bei euch bin, mutig zu sein und [a] die Kühnheit zu gebrauchen, mit der ich gegen einige vorzugehen gedenke, die unsern Wandel für fleischlich halten.

a Kap 13,1.2; 1.Kor 4,21

3 Denn obwohl wir im Fleisch leben, kämpfen wir doch nicht auf fleischliche Weise.
4 Denn die [a] Waffen unsres Kampfes sind nicht fleischlich, sondern mächtig im Dienste Gottes, Festungen zu zerstören.

a Eph 6,13-17

5 Wir zerstören damit Gedanken und alles Hohe, das sich erhebt gegen die Erkenntnis Gottes, und nehmen gefangen alles Denken in den Gehorsam gegen Christus.
6 So sind wir bereit, zu strafen allen Ungehorsam, sobald euer Gehorsam vollkommen geworden ist.
7 ¶ Seht, was vor Augen liegt! Verläßt sich jemand darauf, daß er Christus angehört, der bedenke wiederum auch dies bei sich, daß, wie er Christus angehört, so auch wir!
8 Auch wenn ich mich noch mehr [a] der Vollmacht rühmen würde, die uns der Herr gegeben hat, euch zu erbauen, und nicht euch zu zerstören, so würde ich nicht zuschanden werden. *a* Kap 13,10; 1.Kor 5,4.5
9 Das sage ich aber, damit es nicht scheint, als hätte ich euch mit den Briefen schrekken wollen.
10 Denn seine Briefe, sagen sie, wiegen schwer und sind stark; aber wenn er selbst anwesend ist, ist er schwach und seine Rede kläglich.
11 Wer so redet, der bedenke: wie wir aus der Ferne in den Worten unsrer Briefe sind, so werden wir, wenn wir anwesend sind, auch mit der Tat sein.[a] *a* Kap 13,2.10

Der Maßstab für die Beurteilung des Apostels

12 Denn wir wagen nicht, uns unter die zu rechnen oder mit denen zu vergleichen, die [a] sich selbst empfehlen; aber weil sie sich nur an sich selbst messen und mit sich selbst vergleichen, verstehen sie nichts. *a* Kap 3,1; 5,12
13 [a] Wir aber wollen uns [b] nicht über alles Maß hinaus rühmen, sondern nur nach dem Maß, das uns Gott zugemessen hat, nämlich daß wir auch bis zu euch gelangen sollten. *a (13-16)* Röm 15,20 *b* Röm 12,3
14 Denn es ist nicht so, daß wir uns zuviel anmaßen, als wären wir nicht bis zu euch gelangt; denn wir sind ja mit dem Evangelium Christi bis zu euch gekommen
15 und rühmen uns nicht über alles Maß hinaus mit dem, was andere gearbeitet haben. Wir haben aber die Hoffnung, daß wir, wenn euer Glaube in euch wächst, nach dem Maß, das uns zugemessen ist, überschwenglich zu Ehren kommen.
16 Denn wir wollen das Evangelium auch denen predigen, die jenseits von euch wohnen, und rühmen uns nicht mit dem, was andere nach ihrem Maß vollbracht haben.
17 »Wer sich aber rühmt, der rühme sich des Herrn« (Jeremia 9,22.23).[a] *a* 1.Kor 1,31
18 Denn nicht der ist tüchtig, der sich selbst empfiehlt, sondern der, [a] den der Herr empfiehlt. *a* 1.Kor 4,5

Paulus und die falschen Apostel

11 Wollte Gott, ihr hieltet mir ein wenig
Torheit zugut! Doch ihr haltet mir's wohl zugut.
2 Denn ich eifere um euch mit göttlichem Eifer; denn ich habe euch verlobt mit einem einzigen Mann, damit ich Christus [a] eine reine Jungfrau zuführte. *a* Eph 5,26.27
3 Ich fürchte aber, daß, wie [a] die Schlange Eva verführte mit ihrer List, so auch eure Gedanken abgewendet werden von der Einfalt und Lauterkeit gegenüber Christus. *a* 1.Mose 3,4.13
4 Denn wenn einer zu euch kommt und [a] einen andern Jesus predigt, den wir nicht gepredigt haben, oder ihr einen andern Geist empfangt, den ihr nicht empfangen habt, oder ein anderes Evangelium, das ihr nicht angenommen habt, so ertragt ihr das recht gern! *a* Gal 1,8.9

5 Ich meine doch, ich sei nicht weniger
als die Überapostel.[a] *a* Kap 12,11
6 Und wenn ich schon [a]ungeschickt bin
in der Rede, so [b]bin ich's doch nicht in
der Erkenntnis; sondern in jeder Weise
und vor allen haben wir sie bei euch kund-
getan. *a* 1.Kor 2,1.2.13 *b* Eph 3,4
7 ¶Oder habe ich gesündigt, als ich mich
erniedrigt habe, damit ihr erhöht würdet?
Denn [a]ich habe euch das Evangelium
Gottes ohne Entgelt verkündigt.
a Kap 12,13; Mt 10,8; 1.Kor 9,12-18
8 Andere Gemeinden habe ich beraubt
und Geld von ihnen genommen, um euch
dienen zu können.[a] *a* Phil 4,10.15
9 Und als ich bei euch war und Mangel
hatte, fiel ich niemandem zur Last. Denn
meinem Mangel halfen die Brüder ab, die
aus Mazedonien kamen. So bin ich euch
in keiner Weise zur Last gefallen und will
es auch weiterhin so halten.
10 So gewiß die Wahrheit Christi in mir
ist, so soll mir dieser Ruhm im Gebiet
von Achaja nicht verwehrt werden.
11 Warum das? Weil ich euch nicht lieb-
habe? Gott weiß es.
12 Was ich aber tue, das will ich auch wei-
terhin tun und denen den Anlaß nehmen,
die einen Anlaß suchen, sich zu rühmen,
sie seien wie wir.
13 Denn solche sind falsche Apostel,
betrügerische Arbeiter und verstellen sich
als Apostel Christi.[a] *a* Kap 2,17
14 Und das ist auch kein Wunder; denn er
selbst, der Satan, verstellt sich als Engel
des Lichts.
15 Darum ist es nichts Großes, wenn sich
auch seine Diener verstellen als Diener
der Gerechtigkeit; deren Ende wird sein
nach ihren Werken.

Die Leiden und Mühen des Apostels

16 Ich sage abermals: niemand halte mich
für töricht; wenn aber doch, so nehmt
mich an als einen Törichten, damit auch
ich mich ein wenig rühme.[a] *a* Kap 12,6
17 Was ich jetzt rede, das rede ich nicht
dem Herrn gemäß, sondern wie in Tor-
heit, weil wir so ins Rühmen gekommen
sind.
18 Da viele sich rühmen nach dem Fleisch,
will ich mich auch rühmen.
19 Denn ihr ertragt gerne die [a]Narren, ihr,
die ihr klug seid! *a* 1.Kor 4,10
20 Ihr ertragt es, wenn euch jemand
knechtet, wenn euch jemand ausnützt,
wenn euch jemand gefangennimmt, wenn
euch jemand erniedrigt, wenn euch je-
mand ins Gesicht schlägt.
21 Zu meiner Schande muß ich sagen,
dazu waren wir zu schwach!
¶Wo einer kühn ist – ich rede in Tor-
heit –, da bin ich auch kühn.
22 Sie sind Hebräer – ich auch! Sie sind
Israeliten – ich auch! Sie sind Abrahams
Kinder – ich auch![a] *a* Phil 3,5
23 Sie sind Diener Christi – ich rede
töricht: ich bin's weit mehr! [a]Ich habe
mehr gearbeitet, ich bin [b]öfter gefangen
gewesen, ich habe mehr Schläge erlitten,
ich bin oft in Todesnöten gewesen.
a 1.Kor 15,10 *b* Kap 6,4.5
24 Von den Juden habe ich fünfmal erhal-
ten [a]vierzig Geißelhiebe weniger einen;
a 5.Mose 25,3
25 ich bin dreimal [a]mit Stöcken geschla-
gen, einmal [b]gesteinigt worden; dreimal
habe ich Schiffbruch erlitten, einen Tag
und eine Nacht trieb ich auf dem tiefen
Meer. *a* Apg 16,22 *b* Apg 14,19
26 Ich bin oft gereist, ich bin in Gefahr
gewesen durch Flüsse, in Gefahr unter
Räubern, in Gefahr unter Juden, in Gefahr
unter Heiden, in Gefahr in Städten, in
Gefahr in Wüsten, in Gefahr auf dem
Meer, in Gefahr unter falschen Brü-
dern;
27 in Mühe und Arbeit, in viel Wachen, in
Hunger und Durst, in viel Fasten, in Frost
und Blöße;[a] *a* Kap 6,5
28 und außer all dem noch das, was täglich
auf mich einstürmt, und [a]die Sorge für
alle Gemeinden. *a* Apg 20,18-21.31
29 Wer ist schwach, und ich werde nicht
schwach? Wer wird zu Fall gebracht, und
ich brenne nicht?
30 ¶Wenn ich mich denn rühmen soll,
[a]will ich mich meiner Schwachheit rüh-
men. *a* Kap 12,5
31 Gott, der Vater des Herrn Jesus, der
gelobt sei in Ewigkeit, weiß, daß ich nicht
lüge.
32 In Damaskus bewachte der Statthalter
des Königs Aretas die Stadt der Damasze-
ner und wollte mich gefangennehmen,
33 und ich wurde in einem Korb durch ein
Fenster die Mauer hinuntergelassen und
entrann seinen Händen.[a] *a* Apg 9,24.25

Die Offenbarungen des Herrn und die Schwachheit des Apostels

12 Gerühmt muß werden; wenn es
auch nichts nützt, so will ich doch
kommen auf die Erscheinungen und
Offenbarungen des Herrn.
2 Ich kenne einen Menschen in Christus;
vor vierzehn Jahren - ist er im Leib gewe-
sen? ich weiß es nicht; oder ist er außer
dem Leib gewesen? ich weiß es auch nicht;
Gott weiß es -, da wurde derselbe ent-
rückt bis in den dritten Himmel.
3 Und ich kenne denselben Menschen -
ob er im Leib oder außer dem Leib gewe-
sen ist, weiß ich nicht; Gott weiß es -,
4 der wurde entrückt in das Paradies und
hörte unaussprechliche Worte, die kein
Mensch sagen kann.
5 Für denselben will ich mich rühmen;
für mich selbst aber will ich mich nicht
rühmen, [a]außer meiner Schwachheit.
a Kap 11,30
6 [a]Und wenn ich mich rühmen wollte,
wäre ich nicht töricht; denn ich würde die
Wahrheit sagen. Ich enthalte mich aber
dessen, damit nicht jemand mich höher
achte, als er an mir sieht oder von mir
hört. *a* Kap 10,8
7 Und damit ich mich wegen der hohen
Offenbarungen nicht überhebe, ist mir
gegeben ein Pfahl ins Fleisch, nämlich des
Satans Engel, der mich mit Fäusten schla-
gen soll, damit ich mich nicht überhebe.
8 Seinetwegen habe ich dreimal zum
Herrn gefleht, daß er von mir weiche.
9 Und er hat zu mir gesagt: **Laß dir an
meiner Gnade genügen; denn meine Kraft
ist in den Schwachen mächtig.** Darum will
ich mich am allerliebsten rühmen meiner
Schwachheit, damit die Kraft Christi bei
mir wohne.
10 Darum bin ich guten Mutes in
Schwachheit, in Mißhandlungen, in Nöten,
in Verfolgungen und Ängsten, um Christi
willen; denn wenn ich schwach bin, so bin
ich stark.[a] *a* Phil 4,13

Das Ringen des Apostels um seine Gemeinde

11 Ich bin ein Narr geworden! Dazu habt
ihr mich gezwungen. Denn ich sollte von
euch gelobt werden, da ich doch [a]nicht
weniger bin als die Überapostel, obwohl
ich nichts bin. *a* Kap 11,5
12 Denn es sind ja die Zeichen eines Apo-
stels unter euch geschehen in aller Ge-
duld, mit Zeichen und mit Wundern und
mit Taten.[a] *a* Röm 15,19; Hebr 2,4
13 Was ist's, worin ihr zu kurz gekommen
seid gegenüber den andern Gemeinden,
außer [a]daß ich euch nicht zur Last gefal-
len bin? Vergebt mir dieses Unrecht!
a Kap 11,7-9
14 Siehe, ich bin jetzt bereit, zum dritten
Mal zu euch zu kommen, und will euch
nicht zur Last fallen; denn ich suche nicht
das Eure, sondern euch. Denn es sollen
nicht die Kinder den Eltern Schätze sam-
meln, sondern die Eltern den Kindern.
15 Ich aber will gern hingeben und [a]hin-
gegeben werden für eure Seelen. Wenn
ich euch mehr liebe, soll ich darum weni-
ger geliebt werden? *a* Phil 2,17
16 ¶Nun gut, ich bin euch nicht zur Last
gefallen. Aber bin ich etwa heimtückisch
und habe euch mit Hinterlist gefangen?
17 Habe ich euch etwa übervorteilt durch
einen von denen, die ich zu euch gesandt
habe?
18 [a]Ich habe Titus zugeredet und den Bru-
der mit ihm gesandt. Hat euch etwa Titus
übervorteilt? Haben wir nicht beide in
demselben Geist gehandelt? Sind wir nicht
in denselben Fußtapfen gegangen?
a Kap 8,6.16-18
19 ¶Schon lange werdet ihr denken, daß
wir uns vor euch verteidigen. Wir reden je-
doch in Christus vor Gott! Aber das alles ge-
schieht, meine Lieben, zu eurer Erbauung.
20 Denn ich fürchte, [a]wenn ich komme,
finde ich euch nicht, wie ich will, und ihr
findet mich auch nicht, wie ihr wollt, son-
dern es gibt Hader, Neid, Zorn, Zank, üble
Nachrede, Verleumdung, Aufgeblasenheit,
Unordnung. *a* Kap 10,2
21 Ich fürchte, wenn ich abermals komme,
wird mein Gott mich demütigen bei euch,
und ich muß Leid tragen über viele, die
[a]zuvor gesündigt und nicht Buße getan
haben für die Unreinheit und Unzucht und
Ausschweifung, die sie getrieben haben.
a Kap 13,2

Mahnungen vor dem dritten Besuch

13 Jetzt komme ich zum dritten Mal zu
euch. [a]»Durch zweier oder dreier
Zeugen Mund soll jede Sache bestätigt
werden.« (5. Mose 19,15) *a* Mt 18,16
2 Ich habe es vorausgesagt und sage es

abermals voraus – wie bei meinem zwei-
ten Besuch, so auch nun aus der Ferne –
denen, die zuvor gesündigt haben, und
den andern allen: Wenn ich noch einmal
komme, dann will ich nicht schonen.
3 Ihr verlangt ja einen Beweis dafür, daß
Christus in mir redet, der euch gegenüber
nicht schwach ist, sondern ist mächtig
unter euch.
4 Denn wenn er auch gekreuzigt worden
ist in Schwachheit, so lebt er doch in der
Kraft Gottes. Und wenn wir auch schwach
sind in ihm, so werden wir uns doch mit
ihm lebendig erweisen an euch in der
Kraft Gottes.
5 ¶ Erforscht euch selbst, ob ihr im Glau-
ben steht; prüft euch selbst! Oder erkennt
ihr euch selbst nicht, daß Jesus Christus
in euch ist? Wenn nicht, dann wärt ihr ja
untüchtig.
6 Ich hoffe aber, ihr werdet erkennen, daß
wir nicht untüchtig sind.
7 Wir bitten aber Gott, daß ihr nichts
Böses tut; nicht damit wir als tüchtig ange-
sehen werden, sondern damit ihr das Gute
tut und wir wie die Untüchtigen seien.
8 Denn wir vermögen nichts wider die
Wahrheit, sondern nur etwas für die Wahr-
heit.
9 Wir freuen uns ja, wenn wir schwach
sind und ihr mächtig seid. Um dies beten
wir auch, um eure Vollkommenheit.
10 Deshalb schreibe ich auch dies aus der
Ferne, [a] damit ich nicht, wenn ich anwe-
send bin, Strenge gebrauchen muß nach
der [b] Vollmacht, die mir der Herr gegeben
hat, zu erbauen, nicht zu zerstören.

a Kap 10,11 *b* Kap 10,8

11 ¶ Zuletzt, liebe Brüder, [a] freut euch, laßt
euch zurechtbringen, laßt euch mahnen,
habt einerlei Sinn, haltet Frieden! So [b] wird
der Gott der Liebe und des Friedens mit
euch sein.

a Phil 4,4 *b* Röm 15,33

12 Grüßt euch untereinander mit dem hei-
ligen Kuß. Es grüßen euch alle Heiligen.
13 **Die Gnade unseres Herrn Jesus Christus
und die Liebe Gottes und die Gemeinschaft
des heiligen Geistes sei mit euch allen!**

DER BRIEF DES PAULUS AN DIE GALATER

Inhaltsübersicht

1 Paulus, ein Apostel [a] nicht von Men-
schen, auch nicht durch einen Men-
schen, sondern durch Jesus Christus und
Gott, den Vater, der ihn auferweckt hat
von den Toten,

a Vers 11.12

2 und alle Brüder, die bei mir sind, an
die Gemeinden in Galatien:
3 ¶ Gnade sei mit euch und Friede von
Gott, unserm Vater, und dem Herrn Jesus
Christus,
4 der [a] sich selbst für unsre Sünden dahin-
gegeben hat, daß er uns errette von dieser
gegenwärtigen, [b] bösen Welt nach dem
Willen Gottes, unseres Vaters;

a Kap 2,20; 1.Tim 2,6; Tit 2,14 *b* 1.Joh 5,19

5 dem sei Ehre von Ewigkeit zu Ewigkeit!
Amen.

Gegen die Verfälschung des Evangeliums

6 Mich wundert, daß ihr euch so bald
abwenden laßt von dem, der euch berufen
hat in die Gnade Christi, zu einem andern
Evangelium,
7 obwohl es doch kein andres gibt; nur
daß einige da sind, die euch [a] verwirren
und wollen das Evangelium Christi ver-
kehren.

a Apg 15,1.24

8 Aber auch wenn wir oder ein Engel vom
Himmel euch ein Evangelium predigen
würden, das anders ist, als wir es euch
gepredigt haben, der sei verflucht.
9 Wie wir eben gesagt haben, so sage ich
abermals: [a] Wenn jemand euch ein Evan-
gelium predigt, anders als ihr es empfan-
gen habt, der sei verflucht.

a 1.Tim 6,3

10 ¶ Predige ich denn jetzt Menschen oder
Gott zuliebe? Oder [a] suche ich Menschen
gefällig zu sein? Wenn ich noch Menschen
gefällig wäre, so wäre ich Christi Knecht
nicht.

a 1.Thess 2,4-6

Die Berufung des Paulus zum Apostel

[11]Denn ich tue euch kund, liebe Brüder,
daß das Evangelium, das von mir gepre-
digt ist, nicht von menschlicher Art ist.
[12][a]Denn ich habe es nicht von einem
Menschen empfangen oder gelernt, son-
dern durch eine Offenbarung Jesu Christi.
a (12-16) Apg 9,1-15

[13]Denn ihr habt ja gehört von meinem
Leben früher im Judentum, wie ich über
die Maßen die Gemeinde Gottes verfolgte
und sie zu zerstören suchte
[14]und übertraf im Judentum viele meiner
Altersgenossen in meinem Volk weit und
eiferte über die Maßen [a]für die Satzungen
der Väter. *a* Apg 23,6; 26,5
[15]¶Als es aber Gott wohlgefiel, der mich
[a]von meiner Mutter Leib an ausgesondert
und durch seine Gnade berufen hat,
a Jer 1,5; Röm 1,1

[16]daß er [a]seinen Sohn offenbarte in mir,
damit ich ihn durchs Evangelium verkün-
digen sollte [b]unter den Heiden, da be-
sprach ich mich nicht erst mit Fleisch und
Blut, *a* Mt 16,17 *b* Kap 2,7
[17]ging auch nicht hinauf nach Jerusalem
zu denen, die vor mir Apostel waren, son-
dern zog nach Arabien und kehrte wieder
zurück nach Damaskus.
[18]Danach, drei Jahre später, kam ich hin-
auf nach Jerusalem, um [a]Kephas kennen-
zulernen, und blieb fünfzehn Tage bei
ihm. *a* Joh 1,42; Apg 9,26.27
[19]Von den andern Aposteln aber sah ich
keinen außer [a]Jakobus, des Herrn Bru-
der. *a* Mt 13,55
[20]Was ich euch aber schreibe – siehe,
Gott weiß, ich lüge nicht!
[21]Danach kam ich in die Länder Syrien
und Zilizien.[a] *a* Apg 9,30
[22]Ich war aber unbekannt von Angesicht
den christlichen Gemeinden in Judäa.
[23]Sie hatten nur gehört: Der uns früher
verfolgte, der predigt jetzt den Glauben,
den er früher zu zerstören suchte,
[24]und priesen Gott über mir.

Die Anerkennung des Paulus durch die anderen Apostel

2 [a]Danach, vierzehn Jahre später, zog
ich abermals hinauf nach Jerusalem
mit Barnabas und nahm auch Titus mit
mir. *a (1-10)* Apg 15,1-29; 4,36
[2]Ich zog aber hinauf aufgrund einer
Offenbarung und besprach mich mit ihnen
über das Evangelium, das ich predige
unter den Heiden, besonders aber mit
denen, die das Ansehen hatten, damit ich
nicht etwa vergeblich liefe oder gelaufen
wäre.
[3]Aber selbst Titus, der bei mir war, ein
Grieche, wurde nicht gezwungen, sich
beschneiden zu lassen.[a] *a* Apg 16,3; 1.Kor 9,21
[4]Denn es hatten sich einige falsche Brü-
der mit eingedrängt und neben eingeschli-
chen, um unsere Freiheit auszukundschaf-
ten, die wir in Christus Jesus haben, und
uns zu knechten.
[5]Denen wichen wir auch nicht eine
Stunde und unterwarfen uns ihnen nicht,
[a]damit die Wahrheit des Evangeliums bei
euch bestehen bliebe. *a* Kap 3,1
[6]Von denen aber, die das Ansehen hatten
– was sie früher gewesen sind, daran liegt
mir nichts; denn Gott achtet das Ansehen
der Menschen nicht –, mir haben die, die
das Ansehen hatten, nichts weiter aufer-
legt.
[7]Im Gegenteil, da sie sahen, daß mir [a]an-
vertraut war das Evangelium an die Hei-
den so wie Petrus das Evangelium an die
Juden *a* Eph 3,1.2
[8]– denn der in Petrus wirksam gewesen
ist zum Apostelamt unter den Juden, der
ist auch in mir wirksam gewesen unter den
Heiden –,
[9]und da sie die Gnade erkannten, die mir
gegeben war, gaben Jakobus und [a]Kephas
und Johannes, die als Säulen angesehen
werden, mir und Barnabas die rechte Hand
und wurden mit uns eins, daß wir unter
den Heiden, sie aber unter den Juden pre-
digen sollten, *a* Joh 1,42
[10]nur daß wir an die Armen dächten, was
ich mich auch eifrig bemüht habe zu tun.[a]
a Apg 11,29.30; 2.Kor 8; 9

Die Auseinandersetzung des Paulus mit Petrus in Antiochia

[11]Als aber Kephas nach Antiochia kam,
widerstand ich ihm ins Angesicht, denn es
war Grund zur Klage gegen ihn.
[12]Denn bevor einige von Jakobus kamen,
[a]aß er mit den Heiden; als sie aber kamen,
zog er sich zurück und sonderte sich ab,
weil er die aus dem Judentum fürchtete.
a Apg 11,2.3

13 Und mit ihm heuchelten auch die
andern Juden, so daß selbst Barnabas ver-
führt wurde, mit ihnen zu heucheln.
14 Als ich aber sah, daß sie nicht richtig
handelten nach der Wahrheit des Evange-
liums, sprach ich zu Kephas öffentlich vor
allen: Wenn du, der du ein Jude bist, heid-
nisch lebst und nicht jüdisch, warum
zwingst du dann die Heiden, jüdisch zu
leben?
15 ¶Wir sind von Geburt Juden und nicht
Sünder aus den Heiden.
16 Doch weil wir wissen, daß [a]der Mensch
durch Werke des Gesetzes nicht gerecht
wird, sondern durch den Glauben an Jesus
Christus, sind auch wir zum Glauben an
Christus Jesus gekommen, damit wir
gerecht werden durch den Glauben an
Christus und nicht durch Werke des
Gesetzes; denn durch Werke des Gesetzes
wird kein Mensch gerecht.

a Röm 3,20.28; Eph 2,8

17 Sollten wir aber, die wir durch Christus
gerecht zu werden suchen, auch selbst als
Sünder befunden werden – ist dann Chri-
stus ein Diener der Sünde? Das sei ferne!
18 Denn wenn ich das, was ich abgebro-
chen habe, wieder aufbaue, dann mache
ich mich selbst zu einem Übertreter.
19 Denn [a]ich bin durchs Gesetz dem
Gesetz gestorben, damit ich Gott lebe. Ich
bin mit Christus gekreuzigt. *a* Röm 7,6
20 **Ich lebe, doch nun nicht ich, sondern**
[a]Christus lebt in mir. Denn was ich jetzt
lebe im Fleisch, das lebe ich im Glauben an
den Sohn Gottes, der mich geliebt hat und
[b]sich selbst für mich dahingegeben.

a Joh 17,23 *b* Kap 1,4

21 Ich werfe nicht weg die Gnade Gottes;
denn wenn die Gerechtigkeit durch das
Gesetz kommt, so ist Christus vergeblich
gestorben.

Die Gerechtigkeit aus dem Glauben

3 O ihr unverständigen Galater! Wer hat
euch bezaubert, denen doch Jesus
Christus vor die Augen gemalt war als der
Gekreuzigte?
2 Das allein will ich von euch erfahren:
Habt ihr den Geist empfangen durch des
Gesetzes Werke oder durch die Predigt
vom Glauben?
3 Seid ihr so unverständig? Im Geist habt
ihr angefangen, wollt ihr's denn nun im
Fleisch vollenden?
4 Habt ihr denn so vieles vergeblich erfah-
ren? Wenn es denn vergeblich war!
5 Der euch nun den Geist darreicht und
tut solche Taten unter euch, tut er's durch
des Gesetzes Werke oder durch die Pre-
digt vom Glauben?
6 ¶So war es mit Abraham: »Er hat Gott
geglaubt, und es ist ihm zur Gerechtigkeit
gerechnet worden« (1. Mose 15,6).[a]

a Röm 4,3

7 Erkennt also: die aus dem Glauben sind,
das sind Abrahams Kinder.
8 Die Schrift aber hat es vorausgesehen,
daß Gott die Heiden durch den Glauben
gerecht macht. Darum verkündigte sie
dem Abraham (1. Mose 12,3): »In dir sol-
len alle Heiden gesegnet werden.«
9 So werden nun die, die aus dem Glau-
ben sind, [a]gesegnet mit dem gläubigen
Abraham. *a* Röm 4,16
10 Denn die aus den Werken des Gesetzes
leben, die sind unter dem Fluch. Denn es
steht geschrieben (5. Mose 27,26): »Ver-
flucht sei jeder, der nicht bleibt bei alle-
dem, was geschrieben steht in dem Buch
des Gesetzes, daß er's tue!«
11 Daß aber durchs Gesetz niemand ge-
recht wird vor Gott, ist offenbar; denn
[a]»der Gerechte wird aus Glauben leben«
(Habakuk 2,4). *a* Röm 1,17; Hebr 10,38
12 Das Gesetz aber ist nicht »aus Glau-
ben«, sondern: »der Mensch, der es tut,
wird dadurch leben« (3. Mose 18,5).
13 **Christus aber hat uns erlöst von dem**
Fluch des Gesetzes, da er [a]zum Fluch wurde
für uns; denn es steht geschrieben (5. Mose
21,23): »Verflucht ist jeder, der am Holz
hängt«, *a* 2. Kor 5,21
14 damit der Segen Abrahams unter die
Heiden komme in Christus Jesus und wir
den verheißenen Geist empfingen durch
den Glauben.

Verheißung und Gesetz

15 Liebe Brüder, ich will nach menschli-
cher Weise reden: Man hebt doch das
Testament eines Menschen nicht auf,
wenn es bestätigt ist, und setzt auch nichts
dazu.
16 Nun ist die Verheißung Abraham zuge-
sagt und seinem Nachkommen. Es heißt
nicht: und den Nachkommen, als gälte es
vielen, sondern es gilt einem: »und dei-
nem Nachkommen« (1. Mose 22,18), wel-
cher ist Christus.

17 Ich meine aber dies: Das Testament,
das von Gott zuvor bestätigt worden ist,
wird nicht aufgehoben durch das Gesetz,
das [a]vierhundertdreißig Jahre danach
gegeben worden ist, so daß die Verhei-
ßung zunichte würde. *a* 2.Mose 12,40
18 Denn wenn das Erbe durch das Gesetz
erworben würde, so würde es nicht durch
Verheißung gegeben; Gott aber hat es
Abraham durch Verheißung frei ge-
schenkt.
19 ¶ Was soll dann das Gesetz? Es ist [a]hin-
zugekommen um der Sünden willen, bis
der Nachkomme da sei, dem die Ver-
heißung gilt, und zwar ist es von [b]Engeln
verordnet durch die Hand eines [c]Mitt-
lers.

a Röm 5,20 *b* Apg 7,38.53; Hebr 2,2 *c* 5.Mose 5,5

20 Ein Mittler aber ist nicht Mittler eines
Einzigen, Gott aber ist Einer.
21 Wie? Ist dann das Gesetz gegen Gottes
Verheißungen? Das sei ferne! Denn nur,
wenn ein Gesetz gegeben wäre, das [a]le-
bendig machen könnte, käme die Gerech-
tigkeit wirklich aus dem Gesetz.

a Röm 8,2-4

22 Aber die Schrift [a]hat alles eingeschlos-
sen unter die Sünde, damit die Verhei-
ßung durch den Glauben an Jesus Chri-
stus gegeben würde denen, die glauben.

a Röm 3,9-20; 11,32

23 ¶ Ehe aber der Glaube kam, waren wir
unter dem Gesetz verwahrt und verschlos-
sen auf den Glauben hin, der dann offen-
bart werden sollte.[a] *a* Kap 4,3
24 So ist das Gesetz unser Zuchtmeister
gewesen auf Christus hin, damit wir durch
den Glauben gerecht würden.
25 Nachdem aber der Glaube gekommen
ist, [a]sind wir nicht mehr unter dem Zucht-
meister. *a* Röm 10,4
26 Denn **ihr seid alle durch den Glauben**
[a]Gottes Kinder in Christus Jesus.

a Joh 1,12; Röm 8,17

27 Denn ihr alle, die ihr [a]auf Christus
getauft seid, habt [b]Christus angezogen.

a Röm 6,3 *b* Röm 13,14

28 **Hier ist [a]nicht Jude noch Grieche, hier**
ist nicht Sklave noch Freier, hier ist nicht
Mann noch Frau; denn [b]ihr seid allesamt
einer in Christus Jesus.

a Röm 10,12 *b* 1.Kor 12,13

29 Gehört ihr aber Christus an, so seid ihr
ja Abrahams Kinder und nach der Verhei-
ßung Erben.

Befreiung vom Gesetz durch Christus

4 Ich sage aber: Solange der Erbe un-
mündig ist, ist zwischen ihm und
einem Knecht kein Unterschied, obwohl
er Herr ist über alle Güter;
2 sondern er untersteht Vormündern und
Pflegern bis zu der Zeit, die der Vater
bestimmt hat.
3 So auch wir: Als wir unmündig wa-
ren, waren wir in der Knechtschaft der
[a]Mächte der Welt. *a* Vers 8-10; Kap 5,1; Kol 2,20
4 **Als aber [a]die Zeit erfüllt war, sandte Gott**
seinen Sohn, geboren von einer Frau und
unter das Gesetz getan, *a* Mk 1,15; Eph 1,10
5 **damit er die, die unter dem Gesetz waren,**
erlöste, damit wir die Kindschaft empfingen.
6 Weil ihr nun Kinder seid, hat Gott den
Geist seines Sohnes gesandt in unsre Her-
zen, der da ruft: [a]Abba, lieber Vater!

a Röm 8,15

7 So bist du nun nicht mehr Knecht, son-
dern Kind; wenn aber Kind, dann auch
[a]Erbe durch Gott. *a* Röm 8,16.17

Warnung vor Rückfall in die Gesetzlichkeit

8 Aber zu der Zeit, als ihr Gott noch nicht
kanntet, dientet ihr denen, die in Wahrheit
nicht Götter sind.
9 Nachdem ihr aber Gott erkannt habt, ja
vielmehr von Gott erkannt seid, wie wen-
det ihr euch dann wieder den schwachen
und dürftigen Mächten zu, denen ihr von
neuem dienen wollt?
10 Ihr haltet bestimmte Tage ein und
Monate und Zeiten und Jahre.[a]

a Röm 14,5; Kol 2,16.20.21

11 Ich fürchte für euch, daß ich vielleicht
[a]vergeblich an euch gearbeitet habe.

a 2.Joh 8

12 Werdet doch wie ich, denn ich wurde
wie ihr, liebe Brüder, ich bitte euch. Ihr
habt mir kein Leid getan.
13 Ihr wißt doch, daß ich euch [a]in
Schwachheit des Leibes das Evangelium
gepredigt habe [b]beim ersten Mal.

a 1.Kor 2,3 *b* Apg 16,6

14 Und obwohl meine leibliche Schwäche
euch ein Anstoß war, habt ihr mich nicht
verachtet oder vor mir ausgespuckt, son-
dern wie einen Engel Gottes nahmt ihr
mich auf, ja wie Christus Jesus.
15 Wo sind nun eure Seligpreisungen
geblieben? Denn ich bezeuge euch, ihr

hättet, wenn es möglich gewesen wäre,
eure Augen ausgerissen und mir gegeben.
16 Bin ich denn damit euer Feind gewor-
den, daß ich euch die Wahrheit vorhalte?
17 Es ist nicht recht, wie sie [a]um euch
werben; sie wollen euch nur von mir
abspenstig machen, damit ihr um sie wer-
ben sollt. *a* Kap 1,7
18 Umworben zu werden ist gut, wenn's
im Guten geschieht, und zwar immer und
nicht nur in meiner Gegenwart, wenn ich
bei euch bin.
19 Meine lieben Kinder, [a]die ich abermals
unter Wehen gebäre, bis Christus in euch
Gestalt gewinne! – *a* 1.Kor 4,15
20 Ich wollte aber, daß ich jetzt bei euch
wäre und mit andrer Stimme zu euch
reden könnte; denn ich bin irre an euch.

Knechtschaft und Freiheit

21 Sagt mir, die ihr unter dem Gesetz sein
wollt: Hört ihr das Gesetz nicht?
22 Denn es steht geschrieben, daß Abra-
ham zwei Söhne hatte, [a]den einen von der
Magd, [b]den andern von der Freien.
a 1.Mose 16,15 *b* 1.Mose 21,2
23 Aber der von der Magd ist nach dem
Fleisch gezeugt worden, [a]der von der
Freien aber kraft der Verheißung.
a Röm 9,7-9
24 Diese Worte haben tiefere Bedeutung.
Denn die beiden Frauen bedeuten zwei
Bundesschlüsse: einen vom Berg Sinai,
der zur [a]Knechtschaft gebiert, das ist
Hagar; *a* Kap 5,1; Röm 8,15
25 denn Hagar bedeutet den Berg Sinai in
Arabien und ist ein Gleichnis für das jet-
zige Jerusalem, das mit seinen Kindern in
der Knechtschaft lebt.
26 Aber [a]das Jerusalem, das droben ist,
das ist die Freie; das ist unsre Mutter.
a Hebr 12,22; Offb 21,2
27 Denn es steht geschrieben (Jesaja 54,1):
»Sei fröhlich, du Unfruchtbare, die du
nicht gebierst! Brich in Jubel aus und
jauchze, die du nicht schwanger bist. Denn
die Einsame hat viel mehr Kinder, als die
den Mann hat.«
28 Ihr aber, liebe Brüder, seid wie Isaak
Kinder der Verheißung.
29 Aber wie zu jener Zeit der, der nach
dem Fleisch gezeugt war, den verfolgte,
der nach dem Geist gezeugt war, so geht
es auch jetzt.
30 Doch was spricht die Schrift? »Stoß die
Magd hinaus mit ihrem Sohn; denn der
Sohn der Magd soll nicht erben mit dem
Sohn der Freien« (1.Mose 21,10).
31 So sind wir nun, liebe Brüder, nicht Kin-
der der Magd, sondern der Freien.

Aufruf zur rechten Freiheit

5 **Zur [a]Freiheit hat uns Christus befreit!**
So steht nun fest und [b]laßt euch nicht
wieder das Joch der Knechtschaft aufle-
gen! *a* Kap 4,5 *b* Apg 15,10
2 Siehe, ich, Paulus, sage euch: Wenn ihr
euch beschneiden laßt, so wird euch Chri-
stus nichts nützen.
3 Ich bezeuge abermals einem jeden, der
sich beschneiden läßt, daß er das ganze
Gesetz zu tun schuldig ist.
4 Ihr habt Christus verloren, die ihr durch
das Gesetz gerecht werden wollt, und seid
aus der Gnade gefallen.
5 Denn wir warten im Geist durch den
Glauben auf die Gerechtigkeit, auf die
man hoffen muß.
6 Denn [a]**in Christus Jesus gilt weder**
Beschneidung noch Unbeschnittensein et-
was, sondern der Glaube, der durch die
Liebe tätig ist. *a* Kap 6,15; Röm 2,26; 1.Kor 7,19
7 ¶ Ihr lieft so gut. Wer hat euch aufgehal-
ten, der Wahrheit nicht zu gehorchen?
8 Solches Überreden kommt nicht von
dem, der euch berufen hat.
9 Ein wenig Sauerteig durchsäuert den
ganzen Teig.[a] *a* 1.Kor 5,6
10 Ich habe das Vertrauen zu euch in dem
Herrn, ihr werdet nicht anders gesinnt
sein. Wer euch aber [a]irremacht, der wird
sein Urteil tragen, er sei, wer er wolle.
a Kap 1,7
11 ¶ Ich aber, liebe Brüder, wenn ich die
Beschneidung noch predige, warum [a]leide
ich dann Verfolgung? Dann wäre das [b]Är-
gernis des Kreuzes aufgehoben.
a 1.Kor 15,30 *b* Kap 6,12; 1.Kor 1,23
12 Sollen sie sich doch gleich verschnei-
den lassen, die euch aufhetzen!
13 ¶ Ihr aber, liebe Brüder, seid zur Frei-
heit berufen. Allein [a]seht zu, daß ihr durch
die Freiheit nicht dem Fleisch* Raum
gebt; sondern durch die Liebe diene einer
dem andern. *a* 1.Petr 2,16; 2.Petr 2,19
* Siehe Sach- und Worterklärungen zu »Fleisch«.
14 Denn **das ganze Gesetz ist in einem**
Wort erfüllt, in dem (3.Mose 19,18): **»Liebe**
deinen Nächsten wie dich selbst!«
15 Wenn ihr euch aber untereinander beißt

und freßt, so seht zu, daß ihr nicht einer
vom andern aufgefressen werdet.[a]

a Jak 4,2

Das Leben im Geist

16 Ich sage aber: Lebt im Geist, so werdet
ihr die Begierden des Fleisches nicht voll-
bringen.
17 Denn das Fleisch begehrt auf gegen den
Geist und der Geist gegen das Fleisch; die
sind gegeneinander, so daß ihr nicht tut,
was ihr wollt.[a] *a* Röm 7,15.23
18 Regiert euch aber der Geist, so seid ihr
nicht unter dem Gesetz.
19 [a]Offenkundig sind aber die Werke des
Fleisches, als da sind: Unzucht, Unrein-
heit, Ausschweifung, *a (19-21)* 1.Kor 6,9.10
20 Götzendienst, Zauberei, Feindschaft,
Hader, Eifersucht, Zorn, Zank, Zwietracht,
Spaltungen,
21 Neid, Saufen, Fressen und dergleichen.
Davon habe ich euch vorausgesagt und
sage noch einmal voraus: [a]die solches tun,
werden das Reich Gottes nicht erben.

a Eph 5,5; Offb 22,15

22 **Die [a]Frucht aber des Geistes ist Liebe,
Freude, Friede, Geduld, Freundlichkeit,
Güte, Treue,** *a* Eph 5,9
23 **Sanftmut, Keuschheit;** gegen all dies ist
das Gesetz nicht.[a] *a* 1.Tim 1,9
24 Die aber Christus Jesus angehören, die
[a]haben ihr Fleisch gekreuzigt samt den
Leidenschaften und Begierden. *a* Röm 6,6
25 **Wenn wir [a]im Geist leben, so laßt uns
auch im Geist wandeln.** *a* Röm 8,4
26 Laßt uns nicht nach [a]eitler Ehre trach-
ten, einander nicht herausfordern und
beneiden. *a* Phil 2,3

Mahnung zur Brüderlichkeit

6 Liebe Brüder, [a]wenn ein Mensch etwa
von einer Verfehlung ereilt wird, so
helft ihm wieder zurecht mit sanftmüti-
gem Geist, ihr, die ihr geistlich seid; und
sieh auf dich selbst, daß du nicht auch
versucht werdest. *a* Mt 18,15; Jak 5,19
2 **Einer trage des andern Last, so werdet ihr
das Gesetz Christi erfüllen.**[a] *a* 2.Kor 11,29
3 Denn wenn jemand meint, er sei etwas,
obwohl er doch nichts ist, der betrügt sich
selbst.
4 Ein jeder aber [a]prüfe sein eigenes Werk;
und dann wird er seinen Ruhm bei sich
selbst haben und nicht gegenüber einem
andern. *a* 2.Kor 13,5
5 Denn ein jeder wird seine eigene Last
tragen.[a] *a* Röm 14,12
6 ¶Wer aber unterrichtet wird im Wort,
der gebe dem, der ihn unterrichtet, Anteil
an allem Guten.[a] *a* 1.Kor 9,14
7 **Irret euch nicht! Gott läßt sich nicht spot-
ten. Denn [a]was der Mensch sät, das wird er
ernten.** *a* Jer 21,14
8 Wer auf sein Fleisch sät, der wird von
dem Fleisch das Verderben ernten; wer
aber auf den Geist sät, der wird von dem
Geist das ewige Leben ernten.[a] *a* Röm 8,13
9 Laßt uns aber [a]Gutes tun und nicht
müde werden; denn zu seiner Zeit werden
wir auch ernten, wenn wir nicht nachlas-
sen. *a* 2.Thess 3,13
10 Darum, solange wir noch Zeit haben,
**laßt uns Gutes tun an jedermann, allermeist
aber an des Glaubens Genossen.**[a]

a 2.Petr 1,7

Eigenhändiger Briefschluß

11 Seht, mit wie großen Buchstaben ich
euch schreibe mit eigener Hand!
12 Die Ansehen haben wollen nach dem
Fleisch, die zwingen euch zur Beschnei-
dung, nur [a]damit sie nicht um des Kreuzes
Christi willen verfolgt werden. *a* Kap 5,11
13 Denn auch sie selbst, die sich beschnei-
den lassen, halten das Gesetz nicht, son-
dern sie wollen, daß ihr euch beschneiden
laßt, damit sie sich dessen rühmen kön-
nen.
14 **Es sei aber fern von mir, [a]mich zu rüh-
men als allein des Kreuzes unseres Herrn
Jesus Christus, durch den mir die Welt
gekreuzigt ist und ich der Welt.**

a 1.Kor 1,31; 2,2

15 Denn [a]in Christus Jesus gilt weder
Beschneidung noch Unbeschnittensein
etwas, sondern [b]eine neue Kreatur.

a Kap 5,6; 1.Kor 7,19 *b* 2.Kor 5,17

16 Und alle, die sich nach diesem Maßstab
richten – [a]Friede und Barmherzigkeit über
sie und über das Israel Gottes! *a* Ps 125,5
17 Hinfort mache mir niemand weiter
Mühe; denn [a]ich trage die Malzeichen
Jesu an meinem Leibe. *a* 2.Kor 4,10
18 ¶Die Gnade unseres Herrn Jesus Chri-
stus sei mit eurem Geist, liebe Brüder!
Amen.

DER BRIEF DES PAULUS AN DIE EPHESER

Inhaltsübersicht

1 Paulus, ein Apostel Christi Jesu durch
den Willen Gottes, an die Heiligen in
Ephesus,* die Gläubigen in Christus
Jesus:

* In wichtigen alten Handschriften fehlt »in Ephesus«, aber auch sie haben die Briefüberschrift »An die Epheser«.

2 ¶Gnade sei mit euch und Friede von
Gott, unserm Vater, und dem Herrn Jesus
Christus!

Lobpreis Gottes für die Erlösung durch Christus

3 **Gelobt sei Gott, der Vater unseres Herrn
Jesus Christus, der uns gesegnet hat mit
allem geistlichen Segen im Himmel durch
Christus.**
4 Denn in ihm [a]hat er uns erwählt, ehe
der Welt Grund gelegt war, daß wir [b]heilig
und untadelig vor ihm sein sollten; in sei-
ner Liebe *a* Röm 8,28-30 *b* Kap 5,27
5 hat er uns dazu vorherbestimmt, seine
Kinder zu sein durch Jesus Christus nach
dem Wohlgefallen seines Willens,
6 zum Lob seiner herrlichen Gnade, mit
der er uns begnadet hat in dem [a]Gelieb-
ten. *a* Mt 3,17
7 ¶In ihm haben wir die [a]Erlösung durch
sein Blut, die Vergebung der Sünden, nach
dem [b]Reichtum seiner Gnade,
a Kol 1,14 *b* Kap 2,7; 3,8.16
8 die er uns reichlich hat widerfahren las-
sen in aller Weisheit und Klugheit.
9 Denn Gott hat uns wissen lassen das
[a]Geheimnis seines Willens nach seinem
Ratschluß, den er zuvor in Christus gefaßt
hatte, *a* Kap 3,3-6.9; Röm 16,25; Kol 1,26.27
10 um ihn auszuführen, [a]wenn die Zeit
erfüllt wäre, daß alles zusammengefaßt
würde in Christus, was im Himmel und
auf Erden ist. *a* Gal 4,4
11 ¶In ihm sind wir auch zu [a]Erben einge-
setzt worden, die wir dazu vorherbestimmt
sind nach dem Vorsatz dessen, der alles
wirkt nach dem Ratschluß seines Wil-
lens; *a* Kol 1,12
12 damit wir etwas seien zum Lob seiner
Herrlichkeit, die wir zuvor auf Christus
gehofft haben.
13 ¶In ihm seid auch ihr, die ihr das Wort
der Wahrheit gehört habt, nämlich das
Evangelium von eurer Seligkeit – in ihm
seid auch ihr, als ihr gläubig wurdet, [a]ver-
siegelt worden mit dem heiligen Geist, der
verheißen ist, *a* Kap 4,30
14 welcher ist das [a]Unterpfand unsres
Erbes, zu unsrer Erlösung, daß wir sein
Eigentum würden zum Lob seiner Herr-
lichkeit. *a* 2.Kor 1,22; 5,5

Gebet um Erkenntnis der Herrlichkeit Christi

15 Darum auch ich, nachdem ich gehört
habe von dem Glauben bei euch an den
Herrn Jesus und von eurer Liebe zu allen
Heiligen,
16 [a]höre ich nicht auf, zu danken für euch,
und gedenke euer in meinem Gebet,
a (16 und 17) Kol 1,4.9
17 daß der Gott unseres Herrn Jesus Chri-
stus, der Vater der Herrlichkeit, euch gebe
den Geist der Weisheit und der Offenba-
rung, ihn zu erkennen.
18 Und er gebe euch erleuchtete Augen
des Herzens, damit ihr erkennt, zu wel-
cher Hoffnung ihr von ihm berufen seid,
wie reich die Herrlichkeit seines Erbes für
die Heiligen ist
19 und wie überschwenglich groß seine
Kraft an uns, die wir glauben, weil die
Macht seiner Stärke bei uns wirksam
wurde,
20 mit der er in Christus gewirkt hat.
Durch sie hat er ihn von den Toten aufer-
weckt und [a]eingesetzt zu seiner Rechten
im Himmel *a* Ps 110,1
21 über alle Reiche, Gewalt, Macht, Herr-
schaft und alles, was sonst einen Namen

hat, nicht allein in dieser Welt, sondern
auch in der zukünftigen.[a]
a Röm 8,38.39; Phil 2,9; Kol 2,10
22 [a]Und alles hat er unter seine Füße
getan und hat ihn gesetzt der Gemeinde
zum [b]Haupt über alles,
a Ps 8,7; Mt 28,18 *b* Kap 4,15
23 welche sein [a]Leib ist, nämlich die
[b]Fülle dessen, der alles in allem erfüllt.
a Kap 5,30; 1.Kor 12,27 *b* Kol 1,19

Das neue Leben als Geschenk der Gnade

2 Auch ihr wart tot durch eure Übertre-
tungen und Sünden,[a] *a* Lk 15,24.32; Kol 2,13
2 in denen ihr [a]früher gelebt habt nach
der Art dieser Welt, unter dem [b]Mächti-
gen, der in der Luft herrscht, nämlich dem
Geist, der zu dieser Zeit am Werk ist in
den Kindern des Ungehorsams.
a Tit 3,3 *b* Kap 6,12; Joh 12,31
3 Unter ihnen haben auch wir alle einst
unser Leben geführt [a]in den Begierden
unsres Fleisches und taten den Willen des
Fleisches und der Sinne und waren Kin-
der des [b]Zorns von Natur wie auch die
andern. *a* 1.Petr 4,3 *b* Kol 3,6
4 Aber Gott, der reich ist an Barmherzig-
keit, hat in seiner großen Liebe, mit der er
uns geliebt hat,
5 auch uns, die wir tot waren in den Sün-
den, mit Christus lebendig gemacht – aus
Gnade seid ihr selig geworden –;
6 und er hat uns mit auferweckt und mit
eingesetzt im Himmel in Christus Jesus,[a]
a Phil 3,20
7 damit er in den kommenden Zeiten
erzeige den überschwenglichen [a]Reich-
tum seiner Gnade durch seine Güte gegen
uns in Christus Jesus. *a* Kap 1,7
8 Denn [a]**aus Gnade seid ihr selig geworden
durch Glauben, und** [b]**das nicht aus euch:
Gottes Gabe ist es,** *a* Röm 3,23.24 *b* Gal 2,16
9 [a]**nicht aus Werken,** [b]**damit sich nicht
jemand rühme.** *a* Röm 3,28 *b* 1.Kor 1,29
10 Denn wir sind sein Werk, geschaffen in
Christus Jesus [a]zu guten Werken, die Gott
zuvor bereitet hat, daß wir darin wandeln
sollen. *a* Tit 2,14

Die Einheit der Gemeinde aus Juden und Heiden

11 Darum denkt daran, daß ihr, die ihr von
Geburt [a]einst Heiden wart und Unbe-
schnittene genannt wurdet von denen, die
äußerlich beschnitten sind, *a* Kap 5,8
12 daß ihr zu jener Zeit ohne Christus
wart, [a]ausgeschlossen vom Bürgerrecht
Israels und Fremde außerhalb des Bundes
der Verheißung; daher hattet ihr [b]keine
Hoffnung und wart ohne Gott in der
Welt. *a* Röm 9,4 *b* 1.Thess 4,13
13 Jetzt aber in Christus Jesus seid ihr, die
ihr einst Ferne wart, Nahe geworden durch
das Blut Christi.
14 ¶ Denn **er ist unser** [a]**Friede,** der aus bei-
den [b]**eines** gemacht hat und den Zaun
abgebrochen hat, der dazwischen war,
nämlich die Feindschaft. Durch das Opfer
seines Leibes *a* Jes 9,5 *b* Gal 3,28
15 hat er [a]abgetan das Gesetz mit seinen
Geboten und Satzungen, damit er in sich
selber aus den zweien **einen neuen** Men-
schen schaffe und Frieden mache
a Kol 2,14
16 und die beiden versöhne mit Gott in
einem Leib durch das Kreuz, indem er die
Feindschaft tötete durch sich selbst.
17 Und er ist gekommen und hat im Evan-
gelium [a]Frieden verkündigt euch, die ihr
fern wart, und Frieden denen, die nahe
waren. *a* Jes 57,19
18 Denn durch ihn haben wir alle beide in
einem Geist den [a]Zugang zum Vater.
a Kap 3,12
19 ¶ **So seid ihr nun nicht mehr Gäste und
Fremdlinge, sondern** [a]**Mitbürger der Heili-
gen und Gottes Hausgenossen,**
a Kap 3,6; Hebr 12,22.23
20 **erbaut auf den** [a]**Grund der Apostel und
Propheten, da Jesus Christus der** [b]**Eckstein
ist,** *a* Mt 16,18 *b* Jes 28,16; 1.Petr 2,4-6
21 auf welchem der ganze Bau ineinander-
gefügt wächst zu einem heiligen Tempel
in dem Herrn.
22 Durch ihn werdet auch ihr miterbaut
zu einer Wohnung Gottes im Geist.

Das Amt des Apostels für die Heiden

3 Deshalb sage ich, Paulus, der [a]Gefan-
gene Christi Jesu für euch Heiden –
a Phil 1,7.13
2 ihr habt ja gehört, welches Amt die
Gnade Gottes mir [a]für euch gegeben
hat: *a* Gal 2,7
3 Durch Offenbarung ist mir [a]das Ge-
heimnis kundgemacht worden, wie ich
eben aufs kürzeste geschrieben habe.
a Kap 1,9.10; Gal 1,12
4 Daran könnt ihr, wenn ihr's lest, meine

Einsicht in das Geheimnis Christi erkennen.

5 Dies war in früheren Zeiten den Menschenkindern nicht kundgemacht, wie es jetzt offenbart ist seinen heiligen Aposteln und Propheten durch den Geist;[a]

[a] Kol 1,26

6 nämlich daß [a] die Heiden Miterben sind und mit zu seinem Leib gehören und Mitgenossen der Verheißung in Christus Jesus sind durch das Evangelium,

[a] Kap 2,13.18.19; Apg 15,7-9

7 dessen Diener ich geworden bin durch die Gabe der Gnade Gottes, die mir nach seiner mächtigen Kraft gegeben ist.

8 ¶ Mir, dem [a] allergeringsten unter allen Heiligen, ist die Gnade gegeben worden, [b] den Heiden zu verkündigen den unausforschlichen [c] Reichtum Christi

[a] 1.Kor 15,9.10 [b] Gal 1,16 [c] Kap 1,7

9 und für alle ans Licht zu bringen, wie Gott seinen geheimen Ratschluß ausführt, der von Ewigkeit her verborgen war in ihm, der alles geschaffen hat;[a]

[a] Kap 1,9.10; Röm 16,25.26; Kol 1,16

10 damit jetzt kundwerde die mannigfaltige Weisheit Gottes den [a] Mächten und Gewalten im Himmel durch die Gemeinde. [a] 1.Petr 1,12

11 Diesen ewigen Vorsatz hat Gott ausgeführt in Christus Jesus, unserm Herrn,

12 durch den wir [a] Freimut und Zugang haben in aller Zuversicht durch den Glauben an ihn. [a] Röm 5,2

13 Darum bitte ich, daß ihr nicht müde werdet wegen der Bedrängnisse, die ich [a] für euch erleide, die für euch eine Ehre sind. [a] Kol 1,24

Die Fürbitte des Apostels für die Gemeinde

14 **Deshalb beuge ich meine Knie vor dem Vater,**

15 **der der rechte Vater ist über alles, was da Kinder heißt im Himmel und auf Erden,**

16 **daß er euch Kraft gebe nach dem [a] Reichtum seiner Herrlichkeit, [b] stark zu werden durch seinen Geist an dem [c] inwendigen Menschen,** [a] Kap 1,7 [b] Kap 6,10 [c] 2.Kor 4,16

17 **daß [a] Christus durch den Glauben in euren Herzen wohne und ihr in der Liebe [b] eingewurzelt und gegründet seid.**

[a] Joh 14,23 [b] Kol 2,7

18 So könnt ihr mit allen Heiligen begreifen, welches die Breite und die Länge und die Höhe und die Tiefe ist,

19 auch die [a] Liebe Christi erkennen, die alle Erkenntnis übertrifft, damit ihr erfüllt werdet mit der ganzen Gottesfülle.

[a] Kol 2,2.3

20 Dem aber, der überschwenglich tun kann über alles hinaus, was wir bitten oder verstehen, nach der Kraft, die in uns wirkt,

21 dem sei Ehre in der Gemeinde und in Christus Jesus zu aller Zeit, von Ewigkeit zu Ewigkeit! Amen.

Die Einheit im Geist
und die Vielfalt der Gaben

4 So ermahne ich euch nun, ich, der Gefangene in dem Herrn, daß ihr [a] der Berufung würdig lebt, mit der ihr berufen seid, [a] Kol 1,10; 1.Thess 2,12

2 in aller Demut und Sanftmut, in Geduld. [a] Ertragt einer den andern in Liebe

[a] Kol 3,12.13

3 [a] und **seid darauf bedacht, zu wahren die [b] Einigkeit im Geist durch das Band des Friedens:** [a] (3 und 4) Kol 3,15 [b] Phil 2,2

4 [a] **ein Leib und ein Geist, wie ihr auch berufen seid zu einer Hoffnung eurer Berufung;** [a] Röm 12,5

5 [a] **ein Herr, ein Glaube, eine Taufe;**

[a] 1.Kor 8,6

6 **ein Gott und Vater aller, der da ist über allen und durch alle und in allen.**[a]

[a] 1.Kor 12,6

7 ¶ Einem jeden aber von uns ist die [a] Gnade gegeben nach dem Maß der Gabe Christi. [a] Röm 12,3.6; 1.Kor 12,11

8 Darum heißt es (Psalm 68,19): »Er ist aufgefahren zur Höhe und hat [a] Gefangene mit sich geführt* und hat den Menschen Gaben gegeben.« [a] Kol 2,15

* Luther übersetzte: »und hat das Gefängnis gefangen geführt«.

9 Daß er aber [a] aufgefahren ist, was heißt das anderes, als daß er auch hinabgefahren ist in die Tiefen der Erde? [a] Joh 3,13

10 Der hinabgefahren ist, das ist derselbe, der aufgefahren ist über alle Himmel, damit er alles erfülle.

11 Und er hat einige als [a] Apostel eingesetzt, einige als Propheten, einige als [b] Evangelisten, einige als Hirten und Lehrer, [a] 1.Kor 12,28 [b] Apg 21,8

12 damit die Heiligen zugerüstet werden zum Werk des Dienstes. Dadurch soll der Leib Christi [a] erbaut werden,

[a] 1.Kor 14,26; 1.Petr 2,5

13 bis wir alle hingelangen zur Einheit des

Glaubens und der Erkenntnis des Sohnes
Gottes, zum vollendeten Mann, zum vol-
len Maß der Fülle Christi,
14 damit wir [a]nicht mehr unmündig seien
und uns [b]von jedem Wind einer Lehre
bewegen und umhertreiben lassen durch
trügerisches Spiel der Menschen, mit dem
sie uns arglistig verführen.
a 1.Kor 14,20 *b* Hebr 13,9; Jak 1,6
15 **Laßt uns aber wahrhaftig sein in der**
Liebe und wachsen in allen Stücken zu dem
hin, der [a]das Haupt ist, Christus,
a Kap 1,22; 5,23; Kol 1,18
16 [a]von dem aus der ganze Leib zusam-
mengefügt ist und ein Glied am andern
hängt durch alle Gelenke, wodurch jedes
Glied das andere unterstützt nach dem
Maß seiner Kraft und macht, daß der Leib
wächst und sich selbst aufbaut in der
Liebe. *a* Kol 2,19

Der alte und der neue Mensch

17 So sage ich nun und bezeuge in dem
Herrn, daß ihr nicht mehr leben dürft, wie
die Heiden leben [a]in der Nichtigkeit ihres
Sinnes. *a* Röm 1,21-24
18 Ihr Verstand ist verfinstert, und sie sind
[a]entfremdet dem Leben, das aus Gott ist,
durch die Unwissenheit, die in ihnen ist,
und durch die Verstockung ihres Her-
zens. *a* Kap 2,12
19 Sie sind abgestumpft und haben sich
der Ausschweifung ergeben, um allerlei
unreine Dinge zu treiben in Habgier.
20 ¶Ihr aber habt Christus nicht so ken-
nengelernt;
21 ihr habt doch von ihm gehört und seid
in ihm unterwiesen, wie es Wahrheit in
Jesus ist.
22 [a]Legt von euch ab den alten Menschen
mit seinem früheren Wandel, der sich
[b]durch trügerische Begierden zugrunde
richtet. *a (22-25)* Kol 3,9.10 *b* Röm 8,13; Gal 6,8
23 Erneuert euch aber in eurem Geist und
Sinn[a] *a* Röm 12,2
24 und **zieht den neuen Menschen an, [a]der**
nach Gott geschaffen ist in wahrer Gerech-
tigkeit und Heiligkeit. *a* 1.Mose 1,26.27

Weisungen für das neue Leben

25 Darum legt die Lüge ab und [a]redet die
Wahrheit, ein jeder mit seinem Nächsten,
weil wir untereinander Glieder sind.
a Sach 8,16
26 [a]Zürnt ihr, so sündigt nicht; [b]**laßt die**
Sonne nicht über eurem Zorn untergehen,
a Ps 4,5 *b* Jak 1,19.20
27 und gebt nicht Raum dem Teufel.
28 Wer gestohlen hat, der [a]stehle nicht
mehr, sondern [b]arbeite und schaffe mit
eigenen Händen das nötige Gut, damit er
dem Bedürftigen abgeben kann.
a 2.Mose 20,15 *b* 1.Thess 4,11
29 Laßt kein [a]faules Geschwätz aus eurem
Mund gehen, sondern redet, [b]was gut ist,
was erbaut und was notwendig ist, damit
es Segen bringe denen, die es hören.
a Kap 5,4 *b* Kol 4,6
30 [a]Und betrübt nicht den heiligen Geist
Gottes, mit dem ihr [b]versiegelt seid für
den Tag der Erlösung.
a Jes 63,10 *b* Kap 1,13.14
31 Alle Bitterkeit und Grimm und Zorn
und Geschrei und Lästerung seien fern
von euch samt aller Bosheit.[a] *a* Kol 3,8
32 Seid aber untereinander freundlich und
herzlich und [a]vergebt einer dem andern,
wie auch Gott euch vergeben hat in Chri-
stus. *a* Mt 6,14; 18,22-35; Kol 3,13

Das Leben im Licht

5 So [a]folgt nun Gottes Beispiel als die
geliebten Kinder *a* Lk 6,36
2 und lebt in der Liebe, [a]wie auch Chri-
stus uns geliebt hat und hat sich selbst für
uns gegeben als Gabe und Opfer, Gott zu
einem lieblichen Geruch. *a* Gal 2,20
3 Von Unzucht aber und jeder Art Unrein-
heit oder Habsucht soll bei euch nicht ein-
mal die Rede sein, wie es sich für die Hei-
ligen gehört.[a] *a* Kol 3,5
4 Auch [a]schandbare und närrische oder
lose Reden stehen euch nicht an, sondern
vielmehr Danksagung. *a* Kap 4,29
5 Denn das sollt ihr wissen, daß kein
Unzüchtiger oder Unreiner oder Habsüch-
tiger – das sind Götzendiener – ein Erbteil
hat im Reich Christi und Gottes.[a]
a 1.Kor 6,9.10; Offb 21,8; 22,15
6 Laßt euch von niemandem verführen
mit leeren Worten; denn [a]um dieser
Dinge willen kommt der Zorn Gottes über
die Kinder des Ungehorsams. *a* Kol 3,6
7 Darum seid nicht ihre Mitgenossen.
8 Denn ihr wart früher Finsternis; nun
aber seid ihr Licht in dem Herrn.[a] Lebt
als [b]Kinder des Lichts;
a Kap 2,11; 1.Petr 2,9 *b* Mt 5,14; Joh 12,36; 1.Thess 5,5

9 [a]**die Frucht des Lichts ist lauter Güte und**
Gerechtigkeit und Wahrheit.
a Gal 5,22; Phil 1,11
10 Prüft, was dem Herrn wohlgefällig
ist,[a] *a* Röm 12,2; Phil 1,10
11 und habt nicht Gemeinschaft mit den
unfruchtbaren Werken der Finsternis;
deckt sie vielmehr auf.
12 Denn was von ihnen heimlich getan
wird, davon auch nur zu reden ist schänd-
lich.[a] *a* Röm 1,24
13 Das alles aber wird offenbar, wenn's
vom Licht aufgedeckt wird;
14 denn alles, was offenbar wird, das ist
Licht.[a] Darum heißt es: [b]**Wach auf, der du**
schläfst, und steh auf von den Toten, so wird
dich Christus [c]**erleuchten.**
a Joh 3,20.21 *b* Röm 13,11 *c* Jes 60,1; Joh 8,12
15 ¶ So seht nun sorgfältig darauf, wie ihr
euer Leben führt, nicht als Unweise, son-
dern als Weise,[a] *a* Mt 10,16; Kol 4,5
16 und **kauft die Zeit aus; denn es ist böse**
Zeit.
17 Darum werdet nicht unverständig, son-
dern versteht, was der Wille des Herrn ist.
18 Und [a]sauft euch nicht voll Wein, wor-
aus ein unordentliches Wesen folgt, son-
dern laßt euch vom Geist erfüllen.
a Lk 21,34
19 Ermuntert einander mit Psalmen und
Lobgesängen und geistlichen Liedern,
singt und spielt dem Herrn in eurem Her-
zen[a] *a* Ps 33,2.3; Kol 3,16
20 und [a]sagt Dank Gott, dem Vater, alle-
zeit für alles, im Namen unseres Herrn
Jesus Christus. *a* 1.Thess 5,18

Die christliche Haustafel

(Kol 3,18–4,1; 1.Petr 2,18–3,7)

21 [a]Ordnet euch einander unter in der
Furcht Christi. *a* 1.Petr 5,5
22 Ihr Frauen, ordnet euch euren Männern
unter wie dem Herrn.[a]
a 1.Mose 3,16; 1.Tim 2,11.12; Tit 2,5
23 Denn [a]der Mann ist das Haupt der
Frau, wie auch [b]Christus das Haupt der
Gemeinde ist, die er als seinen Leib erlöst
hat. *a* 1.Kor 11,3 *b* Kap 1,22.23
24 Aber wie nun die Gemeinde sich Chri-
stus unterordnet, so sollen sich auch die
Frauen ihren Männern unterordnen in
allen Dingen.
25 ¶ Ihr Männer, liebt eure Frauen, wie
auch Christus die Gemeinde geliebt hat
und hat sich selbst für sie dahingegeben,
26 um sie zu heiligen. Er hat sie [a]gereinigt
durch das Wasserbad im Wort, damit er
a Tit 3,5; Hebr 10,22
27 sie vor sich stelle als eine Gemeinde,
die herrlich sei und keinen Flecken oder
Runzel oder etwas dergleichen habe, son-
dern die heilig und untadelig sei.[a]
a 2.Kor 11,2; Kol 1,22
28 So sollen auch die Männer ihre Frauen
lieben wie ihren eigenen Leib. Wer seine
Frau liebt, der liebt sich selbst.
29 Denn niemand hat je sein eigenes
Fleisch gehaßt; sondern er nährt und
pflegt es, wie auch Christus die Gemeinde.
30 Denn wir sind [a]Glieder seines Leibes.
a Kap 1,23
31 »Darum wird ein Mann Vater und Mut-
ter verlassen und an seiner Frau hängen,
und die zwei werden **ein** Fleisch sein«
(1.Mose 2,24).
32 Dies Geheimnis ist groß; ich deute es
aber auf Christus und die Gemeinde.
33 Darum auch ihr: ein jeder habe lieb
seine Frau wie sich selbst; die Frau aber
ehre den Mann.
6 ¶ [a]Ihr Kinder, seid gehorsam euren
Eltern in dem Herrn; denn das ist
recht. *a (1-3)* Mk 7,10-13
2 »Ehre Vater und Mutter«, das ist das
erste Gebot, das [a]eine Verheißung hat:
a 2.Mose 20,12
3 »auf daß dir's wohlgehe und du lange
lebest auf Erden« (5.Mose 5,16).
4 ¶ Und ihr Väter, reizt eure Kinder nicht
zum Zorn, sondern [a]erzieht sie in der
Zucht und Ermahnung des Herrn.
a 5.Mose 6,20-25
5 ¶ [a]Ihr Sklaven, seid gehorsam euren
irdischen Herren mit Furcht und Zittern,
in Einfalt eures Herzens, als dem Herrn
Christus; *a (5 und 6)* 1.Tim 6,1.2; Tit 2,9.10; 1.Petr 2,18
6 nicht mit Dienst allein vor Augen, um
den Menschen zu gefallen, sondern als
Knechte Christi, die den Willen Gottes tun
von Herzen.
7 Tut euren Dienst mit gutem Willen als
dem Herrn und nicht den Menschen;
8 denn ihr wißt: Was ein jeder Gutes tut,
das wird er vom Herrn empfangen, er sei
Sklave oder Freier.[a] *a* 2.Kor 5,10
9 ¶ Und ihr Herren, tut ihnen gegenüber
das gleiche und laßt das Drohen; denn ihr
wißt, daß euer und ihr Herr im Himmel
ist, und bei ihm gilt kein Ansehen der Per-
son.

Die geistliche Waffenrüstung

10 Zuletzt: [a] **Seid stark in dem Herrn und in der Macht seiner Stärke.**

a Kap 3,16; 1.Kor 16,13; 2.Tim 2,1; 1.Joh 2,14

11 Zieht an die Waffenrüstung Gottes, damit ihr bestehen könnt gegen die listigen Anschläge des Teufels.

12 Denn wir haben nicht mit Fleisch und Blut zu kämpfen, sondern mit [a] Mächtigen und Gewaltigen, nämlich mit den Herren der Welt, die in dieser Finsternis herrschen, mit den bösen Geistern unter dem Himmel.

a Kap 2,2; Lk 22,31

13 Deshalb ergreift die Waffenrüstung Gottes, damit ihr an dem bösen Tag Widerstand leisten und alles überwinden und das Feld behalten könnt.

14 So steht nun fest, [a] umgürtet an euren Lenden mit Wahrheit und [b] angetan mit dem Panzer der Gerechtigkeit,

a Lk 12,35; 1.Petr 1,13 b 1.Thess 5,8

15 und an den Beinen gestiefelt, bereit, einzutreten für das Evangelium des Friedens.

16 **Vor allen Dingen aber ergreift den Schild des [a] Glaubens, mit dem ihr auslöschen könnt alle feurigen Pfeile des Bösen,**

a 1.Petr 5,9; 1.Joh 5,4

17 **und nehmt den [a] Helm des Heils und das [b] Schwert des Geistes, welches ist das Wort Gottes.**

a 1.Thess 5,8 b Hebr 4,12

18 ¶ Betet allezeit mit Bitten und Flehen im Geist und wacht dazu mit aller Beharrlichkeit im Gebet für alle Heiligen

19 und [a] für mich, daß mir das Wort gegeben werde, wenn ich meinen Mund auftue, [b] freimütig das Geheimnis des Evangeliums zu verkündigen,

a Kol 4,3; 2.Thess 3,1 b Apg 4,29

20 dessen [a] Bote ich bin in Ketten, daß ich mit [b] Freimut davon rede, wie ich es muß.

a 2.Kor 5,20 b Apg 28,31

Grüße und Segenswünsche

21 Damit aber auch ihr wißt, wie es um mich steht und was ich mache, wird euch [a] Tychikus alles berichten, mein lieber Bruder und treuer Diener in dem Herrn,

a Apg 20,4; Kol 4,7.8; 2.Tim 4,12; Tit 3,12

22 den ich eben dazu gesandt habe zu euch, daß ihr erfahrt, wie es um uns steht, und daß er eure Herzen tröste.

23 ¶ Friede sei mit den Brüdern und Liebe mit Glauben von Gott, dem Vater, und dem Herrn Jesus Christus!

24 Die Gnade sei mit allen, die liebhaben unsern Herrn Jesus Christus, in Unvergänglichkeit.

DER BRIEF DES PAULUS AN DIE PHILIPPER

Inhaltsübersicht

1 Paulus und [a] Timotheus, Knechte Christi Jesu, an alle Heiligen in Christus Jesus in Philippi samt den Bischöfen und Diakonen:*

a Apg 16,1

* Siehe Sach- und Worterklärungen zu »Bischof« und »Diakon«.

2 ¶ Gnade sei mit euch und Friede von Gott, unserm Vater, und dem Herrn Jesus Christus!

Dank und Fürbitte für die Gemeinde

3 Ich danke meinem Gott, sooft ich euer gedenke –[a]

a Röm 1,8; 1.Kor 1,4

4 was ich allezeit tue in allen meinen Gebeten für euch alle, und ich tue das Gebet mit Freuden –,

5 für eure Gemeinschaft am Evangelium vom ersten Tage an bis heute;

6 und **ich bin darin guter Zuversicht, daß der in euch angefangen hat das gute Werk, der wird's auch vollenden bis an den Tag Christi Jesu.**[a]

a Kap 2,13; 1.Kor 1,8

7 Wie es denn recht und billig ist, daß ich so von euch allen denke, weil ich euch in meinem Herzen habe, die ihr alle mit mir

an der Gnade teilhabt in meiner Gefan-
genschaft und wenn ich das Evangelium
verteidige und bekräftige.
8 Denn Gott ist mein Zeuge, wie mich
nach euch allen verlangt von Herzens-
grund in Christus Jesus.
9 Und ich bete darum, daß eure Liebe
immer noch reicher werde an Erkenntnis
und aller Erfahrung,[a] *a* Phlm 6
10 so daß ihr [a]prüfen könnt, was das Beste
sei, [b]damit ihr lauter und unanstößig seid
für den Tag Christi,
a Röm 12,2; Eph 5,10 *b* 1.Thess 5,23
11 erfüllt mit [a]Frucht der Gerechtigkeit
durch Jesus Christus zur Ehre und zum
Lobe Gottes. *a* Eph 5,9

Die Gefangenschaft des Paulus und die Verkündigung des Evangeliums

12 Ich lasse euch aber wissen, liebe Brü-
der: [a]Wie es um mich steht, das ist nur
mehr zur Förderung des Evangeliums
geraten. *a* 2.Tim 2,9
13 Denn daß ich meine Fesseln für Chri-
stus trage, das ist [a]im ganzen Prätorium
und bei allen andern offenbar geworden,
a Kap 4,22
14 und die meisten Brüder in dem Herrn
haben durch meine Gefangenschaft Zuver-
sicht gewonnen und sind um so kühner
geworden, das Wort zu reden ohne Scheu.
15 Einige zwar predigen Christus aus Neid
und Streitsucht, einige aber auch in guter
Absicht:
16 diese aus Liebe, denn sie wissen, daß
ich zur Verteidigung des Evangeliums hier
liege;
17 jene aber verkündigen Christus aus
Eigennutz und nicht lauter, denn sie
möchten mir Trübsal bereiten in meiner
Gefangenschaft.
18 Was tut's aber? Wenn nur Christus ver-
kündigt wird auf jede Weise, es geschehe
zum Vorwand oder in Wahrheit, [a]so freue
ich mich darüber.
¶Aber ich werde mich auch weiterhin
freuen; *a* Kap 2,17.18
19 denn ich weiß, daß mir dies zum Heil
ausgehen wird [a]durch euer Gebet und
durch den Beistand des Geistes Jesu Chri-
sti, *a* 2.Kor 1,11
20 wie ich sehnlich warte und hoffe, daß
ich in keinem Stück zuschanden werde,
sondern daß frei und offen, wie allezeit so
auch jetzt, Christus verherrlicht werde an
meinem Leibe, es sei durch Leben oder
durch Tod.
21 Denn [a]**Christus ist mein Leben, und
Sterben ist mein Gewinn.** *a* Gal 2,20
22 Wenn ich aber weiterleben soll im
Fleisch, so dient mir das dazu, mehr
Frucht zu schaffen; und so weiß ich nicht,
was ich wählen soll.
23 Denn es setzt mir beides hart zu: [a]ich
habe Lust, aus der Welt zu scheiden und
bei Christus zu sein, was auch viel besser
wäre; *a* 2.Kor 5,8
24 aber es ist nötiger, im Fleisch zu blei-
ben, um euretwillen.
25 Und in solcher Zuversicht weiß ich, daß
ich bleiben und [a]bei euch allen sein werde,
euch zur Förderung und zur Freude im
Glauben, *a* Kap 2,24
26 damit euer Rühmen in Christus Jesus
größer werde durch mich, wenn ich wie-
der zu euch komme.

Bereitschaft der Gemeinde zum Leiden für Christus

27 Wandelt nur würdig des Evangeliums
Christi, damit – ob ich komme und euch
sehe oder abwesend von euch höre – ihr
in **einem** Geist steht und einmütig mit uns
kämpft für den Glauben des Evangeliums
28 und euch in keinem Stück erschrecken
laßt von den Widersachern, was ihnen [a]ein
Anzeichen der Verdammnis ist, euch aber
der Seligkeit, und das von Gott.
a 2.Thess 1,5
29 Denn euch ist es gegeben um Christi
willen, nicht allein an ihn zu glauben, son-
dern auch um seinetwillen zu leiden,
30 habt ihr doch denselben Kampf, den
ihr an mir gesehen habt und nun von mir
hört.[a] *a* Apg 16,22; 1.Thess 2,2

Leben in der Gemeinschaft mit Christus

2 Ist nun bei euch Ermahnung in Chri-
stus, ist Trost der Liebe, ist Gemein-
schaft des Geistes, ist herzliche Liebe und
Barmherzigkeit,
2 so macht meine Freude dadurch voll-
kommen, daß ihr **eines** Sinnes seid, glei-
che Liebe habt, einmütig und einträchtig
seid.
3 Tut nichts aus Eigennutz oder [a]um eit-
ler Ehre willen, sondern in Demut [b]achte
einer den andern höher als sich selbst,
a Gal 5,26 *b* Röm 12,10
4 und ein jeder sehe nicht auf das Seine,

sondern auch auf das, was dem andern
dient.[a] *a* 1.Kor 10,24; 13,5
[5]Seid so unter euch gesinnt, wie es auch
der Gemeinschaft in Christus Jesus ent-
spricht:*

* Luther übersetzte: »Ein jeder sei gesinnt, wie Jesus Christus auch war.«

[6]Er, der [a]in göttlicher Gestalt war, hielt es
nicht für einen Raub, Gott gleich zu sein,
a Joh 1,1.2; 17,5
[7]sondern entäußerte sich selbst und nahm
[a]Knechtsgestalt an, [b]ward den Menschen
gleich und der Erscheinung nach als Mensch
erkannt.
a Jes 53,3; Mt 20,28; 2.Kor 8,9 *b* Hebr 2,14.17
[8]Er [a]erniedrigte sich selbst und ward [b]ge-
horsam bis zum Tode, ja zum Tode am Kreuz.
a Lk 14,11; Hebr 12,2 *b* Hebr 5,8
[9]Darum hat ihn auch Gott [a]erhöht und
hat ihm den Namen gegeben, der über alle
Namen ist, *a* Apg 2,33; Eph 1,21; Hebr 1,3.4
[10]daß in dem Namen Jesu sich beugen sol-
len aller derer Knie, die im Himmel und auf
Erden und unter der Erde sind,[a]
a Jes 45,23; Joh 5,23; Offb 5,12.13
[11]und alle Zungen bekennen sollen, daß
Jesus Christus der Herr ist, zur Ehre Got-
tes, des Vaters.[a] *a* Offb 5,13

Sorge um das Heil

[12]Also, meine Lieben, – wie ihr allezeit
gehorsam gewesen seid, nicht allein in
meiner Gegenwart, sondern jetzt noch viel
mehr in meiner Abwesenheit, – **schaffet,**
daß ihr selig werdet, [a]mit Furcht und Zit-
tern. *a* 1.Petr 1,17
[13]Denn Gott ist's, der in euch wirkt beides,
das Wollen und das Vollbringen, nach sei-
nem Wohlgefallen.[a] *a* Kap 1,6
[14]¶Tut alles ohne Murren und ohne Zwei-
fel,
[15]damit ihr ohne Tadel und [a]lauter seid,
Gottes Kinder, ohne Makel mitten unter
einem verdorbenen und verkehrten Ge-
schlecht, unter dem ihr scheint als [b]Lich-
ter in der Welt, *a* Kap 1,10 *b* Mt 5,14; Eph 5,8.9
[16]dadurch daß ihr festhaltet am Wort des
Lebens, mir zum [a]Ruhm an dem Tage
Christi, so daß ich nicht vergeblich gelau-
fen bin noch vergeblich gearbeitet habe.
a 2.Kor 1,14; 1.Thess 2,19
[17]Und wenn ich auch [a]geopfert werde bei
dem Opfer und Gottesdienst eures Glau-
bens, so freue ich mich und freue mich
mit euch allen. *a* 2.Tim 4,6
[18]Darüber [a]sollt ihr euch auch freuen und
sollt euch mit mir freuen. *a* Kap 4,4

Sendung des Timotheus und Rückkehr des Epaphroditus

[19]Ich hoffe aber in dem Herrn Jesus, daß
ich Timotheus bald zu euch senden werde,
damit ich auch erquickt werde, wenn ich
erfahre, wie es um euch steht.
[20]Denn ich habe keinen, der [a]so ganz
meines Sinnes ist, der so herzlich für euch
sorgen wird. *a* 1.Kor 16,10
[21]Denn [a]sie suchen alle das Ihre, nicht
das, was Jesu Christi ist. *a* 2.Tim 4,10.16
[22]Ihr aber wißt, daß er sich bewährt hat;
denn wie ein Kind dem Vater hat er mit
mir dem Evangelium gedient.
[23]Ihn hoffe ich zu senden, sobald ich
erfahren habe, wie es um mich steht.
[24]Ich vertraue aber in dem Herrn darauf,
daß auch ich selbst bald kommen wer-
de.[a] *a* Kap 1,25
[25]¶Ich habe es aber für nötig angesehen,
den Bruder [a]Epaphroditus zu euch zu sen-
den, der mein Mitarbeiter und Mitstreiter
ist und euer Abgesandter und Helfer in
meiner Not; *a* Kap 4,18
[26]denn er hatte nach euch allen Verlan-
gen und war tief bekümmert, weil ihr
gehört hattet, daß er krank geworden
war.
[27]Und er war auch todkrank, aber Gott
hat sich über ihn erbarmt; nicht allein aber
über ihn, sondern auch über mich, damit
ich nicht eine Traurigkeit zu der anderen
hätte.
[28]Ich habe ihn nun um so eiliger gesandt,
damit ihr ihn seht und wieder fröhlich wer-
det und auch ich weniger Traurigkeit habe.
[29]So nehmt ihn nun auf in dem Herrn
mit aller Freude und haltet solche Men-
schen in Ehren.[a] *a* 1.Kor 16,16
[30]Denn um des Werkes Christi willen ist
er dem Tode so nahe gekommen, da er
sein Leben nicht geschont hat, um mir zu
dienen an eurer Statt.

Warnung vor Rückfall in die Gesetzesgerechtigkeit

3 Weiter, liebe Brüder: [a]Freut euch in
dem Herrn! Daß ich euch immer das-
selbe schreibe, verdrießt mich nicht und
macht euch um so gewisser. *a* Kap 2,18; 4,4
[2]¶Nehmt euch in acht vor den [a]Hunden,

nehmt euch in acht vor den böswilligen
Arbeitern, nehmt euch in acht vor der
[b]Zerschneidung!* *a* Offb 22,15 *b* Gal 5,12

* Siehe Sach- und Worterklärungen zu »Beschneidung«.

3 Denn **wir** sind die Beschneidung, die wir
[a]im Geist Gottes dienen und uns Christi
Jesu rühmen und uns nicht verlassen auf
Fleisch*, *a* Röm 2,29

* Siehe Sach- und Worterklärungen.

4 obwohl ich mich auch des Fleisches
rühmen könnte. Wenn ein anderer meint,
er könne sich auf Fleisch verlassen, so
könnte ich es viel mehr,[a] *a* 2.Kor 11,18.22
5 der ich am achten Tag beschnitten bin,
[a]aus dem Volk Israel, vom Stamm Ben-
jamin, ein Hebräer von Hebräern, nach
dem Gesetz ein [b]Pharisäer,
a 2.Tim 1,3 *b* Apg 26,5
6 nach dem Eifer ein [a]Verfolger der
Gemeinde, nach der Gerechtigkeit, die das
Gesetz fordert, untadelig gewesen.
a Apg 8,3
7 Aber **was mir Gewinn war, das habe ich
um Christi willen für Schaden erachtet.**[a]
a Mt 13,44-46
8 Ja, ich erachte es noch alles für Schaden
gegenüber der überschwenglichen Er-
kenntnis Christi Jesu, meines Herrn. Um
seinetwillen ist mir das alles ein Schaden
geworden, und ich erachte es für Dreck,
damit ich Christus gewinne
9 und in ihm gefunden werde, daß ich
nicht habe meine Gerechtigkeit, die aus
dem Gesetz kommt, sondern die durch
den Glauben an Christus kommt, nämlich
[a]die Gerechtigkeit, die von Gott dem
Glauben zugerechnet wird.* *a* Röm 3,22

* Wörtlich: »... die Gerechtigkeit von Gott aufgrund des Glaubens.«

10 Ihn möchte ich erkennen und die Kraft
seiner [a]Auferstehung und die [b]Gemein-
schaft seiner Leiden und so seinem Tode
gleichgestaltet werden,
a Röm 6,3-5 *b* Röm 8,17; Gal 6,17
11 damit ich gelange zur Auferstehung von
den Toten.

Das Ziel

12 Nicht, daß ich's schon ergriffen habe
oder schon vollkommen sei; [a]ich jage ihm
aber nach, ob ich's wohl ergreifen könnte,
weil ich [b]von Christus Jesus ergriffen
bin. *a* Kol 1,29; 1.Tim 6,12 *b* Apg 9,3-6
13 Meine Brüder, ich schätze mich selbst
noch nicht so ein, daß ich's ergriffen habe.
Eins aber sage ich: [a]**Ich vergesse, was
dahinten ist, und strecke mich aus nach
dem, was da vorne ist,** *a* Lk 9,62
14 **und [a]jage nach dem vorgesteckten Ziel,
dem Siegespreis der himmlischen Berufung
Gottes in Christus Jesus.** *a* 1.Kor 9,24
15 Wie viele nun von uns vollkommen
sind, die laßt uns so gesinnt sein. Und soll-
tet ihr in einem Stück anders denken, so
wird euch Gott auch das offenbaren.
16 Nur, was wir schon erreicht haben, darin
laßt uns auch leben.
17 ¶ Folgt mir, liebe Brüder, und seht auf
die, die so leben, wie ihr uns zum Vorbild
habt.[a] *a* 1.Kor 11,1
18 Denn viele leben so, daß ich euch oft
von ihnen gesagt habe, nun aber sage ich's
auch unter Tränen: [a]sie sind die Feinde
des Kreuzes Christi. *a* 1.Kor 1,23; Gal 6,12
19 Ihr Ende ist die Verdammnis, [a]ihr Gott
ist der Bauch, und ihre Ehre ist in ihrer
Schande; sie sind irdisch gesinnt.
a Röm 16,18
20 [a]Unser Bürgerrecht aber ist im Him-
mel; woher wir auch [b]erwarten den Hei-
land, den Herrn Jesus Christus,
a Eph 2,6; Kol 3,1; Hebr 12,22 *b* Tit 2,13
21 der [a]unsern nichtigen Leib verwandeln
wird, daß er gleich werde seinem verherr-
lichten Leibe nach der Kraft, mit der er
sich alle Dinge untertan machen kann.
a 1.Kor 15,49; 2.Kor 5,1; 1.Joh 3,2

Mahnung zur Einigkeit und zur Freude im Herrn

4 Also, meine lieben Brüder, nach denen
ich mich sehne, [a]meine Freude und
meine Krone, steht fest in dem Herrn, ihr
Lieben. *a* 2.Kor 1,14; 1.Thess 2,19.20
2 Evodia ermahne ich und Syntyche
ermahne ich, daß sie **eines** Sinnes seien in
dem Herrn.
3 Ja, ich bitte auch dich, mein treuer
Gefährte, steh ihnen bei; sie haben mit
mir für das Evangelium gekämpft, zusam-
men mit Klemens und meinen andern
Mitarbeitern, [a]deren Namen im Buch des
Lebens stehen. *a* Lk 10,20
4 ¶ **Freuet euch in dem Herrn allewege,
und abermals sage ich: Freuet euch!**[a]
a Kap 3,1; 2.Kor 13,11; 1.Thess 5,16
5 **Eure [a]Güte laßt kund sein allen Men-
schen! Der Herr ist nahe!** *a* Tit 3,2
6 [a]**Sorgt euch um nichts, sondern in allen**

**Dingen laßt eure Bitten in Gebet und Flehen
mit Danksagung vor Gott kundwerden!**
a Mt 6,25-34; 1.Petr 5,7
7 **Und der** [a]**Friede Gottes, der höher ist als
alle Vernunft, bewahre eure Herzen und
Sinne in Christus Jesus.** *a* Joh 14,27; Kol 3,15
8 ¶Weiter, liebe Brüder: Was wahrhaftig
ist, was ehrbar, was gerecht, was rein, was
liebenswert, was einen guten Ruf hat, sei
es eine Tugend, sei es ein Lob - darauf
seid bedacht!
9 Was ihr gelernt und empfangen und
gehört und gesehen habt an mir, das tut;
so wird der Gott des Friedens mit euch
sein.

Dank für die Gabe der Gemeinde

10 Ich bin aber hoch erfreut in dem Herrn,
daß ihr wieder eifrig geworden seid, für
mich zu sorgen; ihr wart zwar immer dar-
auf bedacht, aber die Zeit hat's nicht zuge-
lassen.
11 Ich sage das nicht, weil ich Mangel
leide; denn ich habe gelernt, mir [a]genü-
gen zu lassen, wie's mir auch geht.
a 1.Tim 6,6
12 Ich kann niedrig sein und kann hoch
sein; mir ist alles und jedes vertraut:
beides, satt sein und hungern, beides,
Überfluß haben und Mangel leiden;[a]
a 2.Kor 6,10
13 **ich vermag alles durch den, der mich
mächtig macht.**[a] *a* 2.Kor 12,10
14 Doch ihr habt wohl daran getan, daß ihr
euch meiner Bedrängnis angenommen
habt.
15 Denn ihr Philipper wißt, daß am Anfang
meiner Predigt des Evangeliums, als ich
auszog aus Mazedonien, [a]keine Gemeinde
mit mir Gemeinschaft gehabt hat im
Geben und Nehmen als ihr allein.
a 2.Kor 11,9
16 Denn auch nach Thessalonich habt ihr
etwas gesandt für meinen Bedarf, einmal
und danach noch einmal.
17 Nicht, daß ich das Geschenk suche,
sondern ich suche die Frucht, damit sie
euch reichlich angerechnet wird.
18 Ich habe aber alles erhalten und habe
Überfluß. Ich habe in Fülle, nachdem ich
durch [a]Epaphroditus empfangen habe,
was von euch gekommen ist: ein liebli-
cher Geruch, ein angenehmes Opfer, Gott
gefällig. *a* Kap 2,25
19 Mein Gott aber wird all eurem Mangel
abhelfen nach seinem Reichtum in Herr-
lichkeit in Christus Jesus.
20 Gott aber, unserm Vater, sei Ehre von
Ewigkeit zu Ewigkeit! Amen.

Grüße und Segenswunsch

21 Grüßt alle Heiligen in Christus Jesus.
Es grüßen euch die Brüder, die bei mir
sind.
22 Es grüßen euch alle Heiligen, beson-
ders aber [a]die aus dem Haus des Kaisers.
a Kap 1,13
23 Die Gnade des Herrn Jesus Christus
sei mit eurem Geist!

DER BRIEF DES PAULUS AN DIE KOLOSSER

Inhaltsübersicht

1 Paulus, ein Apostel Christi Jesu durch
den Willen Gottes, und Bruder Timo-
theus
2 an die Heiligen in Kolossä, die gläubi-
gen Brüder in Christus:
¶Gnade sei mit euch und Friede von
Gott, unserm Vater!

Dank und Fürbitte für die Gemeinde

3 Wir danken Gott, dem Vater unseres
Herrn Jesus Christus, allezeit, wenn wir
für euch beten,
4 da wir gehört haben von eurem Glau-
ben an Christus Jesus und von der Liebe,
die ihr zu allen Heiligen habt,
5 um der [a]Hoffnung willen, die für euch
bereit ist im Himmel. Von ihr habt ihr
schon zuvor gehört durch das Wort der
Wahrheit, das Evangelium, *a* 1.Petr 1,3.4
6 das zu euch gekommen ist, wie es auch
in aller Welt Frucht bringt und auch bei
euch wächst von dem Tag an, da ihr's
gehört und die Gnade Gottes erkannt habt
in der Wahrheit.
7 So habt ihr's gelernt von [a]Epaphras,
unserm lieben Mitknecht, der ein treuer
Diener Christi für euch ist,

a Kap 4,12; Phlm 23

8 der uns auch berichtet hat von eurer
Liebe im Geist.
9 ¶Darum [a]lassen wir auch von dem Tag
an, an dem wir's gehört haben, nicht ab,
für euch zu beten und zu bitten, daß ihr
erfüllt werdet mit der Erkenntnis seines
Willens in aller geistlichen Weisheit und
Einsicht, *a* Eph 1,15-17
10 daß ihr [a]des Herrn würdig lebt, ihm in
allen Stücken gefallt und Frucht bringt in
jedem guten Werk und wachst in der
Erkenntnis Gottes *a* Eph 4,1; Phil 1,27
11 und gestärkt werdet mit aller Kraft
durch seine herrliche Macht zu aller
Geduld und Langmut.
12 Mit Freuden sagt Dank dem Vater, der
euch tüchtig gemacht hat zu dem [a]Erbteil
der Heiligen im Licht. *a* Eph 1,11; 1.Petr 1,4
13 Er hat uns errettet von der [a]Macht der
Finsternis und hat uns versetzt in das
Reich seines lieben Sohnes, *a* Kap 2,15
14 in dem wir die Erlösung haben, näm-
lich die Vergebung der Sünden.[a] *a* Eph 1,7

Christus, der Erste in Schöpfung und Erlösung

15 Er ist das [a]Ebenbild des unsichtba-
ren Gottes, der [b]Erstgeborene vor aller
Schöpfung. *a* Hebr 1,3 *b* Offb 3,14
16 Denn **in ihm ist alles geschaffen, was im
Himmel und auf Erden ist, das Sichtbare
und das Unsichtbare,** es seien Throne oder
Herrschaften oder Mächte oder Gewalten;
es ist alles durch ihn und zu ihm geschaf-
fen.[a] *a* Joh 1,3.10; Hebr 1,2
17 Und er ist vor allem, und es besteht
alles in ihm.
18 Und er ist das [a]Haupt des Leibes, näm-
lich der Gemeinde. Er ist der Anfang, der
[b]Erstgeborene von den Toten, damit er
in allem der Erste sei.

a Eph 1,22 *b* Apg 26,23; 1.Kor 15,20; Offb 1,5

19 [a]Denn es hat Gott wohlgefallen, daß
in ihm alle [b]Fülle wohnen sollte

a (19 und 20) 2.Kor 5,19 *b* Kap 2,9; Joh 1,16; Eph 1,23

20 und er durch ihn [a]alles mit sich ver-
söhnte, es sei auf Erden oder im Himmel,
indem er Frieden machte durch sein Blut
am Kreuz. *a* 1.Joh 2,2
21 ¶Auch euch, die ihr einst [a]fremd und
[b]feindlich gesinnt wart in bösen Werken,

a Eph 2,12.13; 4,18 *b* Röm 5,10

22 hat er nun versöhnt durch den Tod
seines sterblichen Leibes, damit er euch
[a]heilig und untadelig und makellos vor
sein Angesicht stelle; *a* Eph 5,27
23 wenn ihr nur bleibt im Glauben,
gegründet und fest, und nicht weicht von
der Hoffnung des Evangeliums, das ihr
gehört habt und das gepredigt ist allen

Geschöpfen unter dem Himmel. Sein Die-
ner bin ich, Paulus, geworden.

Das Amt des Apostels unter den Heiden

24 Nun freue ich mich in den Leiden, die
ich [a]für euch leide, und erstatte an mei-
nem Fleisch, was an den Leiden Christi
noch fehlt, für seinen Leib, das ist die
Gemeinde. *a* Eph 3,13; 2.Tim 2,10
25 Ihr Diener bin ich geworden durch das
Amt, das Gott mir gegeben hat, daß ich
euch sein Wort reichlich predigen soll,
26 nämlich das [a]Geheimnis, das verbor-
gen war seit ewigen Zeiten und Geschlech-
tern, nun aber ist es offenbart seinen Hei-
ligen, *a* Röm 16,25; Eph 3,3-6
27 denen Gott kundtun wollte, was der
herrliche Reichtum dieses Geheimnisses
unter den Heiden ist, nämlich Christus in
euch, die [a]Hoffnung der Herrlichkeit.
a 1.Tim 1,1
28 Den verkündigen wir und ermahnen
alle Menschen und lehren alle Menschen
in aller Weisheit, damit wir einen jeden
Menschen in Christus vollkommen ma-
chen.
29 Dafür mühe ich mich auch ab und ringe
in der Kraft dessen, der in mir kräftig
wirkt.

Warnung vor den Irrlehrern

2 Ich will euch nämlich wissen lassen,
welchen Kampf ich um euch führe und
um die in Laodizea und um alle, die mich
nicht von Angesicht gesehen haben,
2 damit ihre Herzen gestärkt und zusam-
mengefügt werden in der Liebe und zu
allem Reichtum an Gewißheit und Ver-
ständnis, zu erkennen das Geheimnis
Gottes, das Christus ist,
3 **in welchem verborgen liegen alle Schätze
der [a]Weisheit und der Erkenntnis.**
a 1.Kor 1,24.30
4 ¶Ich sage das, damit euch niemand [a]be-
trüge mit verführerischen Reden.
a Röm 16,18
5 Denn obwohl ich leiblich abwesend bin,
so bin ich doch im Geist bei euch und
freue mich, wenn ich [a]eure Ordnung und
euren festen Glauben an Christus sehe.
a 1.Kor 14,40
6 Wie ihr nun den Herrn Christus Jesus
angenommen habt, so lebt auch in ihm
7 und seid in ihm [a]verwurzelt und gegrün-
det und fest im Glauben, wie ihr gelehrt
worden seid, und seid reichlich dankbar.
a Eph 3,17
8 ¶Seht zu, daß euch niemand einfange
durch Philosophie und leeren Trug, ge-
gründet auf die Lehre von Menschen und
auf die Mächte der Welt und nicht auf
Christus.
9 Denn **in ihm wohnt die ganze Fülle der
Gottheit leibhaftig,**[a] *a* Joh 1,14.16
10 und an dieser Fülle habt ihr teil in ihm,
der das [a]Haupt aller Mächte und Gewal-
ten ist. *a* Eph 1,21
11 In ihm seid ihr auch beschnitten wor-
den mit einer Beschneidung, die nicht mit
Händen geschieht, als ihr nämlich euer
fleischliches Wesen ablegtet in der [a]Be-
schneidung durch Christus.
a Röm 2,29; 6,5; 1.Petr 3,21
12 Mit ihm seid ihr [a]begraben worden
durch die Taufe; mit ihm seid ihr auch
[b]auferstanden durch den Glauben aus der
Kraft Gottes, der ihn auferweckt hat von
den Toten. *a* Röm 6,4 *b* Kap 3,1
13 Und er hat euch mit ihm lebendig
gemacht, die ihr [a]tot wart in den Sünden
und in der Unbeschnittenheit eures Flei-
sches, und hat uns vergeben alle Sün-
den. *a* Eph 2,1.5
14 **Er hat den Schuldbrief getilgt, der [a]mit
seinen Forderungen gegen uns war,** und hat
ihn weggetan und an das Kreuz geheftet.
a Eph 2,15
15 Er hat die Mächte und Gewalten ihrer
Macht entkleidet und sie öffentlich zur
Schau gestellt und hat einen Triumph aus
ihnen gemacht in Christus.[a]
a Kap 1,13; Eph 4,8
16 ¶[a]So laßt euch nun von niemandem
ein schlechtes Gewissen machen wegen
Speise und Trank oder wegen eines
bestimmten Feiertages, Neumondes oder
Sabbats. *a (16-19)* Röm 14,1-12
17 Das alles ist nur ein [a]Schatten des
Zukünftigen; leibhaftig aber ist es in Chri-
stus. *a* Hebr 8,5; 10,1
18 Laßt euch den Siegespreis von nieman-
dem nehmen, der sich gefällt in falscher
Demut und Verehrung der Engel und sich
dessen rühmt, was er geschaut hat, und ist
ohne Grund aufgeblasen in seinem fleisch-
lichen Sinn
19 und hält sich nicht an das Haupt, von
dem her der ganze Leib durch Gelenke
und Bänder gestützt und zusammengehal-

ten wird und wächst durch Gottes Wir-
ken.[a] *a* Eph 4,15.16
20 ¶ Wenn ihr nun mit Christus den Mäch-
ten der Welt gestorben seid, [a] was laßt ihr
euch dann Satzungen auferlegen, als leb-
tet ihr noch in der Welt: *a* Gal 4,9.10
21 Du sollst das nicht anfassen, du sollst
das nicht kosten, du sollst das nicht anrüh-
ren?
22 Das alles soll doch verbraucht und ver-
zehrt werden. Es sind [a] Gebote und Leh-
ren von Menschen, *a* Mt 15,9
23 die zwar einen Schein von Weisheit
haben durch [a] selbsterwählte Frömmigkeit
und Demut und dadurch, daß sie [b] den
Leib nicht schonen; sie sind aber nichts
wert und befriedigen nur das Fleisch.
a 1.Tim 4,3 *b* Röm 13,14

Der alte und der neue Mensch

3 Seid ihr nun [a] mit Christus auferstan-
den, so sucht, was droben ist, wo Chri-
stus ist, sitzend zur Rechten Gottes.
a Kap 2,12
2 **[a] Trachtet nach dem, was droben ist, nicht
nach dem, was auf Erden ist.** *a* Mt 6,33
3 **Denn [a] ihr seid gestorben, und euer Leben
ist verborgen mit Christus in Gott.** *a* Röm 6,2
4 **Wenn aber Christus, euer Leben, sich
offenbaren wird, dann werdet ihr auch offen-
bar werden mit ihm [a] in Herrlichkeit.**
a 1.Kor 15,43
5 ¶ So tötet nun die Glieder, die auf Erden
sind, Unzucht, Unreinheit, schändliche
Leidenschaft, böse Begierde und die Hab-
sucht, die Götzendienst ist.[a] *a* Eph 5,3
6 Um solcher Dinge willen kommt der
Zorn Gottes über die Kinder des Unge-
horsams.[a] *a* Eph 5,6
7 In dem allen seid auch ihr einst gewan-
delt, als ihr noch darin lebtet.
8 Nun aber legt alles ab von euch: Zorn,
Grimm, Bosheit, Lästerung, schandbare
Worte aus eurem Munde;[a] *a* Eph 4,29.31
9 belügt einander nicht; denn ihr habt
[a] den alten Menschen mit seinen Werken
ausgezogen *a* Eph 4,22-25
10 und [a] den neuen angezogen, der erneu-
ert wird zur Erkenntnis nach dem [b] Eben-
bild dessen, der ihn geschaffen hat.
a Eph 4,24 *b* 1.Mose 1,26.27
11 Da ist nicht mehr Grieche oder Jude,
Beschnittener oder Unbeschnittener,
Nichtgrieche, Skythe, Sklave, Freier, son-
dern alles und in allen Christus.[a] *a* Gal 3,28
12 ¶ So zieht nun an als die Auserwählten
Gottes, als die Heiligen und Geliebten,
herzliches Erbarmen, Freundlichkeit, De-
mut, Sanftmut, Geduld;
13 [a] und ertrage einer den andern und [b] ver-
gebt euch untereinander, wenn jemand
Klage hat gegen den andern; wie der Herr
euch vergeben hat, so vergebt auch ihr!
a Eph 4,2 *b* Mt 6,14; Eph 4,32
14 Über alles aber zieht an die Liebe, die
da ist das Band der Vollkommenheit.[a]
a Röm 13,8.10
15 [a] Und der Friede Christi, zu dem ihr
auch berufen seid [b] in **einem** Leibe, regiere
in euren Herzen; und seid dankbar.
a Phil 4,7 *b* 1.Kor 12,13.27; Eph 4,3.4
16 **Laßt das Wort Christi reichlich unter
euch wohnen: lehrt und ermahnt einander
in aller Weisheit; [a] mit Psalmen, Lobgesän-
gen und geistlichen Liedern singt Gott dank-
bar in euren Herzen.** *a* Eph 5,19
17 **Und [a] alles, was ihr tut mit Worten oder
mit Werken, das tut alles im Namen des
Herrn Jesus und dankt Gott, dem Vater,
durch ihn.** *a* 1.Kor 10,31

Die christliche Haustafel

(Eph 5,22–6,9; 1.Petr 2,18–3,7)

18 Ihr Frauen, ordnet euch euren Männern
unter, wie sich's gebührt in dem Herrn.
19 Ihr Männer, liebt eure Frauen und seid
nicht bitter gegen sie.[a] *a* 1.Petr 3,7
20 Ihr Kinder, seid gehorsam den Eltern
in allen Dingen; denn das ist wohlgefällig
in dem Herrn.
21 Ihr Väter, erbittert eure Kinder nicht,
damit sie nicht scheu werden.
22 ¶ Ihr Sklaven, seid gehorsam in allen
Dingen euren irdischen Herren, nicht mit
Dienst vor Augen, um den Menschen zu
gefallen, sondern in Einfalt des Herzens
und in der Furcht des Herrn.
23 **Alles, was ihr tut, das tut von Herzen als
dem Herrn und nicht den Menschen,**
24 denn ihr wißt, daß ihr von dem Herrn
als Lohn das Erbe empfangen werdet. Ihr
dient dem Herrn Christus!
25 Denn wer unrecht tut, der wird emp-
fangen, was er unrecht getan hat; und
[a] es gilt kein Ansehen der Person.
a Röm 2,11
4 Ihr Herren, was recht und billig ist, das
gewährt den Sklaven, und bedenkt, daß
auch ihr einen Herrn im Himmel habt.[a]
a 3.Mose 25,43.53

Ermahnung zum Gebet und zum rechten Wort

2 [a]Seid beharrlich im Gebet und wacht in
ihm mit Danksagung! a Röm 12,12; 1.Thess 5,17
3 [a]Betet zugleich auch für uns, daß Gott
uns eine [b]Tür für das Wort auftue und wir
das [c]Geheimnis Christi sagen können, um
dessentwillen ich auch in Fesseln bin,

a Röm 15,30; Eph 6,19; 2.Thess 3,1
b 1.Kor 16,9 c Kap 1,26.27

4 damit ich es offenbar mache, wie ich es
sagen muß.
5 ¶ Verhaltet euch weise gegenüber
denen, die draußen sind, und kauft die
Zeit aus.[a] a Eph 5,15.16; 1.Thess 4,12
6 Eure Rede sei allezeit freundlich und
[a]mit Salz gewürzt, daß ihr wißt, wie ihr
einem jeden antworten sollt.[b]

a Mk 9,50 b Eph 4,29

Grüße und Segenswünsche

7 Wie es um mich steht, wird euch alles
Tychikus berichten, der liebe Bruder und
treue Diener und Mitknecht in dem Herrn,
8 den ich darum zu euch sende, daß ihr
erfahrt, wie es uns ergeht, und damit er
eure Herzen tröste.[a] a Eph 6,21.22
9 Mit ihm sende ich [a]Onesimus, den
treuen und lieben Bruder, der einer der
Euren ist. Alles, wie es hier steht, werden
sie euch berichten. a Phlm 10
10 ¶ Es grüßt euch [a]Aristarch, mein Mit-
gefangener, und [b]Markus, der Vetter des
Barnabas – seinetwegen habt ihr schon
Weisungen empfangen; wenn er zu euch
kommt, nehmt ihn auf! –,

a Apg 19,29; 27,2 b Apg 12,12.25

11 und Jesus mit dem Beinamen Justus.
Von den Juden sind diese allein meine
Mitarbeiter am Reich Gottes, und sie sind
mir ein Trost geworden.
12 Es grüßt euch [a]Epaphras, der einer von
den Euren ist, ein Knecht Christi Jesu, der
allezeit in seinen Gebeten für euch ringt,
damit ihr feststeht, vollkommen und
erfüllt mit allem, was Gottes Wille ist.

a Kap 1,7; Phlm 23

13 Ich bezeuge ihm, daß er viel Mühe hat
um euch und um die in [a]Laodizea und in
Hierapolis. a Offb 1,11; 3,14
14 Es grüßt euch Lukas, der Arzt, der
Geliebte, und Demas.[a]

a 2.Tim 4,10.11; Phlm 24

15 ¶ Grüßt die Brüder in Laodizea und die
Nympha und die Gemeinde in ihrem
Hause.
16 Und wenn der Brief bei euch gelesen
ist, so sorgt dafür, daß er auch in der
Gemeinde von Laodizea gelesen wird und
daß ihr auch den von Laodizea lest.
17 Und sagt dem [a]Archippus: Sieh auf
das Amt, das du empfangen hast in dem
Herrn, daß du es ausfüllst! a Phlm 2
18 ¶ [a]Mein Gruß mit meiner, des Paulus,
Hand. Gedenkt meiner Fesseln! Die
Gnade sei mit euch!

a 1.Kor 16,21; Gal 6,11; 2.Thess 3,17

DER ERSTE BRIEF DES PAULUS AN DIE THESSALONICHER

Inhaltsübersicht

1 [a]Paulus und Silvanus und Timotheus
an die Gemeinde in Thessalonich in
Gott, dem Vater, und dem Herrn Jesus
Christus:
¶Gnade sei mit euch und Friede!
a Apg 15,40; 16,1-3.19; 17,1-9; 2.Thess 1,1

Der vorbildliche Glaube der Gemeinde

2 Wir danken Gott allezeit für euch alle
und gedenken euer in unserm Gebet
3 und denken ohne Unterlaß vor Gott,
unserm Vater, an euer Werk im Glauben
und an eure Arbeit in der Liebe und an
eure Geduld in der Hoffnung auf unsern
Herrn Jesus Christus.[a] *a* 1.Kor 13,13
4 Liebe Brüder, von Gott geliebt, wir wissen, daß ihr erwählt seid;
5 denn unsere Predigt des Evangeliums
kam zu euch nicht allein im Wort, sondern auch in der [a]Kraft und in dem heiligen Geist und in großer Gewißheit. Ihr
wißt ja, wie wir uns unter euch verhalten
haben um euretwillen. *a* 1.Kor 2,5
6 Und ihr seid [a]unserm Beispiel gefolgt
und dem des Herrn und habt das Wort
aufgenommen in großer Bedrängnis mit
Freuden im heiligen Geist, *a* 2.Thess 3,7
7 so daß ihr ein Vorbild geworden seid für
alle Gläubigen in Mazedonien und Achaja.
8 Denn von euch aus ist das Wort des
Herrn erschollen nicht allein in Mazedonien und Achaja, sondern [a]an allen Orten
ist euer Glaube an Gott bekanntgeworden, so daß wir es nicht nötig haben, etwas
darüber zu sagen. *a* Röm 1,8
9 Denn sie selbst berichten von uns, welchen Eingang wir bei euch gefunden
haben und [a]wie ihr euch bekehrt habt zu
Gott von den Abgöttern, zu dienen dem
lebendigen und wahren Gott
a Apg 14,15; 1.Kor 12,2
10 und [a]zu warten auf seinen Sohn vom
Himmel, den er auferweckt hat von den
Toten, Jesus, der uns von dem zukünftigen Zorn errettet. *a* Tit 2,13

Das Wirken des Apostels bei der Gründung der Gemeinde

2 Denn ihr wißt selbst, liebe Brüder, wie
wir Eingang gefunden haben bei euch:
Es war nicht vergeblich;
2 denn obgleich wir zuvor [a]in Philippi
gelitten hatten und mißhandelt worden
waren, wie ihr wißt, fanden wir dennoch
in unserm Gott den Mut, [b]bei euch das
Evangelium Gottes zu sagen unter viel
Kampf. *a* Apg 16,20-24 *b* Apg 17,1-5
3 [a]Denn unsre Ermahnung kam nicht aus
betrügerischem oder unlauterem Sinn,
noch geschah sie mit List,
a (3-7) 2.Kor 4,2; 11,7; Joh 5,44
4 sondern weil Gott uns für wert geachtet
hat, uns das Evangelium anzuvertrauen,
darum reden wir, [a]nicht, als wollten wir
den Menschen gefallen, sondern Gott, der
unsere Herzen prüft. *a* Gal 1,10
5 Denn wir sind nie mit Schmeichelworten umgegangen, wie ihr wißt, noch mit
[a]versteckter Habsucht – Gott ist Zeuge –; *a* Mk 12,40; Apg 20,33
6 wir haben auch nicht Ehre gesucht bei
den Leuten, weder bei euch noch bei
andern
7 – obwohl wir unser Gewicht als Christi
Apostel hätten einsetzen können –, sondern wir sind unter euch mütterlich gewesen: Wie eine Mutter ihre Kinder pflegt,
8 so hatten wir Herzenslust an euch und
waren bereit, euch nicht allein am Evangelium Gottes teilzugeben, sondern auch an
unserm Leben; denn [a]wir hatten euch
liebgewonnen. *a* 2.Kor 12,15
9 Ihr erinnert euch doch, liebe Brüder, an
unsre Arbeit und unsre Mühe; Tag und
Nacht [a]arbeiteten wir, um niemand unter
euch zur Last zu fallen, und predigten
unter euch das Evangelium Gottes.
a Apg 18,3; 20,33.34; 1.Kor 4,12; 2.Thess 3,8

10 Ihr und Gott seid Zeugen, wie heilig
und gerecht und untadelig wir bei euch,
den Gläubigen, gewesen sind.
11 Denn ihr wißt, daß wir, wie ein Vater
seine Kinder, einen jeden von euch
12 ermahnt und getröstet und beschworen
haben, [a] euer Leben würdig des Gottes zu
führen, der euch berufen hat zu seinem
Reich und zu seiner Herrlichkeit.
a Eph 4,1.2; Phil 1,27

Die Aufnahme des Evangeliums in der Gemeinde

13 Und darum danken wir auch Gott ohne
Unterlaß dafür, daß ihr das Wort der gött-
lichen Predigt, das ihr von uns empfangen
habt, [a] nicht als Menschenwort aufgenom-
men habt, sondern als das, was es in Wahr-
heit ist, als Gottes Wort, das in euch wirkt,
die ihr glaubt. *a* Gal 1,11.12
14 Denn, liebe Brüder, ihr seid den
Gemeinden Gottes in Judäa nachgefolgt,
die in Christus Jesus sind; denn [a] ihr habt
dasselbe erlitten von euren Landsleuten,
was jene von den Juden erlitten haben.
a Apg 8,1; 17,5.6
15 Die haben [a] den Herrn Jesus getötet
und [b] die Propheten und haben uns ver-
folgt und gefallen Gott nicht und sind
allen Menschen feind,
a Apg 2,23 *b* Mt 23,37; Apg 7,52
16 indem sie, um [a] das Maß ihrer Sünden
allewege vollzumachen, uns wehren, den
Heiden zu predigen zu ihrem Heil. Aber
der Zorn Gottes ist schon in vollem Maß
über sie gekommen. *a* Mt 23,32.33
17 ¶ Wir aber, liebe Brüder, nachdem wir
eine Weile von euch geschieden waren –
von Angesicht, nicht im Herzen –, haben
wir uns um so mehr bemüht, euch von
Angesicht zu sehen, mit großem Verlan-
gen.
18 Darum wollten wir zu euch kommen,
ich, Paulus, einmal und noch einmal, doch
der Satan hat uns gehindert.
19 Denn wer ist unsre Hoffnung oder
Freude oder unser [a] Ruhmeskranz – seid
nicht auch ihr es vor unserm Herrn Jesus,
wenn er kommt? *a* Phil 2,16; 4,1
20 Ihr seid ja unsre Ehre und Freude.

Die Sendung des Timotheus

3 Darum ertrugen wir's nicht länger und
beschlossen, [a] in Athen allein zurück-
zubleiben, *a* Apg 17,14-16
2 und [a] sandten Timotheus, unsern Bru-
der und Gottes Mitarbeiter am Evange-
lium Christi, euch zu stärken und zu
ermahnen in eurem Glauben, *a* Apg 16,1-3
3 damit [a] nicht jemand wankend würde in
diesen Bedrängnissen. Denn ihr wißt
selbst, daß uns das [b] bestimmt ist.
a Apg 14,22; Eph 3,13; Hebr 10,39 *b* 2.Tim 3,12
4 Denn schon als wir bei euch waren, sag-
ten wir's euch voraus, daß Bedrängnisse
über uns kommen würden, wie es auch
geschehen ist und wie ihr wißt.
5 Darum habe ich's auch nicht länger
ertragen und habe ihn gesandt, um zu
erfahren, wie es mit eurem Glauben steht,
ob der Versucher euch etwa versucht hätte
und [a] unsre Arbeit vergeblich würde.
a Phil 2,16
6 ¶ Nun aber ist [a] Timotheus von euch
wieder zu uns gekommen und hat uns
Gutes berichtet von eurem Glauben und
eurer Liebe und daß ihr uns allezeit in
gutem Andenken habt und euch danach
sehnt, uns zu sehen, wie auch wir uns nach
euch sehnen. *a* Apg 18,5
7 Dadurch sind wir, liebe Brüder, euret-
wegen getröstet worden in aller unsrer Not
und Bedrängnis durch euren Glauben;
8 denn nun sind wir wieder lebendig,
wenn ihr fest steht in dem Herrn.
9 Denn wie können wir euretwegen Gott
genug danken für all die Freude, die wir
an euch haben vor unserm Gott?
10 Wir bitten Tag und Nacht inständig,
daß wir euch von Angesicht sehen, um zu
ergänzen, was an eurem Glauben noch
fehlt.
11 Er selbst aber, Gott, unser Vater, und
unser Herr Jesus lenke unsern Weg zu
euch hin.
12 Euch aber lasse der Herr wachsen und
immer reicher werden in der Liebe unter-
einander und zu jedermann, wie auch wir
sie zu euch haben,
13 damit eure Herzen gestärkt werden und
[a] untadelig seien in Heiligkeit vor Gott,
unserm Vater, wenn unser Herr Jesus
kommt mit allen seinen Heiligen. Amen.
a 1.Kor 1,8; Phil 1,10

Ermahnung zur Heiligung

4 Weiter, liebe Brüder, bitten und er-
mahnen wir euch in dem Herrn Jesus
– da ihr von uns empfangen habt, wie ihr
leben sollt, um Gott zu gefallen, was ihr ja

auch tut –, daß ihr darin immer vollkom-
mener werdet.
2 Denn ihr wißt, welche Gebote wir euch
gegeben haben durch den Herrn Jesus.
3 Denn **das ist der Wille Gottes, eure Heili-
gung,** daß ihr meidet die Unzucht
4 und ein jeder von euch seine eigene
Frau zu gewinnen suche in Heiligkeit und
Ehrerbietung,
5 nicht in gieriger Lust wie die Heiden,
die von Gott nichts wissen.
6 Niemand gehe zu weit und [a]übervor-
teile seinen Bruder im Handel; denn der
Herr ist ein Richter über das alles, wie wir
euch schon früher gesagt und bezeugt
haben. *a* 3.Mose 19,11
7 Denn Gott hat uns nicht berufen zur
Unreinheit, sondern zur Heiligung.
8 Wer das nun verachtet, der [a]verach-
tet nicht Menschen, sondern Gott, der
seinen heiligen Geist in euch gibt.
a Lk 10,16
9 ¶ Von der [a]brüderlichen Liebe aber ist
es nicht nötig, euch zu schreiben; denn
[b]ihr selbst seid von Gott gelehrt, euch
untereinander zu lieben.
a Joh 13,34 *b* 3.Mose 19,18
10 Und das tut ihr auch an allen Brüdern,
die in ganz Mazedonien sind. Wir ermah-
nen euch aber, liebe Brüder, daß ihr darin
noch vollkommener werdet,
11 und setzt eure Ehre darein, daß ihr ein
stilles Leben führt und [a]das Eure schafft
und mit euren eigenen Händen arbeitet,
wie wir euch geboten haben,
a Kap 2,9; Eph 4,28; 2.Thess 3,8.12
12 damit ihr ehrbar lebt vor denen, [a]die
draußen sind, und auf niemanden ange-
wiesen seid. *a* Kol 4,5

Von der Auferstehung der Toten

13 Wir wollen euch aber, liebe Brüder,
nicht im Ungewissen lassen über die, die
[a]entschlafen sind, damit ihr nicht traurig
seid wie die andern, die [b]keine Hoffnung
haben. *a* 1.Kor 15,20 *b* Eph 2,12
14 Denn wenn wir glauben, daß Jesus
gestorben und auferstanden ist, so wird
Gott auch die, die entschlafen sind, durch
Jesus mit ihm einherführen.[a]
a Röm 14,9; 1.Kor 15,3.4.12
15 ¶ [a]Denn das sagen wir euch mit einem
Wort des Herrn, daß wir, die wir leben
und übrigbleiben bis zur Ankunft des
Herrn, denen nicht zuvorkommen werden,
die entschlafen sind.
a (15-17) Mt 16,28; 24,30.31; 1.Kor 15,51.52; Joh 17,24
16 Denn er selbst, der Herr, wird, wenn
der Befehl ertönt, wenn die Stimme des
Erzengels und die Posaune Gottes erschal-
len, herabkommen vom Himmel, und
zuerst werden die Toten, die in Christus
gestorben sind, auferstehen.
17 Danach werden wir, die wir leben und
übrigbleiben, zugleich mit ihnen entrückt
werden auf den Wolken in die Luft, dem
Herrn entgegen; und [a]so werden wir bei
dem Herrn sein allezeit. *a* Joh 12,26
18 So tröstet euch mit diesen Worten
untereinander.

Leben im Licht des kommenden Tages

5 Von den [a]Zeiten und Stunden aber,
liebe Brüder, ist es nicht nötig, euch zu
schreiben; *a* Mt 24,36
2 denn ihr selbst wißt genau, daß der Tag
des Herrn kommen wird [a]wie ein Dieb
in der Nacht.
a Mt 24,42-44; 2.Petr 3,10; Offb 3,3; 16,15
3 Wenn sie sagen werden: [a]Es ist Friede,
es hat keine Gefahr –, dann [b]wird sie das
Verderben schnell überfallen wie die
Wehen eine schwangere Frau, und sie wer-
den nicht entfliehen. *a* Jer 6,14 *b* Mt 24,39
4 Ihr aber, liebe Brüder, seid nicht in der
Finsternis, daß der Tag wie ein Dieb über
euch komme.
5 Denn ihr alle seid [a]Kinder des Lichtes
und Kinder des Tages. Wir sind nicht von
der Nacht noch von der Finsternis.
a Röm 13,12; Eph 5,8
6 So laßt uns nun nicht schlafen wie die
andern, sondern [a]laßt uns wachen und
nüchtern sein. *a* 1.Petr 5,8
7 Denn die schlafen, die schlafen des
Nachts, und die betrunken sind, die sind
des Nachts betrunken.
8 Wir aber, die wir Kinder des Tages sind,
wollen nüchtern sein, angetan mit dem
Panzer des Glaubens und der Liebe und
mit dem Helm der Hoffnung auf das
Heil.[a] *a* Eph 6,14-17
9 Denn Gott hat uns nicht bestimmt zum
Zorn, sondern dazu, das Heil zu erlangen
durch unsern Herrn Jesus Christus,
10 der für uns gestorben ist, damit, [a]ob
wir wachen oder schlafen, wir zugleich mit
ihm leben. *a* Röm 14,8.9

11 Darum [a]ermahnt euch untereinander,
und einer erbaue den andern, wie ihr auch
tut. *a* Hebr 3,13

Ermahnungen und Grüße

12 Wir bitten euch aber, liebe Brüder, [a]er-
kennt an, die an euch arbeiten und euch
vorstehen in dem Herrn und euch ermah-
nen; *a* 1.Kor 16,18
13 habt sie um so lieber um ihres Werkes
willen. Haltet Frieden untereinander.
14 Wir ermahnen euch aber, liebe Brüder:
[a]Weist die Unordentlichen zurecht, tröstet
die Kleinmütigen, tragt die Schwachen,
seid geduldig gegen jedermann.
a 2.Thess 3,15
15 Seht zu, daß keiner dem andern [a]Böses
mit Bösem vergelte, sondern jagt allezeit
dem Guten nach untereinander und gegen
jedermann. *a* Spr 20,22; Röm 12,17.21; 1.Petr 3,9
16 ¶**Seid allezeit fröhlich,**[a] *a* Phil 4,4
17 **betet ohne Unterlaß,**[a]
a Lk 18,1-8; Röm 12,12; Eph 6,18; Kol 4,2
18 **seid [a]dankbar in allen Dingen;** denn das
ist der Wille Gottes in Christus Jesus an
euch. *a* Eph 5,20
19 [a]Den Geist dämpft nicht.
a (19 und 20) 1.Kor 14,1.39
20 Prophetische Rede verachtet nicht.
21 [a]**Prüft aber alles, und das Gute behal-
tet.** *a* 1.Kor 14,29
22 Meidet das Böse in jeder Gestalt.
23 ¶**Er aber, der Gott des Friedens, heilige
euch durch und durch und bewahre euren
Geist samt Seele und Leib unversehrt, un-
tadelig für die Ankunft unseres Herrn Jesus
Christus.**
24 [a]Treu ist er, der euch ruft; er wird's
auch tun. *a* 1.Kor 1,9; 2.Thess 3,3
25 ¶Liebe Brüder, betet auch für uns.
26 Grüßt alle Brüder mit dem heiligen
Kuß.
27 Ich beschwöre euch bei dem Herrn,
daß ihr diesen Brief lesen laßt vor allen
Brüdern.
28 Die Gnade unseres Herrn Jesus Chri-
stus sei mit euch!

DER ZWEITE BRIEF DES PAULUS AN DIE THESSALONICHER

Inhaltsübersicht

1 Paulus und Silvanus und Timotheus an
die Gemeinde in Thessalonich in Gott,
unserm Vater, und dem Herrn Jesus Chri-
stus:[a] *a* 1.Thess 1,1
2 ¶Gnade sei mit euch und Friede von
Gott, unserm Vater, und dem Herrn Jesus
Christus!

Die Bedrängnis der Gemeinde und das gerechte Gericht Gottes

3 Wir müssen Gott allezeit für euch dan-
ken, liebe Brüder, wie sich's gebührt.
Denn euer Glaube wächst sehr, und eure
gegenseitige Liebe nimmt zu bei euch
allen.[a] *a* 1.Thess 1,2.3
4 Darum [a]rühmen wir uns euer unter den
Gemeinden Gottes wegen eurer Geduld
und eures Glaubens in allen Verfolgungen
und Bedrängnissen, die ihr erduldet,
a 2.Kor 1,4
5 ein Anzeichen dafür, daß Gott recht
richten wird und ihr gewürdigt werdet des
Reiches Gottes, für das ihr auch leidet.[a]
a Phil 1,28
6 Denn [a]es ist gerecht bei Gott, mit
Bedrängnis zu vergelten denen, die euch
bedrängen, *a* Röm 12,19; Offb 18,6.7
7 [a]euch aber, die ihr Bedrängnis leidet,
Ruhe zu geben mit uns, wenn der Herr
Jesus sich offenbaren wird vom Himmel
her mit den Engeln seiner Macht
a (7-10) Mt 16,27; 25,31-46; 1.Thess 4,16
8 in Feuerflammen, Vergeltung zu üben
an denen, die Gott nicht kennen und die
[a]nicht gehorsam sind dem Evangelium
unseres Herrn Jesus. *a* Röm 2,8
9 Die werden Strafe erleiden, das ewige
Verderben, vom Angesicht des Herrn her
und von seiner herrlichen Macht,

10 wenn er kommen wird, daß er verherr-
licht werde bei seinen Heiligen und wun-
derbar erscheine bei allen Gläubigen, an
jenem Tage; denn was wir euch bezeugt
haben, das habt ihr geglaubt.
11 ¶ Deshalb beten wir auch allezeit für
euch, daß unser Gott euch würdig mache
der Berufung und vollende alles Wohlge-
fallen am Guten und das Werk des Glau-
bens in Kraft,
12 damit in euch verherrlicht werde der
Name unseres Herrn Jesus und ihr in ihm,
nach der Gnade unseres Gottes und des
Herrn Jesus Christus.

Das Auftreten des Widersachers vor dem Kommen Christi

2 Was nun [a] das Kommen unseres Herrn
Jesus Christus angeht und unsre Verei-
nigung mit ihm, so bitten wir euch, liebe
Brüder, *a* 1.Thess 4,13-17
2 daß ihr euch in eurem Sinn nicht so
schnell wankend machen noch erschrek-
ken laßt – weder durch eine Weissagung
noch durch ein Wort oder [a] einen Brief,
die von uns sein sollen –, als sei der Tag
des Herrn schon da. *a* 2.Petr 3,15.16
3 Laßt euch [a] von niemandem verführen,
in keinerlei Weise; denn zuvor muß der
Abfall kommen und der [b] Mensch der Bos-
heit offenbart werden, der Sohn des Ver-
derbens. *a* 1.Tim 4,1 *b* 1.Joh 2,18
4 Er ist der Widersacher, der [a] sich erhebt
über alles, was Gott oder Gottesdienst
heißt, so daß er [b] sich in den Tempel
Gottes setzt und vorgibt, er sei Gott.
a Dan 11,36 *b* Mt 24,15
5 Erinnert ihr euch nicht daran, daß ich
euch dies sagte, als ich noch bei euch war?
6 Und ihr wißt, was ihn noch aufhält, bis
er offenbart wird zu seiner Zeit.
7 Denn es regt sich schon das Geheimnis
der Bosheit; nur muß der, der es jetzt noch
aufhält, weggetan werden,
8 und dann wird der Böse offenbart wer-
den. Ihn wird der Herr Jesus [a] umbringen
mit dem Hauch seines Mundes und wird
ihm ein Ende machen durch seine Er-
scheinung, wenn er kommt.
a Jes 11,4; Offb 19,15.20
9 Der Böse aber wird in der Macht des
Satans auftreten mit großer Kraft und
lügenhaften Zeichen und Wundern [a]
a Mt 24,24; Offb 13,11-14
10 und mit jeglicher Verführung zur Unge-
rechtigkeit bei denen, die verloren werden,
weil sie die Liebe zur Wahrheit nicht ange-
nommen haben, daß sie gerettet würden.
11 Darum sendet ihnen Gott die Macht der
Verführung, so daß sie der Lüge glau-
ben, [a] *a* 2.Tim 4,4
12 damit gerichtet werden alle, die der
Wahrheit nicht glaubten, sondern Lust hat-
ten an der Ungerechtigkeit.

Mahnung zum Festhalten an der Lehre

13 [a] Wir aber müssen Gott allezeit für euch
danken, vom Herrn geliebte Brüder, daß
Gott euch als erste zur Seligkeit erwählt
hat, in der Heiligung durch den Geist und
im Glauben an die Wahrheit,
a (13 und 14) Röm 8,30
14 wozu er euch auch berufen hat durch
unser Evangelium, damit ihr die Herrlich-
keit unseres Herrn Jesus Christus erlangt.
15 So steht nun fest, liebe Brüder, und
[a] haltet euch an die Lehre, in der ihr durch
uns unterwiesen worden seid, es sei durch
Wort oder Brief von uns. *a* Kap 3,6
16 Er aber, unser Herr Jesus Christus, und
Gott, unser Vater, der uns geliebt und uns
einen ewigen Trost gegeben hat und eine
gute Hoffnung durch Gnade,
17 der tröste eure Herzen und stärke euch
in allem guten Werk und Wort.

Wünsche des Apostels für sich selbst und die Gemeinde

3 Weiter, liebe Brüder, betet für uns, daß
das Wort des Herrn laufe und geprie-
sen werde wie bei euch [a]
a Eph 6,18.19; Kol 4,3; 1.Thess 5,25
2 und daß wir erlöst werden von den fal-
schen und bösen Menschen; denn der
Glaube ist nicht jedermanns Ding.
3 Aber [a] **der Herr ist treu; der wird euch
stärken und [b] bewahren vor dem Bösen.**
a 1.Thess 5,24 *b* Joh 17,15
4 Wir haben aber das Vertrauen zu euch
in dem Herrn, daß ihr tut und tun werdet,
was wir gebieten. [a] *a* 2.Kor 7,16; Gal 5,10
5 Der Herr aber richte eure Herzen aus
auf die Liebe Gottes und auf die Geduld
Christi.

Warnung vor Müßiggang

6 Wir gebieten euch aber, liebe Brüder,
im Namen unseres Herrn Jesus Christus,
daß ihr euch zurückzieht von jedem Bru-
der, der unordentlich lebt und nicht [a] nach

der Lehre, die ihr von uns empfangen
habt. *a* Kap 2,15; Mt 18,17; Röm 16,17
7 Denn ihr wißt, [a]wie ihr uns nachfolgen
sollt. Denn wir haben nicht unordentlich
bei euch gelebt, *a* 1.Thess 1,6
8 haben auch nicht umsonst Brot von
jemandem genommen, sondern [a]mit
Mühe und Plage haben wir Tag und Nacht
gearbeitet, um keinem von euch zur Last
zu fallen. *a* 1.Thess 2,9
9 Nicht, daß wir dazu nicht das Recht hät-
ten, sondern [a]wir wollten uns selbst euch
zum Vorbild geben, damit ihr uns nach-
folgt. *a* Mt 10,10; Apg 20,35; Phil 3,17
10 Denn schon als wir bei euch waren,
geboten wir euch: Wer nicht arbeiten will,
der soll auch nicht essen.
11 Denn wir hören, daß einige unter euch
unordentlich leben und nichts arbeiten,
sondern unnütze Dinge treiben.
12 Solchen aber gebieten wir und ermah-
nen sie in dem Herrn Jesus Christus, daß
sie [a]still ihrer Arbeit nachgehen und ihr
eigenes Brot essen. *a* 1.Thess 4,11
13 Ihr aber, liebe Brüder, laßt's euch nicht
verdrießen, Gutes zu tun.[a] *a* Gal 6,9
14 ¶Wenn aber jemand unserm Wort in
diesem Brief nicht gehorsam ist, den
merkt euch und habt nichts mit ihm zu
schaffen, damit er schamrot werde.
15 Doch haltet ihn nicht für einen Feind,
sondern [a]weist ihn zurecht als einen Bru-
der. *a* 1.Thess 5,14
16 [a]Er aber, der Herr des Friedens, gebe
euch Frieden allezeit und auf alle Weise.
Der Herr sei mit euch allen! *a* Joh 14,27

Gruß und Segenswunsch

17 Der Gruß mit meiner, des Paulus,
Hand. Das ist das Zeichen in allen Brie-
fen; so schreibe ich.[a]
a 1.Kor 16,21; Gal 6,11; Kol 4,18
18 Die Gnade unseres Herrn Jesus Chri-
stus sei mit euch allen!

DER ERSTE BRIEF DES PAULUS AN TIMOTHEUS

Inhaltsübersicht

1 Paulus, ein Apostel Christi Jesu nach
dem Befehl Gottes, unseres Heilands,
und Christi Jesu, der [a]unsre Hoffnung
ist, *a* Kol 1,27
2 an [a]Timotheus, [b]meinen rechten Sohn
im Glauben:
¶Gnade, Barmherzigkeit, Friede von
Gott, dem Vater, und unserm Herrn Chri-
stus Jesus! *a* Apg 16,1.2 *b* Tit 1,4

Gegen falsche Gesetzeslehrer

3 Du weißt, wie ich dich ermahnt habe, in
Ephesus zu bleiben, als ich nach [a]Maze-
donien zog, und einigen zu gebieten, daß
sie nicht anders lehren, *a* Apg 20,1
4 auch nicht achthaben auf die [a]Fabeln
und Geschlechtsregister, die kein Ende
haben und eher Fragen aufbringen, als daß
sie dem Ratschluß Gottes im Glauben die-
nen. *a* Kap 4,7
5 Die [a]Hauptsumme aller Unterweisung
aber ist Liebe aus reinem Herzen und aus
gutem Gewissen und aus ungefärbtem
Glauben. *a* Mt 22,37-40; Röm 13,10; Gal 5,6
6 Davon sind einige abgeirrt und haben
sich hingewandt zu [a]unnützem Ge-
schwätz, *a* Kap 6,4.20
7 wollen die Schrift meistern und verste-
hen selber nicht, was sie sagen oder was
sie so fest behaupten.
8 ¶Wir wissen aber, daß [a]das Gesetz gut
ist, wenn es jemand recht gebraucht,
a Röm 7,12
9 [a]weil er weiß, daß dem Gerechten kein
Gesetz gegeben ist, sondern den Unge-
rechten und Ungehorsamen, den Gottlo-
sen und Sündern, den Unheiligen und
Ungeistlichen, den Vatermördern und
Muttermördern, den Totschlägern,
a (9-11) 1.Kor 6,9-11
10 den Unzüchtigen, den Knabenschän-
dern, den Menschenhändlern, den Lüg-

nern, den Meineidigen und wenn noch
etwas anderes der heilsamen Lehre zuwi-
der ist,
11 nach dem Evangelium von der Herr-
lichkeit des seligen Gottes, das mir anver-
traut ist.

Lobpreis der göttlichen Barmherzigkeit

12 [a]Ich danke unserm Herrn Christus
Jesus, der mich stark gemacht und für treu
erachtet hat und in das Amt eingesetzt,
a (12-16) Apg 9,15; 1.Kor 15,9.10; Gal 1,13-16
13 mich, der ich früher ein Lästerer und
ein Verfolger und ein Frevler war; aber
mir ist Barmherzigkeit widerfahren, denn
ich habe es unwissend getan, im Unglau-
ben.
14 Es ist aber desto reicher geworden die
Gnade unseres Herrn samt dem Glauben
und der Liebe, die in Christus Jesus ist.
15 **Das ist gewißlich wahr und ein Wort, des**
Glaubens wert, daß Christus Jesus in die
Welt gekommen ist, [a]die Sünder selig zu
machen, unter denen ich der erste bin.
a Lk 19,10
16 Aber darum ist mir Barmherzigkeit
widerfahren, daß Christus Jesus an mir als
erstem alle Geduld erweise, zum Vorbild
denen, die an ihn glauben sollten zum ewi-
gen Leben.
17 Aber Gott, dem ewigen König, dem
Unvergänglichen und Unsichtbaren, der
allein Gott ist, sei Ehre und Preis in Ewig-
keit! Amen.
18 ¶Diese Botschaft vertraue ich dir an,
mein Sohn Timotheus, nach den [a]Weissa-
gungen, die früher über dich ergangen
sind, damit du in ihrer Kraft [b]einen guten
Kampf kämpfst *a* Kap 4,14 *b* Kap 6,12; Jud 3
19 und den [a]Glauben und ein gutes
Gewissen hast. Das haben einige von sich
gestoßen und [b]am Glauben Schiffbruch
erlitten. *a* Kap 3,9 *b* Kap 6,10
20 Unter ihnen sind [a]Hymenäus und Alex-
ander, die ich [b]dem Satan übergeben habe,
damit sie in Zucht genommen werden
und nicht mehr lästern.
a 2.Tim 2,17 *b* 1.Kor 5,5

Das Gemeindegebet

2 So ermahne ich nun, daß man vor allen
Dingen tue Bitte, Gebet, Fürbitte und
Danksagung für alle Menschen,
2 für die Könige und für alle Obrigkeit,
damit wir ein ruhiges und stilles Leben
führen können in aller Frömmigkeit und
Ehrbarkeit.
3 Dies ist gut und wohlgefällig vor Gott,
unserm Heiland,
4 **welcher will, daß allen Menschen gehol-**
fen werde und sie zur Erkenntnis der Wahr-
heit kommen.[a] *a* Hes 18,23; Röm 11,32; 2.Petr 3,9
5 **Denn es ist ein Gott und ein [a]Mittler**
zwischen Gott und den Menschen, nämlich
der Mensch Christus Jesus, *a* Hebr 9,15
6 **der [a]sich selbst gegeben hat für alle zur**
Erlösung, daß dies zu seiner Zeit gepredigt
werde. *a* Gal 1,4; 2,20; Tit 2,14
7 Dazu bin ich eingesetzt [a]als Prediger
und Apostel – ich sage die Wahrheit und
lüge nicht –, [b]als Lehrer der Heiden im
Glauben und in der Wahrheit.
a 2.Tim 1,11 *b* Gal 2,7.8

Männer und Frauen im Gottesdienst

8 So will ich nun, daß die Männer beten
an allen Orten und aufheben heilige Hände
ohne Zorn und Zweifel.
9 Desgleichen, daß die Frauen in schickli-
cher Kleidung sich schmücken mit An-
stand und Zucht, nicht mit Haarflechten
und Gold oder Perlen oder kostbarem
Gewand,[a] *a* 1.Petr 3,3-5
10 sondern, wie sich's ziemt für Frauen,
die ihre Frömmigkeit bekunden wollen,
[a]mit guten Werken. *a* Kap 5,10
11 Eine Frau lerne in der Stille [a]mit aller
Unterordnung. *a* Eph 5,22
12 [a]Einer Frau gestatte ich nicht, daß sie
lehre, auch nicht, [b]daß sie über den Mann
Herr sei, sondern sie sei still.
a 1.Kor 14,34 *b* 1.Mose 3,16
13 Denn Adam wurde zuerst gemacht,
danach Eva.
14 Und Adam wurde nicht verführt, die
Frau aber hat sich zur Übertretung ver-
führen lassen.[a] *a* 1.Mose 3,6
15 Sie wird aber selig werden dadurch, daß
sie Kinder zur Welt bringt, wenn sie blei-
ben mit Besonnenheit im Glauben und in
der Liebe und in der Heiligung.[a]
a Kap 5,14; Tit 2,4.5

Von den Bischöfen

3 [a]Das ist gewißlich wahr: Wenn jemand
ein Bischofsamt* begehrt, der begehrt
eine hohe Aufgabe. *a (1-7)* Apg 20,28; Tit 1,5-9
* Siehe Sach- und Worterklärungen zu »Bischof«.
2 Ein Bischof aber soll untadelig sein,
Mann einer einzigen Frau, nüchtern, maß-

voll, würdig, gastfrei, geschickt im Lehren,
3 kein Säufer, nicht gewalttätig, sondern
gütig, nicht streitsüchtig, nicht geldgierig,
4 einer, der seinem eigenen Haus gut vor-
steht und gehorsame Kinder hat in aller
Ehrbarkeit.
5 Denn wenn jemand seinem eigenen
Haus nicht vorzustehen weiß, wie soll er
für die Gemeinde Gottes sorgen?
6 Er soll kein Neugetaufter sein, damit er
sich nicht aufblase und dem Urteil des
Teufels verfalle.
7 Er muß aber auch einen guten Ruf
haben bei denen, die draußen sind, damit
er nicht geschmäht werde und sich nicht
fange in der Schlinge des Teufels.

Von den Diakonen

8 Desgleichen sollen die [a] Diakone ehrbar
sein, nicht doppelzüngig, keine Säufer,
nicht schändlichen Gewinn suchen;

a Apg 6,3; Phil 1,1

9 sie sollen das Geheimnis des Glaubens
mit reinem Gewissen bewahren.[a]

a Kap 1,19

10 Und man soll sie zuvor prüfen, und
wenn sie untadelig sind, sollen sie den
Dienst versehen.
11 Desgleichen sollen ihre Frauen ehrbar
sein, [a] nicht verleumderisch, nüchtern,
treu in allen Dingen. *a* Tit 2,3
12 Die Diakone sollen ein jeder der Mann
einer einzigen Frau sein und ihren Kin-
dern und ihrem eigenen Haus gut vorste-
hen.
13 Welche aber ihren Dienst gut versehen,
die erwerben sich selbst ein gutes Anse-
hen und große Zuversicht im Glauben an
Christus Jesus.

Das Geheimnis des Glaubens

14 Dies schreibe ich dir und hoffe, bald zu
dir zu kommen;
15 wenn ich aber erst später komme, sollst
du wissen, wie man sich verhalten soll im
[a] Hause Gottes, das ist die Gemeinde des
lebendigen Gottes, ein Pfeiler und eine
Grundfeste der Wahrheit. *a* Eph 2,19-22
16 Und groß ist, wie jedermann bekennen
muß, das Geheimnis des Glaubens: **Er ist
[a] offenbart im Fleisch, gerechtfertigt [b] im
Geist, erschienen den Engeln, [c] gepredigt den
Heiden, geglaubt in der Welt, [d] aufgenom-
men in die Herrlichkeit.** *a* Joh 1,14 *b* Röm 1,4
c Apg 28,28 *d* Mk 16,19; Eph 1,20.21

Falsche Enthaltsamkeit

4 Der Geist aber sagt deutlich, daß [a] in
den letzten Zeiten einige von dem
Glauben abfallen werden und verführeri-
schen Geistern und teuflischen Lehren
anhängen, *a* Mt 24,24; 2.Thess 2,3;
2.Tim 3,1; 2.Petr 3,3; 1.Joh 2,18; Jud 18
2 verleitet durch Heuchelei der Lügenred-
ner, die ein Brandmal in ihrem Gewissen
haben.
3 Sie gebieten, nicht zu heiraten und
[a] Speisen zu meiden, die Gott geschaffen
hat, daß sie mit Danksagung empfangen
werden von den Gläubigen und denen, die
die Wahrheit erkennen.

a 1.Mose 9,3; 1.Kor 10,30.31; Kol 2,23

4 Denn **alles, was Gott geschaffen hat, ist
gut, und nichts ist verwerflich, was mit
Danksagung empfangen wird;**[a]

a 1.Mose 1,31; Mt 15,11; Apg 10,15

5 **denn es wird geheiligt durch das Wort
Gottes und Gebet.**

Der Dienst des Timotheus

6 Wenn du die Brüder dies lehrst, so wirst
du [a] ein guter Diener Christi Jesu sein,
auferzogen in den Worten des Glaubens
und der guten Lehre, bei der du immer
geblieben bist. *a* 2.Tim 2,15
7 [a] Die ungeistlichen Altweiberfabeln aber
weise zurück; **übe dich selbst aber in der
Frömmigkeit!**

a Kap 6,20; 2.Tim 2,16.23; 4,4; Tit 1,14; 3,9

8 Denn die leibliche Übung ist wenig
nutze; aber [a] die Frömmigkeit ist zu allen
Dingen nütze und hat die Verheißung
dieses und des zukünftigen Lebens.

a Kap 6,6

9 Das ist gewißlich wahr und ein Wort,
des Glaubens wert.
10 Denn dafür arbeiten und kämpfen wir,
weil wir unsre Hoffnung auf den lebendi-
gen Gott gesetzt haben, welcher ist der
Heiland aller Menschen, besonders der
Gläubigen.
11 Dies gebiete und lehre.
12 ¶ [a] Niemand verachte dich wegen dei-
ner Jugend; du aber [b] sei den Gläubigen
ein Vorbild im Wort, im Wandel, in der
Liebe, im Glauben, in der Reinheit.

a Tit 2,15 *b* 2.Tim 2,22

13 Fahre fort mit Vorlesen, mit Ermahnen,
mit Lehren, bis ich komme.
14 Laß nicht außer acht die Gabe in dir,

die dir gegeben ist durch [a]Weissagung mit
[b]Handauflegung der Ältesten.

a Kap 1,18 *b* Kap 5,22; Apg 6,6; 8,17; 2.Tim 1,6

15 Dies laß deine Sorge sein, damit gehe
um, damit dein Fortschreiten allen offen-
bar werde.
16 Hab acht auf dich selbst und auf die
Lehre; beharre in diesen Stücken! Denn
wenn du das tust, wirst du dich selbst [a]ret-
ten und die, die dich hören. *a* Röm 11,14

Verhalten gegen Männer und Frauen in der Gemeinde

5 [a]Einen Älteren fahre nicht an, sondern
ermahne ihn wie einen Vater, die jün-
geren Männer wie Brüder,

a 3.Mose 19,32; Tit 2,2

2 die älteren Frauen wie Mütter, die jün-
geren wie Schwestern, mit allem Anstand.

Von den Witwen

3 Ehre die Witwen, die rechte Witwen
sind.
4 Wenn aber eine Witwe Kinder oder
Enkel hat, so sollen diese lernen, zuerst
im eigenen Hause fromm zu leben und
sich den Eltern dankbar zu erweisen; denn
das ist wohlgefällig vor Gott.
5 Das ist aber eine rechte Witwe, die al-
lein steht, die ihre Hoffnung auf Gott
setzt und [a]beharrlich fleht und betet Tag
und Nacht. *a* Lk 2,37
6 Eine aber, die ausschweifend lebt, ist
lebendig tot.
7 Dies gebiete, damit sie untadelig seien.
8 Wenn aber jemand die Seinen, beson-
ders seine Hausgenossen, nicht versorgt,
hat er den Glauben verleugnet und ist
schlimmer als ein Heide.[a] *a* Mt 15,5.6
9 ¶ Es soll keine Witwe auserwählt wer-
den unter sechzig Jahren; sie soll eines
einzigen Mannes Frau gewesen sein
10 und ein Zeugnis guter Werke haben:
wenn sie Kinder aufgezogen hat, wenn sie
[a]gastfrei gewesen ist, wenn sie [b]den Heili-
gen die Füße gewaschen hat, wenn sie den
Bedrängten beigestanden hat, wenn sie
allem guten Werk nachgekommen ist.

a Hebr 13,2 *b* Joh 13,14

11 Jüngere Witwen aber weise ab; denn
wenn sie ihrer Begierde nachgeben Chri-
stus zuwider, so wollen sie heiraten
12 und stehen dann unter dem Urteil, daß
sie die erste Treue gebrochen haben.
13 Daneben sind sie faul und lernen, von
Haus zu Haus zu laufen; und nicht nur
faul sind sie, sondern auch geschwätzig
und vorwitzig und reden, was nicht sein
soll.
14 So will ich nun, daß die jüngeren Wit-
wen heiraten, [a]Kinder zur Welt bringen,
den Haushalt führen, [b]dem Widersacher
keinen Anlaß geben zu lästern.

a Kap 2,15 *b* 1.Kor 7,9

15 Denn schon haben sich einige abge-
wandt und folgen dem Satan.
16 Wenn aber einer gläubigen Frau Wit-
wen anbefohlen sind, so versorge sie diese,
die Gemeinde aber soll nicht beschwert
werden, [a]damit sie für die rechten Wit-
wen sorgen kann. *a* Apg 6,1

Von den Vorstehern der Gemeinde

17 Die [a]Ältesten, die der Gemeinde gut
vorstehen, die halte man zwiefacher Ehre
wert, besonders, die sich mühen im Wort
und in der Lehre. *a* Apg 14,23; Röm 12,8
18 Denn die Schrift sagt (5. Mose 25,4):
[a]»Du sollst dem Ochsen, der da drischt,
nicht das Maul verbinden«; und: [b]»Ein
Arbeiter ist seines Lohnes wert«.

a 1.Kor 9,9 *b* Lk 10,7

19 Gegen einen Ältesten nimm keine
Klage an ohne [a]zwei oder drei Zeugen.

a 5.Mose 19,15; Mt 18,16

20 Die da sündigen, die [a]weise zurecht vor
allen, damit sich auch die andern fürch-
ten. *a* Gal 2,14; Mt 18,15-17
21 Ich ermahne dich inständig vor Gott
und Christus Jesus und den auserwählten
Engeln, daß du dich daran hältst ohne Vor-
urteil und niemanden begünstigst.
22 [a]Die Hände lege niemandem zu bald
auf; habe nicht teil an fremden Sünden!
Halte dich selber rein! *a* Kap 4,14
23 Trinke nicht mehr nur Wasser, sondern
nimm ein wenig Wein dazu um des
Magens willen, und weil du oft krank bist.
24 ¶ Bei einigen Menschen sind die Sün-
den offenbar und gehen ihnen zum
Gericht voran; bei einigen aber werden sie
hernach offenbar.
25 Desgleichen sind auch die guten Werke
einiger Menschen zuvor offenbar, und
wenn es anders ist, können sie doch nicht
verborgen bleiben.

Von den Sklaven

6 [a]Alle, die als Sklaven unter dem Joch
sind, sollen ihre Herren aller Ehre wert

halten, damit nicht der Name Gottes und
[b]die Lehre verlästert werde.
a (1 und 2) Eph 6,5-8 *b* Tit 2,9.10

2 Welche aber gläubige Herren haben,
sollen diese nicht weniger ehren, weil sie
[a]Brüder sind, sondern sollen ihnen um so
mehr dienstbar sein, weil sie gläubig und
geliebt sind und sich bemühen, Gutes zu
tun. *a* Phlm 16

Mahnung an Timotheus und alle Brüder

Dies lehre und dazu ermahne!
3 Wenn jemand anders lehrt und bleibt
nicht bei den [a]heilsamen Worten unseres
Herrn Jesus Christus und bei der Lehre,
die dem Glauben gemäß ist, *a* 2.Tim 1,13
4 der ist aufgeblasen und weiß nichts, sondern hat die Seuche der Fragen und
[a]Wortgefechte. Daraus entspringen Neid,
Hader, Lästerung, böser Argwohn,
a 2.Tim 2,14; Tit 3,10.11
5 Schulgezänk solcher Menschen, die zerrüttete Sinne haben und der Wahrheit
beraubt sind, die meinen, Frömmigkeit sei
ein Gewerbe.
6 **Die [a]Frömmigkeit aber ist ein großer
Gewinn für den, der [b]sich genügen läßt.**
a Kap 4,8 *b* Mt 6,25-34; Phil 4,11.12; Hebr 13,5
7 **Denn [a]wir haben nichts in die Welt
gebracht; darum [b]werden wir auch nichts
hinausbringen.** *a* Hiob 1,21 *b* Ps 49,18; Pred 5,14
8 **Wenn wir aber Nahrung und Kleider
haben, so wollen wir uns daran genügen
lassen.**[a] *a* Spr 30,8
9 Denn die reich werden wollen, die fallen in Versuchung und Verstrickung und
in viele törichte und schädliche Begierden,
welche die Menschen versinken lassen in
Verderben und Verdammnis.[a]
a Spr 28,22; Mt 13,22
10 Denn [a]Geldgier ist eine Wurzel alles
Übels; danach hat einige gelüstet, und sie
sind [b]vom Glauben abgeirrt und machen
sich selbst viel Schmerzen.
a Eph 5,5 *b* Kap 1,19
11 ¶Aber du, [a]Gottesmensch, fliehe das!
[b]Jage aber nach der Gerechtigkeit, der
Frömmigkeit, dem Glauben, der Liebe,
der Geduld, der Sanftmut!
a 2.Tim 3,17 *b* 2.Tim 2,22
12 **[a]Kämpfe den guten Kampf des Glaubens;
ergreife das ewige Leben, wozu du [b]berufen
bist und bekannt hast [c]das gute Bekenntnis
vor vielen Zeugen.** *a* Kap 1,18; 1.Kor 9,25.26;
2.Tim 4,7 *b* Kap 4,14 *c* Hebr 3,1
13 Ich gebiete dir vor Gott, der alle Dinge
lebendig macht, und vor Christus Jesus,
der [a]unter Pontius Pilatus bezeugt hat das
gute Bekenntnis, *a* Joh 18,36.37; Offb 1,5
14 daß du das Gebot unbefleckt, untadelig
haltest bis zur Erscheinung unseres Herrn
Jesus Christus,
15 welche uns zeigen wird zu seiner Zeit
der Selige und allein Gewaltige, [a]der
König aller Könige und Herr aller Herren, *a* 5.Mose 10,17; Offb 17,14
16 der allein Unsterblichkeit hat, der da
wohnt in einem Licht, zu dem niemand
kommen kann, den [a]kein Mensch gesehen hat noch sehen kann. Dem sei Ehre
und ewige Macht! Amen.
a 2.Mose 33,20; Joh 1,18

Mahnung an die Reichen

17 Den Reichen in dieser Welt gebiete, daß
sie nicht stolz seien, auch [a]nicht hoffen
auf den unsicheren Reichtum, sondern auf
Gott, der uns alles reichlich darbietet, es
zu genießen; *a* Ps 62,11; Lk 12,15-21
18 daß sie Gutes tun, reich werden an
guten Werken, gerne geben, behilflich
seien,
19 sich selbst einen Schatz sammeln als
guten Grund für die Zukunft, damit sie
das wahre Leben ergreifen.[a] *a* Mt 6,20; Lk 16,9
20 ¶O Timotheus! [a]Bewahre, was dir
anvertraut ist, und [b]meide das ungeistliche lose Geschwätz und das Gezänk der
fälschlich so genannten Erkenntnis,*
a 2.Tim 1,12-14 *b* Kap 4,7

* Siehe Sach- und Worterklärungen.

21 zu der sich einige bekannt haben und
sind [a]vom Glauben abgeirrt.
¶Die Gnade sei mit euch!
a Kap 1,6; 2.Tim 2,18

DER ZWEITE BRIEF DES PAULUS AN TIMOTHEUS

Inhaltsübersicht

1 Paulus, ein Apostel Christi Jesu durch
den Willen Gottes nach der Verheißung
des Lebens in Christus Jesus,
2 an meinen lieben Sohn Timotheus:
¶Gnade, Barmherzigkeit, Friede von
Gott, dem Vater, und Christus Jesus,
unserm Herrn!

Treue zum Evangelium

3 Ich danke Gott, [a]dem ich diene von
meinen Vorfahren her mit [b]reinem Gewis-
sen, wenn ich ohne Unterlaß deiner
gedenke in meinem Gebet, Tag und
Nacht. *a* Phil 3,5 *b* Apg 23,1; 24,16
4 Und wenn ich an deine Tränen denke,
[a]verlangt mich, dich zu sehen, damit ich
mit Freude erfüllt werde. *a* Kap 4,9
5 Denn ich erinnere mich an den unge-
färbten Glauben in dir, der zuvor schon
gewohnt hat in deiner Großmutter Lois
und in deiner Mutter Eunike; ich bin aber
gewiß, auch in dir.[a] *a* Apg 16,1-3
6 ¶Aus diesem Grund erinnere ich dich
daran, daß du erweckest die Gabe Gottes,
die in dir ist [a]durch die Auflegung meiner
Hände. *a* 1.Tim 4,14
7 Denn **Gott hat uns nicht gegeben den
Geist der Furcht, sondern der Kraft und der
Liebe und der Besonnenheit.**[a] *a* Röm 8,15
8 Darum [a]schäme dich nicht des Zeug-
nisses von unserm Herrn noch meiner, der
ich sein Gefangener bin, sondern leide mit
mir für das Evangelium in der Kraft
Gottes. *a* Röm 1,16; 1.Petr 4,16
9 Er hat uns selig gemacht und berufen
mit einem heiligen Ruf, [a]nicht nach
unsern Werken, sondern nach seinem Rat-
schluß und nach der Gnade, die uns gege-
ben ist in Christus Jesus vor der Zeit der
Welt, *a* Tit 3,5
10 jetzt aber offenbart ist durch die
Erscheinung unseres Heilands **Christus
Jesus, [a]der dem Tode die Macht genommen
und das Leben und ein unvergängliches
Wesen ans Licht gebracht hat durch das
Evangelium,** *a* 1.Kor 15,55.57; Hebr 2,14
11 für das ich eingesetzt bin als Prediger
und Apostel und Lehrer.[a] *a* 1.Tim 2,7
12 Aus diesem Grund leide ich dies alles;
aber ich schäme mich dessen nicht; denn
ich weiß, an wen ich glaube, und bin
gewiß, er kann mir bewahren, was mir
anvertraut ist, bis an jenen Tag.
13 Halte dich an das Vorbild der [a]heilsa-
men Worte, die du von mir gehört hast,
im Glauben und in der Liebe in Christus
Jesus. *a* 1.Tim 6,3; Tit 2,1
14 Dieses kostbare Gut, das dir anvertraut
ist, [a]bewahre durch den heiligen Geist, der
in uns wohnt. *a* 1.Tim 6,20
15 ¶Das weißt du, daß sich von mir abge-
wandt haben alle, die in der Provinz Asien
sind, unter ihnen Phygelus und Hermoge-
nes.[a] *a* Kap 4,16
16 Der Herr gebe Barmherzigkeit dem
Hause des [a]Onesiphorus; denn er hat
mich oft erquickt und hat sich meiner Ket-
ten nicht geschämt, *a* Kap 4,19
17 sondern als er in Rom war, suchte er
mich eifrig und fand mich.
18 Der Herr gebe ihm, daß er Barmherzig-
keit finde bei dem Herrn an jenem Tage.
Und welche Dienste er in Ephesus gelei-
stet hat, weißt du am besten.

Kampf und Leiden

2 So [a]sei nun stark, mein Sohn, durch
die Gnade in Christus Jesus. *a* Eph 6,10
2 Und was du von mir gehört hast vor
vielen Zeugen, das befiehl treuen Men-
schen an, die tüchtig sind, auch andere zu
lehren.
3 [a]Leide mit als ein guter Streiter Christi
Jesu. *a* Kap 1,8; 4,5
4 Wer in den Krieg zieht, verwickelt sich
nicht in Geschäfte des täglichen Lebens,
damit er dem gefalle, der ihn angeworben
hat.

[5]Und **wenn jemand auch kämpft, wird er doch nicht [a]gekrönt, er kämpfe denn recht.** *a* Kap 4,8; 1.Kor 9,24-27

[6]Es soll der Bauer, der den Acker bebaut, die Früchte als erster genießen.

[7]Bedenke, was ich sage! Der Herr aber wird dir in allen Dingen Verstand geben.

[8]¶Halt im Gedächtnis Jesus Christus, der [a]auferstanden ist von den Toten, [b]aus dem Geschlecht Davids, nach meinem Evangelium, *a* 1.Kor 15,4.20 *b* Röm 1,3

[9]für welches ich leide bis dahin, daß ich gebunden bin wie ein Übeltäter; aber [a]Gottes Wort ist nicht gebunden. *a* Phil 1,12-14

[10]Darum [a]dulde ich alles um der Auserwählten willen, damit auch sie die Seligkeit erlangen in Christus Jesus mit ewiger Herrlichkeit. *a* Kol 1,24

[11]Das ist gewißlich wahr: **Sterben wir mit, so werden wir mit leben;**[a] *a* 2.Kor 4,11

[12]**dulden wir, so werden wir mit herrschen; [a]verleugnen wir, so wird er uns auch verleugnen;** *a* Mt 10,33

[13]**sind wir untreu, so bleibt er doch treu; denn er kann sich selbst nicht verleugnen.**[a] *a* 4.Mose 23,19; Ps 89,31-34; Röm 3,3.4; Tit 1,2

Warnung vor unnützem Streit

[14]Daran erinnere sie und ermahne sie inständig vor Gott, daß sie [a]nicht um Worte streiten, was zu nichts nütze ist, als die zu verwirren, die zuhören. *a* 1.Tim 6,4; Tit 3,9

[15]Bemühe dich darum, dich vor Gott zu erweisen [a]als einen rechtschaffenen und untadeligen Arbeiter, der das Wort der Wahrheit recht austeilt. *a* 1.Tim 4,6; Tit 2,7.8

[16]Halte dich fern von [a]ungeistlichem losem Geschwätz; denn es führt mehr und mehr zu ungöttlichem Wesen, *a* 1.Tim 4,7

[17]und ihr Wort frißt um sich wie der Krebs. Unter ihnen sind [a]Hymenäus und Philetus, *a* 1.Tim 1,20

[18]die von der Wahrheit abgeirrt sind und sagen, die Auferstehung sei schon geschehen, und bringen einige vom Glauben ab.

[19]Aber **der feste Grund Gottes besteht und hat dieses Siegel: [a]Der Herr kennt die Seinen; und: Es lasse ab von Ungerechtigkeit, wer den Namen des Herrn nennt.** *a* 4.Mose 16,5; Mt 7,22.23; Joh 10,14.27

[20]In einem großen Haus aber sind nicht allein goldene und silberne Gefäße, sondern auch hölzerne und irdene, die einen zu ehrenvollem, die andern zu nicht ehrenvollem Gebrauch.

[21]Wenn nun jemand sich reinigt von solchen Leuten, der wird ein Gefäß sein zu ehrenvollem Gebrauch, geheiligt, für den Hausherrn brauchbar und zu allem guten Werk bereitet.

[22]¶Fliehe die Begierden der Jugend! [a]Jage aber nach der Gerechtigkeit, dem Glauben, der Liebe, dem Frieden mit allen, die den Herrn anrufen aus reinem Herzen. *a* 1.Tim 4,12; 6,11; Hebr 12,14

[23]Aber die törichten und unnützen Fragen [a]weise zurück; denn du weißt, daß sie nur Streit erzeugen. *a* 1.Tim 4,7

[24]Ein Knecht des Herrn aber soll nicht streitsüchtig sein, sondern freundlich gegen jedermann, im Lehren geschickt, der Böses ertragen kann[a] *a* Tit 1,7-9

[25]und mit Sanftmut die Widerspenstigen zurechtweist, ob ihnen Gott vielleicht Buße gebe, die Wahrheit zu erkennen

[26]und wieder nüchtern zu werden aus der Verstrickung des Teufels, von dem sie gefangen sind, zu tun seinen Willen.

Der Verfall der Frömmigkeit in der Endzeit

3 Das sollst du aber wissen, daß in den letzten Tagen schlimme Zeiten kommen werden.[a] *a* 1.Tim 4,1

[2]Denn die Menschen werden viel von sich halten, geldgierig sein, prahlerisch, hochmütig, Lästerer, den Eltern ungehorsam, undankbar, gottlos,

[3]lieblos, unversöhnlich, verleumderisch, zuchtlos, wild, dem Guten feind,

[4]Verräter, unbedacht, aufgeblasen. Sie lieben die Wollust mehr als Gott;

[5]sie haben den [a]Schein der Frömmigkeit, aber deren Kraft verleugnen sie; solche Menschen meide! *a* Mt 7,15.21; Tit 1,16

[6]Zu ihnen gehören auch die, die sich in die Häuser einschleichen und gewisse Frauen einfangen, die mit Sünden beladen sind und von mancherlei Begierden getrieben werden,

[7]die immer auf neue Lehren aus sind und nie zur Erkenntnis der Wahrheit kommen können.

[8]Wie [a]Jannes und Jambres dem Mose widerstanden, so widerstehen auch diese der Wahrheit: es sind Menschen mit zer-

rütteten Sinnen, untüchtig zum Glauben.
a 2.Mose 7,11.22
9 Aber sie werden damit nicht weit kom-
men; denn ihre Torheit wird jedermann
offenbar werden, wie es auch bei jenen
geschah.

Das Vorbild des leidenden Apostels

10 Du aber bist mir gefolgt in der Lehre,
im Leben, im Streben, im Glauben, in der
Langmut, in der Liebe, in der Geduld,
11 in den Verfolgungen, in den Leiden, die
mir widerfahren sind [a]in Antiochia, in Iko-
nion, in Lystra. Welche Verfolgungen
ertrug ich da! Und [b]aus allen hat mich der
Herr erlöst. a Apg 13,13–14,22 b Ps 34,20
12 Und **alle, die fromm leben wollen in Chri-
stus Jesus, müssen Verfolgung leiden.**[a]
a Mt 16,24; Apg 14,22; 1.Thess 3,3
13 Mit den bösen Menschen aber und
Betrügern wird's je länger, desto ärger: [a]sie
verführen und werden verführt. a 1.Tim 4,1

Die Bedeutung der Heiligen Schrift

14 Du aber bleibe bei dem, was du gelernt
hast und was dir anvertraut ist; du weißt
ja, von wem du gelernt hast
15 und daß du von Kind auf die heilige
Schrift kennst, [a]die dich unterweisen kann
zur Seligkeit durch den Glauben an Chri-
stus Jesus. a Joh 5,39
16 [a]Denn **alle Schrift, von Gott eingegeben,
ist nütze zur Lehre, zur Zurechtweisung, zur
Besserung, zur Erziehung in der Gerechtig-
keit,** a 2.Petr 1,19-21
17 daß [a]der Mensch Gottes vollkommen
sei, zu allem guten Werk geschickt.
a 1.Tim 6,11

Treue bis zum Ende

4 So ermahne ich dich inständig vor
Gott und Christus Jesus, der da kom-
men wird [a]zu richten die Lebenden und
die Toten, und bei seiner Erscheinung und
seinem Reich: a 1.Petr 4,5
2 [a]Predige das Wort, steh dazu, es sei zur
Zeit oder zur Unzeit; weise zurecht, drohe,
ermahne mit aller Geduld und Lehre.
a Apg 20,20.31
3 Denn es wird eine Zeit kommen, da sie
die heilsame Lehre nicht ertragen werden;
sondern nach ihren eigenen Gelüsten wer-
den sie sich selbst Lehrer aufladen, nach
denen ihnen die Ohren jucken,[a] a 1.Tim 4,1
4 und werden die Ohren von der Wahr-
heit abwenden und sich den [a]Fabeln
zukehren. a 1.Tim 4,7; 2.Thess 2,11
5 ¶Du aber sei nüchtern in allen Dingen,
[a]leide willig, tu das Werk eines Predigers
des Evangeliums, richte dein Amt redlich
aus. a Kap 2,3
6 Denn [a]ich werde schon geopfert, und
die Zeit meines Hinscheidens ist gekom-
men. a Phil 2,17
7 Ich habe [a]den guten Kampf gekämpft,
ich habe [b]den Lauf vollendet, ich habe
Glauben gehalten;
a 1.Kor 9,25; 1.Tim 6,12 b Apg 20,24; Phil 3,14
8 hinfort liegt für mich bereit die [a]Krone
der Gerechtigkeit, die mir der Herr, [b]der
gerechte Richter, an jenem Tag geben wird,
nicht aber mir allein, sondern auch allen,
die seine Erscheinung liebhaben.
a Kap 2,5; 1.Petr 5,4; Jak 1,12; Offb 2,10 b Mt 25,21

Der Apostel und seine Mitarbeiter

9 Beeile dich, daß du [a]bald zu mir
kommst. a Kap 1,4
10 [a]Denn Demas hat mich verlassen und
diese Welt liebgewonnen und ist nach
Thessalonich gezogen, Kreszens nach
Galatien, Titus nach Dalmatien.
a (10-12) Kol 4,7.10.14
11 Lukas ist allein bei mir. [a]Markus nimm
zu dir und bringe ihn mit dir; denn er
ist mir nützlich zum Dienst.
a Apg 15,37; Kol 4,10
12 [a]Tychikus habe ich nach Ephesus
gesandt. a Eph 6,21
13 Den Mantel, den ich in Troas ließ bei
Karpus, bringe mit, wenn du kommst, und
die Bücher, besonders die Pergamente.
14 [a]Alexander, der Schmied, hat mir viel
Böses angetan; der Herr wird ihm vergel-
ten nach seinen Werken. a 1.Tim 1,20
15 Vor dem hüte du dich auch; denn er
hat sich unsern Worten sehr widersetzt.
16 ¶Bei meinem ersten Verhör stand mir
niemand bei, sondern [a]sie verließen mich
alle. Es sei ihnen nicht zugerechnet.
a Kap 1,15
17 [a]Der Herr aber stand mir bei und
stärkte mich, damit durch mich die Bot-
schaft ausgebreitet würde und alle Heiden
sie hörten, so wurde ich erlöst aus dem
Rachen des Löwen. a Apg 23,11; 27,23
18 Der Herr aber wird mich erlösen von
allem Übel und mich retten in sein himm-
lisches Reich. Ihm sei Ehre von Ewigkeit
zu Ewigkeit! Amen.

19 ¶Grüße [a]Priska und Aquila und [b]das Haus des Onesiphorus.
a Apg 18,2 b Kap 1,16

20 [a]Erastus blieb in Korinth, [b]Trophimus aber ließ ich krank in Milet.
a Apg 19,22 b Apg 20,4

21 Beeile dich, daß du vor dem Winter kommst. Es grüßen dich Eubulus und Pudens und Linus und Klaudia und alle Brüder.

22 Der Herr sei mit deinem Geist! Die Gnade sei mit euch!

DER BRIEF DES PAULUS AN TITUS

Inhaltsübersicht

1 Paulus, ein Knecht Gottes und ein Apostel Jesu Christi, nach dem Glauben der Auserwählten Gottes und der Erkenntnis der Wahrheit, die dem Glauben gemäß ist,

2 in der Hoffnung auf das ewige Leben, das Gott, [a]der nicht lügt, verheißen hat vor den Zeiten der Welt;
a 2.Tim 2,13

3 aber [a]zu seiner Zeit hat er sein Wort offenbart durch die Predigt, die mir anvertraut ist nach dem Befehl Gottes, unseres Heilands;
a Eph 1,9.10

4 ¶an Titus, [a]meinen rechten Sohn nach unser beider Glauben:
¶Gnade und Friede von Gott, dem Vater, und Christus Jesus, unserm Heiland!
a 1.Tim 1,2

Von den Ältesten und Bischöfen

5 Deswegen ließ ich dich in Kreta, daß du vollends ausrichten solltest, was noch fehlt, und [a]überall in den Städten Älteste einsetzen, wie ich dir befohlen habe:
a Apg 14,23

6 [a]wenn einer untadelig ist, Mann einer einzigen Frau, der gläubige Kinder hat, die nicht im Ruf stehen, liederlich oder ungehorsam zu sein.
a (6-9) 1.Tim 3,1-7

7 Denn ein Bischof* soll untadelig sein als ein [a]Haushalter Gottes, nicht eigensinnig, nicht jähzornig, kein Säufer, nicht streitsüchtig, nicht schändlichen Gewinn suchen;[b]
a 1.Kor 4,1 b 2.Tim 2,24

* Siehe Sach- und Worterklärungen.

8 sondern gastfrei, gütig, besonnen, gerecht, fromm, enthaltsam;

9 er halte sich an das Wort der Lehre, das gewiß ist, damit er die Kraft habe, zu ermahnen mit der heilsamen Lehre und zurechtzuweisen, die widersprechen.

Gegen die Irrlehrer

10 Denn es gibt viele Freche, unnütze Schwätzer und Verführer, besonders die aus den Juden,

11 denen man das Maul stopfen muß, weil sie ganze Häuser verwirren und lehren, was nicht sein darf, um schändlichen Gewinns willen.

12 Es hat einer von ihnen gesagt, ihr eigener Prophet: Die Kreter sind immer Lügner, böse Tiere und faule Bäuche.

13 Dieses Zeugnis ist wahr. Aus diesem Grund [a]weise sie scharf zurecht, damit sie gesund werden im Glauben
a 2.Tim 4,2

14 und nicht achten auf die jüdischen [a]Fabeln und die Gebote von Menschen, die sich von der Wahrheit abwenden.
a 1.Tim 4,7; 2.Tim 4,4

15 Den [a]Reinen ist alles rein; den Unreinen aber und Ungläubigen ist nichts rein, sondern unrein ist beides, ihr Sinn und ihr Gewissen.
a Mt 15,11; Röm 14,20

16 Sie sagen, sie kennen Gott, aber [a]mit den Werken verleugnen sie ihn; ein Greuel sind sie und gehorchen nicht und sind zu allem guten Werk untüchtig.
a 2.Tim 3,5

Das Zusammenleben in der Gemeinde

2 Du aber rede, [a]wie sich's ziemt nach der heilsamen Lehre.
a 2.Tim 1,13

2 Den alten Männern sage, daß sie nüchtern seien, ehrbar, besonnen, gesund im Glauben, in der Liebe, in der Geduld;[a]
a 1.Tim 5,1

3 desgleichen den alten Frauen, daß sie sich verhalten, wie es sich für Heilige ziemt, [a]nicht verleumderisch, nicht dem Trunk ergeben. Sie sollen aber Gutes lehren
a 1.Tim 3,11

4 und die jungen Frauen anhalten, daß sie
ihre Männer lieben, ihre Kinder lieben,
5 besonnen seien, keusch, häuslich, gütig,
und [a]sich ihren Männern unterordnen,
damit nicht das Wort Gottes verlästert
werde. *a* Eph 5,22
6 ¶ Desgleichen ermahne die jungen Män-
ner, daß sie besonnen seien
7 [a]in allen Dingen. Dich selbst aber
mache zum [b]Vorbild guter Werke, mit
unverfälschter Lehre, mit Ehrbarkeit,
a (7 und 8) 2.Tim 2,15; 1.Petr 2,15
b 1.Tim 4,12; 1.Petr 5,3
8 mit heilsamem und untadeligem Wort,
damit der Widersacher beschämt werde
und nichts Böses habe, das er uns nachsa-
gen kann.
9 ¶ [a]Den Sklaven sage, daß sie sich ihren
Herren in allen Dingen unterordnen, ihnen
gefällig seien, nicht widersprechen,
a (9 und 10) Eph 6,5.6; 1.Tim 6,1.2; 1.Petr 2,18
10 nichts veruntreuen, sondern sich in
allem als gut und treu erweisen, damit sie
der Lehre Gottes, unseres Heilands, Ehre
machen in allen Stücken.

Die heilsame Gnade

11 Denn **es ist erschienen die heilsame
Gnade Gottes allen Menschen**[a] *a* Kap 3,4
12 und nimmt uns in Zucht, daß wir absa-
gen dem ungöttlichen Wesen und den
weltlichen Begierden und besonnen, ge-
recht und fromm in dieser Welt leben
13 und [a]warten auf die selige Hoffnung
und Erscheinung der Herrlichkeit des gro-
ßen Gottes und unseres Heilands Jesus
Christus, *a* 1.Kor 1,7; Phil 3,20; 1.Thess 1,10
14 der [a]sich selbst für uns gegeben hat,
damit er uns erlöste von aller Ungerech-
tigkeit und reinigte sich selbst ein Volk
[b]zum Eigentum, das eifrig wäre [c]zu guten
Werken. *a* Gal 1,4; 1.Tim 2,6 *b* 2.Mose 19,5 *c* Eph 2,10
15 ¶ Das sage und ermahne und weise
zurecht mit ganzem Ernst. [a]Niemand soll
dich verachten. *a* 1.Tim 4,12

Der Christ in der Welt

3 Erinnere sie daran, daß sie [a]der Gewalt
der Obrigkeit* untertan und gehorsam
seien, zu allem guten Werk bereit,
a Röm 13,1; 1.Petr 2,13

* Siehe Sach- und Worterklärungen.

2 niemanden verleumden, nicht streiten,
[a]gütig seien, alle Sanftmut beweisen gegen
alle Menschen. *a* Phil 4,5
3 ¶ Denn auch wir waren [a]früher unver-
ständig, ungehorsam, gingen in die Irre,
waren mancherlei Begierden und Gelüsten
dienstbar und lebten in Bosheit und Neid,
waren verhaßt und haßten uns untereinan-
der. *a* 1.Kor 6,11; Eph 2,2; 5,8; 1.Petr 4,3
4 Als aber [a]erschien die Freundlichkeit
und Menschenliebe Gottes, unseres Hei-
lands, *a* Kap 2,11
5 [a]machte er uns selig – nicht [b]um der
Werke der Gerechtigkeit willen, die wir
getan hatten, sondern nach seiner Barm-
herzigkeit – durch das [c]Bad der Wiederge-
burt und Erneuerung im heiligen Geist,
a (5 und 6) Joel 3,1 *b* 2.Tim 1,9 *c* Joh 3,5; Eph 5,26
6 den er über uns reichlich ausgegossen
hat durch Jesus Christus, unsern Heiland,
7 damit wir, [a]durch dessen Gnade gerecht
geworden, Erben des ewigen Lebens wür-
den nach unsrer Hoffnung. *a* Röm 3,26
8 Das ist gewißlich wahr.
¶ Und ich will, daß du dies mit Ernst
lehrst, damit alle, die zum Glauben an
Gott gekommen sind, darauf bedacht sind,
sich mit guten Werken hervorzutun. Das
ist gut und nützt den Menschen.
9 Von törichten Fragen aber, von [a]Ge-
schlechtsregistern, von [b]Zank und Streit
über das Gesetz halte dich fern; denn sie
sind unnütz und nichtig.
a 1.Tim 1,4 *b* 1.Tim 4,7; 2.Tim 2,14
10 Einen [a]ketzerischen Menschen meide,
wenn er einmal und [b]noch einmal er-
mahnt ist, *a* 2.Joh 10 *b* Mt 18,15-17
11 und wisse, daß ein solcher ganz verkehrt
ist und sündigt und sich selbst damit das
Urteil spricht.[a] *a* 1.Tim 6,4.5

Aufträge und Grüße

12 Wenn ich Artemas oder [a]Tychikus zu
dir senden werde, so komm eilends zu mir
nach Nikopolis; denn ich habe beschlos-
sen, dort den Winter über zu bleiben.
a Eph 6,21
13 Zenas, den Rechtsgelehrten, und
[a]Apollos rüste gut aus zur Reise, damit
ihnen nichts fehle. *a* Apg 18,24; 1.Kor 3,5.6
14 Laß aber auch die Unseren lernen, [a]sich
hervorzutun mit guten Werken, wo sie
nötig sind, damit sie kein fruchtloses
Leben führen. *a* Kap 2,14 *b* Mt 7,19
15 Es grüßen dich alle, die bei mir sind.
Grüße alle, die uns lieben im Glauben.
Die Gnade sei mit euch allen!

DER BRIEF DES PAULUS AN PHILEMON

Inhaltsübersicht

Fürsprache für einen Sklaven *Vers 1-25*

1 Paulus, ein [a]Gefangener Christi Jesu,
und Timotheus, der Bruder, an Philemon,
den Lieben, unsern Mitarbeiter, *a* Eph 3,1
2 und an Aphia, die Schwester, und [a]Ar-
chippus, unsern Mitstreiter, und an die
Gemeinde in deinem Hause: *a* Kol 4,17
3 ¶Gnade sei mit euch und Friede von
Gott, unserm Vater, und dem Herrn Jesus
Christus!

Glaube und Liebe des Philemon

4 Ich danke meinem Gott allezeit, wenn
ich deiner gedenke in meinen Gebeten
5 – denn ich höre von der Liebe und dem
Glauben, die du hast an den Herrn Jesus
und gegenüber allen Heiligen –,
6 daß der Glaube, den wir miteinander
haben, [a]in dir kräftig werde in Erkenntnis
all des Guten, das wir haben, in Chri-
stus. *a* Phil 1,9
7 Denn ich hatte [a]große Freude und Trost
durch deine Liebe, weil die Herzen der
Heiligen erquickt sind durch dich, lieber
Bruder. *a* 2.Kor 7,4

Fürsprache für Onesimus

8 Darum, obwohl ich in Christus volle
Freiheit habe, dir zu gebieten, was sich
gebührt,
9 will ich um der Liebe willen doch nur
bitten, so wie ich bin: Paulus, ein alter
Mann, nun aber auch ein Gefangener
Christi Jesu.
10 So bitte ich dich für meinen Sohn
[a]Onesimus*, den ich [b]gezeugt habe in der
Gefangenschaft, *a* Kol 4,9 *b* 1.Kor 4,15; Gal 4,19

* »Onesimus« bedeutet »der Nützliche«.

11 der dir früher unnütz war, jetzt aber dir
und mir sehr nützlich ist.
12 Den sende ich dir wieder zurück und
damit mein eigenes Herz.
13 Ich wollte ihn gern bei mir behalten,
[a]damit er mir an deiner Statt diene in der
Gefangenschaft, um des Evangeliums wil-
len. *a* Phil 2,30
14 Aber ohne deinen Willen wollte ich
nichts tun, [a]damit das Gute dir nicht abge-
nötigt wäre, sondern freiwillig geschehe.
a 2.Kor 9,7
15 Denn vielleicht war er darum eine Zeit-
lang von dir getrennt, damit du ihn auf
ewig wiederhättest,
16 nun nicht mehr als einen Sklaven, son-
dern als einen, der mehr ist als ein Sklave:
ein geliebter [a]Bruder, besonders für mich,
wieviel mehr aber für dich, sowohl im leib-
lichen Leben wie auch in dem Herrn.
a 1.Tim 6,2
17 Wenn du mich nun für deinen Freund
hältst, so nimm ihn auf wie mich selbst.
18 Wenn er aber dir Schaden angetan hat
oder etwas schuldig ist, das rechne mir
an.
19 Ich, Paulus, schreibe es mit eigener
Hand: Ich will's bezahlen; ich schweige
davon, daß du dich selbst mir schuldig
bist.
20 Ja, lieber Bruder, gönne mir, daß ich
mich an dir erfreue in dem Herrn;
erquicke mein Herz in Christus.
21 ¶Im Vertrauen auf deinen Gehorsam
schreibe ich dir; denn ich weiß, du wirst
mehr tun, als ich sage.
22 Zugleich bereite mir die Herberge;
denn ich hoffe, [a]daß ich durch eure
Gebete euch geschenkt werde.
a Phil 1,25; 2,24

Grüße und Segenswunsch

23 [a]Es grüßt dich Epaphras, mein Mitge-
fangener in Christus Jesus,
a (23 und 24) Kol 1,7; 4,10-14
24 Markus, Aristarch, Demas, Lukas,
meine Mitarbeiter.
25 Die Gnade des Herrn Jesus Christus
sei mit eurem Geist!

DER ERSTE BRIEF DES PETRUS

Inhaltsübersicht

1 Petrus, ein Apostel Jesu Christi, an die
auserwählten [a]Fremdlinge, die verstreut
wohnen in Pontus, Galatien, Kappadozien,
der Provinz Asien und Bithynien,
a Hebr 13,14
2 die Gott, der Vater, [a]ausersehen hat
durch die Heiligung des Geistes zum
Gehorsam und zur Besprengung mit dem
Blut Jesu Christi:
¶Gott gebe euch viel Gnade und Frie-
den! *a* Röm 8,29

Lebendige Hoffnung

3 **Gelobt sei Gott, der Vater unseres Herrn
Jesus Christus, der uns nach seiner großen
Barmherzigkeit wiedergeboren hat zu einer
lebendigen [a]Hoffnung durch die Auferste-
hung Jesu Christi von den Toten,** *a* Kol 1,5
4 zu einem unvergänglichen und unbe-
fleckten und unverwelklichen [a]Erbe, das
aufbewahrt wird im Himmel für euch,
a Kol 1,12
5 die ihr aus Gottes Macht durch den
Glauben [a]bewahrt werdet zur Seligkeit,
die bereit ist, daß sie offenbar werde zu
der letzten Zeit. *a* Joh 10,28
6 Dann werdet ihr euch freuen, [a]die ihr
jetzt eine kleine Zeit, wenn es sein soll,
traurig seid in mancherlei Anfechtun-
gen, *a* Kap 5,10; 2. Kor 4,17
7 damit euer Glaube als echt und viel
kostbarer befunden werde als das vergäng-
liche [a]Gold, das durchs Feuer geläutert
wird, zu Lob, Preis und Ehre, wenn offen-
bart wird Jesus Christus. *a* Spr 17,3; Jes 48,10
8 Ihn habt ihr nicht gesehen und habt ihn
doch lieb; und nun [a]glaubt ihr an ihn,
obwohl ihr ihn nicht seht; ihr werdet euch
aber freuen mit unaussprechlicher und
herrlicher Freude, *a* Joh 20,29; 2. Kor 5,7
9 wenn ihr das Ziel eures Glaubens
erlangt, nämlich der Seelen Seligkeit.
10 ¶Nach dieser Seligkeit [a]haben gesucht
und geforscht die Propheten, die von der
Gnade geweissagt haben, die für euch
bestimmt ist, *a* Lk 10,24
11 und haben geforscht, auf welche und
was für eine Zeit der Geist Christi deu-
tete, der in ihnen war und zuvor bezeugt
hat [a]die Leiden, die über Christus kom-
men sollten, und die Herrlichkeit danach.
a Ps 22; Jes 52,13–53,12
12 Ihnen ist offenbart worden, daß sie
nicht sich selbst, sondern euch dienen soll-
ten mit dem, was euch nun verkündigt ist
durch die, die euch das Evangelium ver-
kündigt haben durch den heiligen Geist,
der vom Himmel gesandt ist, – [a]was auch
die Engel begehren zu schauen. *a* Eph 3,10

Geheiligtes Leben

13 Darum [a]umgürtet die Lenden eures
Gemüts, seid nüchtern und setzt eure
Hoffnung ganz auf die Gnade, die euch
angeboten wird in der Offenbarung Jesu
Christi. *a* Lk 12,35.36
14 [a]Als gehorsame Kinder gebt euch nicht
den Begierden hin, denen ihr früher in der
Zeit eurer Unwissenheit dientet; *a* Röm 12,2
15 sondern wie der, der euch berufen hat,
heilig ist, sollt auch ihr heilig sein in eurem
ganzen Wandel.
16 Denn es steht geschrieben (3. Mose
19,2): »Ihr sollt heilig sein, denn ich bin
heilig.«
17 Und da ihr den als Vater anruft, der
[a]ohne Ansehen der Person einen jeden
richtet nach seinem Werk, so [b]führt euer
Leben, solange ihr hier in der Fremde
weilt, in Gottesfurcht; *a* Röm 2,11 *b* Phil 2,12
18 [a]denn **ihr wißt, daß ihr nicht mit ver-
gänglichem Silber oder Gold erlöst seid von
eurem [b]nichtigen Wandel nach der Väter
Weise,** *a (18 und 19)* 1. Kor 6,20; 7,23 *b* Kap 4,3
19 **sondern mit dem teuren [a]Blut Christi als
eines unschuldigen und unbefleckten [b]Lam-
mes.** *a* Hebr 9,14 *b* Jes 53,7; Joh 1,29

20 Er ist zwar zuvor ausersehen, ehe der Welt Grund gelegt wurde, aber offenbart am Ende der Zeiten um euretwillen,[a]

a Röm 16,25.26

21 die ihr durch ihn glaubt an Gott, der ihn auferweckt hat von den Toten und ihm die Herrlichkeit gegeben, damit ihr Glauben und Hoffnung zu Gott habt.

22 ¶Habt ihr eure Seelen gereinigt im Gehorsam der Wahrheit zu ungefärbter Bruderliebe, so habt euch untereinander beständig lieb aus reinem Herzen.

23 Denn ihr seid [a]wiedergeboren nicht aus vergänglichem, sondern aus unvergänglichem Samen, nämlich [b]aus dem lebendigen Wort Gottes, das da bleibt.

a Joh 1,13; 3,5 *b* Jak 1,18

24 Denn »alles Fleisch ist wie Gras und alle seine Herrlichkeit wie des Grases Blume. [a]Das Gras ist verdorrt und die Blume abgefallen; *a* Jak 1,10.11

25 **aber des Herrn Wort bleibt in Ewigkeit**« (Jesaja 40,6-8). Das ist aber das Wort, welches unter euch verkündigt ist.

Das neue Gottesvolk

2 So [a]legt nun ab alle Bosheit und allen Betrug und Heuchelei und Neid und alle üble Nachrede *a* Jak 1,21

2 und [a]seid begierig nach der vernünftigen lauteren Milch wie die neugeborenen [b]Kindlein, damit ihr durch sie zunehmt zu eurem Heil, *a* Hebr 5,12.13 *b* Mt 18,3

3 da ihr ja geschmeckt habt, daß der Herr freundlich ist.[a] *a* Ps 34,9

4 Zu ihm kommt als zu dem lebendigen [a]Stein, der von den Menschen verworfen ist, aber bei Gott auserwählt und kostbar.

a Ps 118,22; Mt 21,42

5 Und auch ihr [a]als lebendige Steine erbaut euch zum geistlichen Hause und zur heiligen Priesterschaft, zu opfern [b]geistliche Opfer, die Gott wohlgefällig sind durch Jesus Christus.

a Eph 2,21.22; Hebr 3,6 *b* Röm 12,1

6 Darum steht in der Schrift (Jesaja 28,16): »Siehe, ich lege in Zion einen auserwählten, kostbaren Eckstein; und wer an ihn glaubt, der soll nicht zuschanden werden.«

7 Für euch nun, die ihr glaubt, ist er kostbar; für die Ungläubigen aber ist »der Stein, den die Bauleute verworfen haben und der zum Eckstein geworden ist,

8 ein [a]Stein des Anstoßes und ein Fels des Ärgernisses« (Psalm 118,22; Jesaja 8,14); [b]sie stoßen sich an ihm, weil sie nicht an das Wort glauben, wozu sie auch bestimmt sind. *a* Röm 9,33 *b* Lk 2,34

9 **Ihr aber seid das auserwählte Geschlecht, die [a]königliche Priesterschaft, das heilige Volk, das [b]Volk des Eigentums, daß ihr verkündigen sollt die Wohltaten dessen, der euch berufen hat [c]von der Finsternis zu seinem wunderbaren Licht;** *a* 2.Mose 19,6; Jes 43,21; Offb 1,6 *b* 5.Mose 4,20; 7,6 *c* Eph 5,8

10 die ihr einst »nicht ein Volk« wart, nun aber »Gottes Volk« seid, und einst nicht in Gnaden wart, nun aber in Gnaden seid (Hosea 2,25).[a] *a* Röm 9,24-26

Das Verhalten in der Welt

11 Liebe Brüder, ich ermahne euch als [a]Fremdlinge und Pilger: Enthaltet euch von fleischlichen Begierden, die gegen die Seele streiten, *a* Ps 39,13

12 und führt ein rechtschaffenes Leben unter den Heiden, damit die, die euch verleumden als Übeltäter, [a]eure guten Werke sehen und Gott preisen am Tag der Heimsuchung. *a* Mt 5,16

13 ¶[a]Seid untertan aller menschlichen Ordnung um des Herrn willen, es sei dem König als dem Obersten

a Röm 13,1-7; Tit 3,1

14 oder den Statthaltern als denen, die von ihm gesandt sind zur Bestrafung der Übeltäter und zum Lob derer, die Gutes tun.

15 Denn das ist der Wille Gottes, daß ihr mit guten Taten den unwissenden und törichten Menschen das Maul stopft –[a]

a Kap 3,16; Tit 2,8

16 als die [a]Freien, und nicht als hättet ihr die Freiheit zum Deckmantel der Bosheit, sondern als die Knechte Gottes.

a Gal 5,13; 2.Petr 2,19

17 [a]**Ehrt jedermann, habt die Brüder lieb,** [b]**fürchtet Gott, ehrt den König!**

a Röm 12,10 *b* Spr 24,21

Mahnungen an die Sklaven

18 Ihr [a]Sklaven, ordnet euch in aller Furcht den Herren unter, nicht allein den gütigen und freundlichen, sondern auch den wunderlichen. *a* Eph 6,5; Tit 2,9

19 Denn das ist Gnade, wenn jemand vor Gott um des Gewissens willen das Übel erträgt und leidet das Unrecht.

20 Denn was ist das für ein Ruhm, wenn ihr um schlechter Taten willen geschlagen werdet und es geduldig ertragt? Aber

[a]wenn ihr um guter Taten willen leidet
und es ertragt, das ist Gnade bei Gott.
a Kap 3,14; Mt 5,10
21 [a]Denn dazu seid ihr berufen, da auch
Christus gelitten hat für euch und euch
ein Vorbild hinterlassen, daß ihr sollt nach-
folgen seinen Fußtapfen;
a *(21-24)* Kap 3,18; Mt 16,24
22 er, der [a]keine Sünde getan hat und in
dessen Mund sich [b]kein Betrug fand;
a Joh 8,46 *b* Jes 53,9
23 der nicht widerschmähte, als er ge-
schmäht wurde, nicht drohte, als er litt, er
stellte es aber dem anheim, der gerecht
richtet;
24 **der [a]unsre Sünde selbst hinaufgetragen
hat an seinem Leibe [b]auf das Holz, damit
wir, [c]der Sünde abgestorben, der Gerechtig-
keit leben. Durch seine Wunden seid ihr heil
geworden.** *a* 1.Joh 3,5 *b* Gal 3,13 *c* Röm 6,8.11
25 **Denn ihr wart [a]wie die irrenden Schafe;
aber ihr seid nun bekehrt zu dem [b]Hirten
und Bischof eurer Seelen.**
a Jes 53,6 *b* Joh 10,11

Mahnungen an die Frauen und Männer

3 Desgleichen [a]sollt ihr Frauen euch
eurem Männern unterordnen, damit
auch die, die nicht an das Wort glauben,
[b]durch das Leben ihrer Frauen ohne
Worte gewonnen werden,
a Eph 5,22 *b* 1.Kor 7,16
2 wenn sie sehen, wie ihr in Reinheit und
Gottesfurcht lebt.
3 Euer Schmuck soll nicht äußerlich sein
wie Haarflechten, goldene Ketten oder
prächtige Kleider,[a] *a* Jes 3,18-23; 1.Tim 2,9
4 sondern der verborgene Mensch des
Herzens im unvergänglichen Schmuck des
sanften und stillen Geistes: das ist köstlich
vor Gott.
5 Denn so haben sich vorzeiten auch die
heiligen Frauen geschmückt, die ihre Hoff-
nung auf Gott setzten und sich ihren Män-
nern unterordneten,
6 wie Sara Abraham gehorsam war und
ihn [a]Herr nannte; deren Töchter seid ihr
geworden, wenn ihr recht tut und euch
durch nichts beirren laßt. *a* 1.Mose 18,12
7 ¶Desgleichen, ihr Männer, wohnt ver-
nünftig mit ihnen zusammen und gebt
dem weiblichen Geschlecht als dem
schwächeren seine Ehre. Denn auch die
Frauen sind Miterben der Gnade des
Lebens, und euer gemeinsames Gebet soll
nicht behindert werden.[a]
a 1.Kor 7,5; Eph 5,25

Mahnungen an die ganze Gemeinde

8 Endlich aber seid allesamt gleichgesinnt,
mitleidig, brüderlich, barmherzig, demü-
tig.
9 **[a]Vergeltet nicht Böses mit Bösem oder
Scheltwort mit Scheltwort, sondern segnet
vielmehr, weil ihr dazu berufen seid, daß ihr
den Segen ererbt.** *a* 1.Thess 5,15
10 Denn »wer das Leben lieben und gute
Tage sehen will, der [a]hüte seine Zunge,
daß sie nichts Böses rede, und seine Lip-
pen, daß sie nicht betrügen. *a* Jak 1,26
11 Er wende sich ab vom Bösen und tue
Gutes; er suche Frieden und jage ihm
nach.
12 Denn die Augen des Herrn sehen auf
die Gerechten, und seine Ohren hören auf
ihr Gebet; das Angesicht des Herrn aber
steht wider die, die Böses tun« (Psalm
34,13-17).
13 ¶Und wer ist's, der euch schaden könn-
te, wenn ihr dem Guten nacheifert?
14 Und wenn ihr auch [a]leidet um der Ge-
rechtigkeit willen, so seid ihr doch selig.
Fürchtet euch nicht vor ihrem Drohen
und erschreckt nicht; *a* Kap 2,20; Mt 5,10
15 heiligt aber den Herrn Christus in euren
Herzen. **Seid allezeit bereit zur Verantwor-
tung vor jedermann, der von euch Rechen-
schaft fordert über die Hoffnung, die in
euch ist,**
16 und das mit Sanftmut und Gottesfurcht,
und habt ein gutes Gewissen, damit die,
die euch verleumden, zuschanden werden,
wenn sie euren guten Wandel in Christus
schmähen.
17 Denn es ist besser, wenn es Gottes
Wille ist, daß ihr um guter Taten willen
leidet als um böser Taten willen.

Die Herrschaft Christi über alle

18 Denn auch Christus hat **einmal** [a]für die
Sünden gelitten, der Gerechte für die
Ungerechten, damit er euch zu Gott
führte, und ist getötet nach dem Fleisch,
aber lebendig gemacht nach dem Geist.
a Kap 2,21-24
19 In ihm ist er auch hingegangen und hat
[a]gepredigt den Geistern im Gefängnis*,
a Kap 4,6

* Siehe Sach- und Worterklärungen zu »Gefängnis«.

[20]die einst ungehorsam waren, als Gott
harrte und Geduld hatte zur Zeit Noahs,
als man die Arche baute, [a]in der wenige,
nämlich acht Seelen, gerettet wurden
durchs Wasser hindurch.
a 1.Mose 7,7; 2.Petr 2,5
[21]Das ist ein Vorbild der [a]Taufe, die jetzt
auch euch rettet. Denn in ihr wird nicht
der Schmutz vom Leib abgewaschen, sondern wir bitten Gott um [b]ein gutes Gewissen, durch die Auferstehung Jesu Christi,
a Eph 5,26 *b* Hebr 10,22
[22]welcher ist [a]zur Rechten Gottes, aufgefahren gen Himmel, und es sind ihm
untertan die Engel und die Gewaltigen und
die Mächte. *a* Eph 1,20.21

Vom Leiden und Leben des Christen

4 Weil nun Christus im Fleisch gelitten
hat, so wappnet euch auch mit demselben Sinn; denn wer im Fleisch gelitten
hat, der hat aufgehört mit der Sünde,
[2]daß er hinfort die noch übrige Zeit im
Fleisch nicht den Begierden der Menschen, sondern dem Willen Gottes lebe.
[3]Denn es ist genug, daß ihr [a]die vergangene Zeit zugebracht habt nach heidnischem Willen, als ihr ein Leben führtet in
Ausschweifung, Begierden, Trunkenheit,
Fresserei, Sauferei und greulichem Götzendienst. *a* Eph 2,2.3; Tit 3,3
[4]¶Das befremdet sie, daß ihr euch nicht
mehr mit ihnen stürzt in dasselbe wüste,
unordentliche Treiben, und sie lästern;
[5]aber sie werden Rechenschaft geben
müssen dem, [a]der bereit ist, zu richten
die Lebenden und die Toten. *a* 2.Tim 4,1
[6]Denn dazu ist auch [a]den Toten das
Evangelium verkündigt, daß sie zwar nach
Menschenweise gerichtet werden im
Fleisch, aber nach Gottes Weise das Leben
haben im Geist. *a* Kap 3,19
[7]¶Es ist aber nahe gekommen das Ende
aller Dinge.[a] So seid nun besonnen und
nüchtern zum Gebet. *a* 1.Kor 10,11; 1.Joh 2,18
[8]Vor allen Dingen habt untereinander
beständige Liebe; denn »die Liebe [a]deckt
auch der Sünden Menge« (Sprüche 10,12).
a Jak 5,20
[9]Seid [a]gastfrei untereinander ohne Murren. *a* Hebr 13,2
[10]Und **dient einander, ein jeder mit der Gabe, die er empfangen hat, als die guten Haushalter der mancherlei Gnade Gottes:**
[11]wenn jemand predigt, daß er's rede als
Gottes Wort; [a]wenn jemand dient, daß er's
tue aus der Kraft, die Gott gewährt, damit
in allen Dingen Gott gepriesen werde
durch Jesus Christus. Sein ist die Ehre und
Gewalt von Ewigkeit zu Ewigkeit! Amen.
a Röm 12,7

Vom Ausharren in der Verfolgung

[12]Ihr Lieben, laßt euch durch die [a]Hitze
nicht befremden, die euch widerfährt zu
eurer Versuchung, als widerführe euch
etwas Seltsames, *a* Kap 1,6.7
[13]sondern [a]freut euch, daß ihr mit Christus leidet, [b]damit ihr auch zur Zeit der
Offenbarung seiner Herrlichkeit Freude
und Wonne haben mögt.
a Apg 5,41; Jak 1,2 *b* Röm 8,17
[14][a]Selig seid ihr, wenn ihr geschmäht werdet um des Namens Christi willen, denn
[b]der Geist, der ein Geist der Herrlichkeit
und Gottes ist, ruht auf euch.
a Mt 5,11 *b* Eph 1,13
[15]Niemand aber unter euch leide als ein
Mörder oder Dieb oder Übeltäter oder als
einer, der in ein fremdes Amt greift.
[16]Leidet er aber als ein Christ, so schäme
er sich nicht, sondern [a]ehre Gott mit diesem Namen. *a* Phil 1,20
[17]Denn die Zeit ist da, daß das Gericht
[a]anfängt an dem Hause Gottes. Wenn aber
zuerst an uns, was wird es für ein Ende
nehmen mit denen, die dem Evangelium
Gottes nicht glauben? *a* Jer 25,29; Hes 9,6
[18]Und wenn der Gerechte kaum gerettet
wird, wo wird dann der Gottlose und Sünder bleiben?[a] *a* Spr 11,31
[19]Darum sollen auch die, die nach Gottes
Willen leiden, ihm [a]ihre Seelen anbefehlen als dem treuen Schöpfer und Gutes
tun. *a* Ps 31,6

Mahnungen an die Ältesten und die Gemeinde

5 Die Ältesten unter euch ermahne ich,
der [a]Mitälteste und [b]Zeuge der Leiden
Christi, der ich auch [c]teilhabe an der Herrlichkeit, die offenbart werden soll:
a 2.Joh 1 *b* Mt 26,37.69 *c* Röm 8,17
[2][a]Weidet die Herde Gottes, die euch
anbefohlen ist; achtet auf sie, nicht
gezwungen, sondern freiwillig, wie es Gott
gefällt; [b]nicht um schändlichen Gewinns
willen, sondern von Herzensgrund;
a Joh 21,16; Apg 20,28 *b* 1.Tim 3,2-7

3 [a]nicht als Herren über die Gemeinde,
sondern als [b]Vorbilder der Herde.
a Hes 34,2-4; 2.Kor 1,24 *b* Tit 2,7
4 So werdet ihr, wenn erscheinen wird der
[a]Erzhirte, die unvergängliche [b]Krone der
Herrlichkeit empfangen.
a Hebr 13,20 *b* 1.Kor 9,25; 2.Tim 4,8
5 ¶Desgleichen, ihr Jüngeren, [a]ordnet
euch den Ältesten unter.
¶Alle aber miteinander haltet fest an der
Demut; denn [b]**Gott widersteht den Hoch-
mütigen, aber den Demütigen gibt er
Gnade.**
a Eph 5,21 *b* Hiob 22,29; Spr 3,34; Mt 23,12; Jak 4,6
6 So demütigt euch nun unter die gewal-
tige Hand Gottes, damit er euch erhöhe
zu seiner Zeit.[a] *a* Jak 4,10
7 **Alle eure Sorge werft auf ihn; denn er
sorgt für euch.**[a] *a* Ps 55,23; Mt 6,25; Phil 4,6
8 ¶Seid [a]nüchtern und wacht; denn euer
Widersacher, [b]der Teufel, geht umher wie
ein brüllender Löwe und sucht, wen er
verschlinge. *a* 1.Thess 5,6 *b* Lk 22,31; 2.Kor 2,11
9 Dem widersteht, fest im Glauben, und
wißt, daß ebendieselben Leiden über eure
Brüder in der Welt gehen.

Segenswunsch und Grüße

10 Der Gott aller Gnade aber, der euch
berufen hat zu seiner ewigen Herrlichkeit
in Christus Jesus, der wird euch, die ihr
[a]eine kleine Zeit leidet, aufrichten, stär-
ken, kräftigen, gründen. *a* Kap 1,6
11 Ihm sei die Macht von Ewigkeit zu
Ewigkeit! Amen.
12 ¶Durch [a]Silvanus, den treuen Bruder,
wie ich meine, habe ich euch wenige
Worte geschrieben, zu ermahnen und zu
bezeugen, daß das die rechte Gnade
Gottes ist, in der ihr steht. *a* Apg 15,22
13 Es grüßt euch aus Babylon die Ge-
meinde, die mit euch auserwählt ist, und
mein Sohn [a]Markus. *a* 2.Tim 4,11
14 Grüßt euch untereinander mit dem Kuß
der Liebe. Friede sei mit euch allen, die
ihr in Christus seid!

DER ZWEITE BRIEF DES PETRUS

Inhaltsübersicht

1 Simon Petrus, ein Knecht und Apostel
Jesu Christi, an alle, die mit uns densel-
ben teuren Glauben empfangen haben
durch die Gerechtigkeit, die unser Gott
gibt und der Heiland Jesus Christus:
2 ¶Gott gebe euch viel Gnade und Frie-
den durch die Erkenntnis Gottes und Jesu,
unseres Herrn!

Mahnung zu christlichem Leben

3 Alles, was zum Leben und zur Fröm-
migkeit dient, hat uns seine göttliche Kraft
geschenkt durch die Erkenntnis dessen,
[a]der uns berufen hat durch seine Herr-
lichkeit und Kraft. *a* 1.Petr 2,9
4 Durch sie sind uns die teuren und aller-
größten Verheißungen geschenkt, damit
ihr dadurch Anteil bekommt an der göttli-
chen Natur, die ihr entronnen seid der ver-
derblichen Begierde in der Welt.
5 So wendet alle Mühe daran und erweist
in eurem [a]Glauben Tugend und in der
Tugend Erkenntnis *a* Gal 5,6.22
6 und in der Erkenntnis Mäßigkeit und in
der Mäßigkeit Geduld und in der Geduld
Frömmigkeit
7 und in der Frömmigkeit brüderliche
Liebe und in der brüderlichen Liebe die
Liebe zu allen Menschen.[a] *a* Gal 6,10
8 Denn wenn dies alles reichlich bei euch
ist, wird's euch nicht faul und unfruchtbar
sein lassen in der Erkenntnis unseres
Herrn Jesus Christus.
9 Wer dies aber nicht hat, der ist blind
und [a]tappt im Dunkeln und hat vergessen,
daß er rein geworden ist von seinen frühe-
ren Sünden. *a* 1.Joh 2,9.11
10 Darum, liebe Brüder, bemüht euch
desto mehr, eure Berufung und Erwäh-
lung festzumachen. Denn wenn ihr dies
tut, werdet ihr nicht straucheln,
11 und so wird euch reichlich gewährt wer-
den der Eingang in das ewige Reich unse-
res Herrn und Heilands Jesus Christus.
12 ¶Darum will ich's nicht lassen, euch

allezeit daran zu erinnern, obwohl ihr's
wißt und gestärkt seid in der Wahrheit, die
unter euch ist.
13 Ich halte es aber für richtig, solange ich
in dieser [a]Hütte bin, euch zu erwecken
und zu erinnern; *a* 2.Kor 5,1
14 denn ich weiß, daß ich meine Hütte
bald verlassen muß, [a]wie es mir auch
unser Herr Jesus Christus eröffnet hat.
a Joh 21,18.19
15 Ich will mich aber bemühen, daß ihr
dies allezeit auch nach meinem Hinschei-
den im Gedächtnis behalten könnt.

Die Verklärung Jesu und das prophetische Wort

16 Denn wir sind nicht ausgeklügelten
Fabeln gefolgt, als wir euch kundgetan
haben die Kraft und das Kommen unseres
Herrn Jesus Christus; sondern wir haben
seine Herrlichkeit selber gesehen.
17 Denn er empfing von Gott, dem Vater,
Ehre und Preis durch eine Stimme, die zu
ihm kam von der großen Herrlichkeit:
[a]Dies ist mein lieber Sohn, an dem ich
Wohlgefallen habe. *a* Mt 17,5
18 Und diese Stimme haben wir gehört
vom Himmel kommen, als wir mit ihm
waren auf dem heiligen Berge.
19 ¶ **Um so fester haben wir das propheti-
sche Wort, und ihr tut gut daran, daß ihr
darauf achtet als auf ein [a]Licht, das da
scheint an einem dunklen Ort, bis der Tag
anbreche und der Morgenstern aufgehe in
euren Herzen.** *a* Ps 119,105
20 Und das sollt ihr vor allem wissen, daß
keine Weissagung in der Schrift eine Sache
eigener Auslegung ist.
21 Denn es ist noch nie eine Weissagung
aus menschlichem Willen hervorgebracht
worden, sondern [a]getrieben von dem hei-
ligen Geist haben Menschen im Namen
Gottes geredet. *a* 2.Tim 3,16.17

Gottes Gericht über die Irrlehrer

(vgl. Jud 3-19)

2 Es waren aber auch falsche Propheten
unter dem Volk, wie auch unter euch
sein werden [a]falsche Lehrer, die verderb-
liche Irrlehren einführen und verleugnen
den Herrn, der sie erkauft hat; die werden
über sich selbst herbeiführen ein schnelles
Verderben. *a* Mt 24,11; 1.Tim 4,1
2 Und viele werden ihnen folgen in ihren
Ausschweifungen; um ihretwillen wird der
Weg der Wahrheit verlästert werden.
3 Und aus Habsucht werden sie euch mit
erdichteten Worten zu gewinnen suchen.
Das Gericht über sie bereitet sich seit lan-
gem vor, und ihr Verderben schläft nicht.
4 Denn Gott hat selbst die Engel, die
gesündigt haben, nicht verschont, sondern
hat sie mit Ketten der Finsternis in die
Hölle gestoßen und übergeben, damit sie
für das Gericht festgehalten werden;
5 und hat die frühere Welt nicht ver-
schont, sondern [a]bewahrte allein Noah,
den Prediger der Gerechtigkeit, mit sie-
ben andern, als er die [b]Sintflut über die
Welt der Gottlosen brachte;
a 1.Mose 8,18; 1.Petr 3,20 *b* Kap 3,6
6 und [a]hat die Städte Sodom und Go-
morra zu Schutt und Asche gemacht und
zum Untergang verurteilt und damit ein
Beispiel gesetzt den Gottlosen, die her-
nach kommen würden; *a* 1.Mose 19,24.25
7 und hat den gerechten Lot errettet, dem
die schändlichen Leute viel Leid antaten
mit ihrem ausschweifenden Leben.
8 Denn der Gerechte, der unter ihnen
wohnte, mußte alles mit ansehen und
anhören und seine gerechte Seele von Tag
zu Tag quälen lassen durch ihre bösen
Werke.
9 Der Herr [a]weiß die Frommen aus der
Versuchung zu erretten, die Ungerechten
aber festzuhalten für den Tag des Gerichts,
um sie zu strafen, *a* 1.Kor 10,13
10 am meisten aber die, die nach dem
Fleisch leben in unreiner Begierde und
jede Herrschaft verachten. Frech und
eigensinnig, schrecken sie nicht davor
zurück, himmlische Mächte zu lästern,
11 wo doch die Engel, die größere Stärke
und Macht haben, kein Verdammungsur-
teil gegen sie vor den Herrn bringen.
12 ¶ Aber sie sind wie die unvernünftigen
Tiere, die von Natur dazu geboren sind,
daß sie gefangen und geschlachtet werden;
sie lästern das, wovon sie nichts verste-
hen, und werden auch in ihrem verdorbe-
nen Wesen umkommen
13 und den Lohn der Ungerechtigkeit
davontragen. Sie halten es für eine Lust,
am hellen Tag zu schlemmen, sie sind
Schandflecken, schwelgen in ihren Betrü-
gereien, wenn sie mit euch prassen,
14 haben Augen voll Ehebruch, nimmer

satt der Sünde, locken an sich leichtfertige
Menschen, haben ein Herz getrieben von
Habsucht – verfluchte Leute!
15 [a]Sie verlassen den richtigen Weg und
gehen in die Irre und folgen dem Weg
Bileams, des Sohnes Beors, der den Lohn
der Ungerechtigkeit liebte,
a (15 und 16) 4.Mose 22,7-35
16 empfing aber eine Strafe für seine Über-
tretung: das stumme Lasttier redete mit
Menschenstimme und wehrte der Torheit
des Propheten.
17 ¶ Das sind Brunnen ohne Wasser und
Wolken, vom Wirbelwind umhergetrie-
ben, ihr Los ist die dunkelste Finsternis.
18 Denn sie reden stolze Worte, hinter
denen nichts ist, und reizen durch Un-
zucht zur fleischlichen Lust diejenigen, die
kaum entronnen waren denen, die im Irr-
tum ihr Leben führen,
19 und versprechen ihnen [a]Freiheit, ob-
wohl sie selbst Knechte des Verderbens
sind. Denn von wem jemand überwunden
ist, dessen Knecht ist er geworden.
a Gal 5,13; 1.Petr 2,16
20 Denn wenn sie durch die Erkenntnis
unseres Herrn und Heilands Jesus Chri-
stus entflohen sind dem Unrat der Welt,
werden aber wiederum in diesen verstrickt
und von ihm überwunden, dann [a]ist's mit
ihnen am Ende ärger geworden als vor-
her. *a* Mt 12,45
21 Denn es wäre besser für sie gewesen,
daß sie den Weg der Gerechtigkeit nicht
erkannt hätten, als daß sie ihn kennen und
sich abkehren von dem heiligen Gebot,
das ihnen gegeben ist.[a] *a* Lk 12,47.48
22 An ihnen hat sich erwiesen die Wahr-
heit des Sprichworts: [a]Der Hund frißt wie-
der, was er gespien hat; und: Die Sau wälzt
sich nach der Schwemme wieder im
Dreck. *a* Spr 26,11

Gewißheit über das Kommen des Herrn

3 Dies ist nun der zweite Brief, den ich
euch schreibe, ihr Lieben, in welchem
ich euren lauteren Sinn erwecke und [a]euch
erinnere, *a* Kap 1,13
2 daß ihr gedenkt an die Worte, die zuvor
gesagt sind von den heiligen Propheten,
und an das Gebot des Herrn und Heilands,
das verkündet ist durch eure Apostel.
3 Ihr sollt vor allem wissen, daß [a]in den
letzten Tagen Spötter kommen werden,
die ihren Spott treiben, ihren eigenen
Begierden nachgehen *a* 1.Tim 4,1; Jud 18
4 und sagen: [a]Wo bleibt die Verheißung
seines Kommens? Denn nachdem die
Väter entschlafen sind, bleibt es alles, wie
es von Anfang der Schöpfung gewesen
ist. *a* Jes 5,19; Hes 12,22; Mt 24,48
5 Denn [a]sie wollen nichts davon wissen,
daß der Himmel vorzeiten auch war, dazu
die [b]Erde, die aus Wasser und durch Was-
ser Bestand hatte durch Gottes Wort;
a Mt 24,38 *b* 1.Mose 1,2.6.9; Ps 24,2
6 dennoch wurde damals die Welt da-
durch in der Sintflut vernichtet.[a]
a Kap 2,5; 1.Mose 7,21
7 So werden auch der Himmel, der jetzt
ist, und die Erde durch dasselbe Wort auf-
gespart für das Feuer, bewahrt für den Tag
des Gerichts und der Verdammnis der
gottlosen Menschen.
8 ¶ Eins aber sei euch nicht verborgen, ihr
Lieben, daß [a]**ein** Tag vor dem Herrn wie
tausend Jahre ist und tausend Jahre wie
ein Tag. *a* Ps 90,4
9 Der Herr [a]verzögert nicht die Verhei-
ßung, wie es einige für eine Verzögerung
halten; sondern er hat Geduld mit euch
und [b]will nicht, daß jemand verloren
werde, sondern daß jedermann zur Buße
finde. *a* Hab 2,3 *b* 1.Tim 2,4
10 [a]Es wird aber des Herrn Tag kommen
wie ein Dieb; dann [b]werden die Himmel
zergehen mit großem Krachen; die Ele-
mente aber werden vor Hitze schmelzen,
und [c]die Erde und die Werke, die darauf
sind, werden ihr Urteil finden.
a 1.Thess 5,2.3 *b* Mt 24,29; Offb 20,11 *c* Jes 24,19
11 ¶ Wenn nun das alles so zergehen wird,
wie müßt ihr dann dastehen in heiligem
Wandel und frommem Wesen,
12 die ihr das Kommen des Tages Gottes
erwartet und erstrebt, an dem die Himmel
vom Feuer zergehen und die Elemente
vor Hitze zerschmelzen werden.
13 **Wir warten aber auf [a]einen neuen Him-
mel und eine neue Erde nach seiner Verhei-
ßung, [b]in denen Gerechtigkeit wohnt.**
a Jes 65,17; Offb 21,1 *b* Offb 21,27

Folgerung und Ermahnung

14 Darum, meine Lieben, während ihr dar-
auf wartet, seid bemüht, daß ihr vor ihm
unbefleckt und untadelig im Frieden
befunden werdet,[a] *a* 1.Kor 1,7.8
15 und [a]die Geduld unseres Herrn erach-

tet für eure Rettung, wie auch unser lieber Bruder Paulus nach der Weisheit, die ihm gegeben ist, euch geschrieben hat.

a Röm 2,4

16 Davon redet er in allen Briefen, in denen einige Dinge schwer zu verstehen sind, welche die Unwissenden und Leichtfertigen verdrehen, wie auch die andern Schriften, zu ihrer eigenen Verdammnis.

17 ¶Ihr aber, meine Lieben, weil ihr das im voraus wißt, so hütet euch, daß ihr nicht durch den Irrtum dieser ruchlosen Leute samt ihnen verführt werdet und fallt aus eurem festen Stand.

18 Wachset aber in der Gnade und Erkenntnis unseres Herrn und Heilands Jesus Christus. Ihm sei Ehre jetzt und für ewige Zeiten! Amen.

DER ERSTE BRIEF DES JOHANNES

Inhaltsübersicht

Die Grundlage christlicher Gemeinschaft

1 Was [a]von Anfang an war, was wir
gehört haben, was wir [b]gesehen haben
mit unsern Augen, was wir betrachtet
haben und unsre Hände betastet haben,
vom Wort des [c]Lebens –

a Joh 1,1 *b* Joh 1,14 *c* Joh 1,4

2 und das Leben ist erschienen, und wir haben gesehen und bezeugen und verkündigen euch das Leben, das ewig ist, das beim Vater war und uns erschienen ist –,

3 was wir gesehen und gehört haben, das verkündigen wir auch euch, damit auch ihr mit uns Gemeinschaft habt; und unsere Gemeinschaft ist mit dem Vater und mit seinem Sohn Jesus Christus.

4 Und [a]das schreiben wir, damit [b]unsere Freude vollkommen sei.

a Kap 5,13 *b* Joh 15,11; 16,24

Das Leben im Licht

5 Und das ist die Botschaft, die wir von ihm gehört haben und euch verkündigen: [a]Gott ist Licht, und in ihm ist keine Finsternis.

a Jak 1,17

6 Wenn wir sagen, daß wir Gemeinschaft mit ihm haben, und wandeln in der Finsternis, so lügen wir und tun nicht die Wahrheit.[a]

a Kap 2,4

7 Wenn wir aber im Licht wandeln, wie er im Licht ist, so haben wir Gemeinschaft untereinander, und [a]das Blut Jesu, seines Sohnes, macht uns rein von aller Sünde.

a Hebr 9,14; Offb 1,5

8 **Wenn wir sagen, wir haben keine Sünde, so betrügen wir uns selbst, und die Wahrheit ist nicht in uns.**

9 **Wenn wir aber [a]unsre Sünden bekennen, so ist er treu und gerecht, daß er uns die Sünden vergibt und reinigt uns von aller Ungerechtigkeit.**

a Spr 28,13

10 Wenn wir sagen, wir haben nicht gesündigt, so machen wir ihn zum Lügner, und sein Wort ist nicht in uns.[a]

a Röm 3,10-18

Christus der Versöhner

2 Meine Kinder, dies schreibe ich euch,
damit ihr nicht sündigt. Und **wenn
jemand sündigt, so haben wir einen [a]Für-
sprecher bei dem Vater, Jesus Christus, der
gerecht ist.**

a Röm 8,34; Hebr 7,25

2 **Und er ist die [a]Versöhnung für unsre Sünden, nicht allein aber für die unseren, sondern [b]auch für die der ganzen Welt.**

a Kap 4,10; Kol 1,20 *b* Joh 11,51.52

3 Und daran merken wir, daß wir ihn kennen, wenn wir seine Gebote halten.

4 Wer sagt: Ich kenne ihn, und hält seine Gebote nicht, der ist ein Lügner, und in dem ist die Wahrheit nicht.

5 Wer aber sein Wort hält, in dem ist wahrlich die Liebe Gottes vollkommen. Daran erkennen wir, daß wir in ihm sind.[a]

a Joh 14,21.23

6 Wer sagt, daß er in ihm bleibt, der soll auch leben, wie er gelebt hat.[a]

a Joh 13,15; 1.Petr 2,21-23

Die Bruderliebe

7 Meine Lieben, ich schreibe euch nicht
ein neues Gebot, sondern das alte Gebot,
[a] das ihr von Anfang an gehabt habt. Das
alte Gebot ist das Wort, das ihr gehört
habt. *a* Joh 13,34; 2.Joh 5
8 Und doch schreibe ich euch ein neues
Gebot, das wahr ist in ihm und in euch;
denn die Finsternis vergeht, und [a] das
wahre Licht scheint jetzt. *a* Joh 8,12; Röm 13,12
9 Wer sagt, er sei im Licht, und [a] haßt sei-
nen Bruder, der ist noch in der Fin-
sternis. *a* Kap 4,20
10 Wer seinen Bruder liebt, der bleibt im
Licht, und durch ihn kommt niemand zu
Fall.
11 Wer aber seinen Bruder haßt, der ist in
der Finsternis und wandelt in der Fin-
sternis und weiß nicht, wo er hingeht;
denn die Finsternis hat seine Augen ver-
blendet.

Absage an die Welt

12 Liebe Kinder, ich schreibe euch, daß
euch die Sünden vergeben sind um seines
Namens willen.
13 Ich schreibe euch Vätern; denn ihr
kennt den, der [a] von Anfang an ist. Ich
schreibe euch jungen Männern; denn ihr
habt den Bösen überwunden. *a* Joh 1,1
14 Ich habe euch Kindern geschrieben;
denn ihr kennt den Vater. Ich habe euch
Vätern geschrieben; denn ihr kennt den,
der von Anfang an ist. Ich habe euch jun-
gen Männern geschrieben; denn [a] ihr seid
stark, und das Wort Gottes bleibt in euch,
und ihr habt den Bösen überwunden.
a Eph 6,10
15 Habt nicht lieb die Welt noch was in
der Welt ist. [a] Wenn jemand die Welt lieb-
hat, in dem ist nicht die Liebe des
Vaters. *a* Jak 4,4
16 Denn alles, was in der Welt ist, des Flei-
sches Lust und der Augen Lust und hof-
färtiges Leben, ist nicht vom Vater, son-
dern von der Welt.
17 Und **die Welt vergeht mit ihrer Lust; wer
aber den Willen Gottes tut, der bleibt in
Ewigkeit.**

Die Verführung durch den Antichrist

18 Kinder, [a] es ist die letzte Stunde! Und
wie ihr gehört habt, daß [b] der Antichrist
kommt, so sind nun schon viele Antichri-
sten gekommen; daran erkennen wir, daß
es die letzte Stunde ist.
a 1.Petr 4,7 *b* Mt 24,24; 2.Thess 2,3.4
19 Sie sind [a] von uns ausgegangen, aber sie
waren nicht von uns. Denn [b] wenn sie von
uns gewesen wären, so wären sie ja bei
uns geblieben; aber es sollte offenbar wer-
den, daß sie nicht alle von uns sind.
a Apg 20,30 *b* 1.Kor 11,19
20 Doch ihr habt die Salbung von dem,
der heilig ist, und habt alle das Wissen.
21 Ich habe euch nicht geschrieben, als
wüßtet ihr die Wahrheit nicht, sondern ihr
wißt sie und wißt, daß keine Lüge aus der
Wahrheit kommt.
22 Wer ist ein Lügner, wenn nicht der, der
leugnet, daß Jesus der Christus ist? Das
ist der Antichrist, der den Vater und den
Sohn leugnet.
23 [a] Wer den Sohn leugnet, der hat auch
den Vater nicht; [b] wer den Sohn bekennt,
der hat auch den Vater. *a* Joh 5,23 *b* Kap 4,15
24 Was ihr gehört habt von Anfang an, das
bleibe in euch. Wenn in euch bleibt, was
ihr von Anfang an gehört habt, so werdet
ihr auch im Sohn und im Vater bleiben.
25 Und das ist die Verheißung, die er uns
verheißen hat: das ewige Leben.
26 Dies habe ich euch geschrieben von
denen, die euch verführen.
27 Und [a] die Salbung, die ihr von ihm emp-
fangen habt, bleibt in euch, und [b] ihr habt
nicht nötig, daß euch jemand lehrt; son-
dern, wie euch seine Salbung alles lehrt,
so ist's wahr und ist keine Lüge, und wie
sie euch gelehrt hat, so bleibt in ihm.
a Joh 16,13; 2.Kor 1,21.22 *b* Jer 31,34
28 ¶Und nun, Kinder, bleibt in ihm, damit
wir, wenn er offenbart wird, Zuversicht
haben und [a] nicht zuschanden werden vor
ihm, wenn er kommt. *a* Kap 4,17
29 Wenn ihr wißt, daß er gerecht ist, so
erkennt ihr auch, daß, [a] wer recht tut, der
ist von ihm geboren. *a* Kap 3,7.10

Die Herrlichkeit der Gotteskindschaft

3 **Seht, welch eine Liebe hat uns der Vater
erwiesen, daß wir [a] Gottes Kinder heißen
sollen – und wir sind es auch!** Darum kennt
uns die Welt nicht; denn [b] sie kennt ihn
nicht. *a* Joh 1,12 *b* Joh 16,3
2 Meine Lieben, **wir sind schon Gottes
[a] Kinder; es ist aber noch nicht offenbar
geworden, was wir sein werden. Wir wissen
aber: wenn es offenbar wird, [b] werden wir**

ihm gleich sein; denn wir werden ihn sehen,
wie er ist. *a* Röm 8,17 *b* Phil 3,21; Kol 3,4
3 Und ein jeder, der solche Hoffnung auf
ihn hat, der reinigt sich, wie auch jener
rein ist.
4 Wer Sünde tut, der tut auch Unrecht,
und die Sünde ist das Unrecht.
5 Und ihr wißt, daß er erschienen ist, [a]da-
mit er die Sünden wegnehme, und [b]in ihm
ist keine Sünde.
a Jes 53,4-6; Joh 1,29; 1.Petr 2,24 *b* Jes 53,9; Joh 8,46
6 Wer in ihm bleibt, der sündigt nicht;
wer sündigt, der hat ihn nicht gesehen und
nicht erkannt.[a] *a* Röm 6,11.14
7 ¶Kinder, laßt euch von niemandem ver-
führen! [a]Wer recht tut, der ist gerecht, wie
auch jener gerecht ist. *a* Kap 2,29
8 Wer Sünde tut, der ist vom Teufel; denn
[a]der Teufel sündigt von Anfang an. **Dazu**
ist erschienen der Sohn Gottes, daß er die
Werke des Teufels zerstöre. *a* Joh 8,44
9 [a]Wer aus Gott geboren ist, der tut keine
Sünde; denn Gottes Kinder bleiben in ihm
und können nicht sündigen; denn sie sind
von Gott geboren. *a* Kap 5,18
10 Daran wird offenbar, welche die Kinder
Gottes und welche die Kinder des Teufels
sind: Wer nicht recht tut, der ist nicht von
Gott, und wer nicht seinen Bruder lieb-
hat.
11 ¶Denn das ist die Botschaft, die ihr
gehört habt von Anfang an, daß wir uns
untereinander lieben sollen,[a] *a* Joh 13,34
12 nicht wie Kain, der von dem Bösen
stammte und [a]seinen Bruder umbrachte.
Und warum brachte er ihn um? Weil seine
Werke böse waren und die seines Bruders
gerecht. *a* 1.Mose 4,8
13 ¶Wundert euch nicht, meine Brüder,
wenn euch die Welt haßt.[a]
a Mt 5,11; Joh 15,18.19
14 **Wir wissen, daß wir [a]aus dem Tod in das**
Leben gekommen sind; denn wir lieben die
Brüder. Wer nicht liebt, der bleibt im
Tod. *a* Joh 5,24
15 Wer [a]seinen Bruder haßt, der ist ein
Totschläger, und ihr wißt, daß kein Tot-
schläger das ewige Leben bleibend in sich
hat. *a* Mt 5,21.22
16 Daran haben wir die Liebe erkannt, daß
er sein Leben für uns gelassen hat; und
wir sollen auch das Leben für die Brüder
lassen.[a] *a* Joh 15,13
17 Wenn aber jemand dieser Welt Güter
hat und sieht seinen Bruder darben und
[a]schließt sein Herz vor ihm zu, wie bleibt
dann die Liebe Gottes in ihm?[b]
a 5.Mose 15,7 *b* Kap 4,20
18 Meine Kinder, laßt uns nicht lieben mit
Worten noch mit der Zunge, sondern mit
der Tat und mit der Wahrheit.[a]
a Jak 2,15.16
19 **¶Daran erkennen wir, daß wir aus der**
Wahrheit sind, und können unser Herz vor
ihm damit zum Schweigen bringen,
20 **daß, wenn uns unser Herz verdammt,**
Gott größer ist als unser Herz und erkennt
alle Dinge.[a] *a* Lk 15,20-22
21 Ihr Lieben, wenn uns unser Herz nicht
verdammt, so haben wir Zuversicht zu
Gott,
22 und [a]was wir bitten, werden wir von
ihm empfangen; denn wir halten seine
Gebote und tun, was vor ihm wohlgefällig
ist. *a* Mk 11,24
23 Und das ist sein Gebot, daß wir [a]glau-
ben an den Namen seines Sohnes Jesus
Christus und [b]lieben uns untereinander,
wie er uns das Gebot gegeben hat.
a Joh 6,29 *b* Joh 15,17
24 Und wer seine Gebote hält, der bleibt
in Gott und Gott in ihm. Und daran erken-
nen wir, daß er in uns bleibt: [a]an dem
Geist, den er uns gegeben hat.
a Kap 4,13; Röm 8,9

Der Geist der Wahrheit und der Geist des Irrtums

4 Ihr Lieben, glaubt nicht einem jeden
Geist, sondern prüft die Geister, ob sie
von Gott sind; denn es sind viele [a]falsche
Propheten ausgegangen in die Welt.
a Mt 7,15
2 Daran sollt ihr den Geist Gottes erken-
nen: Ein jeder Geist, der bekennt, daß
Jesus Christus in das Fleisch gekommen
ist, der ist von Gott;
3 und ein jeder Geist, der Jesus nicht
bekennt, der ist nicht von Gott. Und das
ist der Geist des Antichrists, von dem ihr
gehört habt, daß er kommen werde, und
er ist jetzt schon in der Welt.
4 Kinder, ihr seid von Gott und habt jene
überwunden; denn der in euch ist, ist grö-
ßer als der, der in der Welt ist.
5 Sie sind von der Welt; darum reden sie,
wie die Welt redet, und die Welt hört
sie.[a] *a* Joh 15,19
6 Wir [a]sind von Gott, und wer Gott
erkennt, der hört uns; wer nicht von Gott

ist, der hört uns nicht. Daran [b]erkennen
wir den Geist der Wahrheit und den Geist
des Irrtums. *a* Joh 8,47 *b* 1.Kor 14,37

Die Liebe Gottes und die Liebe zum Bruder

7 Ihr Lieben, laßt uns einander liebhaben;
denn die Liebe ist von Gott, und wer liebt,
der ist von Gott geboren und kennt Gott.
8 Wer nicht liebt, der kennt Gott nicht;
denn Gott ist die Liebe.
9 **Darin ist erschienen die Liebe Gottes
unter uns, daß Gott seinen eingebornen
Sohn gesandt hat in die Welt, damit wir
durch ihn leben sollen.**[a] *a* Joh 3,16
10 **Darin besteht die Liebe: nicht, daß wir
Gott geliebt haben, sondern daß er uns
geliebt hat und gesandt seinen Sohn zur
Versöhnung für unsre Sünden.**
11 ¶ Ihr Lieben, hat uns Gott so geliebt, so
sollen wir uns auch untereinander lieben.
12 [a]Niemand hat Gott jemals gesehen.
Wenn wir uns untereinander lieben, so
bleibt Gott in uns, und seine Liebe ist in
uns vollkommen. *a* Joh 1,18
13 Daran erkennen wir, daß wir in ihm
bleiben und er in uns, daß er uns von sei-
nem Geist gegeben hat.[a] *a* Kap 3,24
14 Und wir haben gesehen und bezeugen,
daß der Vater den Sohn gesandt hat [a]als
Heiland der Welt. *a* Joh 3,17
15 Wer nun [a]bekennt, daß Jesus Gottes
Sohn ist, in dem bleibt Gott und er in
Gott. *a* Kap 5,5
16 Und wir haben erkannt und geglaubt
die Liebe, die Gott zu uns hat.
**¶ Gott ist die Liebe; und wer in der Liebe
bleibt, der bleibt in Gott und Gott in ihm.**
17 Darin ist die Liebe bei uns vollkom-
men, daß wir [a]Zuversicht haben am Tag
des Gerichts; denn wie er ist, so sind auch
wir in dieser Welt. *a* Kap 2,28
18 **Furcht ist nicht in der Liebe,** sondern
die vollkommene Liebe treibt die Furcht
aus; denn die Furcht rechnet mit Strafe.
Wer sich aber fürchtet, der ist nicht voll-
kommen in der Liebe.
19 **Laßt uns lieben, denn er hat uns zuerst
geliebt.**
20 Wenn jemand spricht: Ich liebe Gott,
und haßt seinen Bruder, der ist ein Lüg-
ner. Denn [a]wer seinen Bruder nicht liebt,
den er sieht, der kann nicht Gott lieben,
den er nicht sieht. *a* Kap 3,17
21 Und **dies Gebot haben wir von ihm, daß,
wer Gott liebt, daß der auch seinen Bruder
liebe.**[a] *a* Mk 12,29-31

Die Kraft des Glaubens

5 Wer glaubt, daß Jesus der Christus ist,
der ist von Gott geboren; und wer den
liebt, der ihn geboren hat, der liebt auch
den, der von ihm geboren ist.
2 Daran erkennen wir, daß wir Gottes
Kinder lieben, wenn wir Gott lieben und
seine Gebote halten.
3 Denn das ist die Liebe zu Gott, daß wir
[a]seine Gebote halten; und seine Gebote
[b]sind nicht schwer. *a* Joh 14,15.23.24 *b* Mt 11,30
4 Denn alles, was von Gott geboren ist,
[a]überwindet die Welt; und **unser Glaube
ist** [b]**der Sieg, der die Welt überwunden hat.**
a Joh 16,33 *b* 1.Kor 15,57
5 Wer ist es aber, der [a]die Welt überwin-
det, wenn nicht der, der glaubt, daß Jesus
Gottes Sohn ist? *a* Kap 4,4

Gottes Zeugnis von seinem Sohn

6 Dieser ist's, der [a]gekommen ist durch
Wasser und Blut, Jesus Christus; nicht im
Wasser allein, sondern im Wasser und im
Blut; und der [b]Geist ist's, der das bezeugt,
denn der Geist ist die Wahrheit.
a Kap 4,2; Mk 1,9; Joh 19,34.35 *b* Joh 1,33
7 Denn drei sind, die das bezeugen:
8 der Geist und das Wasser und das Blut;
und die drei stimmen überein.
9 Wenn wir der Menschen Zeugnis anneh-
men, so ist Gottes Zeugnis doch größer;
denn das ist Gottes Zeugnis, daß er
Zeugnis gegeben hat von seinem Sohn.
10 Wer an den Sohn Gottes glaubt, der hat
dieses Zeugnis in sich. Wer Gott nicht
glaubt, der macht ihn zum Lügner; denn
er glaubt nicht dem Zeugnis, das Gott
gegeben hat von seinem Sohn.[a]
a Joh 3,32-34; Röm 8,16
11 Und das ist das Zeugnis, daß uns Gott
das ewige Leben gegeben hat, und dieses
Leben ist in seinem Sohn.
12 Wer den Sohn hat, der hat das Leben;
wer den Sohn Gottes nicht hat, der hat das
Leben nicht.

Bitte und Fürbitte

13 Das habe ich euch geschrieben, damit
ihr wißt, daß ihr das ewige Leben habt, die
ihr glaubt an den Namen des Sohnes Got-
tes.[a] *a* Joh 20,31

14 Und das ist die Zuversicht, die wir
haben zu Gott: [a]Wenn wir um etwas bit-
ten nach seinem Willen, so hört er uns.
a Joh 14,13
15 Und wenn wir wissen, daß er uns hört,
worum wir auch bitten, so wissen wir, daß
wir erhalten, was wir von ihm erbeten
haben.
16 ¶Wenn jemand seinen Bruder sündi-
gen sieht, eine Sünde nicht zum Tode, so
mag er bitten, und Gott wird ihm das
Leben geben – denen, die nicht sündigen
zum Tode. [a]Es gibt aber eine Sünde zum
Tode; bei der sage ich nicht, daß jemand
bitten soll. a Mk 3,28-30
17 Jede Ungerechtigkeit ist Sünde; aber es
gibt Sünde nicht zum Tode.

Die Bewahrung in Christus

18 Wir wissen, daß, [a]wer von Gott gebo-
ren ist, der sündigt nicht, sondern wer von
Gott geboren ist, den [b]bewahrt er, und der
Böse tastet ihn nicht an. a Kap 3,9 b Joh 17,15
19 Wir wissen, daß wir von Gott sind, und
[a]die ganze Welt liegt im Argen. a Gal 1,4
20 Wir wissen aber, daß der Sohn Gottes
gekommen ist und uns den Sinn dafür
gegeben hat, daß wir den Wahrhaftigen
erkennen. Und wir sind in dem Wahrhafti-
gen, in seinem Sohn Jesus Christus. Die-
ser ist [a]der wahrhaftige Gott und das
ewige Leben. a Joh 17,3
21 ¶Kinder, hütet euch vor den Abgöt-
tern![a] a 1.Kor 10,14

DER ZWEITE BRIEF DES JOHANNES

Inhaltsübersicht

Ermahnung zur Bruderliebe
und Warnung vor Irrlehrern *Vers 1-13*

1 Der Älteste an die auserwählte Herrin
und ihre Kinder, [a]die ich liebhabe in der
Wahrheit, und nicht allein ich, sondern
auch alle, die die Wahrheit erkannt
haben, a 3.Joh 1
2 um der Wahrheit willen, die in uns
bleibt und bei uns sein wird in Ewigkeit:
3 ¶Gnade, Barmherzigkeit, Friede von
Gott, dem Vater, und von Jesus Christus,
dem Sohn des Vaters, sei mit uns in Wahr-
heit und in Liebe!

Leben in Wahrheit und Liebe

4 Ich bin sehr erfreut, daß ich unter dei-
nen Kindern solche gefunden habe, die in
der Wahrheit leben, nach dem Gebot, das
wir vom Vater empfangen haben.
5 Und nun bitte ich dich, Herrin – ich
schreibe dir [a]kein neues Gebot, sondern
das, was wir gehabt haben von Anfang
an –, daß wir uns untereinander lieben.
a 1.Joh 2,7
6 Und das ist die Liebe, daß wir leben
nach seinen Geboten; das ist das Gebot,
wie ihr's gehört habt von Anfang an, daß
ihr darin lebt.

Warnung vor Irrlehrern

7 Denn viele Verführer sind in die Welt
ausgegangen, die nicht bekennen, daß
Jesus Christus in das Fleisch gekommen
ist. Das ist der Verführer und der [a]Anti-
christ. a 1.Joh 2,18; 4,1-3
8 ¶Seht euch vor, [a]daß ihr nicht verliert,
was wir erarbeitet haben, sondern vollen
Lohn empfangt. a Gal 4,11
9 Wer darüber hinausgeht und [a]bleibt
nicht in der Lehre Christi, der hat Gott
nicht; wer in dieser Lehre bleibt, der hat
den Vater und den Sohn. a 1.Joh 2,23
10 Wenn jemand zu euch kommt und
bringt diese Lehre nicht, so [a]nehmt ihn
nicht ins Haus und grüßt ihn auch nicht.
a 2.Thess 3,6
11 Denn wer ihn grüßt, der hat teil an sei-
nen bösen Werken.

Schlußworte

12 Ich hätte euch viel zu schreiben, aber
[a]ich wollte es nicht mit Brief und Tinte
tun, sondern ich hoffe, zu euch zu kom-
men und mündlich mit euch zu reden,
damit unsre Freude vollkommen sei.
a 3.Joh 13
13 Es grüßen dich die Kinder deiner
Schwester, der Auserwählten.

DER DRITTE BRIEF DES JOHANNES

Inhaltsübersicht

Klage über einen herrschsüchtigen Gemeindeleiter *Vers 1-15*

1 Der Älteste an Gajus, den Lieben, [a]den
ich liebhabe in der Wahrheit. a 2.Joh 1
2 ¶ Mein Lieber, ich wünsche, daß es dir
in allen Dingen gutgehe und du gesund
seist, so wie es deiner Seele gutgeht.
3 Denn ich habe mich sehr gefreut, als die
Brüder kamen und Zeugnis gaben von deiner Wahrheit, wie du ja [a]lebst in der Wahrheit. a 2.Joh 4
4 Ich habe keine größere Freude als die,
zu hören, daß meine Kinder in der Wahrheit leben.

Die Gastfreundschaft des Gajus

5 Mein Lieber, du handelst treu in dem,
was du an den Brüdern tust, zumal an
fremden,
6 die deine Liebe bezeugt haben vor der
Gemeinde; und du wirst gut daran tun,
wenn du sie weitergeleitest, wie es würdig
ist vor Gott.[a] a Tit 3,13
7 Denn um seines Namens willen sind sie
ausgezogen und [a]nehmen von den Heiden nichts an. a 1.Kor 9,12
8 Solche [a]sollen wir nun aufnehmen,
damit wir Gehilfen der Wahrheit werden.
a Hebr 13,2

Diotrephes und Demetrius

9 Ich habe der Gemeinde kurz geschrieben; aber Diotrephes, der unter ihnen der
Erste sein will, nimmt uns nicht auf.
10 Darum will ich ihn, wenn ich komme,
erinnern an seine Werke, die er tut; denn
er macht uns schlecht mit bösen Worten
und begnügt sich noch nicht damit: er
selbst nimmt die Brüder nicht auf und hindert auch die, die es tun wollen, und stößt
sie aus der Gemeinde.
11 ¶ Mein Lieber, folge nicht dem Bösen
nach, sondern dem Guten. Wer Gutes tut,
der ist von Gott; wer Böses tut, der hat
Gott nicht gesehen.
12 Demetrius hat ein gutes Zeugnis von
jedermann und von der Wahrheit selbst;
und auch wir sind Zeugen, und du weißt,
daß unser Zeugnis wahr ist.

Schlußworte

13 Ich hätte dir viel zu schreiben; aber [a]ich
wollte nicht mit Tinte und Feder an dich
schreiben. a 2.Joh 12
14 Ich hoffe aber, dich bald zu sehen; dann
wollen wir mündlich miteinander reden.
15 Friede sei mit dir! Es grüßen dich die
Freunde. Grüße die Freunde, jeden mit
Namen.

DER BRIEF AN DIE HEBRÄER

Inhaltsübersicht

1 **Nachdem Gott vorzeiten vielfach und auf vielerlei Weise geredet hat zu den Vätern durch die Propheten,**

2 **hat er in diesen letzten Tagen zu uns geredet durch den Sohn,** den er eingesetzt hat zum [a]Erben über alles, [b]durch den er auch die Welt gemacht hat.

a Ps 2,8 *b* Joh 1,3; Kol 1,16

3 Er ist der Abglanz seiner Herrlichkeit und das [a]Ebenbild seines Wesens und trägt alle Dinge mit seinem kräftigen Wort und [b]hat vollbracht die Reinigung von den Sünden und [c]hat sich gesetzt zur Rechten der Majestät in der Höhe *a* Weish 7,26; 2.Kor 4,4; Kol 1,15 *b* Kap 9,14.26 *c* Mk 16,19

4 und ist [a]so viel höher geworden als die Engel, wie der Name, den er ererbt hat, [b]höher ist als ihr Name.

a 1.Petr 3,22 *b* Phil 2,9

Der Sohn höher als die Engel

5 Denn zu welchem Engel hat Gott jemals gesagt (Psalm 2,7): »Du bist mein Sohn, heute habe ich dich gezeugt«? Und wiederum (2.Samuel 7,14): »Ich werde sein Vater sein, und er wird mein Sohn sein«?

6 Und wenn er den [a]Erstgeborenen wieder einführt in die Welt, spricht er (Psalm 97,7): »Und es sollen ihn alle Engel Gottes anbeten.« *a* Röm 8,29

7 Von den Engeln spricht er zwar (Psalm 104,4): »Er macht seine Engel zu Winden und seine Diener zu Feuerflammen«,

8 aber von dem Sohn (Psalm 45,7.8): »Gott, dein Thron währt von Ewigkeit zu Ewigkeit, und das Zepter der Gerechtigkeit ist das Zepter deines Reiches.

9 Du hast geliebt die Gerechtigkeit und gehaßt die Ungerechtigkeit; darum hat dich, o Gott, dein Gott gesalbt mit Freudenöl wie keinen deinesgleichen.«

10 Und (Psalm 102,26-28): »Du, Herr, hast am Anfang die Erde gegründet, und die Himmel sind deiner Hände Werk.

11 Sie werden vergehen, du aber bleibst. Sie werden alle veralten wie ein Gewand;

12 und wie einen Mantel wirst du sie zusammenrollen, wie ein Gewand werden sie gewechselt werden. Du aber bist derselbe, und deine Jahre werden nicht aufhören.«

13 Zu welchem Engel aber hat er jemals gesagt (Psalm 110,1): »Setze dich zu meiner Rechten, bis ich deine Feinde zum Schemel deiner Füße mache«?

14 Sind sie nicht allesamt [a]dienstbare Geister, ausgesandt zum Dienst um derer willen, die das Heil ererben sollen?

a Ps 34,8; 91,11.12

2 Darum sollen wir desto mehr achten auf das Wort, das wir hören, damit wir nicht am Ziel vorbeitreiben.

2 Denn wenn das Wort fest war, das [a]durch die Engel gesagt ist, und jede Übertretung und jeder Ungehorsam den rechten Lohn empfing, *a* Apg 7,53; Gal 3,19

3 wie wollen wir entrinnen, [a]wenn wir ein so großes Heil nicht achten, das seinen Anfang nahm mit der Predigt des Herrn und bei uns bekräftigt wurde durch die, die es gehört haben? *a* Kap 10,29; 12,25

4 Und Gott hat dazu Zeugnis gegeben durch [a]Zeichen, Wunder und [b]mancherlei mächtige Taten und durch die [c]Austeilung des heiligen Geistes nach seinem Willen. *a* Mk 16,20; 2.Kor 12,12 *b* 1.Kor 12,4-11 *c* Apg 2,1-13; 10,44.45

Die Erniedrigung und Erhöhung Christi

5 Denn nicht den Engeln hat er untertan gemacht die zukünftige Welt, von der wir reden.

6 Es bezeugt aber einer an einer Stelle und spricht (Psalm 8,5-7): »Was ist der Mensch, daß du seiner gedenkst, und des Menschen Sohn, daß du auf ihn achtest?

7 Du hast ihn eine kleine Zeit niedriger sein lassen als die Engel; mit Preis und Ehre hast du ihn gekrönt;

8 alles hast du unter seine Füße getan.« Wenn er ihm alles unter die Füße getan hat, so hat er nichts ausgenommen, was ihm nicht untertan wäre. Jetzt aber sehen wir noch nicht, daß ihm alles untertan ist.

9 Den aber, der »eine kleine Zeit niedriger gewesen ist als die Engel«, Jesus, sehen wir durch das Leiden des Todes »gekrönt mit Preis und Ehre«; denn durch Gottes Gnade sollte er für alle den Tod schmecken.[a] *a* Phil 2,8.9

10 Denn es ziemte sich für den, um dessentwillen alle Dinge sind und durch den alle Dinge sind, daß er den, der viele Söhne zur Herrlichkeit geführt hat, [a]den Anfänger ihres Heils, durch Leiden vollendete. *a* Kap 12,2

11 Denn weil sie alle von **einem** kommen, beide, [a]der heiligt und die geheiligt werden, darum schämt er sich auch nicht, [b]sie Brüder zu nennen,

a Joh 17,19 *b* Mk 3,34.35; Joh 20,17

12 und spricht (Psalm 22,23): »Ich will deinen Namen verkündigen meinen Brüdern und mitten in der Gemeinde dir lobsingen.«

13 Und wiederum (Jesaja 8,17): »Ich will mein Vertrauen auf ihn setzen«; und wiederum (Jesaja 8,18): »Siehe, hier bin ich und die Kinder, die mir Gott gegeben hat.«

14 Weil nun die Kinder von Fleisch und Blut sind, hat auch er's gleichermaßen angenommen, damit er durch seinen Tod [a]die Macht nähme dem, der Gewalt über den Tod hatte, nämlich dem Teufel,

a 2.Tim 1,10; 1.Joh 3,8

15 und die erlöste, die durch Furcht vor dem Tod im ganzen Leben Knechte sein mußten.

16 Denn er nimmt sich nicht der Engel an, sondern der Kinder Abrahams nimmt er sich an.

17 **Daher mußte er in allem [a]seinen Brüdern gleich werden, damit er barmherzig würde und ein treuer Hoherpriester vor Gott, zu sühnen die Sünden des Volkes.**

a Phil 2,7

18 Denn worin er selber gelitten hat und [a]versucht worden ist, kann er helfen denen, die versucht werden. *a* Kap 4,15

Christus höher als Mose

3 Darum, ihr heiligen Brüder, die ihr teilhabt an der himmlischen Berufung, schaut auf den Apostel und [a]Hohenpriester, den wir bekennen, Jesus, *a* Kap 4,14

2 der da treu ist dem, der ihn gemacht hat, wie auch [a]Mose in Gottes ganzem Hause. *a* 4.Mose 12,7

3 Er ist aber größerer Ehre wert als Mose, so wie der Erbauer des Hauses größere Ehre hat als das Haus.

4 Denn jedes Haus wird von jemandem erbaut; der aber alles erbaut hat, das ist Gott.

5 Und Mose zwar war treu in Gottes ganzem Hause als Knecht, zum Zeugnis für das, was später gesagt werden sollte,

6 Christus aber war treu als Sohn über Gottes Haus. [a]Sein Haus sind wir, wenn wir das Vertrauen und den Ruhm der Hoffnung festhalten. *a* Eph 2,19; 1.Petr 2,5

Die verwirkte Gottesruhe

7 Darum, wie der heilige Geist spricht (Psalm 95,7-11): [a]**»Heute, wenn ihr seine Stimme hören werdet,** *a* Kap 4,7

8 **so verstockt eure Herzen nicht,** wie es geschah bei der Verbitterung am Tage der [a]Versuchung in der Wüste,

a 2.Mose 17,7; 4.Mose 20,2-5

9 wo mich eure Väter versuchten und prüften und hatten doch meine Werke gesehen vierzig Jahre lang.

10 Darum wurde ich zornig über dieses Geschlecht und sprach: Immer irren sie im Herzen! Aber sie verstanden meine Wege nicht,

11 so daß ich schwor in meinem Zorn: Sie sollen nicht zu meiner Ruhe kommen.«[a]

a Kap 4,3; 4.Mose 14,21-23

12 ¶Seht zu, liebe Brüder, daß keiner unter euch ein böses, ungläubiges Herz habe, das abfällt von dem lebendigen Gott;

13 sondern [a]ermahnt euch selbst alle Tage, solange es »heute« heißt, daß nicht jemand unter euch verstockt werde durch den Betrug der Sünde. *a* 1.Thess 5,11

14 Denn wir haben an Christus Anteil bekommen, wenn wir die Zuversicht [a]vom Anfang bis zum Ende festhalten.

a Kap 6,11

15 Wenn es heißt: »Heute, wenn ihr seine Stimme hören werdet, so verstockt eure

Herzen nicht, wie es bei der Verbitterung
geschah« -
16 wer hat sie denn gehört und sich verbit-
tert? Waren's nicht alle, die von Ägypten
auszogen mit Mose?
17 Und über wen war Gott zornig vierzig
Jahre lang? War's nicht über die, die sün-
digten und [a]deren Leiber in der Wüste
zerfielen?
a 4.Mose 14,29; 1.Kor 10,10
18 Wem aber schwor er, daß sie nicht zu
seiner Ruhe kommen sollten, wenn nicht
den Ungehorsamen?
19 Und wir sehen, daß sie nicht dahin
kommen konnten wegen des Unglaubens.

Die verheißene Gottesruhe

4 So laßt uns nun mit Furcht darauf ach-
ten, daß keiner von euch etwa zurück-
bleibe, solange die Verheißung noch
besteht, daß wir zu seiner Ruhe kommen.
2 Denn es ist auch uns verkündigt wie
jenen. Aber das Wort der Predigt half
jenen nichts, weil sie nicht glaubten, als
sie es hörten.
3 Denn wir, die wir glauben, gehen ein in
die Ruhe, wie er gesprochen hat (Psalm
95,11): [a]»Ich schwor in meinem Zorn: Sie
sollen nicht zu meiner Ruhe kommen.«
Nun waren ja die Werke von Anbeginn
der Welt fertig;
a Kap 3,11
4 denn so hat er an einer andern Stelle
gesprochen vom siebenten Tag (1.Mose
2,2): »Und Gott ruhte am siebenten Tag
von allen seinen Werken.«
5 Doch an dieser Stelle wiederum: »Sie
sollen nicht zu meiner Ruhe kommen.«
6 ¶Da es nun bestehen bleibt, daß einige
zu dieser Ruhe kommen sollen, und die,
denen es zuerst verkündigt ist, nicht dahin
gekommen sind wegen des Ungehorsams,
7 bestimmt er abermals einen Tag, ein
[a]»Heute«, und spricht nach so langer Zeit
durch David, wie eben gesagt: »Heute,
wenn ihr seine Stimme hören werdet, so
verstockt eure Herzen nicht.«
a Kap 3,7
8 Denn [a]wenn Josua sie zur Ruhe geführt
hätte, würde Gott nicht danach von einem
andern Tag geredet haben.
a 5.Mose 31,7; Jos 22,4
9 **Es ist also noch eine Ruhe vorhanden für**
das Volk Gottes.
10 Denn wer zu Gottes Ruhe gekommen
ist, [a]der ruht auch von seinen Werken so
wie Gott von den seinen.
a Offb 14,13
11 So laßt uns nun bemüht sein, [a]zu die-
ser Ruhe zu kommen, damit nicht jemand
zu Fall komme durch den gleichen Unge-
horsam.
a Kap 3,16-19
12 ¶Denn **das Wort Gottes ist lebendig und**
kräftig und [a]schärfer als jedes zweischnei-
dige Schwert, und dringt durch, bis es schei-
det Seele und Geist, auch Mark und Bein,
und ist ein Richter der Gedanken und Sinne
des Herzens.[b]
a Offb 2,12 *b* Jer 23,29
13 Und kein Geschöpf ist vor ihm verbor-
gen, sondern es ist alles bloß und aufge-
deckt vor den Augen Gottes, dem wir
Rechenschaft geben müssen.

Christus der wahre Hohepriester

14 Weil wir denn einen großen [a]Hohen-
priester haben, Jesus, den Sohn Gottes,
der die Himmel durchschritten hat, so
[b]laßt uns festhalten an dem Bekenntnis.
a Kap 3,1; 9,11.12 *b* Kap 10,23
15 Denn **wir haben nicht einen Hohenprie-**
ster, der nicht könnte mit leiden mit unserer
Schwachheit, sondern der [a]versucht worden
ist in allem wie wir, [b]doch ohne Sünde.
a Kap 2,18 *b* Joh 8,46
16 **Darum laßt uns hinzutreten mit Zuver-**
sicht zu dem Thron der Gnade, damit wir
Barmherzigkeit empfangen und Gnade fin-
den zu der Zeit, wenn wir Hilfe nötig haben.[a]
a Röm 3,25; 5,2

5 Denn jeder Hohepriester, der von den
Menschen genommen wird, der wird
eingesetzt für die Menschen zum Dienst
vor Gott, damit er Gaben und Opfer dar-
bringe für die Sünden.
2 Er kann mitfühlen mit denen, die unwis-
send sind und irren, weil er auch selber
Schwachheit an sich trägt.
3 Darum muß er, wie für das Volk, so
[a]auch für sich selbst opfern für die Sün-
den.
a 3.Mose 9,7
4 Und niemand nimmt sich selbst die
hohepriesterliche Würde, sondern [a]er
wird von Gott berufen wie auch Aaron.
a 2.Mose 28,1
5 So hat auch Christus sich nicht selbst
die Ehre beigelegt, Hoherpriester zu wer-
den, sondern der, der zu ihm gesagt hat
(Psalm 2,7): »Du bist mein Sohn, heute
habe ich dich gezeugt.«
6 Wie er auch an anderer Stelle spricht
(Psalm 110,4): [a]»Du bist ein Priester in
Ewigkeit nach der Ordnung Melchise-
deks.«
a Kap 6,20
7 Und [a]er hat in den Tagen seines irdi-

schen Lebens Bitten und Flehen mit lau-
tem Schreien und mit Tränen dem darge-
bracht, der ihn vom Tod erretten konnte;
und er ist auch erhört worden, weil er Gott
in Ehren hielt. *a* Mt 26,39-46
8 So hat er, obwohl er Gottes Sohn war,
doch an dem, was er litt, [a] Gehorsam
gelernt. *a* Phil 2,8
9 Und als er vollendet war, ist er für alle,
die ihm gehorsam sind, der Urheber des
ewigen Heils geworden,
10 genannt von Gott ein Hoherpriester
nach der Ordnung Melchisedeks.[a] *a* Kap 7

Das Festhalten an der Verheißung

11 Darüber hätten wir noch viel zu sagen;
aber es ist schwer, weil ihr so harthörig
geworden seid.
12 Und ihr, die ihr längst Lehrer sein soll-
tet, habt es wieder nötig, daß man euch
die Anfangsgründe der göttlichen Worte
lehre, und daß man euch [a] Milch gebe und
nicht feste Speise. *a* 1.Kor 3,1-3; 1.Petr 2,2
13 Denn wem man noch Milch geben
muß, der ist unerfahren in dem Wort der
Gerechtigkeit, denn [a] er ist ein kleines
Kind. *a* Eph 4,14
14 Feste Speise aber ist für die Vollkom-
menen, die durch den Gebrauch geübte
Sinne haben und Gutes und Böses unter-
scheiden können.
6 Darum wollen wir jetzt lassen, was am
Anfang über Christus zu lehren ist, und
uns zum Vollkommenen wenden; wir wol-
len nicht abermals den Grund legen mit
der Umkehr von den toten Werken, mit
dem Glauben an Gott,
2 mit der Lehre vom Taufen, vom Hän-
deauflegen, von der Auferstehung der
Toten und vom ewigen Gericht.
3 Das wollen wir tun, wenn Gott es zuläßt.
4 ¶ [a] Denn es ist unmöglich, die, die ein-
mal erleuchtet worden sind und ge-
schmeckt haben die himmlische Gabe und
Anteil bekommen haben am heiligen
Geist und geschmeckt haben
a (4-6) Kap 10,26-29; 2.Petr 2,20
5 das gute Wort Gottes und die Kräfte der
zukünftigen Welt
6 und dann doch abgefallen sind, wieder
zu erneuern zur Buße, da sie für sich
selbst den Sohn Gottes abermals kreuzi-
gen und zum Spott machen.
7 Denn die Erde, die den Regen trinkt,
der oft auf sie fällt, und nützliche Frucht
trägt denen, die sie bebauen, empfängt
Segen von Gott.
8 Wenn sie aber Dornen und Disteln trägt,
bringt sie keinen Nutzen und ist dem
Fluch nahe, so daß man sie zuletzt
abbrennt.
9 ¶ Obwohl wir aber so reden, ihr Lieben,
sind wir doch überzeugt, daß es besser
mit euch steht und ihr gerettet werdet.
10 Denn Gott ist nicht ungerecht, daß er
[a] vergäße euer Werk und die Liebe, die ihr
seinem Namen erwiesen habt, indem ihr
den Heiligen dientet und noch dient.
a Kap 10,32-34
11 Wir wünschen aber, daß jeder von euch
denselben Eifer beweise, [a] die Hoffnung
festzuhalten bis ans Ende,
a Kap 3,14; Phil 1,6
12 damit ihr nicht träge werdet, sondern
Nachfolger derer, die durch Glauben und
Geduld die Verheißungen ererben.
13 ¶ Denn als Gott dem Abraham die Ver-
heißung gab, schwor er bei sich selbst, da
er bei keinem Größeren schwören konnte,
14 und sprach (1.Mose 22,16.17): »Wahr-
lich, ich will dich segnen und mehren.«
15 Und so wartete Abraham in Geduld
und erlangte die Verheißung.
16 Die Menschen schwören ja bei einem
Größeren, als sie selbst sind; und [a] der Eid
dient ihnen zur Bekräftigung und macht
aller Widerrede ein Ende. *a* 2.Mose 22,10
17 Darum hat Gott, als er den Erben
der Verheißung noch kräftiger beweisen
wollte, daß sein Ratschluß nicht wankt,
sich noch mit einem Eid verbürgt.
18 So sollten wir durch zwei Zusagen, die
nicht wanken – denn es ist unmöglich, daß
Gott lügt –, einen starken Trost haben,
die wir unsre Zuflucht dazu genommen
haben, festzuhalten an der angebotenen
Hoffnung.
19 Diese haben wir als einen sicheren und
festen Anker unsrer Seele, der auch hin-
einreicht bis in das Innere [a] hinter dem
Vorhang. *a* 3.Mose 16,2.12
20 Dahinein ist der Vorläufer für uns
gegangen, Jesus, der ein [a] Hoherpriester
geworden ist in Ewigkeit nach der Ord-
nung Melchisedeks. *a* Kap 5,6

Christus, der Hohepriester nach der Ordnung Melchisedeks

7 [a] Dieser Melchisedek aber war König
von Salem, Priester Gottes des Höch-

sten; er ging Abraham entgegen, als der
vom Sieg über die Könige zurückkam, und
segnete ihn; *a (1 und 2)* 1.Mose 14,18-20
2 ihm gab Abraham auch den Zehnten
von allem. Erstens heißt er übersetzt:
König der Gerechtigkeit; dann aber auch:
König von Salem, das ist: König des Frie-
dens.
3 Er ist ohne Vater, ohne Mutter, ohne
Stammbaum, und hat weder Anfang der
Tage noch Ende des Lebens. [a]So gleicht
er dem Sohn Gottes und bleibt Priester in
Ewigkeit. *a* Joh 7,27
4 Seht aber, wie groß der ist, dem auch
Abraham, der Erzvater, den Zehnten gab
von der eroberten Beute.
5 Zwar [a]haben auch die von den Söhnen
Levis, die das Priestertum empfangen,
nach dem Gesetz das Recht, den Zehnten
zu nehmen vom Volk, also von ihren eige-
nen Brüdern, obwohl auch diese von
Abraham abstammen. *a* 4.Mose 18,21
6 Der aber, der nicht von ihrem Stamm
war, der nahm den Zehnten von Abraham
und segnete den, der die Verheißungen
hatte.
7 Nun ist aber unwidersprochen, daß das
Geringere vom Höheren gesegnet wird.
8 Und hier nehmen den Zehnten sterbli-
che Menschen, dort aber einer, dem
bezeugt wird, daß er lebt.
9 Und sozusagen ist auch Levi, der doch
selbst den Zehnten nimmt, in Abraham
mit dem Zehnten belegt worden.
10 Denn er sollte seinem Stammvater ja
erst noch geboren werden, als Melchise-
dek diesem entgegenging.
11 ¶Wäre nun die Vollendung durch das
levitische Priestertum gekommen – denn
unter diesem hat das Volk das Gesetz
empfangen –, wozu war es dann noch
nötig, einen andern als Priester nach der
Ordnung Melchisedeks einzusetzen, an-
statt einen nach der Ordnung Aarons zu
benennen?
12 Denn wenn das Priestertum verändert
wird, dann muß auch das Gesetz verän-
dert werden.
13 Denn der, von dem das gesagt wird, der
ist von einem andern Stamm, von dem nie
einer am Altar gedient hat.
14 Denn es ist ja offenbar, daß unser Herr
[a]aus Juda hervorgegangen ist, zu welchem
Stamm Mose nichts gesagt hat vom Prie-
stertum. *a* 1.Mose 49,10; Mt 1,1-3
15 Und noch klarer ist es, wenn, in glei-
cher Weise wie Melchisedek, ein anderer
als Priester eingesetzt wird,
16 der es nicht geworden ist nach dem
Gesetz äußerlicher Gebote, sondern nach
der Kraft unzerstörbaren Lebens.
17 Denn es wird bezeugt (Psalm 110,4):
[a]»Du bist ein Priester in Ewigkeit nach
der Ordnung Melchisedeks.« *a* Kap 5,6
18 Denn damit wird das frühere Gebot auf-
gehoben – weil es zu schwach und nutzlos
war;
19 denn das Gesetz konnte nichts zur Voll-
endung bringen –, und eingeführt wird
eine bessere Hoffnung, durch die wir uns
zu Gott nahen.
20 Und das geschah nicht ohne Eid. Denn
jene sind ohne Eid Priester geworden,
21 dieser aber durch den Eid dessen, der
zu ihm spricht (Psalm 110,4): »Der Herr
hat geschworen, und es wird ihn nicht
gereuen: Du bist ein Priester in Ewigkeit.«
22 So ist Jesus Bürge eines [a]viel besseren
Bundes geworden. *a* Kap 8,6; 12,24
23 ¶Auch sind es viele, die Priester wur-
den, weil der Tod keinen bleiben ließ;
24 dieser aber hat, weil er ewig bleibt, ein
unvergängliches Priestertum.
25 Daher kann er auch für immer selig
machen, die durch ihn zu Gott kommen;
denn er lebt für immer und [a]bittet für
sie. *a* Röm 8,34; 1.Joh 2,1
26 Denn einen solchen Hohenpriester
mußten wir auch haben, der heilig,
unschuldig, unbefleckt, von den Sündern
geschieden und höher ist als der Himmel.
27 Er hat es nicht nötig, wie jene Hohen-
priester, täglich [a]zuerst für die eigenen
Sünden Opfer darzubringen und dann für
die des Volkes; denn das hat er ein für
allemal getan, als er sich selbst opferte.
a 3.Mose 9,7; 16,6.15
28 Denn das Gesetz macht Menschen zu
Hohenpriestern, die Schwachheit an sich
haben; dies Wort des Eides aber, das erst
nach dem Gesetz gesagt worden ist, setzt
den Sohn ein, der ewig und vollkommen
ist.

Der Mittler des neuen Bundes

8 Das ist nun die Hauptsache bei dem,
wovon wir reden: Wir haben einen sol-
chen [a]Hohenpriester, der da sitzt zur
Rechten des Thrones der Majestät im
Himmel *a* Kap 4,14

2 und ist ein Diener am Heiligtum und an
der wahren Stiftshütte, die Gott aufgerich-
tet hat und nicht ein Mensch.
3 Denn jeder Hohepriester wird einge-
setzt, um Gaben und Opfer darzubringen.
Darum muß auch dieser etwas haben, was
er opfern kann.
4 Wenn er nun auf Erden wäre, so wäre
er nicht Priester, weil da schon solche
sind, die nach dem Gesetz die Gaben op-
fern.
5 Sie dienen aber nur [a]dem Abbild und
Schatten des Himmlischen, wie die göttli-
che Weisung an Mose erging, als er die
Stiftshütte errichten sollte (2.Mose 25,40):
»Sieh zu«, sprach er, »daß du alles machst
nach dem Bilde, das dir auf dem Berge
gezeigt worden ist.« *a* Kol 2,17
6 ¶Nun aber hat er ein höheres Amt emp-
fangen, wie er ja auch der Mittler eines
[a]besseren Bundes ist, der auf bessere Ver-
heißungen gegründet ist. *a* Kap 7,22
7 Denn wenn der erste Bund untadelig
gewesen wäre, würde nicht Raum für
einen andern gesucht.
8 Denn Gott tadelt sie und sagt (Jeremia
31,31-34): »Siehe, es kommen Tage, spricht
der Herr, da will ich mit dem Haus Israel
und mit dem Haus Juda [a]einen neuen
Bund schließen, *a* Kap 10,16.17
9 nicht wie der Bund gewesen ist, [a]den
ich mit ihren Vätern schloß an dem Tage,
als ich sie bei der Hand nahm, um sie aus
Ägyptenland zu führen. Denn sie sind
nicht geblieben in meinem Bund; darum
habe ich auch nicht mehr auf sie geachtet,
spricht der Herr. *a* 2.Mose 19,5.6
10 Denn **das ist der Bund, den ich schließen
will mit dem Haus Israel nach diesen Tagen,
spricht der Herr: Ich will mein Gesetz geben
in ihren Sinn, und in ihr Herz will ich es
schreiben und will ihr Gott sein, und sie
sollen mein Volk sein.**
11 Und es wird keiner seinen Mitbürger
lehren oder seinen Bruder und sagen:
Erkenne den Herrn! Denn sie werden
mich alle kennen von dem Kleinsten an
bis zu dem Größten.
12 Denn ich will gnädig sein ihrer Unge-
rechtigkeit, und ihrer Sünden will ich nicht
mehr gedenken.«
13 Indem er sagt: »einen neuen Bund«,
erklärt er den ersten für veraltet. Was aber
veraltet und überlebt ist, das ist seinem
Ende nahe.[a] *a* Röm 10,4

Das einmalige Opfer Christi

9 Es hatte zwar auch der erste Bund
seine Satzungen für den Gottesdienst
und sein irdisches Heiligtum.
2 Denn es war da aufgerichtet die Stifts-
hütte: der vordere Teil, worin der [a]Leuch-
ter war und der [b]Tisch und die [c]Schau-
brote, und er heißt das Heilige;
a 2.Mose 25,31 *b* 2.Mose 25,23 *c* 2.Mose 25,30
3 hinter dem zweiten Vorhang aber war
der Teil der Stiftshütte, der das [a]Allerhei-
ligste heißt. *a* 2.Mose 26,33
4 [a]Darin waren das goldene Räucherge-
fäß und die Bundeslade, ganz mit Gold
überzogen; in ihr waren der goldene Krug
mit dem Himmelsbrot und der Stab
Aarons, der gegrünt hatte, und die Tafeln
des Bundes.
a (4 und 5) 2.Mose 16,33; 25,10-22; 4.Mose 17,23-25
5 Oben darüber aber waren die Cherubim
der Herrlichkeit, die überschatteten den
Gnadenthron. Von diesen Dingen ist jetzt
nicht im einzelnen zu reden.
6 Da dies alles so eingerichtet war, [a]gin-
gen die Priester allezeit in den vorderen
Teil der Stiftshütte und richteten den Got-
tesdienst aus. *a* 4.Mose 18,3.4
7 In den andern Teil aber ging nur [a]**ein-
mal** im Jahr allein der Hohepriester, und
das nicht ohne [b]Blut, das er opferte für
die unwissentlich begangenen Sünden, die
eigenen und die des Volkes.
a 2.Mose 30,10 *b* 3.Mose 16,2.14.15
8 Damit macht der heilige Geist deutlich,
daß der [a]Weg ins Heilige noch nicht offen-
bart sei, solange der vordere Teil der Stifts-
hütte noch bestehe; *a* Kap 10,20
9 der ist ein Gleichnis für die gegenwär-
tige Zeit: es werden da Gaben und Opfer
dargebracht, [a]die nicht im Gewissen voll-
kommen machen können den, der den
Gottesdienst ausrichtet. *a* Kap 7,19; 10,1.2
10 Dies sind nur äußerliche Satzungen
über [a]Speise und Trank und verschiedene
[b]Waschungen, die bis zu der Zeit einer
besseren Ordnung auferlegt sind.
a 3.Mose 11 *b* 4.Mose 19
11 ¶Christus aber ist gekommen als ein
Hoherpriester der zukünftigen Güter
durch die größere und vollkommenere
Stiftshütte, die nicht mit Händen gemacht
ist, das ist: die nicht von dieser Schöpfung
ist.
12 Er ist auch nicht durch das Blut von

Böcken oder Kälbern, sondern durch sein
eigenes Blut ein für allemal in das Heilig-
tum eingegangen und hat eine ewige Erlö-
sung erworben.
13 Denn wenn schon das Blut von Böcken
und Stieren und die [a]Asche von der Kuh
durch Besprengung die Unreinen heiligt,
so daß sie äußerlich rein sind,
a 4.Mose 19,2.9.17
14 um wieviel mehr wird dann das [a]Blut
Christi, der sich selbst als Opfer ohne Fehl
durch den ewigen Geist Gott dargebracht
hat, unser Gewissen [b]reinigen von den
toten Werken, zu dienen dem lebendigen
Gott! *a* 1.Petr 1,18.19; 1.Joh 1,7; Offb 1,5 *b* Kap 1,3
15 Und darum ist er auch der [a]Mittler des
neuen Bundes, damit durch seinen Tod,
der geschehen ist zur Erlösung von den
Übertretungen unter dem ersten Bund, die
Berufenen das verheißene ewige Erbe
empfangen. *a* Kap 12,24; 1.Tim 2,5
16 ¶ Denn wo ein Testament* ist, da muß
der Tod dessen geschehen sein, der das
Testament gemacht hat.

* Das griechische Wort für »Testament« und »Bund« ist das gleiche.

17 Denn ein Testament tritt erst in Kraft
mit dem Tode; es ist noch nicht in Kraft,
solange der noch lebt, der es gemacht hat.
18 Daher wurde auch der erste Bund nicht
ohne Blut gestiftet.
19 Denn als Mose alle Gebote gemäß dem
Gesetz allem Volk gesagt hatte, nahm er
das Blut von Kälbern und Böcken mit
Wasser und Scharlachwolle und Ysop und
besprengte das Buch und alles Volk[a]
a 4.Mose 19,6
20 und sprach (2. Mose 24,8): »Das ist das
Blut des Bundes, den Gott euch geboten
hat.«
21 Und die Stiftshütte und alle Geräte für
den Gottesdienst [a]besprengte er desglei-
chen mit Blut. *a* 3.Mose 8,15
22 Und es wird fast alles mit Blut gereinigt
nach dem Gesetz, und [a]ohne Blutvergie-
ßen geschieht keine Vergebung.
a 3.Mose 17,11
23 ¶ So also mußten die Abbilder der
himmlischen Dinge gereinigt werden; die
himmlischen Dinge selbst aber müssen
bessere Opfer haben als jene.
24 Denn Christus ist nicht eingegangen in
das Heiligtum, das mit Händen gemacht
und nur ein Abbild des wahren Heiligtums
ist, sondern in den Himmel selbst, um
jetzt [a]für uns vor dem Angesicht Gottes
zu erscheinen; *a* Kap 7,25; 1.Joh 2,1
25 auch nicht, um sich oftmals zu opfern,
wie der Hohepriester alle Jahre mit frem-
dem Blut in das Heiligtum geht;
26 sonst hätte er oft leiden müssen vom
Anfang der Welt an. Nun aber, [a]am Ende
der Welt, ist er ein für allemal erschienen,
durch sein eigenes Opfer [b]die Sünde auf-
zuheben. *a* 1.Kor 10,11; Gal 4,4 *b* Kap 1,3
27 Und wie [a]den Menschen bestimmt ist,
einmal zu sterben, danach aber das
Gericht: *a* 1.Mose 3,19
28 so ist auch Christus **einmal** [a]geop-
fert worden, die Sünden vieler wegzu-
nehmen; zum zweiten Mal wird er nicht
der Sünde wegen erscheinen, sondern
denen, die auf ihn warten, zum Heil.
a Kap 10,10.12.14

10 ¶ Denn das Gesetz hat nur einen
[a]Schatten von den zukünftigen Gü-
tern, nicht das Wesen der Güter selbst.
Deshalb kann es die, die opfern, nicht für
immer vollkommen machen, da man alle
Jahre die gleichen Opfer bringen muß.
a Kap 8,5
2 Hätte nicht sonst das Opfern aufgehört,
wenn die, die den Gottesdienst ausrich-
ten, ein für allemal rein geworden wären
und sich kein Gewissen mehr gemacht
hätten über ihre Sünden?
3 Vielmehr geschieht dadurch [a]alle Jahre
nur eine Erinnerung an die Sünden.
a 3.Mose 16,34
4 Denn es ist unmöglich, durch das Blut
von Stieren und Böcken Sünden wegzu-
nehmen.
5 ¶ Darum spricht er, wenn er in die Welt
kommt (Psalm 40,7-9): »Opfer und Gaben
hast du nicht gewollt; einen Leib aber hast
du mir geschaffen.
6 Brandopfer und Sündopfer gefallen dir
nicht.
7 Da sprach ich: Siehe, ich komme – im
Buch steht von mir geschrieben –, daß ich
tue, Gott, deinen Willen.«
8 Zuerst hatte er gesagt: »Opfer und
Gaben, Brandopfer und Sündopfer hast du
nicht gewollt, sie gefallen dir auch nicht«,
obwohl sie doch nach dem Gesetz ge-
opfert werden.
9 Dann aber sprach er: »Siehe, ich
komme, zu tun deinen Willen.« Da hebt
er das erste auf, damit er das zweite ein-
setze.

10 Nach diesem Willen sind wir [a]geheiligt
ein für allemal durch das Opfer des Leibes
Jesu Christi. *a* Joh 17,19

11 ¶Und jeder Priester steht [a]Tag für Tag
da und versieht seinen Dienst und bringt
oftmals die gleichen Opfer dar, die doch
niemals die Sünden wegnehmen kön-
nen. *a* 2.Mose 29,38

12 Dieser aber hat **ein** Opfer für die Sün-
den dargebracht, und sitzt nun für immer
zur Rechten Gottes

13 und wartet hinfort, bis [a]seine Feinde
zum Schemel seiner Füße gemacht wer-
den. *a* Ps 110,1

14 Denn **mit einem Opfer hat er für im-
mer die vollendet, die geheiligt werden.**

15 Das bezeugt uns aber auch der heilige
Geist. Denn nachdem der Herr gesagt hat
(Jeremia 31,33.34):

16 »Das ist der [a]Bund, den ich mit ihnen
schließen will nach diesen Tagen«, spricht
er: »Ich will mein Gesetz in ihr Herz ge-
ben und in ihren Sinn will ich es schrei-
ben, *a* Kap 8,10

17 und ihrer Sünden und ihrer Ungerech-
tigkeit will ich nicht mehr gedenken.«

18 [a]Wo aber Vergebung der Sünden ist, da
geschieht kein Opfer mehr für die Sünde.
a Kap 8,12

Das Bekenntnis der Hoffnung

19 Weil wir denn nun, liebe Brüder, durch
das Blut Jesu die Freiheit haben zum
[a]Eingang in das Heiligtum,
a Mt 27,51; Röm 5,2

20 den er uns aufgetan hat als neuen und
lebendigen [a]Weg durch den Vorhang, das
ist: durch das Opfer seines Leibes,
a Kap 9,8

21 und haben einen Hohenpriester über
das Haus Gottes,

22 **so [a]laßt uns hinzutreten mit wahrhafti-
gem Herzen in vollkommenem Glauben,
besprengt in unsern Herzen und los von dem
bösen Gewissen und [b]gewaschen am Leib
mit reinem Wasser.**
a Kap 4,16 *b* Eph 5,26; 1.Petr 3,21

23 [a]**Laßt uns festhalten an dem Bekenntnis
der Hoffnung und nicht wanken; denn er ist
treu, der sie verheißen hat;** *a* Kap 4,14

24 und laßt uns aufeinander achthaben
und uns anreizen zur Liebe und zu guten
Werken

25 und nicht verlassen unsre Versammlun-
gen, wie einige zu tun pflegen, sondern
[a]einander ermahnen, und das um so mehr,
als ihr seht, [b]daß sich der Tag naht.
a Kap 3,13 *b* Röm 13,11.12

26 ¶[a]Denn wenn wir mutwillig sündigen,
nachdem wir die Erkenntnis der Wahrheit
empfangen haben, haben wir hinfort kein
andres Opfer mehr für die Sünden,[b]
a (26-29) Kap 6,4-8 *b* 4.Mose 15,30

27 sondern nichts als ein schreckliches
Warten auf das Gericht und das gierige
Feuer, das die Widersacher verzehren
wird.

28 Wenn jemand das Gesetz des Mose
bricht, [a]muß er sterben ohne Erbarmen
auf zwei oder drei Zeugen hin.
a 5.Mose 17,6

29 Eine wieviel härtere Strafe, meint ihr,
wird der verdienen, der den Sohn Gottes
mit Füßen tritt und das Blut des Bundes
für unrein hält, durch das er doch gehei-
ligt wurde, und den Geist der Gnade
schmäht?[a] *a* Kap 2,3; 12,25

30 Denn wir kennen den, der gesagt hat
(5.Mose 32,35.36): »Die Rache ist mein,
ich will vergelten«, und wiederum: »Der
Herr wird sein Volk richten.«

31 Schrecklich ist's, in die Hände des
lebendigen Gottes zu fallen.[a] *a* Kap 12,29

32 ¶Gedenkt aber der früheren Tage, an
denen ihr, [a]nachdem ihr erleuchtet wart,
erduldet habt einen großen Kampf des
Leidens, *a* Kap 6,4

33 indem ihr zum Teil selbst durch Schmä-
hungen und Bedrängnisse zum [a]Schau-
spiel geworden seid, zum Teil Gemein-
schaft hattet mit denen, welchen es so
erging. *a* 1.Kor 4,9

34 Denn ihr habt mit den Gefangenen
gelitten und den Raub eurer Güter mit
Freuden erduldet, weil ihr wißt, daß ihr
[a]eine bessere und bleibende Habe besitzt.
a Mt 6,20; 19,21.29

35 Darum **werft euer Vertrauen nicht weg,
welches eine große Belohnung hat.**

36 [a]**Geduld aber habt ihr nötig, damit ihr
den Willen Gottes tut und das Verheißene
empfangt.** *a* Lk 21,19; Jak 5,7

37 Denn »nur noch eine kleine Weile, so
wird kommen, der da kommen soll, und
wird nicht lange ausbleiben.

38 Mein [a]Gerechter aber wird aus Glau-
ben leben. Wenn er aber zurückweicht,
hat meine Seele kein Gefallen an ihm«
(Habakuk 2,3.4). *a* Röm 1,17

39 Wir aber [a]sind nicht von denen, die

zurückweichen und verdammt werden,
sondern von denen, die glauben und die
Seele erretten. *a* 1.Thess 3,3

Der Glaubensweg im alten Bund

**11 Es ist aber der Glaube eine feste Zu-
versicht auf das, was man hofft, und
ein Nichtzweifeln an dem, was man nicht
sieht.**[a] *a* 2.Kor 5,7
2 Durch diesen Glauben haben die Vor-
fahren Gottes Zeugnis empfangen.
3 Durch den Glauben erkennen wir, daß
[a]die Welt durch Gottes Wort geschaffen
ist, so daß alles, was man sieht, aus nichts
geworden ist. *a* 1.Mose 1,1–2,4; 2.Makk 7,28
4 ¶ Durch den Glauben [a]hat **Abel** Gott ein
besseres Opfer dargebracht als Kain; des-
halb wurde ihm bezeugt, daß er gerecht
sei, da Gott selbst es über seinen Gaben
bezeugte; und durch den Glauben redet
er noch, obwohl er gestorben ist.
a 1.Mose 4,3.4
5 Durch den Glauben [a]wurde **Henoch** ent-
rückt, damit er den Tod nicht sehe, und
wurde nicht mehr gefunden, weil Gott ihn
entrückt hatte; denn vor seiner Entrük-
kung ist ihm bezeugt worden, daß er Gott
gefallen habe. *a* 1.Mose 5,24
6 Aber **ohne Glauben ist's unmöglich, Gott
zu gefallen;** denn wer zu Gott kommen
will, der muß glauben, daß er ist und daß
er denen, die ihn suchen, ihren Lohn gibt.
7 Durch den Glauben [a]hat **Noah** Gott
geehrt und die Arche gebaut zur Rettung
seines Hauses, als er ein göttliches Wort
empfing über das, was man noch nicht
sah; durch den Glauben sprach er der Welt
das Urteil und hat ererbt die Gerechtig-
keit, die durch den Glauben kommt.
a 1.Mose 6,8.9.13-22
8 ¶ [a]Durch den Glauben wurde **Abraham**
gehorsam, als er berufen wurde, in ein
Land zu ziehen, das er erben sollte; und
er zog aus und wußte nicht, wo er hin-
käme. *a (8-12)* 1.Mose 12–21
9 Durch den Glauben ist er ein Fremdling
gewesen in dem verheißenen Lande wie
in einem fremden und wohnte in Zelten
mit Isaak und Jakob, den Miterben dersel-
ben Verheißung.
10 Denn er wartete auf die Stadt, die einen
festen Grund hat, deren Baumeister und
Schöpfer Gott ist.
11 Durch den Glauben empfing auch **Sara,**
die unfruchtbar war, Kraft, Nachkommen
hervorzubringen trotz ihres Alters; denn
sie hielt den für treu, der es verheißen
hatte.
12 Darum sind auch von dem einen, des-
sen Kraft schon erstorben war, so viele
gezeugt worden wie die Sterne am Him-
mel und wie der Sand am Ufer des Mee-
res, der unzählbar ist.
13 Diese alle sind gestorben im Glauben
und haben das Verheißene nicht erlangt,
sondern es nur von ferne gesehen und ge-
grüßt und haben bekannt, daß sie [a]Gä-
ste und Fremdlinge auf Erden sind.
a 1.Mose 23,4; 47,9; 1.Chr 29,15
14 Wenn sie aber solches sagen, geben
sie zu verstehen, daß sie ein Vaterland
suchen.
15 Und wenn sie das Land gemeint hätten,
von dem sie ausgezogen waren, hätten sie
ja Zeit gehabt, wieder umzukehren.
16 Nun aber sehnen sie sich nach einem
besseren Vaterland, nämlich dem himmli-
schen. Darum schämt sich Gott ihrer
nicht, ihr Gott zu heißen; denn er hat
ihnen eine Stadt gebaut.
17 ¶ Durch den Glauben [a]opferte **Abra-
ham** den Isaak, als er versucht wurde, und
gab den einzigen Sohn dahin, als er schon
die Verheißung empfangen hatte
a 1.Mose 22,1-19; Jak 2,21
18 und ihm gesagt worden war (1. Mose
21,12): »Was von Isaak stammt, soll dein
Geschlecht genannt werden.«
19 Er dachte: Gott kann auch von den
Toten erwecken; deshalb bekam er ihn
auch als Gleichnis dafür wieder.
20 ¶ [a]Durch den Glauben segnete **Isaak**
den Jakob und den Esau im Blick auf die
zukünftigen Dinge.
a (20-22) 1.Mose 27,1-40; 48; 50,24-26
21 Durch den Glauben segnete **Jakob,** als
er starb, die beiden Söhne Josefs und
[a]neigte sich anbetend über die Spitze
seines Stabes. *a* 1.Mose 47,31
22 Durch den Glauben redete **Josef,** als er
starb, vom Auszug der Israeliten und
befahl, was mit seinen Gebeinen gesche-
hen solle.
23 ¶ [a]Durch den Glauben wurde **Mose,** als
er geboren war, drei Monate verborgen
von seinen Eltern, weil sie sahen, daß er
ein schönes Kind war; und sie fürchteten
sich nicht vor des Königs Gebot.
a (23-29) 2.Mose 2,1-15; 12,21-23; 14,13-31
24 Durch den Glauben wollte Mose, als er

groß geworden war, nicht mehr als Sohn
der Tochter des Pharao gelten,
[25]sondern wollte viel lieber mit dem Volk
Gottes zusammen mißhandelt werden, als
eine Zeitlang den Genuß der Sünde
haben,
[26]und hielt die Schmach Christi für grö-
ßeren Reichtum als die Schätze Ägyptens;
denn er sah auf die Belohnung.
[27]Durch den Glauben verließ er Ägypten
und fürchtete nicht den Zorn des Königs;
denn er hielt sich an den, den er nicht sah,
als sähe er ihn.
[28]Durch den Glauben hielt er das Passa
und das Besprengen mit Blut, damit der
Verderber ihre Erstgeburten nicht anrühre.
[29]Durch den Glauben gingen sie durchs
Rote Meer wie über trockenes Land; das
versuchten die Ägypter auch und ertran-
ken.
[30]¶[a]Durch den Glauben fielen die
Mauern Jerichos, als Israel sieben Tage
um sie herumgezogen war.
a (30 und 31) Jos 2; 6,1-25
[31]Durch den Glauben kam die [a]Hure
Rahab nicht mit den Ungehorsamen um,
weil sie die Kundschafter freundlich auf-
genommen hatte. *a* Jak 2,25
[32]¶[a]Und was soll ich noch mehr sagen?
Die Zeit würde mir zu kurz, wenn ich
erzählen sollte von Gideon und Barak und
Simson und Jeftah und David und Samuel
und den Propheten. *a (32-34)* Ri 6,11–8,32;
4,4-24; 13,1-16,31; 11,1-12,7; 1.Sam 17; Dan 6
[33]Diese haben durch den Glauben König-
reiche bezwungen, Gerechtigkeit geübt,
Verheißungen erlangt, Löwen den Rachen
gestopft,
[34]des Feuers Kraft ausgelöscht, sind der
Schärfe des Schwerts entronnen, aus der
Schwachheit zu Kräften gekommen, sind
stark geworden im Kampf und haben
fremde Heere in die Flucht geschlagen.
[35]Frauen haben [a]ihre Toten durch Aufer-
stehung wiederbekommen. Andere aber
sind [b]gemartert worden und haben die
Freilassung nicht angenommen, damit sie
die Auferstehung, die besser ist, erlang-
ten. *a* 1.Kön 17,17-24; 2.Kön 4,8-37 *b* 2.Makk 6,18-31; 7
[36]Andere haben Spott und Geißelung
erlitten, dazu [a]Fesseln und Gefängnis.
a 1.Kön 22,27; Jer 20,1-3; 37,11-16
[37]Sie sind [a]gesteinigt, zersägt, durchs
Schwert getötet worden; sie sind umher-
gezogen in Schafpelzen und Ziegenfellen;
sie haben Mangel, Bedrängnis, Mißhand-
lung erduldet. *a* 2.Chr 24,21
[38]Sie, deren die Welt nicht wert war, sind
umhergeirrt in Wüsten, auf Bergen, in
Höhlen und Erdlöchern.
[39]¶Diese alle [a]haben durch den Glauben
Gottes Zeugnis empfangen und doch nicht
erlangt, was verheißen war, *a* Vers 4.5
[40]weil Gott etwas Besseres für uns vorge-
sehen hat; denn sie sollten nicht ohne uns
vollendet werden.

Der Glaubensweg der Christen

12 Darum auch wir: Weil wir eine sol-
che Wolke von Zeugen um uns
haben, [a]laßt uns ablegen alles, was uns
beschwert, und die Sünde, die uns ständig
umstrickt, und **laßt uns laufen mit Geduld
in dem Kampf, der uns bestimmt ist,**
a 1.Kor 9,24
[2]**und aufsehen zu Jesus, dem Anfänger und
Vollender des Glaubens,** der, obwohl er
hätte Freude haben können, das Kreuz
erduldete und die Schande geringachtete
und sich gesetzt hat zur Rechten des
Thrones Gottes.[a] *a* Kap 5,8.9; Phil 2,8.10
[3]Gedenkt an den, der soviel [a]Wider-
spruch gegen sich von den Sündern erdul-
det hat, damit ihr nicht matt werdet und
den Mut nicht sinken laßt.
a Mt 26,67; Lk 2,34
[4]¶Ihr habt noch nicht bis aufs Blut wider-
standen im Kampf gegen die Sünde
[5]und habt bereits den Trost vergessen,
der zu euch redet wie zu seinen Kindern
(Sprüche 3,11.12): »Mein Sohn, achte nicht
gering die Erziehung des Herrn und ver-
zage nicht, wenn du von ihm gestraft wirst.
[6]Denn [a]**wen der Herr liebhat, den züchtigt
er,** und er schlägt jeden Sohn, den er
annimmt.« *a* Offb 3,19
[7]Es dient zu eurer Erziehung, wenn ihr
dulden müßt. Wie mit seinen Kindern
geht Gott mit euch um; denn wo ist ein
Sohn, den der Vater nicht züchtigt?
[8]Seid ihr aber ohne Züchtigung, die doch
alle erfahren haben, so seid ihr Ausgesto-
ßene und nicht Kinder.
[9]Wenn unsre leiblichen Väter uns ge-
züchtigt haben und wir sie doch geachtet
haben, sollten wir uns dann nicht viel
mehr unterordnen dem geistlichen Vater,
damit wir leben?
[10]Denn jene haben uns gezüchtigt für

wenige Tage nach ihrem Gutdünken, die-
ser aber tut es zu unserm Besten, damit
wir an seiner Heiligkeit Anteil erlangen.
11 Jede Züchtigung aber, wenn sie da ist,
scheint uns nicht Freude, sondern Leid zu
sein; danach aber bringt sie als Frucht
denen, die dadurch geübt sind, Frieden
und Gerechtigkeit.[a] a 2.Kor 4,17.18
12 ¶ Darum stärkt die müden Hände und
die wankenden Knie[a] a Jes 35,3
13 und [a]macht sichere Schritte mit euren
Füßen, damit nicht jemand strauchle wie
ein Lahmer, sondern vielmehr gesund
werde. a Spr 4,26.27
14 Jagt dem [a]Frieden nach mit jedermann
und der Heiligung, ohne die niemand den
Herrn sehen wird, a Röm 12,18; 2.Tim 2,22
15 und seht darauf, daß nicht jemand
Gottes Gnade versäume; daß nicht etwa
eine [a]bittere Wurzel aufwachse und Un-
frieden anrichte und viele durch sie unrein
werden; a 5.Mose 29,17
16 daß nicht jemand sei ein Abtrünniger
oder Gottloser wie [a]Esau, der um der
einen Speise willen seine Erstgeburt ver-
kaufte. a 1.Mose 25,33.34
17 Ihr wißt ja, daß er [a]hernach, als er den
Segen ererben wollte, verworfen wurde,
denn er fand keinen Raum zur Buße,
obwohl er sie mit Tranen suchte.
a 1.Mose 27,30-40
18 ¶ Denn ihr seid nicht gekommen zu
dem Berg, den man anrühren konnte und
der mit Feuer brannte, und nicht in Dun-
kelheit und Finsternis und Ungewitter[a]
a 2.Mose 19,12.16.18; 5.Mose 4,11
19 und nicht zum Schall der Posaune und
zum Ertönen der Worte, bei denen [a]die
Hörer baten, daß ihnen keine Worte mehr
gesagt würden; a 2.Mose 20,19
20 denn sie konnten's nicht ertragen, was
da gesagt wurde (2. Mose 19,13): »Und
auch wenn ein Tier den Berg anrührt, soll
es gesteinigt werden.«
21 Und so schrecklich war die Erschei-
nung, daß Mose sprach (5. Mose 9,19):
»Ich bin erschrocken und zittere.«
22 Sondern ihr seid gekommen zu dem
Berg Zion und zu der Stadt des lebendi-
gen Gottes, dem [a]himmlischen Jerusalem,
und zu den [b]vielen tausend Engeln, und
zu der Versammlung
a Gal 4,26; Eph 2,6; Phil 3,20; Offb 21,2 b Offb 5,11
23 und Gemeinde der Erstgeborenen, die
[a]im Himmel aufgeschrieben sind, und zu
Gott, dem Richter über alle, und zu den
Geistern der vollendeten Gerechten
a Lk 10,20
24 und zu dem [a]Mittler des neuen Bun-
des, Jesus, und zu dem Blut der Bespren-
gung, das besser [b]redet als Abels Blut.
a Kap 9,15 b 1.Mose 4,10
25 ¶ Seht zu, daß ihr den nicht abweist,
der da redet. Denn wenn jene nicht ent-
ronnen sind, die den abwiesen, der auf
Erden redete, wieviel weniger werden wir
entrinnen, wenn wir den abweisen, der
vom Himmel redet.[a] a Kap 2,2; 10,28.29
26 Seine Stimme hat zu jener Zeit die Erde
erschüttert, jetzt aber verheißt er und
spricht (Haggai 2,6): »Noch einmal will ich
erschüttern nicht allein die Erde, sondern
auch den Himmel.«
27 Dieses »Noch einmal« aber zeigt an,
daß das, was erschüttert werden kann, weil
es geschaffen ist, verwandelt werden soll,
damit allein das bleibe, was nicht erschüt-
tert werden kann.
28 Darum, weil wir ein unerschütterliches
Reich empfangen, laßt uns dankbar sein
und so Gott dienen mit Scheu und Furcht,
wie es ihm gefällt;
29 denn unser Gott ist ein verzehrendes
Feuer.[a] a Kap 10,31; 5.Mose 4,24

Letzte Ermahnungen

13 Bleibt fest in der [a]brüderlichen
Liebe. a Joh 13,34; 2.Petr 1,7
2 [a]Gastfrei zu sein vergeßt nicht; denn
dadurch haben einige ohne ihr Wissen
[b]Engel beherbergt.
a Röm 12,13; 1.Petr 4,9; 3.Joh 5-8 b 1.Mose 18,2.3; 19,2.3
3 Denkt an die [a]Gefangenen, als wärt ihr
Mitgefangene, und an die Mißhandelten,
weil ihr auch noch im Leibe lebt.
a Mt 25,36
4 ¶ Die Ehe soll in Ehren gehalten wer-
den bei allen und das Ehebett unbefleckt;
denn die Unzüchtigen und die Ehebrecher
wird Gott richten.
5 ¶ Seid nicht geldgierig, und [a]laßt euch
genügen an dem, was da ist. Denn der
Herr hat gesagt (Josua 1,5): »Ich will dich
nicht verlassen und nicht von dir wei-
chen.« a 1.Tim 6,6
6 So können auch wir getrost sagen
(Psalm 118,6): »Der Herr ist mein Helfer,
ich will mich nicht fürchten; was kann
mir ein Mensch tun?«

7¶Gedenkt an eure Lehrer, die euch das
Wort Gottes gesagt haben; ihr Ende schaut
an und folgt ihrem Glauben nach.
8**Jesus Christus gestern und heute und
derselbe auch in Ewigkeit.**[a]
a Jes 41,4; 1.Kor 3,11; Offb 1,17.18; 22,13
9Laßt euch nicht [a]durch mancherlei und
fremde Lehren umtreiben, denn **es ist ein
köstlich Ding, daß das Herz [b]fest werde,
welches geschieht durch Gnade,** [c]nicht
durch Speisegebote, von denen keinen
Nutzen haben, die damit umgehen.
a Eph 4,14 *b* 2.Kor 1,21 *c* Röm 14,17; 1.Tim 4,8
10Wir haben einen Altar, von dem zu
essen kein Recht haben, die der Stiftshütte
dienen.
11Denn die Leiber der Tiere, deren Blut
durch den Hohenpriester als Sündopfer in
das Heilige getragen wird, werden [a]außer-
halb des Lagers verbrannt. *a* 3.Mose 16,27
12Darum hat auch Jesus, damit er das
Volk heilige durch sein eigenes Blut, gelit-
ten [a]draußen vor dem Tor.
a Mt 21,39; Joh 19,17
13So laßt uns nun zu ihm hinausgehen
aus dem Lager und seine [a]Schmach tra-
gen. *a* Kap 11,26; 12,2
14Denn **wir haben hier keine bleibende
Stadt, sondern [a]die zukünftige suchen wir.**
a Kap 11,10; 12,22
15So laßt uns nun durch ihn Gott allezeit
[a]das Lobopfer darbringen, das ist die
[b]Frucht der Lippen, die seinen Namen
bekennen. *a* Ps 50,14.23 *b* Hos 14,3
16**Gutes zu tun und mit andern zu teilen,
vergeßt nicht; denn solche Opfer gefallen
Gott.**
17[a]Gehorcht euren Lehrern und folgt
ihnen, denn sie wachen über eure Seelen
– und dafür müssen sie [b]Rechenschaft
geben –, damit sie das mit Freuden tun
und nicht mit Seufzen; denn das wäre
nicht gut für euch. *a* 1.Thess 5,12 *b* Hes 3,17-19
18¶[a]Betet für uns. Unser Trost ist, daß
wir [b]ein gutes Gewissen haben, und wir
wollen in allen Dingen ein ordentliches
Leben führen. *a* Röm 15,30 *b* 2.Kor 1,11.12
19Um so mehr aber ermahne ich euch,
dies zu tun, damit ich euch möglichst bald
wiedergegeben werde.

Segenswunsch und Grüße

20Der Gott des Friedens aber, der den
großen [a]Hirten der Schafe, unsern Herrn
Jesus, von den Toten heraufgeführt hat
durch das Blut des ewigen Bundes,
a Joh 10,11; 1.Petr 2,25
21der mache euch tüchtig in allem Guten,
zu tun seinen Willen, und schaffe in uns,
was ihm gefällt, durch Jesus Christus, wel-
chem sei Ehre von Ewigkeit zu Ewigkeit!
Amen.
22¶Ich ermahne euch aber, liebe Brüder,
nehmt dies Wort der Ermahnung an; ich
habe euch ja nur kurz geschrieben.
23Wißt, daß unser Bruder Timotheus wie-
der frei ist; mit ihm will ich euch, wenn er
bald kommt, besuchen.
24Grüßt alle eure Lehrer und alle Heili-
gen. Es grüßen euch die Brüder aus Ita-
lien.
25Die Gnade sei mit euch allen!

DER BRIEF DES JAKOBUS

Inhaltsübersicht

1 Jakobus, ein Knecht Gottes und des
Herrn Jesus Christus, an die zwölf
Stämme in der Zerstreuung: Gruß zuvor!

Der Christ in der Anfechtung

2 Meine lieben Brüder, erachtet es für lau-
ter Freude, wenn ihr in mancherlei An-
fechtungen fallt,[a] *a* Röm 5,3-5; 1.Petr 4,13
3 und wißt, daß euer Glaube, wenn er
bewährt ist, Geduld wirkt.
4 Die Geduld aber soll ihr Werk tun bis
ans Ende, damit ihr vollkommen und
unversehrt seid und kein Mangel an euch
sei.
5 ¶Wenn es aber jemandem unter euch
an Weisheit mangelt, so bitte er Gott, [a]der
jedermann gern gibt und niemanden
schilt; so wird sie ihm gegeben werden.
a Kap 3,15; Spr 2,3-6
6 Er [a]bitte aber im Glauben und zweifle
nicht; denn [b]wer zweifelt, der gleicht einer
Meereswoge, die vom Winde getrieben
und bewegt wird. *a* Mk 11,24 *b* 1.Tim 2,8
7 Ein solcher Mensch denke nicht, daß er
etwas von dem Herrn empfangen werde.
8 Ein Zweifler ist unbeständig auf allen
seinen Wegen.
9 ¶Ein Bruder aber, der niedrig ist, rühme
sich seiner Höhe;[a] *a* Kap 2,5
10 [a]wer aber reich ist, rühme sich seiner
Niedrigkeit, denn [b]wie eine Blume des
Grases wird er vergehen.
a 1.Tim 6,17 *b* 1.Petr 1,24
11 Die Sonne geht auf mit ihrer Hitze, und
[a]das Gras verwelkt, und die Blume fällt
ab, und ihre schöne Gestalt verdirbt: so
wird auch der Reiche dahinwelken in dem,
was er unternimmt. *a* Jes 40,6.7
12 ¶**Selig ist der Mann, der die Anfechtung
erduldet; denn nachdem er bewährt ist, wird
er die [a]Krone des Lebens empfangen, die
Gott verheißen hat denen, die ihn lieb-
haben.** *a* 2.Tim 4,8

Der Ursprung der Versuchung

13 Niemand sage, wenn er versucht wird,
daß er von Gott versucht werde. Denn
Gott kann nicht versucht werden zum
Bösen, und er selbst versucht niemand.
14 [a]Sondern ein jeder, der versucht wird,
wird [b]von seinen eigenen Begierden
gereizt und gelockt.
a (14 und 15) 1.Mose 3,6 *b* Röm 7,7.8
15 Danach, wenn die Begierde empfangen
hat, gebiert sie die Sünde; die Sünde aber,
wenn sie vollendet ist, [a]gebiert den Tod.
a Röm 7,10
16 Irrt euch nicht, meine lieben Brüder.
17 **Alle [a]gute Gabe und alle vollkommene
Gabe kommt von oben herab, von dem [b]Va-
ter des Lichts, bei dem keine Veränderung
ist noch Wechsel des Lichts und der Fin-
sternis.** *a* Mt 7,11 *b* 1.Joh 1,5
18 Er hat uns [a]geboren nach seinem Wil-
len durch das Wort der Wahrheit, damit
wir Erstlinge seiner Geschöpfe seien.
a Joh 1,13; 1.Petr 1,23

Hörer und Täter des Wortes

19 Ihr sollt wissen, meine lieben Brüder:
ein jeder Mensch sei [a]schnell zum Hören,
langsam zum Reden, langsam zum Zorn.
a Spr 29,20; Pred 5,1.2; 7,9
20 Denn [a]des Menschen Zorn tut nicht,
was vor Gott recht ist. *a* Spr 29,22; Eph 4,26
21 Darum [a]legt ab alle Unsauberkeit und
alle Bosheit und nehmt das Wort an mit
Sanftmut, das in euch gepflanzt ist und
Kraft hat, eure Seelen selig zu machen.
a 1.Petr 2,1
22 [a]**Seid aber Täter des Worts und nicht
Hörer allein;** sonst betrügt ihr euch
selbst. *a* Mt 7,21; Röm 2,13
23 Denn wenn jemand ein Hörer des
Worts ist und nicht ein Täter, der gleicht
einem Mann, der sein leibliches Angesicht
im Spiegel beschaut;
24 denn nachdem er sich beschaut hat,

geht er davon und vergißt von Stund an,
wie er aussah.
25 Wer aber durchschaut in das vollkom-
mene [a]Gesetz der Freiheit und dabei
beharrt und ist nicht ein vergeßlicher
Hörer, sondern ein Täter, [b]der wird selig
sein in seiner Tat.

a Kap 2,12; Röm 8,2 *b* Joh 13,17

26 Wenn jemand meint, er diene Gott, und
[a]hält seine Zunge nicht im Zaum, son-
dern betrügt sein Herz, so ist sein Gottes-
dienst nichtig. *a* 1.Petr 3,10
27 Ein reiner und unbefleckter Gottes-
dienst vor Gott, dem Vater, ist der: die
Waisen und Witwen in ihrer Trübsal besu-
chen und sich selbst von der Welt unbe-
fleckt halten.

Kein Ansehen der Person in der Gemeinde

2 Liebe Brüder, haltet den Glauben an
Jesus Christus, unsern Herrn der Herr-
lichkeit, frei von allem Ansehen der Per-
son.
2 Denn wenn in eure Versammlung ein
Mann käme mit einem goldenen Ring und
in herrlicher Kleidung, es käme aber auch
ein Armer in unsauberer Kleidung,
3 und ihr sähet auf den, der herrlich
gekleidet ist, und sprächet zu ihm: Setze
du dich hierher auf den guten Platz! und
sprächet zu dem Armen: Stell du dich
dorthin! oder: Setze dich unten zu mei-
nen Füßen!,
4 ist's recht, daß ihr solche Unterschiede
bei euch macht und urteilt mit bösen
Gedanken?
5 ¶ Hört zu, meine lieben Brüder! Hat
nicht Gott [a]erwählt die Armen in der
Welt, die [b]im Glauben reich sind und
Erben des Reichs, das er verheißen hat
denen, die ihn liebhaben?

a 1.Kor 1,26; 11,22 *b* Lk 12,21

6 Ihr aber habt dem Armen Unehre ange-
tan. Sind es nicht die Reichen, die Gewalt
gegen euch üben und euch vor Gericht
ziehen?
7 Verlästern sie nicht den guten [a]Namen,
der über euch genannt ist? *a* 1.Petr 4,14
8 Wenn ihr das königliche Gesetz erfüllt
nach der Schrift (3. Mose 19,18): »Liebe
deinen Nächsten wie dich selbst«, so tut
ihr recht;
9 wenn ihr aber [a]die Person anseht, tut
ihr Sünde und werdet überführt vom
Gesetz als Übertreter. *a* 5.Mose 1,17
10 Denn wenn jemand das ganze Gesetz
hält und sündigt gegen ein einziges Gebot,
der ist am ganzen Gesetz schuldig.[a]

a Mt 5,19

11 Denn der gesagt hat (2. Mose 20,13.14):
»Du sollst nicht ehebrechen«, der hat auch
gesagt: »Du sollst nicht töten.« Wenn du
nun nicht die Ehe brichst, tötest aber, bist
du ein Übertreter des Gesetzes.
12 Redet so und handelt so wie Leute, die
durchs Gesetz der Freiheit gerichtet wer-
den sollen.
13 Denn es wird ein unbarmherziges
Gericht über den ergehen, [a]der nicht
Barmherzigkeit getan hat; Barmherzigkeit
aber triumphiert über das Gericht.

a Mt 5,7; 18,30.34; 25,45.46

Glaube ohne Werke ist tot

14 [a]Was hilft's, liebe Brüder, [b]wenn je-
mand sagt, er habe Glauben, und hat doch
keine Werke? Kann denn der Glaube
ihn selig machen?

a (14-26) Röm 3,21-31 *b* Mt 7,21

15 Wenn ein Bruder oder eine Schwester
Mangel hätte an Kleidung und an der täg-
lichen Nahrung
16 und jemand unter euch spräche zu
ihnen: Geht hin in Frieden, wärmt euch
und sättigt euch!, ihr gäbet ihnen aber
nicht, was der Leib nötig hat – was könnte
ihnen das helfen?[a] *a* 1.Joh 3,18
17 **So ist auch der Glaube, wenn er nicht
Werke hat, tot in sich selber.**
18 ¶ Aber es könnte jemand sagen: Du
hast Glauben, und ich habe Werke. Zeige
mir deinen Glauben ohne die Werke, so
[a]will ich dir meinen Glauben zeigen aus
meinen Werken. *a* Gal 5,6
19 Du glaubst, daß nur einer Gott ist? Du
tust recht daran; die Teufel glauben's auch
und zittern.
20 Willst du nun einsehen, du törichter
Mensch, daß der Glaube ohne Werke
nutzlos ist?
21 Ist nicht Abraham, unser Vater, durch
Werke gerecht geworden, als er seinen
Sohn Isaak auf dem Altar opferte?[a]

a 1.Mose 22,1-19; Hebr 11,17; Röm 4,2.3

22 Da siehst du, daß der Glaube zusam-
mengewirkt hat mit seinen Werken, und
durch die Werke ist der Glaube vollkom-
men geworden.
23 So ist die Schrift erfüllt, die da spricht
(1. Mose 15,6): »Abraham hat Gott ge-

glaubt, und das ist ihm zur Gerechtigkeit
gerechnet worden«, und er wurde »ein
Freund Gottes« genannt (Jesaja 41,8).
24 So seht ihr nun, daß der Mensch durch
Werke gerecht wird, nicht durch Glauben
allein.
25 Desgleichen die [a] Hure Rahab, ist sie
nicht durch Werke gerecht geworden, als
sie [b] die Boten aufnahm und ließ sie auf
einem andern Weg hinaus?

a Hebr 11,31 *b* Jos 2

26 Denn wie der Leib ohne Geist tot ist,
so ist auch der Glaube ohne Werke tot.

Die Macht der Zunge

3 Liebe Brüder, nicht jeder von euch soll
ein Lehrer werden; und wißt, daß wir
ein desto strengeres Urteil empfangen werden.
2 Denn wir verfehlen uns alle mannigfaltig.
Wer sich aber im Wort nicht verfehlt,
der ist ein vollkommener Mann und
kann auch den ganzen Leib im Zaum halten.
3 Wenn wir den Pferden den Zaum ins
Maul legen, damit sie uns gehorchen, so
lenken wir ihren ganzen Leib.
4 Siehe, auch die Schiffe, obwohl sie so
groß sind und von starken Winden getrieben
werden, werden sie doch gelenkt mit
einem kleinen Ruder, wohin der will, der
es führt.
5 So ist auch die Zunge ein kleines Glied
und richtet große Dinge an. Siehe, ein
kleines Feuer, welch einen Wald zündet's
an!
6 Auch die Zunge ist ein [a] Feuer, eine Welt
voll Ungerechtigkeit. So ist die Zunge
unter unsern Gliedern: sie befleckt den
ganzen Leib und zündet die ganze Welt an
und ist selbst von der Hölle entzündet.[b]

a Spr 16,27 *b* Mt 12,36.37; 15,11.18

7 Denn jede Art von Tieren und Vögeln
und Schlangen und Seetieren wird gezähmt
und ist gezähmt vom Menschen,
8 aber die Zunge kann kein Mensch zähmen,
das unruhige Übel, voll tödlichen
Giftes.
9 [a] Mit ihr loben wir den Herrn und Vater,
und mit ihr fluchen wir den Menschen,
[b] die nach dem Bilde Gottes gemacht
sind. *a (9 und 10)* Ps 141,3 *b* 1.Mose 1,26.27
10 Aus **einem** Munde kommt Loben und
Fluchen. Das soll nicht so sein, liebe Brüder.[a]
a Eph 4,29
11 Läßt auch die Quelle aus **einem** Loch
süßes und bitteres Wasser fließen?
12 Kann auch, liebe Brüder, ein Feigenbaum
Oliven oder ein Weinstock Feigen
tragen? So kann auch eine salzige Quelle
nicht süßes Wasser geben.

Die Weisheit von oben

13 Wer ist weise und klug unter euch? Der
zeige mit seinem guten Wandel seine
Werke in Sanftmut und Weisheit.
14 Habt ihr aber bittern Neid und Streit in
eurem Herzen, so rühmt euch nicht und
lügt nicht der Wahrheit zuwider.
15 Das ist nicht die Weisheit, die [a] von
oben herabkommt, sondern sie ist irdisch,
niedrig und teuflisch. *a* Kap 1,5
16 Denn wo Neid und Streit ist, da sind
Unordnung und lauter böse Dinge.
17 Die Weisheit aber von oben her ist
zuerst lauter, dann friedfertig, gütig, läßt
sich etwas sagen, ist reich an Barmherzigkeit
und guten Früchten, unparteiisch,
ohne Heuchelei.
18 Die [a] Frucht der Gerechtigkeit aber wird
gesät in Frieden für die, die [b] Frieden stiften.
a Phil 1,11 *b* Mt 5,9

Warnung vor Unfriede und Wankelmut

4 Woher kommt der Kampf unter euch,
woher der Streit? Kommt's nicht daher,
daß in euren Gliedern die Gelüste gegeneinander
streiten?
2 Ihr seid begierig und erlangt's nicht; ihr
mordet und neidet und gewinnt nichts;
[a] ihr streitet und kämpft und habt nichts,
weil ihr nicht bittet; *a* Gal 5,15
3 ihr bittet und empfangt nichts, weil ihr
in übler Absicht bittet, nämlich damit ihr's
für eure Gelüste vergeuden könnt.
4 ¶ Ihr Abtrünnigen, wißt ihr nicht, daß
[a] Freundschaft mit der Welt Feindschaft
mit Gott ist? Wer der Welt Freund sein
will, der wird Gottes Feind sein.

a Lk 6,26; Röm 8,7; 1.Joh 2,15

5 Oder meint ihr, die Schrift sage umsonst:
Mit Eifer wacht Gott über den
Geist, den er in uns hat wohnen lassen,
6 und gibt um so reichlicher Gnade?
Darum heißt es (Sprüche 3,34): »Gott
widersteht den Hochmütigen, aber [a] den
Demütigen gibt er Gnade.«

a Hiob 22,29; Mt 23,12; 1.Petr 5,5

7 So seid nun Gott untertan. [a]Widersteht
dem Teufel, so flieht er von euch.
a 1.Petr 5,8.9
8 [a]Naht euch zu Gott, so naht er sich zu
euch. [b]Reinigt die Hände, ihr Sünder, und
heiligt eure Herzen, ihr Wankelmütigen.
a Sach 1,3 *b* Jes 1,16
9 Jammert und klagt und weint; euer
Lachen verkehre sich in Weinen und eure
Freude in Traurigkeit.
10 Demütigt euch vor dem Herrn, so wird
er euch erhöhen.[a] *a* 1.Petr 5,6
11 ¶Verleumdet einander nicht, liebe Brü-
der. Wer seinen Bruder verleumdet oder
verurteilt, der verleumdet und verurteilt
das Gesetz. Verurteilst du aber das Gesetz,
so bist du nicht ein Täter des Gesetzes,
sondern ein Richter.
12 Einer ist der Gesetzgeber und Richter,
der selig machen und verdammen kann.
[a]Wer aber bist du, daß du den Nächsten
verurteilst? *a* Mt 7,1; Röm 14,4

Warnung vor Selbstsicherheit

13 Und nun ihr, die ihr sagt: Heute oder
morgen wollen wir in die oder die Stadt
gehen und wollen ein Jahr dort zubringen
und Handel treiben und Gewinn ma-
chen –,[a] *a* Spr 27,1
14 und [a]wißt nicht, was morgen sein wird.
Was ist euer Leben? Ein Rauch seid ihr,
der eine kleine Zeit bleibt und dann ver-
schwindet. *a* Lk 12,20
15 Dagegen solltet ihr sagen: [a]Wenn der
Herr will, werden wir leben und dies oder
das tun. *a* Apg 18,21; 1.Kor 4,19
16 Nun aber rühmt ihr euch in eurem
Übermut. All solches Rühmen ist böse.
17 **Wer nun weiß, Gutes zu tun, und tut's
nicht, dem ist's Sünde.**[a] *a* Lk 12,47

Das Gericht über die Reichen

5 Und nun, ihr Reichen: Weint und
heult über das Elend, das über euch
kommen wird![a] *a* Lk 6,24.25
2 Euer Reichtum ist verfault, eure Kleider
sind [a]von Motten zerfressen. *a* Mt 6,19
3 Euer Gold und Silber ist verrostet, und
ihr Rost wird gegen euch Zeugnis geben
und wird euer Fleisch fressen wie Feuer.
Ihr habt euch Schätze gesammelt in die-
sen letzten Tagen!
4 Siehe, [a]der Lohn der Arbeiter, die euer
Land abgeerntet haben, den ihr ihnen vor-
enthalten habt, der schreit, und das Rufen
der Schnitter ist gekommen vor die Ohren
des Herrn Zebaoth. *a* 5.Mose 24,14.15
5 Ihr habt [a]geschlemmt auf Erden und
gepraßt und eure Herzen gemästet am
Schlachttag. *a* Lk 16,19.25
6 Ihr habt den Gerechten verurteilt und
getötet, und er hat euch nicht widerstan-
den.[a] *a* Kap 2,6

Mahnung zur Geduld

7 **So seid nun [a]geduldig, liebe Brüder, bis
zum Kommen des Herrn.** Siehe, der Bauer
wartet auf die kostbare Frucht der Erde
und ist dabei geduldig, bis sie empfange
den Frühregen und Spätregen.
a Lk 21,19; Hebr 10,36
8 Seid auch ihr geduldig und stärkt eure
Herzen; denn das Kommen des Herrn ist
nahe.
9 Seufzt nicht widereinander, liebe Brü-
der, damit ihr nicht gerichtet werdet.
Siehe, der Richter steht vor der Tür.
10 Nehmt, liebe Brüder, zum Vorbild des
Leidens und der Geduld die [a]Propheten,
die geredet haben in dem Namen des
Herrn. *a* Mt 5,12
11 Siehe, wir preisen selig, die erduldet
haben. Von der [a]Geduld Hiobs habt ihr
gehört und habt gesehen, [b]zu welchem
Ende es der Herr geführt hat; denn der
Herr ist barmherzig und ein Erbarmer.
a Hiob 1,21 *b* Hiob 42,10-16
12 ¶Vor allen Dingen aber, meine Brüder,
schwört nicht, weder bei dem Himmel
noch bei der Erde noch mit einem andern
Eid. Es sei aber euer Ja ein Ja und euer
Nein ein Nein, damit ihr nicht dem
Gericht verfallt.[a] *a* Mt 5,34-37

Das Gebet für die Kranken

13 [a]Leidet jemand unter euch, der bete;
ist jemand guten Mutes, der [b]singe Psal-
men. *a* Ps 50,15 *b* Kol 3,16
14 Ist jemand unter euch krank, der rufe
zu sich die Ältesten der Gemeinde, daß
sie über ihm beten und [a]ihn salben mit Öl
in dem Namen des Herrn. *a* Mk 6,13
15 Und [a]das Gebet des Glaubens wird
dem Kranken helfen, und der Herr wird
ihn aufrichten; und wenn er Sünden getan
hat, wird ihm vergeben werden. *a* Mk 16,18
16 Bekennt also einander eure Sünden und
betet füreinander, daß ihr gesund werdet.

[a]**Des Gerechten Gebet vermag viel, wenn es ernstlich ist.** *a* Apg 12,5

[17]Elia war ein schwacher Mensch wie wir;
und er betete ein Gebet, [a]daß es nicht
regnen sollte, und es regnete nicht auf
Erden drei Jahre und sechs Monate.
a 1.Kön 17,1; Lk 4,25

[18]Und er betete abermals, und der Himmel gab den Regen, und die Erde brachte ihre Frucht.[a] *a* 1.Kön 18,41-45

Verantwortung für die Irrenden

[19]Liebe Brüder, [a]wenn jemand unter
euch abirren würde von der Wahrheit und
jemand bekehrte ihn, *a* Gal 6,1
[20]der soll wissen: [a]wer den Sünder
bekehrt hat von seinem Irrweg, der wird
seine Seele vom Tode erretten und wird
[b]bedecken die Menge der Sünden.
a Ps 51,15 *b* Spr 10,12; 1.Petr 4,8

DER BRIEF DES JUDAS

Inhaltsübersicht

Warnung vor Irrlehrern *Vers 1–25*

[1]Judas, ein Knecht Jesu Christi und Bruder des [a]Jakobus, an die Berufenen, die geliebt sind in Gott, dem Vater, und bewahrt für Jesus Christus: *a* Mt 13,55

[2]¶Gott gebe euch viel Barmherzigkeit und Frieden und Liebe!

Gottes Gericht über die Irrlehrer

(vgl. 2.Petr 2)

[3]Ihr Lieben, nachdem ich ernstlich vorhatte, euch zu schreiben von unser aller Heil, hielt ich's für nötig, euch in meinem Brief zu ermahnen, [a]daß ihr für den Glauben kämpft, der ein für allemal den Heiligen überliefert ist. *a* 1.Tim 1,18

[4]Denn es haben sich einige Menschen eingeschlichen, über die schon längst das Urteil geschrieben ist; Gottlose sind sie, mißbrauchen die Gnade unseres Gottes für ihre Ausschweifung und verleugnen unsern alleinigen Herrscher und Herrn Jesus Christus.

[5]Ich will euch aber erinnern, obwohl ihr dies alles schon wißt, daß der Herr, nachdem er dem Volk das eine Mal aus Ägypten geholfen hatte, [a]das andere Mal die umbrachte, die nicht glaubten.
a 4.Mose 14,35; 1.Kor 10,5

[6]Auch die Engel, die ihren himmlischen Rang nicht bewahrten, sondern [a]ihre Behausung verließen, hat er für das Gericht des großen Tages festgehalten mit ewigen Banden in der Finsternis. *a* 1.Mose 6,2-4

[7]So sind auch Sodom und Gomorra und die umliegenden Städte, die gleicherweise wie sie Unzucht getrieben haben und [a]anderem Fleisch nachgegangen sind, zum Beispiel gesetzt und leiden die Pein des ewigen Feuers. *a* 1.Mose 19,1.4-11

[8]Ebenso sind auch diese Träumer, die ihr Fleisch beflecken, jede Herrschaft verachten und die himmlischen Mächte lästern.

[9]Als aber [a]Michael, der Erzengel, mit dem Teufel stritt und mit ihm rechtete um den Leichnam des Mose, wagte er nicht, über ihn ein Verdammungsurteil zu fällen, sondern sprach: [b]Der Herr strafe dich! *a* Dan 12,1 *b* Sach 3,2

[10]Diese aber lästern alles, wovon sie nichts verstehen; was sie aber von Natur aus kennen wie die unvernünftigen Tiere, daran verderben sie.

[11]Weh ihnen! Denn sie gehen den Weg [a]Kains und fallen in den Irrtum des [b]Bileam um Gewinnes willen und kommen um in dem [c]Aufruhr Korachs.
a 1.Mose 4,8 *b* 4.Mose 31,16 *c* 4.Mose 16

[12]Sie sind Schandflecken bei euren Liebesmahlen*, [a]prassen ohne Scheu, weiden sich selbst; sie sind Wolken ohne Wasser, vom Wind umhergetrieben, kahle, unfruchtbare Bäume, zweimal abgestorben und entwurzelt, *a* 1.Kor 11,21

* Siehe Sach- und Worterklärungen.

[13]wilde Wellen des Meeres, [a]die ihre eigene Schande ausschäumen, umherirrende Sterne; deren Los ist die dunkelste Finsternis in Ewigkeit. *a* Jes 57,20

[14]¶Es hat aber auch von diesen geweissagt [a]Henoch, der siebente von Adam an,

und gesprochen: Siehe, der Herr kommt
mit seinen vielen tausend Heiligen,
[a] 1.Mose 5,21
15 Gericht zu halten über alle und zu stra-
fen alle Menschen für alle Werke ihres
gottlosen Wandels, mit denen sie gottlos
gewesen sind, und für all das Freche, das
die gottlosen Sünder gegen ihn geredet
haben.
16 Diese murren und hadern mit ihrem
Geschick; sie leben nach ihren Begierden,
und ihr Mund redet stolze Worte, und um
ihres Nutzens willen schmeicheln sie den
Leuten.
17 ¶Ihr aber, meine Lieben, erinnert euch
der Worte, die zuvor gesagt sind von den
Aposteln unseres Herrn Jesus Christus,
18 als sie euch sagten, [a] daß zu der letzten
Zeit Spötter sein werden, die nach ihren
eigenen gottlosen Begierden leben.
[a] 1.Tim 4,1; 2.Petr 3,3
19 Diese sind es, die Spaltungen hervorru-
fen, niedrig Gesinnte, [a] die den Geist nicht
haben.
[a] 1.Kor 2,14

Mahnung und Gotteslob

20 Ihr aber, meine Lieben, [a] erbaut euch
auf euren allerheiligsten Glauben, und
betet im heiligen Geist,
[a] Kol 2,7; 1.Thess 5,11
21 und erhaltet euch in der Liebe Gottes,
und wartet auf die Barmherzigkeit unse-
res Herrn Jesus Christus zum ewigen Le-
ben.
22 Und erbarmt euch derer, die zweifeln;
23 andere reißt aus dem Feuer und [a] rettet
sie; anderer erbarmt euch in Furcht und
[b] haßt auch das Gewand, das befleckt ist
vom Fleisch.
[a] Jak 5,9 [b] Offb 3,4
24 ¶Dem aber, der euch vor dem Strau-
cheln behüten kann und euch untadelig
stellen kann vor das Angesicht seiner Herr-
lichkeit mit Freuden,[a]
[a] 1.Thess 5,23
25 dem alleinigen Gott, unserm Heiland,
sei durch Jesus Christus, unsern Herrn,
Ehre und Majestät und Gewalt und Macht
vor aller Zeit, jetzt und in alle Ewigkeit!
Amen.

DIE OFFENBARUNG DES JOHANNES

Inhaltsübersicht

1 Dies ist die Offenbarung Jesu Christi,
die ihm Gott gegeben hat, seinen
Knechten zu zeigen, was in Kürze geschehen soll; und er hat sie durch seinen Engel gesandt und seinem Knecht Johannes kundgetan,
2 der bezeugt hat das Wort Gottes und das Zeugnis von Jesus Christus, alles, was er gesehen hat.
3 Selig ist, der da liest und die da [a]hören die Worte der Weissagung und behalten, was darin [b]geschrieben ist; denn [c]die Zeit ist nahe. *a* 1.Joh 1,1.2 *b* Joh 21,24 *c* Kap 22,10

Gruß an die sieben Gemeinden

4 Johannes an die sieben Gemeinden in der Provinz Asien: Gnade sei mit euch und Friede von dem, [a]der da ist und der da war und der da kommt, und von den [b]sieben Geistern, die vor seinem Thron sind, *a* 2.Mose 3,14.15 *b* Kap 3,1; 5,6
5 und von Jesus Christus, welcher ist [a]der treue Zeuge, der [b]Erstgeborene von den Toten und Herr über die Könige auf Erden! Ihm, der uns liebt und uns erlöst hat von unsern Sünden mit seinem Blut
a Kap 3,14; Joh 18,37; 1.Tim 6,13 *b* Kol 1,18
6 und uns [a]zu Königen und Priestern gemacht hat vor Gott, seinem Vater, ihm sei Ehre und Gewalt von Ewigkeit zu Ewigkeit! Amen.
a Kap 5,10; 2.Mose 19,6; 1.Petr 2,5.9
7 ¶Siehe, [a]er kommt mit den Wolken, und es werden ihn sehen alle Augen und [b]alle, die ihn durchbohrt haben, und es werden wehklagen um seinetwillen alle Geschlechter der Erde. Ja, Amen.
a Mt 24,30 *b* Sach 12,10; Joh 19,37
8 ¶**Ich bin [a]das A und das O, spricht Gott der Herr, [b]der da ist und der da war und der da kommt, der Allmächtige.**
a Kap 21,6; Jes 41,4 *b* Kap 4,8

Der Auftrag an Johannes

9 Ich, Johannes, euer Bruder und Mitgenosse an der Bedrängnis und am Reich und an der Geduld in Jesus, war auf der Insel, die Patmos heißt, um des Wortes Gottes willen und des Zeugnisses von Jesus.
10 Ich wurde vom Geist ergriffen am Tag des Herrn und hörte hinter mir eine große Stimme wie von einer Posaune,
11 die sprach: Was du siehst, das schreibe in ein Buch und sende es an die sieben Gemeinden: nach Ephesus und nach Smyrna und nach Pergamon und nach Thyatira und nach Sardes und nach Philadelphia und nach Laodizea.
12 ¶Und ich wandte mich um, zu sehen nach der Stimme, die mit mir redete. Und als ich mich umwandte, sah ich sieben goldene Leuchter
13 und [a]mitten unter den Leuchtern einen, der war [b]einem Menschensohn gleich, angetan mit einem langen Gewand und gegürtet um die Brust mit einem goldenen Gürtel. *a* Kap 2,1 *b* Dan 7,13
14 Sein Haupt aber und sein Haar war weiß wie weiße Wolle, wie der Schnee, und [a]seine Augen wie eine Feuerflamme
a Kap 2,18; 19,12
15 und seine Füße wie Golderz, das im Ofen glüht, und seine Stimme wie großes Wasserrauschen;
16 und er hatte sieben Sterne in seiner rechten Hand, und aus seinem Munde ging ein scharfes, zweischneidiges Schwert, und sein Angesicht leuchtete, wie die Sonne scheint in ihrer Macht.
17 Und als ich ihn sah, [a]fiel ich zu seinen

Füßen wie tot; und er legte seine rechte
Hand auf mich und sprach zu mir: **Fürchte
dich nicht! Ich bin der Erste und der
Letzte** *a* Dan 8,18
18 **und der Lebendige. Ich war tot, und siehe,
ich bin lebendig von Ewigkeit zu Ewigkeit
und habe die Schlüssel des Todes und der
Hölle.**
19 Schreibe, was du gesehen hast und was
ist und was geschehen soll danach.
20 Das Geheimnis der sieben Sterne, die
du gesehen hast in meiner rechten Hand,
und der sieben goldenen Leuchter ist dies:
Die sieben Sterne sind Engel der sieben
Gemeinden, und die sieben Leuchter sind
sieben Gemeinden.

Die sieben Sendschreiben

2 Dem Engel der Gemeinde in [a]**Ephesus**
schreibe: Das sagt, der da hält die sie-
ben Sterne in seiner Rechten, der da wan-
delt mitten unter den sieben goldenen
Leuchtern: *a* Apg 18,19
2 Ich kenne deine Werke und deine Müh-
sal und deine Geduld und weiß, daß du
die Bösen nicht ertragen kannst; und du
[a]hast die geprüft, die sagen, sie seien Apo-
stel, und sind's nicht, und hast sie als Lüg-
ner befunden, *a* 1.Joh 4,1
3 und hast Geduld und hast um meines
Namens willen die Last getragen und bist
nicht müde geworden.
4 Aber ich habe gegen dich, daß du die
[a]erste Liebe verläßt. *a* 1.Tim 5,12
5 So denke nun daran, wovon du abgefal-
len bist, und tue Buße und tue die ersten
Werke! Wenn aber nicht, werde ich über
dich kommen und deinen Leuchter weg-
stoßen von seiner Stätte – wenn du nicht
Buße tust.
6 Aber das hast du für dich, daß du die
Werke der Nikolaïten [a]hassest, die ich
auch hasse. *a* Ps 139,21
7 Wer Ohren hat, der höre, was der Geist
den Gemeinden sagt! Wer überwindet,
dem will ich zu essen geben von dem
[a]Baum des Lebens, der im Paradies
Gottes ist. *a* Kap 22,2; 1.Mose 2,9
8 ¶Und dem Engel der Gemeinde in
[a]**Smyrna** schreibe: Das sagt der Erste und
der Letzte, [b]der tot war und ist lebendig
geworden: *a* Kap 1,11 *b* Kap 1,18
9 Ich kenne deine Bedrängnis und [a]deine
Armut – du bist aber reich – und die Läste-
rung von denen, die sagen, sie seien
Juden, und sind's nicht, sondern sind [b]die
Synagoge des Satans. *a* Jak 2,5 *b* Kap 3,9
10 [a]Fürchte dich nicht vor dem, was du
leiden wirst! Siehe, der Teufel wird einige
von euch ins Gefängnis werfen, damit ihr
versucht werdet, und ihr werdet in Be-
drängnis sein zehn Tage. **Sei getreu bis an
den Tod, so will ich dir die [b]Krone des
Lebens geben.** *a* Mt 10,19.28 *b* Kap 3,11; 2.Tim 4,8
11 Wer Ohren hat, der höre, was der Geist
den Gemeinden sagt! Wer überwindet,
dem soll kein Leid geschehen von dem
[a]zweiten Tode. *a* Kap 20,14
12 ¶Und dem Engel der Gemeinde in **Per-
gamon** schreibe: Das sagt, der da hat [a]das
scharfe, zweischneidige Schwert:
a Hebr 4,12
13 Ich weiß, wo du wohnst: da, wo der
Thron des Satans* ist; und du hältst an mei-
nem Namen fest und hast den Glauben an
mich nicht verleugnet, auch nicht in den
Tagen, als Antipas, mein treuer Zeuge, bei
euch getötet wurde, da, wo der Satan
wohnt.

* Siehe Sach- und Worterklärungen zu »Satan«.

14 Aber einiges habe ich gegen dich: du
hast Leute dort, die sich an die Lehre [a]Bi-
leams halten, der den Balak lehrte, die
Israeliten zu verführen, vom Götzenopfer
zu essen und Hurerei zu treiben.
a 4.Mose 31,16; 2.Petr 2,15; Jud 11
15 So hast du auch Leute, die sich in glei-
cher Weise an die Lehre der Nikolaïten
halten.
16 Tue Buße; wenn aber nicht, so werde
ich bald über dich kommen und gegen sie
streiten mit dem Schwert meines Mundes.
17 Wer Ohren hat, der höre, was der Geist
den Gemeinden sagt! Wer überwindet,
dem will ich geben von dem verborgenen
[a]Manna und will ihm geben einen weißen
Stein; und auf dem Stein ist ein [b]neuer
Name geschrieben, den niemand kennt als
der, der ihn empfängt. *a* Ps 78,24 *b* Jes 62,2
18 ¶Und dem Engel der Gemeinde in
[a]**Thyatira** schreibe: Das sagt der Sohn
Gottes, [b]der Augen hat wie Feuerflam-
men, und seine Füße sind wie Golderz:
a Apg 16,14 *b* Kap 1,14.15
19 Ich kenne deine Werke und deine Liebe
und deinen Glauben und deinen Dienst
und deine Geduld und weiß, daß du je
länger je mehr tust.
20 Aber ich habe gegen dich, daß du [a]Ise-
bel duldest, diese Frau, die sagt, sie sei

eine Prophetin, und lehrt und verführt
meine Knechte, Hurerei zu treiben und
Götzenopfer zu essen. *a* 2.Kön 9,22
21 Und ich habe ihr Zeit gegeben, Buße
zu tun, und sie will sich nicht bekehren
von ihrer Hurerei.
22 Siehe, ich werfe sie aufs Bett, und die
mit ihr die Ehe gebrochen haben in große
Trübsal, wenn sie sich nicht bekehren von
ihren Werken,
23 und ihre Kinder will ich mit dem Tode
schlagen. Und alle Gemeinden sollen
erkennen, daß ich es bin, der [a]die Nieren
und Herzen erforscht, und ich werde
geben einem jeden von euch nach euren
Werken. *a* Ps 7,10; Jer 17,10
24 Euch aber sage ich, den andern in Thya-
tira, die solche Lehre nicht haben und
nicht erkannt haben die Tiefen* des Sa-
tans, wie sie sagen: Ich will nicht noch
eine Last auf euch werfen;

* Siehe Sach- und Worterklärungen.

25 doch [a]was ihr habt, das haltet fest, bis
ich komme. *a* Kap 3,11
26 Und wer überwindet und hält meine
Werke bis ans Ende, dem will ich Macht
geben über die Heiden,
27 und er soll sie weiden mit eisernem
Stabe, und wie die Gefäße eines Töpfers
soll er sie zerschmeißen,[a] *a* Ps 2,8.9
28 wie auch ich Macht empfangen habe
von meinem Vater; und ich will ihm geben
den Morgenstern.
29 Wer Ohren hat, der höre, was der Geist
den Gemeinden sagt!

3 ¶Und dem Engel der Gemeinde in
Sardes schreibe: Das sagt, der [a]die sie-
ben Geister Gottes hat und die sieben
Sterne: Ich kenne deine Werke: Du hast
den Namen, daß du lebst, und bist tot.
a Kap 1,4
2 Werde wach und [a]stärke das andre, das
sterben will, denn ich habe deine Werke
nicht als vollkommen befunden vor mei-
nem Gott. *a* Lk 22,32
3 So denke nun daran, wie du empfangen
und gehört hast, und halte es fest und tue
Buße! Wenn du aber nicht wachen wirst,
werde ich kommen [a]wie ein Dieb, und du
wirst nicht wissen, zu welcher Stunde ich
über dich kommen werde. *a* 1.Thess 5,2
4 Aber du hast einige in Sardes, die [a]ihre
Kleider nicht besudelt haben; die werden
mit mir einhergehen in weißen Kleidern,
denn sie sind's wert. *a* Jud 23
5 Wer überwindet, der soll [a]mit weißen
Kleidern angetan werden, und ich werde
seinen Namen nicht austilgen aus dem
[b]Buch des Lebens, und [c]ich will seinen
Namen bekennen vor meinem Vater und
vor seinen Engeln.
a Kap 7,13 *b* Lk 10,20 *c* Mt 10,32
6 Wer Ohren hat, der höre, was der Geist
den Gemeinden sagt!
7 ¶Und dem Engel der Gemeinde in **Phil-
adelphia** schreibe: Das sagt der Heilige,
der Wahrhaftige, der da hat [a]den Schlüs-
sel Davids, der auftut, und niemand
schließt zu, der zuschließt, und niemand
tut auf: *a* Jes 22,22
8 Ich kenne deine Werke. Siehe, ich habe
vor dir eine Tür aufgetan, und niemand
kann sie zuschließen; denn du hast eine
kleine Kraft und hast mein Wort bewahrt
und hast meinen Namen nicht verleugnet.
9 Siehe, ich werde schicken einige [a]aus
der Synagoge des Satans, die sagen, sie
seien Juden, und sind's nicht, sondern
lügen; siehe, ich will sie dazu bringen, daß
sie [b]kommen sollen und zu deinen Füßen
niederfallen und erkennen, daß ich dich
geliebt habe. *a* Kap 2,9 *b* Jes 49,23; 60,14
10 Weil du mein Wort von der [a]Geduld
bewahrt hast, will auch ich dich bewahren
vor der Stunde der [b]Versuchung, die kom-
men wird über den ganzen Weltkreis, zu
versuchen, die auf Erden wohnen.
a Kap 14,12 *b* Mt 6,13
11 Siehe, ich komme bald; **halte, was du
hast, daß niemand deine [a]Krone nehme!**
a Kap 2,10
12 Wer überwindet, den will ich machen
zum Pfeiler in dem Tempel meines
Gottes, und er soll nicht mehr hinausge-
hen, und ich will auf ihn schreiben [a]den
Namen meines Gottes und den Namen
des [b]neuen Jerusalem, der Stadt meines
Gottes, die vom Himmel herniederkommt
von meinem Gott, und meinen Namen,
den neuen. *a* Kap 14,1; 22,4 *b* Kap 21,2
13 Wer Ohren hat, der höre, was der Geist
den Gemeinden sagt!
14 ¶Und dem Engel der Gemeinde in
[a]**Laodizea** schreibe: Das sagt, der [b]Amen
heißt, [c]der treue und wahrhaftige Zeuge,
der [d]Anfang der Schöpfung Gottes:
a Kol 2,1; 4,13 *b* 2.Kor 1,20 *c* Kap 1,5 *d* Kol 1,15
15 Ich kenne deine Werke, daß du weder
kalt noch warm bist. Ach, daß du kalt oder
warm wärest!

16 Weil du aber lau bist und weder warm
noch kalt, werde ich dich ausspeien aus
meinem Munde.
17 Du sprichst: Ich bin reich und habe
genug und brauche nichts! und weißt
nicht, daß du elend und jämmerlich bist,
arm, blind und bloß.[a] *a* 1.Kor 3,18; 4,8
18 Ich rate dir, daß du Gold von mir kaufst,
das im Feuer geläutert ist, damit du reich
werdest, und weiße Kleider, damit du sie
anziehst und die Schande deiner Blöße
nicht offenbar werde, und Augensalbe,
deine Augen zu salben, damit du sehen
mögest.
19 [a]Welche ich liebhabe, die weise ich
zurecht und züchtige ich. So sei nun eifrig
und tue Buße! *a* Spr 3,12; 1.Kor 11,32; Hebr 12,6
20 **Siehe, ich stehe vor der Tür und klopfe
an. Wenn jemand meine Stimme hören wird
und die Tür auftun, zu dem werde ich hin-
eingehen und das Abendmahl mit ihm hal-
ten und er mit mir.**[a] *a* Joh 14,23
21 Wer überwindet, dem will ich geben,
[a]mit mir auf meinem Thron zu sitzen, wie
auch ich überwunden habe und mich
gesetzt habe mit meinem Vater auf seinen
Thron. *a* Mt 19,28
22 Wer Ohren hat, der höre, was der Geist
den Gemeinden sagt!

Vor dem Thron Gottes

4 Danach sah ich, und siehe, eine Tür
war aufgetan im Himmel, und die erste
Stimme, [a]die ich mit mir hatte reden
hören wie eine Posaune, die sprach: Steig
herauf, ich will dir zeigen, was nach die-
sem geschehen soll. *a* Kap 1,10
2 ¶ [a]Alsbald wurde ich vom Geist ergrif-
fen. Und siehe, ein Thron stand im Him-
mel, und auf dem Thron saß einer.
a Ps 47,9; Jes 6,1; Hes 1,26-28
3 Und der da saß, war anzusehen wie der
Stein Jaspis und Sarder; und ein Regenbo-
gen war um den Thron, anzusehen wie
ein Smaragd.
4 Und um den Thron waren vierundzwan-
zig Throne, und auf den Thronen saßen
vierundzwanzig Älteste, mit weißen Klei-
dern angetan, und hatten auf ihren Häup-
tern goldene Kronen.
5 Und von dem Thron gingen aus [a]Blitze,
Stimmen und Donner; und sieben Fak-
keln mit Feuer brannten vor dem Thron,
das sind die [b]sieben Geister Gottes.
a 2.Mose 19,16 *b* Kap 1,4
6 Und vor dem Thron war es wie ein glä-
sernes Meer, gleich dem Kristall, und in
der Mitte am Thron und um den Thron
[a]vier himmlische Gestalten, voller Augen
vorn und hinten. *a* Hes 1,5.10.22
7 Und die erste Gestalt war gleich einem
Löwen, und die zweite Gestalt war gleich
einem Stier, und die dritte Gestalt hatte
ein Antlitz wie ein Mensch, und die vierte
Gestalt war gleich einem fliegenden
Adler.[a] *a* Hes 10,14
8 Und eine jede der vier Gestalten hatte
sechs Flügel, und sie waren außen und
innen voller Augen, und sie hatten keine
Ruhe Tag und Nacht und sprachen: [a]Hei-
lig, heilig, heilig ist Gott der Herr, der All-
mächtige, [b]der da war und der da ist und
der da kommt. *a* Jes 6,2.3 *b* 2.Mose 3,14
9 ¶ Und wenn die Gestalten Preis und
Ehre und Dank gaben dem, der auf dem
Thron saß, der da lebt von Ewigkeit zu
Ewigkeit,
10 fielen die vierundzwanzig Ältesten nie-
der vor dem, der auf dem Thron saß, und
beteten den an, der da lebt von Ewigkeit
zu Ewigkeit, und legten ihre Kronen nie-
der vor dem Thron und sprachen:
11 Herr, unser Gott, du bist würdig, zu
nehmen Preis und Ehre und Kraft; denn
du hast alle Dinge geschaffen, und durch
deinen Willen waren sie und wurden sie
geschaffen.

Das Buch mit den sieben Siegeln

5 Und ich sah in der rechten Hand des-
sen, der [a]auf dem Thron saß, ein Buch,
[b]beschrieben innen und außen, versiegelt
mit sieben Siegeln. *a* Kap 4,2 *b* Hes 2,9.10
2 Und ich sah einen starken Engel, der
rief mit großer Stimme: Wer ist würdig,
das Buch aufzutun und seine Siegel zu
brechen?
3 Und niemand, weder im Himmel noch
auf Erden noch unter der Erde, konnte
das Buch auftun und hineinsehen.
4 Und ich weinte sehr, weil niemand für
würdig befunden wurde, das Buch aufzu-
tun und hineinzusehen.
5 Und einer von den Ältesten spricht zu
mir: Weine nicht! Siehe, es hat überwun-
den der [a]Löwe aus dem Stamm Juda, die
[b]Wurzel Davids, aufzutun das Buch und
seine sieben Siegel.
a 1.Mose 49,9.10 *b* Jes 11,1
6 ¶ Und ich sah mitten zwischen dem

Thron und den vier Gestalten und mitten
unter den Ältesten ein [a]Lamm stehen, wie
geschlachtet; es hatte sieben Hörner und
sieben Augen, das sind die sieben Geister
Gottes, gesandt in alle Lande.
a Jes 53,7; Joh 1,29
7 Und es kam und nahm das Buch aus der
rechten Hand dessen, der auf dem Thron
saß.
8 Und als es das Buch nahm, da fielen die
vier Gestalten und die vierundzwanzig
Ältesten nieder vor dem Lamm, und ein
jeder hatte eine Harfe und goldene Scha-
len voll Räucherwerk, das sind die Gebete
der Heiligen,
9 und sie sangen ein [a]neues Lied: Du bist
würdig, zu nehmen das Buch und aufzu-
tun seine Siegel; denn du bist geschlachtet
und hast mit deinem Blut Menschen für
Gott erkauft aus allen Stämmen und Spra-
chen und Völkern und Nationen *a* Ps 33,3
10 und hast sie unserm Gott [a]zu Königen
und Priestern gemacht, und sie werden
herrschen auf Erden. *a* Kap 1,6; 2.Mose 19,6
11 Und ich sah, und ich hörte eine Stimme
vieler Engel um den Thron und um die
Gestalten und um die Ältesten her, und
[a]ihre Zahl war vieltausendmal tausend;
a Hebr 12,22
12 [a]die sprachen mit großer Stimme: **Das
Lamm, das geschlachtet ist, ist würdig, zu
nehmen Kraft und Reichtum und Weisheit
und Stärke und Ehre und Preis und Lob.**
a (12 und 13) 1.Chr 29,11; Phil 2,9.10
13 Und jedes Geschöpf, das im Himmel
ist und auf Erden und unter der Erde und
auf dem Meer und alles, was darin ist,
hörte ich sagen: Dem, der auf dem Thron
sitzt, und dem Lamm sei Lob und Ehre
und Preis und Gewalt von Ewigkeit zu
Ewigkeit!
14 Und die vier Gestalten sprachen:
Amen! Und die Ältesten fielen nieder und
beteten an.

Die Öffnung der ersten sechs Siegel

6 Und ich sah, daß das Lamm das erste
der sieben Siegel auftat, und ich hörte
eine der vier Gestalten sagen wie mit einer
Donnerstimme: Komm!
2 [a]Und ich sah, und siehe, ein weißes
Pferd. Und der darauf saß, hatte einen
Bogen, und ihm wurde eine Krone gege-
ben, und er zog aus sieghaft und um zu
siegen. *a (2-8)* Sach 6,1-8
3 ¶Und als es das zweite Siegel auftat,
hörte ich die zweite Gestalt sagen: Komm!
4 Und es kam heraus ein zweites Pferd,
das war feuerrot. Und dem, der darauf saß,
wurde Macht gegeben, den Frieden von
der Erde zu nehmen, daß sie sich unter-
einander umbrächten, und ihm wurde ein
großes Schwert gegeben.
5 ¶Und als es das dritte Siegel auftat,
hörte ich die dritte Gestalt sagen: Komm!
Und ich sah, und siehe, ein schwarzes
Pferd. Und der darauf saß, hatte eine
Waage in seiner Hand.
6 Und ich hörte eine Stimme mitten unter
den vier Gestalten sagen: Ein Maß Wei-
zen für einen Silbergroschen und drei Maß
Gerste für einen Silbergroschen; aber dem
Öl und Wein tu keinen Schaden!
7 ¶Und als es das vierte Siegel auftat,
hörte ich die Stimme der vierten Gestalt
sagen: Komm!
8 Und ich sah, und siehe, ein fahles Pferd.
Und der darauf saß, dessen Name war:
Der Tod, und die Hölle folgte ihm nach.
Und ihnen wurde Macht gegeben über
den vierten Teil der Erde, zu töten [a]mit
Schwert und Hunger und Pest und durch
die wilden Tiere auf Erden. *a* Hes 14,21
9 ¶Und als es das fünfte Siegel auftat, sah
ich unten am Altar die Seelen derer, die
umgebracht worden waren um des Wortes
Gottes und um ihres Zeugnisses willen.
10 Und sie schrien mit lauter Stimme:
Herr, du Heiliger und Wahrhaftiger, wie
lange richtest du nicht und rächst nicht
unser Blut an denen, die auf der Erde woh-
nen?
11 Und ihnen wurde gegeben einem jeden
ein weißes Gewand, und ihnen wurde
gesagt, daß sie ruhen müßten noch eine
kleine Zeit, bis vollzählig dazukämen ihre
Mitknechte und Brüder, die auch noch
getötet werden sollten wie sie.
12 ¶[a]Und ich sah: als es das sechste Siegel
auftat, da geschah ein großes Erdbeben,
und die Sonne wurde finster wie ein
schwarzer Sack, und der ganze Mond
wurde wie Blut,
a (12-17) Jes 24,21-23; Joel 3,3.4; Mt 24,29
13 und die Sterne des Himmels fielen auf
die Erde, wie ein Feigenbaum seine Fei-
gen abwirft, wenn er von starkem Wind
bewegt wird.
14 Und [a]der Himmel wich wie eine
Schriftrolle, die zusammengerollt wird,

und alle Berge und Inseln wurden wegbe-
wegt von ihrem Ort. *a* Jes 34,4
15 Und die Könige auf Erden und die Gro-
ßen und die Obersten und die Reichen
und die Gewaltigen und alle Sklaven und
alle Freien [a]verbargen sich in den Klüften
und Felsen der Berge *a* Jes 2,10.19
16 und [a]sprachen zu den Bergen und Fel-
sen: Fallt über uns und verbergt uns vor
dem Angesicht dessen, der auf dem Thron
sitzt, und vor dem Zorn des Lammes!
a Lk 23,30
17 Denn es ist gekommen [a]der große Tag
ihres Zorns, und [b]wer kann bestehen?
a Am 5,18; Röm 2,5 *b* Mal 3,2

Die Versiegelten

7 Danach sah ich vier Engel stehen an
den vier Ecken der Erde, die hielten
die [a]vier Winde der Erde fest, damit kein
Wind über die Erde blase noch über das
Meer noch über irgendeinen Baum.
a Dan 7,2
2 Und ich sah einen andern Engel aufstei-
gen vom Aufgang der Sonne her, der hatte
das Siegel des lebendigen Gottes und rief
mit großer Stimme zu den vier Engeln,
denen Macht gegeben war, der Erde und
dem Meer Schaden zu tun:
3 [a]Tut der Erde und dem Meer und den
Bäumen keinen Schaden, bis wir [b]versie-
geln die Knechte unseres Gottes an ihren
Stirnen. *a* Kap 9,4 *b* Hes 9,4.6
4 ¶Und ich hörte die Zahl derer, die ver-
siegelt wurden: [a]hundertvierundvierzig-
tausend, die versiegelt waren aus allen
Stämmen Israels: *a* Kap 14,1.3
5 aus dem Stamm Juda zwölftausend ver-
siegelt, aus dem Stamm Ruben zwölftau-
send, aus dem Stamm Gad zwölftausend,
6 aus dem Stamm Asser zwölftausend,
aus dem Stamm Naftali zwölftausend, aus
dem Stamm Manasse zwölftausend,
7 aus dem Stamm Simeon zwölftausend,
aus dem Stamm Levi zwölftausend, aus
dem Stamm Issachar zwölftausend,
8 aus dem Stamm Sebulon zwölftausend,
aus dem Stamm Josef zwölftausend, aus
dem Stamm Benjamin zwölftausend ver-
siegelt.

Die große Schar aus allen Völkern

9 Danach sah ich, und siehe, eine große
Schar, die niemand zählen konnte, aus
allen Nationen und Stämmen und Völkern
und Sprachen; die standen vor dem Thron
und vor dem Lamm, angetan mit weißen
Kleidern und mit Palmzweigen in ihren
Händen,
10 und riefen mit großer Stimme: Das Heil
ist bei dem, der auf dem Thron sitzt,
unserm Gott, und dem Lamm!
11 Und alle Engel standen rings um den
Thron und um die Ältesten und um die
vier Gestalten und fielen nieder vor dem
Thron auf ihr Angesicht und beteten Gott
an
12 und sprachen: Amen, Lob und Ehre
und Weisheit und Dank und Preis und
Kraft und Stärke sei unserm Gott von
Ewigkeit zu Ewigkeit! Amen.
13 ¶Und einer der Ältesten fing an und
sprach zu mir: Wer sind diese, die mit den
weißen Kleidern angetan sind, und woher
sind sie gekommen?
14 Und ich sprach zu ihm: Mein Herr, du
weißt es. Und er sprach zu mir: **Diese
sind's, die gekommen sind aus der [a]großen
Trübsal und haben ihre Kleider gewaschen
und haben ihre Kleider hell gemacht [b]im
Blut des Lammes.** *a* Mt 24,21 *b* Kap 12,11
15 **Darum sind sie vor dem Thron Gottes
und dienen ihm Tag und Nacht in seinem
Tempel; und der auf dem Thron sitzt, wird
über ihnen wohnen.**
16 **Sie werden nicht mehr hungern noch dür-
sten; es wird auch nicht auf ihnen lasten die
Sonne oder irgendeine Hitze;** [a] *a* Jes 49,10
17 **denn das Lamm mitten auf dem Thron
[a]wird sie weiden und leiten zu den Quellen
des lebendigen Wassers, und [b]Gott wird
abwischen alle Tränen von ihren Augen.**
a Ps 23,2 *b* Kap 21,4; Jes 25,8

Das siebente Siegel

8 Und als das Lamm das siebente Siegel
auftat, entstand eine [a]Stille im Him-
mel etwa eine halbe Stunde lang.
a Hab 2,20
2 Und ich sah die sieben Engel, die vor
Gott stehen, und ihnen wurden sieben
[a]Posaunen gegeben. *a* Mt 24,31
3 Und ein anderer Engel kam und trat an
den Altar und hatte ein goldenes Räucher-
gefäß; und ihm wurde viel Räucherwerk
gegeben, daß er es darbringe mit den
Gebeten aller Heiligen auf dem goldenen
Altar vor dem Thron.
4 Und der Rauch des Räucherwerks stieg

mit den Gebeten der Heiligen von der
Hand des Engels hinauf vor Gott.
5 Und der Engel nahm das Räuchergefäß
und füllte es mit Feuer vom Altar und
[a]schüttete es auf die Erde. Und da gescha-
hen Donner und Stimmen und Blitze und
Erdbeben. *a* Hes 10,2

Die ersten sechs Posaunen

6 Und die sieben Engel mit den sieben
Posaunen hatten sich gerüstet zu blasen.
7 Und der erste blies seine Posaune; und
es kam [a]Hagel und Feuer, mit Blut ver-
mengt, und fiel auf die Erde; und der dritte
Teil der Erde verbrannte, und der dritte
Teil der Bäume verbrannte, und alles
grüne Gras verbrannte. *a* 2.Mose 9,23-26
8 ¶Und der zweite Engel blies seine
Posaune; und es stürzte etwas wie ein gro-
ßer Berg mit Feuer brennend ins Meer,
und der dritte Teil des Meeres wurde zu
[a]Blut, *a* 2.Mose 7,20.21
9 und der dritte Teil der lebendigen
Geschöpfe im Meer starb, und der dritte
Teil der Schiffe wurde vernichtet.
10 ¶Und der dritte Engel blies seine
Posaune; und [a]es fiel ein großer Stern vom
Himmel, der brannte wie eine Fackel und
fiel auf den dritten Teil der Wasserströme
und auf die Wasserquellen. *a* Jes 14,12
11 Und der Name des Sterns heißt Wer-
mut. Und der dritte Teil der Wasser wurde
zu Wermut, und viele Menschen starben
von den Wassern, weil sie bitter geworden
waren.
12 ¶Und der vierte Engel blies seine
Posaune; und es wurde geschlagen der
dritte Teil der [a]Sonne und der dritte Teil
des Mondes und der dritte Teil der Sterne,
so daß ihr dritter Teil verfinstert wurde
und den [b]dritten Teil des Tages das Licht
nicht schien, und in der Nacht desglei-
chen. *a* Kap 6,12 *b* 2.Mose 10,21
13 ¶Und ich sah, und ich hörte, wie ein
Adler mitten durch den Himmel flog und
sagte mit großer Stimme: Weh, weh, weh
denen, die auf Erden wohnen wegen der
anderen Posaunen der drei Engel, die noch
blasen sollen!

9 ¶Und der fünfte Engel blies seine
Posaune; und ich sah einen Stern,
gefallen vom Himmel auf die Erde; und
ihm wurde der Schlüssel zum Brunnen
des Abgrunds gegeben.
2 Und er tat den Brunnen des Abgrunds
auf, und es stieg auf ein Rauch aus dem
Brunnen wie der Rauch eines großen
Ofens, und [a]es wurden verfinstert die
Sonne und die Luft von dem Rauch des
Brunnens. *a* Joel 2,2.10
3 Und aus dem Rauch kamen Heuschrek-
ken auf die Erde, und ihnen wurde Macht
gegeben, wie die Skorpione auf Erden
Macht haben.
4 ¶Und es wurde ihnen gesagt, sie sollten
nicht Schaden tun dem Gras auf Erden
noch allem Grünen noch irgendeinem
Baum, sondern allein den Menschen, die
nicht das [a]Siegel Gottes haben an ihren
Stirnen. *a* Kap 7,3
5 Und ihnen wurde Macht gegeben, nicht
daß sie sie töteten, sondern sie quälten
fünf Monate lang; und ihre Qual war wie
eine Qual von einem Skorpion, wenn er
einen Menschen sticht.
6 Und in jenen Tagen werden die Men-
schen den Tod suchen und nicht finden,
sie werden begehren zu sterben, und der
Tod wird von ihnen fliehen.[a] *a* Kap 6,16
7 Und die Heuschrecken sahen aus wie
Rosse, die zum Krieg gerüstet sind, und
auf ihren Köpfen war etwas wie goldene
Kronen, und ihr Antlitz glich der Men-
schen Antlitz;
8 und sie hatten Haar wie Frauenhaar und
Zähne wie Löwenzähne
9 und hatten Panzer wie eiserne Panzer,
und das Rasseln ihrer Flügel war wie das
Rasseln der Wagen vieler Rosse, die in
den Krieg laufen,
10 und hatten Schwänze wie Skorpione
und hatten Stacheln, und in ihren Schwän-
zen war ihre Kraft, Schaden zu tun den
Menschen fünf Monate lang;
11 sie hatten über sich einen König, den
Engel des Abgrunds; sein Name heißt auf
hebräisch Abaddon, und auf griechisch hat
er den Namen Apollyon.
12 Das erste Wehe ist vorüber; siehe, es
kommen noch zwei Wehe danach.
13 ¶Und der sechste Engel blies seine
Posaune; und ich hörte eine Stimme aus
den vier Ecken des [a]goldenen Altars vor
Gott; *a* Kap 8,3; 2.Mose 30,1-3
14 die sprach zu dem sechsten Engel, der
die Posaune hatte: Laß los die vier Engel,
die gebunden sind an dem [a]großen Strom
Euphrat. *a* Kap 16,12
15 Und es wurden losgelassen die vier
Engel, die bereit waren für die Stunde und

den Tag und den Monat und das Jahr, zu
töten den dritten Teil der Menschen.[a]
[a] Kap 8,7-12

16 Und die Zahl des reitenden Heeres war
vieltausendmal tausend; ich hörte ihre
Zahl.

17 Und so sah ich in dieser Erscheinung
die Rosse und die darauf saßen: Sie hatten
feuerrote und blaue und schwefelgelbe
Panzer, und die Häupter der Rosse waren
wie die Häupter der Löwen, und aus ihren
Mäulern kam Feuer und Rauch und
Schwefel.

18 Von diesen drei Plagen wurde getötet
der dritte Teil der Menschen, von dem
Feuer und Rauch und Schwefel, der aus
ihren Mäulern kam.

19 Denn die Kraft der Rosse war in ihrem
Maul und in ihren Schwänzen; denn ihre
Schwänze waren den Schlangen gleich und
hatten Häupter, und mit denen taten sie
Schaden.

20 Und die übrigen Leute, die nicht getö-
tet wurden von diesen Plagen, [a]bekehrten
sich doch nicht von den Werken ihrer
Hände, daß sie nicht mehr anbeteten die
bösen Geister und die goldenen, silber-
nen, ehernen, steinernen und hölzernen
Götzen, die weder sehen noch hören noch
gehen können,
[a] Kap 16,9

21 und sie bekehrten sich auch nicht von
ihren Morden, ihrer Zauberei, ihrer Un-
zucht und ihrer Dieberei.

Der Engel mit dem Büchlein

10 Und ich sah einen andern starken
Engel vom Himmel herabkommen,
mit einer Wolke bekleidet, und der Regen-
bogen auf seinem Haupt und sein Antlitz
wie die Sonne und seine Füße wie Feuer-
säulen.

2 Und er hatte in seiner Hand ein Büch-
lein, das war aufgetan. Und er setzte sei-
nen rechten Fuß auf das Meer und den
linken auf die Erde,

3 und er [a]schrie mit großer Stimme, wie
ein Löwe brüllt. Und als er schrie, erho-
ben die sieben Donner ihre Stimme.
[a] Ps 29,3-9

4 Und als die sieben Donner geredet hat-
ten, wollte ich es aufschreiben. Da hörte
ich eine Stimme vom Himmel zu mir
sagen: [a]Versiegle, was die sieben Donner
geredet haben, und schreib es nicht auf!
[a] Dan 12,4.9

5 ¶ Und der Engel, den ich stehen sah auf
dem Meer und auf der Erde, hob seine
rechte Hand auf zum Himmel

6 und [a]schwor bei dem, der da lebt von
Ewigkeit zu Ewigkeit, der den Himmel
geschaffen hat und was darin ist, und die
Erde und was darin ist, und das Meer und
was darin ist: Es soll hinfort keine Zeit
mehr sein,
[a] Dan 12,7

7 sondern in den Tagen, [a]wenn der sie-
bente Engel seine Stimme erheben und
seine Posaune blasen wird, dann [b]ist voll-
endet das Geheimnis Gottes, wie er es
verkündigt hat seinen Knechten, den Pro-
pheten.
[a] Kap 11,15 [b] Apg 3,21

8 ¶ Und die Stimme, die ich vom Himmel
gehört hatte, redete abermals mit mir und
sprach: Geh hin, nimm das offene Büch-
lein aus der Hand des Engels, der auf dem
Meer und auf der Erde steht!

9 Und ich ging hin zu dem Engel und
sprach zu ihm: Gib mir das Büchlein! Und
er sprach zu mir: [a]Nimm und verschling's!
Und es wird dir bitter im Magen sein, aber
in deinem Mund wird's süß sein wie
Honig.
[a] Hes 3,1-3

10 Und ich nahm das Büchlein aus der
Hand des Engels und verschlang's. Und es
war süß in meinem Mund wie Honig, und
als ich's gegessen hatte, war es mir bitter
im Magen.

11 Und mir wurde gesagt: Du mußt aber-
mals weissagen von [a]Völkern und Natio-
nen und Sprachen und vielen Königen.
[a] Jer 1,9.10

Die beiden Zeugen

11 Und es wurde mir ein Rohr gegeben,
einem [a]Meßstab gleich, und mir
wurde gesagt: Steh auf und [b]miß den Tem-
pel Gottes und den Altar und die dort
anbeten.
[a] Hes 40,3; Sach 2,5.6 [b] Hes 42,20

2 Aber den äußeren Vorhof des Tempels
laß weg und miß ihn nicht, denn er ist den
Heiden gegeben; und [a]die heilige Stadt
werden sie zertreten zweiundvierzig Mo-
nate lang.
[a] Lk 21,24

3 ¶ Und ich will meinen zwei Zeugen
Macht geben, und sie sollen weissagen [a]tau-
sendzweihundertundsechzig Tage lang, an-
getan mit Trauerkleidern.
[a] Kap 12,6

4 Diese sind die [a]zwei Ölbäume und die
zwei Leuchter, die vor dem Herrn der
Erde stehen.
[a] Sach 4,3.11-14

5 Und wenn ihnen jemand Schaden tun

will, so kommt Feuer aus ihrem Mund und verzehrt ihre Feinde; und wenn ihnen jemand Schaden tun will, muß er so getötet werden.

6 Diese haben Macht, [a]den Himmel zu verschließen, damit es nicht regne in den Tagen ihrer Weissagung, und haben Macht über die Wasser, [b]sie in Blut zu verwandeln und die Erde zu schlagen mit Plagen aller Art, sooft sie wollen.

a 1.Kön 17,1 *b* 2.Mose 7,19.20

7 ¶Und wenn sie ihr Zeugnis vollendet haben, so wird [a]das Tier, das aus dem Abgrund aufsteigt, mit ihnen kämpfen und [b]wird sie überwinden und wird sie töten.

a Kap 13,1 *b* Kap 13,7

8 Und ihre Leichname werden liegen auf dem Marktplatz der großen Stadt, die heißt geistlich: Sodom und Ägypten, wo auch ihr Herr gekreuzigt wurde.

9 Und Menschen aus allen Völkern und Stämmen und Sprachen und Nationen sehen ihre Leichname drei Tage und einen halben und lassen nicht zu, daß ihre Leichname ins Grab gelegt werden.

10 Und die auf Erden wohnen, freuen sich darüber und sind fröhlich und werden einander Geschenke senden; denn diese zwei Propheten hatten gequält, die auf Erden wohnten.

11 ¶Und nach drei Tagen und einem halben fuhr in sie der Geist des Lebens von Gott, und sie stellten sich auf ihre Füße; und eine große Furcht fiel auf die, die sie sahen.

12 Und sie hörten eine große Stimme vom Himmel zu ihnen sagen: Steigt herauf! Und sie stiegen auf in den Himmel in einer Wolke, und es sahen sie ihre Feinde.

13 Und zu derselben Stunde geschah ein großes Erdbeben, und der zehnte Teil der Stadt stürzte ein; und es wurden getötet in dem Erdbeben siebentausend Menschen, und die andern erschraken und gaben dem Gott des Himmels die Ehre.

14 Das [a]zweite Wehe ist vorüber; siehe, das dritte Wehe kommt schnell. *a* Kap 9,12

Die siebente Posaune

15 Und der siebente Engel blies seine Posaune; und es erhoben sich große Stimmen im Himmel, die sprachen: **Es sind die Reiche der Welt unseres Herrn und seines Christus geworden, und er wird regieren von Ewigkeit zu Ewigkeit.**

16 Und die [a]vierundzwanzig Ältesten, die vor Gott auf ihren Thronen saßen, fielen nieder auf ihr Angesicht und beteten Gott an *a* Kap 4,4.10

17 und sprachen: Wir danken dir, Herr, allmächtiger Gott, der du bist und der du warst, daß du an dich genommen hast deine große Macht und herrschest!

18 Und [a]die Völker sind zornig geworden; und es ist gekommen dein Zorn und die Zeit, die Toten zu richten und den Lohn zu geben deinen Knechten, den Propheten und den Heiligen und denen, die deinen Namen fürchten, den Kleinen und den Großen, und zu vernichten, die die Erde vernichten. *a* Ps 2,1

19 ¶Und [a]der Tempel Gottes im Himmel wurde aufgetan, und die Lade seines Bundes wurde in seinem Tempel sichtbar; und es geschahen Blitze und Stimmen und Donner und Erdbeben und ein großer Hagel. *a* Kap 15,5

Die Frau und der Drache

12 Und es erschien ein großes Zeichen am Himmel: eine Frau, mit der Sonne bekleidet, und der Mond unter ihren Füßen und auf ihrem Haupt eine Krone von zwölf Sternen.

2 Und sie war schwanger und schrie in Kindsnöten und hatte große Qual bei der Geburt.

3 Und es erschien ein anderes Zeichen am Himmel, und siehe, ein großer, roter Drache, der hatte sieben Häupter und zehn Hörner und auf seinen Häuptern sieben Kronen,

4 und sein Schwanz fegte [a]den dritten Teil der Sterne des Himmels hinweg und warf sie auf die Erde. Und der Drache trat vor die Frau, die gebären sollte, damit er, wenn sie geboren hätte, ihr Kind fräße.

a Dan 8,10

5 Und sie gebar einen Sohn, einen Knaben, der alle Völker weiden sollte [a]mit eisernem Stabe. Und ihr Kind wurde entrückt zu Gott und seinem Thron. *a* Ps 2,9

6 Und die Frau entfloh in die Wüste, wo sie einen Ort hatte, bereitet von Gott, daß sie dort ernährt werde [a]tausendzweihundertundsechzig Tage. *a* Kap 11,3

7 ¶Und es entbrannte ein Kampf im Himmel: Michael und seine Engel kämpften gegen den Drachen. Und der Drache kämpfte und seine Engel,

8 und sie siegten nicht, und ihre Stätte
wurde nicht mehr gefunden im Himmel.
9 Und es wurde hinausgeworfen der große
Drache, die alte Schlange, die da heißt:
Teufel und Satan, der die ganze Welt ver-
führt, und er wurde auf die Erde gewor-
fen, und seine Engel wurden mit ihm
dahin geworfen.[a] *a* Kap 20,2; 1.Mose 3,1; Lk 10,18
10 Und ich hörte eine große Stimme, die
sprach im Himmel: **Nun ist das Heil und
die Kraft und [a]das Reich unseres Gottes
geworden und die Macht seines Christus;
denn der Verkläger unserer Brüder ist ver-
worfen, der sie verklagte Tag und Nacht vor
unserm Gott.** *a* Kap 11,15
11 **Und sie haben ihn überwunden [a]durch
des Lammes Blut und [b]durch das Wort ihres
Zeugnisses und haben ihr Leben nicht
geliebt, bis hin zum Tod.** *a* Kap 7,14 *b* Kap 6,9
12 Darum freut euch, ihr Himmel und die
darin wohnen! Weh aber der Erde und
dem Meer! Denn der Teufel kommt zu
euch hinab und hat einen großen Zorn
und weiß, daß er wenig Zeit hat.
13 ¶Und als der Drache sah, daß er auf die
Erde geworfen war, verfolgte er die Frau,
die den Knaben geboren hatte.
14 Und es wurden der Frau gegeben die
zwei Flügel des großen Adlers, daß sie in
die Wüste flöge an ihren Ort, wo sie
ernährt werden sollte eine Zeit und zwei
Zeiten und eine halbe Zeit fern von dem
Angesicht der Schlange.
15 Und die Schlange stieß aus ihrem
Rachen Wasser aus wie einen Strom hin-
ter der Frau her, um sie zu ersäufen.
16 Aber die Erde half der Frau und tat
ihren Mund auf und verschlang den Strom,
den der Drache ausstieß aus seinem
Rachen.
17 Und der Drache wurde zornig über die
Frau und ging hin, zu kämpfen gegen die
übrigen von ihrem Geschlecht, die Gottes
Gebote halten und haben das Zeugnis
Jesu.
18 Und er trat an den Strand des Meeres.

Die beiden Tiere

13 Und ich sah [a]ein Tier aus dem Meer
steigen, das hatte zehn Hörner und
sieben Häupter und auf seinen Hörnern
zehn Kronen und auf seinen Häuptern
lästerliche Namen. *a* Dan 7,3-7
2 Und das Tier, das ich sah, war gleich
einem Panther und seine Füße wie Bären-
füße und sein Rachen wie ein Löwenra-
chen. Und der Drache gab ihm seine Kraft
und seinen Thron und große Macht.
3 Und ich sah eines seiner Häupter, als
wäre es tödlich verwundet, und seine töd-
liche Wunde wurde heil. Und die ganze
Erde wunderte sich über das Tier,
4 und sie beteten den Drachen an, weil er
dem Tier die Macht gab, und beteten das
Tier an und sprachen: Wer ist dem Tier
gleich, und wer kann mit ihm kämpfen?
5 Und es wurde ihm ein Maul gegeben,
zu reden große Dinge und Lästerungen,
und ihm wurde Macht gegeben, es zu tun
[a]zweiundvierzig Monate lang. *a* Kap 11,2
6 Und es tat sein Maul auf zur Lästerung
gegen Gott, zu lästern seinen Namen und
sein Haus und die im Himmel wohnen.
7 Und ihm wurde Macht gegeben, [a]zu
kämpfen mit den Heiligen und sie zu über-
winden; und ihm wurde Macht gegeben
über alle Stämme und Völker und Spra-
chen und Nationen. *a* Kap 11,7; Dan 7,21
8 Und alle, die auf Erden wohnen, beten
es an, deren Namen nicht vom Anfang der
Welt an geschrieben stehen in dem
Lebensbuch des Lammes, das geschlach-
tet ist.
9 Hat jemand Ohren, der höre!
10 Wenn jemand ins Gefängnis soll, dann
wird er ins Gefängnis kommen; [a]wenn
jemand mit dem Schwert getötet werden
soll, dann wird er mit dem Schwert getötet
werden. [b]**Hier ist Geduld und Glaube der
Heiligen!** *a* 1.Mose 9,6; Mt 26,52 *b* Kap 14,12
11 ¶Und ich sah ein zweites Tier aufstei-
gen aus der Erde; das hatte zwei Hörner
wie ein Lamm und redete wie ein Drache.
12 Und es übt alle Macht des ersten Tieres
aus vor seinen Augen, und es macht, daß
die Erde und die darauf wohnen, das erste
Tier anbeten, dessen tödliche Wunde heil
geworden war.
13 Und [a]es tut große Zeichen, so daß es
auch Feuer vom Himmel auf die Erde fal-
len läßt vor den Augen der Menschen;
a Mt 24,24; 2.Thess 2,9
14 und es verführt, die auf Erden wohnen,
durch die Zeichen, die zu tun vor den
Augen des Tieres ihm Macht gegeben ist;
und sagt denen, die auf Erden wohnen,
daß sie ein Bild machen sollen dem Tier,
das die Wunde vom Schwert hatte und
lebendig geworden war.
15 Und es wurde ihm Macht gegeben,

Geist zu verleihen dem Bild des Tieres,
damit das Bild des Tieres reden und
machen könne, daß alle, die das Bild des
Tieres nicht anbeteten, getötet würden.
16 Und es macht, daß sie allesamt, die
Kleinen und Großen, die Reichen und
Armen, die Freien und Sklaven, sich [a]ein
Zeichen machen an ihre rechte Hand oder
an ihre Stirn, *a* Kap 19,20
17 und daß niemand kaufen oder verkau-
fen kann, wenn er nicht das Zeichen hat,
nämlich den Namen des Tieres oder die
Zahl seines Namens.
18 Hier ist Weisheit! Wer Verstand hat, der
überlege [a]die Zahl des Tieres; denn es ist
die Zahl eines Menschen, und seine Zahl
ist sechshundertundsechsundsechzig.
a Kap 15,2

Das Lamm und die Seinen

14 Und ich sah, und siehe, das Lamm
stand auf dem Berg Zion und mit
ihm [a]Hundertvierundvierzigtausend, die
hatten seinen Namen und [b]den Namen
seines Vaters geschrieben auf ihrer Stirn.
a Kap 7,4 *b* Kap 3,12
2 Und ich hörte eine Stimme vom Him-
mel [a]wie die Stimme eines großen Was-
sers und wie die Stimme eines großen
Donners, und die Stimme, die ich hörte,
war wie von Harfenspielern, die auf ihren
Harfen spielen. *a* Kap 1,15
3 Und sie sangen ein neues Lied vor dem
Thron und vor den vier Gestalten und den
Ältesten; und niemand konnte das Lied
lernen außer den Hundertvierundvierzig-
tausend, die erkauft sind von der Erde.
4 Diese sind's, [a]die sich mit Frauen nicht
befleckt haben, denn sie sind jungfräulich;
die folgen dem Lamm nach, wohin es
geht. Diese sind erkauft aus den Men-
schen als Erstlinge für Gott und das
Lamm, *a* 1.Kor 7,1.8
5 und in ihrem Mund wurde kein Falsch
gefunden; sie sind untadelig.

Die Botschaft der drei Engel

6 Und ich sah einen andern Engel fliegen
mitten durch den Himmel, der hatte ein
ewiges Evangelium zu verkündigen denen,
die auf Erden wohnen, allen Nationen und
Stämmen und Sprachen und Völkern.
7 Und er sprach mit großer Stimme:
Fürchtet Gott und gebt ihm die Ehre;
denn die Stunde seines Gerichts ist
gekommen! Und betet an den, der ge-
macht hat Himmel und Erde und Meer
und die Wasserquellen!
8 ¶ [a]Und ein zweiter Engel folgte, der
sprach: Sie ist gefallen, sie ist gefallen,
Babylon, die große Stadt; denn sie hat mit
dem Zorneswein ihrer Hurerei getränkt
alle Völker.
a (8-10) Kap 18,1-3; Jes 21,9; Jer 25,15.16; 51,7
9 ¶ Und ein dritter Engel folgte ihnen und
sprach mit großer Stimme: [a]Wenn jemand
das Tier anbetet und sein Bild und nimmt
das Zeichen an seine Stirn oder an seine
Hand, *a* Kap 13,12-17
10 der wird von dem [a]Wein des Zornes
Gottes trinken, der unvermischt einge-
schenkt ist in den Kelch seines Zorns, und
er wird gequält werden mit Feuer und
Schwefel vor den heiligen Engeln und vor
dem Lamm. *a* Ps 75,9
11 Und der Rauch von ihrer Qual wird auf-
steigen von Ewigkeit zu Ewigkeit; und sie
haben keine Ruhe Tag und Nacht, die das
Tier anbeten und sein Bild, und wer das
Zeichen seines Namens annimmt.
12 [a]Hier ist Geduld der Heiligen! Hier
sind, die da halten die Gebote Gottes und
den Glauben an Jesus! *a* Kap 13,10
13 ¶ Und ich hörte eine Stimme vom Him-
mel zu mir sagen: Schreibe: [a]**Selig sind die**
Toten, die in dem Herrn sterben von nun an.
Ja, spricht der Geist, sie sollen [b]ruhen
von ihrer Mühsal; denn [c]ihre Werke folgen
ihnen nach. *a* Phil 1,23 *b* Jes 57,2; Hebr 4,10
c 1.Tim 5,24.25

Ernte und Weinlese

14 Und ich sah, und siehe, eine weiße
Wolke. Und [a]auf der Wolke saß einer, der
gleich war einem Menschensohn; der
hatte eine goldene Krone auf seinem
Haupt und in seiner Hand eine scharfe
Sichel. *a* Dan 7,13; Mk 13,26
15 Und ein andrer Engel kam aus dem
Tempel und rief dem, der auf der Wolke
saß, mit großer Stimme zu: Setze deine
[a]Sichel an und ernte; denn die Zeit zu
ernten ist gekommen, denn [b]die Ernte der
Erde ist reif geworden. *a* Joel 4,13 *b* Mt 13,39
16 Und der auf der Wolke saß, setzte seine
Sichel an die Erde, und die Erde wurde
abgeerntet.
17 ¶ Und ein andrer Engel kam aus dem
Tempel im Himmel, der hatte ein scharfes
Winzermesser.

18 Und ein andrer Engel kam vom Altar,
der hatte Macht über das Feuer und rief
dem, der das scharfe Messer hatte, mit
großer Stimme zu: Setze dein scharfes
Winzermesser an und schneide die Trau-
ben am Weinstock der Erde, denn seine
Beeren sind reif!
19 Und der Engel setzte sein Winzermes-
ser an die Erde und schnitt die Trauben
am Weinstock der Erde und warf sie in die
große Kelter des Zornes Gottes.
20 Und [a] die Kelter wurde draußen vor der
Stadt getreten, und das Blut ging von der
Kelter bis an die Zäume der Pferde, tau-
sendsechshundert Stadien weit. *a* Jes 63,3

Das Lied der Überwinder

15 Und ich sah ein andres Zeichen am
Himmel, das war groß und wunder-
bar: [a] sieben Engel, die hatten die letzten
sieben Plagen; denn mit ihnen ist vollen-
det der Zorn Gottes. *a* Kap 16,1
2 ¶Und ich sah, und es war [a] wie ein glä-
sernes Meer, mit Feuer vermengt; und die
den Sieg behalten hatten über das Tier
und sein Bild und über die Zahl seines
Namens, die standen an dem gläsernen
Meer und hatten Gottes Harfen *a* Kap 4,6
3 und sangen das [a] Lied des Mose, des
Knechtes Gottes, und das Lied des Lam-
mes: [b] Groß und wunderbar sind deine
Werke, Herr, allmächtiger Gott! [c] Gerecht
und wahrhaftig sind deine Wege, du König
der Völker.
a 2.Mose 15,1.11 *b* Jer 10,6.7 *c* 5.Mose 32,4; Ps 145,17
4 Wer sollte dich, Herr, nicht fürchten und
deinen Namen nicht preisen? Denn du
allein bist heilig! Ja, [a] alle Völker werden
kommen und anbeten vor dir, denn deine
gerechten Gerichte sind offenbar gewor-
den. *a* Ps 86,9; Jer 16,19-21

Die Schalen des Zorns

5 Danach sah ich: es [a] wurde aufgetan der
Tempel, die Stiftshütte im Himmel,
a Kap 11,19
6 und aus dem Tempel kamen die sieben
Engel, die die sieben Plagen hatten, ange-
tan mit reinem, hellem Leinen und gegür-
tet um die Brust mit goldenen Gürteln.
7 Und [a] eine der vier Gestalten gab den
sieben Engeln sieben goldene Schalen voll
vom [b] Zorn Gottes, der da lebt von Ewig-
keit zu Ewigkeit. *a* Kap 4,6-8 *b* Kap 14,10
8 Und [a] der Tempel wurde voll Rauch von
der [b] Herrlichkeit Gottes und von seiner
Kraft; und niemand konnte in den Tempel
gehen, bis die sieben Plagen der sieben
Engel vollendet waren.
a Jes 6,4 *b* 2.Mose 40,34; 1.Kön 8,10.11; Hes 44,4

16 ¶Und ich hörte eine große Stimme
aus dem Tempel, die sprach zu den
sieben Engeln: Geht hin und gießt aus die
sieben Schalen des Zornes Gottes auf die
Erde!
2 ¶Und der erste ging hin und goß seine
Schale aus auf die Erde; und es entstand
ein [a] böses und schlimmes Geschwür an
den Menschen, die das Zeichen des Tie-
res hatten und die sein Bild anbeteten.
a 2.Mose 9,10.11
3 ¶Und der zweite Engel goß aus seine
Schale ins Meer; und es wurde zu Blut
wie von einem Toten, und alle lebendigen
Wesen im Meer starben.
4 ¶Und der dritte Engel goß aus seine
Schale in die Wasserströme und in die
Wasserquellen; und sie [a] wurden zu Blut.
a 2.Mose 7,17-21
5 Und ich hörte den Engel der Wasser
sagen: Gerecht bist du, der du bist und
der du warst, du Heiliger, daß du dieses
Urteil gesprochen hast;
6 denn sie haben das Blut der Heiligen
und der Propheten vergossen, und Blut
hast du ihnen zu trinken gegeben; sie
sind's wert.[a] *a* Weish 11,16
7 Und [a] ich hörte den Altar sagen: Ja, Herr,
allmächtiger Gott, deine Gerichte sind
wahrhaftig und gerecht.[b]
a Kap 9,13 *b* Kap 6,9.10
8 ¶Und der vierte Engel goß aus seine
Schale über die Sonne; und es wurde ihr
Macht gegeben, die Menschen zu versen-
gen mit Feuer.
9 Und die Menschen wurden versengt von
der großen Hitze und lästerten den Namen
Gottes, der Macht hat über diese Plagen,
und bekehrten sich nicht, ihm die Ehre zu
geben.
10 ¶Und der fünfte Engel goß aus seine
Schale auf den Thron des Tieres; und sein
Reich wurde verfinstert, und die Men-
schen zerbissen ihre Zungen vor Schmer-
zen
11 und lästerten Gott im Himmel wegen
ihrer Schmerzen und wegen ihrer Ge-
schwüre und bekehrten sich nicht von
ihren Werken.
12 ¶Und der sechste Engel goß aus seine

Schale auf den großen Strom Euphrat; und [a]sein Wasser trocknete aus, damit der Weg bereitet würde den Königen vom Aufgang der Sonne. *a* Jes 11,15.16

13 Und ich sah aus dem Rachen des [a]Drachen und aus dem Rachen des Tieres und aus dem Munde des falschen Propheten drei unreine Geister kommen, gleich Fröschen; *a* Kap 12,3

14 es sind Geister von Teufeln, die tun Zeichen und gehen aus zu den Königen der ganzen Welt, sie zu versammeln zum Kampf am großen Tag Gottes, des Allmächtigen. –

15 Siehe, [a]ich komme wie ein Dieb. Selig ist, der da wacht und seine Kleider bewahrt, damit er nicht nackt gehe und man seine Blöße sehe. – *a* 1.Thess 5,2

16 Und er versammelte sie an einen Ort, der heißt auf hebräisch Harmagedon.

17 ¶Und der siebente Engel goß aus seine Schale in die Luft; und es kam eine große Stimme aus dem Tempel vom Thron, die sprach: Es ist geschehen!

18 Und es geschahen Blitze und Stimmen und Donner, und es geschah ein großes Erdbeben, wie es noch nicht gewesen ist, seit Menschen auf Erden sind – ein solches Erdbeben, so groß.

19 Und aus der großen Stadt wurden drei Teile, und die Städte der Heiden stürzten ein. Und [a]Babylon, der großen, wurde gedacht vor Gott, daß ihr gegeben werde der Kelch mit dem Wein seines grimmigen Zorns. *a* Kap 14,8-10

20 Und alle Inseln verschwanden, und die Berge wurden nicht mehr gefunden.[a] *a* Kap 6,14

21 Und ein großer [a]Hagel wie Zentnergewichte fiel vom Himmel auf die Menschen; und die Menschen lästerten Gott wegen der Plage des Hagels; denn diese Plage ist sehr groß. *a* 2.Mose 9,23

Die große Hure Babylon

17 Und es kam einer von den [a]sieben Engeln, die die sieben Schalen hatten, redete mit mir und sprach: Komm, ich will dir zeigen das Gericht über die große Hure, die an vielen Wassern sitzt, *a* Kap 15,1

2 mit der die Könige auf Erden Hurerei getrieben haben; und die auf Erden wohnen, sind betrunken geworden von dem Wein ihrer Hurerei.

3 Und er brachte mich im Geist in die Wüste. Und ich sah eine Frau auf einem scharlachroten Tier sitzen, das war voll lästerlicher Namen und hatte sieben Häupter und zehn Hörner.

4 Und die Frau war bekleidet mit Purpur und Scharlach und geschmückt mit Gold und Edelsteinen und Perlen und hatte [a]einen goldenen Becher in der Hand, voll von Greuel und Unreinheit ihrer Hurerei, *a* Jer 51,7

5 und auf ihrer Stirn war geschrieben ein Name, ein Geheimnis: Das große Babylon, die Mutter der Hurerei und aller Greuel auf Erden.

6 Und ich sah die Frau, betrunken von dem [a]Blut der Heiligen und von dem Blut der Zeugen Jesu. Und ich wunderte mich sehr, als ich sie sah. *a* Kap 18,24

7 ¶Und der Engel sprach zu mir: Warum wunderst du dich? Ich will dir sagen das Geheimnis der Frau und des Tieres, das sie trägt und sieben Häupter und zehn Hörner hat.

8 Das Tier, das du gesehen hast, ist gewesen und ist jetzt nicht und wird wieder aufsteigen aus dem Abgrund und wird in die Verdammnis fahren. Und es werden sich wundern, die auf Erden wohnen, deren Namen nicht geschrieben stehen im Buch des Lebens vom Anfang der Welt an, wenn sie das Tier sehen, daß es gewesen ist und jetzt nicht ist und wieder sein wird.

9 Hier ist Sinn, zu dem [a]Weisheit gehört!

¶Die sieben Häupter sind sieben Berge, auf denen die Frau sitzt, und es sind sieben Könige. *a* Kap 13,18

10 Fünf sind gefallen, einer ist da, der andre ist noch nicht gekommen; und wenn er kommt, muß er eine kleine Zeit bleiben.

11 Und das Tier, das gewesen ist und jetzt nicht ist, das ist der achte und ist einer von den sieben und fährt in die Verdammnis.

12 Und die [a]zehn Hörner, die du gesehen hast, das sind zehn Könige, die ihr Reich noch nicht empfangen haben; aber wie Könige werden sie für eine Stunde Macht empfangen zusammen mit dem Tier. *a* Kap 13,1

13 Diese sind eines Sinnes und geben ihre Kraft und Macht dem Tier.

14 Die werden gegen das Lamm kämpfen, und das Lamm wird sie überwinden, denn

es ist [a]der Herr aller Herren und der König
aller Könige, und [b]die mit ihm sind, sind
die Berufenen und Auserwählten und
Gläubigen. *a* Kap 19,16 *b* Kap 19,14
15 ¶Und er sprach zu mir: Die [a]Wasser,
die du gesehen hast, an denen die Hure
sitzt, sind Völker und Scharen und Natio-
nen und Sprachen. *a* Jes 8,7; Jer 47,2
16 Und die zehn Hörner, die du gesehen
hast, und das Tier, die werden die Hure
hassen und werden sie ausplündern und
entblößen und werden ihr Fleisch essen
und werden sie mit Feuer verbrennen.
17 Denn Gott hat's ihnen in ihr Herz gege-
ben, nach seinem Sinn zu handeln und
eines Sinnes zu werden und ihr Reich dem
Tier zu geben, bis vollendet werden die
Worte Gottes.
18 Und die Frau, die du gesehen hast, ist
[a]die große Stadt, die die Herrschaft hat
über die Könige auf Erden. *a* Kap 18,10

Der Untergang Babylons

18 Danach sah ich einen andern Engel
herniederfahren vom Himmel, der
hatte große Macht, und [a]die Erde wurde
erleuchtet von seinem Glanz. *a* Hes 43,2
2 Und er rief mit mächtiger Stimme: [a]Sie
ist gefallen, sie ist gefallen, Babylon, die
Große, und ist eine Behausung der Teufel
geworden und ein Gefängnis aller unrei-
nen Geister und ein Gefängnis aller unrei-
nen Vögel und [b]ein Gefängnis aller unrei-
nen und verhaßten Tiere.
a Kap 14,8 *b* Jer 50,39
3 Denn [a]von dem Zorneswein ihrer [b]Hu-
rerei haben alle Völker getrunken, und die
Könige auf Erden haben mit ihr Hurerei
getrieben, und die Kaufleute auf Erden
sind reich geworden von ihrer großen
Üppigkeit. *a* Jer 51,7 *b* Nah 3,4
4 ¶Und ich hörte eine andre Stimme vom
Himmel, die sprach: [a]Geht hinaus aus ihr,
mein Volk, daß ihr nicht teilhabt an ihren
Sünden und nichts empfangt von ihren
Plagen! *a* Jes 48,20; Jer 50,8; 51,6.45; 2.Kor 6,17
5 Denn ihre Sünden [a]reichen bis an den
Himmel, und Gott denkt an ihren Fre-
vel. *a* 1.Mose 18,20.21; Jer 51,9
6 [a]Bezahlt ihr, wie sie bezahlt hat, und
gebt ihr zweifach zurück nach ihren Wer-
ken! Und in den Kelch, in den sie euch
eingeschenkt hat, schenkt ihr zweifach
ein! *a* Ps 137,8; Jer 50,15.29; 2.Thess 1,6
7 [a]Wieviel Herrlichkeit und Üppigkeit sie
gehabt hat, soviel Qual und Leid schenkt
ihr ein! Denn sie spricht in ihrem Herzen:
Ich throne hier und bin eine Königin und
bin keine Witwe, und Leid werde ich nicht
sehen. *a (7 und 8)* Jes 47,7-9
8 Darum werden ihre Plagen an **einem** Tag
kommen, Tod, Leid und Hunger, und mit
Feuer wird sie verbrannt werden; denn
stark ist Gott der Herr, der sie richtet.
9 ¶Und es werden sie beweinen und
beklagen die Könige auf Erden, die mit ihr
gehurt und gepraßt haben, wenn sie sehen
werden den Rauch von ihrem Brand, in
dem sie verbrennt.
10 Sie werden fernab stehen aus Furcht vor
ihrer Qual und sprechen: Weh, weh, du
große Stadt Babylon, du starke Stadt, [a]in
einer Stunde ist dein Gericht gekom-
men! *a* Jer 51,8
11 Und die Kaufleute auf Erden werden
weinen und Leid tragen um sie, weil ihre
Ware niemand mehr kaufen wird:
12 Gold und Silber und Edelsteine und
Perlen und feines Leinen und Purpur und
Seide und Scharlach und allerlei wohlrie-
chende Hölzer und allerlei Gerät aus
Elfenbein und allerlei Gerät aus kostba-
rem Holz und Erz und Eisen und Marmor
13 und Zimt und Balsam und Räucher-
werk und Myrrhe und Weihrauch und
Wein und Öl und feinstes Mehl und Wei-
zen und Vieh und Schafe und Pferde und
Wagen und Leiber und Seelen von Men-
schen.
14 ¶Und das Obst, an dem deine Seele
Lust hatte, ist dahin; und alles, was glän-
zend und herrlich war, ist für dich verlo-
ren, und man wird es nicht mehr finden.
15 Die Kaufleute, die durch diesen Handel
mit ihr reich geworden sind, werden fernab
stehen aus Furcht vor ihrer Qual, werden
weinen und klagen:
16 Weh, weh, du große Stadt, die [a]beklei-
det war mit feinem Leinen und Purpur
und Scharlach und geschmückt war mit
Gold und Edelsteinen und Perlen,
a Kap 17,4
17 [a]denn in **einer** Stunde ist verwüstet sol-
cher Reichtum!
¶Und alle Schiffsherren und alle Steuer-
leute und die Seefahrer und die auf dem
Meer arbeiten, standen fernab
a (17-19) Hes 27,27-36
18 und schrien, als sie den Rauch von

ihrem Brand sahen: Wer ist der großen
Stadt gleich?
[19] Und sie warfen Staub auf ihre Häupter
und schrien, weinten und klagten: Weh,
weh, du große Stadt, von deren Überfluß
reich geworden sind alle, die Schiffe auf
dem Meer hatten; denn in **einer** Stunde ist
sie verwüstet!
[20] ¶ [a]Freue dich über sie, Himmel, und
ihr Heiligen und Apostel und Propheten!
Denn Gott hat sie gerichtet um euretwil-
len. *a* Jer 51,48
[21] ¶ Und ein starker Engel hob einen Stein
auf, groß wie ein Mühlstein, warf ihn ins
Meer und sprach: [a]So wird in einem
Sturm niedergeworfen die große Stadt
Babylon und nicht mehr gefunden wer-
den. *a* Jer 51,63.64
[22] Und [a]die Stimme der Sänger und Sai-
tenspieler, Flötenspieler und Posaunenblä-
ser soll nicht mehr in dir gehört werden,
und kein Handwerker irgendeines Hand-
werks soll mehr in dir gefunden werden,
und das Geräusch der Mühle soll nicht
mehr in dir gehört werden,
a Jes 24,8; Hes 26,13
[23] und [a]das Licht der Lampe soll nicht
mehr in dir leuchten, und die Stimme des
Bräutigams und der Braut soll nicht mehr
in dir gehört werden. Denn [b]deine Kauf-
leute waren Fürsten auf Erden, und durch
deine Zauberei sind verführt worden alle
Völker; *a* Jer 25,10 *b* Jes 23,8
[24] und [a]das Blut der Propheten und der
Heiligen ist in ihr gefunden worden, und
das Blut aller derer, die auf Erden umge-
bracht worden sind. *a* Kap 6,10; 17,6

Jubel über den Untergang Babylons

19 Danach hörte ich etwas wie eine
große Stimme einer großen Schar im
Himmel, die sprach: Halleluja! Das Heil
und die Herrlichkeit und die Kraft sind
unseres Gottes!
[2] Denn wahrhaftig und gerecht sind seine
Gerichte, daß er die große Hure verurteilt
hat, die die Erde mit ihrer Hurerei verdor-
ben hat, und hat [a]das Blut seiner Knechte
gerächt, das ihre Hand vergossen hat.
a Kap 6,10; 5.Mose 32,43
[3] Und sie sprachen zum zweitenmal: Hal-
leluja! Und ihr Rauch steigt auf in Ewig-
keit.
[4] ¶ Und die [a]vierundzwanzig Ältesten und
die [b]vier Gestalten fielen nieder und bete-
ten Gott an, der auf dem Thron saß, und
sprachen: [c]Amen, Halleluja!
a Kap 4,4; 5,11 *b* Kap 4,6 *c* Ps 106,48
[5] Und eine Stimme ging aus von dem
Thron: Lobt unsern Gott, alle seine
Knechte und die ihn fürchten, klein und
groß!
[6] ¶ Und ich hörte etwas wie eine Stimme
einer großen Schar und wie eine Stimme
großer Wasser und wie eine Stimme star-
ker Donner, die sprachen: **Halleluja! Denn
der Herr, unser Gott, der Allmächtige, hat
das Reich eingenommen!**
[7] **Laßt uns freuen und fröhlich sein und
ihm die Ehre geben; denn [a]die Hochzeit des
Lammes ist gekommen, und seine Braut hat
sich bereitet.** *a* Kap 21,9
[8] Und es wurde ihr gegeben, [a]sich anzu-
tun mit schönem reinem Leinen. Das Lei-
nen aber ist die Gerechtigkeit der Heili-
gen. *a* Jes 61,10
[9] Und er sprach zu mir: Schreibe: [a]**Selig
sind, die zum Hochzeitsmahl des Lammes
berufen sind.** Und er sprach zu mir: Dies
sind wahrhaftige Worte Gottes. *a* Lk 14,15
[10] Und ich [a]fiel nieder zu seinen Füßen,
ihn anzubeten. Und er sprach zu mir: Tu
es nicht! Ich bin dein und deiner Brüder
Mitknecht, die das Zeugnis Jesu haben.
Bete Gott an! Das Zeugnis Jesu aber ist
der Geist der Weissagung. *a* Kap 22,8.9

Der Reiter auf dem weißen Pferd

[11] [a]Und ich sah den Himmel aufgetan;
und siehe, ein weißes Pferd. Und der dar-
auf saß, hieß: [b]Treu und Wahrhaftig, und
er richtet und kämpft [c]mit Gerechtig-
keit. *a (11-13)* Mt 24,30 *b* Kap 3,14 *c* Jes 11,4.5
[12] Und [a]seine Augen sind wie eine Feuer-
flamme, und auf seinem Haupt sind viele
Kronen; und er trug einen [b]Namen
geschrieben, den niemand kannte als er
selbst. *a* Kap 1,14 *b* Kap 3,12
[13] Und er war angetan mit einem Gewand,
[a]das mit Blut getränkt war, und sein Name
ist: [b]Das Wort Gottes. *a* Jes 63,1-3 *b* Joh 1,1
[14] Und ihm folgte [a]das Heer des Himmels
auf weißen Pferden, angetan mit weißem,
reinem Leinen. *a* Kap 17,14
[15] Und aus seinem Munde ging ein
scharfes Schwert, daß er damit die Völker
schlage; und [a]er wird sie regieren mit
eisernem Stabe; und [b]er tritt die Kelter,

voll vom Wein des grimmigen Zornes Gottes, des Allmächtigen,

a Ps 2,9 *b* Kap 14,19.20

16 und trägt einen Namen geschrieben auf seinem Gewand und auf seiner Hüfte: [a]König aller Könige und Herr aller Herren. *a* Kap 1,5; 1.Tim 6,15

Das Ende des Tieres und des falschen Propheten

17 Und ich sah einen Engel in der Sonne stehen, und er rief mit großer Stimme [a]allen Vögeln zu, die hoch am Himmel fliegen: Kommt, versammelt euch zu dem großen Mahl Gottes *a* Hes 39,4.17-20

18 und eßt das Fleisch der Könige und der Hauptleute und das Fleisch der Starken und der Pferde und derer, die darauf sitzen, und das Fleisch aller Freien und Sklaven, der Kleinen und der Großen!

19 Und ich sah das Tier und die Könige auf Erden und ihre Heere [a]versammelt, Krieg zu führen mit dem, der auf dem Pferd saß, und mit seinem Heer.

a Kap 16,14.16

20 Und das Tier wurde ergriffen und mit ihm der falsche Prophet, der vor seinen Augen die Zeichen getan hatte, durch welche er die verführte, die [a]das Zeichen des Tieres angenommen und das Bild des Tieres angebetet hatten. [b]Lebendig wurden diese beiden in den feurigen Pfuhl geworfen, der mit Schwefel brannte.

a Kap 13,11-17 *b* 2.Thess 2,8

21 Und die andern wurden erschlagen mit dem Schwert, das aus dem Munde dessen ging, der auf dem Pferd saß. Und alle Vögel wurden satt von ihrem Fleisch.

Das tausendjährige Reich

20 Und ich sah einen Engel vom Himmel herabfahren, der hatte [a]den Schlüssel zum Abgrund und eine große Kette in seiner Hand. *a* Kap 9,1

2 Und er ergriff den [a]Drachen, die alte Schlange, das ist der Teufel und der Satan, und fesselte ihn für tausend Jahre,

a Kap 12,9

3 und warf ihn in den Abgrund und verschloß ihn und setzte ein Siegel oben darauf, damit er die Völker nicht mehr verführen sollte, bis vollendet würden die tausend Jahre. Danach muß er losgelassen werden eine kleine Zeit.

4 ¶Und ich sah [a]Throne, und sie setzten sich darauf, und [b]ihnen wurde das Gericht übergeben. Und ich sah die Seelen derer, die enthauptet waren um des Zeugnisses von Jesus und um des Wortes Gottes willen, und die nicht angebetet hatten das Tier und sein Bild und die sein Zeichen nicht angenommen hatten an ihre Stirn und auf ihre Hand; diese wurden lebendig und regierten mit Christus tausend Jahre.

a Kap 3,21; Mt 19,28 *b* 1.Kor 6,2

5 [a]Die andern Toten aber wurden nicht wieder lebendig, bis die tausend Jahre vollendet wurden. Dies ist die erste Auferstehung. *a* 1.Thess 4,16

6 Selig ist der und heilig, der teilhat an der ersten Auferstehung. Über diese hat der zweite Tod keine Macht; sondern sie werden Priester Gottes und Christi sein und mit ihm regieren tausend Jahre.

Der letzte Kampf

7 Und wenn die tausend Jahre vollendet sind, wird der Satan losgelassen werden aus seinem Gefängnis

8 und wird ausziehen, zu verführen die Völker an den vier Enden der Erde, [a]Gog und Magog, und sie zum Kampf zu versammeln; deren Zahl ist wie der Sand am Meer. *a* Hes 38,2

9 Und sie stiegen herauf auf die Ebene der Erde und umringten das Heerlager der Heiligen und die geliebte Stadt. Und es fiel Feuer vom Himmel und verzehrte sie.

10 Und der Teufel, der sie verführte, wurde geworfen in den Pfuhl von Feuer und Schwefel, [a]wo auch das Tier und der falsche Prophet waren; und sie werden gequält werden Tag und Nacht, von Ewigkeit zu Ewigkeit. *a* Kap 19,20

Das Weltgericht

11 Und ich sah einen großen, weißen Thron und [a]den, der darauf saß; [b]vor seinem Angesicht flohen die Erde und der Himmel, und es wurde keine Stätte für sie gefunden. *a* Mt 25,31-46 *b* 2.Petr 3,7.10.12

12 Und [a]ich sah die Toten, groß und klein, stehen vor dem Thron, und [b]Bücher wurden aufgetan. Und ein andres Buch wurde aufgetan, welches ist das Buch des Lebens. Und die Toten wurden gerichtet nach dem, was in den Büchern geschrieben steht, nach ihren Werken. *a* Joh 5,28.29 *b* Dan 7,10

13 Und das Meer gab die Toten heraus, die darin waren, und der Tod und sein

Reich gaben die Toten heraus, die darin
waren; und sie wurden gerichtet, ein jeder
nach seinen Werken.
14 Und [a]der Tod und sein Reich wurden
geworfen in den feurigen Pfuhl. Das ist
der zweite Tod: der feurige Pfuhl.
a 1.Kor 15,26.55
15 Und wenn jemand nicht gefunden
wurde geschrieben in dem Buch des
Lebens, der wurde geworfen in den feurigen Pfuhl.

Das neue Jerusalem

21 Und ich sah [a]einen neuen Himmel
und eine neue Erde; denn [b]der erste
Himmel und die erste Erde sind vergangen, und das Meer ist nicht mehr.
a Jes 65,17 *b* 2.Petr 3,13
2 Und ich sah die heilige Stadt, [a]das neue
Jerusalem, von Gott aus dem Himmel herabkommen, bereitet [b]wie eine geschmückte Braut für ihren Mann.
a Gal 4,26; Hebr 12,22 *b* Kap 19,7.8
3 Und ich hörte eine große Stimme von
dem Thron her, die sprach: **Siehe da, die
Hütte Gottes bei den Menschen! Und [a]er
wird bei ihnen wohnen, und [b]sie werden sein
Volk sein, und er selbst, Gott mit ihnen,
wird ihr Gott sein;** *a* 2.Mose 29,45 *b* Jer 7,23
4 **und [a]Gott wird abwischen alle Tränen von
ihren Augen, und der Tod wird nicht mehr
sein, [b]noch Leid noch Geschrei noch
Schmerz wird mehr sein; denn das Erste ist
vergangen.** *a* Kap 7,17; Jes 25,8 *b* Jes 35,10; 65,19
5 Und der auf dem Thron saß, sprach:
Siehe, ich mache alles neu! Und er spricht:
Schreibe, denn diese Worte sind wahrhaftig und gewiß!
6 Und er sprach zu mir: Es ist geschehen.
[a]Ich bin das A und das O, der Anfang und
das Ende. Ich will dem Durstigen geben
von der Quelle des lebendigen Wassers
umsonst. *a* Kap 1,8; 22,13
7 **Wer überwindet, der wird es alles ererben,
und ich werde sein Gott sein, und er wird
mein Sohn sein.**
8 Die Feigen aber und Ungläubigen und
Frevler und Mörder und Unzüchtigen und
Zauberer und Götzendiener und alle Lügner, deren Teil wird in dem Pfuhl sein, der
mit Feuer und Schwefel brennt; das ist der
zweite Tod.
9 ¶Und es kam zu mir einer von den [a]sieben Engeln, die die sieben Schalen mit
den letzten sieben Plagen hatten, und
redete mit mir und sprach: Komm, ich
will dir die Frau zeigen, die [b]Braut des
Lammes. *a* Kap 15,1.6.7 *b* Kap 19,7
10 Und er führte mich hin im Geist auf
einen großen und hohen Berg und zeigte
mir die heilige Stadt Jerusalem herniederkommen aus dem Himmel von Gott,
11 die hatte die Herrlichkeit Gottes; ihr
Licht war gleich dem alleredelsten Stein,
einem Jaspis, klar wie Kristall;
12 sie hatte eine große und hohe Mauer
und hatte [a]zwölf Tore und auf den Toren
zwölf Engel und Namen darauf geschrieben, nämlich die Namen der zwölf
Stämme der Israeliten: *a* Hes 48,31-35
13 von Osten drei Tore, von Norden drei
Tore, von Süden drei Tore, von Westen
drei Tore.
14 Und die Mauer der Stadt hatte zwölf
Grundsteine und auf ihnen die zwölf
Namen der zwölf Apostel des Lammes.
15 ¶Und der mit mir redete, hatte einen
[a]Meßstab, ein goldenes Rohr, um die
Stadt zu messen und ihre Tore und ihre
Mauer. *a* Hes 40,3
16 Und die Stadt ist viereckig angelegt, und
ihre Länge ist so groß wie die Breite. Und
er maß die Stadt mit dem Rohr: zwölftausend Stadien. Die Länge und die Breite
und die Höhe der Stadt sind gleich.
17 Und er maß ihre Mauer: hundertvierundvierzig Ellen nach Menschenmaß, das
der Engel gebrauchte.
18 [a]Und ihr Mauerwerk war aus Jaspis und
die Stadt aus reinem Gold, gleich reinem
Glas. *a (18-21)* Jes 54,11.12
19 Und die Grundsteine der Mauer um die
Stadt waren geschmückt mit allerlei Edelsteinen. Der erste Grundstein war ein
Jaspis, der zweite ein Saphir, der dritte ein
Chalzedon, der vierte ein Smaragd,
20 der fünfte ein Sardonyx, der sechste ein
Sarder, der siebente ein Chrysolith, der
achte ein Beryll, der neunte ein Topas, der
zehnte ein Chrysopras, der elfte ein Hyazinth, der zwölfte ein Amethyst.
21 Und die zwölf Tore waren zwölf Perlen,
ein jedes Tor war aus einer einzigen Perle,
und der Marktplatz der Stadt war aus reinem Gold wie durchscheinendes Glas.
22 Und ich sah keinen Tempel darin; denn
der Herr, der allmächtige Gott, ist ihr Tempel, er und das Lamm.
23 [a]Und die Stadt bedarf keiner Sonne
noch des Mondes, daß sie ihr scheinen;

denn die Herrlichkeit Gottes erleuchtet
sie, und ihre Leuchte ist das Lamm.
a (23-25) Jes 60,3.5.11.19.20
24 Und die Völker werden wandeln in
ihrem Licht; und die Könige auf Erden
werden ihre Herrlichkeit in sie bringen.
25 Und ihre Tore werden nicht verschlos-
sen am Tage; denn da wird [a]keine Nacht
sein. *a* Sach 14,7
26 Und man wird die Pracht und den
Reichtum der Völker in sie bringen.
27 Und nichts Unreines wird hineinkom-
men und keiner, der Greuel tut und Lüge,
sondern allein, die geschrieben stehen in
dem Lebensbuch des Lammes.

22 [a]Und er zeigte mir einen Strom
lebendigen Wassers, klar wie Kri-
stall, der ausgeht von dem Thron Gottes
und des Lammes;
a (1 und 2) Hes 47,1.12; Sach 14,8; 1.Mose 2,9.10
2 mitten auf dem Platz und auf beiden
Seiten des Stromes Bäume des Lebens,
die tragen zwölfmal Früchte, jeden Monat
bringen sie ihre Frucht, und die Blätter
der Bäume dienen zur Heilung der Völ-
ker.
3 Und es wird [a]nichts Verfluchtes mehr
sein. Und der Thron Gottes und des
Lammes wird in der Stadt sein, und seine
Knechte werden ihm dienen *a* Jos 7,11-13
4 und sein Angesicht sehen, und [a]sein
Name wird an ihren Stirnen sein.
a Kap 3,12
5 Und es wird keine Nacht mehr sein, und
sie bedürfen keiner Leuchte und nicht des
Lichts der Sonne; denn Gott der Herr wird
sie erleuchten, und sie werden regieren
von Ewigkeit zu Ewigkeit.

Der Herr kommt

6 Und er sprach zu mir: Diese Worte sind
gewiß und wahrhaftig; und der Herr, der
Gott des Geistes der Propheten, hat [a]sei-
nen Engel gesandt, zu zeigen seinen
Knechten, was bald geschehen muß.
a Kap 1,1
7 ¶Siehe, ich komme bald. Selig ist, der
die Worte der Weissagung in diesem Buch
bewahrt.
8 ¶Und ich, Johannes, bin es, der dies
gehört und gesehen hat. Und als ich's
gehört und gesehen hatte, fiel ich nieder,
um anzubeten zu den Füßen des Engels,
der mir dies gezeigt hatte.
9 Und er spricht zu mir: Tu es nicht! Denn
ich bin dein Mitknecht und der Mitknecht
deiner Brüder, der Propheten, und derer,
die bewahren die Worte dieses Buches.
Bete Gott an!
10 ¶Und er spricht zu mir: [a]Versiegle
nicht die Worte der Weissagung in diesem
Buch; denn [b]die Zeit ist nahe!
a Kap 10,4 *b* Kap 1,3
11 Wer Böses tut, der tue weiterhin Böses,
und wer unrein ist, der sei weiterhin
unrein; aber wer gerecht ist, der übe wei-
terhin Gerechtigkeit, und wer heilig ist, der
sei weiterhin heilig.[a] *a* Dan 12,10
12 Siehe, ich komme bald und mein Lohn
mit mir, einem jeden zu geben, wie seine
Werke sind.
13 **Ich bin das A und das O, der Erste und
der Letzte, der Anfang und das Ende.**[a]
a Kap 1,8; Hebr 13,8
14 Selig sind, die [a]ihre Kleider waschen,
daß sie teilhaben an dem Baum des
Lebens und zu den Toren hineingehen in
die Stadt. *a* Kap 7,14
15 Draußen sind die Hunde und die Zau-
berer und die Unzüchtigen und die Mör-
der und die Götzendiener und alle, die die
Lüge lieben und tun.[a]
a Kap 21,8.27; 1.Kor 6,9.10
16 ¶Ich, Jesus, habe meinen Engel ge-
sandt, euch dies zu bezeugen für die
Gemeinden. Ich bin die [a]Wurzel und das
Geschlecht Davids, [b]der helle Morgen-
stern. *a* Jes 11,10 *b* Lk 1,78
17 **Und der Geist und die Braut sprechen:
Komm! Und wer es hört, der spreche: Komm!
Und [a]wen dürstet, der komme; und wer da
will, der nehme das Wasser des Lebens
umsonst.** *a* Jes 55,1; Joh 7,37
18 ¶Ich bezeuge allen, die da hören die
Worte der Weissagung in diesem Buch:
[a]Wenn jemand etwas hinzufügt, so wird
Gott ihm die Plagen zufügen, die in
diesem Buch geschrieben stehen.
a 5.Mose 4,2
19 Und wenn jemand etwas wegnimmt von
den Worten des Buchs dieser Weissagung,
so wird Gott ihm seinen Anteil wegneh-
men am Baum des Lebens und an der
heiligen Stadt, von denen in diesem Buch
geschrieben steht.
20 ¶**Es spricht, der dies bezeugt: Ja, ich
komme bald. – Amen, ja, [a]komm, Herr
Jesus!** *a* 1.Kor 16,22
21 ¶Die Gnade des Herrn Jesus sei mit
allen!

ANHANG

INHALT

MASSE, GEWICHTE, GELDWERTE

Längenmaße

Elle: etwa 46 cm; Groß-Elle (2. Chr 3,3): etwa 52 cm
Spanne (2. Mose 28,16): eine halbe Elle, etwa 23 cm
Handbreite (2. Mose 25,25): ein Drittel der Spanne, etwa 8 cm
Fingerbreite (Jer 52,21): ein Viertel der Handbreite, etwa 2 cm
Rute (Hes 40,5): 6 Ellen, etwa 3 m
Faden (Apg 27,28): 180 cm

Wegmaße im Neuen Testament

Stadion (Offb 14,20): 185 m
Meile (Mt 5,41): 8 Stadien, etwa 1,5 km
Sabbatweg (Apg 1,12): 2000 Ellen, etwa 1 km

Hohlmaße für Flüssigkeiten im Alten Testament

Faß (hebr. homer): etwa 220 (325) l
Eimer (hebr. bat): der 10. Teil des Fasses, etwa 22 (32,5) l
Kanne (hebr. hin): der 6. Teil des Eimers, etwa 3,5 (5,5) l. Nach der abweichenden Angabe des Josephus nur der 12. Teil des Eimers, also 2,7 l
Becher (hebr. log): der 12. Teil der Kanne, etwa 0,3 (0,45) l

Die erste Zahl ist aus gefundenen Fragmenten von Maßgefäßen rekonstruiert. Die Angaben entsprechen den Trockenmaßen nach der rabbinischen Messung, wobei nach rabbinischen Angaben die Flüssigmaße um 1/3 mehr enthielten als die Trockenmaße (die Zahl in Klammern gibt die rabbinischen Flüssigmaße wieder). Nach Josephus und gefundenen Maßgefäßen aus herodianischer Zeit wiesen Flüssigmaße und Trockenmaße allerdings denselben Standard auf. Dies entspricht auch der Maßangabe für den Inhalt des bronzenen »Meers« in 1. Kön 7,23.26.

Hohlmaße für trockene Dinge im Alten Testament

Sack (hebr. kor oder homer = Eselsladung): etwa 220 (145) l
Scheffel, Tonne (hebr. efa): der 10. Teil des Sacks, etwa 22 (14,5) l
Maß, Kornmaß (hebr. sea): der 3. Teil des Scheffels, etwa 7,3 (4,8) l
Krug (hebr. gomer oder issaron): der 10. Teil des Scheffels, etwa 2,2 (1,4) l
Handvoll (hebr. ein Viertel-kab): 1 kab 1,5 (0,9) l, ein Viertel-kab 0,37 (0,23) l

Die erste Zahl entspricht den rabbinischen Angaben und gefundenen Gefäßen aus herodianischer Zeit, die zweite Zahl (in Klammern) gibt den von dem jüdischen Historiker Josephus genannten, um 1/3 niedrigeren Wert an, der ebenfalls durch viele Funde belegt ist. Wahrscheinlich waren die 22 l des rabbinischen Efa ein Maximalwert; die meisten Maßgefäße waren eher kleiner.

Hohlmaße im Neuen Testament

Sack (griech. koros; Lk 16,7): etwa 390 l
Eimer (griech. batos; Lk 16,6): etwa 39 l
Maß (griech. metretes; Joh 2,6): etwa 39 l
Scheffel (griech. modios; Mt 5,15): etwa 9 l
halber Zentner (griech. saton; Mt 13,33): etwa 12 l

Gewichte

Zentner (hebr. kikkar = ein Rundes; griech. talanton): 3000 Lot oder 60 Pfund (Minen) zu 50 Lot (Schekel), nach gefundenen Gewichten ca. 35 kg
Pfund (hebr. maneh = Mine): 50 Lot, etwas mehr als unser Pfund
Lot (hebr. schekel): nach gefundenen Gewichten der gewöhnliche Schekel etwa 11,5 g, der königliche (schwere) Schekel etwa 13 g
Gramm (hebr. gera): der 20. Teil eines Lots, etwa 0,5 g

Geld und Münzen im Alten Testament

Geprägte Münzen gab es in älterer Zeit nicht, man zahlte nach dem Gewicht des Edelmetalls. Zwar waren wohl schon früh abgewogene Metallstücke von bestimmter Form und bestimmtem Wert im Umlauf; doch pflegte man beim Handel das Metall mit einer Waage, die man samt den Gewichtssteinen im Beutel trug, abzuwägen (vgl. Jer 32,10). An geprägten Münzen kommen im Alten Testament die persische Darike und die griechische Drachme vor.
Die Grundeinheit des Geldes war der Schekel - in dieser Übersetzung mit Lot (1. Mose 23,15; 1. Makk 10,40.42) und Taler (2. Mose 30,13; 1. Sam 9,8) wiedergegeben. Über die Kaufkraft des Geldes hören wir wenig. Nach 3. Mose 5,15 konnte man für 2 Schekel einen Widder kaufen. Der Brautpreis betrug 50 Schekel (vgl. 2. Mose 22,15 mit 5. Mose 22,29). Als Ersatz für einen Sklaven oder eine Sklavin bezahlte man 30 Schekel (2. Mose 21,32). In neutestamentlicher Zeit gilt ein Silberstück (Denar) als der übliche Tageslohn eines Arbeiters (»Tagelöhners«).

Gewichtswerte

Goldtalent (»Zentner Gold«, 1. Kön 9,14)
Goldschekel (»Lot Gold«, 1. Chr 21,25 »Goldgulden«, 2. Kön 5,5)
Goldstück (1. Mose 33,19; Jos 24,32; Hiob 42,11; hebr. kesita)

Gewichtsmäßig verhalten sich Goldtalent und Goldschekel wie 3000:1; das »Goldstück« ist in Gewicht und Wert nicht bestimmbar.

Silbertalent (»Zentner Silber«; 1. Kön 16,24)
Silbermine (»Pfund Silber«; Esr 2,69)
Silberschekel (»Lot Silber«, 1. Mose 23,5; »Taler«, hebr. schekel, 2. Mose 30,13; »Silbertaler«, hebr. schekel kesef, 1. Sam 9,8; »Silberstück«, hebr. kesef, 1. Mose 20,16)

Gewichtsmäßig verhalten sich Silbertalent, Silbermine und Silberschekel wie 3000:50:1.

Münzen

Darike (»Gulden«, hebr. adarkon, 1. Chr 29,7; Esr 8,27)
Golddrachme (»Gulden«, hebr. darkemon, Esr 2,69; Neh 7,69-71)

Die Darike hat etwa den doppelten Wert wie die Golddrachme.

Geld und Münzen im Neuen Testament

Zur neutestamentlichen Zeit ist allgemein geprägtes Geld im Gebrauch. Zur Bestimmung höherer Summen werden jedoch weiterhin die alten Gewichtseinheiten (»Pfund«, »Zentner«) verwendet. Hellenistische Kultur und römische Herrschaft führten zu einem Nebeneinander von griechischer und römischer Währung (griechisch: Talent, Mine, Stater, Drachme, Lepton; römisch: Denar, Assarion, Quadrans).

Gewichtswerte

Talent (»Zentner«, Mt 25,15)
Mine (»Pfund«, Lk 19,13)

Wertverhältnis 60:1.

Silbermünzen

Stater (»Zweigroschenstück«, Mt 17,27); er dürfte auch mit dem »Silberling« Mt 26,15 gemeint sein
Doppeldrachme (»Tempelgroschen«, Mt 17,24)
Drachme (»Silbergroschen«, nur Lk 15,8 f)
Denar (»Silbergroschen«, Mt 18,28; 22,19)

Wertverhältnis Stater - Doppeldrachme - Drachme/Denar 4:2:1.

Kupfermünzen

Assarion (»Groschen«, Mt 10,29)
Quadrans (»Pfennig«, Mt 5,26; Mk 12,42)
Lepton (»Scherflein«, Mk 12,42; »Heller«, Lk 12,59)

Wertverhältnis Assarion - Quadrans - Lepton 8:2:1.

SACH- UND WORTERKLÄRUNGEN

Man findet hier Erklärungen zum geschichtlichen Hintergrund (Völker und Reiche), zu Personen und Personengruppen (Aaron, Pharisäer), zu religiösen Vorstellungen (Paradies, Abgrund), zu gottesdienstlichen und kulturellen Einrichtungen (Opfer, Erstlinge, Worfschaufel) sowie zu unübersetzten Wendungen wie Amen, Halleluja, Sela. Nur in besonderen Fällen wird vom Bibeltext durch eine Fußnote auf die Erklärungen verwiesen.

A

A und O Alpha und Omega, der erste und der letzte Buchstabe des griechischen Alphabets; darum in der Offenbarung Bezeichnung Gottes (1,8; 21,6) und Christi (22,13) als des Ersten und des Letzten, der am Anfang und am Ende der Herr ist, aus dem und zu dem alles ist.

Aaron Der Bruder von → Mose, am Berg Sinai von Gott zum ersten Priester der Israeliten berufen (2.Mose 28–30).

Abaddon (hebräisch; griechisch *Apollyon*) Der »Verderber«; Name des über den Ort des Verderbens gesetzten Engels (Offb 9,11).

Abba Aramäisch »Vater«, als Anrede im Familienkreis. Jesus gebrauchte das Wort in der Gebetsanrede an Gott (Mk 14,36) und brachte damit die innige Verbundenheit mit seinem himmlischen Vater zum Ausdruck. Die ersten Christen sind ihm darin gefolgt (Röm 8,15). Im Judentum jener Zeit war als Gebetsanrede nur das feierliche »Ab« gebräuchlich.

Abel Zweiter Sohn → Adams und Evas. Er wurde von seinem Bruder Kain ermordet (1.Mose 4).

Abendmahl Die christliche Abendmahlsfeier geht zurück auf das letzte Mahl Jesu mit seinen Jüngern (Mt 26,26-28 und Parallelen), ist aber auch zu sehen auf dem Hintergrund der Tischgemeinschaft Jesu mit den »Zöllnern und Sündern« (Mk 2,16; Lk 15,2). In Erinnerung an die Mahlgemeinschaft Jesu wurde das Abendmahl in den ersten Christengemeinden noch im Rahmen einer gemeinsamen Mahlzeit aller Gläubigen gefeiert (→ Liebesmahl). Mißstände, die dabei auftraten (1.Kor 11,17-34), führten später zu einer Trennung.

Abgrund Im Alten Testament Aufenthaltsort der Toten (Hiob 26,6; Spr 15,11; 27,20); in der Offenbarung (9,1.11; 11,7; 17,8; 20,1.3) Gefängnis des Teufels und der abtrünnigen Geister (vgl. Lk 8,31).

Abib (Ährenmonat, 2.Mose 13,4) Der siebte Monat des althebräischen Jahres, später Nisan genannt, etwa Mitte März bis Mitte April.

Abraham Ehrenname, der Abram von Gott verliehen wurde (›Vater vieler Völker‹; 1.Mose 17,4). Für Paulus (Röm 4) wird der Stammvater Israels zum Vorbild des Glaubens und ›Vater‹ der Glaubenden aus allen Völkern.

Achaja Römische Provinz im Gebiet des heutigen Griechenland mit der Hauptstadt Korinth.

Achortal Der Name bedeutet ›Unglückstal‹. Es liegt im Nordwesten von Jericho in der Nähe der Stadt Ai. Das Tal spielt im Zusammenhang der Inbesitznahme des Landes Kanaan eine Rolle: Hier wurde Achan, der sich an gebanntem Gut (→ Bann) vergriffen hatte, gesteinigt und damit ein Israel drohender Fluch in Segen verwandelt (Jos 7,24-26). Für Hosea (Hos 2,17) wiederholt sich die Verwandlung von Unglück in Segen, wenn Israel zum zweitenmal von Gott in sein Land geführt wird.

Adam Ursprünglich kein Eigenname, sondern das hebräische Wort für »Mensch«. Nach Paulus hat Adam die ganze Menschheit in die Verfallenheit an Sünde und Tod hineingezogen. Ihm tritt Christus als der »letzte Adam« gegenüber, der vom Tod zum Leben führt (Röm 5,12-19; 1.Kor 15,45-49).

Adar → Monate.

Adma und Zebojim Die beiden Städte werden zusammen mit → Sodom und Gomorra genannt, deren Schicksal sie teilten und in deren Nachbarschaft sie vermutlich lagen (5.Mose 29,22).

Adria (Apg 27,27) Auch das Mittelländische Meer zwischen Kreta und Sizilien wurde im Altertum zur Adria gerechnet.

Agrippa → Herodes (4,5).

Allerheiligstes → Tempel.

Aloe Ein indischer Baum, zugleich Bezeichnung für dessen wohlriechendes Harz, das u.a. als Duftstoff beim Begräbnis verwendet wurde (Joh 19,39).

Altar → Opfer; → Tempel.

Älteste Die Stellung der ›Ältesten‹ gründete ursprünglich in der Würde des Alters: In Familie und Sippe gilt die Autorität der ›Alten‹. Obwohl im Grundsatz alle Familienoberhäupter den gleichen Rang hatten, übten im größeren Verband des Stammes die Häupter der mächtigsten Familien die Autorität aus, im Krieg als Anführer und im Frieden durch Rechtsprechung. Sie bildeten eine Art Adel.
Mit der Entwicklung einer städtischen Kultur entstand eine Stadtaristokratie, die als lokale Behörde die Ortschaft verwaltete und Recht sprach. Unter dem Königtum verloren die Ältesten an Einfluß, gewannen ihn aber neu nach der Rückkehr aus dem babylonischen Exil (→ Hoher Rat). In den jüdischen Gemeinden außerhalb Palästinas war die Verwaltung zumindest der → Synagoge einem Ältestenrat unterstellt. – Gelegentlich bezeichnet »Älteste« auch die älteren Gesetzesausleger (Mk 7,3.5).
Nach jüdischem Vorbild findet man auch in den jungen Christengemeinden ein Vorsteherkollegium von Ältesten. (Zur weiteren Entwicklung → Gemeindeleiter.)
In der Offenbarung sind die 24 Ältesten eine Art himmlischer Thronrat mit zugleich königlichen und priesterlichen Funktionen. Die Bedeutung der 24-Zahl ist nicht sicher zu ermitteln.

Amen Das (hebräische) Wort hat den Sinn von »so ist es / so sei es!«, wenn es von der Gemeinde zur Bestätigung von Segen oder Fluch ausgerufen wird (5.Mose 27,15-26) oder die Gemeinde sich mit diesem Wort hinter das Gebet eines einzelnen stellt (1.Kor 14,16). In der neutestamentlichen Gemeinde gewinnt das Gebet wie auch das abschließende ›Amen‹ seine besondere Zuversicht und Festigkeit aus der in Christus erfahrbar gewordenen Treue Gottes und aus der Tatsache, daß Christus selbst das Gebet seiner Gemeinde mitträgt (2.Kor 1,20; Offb 3,14).

Amoriter »Amoriterland« (Amurru) ist die frühbabylonische Bezeichnung für Palästina und Syrien. Im Alten Testament begegnet der Volksname als Bezeichnung der vorisraelitischen Bevölkerung Gesamtpalästinas wie auch als Bezeichnung für einen Volksstamm in Mittelpalästina.

Apollyon → Abaddon.

Apostel Wahrscheinlich ist der Titel ›Apostel‹ (Ausgesandter) von der jüdischen Einrichtung des ›Gesandten‹ herzuleiten, der für bestimmte Aufträge mit der Vollmacht des Sendenden ausgestattet wurde. Die Missionare der Urchristenheit trugen diesen Titel. In der späteren Überlieferung wird die Apostelzahl auf die zwölf → Jünger und Paulus beschränkt. Die Zahl zwölf erinnert an die zwölf Stämme Israels; die Apostel repräsentieren das neue Gottesvolk.

Aram, Aramäer Bezeichnung einer semitischen Stammes- und Völkergruppe, die ihren Ursprung vermutlich in Mesopotamien hatte und von dort nach Südwesten gewandert ist. In der Bibel werden auch die Verwandten Abrahams ›Aramäer‹ genannt. Im Gebiet des heutigen → Syrien bildete sich das sog. Aramäerreich.
Die aramäische Sprache gehört zum westlichen Zweig der semitischen Sprachfamilie. Sie setzte sich als Diplomaten- und Korrespondenzsprache im neuassyrischen, neubabylonischen und persischen Reich als sogenanntes ›Reichsaramäisch‹ durch. Eine Reihe biblischer Kapitel sind in aramäischer Sprache geschrieben. Vermutlich war sie zur Zeit Jesu in Palästina weithin gebräuchlich.

Arbe (3.Mose 11,22) Heuschreckenart.

Arche → Noah.

Archelaus Sohn Herodes' I.; → Herodes (3).

Areopag (Apg 17,19.34) Griechisch »Areshügel«. Dort tagte in alten Zeiten der oberste athenische Gerichtshof. In der römischen Zeit hatte er seine Sitzungen in der Königshalle am Markt, seine

Befugnisse erstreckten sich nur noch auf Religion und Erziehung. Ob Paulus vor dieser Behörde oder nur am Ort ihrer Zusammenkünfte sprach, läßt sich aus Apg 17 nicht entnehmen.

Aretas Aretas IV., 9 v. bis 38 n. Chr., König über das östlich-südöstlich von Palästina gelegene Reich der Nabatäer, das seinen Einfluß zeitweise bis Damaskus ausdehnte (2. Kor 11,32).

Ariel »Gottesherd«; Hes 43,15.16 der oberste Teil des Brandopferaltars; daher Jes 29,1.2.7 dichterische Bezeichnung Jerusalems, weil dort der Brandopferaltar stand.

Aschera Eine im phönizisch-kanaanitischen Bereich beheimatete Fruchtbarkeits- und Vegetationsgöttin, deren Kult auch in Irsael eindrang (1. Kön 18,19). Grüne Bäume oder an deren Stelle Holzpfähle (die ebenfalls »Ascheren« heißen) symbolisierten die Gegenwart der Göttin und wurden anbetend verehrt. Die Aschera galt als Gattin → Baals. Häufig waren die Gottesdienste dieser Göttin mit geschlechtlichen Ausschweifungen verknüpft.

Asien Die römische Provinz Asia umfaßte den westlichen Teil von Kleinasien mit der Hauptstadt Ephesus (seit 133 v. Chr.). Hier lagen die sieben Gemeinden, an die die Sendschreiben von Offenbarung 2–3 gerichtet sind.

Assyrien Land am Oberlauf des Tigris, in der Gegend des heutigen Mossul. Größte Städte: Assur (daher der Name), Kalah, Ninive. Sie waren zu verschiedenen Zeiten auch Hauptstädte. Geschichtlich bedeutsam wurde Assyrien schon Anfang des 2. Jahrtausends v. Chr. Vom 10. bis 6. Jahrhundert war es eine beherrschende Großmacht, die sich vor allem durch eine rücksichts- und erbarmungslose Machtpolitik verhaßt machte. Das Reich endete völlig um 600 v. Chr.

Astarte Westsemitische Fruchtbarkeitsgöttin, deren Kult mit sexuellen Ausschweifungen verbunden war. Salomo ließ ihr aus politischen Gründen – als Göttin der Phönizier – ein Opferheiligtum errichten (2. Kön 23,13).

Atargatis (2. Makk 12,26) Die syrisch-aramäische Ausprägung der in Kanaan als Astarte oder Aschera verehrten Fruchtbarkeitsgöttin (vgl. 1. Kön 18,19).

Äthiopien → Kusch.

Augustus Einer der Titel von Gajus Octavius. Er bedeutet ›Erhabener‹ (griechisch Sebastos). Augustus wurde als Weltheiland gefeiert, da seine Regierungszeit als römischer Kaiser (27 v. bis 14 n. Chr.) in ihren späteren Abschnitten eine Zeit allgemeinen Friedens war.

Ausländer Wer zu einem fremden Volk gehört, nur für eine gewisse Zeit (etwa als Händler) in Israel weilt oder, wenn er im Land bleibt (z. B. 2. Sam 15,19; 1. Kön 11,1.8), die angestammte Religions- und Volkszugehörigkeit festhält, also nicht »Beisasse« oder »Fremdling« wird (vgl. zu diesen beiden Begriffen die entsprechenden Worterklärungen).

Aussatz Eine Sammelbezeichnung für verschiedene Hautkrankheiten, zu denen nicht nur die Lepra, sondern auch die Psoriasis, die Schuppenflechte, gehört. Aussatz machte auf jeden Fall kultisch unrein (→ rein). Der Unreine wurde aus der Gemeinschaft der Gesunden, der Reinen, ausgesondert. Über eine Behandlung des Aussatzes ist nichts bekannt; wenn eine Heilung stattfand, galt der Priester als Sachverständiger, der sie bestätigen mußte. Als »Aussatz« bezeichnet und entsprechend behandelt wurde auch Pilz und Schimmelbefall an Häusern und Gebrauchsgegenständen (3. Mose 13–14).

B

Baal Der Wortsinn ist eigentlich ›Herr‹ oder ›Besitzer‹. Im Lauf der Zeit wurde das Wort zu einem Göttertitel und schließlich zu einem Götternamen. Die kanaanitischen Stadtgottheiten trugen diesen Namen. Einzelne berühmte Lokalgötter sind Baal-Berit, der »Herr des Bundes« in Sichem (Ri 8,33; 9,4), Baal-Peor (4. Mose 25,3-5), Baal-Sebub, der »Herr der Fliegen« in Ekron (2. Kön 1,2), der Baal von Sidon (1. Kön 16,31).

Im israelitischen Sprachgebrauch gewinnt dieser Göttername immer mehr den Sinn von ›Götze‹, da sich die israelitische Religion besonders mit den kanaanitischen Kulten auseinanderzusetzen hatte. Es gilt als sicher, daß man den Baal als Himmels- oder Wettergottheit zu verstehen hat. Durch die Verbindung mit → Aschera oder Astarte (1. Kön 11,5) wird seine Beziehung zu Fruchtbarkeitskulten deutlich. In der Vorstellung der Kanaaniter war das fruchtbare Ackerland eine Muttergottheit, die durch Baal befruchtet wurde. Die Götter waren also im Grunde die Mächte der Fruchtbarkeit selbst. Sie sind Teil dieser Welt und darum durch Riten und magische Praktiken zu beeinflussen. Israels Gott aber ist der Schöpfer der Welt und steht ihr gegenüber als der Herr, der sich nichts abzwingen läßt. Er schenkt Fruchtbarkeit aus freiem Willen und erwartet, daß sein Volk ihm darauf in Liebe und Gehorsam antwortet. Die Teilnahme am kanaanitischen Fruchtbarkeitskult ist Israel untersagt, weil dieser Kult ein Geschenk Gottes – die Fruchtbarkeit von Land, Menschen und Vieh – an die Stelle Gottes, die Gabe an die Stelle des Gebers setzt.

Babel, Babylon Die Herkunft und Bedeutung dieses Namens ist nicht völlig geklärt. Von den Babyloniern wurde er als ›Tor Gottes‹ gedeutet, in Israel vom hebräischen Wort für ›Verwirrung‹ abgeleitet (1.Mose 11). Im 2.Jahrtausend v.Chr. wurde die Stadt Babel am Euphrat zum Herrschaftszentrum des Vorderen Orients. Ihr Einfluß endete erst im 2.Jahrhundert v.Chr. (→ Babylonien).
Im Neuen Testament wird der Name als Deckbezeichnung für die römische Weltmacht und ihre Hauptstadt Rom verwendet (1.Petr 5,13; vgl. Offb 18). Vergleichspunkt ist die Feindschaft gegen das Gottesvolk: Der römische Kaiser läßt die Christen verfolgen; die Babylonier haben Jerusalem zerstört und einen Teil des Volkes in die Verbannung geführt.

Babylonien Das Schwemmland um Euphrat und Tigris bis zur Höhe des heutigen Bagdad (Mesopotamien). Zuerst ist diese Gegend vermutlich im 5.Jahrtausend v.Chr. besiedelt worden. In der Bibel spielt eine besondere Rolle das neubabylonische Reich, dessen Herrscher Nebukadnezar (604–562 v.Chr.) Juda besiegte, Jerusalem zerstören und die Oberschicht des Landes nach Babylonien deportieren ließ.

Bann Der Begriff gehört in den Zusammenhang des sog. ›Heiligen Krieges‹ und bedeutet, daß die gesamte Kriegsbeute dem menschlichen Gebrauch und der menschlichen Verfügung entnommen ist und Gott als dem eigentlichen Kriegsherrn gehört. Im strengsten Fall wurden die Siedlungen mit Feuer zerstört und alles Lebendige in ihnen mit dem Schwert vernichtet.
Aus den biblischen Berichten läßt sich erkennen, daß diese Form des Krieges nur aus besonderen Anlässen und mit eng begrenzten Zielen (z.B. als Strafaktion) geübt wurde. Die Forderung des 5.Mosebuches nach Ausrottung aller vorisraelitischen Bewohner Kanaans ist in der Praxis nicht durchgeführt worden. In ihr spiegelt sich das Bestreben, Israel vor fremden Einflüssen zu schützen, die seinem Glauben gefährlich werden konnten, und, wie der Kampf der Propheten (Hosea, Jeremia, Hesekiel) zeigt, auch tatsächlich wurden (→ Baal).

Baschan Eine ostjordanische Hochebene von sprichwörtlicher Fruchtbarkeit am Jarmuk.

Bedolachharz (1.Mose 2,12; 4.Mose 11,7). Das wohlriechende Harz der in Südarabien heimischen Balsamstaude, das als Duftstoff, zum Räuchern und als Wundmittel verwendet wurde.

Beelzebul (Mt 10,25; 12,24; vgl. Baal-Sebub 2.Kön 1,2) Im Judentum Name des obersten der bösen Geister.

Beisasse (2.Mose 12,45; 4.Mose 35,15) Im Unterschied zu den Vollbürgern, den Fremdlingen und den Sklaven ein Schutzbürger, der – meist nur vorübergehend – an einem Ort ansässig ist, ohne das Bürgerrecht zu erlangen (→ Ausländer, Fremdling).

Bel (Bar 6,41; St zu Dan 2,1-21) Anderer Name für den babylonischen Hauptgott Marduk.

Beliar (2.Kor 6,15) »Nichtsnutzigkeit«, »Verderben«; Name des Teufels.

Ben-Hinnom → Hinnomtal.

Beschneidung, beschneiden, beschnitten Die Beschneidung wird bei vielen Völkern geübt, aber unterschiedlich gedeutet. Im alten Israel wurde sie zum Zeichen des → Bundes zwischen Gott und seinem Volk und zum Kennzeichen der Zugehörigkeit zum Gottesvolk, vor allem in Abgrenzung gegen das Griechentum in hellenistischer Zeit. Vollzogen wird sie durch das Abtrennen der Vorhaut am männlichen Glied; sie wurde in früher Zeit bei Jünglingen, später bei Neugeborenen am 8.Tag nach der Geburt geübt. Mädchen wurden in Israel nicht beschnitten.

Daß Gott mehr erwartet als nur die äußere Beschneidung, sagt der Aufruf zu einer »Beschneidung des Herzens« (5. Mose 10,16; 30,6; vgl. Kol 2,11), der auf eine Umwandlung des inneren Menschen zielt. In den frühen judenchristlichen Gemeinden entstand die Frage, ob man Nichtjuden, die Christen werden wollten, beschneiden und damit zuerst in das Judentum aufnehmen müsse. Paulus wehrte sich gegen eine solche Forderung mit Leidenschaft (Gal 5).

Besessene Menschen, von denen ein böser Geist (Dämon) Besitz ergriffen hat. Die Existenz dämonisch Besessener, wie sie das Neue Testament bezeugt, zeigt an, in welcher Lage sich die Menschheit befindet: Sie ist oft nicht ihr eigener Herr, sondern zerstörerischen Mächten ausgeliefert. Auch viele Krankheiten, vor allem psychisch krankhaftes Verhalten, wurden im Altertum auf den Einfluß böser → Geister zurückgeführt. Wenn Jesus in der Kraft des heiligen Geistes die bösen Geister austreibt, so ist dies das Zeichen dafür, daß Gott seine Herrschaft schon aufrichtet (Mt 12,28; Lk 11,20) und das Widergöttliche besiegt (Lk 10,18).

Bethel (Bet-El) Der Name bedeutet ›Haus Gottes‹. Der Ort im äußersten Süden des Stammgebietes von Ephraim, etwa 8 km nördlich von Jerusalem, war bereits in der Bronzezeit besiedelt und hatte ein Heiligtum, das sich unweit des Ortes befand. Es wurde von Josia bei seiner Kultreform zerstört (2. Kön 23,15). In der Bibel ist bei Erwähnung des Namens in der Regel an das Heiligtum und erst in nachexilischer Zeit an den Ort gedacht.

Bischof (= Aufseher) Im Neuen Testament noch nicht Bezeichnung für ein übergemeindliches Amt. In Phil 1,1 Bezeichnung für die Aufseher oder Verwalter neben den Helfern (= Diakonen) in der Gemeinde, in Apg 20,28 für die Ältesten der Gemeinde in Ephesus, in 1. Tim 3,1; Tit 1,7 für den Leiter der Gemeinde neben den Diakonen, in 1. Petr 2,25 im umfassenden Sinn auf Jesus übertragen (→ Gemeindeleiter).

Block (Hiob 13,27; Jer 20,2.3; Apg 16,24) Ein Strafgerät (Holzblock), in das der Delinquent unter Verdrehung des Körpers gespannt wurde, bzw. Gerüst, in das im unteren Teil die Füße geschlossen wurden und im oberen die Hände und der Kopf.

Blut Das Blut gilt als Quelle und Sitz des Lebens. Da Gott der Lebensspender ist, gehört es ihm und darf vom Menschen nicht gegessen oder getrunken werden. Das führt in Israel zu der Forderung, nur solches Fleisch zu essen, in dem keinerlei Blut zurückgeblieben ist (1. Mose 9,4), und damit zu einer Form des Schlachtens, bei der das gesamte Blut des Tieres ausfließt (Schächtung).

Bei der rituellen Schlachtung (Opferung) wird das Blut der Opfertiere aufgefangen und an den Altar gegossen. Außerdem wird bei bestimmten Opferarten (→ Opfer) das Opferblut als Sühnemittel verwendet, um die verunreinigende Wirkung menschlicher Verfehlungen aufzuheben. Von daher wird im Neuen Testament der Opfertod Jesu als Sühne für die Sünde der Menschen verstanden (vor allem im Hebräerbrief). In anderem Zusammenhang dient das Blut von Opfertieren zur Besiegelung des → Bundes zwischen Gott und seinem Volk (2. Mose 24,6-8). Auf diesem Hintergrund deutet Jesus seinen Tod als Besiegelung des Neuen Bundes (Mt 26,28).

Im Alten Testament wird das Blut (= Leben) des Menschen unter Gottes besonderen Schutz gestellt (1. Mose 9,5). Vergossenes Menschenblut schreit zum Himmel um Rache (1. Mose 4,10), und wenn keine Sühne dafür geleistet wird, bringt es Unheil über das Land (5. Mose 21,1-9).

Bluträcher (4. Mose 35,12; 5. Mose 19,6; 2. Sam 14,11) Nach uraltem Rechtsempfinden fordert jeder Mord Sühne (→ Blut). Bevor es eine öffentliche Gerichtsbarkeit gab, oblag diese Sühne dem Sippenverband. Der nächste männliche Verwandte des Ermordeten (der ›Bluträcher‹) hatte die Pflicht, den Mörder oder an seiner Stelle ein Mitglied von dessen Sippe zu töten. Schon im Alten Testament findet sich das Bestreben, naheliegenden Mißbräuchen der Sippenrache zu begegnen (→ Freistädte und 2. Mose 21,23-25). Das Neue Testament führt darüber hinaus zum grundsätzlichen Verzicht auf Rache (Mt 5,38-39; Röm 12,19-21).

Brandopfer → Opfer.

Brot, ungesäuertes Brot wurde in Fladenform auf Backplatten oder in der heißen Aschenglut ohne Verwendung eines weiteren Gerätes gebacken. Die Fladen waren im Durchmesser etwa 20–50 cm groß und 0,2 bis 1 cm dick. Das Mehl wurde mit Wasser angerührt und ungesäuert (ohne Treibmittel) gebacken, zum Teil wurde auch schon → Sauerteig verwendet. Brot, das mit Sauerteig gebacken wurde, durfte im Opferdienst nicht verwendet werden. Einen hervorragenden Platz hat das ungesäuerte Brot im → Passafest. Das Fladenbrot wurde nicht geschnitten, sondern gebrochen.

Bul (1.Kön 6,38) Der zweite Monat des althebräischen Jahres, später Marcheschwan genannt, ungefähr Mitte Oktober bis Mitte November.

Bund Bund bedeutet ursprünglich ein Rechtsverhältnis auf Vertragsbasis unter Gleichberechtigten oder einen Vasallitätsvertrag zwischen einem stärkeren und einem schwächeren Partner. Es wurde wahrscheinlich durch eine Schlachtungszeremonie, die nicht unbedingt Opfercharakter haben mußte, bekräftigt. Der Bund zwischen Gott und seinem Volk ist nicht ein Vertrag zwischen gleichgestellten Partnern. Immer geht die Initiative von Gott aus, der einem einzelnen oder dem Volks Israel seinen Bund anbietet, der dem Bundespartner Verheißungen zusagt, aber auch Verpflichtungen auferlegt (1.Mose 17; 2.Mose 19–24).
Die → Propheten des Alten Testaments, die erleben, wie Israel durch Götzendienst und soziale Ungerechtigkeit den Bund mit Gott bricht, kündigen für die Zukunft einen ›neuen Bund‹ an (Jer 31,31-34). Diese Erwartung sieht das Neue Testament in Jesus Christus erfüllt: Er ist durch seinen Tod am Kreuz der Begründer des Neuen Bundes geworden, der zwischen Gott und dem neuen Bundesvolk aus allen Völkern besteht (1.Kor 11,25; Hebr 7–10).

Bundeslade (›Lade Gottes‹ 1.Sam 3,3; ›Lade des Zeugnisses‹ Jos 4,16) Wahrscheinlich war die heilige Lade (hebräisch = Kasten) in der Vorkönigszeit das Zentral- und Kriegsheiligtum einer Gruppe der Israelstämme. Sie wurde an den Heiligtümern von Silo oder Bethel aufbewahrt, doch begleitete sie auch das Volksheer bei Kriegszügen. David ließ die Lade nach Jerusalem überführen, Salomo stellte sie in das Allerheiligste des → Tempels. Vermutlich ist sie bei der Eroberung Jerusalems durch Nebukadnezar zerstört oder weggeschleppt worden. Über ihren Verbleib ist nichts bekannt, und eine neue Lade wurde nicht angefertigt. Sie galt als Thron des unsichtbaren Gottes (»Gnadenthron« als Bezeichnung für die goldene Deckplatte); über ihre Gestalt vgl. 2.Mose 25,10-22.

Bürger, römischer Das römische Bürgerrecht hatten ursprünglich nur die Stadtrömer und die Bewohner einiger weniger römischer Provinzen. Später konnte es als Belohnung oder gegen Bezahlung von jedermann erworben werden. Ein römischer Bürger hatte Anrecht auf ein besonderes Rechtsverfahren, er war gegen die Willkür der Provinzbehörden in mancher Hinsicht geschützt und konnte an den Kaiser als obersten Richter appellieren (Apg 25,11).

Buße a) = Strafe (Esr 7,26); b) = Bereuen (Hiob 42,6; Jer 31,19); c) = Umkehr, Sinnesänderung, Bekehrung (Mt 3,2).

C

Chaldäer Alter Name für die Bewohner des südwestlichen Mesopotamien.

Cherub (Mehrzahl **Cherubim**) Himmlische Wesen mit Flügeln, aus Tier- und Menschengestalt gemischt: a) Wächter des Paradieses (1.Mose 3,24); b) Träger des Thrones Gottes (Ps 18,11; Hes 10,1; 11,22); c) Nachbildungen der Cherubim über der Lade im Tempel (2.Mose 25,18; 1.Kön 8,6).

Christus → Messias.

D

Dachsfelle (2.Mose 25,5) Vielleicht die Haut von einer Art Delphinen.

Dagon Der wichtigste Gott der Philister (Tempel in Aschdod 1.Sam 5,1-5 und Gaza Ri 16,23).

Dämonen Die Bibel kennt neben dem → Satan eine Vielzahl böser → Geister. Auch die Götter der Völker werden als dämonische Mächte verstanden (3.Mose 17,7; 1.Kor 8,5; 10,20).

Dan Sohn Jakobs und israelitischer Stamm, der nach einer ersten Siedlungszeit westlich Judas dem Druck der Philister weichen mußte und seinen endgültigen Wohnsitz am oberen Jordanlauf fand (Ri 18).

Daniel Neben dem Empfänger der Visionen des Danielbuches, der in Daniel 1-6 als babylonischer und persischer Hofbeamter aus der Zeit des Exils (→ Gefangenschaft) geschildert wird, gibt es einen anderen Träger dieses Namens (eigentlich in der leicht abweichenden Form *Danel*), der in Hes 14,14-20 neben Noah und Hiob als vorbildlich Gerechter genannt wird. Eine Danielgestalt mit dieser Eigenschaft ist aus kanaanitischer Tradition bekannt. Hesekiel nennt offenbar bewußt drei vorbildliche Gestalten, die nicht zu Israel gehörten.

Dankopfer → Opfer.

David, Sohn Davids David war der bedeutendste altisraelitische König (um 1000 v.Chr.). Im Judentum zur Zeit Jesu war man teilweise der Auffassung, daß der erwartete Retter und Heilbringer ein Nachkomme (›Sohn‹) Davids sein und dessen Reich wiederherstellen werde. So wird ›Sohn Davids‹ zu einem Christustitel. Wer den ›Schlüssel Davids‹ hat (Offb 3,7), verfügt über den Zugang zur neuen Welt Gottes, dem himmlischen Jerusalem (Jerusalem = Stadt Davids). Das Neue Testament zitiert David als Verfasser der ihm zugeschriebenen Psalmen.

Diakon (Phil 1,1; 1.Tim 3,8-13) Urchristliches Gemeindeamt. Über die Aufgaben der Diakone wissen wir nichts Sicheres. Wahrscheinlich übernahmen sie Verwaltungsaufgaben und organisierten die Liebestätigkeit (vgl. Apg 6,1-7).

Diana Der lateinische Name für die griechische Göttin Artemis, die jungfräuliche Göttin der Jagd und der Wälder. Die Diana von Ephesus (Apg 19,24.27.28) ist verwandt mit der kleinasiatischen »Großen Mutter« (Kybele), der Spenderin der Fruchtbarkeit in der Natur. Ihr aus einem Meteorstein gehauenes (»vom Himmel gefallenes«, V. 35) Kultbild mit vielen Brüsten stand in dem prachtvollen, zu den sieben Weltwundern gezählten Artemistempel von Ephesus.

Dionysos (2.Makk 6,7; 14,33) Griechischer Gott, dem der Efeu heilig ist.

Drache (→ Leviatan) Bezeichnung für verschiedene schreckenerregende Tiere, im Meer (Ps 74,13; Jes 27,1; 51,9) und auf dem Land, an einzelnen Stellen deutlich das Krokodil (Hes 29,3; 32,2) oder eine Schlange (5.Mose 32,33; Ps 91,13). In der Offenbarung Bild für den Teufel (12,3.9).

Dreschschlitten, Dreschwagen, Dreschwalze (2.Sam 24,22; 1.Chr 21,23; Jes 41,15) Gedroschen wurde im alten Israel, indem man eine Walze oder einen ›Schlitten‹ (d.h. ein mit scharfen Steinen gespicktes Brett) von Zugtieren über die Ähren ziehen ließ, die auf dem festgestampften Boden ausgebreitet waren. Anschließend warf man das gedroschene Getreide mit der → Worfschaufel in die Luft, damit der Wind die Spreu davontragen konnte. Wegen des Windes wurden Dreschplätze (Tennen) gerne auf der Höhe angelegt. Dadurch gerieten sie in die Nähe der ebenfalls an solchen Orten befindlichen vorisraelitischen Opferstätten, die dem kanaanitischen Fruchtbarkeitskult gewidmet waren (Hos 9,1; → Baal).

Drusilla Schwester Agrippas II. (→ Herodes, 5).

E

Eden Obwohl der Garten Eden als Ursprung tatsächlich existierender Flüsse, wie des Euphrat, beschrieben wird, ist es nicht möglich, seine Lage geographisch festzulegen. In der griechischen Übersetzung des Alten Testaments heißt er ›paradeisos‹, ein Wort, von dem unser ›Paradies‹ abgeleitet ist.

Edom Nachbarvolk Israels, das auf Jakobs Bruder Esau zurückgeführt wird (1.Mose 36).

Efod (Luther: Leibrock) Ein Teil der Priesterkleidung (»Priesterschurz«); besonders vielleicht die Tasche mit den Stimmsteinen, die bei der Erkundung des Gotteswillens durch das Losorakel gebraucht wurden (1.Sam 14,18; 23,9; 30,7). Dagegen ist in Ri 8,27 ein Gottesbild (oder sein Überzug?) gemeint

eingeboren (Joh 1,14.18; 3,16.18; 1.Joh 4,9) Der »eingeborene Sohn« Gottes ist Jesus nicht nur als der einzige und einzigartige, sondern (wörtlich) als der »einzigerzeugte«. Damit wird bei Johannes das Geheimnis der Beziehung Jesu zum »Vater« angedeutet. Im altkirchlichen Bekenntnis wird das aufgenommen: Christus, das ewige → Wort Gottes, ist im Unterschied zu allen anderen Wesen von Gott, dem Vater, »gezeugt, nicht erschaffen«.

Einsetzungsopfer → Opfer.

Elia Prophet der israelitischen Frühzeit, der nach Mal 3,23-24 und nach jüdischen Erwartungen vor dem Endgericht und dem Anbruch der neuen Welt Gottes noch einmal auftreten soll. Er wurde in späterer Zeit als der große Nothelfer seines Volkes angerufen (Mt 27,47.49).

Elisa Als Prophet der Nachfolger → Elias. Er heilte einen höheren Offizier des syrischen Nachbarreiches vom → Aussatz (2. Kön 5; Lk 4,27).

Elul → Monate.

Engel, Engel des Herrn In den ältesten alttestamentlichen Schriften bedeutet Engel soviel wie ›Bote Gottes‹. Sofern die nähere Bestimmung ›Engel Gottes‹ oder ›Engel des Herrn‹ benutzt wird, ist häufig gemeint, daß es Gott selbst ist, der sich in menschlicher Gestalt zeigt oder mit Menschen spricht. Der Name ›Engel‹ wird auch für die himmlischen Wesen verwendet, die zur Umgebung Gottes gehören. Gott wird dabei als König gedacht; die Engel bilden seinen ›Hofstaat‹, der die Herrlichkeit Gottes preist und seinen Willen ausführt.

Nach jüdischer Auffassung haben einst Engel am Sinai dem Mose das → Gesetz übergeben. In Apg 7,38.53 wird dieser Gedanke positiv aufgenommen. Nach Paulus dagegen weist die Vermittlung durch die Engel auf eine geringere Bedeutung des Gesetzes hin (Gal 3,19; vgl. Hebr 2,2).

Im Neuen Testament begegnen Engel als Boten Gottes (Lk 1,26-38), aber auch als himmlische Repräsentanten irdischer Gemeinden, die zugleich die Aufgabe eines Schutzengels haben (Offb 2–3; Mt 18,10; Apg 12,15). Daneben finden sich gottfeindliche Engelmächte, böse Gestirn- oder Elementargeister (›Mächte der Welt‹ = des Kosmos), die von Menschen Verehrung empfangen oder ihnen gefährlich werden können. Christus hat diese Mächte besiegt (Gal 4,3-5; Kol 2,8-10).

Engelfürst Nach dem Danielbuch (Dan 10,20.21) haben nicht nur einzelne Menschen (Mt 18,10) oder Gemeinden (Offb 2–3), sondern ganze Völker und Reiche ihren ›Engel‹, der entsprechend seiner erweiterten Verantwortung einen höheren Rang einnimmt (als ›Fürst‹ unter den Engeln bzw. Erzengel). Darin spiegelt sich die Überzeugung, daß sich in der Menschengeschichte nicht nur ein irdisches Geschehen abspielt, sondern zugleich eine Auseinandersetzung zwischen überirdischen Mächten.

Ephraim Jüngster Sohn Josefs. Als wichtigster Stamm des Nordreichs Israel kann Ephraim auch für das ganze Nordreich stehen (Jes 7,8.9; Hos 11,8.9).

Epikureer (Apg 17,18) Anhänger des griechischen Philosophen Epikur, Vertreter einer den Lebensgenuß lehrenden Weltanschauung.

Erbteil, Erbe Der dem einzelnen Israeliten gehörende Anteil am Gesamtbesitztum seiner Sippe. Er kann nicht einfach veräußert werden, da er sonst dem Gesamteigentum der Sippe verlorenginge; wenn er unbedingt verkauft werden soll, muß er dem Nächstverwandten zum Kauf angeboten werden. Daraus ergeben sich für diesen auch Verpflichtungen gegenüber einer eventuell vorhandenen Witwe (Rut 4,5). Der von den Vorfahren ererbte Besitz ist geradezu geheiligt, so daß der Erwerb durch einen Fremden, gleichgültig wen, schlimmstes Unrecht wäre (vgl. 1. Kön 21,3).

Erdharz (Asphalt) Ein festes und halbfestes Mineral, Zersetzungsprodukt aus urzeitlichen Pflanzen und Tieren, das unter anderem in der Nähe des Toten Meeres gefunden und in offenen Gruben abgebaut wurde. Im Altertum wurde es als Mörtel benutzt, zum Verpichen von Schiffen und Gefäßen, aber auch als Fußbodenbelag und für künstlerische Arbeiten.

Erkenntnis Bestimmte Kreise in urchristlicher Zeit waren der Überzeugung, daß der Besitz des heiligen Geistes den Christen eine ›Erkenntnis‹ verleihe, die umfassender und tiefgehender sei als die Lehre der Apostel. Paulus und Johannes bekämpfen in ihren Briefen solche überheblichen Anschauungen als gefährlich und als Brutstätte von Irrtümern und Irrlehren.

Erlaßjahr In jedem 49. Jahr sollte im alten Israel die ursprüngliche Besitzordnung wiederhergestellt werden. Denn im Ideal galt Grundbesitz als unveräußerlich (→ Erbteil). Ebenso sollten Sklaven israelitischer Volkszugehörigkeit in diesem Jahr die Freiheit wiedererlangen (3. Mose 25).

Erlöser, Löser 1. Der Mensch, der das Eigentum der Sippe »auslöst« und zurückerwirbt (3. Mose 25,25), der einen in Schuldsklaverei Geratenen freikauft (3. Mose 25,48), der Verwandte, der eine kinderlose Witwe durch Heirat von der Kinderlosigkeit erlöst (Rut 3,9.12; 4,1.3.6), der → »Bluträcher«, der durch Tötung des Totschlägers die Schuld der Tötung einlöst (4. Mose 35,12; 5. Mose 19,6).
2. Gott, der die Seinigen aus fremder Gewalt befreit hat, so Israel aus der Knechtschaft in Ägypten (2. Mose 6,6; 15,13) und aus der babylonischen Gefangenschaft (Jes 41,14; 52,9), so den Frommen (Ps 19,15; 103,4), so die Witwen und Waisen (Spr 23,11). Gottes erlösendes Werk sieht das Neue Testament in Christus vollendet (Mt 20,28; Röm 3,24; Gal 3,13; 1. Petr 1,18).

Erstgeburt Zum Zeichen, daß alles Leben eigentlich Gott gehört, wurden in Israel die männlichen Erstgeburten des Viehs als → Opfer dargebracht. Beim Menschen wurde die Erstgeburt durch ein Ersatzopfer abgelöst. Das konnte bei jedem Priester im Land geschehen. Wenn Jesus nach Lk 2,22 dazu in den Tempel gebracht wurde, so deutet dies an, wo er hingehört (vgl. Lk 2,49).

Ersticktes Fleisch von getöteten oder verendeten Tieren, in dem noch das Blut ist; für den Juden ungenießbar, weil das → Blut als Träger des Gott gehörenden Lebens gilt (3. Mose 17,11). Darum das Verbot Apg 15,20.29; 21,25.

Erstling, Erstlingsgabe Gott ist der Geber allen menschlichen, tierischen und pflanzlichen Lebens; darum gebührt ihm die Erstlingsgabe von allem Lebenden (→ Erstgeburt). Im Alten Testament handelt es sich um Dankesgaben der Menschen für Gott (durch Abgabe an die Priester), um Gott als den Herrn des Lebens zu ehren: Opfer des ersten Ertrags von Früchten (Getreide, Öl, Wein; 2. Mose 23,19; 4. Mose 18,12), der erstgeborenen männlichen Tiere (2. Mose 13,2); der erstgeborene Sohn wurde durch ein Tieropfer ausgelöst (2. Mose 13,13). Im Neuen Testament hat der Begriff eine übertragene Bedeutung. Paulus verwendet Erstlingsgabe in Röm 11,16 für den Glauben der Erzväter, durch den das ganze Volk Israel geheiligt ist, in Röm 16,5 und in 1. Kor 16,15 für die ersten Christen einer Provinz und in Röm 8,23 in Umkehrung des Verhältnisses von Geber und Empfänger für den Geist Gottes, der den Christen als Unterpfand für das volle zukünftige Heil bereits gegeben ist (ähnlich 2. Kor 1,22; Eph 1,14 der Geist als erste Teilzahlung, durch die ein Vertrag gültig wird). Jesus Christus verbürgt als Erstling der Entschlafenen (1. Kor 15,20) die allgemeine Auferweckung der Toten.

Erz- (Erzengel, Erzhirte, Erzvater) Bezeichnet den im Range »Ersten«, also Höchsten.

Esau Zwillingsbruder → Jakobs und Stammvater Edoms. Er trat sein Erstgeburtsrecht um ein Linsengericht an seinen Bruder ab. Die Umkehrung der natürlichen Rangordnung wird der Mutter Rebekka schon vor der Geburt ihrer Söhne von Gott vorausgesagt (1. Mose 25,23; Röm 9,12).

Essig Bei dem Getränk, das Jesus am Kreuz gereicht wurde (Mt 27,48), handelt es sich um sauren Wein oder Weinessig, der zum nachhaltigen Stillen starken Durstes besonders geeignet ist und deshalb das normale Getränk der Soldaten war.

Etanim Der erste Monat des althebräischen Jahres, später Tischri genannt, Mitte September bis Mitte Oktober.

Eva Frau des ersten Menschen → Adam. Aus ihrem Namen kann man einen Anklang an das hebräische Wort für ›lebend‹ heraushören (1. Mose 3,20).

Evangelist Neben den → Aposteln, → Propheten und Lehrern (1. Kor 12,28) gab es in der ersten Christenheit auch Männer, die eine besondere Gabe zur Verkündigung des ›Evangeliums‹, der frohen Botschaft von Christus, besaßen und als Missionare die Botschaft über die Einzelgemeinde hinaustrugen (Apg 21,8; Eph 4,11; vgl. 2. Tim 4,5).

Evangelium Frohe Botschaft, besonders die Freudenbotschaft von der Gnade Gottes in Jesus Christus.

F

Fabel 1. Eine erdichtete kleine Erzählung, in der Pflanzen oder Tiere reden und handeln (Ri 9,8; 2.Kön 14,9).
2. Die Pastoralbriefe kennzeichnen als Fabeln die phantastischen Spekulationen der Irrlehrer (1.Tim 1,4; 2.Tim 4,4), während 2.Petr 1,16 betont, daß das Wort vom Kommen Christi nicht eine klug erdachte Fabel ist.

Fasten (Fast- und Bußtage) Teilweiser oder völliger Verzicht auf Essen und Trinken wurde in Israel als Sühne für eigene oder fremde Sünden geübt, aber man enthielt sich der Nahrung auch aus Trauer und zur Unterstützung eines Gebetes, an besonderen Unglückstagen und zum Versöhnungsfest. Zur Zeit Jesu war es bei manchen Frommen Sitte geworden, zweimal wöchentlich zu fasten.
Bußtage, d.h. Volksfast- und -trauertage wurden angesetzt, um eine drohende Not abzuwenden oder eine Beleidigung Gottes zu sühnen. Erkannte man einen Schuldigen, sei es mit Hilfe eines Gottesurteils oder durch Zeugenaussagen, dann mußte er hingerichtet werden, sein Besitz verfiel dem König. In 1.Kön 21,9 mißbraucht Isebel einen solchen Bußtag zu einem offenbaren Justizmord.
Nach der Zerstörung Jerusalems 587 v.Chr. wurden regelmäßige Fasttage eingeführt, an denen das Volk in gottesdienstlichen Feiern sein Schicksal beklagte, seine Schuld bekannte und die Hilfe Gottes anrief (vgl. Sach 7).

Fastenzeit In Apg 27,9 der Fasttag fünf Tage vor dem Großen → Versöhnungstag Ende September/Anfang Oktober.

Feldgeister Böse Geister, wohl in Bocksgestalt gedacht (Jes 13,21; 34,14), gefürchtet, aber auch abergläubisch verehrt (3.Mose 17,7; 2.Chr 11,15).

Felix Antonius Felix, römischer → Statthalter (Prokurator) in Palästina 52-60 n.Chr.

Feste (1.Mose 1,6-8) Das hebräische Wort bezeichnet etwas Festgestampftes, Festgehämmertes (Platte). Man dachte sich im Alten Orient den Himmel als eine riesige Kuppel oder Schale. Darüber befand sich nach dieser Anschauung der Himmelsozean und über diesem die Wohnung Gottes (Ps 104,1-3).

Feste Israels Die drei alten Jahresfeste waren zunächst Erntefeste und wurden dann mit der Erinnerung an Gottes Taten in der Geschichte Israels verbunden: das → *Passa* (zusammen mit dem Fest der ungesäuerten Brote) zum Beginn der Gerstenernte mit dem Gedenken an den Auszug aus Ägypten; das Wochenfest (*Pfingstfest*) sieben Wochen später zum Beginn der Weizenernte mit der Erinnerung an die Gesetzgebung; das Fest der Obst- und Weinernte (*Laubhüttenfest*) im Herbst mit der Bewahrung Israels in der Wüste (3.Mose 23,43). Dazu kamen das *Neujahrsfest* am ersten Tag des siebten Monats und zehn Tage später der *Große Versöhnungstag*. Jüngere Feste waren das *Purimfest*, dessen Anlaß im Esterbuch dargestellt wird, und das Fest der *Tempelweihe* zum Gedenken an die Wiederweihung des Tempels durch den Makkabäer Judas (1.Makk 4,59). Im Neuen Testament sind erwähnt das Passa (Mt 26,2), das Pfingstfest (Apg 2,1), das Laubhüttenfest (Joh 7,2), das Tempelweihfest (Joh 10,22) und der Versöhnungstag (Hebr 9,7).

Festus Porzius Festus, römischer → Statthalter (Prokurator) in Palästina 60-62 n.Chr.

Fischtor Eines der alten Stadttore Jerusalems, westlich von der späteren Burg Antonia (Neh 3,3; 12,39; Zef 1,10).

Fleisch Das griechische Wort, das Luther wörtlich mit »Fleisch« übersetzte, hat eine wesentlich größere Bedeutungsbreite als seine deutsche Entsprechung. Zunächst bezeichnet »Fleisch« den ganzen Menschen als leiblich-seelische Einheit. So sind Mann und Frau in ihrer Verbindung »*ein* Fleisch« (und nicht nur ein Leib; 1.Mose 2,24); »alles Fleisch« bedeutet: alle Menschen (Joel 3,1). Im übertragenen Sinn bezeichnet es
1. den Bereich des Irdischen, Menschlichen und Leiblichen, der der Vergänglichkeit unterworfen ist (z.B. Jes 40,5.6). In diesen Bereich trat der Gottessohn ein, als er Mensch wurde (Joh 1,14; Röm 8,3). Das Gegenüber zum irdischen Bereich bildet die Sphäre Gottes, die durch den Begriff »Geist« gekennzeichnet wird (Röm 1,3.4; 1.Tim 3,16; 1.Petr 3,18). Das Gegenüber von Fleisch und → Geist kennzeichnet hier die beiden Bereiche,

in denen sich das Christusgeschehen vollzogen hat.
2. Negativ qualifiziert ist dagegen der Begriff »Fleisch«; wenn Paulus mit ihm beschreibt, wie das Denken, Wollen und Handeln des Menschen nicht von Gott und seinem Willen bestimmt wird, sondern nur vom Irdischen, vom Menschlich-Allzumenschlichen, ja von der Sünde (Röm 8,1-17; Gal 5,13–6,2; Eph 2,3; Phil 3,3.4). Fleisch beschreibt hier im Gegensatz zu Geist den Tatbestand, daß die Sünde sich des Menschen und seiner Glieder so bemächtigt, daß sein »Fleisch« wie eine fremde Macht sein ganzes Wesen bestimmt und ihn in den Tod führt (Röm 7,5-25). Im Gegensatz dazu steht der → Geist, durch den Gott in Christus rettend den Menschen ergreift, ihn zum Handeln in Liebe und Selbstzucht bewegt und zum ewigen Leben führt.

Fluch → Segen und Fluch.

Freistädte Zufluchtsorte, an denen im alten Israel jemand Asyl finden konnte, der unabsichtlich einen Menschen getötet hatte. Wenn er seine Unschuld glaubhaft machen konnte, war er damit vor dem → Bluträcher geschützt.

Fremdling Wer den angestammten Sippenverband verlassen hat, in der Fremde Zuflucht suchte und dort als Schutzbürger gewisse Rechte genießt, ohne Vollbürger zu sein. Auch ein Israelit, der sich im Gebiet eines anderen israelitischen Stamms aufhält, kann als Fremdling bezeichnet werden (→ Ausländer).

Fronarbeit, Frondienst Unentgeltliche zwangsweise Dienstleistung für den Grund- oder Landesherren. Öffentliche Arbeiten wurden im Altertum (und Mittelalter) vielfach in Fronarbeit ausgeführt.

Frühregen Gewöhnlich Ende Oktober oder Anfang November, zum Beginn der etwa sechs Monate währenden Regenzeit, nach der Trockenzeit des Sommers zur neuen Aussaat nötig.

Fürst dieser Welt Der → Satan (siehe auch → Welt).

G

Gabbata (Joh 19,13) Ein erhöhter, mit Steinplatten belegter Platz beim Palast des → Statthalters in Jerusalem, auf dem unter freiem Himmel die Gerichtsurteile gesprochen wurden.

Gabriel In der jüdischen Engellehre wird Gabriel zu den sogenannten → Engelfürsten, den ›Erzengeln‹, gezählt, die zur engsten Umgebung Gottes gehören.

Galatien Kleinasiatische Landschaft, die seit dem 3. Jahrhundert v. Chr. von keltischen Stämmen bewohnt wurde (sprachlich verwandt ist Gallien und gälisch). Die Römer schufen nach der Eroberung dieses Gebietes eine Provinz mit dem gleichen Namen, die aber außer dieser Landschaft auch noch Teile von Phrygien, Pisidien, Pamphylien, Lykaonien und Isaurien umfaßte. Die Adressaten des Galaterbriefes sind kaum die Bewohner der römischen Provinz, sondern der Landschaft Galatien.

Galbanum (2. Mose 30,34; Sir 24,21) Ein in Syrien heimisches, bis 2 m hohes Doldengewächs, dessen eingedickter Milchsaft für die im Gottesdienst gebrauchte Weihrauchmischung verwendet wurde.

Gallio Römischer Statthalter (Prokonsul) der Provinz → Achaja 51–52 n. Chr.

Gamaliel Jüdischer → Schriftgelehrter, zu dessen Schülern auch Paulus zählte.

Gebetsriemen (Mt 23,5) Gesetzestreue Juden befestigen zum Gebet mit langen Riemen auf der Stirn und am linken Arm lederne Kapseln, in denen mit Schriftworten beschriebene Pergamentstreifen verwahrt sind (vgl. 5. Mose 6,8). Zur Zeit Jesu trugen viele Fromme die Gebetsriemen den ganzen Tag.

Gefangenschaft (Wegführung, Exil, Verbannung) Zur »Befriedungspolitik« der altorientalischen Herrscher gehörte es seit dem 2. Jahrtausend v. Chr., die Oberschichten (Priester, Kaufleute, Handwerker) eroberter Provinzen untereinander auszutauschen. In der Bibel wird von zwei Wegführungen berichtet:
1. Die assyrische Gefangenschaft: Im 8. Jh. v. Chr. eroberte der assyrische König Sargon II. Samaria und deportierte die Oberschicht des Nordreiches nach Mesopotamien. Im Gegenzug ließ er Leute aus Babylon und Elam ansiedeln (→ Samaritaner).
2. Die babylonische Gefangenschaft: Im 6. Jh. v. Chr. eroberte der neubabylonische König Nebukadnezar II. Juda und deportierte 597 und 587 v. Chr. die Oberschicht nach Babylonien, ohne eine neue Oberschicht in Juda anzusiedeln. Die

Verbannten konnten in geschlossenen Siedlungen zusammenwohnen, so daß der nationale Zusammenhalt bewahrt blieb und sich die Hoffnung auf Rückkehr erhalten konnte.

Gefängnis, Geister im G. Nach jüdischer Überlieferung werden die → Engel, die sich nach 1. Mose 6,4 durch den Verkehr mit Menschenfrauen vergangen hatten, zur Strafe im Innern der Erde gefangengehalten. Auch ihnen wird durch Christus die Möglichkeit der Vergebung angekündigt (1. Petr 3,19). Nach 1. Petr 4,6 gilt die Rettungstat Christi auch den Menschen, die vor seinem Erscheinen gestorben sind.

Geißel Ein Lederriemen mit eingeflochtenen Knochen oder Metallstückchen. Die **Geißelung** war eine römische Strafe für männliche Verbrecher, die nicht das römische Bürgerrecht besaßen (Apg 22,25). Meist ging sie der Kreuzigung voran (Mt 20,19; 27,26; Joh 19,1), wobei sie nicht selten bereits tödlich wirkte.

Geist Gottes, heiliger Geist Das hebräische Wort für Geist bedeutet ursprünglich ›Wind, Hauch‹. Gemeint ist damit das Lebensprinzip, das Gott seinen Geschöpfen verliehen hat und über das er jederzeit verfügt. Vom Geist Gottes gehen aber auch spezielle Wirkungen auf bestimmte Menschen aus: Er kommt über einen Menschen und treibt ihn zu einer bestimmten Tat (Ri 13,25). Er beseelt die ekstatischen Prophetengemeinschaften (1. Sam 10,10-12) und kann einen Propheten ganz real an einen anderen Ort versetzen (1. Kön 18,12; vgl. Hes 8,3). Wenn der Geist Gottes ständig auf einem Menschen ruht wie auf David (1. Sam 16,13) oder einer prophetischen Gestalt (Jes 42,1; 61,1), ist dies das Zeichen einer besonderen Verbundenheit mit Gott und Beauftragung durch ihn.

Propheten des Alten Testaments haben für die Zukunft eine Ausgießung des Gottesgeistes über das ganze Volk erwartet (Hes 36,27; Joel 3). Die neutestamentliche Gemeinde sah diese Erwartung durch Jesus erfüllt, der nicht nur selbst vom Geist Gottes erfüllt war (Mk 1,10), sondern diesen Geist auch den Seinen vermittelt hat (Apg 2). Mit der → Taufe (Erwachsenentaufe, z. T. auch Handauflegung: Apg 8,17; 19,6) wird allen Glaubenden der Geist verliehen. Seine Einwohnung ist Zeichen und Gewähr dafür, daß sie an der neuen Welt Gottes teilhaben (Eph 1,13-14). Er äußert sich in zahlreichen ›Geistesgaben‹ und gibt durch sie der Gemeinde Wachstum, Form und Halt (1. Kor 12; Eph 4,7-13). Schon daß jemand Christus als seinen Herrn erkennen und an ihn glauben kann, ist das Werk des Geistes (1. Kor 12,3).

Geister, böse, unreine Böse Geister (griech. Dämonen, z.B. Mt 7,22; Mk 1,34; Lk 8,2; Joh 8,48 u.ö.) oder unreine Geister (z.B. Mt 10,1; Mk 1,23; Lk 4,33 u.ö.) sind geistige Wesen mit übermenschlichen Kräften, die von einem Menschen Besitz ergreifen und ihn völlig beherrschen können (→ Besessene). Ein »sprachloser Geist« (Mk 9,17) ist ein dämonisches Wesen, das den von ihm besessenen Menschen stumm macht.

Gemeindeleiter Nach jüdischem Vorbild wurden die christlichen Gemeinden ursprünglich von einer Gruppe von Vorstehern (→ Älteste) geleitet (Apg 14,23; 20,17; 1. Tim 5,17-22; Tit 1,5). Diese Leitungsform scheint in der Jerusalemer Urgemeinde ihre Wurzeln zu haben (Apg 11,30; 15,4.6; 21,18). In den Paulinischen Gemeinden gab es – wohl in Anlehnung an bestimmte Ämter im griechischen Vereinswesen – Gemeindeleiter (›Bischöfe‹) und Gemeindehelfer (›Diakone‹; vgl. Phil 1,1; 1. Tim 3,1). Wo beide Formen der Gemeindeleitung aufeinandertrafen, wurde zwischen der Aufgabe der Gemeindeältesten und der der Gemeindeleiter nicht unterschieden (vgl. Apg 20,17 mit 20,28 oder Tit 1,5 mit 1,7). Auch die Gemeindeleiter nahmen zunächst ihre Aufgabe als Kollegium wahr (Phil 1,1). Erst in nach-neutestamentlicher Zeit finden wir die verschiedenen Formen der Gemeindeleitung ganz miteinander verschmolzen und die altkirchliche Ämterordnung voll ausgeprägt: *ein* Gemeindeleiter (*episkopos*/Bischof), unter ihm das Kollegium der Gemeindeältesten (*presbyteroi*/Priester), dazu die Gemeindehelfer (*diakonoi*/Diakone).

Gemüt (Mt 22,37; Mk 12,30.33; Lk 10,27; Röm 7,23.25) Das Wort bezeichnet bei Luther nicht nur das Gefühl, sondern umfaßt Verstand, Vernunft, Gesinnung, Willen, Verlangen und Streben.

Gerechtigkeit Gottes So wörtlich in Röm 1,17; 3,21. Luther hat auch die Übersetzung erwogen: »die Gott macht, wirkt«. Gerechtigkeit ist nicht eine Eigenschaft Gottes, sondern sein Heilshandeln am Menschen, das den Sünder in die Gemeinschaft mit Gott aufnimmt und ihm ein neues Leben schenkt.

Gesalbter → Messias.

Gesetz Bezeichnung der fünf Mosebücher (Tora). Man umschrieb zur Zeit Jesu das Alte Testament mit ›das Gesetz und die Propheten‹. Der Begriff ›Gesetz‹ konnte aber auch auf das ganze Alte Testament ausgedehnt werden. Seit der Zeit Esras bestimmte das Mosegesetz das gesamte Leben des jüdischen Volkes und grenzte es streng gegen die übrigen Völker ab. Von besonderer Bedeutung wurden dafür die Gesetze über die → Beschneidung und den → Sabbat sowie die Reinheitsvorschriften (→ rein). Die Frage nach der bleibenden Geltung des Mosegesetzes führte in der Urchristenheit zu ernsten Auseinandersetzungen (Apg 15; Gal 2).

Gethsemane Wörtlich ›Ölkelter‹. Das deutet darauf hin, daß es sich um einen Ölgarten mit einer (vielleicht verfallenen?) Ölkelter gehandelt hat.

Geweiht → Gottgeweihter.

Gihon (1.Kön 1,33) Quelle bei Jerusalem. Zu 1.Mose 2,13 → Paradiesströme.

Gittit (Ps 8,1; 81,1; 84,1) Ein Musikinstrument oder eine Tonart.

Gleichnis Als ›Gleichnis‹ bezeichnet man eine in der Regel ganz kurze Erzählung, die einen bestimmten Gedanken veranschaulichen soll. Für Jesus ist diese Redeform besonders typisch. Seine Gleichnisse greifen Bilder und Ereignisse aus dem täglichen Leben auf. Man darf jedoch nicht an den Einzelheiten des Erzählten hängenbleiben, sondern muß darauf achten, worauf das Ganze hinaus will. Jedes Gleichnis, das Jesus erzählt, ist ein Appell, der seine Hörer zum Mitdenken, Weiterdenken und Umdenken auffordert.

Gog Nach Hes 38 und 39 ein Fürst im Land Magog, das im Norden zu suchen ist; Offb 20,8 ist »Gog und Magog« Bezeichnung der Weltmacht, die am Ende der Zeit gegen das Gottesvolk anstürmt.

Gomorra → Sodom.

Gosan Assyrische Provinz am oberen Habor (Nebenfluß des Euphrat). Hier wurden die 722 v.Chr. deportierten Israeliten angesiedelt.

Gottesberg Wie die Griechen sich ihre Götter auf dem Olymp wohnend vorstellten, so gibt es im Alten Orient die Anschauung von einem Götterberg ›im Norden‹. In Israel brachte man den Glauben an die Überlegenheit des eigenen Gottes dadurch zum Ausdruck, daß man sagte: Der Zionsberg in Jerusalem ist der wahre Götterberg! (Ps 48,3).

Gottesfürchtige (Apg 13,16 u.ö.) Heiden, die am jüdischen Synagogengottesdienst teilnahmen und das Mosegesetz teilweise einhielten. Sie sind zu unterscheiden von den Proselyten (»Judengenossen«), d.h. Heiden, die durch Beschneidung rechtsgültig zum Judentum übergetreten und zur Einhaltung des ganzen → Gesetzes verpflichtet waren.

Gottgeweihter Gottgeweihte (Nasiräer) heißen im Alten Testament Menschen, die sich als für Gott ausgesondert verstehen und dies durch eine bestimmte Lebensweise bezeugen. Es kam vor, daß solche Gottgeweihten ihr ganzes Leben in dieser Ausnahmesituation verbrachten, wie z.B. Simson (Ri 13,5.7). Häufiger scheint es jedoch gewesen zu sein, daß sich jemand für eine begrenzte Zeitspanne dem ausschließlichen Dienst Gottes weihte. Bestandteil des Gelübdes war die Enthaltung von bestimmten Nahrungsmitteln, vor allem alkoholischen Getränken, und das Tragen einer bestimmten Kleidung. Zum Zeichen ihrer ›Weihe‹ ließen die Nasiräer in der Regel ihr Haupthaar nicht schneiden (4.Mose 6,1-8).

Wenn jemand auf Zeit ein solches Gelübde ablegte, mußte er als Abschluß ein ziemlich kostspieliges Opfer darbringen (4.Mose 6,13-20). In diesem Zusammenhang steht die Aufforderung an Paulus (Apg 21,23-26), die Opferkosten für arme Nasiräer zu übernehmen und dadurch zugleich seine eigene Gesetzestreue zu beweisen. Da Paulus aus dem Ausland kam, galt er selbst als ›unrein‹ (→ rein) und durfte erst nach einer siebentägigen Reinigungszeit bei diesem Opfer im Tempel anwesend sein.

Götzenopferfleisch Das Fleisch von Tieren, die heidnischen Göttern als Opfer geweiht wurden. Dazu gehört a) alles Fleisch, das bei einer heidnischen Kultmahlzeit verzehrt wurde, aber auch b) das auf dem Markt gekaufte Fleisch (weil übriggebliebenes Opferfleisch auf den Markt kam und das Schlachten eines jeden Tieres als Opfer aufgefaßt wurde). Paulus verbot den Christen die Teilnahme an heidnischen Kultmahlzeiten, gab aber den Genuß von Götzenopferfleisch frei, wenn dieser außerhalb des Kultaktes erfolgte. Wurde jedoch dabei das Fleisch ausdrücklich als Opferfleisch bezeichnet, dann sollte der Christ mit Rücksicht auf ängstliche Gemeindeglieder lieber darauf verzichten (1. Kor 8–10). Die Juden dürfen wegen des Verbots von Blutgenuß (1. Mose 9,4) nur Fleisch essen, das nach ritueller Vorschrift geschlachtet (= geschächtet) worden ist.

Gräber (Mt 23,27) Sie galten in Israel als unrein (→ rein). Damit sie nicht ahnungslos betreten würden, wurden die Grabkammern durch Übertünchen mit weißer Farbe kenntlich gemacht.

Greuelbild der Verwüstung (Dan 9,27; 11,37; 12,11; Mt 24,15; Mk 13,14) Bei Daniel ein prophetischer Hinweis auf die Entweihung des Jerusalemer → Tempels durch Antiochus IV. Epiphanes, der 168 v.Chr. dort einen heidnischen Kult einrichten ließ. Das »Greuelbild« war entweder ein Götterbild oder – wahrscheinlicher – ein kleiner Altaraufsatz, der auf den großen Brandopferaltar gestellt wurde, um die fremden Opfer durchführen zu können. Durch diesen Gegenstand wurde das ganze Heiligtum kultisch unrein, »verwüstet«, so daß der jüdische Opferdienst unmöglich gemacht und Priester und Gemeinde vertrieben wurden. Dadurch verödete das Tempelgebiet (1. Makk 1,57; 6,7). – In Mt 24 und Mk 13 wird der Ausdruck aus Daniel übernommen, um eine in der Endzeit erwartete Tempelschändung anderer Art zu bezeichnen. Nachdem der Jerusalemer Tempel im Jahr 70 n.Chr. zerstört wurde, kann man dabei an Vorgänge wie die in Offb 13 bildhaft angedeuteten denken.

Griechen »Juden und Griechen« = Juden und Heiden (Röm 1,16); »Griechen und Nichtgriechen (Barbaren)« = alle Völker (Röm 1,14). Die Griechen in Joh 12,20 sind griechisch redende Proselyten (»Judengenossen«).

Grummet (Am 7,1) Übersetzung unsicher. Vielleicht der durch den Spätregen hervorgebrachte zweite Graswuchs.

H

Hadad-Rimmon (Sach 12,11) Vielleicht ist hier auf die Totenklage um den Gott der Vegetation (2. Kön 5,18) hingewiesen, dessen Sterben in der Trockenheit des Sommers beklagt wurde, wie nach dem neu belebenden Frühregen im Herbst sein Auferstehen gefeiert wurde. Vielleicht ist aber auch zu übersetzen: »Klage wie die bei Hadad-Rimmon in der Ebene von Megiddo«. Hadad-Rimmon wäre dann der Ort, bei dem der letzte bedeutende König Judas, Josia, 609 v.Chr. gefallen ist (2. Kön 23,29). Nach 2. Chr 25,20-25 war die Klage um Josia in Juda zu einem festen Brauch geworden.

Hagab (3. Mose 11,22) Heuschreckenart.

Halleluja (hebräisch) Lobet den Herrn!

Hanes (Jes 30,4) Grenzstadt in Süd-Ägypten.

Hargol (3. Mose 11,22) Heuschreckenart.

Harmagedon (Offb 16,16) Unerklärbarer Name eines Berges, auf dem sich in der Endzeit die Könige der Welt gegen Gott versammeln sollen. Die Anknüpfungsmöglichkeiten an biblische Bezugsstellen, die man erwogen hat, erweisen sich als nicht überzeugend. Der Name könnte aus der zur Zeit des Neuen Testaments weit verbreiteten apokalyptischen Literatur stammen, von der große Teile verloren sind.

Hasidäer (1. Makk 2,42; 7,12) Hebräisch *hasidim* = die Frommen. Eine Gruppe im Judentum, die aus treuen Anhängern des Gesetzes bestand und nur einen → Hohenpriester aus dem Hause Aaron anerkennen wollte. Sie war zeitweise mit der makkabäischen Bewegung verbunden, ohne völlig in ihr aufzugehen, wie es in 2. Makk 14,6 angenommen wird. Aus ihr gingen später die → Pharisäer hervor.

Hausgott Kleine Götterfiguren, die als gute Geister das Haus beschützen sollen, sind aus vielen Kulturen bekannt und in älterer Zeit auch in Israel verbreitet (Hos 3,4).

Hebopfer (2. Mose 29,27.28) Der Teil des

Besitzes, der vom übrigen »abgehoben« (vielleicht auch emporgehoben) und dadurch Gott geweiht wurde; auch der Anteil eines Opfers, der dem Priester zustand, z.B. die rechte Keule beim Dankopfer.

Hebräer Die ursprüngliche Bedeutung ist unsicher. Das Wort begegnet im Alten Testament zunächst als Bezeichnung für unfreie Israeliten (in Ägypten: 2.Mose 1-2; als Sklaven: 2.Mose 21,2; Jer 34,8.9). In nachexilischer Zeit wird das Wort zum Ehrennamen und zur jüdischen Selbstbezeichnung (Jon 1,9; vgl. 2.Kor 11,22; Phil 3,5). Sprache und Schrift werden jetzt auch ›hebräisch‹ genannt. In Apg 6,1 bezeichnet das Wort die aramäisch redenden Juden im Unterschied zu den griechisch redenden.

hebräisch Als Umgangssprache diente zur Zeit Jesu das Aramäische (→ Aramäer). Die Aufschrift über dem Kreuz (Joh 19,20) war vielleicht jedoch auf Hebräisch abgefaßt.

Heer des Himmels a) Die Engel um Gottes Thron (1.Kön 22,19; 2.Chr 18,18; Lk 2,13); b) die Gestirne (Jes 34,4; 40,26), häufig als Götter verehrt (5.Mose 4,19; Zef 1,5).

heilig ›Heilig‹ ist im Alten Testament alles, was Gott und der göttlichen Sphäre zugehört. Das ist aus priesterlicher Sicht vor allem der → Tempel und dort wieder in besonderem Maße die heiligen Geräte, die Altäre, die → Bundeslade und der innerste Raum, der das → Allerheiligste heißt. Nur wer selbst ›geheiligt‹ (geweiht) ist, kann sich dieser Sphäre nahen, ohne Schaden zu nehmen (4.Mose 4,15; 2.Mose 30,29). Die → Opfer, die Gott dargebracht werden, sind in abgestuftem Maße heilig, und entsprechend dürfen unterschiedliche Personenkreise einen Anteil davon verzehren: beim Dank- und Lobopfer die ganze Gemeinde (3.Mose 7,13-15); bei den Erntegaben ans Heiligtum und bei bestimmten Opferanteilen alle Angehörigen der Priesterfamilie (4.Mose 18,11-19), bei den Sühnopfern die Priester allein (3.Mose 6,19-22).

Es gehört zum Dienst der Priester, genau zu unterscheiden - und das Volk unterscheiden zu lehren - zwischen ›heilig‹ und ›unheilig‹ (profan; 3.Mose 10,10), also die Grenze zu wahren zwischen der Sphäre des heiligen Gottes und des unheiligen Menschen. Zugleich aber haben sie zwischen beiden Sphären zu vermitteln, damit die Menschen imstande sind, Gott heilige Gaben darzubringen, so daß dafür von dem heiligen Gott Heil in das Leben der Menschen einströmen kann. Was von den Menschen als Voraussetzung erwartet wird, ist, daß sie in kultischem Sinn → ›rein‹ sind. Ein wichtiger Schritt wird mit der Erkenntnis vollzogen, daß die äußerliche Reinheit nicht genügt, sondern daß Gottes Heiligkeit vom Menschen, der ihr begegnen will, die Reinheit des Herzens und das Tun des Rechten verlangt (vgl. Ps 15). »Ihr sollt heilig sein, denn ich bin heilig, der HERR, euer Gott« (3.Mose 19,2) - so steht über dem Kapitel, in dem sich der berühmte Satz findet: »Du sollst deinen Nächsten lieben wie dich selbst.«

Henoch Im Alten Testament einer der Nachkommen Adams (1.Mose 5,21). Der Judas-Brief zitiert in V. 14 aus einer Henoch zugeschriebenen Schrift, die aus dem 2.Jh. v.Chr. stammt.

Herakles (2.Makk 4,19) Halbgöttlicher Held der griechischen Sage, dem kultische Opfer dargebracht wurden.

Hermes (Apg 14,12) Herold und Sprecher der Götter, Begleiter des höchsten Gottes → Zeus und Gott des Handels (bei den Römern Merkur).

Herodes (1) Herodes I. war 37-4 v.Chr. römischer Vasallenkönig in Palästina. In seine Regierungszeit fällt die Geburt Jesu (Mt 2,1; Lk 1,5).

(2) Herodes Antipas, Sohn von Herodes I., herrschte nur über Galiläa und Peräa, 4 v.-39 n.Chr. Er ließ Johannes den Täufer hinrichten (Mt 14,1-10).

(3) Herodes Archelaus, Sohn Herodes' I., herrschte 4 v. - 6 n.Chr. über Judäa, Samarien und Idumäa (Mt 2,22). Sein Gebiet wurde danach einem römischen → Statthalter (Prokurator) unterstellt.

(4) Agrippa I., Enkel Herodes' I., wurde volkstümlich ›Herodes‹ genannt, da er kurze Zeit (41-44 n.Chr.) das Reich seines Großvaters unter seiner Herrschaft vereinigte. Er ließ den Apostel Jakobus, den Bruder des Johannes, hinrichten (Apg 12,1-23).

(5) Agrippa II., Sohn Agrippas I., Bruder der Berenike (die 48-69 n.Chr. bei ihm

lebte) und der Drusilla, hatte eine kleine Herrschaft nördlich von Palästina (50–94 n. Chr.). Als dem römischen Vertrauensmann für Angelegenheiten des Jerusalemer Tempels und Schwager des Statthalters → Felix läßt → Festus ihm den Gefangenen Paulus vorführen (Apg 25,13-26,32).

Herodias Frau des → Herodes Antipas. Aus politischem Ehrgeiz hatte sie sich von dessen Halbbruder (in Mk 6,17 irrtümlich Philippus genannt) getrennt und Antipas zur Verstoßung seiner ersten Frau veranlaßt.

Herr In dieser Übersetzung (im Anschluß an eine alte Tradition) Wiedergabe des hebräischen Gottesnamens, der mit großer Wahrscheinlichkeit *Jahwe* gelautet hat. Gesichert sind lediglich die Konsonanten JHWH (das auslautende H ist stumm). Da die jüdischen Gelehrten, die den hebräischen Text mit Vokalen versahen, den Gottesnamen aus Scheu nicht mehr aussprachen, haben sie statt der ursprünglichen Vokale die Vokale des hebräischen Wortes für ›Herr‹ eingesetzt, das beim Vorlesen an dieser Stelle gesprochen werden sollte *(adonaj*; das anlautende *a* in der Schreibung verkürzt zu *e*). Durch ein Mißverständnis ist später daraus das Kunstwort JeHoVaH geworden. Die ursprüngliche Form des Gottesnamens läßt sich erschließen aus der Kurzform *Jah*, die z.B. in Hallelu-jah (Preist Jahwe) enthalten ist, sowie aus alten griechischen Texten.
Jahwe ist ein Eigenname, der den Gott Israels von anderen Göttern unterscheidet. Erst im Lauf der Zeit setzt sich die Erkenntnis durch, daß er der einzige Gott ist und alle anderen Götter »tote Götzen« sind (Ps 96,5; vgl. 1.Kor 8,4-6). Die Bedeutung des Namens Jahwe ist umstritten. In 2.Mose 3,13-15 wird eine Deutung aus dem Zeitwort *sein* gegeben, die das Wesen des Gottes Israels als *Mit-Sein* mit seinem Volk und seiner Schöpfung sehr schön zum Ausdruck bringt.

Herrlichkeit (des Herrn) Die sichtbare Erscheinung der göttlichen Majestät, die als strahlender Lichtglanz zu denken ist. Nach 2.Mose 33,18-23 und anderen Stellen ist der Anblick dieser Lichterscheinung für sterbliche Menschen tödlich. Aber in prophetischen Visionen wird sie von Jesaja (Kap 6) und Hesekiel (Kap 1-3) geschaut und beschrieben. Im Neuen Testament bezeichnet der Ausdruck Gottes unvergängliches Leben, an dem nicht nur der auferstandene Christus, sondern durch ihn auch die Gemeinde teilhat. Nach Joh 1,14; 2,11 war diese Herrlichkeit an Jesus schon während seines Erdenlebens wahrnehmbar.

Hetiter Von ihrem Stammland im Inneren Kleinasiens aus gründeten die Hetiter im 2.Jahrtausend v. Chr. ein bedeutendes Reich, das sich zeitweilig bis nach Damaskus und Babylon erstreckte. Im Alten Testament ist Hetiter Bezeichnung für einen Teil der Urbevölkerung Kanaans (1.Mose 15,20; 23,10; 26,34 u. ö.), Hetiterland kann aber auch nach assyrischem Sprachgebrauch Bezeichnung für Syrien, besonders Nordsyrien, sein (Ri 1,26; Jos 1,4).

Hiddekel → Paradiesströme.

Himmel Nach frühjüdischen Vorstellungen hat der Himmel mehrere ›Stockwerke‹; das → Paradies dachte man sich im ›dritten Himmel‹ (vgl. 2. Kor 12,2.4). Eine charakteristische und für uns befremdliche Vorstellung entfaltet der Epheserbrief: Der Raum zwischen Himmel und Erde ist demnach von dämonischen Mächten beherrscht, die Gott und den Menschen feindlich sind. Christus hat bei seiner Himmelfahrt diese Mächte besiegt und gefangengenommen (Eph 4,8-10; 6,12).

Himmelskönigin Gottheit, die wahrscheinlich der babylonischen Ischtar ähnlich war und vor allem von Frauen verehrt wurde. Sie hatte auch im Israel der Königszeit einen festen Kult (Jer 44,17). Ihre Symbole waren Mondsichel und Venusstern.

Hinnomtal Tal westlich und südlich von Jerusalem (Ben-Hinnom oder Ge-Ben-Hinnom genannt), das in das Kidrontal mündet. Bis zur Reform des Königs Josia (639–609 v. Chr.) war dort eine Opferstätte des → Moloch, an der Kinderopfer dargebracht wurden. Nach der Zerstörung und Entweihung durch Josia wurde das Tal als Ausländerfriedhof und Schuttabladeplatz benutzt. In der Form Gehinnom oder Gehenna ist der Name des Tals zum Inbegriff der Hölle geworden.

Hiob (ökumenisch Ijob) Er gilt in Tob

2,12 und Jak 5,11 als Beispiel geduldigen Leidens, auf das am Ende eine große Belohnung folgt (vgl. das alttestamentliche Buch desselben Namens).

Hoherpriester Im Alten Bund Aaron und seine Nachfolger oder der oberste Priester an den verschiedenen Heiligtümern wie Eli in Silo. Im Jerusalemer → Tempel durfte allein der Hohepriester das Allerheiligste betreten (vgl. Hebr 9,1-7). Die Hohenpriester aus dem Makkabäergeschlecht legten sich die Königswürde bei. Herodes und ebenso die Römer nahmen dem hohenpriesterlichen Amt die Lebenslänglichkeit und die Erblichkeit. Daher spricht das Neue Testament von Hohenpriestern in der Mehrzahl, weil auch die von den Römern abgesetzten Hohenpriester und die Glieder der (fünf) hohepriesterlichen Familien so genannt wurden. Zur Zeit Jesu war der amtierende Hohepriester der Vorsitzende des Hohen → Rates.

Hoher Rat → Rat.

Hölle An zwölf Stellen des Neuen Testaments (Mt 5,22.29.30; 10,28; 18,9; 23,15.33; Mk 9,43.45.47; Lk 12,5; Jak 3,6; im Alten Testament nur Hiob 11,8) der Ort der Verdammten (2. Petr 2,4), von Jesus unter verschiedenen Bildern beschrieben (ewiges Feuer, Finsternis und Kälte, nagender Wurm); dem entspricht in der Offenbarung der feurige Pfuhl (Offb 19,20; 20,10.14.15).

Horeb Berg der Gottesoffenbarung (→ Sinai).

Horn Sinnbild der Kraft und Macht (1. Kön 22,11), der Macht eines Staates (Jer 48,25), der Weltmacht (Sach 2,1). Die Hörner an den vier Ecken des Brandopferaltars sind Symbol der göttlichen Macht und Gegenwart, darum Zufluchtsstätte (1. Kön 1,50).

Hosianna (Mt 21,9; Mk 11,9.10) Ein Gebetsruf aus dem messianischen Psalm 118,25: »Ach, hilf!«, »Rette doch!«, »Gib doch Heil!«

Hundegeld (5. Mose 23,19) Abwertender Begriff für den Lohn für kultische Prostitution von Männern (1. Kön 14,24).

Hurerei Da sexuelle Riten Bestandteil des Kults bestimmter Götter waren, wird ›Hurerei‹ auch im übertragenen Sinne für Götzendienst verwendet (→ Unzucht, → Baal). Bei dem Verbot in 3. Mose 19,29 handelt es sich dagegen um die kanaanitische Institution der kultischen Prostitution.

Hüter (an der Schwelle; 2. Kön 25,18) Im Unterschied zum Tempelpersonal der »Torhüter« drei hochgestellte Priester, die unmittelbar auf die beiden höchsten Priester folgten. Vermutlich mußten sie am Tempeleingang die kultische Reinheit der Besucher prüfen, bevor diese in das Heiligtum gehen durften (→ rein); außerdem hatten sie die Abgabe der → Tempelgroschen zu überwachen.

I

Ir-Heres In Jes 19,18 Heliopolis (On); Jer 43,13 sagt dafür Bet-Schemesch.

Isaak Sohn Abrahams mit Sara und Vater → Jakobs.

Isai Vater des Königs → David.

Isch-Boschet Sohn Sauls und vorübergehend israelitischer König. Sein wohl ursprünglicher Name Eschbaal (›Gefolgsmann des Herrn‹) wurde im Zuge seiner Ächtung in Isch-Boschet geändert: ›Mann der Schande‹.

Isebel Frau Ahabs, tyrische Prinzessin, die den Baalsdienst in Israel offiziell eingeführt hat (→ Baal). Bei der Revolution Jehus (2. Kön 9,30-37) kam sie ums Leben. Sie gilt als die wichtigste Gegenspielerin des Propheten Elia.

Ismael Sohn Abrahams mit Hagar. Der Name bedeutet: ›Gott hört‹.

Israel Beiname des israelitischen Stammvaters → Jakob, den er nach dem nächtlichen Kampf mit Gott am Jabbok erhielt (1. Mose 32,29). Als Volksname bezeichnet er einerseits das gesamte Zwölf-Stämme-Volk, andererseits seit der Trennung von Juda das Nordreich ›Israel‹, das nach seinem Hauptstamm auch Ephraim genannt wird.

J

Jachin und Boas (1. Kön 7,21) Säulen oder Pfeiler am Eingang des Tempels in Jerusalem. Die Namen sind vielleicht der Anfang von Verheißungen für das Königshaus: Jachin = »festmachen wird« (der Herr); Boas = »durch ihn (den Herrn) stark«.

Jafo (Jona 1,3) Im Neuen Testament Joppe (Apg 9,36), das heutige Jaffa.

Jakob Enkel Abrahams und neben diesem der eigentliche ›Stammvater‹ des Volkes → Israel.

Jannes und Jambres So heißen nach der jüdischen Legende die Zauberer, die nach 2. Mose 7,11.22 Mose vor dem Pharao mit ihren Künsten zu widerlegen suchten.

Jareb (Hos 5,13; 10,6) Geheimname für den assyrischen Großkönig.

Jehu Offizier König Jorams von Israel; er zettelte eine Revolution an, bei der die Dynastie Omri ausgelöscht wurde (2. Kön 9–10). Ihm gelang es, selbst eine Dynastie zu gründen, die Israel fast hundert Jahre lang beherrschte.

Jerusalem ›Stadt des Friedens‹ oder ›Stadt des Salimu‹, einer ammonitischen Gottheit. Der Ort ist seit dem 4. Jahrtausend v.Chr. besiedelt. Als die Israeliten ins Land Kanaan eindrangen, war er von Jebusitern bewohnt. Er konnte erst von David erobert werden, der ihn zur Hauptstadt seines Doppelreiches machte (2. Sam 5,6-9).

Jeschurun (5. Mose 32,15; 33,5.26; Jes 44,2) Dichterischer Name für Israel, »der Wackere, der Redliche«.

Jesreel Große Ebene, die zwischen dem galiläischen Bergland und dem Tabor im Nordosten und dem samaritanischen Gebirge im Südwesten liegt. Sie wurde erst zu Beginn der Königszeit dem Gebiet Israels zugefügt. Der gleichnamige Ort liegt am Ostrand der Ebene. Er war vom Königshaus der Omriden (König Omri 882–871 v.Chr.) zur zweiten Residenz neben Samaria ausgebaut worden.

Jesus Der Name Jesus (Jeschua oder Jehoschua, griechisch Josua) bedeutet ›Gott rettet‹. Darauf wird in Mt 1,21 angespielt.

Joch Das Querholz, das den paarweise vorgespannten Zugtieren über den Nacken gelegt und mit Stricken am Hals befestigt wurde. In der Mitte war es mit der Wagendeichsel oder dem Pflug verbunden. ›Unter dem Joch‹ sein wird von daher zum Bild für Sklaverei, Unterdrückung und Fremdherrschaft.

Jona, Zeichen des Jona Im alttestamentlichen Jonabuch wird erzählt, daß der flüchtige Prophet drei Tage im Bauch des Fisches verbrachte, bis dieser ihn an Land spie. Jesus vergleicht sich in Lk 11,30 in doppelter Hinsicht mit Jona: als wunderbar vom Tod Erretteter und als einer, der das Gericht bringt. Wie Jona aus dem Fischbauch als Verkünder des Gerichts nach Ninive kam, so wird Jesus als der vom Tod Auferstandene wiederkommen zum Gericht über die, die ihm nicht geglaubt haben. Auch in Mt 12,30-40 werden Grabesruhe und Auferweckung Jesu den Gegnern nicht als ein ›Zeichen‹ in dem von ihnen erwünschten Sinn in Aussicht gestellt, sondern als Auftakt der Ereignisse, die für sie das Gericht bedeuten.

Juda (1) Sohn Jakobs mit Lea (1. Mose 29,35).

(2) Landschaftsname, der schon vorisraelitisch ist.

(3) Stammesbezeichnung für die israelitischen Einwanderer im Gebiet Juda.

(4) Die Stammesgebiete von Juda und Benjamin, die nach der Teilung des Salomonischen Reiches das Reich Juda bildeten, mit der Hauptstadt Jerusalem unter der davidischen Dynastie.

Judäa Zur Zeit der Römer der südliche Teil Palästinas mit der Hauptstadt Jerusalem oder auch das ganze Palästina.

Judas (1) Einer aus dem Jüngerkreis Jesu, der durch seinen Verrat die heimliche Gefangennahme Jesu ermöglichte (Iskariot).

(2) Ein anderer Jünger Jesu (Lk 6,16; Joh 14,22; Apg 1,13).

(3) Ein Bruder Jesu (Mt 13,55; wahrscheinlich auch in Jud 1 gemeint).

(4) Der Galiläer, der zur Zeit der in Lk 2,1 erwähnten Volkszählung eine Widerstandsbewegung gegen die römische Fremdherrschaft leitete (Apg 5,37), aus der dann die Partei der → Zeloten erwuchs.

Judengenossen → Gottesfürchtige.

Jünger Wie die → Schriftgelehrten und der Täufer Johannes hatte auch Jesus ›Schüler‹, die ihm auf seinen Wanderungen folgten und sich seiner Autorität unterstellten. Jesus verlangt von seinen Jüngern allerdings eine Unbedingtheit der ›Nachfolge‹, die weit über das traditionelle Maß hinausgeht. Der Jünger Jesu muß um der anbrechenden Herrschaft Gottes willen bereit sein, alles hinter sich zu lassen (Lk 9,57-62; 14,25-27).

Jünger Jesu sind im Neuen Testament nicht nur die zwölf → Apostel, sondern in gewissem Sinn alle Christen (Mt 10,42;

28,19). In der Apostelgeschichte wird die Gemeinde öfter als »die Jünger« bezeichnet, wo wir heute »die Christen« sagen würden; denn diese Bezeichnung, die den Jesusjüngern von ihrer Umwelt gegeben wurde, hatte zunächst einen eher abwertenden Klang (»Christianer«; vgl. Apg 26,28; 11,26).

Jungfrau (1. Kor 7,36-38) Nach Luthers Verständnis der Verse handelt es sich um die Frage, ob ein Vater angesichts der bald erwarteten Wiederkunft Christi seine Tochter noch verheiraten soll. Eine andere Auslegungsmöglichkeit setzt den Fall voraus, daß ein Bräutigam vor der Frage steht, ob er seine Braut unberührt lassen oder vor der Wiederkunft Christi noch heiraten soll. Neuere sprachliche Erkenntnisse legen die zweite Auslegung nahe.

K

Kain (1. Mose 4,1-16) Erster Sohn → Adams und Evas; Bruder Abels, der von Kain erschlagen wurde.

Kalb (Stierbild) Die im Alten Testament erwähnten Stierbilder (»Goldenes Kalb«) waren keine Götterbilder. Sie wurden nicht angebetet, sondern galten als Träger des unsichtbar auf ihnen thronenden Gottes. Trotzdem lag die Verwechslung zwischen Bild und Gott nahe (2. Mose 32). Jerobeam stellte zwei von ihnen auf, um ein nationales Heiligtum als Gegengewicht gegen die Anziehungskraft des Jerusalemer → Tempels zu haben (1. Kön 12,29). »Kälber« werden die Stierbilder bewußt abwertend genannt (Hos 8,5.6).

Kalmus (2. Mose 30,23) Wohlriechendes Rohr oder Gras aus dem Jemen oder aus Vorderindien, das zur Herstellung des heiligen Salböls benutzt wurde.

Kalne (Jes 10,9; Am 6,2) Hauptstadt eines nordsyrischen Staates, 738 v.Chr. von den Assyrern unterworfen.

Kämmerlein (Mt 6,6) Das Vorratshäuslein neben dem Bauernhaus, das bei geschlossener Tür völlig dunkel und sehr unfeierlich war; aber dort, in der Verborgenheit, ist echtes Beten möglich.

Kanaan Ursprünglich das ›Land des Purpurs‹, d.h. Phönizien, im Alten Testament das israelitische Siedlungsgebiet im ›Heiligen Land‹, das spätere Palästina. Die Kanaaniter oder (griechisch) Kanaanäer sind die vorisraelitischen Bewohner des Landes.

Kandake (Apg 8,27) Der Titel der Königinnen von Äthiopien (→ Kusch).

Karkemisch (Jes 10,9) Am Euphrat gelegen, Hauptstadt eines hetitischen Staates, 712 v.Chr. von den Assyrern erobert; dort schlug Nebukadnezar den Pharao Necho von Ägypten (Jer 46,2).

Kassia (2. Mose 30,24; Hes 27,19) Wohlriechende Blüten und Blätter des ostasiatischen Baumes, dessen innere Rinde das Zimtgewürz ergibt.

Kedar (Ps 120,5; Jes 21,16.17; 42,11; 60,7; Jer 2,10; Hes 27,21) Nomadisierende Händler in der arabischen Wüste, als Kämpfer gefürchtet.

Kelter(treter) Die Weintrauben wurden im alten Israel durch Stampfen mit den bloßen Füßen ausgepreßt. Von daher erklärt sich das Bild vom ›Keltertreter‹ in Jes 63,1-6.

Kemosch Hauptgott der Moabiter. Bis zur Zeit Josias gab es östlich von Jerusalem einen Altar dieses Gottes (2. Kön 23,13; vgl. 1. Kön 11,7). Der moabitische König Mescha erwähnt den Gott in einer Inschrift, in der er beschreibt, wieviel israelitische Ortschaften er für ihn mit dem → Bann belegt, d. h. ausgerottet hat.

Keniter Mit den Israeliten verwandter Stamm, der halbnomadisch im Bereich des judäischen Stammesgebietes umherzog. Er wurde zuzeiten sogar zu Juda gerechnet.

Kewan Assyrisch-babylonischer Sterngott, ebenso wie Sakkut eine Erscheinungsform des Saturn. Die Überlieferer des hebräischen Textes (Masoreten) gaben den Namen Sakkut und Kewan, damit sie beim Vorlesen nicht ausgesprochen würden, die Vokale des hebräischen Wortes für ›Scheusal‹ *(schikkuz)*, so entstanden die Formen Kiwun bzw. Kijun und Sikkut.

Kinneret (4. Mose 34,11) Im Neuen Testament der See Genezareth.

Kislew → Monate.

Kittäer, Kittim So hießen (von der phönizischen Gründung Kition auf Zypern) zunächst die Insel Zypern (Jes 23,1.12) und ihre Bewohner (1. Mose 10,4; 1. Chr 1,7; Hes 27,6). Später nannte man so die Inselwelt des Ägäischen Meers (Jer 2,10), Mazedonien (1. Makk 1,1; 8,5) und schließlich das römische Weltreich (Dan 11,30).

Klaudius Römischer Kaiser 41-54 n. Chr.

Knauf Verzierung am Leuchter (2.Mose 25,31); Kapitell der Säule (1.Kön 7,16; Am 9,1; Zef 2,14).

Kolonie, römische Eine Ansiedlung römischer Bürger (ausgediente Soldaten oder Verbannte) außerhalb Italiens.

Korach Er wollte während der Wüstenwanderung der Israeliten Mose und Aaron die Führung streitig machen. Zusammen mit 250 Anhängern wurde er durch ein Gottesgericht vernichtet (4.Mose 16). Ob die »Söhne Korach«, ein Sängergeschlecht, dem eine Reihe von Psalmen zugeschrieben werden (Ps 42; 44–49 u. a.), mit ihm zusammenhängen, ist unsicher.

Korban Das Wort, das im Alten Testament das Gott dargebrachte Opfer bezeichnet (3.Mose 1; 4.Mose 7), leitet im frühen Judentum die in Mk 7,11 zitierte Gelöbnisformel für Weihgeschenke ein. Mit dieser Formel konnte man den Tempel zum alleinigen Erben seines Besitzes einsetzen. Das Eigentum, das mit »Korban« Gott geweiht war, durfte nicht mehr verkauft werden; doch hatte der Besitzer bis zu seinem Tod das Nutznießungsrecht.

Kreter und Pleter Die Leibwache Davids; der Name bezeichnet die Söldner nach ihrer Herkunft als Philister (1.Sam 30,14; 2.Sam 15,18).

Kusch Der Name des Reiches, das von 645 v. Chr. bis 350 n. Chr. die Könige von Napata und Meroe südlich von Ägypten zwischen den 3.und den 6.Nilkatarakten, also im heutigen Sudan, beherrschten. Von Palästina her dachte man freilich bei dem Namen Kusch meist überhaupt an die Länder südlich von Ägypten; dieses Gebiet mit seinen hochgewachsenen, dunkelhäutigen Bewohnern (Jes 18,7; Jer 13,23) hieß in der Antike »Äthiopien«. Die Herrscher der 25. Dynastie (715-663 v. Chr.) gewannen von ihrer Hauptstadt Napata aus die Herrschaft über Ägypten und konnten Assyrien entgegentreten (vgl. 2.Kön 19,9; Jes 20,5; 37,9; Jer 26,9). Zur Zeit des Neuen Testaments herrschten über das zwischen Assuan und Kartum gelegene Reich Kusch Königinnen mit dem Titel Kandake (Apg 8,27). Luthers Übersetzung »Mohrenland« blieb in Ps 68,32; häufiger blieb »Mohr« (für Kuschiter) z. B. Ps 87,4; Jer 13,23; 38,7; Am 9,7.

L

Ladanum → Tragakant.

Lade (des Bundes) → Bundeslade.

Last So heißen Jes 13–23; Nah 1,1 und sonst Prophetenworte meist drohender Art. Jer 23,33-39 sind die Spötter bedroht, die in den Gottesworten eine Last sahen.

Laststein (Sach 12,3) Der Stein, den die jungen Männer hoben, um ihre Kraft zu erweisen.

Laubhüttenfest Wichtigstes, abschließendes Erntefest, eines der drei israelitischen Hauptfeste (→ Feste). Es wurde mit einer Wallfahrt nach Jerusalem wahrscheinlich im Oktober gefeiert und dauerte etwa eine Woche (Esr 3,4; Neh 8,14-18); Wasser und Licht (Joh 7,37; 8,12) spielten dabei eine Rolle.

Legion Eine Einheit des römischen Heeres, etwa 6000 Mann (Mt 26,53); Ausdruck für eine hohe Zahl (»ein ganzes Regiment«; Mk 5,9).

Lesung des Gesetzes und der Propheten (Apg 13,15) Im Gottesdienst der Synagoge wurde regelmäßig nach bestimmter Ordnung je ein Abschnitt aus dem Gesetz (den fünf Büchern Mose) und aus den prophetischen und geschichtlichen Büchern des Alten Testaments (im jüdischen Kanon »Propheten« genannt) als Schriftlesung vorgetragen.

Levi Sohn Jakobs und israelitischer Stamm (→ Leviten).

Leviatan Bildliche Verkörperung der Mächte, die sich Gottes Schöpfermacht entgegenstellen und von ihm besiegt werden. Der Leviatan wird vorgestellt als Seeungeheuer (»Drache«) mit mehreren Köpfen, das sich zusammen mit der Urflut (→ Meer) gegen Gott auflehnt (Ps 74,13.14). Die Schilderung Hiob 40,25–41,26 zeichnet deutlich das Krokodil, doch auch mit den Farben eines Urdrachen.

Leviten Priesterstamm. Wahrscheinlich wurden ihm die Priester der einzelnen Orts- und Höhenheiligtümer zugerechnet. Nach der Kultreform Josias, durch die Jerusalem zum ausschließlichen religiösen Zentrum wurde, sanken die Leviten auf die Stufe von Tempeldienern herab (2.Kön 23,8.9). Nach der biblischen Überlieferung werden auch die Nachkommen Aarons und des Hohenpriesters der Davidszeit, Zadok, dem Stamm Levi zugerechnet.

Libertiner (Apg 6,9) Juden, die aus der Sklaverei freigelassen wurden und nun in Jerusalem eine eigene Synagoge (mit griechischer Sprache im Gottesdienst) hatten.

Licht und Recht (Urim und Tummim, 2.Mose 28,30) Offenbar altheilige Orakelgegenstände, die in der Brusttasche des Hohenpriesters verwahrt und vom Priester (4.Mose 27,21) oder auch vom König (1.Sam 14,41) benützt wurden, um Gottes Willen zu erforschen.

Liebesäpfel (1.Mose 30,14) Die Frucht der Alraune, klein, scharf riechend, ähnelt einem Apfel. Sie galt als Mittel zur Förderung der Fruchtbarkeit.

Liebesmahl Die Einheit der urchristlichen Gemeinden, die sich als eine große Familie fühlten, sollte auch in gemeinsamem Essen sichtbar werden; doch zeigten sich früh böse Mißstände (1.Kor 11,17-34; Jud 12).

Löser → Erlöser.

Lot Neffe Abrahams. Er wird mit seiner Familie als einziger vor der Vernichtung beim Untergang → Sodoms bewahrt.

Lot und Taler Die älteste Form des Handels ist der Tausch von Naturalgütern; dann wurde mit ungemünzten Stücken von Silber und Gold bezahlt, die bei einem Kauf gewogen werden mußten (1.Mose 23,16). Daher gewann das Wort »wägen« die Bedeutung »bezahlen«, und das meist gebrauchte Gewicht, das »Lot«, wurde der gängige Geldwert.

Geprägte Münzen gab es erst seit der persischen Zeit. Die ersten jüdischen Münzen schlug nach 1.Makk 15,6 der Hohepriester Simon.

Die Einheit des Geldes war der Schekel – in dieser Übersetzung mit Lot (1.Mose 23,15; 1.Makk 10,40.42) und Taler (2. Mose 30,13; 1.Sam 9,8) wiedergegeben. Sein Gewicht war in älterer Zeit 11–12 g, in der hellenistischen Zeit ca. 14,5 g; es gab auch ein »Gewicht des Heiligtums« (2.Mose 30,13; 38,26), das offenbar etwas größer war.

Über die Kaufkraft des Geldes hören wir wenig; nach 3.Mose 5,15 konnte man für zwei Silberstücke einen Widder kaufen, nach 2.Kön 7,16 für ein Silberstück 13 kg Weizen oder 26 kg Gerste. 50 (später 60) Taler ergaben eine Mine (ein Pfund; Hes 45,12), 60 Minen ein Talent (einen Zentner). Kleinere Werte waren ein Drittel (Neh 10,33) und ein Viertel (1.Sam 9,8) eines Talers.

Lud Ein unbekanntes nordafrikanisches Volk.

M

Magog → Gog.

Mal, Steinmal Ein aufrecht hingestellter heiliger Stein: a) als Denkstein für einen Vertragsschluß und Grenzstein (1.Mose 31,45); b) als Grabstein (1.Mose 35,20; 2.Sam 18,18); c) als Gedenkstein an heiliger Stätte (1.Mose 28,18; 2.Mose 24,4); d) zu Ehren heidnischer Götter, darum für Israel streng verboten (3.Mose 26,1; 5.Mose 7,5) und doch errichtet (1.Kön 14,23; 2.Kön 3,2).

Mammon (Mt 6,24) Zusammenfassende Bezeichnung für Geld und Gut.

Manna (2.Mose 16) Wunderbare Speise der Israeliten auf ihrem Wüstenzug. Viele Ausleger bringen das Manna in Verbindung mit der Absonderung einer Schildlaus, die sich vom Saft der Mannatamariske ernährt. Die Beduinen benutzen sie noch heute als Honigersatz.

Maranata Ein aramäischer Ruf aus dem frühchristlichen Gottesdienst, der wahrscheinlich mit »Unser Herr, komm!« zu übersetzen und als Bitte um die Wiederkunft Christi zu verstehen ist (1.Kor 16,22; vgl. Offb 22,20).

Marduk Hauptgott von → Babel.

Maß In Joh 2,6 Wiedergabe einer Maßeinheit, die etwa 40 Litern entspricht. Die Wasserkrüge fassen demnach rund 100 l.

Massa und Meriba Ort, an dem sich die Israeliten auf der Wüstenwanderung wegen Wassermangels gegen Mose auflehnten (2.Mose 17,1-7).

Mastix → Tragakant.

Maulbeerbaum Gemeint ist der Maulbeerfeigenbaum, ein Baum, der hauptsächlich als Bauholz verwendet wurde. Seine Früchte waren nicht sehr wertvoll und konnten nur durch Anritzen jeder einzelnen Frucht kurz vor der Ernte zur Reife gebracht werden, ohne daß sie durch den Insektenbefall verdarben. Diese Tätigkeit wurde von Hirten oder Maulbeerbaumpflegern ausgeübt (1.Kön 10,27).

Mazedonien Römische Provinz am Ägäischen Meer mit der Hauptstadt Thessalonich.

Meder Iranischer Stamm, der das medisch-persische Hochland bewohnte. Er war zuerst den → Assyrern tributpflichtig, besiegte dann mit den Neubabyloniern Assur und wurde unter Kyros ein Teil des persischen Reiches.

Meer Das Meer ist für das Alte Testament Sinnbild der gottfeindlichen, die Schöpfung und ihre Ordnung bedrohenden Macht. Der Schöpfungsvorgang selbst kann darum als Kampf gegen das ›Urmeer‹ beschrieben werden, das im Meerdrachen (→ Leviatan) persönliche Gestalt annimmt (Hiob 26,12.13; 38,8-11).

Melchisedek Priesterkönig der Stadt Salem (Jerusalem). Er wird als Priester des ›Höchsten Gottes‹ bezeichnet. Aus der Begegnung mit Abraham, der dem König den Zehnten ablieferte (1.Mose 14), wurde später das Zehntrecht der Jerusalemer Priesterschaft abgeleitet. In Hebr 7 gilt Melchisedek als Urbild des Priestertums Christi. Daß er »ewig lebt« (7,3), wird aus der dort angeführten Psalmstelle (Ps 110,4: »Priester *ewiglich* nach der Weise Melchisedeks«) geschlossen.

Menschensohn Bei dem Menschensohn, dessen Kommen von frommen jüdischen Kreisen zur Zeit des Neuen Testaments erwartet wurde, handelt es sich um eine übermenschlich-himmlische Gestalt, der nach dem letzten Gericht von Gott die Weltherrschaft übertragen werden soll (Dan 7,13.14). Nach anderer Anschauung wird der Menschensohn selbst das letzte Gericht abhalten.

Jesus hat schon in seinem Erdenleben die Vollmacht des Menschensohns in Anspruch genommen, als er entschied, was vor Gott zu tun erlaubt ist und was nicht (Mk 2,28), und als er Menschen die Vergebung ihrer Schuld zusprach (Mk 2,10). Die himmlische Machtstellung des Menschensohns wurde Jesus zuteil, als Gott ihn vom Tode erweckte (vgl. Mt 28,18-20 mit Dan 7,14). Der kommende Menschensohn, von dem Jesus zunächst noch verhüllend sprechen konnte wie von einem dritten (Lk 12,8.9; Mk 8,38), wird also niemand anders sein als der auferstandene Herr selbst (Mk 13,26; 14,62). Nach Gottes Willen sollte dieser ›Menschensohn‹ von Menschen verurteilt und getötet werden, um »sein Leben als Lösegeld für alle Menschen« hinzugeben (Mk 8,31; 10,45). Der Richter gibt sein Leben für die, die einst vor seinem Gericht stehen werden!

Meriba → Massa.

Merodach (Jer 50,2) → Marduk.

Meschech, Meschech-Tubal Meschech und Tubal waren zwei kleinasiatische Völker, die ihren Wohnsitz zunächst in Zilizien und Phrygien hatten und dann von den Kimmeriern (biblisch = Gomer; Hes 38,6) zum Schwarzen Meer hin abgedrängt wurden. In Ps 120,5 ist eher an den nordarabischen Stamm Massa (Spr 31,1) zu denken.

Mesopotamien Das Wort kommt aus dem Griechischen und bedeutet »das Land zwischen den Strömen«, nämlich Euphrat und Tigris, also das Zweistromland. Im Alten Testament wird der Name nur für das obere Zweistromland verwendet.

Messias (hebräisch; griechisch = Christus) Das Wort bedeutet ›Gesalbter‹ und bezeichnet den König, der durch → Salbung in sein Amt eingesetzt wurde. In der späteren Königszeit und vollends in und nach der babylonischen Gefangenschaft entstand die Erwartung eines ›Gesalbten‹ in besonderem Sinn: eines idealen Herrschers der Heilszeit, die die drückende Gegenwart ablösen soll. Mit seiner Gestalt verknüpft sich die Hoffnung auf eine Wiederherstellung des Reiches → Davids, aber auch seine Ausweitung zur Weltherrschaft; über die politische Friedensordnung hinaus erwartete man eine Erneuerung der ganzen Schöpfung (Jes 11). Doch ist der Gedanke einer Heilszeit der Zukunft nicht überall mit der Gestalt eines Messiaskönigs verbunden (Jes 65).

Im Judentum vor der Zeitwende erwartet man neben einem irdisch-politischen Messias (→ Davids Sohn) den → Menschensohn als überirdischen Heilsbringer, der das Ende der gesamten gegenwärtigen Weltordnung heraufführt. Vor dem

Hintergrund der Menschensohnerwartung ließen sich Hoheit und Anspruch Jesu im damaligen Judentum treffender und weniger mißverständlich zum Ausdruck bringen als vor dem Hintergrund der Messias-Erwartung.

Michael Einer der → Engelfürsten, Schutzengel des Gottesvolkes (Dan 10,21). Als Anführer der Engelheere kämpft er gegen den → Satan (Offb 12,7).

Midianiter Ihr Stammesgebiet lag im Nordwesten der arabischen Halbinsel. Sie waren Kamelnomaden und durch ihre Beweglichkeit ihren Gegnern überlegen. Offensichtlich hatten die Midianiter auch den Handel zwischen Mesopotamien und Ägypten in der Hand.

Milkom Nationalgott der Ammoniter, dem Salomo wegen seiner ammonitischen Frauen eine Opferstätte errichtete (1.Kön 11,5).

Millo (2.Sam 5,9; 1.Kön 9,15; 2.Kön 12,21) Wahrscheinlich eine Aufschüttung zur Befestigung Jerusalems, vielleicht an der Nordmauer der alten → Davidsstadt. In Sichem (Ri 9,6) eher die Akropolis (Burg).

Minze (Lk 11,42) Ein Gartengewächs, als Gewürz geschätzt.

Mohrenland (Ps 68,32) → Kusch.

Moloch (eigentlich Melech, »König«). Eine im semitischen Raum verbreitete Gottheit, Herr der unterirdischen Mächte, besonders des Feuers. Seine Verehrung drang vor allem im 8./7.Jh. v.Chr. auch in Israel ein (2.Kön 23,10; Jer 32,35). Man ehrte den Gott, indem man die Opfer auf eine besondere Art seinem Bereich, dem Feuer, übergab. Auch Kinder wurden ihm geopfert. Nach manchen Auslegern sollen die Kinder nicht getötet und verbrannt, sondern nur in einer besonderen Feuerzeremonie symbolisch der Gottheit übereignet worden sein.

Monat, Jahr Die vorderasiatischen Kalender richteten sich nach dem Mondumlauf, der ägyptische nach dem Sonnenumlauf. Das Mondjahr hat 354 Tage und bleibt deshalb hinter dem Naturjahr (Sonnenjahr) zurück. Daher wurden Schaltmonate eingefügt, ursprünglich wohl alle 3 Jahre ein Schaltmonat, seit dem 6.Jahrhundert v.Chr. in einem 8-Jahr-Turnus 3 Schaltmonate.

Das altisraelitische Jahr begann im Herbst. Nach 722 v.Chr. wurde aber für Handel und Verkehr der assyrische Kalender übernommen, bei dem das Jahr im Frühjahr beginnt. Für Israels Feste blieb man nach wie vor beim Herbstkalender. Von den alten kanaanitischen Monatsnamen blieben vier länger im Gebrauch: Abib, Bul, Siw, Etanim (siehe diese Namen). Nach dem Exil verwendeten die Juden den neubabylonischen Kalender, der auch der persische Staatskalender war. Die babylonischen Monatsnamen heißen:

1. Nisan (Neh 2,1; Est 3,7) ungefähr Mitte März bis April
2. Ijar ungefähr Mitte April bis Mai
3. Siwan (Est 8,9; Bar 1,8) ungefähr Mitte Mai bis Juni
4. Tammus ungefähr Mitte Juni bis Juli
5. Ab ungefähr Mitte Juli bis August
6. Elul (Neh 6,15; 1.Makk 14,27) ungefähr Mitte August bis September
7. Tischri ungefähr Mitte September bis Oktober
8. Marcheschwan ungefähr Mitte Oktober bis November
9. Kislew (Sach 7,1; Neh 1,1) ungefähr Mitte November bis Dezember
10. Tebet (Est 2,16) ungefähr Mitte Dezember bis Januar
11. Schebat (Sach 1,7; 1.Makk 16,14) ungefähr Mitte Januar bis Februar
12. Adar (Esr 6,15; Est 3,7) ungefähr Mitte Februar bis März.

Morgenstern Der Morgenstern, der Planet Venus, ist Bild für den in Macht und Herrlichkeit wiederkommenden Christus. In Offb 2,28 weist der Morgenstern wohl auf die Herrschaft hin, die der Christ zusammen mit Christus ausüben wird.

Mörser (Zef 1,11) Name eines Stadtteils von Jerusalem.

Mose Führer der israelitischen Stämme auf der Wüstenwanderung und Vermittler von → Bund und → Gesetz am Sinai. Der Name ist ägyptisch (Mos = Sohn), wird jedoch in 2.Mose 2,10 mit dem hebräischen Wort für ›herausziehen‹ in Verbindung gebracht.

Mühlstein Die Handmühle bestand aus zwei Mahlsteinen, deren oberer mit einem Loch zum Eingeben der Körner versehen war. Sie gehörte zu jedem Haushalt und durfte nicht gepfändet werden (5.Mose 24,6).

Myrrhe Duftendes Harz eines immergrünen Baumes, das sehr begehrt war und zur Herstellung von Parfüm, Salböl, Gewürz sowie als Wohlgeruch bei der Bestattung verwendet wurde (Joh 19,39), außerdem als betäubender Zusatz zum Wein (Mk 15,23).

N

Nachtwache Die Nacht, von Sonnenuntergang bis Sonnenaufgang – etwa 6 Uhr abends bis 6 Uhr morgens –, wurde ursprünglich in drei Nachtwachen geteilt, zur Zeit des Neuen Testaments in vier Nachtwachen zu je drei Stunden. Die letzte Nachtwache wurde auch Morgenwache genannt.

Name (des Herrn) Der biblische Gott ist ursprünglich der Gott eines bestimmten Volkes (Israel) und trägt als solcher, wie alle Götter der alten Zeit, einen Eigennamen (→ Herr). Für das hebräische Denken ist der Name nicht ›Schall und Rauch‹, sondern aufs engste mit der Person des Namensträgers, dessen Wesen und Wirken verbunden. Durch das Aussprechen des Gottesnamens wird Gott selbst gegenwärtig, z.B. im Segenszuspruch der Priester (4.Mose 6). Der Tempel in Jerusalem wird als Wohnsitz für Gottes ›Namen‹ bezeichnet, weil Gott dort im Gebet beim Namen gerufen werden kann. So wird der Name zu der dem Menschen zugewandten und zugänglichen Seite des souveränen Gottes.

Name (Jesu Christi) Der Name Jesu ist von seiner Person nicht zu trennen. Was »im Namen« Jesu Christi geschieht, geschieht in der Vollmacht der Person Jesu Christi; er selber, der auferstandene Herr, ist darin am Werk (Apg 3,6.12-16; 4,10.12). Wenn die christliche Taufe »auf den Namen Jesu Christi« erfolgt (2,38), so wird der Täufling damit Jesus, seinem Herrn, als Eigentum übergeben und unter seinen Schutz gestellt.

Narde, Nardenöl (Joh 12,3; Mk 14,3) Aus der Wurzel der indischen Nardenpflanze bereitete man ein kostbares, wohlriechendes Öl, das unter anderem bei den Begräbnisvorbereitungen verwendet wurde.

Nazoräer (Mt 2,23) Im Alten Testament findet sich das Prophetenwort in dem bei Matthäus angeführten Wortlaut nicht. Vielleicht liegt ein Hinweis auf den »Sproß« in Jes 11,1 (hebr. *nezär*) vor; auch das hebräische Wort *nasir* = Geweihter (Ri 13,5; 4.Mose 6) klingt an.

Nebajot (Jes 60,7) Ein arabischer Stamm.

Nebo 1) Berg und Stadt in Moab sowie Stadt in Juda (das »andere Nebo« Neh 7,33).
2) Babylonischer Gott, der als Sohn → Marduks galt. Der Gott des Schicksals, der das Buch des Lebens hat, der Gott der Schreibkunst (Jes 46,1).

Nehuschtan Ein Schlangenbild im Jerusalemer Tempel, dem Heilkraft zugeschrieben und das deshalb verehrt wurde (vgl. den Äskulapstab). Vielleicht war es ein Gottesbild kanaanitischer Herkunft, doch wurde es in der Überlieferung mit der Bronzeschlange gleichgesetzt, die Mose in der Wüste errichtet hatte (4.Mose 21). König Hiskia ließ dieses Bild entfernen (2.Könige 18,4).

Neumond Der Tag, an dessen Vorabend der zunehmende Mond wieder sichtbar wurde, galt als Monatsbeginn. Der Mond war in der altorientalischen Welt jedoch nicht nur für den Kalender bedeutsam, sondern zog auch vielfach göttliche Verehrung auf sich. In Israel war der Gestirnkult zwar untersagt, doch wurde der Neumondstag besonders feierlich – z.T. auch länger als einen Tag (1.Sam 20,27) – begangen (Ps 81,4). Daß solche Feste häufig entarteten, geht aus Hos 2,13 hervor. In Hos 5,7 wird angedroht, daß von diesem entarteten Kult her das Gericht über Israel kommt.

Nieren Sie galten als Sitz der Gemütsbewegungen in Freude und Leid (Ps 73,21), der Gewissensregungen, überhaupt des inneren Lebens (Jer 20,12).

Nikolaiten Ihr Name wird mit Nikolaus von Antiochia (Apg 6,5) in Verbindung gebracht. Über ihre Lehre ist nicht viel bekannt. Wahrscheinlich fühlten sie sich als Christen hoch erhaben über alles Irdische und meinten, auch Unzucht und Teilnahme an den Götzenopfern (→ Götzenopferfleisch) könne ihnen nicht mehr schaden (Offb 2,6.14.15).

Ninive Hauptstadt des assyrischen Reiches (→ Assur).

Nisan → Monate.

Nisroch (2.Kön 19,37; Jes 37,38) Ein unbekannter assyrischer Gott.

Noah Er wurde nach 1.Mose 6-8 von Gott wegen seines vorbildlichen Lebens vor dem Untergang in der ›Sintflut‹ gerettet. Gott hatte ihm befohlen, mitten auf dem festen Land ein Schiff, die Arche, zu bauen und es mit seiner Familie zu besteigen.

Nod Ein Land Nod ist geographisch nicht bekannt. Es bedeutet wohl Land der Ruhelosigkeit, Land des Elends und bezeichnet das Leben in der Gottesferne.

Nof (Jes 19,13; Jer 2,16) Das alte Memphis, südlich von Kairo, die Hauptstadt der Pharaonen im »Alten Reich«.

O

Obrigkeit (wörtlich »Macht«) Das Wort bezeichnet bei Luther staatliche Regierungsgewalten und Behörden (Röm 13,1-3; Tit 3,1).

Ofel (2.Chr 27,3; 33,14; Neh 3,27) In Jerusalem der Teil des östlichen Höhenzugs zwischen der alten Davidsstadt im Süden und dem Tempel- und Palastbezirk im Norden.

Ofir (1.Kön 9,28) Goldland, wahrscheinlich in Südwest-Arabien. Zur Zeit Salomos fuhren die Goldschiffe vom Golf von Akaba nach Ofir.

Öl Im Alten Testament ist in der Regel an Olivenöl gedacht. Die Oliven wurden gepreßt und zerquetscht, das Öl gesammelt und nach Qualität geschieden. Es wurde für den Haushalt, zur Medizin und zur Kosmetik verwendet. Auch zur → Salbung benutzte man Olivenöl, nachdem es mit aromatischen Stoffen vermischt worden war. Das Öl ist Symbol für Freude und Festlichkeit.

Ölberg Seit alter Zeit heilig gehaltener Ort etwa 1km von Jerusalem. Er gehört zu einem Höhenzug, der Jerusalem von Norden und Osten umgibt.

Onych (Sir 24,21) Ein mineralischer Stoff (das feine weiß-graue Galmeiflugpulver), der einer Salbe beigemengt wurde.

Onyx (2.Mose 28,20; Hes 28,13) Halbedelstein aus Quarz, der durch seine Farbschichten Gravuren besonders schön hervortreten läßt.

Opfer Gabe an Gott, um ihm zu danken und zu huldigen, um seine Hilfe zu erbitten, um Schuld zu sühnen. Opfer werden in der Bibel von Anfang an (1.Mose 4,3) und bei allen Völkern vorausgesetzt; sie sind stets mit Gebet, mit Anrufung des Gottesnamens verbunden (1.Mose 12,8). Die Stätten des Opfers sind Altar und Tempel. Als Opfergaben werden dargebracht: im unblutigen Opfer Früchte, Mehl, Brot, Wein, Öl, Weihrauchkörner; im blutigen Opfer reine Tiere: Rinder, Kälber, Schafe, Ziegen und Tauben. Verboten ist in Israel das Menschenopfer (1.Mose 22,12).
Wichtigste Opferarten sind das *Brandopfer* oder Ganzopfer, bei dem das ganze Tier auf dem Brandopferaltar verbrannt wurde (1.Mose 8,20), - das *Dankopfer* und Lobopfer (Schlachtopfer), bei dem der größte Teil des Opfers von den Opfernden an heiliger Stätte verzehrt wurde zum Ausdruck der Gemeinschaft mit Gott und untereinander, - das *Sündopfer* und Schuldopfer, bei dem die sühnende Kraft in dem Blut des Tieres als dem Sitz des Lebens gesucht wurde, - das freiwillig dargebrachte *Speis- und Trankopfer*, mit dem der Mensch Gott als den Geber aller Gaben ehrte, - das *Einsetzungsopfer* bei der Priesterweihe (s. auch Hebopfer und Schwingopfer). Beim *Räucheropfer* wurde eine besondere Mischung von Weihrauch und verschiedenen anderen Bestandteilen verbrannt, die zum Amtsgeheimnis einer bestimmten Priesterfamilie gehörte.
Jesus hat wenig vom Opfer gesprochen und hat mit dem Untergang des Tempels (Mt 23,38; 24,2) das Aufhören allen Opferdienstes vorausgesagt. Jesu Gemeinde sah in seinem Sterben das große, für alle Zeiten gültige Opfer und wußte von Gott wohlgefälligen Opfern im tätigen Christenleben (Röm 12,1; 1.Petr 2,5).

Ordnung Melchisedeks (Ps 110,4; Hebr 7,17; vgl. 1.Mose 14,18-20) Die Weise, in der → Melchisedek sein Priestertum führte, als Priester und König zugleich.

Orion (Hiob 9,9; 38,31; Am 5,8) Ein Sternbild.

P

Palmenstadt Jericho (5.Mose 34,3; Ri 3,13; 2.Chr 28,15). In Ri 1,16 ist wohl Tamar am Südende des Toten Meeres (1.Kön 9,18) gemeint.

Paradies (→ Eden) In jüdischen Kreisen

erwartete man, daß das Paradies mit dem Lebensbaum (1.Mose 2,8.9; 3,24) in der Endzeit wiederkehren werde (vgl. Offb 2,7; 21,1-22,5). In der Gegenwart dagegen ist es verborgen, und zwar im dritten → Himmel (vgl. 2.Kor 12,4). Es galt nach jüdischem Glauben als Aufenthaltsort der verstorbenen Frommen in der Zeit zwischen ihrem Tod und der allgemeinen Auferstehung am Ende der Welt.

Paradiesströme Von den vier Strömen, die vom Paradies ausgehen - Gihon, Pischon, Hiddekel (= Tigris) und Euphrat -, sind nur die beiden letzten bekannt. Der biblische Bericht bringt zum Ausdruck, daß von dem ursprünglichen Gottesgarten die Fruchtbarkeit der gesamten Erde ihren Ursprung hat.

Parbar (1.Chr 26,18) und **Parwarhaus** (2.Kön 23,11) Ein Anbau am Tempel.

Parwajim (2.Chr 3,6) Wohl der Name eines goldreichen Landes.

Passa, Passafest Ursprünglich ein nomadisches Fest, das später mit dem Auszug aus Ägypten verbunden wurde (2.Mose 12). Nach der Kultreform Josias (2.Kön 22-23) durfte das Passamahl nur noch in Jerusalem gefeiert werden. Die Hausbesitzer Jerusalems mußten den Pilgern für ihr Passamahl Räume zur Verfügung stellen. Hauptbestandteil der Mahlzeit war ein gebratenes oder gekochtes Schaf- oder Ziegenböckchen. Als Beigaben wurden eine Art bitterer Salat, ein Fruchtmus und vier Becher Wein genossen. Das Passafest ging unmittelbar in das siebentägige Fest der ungesäuerten Brote über, das im ganzen Land gefeiert wurde. Dieses Fest war ursprünglich ein Erntefest, bei dem man Brot aß, das ohne Sauerteig gebacken war. Vorher mußte der alte Sauerteig beseitigt werden (vgl. 1.Kor 5,6-8). Seit der Zerstörung des Tempels feiert das Judentum das Passa ohne das geschlachtete Lamm.

Passalamm → Passa

Patros (Jer 44,1) Oberägypten.

Perazim Berg, bei dem die Philister eine Schlacht gegen die Israeliten verloren haben (2.Sam 5,20). Von Jesaja wird das Bild im umgekehrten Sinne gebraucht: Gott wird sein Volk schlagen wie damals an dem Berg die Philister (Jes 28,21).

Pergamente Zum Schreiben hergerichtete, besonders für heilige Texte benutzte Tierhäute, wie Paulus einige (neben den aus Papyrusstreifen hergestellten Büchern) besaß (2.Tim 4,13).

Perser Iranischer Völkerstamm, der zu weltgeschichtlicher Bedeutung aufgestiegen ist. Die achämenidischen Könige schufen seit etwa 640 v.Chr. das persische Weltreich, das nach Siegen über die Elamiter, die Assyrer und die Babylonier den gesamten Vorderen Orient umspannte. Erst Alexander der Große vermochte Persien im Jahre 330 v.Chr. zu besiegen.

Petrus Griechische Übersetzung des aramäischen Kefa (mit griechischer Endung: Kephas). Beides bedeutet ›Fels‹.

Pfingstfest Das zweite der drei israelitischen Wallfahrtsfeste, fünfzig Tage nach dem Passafest (→ Feste).

Pharisäer »Abgesonderte«. Die stärkste religiöse Partei seit den Makkabäerkriegen, die das Erbe Israels, das → Gesetz und die Überlieferungen der Väter, in Ehren hielt, der Verheißung Gottes vertraute, darum auch an die Auferstehung der Toten glaubte und vor allem mit leidenschaftlichem Eifer für pünktliche Beobachtung des Gesetzes bis in die Kleinigkeiten des alltäglichen Lebens hinein kämpfte, um die Erfüllung der messianischen Verheißungen vom Menschen her zu sichern. Nach einer Probezeit verpflichteten sie sich bei der Aufnahme in die Gemeinschaft, die Vorschriften über den → Zehnten und die Reinheitsvorschriften (→ rein) strengstens einzuhalten. Nicht nur das im Gesetz Moses Niedergeschriebene, sondern auch die mündlich überlieferten genauen und strengen Anwendungsregeln, die »Satzungen der Ältesten«, d.h. der älteren Gesetzeslehrer (Mt 15,2), galt es im täglichen Leben zu beachten.

Zunächst eine Laienbewegung, waren sie doch bald eng verbunden mit dem Stand der → Schriftgelehrten. Ihre Gefahr war die Gesetzlichkeit, die zu selbstgerechtem Stolz und liebloser Härte führen konnte. Solche Auswüchse werden besonders im Matthäusevangelium angeprangert. Mit den Pharisäern rangen um die Führung im Volk die → Sadduzäer; seit dem Untergang Jerusalems (70 n.Chr.) beherrschten und prägten die Pharisäer das Denken des Judentums.

Philister Die Herkunft der Philister ist unsicher. Vielleicht stammen sie aus Kreta, vielleicht aus Kappadozien oder Illyrien. Sie unterschieden sich von den Kanaanitern und Israeliten durch Kleidung, Bewaffnung, Sprache und Verfassung. Lange Zeit hatte Israel unter ihrer Übermacht zu leiden. Sie bildeten einen Städtebund, die später so genannte Pentapolis, die aus den fünf Städten Gaza, Gat, Aschdod, Aschkelon und Ekron bestand. Von den Philistern (Pelischtim) hat die gesamte Landschaft ihren Namen ›Palästina‹ erhalten.

Pilatus Römischer → Statthalter (Prokurator) in Judäa 26–36 n. Chr.

Pischon → Paradiesströme.

Posaune Nicht ein Instrument aus Metall, sondern aus dem Horn des Widders oder Ziegenbocks gefertigt, für kriegerische Signale verwendet (Jer 4,19.21), vielfach auch im Gottesdienst gebraucht (Ps 81,4), darum auch mit der Schilderung von Gottes künftigem Handeln verbunden (Jes 18,3; Zef 1,16; Offb 8,6).

Prätorium Der Begriff begegnet im Neuen Testament in drei verschiedenen Zusammenhängen:

1. Im Prozeß Jesu (Mt 27,27; Mk 15,16; Joh 18,18.33; 19,9) bezeichnet es den Amtssitz des römischen → Statthalters Pontius Pilatus in Jerusalem, wohl zu identifizieren mit der Burg Antonia im Nordwesten des Tempelplatzes oder mit dem Herodespalast im Westen der Stadt beim Jaffator.
2. Nach Apg 23,35 wurde Paulus in Cäsarea am Meer im »Prätorium des Herodes« gefangengehalten, d. h. im Palast des Herodes, der als offizieller Sitz des römischen Statthalters (zu jener Zeit Felix) diente.
3. In Phil 1,13 hängt die Deutung von dem angenommenen Abfassungsort des Briefs ab. In Ephesus wäre Prätorium die Residenz des Prokonsuls für die Provinz Asien; in Rom wäre am wahrscheinlichsten an die Kaserne der Prätorianergarde zu denken; in Cäsarea am Meer wie unter Punkt 2.

Priester Im Alten Testament Personen, die aufgrund ihrer Familienzugehörigkeit und ihrer besonderen Weihe dazu bestimmt waren, die Gottesdienste zu leiten, Opfer darzubringen und den Willen Gottes zu deuten. An Priestersippen sind bekannt die Nachkommen Aarons, die Nachkommen Zadoks und die → Leviten. Die Priester wurden in verschiedene Dienstgruppen eingeteilt, die sich in genau festgelegter Reihenfolge im Tempeldienst ablösten. Ihr Oberhaupt war seit der Zeit Salomos der sog. → Hohepriester.

Prophet Nach unserem Sprachgebrauch ist ein ›Prophet‹ jemand, der die Zukunft kennt. Das Wesentliche beim biblischen Prophetentum liegt jedoch nicht in der Zukunftsschau. Der Prophet ist ein Mensch, den Gott (oder der → Geist Gottes) zu seinem Sprecher gemacht hat. Die Propheten verkünden dem Volk Gottes oder einzelnen aus diesem Volk, besonders den führenden Kreisen, was Gott ihnen in einer bestimmten Situation zu sagen hat. Das kann Mahnung, Trost oder Gerichtsdrohung sein.

In der Frühzeit Israels ist das Prophetentum mit ekstatischen Erscheinungen verbunden. Der Geist ergreift vom Propheten Besitz wie eine fremde Macht, die über ihn kommt (1. Sam 10,5.6.10-12). Bezeichnend für diese Stufe ist auch, daß die Propheten in der Regel kollektiv auftreten (1. Sam 10,10; 1. Kön 22,6.12). In der Königszeit Israels traten neben dem fortbestehenden Prophetentum der älteren Art Propheten auf, die über diesen Rahmen weit hinauswuchsen. Als einzelne, die Gott berufen hatte, prangerten sie die herrschenden Zustände an. Sie maßen die Verhältnisse der Gegenwart und das Verhalten der Verantwortlichen am Rechtswillen Gottes, wie er im → Gesetz gegeben war. Ebenso unerbittlich prangerten sie die Entartung des Glaubens (→ Baal) und des Gottesdienstes an. Und sie sahen die Katastrophe kommen, die das Verhalten des Volkes und seiner Führer unweigerlich herbeirufen mußte. Aber auch die neue Zukunft, die dem Volk danach noch einmal geschenkt werden soll, wird von den Propheten angekündigt. Sie wird geschaut im Bild eines umfassenden ›Friedens‹, der auch die anderen Völker umgreift. Zum Teil wird dieser Frieden mit der Gestalt eines Friedensbringers verknüpft (→ Messias).

Die Propheten richten ihre Botschaft in der Regel mündlich aus; erst später wur-

den ihre Worte (zum Teil von ihnen selbst) aufgeschrieben.
Die großen Propheten des 8. bis 6. Jahrhunderts v. Chr. standen oft in heftiger Auseinandersetzung mit einem Berufsprophetentum, das sich sowohl am Jerusalemer Tempel als auch in Bethel, dem Reichsheiligtum Nordisraels, herausgebildet hatte. Propheten dieser Art verkündeten in der Regel eher das, was dem Volk, insbesondere dem König gefiel (vgl. Am 7,10-17; Jer 5,30.31; 14,13-15; 28) und was ihnen selbst Gewinn brachte (Mi 3,5.11).
Über Propheten in den frühen Christengemeinden → Prophetie.

Prophetie im Neuen Testament In der frühen Kirche waren Apostel, Propheten und Lehrer die wichtigsten Träger der Verkündigung des Evangeliums von Jesus Christus (1. Kor 12,28). Prophetie ist eine Gabe des Geistes neben andern Geistesgaben. Der Prophet verkündet, was ihm Gott offenbart hat (1. Kor 14,26.30). Zur prophetischen Rede können Weissagungen für die Zukunft gehören (Apg 11,27.28; Offb); die neutestamentlichen Propheten haben aber vor allem die Aufgabe, die gegenwärtige Lage im Licht des Willens Gottes aufzudekken, der Gemeinde Weisungen des Herrn zu übermitteln und sie zu ermutigen und zu trösten. Paulus gibt der prophetischen Rede den Vorrang vor der → Zungenrede, weil der Prophet mit verständlichen Worten redet und der Erbauung der Gemeinde dient (1. Kor 12–14). Gleichwohl soll auch die prophetische Rede von der Gemeinde geprüft werden (1. Thess 5,20.21).

Psalter a) Ein Saiteninstrument (Ps 33,2); b) die Sammlung der Psalmen, das Psalmbuch.

Purim Name eines jüdischen Festes am 14. und 15. Adar zur Erinnerung an die im Esterbuch erzählte Rettung der persischen Judenschaft.

Put Vermutlich ein Volk in Libyen.

Q

Quasten Nach 4. Mose 15,38-40 sollen die Israeliten an den vier Zipfeln des aus einem rechteckigen Stück Tuch bestehenden Mantels Quasten anbringen, um sich an die Gebote Gottes zu erinnern.

Quirinius Publius Sulpicius Q. war kaiserlicher Beauftragter (Legat) für den Orient. Unter seiner Leitung wurde in Syrien eine Besitzaufnahme durchgeführt (→ Schätzung).

R

Rabbi verstärkt **Rabbuni** (»mein Herr, mein Meister«): Ehrende Anrede an die → Schriftgelehrten, die Kenner und Lehrer des Gesetzes.

Rabsaris (2. Kön 18,17) Ein assyrischer Hofbeamter.

Rabschake (2. Kön 18,17; Jes 36,2) Ein hoher assyrischer Hofbeamter, vielleicht der Obermundschenk.

Räfan (Apg 7,43; auch Romfa) Eine heidnische Sterngottheit (vgl. Am 5,26).

Rahab (Hiob 9,13; 26,12; Ps 89,11) Name für das mythische Seeungeheuer als Inbegriff der widergöttlichen Macht (→ Leviatan). Er wird auch auf Ägypten als den Feind des Gottesvolkes übertragen (Jes 30,7).

Rahel Mutter Josefs und Ahnfrau der Stämme Ephraim und Manasse (5. Mose 33,13-17) sowie des Stammes Benjamin. Sie wurde bei Rama nördlich von Jerusalem beigesetzt (vgl. 1. Sam 10,2); zur Zeit Jesu vermutete man ihr Grab aber bei Bethlehem in Juda (vgl. 1. Mose 35,19; 48,7).

Rat, Hoher Rat Zur Zeit Jesu die oberste Behörde des Judentums unter dem Vorsitz des → Hohenpriesters; die vornehmsten Priester, die führenden → Schriftgelehrten und angesehene → »Älteste«, zusammen 71 Männer, bildeten den Rat. Die Römer hatten die weltliche Vollmacht des Rats eingeschränkt, jedoch seine Autorität in religiösen Entscheidungen anerkannt.

Räucheraltar Ein goldener Altar im Inneren des Tempels in Jerusalem, auf dem als Opfer eine besondere Weihrauchmischung verbrannt wurde.

Räuchern, Räucheropfer Die Verbrennung wohlriechender Harze und Pflanzenteile *(Räucherwerk)* auf glühenden Kohlen im Heiligen des Tempels. In Offb 8,3.4 Sinnbild des Gebets.

Rauchopfersäule Ein säulenartiger Aufsatz auf einem Altarunterbau, der eine schalenartige Vertiefung für das Weihrauchopfer besitzt (3. Mose 26,30).

Raute (Lk 11,42) Eine Gewürzpflanze.

rein, Reinheitsvorschriften Der gläubige Jude muß nach dem Gesetz Moses im Zustand kultischer Reinheit sein, um dem heiligen Gott im Gottesdienst oder im Gebet begegnen zu können. Die Verunreinigung kann verschiedene Ursachen haben: z.B. Vorgänge der Geburt (Lk 2,22) und des Todes, Ausscheidungen des Körpers, Genuß bestimmter Speisen (Mk 7,15), Berührung von Leichen und verunreinigten Gegenständen, Kontakt mit Aussätzigen und Tischgemeinschaft mit Sündern und Heiden (Lk 15,1; Gal 2,12.13). Die Reinheitsvorschriften der jüdischen Gesetzesausleger regeln die Vermeidung kultischer Unreinheit (z.B. durch Speiseverbote) und die Wiedererlangung kultischer Reinheit (z.B. durch Waschungen und Tauchbäder wie Mk 7,3.4 oder durch Opfer Mk 1,35) aufgrund von 3. Mose 11–15. Die Gesetzestreuen zur Zeit Jesu dehnten diese Bestimmungen, die für Priester und jeden, der den Tempel betreten wollte, verbindlich waren, auf den ganzen Alltag aus und verschärften sie. Wenn die → Pharisäer also nichts mit ungewaschenen Händen aßen (Mk 7,1-4), dann nicht aus hygienischen Gründen: Man wollte sich als Gottes erwähltes Volk ›rein‹ bewahren. Jesus nahm dazu eine radikal neue Stellung ein (Mk 7,1-23).

Richter Die großen ›Richter‹ des Richterbuches sind gottbegnadete Volksführer, während die ›kleinen‹ Richter (Ri 10,1-5; 12,8-14) den Richtertitel im allgemein üblichen Wortsinn tragen.

Rimmon (2. Kön 5,18) Ein aramäischer Wettergott (›Brüller‹), der vor allem in Damaskus verehrt wurde.

Rogel Brunnen südöstlich von Jerusalem, 38 m tief, wohl alte Kultstätte.

Romfa → Räfan.

Rosch (Hes 38,2.3; 39,1) Vermutlich ein im nördlichen Kleinasien wohnender Völkerstamm in der Nachbarschaft von Tubal und Meschech (siehe dort).

Rüsttag Der Freitag, an dessen Nachmittag man sich zur Feier des → Sabbat rüstet (Mk 15,42; Lk 23,54), oder der Tag vor dem → Passa (Joh 19,14).

S

Saba Südarabischer Staat vom 9. vor- bis zum 6. nachchristlichen Jahrhundert. Anfangs Priesterstaat, später Königtum. Das Reich von Saba war vor allem durch seinen Handel berühmt.

Sabbat Der Sabbat ist der Schlußtag der siebentägigen Woche, die erstmals bei den Israeliten nachweisbar ist. Er wurde, vielleicht mitbestimmt durch die an diesem Tag gehaltenen Gottesdienste, im Bewußtsein der Israeliten mehr und mehr zu einem ausschließlich gottgeweihten Tag, der in nachexilischer Zeit neben der → Beschneidung zu einem Unterscheidungsmerkmal von anderen Völkern und zu einem Bundeszeichen zwischen Israel und seinem Gott wird (Jes 56,1-8).
Zur Zeit des Neuen Testaments hatten die → Schriftgelehrten bis ins einzelne festgelegt, welche Tätigkeiten am Sabbat verboten und welche allenfalls erlaubt sind. So durfte man z.B. nur einen → »Sabbatweg« weit gehen. Bereits das Abreißen von Ähren galt als verbotene Erntearbeit (vgl. Mk 2,24). Nur wenn ein Leben auf dem Spiel stand, war es erlaubt, am Sabbat zu heilen. Indem Jesus gegen solche Festlegungen verstößt (Mk 2,28), bringt er nur den ursprünglichen Sinn des Sabbats wieder zur Geltung als eines Tages, an dem der Mensch vor Gott aufatmen darf und so Gottes Güte für ihn erfahrbar wird (Mk 2,27; 3,4).

Sabbatjahr So wie der Mensch an jedem siebten Tag seine Arbeit ruhen lassen muß, soll im alten Israel das Land in jedem siebten Jahr einen ›Sabbat‹ halten, d.h. unbebaut bleiben und brachliegen (3. Mose 25,1-7). Eine Begründung wird dafür nicht gegeben. Israelitische Sklaven sollen in diesem Jahr die Freiheit erhalten (2. Mose 21,2-6; nach 3. Mose 25,39-43 in jedem 49. Jahr), und es sollen alle Schulden erlassen werden (5. Mose 15,1-3). Diese weitgehende Forderung wurde offenbar vielfach nicht beachtet (3. Mose 26,34; 2. Chr 36,21), von der nachexilischen Gemeinde jedoch neu übernommen (Neh 10,32).

Sabbatweg (Apg 1,12) Die Strecke, die nach der Sabbatsatzung zur Zeit Jesu ein Jude am Sabbat von seinem Wohnort aus gehen durfte: 2000 Ellen, etwa 1 km.

Sack Kleidungsstück, das aus dunklem Ziegen- oder Kamelhaar gewoben war und mit einem Strick um den Leib befestigt wurde (2. Sam 3,31; Jes 3,24). Es wurde als Trauergewand (z. T. unter dem zum Zeichen der Trauer zerrissenen Obergewand) getragen. Neben dem Trauergewand in Sackform kommt auch die Form des Lendenschurzes vor (Jer 48,37).

Auch als Bußgewand wurde es getragen in persönlicher Not und bei allgemeinen Katastrophen sowie als Ausdruck der Trauer über eine (bewußte oder nur vermutete) Schuld vor Gott, die als Strafe die betreffende Notlage herbeigeführt haben könnte.

Sadduzäer Religionspartei im Judentum zur Zeit Jesu, der die vornehmen Priestergeschlechter und Vertreter der weltlichen Aristokratie angehörten. Als »konservative« Gegenspieler der → Pharisäer lehnten sie den Versuch ab, das ganze Leben dem → Gesetz zu unterwerfen, und erkannten die diesem Zweck dienenden »Satzungen der Ältesten« (Mk 7,5) nicht an. Sie lehnten alle Lehren ab, die über das wörtlich im »Gesetz«, d.h. den fünf Mosebüchern, Enthaltene hinausgehen, so z.B. den Glauben an die Auferstehung der Toten und den volkstümlichen Engelglauben (Mt 22,23; Apg 23,8). Darin bekundet sich zugleich ein »freisinniges« Denken, dem eine Öffnung für die griechische (hellenistische) Kultur entsprach. Der Name »Sadduzäer« leitet sich wahrscheinlich von dem Priester Zadok her. Mit dem Untergang des Tempels verschwanden Priestertum und Sadduzäertum.

Salben, Salbung Die Salbung wurde durch Einreiben oder Begießen des Kopfes und Leibes mit Öl (Olivenöl) vorgenommen. Sie war ein Zeichen der Lebensfreude und des Wohlstandes; deswegen unterließen Trauernde die Salbung. Außerdem hatte sie ihren besonderen Platz im religiösen Leben. Gottgeweihte Gegenstände und Personen wurden von Propheten oder Priestern gesalbt: der heilige → Stein in Bethel (1. Mose 31,13), die → Stiftshütte, der Altar (2. Mose 29,36), Propheten (1. Kön 19,16), Priester (2. Mose 30,30) und Könige (1. Sam 10,1; 16,1.13).

Vielleicht stammt die Königssalbung aus dem kanaanitisch-ägyptischen Raum. Hintergrund mag die Vorstellung sein, daß durch die Salbung ein Vasallitätsverhältnis hergestellt wird, d.h., der König ist von Gott als dem höchsten König mit Macht betraut. Er ist »der Gesalbte des HERRN« (1. Sam 24,7; Ps 2,2). In späterer Zeit wird diese Bezeichnung zum Titel des erwarteten Heilskönigs aus Davids Geschlecht (Gesalbter = hebr. *maschiach;* → Messias).

Salem → Jerusalem.

Salomohalle Eine Säulenhalle an der Ostseite des äußeren Vorhofs in dem von Herodes dem Großen errichteten Neubau des Jerusalemer → Tempels. Sie war auch Nichtjuden zugänglich und wurde für die religiöse Unterweisung benutzt.

Salzmeer (1. Mose 14,3) Das Tote Meer.

Samarien Nach der Eroberung des Nordreiches Israel durch die Assyrer errichteten diese auf dem alten Reichsgebiet eine Provinz, die nach Samaria, der bisherigen Hauptstadt des Landes, den Namen Samarien erhielt (2. Kön 17,24).

Samaritaner, Samariter Mischbevölkerung, die die Provinz → Samarien bewohnte. Sie entstand durch Umsiedlung eroberter Völkerschaften in dieses Gebiet. Die Einwanderer vermischten sich mit den im Lande Zurückgebliebenen. Von den aus der babylonischen Gefangenschaft zurückgekehrten Judäern wurden sie nicht als vollwertige Israeliten anerkannt. Zur Zeit Jesu galten sie bei den Juden als Ketzer, weil sie nur die fünf Mosebücher als heilige Schriften anerkannten und ihnen der Berg Garizim und nicht der → Zion als der vorgeschriebene *eine* Ort für den Gottesdienst galt. Sie und ihr Land wurden von den Frommen verachtet und gemieden.

Sanballat Statthalter der persischen Provinz Samarien zur Zeit Nehemias.

Saphir Da der echte, durchsichtige Saphir vor der römischen Kaiserzeit fast unbekannt war, muß man damit rechnen, daß es sich bei den biblischen Erwähnungen um Lapislazuli handelt, einen undurchsichtigen blauen, mit Silber- und Goldpünktchen besäten Lasurstein, der im Altertum hochgeschätzt war und vielfach künstlerisch verarbeitet wurde.

Sara (Sarai) Frau → Abrahams.

Satan Ursprünglich kommt das Wort aus der israelitischen Rechtspraxis: es bezeichnet den Ankläger (›Staatsanwalt‹), der die Vergehen des Beschuldigten aufzählt. In nachexilischer Zeit kennt man auch einen Ankläger beim himmlischen Gericht, der vor Gottes Thron die Sünden der Menschen namhaft macht. Im Buch Hiob (1,6; 2,1) wird er zu den »Gottessöhnen«, d.h. zum himmlischen Hofstaat, gezählt. In neutestamentlicher Zeit ist der Satan schließlich zum Gegenspieler Gottes geworden, dem Teufel, der als Herr dieser → Welt gilt, aber endlich von Gott überwunden und vernichtet wird.

Wenn in Offb 2,13 von der Stadt Pergamon gesagt wird, daß dort »der Satan wohnt«, so ist dabei vielleicht an den dort befindlichen riesigen Zeusaltar gedacht (→ Zeus).

Satzungen der Ältesten → Pharisäer.

Sauerteig Als Treibmittel verwendete man beim Brotbacken ein Stück gegorenen Teig, das man vom letzten Backen aufgehoben hatte. So war stets Sauerteig im Haus; nur aufs → Passafest mußte aller Sauerteig entfernt werden (vgl. 1.Kor 5,6-8). Auch für Speisopfer und bei Dankopfern durfte kein Sauerteig verwendet werden. Dahinter steht die Vorstellung, daß der Gärprozeß als eine Art Fäulnisprozeß die unversehrte Ursprünglichkeit und Reinheit der Gabe verletzt (→ rein). Sauerteig hat die Eigenschaft, ›ansteckend‹ zu sein; darauf beruht das Gleichnis vom Sauerteig (Mt 13,33) und die Warnung in Mk 8,15, sich nicht von der Lehre der → Pharisäer beeindrucken zu lassen.

Saul Der erste israelitische König, Vorgänger Davids (1.Sam 8–11).

Säulen Ehrenname für Jakobus, Petrus und Johannes als Führer der Jerusalemer Urgemeinde. Er erinnert an das Bild von der Gemeinde als Tempel Gottes (1.Kor 3,16; Offb 3,12) und kennzeichnet die drei Männer als tragende Glieder der Gemeinschaft.

Saulus Der jüdische Name des Apostels Paulus. Paulus ist sein zweiter Name, den er als römischer → Bürger trug. In der Apostelgeschichte wird von 13,9 an nur noch der Name Paulus verwendet, d.h. von dem Augenblick an, wo Paulus erstmals als der große geisterfüllte und vollmächtige Verkünder des Evangeliums in der *nicht*jüdischen Welt hervortritt.

Schalman Das Ereignis, auf das in Hos 10,14 angespielt wird, ist unbekannt.

Schatten (Kol 2,17; Hebr 8,5; 10,1) Im Unterschied zu dem Gegenstand selbst ein schattenhafter Hinweis auf ihn.

Schätzung Im Jahr 6/7 n.Chr., als Judäa (mit Idumäa und Samarien) römische Prokuratur wurde, wurden unter → Quirinius die Bewohner des Landes und ihr Besitz für die Erhebung von Steuern registriert (»geschätzt«). Vielleicht bezieht sich Lk 2,1-3 darauf; vielleicht ist aber auch eine um 8/7 v.Chr. beginnende erste Erfassung gemeint.

Schaubrote Das Brot, das nach der Vorschrift von 2.Mose 25,30 ständig auf einem Opfertisch im zentralen Heiligtum der Israeliten ausgelegt sein mußte.

Schear-Jaschub Prophetischer Name, den Jesaja offenbar auf Gottes Befehl seinem Sohn gegeben hat (Jes 7,3). Der Sinn ist nicht eindeutig: »Nur (oder: wenigstens) ein Rest kehrt um (oder: kehrt zurück)«. Der Gedanke eines ›Restes‹ findet sich auch in Jes 10,21.22; 8,16-18.

Schebat → Monate.

Scheidebrief Nach jüdischem Recht konnte ein Mann seine Frau entlassen, wenn er ihrer überdrüssig war (vgl. 5.Mose 24,1). Er mußte ihr nur eine Scheidungsurkunde geben. Jesus nimmt energisch gegen diese Praxis Stellung (Mk 10,1-12).

Schibbolet Das hebräische Wort kann Ähre oder Wasserflut bedeuten. In Ri 12,6 dient es als Erkennungszeichen: Die Leute von Ephraim können kein *sch* aussprechen!

Schihor (1.Chr 13,5; Jes 23,3) Ein Arm des Nils.

Schilfmeer Die Israeliten durchquerten nach dem Auszug aus Ägypten einen Meeresarm oder See östlich des Nildeltas. Erst später hat man den Schauplatz am Roten Meer gesucht.

Schinar (1.Mose 11,2) Name für die Landschaft → Babylonien; in Sach 5,11 Name für Babel.

Schlauch (Mt 9,17) Gefäß zur Aufbewahrung von Flüssigkeiten, verfertigt aus der Haut eines Tieres, gewöhnlich einer Ziege.

Schriftgelehrte Ausgebildete und ordinierte jüdische Theologen, deren Aufgabe das Studium und die Auslegung des → Gesetzes war. Da die fünf Mose-Bücher auch als Gesetzessammlung für das bürgerliche Leben galten, waren diese Theologen zugleich Juristen. Sie gaben ihr Wissen an ihre Schüler (›Jünger‹) weiter. Sie traten erst in nachexilischer Zeit auf, als das religiöse Gesetz für das Leben der Juden eine immer größere Bedeutung gewann. Ihr großes Vorbild war Esra (vgl. Esr 7,6.10.25); erste schriftliche Erwähnung finden sie in den Makkabäerbüchern (1.Makk 7,12; 2.Makk 6,18). Die meisten Schriftgelehrten der neutestamentlichen Zeit gehörten der religiösen Gemeinschaft der → Pharisäer an; die führenden Schriftgelehrten wurden die Häupter der pharisäischen Partei. Die Schriftgelehrten hatten ein engmaschiges Netz von Bestimmungen ausgearbeitet, die sicherstellen sollten, daß die göttlichen Gebote (etwa das Ruhegebot am → Sabbat) auf keinen Fall übertreten wurden (vgl. Mk 2,23-3,6).

Nach Mt 13,52 und 23,34 gab es auch in der christlichen Gemeinde ›Schriftgelehrte‹, die wohl die Aufgabe hatten, die Gesetzesauslegung Jesu, wie sie u.a. in der Bergpredigt (Mt 5-7) vorliegt, auf die aktuelle Situation der Gemeinden anzuwenden.

Schuldopfer → Opfer.

Schwagerehe Pflichtehe. Der Bruder eines kinderlos verstorbenen Mannes mußte dessen Witwe heiraten, damit die Familie des Bruders nicht ausstirbt; denn der erste in der Schwagerehe geborene Sohn galt als Nachkomme des Verstorbenen (Rut 1-4; 5.Mose 25,5-10).

Schwingopfer (2.Mose 29,24.27) Teile des Opfers wurden vor dem Altar »geschwungen«, d.h. hinundherbewegt, um sie Gott in betonter (z.T. auch sinnbildlicher) Weise zu übereignen.

Segen und Fluch Das hebräische Denken sieht im gesprochenen Wort eine wirkende Macht. Seine Wirkung hängt freilich von Art und Bedeutung der sprechenden Persönlichkeit ab. Bestimmte Menschen sind mit besonderer Segensmacht begabt. Das kann bei Sterbenden mit der Todesnähe zusammenhängen (Jakob in 1.Mose 48), es kann Folge einer außerordentlichen Veranlagung sein (wie bei Bileam in 4.Mose 22-24), aber auch in einer Amtsstellung und Weihe gründen wie bei den Priestern, die zum Abschluß des Gottesdienstes die Gemeinde segnen (4.Mose 6,22-27).

Der Fluch spielte im Rechtsleben eine wichtige Rolle. Er diente als Behelf gegen Rechtsbrecher, die man nicht fassen oder überführen konnte (3.Mose 5,1; Ri 17,2; Spr 29,24). Bei der Gesetzesverkündung und deren gottesdienstlicher Wiederholung wurden Flüche ausgesprochen, um die Gemeinde im Tun des Gotteswillens zu erhalten (5.Mose 27).

Sela Vielleicht eine Anweisung für die Musiker, die den Psalmengesang begleiteten.

Seleuziden Griechisches Geschlecht, das nach dem Tod Alexanders des Großen eines seiner Nachfolgereiche beherrschte: die Nachkommen von Seleukus I. (312-280 v.Chr.). Das Reich der Seleuziden reichte zur Zeit seiner größten Ausdehnung vom Hellespont bis an die indische Grenze. Mit dem ägyptischen Reich der Ptolemäer kämpften die Seleuziden verschiedentlich um Syrien/Palästina. Durch die Politik des Seleuziden Antiochus IV. (175-164 v.Chr.), der die griechische Kultur und Religion als einigendes Band seines Reiches überall durchzusetzen versuchte, wurden die Makkabäerkämpfe ausgelöst (1.Makk 1-2).

Serafim (Jes 6,2) Engelwesen, den Cherubim ähnlich (→ Cherub).

Sergius Paulus Etwa 47 n.Chr. römischer Prokonsul (Statthalter ohne Militärhoheit) der Insel Zypern.

Sichelwagen (2.Makk 13,2) Der zweirädrige, von Pferden gezogene Streitwagen der orientalischen Heere seit der Perserzeit, der an der Wagenachse seitlich und nach unten herausstehende Schwerter hatte. Beim Angriff wurden mit ihm die Feinde wie mit einer Sichel »umgemäht«.

Silbergroschen, Silberling, Silberstück Der hebräische Schekel, der römische Denar oder die griechische Drachme. Sie entsprechen nach Mt 20,2 dem Tageslohn eines Arbeiters. Der »Silberling« (Mt 26,15) hat möglicherweise den vierfachen Wert.

Silo In der Vorkönigszeit ein wichtiges

Heiligtum, an dem die → Bundeslade aufbewahrt wurde. Es wurde etwa um 1050 v. Chr., wohl von den Philistern, zerstört.

Siloah Ein Kanal, der das Wasser der Gihon-Quelle vom Kidrontal nach Jerusalem leitete und die Wasserversorgung im Falle einer Belagerung sichern sollte (das hebräische Wort bedeutet Kanal). Während der ältere Kanal, auf den sich Jes 8,6 bezieht, in seinem größeren Teil außerhalb der Mauern am Abhang des Tales verlief, ließ König Hiskia (725–697 v. Chr.) einen 533 m langen Tunnel durch den Fels hauen, der noch heute das Wasser der Quelle zum Siloah-Teich (Joh 9,7) leitet.

Sinai Der Berg, an dem Gott sich seinem Volk Israel geoffenbart und seinen → Bund mit ihm geschlossen hat (2. Mose 19–20). Seine genaue Lage ist nicht bekannt.

Sinim (Jes 49,12) Wahrscheinlich Syene (das heutige Assuan) an der Südgrenze von Ägypten.

Siw (1. Kön 6,1.37) Der achte Monat des althebräischen Jahres, Mitte April bis Mitte Mai.

Siwan → Monate.

Skevas (Apg 19,14) Einen Hohenpriester Skevas hat es nicht gegeben. Es ist denkbar, daß die sieben Brüder einen solchen erfunden haben. Die Wunderheiler jener Zeit liebten es, sich ihrer Verbindung vor allem mit geheimnisvollen jüdischen Autoritäten zu rühmen.

Sklave, Sklaverei Sklaverei gab es in der ganzen Alten Welt in mannigfachen Formen und unter den verschiedensten Bedingungen. In Israel unterschied man zwischen volksfremden Sklaven und solchen aus dem eigenen Volk. Ein Israelit konnte zum Sklaven eines anderen werden, wenn er stark verschuldet war oder sich ihm in einer Notlage freiwillig verkaufte; auch Eltern verkauften ihre Kinder in solch einem Fall. Ein israelitischer Sklave durfte jedoch nicht für entwürdigende Dienste gebraucht werden; er mußte wie ein Lohnarbeiter behandelt und im → Sabbatjahr freigelassen werden. Für als Sklavinnen verkaufte Mädchen erläßt das → Gesetz besondere Schutzbestimmungen (2. Mose 21,7-11). Fremde Sklaven wurden im Krieg erbeutet oder auf dem Sklavenmarkt (z. B. in Tyrus) gekauft. Sie zählten praktisch zur Familie, mußten jedoch die niederen Dienste verrichten und konnten auch weiterverkauft werden, was bei den israelitischen Sklaven untersagt war.
In der griechisch-römischen Welt konnten Sklaven zu bedeutenden Stellungen aufsteigen; aber es gab daneben ein Heer von namenlosen Haus- und Arbeitssklaven. In den frühen christlichen Gemeinden war der Anteil dieser Sklaven offenbar hoch. Sie waren innerhalb der Gemeinde den Freien völlig gleichgestellt (Gal 3,28); doch bestehen die Schreiber der neutestamentlichen Briefe darauf, daß die Sklaven im Alltagsleben ihre Pflichten erfüllen und an der bestehenden Sozialordnung nicht rütteln (Eph 6,5-9; Kol 3,22; 1. Tim 6,1-2). Der Brief des Apostels Paulus an Philemon zeigt jedoch, daß die Brüderlichkeit in der Gemeinde ansatzweise auch zu einer gesellschaftlichen Neuorientierung führen kann.

Skorpion (5. Mose 8,15; Hes 2,6; Lk 10,19; 11,12) Er zählt zum Stamm der Spinnentiere (Arachnida) und kann mit seinem langen Stachel schmerzhaft stechen. In 1. Kön 12,11.14 und 2. Chr 10,11.14 Bild für eine mit Stacheln versehene Peitsche.

Sodom und Gomorra Kanaanitische Städte, die nach 1. Mose 19 wegen ihrer Sünden vernichtet wurden. Vielleicht am Südostufer des Toten Meeres gelegen, sind sie wahrscheinlich schon in der mittleren Bronzezeit durch eine Naturkatastrophe untergegangen. Beide Städte gelten als Symbol der Verruchtheit. In Jud 7 wird den Bewohnern Sodoms vorgeworfen, daß sie sogar mit den → Engeln, die Lot besuchten, geschlechtlichen Umgang suchten.

Solam (3. Mose 11,22) Heuschreckenart.

Spätregen (5. Mose 11,14; Jak 5,7) Die Niederschläge am Ende der Regenzeit, etwa März/April; wichtig für die Entwicklung der Körner des Wintergetreides.

Speisopfer → Opfer.

Spezerei Gewürze verschiedener Art zur Bereitung von Salben, Räucherwerk und Arzneien.

Stakte (2. Mose 30,34) Unbekannter Bestandteil der Weihrauchmischung des Heiligtums. Stakte ist die griechische

Wiedergabe des betreffenden hebräischen Wortes und bedeutet ›Tropfen‹.

Statthalter (Prokurator) Im Unterschied zu den senatorischen Provinzen, die einem vom römischen Senat eingesetzten Prokonsul unterstanden, und zu den imperatorischen Provinzen, die einem vom Kaiser eingesetzten Legaten unterstellt waren, standen Judäa und Samarien (44–66 n. Chr. ganz Palästina) unter einem Prokurator (Statthalter), der in Cäsarea residierte. Die Prokuratur war eingerichtet worden, nachdem es unter der Regierung des Herodessohnes Archelaus (→ Herodes, 3) zu ständigen Konflikten mit den Juden gekommen war. Der Prokurator hatte vor allem das Steuerwesen zu überwachen und in wichtigen Fällen als Richter zu wirken; er verfügte über eine Truppenmacht. Im Neuen Testament werden erwähnt die Prokuratoren Pilatus (26–36 n. Chr.), Felix (52–60) und Festus (60–62).

Staub (von den Füßen schütteln) Wenn Juden aus nichtjüdischem Gebiet nach Israel zurückkehrten, pflegten sie den Staub von den Füßen zu schütteln, um nichts »Verunreinigendes« (→ rein) in das Heilige Land mitzuschleppen. Im Zusammenhang der Jüngeraussendung (Mt 10,14; Lk 9,5; 10,11) und der urchristlichen Mission (Apg 13,51; ähnlich 18,6) bedeutet es Abbruch der Beziehungen und Überantwortung an Gottes Gericht.

steinigen, Steinigung Die Steinigung war eine Form der Todesstrafe, die bei besonders schweren Vergehen als feierliche Form des Ausschlusses aus dem Gottesvolk angewandt (3. Mose 24; 5. Mose 17; 21,21), aber auch als Lynchjustiz geübt wurde. In neutestamentlicher Zeit wurde eine offizielle Steinigung in folgender Form vollzogen: Der zu Steinigende wurde durch einen »Zeugen« (Apg 7,58) von einem Felsen oder einer Mauer rückwärts hinabgestürzt; wenn er noch lebte, ließ der zweite »Zeuge« einen schweren Stein auf seine Brust fallen.

Steinmal → Mal.

Steinpflaster → Gabbata.

Stiftshütte (2. Mose 33,7) Das heilige Zelt, das »Zelt der Begegnung« zwischen Gott und Mose, das Heiligtum Israels während der Wüstenwanderung (2. Mose 25–27; 33–38). Noch zur Zeit Davids wurde die → Bundeslade in einem Zelt aufgestellt (2. Sam 7,2).

Stoiker (Apg 17,18) Anhänger der Stoa, der griechischen Philosophenschule, die zur Überlegenheit des Menschen über die äußeren Bedingungen erziehen wollte.

Stunde → Tageszeiten.

Sturmbock (1. Makk 9,67) Belagerungsinstrument, mit dem die Mauern gerammt wurden, um eine Bresche zu schlagen.

Sühnopfer → Opfer.

Sündopfer (3. Mose 4,1-5,13; 6,17-23; 2. Mose 29,14) → Opfer.

Synagoge Versammlungsstätte jüdischer Gemeinden, wo am Sabbat ein Wortgottesdienst mit Gebet, Schriftlesung, Predigt und abschließendem Segen abgehalten wird. Zur Zeit Jesu durfte jeder in den heiligen Schriften bewanderte jüdische Mann die Predigt halten (vgl. Lk. 4,20; Apg 13,15).

Die Verwaltung der äußeren und inneren Angelegenheiten einer Synagogengemeinde liegt in den Händen eines Ältesten-Kollegiums. An Synagogenbeamten gibt es den Synagogenvorsteher der für die ordnungsgemäße Abwicklung des Synagogengottesdienstes zu sorgen hat, und den Synagogendiener, der ihm dabei zur Hand geht (Lk 4,20). In der Synagoge tagte auch das örtliche oder Synagogengericht, das aus 23 Mitgliedern bestehen mußte und über Juden, die zum christlichen Glauben übergetreten waren, die Strafe der Auspeitschung verhängen konnte (Mk 13,9; Apg 22,19; 2. Kor 11,24).

Syrer → Aramäer.

Syrien Der Name ist aus einer Verkürzung des Namens Assyrien durch griechische Schriftsteller entstanden. Mit diesem Wort wird das Gebiet um Damaskus vom Euphrat bis zur Nordgrenze Palästinas bezeichnet.

Syrisch-Ephraimitischer Krieg Mit dem Regierungsantritt Tiglat-Pilesers III. (745 v. Chr.) setzte eine neue Phase assyrischer Expansionspolitik ein. In den eroberten Gebieten mußte der assyrische Staatsgott als erster der Götter verehrt werden; die staats- und kulturtragende Oberschicht wurde verpflanzt und durch eine fremde ersetzt. Angesichts dieser Bedrohung machten eine Reihe von syrisch-palästinischen Kleinstaaten den Versuch, sich gemeinsam gegen die Assyrer zu behaupten. Führend in dem antiassyrischen Bündnis waren Syrien und Nordisrael (Ephraim). Da König Ahas von Juda sich weigerte, dem Bündnis beizutreten, zogen die verbündeten Könige Rezin von Damaskus und Pekach von Samaria im Jahr 733 v.Chr. gegen Jerusalem, um ihn abzusetzen und einen Mann ihres Vertrauens als neuen König einzusetzen. Anstatt nach der Botschaft des Propheten Jesaja auf Gottes Eingreifen zu vertrauen, rief Ahas den Assyrerkönig zu Hilfe und unterwarf sich ihm durch eine Tributzahlung. Diese Politik war nur kurzfristig erfolgreich. Die Verbündeten zogen von Jerusalem ab. Tiglat-Pileser trennte noch im selben Jahr Galiläa und das Ostjordanland von Nordisrael ab und machte 732 ganz Syrien zur assyrischen Provinz. Juda wurde zum assyrischen Vasallenstaat, in dem der assyrische Staatskult eingeführt werden mußte (2.Kön 16,10-18).

Syrte (Apg 27,17) Ein Meerbusen des Mittelmeers an der nordafrikanischen Küste mit gefährlichen Sandbänken.

T

Tachpanches (Jer 2,16) Eine ägyptische Stadt im östlichen Nildelta.

Tageszeiten, Stunden Im Bereich des israelitischen Kultus und Ritus begann der neue Tag am vorhergehenden Abend (1.Mose 1,5; 3.Mose 11,24), doch empfand man unter dem Einfluß des natürlichen Lebensrhythmus gelegentlich auch den Morgen als Tagesbeginn (Ps 104,22). Im Neuen Testament ist nach weitverbreiteter Sitte des späten Altertums der ungefähr von 6 Uhr morgens bis 6 Uhr abends laufende Tag in 12 Stunden eingeteilt. Demnach entspricht z.B. in Mk 15,34 die neunte Stunde ungefähr der Zeit um 3 Uhr nachmittags nach unserer Zeiteinteilung.

Taler → Lot.

Tammus (Hes 8,14; Dan 11,37) Sumerischer Hirtengott, der mehr und mehr zum Gott der jährlich sterbenden und wiedererstehenden Vegetation wurde. Der Tammuskult drang im 8./7.Jh. v.Chr. bis nach Palästina vor. Beweint wird Tammus während des Wartens auf den Regen im Herbst, und zwar von den Frauen, die sinnbildlich anstelle der auf Befruchtung durch den »Himmelstau« wartenden Erde stehen.

Tanne Luther sah in den hohen, immergrünen Bäumen der Bibel Tannen, während es Zypressen sind; vielleicht ist an einigen Stellen auch der Wacholder gemeint. Auch an den beiden Stellen, an denen immer noch von Tannen die Rede ist (1.Mose 6,14; Hos 14,9), sind Zypressen gemeint.

Tarsisschiffe (1.Kön 10,22; Jes 23,1.14; 60,9; Hes 27,25) Große Handelsschiffe, wie sie etwa nach Tartessus (Tarschisch), der phönizischen Siedlung in Südspanien (Jon 1,3), fuhren.

Tartan (2.Kön 18,17; Jes 20,1) Titel des Heerführers im assyrischen Heer.

Taufe Den einmaligen Vollzug der Taufe durch einen Täufer – im Gegensatz etwa zu einer Selbsttaufe oder zu wiederholten, mehrmaligen Taufen bzw. kultischen Waschungen (→ rein) – hat die christliche Taufe mit der Taufe gemeinsam, zu der Johannes der Täufer die Menschen rief (Mt 3). Von allem Anfang an wurde man nur durch die Taufe in die christliche Gemeinde aufgenommen. Der Täufling sprach vor oder nach der Taufhandlung ein schon sehr früh fest geprägtes Glaubensbekenntnis. Die Taufe wurde so vollzogen, daß der Täufling ganz in Wasser untertauchte (Apg 8,38). Nach einem nachneutestamentlichen Zeugnis war es jedoch bei Wassermangel erlaubt, daß nur der Kopf dreimal mit Wasser übergossen wurde. Die Taufe geschah auf den → Namen Jesu Christi (Apg 2,38; nur nach Mt 28,19 auf den Namen des Vaters, des Sohnes und des heiligen Geistes).

Taumelbecher, Taumelkelch Der Kelch des Gerichts (Jes 51,17.22; Jer 25,15-17), den Gott im Zorn zu trinken gibt und der die Betroffenen wie Trunkene taumeln läßt (Ps 60,5; Sach 12,2).

Tebet → Monate.

Teman (Am 1,12) Eine Landschaft in Edom mit der Hauptstadt Bozra.

Tempel Der Tempel Salomos (1.Kön 6) war ein Langhausbau, der aus drei Teilen bestand: Vorhalle, Heiliges und Allerheiligstes, darin kanaanitischen Tempelbauten entsprechend. Die Vorhalle war ca. 5m lang und 10m breit, ihr Eingang von zwei ehernen Säulen (1.Kön 7,15-22) flankiert. Das Heilige war 20m lang, 10m

breit und 15 m hoch. Es enthielt den goldenen Räucheraltar, den Tisch mit den → Schaubroten und die zweimal fünf Leuchter (vgl. die Beschreibung der → Stiftshütte in 2.Mose 40).
Das ›Allerheiligste‹ war ein Würfel von 10 m Kantenlänge, es hatte keine Fenster, und in ihm befand sich die → Bundeslade. Der Hohepriester durfte es nur einmal im Jahr betreten (3.Mose 16,11-14; Hebr 9,7), sonst war es für jedermann unzugänglich. Der Tempel war von zwei Vorhöfen umgeben: einem inneren, in dem der große Brandopferaltar stand, und einem äußeren, dessen Umfassungsmauer den südlich des Tempels gelegenen Königspalast mit einschloß.
Nebukadnezar zerstörte den ersten Tempel 587 v.Chr. Nach der Rückkehr der Judäer aus der → Gefangenschaft wurde er an der alten Stelle in bescheidenerer Form wieder aufgebaut (Tempelweihe 515 v.Chr.). König → Herodes der Große ersetzte diesen Tempel durch einen großartigen Neubau, wobei jedoch die Grundmaße des ›Heiligen‹ und des Allerheiligsten unverändert blieben. Dabei wurde der innere Vorhof neu gegliedert (Vorhof der Priester, der Männer, der Frauen) und der äußere erheblich erweitert und mit großartigen Säulenhallen umgeben. Der äußere Vorhof war für jedermann, auch für Nichtjuden, zugänglich. In einem begrenzten Bereich dieses riesigen Platzes hat man sich auch die Stände der Geldwechsler vorzustellen und der Händler, die Opfertiere zum Kauf anboten (Mt 21,12).
Mit dem Tempelvorhang, der beim Sterben Jesu zerriß (Mk 15,38), dürfte der vor dem ›Allerheiligsten‹ gemeint sein. Das Zeichen ist wahrscheinlich im Licht von Mk 15,29; 14,58; 13,2 zu verstehen; es bedeutet den Untergang des Tempels. Der Jerusalemer Tempel wurde 70 n.Chr. bei der Eroberung Jerusalems durch Titus zerstört und nie wieder aufgebaut.

Tempeldirne In den altorientalischen Fruchtbarkeitskulten (→ Baal) war die Prostitution im Zusammenhang mit der Gottesverehrung weit verbreitet. Zu Zeiten gab es auch in Israel unter kanaanitischem Einfluß Tempeldirnen. Einige Könige und Propheten bekämpften diese Zustände (2.Kön 23,7).

Tempelgroschen Jeder erwachsene Jude hatte jährlich einmal eine Steuer für den → Tempel in Jerusalem zu zahlen. Sie wird auf 2.Mose 30,11-16 zurückgeführt und betrug etwa den doppelten Tageslohn eines Arbeiters. Nur Priester und z.T. auch → Schriftgelehrte waren von dieser Steuer befreit. Die Münze, die in Mt 17,24-27 erwähnt wird, entspricht dem Steuersatz für zwei Personen.

Tempelweihe (Joh 10,22) Das Fest, das zur Erinnerung an die Wiedereinweihung des Tempels durch Judas Makkabäus im Jahr 165 v.Chr. jährlich 8 Tage lang gefeiert wurde (vgl. 1.Makk 4,59; 2.Makk 1,9).

Tenne → Dreschschlitten.

Teufel → Satan.

Theudas (Apg 5,36) Ein jüdischer Widerstandskämpfer dieses Namens ist 44–46 n.Chr. aufgetreten und durch den römischen Prokurator Fadus enthauptet worden.

Tiberius Römischer Kaiser 14–37 n.Chr.

Tiefen des Satans Wahrscheinlich behaupten die falschen Lehrer von Offb 2,24, die ›tiefen Geheimnisse der Gottheit‹ zu erforschen. Johannes bezeichnet ihre Erkenntnis als Teufelswissen.

Tod, zweiter (Offb 21,8) Der Tod, aus dem es keine Auferstehung mehr gibt: die ewige Verdammnis am Tag des letzten Gerichts.

Tofet (2.Kön 23,10; Jer 7,31.32; 19,6.11-13) Die Stätte des Molochkults im Hinnomtal bei Jerusalem (→ Moloch).

Totenklage Die Trauer um einen Verstorbenen wurde im Altertum durch laut ausgestoßene Klagerufe zum Ausdruck gebracht (Jer 22,18). Man beschränkte sich jedoch nicht auf den Ausdruck persönlicher Trauer, sondern ließ die Totenklage auch von eigens dafür bestellten Personen ausüben (»Klageweiber«, Jer 9,16). Ihre normale Dauer betrug sieben Tage, für besonders angesehene Verstorbene dreißig Tage (5.Mose 34,18).

Totenreich Unterirdischer Aufenthaltsbereich der Verstorbenen, die dort in schattenhafter Weise weiterleben (Hes 32,17-32). In der Offenbarung an Johannes (1,18; 20,13) ist die Totenwelt das Reich, in dem der Tod herrscht, der Aufenthaltsort der Toten bis zur Auferstehung.

Tragakant Wie Mastix und Ladanum Gewürzstoff aus dem Harz gewisser Bäume oder Sträucher, auch zum Räuchern gebraucht.

Trankopfer → Opfer.

Trauer (-bräuche, -brot) Die Trauer um einen Verstorbenen wird im alten Israel außer durch die → Totenklage durch eine Anzahl auffallender Trauerbräuche zum Ausdruck gebracht. Man zerreißt die Kleidung, legt den → »Sack« an, nimmt den Turban ab und läßt Haar und Bart ungepflegt. Auf den Kopf streut man sich Staub oder Asche, schlägt sich an Brust oder Hüften, rauft sich das Haar oder schneidet es ab und fügt sich Schnittwunden zu. Ähnlich ist das Verhalten bei einem Unglücksfall. Das »Trauerbrot« (Jer 16,7; Hes 24,17) soll - als Gabe der Nachbarn und Freunde - nach einer Zeit des Fastens den oder die Trauernden in die Welt der Lebenden zurückholen.

Tröster Im Johannesevangelium wird der heilige → Geist der Tröster oder Helfer genannt, der Jesus vertritt, wenn er zum Vater geht (Joh 14,16). Er führt das Werk Jesu weiter, aber so, daß in ihm kein anderer als Jesus selbst zur Gemeinde kommt (Joh 14,18; vgl. 15,26).

Tubal → Meschech.

Tüpfelchen (Mt 5,18; Lk 16,17) Ein Strich, ein Häklein an einem Buchstaben.

U

Ulai (Dan 8,2) Ein Fluß in Persien.

unbeschnitten, Unbeschnittene Die → Beschneidung gilt in Israel als Zeichen des → Bundes mit Gott. ›Unbeschnitten‹ kann deshalb zu einem Schimpfwort werden für Angehörige von Völkern, die nicht wie Israel in einem besonderen Verhältnis zu Gott stehen. Es kann sogar auf Völker angewandt werden, die selbst die Beschneidung geübt haben (Ägypten und Tyrus = Phönizien in Hes 32). Entstanden ist das Schimpfwort wahrscheinlich in der Auseinandersetzung mit den → Philistern, die als die nächsten Nachbarn den Israeliten lange Zeit schwer zu schaffen machten (vgl. 1.Sam 17,26).

unrein, Unreinheit → rein.

ungesäuert → Brot, ungesäuertes; → Sauerteig. Zum Fest der ungesäuerten Brote → Passa.

Unzucht Das Wort bezeichnet im Neuen Testament vor allem den Verkehr mit Prostituierten, aber darüber hinaus in einem umfassenden Sinn Vergehen im Bereich der Sexualität. Gelegentlich bezieht es sich auf Ehen innerhalb bestimmter Verwandtschaftsgrade, die nach dem Gesetz Moses verboten waren (so wohl Offb 2,20; Mt 5,32; 19,9). Hierher gehört die Vorschrift von Apg 15,20.29, die im Zusammenhang steht mit anderen Vorschriften, die sich sämtlich in 3.Mose 17 finden: das Verbot des Götzenopfers (17,7), das Verbot des Blutgenusses (17,10-12) und des Genusses von ungeschächteten Tieren (17,13-16). Alle diese Vorschriften gelten nicht nur für die Israeliten, sondern ebenso für die Fremden, die unter ihnen leben (17,8.10.13.15; 18,26). Nach Apg 15,20 wurden sie auch den Christen aus nicht-jüdischen Völkern auferlegt - offensichtlich aus Rücksicht auf die gesetzestreuen Judenchristen, die sich sonst durch den Umgang mit ihnen verunreinigt hätten (→ rein).
Im übertragenen Sinn bezeichnet »Unzucht« seit Hosea (1,2; 3,1) den Ungehorsam gegenüber Gott und die Hinwendung zu anderen Göttern, die in Kanaan oft zugleich mit sexueller Zügellosigkeit verbunden war (→ Baal).

V

Verlobung (Mt 1,18; Lk 1,27; 2,5) Die jüdische Verlobung stellt ein rechtsverbindliches Eheversprechen dar. Die eheliche Gemeinschaft wird erst nach der Heimholung der Braut durch den Bräutigam (d. h. nach der Hochzeit) aufgenommen.

verschneiden, Verschnittener Hofbeamte waren in manchen Teilen der Alten Welt Eunuchen, d. h. künstlich zeugungsunfähig gemacht (dazu zählt auch der Kämmerer in Apg 8,27). Ein solcher Eingriff war für das Empfinden des antiken Menschen vor allem deshalb schwerwiegend, weil er das Fortleben in den Nachkommen unmöglich machte. In Israel war der Eunuch überdies vom Tempelgottesdienst ausgeschlossen; er durfte allenfalls den äußeren Vorhof betreten (5.Mose 23,2). Erst allmählich bahnt sich ein Wandel der Auffassung an (Jes 56,3-5; Weish 3,14).

Versöhnungstag → Feste.

Vorderasien In den Makkabäerbüchern keine geographische Bezeichnung, sondern das Seleuzidenreich, das 312 v.Chr. aus dem asiatischen Teil des Alexanderreichs entstanden ist. »Asien« bezeichnet in 2.Makk 10,24 einen nicht näher bestimmten Teil des Seleuzidenreichs, vielleicht Zilizien; zum Neuen Testament → Asien.

Vorhof → Tempel.

W

Wagen (Streitwagen) Eine zugleich bewegliche und ›schwere‹ Waffengattung. Der Streitwagen war in der Regel mit zwei Mann besetzt, dem Wagenlenker und dem Schützen; gelegentlich kam noch ein Schildhalter dazu. Manchmal waren die Radnaben mit Sicheln bestückt, die, wenn sie in ein Heer hineinfuhren, die Gegner zerfetzten.

Wahrheit ›Wahr‹ kann im Hebräischen nicht nur eine Aussage sein, sondern auch eine Person oder Sache. Wahr ist etwas, wenn es hält, was es verspricht; Wahrheit meint Zuverlässigkeit, Beständigkeit, Treue, haltgebende Wirklichkeit. Diese Art von Wahrheit kommt vor allem Gott zu; in Römer 3,7 und 15,8 muß das Wort geradezu mit »(Bundes-)Treue« übersetzt werden. Bei Johannes bezeichnet ›Wahrheit‹ die in Jesus zugängliche Wirklichkeit Gottes, die für die Menschen Freiheit (Joh 8,31.32), Licht (3,21) und Leben (14,6) bedeutet. Nach Jesu Abschied bleibt die ›Wahrheit‹ durch den → Geist Gottes zugänglich, ja wird jetzt erst recht erschlossen (16,12-15); sie muß das Leben der Glaubenden bestimmen (4,23.24; 1.Joh 1,6.8; 2,4).

Walker (Jes 7,3) Er bearbeitete Stoffe in einem laugehaltigen Wasser durch Stampfen und Schlagen, bis die Härchen sich verfilzten.

Wallen a) = überwallen (Ps 46,4); b) = wallfahren, eine Wallfahrt machen (Ps 42,5).

Wasser, lebendiges In 1.Mose 26,19; Jer 2,13 Quellwasser; als Bild bleibenden Lebens gebraucht in Sach 14,8; Joh 4,10; 7,38; vgl. Offb 7,17; 21,6; 22,1.17.

weben; leben und weben (1.Mose 1,21; Hes 47,9; Apg 17,28) Sich regen und bewegen.

Weberbaum (1.Sam 17,7) So heißen die Querstangen an den beiden Enden des Webstuhls, an denen die Kettfäden befestigt wurden. Sie konnten eine beträchtliche Dicke erreichen.

Weihrauch Ein weißes Baumharz, dessen Verbrennung einen kräftigen, würzigen Duft verbreitet. Zum ›Räuchern‹ im Jerusalemer Tempel wurde eine besondere Weihrauchmischung verwendet (2.Mose 30,34-38). Gold, Weihrauch und → Myrrhe (Mt 2,11) sind Gaben, die eines Königs würdig sind.

Weise Das so übersetzte griechische Wort *(magoi* = unser ›Magier‹) bezeichnete zunächst die Mitglieder einer persischen Priesterkaste, die sich mit Sternkunde und Astrologie befaßten, sodann allgemein babylonische und sonstige Astrologen.

Welt, diese Die Welt ist Gottes Schöpfung (Joh 1,1-3), und Gott hat die Welt so geliebt, daß er ihr seinen einzigen Sohn sandte (Joh 3,16). Weil aber die Welt die Finsternis mehr liebt als das Licht (3,19) und das Lebenswasser (4,10) und Lebensbrot (6,35) von sich weist, d.h. Jesus nicht aufnimmt, wird sie zu »dieser Welt«: der finsteren Welt, deren Herrscher der → Satan ist (12,31), der Welt, die unter dem Gericht Gottes steht (3,19). Daß ›diese Welt‹ von der Macht des Bösen beherrscht ist, kommt auch an anderen Stellen des Neuen Testaments zum Ausdruck (Gal 1,4; Eph 6,12). Wer durch Christus von seinen Sünden befreit und neugemacht worden ist, ist schon jetzt der Macht des Bösen entrissen und zählt nicht mehr zu ›dieser Welt‹, auch wenn er noch in ihr lebt. Er zeigt das durch ein gewandeltes Verhalten (Röm 12,2; 1.Kor 5,9-11); aber er wartet zugleich auf die neue Welt, in der das Gute die einzige Macht ist (2.Petr 3,13).

worfeln, Worfschaufel Mit einer Worfschaufel warf man bei Wind das gedroschene Getreide in die Luft, um es von der Spreu zu trennen.

Wort, Das (Joh 1,1-4.14) Im griechischsprechenden Judentum gab es zur Zeit des Neuen Testaments Vorstellungen über die ›Weisheit‹ Gottes: Sie galt als erstes Geschöpf und als Mittlerin bei der Schöpfung, denn durch sie wurde die Welt geschaffen (vgl. Spr 8,22-31; Sir 1,4.9). Sie stieg dann zu den Menschen herunter, wurde von ihnen verworfen und kehrte wieder zu Gott zurück. In ähnlicher Weise konnte auch vom ›Wort‹ gesprochen werden. Joh 1,1-18 erinnert an solche Aussagen. Doch wird hier gesagt, daß das Wort nicht erstes Geschöpf, sondern von allem Anfang an bei Gott war, und im Gegensatz zu jenen Gedanken heißt es hier, daß das Wort, das selbst Gott ist, in Jesus Christus wirklicher Mensch wurde. Durch ›das Wort‹ wurde die Welt geschaffen, und durch ›das Wort‹ spricht Gott zu seiner Welt. Ist Jesus ›das Wort‹, so wird damit bezeugt, daß in ihm wirklich Gott selbst den Menschen begegnet.

Y

Ysop (2. Mose 12,22; 4. Mose 19,18; Ps 51,9; Joh 19,29) Ein Strauch, dessen Büschel bei der kultischen Reinigung zur Besprengung gebraucht wurden. Wahrscheinlich handelt es sich bei dem Ysopkraut, das auch beim Passafest verwendet wird, nicht um den echten Ysop, der in Palästina nicht vorkommt, sondern um Majoran. Wenn in Joh 19,29 an diese Pflanze gedacht ist, muß man sich das Kreuz sehr niedrig vorstellen.

Z

Zebaoth (2. Sam 5,10; 1. Kön 22,19; Hos 12,6; Am 3,13) »Gott Zebaoth« heißt »Gott der Heerscharen«. Dabei ist wohl nicht an die Heerscharen Israels (1. Sam 17,45) gedacht, sondern an himmlische Scharen (Engel; Lk 2,13).

Zehn Städte Zur Zeit Jesu ein Verband von (ursprünglich zehn) überwiegend ostjordanischen Städten mit hauptsächlich nichtjüdischer Bevölkerung. Das Gebiet galt als heidnischer Fremdkörper im Heiligen Land.

Zehnter Der zehnte Teil vom Ernteertrag (Korn, Wein, Öl) mußte als Gabe an Gott und zum Unterhalt der Priester ans Heiligtum abgeliefert werden. Später wurden auch die Armen bedacht. Auch vom Vieh wurde später der Zehnte entrichtet. Dahinter steht wie bei der Gabe der → Erstgeburt und der → Erstlinge der Gedanke, daß aller Ernte- und Viehsegen Gott zu verdanken ist. Weil im 4. und 5. Mosebuch die Zehntgesetze verschiedener Zeiten überliefert sind (4. Mose 18,20-32; 5. Mose 14,22-29), konnte man im Judentum aus diesem Nebeneinander die Einrichtung eines zweiten und dritten Zehnten ableiten (Tob 1,6-8). Die → Pharisäer gaben den Zehnten selbst vom Ertrag der kleinsten Gartenkräuter (Mt 23,23) und von ihren sämtlichen Einkünften (Lk 18,12).

Zeloten Diese jüdische Partei der ›Eiferer‹ verweigerte aus religiösen Gründen die Unterwerfung unter das heidnische Römerreich und lehnte es ab, den Römern Steuern zu bezahlen (vgl. Mk 12,13-17). Sie erwarteten ein nationalistisches Reich unter einem neuen → David. Den Anbruch dieses messianischen Reiches versuchten sie durch gewalttätige Aktionen herbeizuzwingen. Die Zeloten standen hinter den Aufständen gegen Rom, die 70 n. Chr. zur Zerstörung Jerusalems durch die Römer führten. Unter den Jüngern Jesu war neben dem ehemaligen Zollbeamten, der mit der Besatzungsmacht zusammengearbeitet hatte, auch ein früheres Glied dieser Untergrundbewegung: Simon der Zelot (»Eiferer« Lk 6,15; Apg 1,13).

Zeltmacher (Apg 18,3) Es ist nicht sicher auszumachen, ob Paulus und sein Berufsgenosse Aquila Zelttuch oder Decken, etwa Ziegenhaartücher, hergestellt haben. Paulus legt Wert darauf, daß er sich seinen Unterhalt mit eigener Hand verdient (1. Kor 9).

Zeus Oberster Gott der Griechen, bei den Römern mit Jupiter gleichgesetzt.

Zilizien Landschaft in Kleinasien. Wichtiges Gebiet auf dem Weg nach Syrien. Offensichtlich berühmt wegen seiner Pferdezucht (1. Kön 10,28). Die Hauptstadt war Tarsus.

Zimbel (2. Sam 6,5; Ps 150,5) Schlaginstrument in Tellerform. Bestandteil der Tempelmusik.

Zinne Mauerzinne. Die Zinne des Tempels (Mt 4,5) war vielleicht ein Balkon an der mächtig aufragenden Mauer, die den Tempelplatz trug.

Zion Ursprünglicher Name der von David eroberten Jebusiterfestung (2. Sam 5,7), der dann so genannten »Davidsstadt«. Später geht der Name auf den Tempelberg über und wird schließlich zur Bezeichnung für ganz Jerusalem und seine Bewohner.

Zoan (Ps 78,12; Jes 19,13; 30,4) Eine Stadt im östlichen Teil des Nildeltas.

Zölesyrien (1.Makk 10,69; 2.Makk 3,5) Der südliche Teil des Seleuzidenreichs mit Damaskus als Hauptort.

Zöllner Zur Zeit des Neuen Testaments wurden in Palästina die Zölle eines Bezirks, wie Marktzölle, Grenzzölle usw. verpachtet, wahrscheinlich an den Meistbietenden. Die Pächter ihrerseits hatten wieder Unterpächter angestellt. Auch sie mußten einen bestimmten Betrag abliefern, kassierten jedoch den Zoll in die eigene Tasche. Es gab zwar feste Tarife, doch verleitete dieses System zum Betrug. Kein Wunder, daß die Zöllner Dieben und Räubern gleichgestellt waren. Da die Zolleinnehmer überdies im Dienst der heidnischen (römischen) Besatzungsmacht standen und durch ihren Beruf viel Kontakt mit Nichtjuden hatten, galten sie als »unrein« (→ rein). Von den Frommen wurden sie verachtet und gehaßt.

Zuchtmeister (Gal 3,24.25) Der Sklave, der im vornehmen griechischen Haus mit der Erziehung der Knaben beauftragt war; von Paulus als Bild für den Dienst benutzt, den das fordernde Gesetz Gottes tun sollte.

Zunge, Zungenrede Das Wort für Zunge bedeutet in den biblischen Ursprachen zugleich »Sprache« (1.Mose 11). Als eine Gabe des → Geistes galt in den ersten Christengemeinden das Reden »in Zungen« (Apg 10,46; 19,6; 1.Kor 14,2): ein Reden oder Beten in der Verzückung (Ekstase), in Lauten, die ohne Auslegung nicht verständlich sind. In der Gemeinde von Korinth (1.Kor 14) wurde diese Gabe als ein besonders wertvoller Erweis des Geistes angesehen und von einem Teil der Gemeindeglieder stark überschätzt. Eine neue Art geistgewirkten Redens »in Zungen« (= verständlichen Sprachen) bezeugt Apg 2,4.
Nach heutigen Erfahrungen geschieht das »Zungenreden« bei vollem Bewußtsein, jedoch so, daß der Sprecher sich dem Wirken des Geistes öffnet. Es wird von einer wachsenden Zahl als eine Weise des Gebets und als Mittel persönlicher Erbauung geschätzt.

Zyperblume (Hld 1,14; 4,13) Wohlriechende, traubenförmige Blüte, auch zum Färben benutzt (Hennatraube).

ZEITTAFEL ZUR BIBLISCHEN GESCHICHTE

Das Alte Testament ist reich an chronologischen Angaben, doch läßt sich die Zeit der Patriarchen nicht festlegen, und auch noch der Aufenthalt der Israeliten in Ägypten und ihr Auszug lassen sich nur mit Wahrscheinlichkeit in das 14. und 13. Jahrhundert v. Chr. datieren. Erst mit der Königszeit beginnt eine zuverlässigere chronologische Überlieferung, die aber einer genaueren Auslegung bedarf. Einige Daten stehen jetzt durch assyrische und babylonische Quellen eindeutig fest, so die erste Eroberung Jerusalems und der Tribut des Jehu. Von daher ist es möglich, die Regierungszeiten der Könige von Israel und Juda ziemlich genau festzulegen. Gewisse Unstimmigkeiten ergeben sich daraus, daß die Königsjahre verschieden gezählt wurden; dazu haben sich wohl auch einige Fehler in die Überlieferung eingeschlichen.

I. Israels Frühzeit, Zeit des geeinten Reiches

um 1230	Eindringen israelitischer Stämme ins Land Kanaan
etwa 1200–1012	Richterzeit bis auf Samuel; Philisterkämpfe
1012–1004	Saul
1004–998	David König in Hebron
997–965	David König in Jerusalem
965–926	Salomo
962–955	Tempelbau
926	Teilung des Reiches

II. Das geteilte Reich

Juda	*Israel*	*Umwelt*
926–910 Rehabeam	926–907 Jerobeam I.	922 Palästinischer Feldzug Schischaks von Ägypten
910–908 Abija	907–906 Nadab	
908–868 Asa	906–883 Bascha	
	883–882 Ela	
	882–878 Kampf zwischen Tibni und Omri	
	882–871 Omri	
	876 Gründung Samarias	
868–847 Joschafat	871–852 Ahab Prophet Elia	873–842 Ittobaal (Etbaal) von Tyrus
	853 Ahab kämpft bei Karkar gemeinsam mit Damaskus gegen Salmanassar III.	858–824 Salmanassar III. von Assur
852 Joram Mitregent	852–851 Ahasja	
847–845 Joram	851–845 Joram	
845 Ahasja	845 Revolution des Jehu	
845–840 Atalja	845–818 Jehu	845–801 Hasaël von Damaskus
	841 Tribut des Jehu an Salmanassar III.	
840–801 Joasch		
	818–802 Joahas	

Juda	*Israel*	*Umwelt*
801–787 (773) Amazja	802–787 Joasch	nach 801 Ben-Hadad von Damaskus
um 788 Kampf zwischen Amazja und Joasch		
787–736 Asarja (Usija)	787–747 Jerobeam II.	
756–741 Jotam Mitregent und König	Prophet Amos Prophet Hosea	
	747 Sacharja (6 Monate)	
	747 Schallum (1 Monat)	
	747–738 Menahem	745–727 Tiglat-Pileser III. (Pul) von Assur
741–725 Ahas Mitregent und König	738 Tribut an Tiglat-Pileser III.	
736 Tod Usijas, Berufung des Propheten Jesaja	737–736 Pekachja	
	735–732 Pekach	734 Zug gegen die Philister
733 Syrisch-ephraimitischer Krieg		733–732 Züge gegen Damaskus und Israel
	732–723 Hosea	
725–697 Hiskia	722 Eroberung Samarias. Ende des Reiches Israel	726–722 Salmanassar V. von Assur

III. Juda bis zur Zerstörung Jerusalems

Juda	*Umwelt*
725–697 Hiskia	721–705 Sargon von Assur
	711 Entsendung des Tartan gegen die Philister (Jes 20,1)
701 Belagerung Jerusalems durch Sanherib. Prophet Micha	704–681 Sanherib von Assur
696–642 Manasse	690–663 Tirhaka von Ägypten
	680–669 Asar-Haddon von Assur, erobert 671 Ägypten (Memphis)
641–640 Amon	
639–609 Josia Prophet Zefanja	
628 Beginn der Reform des Josia	
627 Berufung des Propheten Jeremia	
622 Auffindung des Gesetzbuches; Zentralisation des Opferkultes in Jerusalem	612 Eroberung Ninives durch Babylonier und Meder
609 Josia fällt im Kampf gegen Necho bei Megiddo; Joahas König	609–594 Pharao Necho von Ägypten
608–598 Jojakim	605 Sieg des Kronprinzen Nebukadnezar über die Ägypter bei Karkemisch
605 Niederschrift der Reden des Propheten Jeremia	
	604–562 Nebukadnezar von Babylon
604 Jojakim unterwirft sich Nebukadnezar	604 Zug gegen Syrien; Einnahme Aschkelons (Jer 36,9)
601 Abfall Jojakims	601 unentschiedener Kampf Nebukadnezars gegen Ägypten
etwa 6.12.598 bis 16.3. 597 Jojachin	
16.3.597 Einnahme Jerusalems, Gefangennahme Jojachins; 1. Exil	597 Zug Nebukadnezars gegen Jerusalem
597–587 Zedekia	
594 Koalition gegen Babylon (Jer 27)	594–588 Psammetich II. v. Ägypten
593 Berufung des Propheten Hesekiel	
589 Erneuter Abfall von Babylon	
Mitte Jan. 588 Beginn der Belagerung Jerusalems durch Nebukadnezar	

Juda	*Umwelt*
588 Die Ägypter unter Hofra von den Babyloniern zurückgeschlagen	588–569 Hofra von Ägypten
etwa Aug. 587 Jerusalem erobert; 2. Exil	561–560 Amelmarduk (Ewil-Merodach)
März 560 Freilassung Jojachins	

IV. Juda in persischer Zeit

Juda	*Persien*
	558 Kyrus König von Persien; seit 553
Prophet Deuterojesaja (Jesaja 40–55)	König von Medien
	29.10.539 Einzug in Babel
538 Edikt des Kyrus, erste Rückkehr von Exulanten nach Jerusalem, Beginn des Tempelbaus	24.3.538–Aug. 530 König in Babel 12.4.529–522 Kambyses, erobert 525 Ägypten
520 Statthalter Serubbabel Hoherpriester Jeschua Propheten Haggai und Sacharja	521–486 Darius I.
1.4.515 Tempelweihe Prophet Maleachi	
	485–465 Xerxes (Ahasveros)
458 Esra (398?)	464–424 Artaxerxes (Artahsasta)
445–433 Nehemia; Mauerbau	

V. Die Zwischenzeit zwischen Altem und Neuem Testament

Die Zeitangaben in den Fußnoten zu den beiden Makkabäerbüchern unterscheiden sich teilweise um ein Jahr von den in der Zeittafel gebotenen Jahresangaben. Es gibt in den Makkabäerbüchern neben einer seleuzidischen auch eine jüdische Berechnung des Jahresanfangs. Da bei den jüdischen Zeitangaben umstritten ist, ob sie vom Frühling 312 oder 311 v. Chr. an die seleuzidischen Jahre zählen, herrscht in ihrer Datierung diese kleine Unsicherheit.

Palästina	*Das Reich Alexanders*
	336 Alexander der Große wird König von Mazedonien
332 Alexander in Jerusalem	332 Alexander erobert Tyrus und besetzt Syrien und Ägypten
332–323 Palästina unter mazedonischer Herrschaft	331 Gründung von Alexandria. Einnahme Babylons durch Alexander 330 Tod Darius III. Kodomanus. Ende des Perserreiches 323 Tod Alexanders
323–312 Palästina unter der Herrschaft verschiedener Nachfolger Alexanders	323–301 Verwaltung und nachfolgende Aufteilung des Alexanderreiches durch seine Nachfolger, die sog. Diadochen

Palästina	*Ägypten*	*Syrien und Mesopotamien*
312–198 Palästina unter ägyptischer Herrschaft	323–283 Ptolemäus I. Lagi, Begründer der Dynastie der Ptolemäer (bis 30 v. Chr.)	312–280 Seleukus I. Nikator, Begründer der Dynastie der Seleuziden (bis 64 v. Chr.)

Palästina	*Ägypten*	*Syrien und Mesopotamien*
		309/8 Seleukus König v. Babylon
	305 Ptolemäus König von Ägyten	
	285–246 Ptolemäus II. Philadelphos	280–261 Antiochus I. Soter
	274–271 Erster Syrischer Krieg um den Besitz von Palästina	
	260–253 Zweiter Syrischer Krieg	261–246 Antiochus II. Theos
	246–221 Ptolemäus III. Euergetes	246–226 Seleukus II.
	246–241 Dritter Syrischer Krieg	
		228 Attalos von Pergamon befreit sich aus syrischer Oberherrschaft
		226–223 Seleukus III.
218–217 Palästina unter syrischer Herrschaft	221–205 Ptolemäus IV. Philopator	223–187 Antiochus III. der Große
217 Ptolemäus IV. besiegt Antiochus III. bei Raphia und zwingt ihn zur Aufgabe Palästinas	205–181 Ptolemäus V. Epiphanes	
198 Schlacht bei Paneas. Palästina endgültig unter syrischer Herrschaft		195 Hannibal als Flüchtling bei Antiochus III.
		190 Antiochus III. unterliegt den Römern in der Schlacht bei Magnesia
		187–175 Seleukus IV. Philopator
	181–145 Ptolemäus VI. Philometor	
175 Einsetzung Jasons als Hoherpriester		175–164 Antiochus IV. Epiphanes

Palästina	*Syrien und Mesopotamien*
171 Menelaus wird Hoherpriester	
169 Antiochus beraubt den Jerusalemer Tempel	169 Erster Feldzug gegen Ägypten
168 Apollonius plündert und zerstört Jerusalem. Bau der sog. Akra (Burg). Verbot des jüdischen Gottesdienstes und Darbringung heidnischer Opfer im Tempel	168 Zweiter Feldzug gegen Ägypten
166 Beginn des jüdischen Widerstandes gegen die syrische Religionspolitik	
166–161 Judas Makkabäus Führer des jüdischen Kampfes gegen die Syrer	
166/5 Antiochus IV. beauftragt den Reichsverweser Lysias mit der Leitung des Kampfes gegen die Juden	

Palästina	*Syrien und Mesopotamien*
165 Lysias schließt Frieden mit Judas. Übergabe Jerusalems außer der Akra an die Juden. Reinigung und Wiederweihe des Tempels	164–162 Antiochus V. Eupator
163/2 Judas und seine Brüder kämpfen gegen syrische Truppen in verschiedenen Gegenden des Landes. Antiochus V. und Lysias ziehen gegen Jerusalem. Alkimus wird Hoherpriester	162–151/50 Demetrius I.
161 Judas besiegt Nikanor, fällt jedoch bald danach gegen Bakchides. Jonatan, Bruder des Judas, übernimmt die Leitung des Kampfes	
153 Jonatan übernimmt das Amt des Hohenpriesters	153 Alexander Balas erhebt sich gegen Demetrius
151/50 Jonatan wird als abhängiger Teilherrscher anerkannt	151/150–146/45 Alexander II. Balas 148/47 Demetrius, Sohn Demetrius I., tritt gegen Alexander auf 146/45–139 Demetrius II. Nikator
143 Ermordung Jonatans durch Tryphon	145–40 Machtkämpfe zwischen Demetrius und Tryphon, dem Vormund Antiochus VI.
142/3 Simon, Bruder des Jonatan und Judas, Hoherpriester und Fürst der Juden. Anerkennung der Unabhängigkeit durch Demetrius II.	
141 Simon durch Volksbeschluß erblicher Hoherpriester, Feldherr und Fürst. Dynastie der Makkabäer bzw. Hasmonäer	140 Demetrius gerät in parthische Gefangenschaft 139–128 Antiochus VII. Sidetes
135 Ermordung Simons	
135–104 Johannes I. Hyrkan, Sohn des Simon, unterwirft die Idumäer und Samariter	133 Pergamon fällt an Rom 129 Die Parther besetzen Babylon
104–103 Aristobul I., Sohn des Hyrkan, nimmt den Königstitel an	
103–76 Alexander Jannäus, Bruder des Aristobul, kämpft gegen die Nabatäer und Pharisäer	86 Eroberung Athens durch die Römer
76–67 Salome Alexandra, Witwe des Aristobul und Jannäus, Königin. Ihr Sohn Hyrkan II. Hoherpriester. Die Pharisäer werden zur herrschenden Partei	
67–63 Aristobul II., Bruder Hyrkans II., Hoherpriester und König	64 Pompejus macht den syrischen Reststaat zur römischen Provinz Syria
63 Hyrkan und Antipater verbünden sich mit den Nabatäern. Pompejus nimmt Aristobul gefangen und erstürmt den Tempel. Hyrkan II. erneut Hoherpriester unter römischer Oberaufsicht. Ende des makkabäischen Königtums. Palästina unter römischer Herrschaft	

VI. Neutestamentliche Zeit

Die Zeitangaben für das Leben Jesu sind unsicher. Nicht einmal das Geburts- und Todesjahr lassen sich mit Sicherheit festlegen. Daß unsere Zeitrechnung unrichtig angesetzt ist, zeigt sich daran, daß nach Mt 2,1 (vgl. auch Lk 1,5) Jesus unter dem König Herodes dem Großen geboren wurde, der bereits im Jahr 4 v. Chr. gestorben ist. Die in Lk 2,1 erwähnte Schätzung des Augustus unter dem Statthalter Quirinius (= Cyrenius) könnte hier einen Anhaltspunkt bieten, ihre Datierung ist jedoch umstritten. Für das Todesjahr steht auf Grund übereinstimmender Zeugnisse nur fest, daß die Kreuzigung Jesu während eines Passa-Festes unter der Statthalterschaft des Pontius Pilatus (26–36 n. Chr.) erfolgte. Die Angabe von Lk 3,1, wonach Johannes der Täufer im 15. Jahr des Kaisers Tiberius an die Öffentlichkeit trat (28 n. Chr.), läßt nur Vermutungen zu, da sich keine eindeutigen Aussagen über Beginn und Dauer der Wirksamkeit Jesu finden.

Auch bei der zeitlichen Festlegung der in der Apostelgeschichte berichteten Ereignisse muß vieles offen bleiben. Mit einiger Sicherheit lassen sich lediglich der in Apg 12,20–23 berichtete Tod des Herodes Agrippa (44) und die Amtszeit des Statthalters Gallio, vor dem Paulus gegen Ende seines Aufenthaltes in Korinth angeklagt wurde (Apg 18,12–18), bestimmen (Frühjahr 51 bis Frühjahr 52, eventuell auch 52/53). Alle übrigen Zeitangaben können nur von diesen Daten aus durch Zurück- und Vorrechnen gewonnen werden. Da sich hierbei infolge der nicht immer eindeutigen Angaben der Apostelgeschichte verschiedene Möglichkeiten ergeben, sind jeweils neben den gebräuchlichsten die nächstwahrscheinlichen Jahreszahlen in Klammern angeführt. Ereignisse, für deren Berechnung jeder Anhaltspunkt fehlt, sind in die Übersicht nicht aufgenommen.

Römische Kaiser	*Palästina*	*Jesus. Urgemeinde*
30 v.–14 n. Augustus (Lk 2,1)	4 v. Tod Herodes d. Gr. Archelaus wird Herrscher in Judäa, Samarien und Idumäa (Mt 2,22), Herodes Antipas in Galiläa und Peräa (Mk 6,14–29), Philippus im Ostjordanland und Lysanias im Antilibanosgebiet (Lk 3,1)	etwa 7 v. Geburt Jesu (Mt 2,1; Lk 2,1–7)
	6 n. Verbannung des Archelaus. Sein Gebiet wird römische Provinz	
14–37 Tiberius (Lk 3,1)	26–36 Pontius Pilatus Statthalter in Judäa und Samarien (Lk 3,1)	28 Auftreten Johannes des Täufers (Lk 3,1) um 30 Tod Jesu
	34 Der Vierfürst Philippus stirbt kinderlos. Sein Gebiet wird der römischen Provinz Syrien einverleibt	35 (32) Bekehrung des Paulus (Apg 9,1–9)
37–41 Kaligula	37 Herodes Agrippa I. erhält als Günstling Kaligulas die ehemaligen Herrschaftsbereiche des Philippus und Lysanias	37/38 (34/35) 1. Aufenthalt des Paulus in Jerusalem (Gal 1,18–19), anschließend Wirksamkeit in Syrien und Zilizien (Gal 1,21; vgl. auch Apg 15,41)

Römische Kaiser	*Palästina*	*Jesus. Urgemeinde*
	39 Absetzung des Herodes Antipas. Galiläa und Peräa fallen an Herodes Agrippa I.	
41–54 Klaudius	41 Herodes Agrippa I. erhält auch das bisher von römischen Statthaltern verwaltete Gebiet von Judäa, Idumäa und Samarien	43/44 Verfolgung der Gemeinde in Jerusalem. Tod des Jakobus (Apg 12,1–6)
	44 Tod des Herodes Agrippa I. (Apg 12,20–23). Sein Gebiet wird römische Provinz	um 47 1. Missionsreise 48 (50) Zusammenkunft der Apostel in Jerusalem (Apg 15,1–29; Gal 2,1–10)
49 Vertreibung von Juden aus Rom (Apg 18,2)	50 Herodes Agrippa II., Sohn des Herodes Agrippa I., erhält vom Kaiser das kleine Königreich Chalkis, dazu das Recht der Aufsicht über den Jerusalemer Tempel, wenig später auch die ehemaligen Territorien des Philippus und Lysanias (Apg 25,13–27; 26,1–3.19–32). Judäa, Idumäa und Samarien bleiben römische Provinz	48/49–51/52 (50–52) 1. Reise des Paulus nach Kleinasien und Griechenland = 2. Missionsreise (Apg 15,36–18,22) 51 (52) In Korinth Zusammentreffen des Paulus mit dem Statthalter der Provinz Achaja L. Iunius Gallio (Apg 18,12–18)
54–68 Nero	52–60 (53–55) Antonius Felix Statthalter von Judäa, Idumäa und Samarien (Apg 23,24–35; 24,1–27)	51/52–55/56 (52–54) 2. Reise des Paulus nach Kleinasien und Griechenland = 3. Missionsreise (Apg 18,23–21,17) 57–60 Gefangenschaft des Paulus in Jerusalem und Cäsarea (Apg 21,33–26,32)
	60 (55) Porzius Festus Nachfolger des Antonius Felix (Apg 24,27–26,32)	60/61 (55/56) Überführung des Paulus nach Rom (Apg 27,1–28,16)
64 Brand Roms. Christenverfolgungen	66 Beginn des Jüdischen Aufstandes	62 (58) Ende des Lukanischen Berichts (Apg 28,30)
	70 Belagerung und Zerstörung Jerusalems	

Die Zeittafel wurde von Alfred Jepsen, Greifswald, zur Verfügung gestellt.

BILDER ZUR BIBEL VON MARC CHAGALL

Marc Chagall wurde 1887 als Sohn jüdischer Eltern in der russischen Stadt Witebsk geboren. Als kostbares Erbe seines jüdischen Glaubens hatte er als Kind schon einen vertrauten Umgang mit der Bibel. Er lernte die biblischen Erzählungen im Elternhaus und in der Synagoge nicht nur als längst vergangene Ereignisse kennen, sondern gleichsam als zweite tragende Wirklichkeit hinter dem Lauf des alltäglichen Lebens. Die Kraft des biblischen Wortes ließ ihn nie wieder los.

Als Chagall 1985 in St. Paul de Vence an der französischen Côte d'Azur verstarb, hinterließ er ein umfassendes Werk an Radierungen, Holzschnitten, Lithographien, Gouachen, Ölgemälden und vielen herrlichen Glasfenstern. Über ein Drittel seiner künstlerischen Arbeiten ist biblischen Themen vorbehalten.

Der vorliegende Band vereinigt den biblischen Text und 72 ausgesuchte Farbtafeln mit herausragenden Werken Marc Chagalls zur Bibel. Von der Schöpfung über die Geschichte des Volkes Israel bis hin zu eindrucksvollen Darstellungen des Gekreuzigten spannt sich der Bogen der Motive. »Meine Bilder sollen den Menschen helfen, leichter zu Gott hinzufinden im Gebet«, sagte Chagall nach Abschluß der Arbeiten an den Fenstern von St. Stephan in Mainz – ein Satz, der sicher auch für die Bilder in diesem Band zutrifft.

Chagall hat seine Werke nicht kommentiert. »Kunstwerke müssen für sich selbst sprechen«, sagte er anläßlich der Einweihung seines Museums (Musée National Message Biblique Marc Chagall) in Nizza. Wenn im folgenden Erläuterungen zu den Bildern von Marc Chagall gegeben werden, so sind diese mehr »Sehhilfen« als komplette Interpretationen. Sie wollen zur Beschäftigung mit den Bildern anleiten, die stets dazu führen wird, daß die Bilder zu denen, die sie betrachten, in ihrer je eigenen Sprache sprechen. Und sie wollen einladen, in den Dialog mit den biblischen Texten einzutreten, denen auch die Bilder sich verdanken.

1 *Die Erschaffung des Menschen*

Im Zentrum des Bildes steht die Gestalt des Engels, der den Menschen auf den Armen trägt. Er schwebt und steht gleichzeitig auf einem blauen Hintergrund. Diese Farbe, die wie der Anfangsakkord einer Symphonie den Zyklus der *Message Biblique* (Biblische Botschaft) im Chagall-Museum in Nizza eröffnet, steht hier für einen Bereich, der den Verstand übersteigt und das Gefühl einstimmt auf die Zukunft. Auf der Basis des Edelsteins Lapislazuli gefertigt, zeigt gerade dieser Farbton die ganze Meisterschaft Chagalls, der die Ölfarbe zum »Duften« und »Singen« bringt.

Von dem Blau des Hintergrunds heben sich weiß der Bote mit seinen Flügeln und der Körper des Menschen ab. Mit dem Weiß, das die Einwohnung Gottes in der Welt anzeigt, korrespondiert der goldene Schein auf dem linken Flügel und Teilen des menschlichen Körpers, der auf den Ursprung im Bereich des Göttlichen verweist.

Der Körper des Menschen verbindet männliche und weibliche Merkmale. Damit korrespondieren die am rechten unteren Bildrand dargestellten Gestalten von Adam und Eva – ein Widerhall der biblischen Schöpfungsgeschichte, nach der Gott den Menschen »als Mann und Weib« geschaffen hat (1. Mose 1,27). Der Mensch ist wie schlafend dargestellt, noch nicht vom Lebensodem Gottes beseelt (1. Mose 2,7). Im Bereich der Oberschenkel wird der Mensch gleichzeitig von der Hand des Engels und einer Schlange gestützt – ein Vorgriff auf die Geschichte vom Sündenfall (1. Mose 3), von dem ab der Mensch in der Entscheidung zwischen Gut und Böse seinen eigenen Weg finden muß.

Der Engel schaut zurück in einen durch die goldgelbe Farbe als göttlich gekennzeichneten Raum, aus dem er den Menschen herausgebracht hat. Aus der schützenden Wolke heraus überreichen die Hände Gottes die in weißer Farbe gehaltenen Gesetzestafeln. Sie werden von Mose entgegengenommen, der mit puttenartigen Flügeln ausgestattet ist und von dessen Kopf die Strahlen ausgehen, die der Widerschein der göttlichen Herrlichkeit sind (siehe dazu die Beschreibung von Farbtafel 25). Die Wirkung der Gebote wird durch einen das Schofar (Widderhorn) blasenden Engel verstärkt. Im Synagogengottesdienst ertönt das Schofar am Versöhnungstag und am Neujahrsfest. Sein Schall kündet den Beginn einer neuen heilvollen

Zeit in der Gegenwart Gottes an. Von dem Schofar-Engel reicht diagonal ein weißer Lichtstrahl zu Adam und Eva rechts unten im Bild.

Über den Gesetzestafeln sind Sonne und Mond in einer Figur verschmolzen. Ihr Licht wird überstrahlt vom göttlichen Glanz, wie es der Prophet für das Ende der Zeit verheißt: »Die Sonne soll nicht mehr dein Licht sein am Tage, und der Glanz des Mondes soll dir nicht mehr leuchten, sondern der Herr wird dein ewiges Licht und dein Gott wird dein Glanz sein.« (Jesaja 60,19)

Im unteren Abschnitt des göttlichen Bereichs ist eine Schar von Menschen mit erhobenen Händen dargestellt. Es sind die (aus der Sklaverei in Ägypten) Befreiten, die Geretteten, die Gott loben. Über ihnen schwebt ein großer Fisch, der nach jüdischer Vorstellung den Leviatan verkörpert, das Ungeheuer der Vorzeit, das Gott bei der Schöpfung zerschlagen hat (Psalm 74,14). Hinter seinem Kopf scheint eine menschliche Hand nach den Gesetzestafeln zu greifen: Der alte Feind der Schöpfung hat sich dem göttlichen Willen unterworfen.

Die meisten Details der Darstellung sind im rechten oberen Bereich konzentriert. Hier ist der erste Schöpfungstag – die Erschaffung des Lichts – verwoben mit der Geschichte des Volkes Israel. Die rote Lichtscheibe im Zentrum löst sich in einer Art Drehbewegung in die Farben des Regenbogens auf. Rechts oben erinnert eine Gruppe von Betenden an das jüdische Morgengebet, das Gott für die Erschaffung des Lichts dankt. Darunter sitzt im hervorgehobenen weißen Bereich ein Mensch, der die Bibel liest; eine Hand ruht auf dem Herzen, in das das göttliche Wort eindringt. Daran schließt sich Aaron mit dem siebenarmigen Leuchter an, der das göttliche Licht zwischen Sonnenuntergang und Sonnenaufgang bewahrt. Die Himmelsleiter aus Jakobs Traum (1. Mose 28,10-15) verbindet Himmel und Erde. Daneben steht vor dem Hintergrund der Häuser des jüdischen Schtetls ein Prophet in grünem Gewand mit roter Torarolle und einem Tierkopf, der an eine Ziege erinnert (die Ziege ist eines der charakteristischen Tiere des Schtetls). König David mit seiner Harfe schließt sich an, dessen Lieder, die Psalmen, das ganze Glück und Leid des Menschen vor Gott bringen. Neben ihm steht eine Gruppe von nackten Menschen – es sind die Überlebenden der Konzentrationslager. Der rote Hahn, der ihnen vorausgeht, steht für Bewahrung und neu geschenktes Leben.

Als größtes Bildzeichen wächst aus dieser Gruppe die Darstellung des Juden Jesus am Kreuz. Er verkörpert die ganze Leidensgeschichte seines Volkes. Auf ihm liegt das goldene Licht der göttlichen Wirklichkeit. Dem dunklen Bereich des irdischen Lebens steht der helle Baldachin über dem Gekreuzigten entgegen, der von einem Engelsflügel und einem Artisten mit Stange gehalten wird.

2 *Die Erschaffung der Welt: Die ersten vier Tage*

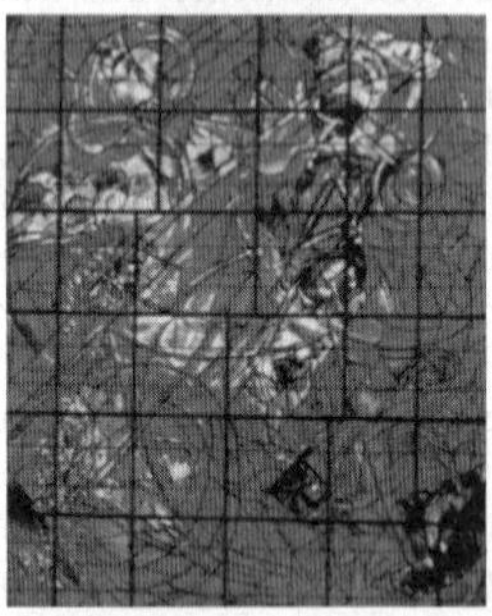

Chagalls Glasfenster sind die Antwort auf die Herausforderung, die er durch den Besuch der Kathedrale von Chartres im Jahr 1952 erlebte, wo er vom Baugerüst aus die weltberühmten Glasfenster aus der Nähe studieren konnte. Es ist nicht einfach, Chagalls reiche Farbenskala in Glas umzusetzen. Doch fand Chagall durch die Freundschaft mit Charles Marq in dessen berühmtem Glasatelier in Reims die kongenialen Handwerker, die ihm halfen, seine künstlerischen Träume in Glas auszudrücken. Marq griff die mittelalterliche Tradition des Überfangglases wieder auf und verfeinerte sie. Indem er das weiße oder gefärbte Glas mit einem anderen Farbton beschichtete – diese Schicht kann dann mit Säure wieder abgetragen werden –, stellte er Chagall eine schier unendliche Skala von Farbtönen zur Verfügung.

In einem Gespräch mit André Verdet hat Chagall gesagt: »Für mich stellt ein Glasfenster die durchsichtige Scheidewand zwischen meinem Herzen und dem Herzen der Welt dar. Das Glasfenster begeistert, es verlangt Schwere und Leidenschaft. Man muß durch das empfangene Licht leben. Die Lektüre der Bibel ist bereits Licht, und das Glasfenster muß diese Gewißheit durch seinen Zauber und seine Einfachheit zum Ausdruck bringen.« (Chagall und das Mittelmeer, S. 46) An anderer Stelle kann Chagall sogar davon sprechen, daß »etwas Mystisches das Fenster durchdringt«. Die drei großen Fenster mit der Darstellung der Schöpfung im Vortragssaal des Nizzaer Museums sind die künstlerische Umsetzung dieses Programms. Sie sind in der Leserichtung der hebräischen Schrift von rechts nach links angeordnet.

Das rechte Fenster zeigt die ersten vier Schöpfungstage (1. Mose 1,1-19). Der Untergrund ist in dunklen Blautönen gehalten; sie stehen für das »Tohuwabohu«, die wüste und leere Erde, über der schöpferisch der Geist Gottes schwebt. Aus dieser Urnacht bricht in der rechten oberen Bildecke in einer weitausgreifenden spiralförmigen Bewegung das Licht als erstes Schöpfungswerk hervor. Nicht zufällig sind es Weiß-, Rot- und Grüntöne, in denen das Licht zuerst erscheint: Weiß als Farbe der göttlichen Herrlichkeit, die alle anderen Farben in sich birgt, Rot als Farbe des Blutes und der Liebesglut, Grün als Farbe des natürlichen Lebens.

An die Erschaffung des Lichts schließt sich in der linken Bildhälfte die Trennung von Wasser und Land an. Wie ein zarter Flickenteppich aus Braun-, Rot- und Grüntönen hebt sich die Erde von dem sie umgebenden Urozean ab. Darüber ist der Bogen des Himmels angedeutet, der sich schützend über die Erde wölbt.

Darunter wächst mit filigranen Blattstrukturen ein erster Strauch aus einem grünen Urkeim des Lebens. Er ist gleichsam eingebettet in ein violettes Farbdreieck, dem Abglanz des von Gott geschaffenen Lichts, das alles Leben erst ermöglicht. Als Schöpfungswerk des vierten Tages sind links oben und rechts unten im Bild die goldenen Leuchtkörper von Sonne und Mond dargestellt.

Chagalls Umsetzung der ersten vier Schöpfungstage ist ein fast abstraktes Spiel der Farbtöne, die wie Edelsteine aus dem dunklen Untergrund hervorblitzen. Wer sie betrachtet, mag sich an 1. Korinther 13,12 erinnert fühlen: »Wir sehen jetzt durch einen Spiegel ein dunkles Bild; dann aber von Angesicht zu Angesicht. Jetzt erkenne ich stückweise; dann aber werde ich erkennen, wie ich erkannt bin.«

3 *Die Ruhe am siebten Tag*

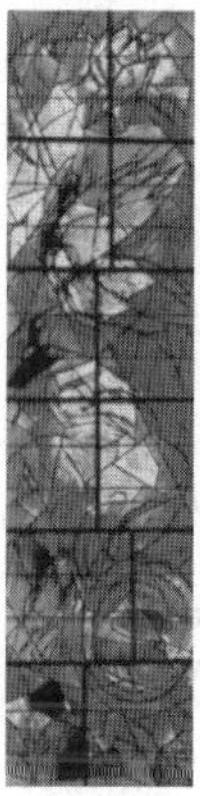

Wie die Schöpfungserzählung von 1. Mose 1,1–2,4a im Ruhen Gottes am siebten Tag ihren Abschluß und ihr Ziel findet, so beschließt das Fenster mit der Darstellung der Sabbatruhe den Zyklus der drei Schöpfungsfenster im Vortrags- und Konzertsaal des Nizzaer Chagall-Museums. Während das erste Fenster vier und das zweite, nur halb so große, zwei Schöpfungstage zur Darstellung bringt, ist dem Sabbat ein eigenes Fenster zugeordnet.

Die durch die weißen Kreise um die geometrischen Farbcollagen im ersten Fenster erzeugte Bewegung ist im Sabbatfenster zur Ruhe gekommen. Dem Ruhen Gottes entspricht das Ruhen der Welt, die damit zu ihrer von Gott gewollten Vollendung kommt.

Farblich wird die Komposition des Fensters von zwei Blautönen beherrscht, einem dunklen aus Kobalt und einem helleren auf Lapislazulibasis. Sie nehmen den Gegensatz von hell und dunkel, Tag und Nacht als dem von der Schöpfung her alles Leben bestimmenden Rhythmus des Daseins auf.

Die hervorgehobene Stellung des siebten Tages kommt auch in den Engelgestalten zum Ausdruck, die Chagall diesem Fenster vorbehalten hat: Der Sabbat ist der Höhepunkt der Woche, an dem der Schöpfergott der Welt und den Geschöpfen in besonderer Weise seine Gegenwart zugesagt hat. Gottes Boten verbinden deshalb in einer Auf-und-ab-Bewegung Himmel und Erde. Rechts oben erscheint der Sabbatengel mit einem grün-goldenen Flügel. Sein Gesicht trägt zarte, weibliche Züge. Im unteren Drittel des Bildes hat sich der Maler selbst als Engel mit blauen Flügeln dargestellt.

Auf halbem Weg zwischen den beiden Engelgestalten ist eine marmorierte gold-rosa Fläche gestaltet, die den Ort für die Begegnung zwischen Gott und Mensch symbolisiert. Diese Begegnung braucht ihren Raum und ihre Zeit. Sie kann nur geschehen, wenn Menschen sich betend für sie öffnen.

4 *Adam und Eva und die verbotene Frucht*

Während Chagall für die Erschaffung des Menschen atmosphärisches Blau als Grundton gewählt hat, zeichnen warme Grüntöne die Entfaltung der Schöpfung im Paradies aus. Die Natur grünt und blüht, und an den Zweigen der Bäume hängen üppige rote Früchte. Die beiden Engelfiguren künden von der Nähe Gottes, der vertraut mit seiner Schöpfung umgeht.

Das Bild ist durch die Struktur des Glasfensters in zwei deutlich unterschiedene Hälften geteilt. Im Mittelpunkt der rechten Bildhälfte stehen Adam und Eva. Als füreinander bestimmtes Paar sind sie Abbild der Grundordnung des geschöpflichen Lebens. Chagall hat Eva als absolut ebenbürtige Partnerin neben Adam dargestellt. Beide sind im Vollbesitz ihrer von Gott geschenkten Fähigkeiten und ohne Scham über ihre Nacktheit. Ihre Gesichter erglühen in roten Farbtönen, die Leben und Liebe symbolisieren. Die Sonne scheint in den Paradiesgarten und taucht die liebevolle Lebensbeziehung von Adam und Eva in ihr warmes Licht. Vom Himmel her schwebt segnend ein Engel auf sie herab.

In der linken Bildhälfte ist die Schlange groß ins Zentrum gerückt. Sie steht für die große Prüfung, der Adam und Eva ausgesetzt werden und die sie nicht bestehen (1. Mose 3). Links oben im Bild spricht der Gerichtsengel als Bote Gottes das Urteil aus, das die Vertreibung aus dem Paradies bedeutet.

5 *Noah bekommt den Befehl, die Arche zu bauen*

»Gott sprach zu Noah: Ich will eine Sintflut kommen lassen auf Erden. Aber mit dir will ich meinen Bund aufrichten.« (1. Mose 6,17-19) – Ein wunderschöner, anmutiger Engel überbringt auf Chagalls Bild Noah den göttlichen Befehl, die Arche zu bauen. Der Engel tritt aus dem dunklen Nachthimmel heraus, von dem er sich durch die leuchtend weiße Farbe, die seine Herkunft aus der himmlischen Welt signalisiert, deutlich abhebt. Die Nacht ist als Zeitraum, in dem die Stimmen der Außenwelt verstummen, besonders geeignet, sich hörend der göttlichen Botschaft zu öffnen. Noah ist ganz in solches Hören versunken. Mit allen Sinnen (weitaufgerissene Augen, offener Mund) ist er dem Engel zugewandt; seine gefalteten Hände schmiegen sich tastend an den rechten Engelsflügel.

Der Engel verweist auf einen Kreis rechts oben im Bild, in dem der Gottesname in hebräischen Buchstaben geschrieben ist. Auch er tritt durch die weiße Farbe aus dem Hintergrund hervor; der Engel, der auch farblich mit dem Gottesnamen korrespondiert, ist ganz auf ihn bezogen und so als Mittler zwischen Gott und Mensch dargestellt.

Ganz oben im Bild noch über dem Gottesnamen ist schon der Bogen zu ahnen, den Gott nach der Flut zum Zeichen seines Bundes mit den Menschen einsetzt.

6/7 *Noah und der Regenbogen*

Fluch und Segen, der Untergang der von Gott abgefallenen Menschheit und die göttliche Verheißung »Solange die Erde steht ...« (1. Mose 8,22) sind in diesem Bild zu einer untrennbaren Einheit verwoben.

In der Mitte des Bildes wölbt sich ein von einem goldenen Engel getragener Regenbogen in auffälliger weißer Farbe, während die Regenbogenfarben selbst über das ganze Bild ausgestreut sind. Das Gold des Engels spiegelt sich in einer Dreiecksstruktur auf dem Bart Noahs und der Menschengruppe am linken unteren Bildrand wider. Im Zentrum des Bildes steht der blutrote Flügel, der die Gerichtsseite des Sintflutgeschehens symbolisiert.

Das Gericht selbst ist vor allem in dem Bereich oberhalb des Regenbogens dargestellt. Die ganze Menschheitsgeschichte scheint hier dem Untergang preisgegeben: beginnend mit Adam und Eva rechts neben dem Regenbogen über König David in der rechten oberen Bildecke bis hin zu Mose mit den Gesetzestafeln links oben im Bild. Sie sind umgeben von stürzenden Menschen und Tieren – eine chaotische, bedrohliche Szenerie. Die Liebeslieder Davids sind verstummt: Der Gestalt des Königs mit der Harfe ist ein Vogel zugeordnet, auf dessen Rücken Chagalls erste Frau Bella dargestellt ist. Doch der im Profil gezeigte Vogel hat zwei Augen – die Idylle ist zerbrochen. Ebenso verwandelt sich auf der gegenüberliegenden Seite der linke Arm des Mose in den Leviatan, das Chaos-Ungeheuer der Vorzeit, das Gott bei der Schöpfung überwunden hat (Psalm 74,14).

Die grüne Farbgebung – Grün ist die Farbe des Lebens – bringt jedoch inmitten des Untergangs schon die Verheißung zum Ausdruck, daß Gott seine Schöpfung zuletzt nicht preisgibt, sondern mit Noah einen neuen Bund gegenseitiger Treue und Liebe schließt.

Entsprechend ist Noah am rechten unteren Bildrand in einer entspannten liegenden Haltung dargestellt. Sein Gesicht, das nicht auf den Untergang, sondern aus dem Bild heraus in die Zukunft gerichtet ist und die das Bild Betrachtenden mit einschließt, spiegelt die Freude über die göttliche Verheißung. Damit korrespondiert die blaue Farbe, die den Aspekt des Traums und der unverfügbaren Zukunft signalisiert. Der Bundesschluß mit Noah, der die ganze Menschheit einbezieht, wird im Bild durch den Opferaltar unter dem Regenbogen noch einmal eigens thematisiert. Als Altar hat Chagall die Häuser von Witebsk gemalt und so seine Heimatstadt unmittelbar in Gottes Segensbund einbezogen. Daneben – im Zentrum dieses Bereichs – ist die Geschichte von Abrahams Versuchung (1. Mose 22) ins Bild gebracht, durch die der Bundesschluß mit Abraham, dem Stammvater des Volkes Israel, seine tiefste Bestätigung erfährt. Die beiden Gruppen rechts und links daneben stehen für die Menschen, die von nun an unter dem göttlichen Segen leben dürfen. Freude und Dankbarkeit malt sich auf ihren Gesichtern. Vor allem die in den warmen goldenen Lichtglanz getauchte linke Gruppe läßt an die Verheißung denken, daß Gott dereinst mit den Menschen einen »neuen Bund« schließen wird, bei dem er selbst die Voraussetzung schafft, daß die Menschen die Bundesverpflichtungen erfüllen: »Ich will mein Gesetz in ihr Herz geben und in ihren Sinn schreiben, und sie sollen mein Volk sein, und ich will ihr Gott sein.« (Jeremia 31,33)

8 *Noah läßt die Taube fliegen*

Chagall hat das Motiv von der Taube, die Noah fliegen läßt, um zu ergründen, ob das Wasser der Sintflut zurückgegangen ist (1. Mose 8,8-12), zunächst als Gouache (so heißt die Technik der mit Wasser angesetzten Deckfarbe auf Papier) und als Radierung bearbeitet, um es 30 Jahre später in verschiedene Kirchenfenster hineinzukomponieren. Wie Rembrandt zeichnet Chagall das Geschehen in der Arche von innen heraus. In der Tat erweist er sich gerade in diesem Bild als legitimer Nachfahre Rembrandts, von dem er in seiner Autobiographie gesagt hat: »Ich bin sicher, daß Rembrandt mich liebt.« (Mein Leben, S. 172)

Noah ist im Portrait fein gezeichnet, sein Blick ruhig und fest. Mit der für Chagall charakteristischen recht-linken Hand schickt er die weiße Taube aus. In Noahs eindrucksvollem Bart ist die weiße Farbe der Taube aufgenommen. Mit der linken Hand streichelt Noah eine Ziege, deren Darstellung an das mythologische Einhorn erinnert, das in der Kunst zum Symbol der Reinheit geworden ist.

Links im Bild schaut der Hahn gespannt zu Noah auf. In seinem Blick ist die Frage zu lesen: Wann werde ich endlich die dunkle beengte Arche verlassen können?

Neben Noah ist seine Frau dargestellt, die – ganz in cranachscher Manier – ihren kleinen Sohn stillt. In der liebevollen Zuwendung zu ihrem Kind ist sie Urbild der mütterlichen Zuwendung und Vertrauen stiftenden Fürsorge, die auch Gottes Verhältnis zu den Menschen kennzeichnet.

9 *Sara und die drei Engel*

Sara, die Stamm-Mutter Israels, gilt im Judentum als erste von sieben Prophetinnen. Ihr Name bedeutet wörtlich übersetzt: »Fürstin«. Bei Sabbatfeiern und bei Synagogengottesdiensten werden die Mädchen mit den Worten gesegnet: »Werdet so wie Sara.« Chagall wollte in seiner Darstellung von Sara vor allem die einzigartige Verbindung von prophetischer Gabe und Schönheit zum Ausdruck bringen.

Der mittelbraun-marmorierte Hintergrund bringt ihr in hellen Farbtönen gehaltenes Gesicht gleichsam zum Leuchten. Die Wangen sind rosig getönt, die Augen in der Konzentration auf das, was in ihr vorgeht, geschlossen, der Mund leicht geöffnet. Saras Schönheit wird durch das mit Perlen geschmückte Stirnband und die Halskette noch unterstrichen. Sie hält den Kopf gesenkt, während die geöffneten Hände nach oben gerichtet sind. Ihr ganzer Gestus drückt Versunkensein in ein Gebet aus. Stolz und demütig zugleich bittet sie Gott um einen Sohn, durch den er seine Verheißung für sie und Abraham wahr macht. In den zum Empfang des Segens geöffneten Händen spricht sich das Vertrauen aus, daß Gott ihre Bitte erfüllen wird.

Die drei in leuchtend roten Farbtönen ausgeführten Engel schlagen die Brücke zum mittäglichen Besuch der drei Engel im Hain Mamre (1. Mose 18, siehe die folgenden Farbtafeln 10/11). Der mittlere Engel trägt Isaaks Gesichtszüge und bringt so bereits die Erhörung von Saras Gebet ins Bild. Der linke Engel bläst das Schofar und mahnt die hörende Gemeinde der späteren Zeit, sich beim Klang des Horns auch an die visionäre Kraft der Prophetin Sara zu erinnern.

10/11 *Die drei Engel bei Abraham und Sara in Mamre*

Das Bild hängt im Museum in Nizza gegenüber den Schöpfungsbildern, die in grünen und blauen Farben gehalten sind. Die Darstellung Abrahams mit den drei Engeln, in kräftiger roter Farbe aus Krappwurzeln ausgeführt, ist dazu komplementär. Im Zentrum, wo die Farbe am intensivsten ist, wird die Fläche mit Strichen wie zu einem Zelt strukturiert.

Zur Mittagszeit, in der größten Hitze des Tages, erscheinen drei Männer als Gäste bei Abraham und Sara, die im Hain Mamre bei Hebron unter Steineichen ihr Zelt aufgeschlagen haben (1. Mose 18,1-15). Sara, die heimliche Hauptperson des Bildes, bereitet den unvorhergesehenen Gästen ein opulentes Mahl. Sie ist am linken Bildrand dargestellt: eine auffallend schöne Frau mit langem schwarzem Haar und in ein prachtvolles Gewand gekleidet. Zwei goldene Flecken, einer auf ihrer linken Brust und einer auf ihrer Stirn, lassen das Thema des Bildes anklingen: Wie geht es mit Abraham und Sara weiter, die bisher ohne Kinder geblieben sind? Wie gestaltet Gott seinen Segensbund mit diesen zwei Menschen? Unter Saras Füßen ist ein Paradiesbaum zu sehen, darunter steht eine üppige Obstschale mit exotischen Früchten – Sinnbilder der Fruchtbarkeit.

Rechts neben Sara und kaum größer als sie, steht Abraham in einem kaftanähnlichen blauen Gewand. Er wirkt wie ein ruhender Pol in dem Bild; die Hände sind zum Gebet zusammengelegt. Durch das Blau seiner Kleidung korrespondiert er mit dem rechten Engel, der durch das Gold seiner Flügel und den goldenen Schein über dem Kopf gegenüber den beiden anderen Engeln als Sprecher hervorgehoben ist. Der goldene Schein liegt auch auf Abrahams Gesicht, das er zusammen mit dem Grün und Rot ungeheuer lebendig wirken läßt. Die ganze Gestalt Abrahams ist mit Deckweiß konturiert, mit dem Chagall den Segen Gottes beschreibt, der Abraham bis hierher und auch in Zukunft begleiten wird. Am oberen Bildrand ist mit der geöffneten Haustür und dem kleinen roten Kamelreiter die Geschichte des Erzvaters angedeutet, der auf Gottes Geheiß sein Vaterland und seine Verwandtschaft verlassen hat, um in ein Land zu ziehen, das Gott ihm zeigt (1. Mose 12,1-3).

Das Zentrum des Bildes zeigt die drei Engel. Sie sitzen auf einer Holzbank, deren linker Fuß wie bei einem städtischen Sitzmöbel kunstvoll gedrechselt ist, während rechts ein einfacher Holzpfeiler genügt. Der mittlere und der linke Engel drehen ihr Gesicht nach hinten zu denen hin, die das Bild betrachten, und nehmen sie so in das Geschehen mit hinein. Der mittlere Engel im violetten Gewand hat einen Schuh ausgezogen. Die Engel sitzen vor einer reich gedeckten Tafel. Nur in dieser Erzählung wagt die Bibel zu sagen: Gott nimmt am Tisch eines Menschen Platz, um mit ihm ein entscheidendes Gespräch zu führen. Gottes Wirklichkeit kommt mitten in die Lebenswirklichkeit von Sara und Abraham hinein. Die Botschaft, die die Engel auszurichten haben, klingt für Menschen kaum glaublich: In hohem Alter werden Sara und Abraham einen Sohn bekommen. Mit diesem Sohn wird Gott sein Versprechen erfüllen, das er Abraham gegeben hat: »Sara, deine Frau, wird dir einen Sohn gebären, den sollst du Isaak nennen, und mit ihm will ich meinen ewigen Bund aufrichten und mit seinem Geschlecht nach ihm.« (1. Mose 17,19)

Rechts oben im Bild wird in einem kreisförmigen Bereich die Geschichte von Abrahams Fürbitte für Sodom dargestellt, die in der Bibel unmittelbar im Anschluß an den Besuch der Engel erzählt wird (1. Mose 18,16-33). Abraham steht in einem grünen Gewand zwischen drei Engeln, von denen die beiden hinteren ihn mit ihren Händen stützen. Der vordere Engel mit drei Flügeln, dessen rechte Hand auf dem Herzen liegt, schaut Abraham sorgenvoll an. Er steht neben den Häusern von Sodom. Das orange Licht über den Häusern deutet das Feuer an, in dem die Stadt untergehen wird. Das Gerichtsmotiv kehrt auch in dem schwarzen Baum links neben der Szene wieder, dem sich eine große Hand nähert, als wolle sie ihn ausreißen. Mit seinem Gesicht und seiner rechten Hand wendet der Engel sich Abraham zu; er scheint der Sprecher zu sein. Über Abrahams Kopf ist der Hintergrund weiß aufgehellt.

Am rechten Bildrand ist ein kleines Lamm zu sehen – vielleicht ein Hinweis auf den leidenden Gottesknecht von Jesaja 53, der »wie ein Lamm zur Schlachtbank geführt wird« (Vers 7). Darunter leitet ein weiterer Engel zu Bildern der Hoffnung über, die sich am rechten Bildrand anschließen: Der Paradiesbaum und der Paradiesvogel stehen dafür, daß Gottes Handeln zuletzt Gnade ist und nicht Gericht. Einbezogen in dieses Hoffnungsbild sind die Häuser von Chagalls Heimatstadt Witebsk rechts unten im Bild.

12 *Hagar und Ismael in der Wüste*

Nach der Geburt Isaaks veranlaßt Sara, daß Abraham ihre Magd Hagar zusammen mit dem Sohn, den sie ihm geboren hat, in die Wüste schickt. Das Wasser, das Abraham ihr mitgibt, ist bald verbraucht, und Hagar setzt sich entfernt von dem Knaben nieder, den sie in den Schatten eines Strauches gelegt hat, um nicht mit ansehen zu müssen, wie ihr Kind stirbt. Da erscheint ihr ein Engel, zeigt ihr einen Brunnen ganz in der Nähe und gibt ihr die Verheißung mit auf den Weg, daß Gott ihr Kind zu einem großen Volk machen wird (1. Mose 21,8-21). In der jüdischen Tradition gilt Hagar als zweite Frau Abrahams nach Saras Tod. Sie ist die Glaubensmutter von zwölf nordarabischen Nationen.

Im Unterschied zum biblischen Text hält Hagar auf Chagalls Darstellung ihren Sohn in den Armen. Ihr Gesicht ist ganz von dem Schmerz über den drohenden Verlust gezeichnet. Der Engel, der vom linken oberen Bildrand auf sie zukommt, ist noch nicht in ihrem Blickfeld. Der Jude Marc Chagall zeichnet die Glaubensmutter der Muslime als geliebtes Geschöpf Gottes, unter seinem Segen stehend – ein beeindruckendes Zeichen und ein Aufruf an die Menschen, sich bei aller Unterschiedlichkeit gegenseitig mit Respekt, Freundlichkeit und Liebe anzunehmen, so wie es dem Willen Gottes entspricht.

13 *Abraham und Isaak auf dem Weg zur Opferstätte*

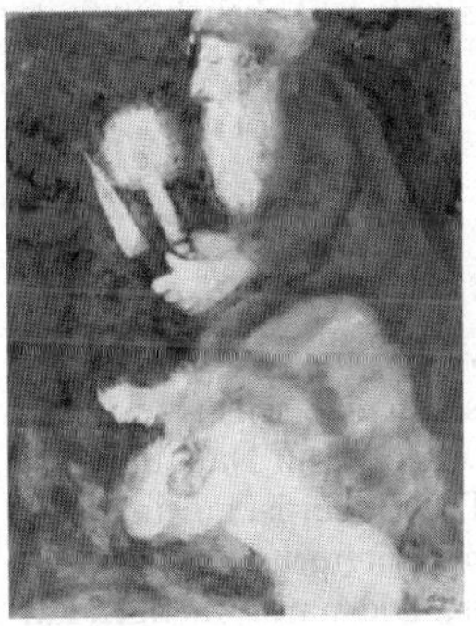

Die Geschichte von Abrahams Versuchung (1. Mose 22) ist Teil des täglichen Morgengebets der Juden. Das Schicksal Isaaks gilt als Metapher für das Schicksal des jüdischen Volks, so wie Abraham mit seinem unbedingten Gehorsam und seiner uneingeschränkten Opferbereitschaft Urbild der Glaubenden ist.

Das Bild zeigt Abraham und seinen Sohn auf dem Weg zur Opferstätte. Die Knechte sind zurückgeblieben. Vater und Sohn gehen allein weiter. Die Umgebung ist durch den grün-marmorierten Untergrund nur angedeutet. Die ganze Aufmerksamkeit gilt den Personen. Isaak schreitet in fast freudiger Erwartung voran. Er ist als Jüngling mit braunen Locken dargestellt. Unter der Last des Sacks mit dem Brennholz neigt er sich nach vorn. Die Arme sind über der Brust verschränkt. Der Mund ist zu der Frage geöffnet: »Siehe, hier ist Feuer und Holz; wo ist aber das Schaf zum Brandopfer?« (1. Mose 22,7) Zu der Frage paßt, daß Isaak – gleichsam zum Opfer vorbereitet – unbekleidet ist.

Hinter dem Jungen geht der Vater, in einer beschützenden Geste über ihn gebeugt. Die beiden Gestalten verschmelzen fast miteinander. In der rechten Hand trägt Abraham eine brennende Kerze, in der linken das Opfermesser. Seine Augen sind geschlossen; er scheint nach innen zu hören. Denkt er an die Verheißung, die Gott ihm gegeben hat und die jetzt auf dem Spiel zu stehen scheint?

14/15 *Abrahams Versuchung*

Das Bild stellt den Höhepunkt in der Geschichte von Abrahams Versuchung dar. Abraham, der bereit ist, seinen Sohn zu opfern, wird im letzten Moment vom Engel Gottes daran gehindert. Die Segensgeschichte, die mit der Sohnesverheißung an Abraham begonnen hat, ist nicht zu Ende, sondern beginnt in diesem Augenblick neu. Das Bild hält im Moment des Umschlagens Angst und Entsetzen vor der ungeheuerlichen Forderung Gottes und das erlösende Aufatmen angesichts der befreienden Botschaft fest.

Das Bild ist durch eine an einen Berg erinnernde Linie in zwei Zonen geteilt – eine Erinnerung an den Ort des Geschehens: ein Berg im Land Morija (1. Mose 22,2). Die beiden Zonen sind durch die Gestalt des blauen Engels verbunden, der in der Bildmitte erscheint. Er greift aus der blauen Himmelszone in die irdische Welt und verbindet so Himmel und Erde. Ein heller Lichtschein strahlt dort auf, wo er die Grenze der irdischen Welt durchbricht. Hinter ihm in der linken oberen Bildecke ist in demselben hellen Weiß ein zweiter Engel gezeichnet, der ihm den Weg weist – eine Metapher für Gott selbst, der Urheber dieses Geschehens ist.

Folgerichtig ist Abrahams Blick über den blauen Engel hinaus auf diese helle Zone gerichtet. Abraham ist in rote Farbe getaucht, die Farbe des Blutes, des Lebens und der brennenden Liebe, die zugleich die unauflösliche Treuebeziehung des göttlichen Bundes mit den Menschen charakterisiert. Abraham bleibt in dieses Gottesverhältnis eingebunden, sogar angesichts der äußersten Infragestellung, die er in diesem Augenblick erlebt. Dies kommt auch darin zum Ausdruck, daß Abraham die Kipa trägt, mit der ein frommer Jude beim Gottesdienst sein Haupt bedeckt.

Abrahams rechte Hand, mit sechs Fingern gezeichnet, reckt das Opfermesser wie anklagend dem Himmel entgegen, mit der linken hält er die Beine seines Sohnes fest. Die rote Farbe setzt sich auf Isaaks Beinen fort – auch er ist in den Bund eingeschlossen, der in dieser Szene seine tiefste Bestätigung erfährt. Isaak liegt ohne jedes Anzeichen der Gegenwehr auf dem Holzstoß. Entgegen dem Bibeltext ist er nicht gefesselt. Isaaks Blick – ein Auge ist geschlossen, das andere weit geöffnet – spiegelt wiederum den Umschlag von der Angst zu neuem Leben. Sein nackter Körper glänzt im goldenen Licht, das bei Chagall der göttlichen Wirklichkeit vorbehalten ist. Gott ist diesem Jungen ganz nahe; er nimmt Partei für die Schwachen, die zum Opfer bestimmt sind.

In der braunen Zone rechts oben im Bild ist – korrespondierend mit Isaaks Schicksal – der Kreuzträger dargestellt, nicht allein, sondern umgeben von klagenden Frauen und begleitet von einer väterlichen Gestalt mit einem Gebetbuch im Arm. Die Szene erinnert an die Lukaspassion, wo klagende Frauen Jesus auf dem Weg zum Kreuz begleiten (Lukas 23,27-31). Jesus spricht sie als »Töchter von Jerusalem« an, die nicht fremdes Leid beklagen sollen, sondern sich selbst und ihre Kinder. Das ganze Leid, das dem jüdischen Volk in seiner Geschichte widerfahren ist, klingt in dieser Darstellung an. Damit korrespondiert die klagende Frauengestalt links im Bild – wahrscheinlich ist es Sara, die in flehentlichem Gebet die Hände zum Himmel erhebt. Ihr Gebet wird erhört: Neben ihr ist unter dem Hoffnungssymbol des grünen Lebensbaums der Widder zu sehen, der anstelle von Isaak geopfert werden soll.

16 *Abraham beweint Sara*

Die Darstellung des trauernden Abraham (zu 1. Mose 23) wird zu den tiefempfundensten Arbeiten Chagalls gerechnet und ist deshalb eine seiner bekanntesten Gouachen. Der Künstler zeigt Abraham gewissermaßen in Nahaufnahme, wie er sich über die Leiche seiner Frau Sara beugt. Die Trauer ist zu einem Teil seines Lebens geworden. Damit korrespondiert der Hintergrund, der in verschiedenen grau-blauen Pastellfarben ausgearbeitet ist. Die marmorartigen Farben, die an Monet erinnern, zeigen die ganze Meisterschaft, die Chagall auf dem Gebiet der Gouache erworben hat.

Im Gegensatz zu dem Grau der Trauer steht das grüne Gewand Abrahams, das die Hoffnung auf neues Leben zum Ausdruck bringt. Es ist erstaunlich, welch sanfte Wärme dieses vom Hintergrund beleuchtete Gewand auf die ganze Szene legt. Abraham verbirgt sein Gesicht in der rechten Hand. In großer Ernsthaftigkeit werden die Tränen der Trauer zugelassen. Seine Kopfbedeckung erinnert an etliche Selbstportraits von Chagalls Malervorbild Rembrandt. Mit der linken Hand berührt Abraham zart den toten Körper seiner Frau, die wohl gerade nach der Waschung in das silbrig-weiße Totengewand eingekleidet wurde. In dem ruhigen Gesicht der alten Sara ist noch die Spur ihrer jugendlichen Schönheit erkennbar. Die Erinnerung an ihre Geschichte scheint auf, die sie mit ihrem Gatten Abraham unter Gottes Schutz erlebt hat. Chagalls Darstellung macht etwas von der grundlegenden Gemeinsamkeit von Tod und Geburt sichtbar. Sie mildert nicht den Schmerz des Todes, aber sie hilft, ihn als etwas anzunehmen, was unabdingbar zum Leben dazugehört.

17 *Eliëzer und Rebekka*

Diese Gouache entstand nach Chagalls erster Reise ins damalige Palästina im Jahr 1931. Kurz zuvor hatte Chagall von dem renommierten Pariser Verleger Ambroise Vollard den Auftrag erhalten, Illustrationen für die hebräische Bibel zu schaffen. Chagall wollte jedoch zuvor das Land besuchen, in dem die biblischen Bücher entstanden sind. »Dort, im Land der Bibel, hat mich der Text der Bibel geradezu übermannt«, sagte der Maler später.

Die Gouache von Eliëzer und Rebekka (zu 1. Mose 24) ist dann in Chagalls Pariser Atelier entstanden. Chagall liebte die Technik der Gouache mit ihren differenzierten Möglichkeiten des farblichen Ausdrucks. Die drei Personen sind horizontal gestaffelt. Im Vordergrund steht die attraktive junge Frau in weißer Bluse und rotem Rock, die mit dem Wasserkrug auf dem Kopf zum Brunnen kommt, wo sie Eliëzer trifft. Eliëzer ist der Bevollmächtigte Abrahams, den er in die alte Heimat geschickt hat, um eine Frau für seinen Sohn Isaak zu finden. Er trägt ein grünes Kapuzengewand, das für die tiefgreifende Veränderung in Rebekkas Leben steht.

Im Hintergrund sitzt Rebekka bereits in Reisekleidung auf dem Kamel. Das entspricht der biblischen Erzählung, wo sie der Mutter, die sie bittet, noch ein paar Tage zu bleiben, entgegenhält: »Haltet mich nicht auf, denn der Herr hat Gnade zu meiner Reise gegeben.« (1. Mose 24,56) Ihre Handbewegung weist ungeduldig nach vorn, während der auf Eliëzer gerichtete Blick ihn zum Mitkommen aufzufordern scheint. Interessant ist die Zeichnung des ersten Kamels von Marc Chagall. Es ist das Tier, das in der Lage ist, die Distanz zwischen der Heimat Abrahams im Zweistromland und dem verheißenen Land Kanaan zu »überbrücken«.

18/19 *Jakobs Traum von der Himmelsleiter*

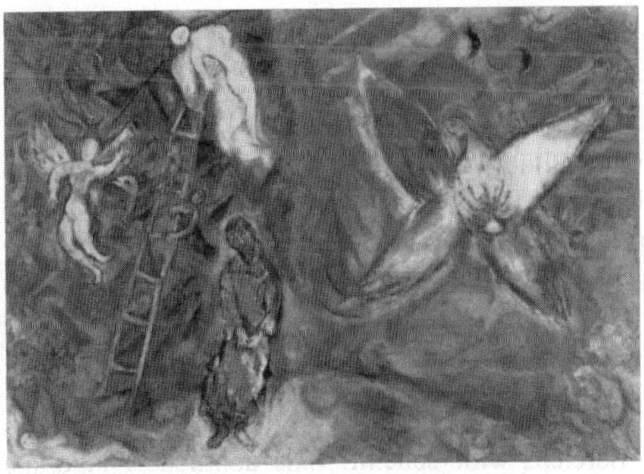

Das auffälligste Merkmal der Darstellung von Jakobs Traum von der Himmelsleiter (1. Mose 28,10-15) ist die deutlich unterschiedene Farbgebung der beiden Bildhälften. Der linke Bildbereich, der das Traumgeschehen zeigt, ist in intensivem Violett gehalten, der rechte in leuchtendem Blau. Die beiden Hälften werden durch die hügelartige Struktur im unteren Bildteil miteinander verbunden. Nur in dem Bereich, auf dem Jakob steht, weist dieser Hügel eine realistische (Ocker-)Farbe auf. Hier haftet Jakob gleichsam auf dem festen Untergrund der Welt, die aber weiterreicht in den violetten Traumbereich und die Blauzone des Himmels. In der unterschiedlichen Farbgebung der Füße Jakobs wird dieses dem rein irdischen Bereich Verhaftet- und zugleich Entzogensein des Träumers sichtbar.

Die ganze Gestalt des Jakob ist in leuchtendem Rot gehalten, der Farbe des Blutes und hier vielleicht auch der Schuld, die Jakob auf sich geladen hat. Ihretwegen ist er jetzt auf der Flucht vor seinem Bruder Esau, den er um den Segen des Erstgeborenen betrogen hat (1. Mose 27). Nur auf seinem Gewand und seiner linken Hand spiegelt sich etwas vom Blau und Weiß aus der himmlischen Welt wider. Auffällig ist die aufrechte Haltung Jakobs, der in der Szene ja als Schlafender vorzustellen ist. Diese weist bereits darauf hin, daß der Bereich, in den Jakob hier hineinragt, kein »Oben« im Sinne weltlich-räumlicher Orientierung ist, sondern ein Raum, der das Irdische in anderem Sinn übersteigt. Jakobs Kopf ist nach links der violetten Zone zugeneigt. Ein Auge ist geschlossen, das andere scheint die anzuschauen, die das Bild betrachten, und sie so an dem Geschehen teilhaben zu lassen.

Das Violett der linken Bildhälfte ist eine Mischung aus dem Himmelsblau und dem Rot Jakobs. Die Vision von der Himmelsleiter wird ihm trotz der Schuld geschenkt, die er mit sich trägt, ja sie wird ihm gerade in seiner Schuldbeladenheit zuteil. Die Himmelsleiter, die sich in der Blickrichtung von oben nach unten erstreckt, ist umgeben von auf- und absteigenden Engelgestalten. Besonders prägnant ist die Gruppe der vier farbig ausgezeichneten Engel: zu Füßen der Leiter liegt ein weißer Engel; er nimmt die Position des Liegenden ein, in der man eigentlich Jakob erwartet hätte, tritt also im Traumbild an Jakobs Stelle. Am oberen Ende der Leiter schwingt sich ein leuchtend goldener Engel wie ein Artist an einer Stange in die Höhe, den Blick zugleich nach oben und aus dem Bild heraus auf die Betrachter gerichtet. In der linken oberen Ecke blasen ein mit dem Himmelsbereich korrespondierender blauer und darunter ein grüner Engel das Schofarhorn, das beim jüdischen Neujahrsfest Gottes Heil verkündet. Die anderen Engel auf dem Bild verschmelzen mit dem Violett des Untergrundes, dazu kommen zahlreiche Vogelgestalten, die hier als Boten Gottes eine den Engeln vergleichbare Funktion haben.

Am linken unteren Bildrand wächst über dem liegenden Engel ein Paradiesbaum empor; daneben und darüber sind Häuser angedeutet, die an Chagalls Heimatstadt Witebsk erinnern.

Wie eingangs festgestellt, ist es das auffälligste Merkmal der Bildkomposition, daß der blaue Himmelsbereich, der oben über der Himmelsleiter zu erwarten wäre, hier die gesamte rechte Bildhälfte einnimmt. Für Chagall ist der Himmel eben nicht nur über, sondern »neben« dem Irdischen zu suchen, das heißt das Irdische begleitend und immer wieder in es hineinragend. Im Zentrum des Himmelsbereichs steht der Engel mit den vier Flügeln; ihre Farbe changiert zwischen dem tiefen Blau des Himmels und dem leuchtenden Weiß, das die Gegenwart Gottes symbolisiert. Der Körper des Engels ist nicht eigens ausgeführt, sondern verschmilzt gleichsam mit dem unteren Flügel. In den Händen trägt der Engel einen brennenden siebenarmigen Leuchter, dessen goldener Glanz das Zentrum der Figur darstellt.

Im rechten unteren Bildbereich beugt sich Abraham mit dem Messer in der Hand über den zum Opfer gebundenen Isaak: das Urbild des glaubenden Menschen, der im Vertrauen auf seinen Gott bereit ist, alles preiszugeben, woran sein Herz und seine Zukunft hängt. Ein blauer Vogel im Vordergrund schaut mit aufgerissenen Augen und ausgebreiteten Flügeln erschrocken auf die Szene. Doch da löst sich aus der Gestalt des vierflügligen Engels ein zweiter Engel mit einem roten Lamm in Händen, das Abraham auf Gottes Geheiß anstelle seines Sohnes opfern wird.

Mit dem Opferlamm korrespondiert über dem weißen Flügel des Engels die Gestalt des Gekreuzigten, der mit dem jüdischen Gebetsschal bekleidet ist – das Lamm Gottes, das für die Schuld der Welt dahingegeben wird, wie sie der rotgekleidete Jakob gleichnishaft verkörpert. Über dem Gekreuzigten ist mit den beiden schwarzen Halbmonden, von denen einer an einen springenden Fisch erinnert, die Kurzform des jüdischen Gottesnamens angedeutet. In der rechten oberen Bildecke setzt sich die Himmelsleiter fort – ein weiterer Hinweis darauf, daß dieser Bildbereich als Fortsetzung des linken zu lesen ist. Von diesem Stück der Himmelsleiter schwingt sich ein Engel herab, der ein Buch in Händen hält – eine Erinnerung an das Wort Gottes, das, vom Himmel herabkommend, dem Menschen den Zugang zu Gott eröffnet.

20 *Jakobs Kampf mit dem Engel*

Von den siebzehn großformatigen Bildern der *Message Biblique* im Museum in Nizza ist dieses Bild das mittlere, das durch die intensive blaue Farbgebung aus dem Zyklus herausragt. Wie das einleitende Schöpfungsbild ist es ein Hochformat, während die meisten Bilder im Querformat gehalten sind. Es stellt den nächtlichen Kampf Jakobs mit dem Engel dar, an dessen Ende Jakob den Namen Israel erhält (1. Mose 32,23-33).

Im Zentrum des Bildes stehen der in violetten Farbtönen gehaltene Jakob und die weiß-blau-grüne Gestalt des Engels, von dessen Flügeln und Hand das goldene Licht des göttlichen Bereichs widerscheint. Eine deutliche Diagonale geht von links oben über die beiden Kämpfenden nach rechts unten. Sie zeichnet das Leben Jakobs nach, ausgespannt zwischen den Polen der größten Freude und der tiefsten Trauer. Links oben ist seine Hochzeit mit Rahel dargestellt. Das weiß-grüne Brautkleid nimmt die Farben des Engels wieder auf. Rahels Füße schweben gleichsam über dem Lebensbaum, der räumlich der Gestalt des Engels zugeordnet ist. Rechts unten ist Jakob in seiner Trauer über den vermeintlichen Tod seines Lieblingssohnes Josef zu sehen, dessen Gewand er in den Armen hält. Chagall malt Jakob hier in der typischen Haltung eines Propheten. Unmittelbar darüber ist der Verrat der Brüder Josefs gezeigt, die ihn in die Zisterne werfen, nachdem sie ihm das bunte Kleid ausgezogen haben (1. Mose 37,12-28).

Oberhalb dieser Gruppe steht als Symbol der Bewahrung in Gefahr ein auffallend großer, goldener Hahn. Sein Kopf ist dem Engel zugewandt, mit dem er auch durch den Goldglanz auf dessen Flügeln verbunden ist. Die goldene Farbe kehrt in einem der beiden Monde am oberen Bildrand wieder. Das große, weit aufgerissene Auge des Hahns spiegelt die Trauer Jakobs wider. Von rechts oben fliegt ein weiterer Engel ins Bild, dessen eine Hand auf die Monde zeigt, während die zweite auf den kämpfenden Engel deutet.

Am linken unteren Bildrand ist eine Gruppe von Häusern aus Chagalls Heimatstadt Witebsk dargestellt. Groß in der Mitte ist Chagalls Elternhaus zu sehen. Über der geöffneten Tür ist das Schild des Krämerladens von Chagalls Mutter zu erkennen. Rechts dahinter ist in Umrissen die charakteristische Kirche von Witebsk angedeutet. Auf der Straße der Stadt sind keine Menschen zu sehen, nur zwei krähenartige schwarze Vögel, der eine mit ausgebreiteten Flügeln. In dieser Verortung des Engelkampfs geschieht für

Chagall zugleich ein Stück Auseinandersetzung mit seinem Emigrantendasein in Paris, fern von der Familie und ihrer Gefährdung.

Auffällig ist das Fehlen der Aggression in der Darstellung des Kampfes. Jakob stemmt sich in weitem Ausfallschritt gegen den Engel, der ihn zugleich hält und zurückweist. Der nach der Hüfte des Engels greifende Arm scheint eher in einer Geste der Sehnsucht ausgestreckt als in kämpferischer Absicht: »Ich lasse dich nicht, du segnest mich denn.« (1. Mose 32,27) Jakob legt seinen Kopf betend in die segnende Hand des Engels, dessen zweite Hand ihm den Weg in die vor ihm liegende Zukunft weist. Das Gesicht des Engels ist Jakob im Akt der Namensgebung liebevoll zugewandt: »Du sollst nicht mehr Jakob heißen, sondern Israel; denn du hast mit Gott und mit Menschen gekämpft und hast gewonnen.« (1. Mose 32,29)

21 *Josef, der Hirt*

Der siebzehnjährige Josef, der Lieblingssohn Jakobs, ist auf der Gouache in seiner ganzen jugendlichen Schönheit dargestellt. Er ist mit dem bunten Rock bekleidet, den ihm der Vater geschenkt hat und der ihm die Eifersucht seiner Brüder einträgt (1. Mose 37). Das Gewand wirkt wie aus filigranen Blättern geflochten, die an die Bäume aus dem Paradies erinnern. Besonders ausdrucksvoll ist Josefs Gesicht: Der Blick seiner wachen Augen unter den geschwungenen Brauen ist zugleich auf die Erde und das, was hier zu tun ist, wie zum Himmel empor gerichtet. Er charakterisiert den Träumer, der von Gott Weisung für seine Aufgaben empfängt. Das goldene Haarband ist wohl als weiteres Geschenk des liebenden Vaters zu verstehen.

Rechts von Josef ist ein Widder dargestellt, der folgsam zu Josef aufblickt. Er steht als Sinnbild für das weitere Schicksal Josefs. Von seinen Geschwistern zum Sündenbock gemacht und als Sklave nach Ägypten verkauft, wird er zum Garanten für das Überleben der Familie, bis zuletzt Versöhnung die alten Konflikte überwindet.

Der Hintergrund des Bildes zeigt grünen, fruchtbaren Weidegrund. Am linken Bildrand sind die Gestalten der Brüder mit ihrer Herde zu erkennen. Über allem wölbt sich der dominierende hellblaue Wolkenhimmel. Er öffnet die Szene auf die Dimension der göttlichen Wirklichkeit, von der die Initiative zu allem irdischen Geschehen ausgeht.

22 *Josef und Potifars Frau*

Potifars Frau hat an dem attraktiven jungen Mann Gefallen gefunden, den ihr Ehemann zum Verwalter über seine Güter eingesetzt hat, und versucht, ihn zu verführen (1. Mose 39). Josef weist sie energisch zurück: »Wie sollte ich denn nun ein solch großes Übel tun und gegen Gott sündigen?« (1. Mose 39,9) Chagall hat diesen dramatischen Moment in seiner Gouache gestaltet. Die Szene spielt im herrschaftlichen Schlafzimmer, das mit den kostbarsten Materialien ausgestattet ist: Farbige Wandbehänge und Teppiche harmonieren mit den hellgrünen Damastbezügen des Bettes.

Potifars Frau liegt in verführerischer Pose unbekleidet auf ihrem Bett, auf dem Kopf trägt sie eine gelb-rote Krone. Josef wendet sich von ihr ab, er macht einen Schritt, der ihn aus dem Bildraum hinausträgt. Er ist mit einem violetten orientalischen Gewand bekleidet, der Kopf ist mit einem an ägyptische Malereien erinnernden blauen Tuch bedeckt. Durch sein Verhalten bewahrt Josef seine Freiheit und Unabhängigkeit. Er illustriert, was beim Propheten Micha (6,8) formuliert ist: »Es ist dir gesagt, Mensch, was gut ist und was der Herr (durch die Tora) von dir fordert, nämlich Gottes Wort halten und Liebe üben und demütig sein vor deinem Gott.«

23 *Josef deutet die Träume des Pharao*

Im Zentrum des Bildes sitzt der Pharao auf einem vornehmen, wohl mit rotem Samt bezogenen Thronsessel. Er trägt ein schwarzes Brokatgewand mit weißem Spitzenkragen. Eine schwere dreifache Krone schmückt sein Haupt. Das Gesicht, dessen spitz zulaufende Form durch den Bart noch unterstrichen wird, ist grün gezeichnet. Die Augen sind geschlossen, so als befinde sich der Herrscher noch in der Welt des Traums, die auf blauem, halbkreisförmigem Untergrund rechts oben im Bild dargestellt ist. Während die rechte Hand wie in einer Geste der Abwehr den Betrachtern des Bildes entgegengestreckt ist, ist die linke empfangsbereit der linken Hand Josefs zugewandt, der damit auf die sieben fetten Rinder deutet, die – als erster Teil des Traums – oben im Bild zu sehen sind (1. Mose 41).

Josefs jugendliches Gesicht ist charakterisiert durch eine interessante Mischung aus Demut und Selbstbewußtsein. Immerhin bringt er den Pharao dazu, daß er ihn am Ende der Traumdeutung zum Verwalter über die Nahrungsmittelvorräte Ägyptens einsetzt.

24 *Josef gibt sich seinen Brüdern zu erkennen*

Im Mittelpunkt des Bildes von der glücklichen Wiedervereinigung der Söhne Jakobs (1. Mose 45), das an Rembrandts Darstellung der Heimkehr des verlorenen Sohns erinnert, steht Josef in inniger Umarmung mit seinem Bruder Benjamin. Josef trägt ein weißes orientalisches Prachtgewand, sein Kopf ist mit einem Turban geschmückt, der sich von den einfachen Kopftüchern seiner Brüder deutlich unterscheidet. Benjamin kniet vor Josef auf dem Boden, seine Arme recken sich nach den Schultern des Bruders, als wolle er sich daran emporziehen. In einer zärtlich-liebevollen Geste streicht Josef dem Jüngeren über den Kopf. Beide Männer weinen, als Josef sich zu erkennen gibt, doch Chagall hat die Gesichter diskret so gemalt, daß ihre Züge kaum zu erkennen sind. Wie der biblische Josef seine Rührung verbirgt, so darf er auch bei Chagall unbeobachtet weinen.

Wie oft mag Chagall sich in Paris gewünscht haben, seine acht Geschwister im weit entfernten Witebsk sehen zu können! Daß der Künstler hier nur neun statt der biblischen elf Brüder von Josef ins Bild gesetzt hat, könnte ein Indiz dafür sein, wie sehr Chagall sich selbst in den Horizont der biblischen Geschichte hineinbegibt.

Auch den anderen Brüdern von Josef ist die Rührung anzusehen. Rechts im Vordergrund kniet in blauem Gewand Ruben. Als einziger hat er die Augen emporgehoben, während alle anderen nach unten oder zur Seite blicken. Seine linke Hand ruht auf einem der Getreidesäcke, die rechte weist auf Josef – eine Erinnerung daran, daß er der einzige war, der sich bei dem damaligen Überfall der Brüder für das Leben des Jungen eingesetzt hat.

Im Hintergrund der Wiederbegegnungsszene ist eine vornehme städtische Hausfassade zu erkennen; das schwarze Rundbogenfenster läßt an die Zisterne denken, in die Josef von seinen Brüdern geworfen wurde. Rechs oben erstreckt sich eine sandige Wüstenlandschaft in unbestimmte Ferne. Ein Kamel, dessen Kopf dem Horizont zugeneigt ist, steht für die räumliche Distanz zwischen Ägypten und dem alten Vater zu Hause in Kanaan.

Chagall hat die Szene so gestaltet, daß darin die theologische Deutung des Geschehens sichtbar wird, die Josef am Ende seines Lebens gibt: »Ihr gedachtet es böse mit mir zu machen, aber Gott gedachte es gut zu machen, um zu tun, was jetzt am Tage ist, nämlich am Leben zu erhalten ein großes Volk.« (1. Mose 50,20)

25 *Mose empfängt die Gesetzestafeln*

Als einziges der siebzehn Ölbilder der *Message Biblique* ist dieses Farbbild in einem goldgelben Farbton gehalten. Dieser Farbton ist nach der Art der mittelalterlichen Mönche aus abgeriebener Zitronenschale, Eigelb und echtem Goldstaub gemischt. Die Sonnenstrahlen und der Berg verleihen dem Bild eine fast kubistische Struktur.

Die große Gestalt des Mose, die von links unten ins Bild tritt, nimmt eine zugleich kniende und stehende Haltung ein. Seine Füße sind nackt, irdisch unvollkommen mit nur vier Zehen gemalt – eine Erinnerung an seine Berufung vor dem brennenden Dornbusch: »Zieh deine Schuhe von deinen Füßen; denn der Ort, darauf du stehst, ist heiliges Land!« (2. Mose 3,5) Mose streckt sich dem Himmel entgegen, um die Tafeln aus den Händen Gottes zu empfangen. Seine Hände greifen nach oben, die Augen sind ganz auf die Übergabe des Gesetzes konzentriert. Der Mund ist geöffnet, staunend oder bereit zum Dialog mit Gott.

Die Gestalt des Mose und der Berg sind in einen silbrig-hellen Farbton getaucht – er ist der Abglanz der Lichtherrlichkeit Gottes in der irdischen Welt. Auch die Arme Gottes, die aus der Wolke herausragen, sind weiß. Die dunkle Wolke verhüllt die Gegenwart Gottes, dessen Anblick kein Mensch ertragen kann (2. Mose 20,21; 2. Mose 33,20; 2. Mose 34,5). Durch das Zugreifen mit den Händen und das lesende Aufnehmen der Botschaft bekommt Mose Anteil an der Lichtherrlichkeit Gottes. Goldgelbe Farbe liegt auf den Tafeln – der Abglanz des Fingers Gottes, der nach chassidischer Tradition die Tafeln bereits vor dem ersten Schöpfungstag beschrieben hat (2. Mose 31,18; 5. Mose 5,22).

Auffällig sind die Lichtstrahlen am Kopf des Mose. Chagall spielt damit auf traditionelle christliche Darstellung des Mose mit Hörnern an. Sie geht auf die biblische Erzählung von 2. Mose 34,29-35 zurück. Dort ist von dem Glanz die Rede, der auf Moses Angesicht lag, nachdem er von Gott die Tafeln des Gesetzes empfangen hatte. Der Mensch, der in Gottes Licht tritt, wird zu einem Spiegel seiner Herrlichkeit. Das hebräische Wort für »glänzen« *(krn)* hat denselben Wortstamm wie das Wort für Horn. Deshalb spricht die lateinische Übersetzung des Mittelalters davon, daß Mose »gehörnt« *(cornuatus)* war, und so wird er auch in vielen Kunstwerken dargestellt. Chagall nimmt diese Darstellungsweise auf, durchbricht sie aber zugleich (vier Lichtstrahlen).

Links oben im Bild beginnt eine erzählende Bewegung: Man erkennt Häuser aus Chagalls Heimatstadt Witebsk. Darunter steht auf einem Sockel das Goldene Kalb. Anders als im Bibeltext (2. Mose 32,1-6) tanzt hier nicht das ganze Volk um das Goldene Kalb, sondern nur wenige Einzelpersonen. Zwei andere scheinen dagegen sogar Mose zuzuwinken – eine liebevolle Charakterisierung der Juden in Witebsk, die nicht dem Goldenen Kalb gehuldigt haben.

Links unten ist das Volk beim Auszug aus Ägypten dargestellt. Auffallend ist das gesichtslose Kind in der Mitte, dessen Kopf und Arme in weißer Farbe gehalten sind. Hier hat der Künstler sich selbst gemalt. Er erinnert sich daran, daß sein Hauptvorname »Mose« war. Die Frau und der Mann neben dem Kind sind wohl Chagalls Eltern. Mit dem Kind korrespondiert – der diagonalen Gestalt des Mose folgend – rechts oben eine weitere Darstellung von Chagalls Eltern mit ihrem kleinen Sprößling. Die Gestalten stehen auf dem Hintergrund der dunklen Wolke, die die Gegenwart Gottes verhüllt.

Rechts unten am Fuß des Berges steht Aaron mit dem brennenden siebenarmigen Leuchter in der Hand. Er gehört mit der Gruppe um das Goldene Kalb zusammen, mit der er durch die Diagonale des heiligen Berges verbunden ist.

Unterhalb des rechten Arms von Mose fliegt ein Engel mit Torarolle in der Hand auf eine jüdische Familie zu. Es handelt sich wiederum um Chagalls eigene Familie. Der Vater blickt auf den Engel – Erinnerung an die vielen Sabbatfeiern in der Familie, die sich Chagall unauslöschlich eingeprägt haben. Der Engel verbindet das biblische Geschehen mit dem jüdischen Glaubensvollzug, in dem von Sabbat zu Sabbat diese Geschichte erneut in der Familiengemeinschaft vergegenwärtigt wird.

26/27 *Mose vor dem brennenden Dornbusch*

Das Bild verbindet zwei große biblische Szenen zu einer Einheit: die Berufung des Mose vor dem brennenden Dornbusch (2. Mose 3–4) und den Durchzug des Volkes durchs Schilfmeer (2. Mose 13,17–14,31).

Mose kniet vor dem Dornbusch; die rechte Hand hat er auf sein Herz gelegt – bis ins Innerste getroffen von dem Wort Gottes, das aus dem Dornbusch heraus an ihn ergeht. Die ganze Gestalt des Mose ist weiß gehalten, und von seinem Kopf gehen die Lichtstrahlen aus (siehe die Erklärung zur vorhergehenden Farbtafel). Beides ist Abglanz der Herrlichkeit Gottes, dem Mose hier begegnet. Die linke Hand und der Kopf des Mose sind zugleich von dem goldenen Lichtschein Gottes berührt.

Rechts neben Mose am Bildrand steht sein Bruder und Gehilfe Aaron im Gewand des Priesters. Darüber sind Schafe zu sehen; Mose hütete die Herde seines Schwiegervaters, als ihn der Ruf Gottes traf. Darüber erscheint im grünen Bereich ein Selbstporträt Chagalls; über ihm schwebt ein Vogel, der den Menschen als Bote Gottes erscheint. Auf diese Weise bringt Chagall seine eigene Berufung zum Künstler in Verbindung mit der Berufung Moses (siehe auch Farbtafel 44).

Im Zentrum des Bildes steht der Dornbusch, dessen Darstellung zugleich an den Lebensbaum erinnert; die rote und gelbe Farbe sind der Widerschein des Feuers. Die kreisförmige Aura über dem Dornbusch nimmt die beiden Farbtöne wieder auf. In ihrer Mitte erscheint die Gestalt eines jugendlichen Engels mit einladend geöffneten Armen, der für die Zuwendung Gottes zu den Menschen steht. Gott offenbart dem Mose seinen Namen – »Ich werde sein, der ich sein werde« (2. Mose 3,14), d.h., ich werde beständig für euch dasein. Der Engel ist die Verbildlichung dieses Namens.

Sein Haar leuchtet golden, die Hände sind in unterschiedliche Rottöne getaucht; sie stehen für Gottes barmherzige Zuwendung einerseits und für seine geheimnisvolle Herrlichkeit andererseits. Obwohl diese das menschliche Vorstellungsvermögen weit übersteigt, eröffnet sie für den Menschen einen bergenden Raum – hier ist es der Schutz vor den herannahenden ägyptischen Truppen. Diese sind im linken unteren Bereich in derselben rotgelben Farbe dargestellt wie der brennende Dornbusch. Die Ägypter können die Herrlichkeit Gottes nicht ertragen; sie erfahren sie als zerstörerische, verheerende Macht.

Im linken Bereich ist Mose an der Spitze des Flüchtlingszuges dargestellt. Sein Gesicht leuchtet in goldenem Glanz. Es ist den Tafeln mit den Geboten zugewandt, die am linken oberen Bildrand dargestellt sind. Das Volk, das hinter ihm herzieht, bildet zugleich den Körper des Mose. Die Wolke Gottes trennt das Volk von den verfolgenden Ägyptern. Mit dem Exodusgeschehen beginnt die Geschichte Israels. Die Urerfahrung, die das Volk hier mit seinem Gott macht, wird es auch in Zukunft begleiten. Die Aufforderung an den Pharao: »Laß mein Volk ziehen« (2. Mose 7,16 und öfter) und die besondere Beziehung zwischen Gott und seinem Volk, die es ihm als seinem eigentlichen Herrscher unterstellt, ist richtungweisend für die Zukunft nicht nur des Volkes Israel, sondern aller Menschen und Völker.

28 *Aaron und der siebenarmige Leuchter*

Die gesamte linke Bildhälfte wird von der Darstellung des siebenarmigen Leuchters eingenommen. In 2. Mose 25,31-39 sind die Anweisungen zu seiner Anfertigung aufgeführt: Der Leuchter soll aus einem Zentner feinen Goldes gefertigt werden, je drei Arme sollen nach beiden Seiten ausgehen. Arme und Schaft sollen mandelblütenförmige Kelche, Knospen und Blüten haben. Der siebenarmige Leuchter soll in der Stiftshütte, dem Zeltheiligtum des Gottesvolkes in der Wüste, als Zeichen für die Gegenwart Gottes vor dem Allerheiligsten aufgestellt werden. Dementsprechend hat Chagall den ganzen Leuchter in den goldgelben Lichtglanz Gottes getaucht, der im oberen Bereich immer intensiver wird. »Licht ist dein Kleid, das du anhast«, heißt es in Psalm 104,2. Die beiden unteren linken Arme des Leuchters sind nicht vollständig ausgeführt. Dadurch wird der Leuchter selbst zum Verweis auf die nicht darstellbare Wirklichkeit Gottes.

Die Gestalt Aarons im rechten Bildbereich schmiegt sich dem Leuchter förmlich an. Durch sein Amt steht er im Dienst Gottes. Das goldgelbe Licht scheint sich vom Leuchter geradezu auf Aaron zu ergießen – von seinem Gesicht bis zu den Händen, die zum priesterlichen Segen ausgebreitet sind. Aaron trägt die kunstvolle Priesterkleidung, die in 2. Mose 28 genau beschrieben ist. Interessant ist, daß das priesterliche Brustschild (2. Mose 28,15-21) in diesem Bild durch die zweiteilige Gesetzestafel ersetzt ist. In der rechten Hand hält Aaron ein Gefäß mit Salböl, das im Gottesdienst Verwendung findet.

Aaron trägt die Züge von Chagalls früh verstorbenem Vater. In der jüdischen Familie wird Aaron beim Sabbatritus durch den Vater verkörpert, so daß das Bild die dankbare Erinnerung des Sohnes an den Vater und den Vermittler des Glaubens vereint. Das rechts neben Aaron angedeutete Frauengesicht skizziert die Mutter, die bei der häuslichen Sabbatfeier ebenfalls wichtige liturgische Funktionen wahrnimmt.

29 *Mirjams Tanz*

Im Mittelpunkt des Bildes steht die barfuß tanzende, das Tamburin schlagende und singende Mirjam, umgeben von anderen tanzenden Frauen, wie es in 2. Mose 15,20-21 beschrieben ist: »Da nahm Mirjam, die Prophetin, Aarons Schwester, eine Pauke in ihre Hand, und alle Frauen folgten ihr nach mit Pauken im Reigen. Und Mirjam sang ihnen vor: Laßt uns dem Herrn singen, denn er hat eine herrliche Tat getan; Roß und Mann hat er ins Meer gestürzt.«

Mirjam im blauen Gewand ist deutlich aus der Gruppe der Frauen herausgehoben. Sie scheint sich dem Himmel entgegenzustrecken. Die »herrliche Tat«, die sie in ihrem Lied besingt, spiegelt sich in ihrer Haltung wider und läßt sie über das Irdische hinauswachsen. Ihr Gesicht mit dem großen Auge ist im Profil gezeichnet; sie ist im Tanz ganz in sich selbst versunken, wie auf eine Stimme lauschend, die nur für sie zu hören ist.

Die Frauen sind festlich gekleidet. In ihren Gewändern sind spiralförmige Muster zu erkennen, die der Bewegung des Tanzes entsprechen. Das Gesicht der linken, in Rot gekleideten Frau zeigt noch die Spuren der überstandenen Flucht. Ihr linkes Auge ist ganz schwarz, während über dem rechten Auge und auf ihren Lippen schon der goldene Glanz des göttlichen Lichtes liegt. Sie steht für die Verwandlung der Klage in Lob, wie sie auch in vielen biblischen Psalmen geschieht. Noch deutlicher liegt der Lichtschein auf dem Gesicht der grüngekleideten Frau rechts neben Mirjam. Wie diese hält sie zwei Tamburine in den hocherhobenen Händen. Die dritte Frau im weißen Kleid mit einem russischen Folkloremuster trägt einen Blumenstrauß in der Hand. Hier wird das Lob des Retters zum Lob des Schöpfers. Die Farben der Gewänder sind nicht zufällig gewählt: Rot ist die Farbe des Blutes und des Leids, Blau steht für die mystische Versenkung und die unverfügbare Zukunft, Grün für Leben und Fruchtbarkeit und Weiß für die Einwohnung von Gottes Segen in der Welt.

Am linken Bildrand, ganz auf goldenem Untergrund, ist der brennende Dornbusch gezeichnet, darüber zwei Botenvögel – Erinnerung an die Berufung des Mose, an der die Prophetin Mirjam hier Anteil erhält.

Am rechten Bildrand erkennt man einen Vogel und ein springendes Tier, das nicht eindeutig zu bestimmen ist, in seiner Bewegung jedoch die Freude über die Befreiung aus Ägypten, aus der Enge des verfolgten Schtetls ausdrückt.

30/31 *Die Wolke des Herrn*

Die Farblithographie aus dem Jahr 1966 ist das Schlußblatt und einzige Doppelbild der 24 Bilder des sog. Exodus-Zyklus. Der Zug der Israeliten durch die Wüste, Moses Anliegen, die Herrlichkeit Gottes zu schauen (2. Mose 33,12-23), und die Entgegennahme der Gesetzestafeln auf dem Berg (2. Mose 24,12-18; 31,18) sind hier in einer Darstellung vereinigt.

Die auffallende weiße Farbgebung für die Gestalt des Mose hängt mit dem Anblick der Herrlichkeit Gottes zusammen. Mose darf zwar nicht Gottes Angesicht schauen, aber er darf »hinter ihm her sehen« (2. Mose 33,23): »Ich will vor deinem Angesicht all meine Güte vorübergehen lassen und will vor dir kundtun den Namen des Herrn: Wem ich gnädig bin, dem bin ich gnädig, und wessen ich mich erbarme, dessen erbarme ich mich.« (2. Mose 33,19) Während die Herrlichkeit Gottes an Mose vorübergeht, soll dieser in einer Felskluft stehen, wo Gott seine Hand über ihn hält (2. Mose 33,22). In diese Offenbarungssituation sieht Chagall sich selbst einbezogen: Direkt unter dem Arm des Mose hat er sich zusammen mit seiner Frau ins Bild gebracht.

In der Diagonale links oben mit Gestalt des Mose verbunden, ist die Wolke Gottes dargestellt, die in demselben hellen Weiß gehalten ist. Darüber schwebt ein Engel mit grünen Flügeln, dessen Arme in einer Segensgeste ausgebreitet sind.

Zwischen der Wolke und Mose auf dem Berg zieht der Zug des Volkes vorbei. An der Spitze des Zuges links vorne ist wiederum Mose dargestellt, in rotem Gewand, mit einem Stecken in der linken Hand, die rechte ist zur Wolke Gottes erhoben. Hinter ihm gehen zwei Männer in grünem Gewand. Der eine trägt eine rote Torarolle mit Davidstern in den Armen; daneben steht Aaron mit seiner Priestermütze. Dahinter ist mit einem angedeuteten Schwert Josua, der spätere Nachfolger von Mose, zu sehen.

Rechts oben im Bild schwebt eine Gestalt, die eine kleinere Person – Kind und Frau zugleich – auf Armen trägt: eine Anspielung auf die Liebesbeziehung Gottes zu seinem Volk, wie sie bei den Propheten, z. B. Hosea 2,21-22, formuliert ist.

Das Bild ist in den Naturfarben der Provence gemalt, kräftiges Gold und Ockertöne konzentrieren sich in der Mitte. Darüber liegt immer wieder die weiße Schlämmkreide, gleichsam als Abglanz des Lichts, das von der Wolke und von Mose ausgeht. Der Offenbarung Gottes entspricht das Bekenntnis des Volkes als Antwort des Glaubens.

32 *Der Tanz um das Goldene Kalb*

Gedämpfte Farben prägen den Eindruck des Bildes: Es dominiert der in marmorierten Erdfarben dargestellte Wüstensand; der in leichtem Blau gezeichnete Himmel wirkt fern und hat nur wenig Anteil an der Komposition. Stumpf wirkt auch das Goldene Kalb, das aus den eingeschmolzenen Ohrringen des Volkes hergestellt wurde. Es gleicht einem Esel, auf dessen teilnahmslos dreinschauendem Gesicht sich die Frage zu malen scheint: Wie kann das Volk Israel nur so dumm sein, mich als seinen Gott anzubeten? Obwohl das Bild auf einem mächtigen Sockel steht, muß dieser von zwei Männern in hellem Gewand im Gleichgewicht gehalten werden – auch dies ein Zeichen für die Halt- und Sinnlosigkeit des ganzen Geschehens.

Der Tanz der Männer und Frauen um das Stierbild wirkt grotesk. Es besteht ein auffälliges Mißverhältnis zwischen den ekstatisch-exaltierten Handbewegungen der Menschen und ihren leblos-starren Blicken. Einzelne Personen ziehen in besonderer Weise die Aufmerksamkeit auf sich: Rechts vom Stierbild ist in dunklem Gewand mit Hut Aaron dargestellt. Seine ungleichen Augen sind Ausdruck eines innerlichen Zerrissenseins: zwar sind die Hände zum Gebet gefaltet, aber im Niederknien ist seine Bewegung erstarrt, unschlüssig, wie er sich jetzt verhalten soll. Hinter dem Kopf der Tierfigur ist in dunkelbraunem Gewand einer der Wortführer zu erkennen, der das Volk für diesen sicht- und greifbaren Gott zu begeistern sucht. Links hinter ihm reckt ein grüngekleideter Mann seine Arme zum Himmel, ein Bein ist in groteskem Winkel weggestreckt.

In der Mitte hinter dem Stierbild steht ein Beter in hellblauem Kleid und mit der russischen Bolschewistenmütze auf dem Kopf. Indem Chagall ihn hier bei den Verehrern des Goldenen Kalbs plaziert, bringt er seine Kritik an den mörderischen Konsequenzen der russischen Revolution zum Ausdruck. Nicht nur sein rotbrauner Bart, sondern auch die Bärte der anderen Männer verfinstern die Mundpartie – sichtbarer Ausdruck dessen, daß sie die Unwahrheit sprechen und das Licht der klaren Weisung Gottes verdunkeln, die lautet: »Höre, Israel, der Herr ist unser Gott, der Herr allein« (5. Mose 6,4), und: »Du sollst dir kein Bildnis machen« (5. Mose 5,8).

Links unten im Bild hat ein Mann in dunkelgrünem Gewand seinen Kopf zum Himmel verdreht. Vor ihm steht ein rotbraun gekleideter Mann mit dem Kopftuch eines Beduinen. In seinem fassungslosen Blick malt sich das Erstaunen darüber, wie schnell das Volk Israel sein Gelöbnis vergessen hat: »Alles, was der Herr gesagt hat, wollen wir tun und darauf hören.« (2. Mose 24,7)

33 *Die Richterin Debora gewinnt Barak zur Aufstellung einer Streitmacht*

Debora (die »Biene«) ist eine der herausragenden Frauengestalten des Alten Testaments. Sie wirkte als Richterin für ganz Israel und erwies sich – wie die »großen Richter« jener Zeit – zugleich als Retterin in einer militärischen Notlage. Nach der Erzählung von Richter 4 hatte sie auch die Funktion einer Prophetin, und die Israeliten gehorchten ihr, weil sie mit dem Geist der Prophetie begabt war. Als »Mutter Israels« ist Debora jedenfalls der Präzendenzfall, auf den sich die Einrichtung eines weiblichen Rabbinats beruft.

Debora gewinnt Barak zur Aufstellung einer Streitmacht, um gegen die militärisch übermächtigen Kanaaniter anzutreten, die das Land seit zwanzig Jahren unterdrücken. Wie beim Untergang der ägyptischen Streitmacht im Schilfmeer greift Gott selbst ein und schenkt seinem Volk den Sieg. Debora stimmt ein Siegeslied an, das zu den ältesten Texten der Bibel gehört (Richter 5).

Chagall stellt Debora unter ihrer Palme sitzend dar. Manche Bibelausleger meinen, Debora habe ihren Amtssitz als Richterin ins Freie verlegt, um nicht ins Gerede zu kommen, wenn ein Mann ihr sein Anliegen vortrug. Trotz der sitzenden Position ist Debora nicht ruhend dargestellt, sondern engagiert auf Barak bezogen, den sie – der göttlichen Weisung folgend – für den Kampf motiviert. Barak steht ihr mit ehrerbietig gesenktem Haupt gegenüber, die Hand aufs Herz gelegt. Von den beiden Hauptpersonen des Bildes ist Debora eindeutig die aktivere. Im Hintergrund sind weitere Gestalten angedeutet, vielleicht Menschen, die auf Deboras richterliche Entscheidung warten.

34 *Noomi und ihre Schwiegertöchter*

Das Buch Rut ist in der Kunstgeschichte immer wieder gestaltet worden, und auch Chagall hat im Jahr 1960 einen kleinen Zyklus von fünf Farblithographien dazu geschaffen, der durch das vorliegende Bild eröffnet wird. Es zeigt Noomi und ihre Schwiegertöchter Rut und Orpa, wie sie über ihren weiteren Lebensweg beraten. Noomi, die im Land der Moabiter ihren Mann und ihre beiden Söhne verloren hat, möchte in ihre Heimat nach Bethlehem zurückkehren. Den Schwiegertöchtern legt sie jedoch nahe, in Moab zu bleiben und sich dort wieder zu verheiraten. Während Orpa ihren Rat befolgt, besteht Rut darauf, bei Noomi zu bleiben: »Wo du hingehst, da will ich auch hingehen; wo du bleibst, da bleibe ich auch. Dein Volk ist mein Volk, und dein Gott ist mein Gott.« (Rut 1,16) Ruts Treue zu Noomi schließt den Übertritt zu deren Glauben mit ein.

Der künstlerische Reiz des Bildes besteht in der Gestaltung der Frauengruppe. Chagall hat als Vorarbeit mehrere Tuschzeichnungen angefertigt, um den adäquaten Ausdruck für die Szene zu finden. Im Vorgriff auf die Rückkehr nach Bethlehem ist der braune Bildhintergrund gezeichnet, der für die fruchtbare Erde Judas steht (Bethlehem heißt wörtlich übersetzt: Haus des Brotes). Das Rot des Sonnenballs ist wie eine erste Andeutung des neuen Lebens, das den beiden Frauen in der Heimat bevorsteht und in der Geburt von Ruts Sohn, dem Großvater von König David, seinen Höhepunkt finden wird. Das »chagallsche« Tier vorne links ist eine Metapher der Begleitung in der Fremde und bei der Rückkehr in die angestammte Heimat.

35 *Ruts Treffen mit Boas*

Zur Zeit der Gerstenernte ist die Moabiterin Rut mit ihrer Schwiegermutter Noomi in deren Heimatstadt Bethlehem zurückgekehrt. Um ihren Lebensunterhalt zu sichern, macht Rut von dem Recht der Fremden, Witwen und Armen Gebrauch, die auf dem Feld liegengebliebenen Ähren aufzulesen. Durch Zufall arbeitet sie auf dem Feld von Boas, der ein Verwandter der Familie ist und ihr außerordentlich großzügig entgegenkommt. Als er erfährt, wer sie ist, gestattet er ihr, bei seinen Mägden zu arbeiten, und gibt seinen Knechten Anweisung, reichlich Getreide für sie liegen zu lassen (Rut 2).

Das Bild hält den Moment der ersten Begegnung von Rut und Boas fest. Den Dialog der beiden hat Chagall in fast tänzerische Armbewegungen umgesetzt. Braun und Rot sind die beherrschenden Farben. Der satte Braunton signalisiert die Fruchtbarkeit der Felder von Bethlehem in Judäa. Die große untergehende Sonne bildet das farbliche Gegengewicht dazu. Da nach jüdischem Verständnis der neue Tag mit dem Sonnenuntergang beginnt, liegt darin zugleich die Vorahnung der unerwarteten Wendung, die das Geschehen nehmen wird.

In der Bildmitte ist Boas in braunem Gewand dargestellt; sein linker Arm ist wie als Antwort auf die Handbewegung Ruts über den Kopf gelegt, mit der rechten Hand scheint er Rut einladend zuzuwinken. Rut tritt ihm in einem schönen, rotgemusterten Kleid entgegen. Sie ist die aktivere und dominierende von beiden. Auf ihrem Haar, ihrem Arm und auf dem Gesicht von Boas liegt das Rot der untergehenden Sonne. In der Darstellung der ersten Begegnung von Rut und Boas bei Chagall kündigt sich bereits ihre spätere Liebesbeziehung an. Boas wird Rut, die Fremde aus Moab, zu seiner geliebten Frau machen. Der Sohn, der aus ihrer Ehe hervorgeht, wird der Großvater von König David sein. Daher hat Rut auch im Stammbaum Jesu im Neuen Testament ihren prominenten Platz (Matthäus 1,5).

Beim Zustandekommen der Ehe spielt Noomi keine unwichtige Rolle. Unterhalb des großen Sonnenballs auf dem helleren braunen Grund ist angedeutet, wie sie Rut ermutigt, sich nachts zu den Füßen von Boas auf dem freien Feld niederzulegen.

36 *Hannas Gebet*

Die Geschichte von Hanna und der wunderbaren Geburt ihres Sohnes Samuel leitet am Anfang des 1. Samuelbuches den Übergang zur Zeit der Könige ein. Beim jährlichen Besuch im Heiligtum in Silo bittet die kinderlose Hanna in stummem Gebet (nur ihre Lippen bewegen sich) Gott um ein Kind, das sie ihm zu weihen verspricht. Der Priester Eli, der sie von fern beobachtet, hält sie für betrunken; doch als er sie anspricht und ihre Geschichte hört, sagt er ihr die Erhörung ihres Gebetes zu. Als der kleine Samuel alt genug ist, bringen seine Eltern ihn zum Heiligtum, damit er in den Dienst Gottes treten kann, und Hanna sagt in einem überschwenglichen Gebet Dank für das, was sie erlebt hat (1. Samuel 2,1-10). Hannas zweites Gebet steht in einer Reihe mit dem Debora-Lied, dem Psalm der erhörten Kinderlosen (Psalm 113) und dem Magnifikat der schwangeren Maria im Lukas-Evangelium (Lukas 1,46-55).

In der Darstellung Chagalls sind die beiden Gebete Hannas zusammengeflossen. Im Mittelpunkt ist Hanna – der Name bedeutet »Gnade, Liebreiz« – groß dargestellt. Ihre Augen sind zum Himmel erhoben, nach dem sie flehend die Hände ausstreckt; der Mund ist zum Gebet geöffnet. Während sie noch betet, sind rechts im Hintergrund drei Kühe dargestellt, die in den alten Kulten des Mittelmeerraums ein Sinnbild der Fruchtbarkeit waren. Von links schmiegt sich die Gestalt des kleinen Samuel an ihr Knie. Das Flehen wird zum Dank: »Mein Herz ist fröhlich in dem Herrn, denn ich freue mich deines Heils.« (1. Samuel 2,1)

Hannas Danklied wird bis zum heutigen Tag am Neujahrsfest als Prophetenlesung in der Synagoge gelesen. Sie gilt als Prophetin, weil sie zuerst Gott als »Herr Zebaoth« (Herr der Heerscharen) bezeichnete (1. Samuel 1,11). Ihr tonloses Gebet im Heiligtum wurde zum Vorbild für das stille Gebet des einzelnen und der Gemeinde in der Synagoge wie in der Kirche.

37 *David und Batseba*

König David, der Jerusalem zur Hauptstadt Israels machte und die Bundeslade dorthin brachte, gehört zu den populärsten Gestalten der hebräischen Bibel. In 2. Samuel 11–12 wird die Geschichte von seiner Liebe zu Batseba, der Frau des Hetiters Uria, erzählt. Durch diese Liebe verstrickt David sich in schwere Schuld – er läßt Uria töten und heiratet Batseba. Als Strafe für diese Schuld läßt Gott das erste Kind, das aus dieser Verbindung hervorgeht, sterben, doch der zweite Sohn der beiden ist Salomo, der David auf dem Königsthron nachfolgen wird.

Chagall hat in seiner Lithographie David und Batseba zu einem Gesicht und Porträt verschmolzen. Ihre Gesichter heben sich hell von dem irdisch-erdigen Hintergrund ab. Die weiße Schlämmkreide, in der die Gesichter ausgeführt sind, wird von Chagall häufig verwendet, um die Gegenwart von Gottes Segen anzuzeigen. David ist auf dem Bild als Dichter und Sänger der Psalmen dargestellt. Seine rechte Hand, die halb violett und halb rötlich-braun gezeichnet ist, ruht auf den Saiten einer Lyra.

An die rechte Wange des Königs schmiegt sich ein brauner Engel, der fast mit dem Untergrund verschmilzt. Über dem Gesicht sitzt in blauem Gewand der Prophet Nathan. Er liest in der Tora, die als aufgeschlagenes Buch vor ihm liegt. Von der rechten Seite her fliegt ein in Rot- und Goldtönen ausgeführter Engel auf ihn zu. Er steht für das Handeln Gottes in der Geschichte, der Nathan zu David schickt und ihn zu Einsicht und Umkehr bewegt: »Da sprach David zu Nathan: Ich habe gesündigt gegen den Herrn. Nathan sprach zu David: So hat auch der Herr deine Sünde weggenommen; du wirst nicht sterben.« (2. Samuel 12,13)

38 *Davids Turm*

Das Bild zeigt den großen König David, hebräisch »melech Israel«, wie es im Volkslied heißt, mit seiner Lyra. Seine Gestalt ist auf der linken Seite groß ins Bild gerückt (der Kopf und die Füße reichen fast bis zum Rand). Mit seinem grünen Hut, den weißen Strümpfen und dem leuchtend bunten Gewand scheint er wie für einen Auftritt im Zirkus (Welt) gekleidet, die er mit seinen Liedern und Psalmen erfreut.

Fast klein wirkt daneben die Stadtmauer Jerusalems mit der Davidszitadelle in der Mitte des Bildes. Die Stadt ist in dunklen Farben gehalten. Nur ein Dreieck, das in Form und Farbe mit der Lyra korrespondiert, ist durch seine strahlend gelbe Farbe hervorgehoben – ein Bild gewordener Dreiklang. Rechts daneben reckt der Lebensbaum seine Zweige in den Himmel, darunter der Widder, der an die Geschichte von Abrahams Versuchung (1. Mose 22; siehe Farbtafeln 14/15) erinnert.

Von oben nähert sich der Stadt eine Gruppe von Menschen – Pilger, Heimkehrer oder die Vertreter der Völker, die am Ende der Zeiten zum Zion wallfahrten sollen (Jesaja 2,2-3). Über der Stadt schweben in einem hellen Bildausschnitt der jugendliche David und Batseba als sich liebendes Paar.

Über dem Ganzen fliegt ein in Grün- und Blautönen gehaltener Engel, über dem nur als Kontur auf dem dunklen Untergrund ein zweites Gesicht auftaucht. Mit ausgebreiteten Armen scheint er sich auf den Sänger zuzubewegen – in einer Geste der Liebe und des Segens.

39 *David mit der Harfe*

Die Farblithographie des Harfe spielenden Königs David ist eines von Chagalls bekanntesten Werken. Es ist ein Hoheslied auf die Musik, die in der Lage ist, im irdischen Leben die himmlische Harmonie fühlbar und spürbar zu machen: den Menschen in Einklang zu bringen mit Gott. Liebevoll hält David seine Lyra umfangen. Er trägt ein auffälliges rot-violettes Königsgewand, dessen Farbe symbolische Bedeutung hat: Rot steht für das (blutvolle) irdische Leben, das sich hier mit dem Blau der Himmelssphäre zu einem intensiven Violett verbindet.

Davids Arme und Hände sind so gezeichnet, daß beim Betrachten des Bildes sein Harfenspiel hörbar zu werden scheint. Der rechte Arm greift schwungvoll ausladend zu dem Instrument, die Finger (man sieht nur dreieinhalb) zupfen gekonnt die Saiten und laden die Zuschauer/Zuhörer zum Mitsingen und Mitbeten des Psalters ein. Auf Gesicht und Händen des Künstlers liegt der helle Lichtglanz, der den Segen Gottes auf seinem Tun anzeigt.

40 *David und Absalom*

Das Bild zeigt Davids Trauer über den Tod seines aufrührerischen Sohnes Absalom: »Mein Sohn, mein Sohn Absalom! Wollte Gott, ich wäre für dich gestorben!« (2. Samuel 19,1) Links oben im Bild ist auf grünem Hintergrund das Ende Absaloms dargestellt. Nachdem er seinen Vater aus Jerusalem vertrieben und sich selbst zum König gemacht hatte, wird Absaloms Heer zuletzt von den Truppen Davids gestellt und besiegt. Absalom bleibt mit seinen langen Haaren an den Ästen einer Eiche hängen; das Maultier, auf dem er geritten ist, läuft unter ihm weg. Obwohl David vor dem Kampf befohlen hatte, Absaloms Leben zu schonen, tötet Davids Heerführer den Königssohn. Die Nachricht von seinem Tod versetzt David in tiefe Trauer und Depression.

Chagall hat die Trauer des Königs ergreifend ins Bild gesetzt. Die rechte Hand ist dabei, sein Gesicht zu verhüllen, die linke ist nach Absalom ausgestreckt, der als Traumbild und doch greifbar real vor ihm kniet. Die Gestalt des Königs ist dunkel umschattet, nur auf seinem Gesicht und seinen Händen liegt ein goldener Lichtschein – Gott hat ihn auch im tiefsten Leid nicht verlassen. Davids Trauer entspricht der dunkel-violette Hintergrund des Bildes. Vorn am rechten Bildrand ist ein Kerzenleuchter angedeutet.

Absalom kniet vor seinem Vater, als wolle er ihn um Vergebung bitten. Sein Haar, dessen Fülle die biblische Geschichte ausdrücklich hervorhebt (2. Samuel 14,26) und das ihm schließlich zum Verhängnis wird, ist wundersam blau gemalt. Dieselbe Farbe kehrt auch in Davids Königskrone wieder. Die ganze Szene setzt Davids Sehnsucht nach Versöhnung mit seinem Sohn ins Bild. Das Bild weckt die Erinnerung an die Darstellung von Abraham an der Opferstätte, wo der Widder als Opfertier ebenfalls unter einem grünen Baum gezeigt wird (siehe Farbtafeln 14/15). Chagall hat mit dieser erträumten Begegnung von David und Absalom die Versöhnung als Aufgabe gestaltet, die das ganze Menschenleben umfaßt.

41 *Salomos Gebet*

Das Bild zeigt König Salomo bei seinem Gebet anläßlich der Einweihung des Tempels in Jerusalem, den er bauen ließ: »Laß deine Augen offenstehen über diesem Hause Nacht und Tag, über der Stätte, von der du gesagt hast: Da soll mein Name sein. Du wollest hören das Gebet, das dein Knecht an dieser Stätte betet.« (1. Könige 8,29) Im Vordergrund hält eine Hand (die des Künstlers?) ein geöffnetes Gebetbuch. Denen, die das Bild betrachten, ist es einladend zum Lesen hingestreckt. Eine weiße Ziege schaut vorne rechts im Bild ebenfalls in das Buch.

Salomo erhebt seine Arme zum Gebet so ekstatisch-schwungvoll in die Höhe, daß ihm fast die Königskrone vom Kopf zu fallen droht. Die Darstellung ist in chassidischer Tradition von einem der Lieblingsworte Chagalls aus dem Propheten Jeremia inspiriert: »Dein Wort ist meines Herzens Freude und Trost.« (Jeremia 15,16)

Korrespondierend zu der Gebetsgeste Salomos ist mit einem schwarzen und weißen Bogenstrich der Segensbund Gottes mit Noah ins Bild gesetzt. Der von Salomo errichtete Tempel in Jerusalem hat als Ort, den Gott auserwählt hat und wo sein Name wohnt, Bedeutung für alle Völker. Links oben fliegt ein Engel auf den König zu, der Gottes Antwort auf Salomos Gebet anzeigt. Freude an Gott heißt für Chagall, daß er mit seinen künstlerischen Mitteln Gebet und Gebetserhörung zugleich ins Bild setzen kann. Darunter ist ein Leuchter mit brennenden Kerzen zu sehen, deren Lichtglanz von Noahs Regenbogen zu kommen scheint und so für das Weiterwirken des göttlichen Segens in Raum und Zeit steht.

Links vorne im Bild sind die Grabsteine von Marc Chagalls Eltern mit hebräischer Inschrift zu sehen; darüber die heimatlichen Häuser von Witebsk, die von Hitlers Soldaten in Brand gesteckt wurden. Rechts oben im Bild kehren auf dem kräftig violetten Hintergrund die elterlichen Grabsteine wieder, diesmal sind dazu auch die Gesichter angedeutet. Obwohl in Chagalls Elternhaus das Wort »Künstler« eher ein Fremdwort war, wußte er sich doch zeit seines Lebens innig mit seinen Eltern verbunden: »Wenn meine Kunst auch im Leben meiner Eltern gar keine Rolle spielte, so hat dafür ihr Leben und ihr Schaffen meine Kunst stark beeinflußt.« (Mein Leben, S. 17)

42 *Ester*

Das Buch Ester gibt einen Einblick in die gefährdete Lage jener Juden, die nach der Rückkehr eines Teils der Verbannten nach Jerusalem weiterhin unter fremden Völkern zerstreut lebten. Es erzählt die Geschichte von dem jüdischen Mädchen Ester, die der persische König Ahasveros (Xerxes) wegen ihrer Klugheit und Schönheit zur Frau nimmt, während ihr Vormund Mordechai zum Großwesir des Landes aufsteigt. Beide vereiteln eine Judenverfolgung, die der Minister Haman in Gang setzen will, und sorgen dafür, daß die Feinde des jüdischen Volkes hart bestraft werden. Zur Erinnerung an diese Ereignisse wird das Purim-Fest eingesetzt, das unserem Fasching ähnelt.

Ester ist eine sehr populäre Gestalt im Judentum. An jedem Purim-Fest wird in der Synagoge die Esterrolle auch von Frauen gelesen. Schüler der Toraschulen führen auf der Straße Theaterspiele über Haman, Mordechai und Ester auf, was Chagall wohl aus Witebsk vertraut gewesen ist.

Auf zartgrauem Hintergrund gemalt, ist Ester eine der elegantesten Frauengestalten Marc Chagalls. Der Künstler zeichnet sie in einem festlichen weißen Gewand mit zarten Punkten. Die Gesichtszüge erinnern an seine 1944 verstorbene erste Frau Bella. Die Königin ist mit einer Halskette geschmückt und gepudert, wie es ihrem Rang entspricht.

Die Szene ist in Paris angesiedelt, links im Hintergrund erkennt man das Pantheon, rechts die Kirche St. Michel. Rechts im Vordergrund steht eine Männergestalt mit gefalteten Händen. Es ist Mordechai, den Chagall mit den Zügen seines Vaters ausgestattet hat. Links neben Ester wächst ein Baum mit schwarzen Blättern, vielleicht ein Hinweis auf die Situation der gefährdeten Minderheit. Ein kleines Volk in einer feindlichen Umwelt, nach menschlichem Ermessen ohne Hoffnung auf Rettung: das war die Lage des Judentums schon damals – und durch seine ganze weitere Geschichte. Angesichts dieser Lage weist die Geschichte von Ester hin auf den, der hinter allen Herrschern der Welt steht und seine Pläne ausführt, nicht automatisch, sondern durch Menschen, die ihm die Treue halten.

43 *Hiob*

Vom Buch Hiob ist vielen nur die Rahmenerzählung gegenwärtig, die ihn als Inbegriff eines Menschen schildert, der geduldig und gottergeben alles Leiden erträgt und dafür am Ende reichlich belohnt wird. Weniger bekannt ist der Mittelteil des Hiobbuches, die Hiobdichtung, in der seine Freunde ihn bedrängen, Gott seine Schuld einzugestehen. Hiob, der sich keiner Schuld bewußt ist, wehrt sich leidenschaftlich gegen dieses Ansinnen und fordert schließlich Gott selbst zum öffentlichen Gerichtsverfahren heraus – Hiob als rechtschaffener Rebell: »So wahr Gott lebt, der mir mein Recht verweigert, und der Allmächtige, der meine Seele betrübt – solange noch mein Odem in mir ist und der Hauch von Gott in meiner Nase –: meine Lippen reden nichts Unrechtes, und meine Zunge sagt keinen Betrug. Das sei ferne von mir, daß ich euch recht gebe; bis mein Ende kommt, will ich nicht weichen von meiner Unschuld.« (Hiob 27,2-5)

Chagall hat beide Seiten Hiobs, den geduldig Leidenden wie den frommen Rebellen, in seinem Gemälde dargestellt; es dominiert jedoch der Leidende. Hiob ist in verschiedenen Posen ins Bild gebracht. Er ist an der violetten Farbe erkennbar, die bei Chagall oft die Verbindung von himmlischer und irdischer Welt signalisiert. Links unten sitzt der bibellesende Hiob, der aus dem Studium von Gottes Wort die Kraft zu Widerstand und Ergebung zieht. Am rechten Bildrand ist groß der leidende Hiob gemalt. Die Darstellung, die an eine Kreuzabnahme erinnert, läßt an Jesajas Weissagung vom leidenden Gottesknecht denken, die wie ein Reflex auf die Auseinandersetzung zwischen Hiob und seinen Freunden klingt: »Er war der Allerverachtetste und Unwerteste, voller Schmerzen und Krankheit. Er war so verachtet, daß man das Angesicht vor ihm verbarg; darum haben wir ihn für nichts geachtet. Fürwahr, er trug unsre Krankheit und lud auf sich unsre Schmerzen. Wir aber hielten ihn für den, der geplagt und von Gott geschlagen und gemartert wäre.« (Jesaja 53,3-4) Wie ein Echo auf das Schicksal von Hiob ist deshalb links im Hintergrund auch der Gekreuzigte gezeichnet, vor ihm in bunten Farben das Volk Gottes, die Gesichter dem leidenden Hiob zugewandt. Viele zeigen mit den Händen auf ihn, als wollten sie ihn verspotten. In dem freien Raum zwischen Hiob und dem Volk stehen die Freunde und Hiobs Frau, die voll Unverständnis auf ihn einreden.

Zu denen, die anklagend auf den Leidenden zeigen, gehört auch Hiob selbst. Klein und einsam steht er vor dem weiß-goldenen Hintergrund in der Bildmitte, hat doch seine Anklage grundlegend anderen Charakter als die der übrigen, denn sie richtet sich gegen Gott selbst, der das unschuldige Leiden des Gerechten zuläßt.

In Kontrast dazu und zugleich als Antwort auf Hiobs Anklage ist hinter dem Leidenden im roten Gewand des Mitleids noch einmal seine Frau dargestellt, die ihm in einem Krug Erfrischung und Linderung reicht. Ihr Tun wird vom Himmel her bestätigt, von wo ein blauer Engel mit goldenem Schofarhorn die Gerechtigkeit dieses Menschen verkündet und eine weiße Schriftrolle seine Treue zu Gottes Wort unterstreicht. Gott selbst steht zu dem Leidenden, ja er nimmt an seinem Leiden Anteil und verleiht ihm dadurch seinen tiefsten Sinn. So hat auch der jüdische Philosoph Martin Buber betont, daß das Problem des treuen Gottesrebellen durch die reine Tatsache des Erscheinens Gottes gelöst wird. Das Beispiel Hiobs zeigt, daß der Zweifel an Gott beinahe zum Gottesglauben dazugehört. Hiobs unzerstörbarer Glaube auch in Zeiten völliger Gottesfinsternis (»Ich weiß, daß mein Erlöser lebt«, Hiob 19,25) verdient zu Recht die Bezeichnung »Gottvertrauen«.

Gerade als Vorbild für das unerschütterliche Ausharren bei Gott und das Vertrauen auf das Ende der Finsternis und den Wiederbeginn einer vertrauten Beziehung von Gott und Mensch ist Hiob für die Menschen des 20. Jahrhunderts so bedeutungsvoll. Zutiefst anrührend zeigt die kleine Szene der Versöhnung zwischen Hiob und seiner Frau rechts unten im Vordergrund, daß der wiederhergestellten Gottesbeziehung die wiederhergestellte Beziehung zwischen den Menschen entspricht.

44 *Bezalel*

Das 2. Buch Mose widmet fünf Kapitel (2. Mose 35,30–39,42) einem Künstler: Bezalel aus dem Stamm Juda, der zusammen mit Oholiab vom Stamm Dan für die Herstellung und Ausstattung der Stiftshütte, dem Heiligtum des Gottesvolkes in der Wüste, verantwortlich ist. In Gottes Auftrag werden die beiden Künstler von Mose berufen. Gott erfüllt sie mit seinem Geist, daß sie »weise, verständig und geschickt« seien »zu jedem Werk, kunstreich zu arbeiten in Gold, Silber und Kupfer, Edelsteine zu schneiden und einzusetzen, Holz zu schnitzen, um jede kunstreiche Arbeit zu vollbringen.« (2. Mose 35,31-33) Dazu kommt noch »die Gabe zu unterweisen.« (35,34)

Chagall hat Bezalel groß in die rechte Bildhälfte gemalt. Seine Größe ist Ausdruck seiner künstlerischen Begabung und Vielseitigkeit. Der Künstler ist zwar sitzend dargestellt, doch fehlt der Handwerksschemel, auf dem er Platz genommen hat. Frei von aller Erdenschwere scheint er gleichsam zu schweben. Rembrandt, dem Chagall sich in seiner künstlerischen Existenz verpflichtet fühlte, hat einmal gesagt, daß das künstlerische Tun eine Art Losgelöstsein von der bleiernen Erdenschwere und Auffahrt zum Himmel sei.

Bezalel ist auffällig jugendlich dargestellt. Das entspricht Chagalls Lebenserfahrung, daß die schöpferische Tätigkeit dem Künstler nur gelingen kann, wenn er innerlich jung ist. Bezalels Kopf ist im Profil gemalt. Sein Blick ist nicht auf den von ihm kunstvoll hergestellten Leuchter gerichtet, sondern selbstvergessen nach innen. Es ist ein mystisches Schauen, von Chagall dadurch ins Bild gebracht, daß das linke Auge des Künstlers auf goldenem Untergrund nebem seinem Antlitz erscheint. Durch die Wendung des Kopfes, die das Ohr nach vorn richtet, deutet Chagall zugleich an, daß dem künstlerischen Schaffen Bezalels nicht nur das Schauen, sondern zuerst das Hören auf Gottes Weisung zugrunde liegt. Nur aufgrund dieser Weisung kann Bezalel die Kunstwerke für das Heiligtum schaffen.

Im linken oberen Bildbereich, durch die Diagonale mit dem Künstler verbunden, schwebt ein Paradiesvogel. Er ist auf dem goldenen Hintergrund gemalt, der den göttlichen Bereich symbolisiert. Der Vogel, der als Bote Gottes Weisung weitergibt, scheint Bezalel direkt ins Ohr zu sprechen. Auffällig ist die Krone, die der Vogel auf seinem Kopf trägt und die ihm königliche Würde verleiht. Zwischen dem Vogel und dem Künstler steht der feuerrote Sonnenkreis. In ihn ist der Davidstern eingezeichnet, das Symbol jüdischer Identität. Es steht für den Bund der Liebe und Treue, den Gott mit seinem Volk geschlossen hat. Darum ist in der Mitte der hebräische Gottesname zu lesen (siehe die Erklärung bei Farbtafeln 26/27). Aus der Berührung des Vogels und des Davidsterns heraus ergießen sich die Farben des Regenbogens – Rot, Gelb, Grün und Blau – über das Bild und erinnern an den Bundesschluß Gottes mit Noah nach der Sintflut.

Bezalels Kleidung nimmt die Grün- und Blautöne auf. Grün ist die Farbe des Lebens und der Fruchtbarkeit, Blau steht für den Himmel und die zukünftige Wirklichkeit. Zu Bezalels Aufgabe gehört die Anfertigung der Priestergewänder, die besonders schön und prächtig sein müssen. Sein eigenes Gewand nimmt die Erfüllung dieser Aufgabe vorweg.

Bezalels rechte Hand, sein Ohr und sein (mystisches) linkes Auge sind in die gelbe Farbbahn eingebettet, die das Licht der göttlichen Herrlichkeit widerspiegelt. Ein Abglanz davon liegt auch auf seiner linken Hand, die den Zirkel hält. Auffällig ist der Unterschied zwischen der wohlgeformten linken und der fast plump wirkenden rechten Hand, die auf den roten Kreis deutet. Chagall bringt damit zum Ausdruck, daß das Gelingen des künstlerischen Schaffens nicht allein menschlichen Fähigkeiten, sondern der Inspiration und Führung Gottes zu verdanken ist.

In der linken unteren Bildecke steht der siebenarmige Leuchter, den Bezalel gerade fertiggestellt hat. Wie häufig auf den Bildern von Chagall sind nicht alle sieben Arme des Leuchters ausgeführt. Darüber sind ganz im goldenen Bereich zwei kleine Löwen mit lustigen menschlichen Gesichtern zu sehen. Zwischen ihnen schwebt eine goldene Krone. Die Löwen sind das traditionelle Symbol für den Stamm Juda, aus dem der messianische König kommen soll. Über den Löwen sind unter einem Zeltdach zwei segnende Hände dargestellt, die an den aaronitischen Segen (4. Mose 6,24-26) erinnern.

45 *Psalm*

Das mit »Psalm« übertitelte Gemälde ist nicht die Darstellung eines Einzelpsalms, sondern ein ins Bild gesetzter Hymnus auf den biblischen Psalter und seine Bedeutung für die Glaubenden. Die Aneignung des Psalters ist neben dem Rezitieren des Glaubensbekenntnisses aus 5. Mose 6,4 der wichtigste Ausdruck jüdischer Frömmigkeit und Gottverbundenheit. Das hebräische Wort für »Psalter« *(tehillim)* bedeutet »Loblieder«; die griechische Bezeichnung »Psalter« meint das Saiteninstrument, auf dem die Psalmen ursprünglich begleitet wurden. Das jüdische Gebetbuch, der Siddur, besteht zu einem Großteil aus Psalmen und Psalmversen. Das Psalmgebet hat seinen Ort nicht nur an den Festtagen, sondern auch an den Werktagen und prägt so das ganze Leben der Familie.

Dementsprechend hat Chagall in der linken unteren Bildecke eine Familie gemalt, die psalmodierend – wie bei der Rast während einer Wanderung – mit dem Rücken gegeneinander sitzt. Der Schofarbläser läßt vermuten, daß Chagall dabei an einen der großen Festtage gedacht hat. Daneben ist ein grüngekleideter Mann dargestellt, der – die Torarolle fest ans Herz gedrückt – tief ins Gebet versunken ist. Über die Diagonale ist rechts oben im Bild der Harfe spielende König David mit dieser Gruppe verbunden, der als Schöpfer eines Großteils der Psalmen gilt. Er ist ganz in Blau gehalten; hinter ihm ist Batseba zu sehen, die Mutter Salomos.

Mit der blauen Farbe Davids korrespondiert die Gestalt des Mose, der groß am linken Bildrand gezeigt ist. Auf seinem Gesicht und seinen Händen liegt der göttliche Lichtglanz, der bis zu dem Gewand hin ausstrahlt und dessen Farbe von Blau über Violett bis ins Rot hinüberspielen läßt. Mose steht auf dem Gottesberg; seine rechte Hand deutet auf zwei weiße Tafeln mit den Zehn Geboten, die von Gold und Grün umrahmt sind.

Der Zusammenhang von Mose und David ist nicht zufällig. In einem Gedicht über die als Märtyrer gestorbenen Künstler schreibt Chagall:

> Während ich so stehe
> steigt aus der Tiefe meiner Bilder
> David mit seiner Harfe zu mir herab.
> Er will mir beistehen, wenn ich weine,
> er stimmt Psalmen mit mir an.
> Und nach ihm erscheint Mose und sagt:
> »Ihr braucht niemand mehr zu fürchten.«
> Er befiehlt euch, ruhig zu bleiben
> bis er von neuem die Tafeln aus Stein beschrieben hat
> für eine neue Welt. (Poèmes, S. 104)

Die rote Sonne mit den goldenen Strahlen verweist auf Gottes Gegenwart für diejenigen, die in das Psalmgebet einstimmen. Darüber spannt sich als Zeichen von Gottes Bund mit den Menschen der Regenbogen aus der Sintflutgeschichte, der hier mit seinen Bögen nur angedeutet und mit drei großen kobaltblauen Farbtupfen versehen ist. So gestaltet Chagall das Bekenntnis der Zuversicht, wie es etwa in Psalm 27,1 formuliert ist: »Der Herr ist mein Licht und mein Heil; vor wem sollte ich mich fürchten? Der Herr ist meines Lebens Kraft; vor wem sollte mir grauen?« Am rechten Ende des Regenbogens ist ein Liebespaar angedeutet. Die Frau bringt ihre Liebe durch das Flötenspiel zum Ausdruck. Ein erfülltes Menschenleben unter dem Segen Gottes zeichnet sich durch gelingende Liebe aus.

Vorn rechts ist das Volk Israel auf seiner Wanderung durch die Wüste dargestellt. Die Gruppe wird von Abraham angeführt, der ein Opfertier auf dem Arm trägt. Neben ihm ist die heilige Familie zu erkennen, dahinter folgen ein weinender Mann in blauem Gewand mit Brustschild, das an Aaron und die Leviten denken läßt, und ein rotgekleideter Prophet, der in einem Buch liest. Oberhalb von Abraham ist die größere Gestalt eines jungen bärtigen Mannes zu erkennen, der sich Mose zuwendet. Über diese Figur, die vielleicht für Jakob-Israel steht, nimmt Chagall diejenigen mit ins Bild hinein, die betrachtend davorstehen. Mose wiederum verweist Jakob auf die Tafeln, das Licht der Sonne und den Regenbogen und damit auf den Schutz Gottes, der ihm Heimat schenkt.

Über dem Kopf des Mose ist in rotem Gewand seine Schwester Mirjam dargestellt, die auf dem Regenbogen zu tanzen scheint und durch ihren Tanz die Kerzen auf dem Leuchter entzündet. Das Licht des Leuchters fällt auf die Stadt Jerusalem, die an der in Grün gehaltenen Davidszitadelle zu erkennen ist. Mit dem brennenden Leuchter trägt Mirjam gleichsam die Gebete der Menschen nach Jerusalem. Sie tanzt dem König David und seiner Frau Batseba entgegen; von allen Seiten strömt das Volk herbei, um ihrer Darbietung zuzuschauen. Ebenso wie Davids Harfe macht Mirjams Tanz die musikalische Vortragsweise der Psalmen sichtbar. Der Satz des heiligen Benedikt: »Bis orat, qui cantat« (zweifach betet, wer singt), unterstreicht die Bedeutung dieser Dimension.

Zur Musik kommt bei Chagall die Malerei. So zeigt er am linken Bildrand den Maler, der seine Staffelei vor der Stadtmauer Jerusalems aufgebaut hat. Hinter der tanzenden Mirjam tritt ein Psalmleser ins Bild. Er wird von den Strahlen berührt, die vom Kopf des Mose ausgehen (siehe dazu bei Farbtafel 25) und läßt an eine Gedichtzeile von Marc Chagall denken, in der es über Mose heißt: »Mose leuchtet von ferne immer heller, seit langem berühren mich seine Strahlen.« (Poèmes, S. 85)

46 *Dein Wort ist meines Fußes Leuchte (Psalm 119,105)*

Das Glasfenster ist eine Komposition von drei Motiven auf leuchtend blauem Hintergrund: Im Zentrum steht der Sabbatleuchter mit fünf brennenden Kerzen, darüber schwebt aus dem Himmel ein Engel herbei, der eine aufgeschlagene Bibel in den Händen vor sich herträgt, darunter sitzt ein Bibelleser im roten Gewand.

Vergleicht man das fertige Glasbild mit der Makette, die Chagall dafür angefertigt hat, so fällt auf, daß die Vorarbeit deutlich die Gebetskapsel erkennen läßt, die zentrale Texte der hebräischen Bibel (2. Mose 13,1-16; 5. Mose 6,4-5 und 11,13-21) enthält und die der Beter auf der Stirn trägt. Auf dem ausgeführten Bild fehlt dieses Element. Der Bibelleser sitzt auf grünem Untergrund, der sich von der sonstigen blauen Farbe des Fensters deutlich abhebt. Baut er durch das Bibelstudium sein Haus auf festen Grund, dem der Platzregen nichts anhaben kann, wie es im Gleichnis vom Hausbau am Schluß der Bergpredigt beschrieben ist (Matthäus 7,24-27)?

Der Leser ist dem Leuchter zugewandt, um dessen Fuß herum die blaue Farbe dem lichten Weiß Platz macht, das bei Chagall für die Gegenwart Gottes steht. »In deinem Lichte sehen wir das Licht«, heißt es in Psalm 36,10. Der Sabbatleuchter steht für Gottes Licht, durch das die Menschen die nötige Orientierung für ihr Leben gewinnen. Die räumliche Nähe zwischen den Füßen des Beters und dem Fuß des Leuchters erscheint wie eine unmittelbare Umsetzung des Wortes von Psalm 119,105.

Der Blick des Engels ist auf die Schöpfungsgeschichte und die Geschichte der Mütter und Väter des Glaubens gerichtet, die auf den gegenüberliegenden Glasfenstern dargestellt ist. Faßt man den Bibelleser und den Engel zusammen ins Auge, so scheinen sich ihre Blicke auf halbem Weg in der weiß-blau dargestellten mittleren Kerze des Leuchters zu treffen.

In der Maßwerkkrone des Kirchenfensters, die hier nicht abgebildet ist, schließt die Silhouette von Jerusalem die Komposition ab. Damit stellt Chagall die Verbindung her zu Jesajas Vision von den Völkern, die »zur letzten Zeit« zum Zion wallfahrten: »Kommt, laßt uns auf den Berg des Herrn gehen, daß er uns lehre seine Wege und wir wandeln auf seinen Steigen!« (Jesaja 2,3)

47 *Der Baum des Lebens*

Seit 1266 waren Franziskanermönche im lothringischen Sarrebourg ansässig. Kloster und Kirche sind im Lauf der Jahrhunderte verschwunden; nur der Chor und ein Teil des Kirchenschiffs sind übriggeblieben. Im Jahr 1970 beschloß die Stadtverwaltung, das Hauptschiff der Kirche zugunsten eines neuen Stadtbebauungsplans abzureißen; der Chor stand jedoch unter Denkmalschutz. Um die durch den Abriß entstandene »Wunde« in der Kirche zu schließen, wandte sich der Bürgermeister und lothringische Parlamentsabgeordnete Pierre Messmer 1974 an Marc Chagall und bat ihn um die Gestaltung eines farbigen Kirchenfensters. Dieser nahm den Auftrag an und schuf mit Hilfe des Glaskünstlers Charles Marq in Reims ein Kirchenfenster für die Westwand, das 1976 eingeweiht wurde. Ein Jahr später ergänzte Chagall die Kapelle durch acht weitere farbige Fenster im Chorraum, 1978 folgte als Abschluß eine Rosette.

Der franziskanischen Spiritualität entsprechend, wählte Chagall für das große Fenster das Motiv des Lebensbaums, das er mit der Darstellung des messianischen Friedens verband. Die Grundfarbe ist ein intensives Lapislazuliblau. Auf der Abschlußwand des Kirchenraums markiert es zugleich die Grenze zwischen der natürlich-sinnenhaften Welt und der geistlichen Welt der Meditation und der Nähe zu Gott. Aus dem blauen Untergrund wächst in leuchtenden Farben der Lebensbaum empor: Kräftiges Rot, goldenes Gelb und lebendiges Grün sind darin vereinigt.

Das Bild vom Lebensbaum steht am Anfang und Ende der Bibel in der Paradieserzählung (1. Mose 2,9) und in der Vision vom himmlischen Jerusalem (Offenbarung 22,2). Aber auch die Erwartung des kommenden Messias ist mit dem Bild des Baumes verbunden (Hesekiel 17,22-23).

Unten am Stamm des Baumes und fast mit dem blauen Untergrund verschmolzen, steht eine Mutter mit ihrem Kind im Arm. Der mächtige Lebensbaum scheint geradezu aus dieser Szene hervorzuwachsen, die an eine Weihnachtsdarstellung erinnert.

Mitten in der Baumkrone sind Adam und Eva in inniger Vertrautheit einander zugewandt. Doch der Frieden der Szene ist schon bedroht. Rechts neben dem Urpaar ringelt sich die Schlange, und Adam hält die Frucht in der Hand, deren Genuß die Vertreibung der Menschen aus dem Paradies der Unschuld zur Folge haben wird. Der Sündenfall ist jedoch nicht das Ende von Gottes Heilswillen mit den Menschen: In der Diagonalen rechts unten im Baum mit Adam und Eva verbunden, ist Mose mit den charakteristischen Strahlen auf dem Kopf dargestellt, der mit den Gesetzestafeln Gottes Wegweisung für den rechten Lebensweg übermittelt. In der tief dunkelblauen Zone im Zentrum des Lebensbaums ist in einer Dreiecksstruktur das traditionelle Auge Gottes als Ausdruck seiner Gegenwart angedeutet.

Im unteren Bereich des Fensters ist eine von grünen Bergen umgebene Stadt zu erkennen, vielleicht Sarrebourg selbst mit den nahen Vogesen. Die drei Hirsche, die dort weiden, verbinden die Assoziation an das Stadtwappen (das drei halbe Geweihe zeigt) mit dem Wort des Psalmisten: »Wie der Hirsch lechzt nach frischem Wasser, so schreit meine Seele, Gott, zu dir.« (Psalm 42,2)

Rechts von dem Lebensbaum verkündet ein Prophet – vielleicht ist es Hesekiel, vielleicht aber auch Jesaja – der aus Lothringen stammenden Jungfrau von Orleans die Botschaft vom Kommen des Messias. Darüber steht Jesajas Vision vom Friedenskönig und seinem Reich (Jesaja 9 und 11; siehe auch Farbtafel 53). Über dieser Gruppe hat Chagall noch einmal eine freundliche Reminiszenz an Lothringen ins Bild gebracht – das Portrait eines lächelnden Lothringer Mädchens mit der traditionellen Haube.

Links unten neben dem Lebensbaum hat Chagall den Einzug in Jerusalem gestaltet. Zu denen, die den Messiaskönig auf seinem Esel begrüßen, gehört auch König David mit seiner Harfe. Im oberen Bereich des Fensters schließt sich eine Darstellung der Kreuzigung an. Von links ist eine Leiter an das Kreuz gelehnt, Joseph von Arimathäa hat sie erstiegen, um Jesus vom Kreuz herabzunehmen. In dem Bildmotiv klingt jedoch zugleich auch die Erinnerung an die Himmelsleiter an, die in Jakobs Traum Himmel und Erde verbindet (1. Mose 28,10-15; siehe auch Farbtafeln 18/19). Von rechts fliegt ein Engel zu dem Gekreuzigten herab. Die grüne Fläche zwischen ihm und dem Arm Jesu wirkt wie eine Verheißung neuen Lebens.

Neben dem Kreuz ist auf der einen Seite Maria mit dem Jesuskind dargestellt. Die männliche Gestalt auf der anderen Seite ist wohl nicht der traditionelle Lieblingsjünger, sondern einer der Propheten, vielleicht Jesaja, der den leidenden Gottesknecht verkündet hat. Direkt unter den Kreuzesstamm hat Chagall Abraham plaziert, der für die Menschen von Sodom bittet (1. Mose 18,16-33).

In der Mitte über dem Baum weist eine Gestalt mit der Geste des Lehrers (vielleicht ebenfalls ein Prophet) auf einen brennenden Leuchter mit drei Kerzen, vor dem sich friedlich ein Tier niedergelassen hat. Vielleicht darf man bei den drei Kerzen an die drei Religionen Judentum, Christentum und Islam denken, die sich dem heiligen Berg Gottes in Jerusalem zuwenden. Das Tier ist nicht genau zu identifizieren; am ehesten erinnert es an den Widder, den Abraham an Isaaks Stelle opferte (1. Mose 22; siehe Farbtafeln 14/15). Gebannt lauschen die Zuhörer der Botschaft vom Frieden; links hinter dem Propheten stiebt ein Reiter davon, um sie in die Welt zu tragen – der Gedanke an die Friedensboten aus Jesaja 52,7 liegt nahe. Rechts von der Gruppe erscheinen die Gesetzestafeln zwischen zwei Vögeln und weisen auf die Gabe des göttlichen Gesetzes hin, das am Ende der Zeit den Menschen ins Herz geschrieben wird (Jeremia 31,33).

48 *Der Geiger (Der Sabbat)*

In dem Bild, das unter dem Titel »Der Geiger« bekannt geworden ist, obwohl es auch »Der Sabbat« genannt werden könnte, hat Chagall liebevolle Erinnerungen an seine Kindheit in Witebsk festgehalten. Zwei Episoden, von denen er in seiner Autobiographie berichtet, sind in der Komposition zusammengeflossen. Die eine handelt von Chagalls Großvater. Chagall hat sie selbst nur gehört. »Oder ich hab es vielleicht geträumt. Am Fest ›Sukkot‹ (Laubhüttenfest) oder ›Simchat-Tora‹ (Freude über Gottes Gesetz). Man sucht ihn überall. Wo ist er? Wo ist er nur? Es stellte sich heraus, daß der Großvater bei dem schönen Wetter, das damals war, das Dach erklommen hatte, dort auf dem Schornstein saß und sich an Mohrrüben gütlich tat. Als Bild nicht schlecht.« (Mein Leben, S. 16)

Die zweite Episode betrifft Chagalls Onkel Neuch: »Jeden Sonnabend legte Onkel Neuch einen Tallis (Gebetsmantel) an, irgendeinen, und las mit lauter

Stimme die Bibel. Er spielt Geige, wie ein Schuster. Der Großvater hörte ihm zu und träumte … Der Pope schläft und hinter ihm, hinter seinem Haus, die Leere, die Geister. Aber mein Onkel spielt Geige. Er, der den ganzen Tag die Kühe in den Stall führte, sie hinter sich herschleifte mit zusammengebundenen Beinen, spielt jetzt, spielt das Lied vom Rabbi. Einerlei, wie er spielt. Lächelnd versuche ich mich auf seiner Geige, springe in seine Taschen, auf seine Nase. Er brummt wie eine Fliege. Nur mein Kopf schwebt leise durchs Zimmer. Die Decke wird durchsichtig. Wolken und blaue Sterne dringen herein, zugleich mit dem Geruch von Äckern, Stall und Straßen. Ich will schlafen.« (Mein Leben, S. 20)

Das Bild strahlt das Gefühl der Geborgenheit aus, das Chagall als Kind beim sabbatlichen Geigenspiel seines Onkels empfunden hat. Mit einem Fuß steht der Geiger auf dem schneebedeckten Hausdach, mit dem anderen in der weißrussischen Winterlandschaft von Witebsk. Unten im Bild hat der winterliche Schnee eine goldgelbe Farbe angenommen – Widerschein der Herrlichkeit Gottes, der am Sabbat mit seinem Volk den Sinaibund feiert und bekräftigt. Die goldene Farbe kehrt auch auf der Geige wieder. Mit dem Gelb korrespondiert das Grün der Lebenshoffnung auf der Landschaft und besonders in dem kräftigen Grünton, in dem das Gesicht des Geigenspielers gehalten ist. Über seinem Kopf erscheint am blauen Nachthimmel eine wiederum goldene Gestalt, als lauschten sogar die Engel dem Lied, das hier erklingt.

Links im Bild hat sich Marc Chagall selbst gemalt, und zwar als Figur mit drei Köpfen: dem eines kleinen Jungen, eines Jugendlichen und eines jungen Mannes. Darin erweist er dem Onkel Respekt, der ihm mit seinem Verhalten am Sabbat etwas von der Sabbattradition der Chassidim (der im 18. Jahrhundert in Osteuropa entstandenen jüdischen Erweckungsbewegung) vermittelt hat. Die Sabbaterfahrungen von damals haben den Künstler sein Leben lang begleitet, sowohl in seine zweite Heimat Frankreich als auch in das amerikanische Exil während des Zweiten Weltkriegs. Sie haben ihn bestärkt und getröstet. »Wer sich offen zur Tora und zum Sabbat bekennt, zu dem bekennen sich auch die Tora und der Sabbat«, heißt es in einem chassidischen Sprichwort.

Rechts unten im Bild ist der Lebensbaum aus dem Paradies zu erkennen, auf dem verschiedene Vögel dem Geigenspiel lauschen und mitsingen. Die Häuser der Stadt sind hell erleuchtet, als würden auch dort die sabbatfeiernden Menschen dankbar auf die Musik hören.

49 *Lege mich wie ein Siegel auf dein Herz (Hoheslied 8,6)*

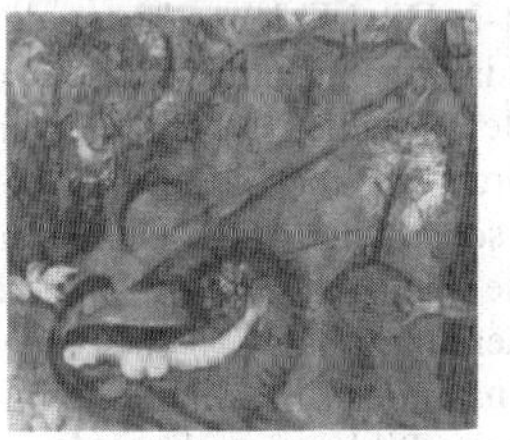

Marc Chagall hat die fünf Ölbilder für den Zyklus zum Hohenlied zwischen 1957 und 1966 gearbeitet. Sie hängen in einem eigens dafür geschaffenen sechseckigen Raum im Chagall-Museum in Nizza.

Das Hohelied hat wie kein anderes Buch der hebräischen Bibel die Phantasie der Poeten und Maler aller Zeiten beflügelt. Zum lauten Vortrag oder Singen besser geeignet als zur stillen Lektüre, vermeint man darin den Atem der Liebenden zu hören: einmal langsam, dann wieder schnell, einmal um Luft ringend, dann wieder zufrieden ausatmend. So liest sich das Hohelied wie ein dankbar-staunendes Echo auf den Schluß des Schöpfungsberichtes in 1. Mose 2,22-25.

Verschiedentlich hat man versucht, das Hohelied als eine Art Singspiel zu verstehen, das im Rahmen der Hochzeitsfeierlichkeiten aufgeführt wurde. Die vielen spielerischen Elemente scheinen in diese Richtung zu weisen. Die Liebenden treten in Verkleidungen auf: der junge Mann als »Salomo« oder als »König«, das Mädchen als »Fürstentochter«, beide als »Hirten« und »Gärtner«; eine Reihe von Nebenfiguren umrahmt das Geschehen: die »Mutter«, die »Brüder«, die »Töchter Jerusalems«, die »Gefährten« des jungen Mannes. Aber die einzelnen Lieder ergeben keinen logischen Ablauf.

Die Überschrift in 1,1 nennt als Verfasser des Buchs den König Salomo, der in der Tradition als der beispielhafte Weisheitslehrer und Dichter von »tausendundfünf Liedern« (1. Könige 5,12) gilt. Der im gleichen Vers erscheinende Titel »Hoheslied« bedeutet wörtlich »Lied der Lieder«, d.h. das schönste Lied.

Rot ist die beherrschende Farbe auf allen fünf Bildern von Chagalls Zyklus zum Hohenlied. Es ist die Farbe des Blutes und des Lebens selbst, der brennenden Kraft der Liebe, die »stark wie der Tod« ist (Hoheslied 8,6). Als auffälligstes Element der Komposition zieht die weiß gemalte Braut auf dem ersten Bild des Zyklus zunächst die Aufmerksamkeit auf sich. Die Darstellung weckt unwillkürlich die Assoziation an die erste Hälfte des eben zitierten Verses: »Lege mich wie ein Siegel auf dein Herz, wie ein Siegel auf deinen Arm«. In der ausgestreckten Hand hält die Braut den Hochzeitsstrauß; ihr sehnsüchtiger Blick ist auf das geöffnete Buch gerichtet, dessen Kontur in der Bildecke links unten zart neben der Signatur des Malers hervortritt und das wahrscheinlich das Hohelied selbst ist. Die Umrisse der Liebenden verschmelzen zur Gestalt eines Hahnes, dem Symbol des göttlichen Schutzes, unter dem ihre Liebe steht.

Über dem Kopf des Bräutigams wirbt ein weißer Vogel mit seinem Gesang um die Liebste. Zusammen mit dem weißen Fabeltier in dem kleinen Paradiesbaum am rechten Bildrand (das Einhorn der Legende als

Symbol der Reinheit?) ist er der Braut in einer Dreiecksstruktur farblich zugeordnet, die im Bildaufbau immer wiederkehrt. Vielleicht ist damit die »Durchsichtigkeit« der menschlichen Liebe auf die göttliche Liebesbeziehung zur Welt angedeutet, die im Verständnis des Hohenlieds als Allegorie auf Gottes Beziehung zu seinem Volk oder die Beziehung Christi zu seiner Kirche ihren Niederschlag gefunden hat.

Die Liebenden sind von der blühenden Natur umgeben, die paradiesische Fülle und Fruchtbarkeit zeigt: »Die Blumen sind aufgegangen im Lande, der Lenz ist herbeigekommen. Der Feigenbaum hat Knoten gewonnen, und die Reben duften mit ihren Blüten.« (Hoheslied 2,12-13) Vor allem die linke obere Bildecke ist als Zone üppiger Fruchtbarkeit gestaltet, die aus einem großen Paradiesbaum herauswächst. Musikanten und Tiere bevölkern diese Baumkrone. Am linken Bildrand ist der Kopf eines Flötenspielers sichtbar, darüber ein Leierspieler mit Vogelgesicht; neben ihm sitzt ein weiterer orpheusähnlicher Flötenspieler, der den poetischen Gehalt des Hohenliedes ins Musikalische zu übersetzen scheint. Auffallend ist das durch die Komplementärfarben Blau und Gelb aufeinander bezogene Hirschpaar: »Wende dich her gleich einer Gazelle, mein Freund, oder gleich einem jungen Hirsch auf den Balsambergen.« (Hoheslied 2,17)

Am Rand dieser Blütenzone ist nackt die Braut des Hohenlieds dargestellt, deren Körper ganz in Rot gehalten ist. Hier hat Chagall Sulamith ins Bild gesetzt, wie sie in Hoheslied 7,2-6 beschrieben ist: »Die Rundung deiner Hüfte ist wie ein Halsgeschmeide. Dein Schoß ist wie ein runder Becher. Deine beiden Brüste sind wie junge Zwillinge von Gazellen. Dein Hals ist wie ein Turm von Elfenbein. Das Haar auf deinem Haupt ist wie Purpur; ein König liegt in deinen Locken gefangen.« Sulamith ist die Verkörperung der Liebessehnsucht, was durch das Symboltier über ihr (eine Kuh, die nach ihrem Gefährten ruft) noch verstärkt wird. Ihr Blick ist über die Schulter dem einsamen Hirten unter dem gelb-weiß blühenden Baum in der rechten Bildhälfte zugewandt.

Zwischen beiden ruht als Traumbild von der Erfüllung ihrer Sehnsucht das königliche Hochzeitspaar. Der blau gezeichnete Bräutigam ist durch seine Krone als Salomo gekennzeichnet. Durch ein schmales rotes Dreieck sind die beiden in der Diagonale mit dem Brautpaar aus dem Bildvordergrund verbunden.

In der rechten oberen Bildecke steht Salomos Königsthron, geschmückt mit den beiden Löwen, die das Symbol des Stammes Juda sind. Der Thron ist noch leer; er wartet auf den kommenden Messias, der ihn mit dem Licht der Liebe erfüllen wird (siehe die Mondsichel neben dem Thron). Daneben greift die Hand Gottes nach dem Davidstern, der für seinen Bund mit dem auserwählten Volk steht: »Wie sich ein Bräutigam freut über die Braut, so wird sich dein Gott über dich freuen.« (Jesaja 62,5) Auch der kleine weißflüglige Engel daneben zeugt von der liebenden Zuwendung Gottes zur Welt.

Wie das königliche Paar ist auch der flötenspielende Hirte durch eine Dreiecksstruktur mit dem Hochzeitspaar im Bildvordergrund verbunden. Der biblische Bezug ist Hoheslied 6,1-2: Die Mädchen bieten der Braut an, ihren Bräutigam für sie zu suchen. Doch sie wehrt ab: »Mein Freund ist hinabgegangen in seinen Garten, zu den Balsambeeten, daß er weide in den Gärten und Lilien pflücke. Mein Freund ist mein, und ich bin sein, der unter den Lilien weidet.« – Der Freund soll ausschließlich ihr gehören; wie auch sie ausschließlich für ihn da sein will. Sie selbst ist der »Garten«, zu dem er gegangen ist, dort soll er auch »Weide« finden.

Über den rechten Bildrand zieht sich die Silhouette von Witebsk. In der Mitte wächst aus ihr eine nackte Frau mit aufgelöstem Haar hervor. Sie erinnert an die Darstellungen der im amerikanischen Exil verstorbenen Bella Chagall, an deren Liebe sich der Maler zeit seines Lebens und auch nach der Eheschließung mit Valentina Brodsky (Vava) dankbar erinnerte: Die schon durch die Farbgebung des Bildes ausgelöste Assoziation kehrt wieder: »Liebe ist stark wie der Tod und Leidenschaft unwiderstehlich wie das Totenreich.« (Hoheslied 8,6)

50 *Ich schlief, aber mein Herz war wach (Hoheslied 5,2)*

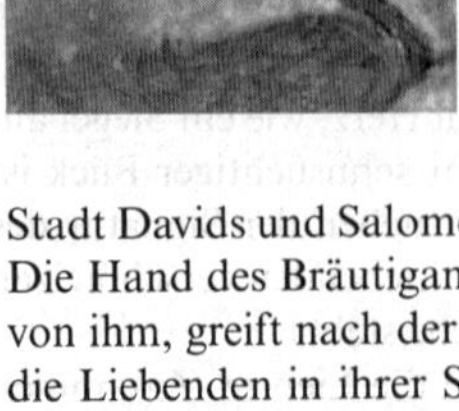

Der Paradiesbaum mit seinen fein gezeichneten Blüten und Blättern ist zum Lager geworden, auf dem die Braut sich zur Ruhe gebettet hat. Ein zarter heller Kreis umgibt ihn wie eine schützende Fruchtblase das Kind im Mutterleib. Er markiert den Bereich des Traums, in dem die unter- und unbewußte Seite des Menschen regiert. Mit wachem Blick ragt groß der Kopf eines Esels aus den Blättern hervor; er steht für das wache Herz des Mädchens, das im Schlaf den Geliebten sucht. Dieser ist ganz nahe bei ihr. Sein Kopf taucht neben ihrem Körper aus der Baumkrone auf.

Unterhalb der Träumenden hat Chagall die Silhouette Jerusalems gemalt, die Stadt Davids und Salomos, die Schauplatz des Hohenlieds ist und in der die Liebe ihren besonderen Ort hat. Die Hand des Bräutigams, anatomisch im richtigen Winkel zu seinem Gesicht, aber in irrealer Entfernung von ihm, greift nach der Mondsichel, dem uralten mythologischen Symbol des Weiblichen. Träumend sind die Liebenden in ihrer Sehnsucht nach einander vereint, ohne jedoch davon zu wissen: Weder nimmt der Blick des Esels das Gesicht des Bräutigams wahr, noch erreicht die Hand des Bräutigams den Mond.

Deshalb ruft die Braut die »Töchter Jerusalems« zu Hilfe, die in der linken oberen Bildecke angedeutet sind: »Ich beschwöre euch, ihr Töchter Jerusalems, findet ihr meinen Freund, so sagt ihm, daß ich vor Liebe krank bin.« (Hoheslied 5,8)

Auch auf diesem Bild hat Chagall die Liebenden ein zweites Mal dargestellt. In ein festliches goldenes Gewand gekleidet, schmiegt Sulamith sich an den Stamm des Paradiesbaums. Die Schafe und Ziegen zu ihren Füßen stehen für den Garten, in dem der Geliebte Weide finden soll (Hoheslied 6,2 – siehe auch die Erklärung zur vorhergehenden Farbtafel). Salomo als königlicher Bräutigam schwebt von Flügeln getragen und mit einer goldenen Lyra von oben zu ihr herab.

Am rechten Bildrand wartet wieder der von den Löwen Judas umgebene leere Thron, der für den kommenden Messias bereitsteht. Von rechts oben ragt ein umgedrehter Baum ins Bild, dessen Grün sich von dem dominierenden Rot deutlich abhebt. So wird er zum Symbol für die lebenspendende Macht der Liebe, die ein vom Himmel her gegebenes Geschenk Gottes an die Menschen ist.

51 *Am Tage seiner Hochzeit (Hoheslied 3,11)*

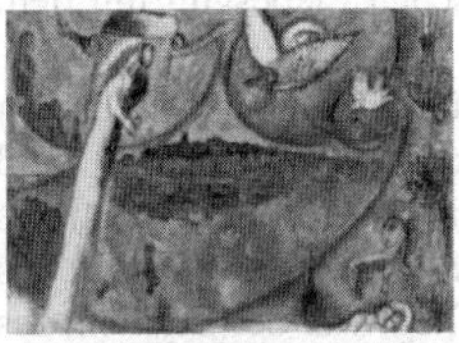

Ihr Töchter Jerusalems, kommt heraus
und sehet, ihr Töchter Zions,
den König Salomo mit der Krone,
mit der ihn seine Mutter gekrönt hat
am Tage seiner Hochzeit,
am Tage der Freude seines Herzens. (Hoheslied 3,11)

Das Bild zeigt die königliche Hochzeit, in der die Sehnsucht der Liebenden ihre Erfüllung findet. Überdimensional groß hat Chagall das Brautpaar gemalt, die weißgekleidete Braut noch größer als den Bräutigam in seinem blauen Anzug. Die Macht der Liebe läßt sie gleichsam über sich hinauswachsen und macht Sulamith zur Königin, die Erde und Himmel verbindet. Vom Himmel her senkt sich, von zwei schwebenden Gestalten getragen, der Hochzeitsbaldachin auf das Brautpaar herab, sichtbarer Ausdruck des göttlichen Segens, unter dem die Verbindung der Liebenden steht. Da Segen im Alten Testament untrennbar mit reicher Nachkommenschaft verbunden ist, wird das Bild durch die Symbole weiblicher Fruchtbarkeit – Brüste und Mutterschoß – strukturiert.

Das Brautpaar ist von Sinnbildern hochzeitlicher Freude umgeben. Links unten sind die Töchter Jerusalems gezeigt, die sich musizierend und Geschenke herbeibringend zum Hochzeitszug aufstellen. Am linken oberen Bildrand hat Chagall sich selbst als jungen Maler und seine Schwestern in den Brautzug eingereiht. Rechts oben fliegen der Sabbatengel mit dem brennenden Leuchter und der Schofar blasende Engel des Festtages herbei. Die weiße Sichel des Mondes scheint über dem einen auf, während der andere von einem weißen Vogel begleitet wird. Am rechten Bildrand schwebt der bunte Hahn herbei, auf dem Rücken trägt er einen Artisten im Handstand, der die Trompete blast. Zusammen mit dem Maler am linken Bildrand rahmt er als zweite Symbolfigur künstlerischer Existenz das Geschehen ein. Die Ekstase der Liebe und der Kunst sind gleichsam Geschwister, die den Menschen von der Erdenschwere des Alltags befreien.

Am unteren Bildrand ist das Paar noch einmal in liebender Vereinigung dargestellt. Ihre Körper sind untrennbar miteinander verschmolzen; nur die beiden Gesichter zeigen noch, daß es sich um zwei Personen handelt. In derselben Geste wie auf dem im Zyklus vorausgehenden Bild der träumenden Braut hat diese den Arm erhoben, in dessen Biegung sich der Kopf des Bräutigams schmiegt. Das Paar liegt unter Bäumen, die in voller Blütenpracht stehen und wie üppige Brautsträuße wirken. Zwischen ihnen erscheint, nur zart angedeutet, noch einmal nackt die Gestalt der Braut, die hier an Eva im Paradies erinnert. Neben ihr ist der gekrönte Löwe Juda als Symbol für Salomo gezeichnet, der das Bild über die Einmaligkeit der Situation hinaus für die Menschen künftiger Zeiten öffnet. Die grüne Farbe des Lebens und der goldene Lichtschein der göttlichen Welt liegen auf seinem Körper und Kopf und strahlen auf die Gesichter des darunter liegenden Liebespaares aus.

Im Mittelteil des Bildes sind die beiden Städte dargestellt, die zu den Lebensmittelpunkten Chagalls gehören: die provenzalische Bischofsstadt Vence, wo Chagall mit seiner zweiten Frau Vava neues Glück erleben durfte, und das mit seiner ersten Frau Bella verbundene Witebsk. Beide sind wie ein Spiegelbild im Teich der Erinnerung miteinander verbunden. Das Glück der frühen Jahre und die Erfüllung des reifen Lebens schließen sich zur untrennbaren Einheit zusammen. In der charakteristischen Kirche von Witebsk kehrt der das Bild akzentuierende Akkord von Gelb und Grün wieder. Am Himmel über der Stadt spiegeln sich auch die Mondsichel und der weiße Vogel. Daneben – und wie die gespiegelte Stadt auf dem Kopf stehend – zieht der jüdische Wanderrabbi seinen Weg und wird zum Symbol für die Kontinuität des väterlichen Glaubens, der den Künstler auf seinem Lebensweg begleitet und getragen hat.

52 *Zieh mich dir nach, so wollen wir laufen (Hoheslied 1,4)*

Von den durch einen zarten weißen Schleier eher gedämpft wirkenden Rottönen der vorherigen Bilder des Zyklus zum Hohenlied hebt sich das vierte Bild durch sein intensives Karminrot ab. Chagall hat die Bildfläche durch ständig wechselnde Farbdichte in den einzelnen Segmenten strukturiert. Während im unteren Bereich das Rot durch einen relativ hohen Schwarzanteil gedämpft ist, verleiht der zunehmende Anteil von Gelb dem oberen Bereich wachsende Leuchtkraft.

Das geflügelte weiße Pferd, das die Brautleute auf seinem Rücken davonträgt, hebt sich vor dem roten Hintergrund so deutlich ab, daß es regelrecht zu schweben scheint. Das geflügelte Pferd Pegasus der antiken Sage ist in der Neuzeit zum Symbol für die Dichtkunst geworden, und so hat Chagall es auch in seine Darstellung aufgenommen. Der Pegasus steht für die poetische Kraft des Hohenlieds, das von Liebe nicht nur erzählt, sondern die Empfindungen der Liebe bei denen weckt, die es hören oder lesen. Indem es so die Macht der Liebe spürbar werden läßt, erhebt es die Menschen und bringt sie ihrem Schöpfer näher, der ihnen die Fähigkeit zur Liebe als schönste Gabe geschenkt hat. So vereinigt der Pegasus auch in seinen beiden verschieden farbigen Flügeln das Rot der irdischen Liebesglut mit dem goldenen Glanz der göttlichen Herrlichkeit.

Bei genauerem Hinsehen zeigt sich, daß das Brautpaar nicht auf dem Pferderücken sitzt, sondern – an den Körper des Pegasus gelehnt – mit ihm in eins verschmilzt. Dementsprechend korrespondieren das Weiß des Brautgewandes und das Kobaltblau, in das der königliche Bräutigam gekleidet ist, mit dem Weiß des Pferdes und dem Blau seiner Mähne. In den Vorderhufen hält das Tier den blau-weißen Brautstrauß, als seien seine Beine die Verlängerung der Arme der Braut; und ihr langer Schleier fliegt wie der Schweif des Pferdes hinter ihm her. Braut und Bräutigam sind einander in inniger Umarmung zugewandt, wie es in Hoheslied 8,3 beschrieben ist: »Seine Linke liegt unter meinem Haupt, und seine Rechte herzt mich.« Die Augen des Königs sind geschlossen, während die von Sulamith weit geöffnet sind.

Damit korrespondieren die beiden Gesichter des rechts unten im Bild dargestellten Paars. Was die Braut sich am Anfang des Hohenliedes wünscht, ist Wirklichkeit geworden: »Er küsse mich mit dem Kusse seines Mundes; denn deine Liebe ist lieblicher als Wein.« (Hoheslied 1,2) Auf dem Haar der Braut liegt der Widerschein des goldenen Lichts, das vom Flügel des Pegasus ausgeht. So gesehen zeigt das Bild des Paars auf dem Pegasus die Bedeutung der liebenden Begegnung zweier Menschen in der Realität des Lebens: Das Irdische wird transparent für das Himmlische, die menschliche Liebe gerät zum Gleichnis für Gottes Liebe zu seiner Schöpfung.

Die Verbindung zwischen Himmel und Erde wird durch die Motive an den Rändern des Bildes noch unterstrichen. Von links oben schwebt ein Schofar blasender Engel zur Erde herab. Sein Schall findet sein Echo im Lied des blauen Lyraspielers. Über ihm ist die heilige Familie gezeichnet, darunter die tanzende Mirjam, deren Bewegung die gotterfüllte Ekstase der chassidischen Tänze widerspiegelt.

Am rechten Bildrand reckt der an den Brautstrauß erinnernde blaue Blütenbaum seine Zweige in den Himmel. Darüber scheint der auf dem Kopf stehende violette Hahn vor Freude einen Purzelbaum zu schlagen. Mit ihm hat Chagall auch in dieses Bild eine Reminiszenz an seine frühe Liebe zu Bella aufgenommen. Vielleicht ist sie auch mit der rechts daneben gezeichneten Frauengestalt gemeint, die sich an ihren eigenen Haaren zum Himmel emporzieht.

Die breite Mittelzone dazwischen wird von dem Bild des festlichen Jerusalem eingenommen, in dem die Menschen zu einer ausgelassenen Hochzeitsfeier zusammengekommen sind. Weitere Tänzer und Instrumentalisten werden sichtbar; ein Mann bläst das Schofar; davor wird der brennende Kerzenleuchter herbeigetragen. Ein Mann mit Mütze hält ein Buch, wahrscheinlich das Hohelied selbst, das im Judentum vor jedem Sabbatbeginn gelesen wird. Vor ihm ist ein Rabbiner mit Gebetsriemen und Torarolle dargestellt; auch der Wanderer mit seinem Sack fehlt nicht. Und wieder ist der Maler selbst mit seiner Palette unter den Gästen anwesend: Er hat Anteil an dem Fest der Liebe, das er mit den künstlerischen Mitteln des Bildes gestaltet und an dem teilzuhaben er die Menschen einlädt.

53 *Der Frieden mit der Natur*

Die großartige Vision des Propheten Jesaja vom Friedensreich, das unter der gerechten Herrschaft des Messias entstehen wird, umfaßt nicht nur den menschlichen Bereich, sondern auch das Verhältnis von Mensch und Natur. Wie im Paradies werden die wilden Tiere und die Menschen friedlich zusammenleben:

Da werden die Wölfe bei den Lämmern wohnen
und die Panther bei den Böcken lagern.
Ein kleiner Knabe wird Kälber und junge Löwen
und Mastvieh miteinander treiben.
Kühe und Bären werden zusammen weiden,
daß ihre Jungen beieinander liegen,
und Löwen werden Stroh fressen wie die Rinder.
Und ein Säugling wird spielen am Loch der Otter,
und ein entwöhntes Kind wird seine Hand stecken
in die Höhle der Natter. (Jesaja 11,6-8)

Chagall hat für seine Darstellung dieser Friedensvision einen Kreis als Bildrahmen gewählt, der den visionären Charakter des Gezeigten unterstreicht. Oben im Bild erscheint Gott selbst in Gestalt eines Engels. Die Flügel erinnern an eine geöffnete Torarolle. Die Arme des Gottesengels sind segnend ausgebreitet. Unter ihm sind die spielenden Tiere versammelt: der mächtige Löwe mit menschenähnlichem Gesicht, ein Schaf, eine Kuh, eine in ebenfalls menschlich anmutender Gebärde aufgerichtete Bärenmutter, deren Junges mit dem Zicklein Reigen zu tanzen scheint.

Im unteren Bildbereich sind die Tiere um den messianischen König gruppiert, der nicht zufällig als Hirtenknabe gemalt ist. Damit schlägt Chagall die Brücke zu der Verheißung von Jesaja 9,5-6:

Uns ist ein Kind geboren,
ein Sohn ist uns gegeben,
und die Herrschaft ruht auf seiner Schulter;
und er heißt Wunder-Rat, Gott-Held,
Ewig-Vater, Friede-Fürst;
auf daß seine Herrschaft groß werde
und des Friedens kein Ende
auf dem Thron Davids und in seinem Königreich.

Die Aureole um den Kopf des Jungen ist Ausdruck des göttlichen Segens, der ihn umgibt. Ein gutmütig dreinschauender Wolf schmiegt sich an sein Bein; zwei Ziegen sind rechts und links daneben angeordnet. Vom rechten Bildrand her schaut neugierig ein junger Wolf ins Bild, daneben sitzt ein wohlgenährtes Kleinkind, das seine Hand zu der riesig über ihm aufragenden Schlange ausstreckt. Die Schlange ist in der Bibel ein zwiespältiges Symbol: Von der Sündenfallgeschichte her ist sie einerseits zum biblischen Urbild der Versuchung zum Abfall von Gott geworden, durch die Erinnerung an die »eherne Schlange«, deren Anblick Leben rettete (4.Mose 21,4-9), hat sie andererseits immer auch einen positiven Aspekt bewahrt. In der Vision vom Frieden mit der Natur ist dieser Zwiespalt überwunden: In einer beschützenden Geste wendet die Schlange sich dem Kind zu und folgt seiner Aufforderung zum Spiel.

Unter der Herrschaft des Friedenskönigs können bisherige Feinde friedlich auf der gleichen Weide beieinander sein. Nicht der Feind wird überwunden, sondern das Feindsein. Es sucht auch nicht das schwächere Tier Schutz bei dem stärkeren, was den Frieden von der Gunst des Stärkeren abhängig machen würde, sondern es ist die von dem Messias verwirklichte Rechtsordnung, die das Schwache aufrichtet und die Macht des Starken begrenzt.

Chagall hat Jesajas Vision vom kommenden Friedenskönig (Jesaja 9) und seinem Reich (Jesaja 11) in den sechziger Jahren noch einmal an zwei prominenten Orten gestaltet: in einem der drei großen Wandteppiche für die Knesset in Jerusalem und in dem Glasfenster für das UNO-Gebäude in New York, das er dem Andenken an Dag Hammarskjöld gewidmet hat.

54 *Gott verheißt seinem Volk eine neue Gnadenzeit (Jesaja 54,7-10)*

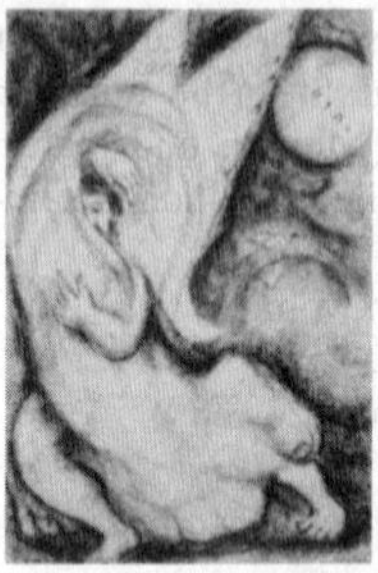

Das Bild zeigt eine nackte menschliche Gestalt, die wie in ein bergendes großes Gewand gehüllt wird, das sich dynamisch in weitem Faltenwurf um sie legt. Vom Kopf ist nur die linke Hälfte des Gesichts zu sehen, das dem Betrachter fragend-erstaunt zugewandt ist. Der rechte Arm ist über den Kopf gelegt, der linke greift aus dem Gewand heraus und ist mit erhobenem Zeigefinger nach oben gerichtet. Mit kräftigem Schritt stemmt sich der Mann in die Erde. Die Darstellung erinnert an einen Moment überstandener Gefährdung, in der die Geborgenheit bei Gott überraschend und neu erfahren wird. Vielleicht schwingt hier etwas von dem Kampf Jakobs mit dem Engel mit, der von einer solchen Gottesbegegnung erzählt (1. Mose 32,23-33; siehe auch Farbtafel 20).

Die Gestalt des Engels ist gleichsam hinter dem Gewand verborgen. Nur die Flügel ragen darüber hinaus und stellen die Verbindung her zu einem Kreis rechts oben, der sich hell von dem dunklen Hintergrund abhebt. Darin ist mit hebräischen Buchstaben der Gottesname geschrieben (siehe Farbtafeln 26/27). So steht der Kreis für die Gegenwart Gottes, die das Dunkel der Welt erhellt. Die Form des Kreises korrespondiert mit dem von einem Engel gehaltenen Regenbogen etwas tiefer im Bild, der an Gottes Bund mit Noah erinnert (Jesaja 54,9). Die Segensverheißung für alle Völker, die in dem Regenbogensymbol anklingt, findet ihre Erfüllung in dem neuen Bund des Friedens: »Es sollen wohl Berge weichen und Hügel hinfallen, aber meine Gnade soll nicht von dir weichen, und der Bund meines Friedens soll nicht hinfallen, spricht der Herr, dein Erbarmer.« (Jesaja 54,10)

55 *Der Mensch auf dem rechten Weg (Jesaja 58,6-12)*

Die Radierung zeigt einen Menschen, der von einem Engel geführt wird. Die rechte Hand des Engels greift nach hinten zur linken Hand des Menschen, der sie haltsuchend ergreift. Auch das Gesicht des Engels ist nach hinten dem Menschen zugewandt. Dagegen schreiten seine Füße nach vorn in die Zukunft Gottes, nach der auch der linke Arm des Engels ausgreift.

Die rechte Hand des Menschen liegt auf seinem Herzen, dem Organ, das für die göttliche Führung offen ist und sich von ihr leiten läßt. Die Füße des Menschen, vor allem der dunkel gehaltene rechte Fuß, scheinen noch tastend nach dem Weg zu suchen, während sein Kopf schon von hellem Lichtschein umgeben ist. Er steht für die neu gewonnene Klarheit über den von Gott gewiesenen Weg und den geforderten nächsten Schritt: »Wenn du in deiner Mitte niemand unterjochst und nicht mit Fingern zeigst und nicht übel redest, sondern den Hungrigen dein Herz finden läßt und den Elenden sättigst, dann wird dein Licht in der Finsternis aufgehen, und dein Dunkel wird sein wie der Mittag.« (Jesaja 58,9-10)

56 *Jona*

Der Prophet Jona wird von Gott beauftragt, der Stadt Ninive, die für Israel den Inbegriff der Bosheit und der Gottesferne darstellt, das Strafgericht anzusagen. Er entzieht sich zunächst diesem Auftrag durch Flucht übers Meer, aber nicht etwa aus Angst vor den Leuten von Ninive, sondern – wie sich am Ende herausstellt – weil er ihnen die Chance der Umkehr und Rettung nicht gönnt. Durch das, was er erlebt, soll Jona lernen, daß die Güte Gottes nicht auf Israel beschränkt ist, sondern allen gilt, die sich ihm reumütig zuwenden. Berühmt geworden ist die Jona-Geschichte allerdings nicht wegen dieser »Lehre«, auf die sie am Ende hinausläuft, sondern durch den großen Fisch, in dessen Bauch der flüchtige Prophet drei Tage und drei Nächte verbringen muß. Jona im Fischbauch, das ist zum Bild geworden für eine Erfahrung, die seither Unzählige gemacht haben: daß Gott den Menschen in die Tiefen der Verzweiflung, ja an die Grenze des Todes geraten läßt, damit er sich aus dem Gefängnis der Vorurteile, aus engherziger Selbstabkapselung löst und zum Zeugen der weltumspannenden Liebe Gottes wandelt.

Chagall hat in seiner Tuschzeichnung die beiden Dimensionen der Jona-Geschichte ins Bild gesetzt. Da ist zum einen der Prophet selbst. Er ist im Augenblick der Berufung dargestellt, die ihm die Sprache verschlägt. Der kräftig gezeichnete Mund wirkt verschlossen, ebenso die Nase. Jona scheint die Luft anzuhalten. Sein Haar ist bewegt und vibriert geradezu, ebenso sein dichter Bart. Die kräftig gezeichneten Schatten über den Augen und die unterschiedlich großen Pupillen sind Ausdruck von Jonas Entsetzen: Nur weg von Gott, aber wie? – das steht ihm ins Gesicht geschrieben.

In der unteren Bildhälfte ist der große Fisch dargestellt, in dem Jona die drei Tage und drei Nächte ausharren muß. Über dem Kopf des Fisches sind die zum Gebet gefalteten Hände Jonas zu sehen. Die Bildsprache geht über in die Sprache des Gebets: »Ich rief zu dem Herrn in meiner Angst, und er antwortete mir. Ich schrie aus dem Rachen des Todes, und du hörtest meine Stimme.« (Jona 2,3)

57 *Der Prophet Elia*

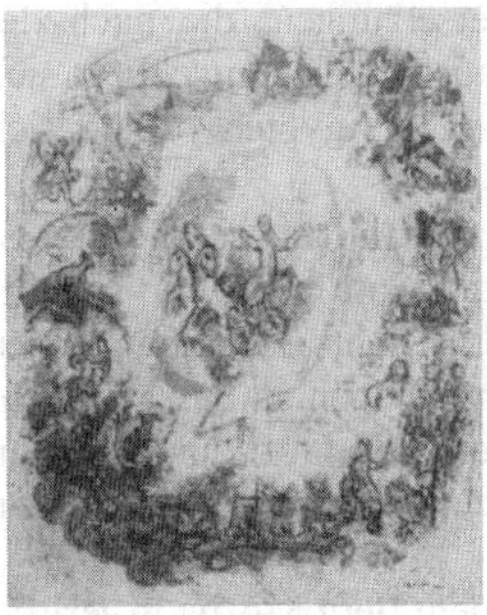

Seit 1964 arbeitete Chagall mit dem in Paris lebenden italienischen Mosaikkünstler Lino Melano zusammen. Neben den Mosaiken für die Knesset in Jerusalem entstanden sechs weitere große Werke, darunter das Elia-Mosaik für den Innenhof des Museums in Nizza. Melano hat seine entscheidenden beruflichen Erfahrungen bei der Restaurierung der Mosaiken von San Vitale in Ravenna gemacht. Die Freundschaft mit ihm hat Chagall die antike Kunst der Wandmosaiken erschlossen. Das Material für die Darstellungen wird sorgfältig ausgesucht und in kleine quadratische Würfel gesägt. Verschiedene Steine wie Marmor, Granit und Kalk ermöglichen bei der Umsetzung der Themen dynamische Bewegung.

Bei dem Mosaik in Nizza ging es Chagall und Melano darum, eine inhaltliche Übereinstimmung zwischen dem Museumsgebäude und den darin gezeigten Arbeiten zur Bibel herzustellen, und zwar sowohl in bezug auf die Form als auch auf Inhalt und Licht. Die Himmelfahrt des Propheten Elia war dafür in besonderer Weise geeignet. Sie beschließt den Bogen der Bilder zur hebräischen Bibel, der sich von den Schöpfungsfenstern im Vortragssaal (siehe Farbtafeln 2 und 3) bis zu diesem Mosaik im Innenhof spannt.

Für Chagall war Elia eine außerordentlich wichtige biblische Gestalt. In seiner Autobiographie »Mein Leben« (S. 40) berichtet er:
»Mein Vater hebt sein Glas und sagt, ich solle die Tür öffnen.
Zu so später Stunde die Tür öffnen, die Tür nach draußen, um den Propheten Elia hereinzulassen?
Eine Garbe von weißen Sternen, silbern auf dem blausamtenen Grunde des Himmels, dringt mir in die Augen, ins Herz.
Doch wo ist Elia und sein weißer Wagen?
Vielleicht steht er noch im Hof und wird gleich in Gestalt eines schwächlichen Alten, eines gebeugten Bettlers ins Haus treten, mit einem Sack auf dem Rücken und einem Stock in der Hand?
›Hier bin ich. Wo ist mein Glas Wein?‹«

Die Höhe der Außenwand unterstreicht den Vorgang der Himmelfahrt, durch die Elia vor den Augen seines Schülers Elisa dem menschlichen Schicksal und seiner Sterblichkeit entzogen wird (2. Könige 2,1-12). Chagall gestaltet den menschlichen Lebenslauf durch die Tierkreiszeichen, die für den ständig wiederkehrenden Kreislauf der Jahreszeiten stehen. Die Darstellung des Tierkreises hat im Judentum Tradition: Im Mosaikfußboden der Synagoge in Beth Alpha, südlich von Haifa, ist aus byzantinischer Zeit ebenfalls ein großartiges Mosaik mit den Tierkreiszeichen erhalten, in dessen Mittelpunkt allerdings der Sonnengott auf seinem Wagen zu sehen ist.

Die Himmelfahrt Elias ist von unten nach oben dynamisch bewegt dargestellt. Die beiden großen Mauern neben dem Mosaik heben seine Wirkung noch hervor. Mit den zarten Grau- und Beigetönen in den Mosaiksteinen nimmt Chagall ihre grau-rosafarbene Tönung auf. Das auf das Mosaik fallende Licht, das sich im Laufe des Tages ständig ändert, läßt immer wieder andere Sternbilder des Tierkreises hervortreten. Chagall baut ihn von der Mitte links her auf: Steinbock, Wassermann, Fische, Widder, Stier, Zwillinge, Krebs, Löwe, Jungfrau, Waage, Skorpion und Schütze. Jedes der Sternbilder ist farblich anders gestaltet. Im unteren Teil sind die Tierkreisbilder von leuchtend bunten Blütenbäumen umgeben, im oberen Teil von ebenfalls farbenfroh gehaltenen Häusern.

Der Mosaikhintergrund erscheint aufgrund des schwachen Lichteinfalls von Norden fast nebulös. Dadurch tritt das zentrale Motiv des feurigen Wagens, auf dem der Prophet zum Himmel emporfährt, um so deutlicher hervor. Elia hat in einer Geste des Segens die Arme weit ausgebreitet. Die Pferde, die den Wagen ziehen, bäumen sich ungeduldig auf. Der Wagen scheint gerade in der Umkehr der Bewegung vom Himmel herab und wieder zu ihm zurück festgehalten.

Um die eindrückliche Farbauflösung des Mosaiks zu vollenden, brachten Chagall und Melano es über einem mit Pflanzen versehenen Wasserbecken an. Wenn am frühen Abend das Elia-Mosaik angestrahlt wird und sich im Wasser spiegelt, kommt die Absicht der Künstler vollendet zum Ausdruck: Elias Himmelfahrt und die Tierkreiszeichen zeigen sich unerreichbar jenseits der Grenzen der realen Wirklichkeit.

58 *Der Prophet Jeremia*

Der Prophet Jeremia wirkte Ende des 7./Anfang des 6. Jahrhunderts v. Chr. in Jerusalem. Gegen Ende seiner Tätigkeit wird Jerusalem von den Babyloniern erobert, die Stadt zerstört, und große Teile der Bevölkerung werden nach Babylonien deportiert. Jeremia hat dieses Geschehen angekündigt und es als Strafgericht Gottes über sein Volk gedeutet, das sich von seinem Gott ab- und fremden Göttern zugewandt hat. Er wird deshalb von seinen Landsleuten als Vaterlandsverräter angefeindet. In den Auseinandersetzungen, die nach der Deportation unter den im Land Zurückgebliebenen ausbrechen, entschließt sich eine Gruppe zur Auswanderung nach Ägypten und zwingt Jeremia mitzugehen. In Ägypten verliert sich seine Spur – die Legende berichtet, daß er dort gesteinigt worden ist.

Mehr als bei anderen Propheten wissen wir bei Jeremia davon, wie schwer ihm sein Auftrag gefallen ist. Er liebt sein Volk und seinen Gott; aber das Volk widersetzt sich seiner Botschaft, und Gott mutet ihm Furchtbares zu. Immer wieder klagt er Gott seine Not. Aber auch wenn Anklage und Gerichtsankündigung den überwiegenden Teil seiner Botschaft ausmachen – Jeremia hat seinem Volk auch zu sagen, daß das Gericht nicht das Ende von Gottes Weg mit seinem Volk sein wird. Er darf ankündigen, daß Gott einen »neuen Bund« mit seinem Volk schließen und dabei das Gesetz nicht mehr auf Steintafeln schreiben wird, sondern in Herz und Sinn der Menschen (Jeremia 31,31-34).

Chagall hat den Propheten in einer nachdenklichen Pose gemalt. Er sitzt auf dem Berg Morija in Jerusalem. In der rechten Hand hält er die aufgeschlagene Tora, die linke ruht auf seiner Brust. Der Prophet trägt ein Gewand, dessen goldgelbe Farbe die göttliche Herrlichkeit widerzuspiegeln scheint. Derselbe Lichtglanz liegt auch auf dem Gesicht des Propheten. Der Hintergrund ist düster – so wie die Gerichtsbotschaft, die der Prophet auszurichten hat. Aber über ihm wölbt sich eine regenbogenförmige helle Linie, die den Segen Gottes anzeigt, der dem Propheten Schutz und Trost ist. Links oben erkennt man auf einem weiß-roten Lichtkreis die Sichel des abnehmenden Mondes. Sonne und Mond sind gleichsam miteinander verschmolzen und zeigen an, daß Gott gegenwärtig ist – bei Tag und bei Nacht. Mit dem Lichtkreis korrespondiert ein zweiter Lichtkreis rechts oben im Bild. Auf ihm ist das Gesicht des Malers wie eine mittelalterliche Stifterfigur zu erkennen.

Am auffälligsten ist die weiße Gestalt des Engels, der aus dem Regenbogen hervortritt: »Ich mache dich für dies Volk zur festen, ehernen Mauer. Wenn sie auch wider dich streiten, sollen sie dir doch nichts anhaben; denn ich bin bei dir, daß ich dir helfe und dich errette, spricht der Herr.« (Jeremia 15,20)

Rechts unten im Bild sind die Pyramiden gezeichnet, bei denen der Lebensweg Jeremias sein Ende findet. Daneben steht das im Profil gezeigte Portrait eines Mannes, der die Hand in einer mit Jeremias linker Hand korrespondierenden Geste wie zum Gruß auf die Brust legt. Vielleicht hat Chagall dabei an Josef gedacht, dessen Lebensweg ebenfalls in Ägypten endete und der dort zum Segen für sein Volk geworden ist.

Am linken Bildrand ist über der Signatur eine grüne Hand dargestellt, die nach dem in hebräischen Buchstaben geschriebenen Namen »Jeremia« greift – eine Anspielung auf die Berufung des Propheten: »Und der Herr streckte seine Hand aus und rührte meinen Mund an und sprach zu mir: Siehe, ich lege meine Worte in deinen Mund.« (Jeremia 1,9) Darüber ist in einem helleren Farbdreieck, einem geschliffenen Edelstein gleich, die Stadt Jerusalem ins Bild gesetzt, wie sie nach dem Gericht in neuem Glanz entsteht. Aus ihr wächst eng umschlungen ein Liebespaar empor – anschauliche Gestaltung der Liebesbeziehung Gottes zu seinem Volk: »Ich habe dich je und je geliebt, darum habe ich dich zu mir gezogen aus lauter Güte. Wohlan, ich will dich wiederum bauen, daß du gebaut sein sollst, du Jungfrau Israel.« (Jeremia 31,3-4)

59 *Der Prophet Jesaja*

Im Mittelpunkt von Chagalls Bild steht die Berufung Jesajas (Jesaja 6). Von rechts tritt der Prophet – halb kniend, halb schreitend – ins Bild. In der linken Hand hält er eine beschriebene Schriftrolle, die rechte, farblich etwas heller gehalten, ist auf das Herz gedrückt. Das Gesicht und die Hand mit der Schriftrolle sind grün. Seine Füße stehen auf hügeligem Grund. Darunter ist in hebräischer Schrift der Name des Propheten geschrieben. Vor dem Thron Gottes stehend, ruft Jesaja aus: »Weh mir, ich vergehe! Denn ich bin unreiner Lippen und wohne unter einem Volk von unreinen Lippen.« (Jesaja 6,5)

Da fliegt einer der Serafim zu ihm und berührt seine Lippen mit einem Stück glühende Kohle: »Siehe, hiermit sind deine Lippen berührt, daß deine Schuld von dir genommen werde.« (Jesaja 6,7) Wie in der Bibel beschrieben, hat Chagall den Engel mit sechs Flügeln dargestellt. Seine Farbe ist das feurige Rot. Mit der zweiten Hand deutet er auf einen weißen Verkündigungsengel, der über dem Propheten schwebt und ihm die Botschaft eingibt, die er auszurichten hat. Diese Botschaft ist in den Ecken des Bildes angedeutet:

Links unten ist vor der in hellem Karminrot ausgeführten Silhouette Jerusalems die kleine Schar der Geretteten zu sehen, die nach der Zerstörung der Stadt und der Zeit des Babylonischen Exils in die Heimat zurückkehren darf: »So werden die Erlösten des Herrn heimkehren und nach Zion kommen mit Jauchzen.« (Jesaja 51,11)

Links oben ist die Kreuzesabnahme gezeigt: Josef von Arimathäa steigt auf eine Leiter, um den – mit dem jüdischen Gebetsschal bekleideten – Leichnam herabzuholen: »Fürwahr, er trug unsre Krankheit und lud auf sich unsre Schmerzen. Die Strafe liegt auf ihm, auf daß wir Frieden hätten, und durch seine Wunden sind wir geheilt.« (Jesaja 53,4-5)

Rechts oben ist die Vision von der Wiederkehr des paradiesischen Friedens mit der Natur ins Bild gebracht, der unter der Herrschaft des messianischen Königs einkehren wird: »Da werden die Wölfe bei den Lämmern wohnen. Ein kleiner Knabe wird Kälber und junge Löwen und Mastvieh miteinander treiben. Kühe und Bären werden zusammen weiden. Und ein Säugling wird spielen am Loch der Otter.« (Jesaja 11,6-8; siehe auch Farbtafel 53)

Darunter ist auf kobaltblauem Hintergrund eine junge Frau mit ihrem Säugling auf dem Arm dargestellt: »Siehe, eine Jungfrau ist schwanger und wird einen Sohn gebären, den wird sie nennen Immanuel.« (Jesaja 7,14)

Die Gestalt des Propheten steht genau im Zentrum der sich kreuzenden Linien, die von diesen »Eckpunkten« seiner Verkündigung ausgehen. Sie umfaßt Gerichtsankündigung und Heilsverheißung; aber in der Darstellung Chagalls ist deutlich, daß die Treue Gottes, der für sein Volk da ist, das letzte Wort behält: »Kann auch ein Weib ihres Kindleins vergessen, daß sie sich nicht erbarme über den Sohn ihres Leibes? Und ob sie seiner vergäße, so will ich doch deiner nicht vergessen.« (Jesaja 49,15)

60 *Die Berufung Hesekiels*

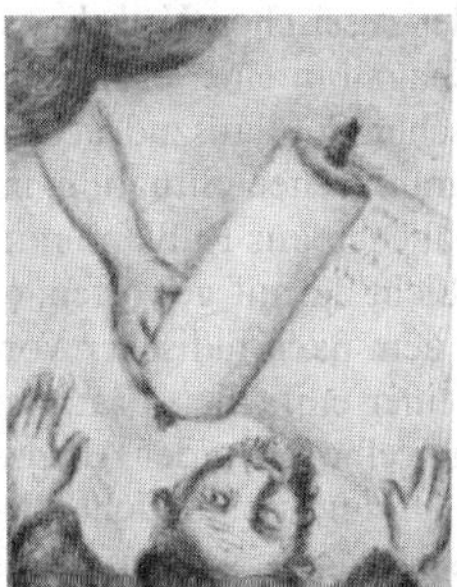

»Du Menschenkind, höre, was ich dir sage, und widersprich nicht wie das Haus des Widerspruchs. Tu deinen Mund auf und iß, was ich dir geben werde. Und ich sah, und siehe, da war eine Hand gegen mich ausgestreckt, die hielt eine Schriftrolle. Und er sprach zu mir: Du Menschenkind, iß, was du vor dir hast! Iß diese Schriftrolle und geh hin und rede zum Hause Israel! Da aß ich sie, und sie war in meinem Munde so süß wie Honig.« (Hesekiel 2,8–3,3) – Dieser Abschnitt aus der Berufung des Propheten Hesekiel, die auf dem Bild dargestellt ist, gehörte zu den Lieblingsbibelstellen von Marc Chagall.

Auffällig ist die Verwandtschaft zwischen den hebräischen Schriftzeichen und der Darstellung des Propheten. Franz Meyer, der Schwiegersohn Chagalls, weist auf den engen Zusammenhang zwischen dem linearen Zeichenstil und der hebräischen Schrift hin. Im Unterschied zu den griechisch-lateinischen Lettern werden die hebräischen Buchstaben nicht auf eine Zeile gesetzt, sondern förmlich an einer Zeile aufgehängt. Dem entspricht in Chagalls Zeichenstil, daß die Figuren und Gegenstände geradezu unabhängig von der Erdanziehungskraft fliegen und schweben können.

»Wer die hebräischen Buchstaben und das Alphabet betrachtet, der sieht die Gestalt Gottes«, heißt es in einem der ältesten Bücher der spanischen Kabbala. Chagall versichert immer wieder, er habe die hebräischen Buchstaben nicht nur aus formalen Gründen in seine Bilder eingeführt wie die Kubisten, sondern weil er auf die Wirkung des hebräischen Alphabets vertraute, das die stoffliche Inkarnation von Gottes Geist sei. Es sei deshalb gar nicht nötig, die hebräischen Buchstaben zu lesen oder sie überhaupt lesen zu können; der eingehauchte Geist der Heiligkeit vermittele sich dem Bildbetrachter von selbst.

61 *Die heilige Familie*

Im Zentrum des Bildes steht die Dreiergruppe der heiligen Familie, die zu einer innigen Einheit verschmolzen ist. Den Mittelpunkt bildet Maria in dunkelrotem Gewand. Mit weit geöffneten, staunenden Augen schaut sie aus dem Bild heraus und bindet so diejenigen, die das Bild betrachten, in das Geschehen mit ein. Auf ihr Gesicht fällt ein goldener Schein, der vom Kopf des Kindes ausgeht.

Das Kind ist in den Proportionen wie ein Erwachsener dargestellt. Sein Körper ist grün – das Symbol des wahren Lebens, das in diesem Kind erschienen ist. Die rechte Hand des Kindes liegt auf dem Herzen, die linke greift nach der Hand der Mutter und schließt den beschützenden Bogen der Arme, der die Personen in inniger Zuwendung zueinander verbindet.

Liebevoll neigt der Vater seinen Kopf zu Mutter und Kind. Auf seinem Augenlid und dem Ohr kehrt das Grün des Kindes wieder. Die vertraute Verbindung der Menschen zueinander schließt auf dem Bild auch die Gestalt des Tieres mit ein, die aus Jesaja 1,3 in die Darstellung der Weihnachtsgeschichte Eingang gefunden hat. Das Tier ist wieder nicht eindeutig zu identifizieren – ist es Ochs oder Esel? Auf jeden Fall erkennen die Tiere gemäß dem Prophetenwort im Unterschied zu den Menschen in dem neugeborenen Kind ihren Herrn. Daher kehrt die goldene Farbe auf dem Maul des Tieres wieder, und es hält eine brennende Kerze, die das vom Kind ausgehende Licht aufnimmt und weiterträgt.

Rechts unten ist ein kniender Jude dargestellt, dessen Gesicht die Züge von Chagalls Vater trägt. Er hält eine auffallende rote Torarolle in der Hand. Von dieser Rolle führt eine Diagonale über die goldenen Gesichter zu der Aureole über dem Kopf des Gekreuzigten am linken Bildrand. Das Kreuz steht auf einem jüdischen Grabstein (vielleicht dem Grabstein von Chagalls Vater). Statt des üblichen Lendentuchs trägt der Gekreuzigte den jüdischen Gebetsschal. Der Körper ist abgemagert – für Chagall steht die Kreuzigung des Juden Jesus immer auch in Zusammenhang mit dem Leiden seines Volkes in den Konzentrationslagern der Nationalsozialisten. Dennoch bringt das Bild zugleich ein Stück Hoffnung über den Tod und die Gräber hinaus zum Ausdruck. Auf dem Körper des Gekreuzigten kehrt an verschiedenen Stellen der goldene Lichtschein wieder, der hier immer verwoben ist mit dem das Leben symbolisierenden Grün.

62 *Madonna mit dem Kind*

Das Bild entstand im zweiten Pariser Jahr Marc Chagalls 1911. Es ist geprägt sowohl vom Einfluß der beiden großen künstlerischen Traditionen Rußlands: der Volkskunst und der Ikonenmalerei, als auch von Chagalls Ringen um einen neuen eigenen Stil. Durch die Verbindung der Formensprache der russischen Volkskunst mit den Kompositionsgesetzen der Ikonenmalerei sucht Chagall in einer erdgebundenen und typisch russischen Weise unerwarteten symbolischen Sinn auszudrücken. Zugleich ist das Bild jedoch auch Ausdruck seiner biographischen Situation im Übergang von Witebsk nach Paris. »Meine Gegenstände habe ich aus Rußland mitgebracht«, hat Chagall einmal gesagt, aber »Paris hat sein Licht darauf geworfen.«

Die Szene ist in das rote Licht des Abends getaucht, an dem nach jüdischer Vorstellung der neue Tag beginnt. Maria trägt die Kleidung einer einfachen Frau aus dem frommen russischen Volk. Ihre Aureole nimmt das goldgelbe Licht der Abendsonne auf, während die Aureole des Kindes dem Rot des Himmels entspricht. Behutsam hält Maria ihren Sohn auf dem Arm, dessen Proportionen nicht die eines Säuglings, sondern eines erwachsenen Menschen sind. So wird Maria zum Urbild aller Mütter, von denen die erwachsen gewordenen Kinder Abschied nehmen müssen, um zu neuen Ufern aufzubrechen.

Die innige Umarmung von Mutter und Kind, vor allem aber das weiß gemalte Geburtstuch hinter den beiden zeigt, daß der Künstler sich beim Abschied an den mystischen Gehalt (s)einer Geburt erinnert. Die weißen Punkte auf der blauen Jacke der Madonna stehen für das Nähren und In-die-Welt-Hineintragen des Kindes – von der Muttermilch über das Lernen der biblischen Sprache bis hin zum Erkennen und Unterstützen des Berufswunsches: Ich muß ein Künstler werden.

Der Erdboden, auf dem Maria steht, trägt das kräftige Grün des verheißenen Landes. Der goldgelbe tannenartige Baum im Hintergrund wirkt wie ein Segel, das den Künstler nach Paris in das Land der Malerei trägt.

Der Bildaufbau erinnert an chassidische Erzählungen mit dem charakteristischen Entbrennen der Ekstase, in der Vergangenheit und Zukunft in der Gegenwart verschmelzen und die Trennung von Zeit und Ewigkeit verschwindet. In einem Augenblick erscheint alles, was war und was sein wird, einfach und gesammelt. Über die Trennung durch Raum und Zeit hinweg vergegenwärtigt Chagalls Bild das Entfernte seines russischen Herkommens im grauen Alltag des Pariser Ateliers und schafft so die Welt gleichsam neu. Diejenigen, die das Bild betrachten, werden in diese Erfahrung hineingenommen und erhalten Anteil am Aufleuchten der Ewigkeit in der Zeit.

63 *Golgatha (Kalvarienberg)*

Das Bild ist eine der ersten religiösen Komposition Chagalls. Daß es sich dabei gerade um eine Kreuzigung handelt, ist nur auf den ersten Blick überraschend. Als junger Mann hat Chagall einmal einen bekannten Rabbi aufgesucht, um sich mit ihm über Fragen des Glaubens zu unterhalten, die ihn bewegten. »Ich wollte ihn fragen, ob das Volk Israel wirklich das von Gott auserwählte sei, wie es in der Bibel geschrieben steht. Und ich wollte wissen, was er über Christus dachte, dessen blonde Gestalt mich schon seit langem beunruhigte.« (Mein Leben, 126) Chagalls Zugang zu Jesus Christus ist der des Künstlers, nicht des orthodoxen Juden oder des christlichen Dogmatikers.

Chagall brachte der Gestalt Christi deshalb so große Hochachtung entgegen, weil er in ihm das Urbild des Menschen sah, der aus Liebe und für das Heil der Welt das zutiefst Widersinnige und zugleich Wunderbarste auf sich nahm: den eigenen Tod. So wird Christus für Chagall zum Gleichnis für das Martyrium der jüdischen Menschen im 20. Jahrhundert. Bei der Entstehung dieses Ölbilds kommt jedoch noch ein zweites Motiv hinzu. In einem Gespräch mit seinem Schwiegersohn Franz Meyer erinnerte sich Chagall: »In genauem Sinne war da kein Kreuz, bloß ein Kind in der Luft. Das Kreuz interessierte mich weniger.« Daß Chagall Christus hier als Kind gestaltete, war für ihn damals der Ausdruck für das Urbildhafte dieses Menschenlebens, das von seinem göttlichen Ursprung her dazu bestimmt ist, der Welt das Heil zu bringen.

Die Szenerie des Gemäldes ist unwirklich. Der Bildgrund ist in Kreise und Trapeze gegliedert, die Bildfläche in kubistischer Art aufgeteilt. Chagall mißtraute zwar dem Wissenschaftlichen dieser künstlerischen Richtung, doch es mag ihn gereizt haben, seine malerischen Visionen einmal diesem Farb- und Formenschema anzuvertrauen, so als wüchse seine Kraft an dem selbstgewählten Widerstand gegen den Kubismus.

Der Grundakkord des Bildes ist die Komplementärwirkung von Rot und Grün. Von rechts nach links gelesen, wandelt sich die Erdzone von Rot in ein dunkles Braunviolett – eine Assoziation an den Prolog des Johannes-Evangeliums stellt sich ein: »Er war in der Welt, und die Welt ist durch ihn gemacht; aber die Welt erkannte ihn nicht. Er kam in sein Eigentum; und die Seinen nahmen ihn nicht auf.« (Johannes 1,10-11) Die Himmelszone ist grün gestaltet. Der große Kreis um das Christuskind ist mit Weiß und Kobaltblau akzentuiert. Er weist helle Licht- und dunkle Schattenzonen auf, die an eine Sonnenfinsternis erinnern (vgl. Matthäus 27,45: »Und von der sechsten Stunde an kam eine Finsternis über das ganze Land bis zur neunten Stunde«). Von dem Kreis gehen nach unten Strahlen aus, die den Kreuzstamm gleichsam in Licht auflösen.

Am Fuß des schimmernden Strahlenstamms stehen Josef und Maria. Chagalls Eltern haben für dieses Paar Modell gestanden. Der Vater trägt die russische Bauernbluse; sein bärtiges Gesicht ist hoch erhoben. Der Vater blickt nicht auf das Kruzifix; vielmehr ist die Iris der Augen nach innen gekehrt, so daß das Weiß des Augapfels sichtbar wird. Die ausgestreckten Hände und der Gesichtsausdruck zeugen von einem angstvollen Außer-sich-Sein. Die Mutter ist um ein Drittel kleiner dargestellt als ihr Mann. Nach Art der mittelalterlichen Madonnen ist ihre linke Brust entblößt. Ihr kostbares Gewand ist mit roten Blumen aus der russischen Volkskunst verziert, die auf dem Lendentuch des Gekreuzigten wiederkehren. Die rechte Gesichtshälfte liegt im Schatten, das linke Auge ist angstvoll aufgerissen. Auf seinem berühmten kubistischen Bild »Les Demoiselles d'Avignon« hat Picasso ein solches Gesicht gemalt. Hier schafft Chagall mit Hilfe dieser formalen Vereinfachung eine jüdische Mater Dolorosa des Jahres 1912. In den Augen von Maria und Josef spiegelt sich der ganze Schrecken der zaristischen Pogrome. Ihre Hoffnung ist das Kind, das als kommender Messias der Drangsal des Antisemitismus und der erlittenen Gewalt ein Ende bereiten soll.

Der untere Teil des Bildes ist durch einen Fluß begrenzt. Darauf rudert ein finster dreinschauender Mann mit Tiergesicht in einem gelben Boot mit blauem Segel. Der Fluß als traditionelle Grenze zwischen Bekanntem und Unbekanntem, Leben und Tod ist in Chagalls Bild integriert wie ein Plädoyer für ein ganzheitliches Lebensverständnis, das auch den Tod mit einschließt. Rechts vom Flußufer marschiert ein orientalischer Gnom ganz im Stil von Tolstoi mit einer langen Leiter zum Zentrum des Bildes hin. Er ist der hermeneutische Anknüpfungspunkt für die Bildbetrachtung und lädt ein, das Kristallgefüge der Bildfläche auf seinen wundersamen Bildinhalt hin abzuschreiten.

Das Gemälde hat eine bewegte und bewegende Wirkungsgeschichte erlebt. Chagall hat es im Oktober 1912 in Paris präsentiert, als er auf Betreiben der Maler Delaunay und Le Fauconnier zum »Salon d'automne« (Herbstsalon) eingeladen wurde. Es ist gewissermaßen das Debut des russisch-jüdischen Malers in Paris, wo sein Stil damals noch recht ungewohnt war. Im Jahr darauf zeigte Herwarth Walden das Gemälde beim »Ersten Deutschen Herbstsalon« in Berlin. Franz Marc und Paul Klee standen nachdenklich vor diesem Bild, in dem schon so viele von den Vorstellungen verwirklicht sind, die sie selbst bewegten. Der Berliner Sammler Bernhard Koehler, ein Mäzen des »Blauen Reiters«, hat das Bild dann erworben. Ein deutscher Kunsthändler hat es 1933 vor dem Zugriff der Nationalsozialisten gerettet und nach New York gebracht, wo es seitdem im Museum of Modern Art eine feste Heimat fand.

Als es nach dem Zweiten Weltkrieg 1949 zum ersten Mal wieder in Paris gezeigt wurde, sagte Chagall: »Die symbolische Gestalt von Christus war mir immer sehr vertraut, und ich war entschlossen, ihr aus der Vorstellung meines jungen Herzens heraus Gestalt zu geben. Ich wollte Christus als unschuldiges Kind zeigen. Heute sehe ich es natürlich anders. Als ich dieses Bild in Paris malte, versuchte ich, mich psychologisch von der Auffassung eines Ikonenmalers zu befreien wie von der russischen Kunst überhaupt.« Für Chagall konnte die Ikonenmalerei mit der Strenge ihrer Darstellung der poetischen Dimension des Christusgeschehens nicht gerecht werden. Er verdankt ihr allerdings viele wichtige Farberlebnisse – so steht etwa sein charakteristischer blauer Sternenhimmel unmittelbar in ihrer Tradition.

64 *Der verlorene Sohn*

Wie so oft hat Chagall in diesem Alterswerk die biblische Geschichte und die Bewältigung seines eigenen Lebensschicksals ineinander verwoben. Das Thema der Heimkehr des verlorenen Sohnes (Lukas 15,11-32) gerät in seiner Darstellung zugleich zum Traum der Begegnung zwischen ihm und seinem Vater, der zum Zeitpunkt der Entstehung des Bildes lange verstorben war. Der Maler in blau-violettem Anzug geht auf seinen Vater zu, der einen roten Mantel und die für ihn typische Mütze trägt. Die Initiative zu dieser Begegnung geht gleichermaßen von den beiden Hauptpersonen aus. Vater und Sohn schweben gleichsam schwerelos zwischen Himmel und Erde. Zufrieden schließt der Vater den Sohn in die Arme; befreit wendet sich der Sohn ihm zu.

Über den beiden Hauptpersonen sind wie ein Hochzeitsbaldachin die Lebenserinnerungen Chagalls angeordnet. Unter strahlend blauem Himmel ist oben die Heimatstadt Witebsk ins Bild gesetzt mit dem Elternhaus und der weiß dargestellten Kirche. Rechts oben läuft ein junger Mann mit einem Spazierstock durch das Himmelsblau – der junge Chagall selbst, der in einem Gespräch mit André Verdet berichtete: »In meiner Jugendzeit, in Rußland, ging ich gern in der Nacht spazieren. Ich träumte, träumte … Ich betrachtete die Sterne. Ich nahm am bewegten Leben des Himmels teil. Ich hatte den Eindruck, ein anderes Leben zu leben, parallel zu meinem Erdenleben.« (Verdet, Chagall und das Mittelmeer, S. 71)

Am rechten Bildrand sind Chagalls Eltern und Geschwister dargestellt, die er 1922 in der weißrussischen Heimat zurücklassen mußte. Rechts unten hat der Maler noch einmal sich selbst am Anfang seiner künstlerischen Laufbahn ins Bild gesetzt. Ein Esel schaut ihm über die Schulter. Er ist für Chagall Metapher für die Erinnerung an das Paradies mit seinem ungebrochenen Verhältnis des Menschen zu den Tieren wie zur ganzen Schöpfung.

Am linken Bildrand fällt zunächst der rote Vogel neben der strahlend gelben Sonne ins Auge, der im Flug die erträumte Erinnerung mit der Realität verbindet. Auch auf dieser Seite sind Chagalls Geschwister, Eltern, Tanten und Onkel dargestellt. Mit dem Schofarhorn und der Geige entsteht die Atmosphäre glücklicher Sabbat- und Festtage. Im Vordergrund steht ein Hochzeitspaar, die Braut trägt den weißen Schleier. Darunter tritt von links Chagalls zweite Frau Vava ins Bild. Sie trägt einen roten Rock und hält einen Strauß von frisch geschnittenen Blumen in Händen.

65 *Kreuzigung*

Die übergroß gezeichnete Gestalt des Gekreuzigten beherrscht das Bild. Um seine Hüften ist wieder der jüdische Gebetsschal geschlungen. Der Körper ist in heller, fast weißer Farbe mit einigen goldenen Lichtpunkten ausgeführt – dem Abglanz der göttlichen Herrlichkeit, die hier in paradoxer Weise von dem so grausam zu Tode Gekommenen ausstrahlt. Ein goldener Heiligenschein umgibt das zur Seite gefallene Haupt. Die Gesichtszüge sind ruhig, wie bei einem Schlafenden. Unmittelbar über dem Kopf ist eine Tafel angebracht, deren Schrift jedoch nicht zu entziffern ist.

Links im Bild ist der jüdische Ratsherr Josef von Arimathäa zu sehen, der mit einem Hammer in der Hand auf der Leiter steht, um den Toten vom Kreuz herabzunehmen. Die Leiter erinnert jedoch zugleich an die Himmelsleiter aus Jakobs Traumvision (siehe Farbtafeln 18/19) und macht dadurch deutlich, daß sich im Leiden dieses Menschen Himmel und Erde berühren.

Links unter dem Kreuz sind Häuser und eine Menschengruppe dargestellt, die eher an Chagalls Heimatstadt Witebsk denken lassen als an Jerusalem – Hinweis auf die über Raum und Zeit hinausreichende Bedeutung des Kreuzesgeschehens. Während die Gestalten vor den Häusern nur schemenhaft angedeutet sind, treten im Vordergrund einige genauer gezeichnete Personen hervor: Ein kleines Kind, das auf hellgelbem Untergrund über einem Leuchter mit vier Kerzen gezeichnet ist, steht stellvertretend für die Trauer und Betroffenheit der Menschen. Träger des Leuchters ist ein im Profil gezeichneter Mann mit einem Tierkopf, der aus dem Bild herausschaut und so die Beziehung zu denen herstellt, die das Bild betrachten. Vor ihm tritt ein Mann ins Bild, der aus einem geöffneten Buch zu singen scheint; davor steht ganz nah beim Kreuz ein weiterer Mann, der liebevoll eine rote Torarolle in den Armen trägt.

Im Gegensatz dazu ist die Gruppe rechts neben dem Kreuz ambivalent. Ziemlich weit vorn steht mit dem Säugling auf dem Arm eine junge Mutter, die an die Maria der Weihnachtsgeschichte erinnert, daneben ist als ältere Frau in rotem Gewand und mit weit ausgebreiteten Armen die Mutter Jesu unter dem Kreuz dargestellt. Direkt über ihr hat ein Schofarbläser sein Horn angesetzt. Darüber sind zwei Männer auszumachen, die die Hand gegen den am Kreuz hängenden Jesus zu erheben scheinen – eine Anspielung an die Menschen, die den Gekreuzigten verspotten.

Über dem Gekreuzigten wölbt sich ein blau-violetter Himmel, der an die traditionelle Passionsfarbe erinnert. Ein auf dem Rücken liegender Engel schließt im rechten oberen Bildteil die Komposition ab. In der verkehrten Welt, in der ein Unschuldiger leidet, gerät auch die himmlische Ordnung aus den Fugen.

66 *Die weiße Kreuzigung*

Schon während einer Polenreise im Jahr 1935 war Chagall mit massivem Antisemitismus konfrontiert worden, der sich auch im nachrevolutionären Rußland hielt. Dazu kam die Entwicklung im Nazideutschland: Bilder von Chagall fanden sich 1937 in der Ausstellung über »Entartete Kunst« wieder und wurden in deutschen Museen beschlagnahmt. Bei den Pogromen vom 10. November 1938 zeigte das Regime sein wahres Gesicht.

»Die weiße Kreuzigung« ist Chagalls künstlerische Antwort auf die brennenden Synagogen in Deutschland und die immer systematischer werdende Judenverfolgung in Europa. Das Grauweiß der Eiseskälte, die sich auf die Herzen derer legt, die das Geschehen mit wachen Augen verfolgen, ist die beherrschende Farbe. Dennoch fällt von oben eine breite hellweiße Lichtbahn ins Bild – die Metapher für Gottes Einwohnung in der gottentfremdeten Welt. Auf diesem Lichtstrahl steht im Zentrum des Bildes ein romanisches T-Kreuz. Jesus von Nazareth, der König der Juden, ist in altmeisterlicher Art mit den gotischen Initialen INRI und in hebräischer Schrift darauf geschrieben. Der Gekreuzigte trägt als Lendentuch den jüdischen Gebetsschal und ist dadurch betont als Jude ausgewiesen.

Zu Füßen des Kruzifixus steht der sechsarmige (Sabbat-)Leuchter mit brennenden Kerzen in einer Aureole, die ihr Licht von dem weißen Lichtstrahl empfängt. Über dem Kreuz schweben drei jüdische Gottesmänner und eine Frau aus Witebsk, die an Debora erinnert (siehe Farbtafel 33). In ihrer ausdrucksvollen Gestik liegen Trauer, Entsetzen, Abwehr, Klage und Anklage. Besonders eindrücklich ist der Rabbi mit der Gebetskapsel auf der Stirn. Seine Handbewegungen sind ambivalent – in ihnen liegt Mahnung und Segen zugleich. Sein Körper ist zur Hälfte in den hellen Lichtstrahl getaucht, der Gottes Gegenwart anzeigt.

Links oben im Bild stürmt eine Rotte kommunistischer Soldaten mit roten Fahnen den Hügel hinauf und zündet ein Dorf an. Das brennende Dorf, das an Chagalls Heimatstadt Witebsk erinnert, steht Kopf. Die mit der Revolution verbundenen Hoffnungen der Juden auf Gleichberechtigung haben sich nicht erfüllt. In einem Boot treibt eine Gruppe von Flüchtlingen, denen der Schrecken noch ins Gesicht geschrieben steht, den Fluß Düna hinunter.

Die brutale Szene findet ihr Pendant in der gegenüberliegenden Bildecke. Dort steht eine Synagoge in Flammen. Schwarzer Rauch steigt zum Himmel. Das Inventar ist durch die Fenster auf die Straße geworfen worden. Ein Mann in brauner Uniform und mit dem Zeichen der SA am Arm marschiert in strammem Schritt auf das Gebäude zu; Kopf und Hände sind blutig rot. Die zwei Fahnen über dem Tora-Schrein erinnern wohl an Hitlers Intervention in Guernica.

Der Gruppe über dem Kreuz, die für das jüdische Volk der Vergangenheit steht, entsprechen die von dem Geschehen betroffenen Juden der Gegenwart unter dem Kreuz. Links neben dem Kruzifix hat Chagall einen laut rufenden Juden im dunkelblauen Anzug gemalt, der eine Torarolle an die Brust drückt und entsetzt zu der brennenden Synagoge hinüberschaut. Vorn steht ein verstörter alter Mann in hellblauem Bauernkittel. Sein Brusttuch trug zunächst die Aufschrift »Ich bin ein Jude«, die Chagall später tilgte. Ganz links in der Bildecke wischt sich ein anderer frommer Greis die Tränen aus den Augen.

Rechts vom Kreuz läuft ein Mann in grünem Mantel mit einem Sack über der Schulter aus dem Bild: die Verkörperung des Flüchtlingsschicksals. Er hat die Augen geschlossen, um das Entsetzliche nicht sehen zu müssen. Mit schreckgeweiteten Augen drückt eine fliehende Mutter ihr Kind an die Brust. Weißer Rauch weht von einer brennenden Torarolle über das Bild und wirkt wie eine prophetische Vorahnung des Leids, das dem jüdischen Volk noch bevorsteht. Die Leiter, die zur Abnahme des Toten vom Kreuz benötigt wird, verbindet das Kreuz mit den Schrecken der Gegenwart. Durch ihre Position zwischen der Zone des Leids und der weißen Lichtbahn erinnert sie zugleich aber auch an die Himmelsleiter aus Jakobs Traum (siehe Farbtafeln 18/19).

»Die weiße Kreuzigung« ist kein klassisch schönes Gemälde. Die zu Herzen gehende Darstellung menschlichen Schmerzes erinnert an Bilder von El Greco, dessen Werke Chagall 1934 in Spanien kennengelernt hatte. Die Komposition wirkt zerrissen; das kalte fahle Licht unterstützt diesen Eindruck noch. Dennoch gibt es auch tröstliche Elemente. Der Christus am Kreuz ist nicht nur Leidender; auf seinem Körper liegt der goldene Lichtglanz der himmlischen Wirklichkeit; seine ans Holz gehefteten Hände scheinen zugleich Segen zu spenden. Er, der aus dem jüdischen Volk kam, nahm auf sich unsere Schmerzen (Jesaja 53,4), auf daß die Opfer nicht an Gott irre werden müssen.

67 *Die gelbe Passion*

Seit der »Weißen Kreuzigung« hat dieses Thema Chagall nicht mehr losgelassen. Gerade in den schmerzvollen Kriegsjahren hat er es immer wieder gestaltet. Unter diesen Darstellungen kommt der »Gelben Passion« aus dem Jahr 1942 ein besonderer Stellenwert zu.

Auch dieses Bild wird von einer Farbe dominiert; es ist nicht mehr das fahle Weiß der unheilvollen Vorahnung, sondern ein metallisches Gelb, das sich vom gewohnten goldenen Glanz der Chagallschen Bilder deutlich unterscheidet und zur Mitte hin orangerot aufglüht. Es ist die Farbe des Feuers, in dem die vertraute Welt der Vorkriegszeit unterging, die Farbe der brennenden Städte und Dörfer in Europa.

Wieder sind die Leiden des jüdischen Volkes ganz real auf dem Bild festgehalten. Am rechten Bildrand sieht man die Häuser von Witebsk, die von deutschen Truppen in Brand gesteckt worden sind. Darüber flieht eine Gruppe von Menschen; auch der grüngekleidete Mann mit Sack auf der Schulter ist darunter. Ein einzelner Mann läuft auf der Dorfstraße zum Vordergrund des Bildes hin, die Hände in verzweifelter Klage zum Himmel erhoben. Auf der Brust trägt er das Schild mit der Aufschrift »Ich bin ein Jude«. Links im Bild hat Chagall ein Flüchtlingsschiff dargestellt, das brennend im Meer versinkt. Eine Frau und zwei Männer kämpfen verzweifelt um ihr Leben. Ein Fisch, aus seinem Lebenselement in die Luft geworfen, wird zum Symbol ihrer Situation.

Ganz im Bildvordergrund ist die heilige Familie mit einem blauen Esel ebenfalls auf der Flucht dargestellt, die prototypisch das Schicksal des jüdischen Volkes in dieser Zeit spiegelt. Die Mutter, deren Gesicht ebenfalls blau ist, bietet dem verstört dreinblickenden Kind ihre entblößte Brust. Der braungekleidete Vater weist mit seiner rechten Hand auf den Gekreuzigten.

Christus am Kreuz ist mit den Gebetsriemen am Arm und der Kapsel auf der Stirn noch deutlicher als bei der »Weißen Kreuzigung« als betender Jude dargestellt. Um seinen Kopf liegt eine weiß-goldene Aureole. Der Körper ist altmeisterlich durchgestaltet.

Neben seinem rechten Arm erscheint groß eine weit geöffnete Torarolle. Auffällig ist ihre grüne Farbe mit goldenen Lichtreflexen, die sie zum Hoffnungssymbol in diesem von Angst und Schrecken geprägten Bild macht und die Erinnerung weckt an die prophetische Botschaft: »Das Gras verdorrt, die Blume verwelkt, aber das Wort unseres Gottes bleibt ewiglich.« (Jesaja 40,6-8) Über der Torarolle gewinnt der Himmel seine blaue Farbe zurück.

Auf der Torarolle ist ein Schriftzug in weißer Farbe hervorgehoben, vielleicht ist hier der Name Witebsk zu lesen. Die übrigen hebräischen Schriftzeichen sind wie verwischt. Unter der Torarolle schwebt ein grün-goldener Engel, auf dessen Handgelenk die Tora aufzuruhen scheint. Mit weit aufgerissenen Augen betrachtet er die Szene zu seinen Füßen. Doch er setzt dem Schrecken, den er erblickt, den Klang des Schofarhorns entgegen, mit dem in der Synagoge das neue Jahr begrüßt wird. In der Linken hält er eine brennende Kerze – auch sie ist ein Symbol dafür, daß das Licht der Hoffnung noch nicht erloschen ist.

Vom Fuß des Kreuzes zur Gestalt des Engels ragt wieder die traditionelle Leiter empor, die zugleich an Jakobs Traum von der Himmelsleiter (siehe Farbtafeln 18/19) erinnert und damit anzeigt, daß auch in dieser Erfahrung von schlimmstem Leid die Verbindung von Himmel und Erde nicht abgerissen ist.

»Die gelbe Passion« erinnert an ein Altarbild, dessen Wucht den Betrachter innerlich erschauern läßt. Es gemahnt an all das Unrecht, das dem vertriebenen und systematisch ausgerotteten Volk der Juden angetan worden ist. Chagall geht es darum, deutlich zu machen, daß Christus in seinem Tod am Kreuz als Angehöriger des jüdischen Volkes all die Schmerzen und Demütigungen bereits erduldet hat, die Menschen je zugefügt wurden und werden – und daß Gott an diesem Leiden teilhat.

68 *Der Exodus*

Neben dem ausführlichen Exodus-Zyklus von 1966 hat Chagall dieses großartige Ölbild geschaffen, in dem er – in der für sein ganzes Werk charakteristischen Weise – noch einmal die biblische Geschichte und die schrecklichen Ereignisse der Shoa (der systematischen Verfolgung und Ermordung der Juden durch die Nationalsozialisten) zusammensieht.

Ein endloser Zug von dunkel gekleideten Menschen stromt aus dem Hintergrund nach vorn. Aus dem Zug der Leidenden wächst groß das Bild des Gekreuzigten hervor. Der goldene Körper und die weiße Aureole überstrahlen förmlich die düstere Szene. In der Tradition von Jesaja 53 ist Jesus als der leidende Gottesknecht aus dem jüdischen Volk dargestellt, in dessen Leiden das Leiden des Volkes gleichsam zusammengefaßt ist. Der große graue Kreis zeigt die universale Bedeutung dieses Geschehens. Die ausgestreckten Hände des Gekreuzigten umfassen in einer Geste der Umarmung das Volk und segnen es.

Innerhalb des Zugs der Leidenden sind die einzelnen Gestalten individuell ausgeprägt. Chagall malt keine gesichtslose Masse, sondern jede Person trägt ein eigenes Gesicht, macht eine eigene charakteristische Geste und hat ihr je eigenes Schicksal. Sogar ein Hochzeitspaar mit der weißgekleideten Braut unter dem roten Baldachin ist dabei. Die Opfer der Shoa sind Gottes geliebte Geschöpfe und tragen einen eigenen Namen.

Einige Gestalten sind der biblischen Geschichte entnommen: Rechts unten ist Mose mit den zwei Gesetzestafeln zu sehen, in der Bildmitte im Vordergrund – ganz in Blau – Maria, die Frau aus dem jüdischen Volk, mit dem Jesuskind auf dem Arm. Neben ihr ist in violettem Kleid Maria Magdalena dargestellt. Umgeben von schrecklichem Leid, klagt sie nicht, sondern spendet Trost, indem sie sich den Leidenden liebevoll zuwendet. Neben ihr kniet Abraham, der im Begriff ist, den Widder zu opfern. Oberhalb der beiden Frauen ist Aaron mit der Priestermütze zu erkennen. Er erinnert an die Juden mit dem Schild »Ich bin Jude« aus der »Weißen Kreuzigung« und der »Gelben Passion« (siehe Farbtafeln 66 und 67).

Direkt unter dem Kruzifix hat sich der Maler selbst dargestellt, die Hände gegen das Kreuz ausgestreckt, den Kopf wie losgelöst vom Körper dem Gekreuzigten zugewandt. In einem Gedicht hat Chagall sein eigenes Künstlerschicksal mit dem Gekreuzigten in Beziehung gesetzt:

> Und ich erhebe mich in der Verzweiflung
> des neuen Tages von Leidenschaften,
> noch ohne Gestaltung
> dunkel, nicht hell von Farben.
> Ich laufe hinauf dort
> und suche meinen dürren Pinsel
> und wie Christus werde ich gekreuzigt
> mit Nägeln an das Gerüst! (Man, Eight European Artists)

Am linken unteren Bildrand hat Chagall das brennende Witebsk gemalt, ein Fluchtschlitten steht auf dem

Kopf. Links oben ist die bedrückende Situation des Pogroms dargestellt, dem Maria und ihr Kind zum Opfer gefallen sind. Darüber werden rot-blaue Fahnen geschwenkt. Zwischen beiden Szenen ist eine Gruppe von Juden ins Bild gesetzt, die wie durch ein Wunder überleben, darunter der Mann mit dem Sack auf dem Rücken und ein Geiger. Sie sind der Rest, von dem es bei Jesaja heißt: »Und der Herr wird zu der Zeit zum zweiten Mal seine Hand ausstrecken, daß er den Rest seines Volks loskaufe, der übriggeblieben ist. Und er wird ein Zeichen aufrichten unter den Völkern und zusammenbringen die Verjagten Israels und die Zerstreuten Judas sammeln von den vier Enden der Erde.« (Jesaja 11,11-12) Die Überlebenden stehen für die Hoffnung auf die geschichtliche Realität des Gottesreichs und die fortdauernde Treue Gottes.

In der rechten oberen Bildecke hat Chagall Erinnerungen an seine glückliche Kindheit in Witebsk gezeichnet. Die Pendeluhr steht für die Zeit der Liebe zu seiner ersten Frau Bella; als Zeichen der Geborgenheit sitzt ein kleines Kind auf einem Hahn, den ebenfalls eine graue Aureole umgibt. Daneben ist ein Esel vor seinem Futtertrog zu sehen, das Tier, auf dem der Messias reitet. Das Glück der Kindheit und der Schrecken der späteren Geschichte – die ganze Spannbreite menschlicher Existenz, vom jüdischen Volk im 20. Jahrhundert in extremer Weise durchlebt, wird durch die ausgestreckten segnenden Hände Jesu verbunden: »Die Strafe liegt auf ihm, auf daß wir Frieden hätten, und durch seine Wunden sind wir geheilt.« (Jesaja 53,5)

69 *Widerstand*

Nach der Rückkehr von der bereits erwähnten Polenreise, die von bedrückenden Erfahrungen des Antisemitismus geprägt war, hat Chagall im Jahr 1937 in seinem Pariser Atelier ein Gemälde geschaffen, in dem er seine Erfahrungen mit der russischen Revolution verarbeitet hat und das entsprechend den Titel »Revolution« trägt. Chagall, der sich dem revolutionären Aufbruch und seiner Utopie zunächst durchaus verbunden gefühlt hatte, war zunehmend auf Distanz gegangen, je mehr dieser totalitäre Züge angenommen hatte. Die »Revolution« zeigt im Mittelteil einen Rabbi, der mit seiner Torarolle im Arm meditierend an einem Tisch sitzt. Am anderen Ende des Tischs turnt Lenin als waghalsiger Akrobat im einarmigen Handstand, der die Welt auf den Kopf stellt. Das Gemälde war Chagall so wichtig, daß er 1943 im amerikanischen Exil damit begonnen hat, es in drei einzelne Ölbilder umzuformen. Ihre Titel sind: Widerstand, Auferstehung und Befreiung. Die beiden ersten wurden 1948 vollendet, das dritte erst 1952 nach Chagalls endgültiger Ansiedlung im südfranzösischen Vence und seiner Heirat mit Vava. Die Bilder sind zugleich Chagalls Beitrag, die mittelalterliche Form des Triptychons zu erneuern, ein Anliegen, in dem Chagall den Expressionisten Erich Heckel, Max Pechstein, Otto Dix und Max Beckmann nahesteht. Das Bild »Widerstand« hängt als linke Tafel dieses Triptychons im Chagall-Museum in Nizza.

Chagall zieht die Aufmerksamkeit zunächst auf Christus, der an einem auf der Straße aufgestellten Holzkreuz hängt. Sein Kopf ist zur Seite geneigt, das Gesicht mit den geöffneten Augen verrät die Konzentration des Gebets, in dem Jesus das nicht verstehbare Leid auf sich nimmt. Neben seinem Haupt zeigt der eindrucksvoll blickende Hahnenkopf die Reichweite der Liebe des gekreuzigten Christus, die auch die geschundene Kreatur einschließt. Ein goldener Lichtschein fällt von links oben nach rechts unten ins Bild und taucht den Oberkörper des Gekreuzigten in seinen himmlischen Schein, während die Hauptfläche des übrigen Bildes von einem kräftigen Blutrot geprägt ist.

Rechts vom Kreuz hat der Maler sich selbst ins Bild gebracht, wie er im Jahr 1944 hilflos dem Sterben seiner Frau Bella zusehen mußte, die auf dem Sterbebett im katholischen Ordenshospital nach ihrem religiösen Bekenntnis gefragt wurde. Links vom Kreuzesstamm ist Bella selbst mit nach unten hängendem Kopf dargestellt. Ein weißer Hahn ganz links unten im Bild, der Bellas Antlitz trägt, erinnert an die den Tod überdauernde Liebe Chagalls. Über dem Hahn ist Bellas Elternhaus in Witebsk dargestellt; der Geiger vor ihrer Haustür hat den Bogen abgesetzt und zu spielen aufgehört. Der schwarz-blaue Vogel über seinem Kopf ist Ausdruck der Wut über die Zeitumstände und der Trauer über den Verlust der Lebensgefährtin.

Vor der rechten Hand Jesu ist Bella noch einmal ins Bild gebracht, in blauem Gewand und mit der Tochter Ida auf dem Arm. Sie wird von einem Mann mit Beil bedroht, der wiederum von einem Mann mit russischer Mütze und Torarolle am Fuß festgehalten wird. Die Szene gehört zu der Darstellung des tumultuarischen Geschehens der russischen Revolution rund um den Kopf des Gekreuzigten. Die Bolschewiken mit angelegtem Gewehr lösen Flucht, Unterdrückung und Pogrome aus.

Mit einem Sack auf dem Rücken hat Chagall auch sich selbst auf der endgültigen Flucht aus der weißrussischen Heimat dargestellt. Dem Sohn geht der Vater mit grüner Kipa auf dem Kopf voran. Er ist ganz in den goldenen Lichtschein getaucht und trägt eine goldene Torarolle im Arm. Chagall zeichnet hier den Vater als frommen Juden, wie er ihn in der liebenden Erinnerung bewahrt hat und wie er ihm ein Trost in den schwierigen Zeiten seines Lebens gewesen ist. Doch vor dieser hellen Vatergestalt ist eine dunkle, zornige gemalt, die die Erbitterung über die brutalen Vorgänge in seiner Heimat ausdrückt.

Am oberen Bildrand springt ein Esel über den goldenen Lichtschein. Im linken Vorderhuf trägt er eine brennende Fackel. Das Ziel seines Sprungs liegt außerhalb der Bildtafel. In mächtigem Schwung scheint er noch über die mittlere Tafel »Auferstehung« hinaus zum rechten Bild »Befreiung« zu fliegen, das ganz in dem goldenen Licht erstrahlt, das die Fackel hier erst entzündet. Das Tier, das bei Chagall mit der Erinnerung an die paradiesische Zeit verbunden ist und als Reittier des Messias die Sehnsucht nach der endgültigen Erlösung ausdrückt, ist zugleich eine Reminiszenz an den viel zu früh gefallenen Freund Franz Marc, mit dem Chagall beim Berliner Herbstsalon 1914 gemeinsam ausgestellt hatte. Chagalls und Marcs Ölbilder hingen sogar nebeneinander. Chagall meinte damals: »Ich muß sein künstlerisches Anliegen künftig mitvertreten.«

Rechts vorn im Bild ist die Heimatstraße Chagalls in Witebsk dargestellt. Vor ihrem Laden stehend, schaut seine Mutter tröstend auf ihren Sohn, der mit seiner Palette verkrümmt am Boden liegt und mit den Augen den Blick des gekreuzigten Christus sucht. Die vor den Häusern liegende grüne Pendeluhr ist das Signum für die glückliche Zeit der Liebe zu seiner Frau Bella.

70 *Auferstehung*

Die zweite Tafel des Triptychons, die den Titel »Auferstehung« trägt, hat das zentrale Motiv aus der »Revolution« bewahrt: Neben einer großen hellen Tischplatte, dem Symbol des vertrauten Zuhause, sitzt ein grüngekleideter Rabbi, der eine rote Torarolle in den Armen hält. Auf seinem Kopf trägt er die traditionelle Gebetskapsel, am linken Arm die Gebetsriemen. Der Blick seiner weit geöffneten Augen ist in unendliche Ferne gerichtet – als sähe er schon den kommenden Messias. Der Mund ist wie zum Lobgesang geöffnet. Auf dem Gesicht liegt der helle Glanz der himmlischen Wirklichkeit. Die Füße des Rabbi ruhen gleichsam auf dem Dach von Chagalls Elternhaus in Witebsk. Die ganze reiche und lebendige Tradition des Judentums ist in ihm verkörpert. Am unteren Bildrand reiht Chagall sich selbst in diese Tradition ein, indem er sich betend am Grabstein seines Großvaters darstellt, den er sehr geliebt hat und der ihm ein Vorbild im Glauben gewesen war.

An der gegenüberliegenden Ecke des Tisches ist im Vergleich zum Bild »Revolution« die Gestalt Lenins verschwunden. Statt dessen ragt hier über die ganze Höhe des Bildes der Kreuzesstamm auf. Der leidende Christus hat die Augen geschlossen und die Zähne im Schmerz fest zusammengepreßt. Der rechte Arm ist verkürzt. Die Hand ist in den Schein einer glühend weißen Fackel getaucht. Ihr Träger erweist sich bei genauerem Hinsehen als Wiederaufnahme Lenins, der mit der Fackel die Welt in Brand zu setzen droht. Eine buntgemischte Gruppe von Menschen hat sich um ihn geschart. Einige scheinen den roten Fahnen der Revolution begeistert zuzuwinken oder tragen die Gewehre des bewaffneten Aufstands. Andere sind nachdenklich oder haben sogar schon die Flucht ergriffen. Dennoch ist die Lage nicht hoffnungslos: Vor dem Fackelträger reitet wie ein mittelalterlicher Georgsritter Josef von Arimathäa ins Bild, als wolle er dem ausbrechenden Feuer Einhalt gebieten. Neben der Leiter für die Kreuzabnahme trägt er die Farbpalette eines Malers im Arm.

Auch in der roten Zone rechts vom Gekreuzigten scheinen Bilder der Hoffnung auf. Über den Dächern des winterlichen Witebsk hat Chagall sich selbst mit seiner Frau Bella als Liebespaar dargestellt. Die beiden sind vom Himmel her in einen hellen Lichtstrahl getaucht, der einen Raum der Liebe markiert. Vor den Häusern sitzt in menschlicher Pose ein violetter Esel – das Reittier des Messias – am Tisch und scheint nach der Schüssel zu greifen.

Im Mittelpunkt des Bildes steht der um die Hüften des Gekreuzigten geschlungene Gebetsschal. Er schimmert in goldenem Licht, das von einer Lampe rechts neben dem Kreuz auf ihn zu fallen scheint. Es ist die Lampe aus dem vertrauten Wohnraum der jüdischen Familie, die sich hier zum abendlichen Gebet versammelt. Mit dem Lichtkreis der Lampe korrespondiert der auffallende Kreis in der Bauchgegend des Christus – ein Symbol der Hoffnung auf neues Leben nach dem Leid. Neben dem Gekreuzigten und sich an ihn schmiegend, hat Chagall in einer an den Lenin des Revolutionsbildes erinnernden Pose sich selbst mit der Malerpalette dargestellt. Selbst auf dem Kopf stehend, rückt er in seiner Darstellung die verkehrte Welt wieder zurecht und hält so die Hoffnung auf die Wendung des Unheils wach.

Der grüne Prophet, der neben ihm in der Schrift liest, scheint seine Hoffnung zu bestätigen, ebenso die rothaarige Frau mit ihrem Kind, die ihre Hand nach dem Gekreuzigten ausstreckt. Von der anderen Seite schmiegt sich das Chaosungeheuer der Vorzeit (Psalm 74,14) an den Kreuzesstamm und scheint hier Heilung und Hilfe zu erwarten. Als hätte er das Flehen von Mensch und Kreatur gehört, wirkt das verkürzte linke Bein des Gekreuzigten wie angewinkelt. Es sieht so aus, als sei er bereit, vom Kreuz herabzusteigen und sich in die dunkle Gegenwart der Menschen zu begeben, deren Leid er auf sich genommen hat: »Weil seine Seele sich abgemüht hat, wird er das Licht schauen und die Fülle haben. Und durch seine Erkenntnis wird er, mein Knecht, der Gerechte, den Vielen Gerechtigkeit schaffen.« (Jesaja 53,11)

71 *Befreiung*

Chagall hat diese letzte Tafel des aus der Revolutionsdarstellung erwachsenen Triptychons 1952 nach seiner Rückkehr aus Amerika fertiggestellt. Ein strahlender Goldton liegt über dem Bild und vermittelt den Eindruck himmlischer Vollendung.

Im Zentrum steht ein leuchtend gelber Kreis mit dem roten Sonnenball in der Mitte. Von der nebenstehenden Mitteltafel des Triptychons her erscheint dieser Kreis als Wiederaufnahme der Lampe, die dort zwischen dem Rabbi und dem Gekreuzigten hängt. Es ist, als sei hier die messianische Wirklichkeit dargestellt, die der Rabbi dort mit seinen weit geöffneten Augen schaut. Das Kreuz ist nur noch als kleiner heller Schatten in der linken oberen Bildecke angedeutet. Daneben legt eine segnende Hand Zeugnis von dem Heil ab, das von diesem Kreuz ausgeht. Am rechten oberen Bildrand werden zwar noch die roten Fahnen geschwungen, aber ihre Funktion hat sich geändert. Sie wehen nicht mehr über den revolutionären Massen, sondern werden als Zeichen der Freude über dem Fest der Vollendung geschwungen.

Das »Fundament« der Szene ist wieder die vertraute Heimatwelt von Witebsk. Die Darstellung der kleinen hölzernen Kate, in der sich der Krämerladen von Chagalls Mutter befand, nimmt den ganzen unteren Bildbereich ein. Das Häuschen ist in ein warmes Licht getaucht. Chagalls Mutter steht in der Tür; ihr Gesicht ist durch einen goldenen Farbtupfer eigens hervorgehoben.

Neben der Haustür führt eine hölzerne Leiter aufs Dach. Dort hat sich unter dem roten Hochzeitsbaldachin ein Brautpaar niedergelassen. Vor ihm stehen eine Schale mit Obst, eine Karaffe mit Wein und ein üppiger Blütenstrauß. Ein Geiger spielt ihnen ein Liebeslied. Die Hochzeitssituation wird zum Bild vollendeter Erfüllung des menschlichen Lebens.

Am linken Rand des Dachs schaut klein in einer Giebelfront ein Auge auf die Szene. Die Darstellung erinnert an das traditionelle »Auge Gottes«, das voll Wohlgefallen auf seiner Schöpfung ruht. Daneben wird ein Leuchter mit vier brennenden Kerzen ins Bild gereicht, der zu der festlichen Situation gehört.

Über den Kerzen schaut das Gesicht des Malers aus einem Fenster nachdenklich auf die Szene. Als Antwort auf Gottes Schöpferhandeln schafft er in seinem Werk eine eigene Welt des Bild gewordenen Gotteslobs. Von der Mitte des Bildes aus weist er dem Dargestellten seinen Platz in dieser Welt zu.

Aus dem zentralen Kreis ragt groß die Gestalt des Geigers auf, bei dem das Gotteslob musikalische Gestalt angenommen hat (siehe auch Farbtafel 48). Durch die eigentümliche Schräglage seines Körpers sieht es so aus, als sei der zentrale Kreis in eine tänzerische Drehbewegung versetzt. Der Geiger wird von einer Vielzahl von Musikanten und Tanzenden begleitet, die über dem Kreis angeordnet sind. Zu den Künstlern gesellt sich noch einmal der Maler selbst, der groß mit Staffelei und Palette dem Geiger genau gegenüber steht. Der Blick der beiden ist zum einen einander zugewandt, er geht jedoch zugleich über den Binnenraum des Bildes hinaus und bezieht die Zuschauer in das jubelnde Gotteslob mit ein.

72 *Der Sonntag*

Meine Tage gehen dahin »auf der Place de la Concorde oder in der Nähe des Jardin du Luxembourg. Ich betrachte Danton und Watteau, ich pflücke Blätter ab. Oh, könnte ich mir doch, rittlings auf der steinernen Chimäre von Notre-Dame, mit Armen und Beinen einen Weg in den Himmel bahnen! Da liegt es! Paris, du mein zweites Witebsk!« (Mein Leben, S. 114) Oder: »Paris! Für mich gab es kein schöneres Wort als dies.« (S. 104) – Immer wieder hat Chagall seine Liebe zu der Stadt formuliert, die man um die Jahrhundertwende einhellig die Stadt des Lichts nannte. Nachdem er aus dem amerikanischen Exil zurückgekehrt war und sich in Südfrankreich niedergelassen hatte, setzte der Maler seine Dankbarkeit gegenüber der Stadt ins Bild, in der er von 1910 bis 1914 die wichtigsten Lehrjahre verbracht und von 1923 bis 1939 seine Atelierwohnung am Ufer der Seine bezogen hatte.

Rechts unten auf dem Ölbild ist das Viertel dargestellt, in dem Chagall wohnte; durch eine goldene

Brücke ist es mit der Île de la Cité verbunden. Die Kathedrale von Notre-Dame, der Eiffelturm und die Seine sind in dunklen und violetten Farbtönen gehalten, von denen sich der goldene Sonntagshimmel deutlich abhebt: Am Sonntag überstrahlt das göttliche Licht Paris, die Stadt des Lichts. Es ist spannend zu sehen, mit welchen künstlerischen Mitteln der Maler den Sinngehalt des christlichen Sonntags zum Ausdruck gebracht hat.

Wichtig ist ihm vor allem die Verwurzelung im Sabbat, der in Gottes Ruhen am letzten Schöpfungstag begründet ist (1. Mose 2,2-3). Dem Ruhen Gottes entspricht das Innehalten des Menschen in seinem Alltag und das Sich-Erinnern an Gottes Segenshandeln in seinem Leben. Für Chagall ist dieses Sich-Erinnern mit seiner Heimatstadt Witebsk verbunden, die er links oben im Bild in winterlicher Schneelandschaft gemalt hat. Die Wand seines Elternhauses und die Kuppel der russisch-orthodoxen Kirche (als Metapher für die vielen schönen Kirchen in Witebsk) sind genau wie der linke Kathedralenturm von Notre-Dame in goldenes Licht getaucht. Die Witebsker Heimat erscheint heller als Paris; dort liegt das Fundament für Chagalls Schaffen und sein wahrer Lebenszusammenhang. Vor allem ist er auf der Dünabrücke zum erstenmal seiner Lebensgefährtin Bella begegnet, und die Erinnerung an die Liebe zu ihr überbrückt die räumliche Entfernung zwischen der russischen Heimat und der wunderbaren Kunststadt Paris.

Der Sonntag ist auch der Tag des Füreinander-Zeit-Habens und der Liebe. Deshalb ist rechts oben im Bild groß das Portrait eines Paares gemalt. Der Mann umarmt seine Frau und schenkt ihr frische Blumen.

Sich an den Schöpfer erinnern heißt, sich an der Schöpfung freuen und den Schöpfer loben. Genau dies tut der violett gezeichnete Vogel neben Chagalls Geburtshaus. Für Chagall ist er zugleich eine Chiffre seiner eigenen künstlerischen Existenz. Wie ein Vogel hat Chagall sich aus seiner Heimat aufgeschwungen, um in Paris ein gefeierter Maler zu werden.

Von der Kuppel der Kirche in Witebsk nimmt eine trichterförmige rote Farbbahn ihren Ausgang, die zur Spitze des Eiffelturms führt. Sie verbindet die Vergangenheit mit der Gegenwart und richtet das Leben auf die erhoffte Zukunft aus. Dasselbe Rot kehrt in der Wange der Geliebten und dem gelb-orange-roten Farbbogen über der Seinebrücke wieder. In der auf- und absteigenden Bewegung hat Chagall die Liebe zu seiner ersten Frau und die Liebe zu seiner Arbeit malerisch zum Ausdruck gebracht. Die Farben fangen förmlich an zu singen.

Die weiße Frau mit dem Kind links neben dem roten Farbtrichter ist eine Metapher für das, was die Bibel unter Liebe versteht. »Ich will euch trösten, wie einen seine Mutter tröstet«, sagt der Prophet (Jesaja 66,13). Die Barmherzigkeit Gottes, seine Liebesbeziehung zur Schöpfung, gibt für Chagall dem Sonntag seinen tiefsten Sinn.

Literaturhinweise

Jean Cassou, Chagall. Droemer Knaur-Verlag, München 1966
Marc Chagall, Mein Leben. Gerd Hatje Verlag, Stuttgart 1959
Marc Chagall, Quelques impressions sur la peinture française. The New Yorker Free School of Higher Studies, Bd. II + III, New York 1944–1945, S. 45–47
Marc Chagall, The Artist. The Works of the Mind, Committee on Social Thoughts, The University of Chicago Press, Chicago 1947, S. 21–39
Marc Chagall, Engel über den Dächern – Lyrik und Zeichnungen. Hrsg. Joseph Kiblitsky, Edition Temmen, Bremen 1994
Marc Chagall, Poèmes. Edition Patrick Cramer, Genf 1975
Izis Bidermanas/Roy McMullen, Marc Chagalls Welt. Belser Verlag, Stuttgart 1968
Walter Erben, Marc Chagall. Der Maler mit den Engelsflügeln. Prestel Verlag, München 1957
Sylvie Forestier, Marc Chagall. Seine Farbfenster aus aller Welt. Belser Verlag, Stuttgart/Zürich 1995
Sylvie Forestier, Marc Chagall. Widerstand, Auferstehung, Befreiung. Belser Verlag, Stuttgart/Zürich 1991
Christoph Goldmann, Bildzeichen bei Marc Chagall. Bd. 1 + 2, Verlag Vandenhoeck & Ruprecht, Göttingen 1995
Werner Haftmann, Marc Chagall. DuMont Verlag, Köln 1972, Neuauflage 1988
Aleksandr Kamensky, Chagall. The Russian Years 1907–1922. Edition Rizzoli, New York 1989
Marika Kékkö, Marc Chagall im Kunsthaus Zürich. Kunsthaus Zürich Sammlungsheft 7, 2. veränderte Auflage 1989
Kunsthalle der Hypo-Kulturstiftung München, Katalog der Ausstellung »Marc Chagall« vom 23. März bis 30. Juni 1991. Hirmer Verlag, München 1991
Aimé Maeght, Les chemins de l'amitié. Maeght Editeur, Derrière le Miroir, Nr. 225, Paris 1977, S. 1–8
Felix Man, Eight European Artists. Edition William Heinemann, London 1954
Raissa Maritain, Chagall ou l'orage enchanté. Les Trois Collines, Genf/Paris 1948
Klaus Mayer, In dir sind wir geborgen. Dimanche – Le cheval roux. Ölgemälde von Marc Chagall im Landesmuseum Mainz. Echter Verlag, Würzburg 1991
Klaus Mayer, Wie schön ist deine Liebe. Bilder zum Hohenlied im Nationalmuseum der Biblischen Botschaft Marc Chagall in Nizza. Echter Verlag, Würzburg 1994
Meyer Schapiro, Chagall's Illustrations for the Bible. In: Revue Verve Nr. 33/34, Paris 1956
Pierre Provoyeur, Marc Chagall. Die Bilder zur Bibel. Belser Verlag, Stuttgart/Zürich 1996
Hans-Martin Rotermund, Chagall und die Bibel. Ernst Kaufmann Verlag, Lahr 1970
Pierre Schneider, Marc Chagall. Fast ein Jahrhundert. Mit einer Biographie des Künstlers von Meret Meyer. Daco-Verlag Günter Bläse, Stuttgart 1995
Rainer Sommer, Marc Chagall als Maler der Bibel. R. Brockhaus Verlag, Wuppertal 1995
François le Targat, Chagall. Verlag Aurel Bongers, Recklinghausen 1986
André Verdet, Chagall und das Mittelmeer. Gouachen und unveröffentlichte Zeichnungen von Marc Chagall. Weber, Genf 1985